Z 8590

Paris
1791

Naigeon, Jacques-André

Philosophie ancienne et moderne

Encyclopédie méthodique, ou par ordre de matières...

janvier   Tome 2

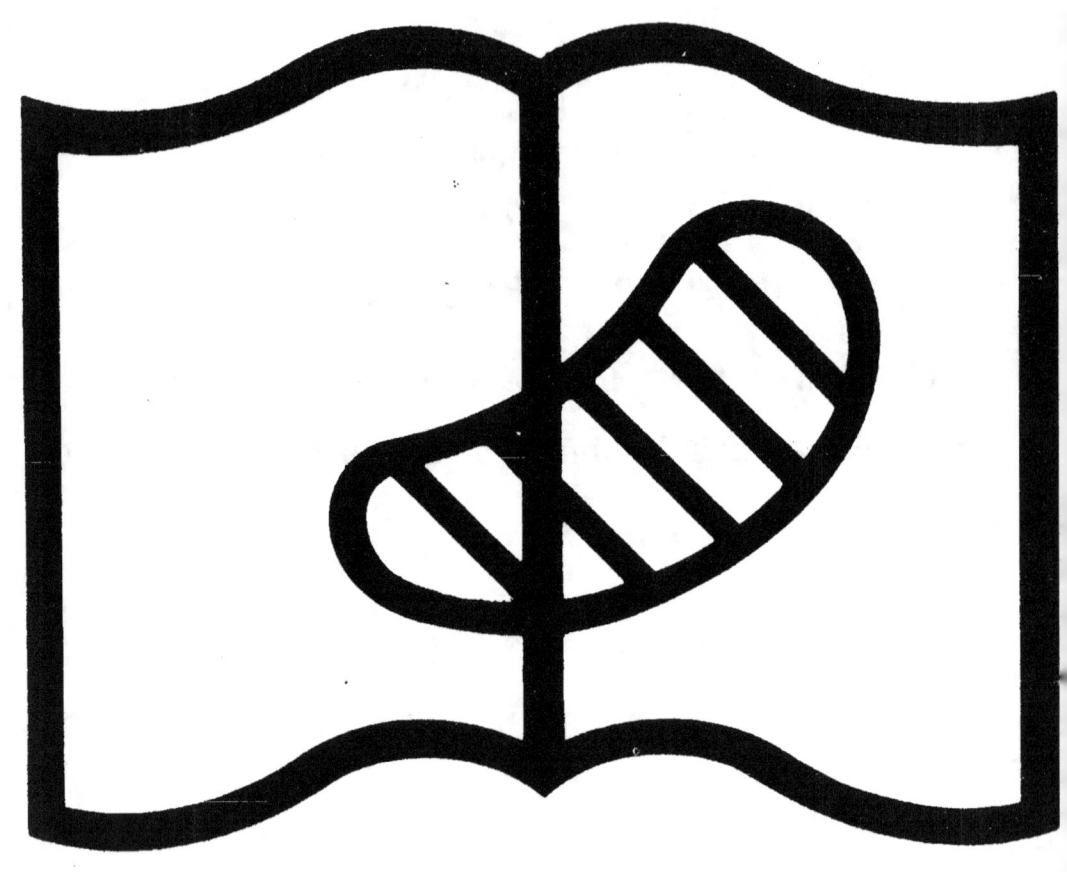

Symbole applicable
pour tout, ou partie
des documents microfilmés

Original illisible

NF Z 43-120-10

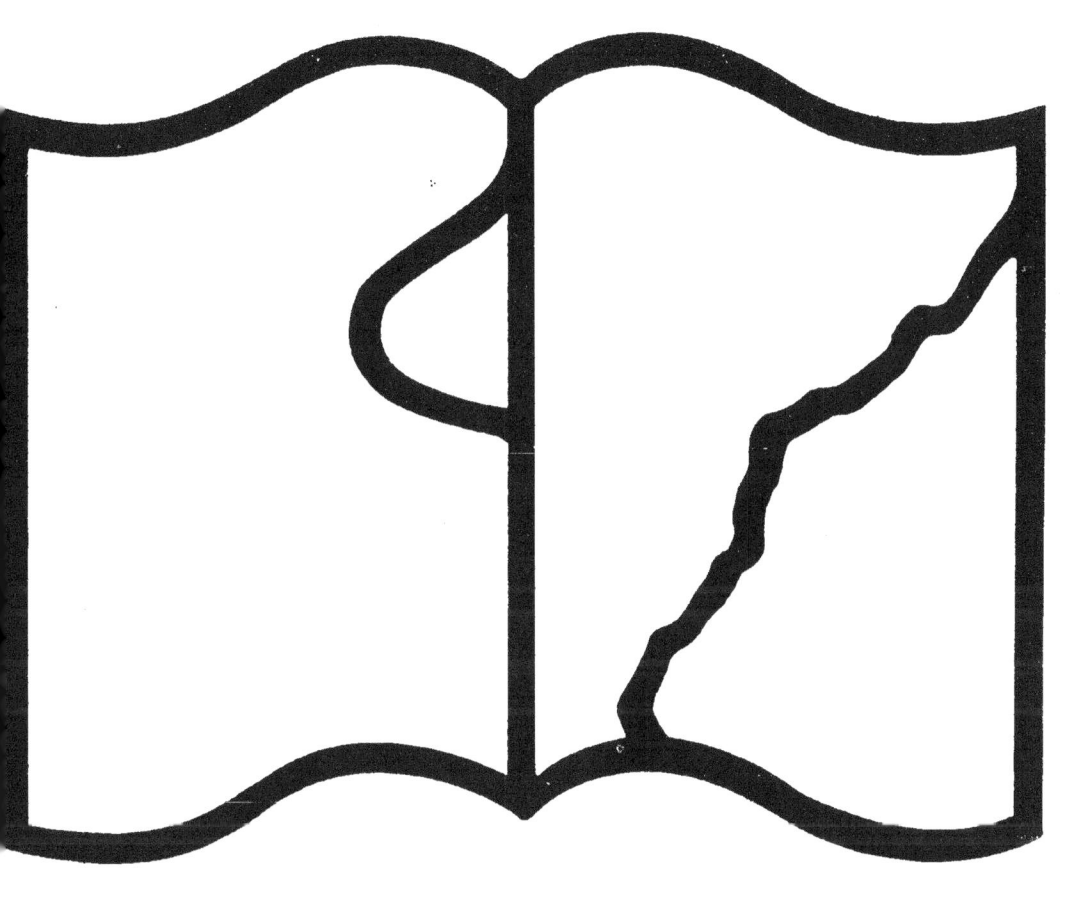

Symbole applicable
pour tout, ou partie
des documents microfilmés

Texte détérioré — reliure défectueuse

NF Z 43-120-11

ROBERT 1970

ENCYCLOPÉDIE MÉTHODIQUE,

OU

PAR ORDRE DE MATIÈRES;
PAR UNE SOCIÉTÉ DE GENS DE LETTRES,
DE SAVANS ET D'ARTISTES;

Précédée d'un Vocabulaire universel, *servant de Table pour tout l'Ouvrage, ornée des Portraits de* MM. DIDEROT & D'ALEMBERT, *premiers Éditeurs de l'*Encyclopédie.

ENCYCLOPÉDIE
MÉTHODIQUE.

PHILOSOPHIE
ANCIENNE ET MODERNE.
Par M. NAIGEON.

TOME SECOND.

A PARIS,

Chez PANCKOUCKE, Imprimeur-Libraire, hôtel de Thou, rue des Poitevins.

M. DCC. XCII.

C.

CONDILLAC, (philosophie de) *histoire de la philosophie moderne*.

Ce philosophe est, après Voltaire, un des premiers qui ait senti que la métaphysique de Locke, presque toujours fondée sur l'expérience & l'observation, étoit, en général, l'ouvrage d'un excellent esprit, & que, si la route que cet auteur avoit suivie, entrevue autrefois par Aristote, & tracée depuis d'une main sûre & hardie par Hobbes, pouvoit être aplanie & fort abrégée, elle étoit au moins la seule qui conduisît sûrement à la vérité. L'abbé de *Condillac* n'a pas cru néanmoins devoir se traîner servilement sur les pas de Locke; il a moins été son disciple que son juge; il a même soumis ses principes à un examen sévère; &, à l'aide de l'analyse, méthode d'investigation qu'il s'étoit faite, qu'il préféroit à toutes les autres, & qu'il a constamment employée dans tous ses ouvrages, il est souvent arrivé à des résultats différens & quelquefois même contraires à ceux du philosophe anglois: de sorte que la doctrine enseignée particulièrement dans l'*essai sur l'origine des connoissances humaines* est bien, à proprement parler, celle de Locke; mais corrigée, réformée & sur-tout réduite à la plus simple expression (1).

Un reproche que l'on pourroit peut-être faire avec quelque fondement à l'abbé de *Condillac*, c'est de n'avoir pas toujours rendu à celui dont les lumières & les erreurs même lui avoient été si utiles, toute la justice qui lui étoit dûe, de l'avoir traité quelquefois un peu légèrement, & avec ce ton de supériorité qui convient d'autant moins, & qui, d'ailleurs, est d'autant plus inutile, qu'on est plus sûr d'avoir raison; enfin, de n'avoir pas vu, ou plutôt de n'avoir pas voulu voir que pour avoir la mesure exacte & précise de l'espace que tel ou tel homme a parcouru dans un art ou dans une science quelconque, il faut, suivant l'expression de Fontenelle, observer toujours le terme d'où il est parti. La faute de l'abbé de *Condillac*, à cet égard, est d'autant plus grave, qu'en transportant Locke au milieu du dix-huitième siècle, le premier & le seul que l'on puisse appeler avec raison un siècle philosophe, il auroit vraisemblablement été beaucoup plus loin que son critique, & que si celui-ci eût vécu du tems de Locke, il est permis de douter qu'il eût écrit l'essai sur l'entendement humain, & l'excellent traité sur la conduite de l'esprit dans la recherche de la vérité.

Dans le jugement que l'on porte du mérite des auteurs qui se sont occupés des mêmes matières, la différence des tems où ils fleurissoient, est un élément qu'il ne faut pas négliger, & duquel dépend même la solution complette du problème. A l'époque où l'abbé de *Condillac* publia son *essai sur l'origine des connoissances humaines*, Fontenelle, Voltaire avoient déjà donné à leur siècle, une forte impulsion: ce qu'il y avoit alors dans la capitale, d'hommes instruits, secouant à l'envi le joug des préjugés religieux sous lequel toutes les têtes sont plus ou moins courbées, avoit senti la nécessité de s'occuper d'objets d'une utilité générale & constante: les grandes questions de la philosophie, celles mêmes qu'une aveugle superstition a trop long-tems fait regarder comme des espèces de bornes sacrées qu'on ne pouvoit remuer sans crime, s'agitoient librement entre eux; & du choc réciproque des opinions diverses, on voyoit sortir de toutes parts des verités hardies, & qui dûrent même paroître nouvelles, quoiqu'elles ne fussent au fond que les conséquences immédiates & nécessaires de principes autrefois connus, mais négligés & oubliés depuis long-tems. Enfin, lorsque ce premier ouvrage de notre auteur parut, les esprits étoient tellement préparés, que, peut-être n'y avoit-il pas un grand mérite à penser ce qu'il a dit; ou du moins, pour être juste envers tout le monde, cela étoit beaucoup plus facile. En effet, on ne trouve guères dans son livre que ce même fonds d'idées & de raison dans lequel Hobbes & Locke avoient, pour ainsi dire, fourni la première mise, mais dont les philosophes contemporains de l'abbé de *Condillac*

---

(1) De décomposition en décomposition, il arrive enfin à une idée qui n'est point abstraite, & il trouve dans la perception le germe de toutes les opérations de l'entendement. « En effet, dit-il, l'exercice de cette » faculté ne sauroit être moindre que d'appercevoir. Il » ne sauroit commencer ni plus tôt, ni plus tard. C'est » donc la perception qui doit devenir successivement » attention, imagination, mémoire, réflexion, & » enfin l'entendement même; mais je ne développerai point de progrès; si je n'ai une idée nette » de chaque opération; au contraire je m'embarrasserai, & je tomberai dans des méprises. Voilà, je » l'avoue, ce qui m'est arrivé lorsque j'ai traité de » l'origine des connoissances humaines. Pour suivre » exactement les préceptes que j'indique aujourd'hui, » je ne les connoissois pas assez. On ne doit pas s'attendre que je corrige, dans ce chapitre, les erreurs » de cet ouvrage ». *Voyez* le traité des systèmes, & celui des sensations.

Philosophie anc. & mod., Tome II.

avoient senfiblement augmenté le produit par leur culture particulière : de forte que, fans diminuer le prix des penfées & des réflexions judicieufes qui lui appartiennent exclufivement dans cet ouvrage, on peut dire que c'eft furtout par les efforts qu'il a faits pour remonter jufqu'à la fource des vérités démontrées ou feulement apperçues par Locke; par le foin qu'il a pris de les expofer dans leurs premiers principes; par l'art avec lequel il a fçu leur affocier & en quelque forte s'approprier les vérités analogues que le progrès des lumières avoit fait découvrir, qu'il s'eft acquis de juftes droits à notre eftime & à nos éloges. Mais il s'en faut beaucoup que l'auteur anglois qui lui a fervi de guide fe foit trouvé dans des circonftances auffi favorables. Hobbes, il eft vrai, avoit écrit, mais fa philofophie partout fi contraire aux idées & aux préjugés communément reçus, n'étoit pas alors moins décriée en Angleterre (1) qu'elle ne l'eft aujourd'hui ; & Locke lui-même qui ne le cite jamais, réticence très-remarquable, ne paroît pas avoir tiré des ouvrages de cet écrivain profond toutes les conféquences qu'il en auroit pu déduire. La théologie dont il s'étoit beaucoup plus occupé qu'il ne convient à un philofophe, (2) ne lui avoit pas gâté l'efprit, parce qu'il y a des natures fi fortes, des têtes fi bien organifées qu'elles réfiftent aux plus mauvaifes inftitutions : mais fi Locke n'avoit pas éprouvé dans toute fon activité la maligne influence de l'étude de la théologie, il en avoit au moins recueilli ce trifte fruit; c'eft qu'accoutumé à parler la langue de cette fcience, langue dont la plupart des mots n'expriment rien de réel, rien qui exifte actuellement hors de notre efprit, il ne s'apperçut pas que ces termes abftraits n'excitent en nous que des idées qui ne pouvant pas en dernière analyfe ou décompofition fe réduire en quelque objet ou image fenfible, font abfolument vuides de fens, comme toutes celles qui ont la même fource.

Cependant, quelle exactitude & quelle précifion Locke, plus occupé du foin de fa gloire, n'auroit-il pas mifes dans fon ftyle & dans fes idées; combien de longueurs, de redites inutiles, n'auroit-il pas retranchées de fon ouvrage fur l'entendement humain, s'il eût pu fe réfoudre à le refaire, comme il en avoit eu le fage projet, & ainfi que l'exigeoit une matière dans laquelle, de même qu'en phyfique & en chimie, il n'y a prefqu'aucune vérité affez évidente, affez examinée, pour qu'il n'y ait plus lieu à la révifion? Cette conjecture fur le degré de perfection auquel Locke, abandonné à fes propres forces, eût pu porter fon *effai*, s'il en eût fait l'objet principal de fes méditations, paroîtra très-vraifemblable, fi l'on fe rappelle la remarque d'un philofophe célèbre qui, en parlant de certaines méthodes très - épineufes employées par d'habiles géomètres, dit que ce qui peut juftifier ces auteurs, c'eft qu'effectivement on ne va guères d'abord aux vérités cachées par les voies les plus fimples; on eft trop heureux de les avoir à quelque prix que ce foit : quand elles font trouvées, on trouve le chemin le plus court & le plus aifé qui pût y conduire.

Quoi qu'il en foit, fi d'un côté il femble qu'un philofophe, parcourant une carrière dans laquelle Hobbes l'a précédé, & partant dans fes fpéculations, ainfi que le raifonnement, l'expérience & l'obfervation le lui prefcrivoient, d'un fait tel que la fenfibilité, confidérée comme premier refifort ou comme propriété générale & univerfelle des corps animés & peut-être même de la matière, auroit dû s'avancer d'un pas plus rapide, & plus fûr vers la vérité; fi l'on ne peut nier qu'à l'aide de cette théorie fi fimple, dont les anciens ont eu la première idée, & que, depuis Hippocrate, Van-helmont, Stahl, la Caze, Bordeux, Fouquet, de Seze, &c. ont porté fucceffivement jufqu'à la démonftration, Locke eût pu s'élever à cet unique principe également lumineux & fécond de l'identité du phénomène de la fenfibilité & de la penfée, principe qui eût jetté un grand jour fur la plupart des queftions qu'il a traitées, & qui l'eût conduit à des réfultats très-philofophiques, il n'en eft pas moins vrai qu'il n'y avoit qu'un efprit auffi pénétrant que le fien, qui pût concevoir, en 1688, le plan de l'effai fur l'entendement humain, pofer dès-lors les premières pierres de cet édifice hardi, & le terminer en 1690, avec autant d'habileté & de fuccès.

Si l'abbé de *Condillac*, placé dans un fiècle où les vérités répandues dans le livre de Locke étoient plus connues, mieux appréciées & plus ufuelles; où le goût d'une philofophie moins rationelle qu'expérimentale, & fondée fur l'étude réfléchie de l'homme animal, fur l'analyfe des phénomènes généraux & particuliers de la fenfibilité ou de la vie diftribuée inégalement, &, pour ainfi dire, par dofes, à toutes les parties organiques du corps, avoit déjà fuccédé à une philofophie purement *verbale & parlière*, pour me fervir de l'expreffion de Montaigne; fi, dis-je, l'abbé de *Condillac* écrivant dans un moment où la plupart de ces idées, qui devoient un jour introduire dans la métaphyfique, proprement dite, une réforme devenue depuis long-tems fi néceffaire, étoient celles des meilleurs efprits, a vu

---

(1) *Voyez* dans l'article COLLINS (*philofophie de*) ce que je dis du grand nombre de catéchifmes, de fermons & d'autres livres de dévotion qui s'impriment tous les ans en Angleterre. *Voyez* tome I. p. 791. n. 1.

(2) Conferez ici ce que nous avons dit à ce fujet dans les dernières pages de l'article COLLINS (*philofophie de*).

quelquefois plus loin que Locke dans les mêmes matières; si, en analysant avec plus de soin les différentes opérations de l'entendement, pour se faire une idée nette de chacune & en développer les progrès, il a résolu avec élégance, dans quelques-unes de ses conditions, ce problème embarrassé de plusieurs inconnues très-difficiles à dégager; il faut avouer que cet avantage qu'il a sur Locke ne fait pas disparoître l'intervalle qui les sépare à d'autres égards; & n'est pas, sur-tout, en raison de la distance à laquelle ces deux philosophes ont écrit, & des secours de toute espèce que le moderne a trouvés dans les connoissances & la raison perfectionnées de ses contemporains.

Comme on doit toujours se défier de ces décisions hardies & précipitées que l'on porte des personnes ou des choses, sur-tout, lorsque ces décisions rendues dans la jeunesse, n'ont pu, par cela même, être le résultat d'un examen sévère & réfléchi de ces différens objets; j'ai cru devoir soumettre à une nouvelle épreuve l'idée que j'avois autrefois conçue des ouvrages philosophiques de l'abbé de *Condillac* : car enfin, comme le disoit très-bien Fontenelle, il ne faut point se croire engagé d'honneur à soutenir ce qu'on a avancé, seulement parce qu'on l'a avancé; il y auroit bien plus d'honneur à s'en dédire. J'ai donc relu de suite, & avec toute l'attention dont je suis capable, tout ce que notre auteur a écrit sur la métaphysique pour en extraire les matériaux de cet article, & rectifier ou confirmer mon premier jugement. C'est alors que, considérant d'une vue plus distincte toutes les parties & tous les détails de l'objet, il m'a paru que l'abbé de *Condillac*, d'ailleurs plus méthodique, moins lâche & moins diffus que Locke, plus ferme dans ses principes, ne pouvoit pas être mis dans le nombre infiniment circonscrit des auteurs purement originaux, mais que ses ouvrages n'en étoient pas moins très-utiles au public. On a remarqué il y a long-tems qu'il y a deux sortes de livres à qui ce titre peut appartenir en matière de science, ceux qui offrent des vues nouvelles & solides, & ceux qui rassemblant ces vues répandues dans un grand nombre d'ouvrages différens, empêchent non-seulement qu'elles n'échappent aux savans même, comme cela pourroit arriver quelquefois, mais encore les fortifient par l'ordre & par l'union. Tels sont ceux de l'abbé de *Condillac*. Il est certain qu'il n'avoit pas beaucoup d'idées: il ne va guères au-delà de celles qui étoient déjà connues; mais il étoit très-propre à dévoiler les erreurs des autres, à analyser les choses, & à démêler tout ce que l'imagination ou le préjugé, deux guides également suspects, y supposent sans fondement. Sa pensée est toujours claire, souvent juste, rarement forte & profonde. Ce n'étoit, à parler avec précision, ni un homme de grandes vues, ni d'une grande étendue d'esprit: mais il l'avoit très-droit, très-net, quelquefois même très-subtil, & il a porté dans toutes ses discussions, ces trois qualités, dont les deux premières, sur-tout, sont peu communes, & absolument nécessaires dans la recherche de la vérité.

Une autre observation qui peut servir à expliquer, à justifier même la préférence que nous accordons ici à Locke, sur l'abbé de *Condillac*, malgré la supériorité remarquable des instrumens dont celui-ci a fait usage, c'est que pour se faire lire avec fruit, avec plus d'intérêt même que les matières abstraites n'en inspirent communément; il semble qu'il avoit besoin de s'appuyer, pour ainsi dire, sur la réputation de Locke, & d'associer ses idées à celles du philosophe anglois. Ce qui rend cette opinion très-probable, c'est que l'*essai sur l'origine des connoissances humaines* qui n'est, au fond, comme je l'ai insinué plus haut, qu'une excellente analyse de la philosophie de Locke ici restreinte, corrigée & réformée, là, généralisée & fortifiée de nouvelles preuves, est encore aujourd'hui, malgré les fautes que l'abbé de *Condillac* lui-même y a reconnues (1), le meilleur de ses ouvrages. Ces exemples d'un homme qui en débutant dans une carrière difficile, y fait d'abord les plus grands pas, & reste ensuite à-peu-près au même terme où il s'étoit arrêté, surprennent toujours; & cependant, si l'on y regardoit de plus près, on verroit bientôt que ces phénomènes ne sont très-rares ni dans l'histoire des arts, ni dans celles des sciences.

Ce n'est pas que le *traité des systêmes* & celui des *sensations*, remplis d'ailleurs d'observations judicieuses & quelquefois très-fines, ne puissent contribuer aux progrès de nos connoissances en métaphysique. Mais je ne sçais pas si ces deux ouvrages ont beaucoup ajouté à la réputation de l'auteur: le style en est clair & correct, mais froid & sans couleur, défauts qui semblent ajouter encore à l'austérité du sujet: l'esprit toujours tendu & jamais distrait par quelque objet agréable ou intéressant, se fatigue, perd son ressort; l'attention diminue, & avec elle l'évidence des idées. Enfin, après une marche longue & pénible on arrive à un dernier terme plus ou moins éloigné de celui d'où l'on est parti: mais qui, en général, ne compense pas l'ennui d'une route uniforme & triste. D'ailleurs, (& c'est peut-être ici une des causes particulières

---

(1) *Voyez* le passage du *traité des systêmes* que j'ai cité ci-dessus, note première.

L'aveu que fait l'abbé de *Condillac* dans le passage auquel je renvoye, est d'un homme qui aime sincèrement la vérité, qui la cherche avec intelligence, avec zèle, & qui n'a pas la sotte & ridicule vanité de croire que le terme où il est d'abord arrivé dans l'examen d'une question difficile & compliquée, est le dernier, & qu'il n'y a rien au de-là.

A 2

du peu de succès du premier de ces ouvrages), la plupart des exemples cités par l'abbé de *Condillac*, pour prouver les inconvéniens & les abus de l'esprit de systême, ne paroissent pas très-bien choisis, & l'éloignent par conséquent de son but. L'hypothèse des monades & de l'harmonie préétablie n'est évidemment qu'un jeu d'esprit, une fiction philosophique très-ingénieuse. Leibnitz ne la donne que pour un pur badinage, & n'y attachoit aucune importance, comme on le voit par sa lettre au professeur Pfaff (1), de sorte que l'abbé de *Condillac* a exposé au long & réfuté très-sérieusement le rêve d'un homme éveillé ; car c'est ainsi qu'il faut appeler toutes ces théories brillantes qui n'étendent ni ne perfectionnent la science, & qu'on n'invente que pour faire un essai des forces de son esprit : *neque enim philosophorum est*, dit Leibnitz au sujet du systême exposé dans sa théodicée, *rem serio semper agere, qui in fingendis hypothesibus.... Ingenii sui vires experiuntur* (2).

A l'égard du spinosisme, on ne voit pas trop pourquoi l'abbé de *Condillac* l'a cité comme une autre preuve des écarts où conduit l'esprit systématique. Spinosa n'a point fait de systême, & ne paroît pas même en avoir eu le projet. C'étoit un bon & franc athée, un de ces hommes tranquilles dont l'étude étoit l'occupation habituelle, & le desir de s'instruire la passion dominante ; qui jouissant dans le silence de la retraite, où il vivoit par goût & par réflexion, de cette séré-nité, de cette paix inaltérable de l'ame si favorables à la méditation, cherchoit à se rendre compte de toutes ses opinions, sans se mettre fort en peine du résultat de son examen, c'est-à-dire, sans être arrêté par cette crainte puérile de choquer les idées, ou plutôt les préjugés les plus généralement reçus. Il a eu tort, sans doute, d'employer la méthode des géomètres pour résoudre le problème qu'il se proposoit ; cette excellente méthode n'a point ici sa juste application, & c'est, en quelque sorte, la compromettre que d'en faire un usage différent de celui auquel elle est exclusivement destinée. Mais si, comme on ne peut le nier, les raisonnemens de Spinosa, quoiqu'enchaînés à la manière des géomètres, *more geometrico*, présentés sous les mêmes formes, & exprimés dans la même langue, n'en ont quelquefois ni la justesse ni la certitude ; s'il s'est trompé en se flattant de répandre indistinctement sur toutes les faces de certains objets cette évidence géométrique que leur nature ne comporte pas, on ne peut se dissimuler que le résultat total & dernier de son éthique reste le même, & que ses paralogismes, fussent-ils d'ailleurs aussi réels & aussi fréquens que le prétend l'abbé de *Condillac*, ne prouvent rien contre le spinosisme qu'on ne peut combattre avec avantage que d'une seule manière, c'est-à-dire, en donnant une démonstration rigoureuse & vraiment mathématique de l'existence de Dieu. Toute autre réfutation du spinosisme est inutile & ne signifie absolument rien.

En effet, que Spinosa ait bien ou mal raisonné ; que ses définitions soient vagues, ses axiômes peu exacts ; que ses propositions soient l'ouvrage de son imagination & ne renferment rien qui puisse conduire à la connoissance des choses &c. &c. tout cela, vrai ou faux, ne touche point le fond de la question, & laisse le sceptique aussi perplexe, aussi incertain qu'il l'étoit sur l'existence nécessaire d'une cause libre, intelligente & distincte de ses effets, tandis qu'en mettant ce principe hors d'atteinte, il en résulte alors très-nécessairement, & sans aucun autre examen préalable ou ultérieur, que les argumens de Spinosa sont de purs sophismes, & n'ont de géométrique que la forme.

Il ne s'agit pas de savoir si cette route que doivent suivre, selon moi, les théologiens & les philosophes qui veulent détruire le spinosisme jusque dans ses fondemens, n'est pas, en effet, très-pénible & semée de précipices ; il suffit que ce soit la seule qui puisse les conduire au but qu'ils se proposent. S'ils ne se sentent pas la force de fournir cette carrière, ils doivent prudemment se tenir en repos, & ne pas compromettre indirectement par la foiblesse de leurs moyens, l'intérêt & la sûreté de leur cause.

On dira sans doute, pour excuser l'abbé de

---

(1) Leibnitz lui avoit demandé son sentiment sur la Théodicée, & sur la manière dont il avoit réfuté Bayle : Pfaff lui répondit qu'il lui sembloit que c'étoit pour se divertir qu'il avoit imaginé ce systême de philosophie, & que, comme le Clerc, voulant réfuter Bayle, avoit pris le personnage d'un origéniste, il (Leibnitz) avoit pris cette nouvelle manière de philosopher, qui ne fait que jetter de la poudre aux yeux de ceux qui n'approfondissent rien, mais qui est néanmoins d'autant plus ingénieuse, que, si on la comprend bien, on verra & qu'elle confirme subtilement l'opinion grossière de Bayle, sous l'apparence d'une réfutation, sans qu'on puisse découvrir d'abord le mystère, & qu'elle peut aussi servir à plâtrer les différens systêmes des religions, & des opinions opposées, qui paroissent d'ailleurs insoutenables, & à gagner la bienveillance des théologiens de presque tous les partis, sur-tout ceux de la confession d'Ausbourg. Leibnitz répliqua à son ami par une lettre écrite d'Hanovre, le 11 de mai 1716. « Ce que vous m'écrivez touchant ma Théodicée est très-vrai. Vous avez frappé au but : & je suis surpris que personne jusqu'à présent ne se soit aperçu que j'ai voulu me divertir ». *Ita prorsus est, vir summa reverende, uti scribis de Theodicæa mea. Rem acu tetigisti, Et miror neminem hactenus fuisse, qui sensum hunc meum senserit.* Voyez les *acta eruditorum mensis martii*, ann. 1728, pag. 125, & seq. Voyez aussi ce que le Clerc dit de la Théodicée de Leibnitz, bibliot. anc. & mod. tom. 15, page 179, 180.

(2) J'ai cité le commencement de ce passage très-remarquable, dans la note précédente.

Condillac, qu'une démonstration de l'existence de Dieu ne devoit pas se trouver dans un *Traité des systèmes*; mais une réfutation de la plupart des définitions, des axiômes & des propositions de la première partie de l'éthique de Spinosa n'y étoit pas mieux placée, puisque, comme je l'ai dit ci-dessus, Spinosa n'a point fait de système; il a seulement exposé à sa manière, & dans l'ordre qu'il a cru le plus propre à donner plus de force & de précision à ses raisonnemens, quelques-unes des difficultés auxquelles l'opinion commune de l'existence de Dieu lui paroissoit sujette.

J'accorderai, si l'on veut, à l'abbé de *Condillac*, que la logique de Spinosa manque souvent d'exactitude; j'ajouterai même, sans prétendre préjuger le fond de la question, qu'en général, son plan & ses moyens d'attaque ne valent rien; qu'il devoit, ou changer sa tactique, ou éviter prudemment le combat, &c : que pourra-t-on raisonnablement conclure de ces différens aveux, contre le spinosisme en particulier? rien. Le dogme vers lequel Spinosa a dirigé toutes ses batteries, ce dogme si cher aux théistes, n'en restera pas moins problématique aux yeux d'un incrédule instruit, qui jugeant les opinions en elles-mêmes & abstraction faite du mérite ou de l'insuffisance de ceux qui les soutiennent, sera toujours en droit de dire que Spinosa a pu perdre une bonne cause en la défendant mal, de même qu'avec beaucoup d'esprit, d'éloquence & de subtilité, on en gagne souvent de mauvaises.

Au reste, dans tout ce que j'ai dit ci-dessus de la manière dont l'abbé de *Condillac* a refuté le spinosisme, ou plutôt l'argumentation particulière de Spinosa qui en diffère beaucoup, quoique la critique affecte par-tout de confondre ces deux choses, j'ai supposé tacitement que ses objections étoient toujours fondées : mais je dois remarquer ici que, si ses raisonnemens sont tous très subtils, ils ne sont pas tous également concluans, comme il seroit facile de le prouver si c'en étoit ici le lieu. D'ailleurs, en attaquant la première partie de l'éthique de Spinosa, l'abbé de *Condillac* s'étoit imposé la tâche la plus facile; il auroit combattu avec moins d'avantage les quatre dernières où l'on trouve en effet des argumens très-solides auxquels on a tenté mille fois de répondre, & qui, malgré les chocs plus ou moins violens qu'ils ont reçus, sont restés aussi fermes sur leur base, aussi immobiles que ce rocher dont parle le poëte :

Ille velut rupes vastum quæ prodit in æquor,
Obvia ventorum furiis, expostaque ponto
Vim cunctam atque minas perfert cœlique marisque,
Ipsa immota manens.

J'en ai cité ailleurs (1) un de ce genre, d'où il résulte nécessairement pour quiconque sait juger des choses & suivre un raisonnement dans toutes ses conséquences, que la liberté des actions humaines est une chimère (2), un dogme absurde, contraire à l'expérience & à la raison, & que la seule différence qu'on puisse évidemment assigner entre un homme qui agit de telle & telle manière, & une boule qui se meut avec une vîtesse & dans une direction quelconques, c'est que l'homme a la conscience de son mouvement & que la boule ne l'a pas. A l'égard de la nécessité de ces divers phénomènes, elle est absolument la même dans les deux cas. (3)

L'objet du *Traité des sensations* est très-philosophique, & cet ouvrage me paroît, sous tous les rapports, fort supérieur au précédent ; mais il est beaucoup trop long. L'abbé de *Condillac* ne s'est pas souvenu du sage précepte de Montaigne, qu'*il vaut mieux laisser désir de soy que satiété, & qu'ès choses bonnes mesmes on peut trop dire*. Il y applique avec succès sa méthode chérie, l'analyse : mais par le choix même du sujet, il règne par-tout dans cette analyse une telle monotonie, qu'il est impossible de lire ce livre de suite. Il en résulte pour l'esprit, à peu-près la même fatigue & la même déplaisance que l'oreille éprouve quand elle est frappée d'un bruit uniforme & continu : tel est du moins l'effet que cet ouvrage, d'ailleurs très-instructif, a souvent produit sur moi. L'auteur s'y propose, en général, de découvrir & de bien distinguer les idées que nous devons à chaque sens, & abstraction faite des secours qu'un sens peut tirer d'un autre pour corriger ses jugemens. Il tâche de déterminer avec précision tous les changemens, toutes les différences que la réunion successive d'un, de deux, de trois, enfin de nos cinq sens apporte dans le nombre & la nature de nos connoissances qu'il dérive toutes de la même source & du même principe, c'est-à-dire de la sensation, laquelle devient successivement attention, comparaison, jugement & réflexion ; &c.

Ceux qui ont lu la *lettre sur les sourds*, ont pu remarquer que le projet du *traité des sensations*

---

[1] *V* dans la première édition de l'Encyclopédie, les quatre premières colonnes de l'article LIBERTÉ, (morale).

(2) *Voyez*, sur cette question, la première partie de l'article COLLINS (philosophie de)

(3) Comme la mémoire est un moule très-infidèle & qui altère quelquefois sensiblement les formes des objets, il se peut que j'attribue ici à Spinosa une comparaison qu'il n'a pas faite : mais si ce ne sont pas ses expressions c'est du moins l'analyse &, pour ainsi dire, l'esprit de ses raisonnemens qu'on trouvera plus développés dans l'article cité dans la note précédente.

n'est pas neuf ; la première idée en est certainement due à Diderot qui, en généralisant celle du muet de convention ou celle d'ôter la parole à un homme pour s'éclairer sur la formation du langage, avoit été conduit à considérer l'homme distribué en autant d'êtres distincts & séparés qu'il a de sens. L'abbé de *Conaillac*, en avouant qu'il a eu à-peu-près le même objet que l'auteur de la *lettre sur les sourds*, fait tous ses efforts pour persuader qu'il est aussi arrivé, par ses propres réflexions, à l'idée de décomposer un homme, idée qui, selon lui, auroit dû se présenter à l'esprit de tous les métaphysiciens. « Quoi qu'il en » soit, ajoute-t-il, je dois seul me déclarer pla- » giaire, si c'est l'être que de m'approprier des » idées qu'on m'a abandonnées, & dont on ne » vouloit faire aucun usage ».

Afin de mettre le lecteur à portée de décider facilement lequel de ces deux philosophes a sur ce point de plus justes droits au titre d'inventeur, je vais citer ici un passage de la *lettre sur les sourds*, où l'on trouve, dans les pensées comme dans l'expression, un caractère d'originalité qu'il est impossible de méconnoître. Ce passage, dont le *traité des sensations* n'est qu'un commentaire très-méthodique auquel l'auteur a joint des vues & des observations qui lui sont propres, & qui méritent toute l'attention des philosophes, suffira, ce me semble, pour prouver que l'idée primitive, l'idée mère appartient exclusivement à Diderot.

« Mon idée, dit-il, seroit donc de décomposer, » pour ainsi dire, un homme, & de considérer » ce qu'il tient de chacun des sens qu'il possède. » Je me souviens d'avoir été quelquefois occupé » de cette espèce d'anatomie métaphysique, & » je trouvois que de tous les sens l'œil étoit le » plus superficiel, l'oreille le plus orgueilleux, » l'odorat le plus voluptueux, le goût le plus » superstitieux & le plus inconstant, le toucher » le plus profond & le plus philosophe. Ce seroit, » à mon avis, une société plaisante, que celle » de cinq personnes dont chacune n'auroit qu'un » sens ; il n'y a pas de doute que ces gens-là ne » se traitassent tous d'insensés, & je vous laisse » à penser avec quel fondement. C'est-là pourtant » une image de ce qui arrive à tout moment dans » le monde ; on n'a qu'un sens, & l'on juge de » tout. Au reste il y a une observation singulière » à faire sur cette société de cinq personnes dont » chacune ne jouiroit que d'un sens ; c'est que, » par la faculté qu'elles auroient d'abstraire, elles » pourroient toutes être géomètres, s'entendre à merveille, & ne s'entendre qu'en » géométrie...

» Vous ne concevez pas, dites-vous, comment » dans la supposition singulière d'un homme dis- » tribué en autant de parties pensantes que nous » avons de sens, il arriveroit que chaque sens » devînt géomètre, & qu'il se formât jamais entre » les cinq sens une société où l'on parleroit de » tout, & où l'on ne s'entendroit qu'en géo- » métrie. Je vais tâcher d'éclaircir cet endroit, » car toutes les fois que vous aurez de la peine » à m'entendre, je dois penser que c'est ma » faute.

» L'odorat voluptueux n'aura pu s'arrêter sur » des fleurs ; l'oreille délicate être frappée des » sons ; l'œil prompt & rapide se promener sur » différens objets ; le goût inconstant & capricieux » changer de saveurs ; le toucher pesant & ma- » tériel s'appuyer sur des solides ; sans qu'il reste » à chacun de ces observateurs la mémoire ou » la conscience d'une, de deux, trois, quatre » &c. perceptions différentes ; ou celle de la même » perception une, deux, trois, quatre fois » réitérée, & parconséquent la notion des nombres » *un, deux, trois, quatre*, &c. les expériences » fréquentes qui nous constatent l'existence des » êtres, ou de leurs qualités sensibles, nous » conduisent en même-tems à la notion abstraite » des nombres ; & quand le toucher, par exemple, » dira, *j'ai saisi deux globes, un cylindre* ; de deux » choses l'une, ou il ne s'entendra pas, ou avec » la notion de globe & de cylindre, il aura » celle des nombres *un* & *deux*, qu'il pourra sépa- » rer, par abstraction, des corps auxquels il les » appliquoit, & se former un objet de médita- » tion & de calculs ; de calculs arithmétiques si » les symboles de ses notions numériques ne dé- » signent ensemble ou séparément qu'une collec- » tion d'unités déterminée ; de calculs algébriques, » si, plus généraux, ils s'étendent chacun indé- » terminément à toute collection d'unités.

» Mais la vue, l'odorat & le goût sont capables » des mêmes progrès scientifiques. Nos sens dis- » tribués en autant d'êtres pensants, pourroient » donc s'élever tous aux spéculations les plus » sublimes de l'arithmétique & de l'algèbre ; sonder » les profondeurs de l'analyse ; se proposer entre » eux les problèmes les plus compliqués sur la » nature des équations, & les résoudre comme » s'ils étoient des Diophantes. C'est peut-être ce » que fait l'huitre dans sa coquille.

» Quoi qu'il en soit, il s'ensuit que les ma- » thématiques pures entrent dans notre ame par » tous les sens, & que les notions abstraites nous » devroient être bien familieres. Cependant rame- » nés nous mêmes sans cesse par nos besoins & par » nos plaisirs, de la sphère des abstractions, vers » les êtres réels, il est à présumer que nos sens » personnifiés ne feroient pas une longue con- » versation, sans rejoindre les qualités des êtres » à la notion abstraite des nombres. Bientôt l'œil » bigarera son discours, & ses calculs de couleurs, » & l'oreille dira de lui : *Voilà sa folie qui le* » *tient* ; le goût, *c'est bien dommage* ; l'odorat,

» il entend l'analyse à merveilles ; & le toucher,
» mais il est fou à lier, quand il en est sur les
» couleurs. Ce que j'imagine de l'œil convient
» également aux quatre autres sens : ils se trou-
» veront tous un ridicule ; & pourquoi nos sens
» ne seroient-ils pas séparés, ce qu'ils sont bien
» quelquefois réunis ?

» Mais les notions des nombres ne seront pas
» les seules qu'ils auront communes. L'odorat
» devenu géomètre, & regardant la fleur comme
» un centre, trouvera la loi selon laquelle l'odeur
» s'affoiblit en s'en éloignant ; & il n'y en a pas
» un des autres qui ne puisse s'élever, sinon au
» calcul, du moins à la notion des *intensités* &
» des *rémissions*. On pourroit former une table
» assez curieuse des qualités sensibles & des notions
» abstraites, communes & particulières à chacun
» des sens ; mais ce n'est pas ici mon affaire. Je
» remarquerai seulement que plus un sens seroit
» riche, plus il auroit de notions particulières,
» & plus il paroîtroit extravagant aux autres. Il
» traiteroit ceux-ci d'êtres bornés ; mais en re-
» vanche ces êtres bornés le prendroient sérieu-
» sement pour un fou. Que le plus fat d'entre
» eux se croiroit infailliblement le plus sage. Qu'un
» sens ne seroit guères contredit que sur ce qu'il
» sauroit le mieux. Qu'ils seroient presque toujours
» quatre contre un ; ce qui doit donner bonne
» opinion des jugemens de la multitude. Qu'au lieu
» de faire de nos sens personnifiés une société
» de cinq personnes, si on en compose un peuple,
» ce peuple se divisera nécessairement en cinq
» sectes, la secte des yeux, celle des nez, la
» secte des palais, celle des oreilles, & la secte
» des mains. Que ces sectes auront toutes la même
» origine, l'ignorance & l'intérêt. Que l'esprit
» d'intolérance & de persécution se glissera bientôt
» entre elles. Que les yeux seront condamnés aux
» petites maisons, comme des visionnaires ; les
» nez regardés comme des imbéciles ; les palais
» évités comme des gens insupportables par leurs
» caprices & leur fausse délicatesse ; les oreilles
» détestées pour leur curiosité & leur orgueil ;
» & les mains méprisées pour leur matérialisme ;
» & que si quelque puissance supérieure secon-
» doit les intentions droites & charitables de
» chaque partie, en un instant la nature entière
» seroit exterminée ».

Nous allons présentement exposer les principes philosophiques de l'abbé de *Condillac* ; &
afin que le lecteur puisse suivre plus facilement
la marche progressive des idées de l'auteur, nous
observerons, en parlant de ses ouvrages, l'ordre
dans lequel il les a publiés. On pourra juger par
ce rapprochement, si ses dernières pensées ont
en effet perfectionné la science dont il avoit fait
l'objet habituel de ses méditations, ou si, comme
je l'ai avancé ci-dessus, son *Essai sur l'origine des
connoissances humaines* n'est pas encore celui de

ses ouvrages où il y a le plus à apprendre & qui
fait le plus penser.

Puisque l'occasion s'en présente, je dirai ici
que cette question me fut un jour proposée par
Diderot, & dans un âge où je pouvois craindre
que mon opinion ne se trouvât pas conforme à
la sienne. Mais sûr de son amitié, très-con-
vaincu d'ailleurs, que si je me trompois, il éclaireroit ma raison & me remettroit dans le bon chemin ; je répondis, avec la juste défiance que mon
âge & la foiblesse de mes lumières devoient nécessairement m'inspirer, que, sans croire comme
l'auteur, à la distinction des deux substances,
principe peu philosophique, & qui, à mon avis,
l'avoit souvent égaré dans ses recherches, je pré-
férois néanmoins l'*Essai sur l'origine des connoissances humaines*. La raison de ce choix, ajoutai-je
aussi-tôt, m'est peut-être particulière, mais je la
crois, en général, une mesure assez exacte du mérite
des ouvrages de raisonnement ; c'est que si ce traité
de l'abbé de *Condillac* n'est pas celui de ses écrits
qui renferme le plus de vérités, c'est au moins
celui qui me paroît le plus propre à en faire
trouver, & le seul d'ailleurs qui m'ait laissé le
désir de le relire. Ce jugement (1) parut surprendre Diderot, mais après un moment de
silence qui me causa quelque trouble & quelque
inquiétude sur la justesse de ma réponse, il
m'avoua qu'il étoit absolument du même avis,
& qu'au reste, ma décision n'étoit pas trop celle
d'un jeune homme. Ce fait, sans doute assez indifférent en lui-même, & que j'aurois rapporté
avec la même sincérité s'il m'eût été contraire,
prouve au moins deux choses, l'une, qu'un
philosophe dont le suffrage peut être de quelque
poids dans la balance, préféroit aussi l'*Essai sur l'o-
rigine des connoissances humaines* ; l'autre, « qu'il est
» bon, comme dit Montaigne, qu'un conduc-
» teur fasse trotter devant lui son disciple, pour
» juger de son train...... qu'il lui fasse tout
» passer par l'estamine, & ne loge rien en sa
» tête par simple autorité & à crédit....... Fâcheuse
» suffisance qu'une suffisance pure livresque ».

La science qui contribue le plus à rendre l'esprit lumineux, précis & étendu, & qui, par
conséquent, doit le préparer à l'étude de toutes
les autres, c'est la métaphysique ; sur-tout celle

---

(1) C'est le résultat qui en est exact ; car d'ailleurs j'avois certainement tort de ne pas assurer positive-ment qu'il y a plus de vérités réellement telles dans l'*essai sur l'origine des connoissances humaines*, que dans aucun autre écrit du même auteur. Mais lorsque cette question me fut proposée, le *traité des sensations* réunis-soit depuis long-tems tous les suffrages en sa faveur, & j'avoue que cette décision qui paroissoit être aussi celle de plusieurs philosophes, m'en imposa.

qui ne cherchant à voir les chofes que comme elles font en effet, eſt auſſi ſimple que la vérité elle-même. Avec celle-ci on acquiert peu de connoiſſances, mais on évite l'erreur; l'eſprit devient juſte, & ſe forme toujours des idées nettes.

On peut raiſonner en métaphyſique & en morale avec autant d'exactitude qu'en géométrie; ſe faire, auſſi bien que les géomètres, des idées juſtes, déterminer comme eux, le ſens des expreſſions d'une manière précise & invariable, enfin, ſe preſcrire, peut-être mieux qu'ils n'ont fait, un ordre aſſez ſimple & aſſez facile pour arriver à l'évidence.

Chacun ſe laiſſe ſéduire par ſes propres ſyſtêmes: Deſcartes, Malebranche & Leibnitz en offrent une forte preuve. Nous ne voyons qu'autour de nous, & nous croyons voir tout ce qui eſt: nous ſommes comme des enfans qui s'imaginent qu'au bout d'une plaine ils vont toucher le ciel avec la main.

L'expérience du philoſophe, comme celle du pilote, eſt la connoiſſance des écueils où les autres ont échoué; &, ſans cette connoiſſance, il n'eſt point de bouſſole qui puiſſe le guider.

Ce ne ſeroit pas aſſez de découvrir les erreurs des philoſophes, ſi l'on n'en pénétroit les cauſes: il faudroit même remonter d'une cauſe à l'autre, & parvenir juſqu'à la première. Car il y en a une qui doit être la même pour tous ceux qui s'égarent, & qui eſt comme un point unique, où commencent tous les chemins qui mènent à l'erreur. Peut-être qu'alors, à côté de ce point, on en verroit un autre, où commence l'unique chemin qui conduit à la vérité.

Notre premier objet, celui que nous ne devons jamais perdre de vue, c'eſt l'étude de l'eſprit humain: non pour en découvrir la nature, mais pour en connoître les opérations: obſerver avec quel art elles ſe combinent, & comment nous les conduire, afin d'acquérir toute l'intelligence dont nous ſommes capables. Il faut remonter à l'origine de nos idées, en développer la génération, les ſuivre juſqu'aux limites que la nature leur a preſcrites, par-là fixer l'étendue & les bornes de nos connoiſſances, & renouveller tout l'entendement humain.

Ce n'eſt que par la voie des obſervations que nous pouvons faire ces recherches avec ſuccès, & nous ne devons aſpirer qu'à découvrir une première expérience, que perſonne ne puiſſe révoquer en doute, & qui ſuffiſſe pour expliquer toutes les autres. Elle doit montrer ſenſiblement quelle eſt la ſource de nos connoiſſances, quels en ſont les matériaux, par quel principe ils ſont mis en œuvre, quels inſtrumens on y emploie, & quelle eſt la manière dont il faut s'en ſervir. La ſolution de tous ces problèmes ſe trouve, ce me ſemble, dans la liaiſon des idées, ſoit avec les ſignes, ſoit entre elles.

Les idées ſe lient avec les ſignes, & ce n'eſt que par ce moyen qu'elles ſe lient entre elles.

On peut réduire à un ſeul principe tout ce qui concerne l'entendement humain: ce principe eſt la perception: c'eſt la première opération qu'on peut remarquer dans l'ame; elle produit toutes celles dont nous pouvons acquérir l'exercice.

Le langage d'action a produit tous les arts qui ſont propres à exprimer nos penſées; l'art des geſtes, la danſe, la parole, la déclamation, l'art de la noter; celui des pantomimes, la muſique, la poëſie, l'éloquence, l'écriture & les différens caractères des langues.

Souvent un philoſophe ſe déclare pour la vérité ſans la connoître. Il voit une opinion qui juſqu'à lui a été abandonnée, & il l'adopte, non parce qu'elle lui paroît la meilleure, mais dans l'eſpérance de devenir le chef d'une ſecte. En effet, la nouveauté d'un ſyſtême a preſque toujours été ſuffiſante pour en aſſurer le ſuccès.

Il ſe peut que ce ſoit là le motif qui a engagé les péripatéticiens à prendre pour principe que toutes nos connoiſſances viennent des ſens. Ils étoient ſi éloignés de connoître cette vérité, qu'aucun d'eux n'a ſu la developper, & qu'après pluſieurs ſiècles, c'étoit encore une découverte à faire.

Bacon eſt peut-être le premier qui l'ait apperçue. Elle eſt le fondement d'un ouvrage dans lequel il donne d'excellens conſeils pour l'avancement des ſciences (1). Les cartéſiens ont rejetté ce principe avec mépris, parce qu'ils n'en ont jugé que d'après les écrits des péripatéticiens. Enfin Locke l'a ſaiſi, & il a l'avantage d'être le premier qui l'ait démontré: comme il eſt le premier qui ait écrit ſur les mots en vrai philoſophe. Il a vu, par exemple, que les mots & la manière dont nous nous en ſervons, peuvent fournir des lumières ſur le principe de nos idées (2); mais parce qu'il s'en eſt apperçu trop tard (3), il n'a traité que dans ſon troiſième livre une matière qui devoit être l'objet du ſe-

_____

(1) Nov. org. ſcient.

(2) L. III. ch. VIII. §. 1.

(3) J'avoue (dit-il, l. III. ch. IX. §. 21.) que lorſque je commençai cet ouvrage, & long-tems après, il ne me vint nullement dans l'eſprit qu'il fût néceſſaire de faire aucune réflexion ſur les mots.

cond.

cond. S'il eût pu prendre fur lui de recommencer fon ouvrage, on a lieu de conjecturer qu'il eût beaucoup mieux developpé les refforts de l'entendement humain. Pour ne l'avoir pas fait, il a paffé trop légèrement fur l'origine de nos connoiffances, & c'eft la partie qu'il a le moins approfondie. Il fuppofe, par exemple, qu'auffitôt que l'ame reçoit des idées par les fens, elle peut à fon gré les répéter, les compofer, les unir enfemble avec une variété infinie, & en faire toutes fortes de notions complexes. Mais il eft conftant que dans l'enfance nous avons éprouvé des fenfations, long-tems avant d'en favoir tirer des idées. Ainfi, l'ame n'ayant pas dès le premier inftant l'exercice de toutes fes opérations, il étoit effentiel, pour développer mieux l'origine de nos connoiffances, de montrer comment elle acquiert cet exercice, & quel en eft le progrès. Il ne paroit pas que Locke y ait penfé, ni que perfonne lui en ait fait le reproche, ou ait effayé de fuppléer à cette partie de fon ouvrage.

Principes métaphyfiques de l'abbé de Condillac.

Des matériaux de nos connoiffances.

§. 1. Soit que nous nous élevions, pour parler métaphoriquement, jufques dans les cieux, foit que nous defcendions dans les abîmes, nous ne fortons point de nous-mêmes; & ce n'eft jamais que notre propre penfée que nous appercevons.

Quelles que foient nos connoiffances, fi nous voulons remonter à leur origine, nous arriverons enfin à une première penfée fimple, qui a été l'objet d'une feconde, qui l'a été d'une troifième, & ainfi de fuite. C'eft cet ordre de penfées qu'il faut développer, fi nous voulons connoître les idées que nous avons des chofes.

La lumière, les couleurs, la douleur; le plaifir, le mouvement, le repos: voilà les premières penfées de l'homme: appercevoir, imaginer: voilà fes fecondes penfées.

Selon que les objets extérieurs agiffent fur nous, nous recevons différentes idées par les fens, & felon que nous réfléchiffons fur les opérations que les fenfations occafionnent dans notre ame, nous acquérons toutes les idées que nous n'aurions pu recevoir des chofes extérieures.

§. 5. Les fenfations & les opérations de l'ame font les matériaux de toutes nos connoiffances: matériaux que la réflexion met en œuvre, en cherchant par des combinaifons les rapports qu'ils renferment.

Il n'y a point d'idées qui ne foient acquifes: *Philofophie anc. & mod. Tome II.*

les premières viennent immédiatement des fens; les autres font dûes à l'expérience, & fe multiplient à proportion qu'on eft plus capable de réfléchir.

§. 6. Le péché originel a rendu l'ame fi dépendante du corps, que bien des philofophes ont confondu ces deux fubftances. Ils ont cru que la première n'eft que ce qu'il y a dans le corps de plus délié, de plus fubtil, & de plus capable de mouvement: mais cette opinion eft une fuite du peu de foin qu'ils ont eu de raifonner d'après des idées exactes. Je leur demande ce qu'ils entendent par un corps. S'ils veulent répondre d'une manière précife, ils ne diront pas que c'eft une fubftance unique, mais ils le regarderont comme un affemblage, une collection de fubftances. Si la penfée appartient au corps, ce fera donc en tant qu'il eft affemblage & collection, ou parce qu'elle eft une propriété de chaque fubftance qui le compofe. Or, ces mots *affemblage* & *collection* ne fignifient qu'un rapport externe entre plufieurs chofes, une manière d'exifter dépendamment les unes des autres. Par cette union nous les regardons comme formant un feul tout, quoique dans la réalité elles ne foient pas plus *une* que fi elles étoient féparées. Ce ne font-là, par conféquent, que des termes abftraits, qui au-dehors ne fuppofent pas une fubftance unique, mais une multitude de fubftances. Le corps, en tant qu'affemblage & collection, ne peut donc pas être le fujet de la penfée.

Diviferons-nous la penfée entre toutes les fubftances dont il eft compofé? D'abord cela ne fera pas poffible, quand elle ne fera qu'une perception unique & indivifible. En fecond lieu, il faudra encore rejetter cette fuppofition, quand la penfée fera formée d'un certain nombre de perceptions. Qu'A, B, C, trois fubftances qui entrent dans la compofition du corps, fe partagent trois perceptions différentes, je demande où s'en fera la comparaifon. Ce ne fera pas dans A, puifqu'il ne fauroit comparer une perception qu'il a avec celles qu'il n'a pas. Par la même raifon, ce ne fera ni dans B, ni dans C. Il faudra donc admettre un point de réunion; une fubftance qui foit en même tems un fujet fimple & indivifible de ces trois perceptions; diftincte, par conféquent, du corps; une ame, en un mot.

§. 7. Je ne fais comment Locke (1) a pu avancer qu'il nous fera peut-être éternellement impoffible de connoître fi Dieu n'a point donné à quelque amas de matière difpofée d'une certaine façon, la puiffance de penfer. Il ne faut

---

(1) L. 4. c. 3.

pas s'imaginer que pour résoudre cette question, il faille connoître l'essence & la nature de la matière. Les raisonnemens qu'on fonde sur cette ignorance, sont tout-à-fait frivoles. Il suffit de remarquer que le sujet de la pensée doit être *un*. Or un amas de matière n'est pas *un*, c'est une multitude (1).

§. 8. L'ame étant distincte & différente du corps, celui-ci ne peut-être que cause occasionnelle de ce qu'il paroît produire en elle. D'où il faut conclure que nos sens ne sont qu'occasionnellement la source de nos connoissances. Mais ce qui se fait à l'occasion d'une chose, peut se faire sans elle ; parce qu'un effet ne dépend de sa cause occasionnelle que dans une certaine hypothèse. L'ame peut donc absolument, sans le secours des sens, acquérir des connoissances.

Des sensations.

§. 9. Les idées qu'on appelle *sensations*, sont évidemment telles que si nous avions été privés des sens, nous n'aurions jamais pu les acquérir. Aussi aucun philosophe n'a avancé qu'elles fussent innées ; c'eût été trop visiblement contredire l'expérience. Mais ils ont prétendu qu'elles ne sont pas des idées : comme si elles n'étoient pas par elles-mêmes autant représentatives qu'aucune autre pensée de l'ame. Ils ont donc regardé les sensations comme quelque chose qui ne vient qu'après les idées, & qui les modifie : erreur qui leur a fait imaginer des systêmes aussi bisarres qu'inintelligibles.

La plus légère attention doit nous faire connoître, que, quand nous appercevons de la lumière, des couleurs, de la solidité, ces sensations & autres semblables sont plus que suffisantes pour nous donner toutes les idées qu'on a communément des corps. En est-il en effet quelqu'une qui ne soit pas renfermée dans ces premières perceptions ? N'y trouve-t-on pas les idées d'étendue, de figure, de lieu, de mouvement, de repos, & toutes celles qui dépendent de ces dernières ?

Qu'importe qu'on puisse par les sens connoître avec certitude quelle est la figure d'un corps ? La question est de savoir, si, même quand ils nous trompent, ils ne nous donnent pas l'idée d'une figure. J'en vois une que je juge être un pentagone, quoiqu'elle forme dans un de ses côtés un angle imperceptible. C'est une erreur. Mais enfin, m'en donne-t-elle moins l'idée d'un pentagone ?

Ne pourroit-on pas trouver dans nos sens une source de vérités, comme une source d'erreurs ; & les distinguer si bien l'une de l'autre, qu'on pût constamment puiser dans la première ?

Rien n'est plus clair & plus distinct que notre perception, quand nous éprouvons quelques sensations. Quoi de plus clair que les perceptions de son & de couleur ? Quoi de plus distinct ? nous est-il jamais arrivé de confondre deux de ces choses ?

Quelle que soit la nature de ces perceptions, & de quelque manière qu'elles se produisent ; si nous y cherchons l'idée de l'étendue, celle d'une ligne, d'un angle, & de quelques figures, il est certain que nous l'y trouverons très-clairement & très-distinctement. Si nous y cherchons encore à quoi nous rapportons cette étendue & ces figures ; nous appercevrons aussi clairement

---

(1) La propriété de marquer le tems, m'a-t-on objecté, est indivisible. On ne peut pas dire qu'elle se partage entre les roues d'une montre. Elle est dans le tout. Pourquoi donc la propriété de penser ne pourroit-elle pas se trouver dans un tout organisé ? Je réponds que la propriété de marquer le tems, peut par sa nature appartenir à un sujet composé, parce que le tems n'étant qu'une succession, tout ce qui est capable de mouvement, peut le mesurer. On m'a encore objecté que l'unité convient à un amas de matière ordonné, quoiqu'on ne puisse pas lui appliquer, quand la confusion est telle qu'elle empêche de le considérer comme un tout. J'en conviens ; mais j'ajoute qu'alors l'unité ne se prend pas dans la rigueur. Elle se prend pour une unité, composée d'autres unités, par conséquent elle est proprement collection, multitude : or ce n'est pas de cette unité que je prétends parler.

NOTA. Cette réponse de l'abbé de *Condillac* élude la difficulté, plutôt qu'elle ne la résout. Je remarquerai même que la confiance avec laquelle il donne sa solution feroit croire qu'il n'entendroit pas l'état de la question ; car rien n'est plus vague, plus insignifiant que tout ce qu'il dit à ce sujet dans cette note ; au reste, il s'en faut beaucoup que l'objection à laquelle il tâche en vain de répondre soit proposée ici dans toute sa force : il y a bien d'autres preuves en faveur de ceux qui rejettent comme une opinion absurde la distinction des deux substances dans l'homme. Si, en philosophant sur ce principe si évidemment contraire à l'expérience & à la raison, l'abbé de *Condillac* a été sincère avec lui-même ; s'il a dit, s'il a écrit ce qu'il pensoit, il faut avouer que sur ce point il a été aussi mauvais observateur que mauvais logicien. Ceux qui voudront voir cette importante matière traitée avec toute l'exactitude & la profondeur qu'elle exige, peuvent consulter l'article COLLINS (philosophie de) tom. I. p. 792, & suiv. jusqu'à la fin du volume. Si l'abbé de *Condillac* avoit eu connoissance de l'excellent traité de Collins auquel je renvoye le lecteur, il n'auroit pas écrit tant de puérilités sur la prétendue distinction de l'ame & du corps. On voit avec peine cette ridicule hypothèse servir de base à tous ses ouvrages philosophiques, & l'on regrette que ce subtil métaphysicien, au lieu de profiter des découvertes de ceux qui l'avoient précédé dans la carrière, ait consacré dans la plupart des livres qu'il a publiés des préjugés qu'un prêtre hypocrite ou superstitieux peut enseigner, mais qui, sous aucun prétexte ne doivent, pas même être la doctrine publique d'un philosophe.

& aussi distinctement que ce n'est pas à nous, ou à ce qui est en nous le sujet de la pensée, mais à quelque chose hors de nous.

Mais si nous y voulons chercher l'idée de la grandeur absolue de certains corps, ou même celle de leur grandeur relative, & de leur propre figure, nous n'y trouverons que des jugemens fort suspects. Selon qu'un objet sera plus près ou plus loin, les apparences de grandeur & de figure sous lesquelles il se présentera, seront tout-à-fait différentes.

Il y a donc trois choses à distinguer dans nos sensations : 1°. la perception que nous éprouvons ; 2°. le rapport que nous en faisons à quelque chose hors de nous ; 3°. le jugement que ce que nous rapportons aux choses leur appartient en effet.

Il n'y a ni erreur, ni obscurité, ni confusion dans ce qui se passe en nous, non plus que dans le rapport que nous en faisons au-dehors. Si nous réfléchissons, par exemple, que nous avons les idées d'une certaine grandeur & d'une certaine figure, & que nous les rapportons à tel corps ; il n'y a rien là qui ne soit vrai, clair & distinct. Voilà où toutes les vérités ont leur source. Si l'erreur survient, ce n'est qu'autant que nous jugeons que telle grandeur & telle figure appartiennent en effet à tel corps. Si, par exemple, je vois de loin un bâtiment carré, il me paroîtra rond. Y a-t-il donc de l'obscurité & de la confusion dans l'idée de rondeur, ou dans le rapport que j'en fais ? Non : mais je juge ce bâtiment rond ; voilà l'erreur.

Quand je dis donc que toutes nos connoissances viennent des sens, il ne faut pas oublier que ce n'est qu'autant qu'on les tire de ces idées claires & distinctes qu'ils renferment. Pour les jugemens qui les accompagnent, ils ne peuvent nous être utiles, qu'après qu'une expérience bien réfléchie en a corrigé les défauts.

Ce que nous avons dit de l'étendue & des figures s'applique parfaitement bien aux autres idées de sensations, & peut résoudre la question des cartésiens : savoir, si les couleurs, les odeurs, &c. sont dans les objets.

Il n'est pas douteux qu'il ne faille admettre dans les corps des qualités qui occasionnent les impressions qu'ils font sur nos sens. La difficulté qu'on prétend faire, est de savoir si ces qualités sont semblables à ce que nous éprouvons. Sans doute que ce qui nous embarrasse, c'est qu'appercevant en nous l'idée de l'étendue, & ne voyant aucun inconvénient à supposer dans les corps quelque chose de semblable ; on s'imagine qu'il s'y trouve aussi quelque chose qui ressemble aux perceptions de couleurs, d'odeurs, &c. C'est-là un jugement précipité, qui n'est fondé que sur cette comparaison, & dont on n'a en effet aucune idée.

La notion de l'étendue dépouillée de toutes ses difficultés, & prise par le côté le plus clair, n'est que l'idée de plusieurs êtres qui nous paroissent les uns hors des autres (1). C'est pourquoi en supposant au-dehors quelque chose de conforme à cette idée, nous nous le représentons toujours d'une manière aussi claire, que si nous ne le considérions que dans l'idée même. Il en est tout autrement des couleurs, des odeurs, &c. tant qu'en réfléchissant sur ces sensations, nous les regardons comme à nous, comme nous étant propres, nous en avons les idées fort claires. Mais si nous voulons, pour ainsi dire, les détacher de notre être, & en enrichir les objets, nous faisons une chose dont nous n'avons pas d'idée. Nous ne sommes portés à les leur attribuer que parce que d'un côté nous sommes obligés d'y supposer quelque chose qui les occasionne, & que de l'autre, cette cause nous est tout-à-fait cachée.

C'est une erreur que de supposer des idées ou des sensations obscures & confuses. Ce langage ne doit point passer parmi des philosophes, qui ne sauroient mettre trop d'exactitude dans leurs expressions. Si vous trouvez qu'un portrait ressemble obscurément & confusément ; développez cette pensée, & vous verrez qu'il est par quelques endroits conforme à l'original, & que par d'autres il ne l'est point. Il en est de même de chacune de nos perceptions : ce qu'elles renferment est clair & distinct, & ce qu'on leur suppose d'obscur & de confus, ne leur appartient en aucune manière. On ne peut pas dire d'elles, comme d'un portrait, qu'elles ne ressemblent qu'en partie. Chacune est si simple que tout ce qui auroit avec elles quelque rapport d'égalité, leur seroit égal en tout.

Dans mon langage, avoir des idées claires & distinctes c'est, pour parler plus brièvement, avoir des idées ; & avoir des idées obscures & confuses, c'est n'en point avoir.

§. 14. Ce qui nous fait croire que nos idées sont susceptibles d'obscurité, c'est que nous ne les distinguons pas assez des expressions en usage. Nous disons, par exemple, que *la neige est blanche*, & nous faisons mille autres jugemens sans penser

―――――――――
(1) Et unis, disent les leibnitiens. Mais cela est inutile, quand il s'agit de l'étendue abstraite. Nous ne pouvons nous représenter des êtres séparés, qu'autant que nous en supposons d'autres qui les séparent, & la totalité emporte l'idée d'union.

à ôter d'équivoque des mots. Ainsi parce que nos jugemens sont exprimés d'une manière obscure, nous nous imaginons que cette obscurité retombe sur les jugemens mêmes, & sur les idées qui les composent : une définition corrigeroit tout. La neige est blanche, si l'on entend par *blancheur* la cause physique de notre perception : elle ne l'est pas, si l'on entend par *blancheur* quelque chose de semblable à la perception-même. Ces jugemens ne sont donc pas obscurs; mais ils sont vrais ou faux, selon le sens dans lequel on prend les termes.

Un motif nous engage encore à admettre des idées obscures & confuses. C'est la démangeaison que nous avons de savoir beaucoup. Il semble que ce soit une ressource pour notre curiosité de connoître au moins obscurément & confusément. C'est pourquoi nous avons quelquefois de la peine à nous appercevoir que nous manquons d'idées (1).

Analyse & génération des opérations de l'ame.

On peut distinguer les opérations de l'ame en deux espèces, selon qu'on les rapporte plus particulièrement à l'entendement ou à la volonté. Je ne les considère ici que par le rapport qu'elles ont à l'entendement. Il s'agit d'en développer les progrès, & de voir comment elles s'engendrent toutes d'une première qui n'est qu'une simple perception. Cette seule recherche est plus utile que toutes les règles des logiciens.

De la perception, de la conscience, de l'attention & de la réminiscence.

§. 1. La perception ou l'impression occasionnée dans l'ame par l'action des sens, est la première opération de l'entendement. L'idée en est telle qu'on ne peut l'acquérir par aucun discours. La seule réflexion sur ce que nous éprouvons, quand nous sommes affectés de quelque sensation, peut la fournir.

§. 2. Les objets agiroient inutilement sur les sens, & l'ame n'en prendroit jamais connoissance, si elle n'en avoit pas perception. Ainsi le premier & le moindre degré de connoissance, c'est d'appercevoir.

§. 3. Mais puisque la perception ne vient qu'à la suite des impressions qui se font sur les sens, il est certain que ce premier degré de connoissance doit avoir plus ou moins d'étendue, selon qu'on est organisé pour recevoir plus ou moins de sensations différentes. Prenez des créatures qui soient privées de la vue ; d'autres qui le soient de la vue & de l'ouïe, & ainsi successivement ; vous aurez bientôt des créatures qui étant privées de tous les sens, ne recevront aucune connoissance. Supposez au contraire, s'il est possible, de nouveaux sens dans des animaux plus parfaits que l'homme. Que de perceptions nouvelles ! Par conséquent, combien de connoissances à leur portée, auxquelles nous ne saurions atteindre, & sur lesquelles nous ne saurions même former des conjectures !

§. 4. Nos recherches sont quelquefois d'autant plus difficiles, que leur objet est plus simple. Les perceptions en sont un exemple. Quoi de plus facile en apparence que de décider si l'ame prend connoissance de toutes celles qu'elle éprouve ? Faut-il autre chose que réfléchir sur soi-même ? Sans doute que tous les philosophes l'ont fait : mais quelques-uns préoccupés de leurs principes, ont dû admettre dans l'ame des perceptions dont elle ne prend jamais connoissance (2) ; & d'autres ont dû trouver cette opinion tout-à-fait inintelligible (3). Il suffit de remarquer que de l'aveu de tout le monde, il y a dans l'ame des perceptions qui n'y sont pas à son insu. Or ce sentiment qui lui en donne la connoissance, & qui l'avertit du moins d'une partie de ce qui se passe en elle, je l'appellerai *conscience*.

Si, comme le veut Locke, l'ame n'a point de perception dont elle ne prenne connoissance ; ensorte qu'il y ait contradiction qu'une perception ne soit pas connue, la perception & la conscience ne doivent être prises que pour une seule & même opération. Si au contraire le sentiment opposé étoit le véritable, elles seroient deux opérations distinctes ; & ce seroit à la conscience & non à la perception, comme je l'ai supposé, que commenceroit proprement notre connoissance.

§. 5. Entre plusieurs perceptions dont nous avons en même tems conscience, il nous arrive souvent d'avoir plus conscience des unes que des autres, ou d'être plus vivement avertis de leur existence. Plus même la conscience de quelques-unes augmente, plus celle des autres diminue. Que quelqu'un soit dans un spectacle, où une multitude d'objets paroissent se disputer ses regards, son ame sera assaillie de quantité de per-

---

(1) Locke admet des idées claires, obscures, distinctes & confuses, vraies & fausses. Mais les explications qu'il en donne, font voir que nous ne différons que par la manière de nous expliquer. Celle dont je me sers à l'avantage d'être plus nette & plus simple. Par cette raison elle doit avoir la préférence ; car ce n'est qu'à force de simplifier le langage, qu'on en pourra prévenir les abus.

(2) Les cartésiens, les mallebranchistes & les Leibnitiens.

(3) Locke & ses sectateurs.

ceptions, dont il est constant qu'elle prend connoissance ; mais peu à peu quelques-unes lui plairont & l'intéresseront davantage : il s'y livrera donc plus volontiers. Dès-là il commencera à être moins affecté par les autres : la conscience en diminuera même insensiblement, jusqu'au point que, quand il reviendra à lui, il ne se souviendra pas d'en avoir pris connoissance. L'illusion qui se fait au théâtre en est la preuve. Il y a des momens où la conscience ne paroît pas se partager entre l'action qui se passe & le reste du spectacle. Il sembleroit d'abord que l'illusion devroit être d'autant plus vive, qu'il y auroit moins d'objets capables de distraire. Cependant chacun a pu remarquer qu'on n'est jamais plus porté à se croire le seul témoin d'une scène intéressante, que quand le spectacle est bien rempli. C'est peut-être que le nombre, la variété & la magnificence des objets remuent les sens, échauffent, élèvent l'imagination, & par là nous rendent plus propres aux impressions que le poëte veut faire naître. Peut-être encore que les spectateurs se portent mutuellement, par l'exemple qu'ils se donnent, à fixer la vue sur la scène. Quoi qu'il en soit, cette opération par laquelle notre conscience par rapport à certaines perceptions augmente si vivement qu'elles paroissent les seules dont nous ayons pris connoissance, je l'appelle *attention*. Ainsi être attentif à une chose, c'est avoir plus conscience des perceptions qu'elle fait naître, que de celles que d'autres produisent, en agissant, comme elle sur nos sens ; & l'attention a été d'autant plus grande, qu'on se souvient moins de ces dernières.

§. 6. Je distingue de deux sortes de perceptions parmi celles dont nous avons conscience : les unes dont nous nous souvenons au moins le moment suivant ; les autres que nous oublions aussi-tôt que nous les avons eues. Cette distinction est fondée sur l'expérience que je viens d'apporter. Quelqu'un qui s'est livré à l'illusion se souviendra fort bien de l'impression qu'a fait sur lui une scène vive & touchante ; mais il ne se souviendra pas toujours de celle qu'il recevoit en même tems du reste du spectacle.

§. 7. On pourroit ici prendre deux sentimens différens du mien. Le premier seroit de dire que l'ame n'a point éprouvé, comme je le suppose, les perceptions que je lui fais oublier si promptement ; ce qu'on essaieroit d'expliquer par des raisons physiques. Il est certain, diroit-on, que l'ame n'a des perceptions, qu'autant que l'action des objets sur les sens se communique au cerveau (1). Or on pourroit supposer les fibres de celui-ci dans une si grande contention par l'impression qu'elles reçoivent de la scène qui cause

(1) Ou si l'on veut à la partie du cerveau qu'on appelle *sensorium commune*.

l'illusion, qu'elles résisteroient à toute autre. D'où l'on concluroit que l'ame n'a eu d'autres perceptions, que celles dont elle conserve le souvenir.

Mais il n'est pas vraisemblable que quand nous donnons notre attention à un objet, toutes les fibres du cerveau soient également agitées, en-sorte qu'il n'en reste pas beaucoup d'autres capables de recevoir une impression différente. Il y a donc lieu de présumer qu'il se passe en nous des perceptions dont nous ne nous souvenons pas le moment d'après que nous les avons eues. Ce qui n'est encore qu'une présomption, sera bien-tôt démontré, même du plus grand nombre.

§. 8. Le second sentiment seroit de dire qu'il ne se fait point d'impression dans les sens, qui ne se communique au cerveau, & ne produise, par conséquent, une perception dans l'ame. Mais on ajouteroit qu'elle est sans conscience, ou que l'ame n'en prend point connoissance. Ici je me déclare pour Locke ; car je n'ai point d'idée d'une pareille perception : j'aimerois autant qu'on dît que j'apperçois sans appercevoir.

§. 9. Je pense donc que nous avons toujours conscience des impressions qui se font dans l'ame : mais quelquefois d'une manière si légère, qu'un moment après nous ne nous en souvenons plus. Quelques exemples mettront ma pensée dans tout son jour.

J'avouerai que pendant un tems il m'a semblé qu'il se passoit en nous des perceptions dont nous n'avons pas conscience. Je me fondois sur cette expérience qui paroît assez simple ; que nous fermons des milliers de fois les yeux, sans que nous paroissions prendre connoissance que nous sommes dans les ténèbres. Mais en faisant d'autres expériences, je découvris mon erreur. Certaines perceptions que je n'avois pas oubliées, & qui supposoient nécessairement que j'en avois eu d'autres dont je ne me souvenois plus un instant après les avoir eues, me firent changer de sentiment. Entre plusieurs expériences qu'on peut faire, en voici une qui est sensible.

Qu'on réfléchisse sur soi-même au sortir d'une lecture, il semblera qu'on n'a eu conscience que des idées qu'elle a fait naître. Il ne paroîtroit pas qu'on en ait eu davantage de la perception de chaque lettre, que de celle des ténèbres, à chaque fois qu'on baissoit involontairement la paupière. Mais on ne se laissera pas tromper par cette apparence, si l'on fait réflexion que sans la conscience de la perception des lettres, on n'en auroit point eu de celle des mots, ni par conséquent, des idées.

§. 10. Cette expérience conduit naturellement à rendre raison d'une chose dont chacun a fait l'épreuve. C'est la vîtesse étonnante avec laquelle le tems paroît quelquefois s'être écoulé. Cette apparence vient de ce que nous avons oublié la plus confidérable partie des perceptions qui fe font fuccédées dans notre ame. Locke nous fait voir que nous ne nous formons une idée de la fucceffion du tems, que par la fucceffion de nos penfées. Or des perceptions, au moment qu'elles font totalement oubliées, font comme non avenues. Leur fucceffion doit donc être autant de retranché de celle du tems. Par conféquent, une durée affez confidérable, des heures, par exemple, doit nous paroître avoir paffé comme des inftans.

§. 11. Cette explication m'exempte d'apporter de nouveaux exemples : elle en fournira fuffifamment à ceux qui voudront y réfléchir. Chacun peut remarquer que parmi les perceptions qu'il a éprouvées pendant un tems qui lui paroît avoir été fort court, il y en a un grand nombre dont fa conduite prouve qu'il a eu confcience, quoiqu'il les ait tout-à-fait oubliées. Cependant, tous les exemples n'y font pas également propres. C'eft ce qui me trompa, quand je m'imaginai que je baiffois involontairement la paupière, fans prendre connoiffance que je fuffe dans les ténèbres. Mais il n'eft rien de plus raifonnable que d'expliquer un exemple par un autre. Mon erreur provenoit de ce que la perception des ténèbres étoit fi prompte, fi fubite, & la confcience fi foible, qu'il ne m'en reftoit aucun fouvenir. En effet, que je donne mon attention au mouvement de mes yeux ; cette même perception deviendra fi vive, que je ne douterai plus de l'avoir eue.

§. 12. Non-feulement nous oublions ordinairement une partie de nos perceptions, mais quelquefois nous les oublions toutes. Quand nous ne fixons point notre attention, enforte que nous recevons les perceptions qui fe produifent en nous, fans être plus avertis des unes que des autres ; la confcience en eft fi légère, que fi l'on nous retire de cet état, nous ne nous fouvenons pas d'en avoir éprouvé. Je fuppofe qu'on me préfente un tableau fort compofé, dont à la première vue les parties ne me frappent pas plus vivement les unes que les autres, & qu'on me l'enlève avant que j'aie eu le tems de le confidérer en détail : il eft certain qu'il n'y a aucune de fes parties fenfibles, qui n'ait produit en moi des perceptions ; mais la confcience en a été fi foible, que je ne puis m'en fouvenir. Cet oubli ne vient pas de leur peu de durée. Quand on fuppoferoit que j'ai eu pendant long-tems les yeux attachés fur ce tableau, pourvû qu'on ajoûte que je n'ai pas rendu tour-à-tour plus vive la confcience des perceptions de chaque partie ; je ne ferai pas plus en état au bout de plufieurs heures d'en rendre compte, qu'au premier inftant.

Ce qui fe trouve vrai des perceptions qu'occafionne ce tableau, doit l'être par la même raifon de celles que produifent les objets qui m'environnent. Si agiffant fur les fens avec des forces prefque égales, ils produifent en moi des perceptions toutes à-peu-près dans un pareil degré de vivacité ; & fi mon ame fe laiffe aller à leur impreffion, fans chercher à avoir plus de confcience d'une perception que d'une autre, il ne me reftera aucun fouvenir de ce qui s'eft paffé en moi. Il me femblera que mon ame a été pendant tout ce tems dans une efpèce d'affoupiffement, où elle n'étoit occupée d'aucune penfée. Que cet état dure plufieurs heures ou feulement quelques fecondes, je n'en faurois remarquer la différence dans la fuite des perceptions que j'ai éprouvées, puifqu'elles font également oubliées dans l'un & l'autre cas. Si même on le faifoit durer des jours, des mois, ou des années, il arriveroit que, quand on en fortiroit par quelque fenfation vive, on ne fe rappelleroit plufieurs années que comme un moment.

§. 13. Concluons que nous ne pouvons tenir aucun compte du plus grand nombre de nos perceptions ; non qu'elles ayent été fans confcience, mais parce qu'elles font oubliées un inftant après. Il n'y a donc point dont l'ame ne prenne connoiffance. Ainfi la perception & la confcience ne font qu'une même opération fous deux noms. En tant qu'on ne la confidère que comme une impreffion dans l'ame, on peut lui conferver celui de perception ; en tant qu'elle avertit l'ame de fa préfence, on peut lui donner celui de confcience. C'eft en ce fens que j'employerai déformais ces deux mots.

§ 14. Les chofes attirent notre attention par le côté par où elles ont le plus de rapport avec notre tempérament, nos paffions & notre état. Ce font ces rapports qui font qu'elles nous affectent avec plus de force, & que nous en avons une confcience plus vive. D'où il arrive que, quand ils viennent à changer, nous voyons les objets tout différemment, & nous en portons des jugemens tout-à-fait contraires. On eft communément fi fort la dupe de ces fortes de jugemens, que celui qui dans un tems voit & juge d'une manière, & dans un autre voit & juge tout autrement, croit toujours bien voir & bien juger. Penchant qui nous devient fi naturel, que nous faifant toujours confidérer les objets par les rapports qu'ils ont à nous, nous ne manquons pas de critiquer la conduite des autres, autant que nous approuvons la nôtre. Joignez à cela que l'amour propre nous perfuade aifément que les chofes ne font louables qu'autant qu'elles ont attiré notre attention avec quelque fatisfaction de notre part, & vous comprendrez pourquoi ceux mêmes qui ont affez de difcernement pour les apprécier, dispensent d'ordinaire si mal leur estime, que tantôt ils la refusent injustement, & tantôt ils la prodiguent.

§ 15. Lorsque les objets attirent notre attention, les perceptions qu'ils occasionnent en nous, se lient avec le sentiment de notre être, & avec tout ce qui peut y avoir quelque rapport. De-là il arrive que non-seulement la conscience nous donne connoissance de nos perceptions; mais encore, si elles se répètent, elle nous avertit souvent que nous les avons déjà eues, & nous les fait connoître comme étant à nous, ou comme affectant malgré leur variété & leur succession un être qui est constamment le même *nous*. La conscience, considérée par rapport à ces nouveaux effets, est une nouvelle opération qui nous sert à chaque instant, & qui est le fondement de l'expérience. Sans elle chaque moment de la vie nous paroîtroit le premier de notre existence, & notre connoissance ne s'étendroit jamais au-delà d'une première perception. Je la nommerai *réminiscence*.

Il est évident que si la liaison qui est entre les perceptions que j'éprouve actuellement, celles que j'éprouvai hier, & le sentiment de mon être, étoit détruite, je ne saurois reconnoître que ce qui m'est arrivé hier, soit arrivé à moi-même. Si à chaque nuit cette liaison étoit interrompue, je commencerois, pour ainsi dire, chaque jour une nouvelle vie, & personne ne pourroit me convaincre que le *moi* d'aujourd'hui fût le *moi* de la veille. La réminiscence est donc produite par la liaison que conserve la suite de nos perceptions. Si l'on me demande comment elle peut elle-même être formée par l'attention, je réponds que la raison en est uniquement dans la nature de l'âme & du corps. C'est pourquoi je regarde cette liaison comme une première expérience, qui doit suffire pour expliquer toutes les autres.

Afin de mieux analyser la réminiscence, il faudroit lui donner deux noms: l'un en tant qu'elle nous fait reconnoître notre être; l'autre, en tant qu'elle nous fait reconnoître les perceptions qui s'y répètent : car ce sont-là des idées bien distinctes. Mais la langue ne fournit pas de terme dont on puisse se servir: il suffit d'avoir fait remarquer de quelles idées simples la notion complexe de cette opération est composée.

§ 16. Le progrès des opérations dont je viens de donner l'analyse & d'expliquer la génération, est sensible. D'abord il n'y a dans l'âme qu'une simple perception, qui n'est que l'impression qu'elle reçoit à la présence des objets. Delà naissent dans leur ordre les trois autres opérations. Cette impression considérée comme avertissant l'âme de la présence, est ce que j'appelle conscience. Si la connoissance qu'on en prend est telle qu'elle paroisse la seule perception dont on ait conscience, c'est attention. Enfin quand elle se fait connoître comme ayant déjà affecté l'âme, c'est réminiscence. La conscience dit en quelque sorte à l'âme, voilà une perception; l'attention, voilà une perception qui est la seule que vous ayez : la réminiscence, voilà une perception que vous avez déjà eue.

De l'imagination, de la contemplation, & de la mémoire.

§. 17. Le premier effet de l'attention, l'expérience l'apprend, c'est de faire subsister dans l'esprit, en l'absence des objets, les perceptions qu'ils ont occasionnées. Elles s'y conservent même ordinairement dans le même ordre qu'elles avoient, quand les objets étoient présens. Par-là il se forme entre elles une liaison, d'où plusieurs opérations tirent, ainsi que la réminiscence, leur origine. La première est l'imagination : elle a lieu quand une perception, par la seule force de la liaison que l'attention a mise entre elle & un objet, se retrace à la vue de cet objet. Quelquefois, par exemple, c'est assez d'entendre le nom d'une chose, pour se la représenter comme si on l'avoit sous les yeux.

§. 18. Cependant il ne dépend pas de nous de réveiller toujours les perceptions que nous avons éprouvées. Il y a des occasions où tous nos efforts se bornent à en rappeller le nom, quelques-unes des circonstances qui les ont accompagnées, & une idée abstraite de perception : idée que nous pouvons former à chaque instant, parce que nous ne pensons jamais sans avoir conscience de quelque perception qu'il ne tient qu'à nous de généraliser. Qu'on songe, par exemple, à une fleur dont l'odeur est peu familière; on s'en rappellera le nom; on se souviendra des circonstances où on l'a vûe; on s'en représentera le parfum sous l'idée générale d'une perception qui affecte l'odorat : mais on ne réveillera pas la perception même. Or j'appelle *mémoire*, l'opération qui produit cet effet.

§. 19. Il naît encore une opération de la liaison que l'attention met entre nos idées : c'est la contemplation. Elle consiste à conserver sans interruption la perception, le nom ou les circonstances d'un objet qui vient de disparoître. Par son moyen nous pouvons continuer à penser à une chose, au moment qu'elle cesse d'être présente. On peut à son choix la rapporter à l'imagination ou à la mémoire : à l'imagination, si elle conserve la perception même; à la mémoire, si elle n'en conserve que le nom ou les circonstances.

§. 20. Il est important de bien distinguer le point qui sépare l'imagination de la mémoire. Chacun en jugera par lui-même, lorsqu'il verra quel jour cette différence, qui est peut-être trop simple pour paroître essentielle, va répandre sur toute la génération des opérations de l'ame. Jusqu'ici ce que les philosophes ont dit à cette occasion, est si confus, qu'on peut souvent appliquer à la mémoire ce qu'ils disent de l'imagination, & à l'imagination ce qu'ils disent de la mémoire. Locke fait lui-même consister celle-ci en ce que l'ame a la puissance de réveiller les perceptions qu'elle a déjà eues, avec un sentiment qui dans ce tems-là la convainc qu'elle les a eues auparavant. Cependant cela n'est point exact; car il est constant qu'on peut fort bien se souvenir d'une perception qu'on n'a pas le pouvoir de réveiller.

Tous les philosophes sont ici tombés dans l'erreur de Locke. Quelques-uns qui prétendent que chaque perception laisse dans l'ame une image d'elle-même à-peu-près comme un cachet laisse son empreinte, ne font pas exception : car que seroit-ce que l'image d'une perception, qui ne seroit pas la perception même? La méprise en cette occasion vient de ce que, faute d'avoir assez consideré la chose, on a pris, pour la perception même de l'objet, quelques circonstances, ou quelque idée générale, qui en effet se réveillent. Afin d'éviter de pareilles méprises, je vais distinguer les différentes perceptions que nous sommes capables d'éprouver, & je les examinerai chacune dans leur ordre.

§. 21. Les idées d'étendue sont celles que nous réveillons le plus aisément ; parce que les sensations, d'où nous les tirons, sont telles que, tant que nous veillons, il nous est impossible de nous en séparer. Le goût & l'odorat peuvent n'être point affectés ; nous pouvons n'entendre aucun son, & ne voir aucune couleur : mais il n'y a que le sommeil qui puisse nous enlever les perceptions du toucher. Il faut absolument que notre corps porte sur quelque chose, & que ses parties pèsent les unes sur les autres. De-là naît une perception qui nous les représente comme distantes & limitées ; & qui, par conséquent, emporte l'idée de quelque étendue.

Or, cette idée, nous pouvons la généraliser, en la considérant d'une manière indéterminée. Nous pouvons ensuite la modifier, & en tirer, par exemple, l'idée d'une ligne droite ou courbe. Mais nous ne saurions réveiller exactement la perception de la grandeur d'un corps, parce que nous n'avons point au-dessus d'idée absolue, qui puisse nous servir de mesure fixe. Dans ces occasions l'esprit ne se rappelle que les noms de pied, de toise, &c. avec une idée de grandeur d'autant plus vague, que celle qui veut se représenter est plus considérable.

Avec les secours de ces premières idées, nous pouvons, en l'absence des objets, nous représenter exactement les figures les plus simples : tels sont des triangles & des quarrés. Mais que le nombre des côtés augmente considérablement, nos efforts deviennent superflus. Si je pense à une figure de mille côtés, & à une de neuf cens quatre-vingt-dix-neuf, ce n'est pas par des perceptions que je les distingue ; ce n'est que par les noms que je leur ai donnés. Il en est de même de toutes les notions complexes. Chacun peut remarquer que, quand il en veut faire usage, il ne s'en retrace que les noms. Pour les idées simples qu'elles renferment, il ne peut les réveiller que l'une après l'autre, & il faut l'attribuer à une opération différente de la mémoire.

§. 22. L'imagination s'aide naturellement de tout ce qui peut lui être de quelque secours. Ce sera par comparaison avec notre propre figure, que nous nous représenterons celle d'un ami absent, & nous l'imaginerons grand ou petit, parce que nous en mesurons en quelque sorte la taille avec la nôtre. Mais l'ordre & la symétrie sont principalement ce qui aide l'imagination ; parce qu'elle y trouve différens points auxquels elle rapporte le tout. Que je songe à un beau visage, les yeux ou d'autres traits, qui m'auront le plus frappé, s'offriront d'abord ; & ce sera relativement à ces premiers traits que les autres viendront prendre place dans mon imagination. On imagine donc plus aisément une figure, à proportion qu'elle est plus régulière. On pourroit même dire qu'elle est plus facile à voir : car le premier coup-d'œil suffit pour s'en former une idée. Si au contraire elle est fort irrégulière, on n'en viendra à bout qu'après en avoir long-tems consideré les différentes parties.

§. 23. Quand les objets qui occasionnent les sensations de goût, de son, d'odeur, de couleur & de lumière, sont absens, il ne reste point en nous de perception que nous puissions modifier, pour en faire quelque chose de semblable à la couleur, à l'odeur, & au goût, par exemple, d'une orange. Il n'y a point non plus d'ordre, de symétrie, qui vienne ici au secours de l'imagination. Ces idées ne peuvent donc se réveiller qu'autant qu'on se les est rendu familières. Par cette raison, celles de la lumière & des couleurs doivent se retracer le plus aisément : ensuite celles des sons. Quant aux odeurs & aux saveurs, on ne réveille que celles pour lesquelles on a un goût plus marqué. Il reste donc bien des perceptions dont on peut se souvenir, & dont cependant on ne se rappelle que les noms. Combien de fois même cela n'a-t-il pas lieu par rapport aux plus familières, sur-tout dans la conversation où l'on se contente souvent de parler des choses sans les imaginer?

§. 24. On peut observer différens progrès dans l'imagination,

Si nous voulons réveiller une perception qui nous est peu familière, telle que le goût d'un fruit dont nous n'avons mangé qu'une fois ; nos efforts n'aboutiront ordinairement qu'à causer quelque ébranlement dans les fibres du cerveau & de la bouche ; & la perception que nous éprouverons, ne ressemblera point au goût de ce fruit. Elle seroit la même pour un melon, pour une pêche, ou même pour un fruit dont nous n'aurions jamais goûté. On en peut remarquer autant par rapport aux autres sens.

Quand une perception est familière, les fibres du cerveau accoutumées à fléchir sous l'action des objets, obéissent plus facilement à nos efforts. Quelquefois même nos idées se retracent sans que nous y ayons part, & se présentent avec tant de vivacité que nous y sommes trompés, & que nous croyons avoir les objets sous les yeux. C'est ce qui arrive aux fous & à tous les hommes, quand ils ont des songes. Ces désordres ne sont vraisemblablement produits que par le grand rapport des mouvemens qui sont la cause physique de l'imagination, avec ceux qui font appercevoir les objets présens (1).

§. 25. Il y a entre l'imagination, la mémoire & la réminiscence un progrès qui est la seule chose qui les distingue. La première réveille les perceptions mêmes ; la seconde n'en rappelle que les signes ou les circonstances ; & la dernière fait reconnoître celles qu'on a déja eues. Sur quoi il faut remarquer que la même opération, que j'appelle mémoire, par rapport aux perceptions dont elle ne retrace que les signes ou les circonstances, est imagination par rapport aux signes ou aux circonstances qu'elle réveille ; puisque ces signes & ces circonstances sont des perceptions. Quant à la contemplation, elle participe de l'imagination ou de la mémoire, selon qu'elle conserve les perceptions mêmes d'un objet absent auquel on continue à penser, ou qu'elle n'en conserve que le nom & les circonstances où on l'a vu. Elle ne diffère de l'une & de l'autre, que parce qu'elle ne suppose point d'intervalle entre la présence d'un objet & l'attention qu'on lui donne encore, quand il est absent. Ces différences paroîtront peut-être bien légères, mais elles sont absolument

___

(1) Je suppose ici & ailleurs que les perceptions de l'ame ont pour cause physique l'ébranlement des fibres du cerveau : non que je regarde cette hypothèse comme démontrée, mais parce qu'elle me paroît plus commode pour expliquer ma pensée. Si la chose ne se fait pas de cette manière, elle se fait de quelque autre qui n'en est pas bien différente. Il ne peut y avoir dans le cerveau que du mouvement. Ainsi qu'on juge que les perceptions sont occasionnées par l'ébranlement des fibres, par la circulation des esprits animaux, ou par toute autre cause ; tout cela est égal pour le dessein que j'ai en vue.

Philosophie anc. & mod., Tome II.

nécessaires. Il en est ici comme dans les nombres, où une fraction négligée, parce qu'elle paroît de peu de conséquence, entraîne infailliblement dans de faux calculs. Il est bien à craindre que ceux qui traitent cette exactitude de subtilité, ne soient pas capables d'apporter dans les sciences toute la justesse nécessaire pour y réussir.

§. 26. En remarquant, comme je viens de le faire, la différence qui se trouve entre les perceptions qui ne nous quittent que dans le sommeil & celles que nous n'éprouvons, quoiqu'éveillés, que par intervalles, on voit aussitôt jusqu'où s'étend le pouvoir que nous avons de les réveiller : on voit pourquoi l'imagination retrace à notre gré certaines figures peu composées, tandis que nous ne pouvons distinguer les autres que par les noms que la mémoire nous rappelle : on voit pourquoi les perceptions de couleur, de goût, &c. ne sont à nos ordres qu'autant qu'elles nous sont familières, & comment la vivacité avec laquelle les idées se reproduisent, est la cause des songes & de la folie ; enfin on apperçoit sensiblement la différence qu'on doit mettre entre l'imagination & la mémoire.

Comment la liaison des idées formée par l'attention engendre l'imagination, la contemplation & la mémoire.

§. 27. Ce qui précède pourroit donner lieu à deux questions : la première, pourquoi nous avons le pouvoir de réveiller quelques unes de nos perceptions ; la seconde, pourquoi, quand ce pouvoir nous manque, nous ne pouvons souvent nous en rappeler au moins les noms ou les circonstances.

Pour répondre d'abord à la seconde question, je dis que nous ne pouvons nous rappeler les noms ou les circonstances, qu'autant qu'ils sont familiers. Alors ils rentrent dans la classe des perceptions qui sont à nos ordres, & dont nous allons parler en répondant à la première question, qui demande un plus grand détail.

§. 28. La liaison de plusieurs idées ne peut avoir d'autre cause, que l'attention que nous leur avons donnée, quand elles se sont présentées ensemble. Ainsi les choses n'attirant notre attention, que par le rapport qu'elles ont à notre tempérament, à nos passions, à notre état, ou, pour tout dire en un mot, à nos besoins ; c'est une conséquence que la même attention embrasse tout-à-la-fois les idées des besoins, & celles des choses qui s'y rapportent, & qu'elles les lie.

§. 29. Tous nos besoins tiennent les uns aux autres, & l'on en pourroit considérer les perceptions comme une suite d'idées fondamentales, aux-

C

quelles on rapporteroit tout ce qui fait partie de nos connoissances. Au-dessus de chacune s'éleveroient d'autres suites d'idées qui formeroient des espèces de chaînes, dont la force seroit entièrement dans l'analogie des signes, dans l'ordre des perceptions, & dans la liaison que les circonstances qui réunissent quelquefois les idées les plus disparates, auroient formée. A un besoin est liée l'idée de la chose qui est propre à le soulager; à cette idée est liée celle du lieu où cette chose se rencontre; à celle-ci, celle des personnes qu'on y a vues; à cette dernière, les idées des plaisirs ou des chagrins qu'on a en a reçus, & plusieurs autres. On peut même remarquer qu'à mesure que la chaîne s'étend, elle se soudivise en différens chaînons; ensorte que plus on s'éloigne du premier anneau, plus les chaînons s'y multiplient. Une première idée fondamentale est liée à deux ou trois autres; chacune de celles-ci à un égal nombre, ou même à un plus grand, & ainsi de suite.

§. 30. Les différentes chaînes ou chaînons que je suppose au-dessus de chaque idée fondamentale, seroient liés par la suite des idées fondamentales, & par quelques anneaux qui seroient vraisemblablement communs à plusieurs; car les mêmes objets, & par conséquent, les mêmes idées se rapportent souvent à différens besoins. Ainsi de toutes nos connoissances il ne se formeroit qu'une seule & même chaîne, dont les chaînons se réuniroient à certains anneaux, pour se séparer à d'autres.

§. 31. Ces suppositions admises, il suffiroit, pour se rappeler les idées qu'on s'est rendu familières, de pouvoir donner son attention à quelques unes de nos idées fondamentales, auxquelles elles sont liées. Or cela se peut toujours, puisque, tant que nous veillons, il n'y a point d'instans où notre tempérament, nos passions & notre état n'occasionnent en nous quelques unes de ces perceptions que j'appelle fondamentales. Nous réussirions donc avec plus ou moins de facilité, à proportion que les idées que nous voudrions retracer, tiendroient à un plus grand nombre de besoins, & y tiendroient plus immédiatement.

§. 32. Les suppositions que je viens de faire, ne sont pas gratuites. J'en appelle à l'expérience, & je suis persuadé que chacun remarquera qu'il ne cherche à se ressouvenir d'une chose (1), que par le rapport qu'elle a aux circonstances où il se trouve, & qu'il y réussit d'autant plus facilement que les circonstances sont en grand nombre, ou qu'elles ont avec elle une liaison plus immédiate. L'attention que nous donnons à une perception qui nous affecte actuellement, nous en rappelle le signe: celui-ci en rappelle d'autres avec lesquels il a quelque rapport: ces derniers réveillent les idées auxquelles ils sont liés: ces idées retracent d'autres signes ou d'autres idées; & ainsi successivement. Deux amis, par exemple, qui ne se sont pas vus depuis long-tems, se rencontrent. L'attention qu'ils donnent à la surprise & à la joie qu'ils ressentent, leur fait naître aussitôt le langage qu'ils doivent se tenir. Ils se plaignent de la longue absence où ils ont été l'un de l'autre, s'entretiennent des plaisirs dont, auparavant, ils jouissoient ensemble, & de tout ce qui leur est arrivé depuis leur séparation. On voit facilement comment toutes ces choses sont liées entre elles & à beaucoup d'autres. Voici encore un exemple.

Je suppose que quelqu'un me fait sur cet ouvrage une difficulté à laquelle je ne sais dans le moment de quelle manière satisfaire. Il est certain, que, si elle n'est pas solide, elle doit elle-même m'indiquer ma réponse. Je m'applique donc à en considérer toutes les parties, & j'en trouve qui étant liées avec quelques unes des idées qui entrent dans la solution que je cherche, ne manquent pas de les réveiller. Celle-ci, par l'étroite liaison qu'elles ont avec les autres, les retracent successivement; & je vois enfin tout ce que j'ai à répondre.

D'autres exemples se présenteront en quantité à ceux qui voudront remarquer ce qui arrive dans les cercles. Avec quelque rapidité que la conversation change de sujet, celui qui conserve son sang-froid, & qui connoît un peu le caractère de ceux qui parlent, voit toujours par quelle liaison d'idées on passe d'une matière à une autre. Je me crois donc en droit de conclure que le pouvoir de réveiller nos perceptions, leurs noms, ou leurs circonstances, vient uniquement de la liaison que l'attention a mise entre ces choses, & les besoins auxquels elles se rapportent. Détruisez cette liaison, vous détruisez l'imagination & la mémoire.

§. 33. Tous les hommes ne peuvent pas lier leurs idées avec une égale force, ni dans une égale quantité: voilà pourquoi l'imagination & la mémoire ne les servent pas tous également. Cette impuissance vient de la différente conformation des organes, ou peut-être encore de la nature de l'ame; ainsi les raisons qu'on en pourroit donner, sont toutes physiques, & n'appartiennent pas à cet ouvrage. Je remarquerai seulement que les organes ne sont quelquefois peu propres à la liaison des idées, que pour n'avoir pas été assez exercés.

---

(1) Je prends le mot de se ressouvenir conformément à l'usage, c'est-à-dire, pour le pouvoir de réveiller les idées d'un objet absent, ou d'en rappeler les signes. Ainsi il se rapporte également à l'imagination & à la mémoire.

§. 34. Le pouvoir de lier nos idées a ſes inconvéniens, comme ſes avantages. Pour les faire appercevoir ſenſiblement, je ſuppoſe deux hommes; l'un, chez qui les idées n'ont jamais pu ſe lier; l'autre chez qui elles ſe lient avec tant de facilité & tant de force, qu'il n'eſt plus le maître de les ſéparer. Le premier ſeroit ſans imagination & ſans mémoire, & n'auroit, par conſéquent, l'exercice d'aucune des opérations que celles-ci doivent produire. Il ſeroit abſolument incapable de réflexion; ce ſeroit un imbécille. Le ſecond auroit trop de mémoire & trop d'imagination, & cet excès produiroit preſque le même effet, qu'une entière privation de l'une & de l'autre. Il auroit à peine l'exercice de ſa réflexion, ce ſeroit un fou. Les idées les plus diſparates étant fortement liées dans ſon eſprit, par la ſeule raiſon qu'elles ſe ſont préſentées enſemble, il les jugeroit naturellement liées entre elles, & les mettroit les unes à la ſuite des autres, comme de juſtes conſéquences.

Entre ces deux excès on pourroit ſuppoſer un milieu, où le trop d'imagination & de mémoire ne nuiroit pas à la ſolidité de l'eſprit, & où le trop peu ne nuiroit pas à ſes agrémens. Peut-être ce milieu eſt-il ſi difficile que les plus grands génies ne s'y ſont encore trouvés qu'à peu près. Selon que les différens eſprits s'en écartent, & tendent vers les extrémités oppoſées, ils ont des qualités plus ou moins incompatibles, puiſqu'elles doivent plus ou moins participer aux extrémités qui s'excluent tout-à-fait. Ainſi ceux qui ſe rapprochent de l'extrémité où l'imagination & la mémoire dominent, perdent à proportion des qualités qui rendent un eſprit juſte, conſéquent & méthodique; & ceux qui ſe rapprochent de l'autre extrémité, perdent dans la même proportion des qualités qui concourent à l'agrément. Les premiers écrivent avec plus de grace, les autres avec plus de ſuite & plus de profondeur.

On voit non-ſeulement comment la facilité de lier nos idées produit l'imagination, la contemplation & la mémoire; mais encore comment elle eſt le vrai principe de la perfection, ou du vice de ces opérations.

Que l'uſage des ſignes eſt la vraie cauſe des progrès de l'imagination, de la contemplation & de la mémoire.

Pour développer entièrement les reſſorts de l'imagination, de la contemplation & de la mémoire, il faut rechercher quels ſecours ces opérations retirent de l'uſage des ſignes.

§. 35. Je diſtingue trois ſortes de ſignes. 1°. Les ſignes accidentels, ou les objets que quelques circonſtances particulières ont liées avec quelques unes de nos idées, en ſorte qu'ils ſont propres à les réveiller; 2°. les ſignes naturels, ou les cris que la nature a établis pour les ſentimens de joie, de crainte, de douleur, &c. 3°. les ſignes d'inſtitution, ou ceux que nous avons nous-mêmes choiſis, & qui n'ont qu'un rapport arbitraire avec nos idées.

§. 36. Ces ſignes ne ſont point néceſſaires pour l'exercice des opérations qui précèdent la réminiſcence: car la perception & la conſcience ne peuvent manquer d'avoir lieu tant qu'on eſt éveillé; & l'attention n'étant que la conſcience qui nous avertit plus particulièrement de la préſence d'une perception, il ſuffit pour l'occaſionner qu'un objet agiſſe ſur les ſens avec plus de vivacité que les autres. Juſques-là les ſignes ne ſeroient propres qu'à fournir des occaſions plus fréquentes d'exercer l'attention.

§. 37. Mais ſuppoſons un homme qui n'ait l'uſage d'aucun ſigne arbitraire. Avec le ſeul ſecours des ſignes accidentels, ſon imagination & ſa réminiſcence pourront déjà avoir quelque exercice; c'eſt-à-dire, qu'à la vue d'un objet la perception, avec laquelle il s'eſt lié, pourra ſe réveiller, & qu'il pourra la reconnoître pour celle qu'il a déjà eue. Il faut cependant remarquer que cela n'arrivera qu'autant que quelque cauſe étrangère lui mettra cet objet ſous les yeux. Quand il eſt abſent, l'homme que je ſuppoſe n'a point de moyens pour ſe le rappeller de lui-même, puiſqu'il n'a à ſa diſpoſition aucune des choſes qui y pourroient être liées. Il ne dépend donc point de lui de réveiller l'idée qui y eſt attachée. Ainſi l'exercice de ſon imagination n'eſt point encore à ſon pouvoir.

§. 38. Quant aux cris naturels, cet homme les formera, auſſitôt qu'il éprouvera les ſentimens auxquels ils ſont affectés. Mais ils ne ſeront pas dès la première fois des ſignes à ſon égard, puiſqu'au lieu de lui réveiller des perceptions, ils n'en ſeront que des ſuites.

Lorſqu'il aura ſouvent éprouvé le même ſentiment, & qu'il aura tout auſſi ſouvent pouſſé le cri qui doit naturellement l'accompagner, l'un & l'autre ſe trouveront ſi vivement liés dans ſon imagination, qu'il n'entendra plus le cri, qu'il n'éprouve le ſentiment en quelque manière. C'eſt alors que ce cri ſera un ſigne; mais il ne donnera de l'exercice à l'imagination de cet homme que quand le haſard le lui fera entendre. Cet exercice ne ſera donc pas plus à ſa diſpoſition que dans le cas précédent.

Il ne faudroit pas m'oppoſer qu'il pourroit à la longue ſe ſervir de ces cris, pour ſe retracer à ſon gré les ſentimens qu'ils expriment. Je répondrois qu'alors ils ceſſeroient d'être des ſignes naturels, dont le caractère eſt de faire connoître par eux-mêmes, & indépendamment du choix que nous en avons fait, l'impression que nous éprouvons, en occasionnant quelque chose de semblable chez les autres. Ce seroient des sons que cet homme auroit choisis, comme nous avons fait ceux de crainte, de joie, &c. Ainsi il auroit l'usage de quelques signes d'institution, ce qui est contraire à la supposition dans laquelle je raisonne actuellement.

§. 39. La mémoire, comme nous l'avons vu, ne consiste que dans le pouvoir de nous rappeller les signes de nos idées, ou les circonstances qui les ont accompagnées; & ce pouvoir n'a lieu qu'autant que par l'analogie des signes que nous avons choisis, & par l'ordre que nous avons mis entre nos idées, les objets que nous voulons nous retracer, tiennent à quelques-uns de nos besoins présens. Enfin nous ne saurions nous rappeller une chose qu'autant qu'elle est liée par quelque endroit, à quelques-unes de celles qui sont en notre disposition. Or un homme qui n'a que des signes accidentels & des signes naturels, n'en a point qui soient à ses ordres. Ses besoins ne peuvent donc occasionner que l'exercice de son imagination. Ainsi il doit être sans mémoire.

§. 40. De-là on peut conclure que les bêtes n'ont point de mémoire, & qu'elles n'ont qu'une imagination dont elles ne sont point maîtresses de disposer. Elles ne se représentent une chose absente qu'autant que dans leur cerveau l'image en est étroitement liée à un objet présent. Ce n'est pas la mémoire qui les conduit dans un lieu, où la veille elles ont trouvé de la nourriture; mais c'est que le sentiment de la faim est si fort liée avec les idées de ce lieu & du chemin qui y mène, que celles-ci se réveillent au moment qu'elles l'éprouvent. Ce n'est pas la mémoire qui les fait fuir devant les animaux qui leur font la guerre. Mais quelques-unes de leur espèce ayant été dévorées à leurs yeux, les cris dont à ce spectacle elles ont été frappées, ont réveillé dans leur ame les sentimens de douleur dont ils sont les signes naturels, & elles ont fui. Lorsque ces animaux reparoissent, ils retracent en elles les mêmes sentimens; parce que ces sentimens ayant été produits la première fois à leur occasion, la liaison est faite. Elles reprennent donc encore la fuite.

Quant à celles qui n'en auroient vu périr aucune de cette manière, on peut avec fondement supposer que leur mere, ou quelqu'autre, les ont dans les commencemens engagées à fuir avec elles, en leur communiquant par des cris la frayeur qu'elles conservent, & qui se réveille toujours à la vue de leur ennemi. Si l'on rejette toutes ces suppositions, je ne vois pas ce qui pourroit les porter à prendre la fuite.

Peut-être me demandera-t-on qui leur a appris à reconnoître les cris qui sont les signes naturels de la douleur : l'expérience. Il n'y en a point qui n'ait éprouvé la douleur de bonne heure, & qui, par conséquent, n'ait eu occasion d'en lier le cri avec le sentiment. Il ne faut pas s'imaginer qu'elles ne puissent fuir qu'autant qu'elles auroient une idée précise du péril qui les menace : il suffit que les cris de celles de leur espèce réveillent en elles le sentiment d'une douleur quelconque.

§. 41. On voit que si faute de mémoire les bêtes ne peuvent pas comme nous se rappeller d'elles-mêmes, & à leur gré, les perceptions qui sont liées dans leur cerveau, l'imagination y supplée parfaitement. Car en leur retraçant les perceptions mêmes des objets absens, elles les met dans le cas de se conduire comme si elles avoient ces objets sous les yeux ; & par-là de pourvoir à leur conservation plus promptement & plus surement, que nous ne faisons quelquefois nous-mêmes avec le secours de la raison. Nous pouvons remarquer en nous quelque chose de semblable dans les occasions où la réflexion seroit trop lente pour nous faire échapper à un danger. A la vue, par exemple, d'un corps prêt à nous écraser, l'imagination nous retrace l'idée de la mort, ou quelque chose d'approchant, & cette idée nous porte aussitôt à éviter le coup qui nous menace. Nous péririons infailliblement, si dans ces momens nous n'avions que le secours de la mémoire & de la réflexion.

§. 42. L'imagination produit même souvent en nous des effets qui paroîtroient devoir appartenir à la réflexion la plus présente. Quoique fort occupés d'une idée, les objets qui nous environnent continuent d'agir sur nos sens : les perceptions qu'ils occasionnent, en réveillent d'autres auxquelles elles sont liées, & celles-ci déterminent certains mouvemens dans notre corps. Si toutes ces choses nous affectent moins vivement que l'idée qui nous occupe, elles ne peuvent nous en distraire, & par-là il arrive que sans réfléchir sur ce que nous faisons, nous agissons de la même manière que si notre conduite étoit raisonnée. Il n'y a personne qui ne l'ait éprouvé. Un homme traverse Paris, & évite tous les embarras avec les mêmes précautions que s'il ne pensoit qu'à ce qu'il fait. Cependant il est assuré qu'il étoit occupé de toute autre chose. Bien plus : il arrive même souvent que quoique notre esprit ne soit point à ce qu'on nous demande, nous y répondons exactement. C'est que les mots qui expriment la question, sont liés à ceux qui forment la réponse, que les derniers déterminent les mouvemens propres à les articuler. La liaison des idées est le principe de tous ces phénomènes.

Nous connoissons donc par notre expérience que l'imagination, lorsque même nous ne sommes pas maîtres d'en régler l'exercice, suffit pour expliquer des actions qui paroissent raisonnées, quoiqu'elles ne le soient pas. C'est pourquoi on a lieu de croire qu'il n'y a point d'autre opération dans les bêtes. Quels que soient les faits qu'on en rapporte, les hommes en fourniront d'aussi surprenans, & qui pourront s'expliquer par le principe de la liaison des idées.

§. 43 En suivant les explications que je viens de donner, on se fait une idée nette de ce qu'on appelle *instinct*. C'est une imagination qui à l'occasion d'un objet, réveille les perceptions qui y sont immédiatement liées, & par ce moyen dirige, sans le secours de la réflexion, toutes sortes d'animaux. *Voyez* INSTINCT DES ANIMAUX.

Faute d'avoir connu les analyses que je viens de faire, & sur tout ce que j'ai dit sur la liaison des idées, les philosophes ont été fort embarrassés pour expliquer l'instinct des bêtes. Il leur est arrivé, ce qui ne peut manquer toutes les fois qu'on raisonne sans être remonté à l'origine des choses : je veux dire qu'incapables de prendre un juste milieu, ils se sont égarés dans les deux extrémités. Les uns ont mis l'instinct à côté ou même au-dessus de la raison; les autres ont rejetté l'instinct & ont pris les bêtes pour de purs automates. Ces deux opinions sont également ridicules, pour ne rien dire de plus. La ressemblance qu'il y a entre les bêtes & nous, prouve qu'elles ont une ame; & la différence qui s'y rencontre, prouve qu'elle est inférieure à la nôtre. Mes analyses rendent la chose sensible, puisque les opérations de l'ame des bêtes se bornent à la perception, à la conscience, à l'attention, à la réminiscence & à une imagination qui n'est point à leur commandement; & que la nôtre a d'autres opérations dont je vais exposer la génération.

§. 44. Il faut appliquer à la contemplation ce que je viens de dire de l'imagination & de la mémoire, selon qu'on la rapportera à l'une ou à l'autre. Si on la fait consister à conserver les perceptions, elle n'a avant l'usage des signes d'institution, qu'un exercice qui ne dépend pas de nous; & elle n'en a point du tout, si on l'a fait consister à conserver les signes mêmes.

§. 45. Tant que l'imagination, la contemplation & la mémoire n'ont point d'exercice, ou que les deux premières n'en ont qu'un dont on n'est pas maître, on ne peut disposer soi-même de son attention. En effet, comment en disposeroit-on puisque l'ame n'a point encore d'opération à son pouvoir ? Elle ne va donc d'un objet à l'autre qu'autant qu'elle est entraînée par la force de l'impression que les choses font sur elle.

§. 46. Mais aussi-tôt qu'un homme commence à attacher des idées à des signes qu'il a lui-même choisis, on voit se former en lui la mémoire. Celle-ci acquise, il commence à disposer par lui-même de son imagination, & à lui donner un nouvel exercice. Car par le secours des signes qu'il peut rappeller à son gré, il réveille, ou du moins il peut réveiller souvent les idées qui y sont liées. Dans la suite il acquerra d'autant plus d'empire sur son imagination, qu'il inventera davantage de signes parce qu'il se procurera un plus grand nombre de moyens pour l'exercer.

Voilà où l'on commence à appercevoir la supériorité de notre ame sur celle des bêtes. Car d'un côté il est constant qu'il ne dépend point d'elles, d'attacher leurs idées à des signes arbitraires; & de l'autre, il paroît certain que cette impuissance ne vient pas uniquement de l'organisation. Leur corps n'est-il pas aussi propre au langage d'action que le nôtre? Plusieurs d'entre elles n'ont-elles pas tout ce qu'il faut pour l'articulation des sons? Pourquoi donc, si elles étoient capables des mêmes opérations que nous, n'en donneroient-elles pas des preuves?

Ces détails démontrent comment l'usage des différentes sortes de signes concourt aux progrès de l'imagination, de la contemplation & de la mémoire. Tout cela va encore se développer davantage dans le chapitre suivant.

De la réflexion.

§. 47. Aussi-tôt que la mémoire est formée, & que l'exercice de l'imagination est à notre pouvoir, les signes que celles-là rappelle, & les idées que celle-ci réveille, commencent à retirer l'ame de la dépendance où elle étoit de tous les objets qui agissoient sur elle. Maîtresse de se rappeller les choses qu'elle a vues, elle y peut porter son attention, & la détourner de celles qu'elle voit. Elle peut ensuite la rendre à celles-ci, ou seulement à quelques unes, & la donner alternativement aux unes & aux autres. A la vûe d'un tableau, par exemple, nous nous rappellons les connoissances que nous avons de la nature, & des régles qui apprennent à l'imiter; & nous portons notre attention successivement de ce tableau à ces connoissances, de ces connoissances à ce tableau, ou tour à tour à ses différentes parties. Mais il est évident que nous ne disposons ainsi de notre attention, que par le secours que nous prête l'activité de l'imagination, produite par une grande mémoire. Sans cela nous ne la réglerions pas nous-mêmes, mais elle obéiroit uniquement à l'action des objets.

§. 48. Cette manière d'appliquer de nous-mêmes notre attention tour à tour à divers objets, ou aux différentes parties d'un seul est ce qu'on appelle *réfléchir*. Ainsi on voit sensiblement comment la réflexion naît de l'imagination & de la mémoire. Mais il y a des progrès qu'il ne faut pas laisser échapper.

§. 49. Un commencement de mémoire suffit pour commencer à nous rendre maîtres de l'exercice de notre imagination. C'est assez d'un seul signe arbitraire pour pouvoir réveiller de soi même une idée ; & c'est là certainement le premier & le moindre dégré de la mémoire & de la puissance qu'on peut acquérir sur son imagination. Le pouvoir qu'il nous donne de disposer de notre attention, est le plus foible qu'il soit possible. Mais tel qu'il est, il commence à faire sentir l'avantage des signes ; & par conséquent, il est propre à faire saisir au moins quelqu'une des occasions, où il peut être utile ou nécessaire d'en inventer de nouveaux. Par ce moyen il augmentera l'exercice de la mémoire & de l'imagination, dès-lors la réflexion pourra aussi en avoir davantage : & réagissant sur l'imagination & la mémoire qui l'ont produite, elle leur donnera à son tour un nouvel exercice. Ainsi par les secours mutuels que ces opérations se prêteront, elles concourront réciproquement à leurs progrès.

Si en réfléchissant sur les foibles commencemens de ces opérations, on ne voit pas d'une manière assez sensible, l'influence réciproque des unes sur les autres, on n'a qu'à appliquer ce que je viens de dire, à ces opérations considérées par le point de perfection où nous les possédons. Combien, par exemple, n'a-t-il pas fallu de réflexion pour former les langues, & de quel secours ces langues ne sont-elles pas à la réflexion ! Mais c'est-là une matière que nous traiterons bientôt.

Il semble qu'on ne sauroit se servir des signes d'institution, si l'on n'étoit pas déjà capable d'assez de réflexion pour les choisir & pour y attacher des idées : comment donc m'objectera-t-on peut-être, l'exercice de la réflexion ne s'acquerroit-il que par l'usage de ces signes ?

Je réponds que je satisferai à cette difficulté, lorsque je donnerai l'histoire du langage. Il me suffit ici de faire connoître qu'elle ne m'a pas échappé.

§. 50. Par tout ce qui a été dit, il est constant qu'on ne peut mieux augmenter l'activité de l'imagination, l'étendue de la mémoire & faciliter l'exercice de la réflexion, qu'en s'occupant des objets qui, exerçant davantage l'attention, lient ensemble un plus grand nombre de signes & d'idées. Tout dépend de-là. Cela fait voir, pour le remarquer en passant, que l'usage où l'on est de d'appliquer les enfans, pendant les premières années de leurs études, qu'à des choses auxquelles ils ne peuvent rien comprendre, ni prendre aucun intérêt, est peu propre à développer leurs talens. Cet usage ne forme point de liaisons d'idées, ou les forme si légeres qu'elles ne se conservent point.

§. 51. C'est à la réflexion que nous commençons à entrevoir tout ce dont l'ame est capable. Tant qu'on ne dirige point soi-même son attention, nous avons vû que l'ame est assujettie à tout ce qui l'environne, & ne possede rien que par une vertu étrangere. Mais si maître de son attention, on la guide selon ses desirs, l'ame alors dispose d'elle-même, en tire des idées qu'elle ne doit qu'à elle ; & s'enrichit de son propre fonds.

L'effet de cette opération est d'autant plus grande, que par elle nous disposons de nos perceptions, à-peu-près comme si nous avions le pouvoir de les produire & de les anéantir. Que parmi celle que j'éprouve actuellement, j'en choisisse une, aussi-tôt la conscience en est si vive & celle des autres si foible, qu'il me paroîtra qu'elle est la seule dont j'aie pris connoissance. Qu'un instant après je veuille l'abandonner, pour m'occuper principalement d'une de celles qui m'affectoient le plus légerement ; elle me paroîtra rentrer dans le néant, tandis qu'une autre m'en paroîtra sortir. La conscience de la première, pour parler moins figurément, deviendra si foible, & celle de la seconde si vive, qu'il me semblera que je ne les ai éprouvées que l'une après l'autre.

On peut faire cette expérience en considérant un objet fort composé. Il n'est pas douteux qu'on n'ait en même tems conscience de toutes les perceptions que les différentes parties, disposées pour agir sur les sens, font naître. Mais on diroit que la réflexion suspend à son gré les impressions qui se font dans l'ame, pour n'en conserver qu'une seule.

§. 52. La géométrie nous apprend que le moyen le plus propre à faciliter notre réflexion, c'est de mettre sous les sens les objets mêmes des idées dont on veut s'occuper, parce qu'alors la conscience en est plus vive. Mais on ne peut pas se servir de cet artifice dans toutes les sciences. Un moyen qu'on employera par-tout avec succès, c'est de mettre dans nos méditations de la clarté, de la précision & de l'ordre. De la clarté ; parce que plus les signes sont clairs, plus nous avons conscience des idées qu'ils signifient, & moins, par conséquent, elles nous échappent : De la précision ; afin que l'attention moins partagée, se fixe avec moins d'effort. De l'ordre ; afin qu'une première idée plus connue, plus familière prépare notre attention pour celle qui doit suivre.

§. 53. Il n'arrive jamais que le même homme

puisse exercer également sa mémoire, son imagination & sa réflexion sur toutes sortes de matières. C'est que ces opérations dépendent de l'attention comme de leur cause ; & que celle-ci ne peut s'occuper d'un objet qu'à proportion du rapport qu'il a à notre tempéramment & à tout ce qui nous touche. Cela nous apprend pourquoi ceux qui aspirent à être universels, courent risque d'échouer dans bien des genres. Il n'y a que deux sortes de talents : l'un qui ne s'acquiert que par la violence qu'on fait aux organes, l'autre qui est une suite d'une heureuse disposition, & d'une grande facilité qu'ils ont à se développer. Celui-ci appartenant plus à la nature, est plus vif, plus actif, & produit des effets bien supérieurs. Celui-là, au contraire, sent l'effort, le travail & ne s'éleve jamais au-dessus du médiocre.

§. 54. J'ai cherché les causes de l'imagination, de la mémoire & de la réflexion dans les opérations qui les précédent, parce que c'est l'objet de cette section d'expliquer comment les opérations naissent les unes des autres. Ce seroit à la physique à remonter à d'autres causes, s'il étoit possible de les connoître (1).

Des opérations qui consistent à distinguer, abstraire, comparer, composer & décomposer nos idées.

Nous avons enfin développé ce qu'il y avoit de plus difficile à appercevoir dans le progrès des opérations de l'ame. Celles dont il nous reste à parler sont des effets si sensibles de la réflexion, que la génération s'en explique en quelque sorte d'elle-même.

§. 55. De la réflexion ou du pouvoir de disposer nous-mêmes de notre attention, naît le pouvoir de considérer nos idées séparément. En sorte que la même conscience qui avertit plus particulièrement de la présence de certaines idées, (ce qui caractérise l'attention) avertit encore qu'elles sont distinctes. Ainsi quand l'ame n'étoit point maitresse de son attention, elle n'étoit pas capable de distinguer d'elle-même les différentes impressions qu'elle recevoit des objets. Nous en faisons l'expérience toutes les fois que nous voulons nous appliquer à des matieres pour lesquelles nous ne sommes pas propres. Alors nous confondons si fort les objets, que même nous avons quelquefois de la peine à discerner ceux qui different davantage. C'est que faute de savoir réfléchir, ou porter notre attention sur toutes les perceptions qu'ils occasionnent, celles qui les distinguent nous échappent. Par-là on peut juger que si nous étions tout-à-fait privés de l'usage de la réflexion, nous ne distinguerions divers objets qu'autant que chacun feroit sur nous une impression fort vive. Tout ceux qui agiroient foiblement, seroient comptés pour rien.

§. 56. Il est aisé de distinguer deux idées absolument simples ; mais à mesure qu'elles se composent davantage, les difficultés augmentent. Alors nos notions se ressemblant par un plus grand nombre d'endroits, il est à craindre que nous n'en prenions plusieurs pour une seule, ou que du moins nous ne les distinguions pas autant qu'elles doivent l'être. C'est ce qui arrive souvent en métaphysique & en morale. La matière que nous traitons actuellement est un exemple bien sensible des difficultés qu'on a à surmonter. Dans ces occasions on ne sauroit prendre trop de précautions pour remarquer jusqu'aux plus légères différences. C'est-là ce qui décidera de la netteté & de la justesse de notre esprit, & ce qui contribuera le plus à donner à nos idées cet ordre & cette précision si nécessaires pour arriver à quelques connoissances. Au reste cette vérité est si peu reconnue, qu'on court risque de passer pour ridicule, quand on s'engage dans des analyses un peu fines.

§. 57. En distinguant ses idées, on considère quelquefois, comme entièrement séparées de leur sujet, les qualités qui lui sont le plus essentielles. C'est ce qu'on appelle plus particulièrement *abstraire*. Les idées qui en résultent, se nomment *générales*, parce qu'elles représentent les qualités qui conviennent à plusieurs choses différentes. Si, par exemple, ne faisant aucune attention à ce qui distingue l'homme de la bête, je réfléchis uniquement sur ce qu'il y a de commun entre l'un & l'autre, je fais une abstraction qui me donne l'idée générale d'*animal*.

Cette opération est absolument nécessaire à des esprits bornés, qui ne peuvent considérer que peu d'idées à la fois, & qui pour cette raison sont obligés d'en rapporter plusieurs sous une même classe. Mais il faut avoir soin de ne pas prendre pour autant d'êtres distincts, des choses qui ne le sont que par notre manière de concevoir. C'est une méprise où bien des philosophes sont tombés : je me propose d'en parler plus particulièrement dans la cinquième section de cette première partie.

§. 58. La réflexion qui nous donne le pouvoir de distinguer nos idées, nous donne encore celui de les comparer, pour en connoître les rapports. Cela se fait en portant alternativement notre attention des unes aux autres, ou en la fixant en même tems sur plusieurs. Quand des notions peu composées font une impression assez sensible pour attirer notre attention, sans effort de notre part, la comparaison n'est pas difficile : mais les difficultés

---

(1) Tout cet ouvrage porte sur les principes qu'on vient d'exposer ; ainsi il faut les entendre parfaitement, avant de passer outre.

augmentent, à mesure que les idées se composent davantage, & qu'elles font une impression plus légère. Les comparaisons sont, par exemple, communément plus aisées en géométrie, qu'en métaphysique.

Avec le secours de cette opération nous rapprochons les idées les moins familières de celles qui le sont davantage ; & les rapports que nous y trouvons, établissent entre elles des liaisons très-propres à augmenter & à fortifier la mémoire, l'imagination, &, par contre-coup, la réflexion.

§. 59. Quelquefois après avoir distingué plusieurs idées, nous les considérons comme ne faisant qu'une seule notion : d'autrefois nous retranchons d'une notion quelques unes des idées qui la composent. C'est ce qu'on nomme *composer & décomposer* ses idées. Par le moyen de ces opérations nous pouvons les comparer sous toutes sortes de rapports, & en faire tous les jours de nouvelles combinaisons.

§. 60. Pour bien conduire la première, il faut remarquer quelles sont les idées les plus simples de nos notions, comment & dans quel ordre elles se réunissent à celles qui surviennent. Par-là on sera en état de régler également la seconde ; car on n'aura qu'à défaire ce qui aura été fait. Cela fait voir comment elles viennent l'une & l'autre de la réflexion.

Digression sur l'origine des principes, & de l'opération qui consiste à analyser.

§. 61. La facilité d'abstraire & de décomposer a introduit de bonne heure l'usage des propositions générales. On ne peut être longtems sans s'appercevoir, qu'étant le résultat de plusieurs connoissances particulières, elles sont propres à soulager la mémoire, & à donner de la précision au discours. Mais elles dégénérèrent bientôt en abus, & donnèrent lieu à une manière de raisonner fort imparfaite. En voici la raison.

§. 62. Les premières découvertes dans les sciences ont été si simples & si faciles, que les hommes les firent sans le secours d'aucune méthode. Ils ne purent même imaginer des règles, qu'après avoir déja fait des progrès, qui les ayant mis dans la situation de remarquer comment ils étoient arrivés à quelques vérités, leur firent connoître comment ils pouvoient parvenir à d'autres. Ainsi ceux qui firent les premières découvertes, ne purent montrer quelle route il falloit prendre pour les suivre, puisqu'eux-mêmes ils ne savoient pas encore quelle route ils avoient tenue. Il ne leur resta d'autre moyen pour en montrer la certitude, que de faire voir qu'elles s'accordoient avec les propositions générales que personne ne révoquoit en doute. Cela fit croire que ces propositions étoient la vraie source de nos connoissances. On leur donna en conséquence le nom de *principe* ; & ce fut un préjugé généralement reçu, & qui l'est encore, qu'on ne doit raisonner que par principes (1). Ceux qui découvrirent de nouvelles vérités, crurent, pour donner une plus grande idée de leur pénétration, devoir faire un mystère de la méthode qu'ils avoient suivie. Ils se contentèrent de les exposer par le moyen des principes généralement adoptés, & le préjugé reçu, s'accréditant de plus en plus, fit naître des systêmes sans nombre.

§. 63. L'inutilité & l'abus des principes paroît surtout dans la synthèse : méthode où il semble qu'il soit défendu à la vérité de paroître qu'elle n'ait été précédée d'un grand nombre d'axiomes, de définitions & d'autres propositions prétendues fécondes. L'évidence des démonstrations mathématiques, & l'approbation que tous les savans donnent à cette manière de raisonner, suffiroient pour persuader que je n'avance qu'un paradoxe insoutenable. Mais il n'est pas difficile de faire voir que ce n'est point à la méthode synthétique que les mathématiques doivent leur certitude. En effet si cette science avoit été susceptible d'autant d'erreurs, d'obscurités & d'équivoques que la métaphysique, la synthèse étoit tout-à-fait propre à les entretenir & à les multiplier de plus en plus. Si les idées des mathématiciens sont exactes, c'est qu'elles sont l'ouvrage de l'algebre & de l'analyse. La méthode que je blâme, peu propre à corriger un principe vague, une notion mal déterminée, laisse subsister tous les vices d'un raisonnement, ou les cache sous les apparences d'un grand ordre, mais qui est aussi superflu qu'il est sec & rebutant. Je renvoye pour s'en convaincre aux ouvrages de métaphysique, de morale & de théologie, où l'on a voulu s'en servir (2).

§. 64. Il suffit de considérer qu'une proposition générale n'est que le résultat de nos connoissances

---

(1) Je n'entends point ici par *principes* des observations confirmées par l'expérience. Je prends ce mot dans le sens ordinaire aux philosophes qui appellent *principes* les propositions générales & abstraites, sur lesquelles ils bâtissent leurs systêmes.

(2) Descartes, par exemple, a-t-il répandu plus de jour sur ses méditations métaphysiques, quand il a voulu les démontrer selon les règles de cette méthode ? Peut-on trouver de plus mauvaises démonstrations que celles de Spinosa ? Je pourrois encore citer Mallebranche, qui s'est quelquefois servi de la synthèse : Arnauld qui en fait usage dans un assez mauvais traité sur les idées & ailleurs : l'auteur de l'action de Dieu sur la créature, & plusieurs autres. On diroit que ces écrivains se sont imaginés que pour démontrer géométriquement, ce soit assez de mettre dans un certain ordre les différentes parties d'un raisonnement, sous les titres d'*axiomes*, de *définitions*, de *demandes*, &c.

particulières

particulières, pour s'appercevoir qu'elle ne peut nous faire descendre qu'aux connoissances qui nous ont élevés jusqu'à elle, ou qu'à celles qui auroient également pu nous en frayer le chemin. Par conséquent, bien loin d'en être le principe, elle suppose qu'elles sont toutes connues par d'autres moyens, ou que du moins elles peuvent l'être. En effet, pour exposer la vérité avec l'étalage des principes que demande la synthèse, il est évident qu'il faut déjà en avoir connoissance. Cette méthode, propre tout au plus à démontrer d'une manière fort abstraite des choses qu'on pourroit prouver d'une manière bien plus simple, éclaire d'autant moins l'esprit qu'elle cache la route qui conduit aux découvertes. Il est même à craindre qu'elle n'en impose, en donnant de l'apparence aux paradoxes les plus faux; parce qu'avec des propositions détachées & souvent fort éloignées, il est aisé de prouver tout ce qu'on veut, sans qu'il soit facile d'appercevoir par où un raisonnement pêche. On en peut trouver des exemples en métaphysique. Enfin elle n'abrége pas, comme on se l'imagine communément; car il n'y a point d'auteurs qui tombent dans des redites plus fréquentes, & dans des détails plus inutiles, que ceux qui s'en servent.

§. 65. Il me semble, par exemple, qu'il suffit de réfléchir sur la manière dont on se fait l'idée d'un tout, & d'une partie, pour voir évidemment que le tout est plus grand que sa partie. Cependant plusieurs géomètres modernes, après avoir blâmé Euclide, parce qu'il a négligé de démontrer ces sortes de propositions, entreprennent d'y suppléer. En effet, la synthèse est trop scrupuleuse pour laisser rien sans preuve; elle ne nous fait grace que sur une seule proposition, qu'elle regarde comme le principe des autres : encore faut-il qu'elle soit identique. Voici donc comment un géomètre a la précaution de prouver que le tout est plus grand que sa partie.

Il établit d'abord pour définition, *qu'un tout est plus grand, dont une partie est égale à un autre tout*; & pour axiome, *que le même est égal à lui-même*; c'est la seule proposition qu'il n'entreprend pas de démontrer. Ensuite il raisonne ainsi.

« Un tout, dont une partie est égale à un autre
» tout, est plus grand que cet autre tout (par
» la déf.) mais chaque partie d'un tout est égale à
» elle-même (par l'axiome); donc un tout est plus
» grand que sa partie (1). »

J'avoue que ce raisonnement auroit besoin d'un commentaire pour être mis à ma portée. Quoi qu'il en soit, il me paroît que la définition n'est ni plus claire ni plus évidente que le théorème, & que par conséquent elle ne sauroit servir à sa preuve. Cependant on donne cette démonstration pour exemple d'une analyse parfaite : car, dit-on, *elle est renfermée dans un syllogisme*, « dont une prémisse est une définition, & l'autre » une proposition identique; ce qui est le signe » d'une analyse parfaite ».

§. 66. Si c'est-là ce que les géomètres entendent par *analyse*, je ne vois rien de plus inutile que cette méthode. Ils en ont sans doute une meilleure : les progrès qu'ils ont faits en sont la preuve. Peut-être même leur analyse me paroît-elle si éloignée de celle qu'on pourroit employer dans les autres sciences, que parce que les signes en sont particuliers à la géométrie. Quoi qu'il en soit, analyser, n'est, selon moi, qu'une opération qui résulte du concours des précédentes. Elle ne consiste qu'à composer & décomposer nos idées pour en faire différentes comparaisons, & pour découvrir par ce moyen les rapports qu'elles ont entr'elles, & les nouvelles idées qu'elles peuvent produire. Cette analyse est le vrai secret des découvertes, parce qu'elle nous fait toujours remonter à l'origine des choses. Elle a cet avantage qu'elle n'offre jamais que peu d'idées à-la-fois, & toujours dans la gradation la plus simple. Elle est ennemie des principes vagues, & de tout ce qui peut être contraire à l'exactitude & à la précision. Ce n'est point avec le secours des propositions générales qu'elle cherche la vérité, mais toujours par une espèce de calcul : c'est-à-dire, en composant & décomposant les notions, pour les comparer de la manière la plus favorable aux découvertes qu'on a en vûe. Ce n'est pas non plus par des définitions qui, d'ordinaire, ne font que multiplier les disputes, mais c'est en expliquant la génération de chaque idée. Par ce détail on voit qu'elle est la seule méthode qui puisse donner de l'évidence à nos raisonnemens; &, par conséquent, la seule qu'on doive suivre dans la recherche de la vérité. Mais elle suppose dans ceux qui veulent en faire usage, une grande connoissance des progrès des opérations de l'ame.

§. 67. Il faut donc conclure que les principes ne sont que des résultats qui peuvent servir à marquer les principaux endroits par où on a passé; qu'ainsi que le fil du labyrinthe, inutiles quand nous voulons aller en avant, ils ne font que faci-

---

(1) Cette démonstration est tirée des élémens de mathématiques d'un homme célèbre. La voici dans les termes de l'auteur, § 18. Défi. *Majus est cujus pars alteri toti æqualis est; minus verò, quod parti alterius æquale.* § 73. Axio. *Idem est æquale sibimet ipsi.* Théor. *Totum majus est sua parte.* Démonstr. *Cujus pars alteri toti æqualis est, id ipsum altero majus.* (§. 18.) *Sed quælibet pars totius parti totius hoc est, sibi ipsi æqualis est.* (§ 73.) *Ergo totum qualibet sua parte majus est.*

liter les moyens de revenir sur nos pas. S'ils sont propres à soulager la mémoire, & à abréger les disputes, en indiquant brièvement les vérités dont on convient de part & d'autre, ils deviennent ordinairement si vagues, que si on n'en use avec précaution, ils multiplient les disputes, & les font dégénérer en pures questions de mot. Par conséquent, le seul moyen d'acquérir des connoissances, c'est de remonter à l'origine de nos idées, d'en suivre la génération & de les comparer sous tous les rapports possibles ; ce que j'appelle *analyser*.

§. 68. On dit communément qu'il faut avoir des principes. On a raison ; mais je me trompe fort, ou la plupart de ceux qui répètent cette maxime, ne savent guères ce qu'ils exigent. Il me paroit même que nous ne comptons pour principes que ceux que nous avons nous-mêmes adoptés, & en conséquence nous accusons les autres d'en manquer, quand ils refusent de les recevoir. Si l'on entend par principes des propositions générales qu'on peut au besoin appliquer à des cas particuliers ; qui est-ce qui n'en a pas ? mais aussi quel mérite y a-t-il à en avoir ? Ce sont des maximes vagues, dont rien n'apprend à faire de justes applications. Dire d'un homme qu'il a de pareils principes, c'est faire connoître qu'il est incapable d'avoir des idées nettes de ce qu'il pense. Si l'on doit donc avoir des principes, ce n'est pas qu'il faille commencer par-là pour descendre ensuite à des connoissances moins générales : mais c'est qu'il faut avoir bien étudié les vérités particulières, & s'être élevé d'abstractions en abstractions, jusqu'aux propositions universelles. Ces sortes de principes sont naturellement déterminés par les connoissances particulières qui y ont conduit, on en voit toute l'étendue, & l'on peut s'assurer de s'en servir toujours avec exactitude. Dire qu'un homme a de pareils principes, c'est donner à entendre qu'il connoît parfaitement les arts & les sciences dont il fait son objet, & qu'il apporte par-tout de la netteté & de la précision.

Affirmer. Nier. Juger. Raisonner. Concevoir. L'entendement.

§. 69. Quand nous comparons nos idées, la conscience que nous en avons, nous les fait connoître comme étant les mêmes par les endroits que nous les considérons, ce que nous manifestons en liant ces idées par le mot *est*, ce qui s'appelle *affirmer* : ou bien elle nous les fait connoître comme n'étant pas les mêmes, ce que nous manifestons en les séparant par ces mots, *n'est pas*, ce qui s'appelle *nier*. Cette double opération est ce qu'on nomme *juger*. Il est évident qu'elle est une suite des autres.

§. 70. De l'opération de juger naît celle de raisonner. Le raisonnement n'est qu'un enchaînement de jugemens qui dépendent les uns des autres. Ces dernières opérations sont celles sur lesquelles il est le moins nécessaire de s'étendre. Ce que les logiciens en ont dit dans bien des volumes, me paroit entièrement superflu & de nul usage. Je me bornerai à rendre raison d'une expérience.

§. 71. On demande comment on peut, dans la conversation, développer souvent, sans hésiter, des raisonnemens fort étendus. Toutes les parties en sont-elles présentes dans le même instant ? Et si elles ne le sont pas, (comme il est vraisemblable, puisque l'esprit est trop borné pour saisir tout-à-la-fois un grand nombre d'idées), par quel hasard se conduit-il avec ordre ? Cela s'explique aisément par ce qui a déjà été exposé.

Au moment qu'un homme se propose de faire un raisonnement, l'attention qu'il donne à la proposition qu'il veut prouver, lui fait appercevoir successivement les propositions principales, qui sont le résultat des différentes parties du raisonnement qu'il va faire. Si elles sont fortement liées, il les parcourt si rapidement, qu'il peut s'imaginer les voir toutes ensemble. Ces propositions saisies, il considère celle qui doit être exposée la première. Par ce moyen, les idées propres à la mettre dans son jour, se réveillent en lui selon l'ordre de la liaison qui est entr'elles. De-là il passe à la seconde, pour répéter la même opération, & ainsi de suite jusqu'à la conclusion de son raisonnement. Son esprit n'en embrasse donc pas en même-tems toutes les parties ; mais, par la liaison qui est entr'elles, il les parcourt avec assez de rapidité pour devancer toujours la parole, à-peu-près comme l'œil de quelqu'un qui lit haut, devance la prononciation.

Peut-être demandera-t-on comment on peut appercevoir les résultats d'un raisonnement, sans en avoir saisi les différentes parties dans tout leur détail. Je réponds que cela n'arrive que quand nous parlons sur des matières qui nous sont familières, ou qui ne sont pas loin de l'être, par le rapport qu'elles ont à celles que nous connoissons davantage. Voilà le seul cas où le phénomène que je propose, peut être remarqué. Dans tout autre, l'on parle en hésitant, ce qui provient de ce que les idées étant liées trop foiblement, se réveillent avec lenteur : ou l'on parle sans suite, & c'est un effet de l'ignorance.

§. 72. Quand, par l'exercice des opérations précédentes, ou du moins de quelques-unes, on s'est fait des idées exactes, & qu'on en connoît les rapports, la conscience que nous en avons, est l'opération qu'on nomme *concevoir*. Par conséquent, une condition essentielle pour bien concevoir, c'est de se représenter toujours les choses sous les idées qui leur sont propres.

§. 73. Ces analyses nous conduisent à avoir de l'entendement une idée plus exacte que celle qu'on s'en fait communément. On le regarde comme une faculté différente de nos connoissances, & comme le lieu où elles viennent se réunir. Cependant je crois que, pour parler avec plus de clarté, il faut dire que l'entendement n'est que la collection ou la combinaison des opérations de l'ame. Appercevoir ou avoir conscience, donner son attention, reconnoître, imaginer, se ressouvenir, réfléchir, distinguer ses idées, les abstraire, les comparer, les composer, les décomposer, les analyser, affirmer, nier, juger, raisonner, concevoir : voilà l'entendement.

§. 74. Je me suis attaché dans ces analyses à faire voir la dépendance des opérations de l'ame, & comment elles s'engendrent toutes de la première. Nous commençons par éprouver des perceptions dont nous avons conscience. Nous formons-nous ensuite une conscience plus vive de quelques perceptions ? cette conscience devient attention. Dès-lors les idées se lient, nous reconnoissons en conséquence les perceptions que nous avons eues, & nous nous reconnoissons pour le même être qui les a eues : ce qui constitue la réminiscence. L'ame réveille-t-elle ses perceptions, les conserve-t-elle, ou en rappelle-t-elle seulement les signes ? C'est imagination, contemplation, mémoire : & si elle dispose elle-même de son attention, c'est réflexion. Enfin, de celle-ci naissent toutes les autres. C'est proprement la réflexion qui distingue, compare, compose, décompose & analyse ; puisque ce ne sont-là que differentes manieres de conduire l'attention. De-là se forment par une suite naturelle le jugement, le raisonnement, la conception ; & résulte l'entendement. Mais j'ai crû devoir considérer les différentes manieres dont la réflexion s'exerce, comme autant d'opérations distinctes ; parce qu'il y a du plus ou du moins dans les effets qui en naissent. Elle fait, par exemple, quelque chose de plus en comparant des idées, que lorsqu'elle s'en tient à les distinguer ; en les composant & décomposant, que lorsqu'elle se borne à les comparer, telles qu'elles sont : & ainsi du reste. Il n'est pas douteux qu'on ne puisse, selon la maniere dont on voudra concevoir les choses, multiplier plus ou moins les opérations de l'ame. On pourroit même les réduire à une seule, qui seroit la conscience. Mais il y a un milieu entre trop diviser & ne pas diviser assez. Afin même d'achever de mettre cette matiere dans tout son jour, il faut encore passer à de nouvelles analyses.

Des vices & des avantages de l'imagination.

§. 75. Le pouvoir que nous avons de réveiller nos perceptions en l'absence des objets, nous donne celui de réunir & de lier ensemble les idées les plus étrangeres. Il n'est rien qui ne puisse prendre dans notre imagination une forme nouvelle. Par la liberté avec laquelle elle transporte les qualités d'un sujet dans un autre, elle rassemble dans un seul ce qui suffit à la nature pour en embellir plusieurs. Rien ne paroit d'abord plus contraire à la vérité que cette maniere dont l'imagination dispose de nos idées. En effet, si nous ne nous rendons pas maîtres de cette opération, elle nous égarera infailliblement ; mais elle sera un des principaux ressorts de nos connoissances, si nous savons la régler (1).

§. 76. Les liaisons d'idées se font dans l'imagination de deux manières : quelquefois volontairement, & d'autres fois elle ne sont que l'effet d'une impression étrangere. Celles-là sont ordinairement moins fortes, desorte que nous pouvons les rompre plus facilement : on convient qu'elles sont d'institution. Celles-ci sont souvent si bien cimentées, qu'il nous est impossible de les détruire : on les croit volontiers naturelles. Toutes ont leurs avantages & leurs inconvéniens ; mais les dernières sont d'autant plus utiles ou dangereuses, qu'elles agissent sur l'esprit avec plus de vivacité.

§. 77. Le langage est l'exemple le plus sensible des liaisons que nous formons volontairement. Lui seul il fait voir quels avantages nous donne cette opération ; & les précautions qu'il faut prendre pour parler avec justesse, montrent combien il est difficile de la régler. Mais me proposant de traiter bientôt de la nécessité, de l'usage, de l'origine & des progrès du langage, je ne m'arrêterai pas à exposer ici les avantages & les inconvéniens de cette partie de l'imagination. Je passe aux liaisons d'idées qui sont l'effet de quelque impression étrangere.

§. 78. J'ai dit qu'elles sont utiles & nécessaires. Il falloit, par exemple, que la vue d'un précipice, où nous sommes en danger de tomber, réveillât en nous l'idée de la mort. L'attention

---

(1) Je n'ai pris jusqu'ici l'imagination que pour l'opération qui réveille les perceptions en l'absence des objets : mais actuellement que je considère les effets de cette opération, je ne trouve aucun inconvénient à me rapprocher de l'usage, & je suis même obligé de le faire : c'est pourquoi je prends dans ce chapitre l'imagination pour une opération, qui, en réveillant les idées, en fait à notre gré des combinaisons toujours nouvelles. Ainsi le mot d'*imagination* aura désormais chez moi deux sens différens : mais cela n'occasionnera aucune équivoque ; parce que, par les circonstances où je l'employerai, je déterminerai à chaque fois le sens que j'aurai particulièrement en vue.

ne peut donc manquer à la première occasion de former cette liaison ; elle doit même la rendre d'autant plus forte, qu'elle y est déterminée par le motif le plus pressant : la conservation de notre être.

Malebranche a cru cette liaison naturelle ou en nous dès la naissance. « L'idée, dit-il, d'une grande hauteur que l'on voit au-dessous de soi, & de laquelle on est en danger de tomber, ou l'idée de quelque grand corps qui est prêt à tomber sur nous & à nous écraser, est naturellement liée avec celle qui nous représente la mort, & avec une émotion des esprits qui nous dispose à la fuite, & au desir de fuir. Cette liaison ne change jamais, parce qu'il est nécessaire qu'elle soit toujours la même ; & elle consiste dans une disposition des fibres du cerveau, que nous avons dès notre enfance (1) ».

Il est évident que si l'expérience ne nous avoit appris que nous sommes mortels, bien loin d'avoir une idée de la mort, nous serions fort surpris à la vue de celui qui mourroit le premier. Cette idée est donc acquise, & Malebranche se trompe pour avoir confondu ce qui est naturel, ou en nous dès la naissance, avec ce qui est commun à tous les hommes. Cette erreur est générale. On ne veut pas s'appercevoir que les mêmes sens, les mêmes opérations & les mêmes circonstances doivent produire par-tout les mêmes effets (2). On veut absolument avoir recours à quelque chose d'inné, ou de naturel, qui précède l'action des sens, l'exercice des opérations de l'ame & les circonstances communes.

§. 79. Si les liaisons d'idées qui se forment en nous par des impressions étrangères, sont utiles, elles sont souvent dangereuses. Que l'éducation nous accoutume à lier l'idée de honte ou d'infamie à celle de survivre à un affront, l'idée de grandeur d'ame ou de courage à celle de s'ôter soi-même la vie, ou de l'exposer en cherchant à en priver celui de qui on a été offensé, on aura deux préjugés : l'un qui a été le point d'honneur des romains ; l'autre qui est celui d'une partie de l'Europe. Ces liaisons s'entretiennent & se fomentent plus ou moins avec l'âge. La force que le témpéramment acquiert, les passions auxquelles on devient sujet, & l'état qu'on embrasse, en resserrent ou en coupent les nœuds.

Ces sortes de préjugés étant les premieres impressions que nous ayons éprouvées, ils ne manquent pas de nous paroître des principes incontestables. Dans l'exemple que je viens d'apporter, l'erreur est sensible, & la cause en est connue. Mais il n'y a peut-être personne à qui il ne soit arrivé de faire quelquefois des raisonnemens bizarres, dont on reconnoît enfin tout le ridicule, sans pouvoir comprendre comment on a pu en être la dupe un seul instant. Ils ne sont souvent que l'effet de quelque liaison singulière d'idées : cause humiliante pour notre vanité, & que pour cela nous avons tant de peine à appercevoir. Si elle agit d'une manière si secrette, qu'on juge des raisonnemens qu'elle fait faire au commun des hommes.

§. 80. En général les impressions que nous éprouvons dans différentes circonstances, nous font lier des idées que nous ne sommes plus maîtres de séparer. On ne peut, par exemple, fréquenter les hommes qu'on ne lie insensiblement les idées de certains tours d'esprit & de certains caractères avec les figures qui se remarquent davantage. Voilà pourquoi les personnes qui ont de la physionomie, nous plaisent ou nous déplaisent plus que les autres ; car la physionomie n'est qu'un assemblage de traits auxquels nous avons lié des idées, qui ne se réveillent point sans être accompagnées d'agrément ou de dégoût. Il ne faut donc pas s'étonner si nous sommes portés à juger les autres d'après leur physionomie, & si quelquefois nous sentons pour eux au premier abord de l'éloignement ou de l'inclination.

Par un effet de ces liaisons nous nous prévenons souvent jusqu'à l'excès en faveur de certaines personnes, & nous sommes tout-à-fait injustes par rapport à d'autres. C'est que tout ce qui nous frappe dans nos amis comme dans nos ennemis, se lie naturellement avec les sentimens agréables ou désagréables qu'ils nous font éprouver ; & que, par conséquent, les défauts des uns empruntent toujours quelqu'agrément de ce que nous remarquons en eux de plus aimable, ainsi que les meilleures qualités des autres nous paroissent participer à leurs vices. Par-là ces liaisons influent infiniment sur toute notre conduite. Elles entretiennent notre amour ou notre haine, fomentent notre estime ou nos mépris, excitent notre reconnoissance ou notre ressentiment, & produisent ces sympathies, ces antipathies & tous ces penchans bizarres dont on a quelquefois tant de peine à se rendre raison. Je crois avoir lu quelque part que Descartes conserva toujours du goût pour les yeux louches, parce que la premiere personne qu'il avoit aimée, avoit ce défaut.

---

(1) Recherche de la vérité, liv. 2. c. 3.

(2) On suppose qu'un homme fait vient de naître à côté d'un précipice, & on m'a demandé s'il est vraisemblable qu'il évite de s'y jetter. Pour moi, je le crois, non qu'il craigne la mort, car on ne peut craindre ce qu'on ne connoît point, mais parce qu'il me paroit naturel qu'il dirige ses pas du côté où ses pieds peuvent porter sur quelque chose.

§. 81. Locke a fait voir le plus grand danger des liaisons d'idées, lorsqu'il a remarqué qu'elles sont l'origine de la folie. » Un homme, dit-il, (1) » fort sage & de très-bon sens en toute autre » chose, peut être aussi fou sur un certain ar- » ticle, qu'aucun de ceux qu'on renferme aux » petites-Maisons, si par quelque violente im- » pression qui se soit faite subitement dans son » esprit, ou par une longue application à une » espèce particulière de pensées, il arrive que » des idées incompatibles soient jointes si for- » tement ensemble dans son esprit, qu'elles y » demeurent unies ».

§. 82. Pour comprendre combien cette réflexion est juste, il suffit de remarquer que par le physique l'imagination & la folie ne peuvent différer que du plus au moins. Tout dépend de la vivacité & de l'abondance avec laquelle les esprits se portent au cerveau. C'est pourquoi dans les songes les perceptions se retracent si vivement, qu'au réveil on a quelquefois de la peine à reconnoître son erreur. Voilà certainement un moment de folie. Afin qu'on restât fou, il suffiroit de supposer que les fibres du cerveau eussent été ébranlées avec trop de violence pour pouvoir se rétablir. Le même effet peut être produit d'une manière plus lente.

§. 83. Il n'y a, je pense, personne, qui, dans des momens de désœuvrement, n'imagine quelque roman dont il se fait le héros. Ces fictions, qu'on appelle des *châteaux en Espagne*, n'occasionnent pour l'ordinaire dans le cerveau que de légères impressions; parce qu'on s'y livre peu, & qu'elles sont bientôt dissipées par les objets plus réels, dont on est obligé de s'occuper. Mais qu'il survienne quelque sujet de tristesse, qui nous fasse éviter nos meilleurs amis, & prendre en dégoût tout ce qui nous a plu; alors livrés à tout notre chagrin, notre roman favori sera la seule idée qui pourra nous en distraire. Les esprits animaux creuseront peu à peu à ce château des fondemens d'autant plus profonds, que rien n'en changera le cours : nous nous endormirons en le bâtissant; nous l'habiterons en songe; & enfin, quand l'impression des esprits sera insensiblement parvenue à être la même que si nous étions en effet ce que nous avons feint, nous prendrons à notre réveil toutes nos chimères pour des réalités. Il se peut que la folie de cet Athénien, qui croyoit que tous les vaisseaux qui entroient dans le Pirée, étoient à lui, n'ait pas eu d'autre cause.

§. 84. Cette explication peut faire connoître combien la lecture des romans est dangereuse pour les jeunes personnes du sexe dont le cerveau est fort tendre. Leur esprit, que l'éducation occupe ordinairement trop peu, saisit avec avidité des fictions qui flattent des passions naturelles à leur âge. Elles y trouvent des matériaux pour les plus beaux châteaux en Espagne. Elles les mettent en œuvre avec d'autant plus de plaisir, que l'envie de plaire, & les galanteries qu'on leur fait sans cesse, les entretiennent dans ce goût. Alors il ne faut peut être qu'un léger chagrin pour tourner la tête à une jeune fille, lui persuader qu'elle est Angélique, ou telle autre héroïne qui lui a plu, & lui faire prendre pour des Médors tous les hommes qui l'approchent.

§. 85. Il y a des ouvrages faits dans des vues bien différentes, qui peuvent avoir de pareils inconvéniens. Je veux parler de certains livres de dévotion écrits par des imaginations fortes & contagieuses. Ils sont capables de tourner quelquefois le cerveau d'une femme, jusqu'à lui faire croire qu'elle a des visions, qu'elle s'entretient avec les anges, ou que même elle est déja dans le ciel avec eux. Il seroit bien à souhaiter que les jeunes personnes des deux sexes fussent toujours éclairées dans ces sortes de lectures par des directeurs qui connoîtroient la trempe de leur imagination.

§. 86 Des folies comme celles que je viens d'exposer, sont reconnues de tout le monde. Il y a d'autres égaremens auxquels on ne pense pas à donner le même nom : cependant tous ceux qui ont leur cause dans l'imagination, devroient être mis dans la même classe. En ne déterminant la folie que par la conséquence des erreurs on ne sauroit fixer le point où elle commence. Il la faut donc faire consister dans une imagination, qui, sans qu'on soit capable de le remarquer, associe des idées d'une manière tout-à-fait désordonnée & influe quelquefois dans nos jugemens, ou dans notre conduite. Cela étant, il est vraisemblable que personne n'en sera exempt. Le plus sage ne différera du plus fou, que parce qu'heureusement les travers de son imagination n'auront pour objet que des choses qui entrent peu dans le train ordinaire de la vie, & qui le mettent moins visiblement en contradiction avec le reste des hommes. En effet, où est celui que quelque passion favorite n'engage pas constamment, dans de certaines rencontres, à ne se conduire que d'après l'impression forte que les choses font sur son imagination, & ne fasse retomber dans les mêmes fautes? Observez sur-tout un homme dans ses projets de conduite ; car c'est-là l'écueil de la raison pour le grand nombre. Quelle prévention, quel aveuglement même dans celui qui a le plus d'esprit ! Que le peu de suc-

---

(1) Liv. 2. c. 11. §. 13 ; il répete à-peu-près la même chose, c. 13. §. 4 du même liv.

cès lui fasse reconnoître combien il a eu tort, il ne se corrigera pas. La même imagination qui l'a séduit, le séduira encore ; & vous le verrez sur le point de commettre une faute semblable à la première, que vous ne l'en convaincrez pas.

§. 87. Les impressions qui se font dans les cerveaux froids, s'y conservent long-tems. Ainsi les personnes dont l'extérieur est posé & réfléchi, n'ont d'autre avantage, si c'en est un, que de garder constamment les mêmes travers. Par-là leur folie qu'on ne soupçonnoit pas au premier abord, n'en devient que plus aisée à reconnoître pour ceux qui les observent quelquetems. Au contraire dans les cerveaux où il y a beaucoup de feu & beaucoup d'activité, les impressions s'effacent, se renouvellent, les folies se succèdent. A l'abord on voit bien que l'esprit d'un homme a quelque travers, mais il en change avec tant de rapidité, qu'on peut à peine le remarquer.

§. 88. Le pouvoir de l'imagination est sans bornes. Elle diminue ou même dissipe nos peines, & peut seul donner aux plaisirs l'assaisonnement qui en fait tout le prix. Mais quelquefois c'est l'ennemi le plus cruel que nous ayons : elle augmente nos maux, nous en donne que nous n'avions pas, & finit par nous porter le poignard dans le sein.

Pour rendre raison de ces effets, je dis d'abord que les sens agissant sur l'organe de l'imagination, cet organe réagit sur les sens. On ne le peut révoquer en doute : car l'expérience fait voir une pareille réaction dans les corps les moins élastiques. Je dis en second lieu que la réaction de cet organe est plus vive que l'action des sens, parce qu'il ne réagit pas sur eux avec la seule force que suppose la perception qu'ils ont produite, mais avec les forces réunies de toutes celles qui sont étroitement liées à cette perception, & qui pour cette raison n'ont pu manquer de se reveiller. Cela étant, il n'est pas difficile de comprendre les effets de l'imagination. Venons à des exemples.

La perception d'une douleur réveille dans mon imagination toutes les idées avec lesquelles elle a une liaison étroite. Je vois le danger, la frayeur me saisit, j'en suis abattu, mon corps résiste à peine, ma douleur devient plus vive, mon accablement augmente, & il se peut que, pour avoir eu l'imagination frappée, une maladie légère dans ses commencemens, me conduise au tombeau.

Un plaisir que j'ai recherché, retrace également toutes les idées agréables auxquelles il peut être lié. L'imagination renvoye aux sens plusieurs perceptions pour une qu'elle reçoit. Mes esprits sont dans un mouvement qui dissipe tout ce qui pourroit m'enlever aux sentimens que j'éprouve. Dans cet état, tout entier aux perceptions que je reçois par les sens, & à celles que l'imagination reproduit, je goûte les plaisirs les plus vifs. Qu'on arrête l'action de mon imagination ; je sors aussi-tôt comme d'un enchantement : j'ai sous les yeux les objets auxquels j'attribuois mon bonheur ; je les cherche, & je ne les vois plus.

Par cette explication on conçoit que les plaisirs de l'imagination sont tout aussi réels & tout aussi physiques que les autres ; quoiqu'on dise communément le contraire. Je n'apporte plus qu'un exemple.

Un homme tourmenté par la goute, & qui ne peut se soutenir, revoit, au moment qu'il s'y attendoit le moins, un fils qu'il croyoit perdu : plus de douleur. Un instant après le feu se met à sa maison : plus de foiblesse. Il est déja hors du danger, quand on songe à le secourir. Son imagination subitement & vivement frappée, réagit sur toutes les parties de son corps, & y produit la révolution qui le sauve.

Voilà je pense les effets les plus étonnans de l'imagination. Je vais dire un mot des agrémens qu'elle fait prêter à la vérité.

Où l'imagination puise les agrémens qu'elle donne à la vérité.

§. 89. L'imagination emprunte ses agrémens du droit qu'elle a de dérober à la nature ce qu'il y a de plus riant & de plus aimable, pour embellir le sujet qu'elle manie. Rien ne lui est étranger, tout lui devient propre, dès qu'elle en peut paroître avec plus d'éclat. C'est une abeille qui fait son trésor de tout ce qu'un parterre produit de plus belles fleurs. C'est une coquette, qui, uniquement occupée du désir de plaire, consulte plus son caprice que la raison. Toujours également complaisante, elle se prête à notre goût, à nos passions, à nos foiblesses. Elle attire & persuade l'un par son air vif & agaçant, surprend & étonne l'autre par ses manières grandes & nobles. Tantôt elle amuse par des propos riants, d'autres fois elle ravit par la hardiesse de ses saillies. Là elle affecte la douceur pour intéresser ; ici la langueur & les larmes, pour toucher ; & s'il le faut, elle prendra bientôt le masque, pour exciter des ris. Bien assurée de son empire, elle exerce son caprice sur tout. Elle se plaît quelquefois à donner de la grandeur aux choses les plus communes & les plus triviales ; & d'autres fois à rendre basses & ridicules les plus sérieuses & les plus sublimes. Quoiqu'elle altère tout ce qu'elle touche, elle réussit souvent, lorsqu'elle ne cherche qu'à plaire; mais hors de-là, elle ne peut qu'échouer. Son empire finit, où celui de l'analyse commence.

§. 90. Elle puise non-seulement dans la nature, mais encore dans les choses les plus absurdes & les plus ridicules, pourvu que les préjugés les autorisent. Peu importe qu'elles soient fausses, si nous sommes portés à les croire véritables. L'imagination a sur-tout les agrémens en vûe, mais elle n'est pas opposée à la vérité. Toutes ses fictions sont bonnes, lorsqu'elles sont dans l'analogie de la nature, de nos connoissances ou de nos préjugés. Mais dès qu'elle s'en écarte, elle n'enfante plus que des idées monstrueuses & extravagantes. C'est-là, je crois, ce qui rend cette pensée de Despréaux si juste.

Rien n'est beau que le vrai, le vrai seul est aimable;
Il doit régner par-tout & même dans la fable.

En effet, le vrai appartient à la fable: non, que les choses soient absolument telles qu'elle nous les représente, mais parce qu'elle les montre sous des images claires, familières & qui, par conséquent, nous plaisent, sans nous engager dans l'erreur.

§. 91. Rien n'est beau que le vrai: cependant tout ce qui est vrai n'est pas beau. Pour y suppléer, l'imagination lui associe les idées les plus propres à l'embellir, & par cette réunion elle forme un tout, où l'on trouve la solidité & l'agrément. La Poësie en donne une infinité d'exemples. C'est-là qu'on voit la fiction qui seroit toujours ridicule sans le vrai, orner la vérité qui seroit souvent froide sans la fiction. Ce mélange plaît toujours, pourvû que les ornemens soient choisis avec discernement, & répandus avec sagesse. L'imagination est à la vérité ce qu'est la parure à une belle personne : elle doit lui prêter tous ses secours, pour la faire paroître avec les avantages dont elle est susceptible.

Je ne m'arrêterai pas davantage sur cette partie de l'imagination, ce seroit le sujet d'un ouvrage à part : il suffit pour mon plan de n'avoir pas oublié d'en parler.

De la raison, de l'esprit & de ses différentes espèces.

§. 92. De toutes les opérations que nous avons décrites, il en résulte une qui, pour ainsi dire, couronne l'entendement ; c'est la raison. Quelque idée qu'on s'en fasse, tout le monde convient que ce n'est que par elle qu'on peut se conduire sagement dans les affaires civiles, & faire des progrès dans la recherche de la vérité. Il en faut conclure qu'elle n'est autre chose que la connoissance de la manière dont nous devons régler les opérations de notre ame.

§. 93. Je ne crois pas, en m'expliquant de la sorte, m'écarter de l'usage ; je ne fais que déterminer une notion qui m'a paru nulle part assez exacte. Je préviens même toutes les invectives qu'on ne dit contre la raison, que pour l'avoir prise dans un sens trop vague. Dira-t-on que la nature nous a fait un présent digne d'une marâtre, lorsqu'elle nous a donné les moyens de diriger sagement les opérations de notre ame ? Une pareille pensée pourroit-elle tomber dans l'esprit ? Dira-t-on que quand l'ame ne seroit pas douée de toutes les opérations dont nous avons parlé, elle n'en seroit que plus heureuse, parce qu'elles sont la source de ses peines par l'abus qu'elle en fait ? Que ne reprochons-nous donc à la nature de nous avoir donné une bouche, des bras & d'autres organes, qui sont souvent les instrumens de notre propre malheur. Peut-être que nous voudrions n'avoir de vie, qu'autant qu'il en faut pour sentir que nous existons, & que nous abandonnerions volontiers toutes les opérations qui nous mettent si fort au-dessus des bêtes, pour n'avoir que leur instinct.

§. 94. Mais, dira-t-on, quel est l'usage que nous devons faire des opérations de l'ame ? Avec quels efforts, & avec combien peu de succès n'en a-t-on pas fait la recherche ? Peut-on se flatter d'y réussir mieux aujourd'hui ? Je réponds qu'il faut donc nous plaindre de n'avoir pas reçu la raison en partage. Mais plutôt n'outrons rien. Etudions bien les opérations de l'ame, connoissons toute leur étendue, sans nous en cacher la foiblesse, distinguons-les exactement, démêlons-en les ressorts, montrons-en les avantages & les abus, voyons quels secours elles se prêtent mutuellement, enfin, ne les appliquons qu'aux objets qui sont à notre portée, & je promets que nous apprendrons l'usage que nous en devons faire. Nous reconnoîtrons qu'il nous est tombé en partage autant de raison que notre état le demandoit ; & que si celui de qui nous tenons tout ce que nous sommes, ne prodigue pas ses faveurs, il sait les dispenser avec sagesse.

§. 95. Il y a trois opérations qu'il est à propos de rapprocher pour en faire mieux sentir la différence. Ce sont l'instinct, la folie & la raison. L'instinct n'est qu'une imagination dont l'exercice n'est point du tout à nos ordres, mais qui par sa vivacité concourt parfaitement à la conservation de notre être. Il exclut la mémoire, la réflexion & les autres opérations de l'ame. La folie admet au contraire l'exercice de toutes les opérations ; mais c'est une imagination déréglée qui les dirige. Enfin, la raison résulte de toutes les opérations de l'ame bien conduites. Si Pope avoit sû se faire des idées nettes de ces choses, il n'auroit pas autant déclamé contre la raison, & encore moins conclu :

> Envain de la raison tu vantes l'excellence.
> Doit-elle sur l'instinct avoir la préférence ?
> Entre ces facultés quelle comparaison !
> Dieu dirige l'instinct, & l'homme la raison.

§. 96. Il est, au reste, bien aisé d'expliquer ici la distinction qu'on fait entre être *au-dessus de la raison, selon la raison & contre la raison*. Toute vérité qui renferme quelques idées qui ne peuvent être l'objet des opérations de l'ame, parce qu'elles n'ont pu entrer par les sens, ni être tirées des sensations, est au-dessus de la raison. Une vérité qui ne renferme que des idées sur lesquelles notre esprit peut opérer, est selon la raison. Enfin toute proposition qui en contredit une qui résulte des opérations de l'ame bien conduites, est contre la raison.

§. 97. On a pu facilement remarquer que dans la notion de la raison, & dans les nouveaux détails que j'ai donnés sur l'imagination, il n'entre d'autres idées que celles des opérations qui ont été le sujet des huit premiers chapitres de cette section. Il étoit cependant à propos de considérer ces choses à part, soit pour se conformer à l'usage, soit pour marquer plus exactement les différens objets des opérations de l'entendement. Je crois même devoir suivre encore l'usage, lorsqu'il distingue le bon sens, l'esprit, l'intelligence, la pénétration, la profondeur, le discernement, le jugement, la sagacité, le goût, l'invention, le talent, le génie & l'enthousiasme ; il me suffira cependant de ne dire qu'un mot sur toutes ces choses.

§. 98. Le bon sens & l'intelligence ne sont que concevoir ou imaginer, & ne différent que par la nature de l'objet dont on s'occupe. Comprendre, par exemple, que deux & deux font quatre, ou comprendre tout un cours de mathématiques, c'est également concevoir ; mais avec cette différence que l'un s'appelle bon sens, & l'autre intelligence. De même pour imaginer des choses communes & qui tombent tous les jours sous les yeux, il ne faut que du bon sens : mais pour imaginer des choses neuves, sur-tout si elles sont de quelqu'étendue, il faut de l'intelligence. L'objet du bon sens ne paroît donc se rencontrer que dans ce qui est facile & ordinaire, & c'est à l'intelligence à faire concevoir, ou imaginer des choses plus composées & plus neuves.

§. 99. Faute d'une bonne méthode pour analyser nos idées, nous nous contentons souvent de nous entendre à-peu-près. On en voit l'exemple dans le mot *esprit*, auquel on attache communément une notion bien vague, quoiqu'il soit dans la bouche de tout le monde. Quelle qu'en soit la signification, elle ne sauroit s'étendre au-de-là des opérations dont j'ai donné l'analyse. Mais selon qu'on prend ces opérations à part, qu'on en réunit plusieurs, ou qu'on les considère toutes ensemble, on se forme différentes notions auxquelles on donne communément le nom d'*esprit*.

Il faut cependant y mettre pour condition que nous les conduisions d'une manière supérieure, & qui montre l'activité de l'entendement. Celles où l'ame dispose à peine d'elle-même, ne méritent pas ce nom. Ainsi la mémoire & les opérations qui la précédent, ne constituent pas l'esprit. Si même l'activité de l'ame n'a pour objet que des choses communes, ce n'est encore que bon sens, comme je l'ai dit. L'esprit vient immédiatement après, & se trouveroit à son plus haut période dans un homme qui, en toute occasion, sauroit parfaitement bien conduire toutes les opérations de son entendement, & s'en serviroit avec toute la facilité possible. C'est une notion dont on ne trouvera jamais le modèle ; mais il faut le supposer, afin d'avoir un point fixe, d'où l'on puisse, par divers endroits, s'éloigner plus ou moins, & se faire par ce moyen quelque idée des espèces inférieures. Je me borne à celles auxquelles on a donné des noms.

§. 100. La pénétration suppose qu'on est capable d'assez d'attention, de réflexion, & d'analyse, pour percer jusques dans l'intérieur des choses ; & la profondeur qu'on les creuse au point d'en développer tous les ressorts, & qu'on voit d'où elles viennent, ce qu'elles sont, & ce qu'elles deviendront.

§. 101. Le discernement & le jugement comparent les choses, en font la différence, & apprécient exactement la valeur des unes aux autres : mais le premier se dit plus particulièrement de celles qui regardent la spéculation, & le second, de celles qui concernent la pratique. Il faut du discernement dans les recherches philosophiques, & du jugement dans la conduite de la vie.

§. 102. La sagacité n'est que l'adresse avec laquelle on sait se retourner pour saisir son objet plus facilement, ou pour le faire mieux comprendre aux autres ; ce qui ne se fait que par l'imagination jointe à la réflexion & à l'analyse.

§. 103. Le goût est une manière de sentir si heureuse qu'on apperçoit le prix des choses sans le secours de la réflexion, ou plutôt sans se servir d'aucune règle pour en juger. Il est l'effet d'une imagination qui ayant été exercée de bonne heure sur des objets choisis, les conserve toujours présens, & s'en fait naturellement des modèles de comparaison.

comparaison. C'est pourquoi le bon goût est ordinairement le partage des gens du monde.

§. 104. Nous ne créons pas proprement des idées, nous ne faisons que combiner par des compositions & des décompositions, celles que nous recevons par les sens. L'invention consiste à savoir faire des combinaisons neuves. Il y en a de deux espèces : le talent & le génie.

Celui-là combine les idées d'un art ou d'une science connue d'une manière propre à produire les effets qu'on en doit naturellement attendre. Il demande tantôt plus d'imagination, tantôt plus d'analyse. Celui-ci ajoute au talent l'idée d'esprit en quelque sorte créateur. Il invente de nouveaux arts, ou dans le même art, de nouveaux genres égaux, & quelquefois même supérieurs à ceux qui étoient déja connus. Il envisage les choses sous des points de vûe qui ne sont qu'à lui ; donne naissance à une science nouvelle, ou se fraye dans celles qu'on cultive, une route à des vérités auxquelles on n'espéroit pas de pouvoir arriver. Il répand sur celles qu'on connoissoit avant lui, une clarté & une facilité dont on ne les jugeoit pas susceptibles. Un homme à talent a un caractère qui peut appartenir à d'autres : il est égalé & même quelquefois surpassé. Un homme de génie a un caractère original, il est inimitable. Aussi les grands écrivains qui le suivent, hasardent rarement de s'essayer dans le genre où il a réussi. Corneille, Molière & Quinault, n'ont point eu d'imitateurs. Nous avons des modernes qui vraisemblablement n'en auront pas davantage.

On qualifie le génie d'étendu & de vaste. Comme étendu, il fait de grands progrès dans un genre : comme vaste, il réunit tant de genres, & à un tel degré, qu'on a en quelque sorte de la peine à imaginer qu'il ait des bornes.

§. 105. On ne peut analyser l'enthousiasme quand on l'éprouve, puisqu'alors on n'est pas maître de sa réflexion : mais comment l'analyser, quand on ne l'éprouve plus ? C'est en considérant les effets qu'il a produits. Dans cette occasion la connoissance des effets doit conduire à la connoissance de leur cause, & cette cause ne peut être que quelqu'une des opérations dont nous avons déja fait l'analyse.

Quand les passions nous donnent de violentes secousses, ensorte qu'elles nous enlèvent l'usage de la réflexion, nous éprouvons mille sentimens divers. C'est que l'imagination plus ou moins excitée, selon que les passions sont plus ou moins vives, réveille avec plus ou moins de force les sentimens qui ont quelque rapport, &, par conséquent, quelque liaison avec l'état où nous sommes.

Philosophie anc. & mod. Tom II.

Supposons deux hommes dans les mêmes circonstances & éprouvant les mêmes passions, mais dans un inégal degré de force. D'un côté prenons pour exemple le vieil Horace, tel qu'il est dépeint dans Corneille, avec cette ame romaine qui lui feroit sacrifier ses propres enfans au salut de la république. L'impression qu'il reçoit, quand il apprend la fuite de son fils, est un assemblage confus de tous les sentimens que peuvent produire l'amour de la patrie & celui de la gloire, portés au plus haut point; jusques-là qu'il ne doit pas regretter la perte de deux de ses fils, & qu'il doit souhaiter que le troisième eût également perdu la vie. Voilà les sentimens dont il est agité; mais les exprimera-t-il dans tout leur détail ! Non : ce n'est pas le langage des grandes passions. Il ne se contentera pas non plus d'en faire connoître un des moins vifs. Il préférera naturellement celui qui agit en lui avec le plus de violence, & il s'y arrêtera, parce que par la liaison qu'il a avec les autres, il les renferme suffisamment. Or quel est ce sentiment? C'est de souhaiter que son fils fût mort : car un pareil desir, où n'entre point dans l'ame d'un père, ou, quand il y entre, il doit seul en quelque sorte la remplir. C'est pourquoi, lorsqu'on lui demande ce que son fils pouvoit faire contre trois, il doit répondre : *qu'il mourût.*

Supposons d'un autre côté un romain qui, quoique sensible à la gloire de sa famille & au salut de la république, eut néanmoins éprouvé des passions beaucoup plus foibles que le vieil Horace, il me paroît qu'il auroit presque conservé tout son sang-froid. Les sentimens produits en lui par l'honneur & par l'amour de la patrie, l'auroient affecté plus foiblement, & chacun à-peu-près dans un égal degré. Cet homme n'auroit pas été porté à exprimer l'un plutôt que l'autre ; ainsi il auroit été naturel qu'il les eût fait connoître dans tout leur détail. Il auroit senti combien il souffriroit de voir la ruine de la république, & la honte dont son fils venoit de se couvrir ; il auroit défendu qu'il osât jamais se présenter devant lui ; &, au lieu d'en souhaiter la mort, il auroit seulement jugé qu'il eut mieux valu pour lui avoir le sort de ses frères.

Quoiqu'on entende par *enthousiasme*, il suffit de savoir qu'il est opposé au sang-froid, pour remarquer que ce n'est que dans l'enthousiasme qu'on peut se mettre à la place du vieil Horace de Corneille : il n'en est pas de même pour se mettre à la place de l'homme que j'ai imaginé. Voyons encore un exemple.

Si Moïse ayant à parler de la création de la lumière, avoit été moins pénétré de la grandeur de Dieu, il se seroit étendu davantage à montrer la puissance de cet être suprême. D'un côté il n'auroit rien négligé pour exalter l'excellence de

E

la lumière ; & de l'autre il auroit représenté les ténèbres comme un cahos où toute la nature étoit enfevelie. Mais, pour entrer dans ces détails, il étoit trop rempli des fentimens que peut produire la vue de la fupériorité du premier être, & la dépendance des créatures. Ainfi les idées de commandement & d'obéiffance étant liées à celles de fupériorité & de dépendance, elles n'ont pû manquer de fe réveiller dans fon ame ; & il a dû s'y arrêter, comme étant fuffifantes pour exprimer toutes les autres. Il fe borne donc à dire : *Dieu dit que la lumière foit, & la lumière fut.* Par le nombre & par la beauté des idées que ces expreffions abrégées réveillent en même tems, elles ont l'avantage de frapper l'ame d'une manière admirable ; & font, pour cette raifon, ce qu'on nomme *fublime*.

En conféquence de ces analyfes voici la notion que je me fais de l'enthoufiafme : c'eft l'état d'un homme qui, confidérant avec effort les circonftances où il fe place, eft vivement remué par tous les fentimens qu'elles doivent produire, & qui pour exprimer ce qu'il éprouve, choifit naturellement parmi ces fentimens celui qui eft le plus vif, & qui feul équivaut aux autres, par l'étroite liaifon qu'il a avec eux. Si cet état n'eft que paffager, il donne lieu à un trait ; & s'il dure quelque tems, il peut produire une pièce entière. En confervant fon fang-froid, on pourroit imiter l'enthoufiafme, fi l'on s'étoit fait l'habitude d'analyfer les beaux morceaux que les poëtes lui doivent. Mais la copie feroit-elle toujours égale à l'original ?

§. 106. L'efprit eft proprement l'inftrument avec lequel on acquiert les idées qui s'éloignent des plus communes. C'eft pourquoi nos idées font d'une nature bien différente felon le genre des opérations qui conftituent plus particulièrement l'efprit de chaque homme. Les effets ne peuvent pas être les mêmes dans celui où vous fuppoferez plus d'analyfe avec moins d'imagination, & dans celui où vous fuppoferez plus d'imagination avec moins d'analyfe. L'imagination feule eft fufceptible d'une grande variété, & fuffit pour faire des efprits de bien des efpèces. Nous avons des modèles de chacune dans nos écrivains ; mais toutes n'ont pas des noms. D'ailleurs pour confidérer l'efprit dans tous fes effets, ce n'eft pas affez d'avoir donné l'analyfe des opérations de l'entendement, il faudroit encore avoir fait celle des paffions, & avoir remarqué comment toutes ces chofes fe combinent, & fe confondent en une feule caufe. L'influence des paffions eft fi grande, que fouvent fans elles l'entendement n'auroit prefque point d'exercice, & que pour avoir de l'efprit il ne manque quelquefois à un homme que des paffions. Elles font même abfolument néceffaires pour certains talens.

Mais une analyfe des paffions appartiendroit plutôt à un ouvrage où l'on traiteroit des progrès de nos connoiffances, qu'à celui où il ne s'agit que de leur origine.

§. 107. Le principal avantage qui réfulte de la manière dont j'ai envifagé les opérations de l'ame, c'eft qu'on voit évidemment comment le bon fens, l'efprit, la raifon & leurs contraires naiffent également d'un même principe, qui eft la liaifon des idées les unes avec les autres ; que, remontant encore plus haut, on voit que cette liaifon eft produite par l'ufage des fignes. Voilà le principe. Je vais finir par une récapitulation de ce qui a été dit.

On eft capable de plus de réflexion à proportion qu'on a plus de raifon. Cette dernière faculté produit donc la réflexion. D'un côté la réflexion nous rend maîtres de notre attention ; elle engendre donc l'attention : d'un autre côté, elle nous fait lier nos idées, elle occafionne donc la mémoire. De-là naît l'analyfe ; d'où fe forme la réminifcence, ce qui donne lieu à l'imagination (je prends ici ce mot dans le fens que je lui ai donné).

C'eft par le moyen de la réflexion que l'imagination devient à notre pouvoir ; & nous n'avons à notre difpofition l'exercice de la mémoire que long-tems après que nous fommes maîtres de celui de notre imagination ; & ces deux opérations produifent la conception.

L'entendement diffère de l'imagination, comme l'opération qui confifte à concevoir diffère de l'analyfe. Quand aux opérations qui confiftent à diftinguer, comparer, compofer, décompofer, juger, raifonner ; elles naiffent les unes des autres, & font les effets immédiats de l'imagination & de la mémoire. Telle eft la génération des opérations de l'ame.

Il eft important de bien faifir toutes ces chofes, & de remarquer fur-tout les opérations qui forment l'entendement, (on fait que je ne prends pas ce mot dans le fens des autres) & les diftinguer de celles qu'il produit. C'eft fur cette différence que portera toute la fuite de cet ouvrage : elle en eft le fondement. Tout y fera confondu pour ceux qui ne la faifiront pas.

Des idées fimples & des idées complexes.

§. 1. J'appelle idée complexe la réunion ou la collection de plufieurs perceptions ; & idée fimple une perception confidérée toute feule.

« Bien que les qualités qui frappent nos fens, » dit Locke (1), foient fi fort unies & fi bien

---

(1) Liv. 2. c. 2. §. 1.

» mêlées ensemble dans les choses mêmes, qu'il
» n'y ait aucune séparation ou distance entr'elles;
» il est certain néanmoins que les idées que ces
» diverses qualités produisent dans l'ame, y en-
» trent par les sens d'une manière simple & sans
» nul mélange. Car quoique la vûe & l'attouche-
» ment excitent souvent, dans le même tems
» différentes idées par le même objet, comme
» lorsqu'on voit le mouvement & la couleur
» tout à-la-fois, & que la main sent la molesse
» & la chaleur d'un morceau de cire; cependant
» les idées simples qui sont ainsi réunies dans le
» même sujet, sont aussi parfaitement distinctes
» que celles qui entrent dans l'esprit par divers
» sens. Par exemple, la froideur & la dureté
» qu'on sent dans un morceau de glace, sont des
» idées aussi distinctes dans l'ame, que l'odeur &
» la blancheur d'une fleur de lys, ou que l'odeur
» du sucre & l'odeur d'une rose : & rien n'est
» plus évident à un homme que la perception
» claire & distincte qu'il a de ces idées simples,
» dont chacune prise à part est exempte de toute
» composition, & ne produit, par conséquent,
» dans l'ame qu'une conception entièrement uni-
» forme, qui ne peut être distinguée en diffé-
» rentes idées ».

Quoique nos perceptions soient susceptibles de plus ou de moins de vivacité, on auroit tort de s'imaginer que chacune soit composée de plusieurs autres. Fondez ensemble des couleurs qui ne diffèrent que parce qu'elles ne sont pas également vives, elles ne produiront qu'une seule perception.

Il est vrai qu'on regarde comme différens dégrés d'une même perception toutes celles qui ont des rapports moins éloignés. Mais c'est que faute d'avoir autant de noms que de perceptions, on a été obligé de rappeller celles-ci à certaines classes. Prises à part, il n'y en a point qui ne soit simple. Comment décomposer, par exemple, celle qu'occasionne la blancheur de la neige ? Y distinguera-t-on plusieurs autres blancheurs dont elle se soit formée ?

§. 2. Toutes les opérations de l'ame considérées dans leur origine, sont également simples; car chacune n'est alors qu'une perception. Mais ensuite elles se combinent pour agir de concert, & forment des opérations composées. Cela paroît sensiblement dans ce qu'on appelle *pénétration*, *discernement*, *sagacité*, &c.

§. 3. Outre les idées qui sont réellement simples, on regarde souvent comme telle une collection de plusieurs perceptions, lorsqu'on la rapporte à une collection plus grande dont elle fait partie. Il n'y a même point de notion, quelque composée qu'elle soit, qu'on ne puisse considérer comme simple, en lui attachant l'idée de l'unité.

§. 4. Parmi les idées complexes les unes sont composées de perceptions différentes, telle est celle d'un corps : les autres le sont de perceptions uniformes, ou plutôt elles ne sont qu'une même perception répétée plusieurs fois. Tantôt le nombre n'en est point déterminé, telle est l'idée abstraite de l'étendue : tantôt il est déterminé; le pied par exemple, est la perception d'un pouce prise douze fois.

§. 5. Quant aux notions qui se forment de perceptions différentes, il y en a de deux sortes : celles des substances & celles qui se composent des idées simples qu'on rapporte aux différentes actions des hommes. Afin que les premières soient utiles, il faut qu'elles soient faites sur le modèle des substances, & qu'elles ne représentent que les propriétés qui y sont renfermées. Dans les autres on se conduit tout différemment. Souvent il est important de les former, avant d'en avoir vu des exemples; & d'ailleurs ces exemples n'auroient ordinairement rien d'assez fixe pour nous servir de règle. Une notion de la vertu ou de la justice formée de la sorte, varieroit selon que les cas particuliers admettroient ou rejetteroient certaines circonstances; & la confusion iroit à un tel point qu'on ne discerneroit plus le juste de l'injuste : erreur de bien des philosophes. Il ne nous reste donc qu'à rassembler à notre choix plusieurs idées simples, & qu'à prendre ces collections une fois déterminées pour le modèle d'après lequel nous devons juger des choses. Telles sont les idées attachées à ces mots : *gloire*, *honneur*, *courage*. Je les appellerai *idées archétypes* : terme que les métaphysiciens modernes ont assez mis en usage.

§. 6. Puisque les idées simples ne sont que nos propres perceptions, le seul moyen de les connoître, c'est de réfléchir sur ce qu'on éprouve à la vûe des objets.

§. 7. Il en est de même de ces idées complexes qui ne sont qu'une répétition indéterminée d'une même perception. Il suffit, par exemple, pour avoir l'idée abstraite de l'étendue, d'en considérer la perception, sans en considérer aucune partie déterminée comme répétée un certain nombre de fois.

§. 8. N'ayant à envisager les idées que par rapport à la manière dont elles viennent à notre connoissance, je ne ferai de ces deux espèces qu'une seule classe. Ainsi, quand je parlerai des idées complexes, il faudra m'entendre de celles qui sont formées de perceptions différentes, ou d'une même perception répétée d'une manière déterminée.

§. 9. On ne peut bien connoître les idées complexes, prises dans le sens auquel je viens de les restreindre, qu'en les analysant; c'est - à - dire,

E 2

qu'il faut les réduire aux idées simples dont elles ont été composées, & suivre le progrès de leur génération. C'est ainsi que nous nous sommes formé la notion de l'entendement. Jusqu'ici aucun philosophe n'a sû que cette méthode pût être pratiquée en métaphysique. Les moyens dont ils se sont servis pour y suppléer, n'ont fait qu'augmenter la confusion & multiplier les disputes.

§. 10. De-là on peut conclure l'inutilité des définitions, c'est-à-dire, de ces propositions où l'on veut expliquer les propriétés des choses par un genre & par une différence. 1°. L'usage en est impossible, quand il s'agit des idées simples. Locke l'a fait voir (1), & il est assez singulier qu'il soit le premier qui l'ait remarqué. Les philosophes qui sont venus avant lui, ne sachant pas discerner les idées qu'il falloit définir de celles qui ne devoient pas l'être, qu'on juge de la confusion qui se trouve dans leurs écrits. Les cartésiens n'ignoroient pas qu'il y a des idées plus claires que toutes les définitions qu'on en peut donner, mais ils n'en savoient pas la raison, quelque facile qu'elle paroisse à appercevoir. Ainsi ils font bien des efforts pour définir des idées fort simples, tandis qu'ils jugent inutiles d'en définir de fort composées. Cela fait voir combien, en philosophie, le plus petit pas est difficile à faire.

En second lieu, les définitions sont peu propres à donner une notion exacte des choses un peu composées. Les meilleures ne valent pas même une analyse imparfaite. C'est qu'il y entre toujours quelque chose de gratuit, ou du moins on n'a point de règles pour s'assurer du contraire. Dans l'analyse on est obligé de suivre la génération même de la chose. Ainsi quand elle sera bien faite, elle réunira infailliblement les suffrages, & par-là terminera les disputes.

§. 11. Quoique les géomètres ayent connu cette méthode, ils ne sont pas exempts de reproches. Il leur arrive quelquefois de ne pas saisir la vraie génération des choses, & cela dans des occasions où il n'étoit pas bien difficile de le faire. On en voit la preuve dès l'entrée de la géométrie. Après avoir dit que le point est *ce qui se termine soi-même de toutes parts, ce qui n'a d'autres bornes que soi-même, ou ce qui n'a ni longueur, ni largeur, ni profondeur*, ils le font mouvoir pour engendrer la ligne. Ils font ensuite mouvoir la ligne, pour engendrer la surface ; & la surface, pour engendrer le solide.

Je remarque d'abord qu'ils tombent ici dans le défaut des autres philosophes, c'est de vouloir définir une chose fort simple : défaut qui est une des suites de la synthèse qu'ils ont si fort à cœur, & qui demande qu'on définisse tout.

En second lieu, le mot de *borne* dit si nécessairement relation à une chose étendue, qu'il n'est pas possible d'imaginer une chose qui se termine de toutes parts, ou qui n'a d'autres bornes que soi-même. La privation de toute longueur, largeur & profondeur, n'est pas non plus une notion assez facile pour être présentée la première.

En troisième lieu, on ne sauroit se représenter le mouvement d'un point sans étendue, & encore moins la trace qu'on suppose qu'il laisse après lui pour produire la ligne. Quant à la ligne on peut bien la concevoir en mouvement, selon la détermination de sa longueur, mais non pas selon la détermination qui devroit produire la surface ; car alors elle est dans le même cas que le point. On en peut dire autant de la surface mue pour engendrer le solide.

§. 12. On voit bien que les géomètres ont eu pour objet de se conformer à la génération des choses ou à celles des idées : mais ils n'y ont pas réussi.

On ne peut avoir l'usage des sens, qu'on n'ait aussitôt l'idée de l'étendue avec toutes ses dimensions. Celle du solide est donc une des premières qu'ils transmettent. Or prenez un solide, & considérez-en une extrémité, sans penser à sa profondeur, vous aurez l'idée d'une surface, ou d'une étendue en longueur, & largeur sans profondeur. Car votre réflexion n'est l'idée que de la chose dont elle s'occupe.

Prenez ensuite cette surface, & pensez à sa longueur sans penser à sa largeur ; vous aurez l'idée d'une ligne, ou d'une étendue en longueur, sans largeur & sans profondeur.

Enfin réfléchissez sur une extrémité de cette ligne, sans faire attention à sa longueur, & vous vous ferez l'idée d'un point, ou de ce qu'on prend en géométrie pour ce qui n'a ni longueur, ni largeur, ni profondeur.

Par cette voie vous vous formerez sans effort les idées de point, de ligne, & de surface. On voit que tout dépend d'étudier l'expérience, afin d'expliquer la génération des idées dans le même ordre, dans lequel elles se sont formées. Cette méthode est sur-tout indispensable, quand il s'agit des notions abstraites ; c'est le seul moyen de les expliquer avec netteté.

§. 13. On peut remarquer deux différences essentielles entre les idées simples & les idées complexes. 1°. L'esprit est purement passif dans la production des premières : il ne pourroit pas se

---

(1) L. 3. c. 4.

donner l'idée d'une couleur qu'il n'a jamais vûe. Il est au conraire actif dans la génération des dernières. C'est lui qui en réunit les idées simples d'après des modèles, ou à son choix : en un mot, elles ne sont que l'ouvrage d'une expérience réfléchie. Je les appellerai plus particulièrement *notions*. 2°. Nous n'avons point de mesure pour connoître l'excès d'une idée simple sur une autre : ce qui provient de ce qu'on ne peut les diviser. Il n'en est pas de même des idées complexes : on connoît avec la dernière précision la différence de deux nombres, parce que l'unité qui en est la mesure commune, est toujours égale. On peut encore compter les idées simples des notions complexes qui, ayant été formées de perceptions différentes, n'ont pas une mesure aussi exacte que l'unité. S'il y a des rapports qu'on ne sauroit apprécier, ce sont uniquement ceux des idées simples. Par exemple, on connoît exactement quelles idées on a attaché de plus au mot *or*, qu'à celui de *tombac*, mais on ne peut pas mesurer la différence de la couleur de ces métaux, parce que la perception en est simple & indivisible.

§. 14. Les idées simples & les idées complexes conviennent en ce qu'on peut également les considérer comme absolues & comme relatives. Elles sont absolues, quand on s'y arrête, & qu'on en fait l'objet de sa réflexion, sans les rapporter à d'autres. Mais quand on les considère comme subordonnées les unes aux autres, on les nomme *relations*.

§. 15. Les notions archétypes ont deux avantages : le premier c'est d'être complettes ; ce sont des modèles fixes dont l'esprit peut acquérir une connoissance si parfaite, qu'il ne lui en restera plus rien à découvrir. Cela est évident, puisque ces notions ne peuvent renfermer d'autres idées simples que celles que l'esprit a lui-même rassemblées. Le second avantage est une suite du premier ; il consiste en ce que tous les rapports qui sont entr'elles peuvent être apperçus : car, connoissant toutes les idées simples dont elles sont formées, nous en pouvons faire toutes les analyses possibles.

Mais les notions des substances n'ont pas les mêmes avantages. Elles sont nécessairement incomplettes, parce que nous les rapportons à des modèles, où nous pouvons tous les jours découvrir de nouvelles propriétés. Par conséquent, nous ne saurions connoître tous les rapports qui sont entre deux substances. S'il est louable de chercher par l'expérience à augmenter de plus en plus notre connoissance à cet égard, il est ridicule de de se flatter qu'on puisse un jour la rendre parfaite.

Cependant il faut prendre garde qu'elle n'est pas obscure & confuse, comme on se l'imagine ; elle n'est que bornée. Il dépend de nous de parler des substances dans la dernière exactitude, pourvu que nous ne comprenions dans nos idées & dans nos expressions, que ce qu'une observation constante nous apprend.

§. 16. Les mots synonymes de *pensée*, *opération*, *perception*, *sensation*, *conscience*, *idée*, *notion*, sont d'un si grand usage en métaphysique, qu'il est essentiel d'en remarquer la différence. J'appelle *pensée* tout ce que l'ame éprouve soit par des impressions étrangères, soit par l'usage qu'elle fait de sa réflexion : *opération*, la pensée en tant qu'elle est propre à produire quelque changement dans l'ame, & par ce moyen à l'éclairer & à la guider : *perception*, l'impression qui se produit en nous à la présence des objets : *sensation*, cette même impression en tant qu'elle vient par les sens : *conscience*, la connoissance qu'on en prend : *idée*, la connoissance qu'on en prend comme image : *notion*, toute idée qui est notre propre ouvrage. Voilà le sens dans lequel je me sers de ces mots. On ne peut prendre indifféremment l'un pour l'autre, qu'autant qu'on n'a besoin que de l'idée principale qu'ils signifient. On peut appeler les idées simples indifféremment perceptions ou idées ; mais on ne doit pas les appeler notions, parce qu'elles ne sont pas l'ouvrage de l'esprit. On ne doit pas dire la *notion du blanc*, mais la *perception du blanc*. Les notions à leur tour peuvent être considérées comme images : on peut, par conséquent, leur donner le nom d'idées, mais jamais celui de perception. Ce seroit faire entendre qu'elles ne sont pas notre ouvrage. On peut dire la *notion de la hardiesse*, & non *perception de la hardiesse* : ou si l'on veut faire usage de ce terme, il faut dire les *perceptions qui composent la notion de la hardiesse*. En un mot, comme nous n'avons conscience des impressions qui se passent dans l'ame, que comme de quelque chose de simple & d'indivisible ; le nom de *perception* doit être consacré aux idées simples, ou du moins à celles qu'on regarde comme telles par rapport à des notions plus composées.

J'ai encore une remarque à faire sur les mots d'*idée* & de *notion* : c'est que le premier signifiant une perception considérée comme image, & le second une idée que l'esprit a lui-même formée, les idées & les notions ne peuvent appartenir qu'aux êtres qui sont capables de réflexion. Quant aux autres, tels que les bêtes, ils n'ont que des sensations & des perceptions : ce qui n'est pour eux qu'une perception, devient idée à notre égard par la réflexion que nous faisons, que cette perception représente quelque chose.

De l'opération par laquelle nous donnons des signes à nos idées.

Cette opération résulte de l'imagination qui

présente à l'esprit des signes dont on n'avoit point encore l'usage, & de l'attention qui les lie avec les idées. Elle est une des plus essentielles dans la recherche de la vérité; cependant elle est des moins connues. J'ai déja fait voir quel est l'usage & la nécessité des signes pour l'exercice des opérations de l'ame. Je vais démontrer la même chose en les considérant par rapport aux différentes espèces d'idées. C'est une vérité qu'on ne sauroit présenter sous trop de faces différentes.

§. 1. L'arithmétique fournit un exemple bien sensible de la nécessité des signes. Si après avoir donné un nom à l'unité, nous n'en imaginions pas successivement pour toutes les idées que nous formons par la multiplication de cette première; il nous seroit impossible de faire aucun progrès dans la connoissance des nombres. Nous ne discernons différentes collections, que parce que nous avons des chifres qui sont eux-mêmes fort distincts. Otons ces chifres, ôtons tous les signes en usage, & nous nous appercevrons qu'il nous est impossible d'en conserver les idées. Peut-on seulement se faire la notion du plus petit nombre, si l'on ne considère pas plusieurs objets, dont chacun soit comme le signe auquel on attache l'unité? Pour moi je n'apperçois les nombres *deux* ou *trois*, qu'autant que je me représente deux ou trois objets différens. Si je passe au nombre *quatre*, je suis obligé, pour plus de facilité, d'imaginer deux objets d'un côté, & deux de l'autre : à celui de *six*, je ne puis me dispenser de les distribuer deux à deux ou trois à trois; & si je veux aller plus loin, il me faudra bien-tôt considérer plusieurs unités comme une seule, & les réunir pour cet effet à un seul objet.

§. 2. Locke (1) parle de quelques Américains qui n'avoient point d'idées du nombre mille, parce qu'en effet ils n'avoient imaginé des noms que pour compter jusqu'à vingt. J'ajoute qu'ils auroient eu quelque difficulté à s'en faire du nombre vingt-un. En voici la raison.

Par la nature de notre calcul il suffit d'avoir des idées des premiers nombres, pour être en état de s'en faire de tous ceux qu'on peut déterminer. C'est que les premiers signes étant donnés, nous avons des règles pour en inventer d'autres. Ceux qui ignoreroient cette méthode au point d'être obligés d'attacher chaque collection à des signes qui n'auroient point d'analogie entre eux, n'auroient aucun secours pour se guider dans l'invention des signes. Ils n'au-

roient donc pas la même facilité que nous pour se faire de nouvelles idées. Tel étoit vrai-semblablement le cas de ces Américains. Ainsi non seulement ils n'avoient point d'idée du nombre mille, mais même il ne leur étoit pas aisé de s'en faire immédiatement au-dessus de vingt. (2)

§. 3. Le progrès de nos connoissances dans les nombres, vient donc uniquement de l'exactitude avec laquelle nous avons ajouté l'unité à elle-même, en donnant à chaque progression un nom qui la fait distinguer de celle qui la précède, & de celle qui la suit. Je sais que cent est supérieur d'une unité à quatre-vingt-dix-neuf, & inférieur d'une unité à cent-un, parce que je me souviens que ce sont-là trois signes que j'ai choisis pour désigner trois nombres qui se suivent.

§. 4. Il ne faut pas se faire illusion, en s'imaginant que les idées des nombres séparées de leurs signes, soient quelque chose de clair & de déterminé (3). Il ne peut rien y avoir qui réunisse dans l'esprit plusieurs unités, que le nombre même auquel on les a attachées. Si quelqu'un me demande ce que c'est que *mille*, que puis-je répondre, sinon que ce mot fixe dans mon esprit une certaine collection d'unités? S'il m'interroge encore sur cette collection, il est évident qu'il m'est impossible de la lui faire appercevoir dans toutes ses parties. Il ne me reste donc qu'à lui présenter successivement tous les noms qu'on a inventés pour signifier les progressions qui la précèdent. Je dois lui apprendre à ajouter une unité à une autre, & à les réunir par le signe *deux*; une troisième aux précédentes, & à les attacher au signe *trois*; & ainsi de suite. Par cette voie, qui est l'unique, je le menerai de nombres en nombres jusqu'à mille.

Qu'on cherche ensuite ce qu'il y aura de clair dans son esprit, on y trouvera trois choses : l'idée de l'unité, celle de l'opération par laquelle il a ajouté plusieurs fois l'unité à elle-

_____

(1) L. 2. c. 16. §. 6. Il dit qu'il s'est entretenu avec eux.

_____

(2) On ne peut plus douter de ce que j'avance ici depuis la relation de M. de la Condamine. Il parle (p. 67.) d'un peuple qui n'a d'autre signe pour exprimer le nombre trois que celui-ci, *poettarraroincourac*. Ce peuple ayant commencé d'une manière aussi peu commode, il ne lui étoit pas aisé de compter au-delà. On ne doit donc pas avoir de la peine à comprendre que ce fussent là, comme on l'assure, les bornes de son arithmétique.

(3) Malebranche a pensé que les nombres qu'apperçoit *l'entendement pur* sont quelque chose de bien supérieur à ceux qui tombent sous les sens. Saint-Augustin (dans ses confessions,) les platoniciens & tout les partisans des idées innées, ont été dans le même préjugé.

même, enfin le souvenir d'avoir imaginé le signe *mille* après les signes *neuf cens quatre-vingt-dix-neuf*, *neuf cens quatre-vingt-dix-huit*, &c. Ce n'est certainement ni par l'idée de l'unité, ni par celle de l'opération qui l'a multipliée, qu'est déterminé ce nombre ; car ces choses se trouvent également dans tous les autres. Mais puisque le signe *mille* n'appartient qu'à cette collection, c'est lui seul qui la détermine, & qui la distingue.

§. 5. Il est donc hors de doute que, quand un homme ne voudroit calculer que pour lui, il seroit autant obligé d'inventer des signes, que s'il vouloit communiquer ses calculs. Mais pourquoi, ce qui est vrai en arithmétique, ne le seroit-il pas dans les autres sciences ? Pourrions-nous jamais réfléchir sur la métaphysique & sur la morale, si nous n'avions inventé des signes pour fixer nos idées, à mesure que nous avons formé de nouvelles collections ? Les mots ne doivent-ils pas être aux idées de toutes les sciences, ce que sont les chifres aux idées de l'arithmétique ? Il est vrai-semblable que l'ignorance de cette vérité est une des causes de la confusion qui règne dans les ouvrages de métaphysique & de morale. Pour traiter cette matière avec ordre, il faut parcourir toutes les idées qui peuvent être l'objet de notre réflexion.

§. 6. Il me semble qu'il n'y a rien à ajouter à ce que j'ai dit sur les idées simples. Il est certain que nous réfléchissons souvent sur nos perceptions sans nous rappeller autre chose que leurs noms, ou les circonstances où nous les avons éprouvées. Ce n'est même que par la liaison qu'elles ont avec ces signes, que l'imagination peut les réveiller à notre gré.

L'esprit est si borné qu'il ne peut pas se retracer une grande quantité d'idées pour en faire tout à la fois le sujet de sa réflexion. Cependant il est souvent nécessaire qu'il en considère plusieurs ensemble. C'est ce qu'il fait avec le secours des signes qui, en les réunissant, les lui font envisager comme si elles n'étoient qu'une seule idée.

§. 7. Il y a deux cas où nous rassemblons des idées simples sous un seul signe : nous le faisons sur des modèles, ou sans modèles.

Je trouve un corps, & je vois qu'il est étendu, figuré, divisible, solide, dur, capable de mouvement & de repos, jaune, fusible, ductile, malléable, fort pesant, fixe, qu'il a la capacité d'être dissous dans l'eau régale, &c. Il est certain que si je ne puis pas donner tout à la fois à quelqu'un une idée de toutes ces qualités, je ne saurois me les rappeller à moi-même, qu'en les faisant passer en revûe devant mon esprit.

Mais ne pouvant les embrasser toutes ensemble, je voulois ne penser qu'à une seule, par exemple, à sa couleur ; une idée aussi incomplette me seroit inutile, & me feroit souvent confondre ce corps avec ceux qui lui ressemblent par cet endroit. Pour sortir de cet embarras, j'invente le mot *or*, & je m'accoutume à lui attacher toutes les idées dont j'ai fait le dénombrement. Quand par la suite je penserai à la notion de l'or, je n'appercevrai donc que ce son *or*, & le souvenir d'y avoir lié une certaine quantité d'idées simples, que je ne puis réveiller tout à la fois, mais que j'ai vû coexister dans un même sujet, & que je me rappellerai les unes après les autres, quand je le souhaiterai.

Nous ne pouvons donc réfléchir sur les substances, qu'autant que nous avons des signes qui déterminent le nombre & la variété des propriétés que nous y avons remarquées, & que nous voulons réunir dans des idées complexes, comme elles le sont hors de nous dans des sujets. Qu'on oublie pour un moment tous ces signes, & qu'on essaye d'en rappeller les idées ; on verra que les mots ou d'autres signes équivalens, sont d'une si grande nécessité qu'ils tiennent, pour ainsi dire, dans notre esprit la place que les sujets occupent au dehors. Comme les qualités des choses ne coexisteroient pas hors de nous, sans des sujets où elles se réunissent ; leurs idées ne coexisteroient pas dans notre esprit, sans des signes où elles se réunissent également.

§. 8. La nécessité des signes est encore bien sensible dans les idées complexes que nous formons sans modèles. Quand nous avons rassemblé des idées que nous ne voyons nulle part réunies, comme il arrive ordinairement dans les notions archétypes ; qu'est-ce qui en fixeroit les collections, si nous ne les attachions à des mots qui sont comme des liens qui les empêchent de s'échapper ? Si vous croyez que les noms vous soient inutiles, arrachez-les de votre mémoire, & essayez de réfléchir sur les loix civiles & morales, sur les vertus & les vices, enfin sur toutes les actions humaines ; vous reconnoîtrez votre erreur. Vous avouerez que si à chaque combinaison que vous faites, vous n'avez pas des signes pour déterminer le nombre d'idées simples que vous avez voulu recueillir ; à peine aurez-vous fait un pas que vous n'appercevrez plus qu'un cahos. Vous serez dans le même embarras que celui qui voudroit calculer, en disant plusieurs fois un, un, & qui ne voudroit pas imaginer des signes pour chaque collection. Cet homme ne se feroit jamais l'idée d'une vingtaine, parce que rien ne pourroit l'assurer qu'il en auroit exactement répété toutes les unités.

§. 9. Concluons que pour avoir des idées sur

lesquelles nous puissions réfléchir, nous avons besoin d'imaginer des signes qui servent de liens aux différentes collections d'idées simples ; & que nos notions ne sont exactes, qu'autant que nous avons inventé avec ordre les signes qui doivent les fixer.

§. 10. Cette vérité fera connoître à tous ceux qui voudront réfléchir sur eux-mêmes, combien le nombre des mots que nous avons dans la mémoire, est supérieur à celui de nos idées. Cela devoit être naturellement ainsi ; soit parce que la réflexion ne venant qu'après la mémoire, elle n'a pas toujours repassé avec assez de soin sur les idées auxquelles on avoit donné des signes : soit parce que nous voyons qu'il y a un grand intervalle entre le tems, où l'on commence à cultiver la mémoire d'un enfant, en y gravant bien des mots dont il ne peut encore remarquer les idées ; & celui, où il commence à être capable d'analyser ses notions, pour s'en rendre quelque compte. Quand cette opération survient, elle se trouve trop lente pour suivre la mémoire qu'un long exercice a rendu prompte & facile. Quel travail ne seroit-ce pas, s'il falloit qu'elle en examinât tous les signes ? On les emploie donc tels qu'ils se présentent, & l'on se contente ordinairement d'en saisir à peu-près le sens. Il arrive de-là que l'analyse est de toutes les opérations, celle dont on connoît le moins l'usage. Combien d'hommes chez qui elle n'a jamais lieu ! L'expérience au moins confirme qu'elle a d'autant moins d'exercice, que la mémoire & l'imagination en ont davantage. Je le répète donc : tous ceux qui rentreront en eux-mêmes, y trouveront grand nombre de signes auxquels ils n'ont lié que des idées fort imparfaites, & plusieurs, même auxquels il n'en attachent point du tout. De-là le cahos où se trouvent les sciences abstraites : cahos que les philosophes n'ont pu débrouiller, parce qu'aucun d'eux n'en a connu la première cause. Locke est le seul en faveur de qui on peut faire ici quelque exception.

§. 11. Cette vérité montre encore combien les ressorts de nos connoissances sont simples & admirables. Voilà l'ame de l'homme avec des sensations & des opérations : comment disposera-t-elle de ces matériaux ? Des gestes, des sons, des chifres, des lettres ; c'est avec des instrumens aussi étrangers à nos idées, que nous les mettons en œuvre, pour nous élever aux connoissances les plus sublimes. Les matériaux sont les mêmes chez tous les hommes ; mais l'adresse à se servir des signes varie ; & de-là l'inégalité qui se trouve parmi eux.

Refusez à un esprit supérieur l'usage des caractères : combien de connoissances lui sont interdites, auxquelles un esprit médiocre atteindroit facilement ! Otez-lui encore l'usage de la parole ; le sort des muets vous apprend dans quelles bornes étroites vous le renfermez. Enfin enlevez-lui l'usage de toutes sortes de signes, qu'il ne sache pas faire à propos le moindre geste, pour exprimer les pensées les plus ordinaires : vous aurez en lui un imbécille.

§. 12. Il seroit à souhaiter que ceux qui se chargent de l'éducation des enfans, n'ignorassent pas les premiers ressorts de l'esprit humain. Si un précepteur connoissant parfaitement l'origine & le progrès de nos idées, n'entretenoit son disciple, que des choses qui ont plus de rapport à ses besoins & à son âge ; s'il avoit assez d'adresse pour le placer dans les circonstances les plus propres à lui apprendre à se faire des idées précises, & à les fixer par des signes constans ; si même en badinant il n'employoit jamais dans ses discours, que des mots dont le sens seroit exactement déterminé ; quelle netteté, quelle étendue ne donneroit-il pas à l'esprit de son éleve ! Mais combien peu de pères sont en état de procurer de pareils maîtres à leurs enfans & combien sont encore plus rares ceux qui seroient propres à remplir leurs vûes ? Il est cependant utile de connoître tout ce qui pourroit contribuer à une bonne éducation. Si l'on ne peut pas toujours l'exécuter, peut-être évitera-t-on au moins ce qui y seroit tout-à-fait contraire. On ne devroit, par exemple, jamais embarrasser les enfans par des parallogismes, des sophismes & d'autres mauvais raisonnemens. En se permettant de pareils badinages, on court risque de leur rendre l'esprit confus & même faux. Ce n'est qu'après que leur entendement auroit acquis beaucoup de netteté & de justesse, qu'on pourroit, pour exercer leur sagacité, leur tenir des discours captieux. Je voudrois même qu'on y apportât assez de précaution, pour prevenir tous les inconvéniens : mais des réflexions sur cette matière m'écarteroient trop de mon sujet. Je vais confirmer par des faits ce que je crois avoir démontré dans les paragraphes précédents. Ce sera une occasion de développer mon sentiment de plus en plus.

« A Chartres un jeune homme de 23 à 24 ans, » fils d'un artisan, sourd & muet de naissance, » commença tout-à-coup à parler, au grand étonnement de toute la ville. On sut de lui que » trois ou quatre mois auparavant, il avoit entendu le son des cloches, & avoit été extrêmement surpris de cette sensation nouvelle & inconnue. Ensuite il lui étoit sorti une espèce » d'eau de l'oreille gauche, & il avoit entendu » parfaitement des deux oreilles. Il fut trois ou » quatre mois à écouter sans rien dire, s'accoutumant à répéter tout bas les paroles qu'il entendoit, & s'affermissant dans la prononciation & dans les idées attachées aux mots. Enfin il se crut en état de rompre le silence, & » il déclara qu'il parloit, quoique ce ne fut encore

» core qu'imparfaitement. Aussi-tôt des théolo-
» giens habiles l'interrogèrent sur son état passé,
» leurs questions principales roulerent sur Dieu,
» sur l'ame, sur la bonté ou la malice morale
» des actions. Il ne parut pas avoir poussé ses pensées
» jusques-là. Quoiqu'il fut né de parens catholiques,
» qu'il assistât à la messe, qu'il fût instruit à faire
» le signe de la croix, & à se mettre à genoux
» dans la contenance d'un homme qui prie; il
» n'avoit jamais joint à tout cela aucune inten-
» tion, ni compris celle que les autres y joi-
» gnent. Il ne savoit pas bien distinctement ce
» que c'étoit que la mort, & il n'y pensoit jamais.
» Il menoit une vie purement animale, tout oc-
» cupé des objets sensibles & présens, & du peu
» d'idées qu'il recevoit par les yeux. Il ne tiroit
» pas même de la comparaison de ses idées tout
» ce qu'il semble qu'il en auroit pû tirer. Ce
» n'est pas qu'il n'eût naturellement de l'esprit;
» mais l'esprit d'un homme privé du commerce
» des autres, est si peu exercé & si peu cultivé,
» qu'il ne pense qu'autant qu'il y est indispen-
» sablement forcé par les objets extérieurs. Le
» plus grand fond des idées des hommes est dans
» leur commerce réciproque.

§. 14. Ce fait est rapporté dans les mémoires de l'académie des Sciences. (1). Il eût été à souhaiter qu'on eût interrogé ce jeune homme sur le peu d'idées qu'il avoit, quand il étoit sans l'usage de la parole ; sur les premières qu'il acquit depuis que l'ouïe lui fût rendue ; sur les secours qu'il reçut soit des objets extérieurs, soit de ce qu'il entendoit dire, soit de sa propre réflexion, pour en faire de nouvelles; en un mot, sur tout ce qui put être à son esprit une occasion de se former. L'expérience agit en nous de si bonne heure, qu'il n'est pas étonnant qu'elle se donne quelquefois pour la nature même. Ici au contraire elle agit si tard, qu'il eût été aisé de ne pas s'y méprendre. Mais les théologiens y vouloient reconnoître la nature, & tout habiles qu'ils étoient, ils ne reconnurent ni l'une ni l'autre. Nous n'y pouvons suppléer que par des conjectures.

§ 15. J'imagine que pendant 23 ans, ce jeune homme étoit à peu près dans l'état où j'ai représenté l'ame, quand ne disposant point encore de son attention, elle la donne aux objets, non pas à son choix, mais selon qu'elle est entraînée par la force avec laquelle ils agissent sur elle. Il est vrai qu'élevé parmi des hommes, il en recevoit des secours qui lui faisoient lier quelques-unes de ses idées à des signes. Il n'est pas douteux qu'il ne sût faire connoître par des gestes ses principaux besoins, & les choses qui les pouvoient sou-

(1) Année 1703. p. 18.
Philosophie anc. & mod., Tome II.

lager. Mais comme il manquoit de noms pour désigner celles qui n'avoient pas un si grand rapport à lui, qu'il étoit peu intéressé à y suppléer par quelqu'autre moyen & qu'il ne retiroit de dehors aucun secours, il n'y pensoit jamais que quand il en avoit une perception actuelle. Son attention uniquement attirée par des sensations vives, cessoit avec ces sensations. Pour lors la contemplation n'avoit aucun exercice, à plus forte raison la mémoire.

§. 16. Quelquefois notre conscience, partagée entre un grand nombre de perceptions qui agissent sur nous avec une force à peu près égale, est si foible qu'il ne nous reste aucun souvenir de ce que nous avons éprouvé. A peine sentons-nous pour lors que nous existons : des jours s'écouleroient comme des momens, sans que nous en fissions la différence ; & nous éprouverions des milliers de fois la même perception sans remarquer que nous l'avons déjà eue. Un homme qui par l'usage des signes a acquis beaucoup d'idées, & se les est rendu familières, ne peut pas demeurer long-tems dans cette espèce de léthargie. Plus la provision de ses idées est grande, plus il y a lieu de croire que quelqu'une aura occasion de se réveiller, d'exercer son attention, & de la retirer de cet assoupissement. Par conséquent moins on a d'idées, plus cette léthargie doit être ordinaire. Qu'on juge donc si pendant 23 ans que ce jeune homme de Chartres fut sourd & muet, son ame put faire souvent usage de son attention, de sa réminiscence & de sa réflexion.

§. 17. Si l'exercice de ces premières opérations étoit si borné, combien celui des autres l'étoit-il davantage ? Incapable de fixer & de déterminer exactement les idées qu'il recevoit par les sens, il ne pouvoit ni en les composant, ni en les décomposant se faire des notions à son choix. N'ayant pas des signes assez commodes pour comparer ses idées les plus familières, il étoit rare qu'il formât des jugemens. Il est même vraisemblable que pendant le cours des vingt-trois premières années de sa vie, il n'a pas fait un seul raisonnement. Raisonner, c'est former des jugemens, & les lier en observant la dépendance où ils sont les uns des autres. Or ce jeune homme n'a pu le faire, tant qu'il n'a pas eu l'usage des conjonctions, ou des particules qui expriment les rapports des différentes parties du discours. Il étoit donc naturel *qu'il ne tirât pas de la comparaison de ses idées tout ce qu'il semble qu'il en auroit pu tirer*. Sa réflexion qui n'avoit pour objet que des sensations vives ou nouvelles, n'influoit point dans la plûpart de ses actions, & que fort peu dans les autres. Il ne se conduisoit que par habitude & par imitation, sur-tout dans les choses qui avoient moins de rapport à ses besoins. C'est ainsi que faisant ce que la dévotion de ses parens exigeoit de lui, il n'avoit jamais songé au motif qu'on pouvoit avoir, & ignoroit qu'il y dût joindre une intention. Peut-être même l'imitation étoit-elle d'autant plus exacte, que la réflexion ne l'accompagnoit point ; car les distractions doivent être moins fréquentes dans un homme qui fait peu réfléchir.

§. 18. Il semble que pour savoir ce que c'est que la vie, ce soit assez d'être & de se sentir. Cependant, au hasard d'avancer un paradoxe, je dirai que ce jeune homme en avoit à peine une idée. Pour un être qui ne réfléchit pas, pour nous-mêmes, dans ces momens où quoiqu'éveillés nous ne faisons pour ainsi dire que végéter, les sensations ne sont que des sensations, & elles ne deviennent des idées que lorsque la réflexion nous les fait considérer comme images de quelque chose. Il est vrai qu'elles guidoient ce jeune homme dans la recherche de ce qui étoit utile à sa conservation, & l'éloignoient de ce qui pouvoit lui nuire : mais il en suivoit l'impression sans réfléchir sur ce que c'étoit que se conserver, ou se laisser détruire. Une preuve de la vérité de ce que j'avance, c'est qu'il ne savoit pas bien distinctement ce que c'étoit que la mort. S'il avoit su ce que c'étoit que la vie, n'auroit-il pas vu aussi distinctement que nous, que la mort n'en est que la privation ? (1)

§. 19. Nous voyons dans ce jeune homme quelques foibles traces des opérations de l'ame : mais si l'on excepte la perception, la conscience, l'attention, la réminiscence & l'imagination ; quand elle n'est point encore à notre pouvoir, on ne trouvera aucun vestige des autres dans quelqu'un qui auroit été privé de tout commerce avec les hommes ; & qui avec des organes sains & bien constitués, auroit, par exemple, été élevé parmi des ours. Presque sans réminiscence, il passeroit souvent par le même état sans reconnoître qu'il y eût été. Sans mémoire, il n'auroit aucun signe pour suppléer à l'absence des choses. N'ayant qu'une imagination dont il ne pourroit disposer, ses perceptions ne se réveilleroient, qu'autant que le hasard lui présenteroit un objet avec lequel quelques circonstances les auroient liées : enfin sans réflexion, il recevroit les impressions que les choses feroient sur ses sens, & ne leur obéiroit que par instinct. Il imiteroit les ours en tout, auroit un cri à peu près semblable au leur, & se traîneroit sur les pieds & sur les mains. Nous sommes si fort portés à l'imitation, que peut-être

___

(1) La mort peut se prendre encore pour le passage de cette vie dans une autre. Mais ce n'est pas là le sens dans lequel il faut ici l'entendre. M. de Fontenelle ayant dit que ce jeune homme n'avoit point d'idée de Dieu, ni de l'ame, il est évident qu'il n'en avoit pas davantage de la mort prise pour le passage de cette vie dans une autre.

un Descartes à sa place n'essayeroit pas seulement de marcher sur ses pieds.

§. 20. Mais quoi ! me dira-t-on, la nécessité de pourvoir à ses besoins, & de satisfaire à ses passions, ne suffira-t-elle pas pour développer toutes les opérations de son ame ?

Je réponds que non ; parce que tant qu'il vivra sans aucun commerce avec le reste des hommes, il n'aura point occasion de lier ses idées à des signes arbitraires. Il sera sans mémoire ; par conséquent, son imagination ne sera point à son pouvoir : d'où il résulte qu'il sera entièrement incapable de réflexion.

§. 21. Son imagination aura cependant un avantage sur la nôtre ; c'est qu'elle lui retracera les choses d'une manière bien plus vive. Il nous est si commode de nous rappeller nos idées avec le secours de la mémoire, que notre imagination est rarement exercée. Chez lui au contraire cette opération tenant lieu de toutes les autres, l'exercice en sera aussi fréquent que ses besoins, & elle réveillera les perceptions avec plus de force. Cela peut se confirmer par l'exemple des aveugles qui ont communément le tact plus fin que nous ; car on en peut apporter la même raison.

§. 22. Mais cet homme ne disposera jamais lui-même des opérations de son ame. Pour le comprendre, voyons dans quelles circonstances elles pourront avoir quelque exercice.

Je suppose qu'un monstre auquel il a vu dévorer d'autres animaux, ou que ceux avec lesquels il vit, lui ont appris à fuir, vienne à lui : cette vue attire son attention, réveille les sentimens de frayeur qui sont liés avec l'idée du monstre, & le dispose à la fuite. Il échape à cet ennemi, mais le tremblement dont tout son corps est agité, lui en conserve quelque tems l'idée présente, voilà la contemplation : peu après le hasard le conduit dans le même lieu ; l'idée du lieu reveille celle du monstre avec laquelle elle s'étoit liée : voilà l'imagination. Enfin puisqu'il se reconnoît pour le même être qui s'est déjà trouvé dans ce lieu, il y a encore en lui réminiscence. On voit par-là que l'exercice de ces opérations dépend d'un certain concours de circonstances qui l'affectent d'une manière particulière ; & qu'il doit, par conséquent, cesser aussi-tôt que ces circonstances cessent. La frayeur de cet homme dissipée, si l'on suppose qu'il ne retourne pas dans le même lieu, ou qu'il n'y retourne que quand l'idée n'en sera plus liée avec celle du monstre, nous ne trouverons rien en lui qui soit propre à lui rappeller ce qu'il a vu. Nous ne pouvons réveiller nos idées, qu'autant qu'elles sont liées à quelques signes : les siennes ne le sont qu'aux circonstances qui les ont fait naître : il ne peut donc se les rappeller que quand il se retrouve dans ces mêmes circonstances. De-là dépend l'exercice des opérations de son ame. Il n'est pas le maître, je le répète, de les conduire par lui-même. Il ne peut qu'obéir à l'impression que les objets font sur lui; & l'on ne doit pas attendre qu'il puisse donner aucun signe de raison.

§. 23. *Je n'avance pas de simples conjectures.* Dans les forêts qui confinent la Lithuanie & la Russie, on prit en 1694 un jeune homme d'environ dix ans, qui vivoit parmi les ours. Il ne donnoit aucune marque de raison, marchoit sur ses pieds & sur ses mains, n'avoit aucun langage, & formoit des sons qui ne ressembloient en rien à ceux d'un homme. Il fut long-tems avant de pouvoir proférer quelques paroles, encore le fit-il d'une manière bien barbare. Aussitôt qu'il put parler, on l'interrogea sur son premier état, mais il ne s'en souvint non plus que nous nous souvenons de ce qui nous est arrivé au berceau (1).

§. 24. Ce fait prouve parfaitement la verité de ce que j'ai dit sur le progrès des opérations de l'ame. Il étoit aisé de prévoir que cet enfant ne devoit pas se rappeller son premier état. Il pouvoit en avoir quelque souvenir au moment qu'on l'en retira : mais ce souvenir uniquement produit par une attention donnée rarement, & jamais fortifiée par la réflexion, étoit si foible, que les traces s'en effacèrent pendant l'intervalle qu'il y eut du moment où il commença à se faire des idées, à celui où l'on put lui faire des questions. En supposant, pour épuiser toutes les hypothèses, qu'il se fût encore du tems qu'il vivoit dans les forêts, il n'auroit pu se le représenter que par les perceptions qu'il se seroit rappellées. Ces perceptions ne pouvoient être qu'en petit nombre; ne se souvenant point de celles qui les avoient précédées, suivies ou interrompues, il ne se seroit point retracé la succession des parties de ce tems. D'où il seroit arrivé qu'il n'auroit jamais soupçonné qu'elle eût eu un commencement, & qu'il ne l'auroit cependant envisagée que comme un instant. En un mot le souvenir confus de son premier état l'auroit mis dans l'embarras de s'imaginer d'avoir toujours été, & de ne pouvoir se représenter son éternité prétendue que comme un moment. Je ne doute donc pas qu'il n'eût été bien surpris, quand on lui auroit dit qu'il avoit commencé d'être ; & qu'il ne l'eût encore été, quand on auroit ajouté qu'il avoit passé par différens accroissemens. Jusques-là incapable de réflexion, il n'auroit jamais remarqué des changemens aussi insensibles, & il auroit naturellement été porté à croire qu'il avoit toujours été tel qu'il se trouvoit au moment où on l'engageoit à réfléchir sur lui-même.

§. 25. L'illustre secrétaire de l'académie des sciences a fort bien remarqué que le plus grand fonds des idées des hommes, est dans leur commerce réciproque. Cette vérité développée, achevera de confirmer tout ce que je viens de dire.

J'ai distingué trois sortes de signes : les signes accidentels, les signes naturels & les signes d'institution. Un enfant élevé parmi les ours n'a que le secours des premiers. Il est vrai qu'on ne peut lui refuser les cris naturels à chaque passion : mais comment soupçonneroit-il qu'ils soient propres à être les signes des sentimens qu'il éprouve ? S'il vivoit avec d'autres hommes, il leur entendroit si souvent pousser des cris semblables à ceux qui lui échappent, que tôt ou tard il lieroit ces cris avec les sentimens qu'ils doivent exprimer. Les ours ne peuvent lui fournir les mêmes occasions : leurs mugissemens n'ont pas assez d'analogie avec la voix humaine. Par le commerce que ces animaux ont ensemble, ils attachent vraisemblablement à leurs cris les perceptions dont ils sont les signes, ce que cet enfant ne sauroit faire. Ainsi pour se conduire d'après l'impression des cris naturels, ils ont des secours qu'il ne peut avoir, & il y a apparence que l'attention, la réminiscence & l'imagination, ont chez eux plus d'exercice que chez lui : mais c'est à quoi se bornent toutes les opérations de leur ame (2).

Puisque les hommes ne peuvent se faire des signes, qu'autant qu'ils vivent ensemble, c'est une conséquence que le fonds de leurs idées, quand leur esprit commence à se former, est uniquement dans leur commerce réciproque. Je dis, *quand leur esprit commence à se former*, parce qu'il est évident que lorsqu'il a fait des progrès, il connoît l'art de se faire des signes, & peut acquérir des idées sans aucun secours étranger.

Il ne faudroit pas m'objecter qu'avant ce commerce l'esprit a déjà des idées, puisqu'il a des per-

---

(1) Connor. in evang. med. art. 15. pag. 133. & seq.

(2) Locke (l. 2. c. 11. §. 10 & 11.) remarque, avec raison, que les bêtes ne peuvent point former d'abstractions. Il leur refuse en conséquence la puissance de raisonner sur des idées générales, mais il regarde comme évident qu'elles raisonnent en certaines rencontres sur des idées particulières. Si ce philosophe avoit vu qu'on ne peut réfléchir, qu'autant qu'on a l'usage des signes d'institution, il auroit reconnu que les bêtes sont absolument incapables de raisonnement, & que, par conséquent, leurs actions qui paroissent raisonnées, ne sont que les effets d'une imagination dont elles ne peuvent point disposer.

ceptions : car des perceptions qui n'ont jamais été l'objet de la réflexion, ne sont pas proprement des idées. Elles ne sont que des impressions faites dans l'ame, auxquelles il manque pour être des idées, d'être considérées comme images.

§. 26. Il me semble qu'il est inutile de rien ajouter à ces exemples, ni aux explications que j'en ai donné : ils confirment bien sensiblement que les opérations de l'esprit se développent plus ou moins, à proportion qu'on a l'usage des signes.

Il s'offre cependant une difficulté : c'est que si notre esprit ne fixe ses idées que par des signes, nos raisonnemens courent risque de ne rouler souvent que sur des mots ; ce qui doit nous jetter dans bien des erreurs.

Je réponds que la certitude des mathématiques lève cette difficulté. Pourvu que nous déterminions si exactement les idées simples attachées à chaque signe, que nous puissions dans le besoin en faire l'analyse ; nous ne craindrons pas plus de nous tromper, que les mathématiciens, lorsqu'ils se servent de leurs chifres. A la vérité cette objection fait voir qu'il faut se conduire avec beaucoup de précaution, pour ne pas s'engager, comme bien des philosophes, dans des disputes de mots, & dans des questions vaines & puériles : mais par-là elle ne fait que confirmer ce que j'ai moi-même remarqué.

§. 27. On peut observer ici avec quelle lenteur l'esprit s'élève à la connoissance de la vérité. Locke en fournit un exemple qui me paroît curieux.

Quoique la nécessité des signes pour les idées des nombres ne lui ait pas échappé, il n'en parle pas cependant comme un homme bien assuré de ce qu'il avance. Sans les signes, dit-il, avec lesquels nous distinguons chaque collection d'unités, *à peine pouvons-nous faire usage des nombres*, surtout dans les combinaisons fort composées (1).

Il s'est apperçu que les noms étoient nécessaires pour les idées archétypes, mais il n'en a pas saisi la vraie raison. « L'esprit, dit-il, ayant mis de la » liaison entre les parties détachées de ces idées » complexes, cette union, qui n'a aucun fonde- » ment particulier dans la nature, cesseroit, s'il » n'y avoit quelque chose qui la maintînt (2) ». Ce raisonnement devoit, comme il l'a fait, l'empêcher de voir la nécessité des signes pour les notions des substances : car ces notions ayant un fondement dans la nature, c'étoit une conséquence que la réunion de leurs idées simples se conservât dans l'esprit sans le secours des mots.

Il faut bien peu de chose pour arrêter les plus grands génies dans leurs progrès : il suffit, comme on le voit ici, d'une légère méprise qui leur échappe dans le moment même qu'ils défendent la vérité. Voilà ce qui a empêché Locke de découvrir combien les signes sont nécessaires à l'exercice des opérations de l'ame. Il suppose que l'esprit fait des propositions mentales dans lesquelles il joint ou sépare les idées sans l'intervention des mots (3). Il prétend même que la meilleure voie pour arriver à des connoissances, seroit de considérer les idées en elles-mêmes ; mais il remarque qu'on le fait fort rarement, tant, dit-il, la coutume d'employer des sons pour des idées a prévalu parmi nous (4). Après ce que j'ai dit, il est inutile que je m'arrête à faire voir combien tout cela est peu exact.

M. Wolf remarque qu'il est bien difficile que la raison ait quelque exercice dans un homme qui n'a pas l'usage des signes d'institution. Il en donne pour exemple les deux faits que je viens de rapporter (5), mais il ne les explique pas. D'ailleurs il n'a point connu l'absolue nécessité des signes, non plus que la manière dont ils concourent aux progrès des opérations de l'ame.

Quant aux cartésiens & aux malebranchistes, ils ont été aussi éloignés de cette découverte, qu'on peut l'être. Comment soupçonner la nécessité des signes, lorsqu'on pense avec Descartes que les idées sont innées, ou avec Malebranche que nous voyons toutes choses en Dieu ?

Des abstractions.

§. 1. Nous avons vu que les notions abstraites se forment en cessant de penser aux propriétés par où les choses sont distinguées, pour ne penser qu'aux qualités par où elles conviennent. Cessons de considérer ce qui détermine une étendue à être telle, un tout à être tel, nous aurons les idées abstraites d'étendue & de tout (6).

___

(1) L. 2. c. 16. §. 5.

(2) L. 3. c. 5. §. 10.

(3) L. 4. c. 5. §. 3, 4, 5.

(4) E. 4. c. 6. §. 1.

(5) Psychol. ration. §. 461.

(6) Voici comment Locke explique le progrès de ces sortes d'idées. « Les idées, dit il, que les enfans » se font des personnes avec qui ils conversent, » semblables aux personnes mêmes, & ne sont que » particulières. Les idées qu'ils ont de leur nourrice » & de leur mère, sont fort bien tracées dans leur » esprit, &, comme autant de fidèles tableaux, y » représentent uniquement ces individus. Les noms » qu'ils leur donnent d'abord, se terminent aussi à

Ces sortes d'idées ne sont donc que des dénominations que nous donnons aux choses envisagées par les endroits par où elles se ressemblent : c'est pourquoi on les appelle *idées générales*. Mais ce n'est pas assez d'en connoître l'origine ; il y a encore des considérations importantes à faire sur leur nécessité, & sur les vices qui les accompagnent.

§. 2. Elles sont sans doute absolument nécessaires. Les hommes étant obligés de parler des choses, selon qu'elles diffèrent, ou qu'elles conviennent, il a fallu qu'ils pussent les rapporter à des classes distinguées par des signes. Avec ce secours ils renferment dans un seul mot ce qui n'auroit pu, sans confusion, entrer dans de longs discours. On en voit un exemple sensible dans l'usage qu'on fait des termes de *substance*, *esprit*, *corps*, *animal*. Si l'on ne veut parler des choses, qu'autant qu'on se représente dans chacune un sujet qui en soutient les propriétés & les modes, on n'a besoin que du mot de *substance*. Si l'on a en vûe d'indiquer plus particulièrement l'espèce des propriétés & des modes, on se sert du mot d'*esprit* ou de celui de *corps*. Si en réunissant ces deux idées, on a dessein de parler d'un tout vivant, qui se meut de lui-même & par instinct, on a le mot d'*animal*. Enfin selon qu'on joindra à cette dernière notion les idées qui distinguent l'espèce des différentes espèces d'animaux, l'usage fournit ordinairement des termes propres à rendre notre pensée d'une manière abrégée.

§. 3. Mais il faut remarquer que c'est moins par rapport à la nature des choses, que par rapport à la manière dont nous les connoissons, que nous en déterminons les genres & les espèces, ou, pour parler un langage plus familier, que nous les distribuons dans des classes subordonnées les unes aux autres. Si nous avions la vûe assez perçante pour découvrir dans les objets un plus grand nombre de propriétés, nous appercevrions bientôt des différences entre ceux qui nous paroissent le plus conformes, & nous pourrions en conséquence les sous-diviser en de nouvelles classes. Quoique, différentes portions d'un même métal soient, par exemple, semblables par les qualités que nous leur connoissons, il ne s'ensuit pas qu'elles le soient par celles qui nous restent à connoître. Si nous savions en faire la dernière analyse, peut-être trouverions-nous autant de différence entre elles, que nous en trouvons maintenant entre des métaux de différente espèce.

§. 4. Ce qui rend les idées générales si nécessaires, c'est la limitation de notre esprit. Dieu n'en a nullement besoin ; sa connoissance infinie comprend tous les individus, & il ne lui est pas plus difficile de penser à tous en même-tems que de penser à un seul. Pour nous la capacité de notre esprit est remplie, non-seulement lorsque nous ne pensons qu'à un objet, mais même lorsque nous ne le considérons que par quelque endroit. Ainsi nous sommes obligés, pour mettre de l'ordre dans nos pensées, de distribuer les choses en différentes classes.

§. 5. Des notions qui partent d'une telle origine, ne peuvent être que défectueuses ; & vraisemblablement il y aura du danger à nous en servir, si nous ne les faisons avec précaution. Aussi les philosophes sont-ils tombés à ce sujet dans une erreur qui a eu de grandes suites : ils ont réalisé toutes leurs abstractions, ou les ont regardées comme des êtres qui ont une existence réelle indépendamment de celles des choses (1). Voici, je pense, ce qui a donné lieu à une opinion aussi absurde.

§. 6. Toutes nos premières idées ont été particulières ; c'étoient certaines sensations de lumière, de couleur, &c. ou certaines opérations de l'ame. Or toutes ces idées présentent une vraie réalité, puisqu'elles ne sont proprement que notre être différemment modifié. Car nous ne saurions

---

» ces individus : ainsi les noms de *nourrice* & de *maman*
» dont se servent les enfans, se rapportent uniquement à ces personnes. Quand après cela le tems
» & une plus grande connoissance du monde leur a
» fait observer qu'il y a plusieurs autres êtres, qui par
» certains communs rapports de figure & de plusieurs
» autres qualités ressemblent à leur père, à leur mère
» & autres personnes qu'ils ont accoutumés de voir,
» ils forment une idée à laquelle ils trouvent que tous
» ces êtres particuliers participent également, & ils
» lui donnent, comme les autres, le nom d'*homme*.
» Voila comment ils viennent à avoir un nom général
» & une plus générale. En quoi ils ne forment rien
» de nouveau, mais écartant seulement de l'idée complexe qu'ils avoient de *Pierre*, de *Jacques*, de *Marie* & d'*Elisabeth*, ce qui est particulier à chacun
» d'eux, ils ne retiennent que ce qui leur est commun
» à tous. *Liv. 3. chap. 3. §. 7.*

(1) Au commencement du douzième siècle les péripatéticiens formèrent deux branches, celle des nominaux & celle des réalistes. Ceux-ci soutenoient que les notions générales que l'école appelle *nature universelle*, *relations*, *formalités* & autres sont des réalités distinctes des choses. Ceux-là au contraire pensoient qu'elles ne sont que des noms par où on exprime différentes manières de concevoir, & ils s'appuyoient sur ce principe, *que la nature ne fait rien en vain*. C'étoit soutenir une bonne thèse, par une assez mauvaise raison ; car c'étoit convenir que ces réalités étoient possibles, & que, pour les faire exister, il ne falloit que leur trouver quelque utilité. Cependant ce principe étoit appelé *le rasoir des nominaux*. La dispute entre ces deux sectes fut si vive qu'on en vint aux mains en Allemagne, & qu'en France Louis XI. fut obligé de défendre la lecture des livres des nominaux.

rien appercevoir en nous, que nous ne le regardions comme à nous, comme appartenant à notre être, ou comme étant notre être de telle ou telle façon : c'est-à-dire, sentant, voyant, &c. telles sont toutes nos idées dans leur origine.

Notre esprit étant trop borné pour réfléchir en même tems sur toutes les modifications qui peuvent lui appartenir, il est obligé de les distinguer, afin de les prendre les unes après les autres. Ce qui sert de fondement à cette distinction, c'est que ses modifications changent, & se succèdent continuellement dans son être, qui lui paroît un certain fonds qui demeure toujours le même.

Il est certain que ces modifications distinguées de la sorte de l'être qui en est le sujet, n'ont plus aucune réalité. Cependant l'esprit ne peut pas réfléchir sur rien ; car ce seroit proprement ne pas réfléchir. Comment donc ces modifications prises d'une manière abstraite, ou séparément de l'être auquel elles appartiennent, & qui ne leur convient qu'autant qu'elles y sont renfermées, deviendront-elles l'objet de l'esprit ? C'est qu'il continue de les regarder comme des êtres. Accoutumé, toutes les fois qu'il les considère comme étant à lui, à les appercevoir avec la réalité de son être, dont pour lors elles ne sont pas distinctes, il leur conserve, autant qu'il peut, cette même réalité, dans le tems même qu'il les en distingue. Il se contredit : d'une côté, il envisage ses modifications sans aucun rapport à son être, & elles ne sont plus rien ; d'un autre côté, parce que le néant ne peut se saisir, il les regarde comme quelque chose, & continue de leur attribuer cette même réalité avec laquelle il les a d'abord apperçues, quoiqu'elle ne puisse plus leur convenir. En un mot ces abstractions, quand elles n'étoient que des idées particulières, se sont liées avec l'idée de l'être, & cette liaison subsiste.

Quelque vicieuse que soit cette contradiction, elle est néanmoins nécessaire. Car si l'esprit est trop limité pour embrasser tout à la fois son être & ses modifications, il faudra bien qu'il les distingue, en formant des idées abstraites : &, quoique par-là les modifications perdent toute la réalité qu'elles avoient, il faudra bien encore qu'il leur en suppose, parce qu'autrement il n'en pourroit jamais faire l'objet de sa réflexion.

C'est cette nécessité qui est cause que bien des philosophes n'ont pas soupçonné que la réalité des idées abstraites fût l'ouvrage de l'imagination. Ils ont vu que nous étions absolument engagés à considérer ces idées comme quelque chose de réel ; ils s'en sont tenus là ; &, n'étant pas remontés à la cause qui nous les fait appercevoir sous cette fausse apparence, ils ont conclu qu'elles étoient en effet des êtres.

On a donc réalisé toutes ces notions ; mais plus ou moins selon que les choses dont elles sont des idées partielles, paroissent avoir plus ou moins de réalité. Les idées des modifications ont participé à moins de dégrés d'être, que celles des substances, & celles des substances finies en ont encore eu moins que celle de l'être infini (1).

§. 7. Ces idées réalisées de la sorte ont été d'une fécondité merveilleuse. C'est à elles que nous devons l'heureuse découverte des *qualités occultes*, des *formes substantielles*, des *espèces intentionnelles* : ou, pour ne parler que de ce qui est commun aux modernes, c'est à elles que nous devons *ces genres*, *ces espèces*, *ces essences* & *ces différences*, qui sont tout autant d'êtres qui vont se placer dans chaque substance, pour la déterminer à être ce qu'elle est. Lorsque les philosophes se servent de ces mots *être*, *substance*, *essence*, *genre*, *espèce*, il ne faut pas s'imaginer qu'ils n'entendent que certaines collections d'idées simples qui nous viennent par sensation & par réflexion : ils veulent pénétrer plus avant, & voir dans chacun d'eux des réalités spécifiques. Si même nous descendons dans un plus grand détail, & que nous passions en revue les noms des substances ; *corps, animal, homme, métal, or, argent*, &c. tous dévoilent aux yeux des philosophes des êtres cachés au reste des hommes.

Une preuve qu'ils regardent ces mots comme signes de quelque réalité, c'est que, quoique une substance ait souffert quelque altération, ils ne laissent pas de demander, si elle appartient encore à la même espèce, à laquelle elle se rapportoit avant ce changement : question qui deviendroit superflue, s'ils mettoient les notions des substances & celles de leurs espèces dans différentes collections d'idées simples. Lorsqu'ils demandent *si la glace & de la neige sont de l'eau* ; *si un fœtus monstrueux est un homme* ; *si Dieu, les esprits, les corps, ou même le vuide sont des substances* : il est évident que la question n'est pas si ces choses conviennent avec les idées simples rassemblées sous ces mots, *eau, homme, substance* ; elle se résoudroit d'elle-même. Il s'agit de savoir si ces choses renferment certaines essences, certaines réalités qu'on suppose que ces mots, *eau, homme, substance* signifient.

§. 8. Ce préjugé a fait imaginer à tous les philosophes qu'il faut définir les substances par la différence la plus prochaine & la plus propre à en expliquer la nature. Mais nous sommes encore à attendre d'eux une exemple de ces sortes de définitions. Elles seront toujours défectueuses par l'impuissance où ils sont de connoître les essences :

---

(1) Descartes lui-même raisonne de la sorte. Med.

impuissance dont ils ne se doutent pas parce qu'ils se préviennent pour des idées abstraites qu'ils réalisent, & qu'ils prennent ensuite pour l'essence même des choses.

§. 9. L'abus des notions abstraites réalisées se montre encore bien visiblement, lorsque les philosophes non contens d'expliquer à leur manière la nature de ce qui est, ont voulu expliquer la nature de ce qui n'est pas. On les a vu parler des créatures purement possibles, comme des créatures existantes, & tout réaliser, jusqu'au néant d'où elles sont sorties. Où étoient les créatures, a-t-on demandé avant que Dieu les eût créées? La réponse est facile; car c'est demander où elles étoient avant qu'elles fussent, à quoi, ce me semble, il suffit de répondre qu'elles n'étoient nulle part.

L'idée des créatures possibles n'est qu'une abstraction réalisée, que nous avons formée, cessant de penser à l'existence des choses, pour ne penser qu'aux autres qualités que nous leur connoissons. Nous avons pensé à l'étendu, à la figure, au mouvement & au repos des corps, & nous avons cessé de penser à leur existence. Voilà comment nous nous sommes fait l'idée des corps possibles: idée qui leur ôte toute leur réalité, puisqu'elle les suppose dans le néant; & qui, par une contradiction évidente, la leur conserve, puisqu'elle nous les représente comme quelque chose d'étendu, de figuré, &c.

Les philosophes n'appercevant pas cette contradiction, n'ont pris cette idée que par ce dernier endroit. En conséquence ils ont donné à ce qui n'est point les réalités de ce qui existe: Et quelques-uns ont cru résoudre d'une manière sensible les questions les plus épineuses de la création.

§. 10. « Je crains, dit Locke que la manière
» dont on parle des facultés de l'ame, n'ait
» fait venir à plusieurs personnes l'idée confuse
» fuse d'autant d'agens qui existent distincte-
» ment en nous, qui ont différentes fonctions
» & différens pouvoirs, qui commandent, obéis-
» sent & exécutent diverses choses, comme au-
» tant d'êtres distincts, ce qui a produit quan-
» tité de vaines disputes, de discours obscurs &
» pleins d'incertitude sur les questions qui se rap-
» portent à ces différens pouvoirs de l'ame. »

Cette crainte est digne d'un sage philosophe; car pourquoi agiteroit-on comme des questions fort importantes; *si le jugement appartient à l'entendement ou à la volonté; s'ils sont l'un & l'autre également actifs ou également libres; si la volonté est capable de connoître, ou si ce n'est qu'une faculté aveugle; si, enfin elle commande à l'entendement, ou si celui-ci la guide & la détermine?* Si par *entendement* & *volonté* les philosophes ne vouloient exprimer que l'ame envisagée par rapport à certains actes qu'elle produit, ou peut produire, il est évident que le jugement, l'activité & la liberté appartiendroient à l'entendement, ou ne lui appartiendroient pas, selon qu'en parlant de cette faculté, on considéreroit plus ou moins de ces actes. Il en est de même de la volonté. Il suffit dans ces sortes de cas d'expliquer les termes, en déterminant par des analyses exactes les notions qu'on se fait des choses. Mais les philosophes ayant été obligés de se représenter l'ame par des abstractions, ils en ont multiplié l'être; & l'entendement & la volonté ont subi le sort de toutes les notions abstraites. Ceux même, tels que les Cartésiens, qui ont remarqué expressément que ce ne sont point là des êtres distingués de l'ame, ont agité toutes les questions que je viens de rapporter. Ils ont donc réalisé ces notions abstraites contre leur intention, & sans s'en appercevoir. C'est qu'ignorant la manière de les analyser, ils étoient incapables d'en connoître les défauts; &, par conséquent, de s'en servir avec toutes les précautions nécessaires.

§ 11. Ces sortes d'abstractions ont infiniment obscurci tout ce qu'on a écrit sur la liberté: question où bien des plumes ne paroissent s'être exercées, que pour l'obscurcir davantage. L'entendement, disent quelques philosophes, est une faculté qui reçoit les idées, & la volonté est une faculté aveugle par elle-même, & qui ne se détermine qu'en conséquence des idées que l'entendement lui présente. Il ne dépend pas de l'entendement d'appercevoir ou non des idées & les rapports de vérité ou de probabilité, qui sont entre elles. Il n'est pas libre, il n'est pas même actif; car il ne produit point en lui les idées du blanc & du noir, & il voit nécessairement que l'une n'est pas l'autre. La volonté agit il est vrai: mais aveugle par elle-même, elle suit le *dictamen* de l'entendement: c'est-à-dire, qu'elle se détermine conséquemment à ce que lui prescrit une cause nécessaire. Elle est donc aussi nécessaire. Or si l'homme étoit libre, ce seroit par l'une ou l'autre de ces facultés. L'homme n'est donc pas libre.

Pour réfuter tout ce raisonnement, il suffit de remarquer que ces philosophes se font de l'entendement & de la volonté des phantômes qui ne sont que dans leur imagination. Si ces facultés étoient telles qu'ils se les représentent, sans doute que la liberté n'auroit jamais lieu. Je les invite à rentrer en eux-mêmes & je leur réponds que, pourvu qu'ils veuillent renoncer à ces réalités abstraites, & analyser leurs pensées, ils verront les choses d'une manière bien différente. Il n'est point vrai, par exemple, que l'entendement ne soit pas libre, ni actif; les analyses que nous en avons données, démontrent le contraire. Mais il faut convenir que cette difficulté est grande, si même elle n'est insoluble, dans l'hypothèse des idées innées.

§. 12. Je ne sais si après ce que je viens de dire, on pourra enfin abandonner toutes ces abstractions réalisées : plusieurs raisons me font appréhender le contraire. Il faut se souvenir que nous avons dit (1) que les noms des substances tiennent dans notre esprit la place que les sujets occupent hors de nous : ils y sont le lien & le soutien des idées simples, comme les sujets le sont au-dehors des qualités. Voilà pourquoi nous sommes toujours tentés de les rapporter à ce sujet, & de nous imaginer qu'ils en expriment la réalité même.

En second lieu : j'ai remarqué ailleurs (2) que nous pouvons connoître toutes les idées simples dont les notions archétypes se sont formées. Or l'essence d'une chose étant, selon les philosophes, ce qui la constitue ce qu'elle est, c'est une conséquence que nous puissions dans ces occasions avoir des idées des essences : aussi leur avons-nous donné des noms. Par exemple, celui de *justice* signifie l'essence du juste, celui de *sagesse*, l'essence du sage, &c. C'est peut-être là une des raisons qui a fait croire aux Scholastiques que pour avoir des noms qui exprimassent les essences des substances, ils n'avoient qu'à suivre l'analogie du langage. Ainsi ils ont fait les mots de *corporéité*, *d'animalité*, & *d'humanité*, pour désigner les essences du *corps*, de l'*animal* & de l'*homme*. Ces termes leur étant devenus familiers, il est bien difficile de leur persuader qu'ils sont vuides de sens.

En troisiéme lieu ; il n'y a que deux moyens de se servir des mots ; s'en servir après avoir fixé dans son esprit toutes les idées simples qu'ils doivent signifier, ou seulement après les avoir supposé signes de la réalité même des choses. Le premier moyen est pour l'ordinaire embarrassant, parce que l'usage n'est pas toujours assez décidé. Les hommes voyant les choses différemment, selon l'expérience qu'ils ont acquise, il est difficile qu'ils s'accordent sur le nombre & sur la qualité des idées de bien des noms. D'ailleurs, lorsque cet accord se rencontre, il n'est pas toujours aisé de saisir dans sa juste étendue le sens d'un terme : pour cela il faudroit du tems, de l'expérience & de la réflexion. Mais il est bien plus commode de supposer dans les choses une réalité dont on regarde les mots comme les véritables signes ; d'entendre par ces noms, *homme*, *animal*, &c. une entité qui détermine & distingue ces choses, que de faire attention à toutes les idées simples qui peuvent leur appartenir. Cette voie satisfait tout-

à-la-fois notre impatience & notre curiosité. Peut-être y a-t-il peu de personnes, même parmi celles qui ont le plus travaillé à se défaire de leurs préjugés, qui ne sentent quelque penchant à rapporter tous les noms des substances à des réalités inconnues. Cela paroît même dans des cas où il est facile d'éviter l'erreur, parce que nous savons bien que les idées que nous réalisons, ne sont pas de véritables êtres. Je veux parler des êtres moraux, tels que *la gloire*, *la guerre*, *la renommée*, auxquels nous n'avons donné la dénomination d'*être*, que parce que dans les discours les plus sérieux, comme dans les conversations les plus familières, nous les imaginons sous cette idée.

§. 13. C'est-là certainement une des sources des plus étendues de nos erreurs. Il suffit d'avoir supposé que les mots répondent à la réalité des choses, pour les confondre avec elles, & pour conclure qu'ils en expliquent parfaitement la nature. Voilà pourquoi celui qui fait une question, & qui s'informe ce que c'est que tel ou tel corps, croit, comme Locke le remarque, demander quelque chose de plus qu'un nom, & que celui qui lui répond, *c'est du fer*, croit aussi lui apprendre quelque chose de plus. Mais avec un tel jargon il n'y a point d'hypothèse, quelque inintelligible qu'elle puisse être, qui ne se soutienne. Il ne faut plus s'étonner de la vogue des différentes sectes.

§. 14. Il est donc bien important de ne pas réaliser nos abstractions. Pour éviter cet inconvénient, je ne connois qu'un moyen, c'est de savoir développer l'origine & la génération de toutes nos notions abstraites. Mais ce moyen a été inconnu aux philosophes, & c'est en vain qu'ils ont tâché d'y suppléer par des définitions. La cause de leur ignorance à cet égard, c'est le préjugé où ils ont toujours été qu'il falloit commencer par les idées générales : car lorsqu'on s'est défendu de commencer par les particulières, il n'est pas possible d'expliquer les plus abstraites qui en tirent leur origine. En voici un exemple.

Après avoir défini l'impossible par *ce qui implique contradiction*; le possible, par *ce qui ne l'implique pas*; & l'être, par *ce qui peut exister*, on n'a pas su donner d'autre définition de l'existence, sinon, qu'elle est *le complement de la possibilité*. Mais je demande si cette définition présente quelque idée, & si l'on ne seroit pas en droit de jetter sur elle le ridicule qu'on a donné à quelques-unes de celles d'Aristote.

Si le possible est *ce qui n'implique pas contradiction*, la possibilité est *la non-implication de contradiction*. L'existence est donc *le complement de la non-implication de contradiction*. Quel langage ! En observant mieux l'ordre naturel des idées, on auroit

---

(1) *Voyez* les sections précédentes.

(2) Idem.

vû que la notion de la possibilité ne se forme que d'après celle de l'existence.

Je pense qu'on n'accepte ces sortes de définitions, que parce que connoissant d'ailleurs la chose définie, on n'y regarde pas de si près. L'esprit qui est frappé de quelque clarté, la leur attribue, & ne s'apperçoit point qu'elles sont inintelligibles. Cet exemple fait voir combien il est important de substituer toujours des analyses aux définitions des philosophes. Je crois même qu'on devroit porter le scrupule jusqu'à éviter de se servir des expressions dont ils paroissent le plus jaloux. L'abus en est devenu si familier, qu'il est difficile, quelque soin qu'on se donne, qu'elles ne fassent mal saisir une pensée au commun des lecteurs. Locke en est un exemple. Il est vrai qu'il n'en fait pour l'ordinaire que des applications fort justes : mais on l'entendroit dans bien des endroits avec plus de facilité, s'il les avoit entièrement banni de son stile. Je n'en juge au reste que par la traduction.

Ces détails font voir quelle est l'influence des idées abstraites. Si leurs défauts ignorés, ont fort obscurci toute la métaphysique, aujourd'hui qu'ils sont connus, il ne tiendra qu'à nous d'y remédier.

De quelques jugemens qu'on a attribués à l'ame sans fondement, ou solution d'un problême de métaphysique.

§. 1. Je crois n'avoir jusqu'ici attribué à l'ame aucune opération que chacun ne puisse appercevoir en lui-même. Mais les philosophes, pour rendre raison des phénomènes de la vue, ont supposé que nous formons certains jugemens, dont nous n'avons nulle conscience. Cette opinion est si généralement reçue, que Locke, le plus circonspect de tous, l'a adoptée : voici comment il s'explique.

« Une observation qu'il est à propos de faire » au sujet de la perception, c'est que les idées » qui viennent par voie de sensation, sont souvent » altérées par le jugement de l'esprit des personnes » faites, sans qu'elles s'en apperçoivent. Ainsi » lorsque nous plaçons devant nos yeux un corps » rond de couleur uniforme, d'or, par exemple, » d'albâtre ou de jaiet, il est certain que l'idée » qui s'imprime dans notre esprit à la vue de » ce globe, représente un cercle plat diverse- » ment ombragé, avec différens degrés de lumière » dont nos yeux se trouvent frappés. Mais comme » nous sommes accoutumés par l'usage à distin- » guer quelle sorte d'images les corps convexes » produisent ordinairement en nous, & quels » changemens arrivent dans la réflexion de la lu- » mière, selon la différence sensible des corps, » nous mettons aussi-tôt, à la place de ce qui

Philosophie anc. & mod. Tome II.

» nous paroît, la cause même de l'image que nous » voyons, & cela en vertu d'un jugement que » la coutume nous a rendu habituel ; de sorte » que joignant à la vision un jugement que nous » confondons avec elle, nous nous formons l'idée » d'une figure convexe & d'une couleur uni- » forme, quoique dans le fond nos yeux ne » nous représentent qu'un plan ombragé & » coloré diversement, comme il paroît dans » la peinture. A cette occasion j'inférerai ici » un problême du savant M. Molineux............ » *Supposez un aveugle de naissance, qui soit pré-* » *sentement homme fait, auquel on ait appris à* » *distinguer par l'attouchement un cube & un globe* » *du même métal, & à-peu-près de même grandeur,* » *en sorte que lorsqu'il touche l'un & l'autre, il puisse* » *dire quel est le cube & quel est le globe. Supposez que* » *le cube & le globe étant posez sur une table, cet* » *aveugle vienne à jouir de la vue. On demande* » *si en les voyant sans les toucher, il pourroit les* » *discerner, & dire quel est le cube & quel est le* » *cube.* Le pénétrant & judicieux auteur de cette » question répond en même tems que *non* : Car, » ajoute-t-il, *bien que cet aveugle ait appris par* » *expérience de quelle manière le globe & le cube* » *affectent son attouchement, il ne sait pourtant pas* » *encore que ce qui affecte son attouchement de telle* » *ou de telle manière, doive frapper ses yeux de* » *telle ou de telle manière, ni que l'angle avancé* » *d'un cube qui presse sa main d'une manière inégale* » *doive paroître à ses yeux tel qu'il paroît dans le* » *cube.* Je suis tout-à-fait du sentiment de cet » habile homme..... Je crois que cet aveugle ne » seroit point capable, à la première vue, de » dire avec certitude, quel seroit le globe & » quel seroit le cube, s'il se contentoit de les » regarder ; quoiqu'en les touchant il put les » nommer & les distinguer sûrement par la diffé- » rence de leurs figures qu'il apperceyroit par » l'attouchement ». (1)

§. 2. Tout ce raisonnement suppose que l'image qui se trace dans l'œil à la vue d'un globe, n'est qu'un cercle plat, éclairé & coloré diffé-remment, ce qui est vrai. Mais il suppose encore, & c'est ce qui me paroit faux, que l'impression qui se fait dans l'ame en conséquence, ne nous donne que la perception de cercle ; que si nous voyons le globe d'une figure convexe, c'est parce qu'ayant acquis par l'expérience du toucher l'idée de cette figure, & que sachant quelle sorte d'image elle produit en nous par la vue ; nous sommes accoutumés, contre le rapport de cette image, à la juger convexe : jugement qui, pour me servir de l'expression que Locke emploie peu après, *change l'idée de la sensation, & nous la représente autre qu'elle n'est en elle-même.*

(1) L. 2. p. 97. §. 8.

G

§. 3. Parmi ces suppositions, Locke avance sans preuve que la sensation de l'ame ne représente rien de plus que l'image que nous savons se tracer dans l'œil. Pour moi, quand je regarde un globe, je vois autre chose qu'un cercle plat : expérience à laquelle il me paroît tout naturel de m'en rapporter. Il y a d'ailleurs bien des raisons pour rejetter les jugemens auxquels ce philosophe a recours. D'abord il suppose que nous connoissons quelle sorte d'images les corps convexes produisent en nous, & quels changemens arrivent dans la réflexion de la lumière, selon la différence des figures sensibles des corps : connoissances que la plus grande partie des hommes n'a point, quoiqu'ils voyent les figures de la même manière que les philosophes. En second lieu, nous aurions beau joindre ces jugemens à la vision, nous ne les confondrions jamais avec elle, comme Locke le suppose ; mais nous verrions d'une façon & nous jugerions d'une autre.

Je vois un bas relief, je sais à n'en pas douter qu'il est peint sur une surface platte ; je l'ai touché : cependant cette connoissance, l'expérience réitérée, & tous les jugemens que je puis faire, n'empêchent point que je ne voie des figures convexes. Pourquoi cette apparence continue-t-elle ? Pourquoi un jugement qui a la vertu de me faire voir les choses tout autrement qu'elles ne sont dans l'idée que m'en donnent mes sensations, n'auroit-il pas la vertu de me les faire voir conformes à cette idée ? On peut raisonner de même sur l'apparence de rondeur sous laquelle nous voyons de loin un bâtiment que nous savons & jugeons être quarré, & sur mille autres exemples semblables.

§. 4. En troisième lieu, une raison qui suffiroit seule pour détruire cette opinion de Locke, c'est qu'il est impossible de nous faire avoir conscience de ces sortes de jugemens. On se fonde envain sur ce qu'il paroît se passer dans l'ame bien des choses dont nous ne prenons pas connoissance. Parce que j'ai dit ailleurs (1), il est vrai que nous pourrions bien oublier ces jugemens le moment d'après que nous les aurions formés : mais lorsque nous en ferions l'objet de notre réflexion, la conscience en seroit si vive que nous ne pourrions plus les révoquer en doute.

§. 5. En suivant le sentiment de Locke dans toutes ses conséquences, il faudroit raisonner sur les distances, les situations, les grandeurs & l'étendue, comme il a fait sur les figures. Ainsi l'on diroit : » Lorsque nous regardons une » vaste campagne, il est certain que l'idée qui » s'imprime dans notre esprit à cette vue, repré » sente une surface platte, ombragée & co » lorée diversement, avec différens dégrés de lu » mière dont nos yeux sont frappés. Mais comme » nous sommes accoutumés par l'usage à distin » guer quelle sorte d'image les corps différem » ment situés, différemment distans, différem » ment grands & différemment étendus produi » sent ordinairement en nous, & quels chan » gemens arrivent dans la réflexion de la lu » mière, selon la différence des distances, des » situations, des grandeurs & de l'étendue ; » nous mettons aussi-tôt, à la place de ce qui » nous paroit, la cause même des images que » nous voyons, & cela en vertu d'un jugement » que la coutume nous a rendu habituel ; de » sorte que joignant à la vision un jugement » que nous confondons avec elle, nous nous » formons les idées de différentes situations, » distances, grandeurs & étendues, quoique » dans le fond nos yeux ne nous représentent » qu'un plan ombragé & coloré diversement ».

Cette application du raisonnement de Locke est d'autant plus juste que les idées de situation, de distances, de grandeur & d'étendue, que nous donne la vue d'une campagne, se trouvent toutes en petit dans la perception des différentes parties d'un globe. Cependant ce philosophe n'a pas adopté ces conséquences. En exigeant dans son problème que le globe & le cube soient à peu-près de la même grandeur, il fait assez entendre que la vue peut, sans le secours d'aucun jugement, nous donner différentes idées de grandeur. C'est pourtant une contradiction : car on ne conçoit pas comment on auroit des idées des grandeurs, sans en avoir des figures.

§. 6. D'autres n'ont pas fait difficulté d'admettre ces conséquences. M. de Voltaire, célèbre par quantité d'ouvrages, rapporte (2) & approuve le sentiment du docteur Barclai qui assuroit que ni situations, ni distances, ni grandeurs, ni figures ne seroient discernées par un aveugle-né, dont les yeux recevroient tout-à-coup la lumière. *Voyez* l'article BERKELEISME.

§. 7. Je regarde, dit-il, de fort loin par un petit trou un homme posté sur un toit ; le lointain & le peu de rayons m'empêchent d'abord de distinguer si c'est un homme : l'objet me paroit très-petit, je crois voir une statue de deux pieds tout au plus : l'objet se remue, je juge que c'est un homme, & dès cet instant cet homme me paroît de la grandeur ordinaire.

---

(1) *Voyez* ci-dessus.

(2) Elémens de la philosophie de Newton. C. VI.

§. 8. J'admets, si l'on veut, ce jugement & l'effet qu'on lui attribue; mais il est encore bien éloigné de prouver la thèse du docteur Barclai. Il y a ici un passage subit d'un premier jugement à un second tout opposé. Cela engage à fixer l'objet avec plus d'attention, afin d'y trouver la taille ordinaire à un homme. Cette attention violente produit vraisemblablement quelque changement dans le cerveau, & de-là dans les yeux; ce qui fait voir un homme d'environ cinq pieds. C'est-là un cas particulier, & le jugement qu'il fait faire est tel qu'on ne peut nier d'en avoir conscience. Pourquoi n'en seroit-il pas de même dans toute autre occasion, si nous formions toujours, comme on le suppose, de semblables jugemens?

Qu'un homme qui n'étoit qu'à quatre pas de moi, s'éloigne jusqu'à huit, l'image qui s'en trace au fond de mes yeux en sera la moitié plus petite. Pourquoi donc continuai-je à le voir à peu-près de la même grandeur? Vous l'appercevez d'abord, répondra-t-on, la moitié moins grand; mais la liaison que l'expérience a mise dans votre cerveau entre l'idée d'un homme & celle de la hauteur de cinq à six pieds, vous force à imaginer par un jugement soudain, un homme d'un telle hauteur, & à voir une telle hauteur en effet. Voilà, je l'avoue, une chose que je ne saurois confirmer par ma propre expérience. Une première perception pourroit-elle s'éclipser si vîte, & un jugement la remplacer si soudainement, qu'on ne pût remarquer le passage de l'une à l'autre, lorsqu'on y donneroit toute son attention? D'ailleurs que cet homme s'éloigne à seize pas, à trente deux, à soixante quatre & toujours de la sorte; pourquoi me paroîtra-t-il diminuer peu-à-peu, jusqu'à ce qu'enfin je cesse entièrement de le voir? Si la perception de la vue est l'effet d'un jugement par lequel j'ai lié l'idée d'un homme à celle de la hauteur de cinq à six pieds; cet homme devroit tout-à-coup disparoître à mes yeux, ou je devrois, à quelque distance qu'ils s'éloignent de moi, continuer à le voir de la même grandeur. Pourquoi diminuera-t-il plus vîte à mes yeux qu'à ceux d'un autre, quoique nous ayons la même expérience? Enfin qu'on désigne à quel point de distance ce jugement doit commencer à perdre de sa force?

§. 9. Ceux que je combats, comparent le sens de la vûe à celui de l'ouïe, & concluent de l'un à l'autre. Par les sons, disent-ils, l'oreille est frappée; on entend des tons & rien de plus: par la vûe, l'œil est ébranlé; on voit des couleurs & rien de plus. Celui qui, pour la première fois de sa vie, entendroit le bruit du canon, ne pourroit juger si on tire ce canon à une lieue, ou à trente pas. Il n'y a que l'expérience qui puisse l'accoutumer à juger de la distance qui est entre lui & l'endroit d'où part ce bruit. C'est la même chose précisément par rapport aux rayons de lumière, qui partent d'un objet; ils ne nous apprennent point du tout où est cet objet.

§. 10. L'ouïe par elle-même n'est pas faite pour nous donner l'idée de la distance, & même en y joignant le secours de l'expérience, l'idée qu'elle en fournit, est encore la plus imparfaite de toutes. Il y a des occasions où il en est à peu près de même de la vûe. Si je regarde par un trou un objet éloigné, sans appercevoir ceux qui m'en séparent, je n'en connois la distance que fort imparfaitement. Alors je me rappelle les connoissances que je dois à l'expérience, & je juge cet objet plus ou moins loin, selon qu'il me paroît plus ou moins au-dessous de sa grandeur ordinaire. Voilà donc un cas où il est nécessaire de joindre un jugement au sens de la vûe comme à celui de l'ouïe: mais remarquez bien qu'on en a conscience, & qu'après, comme auparavant, nous ne connoissons les distances, que d'une manière fort imparfaite.

J'ouvre ma fenêtre, & j'apperçois un homme à l'extrémité de la rue: je vois qu'il est loin de moi, avant que j'aye encore formé aucun jugement. Il est vrai que ce ne sont pas les rayons de lumière qui partent de lui, qui m'apprennent le plus exactement combien il est éloigné de moi; mais ce sont ceux qui partent des objets qui sont entre deux. Il est naturel que la vûe de ces objets me donne quelqu'idée de la distance où je suis de cet homme, il est même impossible que je n'aye pas cette idée, toutes les fois que je les apperçois.

§. 11. Vous vous trompez, me dira-t-on. Les jugemens soudains, presque uniformes que votre ame à un certain âge porte des distances, des grandeurs, des situations, vous font penser qu'il n'y a qu'à ouvrir les yeux, pour voir de la manière dont vous voyez. Cela n'est pas, il y faut le secours des autres sens. Si vous n'aviez que celui de la vûe, vous n'auriez aucun moyen pour connoître l'étendue.

§. 12. Qu'appercevrois-je donc? Un point mathématique. Non sans doute. Je verrois certainement de la lumière & des couleurs. Mais la lumière & les couleurs ne retracent-elles pas nécessairement différentes distances, différentes grandeurs, différentes situations? Je regarde devant moi, en haut, en bas, à droite, à gauche; je vois une lumière répandue en tous sens, & plusieurs couleurs qui certainement ne sont pas concentrées dans un point: je n'en veux pas davantage. Je trouve là indépendamment de tout jugement, sans le secours des autres sens, l'idée de l'étendue avec toutes ses dimensions.

Je suppose un œil animé : qu'on me permette cette supposition, toute bisarre qu'elle paroisse. Dans le sentiment du docteur Barclai, cet œil verroit une lumiere colorée ; mais il n'appercevroit ni étendue, ni grandeurs, ni distances, ni situations, ni figures. Il s'accoutumeroit donc à juger que toute la nature n'est qu'un point mathématique. Qu'il soit uni à un corps humain, lorsque son ame a contracté depuis long-tems l'habitude de former ce jugement. On croira sans doute que cette ame n'a plus qu'à se servir des sens qu'elle vient d'acquérir, pour se faire des idées de grandeurs, de distances, de situations & de figures. Point du tout : les jugemens habituels, soudains & uniformes, qu'elle a formés de tout tems, changeront les idées de ces nouvelles sensations ; de sorte qu'elle touchera des corps, & assurera qu'ils n'ont ni étendue, ni situation, ni grandeurs, ni figures.

§. 13. Il seroit curieux de découvrir les loix que Dieu suit, quand il nous enrichit des différentes sensations de la vue : sensations qui, non-seulement nous avertissent mieux que toutes les autres des rapports des choses à nos besoins & à la conservation de notre être ; mais qui annoncent encore d'une manière plus éclatante l'ordre, la beauté & la grandeur de l'univers. Quelque importante que soit cette recherche, je l'abandonne à d'autres. Il me suffit que ceux qui voudront ouvrir les yeux, conviennent qu'ils apperçoivent de la lumiere, des couleurs, de l'étendue, des grandeurs, &c. Je ne remonte pas plus haut, parce que c'est-là que je commence à avoir une connoissance évidente.

§. 14. Examinons à notre tour ce qui arriveroit à un aveugle-né, à qui on donneroit le sens de la vue. *Voyez* l'article DIDEROT (philosophie de).

Cet aveugle s'est formé des idées de l'étendue, des grandeurs, &c. en réfléchissant sur les différentes sensations qu'il éprouve, quand il touche des corps. Il prend un bâton dont il sent que toutes les parties ont une même détermination ; voilà d'où il tire l'idée d'une ligne droite. Il en touche un autre dont les parties ont différentes déterminations, ensorte que si elles étoient continuées, elles aboutiroient à différens points, voilà d'où il tire l'idée d'une ligne courbe. De-là il passe à celles d'angle, de cube, de globe & de toutes sortes de figures. Telle est l'origine des idées qu'il a sur l'étendue. Mais il ne faut pas croire qu'au moment qu'il ouvre les yeux, il jouisse déjà du spectacle, que produit dans toute la nature ce mélange admirable de lumiere & de couleur. C'est un trésor qui est renfermé dans les nouvelles sensations qu'il éprouve ; la réflexion peut seule le lui découvrir, & lui en donner la vraie jouissance. Lorsque nous fixons nous-mêmes les yeux sur un tableau fort composé, & que nous le voyons tout entier, nous ne nous en formons encore aucune idée déterminée. Pour le voir comme il faut, nous sommes obligés d'en considérer toutes les parties les unes après les autres. Quel tableau que l'univers à des yeux qui s'ouvrent à la lumiere pour la première fois !

Je passe au moment où cet homme est en état de réfléchir sur ce qui lui frappe la vue. Certainement tout n'est pas devant lui comme un point. Il apperçoit donc une étendue en longueur, largeur & profondeur. Qu'il analyse cette étendue, il se fera les idées de surface, de lignes, de point & de toutes sortes de figures : idées qui seront semblables à celles qu'il a acquises par le toucher, car de quelques sens que l'étendue vienne à notre connoissance, elle ne peut être représentée de deux manières différentes. Que je voye ou que je touche un cercle & une règle ; l'idée de l'un ne peut jamais offrir qu'une ligne courbe, & celle de l'autre qu'une ligne droite. Cet aveugle-né distinguera donc à la vue le globe du cube, puisqu'il y reconnoîtra les mêmes idées qu'il s'en étoit faites par le toucher.

On pourroit cependant l'engager à suspendre son jugement, en lui faisant la difficulté suivante. Ce corps, lui diroit-on, vous paroît à la vue un globe, cet autre vous paroît un cube : mais sur quel fondement assureriez-vous que le premier est le même qui vous a donné au toucher l'idée du globe, & le second le même qui vous a donné celle du cube ? Qui vous a dit que ces corps doivent avoir au toucher la même figure qu'ils ont à la vue ? Que savez-vous si celui qui paroît un globe à vos yeux, ne sera pas le cube, quand vous y porterez la main ? Qui peut même vous répondre qu'il y ait là quelque chose de semblable aux corps que nous reconnoîtrions à l'attouchement pour un cube & pour un globe ? L'argument seroit embarrassant, & je ne vois que l'expérience qui pût y fournir une réponse : mais ce n'est pas-là la thèse de Locke, ni du docteur Barclai.

§. 15. J'avoue qu'il me reste à résoudre une difficulté qui n'est pas petite ; c'est une expérience qui paroît en tous points contraire au sentiment que je viens d'établir. La voici telle qu'elle est rapportée par M. de Voltaire, elle perdroit à être rendue en d'autres termes.

« En 1729 M. Chiselden, un de ces fameux
» chirurgiens, qui joignent l'adresse de la main
» aux plus grandes lumières de l'esprit, ayant
» imaginé qu'on pouvoit donner la vue à un
» aveugle-né, en lui abaissant ce qu'on appelle
» des cataractes, qu'il soupçonnoit formées dans
» ses yeux, presqu'au moment de sa naissance,
» il proposa l'opération. L'aveugle eut de la
» peine à y consentir. Il ne concevoit pas trop
» que le sens de la vue pût beaucoup augmenter

» ses plaisirs. Sans l'envie qu'on lui inspira d'apprendre à lire & à écrire, il n'eut point désiré de voir... Quoi qu'il en soit, l'opération fut faite & réussit. Ce jeune homme, d'environ quatorze ans, vit la lumière pour la première fois. Son expérience confirma tout ce que Locke & Barclai avoient si bien prévu. Il ne distingua de long-tems ni grandeurs, ni distances, ni situations, ni même figures. Un objet d'un pouce mis devant son œil, & qui lui cachoit une maison, lui paroissoit aussi grand que la maison. Tout ce qu'il voyoit, lui sembloit d'abord être sur ses yeux, & les toucher comme les objets du tact touchent la peau. Il ne pouvoit distinguer ce qu'il avoit jugé rond à l'aide de ses mains, d'avec ce qu'il avoit jugé angulaire, ni discerner avec ses yeux, si ce que ses mains avoient senti être en haut ou en bas, étoit en effet en haut ou en bas. Il étoit si loin de connoître les grandeurs, qu'après avoir enfin conçu par la vue que sa maison étoit plus grande que sa chambre, il ne concevoit pas comment la vue pouvoit donner cette idée. Ce ne fut qu'au bout de deux mois d'expérience, qu'il put appercevoir que les tableaux représentoient des corps solides : & lorsqu'après ce long tâtonnement d'un sens nouveau en lui, il eut senti que des corps & non des surfaces seules, étoient peints dans les tableaux : il y porta la main & fut étonné de ne point trouver avec ses mains ces corps solides, dont il commençoit à appercevoir les représentations. Il demandoit quel étoit le trompeur du sens du toucher, ou du sens de la vue (1) ».

§. 16. Quelques réflexions sur ce qui se passe dans l'œil à la présence de la lumière, pourront expliquer cette expérience.

Quoique nous soyons encore bien éloignés de connoître tout le méchanisme de l'œil, nous savons cependant que la cornée est plus ou moins convexe ; qu'à proportion que les objets réfléchissent une plus grande ou une moindre quantité de lumière, la prunelle se resserre ou s'aggrandit pour donner passage à moins de rayons, ou pour en recevoir davantage ; on soupçonne le réservoir de l'humeur aqueuse de prendre successivement différentes formes. Il est certain que le cristallin s'avance ou se recule, afin que les rayons de lumière viennent précisément se réunir sur la rétine (2) ; que les fibres délicates de la rétine sont agitées & ébranlées dans une variété

---

(1) Chap. déjà cité.

(2) Ou sur la choroïde : car on ne sait pas exactement si c'est par les fibres de la rétine ou par celles de la choroïde que l'impression de la lumière se transmet à l'ame.

étonnante ; que cet ébranlement se communique dans le cerveau à d'autres parties plus déliées, & dont le ressort doit être encore plus admirable. Enfin les muscles qui servent à faire tourner les yeux vers les objets qu'on veut fixer, compriment encore tout le globe de l'œil, & par cette pression en changent plus ou moins la forme.

Non-seulement l'œil & toutes ses parties doivent se prêter à tous ces mouvemens, à toutes ces formes, & à mille changemens que nous ne connoissons pas, avec une promptitude qu'il n'est pas possible d'imaginer ; mais il faut encore que toutes ces révolutions se fassent dans une harmonie parfaite, afin que tout concoure à produire le même effet. Si, par exemple, la cornée étoit ou trop peu convexe par rapport à la situation & à la forme des autres parties de l'œil, tous les objets nous paroîtroient confus, renversés, & nous ne discernerions pas, *si ce que nos mains auroient senti être en haut ou en bas, seroit en effet en haut ou en bas*. On peut s'en convaincre en se servant d'une lunette dont la forme ne s'accorderoit pas avec celle de l'œil.

Si, pour obéir à l'action de la lumière, les parties de l'œil se modifient sans cesse avec une si grande variété & une si grande vivacité, ce ne peut être qu'autant qu'un long exercice en a rendu les ressorts plus liants & plus faciles. Ce n'étoit pas là le cas du jeune homme à qui on abaissa les cataractes. Ses yeux depuis quatorze ans accrus & nourris, sans qu'il en eut fait usage, résistoient à l'action des objets. La cornée étoit trop ou trop peu convexe, par rapport à la situation des autres parties. Le cristallin devenu comme immobile réunissoit toujours les rayons en-deçà ou en-delà de la rétine ; ou s'il changeoit de situation, ce n'étoit jamais pour se mettre au point où il auroit dû se trouver. Il fallut un exercice de plusieurs jours pour faire jouer ensemble des ressorts si roidis par le tems. Voilà pourquoi ce jeune homme tatonna pendant deux mois. S'il dût quelque chose au secours du toucher, c'est que les efforts qu'il faisoit pour voir dans les objets les idées qu'il s'en formoit en les maniant, lui donnoient occasion d'exercer davantage le sens de la vue. En supposant qu'il eut cessé de se servir de ses mains, toutes les fois qu'il ouvroit les yeux à la lumière, il n'est pas douteux qu'il n'eut acquis par la vue les mêmes idées, quoiqu'à la vérité avec plus de lenteur.

Ceux qui observoient cet aveugle-né au moment qu'on lui abaissoit les cataractes, espéroient de voir confirmer un sentiment pour lequel ils étoient prévenus. Quand ils apprirent qu'il appercevoit les objets d'une manière aussi imparfaite, ils ne soupçonnèrent pas qu'on en pût apporter d'autres raisons que celles que Locke & Barclai avoient imaginées. Ce fut donc une décision irrévocable pour eux, que les yeux, sans le secours des autres sens, seroient peu propres à nous fournir les idées d'étendue de figures, de situations, &c.

Ce qui a donné lieu à cette opinion, qui sans doute aura paru extraordinaire à bien des lecteurs, c'est d'un côté l'envie que nous avons de rendre raison de tout, & de l'autre, l'insuffisance des règles de l'optique. On a beau mesurer les angles que les rayons de lumière forment au fond de l'œil, on ne trouve point qu'ils soient en proportion avec la manière dont nous voyons les objets. Mais je n'ai pas cru que cela pût m'autoriser à avoir recours à des jugemens dont personne ne peut avoir conscience. J'ai pensé que dans un ouvrage où je me propose d'exposer les matériaux de nos connoissances, je devois me faire une loi de ne rien établir, qui ne fût incontestable, & que chacun ne pût avec la moindre réflexion appercevoir en lui-même.

L'abbé de *Condillac* traite ensuite de l'origine & des progrès du langage, il suppose que quelque tems après le déluge deux enfans de l'un & de l'autre sexe aient été égarés dans les déserts, avant qu'ils connussent l'usage d'aucun signe, & il examine comment cette nation naissante s'est fait une langue. « ..... A juger seulement par la » nature des choses (dit Warburthon, p. 48. » Essai sur les Hiérogl.) & indépendamment de » la révélation, qui est un guide plus sûr, l'on » seroit porté à admettre l'opinion de Diodore » de Sicile & de Vitruve, que les premiers hom- » mes ont vécu pendant un tems dans les caver- » nes & les forêts, à la manière des bêtes, n'ar- » ticulant que des sons confus & indéterminés ; » jusqu'à ce que s'étant associés pour se secourir » mutuellement, ils soient arrivés par degrés à » en former de distincts, par le moyen de signes » ou de marques arbitraires convenus entre eux, » afin que celui qui parloit, pût exprimer les » idées qu'il avoit besoin de communiquer aux » autres. C'est ce qui a donné lieu aux différentes » langues ; car tout le monde convient que le » langage n'est point inné.

» Cette origine du langage est si naturelle qu'un » père de l'église (Greg. Nyss.) & Richard Si- » mon, prêtre de l'Oratoire, ont travaillé l'un » & l'autre à l'établir : mais ils auroient pu être » mieux informés ; car rien n'est plus évident » par l'écriture sainte, que le langage a eu une » origine différente. Elle nous apprend que Dieu » enseigna la religion au premier homme, ce qui » ne permet pas de douter qu'il ne lui ait en » même tems enseigné à parler. (En effet la con- » noissance de la religion suppose beaucoup d'idées, » & un grand exercice des opérations de l'ame, » ce qui n'a pu avoir lieu que par le secours des

» signes ; je l'ai démontré dans la première partie » de cet ouvrage)... Quoique, ajoute plus bas » Warburthon, Dieu ait enseigné le langage aux » hommes ; cependant il ne seroit pas raisonnable » de supposer que ce langage se soit étendu au- » delà des nécessités alors actuelles de l'homme, » & qu'il n'ait pas eu par lui-même la capacité » de le perfectionner & de l'enrichir. Ainsi le » premier langage a nécessairement été stérile » & borné ». Tout cela paroît fort exact à l'abbé de *Condillac*. Si je suppose, dit-il, deux enfans dans la nécessité d'imaginer jusqu'aux premiers signes du langage, c'est parce que j'ai cru qu'il ne suffisoit pas pour un philosophe de dire qu'une chose a été faite par des voies extraordinaires, mais qu'il étoit de son devoir d'expliquer comment elle auroit pu se faire par des moyens naturels.

§. 1. L'auteur considère ensuite dans leur origine le langage d'action & celui des sons articulés. Tant que les enfans dont je viens de parler, dit-il, ont vécu séparément, l'exercice des opérations de leur ame a été borné à celui de la perception & de la conscience, qui ne cesse point quand on est éveillé ; à celui de l'attention, qui avoit lieu toutes les fois que quelques perceptions les affectoient d'une manière plus particulière ; à celui de la réminiscence, quand des circonstances qui les avoient frappés se représentoient à eux, avant que les liaisons qu'elles avoient formées, eussent été détruites ; & à un exercice fort peu étendu de l'imagination. La perception d'un besoin se lioit, par exemple, avec celle d'un objet qui avoit servi à les soulager. Mais ces sortes de liaisons formées par hasard, & n'étant pas entretenues par la réflexion, ne subsistoient pas long-tems. Un jour le sentiment de la faim rappelloit à ces enfans un arbre chargé de fruit, qu'ils avoient vu la veille : le lendemain cet arbre étoit oublié, & le même sentiment leur rappelloit un autre objet. Ainsi l'exercice de l'imagination n'étoit point à leur pouvoir, il n'étoit que l'effet des circonstances où ils se trouvoient (1).

§. 2. Quand ils vécurent ensemble, ils eurent occasion de donner plus d'exercice à ces premières opérations ; parce que leur commerce réciproque leur fit attacher aux cris de chaque passion les perceptions dont ils étoient les signes naturels. Ils les accompagnoient ordinairement de quelque mouvement, de quelque geste ou de quelque action, dont l'expression étoit encore plus sensible. Par exemple, celui qui souffroit, parce qu'il étoit privé d'un objet que ses besoins lui rendoient nécessaire, ne s'en tenoit pas à pousser

---

(1) Ce que j'avance ici sur les opérations de l'ame de ces enfans ne sauroit être douteux, après ce qui a été prouvé ci-dessus.

des cris : il faisoit des efforts pour l'obtenir, il agitoit sa tête, ses bras & toutes les parties de son corps. L'autre ému à ce spectacle, fixoit les yeux sur le même objet, & sentant passer dans son ame des sentimens dont il n'étoit pas encore capable de se rendre raison, il souffroit de voir souffrir ce misérable. Dès ce moment il se sent intéressé à le soulager, & il obéit à cette impression autant qu'il est en son pouvoir. Ainsi par le seul instinct ces hommes se demandoient & se prêtoient des secours. Je dis *par le seul instinct;* car la réflexion n'y pouvoit encore avoir part. L'un ne disoit pas; *il faut m'agiter de telle manière pour lui faire connoître ce qui m'est nécessaire, & pour l'engager à me secourir* : ni l'autre ; *je vois à ses mouvemens qu'il veut telle chose, je vais lui en donner la jouissance* : mais tous deux agissoient en conséquence du besoin qui les pressoit davantage.

§. 3. Cependant les mêmes circonstances ne purent se répéter souvent, qu'ils ne s'accoutumassent enfin à attacher aux cris des passions & aux différentes actions du corps des perceptions qui y étoient exprimées d'une manière si sensible. Plus ils se familiarisèrent avec ces signes, plus ils furent en état de se les rappeller à leur gré. Leur mémoire commença à avoir quelque exercice, ils purent disposer eux-mêmes de leur imagination, & ils parvinrent insensiblement à faire avec réflexion ce qu'ils n'avoient fait que par instinct (1). D'abord tous deux se firent une habitude de connoître à ces signes les sentimens que l'autre éprouvoit dans le moment, ensuite ils s'en servirent pour se communiquer les sentimens qu'ils avoient éprouvés. Celui, par exemple, qui voyoit un lieu où il avoit été effrayé, imitoit les cris & les mouvemens qui étoient les signes de la frayeur, pour avertir l'autre de ne pas s'exposer au danger qu'il avoit couru.

§. 4. L'usage de ces signes étendit peu à peu l'exercice des opérations de l'ame, & à leur tour celles-ci ayant plus d'exercice, perfectionnèrent les signes, & en rendirent l'usage plus familier. Notre expérience prouve que ces deux choses s'aident mutuellement. Avant qu'on eut trouvé les signes algébriques, les opérations de l'ame avoient assez d'exercice pour en amener l'invention : mais ce n'est que depuis l'usage de ces signes qu'elles en ont eu assez, pour porter les mathématiques au point de perfection où nous les voyons.

§. 5. Par ce détail on voit comment les cris des passions contribuèrent au développement des opérations de l'ame, en occasionnant naturellement le langage d'action : langage qui dans ses commencemens, pour être proportionné au peu d'intelligence de ce couple, ne consistoit vraisemblablement qu'en contorsions, & en agitations violentes.

§. 6. Cependant ces hommes ayant acquis l'habitude de lier quelques idées à des signes arbitraires, les cris naturels leur servirent de modèle, pour se faire un nouveau langage. Ils articulèrent de nouveaux sons, & en les répétant plusieurs fois, & les accompagnant de quelque geste qui indiquoit les objets qu'ils vouloient faire remarquer, ils s'accoutumèrent à donner des noms aux choses. Les premiers progrès de ce langage furent néanmoins très-lents. L'organe de la parole étoit si inflexible qu'il ne pouvoit facilement articuler que peu de sons fort simples. Les obstacles pour en prononcer d'autres, empêchoient même de soupçonner que la voix fut propre à se varier au-delà du petit nombre de mots qu'on avoit imaginé.

§. 7. Ce couple eut un enfant, qui pressé par des besoins qu'il ne pouvoit faire connoître que difficilement, agita toutes les parties de son corps. Sa langue fort flexible, se replia d'une manière extraordinaire, & prononça un mot tout nouveau. Le besoin continuant donna encore lieu aux mêmes efforts ; cet enfant agita sa langue comme la première fois, & articula encore le même son. Les parens surpris, ayant enfin deviné ce qu'il vouloit, essayèrent, en le lui donnant, de répéter le même mot. La peine qu'ils eurent à le prononcer, fit voir qu'ils n'auroient pas été d'eux-mêmes capables de l'inventer.

Par un semblable moyen ce nouveau langage ne s'enrichit pas beaucoup. Faute d'exercice l'organe de la voix perdit bientôt dans l'enfant toute sa flexibilité. Ses parens lui apprirent à faire connoître ses pensées par des actions, manière de s'exprimer dont les images sensibles étoient bien plus à sa portée que des sons articulés. On ne put attendre que du hasard la naissance de quelque nouveau mot ; & pour en augmenter, par une voie aussi lente, considérablement le nombre, il fallut sans doute plusieurs générations. Le langage d'action, alors si naturel, étoit un grand obstacle à surmonter. Pouvoit-on l'abandonner pour un autre dont on ne prévoyoit pas encore les avantages, & dont la difficulté se faisoit si bien sentir.

§. 8. A mesure que le langage des sons articulés devint plus abondant, il fut plus propre à exercer de bonne heure l'organe de la voix, & à lui conserver sa première flexibilité. Il parut alors aussi commode que le langage d'action : on se

---

(1) Cela répond à la difficulté que je me suis faite dans la première partie de cet ouvrage.

servit également de l'un & de l'autre : enfin l'ufage des fons articulés devint fi facile, qu'il prévalut.

§. 9. Il y a donc eu un tems où la converfation étoit foutenue par un difcours entremêlé de mots & d'actions. « L'ufage & la coutume (1), ainfi
» qu'il eft arrivé dans la plupart des autres chofes
» de la vie, changèrent enfuite en ornement ce
» qui étoit dû à la néceffité ; mais la pratique
» fubfifta encore long-tems après que la néceffité
» eut ceffé ; fingulièrement parmi les orientaux,
» dont le caractère s'accommodoit naturellement
» d'une forme de converfation qui exerçoit fi
» bien leur vivacité par le mouvement, & la
» contentoit fi fort par une repréfentation perpé-
» tuelle d'images fenfibles.

» L'écriture fainte nous fournit des exemples
» fans nombre de cette forte de converfation.
» En voici quelques uns. Quand le faux prophète
» agite fes cornes de fer, pour marquer la dé-
» route entière des fyriens ; quand Jérémie, par
» l'ordre de Dieu, cache fa ceinture de lin dans
» le trou d'une pierre près de l'Euphrate ; quand
» il brife un vaiffeau de terre à la vue du peuple :
» quand il met à fon col des liens & des jougs ;
» & quand il jette un livre dans l'Euphrate :
» quand Ezéchiel deffine, par l'ordre de Dieu,
» le fiège de Jérufalem fur de la brique : quand il
» pèfe dans une balance les cheveux de fa tête &
» le poil de fa barbe : quand il emporte les meu-
» bles de fa maifon, & quand il joint enfemble
» deux bâtons, pour Juda & pour Ifraël ; par ces
» actions les prophètes inftruifoient le peuple de
» la volonté du Seigneur, & converfoient en
» fignes ».

Quelques perfonnes pour n'avoir pas fu que le langage d'action étoit chez les juifs une manière commune & familière de converfer, ont ofé traiter d'abfurdes & de fanatiques ces actions des prophètes. M. Warburthon détruit parfaitement (2) cette accufation. « L'abfurdité d'une action,
» dit-il, confifte en ce qu'elle eft bizarre, & ne
» fignifie rien. Or l'ufage & la coutume rendoient
» fages & fenfées celles des prophètes. A l'égard
» du fanatifme d'une action, il eft indiqué par ce
» tour d'efprit qui fait qu'un homme trouve du
» plaifir à faire des chofes qui ne font pas d'ufage,
» & à fe fervir d'un langage extraordinaire. Mais
» un pareil fanatifme ne peut plus être attribué
» aux prophètes, quand il eft clair que leurs ac-
» tions étoient des actions ordinaires, & que
» leurs difcours étoient conformes à l'idiôme
» de leur pays.

» Ce n'eft pas feulement dans l'hiftoire fainte
» que nous rencontrons des exemples de difcours
» exprimés par des actions. L'antiquité profane
» en eft pleine..... Les premiers oracles fe ren-
» doient de cette manière, comme nous l'appre-
» nons d'un ancien dire d'Héraclite : *que le roi
» dont l'oracle eft à Delphes, ne parle ni ne fe
» tait ; mais s'exprime par fignes.* Preuve certaine
» que c'étoit anciennement une façon ordinaire
» de fe faire entendre, que de fubftituer des ac-
» tions aux paroles (3) ».

§. 10. Il paroît que ce langage fut fur-tout confervé pour inftruire le peuple des chofes qui l'intereffoient davantage : telles que la police & la religion. C'eft qu'agiffant fur l'imagination avec plus de vivacité, il faifoit une impreffion plus durable. Son expreffion avoit même quelque chofe de fort & de grand, dont les langues, encore ftériles ne pouvoient approcher. Les anciens appelloient ce langage du nom de *danfe* : voilà pourquoi il eft dit que David danfoit devant l'arche.

§. 11. Les hommes en perfectionnant leur goût, donnèrent à cette *danfe* plus de variété, plus de grace & plus d'expreffion. Non-feulement on affujettit à des règles les mouvemens des bras, & les attitudes du corps, mais encore on traça les pas que les pieds devoient former. Par-là la danfe fe divifa naturellement en deux arts qui lui furent fubordonnés : l'un, qu'on me permette une expreffion conforme au langage de l'antiquité, fut *la danfe des geftes*, il fut confervé pour concourir à communiquer les penfées des hommes ; l'autre fut principalement *la danfe des pas*, on s'en fervit pour exprimer certaines fituations de l'ame, & particulièrement la joie : on l'employa dans les occafions de réjouiffance ; & fon principal objet fut le plaifir.

La danfe des pas provient donc de celle des geftes : auffi en conferve-t-elle encore le caractère. Chez les italiens, parce qu'ils ont une gefticulation plus vive & plus variée, elle eft pantomime. Chez nous au contraire elle eft plus grave & plus fimple. Si c'eft-là un avantage, il me paroit être caufe que le langage de cette danfe en eft moins riche & moins étendu. Un danfeur, par exemple, qui n'auroit d'autre objet que de donner des graces à fes mouvemens & de la nobleffe à fes attitudes, pourroit-il, lorfqu'il figureroit avec d'autres, avoir le même fuccès, que lorfqu'il danferoit feul ? N'auroit-on pas lieu de craindre que fa danfe, à force d'être fimple, ne fut fi bornée dans fon expreffion, qu'elle ne lui fournît pas affez de fignes pour le langage d'une danfe figurée ? Si cela eft, plus on fimplifiera cet art, plus on en bornera l'expreffion.

---

(1) Effai fur les hiérogl. §. 8. & 9.
(2) Effai fur les hier. §. 9.

(3) Effai fur les hierogl. §. 10.

§. 12.

§. 12. Il y a dans la danse différens genres, depuis le plus simple jusqu'à celui qui l'est le moins. Tous sont bons, pourvû qu'ils expriment quelque chose, & ils sont d'autant plus parfaits que l'expression en est plus variée & plus étendue. Celui qui peint les graces & la noblesse, est bon ; celui qui forme une espèce de conversation, ou de dialogue, me paroît meilleur. Le moins parfait, c'est celui qui ne demande que de la force, de l'adresse & de l'agilité, parce que l'objet n'en est pas assez intéressant : cependant il n'est pas à mépriser, car il cause des surprises agréables. Le défaut des françois, c'est de borner les arts à force de vouloir les rendre simples. Par-là ils se privent quelquefois du meilleur, pour ne conserver que le bon : la musique nous en fournira encore un exemple.

De la prosodie des premières langues.

§. 13. La parole en succédant au langage d'action, en conserva le caractère. Cette nouvelle manière de communiquer nos pensées ne pouvoit être imaginée que sur le modèle de la première. Ainsi pour tenir la place des mouvemens violens du corps, la voix s'éleva & s'abbaissa par des intervalles fort sensibles.

Ces langages ne se succédèrent pas brusquement : ils furent long-tems mêlés ensemble, & la parole ne prévalut que fort tard. Or chacun peut éprouver par lui-même qu'il est naturel à la voix de varier ses inflexions à proportion que les gestes le font davantage. Plusieurs autres raisons confirment ma conjecture.

Premièrement, quand les hommes commencèrent à articuler des sons, la rudesse des organes ne leur permit pas de le faire par des inflexions aussi foibles que les nôtres.

En second lieu, nous pouvons remarquer que les inflexions sont si nécessaires, que nous avons quelque peine à comprendre ce qu'on nous lit sur un même ton. Si c'est assez pour nous que la voix se varie légèrement, c'est que notre esprit est fort exercé par le grand nombre d'idées que nous avons acquises, & par l'habitude où nous sommes de les lier à des sons. Voilà ce qui manquoit aux hommes qui eurent les premiers l'usage de la parole. Leur esprit étoit dans toute sa grossièreté ; les notions aujourd'hui les plus communes étoient nouvelles pour eux. Ils ne pouvoient donc s'entendre qu'autant qu'ils conduisoient leur voix par des dégrés fort distincts. Nous-mêmes nous éprouvons que moins une langue, dans laquelle on nous parle, nous est familière, plus on est obligé d'appuyer sur chaque syllabe, & de les distinguer d'une manière sensible.

En troisième lieu, dans l'origine des langues, les hommes trouvant trop d'obstacles à imaginer de nouveaux mots, n'eurent pendant long-tems, pour exprimer les sentimens de l'ame, que les signes naturels auxquels ils donnèrent le caractère des signes d'institution. Or les cris naturels introduisent nécessairement l'usage des inflexions violentes ; puisque différens sentimens ont pour signe le même son varié sur différens tons. *Ah*, par exemple, selon la manière dont il est prononcé, exprime l'admiration, la douleur, le plaisir, la tristesse, la joie, la crainte, le dégoût, & presque tous les sentimens de l'ame.

Enfin je pourrois ajouter que les premiers noms des animaux, en imitèrent vraisemblablement le cri : remarque qui convient également à ceux qui furent donnés aux vents, aux rivières & à tout ce qui fait quelque bruit. Il est évident que cette imitation suppose que les sons se succédoient par des intervalles très-marqués.

§. 14. On pourroit improprement donner le nom de chant à cette manière de prononcer, ainsi que l'usage le donne à toutes les prononciations qui ont beaucoup d'accent. J'éviterai cependant de le faire, parce que j'aurai occasion de me servir de ce mot dans le sens qui lui est propre. Il ne suffit point pour un chant que les sons s'y succédent par des degrés très-distincts, il faut encore qu'ils soient assez soutenus pour faire entendre leurs harmoniques, & que les intervalles en soient appréciables. Il n'étoit pas possible que ce caractère fût ordinairement celui des sons par où la voix se varioit à la naissance des langues : mais aussi il ne pouvoit pas être bien éloigné de leur convenir. Avec quelque peu de rapport que deux sons se succédent, il suffira de baisser ou d'élever foiblement l'un des deux, pour y trouver un intervalle tel que l'harmonie le demande. Dans l'origine des langues la manière de prononcer admettoit donc des inflexions de voix si distinctes, qu'un musicien eût pu la noter, en ne faisant que de légers changemens ; ainsi je dirai qu'elle participoit du chant.

§. 15. Cette prosodie a été si naturelle aux premiers hommes, qu'il y en a eu à qui il a paru plus facile d'exprimer différentes idées avec le même mot prononcé sur différens tons, que de multiplier le nombre des mots à proportion de celui des idées. Ce langage se conserve encore chez les chinois. Ils n'ont que 328 monosyllabes qu'ils varient sur cinq tons, ce qui équivaut à 1640 signes. On a remarqué que nos langues ne sont pas plus abondantes. D'autres peuples nés sans doute avec une imagination plus féconde, aimèrent mieux inventer de nouveaux mots. La prosodie s'éloigna chez eux du chant peu-à-peu, & à mesure que les raisons, qui l'en avoient fait approcher davantage, cessèrent d'avoir lieu. Mais elle fut long-tems, avant de devenir auſſi ſimple qu'elle l'eſt aujourd'hui. C'eſt le ſort des uſages établis de ſubſiſter encore après que les beſoins qui les ont fait naître ont ceſſé. Si je diſois que la proſodie des grecs & des romains participoit encore du chant, on auroit peut-être de la peine à deviner ſur quoi j'appuyerois une pareille conjecture. Les raiſons m'en paroiſſent pourtant ſimples & convaincantes : je vais les expoſer.

De la proſodie des langues grecque & latine ; &, par occaſion, de la déclamation des anciens.

§. 16. Il eſt conſtant que les grecs & les romains notoient leur déclamation, & qu'ils l'accompagnoient d'un inſtrument (1). Elle étoit donc un vrai chant. Cette conſéquence ſera évidente à tous ceux qui auront quelque connoiſſance des principes de l'harmonie. Ils n'ignorent pas 1°. qu'on ne peut noter un ſon, qu'autant qu'on a pu l'apprécier, 2°. qu'en harmonie rien n'eſt appréciable que par la réſonnance des corps ſonores ; 3°. enfin que cette réſonnance ne donne d'autres ſons, ni d'autres intervalles, que ceux qui entrent dans le chant.

Il eſt encore conſtant que cette déclamation chantante n'avoit rien de choquant pour les anciens. Nous n'apprenons pas qu'ils ſe ſoient jamais récriés qu'elle fût peu naturelle, ſi ce n'eſt dans des cas particuliers, comme nous faiſons nous-mêmes, quand le jeu d'un comédien nous paroît outré. Ils croyoient au contraire le chant eſſentiel à la poëſie. La verſification des meilleurs poëtes lyriques, dit Cicéron (2), ne paroît qu'une ſimple proſe, quand elle n'eſt pas ſoutenue par le chant. Cela ne prouve-t-il pas que la prononciation alors naturelle au diſcours familier, participoit ſi fort du chant, qu'il n'étoit pas poſſible d'imaginer un milieu tel que notre déclamation ?

En effet notre unique objet, quand nous déclamons, c'eſt de rendre nos penſées d'une manière plus ſenſible, mais ſans nous écarter beaucoup de celle que nous jugeons naturelle. Si la prononciation des anciens avoit été ſemblable à la nôtre, ils ſe ſeroient donc contentés, comme nous, d'une ſimple déclamation. Mais il falloit qu'elle fut bien différente, puiſqu'ils n'en pouvoient augmenter l'expreſſion que par le ſecours de l'harmonie.

§. 17. On ſait d'ailleurs qu'il y avoit dans le grec & dans le latin, des accens qui, indépendamment de la ſignification d'un mot ou du ſens de la phraſe entière, déterminoit la voix à s'abbaiſſer ſur certaines ſyllabes & à s'élever ſur d'autres. Pour comprendre comment ces accens ne ſe trouvoient jamais en contradiction avec l'expreſſion du diſcours, il n'y a pas deux moyens. Il faut abſolument ſuppoſer avec moi que, dans la prononciation des anciens, les inflexions qui rendoient la penſée, étoient ſi variées & ſi ſenſibles, qu'elles ne pouvoient être contrariées par celles que demandoient les accens.

§. 18. Au reſte ceux qui ſe mettront à la place des grecs & des romains, ne ſeront point étonnés que leur déclamation fut un véritable chant. Ce qui fait que nous jugeons le chant peu naturel, ce n'eſt pas parce que les ſons s'y ſuccèdent conformément aux proportions qu'exige l'harmonie ; mais parce que les plus foibles inflexions nous paroiſſent ordinairement ſuffiſantes, pour exprimer nos penſées. Des peuples accoutumés à conduire leur voix par des intervalles marqués, trouveroient notre prononciation d'une monotonie ſans ame ; tandis qu'un chant qui ne modifieroit ces intervalles, qu'autant qu'il le faudroit pour en apprécier les ſons, augmenteroit à leur égard l'expreſſion du diſcours, & ne ſauroit leur paroître extraordinaire.

§. 19. Faute d'avoir connu le caractère de la prononciation des langues grecque & latine, on a eu ſouvent bien de la peine à comprendre ce que les anciens ont écrit ſur leurs ſpectacles. En voici un exemple.

« Si la tragédie peut ſubſiſter ſans vers, dit un
» commentateur de la poétique d'Ariſtote (3)
» elle le peut encore plus ſans muſique. Il faut
» même avouer que nous ne comprenons pas bien
» comment la muſique a pu jamais être conſidérée
» comme faiſant en quelque ſorte partie de la
» tragédie, car s'il y a rien au monde qui paroiſſe
» étranger & contraire même à une action tragique, c'eſt le chant ; n'en déplaiſe aux inventeurs des tragédies en muſique, poëmes auſſi
» ridicules que nouveaux, & qu'on ne pourroit
» ſouffrir, ſi l'on avoit le moindre goût pour
» les pièces de théâtre, ou que l'on n'eut pas
» été enchanté & ſéduit par un des plus grands
» muſiciens qui ayent jamais été. Car les opéra
» ſont, ſi je l'oſe dire, les grotesques de la
» poëſie : d'autant plus inſupportables qu'on prétend les faire paſſer pour des ouvrages réguliers. Ariſtote nous auroit donc bien obligés de.

---

(1) Je n'en donne pas la preuve, on la trouvera dans le troiſième volume des réflexions critiques ſur la poéſie & ſur la peinture. Je renvoye auſſi à ce même ouvrage pour la confirmation de la plupart des faits que je rapporterai. L'abbé du Bos qui en eſt l'auteur, eſt un bon garant : ſon érudition eſt connue.

(2) Traité de l'orateur.

(3) Dacier Poet. d'Ariſt. p. 82.

» nous marquer comment la musique a pu être
» jugée nécessaire à la tragédie. Au lieu de cela
» il s'est contenté de dire simplement, que toute
» sa force étoit connue : ce qui marque seule-
» ment que tout le monde étoit convaincu de
» cette nécessité & sentoit les effets merveilleux
» que le chant produisoit dans les poëmes, dont il
» n'occupoit que les intermèdes. J'ai souvent tâ-
» ché de comprendre les raisons qui obligeoient
» des hommes aussi habiles & aussi délicats que les
» athéniens, d'associer la musique & la danse aux
» actions tragiques, & après bien des recherches
» pour découvrir comment il leur avoit paru na-
» turel & vraisemblable qu'un chœur qui repré-
» sentoit les spectateurs d'une action, dansât &
» chantât sur des évènemens aussi extraordinaires,
» j'ai trouvé qu'ils avoient suivi en cela leur na-
» turel, & cherché à contenter leur superstition.
» Les grecs étoient les hommes du monde les plus
» superstitieux & les plus portés à la danse & à la
» musique, & l'éducation fortifioit cette inclina-
» tion naturelle.

» Je doute fort que ce raisonnement, dit l'abbé
» du Bos, excusât le goût des athéniens, sup-
» posé que la musique & la danse dont il est parlé
» dans les auteurs anciens, comme d'agrémens
» absolument nécessaires dans la représentation
» des tragédies, eussent été une danse & une mu-
» sique pareilles à notre danse & à notre musique,
» mais, comme nous l'avons déjà vu, cette mu-
» sique n'étoit qu'une simple déclamation, &
» cette danse, comme nous le verrons, n'étoit
» qu'un geste étudié & assujetti. »

Ces deux explications me paroissent également fausses. Dacier se représente la manière de prononcer des grecs par celle des françois, & la musique de leurs tragédies par celle de nos opéra : ainsi il est tout naturel qu'il soit surpris du goût des athéniens. Mais il a tort de s'en prendre à Aristote. Ce philosophe, ne pouvant prévoir les changemens qui devoient arriver à la prononciation & à la musique, comptoit qu'il seroit entendu de la postérité, comme il l'étoit de ses contemporains. S'il nous paroît obscur, ne nous en prenons qu'à l'habitude où nous sommes de juger des usages de l'antiquité par les nôtres.

L'erreur de l'abbé du Bos a le même principe. Ne comprenant pas que les anciens eussent pu introduire sur leurs théâtres, comme l'usage le plus naturel, une musique semblable à celle de nos opéra, il a pris le parti de dire que ce n'étoit point une musique, mais seulement une simple déclamation notée.

§. 20. D'abord il me semble que par-là il fait violence à bien des passages des anciens : on le voit sur-tout par l'embarras où il est d'éclaircir ceux qui concernent les chœurs. En second lieu,

si ce savant abbé avoit pu connoître les principes de la génération harmonique, il auroit vu qu'une simple déclamation notée est une chose démontrée impossible. Pour détruire le système qu'il s'est fait à cette occasion, il suffit de rapporter la manière dont il essaye de l'établir.

« J'ai demandé, dit-il, à plusieurs musiciens,
» s'il seroit bien difficile d'inventer des carac-
» tères avec lesquels on pût écrire en notes la dé-
» clamation en usage sur notre théâtre..... Ces
» musiciens m'ont répondu que la chose étoit
» possible, & même qu'on pouvoit écrire la dé-
» clamation en notes, en se servant de la gamme
» de notre musique, pourvu qu'on ne donnât
» aux notes que la moitié de l'intonation ordi-
» naire. Par exemple, les notes qui ont un semi-
» ton d'intonation en musique, n'auroient qu'un
» quart de ton d'intonation dans la déclamation.
» Ainsi on noteroit les moindres élévations de
» la voix qui soient sensibles, du moins à nos
» oreilles.

» Nos vers ne portent point leur mesure avec
» eux comme les vers métriques des grecs & des
» romains la portoient. Mais on m'a dit aussi qu'on
» pourroit en user dans la déclamation pour la
» valeur des notes comme pour leur intonation.
» On n'y donneroit à une blanche que la valeur
» d'une noire, à une noire la valeur d'une croche,
» & on évalueroit les autres notes suivant cette
» proportion.

» Je sais bien qu'on ne trouveroit pas d'abord
» des personnes capables de lire couramment
» cette espèce de musique & de bien entonner
» les notes. Mais des enfans de quinze ans à qui
» l'on auroit enseigné cette intonation durant six
» mois, en viendroient à bout. Leurs organes se
» plieroient à cette intonation, à cette pronon-
» ciation des notes faites sans chanter, comme
» ils se plient à l'intonation de notre musique or-
» dinaire. L'exercice & l'habitude qui suit l'exer-
» cice, sont, par rapport à la voix, ce que
» l'archet & la main du joueur d'instrument sont
» par rapport au violon. Peut-on croire que cette
» intonation fut même difficile ? Il ne s'agiroit
» que d'accoutumer la voix à faire méthodi-
» quement ce qu'elle fait tous les jours dans la
» conversation. On y parle quelquefois vîte &
» quelquefois lentement. On y employe de toutes
» sortes de tons, & l'on y fait les progressions,
» soit en haussant la voix, soit en la baissant par
» toutes sortes d'intervalles possibles. La décla-
» mation notée ne seroit autre chose que les tons
» & les mouvemens de la prononciation écrits en
» notes. Certainement la difficulté qui se rencon-
» treroit dans l'exécution d'une pareille note,
» n'approcheroit pas de celle qu'il y a de lire à-la-
» fois des paroles qu'on n'a jamais lues, & de
» chanter & d'accompagner du clavecin ces pa-

» roles sur une note qu'on n'a pas étudiée. Cependant l'exercice apprend même à des femmes à faire ces trois opérations en même-tems.

» Quant au moyen d'écrire en notes la déclamation, soit celui que nous avons indiqué, soit un autre, il ne sauroit être aussi difficile de le réduire en régles certaines, & d'en mettre la méthode en pratique, qu'il étoit de trouver l'art d'écrire en notes les pas & les figures d'une entrée de ballet dansée par huit personnes, principalement les pas étant aussi variés & les figures aussi entrelacées qu'elles le sont aujourd'hui. Cependant Feuillée est venu à bout de donner cet art, & sa note enseigne même aux danseurs comment ils doivent porter leurs bras. »

§. 21. Voilà un exemple bien sensible des erreurs où l'on tombe, & des raisonnemens vagues qu'on ne peut manquer de faire, lorsqu'on parle d'un art dont on ne connoît pas les principes. On pourroit à juste titre critiquer ce passage d'un bout à l'autre. Je l'ai rapporté tout au long, afin que les méprises d'un écrivain, d'ailleurs aussi estimable que l'abbé du Bos, nous apprennent que nous courons risque de nous tromper dans nos conjectures, toutes les fois que nous parlons d'après des idées peu exactes.

Quelqu'un qui connoîtra la génération des sons, & l'artifice par lequel l'intonation en devient naturelle, ne supposera jamais qu'on pourroit les diviser par quart de tons, & que la gamme en seroit bientôt aussi familière que celle dont on se sert en musique. Les musiciens dont l'abbé du Bos apporte l'autorité, pouvoient être d'excellens praticiens, mais il y a apparence qu'ils ne connoissoient nullement la théorie d'un art, dont M. Rameau a le premier donné les vrais principes.

§. 22. Il est démontré dans la génération harmonique; 1°. qu'on ne peut apprécier un son qu'autant qu'il est assez soutenu pour faire entendre ses harmoniques; 2°. que la voix ne peut entonner plusieurs sons de suite, faisant entr'eux des intervalles déterminés, si elle n'est guidée par une basse fondamentale; 3°. qu'il n'y a point de basse fondamentale qui puisse donner une succession par quart de tons. Or dans notre déclamation les sons pour la plupart sont fort peu soutenus, & s'y succédent par quart de tons ou même par des intervalles moindres. Le projet de la noter est donc impraticable.

§. 23. Il est vrai que la succession fondamentale par tierce donne le demi-ton mineur qui est à un quart de ton au-dessous du demi-ton majeur. Mais cela n'a lieu que dans des changemens de modes, ainsi il n'en peut jamais naître une gamme par quart de tons. D'ailleurs ce demi-ton mineur n'est pas naturel, & l'oreille est si peu propre à l'apprécier, que dans le clavecin on ne le distingue point du demi-ton majeur; car c'est la même touche qui forme l'un & l'autre (1). Les anciens connoissoient sans doute la différence de ces deux demi-tons; c'est-là ce qui a fait croire à l'abbé du Bos & à d'autres, qu'ils avoient divisé leur gamme par quart de tons.

§. 24. On ne sauroit tirer aucune induction de la chorégraphie, ou de l'art d'écrire en notes les pas & les figures d'une entrée de ballet. Feuillée n'a eu que des signes à imaginer, parce que dans la danse tous les pas & tous les mouvemens, du moins ceux qu'il a su noter, sont appréciés. Dans notre déclamation les sons pour la plupart sont inappréciables: ils sont ce que dans les ballets sont certaines expressions que la chorégraphie n'apprend pas à écrire.

Je renvoye dans une note, l'explication de quelques passages que l'abbé du Bos a tirés des anciens, pour appuyer son sentiment (2).

---

(1) *Voyez* dans la génération harmonique. Ch. XIV. art. 1. par quel artifice la voix passe au demi-ton mineur.

(2) Il en rapporte où les anciens parlent de leur prononciation ordinaire, comme étant simple, & ayant un son continu. Mais il auroit dû faire attention qu'ils n'en parloient alors que par comparaison avec leur musique. Elle n'étoit donc pas simple absolument. En effet lorsqu'ils l'ont considérée en elle-même, ils y ont remarqué des accens prosodiques, ce dont la nôtre manque tout-à-fait. Un gascon qui ne connoîtroit point de prononciation plus simple que la sienne, n'y verroit qu'un son continu, quand il la compareroit aux chants de la musique: les anciens étoient dans le même cas.

Cicéron fait dire à Crassus que quand il entend Lælia, il croit entendre réciter les piéces de Plaute & de Nœvius, parce qu'elle prononce uniment, & sans affecter les accens des langues étrangeres. Or, dit l'abbé du Bos, Lælia ne chantoit pas dans son domestique. Cela est vrai, mais du tems de Plaute & de Nœvius la prononciation des latins participoit déjà du chant, puisque la déclamation des piéces de ces poëtes avoit été notée. Lælia ne paroissoit donc prononcer uniment que parce qu'elle ne se servoit pas de nouveaux accens que l'usage avoit mis à la mode.

Ceux qui jouent la comédie, dit Quintilien, ne s'éloignent pas de la nature dans leur prononciation, du moins pour la faire méconnoître: mais ils relévent par les agrémens que l'art permet, la manière ordinaire de prononcer. Qu'on juge si c'est-là chanter, dit l'abbé du Bos. Oui, supposé que la prononciation que Quintilien appelle naturelle, fut si chargée d'accens qu'elle approchât assez du chant, pour pouvoir être notée, sans être sensiblement altérée. Or cela est sur-tout vrai du tems où ce rhéteur écrivoit; car les accens de la langue latine s'étoient fort multipliés.

Voici un fait, qui, au premier coup d'œil, paroît encore plus favorable à l'opinion de l'abbé du Bos. C'est qu'à Athènes on faisoit composer la déclama-

§. 25. Les mêmes causes qui font varier la voix par des intervalles fort distincts, lui font nécessairement mettre de la différence entre les tems qu'elle employe à articuler les sons. Il n'étoit donc pas naturel que des hommes, dont la prosodie participoit du chant, observassent des tenues égales sur chaque syllabe: cette manière de prononcer n'eût pas assez imité le caractère du langage d'action. Les sons dans la naissance des langues se succédoient donc les uns avec une rapidité extrême, les autres avec une grande lenteur. De-là l'origine de ce que les grammairiens appellent *quantité*, ou de la différence sensible des longues & des brèves. La quantité & la prononciation par des intervalles distincts ont subsisté ensemble, & se sont altérées à-peu-près avec la même proportion. La prosodie des romains approchoit encore du chant; aussi leurs mots étoient-ils composés de syllabes fort inégales : chez nous la quantité ne s'est conservée, qu'autant que les foibles inflexions de notre voix l'ont rendu nécessaire.

tion des loix, & accompagner d'un instrument celui qui les publioit. Or est-il vraisemblable que les athéniens fissent chanter leurs loix ? Je réponds qu'ils n'auroient jamais songé à établir un pareil usage, si leur prononciation avoit été comme la nôtre, parce que le chant le plus simple se feroit trop écarté : mais il faut se mettre à leur place. Leur langue avoit encore plus d'accens que celle des romains ; ainsi une déclamation dont le chant étoit peu chargé, pouvoit apprécier les inflexions de la voix, sans paroître s'éloigner de la prononciation ordinaire.

Il paroît donc évident, conclut l'abbé du Bos, que le chant des pièces dramatiques qui se récitoient sur les théâtres des anciens, n'avoit ni passages, ni port-de-voix cadencés, ni tremblemens soutenues, ni les autres caractères de notre chant musical.

Je me trompe fort, ou cet écrivain n'avoit pas une idée bien nette de ce qui constitue le chant. Il semble qu'il n'en juge que d'après celui de nos opéra. Ayant rapporté que Quintilien se plaignoit que quelques orateurs plaidassent au barreau, comme on récitoit sur le théâtre, croit-on, ajoute-t-il, que ces orateurs chantassent comme on chante dans nos opéra? Je réponds que la succession des tons qui forment le chant, peut être beaucoup plus simple que dans nos opéra, & qu'il n'est point nécessaire qu'elle ait les mêmes passages, les mêmes ports-de-voix cadencés, ni les mêmes tremblemens soutenus.

Au reste, on trouve dans les anciens, quantité de passages qui prouvent que leur prononciation n'étoit pas un son continu. « Telle est, dit Cicéron dans son « traité de l'orateur, la vertu merveilleuse de la voix, « qui des trois tons, l'aigu, le grave & le moyen « forme toute la variété, toute la douceur & l'har- « monie du chant : car on doit savoir que la pronon- « ciation renferme une espèce de chant, non un chant « musical, ou tel que celui dont usent les orateurs phry- « giens & cariens dans leurs peroraisons, mais un chant « peu marqué, tel que celui dont vouloient parler Dé- « mosthènes & Eschine, lorsqu'ils se reprochoient réci- « proquement leurs inflexions de voix, & que Dé- « mosthènes pour pousser encore plus loin l'ironie, « avouoit que son adversaire avoit parlé d'un ton « doux, clair & resonnant (de la traduction de « M. l'abbé Colin) ».

Quintilien remarque que ce reproche de Démosthènes & d'Eschine ne doit pas faire condamner ces inflexions de voix, puisque cela apprend qu'ils en ont tout deux fait usage.

« Les grands acteurs, dit l'abbé du Bos, tom. 3. » p. 260, n'auroient pas voulu prononcer un mot » le matin, avant que d'avoir, pour s'exprimer ainsi, » développé méthodiquement leur voix en la faisant » sortir peu-à-peu, & en lui donnant l'effort comme » par degrés, afin de ne pas offenser ses organes en » les déployant précipitamment & avec violence. Ils » observoient même de se tenir couchés durant cet » exercice. Après avoir joué, ils s'asseyoient, & dans » cette posture ils replioient, pour ainsi dire les or- » ganes de leur voix en respirant sur le ton le plus » haut où ils fussent montés en déclamant, & en » respirant ensuite successivement sur tous les autres » tons, jusqu'à ce qu'ils fussent enfin parvenus au » ton le plus bas où ils fussent descendus ». Si la

§. 26. Comme les inflexions par des intervalles sensibles avoient amené l'usage d'une déclamation chantante, l'inégalité marquée des syllabes y ajouta une différence de temps & de mesure. La déclamation des anciens eut donc les deux choses qui caractérisent le chant, je veux dire, la modulation & le mouvement.

Le mouvement est l'ame de la musique : aussi voyons-nous que les anciens le jugeoient absolument nécessaire à leur déclamation. Il y avoit sur leurs théâtres un homme qui le marquoit en frappant du pied, & le comédien étoit aussi astreint à la mesure, que le musicien ou le danseur le sont aujourd'hui. Il est évident qu'une pareille déclamation s'éloigneroit trop de notre manière de prononcer, pour nous paroître naturelle. Bien loin d'exiger qu'un acteur suive un certain mouvement, nous lui défendons de faire sentir la mesure de nos vers ; ou même nous voulons qu'il la rompe assez, pour paroître s'exprimer en prose. Tout confirme

déclamation n'avoit pas été un chant où tous les tons devoient entrer, les comédiens auroient - ils eu la précaution d'exercer chaque jour leur voix sur toute la suite des tons qu'elle pouvoit former ?

Enfin « les écrits des anciens, comme le dit encore » l'abbé du Bos, même tome, pag. 262, sont rem- » plis de faits qui prouvent que leur attention sur » tout ce qui pouvoit servir à fortifier ou bien à » embellir la voix alloit jusqu'à la superstition. On » peut voir dans le troisième chapitre de l'onzième » livre de Quintilien, que par rapport à tout genre » d'éloquence, les anciens avoient fait de profondes » réflexions sur la nature de la voix humaine, & » sur toutes les pratiques propres à la fortifier en exer- » çant, l'art d'enseigner à fortifier & à ménager sa » voix, devint même une profession particulière ». Une déclamation qui étoit l'effet de tant de réflexions, pouvoit-elle être aussi simple que la nôtre ?

donc que la prononciation des anciens dans le discours familier approchoit si fort du chant, que leur déclamation étoit un chant proprement dit.

§. 27. On remarque tous les jours dans nos spectacles que ceux qui chantent ont bien de la peine à faire entendre distinctement les paroles. On me demandera sans doute si la déclamation des anciens étoit sujette au même inconvénient. Je réponds que non, & j'en trouve la raison dans le caractère de leur prosodie.

Notre langue ayant peu de quantité, nous sommes satisfaits du musicien, pourvu qu'il fasse brèves les syllabes brèves, & longues les syllabes longues. Ce rapport observé, il peut d'ailleurs les abréger ou les allonger à son gré; faire, par exemple, une tenue d'une mesure, de deux, de trois sur une même syllabe. Le défaut d'accent prosodique lui donne encore autant de liberté; car il est le maître de faire baisser ou élever la voix sur un même son : il n'a que son goût pour régle. De tout cela il doit naturellement en résulter quelque confusion dans les paroles mises en chant.

A Rome le musicien qui composoit la déclamation des pièces dramatiques, étoit obligé de se conformer en tout à la prosodie. Il ne lui étoit pas libre d'allonger une syllabe brève au-delà d'un tems, ni une longue au-delà de deux; le peuple même l'eût sifflé. L'accent prosodique déterminoit souvent s'il devoit passer à un son plus élevé ou à un son plus grave; il ne lui laissoit pas le choix. Enfin il étoit autant du son devoir de conformer le mouvement du chant à la mesure du vers, qu'à la pensée qui y étoit exprimée. C'est ainsi que la déclamation en se conformant à une prosodie qui avoit des régles plus fixes que la nôtre, concouroit, quoique chantante, à faire entendre les paroles distinctement.

§. 28. Il ne faudroit pas se représenter la déclamation des anciens d'après nos récitatifs; le chant n'en étoit pas si musical. Quant à nos récitatifs, nous ne les avons si fort chargés de musique, que parce que, quelque simples qu'ils eussent été, ils n'auroient jamais pu nous paroître naturels. Voulant introduire le chant sur nos théâtres, & voyant qu'il ne pouvoit se rapprocher assez de notre prononciation ordinaire, nous avons pris le parti de le charger, pour nous dédommager par ses agrémens, de ce qu'il ôtoit, non à la nature, mais à une habitude que nous prenons pour elle. Les italiens ont un récitatif moins musical que le nôtre. Accoutumés à accompagner leurs discours de beaucoup plus de mouvement que nous, & à une prononciation qui recherche autant les accens, que la nôtre les évite, une musique peu composée leur a paru assez naturelle. C'est pourquoi ils l'employent par préférence dans les morceaux qui demanderoient d'être déclamés. Notre récitatif perdroit par rapport à nous, s'il devenoit plus simple; parce qu'il auroit moins d'agrément, sans être plus naturel à notre égard : & celui des italiens perdroit par rapport à eux, s'il le devenoit moins; parce qu'il ne gagneroit pas du côté des agrémens, ce qu'il auroit perdu du côté de la nature, ou plutôt, de ce qui leur paroît tel. On peut conclure que les italiens & les françois doivent s'en tenir chacun à leur manière, & qu'ils ont à ce sujet également tort de se critiquer.

§. 29. Je trouve encore dans la prosodie des anciens la raison d'un fait que personne, je pense, n'a expliqué. Il s'agit de savoir comment les orateurs romains qui haranguoient dans la place publique, pouvoient être entendus de toute le peuple.

Les sons de notre voix se portent facilement aux extrémités d'une place d'assez grande étendue; toute la difficulté est d'empêcher qu'on ne les confonde. Mais cette difficulté doit être moins grande à proportion que par le caractère de la prosodie d'une langue, les syllabes de chaque mot se distinguent d'une manière plus sensible. Dans le latin elles différoient par la qualité du son, par l'accent qui, indépendamment du sens, exigeoit que la voix s'élevât ou s'abbaissât, & par la quantité : nous manquons d'accens, notre langue n'a presque point de quantité, & beaucoup de nos syllabes sont muettes. Un romain pouvoit donc se faire entendre distinctement dans une place où un françois ne le pourroit que difficilement, & peut-être point du tout.

Des progrès que l'art du geste a fait chez les Anciens.

§ 30. Tout le monde connoît aujourd'hui les progrès que l'art du geste avoit faits chez les anciens & principalement chez les Romains. L'abbé du Bos a recueilli ce que les auteurs de l'antiquité nous ont conservé de plus curieux sur cette matière. Mais personne n'a donné la raison de ces progrès. C'est pourquoi les spectacles des anciens paroissent des merveilles qu'on ne peut comprendre & que pour cela on a quelquefois bien de la peine à garantir du ridicule que nous donnons volontiers à tout ce qui est contraire à nos usages. L'Abbé du Bos voulant en prendre la défense, fait remarquer les dépenses immenses des Grecs & des Romains pour les représentations de leurs pièces dramatiques, & les progrès qu'ils ont fait dans la poésie, l'art oratoire, la peinture, la sculpture & l'architecture. Il en conclut que le préjugé doit leur être favorable par rapport aux arts qui ne laissent point de monument; & si nous en voulons croire, nous donnerions aux représentations de leurs pièces dramatiques les mêmes louanges que nous donnons à leurs bâtimens & à leurs écrits. Je pense que pour goûter ces sortes de représentations il faudroit y être préparé par des coutumes bien éloignées de nos usages. Mais en conséquence de ces coutumes les spectacles des anciens méritoient d'être applaudis, & pouvoient même être supérieurs aux nôtres. C'est ce que je vais essayer d'expliquer dans cette section & dans la suivante.

§. 31. Si, comme je l'ai dit, il est naturel à la voix de varier ses inflexions à proportion que les gestes le font davantage, il est également naturel à des hommes qui parlent une langue dont la prononciation approche beaucoup du chant, d'avoir un geste plus varié : ces deux choses doivent aller ensemble. En effet, si nous remarquons dans la prosodie des Grecs & des Romains quelques restes du caractère du langage d'action, nous devons à plus forte raison, en appercevoir dans les mouvemens dont ils accompagnoient leurs discours. Dè-là nous voyons que leurs gestes pouvoient être assez marqués, pour être appréciés. Nous n'aurons donc plus de peine à comprendre qu'ils leur ayent prescrit des règles, & qu'ils ayent trouvé le secret de les écrire en notes. Aujourd'hui cette partie de la déclamation est devenue aussi simple que les autres. Nous ne faisons cas d'un acteur qu'autant, qu'en variant foiblement ses gestes, il a l'art d'exprimer toutes les situations de l'ame ; & nous le trouvons forcé, pour peu qu'il s'écarte trop de notre gesticulation ordinaire. Nous ne pouvons donc plus avoir de principes certains pour régler toutes les attitudes & tous les mouvemens qui entrent dans la déclamation ; & les observations qu'on peut faire à ce sujet, se bornent à des cas particuliers.

§. 32. Les gestes étant réduits en art, & notés, il fut facile de les asservir au mouvement & à la mesure de la déclamation : c'est ce que firent les Grecs & les Romains. Ceux-ci allèrent même plus loin : ils partagèrent le chant & les gestes entre deux acteurs. Quelque extraordinaire que cet usage puisse paroître, nous voyons comment par le moyen d'un mouvement mesuré, un comédien pouvoit varier à propos ses attitudes & les accorder avec le récit de celui qui déclamoit ; & pourquoi on étoit aussi choqué d'un geste fait hors de mesure, que nous le sommes des pas d'un danseur, lorsqu'il ne tombe pas en cadence.

§. 33. La manière dont s'introduisit l'usage partager le chant & les gestes entre deux acteurs, prouve combien les Romains aimoient une gesticulation qui seroit outrée à notre égard. On rapporte que le poëte Livius Andronicus, qui jouoit dans une de ses pièces, s'étant enroué à répéter plusieurs fois des endroits que le peuple avoit goûtés, fit trouver bon qu'un esclave récitât les vers, tandis qu'il seroit lui-même les gestes. Il mit d'autant plus de vivacité dans son action, que ses forces n'étoient point partagées; & son jeu ayant été applaudi, cet usage prévalut dans les monologues. Il n'y eut que les scènes dialoguées, où le même comédien continua de se charger de faire les gestes & de réciter. Des mouvemens qui demandoient toute la force d'un homme, seroient-ils applaudis sur nos théâtres ?

§. 34. L'usage de partager la déclamation, conduisoit naturellement à découvrir l'art des pantomimes : il ne restoit qu'un pas à faire, il suffisoit que l'acteur qui s'étoit chargé des gestes parvint à y mettre tant d'expression, que le rôle de celui qui chantoit, parut inutile. C'est ce qui arriva. Les plus anciens écrivains qui ont parlé des pantomimes, nous apprennent que les premiers qui parurent, s'essayoient sur les monologues, qui étoient, comme je viens de le dire, les scènes où la déclamation étoit partagée. On vit naître ces comédiens sous Auguste, & bientôt ils furent en état d'exécuter des pièces entières. Leur art étoit par rapport à notre gesticulation, ce qu'étoit par rapport à notre déclamation le chant des pièces qui se récitoient. C'est ainsi que par un long circuit on parvint à imaginer, comme une invention nouvelle, un langage qui avoit été le premier que les hommes eussent parlé, ou qui du moins n'en différoit que parce qu'il étoit propre à exprimer un plus grand nombre de pensées.

§. 35. L'art des pantomimes n'auroit jamais pris naissance chez des peuples tels que nous. Il y a trop loin de l'action peu marquée dont nous accompagnons nos discours, aux mouvemens animés, variés & caractérisés de ces sortes de comédiens. Chez les Romains ces mouvemens étoient une partie du langage, & sur-tout de celui qui étoit usité sur leurs théâtres. On avoit fait trois recueils de gestes, un pour la tragédie, un autre pour la comédie, & un troisième pour des pièces dramatiques, qu'on appelloit satires. C'est-là que Pylade & Bathille, les premiers pantomimes que Rome ait vûs, puisèrent les gestes propres à leur art. S'ils en inventèrent de nouveaux, ils le firent sans doute dans l'analogie de ceux que chacun connoissoit déjà.

§. 36. La naissance des pantomimes amenée naturellement par les progrès que les comédiens avoient fait dans leur art ; leurs gestes pris dans les recueils qui avoient été faits pour les tragédies, les comédies & les satires ; & le grand rapport qui se trouve entre une gesticulation fort caractérisée, & des inflexions de voix variées d'une manière fort sensible, sont une nouvelle confirmation de ce que j'ai dit sur la déclamation des anciens. Si d'ailleurs on remarque que les pantomimes ne pouvoient s'aider des mouvemens du visage, parce qu'ils jouoient masqués, comme les autres comédiens; on jugera combien leurs gestes devoient être animés, & combien, par conséquent, la déclamation des pièces, d'où ils les avoient empruntés, devoit être chantante.

§. 37. Le défi que Cicéron & Roscius se faisoient quelquefois, nous apprend quelle étoit déja l'expression des gestes, même avant l'établissement des pantomimes. Cet orateur prononçoit une période qu'il venoit de composer, & le comédien en rendoit le sens par un jeu muet. Cicéron en changeoit ensuite les mots ou le tour, de manière que le sens n'en étoit point énervé; & Roscius également l'exprimoit par de nouveaux gestes. Or je demande si de pareils gestes auroient pu s'allier avec une déclamation aussi simple que la nôtre.

§. 38. L'art des pantomimes charma les romains dès sa naissance, il passa dans les provinces les plus éloignées de la capitale, & il subsista aussi long-tems que l'empire. On pleuroit à leurs représentations, comme à celles des autres comédiens: elles avoient même l'avantage de plaire beaucoup plus, parce que l'imagination est plus vivement affectée d'un langage qui est tout en action. Enfin la passion pour ce genre de spectacle vint au point que dès les premières années du règne de Tibère, le sénat fut obligé de faire un règlement pour défendre aux sénateurs de fréquenter les écoles des pantomimes, & aux chevaliers romains de leur faire cortége dans les rues.

» L'art des pantomimes, dit avec raison l'abbé
» du Bos (1), auroit eu plus de peine à réussir
» parmi les nations septentrionales de l'Europe,
» dont l'action naturelle n'est pas fort éloquente,
» ni assez marquée pour être reconnue bien fa-
» cilement lorsqu'on la voit sans entendre le
» discours dont elle doit être l'accompagnement
» naturel.... Mais... les conversations de toute
» espèce sont plus remplies de démonstrations,
» elles sont bien plus parlantes aux yeux, s'il est
» permis d'user de cette expression, en Italie,
» que dans nos contrées. Un romain qui veut
» bien quitter la gravité de son maintien étu-
» dié, & qui laisse agir sa vivacité naturelle,
» est fertile en gestes, il est fécond en démons-
» trations, qui signifient presqu'autant que des
» phrases entières. Son action rend intelligible
» bien des choses que notre action ne feroit
» pas deviner; & ses gestes sont encore si mar-
» qués, qu'ils sont faciles à reconnoître lors-
» qu'on le revoit. Un romain qui veut parler
» en secret à son ami d'une affaire importante,
» ne se contente pas de ne se point mettre à
» portée d'être entendu; il a encore la précau-
» tion de ne se point mettre à portée d'être
» vû, craignant, avec raison, que ses gestes &
» que les mouvemens de son visage ne fissent
» deviner ce qu'il va dire.

» On remarquera que la même vivacité d'es-
» prit, que le même feu d'imagination, qui fait
» faire par un mouvement naturel des gestes
» animés, variés, expressifs & caractérisés, en
» fait encore comprendre facilement la signifi-
» cation lorsqu'il est question d'entendre le sens
» des gestes des autres. On entend facilement
» un langage qu'on parle.... Joignons à ces re-
» marques la réflexion qu'on fait ordinairement
» qu'il y a des nations dont le naturel est plus
» sensible que celui d'autres nations, & l'on
» n'aura pas de peine à comprendre que des co-
» médiens qui ne parloient point, pussent tou-
» cher infiniment des grecs & des romains dont
» ils imitoient l'action naturelle ».

§. 39. Les détails précédens démontrent que la déclamation des anciens différoit de la nôtre en deux manières: par le chant, qui faisoit que le comédien étoit entendu de ceux qui en étoient le plus éloignés; par les gestes, qui étant plus variés & plus animés, étoient distingués de plus loin. C'est ce qui fit qu'on pût bâtir des théatres assez vastes pour que le peuple assistât au spectacle. Dans l'éloignement où étoit la plus grande partie des spectateurs, les gestes des comédiens ne pouvoit être vu distinctement; cette raison empêcha d'éclairer la scène autant qu'on le fait aujourd'hui: on introduisit même l'usage des masques. Ce fut peut-être d'abord pour cacher quelque défaut ou quelques grimaces: mais dans la suite on s'en servit pour augmenter la force de la voix, & pour donner à chaque personnage la physionomie que son caractère paroissoit demander. Par là les masques avoient de grands avantages: leur unique inconvénient étoit de dérober l'expression du visage; mais ce n'étoit que pour une petite partie des spectateurs, & l'on ne devoit pas y faire attention.

Aujourd'hui la déclamation est devenue plus simple, & l'acteur ne peut se faire entendre d'aussi D'ailleurs les gestes sont variés & moins caractérisés. C'est sur le visage, c'est dans les yeux que le bon comédien se pique d'exprimer les sentimens de son ame. Il faut donc qu'il soit vu de près & sans masque. Aussi nos salles de spectacles sont-elles beaucoup plus petites, & beaucoup mieux éclairées que les théatres des anciens. Voilà comment la prosodie en prenant un nouveau caractère, a occasionné des changemens jusques dans des choses qui paroissent au premier coup d'œil, n'y avoir point de rapport.

§. 40.

---

(1) Refl. crit. tom. III, sect. XVI. p. 284.

§. 40. De la différence qui se trouve entre notre manière de déclamer & celle des anciens, il faut conclure qu'il est aujourd'hui bien plus difficile d'exceller dans cet art, que de leur tems. Moins nous permettons d'écart dans la voix & dans le geste, plus nous exigeons de finesse dans le jeu. Aussi m'a-t-on assuré que les bons comédiens sont plus communs en Italie qu'en France. Cela doit être; mais il faut l'entendre relativement au goût des deux nations. Baron pour les romains eût été froid, Roscius pour nous seroit un forcené.

§. 41. L'amour de la déclamation étoit la passion favorite des romains; la plupart, dit l'abbé du Bos, étoient devenus des déclamateurs (1). La cause en est sensible sur-tout dans les tems de la république. Alors le talent de l'éloquence étoit le plus cher à un citoyen, parce qu'il ouvroit le chemin aux plus grandes fortunes. On ne pouvoit donc manquer de cultiver la déclamation, qui en est une partie si essentielle. Cet art fut un des principaux objets de l'éducation ; & il fut d'autant plus aisé de l'apprendre aux enfans, qu'il avoit ses règles fixes, comme aujourd'hui la danse & la musique. Voilà une des principales causes de la passion des anciens pour les spectacles.

Le bon goût de la déclamation passa jusques chez le peuple qui assistoit aux représentations des pièces de théatre. Il s'accoutuma facilement à une manière de réciter, qui ne différoit de celle qui lui étoit naturelle, que parce qu'elle suivoit des règles qui en augmentoient l'expression. Ainsi il apporta dans la connoissance de sa langue une délicatesse dont nous ne voyons aujourd'hui des exemples que parmi les gens du monde.

§. 42. Par une suite des changemens arrivés dans la prosodie, la déclamation est devenue si simple, qu'on ne peut plus lui donner de règles. Ce n'est presque qu'une affaire d'instinct ou de goût. Elle ne peut faire chez nous partie de l'éducation, & elle est négligée au point que nous avons des orateurs, qui ne paroissent pas croire qu'elle soit une partie essentielle de leur art : chose qui eut paru aussi inconcevable aux anciens, que ce qu'ils ont fait de plus étonnant, peut l'être à notre égard. N'ayant pas cultivé la déclamation de bonne heure, nous ne courrons pas aux spectacles avec le même empressement qu'eux, & l'éloquence a moins de pouvoir sur nous. Les discours oratoires qu'ils nous ont laissés, n'ont conservé qu'une partie de leur expression. Nous ne connoissons ni le ton ni le geste dont ils étoient accompagnés, & qui devoient agir si puissamment sur l'ame des auditeurs (2). Ainsi nous sentons foiblement la force des foudres de Démosthènes, & l'harmonie des périodes de Cicéron.

De la musique.

Jusqu'ici j'ai été obligé de supposer que la musique étoit connue des anciens : il est à propos d'en donner l'histoire du moins en tant que cet art fait partie du langage.

§. 43. Dans l'origine des langues la prosodie étant fort variée, toutes les inflexions de la voix lui étoient naturelles. Le hasard ne pouvoit donc manquer d'y amener quelquefois des passages dont l'oreille étoit flattée. On les remarqua & l'on se fit une habitude de les répéter. Telle est la première idée qu'on eut de l'harmonie.

§. 44. L'ordre diatonique, c'est-à-dire, celui où les sons se succèdent par tons & par demi-tons, paroît aujourd'hui si naturel, qu'on croiroit qu'il a été connu le premier : mais si nous trouvons des sons dont les rapports soient beaucoup plus sensibles, nous aurons droit d'en conclure que la succession en a été remarquée auparavant.

Puisqu'il est démontré que la progression par tierce, par quinte & par octave tient immédiatement au principe où l'harmonie prend son origine, c'est-à-dire, à la résonnance des corps sonores, & que l'ordre diatonique s'engendre de cette progression ; c'est une conséquence que les rapports des sons doivent être bien plus sensibles dans la succession harmonique, que dans l'ordre diatonique. Celui-ci en s'éloignant du principe de l'harmonie, ne peut conserver des rapports entre les sons, qu'autant qu'ils lui sont transmis par la succession qui l'engendre. Par exemple, *ré* dans l'ordre diatonique n'est lié à *ut*, que parce qu'*ut ré* est produit par la progression *ut sol* ; &

---

(1) Tome III, sect. XV.
Philosophie anc. & mod. Tom II.

(2) « N'a-t-on pas vu souvent, dit Cicéron, *traité de l'orateur*, des orateurs médiocres remporter tout » le prix de l'éloquence par la seule dignité de l'action ; » tandis que des orateurs, d'ailleurs très-savans, » passoient pour médiocres, parce qu'ils étoient dénués » des graces de la prononciation ; desorte que Démosthènes avoit raison de donner à l'action le premier, le second & le troisième rang : Car si l'éloquence n'est rien sans le talent, & si l'action, quoique dépourvue d'éloquence, a tant de force & d'efficace, ne faut-il pas convenir qu'elle est d'une extrême importance dans les discours public » ? Il falloit que la manière de déclamer des anciens eût bien plus de force que la nôtre, pour que Démosthènes & Cicéron, qui excelloient dans les autres parties, ayent jugé que sans l'action, l'éloquence n'est rien. Nos orateurs aujourd'hui n'adopteroient pas ce jugement : aussi M. l'abbé Colin dit il qu'il y a de l'exagération dans la pensée de Démosthènes : si cela étoit, pourquoi Cicéron l'approuveroit-il sans y mettre de restriction ?

la liaison de ces deux derniers a son principe dans l'harmonie des corps sonores, dont ils font partie. L'oreille confirme ce raisonnement; car elle sent mieux le rapport des sons ut, mi, sol, ut, que celui des sons ut, ré, mi, fa. Les intervalles harmoniques ont donc été remarqués les premiers.

Il y a encore ici des progrès à observer : car les sons harmoniques formant des intervalles plus ou moins faciles à entonner, & ayant des rapports plus ou moins sensibles, il n'est pas naturel qu'ils aient été apperçus & saisis aussi-tôt les uns que les autres. Il est donc vraisemblable qu'on n'a eu cette progression entière ut, mi, sol, ut, qu'après plusieurs expériences. Celle-là connue, on en fit d'autres sur le même modèle, telles que sol, si, ré, sol. Quand à l'ordre diatonique, on ne le découvrit que peu à peu & qu'après beaucoup de tâtonemens, puisque la génération n'en a été montrée que de nos jours (1).

§. 45. Les premiers progrès de cet art ont donc été le fruit d'une longue expérience. On en a multiplié les principes, tant qu'on n'en a pas connu les véritables. M. Rameau est le premier qui ait vu l'origine de toute l'harmonie dans la résonnance des corps sonores, & qui ait rappellé la théorie de cet art à un seul principe. Les grecs, dont on vante si fort la musique, ne connoissoient point, non plus que les romains, la composition à plusieurs parties. Il est cependant vraisemblable qu'ils ont de bonne heure pratiqué quelques accords, soit que le hasard les leur eut fait remarquer à la rencontre de deux voix, soit qu'en pinçant en même tems deux cordes d'un instrument, ils en eussent senti l'harmonie.

§. 46. Les progrès de la musique ayant été aussi lents, on fut long-tems avant de songer à la séparer des paroles : elle eut paru tout-à-fait dénuée d'expression. D'ailleurs la prosodie s'étant saisie de tous les tons que la voix peut former, & ayant seule fourni l'occasion de remarquer leur harmonie, il étoit naturel de ne regarder la musique que comme un art qui pouvoit donner plus d'agrément ou plus de force au discours. Voilà l'origine du préjugé des anciens qui ne vouloient pas qu'on la séparât des paroles. Elle fut à peu près à l'égard de ceux chez qui elle prit naissance, ce qu'est la déclamation par rapport à nous : elle apprenoit à régler la voix, au lieu qu'auparavant on la conduisoit au hasard. Il devoit paroître aussi ridicule de séparer le chant des paroles, qu'il le seroit aujourd'hui de séparer de nos vers les sons de notre déclamation.

§. 47. Cependant la musique se perfectionna : peu-à-peu elle parvint à égaler l'expression des paroles : ensuite elle tenta de la surpasser. C'est alors qu'on put s'appercevoir qu'elle étoit par elle-même susceptible de beaucoup d'expression. Il ne devoit donc plus paroître ridicule de la séparer des paroles. L'expression que les sons avoient dans la prosodie qui participoit du chant, celle qu'ils avoient dans la déclamation qui étoit chantante, préparoient celle qu'ils devoient avoir, lorsqu'ils seroient entendus seuls. Deux raisons assurèrent même le succès à ceux qui avec quelque talent, s'essayèrent dans ce nouveau genre de musique. La première, c'est que sans doute ils choisissoient les passages auxquels, par l'usage de la déclamation, on étoit accoutumé d'attacher une certaine expression, ou que du moins ils en imaginoient de semblables. La seconde, c'est l'étonnement que, dans sa nouveauté, cette musique ne pouvoit manquer de produire. Plus on étoit surpris, plus on devoit se livrer à l'impression qu'elle pouvoit occasionner. Aussi vit-on ceux qui étoient moins difficiles à émouvoir, passer successivement, par la force des sons, de la joie à la tristesse, ou même à la fureur. A cette vûe d'autres, qui n'auroient point été remués, le furent presque également. Les effets de cette musique devinrent le sujet des conversations, & l'imagination s'échauffoit au seul récit qu'on en entendoit faire. Chacun vouloit en juger par soi-même, & les hommes, aimant communément à voir confirmer les choses extraordinaires, venoient entendre cette musique avec les dispositions les plus favorables. Elle répéta donc souvent les mêmes miracles.

§. 48. Aujourd'hui notre prosodie & notre déclamation sont bien loin de préparer les effets que notre musique devroit produire. Le chant n'est pas à notre égard un langage aussi familier, qu'il l'étoit pour les anciens ; & la musique, séparée des paroles, n'a plus cet air de nouveauté, qui seul peut beaucoup sur l'imagination. D'ailleurs au moment où elle s'exécute, nous gardons tout le sang froid dont nous sommes capables, nous n'aidons point le musicien à nous en retirer, & les sentimens que nous éprouvons naissent uniquement de l'action des sons sur l'oreille. Mais les sentimens de l'ame sont ordinairement si foibles, quand l'imagination ne réagit pas elle-même sur les sens, qu'on ne devroit pas être surpris que notre musique ne produise pas des effets aussi surprenans que celle des anciens. Il faudroit, pour juger de son pouvoir, en exécuter des morceaux devant des hommes qui auroient beaucoup d'imagination, pour qui elle auroit le mérite de la nouveauté, & dont la déclamation, faite d'après une prosodie qui participeroit du chant, seroit elle-même chantante. Mais cette expérience seroit inutile, si nous étions aussi portés à admirer les choses qui sont proches de nous, que celles qui s'en éloignent.

---

(1) *Voyez* la génération harmonique de M. Rameau.

§. 49. Le chant fait pour des paroles est aujourd'hui si différent de notre prononciation ordinaire & de notre déclamation, que l'imagination a bien de la peine à se prêter à l'illusion de nos Tragédies mises en musique. D'un autre côté les grecs étoient bien plus sensibles que nous, parce qu'ils avoient l'imagination plus vive. Enfin les musiciens prenoient les momens les plus favorables pour les émouvoir; Alexandre, par exemple, étoit à table, &, comme le remarque M. Burette (1), il étoit vraisemblablement échauffé par les fumées du vin, quand une musique propre à inspirer la fureur, lui fit prendre ses armes. Je ne doute pas que nous n'ayons des soldats à qui le seul bruit des tambours & des trompettes en feroit faire autant. Ne jugeons donc pas de la musique des anciens par les effets qu'on lui attribue; mais jugeons-en par les instrumens dont ils avoient l'usage, & l'on aura lieu de présumer qu'elle devoit être inférieure à la nôtre.

§. 50. On peut remarquer que la musique, séparée des paroles, a été préparée chez les grecs par des progrès semblables à ceux auxquels les romains ont dû l'art des pantomimes; & que ces deux arts ont à leur naissance causé la même surprise chez ces deux peuples, & produits des effets aussi surprenans. Cette conformité me paroît curieuse, & propre à confirmer mes conjectures.

§. 51. Je viens de dire d'après tous ceux qui ont écrit sur cette matière, que les grecs avoient l'imagination plus vive que nous. Mais je ne sais si la vraie raison de cette différence est connue; il me semble au moins qu'on a tort de l'attribuer uniquement au climat. En supposant que celui de la grece se fut toujours conservé tel qu'il étoit, l'imagination de ses habitans devoit peu-à-peu s'affoiblir. On va voir que c'est un effet naturel des changemens qui arrivent au langage.

J'ai remarqué ailleurs que l'imagination agit bien plus vivement dans des hommes qui n'ont point encore l'usage des signes d'institution : par conséquent le langage d'action étant immédiatement l'ouvrage de cette imagination, il doit avoir plus de feu. En effet pour ceux à qui il est familier, un seul geste équivaut souvent à une longue phrase. Par la même raison les langues faites sur le modèle de ce langage, doivent être les plus vives; & les autres doivent perdre de leur vivacité, à proportion qu'elles s'éloignent davantage de ce modèle, elles en conservent moins le caractère. Or ce que j'ai dit sur la prosodie fait voir que par cet endroit la langue grecque se ressentoit plus qu'aucune autre des influences du langage d'action; & ce que je dirai sur les inversions, prouvera que ce n'étoit pas-là les seuls effets de cette influence. Cette langue étoit donc très-propre à exercer l'imagination. La nôtre au contraire est si simple dans sa construction & dans sa prosodie, qu'elle ne demande presque que l'exercice & de la mémoire. Nous nous contentons, quand nous parlons des choses, d'en rappeller les signes, & nous en réveillons rarement les idées. Ainsi l'imagination moins souvent remuée, devient naturellement plus difficile à émouvoir. Nous devons donc l'avoir moins vive que les grecs.

§. 52. La prévention pour la coutume a été de tous tems un obstacle aux progrès des arts : la musique s'en est sur-tout ressentie. Six cents ans avant J. C. Timothée fut banni de Sparte par un décret des Ephores, pour avoir, au mépris de l'ancienne musique, ajouté trois cordes à la lyre; c'est-à-dire, pour avoir voulu la rendre propre à exécuter des chants plus variés & plus étendus. Tels étoient les préjugés de ces tems-là. Nous en avons de semblables, on en aura encore après nous, sans jamais se douter qu'ils puissent un jour être trouvés ridicules. Lulli que nous jugeons aujourd'hui si simple & si naturel, a paru outré dans son tems. On disoit que par ses airs de Ballets il corrompoit la danse, & qu'il en alloit faire un *baladinage*. « Il y a six vingts » ans, dit l'abbé du Bos, que les chants qui se » composoient en France, n'étoient, générale- » ment parlant, qu'une suite de notes longues... » &..... il y a quatre-vingts ans que le mouve- » ment de tous les airs de ballet étoit un mou- » ment lent, & leur chant, s'il est permis d'user » de cette expression, marchoit posément, même » dans sa plus grande gaieté. » Voilà la musique que regrettoient ceux qui blâmoient Lulli.

§. 53. La musique est un art où tout le monde se croit en droit de juger, & où, par conséquent, le nombre des mauvais juges est bien grand. Il y a sans doute dans cet art, comme dans les autres, un point de perfection, dont il ne faut pas s'écarter : voilà le principe. Mais qu'il est vague ! Qui jusqu'ici a déterminé ce point ? & s'il ne l'est pas, à qui est-ce à le reconnoître ? Est-ce aux oreilles peu exercées, parce qu'elles sont en plus grand nombre ? Il y a donc eu un tems ou la musique de Lulli a été justement condamnée. Est-ce aux oreilles savantes, quoiqu'en petit nombre ? Il y a donc aujourd'hui une musique qui n'en est pas moins belle, pour être différente de celle de Lulli.

Il devoit arriver à la musique d'être critiquée à mesure qu'elle se perfectionneroit davantage, sur-tout si les progrès en étoient considérables & subits : car alors elle ressemble moins à ce qu'on est accoutumé d'entendre. Mais commence-t-on à se la rendre familière, on la goute, & elle n'a plus que le préjugé contr'elle.

§. 54. Nous ne saurions connoître quel étoit

---

(1) Histoire de l'acad. des belles lettres, *Tome V.*

le caractère de la musique instrumentale des anciens, je me bornerai à faire quelques conjectures sur le chant de leur déclamation.

Il s'écartoit vraisemblablement de leur prononciation ordinaire à peu près comme notre déclamation s'éloigne de la nôtre, & se varioit également selon le caractère des pièces & des Scènes. Il devoit être aussi simple dans la comédie, que la prosodie le permettoit. C'étoit la prononciation ordinaire qu'on n'avoit altérée, qu'autant qu'il avoit fallu pour en apprécier les sons, pour conduire la voix par des intervalles certains.

Dans la Tragédie le chant étoit plus varié & plus étendu ; & principalement dans les monologues auxquels on donnoit le nom de *cantiques*. Ce sont ordinairement les scènes les plus passionnées ; car il est naturel que le même personnage qui se contraint dans les autres, se livre, quand il est seul, à toute l'impétuosité des sentimens qu'il éprouve. C'est pourquoi les poëtes romains faisoient mettre les monologues en musique par des musiciens de profession. Quelquefois même ils leur laissoient le soin de composer la déclamation du reste de la pièce. Il n'en étoit pas de même chez les grecs ; les poëtes y étoient musiciens, & ne confioient ce travail à personne.

Enfin dans les chœurs le chant étoit plus chargé que dans les autres scènes : c'étoient les endroits où le poëte donnoit le plus d'effort à son génie ; il n'est pas douteux que le musicien ne suivit son exemple. Ces conjectures se confirment par les différentes sortes d'instrumens dont on accompagnoit la voix des acteurs ; car ils avoient une portée plus ou moins étendue selon le caractère des paroles.

Nous ne pouvons pas nous représenter les chœurs des anciens par ceux de nos opéra. La musique en étoit bien différente, puisqu'ils ne connoissoient pas la composition à plusieurs parties ; & les danses étoient peut-être encore plus éloignées de ressembler à nos ballets ». Il est » facile de concevoir, dit l'abbé du Bos, qu'elles » n'étoient autre chose que les gestes & les dé- » monstrations que les personnages des chœurs » faisoient pour exprimer leurs sentimens, soit » qu'ils parlassent, soit qu'ils témoignassent par » un jeu muet combien ils étoient touchés de » l'événement auquel ils devoient s'intéresser. » Cette déclamation obligeoit souvent les chœurs » à marcher sur la scène, & comme les évo- » lutions que plusieurs personnes font en même » tems, ne se peuvent faire sans avoir été con- » certées auparavant, quand on ne veut pas » qu'elles dégénèrent en une foule, les anciens » avoient prescrit certaines règles aux démarches » des chœurs ». Sur des théâtres aussi vastes que ceux des anciens, ces évolutions pouvoient former des tableaux bien propres à exprimer les sentimens dont le chœur étoit pénétré.

§. 55. L'art de noter la déclamation, & de l'accompagner d'un instrument, étoit connu à Rome dès les premiers tems de la république. La déclamation y fut dans les commencemens assez simple : mais par la suite le commerce des grecs y amena des changemens. Les romains ne purent résister aux charmes de l'harmonie & de l'expression de la langue de ce peuple. Cette nation polie devint l'école où ils se formèrent le goût pour les lettres, les arts & les sciences : & la langue latine se conforma au caractère de la langue grecque autant que son génie put le permettre.

Cicéron nous apprend que les accens qu'on avoit empruntés des étrangers, avoient changé d'une manière sensible la prononciation des romains. Ils occasionnèrent sans doute de pareils changemens dans la musique des pièces dramatiques : l'un est une suite naturelle de l'autre. En effet Horace & cet orateur remarquent que les instrumens qu'on employoit au théâtre de leur tems, avoient une portée bien plus étendue que ceux dont on s'étoit servi auparavant ; que l'acteur pour les suivre étoit obligé de déclamer sur un plus grand nombre de tons ; & que le chant étoit devenu si pétulant qu'on n'en pouvoit observer la mesure qu'en s'agitant d'une manière violente. Je renvoye à ces passages tels que les rapporte l'abbé du Bos, afin qu'on juge si l'on peut les entendre d'une simple déclamation (1).

§. 56. Telle est l'idée qu'on peut se faire de la déclamation chantante & des causes qui l'ont introduite, ou qui l'ont fait varier. Il nous reste à rechercher les circonstances qui ont occasionné une déclamation aussi simple que la nôtre, & des spectacles si différens de ceux des anciens.

Le climat n'a pas permis aux peuples froids & flegmatiques du Nord de conserver les accens & la quantité que la nécessité avoit introduits dans la prosodie, à la naissance des langues. Quand ces barbares eurent inondé l'empire romain, & qu'ils en eurent conquis toute la partie occidentale, le latin confondu avec leurs idiomes, perdit son caractère. Voilà d'où nous vient le défaut d'accent que nous regardons comme la principale beauté de notre prononciation : cette origine ne prévient pas en sa faveur. Sous l'empire de ces peuples grossiers les lettres tombèrent : les théâtres furent détruits : l'art des pantomimes, celui de noter la déclamation & de la partager entre deux comédiens, les arts qui concourent à la décoration des spectacles, tels que l'architecture, la

---

(1) Tome III, sect. 19.

peinture, la sculpture, & tous ceux qui sont subordonnés à la musique, périrent. A la renaissance des lettres, le génie des langues étoit si changé, & les mœurs si différentes, qu'on ne put rien comprendre à ce que les anciens rapportoient de leurs spectacles.

Pour concevoir parfaitement la cause de cette révolution, il ne faut que se rappeller ce que j'ai dit sur l'influence de la prosodie. Celle des grecs & des romains étoit si caractérisée, qu'elle avoit des principes fixes, & si connue que le peuple même, sans en avoir étudié les règles, étoit choqué des moindres défauts de prononciation. C'est-là ce qui fournit les moyens de faire un art de la déclamation & de l'écrire en notes : dès-lors cet art fit partie de l'éducation.

La déclamation ainsi perfectionnée, produisit l'art de partager les chants & les gestes entre deux comédiens, celui des pantomimes; & étendant même son influence jusques sur la forme & la grandeur des théâtres, elle donna occasion, comme nous l'avons vu, de les faire assez vastes pour contenir une partie considérable du peuple.

Voilà l'origine du goût des anciens pour les spectacles, pour les décorations & pour tous les arts qui y sont subordonnés; la musique, l'architecture, la peinture & la sculpture. Chez eux il ne pouvoit presque pas y avoir de talent perdu parce que chaque citoyen rencontroit à tous momens des objets propres à exercer son imagination.

Notre langue n'ayant presque point de prosodie, la déclamation n'a pu avoir de régles fixes, il nous a été impossible de la noter; nous n'avons pu connoître l'art de la partager entre deux acteurs, celui des pantomimes a peu d'attraits pour nous, & les spectacles ont été renfermés dans des salles où le peuple n'a pu assister. De-là, ce qui est plus à regretter, le peu de goût que nous avons pour la musique, l'architecture, la peinture & la sculpture. Nous croyons seuls ressembler aux anciens, mais que par cet endroit, les italiens leur ressemblent bien plus que nous. On voit donc que si nos spectacles sont si différens de ceux des grecs & des romains, c'est un effet naturel des changemens arrivés dans la prosodie.

Comparaison de la déclamation chantante & de la déclamation simple.

§. 57. Notre déclamation admet de tems en tems des intervalles aussi distincts que le chant. Si on ne les altéroit qu'autant qu'il seroit nécessaire pour les apprécier, ils n'en paroîtroient pas moins naturels, & l'on pourroit les noter. Je crois même que le goût & l'oreille font préférer au bon comédien les sons harmoniques, toutes les fois qu'ils ne contrarient point trop notre prononciation ordinaire. C'est sans doute pour ces sortes de sons que Molière avoit imaginé des notes (1). Mais le projet de noter le reste de la déclamation est impossible; car les inflexions de la voix y sont si foibles, que pour en apprécier les tons, il faudroit altérer les intervalles au point que la déclamation choqueroit ce que nous appellons la *nature*.

§. 58. Quoique notre déclamation ne reçoive pas, comme le chant, une succession de sons appréciables, elle rend cependant les sentimens de l'ame assez vivement pour remuer ceux à qui elle est familière, ou qui parlent une langue dont la prosodie est peu variée & peu animée. Elle produit sans doute cet effet parce que les sons y conservent à-peu-près entr'eux les mêmes proportions que dans le chant. Je dis *à-peu-près*; car n'y étant pas appréciables, ils ne sauroient avoir des rapports aussi exacts.

Notre déclamation est donc naturellement moins expressive que la musique. En effet, quel est le son le plus propre à rendre un sentiment de l'ame ? C'est d'abord celui qui imite le cri qui en est le signe naturel : il est commun à la déclamation & à la musique. Ensuite ce sont les sons harmoniques de ce premier, parce qu'ils lui sont liés plus étroitement. Enfin ce sont tous les sons qui peuvent être engendrés de cette harmonie, variés & combinés dans le mouvement qui caractérise chaque passion : car tout sentiment de l'ame détermine le ton & le mouvement du chant qui est le plus propre à l'exprimer. Or ces deux dernières espèces de sons se trouvent rarement dans notre déclamation, & d'ailleurs elle n'imite pas les mouvemens de l'ame, comme le chant.

§. 59. Cependant elle supplée à ce défaut par l'avantage qu'elle a de nous paroître plus naturelle. Elle donne à son expression un air de vérité, qui fait que si elle agit sur les sens plus foiblement que la musique, elle agit plus vivement sur l'imagination. C'est pourquoi nous sommes souvent plus touchés d'un morceau bien déclamé, que d'un beau récitatif. Mais chacun peut remarquer que dans les momens où la musique ne détruit pas l'illusion, elle fait à son tour une impression bien plus grande.

§. 60. Quoique notre déclamation ne puisse pas se noter, il me semble qu'on pourroit en quelque sorte la fixer. Il suffiroit qu'un musicien eût assez de goût pour observer dans le chant à-peu-près les mêmes proportions que la voix suit dans la déclamation. Ceux qui se seroient rendus ce chant

---

(1) Refl. crit. Tome III, sect. XVIII.

familier, pourroient avec de l'oreille y retrouver la déclamation qui en auroit été le modèle. Un homme rempli des récitatifs de Lulli, ne déclameroit-il pas les tragédies de Quinault, comme Lulli les eût déclamé lui-même? Pour rendre cependant la chose plus facile, il seroit à souhaiter que la mélodie fut extrêmement simple, & qu'on n'y distinguât les inflexions de la voix qu'autant qu'il seroit nécessaire pour les apprécier. La déclamation se reconnoîtroit encore plus aisément dans les récitatifs de Lulli, s'il y avoit mis moins de musique. On a donc lieu de croire que ce seroit là un grand secours pour ceux qui auroient quelques dispositions à bien déclamer.

§. 61. La prosodie dans chaque langue ne s'éloigne pas également du chant: elle recherche plus ou moins les accens, & même les prodigue à l'excès, ou les évite tout-à-fait, parce que la variété des tempéramens ne permet pas aux peuples de divers climats de sentir de la même manière. C'est pourquoi les langues demandent selon leur caractère, différens genres de déclamation & de musique. On dit, par exemple, que le ton dont les anglois expriment la colère, n'est en Italie que celui de l'étonnement.

La grandeur des théâtres, les dépenses des grecs & des romains pour les décorer, les masques qui donnoient à chaque personnage la physionomie que demandoit son caractère, la déclamation qui avoit des régles fixes, & qui étoit susceptible de plus d'expression que la nôtre, tout paroît prouver la supériorité des spectacles des anciens. Nous avons pour dédommagement les graces, l'expression du visage, & quelques finesses de jeu, que notre manière de déclamer a seule pu faire sentir.

Quelle est la prosodie la plus parfaite.

§. 62. Chacun sera sans doute tenté de décider en faveur de la prosodie de sa langue: pour nous précautionner contre ce préjugé, tâchons de nous faire des idées exactes.

La prosodie la plus parfaite est celle qui, par son harmonie est la plus propre à exprimer toutes sortes de caractères. Or trois choses concourent à l'harmonie; la qualité des sons, les intervalles par où ils se succèdent, & le mouvement. Il faut donc qu'une langue ait des sons doux, moins doux, durs même, en un mot, de toutes les espèces; qu'elle ait des accens qui déterminent la voix à s'élever & à s'abbaisser; enfin que par l'inégalité de ses syllabes, elle puisse exprimer toutes sortes de mouvemens.

Pour produire l'harmonie, les chûtes ne doivent pas se placer indifféremment. Il y a des momens où elle doit être suspendue, il y en a d'autres où elle doit finir par un repos sensible. Par conséquent, dans une langue, dont la prosodie est parfaite, la succession des sons doit être subordonnée à la chûte de chaque période, en sorte que les cadences soient plus ou moins précipitées, & que l'oreille ne trouve un repos qui ne laisse rien à desirer, que quand l'esprit est entièrement satisfait.

§. 63. On reconnoîtra combien la prosodie des romains approchoit plus que la nôtre de ce point de perfection, si l'on considère l'étonnement avec lequel Cicéron parle des effets du nombre oratoire. Il représente le peuple ravi en admiration à la chûte des périodes harmonieuses; & pour montrer que le nombre en est l'unique cause, il change l'ordre des mots d'une période qui avoit eu de grands applaudissemens, & il assure qu'on en sent aussitôt disparoître l'harmonie. La dernière construction ne conservoit plus dans le mélange des longues & des brèves, ni dans celui des accens l'ordre nécessaire pour la satisfaction de l'oreille (1). Notre langue a de la douceur & de la rondeur, mais il faut quelque chose de plus pour l'harmonie. Je ne vois pas que dans les différens tours qu'elle autorise, nos orateurs ayent jamais rien trouvé de semblable à ces cadences qui frappoient si vivement les romains.

§. 64. Un autre raison qui confirme la supériorité de la prosodie latine sur la nôtre, c'est le goût des romains pour l'harmonie, & la délicatesse du peuple même à cet égard. Les comédiens ne pouvoient faire dans un vers une syllabe plus longue ou plus brève qu'il ne falloit, qu'aussitôt toute l'assemblée, dont le peuple faisoit partie, ne s'élevât contre cette mauvaise prononciation.

Nous ne pouvons lire de pareils faits sans quelque surprise, parce que nous ne remarquons rien parmi nous qui puisse les confirmer. C'est aujourd'hui la prononciation des gens du monde si simple, que ceux qui la choquent légèrement, ne peuvent être relevés que par peu de personnes, parce qu'il y en a peu qui se la soient rendu familière. Chez les romains elle étoit si caractérisée, le nombre en étoit si sensible, que les oreilles les moins fines y étoient exercées: ainsi ce qui altéroit l'harmonie ne pouvoit manquer de les offenser.

§. 65. A suivre mes conjectures, si les romains ont dû être plus sensibles à l'harmonie que nous, les grecs y ont dû être plus sensibles qu'eux, & les asiatiques encore plus que les grecs: car plus les langues sont anciennes, plus leur prosodie doit

---

(1) Traité de l'orateur.

approcher du chant. Aussi a-t-on lieu de conjecturer que le grec étoit plus harmonieux que le latin, puisqu'il lui prêta des accens. Quant aux asiatiques ils recherchoient l'harmonie avec une affectation que les romains trouvoient excessive. Cicéron le fait entendre lorsqu'après avoir blâmé ceux qui, pour rendre le discours plus cadencé, le gâtent à force d'en transposer les termes, il représente les orateurs asiatiques comme plus esclaves du nombre que les autres. Peut-être aujourd'hui trouveroit-il que le caractère de notre langue nous fait tomber dans le vice opposé : mais si par-là nous avons quelques avantages de moins, nous verrons ailleurs que nous en sommes dédommagés par d'autres endroits.

De l'origine de la poësie.

§. 66. Si dans l'origine des langues la prosodie approcha du chant, le style afin de copier les images sensibles du langage d'action, adopta toutes sortes de figures & de métaphores, & fut une vraie peinture. Par exemple, dans le langage d'action, pour donner à quelqu'un l'idée d'un homme effrayé, on n'avoit d'autre moyen que d'imiter les cris & les mouvemens de la frayeur. Quand on voulut communiquer cette idée par la voie des sons articulés, on se servit donc de toutes les expressions qui la présentoient dans le même détail. Un seul mot qui ne peint rien, eût été trop foible, pour succéder immédiatement au langage d'action. Ce langage étoit si proportionné à la grossièreté des esprits, que les sons articulés n'y pouvoient suppléer, qu'autant qu'on accumuloit les expressions les unes sur les autres. Le peu d'abondance des langues ne permettoit pas même de parler autrement. Comme elles fournissoient rarement le terme propre, on ne faisoit deviner une pensée qu'à force de répéter les idées qui lui ressembloient davantage. Voilà l'origine du pléonasme : défaut qui doit particulièrement se remarquer dans les langues anciennes. En effet les exemples en sont très-fréquens dans l'hébreu. On ne s'accoutuma que fort lentement à lier à un seul mot des idées qui, auparavant, ne s'exprimoient que par des mouvemens fort composés ; & l'on n'évita les expressions diffuses que quand les langues devenues plus abondantes, fournirent des termes propres & familiers pour toutes les idées dont on avoit besoin. La précision du style fut connue beaucoup plutôt chez les peuples du nord. Par un effet de leur tempérament froid & flegmatique, ils abandonnèrent plus facilement tout ce qui se ressentoit du langage d'action. Ailleurs les influences de cette manière de communiquer ses pensées, se conservèrent long-tems. Aujourd'hui même, dans les parties méridionales de l'asie, le pléonasme est regardé comme une élégance du discours.

§. 67. Le style dans son origine a été poétique, puisqu'il a commencé par peindre les idées avec les images les plus sensibles ; & qu'il étoit d'ailleurs extrêmement mesuré. Mais les langues devenant plus abondantes, le langage d'action s'abolit peu-à-peu, la voix se varia moins, le goût pour les figures & les métaphores, par les raisons que j'en donnerai, diminua insensiblement, & le style se rapprocha de notre prose. Cependant les auteurs adoptèrent le langage ancien, comme plus vif & plus propre à se graver dans la mémoire : unique moyen de faire passer pour lors leurs ouvrages à la postérité. On donna à ce langage différentes formes, on imagina des règles pour en augmenter l'harmonie, & on en fit un art particulier. La nécessité où l'on étoit de s'en servir fit croire pendant long-tems qu'on ne devoit composer qu'en vers. Tant que les hommes n'eurent point de caractères pour écrire leurs pensées, cette opinion étoit fondée sur ce que les vers s'apprennent & se retiennent plus facilement. La prévention la fit cependant encore subsister après que cette raison eut cessé d'avoir lieu. Enfin un philosophe ne pouvant se plier aux règles de la poésie, hasarda le premier d'écrire en prose (1).

§. 68. La rime ne dût pas, comme la mesure, les figures & les métaphores, son origine à la naissance des langues. Les peuples du Nord, froids & flegmatiques, ne purent conserver une prosodie aussi mesurée que celle des autres, lorsque la nécessité qui l'avoit introduite, ne fut plus la même. Pour y suppléer, ils furent obligés d'inventer la rime.

§. 69. Il n'est pas difficile d'imaginer par quels progrès la poésie est devenue un art. Les hommes ayant remarqué les chûtes uniformes & régulières que le hazard amenoit dans le discours, les différens mouvemens produits par l'inégalité des syllabes, & l'impression agréable de certaines inflexions de la voix, se firent des modèles de nombre & d'harmonie, où ils puisèrent peu à peu toutes les règles de la versification. La musique & la poésie sont donc naturellement nées ensemble.

§. 70. Ces deux arts s'associèrent celui du geste, plus anciens qu'eux, & qu'on appelloit du nom de *danse*. D'où nous pouvons conjecturer que dans tous les tems & chez tous les peuples on auroit pu remarquer quelque espèce de danse, de musique & de poésie. Les romains nous apprennent que les gaulois & les germains avoient leurs musiciens & leurs poètes : on a observé de nos jours la même chose par rapport aux négres, aux caraïbes & aux iroquois.

---

(1) Phérécides, de l'Isle de Scyros, est le premier qu'on sache avoir écrit en prose-

C'est ainsi qu'on trouve parmi les barbares le germe des arts qui se sont formés chez les nations polies, & qui aujourd'hui destinés à nourrir le luxe dans nos villes, paroissent si éloignés de leur origine, qu'on a bien de la peine à la reconnoître.

§. 71. L'étroite liaison de ces arts à leur naissance, est la vraie raison qui les a fait confondre par les anciens, sous un nom générique. Chez eux le terme de *musique* comprend non-seulement l'art qu'il désigne dans notre langue, mais encore celui du geste, la danse, la poésie & la déclamation. C'est donc à ces arts réunis qu'il faut rapporter la plûpart des effets de leur musique, & dès-lors ils ne sont plus si surprenans (1).

§. 72. On voit sensiblement quel étoit l'objet des premières poésies. Dans l'établissement des sociétés, les hommes ne pouvoient point encore s'occuper des choses de pur agrément, & les besoins qui les obligeoient de se réunir, bornoient leurs vues à ce qui pouvoit leur être utile ou nécessaire. La poésie & la musique ne furent donc cultivées que pour faire connoître la religion, les loix & pour conserver le souvenir des grands hommes, & des services qu'ils avoient rendus à la société. Rien n'y étoit plus propre, ou plutôt c'étoit le seul moyen dont on pût se servir, puisque l'écriture n'étoit pas encore connue. Aussi tous les monumens de l'antiquité prouvent-ils que ces arts à leur naissance ont été destinés à l'instruction des peuples. Les gaulois & les germains s'en servoient pour conserver leur histoire & leurs loix; & chez les égyptiens & les hébreux ils faisoient en quelque sorte partie de la religion. Voilà pourquoi les anciens vouloient que l'éducation eut pour principal objet l'étude de la musique : je prends ce terme dans toute l'étendue qu'ils lui donnoient. Les romains jugeoient la musique nécessaire à tous les âges, parce qu'ils trouvoient qu'elle enseignoit ce que les enfans devoient apprendre, & ce que les personnes faites devoient savoir. Quant aux grecs, il leur paroissoit si honteux de l'ignorer, qu'un musicien & un savant étoient pour eux la même chose, & qu'un ignorant étoit désigné dans leur langue par le nom d'un homme qui ne sait pas la musique. Ce peuple ne se persuadoit pas que cet art fût de l'invention des hommes, & ils croyoient tenir des dieux les instrumens qui l'étonnoient davantage. Ayant plus d'imagination que nous, il étoit plus sensible à l'harmonie : d'ailleurs la vénération qu'il avoit pour les loix,

pour la religion & pour les grands hommes qu'il célébroit dans ses chants, passa à la musique qui conservoit la tradition de ces choses.

§. 73. La prosodie & le style étant devenus plus simples, la prose s'éloigna de plus en plus de la poésie. D'un autre côté l'esprit fit des progrès, la poésie en parut avec des images plus neuves; par ce moyen elle s'éloigna aussi du langage ordinaire, fut moins à la portée du peuple, & devint moins propre à l'instruction.

D'ailleurs les faits, les loix & toutes les choses dont il falloit que les hommes eussent connoissance, se multiplièrent si fort, que la mémoire étoit trop foible pour un pareil fardeau; les sociétés s'agrandirent au point que la promulgation des loix ne pouvoit parvenir que difficilement à tous les citoyens. Il fallut donc pour instruire le peuple avoir recours à quelque nouvelle voie. C'est alors qu'on imagina l'écriture : j'exposerai plus bas quels en furent les progrès.

A la naissance de ce nouvel art, la poésie & la musique commencèrent à changer d'objet : elles se partagèrent entre l'utile & l'agréable, & enfin se bornèrent presqu'aux choses de pur agrément. Moins elles devinrent nécessaires, plus elles cherchèrent les occasions de plaire davantage, & elles firent l'une & l'autre des progrès considérables.

La musique & la poésie jusques-là inséparables, commencèrent, quand elles se furent perfectionnées, à se diviser en deux arts différens. Mais on cria à l'abus contre ceux qui, les premiers hazardèrent de les séparer. Les effets qu'elles pouvoient produire sans se prêter des secours mutuels, n'étoient pas encore assez sensibles, on ne prévoyoit pas ce qui devoit leur arriver, & d'ailleurs ce nouvel usage étoit trop contraire à la coutume. On en appelloit, comme nous aurions fait, à l'antiquité, qui ne les avoit jamais employées l'une sans l'autre; & l'on concluoit que des airs sans paroles, ou des vers pour n'être point chantés étoient quelque chose de trop bizarre pour avoir jamais du succès Mais quand l'expérience eut prouvé le contraire, les philosophes commencèrent à craindre que ces arts n'énervassent les mœurs. Ils s'opposèrent à leurs progrès, & citèrent aussi l'antiquité qui n'en avoit jamais fait usage pour des choses de pur agrément. Ce n'est donc point sans avoir eu bien des obstacles à surmonter que la musique & la poésie ont changé d'objets, & ont été distinguées en deux arts.

§. 74. On seroit tenté de croire que le préjugé qui fait respecter l'antiquité, a commencé à la seconde génération des hommes. Plus nous sommes ignorans, plus nous avons besoin de guides,

---

(1) On dit, par exemple, que la musique de Terpandre appaisa une sédition : mais cette musique n'étoit pas un simple chant, c'étoit des vers que déclamoit ce poëte.

des, & plus nous sommes portés à croire que ceux qui sont venus avant nous, ont bien fait tout ce qu'ils ont fait, & qu'il ne nous reste qu'à les imiter. Plusieurs siècles d'expérience auroient bien dû nous corriger de cette prévention.

Ce que la raison ne peut faire, le tems & les circonstances l'occasionnent ; mais souvent pour faire tomber dans des préjugés tout contraires. C'est ce qu'on peut remarquer au sujet de la poésie & de la musique, Notre prosodie étant devenue aussi simple qu'elle l'est aujourd'hui, ces deux arts ont été si fort séparés, que le projet de les réunir sur un théâtre a paru ridicule à tout le monde, & le paroît même encore, tant on est bisarre, à plusieurs de ceux qui applaudissent à l'exécution.

§. 75. L'objet des premières poésies nous indique quel en étoit le caractère. Il est vraisemblable qu'elles ne chantoient la religion, les loix & les heros, que pour réveiller dans les citoyens des sentimens d'amour, d'admiration & d'émulation. C'étoit des pseaumes, des cantiques, des odes & des chansons. Quant aux poemes épiques & dramatiques, ils ont été connus plus tard. L'invention en est due aux grecs, & l'histoire en a été faite si souvent que personne ne l'ignore.

§. 76. On peut juger du style des premières poésies par le génie des premières langues.

En premier lieu, l'usage de sous-entendre des mots y étoit fort fréquent. L'hébreu en est la preuve, mais en voici la raison.

La coutume introduite par la nécessité, de mêler ensemble le langage d'action & celui des sons articulés, subsista encore long-tems après que cette nécessité eut cessé sur-tout chez les peuples dont l'imagination étoit plus vive, tels que les orientaux. Cela fut cause que dans la nouveauté d'un mot on s'entendoit également bien en ne l'employant pas, comme en l'employant. On l'omettoit donc volontiers pour exprimer plus vivement sa pensée, ou pour la renfermer dans la mesure d'un vers. Cette licence étoit d'autant plus tolérée, que la poésie étant faite pour être chantée, & ne pouvant encore être écrite, le ton & le geste suppléoit au mot qu'on avoit omis. Mais quand par une longue habitude, un nom fut devenu le signe le plus naturel d'une idée, il ne fut pas aisé d'y suppléer. C'est pourquoi en descendant des langues anciennes aux plus modernes, on s'appercevra que l'usage de sous-entendre des mots est de moins en moins reçu. Notre langue le rejette même si fort, qu'on diroit quelquefois qu'elle se méfie de notre pénétration.

§. 77. En second lieu, l'exactitude & la précision ne pouvoient être connues des premiers poëtes. Ainsi pour remplir la mesure des vers, on y inséroit souvent des mots inutiles, ou l'on répétoit la même chose de plusieurs manières : nouvelle raison des pléonasmes fréquents dans des langues anciennes.

§. 78. Enfin, la poésie étoit extrêmement figurée & métaphorique ; car on assure que dans les langues orientales la prose même souffre des figures que la poésie des latins n'employe que rarement. C'est donc chez les poëtes orientaux que l'enthousiasme produisoit les plus grands désordres : c'est chez eux que les passions se montroient avec des couleurs qui nous paroîtroient exagérées. Je ne sais cependant si nous serions en droit de les blâmer. Ils ne sentoient pas les choses comme nous, ainsi ils ne devoient pas les exprimer de la même manière. Pour apprécier leurs ouvrages, il faudroit considérer le tempéramment des nations pour lesquelles ils ont écrit. On parle beaucoup de la belle nature, il n'y a pas même de peuple poli qui ne se pique de l'imiter ; mais chacun croit en trouver le modèle dans sa manière de sentir. Qu'on ne s'étonne pas si on a tant de peine à la reconnoître ; elle change trop souvent de visage, ou du moins elle prend trop l'air de chaque pays. Je ne sais même si la façon dont j'en parle actuellement, ne se sent pas un peu du ton qu'elle prend depuis quelque tems en France.

§. 79. Le style poétique & le langage ordinaire, en s'éloignant l'un de l'autre, laissèrent entr'eux un milieu où l'éloquence prit son origine, & d'où elle s'écarta pour se rapprocher tantôt du ton de la poésie, tantôt de celui de la conversation. Elle ne diffère de celui-ci, que parce qu'elle rejette toutes les expressions qui ne sont pas assez nobles, & de celui-là, que parce qu'elle n'est pas assujettie à la même mesure, & que selon le caractère des langues on ne lui permet pas certaines figures & certains tours qu'on souffre dans la poésie. D'ailleurs ces deux arts se confondent quelquefois si fort, qu'il n'est plus possible de les distinguer.

Des mots.

Je n'ai pu interrompre ce que j'avois à dire sur l'art des gestes, la danse, la prosodie, la déclamation, la musique & la poésie : toutes ces choses tiennent trop ensemble & au langage d'action qui en est le principe. Je vais actuellement rechercher par quels progrès le langage des sons articulés a pu se perfectionner & devenir enfin le plus commode de tous.

§. 80. Pour comprendre comment les hommes convinrent entr'eux du sens des premiers mots qu'ils voulurent mettre en usage, il suffit d'ob-

Philosophie anc. & mod., Tome II.

K.

ferver qu'ils les prononçoient dans des circonstances, où chacun étoit obligé de les rapporter aux mêmes perceptions. Par-là ils en fixoient la signification avec plus d'exactitude, selon que les circonstances, en se répétant plus souvent accoutumoient davantage l'esprit à lier les mêmes idées avec les mêmes signes. Le langage d'action levoit les ambiguités & les équivoques qui dans les commencemens devoient être fréquentes.

§. 81. Les objets destinés à soulager nos besoins, peuvent bien échapper quelquefois à notre attention, mais il est difficile de ne pas remarquer ceux qui sont propres à produire des sentimens de crainte & de douleur. Ainsi les hommes ayant dû nommer les choses plus tôt ou plus tard, à proportion qu'elles attiroient davantage leur attention ; il est vraisemblable, par exemple, que les animaux qui leur faisoient la guerre, eurent des noms avant les fruits dont ils se nourrissoient. Quand aux autres objets, ils imaginèrent des mots pour les désigner, selon qu'ils les trouvoient propres à soulager des besoins plus pressans, & qu'ils en recevoient des impressions plus vives.

§. 82. La langue fut long-tems sans avoir d'autres mots que les noms qu'on avoit donnés aux objets sensibles, tels que ceux, d'*arbre*, *fruit*, *eau*, *feu*, & autres dont on avoit plus souvent occasion de parler. Les notions complexes des substances étant connues les premières, puisqu'elles viennent immédiatement des sens, devoient être les premières à avoir des noms. A mesure qu'on fut capable de les analyser, en réfléchissant sur les différentes perceptions qu'elles renferment, on imagina des signes pour des idées plus simples. Quand on eut, par exemple, celui d'*arbre*, on fit ceux de *tronc*, *branche*, *feuille*, *verdure*, &c. On distingua ensuite, mais peu-à-peu, les différentes qualités sensibles des objets, on remarqua les circonstances où ils pouvoient se trouver, & l'on fit des mots pour exprimer toutes ces choses : ce furent les adjectifs & les adverbes. Mais on trouva de grandes difficultés à donner des noms aux opérations de l'ame, parce qu'on est naturellement peu propre à réfléchir sur soi-même. On fut donc long-tems à n'avoir d'autre moyen pour rendre ces idées, *je vois*, *j'entends*, *je veux*, *j'aime* & autres semblables, que de prononcer le nom des choses d'un ton particulier, & de marquer à-peu-près par quelque action la situation où l'on se trouvoit. C'est ainsi que les enfans qui n'apprennent ces mots, que quand ils savent déjà nommer les objets qui ont le plus de rapport à eux, font connoître ce qui se passe dans leur ame.

§. 83. En se faisant une habitude de se communiquer ces sortes d'idées par des actions, les hommes s'accoutumèrent à les déterminer ; & dès-lors ils commencèrent à trouver plus de facilité à les attacher à d'autre signes. Les noms qu'ils choisirent pour cet effet, font ceux qu'on appella *verbes*. Ainsi les premiers verbes n'ont été imaginés que pour exprimer l'état de l'ame, quand elle agit ou pâtit. Sur ce modèle on en fit ensuite pour exprimer celui de chaque chose. Ils eurent cela de commun avec les adjectifs, qu'ils désignoient l'état d'un être ; & ils eurent cela de particulier, qu'ils le marquoient en tant qu'il consiste en ce qu'on appelle *action* & *passion*. *Sentir*, *se mouvoir* étoient des verbes ; *grand*, *petit* étoient des adjectifs : pour les adverbes, ils servoient à faire connoître les circonstances que les adjectifs n'exprimoient pas.

§. 84. Quand on n'avoit point encore l'usage des verbes, le nom de l'objet dont on vouloit parler, se prononçoit dans le moment même, qu'on indiquoit par quelque action l'état de son ame : c'étoit le moyen le plus propre à se faire entendre. Mais quand on commença à suppléer à l'action par le moyen des sons articulés, le nom de la chose se présenta naturellement le premier, comme étant le signe le plus familier. Cette manière de s'énoncer étoit la plus commode pour celui qui parloit, & pour celui qui écoutoit. Elle l'étoit pour le premier, parce qu'elle le faisoit commencer par l'idée la plus facile à communiquer : elle l'étoit encore pour le second, parce qu'en fixant son attention à l'objet dont on vouloit l'entretenir, elle le préparoit à comprendre plus aisément un terme moins usité, & dont la signification ne devoit pas être si sensible. Ainsi l'ordre le plus naturel des idées vouloit qu'on mît le régime avant le verbe : on disoit, par exemple, *fruit vouloir*.

Cela peut encore se confirmer par une réflexion bien simple. C'est que le langage d'action ayant seul pu servir de modèle à celui des sons articulés, ce dernier a dû dans les commencemens conserver les idées dans le même ordre que l'usage du premier avoir rendu le plus naturel. Or on ne pouvoit avec le langage d'action faire connoître l'état de son ame, qu'en montrant l'objet auquel il se rapportoit. Les mouvemens qui exprimoient un besoin, n'étoient entendus qu'autant qu'on avoit indiqué par quelque geste ce qui étoit propre à le soulager. S'ils précédoient, c'étoit à pure perte, & l'on étoit obligé de les répéter ; car ceux à qui on vouloit faire connoître sa pensée, étoient encore trop peu exercés, pour songer à se les rappeller dans le dessein d'en interpréter le sens. Mais l'attention qu'on donnoit sans effort à l'objet indiqué, facilitoit l'intelligence de l'action. Il me semble même qu'aujourd'hui ce seroit encore la manière la plus naturelle de se servir de ce langage.

Le verbe venant après son régime, le nom

qui le régiſſoit, c'eſt-à-dire le nominatif ne pouvoit être placé entre deux; car il en auroit obſcurci le rapport. Il ne pouvoit pas non plus commencer la phraſe, parce que ſon rapport avec ſon régime eut été moins ſenſible. Sa place étoit donc après le verbe. Par-là les mots ſe conſtruiſoient dans le même ordre dans lequel ils ſe régiſſoient, unique moyen d'en faciliter l'intelligence. On diſoit *fruit vouloir Pierre*, pour *Pierre veut du fruit*, & la première conſtruction n'étoit pas moins naturelle que l'autre l'eſt actuellement. Cela ſe prouve par la langue latine, où toutes deux ſont également reçues. Il paroit que cette langue tient comme un milieu entre les plus anciennes & les plus modernes, & qu'elle participe du caractère des unes & des autres.

§. 85. Des verbes dans leur origine n'exprimoient l'état des choſes, que d'une manière indéterminée. Tels ſont les infinitifs, *aller, agir*. L'action dont on les accompagnoit ſuppléoit au reſte : c'eſt-à-dire, aux tems, aux modes, aux nombres & aux perſonnes. En diſant *arbre voir*, on faiſoit connoître par quelque geſte ſi l'on parloit de ſoi ou d'un autre, d'un ou de pluſieurs, du paſſé, du préſent ou de l'avenir, enfin dans un ſens poſitif ou dans un ſens conditionnel.

§. 86. La coutume de lier ces idées à de pareils ſignes ayant facilité les moyens de les attacher à des ſons, on inventa pour cet effet des mots qu'on ne plaça dans le diſcours qu'après les verbes, par la même raiſon que ceux-ci ne l'avoient été qu'après les noms. On rangeoit donc ſes idées dans cet ordre, *fruit manger à l'avenir moi*, pour dire, *je mangerai du fruit*.

§. 87. Les ſons qui rendoient la ſignification du verbe déterminée, lui étant toujours ajoutés, ne firent bien-tôt avec lui qu'un ſeul mot, qui ſe terminoit différemment ſelon ſes différentes acceptions. Alors le verbe fut regardé comme un nom, qui, quoique indéfini dans ſon origine, étoit par la variation de ſes tems & de ſes modes, devenu propre à exprimer d'une manière déterminée l'état d'action & de paſſion de chaque choſe. C'eſt de la ſorte que les hommes parvinrent inſenſiblement à imaginer les conjugaiſons.

§. 88. Quand les mots furent devenus les ſignes les plus naturels de nos idées, la néceſſité de les diſpoſer dans un ordre auſſi contraire à celui de nous leur donnons aujourd'hui, ne fut plus la même. On continua cependant de le faire, parce que le caractère des langues, formé d'après cette néceſſité, ne permit pas de rien changer à cet uſage; & l'on ne commença à ſe rapprocher de notre manière de concevoir, qu'après que pluſieurs idiomes ſe furent ſuccédés les uns aux autres. Ces changemens furent fort lents,

parce que les dernières langues conſerverent toujours une partie du génie de celles qui les avoient précédées. On voit dans le latin un reſte bien ſenſible du caractère des plus anciennes, d'où il a paſſé juſques dans nos conjugaiſons. Lorſque nous diſons, *je fais, je faiſois, je fis, je ferai*, &c. nous ne diſtinguons le tems, le mode, & le nombre, qu'en variant les terminaiſons du verbe, ce qui provient de ce que nos conjugaiſons ont en cela été faites ſur le modèle de celle des latins. Mais lorſque nous diſons, *j'ai fait, j'eus fait, j'avois fait*, &c. nous ſuivons l'ordre qui nous eſt devenu le plus naturel : car *fait* eſt ici proprement le verbe, puiſque c'eſt le nom qui marque l'état d'action; & *avoir* ne répond qu'au ſon qui dans l'origine des langues venoit après le verbe, pour en déſigner le tems, le mode & le nombre.

§. 89. On peut faire la même remarque ſur le terme *être*, qui rend le participe auquel on le joint, tantôt équivalent à un verbe paſſif, tantôt au prétérit compoſé d'un verbe actif ou neutre. Dans ces phraſes, *je ſuis aimé, je m'étois fait fort, je ſerois parti ; aimé* exprime l'état de paſſion, *fait* & *parti* celui d'action : mais *ſuis, étois* & *ſerois* ne marquent que le tems, le mode & le nombre. Ces ſortes de mots étoient de peu d'uſage dans les conjugaiſons latines, & ils s'y conſtruiſoient comme dans les premières langues, c'eſt-à-dire; après le verbe.

§. 90. Puiſque pour ſignifier le tems, le mode & le nombre, nous avons des termes que nous mettons avant le verbe, nous pourrions, en les plaçant après, nous faire un modèle des conjugaiſons des premières langues. Cela nous donneroit, par exemple, au lieu de *je ſuis aimé, j'étois aimé*, &c. *aimé ſuis, aimé-étois*, &c.

§. 91. Les hommes ne multiplièrent pas les mots ſans néceſſité, ſur-tout quand ils commencèrent à en avoir l'uſage : il leur en coûtoit trop pour les imaginer & pour les retenir. Le même nom qui étoit le ſigne d'un tems ou d'un mode, fut donc mis après chaque verbe : d'où il réſulte que chaque mère-langue n'a d'abord eu qu'une ſeule conjugaiſon. Si le nombre en augmenta, ce fut par le mélange de pluſieurs langues, ou parce que les mots deſtinés à indiquer les tems, les modes, &c. ſe prononçant plus ou moins facilement ſelon le verbe qui les précédoit, furent quelquefois altérés.

§. 92. Les différentes qualités de l'ame ne ſont qu'un effet des divers états d'action & de paſſion par où elle paſſe, ou des habitudes qu'elle contracte, lorſqu'elle agit ou pâtit à pluſieurs repriſes. Pour connoître ces qualités, il faut donc déjà avoir quelque idée des différentes manières

K 2

d'agir & de pâtir de cette substance : ainsi les adjectifs qui les expriment, n'ont pu avoir cours qu'après que les verbes ont été connus. Les mots de *parler*, & de *persuader* ont nécessairement été en usage avant celui d'*éloquent* : cet exemple suffit pour rendre ma pensée sensible.

§. 93. En parlant des noms donnés aux qualités des choses, je n'ai encore fait mention que des adjectifs ; c'est que les substantifs abstraits n'ont pu être connus que long-tems après. Lorsque les hommes commencèrent à remarquer les différentes qualités des objets, ils ne les virent pas toutes seules ; mais ils les apperçurent comme quelque chose dont un sujet étoit revêtu. Les noms qu'ils leur donnèrent, dûrent, par conséquent, emporter, quelque idée de ce sujet : tels sont les mots *grand*, *vigilant*, &c. Dans la suite on repassa sur les notions qu'on s'étoit faites & l'on fut obligé de les décomposer, afin de pouvoir exprimer plus commodément de nouvelles pensées : c'est alors qu'on distingua les qualités de leur sujet, & qu'on fit les substantifs abstraits de *grandeur*, *vigilance*, &c. Si nous pouvions remonter à tous les noms primitifs, nous reconnoîtrions qu'il n'y a point de substantif abstrait qui ne dérive de quelque adjectif ou de quelque verbe.

§. 94. Avant l'usage des verbes on avoit déjà, comme nous l'avons vu, des adjectifs pour exprimer des qualités sensibles, parce que les idées les plus aisées à déterminer, ont dû les premières avoir des noms. Mais faute de mot pour lier l'adjectif à son substantif, on se contentoit de mettre l'un à côté de l'autre. *Monstre terrible* signifioit, ce *monstre est terrible* ; car l'action suppléoit à ce qui n'étoit pas exprimé par les sons. Sur quoi il faut observer que le substantif se construisoit tantôt avant, tantôt après l'adjectif, selon qu'on vouloit plus appuyer sur l'idée de l'un ou sur celle de l'autre. Un homme surpris de la hauteur d'un arbre, disoit *grand arbre*, quoique dans toute autre occasion il eut dit, *arbre grand* ; car l'idée dont on est le plus frappé, est celle qu'on est naturellement porté à énoncer la première.

Quand on se fut fait des verbes, on remarqua facilement que le mot qu'on leur avoit ajouté pour en distinguer la personne, le nombre, le tems & le mode, avoit encore la propriété de les lier avec le nom qui les régissoit. On employa donc ce même mot pour la liaison de l'adjectif avec son substantif, ou du moins on en imagina un semblable. Voilà à quoi répond celui d'*être*, à cela près qu'il ne suffit pas pour désigner la personne. Cette manière de lier deux idées, est, comme je l'ai dit ailleurs, ce qu'on appelle *affirmer*. Ainsi le caractère de ce mot est de marquer l'affirmation.

§. 95. Lorsqu'on s'en servit pour la liaison du substantif & de l'adjectif, on le joignit à ce dernier, comme à celui sur lequel l'affirmation tombe plus particulièrement. Il arriva bientôt ce qu'on avoit déjà vu à l'occasion des verbes ; c'est que les deux ne firent qu'un mot. Par-là les adjectifs devinrent susceptibles de conjugaison, & ne furent distingués des verbes, que parce que les qualités qu'ils exprimoient, n'étoient ni action ni passion. Alors pour mettre tous ces noms dans une même classe, on ne considéra le verbe que *comme un mot, qui susceptible de conjugaison, affirme d'un sujet une qualité quelconque*. Il y eut donc trois sortes de verbes : les uns actifs, ou qui signifient action ; les autres passifs, ou qui marquent passion ; & les derniers neutres, ou qui indiquent toute autre qualité. Les grammairiens changèrent ensuite ces divisions, ou en imaginèrent de nouvelles, parce qu'il leur parut plus commode de distinguer les verbes par le régime, que par le sens.

§. 96. Les adjectifs s'étant changés en verbes, la construction des langues fut quelque peu altérée. La place de ces nouveaux verbes varia comme celle des noms d'où ils dérivoient : ainsi ils furent mis tantôt avant, tantôt après le substantif dont ils étoient le régime. Cet usage s'étendit ensuite aux autres verbes. Telle est l'époque qui a préparé la construction qui nous est si naturelle.

§. 97. On ne fut donc plus assujetti à arranger toujours ses idées dans le même ordre : on sépara de plusieurs adjectifs le mot qui leur avoit été ajouté ; on le conjugua à part ; & après l'avoir long-tems placé assez indifféremment, comme le prouve la langue latine, on le fixa dans la nôtre après le nom qui le régit & avant celui qu'il a pour régime.

§. 98. Ce mot n'étoit le signe d'aucune qualité, & n'auroit pu être mis au nombre des verbes, si en sa faveur on n'avoit pas étendu la notion du verbe, comme on l'avoit déjà fait pour les adjectifs. On ne fut donc plus considéré que comme *un mot qui signifie affirmation avec distinction de personnes, de nombres, de tems & de modes*. Dès-lors le verbe *être* fut proprement le seul. Les grammairiens n'ayant pas suivi le progrès de ces changemens, ont eu bien de la peine à s'accorder sur l'idée qu'on doit avoir de cette sorte de noms (1).

§. 99. Les déclinaisons des latins doivent s'expliquer de la même manière que leurs conjugaisons : l'origine n'en sauroit être différente. Pour exprimer le nombre, le cas & le genre, on imagina des mots qu'on plaça après les noms, &

---

(1) De toutes les parties de l'oraison, dit l'abbé Regnier, il n'y a aucune dont nous ayons autant de définitions, que nous en avons des verbes. Gramm. Françoise, p. 325.

qui en varièrent la terminaison. Sur quoi on peut remarquer que nos déclinaisons ont été faites en partie sur celles de la langue latine, puisqu'elles admettent différentes terminaisons; & en partie d'après l'ordre que nous donnons aujourd'hui à nos idées; car les articles qui sont les signes du nombre, du cas & du genre, se mettent avant les noms.

Il me semble que la comparaison de notre langue avec celle des latins rend mes conjectures assez vraisemblables, & qu'il y a lieu de présumer qu'elles s'écarteroient peu de la vérité, si l'on pouvoit remonter à une première langue.

§. 100. Les conjugaisons & les déclinaisons latines ont sur les nôtres l'avantage de la variété & de la précision. L'usage fréquent que nous sommes obligés de faire des verbes auxiliaires & des articles, rend le style diffus & traînant : cela est d'autant plus sensible que nous portons le scrupule jusqu'à répéter les articles sans nécessité. Par exemple, nous ne disons pas, *c'est le plus pieux & plus savant homme que je connoisse*, mais nous disons, *c'est le plus pieux & le plus savant*, &c. On peut encore remarquer que par la nature de nos déclinaisons nous manquons de ces noms que les grammairiens appellent comparatifs, à quoi nous ne suppléons que par le mot *plus*, qui demande les mêmes répétitions que l'article. Les conjugaisons & les déclinaisons étant les parties de l'oraison qui reviennent le plus souvent dans le discours, il est démontré que notre langue a moins de précision que la langue latine.

§. 101. Nos conjugaisons & nos déclinaisons ont à leur tour un avantage sur celles des latins; c'est qu'elles nous font distinguer des sens qui se confondent dans leur langue. Nous avons trois prétérits, *je fis*, *j'ai fait*, *j'eus fait*: ils n'en ont qu'un, *feci*. L'omission de l'article change quelquefois le sens d'une proposition : *je suis père & je suis le père*, ont deux sens différens, qui se confondent dans la langue latine ; *sum pater*.

§. 102. Il n'étoit pas possible d'imaginer des noms pour chaque objet particulier; il fut donc nécessaire d'avoir de bonne heure des termes généraux. Mais avec quelle adresse ne fallut-il pas saisir les circonstances, pour s'assurer que chacun formoit les mêmes abstractions, & donnoit les mêmes noms aux mêmes idées? Qu'on lise des ouvrages sur des matières abstraites, on verra qu'aujourd'hui même il n'est pas aisé d'y réussir.

Pour comprendre dans quel ordre les termes abstraits ont été imaginés; il suffit d'observer l'ordre des notions générales. L'origine & les progrès sont les mêmes de part & d'autre. Je veux dire que s'il est constant que les notions les plus générales viennent des idées que nous tenons immédiatement des sens, il est également certain que les termes les plus abstraits dérivent des premiers noms qui ont été donnés aux objets sensibles.

Les hommes, autant qu'il est en leur pouvoir, rapportent leurs dernières connoissances à quelques-unes de celles qu'ils ont déjà acquises. Par-là les idées moins familières se lient à celles qui le sont davantage, ce qui est d'un grand secours à la mémoire & à l'imagination. Quand les circonstances firent remarquer de nouveaux objets, on chercha donc ce qu'ils avoient de commun avec ceux qui étoient connus, on les mit dans la même classe, & les mêmes noms servirent à désigner les uns & les autres. C'est de la sorte que les idées des signes devinrent plus générales : mais cela ne se fit que peu à peu, on ne s'éleva aux notions les plus abstraites que par degrés, & on n'eut que fort tard les termes d'*essence*, de *substance* & d'*être*. Sans doute qu'il y a des peuples qui n'en ont point encore enrichi leur langue (1) : s'ils sont plus ignorans que nous, je ne crois pas que ce soit par cet endroit.

§. 103. Plus l'usage des termes abstraits s'établit, plus il fit connoître combien les sons articulés étoient propres à exprimer jusqu'aux pensées qui paroissent avoir le moins de rapport aux choses sensibles. L'imagination travailla pour trouver dans les objets qui frappent les sens des images de ce qui se passoit dans l'intérieur de l'ame. Les hommes ayant toujours apperçu du mouvement & du repos dans la matière; ayant remarqué le penchant ou l'inclination des corps; ayant vu que l'air s'agite, se trouble & s'éclaircit; que les plantes se développent, se fortifient & s'affoiblissent : ils dirent le *mouvement*, *le repos*, *l'inclination* & *le penchant* de l'ame ; ils dirent que l'esprit *s'agite*, *se trouble*, *s'éclaircit*, *s'affoiblit*. Enfin on se contenta d'avoir trouvé un rapport quelconque entre une action de l'ame & une action du corps, pour donner le même nom à l'une & à l'autre (2). Le terme d'*esprit* d'où vient-il lui-même, si ce n'est de l'idée d'une matière très-subtile, d'une vapeur, d'un souffle qui

---

(1) Cela se trouve confirmé par la relation de M. de la Condamine.

(2) « Je ne doute point, (dit Locke, l. 3. c. 1. §. 5.)
» que, si nous pouvions conduire tous les mots jusqu'à
» leur source, nous ne trouvassions que dans toutes
» les langues, les mots qu'on employe pour signifier
» des choses qui ne tombent pas sous les sens, ont
» tiré leur première origine d'idées sensibles. D'où
» nous pouvons conjecturer quelle sorte de notions
» avoient ceux qui les premiers parlèrent ces langues-
» là, d'où elles leur venoient dans l'esprit, & com-
» ment la nature suggéra inopinément aux hommes
» l'origine & le principe de toutes leurs connois-
» sances, par les noms mêmes qu'ils donnoient aux
» choses.

échappe à la vue? Idée avec laquelle plusieurs philosophes se sont si fort familiarisés, qu'ils s'imaginent qu'une substance composée d'un nombre innombrable de parties, est capable de penser. J'ai réfuté cette erreur.

On voit évidemment comment tous ces noms ont été figurés dans leur origine. On pourroit prendre, parmi des termes plus abstraits, des exemples où cette vérité ne seroit pas si sensible. Tel est le mot de *pensée* (1) : mais on sera bientôt convaincu qu'il ne fait pas une exception.

Ce sont les besoins qui fournirent aux hommes les premières occasions de remarquer ce qui se passoit en eux-mêmes, & de l'exprimer par des actions, ensuite par des noms. Ces observations n'eurent donc lieu que relativement à ces besoins, & on ne distingua plusieurs choses qu'autant qu'ils engageoient à le faire. Or les besoins se rapportoient uniquement au corps. Les premiers noms qu'on donna à ce que nous sommes capables d'éprouver, ne signifièrent donc que des actions sensibles. Dans la suite les hommes se familiarisèrent peu à peu avec les termes abstraits, devinrent capables de distinguer l'ame du corps, & de considérer à part les opérations de ces deux substances. Alors ils apperçurent non-seulement quelle étoit l'action du corps, quand on dit, par exemple, *je vois*; mais ils remarquèrent encore particulièrement la perception de l'ame, & commencèrent à regarder le terme de *voir* comme propre à désigner l'une & l'autre. Il est même vraisemblable que cet usage s'établit si naturellement, qu'on ne s'apperçût pas qu'on étendoit la signification de ce mot. C'est ainsi qu'un signe qui s'étoit d'abord terminé à une action du corps, devint le nom d'une opération de l'ame.

Plus on voulut réfléchir sur les opérations dont cette voie avoit fourni les idées, plus on sentit la nécessité de les rapporter à différentes classes. Pour cet effet on n'imagina pas de nouveaux termes, ce n'auroit pas été le moyen le plus facile de se faire entendre : mais on étendit peu à peu & selon le besoin la signification de quelques-uns des noms qui étoient devenus les signes des opérations de l'ame ; de sorte qu'un d'eux se trouva enfin si général, qu'il les exprima toutes : c'est celui de *pensée*. Nous-mêmes nous ne nous conduisons pas autrement, quand nous voulons indiquer une idée abstraite, que l'usage n'a pas encore déterminée. Tout confirme donc ce que je viens de dire dans le paragraphe précédent : *que les termes les plus abstraits dérivent des premiers noms qui ont été donnés aux objets sensibles.*

§. 104. On oublia l'origine de ces signes, aussitôt que l'usage en fut familier, & on tomba dans l'erreur de croire qu'ils étoient les noms les plus naturels des choses spirituelles. On s'imagina même qu'ils en expliquoient parfaitement l'essence & la nature, quoi qu'ils n'exprimassent que des analogies fort imparfaites. Cet abus se montre sensiblement dans les philosophes anciens, il s'est conservé chez les meilleurs des modernes, & il est la principale cause de la lenteur de nos progrès dans la manière de raisonner.

§. 105. Les hommes, principalement dans l'origine des langues, étant peu propres à réfléchir sur eux-mêmes, ou n'ayant, pour exprimer ce qu'ils y pouvoient remarquer, que des signes jusques-là appliqués à des choses toutes différentes ; on peut juger des obstacles qu'ils eurent à surmonter, avant de donner des noms à certaines opérations de l'ame. Les particules, par exemple, qui lient les différentes parties du discours, ne durent être imaginées que fort tard. Elles expriment la manière dont les objets nous affectent, & les jugemens que nous en portons, avec une finesse qui échappa long-tems à la grossièreté des esprits, ce qui rendit les hommes incapables de raisonnement. Raisonner, c'est exprimer les rapports qui sont entre différentes propositions ; or i est évident qu'il n'y a que les conjonctions qui en fournissent les moyens. Le langage d'action ne pouvoit que foiblement suppléer au défaut de ces particules ; & l'on ne fut en état d'exprimer avec des noms les rapports dont elles sont les signes, qu'après qu'ils eurent été fixés par des circonstances marquées, & à beaucoup de reprises. Nous verrons plus bas que cela donna naissance à l'apologue.

§. 106. Les hommes ne s'entendirent jamais mieux, que lorsqu'ils donnèrent des noms aux objets sensibles. Mais aussitôt qu'ils voulurent passer aux notions archétypes ; comme ils manquoient ordinairement de modèles, qu'ils se trouvoient dans des circonstances qui varioient sans cesse, & que

---

(1) Je crois que cet exemple est le plus difficile qu'on puisse choisir. On en peut juger par une difficulté avec laquelle les cartésiens ont cru réduire à l'absurde ceux qui prétendent que toutes nos connoissances viennent des sens. « Par quel sens, demandent-ils, » des idées toutes spirituelles, celle de la pensée, » par exemple, & celle de l'être seroient-elles entrées » dans l'entendement ? Sont-elles lumineuses ou colo- » rées, pour être entrées par la vue ? D'un son grave ou » aigu, pour être entrées par l'ouïe ? D'une bonne » ou mauvaise odeur, pour être entrées par l'odorat ? » D'un bon ou d'un mauvais goût, pour être entrées » par le goût ? Froides ou chaudes, dures ou molles, » pour être entrées par l'attouchement ? Que si on » ne peut rien répondre qui ne soit déraisonnable, » il faut avouer que les idées spirituelles, telles que » celles de l'être & de la pensée, ne tirent en aucune » sorte leur origine des sens, mais que notre ame a » la faculté de les former de soi-même » *Art de penser.* Cette objection a été tirée des confessions de saint Augustin. Elle pouvoit avoir de quoi séduire avant que Locke eut écrit, mais à présent s'il y a quelque chose de peu solide, c'est l'objection elle-même.

tous ne favoient pas également bien conduire les opérations de leur ame, ils commencèrent à avoir bien de la peine à s'entendre. On raſſembla ſous un même nom plus ou moins d'idées ſimples, & ſouvent des idées infiniment oppoſées : de-là bien des diſputes de mots. Il fut rare de trouver ſur ces matières dans deux langues différentes des termes qui ſe répondiſſent parfaitement. Au contraire il fut très-commun, dans une même langue, d'en remarquer dont le ſens n'étoit point aſſez déterminé, & dont on pouvoit faire mille applications différentes. Ces vices ſont paſſés juſques dans les ouvrages des philoſophes, & ſont le principe de bien des erreurs.

Nous avons vu, en parlant des noms des ſubſtances, que ceux des idées complexes ont été imaginés avant les noms des idées ſimples : on a ſuivi un ordre tout différent, quand on a donné des noms aux notions archétypes. Ces notions n'étant que des collections de pluſieurs idées ſimples que nous avons raſſemblées à notre choix, il eſt évident que nous n'avons pu les former, qu'après avoir déjà déterminé par des noms particuliers chacune des idées ſimples que nous y avons voulu faire entrer. On n'a, par exemple, donné le nom de *courage* à la notion dont il eſt le ſigne, qu'après avoir fixé par d'autres noms les idées de *danger*, *connoiſſance du danger*, *obligation de s'y expoſer*, *& fermeté à remplir cette obligation*.

§. 107. Les pronoms furent les derniers mots qu'on imagina, parce qu'ils furent les derniers dont on ſentit la néceſſité : il eſt même vraiſemblable qu'on fut long-tems avant de s'y accoutumer. Les eſprits dans l'habitude de réveiller à chaque fois une même idée par un même mot, avoient de la peine à ſe faire à un nom qui tenoit lieu d'un autre, & quelquefois d'une phraſe entière.

§. 108. Pour diminuer ces difficultés, on mit dans le diſcours les pronoms avant les verbes, car étant par-là plus près des noms dont ils tenoient la place, leurs rapports en devenoient plus ſenſibles. Notre langue s'en eſt même fait une règle ; on ne peut excepter que le cas où un verbe eſt à l'impératif, & qu'il marque commandement : on dit *faites-le*. Cet uſage n'a peut-être été introduit que pour diſtinguer davantage l'impératif du préſent. Mais ſi l'impératif ſignifie une défenſe, le pronom reprend ſa place naturelle : on dit, *ne le faites pas*. La raiſon m'en paroît ſenſible. Le verbe ſignifie l'état d'une choſe, & la négation marque la privation de cet état ; il eſt donc naturel, pour plus de clarté, de ne la pas ſéparer du verbe. Or c'eſt *pas* qui la rend complette : par conſéquent, il eſt plus néceſſaire qu'il ſoit joint au verbe, que *ne*. Il me ſemble même que cette particule ne veut jamais être ſéparée de ſon verbe : je ne ſais ſi les grammairiens en ont fait la remarque.

§. 109. On n'a pas toujours conſulté la nature des mots, quand on a voulu les diſtribuer en différentes claſſes : c'eſt pourquoi on a mis au nombre des pronoms des mots qui n'en ſont pas. Quand on dit, par exemple, *voulez-vous me donner cela ; vous , me, cela* déſignent la perſonne qui parle, celle à qui l'on parle & la choſe qu'on demande. Ainſi ce ſont-là proprement des noms qui ont été connus long-tems avant les pronoms, & qui ont été placés dans le diſcours ſuivant l'ordre des autres noms ; c'eſt-à-dire, avant le verbe, quand ils en étoient le régime, & après, quand ils le régiſſoient : on diſoit, *cela vouloir moi*, pour dire, *je veux cela*.

§. 110. Je crois qu'il ne nous reſte plus à parler que de la diſtinction des genres : mais il eſt viſible qu'elle ne doit ſon origine qu'à la différence des ſexes ; & qu'on n'a rapporté les noms à deux ou trois ſortes de genres, qu'afin de mettre plus d'ordre & plus de clarté dans le langage.

§. 111. Tel eſt l'ordre, ou à-peu-près, dans lequel les mots ont été inventés. Les langues ne commencèrent proprement à avoir un ſtyle, que quand elles eurent des noms de toutes les eſpèces, & qu'elles ſe furent fait des principes fixes pour la conſtruction du diſcours. Auparavant ce n'étoit qu'une certaine quantité de termes, qui n'exprimoient une ſuite de penſées, qu'avec le ſecours du langage d'action. Il faut cependant remarquer que les pronoms n'étoient néceſſaires que pour la préciſion du ſtyle.

De la ſignification des mots.

§. 112. Il ſuffit de conſidérer comment les noms ont été imaginés, pour remarquer que ceux des idées ſimples ſont les moins ſuſceptibles d'équivoques : car les circonſtances déterminent ſenſiblement les perceptions auxquelles ils ſe rapportent. Je ne puis douter de la ſignification de ces mots, *blanc, noir,* ſi je remarque qu'on les employe pour déſigner certaines perceptions que j'éprouve actuellement.

§. 113. Il n'en eſt pas de même des notions complexes : elles ſont quelquefois ſi compoſées, qu'on ne peut raſſembler que fort lentement les idées ſimples qui doivent leur appartenir. Quelques qualités ſenſibles qu'on obſerva facilement, compoſèrent d'abord la notion qu'on ſe fit d'une ſubſtance : dans la ſuite on la rendit plus complexe, ſelon qu'on fut plus habile à ſaiſir de nouvelles qualités. Il eſt vraiſemblable, par exemple, que la notion de l'or ne fut au commencement que celle d'un corps jaune & fort peſant : une expérience y fit quelque tems après aiouter la malléabilité ; une autre, la ductilité ou la fixité ; & ainsi successivement toutes les qualités dont les plus habiles chimistes ont formé l'idée qu'ils ont de cette substance. Chacun put observer que les nouvelles qualités qu'on y découvroit, avoient, pour entrer dans la notion qu'on s'en étoit déjà faite, le même droit que les premières qu'on y avoit remarquées. C'est pourquoi il ne fut plus possible de déterminer le nombre des idées simples qui pouvoient composer la notion d'une substance. Selon les uns il étoit plus grand, selon les autres il l'étoit moins : cela dépendoit entièrement des expériences, & de la sagacité qu'on apportoit à les faire. Par-là la signification des noms des substances a nécessairement été fort incertaine, & a occasionné quantité de disputes de mots. Nous sommes naturellement portés à croire que les autres ont les mêmes idées que nous, parce qu'ils se servent du même langage ; d'où il arrive souvent que nous croyons être d'avis contraires, quoique nous défendions les mêmes sentimens. Dans ces occasions il suffiroit d'expliquer le sens des termes, pour faire évanouir les sujets de dispute, & pour rendre sensible le frivole de bien des questions que nous regardons comme importantes, Locke en donne une exemple qui mérite d'être rapporté.

« Je me trouvai, dit-il, un jour dans une assemblée de médecins habiles & pleins d'esprit, où l'on vint à examiner par hasard si quelque liqueur passoit à travers les filamens des nerfs : les sentimens furent partagés, & la dispute dura assez long-tems, chacun proposant de part & d'autre différens argumens pour appuyer son opinion. Comme je me suis mis dans l'esprit depuis long-tems, qu'il pourroit bien être que la plus grande partie des disputes roule plutôt sur la signification des mots que sur une différence réelle qui se trouve dans la manière de concevoir les choses, je m'avisai de demander à ces messieurs qu'avant que de pousser plus loin cette dispute, ils voulussent premièrement examiner & établir entr'eux, ce que signifioit le mot de *liqueur*. Ils furent d'abord un peu surpris de cette proposition ; & s'ils eussent été moins polis, ils l'auroient peut-être regardée avec mépris comme frivole & extravagante, puisqu'il n'y avoit personne dans cette assemblée, qui ne crût entendre parfaitement ce que signifioit le mot *liqueur*, qui, je crois, n'est pas effectivement un des noms des substances le plus embarrassé. Quoi qu'il en soit, ils eurent la complaisance de céder à mes instances ; & ils trouvèrent enfin, après avoir examiné la chose, que la signification de ce mot n'étoit pas si déterminée ni si certaine qu'ils l'avoient tous cru jusqu'alors, & qu'au contraire chacun d'eux le faisoit signe d'une différente idée complexe. Ils virent par-là que le fort de leur dispute rouloit sur la signification de ce terme, & qu'ils convenoient tous à-peu-près de la même chose, savoir que quelque matière fluide & subtile passoit à travers les pores des nerfs ; quoiqu'il ne fût pas si facile de déterminer si cette matière devoit porter le nom de liqueur, ou non ; chose qui, bien considérée par chacun d'eux, fut jugée indigne d'être mise en dispute (1) ».

§. 114. La signification des noms des idées archétypes est encore plus incertaine que celle des noms des substances, soit parce qu'on trouve rarement le modèle des collections auxquelles ils appartiennent, soit parce qu'il est souvent bien difficile d'en remarquer toutes les parties, quand même on en a le modèle : les plus essentielles sont précisément celles qui nous échappent davantage. Pour se faire, par exemple, l'idée d'une action criminelle, il ne suffit pas d'observer ce qu'elle a d'extérieur & de visible, il faut encore saisir des choses qui ne tombent pas sous les sens. Il faut pénétrer dans l'intention de celui qui la commet, découvrir le rapport qu'elle a avec la loi, & même quelquefois connoître plusieurs circonstances qui l'ont précédée. Tout cela demande un soin dont notre négligence, ou notre peu de sagacité nous rend communément incapables.

§. 115. Il est curieux de remarquer avec quelle confiance on se sert du langage dans le moment même qu'on en abuse le plus. On croit s'entendre quoiqu'on n'apporte aucune précaution pour y parvenir. L'usage des mots est devenu si familier, que nous ne doutons point qu'on ne doive saisir notre pensée, aussitôt que nous les prononçons ; comme si les idées ne pouvoient qu'être les mêmes dans celui qui parle & dans celui qui écoute. Au lieu de remédier à ces abus, les philosophes ont eux-mêmes affecté d'être obscurs. Chaque secte a été intéressée à imaginer des termes ambigus, ou vides de sens. C'est par-là qu'on a cherché à cacher les endroits foibles de tant de systèmes frivoles ou ridicules ; & l'adresse à y réussir a passé, comme Locke le remarque (2), pour pénétration d'esprit & pour véritable savoir. Enfin il est venu des hommes qui, composant leur langage du jargon de toutes les sectes, ont soutenu le pour & le contre sur toutes sortes de matières : talent qu'on a admiré & qu'on admire peut-être encore, mais qu'on traiteroit avec un souverain mépris, si l'on apprécioit mieux les choses. Pour prévenir tous ces abus, voici quelle doit être la signification précise des mots.

---

(1) Livre III, chapitre IX. §. XVI.

Livre III, chapitre X

§ 116.

§. 116. Il ne faut se servir des signes que pour exprimer les idées qu'on a soi-même dans l'esprit. S'il s'agit des substances, les noms qu'on leur donne, ne doivent se rapporter qu'aux qualités qu'on y a remarquées, & dont on a fait des collections. Ceux des idées archétypes ne doivent aussi désigner qu'un certain nombre d'idées simples, qu'on est en état de déterminer. Il faut sur-tout éviter de supposer légèrement que les autres attachent aux mêmes mots les mêmes idées que nous. Quand on agite une question, notre premier soin doit être de considérer si les notions complexes des personnes avec qui nous nous entretenons, renferment un plus grand nombre d'idées simples que les nôtres. Si nous le soupçonnons plus grand, il faut nous informer de combien & de quelles espèces d'idées : s'il nous paroît plus petit, nous devons faire connoître quelles idées simples nous y ajoutons de plus.

Quant aux noms généraux, nous ne pouvons les regarder que comme des signes qui distinguent les différentes classes sous lesquelles nous distribuons nos idées : & lorsqu'on dit qu'une substance appartient à une espèce, nous devons entendre simplement qu'elle renferme les qualités qui sont contenues dans la notion complexe dont un certain mot est le signe.

Dans tout autre cas que celui des substances, l'essence de la chose se confond avec la notion que nous nous en sommes faite ; &, par conséquent, un même nom est également le signe de l'une & de l'autre. Un espace terminé par trois lignes est tout-à-la-fois l'essence & la notion du triangle. Il en est de même de tout ce que les mathématiciens confondent sous le terme général de *grandeur*. Les philosophes voyant qu'en mathématiques la notion de la chose emporte la connoissance de son essence, ont conclu précipitamment qu'il en étoit de même en physique, & se sont imaginés connoître l'essence même des substances.

Les idées en mathématiques étant déterminées d'une manière sensible, la confusion de la notion de la chose avec son essence n'entraîne aucun abus ; mais dans les sciences où l'on raisonne sur des idées archétypes, il arrive qu'on en est moins en garde contre les disputes de mots. On demande, par exemple, quelle est l'essence des poëmes dramatiques qu'on appelle *comédies* ; & si certaines pièces auxquelles on donne ce nom, méritent de le porter.

Je remarque que le premier qui a imaginé des comédies, n'a point eu de modèle : par conséquent, l'essence de cette sorte de poëmes étoit uniquement dans la notion qu'il s'en est faite. Ceux qui sont venus après lui, ont successivement ajouté quelque chose à cette première notion, & ont par-là changé l'essence de la comédie. Nous

Philosophie anc. & mod. Tome II.

avons le droit d'en faire autant : mais au lieu d'en user, nous consultons les modèles que nous avons aujourd'hui, & nous formons notre idée d'après ceux qui nous plaisent davantage. En conséquence nous n'admettons dans la classe des comédies que certaines pièces, & nous en excluons toutes les autres. Qu'on demande ensuite si tel poëme est une comédie, ou non ; nous répondrons chacun selon les notions que nous nous sommes faites, &, comme elles ne sont pas les mêmes, nous paroîtrons prendre des partis différens. Si nous voulions substituer les idées à la place des noms, nous connoîtrions bientôt que nous ne différons que par la manière de nous exprimer. Au lieu de borner ainsi la notion d'une chose, il seroit bien plus raisonnable de l'étendre à mesure qu'on trouve de nouveaux genres qui peuvent lui être subordonnés. Ce seroit ensuite une recherche curieuse & solide que d'examiner quel genre est supérieur aux autres.

On peut appliquer au poëme épique ce que je viens de dire de la comédie, puisqu'on agite comme de grandes questions : Si le Paradis perdu, le Lutrin, &c. sont des poëmes épiques.

Il suffit quelquefois d'avoir des idées incompletes, pourvu qu'elles soient déterminées ; d'autrefois il est absolument nécessaire qu'elles soient complètes : cela dépend de l'objet qu'on a en vue. On devroit sur-tout distinguer si l'on parle des choses pour en rendre raison, ou seulement pour s'instruire. Dans le premier cas ce n'est pas assez d'en avoir quelques idées, il faut les connoître à fond. Mais un défaut assez général, c'est de décider sur tout avec des idées en petit nombre, & souvent même mal déterminées.

J'indiquerai, en traitant de la méthode, les moyens dont on peut se servir pour déterminer toujours les idées que nous attachons à différens signes.

Des inversions.

§. 117. Nous nous flattons que le françois a sur les langues anciennes l'avantage d'arranger les mots dans le discours, comme les idées s'arrangent d'elles-mêmes dans l'esprit ; parce que nous nous imaginons que l'ordre le plus naturel demande qu'on fasse connoître le sujet dont on parle, avant d'indiquer ce qu'on en affirme ; c'est-à-dire, que le verbe soit précédé de son nominatif & suivi de son régime. Cependant nous avons vu que dans l'origine des langues la construction la plus naturelle exigeoit un ordre tout différent.

Ce qu'on appelle ici naturel, varie nécessairement selon le génie des langues, & se trouve dans quelques-unes plus étendu que dans d'autres. Le latin en est la preuve ; il allie des constructions tout-à-fait contraires, & qui néanmoins paroissent également conformes à l'arrangement des idées. Telles sont celles-ci : *Alexander vicit Darium, Darium vicit Alexander.* Si nous n'adoptons que la première, *Alexandre a vaincu Darius*, ce n'est pas qu'elle soit seule naturelle, mais c'est que nos déclinaisons ne permettent pas de concilier la clarté avec un ordre différent.

Sur quoi seroit fondée l'opinion de ceux qui prétendent que dans cette proposition, *Alexandre a vaincu Darius*, la construction françoise seroit seule naturelle ? Qu'ils considèrent la chose du côté des opérations de l'ame, ou du côté des idées, ils reconnoîtront qu'ils sont dans un préjugé. En la prenant du côté des opérations de l'ame, on peut supposer que les trois idées qui forment cette proposition, se réveillent tout-à-la-fois dans l'esprit de celui qui parle, ou qu'elles s'y réveillent successivement. Dans le premier cas il n'y a point d'ordre entr'elles; dans le second il peut varier, parce qu'il est tout aussi naturel que les idées d'*Alexandre* & de *vaincre* se retracent à l'occasion de celle de *Darius*, comme il est naturel que celle de *Darius* se retrace à l'occasion des deux autres.

L'erreur ne sera pas moins sensible, quand on envisagera la chose du côté des idées; car la subordination qui est entr'elles, autorise également les deux constructions latines : *Alexander vicit Darium, Darium vicit Alexander :* en voici la preuve.

Les idées se modifient dans le discours selon que l'une explique l'autre, l'étend, ou y met quelque restriction. Par-là elles sont naturellement subordonnées entre elles, mais plus ou moins immédiatement, à proportion que leur liaison est elle-même plus ou moins immédiate. Le nominatif est lié avec le verbe, le verbe avec son régime, l'adjectif avec son substantif, &c. Mais la liaison n'est pas aussi étroite entre le régime du verbe & son nominatif, puisque ces deux noms ne se modifient que par le moyen du verbe. L'idée de *Darius*, par exemple, est immédiatement liée à celle de *vainquit*, celle de *vainquit* à celle d'*Alexandre*, & la subordination qui est entre ces trois idées conserve le même ordre.

Cette observation fait comprendre que pour ne pas choquer l'arrangement naturel des idées, il suffit de se conformer à la plus grande liaison qui est entr'elles. Or c'est ce qui se rencontre également dans les deux constructions latines, *Alexander vicit Darium, Darium vicit Alexander.* Elles sont donc aussi naturelles l'une que l'autre. On ne se trompe à ce sujet que parce qu'on prend pour plus naturel un ordre qui n'est qu'une habitude que le caractère de notre langue nous a fait contracter. Il y a cependant dans le françois même des constructions qui auroient pu faire éviter cette erreur,

puisque le nominatif y est beaucoup mieux après le verbe : on dit, par exemple, *Darius que vainquit Alexandre.*

§. 118. La subordination des idées est altérée à proportion qu'on se conforme moins à leur plus grande liaison; & pour lors les constructions cessent d'être naturelles. Telle seroit celle-ci, *vicit Darium Alexander ;* car l'idée d'*Alexander* seroit séparée de celle de *vicit* à laquelle elle doit être liée immédiatement.

§. 119. Les auteurs latins fournissent des exemples de toutes sortes de constructions. *Conferte hunc pacem cum illo bello :* en voilà une dans l'analogie de notre langue. *Hujus prætoris adventum, cum illius Imperatoris victoria ; hujus cohortem impuram, cum illius exercitu invicto ; hujus libidines, cum illius continentia :* en voilà qui sont aussi naturelles que la première, puisque la liaison des idées n'y est point altérée ; cependant notre langue ne les permettroit pas. Enfin la période est terminée par une construction qui n'est pas naturelle : *Ab illo, qui cepit, conditas ; ab hoc, qui conservatus accepit, captas dictis Siracusas. Siracusas* est séparé de *conditas, conditas* d'*ab illo,* &c. Ce qui est contraire à la subordination des idées.

§. 120. Les inversions, lorsqu'elles ne se conforment pas à la plus grande liaison des idées, auroient des inconvéniens, si la langue latine n'y remédioit par le rapport que les terminaisons mettent entre les mots qui ne devroient pas naturellement être séparés. Ce rapport est tel que l'esprit rapproche facilement les idées les plus écartées, pour les placer dans leur ordre : si ces constructions font quelque violence à la liaison des idées, elles ont d'ailleurs des avantages qu'il est important de connoître.

Le premier, c'est de donner plus d'harmonie au discours. En effet, puisque l'harmonie d'une langue consiste dans le mélange des sons de toute espèce, dans leur mouvement, & dans les intervalles par où ils succèdent, on voit quelle harmonie devoient produire des inversions choisies avec goût : Cicéron donne pour un modèle la période que je viens de rapporter (1).

§. 121. Un autre avantage, c'est d'augmenter la force & la vivacité du style : cela paroît par la facilité qu'on a de mettre chaque mot à la place où il doit naturellement produire le plus d'effet. Peut-être demandera-t-on par quelle raison un mot a plus de force dans un endroit que dans un autre.

Pour le comprendre, il ne faut que comparer une construction où les termes suivent la liaison des

---

(1) Traité de l'orateur.

idées, avec celle où ils s'en écartent. Dans la première, les idées se présentent si naturellement que l'esprit en voit toute la suite, sans que l'imagination ait presque d'exercice. Dans l'autre, les idées qui devroient se suivre immédiatement, sont trop séparées pour se saisir de la même manière : mais si elle est faite avec adresse, les mots les plus éloignés se rapprochent sans effort, par le rapport que les terminaisons mettent entr'eux. Ainsi le foible obstacle qui vient de leur éloignement, ne paroît fait que pour exciter l'imagination; & les idées ne sont dispersées, qu'afin que l'esprit obligé de les rapprocher lui-même, en sente la liaison ou le contraste avec plus de vivacité. Par cet artifice toute la force d'une phrase se réunit quelquefois dans le mot qui la termine. Par exemple,

.... Nec quicquam tibi prodest
Aürias tenrasse domos, animoque rotundum
Percurrisse polum, morituro (1).

Ce dernier mot (*morituro*) finit avec force, parce que l'esprit ne peut le rapprocher de *tibi*, auquel il se rapporte, sans se retracer naturellement tout ce qui l'en sépare. Transposez *morituro* conformément à la liaison des idées, & dites : *Nec quicquam tibi morituro*, &c. l'effet ne sera plus le même, parce que l'imagination n'a plus le même exercice. Ces sortes d'inversions participent au caractère du langage d'action, dont un seul signe équivaloit souvent à une phrase entière.

§. 122. De ce second avantage des inversions il en naît un troisième : c'est qu'elles font un tableau : je veux dire qu'elles réunissent dans un seul mot les circonstances d'une action, en quelque sorte comme un peintre les réunit sur une toile : si elles les offroient l'une après l'autre, ce ne seroit qu'un simple récit. Un exemple mettra ma pensée dans tout son jour.

Nimpha flebant Daphnim extinctum funere crudeli : voilà une simple narration. J'apprends que les nimphes pleuroient, qu'elles pleuroient Daphnis, que Daphnis étoit mort, &c. Ainsi les circonstances venant l'une après l'autre, ne font sur moi qu'une légère impression. Mais qu'on change l'ordre des mots, & qu'on dise :

Extinctum nimphæ crudeli funere Daphnim
Flebant (2).

l'effet est tout différent, parce qu'ayant lu *extinctum nimphæ crudeli funere*, sans rien apprendre, je vois à *Daphnim* un premier coup de pinceau, à *flebant* j'en vois un second, & le tableau est achevé. Les nimphes en pleurs, Daphnis mourant, cette mort accompagnée de tout ce qui peut rendre un destin déplorable, me frappent tout-à-la-fois. Tel est le pouvoir des inversions sur l'imagination.

§. 123. Le dernier avantage que je trouve dans ces sortes de constructions, c'est de rendre le style plus précis. En accoutumant l'esprit à rapporter un terme à ceux qui, dans la même phrase, en sont les plus éloignés, elles l'accoutument à en éviter la répétition. Notre langue est si peu propre à nous faire prendre cette habitude, qu'on diroit que nous ne voyons le rapport de deux mots, qu'autant qu'ils se suivent immédiatement.

§. 124. Si nous comparons le françois avec le latin, nous trouverons des avantages & des inconvéniens de part & d'autre. De deux arrangemens d'idées également naturels, notre langue n'en permet ordinairement qu'un ; elle est donc par cet endroit moins variée & moins propre à l'harmonie. Il est rare qu'elle souffre de ces inversions où la liaison des idées s'altère ; elle est donc naturellement moins vive. Mais elle se dédommage du côté de la simplicité & de la netteté de ses tours. Elle aime ses constructions se conformant toujours à la plus grande liaison des idées. Par-là elle accoutume de bonne heure l'esprit à saisir cette liaison, le rend naturellement plus exact, & lui communique peu-à-peu ce caractère de simplicité & de netteté, par où elle est elle-même si supérieure dans bien des genres. Nous verrons ailleurs combien ces avantages ont contribué aux progrès de l'esprit philosophique, & combien nous sommes dédommagés de la perte de quelques beautés particulières aux langues anciennes. Afin qu'on ne pense pas que je promets un paradoxe, je ferai remarquer qu'il est naturel que nous nous accoutumions à lier nos idées conformément au génie de la langue dans laquelle nous sommes élevés, & que nous acquérions de la justesse, à proportion qu'elle en a elle-même davantage.

§. 125. Plus nos constructions sont simples, plus il est difficile d'en saisir le caractère. Il me semble qu'il étoit bien plus aisé d'écrire en latin. Les conjugaisons & les déclinaisons étoient d'une nature à prévenir beaucoup d'inconvéniens, dont nous ne pouvons nous garantir qu'avec bien de la peine. On réunissoit sans confusion dans une même période une grande quantité d'idées ; souvent même c'étoit une beauté. En françois au contraire on ne sauroit prendre trop de précaution pour ne faire entrer dans une phrase que les idées qui peuvent le plus naturellement s'y construire. Il faut une attention étonnante pour éviter les ambiguités que l'usage des pronoms occasionne. Enfin que de ressources ne doit-on pas avoir, quand on se garantit de ces

---

(1) Horace, livre I, ode 28.
(2) Virgile, écl. 5, v. 20.

défauts, sans prendre de ces tours écartés qui font languir le discours! mais, ces obstacles surmontés, y a-t-il rien de plus beau que les constructions de notre langue?

§. 126. Au reste je n'oserois me flatter de décider au gré de tout le monde la question sur la préférence de la langue latine ou de la langue françoise, par rapport au point que je traite dans ce chapitre. Il y a des esprits qui ne recherchent que l'ordre & la plus grande clarté; il y en a d'autres qui préférent la variété & la vivacité. Il est naturel qu'en ces occasions chacun juge par rapport à lui-même. Pour moi, il me paroit que les avantages de ces deux langues, sont si différens, qu'on ne peut guères les comparer.

De l'écriture (1).

§. 127. Les hommes en état de se communiquer leurs pensées par des sons, sentirent la nécessité d'imaginer de nouveaux signes propres à les perpétuer & à les faire connoître à des personnes absentes. Alors l'imagination ne leur représenta que les mêmes images qu'ils avoient déjà exprimées par des actions & par des mots, & qui avoient dès les commencemens rendu le langage figuré & métaphorique. Le moyen le plus naturel fut donc de dessiner les images des choses. Pour exprimer l'idée d'un homme ou d'un cheval, on représenta la forme de l'un ou de l'autre, & le premier essai de l'écriture ne fut qu'une simple peinture.

§. 128. C'est vraisemblablement à la nécessité de tracer ainsi nos pensées que la peinture doit son origine, & cette nécessité a sans doute concouru à conserver le langage d'action, comme celui qui pouvoit se peindre le plus aisément.

§. 129. Malgré les inconvéniens qui naissoient de cette méthode, les peuples les plus polis de l'Amérique n'en avoient pas su inventer de meilleure (2). Les égyptiens, plus ingénieux, ont été les premiers à se servir d'une voie plus abrégée, à laquelle on a donné le nom d'Hiéroglyphe (3). Il paroit par le plus ou moins d'art des méthodes qu'ils ont imaginées, qu'ils n'ont inventé les lettres, qu'après avoir suivi l'écriture dans tous ses progrès.

L'embarras que causoit l'énorme grosseur des volumes, engagea à n'employer qu'une seule figure pour être le signe de plusieurs choses. Par ce moyen l'écriture qui n'étoit auparavant qu'une simple peinture, devint peinture & caractère; ce qui constitue proprement l'hiéroglyphe. Tel fut le premier degré de perfection qu'acquit cette méthode grossière de conserver les idées des hommes. On s'en est servi de trois manières qui, à consulter la nature de la chose, paroissent avoir été trouvées par degrés & dans trois tems différens. La première consistoit à employer la principale circonstance d'un sujet pour tenir lieu du tout. Deux mains, par exemple, dont l'une tenoit un bouclier & l'autre un arc, représentoient une bataille. La seconde, imaginée avec plus d'art, consistoit à substituer l'instrument réel ou métaphorique de la chose à la chose même. Un œil placé d'une manière éminente, étoit destiné à représenter la science infinie de Dieu, & une épée représentoit un tyran. Enfin, on fit plus, on se servit pour représenter une chose, d'une autre où l'on voyoit quelque ressemblance ou quelque analogie, & ce fut la troisième manière d'employer cette écriture. L'univers, par exemple, étoit représenté par un serpent, & la bigarrure de ses taches désignoit les étoiles.

§. 130. Le premier objet de ceux qui imaginèrent les hiéroglyphes, fut de conserver la mémoire des évènemens, & de faire connoître les loix, les règlemens, & tout ce qui a rapport aux matières civiles. On eut donc soin dans les commencemens d'employer que les figures dont l'analogie étoit le plus à la portée de tout le monde: mais cette méthode fit donner dans le rafinement, à mesure que les philosophes s'appliquèrent aux matières de spéculation. Aussi-tôt qu'ils crurent avoir découvert dans les choses des qualités plus

---

(1) Cette section étoit presque achevée quand l'essai sur les hiéroglyphes, traduit de l'anglois de M. Warburthon, me tomba entre les mains : ouvrage où l'esprit philosophique & l'érudition règnent également. Je vis avec plaisir que j'avois pensé comme son auteur, que le langage a dû dès les commencemens être fort figuré & fort métaphorique. Mes propres réflexions m'avoient aussi conduit à remarquer que l'écriture n'avoit d'abord été qu'une simple peinture : mais je n'avois point encore tenté de découvrir par quels progrès on étoit arrivé à l'invention des lettres, & il me paroissoit difficile d'y réussir. La chose a été parfaitement exécutée par M. Warburthon, & j'extrait de son ouvrage tout ce que j'en dis, ou à-peu-près.

(2) Les sauvages du Canada n'en ont pas d'autre.

(3) Les hiéroglyphes se distinguent en propres & en symboliques. Les propres se soudivisent en curiologiques & en tropiques. Les curiologiques substituoient une partie au tout, & les tropiques représentoient une chose par une autre qui avoit avec elle quelque ressemblance ou analogie connues. Les uns & les autres servoient à divulguer. Les hiéroglyphes symboliques servoient à tenir caché ; on les distinguoit aussi en deux espèces : en tropiques & en énigmatiques. Pour former les symboles tropiques, on employoit les propriétés les moins connues des choses, & les énigmatiques étoient composés du mystérieux assemblage de choses différentes & de parties de divers animaux. *Voyez* l'essai sur les hiérogl. §. 1. & *suiv.*

abstruses, quelques-uns, soit par singularité, soit pour cacher leurs connoissances au vulgaire, se plûrent à choisir pour caractère des figures dont le rapport aux choses qu'ils vouloient exprimer, n'etoit point connu. Pendant quelque tems ils se bornèrent aux figures dont la nature offre des modèles : mais par la suite elles ne leur parurent ni suffisantes, ni assez commodes pour le grand nombre d'idées que leur imagination leur fournissoit. Ils formèrent donc leurs hiéroglyphes de l'assemblage mystérieux de choses différentes, ou de parties de divers animaux : ce qui les rendit tout-à-fait énigmatiques.

§. 131. Enfin l'usage d'exprimer les pensées par des figures analogues, & le dessein d'en faire quelquefois un secret un mystère, engagea à représenter les modes mêmes des substances par des images sensibles. On exprima la franchise par un lièvre ; l'impureté, par un bouc sauvage ; l'imprudence, par une mouche ; la science par une fourmi, &c. En un mot, on imagina des marques symboliques pour toutes les choses qui n'ont point de formes. On se contenta, dans ces occasions, d'un rapport quelconque : c'est la manière dont on s'étoit déja conduit, quand on donna des noms aux idées qui s'éloignent des sens.

§. 132. « Jusques-là l'animal ou la chose qui
» servoit à représenter, avoit été dessiné au na-
» turel. Mais lorsque l'étude de la philosophie,
» qui avoit occasionné l'écriture symbolique, eut
» porté les savans d'Egypte à écrire beaucoup
» sur divers sujets, ce dessein exact multipliant
» trop les volumes, parut ennuyeux. On se servit
» donc par degrés d'un autre caractère, que nous
» pouvons appeler l'écriture courante des hiéro-
» glyphes. Il ressembloit aux caractères chinois,
» &, après avoir d'abord été formé du seul con-
» tour de la figure, il devint à la longue une sorte
» de marque. L'effet naturel que produisit cette
» écriture courante, fut de diminuer beaucoup
» de l'attention qu'on donnoit au symbole, & de
» la fixer à la chose signifiée. Par ce moyen l'étude
» de l'écriture symbolique se trouva fort abrégée ;
» n'y ayant alors presque autre chose à faire qu'à
» se rappeller le pouvoir de la marque symbolique,
» au lieu qu'auparavant il falloit être instruit des
» propriétés de la chose ou de l'animal qui étoit
» employé comme symbole. En un mot, cela ré-
» duisit cette sorte d'écriture à l'état où est pré-
» sentement celle des chinois ».

§. 133. Ces caractères ayant essuyé autant de variations, il n'étoit pas aisé de reconnoître comment ils provenoient d'une écriture qui n'avoit été qu'une simple peinture. C'est pourquoi quelques savans sont tombés dans l'erreur de croire que l'écriture des chinois n'a pas commencé comme celle des égyptiens.

§. 134. « Voilà l'histoire générale de l'écriture
» conduite par une gradation simple depuis l'état
» de la peinture jusqu'à celui de la lettre : car les
» lettres sont les derniers pas qui restent à faire
» après les marques chinoises, qui d'un côté par-
» ticipent de la nature des hiéroglyphes égyp-
» tiens, & de l'autre participent des lettres préci-
» sément de même que les hiéroglyphes partici-
» poient également des peintures mexicaines &
» des caractères chinois. Ces caractères sont si
» voisins de notre écriture, qu'un alphabet dimi-
» nue simplement l'embarras de leur nombre, &
» en est l'abrégé succinct ».

§. 135. Malgré tous les avantages des lettres, les égyptiens, long-tems après qu'elles eurent été trouvées, conservèrent encore l'usage des hiéroglyphes. C'est que toute la science de ce peuple se trouvoit confiée à cette sorte d'écriture. La vénération qu'on avoit pour les livres, passa aux caractères dont les savans perpétuèrent l'usage. Mais ceux qui ignoroient les sciences, ne furent pas tentés de continuer de se servir de cette écriture. Tout ce que put sur eux l'autorité des savans, fut de leur faire regarder ces caractères avec respect, & comme des choses propres à embellir les monumens publics, où l'on continua de les employer. Peut-être même les prêtres égyptiens voyoient-ils avec plaisir que peu-à-peu ils se trouvoient seuls avoir la clef d'une écriture qui conservoit les secrets de la religion. Voilà ce qui a donné lieu à l'erreur de ceux qui ont imaginé que les hiéroglyphes renfermoient de plus grands mystères.

§. 136. « Par ce détail on voit comment il est
» arrivé que ce qui devoit son origine à la néces-
» sité, a été dans la suite employé au secret, &
» a été cultivé pour l'ornement. Mais par un
» effet de la révolution continuelle des choses,
» ces mêmes figures qui avoient d'abord été in-
» ventées pour la clarté, & puis converties en
» mystères, ont repris à la longue leur premier
» usage. Dans les siècles florissans de la Grèce &
» de Rome, elles étoient employées sur les mo-
» numens & sur les médailles, comme le moyen
» le plus propre à faire connoître la pensée : de
» sorte que le même symbole qui cachoit en
» Egypte une sagesse profonde, étoit entendu par
» le simple peuple en Grèce & à Rome ».

§. 137. Le langage dans ses progrès a suivi le sort de l'écriture. Dès les commencemens les figures & les métaphores, furent, comme nous l'avons vu, nécessaires pour la clarté : nous allons rechercher comment elles se changèrent en mystères, & servirent ensuite à l'ornement, en finissant par être entendues de tout le monde.

De l'origine de la fable, de la parabole & de l'énigme, avec quelques détails sur l'usage des figures & des métaphores (1).

§. 138. Par tout ce qui a été dit, il est évident que dans l'origine des langues c'étoit une nécessité pour les hommes de joindre le langage d'action à celui des sons articulés, & de ne parler qu'avec des images sensibles. D'ailleurs les connoissances aujourd'hui les plus communes, étoient si subtiles par rapport à eux, qu'elles ne pouvoient se trouver à leur portée, d'autant qu'elles se rapprochoient des sens. Enfin l'usage des conjonctions n'étant pas connu, il n'étoit pas encore possible de faire des raisonnemens. Ceux qui vouloient, par exemple, prouver combien il est avantageux d'obéir aux loix, ou de suivre les conseils des personnes plus expérimentées, n'avoient rien de plus simple que d'imaginer des faits circonstanciés : l'évènement qu'ils rendoient contraire ou favorable selon leurs vues, avoit le double avantage d'éclairer & de persuader. Voilà l'origine de l'apologue ou de la fable. On voit que son premier objet fut l'instruction, & que, par conséquent, les sujets en furent empruntés des choses les plus familières, & dont l'analogie étoit plus sensible ; ce fut d'abord parmi les hommes, ensuite parmi les bêtes, bientôt après parmi les plantes. Enfin l'esprit de subtilité, qui de tout tems a eu ses partisans, engagea à puiser dans les sources les plus éloignées. On étudia les propriétés les plus singulières des êtres, pour en tirer des allusions fines & délicates ; de sorte que la fable fut par degrés changée en parabole, & enfin rendue mystérieuse au point de n'être plus qu'une énigme. Les énigmes devinrent d'autant plus à la mode que les sages, ou ceux qui se donnoient pour tels, crurent devoir cacher au vulgaire une partie de leurs connoissances. Par-là le langage imaginé pour la clarté, fut changé en mystère. Rien ne retrace mieux le goût des premiers siècles, que les hommes qui n'ont aucune teinture des lettres : tout ce qui est figuré & métaphorique leur plaît, quelle qu'en soit l'obscurité ; ils ne soupçonnent pas qu'il y ait dans ces occasions quelque choix à faire.

§. 139. Une autre cause a encore concouru à rendre le style de plus en plus figuré, c'est l'usage des hiéroglyphes. Ces deux manières de communiquer nos pensées, ont dû nécessairement influer l'une sur l'autre (2). Il étoit naturel en parlant d'une chose de se servir de la figure hiéroglyphique qui en étoit le symbole ; comme il l'avoit été à l'origine des hiéroglyphes de peindre les figures auxquelles l'usage avoit donné cours dans le langage. Aussi trouverons-nous « d'un côté que
» dans l'écriture hiéroglyphique, le soleil, la
» lune & les étoiles, servoient à représenter les
» états, les empires, les rois, les reines & les
» grands : que l'éclipse & l'extinction de ces lu-
» minaires marquoient des désastres temporels :
» que le feu & l'inondation signifioient une déso-
» lation produite par la guerre ou par la famine :
» & que les plantes & les animaux indiquoient les
» qualités des personnes en particulier, &c. Et
» d'un autre côté, nous voyons que les prophètes
» donnent aux rois & aux empires les noms des
» luminaires célestes ; que leurs malheurs & leurs
» renversemens sont représentés par l'éclipse &
» l'extinction de ces mêmes luminaires, que les
» étoiles qui tombent du firmament sont em-
» ployées à désigner la destruction des grands ;
» que le tonnerre & les vents impétueux mar-
» quent des invasions de la part des ennemis ; que
» les lions, les ours, les léopards, les boucs &
» les arbres fort élevés désignent les généraux
» d'armées, les conquérans & les fondateurs des
» empires. En un mot, le style prophétique sem-
» ble être un hiéroglyphe parlant.

§. 140. A mesure que l'écriture devint plus simple, le style le devint également. En oubliant la signification des hiéroglyphes, on perdit peu à peu l'usage de bien des figures & de bien des métaphores : mais il fallut des siècles pour rendre ce changement sensible. Le style des anciens asiatiques étoit prodigieusement figuré : on trouve même dans les langues grecque & latine des traces de l'influence des hiéroglyphes sur le langage (3) ; & les chinois qui se servent encore d'un caractère qui participe des hiéroglyphes, chargent leurs discours d'allégories, de comparaisons & de métaphores.

§. 141. Enfin les figures après toutes ces révolutions furent employées pour l'ornement du discours, quand les hommes eurent acquis des connoissances assez exactes & assez étendues des arts & des sciences, pour en tirer des images qui, sans jamais nuire à la clarté, étoient aussi riantes, aussi nobles, aussi sublimes, que la matière le demandoit. Par la suite les langues ne purent que perdre dans les révolutions qu'elles essuyèrent. On trouvera même l'époque de leur décadence dans ces tems où elles paroissent vouloir s'approprier de plus grandes beautés. On verra les figures

---

(1) La plus grande partie de ce chapitre est encore tirée de l'essai sur les hiéroglyphes.

(2) *Voyez* dans M. Warburthon le parallèle ingénieux qu'il fait entre l'apologue, la parabole, l'énigme, les figures & les métaphores d'un côté, & les différentes espèces d'écriture de l'autre.

---

(3) *Annus*, par exemple, vient d'*Annulus*, parce que l'année retourne sur elle-même.

& les métaphores s'accumuler & surcharger le style d'ornemens, au point que le fond ne paroîtra plus que l'accessoire. Quand ces momens sont arrivés, on peut retarder, mais on ne sauroit empêcher la chûte d'une langue. Il y a dans les choses morales comme dans les physiques, un dernier accroissement, après lequel il faut qu'elles dépérissent.

C'est ainsi que les figures & les métaphores, d'abord inventées par nécessité, ensuite choisies pour servir au mystère, sont devenues l'ornement du discours, lorsqu'elles ont pu être employées avec discernement ; & c'est ainsi que dans la décadence des langues, elles ont porté les premiers coups par l'abus qu'on en a fait.

Du génie des langues.

§. 142. Deux choses concourent à former le caractère des peuples ; le climat & le gouvernement. Le climat donne plus de vivacité ou plus de flegme, & par-là dispose plutôt à une forme de gouvernement qu'à une autre : mais ces dispositions s'altèrent par mille circonstances. La stérilité ou l'abondance d'un pays, sa situation ; les intérêts respectifs du peuple qui l'habite, avec ceux de ses voisins ; les esprits inquiets qui le troublent, tant que le gouvernement n'est pas assis sur des fondemens solides ; les hommes rares dont l'imagination subjugue celle de leurs concitoyens ; tout cela & plusieurs autres causes contribuent à altérer, & même à changer quelquefois entièrement les premiers goûts qu'une nation devoit à son climat. Le caractère d'un peuple souffre donc à-peu-près les mêmes variations que son gouvernement, & il ne se fixe point que celui-ci n'ait pris une forme constante.

§. 143. Ainsi que le gouvernement influe sur le caractère des peuples, le caractère des peuples influe sur celui des langues. Il est naturel que les hommes toujours pressés par les besoins, & agités par quelque passion, ne parlent pas des choses sans faire connoître l'intérêt qu'ils y prennent. Il faut qu'ils attachent insensiblement aux mots des idées accessoires qui marquent la manière dont ils sont affectés, & les jugemens qu'ils portent. C'est une observation facile à faire ; car il n'y a presque personne dont les discours ne décèlent enfin le vrai caractère, même dans ces momens où l'on apporte le plus de précaution à se cacher. Il ne faut qu'étudier un homme quelque tems pour apprendre son langage : je dis *son langage*, car chacun a le sien selon ses passions : je n'excepte que les hommes froids & flegmatiques ; ils se conforment plus aisément à celui des autres, & sont par cette raison plus difficiles à pénétrer.

Le caractère des peuples se montre encore plus ouvertement que celui des particuliers. Une multitude ne sauroit agir de concert pour cacher ses passions. D'ailleurs nous ne songeons pas à faire un mystère de nos goûts, quand ils sont communs à nos compatriotes. Au contraire nous en tirons vanité, & nous aimons qu'ils fassent reconnoître un pays qui nous a donné la naissance, & pour lequel nous sommes toujours prévenus. Tout confirme donc que chaque langue exprime le caractère du peuple qui la parle.

§. 144. Dans le latin, par exemple, les termes d'agriculture emportent des idées de noblesse, qu'ils n'ont point dans notre langue : la raison en est bien sensible. Quand les romains jettèrent les fondemens de leur empire, ils ne connoissoient encore que les arts les plus nécessaires. Ils les estimèrent d'autant plus, qu'il étoit également essentiel à chaque membre de la république de s'en occuper ; & l'on s'accoutuma de bonne heure à regarder du même œil l'agriculture & le général qui la cultivoit. Par-là les termes de cet art s'approprièrent les idées accessoires qui les ont annoblis. Ils les conservèrent encore, quand la république romaine donnoit dans le plus grand luxe ; parce que le caractère d'une langue, sur-tout s'il est fixé par des écrivains célèbres, ne change pas aussi facilement que les mœurs d'un peuple. Chez nous les dispositions d'esprit ont été toutes différentes dès l'établissement de la monarchie. L'estime des francs pour l'art militaire, auquel ils devoient un puissant empire, ne pouvoit que leur faire mépriser des arts qu'ils n'étoient pas obligés de cultiver par eux-mêmes, & dont ils abandonnoient le soin à des esclaves. Dès lors les idées accessoires qu'on attacha aux termes d'agriculture, durent être bien différentes de celles qu'ils avoient dans la langue latine.

§. 145. Si le génie des langues commence à se former d'après celui des peuples, il n'achève de se développer que par le secours des grands écrivains. Pour en découvrir les progrès, il faut résoudre deux questions qui ont été souvent discutées, & jamais, ce me semble, bien éclaircies. C'est de savoir pourquoi les arts & les sciences ne sont pas également de tous les pays & de tous les siècles ; & pourquoi les grands hommes dans tous les genres sont presque contemporains.

La différence des climats a fourni une réponse à ces deux questions. S'il y a des nations chez qui les arts & les sciences n'ont pas pénétré, on prétend que le climat en est la vraie cause ; & s'il y en a où ils ont cessé d'être cultivés avec succès, on veut que le climat y ait changé. Mais c'est sans fondement qu'on supposeroit ce changement aussi subit & aussi considérable que les révolutions des arts & des sciences. Le climat n'influe que sur les organes ; le plus favorable ne peut produire que des machines mieux organisées, & vraisemblablement il en produit en tous tems un nombre à-peu-près égal. S'il étoit par-tout le même, on ne laisseroit pas de voir la même variété parmi les peuples : les uns, comme à présent, seroient éclairés, les autres croupiroient dans l'ignorance. Il faut donc des circonstances qui appliquant les hommes bien organisés aux choses pour lesquelles ils sont propres, en développent les talens. Autrement ils seroient comme d'excellens automates qu'on laisseroit dépérir, faute d'en savoir entretenir le mécanisme, & faire jouer les ressorts. Le climat n'est donc pas la cause du progrès des arts & des sciences, il n'y est nécessaire que comme une condition essentielle.

§. 146. Les circonstances favorables au développement des génies se rencontrent chez une nation dans le tems où sa langue commence à avoir des principes fixes, & un caractère décidé. Ce tems est donc l'époque des grands hommes. Cette observation se confirme par l'histoire des arts, mais j'en vais donner une raison tirée de la nature même de la chose.

Les premiers tours qui s'introduisent dans une langue, ne sont ni les plus clairs, ni les plus précis, ni les plus élégans : il n'y a qu'une longue expérience qui puisse peu-à-peu éclairer les hommes dans ce choix. Les langues qui se forment des débris de plusieurs autres, rencontrent même de grands obstacles à leurs progrès. Ayant adopté quelque chose de chacune, elles ne sont qu'un amas bisarre de tours qui ne sont point faits les uns pour les autres. On n'y trouve point cette analogie qui éclaire les écrivains, & qui caractérise un langage. Telle a été la nôtre dans son établissement. C'est pourquoi nous avons été long-tems avant d'écrire en langue vulgaire, & que ceux qui les premiers en ont fait l'essai, n'ont pu donner de caractère soutenu à leur style.

§. 147. Si l'on se rappelle que l'exercice de l'imagination & de la mémoire dépend entièrement de la liaison des idées, & que celle-ci est formée par le rapport & l'analogie des signes, on reconnoîtra que moins une langue a de tours analogues, moins elle prête de secours à la mémoire & à l'imagination. Elle est donc peu propre à développer les talens. Il en est des langues comme des chifres des géometres : elles donnent de nouvelles vûes, étendent l'esprit à proportion qu'elles sont plus parfaites. Les succès de Newton ont été préparés par le choix qu'on avoit fait avant lui des signes, & par les méthodes de calcul, qu'on avoit imaginées. S'il fut venu plutôt, il eût pu être un grand homme pour son siécle, mais il ne seroit pas l'admiration du nôtre. Il en est de même dans les autres genres. Le succès des génies les mieux organisés dépend tout-à-fait des progrès du langage pour le siécle où ils vivent ; car les mots répondent aux signes des géometres, & la manière de les employer répond aux méthodes de calcul. On doit donc trouver dans une langue qui manque de mots, ou qui n'a pas des constructions assez commodes, les mêmes obstacles qu'on trouvoit en géometrie avant l'invention de l'algebre. Le françois a été pendant long-tems si peu favorable aux progrès de l'esprit, que si l'on pouvoit se représenter Corneille successivement dans les différens âges de la monarchie, on lui trouveroit moins de génie à proportion qu'on s'éloigneroit de celui où il a vécu, & l'on arriveroit enfin à un Corneille qui ne pourroit donner aucune preuve de talent.

§. 148. Peut-être m'objectera-t-on que des hommes tels que ce grand poëte, devoient trouver dans les langues savantes les secours que la langue vulgaire leur refusoit.

Je réponds qu'accoutumés à concevoir les choses de la même manière qu'elles étoient exprimées dans la langue qu'ils avoient apprise en naissant, leur esprit étoit naturellement retréci. Le peu de précision & d'exactitude ne pouvoit les choquer, parce qu'ils s'en étoient fait une habitude. Ils n'étoient donc pas encore capables de saisir tous les avantages des langues savantes. En effet, qu'on remonte de siécles en siécles, on verra que plus notre langue a été barbare, plus nous avons éloignés de connoître la langue latine ; & nous n'avons commencé à écrire bien en latin, que quand nous avons été capables de le faire en françois. D'ailleurs ce seroit bien peu connoître le génie des langues, que de s'imaginer qu'on pût faire passer tout d'un coup dans les plus grossières les avantages des plus parfaites : ce ne peut être que l'ouvrage du tems. Pourquoi Marot, qui n'ignoroit pas le latin, n'a-t-il pas un style aussi égal que Rousseau à qui il a servi de modèle ? C'est uniquement parce que le françois n'avoit pas encore fait assez de progrès. Rousseau, peut-être avec moins de talent, a donné un caractère plus égal au style marotique, parce qu'il est venu dans des circonstances plus favorables : un siécle plutôt, il n'y eût pas réussi. La comparaison qu'on pourroit faire de Regnier avec Despreaux, confirme encore ce raisonnement.

§. 149. Il faut remarquer que dans une langue qui ne s'est pas formée des débris de plusieurs autres, les progrès doivent être beaucoup plus prompts ; parce qu'elle a, dès son origine, un caractère : c'est pourquoi les grecs ont eu de bonne heure d'excellens écrivains.

§ 150. Faisons naître un homme parfaitement bien organisé parmi des peuples encore barbares, quoique habitans d'un climat favorale aux arts
&

& aux sciences; je conçois qu'il peut acquérir assez d'esprit pour devenir une génie par rapport à ces peuples, mais on voit évidemment qu'il lui est impossible d'égaler quelques-uns des hommes supérieurs du siécle de Louis XIV. La chose présentée dans ce point de vûe est si sensible qu'on ne sauroit la révoquer en doute.

Si la langue de ces peuples grossiers est un obstacle aux progrès de l'esprit, donnons-lui un degré de perfection donnons, lui-en deux, trois, quatre; l'obstacle subsistera encore, & ne peut diminuer qu'à proportion des degrés qui auront été ajoutés. Il ne sera donc entièrement levé, que quand cette langue aura acquis à peu près autant de degrés de perfection, que la nôtre en avoit, quand elle a commencé à former de bons écrivains. Il est, par conséquent, démontré que les nations ne peuvent avoir des génies supérieurs, qu'après que les langues ont déjà fait des progrès considérables.

§. 151. Voici dans leur ordre les causes qui concourent au développement des talens. 1°. Le climat est une condition essentielle. 2°. Il faut que le gouvernement ait pris une forme constante, & que par-là il ait fixé le caractère d'une nation. 3°. C'est à ce caractère à en donner un au langage, en multipliant les tours qui expriment le goût dominant d'un Peuple. 4°. Cela arrive lentement dans les langues formées des débris de plusieurs autres: mais ces obstacles une fois surmontés, les régles de l'analogie s'établissent, le langage fait des progrès, & les talens se développent. On voit donc pourquoi les grands écrivains ne naissent pas également dans tous les siécles, & pourquoi ils viennent plus tôt chez certaines nations, & plus tard chez d'autres. Il nous reste à examiner par quelle raison les hommes excellens dans tous les genres sont presque contemporains.

§. 152. Quand un génie a découvert le caractère d'une langue, il l'exprime vivement & le soutient dans tous ses écrits. Avec ce secours le reste des gens à talens, qui auparavant n'eussent pas été capables de le pénétrer d'eux-mêmes, l'apperçoivent sensiblement, & l'expriment à son exemple chacun dans son genre. La langue s'enrichit peu-à-peu de quantité de nouveaux tours, qui par le rapport qu'ils ont à son caractère, le développent de plus en plus; & l'analogie devient comme un flambeau, dont la lumière augmente sans cesse, pour éclairer un plus grand nombre d'écrivains. Alors tout le monde tourne naturellement les yeux sur ceux qui se distinguent: leur goût devient le goût dominant de la nation: chacun apporte dans les matières auxquelles il s'applique, le discernement qu'il a puisé chez eux: les talens fermentent: tous les arts prennent le caractère qui leur est propre; & l'on voit des hommes supérieurs dans tous les genres. C'est ainsi que les grands talens, de quelque espèce qu'ils soient, ne se montrent qu'après que le langage a déjà fait des progrès considérables. Cela est si vrai, que, quoique les circonstances favorables à l'art militaire & au gouvernement, soient les plus fréquentes, les généraux & les ministres du premier ordre appartiennent cependant au siécle des grands écrivains. Telle est l'influence des gens de lettres dans l'état; il me semble qu'on n'en avoit point encore connu toute l'étendue.

§. 153. Si les grands talens doivent leur développement aux progrès sensibles que le langage a faits avant eux, le langage doit à son tour aux talens de nouveaux progrès qui l'élèvent à son dernier période: c'est ce que je vais expliquer.

Quoique les grands hommes tiennent par quelque endroit au caractère de leur nation, ils ont toujours quelque chose qui les en distingue. Ils voyent & sentent d'une manière qui leur est propre, & pour exprimer leur manière de voir & de sentir, ils sont obligés d'imaginer de nouveaux tours dans les régles de l'analogie, ou du moins en s'en écartant aussi peu qu'il est possible. Par-là ils se conforment au génie de leur langue, & lui prêtent en même tems le leur. Corneille développe les intérêts des grands, la politique des ambitieux, & tous les mouvemens de l'ame avec une noblesse & avec une force qui ne sont qu'à lui. Racine avec une douceur & avec une élégance qui caractérisent les petites passions, exprime l'amour, ses craintes, & ses emportemens. La molesse conduit le pinceau avec lequel Quinault peint les plaisirs & la volupté: & plusieurs autres écrivains qui ne sont plus, ou qui se distinguent parmi les modernes, ont chacun un caractère que notre langue s'est peu-à-peu rendu propre. C'est aux poëtes que nous avons les premières & peut-être aussi les plus grandes obligations. Assujettis à des régles qui les gênent, leur imagination fait de plus grands efforts, & produit nécessairement de nouveaux tours. Aussi les progrès subits du langage sont-ils toujours l'époque de quelque grand poëte. Les philosophes ne le perfectionnent que long-tems après. Ils ont achevé de donner au nôtre cette exactitude & cette netteté qui font son principal caractère, & qui nous fournissant les signes les plus commodes pour analyser nos idées, nous rendent capables d'appercevoir ce qu'il y a de plus fin dans chaque objet.

§. 154. Les philosophes remontent aux raisons des choses, donnent les régles des Arts, expliquent ce qu'ils ont de plus caché, & par leurs leçons augmentent le nombre des bons juges. Mais si l'on considére les arts dans les parties qui demandent davantage d'imagination, les philosophes ne peuvent pas se flatter de contribuer à leurs progrès comme à ceux des sciences, ils paroissent au contraire y nuire. C'est que l'attention qu'on donne à la connoissance des régles, & la crainte qu'on a de paroître les ignorer, diminue le feu de l'imagination : car cette opération aime mieux être guidée par le sentiment & par l'impression vive des objets qui la frappent, que par une réflexion qui combine & qui calcule tout.

Il est vrai que la connoissance des régles peut-être très-utile à ceux qui, dans le moment de la composition, donnent trop d'effort à leur génie pour ne les pas oublier, & qui ne se les rappellent que pour corriger leurs ouvrages. Mais il est bien difficile que les esprits qui se sentent quelque foiblesse, ne cherchent à s'étayer souvent des régles. Cependant peut-on réussir dans des ouvrages d'imagination, si l'on ne fait pas se refuser de pareils secours ? Ne doit-on pas au moins se méfier de ses productions ? En général le siecle où les philosophes développent les préceptes des arts, est celui des ouvrages communément mieux faits & mieux écrits ; mais les artisans de génie y paroissent plus rares.

§. 155. Puisque le caractère des langues se forme peu-à-peu & conformément à celui des peuples, il doit nécessairement avoir quelque qualité dominante. Il n'est donc pas possible que les mêmes avantages soient communs au même point à plusieurs langues. La plus parfaite seroit celle qui les réuniroit tous dans le dégré qui leur permet de compatir ensemble : car ce seroit sans doute un défaut qu'une langue excellât si fort dans un genre, qu'elle ne fut point propre pour les autres. Peut-être que le caractère que la nôtre montre dans les ouvrages de Quinault & de la Fontaine, prouve que nous n'aurons jamais de poëte qui égale la force de Milton ; & que le caractère de force qui paroît dans le paradis perdu, prouve que les anglois n'auront jamais de poëte égal à Quinault & à la Fontaine (1)

§. 156. L'analyse & l'imagination sont deux opérations si différentes, qu'elles mettent ordinairement des obstacles aux progrès l'une de l'autre. Il n'y a que dans un certain tempéramment, qu'elles puissent se prêter mutuellement des secours sans se nuire ; & ce tempéramment est ce milieu dont j'ai déja eu occasion de parler. Il est donc bien difficile que les mêmes langues favorisent également l'exercice de ces deux opérations. La nôtre par la simplicité & par la netteté de ses constructions donne de bonne heure à l'esprit une exactitude, dont il se fait insensiblement une habitude, & qui prépare beaucoup les progrès de l'analyse ; mais elle est peu favorable à l'imagination. Les inversions des langues anciennes étoient au contraire un obstacle à l'analyse, à proportion que contribuant davantage à l'exercice de l'imagination, elles le rendoient plus naturel que celui des autres opérations de l'ame. Voilà je pense une des causes de la supériorité des philosophes modernes, sur les philosophes anciens. Une langue aussi sage que la nôtre dans le choix des figures & des tours, devoit l'être à plus forte raison dans la manière de raisonner.

Il faudroit, afin de fixer nos idées, imaginer deux langues : l'une qui donnât tant d'exercice à l'imagination, que les hommes qui la parleroient, déraisonneroient sans cesse ; l'autre qui exerçât au contraire si fort l'analyse, que les hommes à qui elle seroit naturelle, se conduiroient jusques dans leurs plaisirs comme les géomètres qui cherchent la solution d'un problème. Entre ces deux extrémités, nous pourrions nous représenter toutes les langues possibles, leur voir prendre différens caractères selon l'extrémité dont elles se rapprocheroient, & se dédommager des avantages qu'elles perdroient d'un côté, par ceux qu'elles acqueroient de l'autre. La plus parfaite occuperoit le milieu, & le peuple qui la parleroit, seroit un peuple de grands hommes.

Si le caractère des langues, pourra-t-on me dire, est une raison de la supériorité des philosophes modernes sur les philosophes anciens, ne sera-ce pas une conséquence que les poëtes anciens soient supérieurs aux poëtes modernes ? Je réponds que non : l'analyse n'emprunte des secours que du langage ; ainsi elle ne peut avoir lieu qu'autant que les langues la favorisent : nous avons vu au contraire que les causes qui contribuent aux progrès de l'imagination, sont beaucoup plus étendues ; il n'y a même rien, qui ne soit propre à faciliter l'exercice de cette opération. Si dans certains genres les grecs & les romains ont des poëtes supérieurs aux nôtres, nous en avons dans d'autres genres de supérieurs aux leurs. Quel poëte de l'antiquité eut pu être mis à côté de Corneille ou de Moliere.

§. 157. Le moyen le plus simple pour juger quelle langue excelle dans un plus grand nombre de genres, ce seroit de compter les auteurs originaux de chacune. Je doute que la nôtre eut par-là quelque désavantage.

§. 158. Après avoir montré les causes des derniers progrès du langage, il est à propos de rechercher celles de sa décadence : elles sont les mêmes, & elles ne produisent des effets si contraires que par la nature des circonstances. Il en est à peu près ici comme dans la physique, où le même mouvement qui a été un principe de vie, devient un principe de destruction.

---

(1) Je hasarde cette conjecture d'après ce que j'entends dire du poëme de Milton : car je ne sais pas l'anglois.

Quand une langue a dans chaque genre des écrivains originaux, plus un homme a de génie, plus il croit appercevoir d'obstacles à les surpasser. Les égaler, ce ne seroit pas assez pour son ambition : il veut, comme eux, être le premier dans son genre. Il tente donc une route nouvelle. Mais parce que tous les styles analogues au caractère de la langue & au sien, sont saisis par ceux qui l'ont précédé, il ne lui reste qu'à s'écarter de l'analogie. Ainsi pour être original, il est obligé de préparer la ruine d'une langue, dont un siècle plutôt il eut hâté les progrès.

§. 159. Si des écrivains tels que lui sont critiqués, ils ont trop de talens pour n'avoir pas de grands succès. La facilité de copier leurs défauts, persuade bientôt à des esprits médiocres, qu'il ne tient qu'à eux d'arriver à une égale réputation. C'est alors qu'on voit naître le règne des pensées subtiles & détournées, des antithèses précieuses, des paradoxes brillans, des tours frivoles, des expressions recherchées, des mots faits sans nécessité, & pour tout dire, du jargon des beaux esprits gâtés par une mauvaise métaphysique. Le public applaudit : les ouvrages frivoles, ridicules, qui ne naissent que pour un instant, se multiplient : le mauvais goût passe dans les arts & dans les sciences ; & les talens deviennent rares de plus en plus.

§. 160. Je ne doute pas que je ne sois contredit sur ce que j'ai avancé touchant le caractère des langues. J'ai souvent rencontré des personnes qui croyent toutes les langues également propres pour tous les genres, & qui prétendent qu'un homme organisé comme Corneille, dans quelque siècle qu'il eut vécu, & dans quelque idiôme qu'il eut écrit, eut donné les mêmes preuves de talens.

Les signes sont arbitraires la première fois qu'on les emploie, c'est peut-être ce qui a fait croire qu'ils ne sauroient avoir de caractère. Mais je demande s'il n'est pas naturel à chaque nation de combiner ses idées selon le génie qui lui est propre ; & de joindre à un certain fonds d'idées principales différentes idées accessoires, selon qu'elle est différemment affectée. Or ces combinaisons autorisées par un long usage, sont proprement ce qui constitue le génie d'une langue. Il peut être plus ou moins étendu : cela dépend du nombre & de la variété des tours reçus, & de l'analogie, qui au besoin fournit les moyens d'en inventer. Il n'est point au pouvoir d'un homme de changer entièrement ce caractère. Aussitôt qu'on s'en écarte, on parle un langage étranger, & on cesse d'être entendu. C'est au tems à amener des changemens aussi considérables, en plaçant tout un peuple dans des circonstances qui l'engagent à envisager les choses tout autrement qu'il ne faisoit.

§. 161. De tous les écrivains, c'est chez les poëtes que le génie des langues s'exprime le plus vivement. De-là la difficulté de les traduire : elle est telle qu'avec du talent il seroit plus aisé de les surpasser souvent, que de les égaler toujours. A la rigueur on pourroit même dire qu'il est impossible d'en donner de bonnes traductions : car les raisons qui prouvent que deux langues ne sauroient avoir le même caractère, prouvent que les mêmes pensées peuvent rarement être rendues dans l'une & dans l'autre avec les mêmes beautés.

En parlant de la prosodie & des inversions, j'ai dit des choses qui peuvent se rapporter à cette matière ; je ne les répéterai pas.

§. 162. Par cette histoire des progrès du langage, chacun peut s'appercevoir que les langues, pour quelqu'un qui les connoîtroit bien, seroient une peinture du caractère & du génie de chaque peuple. Il y verroit comment l'imagination a combiné les idées d'après les préjugés & les passions ; il y verroit se former chez chaque nation un esprit différent à proportion qu'il y auroit moins de commerce entr'elles. Mais si les mœurs ont influé sur le langage, celui-ci, lorsque des écrivains célèbres en eurent fixé les règles, influa à son tour sur les mœurs, & conserva long tems à chaque peuple son caractère.

§. 163. Peut-être prendra-t-on toute cette histoire pour un roman : mais on ne peut du moins lui refuser la vraisemblance. J'ai peine à croire que la méthode que j'ai suivie, m'ait souvent fait tomber dans l'erreur : car j'ai eu pour objet de ne rien avancer que sur la supposition, qu'un langage a toujours été imaginé sur le modèle de celui qui l'a immédiatement précédé. J'ai vu dans le langage d'action le germe des langues & de tous les arts qui peuvent servir à exprimer nos pensées ; j'ai observé les circonstances qui ont été propres à développer ce germe ; & non-seulement j'en ai vu naître ces arts, mais encore j'ai suivi leurs progrès, & j'en ai expliqué les différens caractères. En un mot, j'ai, ce me semble, démontré d'une manière sensible que les choses qui nous paroissent les plus singulières, ont été les plus naturelles dans leur tems, & qu'il n'est arrivé que ce qui devoit arriver.

De la méthode.

C'est à la connoissance que nous avons acquise des opérations de l'ame & des causes de leurs progrès, à nous apprendre la conduite que nous devons tenir dans la recherche de a vérité. Il n'étoit pas possible auparavant de nous faire une bonne méthode ; mais il me semble qu'actuellement elle se découvre d'elle-même, & qu'elle est une suite naturelle des recherches que nous avons faites. Il suffira de développer quelques-unes des réflexions qui sont répandues dans cet ouvrage.

De la première cause de nos erreurs, & de l'origine de la vérité.

§. 1. Plusieurs philosophes ont relevé d'une manière éloquente grand nombre d'erreurs qu'on attribue aux sens, à l'imagination & aux passions : mais ils ne peuvent pas se flatter qu'on ait recueilli de leurs ouvrages tout le fruit qu'ils s'en étoient promis. Leur théorie trop imparfaite est peu propre à éclairer dans la pratique. L'imagination & les passions se replient de tant de manières, & dépendent si fort des tempéramens, des tems & des circonstances, qu'il est impossible de dévoiler tous les ressorts qu'elles font agir, & qu'il est très-naturel que chacun se flatte de n'être pas dans le cas de ceux qu'elles égarent.

Semblable à un homme d'un foible tempérament, qui ne relève d'une maladie que pour retomber dans une autre, l'esprit, au lieu de quitter ses erreurs, ne fait souvent qu'en changer. Pour délivrer de toutes ses maladies un homme d'une foible constitution, il faudroit lui faire un tempéramment tout nouveau : pour corriger notre esprit de toutes ses foiblesses, il faudroit lui donner de nouvelles vues, &, sans s'arrêter au détail de ses maladies, remonter à leur source même, & la tarir.

§. 2. Nous la trouverons, cette source, dans l'habitude où nous sommes de raisonner sur des choses dont nous n'avons point d'idées, ou dont nous n'avons que des idées mal déterminées. Il est à propos de rechercher ici la cause de cette habitude, afin de connoître l'origine de nos erreurs d'une manière convaincante, & de savoir avec quel esprit de critique on doit entreprendre la lecture des philosophes.

§. 3. Encore enfans, incapables de réflexion, nos besoins font tout ce qui nous occupe. Cependant, les objets font sur nos sens des impressions d'autant plus profondes, qu'ils y trouvent moins de résistance. Les organes se développent lentement, la raison vient avec plus de lenteur encore, & nous nous remplissons d'idées & de maximes telles que le hasard, & une mauvaise éducation les présentent. Parvenus à un âge où l'esprit commence à mettre de l'ordre dans ses pensées, nous ne voyons encore que des choses avec lesquelles nous sommes depuis long-tems familiarisés. Ainsi nous ne balançons pas à croire qu'elles sont, & qu'elles sont telles, parce qu'il nous paroît naturel qu'elles soient & qu'elles soient telles. Elles sont si vivement gravées dans notre cerveau, que nous ne saurions penser qu'elles ne fussent pas, ou qu'elles fussent autrement. De-là cette indifférence pour connoître les choses avec lesquelles nous sommes accoutumés, & ces mouvemens de curiosité pour tout ce qui paroît nouveau.

§. 4. Quand nous commençons à réfléchir, nous ne voyons pas comment les idées & les maximes, que nous trouvons en nous, auroient pu s'y introduire ; nous ne nous rappellons pas d'en avoir été privés. Nous en jouissons donc avec sécurité. Quelque défectueuses qu'elles soient, nous les prenons pour des notions évidentes par elles-mêmes : nous leur donnons les noms de *raison*, de *lumière naturelle*, ou *née avec nous*, de *principes gravés, imprimés dans l'âme*. Nous nous en rapportons d'autant plus volontiers à ces idées, que nous croyons que, si elles nous trompoient, Dieu seroit la cause de notre erreur, parce que nous les regardons comme l'unique moyen qu'il nous ait donné pour arriver à la vérité. C'est ainsi que des notions avec lesquelles nous ne sommes que familiarisés, nous paroissent des principes de la dernière évidence.

§. 5. Ce qui accoutume notre esprit à cette inexactitude, c'est la manière dont nous nous formons au langage. Nous n'atteignons l'âge de raison que long-tems après avoir contracté l'usage de la parole. Si l'on excepte les mots destinés à faire connoître nos besoins, c'est ordinairement le hasard qui nous a donné occasion d'entendre certains sons, plutôt que d'autres, & qui a décidé des idées que nous leur avons attachées. Pour peu qu'en réfléchissant sur les enfans que nous voyons, nous nous rappellions l'état par où nous avons passé, nous reconnoîtrons qu'il n'y a rien de moins exact que l'emploi que nous faisions ordinairement des mots. Cela n'est pas étonnant. Nous entendions des expressions dont la signification, quoique bien déterminée par l'usage, étoit si composée, que nous n'avions ni assez d'expérience, ni assez de pénétration pour la saisir : nous en entendions d'autres qui ne présentoient jamais deux fois la même idée, ou qui même étoient tout-à-fait vuides de sens. Pour juger de l'impossibilité où nous étions de nous en servir avec discernement, il ne faut que remarquer l'embarras où nous sommes encore souvent de le faire.

§. 6. Cependant l'usage de joindre les signes avec les choses nous est devenu si naturel, quand nous n'étions pas encore en état d'en peser la valeur, que nous nous sommes accoutumés à rapporter les noms à la réalité même des objets,

& que nous avons cru qu'ils en expliquoient parfaitement l'essence. On s'est imaginé qu'il y a des idées innées, parce qu'en effet il y en a qui sont les mêmes chez tous les hommes : nous n'aurions pas manqué de juger que notre langage est inné, si nous n'avions su que les autres peuples en parlent de tout différens. Il semble que dans nos recherches tous nos efforts ne tendent qu'à trouver de nouvelles expressions. A peine en avons-nous imaginé, que nous croyons avoir acquis de nouvelles connoissances. L'amour propre nous persuade aisément que nous connoissons les choses, lorsque nous avons longtems cherché à les connoître, & que nous en avons beaucoup parlé.

§. 7. En rappellant nos erreurs à l'origine que je viens d'indiquer, on les renferme dans une cause unique, & qui est telle que nous ne saurions nous cacher qu'elle n'ait eu jusqu'ici beaucoup de part dans nos jugemens. Peut-être même pourroit-on obliger les philosophes les plus prévenus de convenir qu'elle a jetté les premiers fondemens de leurs systêmes : il ne faudroit que les interroger avec adresse. En effet si nos passions occasionnent des erreurs, c'est qu'elles abusent d'un principe vague, d'une expression métaphorique, & d'un terme équivoque, pour en faire des applications d'où nous puissions déduire les opinions qui nous flattent. Si nous nous trompons, les principes vagues, les métaphores, & les équivoques sont donc des causes antérieures à nos passions. Il suffira, par conséquent, de renoncer à ce vain langage, pour dissiper tout l'artifice de l'erreur.

§. 8. Si l'origine de l'erreur est dans le défaut d'idées, ou dans des idées mal déterminées, celle de la vérité doit être dans des idées bien déterminées. Les mathématiques en sont la preuve. Sur quelque sujet que nous ayons des idées exactes, elles seront toujours suffisantes pour nous faire discerner la vérité : si au contraire nous n'en avons pas, nous aurons beau prendre toutes les précautions imaginables, nous confondrons toujours tout. En un mot, en métaphysique on marcheroit d'un pas assuré avec des idées bien déterminées, & sans ces idées on s'égareroit même en arithmétique.

§. 9. Mais comment les arithméticiens ont-ils des idées si exactes ? C'est que connoissant de quelle manière elles s'engendrent, ils sont toujours en état de les composer ou de les décomposer, pour les comparer selon tous leurs rapports. Ce n'est qu'en réfléchissant sur la génération des nombres, qu'on a trouvé les règles des combinaisons. Ceux qui n'ont pas réfléchi sur cette génération, peuvent calculer avec autant de justesse que les autres, parce que les règles sont sûres; mais ne connoissant pas les raisons sur lesquelles elles sont fondées, ils n'ont point d'idées de ce qu'ils font, & sont incapables de découvrir de nouvelles règles.

§. 10. Or dans toutes les sciences, comme en arithmétique, la vérité ne se découvre que par des compositions & des décompositions. Si l'on n'y raisonne pas ordinairement avec la même justesse, c'est qu'on n'a point encore trouvé de règles sûres pour composer ou décomposer toujours exactement les idées, ce qui provient de ce qu'on n'a pas même sû les déterminer. Mais peut-être que les réflexions que nous avons faites sur l'origine de nos connoissances, nous fourniront les moyens d'y suppléer.

De la manière de déterminer les idées ou leurs noms.

§. 11. C'est un avis usé & généralement reçu que celui qu'on donne de prendre les mots dans le sens de l'usage. En effet, il semble d'abord qu'il n'y a pas d'autre moyen, pour se faire entendre, que de parler comme les autres. J'ai cependant cru devoir tenir une conduite différente. Comme on a remarqué que, pour avoir de véritables connoissances, il faut recommencer dans les sciences, sans se laisser prévenir en faveur des opinions accréditées; il m'a paru que, pour rendre le langage exact, on doit le réformer sans avoir égard à l'usage. Ce n'est pas que je veuille qu'on se fasse une loi d'attacher toujours aux termes des idées toutes différentes de celles qu'ils signifient ordinairement : ce seroit une affectation puérile & ridicule. L'usage est uniforme & constant pour les noms des idées simples, & pour ceux de plusieurs notions familières au commun des hommes ; alors il n'y faut rien changer : mais lorsqu'il est question des idées complexes qui appartiennent plus particulièrement à la métaphysique & à la morale, il n'y a rien de plus arbitraire, ou même souvent de plus capricieux. C'est ce qui m'a porté à croire que, pour donner de la clarté & de la précision au langage, il falloit reprendre les matériaux de nos connoissances, & en faire de nouvelles combinaisons sans égard pour celles qui se trouvent faites.

§. 12. Nous avons vû, en examinant les progrès des langues, que l'usage ne fixe le sens des mots, que par le moyen de circonstances où l'on parle. A la vérité il semble que ce soit le hazard qui dispose des circonstances : mais si nous savions nous-mêmes les choisir, nous pourrions faire dans toute occasion ce que le hasard nous fait faire dans quelques-unes, c'est-à-dire, déterminer exactement la signification des mots. Il n'y a pas d'autre moyen pour donner toujours de la précision au langage que celui qui lui en a donné toutes les fois qu'il en a eu. Il faudroit donc se mettre d'abord dans des circonstances sensibles, afin de faire des signes pour exprimer les premières idées, qu'on acquerroit par sensation & par réflexion ; & lorsqu'en réfléchissant sur celles-là, on en acquerroit de nouvelles, on feroit de nouveaux noms dont on détermineroit le sens, en plaçant les autres dans les circonstances où l'on se seroit trouvé, & en leur faisant faire les mêmes réflexions qu'on auroit faites. Alors les expressions succèderoient toujours aux idées : elles seroient donc claires & précises, puisqu'elles ne rendroient que ce que chacun auroit sensiblement éprouvé.

§. 13. En effet, un homme qui commenceroit par se faire un langage à lui-même, & qui ne se proposeroit de s'entretenir avec les autres, qu'après avoir fixé le sens de ses expressions, par les circonstances où il auroit su se placer, ne tomberoit dans aucun des défauts qui nous sont si ordinaires. Les noms des idées simples seroient clairs, parce qu'ils ne signifieroient que ce qu'il appercevroit dans les circonstances choisies : ceux des idées complexes seroient précis, parce qu'ils ne renfermeroient que les idées simples que certaines circonstances réuniroient d'une manière déterminée. Enfin, quand il voudroit ajouter à ses premières combinaisons, ou en retrancher quelque chose, les signes qu'il employeroit, conserveroient la clarté des premiers, pourvu que ce qu'il auroit ajouté ou retranché, se trouvât marqué par de nouvelles circonstances. S'il vouloit ensuite faire part aux autres de ce qu'il auroit pensé, il n'auroit qu'à les placer dans les mêmes points de vûe où il s'est trouvé lui-même, lorsqu'il a imaginé les signes, & il les engageroit à lier les mêmes idées que lui aux mots qu'il auroit choisis.

§. 14. Au reste, quand je parle de faire des mots, ce n'est pas que je veuille qu'on propose des termes tout nouveaux. Ceux qui sont autorisés par l'usage, me paroissent d'ordinaire suffisans pour parler sur toutes sortes de matières. Ce seroit même nuire à la clarté du langage que d'inventer sur-tout dans les sciences, des mots sans nécessité. Je me sers donc de cette façon de parler, *faire des mots*, parce que je ne voudrois pas qu'on commençât par exposer les termes, pour les définir ensuite, comme on fait ordinairement : mais parce qu'il faudroit qu'après s'être mis dans des circonstances où l'on verroit quelque chose, on donnât à ce qu'on sentiroit, & à ce qu'on verroit un nom qu'on emprunteroit de l'usage. Ce tour m'a paru assez naturel, & d'ailleurs plus propre à marquer la différence qui se trouve entre la manière dont je voudrois qu'on déterminât la signification des mots, & les définitions des philosophes.

§. 15. Je crois qu'il seroit inutile de se gêner dans le dessein de n'employer que les expressions accréditées par le langage des savans : peut-être même seroit-il plus avantageux de les tirer du langage ordinaire. Quoique l'un ne soit pas plus exact que l'autre, je trouve cependant dans celui-ci un vice de moins. C'est que les gens du monde n'ayant pas autrement réfléchi sur les objets des sciences, conviendront assez volontiers de leur ignorance, & du peu d'exactitude des mots dont ils se servent. Les philosophes honteux d'avoir médité inutilement, sont toujours partisans entêtés des prétendus fruits de leurs veilles.

§. 16. Afin de faire mieux comprendre cette méthode, il faut entrer dans un plus grand détail, & appliquer aux différentes idées ce que nous venons d'exposer d'une manière générale. Nous commencerons par les noms des idées simples.

L'obscurité & la confusion des mots vient de ce que nous leur donnons trop ou trop peu d'étendue, ou même de ce que nous nous en servons, sans leur avoir attaché d'idée. Il y a beaucoup dont nous ne saisissons pas toute la signification ; nous les prenons parties par parties, & nous y ajoutons ou nous en retranchons : d'où il se forme différentes combinaisons qui n'ont qu'un même signe, & d'où il arrive que les mêmes mots ont dans la même bouche des acceptions bien différentes. D'ailleurs, comme l'étude des langues, avec quelque peu de soin qu'elle se fasse, ne laisse pas de demander quelque réflexion, on coupe court, & l'on rapporte les signes à des réalités dont on n'a point d'idée. Tels sont, dans le langage des philosophes, les termes d'*être*, de *substance*, d'*essence*, &c. Il est évident que ces défauts ne peuvent appartenir qu'aux idées qui sont l'ouvrage de l'esprit. Pour la signification des noms des idées simples, qui viennent immédiatement des sens, elle est connue tout à la fois ; elle ne peut pas avoir pour objet des réalités imaginaires, parce qu'elle se rapporte immédiatement à de simples perceptions, qui sont en effet dans l'esprit telles qu'elles y paroissent. Ces sortes de termes ne peuvent donc être obscurs. Le sens en est si bien marqué par toutes les circonstances où nous nous trouvons naturellement, que les enfans même ne sauroient s'y tromper. Pour peu qu'ils soient familiarisés avec leur langue, ils ne confondent point les noms des sensations, & ils ont des idées aussi claires de ces mots, *blanc*, *noir*, *rouge*, *mouvement*, *repos*, *plaisir*, *douleur*, que nous-mêmes. Quant aux opérations de l'ame, ils en distinguent également les noms, pourvu qu'elles soient simples, & que les circonstances tournent leur réflexion de ce côté : car on voit par l'usage qu'ils font de ces mots, *oui*, *non*, *je veux*, *je ne veux pas*, qu'ils en saisissent la vraie signification.

§. 17. On m'objectera peut-être qu'il est démontré que les mêmes objets produisent différentes sensations dans différentes personnes ; que nous ne les voyons pas sous les mêmes idées de grandeur, que nous n'y appercevons pas les mêmes couleurs, &c.

Je réponds que malgré cela nous nous entendrons toujours suffisamment par rapport au but qu'on se propose en métaphysique & en morale. Pour cette dernière, il n'est pas nécessaire de s'assurer, par exemple, que les mêmes châtimens produisent dans tous les hommes les mêmes sentimens de douleur, & que les mêmes récompenses soient suivies des mêmes sentimens de plaisir. Quelle que soit la variété avec laquelle les causes du plaisir & de la douleur affectent les hommes de différent tempéramment, il suffit que le sens de ces mots, *plaisir*, *douleur*, soit si bien arrêté, que personne ne puisse s'y méprendre. Or les circonstances, où nous nous trouvons tous les jours, ne nous permettent pas de nous tromper dans l'usage que nous sommes obligés de faire de ces termes.

Pour la métaphysique, c'est assez que les sensations représentent de l'étendue, des figures & des couleurs. La variété qui se trouve entre les sensations de deux hommes, ne peut occasionner aucune confusion. Que, par exemple, ce que j'appelle *bleu* me paroisse constamment ce que d'autres appellent *verd*, & que ce que j'appelle *verd* me paroisse constamment ce que d'autres appellent *bleu* ; nous nous entendrons aussi-bien, quand nous dirons, *les prés sont verds*, *le ciel est bleu*, que si à l'occasion de ces objets nous avions tous les mêmes sensations. C'est qu'alors nous ne voulons dire autre chose, sinon que le ciel & les prés viennent à notre connoissance, sous des apparences qui entrent dans notre ame par la vûe, & que nous nommons *bleues*, *vertes*. Si l'on vouloit faire signifier à ces mots que nous avons précisément les mêmes sensations, ces propositions ne deviendroient pas obscures, mais elles feroient fausses, ou du moins elles ne seroient pas suffisamment fondées, pour être regardées comme certaines.

§. 18. Je crois donc pouvoir conclure que les noms des idées simples, tant ceux des sensations que ceux des opérations de l'ame, peuvent être fort bien déterminés par des circonstances ; puisqu'ils le sont déja si exactement, que les enfans ne s'y trompent pas. Un philosophe doit seulement avoir attention, lorsqu'il s'agit des sensations, d'éviter deux erreurs, où les hommes ont coutume de tomber par des jugemens précipités : l'une, c'est de croire que les sensations soient dans les objets ; l'autre, dont nous venons de parler, que les mêmes objets produisent dans chacun de nous les mêmes sensations.

§. 19. Dès que les termes qui sont les signes des idées simples, sont exacts, rien n'empêche qu'on ne détermine ceux qui appartiennent aux autres idées. Il suffit pour cela de fixer le nombre & la qualité des idées simples dont on peut former une notion complexe. Ce qui fait qu'on trouve tant d'obstacles à arrêter, dans ces occasions, le sens des noms, & qu'après bien des peines on y laisse encore beaucoup d'équivoque & d'obscurité ; c'est qu'on prend les mots tels qu'on les trouve dans l'usage, auquel on veut absolument se conformer. La morale fournit surtout des expressions si composées, & l'usage, que nous consultons, s'accorde si peu avec lui-même, qu'il est impossible que cette méthode ne nous fasse parler d'une manière peu exacte, & ne nous fasse tomber dans bien des contradictions. Un homme qui ne s'appliqueroit d'abord à ne considérer que des idées simples, & qui ne les rassembleroit sous des signes, qu'à mesure qu'il se familiariseroit avec elles, ne courroit certainement pas les mêmes dangers. Les mots les plus composés, dont il seroit obligé de se servir, auroient constamment une signification déterminée, parce qu'en choisissant lui-même les idées simples qu'il voudroit leur attacher, & dont il auroit soin de fixer le nombre, il renfermeroit le sens de chacun dans des limites exactes.

§. 20. Mais si l'on ne veut renoncer à la vaine science de ceux qui rapportent les mots à des réalités qu'ils ne connoissent pas, il est inutile de penser à donner de la précision au langage. L'arithmétique n'est démontrée dans toutes ses parties, que parce que nous avons une idée exacte de l'unité, & que par l'art avec lequel nous nous servons des signes, nous déterminons combien de fois l'unité est ajoutée à elle-même dans les nombres les plus composés. Dans d'autres sciences on veut avec des expressions vagues & obscures, raisonner sur des idées complexes, & en découvrir les rapports. Pour sentir combien cette conduite est peu raisonnable, on n'a qu'à juger où nous en serions, si les hommes avoient pû mettre l'arithmétique dans la confusion où se trouvent la métaphysique & la morale.

§. 21. Les idées complexes sont l'ouvrage de l'esprit : si elles sont défectueuses, c'est parce que nous les avons mal faites : le seul moyen pour les corriger, c'est de les refaire. Il faut donc reprendre les matériaux de nos connoissances, & les mettre en œuvre, comme s'ils n'avoient pas encore été employés. Pour cette fin, il est à propos dans les commencemens de n'attacher aux fons, que le plus petit nombre d'idées fimples qu'il fera poffible, de choifir celles que tout le monde peut appercevoir fans peine, en fe plaçant dans les mêmes circonftances que nous; & de n'en ajoûter de nouvelles, que quand on fe fera familiarifé avec les premieres, & qu'on fe trouvera dans des circonftances propres à les faire entrer dans l'efprit d'une maniere claire & précife. Par-là on s'accoutumera à joindre aux mots toutes fortes d'idées fimples en quelque nombre qu'elles puiffent être.

La liaifon des idées avec les fignes eft une habitude qu'on ne fauroit contracter tout d'un coup, principalement s'il en réfulte des notions fort compofées. Les enfans ne parviennent que fort tard à avoir des idées précifes des nombres 1000, 10000, &c. Ils ne peuvent les acquérir que par un long & fréquent ufage, qui leur apprend à multiplier l'unité, & à fixer chaque collection par des noms particuliers. Il nous fera également impoffible parmi la quantité d'idées complexes qui appartiennent à la métaphyfique & à la morale, de donner de la précifion aux termes que nous aurons choifis, fi nous voulons dès la premiere fois & fans autre précaution les charger d'idées fimples. Il nous arrivera de les prendre tantôt dans un fens & bien-tôt après dans un autre, parce que n'ayant gravé que fuperficiellement dans notre efprit les collections d'idées, nous y ajouterons ou nous en retrancherons fouvent quelque chofe, fans nous en appercevoir. Mais fi nous commençons à ne lier aux mots que peu d'idées, & fi nous ne paffons à de plus grandes collections qu'avec beaucoup d'ordre, nous nous accoutumerons à compofer nos notions de plus en plus, fans les rendre moins fixes & moins affurées.

§. 22. Voilà la méthode que j'ai voulu fuivre, principalement dans la troifieme fection de cet ouvrage. Je n'ai pas commencé par expofer les noms des opérations de l'ame, pour les définir enfuite: mais je me fuis appliqué à me placer dans les circonftances les plus propres à m'en faire remarquer le progrès; & à mefure que je me fuis fait des idées qui ajoûtoient aux précédentes, je les ai fixées par des noms, en me conformant à l'ufage, toutes les fois que je l'ai pu fans inconvénient.

§. 23. Nous avons deux fortes de notions complexes: les unes font celles que nous formons fur des modeles; les autres font certaines combinaifons d'idées fimples que l'efprit joint par un effet de fon propre choix.

Ce feroit fe propofer une méthode inutile dans la pratique, & même dangereufe, que de vouloir fe faire des notions des fubftances en raffemblant arbitrairement certaines idées fimples. Ces notions nous repréfenteroient des fubftances qui n'exifteroient nulle part, raffembleroient des propriétés qui ne feroient nulle part raffemblées, fépareroient celles qui feroient réunies, & ce feroit un effet du hazard, fi elles fe trouvoient quelquefois conformes à des modeles. Pour rendre les noms des fubftances clairs & précis, il faut donc confulter la nature, & ne leur faire fignifier que les idées fimples, que nous obferverons exifter enfemble.

§. 24. Il y a encore d'autres idées qui appartiennent aux fubftances, & qu'on nomme abftraites. Ce ne font, comme je l'ai déjà dit, que des idées plus ou moins fimples auxquelles nous donnons notre attention, en ceffant de penfer aux autres idées fimples qui coexiftent avec elles. Si nous ceffons de penfer à la fubftance des corps comme étant actuellement colorée & figurée, & que nous ne la confidérions que comme quelque chofe de mobile, de divifible, d'impénétrable, & d'étendue indéterminée, nous aurons l'idée de la matiere; idée plus fimple que celle des corps, dont elle n'eft qu'une abftraction, quoiqu'il ait plû à bien des philofophes de la réalifer. Si enfuite nous ceffons de penfer à la mobilité de la matiere, à fa divifibilité, & à fon impénétrabilité, pour ne réfléchir que fur fon étendue indéterminée, nous nous formerons l'idée de l'efpace pur, laquelle eft encore plus fimple. Il en eft de même de toutes les abftractions, par où il paroît que les noms des idées les plus abftraites font auffi faciles à déterminer, que ceux des fubftances mêmes.

§. 25. Pour déterminer les notions archétypes, c'eft-à-dire, celles que nous avons des actions des hommes, & de toutes les chofes qui font du reffort de la morale, de la jurifprudence & des arts, il faut fe conduire tout autrement que pour celles des fubftances. Les légiflateurs n'avoient point de modeles, quand ils ont réuni la premiere fois certaines idées fimples, dont ils ont compofé les loix, & quand ils ont parlé de plufieurs actions humaines, avant d'avoir confidéré s'il y en avoit des exemples quelque part. Les modeles des arts ne fe font pas non plus trouvés ailleurs que dans l'efprit des premiers inventeurs. Les fubftances telles que nous les connoiffons, ne font que certaines collections de propriétés qu'il ne dépend point de nous d'unir ni de féparer, & qu'il ne nous importe de connoître qu'autant qu'elles exiftent, & que de la maniere qu'elles exiftent. Les actions des hommes font des combinaifons qui varient fans ceffe, & dont il eft fouvent de notre intérêt d'avoir des idées, avant que nous en ayons vû des modeles. Si nous n'en formions les notions qu'à mefure que l'expérience les feroit venir à notre connoiffance, ce feroit fouvent trop tard. Nous fommes donc obligés de nous y prendre différemment; ainfi nous réuniffons, ou féparons à notre choix des idées fimples, ou bien nous adoptons les combinaifons que d'autres ont déjà faites.

§. 26

§. 26. Il y a cette différence entre les notions des substances & les notions archétypes, que nous regardons celles-ci comme des modèles auxquels nous rapportons les choses extérieures, & que celles-là ne sont que des copies de ce que nous appercevons hors de nous. Pour la vérité des premières, il faut que les combinaisons de notre esprit soient conformes à ce qu'on remarque dans les choses : pour la vérité des secondes, il suffit qu'au dehors les combinaisons en puissent être telles qu'elles sont dans notre esprit. La notion de la justice seroit vraie, quand même on ne trouveroit point d'action juste, parce que sa vérité consiste dans une collection d'idées, qui ne dépend point de ce qui se passe hors de nous. Celle du fer n'est vraie, qu'autant qu'elle est conforme à ce métal, parce qu'il en doit être le modèle.

Par ce détail sur les idées archétypes, il est facile de s'appercevoir qu'il ne tiendra qu'à nous de fixer la signification de leurs noms, parce qu'il dépend de nous de déterminer les idées simples dont nous avons nous-mêmes formé des collections. On conçoit aussi que les autres entreront dans nos pensées, pourvu que nous les mettions dans des circonstances où les mêmes idées simples soient l'objet de leur esprit comme du nôtre : & où ils soient engagés à les réunir sous les mêmes noms que nous les aurons rassemblées.

Voilà les moyens que j'avois à proposer pour donner au langage toute la clarté & toute la précision dont il est susceptible. Je n'ai pas cru qu'il fallût rien changer aux noms des idées simples, parce que le sens m'en a paru suffisamment déterminé par l'usage. Pour les idées complexes, elles sont faites avec si peu d'exactitude, qu'on ne peut se dispenser d'en reprendre les matériaux & d'en faire de nouvelles combinaisons, sans égard pour celles qui ont été faites. Elles sont toutes l'ouvrage de l'esprit, celles qui le sont le plus exactes, comme celles qui le sont le moins : si nous avons réussi dans quelques-unes, nous pouvons donc réussir dans les autres, pourvu que nous nous conduisions toujours avec la même adresse.

De l'ordre qu'on doit suivre dans la recherche de la vérité.

§. 27. Il me semble qu'une méthode qui a conduit à une vérité, peut conduire à une seconde, & que la meilleure doit être la même pour toutes les sciences. Il suffiroit donc de réfléchir sur les découvertes qui ont été faites, pour apprendre à en faire de nouvelles. Les plus simples seroient les plus propres à cet effet, parce qu'on remarqueroit avec moins de peine les moyens qui ont été mis en usage : ainsi je prendrai pour exemple les notions élémentaires des mathématiques, & je suppose que nous fussions dans le cas de les acquérir pour la première fois.

Philosophie anc. & mod. Tom. II.

§. 28. Nous commencerions sans doute par nous faire l'idée de l'unité, &, l'ajoûtant plusieurs fois à elle-même, nous en formerions des collections que nous fixerions par des signes. Nous répéterions cette opération, & par ce moyen nous aurions bientôt sur les nombres autant d'idées complexes, que nous souhaiterions d'en avoir. Nous réfléchirions ensuite sur la manière dont elles se sont formées, nous en observerions les progrès, & nous apprendrions infailliblement les moyens de les décomposer. Dès-lors nous pourrions comparer les plus complexes avec les plus simples, & découvrir les propriétés des unes & des autres.

Dans cette méthode les opérations de l'esprit n'auroient pour objet que des idées simples ou des idées complexes que nous aurions formées, & dont nous connoîtrions parfaitement la génération. Nous ne trouverions donc point d'obstacle à découvrir les premiers rapports des grandeurs. Ceux-là connus, nous verrions plus facilement ceux qui les suivent immédiatement, & qui ne manqueroient pas de nous en faire appercevoir d'autres. Ainsi après avoir commencé par les plus simples, nous nous éleverions insensiblement aux plus composés ; & nous nous ferions une suite de connoissances qui dépendroient si fort les unes des autres, qu'on ne pourroit arriver aux plus éloignées que par celles qui les auroient précédées.

§. 29. Les autres sciences, qui sont également à la portée de l'esprit humain, n'ont pour principes que des idées simples, qui nous viennent par sensation & par réflexion. Pour en acquérir les notions complexes, nous n'avons, comme dans les mathématiques, d'autre moyen, que de réunir les idées simples en différentes collections. Il y faut donc suivre le même ordre dans les progrès des idées, & apporter la même précaution dans le choix des signes.

Bien des préjugés s'opposent à cette conduite : mais voici le moyen que j'ai imaginé pour s'en garantir.

C'est dans l'enfance que nous nous sommes imbus des préjugés qui retardent les progrès de nos connoissances, & qui nous font tomber dans l'erreur. Un homme que Dieu créeroit d'un tempérament mûr, & avec des organes si bien développés, qu'il auroit dès les premiers instans un parfait usage de la raison, ne trouveroit pas dans la recherche de la vérité les mêmes obstacles que nous. Il n'inventeroit des signes qu'à mesure qu'il éprouveroit de nouvelles sensations, & qu'il feroit de nouvelles réflexions. Il combineroit ses premières idées selon les circonstances où il se trouveroit ; il fixeroit chaque collection par des noms particuliers ; &, quand il voudroit comparer deux notions complexes, il pourroit aisément les analiser, parce qu'il ne trouveroit point de difficulté à les réduire aux idées simples dont il les auroit lui-même formées. Ainsi n'imaginant jamais des mots qu'après s'être fait des idées, ses notions seroient toujours exactement déterminées, & sa langue ne seroit point sujette aux obscurités & aux équivoques des nôtres. Imaginons-nous donc être à la place de cet homme, passons par toutes les circonstances où il doit se trouver, voyons avec lui ce qu'il sent, formons les mêmes réflexions, acquérons les mêmes idées, analysons-les avec le même soin, exprimons-les par de pareils signes, & faisons-nous, pour ainsi dire, une langue toute nouvelle.

§. 30. En ne raisonnant suivant cette méthode que sur des idées simples, ou sur des idées complexes qui seront l'ouvrage de l'esprit, nous aurons deux avantages: le premier, c'est que, connoissant la génération des idées sur lesquelles nous méditerons, nous n'avancerons point que nous ne sachions où nous sommes, comment nous y sommes venus, & comment nous pourrions retourner sur nos pas. Le second, c'est que dans chaque matière nous verrons sensiblement quelles sont les bornes de nos connoissances; car nous les trouverons, lorsque les sens cesseront de nous fournir des idées, & que, par conséquent, l'esprit ne pourra plus former de notions. Or rien ne me paroît plus important que de discerner les choses auxquelles nous pouvons nous appliquer avec succès, de celles où nous ne pouvons qu'échouer. Pour n'en avoir pas su faire la différence, les philosophes ont souvent perdu à examiner des questions insolubles, un tems qu'ils auroient pu employer à des recherches utiles. On en voit un exemple dans les efforts qu'ils ont fait pour expliquer l'essence & la nature des êtres.

§. 31. Toutes les vérités se bornent aux rapports qui sont entre des idées simples, entre des idées complexes, & entre une idée simple & une idée complexe. Par la méthode que je propose, on pourra éviter les erreurs où l'on tombe dans la recherche des unes & des autres.

Les idées simples ne peuvent donner lieu à aucune méprise. La cause de nos erreurs vient de ce que nous retranchons d'une idée quelque chose qui lui appartient, parce que nous n'en voyons pas toutes les parties; ou de ce que nous lui ajoutons quelque chose qui ne lui appartient pas, parce que notre imagination juge précipitamment qu'elle renferme ce qu'elle ne contient pas. Or nous ne pouvons rien retrancher d'une idée simple, puisque nous n'y distinguons point de parties; & nous n'y pouvons rien ajouter, tant que nous la considérerons comme simple, puisqu'elle perdroit sa simplicité.

Ce n'est que dans l'usage des notions complexes qu'on pourroit se tromper soit en ajoutant, soit en retranchant quelque chose mal à propos. Mais si nous les avons faites avec les précautions que je demande, il suffira, pour éviter les méprises, d'en reprendre la génération; car par ce moyen nous y verrons ce qu'elles renferment, & rien de plus, ni de moins. Cela étant, quelques comparaisons que nous fassions des idées simples & des idées complexes, nous ne leur attribuerons jamais d'autres rapports que ceux qui leur appartiennent.

§. 32. Les philosophes ne font des raisonnemens si obscurs & si confus, que parce qu'ils ne soupçonnent pas qu'il y ait des idées qui soient l'ouvrage de l'esprit, ou que, s'ils le soupçonnent, ils sont incapables d'en découvrir la génération. Prévenus que les idées sont innées, ou que, telles qu'elles sont, elles ont été bien faites, ils croient n'y devoir rien changer, & les prennent telles que le hazard les présente. Comme on ne peut bien analyser que les idées qu'on a soi-même formées avec ordre, leurs analyses ou plutôt leurs définitions sont presque toujours défectueuses. ils étendent ou restreignent mal à propos la signification de leurs termes, ils la changent sans s'en appercevoir, ou même ils rapportent les mots à des notions vagues & à des réalités inintelligibles. Il faut qu'on me permette de le répéter, il faut donc se faire une nouvelle combinaison d'idées; commencer par les plus simples que les sens transmettent; en former des notions complexes, qui, en se combinant à leur tour, en produiront d'autres, & ainsi de suite. Pourvu que nous consacrions des noms distincts à chaque collection, cette méthode ne peut manquer de nous faire éviter l'erreur.

§. 33. Descartes a eu raison de penser que, pour arriver à des connoissances certaines, il falloit commencer par rejetter toutes celles que nous croyons avoir acquises: mais il s'est trompé, lorsqu'il a cru qu'il suffisoit pour cela de les révoquer en doute. Douter si deux & deux font quatre, si l'homme est un animal raisonnable, c'est avoir des idées de deux, de quatre, d'homme, d'animal, & de raisonnable. Le doute laisse donc subsister les idées telles qu'elles sont; ainsi, nos erreurs venant de ce que nos idées ont été mal faites, il ne les sauroit prévenir. Il peut pendant un tems nous faire suspendre nos jugemens: mais enfin nous ne sortirons d'incertitude, qu'en consultant les idées qu'il n'a pas détruites; &, par conséquent, si elles sont vagues, & mal déterminées, elles nous égareront comme auparavant. Le doute de Descartes est donc inutile. Chacun peut éprouver par lui-même qu'il est encore impraticable: car si l'on compare des idées familières & bien déterminées, il n'est pas possible de douter des rapports qui sont entr'elles. Telles sont, par exemple, celles des nombres.

34. Si ce philosophe n'avoit pas été prévenu pour les idées innées, il auroit vu que l'unique

moyen de se faire un nouveau fonds de connoissances, étoit de détruire les idées mêmes, pour les reprendre à leur origine, c'est-à-dire, aux sensations. Par-là on peut remarquer une grande différence entre dire avec lui qu'il faut commencer par les choses les plus simples, ou suivant ce qu'il m'en paroît, par les idées les plus simples que les sens transmettent. Chez lui les choses les plus simples sont des idées innées, des principes généraux & des notions abstraites, qu'il regarde comme la source de nos connoissances. Dans la méthode que je propose, idées les plus simples sont les premières idées particulières, qui nous viennent par sensation & par réflexion. Ce sont les matériaux de nos connoissances, que nous combinerons selon les circonstances, pour en former des idées complexes, dont l'analyse nous découvrira les rapports. Il faut remarquer que je ne me borne pas à dire qu'on doit commencer par les idées les plus simples; mais je dis par les idées les plus simples *que les sens transmettent*, ce que j'ajoute afin qu'on ne les confonde pas avec les notions abstraites, ni avec les principes généraux des philosophes. L'idée du solide, par exemple, toute complexe qu'elle est, est une des plus simples qui viennent immédiatement des sens. A mesure qu'on la décompose, on se forme des idées plus simples qu'elle, & qui s'éloignent dans la même proportion de celles que les sens transmettent. On la voit diminuer dans la surface, dans la ligne, & disparoître entièrement dans le point (1).

§. 35. Il y a encore une différence entre la méthode de Descartes & celle que j'essaye d'établir. Selon lui, il faut commencer par définir les choses, & regarder les définitions comme des principes propres à en faire découvrir les propriétés. Je crois au contraire qu'il faut commencer par chercher les propriétés, & il me paroît que c'est avec fondement. Si les notions, que nous sommes capables d'acquérir, ne sont, comme je l'ai fait voir, que différentes collections d'idées simples, que l'expérience nous a fait rassembler sous certains noms; il est bien plus naturel de les former, en cherchant les idées dans le même ordre que l'expérience les donne, que de commencer par les définitions, pour détruire ensuite les différentes propriétés des choses.

§. 36. Par ce détail on voit que l'ordre qu'on doit suivre dans la recherche de la vérité, est le même que j'ai déjà eu occasion d'indiquer, en parlant de l'analyse. Il consiste à remonter à l'origine des idées, à en développer la génération, & à en faire différentes compositions ou décompositions, pour les comparer par tous les côtés qui peuvent en montrer les rapports. Je vais dire un mot sur la conduite qu'il me paroît qu'on doit tenir, pour rendre son esprit aussi propre aux découvertes, qu'il peut l'être.

§. 37. Il faut commencer par se rendre compte des connoissances qu'on a sur la matière qu'on veut approfondir, en développer la génération, & en déterminer exactement les idées. Pour une vérité qu'on trouve par hazard, & dont on ne peut même s'assurer, on court risque, lorsqu'on n'a que des idées vagues, de tomber dans bien des erreurs.

Les idées étant déterminées, il faut les comparer. Mais parce que la comparaison ne s'en fait pas toujours avec la même facilité, il est important de savoir nous servir de tout ce qui peut nous être de quelques secours. Pour cela on doit remarquer que, selon les habitudes que l'esprit s'est faites, il n'y a rien qui ne puisse nous aider à réfléchir. C'est qu'il n'est point d'objets auxquels nous n'ayons le pouvoir de lier nos idées, & qui, par conséquent, ne soient propres à faciliter l'exercice de la mémoire & de l'imagination. Tout consiste à savoir former ces liaisons conformément au but qu'on se propose, & aux circonstances où on se trouve. Avec cette adresse, il ne sera pas nécessaire d'avoir, comme quelques philosophes, la précaution de se retirer dans des solitudes, ou de s'enfermer dans un caveau, pour y méditer à la lueur d'une lampe. Ni le jour, ni les ténèbres, ni le bruit, ni le silence; rien ne peut mettre obstacle à l'esprit d'un homme qui sait penser.

§. 38. Voici deux expériences que bien des personnes pourront avoir faites. Qu'on se recueille dans le silence & dans l'obscurité, le plus petit bruit ou la moindre lueur suffira pour distraire, si l'on est frappé de l'un ou de l'autre au moment qu'on ne s'y attendoit point. C'est que les idées dont on s'occupe, se lient naturellement avec la situation où l'on se trouve; & qu'en conséquence les perceptions qui sont contraires à cette situation, ne peuvent survenir, qu'aussitôt l'ordre des idées ne soit troublé. On peut remarquer la même chose dans une supposition toute différente. Si, pendant le jour & au milieu du bruit, je réfléchis sur un objet, ce sera assez pour me donner une distraction, que la lumière ou le bruit cesse tout-à-coup. Dans ce cas, comme dans le premier, les nouvelles perceptions que j'éprouve, sont tout-à-fait contraires à l'état où j'étois auparavant. L'impression subite, qui se fait en moi, doit donc encore interrompre la suite de mes idées.

Cette seconde expérience fait voir que la lumière & le bruit ne sont pas un obstacle à la réflexion: je crois même qu'il ne faudroit que de l'habitude, pour en tirer de grands secours. Il n'y

---

(1) Je prends les mots de *surface*, *ligne*, *point*, dans le sens des géomètres.

proprement que les révolutions inopinées, qui puissent nous distraire. Je dis *inopinées* : car quels que soient les changemens qui se font autour de nous, s'ils n'offrent rien à quoi nous ne devions naturellement nous attendre, ils ne font que nous appliquer plus fortement à l'objet dont nous voulions nous occuper. Combien de choses différentes ne rencontre-t-on pas quelquefois dans une même campagne? Des côteaux abondans, des plaines arides, des rochers qui se perdent dans les nues, des bois où le bruit & le silence, la lumière & les ténèbres se succèdent alternativement, &c. Cependant les poëtes éprouvent tous les jours que cette variété les inspire ; c'est qu'étant liée avec les plus belles idées dont la poésie se pare, elle ne peut manquer de les réveiller. La vue, par exemple, d'un côteau abondant retrace le chant des oiseaux, le murmure des ruisseaux, le bonheur des bergers, leur vie douce & paisible, leurs amours, leur constance, leur fidélité, la pureté de leurs mœurs, &c. Beaucoup d'autres exemples pourroient prouver que l'homme ne pense qu'autant qu'il emprunte des secours, soit des objets qui lui frappent les sens, soit de ceux dont son imagination lui retrace les images.

§. 39. J'ai dit que l'analyse est l'unique secret des découvertes : mais demandera-t-on, quel est celui de l'analyse ? La liaison des idées. Quand je veux réfléchir sur un objet, je remarque d'abord que les idées que j'en ai, sont liées avec celles que je n'ai pas, & que je cherche. J'observe ensuite que les unes & les autres peuvent se combiner de bien des manières, & que selon que les combinaisons varient, il y a entre les idées plus ou moins de liaison. Je puis donc supposer une combinaison où la liaison est aussi grande qu'elle peut l'être ; & plusieurs autres où la liaison va en diminuant, en sorte qu'elle cesse enfin d'être sensible. Si j'envisage un objet par un endroit qui n'a point de liaison sensible avec les idées que je cherche, je ne trouverai rien. Si la liaison est légère, je découvrirai peu de chose, mes pensées ne me paroîtront que l'effet d'une application violente, ou même du hasard, & une découverte faite de la sorte me fournira peu de lumière pour arriver à d'autres. Mais que je considère un objet par le côté qui a le plus de liaison avec les idées que je cherche, je découvrirai tout ; l'analyse se fera presque sans effort de ma part, & à mesure que j'avancerai dans la connoissance de la vérité, je pourrai observer jusqu'aux ressorts les plus subtils de mon esprit, & par-là apprendre l'art de faire de nouvelles analyses.

Toute la difficulté se borne à savoir comment on doit commencer pour saisir les idées selon leur plus grande liaison. Je dis que la combinaison où cette liaison se rencontre, est celle qui se conforme à la génération même des choses. Il faut, par conséquent, commencer par l'idée première qui a dû produire toutes les autres. Venons à un exemple.

Les scolastiques & les cartésiens n'ont connu ni l'origine, ni la génération de nos connoissances : c'est que le principe des idées innées, & la notion vague de l'entendement, d'où ils sont partis, n'ont aucune liaison avec cette découverte. Locke a mieux réussi, parce qu'il a commencé aux sens ; & il n'a laissé des choses imparfaites dans son ouvrage, que parce qu'il n'a pas développé les premiers progrès des opérations de l'ame. J'ai essayé de faire ce que ce philosophe avoit oublié, je suis remonté à la première opération de l'ame, & j'ai, ce me semble, non-seulement donné une analyse complette de l'entendement, mais j'ai encore découvert l'absolue nécessité des signes, & le principe de la liaison des idées.

Au reste on ne pourra se servir avec succès de la méthode que je propose, qu'autant qu'on prendra toutes sortes de précautions, afin de n'avancer qu'à mesure qu'on déterminera exactement ses idées. Si on passe trop légèrement sur quelques-unes, on se trouvera arrêté par des obstacles, qu'on ne vaincra qu'en revenant à ses premières notions, pour les déterminer mieux qu'on n'avoit fait.

§. 40. Il n'y a presque personne qui ne tire quelquefois de son propre fonds des pensées qu'il ne doit qu'à lui, quoique peut-être elles ne soient pas neuves. C'est dans ces momens qu'il faut rentrer en soi, pour réfléchir sur tout ce qu'on éprouve. Il faut remarquer les impressions qui se faisoient sur les sens, la manière dont l'esprit étoit affecté, le progrès de ses idées ; en un mot, toutes les circonstances qui ont pu faire naître une pensée, qu'on ne doit qu'à sa propre réflexion. Si l'on veut s'observer plusieurs fois de la sorte, on ne manquera pas de découvrir qu'elle est la marche naturelle de son esprit. On connoîtra, par conséquent, les moyens qui sont les plus propres à la faire réfléchir ; & même, s'il s'est fait quelque habitude contraire à l'exercice de ses opérations, on pourra peu-à-peu l'en corriger.

§. 41. On reconnoîtroit facilement ses défauts, si on pouvoit remarquer que les plus grands hommes en ont eu de semblables. Les philosophes auroient suppléé à l'impuissance où nous sommes, pour la plûpart, de nous étudier nous-mêmes, s'ils nous avoient laissé l'histoire des progrès de leur esprit. Descartes l'a fait, & c'est une des grandes obligations que nous lui ayons. Au lieu d'attaquer directement les scolastiques, il représente le tems où il étoit dans les mêmes préjugés, il ne cache point les obstacles qu'il a eus à surmonter pour s'en dépouiller, il donne les règles d'une méthode beaucoup plus simple qu'aucune de celles qui avoient été en usage jusqu'à lui, laisse entrevoir les découvertes qu'il croit avoir faites

& prépare par cette adresse les esprits à recevoir les nouvelles opinions qu'il se proposoit d'établir (1). Je crois que cette conduite a eu beaucoup de part à la révolution dont ce philosophe est l'auteur.

§. 42. Rien ne seroit plus important que de conduire les enfans de la manière dont je viens de remarquer que nous devrions nous conduire nous-mêmes. On pourroit, en jouant avec eux, donner aux opérations de leur ame tout l'exercice dont elles sont susceptibles, si, comme je le viens de dire, il n'est point d'objet qui n'y soit propre. On pourroit même insensiblement leur faire prendre l'habitude de les régler avec ordre. Quand par la suite l'âge & les circonstances changeroient les objets de leurs occupations, leur esprit seroit parfaitement développé, & se trouveroit de bonne heure une sagacité que, par toute autre méthode, il n'auroit que fort tard, ou même jamais. Ce n'est donc ni le latin, ni l'histoire, ni la géographie, &c. qu'il faut apprendre aux enfans. De quelle utilité peuvent être ces sciences dans un âge où l'on ne sait pas encore penser ? Pour moi, je plains les enfans dont on admire le savoir, & je prévois le moment où l'on sera surpris de leur médiocrité, ou peut-être de leur bêtise. La première chose qu'on devroit avoir en vue, ce seroit, encore, un coup, de donner à leur esprit l'exercice de toutes ses opérations, & pour cela il ne faudroit pas aller chercher des objets qui leur sont étrangers ; un badinage pourroit en fournir les moyens.

§. 43. Les philosophes ont souvent demandé s'il y a un premier principe de nos connoissances. Les uns n'en ont supposé qu'un, les autres deux ou même davantage. Il me semble que chacun peut par sa propre expérience s'assurer de la vérité de celui qui sert de fondement à tout cet ouvrage. Peut-être même se convaincra-t-on que la liaison des idées est sans comparaison le principe le plus simple, le plus lumineux & le plus fécond. Dans le tems même qu'on n'en remarquoit pas l'influence, l'esprit humain lui devoit tous ses progrès.

§. 44. Voilà les réflexions que j'avois faites sur la méthode, quand je lûs, pour la première fois, le chancelier Bacon. Je fus aussi flatté de m'être rencontré en quelque chose avec ce grand homme, que je fus surpris que les cartésiens n'en eussent rien emprunté. Personne n'a mieux connu que lui la cause de nos erreurs : car il a vu que les idées qui sont l'ouvrage de l'esprit, avoient été mal faites, & que, par conséquent, pour avancer dans la recherche de la vérité, il falloit les refaire.

C'est un conseil qu'il répète souvent (1). Mais pouvoit-on l'écouter ? Prévenu, comme on l'étoit, pour le jargon de l'école & pour les idées innées, ne devoit-on pas traiter de chimérique le projet de renouveller l'entendement humain ? Bacon proposoit une méthode trop parfaite, pour être l'auteur d'une révolution ; & celle de Descartes devoit réussir, parce qu'elle laissoit subsister une partie des erreurs. Ajoutez à cela que le philosophe anglois avoit des occupations qui ne lui permettoient pas d'exécuter lui-même ce qu'il conseilloit aux autres : il étoit donc obligé de se borner à donner des avis qui ne pouvoient faire qu'une légère impression sur des esprits incapables d'en sentir la solidité. Descartes au contraire, livré entièrement à la philosophie, & ayant une imagination plus vive & plus féconde, n'a quelquefois substitué aux erreurs des autres que des erreurs plus séduisantes : elles n'ont pas peu contribué à sa réputation.

De l'ordre qu'on doit suivre dans l'exposition de la vérité.

§. 45. Chacun sait que l'art ne doit pas paroître dans un ouvrage ; mais peut-être ne sait-on pas également que ce n'est qu'à force d'art qu'on peut le cacher. Il y a bien des écrivains qui, pour être plus faciles & plus naturels, croyent ne devoir s'assujettir à aucun ordre. Cependant si par la belle nature on entend la nature sans défaut, il est évident qu'on ne doit pas chercher à l'imiter par des négligences, & que l'art ne peut disparoître, que lorsqu'on en a assez pour les éviter.

§. 46. Il y a d'autres écrivains qui mettent beaucoup d'ordre dans leurs ouvrages : ils les divisent & soudivisent avec soin ; mais on est choqué de l'art qui perce de toutes parts. Plus il cherchent à plaire, plus ils sont secs, rebutans & difficiles à entendre : c'est parce qu'ils n'ont pas su choisir celui qui est le plus naturel à la matière qu'ils traitent. S'ils l'eussent choisi, ils auroient

---

(1) *Voyez* sa méthode.

(2) Nemo, *dit-il*, adhuc tanta mentis constantia & rigore inventus est, ut decreverit & sibi imposuerit, theorias & notiones communes penitus abolere, & intellectum abrasum & æquum ad particularia de integro applicare. Itaque illa ratio humana quam habemus, ex multa fide, & multo etiam casu, nec non ex puerilibus, quas primo hausimus, notionibus, farrago quædam est & congeries.

Quod si quis ætate matura, & sensibus integris ; & mente repurgata, se ad experientiam & ad particularia de integro applicet, de eo melius sperandum est..... Non est spes nisi in regeneratione scientiarum ; ut eæ scilicet ab experientia certo ordine excitentur & rursus condantur : quod adhuc factum esse aut cogitatum, nemo, ut arbitramur, affirmaverit. C'est-là un des aphorismes de l'ouvrage dont j'ai parlé dans mon introduction.

exposé leurs pensées d'une manière si claire & si simple, que le lecteur les eut comprises trop facilement, pour se douter des efforts qu'ils auroient été obligés de faire. Nous sommes portés à croire les choses faciles ou difficiles pour les autres, selon qu'elles sont l'un ou l'autre à notre égard ; & nous jugeons naturellement de la peine qu'un écrivain a eue à s'exprimer, par celle que nous avons à l'entendre.

§. 47. *L'ordre naturel à la chose ne peut jamais nuire.* Il en faut jusques dans les ouvrages qui sont faits dans l'enthousiasme, dans une ode, par exemple : non qu'on y doive raisonner méthodiquement, mais il faut se conformer à l'ordre dans lequel s'arrangent les idées qui caractérisent chaque passion. Voilà, ce me semble, en quoi consiste toute la force & toute la beauté de ce genre de poésie.

S'il s'agit des ouvrages de raisonnement, ce n'est qu'autant qu'un auteur y met de l'ordre, qu'il peut s'appercevoir des choses qui ont été oubliées, ou de celles qui n'ont point été assez approfondies. J'en ai souvent fait l'expérience. Cet essai, par exemple, étoit achevé, & cependant je ne connoissois pas encore dans toute son étendue le principe de la liaison des idées. Cela provenoit uniquement d'un morceau d'environ deux pages, qui n'étoit pas à la place où il devoit être.

§. 48. *L'ordre nous plaît*, la raison m'en paroît bien simple : c'est qu'il rapproche les choses, qu'il les lie, & que par ce moyen facilitant l'exercice des opérations de l'ame, il nous met en état de remarquer sans peine les rapports qu'il nous est important d'appercevoir dans les objets qui nous touchent. Notre plaisir doit augmenter à proportion que nous concevons plus facilement les choses qu'il est de notre intérêt de connoître.

§. 49. *Le défaut d'ordre plaît aussi quelquefois*, mais cela dépend de certaines situations où l'ame se trouve. Dans ces momens de rêverie, où l'esprit, trop paresseux pour s'occuper long-tems des mêmes pensées, aime à les voir flotter au hasard, on se plaira, par exemple, beaucoup plus dans une campagne, que dans les plus beaux jardins. C'est que le désordre qui y règne, paroît s'accorder mieux avec celui de nos idées, & qu'il entretient notre rêverie, en nous empêchant de nous arrêter sur une même pensée. Cet état de l'ame est même assez voluptueux, sur-tout lorsqu'on en jouit après un long travail.

Il y a aussi des situations d'esprit favorables à la lecture des ouvrages qui n'ont point d'ordre. Quelquefois, par exemple je lis Montaigne avec beaucoup de plaisir, d'autrefois j'avoue que je ne puis le supporter. Je ne sais si d'autres ont fait la même expérience : mais, pour moi, je ne voudrois pas être condamné à ne lire jamais que de pareils écrivains. Quoi qu'il en soit, l'ordre a l'avantage de plaire plus constamment, le défaut d'ordre ne plaît que par intervalles, & il n'y a point de régles pour en assurer le succès. Montaigne est donc bien heureux d'avoir réussi, & l'on seroit bien hardi de vouloir l'imiter.

§. 50. L'objet de l'ordre, c'est de faciliter l'intelligence d'un ouvrage. On doit donc éviter les longueurs, parce qu'elles lassent l'esprit ; les digressions, parce qu'elles le distrayent ; les divisions & les soudivisions trop fréquentes, parce qu'elles l'embarrassent ; & les répétitions, parce qu'elles le fatiguent : une chose dite une seule fois & où elle doit l'être, est plus claire que répétée ailleurs plusieurs fois.

§. 51. Il faut dans l'exposition, comme dans la recherche de la vérité, commencer par les idées les plus faciles, & qui viennent immédiatement des sens, & s'élever ensuite par degrés à des idées plus simples ou plus composées. Il me semble que si l'on saisissoit bien les progrès des vérités, il seroit inutile de chercher des raisonnemens pour les démontrer, & que ce seroit assez de les énoncer ; car elles se suivroient dans un tel ordre, que ce que l'une ajouteroit à celle qui l'auroit immédiatement précédée, seroit trop simple pour avoir besoin de preuve. De la sorte on arriveroit aux plus compliquées, & l'on s'en assureroit mieux que par toute autre voye. On établiroit même une si grande subordination entre toutes les connoissances qu'on auroit acquises, qu'on pourroit à son gré aller des plus composées aux plus simples, ou des plus simples aux plus composées. A peine pourroit-on les oublier ; ou du moins si cela arrivoit, la liaison qui seroit entr'elles, faciliteroit les moyens de les retrouver.

Mais pour exposer la vérité dans l'ordre le plus parfait, il faut avoir remarqué celui dans lequel elle a pu naturellement être trouvée : car la meilleure manière d'instruire les autres, c'est de les conduire par la route qu'on a dû tenir pour s'instruire soi-même. Par ce moyen, on ne paroîtroit pas tant démontrer des vérités déjà découvertes, que faire chercher & trouver des vérités nouvelles. On ne convaincroit pas seulement le lecteur, mais encore on l'éclaireroit ; & en lui apprenant à faire des découvertes par lui-même, on lui présenteroit la vérité sous les jours les plus intéressans. Enfin on le mettroit en état de se rendre raison de toutes ses démarches : il sauroit toujours où il est, d'où il vient, où il va : il pourroit donc juger par lui-même de la route que son guide lui traceroit, & en prendre une plus sûre toutes les fois qu'il verroit du danger à le suivre.

§. 52. *La nature indique elle-même l'ordre*

qu'on doit tenir dans l'expofition de la vérité : car fi toutes nos connoiffances viennent des fens, il eft évident que c'eft aux idées fenfibles à préparer l'intelligence des notions abftraites. Eft-il raifonnable de commencer par l'idée du poffible pour venir à celle de l'exiftence ? Ou par l'idée du point pour paffer à celle du folide ? Les élémens des fciences ne feront fimples & faciles, que quand on aura pris une méthode toute oppofée. Si les philofophes ont de la peine à reconnoître cette vérité, c'eft parce qu'ils font dans le préjugé des idées innées, ou parce qu'ils fe laiffent prévenir pour un ufage que le temps paroît avoir confacré. Cette prévention eft fi générale, que je n'aurois prefque pour moi que les ignorans : mais ici les ignorans font juges, puifque c'eft pour eux que les élémens font faits. Dans ce genre un chef-d'œuvre aux yeux des favans remplit mal fon objet, fi nous ne l'entendons pas.

Les géomètres mêmes qui devroient mieux connoître les avantages de l'analyfe, que les autres philofophes, donnent fouvent la préférence à la fynthèfe. Auffi, quand ils fortent de leurs calculs pour entrer dans des recherches d'une nature différente, on ne leur trouve plus la même clarté, la même précifion, ni la même étendue d'efprit. Nous avons quatre métaphyficiens célèbres, Defcartes, Malebranche, Léibnitz & Locke. Le dernier eft le feul qui ne fut pas géomètre, & de combien n'eft-il pas fupérieur aux trois autres !

§. 53. Concluons que fi l'analyfe eft la méthode qu'on doit fuivre dans la recherche de la vérité, elle eft auffi la méthode dont on doit fe fervir, pour expofer les découvertes qu'on a faites : j'ai tâché de m'y conformer.

Ce que j'ai dit fur les opérations de l'ame, fur le langage & fur la méthode, prouve qu'on ne peut perfectionner les fciences, qu'en travaillant à en rendre le langage plus exact. Ainfi, il eft démontré que l'origine & le progrès de nos connoiffances dépendent entièrement de la manière dont nous nous fervons des fignes. J'ai donc eu raifon de m'écarter quelquefois de l'ufage.

Enfin voici, je penfe, à quoi l'on peut réduire tout ce qui contribue au développement de l'efprit humain. Les fens font la fource de nos connoiffances : les différentes fenfations, la perception, la confcience, la réminifcence, l'attention & l'imagination, ces deux dernières confidérées comme n'étant point encore à notre difpofition, en font les matériaux : la mémoire, l'imagination dont nous difpofons à notre gré, la réflexion & les autres opérations mettent ces matériaux en œuvre : les fignes auxquels nous devons l'exercice de ces mêmes opérations, font les inftrumens dont elles fe fervent ; & la liaifon des idées eft le premier reffort qui donne le mouvement à tous les autres. Je finis par propofer ce problème au lecteur. *L'ouvrage d'un homme étant donné, déterminer le caractère & l'étendue de fon efprit, & dire en conféquence, non-feulement quels font les talens dont il donne des preuves, mais encore quels font ceux qu'il peut acquérir : prendre, par exemple, la première pièce de Corneille, & démontrer que, quand ce poète la compofoit, il avoit déjà, ou du moins auroit bientôt tout le génie qui lui a mérité de fi grands fuccès.* Il n'y a que l'analyfe de l'ouvrage qui puiffe faire connoître quelles opérations y ont contribué, & jufqu'à quel degré elles ont eu de l'exercice ; & il n'y a que l'analyfe de ces opérations, qui puiffe faire diftinguer les qualités qui font compatibles dans le même homme, de celles qui ne le font pas, & par-là donner la folution du problème. Je doute qu'il y ait beaucoup de problèmes plus difficiles que celui-là.

Nous nous fommes arrêtés avec complaifance fur cet effai de l'abbé *Condillac*, non pas feulement parce qu'il nous paroît encore le meilleur de fes ouvrages, mais parce qu'il renferme la plupart des principes fur lefquels il a conftamment philofophé depuis cette époque : fes autres traités ne font, le plus fouvent, que des corollaires de ces premiers apperçus. Je ne fais même fi, parmi les nouvelles idées que l'expérience & la réflexion lui ont fuggérées, & qu'il a répandues dans fes derniers écrits, on en pourroit citer dont on ne trouvât pas le germe plus ou moins développé dans *l'Effai fur l'origine des Connoiffances humaines*.

C'eft à ce premier ouvrage qu'il renvoye fans ceffe le lecteur. Il femble qu'il n'ait entrepris les autres que pour confirmer celui-ci dans tous les points qui peuvent être de quelque importance, & pour corriger quelques-unes de ces erreurs

Quas aut incuria fudit,

Aut humana parum cavit natura.

En un mot, c'eft celui dont il s'eft le plus occupé de perfectionner les différentes parties, & fur lequel fes mains paternelles fe font portées dans toutes les occafions, avec ce foin non interrompu, cette patience & ce zèle qu'on met à former le cœur & l'efprit d'un enfant chéri, dont on veut affurer, par une bonne inftitution, le bonheur & la gloire.

A l'égard du *Traité des Syftêmes*, dont l'objet général eft de démêler les inconvéniens & les avantages des principes fur lefquels on les établit, nous en extrairons quelques-unes des propofitions qui nous ont paru les plus propres à faire juger de l'esprit dans lequel il est écrit, & à en offrir dans un assez court espace les résultats les plus importans.

1. Les notions abstraites ne sont pas des idées formées de ce qu'il y a de commun entre plusieurs idées particulières. Telle est la notion d'animal : elle est l'extrait de ce qui appartient également aux idées de l'homme, du cheval, du singe, &c.

2. Les notions abstraites sont absolument nécessaires pour mettre de l'ordre dans nos connoissances, parce qu'elles marquent à chaque idée sa classe. Voilà uniquement quel en doit être l'usage. S'imaginer qu'elles soient faites pour conduire à des connoissances particulières, c'est un aveuglement d'autant plus grand, qu'elles ne se forment elles-mêmes que d'après ces connoissances.

3. Chacun peut connoître, par sa propre expérience, que les idées sont plus faciles à proportion qu'elles sont moins abstraites, & qu'elles se rapprochent davantage du sens : au contraire, elles sont plus difficiles à proportion qu'elles s'éloignent des sens, & deviennent plus abstraites. La raison de cette expérience, c'est que toutes nos connoissances viennent des sens. Une idée abstraite veut donc être expliquée par une idée moins abstraite, & ainsi successivement jusqu'à ce qu'on arrive à une idée particulière & sensible.

4. Les idées particulières sont déterminées par elles-mêmes, & il n'y a qu'elles qui le soient : les notions abstraites sont au contraire naturellement vagues, & elles n'offrent rien de fixe qu'elles n'ayent été déterminées par d'autres.

5. Il y a trois sortes de principes abstraits en usage. Les premiers sont des propositions générales, exactement vraies dans tous les cas. Les seconds sont des propositions vraies par les côtés les plus frappans, & que pour cela on est porté à supposer vraies à tous égards. Les derniers sont des rapports vagues qu'on imagine entre des choses de nature toute différente.

6. Une considération bien propre à démontrer l'insuffisance des systèmes abstraits, c'est qu'il n'est pas possible qu'une question y soit envisagée suivant toutes ses faces ; car les notions qui forment ces principes n'étant que des idées partielles, on n'en sauroit faire usage qu'on ne fasse abstraction de bien des considérations essentielles.

7. Le premier abus des systèmes, celui qui est la source de beaucoup d'autres ; c'est que nous croyons acquérir de véritables connoissances, lorsque nos pensées ne roulent que sur des mots qui n'ont point de sens déterminé.

8. La plupart, ou plutôt tous les systèmes abstraits, ne roulent que sur des sons. Ce sont pour l'ordinaire les mêmes termes par-tout ; mais parce que chacun se croit en droit de les définir à sa manière, il arrive que des mêmes principes on tire des conséquences bien différentes.

9. Parmi les métaphysiciens tout n'est que dispute de mot ; & quiconque sauroit déterminer ses idées, dissiperoit tout le cahos de la métaphysique.

10. Les principes abstraits sont une source abondante en paradoxes, & les paradoxes sont d'autant plus intéressans, qu'ils se rapportent à des choses d'un plus grand usage.

11. En général rien n'est plus équivoque que le langage que nous employons pour parler de nos sensations. Le mot *doux*, par exemple, ne présente rien de précis. Une chose peut être douce en bien des manières ; à la vue, au goût, à l'odorat, à l'ouie, au toucher, à l'esprit, au cœur, à l'imagination. Dans tous ces cas c'est un sens si différent, qu'on ne sauroit juger de l'un par l'autre. Il en est de même du mot *harmonie*, & de beaucoup d'autres.

12. Le philosophe & l'homme du peuple s'égarent par les mêmes causes : l'esprit de l'un & de l'autre est également systématique, mais il n'est pas aussi facile de démêler les principes qui égarent le peuple. Ses erreurs s'accumulent en si grand nombre, & se tiennent par des analogies quelquefois si fines, qu'il n'est pas lui-même capable de reconnoître son ouvrage dans les systèmes qu'il a formés. L'histoire de la divination en est un exemple bien sensible.

13. Le système des idées innées a mis de grands obstacles aux progrès de l'art de raisonner : il suffit, pour s'en convaincre, d'observer l'origine & les suites de ce préjugé.

14. Dans le système que toutes nos connoissances viennent des sens, rien n'est plus aisé que de se faire une notion exacte des idées ; car elles ne sont que des sensations ou des portions extraites de quelque sensation, pour être considérées à part, ce qui produit deux sortes d'idées, les sensibles & les abstraites.

15. L'évidence étant fondée sur les idées, on voit bien qu'elle ne peut être connue tant que les idées ne le sont pas elles-mêmes.

16. Les idées, voilà donc le pivot de tout l'art de raisonner ; & tant qu'on n'a pas developpé ce qui les concerne, tout est de nul usage dans les règles que les logiciens imaginent pour faire des propositions, des syllogismes & des raisonnemens.

17. Les philosophes, en partant de la supposition des idées innées, ont trop mal commencé, pour pouvoir s'élever à de véritables connoissances. Leurs principes appliqués à des expressions vagues, ne peuvent enfanter que des opinions ridicules, & qui ne se défendront de la critique, que par l'obscurité qui doit les environner.

18. Quand on voudra consulter l'expérience, on verra que l'entendement n'est passif que par rapport aux idées qui viennent immédiatement des sens, & que les autres sont toutes son ouvrage. Conférez ici (*l'Essai sur l'Origine des connoissances humaines.*)

19. Il n'y a point en nous d'amour qui ne se borne à des objets bien déterminés. Ce qu'on appelle amour du bien en général, n'est pas proprement un amour, ce n'est qu'une manière abstraite de considérer nos amours particulières.

L'abbé de *Condillac* employe ensuite plus de la moitié de son ouvrage à prouver l'abus des systèmes abstraits, par divers exemples tirés successivement de Malebranche, de Léibnitz, de l'auteur de la prémotion physique, & enfin de Spinosa ; quatre philosophes dont il expose & réfute au long les divers systèmes. Nous ne le suivrons point dans cette partie de son ouvrage qui n'est point susceptible d'extrait, & qui est même très-aride. Nous dirons encore qu'il faut beaucoup de courage & de patience pour lire toutes ces réfutations, assez difficiles à entendre pour ceux qui ne se sont pas occupés de très-bonne heure de ces matières, c'est-à-dire pour les cinq sixièmes des lecteurs. D'ailleurs il faut avouer que ces réfutations, la plupart rebutantes par leur (1) longueur, mais plus encore par l'extrême sécheresse, & le peu d'intérêt des questions qui en font l'objet, ne laissent pas après elles de longues traces de lumière. Elles n'apprennent bien qu'une seule chose, c'est que l'abbé de *Condillac* avoit sur-tout le talent de la discussion & de l'analyse, & qu'il a traité son sujet par le côté le plus propre à faire briller les qualités distinctives de son esprit : artifice très-innocent, que tous les auteurs employent, qui tourne toujours plus ou moins au profit de l'art ou de la science dont ils parlent, & de l'instruction des lecteurs.

Après avoir ainsi démontré, à sa manière, l'inutilité & le danger des principes abstraits, l'abbé de *Condillac* conclut des quatre exemples cités, que nous ne tombons dans l'erreur, que parce que nous raisonnons sur des principes dont nous n'avons pas démêlé toutes les idées : dès-lors nous ne les saisissons point d'une vue assez nette

---

(1) Elles remplissent 244 pages du *Traité des systêmes* qui n'en a en tout que 449.
Philosophie anc. & mod., *Tome II.*

& assez précise pour en comprendre la vérité dans toute son étendue, ni pour être en garde contre ce qu'ils ont de vague & d'équivoque ; d'où l'on voit que la fausseté de l'esprit consiste uniquement dans l'habitude de raisonner sur des principes mal déterminés. (Conférez ici *l'Essai sur l'Origine des connoissances humaines*, seconde partie, section 2, chap. 1. §. 3, 4 & suivans).

Notre auteur tâche ensuite de découvrir les principes & la méthode dont on peut faire usage dans la recherche de la vérité. Voici sur ce sujet important quelques-unes de ses idées.

1. Nous nous servons de *suppositions* ou *d'hypothèses* pour découvrir des *inconnues*, ou pour expliquer des choses que nous connoissons. L'un de ces objets est celui que les mathématiciens se proposent, l'autre est celui des physiciens.

2. Pour s'assurer de la vérité d'une supposition, il faut deux choses : l'une de pouvoir épuiser toutes les suppositions possibles, par rapport à une question ; l'autre d'avoir un moyen qui confirme notre choix, ou qui nous fasse reconnoître notre erreur.

3. Une science dans laquelle on se sert de suppositions, sans craindre l'erreur, ou du moins avec certitude de la reconnoître, doit servir de modèle à toutes celles où l'on veut faire usage de cette méthode. Il seroit donc à souhaiter qu'il fût possible dans toutes les sciences, comme en arithmétique, d'épuiser toutes les suppositions, & qu'on y eût des règles pour s'assurer de la meilleure.

4. Pour s'assurer de la bonté d'une supposition, il n'y a qu'à considérer si les explications qu'elle fournit pour certains phénomènes, s'accordent avec celles que l'expérience donne pour d'autres ; si elle les explique tous sans exception, & s'il n'y a point d'observations qui la rendent à la confirmer. Quand tous ces avantages s'y trouvent réunis, il n'est pas douteux qu'elle ne contribue aux progrès de la physique.

5. Les hypothèses sont non-seulement utiles, elles sont même nécessaires en mathématiques. On ne sauroit se passer de leur secours en astronomie ; mais l'usage en doit être borné à rendre raison des révolutions apparentes des astres. Ainsi elles commencent à être moins avantageuses en astronomie qu'en mathématiques. On ne les doit pas rejetter quand elles peuvent faciliter les observations, ou rendre plus sensibles des vérités attestées par l'expérience. Telles sont plusieurs hypothèses de physique, si on les réduit à leur juste valeur ; mais les plus parfaites dont les physiciens puissent faire usage, ce sont celles que les observations indiquent, & qui donnent

O

de tous les phénomènes des explications analogues à celles que l'expérience fournit dans quelque cas.

6. L'imagination a son principe dans la liaison qui est entre les idées, & qui fait que les unes se réveillent à l'occasion des autres. Si la liaison est plus forte, les idées se réveillent plus promptement, & l'imagination est plus vive : si la liaison embrasse une plus grande quantité d'idées, les idées se retracent en plus grand nombre, & l'imagination est plus étendue. Ainsi l'imagination doit sa vivacité à la force de la liaison des idées, & son étendue à la multitude d'idées qui se retracent à l'occasion d'une seule.

7. Imaginer, ou rendre sensible par des images, c'est la même chose. Ainsi cette opération a pris sa dénomination, non de sa première fonction, qui est de réveiller des idées, mais de sa fonction qui se remarque davantage, qui est de les revêtir des images auxquelles elles sont liées. Les langues fournissent beaucoup d'exemples de cette espèce.

8. Par l'excès ou par le défaut d'imagination, l'intelligence est très-imparfaite. Afin qu'il ne lui manque rien, il faut que l'imagination & la conception (1) se tempèrent mutuellement, & se cèdent suivant les circonstances.

9. Pour ne laisser rien à desirer dans un système, il faut disposer les différentes parties d'un art ou d'une science dans un ordre, où elles s'expliquent les unes par les autres, & où elles se rapportent toutes à un premier principe certain dont elles dépendent uniquement.

10. Nous ne pouvons faire de vrais systèmes que dans les cas où nous avons assez d'observations pour saisir l'enchaînement des phénomènes. Or nous ne pouvons observer ni les élémens des choses, ni les premiers ressorts des corps vivans; nous n'en pouvons remarquer que des effets bien éloignés. Par conséquent, les meilleurs principes qu'on puisse avoir en physique, ce sont des phénomènes qui en expliquent d'autres, mais qui dépendent eux-mêmes de causes qu'on ne connoît point.

11. Il ne faut pas entreprendre de déterminer ce qu'on appelle *la force* d'un corps; c'est-là le nom d'une chose dont nous n'avons point d'idée.

12. Il n'y a qu'un cas où l'on puisse employer le mot de *force*; c'est quand on considère un corps comme une force, par rapport à un corps sur lequel il agit. Des chevaux, par exemple, sont une *force*, par rapport au char qu'ils traînent; mais alors ce terme n'exprime pas le principe du mouvement; il indique seulement un phénomène.

13. Tout consiste en physique à expliquer des faits par des faits.

14. Il y a cette différence entre les hypothèses & les faits qui servent de principes, qu'une hypothèse devient plus incertaine à mesure qu'on découvre un plus grand nombre d'effets dont elle ne rend pas raison; au lieu qu'un fait est toujours également certain, & il ne peut cesser d'être le principe des phénomènes, dont il a une fois rendu raison. S'il y a des faits qu'il n'explique pas, on ne le doit pas rejeter, on doit travailler à découvrir les phénomènes qui le lient avec eux, & qui forment de tous un seul système.

15. Les moyens en mécanique sont des machines qui sont presque toujours à notre disposition; c'est pourquoi les bons systèmes y multiplient beaucoup les artistes, & donnent à chacun le pouvoir de reproduire, aussi souvent qu'il le veut, les effets qu'il a su produire une fois. Ils ne demandent de la part de l'ouvrier qu'une adresse qui n'est pas bien rare.

16. Les systèmes, dans les beaux arts, ont cela de particulier, que tout doit s'y réduire à une idée première, qui soit le germe de toutes les autres. Or nous connoissons qu'une idée est germe d'une seconde, d'une troisième, ou d'un plus grand nombre, quand, par l'analyse, nous voyons que chaque idée engendrée n'est que la première modifiée d'une certaine manière.

17. On ne conçoit proprement une chose que lorsqu'on est en état d'en faire l'analyse. Voulez-vous, par exemple, concevoir une machine ? décomposez-la, en remarquant avec soin les rapports où sont toutes ses parties; & à mesure que vous les séparez, ayez l'attention de les arranger dans un ordre qui prévienne toute confusion. Si ensuite vous les rassemblez, en observant comment elles agissent les unes sur les autres, vous saisirez la génération de toute la machine, & vous la concevrez parfaitement. Voilà ce qu'il faut faire sur toutes les idées qui doivent former un système.

18. La plupart de nos idées se sont arrangées dans notre esprit toutes faites, & telles que les circonstances, ou ceux qui ont veillé à notre éducation, nous les ont transmises.

19. La méthode analytique renferme deux opérations, *décomposer* & *composer*. Par la première on

---

(1) L'abbé de *Condillac* appelle ainsi cette opération qui dirige, qui suspend l'imagination, & qui prévient les écarts & les erreurs qu'elle ne manqueroit pas d'occasionner.

sépare toutes les idées qui appartiennent à un sujet, & on les examine jusqu'à ce qu'on ait découvert l'idée qui doit être le germe de toutes les autres. Par la seconde, on les dispose suivant l'ordre de leur génération.

20. La méthode qu'on appelle *synthèse*, donne aux idées une génération toute différente de celle qu'elles ont en effet. Dans cette méthode, l'ordre veut qu'on définisse chaque notion par des idées plus générales qu'elle. On définira, par exemple, l'homme, *un animal raisonnable*; l'animal, *un composé de corps & d'ame*; le corps, *une substance étendue*, &c. ces définitions font passer l'esprit d'une idée vague à une idée encore plus vague, & ne lui présentent jamais rien qu'il puisse saisir.

21. Les définitions & les principes ne sont bons qu'autant qu'ils sont le résultat d'une analyse bien faite; c'est donc l'analyse seule qui détermine les idées, & on est bien éloigné d'en avoir d'exactes quand on ne connoît que l'usage des définitions synthétiques.

22. L'analyse seule est propre à découvrir la vérité. Peut-il en effet y avoir une meilleure manière de démontrer une vérité, que d'en faire voir la génération par une suite d'idées bien déterminées? Pourquoi donc avoir recours à une méthode où l'on commence par des idées vagues, peu lumineuses, & qui dispose toujours les choses dans un ordre différent de celui des découvertes?

23. La méthode analytique est l'unique principe de toutes les découvertes qu'on fait en mathématiques. En effet, si on ouvre les ouvrages des géomètres modernes qui ont le plus employé la synthèse, & qui en ont fait le plus d'éloge, on y reconnoît sans peine une analyse déguisée (1).

24. L'analyse métaphysique a l'avantage de ne cesser jamais d'éclairer l'esprit: c'est qu'elle le fait toujours opérer sur les idées, & qu'elle l'oblige d'en suivre la génération d'une manière si sensible qu'il ne la sauroit perdre de vue.

25. C'est sur-tout à l'analyse métaphysique à donner le vrai système de chaque art. Il n'y a qu'elle qui puisse montrer la génération des règles, les réduire au plus petit nombre possible, & rendre la théorie des arts aussi utile qu'elle peut l'être, &c. &c. &c.

Extrait raisonné du traité des sensations.

Le principal objet de cet ouvrage est de faire voir comment toutes nos connoissances & toutes nos facultés viennent des sens, ou, pour parler plus exactement, des sensations: car dans le vrai les sens ne sont que cause occasionnelle. Ils ne sentent pas, c'est l'ame seule qui sent à l'occasion des organes; & c'est des sensations qui la modifient, qu'elle tire toutes ses connoissances & toutes ses facultés.

Cette recherche peut infiniment contribuer aux progrès de l'art de raisonner; elle le peut seule développer jusques dans ses premiers principes. En effet, nous ne découvrirons pas une manière sûre de conduire constamment nos pensées, si nous ne sçavons pas comment elles se sont formées. Qu'attend-on de ces philosophes, qui ont continuellement recours à un instinct qu'ils ne sçauroient définir? se flattera-t-on de tarir la source de nos erreurs, tant que notre ame agira aussi mystérieusement? il faut donc nous observer dès les premières sensations que nous éprouvons, il faut démêler la raison de nos premières opérations, remonter à l'origine de nos idées, en développer la génération, les suivre jusqu'aux limites que la nature nous a prescrites: en un mot, il faut, comme le dit Bacon, renouveller tout l'entendement humain. (*Voyez* l'article BACONISME).

Mais, objectera-t-on, tout est dit, quand on a répété d'après Aristote que nos connoissances viennent des sens. Il n'est point d'homme d'esprit qui ne soit capable de faire ce développement que vous croyez si nécessaire, & rien n'est si inutile que de s'appésantir avec Locke sur ces détails. Aristote montre bien plus de génie, lorsqu'il se contente de renfermer tout le système de nos connoissances dans une maxime générale.

Aristote, j'en conviens, étoit un des plus grands génies de l'antiquité, & ceux qui font cette objection ont sans doute beaucoup d'esprit. Mais pour se convaincre combien les reproches qu'ils font à Locke sont peu fondés, & combien il leur seroit utile d'étudier ce philosophe au lieu de le critiquer; il suffit de les entendre raisonner, ou

---

(1) L'abbé de *Condillac* auroit pu citer pour preuve de ce qu'il avance ici les *principes mathématiques de la philosophie naturelle*, ouvrage si justement célèbre, dans lequel Newton cache par-tout avec beaucoup d'art l'instrument avec lequel il opère constamment, & ne laisse guère appercevoir que celui dont il ne se sert pas. Il fait très-souvent l'éloge de la synthèse des anciens; il affecte même d'annoncer qu'il l'employera, & quand on suit avec attention l'enchaînement de ses démonstrations, on reste convaincu qu'il n'a fait réellement usage que d'une analyse déguisée. On voit par cet exemple que les meilleurs géomètres ont aussi leurs arcanes comme les chimistes. Ils ne sont pas fâchés de faire croire qu'ils doivent leurs plus belles découvertes à l'art avec lequel ils ont employé des méthodes ordinaires & déjà connues; tandis qu'ils ne sont arrivés à ces résultats importans qu'à l'aide d'un *nouvel organe* très-perfectionné, dont la trace invisible pour ceux qui n'ont pas vaincu les grandes difficultés de cette science, ne peut être méconnue des hommes de génie qui en ont reculé la limite.

de lire leurs ouvrages, s'ils ont écrit sur des matières philosophiques.

Si ces hommes joignoient à une méthode exacte beaucoup de clarté, beaucoup de précision, ils auroient quelque droit de regarder comme inutiles les efforts que fait la métaphysique, pour connoître l'esprit humain : mais on pourroit bien les soupçonner de n'estimer si fort Aristote, qu'afin de pouvoir mépriser Locke ; & de ne mépriser celui-ci, que dans l'espérance de jetter du mépris sur des écrivains plus modernes.

Il y a long-tems qu'on dit que toutes nos connoissances sont originaires des sens. Cependant les péripatéticiens étoient si éloignés de connoître cette vérité, que malgré l'esprit que plusieurs d'entr'eux avoient en partage, ils ne l'ont jamais sçu développer, & qu'après plusieurs siécles c'étoit encore une découverte à faire.

Souvent un philosophe se déclare pour la vérité sans la connoître : tantôt il obéit au torrent, il suit l'opinion du grand nombre : tantôt plus ambitieux que docile, il résiste, il combat, & quelquefois il parvient à entraîner la multitude.

C'est ainsi que se sont formées presque toutes les sectes : elles raisonnoient souvent au hasard ; mais il falloit bien que quelques-unes eussent raison, puisqu'elles se contredisoient.

J'ignore quel a été le motif d'Aristote, lorsqu'il a avancé son principe sur l'origine de nos connoissances. Mais ce que je sçais, c'est qu'il ne nous a laissé aucun ouvrage où ce principe soit développé, & que d'ailleurs il cherchoit à être en tout contraire aux opinions de Platon.

Immédiatement après Aristote vient Locke ; car il ne faut pas compter les autres philosophes qui ont écrit sur le même sujet. Cet anglois y a sans doute répandu beaucoup de lumière, mais il y a encore laissé de l'obscurité. Nous verrons que la plûpart des jugemens qui se mêlent à toutes nos sensations lui ont échappé ; qu'il n'a pas connu combien nous avons besoin d'apprendre à toucher, à voir, à entendre, &c. que toutes les facultés de l'ame lui ont paru des qualités innées, qu'il n'a pas soupçonné qu'elles pourroient tirer leur origine de la sensation même.

Il étoit si loin d'embrasser dans toute son étendue le systême de l'homme, que sans Molineux peut-être n'eût-il jamais eu occasion de remarquer qu'il se mêle des jugemens aux sensations de la vûe. Il nie expressément qu'il en soit de même des autres sens. Il croyoit donc que nous nous servons de ceux-ci naturellement, par une espèce d'instinct, sans que la réflexion ait contribué à nous en donner l'usage.

M. de Buffon, qui a tenté de faire l'histoire de nos pensées, suppose tout d'un coup dans l'homme qu'il imagine, des habitudes qu'il auroit dû lui faire acquérir. Il n'a pas connu par quelle suite de jugemens chaque sens se développe. Il dit que dans les animaux l'odorat est le premier, que seul il leur tiendroit lieu de tous les autres, & que dès les premiers instans, avant par conséquent d'avoir reçu des leçons du toucher, il détermine & dirige tous leurs mouvemens.

Le traité des sensations est le seul ouvrage où l'on ait dépouillé l'homme de toutes ses habitudes. En observant le sentiment dans sa naissance, on y démontre comment nous acquérons l'usage de nos facultés ; ceux qui auront bien saisi le systême de nos sensations, conviendront qu'il n'est plus nécessaire d'avoir recours aux mots vagues d'instinct, de mouvement machinal, & autres semblables.

Mais pour remplir l'objet de cet ouvrage, il falloit absolument mettre sous les yeux le principe de toutes nos opérations : aussi ne le perd-on jamais de vûe. Il suffira de l'indiquer dans cet extrait.

Si l'homme n'avoit aucun intérêt à s'occuper de ses sensations, les impressions que les objets feroient sur lui, passeroient comme des ombres, & ne laisseroient point de traces. Après plusieurs années, il seroit comme le premier instant, sans avoir acquis aucune connoissance, & sans avoir d'autres facultés que le sentiment. Mais la nature de ses sensations ne lui permet pas de rester enseveli dans cette léthargie. Comme elles sont nécessairement agréables ou désagréables, il est intéressé à chercher les unes & à se dérober aux autres ; & plus le contraste des plaisirs & des peines a de vivacité, plus il occasionne d'action dans l'ame.

Alors la privation d'un objet que nous jugeons nécessaire à notre bonheur, nous donne ce malaise, cette inquiétude que nous nommons *besoin*, & d'où naissent les desirs. Ces besoins se répètent suivant les circonstances, souvent même il s'en forme de nouveaux, & c'est là ce qui développe nos connoissances & nos facultés.

Locke est le premier qui ait remarqué que l'inquiétude causée par la privation d'un objet, est le principe de nos déterminations. Mais il fait naître l'inquiétude du desir, & c'est précisément le contraire : il met d'ailleurs entre le desir & la volonté plus de différence qu'il n'y en a en effet : enfin il ne considère l'influence de l'inquiétude, que dans un homme qui a l'usage de tous les sens, l'exercice de toutes ses facultés.

Il restoit donc à démontrer que cette inquiétude est le premier principe qui nous donne les habitudes de toucher, de voir, d'entendre, de sentir, de goûter, de comparer, de juger, de réfléchir, de desirer, d'aimer, de haïr, de craindre, d'espérer, de vouloir; que c'est par elle, en un mot, que naissent toutes les habitudes de l'ame & du corps.

Pour cela il étoit nécessaire de remonter plus haut que n'a fait ce philosophe. Mais dans l'impuissance où nous sommes d'observer nos premières pensées & nos premiers mouvemens, il falloit deviner, & par conséquent, il falloit faire différentes suppositions.

Cependant ce n'étoit pas encore assez de remonter à la sensation. Pour découvrir le progrès de toutes nos connoissances & de toutes nos facultés, il étoit important de démêler ce que nous devons à chaque sens, recherche qui n'avoit point encore été tentée. De là se sont formées les quatre parties du traité des sensations.

La première, qui traite des sens qui par eux-mêmes ne jugent pas des objets extérieurs.

La seconde, du toucher ou du seul sens qui juge par lui-même des objets extérieurs.

La troisième, comment le toucher apprend aux autres sens à juger des objets extérieurs.

La quatrième, des besoins, des idées & de l'industrie, d'un homme isolé qui jouit de tous ses sens.

Cette exposition montre sensiblement que l'objet de cet ouvrage est de faire voir quelles sont les idées que nous devons à chaque sens, & comment, lorsqu'ils se réunissent, ils nous donnent toutes les connoissances nécessaires à notre conservation.

C'est donc des sensations que nait tout le système de l'homme: système complet dont toutes les parties sont liées, & se soutiennent mutuellement. C'est un enchaînement de vérités: les premières observations préparent celles qui les doivent suivre, les dernières confirment celles qui les ont précédées. Si, par exemple, en lisant la première partie on commence à penser que l'œil pourroit bien ne point juger par lui-même des grandeurs, des figures, des situations & des distances: on est tout-à-fait convaincu, lorsqu'on apprend dans la troisième comment le toucher lui donne toutes ces idées.

Si ce système porte sur des suppositions, toutes les conséquences qu'on en tire sont attestées par notre expérience. Il n'y point d'homme, par exemple, borné à l'odorat; un pareil animal ne sçauroit veiller à sa conservation; mais pour la vérité des raisonnemens que nous avons faits en l'observant, il suffit qu'un peu de réflexion sur nous-

mêmes nous fasse reconnoître, que nous pourrions devoir à l'odorat toutes les idées & toutes les facultés que nous découvrons dans cet homme, & qu'avec ce seul sens, il ne nous seroit pas possible d'en acquérir d'autres. On auroit pû se contenter de considérer l'odorat en faisant abstraction de la vûe, de l'ouie, du goût & du toucher: si on a imaginé des suppositions, c'est parce qu'elles rendent cette abstraction plus facile.

Précis de la première Partie.

Locke distingue deux sources de nos idées, les sens & la réflexion. Il seroit plus exact de n'en reconnoître qu'une, soit parce que la réflexion n'est dans son principe que la sensation même, soit parce qu'elle est moins la source des idées, que le canal par lequel elles découlent des sens.

Cette inexactitude, quelque légère qu'elle paroisse, répand beaucoup d'obscurité dans son système; car elle le met dans l'impuissance d'en développer les principes. Aussi ce philosophe se contente-t-il de reconnoître que l'ame apperçoit, pense, doute, croit, raisonne, connoît, veut, réfléchit; que nous sommes convaincus de l'existence de ces opérations, parce que nous les trouvons en nous-mêmes, & qu'elles contribuent aux progrès de nos connoissances: mais n'a il pas senti la nécessité d'en découvrir le principe & la génération, il n'a pas soupçonné qu'elles pourroient n'être que des habitudes acquises; il paroît les avoir regardées comme quelque chose d'inné, & il dit seulement qu'elles se perfectionnent par l'exercice.

J'essayai en 1746 de donner la génération des facultés de l'ame. Cette tentative parut neuve, & eut quelque succès; mais elle le dût à la manière obscure dont je l'exécutai. Car tel est le sort des découvertes sur l'esprit humain: le grand jour dans lequel elles sont exposées les fait paroître si simples, qu'on lit des choses dont on n'avoit jamais eu aucun soupçon, & qu'on croit cependant ne rien apprendre.

Voilà le défaut du traité des sensations. Lorsqu'on a lû dans l'exorde de *jugement, la réflexion, les passions, toutes les opérations de l'ame, en un mot, ne sont que la sensation même qui se transforme différemment*. On a crû voir un paradoxe dénué de toute espèce de preuve; mais à peine la lecture de l'ouvrage a-t-elle été achevée, qu'on a été tenté de dire, *c'est une vérité toute simple, & personne ne l'ignoroit*. Bien des lecteurs n'ont pas résisté à la tentation.

Cette vérité est le principal objet de la première partie du traité des sensations. Mais comme elle peut être démontrée en considérant tous nos sens à la fois, je ne les séparerai pas dans ce moment, & ce sera une occasion de la présenter dans un nouveau jour.

Si une multitude de sensations se font à la fois avec le même degré de vivacité, ou à-peu-près, l'homme n'est encore qu'un animal qui sent : l'expérience seule suffit pour nous convaincre qu'alors la multitude des impressions ôte toute action à l'esprit.

Mais ne laissons subsister qu'une seule sensation, ou même, sans retrancher entièrement les autres, diminuons-en seulement la force ; aussi-tôt l'esprit est occupé plus particulièrement de la sensation qui conserve toute sa vivacité, & cette sensation devient attention, sans qu'il soit nécessaire de supposer rien de plus dans l'ame.

Je suis, par exemple, peu attentif à ce que je vois, je ne le suis même point du tout, si tous mes sens assaillissent mon ame de toute part ; mais les sensations de la vûe deviennent attention, dès que mes yeux s'offrent seuls à l'action des objets. Cependant les impressions que j'éprouve peuvent être alors, & sont quelquefois si étendues, si variées & en si grand nombre, que j'apperçois une infinité de choses, sans être attentif à aucune ; mais à peine j'arrête la vûe sur un objet, que les sensations particulières que j'en reçois, sont l'attention même je lui donne. Ainsi une sensation est attention, soit parce qu'elle est seule, soit parce qu'elle est plus vive que toutes les autres.

Qu'une nouvelle sensation acquière plus de vivacité que la première, elle deviendra à son tour attention.

Mais plus la première a eu de force, plus l'impression qu'elle a faite se conserve. L'expérience le prouve.

Notre capacité de sentir se partage donc entre la sensation que nous avons eue & celle que nous avons, nous les appercevons à la fois toutes deux ; mais nous les appercevons différemment : l'une nous paroît passée, l'autre nous paroît actuelle.

Appercevoir ou sentir ces deux sensations, c'est la même chose : or ce sentiment prend le nom de *sensation*, lorsque l'impression se fait actuellement sur les sens, & il prend celui de *mémoire*, lorsqu'elle s'y est faite & qu'elle ne s'y fait plus. La mémoire n'est donc que la sensation transformée.

Par là nous sommes capables de deux attentions ; l'une s'exerce par la mémoire, & l'autre par les sens.

Dès qu'il y a double attention, il y a comparaison ; car être attentif à deux idées ou les comparer, c'est la même chose. Or on ne peut les comparer, sans appercevoir entr'elles quelque différence ou quelque ressemblance : appercevoir de pareils rapports, c'est *juger*. Les actions de comparer & de juger ne sont donc que l'attention même : c'est ainsi que la sensation devient successivement attention, comparaison, jugement.

Les objets que nous comparons ont une multitude de rapports, soit parce que les impressions qu'ils font sur nous sont tout-à-fait différentes, soit parce qu'elles diffèrent seulement du plus au moins, soit parce qu'étant semblables elles se combinent différemment dans chacun. En pareil cas l'attention que nous leur donnons, enveloppe d'abord toutes les sensations qu'ils occasionnent. Mais cette attention étant aussi partagée, nos comparaisons sont vagues, nous ne saisissons que des rapports confus, nos jugemens sont imparfaits ou mal assûrés : nous sommes donc obligés de porter notre attention d'un objet sur l'autre, en considérant séparément leurs qualités. Apres avoir, par exemple, jugé de leur couleur, nous jugeons de leur figure, pour juger ensuite de leur grandeur ; &, parcourant de la sorte toutes les sensations qu'ils font sur nous, nous découvrons, par une suite de comparaisons & de jugemens, les rapports qui sont entr'eux, & le résultat de ces jugemens est l'idée que nous nous formons de chacun. L'attention ainsi conduite est comme une lumière qui réfléchit d'un corps sur un autre pour les éclairer tous deux, & je l'appelle *réflexion*. La sensation, après avoir été attention, comparaison, jugement, devient donc encore la réflexion même ?

En voilà assez pour donner une idée de la manière dont les facultés de l'entendement sont développées dans le traité des sensations ; & pour faire voir que ce n'est pas l'envie de généraliser qui a fait dire qu'elles naissent toutes d'une même origine. C'est là un système qui s'est, en quelque sorte, fait tout seul, & il n'en est que plus solidement établi. J'ajouterai un mot pour rendre également sensible la génération des facultés de la volonté.

Les choses que nous sentons davantage, sont quelquefois celles que nous avons le plus de peine à expliquer. Ce que nous appellons *désir* en est un exemple. Mallebranche le définit *le mouvement de l'ame*, & il parle en cela comme tout le monde. Il n'arrive que trop souvent aux philosophes de prendre une métaphore pour une notion exacte. Locke cependant est à l'abri de ce reproche ; mais en voulant définir le désir, il l'a confondu avec la cause qui le produit. *L'inquiétude* (1), dit-il, *qu'un homme ressent en lui-même par l'absence d'une chose qui lui donneroit du plaisir si elle étoit pré-*

___
(1) Liv. 2, c. 20, §. 6.

sente, *c'est ce qu'on nomme desir*. On sera bientôt convaincu que le desir est autre chose que cette inquiétude.

Il n'y a de sensations indifférentes que par comparaison : chacune est en elle-même agréable ou désagréable : sentir & ne pas sentir bien ou mal, sont des expressions tout-à-fait contradictoires.

Par conséquent, c'est le plaisir ou la peine qui occupant notre capacité de sentir, produit cette attention d'où se forment la mémoire & le jugement.

Nous ne saurions donc être mal ou moins bien que nous n'ayons été, que nous ne comparions l'état où nous sommes avec ceux par où nous avons passé. Plus nous faisons cette comparaison, plus nous ressentons cette inquiétude qui nous fait juger qu'il est important pour nous de changer de situation : nous sentons le besoin de quelque chose de mieux. Bientôt la mémoire nous rappelle l'objet que nous croyons pouvoir contribuer à notre bonheur, & dans l'instant l'action de toutes nos facultés se détermine vers cet objet. Or cette action des facultés est ce que nous nommons *desir*.

Que faisons-nous en effet lorsque nous desirons? Nous jugeons que la jouissance d'un bien nous est nécessaire. Aussitôt notre réflexion s'en occupe uniquement. S'il est présent, nous fixons les yeux sur lui, nous tendons les bras pour le saisir. S'il est absent, l'imagination le retrace, & peint vivement le plaisir d'en jouir. Le desir n'est donc que l'action des mêmes facultés qu'on attribue à l'entendement, & qui étant déterminée vers un objet par l'inquiétude que cause sa privation, y détermine aussi l'action des facultés du corps. Or du desir naissent les passions, l'amour, la haine, l'espérance, la crainte, la volonté. Tout cela n'est donc encore que la sensation transformée.

On verra le détail de ces choses dans le traité des sensations. On y explique comment en passant de besoin en besoin, de desir en desir, l'imagination se forme, les passions naissent, l'ame acquiert d'un moment à l'autre plus d'activité, & s'élève de connoissances en connoissances.

C'est sur-tout dans la première partie qu'on s'applique à démontrer l'influence des plaisirs & des peines. On ne perd point de vue ce principe dans le cours de l'ouvrage, & on ne suppose jamais aucune opération dans l'ame de la statue, aucun mouvement dans son corps, sans indiquer le motif qui la détermine.

On a eu encore pour objet dans cette première partie, de considérer séparément & ensemble l'odorat, l'ouie, le goût & la vue; & une vérité qui se présente d'abord, c'est que ces sens ne nous donnent par eux-mêmes aucune connoissance des objets extérieurs. Si les philosophes ont cru le contraire, s'ils se sont trompés jusqu'à supposer que l'odorat pourroit seul régler les mouvemens des animaux ; c'est que faute d'avoir analysé les sensations, ils ont pris pour l'effet d'un seul sens des actions auxquelles plusieurs concourent.

Un être borné à l'odorat ne sentiroit que lui dans les sensations qu'il éprouveroit. Présentez-lui des corps odoriférans, il aura le sentiment de son existence ; ne lui en offrez point, il ne se sentira pas. Il n'existe à son égard que par les odeurs, que dans les odeurs ; il se croit, & il ne peut se croire que les odeurs mêmes.

On a peu de peine à reconnoître cette vérité, quand il ne s'agit que de l'odorat & de l'ouie. Mais l'habitude de juger à la vue des grandeurs, des figures, des situations & des distances, est si grande, qu'on n'imagine pas comment il y auroit eu un tems où nous aurions ouvert les yeux, sans voir comme nous voyons.

Il n'étoit pas difficile de prévenir les mauvais raisonnemens, que le préjugé feroit faire à ce sujet ; puisque j'en avois fait moi-même dans l'*Essai sur l'origine des connoissances humaines*. On n'a pas cru devoir y répondre dans le traité des sensations, c'eût été se perdre dans des détails qui auroient fatigué les lecteurs intelligens. On a pensé que les réflexions qui avoient été faites sur l'odorat & sur l'ouie, pourroient écarter toutes les préventions où l'on est sur la vue. En effet, il suffiroit pour cela de raisonner conséquemment : mais ce n'est pas demander peu de chose, quand on a des préjugés à combattre.

Si l'odorat & l'ouie ne donnent aucune idée des objets extérieurs, c'est que par eux-mêmes bornés à modifier l'ame, ils ne lui montrent rien au dehors. Il en est de même de la vue : l'extrémité du rayon qui frappe la rétine, produit une sensation, mais cette sensation ne se rapporte pas d'elle-même à l'autre extrémité du rayon ; elle reste dans l'œil, elle ne s'étend point au-delà, & l'œil est alors dans le même cas qu'une main qui au premier moment qu'elle toucheroit, saisiroit le bout d'un bâton. Il est évident que cette main ne connoîtroit que le bout qu'elle tiendroit : elle ne sauroit rien découvrir de plus dans sa sensation. Le chapitre VIII de la IIe. partie du traité des sensations a été fait pour montrer combien cette comparaison est juste, & pour préparer à ce qui restoit à dire sur la vue.

Mais, dira-t-on, l'œil n'a pas besoin d'apprendre du toucher à distinguer les couleurs. Il voit donc au moins en lui-même des grandeurs & des figures. Si, par exemple, on lui présente une sphère rouge sur un fond blanc, il discernera les limites de la sphère.

Je réponds que les couleurs sont des modifications simples de l'ame, comme les odeurs, les sons, le chaud, le froid. Aucune de ces sensations ne porte avec elle l'idée de l'étendue, & si les couleurs peignent des grandeurs à nos yeux, ce n'est qu'après que le toucher nous a appris à les rapporter au dehors, & à les étendre sur des surfaces.

Rien n'est plus difficile, ajoute-t-on, *que d'expliquer comment le toucher s'y prendroit pour enseigner à l'œil à appercevoir, si l'usage de ce dernier organe étoit absolument impossible sans le secours du premier; & c'est-là une des raisons qui font croire que l'œil voit par lui-même des grandeurs & des figures* (1). Mais cela sera expliqué, lorsque je rendrai compte de la troisième partie.

Enfin le dernier objet de la première partie, c'est de montrer l'étendue & les bornes du discernement des sens dont elle traite. On y voit comment la statue bornée à l'odorat a des idées particulières, des idées abstraites, des idées de nombre; quelle sorte de vérités particulières & générales elle connoît, quelles notions elle se fait du possible & de l'impossible, & comment elle juge de la durée par la succession des sensations.

On y traite de son sommeil, de ses songes, & de son *moi*, & on démontre qu'elle a avec un seul sens le germe de toutes nos facultés.

De-là on passe à l'ouie, au goût, à la vue. On laisse au lecteur le soin de leur appliquer les observations qui ont été faites sur l'odorat: on ne s'arrête que sur ce qui leur est particulier, ou si l'on se permet quelques répétitions, c'est pour rappeller des principes qui, étant mis de tems en tems sous les yeux, facilitent l'intelligence de tout le système.

Il me suffit d'indiquer ces détails, parce qu'ils sont développés par une suite d'analyses, dont un extrait ne donneroit qu'une idée fort imparfaite.

Précis de la seconde partie.

D'un côté toutes nos connoissances viennent des sens, de l'autre nos sensations ne sont que nos manières d'être. Comment donc pouvons-nous voir des objets hors de nous? En effet, il semble que nous ne devrions voir que notre ame modifiée différemment.

Je ne connois point de philosophe qui ait résolu ce problème. Aucun n'en a fait la tentative, & M. d'Alembert est le premier qui l'ait proposé. « C'est à eux, dit-il, (aux métaphysiciens) à » déterminer, s'il est possible, quelle gradation » observe notre ame dans le premier pas qu'elle » fait hors d'elle-même, poussée pour ainsi dire, » & retenue tout-à-la-fois par une foule de per- » ceptions, qui d'un côté l'entraînent vers les » objets extérieurs, & qui de l'autre n'appartenant » proprement qu'à elle, semblent lui circonscrire » un espace étroit dont elles ne lui permettent pas » de sortir (2) ».

On n'aura pas de peine à croire qu'une découverte n'a pas été faite, lorsque l'auteur du discours préliminaire de l'Encyclopédie n'en a pas connoissance, & qu'il la regarde au contraire comme une chose si difficile qu'il en révoque en doute le succès. Mais il appercevoit trop bien la difficulté pour ne pas trouver la solution, s'il avoit eu occasion de s'occuper de ce problème, comme de beaucoup d'autres où il a réussi. Il n'avoit qu'à analyser les sensations de l'ame, & il auroit découvert aisément celles qui l'entraînent au dehors, & celles qui la retiennent en elle-même.

Nous avons prouvé qu'avec les sensations de l'odorat, de l'ouie, du goût & de la vue, l'homme se croiroit odeur, son, saveur, couleur; & qu'il ne prendroit aucune connoissance des objets extérieurs. Il nous reste à faire l'analyse des sensations du toucher.

Considérons donc un homme qui commenceroit d'exister. Tant qu'il restera immobile, il n'éprouvera que les sensations que l'air environnant peut lui donner. Il aura chaud ou froid, il aura du plaisir ou de la douleur. Mais ce ne sont encore là que des modifications qui restent, pour ainsi dire, concentrées dans son ame. Il n'apprendra point d'elles, s'il y a un air qui l'environne, ni même s'il a un corps. Il ne sauroit former aucune sorte de soupçons sur tout cela; il est borné à ne sentir que lui, il ne peut sentir autre chose.

Sa main se meut, & se porte sur différens corps: aussitôt aux sensations de chaud & de froid se joint la sensation de solidité ou de résistance.

Dès que ces sensations sont réunies, cet homme ne peut plus se sentir, qu'il ne sente en même tems quelqu'autre chose que lui: le chaud & le froid en continuant d'être des modifications de

---

(1) Lettre sur les aveugles, page 171.

(2) Encycl. disc. prélim. p. 2. & mélange de littérat. tom. 1. p. 9. « Mais comment, dit encore M. d'A- » lembert, dict. encycl. art. *corps*, notre ame s'élance- » t-elle, pour ainsi dire, hors d'elle-même, pour » arriver aux corps? comment expliquer ce passage: » *Hoc opus, hic labor est* ?

son ame, deviennent encore des modifications de quelque chose de solide. Dès-lors elles tiennent tout-à-la-fois à l'ame & aux objets qui lui sont extérieurs, elles se portent donc sur ces objets, & entraînent l'ame avec elles.

La sensation de solidité est donc la seule, qui force cet homme de sortir hors de lui; & c'est à elle que commencent à son égard son corps, les objets & l'espace.

En effet, refusez-lui cette seule sensation, & accordez-lui toutes les autres, il ne prendra connoissance que de lui-même : il lui semblera qu'il est plusieurs choses à la fois. Il sentira qu'il se multiplie, qu'il se répète, qu'il se reproduit, pour ainsi dire, hors de lui-même. Il jugera qu'il est un, parce que dans chaque sensation il reconnoît son moi; il jugera qu'il est multiple, parce que le moi varie d'une sensation à l'autre.

Voilà plusieurs sensations co-existantes, & c'est déjà une condition préalable au phénomène de l'étendue; mais ce n'est pas assez pour le produire. L'idée de l'étendue suppose non-seulement que plusieurs choses co-existent, elle suppose encore qu'elles se lient, se terminent mutuellement, & se circonscrivent. Or c'est une propriété que n'ont point les sensations, auxquelles nous bornons cet homme : elles se présentent au contraire à lui comme isolées.

Mais si nous lui accordons le sentiment de solidité, aussi-tôt les manières d'être résistent les unes aux autres. Elles s'excluent, se terminent mutuellement, & cet homme sent en elles les différentes parties de son corps.

La sensation de solidité est interrompue ou continuée. Tant qu'elle n'est pas interrompue, la main rassemble & circonscrit dans un espace solide toutes les sensations qu'elle éprouve, & elle juge qu'elle touche un seul corps. Mais autant de fois la sensation de solidité est interrompue, autant la main circonscrit d'espaces solides dans lesquels elle réunit certaines sensations, & autant par conséquent elle distingue de corps différens.

C'est ainsi que forcés par le sentiment de solidité à rapporter nos sensations au-dehors, nous produisons le phénomène de l'espace & des corps.

Voilà je pense la solution du problème proposé par M. d'Alembert. On ne l'auroit pas trouvée, si on n'avoit pas considéré séparément nos sens & nos sensations.

Au reste, M. d'Alembert n'examine cette question que par occasion. En pareil cas on court risque de se tromper : comme on se contente de partir des idées reçues, on n'approfondit pas autant qu'on en seroit capable. C'est pourquoi le même

Philosophie anc. & mod. Tome II.

philosophe qui a si bien vu la génération des sciences, a laissé échapper une chose bien plus aisée à voir; & qu'il a dit que (1) *n'y ayant aucun rapport entre chaque sensation & l'objet qui l'occasionne, ou du moins auquel nous la rapportons, il ne paroît pas qu'on puisse trouver par le raisonnement de passage possible de l'un à l'autre : qu'il n'y a qu'une espèce d'instinct, plus sûr que la raison même, qui puisse nous faire franchir un si grand intervalle.*

Il me semble que pour découvrir ce passage; il n'est pas nécessaire de raisonner; il suffit de toucher. Le sentiment de solidité ayant tout-à-la-fois deux rapports, l'un à nous, & l'autre à quelque chose d'extérieur, est comme un pont jetté entre l'ame & les objets, les sensations passent & l'intervalle n'est rien.

La seconde partie du traité des sensations expose cette vérité en développant par degrés tous les sentimens que nous devons au toucher. Elle fait voir comment la statue apprend à distinguer les corps, & à connoître celui qui lui appartient : elle explique l'origine & la génération de toutes les idées que le tact peut donner sur les grandeurs, les figures, les situations, les distances, l'espace, la durée, l'immensité, l'éternité. Elle montre sensiblement toutes les causes qui peuvent déterminer, ralentir, suspendre, exciter les mouvemens de la statue : elle la conduit de connoissances en connoissances, en la faisant passer de besoins en besoins : en un mot c'est un enchaînement de causes & d'effets, où tout est parfaitement lié. Mais ces objets sont développés par une suite d'analyses, qu'il est impossible de renfermer dans un extrait.

Précis de la troisième partie.

On lit dans l'Encyclopédie : « il est très-évident
» que le mot *couleur* ne désigne aucune propriété
» du corps, mais seulement une modification de
» notre ame; que la blancheur, par exemple,
» la rougeur, &c. n'existent que dans nous, &
» nullement dans les corps auxquels nous les
» rapportons néanmoins par une habitude prise
» dès notre enfance : c'est une chose très-singulière
» & digne de l'attention des métaphysiciens,
» que ce penchant que nous avons à rapporter à
» une substance matérielle & divisible, ce
» qui appartient réellement à une substance
» spirituelle & simple; & rien n'est peut-être
» plus extraordinaire dans les opérations de
» notre ame, que de la voir transporter hors
» d'elle-même & étendre, pour ainsi dire, ses
» sensations sur une substance à laquelle elles ne

---

(1) Disc. prél. de l'Encycl. p. 1. Mélange. p. 8.

» peuvent appartenir. Quoi qu'il en soit, nous
» n'envifagerons guères dans cet article le mot
» *couleur*, en tant qu'il défigne une fenfation de
» notre ame. Tout ce que nous pourrions dire
» fur cet article, dépend des loix de l'union de
» l'ame & du corps, qui nous font inconnues ».

Ce phénomène que M. d'Alembert n'entreprend pas d'expliquer, & qu'il croit dépendre de loix qui nous font inconnues, eft un des objets de la troifième partie du traité des fenfations. Ce que dit ce philofophe prouve que malgré tout ce qu'on a écrit fur la vue, le penchant que nous avons à rapporter les couleurs fur les objets, eft une chofe très-fingulière, des plus extraordinaires, & dont perfonne n'a encore rendu raifon.

Quand on dit que l'œil ne voit pas naturellement des objets colorés, le philofophe même fe récrie contre une propofition qui combat fes préjugés. Cependant tout le monde reconnoît aujourd'hui que les couleurs ne font que les modifications de notre ame : n'eft-ce pas une contradiction? penferoit-on que l'ame apperçoit les couleurs hors d'elle, par cette feule raifon qu'elle les éprouve en elle-même, fi on raifonnoit conféquemment? oublions pour un moment toutes nos habitudes, tranfportons-nous à la création du monde, & fuppofons que Dieu nous dife : *Je vais produire une ame à laquelle je donnerai certaines fenfations qui ne feront que les modifications de fa fubftance*, conclurions-nous qu'elle verroit fes fenfations hors d'elle? & fi Dieu ajoutoit qu'elle les appercevra de la forte, ne demanderions-nous pas comment cela pourra fe faire?

Or l'œil eft un organe qui fe borne uniquement à modifier l'ame; & les fenfations qu'il lui tranfmet n'ont pas, comme le fentiment, de folidité, ce double rapport qui fait que nous nous fentons, & que nous fentons tout-à-la-fois quelque chofe d'extérieur à nous. Il n'a donc pas par lui-même la faculté de voir des objets colorés, il lui faut des fecours pour l'acquérir.

On raifonnera de la même manière fur l'odorat & fur l'ouie, & cette vérité aura même alors l'avantage de choquer moins les préjugés. Auffi a-t-on fait précéder dans le traité des fenfations l'odorat & l'ouie à la vue.

C'eft le toucher qui inftruit ces fens, qui par eux-mêmes n'ont que la propriété de modifier l'ame. A peine les objets prennent fous la main certaines formes, certaines grandeurs, que l'odorat, l'ouie, la vue & le goût répandent à l'envi leurs fenfations fur eux, & les modifications de l'ame deviennent les qualités de tout ce qui exifte hors d'elle.

Ces habitudes étant contractées, on a de la peine à démêler ce qui appartient à chaque fens. Cependant leur domaine eft bien féparé : le toucher a feul en lui de quoi tranfmettre les idées de grandeurs, de figures, &c. & la vue, privée des fecours du tact, n'envoye à l'ame que des modifications fimples qu'on nomme *couleurs*, comme l'odorat ne lui envoye que des modifications fimples qu'on nomme *odeurs*.

Au premier moment que l'œil s'ouvre à la lumière, notre ame eft modifiée : ces modifications ne font qu'en elles, & elles ne fauroient encore être ni étendues, ni figurées.

Quelque circonftance nous fait porter la main fur nos yeux, auffitôt le fentiment que nous éprouvions, s'affoiblit, ou s'évanouit tout-à-fait. Nous retirons la main, ce fentiment fe reproduit. Etonnés, nous répétons ces expériences, & nous jugeons ces fenfations de notre ame fur l'organe que notre main touche.

Mais les rapporter à cet organe, c'eft les étendre fur toute la furface extérieure que la main fent. Voilà donc déjà les modifications fimples de l'ame, qui produifent au bout des yeux le phénomène de quelque chofe d'étendu; c'eft l'état où fe trouva d'abord l'aveugle de Chefelden, lorfqu'on lui eut abaiffé les cataractes.

Par curiofité ou par inquiétude, nous portons la main devant nos yeux, nous l'éloignons, nous l'approchons, & la furface que nous voyons nous paroit changer. Nous attribuons ces changemens aux mouvemens de notre main, & nous commençons à juger que les couleurs font à quelque diftance de nos yeux.

Alors nous touchons un corps fur lequel notre vue fe trouve fixée : je le fuppofe d'une feule couleur, bleu, par exemple. Dans cette fuppofition le bleu, qui paroiffoit auparavant à une diftance indéterminée, doit actuellement paroître à la même diftance que la furface que la main touche, & cette couleur s'étendra fur cette furface, comme elle s'eft d'abord étendue fur la furface extérieure de l'œil. La main dit en quelque forte à la vue; *le bleu eft fur chaque partie que je parcours*; & la vue à force de répéter ce jugement s'en fait une fi grande habitude, qu'elle parvient à fentir le bleu où elle l'a jugé.

En continuant à s'exercer, elle fe fent animée d'une force qui lui devient naturelle, elle s'élance d'un moment à l'autre à de plus grandes diftances; elle manie, elle embraffe des objets auxquels le toucher ne peut atteindre, & elle parcourt tout l'efpace avec une rapidité étonnante.

Il eft aifé de comprendre pourquoi l'œil a feul fur les autres fens l'avantage d'apprendre du toucher à donner de l'étendue à fes fenfations.

Si les rayons réfléchis ne se dirigeoient pas toujours en ligne droite dans un même milieu, si traversant différens milieux, ils ne se brisoient pas toujours suivant des loix constantes, si, par exemple, la plus légère agitation de l'air changeoit continuellement leur direction; les rayons réfléchis par des objets différens se réuniroient, ceux qui viendroient d'un même objet se séparoient, & l'œil ne pourroit jamais juger, ni des grandeurs, ni des formes.

Quand même la direction des rayons seroit constamment assujettie aux loix de la dioptrique, l'œil seroit encore dans le même cas, si l'ouverture de la prunelle étoit aussi grande que la rétine: car alors les rayons qui viendroient de toutes parts, le frapperoient confusément.

Dans cette supposition, il en seroit de la vue comme de l'odorat: les couleurs agiroient sur elle, comme les odeurs sur le nez, & elle n'apprendroit du toucher que ce que l'odorat en apprend lui-même. Nous appercevrions toutes les couleurs pêle-mêle, nous distinguerions tout au plus les couleurs dominantes; mais il ne nous seroit pas possible de les étendre sur des surfaces, & nous serions bien éloignés de soupçonner que ces sensations fussent par elles-mêmes capables de représenter quelque chose d'étendu.

Mais les rayons par la manière dont ils sont réfléchis jusques sur la rétine, sont précisément à l'œil ce que deux bâtons croisés sont aux mains. Par-là, il y a une grande analogie entre la manière dont nous voyons, & celle dont nous touchons à l'aide de deux bâtons; ensorte que les mains peuvent dire aux yeux, *faites comme nous*, & aussitôt ils font comme elles.

On pourroit faire une supposition, où l'odorat apprendroit à juger parfaitement des grandeurs, des figures, des situations & des distances. Il suffiroit d'un côté de soumettre les corpuscules odoriférans aux loix de la dioptrique, & de l'autre, de construire l'organe de l'odorat à peu près sur le modèle de celui de la vue; ensorte que les rayons odoriférans, après s'être croisés à l'ouverture, frappassent sur une membrane intérieure autant de points distincts, qu'il y en a sur les surfaces d'où ils seroient réfléchis.

En pareil cas nous contracterions bientôt l'habitude d'étendre les odeurs sur les objets, & les philosophes ne manqueroient pas de dire, que l'odorat n'a pas besoin des leçons du toucher pour appercevoir des grandeurs ou des figures.

Dieu auroit pû établir que les rayons de lumière fussent cause occasionnelle des odeurs, comme ils le sont des couleurs. Or il me paroit aisé de comprendre que dans un monde où cela auroit lieu, les yeux pourroient comme ici apprendre à juger des grandeurs, des figures, des situations & des distances.

Les lecteurs qui raisonnent, se rendront, je crois, à ces dernières réflexions. Quant à ceux qui ne savent se décider que d'après leurs habitudes, on n'a rien à leur dire. Ils trouveront sans doute fort étranges les suppositions que je viens de faire.

Tels sont les principes sur lesquels porte la troisième partie du traité des sensations. Il suffit ici de les avoir établis. On renvoye à l'ouvrage même pour un plus grand développement, & pour les conséquences qu'on en tire. On y verra sur-tout les idées qui résultent du concours des cinq sens.

Précis de la quatrième partie.

Tous les sens étant instruits, il n'est plus question que d'examiner les besoins auxquels il est nécessaire de satisfaire pour notre conservation. La quatrième partie montre l'influence de ces besoins, dans quel ordre ils nous engagent à étudier les objets qui ont rapport à nous, comment nous devenons capables de prévoyance & d'industrie, les circonstances qui y contribuent, & quels sont nos premiers jugemens sur la bonté & sur la beauté des choses. En un mot, on voit comment l'homme n'ayant d'abord été qu'un animal sentant, devient un animal réfléchissant, capable de veiller par lui-même à sa conservation.

Ici s'achève le système des idées qui commence avec l'ouvrage. J'en vais donner le précis.

Le mot *idée* exprime une chose que personne, j'ose le dire, n'a encore bien expliquée. C'est pourquoi on dispute sur leur origine.

Une sensation n'est point encore une idée, tant qu'on ne la considère que comme un sentiment, qui se borne à modifier l'ame. Si j'éprouve actuellement de la douleur, je ne dirai pas que j'ai l'idée de la douleur, je dirai que je la sens.

Mais si je me rappelle une douleur que j'aie eue, le souvenir & l'idée sont alors une même chose; & si je dis que je me fais l'idée d'une douleur dont on me parle, & que je n'ai jamais ressentie; c'est que j'en juge d'après une douleur que j'ai éprouvée, ou d'après une douleur que je souffre actuellement. Dans le premier cas, l'idée & le souvenir ne different point. Dans le second, l'idée est le sentiment d'une douleur actuelle, modifié par le jugement que je porte, pour me représenter la douleur d'un autre.

Les sensations actuelles de l'ouïe, du goût, de la vue & de l'odorat ne sont que des sentimens, lorsque ces sens n'ont point encore été instruits par le toucher, parce que l'ame ne peut alors les prendre que pour des modifications d'elle-même. Mais si ces sentimens n'existent que dans la mémoire qui les rappelle, ils deviennent des idées. On ne dit pas alors *j'ai le sentiment de ce que j'ai été*, on dit *j'en ai le souvenir ou l'idée*.

La sensation actuelle comme passée de solidité, est seule par elle-même tout à-la-fois sentiment & idée. Elle est sentiment par le rapport qu'elle a à l'ame qu'elle modifie; elle est idée par le rapport qu'elle a à quelque chose d'extérieur.

Cette sensation nous force bientôt à juger hors de nous toutes les modifications que l'ame reçoit par le toucher, & c'est pourquoi chaque sensation du tact se trouve représentative des objets que la main saisit.

Le toucher accoutumé à rapporter ses sensations au-déhors, fait contracter la même habitude aux autres sens. Toutes nos sensations nous paroissent les qualités des objets qui nous environnent : elles les représentent donc, elles sont des idées.

Mais il est évident que ces idées ne nous font point connoître ce que les êtres sont en eux-mêmes; elles ne les peignent que par les rapports qu'ils ont à nous, & cela seul démontre combien sont superflus les efforts des philosophes, qui prétendent pénétrer dans la nature des choses.

Nos sensations se rassemblent hors de nous; & forment autant de collections que nous distinguons d'objets sensibles. De-là deux sortes d'idées : idées simples, idées complexes.

Chaque sensation prise séparément, peut être regardée comme une idée simple; mais une idée complexe est formée de plusieurs sensations, que nous réunissons hors de nous. La blancheur de ce papier, par exemple, est une idée simple; & la collection de plusieurs sensations, telles que solidité, forme, blancheur, &c. est une idée complexe.

Les idées complexes sont complettes ou incomplettes : les premières comprennent toutes les qualités de la chose qu'elles représentent, les dernières n'en comprennent qu'une partie. Ne connoissant pas la nature des êtres, il n'y en a point dont nous puissions nous former une idée complette, & nous devons nous borner à découvrir les qualités qu'ils ont par rapport à nous. Nous n'avons des idées complettes qu'en métaphysique, en morale & en mathématiques, parce que ces sciences n'ont pour objet que des notions abstraites.

Si l'on demande donc ce que c'est qu'un corps, il faut répondre : *c'est cette collection de qualités que vous touchez, voyez, &c. quand l'objet est présent; & quand l'objet est absent, c'est le souvenir des qualités que vous avez touchées, vues, &c.*

Ici les idées se divisent encore en deux espèces : j'appelle les unes sensibles, les autres intellectuelles. Les idées sensibles nous représentent les objets qui agissent actuellement sur nos sens; les idées intellectuelles nous représentent ceux qui ont disparu après avoir fait leur impression : ces idées ne diffèrent les unes des autres, que comme le souvenir diffère de la sensation.

Plus on a de mémoire, plus par conséquent on est capable d'acquérir d'idées intellectuelles. Ces idées sont le fond de nos connoissances, comme les idées sensibles en sont l'origine.

Ce fond devient l'objet de notre réflexion, nous pouvons par intervalles nous en occuper uniquement, & ne faire aucun usage de nos sens. C'est pourquoi, il paroît en nous comme s'il y avoit toujours été : on diroit qu'il a précédé toute espèce de sensations, & nous ne savons plus le considérer dans son principe : de-là l'erreur des idées innées.

Les idées intellectuelles, si elles nous sont familières, se retracent presque toutes les fois que nous le voulons. C'est par elles que nous sommes capables de mieux juger des objets que nous rencontrons. Continuellement elles se comparent avec les idées sensibles, & elles font découvrir des rapports qui sont de nouvelles idées intellectuelles, dont le fond de nos connoissances s'enrichit.

En considérant les rapports de ressemblance, nous mettons dans une même classe tous les individus où nous remarquons les mêmes qualités : en considérant les rapports de différence, nous multiplions les classes, nous les subordonnons les unes aux autres, ou nous les distinguons à tous égards. De-là les espèces, les genres, les idées abstraites & générales.

Mais nous n'avons point d'idée générale qui n'ait été particulière. Un premier objet que nous avons occasion de remarquer, est un modèle auquel nous rapportons tout ce qui lui ressemble; & cette idée, qui n'a d'abord été que singulière, devient d'autant plus générale, que notre discernement est moins formé.

Nous passons donc tout-à-coup des idées particulières à de très-générales, & nous ne descendons à des idées subordonnées, qu'à mesure que nous laissons moins échapper les différences des choses.

Toutes ces idées ne forment qu'une chaîne : les sensibles se lient à la notion de l'étendue; ensorte que tous les corps ne nous paroissent que de l'étendue différemment modifiée ; les intellectuelles se lient aux sensibles, d'où elles tirent leur origine : aussi se renouvellent-elles souvent à l'occasion de la plus légère impression qui se fait sur les sens. Le besoin qui nous les a données, est le principe qui nous les rend ; & si elles passent & repassent sans cesse devant l'esprit, c'est que nos besoins se répétent & se succédent continuellement.

Tel est en général le système de nos idées. Pour le rendre aussi simple & aussi clair, il falloit avoir analysé les opérations des sens. Les philosophes n'ont pas connu cette analyse, & c'est pourquoi ils ont tous laissé du vague sur cette matière (1).

Extrait du traité des animaux.

L'abbé de *Condillac* commence son *Traité des animaux* par une exposition des opinions de M. de Buffon, sur la nature des animaux & sur les sens. Cet exposé forme presque le seul objet de la première partie de cet ouvrage. Dans la seconde, l'auteur fait aussi un système auquel, dit-il, « je » me suis bien gardé de donner pour titre, *de la* » *nature des animaux*. J'avoue à cet égard toute » mon ignorance, & je me contente d'observer » les facultés de l'homme, d'après ce que je sens, » & de juger de celles des bêtes par analogie ».

Après quelques réflexions sur le motif secret qui porte les philosophes à expliquer la nature sans l'avoir observée, ou du moins après des observations assez légères, l'abbé de *Condillac* prouve contre Descartes & Buffon, que les bêtes ne sont pas de purs automates & qu'elles sentent : (*Voyez* AUTOMATISME).

Que si les bêtes sentent, elles sentent comme nous.

Que dans l'hypothèse où les bêtes seroient des êtres purement matériels, M. de Buffon ne peut pas rendre raison du sentiment qu'il leur accorde. « Il ne suffit pas, ajoute l'abbé de *Condillac*, de » prouver d'un côté que les bêtes sont sensibles, » & de supposer de l'autre que ce sont des êtres » purement matériels : il faut expliquer ces deux » propositions l'une par l'autre. M. de Buffon ne » l'a point fait, il ne l'a pas même tenté : d'ailleurs » la chose est impossible ».

Que dans la supposition où les animaux seroient tout-à-la-fois purement matériels & sensibles, ils ne sauroient veiller à leur conservation, s'ils n'étoient pas encore capables de connoissance.

Qu'il est impossible de concevoir que le méchanisme puisse seul régler les actions des animaux.

Qu'il faut rendre raison des mouvemens déterminés de l'animal, de ces mouvemens qui lui font si sûrement fuir ce qui lui est contraire, & rechercher ce qui lui convient : que c'est ici que la connoissance est absolument nécessaire pour régler l'action même du sens intérieur, & pour donner au corps des mouvemens différens suivant la différence des circonstances.

Que M. de Buffon a lui-même démontré que les bêtes comparent, jugent, qu'elles ont des idées & de la mémoire.

L'abbé de *Condillac* examine ensuite les observations de M. de Buffon sur la vue, l'ouïe & les sens en général, & il remarque, avec raison, que, si ces observations sont vraies, tout le *traité des sensations* porte à faux.

La première partie de ce traité, finit par une digression sur la manière de philosopher de M. de Buffon. L'abbé de *Condillac*, dont il avoit un peu blessé l'amour-propre, & qui, sous ce rapport, avoit peut-être à s'en plaindre, fait sentir le vague de ses principes, & le peint même comme une espèce de charlatan qui ambitionne de grands succès, qui exagère les difficultés du sujet qu'il entreprend de traiter, qui agite chaque question comme s'il alloit développer les ressorts les plus secrets des phénomènes ; qui ne balance point à donner pour neufs les principes les plus rebattus ; qui les généralise autant qu'il lui est possible ; qui affirme les choses dont son lecteur pourroit douter, & dont il devroit douter lui-même ; qui, après bien des efforts, plutôt pour faire valoir ses veilles, que pour rien établir, ne manque pas de conclure qu'il a démontré ce qu'il s'étoit proposé de prouver ; qui ne se pique pas de bien écrire, lorsqu'il raisonne, mais qui réserve tout l'art de son éloquence, pour jetter de tems en tems de ces périodes artistement faites, où il se livre à son imagination sans se mettre en peine du ton qu'il vient de quitter, & de celui qu'il va reprendre ; enfin qui substitue

---

(1) « Lorsque nous parlons des idées (dit l'auteur » de la logique de Port-royal, part. 1. ch. 1.) nous » n'appellons point de ce nom les images qui sont » peintes en la fantaisie ; mais tout ce qui est dans notre » esprit, lorsque nous pouvons dire avec vérité que » nous concevons une chose, de quelque manière que » nous la concevions ». On voit combien cela est vague. Descartes a été tout aussi confus sur cette matière. Malebranche & Leibnitz n'ont fait que des systèmes ingénieux. Locke a mieux réussi ; mais il laisse encore de l'obscurité, parce qu'il n'a pas assez démêlé toutes les opérations des sens. Enfin M. de Buffon dit que *les idées ne sont que des sensations comparées*, & il n'en donne pas d'autre explication. C'est peut-être ma faute, mais je n'entends pas ce langage. Il me semble que pour comparer deux sensations, il faut déjà avoir quelque idée de l'une & de l'autre. Voilà donc des idées avant d'avoir rien comparé.

au terme propre celui qui frappe davantage, & qui se plait à dire plus qu'il ne doit dire, &c.

Après cette digression sur le caractère d'esprit de M. de Buffon, l'abbé de *Condillac* s'arrête aux choses qui ne lui paroissent pas aussi évidentes qu'à l'historien de la nature, & sur lesquelles il se permet de lui faire plusieurs questions. Il est aisé de voir par l'assurance avec laquelle il les propose, qu'il les juge très-embarrassantes pour l'auteur du discours sur la nature des animaux; mais Buffon qui avoit, comme la plupart des anciens philosophes, une doctrine publique & une doctrine secrette, les auroit facilement résolues en conversant librement avec ses amis. Cela me fait souvenir de la distinction dont se servit le pontife Cotta, dans un entretien avec l'épicurien Velleius, qui supposoit qu'il étoit très-difficile de nier l'existence des dieux: « oui, en public, *lui répondit Cotta*, mais en particulier, discourant comme nous faisons ici, rien de si facile » *credo ; si in concione quaeratur; sed in hujusmodi sermone, & in confessu, facillimum* (1).

Quoi qu'il en soit, voici les éclaircissemens que l'abbé de *Condillac* demande à Buffon.

1. Sentir, ne peut-il se prendre que pour se mouvoir à l'occasion d'un choc ou d'une résistance, & pour appercevoir & comparer? & si les bêtes n'appercoivent, ni ne comparent, leur faculté de sentir n'est-elle que la faculté d'être mues?

2. Ou si *sentir* est avoir du plaisir ou de la douleur, comment concilier ces deux propositions? *la matière est incapable de sentiment, & les bêtes, quoique purement matérielles, ont du sentiment.*

3. Que peut on entendre par des sensations *corporelles*, si la matière ne sent pas?

4. Comment une seule & même personne peut-elle être composée de deux principes différens par leur nature, contraires par leurs actions, & doués chacun d'une manière de sentir qui leur est propre?

5. Comment ces deux principes sont-ils la source des contradictions de l'homme, si l'un est infiniment subordonné à l'autre, s'il n'est que le moyen, la cause secondaire, & s'il ne fait que ce que le principe supérieur lui permet?

6. Comment le principe matériel est-il infiniment subordonné, s'il domine seul dans l'enfance, s'il commande impérieusement dans la jeunesse?

7. Pour assurer que le méchanisme fait tout dans les animaux, suffit-il de supposer d'un côté que ce sont des êtres purement matériels, & de prouver de l'autre par des faits que ce sont des êtres sensibles? ne faudroit-il pas expliquer comment la faculté de sentir est l'effet des loix purement méchaniques?

8. Comment les bêtes peuvent-elles être sensibles, & privées de toute espèce de connoissance? de quoi leur sert le sentiment, s'il ne les éclaire pas, & si les loix méchaniques suffisent pour rendre raison de toutes leurs actions?

9. Pourquoi le sens intérieur ébranlé par les sens extérieurs, ne donne-t-il pas toujours à l'animal un mouvement incertain?

10. Pourquoi les sens relatifs à l'appétit ont-ils seuls la propriété de déterminer ses mouvemens?

11. Que signifient ces mots *instinct, appétit ?* suffit-il de les prononcer pour rendre raison des choses?

12. Comment l'odorat ébranlé par les émanations du lait, montre-t-il le lieu de la nourriture à l'animal qui vient de naître? quel rapport y a-t-il entre cet ébranlement qui est dans l'animal, & le lieu où est la nourriture? quel guide fait si sûrement franchir ce passage?

13. Peut-on dire que parce que l'odorat est en nous plus obtus, il ne doit pas également instruire l'enfant nouveau-né?

14. De ce que les organes sont moins obtus, s'ensuit-il autre chose sinon que les ébranlemens du sens intérieur sont plus vifs? & parce qu'ils sont plus vifs, est-ce une raison pour qu'ils indiquent le lieu des objets?

15. Si les ébranlemens qui se font dans le nerf qui est le siège de l'odorat, montrent si bien les objets & le lieu où ils sont : pourquoi ceux qui se font dans le nerf optique, n'ont-ils pas la même propriété?

16. Des yeux qui seroient aussi peu obtus que l'odorat le plus fin, appercevroient-ils dès le premier instant le lieu des objets?

17. Si l'on ne peut accorder à la matière le sentiment, la sensation & la conscience d'existence, sans lui accorder la faculté de penser, d'agir & de sentir à-peu-près comme nous: comment se peut-il que les bêtes soient douées de sentiment, de sensation, de conscience, d'existence, & qu'elles n'ayent cependant pas la faculté de penser?

18. Si la sensation par laquelle nous voyons les objets simples & droits, n'est qu'un jugement de

---

(1) Apud Ciceron. de nat. Deor. lib. 1. cap. 22.

notre ame, occasionné par le toucher : comment les bêtes qui n'ont point d'ame, qui ne jugent point, parviennent-elles à voir les objets simples & droits?

19. Ne faut-il pas qu'elles portent des jugemens pour appercevoir hors d'elles les odeurs, les sons & les couleurs?

20. Peuvent-elles appercevoir les objets extérieurs & n'avoir point d'idée? peuvent-elles sans mémoire contracter des habitudes & acquérir de l'expérience?

21. Qu'est-ce qu'une réminiscence matérielle qui ne consiste que dans le renouvellement des ébranlemens du sens intérieur matériel?

22. De quel secours seroit une mémoire ou une réminiscence, qui rappelleroit les sensations sans ordre, sans liaison, & sans laisser une impression déterminée?

23. Comment les bêtes joignent-elles les sensations de l'odorat à celles des autres sens, comment combinent-elles leurs sensations, comment s'instruisent-elles, si elles ne comparent pas, si elles ne jugent pas?

24. Parce que le méchanisme suffiroit pour rendre raison des mouvemens de dix mille automates, qui agiroient tous avec des forces parfaitement égales, qui auroient précisément la même forme intérieure & extérieure, qui naîtroient & qui se métamorphoseroient tous au même instant, & qui seroient déterminés à n'agir que dans un lieu donné & circonscrit : faut-il croire que le méchanisme suffise aussi pour rendre raison des actions de dix mille abeilles qui agissent avec des forces inégales, qui n'ont pas absolument la même force intérieure & extérieure, qui ne naissent pas & qui ne se métamorphosent pas au même instant, & qui sortent souvent du lieu où elles travaillent?

25. Pourquoi Dieu ne pourroit-il pas s'occuper de la manière dont se doit plier l'aîle d'un scarabée? comment se plieroit cette aîle, si Dieu ne s'en occupoit pas?

26. Comment des loix pour chaque espèce particulière chargeroient-elles & embarrasseroient-elles sa volonté? les différentes espèces pourroient-elles se conserver, si elles n'avoient pas chacune leurs loix?

27. De ce que les images se peignent dans chaque œil, & de ce qu'elles sont renversées, peut-on conclure que nos yeux voyent naturellement les objets doubles & renversés? y a-t-il même des images sur la rétine? y a-t-il autre chose qu'un ébranlement? cet ébranlement ne se borne-t-il pas à être la cause occasionnelle d'une modification de l'ame, & une pareille modification peut-elle par elle-même représenter de l'étendue & des objets?

28. Celui qui ouvrant pour la première fois les yeux, croit que tout est en lui, discerne-t-il la voûte céleste, la verdure de la terre, le crystal des eaux? démêle-t-il mille objets divers?

29. Pense-t-il à tourner les yeux, à fixer ses regards sur des objets qu'il n'apperçoit qu'en lui-même? sçait-il seulement s'il a des yeux?

30. Pense-t-il à se transporter dans un lieu qu'il ne voit que sur sa rétine, & qu'il ne peut encore soupçonner hors de lui?

31. Pour découvrir une espace extérieur, faut-il qu'il s'y promène avant de le connoître, & qu'il aille la tête haute & levée vers le ciel se heurter contre un palmier? &c., &c., &c.

Système des facultés des animaux.

La première partie de cet ouvrage démontre que les bêtes sont capables de quelques connoissances. Ce sentiment est celui du vulgaire : il n'est combattu que par des philosophes, c'est-à-dire, par des hommes qui, d'ordinaire, aiment mieux une absurdité qu'ils imaginent, qu'une vérité que tout le monde adopte. Ils sont excusables, car s'ils avoient dit moins d'absurdités, il y auroit parmi eux moins d'écrivains célèbres.

« J'entreprends, dit l'abbé de *Condillac*, de
» mettre dans son jour une vérité toute commune,
» & ce sera sans doute un prétexte à bien des
» gens pour avancer que cet ouvrage n'a rien de
» neuf. Mais si jusqu'ici cette vérité a été crue
» sans être conçue ; si on n'y a réfléchi que pour
» accorder trop aux bêtes, ou pour ne leur accorder
» point assez, il me reste à dire bien des
» choses qui n'ont pas été dites.

» En effet, quel écrivain a expliqué la généra-
» tion de leurs facultés, le système de leurs con-
» noissances, l'uniformité de leurs opérations,
» l'impuissance où elles sont de se faire une lan-
» gue proprement dite, lors même qu'elles peu-
» vent articuler, leur instinct, leurs passions,
» & la supériorité que l'homme a sur elles à tous
» égards? Voilà cependant les principaux objets
» dont je me propose de rendre raison. Le système
» que je donne n'est point arbitraire : ce n'est pas
» dans mon imagination que je le puise, c'est dans
» l'observation ; & tout lecteur intelligent, qui
» rentrera en lui-même, en reconnoîtra la soli-
» dité ».

De la génération des habitudes communes à tous les animaux.

Au premier instant de son existence, un animal ne peut former le dessein de se mouvoir. Il ne sait seulement pas qu'il a un corps, il ne le voit pas, il ne l'a pas encore touché.

Cependant les objets font des impressions sur lui; il éprouve des sentimens agréables & désagréables: de-là naissent ses premiers mouvemens; mais ce sont des mouvemens incertains, ils se font en lui sans lui, il ne sait point encore les régler.

Intéressé par le plaisir & par la peine, il compare les états où il se trouve successivement. Il observe comment il passe de l'un à l'autre, & il découvre son corps & les principaux organes qui le composent.

Alors son ame apprend à rapporter à son corps les impressions qu'elle reçoit. Elle sent en lui ses plaisirs, ses peines, ses besoins; & cette manière de sentir suffit pour établir entre l'un & l'autre le commerce le plus intime. En effet, dès que l'ame ne se sent que dans son corps, c'est pour lui comme pour elle qu'elle se fait une habitude de certaines opérations; & c'est pour elle comme pour lui, que le corps se fait une habitude de certains mouvemens.

D'abord le corps se meut avec difficulté; il tâtonne, il chancelle: l'ame trouve les mêmes obstacles à réfléchir; elle hésite, elle doute.

Une seconde fois les mêmes besoins déterminent les mêmes opérations, & elles se font de la part des deux substances avec moins d'incertitude & de lenteur.

Enfin les besoins se renouvellent, & les opérations se répétent si souvent, qu'il ne reste plus de tâtonnement dans le corps, ni d'incertitude dans l'ame: les habitudes de se mouvoir & de juger sont contractées.

C'est ainsi que les besoins produisent d'un côté une suite d'idées, & de l'autre une suite de mouvemens correspondans.

Les animaux doivent donc à l'expérience les habitudes, qu'on croit leur être naturelles. Pour achever de s'en convaincre, il suffit de considérer quelqu'une de leurs actions.

Je suppose donc un animal qui se voit pour la première fois menacé de la chûte d'un corps, & je dis qu'il ne songera pas à l'éviter; car il ignore qu'il en puisse être blessé: mais s'il en est frappé, l'idée de la douleur se lie aussi-tôt à celle de tout corps prêt à tomber sur lui; l'une ne se réveille plus sans l'autre, & la réflexion lui apprend bientôt comment il doit se mouvoir, pour se garantir de ces sortes d'accidens.

Alors il évitera jusqu'à la chûte d'une feuille. Cependant si l'expérience lui apprend qu'un corps aussi léger ne peut pas l'offenser, il l'attendra sans se détourner, il ne paroîtra pas même y faire attention.

Or peut-on penser qu'il se conduise ainsi naturellement? tient-il de la nature la différence de ces deux corps, ou la doit-il à l'expérience? les idées en sont-elles innées ou acquises? certainement s'il ne reste immobile à la vue d'une feuille qui tombe sur lui, que parce qu'il a appris qu'il n'en doit rien craindre; il ne se dérobe à une pierre, que parce qu'il a appris qu'il en peut être blessé.

La réflexion veille donc à la naissance des habitudes, à leurs progrès; mais à mesure qu'elle les forme, elle les abandonne à elles-mêmes, & c'est alors que l'animal touche, voit, marche, &c. sans avoir besoin de réfléchir sur ce qu'il fait.

Par-là toutes les actions d'habitude sont autant de choses soustraites à la réflexion: il ne reste d'exercice à celle-ci que sur d'autres actions, qui se déroberont encore à elle, si elles tournent en habitude; & comme les habitudes empiètent sur la réflexion, la réflexion cède aux habitudes.

Ces observations sont applicables à tous les animaux; elles font voir comment ils apprennent tous à se servir de leurs organes, à fuir ce qui leur est contraire, à rechercher ce qui leur est utile, à veiller, en un mot, à leur conservation.

Systême des connoissances dans les animaux.

Un animal ne peut obéir à ses besoins qu'il ne se fasse bientôt une habitude d'observer les objets qu'il lui importe de reconnoître. Il essaie ses organes sur chacun d'eux: ses premiers momens sont donnés à l'étude; & lorsque nous le croyons tout occupé à jouer, c'est proprement la nature qui joue avec lui pour l'instruire.

Il étudie, mais sans avoir le dessein d'étudier: il ne se propose pas d'acquérir des connoissances pour en faire un systême: il est tout occupé des plaisirs qu'il recherche & des peines qu'il évite: cet intérêt seul le conduit: il avance sans prévoir le terme où il doit arriver.

Par ce moyen il est instruit, quoiqu'il ne fasse point d'effort pour l'être. Les objets se distinguent à ses yeux, se distribuent avec ordre, les idées

se

se multiplient suivant les besoins, se lient étroitement les unes aux autres : le systême de ses connoissances est formé.

Mais les mêmes plaisirs n'ont pas toujours pour lui le même attrait, & la crainte d'une même douleur n'est pas toujours également vive : la chose doit varier suivant les circonstances. Ses études changent donc d'objets, & le systême de ses connoissances s'étend peu-à-peu à différentes suites d'idées.

Ces suites ne sont pas indépendantes : elles sont au contraire liées les unes aux autres, & ce lien est formé des idées qui se retrouvent dans chacune. Comme elles sont & ne peuvent être que différentes combinaisons d'un petit nombre de sensations, il faut nécessairement que plusieurs idées soient communes à toutes. On conçoit donc qu'elles ne forment ensemble qu'une même chaîne.

Cette liaison augmente encore par la nécessité où l'animal se trouve, de se retracer à mille reprises ces différentes suites d'idées. Comme chacune doit sa naissance à un besoin particulier, les besoins qui se répètent & se succèdent tour-à-tour, les entretiennent ou les renouvellent continuellement ; & l'animal se fait une si grande habitude de parcourir ses idées, qu'il s'en retrace une longue suite toutes les fois qu'il éprouve un besoin qu'il a déjà ressenti.

Il doit donc uniquement la facilité de parcourir ses idées, à la grande liaison qui est entr'elles. A peine un besoin détermine son attention sur un objet, aussi-tôt cette faculté jette une lumière qui se répand au loin : elle porte en quelque sorte le flambeau devant elle.

C'est ainsi que les idées renaissent par l'action même des besoins qui les ont d'abord produites. Elles forment, pour ainsi dire, dans la mémoire des tourbillons qui se multiplient comme les besoins. Chaque besoin est un centre, d'où le mouvement se communique jusqu'à la circonférence. Ces tourbillons sont alternativement supérieurs les uns aux autres, selon que les besoins deviennent tour-à-tour plus violens. Tous font leurs révolutions avec une variété étonnante : ils se pressent, ils se détruisent, il s'en forme de nouveaux ; à mesure que les sentimens, auxquels ils doivent toute leur force, s'affoiblissent, s'éclipsent, ou qu'il s'en produit qu'on n'avoit point encore éprouvés. D'un instant à l'autre, le tourbillon qui en a entraîné plusieurs, est donc englouti à son tour ; & tous se confondent aussi-tôt que les besoins cessent, on ne voit plus qu'un cahos. Les idées passent & repassent sans ordre ; ce sont des tableaux mouvans qui n'offrent que des images bizarres & imparfaites, & c'est aux

Philosophie anc. & mod. Tom II.

besoins à les dessiner de nouveau & à les placer dans leur vrai jour.

Tel est en général le systême des connoissances dans les animaux. Tout y dépend d'un même principe, le besoin ; tout s'y exécute par le même moyen, la liaison des idées.

Les bêtes inventent donc, si *inventer* signifie la même chose que juger, comparer, découvrir. Elles inventent même encore, si par là on entend se représenter d'avance ce qu'on va faire. Le castor se peint la cabane qu'il veut bâtir ; l'oiseau, le nid qu'il veut construire. Ces animaux ne feroient pas ces ouvrages, si l'imagination ne leur en donnoit pas le modèle.

Mais les bêtes ont infiniment moins d'invention que nous, soit parce qu'elles sont plus bornées dans leurs besoins, soit parce qu'elles n'ont pas les mêmes moyens pour multiplier leurs idées & pour en faire des combinaisons de toute espèce.

Pressées par leurs besoins, & n'ayant que peu de choses à apprendre, elles arrivent presque tout-à-coup au point de perfection auquel elles peuvent atteindre ; mais elles s'arrêtent aussi-tôt, elles n'imaginent pas même qu'elles puissent aller au-delà. Leurs besoins sont satisfaits, elles n'ont plus rien à desirer, & par conséquent plus rien à rechercher. Il ne leur reste qu'à se souvenir de ce qu'elles ont fait, & à le répéter toutes les fois qu'elles se retrouvent dans les circonstances qui l'exigent. Si elles inventent moins que nous, si elles perfectionnent moins, ce n'est donc pas qu'elles manquent tout-à-fait d'intelligence, c'est que leur intelligence est plus bornée (1).

_____

(1) M. de B. prétend que l'analogie ne prouve pas que la faculté de penser soit commune à tous les animaux. « Pour que cette analogie fût bien fondée (dit-» il *in-*4º. t. 4. p. 39. *in-*12. t. 7. p. 54.) il faudroit » du moins que rien ne pût la démentir ; il seroit » nécessaire que les animaux pussent faire & fissent » dans quelques occasions tout ce que nous faisons. » Or le contraire est évidemment démontré, ils n'in-» ventent, ils ne perfectionnent rien, ils ne réflé-» chissent par conséquent sur rien, ils ne font jamais » que les mêmes choses de la même façon.

Le contraire est évidemment démontré ! quand nous voyons, quand nous marchons, quand nous nous détournons d'un précipice, quand nous évitons la chûte d'un corps, & dans mille autres occasions, que faisons-nous de plus qu'eux ? Je dis donc qu'ils inventent, qu'ils perfectionnent : qu'est-ce en effet que l'invention ? c'est le résultat de plusieurs découvertes & de plusieurs comparaisons. Quand Molière, par exemple, a inventé un caractère, il en a trouvé les traits dans différentes personnes, & il les a comparés pour les réunir dans un certain point de vue. *Inventer* équivaut donc à *trouver* & à *comparer.*

Or, les bêtes apprennent à toucher, à voir, à mar-

Q

On croit communément que les animaux d'une même espèce ne font tous les mêmes choses, que parce qu'ils cherchent à se copier ; & que les hommes se copient d'autant moins, que leurs actions diffèrent davantage. Cette proposition passera donc pour un paradoxe : c'est le sort de toute vérité qui choque les préjugés reçus ; mais nous la démontrerons cette vérité, si nous considérons les habitudes dans leur principe.

Les habitudes naissent du besoin d'exercer ses facultés : par conséquent le nombre des habitudes est proportionné au nombre des besoins.

Or les bêtes ont évidemment moins de besoins que nous, desqu'elles sçavent se nourrir, se mettre à l'abri des injures de l'air, & se défendre de leurs ennemis ou les fuir ; elles sçavent tout ce qui est nécessaire à leur conservation.

Les moyens qu'elles employent pour veiller à leur besoin sont simples, ils sont les mêmes pour tous les individus d'une même espèce : la nature semble avoir pourvû à tout, & ne laisser que peu de chose à faire : aux unes, elle a donné la force ; aux autres, l'agilité, & à toutes, des alimens qui ne demandent point d'apprêt.

Tous les individus d'une même espèce étant donc mus par le même principe, agissant pour les mêmes fins, & employant des moyens semblables ; il faut qu'ils contractent les mêmes habitudes, qu'ils fassent les mêmes choses, & qu'ils les fassent de la même manière.

S'ils vivoient donc séparément, sans aucune sorte de commerce, & par conséquent sans pouvoir se copier ; il y auroit dans leurs opérations la même uniformité, que nous remarquons dans le principe qui les meut, & dans les moyens qu'ils employent.

Or il n'y a que fort peu de commerce d'idées parmi les bêtes, même parmi celles qui forment une espèce de société. Chacune est donc bornée à sa seule expérience. Dans l'impuissance de se communiquer leurs découvertes & leurs méprises particulières, elles recommencent à chaque génération les mêmes études, elles s'arrêtent après avoir refait les mêmes progrès, le corps de leur société est dans la même ignorance

cher, à se nourrir, à se défendre, à veiller à leur conservation. Elles font donc des découvertes ; mais elles n'en font que parce qu'elles comparent, elles inventent donc ; elles perfectionnent même ; car dans les commencemens, elles ne savent pas toutes ces choses, comme elles les savent lorsqu'elles ont plus d'expérience.

que chaque individu, & leurs opérations offrent toujours les mêmes résultats.

Il en seroit de même des hommes, s'ils vivoient séparément & sans pouvoir se faire part de leurs pensées. Bornés au petit nombre de besoins absolument nécessaires à leur conservation, & ne pouvant se satisfaire que par des moyens semblables, ils agiroient tous les uns comme les autres, & toutes les générations se ressembleroient : aussi voit-on que les opérations qui sont les mêmes dans chacun d'eux, sont celles par où ils ne songent point à se copier. Ce n'est point par imitation que les enfans apprennent à toucher, à voir, &c. ils l'apprennent d'eux-mêmes, & néanmoins ils touchent & voyent tous de la même manière.

Cependant si les hommes vivoient séparément, la différence des lieux & des climats les placeroit nécessairement dans des circonstances différentes : elle mettroit donc de la variété dans leurs besoins, & par conséquent dans leur conduite. Chacun feroit à part les expériences auxquelles sa situation l'engageroit, chacun acquerroit des connoissances particulières ; mais leurs progrès seroient bien bornés, & ils différeroient peu les uns des autres.

C'est donc dans la société qu'il y a d'homme à homme une différence plus sensible. Alors ils se communiquent leurs besoins, leurs expériences : ils se copient mutuellement, & il se forme une masse de connoissance, qui s'accroît d'une génération à l'autre.

Tous ne contribuent pas également à ces progrès. Le plus grand nombre est celui des imitateurs serviles : les inventeurs sont extrêmement rares, ils ont même commencé par copier, & chacun ajoute bien peu à ce qu'il trouve établi.

Mais la société étant perfectionnée, elle distribue les citoyens en différentes classes, & leur donne différens modèles à imiter. Chacun élevé dans l'état auquel sa naissance le destine, fait ce qu'il voit faire, & comme il le voit faire. On veille long-tems pour lui à ses besoins, on réfléchit pour lui, & il prend les habitudes qu'on lui donne : mais il ne se borne pas à copier un seul homme, il copie tous ceux qui l'approchent, & c'est pourquoi il ne ressemble exactement à aucun.

Les hommes ne finissent donc par être si différens, que parce qu'ils ont commencé par être copistes, & qu'ils continuent de l'être ; & les animaux d'une même espèce n'agissent tous d'une même manière, que parce que n'ayant pas au même point que nous le pouvoir de se copier, leur société ne sçauroit faire ces progrès qui varient tout à la fois notre état & notre couduite (1).

Du langage des animaux (2).

Il y a des bêtes qui sentent, comme nous, le besoin de vivre ensemble : mais leur société manque de ce ressort qui donne tous les jours à la nôtre de nouveaux mouvemens, & qui la fait tendre à une plus grande perfection.

Ce ressort est la parole. J'ai fait voir ailleurs combien le langage contribue aux progrès de l'esprit humain (3). C'est lui qui préside aux sociétés, & à ce grand nombre d'habitudes, qu'un homme, qui vivroit seul, ne contracteroit point. Principe admirable de la communication des idées, il fait circuler la sève qui donne aux arts & aux sciences la naissance, l'accroissement & les fruits.

Nous devons tout à ceux qui le cultivent avec succès. Ils nous apprennent à les copier, jusques dans la manière de sentir : leur ame passe en nous avec toutes ses habitudes : nous tenons d'eux la pensée.

Si au lieu d'élever des systêmes sur de mauvais fondemens, on considéroit par quels moyens la parole devient l'interprète des sentimens de l'ame, il seroit aisé, ce me semble, de comprendre pourquoi les bêtes, même celles qui peuvent articuler, sont dans l'impuissance d'apprendre à parler une langue. Mais ordinairement les choses les plus simples sont celles que les philosophes découvrent les dernières.

Cinq animaux n'auroient rien de commun dans leur manière de sentir, si l'un étoit borné à la vue, l'autre au goût, le troisième à l'ouie, le quatrième à l'odorat, & le dernier au toucher. Or il est évident que, dans cette supposition, il leur seroit impossible de se communiquer leurs pensées.

Un pareil commerce suppose donc, comme une condition essentielle, que tous les hommes ont en commun un même fond d'idées. Il suppose que nous avons les mêmes organes, que l'habitude d'en faire usage s'acquiert de la même manière par tous les individus, & qu'elle fait porter à tous les mêmes jugemens.

Ce fond varie ensuite, parce que la différence des conditions, en nous plaçant chacun dans des

---

(1) Je demande si l'on peut dire avec M. de B. » d'où peut venir cette uniformité dans les ouvrages » des animaux ? y a t-il de plus forte preuve que leurs » opérations ne sont que des résultats purement mé- » chaniques & matériels ? car s'ils avoient la moindre » étincelle de la lumière qui nous éclaire, on trouve- » roit au moins de la variété... dans leurs ouvrages... » mais non, tous travaillent sur le même modèle, » l'ordre de leurs actions est tracé dans l'espèce en- » tière, il n'appartient point a l'individu ; & si l'on » vouloit attribuer une ame aux animaux, on seroit » obligé à l'en faire qu'une pour chaque espèce, à » laquelle chaque individu participeroit également, *in-*4°. t. 2. p. 440. *in-*12. t. 4. p. 167.

Ce seroit se perdre dans une opinion qui n'expliqueroit rien, & qui souffriroit d'autant plus de difficultés, qu'on ne sauroit trop ce qu'on voudroit dire. Je viens, ce me semble, d'expliquer d'une manière plus simple & plus naturelle l'uniformité qu'on remarque dans les opérations des animaux.

Cette ame unique pour une espèce entière fait trouver une raison toute neuve de la variété qui est dans nos ouvrages. C'est que nous avons chacun une ame à part, & indépendante de celle d'un autre, *in-*4°. t. 2. p. 442. *in-*12. t. 4. p. 169 ; mais si cette raison est bonne, ne faudroit-il pas conclure que plusieurs hommes qui se copient, n'ont qu'une ame à eux tous ? En ce cas, il y auroit moins d'ames que d'hommes ; il y en auroit même beaucoup moins que d'écrivains.

M. de B. bien persuadé que les bêtes n'ont point d'ame, conclut avec raison qu'elles ne sauroient avoir la volonté d'être différentes les unes des autres ; mais j'ajouterai qu'elles ne sauroient avoir la volonté de se copier. Cependant M. de B. croit qu'elles ne font les mêmes choses, que parce qu'elles se copient. C'est que, selon lui, l'imitation n'est qu'un résultat de la machine, & que les animaux doivent se copier toutes les fois qu'ils se ressemblent par l'organisation, *in-*4°. t. 2. p. 86. &c. *in-*12. t. 7. p. 122, &c. C'est que *toute habitude commune bien loin d'avoir pour cause le principe d'une intelligence éclairée, ne suppose au contraire que celui d'une aveugle imitation* (*in-*4°. t. 4. p. 95. *in-*12. t. 7. p. 136.). Pour moi, je ne conçois pas que l'imitation puisse avoir lieu parmi des êtres sans intelligence.

(2) M. de B. croit que la supériorité de l'homme sur les bêtes, & l'impuissance où elles sont de se faire une langue, lors même qu'elles ont des organes propres à articuler, prouvent qu'elles ne pensent pas, *in-*4°. t. 2. p. 438, &c. *in-*12. t. 4. p. 164, &c. Le chapitre détruira ce raisonnement, qui a déja été fait par les cartésiens, ainsi que tous ceux que M. de B. employe à ce sujet. Tout, je me trompe : en voici un qu'il faut excepter.

« Il en est de leur amitié (des animaux) comme » de celle d'une femme pour son serin, d'un enfant » pour son jouet, &c. toutes deux sont aussi peu » réfléchies, toutes deux ne sont qu'un sentiment » aveugle ; celui de l'animal est seulement plus naturel, » puisqu'il est fondé sur le besoin, tandis que l'autre » n'a pour objet qu'un insipide amusement auquel » l'ame n'a point de part, *in-*4°. t. 4. p. 84. *in-*12. t. 7. p. 119.

On veut prouver par-là que l'attachement, par exemple, d'un chien pour son maître, n'est qu'un effet méchanique, qu'il ne suppose ni réflexion, ni pensée, ni idée.

(3) Essai sur l'orig. des connoiss. hum. part. 1. sect. 4. & part. 2. sect. 1. ch. 15. §. 146.

Q 2

circonstances particulières, nous soumet à des besoins différens. Ce germe de nos connoissances est donc plus ou moins cultivé : il se développe par conséquent plus ou moins. Tantôt, c'est un arbre qui s'élève, & qui pousse des branches de toute part, pour nous mettre à l'abri : tantôt, ce n'est qu'un tronc, où des sauvages se retirent.

Ainsi le système général des connoissances humaines embrasse plusieurs systèmes particuliers; & les circonstances où nous nous trouvons, nous renferment dans un seul, ou nous déterminent à nous répandre dans plusieurs.

Alors les hommes ne peuvent mutuellement se faire connoître leurs pensées, que par le moyen des idées qui sont communes à tous. C'est par-là que chacun doit commencer; & c'est par là, par conséquent, que le savant doit aller prendre l'ignorant, pour l'élever insensiblement jusqu'à lui.

Les bêtes qui ont cinq sens, participent plus que les autres à notre fond d'idées. Mais comme elles sont à bien des égards, organisées différemment, elles ont aussi des besoins tout différens. Chaque espèce a des rapports particuliers avec ce qui l'environne : ce qui est utile à l'une, est inutile ou même nuisible à l'autre : elles sont dans les mêmes lieux, sans être dans les mêmes circonstances.

Ainsi, quoique les principales idées qui s'acquièrent par le tact, soient communes à tous les animaux; les espèces se forment, chacune à part, un système de connoissances.

Ces systèmes varient à proportion que les circonstances different davantage; & moins ils ont de rapports les uns avec les autres, plus il est difficile qu'il y ait quelque commerce de pensées entre les espèces d'animaux.

Mais puisque les individus, qui sont organisés de la même manière, éprouvent les mêmes besoins, les satisfont par des moyens semblables, & se trouvent à peu-près dans de pareilles circonstances; c'est une conséquence qu'ils fassent chacun les mêmes études, & qu'ils ayent en commun le même fond d'idées. Ils peuvent donc avoir un langage; & tout prouve en effet qu'ils en ont un. Ils se demandent, ils se donnent des secours : ils parlent de leurs besoins, & ce langage est plus étendu, à proportion qu'ils ont des besoins en plus grand nombre, & qu'ils peuvent mutuellement se secourir davantage.

Les cris inarticulés & les actions du corps, sont les signes de leurs pensées. Mais pour cela il faut que les mêmes sentimens occasionnent dans chacun les mêmes mouvemens; & par conséquent, il faut qu'ils se ressemblent jusques dans l'organisation extérieure. Ceux qui habitent l'air, & ceux qui rampent sur la terre, ne sçauroient même se communiquer les idées qu'ils ont en commun.

Le langage d'action prépare à celui des sons articulés (1). Aussi y a-t-il des animaux domestiques capables d'acquérir quelque intelligence de ce dernier. Dans la nécessité où ils sont de connoître ce que nous voulons d'eux, ils jugent de notre pensée par nos mouvemens; toutes les fois qu'elles ne renferment que des idées qui leur sont communes, & que notre action est à peu-près telle que seroit la leur en pareil cas. En même-tems, ils se font une habitude de lier cette pensée au son dont nous l'accompagnons constamment; en sorte que pour nous faire entendre d'eux, il nous suffit bientôt de leur parler. C'est ainsi que le chien apprend à obéir à notre voix.

Il n'en est pas de même des animaux dont la conformation extérieure ne ressemble point du tout à la nôtre. Quoique le perroquet, par exemple, ait la faculté d'articuler les mots qu'il entend, & ceux qu'il prononce ne lui servent ni pour découvrir nos pensées, ni pour nous faire connoître les siennes; soit parce que le fond commun d'idées que nous avons avec lui, n'est pas aussi étendu que celui que nous avons avec le chien, soit parce que son langage d'action differe infiniment du nôtre. Comme nous avons plus d'intelligence, nous pouvons, en observant ses mouvemens, deviner quelquefois les sentimens qu'il éprouve : pour lui, il ne sçauroit se rendre aucun compte de ce que signifie l'action de nos bras, l'attitude de notre corps, l'altération de notre visage. Ces mouvemens n'ont point assez de rapport avec les siens, & d'ailleurs, ils expriment souvent des idées qu'il n'a point, & qu'il ne peut avoir. Ajoutez à cela que les circonstances ne lui font pas, comme au chien, sentir le besoin de connoître nos pensées.

C'est donc une suite de l'organisation que les animaux ne soient pas sujets aux mêmes besoins, qu'ils ne se trouvent pas dans les mêmes circonstances, lors même qu'ils sont dans les mêmes lieux, qu'ils n'acquièrent pas les mêmes idées, qu'ils n'ayent pas le même langage d'action, & qu'ils se communiquent plus ou moins leurs sentimens, à proportion qu'ils different plus ou moins à tous ces égards. Il n'est pas étonnant que l'homme qui est aussi supérieur par l'orga-

---

(1) Cela a été prouvé dans l'essai sur l'origine des connoissances humaines, partie 2, section 1.

nifation, que par la nature de l'esprit qui l'anime, ait seul le don de la parole : mais parce que les bêtes n'ont pas cet avantage, faut-il croire que ce sont des automates, ou des êtres sensibles, privés de toute espèce d'intelligence ? Non sans doute. Nous devons seulement conclure, que puisqu'elles n'ont qu'un langage fort imparfait, elles sont à peu-près bornées aux connoissances que chaque individu peut acquérir par lui-même. Elle vivent ensemble, mais elles pensent presque toujours à part. Comme elles ne peuvent se communiquer qu'un très-petit nombre d'idées, elles se copient peu : se copiant peu, elles contribuent foiblement à leur perfection réciproque ; & par conséquent si elles font toujours les mêmes choses & de la même manière, c'est, comme je l'ai fait voir, parce qu'elles obéissent chacune aux mêmes besoins.

Mais si les bêtes pensent, si elles se font connoître quelques-uns de leurs sentimens, enfin s'il y en a qui entendent quelque peu notre langage ; en quoi donc différent-elles de l'homme, n'est-ce que du plus au moins ?

Je réponds que dans l'impuissance où nous sommes de connoître la nature des êtres, nous ne pouvons juger d'eux que par leurs opérations. C'est pourquoi nous voudrions vainement trouver le moyen de marquer à chacun ses limites, nous ne verrons jamais entr'eux que du plus ou du moins. C'est ainsi que l'homme nous paroit différer de l'ange, & l'ange de Dieu même : mais de l'ange à Dieu la distance est infinie ; tandis que de l'homme à l'ange elle est très-considérable, & sans doute plus grande encore de l'homme à la bête.

Cependant pour marquer ces différences, nous n'avons que des idées vagues, & des expressions figurées *plus*, *moins*, *distance*. Aussi je n'entreprends pas d'expliquer ces choses. Je ne fais pas un système de la nature des êtres, parce que je ne les connois pas ; j'en fais un de leurs opérations, parce que je crois les connoître. Or ce n'est pas dans le principe qui les constitue chacun ce qu'ils sont, c'est seulement dans leurs opérations, qu'ils paroissent ne différer que du plus au moins ; & de cela seul il faut conclure qu'ils différent par leur essence. Celui qui a le moins, n'a pas sans doute dans sa nature de quoi avoir le plus. La bête n'a pas dans sa nature de quoi devenir homme, comme l'ange n'a pas dans sa nature de quoi devenir dieu.

Cependant lorsqu'on fait voir les rapports qui sont entre nos operations & celles des bêtes, il y a des hommes qui s'épouvantent. Ils croyent que c'est nous confondre avec elles, & ils leur refusent le sentiment & l'intelligence, quoiqu'ils ne puissent leur refuser, ni les organes qui en font le principe méchanique, ni les actions qui en sont les effets. On croiroit qu'il dépend d'eux de fixer l'essence de chaque être. Livrés à leurs préjugés, ils appréhendent de voir la nature telle qu'elle est. Ce sont des enfans, qui dans les ténèbres, s'effrayent des phantômes que l'imagination leur présente.

De l'instinct & de la raison.

On dit communément, que les animaux sont bornés à l'instinct, & que la raison est le partage de l'homme. Ces deux mots *instinct & raison*, qu'on n'explique point, contentent tout le monde, & tiennent lieu d'un système raisonné.

L'instinct n'est rien, ou c'est un commencement de connoissance : car les actions des animaux ne peuvent dépendre que de trois principes ; ou d'un pur méchanisme, ou d'un sentiment aveugle, qui ne compare point, qui ne juge point, ou d'un sentiment qui compare, qui juge & qui connoît (1). Or, j'ai démontré que les deux premiers principes sont absolument insuffisans.

Mais quel est le degré de connoissance qui constitue l'instinct ? C'est une chose qui doit varier suivant l'organisation des animaux. Ceux qui ont un plus grand nombre de sens & de besoins, ont plus souvent occasion de faire des comparaisons, & de porter des jugemens. Ainsi leur instinct est un plus grand degré de connoissance. Il n'est pas possible de le déterminer : il y a même du plus ou du moins d'un individu à l'autre dans une même espèce. Il ne faut donc pas se contenter de regarder l'instinct comme un principe qui dirige l'animal d'une manière tout-à-fait cachée ; il ne faut pas se contenter de comparer toutes les actions des bêtes à ces mouvemens que nous faisons, dit-on, machinalement ; comme si ce mot *machinalement*, expliquoit tout. Mais recherchons comme se font ces mouvemens, & nous nous ferons une idée exacte de ce que nous appellons *instinct*.

Si nous ne voulons voir & marcher, que pour nous transporter d'un lieu dans un autre, il ne nous est pas toujours nécessaire d'y réfléchir : nous ne voyons & nous ne marchons souvent que par habitude. Mais si nous voulons démêler plus de choses dans les objets, si nous voulons marcher avec plus de graces, c'est à la réflexion à nous instruire ; & elle réglera nos facultés, jusqu'à ce que nous nous soyons fait une habitude de cette nouvelle manière de voir & de mar-

---

(1) Il me semble, dit M. de B., que le principe de la connoissance n'est point celui du sentiment, *in-4°*, p. 78. En effet, c'est ce qu'il suppose par-tout.

cher. Il ne lui restera alors d'exercice, qu'autant que nous aurons à faire ce que nous n'avons point encore fait ; qu'autant que nous aurons de nouveaux besoins, ou que nous voudrons employer de nouveaux moyens, pour satisfaire à ceux que nous avons.

Ainsi il y a en quelque sorte deux *moi* dans chaque homme : le moi d'habitude, & le moi de reflexion. C'est le premier qui touche, qui voit ; c'est lui qui dirige toutes les facultés animales. Son objet est de conduire le corps, de le garantir de tout accident, & de veiller continuellement à sa conservation.

Le second, lui abandonnant tous ces détails, se porte à d'autres objets. Il s'occupe du soin d'ajouter à notre bonheur. Ses succès multiplient ses desirs ; ses méprises les renouvellent avec plus de force ; les obstacles sont autant d'aiguillons : la curiosité le meut sans cesse ; l'industrie fait son caractère. Celui-là est tenu en action par les objets, dont les impressions reproduisent dans l'ame les idées, les besoins & les desirs, qui déterminent dans le corps les mouvemens correspondans, nécessaires à la conservation de l'animal. Celui-ci est excité par toutes les choses qui, en nous donnant de la curiosité, nous portent à multiplier nos besoins.

Mais, quoiqu'ils tendent chacun à un but particulier, ils agissent souvent ensemble. Lorsqu'un géometre, par exemple, est fort occupé de la solution d'un problème, les objets continuent encore d'agir sur ses sens. Le moi d'habitude obéit donc à leurs impressions : c'est lui qui traverse Paris, qui évite les embarras, tandis que le moi de réflexion est tout entier à la solution qu'il cherche.

Or, retranchons d'un homme fait, le moi de réflexions, on conçoit qu'avec le seul moi d'habitude, il ne sçaura plus se conduire ; lorsqu'il éprouvera quelqu'un de ces besoins, qui demandent de nouvelles vûes & de nouvelles combinaisons. Mais il se conduira encore parfaitement bien, toutes les fois qu'il n'aura qu'à répéter ce qu'il est dans l'usage de faire. Le moi d'habitude suffit donc aux besoins qui sont absolument nécessaires à la conservation de l'animal. Or l'instinct n'est que cette habitude privée de réflexion. *Voyez* l'article INSTINCT DES ANIMAUX.

A la vérité, c'est en réfléchissant que les bêtes l'acquièrent : mais comme elles ont peu de besoins, le tems arrive bientôt, où elles ont fait tout ce que la réflexion a pu leur apprendre. Il ne leur reste plus qu'à répéter tous les jours les mêmes choses : elles doivent donc n'avoir enfin que des habitudes, elles doivent être bornées à l'instinct.

La mesure de réflexion que nous avons au-delà de nos habitudes, est ce qui constitue notre raison. Les habitudes ne suffisent, que lorsque les circonstances sont telles, qu'on n'a qu'à répéter ce qu'on a appris. Mais s'il faut se conduire d'une manière nouvelle, la réflexion devient nécessaire ; comme elle l'a été dans l'origine des habitudes, lorsque tout ce que nous faisions étoit nouveau pour nous.

Ces principes étant établis, il est aisé de voir pourquoi l'instinct des bêtes est quelquefois plus sûr que notre raison, & même que nos habitudes.

Ayant peu de besoins, elles ne contractent qu'un petit nombre d'habitudes : faisant toujours les mêmes choses, elles les font mieux.

Leurs besoins ne demandent que des considérations qui ne sont pas bien étendues, qui sont toujours les mêmes, & sur lesquelles elles ont une longue expérience. Dès qu'elles y ont réfléchi, elles n'y réfléchissent plus : tout ce qu'elles doivent faire est déterminé, & elles se conduisent sûrement.

Nous avons au contraire beaucoup de besoins, & il est nécessaire que nous ayons égard à une foule de considérations, qui varient suivant les circonstances : de là il arrive, $1^o.$ qu'il nous faut un plus grand nombre d'habitudes ; $2^o.$ que ces habitudes ne peuvent être entretenues qu'aux dépens les unes des autres ; $3^o.$ que n'étant pas en proportion avec la variété des circonstances, la raison doit venir au secours ; $4^o.$ que la raison nous étant donnée pour corriger nos habitudes, les étendre, les perfectionner, & pour s'occuper non-seulement des choses qui ont rapport à nos besoins les plus pressans, mais souvent encore de celles auxquelles nous prenons les plus légers intérêts ; elle a un objet fort vaste, & auquel la curiosité, ce besoin insatiable de connoissances, ne permet pas de mettre des bornes.

L'instinct est donc plus en proportion avec les besoins des bêtes, que la raison ne l'est avec les nôtres, & c'est pourquoi il paroît ordinairement si sûr.

Mais il ne faut pas le croire infaillible. Il ne sçauroit être formé d'habitudes plus sûres, que celles que nous avons de voir, d'entendre, &c. habitudes qui ne sont si exactes, que parce que les circonstances qui les produisent sont en petit nombre, toujours les mêmes, & qu'elles se répètent à tout instant. Cependant elles nous trompent quelquefois. L'instinct trompe donc aussi les bêtes.

Il est d'ailleurs infiniment inférieur à notre raison. Nous l'aurions cet instinct, & nous n'aurions que lui, si notre réflexion étoit aussi bornée que celle des bêtes. Nous jugerions aussi sûrement, si nous jugions aussi peu qu'elles. Nous ne tombons dans plus d'erreurs, que parce que nous acquérons plus de connoissances. De tous les êtres créés, celui qui est le moins fait pour se tromper, est celui qui a la plus petite portion d'intelligence.

Cependant nous avons un instinct, puisque nous avons des habitudes, & il est le plus étendu de tous. Celui des bêtes n'a pour objet que des connoissances pratiques : il ne se porte point à la théorie ; car la théorie suppose une méthode, c'est-à-dire, des signes commodes pour déterminer les idées, pour les disposer avec ordre, & pour en recueillir les résultats.

Le nôtre embrasse la pratique & la théorie : c'est l'effet d'une méthode devenue familière. Or tout homme, qui parle une langue, a une manière de déterminer ses idées, de les arranger, & d'en saisir les résultats : il a une méthode plus ou moins parfaite. En un mot, l'instinct des bêtes ne juge que de ce qui est bon pour elles, il n'est que pratique. Le nôtre juge non-seulement de ce qui est bon pour nous, il juge encore de ce qui est vrai & de ce qui est beau : nous le devons tout-à-la-fois à la pratique & à la théorie.

En effet, à force de répéter les jugemens de ceux qui veillent à notre éducation, ou de réfléchir de nous-mêmes sur les connoissances que nous avons acquises : nous contractons une si grande habitude de saisir les rapports des choses, que nous pressentons quelquefois la vérité avant d'en avoir saisi la démonstration. Nous la discernons par instinct.

Cet instinct caractérise sur-tout les esprits vifs, pénétrans & étendus. Il leur ouvre souvent la route qu'ils doivent prendre ; mais c'est un guide peu sûr, si la raison n'en éclaire tous les pas.

Cependant il est si naturel de fléchir sous le poids de ses habitudes, qu'on se méfie rarement des jugemens qu'il fait porter. Aussi les faux pressentimens règnent-ils sur tous les peuples, l'imitation les consacre d'une génération à l'autre, & l'histoire même de la philosophie n'est bien souvent que le tissu des erreurs où ils ont jetté les philosophes.

Cet instinct n'est guères plus sûr lorsqu'il juge du beau ; la raison en sera sensible, si on fait deux observations. La première, c'est qu'il est le résultat de certains jugemens que nous nous sommes rendus familiers, qui par cette raison se font transformés en ce que nous appellons *sentiment*, *goût*; ensorte que sentir ou goûter la beauté d'un objet, n'a été dans les commencemens que juger de lui par comparaison avec d'autres.

La seconde, c'est que, livrés dès l'enfance à mille préjugés, élevés dans toutes sortes d'usages, & par conséquent dans bien des erreurs, le caprice préside plus que la raison aux jugemens dont les hommes se font une habitude.

Cette dernière observation n'a pas besoin d'être prouvée : mais pour être convaincu de la première, il suffit de considérer ceux qui s'appliquent à l'étude d'un art qu'ils ignorent. Quand un peintre, par exemple, veut former un élève, il lui fait remarquer la composition, le dessin, l'expression & le coloris des tableaux qu'il lui montre. Il les lui fait comparer sous chacun de ces rapports : il lui dit pourquoi la composition de celui-ci est mieux ordonnée, le dessin plus exact ; pourquoi cet autre est d'une expression plus naturelle, d'un coloris plus vrai : l'élève prononce ces jugemens d'abord avec lenteur, peu-à-peu il s'en fait une habitude : enfin, à la vue d'un nouveau tableau, il les répète de lui-même si rapidement, qu'il ne paroît pas juger de sa beauté, il la sent, il la goûte.

Mais le goût dépend sur-tout des premières impressions qu'on a reçues, & il change d'un homme à l'autre, suivant que les circonstances font contracter des habitudes différentes. Voilà l'unique cause de la variété qui règne e sujet. Cependant nous obéissons si naturellement à notre instinct, nous en répétons si naturellement les jugemens, que nous n'imaginons pas qu'il y ait deux façons de sentir. Chacun est prévenu que son sentiment est la mesure de celui des autres. Il ne croit pas qu'on puisse prendre du plaisir à une chose qui ne lui en fait point : il pense qu'on a tout au plus sur lui l'avantage de juger froidement qu'elle est belle ; & encore est-il persuadé que ce jugement est bien peu fondé : mais si nous savions que le sentiment n'est dans son origine qu'un jugement fort lent, nous reconnoîtrions que ce qui n'est pour nous que jugement, peut être devenu sentiment pour les autres.

C'est-là une vérité qu'on aura bien de la peine à adopter. Nous croyons avoir un goût naturel, inné, qui nous rend juges de tout, sans avoir rien étudié. Ce préjugé est général, & il devoit l'être : trop de gens sont intéressés à le défendre. Les philosophes même s'en accommodent, parce qu'il répond à tout, & qu'il ne demande point de recherches. Mais si nous avons appris à voir, à entendre, &c. comment le goût qui n'est que l'art de bien voir, de bien entendre, &c. ne seroit-il pas une qualité acquise ? ne nous y trompons pas : le génie n'est, dans son origine, qu'une grande disposition pour apprendre à sentir, le goût n'est que le partage de ceux qui ont fait une étude des arts, & les grands connoisseurs sont aussi rares que les grands artistes.

Les réflexions que nous venons de faire sur l'instinct & sur la raison, démontrent combien l'homme est à tous égards supérieur aux bêtes. On voit que l'instinct n'est sûr qu'autant qu'il est borné ; & que si étant plus étendu, il occasionne des erreurs, il a l'avantage d'être d'un plus grand secours, de conduire à des découvertes plus grandes & plus utiles, & de trouver dans la raison un surveillant qui l'avertit & qui le corrige.

L'instinct des bêtes ne remarque dans les objets qu'un petit nombre de propriétés, il n'embrasse que des connoissances pratiques ; par conséquent, il ne fait point ou presque point d'abstractions. Pour fuir ce qui leur est contraire, pour rechercher ce qui leur est propre, il n'est pas nécessaire qu'elles décomposent les choses qu'elles craignent, ou qu'elles désirent. Ont-elles faim, elles ne considèrent pas séparément les qualités & les alimens : elles cherchent seulement telle ou telle nourriture. N'ont-elles plus faim, elles ne s'occupent plus des alimens ni des qualités : en un mot, les choses, ou, comme parlent les philosophes, les substances sont le seul objet de leurs desirs (1).

Dès qu'elles forment peu d'abstractions, elles ont peu d'idées générales ; presque tout n'est qu'individu pour elles. Par la nature de leurs besoins, il n'y a que les objets extérieurs qui puissent les intéresser. Leur instinct les entraîne toujours au-dehors ; & nous ne découvrons rien qui puisse les faire réfléchir sur elles pour observer ce qu'elles font.

L'homme, au contraire, capable d'abstractions de toute espèce, peut se comparer avec tout ce qui l'environne. Il rentre en lui-même, il en sort, son être & la nature entière deviennent les objets de ses observations : ses connoissances se multiplient, les arts & les sciences ne naissent que pour lui.

En quoi les passions de l'homme different de celles des bêtes (2).

Les bêtes n'ayant pas notre réflexion, notre discernement, notre goût, notre invention, & bornées d'ailleurs par la nature à un petit nombre de besoins, il est bien évident qu'elles ne sauroient avoir toutes nos passions.

L'amour-propre est sans doute une passion commune à tous les animaux, & c'est de lui que naissent tous les autres penchans.

Mais il ne faut pas entendre, par cet amour, le désir de se conserver. Pour former un pareil desir, il faut savoir qu'on peut périr ; & ce n'est qu'après avoir été témoins de la perte de nos semblables, que nous pouvons penser que le même sort nous attend. Nous apprenons, au contraire, en naissant, que nous sommes sensibles à la douleur. Le premier objet de l'amour-propre est donc d'écarter tout sentiment désagréable, & c'est par-là qu'il tend à la conservation de l'individu.

Voilà vraisemblablement à quoi se borne l'amour propre des bêtes. Comme elles ne s'affectent réciproquement que par les signes qu'elles donnent de leur douleur ou de leur plaisir, celles qui continuent de vivre ne portent plus leur attention sur celles qui ne sont plus. D'ailleurs, toujours entraînées au-dehors par leurs besoins, incapables de réfléchir sur elles-mêmes, aucune ne se diroit, en voyant ses semblables privées de mouvement, *elles ont fini, je finirai comme elles.* Elles n'ont donc aucune idée de la mort ; elles ne connoissent la vie que par sentiment ; elles meurent sans avoir prévu qu'elles pouvoient cesser d'être ; & lorsqu'elles travaillent à leur conservation, elles ne sont occupées que du soin d'écarter la douleur.

Les hommes, au contraire, s'observent réciproquement dans tous les instans de leur vie, parce qu'ils ne sont pas bornés à ne se communiquer que les sentimens, dont quelques mouvemens ou quelques cris inarticulés peuvent être les signes. Ils se disent les uns aux autres tout ce qu'ils sentent & tout ce qu'ils ne sentent pas. Ils s'apprennent mutuellement comment leur force s'accroît, s'affoiblit, s'éteint. Enfin, ceux qui meurent les premiers disent qu'ils ne sont plus, en cessant de dire qu'ils existent, & tous répètent bientôt, *un jour donc nous ne serons plus.*

---

(1) J'ai fait voir dans l'*Essai sur l'origine des connoissances humaines* combien les signes d'institution sont nécessaires pour se faire des idées abstraites. Or les bêtes n'ont pas, ou du moins ont fort peu l'usage de ces signes. Donc, &c.

(2) Une passion est-elle autre chose, dit M. de Buffon, qu'une sensation plus forte que les autres, & qui se renouvelle à tout instant (in-4°. t. 4, p. 77. in-12. t. 7. p. 199.).

Sans doute c'est autre chose. Un homme violemment attaqué de la goutte a une sensation plus forte que les autres, & qui se renouvelle à tout instant. La goutte est donc une passion. Une passion est un desir dominant tourné en habitude. *Voyez* le Traité des sensations.

L'amour

L'amour-propre, par conséquent, n'est pas pour l'homme le seul desir d'éloigner la douleur, c'est encore le desir de sa conservation. Cet amour se développe, s'étend, change de caractère suivant les objets ; il prend autant de formes différentes, qu'il y a de manières de se conserver, & chacune de ces formes est une passion particulière.

Il est inutile de s'arrêter ici sur toutes ces passions. On voit aisément comment dans la société la multitude des besoins & la différence des conditions donne à l'homme des passions dont les bêtes ne sont pas susceptibles.

Mais notre amour-propre a encore un caractère qui ne peut convenir à celui des bêtes. Il est vertueux ou vicieux, parce que nous sommes capables de connoître nos devoirs & de remonter jusqu'aux principes de la loi naturelle. Celui des bêtes est un instinct, qui n'a pour objet que des biens & des maux physiques.

De cette seule différence naissent pour nous des plaisirs & des peines dont les bêtes ne sauroient se former d'idées : car les inclinations vertueuses sont une source de sentimens agréables, & les inclinations vicieuses sont une source de sentimens désagréables.

Ces sentimens se renouvellent souvent, parce que par la nature de la société il n'est presque pas de momens dans la vie où nous n'ayons occasion de faire quelque action vertueuse ou vicieuse. Par-là ils donnent à l'ame une activité dans laquelle tout l'entretient, & dont nous faisons bientôt un besoin.

Dès-lors il n'est plus possible de combler tous nos desirs : au contraire, en nous donnant la jouissance de tous les objets auxquels ils nous portent, on nous mettroit dans l'impuissance de satisfaire au plus pressant de tous nos besoins, celui de desirer. On enlèveroit à notre ame cette activité, qui lui est devenue nécessaire ; il ne nous resteroit qu'un vuide accablant, un ennui de tout & de nous-mêmes.

Desirer est donc le plus pressant de tous nos besoins : aussi à peine un desir est satisfait, que nous en formons un autre. Souvent nous obéissons à plusieurs à la fois ; ou si nous ne le pouvons pas, nous ménageons pour un autre tems ceux auxquels les circonstances présentes ne nous permettent pas d'ouvrir notre ame. Ainsi nos passions se renouvellent, se succèdent, se multiplient ; & nous ne vivons plus que pour desirer & qu'autant que nous desirons.

La connoissance des qualités morales des objets est le principe qui fait éclorre d'un même germe cette multitude de passions. Ce germe est le même

Philosophie anc. & mod. Tome II.

dans tous les animaux, c'est l'amour-propre ; mais le sol, si j'ose ainsi parler, n'est pas propre à le rendre par-tout également fécond. Tandis que les qualités morales, multipliant à notre égard les rapports des objets, nous offrent sans cesse de nouveaux plaisirs, nous menacent de nouvelles peines, nous font une infinité de besoins, & par-là nous intéressent, nous lient à tout ; l'instinct des bêtes, borné au physique, s'oppose non-seulement à la naissance de bien des desirs, il diminue encore le nombre & la vivacité des sentimens qui pourroient accompagner les passions, c'est-à-dire, qu'il retranche ce qui mérite principalement de nous occuper, ce qui seul peut faire le bonheur ou le malheur d'un être raisonnable. Voilà pourquoi nous ne voyons dans les actions des bêtes qu'une brutalité qui aviliroit les nôtres. L'activité de leur ame est momentanée ; elle cesse avec les besoins du corps, & ne se renouvelle qu'avec eux. Elles n'ont qu'une vie empruntée, qui, uniquement excitée par l'impression des objets sur les sens, fait bientôt place à une espèce de léthargie. Leur espérance, leur crainte, leur amour, leur haine, leur colère, leur chagrin, leur tristesse ne sont que des habitudes, qui les font agir sans réflexions. Suscités par les biens & par les maux physiques, ces sentimens s'éteignent aussi-tôt que ces biens & ces maux disparoissent. Elles passent donc la plus grande partie de leur vie sans rien desirer : elles ne sauroient imaginer ni la multitude de nos besoins, ni la vivacité avec laquelle nous voulons tant de choses à la fois. Leur ame s'est fait une habitude d'agir peu : en vain voudroit-on faire violence à leurs facultés, il n'est pas possible de leur donner plus d'activité.

Mais l'homme, capable de mettre de la délicatesse dans les besoins du corps, capable de se faire des besoins d'une espèce toute différente, a toujours dans son ame un principe d'activité qui agit de lui-même. Sa vie est à lui, il continue de réfléchir & de desirer dans les momens mêmes où son corps ne lui demande plus rien. Ses espérances, ses craintes, son amour, sa colère, son chagrin, sa tristesse sont des sentimens raisonnés, qui entretiennent l'activité de son ame, & qui se nourrissent de tout ce que les circonstances peuvent leur offrir.

Le bonheur & le malheur de l'homme diffèrent donc bien du bonheur & du malheur des bêtes. Heureuses lorsqu'elles ont des sensations agréables, malheureuses lorsqu'elles en ont de désagréables, il n'y a que le physique de bon ou de mauvais pour elles. Mais, si nous exceptons les douleurs vives, les qualités physiques comparées aux qualités morales, s'évanouissent, pour ainsi dire, aux yeux de l'homme. Les premières peuvent commencer notre bonheur ou notre malheur, les dernières peuvent seules mettre le comble à l'un ou à l'autre : celles-là sont bonnes ou mauvaises sans doute, celles-ci sont toujours meilleures qu'elles, ou pires : en un mot, le moral, qui dans le principe n'est que l'accessoire des passions, devient le principal entre les mains de l'homme (1).

Ce qui contribue sur-tout à notre bonheur, c'est cette activité que la multitude de nos besoins nous a rendu nécessaire. Nous ne sommes heureux qu'autant que nous agissons, qu'autant que nous exerçons nos facultés ; nous ne souffrons par la perte d'un bien, que parce qu'une partie de l'activité de notre ame demeure sans objet. Dans l'habitude où nous sommes d'exercer nos facultés sur ce que nous avons perdu, nous ne savons pas les exercer sur ce qui nous reste, & nous ne nous consolons pas.

Ainsi nos passions sont plus délicates sur les moyens propres à les satisfaire : elles veulent du choix : elles apprennent de la raison qu'elles interrogent, à ne point mettre de différence entre le bon & l'honnête, entre le bonheur & la vertu, & c'est par-là sur-tout qu'elles nous distinguent du reste des animaux.

On voit par ces détails comment d'un seul désir, celui d'écarter la douleur, naissent les passions dans tous les êtres capables de sentiment, comment des mouvemens qui nous sont communs avec les bêtes, & qui ne paroissent chez elles que l'effet d'un instinct aveugle, se transforment chez nous en vices ou en vertus, & comment la supériorité que nous avons par l'intelligence, nous rend supérieurs par le côté des passions.

Système des habitudes dans tous les animaux : comment il peut être vicieux ; que l'homme a l'avantage de pouvoir corriger ses mauvaises habitudes.

Tout est lié dans l'animal, ses idées & ses facultés forment un système plus ou moins parfait.

---

(1) Selon M. de Buffon, il n'y a que le physique de l'amour qui soit bon, le moral n'en vaut rien (in-4°. t. 4, p. 80. in-12, t. 7, p. 115). Dans le vrai l'un & l'autre est bon ou mauvais. Mais M. de B. ne considère le physique de l'amour que par le beau côté, & il l'élève bien au-dessus de ce qu'il est, puisqu'il le regarde comme la *cause première de tout bien*, comme la *source unique de tout plaisir*. Il ne considère aussi le moral que par le côté qui ravale l'homme, & il trouve que nous n'avons *fait que gâter la nature*. Si j'envisageois l'amour par les côtés que M. de B. a oubliés, il me seroit aisé de prouver qu'il n'y a que le moral de cette passion qui soit bon, & que le physique n'en vaut rien. Mais je ne ferois qu'abuser des termes, sans pouvoir m'applaudir d'une éloquence que je n'ai pas, & dont je ne voudrois pas faire cet usage, quand je l'aurois.

Le besoin de fuir la peine & de rechercher le plaisir, veille à l'instruction de chaque sens, détermine l'ouïe, la vue, le goût & l'odorat à prendre des leçons du toucher, fait contracter à l'ame & au corps toutes les habitudes nécessaires à la conservation de l'individu, fait éclorre cet instinct qui guide les bêtes, & cette raison qui éclaire l'homme, lorsque les habitudes ne suffisent plus à le conduire : en un mot, il donne naissance à toutes les facultés.

J'ai fait voir que les suites d'idées que l'ame apprend à parcourir, & les suites de mouvemens que le corps apprend à répéter, sont les seules causes de ces phénomènes, & que les unes & les autres varient suivant la différence des passions. Chaque passion suppose donc dans l'ame une suite d'idées qui lui est propre, & dans le corps une suite correspondante de mouvemens. Elle commande à toutes ces suites : c'est un premier mobile, qui, frappant un seul ressort, donne le mouvement à tous, & l'action se transmet avec plus ou moins de vivacité, à proportion que la passion est plus forte, que les idées sont plus liées, & que le corps obéit mieux aux ordres de l'ame.

Il arrive cependant du désordre dans le système des habitudes de l'homme ; mais ce n'est pas que nos actions dépendent de plusieurs principes : elles n'en ont qu'un, & ne peuvent en avoir qu'un. C'est donc parce qu'elles ne conspirent pas toutes également à notre conservation, c'est parce qu'elles ne sont pas toutes subordonnées à une même fin ; & cela a lieu, lorsque nous mettons notre plaisir dans des objets contraires à notre vrai bonheur. L'unité de fin, jointe à l'unité de principe, est donc ce qui donne au système toute la perfection possible.

Mais parce que nos habitudes se multiplient infiniment, le système devient si compliqué, qu'il y a difficilement entre toutes les parties un accord parfait. Les habitudes qui à certains égards conspirent ensemble, se nuisent à d'autres égards. Les mauvaises ne font pas tout le mal qu'on en pourroit craindre, les bonnes ne font pas tout le bien qu'on en pourroit espérer : elles se combattent mutuellement, & c'est la source des contradictions que nous éprouvons quelquefois. Le système ne continue à se soutenir, que parce que le principe est le même, & que les habitudes, qui ont pour fin la conservation de l'homme, sont encore les plus fortes.

Les habitudes des bêtes forment un système moins compliqué, parce qu'elles sont en plus petit nombre. Elles ne supposent que peu de besoins, encore sont-ils ordinairement faciles à satisfaire. Dans chaque espèce, les intérêts se croisent donc rarement. Chaque individu tend à sa conservation d'une manière simple & toujours uniforme; & comme il a peu de combats avec les autres, il en a peu avec lui-même : car la principale source de nos contradictions intérieures, c'est la difficulté de concilier nos intérêts avec ceux de nos concitoyens.

L'avantage qu'ont les bêtes à cet égard, n'est qu'apparent, puisqu'elles sont bornées à l'instinct par les mêmes causes qui mettent des bornes à leurs besoins. Pour reconnoître combien notre sort est préférable, il suffit de considérer avec quelle supériorité nous pouvons nous-mêmes régler nos pensées.

Si une passion vive agit sur une suite d'idées, dont la liaison est tournée en habitude, je conviens qu'il semble alors qu'une cause supérieure agit en nous, sans nous : le corps & l'ame se conduisent par instinct, & nos pensées naissent comme des inspirations.

Voilà pourquoi les philosophes n'ont cru voir que la nature dans ces phénomènes, & c'est aussi ce qui a servi de fondement aux divinités feintes que les poëtes invoquent : car notre Apollon & nos Muses ne sont que d'heureuses habitudes, mises en jeu par de grandes passions.

Mais si les passions sont foibles, si les idées sont peu liées, si nous remarquons que pour agir plus sûrement, il en faut acquérir de nouvelles, si le corps résiste à nos désirs; dans chacun de ces cas, & ce sont les plus fréquens, nous reconnoissons que c'est nous qui comparons & qui jugeons, nous allons d'une pensée à une autre avec choix, nous agissons avec réflexion ; bien loin de sentir le poids d'une impulsion étrangère, nous sentons que nous déterminons nous-mêmes nos mouvemens, & c'est alors que la raison exerce son empire.

La liaison des idées est donc pour nous une source d'avantages & d'inconvéniens (1). Si on la détruisoit entièrement, il nous seroit impossible d'acquérir l'usage de nos facultés : nous ne saurions seulement pas nous servir de nos sens.

Si elle se formoit avec moins de facilité & moins de force, nous ne contracterions pas autant d'habitudes différentes, & cela seroit aussi contraire aux bonnes qu'aux mauvaises. Comme

___

(1) *Voyez* à ce sujet l'*Essai sur l'origine des connoissances humaines*. C'est en travaillant à cet ouvrage, que j'ai découvert combien la liaison des idées contribue à la génération de toutes nos habitudes bonnes ou mauvaises. Locke, ni personne n'avoit connu toute l'étendue de ce principe.

alors il y auroit en nous peu de grands vices, il y auroit peu aussi de grandes vertus; & comme nous tomberions dans moins d'erreurs, nous serions aussi moins propres à connoître la vérité. Au lieu de nous égarer en adoptant des opinions, nous nous égarerions faute d'en avoir. Nous ne serions pas sujets à ces illusions, qui nous font quelquefois prendre le mal pour le bien, nous serions à cette ignorance qui empêche de discerner en général l'un de l'autre.

Quels que soient donc les effets que produise cette liaison, il falloit qu'elle fût le ressort de tout ce qui étoit en nous : il suffit que nous en puissions prévenir les abus, ou y remédier. Or, notre intérêt bien entendu nous porte à corriger nos méchantes habitudes, à entretenir ou même fortifier les bonnes, & à en acquérir de meilleures. Si nous recherchons la cause de nos égaremens, nous découvrirons comment il est possible de les éviter.

Les passions vicieuses supposent toujours quelques faux jugemens. La fausseté de l'esprit est donc la première habitude qu'il faut travailler à détruire.

Dans l'enfance, tous les hommes auroient naturellement l'esprit juste, s'ils ne jugeoient que des choses qui ont un rapport plus immédiat à leur conservation. Leurs besoins demandent d'eux des opérations si simples, les circonstances varient si peu à leur égard & se répètent si souvent, que leurs erreurs doivent être rares, & que l'expérience ne peut manquer de les en retirer.

Avec l'âge nos besoins se multiplient, les circonstances changent davantage, se combinent de mille manières, & plusieurs nous échappent souvent. Notre esprit, incapable d'observer avec ordre toute cette variété, se perd dans une multitude de considérations.

Cependant les derniers besoins que nous nous sommes faits, sont moins nécessaires à notre bonheur, & nous sommes aussi moins difficiles sur les moyens propres à les satisfaire. La curiosité nous invite à nous instruire de mille choses qui nous sont étrangères ; & dans l'impuissance où nous sommes de porter de nous même des jugemens, nous consultons nos maîtres, nous jugeons d'après eux, & notre esprit commence à devenir faux.

L'âge des passions fortes arrive, c'est le tems de nos plus grands égaremens. Nous conservons nos anciennes erreurs, nous en adoptons de nouvelles : on diroit que notre plus vif intérêt est d'abuser de notre raison ; & c'est alors que le système de nos facultés est plus imparfait.

Il y a deux sortes d'erreurs ; les unes appartiennent à la pratique, les autres à la spéculation.

Les premières sont plus aisées à détruire, parce que l'expérience nous apprend souvent que les moyens que nous employons pour être heureux sont précisément ceux qui éloignent notre bonheur. Ils nous livrent à de faux biens qui passent rapidement, & qui ne laissent après eux que la douleur ou la honte.

Alors nous revenons sur nos premiers jugemens, nous révoquons en doute des maximes que nous avons reçues sans examen, nous les rejettons & nous détruisons peu à peu le principe de nos égaremens.

S'il y a des circonstances délicates, où ce discernement soit trop difficile pour le grand nombre, la loi nous éclaire. Si la loi n'épuise pas tous les cas, il est des sages qui l'interprètent, & qui, communiquant leurs lumières, répandent dans la société des connoissances qui ne permettent pas à l'honnête homme de se tromper sur ses devoirs. Personne ne peut plus confondre le vice avec la vertu; & s'il est encore des vicieux qui veulent s'excuser, leurs efforts mêmes prouvent qu'ils se sentent coupables.

Nous tenons davantage aux erreurs de spéculation, parce qu'il est rare que l'expérience nous les fasse reconnoître; leur source se cache dans nos premières habitudes. Souvent incapables d'y remonter, nous sommes comme dans un labyrinthe dont nous battons toutes les routes; & si nous découvrons quelquefois nos méprises, nous ne pouvons presque pas comprendre comment il nous seroit possible de les éviter. Mais ces erreurs sont peu dangereuses, si elles n'influent pas dans notre conduite; & si elles y influent, l'expérience peut encore les corriger.

Il me semble que l'éducation pourroit prévenir la plus grande partie de nos erreurs. Si dans l'enfance nous avons peu de besoins, si l'expérience veille alors sur nous pour nous avertir de nos fausses démarches; notre esprit conserveroit sa première justesse, pourvu qu'on eût soin de nous donner beaucoup de connoissances pratiques, & de les proportionner toujours aux nouveaux besoins que nous avons occasion de contracter.

Il faudroit craindre d'étouffer notre curiosité, en n'y répondant pas; mais il ne faudroit pas aspirer à la satisfaire entièrement. Quand un enfant veut savoir des choses encore hors de sa portée, les meilleures raisons ne font pour lui que des idées vagues; & les mauvaises, dont on ne cherche que trop souvent à le contenter, sont des préjugés dont il lui sera peut-être impossible de se défaire. Qu'il seroit sage de laisser subsister une partie de sa curiosité, de ne pas lui dire tout, & de ne lui rien dire que de vrai! il est bien plus avantageux pour lui de desirer encore d'apprendre, que de se croire instruit, lorsqu'il ne l'est pas, ou, ce qui est plus ordinaire, lorsqu'il l'est mal.

Les premiers progrès de cette éducation seroient à la vérité bien lents. On ne verroit pas de ces prodiges prématurés d'esprit, qui deviennent après quelques années des prodiges de bêtise; mais on verroit une raison dégagée d'erreurs, & capables par conséquent de s'élever à bien des connoissances.

L'esprit de l'homme ne demande qu'à s'instruire. Quoique aride dans les commencemens, il devient bientôt fécond par l'action des sens, & il s'ouvre à l'influence de tous les objets capables de susciter en lui quelque fermentation. Si la culture ne se hâte donc pas d'étouffer les mauvaises semences, il s'épuisera pour produire des plantes peu salutaires, souvent dangereuses, & qu'on n'arrachera qu'avec de grands efforts.

C'est à nous à suppléer à ce que l'éducation n'a pas fait. Pour cela, il faut de bonne heure s'étudier à diminuer notre confiance: nous y réussirons, si nous nous rappellons continuellement les erreurs de pratique, que notre expérience ne nous permet pas de nous cacher; si nous considérons cette multitude d'opinions, qui, divisant les hommes, égarent le plus grand nombre, & si nous jettons sur-tout les yeux sur les méprises des plus grands génies.

On aura déjà fait bien du progrès, quand on sera parvenu à se méfier de ses jugemens; & il restera un moyen pour acquérir toute la justesse dont on peut être capable. A la vérité, il est long, pénible même; mais enfin c'est le seul.

Il faut commencer par ne tenir aucun compte des connoissances qu'on a acquises, reprendre dans chaque genre & avec ordre toutes les idées qu'on doit se former, les déterminer avec précision, les analyser avec exactitude, les comparer par toutes les faces que l'analyse y fait découvrir, ne comprendre dans ses jugemens que les rapports qui résultent de ces comparaisons: en un mot, il faut, pour ainsi dire, rapprendre à toucher, à voir, à juger; il faut construire de nouveau le système de toutes ses habitudes.

Ce n'est pas qu'un esprit juste ne se permette quelquefois de hasarder des jugemens sur des choses qu'il n'a pas encore assez examinées. Ses idées peuvent être fausses, mais elles peuvent aussi être vraies, elles le sont même souvent: car il a ce discernement qui pressent la vérité avant de l'avoir saisie. Ses vues, lors même qu'il se trompe, ont l'avantage d'être ingénieuses; parce qu'il est difficile qu'elles soient inexactes à tous égards. Il est d'ailleurs le premier à reconnoître qu'elles font hafardées : ainſi ſes erreurs ne ſauroient être dangereuſes, ſouvent même elles ſont utiles.

Au reſte, quand nous demandons qu'on rende à toute cette juſteſſe, nous demandons beaucoup, pour obtenir au moins ce qui eſt néceſſaire. Notre principal objet, en travaillant au progrès de notre raiſon, doit être de prévenir ou de corriger les vices de notre ame. Ce ſont des connoiſſances pratiques qu'il nous faut; & il importe peu que nous nous égarions ſur des ſpéculations qui ne ſauroient influer dans notre conduite. Heureuſement ces ſortes de connoiſſances ne demandent pas une grande étendue d'eſprit. Chaque homme a aſſez de lumieres pour diſcerner ce qui eſt honnête; & s'il en eſt d'aveugles à cet égard, c'eſt qu'ils veulent bien s'aveugler.

Il eſt vrai que cette connoiſſance ne ſuffit pas pour nous rendre meilleurs. La vivacité des paſſions, la grande liaiſon des idées auxquelles chaque paſſion commande, & la force des habitudes que le corps & l'ame ont contractées de concert, ſont encore de grands obſtacles à ſurmonter.

Si ce principe, qui agit quelquefois ſur nous auſſi tyranniquement, ſe cachoit au point qu'il ne nous fut pas poſſible de le découvrir, nous aurions ſouvent bien de la peine à lui réſiſter, & peut-être même ne le pourrions nous pas. Mais dès que nous le connoiſſons, il eſt à moitié vaincu. Plus l'homme démêle les reſſorts des paſſions, plus il lui eſt aiſé de ſe ſouſtraire à leur empire.

Pour corriger nos habitudes, il ſuffit donc de conſidérer comment elles s'acquierent, comment à meſure qu'elles ſe multiplient elles ſe combattent, s'affoibliſſent & ſe détruiſent mutuellement. Car alors nous connoîtrons les moyens propres à faire croître les bonnes, & à déraciner les mauvaiſes.

Le moment favorable n'eſt pas celui où celles-ci agiſſent avec toute leur force; mais celles paſſions tendent d'elles-mêmes à s'affoiblir; elles vont bientôt s'éteindre dans la jouiſſance; à la vérité elles renaîtront. Cependant voilà un intervalle où le calme regne, & où la raiſon peut commander. Qu'on réfléchiſſe alors ſur le dégoût qui ſuit le crime, pour produire le repentir qui fait notre tourment, & ſur le ſentiment paiſible & voluptueux qui accompagne toute action honnête : qu'on ſe peigne vivement la conſidération de l'homme vertueux, & la honte de l'homme vicieux : qu'on ſe repréſente les récompenſes & les châtimens qui leur ſont deſtinés dans cette vie & dans l'autre. Si le plus léger mal-aiſe a pû faire naître nos premieres deſirs, & former nos premieres habitudes, combien des motifs auſſi puiſſans ne ſeront-ils pas propres à corriger nos vices?

Voilà déjà une premiere atteinte portée à nos mauvaiſes habitudes : un ſecond moment favorable en pourra porter de nouvelles. Ainſi peu à peu ces penchans ſe détruiront, & de meilleurs s'éleveront ſur leurs ruines.

A quelques momens près, où les paſſions nous ſubjuguent, nous avons donc toujours dans notre raiſon & dans les reſſorts même de nos habitudes, de quoi vaincre nos défauts. En un mot, lorſque nous ſommes méchans, nous avons de quoi devenir meilleurs.

Si dans le ſyſtème des habitudes de l'homme, il y a un déſordre qui n'eſt pas dans celui des bêtes, il y a donc auſſi de quoi rétablir l'ordre. Il ne tient qu'à nous de jouir des avantages qu'il nous offre, & de nous garantir des inconvéniens auxquels il n'entraîne que trop ſouvent, & c'eſt par-là que nous ſommes infiniment ſupérieurs au reſte des animaux.

De l'entendement & de la volonté, ſoit dans l'homme, ſoit dans les bêtes.

En quoi l'entendement & la volonté des bêtes different-ils de l'entendement & de la volonté de l'homme? Il ne ſera pas difficile de répondre à cette queſtion, ſi nous commençons par nous faire des idées exactes de ces mots, *entendement*, *volonté*.

Penſer, dans ſa ſignification la plus étendue, c'eſt avoir des ſenſations, donner ſon attention, ſe reſſouvenir, imaginer, comparer, juger, réfléchir, ſe former des idées, connoître, deſirer, vouloir, aimer, eſpérer, craindre, c'eſt-à-dire, que ce mot ſe dit de toutes les opérations de l'eſprit.

Il ne ſignifie donc pas une maniere d'être particuliere, c'eſt un terme abſtrait ſous lequel on comprend généralement toutes les modifications de l'ame (1).

---

(1) Cette *penſée ſubſtantielle*, qui n'eſt aucune des modifications de l'ame, mais qui eſt elle-même capable de toute ſorte de modifications, & que Malebranche a priſe pour l'eſſence de l'eſprit, (*l. 2. c. 1.*), n'eſt qu'une abſtraction réaliſée. Auſſi ne vois-je pas comment M. de Buffon a pû croire aſſurer quelque choſe de poſitif ſur l'ame, lorſqu'il a dit : *Elle n'a qu'une forme, puiſqu'elle ne ſe manifeſte que par une ſeule modification*, qui eſt la penſée (*in-4°. t. 2. p. 430. in-12. t. 4. p. 153.*), ou comme il s'exprime quatre ou cinq pages après, *Notre ame n'a qu'une forme très-ſimple, très-générale, très-conſtante ; cette forme eſt la penſée.* Je ne comprends pas non plus ce qu'il ajoute : *L'ame s'unit intimement à tel objet qui lui plait, la diſtance, la grandeur, la figure ; rien ne peut nuire à cette union, elle l'a veut, elle ſe fait ; & ſe fait en un inſtant.... la volonté n'eſt-elle donc qu'un mouvement corporel, & la contemplation un ſimple attouchement? comment cet*

On fait communément deux classes de ces modifications : l'une qu'on regarde comme la faculté qui reçoit les idées, qui en juge, & qu'on nomme *entendement* ; l'autre qu'on regarde comme un mouvement de l'ame, & qu'on nomme *volonté*.

Bien des philosophes disputent sur la nature de ces deux facultés, & il leur est difficile de s'entendre, parce que ne se doutant pas que ce ne sont que des notions abstraites, ils les prennent pour des choses très-réelles, qui existent en quelque sorte séparément dans l'ame, & qui ont chacune un caractère essentiellement différent. Les abstractions réalisées, sont une source de vaines disputes & de mauvais raisonnemens (1).

Il est certain qu'il y a dans l'ame des idées, des jugemens, des réflexions ; & si c'est-là ce qu'on appelle entendement ; il y a aussi un entendement en elle.

Mais cette explication est trop simple, pour paroître assez profonde aux philosophes. Ils ne sont point contens lorsqu'on se borne à dire, que nous avons des organes propres à transmettre des idées, & une ame destinée à les recevoir ; ils veulent encore qu'il y ait entre l'ame & les sens une faculté intelligente, qui ne soit ni l'ame ni les sens. C'est un phantôme qui leur échappe : mais il a assez de réalité pour eux, & ils persistent dans leur opinion.

Nous ferons la même observation sur ce qu'ils appellent *volonté* ; car ce ne seroit pas assez de dire que le plaisir & la peine qui accompagnent nos sensations, déterminent les opérations de l'ame ; il faut encore une faculté motrice dont on ne sauroit donner d'idée.

L'entendement & la volonté ne sont donc que deux termes abstraits, qui partagent en deux classes les pensées ou les opérations de l'esprit. Donner son attention, se ressouvenir, imaginer, comparer, juger, réfléchir, sont des manières de penser qui appartiennent à l'entendement : desirer, aimer, haïr, avoir des passions, craindre, espérer, sont des manières de penser qui appartiennent à la volonté, & ces deux facultés ont une origine commune dans la sensation.

En effet, je demande ce que signifie ce langage : *l'entendement reçoit les idées, la volonté meut l'ame* ; sinon, que nous avons des sensations, que nous comparons, dont nous portons des jugemens, & d'où naissent nos desirs (2) ?

---

attouchement pourroit-il se faire sur un objet éloigné, sur un sujet abstrait ? comment pourroit-il s'opérer en un instant indivisible ? a-t-on jamais conçu du mouvement, sans qu'il y eût de l'espace & du tems ? la volonté, si c'est un mouvement, n'est donc pas un mouvement matériel, & si l'union de l'ame à son objet est un attouchement, un contact, cet attouchement ne se fait-il pas au loin ? ce contact n'est-il pas une pénétration ?

Ainsi quand je pense au soleil, mon ame s'en approche par un mouvement qui n'est pas matériel ; elle s'unit à lui par un attouchement qui se fait au loin, par un contact qui est une pénétration. Ce sont là sans doute des mystères, mais la métaphysique est faite pour en avoir, & elle les crée toutes les fois qu'elle prend à la lettre des expressions figurées (Voyez à ce sujet le traité des systèmes). L'ame s'unit à un objet, signifie qu'elle y pense, qu'elle s'occupe de l'idée qu'elle en a en elle-même ; & cette explication toute vulgaire suffit pour faire évanouir ce mystère de mouvement, d'attouchement, de contact, de pénétration.

(1) Je l'ai prouvé, Essai sur l'origine des connoissances humaines, part. 1. sect. 1.

(2) Comme les langues ont été formées d'après nos besoins, & non point d'après des systèmes métaphysiques capables de brouiller toutes les idées, il suffiroit de les consulter, pour se convaincre que les facultés de l'ame tirent leur origine de la sensation : car on voit évidemment que les premiers noms qu'elles ont eus, sont ceux mêmes qui avoient d'abord été donnés aux facultés du corps. Tels sont encore en françois, *attention, réflexion, compréhension, appréhension, penchant, inclination*, &c. En latin *cogitatio, pensée*, vient de *cogo, coago* je rassemble, parce que lorsqu'on pense, on combine ses idées & qu'on en fait différentes collections. *Sentire*, sentir, avoir sensation, n'a d'abord été dit que du corps. Ce qui le prouve, c'est que quand on a voulu l'appliquer à l'ame, on a dit *sentire animo*, sentir par l'esprit. Si dans son origine il avoit été dit de l'ame, on ne lui auroit jamais ajouté *animo* ; mais au contraire, on l'auroit joint à *corpore* ; lorsqu'on auroit voulu le transporter au corps, on auroit dit *sentire corpore*.

Sententia vient de *sentire* ; par conséquent il a été dans son origine appliqué au corps, & n'a signifié que ce que nous entendons par *sensation*. Pour l'étendre à l'esprit, il a donc fallu dire *sententia animi*, sensation de l'esprit, c'est-à-dire, pensée, idée. Il est vrai que je ne connois point d'exemple de cette expression dans les latins. Quintilien remarque même (....) que les anciens employoient ce mot tout seul pour pensée, conception, jugement. *Sententiam veteres, quod animo sensissent, vocaverunt*. C'est que du tems des anciens dont il parle, ce mot avoit déjà perdu sa première signification.

Il changea encore, & son usage fut plus particulièrement de signifier les pensées dont on avoit plus souvent occasion de parler, ou qui se remarquent davantage. Telles sont les maximes des sages, les décrets des juges, & certains traits qui terminent des périodes. Il signifia tout à la fois ce que nous entendons aujourd'hui par *sentence, trait, pointe*.

Sententia étant restreint, il fallut avoir recours à un autre mot, pour exprimer en général la *pensée*. On dit donc *sensa mentis*, ce qui prouve que *sensa* tout seul étoit la même chose que *sensa corporis*.

Peu à peu le sens métaphorique de ce mot prévalut.

Une conséquence de cette explication & des principes que nous avons établis dans cet ouvrage, c'est que dans les bêtes, l'entendement & la volonté ne comprennent que les opérations dont leur ame se fait une habitude, & que dans l'homme ces facultés s'étendent à toutes les opérations auxquelles la réflexion préside.

De cette réflexion naissent les actions volontaires & libres. Les bêtes agissent comme nous sans répugnance, & c'est déjà là une condition au volontaire, mais il en faut encore une autre : car *je veux*, ne signifie pas seulement qu'une chose m'est agréable, il signifie encore qu'elle est l'objet de mon choix : or, on ne choisit que parmi les choses dont on dispose. On ne dispose de rien quand on ne fait qu'obéir à ses habitudes : on suit seulement l'impulsion donnée par les circonstances. Le droit de choisir, la liberté n'appartient donc qu'à la réflexion. Mais les circonstances commandent les bêtes : l'homme au contraire les juge, il s'y prête, il s'y refuse, il se conduit lui-même, il veut, il est libre.

Conclusion de la seconde Partie.

Rien n'est plus admirable que la génération des facultés des animaux. Les loix en sont simples, générales : elles sont les mêmes pour toutes les espèces, & elles produisent autant de systêmes différens qu'il y a de variétés dans l'organisation. Si le nombre, ou si seulement la forme des organes n'est pas la même, les besoins varient, & ils occasionnent chacun dans le corps & dans l'ame des opérations particulières. Par-là chaque espèce, outre les facultés & les habitudes communes à toutes, a des habitudes & des facultés qui ne sont qu'à elle.

La faculté de sentir est la première de toutes les facultés de l'ame, elle est même la seule origine des autres, & l'être sentant ne fait que se transformer. Il a dans les bêtes ce dégré d'intelligence, que nous appellons *instinct*; & dans l'homme, ce dégré supérieur, que nous appellons *raison*.

Le plaisir & la douleur le conduisent dans toutes ses transformations. C'est par eux que l'ame apprend à penser pour elle & pour le corps, & que le corps apprend à se mouvoir pour lui & pour l'ame. C'est par eux que toutes les connoissances acquises se lient les unes aux autres, pour former les suites d'idées qui répondent à des besoins différens, & qui se reproduisent toutes les fois que les besoins se renouvellent. C'est par eux, en un mot, que l'animal jouit de toutes ses facultés.

Mais chaque espèce a des plaisirs & des peines, qui ne sont pas les plaisirs & les peines des autres. Chacune a donc des besoins différens; chacune fait séparément les études nécessaires à sa conservation : elle a plus ou moins de besoins, plus ou ou moins d'habitudes, plus ou moins d'intelligence.

C'est pour l'homme que les plaisirs & les peines se multiplient davantage. Aux qualités physiques des objets, il ajoute des qualités morales, & il trouve dans les choses une infinité de rapports, qui n'y sont point pour le reste des animaux. Aussi ses intérêts sont vastes, ils sont en grand nombre; il étudie tout, il se fait des besoins, des passions de toute espèce, & il est supérieur aux bêtes par ses habitudes, comme par sa raison.

En effet, les bêtes même en société, ne font que les progrès que chacune auroit faits séparément. Le commerce d'idées que le langage d'action établit entr'elles, étant très-borné, chaque individu n'a guères pour s'instruire, que sa seule expérience. S'ils n'inventent, s'ils ne perfectionnent que jusqu'à un certain point, s'ils font tous les mêmes choses, ce n'est pas qu'ils se copient; c'est qu'étant tous jettés au même moule, ils agissent tous pour les mêmes besoins & par les mêmes moyens.

Les hommes au contraire ont l'avantage de pouvoir se communiquer toutes leurs pensées. Chacun apprend des autres, chacun ajoute ce qu'il tient de sa propre expérience, & il ne diffère dans sa manière d'agir, que parce qu'il a commencé par copier. Ainsi de génération en génération, l'homme accumule connoissances sur connoissances. Seul capable de discerner le vrai, de sentir le beau, il crée les arts & les sciences, & s'élève jusqu'à la divinité, pour l'adorer & lui rendre graces des biens qu'il en a reçus.

Mais quoique le systême de ses facultés & de ses connoissances soit sans comparaison, le plus étendu de tous, il fait cependant partie de ce systême général qui enveloppe tous les êtres animés; de ce systême où toutes les facultés naissent d'une même origine, la sensation; où elles s'engendrent par un même principe, le besoin; où elles s'exercent par un même moyen, la liaison des idées. Sensation, besoin, liaison des idées : voilà donc le systême auquel il faut rapporter toutes les opérations des animaux. Si quelques-unes des vérités qu'il renferme ont été connues, per-

---

On imagina *sensus* pour le corps, & il ne fut plus nécessaire de joindre *mentis* à *sensa*.

Mais *sensus* passa encore lui-même à l'esprit, & c'est sans doute ce qui donna depuis lieu à *sensatio*, dont nous avons fait *sensation*. *Non tamen raro & sic locuti sunt, ut sensa sua dicerent; nam sensus corporis videbantur. Sed consuetudo jam tenuit, ut mente concepta, sensus vocaremus.* Quintilin. l. 8. c. 4.

sonne jusqu'ici n'en a saisi l'ensemble, ni la plus grande partie des détails.

Tel est l'exposé de la philosophie de l'abbé de *Condillac*. On doit le croire d'autant plus fidèle, que c'est presque toujours lui qui parle dans cet extrait. Cette manière de faire connoître les vrais sentimens d'un philosophe ancien ou moderne, nous a paru préférable à plusieurs égards. Elle décèle l'incohérence ou la liaison de ses principes, la justesse ou le vice de ses raisonnemens, la petitesse ou la grande généralité de ses résultats : elle présente en quelque sorte l'histoire des écarts & des progrès de sa raison dans les divers périodes de sa vie. Mais elle a sur-tout l'avantage de développer la méthode &, pour ainsi dire, le fil qui l'a conduit dans ses recherches & de ne pas donner aux vérités déjà connues dont il a trouvé des preuves plus faciles, ou à celles qu'il a découvertes, plus ou moins d'étendue qu'elles n'en doivent avoir.

Nous nous sommes astreints scrupuleusement à l'ordre chronologique des ouvrages de l'auteur, & nous en avons dit les raisons (1). Ceux qui, après avoir observé & mesuré l'espace que l'abbé de *Condillac* a parcouru dans chacun de ces ouvrages, ont ensuite comparé tous ces espaces entre eux pour en déterminer avec précision les différences & les rapports, peuvent seuls décider si l'*Essai sur l'origine des connoissances humaines* n'est pas, ainsi que nous l'avons jugé ci-dessus, plus utile, plus instructif que le *Traité des systêmes*, celui des sensations, &c. Ils remarqueront, sans doute, que l'auteur a eu l'art d'y répandre plus de vues, plus d'idées, de faire entrer dans son plan l'examen de plusieurs questions incidentes qui soutiennent l'attention du lecteur en en variant les objets, &, qui, en fixant bien le terme où il a laissé la science dont il s'est occupé, dispensent de chercher ce que d'autres ont déjà trouvé, tracent à ceux qui tenteroient de nouvelles découvertes sur les mêmes terres, le chemin qu'ils doivent suivre, leur indiquent les connoissances & les instrumens dont ils doivent sur-tout se pourvoir, & les conjectures ou les observations qu'ils auront à vérifier.

A l'égard du *Cours d'études* de l'abbé de *Condillac*, c'est moins pour en donner ici un extrait raisonné que pour en faire l'objet de quelques réflexions générales, que nous croyons devoir en parler : ce que nous en pourrions dire de relatif à l'histoire de la philosophie, ne pourroit regarder que les quatre premiers volumes de ce traité d'éducation,

& rentreroit d'ailleurs dans les mêmes matières déjà discutées & éclaircies dans cet article. Nous observerons seulement que ce *Cours d'études*, composé pour l'instruction du prince de Parme, a le défaut de presque tous les ouvrages de ce genre, & en général de tous les livres élémentaires, c'est de n'être à la portée que d'un très-petit nombre d'hommes faits & d'une raison très-cultivée. Il faut même pour entendre les quatre premières parties, une intelligence qu'on a rarement à douze ou quinze ans, mais sur-tout une contention d'esprit qu'aucun maître ne peut attendre & encore moins exiger de son disciple. L'abbé de *Condillac* n'en a pas jugé de même. Tout cela ne suppose, selon lui, qu'une conception fort ordinaire, & qui doit se trouver, à quelques différences près, dans tous les enfans. Ce qui me persuade qu'il se trompe, & qu'il peut être advenu, pour parler comme Montaigne, *qu'il ait estimé d'autruy selon soi*, c'est que je viens de relire tout récemment les quatre premiers volumes de ce *cours*, & qu'ils m'ont paru, en général, trop savans, trop abstraits pour un livre classique. Cette espèce de métaphysique purement analytique ne laisse, si l'on veut, dans l'esprit que des idées claires & distinctes : mais il me semble que, pour arriver à la vérité par une route aussi aride, aussi escarpée, il faut avoir & plus d'habitude de réfléchir, de comparer, de juger, & un plus grand fond d'expérience & de raison qu'on n'en trouve communément dans la plupart des enfans. Fontenelle observe que ce qui fait faire tant de faux calculs dans le cours de la vie, c'est qu'on ne croit jamais les hommes aussi bêtes qu'ils le sont : on pourroit dire de même que ce qui rend si inutiles les meilleurs traités d'éducation, c'est que les auteurs de ces ouvrages ne se souviennent pas assez qu'ils ont été enfans, & qu'à l'exception de quelques phénomènes qui par leur rareté même prouvent la généralité de la loi, on n'a à cet âge, ni la force de tête nécessaire pour s'élever aux grandes abstractions de la métaphysique, ni la force d'opiniâtreté dont on a besoin pour dévorer les difficultés de ces matières.

L'art de donner aux leçons les plus austères une forme agréable & qui les rende faciles à retenir, est un secret également inconnu des instituteurs & de la plupart des gens de lettres. C'étoit, avec beaucoup d'autres talens aussi rares, celui d'Horace, de Virgile & de Lucrèce, dont le poëme offre à cet égard, le précepte & l'exemple à-la-fois. Voyez avec quelle grace, avec quelle délicatesse de goût, avec quel choix d'image & d'expression il fait sentir la nécessité d'écrire clairement sur les matières les plus obscures. « N'ai-je pas
» raison, *dit-il*, d'imiter ces médecins habiles
» qui, pour engager les jeunes enfans à boire
» l'absinthe amère, dorent d'un miel pur les bords
» de la coupe, afin que leurs lèvres séduites par
cette

---

(1) *Voyez* ci-dessus, pag. 7, colon. première.

» cette douceur trompeuse, avalent sans défiance
» le noir breuvage, innocent artifice, qui rend à
» leurs jeunes membres la vigueur de la santé.
» Ainsi le sujet que je traite, étant trop sérieux,
» pour ceux qui n'y ont pas réfléchi, & rebutant
» pour le commun des hommes, j'ai emprunté le
» langage des muses; j'ai corrigé l'amertume de
» la philosophie avec le miel de la poésie ».

--- Veluti pueris absinthia tetra medentes
Cum dare conantur, prius oras pocula circum
Contingunt mellis dulci flavoque liquore,
Ut puerorum ætas improvida ludificetur
Labrorum tenus, interea perpotet amarum
Absinthi laticem, deceptaque non capiatur,
Sed potius tali facto recreata valescat :
Sic ego nunc, quoniam hæc ratio plerumque videtur
Tristior esse, quibus non est tractata, retroque
Volgus abhorret ab hac, volui tibi suaviloquenti
Carmine pierio rationem exponere nostram,
Et quasi musæo dulci contingere melle.

Luc : de rerum natura, lib. I, v. 935 & suiv.

Voilà ce que l'abbé de *Condillac* a trop souvent négligé, sur-tout dans son *Cours d'études*; il y auroit beaucoup d'autres observations à faire sur cet ouvrage, d'ailleurs très-estimable, très-digne d'être lu & médité; mais elles ne sont pas de mon sujet.

(Cet article est de M. NAIGEON).

CONSCIENTIAIRES ou CONSCIENCIEUX. (*Histoire de la philosophie moderne*). Cette secte, aujourd'hui peu connue, & qui vraisemblablement n'a pas été aussi nombreuse que son fondateur a voulu le persuader, commença environ l'an 1673. Elle eut pour chef Matthias Knuzen, natif d'Oldensvort, dans le duché de Sleswich. Cet homme d'un esprit ardent & inquiet, professa publiquement l'athéisme, à-peu-près comme Boindin & Dumarsais l'ont fait de nos jours. Ceci ne doit s'entendre que de la publicité des opinions de Knuzen; car soit à l'égard de la logique, soit relativement à la finesse & à l'originalité des idées, il s'en faut beaucoup qu'on puisse le mettre sur la même ligne que Boindin : on peut encore moins le comparer à Dumarsais, très-supérieur à Boindin, sous tous les rapports, dialecticien sévère, grammairien profond, & peut-être de tous les philosophes de ce siècle, celui qui a eu l'esprit le plus net & le plus droit.

Knuzen répandit les premières semences de son athéisme à Kœnigsberg, dans la Prusse. Il entreprit plusieurs voyages pour se faire des sectateurs, & il se vantoit d'en avoir dans les principales villes de l'Europe (1). S'il faut l'en croire, il pouvoit compter dans la seule ville d'Jena, en Saxe, sept cents disciples, tant citoyens qu'étudians. Ce calcul me paroît aussi exagéré que celui du père Mersenne qui prétend, dans son commentaire sur la genèse, que de son tems il y avoit à-peu-près à Paris, cinquante mille athées. (*Voyez* à ce sujet l'article CAMPANELLA, philosophie de).

Ceux qui embrassèrent la doctrine très-hétérodoxe, ou si l'on veut, très-impie, de Knuzen, furent appellés les *conscientiaires*, parce qu'il disoit qu'il n'y avoit point d'autre Dieu, d'autre religion, d'autre magistrature légitime, que la conscience, qui apprend à tous les hommes les trois préceptes du droit, *ne faire tort à personne, vivre honnêtement, & rendre à chacun ce qui lui est dû.* Il renferma le précis de son système & l'analyse de sa foi, dans une lettre assez courte que nous rapporterons toute entière & dont le continuateur de Microelius a réduit la teneur à ces six articles : 1°. *non esse deum neque diabolum,* 2°. *magistratum nihil æstimandum, templa contemnenda, sacerdotes rejiciendos.* 3°. *Loco magistratus & loco sacerdotum esse scientiam & rationem cum conscientia conjunctam, qua doceat honeste vivere, neminem lædere, & suum cuique tribuere.* 4°. *Conjugium à scortatione nihil differre.* 5°. *Unicam esse vitam : post hanc nec præmium nec pœnam dari.* 6°. *Scripturam sacram secum ipsam pugnare.*

Toutes ces assertions, qu'on pourroit regarder comme les différentes *positions* d'une thèse de philosophie, ouvriroient un vaste champ à la discussion; mais Kunzen n'avoit ni les connoissances, ni les talens nécessaires pour traiter quelques-unes de ces questions avec toute la profondeur qu'elles exigent. C'étoit plutôt un écrivain hardi qu'un grand penseur & un philosophe. Rien ne le prouve mieux que sa lettre, comme nous le verrons bientôt.

Un de ces savans, dont on ne doit jamais prononcer le nom qu'avec éloge, avec reconnoissance, parce que personne, peut-être, n'a plus contribué aux progrès des lumières, à fait, à l'occasion d'une des propositions de Knuzen, une remarque très-judicieuse : j'ajouterai même qu'aucun raisonneur n'en auroit contesté la vérité, si la plus funeste de toutes les inventions, la théologie,

_____

(1) Voici ses propres termes : je les tire d'une lettre de Knuzen dont je parlerai ci dessous.

Nemo homo mihi vitio vertet, si una cum meis gregalibus (quorum innumerus sere numerus mihi Lutetiæ, Amstelodami, Lugduni, in Anglia, Hamburgi, Hafniæ, nec non Holmiæ, imo Romæ & in contiguis locis adstipulatur) universa Biblia bellæ fabellæ loco habeam, qua belluæ, id est christiani, rationem captivantes, & cum ratione insanientes, delectantur.

n'avoit rempli l'esprit de l'homme d'une multitude d'erreurs monstrueuses dont il lui sera même très-difficile de secouer entièrement le joug. Mais revenons à Knuzen.

Nous avons vu que cet athée n'admettoit pour gouverner les hommes & maintenir les sociétés politiques, d'autre magistrat que la conscience : c'est ce paradoxe que le critique, dont j'ai parlé ci-dessus, a combattu, & qui l'a conduit à un des résultats les plus importans de la philosophie : car tout sert à des esprits de cette force : l'extrême du génie, comme celui de la folie, tout devient pour eux l'objet de quelques réflexions peu communes, de quelques apperçus très-dignes d'être suivis. Ils savent tirer des opinions les plus saines, de même que des concepts les plus bizarres ou des vérités générales neuves & utiles, ou des preuves & des applications nouvelles de plusieurs vérités déjà connues. On va voir, en effet, qu'il n'y avoit qu'un homme très-supérieur à son siècle qui, en parlant des assertions de Knuzen, pût arriver à ce grand principe qu'il a eu l'art d'en déduire, & le courage d'énoncer dans un tems où il étoit si difficile de s'élever à cette hauteur à laquelle, même aujourd'hui, il n'est pas donné à tout le monde de le suivre & de le contempler. « Il faut être fou à lier, *dit-il*, pour croire que le genre humain puisse subsister sans les magistrats. Il est vrai qu'ils ne seroient pas nécessaires si tous les hommes suivoient les préceptes de la conscience que cet impie nous articule ; mais les suivent-ils, dans les pays mêmes où les juges punissent avec le plus de sévérité, le tort qu'on a fait à son prochain ? Je ne sais si l'on ne pourroit pas dire qu'il n'y a point d'impertinence quelque insensée qu'elle soit, qui ne nous apprenne quelque vérité. Les folies de cet allemand nous montrent que les idées de la religion naturelle, les idées de l'honnêteté, les impressions de la raison, en un mot, les lumières de la conscience, peuvent subsister dans l'esprit de l'homme, après même que les idées de l'existence de Dieu, & la foi d'une vie à venir en ont été effacées ».

Pour sentir tout le mérite de l'observation contenue dans les six dernières lignes de ce passage, il faut, sur-tout, se transporter à l'époque où l'auteur l'a écrit : c'est alors qu'on sera convaincu que ce premier pas suppose une raison déjà très-perfectionnée, & dans toute sa force. Mais ce qui le prouve invinciblement, c'est que cette vérité si simple, si élémentaire, apperçue, annoncée & démontrée il y a plus de cent ans, accueillie depuis parmi nous par ce petit nombre d'excellens esprits qui sont dans chaque siècle la gloire d'une nation, trouveroit encore aujourd'hui dans la plupart de nos savans & de nos gens de lettres (1), plus d'adversaires que de défenseurs ; tant l'opinion publique d'ailleurs si éclairée sur un grand nombre d'objets, l'est peu sur les premiers principes de la philosophie spéculative.

Indépendamment de la lettre latine de Knuzen, dont on trouvera ci-dessous le texte & la traduction, il publia deux dialogues allemands, qui contenoient aussi les principes de sa nouvelle secte. Un membre de l'académie de Berlin, qui avoit lu ces dialogues, prétend qu'*ils sont pleins de blasphêmes & d'impertinences* : cette accusation est assez vague, & ressemble aux différentes qualifications dont la Sorbonne use dans ses censures. Qu'est-ce, en effet, qu'un *blasphême* (2), une *impertinence*, une *proposition mal sonnante, hérétique & sentant l'hérésie ?* Tout cela ne signifie absolument rien, si ce n'est que celui dont on a caractérisé ainsi les opinions, n'est pas de l'avis de ses juges, & que ceux-ci étant les plus forts, sont nécessairement les plus orthodoxes : car tout le monde sait que dans les querelles des théologiens, comme dans celles des souverains,

La raison du plus fort est toujours la meilleure.

Quoi qu'il en soit, il faudroit être bien curieux de connoître tous les sentimens de Knuzen, pour les chercher dans ses dialogues allemands ; j'aime mieux m'en rapporter à la décision de celui qui n'y a trouvé que des *blasphêmes* ; cependant, comme il n'a pas craint d'inférer dans son recueil la lettre où cet athée parle avec peu de respect de l'écriture & du christianisme, & que d'un autre côté, il n'a pas même fait l'extrait le plus succinct de ses dialogues, j'avoue que, sans pouvoir d'ailleurs en juger, puisqu'ils sont écrits dans une langue que je n'entends pas, je ne serois pas fort éloigné de croire qu'ils sont moins superficiels que sa lettre, & que Knuzen y propose même plusieurs argumens qui ont quelque force. Cette conjecture paroîtra plus vraisemblable si l'on fait réflexion que les théologiens sont assez dans l'usage de passer sous silence les objections qu'ils ne peuvent résoudre, ou de n'en parler qu'avec dédain, pour faire illusion aux lecteurs, la plupart très-paresseux & plus enclins à adopter, sans examen, l'opinion qui confirme des préjugés qu'ils ont sucés avec le lait, que celle qui les détruit. Lisez, si vous en avez le courage, les livres que Jaquelot, le Clerc & Bernard ont publiés tour-à-tour contre Bayle, livres d'ailleurs remplis du fiel le plus âcre & le plus amer : ayez d'une

---

(1) *Voyez* à ce sujet, ce que j'ai dit dans l'article BACONISME, *tome I. page* 371, 372, *colon.* 2, *note première.*

(2) Conférez ici ce que j'ai dit dans une *adresse à l'assemblée nationale, sur la liberté des opinions, sur celle du culte & sur celle de la presse,* &c. Paris 1790. *in-*8°. *Voyez* la page 89 de cet écrit.

autre part sous les yeux les œuvres diverses du grand homme que ces prêtres intolérans ont si cruellement calomnié dans leurs libelles, & dont le Clerc, le plus coupable de tous, n'a pas eu honte d'insulter, pendant vingt ans, la cendre révérée : comparez les objections du philosophe avec les réponses de ses adversaires plus dignes d'ergoter dans la poussière des écoles, que de se mesurer avec ce redoutable athlète ; & vous verrez que toutes les grandes difficultés du poids desquelles Bayle ne cessoit de les accabler, sont précisément celles qu'ils n'ont jamais résolues : on peut même ajouter que le plus souvent ils n'entendent pas l'état de la question. Mais, d'un autre côté, comme il est impossible que tous les argumens qu'on employe dans une longue discussion aient la même force & la même évidence ; comme il n'est aucun système, peut-être même aucune proposition, exceptée celles qui se prouvent directement par le calcul, contre laquelle on ne puisse faire des objections plus ou moins embarrassantes ; car, selon la remarque d'un excellent esprit, l'extrême précision & nos soins pour y parvenir, ressemblent aux courbes qui ont des assymptotes ; il n'a pas été difficile aux théologiens qui ont attaqué Bayle, de rencontrer quelques-unes de ces objections : il en est à cet égard de ces sophistes comme des prophétes anciens & modernes ; *à tant dire, il faut qu'ils dient & la vérité & le mensonge.* (1). Mais ces petits avantages passagers qu'ils devoient moins à leur sagacité qu'à l'extrême complication des différentes questions agitées entre eux, & l'immortel auteur du dictionaire critique, n'ont pas rendu leur position meilleure. Sans cesse harcelés par un ennemi infatigable qui savoit rendre inutiles tous leurs moyens de défense ; forcés dans la plupart de leurs retranchemens par cette dialectique serrée & précise dont personne, peut-être, ne s'est servi avec plus d'habileté & de succès que Bayle, ils n'ont combattu ses argumens les plus pressans que par ces lieux communs & ces preuves banales qu'on trouve dans tous les cours de théologie, & qui ne sont même bonnes que dans ces livres, où il s'agit moins d'analyser des idées avec ordre, avec sévérité, que d'enseigner l'art de parler sans rien dire, *de couper,* selon l'expression de Rabelais, *un fil en douze,* mais sur-tout de ne pas rester

muet, & de répondre à tout tellement, quellement, *taliter, qualiter.*

Au reste, un professeur luthérien nommé Jean Musæus, a réfuté en allemand la lettre & les dialogues de Knuzen. On peut être à-peu-près sûr qu'il y a dans cette réfutation beaucoup de verbiage, de sophismes & d'injures ; mais c'est ce qu'il importe peu de vérifier. Les questions sur lesquelles roulent toutes ces disputes, sont si oiseuses ; on les a couvertes de nos jours d'un ridicule si propre à les faire mépriser, qu'il n'est plus permis à ceux qui ont quelque justesse dans l'esprit, de s'occuper d'aucune matière qui soit du ressort de la théologie : *sed enim stultas opiniones admodum scrutari stultum fortasse est.* Mais il n'en est pas d'un historien de la philosophie comme de celui qui a le choix de ses lectures & de ses études. La tâche que je me suis prescrite de rassembler dans ce dictionaire (2), les monumens dispersés de la sagesse & de la folie humaine, m'a imposé la loi de recueillir avec le même soin ces derniers, beaucoup plus nombreux, sans doute, mais quelquefois aussi instructifs. J'ai donc recherché curieusement tous ceux que le plan de mon travail devoit embrasser. Mais lorsque mon sujet a exigé que je m'arrêtasse sur quelques-uns de ces objets, je me suis attaché particulièrement à les considérer sous un point de vue philosophique ; &, en faisant passer sous les yeux du lecteur ce long enchaînement d'erreurs plus ou moins bizarres, je n'ai rien négligé pour qu'il ne pût remporter de cette espèce de spectacle que des impressions utiles, & qui pussent lui faire sentir fortement la nécessité de perfectionner son goût, d'éclairer sa raison pour se rendre meilleur, &, par conséquent plus heureux : car on ne sauroit trop le répéter aux hommes ; il n'y a point de repos, point de sécurité, point de liberté, point de bonheur sans la vertu : *virtus ad explendam beatam vitam, sola satis efficax.*

Avant de passer à la lettre de Knuzen, dont nous donnerons le texte & la traduction ; il ne sera pas inutile d'examiner une opinion qui lui est particulière. Il enseignoit entre autres dogmes que le mariage ne différoit en rien de la fornication ; c'est-à-dire que l'un n'étoit pas plus condamnable que l'autre : c'est ce qu'il répète souvent dans ses dialogues allemands. Comme l'auteur qui m'apprend ce fait, ne rapporte point les preuves sur lesquelles cet athée fondoit ce paradoxe, je ne puis faire, à cet égard, que des conjectures. Je suppose donc qu'il usoit ici de quelques distinctions qui ont leur raison dans la nature

---

(1) C'est un mot de Montaigne sur ceux qui *s'amusent à préoccuper les choses futures.* On trouve la même pensée dans Cicéron. Quel est celui, dit-il, qui en s'exerçant tout le jour à tirer, ne touche pas quelquefois au but ? *Quis est enim qui totum diem jaculans non aliquando collineet ?* De divinat. lib. 2. cap. 59.

Le tour que Montaigne a pris pour exprimer à sa manière, le sens de ces paroles, a peut-être quelque chose de plus vif & de plus original, mais celui de Cicéron est, comme il devoit être, plus oratoire, & il a de plus le mérite de faire image.

(2) *Voyez* à ce sujet ce que nous avons dit dans le discours préliminaire qui sert d'introduction à cet ouvrage, Tome I, page 9 & 10 du discours cité.

S 2

des choses bien observées, & qui ôteroient à cette assertion ce qu'elle a de (1) sauvage, car il pourroit y avoir un ordre, une institution sociale telle, que la proposition de Knuzen n'auroit rien d'étrange & de choquant : elle exprimeroit purement & simplement un des résultats de la volonté générale. En effet, tout ce que la loi ne défend pas est permis : tout ce qu'elle défend est illicite. Mais de même que toute action qu'elle ne prohibe point, peut néanmoins n'être pas bonne; suivant ce principe de morale, *non omne quod licet, honestum est* : il s'ensuit nécessairement que toutes celles qu'elle défend, peuvent n'être pas mauvaises en elles-mêmes. Je me rappelle à ce sujet une observation très-philosophique que j'ai lue dans un auteur grave, & qui a bien ici sa juste application; c'est que le défaut de presque toutes les législations, est d'avoir multiplié le nombre des actions illicites par la bizarrerie des défenses. « On rend les hommes méchans en les exposant à devenir infracteurs; & comment ne deviendront-ils pas infracteurs, quand la loi leur défendra une chose vers laquelle l'impulsion constante & invincible de la nature les emporte sans cesse? Mais quand ils auront foulé aux pieds les loix de la société, comment respecteront-ils celles de la nature, surtout s'il arrive que l'ordre des devoirs moraux soit renversé, & que le préjugé leur fasse regarder comme des crimes atroces, des actions presque indifférentes? Par quel motif celui qui se regardera comme un sacrilége, balancera-t-il à se montrer, menteur, voleur, colomniateur? »

Ceux qui ont lu le beau livre de Marc-Aurele, (& quel est l'ami de l'humanité, de la vertu, de la justice, de tout ce qu'il y a de plus respectable & de plus sacré pour l'homme de bien, à qui cet excellent ouvrage puisse être inconnu?) savent que cet empereur philosophe séparant, conformément aux principes austères, & quelquefois un peu cyniques de sa secte, les sensations les plus vives & les plus voluptueuses de tout ce que le moral peut encore y ajouter de délicieux, ne voyoit, dans l'accouplement des deux sexes (2), que le frottement de deux intestins, avec excrétion & convulsion. Peut-être que Knuzen, adoptant à cet égard les idées des stoïciens, considéroit de même le mariage & la fornication par

le côté purement physique, & que, sous ce rapport, il n'y voyoit qu'un seul & même acte de l'animal que le besoin de se reproduire sollicite impérieusement, & porte avec impétuosité, & d'un mouvement irréfléchi vers l'être qui l'excite & qui peut le satisfaire. Je dis *d'un mouvement impétueux & irréfléchi*, parce que le physique de l'amour ne parle pas une autre langue : tel est le véritable accent de cette passion. En effet, lorsqu'un amant sensible & délicat est à côté de sa maîtresse, lorsqu'il la regarde bien tendrement, lorsqu'il lui adresse ses désirs avec une circonspection si mesurée & si décente, ce n'est pas là de la nature : la nature est plus violente; elle s'explique d'une manière plus énergique & plus précise : elle se précipite (3) sur le chasseur qui l'a blessée, le couvre de son écume & de son sang; & lorsque la fureur est tombée, les deux sexes épuisés, indifférents, se retirent & se séparent.

Le savant de Berlin que j'ai déjà cité, croit que l'opinion de Knuzen sur le mariage & la fornication, *étoit plus ancienne chez lui que son athéïsme.* » On ne se tromperoit peut-être pas, » ajoute-t-il, quand on assureroit qu'elle en étoit » une des principales causes ». Mais, outre que cette proposition de Knuzen n'est pas plus hétérodoxe, ou si l'on veut, plus impie que toute autre, prise indistinctement dans sa lettre ou dans ses dialogues, il y a bien loin de ce principe isolé à l'athéïsme. Cette route par laquelle on le fait passer, est d'ailleurs coupée par tant de détours & de sinuosités, que ce n'est vraisemblablement pas celle qu'il a choisie. Ce n'est pas qu'on ne puisse quelquefois arriver plus vîte à un terme donné par un chemin oblique, à-peu-près (si j'ose me servir de cette comparaison) comme il y a en géométrie telle portion de courbe qui est parcourue en moins de temps que sa corde ou que la ligne droite qui joint ses deux points extrêmes. Mais lorsqu'on a lu les lettres de Knuzen dans lesquelles il expose avec hardiesse les motifs de son incrédulité, on voit qu'il n'avoit pas assez réfléchi sur ces matières, pour inspirer au lecteur une grande confiance dans ses raisonnemens. C'est donc avoir trop bonne opinion de sa dialec-

---

(1) La Mothe le Vayer dit que dans la loi chrétienne, beaucoup ont soutenu que la simple fornication n'étoit point péché.

Voyez ses *dialogues d'Orasius Tubero*, tome 2. page 155.

(2) De coitu, esse intestini frictionem, mucique cum convulsione quamdam excretionem. Marci Antonin. de rebus suis, *lib.* 6, §, 13. édit. Gataker. Traject ad Rhen. 1698.

(3) Il y a dans Lucrèce ou dans Virgile, (car je ne puis dire en ce moment auquel de ces deux poètes je dois renvoyer le lecteur) de très-beaux vers qui, si la mémoire me représente fidèlement les objets, offrent à-peu-près la même image, ou quelque autre analogue, plus digne encore de ces deux grands peintres, & qui peut-être m'a donné la première idée de la comparaison dont je me suis servie. C'est un fait qu'il importe peu sans doute de constater : il suffit, s'il est vrai, qu'on ne puisse pas m'accuser de *conduire mon dessein*, pour parler comme Montaigne, *sous les inventions anciennes, rappiécées par cy par là.*

tique, que de regarder son dogme sur la fornication comme *une des principales causes de son athéisme*. Il n'avoit ni assez de pénétration, ni assez d'étendue d'esprit pour appercevoir d'une vue distincte toutes les vérités particulières & de détail qui sont entre ce dogme, & la conséquence qu'on suppose qu'il en a déduite. Or ce sont précisément ces vérités intermédiaires que rien ne peut suppléer, & sans le secours desquelles Knuzen, plus ou moins étranger aux sciences auxquelles elles appartiennent, n'a pu franchir l'intervalle immense qui sépare ici le principe du résultat.

Voilà tout ce que j'avois à dire de ce chef très-obscur de la secte des *conscientiaires*, secte qui paroît d'ailleurs avoir commencé & fini avec son fondateur. Le seul de ses ouvrages qui me soit connu est une lettre latine dont j'ai parlé ci-dessus, & que j'ai promis de rapporter. On la trouve dans le livre de Groning, intitulé : *Relationes litterariæ* & dans le *syntagma historiæ ecclesiasticæ* de Micrælius. Je la donne ici, selon l'édition de Musæus, qui ne différe point des autres. J'observe seulement que, quoique Knuzen date cette lettre de Rome, on prétend qu'il n'étoit jamais sorti de l'Allemagne. Mais ce fait, vrai ou faux, est très-indifférent, & ne mérite pas d'être éclairci.

» Je me suis souvent étonné, dit Knuzen (1),
» de ce que les chrétiens, c'est-à-dire, les gens
» qui ont reçu l'onction aussi bien que les roues des
» chariots, sont si peu d'accord, & disputent sans
» cesse les uns contre les autres. Mais ma sur-
» prise a cessé depuis que je me suis apperçu que
» leur principale règle, qu'ils appellent la bible,
» n'est jamais d'accord avec elle-même. Je pour-
» rois le prouver par un bon nombre d'exemples,
» tant du vieux que du nouveau testament : mais je
» craindrois de fatiguer le lecteur par l'abondance
» des preuves. C'est pourquoi je n'en produirai
» qu'un petit nombre. Je ne parlerai point des
» mesures dont il est fait mention au premier
» livre des rois, chap. VII, v. 26, & dans le
» second livre des chroniques, chap. IV, v. 5.
» Autant que j'en puis juger, il y a de la con-
» tradiction. Je ne parlerai point non plus des
» personnes : par exemple, comparez ce qui est
» dit au XXVI chapitre de la Genèse, v. 34,
» avec le verset 2 du chapitre XXXVI du même
» livre. Dans l'un Basmath, femme d'Esau, est
» appellée fille d'Elon Hethite, & dans l'autre
» on dit qu'elle est fille d'Ismaël. Je ne m'ar-
» rêterai point non plus à dire que les mêmes
» choses sont commandées & défendues en dif-
» férens lieux. C'est ainsi qu'au XIX chapitre
» de St. Matthieu, vers. 5, il est ordonné à
» l'homme de se tenir uni à sa femme; au con-
» traire, au second chapitre du prophète Ma-
» lachie, v. 6, on commande aux maris de ré-
» pudier leurs épouses. Je ne dirai donc rien
» de ces choses & d'autres semblables, mais je
» ne saurois passer sous silence que cette fausse
» règle des chrétiens se contredit même dans
» les articles de foi. C'est ainsi que la résurrection
» des morts est souvent enseignée dans l'Ecri-
» ture, ce que nous ne ferons point de difficulté
» d'accorder aux chrétiens, pourvu que de leur
» côté ils nous accordent aussi que les morts ne res-
» susciteront point, ce qui est affirmé en partie en
» propres termes, en partie par conséquence dans
» les textes suivans de l'écriture; Is. XXVI, v. 14,
» ps. LXXXVIII, v. 12, ps. LXXVIII, v. 40,
» ecclésiast. III, v. 19, Job XIV, v. 12. Certaine-
» ment nous pouvons, sans blesser la vérité,
» dire des prétendus livres sacrés des chrétiens,
» ce que Breidenbach, qui avoit reçu l'onction
» du christianisme, a prononcé dans la relation de
» ses voyages, de l'Alcoran des turcs, dont il parle
» selon ses passions : *Toute cette écriture*, dit-il,
» *est si confuse & si embrouillée, qu'on n'y trouve*
» *ni connexion, ni construction, ni arrangement de*
» *discours. En un mot, tout semble y avoir été*
» *jetté confusément, sans rime ni raison*. Je dirai
» donc la même chose de l'alcoran des chré-

(1) Amicus, amicis, amica. Demiratus hactenus sæpicule qui fieret quod christiani, id est, rotarum in modum uncti, secum discordent; & numquam non altercationis serram reciprocent; jam demum cesso demirari cum intellexerim eorum canonem quoque & fundamentum, quod biblia nuncupant, secum penitus dissonare & vacillare. Possem equidem vel sexcentis per omnes, qua veteris, qua novi instrumenti libros, statuminatum ire exemplis, sed metus est ne fortean legentibus argumentorum multitudine nauseam creem; idcirco pauca duntaxat in medium proferam, ut ea à lecturientibus eo melius possint ponderari. Nihil hic dicam de mensuris quarum mentio fit I. Reg. VII. v. 26. & contra II. Paralip. IV. 5. quæ è diametro (si quid judicare possum) sibi numero contrariantur: nihil etiam dicam de personis, v. c. si conferas Gen. XXVI v. 34. cum Gen. XXXVI. v. 2. ibi enim Basmath, Esavi uxor dicitur filia Elon Hethitæ, hic vero Ismaëlis. Taceo etiam quod in di-

versis locis eadem præcipiantur & prohibeantur : sic Matth. XIX. v. 5. maritæ adhærere, è converso Malach. II. v. 16. eam dimittere marito in mandatis datur. De hisce non dissimilibus aliis impræsentiarum nihil dicturus sum. Hoc autem quin prætermittam non possum adduci, videlicet Canonem istum Christianorum vere Lesbium in Articulis quoque fidei distonis quasi fidibus sonare. Ita sæpe numero inculcatur mortuos esse resurrecturos, quod uti Christianis ταῖν ἀμφοῖν lubentes largimur; sic illi eo ipso ipsorum Canone concedente, concedant nobis vicissim necesse est, mortuos non resurrecturos esse, quod partim κατὰ ῥητὸν partim etiam κατὰ διάνοιαν, id quod cum τῳ ῥητῳ coincidit, asseritur in sequentibus locis. Es. XXVI. vers. 14. Ps. LXXXVIII. vers. 12. Ps. LXXVIII. v. 40. Ecclesiast. III. vers. 19. Hiob. 14. vers. 12. & aliis. Certe quod olim Breidenbachius, unctus ille ex unctis affectibus, in suæ peregrinationis Historia de Turca-

» tiens, & même je dirai plus que Freidenbach :
» je retrancherai ce mot, *il semble*, & je prou-
» verai en peu de mots que j'ai raison de le
» faire, ne voulant pas m'étendre. Qui est-ce
» qui niera qu'il y ait une grande confusion dans
» l'écriture des chrétiens, s'il jette seulement
» les yeux sur les proverbes de Salomon, où
» il n'y a rien de plus ordinaire que de voir
» confondues dans le même chapitre diverses
» choses qui n'ont aucun rapport les unes avec
» les autres ? Dans le second chapitre d'Habacuc,
» v. 1, & chap. III, v. 6, il y a un *mais* qui
» n'a aucune connexion avec ce qui précède,
» & qui ne signifie rien. Dans l'Apocalypse les
» versets du cinquième & du huitième chapitre
» commencent tous par la particule *Et*. Il n'y a
» point d'arrangement dans les expressions, comme
» dans S. Luc, chap. XX, verset 31, (il faut
» lire 35) la vie éternelle est mise devant la
» résurrection des morts, contre l'ordre que les
» chrétiens mêmes admettent. S'ils disent que
» c'est la figure qu'on appelle *hysteron-proteron*,
» nous emploierons la même excuse pour l'al-
» coran des turcs. Il n'y a point de sens dans
» ce qui se trouve au commencement du cha-
» pitre second de l'épître aux éphésiens : de même
» dans le verset 25 du chapitre VIII de l'évangile
» de Saint Jean : *principium qui & loquor vobis*.
» Enfin ces paroles de l'Exode, chap. XX, v. 18.
» *Le peuple voyoit le son des trompettes*, aussi bien
» que celle de Job, XX (l. XXII,) v. 6, *dé-
» pouiller ceux qui sont nus*, & plusieurs autres
» choses semblables auxquelles je n'aurois jamais
» fait, si je voulois m'arrêter. On trouve aussi
» dans l'écriture des miracles où il n'y a rien
» de surprenant : par exemple, genèse XXV,
» v. 15. Esaü sort tout rouge du ventre de sa
» mère : les sages femmes peuvent dire, s'il n'en
» est pas de même de tous les enfans qui viennent
» au monde. Que dirai-je plus ? On peut prouver

» aux chrétiens des absurdités, en les établis-
» sant sur le fondement ruineux de leur bible;
» par exemple qu'il y a des animaux à quatre
» pieds, & des insectes dans le ciel, sur le pas-
» sage du Xe. chapitre des actes, v. 12 & 16.
» Qu'égorger des bœufs c'est un péché irré-
» missible, & par conséquent contre le Saint-
» Esprit, sur le passage d'Isaïe XXII, v. 13 &
» LXVI, v. 3, & d'autres choses que je renvoye
» à d'autres. Ajoutez à cela qu'il y a dans les
» écritures des mots équivoques, non pas de
» ceux qui signifient deux choses différentes, ce
» qui est assez ordinaire ; mais des mots qui ont
» neuf, & même dix significations différentes.
» Tels sont ceux-ci : *la loi, l'esprit, le monde*, &c.
» de sorte qu'il n'y a aucune certitude du véritable
» sens, quelque règle qu'ayent pu inventer sur ce
» canon Scharpius, Waltherus & d'autres gens
» à onction. Cela étant ainsi, mon cher lecteur,
» vous qui n'avez point reçu la connoissance de
» toutes ces onctions, personne ne sauroit me
» blâmer, si moi & mes confrères, qui sont en
» très-grand nombre à Paris, à Amsterdam, à
» Leide, en Angleterre, à Hambourg, à Cop-
» penhague, à Stockholm, & même à Rome,
» & aux environs de cette ville, si, dis-je, nous
» regardons la bible comme une jolie table, qui
» fait tout le contentement des bêtes, c'est-à-
» dire des chrétiens, qui captivent leur raison,
» & qui l'emploient à se rendre insensés. Outre
» cela nous nions l'existence de Dieu, nous nous
» moquons du magistrat, & nous rejettons les
» temples, & tous les prêtres. Nous autres cons-
» ciencieux, nous ne nous arrêtons pas à la
» science d'un seul, mais à celle du plus grand
» nombre. (Luc XXIV, v. 39) Voilà quelle
» est notre conscience. La nature, qui est une
» bonne mère, l'a donnée à tous les hommes.
» Elle nous tient lieu de bible (Rom. II, v.
» 14, 15 (de magistrat, car elle a son tribunal,

---

rum Alcorano memoriæ prodit, absque veritatis injuria de Christianorum quoque sacra, id est execranda scriptura pronuntiare possumus. *Tota illa*, inquit ille, *scriptura adeò confusa est & commixta, ut, quicquid ibi est, totum sine connexione, sine compositione, absque omni verborum & sententiarum ordine & colore, postremo absque sensu & ratione positum videatur*. Hisdem ipse. Ita & ego de Christianorum Alcorano omisso etiam τῷ videatur Breidenbachii, id quod paucis edissertabo, quippe chartæ angustia me inter brevitatis metas concludit. Enimvero quis est, qui neget, confusam & commixtam esse Christianorum scripturam, si Salomonis inspexerit adagia, in quibus haud insolens est in uno etiam capite, omnis generis res ad instar farraginis committeri & confundi ? Posita illa est sine connexione v. c. Habacuc II. v. 1. item cap. 3. v. 1. ubi τὸ *sed* nihil quicquam connectit, si quod nos id dicere velimus. Posita est etiam absque omni verborum colore, sic Apocalyps. 5 & 8. cap. ad unum omnes versiculi à particula *Et* incipiunt. Posita est absque sententiarum ordine, ut Luc. 20. v. 31. vita æterna mortuorum resurrectioni præponitur, quem tamen

ordinem ipsimet rejiciunt Christiani. Si dixerint, esse ὕστερον πρότερον, etiam pro Turcarum Alcorano hoc σοφὸν φάρμακον militabit. Sine sensu posita quoque sunt illa ad Ephes. II. v. 1. & tota illa Oratio actorum 7. v. 1. & seqq. Item Joh. 8. v. 25. *Principium, qui & loquor vobis* &c. Denique etiam sine ratione posita sunt, Exod. 20. vers. 28. *populus videbat sonitum tubarum*. Item ; *nudis vestes exuere*, Job. 20. v. 6 & multa alia, quæ singula recensere, infinitæ esset Arithmetices, ego hic lineas duntaxat perstringo rerum. Miracula etiam non miranda in illa leguntur, v. c. quod Esavus corpore rubicundus ex matris matrice prodierit. Gen. 25. 25. cum tamen id omnibus etiam natis infantibus, vel ipsis obstetricibus, oculatis testatibus, testantibus, sit solemne. Quid quæris ? etiam ipsimet Christianis absurda, ex eorum arenoso Bibliorum fundamento, possunt adstrui, qualia sunt, quadrupedes & vermes propriè sic dictos dari in cælo. Act. X, v. 11. & 16. Item boves mactare esse peccatum irremissibile, adeoque in Spiritum Sanctum. Esaiæ 22. v. 13. & cap. 66. vers. 3. & id genus alia de quibus alii. Adde quod in iisdem sacris litteris, ejusmodi æquivoca reperian-

» selon Grégoire de Nazianze, (tom. II, orat.
» XV, pag. 447,) & de prêtre, car elle fait
» les fonctions de docteur, en nous enseignant
» à ne nuire à personne, à vivre honnêtement,
» & à rendre à un chacun ce qui lui est dû. Si nous
» vivons mal, elle nous tiendra lieu de mille bour-
» reaux, & même d'un enfer : mais si nous vivons
» bien, elle sera notre Paradis pendant cette vie,
» qui est la seule que nous connoissons. Cette
» même conscience naît avec nous, & elle périt
» avec nous par la mort. Ce sont-là nos principes
» innés : celui qui les rejette, se rejette soi-même.
» J'espère d'avoir lieu d'en parler une autre fois
» plus au long. Cependant nous avons tous les
» jours à la bouche, moi & mes confrères,
» sur les articles de foi du christianisme, ces
» paroles : les chrétiens & les chrétiennes peuvent
» les croire ; nous n'en croyons rien.

MATTHIAS KNUZEN,
DE HOLSTEIN.

A Rome le 24 de février.

(Cet article est de M. NAIGEON.)

---

tur vocabula quæ non duas, quod non infrequens est, sed novem, imo planè decem admittant significationes, v. c. *Isx*, *spiritus*, *mundus*, &c. ut prorsus non detur certitudo in vero sensu indagando, quicquid etiam Canonum super Canonem istum Scharpius, Waltherius, & alii uncti comminiscantur. Quæ cum ita sint, Amice Lector non uncte, nemo homo mihi vitio vertet, si una cum meis Gregalibus (quorum innumerus ferè numerus mihi Lutetiæ, Amstelodami, Lugduni, in Anglia, Hamburgi, Havniæ, nec non Holmiæ, imo Romæ & in contiguis locis adstipulatur) universa Biblia bellæ fabellæ loco habeam, qua belluæ, id est Christiani, rationem captivantes, & cum ratione insanientes delectantur. Insuper Deum negamus, magistratum ex alto despicimus, Templa quoque cum omnibus Sacerdotibus rejicientes. Sufficit nobis Conscientiariis SCIENTIA non unius sed PLURIMORUM. Luc 24. v. 39. Videte &c. (εἷς enim ἀνὴρ ὦ τινθ' ὁρᾷ) & CONSCIENTIA CONJUNCTIM ACCEPTA. Hæc enim conscientia, quam benigna nimirum mater natura omnibus indidit hominibus, nobis loco Bibliorum Rom. II. vers. 14 & 15. loco magistratus, est enim verum tribunal, teste Greg. Nazianz. Tom. II. Orat. 15. *in plagam grandinis*, pag. m. 447 & loco Sacerdotum est, docet namque hic Doctor neminem lædere, honestè vivere, & suum cuique tribuere. Hæc, inquam, si malè fecerimus, loco mille tortorum, imo inferni ; sin benè loco Cæli, quamdiu hæc unica vita superat, semper erit. Hæc, Conscientia scilicet, nobis nascentibus, nascitur, hæc etiam nobis in morte pereuntibus perit. Hæc, sunt Principia nobiscum nata, & qui illa rejicit se ipsum rejicit. De quibus omnibus fusius in posterum, ut spero. Interibi de omnibus Christianorum fidei Articulis, cum omnibus meis Fratribus perdius & pernox in ore gero :

CREDANT HÆC CUNCTA
UNCIUS & UNCTA, non ego
MATTHIAS CNUZEN HOLSATUS.

Scribebam Romæ VI. Kalend. Martii.

CYNIQUE, secte de philosophes anciens (*Histoire de la philosophie ancienne*).

Le cynisme sortit de l'école de Socrate, & le stoïcisme de l'école d'Antisthènes. Ce dernier dégoûté des hypothèses sublimes que Platon & les autres philosophes de la même secte se glorifioient d'avoir apprises de leur divin maître, se tourna tout-à-fait du côté de l'étude des mœurs & de la pratique de la vertu, & il ne donna pas en cela une preuve médiocre de la bonté de son jugement. Il falloit plus de courage pour fouler aux pieds ce qu'il pouvoit y avoir de fastueux & d'imposant dans les idées socratiques, que pour marcher sur la pourpre du manteau de Platon. Antisthènes, moins connu que Diogène son disciple, avoit fait le pas difficile.

Il y avoit au midi d'Athènes, hors des murs de cette ville, non loin du Lycée, un lieu un peu plus élevé, dans le voisinage d'un petit bois. Ce lieu s'appelloit *Cynosarge*. La superstition d'un citoyen allarmé de ce qu'un chien s'étoit emparé des viandes qu'il avoit offertes à ses Dieux domestiques, & les avoit portées dans cet endroit, y avoit élevé un temple à Hercule, à l'instigation d'un oracle qu'il avoit interrogé sur ce prodige. La *superstition* des anciens transformoit tout en prodiges, & leurs oracles ordonnoient toujours ou des autels, ou des sacrifices. On sacrifioit aussi dans ce temple à Hébé, à Alcmène & à Jolas. Il y avoit aux environs un gymnase particulier pour les étrangers & pour les *enfans illégitimes*. On donnoit ce nom, dans Athènes, à ceux qui étoient nés d'un père athénien & d'une mère étrangère. C'étoit là qu'on accordoit aux esclaves la liberté, & que des juges examinoient & décidoient les contestations occasionnées entre les citoyens par des naissances suspectes ; & ce fut aussi dans ce lieu qu'Antisthènes, fondateur de la secte *cynique*, s'établit & donna ses premières leçons. On prétend que ses disciples en furent appellés *Cyniques*, nom qui leur fut confirmé dans la suite, par la singularité de leurs mœurs & de leurs sentimens, & par la hardiesse de leurs actions & de leurs discours. Quand on examine de près la bisarrerie des *cyniques*, on trouve qu'elle consistoit principalement à transporter au milieu de la société les mœurs de l'état de nature. Ou ils ne s'apperçurent point, ou ils se soucièrent peu du ridicule qu'il y avoit à affecter parmi des hommes corrompus & délicats, la conduite & les discours de l'innocence des premiers tems, & la rusticité des siècles de l'animalité.

Les *cyniques* ne demeurèrent pas long-tems renfermés dans le cynosarge. Ils se répandirent dans toutes les provinces de la Grèce, bravant les préjugés, prêchant la vertu, & attaquant le vice sous quelque forme qu'il se présentât. Ils se montrèrent particulièrement dans les lieux sacrés &

fur les places publiques. Il n'y avoit en effet que la publicité qui pût pallier la licence apparente de leur philofophie. L'ombre la plus légère de fecret, de honte & de ténebres, leur auroit attiré dès le commencement des dénominations injurieufes & de la perfécution. Le grand jour les en garantit. Comment imaginer, en effet, que des hommes penfent du mal à faire & à dire ce qu'ils font, & difent fans aucun myftère ?

Antifthènes apprit l'art oratoire de Gorgias le fophifte, qu'il abandonna pour s'attacher à Socrate, entraînant avec lui une partie de fes condifciples. Il fépara de la doctrine du philofophe ce qu'elle avoit de folide & de fubftantiel, comme il avoit démêlé des préceptes du rhéteur ce qu'ils avoient de frappant & de vrai. C'eft ainfi qu'il fe prépara à la pratique ouverte de la vertu & à la profeffion publique de la philofophie. On le vit alors fe promenant dans les rues, l'épaule chargée d'une beface, le dos couvert d'un mauvais manteau, le menton hériffé d'une longue barbe, & la main appuyée fur un bâton, mettant dans le mépris des chofes extérieures un peu plus d'oftentation peut-être qu'elles n'en méritoient. C'eft du moins la conjecture qu'on peut tirer d'un mot de Socrate, qui voyant fon ancien difciple trop fier d'un mauvais habit, lui difoit avec fa fineffe ordinaire : *Antifthènes, je t'apperçois à travers un trou de ta robe.* Du refte, il rejetta loin de lui toutes les commodités de la vie : il s'affranchit de la tyrannie du luxe & des richeffes, & de la paffion des femmes, de la réputation & des dignités, en un mot, de tout ce qui fubjugue & tourmente les hommes ; & ce fut en s'immolant lui-même fans réferve, qu'il crut acquérir le droit de pourfuivre les autres fans ménagement. Il commença par venger la mort de Socrate ; celle de Mélite & l'exil d'Anyte furent les fuites de l'amertume de fon ironie. La dureté de fon caractère, la févérité de fes mœurs, & les épreuves auxquelles il foumettoit fes difciples, n'empêchèrent point qu'il n'en eût ; mais il étoit d'un commerce trop difficile pour les conferver ; bientôt il éloigna les uns ; les autres fe retirerent, & Diogène fut prefque le feul qui lui refta.

La fecte *cynique* ne fut jamais fi peu nombreufe & fi refpectable que fous Antifthènes. Il ne fuffifoit pas, pour être *cynique*, de porter une lanterne à la main, de coucher dans les rues ou dans un tonneau, & d'accabler les paffans de vérités injurieufes. » Veux-tu que je fois ton maî- » tre, & mériter le nom de mon difciple, di- » foit Antifthènes à celui qui fe préfentoit à la » porte de fon école ? commence par ne te ref- » fembler en rien, & par ne plus rien faire de » ce que tu faifois. N'accufe de ce qui t'arrivera » ni les hommes, ni les Dieux. Ne porte ton » defir & ton averfion que fur ce qu'il eft en » ta puiffance d'approcher ou d'éloigner de toi. » Songe que la colère, l'envie, l'indignation, » la pitié, font des foibleffes indignes d'un » philofophe. Si tu es tel que tu dois être, tu » n'auras jamais lieu de rougir. Tu laifferas donc » la honte à celui qui, fe reprochant quelque » vice fecret, n'ofe fe flatter à découvert. Sache » que la volonté de Jupiter fur le *cynique* eft qu'il » annonce aux hommes le bien & le mal fans » flatterie, & qu'il leur mette fans ceffe fous » les yeux les erreurs dans lefquelles ils fe pré- » cipitent ; & fur-tout ne crains point la mort, » quand il s'agira de dire la vérité ».

Il faut convenir que ces leçons ne pouvoient guere germer que dans des ames d'une trempe bien forte. Mais auffi les *cyniques* demandoient peut-être trop aux hommes, dans la crainte de n'en pas obtenir affez. Peut-être feroit-il auffi ridicule d'attaquer leur philofophie par cet excès apparent de févérité, que de leur reprocher le motif vraiment fublime, fur lequel ils en avoient embraffé la pratique. Les hommes marchent avec tant d'indolence dans le chemin de la vertu, que l'aiguillon dont on les preffe ne peut-être trop vif ; & ce chemin eft fi laborieux à fuivre, qu'il n'y a point d'ambition plus louable que celle qui foutient l'homme & le tranfporte à travers les épines dont il eft femé. En un mot, ces anciens philofophes étoient outrés dans leurs préceptes, parce qu'ils favoient par expérience qu'on fe relâche toujours affez dans la pratique ; & ils pratiquoient eux-mêmes la vertu, parce qu'ils la regardoient comme la feule véritable grandeur de l'homme ; & voilà ce qu'il a plû à leurs détracteurs d'appeller *vanité* ; reproche vuide de fens, & imaginé par des hommes en qui la fuperftition avoit corrompu l'idée naturelle & fimple de la bonté morale.

Les *cyniques* avoient pris en averfion la culture des beaux arts. Ils comptoient tous les momens qu'on y employoit comme un temps dérobé à la pratique de la vertu & à l'étude de la morale. Ils rejettoient en conféquence des mêmes principes, & la connoiffance des mathématiques & celle de la phyfique, & l'hiftoire de la nature ; ils affectoient fur-tout un mépris fouverain pour cette élégance particulière aux athéniens, qui fe faifoit remarquer & fentir dans leurs mœurs, leurs écrits, leurs difcours, leurs ajuftemens, la décoration de leurs maifons ; en un mot, dans tout ce qui appartenoit à la vie civile. D'où l'on voit que s'il étoit très-difficile d'être auffi vertueux qu'un *cynique*, rien n'étoit plus facile que d'être auffi ignorant & auffi groffier.

L'ignorance des beaux arts & le mépris des décences, furent l'origine du difcrédit où la fecte tomba dans les fiècles fuivans. Tout ce qu'il y avoit dans les villes de la Grèce & de l'Italie de boufons, bouffons, d'impudens, de mendians, de parasites, de gloutons & de fainéans (& il y avoit beaucoup de ces gens-là sous les empereurs), prit effrontément le nom de *cyniques*. Les magistrats, les prêtres, les sophistes, les poëtes, les orateurs, tous ceux qui avoient été auparavant les victimes de cette espèce de philosophie, crurent qu'il étoit temps de prendre leur revanche; tous sentirent le moment; tous élevèrent leurs cris à la fois; on ne fit aucune distinction dans les invectives, & le nom de *cynique* fut universellement abhorré. On va juger par les principales maximes de la morale d'Antisthène, qui avoit encore dans ces derniers tems quelques véritables disciples, si cette condamnation des *cyniques* fut aussi juste qu'elle fut générale.

Antisthène disoit: la vertu suffit pour le bonheur. Celui qui la possède n'a plus rien à desirer, que la persévérance & la fin de Socrate.

L'exercice a quelquefois élevé l'homme à la vertu la plus sublime. Elle peut donc être d'institution & le fruit de la discipline. Celui qui pense autrement ne connoît pas la force d'un précepte, d'une idée.

C'est aux actions qu'on reconnoît l'homme vertueux. La vertu ornera son ame assez pour qu'il puisse négliger la fausse parure de la science, des arts & de l'éloquence.

Celui qui sait être vertueux n'a plus rien à apprendre, & toute la philosophie se résout dans la pratique de la vertu.

La perte de ce qu'on appelle gloire est un bonheur; ce sont de longs travaux abrégés.

Le sage doit être content d'un état qui lui donne la tranquille jouissance d'une infinité de choses, dont les autres n'ont qu'une contentieuse propriété. Les biens sont moins à ceux qui les possèdent, qu'à ceux qui savent s'en passer.

C'est moins, selon les loix des hommes que selon les maximes de la vertu, que le sage doit vivre dans la république.

Si le sage se marie, il prendra une femme qui soit belle, afin de faire de beaux enfans à sa femme.

Il n'y a, à proprement parler, rien d'étranger ni d'impossible à l'homme sage.

L'honnête homme est l'homme vraiment aimable.

Il n'y a d'amitié réelle qu'entre ceux qui sont unis par la vertu.

Philosophie anc. & mod., Tome II.

La vertu solide est un bouclier qu'on ne peut ni enlever, ni rompre. C'est la vertu seule qui répare la différence & l'inégalité des sexes.

La guerre fait plus de malheureux qu'elle n'en emporte. Consulte l'œil de ton ennemi; car il appercevra le premier ton défaut.

Il n'y a de bien réel que la vertu, de mal réel que le vice.

Ce que le vulgaire appelle des *biens* & des *maux*, sont toutes choses qui ne nous concernent en rien.

Un des arts les plus importans & les plus difficiles, c'est celui de désapprendre le mal.

On peut tout souhaiter au méchant, excepté la valeur.

La meilleure provision à porter dans un vaisseau qui doit périr, c'est celle qu'on sauve toujours avec soi du naufrage.

Ces maximes suffisent, pour donner une idée de la sagesse d'Antisthène; ajoutons-y quelques-uns de ses discours, sur lesquels on puisse s'en former une de son caractère. Il disoit à celui qui lui demandoit par quel motif il avoit embrassé la philosophie: *c'est pour vivre bien avec moi*; à un prêtre qui l'initioit aux mystères d'Orphée, & qui lui vantoit le bonheur de l'autre vie: *pourquoi ne meurs-tu donc pas?*. Aux Thébains énorgueillis de la victoire de Leuctres; *qu'ils ressembloient à des écoliers tout fiers d'avoir battu leur maître*: d'un certain Isménias dont on parloit comme d'un bon flûteur: *que pour cela même il ne valoit rien; car s'il valoit quelque chose, il ne seroit pas si bon flûteur*.

D'où l'on voit que la vertu d'Antisthène étoit chagrine. Ce qui arrivera toujours, lorsqu'on s'opiniâtrera à se former un caractère artificiel & des mœurs factices. Je voudrois bien être Caton, mais je crois qu'il m'en coûteroit beaucoup, à moi & aux autres, avant que je fusse devenu. Les fréquens sacrifices que je serois obligé de faire au personnage sublime que j'aurois pris pour modèle, me rempliroient d'une bile âcre & caustique qui s'épancheroit à chaque instant au dehors. Et c'est-là peut-être la raison pour laquelle quelques sages & certains dévots austères sont si sujets à la mauvaise humeur. Ils ressentent sans cesse la contrainte d'un rôle qu'ils se sont imposé, & pour lequel la nature ne les a point faits; & ils s'en prennent aux autres du tourment qu'ils se donnent à eux-mêmes. Cependant il n'appartient pas à tout le monde de se proposer Caton pour modèle.

Diogène, disciple d'Antisthène, naquit à Sinope, ville de Pont, la troisième année de la quatre-vingt onzième olympiade. Sa jeunesse fut dissolue. Il fut banni pour avoir rogné les espèces. Cette aventure fâcheuse le conduisit à Athènes, où il n'eut pas de peine à goûter un genre de philosophie qui lui promettoit de la célébrité, & qui ne lui prescrivoit d'abord que de renoncer à des richesses qu'il n'avoit point. Antisthène, peu disposé à prendre un faux monnoyeur pour disciple, le rebuta; irrité de son attachement opiniâtre, il se porta même jusqu'à le menacer de son bâton; *frappe*, lui dit Diogène, *tu ne trouveras point de bâton assez dur pour m'éloigner de toi, tant que tu parleras*. Le banni de Sinope prit, en dépit d'Antisthène, le manteau, le bâton, & la besace: c'étoit l'uniforme de la secte. Sa conversion se fit en un moment. En un moment il conçut la haine la plus forte pour le vice, & il professa la frugalité la plus austère. Remarquant un jour une souris qui ramassoit les miettes qui se détachoient de son pain; *& moi aussi*, s'écria-t-il, *je peux me contenter de ce qui tombe de leurs tables*.

Il n'eut pendant quelque tems aucune demeure fixe; il vécut, reposa, enseigna, conversa par-tout où le hasard le promena. Comme on différoit trop à lui bâtir une cellule qu'il avoit demandée, il se réfugia, dit-on, dans un tonneau; espèce de maisons à l'usage des gueux, long-tems avant que Diogène le mît à la mode parmi ses disciples. La sévérité avec laquelle les premiers cénobites se sont traités par esprit de mortification, n'a rien de plus extraordinaire que ce que Diogène & ses successeurs exécutèrent pour s'endurcir à la philosophie. Diogène se rouloit en été dans les sables brûlans; il embrassoit en hiver des statues couvertes de neige; il marchoit les pieds nus sur la glace; pour toute nourriture il se contentoit quelquefois de brouter la pointe des herbes. Qui osera s'offenser après cela de le voir dans les jeux isthmiques se couronner de sa propre main, & de l'entendre lui-même se proclamer vainqueur de l'ennemi le plus redoutable de l'homme, la *volupté*.

Son enjouement naturel résista presque à l'austérité de sa vie. Il fut plaisant, vif, ingénieux, éloquent. Personne n'a dit autant de bons mots. Il faisoit pleuvoir le sel & l'ironie sur les vicieux. Les *cyniques* n'ont point connu cette espèce d'abstraction de la charité chrétienne, qui consiste à distinguer le vice de la personne. Les dangers qu'il courut de la part de ses ennemis; & auxquels il ne paroît point qu'Antisthène, son maître, ait jamais été exposé, prouvent bien que le ridicule est plus difficile à supporter que l'injure. Ici, on répondoit à ses plaisanteries avec des pierres; là, on lui jettoit des os comme à un chien. Par-tout on le trouvoit également insensible. Il fut pris dans le trajet d'Athènes à Egine, conduit en Crete, & mis à l'encan avec d'autres esclaves. Le crieur public lui ayant demandé ce qu'il savoit: *commander aux hommes*, lui répondit Diogène; *& tu peux me vendre à celui qui a besoin d'un maître*. Un corinthien appellé *Xéniade*, homme de jugement sans doute, l'accepta à ce titre, profita de ses leçons, & lui confia l'éducation de ses enfans. Diogène en fit autant de petits *cyniques*; & en très-peu de tems ils apprirent de lui à pratiquer la vertu, à manger des oignons, à marcher les pieds nus, à n'avoir besoin de rien, & à se moquer de tout. Les mœurs des grecs étoient alors très-corrompues. Libre dans son métier de précepteur, il s'appliqua de toute sa force à réformer les mœurs des corinthiens. Il se montra donc dans leurs assemblées publiques; il y harangua avec sa franchise & sa véhémence ordinaires; & il réussit presqu'à en bannir les méchans, sinon à les corriger. Sa plaisanterie fut plus redoutée que les loix. Personne n'ignore son entretien avec Alexandre; mais ce qu'il importe d'observer, c'est qu'en traitant Alexandre avec la dernière hauteur, dans un tems où la Grèce entière se prosternoit à ses genoux, Diogène montra moins encore de mépris pour la grandeur prétendue de ce jeune ambitieux, que pour la lâcheté de ses compatriotes. Personne n'eut plus de fierté dans l'ame, ni de courage dans l'esprit, que ce philosophe. Il s'éleva au dessus de tout évènement, mit sous ses pieds toutes les terreurs, & se joua indistinctement de toutes les folies. A peine eut-on publié le décret qui ordonnoit d'adorer Alexandre sous le nom de *Bacchus de l'Inde*, qu'il demanda lui à être adoré sous le nom de *Sérapis de Grèce*.

Cependant ses ironies perpétuelles ne restèrent point sans quelque espèce de représaille. On le noircit de mille calomnies, qu'on peut regarder comme la monnoie de ses mots. Il fut accusé de son tems, & traduit chez la postérité comme coupable de l'obscénité la plus excessive. Son tonneau ne se représente encore aujourd'hui à notre imagination prévenue, qu'avec un cortège d'images deshonnêtes; on n'ose regarder au fond. Mais les bons esprits qui s'occuperont moins à chercher dans l'histoire ce qu'elle dit, que ce qui est la vérité, trouveront que les soupçons qu'on a répandus sur ses mœurs n'ont eu d'autre fondement que la licence de ses principes. L'histoire scandaleuse de Laïs est démentie par mille circonstances; & Diogène mena une vie si frugale & si laborieuse, qu'il put aisément se passer de femmes, sans user d'aucune ressource honteuse.

Voilà ce que nous devons à la vérité & à la mémoire de cet indécent, mais très-vertueux philosophe. De petits esprits, animés d'une jalouffe baſſe contre toute vertu qui n'eſt pas renfermée dans leur ſecte, ne s'acharneront que trop à déchirer les faſtes de l'antiquité, ſans que nous les ſecondions. Faſons plutôt ce que l'honneur de la philoſophie, & même de l'humanité doit attendre de nous : réclamons contre ces voix imbécilles, & tâchons de relever, s'il ſe peut, dans nos écrits les monumens que la reconnoiſſance & la vénération avoient érigés aux philoſophes anciens, que le tems a détruits, & dont la ſuperſtition voudroit encore abolir la mémoire. *Voyez* l'article ACADEMICIENS; p. 39 & 40. tome I.

Diogène mourut à l'âge de 90 ans. On le trouva ſans vie, enveloppé dans ſon manteau. Le miniſtère public prit ſoin de ſa ſépulture. Il fut inhumé vers la porte de Corinthe, qui conduiſoit à l'Iſthme. On plaça ſur ſon tombeau une colonne de marbre de Paros, avec le chien ſymbole de la ſecte; & ſes concitoyens s'empreſſèrent à l'envi d'éternifer leurs regrets, & de s'honorer eux-mêmes, en enrichiſſant ce monument d'un grand nombre de figures d'airain. Ce ſont ces figures froides & muettes qui dépoſent avec force contre les calomniateurs de Diogène; & c'eſt elles que j'en croirai, parce qu'elles ſont ſans paſſion.

Diogène ne forma aucun ſyſtême de morale; il ſuivit la méthode des philoſophes de ſon tems. Elle conſiſtoit à rappeller toute leur doctrine à un petit nombre de principes fondamentaux qu'ils avoient toujours préſens à l'eſprit, qui dictoient leurs réponſes, & qui dirigeoient leur conduite. Voici ceux du philoſophe Diogène.

Il y a un exercice de l'ame, & un exercice du corps. Le premier eſt une ſource féconde d'images ſublimes qui naiſſent dans l'ame, qui l'enflamment & qui l'élèvent. Il ne faut pas négliger le ſecond, parce que l'homme n'eſt pas en ſanté, ſi l'une des deux parties dont il eſt compoſé eſt malade.

Tout s'acquiert par l'exercice; il n'en faut pas même excepter la vertu. Mais les hommes ont travaillé à ſe rendre malheureux, en ſe livrant à des exercices qui ſont contraires à leur bonheur, parce qu'ils ne ſont pas conformes à leur nature.

L'habitude répand de la douceur juſques dans le mépris de la volupté.

On doit plus à la nature qu'à la loi.

Tout eſt commun entre le ſage & ſes amis. Il eſt au milieu d'eux comme l'être bienfaiſant & ſuprême au milieu de ſes créatures.

Il n'y a point de ſociété ſans loi. C'eſt par la loi que le citoyen jouit de ſa ville, & le républicain de ſa république. Mais ſi les loix ſont mauvaiſes, l'homme eſt plus malheureux & plus méchant dans la ſociété que dans la nature.

Ce qu'on appelle *gloire* eſt l'appât de la ſottiſe, & ce qu'on appelle *nobleſſe* en eſt le maſque.

Une république bien ordonnée ſeroit l'image de l'ancienne ville du monde.

Quel rapport eſſentiel y a-t-il entre l'aſtronomie, la muſique, la géométrie, & la connoiſſance de ſon devoir, & l'amour de la vertu?

Le triomple de ſoi eſt la conſommation de toute philoſophie.

La prérogative du philoſophe eſt de n'être ſurpris par aucun événement.

Le comble de la folie eſt d'enſeigner la vertu, d'en faire l'éloge, & d'en négliger la pratique.

Il ſeroit à ſouhaiter que le mariage fût un vain nom, & qu'on mît en commun les femmes & les enfans.

Pourquoi ſeroit-il permis de prendre dans la nature ce dont on a beſoin, & non pas dans un temple?

L'amour eſt l'occupation des déſoeuvrés.

L'homme dans l'état d'imbécillité, reſſemble beaucoup à l'univers dans ſon état naturel.

Le médiſant eſt la plus cruelle des bêtes farouches, & le flatteur la plus dangereuſe des bêtes privées.

Il faut réſiſter à la fortune par le mépris, à la loi par la nature, aux paſſions par la raiſon.

Aie les bons pour amis, afin qu'ils t'encouragent à faire le bien; & les méchans pour ennemis, afin qu'ils t'empêchent de faire le mal.

Tu demandes aux dieux ce qui te ſemble bon, & ils t'exauceroient peut-être, s'ils n'avoient pitié de ton imbécillité.

Traite les grands comme le feu, & n'en ſois jamais ni trop éloigné, ni trop près.

Quand je vois la philoſophie & la médecine, l'homme me paroît le plus ſage des animaux, diſoit encore Diogène; quand je jette les yeux ſur l'aſtrologie & la divination, je n'en trouve point de plus fou; & il me ſemble, pouvoit-il ajouter, que la ſuperſtition & le deſpotiſme en ont fait le plus miſérable.

Les ſuccès du voleur Harpalus (c'étoit un des

lieutenans d'Alexandre), m'inclineroient presque à croire, ou qu'il n'y a point de dieux, ou qu'ils ne prennent aucun souci de nos affaires.

Parcourons maintenant quelques-uns de ses bons mots. Il écrivit à ses compatriotes: *vous m'avez banni de votre ville, & moi je vous relègue dans vos maisons. Vous restez à Sinope, & je m'en vais à Athènes. Je m'entretiendrai tous les jours avec les plus honnêtes gens, pendant que vous serez dans la plus mauvaise compagnie.* On lui disoit un jour, *on se moque de toi Diogène;* & il répondoit, *& moi je ne me sens point moqué.* Il dit à quelqu'un qui lui remontroit dans une maladie, qu'au lieu de supporter la douleur, il feroit beaucoup mieux de s'en débarrasser en se donnant la mort, lui sur-tout qui paroissoit tant mépriser la vie: *ceux qui savent ce qu'il faut faire & ce qu'il faut dire dans le monde, doivent y demeurer; & c'est à toi d'en sortir, qui parois ignorer l'un & l'autre.* Il disoit de ceux qui l'avoient fait prisonnier: *Les lions sont moins les esclaves de ceux qui les nourrissent, que ceux-ci ne sont les valets des lions.* Consulté sur ce qu'on feroit de son corps après sa mort: *vous le laisserez*, dit-il, *sur la terre*. Et sur ce qu'on lui representa qu'il demeureroit exposé aux bêtes féroces & aux oiseaux de proie: *Non, repliqua-t-il, vous n'aurez qu'à mettre auprès de moi mon bâton.* J'omets ses autres bons mots qui sont assez connus.

Ceux-ci suffisent pour montrer que Diogène avoit le caractère tourné à l'enjouement, & qu'il y avoit plus de tempérament encore que de philosophie dans cette insensibilité gaie & tranquille, qu'il a poussée aussi loin qu'il est possible à la nature humaine de la porter; *c'étoit*, dit Montaigne dans son style énergique & original qui plait aux personnes du meilleur goût, lors même qu'il paroît trivial, *une espèce de ladrerie spirituelle, qui a un air de santé que la philosophie ne méprise pas.* Il ajoute dans un autre endroit: *ce cynique, qui huguenaudoit à part-soi, & hochoit du nez le grand Alexandre, nous estimant des mouches ou des vessies pleines de vent, étoit bien juge plus aigre & plus poignant que Timon, qui fut surnommé le haïsseur des hommes; car ce qu'on hait, on le prend à cœur: celui-ci nous souhaitoit du mal, étoit passionné du desir de notre ruine, fuyoit notre conversation comme dangereuse; l'autre nous estimoit si peu, que nous ne pouvions ni le troubler, ni l'altérer par notre contagion; s'il nous laissoit de compagnie, c'étoit pour le dédain de notre commerce, & non pour la crainte qu'il en avoit; il ne nous tenoit capables, ni de lui bien, ni de lui mal faire.*

Il y eut encore des cyniques de réputation après la mort de Diogène. On peut compter de ce nombre.

Xéniade, dont il avoit été l'esclave. Celui-ci jetta les premiers fondemens du scepticisme, en soutenant *que tout étoit faux, que ce qui paroissoit de nouveau naissoit de rien, & que ce qui disparoissoit retournoit à rien.*

Onésicrite, homme puissant & considéré d'Alexandre. Diogène Laërce raconte qu'Onésicrite, ayant envoyé le plus jeune de ses fils à Athènes, où Diogène professoit alors la philosophie, cet enfant eut à peine entendu quelques-unes de ses leçons, qu'il devint son disciple; que l'éloquence du philosophe produisit le même effet sur son frère aîné, & qu'Onésicrite lui-même ne put s'en défendre.

Ce *Phocion*, que Démosthène appelloit *la coignée de ses périodes*, qui fut surnommé l'*homme de bien*, que tout l'or de Philippe ne put corrompre, qui demandoit à son voisin, un jour qu'il avoit harangué avec les plus grands applaudissemens du peuple, *s'il n'avoit point dit de sottises.*

Stilpon de Megare & d'autres hommes d'état.

Monime de Syracuse, qui prétendoit que *nous étions trompés sans cesse par des simulacres*; système dont Malebranche n'est pas éloigné, & que Berkley a suivi. (*Voyez* BERKELEISME).

Cratès de Thèbes, celui qui ne se vengea d'un soufflet qu'il avoit reçu d'un certain Nicodromus, qu'en faisant écrire au bas de sa joue enflée du soufflet: *c'est de la main de Nicodrome*, *Nicodromus fecit*; allusion plaisante à l'usage des peintres. Cratès sacrifia les avantages de la naissance & de la fortune à la pratique de la *philosophie cynique*. Sa vertu lui mérita la plus haute considération dans Athènes. Il connut la force de cette espèce d'autorité publique, & il en usa pour rendre ses compatriotes meilleurs. Quoiqu'il fût laid de visage & bossu, il inspira la passion la plus violente à Hipparchia, sœur du philosophe Métrocle. Il faut avouer à l'honneur de Cratès qu'il fit jusqu'à l'indécence inclusivement, tout ce qu'il falloit pour détacher une femme d'un goût un peu délicat, & à l'honneur d'Hipparchia, que la tentative du philosophe fut sans succès. Il se présenta nud devant elle, & lui dit, en lui montrant sa figure contrefaite & ses vêtemens déchirés: *voilà l'époux que vous demandez, & voilà tout son bien.* Hipparchia épousa son cynique bossu, prit la robe de philosophe, & devint aussi indécente que son mari, s'il est vrai que Cratès lui ait proposé de consommer le mariage sous le portique, & qu'elle y ait consenti. Mais ce fait, n'en déplaise à Sextus-Empiricus, à Apulée, à Théodoret, à Lactance, à S. Clément d'Alexandrie, & à Diogène Laërce, n'a pas l'ombre de la vraisemblance; il ne s'accorde ni avec le caractère d'Hipparchia, ni avec les principes de Cratès, & reffemble tout-à-fait à ces mauvais contes dont la méchanceté fe plaît à flétrir les grands noms, & que la crédulité forte adopte avec avidité & accrédite avec joie.

Métrocle, frère d'Hipparchia & difciple de Cratès. On fait à celui-ci un mérite d'avoir en mourant condamné fes ouvrages au feu ; mais fi l'on juge de fes productions par la foibleffe de fon efprit & la pufillanimité de fon caractère, on ne les eftimera pas dignes d'un meilleur fort.

Théombrote & Cléomène, difciples de Métrocle.

Démétrius d'Alexandrie, difciple de Théombrote. *Timarque* de la même ville, & *Echecle* d'Ephèfe, difciples de Cléomène. *Ménédeme*, difciple d'Echecle. Le *cynifme* dégénéra dans celui-ci en frénéfie ; il fe déguifoit en Tyfiphone, prenoit une torche à la main, & couroit les rues, en criant que *les dieux des enfers l'avoient envoyé fur la terre pour difcerner les bons des méchans*.

Ménédeme le frénétique eut pour difciple *Créfibius*, de Chalcis, homme d'un caractère badin & d'un efprit gai qui, plus philofophe peut-être qu'aucun de fes prédéceffeurs, fut plaire aux grands fans fe proftituer, & profiter de leur familiarité pour leur faire entendre la vérité, & goûter la vertu.

Ménippe, le compatriote de Diogène. Ce fut un des derniers *Cyniques* de l'école ancienne ; il fe rendit plus recommandable par le genre d'écrire, auquel il a laiffé fon nom, que par fes mœurs & fa philofophie. Il étoit naturel que Lucien qui l'avoit pris pour fon modèle en littérature, en fît fon héros en morale. Ménippe faifoit le commerce, compofoit des fatyres & prêtoit fur gage. Dévoré de la foif d'augmenter fes richeffes, il confia tout ce qu'il en avoit amaffé à des marchands qui le volèrent. Diogène brifa fa taffe, lorfqu'il eut reconnu qu'on pouvoit boire dans le creux de fa main. Cratès vendit fon patrimoine, & en jetta l'argent dans la mer, en criant : *je fuis libre*. Un des premiers difciples d'Antifthène auroit plaifanté de la perte de fa fortune, & fe feroit repofé fur cet argent qui faifoit commettre de fi vilaines actions, du foin de le venger de la mauvaife foi de fes affociés ; le *cynique* ufurier en perdit la tête, & fe pendit.

Ainfi finit le *cynifme* ancien. Cette philofophie reparut quelques années avant la naiffance de Jéfus-Chrift, mais dégradée. Il manquoit aux *cyniques* de l'école moderne les ames fortes, & les qualités fingulières d'Antifthène, de Cratès & de Diogène. Les maximes hardies que ces philofophes avoient avancées, & qui avoient été pour eux la fource de tant d'actions vertueufes, outrées, mal-entendues par leurs derniers fucceffeurs, les précipitèrent dans la débauche & le mépris. Les noms de *Carnéade*, de *Mufonius*, de *Demonax*, de *Démétrius* & d'*Œnomaüs*, de *Crefcence*, de *Pérégrin* & de *Salluste*, font toutefois parvenus jufqu'à nous ; mais ils n'y font pas tous parvenus fans reproche & fans tache.

Nous ne favons rien de Carnéade le *cynique*. Nous ne favons que peu de chofe de Mufonius. Julien a loué la patience de ce dernier. Il fut l'ami d'Apollonius de Thyane & de Démétrius ; il ofa affronter *le monftre à figure d'homme, & à tête couronnée*, & lui reprocher fes crimes. Néron le fit jetter dans les fers & conduire aux travaux publics de l'ifthme, où il acheva fa vie à creufer la terre & à faire des ironies. La vie & les actions de Démétrius ne nous font guère mieux connues que celles des deux philofophes précédens ; on voit feulement que le fort de Mufonius ne rendit pas Démétrius plus réfervé. Il vécut fous quatre empereurs, devant lefquels il conferva toute l'aigreur cynique, & qu'il fit quelquefois pâlir fur le trône. Il affifta aux derniers momens du vertueux Thraféa. Il mourut fur la paille, craint des méchans, refpecté des bons & admiré de Séneque. Œnomaüs fut l'ennemi déclaré des prêtres & des faux *cyniques*. Il fe chargea de la fonction de dévoiler la fauffeté des oracles, & de démafquer l'hypocrifie des prétendus philofophes de fon temps, fonction dangereufe ; mais Démétrius penfoit apparemment qu'il peut y avoir du mérite, mais qu'il n'y a aucune générofité à faire le bien fans danger. Démonax vécut fous Hadrien, & put fervir de modèle à tous les philofopes ; il pratiqua la vertu fans oftentation, & reprit le vice fans aigreur ; il fut écouté, refpecté & chéri pendant fa vie, & préconifé par Lucien même après fa mort. On peut regarder Crefcence comme le contrafte de Démonax, & le pendant de Pérégrin. Je ne fais comment on a placé au rang des philofophes un homme fouillé de crimes & couvert d'opprobres, rampant devant les grands, infolent avec fes égaux, craignant la douleur jufqu'à la pufillanimité, courant après la richeffe, & n'ayant du véritable *cynique* que le manteau qu'il déshonoroit. Telle fut Crefcence. Pérégrin commença par être adultère, pédérafte, parricide, & finit par devenir *cynique*, chrétien, apoftat & fou. La plus louable action de fa vie, c'eft de s'être brûlé tout vif : qu'on juge par-là des autres. Sallufte, le dernier des *cyniques*, étudia l'éloquence dans Athènes, & profeffa la philofophie dans Alexandrie. Il s'occupa particulièrement à tourner le vice en ridicule, à décrier les faux *cyniques*, & à combattre les hypothèfes de la philofophie platonicienne.

Concluons de cet abrégé hiftorique, qu'aucune fecte de philofophie n'eut, s'il m'eft permis de m'expliquer ainsi, une physionomie plus décidée que le *cynisme*. On se faisoit académicien, éclectique, cyrénaïque, pyrrhonien, sceptique; mais il falloit naître *cynique*. Les faux *cyniques* furent une populace de brigands travestis en philosophes, & les *cyniques* anciens de très-honnêtes gens qui ne méritèrent qu'un reproche qu'on n'encourt pas communément, c'est d'avoir été des enthousiastes de vertu. Mettez un bâton à la main de certains cénobites du Mont-Athos, qui ont déjà l'ignorance, l'indécence, la pauvreté, la barbe, l'habit grossier, la besace, la sandale d'Antisthène; supposez-leur ensuite de l'élévation dans l'ame, une passion violente pour la vertu, & une haine vigoureuse pour le vice, & vous en ferez une secte de *cyniques*. Voyez *Bruck. Stanl. & l'Hist. de la Philos.*

Cet article est de DIDEROT.

CYRÉNAÏQUE. (secte) (*Histoire ancienne de la philosophie & des philosophes*).

On vit éclore dans l'école socratique, de la diversité des matières dont Socrate entretenoit ses disciples, de sa manière presque sceptique de les traiter, & des différens caractères de ses auditeurs, une multitude surprenante de systèmes opposés, une infinité de sectes contraires qui en sortirent toutes formées; comme on lit dans le poète, que les héros grecs étoient sortis tout armés du cheval de Troye, ou plutôt comme la mythologie raconte, que naquirent des dents du serpent, des soldats qui se mirent en pièces sur le champ même qui les avoit produits. Aristippe fonda dans la Lybie, & répandit dans la Grèce & ailleurs, la secte *cyrénaïque*, Euclide, la mégarique, Phédon, la cynique, &c.

La secte *cyrénaïque* dont il s'agit ici, prit son nom de Cyrène, ville d'Afrique, la patrie d'Aristippe, fondateur de la secte. Ce philosophe ne fut ennemi, ni de la richesse, ni de la volupté, ni de la réputation, ni des femmes, ni des hommes, ni des dignités. Il ne se piqua ni de la pauvreté d'Antisthène, ni de la frugalité de Socrate, ni de l'insensibilité de Diogène. Il invitoit ses élèves à jouir des agrémens de la vie, & lui-même ne s'y refusoit pas. La commodité de sa morale donna mauvaise opinion de ses mœurs; & la considération qu'on eut dans le monde pour lui & pour ses sectateurs excita la jalousie des autres philosophes: *tanta ne animis cælestibus*, &c. On mésinterpréta la familiarité dont il usoit avec ses jeunes élèves, & l'on répandit sur sa conduite secrète des soupçons qui seroient plus sérieux aujourd'hui qu'ils ne l'étoient alors.

Cette espèce d'intolérance philosophique le fit sortir d'Athènes; il changea plusieurs fois de séjour, mais il conserva par-tout les mêmes principes. Il ne rougit point à Égine de se montrer entre les adorateurs les plus ardens de Laïs, & il répondoit aux reproches qu'on lui en faisoit, qu'il pouvoit posséder Laïs sans cesser d'être philosophe, pourvu que Laïs ne le possédât pas; & comme on se proposoit de mortifier son amour-propre en lui insinuant que la courtisane se vendoit à lui & se donnoit à Diogène, il disoit : *je l'achète pour m'en servir, & non pour empêcher qu'un autre ne s'en serve*. Quoi qu'il en soit de ces petites anecdotes, dont un homme sage sera toujours très-réservé, soit à nier, soit à garantir la vérité, je ne comprends guère par quel travers d'esprit, on permettoit à Socrate le commerce d'Aspasie, & l'on reprochoit à Aristippe celui de Laïs. Ces femmes étoient toutes deux fameuses par leur beauté, leur esprit, leurs lumières & leur galanterie. Il est vrai que Socrate professoit une morale fort austère, & qu'Aristippe étoit un philosophe très-voluptueux; mais il n'est pas moins constant que les philosophes n'avoient alors aucune répugnance à recevoir les courtisanes dans leurs écoles, & que le peuple ne leur en faisoit aucun crime.

Aristippe se montra de lui-même à la cour de Denis, où il réussit beaucoup mieux que Platon que Dion y avoit appelé. Personne ne sut comme lui se plier aux tems, aux lieux & aux personnes; jamais déplacé, soit qu'il vécut avec éclat sous la pourpre & dans la compagnie des rois, soit qu'il enseignât obscurément dans l'ombre & la poussière d'une école. Je n'ai garde de blâmer cette philosophie versatile; j'en trouve même la pratique, quand elle est accompagnée de dignité, pleine de difficultés & fort au-dessus des talens d'un homme ordinaire. Il me paroit seulement qu'Aristippe manquoit à Socrate, à Diogène & à Platon, & s'abaissoit à un rôle indigne de lui, en jettant du ridicule sur ces hommes respectables, devant des courtisans oisifs & corrompus, qui ressentoient une joie maligne de les voir dégradés; parce que cet avilissement apparent les consoloit un peu de leur petitesse réelle. N'est-ce pas en effet une chose bien humiliante à se représenter, qu'une espèce d'amphithéatre élevé par le philosophe Aristippe, où il se met aux prises avec les autres philosophes de l'école de Socrate, les donne & se donne lui-même en spectacle à un tyran & à ses esclaves ?

Il faut avouer cependant qu'on ne remarque pas dans le reste de sa conduite, ce défaut de jugement avec lequel il laissoit échapper si mal-à-propos le mépris bien ou mal fondé qu'il avoit pour les autres sectes. Ce philosophe prit autant de faces différentes que le caractère féroce de Denis, il fut, selon les circonstances, ou le mépriser, ou le réprimer, ou le vaincre, ou lui échapper, employant alternativement, ou la prudence, ou la fermeté, ou l'esprit, ou la liberté, & en imposant toujours au maître & à ses courtisans. Il fit respecter la vertu, entendre la vérité, & rendre justice à l'innocence, sans abuser de sa considération, sans avilir son caractère, sans compromettre sa personne. Quelque forme qu'il prit, on lui remarqua toujours l'ongle du lion qui distinguoit l'élève de Socrate.

Aristippe cultiva particulièrement la morale, & il comparoit ceux qui s'arrêtoient trop long-tems à l'étude des beaux arts, aux amans de Pénélope, qui négligeoient la maîtresse de la maison pour s'amuser avec ses femmes. Il entendoit les mathématiques, & il en faisoit cas. Ce fut lui qui dit à ses compagnons de voyage, en appercevant quelques figures de géométrie sur un rivage inconnu où la tempête les avoit jettés : *courage mes amis, je vois des pas d'hommes*. Il estima singulièrement la dialectique, sur-tout appliquée à la philosophie morale.

Il pensoit que nos sensations ne peuvent jamais être fausses ; qu'il est possible d'errer sur la nature de leur cause, mais non sur leurs qualités & sur leur existence.

Que ce que nous croyons appercevoir hors de nous est peut-être quelque chose, mais que nous l'ignorons.

Qu'il faut dans le raisonnement rapporter tout à la sensation, & rien à l'objet, ou à ce que nous prenons pour tel.

Qu'il n'est pas démontré que nous éprouvions tous les mêmes sensations, quoique nous convenions tous dans les termes.

Que par conséquent en dispute rigoureuse, il est mal de conclure de soi à un autre, ou du *soi* du moment présent, au *soi* d'un moment à venir.

Qu'entre les sensations, il y en a d'agréables, de fâcheuses & d'intermédiaires.

Et que dans le calcul du bonheur & du malheur, il faut tout rapporter à la douleur & au plaisir, parce qu'il n'y a que cela de réel ; & sans avoir aucun égard à leurs causes morales, compter pour du mal les fâcheuses, pour du bien les agréables, & pour rien les intermédiaires.

Ces principes servoient de base à sa philosophie. Et voici les inductions qu'il en tiroit, rendues à peu-près dans la langue de nos géomètres modernes.

Tous les instans où nous ne sentons rien, sont zéro pour le bonheur & pour le malheur.

Nous n'avons de sensations à faire entrer en compte dans l'évaluation de notre bonheur & de notre malheur, que le plaisir & la peine.

Une peine ne diffère d'une peine, & un plaisir ne diffère d'un plaisir, que par la durée & par le degré.

Le *momentum* de la douleur & de la peine, est le produit instantanée de la durée par le degré.

Ce sont les sommes des *momentum* de peine & de plaisir passé, qui donnent le rapport du malheur au bonheur de la vie.

Les *cyrénaïques* prétendoient que le corps fournissoit plus que l'esprit dans la somme des *momentum* de plaisir.

Que l'insensé n'étoit pas toujours mécontent de son existence, ni le sage toujours content de la sienne.

Que l'art du bonheur consistoit à évaluer ce qu'une peine qu'on accepte doit rendre de plaisir.

Qu'il n'y avoit rien qui fût en soi peine & plaisir.

Que la vertu n'étoit à souhaiter qu'autant qu'elle étoit ou un plaisir présent, ou une peine qui devoit rapporter plus de plaisir.

Que le méchant étoit un mauvais négociant, qu'il étoit moins à propos de punir que d'instruire de ses intérêts.

Qu'il n'y avoit rien en soi de juste & d'injuste, d'honnête & de déshonnête.

Que de même que la sensation ne s'appelloit *peine* ou *plaisir* qu'autant qu'elle nous attachoit à l'existence, ou nous en détachoit ; une action n'étoit juste ou injuste, honnête ou déshonnête, qu'autant qu'elle étoit permise ou défendue par la coutume ou par la loi.

Que le sage fait tout pour lui-même, parce qu'il est l'homme qu'il estime le plus ; & que quelque heureux qu'il soit, il ne peut se dissimuler qu'il mérite encore de l'être davantage.

Aristippe eut deux enfans, un fils indigne de lui qu'il abandonna ; une fille qui fut célèbre par sa beauté, ses mœurs & ses connoissances. Elle s'appelloit *Areté*. Elle eut un fils nommé *Aristippe*, dont elle fit elle-même l'éducation, & qu'elle rendit par ses leçons digne du nom qu'il portoit.

Aristippe eut pour disciples Théodore, Synale, Antipater, & sa fille Areté. Areté eut pour disciple son fils Aristippe. Antipater enseigna la doctrine *cyrénaïque* à Epimide. Epimide à Péribate ; & Péribate à Hégésias & à Annicéris, qui fondèrent les sectes hégésiaques & annicériennes dont nous allons parler.

Hégésias, surnommé le Pisithanate, étoit tellement convaincu que l'existence est un mal, préféroit si sincèrement la mort à la vie, & s'en exprimoit avec tant d'éloquence, que plusieurs de ses disciples se défirent au sortir de son école. Ses principes étoient les mêmes que ceux d'Aristippe; ils inſtituoient l'un & l'autre un calcul moral, mais ils arrivoient à des réſultats différens. Ariſtippe diſoit qu'il étoit indifférent de vivre ou de mourir, parce qu'il étoit impoſſible de ſavoir ſi la ſomme des plaiſirs ſeroit à la fin de la vie, plus grande ou plus petite que la ſomme des peines; & Hégéſias qu'il falloit mourir, parce qu'encore qu'il ne pût être démontré que la ſomme des peines ſeroit à la fin de la vie plus grande que celle des plaiſirs, il y avoit cent mille à parier contre un qu'il en arriveroit ainſi, & qu'il n'y avoit qu'un fou qui dût jouer ce jeu là: cependant Hégéſias le jouoit dans le moment même qu'il parloit ainſi.

La doctrine d'Anniceris différoit peu de celle d'Epicure; il avoit ſeulement quelques ſentimens aſſez ſinguliers. Il penſoit, par exemple, qu'on ne doit rien à ſes parens pour la vie qu'on en a reçue; qu'il eſt beau de commettre un crime pour le ſalut de la patrie; & que de ſouhaiter avec ardeur la proſpérité de ſon ami, c'eſt craindre ſecrettement pour ſoi les ſuites de ſon adverſité.

Théodore l'athée jetta par ſon pyrroniſme le trouble & la diviſion dans la ſecte cyrénaïque. Ses adverſaires trouvèrent qu'il étoit plus facile de l'éloigner que de lui répondre; mais il s'agiſſoit de l'envoyer dans quelque endroit où il ne pût nuire à perſonne. Après y avoir ſérieuſement réfléchi, ils le reléguèrent du fond de la Lybie dans Athènes. Les juges de l'aréopage lui auroient bientôt fait préparer la ciguë, ſans la protection de Démétrius de Phalère. On ne ſait ſi Théodore nia l'exiſtence de Dieu, ou s'il en combattit ſeulement les preuves; s'il n'admit ſeulement qu'un Dieu, ou s'il n'en admit point du tout: ce qu'il y a de certain, c'eſt que le magiſtrat & les prêtres n'entrèrent point dans ces diſtinctions ſubtiles; que les magiſtrats s'apperçurent ſeulement qu'elles troubloient la ſociété; les prêtres qu'elles renverſoient leurs autels; & qu'il en coûta la vie à Théodore & à quelques autres.

On a attribué à Théodore des ſentimens très-hardis, pour ne rien dire de plus. On lui fait ſoutenir que l'homme prudent ne doit point s'expoſer pour le ſalut de la patrie, parce qu'il n'eſt pas raiſonnable que le ſage périſſe pour les fous; qu'il n'y a rien en ſoi ni d'injuſte ni de déſhonnête; que le ſage ſera dans l'occaſion voleur, ſacrilège, adultère; & qu'il ne rougira jamais de ſe ſervir d'une courtiſane en public. Mais le ſavant & judicieux Brucker traite toutes ces imputations de calomnieuſes; & rien n'honore plus ſon cœur que le reſpect qu'il porte à la mémoire des anciens philoſophes, & ſon eſprit, que la manière dont il les défend. N'eſt-il pas en effet bien intéreſſant pour l'humanité & pour la philoſophie, de perſuader aux peuples que les meilleurs eſprits qu'ait eus l'antiquité, regardoient l'exiſtence d'un Dieu comme un préjugé, & la vertu comme un vain nom!

Evemere le cyrénaïque fut encore un de ceux que les prêtres du paganiſme accuſèrent d'impiété, parce qu'il indiquoit ſur la terre les endroits où l'on avoit inhumé leurs Dieux.

Bion le boriſthénite paſſa pour un homme d'un eſprit excellent & d'une piété fort ſuſpecte. Il fut cynique ſous Cratès; il devint cyrénaïque ſous Théodore; il ſe fit péripatéticien ſous Théophraſte, & finit par prendre de ces ſectes ce qu'elles avoient de bon, & par n'être d'aucune. On lui remarqua la fermeté d'Antiſthène, la politeſſe d'Ariſtippe; & la dialectique de Socrate. Il étoit né de parens très-obſcurs, & ne s'en cachoit pas. On l'accuſe d'avoir traité de ſottiſe la continence de Socrate avec Alcibiade; mais on n'a qu'à conſulter l'auteur que nous avons déjà cité, pour connoître quel degré de foi il faut accorder à ces anecdotes ſcandaleuſes (1), & à quelques autres de la même nature. Les prêtres du paganiſme ne pouvoient ſupporter qu'on accordât de la probité aux inconvaincus de leur tems: ou ils leur reprochoient comme des crimes les mêmes foibleſſes qu'ils ſe pardonnoient, ou ils en accuſoient leur façon de penſer, quoiqu'avec des ſentimens plus orthodoxes, ils ne fiſſent pas mieux qu'eux; ou ils les calomnioient ſans pudeur, lorſqu'ils en étoient réduits à cette reſſource: *c'eſt toujours montrer de la piété envers les dieux, diſoient-ils, que de dénigrer à tort & à travers ces hommes pervers.*

Tels furent les principaux philoſophes cyrénaïques. Cette ſecte ne dura pas long-tems. Et comment auroit-elle duré? Elle n'avoit point d'école en Grèce; elle étoit diviſée en Lybie, ſoupçonnée d'athéiſme par les prêtres, accuſée de corruption par les autres philoſophes, & perſécutée par les magiſtrats. Elle exigeoit un concours de qualités, qui ſe rencontrent ſi rarement dans la même perſonne, qu'il n'y a jamais eu que ſon fondateur qui les ait bien réunies; & elle ne ſe ſoutenoit que par quelques tranſfuges des Stoïciens, que la douleur déſabuſoit de l'apathie. *Voyez* Bruck. Stanley hiſt. de la phil.

(Cet article eſt de DIDEROT).

(1) Conſultez à ce ſujet l'article ACADÉMICIENS (philoſophie des) p. 29., & ſuiv. juſqu'à la p. 40. J'ai fait voir dans cet article, l'injuſtice des ſoupçons que la haine s'eſt plu dans tous les tems à jetter ſur les mœurs de la plupart des philoſophes grecs, & j'ai tâché d'y réduire à leur juſte valeur ces accuſations calomnieuſes, dont ils ont été ſi ſouvent les victimes.

D

DIDEROT (*philosophie de*) (Histoire de la philosophie moderne.)

L'homme célèbre dont je vais exposer la philosophie, étoit mon intime ami : quoique le premier devoir (1) d'un historien, & même de tous les hommes, soit d'être justes; quoique personne, peut-être, ne soit ni plus pénétré que moi de cette importante vérité, ni plus disposé, par caractère & par réflexion, à se conformer rigoureusement aux loix qu'elle impose, je crains que le sentiment tendre & doux qui m'unissoit à *Diderot*, & qui me rend encore aujourd'hui son image si présente, & sa mémoire si respectable & si chère ne me fasse quelquefois illusion; je crains que le regret de la perte de mon ami, le souvenir des soins qu'il a pris de rectifier souvent mes idées, d'éprouver mon jugement (2), de me guider dans l'ordre & le choix de mes études, d'en perfectionner la méthode, de m'éclairer de ses sages conseils & de sa critique également fine & judicieuse, ne me rende malgré moi, & sans m'en appercevoir, moins sévère peut-être que je ne le dois, & par conséquent injuste, car il n'y a qu'une seule manière de tenir la balance parfaitement égale ; & les degrés divers d'inclinaison qu'on peut lui donner sont infinis.

Pour remplir le vœu de la famille de *Diderot*, & sur-tout pour offrir, sinon quelque consolation, au moins quelque diversion à la douleur si profonde & si touchante de sa fille, je consacrai les six premiers mois qui suivirent la mort de son père, à écrire des *mémoires historiques & philosophiques* pour servir à la vie de ce grand homme. Ces *mémoires* que je n'aurois pu faire imprimer, il y a six mois (3), sans irriter la haine d'un ministère toujours agité de petites passions, & occupé de petites vues; sans offrir à des juges fanatiques & prévaricateurs une occasion de commettre un crime de plus ; ces *mémoires*, pensés & écrits par-tout avec cette liberté si nécessaire dans les matières philosophiques, mais dont on punissoit si cruellement l'usage dans un gouvernement où les droits les plus sacrés de l'homme étoient impunément méconnus & violés, pourroient être insérés tout entiers dans cet article. L'heureuse révolution qui s'est opérée dans l'ordre des choses, & qui a rendu à tous les françois trop long-temps flétris par les fers du despotisme leur vertu première & leur antique énergie, m'avoit d'abord inspiré le dessein de profiter du moins de cette circonstance si désirée, si inattendue, & de déposer en quelque sorte ces *mémoires* sur la vie de *Diderot*, au milieu même d'un monument que le temps perfectionnera sans doute, mais qu'il ne peut jamais détruire. Cette idée d'associer ainsi tous les titres de gloire de ce philosophe à la durée inaltérable de l'édifice même qu'il a le premier élevé à l'honneur des sciences & des arts, m'avoit séduit; mais après y avoir plus mûrement réfléchi, j'ai jugé qu'un article d'Encyclopédie ne pouvant ni embrasser un aussi grand espace, ni avoir le même objet, ni être écrit du même style & avec les mêmes détails, ni permettre les mêmes excursions que des *mémoires historiques*, ces derniers devoient nécessairement former un ouvrage à part : en un mot, j'ai pensé que dans un dictionnaire tel que *l'Encyclopédie Méthodique*, il falloit exposer sur un autre plan la philosophie de *Diderot*. C'est ce que je vais faire avec tout le soin dont je suis capable, & qu'exige l'importance des matières qui doivent faire le sujet de cet article.

A l'égard des *mémoires* dont je viens de parler, quoiqu'ils ne soient point encore imprimés, j'y renvoye néanmoins le lecteur : c'est une espèce d'engagement que je prends avec lui, de remplir enfin envers un ami que je regretterai sans cesse, un devoir dont l'amour du repos, & des considérations peut-être encore plus fortes, plus impérieuses, ne m'ont pas permis jusqu'à présent de m'acquitter. Mais un jour plus pur nous luit. Ces règnes où les actes d'autorité, & ce que Tacite appelle *arcana dominationis*, ont été si fréquens, si destructeurs; ces règnes sous lesquels nous avons donné de si grands exemples de patience (4), ou plutôt d'une longue ser-

---

(1) Appliquez ici ce beau passage de Tacite. *Præcipuum munus annalium reor, ne virtutes sileantur, utque pravis dictis factisque ex posteritate & infamia metus sit... Annal. lib. 3 cap. 65.*

(2) J'en ai cité un exemple remarquable dans les réflexions préliminaires qui servent d'introduction à l'article CONDILLAC (philosophie de) *Voyez* ci-dessus, pag. 7. colon. 1.

(3) On écrit ceci au mois de novembre 1789.
Philosophie anc. & mod., Tome II.

(4) *Dedimus profectò grande patientiæ documentum,*

V

vitude, ne se reverront plus. Le peuple à qui seul appartient la souveraineté a enfin senti sa force, & sa volonté suprême a fait plier celle de tous ces petits tyrans subalternes qui enchaînoient autrefois, & à qui il ne reste plus désormais qu'à frémir de rage autour de leurs sceptres brisés. Bientôt les prêtres appauvris, décrédités, mais sur-tout avilis dans l'opinion publique, pourront, sans danger pour la tranquillité de l'état, insulter publiquement à la raison en prêchant leurs dogmes absurdes ; bientôt ces apôtres du mensonge que *Diderot* définissoit si bien des couteaux à deux tranchans, se déposant alternativement, selon leurs intérêts ou entre les mains du roi pour couper le peuple, ou entre les mains du peuple pour couper le roi, ne seront plus pour l'un & pour l'autre qu'un vain épouvantail ; & nous verrons enfin la loi armée de toute sa force, la loi que les jurisconsultes appellent une convention générale des citoyens, *communis reipublicæ sponsio*, établir son empire légitime dans les mêmes lieux où naguere la volonté arbitraire d'un seul homme constituoit seule le juste & l'injuste, & disposoit aveuglément de l'honneur, de la liberté & de la vie de tous.

Pour que l'analyse des ouvrages de *Diderot* puisse offrir au lecteur un tableau fidele de ses progrès en philosophie spéculative, & de la rapidité avec laquelle il s'est élevé par des méditations profondes & par des connoissances recueillies, pour ainsi dire, de l'étude réfléchie des sciences & des arts aux concepts les plus hardis, nous croyons devoir déterminer avec exactitude dans cet extrait l'époque de chaque ouvrage de *Diderot*. Toutes les idées de ce philosophe, ainsi exposées dans l'ordre où elles se sont présentées à son esprit, plutôt que dans celui qu'une analyse sévere & méthodique leur donneroit, feront mieux connoître le caractere particulier & vraiment original de son génie ; car il en a un qui lui est propre, dont tous ses ouvrages portent le signe & l'empreinte plus ou moins distincts, & qui étoit même très-marqué dans sa conversation.

Le premier de ses ouvrages est une traduction faite à sa maniere, d'un traité du Lord Shaftsbury, auquel il joignit des notes en général plus chrétiennes que philosophiques. Ce moment de ferveur, ou plutôt cette espece de fievre religieuse ne dura pas long-temps ; il en fut quitte pour quelques accès dont il n'eut aucun ressentiment depuis cette époque. Comme la *crise* avoit été *parfaite*, pour parler un moment la langue des médecins, & que toute la matiere superstitieuse avoit été évacuée, la guérison fut complette & s'annonça même par un symptôme non équivoque, je veux dire, par les *pensées philosophiques* qu'il publia un an après *l'Essai sur le mérite & la vertu*.

Voici un extrait de ces *pensées*, écrites par-tout d'un style vif, animé, énergique & clair.

I.

Il n'y a que les passions & les grandes passions qui puissent élever l'ame aux grandes choses. Sans elles, plus de sublime, soit dans les mœurs, soit dans les ouvrages ; les beaux arts retournent en enfance, & la vertu devient minutieuse.

II.

Les passions sobres font les hommes communs. Si j'attends l'ennemi, quand il s'agit du salut de ma patrie, je ne suis qu'un citoyen ordinaire. Mon amitié n'est que circonspecte, si le péril d'un ami me laisse les yeux ouverts sur le mien.

III.

Les passions amorties dégradent les hommes extraordinaires. La contrainte anéantit la grandeur & l'énergie de la nature.

IV.

Plus d'excellence en poésie, en peinture, en musique, lorsque la superstition aura fait sur le tempérament l'ouvrage de la vieillesse.

V.

C'est le comble de la folie que de se proposer la ruine des passions. Le beau projet que celui d'un dévot qui se tourmente comme un forcené pour ne rien désirer, ne rien aimer, ne rien sentir, & qui finiroit par devenir un vrai monstre s'il réussissoit !

VI.

Si Pacôme a bien fait de rompre avec le genre humain pour s'enterrer dans une solitude, il ne m'est pas défendu de l'imiter : en l'imitant, je serai tout aussi vertueux que lui, & je ne devine pas pourquoi cent autres n'auroient pas le même droit que moi. Cependant il feroit beau voir une province entiere effrayée des dangers de la société,

---

& sicut vetus ætas vidit quid ultimum in libertate esset, ita nos quid in servitute, adempto per inquisitiones, & loquendi audiendique commercio. *Tacit. in vit. agricol. cap.* 2.

Je ne rapporte ici qu'une partie de ce beau passage que j'ai cité tout entier dans le discours préliminaire du premier volume de ce dictionnaire philosophique. *Voyez* la page 4.

se disperser dans les forêts; les habitans vivre en bêtes farouches pour se sanctifier; mille colonnes élevées sur les ruines de toutes affections sociales; un nouveau peuple de Stylites se dépouiller par religion des sentimens de la nature, cesser d'être hommes & faire les statues pour être vrais chrétiens.

VII.

Il y a des gens dont il ne faut pas dire qu'ils craignent Dieu; mais bien qu'ils en ont peur.

VIII.

Sur le portrait qu'on me fait de l'Être Suprême, sur son penchant à la colère, sur la rigueur de ses vengeances, sur certaines comparaisons qui nous expriment en nombres le rapport de ceux qu'il laisse périr, à ceux à qui il daigne tendre la main, l'ame la plus droite seroit tentée de souhaiter qu'il n'existât pas. L'on seroit assez tranquille en ce monde, si l'on étoit assez assuré que l'on n'a rien à craindre dans l'autre: la pensée qu'il n'y a point de Dieu n'a jamais effrayé personne; mais bien celle qu'il y en a un, tel que celui qu'on me peint.

IX.

Il ne faut imaginer Dieu ni trop bon ni méchant. La justice est entre l'excès de la clémence & la cruauté, ainsi que les peines finies sont entre l'impunité & les peines éternelles.

X.

Les idées sombres de la superstition sont plus généralement approuvées que suivies; il est des dévots qui n'estiment pas qu'il faille se haïr cruellement pour bien aimer Dieu, & vivre en désespérés pour être religieux: leur dévotion est enjouée; leur dévotion est fort humaine: mais d'où naît cette différence de sentiment, entre des gens qui se prosternent aux pieds des mêmes autels? La piété suivroit-elle aussi la loi de ce maudit tempérament? Hélas! comment en disconvenir? Son influence ne se remarque que trop sensiblement dans le même dévot: il voit, selon qu'il est affecté, un Dieu vengeur ou miséricordieux, les enfers où les cieux ouverts, il tremble de frayeur où il brûle d'amour: c'est une fièvre qui a ses accès froids & chauds.

XI.

La superstition est plus injurieuse à Dieu que l'athéisme. J'aimerois mieux, dit Plutarque, qu'on pensât qu'il n'y eût jamais de Plutarque au monde, que de croire que Plutarque est injuste, colère, inconstant, jaloux, vindicatif, & tel qu'il seroit bien fâché d'être.

XII.

Le déiste seul peut faire tête à l'athée. Le superstitieux n'est pas de sa force. Son Dieu n'est qu'un être d'imagination. Outre les difficultés de la matière, il est exposé à toutes celles qui résu'tent de la fausseté de ses notions. Un C... un S... auroient été mille fois plus embarrassans pour un Vanini, que tous les Nicole & les Pascal (1) du monde.

XIII.

Pascal avoit de la droiture; mais il étoit peureux & crédule. Elégant écrivain & raisonneur profond, il eût sans doute éclairé l'univers, si la providence ne l'eût abandonné à des gens qui sacrifièrent ses talens à leurs haines. Qu'il seroit à souhaiter qu'il eût laissé aux théologiens de son temps le soin de vuider leurs querelles; qu'il se fût livré à la recherche de la vérité, sans réserve & sans crainte d'offenser Dieu, en se servant de tout l'esprit qu'il en avoit reçu, & sur-tout qu'il eût refusé pour maîtres des hommes qui n'étoient pas dignes d'être ses disciples. On pourroit bien lui appliquer ce que l'ingénieux la Mothe disoit de la Fontaine, qu'il fut assez bête pour croire qu'Arnauld, de Sacy & Nicole valoit mieux que lui.

XIV.

» Je vous dis qu'il n'y a point de Dieu; que
» la création est une chimère; que l'éternité du
» monde n'est pas plus incommode que l'éternité
» d'un esprit; que, parce que je ne conçois pas
» comment le mouvement a pu engendrer cet
» univers qu'il a si bien la vertu de conserver,
» il est ridicule de lever cette difficulté par l'exis-
» tence supposée d'un être que je ne conçois
» pas davantage; que, si les merveilles qui
» brillent dans l'ordre physique décèlent quelque
» intelligence, les désordres qui règnent dans
» l'ordre moral, anéantissent toute providence.
» Je vous dis que, si tout est l'ouvrage d'un
» Dieu, tout doit être le mieux qu'il est pos-
» sible: car si tout n'est pas le mieux qu'il est
» possible, c'est en Dieu impuissance ou mau-
» vaise volonté. C'est donc pour le mieux que
» je ne suis pas plus éclairé sur son existence:
» cela posé, qu'ai-je à faire de vos lumières?
» Quand il seroit aussi démontré qu'il l'est peu,
» que tout mal est la source d'un bien; qu'il
» étoit bon qu'un Britannicus, que le meilleur
» des princes pérît; qu'un Néron, que le plus
» méchant des hommes régnât; comment prou-
» veroit-on qu'il étoit impossible d'atteindre au

---

(1) Jansénistes célèbres.

» même but, sans user des mêmes moyens ? permettre des vices, pour relever l'éclat des vertus, c'est un bien frivole avantage pour un inconvénient si réel ». Voilà, dit l'athée, ce que je vous objecte; qu'avez-vous à répondre ?.... » *Que je suis un scélérat, & que si je n'avois rien à craindre de Dieu, je n'en combattrois pas l'existence* »..... Laissons cette phrase aux déclamateurs : elle peut choquer la vérité ; l'urbanité la défend, & elle marque peu de charité. Parce qu'un homme a tort de ne pas croire en Dieu, avons-nous raison de l'injurier ? On n'a recours aux invectives, que quand on manque de preuves. Entre deux controversistes, il y a cent à parier contre un, que celui qui aura tort se fâchera. » Tu prends ton tonnerre, au lieu de répondre, » dit Ménippe à Jupiter, tu as donc tort. »

XV.

J'ouvre les cahiers d'un professeur célèbre, & je lis : » athées, Je vous accorde que le mouvement est essentiel à la matière, qu'en concluez-vous ? Que le monde résulte du jet fortuit des atômes ? J'aimerois autant que vous me dissiez que l'Iliade d'Homère ou la Henriade de Voltaire est un résultat de jets fortuits de caractères. » Je me garderai bien de faire ce raisonnement à un athée. Cette comparaison lui donneroit beau jeu. Selon les loix de l'analyse des sorts, me diroit-il, je ne dois point être surpris qu'une chose arrive, lorsqu'elle est possible, & que la difficulté de l'évènement est compensée par la quantité des jets. Il y a tel nombre de coups dans lesquels je gagerois avec avantage d'amener cent mille six à la fois, avec cent mille dez. Quelle que fût la somme finie des caractères avec laquelle on me proposeroit d'engendrer fortuitement l'Iliade, il y a telle somme finie de jets qui me rendroit la proposition avantageuse ; mon avantage seroit même infini, si la quantité de jets accordée étoit infinie.

Vous voulez bien convenir avec moi, continueroit-il, que la matière existe de toute éternité, & que le mouvement lui est essentiel. Pour répondre à cette faveur, je vais supposer avec vous que le monde n'a point de bornes, que la multitude des atômes étoit infinie, & que cet ordre qui vous étonne ne se dément nulle part : or, de ces aveux réciproques, il ne s'ensuit autre chose, sinon que la possibilité d'engendrer fortuitement l'univers est très-petite, mais que la quantité des jets est infinie, c'est-à-dire, que la difficulté de l'évènement est plus que suffisamment compensée par la multitude des jets. Donc si quelque chose doit répugner à la raison, c'est la supposition que la matière s'étant mue de toute éternité, & qu'y ayant peut-être dans la somme infinie des combinaisons possibles, un nombre infini d'arrangemens admirables, il ne se soit rencontré aucun de ses arrangemens admirables dans la multitude infinie de ceux qu'elle a pris successivement. Donc l'esprit doit être plus étonné de la durée hypothétique du cahos, que de la naissance réelle de l'univers.

XVI.

Le scepticisme ne convient pas à tout le monde. Il suppose un examen profond & désintéressé : celui qui doute, parce qu'il ne connoît pas les raisons de crédibilité, n'est qu'un ignorant. Le vrai sceptique a compté & pesé les raisons. Mais ce n'est pas une petite affaire que de peser des raisonnemens. Qui de nous en connoît exactement la valeur ? Qu'on apporte cent preuves de la même vérité, aucune ne manquera de partisans. Chaque esprit a son télescope. C'est un colosse à mes yeux que cette objection qui disparoît aux vôtres : vous trouvez légère une raison qui m'écrase. Si nous sommes divisés sur la valeur intrinsèque, comment nous accorderons-nous sur le poids relatif ? Dites-moi, combien faut il de preuves morales pour contre-balancer une conclusion métaphysique ? Sont-ce mes lunettes qui péchent ou les vôtres ? Si donc il est difficile de peser des raisons, & s'il n'est point de questions qui n'en ayent pour & contre, presque toujours à égale mesure, pourquoi tranchons-nous si vîte ? D'où nous vient ce ton si décidé ? N'avons-nous pas éprouvé cent fois que la suffisance dogmatique révolte ? « On me fait haïr les » choses vraisemblables, dit l'auteur des Essais, » quand on me les plante pour infaillibles. J'aime » ces mots qui amollissent & modèrent la témérité de nos propositions *à l'aventure, aucunement quelque, on dit, je pense*, & autres semblables : » & si j'eusse eu à dresser des enfans, je leur » eusse tant mis en la bouche cette façon de répondre enquêtante & non résolutive, *qu'est-ce à dire, je ne l'entens pas, il pourroit être, est il vrai*, qu'ils eussent plutôt gardé la forme » d'apprentifs à soixante ans, que de représenter » les docteurs à l'âge de quinze. »

XVII.

Qu'est-ce que Dieu ? Question qu'on fait aux enfans, & à laquelle les philosophes ont bien de la peine à répondre.

On sçait à quel âge un enfant doit apprendre à lire, à chanter, à danser, le latin, la géometrie. Ce n'est qu'en matière de religion qu'on ne consulte point sa portée : à peine entend-il qu'on lui demande ; Qu'est-ce que Dieu ? C'est dans le même instant, c'est de la même bouche qu'il apprend qu'il y a des esprits folets, des revenans, des Loups garoux & un Dieu. On lui inculque une des plus importantes vérités, d'une manière capable de la décrier un jour au tribunal de sa raison. En effet, qu'y aura-t-il de surprenant, si trouvant à l'âge de vingt ans l'existence de Dieu confondue dans sa tête avec une foule de préjugés ridicules, il vient à la méconnoître & à la traiter ainsi que nos juges traitent un honnête homme qui se trouve engagé par accident dans une troupe de coquins.

XVIII.

On nous parle trop tôt de Dieu : autre défaut, on n'insiste pas assez sur sa présence. Les hommes ont banni la divinité d'entr'eux ; ils l'ont reléguée dans un sanctuaire ; les murs d'un temple bornent sa vue ; elle n'existe point au-delà. Insensés que vous êtes, détruisez ces enceintes qui rétrécissent vos idées, élargissez Dieu : voyez-le par-tout où il est, ou dites qu'il n'est point. Si j'avois un enfant à dresser, moi, je lui ferois de la divinité une compagnie si réelle, qu'il lui en coûteroit peut-être moins pour devenir athée que pour s'en distraire. Au lieu de lui citer l'exemple d'un autre homme qu'il connoît quelquefois pour plus méchant que lui; je lui dirois brusquement, *Dieu t'entend, & tu mens.* Les jeunes gens veulent être pris par les sens : je multiplierois donc autour de lui les signes indicatifs de la présence divine. S'il se faisoit, par exemple, un cercle chez moi, j'y marquerois une place à Dieu ; & j'accoutumerois mon élève à dire : « Nous étions quatre, » Dieu, mon ami, mon gouverneur, & moi.

XIX.

L'ignorance & *l'incuriosité* sont deux oreillers fort doux ; mais pour les trouver tels, il faut avoir *la tête aussi bien faite* que Montaigne.

XX.

Les esprits bouillans, les imaginations ardentes ne s'accommodent pas de l'indolence du sceptique. Ils aiment mieux hasarder un choix que de n'en faire aucun, se tromper que de vivre incertains : soit qu'ils se méfient de leurs bras, soit qu'ils craignent la profondeur des eaux, on les voit toujours suspendus à des branches dont ils sentent toute la foiblesse, & auxquelles il aiment mieux demeurer accrochés que de s'abandonner au torrent. Ils assurent tout, bien qu'ils n'aient rien soigneusement examiné : ils ne doutent de rien, parce qu'ils n'en ont ni la patience ni le courage. Sujets à des lueurs qui les décident, si par hasard ils rencontrent la vérité ; ce n'est point à tâtons, c'est brusquement & comme par révélation. Ils sont entre les dogmatiques, ce qu'on appelle les illuminés chez le peuple dévot. J'ai vû des individus de cette espèce inquiète, qui ne concevoient pas comment on pouvoit allier la tranquillité d'esprit avec l'indécision. « Le moyen de » vivre heureux, sans sçavoir qui l'on est, d'où » l'on vient, où l'on va, pourquoi l'on est venu. Je me pique d'ignorer tout cela, sans en être plus malheureux, répondoit froidement le sceptique : ce n'est point ma faute, si j'ai trouvé ma raison muette, quand je l'ai questionnée sur mon état. Toute ma vie j'ignorerai sans chagrin ce qu'il m'est impossible de savoir. Pourquoi regretterois-je des connoissances que je n'ai pu me procurer, & qui sans doute ne me sont pas fort nécessaires, puisque j'en suis privé. J'aimerois autant, a dit un des premiers génies de notre siecle, m'affliger sérieusement de n'avoir pas quatre yeux, quatre pieds & deux ailes.

XXI.

On doit exiger de moi que je cherche la vérité, mais non que je la trouve. Un sophisme ne peut-il pas m'affecter plus vivement qu'une preuve solide ? Je suis nécessité de consentir au faux que je prends pour le vrai, & de rejetter le vrai que je prends pour le faux ; mais qu'ai-je à craindre, si c'est innocemment que je me trompe? L'on n'est point récompensé dans l'autre monde pour avoir eu de l'esprit dans celui-ci; y seroit-on puni pour en avoir manqué ? Damner un homme pour de mauvais raisonnemens, c'est oublier qu'il est un sot pour le traiter comme un méchant.

XXII.

Qu'est-ce qu'un sceptique ? C'est un philosophe qui a douté de tout ce qu'il croit, & qui croit ce qu'un usage légitime de sa raison & de ses sens lui a démontré vrai : voulez quelque chose de plus précis ? Rendez sincère le Pirrhonien, & vous aurez le sceptique.

XXIII.

Ce qu'on n'a jamais mis en question n'a point été prouvé. Ce qu'on n'a point examiné sans prévention, n'a jamais été bien examiné. Le scepticisme est donc le premier pas vers la vérité. Il doit être général, car il en est la pierre de touche. Si pour s'assurer de l'existence de Dieu, le philosophe commence par en douter, y a-t-il quelque proposition qui puisse se soustraire à cette épreuve?

XXIV.

L'incrédulité est quelque fois le vice d'un sot, & la crédulité le défaut d'un homme d'esprit. L'homme d'esprit voit loin dans l'immensité des possibles ; le sot ne voit guères de possible que ce qui est. C'est-là peut-être ce qui rend l'un pusillanime, & l'autre téméraire.

XXV.

On risque autant à croire trop, qu'à croire

trop peu. Il n'y a ni plus ni moins de danger à être polithéiste qu'athée ; or le scepticisme peut seul garantir également, en tout tems & en tout lieu, de ces deux excès opposés.

XXVI.

Un sémi-scepticisme est la marque d'un esprit foible ; il décèle un raisonneur pusillanime qui se laisse effrayer par les conséquences, un superstitieux qui croit honorer son Dieu par les entraves où il met sa raison, une espèce d'incrédule qui craint de se démasquer à lui-même ; car si la vérité n'a rien à perdre à l'examen, comme en est convaincu le semi-sceptique, que pense-t-il au fond de son ame de ces notions privilégiées qu'il appréhende de sonder, & qui sont placées dans un recoin de sa cervelle, comme dans un sanctuaire dont il n'ose approcher?

XXVII.

Quand les dévots se déchaînent contre le scepticisme, il me semble qu'ils entendent mal leur intérêt, ou qu'ils se contredisent. S'il est certain qu'un culte vrai pour être embrassé, & qu'un faux culte pour être abandonné, n'ont besoin que d'être bien connus; il seroit à souhaiter qu'un doute universel se répandit sur la surface de la terre, & que tous les peuples voulussent bien mettre en question la vérité de leur religion : nos missionnaires trouveroient la bonne moitié de leur besogne faite.

XXVIII.

Celui qui ne conserve pas par choix le culte qu'il a reçu par éducation, ne peut non plus se glorifier d'être chrétien ou musulman, que de n'être point né aveugle ou boiteux. C'est un bonheur & non pas un mérite.

XXIX.

Celui qui mourroit pour un culte dont il connoîtroit la fausseté, seroit un enragé.

Celui qui meurt pour un culte faux, mais qu'il croit vrai ; pour un culte vrai, mais dont il n'a point de preuves, est un fanatique.

Le vrai martyr est celui qui meurt pour un culte vrai, & dont la vérité lui est démontrée.

XXX.

Le vrai martyr attend la mort.

L'enthousiaste y court.

XXXI.

Le tems des révélations, des prodiges & des missions extraordinaires est passé. Le christianisme n'a plus besoin de cet échafaudage. Un homme qui s'aviseroit de jouer parmi nous le rôle de Jonas, de courir les rues en criant : « encore » trois jours & Paris ne sera plus, parisiens, faites » pénitence; couvrez-vous de sacs & de cendres, » ou dans trois jours vous périrez ; » seroit incontinent saisi & traîné devant un juge qui ne manqueroit pas de l'envoyer aux petites maisons ; il auroit beau dire: « Peuples, Dieu vous aime-t-il » moins que le ninivite ? Etes-vous moins coupa- » bles que lui ? » On ne s'amuseroit point à lui répondre, & pour le traiter en visionnaire, on n'attendroit pas le terme de sa prédiction.

Elie peut revenir de l'autre monde quand il voudra ; les hommes sont tels, qu'il fera de grands miracles, s'il est bien accueilli dans celui-ci.

XXXII.

Lorsqu'on annonce au peuple un dogme qui contredit la religion dominante, ou quelque fait contraire à la tranquillité publique ; justifiât-on sa mission par des miracles, le gouvernement a droit de sévir, & le peuple de crier, *crucifige*. Quel danger n'y auroit-il pas à abandonner les esprits aux séductions d'un imposteur, ou aux rêveries d'un visionnaire? Si le sang de Jesus-Christ a crié vengeance contre les juifs, c'est qu'en le répandant, ils fermoient l'oreille à la voix de Moyse & des prophètes qui le déclaroient le messie. Un ange vînt-il à descendre des cieux, appuyât-il ses raisonnemens par des miracles ; s'il prêche contre la loi de Jesus-Christ, Paul veut qu'on lui dise anathême. Ce n'est donc pas par les miracles qu'il faut juger de la mission d'un homme ; mais c'est par la conformité de sa doctrine avec celle du peuple auquel il se dit envoyé, *sur-tout lorsque la doctrine de ce peuple est démontrée vraie.*

XXXIII.

La divinité des écritures n'est point un caractère si clairement empreint en elle, que l'autorité des historiens sacrés soit absolument indépendante du témoignage des auteurs profanes. Où en serions-nous, s'il falloit reconnoître le doigt de Dieu dans la forme de notre bible ? Combien la version latine n'est-elle pas misérable ? Les originaux mêmes ne sont pas des chefs-d'œuvres de composition. Les prophètes, les apôtres & les Evangélistes ont écrit comme ils y entendoient. S'il nous étoit permis de regarder l'histoire du peuple hébreu, comme une simple production de l'esprit humain, Moyse & ses continuateurs ne l'emporteroient pas sur Tite-Live, Salluste, César & Josephe, tous gens qu'on ne soupçonne pas assurément d'avoir écrit par inspiration. Ne préfère-t-on pas même le Jésuite Berruyer à Moyse? On conserve dans nos églises des tableaux qu'on nous assure avoir été peints par des anges &

par la divinité même. Si ces morceaux étoient sortis de la main de le Sueur ou de le Brun, que pourrois-je opposer à cette tradition immémoriale? Rien du tout, peut-être. Mais quand j'obſerve ces céleſtes ouvrages, & que je vois à chaque pas les règles de la peinture violée dans le deſſein & dans l'exécution; le vrai de l'art abandonné par tout; ne pouvant ſuppoſer que l'ouvrier étoit un ignorant, il faut bien que j'accuſe la tradition d'être fabuleuſe. Quelle application ne ferois-je pas de ces tableaux aux ſaintes écritures, ſi je ne ſavois combien il importe peu que ce qu'elles contiennent ſoit bien ou mal dit? Les Prophètes ſe ſont piqués de dire vrai & non pas de bien dire. Les apôtres ſont-ils morts pour autre choſe que pour la vérité de ce qu'ils ont dit ou écrit? Or pour en revenir au point que je traite, de quelle conſéquence n'étoit-il pas de conſerver des auteurs profanes qui ne pouvoient manquer de s'accorder avec les auteurs ſacrés au moins ſur l'exiſtence & ſur les miracles de Jeſus-Chriſt, ſur les qualités, & le caractère de Ponce-Pilate, & ſur les actions & le martyre des premiers chrétiens?

XXXIV.

Un peuple entier, me direz-vous, eſt témoin de ce fait, oſerez-vous le nier? Oui, j'oſerai, tant qu'il ne me ſera pas confirmé par l'autorité de quelqu'un qui ne ſoit pas de votre parti, & que j'ignorerai que ce quelqu'un étoit incapable de fanatiſme & de ſéduction. Il y a plus. Qu'un auteur d'une impartialité avouée me raconte qu'un gouffre s'eſt ouvert au milieu d'une ville; que les Dieux conſultés ſur cet évènement ont répondu qu'il ſe refermera, ſi l'on y jette ce que l'on poſſede de plus précieux; qu'un brave Chevalier s'y eſt précipité, & que l'Oracle s'eſt accompli; je le croirai beaucoup moins que s'il eût dit ſimplement qu'un gouffre s'étant ouvert, on employa un tems & des travaux conſidérables pour le combler. Moins un fait a de vraiſemblance, plus le témoignage de l'hiſtoire perd de ſon poids. Je croirois ſans peine un ſeul honnête homme qui m'annonceroit *que ſa majeſté vient de remporter une victoire complette* ſur les alliés; mais tout Paris m'aſſureroit qu'un mort vient de reſſuſciter à Paſſy, que je n'en croirois rien. Qu'un hiſtorien nous en impoſe ou que tout un peuple ſe trompe; ce ne ſont pas des prodiges.

XXXV.

Une ſeule démonſtration me frappe plus que cinquante faits. Grace à l'extrême confiance que j'ai en ma raiſon, ma foi n'eſt point à la merci du premier ſaltimbanque. Pontife de Mahomet, redreſſe des boiteux; fais parler des muets; rends la vue aux aveugles; guéris des paralytiques; reſſuſcite des morts; reſtitue même aux eſtropiés les membres qui leur manquent, miracle qu'on n'a point encore tenté: & à ton grand étonnement, ma foi n'en ſera point ébranlée. Veux-tu que je devienne ton Proſélyte; laiſſe tous ces preſtiges, & raiſonnons. Je ſuis plus ſûr de mon jugement que de mes yeux.

Si la religion que tu m'annonces eſt vraie, ſa vérité peut être miſe en évidence & ſe démontrer par des raiſons invincibles. Trouve les ces raiſons. Pourquoi me harceler par des prodiges, quand tu n'as beſoin pour me terraſſer que d'un ſyllogiſme? quoi donc, te ſeroit-il plus facile de redreſſer un boiteux que de m'éclairer!

XXXVI.

Tout raiſonnement qui prouve pour deux partis, ne prouve ni pour l'un ni pour l'autre. Si le fanatiſme a ſes martyrs, ainſi que la vraie religion, & ſi entre ceux qui ſont morts pour la vraie religion, il y a eu des fanatiques: ou comptons, ſi nous le pouvons, le nombre des morts, & croyons; ou cherchons d'autres motifs de crédibilité.

Pluſieurs années après la publication des *penſées philoſophiques*, Diderot enhardi par le ſuccès que cet ouvrage avoit eu parmi les bons eſprits, les ſeuls juges qu'il reconnut, y fit une ſuite qu'il garda prudemment dans ſon porte-feuille, & qui auroit infailliblement compromis ſon repos, ſa liberté, peut-être même ſa vie, ſi dans ces temps marqués dans notre hiſtoire par tant d'atrocités miniſtérielles, il l'eût livrée à l'impreſſion. Il faut cependant qu'une copie peu fidelle & très-incomplette de ces penſées ſoit tombée depuis entre les mains de l'éditeur d'un *recueil philoſophique*, publié en Hollande en 1770; car en trouve dans cet excellent recueil un aſſez grand nombre de ces penſées; mais on a changé dans pluſieurs le tour & l'expreſſion de *Diderot*, & ces changemens ne ſont pas toujours très-heureux. Comme j'ai eu entre les mains le manuſcrit autographe de cette addition aux *penſées philoſophiques*, je ſaiſis avec empreſſement cette occaſion de rétablir ici dans toute ſon intégrité le texte original de ces *penſées* beaucoup plus hardies que celles qui parurent en 1746. On y voit un philoſophe profondément affligé des obſtacles de toute eſpèce, que les préjugés religieux ont oppoſés aux progrès des lumières, employer tour-à-tour les armes du raiſonnement & du ridicule (1) pour détruire une ſuperſtition qui depuis

---

(1) Et ſermone opus eſt modo triſti, ſæpe jocoſo;

vingt siècles pèse sur l'esprit humain, & dont les fauteurs sont d'autant plus difficiles à détromper, que l'absurdité même des dogmes qu'elle enseigne sert d'aliment à leur stupide crédulité, & en fortifie les motifs à leurs propres yeux (1).

Objections diverses contre les écrits de différens théologiens, pour servir de suite aux pensées philosophiques.

Les doutes en matière de religion, loin d'être des actes d'impiété, doivent être regardés comme de bonnes œuvres, lorsqu'ils sont d'un homme qui reconnoît humblement son ignorance, & qu'ils naissent de la crainte de déplaire à dieu par l'abus de la raison.

Admettre quelque conformité entre la raison de l'homme & la raison éternelle qui est dieu, & prétendre que Dieu exige le sacrifice de la raison humaine, c'est établir qu'il veut & ne veut pas tout-à-la-fois.

Lorsque Dieu dont nous tenons la raison en exige le sacrifice, c'est un faiseur de tours de gibecière qui escamote ce qu'il a donné.

Si je renonce à ma raison, je n'ai plus de guide. Il faut que j'adopte en aveugle un principe secondaire, & que je suppose ce qui est en question.

Si la raison est un don du ciel, & qu'on en puisse dire autant de la foi, le ciel nous a fait deux présens incompatibles & contradictoires.

Pour lever cette difficulté, il faut dire que la foi est un principe chimérique, & qui n'éxiste point dans la nature.

Pascal, Nicole & autres ont dit, qu'un Dieu punisse de peines éternelles la faute d'un père coupable, sur tous ses enfans innocens, c'est une proposition supérieure & non contraire à la raison. Mais qu'est-ce donc qu'une proposition contraire à la raison, si celle qui énonce évidemment un blasphême, ne l'est pas?

Egaré dans une forêt immense, pendant la nuit, je n'ai qu'une petite lumière pour me conduire; survient un inconnu qui me dit, mon ami, souffle ta chandelle, pour mieux trouver ton chemin. Cet inconnu est un théologien.

Si ma raison vient d'en-haut, c'est la voix du ciel qui me parle par elle : il faut que je l'écoute.

Le mérite & le démérite ne peuvent s'appliquer à l'usage de la raison, parce que toute la bonne volonté du monde ne peut servir à un aveugle, pour discerner des couleurs. Je suis forcé d'appercevoir l'évidence où elle est, & le défaut d'évidence où l'évidence n'est pas, à moins que je ne sois un imbécille; or l'imbécillité est un malheur & non pas un vice.

L'auteur de la nature qui ne me récompensera pas pour avoir été un homme d'esprit, a dit M. *Diderot*, ne me damnera pas pour avoir été un sot.

Et il ne te damnera pas même pour avoir été un méchant. Quoi donc, n'as-tu pas déja été assez malheureux d'avoir été méchant?

Toute action vertueuse est accompagnée de satisfaction intérieure, toute action criminelle de remords; or l'esprit avoue sans honte & sans remords sa répugnance pour telles & telles propositions; il n'y a donc ni vertu ni crime soit à les croire, soit à les rejetter.

S'il faut encore une grace pour bien faire, à quoi a servi la mort de Jésus-Christ?

S'il y a cent mille damnés pour un sauvé, le diable a toujours l'avantage, sans avoir abandonné son fils à la mort.

Le Dieu des chrétiens est un père qui fait grand cas de ses pommes, & fort peu de ses enfans.

Otez la crainte de l'enfer à un chrétien, & vous lui ôterez sa croyance.

Une religion vraie, intéressant tous les hommes, dans tous les tems & dans tous les lieux, a dû être éternelle, universelle & évidente; aucune n'a ces trois caractères. Toutes sont donc trois fois démontrées fausses.

Les faits dont quelques hommes seulement peuvent être témoins, sont insuffisans pour démontrer une religion qui doit être également crue par tout le monde.

Les faits dont on appuie les religions sont anciens

.... ridiculum acri
Fortius & melius magnas plerumque secat res.

HORAT. satyr. X. lib. I. vers. 11, 14 & 15.

(1) Tertullien, parlant des principaux mystères du christianisme, dit : je le crois parce que cela est absurde : je le crois, parce que cela est impossible. *Credo quia absurdum ; credo quia impossibile.* D'après cette étrange profession de foi, Tertullien auroit trouvé dans les contes des mille & une nuits, des caractères de divinité très-nombreux & très-évidens.

ciens & merveilleux, c'est-à-dire les plus suspects qu'il est possible, pour prouver la chose la plus incroyable.

Prouver l'évangile par un miracle, c'est prouver une absurdité par une chose contre nature.

Mais que Dieu fera-t-il à ceux qui n'ont pas entendu parler de son fils ? Punira-t-il des sourds de n'avoir pas entendu ?

Que fera-t-il à ceux qui ayant entendu parler de sa religion, n'ont pu la concevoir ? Punira-t-il des pigmées de n'avoir pas sçu marcher à pas de géans ?

Pourquoi les miracles de Jésus-Christ sont-ils vrais, & ceux d'Esculape, d'Apollonius de Thiane & de Mahomet, sont-ils faux ?

Mais tous les juifs qui étoient à Jérusalem, ont apparemment été convertis à la vue des miracles de Jésus-Christ. Aucunement. Loin de croire en lui, ils l'ont crucifié. Il faut convenir que ces juifs sont des hommes comme il n'y en a point. Par-tout on a vu les peuples entraînés par un seul faux miracle, & Jésus-Christ n'a pu rien faire du peuple juif, avec une infinité de miracles vrais.

C'est ce miracle-là d'incrédulité des juifs qu'il faut faire valoir, & non celui de sa résurrection.

Il est aussi sûr que deux & deux font quatre, que César a existé ; il est aussi sûr que Jésus-Christ a existé que César. Donc il est aussi sûr que Jésus-Christ est ressuscité, que lui ou César a existé. Non, certes. L'existence de Jésus-Christ & de César n'est pas un miracle.

On lit dans la vie de M. de Turenne, que le feu ayant pris dans une maison, la présence du saint-sacrement, arrêta subitement l'incendie. D'accord ; mais on lit aussi dans l'histoire qu'un moine ayant empoisonné une hostie consacrée ; un empereur d'Allemagne ne l'eut pas plutôt avalée, qu'il en mourut.

Il y avoit là autre chose que les apparences du pain & du vin, ou il faut dire que le poison s'étoit incorporé au corps & au sang de Jésus-Christ.

Ce corps se moisit ; ce sang s'aigrit ; ce Dieu est dévoré par les mites sur son autel. Peuple aveugle, Egyptien imbécille, ouvre donc les yeux.

La religion de Jésus-Christ annoncée par des ignorans, a fait les premiers chrétiens. La même religion prêchée par des savans & des docteurs ne fait aujourd'hui que des incrédules.

On objecte que la soumission à une autorité législative dispense de raisonner. Mais où est la religion sur la surface de la terre, sans une pareille autorité ?

C'est l'éducation de l'enfance qui empêche un Mahométan de se faire baptiser ; c'est l'éducation de l'enfance qui empêche un chrétien de se faire circoncire ; c'est la raison de l'homme fait, qui méprise également le baptême & la circoncision.

Il est dit dans saint-Luc, que Dieu le père est plus grand que Dieu le fils, *pater major me est*. Cependant au mépris d'un passage aussi formel, l'église prononce anathême au fidèle scrupuleux, qui s'en tient littéralement aux mots du testament de son père.

Si l'autorité a pu disposer à son gré du sens de ce passage ; comme il n'y en a pas un dans toutes les écritures qui soit plus précis, il n'y en a pas un qu'on puisse se flatter de bien entendre, & dont l'église ne fasse dans l'avenir tout ce qu'il lui plaira.

Tu es petrus & super hanc petram ædificabo ecclesiam meam. Est-ce là le langage d'un Dieu, ou une bigarrure digne du seigneur des Accords ?

In dolore paries (Genes.). Tu engendreras dans la douleur, dit Dieu à la femme prévaricatrice. Et que lui ont fait les femelles des animaux, qui engendrent aussi dans la douleur.

S'il faut entendre à la lettre *pater major me est*, Jésus-Christ n'est pas Dieu. S'il faut entendre à la lettre, *hoc est corpus meum*, il se donnoit à ses apôtres de ses propres mains ; ce qui est aussi absurde que de dire que saint-Denis baisa sa tête, après qu'on la lui eut coupée.

Il est dit qu'il se retira sur le mont des Oliviers & qu'il pria. Et qui pria-t-il ? il se pria lui-même.

Ce dieu qui fait mourir dieu pour appaiser dieu, est un mot excellent du baron de la Hontan. Il résulte moins d'évidence de cent volumes in-folio, écrits pour ou contre le christianisme, que du ridicule de ces deux lignes.

Dire que l'homme est un composé de force & de foiblesse, de lumière & d'aveuglement, de petitesse & de grandeur : ce n'est pas lui faire son procès, c'est le définir.

L'homme est comme dieu ou la nature l'a fait, & dieu & la nature ne font rien de mal.

Philosophie anc. & mod. Tom II.

Ce que nous appellons le péché *originel*, Ninon de l'Enclos l'appelloit le péché *original*.

C'est une impudence sans exemple que de citer la conformité des évangélistes, tandis qu'il y a dans les uns des faits très-importans, dont il n'est pas dit un mot dans les autres.

Platon consideroit la divinité sous trois aspects, *la bonté, la sagesse & la puissance*. Il faut se fermer les yeux pour ne pas voir là la trinité des chrétiens. Il y avoit près de trois mille ans que le philosophe d'Athènes appelloit *logos*, ce que nous appellons le *verbe*.

Les personnes divines sont ou trois accidens ou trois substances. Point de milieu. Si ce sont trois accidens, nous sommes athées ou déistes. Si ce sont trois substances, nous sommes payens.

Dieu le père juge les hommes dignes de sa vengeance éternelle. Dieu le fils les juge dignes de sa miséricorde infinie. Le saint-esprit reste neutre. Comment accorder ce verbiage catholique avec l'unité de la volonté divine ?

Il y a longtems qu'on a demandé aux théologiens d'accorder le dogme des peines éternelles avec la miséricorde infinie, & ils en sont encore là.

Je veux convenir que dieu avoit besoin d'emprunter l'organe de la parole, pour faire connoître sa volonté aux hommes ; je veux convenir qu'il ne pouvoit communiquer immédiatement cette connoissance à notre ame, comme il lui communique le sentiment & la pensée, pourquoi a-t-il chargé Pierre & Paul de m'en instruire ? Pourquoi ne me l'a-t-il pas annoncé lui-même ? Pourquoi y a-t-il même les trois quarts des hommes qui n'entendront jamais parler de ceux que, selon les chrétiens, dieu a fait dépositaires de sa volonté.

Et pourquoi punir un coupable quand il n'y a plus aucun bien à tirer de son châtiment ?

Si l'on punit pour soi-seul, on est bien cruel & bien méchant.

Il n'y a point de bon père qui voulut ressembler à notre père céleste.

Quelle proportion entre l'offenseur & l'offensé ? quelle proportion entre l'offense & le châtiment ? amas de bêtises & d'atrocités.

Et de quoi se courrouce-t-il si fort ce dieu ? Et ne diroit-on pas que je puisse quelque chose pour ou contre sa gloire, pour ou contre son repos, pour ou contre son bonheur.

On veut que dieu fasse brûler le méchant qui ne peut rien contre lui, dans un feu qui durera sans fin; & on permettroit à peine à un père de donner une mort passagère à un fils qui compromettroit sa vie, son honneur & sa fortune.

O ! chrétiens vous avez donc deux idées différentes de la bonté & de la méchanceté, de la vérité & du mensonge ! Vous êtes donc les plus absurdes des dogmatistes ou les plus outrés des pyrrhoniens.

Tout le mal dont on est capable, n'est pas tout le mal possible : or il n'y a que celui qui pourroit commettre tout le mal possible, qui pourroit aussi mériter un châtiment éternel. Pour faire de dieu un être infiniment vindicatif, vous transformez un ver de la terre en un être infiniment puissant.

Ce que ces atroces chrétiens ont traduit par *éternel*, ne signifie en hébreu que *durable*. C'est de l'ignorance d'un hébraïsme & de l'humeur féroce d'un interprète que vient le dogme de l'éternité des peines.

Il étoit bien juste assurément qu'Adam fut châtié pour avoir mangé la pomme ; mais vous & moi qui n'y avons pas touché, & tant d'autres qui n'ont pas même entendu prononcer le nom d'Adam, pourquoi en sommes nous punis ? Un pauvre hottentot n'est-il pas bien malheureux d'être destiné en naissant aux flammes éternelles, parce qu'un homme, il y a sept ou huit mille ans, a mangé une pomme dans un jardin. On répond judicieusement à cela que tout le genre humain étoit renfermé dans l'individu du premier homme, que tous les hommes ont péché en lui, & qu'il est juste qu'ils soient punis avec lui. Je ne sais si ce jugement est plus extravagant qu'injurieux à la justice de dieu.

Il faut avoir soin de distinguer la chasteté du fanatisme de la continence. La continence est vice, puisqu'elle va contre les intentions de la nature ; la chasteté est l'abstinence des plaisirs de l'amour hors des cas légitimes.

Il y a des preuves de différens ordres qui emportent chacun un différent dégré de croyance. La preuve physique & mathématique doit passer avant la preuve morale, comme celle-ci doit l'emporter sur la preuve historique. Écartez-vous de là, vous n'êtes plus sûr de rien, & c'est du renversement de cet ordre que sont nées toutes les erreurs qui couvrent la terre. C'est la préférence qu'on a donné à la preuve historique sur les autres, qui a donné cours à toutes les fausses religions (1).

___
(1) Toutes les religions positives sont fondées sur la preuve historique.

Une fois qu'il a été reçu que le témoignage des hommes devoit prévaloir sur le témoignage de la raison, la porte a été ouverte à toutes les absurdités; & l'autorité substituée par-tout aux principes les plus évidens, a fait de l'univers entier une école de mensonge.

L'humilité est un mensonge; où est celui qui se méprise lui-même? Et si cet homme existe, malheur à lui. Il faut s'estimer pour être estimable. Quant au pardon des offenses, il est d'une grande ame, & c'étoit une vertu morale avant d'être une vertu chrétienne.

Ce principe que la charité bien ordonnée est de faire son bien à quelque prix que ce puisse être, est l'opinion de ceux qui sous le prétexte de leur salut, désertent la société à laquelle ils devroient tous leurs services, & qui, pour gagner le ciel, se rendent inutiles à la terre.

Comment peut-on croire que Dieu demande un culte? foible mortel! quel besoin la divinité peut-elle avoir de tes hommages? Penses-tu que tu puisses ajouter quelque chose à son bonheur, à sa gloire? Honores-toi toi-même en t'élevant à l'auteur de ton être, mais tu ne peux rien pour lui; il est trop au-dessus de ton néant. Songe surtout que si quelque culte pouvoit lui plaire, ce seroit celui du cœur. Mais qu'importe de quelle manière tu lui exprimes tes sentimens? Ne les lit-il pas dans ton ame? Qu'importe dans quelle attitude, quel langage, quels vêtemens tu lui adresses tes prières? Est-il comme ces rois de la terre qui ne reçoivent les demandes de leurs sujets qu'avec de certaines formalités? Garde-toi de rabaisser l'être éternel à tes petitesses. Songe que s'il étoit un culte qui lui seul agréable à ses yeux, il l'auroit fait connoître à toute la terre; qu'il reçoit avec la même bonté les vœux du musulman, du catholique & de l'indien; du sauvage qui lui adresse ses cris dans le fond des forêts, comme du pontife qui le prie sous la thiare.

Il y a autant de révélations sur la terre qu'il y a de religions. Par-tout les hommes ont cherché à appuyer leurs imaginations de l'autorité du ciel. Chaque révélation se prétend fondée sur des preuves incontestables. Chacune dit avoir des preuves incontestables pour soi. J'examine, je les vois toutes se contredire les unes les autres, & toutes contredire la raison. Je vois par-tout des amas d'absurdités qui me font pitié pour la foiblesse de l'esprit humain? & je me dis à quoi sert de tromper les hommes? Pourquoi ajouter des fictions ridicules aux vérités éternelles que Dieu nous enseigne par notre raison? Ne voit-on pas qu'on les décrédite par cet indigne alliage, & que, pour ne pouvoir tout croire, on en vient enfin à ne croire plus rien? Pourquoi ne pas s'en tenir à ces notions primitives & évidentes qui se trouvent gravées dans le cœur de tous les hommes? Une religion fondée sur ces notions simples ne trouveroit point d'incredules; elle ne feroit qu'un seul peuple de tous les hommes; elle ne couvriroit pas la terre de sang dans des tems d'ignorance, & ne seroit pas un fantôme méprisé dans les siècles éclairés. Mais ce ne sont pas des philosophes qui ont fait les religions; elles sont l'outrage d'ignorans enthousiastes ou d'égoïstes ambitieux.

Les histoires qui rapportent la révélation ne méritent pas plus de croyance qu'Hérodote ou Tite-Live lorsqu'ils racontent des miracles.

Tous les hommes ne peuvent pas avoir les mêmes sentimens; mais tous sont obligés d'être sincères, & on n'est pas coupable pour être dans l'erreur, mais pour trahir la vérité.

Que ce soit par goût ou par un zèle mal entendu qu'on embrasse le célibat, la société n'y perd pas moins. Mais, dit-on, la religion le conseille; c'est ce qui dépose contre elle.

On sait bien que les faits historiques ne sont pas susceptibles de preuves démonstratives, & c'est pour cela même qu'ils ne peuvent jamais prévaloir contre des vérités démontrées. Quelque bien prouvé que soit un fait, il n'est jamais aussi évident qu'un axiôme de géométrie : le fait peut rigoureusement être faux, l'axiôme ne peut pas l'être. Il est possible que cent historiens à-la-fois se trompent ou veuillent me tromper lorsqu'ils m'assurent qu'il y a eu une ville de Troie; il est impossible que le rayon ne soit pas la moitié du diametre.

Vous ne croyez pas, disent les chrétiens, *aux histoires qui rapportent la révélation*; *ne croyez donc aucun fait, car il ne nous parvient que par l'histoire.* Quelle différence! Comment ne voyent-ils pas qu'ils mettent dans la même classe les faits qui s'accordent avec la physique & la raison, & ceux que la physique & la raison démentent : c'est cette conformité ou cette opposition qui me fait discerner les vrais d'avec les faux. Je crois, sur la foi des historiens, que César a existé; mais s'ils me disoient que César étoit à Rome & dans les Gaules en même tems; que César a fait un voyage dans la lune, &c. je ne les croirois plus. La vérité est sans cesse confondue dans l'histoire avec l'erreur, comme l'or & le plomb sont mêlés ensemble dans la mine; la raison est le creuset qui les sépare. Il s'en faut de beaucoup qu'il soit aussi certain qu'Euclide n'étoit pas américain, qu'il est certain que le triangle est la moitié du parallélogramme : qu'il soit aussi sûr qu'il y avoit un chandelier d'or au temple de Jérusalem, qu'il est certain qu'il y a des lampes dans nos églises.

Le témoignage des hommes, quoiqu'on en

puisse dire, n'aura jamais le pouvoir de faire croire à un homme raisonnable que deux & deux font trois : en me disant qu'il y a des choses au-dessus de la raison, on ne me fera pas croire des absurdités. Sans doute il y a des choses supérieures à notre raison, mais je rejetterai hardiment tout ce qui y répugne, tout ce qui la choque. Quelle est cette manière de raisonner qui met le témoignage des hommes au-dessus de l'évidence ; comme si ce qui est évident pouvoit être faux ; comme si l'évidence n'étoit pas la marque infaillible de la vérité. Ceux qui veulent payer les autres de ces raisons, peuvent-ils en effet s'en contenter eux-mêmes ?

Les apologistes des divers instituts des moines & des motifs qui ont porté ces espèces de fous à se retirer du monde pour mener dans le fond d'un cloître une vie inutile & crapuleuse, prétendent que ce n'est pas déserter la société, que de l'instruire par ses leçons & l'édifier par ses exemples. Les exemples édifiants des moines ! Est-ce l'assassinat de Henri III, de Henri IV, celui du roi de Portugal arrivé de nos jours, qu'on appelle des exemples édifiants ? Quelle aveugle prévention en faveur de ces misérables peut faire parler ainsi les enthousiastes qui les défendent ? Ont-ils donc oublié tous les maux que les moines ont faits à notre nation? Les horreurs de la ligue que leurs cris ont excitée, le massacre de la Saint-Barthélemi, dont ils ont été les instigateurs, & tous les torrens de sang qu'ils ont fait répandre en France pendant deux cents ans de guerre de religion? Ils en feroient répandre encore si les circonstances revenoient; ils n'ont pas changé d'esprit ; ils gémissent de voir le siècle éclairé. Que les tems d'ignorance reparoissent, vous les verrez sortir encore des ténèbres de leur cloître pour gouverner & bouleverser les états. Par quel inconcevable aveuglement a-t-on pu laisser subsister jusqu'à nos jours ces sociétés pernicieuses ? Je ne parlerai point ici de leurs mœurs ; mais tous ceux qui ont été à portée de les connoître savent dans quel excès de dissolution & de déréglement ils vivent dans leurs maisons. Cette classe d'hommes est devenue encore plus vile de nos jours ; elle n'est plus composée que de gens de la lie du peuple qui aiment mieux vivre lâchement aux dépens de la charité publique que de gagner honnêtement leur vie dans un attelier ou derrière une charrue. Ainsi ils ne se contentent pas de priver la société de leur travail, ils enlèvent encore les fruits du leur aux citoyens utiles. Puisse un jour quelque homme de génie placé au timon de l'état, rendre à la nation le service de réformer au profit de la société ces corps nombreux qui la rongent & la dépeuplent. En conservant à la patrie plus de quatre-vingt mille citoyens qui lui sont enlevés à chaque génération, il méritera plus d'elle que par des victoires & des conquêtes, une postérité nouvelle: qui sans lui n'auroit point été, le bénira un jour de lui avoir donné la vie, & ainsi il sera le bienfaiteur de la race présente & des races à venir.

Pascal a dit : « Si votre religion est fausse, vous ne risquez rien à la croire vraie ; si elle est vraie, vous risquez tout à la croire fausse ». Un iman en peut dire tout autant que Pascal.

Que Jésus-Christ qui est Dieu ait été tenté par le Diable, c'est un conte digne des mille & une nuits.

Je voudrois bien qu'un chrétien, qu'un janséniste sur-tout, me fît sentir le *cui bono* de l'incarnation. Encore ne faudroit-il pas enfler à l'infini le nombre des damnés, si l'on veut tirer quelque parti de ce dogme.

Une jeune fille vivoit fort retirée : un jour elle reçut la visite d'un jeune homme qui portoit un oiseau : elle devint grosse, & l'on demande qui est-ce qui a fait l'enfant? Belle question ! C'est l'oiseau.

Mais pourquoi le cygne de Léda & les petites flammes de Castor & Pollux nous font-ils rire, & que nous ne rions pas de la colombe & des langues de feu de l'évangile ?

Il y avoit dans les premiers siècles soixante évangiles, presque également crus. On en a rejeté cinquante-six, pour raison de puérilités & d'inepties. Ne reste-t-il rien de cela dans ceux qu'on a conservés?

Dieu donne une première loi aux hommes ; il abolit ensuite cette loi. Cette conduite n'est-elle pas un peu d'un législateur qui s'est trompé, & qui le reconnoît avec le tems? Est-ce qu'il est d'un être parfait de se raviser ?

Il y a autant d'espèces de foi qu'il y a de religions au monde.

Tous les sectaires du monde ne sont que des déistes hérétiques.

Si l'homme est malheureux sans être né coupable, ne seroit-ce pas qu'il est destiné à jouir d'un bonheur éternel, sans pouvoir par sa nature s'en rendre jamais digne ?

Voilà ce que je pense du dogme chrétien. Je ne dirai qu'un mot de sa morale. C'est que pour un catholique, père de famille, convaincu qu'il faut pratiquer à la lettre les maximes de l'évangile, sous peine de ce qu'on appelle l'enfer : attendu l'extrême difficulté d'atteindre à ce degré de perfection que la foiblesse humaine ne comporte point; je ne vois d'autre parti que de prendre son enfant par un pied & que de l'écacher contre la terre, ou que de l'étouffer en naissant. Par cette action il le sauve du péril de la damnation & lui assure une félicité éternelle ; & je soutiens que cette action, loin d'être criminelle, doit passer pour infiniment louable, puisqu'elle est fondée sur le motif de l'amour paternel qui exige que tout bon père fasse pour ses enfans tout le bien possible.

Le précepte de la religion & la loi de la société qui défendent le meurtre des innocens, ne sont-ils pas en effet bien absurdes & bien cruels, lorsqu'en les tuant on leur assure un bonheur infini, & qu'en les laissant vivre on les dévoue presque sûrement à un malheur éternel.

Comment, monsieur de la Condamine, il sera permis d'innoculer son fils pour le garantir de la petite vérole, & il ne sera pas permis de le tuer pour le garantir de l'enfer ? Vous vous moquez.....

Satis triumphat veritas si apud paucos, eosque bonos accepta sit ; nec ejus indoles placere multis.

La *lettre sur les aveugles*, suivit d'assez près les *pensées philosophiques*, & parut en 1749. Il seroit bien difficile de montrer plus d'esprit, plus de finesse & plus de profondeur que *Diderot* n'en annonça dans cet ouvrage très-singulier, & d'une lecture aussi agréable qu'instructive. On a beaucoup loué, & avec raison, le style de la *recherche de la vérité* du P. Malebranche ; celui de *Diderot*, sans être moins clair, me paroît plus élégant, plus précis ; il a sur-tout plus de grace, plus de couleur & d'originalité : & c'est, en général, un excellent modèle à proposer à ceux qui traitent des matières philosophiques. Si *Diderot* avoit écrit *l'Essai sur l'entendement humain*, cet ouvrage auroit fait une grande sensation ; tout le monde l'auroit lu & entendu : il y auroit répandu ce charme, cet agrément & cette abondance d'idées tantôt brillantes & ingénieuses, tantôt profondes & hardies, qui caractérisent la plupart de ses ouvrages, au lieu que le livre de Locke, lâche & diffus, mais rempli d'excellentes observations, & très-utile pour ceux qui, sans se rebuter de la sécheresse & de l'ennui de cette lecture, ont la patience de suivre l'auteur, & de recueillir avec soin toutes les vérités qu'il seme sur sa route, n'a eu depuis sa publication, & n'aura dans tous les temps qu'un très-petit nombre de lecteurs. L'art musical est un grand art, & dont la théorie s'applique à une infinité d'objets divers : c'est lui qui fait d'un poëte, d'un littérateur, & même d'un philosophe, une espèce de magicien qui dispose à son gré de l'imagination, de la sensibilité & de la raison du lecteur :

..... meum qui pectus inaniter angit,

Irritat, mulcet, falsis terroribus implet

Ut Magus : & modo me thebis, modo ponit athenis.

Il est inouï toute la puissance que l'oreille a sur notre ame ! L'être le plus éloquent, peut-être, qu'il y ait sous le ciel, c'est une belle femme qui a une voix touchante : si les choses, même communes, qu'elle nous fait entendre, ont encore de la douceur, sa physionomie, son regard, son accent forment avec elle une harmonie d'un charme presque irrésistible.

Je reviens à la *lettre sur les aveugles*, qui a donné lieu à ces réflexions générales sur le pouvoir extraordinaire ; &, pour ainsi dire, magique du style.

Un des objets que *Diderot* s'est proposé dans cette lettre, est de rendre raison de toutes les différences que doit produire dans l'esprit d'un homme la privation absolue du sens de la vue ; ce problême assez compliqué, & qu'on ne peut résoudre qu'à l'aide d'une métaphysique très-fine, & d'une profonde analyse, a donné lieu à quelques-unes de ces excursions philosophiques que *Diderot* s'est permises dans plusieurs de ses ouvrages, & qui ne sont pas la partie de ses écrits qu'on lit avec le moins d'intérêt, de plaisir & d'utilité. L'entretien de Saunderson, avec le ministre Holmes, est un de ces écarts. L'extrême importance de la matière, la hardiesse & la nouveauté des idées, leur tendance, l'éloquence du style, le caractère des interlocuteurs, le contraste frappant de leur position, la différence que le sens dont l'un est privé, & dont l'autre jouit, met dans leur manière de sentir & de juger les mêmes objets ; tout cela réuni, rend cette espèce d'épisode insérée dans la *lettre sur les aveugles*, très-intéressante, & d'un effet très-piquant. Des lecteurs superstitieux, des prêtres intolérans, des magistrats ignorans ou fanatiques, & souvent l'un & l'autre ont regardé cet entretien d'un philosophe & d'un ministre, comme un plaidoyer en faveur de l'athéisme ; mais ceux qui, moins esclaves des préjugés religieux, ne confondent point des doutes avec des assertions, n'y voyent que le simple exercice du droit que chacun a dans la conversation, d'exposer librement ses opinions sur toutes sortes de matières. Malheureusement pour *Diderot*, il vivoit sous un despote, ennemi des lumières, parce qu'il étoit lui-même peu instruit, & qu'on n'aime point ceux auxquels on sent qu'on ne peut cacher le secret de sa foiblesse & de son insuffisance. Ce monarque, un des plus absolus qui ait gouverné la France, incapable de régner par lui-même, n'avoit pas même cette sorte d'instinct qui tient lieu de jugement aux princes les moins éclairés, & qui les guide quelquefois auſſi ſûrement que la raiſon dans le choix de leurs miniſtres. Ceux auxquels Louis XV confioit indiſtinctement les rênes du gouvernement, n'étoient guère plus capables que lui de les conduire, & s'occupoient bien moins du ſalut (1) de la choſe publique que du ſoin d'augmenter la prérogative royale, afin de ſe rendre eux-mêmes plus riches, plus puiſſans & plus redoutables. On conçoit facilement que ces petits ſouverains, ombrageux comme tous les tyrans, ne virent pas ſans inquiétude & ſans effroi les progrès de l'eſprit philoſophique : ils ſentirent qu'un ennemi de la ſuperſtition devoit néceſſairement l'être du pouvoir arbitraire, & que s'ils ſouffroient patiemment qu'un philoſophe propoſât modeſtement ſes doutes ſur l'exiſtence d'un régulateur univerſel, il en éleveroit bientôt de ſemblables ſur la légitimité des droits & des titres de ceux qu'on appelle ſes *oints* & ſes repréſentans ſur la terre ; & que dès ce moment les fondemens de l'autel & du trône ébranlés à la fois, les entraîneroient dans leur chûte avec violence. *Diderot* fut donc ſacrifié à ces conſidérations ſi puiſſantes ſur l'eſprit d'un miniſtère jaloux de ſon autorité : & le gouvernement toujours prêt à faire cauſe commune avec les prêtres, parce qu'ils ont beſoin l'un de l'autre, conſentit à ſe rendre l'inſtrument de ſes vengeances.

De plus longs détails ſur cette affaire ſeroient déplacés dant cet article ; on les trouvera dans les *mémoires* dont j'ai parlé ci-deſſus, & j'y renvoye le lecteur ; il ſuffit de dire ici que *Diderot* expia par trois mois & demis d'une priſon trèsſévère, l'imprudence qu'il avoit eue de ſoulever une partie du voile qui cache la vérité, & de ſe montrer moins crédule ou moins hypocrite que la tourbe ſacerdotale & parlementaire.

Diderot ne s'eſt point renfermé ſtrictement dans le ſujet de la *lettre ſur les aveugles* : on y trouve pluſieurs autres queſtions, dont les unes ſont traitées avec quelque étendue, & les autres ſimplement indiquées.

Le genre épiſtolaire ſe prête facilement aux digreſſions, & *Diderot* lui a donné à cet égard une grande latitude. Il obſerve même ailleurs que cette multitude d'objets ſur leſquels il ſe plaît à voltiger, n'eſt point un défaut dans une lettre, où l'on eſt cenſé converſer librement, & où le dernier mot d'une phraſe eſt une tranſition ſuffiſante. C'eſt cette eſpèce d'abandon qui règne dans ſa *lettre ſur les aveugles*, & dans celle *ſur les ſourds* ; c'eſt ce déſordre quelquefois ſi heureux, ſi pittoreſque, qu'il eſt impoſſible de conſerver & de faire paſſer dans un extrait. On rapprochera par l'analyſe certaines idées iſolées, éparſes, qui s'éclairciront mutuellement ; on écartera toutes les queſtions incidentes pour porter toute l'attention du lecteur ſur l'objet principal de la diſcuſſion ; mais le réſultat de tous ces moyens réunis ſera de détruire abſolument l'effet d'une eſquiſſe conçue de verve, peinte à grands traits, & qui offre par-tout l'empreinte d'un génie original, facile & hardi.

Cependant, pour faire au moins connoître l'eſprit dans lequel la *lettre ſur les aveugles* eſt écrite, nous raſſemblerons ici quelques-unes des penſées qu'on en peut détacher, & qui inſpireront, ſans doute, au lecteur le deſir de recourir à la lettre même qui eſt d'ailleurs fort courte, & dans laquelle on trouve ſur la matière importante qu'elle a pour objet, un grand nombre de faits trèsintéreſſans.

1. La difficulté qu'ont les aveugles à recouvrer les choſes égarées, les rend amis de l'ordre ; & ceux qui les approchent familièrement, partagent cette qualité, ſoit par un effet du bon exemple qu'ils donnent, ſoit par un ſentiment d'humanité qu'on a pour eux.

2. Les grands ſervices ſont comme de groſſes pièces d'or & d'argent qu'on a rarement occaſion d'employer ; mais les petites attentions ſont une monnoie courante qu'on a toujours à la main.

3. La ſymétrie qui eſt peut-être une affaire de pure convention entre nous, eſt certainement telle à beaucoup d'égards, entre un aveugle & ceux qui voyent. A force d'étudier par le tact la diſpoſition que nous exigeons entre les parties qui compoſent un tout, pour l'appeler beau, un aveugle parvient à faire une juſte application de ce terme. Mais quand il dit, *cela eſt beau*, il ne juge pas, il rapporte ſeulement le jugement de ceux qui voyent.

4. La beauté pour un aveugle n'eſt qu'un mot quand elle eſt ſéparée de l'utilité ; & avec un organe de moins, combien de choſes dont l'utilité lui échappe ? Les aveugles ne ſont-ils pas bien à plaindre de n'eſtimer beau que ce qui eſt bon ! combien de choſes admirables perdues pour eux ! le ſeul bien qui les dédommage de cette perte, c'eſt d'avoir des idées du beau, à la vérité moins étendues, mais plus nettes que des philoſophes clair-voyans qui en ont traité fort au long.

5. Les ſecours que nos ſens ſe prêtent mutuellement, les empêchent de ſe perfectionner.

---

(1) Inſcitiâ reipublicæ ut alienæ. *Tacit.* hiſt.

6. Pourquoi, si l'animal raisonne, comme on n'en peut guère douter, balançant ses avantages sur l'homme, qui lui sont mieux connus que ceux de l'homme sur lui, ne s'estimeroit-il pas autant & plus peut-être que nous? Il a des bras, dit peut-être le moucheron; mais j'ai des aîles. S'il a des armes, dit le lion; n'avons-nous pas des ongles? L'éléphant nous verra comme des insectes, & tous les animaux, nous accordant volontiers une raison avec laquelle nous aurions grand besoin de leur instinct, se prétendront doués d'un instinct avec lequel ils se passent fort bien de notre raison. Nous avons un si violent penchant à surfaire nos qualités & à diminuer nos défauts, qu'il sembleroit presque, que c'est à l'homme à faire le traité de la force, & à l'animal, celui de la raison.

7. Les signes extérieurs de la puissance qui nous affectent si vivement, n'en imposent point aux aveugles.

8. Nous sortons de la vie, comme d'un spectacle enchanteur; l'aveugle en sort ainsi que d'un cachot: si nous avons à vivre plus de plaisir que lui, convenez qu'il a bien moins de regret à mourir.

9. Il y a bien de l'apparence que les femmes seroient communes chez un peuple d'aveugles, ou que leurs loix contre l'adultère seroient bien rigoureuses. Il seroit si facile aux femmes de tromper leurs maris, en convenant d'un signe avec leurs amans.

10. C'est une chose assez surprenante que la facilité avec laquelle on apprend à parler. Nous ne parvenons à attacher une idée à quantité de termes qui ne peuvent être représentés par des objets sensibles, & qui, pour ainsi dire, n'ont point de corps, que par une suite de combinaisons fines & profondes des analogies que nous remarquons entre ces objets non sensibles, & les idées qu'ils excitent; & il faut avouer conséquemment qu'un aveugle-né doit apprendre à parler plus difficilement qu'un autre, puisque le nombre des objets non sensibles étant beaucoup plus grand pour lui, il a bien moins de champ que nous, pour comparer & bien combiner. Comment veut-on, par exemple, que le mot physionomie se fixe dans sa mémoire? C'est une espèce d'agrément qui consiste en des objets si peu sensibles pour un aveugle, que faute de l'être assez pour nous-mêmes qui voyons, nous serions fort embarrassés de dire bien précisément ce que c'est que d'avoir de la physionomie. Si c'est principalement dans les yeux qu'elle réside, le toucher n'y peut rien; & puis, qu'est-ce pour un aveugle que des yeux morts, des yeux vifs, des yeux d'esprit, &c?

11. Nous tirons sans doute du concours de nos sens & de nos organes de grands services. Mais ce seroit tout autre chose encore, si nous les exercions séparément, & si nous n'en employions jamais deux dans les occasions où le secours d'un seul nous suffiroit.

12. L'état de nos organes & de nos sens a beaucoup d'influence sur notre métaphysique & sur notre morale, & nos idées les plus purement intellectuelles, si je puis parler ainsi, tiennent de fort près à la conformation de notre corps.

13. Comme de toutes les démonstrations extérieures qui réveillent en nous la commisération & les idées de la douleur, les aveugles ne sont affectés que par la plainte; je les soupçonne en général d'inhumanité. Quelle différence y a-t-il pour un aveugle entre un homme qui urine & un homme qui, sans se plaindre, verse son sang? Nous-mêmes, ne cessons-nous pas de compâtir, lorsque la distance ou la petitesse des objets produit le même effet sur nous, que la privation de la vue sur les aveugles? Tant nos vertus dépendent de notre manière de sentir, & du dégré auquel les choses extérieures nous affectent?

14. Je ne doute point que, sans la crainte du châtiment, bien des gens n'eussent moins de peine à tuer un homme à une distance où ils ne le verroient gros que comme une hirondelle, qu'à égorger un bœuf de leurs mains. Si nous avons de la compassion pour un cheval qui souffre, & si nous écrasons une fourmi sans aucun scrupule, n'est-ce pas le même principe qui nous détermine? Combien la morale des aveugles est différente de la nôtre? Que celle d'un sourd différeroit encore de celle d'un aveugle! & qu'un être qui auroit un sens de plus que nous, trouveroit notre morale imparfaite, pour ne rien dire de pis.

15. Une chose dont je crois qu'il faut que tout le monde convienne; c'est que ce grand raisonnement qu'on tire des merveilles de la nature, est bien foible pour des aveugles. La facilité que nous avons de créer, pour ainsi dire, de nouveaux objets, par le moyen d'une petite glace, est quelque chose de plus incompréhensible pour eux, que des astres qu'ils ont été condamnés à ne voir jamais. Ce globe lumineux qui s'avance d'Orient en Occident, les étonne moins qu'un petit feu qu'ils ont la commodité d'augmenter ou de diminuer: comme ils voyent la matière d'une manière beaucoup plus abstraite que nous, ils sont moins éloignés de croire qu'elle pense.

16. Comment un aveugle-né se forme-t-il des idées des figures? Je crois que les mouvemens de son corps, l'existence successive de sa main en plusieurs lieux, la sensation non-interrompue d'un corps qui passe entre ses doigts, lui donnent

la notion de direction. S'il les glisse le long d'un fil bien tendu, il prend l'idée d'une ligne droite; s'il suit la courbure d'un fil lâche, il prend celle d'une ligne courbe. Plus généralement, il a, par des expériences réitérées du toucher, la mémoire de sensations éprouvées en différens points: il est maître de combiner ces sensations ou points, & d'en former des figures. Une ligne droite pour un aveugle qui n'est point géomètre, n'est autre chose que la mémoire d'une suite de sensations du toucher, placées dans la direction d'un fil tendu; une ligne courbe, la mémoire d'une suite de sensations du toucher, rapportées à la surface de quelque corps solide, concave ou convexe. L'étude rectifie dans le géomètre la notion de ces lignes, par les propriétés qu'il leur découvre. Mais, géomètre ou non, l'aveugle-né rapporte tout à l'extrémité de ses doigts. Nous combinons des points colorés; il ne combine, lui, que des points palpables, ou, pour parler plus exactement, que des sensations du toucher dont il a mémoire. Il ne se passe rien dans sa tête d'analogue à ce qui se passe dans la nôtre: il n'imagine point; car pour imaginer, il faut colorer un fond, & détacher de ce fond des points, en leur supposant une couleur différente de celle du fond. Restituez à ces points la même couleur qu'au fond; à l'instant ils se confondent avec lui, & la figure disparoît: du moins, c'est ainsi que les choses s'exécutent dans mon imagination, & je présume que les autres n'imaginent pas autrement que moi. Lors donc que je me propose d'appercevoir dans ma tête une ligne droite, autrement que par ses propriétés, je commence par le tapisser en dedans d'une toile blanche dont je détache une suite de points noirs placés dans la même direction. Plus les couleurs du fond & des points sont tranchantes, plus j'apperçois les points distinctement; & une figure d'une couleur fort voisine de celle du fond, ne me fatigue pas moins à considérer dans mon imagination, que hors de moi & sur une toile.

17. On pourroit donner des loix pour imaginer facilement à la fois plusieurs objets diversement colorés; mais ces loix ne seroient certainement pas à l'usage d'un aveugle-né. L'aveugle-né, ne pouvant colorer, ni par conséquent figurer, comme nous l'entendons, n'a mémoire que de sensations prises par le toucher, qu'il rapporte à différens points, lieux ou distances, & dont il compose des figures. Il est si constant que l'on ne figure point dans l'imagination, sans colorer, que, si l'on nous donne à toucher dans les ténèbres de petits globules dont nous ne connoissons ni la matière ni la couleur, nous les supposerons aussi-tôt blancs ou noirs, ou de quelqu'autre couleur; ou que, si nous ne leur en attachons aucune, nous n'aurons, ainsi que l'aveugle-né, que la mémoire des petites sensations excitées à l'extrémité des doigts, & telles que de petits corps ronds peuvent les occasionner. Si cette mémoire est très-fugitive en nous; si nous n'avons guères d'idée de la manière dont un aveugle né fixe, rappelle & combine les sensations du toucher; c'est une suite de l'habitude que nous avons prise par les yeux, de tout exécuter dans notre imagination avec des couleurs. Il m'est cependant arrivé à moi-même, dans les agitations d'une passion violente, d'éprouver un frissonnement dans toute une main; de sentir l'impression de corps que j'avois touchés il y avoit long-temps, s'y réveiller aussi vivement que s'ils eussent encore été présens à mon attouchement, & de m'appercevoir très-distinctement que les limites de la sensation coïncidoient précisément avec celles de ces corps absens. Quoique la sensation soit indivisible par elle-même, elle occupe, si on peut se servir de ce terme, un espace étendu, auquel l'aveugle-né a la faculté d'ajouter ou de retrancher la partie affectée. Il compose, par ce moyen, des points, des surfaces, des solides: il aura même un solide gros comme le globe terrestre, s'il se suppose le bout du doigt gros comme le globe, & occupé par la sensation en longueur, largeur & profondeur.

18. Rien ne démontre mieux la réalité du sens interne que cette faculté foible en nous, mais forte dans les aveugles-nés, de sentir ou de se rappeller la sensation des corps, lors même qu'ils sont absens & qu'ils n'agissent plus sur eux. Nous ne pouvons faire entendre à un aveugle-né, comment l'imagination nous peint les objets absens, comme s'ils étoient présens; mais nous pouvons très-bien reconnoître en nous la faculté de sentir à l'extrémité d'un doigt, un corps qui n'y est plus, telle qu'elle est dans l'aveugle-né. Pour cet effet serrez l'index contre le pouce; fermez les yeux; séparez vos doigts; examinez immédiatement après cette séparation ce qui se passe en vous, & dites-moi si la sensation ne dure pas long-tems après que la compression a cessé; si pendant que la compression dure, votre ame vous paroît plus dans votre tête qu'à l'extrémité de vos doigts; & si cette compression ne vous donne pas la notion de la surface, par l'espace qu'occupe la sensation. Nous ne distinguons la présence des êtres hors de nous, de leur représentation dans notre imagination, que par la force & la foiblesse de l'impression: pareillement, l'aveugle-né ne discerne la sensation d'avec la présence réelle d'un objet à l'extrémité de son doigt, que par la force ou la foiblesse de la sensation même.

19. Si jamais un philosophe aveugle & sourd de naissance fait un homme à l'imitation de celui de Descartes, il placera l'ame au bout des doigts;

car c'est de-là que lui viennent ses principales sensations, & toutes ses connoissances. Et qui l'avertiroit que sa tête est le siége de ses pensées? Si les travaux de l'imagination épuisent la nôtre, c'est que l'effort que nous faisons pour imaginer, est assez semblable à celui que nous faisons pour appercevoir des objets très-proches ou très-petits. Mais il n'en sera pas de même de l'aveugle & sourd de naissance : les sensations qu'il aura prises par le toucher, seront, pour ainsi dire, le moule de toutes ses idées, & je ne serois pas surpris qu'après une profonde méditation, il eût les doigts aussi fatigués, que nous avons la tête. Je ne craindrois point qu'un philosophe lui objectât que les nerfs sont les causes de nos sensations, & qu'ils partent tous du cerveau : quand ces deux propositions seroient aussi démontrées qu'elles le sont peu, sur-tout la première, il lui suffiroit de se faire expliquer tout ce que les physiciens ont rêvé là-dessus, pour persister dans son sentiment.

20. Si l'imagination d'un aveugle n'est autre chose que la faculté de se rappeller & de combiner des sensations de points palpables; & celle d'un homme qui voit, la faculté de se rappeller & de combiner des points visibles ou colorés; il s'ensuit que l'aveugle-né apperçoit les choses d'une manière beaucoup plus abstraite que nous, & que dans les questions de pure spéculation, il est peut-être moins sujet à se tromper. Car l'abstraction ne consiste qu'à séparer par la pensée les qualités sensibles des corps, ou les unes des autres, ou du corps même qui leur sert de base; & l'erreur naît de cette séparation mal faite, ou faite mal-à-propos; mal faite dans les questions métaphysiques, & faite mal-à-propos dans les questions physico-mathématiques. Un moyen presque sûr de se tromper en métaphysique, c'est de ne pas simplifier assez les objets dont on s'occupe; & un secret infaillible pour arriver en physico-mathématique, à des résultats défectueux, c'est de les supposer moins composés qu'ils ne le sont.

21. Il y a une espèce d'abstraction dont si peu d'hommes sont capables, qu'elle semble réservée aux intelligences pures; c'est celle par laquelle tout se réduiroit à des unités numériques. Il faut convenir que les résultats de cette géométrie seroient bien exacts, & ses formules bien générales; car il n'y a point d'objets, soit dans la nature, soit dans le possible, que ces unités simples ne pussent représenter; des points, des lignes, des surfaces, des solides, des pensées, des idées, des sensations, &c.

22. L'unité pure & simple est un symbole trop vague & trop général pour nous. Nos sens nous ramènent à des signes plus analogues à l'étendue de notre esprit & à la conformation de nos organes. Nous avons même fait ensorte que ces signes pussent être communs entre nous, & qu'ils servissent, pour ainsi dire d'entrepôt au commerce mutuel de nos idées. Nous en avons institué pour les yeux, ce sont les caractères; pour l'oreille, ce sont les sons articulés; mais nous n'en avons aucun pour le toucher, quoiqu'il y ait une manière propre de parler à ce sens, & d'en obtenir des réponses. Faute de cette langue, la communication est entièrement rompue entre nous & ceux qui naissent sourds, aveugles & muets. Ils croissent, mais ils restent dans un état d'imbécillité. Peut-être acquerroient-ils des idées, si l'on se faisoit entendre à eux dès l'enfance, d'une manière fixe, déterminée, constante & uniforme : en un mot, si on leur traçoit sur la main, les mêmes caractères que nous traçons sur le papier, & que la même signification leur demeurât invariablement attachée.

23. Les connoissances ont trois portes pour entrer dans notre ame, & nous en tenons une baricadée, par le défaut de signes. Si l'on eût négligé les deux autres, nous en serions réduits à la condition des animaux. De même que nous n'avons que le serré pour nous faire entendre au sens du toucher, nous n'aurions que le cri pour parler à l'oreille. Il faut manquer d'un sens pour connoître les avantages des symboles destinés à ceux qui restent; & des gens qui seroient le malheur d'être sourds, aveugles & muets, ou qui viendroient à perdre ces trois sortes de sens par quelqu'accident, seroient bien charmés qu'il y eût une langue nette & précise pour le toucher.

Il est bien plus court d'user de symboles tout inventés, que d'en être inventeur, comme on y est forcé, lorsqu'on est pris au dépourvu. Quel avantage n'eût-ce pas été pour Saounderson (1) de trouver une arithmétique palpable toute préparée à l'âge de cinq ans, au lieu d'avoir à l'imaginer à l'âge de vingt-cinq.

24. Des expressions heureuses, sont celles qui sont propres à un sens, au toucher par exemple, & qui sont métaphoriques en même tems à un autre sens, comme aux yeux, d'où il résulte une double lumière pour celui à qui l'on parle; la lumière vraie & directe de l'expression, & la lumière réfléchie de la métaphore.

25. Les étrangers, à qui la langue n'est pas encore familière, sont forcés de tout dire avec

---

(1) C'est à lui qu'appartient la division du cube en six piramides égales qui ont leurs sommets au centre du cube, & pour bases, chacune une de ses faces. On s'en sert pour démontrer d'une manière très-simple que toute piramide est le tiers d'un prisme de même base & de même hauteur. Id. ibid.

une très-petite quantité de termes, ce qui les contraint d'en placer quelques uns très-heureusement. Mais toute langue en général étant pauvre de mots propres pour les écrivains qui ont l'imagination vive, ils sont dans le même cas que des étrangers qui ont beaucoup d'esprit; les situations qu'ils inventent, les nuances délicates qu'ils apperçoivent dans les caractères, la naïveté des peintures qu'ils ont à faire, les écartent à tout moment des façons de parler ordinaires, & leur font adopter des tours de phrases qui sont admirables toutes les fois qu'ils ne sont ni précieux ni obscurs, défauts qu'on leur pardonne plus ou moins difficilement, selon qu'on a plus d'esprit soi-même & moins de connoissance de la langue. Voilà pourquoi Montesquieu est de tous les auteurs françois, celui qui plaît le plus aux anglois, & Tacite celui de tous les auteurs latins que les *penseurs* estiment davantage. Les licences de la langue nous échappent, & la vérité des termes nous frappe seule.

26. Il y a trois choses à distinguer dans toute question mêlée de physique & de géométrie; le phénomène à expliquer, les suppositions du géomètre, & le calcul qui résulte des suppositions. Or, il est évident que, quelle que soit la pénétration d'un aveugle, les phénomènes de la lumière & des couleurs lui sont inconnus. Il entendra les suppositions, parce qu'elles sont toutes relatives à des causes palpables; mais nullement la raison que le géomètre avoit de les préférer à d'autres: car il faudroit qu'il pût comparer les suppositions mêmes avec les phénomènes. L'aveugle prend donc les suppositions pour ce qu'on lui donne; un rayon de lumière, pour un fil élastique & mince, ou pour une suite de petits corps qui viennent frapper nos yeux avec une vîtesse incroyable, & il calcule en conséquence. Le passage de la physique à la géométrie est franchi, & la question devient purement mathématique.

Mais que devons-nous penser des résultats du calcul? 1°. Qu'il est quelquefois de la dernière difficulté de les obtenir, & qu'en vain un physicien seroit très-heureux à imaginer les hypothèses les plus conformes à la nature, s'il ne savoit les faire valoir par la géométrie: aussi les plus grands physiciens Galilée, Descartes, Newton ont-ils été grands géomètres.

2°. Que ces résultats sont plus ou moins certains, selon que les hypothèses dont on est parti sont plus ou moins compliquées. Lorsque le calcul est fondé sur une hypothèse simple, alors les conclusions acquièrent la force des démonstrations géométriques. Lorsqu'il y a un grand nombre de suppositions, l'apparence que chaque hypothèse soit vraie, diminue en raison du nombre des hypothèses; mais augmente d'un autre côté par le peu de vraisemblance que tant d'hypothèses fausses se puissent corriger exactement l'une l'autre, & qu'on obtienne un résultat confirmé par les phénomènes. Il en seroit en ce cas comme d'une addition dont le résultat seroit exact, quoique les sommes partielles des nombres ajoutés eussent toutes été prises faussement. On ne peut disconvenir qu'une telle opération ne soit possible; mais vous voyez en même tems qu'elle doit être fort rare. Plus il y aura de nombres à ajouter, plus il y aura d'apparence que l'on se sera trompé dans l'addition de chacun; mais aussi, moins cette apparence sera grande, si le résultat de l'opération est juste. Il y a donc un nombre d'hypothèses, tel que la certitude qui en résulteroit, seroit la plus petite qu'il est possible. Si je fais A, plus B, plus C, égaux à 50, conclurai-je de ce que 50 est en effet la quantité du phénomène, que les suppositions représentées par les lettres A, B, C sont vraies? nullement: car il y a une infinité de manières d'ôter à l'une de ces lettres, & d'ajouter aux deux autres, d'après lesquelles je trouverai toujours 50 pour résultat: mais le cas de trois hypothèses combinées, est peut-être un des plus défavorables.

Un avantage du calcul que je ne dois pas omettre, c'est d'exclure les hypothèses fausses, par la contrariété qui se trouve entre le résultat & le phénomène. Si un physicien se propose de trouver la courbe que suit un rayon de lumière en traversant l'atmosphère, il est obligé de prendre son parti sur la densité des couches de l'air, sur la loi de la réfraction, sur la nature & la figure des corpuscules lumineux, & peut-être sur d'autres élémens essentiels qu'il ne fait point entrer en compte, soit parce qu'il les néglige volontairement, soit parce qu'ils lui sont inconnus: il détermine ensuite la courbe du rayon. Est-elle dans la nature que son calcul ne la donne? ses suppositions sont incomplettes ou fausses: le rayon prend-il la courbe déterminée? il s'ensuit de deux choses l'une, ou que les suppositions se sont redressées, ou qu'elles sont exactes; mais lequel des deux? il l'ignore: cependant voilà toute la certitude à laquelle il peut arriver.

27. L'exemple de Saounderson prouve que le tact peut devenir plus délicat que la vue, lorsqu'il est perfectionné par l'exercice; car en parcourant des mains une suite de médailles, il discernoit les vraies d'avec les fausses, quoique celles-ci fussent assez bien contrefaites pour tromper un connoisseur qui auroit eu de bons yeux; & il jugeoit de l'exactitude d'un instrument de mathématique, en faisant passer l'extrémité de ses doigts sur ses divisions. Voilà certainement des choses plus difficiles à faire que d'estimer par le tact la ressemblance d'un buste, avec la personne représentée. D'où l'on voit qu'un peuple d'aveugles pourroit avoir des statuaires,

& tirer des statues le même avantage que nous, celui de perpétuer la mémoire des belles actions, & des personnes qui leur seroient chères. Je ne doute pas même que le sentiment qu'ils éprouveroient à toucher les statues ne fût beaucoup plus vif que celui que nous avons à les voir. Quelle douceur pour un amant qui auroit bien tendrement aimé, de promener ses mains sur des charmes qu'il reconnoîtroit, lorsque l'illusion qui doit agir plus fortement dans les aveugles qu'en ceux qui voyent, viendroit à les ranimer ; mais peut-être aussi que plus il auroit de plaisir dans ce souvenir, moins il auroit de regrets.

28. On cherche à restituer la vue à des aveugles nés ; mais si l'on y regardoit de plus près, on trouveroit, je crois, qu'il y a bien autant à profiter pour la philosophie, en questionnant un aveugle de bon sens. On en apprendroit comment les choses se passent en lui ; on les compareroit avec la manière dont elles se passent en nous, & l'on tireroit peut-être de cette comparaison, la solution des difficultés qui rendent la théorie de la vision & des sens si embarrassée & si incertaine : Mais je ne conçois pas, je l'avoue, ce que l'on espère d'un homme à qui l'on vient de faire une opération douloureuse, sur un organe très-délicat que le plus leger accident dérange, & qui trompe souvent ceux en qui il est sain & qui jouissent depuis long-tems de ses avantages. Pour moi, j'écouterois avec plus de satisfaction sur la théorie des sens un métaphysicien à qui les principes de la physique, les élémens des mathématiques & la conformation des parties seroient familières, qu'un homme sans éducation & sans connoissances, à qui l'on a restitué la vue par l'opération de la cataracte. J'aurois moins de confiance dans les réponses d'une personne qui voit pour la première fois, que dans les découvertes d'un philosophe qui auroit bien médité son sujet dans l'obscurité ; ou, pour vous parler le langage des poëtes, qui se seroit crevé les yeux pour connoître plus aisément comment se fait la vision.

Si l'on vouloit donner quelque certitude à des expériences, il faudroit du moins que le sujet fût préparé de longue main, qu'on l'élevât, & peut-être qu'on le rendît philosophe ; mais ce n'est pas l'ouvrage d'un moment, que de faire un philosophe, même quand on l'est : que sera-ce quand on ne l'est pas ? c'est bien pis, quand on croit l'être. Il seroit très-à-propos de ne commencer les observations que long-tems après l'opération. Pour cet effet, il faudroit traiter le malade dans l'obscurité, & s'assurer bien que sa blessure est guérie & que ses yeux sont sains. Je ne voudrois pas qu'on l'exposât d'abord au grand jour : l'éclat d'une lumière vive nous empêche de voir ; que ne produira-t-il point sur un organe qui doit être de la dernière sensibilité, n'ayant encore éprouvé aucune impression qui l'ait émoussé.

Mais ce n'est pas tout : ce seroit encore un point fort délicat, que de tirer parti d'un sujet ainsi préparé, & que de l'interroger avec assez de finesse, pour qu'il ne dît précisément que ce qui se passe en lui. Il faudroit que cet interrogatoire se fît en pleine académie ; ou plutôt, afin de n'avoir point de spectateurs superflus, n'inviter à cette assemblée que ceux qui le mériteroient par leurs connoissances philosophiques, anatomiques, &c... Les plus habiles gens & les meilleurs esprits ne seroient pas trop bons pour cela. Préparer & interroger un aveugle né, n'eût point été une occupation indigne des talens réunis de Newton, Descartes, Locke & Léibnitz.

29. Diderot termine sa lettre par une question qu'on a proposée il y a long-tems, & qui selon lui, n'a jamais été entièrement résolue. On suppose un aveugle de naissance qui soit devenu homme fait, & à qui on ait appris à distinguer, par l'attouchement, un cube & un globe de même métal & à-peu-près de même grandeur, ensorte que quand il touche l'un & l'autre, il puisse dire quel est le cube & quel est le globe. On suppose que le cube & le globe étant posés sur une table, cet aveugle vienne à jouir de la vue, & l'on demande, si en les voyant sans les toucher, il pourra les discerner & dire quel est le cube & quel est le globe.

Ce fut M. Molineux qui proposa le premier cette question, & qui tenta de la résoudre. Il prononça que l'aveugle ne distingueroit point le globe du cube. « Car dit-il, quoiqu'il ait
» appris par expérience de quelle manière le globe
» & le cube affectent son attouchement, il ne
» sçait pourtant pas encore que ce qui affecte
» son attouchement de telle ou telle manière
» doit frapper ses yeux de telle ou telle façon ; ni
» que l'angle avancé du cube qui presse sa main
» d'une manière inégale, doive paroître à ses
» yeux tel qu'il paroît dans le cube.

Locke, consulté sur cette question, dit : « Je
» suis tout-à-fait du sentiment de M...Molineux.
» Je crois que l'aveugle ne seroit pas capable
» à la première vue, d'assurer avec quelque con-
» fiance quel seroit le cube, quel seroit le globe,
» s'il se contentoit de les regarder, quoiqu'en
» les touchant, il pût les nommer & les distinguer
» sûrement par la différence de leurs figures,
» que l'attouchement lui feroit reconnoître.

Monsieur l'abbé de Condillac, dont vous avez lû l'essai sur l'origine des connoissances humaines, avec tant de plaisir & d'utilité, & dont je vous envoye avec cette lettre, l'excellent traité des ſyſtêmes, a là deſſus un ſentiment particulier. Il eſt inutile de vous rapporter les raiſons ſur leſquelles il s'appuie ; ce ſeroit vous envier le plaiſir de relire un ouvrage où elles ſont expoſées d'une manière ſi agréable & ſi philoſophique, que de mon côté je riſquerois trop à les déplacer. Je me contenterai d'obſerver qu'elles tendent toutes à démontrer que l'aveugle-né ne voit rien, ou qu'il voit la ſphère & le cube différens ; & que les conditions que ces deux corps ſoient de même métal & à-peu-près de même groſſeur, qu'on a jugé à propos d'inférer dans l'énoncé de la queſtion, y ſont ſuperflues, ce qui ne peut être conteſté ; car auroit-il pû dire, s'il n'y a aucune liaiſon eſſentielle entre la ſenſation de la vue & celle du toucher, comme MM Locke & Molineux le prétendent ; ils doivent convenir qu'on pourroit voir deux pieds de diamètre à un corps qui diſparoîtroit ſous la main. M. de Condillac ajoute cependant, que ſi l'aveugle-né voit les corps, qu'il diſcerne les figures, & qu'il héſite ſur le jugement qu'il en doit porter, ce ne peut être que par des raiſons métaphyſiques aſſez ſubtiles que je vous expliquerai tout-à-l'heure.

* Voilà donc deux ſentimens différens ſur la même queſtion, & entre des philoſophes de la première force. Il ſembleroit qu'après avoir été maniée par des gens tels que MM. Molineux Locke & l'Abbé de Condillac, elle ne doit plus rien laiſſer à dire ; mais il y a tant de faces ſous leſquelles la même choſe peut être conſidérée, qu'il ne ſeroit pas étonnant qu'ils ne les euſſent pas toutes épuiſées.

Ceux qui ont prononcé que l'aveugle-né diſtingueroit le cube de la ſphère, ont commencé par ſuppoſer un fait qu'il importoit peut-être d'examiner ; ſavoir ſi un aveugle-né, à qui on abattroit les cataractes, ſeroit en état de ſe ſervir de ſes yeux dans les premiers momens qui ſuccèdent à l'opération. Ils ont dit ſeulement : » l'aveugle-né » comparant les idées de ſphère & de cube, qu'il » a reçues par le toucher, avec celles qu'il en prend » par la vue, connoîtra néceſſairement que ce » ſont les mêmes ; & il y auroit en lui bien de » la bizarrerie de prononcer que c'eſt le cube » qui lui donne à la vue l'idée de ſphère, & » que c'eſt de la ſphère que lui vient l'idée de cube. » Il appellera donc ſphère & cube à la vue, ce » qu'il appelloit ſphère & cube au toucher.

Mais quelle a été la réponſe & le raiſonnement de leurs antagoniſtes ? Ils ont ſuppoſé pareillement que l'aveugle-né verroit auſſi-tôt qu'il auroit l'organe ſain ; ils ont imaginé qu'il en étoit d'un œil à qui l'on abaiſſe la cataracte, comme d'un bras qui ceſſe d'être paralytique : il ne faut point d'exercice à celui-ci pour ſentir, ont-ils dit, ni par conſéquent à l'autre pour voir ; & ils ont ajouté : » accordons à l'aveugle-né un peu plus

» de philoſophie que vous ne lui en donnez ; & » après avoir pouſſé le raiſonnement juſqu'où » vous l'avez laiſſé, il continuera ; mais cepen- » dant, qui m'a aſſuré qu'en approchant de ces » corps & en appliquant mes mains ſur eux, » ils ne tromperont pas ſubitement mon attente ; » & que le cube ne me renverra pas la ſenſa- » tion de la ſphère, & la ſphère celle du cube ? » Il n'y a que l'expérience qui puiſſe m'appren- » dre s'il y a conformité de relation entre la » vue & le toucher : ces deux ſens pourroient être » en contradiction dans leurs rapports, ſans que » j'en ſçuſſe rien ; peut-être même croirois-je que » ce qui ſe préſente actuellement à ma vue n'eſt » qu'une pure apparence, ſi l'on ne m'avoit in- » formé que ce ſont là les mêmes corps que j'ai » touchés. Celui-ci me ſemble à la vérité devoir » être le corps que j'appellois cube, & celui- » là, le corps que j'appellois ſphère ; mais on » ne me demande pas ce qu'il m'en ſemble, mais » ce qui en eſt ; & je ne ſuis nullement en » état de ſatisfaire à cette dernière queſtion ».

Ce raiſonnement, dit l'auteur de l'Eſſai ſur l'origine des connoiſſances humaines, ſeroit très-embarraſſant pour l'aveugle né, je ne vois que l'expérience qui puiſſe y fournir une réponſe. Il y a toute apparence que M. l'abbé de Condillac ne veut parler ici que de l'expérience que l'aveugle-né réitéreroit lui-même ſur les corps par un ſecond attouchement. Vous ſentirez tout à l'heure, pourquoi je fais cette remarque. Au reſte, cet habile métaphyſicien auroit pû ajouter, qu'un aveugle-né devoit trouver d'autant moins d'abſurdité à ſuppoſer que deux ſens puſſent être en contradiction, qu'il imagine qu'un miroir les y met en effet comme je l'ai remarqué plus haut.

M. de Condillac obſerve enſuite que M. Molineux a embarraſſé la queſtion de pluſieurs conditions qui ne peuvent ni prevenir ni lever les difficultés que la métaphyſique formeroit à l'aveugle-né. Cette obſervation eſt d'autant plus juſte, que la métaphyſique que l'on ſuppoſe à l'aveugle né, n'eſt point déplacée, puiſque dans ces queſtions philoſophiques, l'expérience doit toujours être cenſée ſe faire ſur un philoſophe, c'eſt-à-dire une perſonne qui ſaiſiſſe dans les queſtions qu'on lui propoſe, tout ce que le raiſonnement & la condition de ſes organes lui permettent d'y appercevoir.

Voilà, en abregé ce qu'on a dit pour & contre ſur cette queſtion ; & vous allez voir par l'examen que j'en ferai, combien ceux qui ont prononcé que l'aveugle-né verroit les figures & diſcerneroit les corps, étoient loin de s'appercevoir qu'ils avoient raiſon, & combien ceux qui le nioient, avoient de raiſons de penſer qu'ils n'avoient point tort.

La question de l'aveugle-né, prise un peu plus généralement que M. Molineux ne l'a proposée, en embrasse deux autres que nous allons considérer séparément. On peut demander, 1°. Si l'aveugle-né verra aussi-tôt que l'opération de la cataracte sera faite. 2°. Dans le cas qu'il voie, s'il verra suffisamment pour discerner les figures; s'il sera en état de leur appliquer sûrement en les voyant, les mêmes noms qu'il leur donnoit au toucher, & s'il aura démonstration que ces noms leur conviennent.

L'aveugle-né verra-t-il immédiatement après la guérison de l'organe? Ceux qui prétendent qu'il ne verra point, disent. » Aussi-tôt que l'aveugle-né jouit de la faculté de se servir de ses » yeux, toute la scène qu'il a en perspective, » vient se peindre dans le fond de son œil. Cette » image composée d'une infinité d'objets rassemblés dans un fort petit espace, n'est qu'un amas » confus de figures qu'il ne sera pas en état de » distinguer les unes des autres. On est presque » d'accord qu'il n'y a que l'expérience qui puisse » lui apprendre à juger de la distance des objets » & qu'il est même dans la nécessité de s'en approcher, de les toucher, de s'en éloigner, de » s'en rapprocher & de les toucher encore, pour » s'assurer qu'ils ne font point partie de lui-même, » qu'ils sont étrangers à son être, & qu'il en » est tantôt voisin & tantôt éloigné: pourquoi » l'expérience ne lui seroit-elle pas encore nécessaire pour l'appercevoir? Sans l'expérience, » celui qui appercevroit des objets pour la première » fois, devroit s'imaginer lorsqu'ils s'éloignent » de lui, ou lui d'eux, au-delà de la portée » de sa vue, qu'ils ont cessé d'exister; car il » n'y a que l'expérience que nous faisons sur les » objets permanens & que nous retrouvons à » la même place où nous les avons laissés, qui » nous constate leur existence continuée dans » l'éloignement. C'est peut-être par cette raison » que les enfans se consolent si promptement des » jouets dont on les prive, on ne peut pas dire » qu'ils les oublient promptement; car si l'on » considère qu'il y a des enfans de deux ans & demi » qui savent une partie considérable des mots » d'une langue, & qu'il leur en coûte plus pour » les prononcer que pour les retenir, on sera » convaincu que le tems de l'enfance est celui » de la mémoire. Ne seroit-il pas plus naturel » de supposer qu'alors les enfans s'imaginent que » ce qu'ils cessent de voir, a cessé d'exister; d'autant plus que leur joie paroît mêlée d'admiration, lorsque les objets qu'ils ont perdus de » vue, viennent à reparoître. Les nourices les » aident à acquérir la notion de la durée des » êtres absens, en les exerçant à un petit jeu » qui consiste à se couvrir, & à se montrer subitement le visage. Ils ont, de cette manière, » cent fois en un quart d'heure, l'expérience que » ce qui cesse de paroître ne cesse pas d'exister. » D'où il s'ensuit que c'est à l'expérience que » nous devons la notion de l'existence continuée » des objets; que c'est par le toucher que nous » acquérons celle de leur distance; qu'il faut » peut-être que l'œil apprenne à voir, comme la » langue à parler; qu'il ne seroit pas étonnant » que le secours d'un des sens fût nécessaire à » l'autre, & que le toucher, qui nous assure » de l'existence des objets hors de nous, lorsqu'ils sont présens à nos yeux, est peut-être » encore le sens à qui il est réservé de nous constater, je ne dis pas leur figures & autres modifications, mais même leur présence ».

On ajoute à ces raisonnemens les fameuses expériences de Chéselden (1). Le jeune homme à qui cet habile chirurgien abaissa les cataractes, ne distingua de long-tems ni grandeurs, ni distances, ni situations, ni même figures. Un objet d'un pouce mis devant son œil, & qui lui cachoit une maison, lui paroissoit aussi grand que la maison. Il avoit tous les objets sur les yeux, & ils lui sembloient appliqués à cet organe, comme les objets du tact le sont à la peau. Il ne pouvoit distinguer ce qu'il avoit jugé rond à l'aide de ses mains, d'avec ce qu'il avoit jugé angulaire, ni discerner avec les yeux, si ce qu'il avoit senti être en haut ou en bas, étoit en effet en haut ou en bas. Il parvint, mais ce ne fut pas sans peine, à appercevoir que sa maison étoit plus grande que sa chambre, mais nullement à concevoir comment l'œil pouvoit lui donner cette idée. Il lui fallut un grand nombre d'expériences réitérées, pour s'assurer que la peinture représentoit des corps solides; & quand il se fut bien convaincu, à force de regarder les tableaux, que ce n'étoient point des surfaces seulement qu'il y voyoit, il y porta la main, & fut bien étonné de ne rencontrer qu'un plan uni & sans aucune saillie: il demanda alors quel étoit le trompeur du sens du toucher ou du sens de la vue. Au reste la peinture fit le même effet sur les sauvages, la première fois qu'ils en virent; ils prirent des figures peintes, pour des hommes vivans; les interrogèrent, & furent tout surpris de n'en recevoir aucune réponse: cette erreur ne venoit certainement pas en eux du peu d'habitude de voir.

Mais que répondre aux autres difficultés? qu'en effet l'œil expérimenté d'un homme fait voir mieux les objets, que l'organe imbécille & tout neuf d'un enfant ou d'un aveugle de naissance, à qui l'on vient d'abaisser les cataractes. Voyez, toutes les preuves qu'en donne M. l'abbé de

---

(1) Voyez les élémens de la philosophie de Newton par M. de Voltaire.

Condillac, à la fin de son Essai sur l'origine des connoissances humaines, où il se propose en objection les expériences faites par Chéselden & rapportées par M. de Voltaire. Les effets de la lumière sur un œil qui en est affecté pour la première fois, & les conditions requises dans les humeurs de cet organe, la cornée, le crystallin, &c. y sont exposés avec beaucoup de netteté & de force, & ne permettent guères de douter que la vision ne se fasse très-imparfaitement dans un enfant qui ouvre les yeux pour la première fois, ou dans un Aveugle à qui l'on vient de faire l'opération.

Il faut donc convenir que nous devons appercevoir dans les objets une infinité de choses que l'enfant ni l'aveugle né n'y apperçoivent point, quoiqu'elles se peignent également au fond de leurs yeux; que ce n'est pas assez que les objets nous frappent, qu'il faut encore que nous soyons attentifs à leurs impressions; que par conséquent on ne voit rien la première fois qu'on se sert de ses yeux; qu'on n'est affecté dans les premiers instans de la vision que d'une multitude de sensations confuses qui ne se débrouillent qu'avec le tems & par la réflexion habituelle sur ce qui se passe en nous; que c'est l'expérience seule qui nous apprend à comparer les sensations avec ce qui les occasionne; que les sensations n'ayant rien qui ressemble essentiellement aux objets, c'est à l'expérience à nous instruire sur les analogies qui semblent être de pure institution: en un mot, on ne peut douter que le toucher ne serve beaucoup à donner à l'œil une connoissance précise de la conformité de l'objet avec la représentation qu'il en reçoit; & je pense que si tout ne s'exécutoit pas dans la nature par des loix infiniment générales, si, par exemple, la piqûre de certains corps durs étoit douloureuse, & telle d'autres corps, accompagnée de plaisir, nous mourrions, sans avoir recueilli la cent millionième partie des expériences nécessaires à la conservation de notre corps & à notre bien être,

Cependant je ne pense nullement que l'œil ne puisse s'instruire, ou, s'il est permis de parler ainsi, s'expérimenter de lui-même. Pour s'assurer par le toucher, de l'existence & de la figure des objets, il n'est pas nécessaire de voir; pourquoi faudroit-il toucher pour s'assurer des mêmes choses par la vûe? Je connois tous les avantages du tact, & je ne les ai pas déguisés, quand il a été question de Saounderson ou de l'aveugle du Puisaux; mais je ne lui ai point reconnu celui-là. On conçoit sans peine que l'usage d'un des sens peut être perfectionné & accéléré par les observations de l'autre; mais nullement qu'il y ait entre leurs fonctions une dépendance essentielle. Il y a assurément dans les corps des qualités que nous n'y appercevrions jamais sans l'attouchement: c'est le tact qui nous instruit de la présence de certaines modifications insensibles aux yeux qui ne les apperçoivent que quand ils ont été avertis par ce sens; mais ces services sont réciproques; & dans ceux qui ont la vûe plus fine que le toucher, c'est le premier de ces sens qui instruit l'autre de l'existence d'objets & de modifications qui lui échapperoient par leur petitesse. Si l'on vous plaçoit à votre insçu, entre le pouce & l'index, un papier ou quelqu'autre substance unie, mince & flexible, il n'y auroit que votre œil qui pût vous informer que le contact de ces doigts ne se feroit pas immédiatement. J'observerai en passant qu'il seroit infiniment plus difficile de tromper là-dessus un aveugle, qu'une personne qui a l'habitude de voir.

Un œil vivant & animé auroit sans doute de la peine à s'assurer que les objets extérieurs ne font pas partie de lui-même; qu'il en est tantôt voisin, tantôt éloigné; qu'ils sont figurés; qu'ils sont plus grands les uns que les autres; qu'ils ont de la profondeur, &c. mais je ne doute nullement qu'il ne les vît à la longue, & qu'il ne les vît assez distinctement pour en discerner au moins les limites grossières. Le nier, ce seroit perdre de vûe la destination des organes; ce seroit oublier les principaux phénomènes de la vision; ce seroit se dissimuler qu'il n'y a point de peintre assez habile pour approcher de la beauté & de l'éxactitude des mignatures qui se peignent dans le fond de nos yeux; qu'il n'y a rien de plus précis que la ressemblance de la représentation, à l'objet représenté; que la toile de ce tableau n'est pas si petite; qu'il n'y a nulle confusion entre les figures; qu'elles occupent à peu-près un demi pouce en quarré, & que rien n'est plus difficile d'ailleurs que d'expliquer comment le toucher s'y prendroit pour enseigner à l'œil à appercevoir, si l'usage de ce dernier organe étoit absolument impossible sans le secours du premier.

Mais je ne m'en tiendrai pas à des simples présomptions, & je demanderai si c'est le toucher qui apprend à l'œil à distinguer les couleurs? Je ne pense pas qu'on accorde au tact un privilége aussi extraordinaire. Cela supposé, il s'ensuit que, si l'on présente à un aveugle à qui l'on vient de restituer la vûe, un cube noir, avec une sphère rouge, sur un grand fond blanc, il ne tardera pas à discerner les limites de ces figures.

Il tardera, pourroit-on me répondre, tout le tems nécessaire aux humeurs de l'œil, pour se disposer convenablement, à la cornée pour prendre la convéxité requise à la vision, à la prunelle, pour être susceptible de la dilatation & du rétrécissement qui lui sont propres, aux filets de la rétine, pour n'être ni trop, ni trop peu sensibles à l'action de la lumière ; au crystallin pour s'exercer aux mouvemens en avant & en arriere qu'on lui soupçonne ; ou aux muscles, pour bien remplir leurs fonctions ; aux nerfs optiques pour s'accoutumer à transmettre la sensation ; au globe entier de l'œil pour se prêter à toutes les dispositions nécessaires, & à toutes les parties qui le composent, pour concourir à l'exécution de cette mignature dont on tire si bon parti, quand il s'agit de démontrer que l'œil s'expérimentera de lui-même.

J'avoue que, quelque simple que soit le tableau que je viens de présenter à l'œil d'un aveugle-né, il n'en distinguera bien les parties que quand l'organe réunira toutes les conditions précédentes ; mais c'est peut-être l'ouvrage d'un moment ; & il ne seroit pas difficile, en appliquant le raisonnement qu'on vient de m'objecter, à une machine un peu composée, à une montre, par exemple, de démontrer par le détail de tous les mouvemens qui se passent dans le tambour, la fusée, les roues, les palettes, le balancier, &c. qu'il faudroit quinze jours à l'aiguille, pour parcourir l'espace d'une seconde. Si on répond que ces mouvemens sont simultanées, je repliquerai qu'il en est peut-être de même de ceux qui se passent dans l'œil, quand il s'ouvre pour la première fois, & de la plupart des jugemens qui se font en conséquence. Quoi qu'il en soit de ces conditions qu'on exige dans l'œil, pour être propre à la vision, il faut convenir que ce n'est point le toucher qui les lui donne ; que cet organe les acquiert de lui-même, & que par conséquent, il parviendra à distinguer les figures qui s'en peindront, sans le secours d'un autre sens.

Mais encore une fois, dira-t-on, quand en sera-t-il là ? Peut-être beaucoup plus promptement qu'on ne pense. Lorsque nous allâmes visiter ensemble le cabinet du jardin royal, vous souvenez-vous, madame, de l'expérience du miroir concave, & de la frayeur que vous eûtes, lorsque vous vîtes venir à vous la pointe d'une épée, avec la même vîtesse que la pointe de celle que vous aviez à la main, s'avançoit vers la surface du miroir. Cependant vous aviez l'habitude de rapporter au-delà des miroirs, tous les objets qui s'y peignent. L'expérience n'est donc pas si nécessaire, ni même si infaillible qu'on le pense, pour appercevoir les objets ou leurs images où elles sont. Il n'y a pas jusqu'à votre perroquet qui ne m'en fournit une preuve : la première fois qu'il se vit dans une glace, il en approcha son bec ; & ne se rencontrant pas lui-même qu'il prenoit pour son semblable, il fit le tour de la glace. Je ne veux point donner au témoignage du perroquet plus de force qu'il n'en a ; mais c'est une expérience animale où le préjugé ne peut avoir de part.

Cependant m'assurât-on, qu'un aveugle-né n'a rien distingué pendant deux mois, je n'en serai point étonné. J'en conclurai seulement la nécessité de l'expérience de l'organe ; mais nullement la nécessité de l'attouchement pour l'expérimenter. Je n'en comprendrai que mieux combien il importe de laisser séjourner quelque tems un aveugle-né dans l'obscurité, quand on le destine à des observations ; de donner à ses yeux la liberté de s'exercer, ce qu'il sera plus commodément dans les ténèbres qu'au grand jour ; & de ne lui accorder dans les expériences qu'une espèce de crépuscule, ou de se ménager du moins dans le lieu où elles se feront, l'avantage d'augmenter ou de diminuer à discrétion la clarté. On ne me trouvera pas plus disposé à convenir que ces sortes d'expérience seront toujours très-difficiles & très-incertaines ; & que le plus court en effet, quoiqu'en apparence le plus long, c'est de prémunir le sujet de connoissances philosophiques, qui le rendent capable de comparer les deux conditions par lesquelles il a passé, & de nous informer de la différence de l'état d'un aveugle, & de celui d'un homme qui voit : encore une fois, que peut-on attendre de précis de celui qui n'a aucune habitude de réfléchir & de revenir sur lui-même, & qui, comme l'aveugle de Chéselden, ignore les avantages de la vue, au point d'être insensible à sa disgrâce, & de ne point imaginer que la perte de ce sens nuise beaucoup à ses plaisirs. Saounderson à qui l'on ne refusera pas le titre de philosophe, n'avoit certainement pas la même indifférence ; & je doute fort qu'il eût été de l'avis de l'auteur de l'excellent traité sur les systèmes. Je soupçonnerois volontiers le dernier de ces philosophes, d'avoir donné lui-même dans un petit système, lorsqu'il a prétendu, « que si la vie de l'homme
» n'avoit été qu'une sensation non interrompue
» de plaisir ou de douleur, heureux dans un cas
» sans aucune idée de malheur, malheureux dans
» l'autre sans aucune idée de bonheur, il eût
» joui ou souffert ; & que, comme si telle eût
» été sa nature, il n'eût point regardé autour
» de lui, pour découvrir, si quelqu'être veil-
» loit à sa conservation, ou travailloit à lui
» nuire. Que c'est le passage alternatif de l'un
» à l'autre de ces états qui l'a fait réfléchir, &c.

Croyez-vous, madame, qu'en descendant de perceptions claires, en perceptions claires, (car c'est la manière de philosopher de l'auteur, & la bonne,) il fût jamais parvenu à cette conclusion. Il n'en est pas du bonheur & du malheur, ainsi que des ténèbres & de la lumière : l'un ne consiste pas dans une privation pure & simple de l'autre. Peut-être eussions-nous assuré que le bonheur ne nous étoit pas moins essentiel que l'existence & la pensée, si nous en eussions joui sans aucune altération; mais je n'en peux pas dire autant du malheur. Il eût été très-naturel de le regarder comme un état forcé, de se sentir innocent, de se croire pourtant coupable, & d'accuser ou d'excuser la nature, tout comme on fait.

M. l'Abbé de Condillac pense-t-il qu'un enfant ne se plaigne quand il souffre, que parce qu'il n'a pas souffert sans relâche depuis qu'il est au monde? S'il me répond, « qu'exister & » souffrir, ce seroit la même chose, pour celui » qui auroit toujours souffert; & qu'il n'ima- » gineroit pas qu'on pût suspendre sa douleur, » sans détruire son existence ; » peut être lui répliquerai-je ; l'homme malheureux sans interruption n'eût pas dit, qu'ai-je fait pour exister? Cependant je ne vois pas pourquoi il n'eût point eu les deux verbes synonymes, *j'existe & je souffre*, l'un pour la prose, & l'autre pour la poésie ; comme nous avons les deux expressions, *je vis & je respire*. Au reste, vous remarquerez mieux que moi, madame, que cet endroit de M. l'abbé de Condillac est très-parfaitement écrit, & je crains bien que vous ne disiez, en comparant ma critique avec sa réflexion, que vous aimez mieux encore une erreur de Montaigne, qu'une vérité de Charron.

Et toujours des écarts, me direz-vous ; oui, madame, c'est la condition de notre traité. Voici maintenant mon opinion sur les deux questions précédentes : je pense que la première fois que les yeux de l'aveugle-né s'ouvriront à la lumière, il n'appercevra rien du tout; qu'il faudra quelque tems à son œil pour s'expérimenter, mais qu'il s'expérimentera de lui-même, & sans le secours du toucher, & qu'il parviendra non-seulement à distinguer les couleurs, mais à discerner au moins les limites grossières des objets. Voyons à présent si dans la supposition qu'il acquît cette aptitude dans un tems fort court, ou qu'il l'obtînt en agitant ses yeux dans les ténèbres où l'on auroit eu l'attention de l'enfermer & de l'exhorter à cet exercice, pendant quelque tems après l'opération & avant les expériences, voyons dis-je, s'il reconnoîtroit à la vue les corps qu'il auroit touchés, & s'il seroit en état de leur donner les noms qui leur conviennent. C'est la derniere question qui me reste à résoudre.

Pour m'en acquitter d'une maniere qui vous plaise, puisque vous aimez la méthode, je distinguerai plusieurs sortes de personnes sur lesquelles les expériences peuvent se tenter. Si ce sont des personnes grossières, sans éducation, sans connoissances, & non préparées, je pense que, quand l'opération de la cataracte aura parfaitement détruit le vice de l'organe, & que l'œil sera sain, les objets s'y peindront très-distinctement ; mais que ces personnes n'étant habituées à aucune sorte de raisonnement, ne sçachant ce que c'est que sensation, idée ; n'étant point en état de comparer les représentations qu'elles ont reçues par le toucher, avec celles qui leur viennent par les yeux, elles prononceront, voilà un rond, voilà un quarré, sans qu'il y ait de fond à faire sur leur jugement ; ou même elles conviendront ingénuement qu'elles n'appercoivent rien dans les objets qui se présentent à leur vue, qui ressemble à ce qu'elles ont touché.

Il y a d'autres personnes qui, comparant les figures qu'elles appercevront aux corps, avec celles qui faisoient impression sur leurs mains, & appliquant par la pensée leur attouchement sur ces corps qui sont à distance, diront de l'un que c'est un quarré, & de l'autre que c'est un cercle, mais sans trop sçavoir pourquoi, la comparaison des idées qu'elles ont prises par le toucher, avec celles qu'elles reçoivent par la vûe, ne se faisant pas en elles assez distinctement pour les convaincre de la vérité de leur jugement.

Je passerai, madame, sans disgression à un métaphysicien sur lequel on tenteroit l'expérience. Je ne doute nullement que celui-ci ne raisonnât dès l'instant où ils commenceroit à apercevoir distinctement les objets, comme s'il les avoit vûs toute sa vie ; & qu'après avoir comparé les idées qui lui viennent par les yeux, avec celles qu'il a prises par le toucher, il ne dît avec la même assurance que vous & moi : « Je serois fort tenté » de croire que c'est ce corps que j'ai toujours » nommé cercle, & que c'est celui-ci que j'ai » toujours appellé quarré ; mais je me garderai » bien de prononcer que cela est ainsi. Qui m'a » révélé que, si j'en approchois ils ne disparoi- » troient pas sous mes mains, que sçais-je si » les objets de ma vue sont destinés à être aussi » les objets de mon attouchement? J'ignore, si » ce qui m'est visible est palpable ; mais quand » je ne serois point dans cette certitude, & que » je croirois sur la parole des personnes qui m'en- » vironnent, que ce que je vois est réellement » ce que j'ai touché, je n'en serois guère plus » avancé. Ces objets pourroient fort bien se » transformer dans mes mains, & me renvoyer » par le tact des sensations toutes contraires à » celles que j'en éprouve par la vue. Messieurs, » ajouteroit-il, ce corps me semble le quarré, » celui-ci le cercle ; mais je n'ai aucune science » qu'ils soient tels au toucher qu'à la vue.

Si nous substituons un géometre au métaphysicien, Saounderson à Locke, il dira comme lui que, s'il en croit ses yeux, des deux figures qu'il voit, c'est celle-là qu'il appelloit quarré, & celle-ci qu'il appelloit cercle ; » car je m'apperçois, ajouteroit-il,

» teroit-il, qu'il n'y a que la première où je puisse
» arranger les fils, & placer les épingles à
» grosse tête, qui marquoient les points angu-
» laires du quarré; & qu'il n'y a que la seconde
» à laquelle je puisse inscrire ou circonscrire les
» fils qui m'étoient nécessaires pour démontrer
» les propriétés du cercle. Voilà donc un cer-
» cle ; voilà donc un quarré! Mais auroit-il con-
» tinué avec Locke ? Peut-être que, quand j'ap-
» pliquerai mes mains sur ces figures, elles se trans-
» formeront l'une en l'autre ; de manière que la
» même figure pourroit me servir à démontrer
» aux aveugles les propriétés du cercle, & à
» ceux qui voient, les propriétés du quarré.
» Peut-être que je verrois un quarré, & qu'en
» même-tems je sentirois un cercle. Non, auroit-
» il repris, je me trompe. Ceux à qui je démon-
» trois les propriétés du cercle & du quarré,
» n'avoient pas les mains sur mon Abaque, &
» ne touchoient pas les fils que j'avois tendus
» & qui limitoient mes figures ; cependant ils me
» comprenoient. Ils ne voyoient donc pas un
» quarré, quand je sentois un cercle ; sans quoi
» nous ne nous fussions jamais entendus : je leur
» eusse tracé une figure & démontré les pro-
» priétés d'une autre ; je leur eusse donné une
» ligne droite pour un arc de cercle, & un
» arc de cercle pour une ligne droite. Mais puis-
» qu'ils m'entendoient tous ; tous les hommes
» voient donc les uns comme les autres : je
» vois donc quarré ce qu'ils voyoient quarré,
» & circulaire ce qu'ils voyoient circulaire. Ainsi
» voilà ce que j'ai toujours nommé quarré, &
» voilà ce que j'ai toujours nommé cercle.

J'ai substitué le cercle à la sphère, & le quarré au cube, parce qu'il y a toute apparence que nous ne jugeons des distances que par l'expérience, & conséquemment que celui qui se sert de ses yeux pour la première fois, ne voit que des surfaces, & qu'il ne sçait ce que c'est que saillie, la saillie d'un corps à la vûe consistant en ce que quelques uns de ses points paroissent plus voisins de nous que les autres.

Mais quand l'aveugle né jugeroit, dès la première fois qu'il voit, de la saillie & de la solidité des corps, & qu'il seroit en état de discerner non-seulement le cercle du quarré, mais aussi la sphère du cube, je ne crois pas pour cela qu'il en fût de même de tout autre objet plus composé. Il y a bien de l'apparence que l'aveugle-née de M. de Réaumur a discerné les couleurs les unes des autres ; mais il y a trente à parier contre un qu'elle a prononcé au hazard sur la sphère & sur le cube, & je tiens pour certain, qu'à moins d'une révélation, il ne lui a pas été possible de reconoître ses gants, sa robe-de-chambre & son soulier. Ces objets sont chargés d'un si grand nombre de modifications ; il

y a si peu de rapport entre leur forme totale, & celle des membres qu'ils sont destinés à orner ou à couvrir, que c'eût été un problème cent fois plus embarrassant pour Saounderson, de déterminer l'usage de son bonnet quarré, que pour M. d'Alembert ou Clairaut, celui de retrouver l'usage de ses tables.

Saounderson n'eût pas manqué de supposer qu'il règne un rapport géométrique entre les choses & leur usage, & conséquemment il eût apperçu en deux ou trois analogies, que sa calote étoit faite pour sa tête : il n'y a là aucune forme arbitraire qui tendît à l'égarer. Mais qu'eût-il pensé des angles & de la houpe de son bonnet quarré ? à quoi bon cette touffe ? Pourquoi plutôt quatre angles, que six, se fût-il demandé ? Et ces deux modifications, qui sont pour nous une affaire d'ornement, auroient été pour lui la source d'une foule de raisonnemens absurdes, ou plutôt l'occasion d'une excellente satyre de ce que nous appellons le bon goût.

En pesant mûrement les choses, on avouera que la différence qu'il y a entre une personne qui a toujours vû, mais à qui l'usage d'un objet est inconnu, & celle qui connoît l'usage d'un objet, mais qui n'a jamais vû, n'est pas à l'avantage de celle ci : cependant croyez-vous, madame, que, si l'on vous montroit aujourd'hui pour la première fois une garniture, vous parvinssiez jamais à deviner que c'est un ajustement, & que c'est un ajustement de tête ? Mais, s'il est d'autant plus difficile à un aveugle-né qui voit pour la première fois, de bien juger des objets, selon qu'ils ont un plus grand nombre de formes, qui l'empêcheroit de prendre un observateur tout habillé & immobile dans un fauteuil placé devant lui, pour un meuble ou pour une machine ; & un arbre dont l'air agiteroit les feuilles & les branches, pour un être se mouvant, animé & pensant ? Madame, combien nos sens nous suggèrent de choses ; & que nous aurions de peine sans nos yeux à supposer qu'un bloc de marbre ne pense ni ne sent ?

Il reste donc pour démontré que Saounderson auroit été assuré qu'il ne se trompoit pas dans le jugement qu'il venoit de porter du cercle & du quarré seulement, & qu'il y a des cas où le raisonnement & l'expérience des autres peuvent éclairer la vûe sur la relation du toucher, & l'instruire que ce qui est tel pour l'œil, est tel aussi pour le tact.

Il n'en seroit cependant pas moins essentiel, lorsqu'on se proposeroit la démonstration de quelque proposition d'éternelle vérité, comme on les appelle, d'éprouver sa démonstration, en la privant du témoignage des sens ; car vous apperceyez bien, madame, que, si quelqu'un prétendoit vous prouver, que la projection de deux lignes parallelles sur un tableau doit se faire par deux lignes convergentes, parce que deux allées paroissent telles, il oublieroit que la proposition est vraie pour un aveugle, comme pour lui.

Mais la supposition précédente de l'aveugle-né en suggère deux autres. L'une d'un homme qui auroit vû dès sa naissance, & qui n'auroit point eu les sens du toucher ; & l'autre d'un homme en qui les sens de la vûe & du toucher seroient perpétuellement en contradiction. On pourroit demander du premier, si, lui restituant le sens qui lui manque, & lui ôtant le sens de la vûe par un bandeau, il reconnoîtroit les corps au toucher. Il est évident que la géométrie, en cas qu'il en fût instruit, lui fourniroit un moyen infaillible de s'assurer si les témoignages des deux sens sont contradictoires ou non. Il n'auroit qu'à prendre le cube ou la sphère entre ses mains, en démontrer à quelqu'un les propriétés, & prononcer, si on le comprend, qu'on voit cube, ce qu'il sent cube ; & que c'est par conséquent le cube qu'il tient. Quant à celui qui ignoreroit cette science, je pense qu'il ne lui seroit pas plus facile de discerner par le toucher le cube de la sphère, qu'à l'aveugle de M. Molineux, de les distinguer par la vue.

A l'égard de celui en qui les sensations de la vue & du toucher seroient perpétuellement contradictoires, je ne sçais ce qu'il penseroit des formes, de l'ordre, de la symmétrie, de la beauté, de la laideur, &c... Selon toute apparence il seroit, par rapport à ces choses, ce que nous sommes relativement à l'étendue & à la durée réelles des êtres. Il p. ononceroit en général qu'un corps a une forme ; mais il devroit avoir du penchant à croire que ce n'est ni celle qu'il voit ni celle qu'il sent. Un tel homme pourroit bien être mécontent de ses sens, mais ses sens ne seroient pas contens ni mécontens des objets. S'il étoit tenté d'en accuser un de fausseté, je crois que ce seroit au toucher qu'il s'en prendroit. Cent circonstances l'inclineroient à penser que la figure des objets change plutôt par l'action de ses mains sur eux, que par celle des objets sur ses yeux. Mais en conséquence de ses préjugés, la différence de dureté & de mollesse qu'il observeroit dans les corps, seroit fort embarrassante pour lui.

Mais de ce que nos sens ne sont pas en contradiction sur les formes, s'ensuit-il qu'elles nous soient mieux connues ? Qui nous a dit que nous n'avons point à faire à des faux témoins ? Nous jugeons pourtant. Hélas ! Madame, quand on a mis les connoissances humaines dans la balance de Montaigne, on n'est pas éloigné de prendre sa devise. Car que savons-nous ? ce que c'est que la matière ? nullement. Ce que c'est que l'esprit & la pensée ? encore moins. Ce que c'est que le mouvement, l'espace & la durée ? point du tout. Des vérités géométriques ? Interrogez des mathématiciens de bonne foi, & ils vous avoueront que leurs propositions sont toutes identiques, & que tant de volumes, sur le cercle par exemple, se réduisent à nous répéter en cent mille façons différentes que c'est une figure où toutes les lignes tirées du centre à la circonférence sont égales. Nous ne savons donc presque rien : cependant combien d'écrits dont les auteurs ont tous prétendu savoir quelque chose. Je ne devine pas pourquoi le monde ne s'ennuye point de lire, & de ne rien apprendre.....

L'ouvrage de l'abbé Batteux, qui a pour titre *les beaux arts réduits à un même principe*, fut l'occasion de la *lettre sur les sourds & muets*. Diderot avoit sur la plupart des matières traitées dans le livre de l'abbé Batteux, des idées plus exactes, plus réfléchies, en un mot, fort différentes de celles de ce littérateur. Il les jetta rapidement sur le papier, y joignit celles qu'un examen ultérieur des mêmes objets lui avoit fait naître & disposa le tout en forme de lettre qu'il adressa à celui même dont les principes & les résultats lui paroissoient également contestables. Jamais cause plus difficile & plus compliquée ne fut plaidée avec plus d'esprit, plus de politesse, & d'une manière plus instructive pour le public, que *Diderot* établit juge entre son adversaire & lui. Cette lettre à l'abbé Batteux, n'est, au fond, qu'une critique indirecte & très-fine de ses *beaux arts réduits à un même principe* ; en 1751. L'auteur y traite de l'origine des inversions ; de l'harmonie du style ; du sublime de situation ; de quelques avantages de la langue françoise, sur la plupart des langues anciennes & modernes, & par occasion de l'expression particulière aux beaux arts.

Quoique ces différentes questions soient très-dignes de l'examen des philosophes, quoique peut-être ils soient seuls capables de les approfondir & de les résoudre avec une certaine élégance ; comme elles n'appartiennent à l'histoire de la philosophie qu'en prenant ce mot dans un sens très-étendu & beaucoup plus général que celui qu'on lui donne communément, nous avons pensé qu'il suffisoit d'indiquer ici les objets principaux de cette lettre, un des ouvrages de *Diderot*, où il a montré le plus de goût, de sagacité, & qui fait le mieux sentir l'utilité de l'analyse dans la recherche de la vérité.

C'est dans les quatre années qui s'écoulèrent entre la publication de la *lettre sur les sourds*

& des *Pensées sur l'interprétation de la nature*, qui parurent les premiers volumes de l'Encyclopédie. Le prospectus de ce dictionnaire, dont *Diderot* seul est l'auteur, & *le système figuré des connoissances humaines*, qu'il doit en partie (1) au chancelier Bacon, lui avoient donné occasion de faire une étude particulière & très-réfléchie des ouvrages de cet auteur. C'est à cette lecture si instructive, si propre à inspirer, à étendre le goût de la saine physique, à développer dans les uns, à diriger & à perfectionner dans les autres le talent de l'expérience & de l'observation, que nous devons les *Pensées sur l'interprétation de la nature*, dont la première idée &, pour ainsi dire, le premier jet, se trouve dans les écrits du philosophe anglois. Ce sont ses *cogitata & visa de interpretatione naturâ* qui ont tourné tout-à-coup les vues de *Diderot* vers ces grands objets : la noble simplicité, l'élégance & l'originalité de la formule dont Bacon se sert pour rendre plus sensibles les erreurs de ceux qui l'avoient précédé dans la recherche des causes de certains phénomènes, & pour exposer ensuite ses propres idées sur la manière d'observer, d'interroger, de tourmenter la nature pour lui arracher ses secrets, devoit nécessairement plaire à *Diderot*, que les grandes actions & les belles choses affectoient, de la manière la plus violente & la plus durable, & qui étoit tout prêt à se les approprier. Il y a, d'ailleurs, entre les *cogitata & visa de interpretatione naturâ* & les *Pensées sur l'interprétation de la nature*, toute la différence que celle des tems où ils ont été publiés, & par conséquent le progrès successif des lumières, & la perfection des instrumens ont dû nécessairement y mettre.

Voici présentement quelques-unes des vues générales de *Diderot* sur l'art expérimental auxquelles nous joindrons ses vues particulières sur un phénomène qui, à cette époque, occupoit tous les philosophes, & qui les divisoit en deux classes.

1. L'intérêt de la vérité demanderoit que ceux qui réfléchissent daignassent enfin s'associer à ceux qui se remuent, afin que le spéculatif fût dispensé de se donner du mouvement ; que le manœuvre eût un but dans les mouvemens infinis qu'il se donne ; que tous nos efforts se trouvassent réunis & dirigés en même tems contre la résistance de la nature ; & que, dans cette espèce de ligue philosophique, chacun fît le rôle qui lui convient.

2. Une des vérités qui aient été annoncées de nos jours avec le plus de courage & de force (2), qu'un bon physicien ne perdra point de vue, & qui aura certainement les suites les plus avantageuses ; c'est que la région des mathématiciens est un monde intellectuel, où ce que l'on prend pour des vérités rigoureuses perd absolument cet avantage quand on l'apporte sur notre terre. On en a conclu que c'étoit à la philosophie expérimentale à rectifier les calculs de la géométrie, & cette conséquence a été avouée même par les géomètres. Mais à quoi bon corriger le calcul géométrique par l'expérience ? N'est-il pas plus court de s'en tenir au résultat de celle-ci ? d'où l'on voit que les mathématiques, transcendantes sur-tout, ne conduisent à rien de précis, sans l'expérience ; que c'est une espèce de métaphysique générale où les corps sont dépouillés de leurs qualités individuelles, & qu'il resteroit au moins à faire un grand ouvrage qu'on pourroit appeler *l'Application de l'expérience à la géométrie*, ou *Traité de l'aberration des mesures*.

3. Je ne sais s'il y a quelque rapport entre l'esprit du jeu & le génie mathématicien ; mais il y en a beaucoup entre un jeu & les mathématiques. Laissant à part ce que le sort met d'incertitude d'un côté, ou le comparant avec ce que l'abstraction met d'inexactitude de l'autre, une partie de jeu peut être considérée comme une suite indéterminée de problèmes à résoudre d'après des conditions données. Il n'y a point de questions de mathématiques à qui la même définition ne puisse convenir ; & la *chose* du mathématicien n'a pas plus d'existence dans la nature que celle du joueur. C'est de part & d'autre une affaire de conventions. Lorsque les géomètres ont décrié les métaphysiciens, ils étoient bien éloignés de penser que toute leur science n'étoit qu'une métaphysique.

4. Nous touchons au moment d'une grande révolution dans les sciences. Au penchant que les esprits me paroissent avoir à la morale, aux belles-lettres, à l'histoire de la nature & à la physique expérimentale, j'oserois presque assurer qu'avant qu'il soit cent ans, on ne comptera pas trois grands géomètres en Europe. Cette science s'arrêtera tout court, où les auront laissé les Bernoulli, les Euler, les Maupertuis, les Clairaut,

---

(1) Je dis *en partie*, parce que, quoiqu'il avoue en plusieurs endroits du *prospectus*, qu'il a *l'obligation principale* de l'arbre encyclopédique au chancelier Bacon, cet aveu n'empêche pas néanmoins, comme il l'observe ailleurs, qu'il n'y ait un très-grand nombre de choses, sur-tout dans la branche philosophique, qu'il ne doit nullement à Bacon. Il est facile au lecteur de juger de ces changemens. Il suffit pour appercevoir le rapport & la différence des deux arbres, d'en faire le parallèle *avec un peu d'équité & de philosophie*.

(2) *Voyez* l'histoire naturelle, générale & particulière, vol. 1, discours 1.

les Fontaine & les d'Alembert. Ils auront posé les colonnes d'Hercule. On n'ira point au-delà. Leurs ouvrages subsisteront dans les siècles à venir, comme ces pyramides d'Egypte dont les masses chargées d'hiéroglyphes réveillent en nous une idée effrayante de la puissance & des ressources des hommes qui les ont élevées.

5. Lorsqu'une science commence à naître, l'extrême considération qu'on a dans la société pour les inventeurs, le désir de connoître par soi-même une chose qui fait beaucoup de bruit, l'espérance de s'illustrer par quelque découverte, l'ambition de partager un titre avec des hommes illustres, tournent tous les esprits de ce côté. En un moment elle est cultivée par une infinité de personnes de caractères différens. Ce sont ou des gens du monde à qui leur oisiveté pèse, ou des transfuges qui s'imaginent acquérir dans la science à la mode une réputation qu'ils ont inutilement cherchée dans d'autres sciences qu'ils abandonnent pour elle; les uns s'en font un métier; d'autres y sont entraînés par goût.

Tant d'efforts réunis portent assez rapidement la science jusqu'où elle peut aller. Mais à mesure que ses limites s'étendent, celles de la considération se resserrent. On n'en a plus que pour ceux qui se distinguent par une grande supériorité. Alors la foule diminue. On cesse de s'embarquer pour une contrée où les fortunes sont devenues rares & difficiles. Il ne reste à la science que des mercenaires à qui elle donne du pain, & que quelques hommes de génie qu'elle continue d'illustrer long-tems encore après que le prestige est dissipé, & que les yeux se sont ouverts sur l'inutilité de leurs travaux. On regarde toujours ces travaux comme des tours de force qui font honneur à l'humanité. Voilà l'abrégé historique de la géométrie, & celui de toutes les sciences qui cesseront d'instruire ou de plaire : je n'en excepte pas même l'histoire de la nature.

6. Quand on vient à comparer la multitude infinie des phénomènes de la nature, avec les bornes de notre entendement & la foiblesse de nos organes, peut-on jamais attendre autre chose de la lenteur de nos travaux, de leurs longues & fréquentes interruptions, & de la rareté des génies créateurs, que quelques pièces rompues & séparées de la grande chaîne qui lie toutes choses ? La philosophie expérimentale travailleroit pendant des siècles des siècles, que les matériaux qu'elle entasseroit, devenus à la fin par leur nombre au-dessus de toute combinaison, seroient encore bien loin d'une énumération exacte. Combien ne faudroit-il pas de volumes pour renfermer les termes seuls par lesquels nous désignerions les collections distinctes de phénomènes, si les phénomènes étoient connus ? Quand la langue philosophique sera-t-elle complette ? Quand elle feroit complette, qui d'entre les hommes pourroit la savoir ? Si l'éternel, pour manifester sa toute-puissance plus évidemment encore que par les merveilles de la nature, eût daigné développer le méchanisme universel sur des feuilles tracées de sa propre main ; croit-on que ce grand livre fût plus compréhensible pour nous que l'univers même ? Combien de pages en auroit entendu ce philosophe qui avec toute la force de tête qui lui avoit été donnée, n'étoit pas sûr d'avoir seulement embrassé les conséquences par lesquelles un ancien géomètre a déterminé le rapport de la sphère au cylindre ? Nous aurions dans ces feuilles une mesure assez bonne de la portée des esprits, & une satyre beaucoup meilleure de notre vanité. Nous pourrions dire : Fermat alla jusqu'à telle page ; Archimède étoit allé quelques pages plus loin. Quel est donc notre but ? L'exécution d'un ouvrage qui ne peut jamais être fait & qui seroit fort au-dessus de l'intelligence humaine, s'il étoit achevé ? Ne sommes nous pas plus insensés que les premiers habitans de la plaine de Sennaar ? Nous connoissons la distance infinie qu'il y a de la terre aux cieux, & nous ne laissons pas que d'élever la tour. Mais est-il à présumer qu'il ne viendra point un tems où notre orgueil découragé abandonne l'ouvrage ? Quelle apparence que, logé étroitement & mal à son aise ici bas, il s'opiniâtre à construire un palais inhabitable au-delà de l'atmosphère ? Quand il s'y opiniâtreroit, ne seroit-il pas arrêté par la confusion des langues qui n'est déjà que trop sensible & trop incommode dans l'histoire naturelle ? D'ailleurs l'utile circonscrit tout. Ce sera l'utile qui dans quelques siècles donnera des bornes à la physique expérimentale, comme il est sur le point d'en donner à la géométrie. J'accorde des siècles à cette étude, parce que la sphère de son utilité est infiniment plus étendue que celle d'aucune science abstraite, & qu'elle est sans contredit la base de nos véritables connoissances.

7. Tant que les choses ne sont que dans notre entendement, ce sont nos opinions ; ce sont des notions qui peuvent être vraies ou fausses, accordées ou contredites. Elles ne prennent de la consistance qu'en se liant aux êtres extérieurs. Cette liaison se fait ou par une chaîne ininterrompue d'expériences, ou par une chaîne ininterrompue de raisonnemens qui tient d'un bout à l'observation, & de l'autre à l'expérience; ou par une chaîne d'expériences dispersées d'espace en espace entre des raisonnemens, comme des poids sur la longueur d'un fil suspendu par ses deux extrémités. Sans ces poids, le fil deviendroit le jouet de la moindre agitation qui se feroit dans l'air.

8. On peut comparer les notions qui n'ont aucun fondement dans la nature, à ces forêts du nord dont les arbres n'ont point de racines. Il

ne faut qu'un coup de vent, qu'un fait léger, pour renverser toute une forêt d'arbres & d'idées.

9. Les hommes en sont à peine à sentir combien les loix de l'investigation de la vérité sont sévères, & combien le nombre de nos moyens est borné. Tout se réduit à revenir des sens à la réflexion, & de la réflexion aux sens : rentrer en soi & en sortir sans cesse. C'est le travail de l'abeille. On a battu bien du terrein en vain, si on ne rentre pas dans la ruche chargé de cire. On a fait bien des amas de cire inutile, si on ne sait pas en former des rayons.

10. Il est plus facile & plus court de se consulter soi-même que la nature. Aussi la raison est-elle portée à demeurer en elle même, & l'instinct à se répandre au-dehors. L'instinct va sans cesse regardant, goûtant, touchant, écoutant ; & il y auroit peut-être plus de physique expérimentale à apprendre en étudiant les animaux qu'en suivant les cours d'un professeur. Il n'y a point de charlatanerie dans leurs procédés. Ils tendent à leur but, sans se soucier de ce qui les environne : s'ils nous surprennent, ce n'est point leur intention. L'étonnement est le premier effet d'un grand phénomène ; c'est à la philosophie à le dissiper. Ce dont il s'agit dans un cours de philosophie expérimentale, c'est de renvoyer son auditeur plus instruit, & non plus stupéfait. S'enorgueillir des phénomènes de la nature, comme si l'on en étoit soi-même l'auteur, c'est imiter la sottise d'un éditeur des *Essais*, qui ne pouvoit entendre le nom de Montaigne sans rougir. Une grande leçon qu'on a souvent occasion de donner, c'est l'aveu de son insuffisance. Ne vaut-il pas mieux se concilier la confiance des autres par la sincérité d'un *je n'en sçais rien*, que de balbutier des mots & se faire pitié à soi-même, en s'efforçant de tout expliquer. Celui qui confesse librement qu'il ne sait pas ce qu'il ignore, me dispose à croire ce dont il entreprend de me rendre raison.

11. L'étonnement vient souvent de ce qu'on suppose plusieurs prodiges où il n'y en a qu'un ; de ce qu'on imagine dans la nature autant d'actes particuliers qu'on nombre de phénomènes, tandis qu'elle n'a peut-être jamais produit qu'un seul acte. Il semble même que, si elle avoit été dans la nécessité d'en produire plusieurs, les différens résultats de ces actes seroient isolés ; qu'il y auroit des collections de phénomènes indépendantes les unes des autres ; & que cette chaîne générale dont la philosophie suppose la continuité, se romproit en plusieurs endroits. L'indépendance absolue d'un seul fait est incompatible avec l'idée de tout ; & sans l'idée de tout, plus de philosophie.

12. Il semble que la nature se soit plue à varier le même méchanisme d'une infinité de manières différentes (1). Elle n'abandonne un genre de productions qu'après en avoir multiplié les individus sous toutes les faces possibles. Quand on considère le règne animal, & qu'on s'apperçoit que parmi les quadrupèdes, il n'y en a pas un qui n'ait les fonctions & les parties, sur-tout intérieures, entièrement semblables à un autre quadrupède, ne croiroit-on pas volontiers qu'il n'y a jamais eu qu'un premier animal prototype de tous les animaux dont la nature n'a fait qu'allonger, raccourcir, transformer, multiplier, oblitérer certains organes ? Imaginez les doigts de la main réunis, & la matière des ongles si abondante que venant à s'étendre & à se gonfler, elle enveloppe & couvre le tout ; au lieu de la main d'un homme, vous aurez le pied d'un cheval (2). Quand on voit les métamorphoses successives de l'enveloppe du prototype, quel qu'il ait été, approcher un règne d'un autre règne par des degrés insensibles, & peupler les confins des deux règnes (s'il est permis de se servir du terme de *confins* où il n'y a aucune division réelle) ; & peupler, dis-je, les confins des deux règnes, d'êtres incertains, ambigus, dépouillés en grande partie des formes, des qualités & des fonctions de l'un, & revêtus des formes, des qualités & des fonctions de l'autre ; qui ne se sentiroit porté à croire qu'il n'y a jamais eu qu'un premier être prototype de tous les êtres ? Mais que cette conjecture philosophique soit admise avec le docteur Baumann comme vraie, ou rejettée avec M. de Buffon comme fausse, on ne niera pas qu'il ne faille l'embrasser comme une hypothèse essentielle au progrès de la physique expérimentale, à celui de la philosophie rationelle, à la découverte & à l'explication des phénomènes qui dépendent de l'organisation. Car il est évident que la nature n'a pû conserver tant de ressemblance dans les parties & affecter tant de variété dans les formes, sans avoir souvent rendu sensible dans un être organisé, ce qu'elle a dérobé dans un autre. C'est une femme qui aime à se travestir, & dont les différens déguisemens laissant échapper tantôt une partie tantôt une autre, donnent quelqu'espérance à ceux qui la suivent avec assiduité, de connoître un jour toute sa personne.

13. On a découvert qu'il y a dans un sexe le même fluide séminal que dans l'autre sexe. Les parties qui contiennent ce fluide ne sont plus inconnues. On s'est apperçu des altérations singulières

---

(1) *Voyez* l'histoire naturelle, tome IV. histoire du cheval ; & un petit ouvrage latin intitulé : *Dissertatio inauguralis métaphysica, de universali naturæ systemate, pro gradu doctoris habita*, imprimé à Erlang, en 1751, & apporté en France par M. de M****. en 1753.

(2) *Voyez* l'histoire naturelle, générale & particulière, tome IV. Description du cheval, par M. d'Aubenton.

qui surviennent dans certains organes de la femelle, quand la nature la presse fortement de rechercher le mâle (1). Dans l'approche des sexes, quand on vient à comparer les symptômes du plaisir de l'un, aux symptômes du plaisir de l'autre, & qu'on s'est assuré que la volupté se consomme dans tous les deux par des élancemens également caractérisés, distincts & battus, on ne peut douter qu'il n'y ait aussi des émissions semblables du fluide séminal. Mais où se fait cette émission dans la femme ? Que devient le fluide ? Quelle route suit-il ? C'est ce qu'on ne saura que quand la nature qui n'est pas également mystérieuse en tout & par-tout, se sera dévoilée dans une autre espèce : ce qui arrivera apparemment de l'une de ces deux manières ; ou les formes seront plus évidentes dans les organes ; ou l'émission du fluide se rendra sensible à son origine & sur toute sa route, par son abondance extraordinaire. Ce qu'on a vu distinctement dans un être ne tarde pas à se manifester dans un être semblable. En physique expérimentale, on apprend à appercevoir les petits phénomènes dans les grands ; de même qu'en physique rationnelle, on apprend à connoître les grands corps dans les petits.

14. Je me représente la vaste enceinte des sciences, comme un grand terrein parsemé de places obscures & de places éclairées. Nos travaux doivent avoir pour but, ou d'étendre les limites des places éclairées, ou de multiplier sur le terrein les centres de lumières. L'un appartient au génie qui crée, l'autre à la sagacité qui perfectionne.

15. Nous avons trois moyens principaux ; l'observation de la nature, la réflexion & l'expérience. L'observation recueille les faits, la réflexion les combine, l'expérience vérifie le résultat de la combinaison. Il faut que l'observation de la nature soit assidue, que la réflexion soit profonde, & que l'expérience soit exacte. On voit rarement ces moyens réunis. Aussi les génies créateurs ne sont-ils pas communs.

16. Il faut avouer que parmi les manouvriers d'expériences, il y en a de bien malheureux : l'un d'eux emploiera toute sa vie à observer des insectes, & ne verra rien de nouveau : un autre jettera sur eux un coup d'œil en passant, & appercevra le polype, ou le puceron hermaphrodite.

17. Sont-ce les hommes de génie qui ont manqué à l'univers ? Nullement. Est-ce en eux défaut de méditation & d'étude ? Encore moins. L'histoire des sciences fourmille de noms illustres ; la surface de la terre est couverte des monumens de nos travaux. Pourquoi donc possédons-nous si peu de connoissances certaines ? Par quelle fatalité les sciences ont-elles fait si peu de progrès ? Sommes nous destinés à n'être jamais que des enfans ? J'ai déjà annoncé la réponse à ces questions. Les sciences abstraites ont occupé trop long-tems & avec trop peu de fruit les meilleurs esprits ; ou l'on n'a point étudié ce qu'il importoit de savoir, ou l'on n'a mis ni choix, ni vues, ni méthode dans ses études ; les mots se sont multipliés sans fin, & la connoissance des choses est restée en arrière.

18. La véritable manière de philosopher, c'eût été & ce seroit d'appliquer l'entendement à l'entendement ; l'entendement & l'expérience aux sens, les sens à la nature, la nature à l'investigation des instrumens, les instrumens à la recherche & à la perfection des arts qu'on jetteroit au peuple pour lui apprendre à respecter la philosophie.

19. Il n'y a qu'un seul moyen de rendre la philosophie vraiment recommandable aux yeux du vulgaire, c'est de la lui montrer accompagnée de l'utilité. Le vulgaire demande toujours, *à quoi cela sert-il ?* & il ne faut jamais se trouver le cas de lui répondre, *à rien* : il ne sait pas que ce qui éclaire le philosophe & ce qui sert au vulgaire sont deux choses fort différentes, puisque l'entendement du philosophe est souvent éclairé par ce qui nuit, & obscurci par ce qui sert.

20. Les faits, de quelque nature qu'ils soient, sont la véritable richesse du philosophe. Mais un des préjugés de la philosophie rationnelle, c'est que celui qui ne saura pas nombrer ses écus ne sera guère plus riche que celui qui n'aura qu'un écu. La philosophie rationnelle s'occupe malheureusement beaucoup plus à rapprocher & à lier les faits qu'elle possède, qu'à en recueillir de nouveaux.

21. Recueillir & lier les faits, ce sont deux occupations bien pénibles ; aussi les philosophes les ont-ils partagées entre eux. Les uns passent leur vie à rassembler des matériaux, manœuvres utiles & laborieux : les autres, orgueilleux architectes, s'empressent à les mettre en œuvre. Mais le tems a renversé jusqu'aujourd'hui presque tous les édifices de la philosophie rationnelle. Le manœuvre poudreux apporte tôt ou tard des souterreins où il creuse en aveugle, le morceau fatal à cette architecture élevée à force de terre : elle s'écroule, & il ne reste que des matériaux confondus pêle-mêle, jusqu'à ce qu'un autre génie téméraire en entreprenne une combinaison nouvelle. Heureux le philosophe systématique à qui la nature aura donné, comme autrefois à Epicure, à Lucrèce, à Aristote, à Platon, une imagination forte, une grande éloquence, l'art de présenter ses idées sous des images frapantes & sublimes !

---

(1) *Voyez* dans l'histoire naturelle, générale & particulière, le discours sur la génération.

L'édifice qu'il a conſtruit pourra tomber un jour; mais ſa ſtatue reſtera debout au milieu des ruines, & la pierre qui ſe détachera de la montagne ne la briſera point, parce que les pieds n'en ſont pas d'argile.

22. L'entendement a ſes préjugés: le ſens, ſon incertitude: la mémoire, ſes limites: l'imagination, ſes lueurs: les inſtrumens, leur imperfection. Les phénomènes ſont infinis; les cauſes cachées, les formes peut-être tranſitoires. Nous n'avons contre tant d'obſtacles que nous trouvons en nous, & que la nature nous oppoſe au-dehors, qu'une expérience lente, qu'une réflexion bornée. Voilà les leviers avec leſquels la philoſophie s'eſt propoſée de remuer le monde.

23. Nous avons diſtingué deux ſortes de philoſophie, l'expérimentale & la rationelle. L'une a les yeux bandés, marche toujours en tâtonnant, ſaiſit tout ce qui lui tombe ſous les mains & rencontre à la fin des choſes précieuſes. L'autre recueille ces matières précieuſes, & tâche de s'en former un flambeau: mais ce flambeau prétendu lui a juſqu'à préſent moins ſervi que le tâtonnement à ſa rivale, & cela devoit être. L'expérience multiplie ſes mouvemens à l'infini; elle eſt ſans ceſſe en action: elle met à chercher des phénomènes, tout le tems que la raiſon emploie à chercher des analogies. La philoſophie expérimentale ne ſait ni ce qui lui viendra ni ce qui ne lui viendra pas de ſon travail, mais elle travaille ſans relâche. Au contraire, la philoſophie rationelle peſe les poſſibilités, prononce & s'arrête tout court. Elle dit hardiment, *on ne peut décompoſer la lumière*: la philoſophie expérimentale l'écoute, & ſe tait devant elle pendant des ſiècles entiers; puis tout-à-coup elle montre le priſme, & dit: *la lumière ſe décompoſe*.

24. Eſquiſſe de la phyſique expérimentale.

La phyſique expérimentale s'occupe en général de l'*exiſtence*, des *qualités* & de l'*emploi*.

L'*exiſtence* embraſſe l'*hiſtoire*, la *deſcription*, la *génération*, la *conſervation* & la *deſtruction*.

L'*hiſtoire* eſt des lieux, de l'importation, de l'exportation, du prix, des préjugés, &c.

La *deſcription*, de l'intérieur & de l'extérieur, par toutes les qualités ſenſibles.

La *génération*, priſe depuis la première origine juſqu'à l'état de perfection.

La *conſervation*, de tous les moyens de fixer dans cet état.

La *deſtruction*, priſe depuis l'état de perfection juſqu'au dernier degré connu de *décompoſition* ou de *dépériſſement*; de *diſſolution* ou de *réſolution*.

Les *qualités* ſont générales ou particulières.

J'appelle *générales*, celles qui ſont communes à tous les êtres, & qui n'y varient que par la quantité.

J'appelle *particulières*, celles qui conſtituent l'être tel: ces dernières ſont, ou de la ſubſtance *en maſſe*, ou de la ſubſtance *diviſée* ou *décompoſée*.

L'*emploi* s'étend à la *comparaiſon*, à l'*application* & à la *combinaiſon*.

La *comparaiſon* ſe fait ou par les reſſemblances, ou par les différences.

L'*application* doit être la plus étendue & la plus variée qu'il eſt poſſible.

La *combinaiſon* eſt analogue ou biſarre.

25. Je dis *analogue* ou *biſarre*, parce que tout a ſon réſultat dans la nature: l'expérience la plus extravagante ainſi que la plus raiſonnée. La philoſophie expérimentale qui ne ſe propoſe rien, eſt toujours contente de ce qui lui vient; la philoſophie rationelle eſt toujours inſtruite, lors même que ce qu'elle s'eſt propoſé ne lui vient pas.

26. La philoſophie expérimentale eſt une étude innocente qui ne demande preſqu'aucune préparation de l'ame. On n'en peut pas dire autant des autres parties de la philoſophie. La plupart augmentent en nous la fureur des conjectures. La philoſophie expérimentale la réprime à la longue. On s'ennuie tôt ou tard de deviner mal-adroitement.

27. Le goût de l'obſervation peut être inſpiré à tous les hommes: il ſemble que celui de l'expérience ne doive être inſpiré qu'aux hommes riches.

L'obſervation ne demande qu'un uſage habituel des ſens: l'expérience exige des dépenſes continuelles. Il ſeroit à ſouhaiter que les grands ajoutaſſent ce moyen de ſe ruiner à tant d'autres moins honorables qu'ils ont imaginés. Tout bien conſidéré, il vaudroit mieux qu'ils fuſſent appauvris par un chimiſte que dépouillés par des gens d'affaires, entêtés de la phyſique expérimentale qui les amuſeroit quelquefois; qu'agités par l'ombre du plaiſir qu'ils pourſuivent ſans ceſſe & qui leur échappe toujours.

28. La phyſique expérimentale peut être comparée dans ſes bons effets au conſeil de ce père qui dit à ſes enfans en mourant qu'il y avoit un

trésor caché dans son champ, mais qu'il ne savoit point en quel endroit. Ses enfans se mirent à bêcher le champ; ils ne trouvèrent pas le tresor qu'ils cherchoient, mais ils firent dans la saison une récolte abondante à laquelle ils ne s'attendoient pas.

29. La grande habitude de faire des expériences donne aux manouvriers d'opérations les plus grossiers un pressentiment qui a le caractère de l'inspiration. Il ne tiendroit qu'à eux de s'y tromper comme Socrate, & de l'appeler un démon familier. Socrate avoit une si prodigieuse habitude de considérer les hommes & de peser les circonstances, que dans les occasions les plus délicates, il s'exécutoit secrettement en lui une combinaison prompte & juste, suivie d'un prognostic dont l'événement ne s'écartoit guères. Il jugeoit des hommes comme les gens de goût jugent des ouvrages d'esprit, par sentiment. Il en est de même en physique expérimentale, de l'instinct de nos grands manouvriers. Ils ont vû si souvent & de si près la nature dans ses opérations, qu'ils devinent avec assez de précision le cours qu'elle pourra suivre dans le cas où il leur prend envie de la provoquer par les essais les plus bisarres. Ainsi le service le plus important qu'ils aient à rendre à ceux qu'ils initient à la philosophie expérimentale, c'est bien moins de les instruire du procédé & du résultat, que de faire passer en eux cet esprit de divination par lequel on *subodore*, pour ainsi dire, des procédés inconnus, des expériences nouvelles, des résultats ignorés.

30. Comment cet esprit se communique-t-il? Il faudroit que celui qui en est possédé, descendît en lui même pour reconnoître distinctement ce que c'est, substituer au démon familier des notions intelligibles & claires, & les développer aux autres. S'il trouvoit, par exemple, que c'est *une facilité de supposer ou d'appercevoir des oppositions ou des analogies, qui a sa source dans une connoissance pratique des qualités physiques des êtres considérés solitairement, ou de leurs effets réciproques, quand on les considère en combinaison*; & étendroit cette idée, il l'appuieroit d'une infinité de faits qui se présenteroient à sa mémoire; ce seroit une histoire fidelle de toutes les extravagances apparentes qui lui ont passé par la tête. Je dis *extravagances*, car quel autre nom donner à cet enchaînement de conjectures fondées sur des oppositions ou des ressemblances si éloignées, si imperceptibles, que les rêves d'un malade ne paroissent ni plus bisarres ni plus décousus. Il n'y a quelquefois pas une proposition qui ne puisse être contredite, soit en elle-même, soit dans sa liaison avec celle qui la précède ou qui la suit. C'est un tout si précaire & dans les suppositions & dans les conséquences, qu'on a souvent dédaigné de faire les observations ou les expériences qu'on en concluoit.

31. Il y a un art de procéder de ce qu'on ne connoît point à ce qu'on connoît moins encore. C'est cette habitude de déraison que possèdent dans un dégré surprenant ceux qui ont acquis ou qui tiennent de la nature le génie de la physique expérimentale; c'est à ces sortes de rêves qu'on doit plusieurs découvertes. Voilà l'espèce de divination qu'il faut apprendre aux élèves, si toutefois cela s'apprend.

32. *Premières conjectures.* Supposé que la terre ait un noyau solide de verre, ainsi qu'un de nos plus grands philosophes le prétend, & que ce noyau soit revêtu de poussière; on peut assurer qu'en conséquence des loix de la force centrifuge, qui tend à approcher les corps libres de l'équateur, & à donner à la terre la forme d'un sphéroïde applati, les couches de cette poussière doivent être moins épaisses aux pôles que sous aucun autre parallèle; que peut-être le noyau est à nud aux deux extrémités de l'axe, & que c'est à cette particularité qu'il faut attribuer la direction de l'aiguille aimantée, & les aurores boréales qui ne sont probablement que des courans de matière électrique.

Il y a grande apparence que le magnétisme & l'électricité dépendent des mêmes causes. Pourquoi ne seroient-ce pas des effets du mouvement de rotation du globe, & de l'énergie des matières dont il est composé, combinée avec l'action de la lune? Le flux & reflux, les courans, les vents, la lumière, le mouvement des particules libres du globe, peut-être même celui de toute sa croute entière sur son noyau, &c., opérent d'une infinité de manières un frottement continuel; l'effet des causes qui agissent sensiblement & sans cesse, forme à la suite des siècles un produit considérable; le noyau du globe est une masse de verre; sa surface n'est couverte que de détrimens de verre, de sables, & de matières vitrifiables; le verre est de toutes les substances celle qui donne le plus d'électricité par le frottement: Pourquoi la masse totale de l'électricité terrestre ne seroit-elle pas le résultat de tous les frottemens opérés, soit à la surface de la terre, soit à celle de son noyau? Mais de cette cause générale, il est à présumer qu'on déduira par quelques tentatives, une cause particulière qui constituera entre deux grands phénomènes, je veux dire la position de l'aurore boréale, & la direction de l'aiguille aimantée, une liaison semblable à celle dont a constaté l'existence entre le magnétisme & l'électricité, en aimantant des aiguilles, sans aimant & par le moyen seul de l'électricité. On peut avouer ou contredire ces notions, parce qu'elles n'ont encore de réalité que dans mon entendement. C'est aux expériences à leur donner plus de solidité, & c'est au physicien à en imaginer qui séparent les phénomènes, ou qui achèvent de les identifier.

33. *Secondes conjectures.* La matière électrique répand dans les lieux où l'on électrise une odeur sulphureuse sensible ; sur cette qualité, les chimistes n'étoient-ils pas autorisés à s'en emparer ? Pourquoi n'ont-ils pas essayé, par tous les moyens qu'ils ont en main, des fluides chargés de la plus grande quantité possible de matière électrique ? On ne sait seulement pas encore si l'eau électrisée dissout plus ou moins promptement le sucre que l'eau simple. Le feu de nos fourneaux augmente considérablement le poids de certaines matieres, telles que le plomb calciné ; si le feu de l'électricité constamment appliqué sur ce métal en calcination augmentoit encore cet effet, n'en résulteroit-il pas une nouvelle analogie entre le feu électrique & le feu commun ? On a essayé si ce feu extraordinaire ne porteroit point quelque vertu dans les remèdes, & ne rendroit point une substance plus efficace, un topique plus actif ; mais n'a-t-on pas abandonné trop tôt ces essais ? Pourquoi l'électricité ne modifieroit-elle pas la formation des cristaux & leurs propriétés ? Combien de conjectures à former d'imagination, & à confirmer ou détruire par l'expérience. *Voyez l'article suivant.*

34. *Troisièmes conjectures.* La plûpart des météores, les feux follets, les exhalaisons, les étoiles tombantes, les phosphores naturels & artificiels, les bois pourris & lumineux, ont-ils d'autres causes que l'électricité ? Pourquoi ne fait-on pas sur ces phosphores les expériences nécessaires pour s'en assurer ? Pourquoi ne pense-t-on pas à reconnoître si l'air, comme le verre, n'est pas un corps électrique par lui-même, c'est-à-dire, un corps qui n'a besoin que d'être frotté & battu pour s'électriser ? Qui sait si l'air chargé de matière sulphureuse ne se trouveroit pas plus ou moins électrique que l'air pur. Si l'on fait tourner avec une grande rapidité, dans l'air, une verge de métal qui lui oppose beaucoup de surface, on découvrira si l'air est électrique, & ce que la verge en aura reçu d'électricité. Si pendant l'expérience on brûle du soufre & d'autres matieres, on reconnoîtra celles qui augmenteront & celles qui diminueront la qualité électrique de l'air. Peut-être l'air froid des pôles est-il plus susceptible d'électricité que l'air chaud de l'équateur, & comme la glace est électrique & que l'eau ne l'est point ; qui sait si ce n'est pas à l'énorme quantité de ces glaces éternelles, amassées vers les pôles, & peut-être mues sur le noyau de verre plus découvert aux pôles qu'ailleurs, qu'il faut attribuer les phénomènes de la direction de l'aiguille, & de l'apparition des aurores boréales qui semblent dépendre également de l'électricité, comme nous l'avons insinué dans nos conjectures secondes. L'observation a rencontré un des ressorts les plus généraux & les plus puissans de la nature ; c'est à l'expérience à en découvrir les effets.

Philosophie anc. & mod., Tome II.

35. *Quatrièmes conjectures.* Les productions de l'art seront communes, imparfaites & foibles, tant qu'on ne se proposera pas une imitation plus rigoureuse de la nature. La nature est opiniâtre & lente dans ses opérations. S'agit-il d'éloigner, de rapprocher, d'unir, de diviser, d'amollir, de condenser, de durcir, de liquéfier, de dissoudre, d'assimiler, elle s'avance à son but par les degrés les plus insensibles. L'art au contraire se hâte, se fatigue & se relâche. La nature emploie des siecles à préparer grossièrement les métaux ; l'art se propose de les perfectionner en un jour. La nature emploie des siecles à former des pierres précieuses ; l'art prétend les contrefaire en un moment. Quand on posséderoit le véritable moyen, ce ne seroit pas assez, il faudroit encore savoir l'appliquer. On est dans l'erreur, si l'on s'imagine que le produit de l'intensité de l'action multipliée par le tems de l'application étant le même, le résultat sera le même. Il n'y a qu'une application graduée, lente, & continue, qui transforme. Toute autre application n'est que destructive. Que tirerions nous pas du mélange de certaines substances dont nous n'obtenons que des composés très-imparfaits, si nous procédions d'une manière analogue à celle de la nature. Mais on est toujours pressé de jouir ; on veut voir la fin de ce qu'on a commencé. De-là, tant de tentatives infructueuses, tant de dépenses & de peines perdues, tant de travaux que la nature suggère & que l'art n'entreprendra jamais, parce que le succès en paroît éloigné. Qui est-ce qui est sorti des grottes d'Arcy, sans être convaincu par la vîtesse avec laquelle les stalactites s'y forment & s'y réparent, que ces grottes se rempliront un jour & ne formeront plus qu'un solide immense ? Où est le naturaliste qui réfléchissant sur ce phénomène, n'ait pas conjecturé qu'en déterminant des eaux à se filtrer peu à peu à travers des terres & des rochers, dont les stillations seroient reçues dans des cavernes spacieuses, on ne parvînt avec le tems à en former des carrières artificielles d'albâtre, de marbre & d'autres pierres dont les qualités varieroient selon la nature des terres, des eaux & des rochers. Mais à quoi servent ces vûes sans le courage, la patience, le travail, les dépenses, le tems, & sur-tout le goût antique pour les grandes entreprises dont il subsiste encore tant de monumens qui n'obtiennent de nous qu'une admiration froide & stérile.

36. *Cinquièmes conjectures.* On a tenté tant de fois sans succès de convertir nos fers en un acier qui égalât celui d'Angleterre & d'Allemagne, & qu'on pût employer à la fabrication des ouvrages délicats. J'ignore quels procédés on a suivis ; mais il m'a semblé qu'on eût été conduit à cette découverte importante par l'imitation & la perfection d'une manœuvre très-commune dans les atteliers des ouvriers en fer. On l'appelle

A a

trempe en paquet, Pour tremper en paquet, on prend de la fuie la plus dure, on la pile, on la délaie avec de l'urine, on y ajoute de l'ail broyé, de la favate déchiquetée & du fel commun, on a une boîte de fer, on en couvre le fond d'un lit de ce mélange, on place fur ce lit un lit de différentes pièces d'ouvrages en fer, fur ce lit, un lit de mélange, & ainfi de fuite, jufqu'à ce que la boîte foit pleine, on la ferme de fon couvercle, on l'enduit exactement à l'extérieur d'un mélange de terre graffe bien battue, de bourre & de fiente de cheval, on la place au centre d'un tas de charbon proportionné à fon volume, on allume le charbon, on laiffe aller le feu, on l'entretient feulement, on a un vaiffeau plein d'eau fraîche, trois ou quatre heures après qu'on a mis la boîte au feu, on l'en tire, on l'ouvre, on fait tomber les pièces qu'elle renferme dans l'eau fraîche qu'on remue à mefure que les pièces tombent. Ces pièces font trempées en paquet, & fi l'on en caffe quelques-unes, on en trouvera la furface convertie en un acier très-dur & d'un grain très-fin, à une petite profondeur. Cette furface en prend un poli plus éclatant, & en garde mieux les formes qu'on lui a données à la lime. N'eft-il pas à préfumer que, fi l'on expofoit, *stratum super stratum*, à l'action du feu & des matières employées dans la trempe en paquet, du fer bien choifi, bien travaillé, réduit en feuilles minces, telles que celles de la taule, ou en verges très-menues, & précipité au fortir du fourneau d'aciérage dans un courant d'eaux propres à cette opération, il fe convertiroit en acier; fi fur-tout on confioit le foin des premières expériences à des hommes qui accoutumés depuis long-tems à employer le fer, à connoître fes qualités & à remédier à fes défauts, ne manqueroient pas de fimplifier les manœuvres, & de trouver des matières plus propres à l'opération.

37. Ce qu'on montre de phyfique expérimentale dans des leçons publiques fuffit-il pour procurer cette efpèce de délire philofophique? je n'en crois rien. Nos faifeurs de cours d'expériences reffemblent un peu à celui qui penferoit avoir donné un grand repas, parce qu'il auroit eu beaucoup de monde à fa table. Il faudroit donc s'attacher principalement à irriter l'appétit, afin que plufieurs emportés par le défir de le fatisfaire, paffaffent de la condition de difciples, à celle d'amateurs; & de celle-ci, à la profeffion de philofophes. Loin de tout homme public ces réferves fi oppofées aux progrès des fciences. Il faut révéler & la chofe & le moyen. Que je trouve les premiers hommes qui découvrirent les nouveaux calculs, grands dans leur invention! que je les trouve petits dans le myftère qu'ils en firent! En mathématiques, en phyfique, le plus fûr, eft d'entrer d'abord en poffeffion, en produifant fes titres au public. Au refte, quand je demande la révélation du moyen, j'entends de celui par lequel on a reuffi; on ne peut être trop fuccinct fur ceux qui n'ont point eu de fuccès.

38. Ce n'eft pas affez de révéler, il faut encore que la révélation foit entière & claire. Il eft une forte d'obfcurité que l'on pourroit définir, *l'affectation des grands maîtres*. C'eft un voile qu'ils fe plaifent à tirer entre le peuple & la nature. Sans le refpect qu'on doit aux noms célèbres, je dirois que telle eft l'obfcurité qui règne dans quelques ouvrages de Sthal (1) & dans les principes de mathématiques de Newton. Ces livres ne demandoient qu'à être entendus pour être eftimés ce qu'ils valent, & il n'en eût pas coûté plus d'un mois à leurs auteurs pour les rendre clairs; ce mois eût épargné trois ans de travail & d'épuifement à mille bons efprits. Voilà donc à peu près trois mille ans de perdus pour toute autre chofe. Hâtons-nous de rendre la philofophie populaire. Si nous voulons que les philofophes marchent en avant; approchons le peuple du point où en font les philofophes. Diront-ils qu'il eft des ouvrages qu'on ne mettra jamais à la portée du commun des efprits? S'ils le difent, ils montreront feulement qu'ils ignorent ce que peuvent la bonne méthode & la longue habitude.

S'il étoit permis à quelques auteurs d'être obfcurs, dût-on m'accufer de faire ici mon apologie; j'oferois dire que c'eft aux feuls métaphyficiens proprement dits. Les grandes abftractions ne comportent qu'une lueur fombre. L'acte de la généralifation tend à dépouiller les concepts de tout ce qu'ils ont de fenfible. A mefure que cet acte s'avance, les fpectres corporels s'évanouiffent, les notions fe retirent peu à peu de l'imagination vers l'entendement, & les idées deviennent purement intellectuelles. Alors le philofophe fpéculatif reffemble à celui qui regarde du haut de ces montagnes dont les fommets fe perdent dans les nues: les objets de la plaine ont difparu devant lui; il ne lui refte plus que le fpectacle de fes penfées, & que la confcience de la hauteur à laquelle il s'eft élevé, & où il n'eft peut-être pas donné à tous de le fuivre & de refpirer.

39. La nature n'a-t-elle pas affez de fon voile fans le doubler encore de celui du myftère? n'eft-ce pas affez des difficultés de l'art? Ouvrez l'ouvrage de Franklin; feuilletez les livres des chimiftes, & vous verrez combien l'art expérimental exige de vues, d'imagination, de fagacité, de reffources: lifez-les attentivement,

---

(1) Le *Specimen Becherianum*; la *Zimothecnie*; les *Trecenta*. Voyez l'article chimie, vol. 4 de l'Encyclopédie.

parce que s'il est possible d'apprendre en combien de manières une expérience se retourne, c'est là que vous l'apprendrez. Si au défaut de génie, vous avez besoin d'un moyen technique qui vous dirige, ayez sous les yeux une table des qualités qu'on a reconnues jusqu'à présent dans la matière; voyez entre ces qualités celles qui peuvent convenir à la substance que vous voulez mettre en expérience, assurez-vous qu'elles y sont; tâchez ensuite d'en connoître la quantité; cette quantité se mesurera presque toujours par un instrument où l'application uniforme d'une partie analogue à la substance, pourra se faire sans interruption & sans reste, jusqu'à l'entière exhaustion de la qualité. Quant à l'existence, elle ne se constatera que par des moyens qui ne se suggèrent pas. Mais si l'on n'apprend point comment il faut chercher, c'est quelque chose du moins que de savoir ce qu'on cherche. Au reste ceux qui seront forcés de s'avouer à eux-mêmes leur stérilité, soit par une impossibilité bien éprouvée de ne rien découvrir, soit par une envie secrette qu'ils porteront aux découvertes des autres, le chagrin involontaire qu'ils en ressentiront, & les petites manœuvres qu'ils mettroient volontiers en usage pour en partager l'honneur; ceux-là feront bien d'abandonner une science qu'ils cultivent sans avantage pour elle, & sans gloire pour eux.

40. Quand on a formé dans sa tête un de ces systèmes qui demandent à être vérifiés par l'expérience, il ne faut ni s'y attacher opiniâtrement, ni l'abandonner avec légèreté. On pense quelquefois de ses conjectures qu'elles sont fausses, quand on n'a pas pris les mesures convenables pour les trouver vraies. L'opiniâtreté a même ici moins d'inconvénient que l'excès opposé. A force de multiplier les essais, si l'on ne rencontre pas ce que l'on cherche, il peut arriver qu'on rencontre mieux. Jamais le tems qu'on employe à interroger la nature n'est entièrement perdu. Il faut mesurer sa constance sur le degré de l'analogie. Les idées absolument bizarres ne méritent qu'un premier essai. Il faut accorder quelque chose de plus à celles qui ont de la vraisemblance; & ne renoncer que quand on est épuisé; à celles qui promettent une découverte importante. Il semble qu'on n'ait guères besoin de préceptes là-dessus. On s'attache naturellement aux recherches à proportion de l'intérêt qu'on y prend.

41. Comme les systèmes dont il s'agit ne sont appuiés que sur des idées vagues, des soupçons légers, des analogies trompeuses, & même, puisqu'il le faut dire, sur des chimères que l'esprit échauffé prend facilement pour des vues, il n'en faut abandonner aucun sans auparavant l'avoir fait passer par l'épreuve de l'*inversion*. En philosophie purement rationelle, la vérité est assez souvent l'extrême opposé de l'erreur; de même en philosophie expérimentale, ce ne sera pas l'expérience qu'on aura tentée, ce sera son contraire qui produira le phénomène qu'on attendoit. Il faut regarder principalement aux deux points diamétralement opposés. Ainsi dans la première de nos rêveries, après avoir couvert l'équateur du globe électrique & découvert les pôles, il faudra couvrir les pôles & laisser l'équateur à découvert; & comme il importe de mettre le plus de ressemblance qu'il est possible entre le globe expérimental & le globe naturel qu'il représente, le choix de la matière dont on couvrira les pôles ne sera pas indifférent. Peut-être faudra-t-il y pratiquer des amas d'un fluide, ce qui n'a rien d'impossible dans l'exécution, & ce qui pourroit donner dans l'expérience quelque nouveau phénomène extraordinaire, & différent de celui qu'on se propose d'imiter.

42. Les expériences doivent être répétées pour le détail des circonstances & pour la connoissance des limites. Il faut les transporter à des objets différens, les compliquer, les combiner de toutes les manières possibles. Tant que les expériences sont éparses, isolées, sans liaison, irréductibles, il est démontré par l'irréduction même qu'il en reste encore à faire. Alors il faut s'attacher uniquement à son objet, & le tourmenter pour ainsi dire, jusqu'à ce qu'on ait tellement enchaîné les phénomènes, qu'un d'eux étant donné, tous les autres le soient: travaillons d'abord à la réduction des effets; nous songerons après à la réduction des causes. Or les effets ne se réduiront jamais qu'à force de les multiplier. Le grand art dans les moyens qu'on employe pour exprimer d'une cause tout ce qu'elle peut donner, c'est de bien discerner ceux dont on est en droit d'attendre un phénomène nouveau, de ceux qui ne produiront qu'un phénomène travesti. S'occuper sans fin de ces métamorphoses, c'est se fatiguer beaucoup & ne point avancer. Toute expérience qui n'étend pas la loi, quelque cas nouveau, ou qui ne la restreint pas par quelqu'exception, ne signifie rien. Le moyen le plus court de connoître la valeur de son essai, c'est d'en faire l'antécédent d'un enthymème, & d'examiner le conséquent. La conséquence est-elle exactement la même que celle que l'on a déjà tirée d'un autre essai ? On n'a rien découvert, on a tout au plus confirmé une découverte. Il y a peu de gros livres de physique expérimentale que cette règle si simple ne réduisît à un petit nombre de pages; & il est un grand nombre de petits livres qu'elle réduiroit à rien.

43. De même qu'en mathématiques, en examinant toutes les propriétés d'une courbe, on trouve que ce n'est que la même propriété présentée sous des faces différentes; dans la nature, on reconnoîtra, lorsque la physique expérimentale

sera plus avancée, que tous les phénomènes, ou de la pesanteur, ou de l'élasticité, ou de l'attraction, ou du magnétisme, ou de l'électricité, ne sont que des faces différentes de la même affection. Mais entre les phénomènes connus que l'on rapporte à l'une de ces causes, combien y a-t-il de phénomènes intermédiaires à trouver, pour former les liaisons, remplir les vuides, & démontrer l'identité? c'est ce qui ne peut se déterminer. Il y a peut-être un phénomène central qui jetteroit des rayons non-seulement à ceux qu'on a, mais encore à tous ceux que le temps feroit découvrir, qui les uniroit & qui en formeroit un système. Mais au défaut de ce centre de correspondance commune, ils demeureront isolés; toutes les découvertes de la physique expérimentale ne feront que les rapprocher en s'interposant, sans jamais les réunir; & quand elles parviendroient à les réunir, elles en formeroient un cercle continu de phénomènes où l'on ne pourroit discerner quel seroit le premier & quel seroit le dernier. Ce cas singulier où la physique expérimentale, à force de travail, auroit formé un labyrinthe dans lequel la physique rationelle, égarée & perdue, tourneroit sans cesse, n'est pas impossible dans la nature, comme il l'est en mathématiques. On trouve toujours en mathématiques, ou par la synthèse ou par l'analyse, les propositions intermédiaires qui séparent la propriété fondamentale d'une courbe de sa propriété la plus éloignée.

44. Il y a des phénomènes trompeurs qui semblent, au premier coup-d'œil, renverser un système, & qui mieux connus acheveroient de le confirmer. Ces phénomènes deviennent le supplice du philosophe, sur-tout lorsqu'il a le pressentiment que la nature lui en impose, & qu'elle se dérobe à ses conjectures par quelque mécanisme extraordinaire & secret. Ce cas embarrassant aura lieu toutes les fois qu'un phénomène sera le résultat de plusieurs causes conspirantes ou opposées. Si elles conspirent, on trouvera la quantité du phénomène trop grande pour l'hypothèse qu'on aura faite; si elles sont opposées, cette quantité sera trop petite. Quelquefois même elle deviendra nulle, & le phénomène disparoîtra sans qu'on sache à quoi attribuer ce silence capricieux de la nature. Vient-on à en soupçonner la raison? on n'en est guère plus avancé. Il faut travailler à la séparation des causes, décomposer le résultat de leurs actions, & réduire un phénomène très-compliqué à un phénomène simple, ou du moins manifester la complication des causes, leur concours ou leur opposition, par quelque expérience nouvelle; opération souvent délicate, quelquefois impossible. Alors le système chancelle; les philosophes se partagent; les uns lui demeurent attachés; les autres sont entraînés par l'expérience qui paroît le contredire; & l'on dispute, jusqu'à ce que la sagacité, ou le hazard qui ne se repose jamais, plus fécond que la sagacité, lève la contradiction, & remette en honneur des idées qu'on avoit presqu'abandonnées.

45. Il faut laisser l'expérience à sa liberté; c'est la tenir captive que de n'en montrer que le côté qui prouve, & que d'en voiler le côté qui contredit. C'est l'inconvénient qu'il y a, non pas à avoir des idées, mais à s'en laisser aveugler lorsqu'on tente une expérience. On n'est sévère dans son examen, que quand le résultat est contraire au système. Alors on n'oublie rien de ce qui peut faire changer de face au phénomène, ou de langage à la nature. Dans le cas opposé, l'observateur est indulgent; il glisse sur les circonstances; il ne songe guère à proposer des objections à la nature; il l'en croit sur son premier mot, il n'y soupçonne point d'équivoque, & il mériteroit qu'on lui dît: » Ton métier est d'interroger » la nature, & tu la fais mentir, ou tu crains » de la faire expliquer.

46. Quand on suit une mauvaise route, plus on marche vite, plus on s'égare; & le moyen de revenir sur ses pas, quand on a parcouru un espace immense? l'épuisement des forces ne le permet pas; la vanité s'y oppose sans qu'on s'en apperçoive. l'entêtement des principes répand sur-tout ce qui environne un prestige qui défigure les objets. On ne les voit plus comme ils sont, mais comme il conviendroit qu'ils fussent. Au lieu de réformer ses notions sur les êtres, il semble qu'on prenne à tâche de modeler les êtres sur ses notions. Entre tous les philosophes il n'y en a point en qui cette fureur domine plus évidemment que dans les méthodistes. Aussi-tôt qu'un méthodiste a mis dans son système l'homme à la tête des quadrupèdes, il ne l'apperçoit plus dans la nature que comme un animal à quatre pieds. C'est en vain que la raison sublime dont il est doué se récrie contre la dénomination d'*Animal*, & que son organisation contredit celle de *quadrupède*; c'est en vain que la nature a tourné ses regards vers le ciel: la prévention systématique lui courbe le corps vers la terre. La raison n'est, suivant elle, qu'un instinct plus parfait; elle croit sérieusement que ce n'est que par défaut d'habitude que l'homme perd l'usage de ses jambes, quand il s'avise de transformer ses mains en deux pieds.

47. *Des instrumens & des mesures.* Nous avons observé ailleurs que, puisque les sens étoient la source de toutes nos connoissances, il importoit beaucoup de savoir jusqu'où nous pouvions compter sur leur témoignage: ajoutons ici que l'examen des suplémens de nos sens, ou des instrumens, n'est pas moins nécessaire. Nouvelle application de l'expérience; autre source d'observations longues, pénibles, & difficiles. Il y auroit un moyen d'abréger le travail; ce seroit de fermer l'oreille

à une sorte de scrupules de la philosophie rationelle, (car la philosophie rationelle a ses scrupules) & de bien connoître dans toutes les quantités jusqu'où la précision des mesures est nécessaire. Combien d'industrie, de travail & de temps perdus à mesurer, qu'on eût bien employés à découvrir!

48. Il est, soit dans l'invention, soit dans la perfection des instrumens, une circonspection qu'on ne peut trop recommander au physicien; c'est de se méfier des analogies; de ne jamais conclure ni du plus au moins, ni du moins au plus; de porter son examen sur toutes les qualités physiques des substances qu'il emploie. Il ne réussira jamais, s'il se néglige là-dessus; & quand il aura bien pris toutes ses mesures, combien de fois n'arrivera-t-il pas encore qu'un petit obstacle qu'il n'aura point prévu ou qu'il aura méprisé, sera la limite de la nature, & le forcera d'abandonner son ouvrage, lorsqu'il le croyoit achevé?

49. *De la distinction des objets.* Puisque l'esprit ne peut tout comprendre, l'imagination tout prévoir, le sens tout observer, & la mémoire tout retenir; puisque les grands hommes naissent à des intervalles de temps si éloignés, & que les progrès des sciences sont tellement suspendus par les révolutions, que des siècles d'étude se passent à recouvrer les connoissances des siècles écoulés; c'est manquer au genre humain que de tout observer indistinctement. Les hommes extraordinaires par leurs talens se doivent respecter eux-mêmes & la postérité dans l'emploi de leur temps. Que penseroit-elle de nous, si nous n'avions à lui transmettre qu'une insectologie complète, qu'une histoire immense d'animaux microscopiques? Aux grands génies, les grands objets; les petits objets, aux petits génies. Il vaut autant que ceux-ci s'en occupent, que de ne rien faire.

50. *Des obstacles.* Et puisqu'il ne suffit pas de vouloir une chose, qu'il faut en même temps acquiescer à tout ce qui est presqu'inséparablement attaché à la chose qu'on veut; celui qui aura résolu de s'appliquer à l'étude la philosophie, s'attendra non-seulement aux obstacles physiques qui sont de la nature de son objet, mais encore à la multitude des obstacles moraux qui doivent se présenter à lui, comme ils se sont offerts à tous les philosophes qui l'ont précédé.

51. *Des causes.* 1. A ne consulter que les vaines conjectures de la philosophie, & la foible lumière de notre raison, on croiroit, que la chaîne des causes n'a point eu de commencement, & que celle des effets n'aura point de fin. Supposez une molécule déplacée d'elle-même; la cause de son déplacement a une autre cause; celle-ci, une autre, & ainsi de suite, sans qu'on puisse trouver de limites *naturelles* aux causes, dans la durée qui a précédé. Supposez une molécule déplacée, ce déplacement aura un effet; cet effet, un autre effet, & ainsi de suite, sans qu'on puisse trouver de limites *naturelles* aux effets dans la durée qui suivra. L'esprit épouvanté des progrès à l'infini des causes les plus foibles & des effets les plus légers ne se refuse à cette supposition & à quelques autres de la même espèce que par le préjugé, qu'il ne se passe rien au-delà de la portée de nos sens, & que tout cesse où nous ne voyons plus: mais une des principales différences de l'observateur de la nature & de son interprète, c'est que celui-ci part du point où les sens & les instrumens abandonnent l'autre; il conjecture par ce qui est, ce qui doit être encore: il tire de l'ordre des choses des conclusions abstraites & générales, qui ont pour lui toute l'évidence des vérités sensibles & particulières; il s'élève à l'essence même de l'ordre; il voit que la co-existence *pure & simple* d'un être sensible & pensant, avec un enchaînement quelconque de causes & d'effets, ne lui suffit pas pour en porter un jugement absolu; il s'arrête là; s'il faisoit un pas de plus, il sortiroit de la nature.

52. *Des causes finales.* Qui sommes-nous pour expliquer les fins de la nature? Ne nous appercevons-nous point que c'est presque toujours aux dépens de sa puissance, que nous préconisons sa sagesse, & que nous ôtons à ses ressources plus que nous ne pouvons jamais accorder à ses vues? Cette manière de l'interpréter est mauvaise, même en théologie naturelle. C'est substituer la conjecture de l'homme à l'ouvrage de Dieu; c'est attacher la plus importante des vérités au sort d'une hypothèse. Mais le phénomène le plus commun suffira pour montrer combien la recherche de ces causes est contraire à la véritable science. Je suppose qu'un physicien, interrogé sur la nature du lait, réponde que c'est un aliment qui commence à se préparer dans la femelle, quand elle a conçu, & que la nature destine à la nourriture de l'animal qui doit naître; que cette définition m'apprendra-t-elle sur la formation du lait? que puis-je penser de la destination prétendue de ce fluide, & des autres idées physiologiques qui l'accompagnent; lorsque je sais qu'il y a eu des hommes qui ont fait jaillir le lait de leurs mammelles; que l'anastomose des artères épigastriques & mammaires (1) me démontre que c'est le lait qui cause le gonflement de la gorge dont les filles mêmes sont quelquefois incommodées à l'approche de l'évacuation périodique; qu'il n'y a presqu'aucune fille qui ne devînt nourrice si elle se faisoit tetter; & que j'ai sous les yeux une femelle

---

(1) Cette découverte anatomique est de M. Bertin, & c'est une des plus belles qui se soit faite de nos jours.

d'une espèce si petite, qu'il ne s'est point trouvé de mâle qui lui convînt, qui n'a point été couverte, qui n'a jamais porté ; & dont les tettes se sont gonflées de lait au point qu'il a fallu recourir au moyen ordinaire pour la soulager ? Combien n'est-il pas ridicule d'entendre des anatomistes attribuer sérieusement à la pudeur de la nature, une ombre qu'elle a également répandue sur des endroits de notre corps où il n'y a rien de déshonnête à couvrir ? L'usage que lui supposent d'autres anatomistes fait un peu moins d'honneur à la pudeur de la nature, mais n'en fait pas davantage à leur sagacité. Le physicien dont la profession est d'instruire & non d'édifier, abandonnera donc le *pourquoi*, & ne s'occupera que du *comment*. Le *comment* se tire des êtres : le *pourquoi*, de notre entendement ; il tient à nos systèmes ; il dépend du progrès de nos connoissances. Combien d'idées absurdes, de suppositions fausses, de notions chimériques dans ces hymnes que quelques défenseurs téméraires des causes finales ont osé composer à l'honneur du créateur ? Au lieu de partager les transports de l'admiration du prophète, & de s'écrier pendant la nuit, à la vue des étoiles sans nombre dont les cieux sont éclairés, *Cœli enarrant gloriam Dei*, ils se sont abandonnés à la superstition de leurs conjectures. Au lieu d'adorer le tout-puissant dans les êtres mêmes de la nature, ils se sont prosternés devant les phantômes de leur imagination. Si quelqu'un, retenu par le préjugé, doute de la solidité de mon reproche, je l'invite à comparer le traité que Galien a écrit de l'usage des parties du corps humain, avec la physiologie de Boërhaave, & la physiologie de Boërhaave avec celle de Haller ; j'invite la postérité à comparer ce que ce dernier ouvrage contient de vues systématiques & passagères, avec ce que la physiologie deviendra dans les siècles suivans. L'homme fait un mérite à l'éternel de ses petites vues ; & l'éternel qui l'entend du haut de son trône, & qui connoît son intention, accepte sa louange imbécile, & sourit de sa vanité.

53. *De quelques préjugés.* Il n'y a rien ni dans les faits de la nature ni dans les circonstances de la vie, qui ne soit un piège tendu à notre précipitation. J'en atteste la plupart de ces axiomes généraux qu'on regarde comme le bon sens des nations. On dit, *il ne se passe rien de nouveau sous le ciel* ; & cela est vrai pour celui qui s'en tient aux apparences grossières. Mais qu'est-ce que cette sentence pour le philosophe dont l'occupation journalière est de saisir les différences les plus insensibles ? Qu'en devoit penser celui qui assura que sur tout un arbre il n'y auroit pas deux feuilles *sensiblement* du même verd ? Qu'en penseroit celui qui, réfléchissant sur le grand nombre des causes, même connues, qui doivent concourir à la production d'une nuance de couleur précisément telle, prétendroit, sans croire outrer l'opinion de Leibnitz, qu'il est démontré par la différence des points de l'espace où les corps sont placés, combinée avec ce nombre prodigieux de causes, qu'il n'y a peut-être jamais eu, qu'il n'y aura peut-être jamais dans la nature deux brins d'herbe *absolument* du même verd ? Si les êtres s'altèrent successivement en passant par les nuances les plus imperceptibles ; le temps, qui ne s'arrête point, doit mettre à la longue entre les formes qui ont existé très-anciennement, celles qui existent aujourd'hui, celles qui existeront dans les siècles reculés, la différence la plus grande ; & le *nil sub sole novum* n'est qu'un préjugé fondé sur la foiblesse de nos organes, l'imperfection de nos instrumens, & la briéveté de notre vie. On dit en morale, *tot capita, tot sensus* ; c'est le contraire qui est vrai ; rien n'est si commun que des têtes, & si rare que des avis. On dit en littérature, *il ne faut point disputer des goûts :* Si l'on entend qu'il ne faut point disputer à un homme que tel est son goût, c'est une puérilité. Si l'on entend qu'il n'y a ni bon ni mauvais dans le goût, c'est une fausseté. Le philosophe examinera sévèrement tous ces axiomes de la sagesse populaire.

54. *Questions.* Il n'y a qu'une manière possible d'être homogène. Il y a une infinité de manières différentes possibles d'être hétérogène. Il me paroît aussi impossible que tous les êtres de la nature aient été produits avec une matière parfaitement homogène, qu'il le seroit de les représenter avec une seule & même couleur. Je crois même entrevoir que la diversité des phénomènes ne peut être le résultat d'une hétérogénéité quelconque. J'appellerai donc *élémens* les différentes matières hétérogènes, nécessaires pour la production générale des phénomènes de la nature ; & j'appellerai *la nature* le résultat général actuel, ou les résultats généraux successifs de la combinaison des élémens. Les élémens doivent avoir des différences essentielles ; sans quoi tout auroit pu naître de l'homogénéité, puisque tout y pourroit retourner. Il est, il a été, ou il sera une combinaison naturelle ou une combinaison artificielle dans laquelle un élément est, a été ou sera porté à sa plus grande division possible. La molécule d'un élément dans cet état de division dernière est indivisible d'une indivisibilité absolue, puisqu'une division ultérieure de cette molécule étant hors des loix de la nature, & au-delà des forces de l'art, n'est plus qu'intelligible. L'état de division dernière possible dans la nature ou par l'art n'étant pas le même, selon toute apparence, pour des matières essentiellement hétérogènes, il s'ensuit qu'il y a des molécules essentiellement différentes en masse, & toutefois absolument indivisibles en elles-mêmes. Combien y a-t-il de matières essentiellement hétérogènes ou élémentaires ? nous l'ignorons.

Quelles sont les différences essentielles des matières que nous regardons comme absolument hétérogènes ou élémentaires ? nous l'ignorons. Jusqu'où la division d'une matière élémentaire est-elle portée, soit dans les productions de l'art, soit dans les ouvrages de la nature ? nous l'ignorons, &c. &c. &c. J'ai joint les combinaisons de l'art à celles de la nature, parce qu'entre une infinité de faits que nous ignorons, & que nous ne saurons jamais, il en est un qui nous est encore caché ; savoir, si la division d'une matière élémentaire n'a point été, n'est point ou ne sera pas portée plus loin dans quelque opération de l'art, qu'elle ne l'a été, ne l'est & ne le sera dans aucune combinaison de la nature abandonnée à elle-même ; & l'on va voir par la première des questions suivantes pourquoi j'ai fait entrer, dans quelques-unes de mes propositions, les notions du passé, du présent & de l'avenir, & pourquoi j'ai inféré l'idée de succession dans la définition que j'ai donnée de la nature.

55. Si les phénomènes ne sont pas enchaînés les uns aux autres, il n'y a point de philosophie. Les phénomènes seroient tous enchaînés, que l'état de chacun d'eux pourroit être sans permanence. Mais si l'état des êtres est dans une vicissitude perpétuelle ; si la nature est encore à l'ouvrage, malgré la chaîne qui lie les phénomènes, il n'y a point de philosophie. Toute notre science naturelle devient aussi transitoire que les mots. Ce que nous prenons pour l'histoire de la nature n'est que l'histoire très-incomplette d'un instant. Je demande donc si les métaux ont toujours été & seront toujours tels qu'ils sont ; si les plantes ont toujours été & seront toujours telles qu'elles sont ; si les animaux ont toujours été & seront toujours tels qu'ils sont, &c. ? Après avoir médité profondément sur certains phénomènes, un doute qu'on vous pardonneroit peut-être, ô Sceptiques, ce n'est pas que le monde ait été créé, mais qu'il soit tel qu'il a été & qu'il sera.

56. De même que dans les règnes animal & végétal, un individu commence, pour ainsi dire, s'accroît, dure, dépérit & passe ; n'en seroit-il pas de même des espèces entières. Si la foi ne nous apprenoit que les animaux sont sortis des mains du créateur tels que nous les voyons ; & s'il étoit permis d'avoir la moindre incertitude sur leur commencement & sur leur fin, le philosophe abandonné à ses conjectures ne pourroit-il pas soupçonner que l'animalité avoit de toute éternité ses élémens particuliers, épars & confondus dans la masse de la matière ; qu'il est arrivé à ces élémens de se réunir, parce qu'il étoit possible que cela se fît ; que l'embryon formé de ces élémens a passé par une infinité d'organisations, & de développemens ; qu'il a eu par succession, du mouvement, de la sensation, des idées, de la pensée, de la réflexion, de la conscience, des sentimens, des passions, des signes, des gestes, des sons, des sons articulés, une langue, des loix, des sciences & des arts ; qu'il s'est écoulé des millions d'années entre chacun de ces développemens ; qu'il a peut-être encore d'autres développemens à subir, & d'autres accroissemens à prendre, qui nous sont inconnus ; qu'il a eu ou qu'il aura un état stationnaire ; qu'il s'éloigne ou qu'il s'éloignera de cet état par un dépérissement éternel, pendant lequel ses facultés sortiront de lui comme elles y étoient entrées ; qu'il disparoîtra pour jamais de la nature, ou plutôt qu'il continuera d'y exister, mais sous une forme & avec des facultés tout autres que celles qu'on lui remarque dans cet instant de la durée. La religion nous épargne bien des écarts & bien des travaux. Si elle ne nous eût point éclairés sur l'origine du monde, & sur le système universel des êtres, combien d'hypothèses différentes que nous aurions été tentés de prendre pour le secret de la nature. Ces hypothèses étant toutes également fausses, nous auroient paru toutes à peu près vraisemblables. La question *pourquoi il existe quelque chose*, est la plus embarrassante que la philosophie pût se proposer, & il n'y a que la révélation qui y réponde.

57. Si l'on jette les yeux sur les animaux & sur la terre brute qu'ils foulent aux pieds, sur les molécules organiques, & sur le fluide dans lequel elles se meuvent ; sur les insectes microscopiques, & sur la matière qui les produit & qui les environne, il est évident que la matière en général est divisée en matière morte & en matière vivante. Mais comment se peut-il faire que la matière ne soit pas une, ou toute vivante, ou toute morte ? La matière vivante est-elle toujours vivante ? Et la matière morte est-elle toujours & réellement morte ? La matière vivante ne meurt-elle point ? La matière morte ne commence-t-elle jamais à vivre ?

58. Y a-t-il quelqu'autre différence assignable entre la matière morte & la matière vivante, que l'organisation, & que la spontanéité réelle ou apparente du mouvement ?

59. Ce qu'on appelle matière vivante, ne seroit-ce pas seulement une matière qui se meut par elle-même ? Et ce qu'on appelle une matière morte, ne seroit-ce pas une matière mobile par une autre matière ?

60. Si la matière vivante est une matière qui se meut par elle-même, comment peut-elle cesser de se mouvoir sans mourir.

61. S'il y a une matière vivante & une matière morte par elles-mêmes, ces deux principes

suffisent-ils pour la production générale de toutes les formes & de tous les phénomènes ?

62. En géométrie, une quantité réelle jointe à une quantité imaginaire donne un tout imaginaire : dans la nature, si une molécule de matière vivante s'applique à une molécule de matière morte, le tout sera-t-il vivant, ou sera-t-il mort ?

63. Si l'aggrégat peut être ou vivant ou mort, quand & pourquoi sera-t-il vivant ? quand & pourquoi sera-t-il mort ?

64. Mort ou vivant, il existe sous une forme. Sous quelque forme qu'il existe, quel en est le **principe** ?

65. Les moules sont-ils principes des formes ? Qu'est-ce qu'un moule ? Est-ce un être réel & préexistant ? ou n'est-ce que les limites intelligibles de l'énergie d'une molécule vivante unie à de la matière morte ou vivante ; limites déterminées par le rapport de l'énergie en tout sens, aux résistances en tout sens ? Si c'est un être réel & préexistant, comment s'est-il formé ?

66. L'énergie d'une molécule vivante varie-t-elle par elle-même ? ou ne varie-t-elle que selon la quantité, la qualité, les formes de la matière morte ou vivante à laquelle elle s'unit ?

67. Y a-t-il des matières vivantes spécifiquement différentes de matières vivantes ? ou toute matière vivante est-elle essentiellement une & propre à tout ? J'en demande autant des matières mortes.

68. La matière vivante se combine-t-elle avec de la matière vivante ? Comment se fait cette combinaison ? quel en est le résultat ? J'en demande autant de la matière morte.

69. Si l'on pouvoit supposer toute la matière, vivante, ou toute la matière morte : y auroit-il jamais autre chose que de la matière morte, ou que de la matière vivante ? ou les molécules vivantes ne pourroient-elles pas reprendre la vie, après l'avoir perdue, pour la reperdre encore, & ainsi de suite, à l'infini ?

Principes philosophiques de Diderot *sur la matière & le mouvement.*

Nota. Cet écrit n'a jamais été imprimé ; une dissertation publiée en 1770, par un anonyme, en a été l'occasion. Un ami de l'auteur, & qui l'étoit aussi de *Diderot*, le pria d'examiner cette dissertation, & de lui en dire franchement son avis. Cet examen a produit les réflexions qu'on va lire. On y reconnoît sur-tout combien l'étude de la chimie dont *Diderot* s'étoit occupé pendant plusieurs années avec cette aptitude qu'il avoit pour toutes les sciences, lui avoit été utile. Les applications heureuses qu'il a su faire depuis de ces connoissances si nécessaires, & sans lesquelles il ne peut y avoir ni bonne physique ni bonne philosophie, font regretter qu'il n'ait pas pris plutôt les leçons de Rouelle. C'est dans le laboratoire de ce grand chimiste qu'il auroit trouvé la réponse à la plupart des questions qui terminent ses *pensées sur l'interprétation de la nature*, ou plutôt il ne les auroit jamais proposées : car une grande partie de ces doutes, si difficiles à éclaircir par la métaphysique même la plus hardie, se résolvent facilement par la chimie (1).

C'est sur le manuscrit autographe de *Diderot* que je publie ce fragment précieux de sa philosophie. Outre que c'est ici sa vraie place, je ne crois pas qu'il fasse partie de la collection générale de ses manuscrits ; & ce motif, joint à celui de convenance m'a déterminé à l'insérer dans cet article.

Je ne sais en quel sens les philosophes ont supposé que la matière étoit indifférente au mouvement & au repos. Ce qu'il y a de bien certain, c'est que tous les corps gravitent les uns sur les autres, c'est que toutes les particules des corps gravitent les unes sur les autres, c'est que dans cet univers tout est en translation ou *in nisu*, ou en translation & *in nisu* à la fois.

Cette supposition des philosophes ressemble peut-être à celle des géomètres qui admettent des points sans aucune dimension, des lignes sans largeur ni profondeur, des surfaces sans épaisseur, où peut-être parlent-ils du repos relatif d'une masse à une autre. Tout est dans un repos relatif en un vaisseau battu par la tempête. Rien n'y est en un repos absolu, pas même les molécules aggrégatives ni du vaisseau ni des corps qu'il renferme.

S'ils ne conçoivent pas plus de tendance au repos qu'au mouvement dans un corps quelconque ; c'est qu'apparemment ils regardent la matière comme homogène ; c'est qu'ils font abstraction de toutes les qualités qui lui sont essentielles ; c'est qu'ils la considèrent comme inaltérable dans l'instant presqu'indivisible de leur spéculation. C'est

---

(1) Conférez ici ce que j'ai dit dans une note de l'article COLLINS (*philosophie de*) tome I. p. 801. *colon.* 1. &.

qu'ils raisonnent du repos relatif d'un aggrégat à un autre aggrégat, c'est qu'ils oublient que tandis qu'ils raisonnent de l'indifférence du corps au mouvement ou au repos, le bloc de marbre tend à sa dissolution; c'est qu'ils anéantissent par la pensée & le mouvement général qui anime tous les corps, & leur action particulière des uns sur les autres qui les détruit tous; c'est que cette indifférence, quoique fausse en elle même, mais momentanée, ne rendra pas les loix du mouvement erronées.

Le corps, selon quelques philosophes, est, par lui même, sans action & sans force; c'est une terrible fausseté, bien contraire à toute bonne physique à toute bonne chymie; par lui même, par la nature de ses qualités essentielles, soit qu'on le considère en molécule, soit qu'on le considère en masse, il est plein d'action & de force.

Pour vous représenter le mouvement, ajoutent-ils, outre la matière existante, il vous faut imaginer une force qui agisse sur elle. Ce n'est pas cela. La molécule douée d'une qualité propre à sa nature, par elle même est une force active. Elle s'exerce sur une autre molécule qui s'exerce sur elle. Tous ces paralogismes-là tiennent à la fausse supposition de la matière homogène. Vous qui imaginez si bien la matière en repos, pouvez-vous imaginer le feu en repos? Tout dans la nature a son action diverse, comme cet amas de molécules que vous appellez le *feu.* Dans cet amas que vous appellez *feu,* chaque molécule a sa nature, son action.

Voici la vraie différence du repos & du mouvement; c'est que le repos absolu est un concept abstrait qui n'existe point en nature; & que le mouvement est une qualité aussi réelle que la longueur, la largeur & la profondeur. Que m'importe ce qui se passe dans votre tête? Que m'importe que vous regardiez la matière comme homogène ou comme hétérogène? Que m'importe que, faisant abstraction de ses qualités, & ne considérant que son existence, vous la voyiez en repos? que m'importe qu'en conséquence vous cherchiez une cause qui la meuve? Vous ferez de la géométrie & de la métaphysique, tant qu'il vous plaira. Mais moi qui suis physicien & chimiste; qui prends les corps dans la nature & non dans ma tête, je les vois existans, divers, revêtus de propriétés & d'actions & s'agitant dans l'univers comme dans le laboratoire où une étincelle ne se trouve point à côté de trois molécules combinées de salpêtre, de charbon & de soufre, sans qu'il s'en suive une explosion nécessaire.

La pesanteur n'est point *une tendance au repos,* c'est une tendance au mouvement local.

Pour que la matière soit mue, dit-on encore, il faut une action, une force; oui, ou extérieure à la molécule, ou inhérente, essentielle, intime à la molécule, & constituant sa nature de molécule ignée, aqueuse, nitreuse, alkaline, sulphureuse. Quelle que soit cette nature, il s'en suit force, action d'elle hors d'elle, action des autres molécules sur elle.

La force qui agit sur la molécule, s'épuise. La force intime de la molécule ne s'épuise point. Elle est immuable, éternelle. Ces deux forces peuvent produire deux sortes de *nisus*; la première un *nisus* qui cesse; la seconde un *nisus* qui ne cesse jamais. Donc il est absurde de dire que la matière a une opposition réelle au mouvement.

La quantité de force est constante dans la nature; mais la somme des *nisus* & la somme des translations sont variables. Plus la somme des *nisus* est grande, plus la somme des translations est petite; & réciproquement plus la somme des translations est grande, plus la somme des *nisus* est petite. L'incendie d'une ville accroît tout-à-coup d'une quantité prodigieuse la somme des translations.

Un atôme remue le monde; rien n'est plus vrai; cela l'est autant que l'atôme remué par le monde. Puisque l'atôme a sa force propre, elle ne peut être sans effet.

Il ne faut jamais dire, quand on est physicien, le corps comme corps; car ce n'est plus faire de la physique; c'est faire des abstractions qui ne mènent à rien.

Il ne faut pas confondre l'action avec la masse. Il peut y avoir grande masse & petite action. Il peut y avoir petite masse & grande action. Une molécule d'air fait éclater un bloc d'acier. Quatre grains de poudre suffisent pour diviser un rocher.

Oui sans doute, quand on compare un aggrégat homogène à un autre aggrégat de même matière homogène; quand on parle de l'action & de la réaction de ces deux aggrégats, leurs énergies relatives sont en raison directe des masses. Mais quand il s'agit d'aggrégats hétérogènes, ce ne sont plus les mêmes loix. Il y a autant de loix diverses qu'il y a de variété dans la force propre & intime de chaque molécule élémentaire & constitutive des corps.

Le corps résiste au mouvement horisontal. Qu'est-ce que cela signifie? on sait bien qu'il y a une force générale & commune à toutes les molécules du globe que nous habitons, force qui les presse selon une certaine direction perpendiculaire, ou à peu-près, à la surface du globe; mais cette force générale & commune est contrariée par cent mille autres. Un tube de verre échauffé fait voltiger les feuilles de l'or. Un ouragan remplit l'air de poussière; la chaleur volatilise l'eau, l'eau volatilisée emporte avec elle des molécules de sel; tandis que cette masse d'airain presse la terre, l'air agit sur elle, met sa première surface en une chaux métallique, commence la destruction de ce corps ; ce que je dis des masses doit être entendu des molécules.

Toute molécule doit être considérée comme actuellement animée de trois sortes d'actions, l'action de pesanteur ou de gravitation, l'action de sa force intime & propre à sa nature d'eau, de feu, d'air, de soufre; & l'action de toutes les autres molécules sur elle ; & il peut arriver que ces trois actions soient convergentes ou divergentes. Convergentes, alors la molécule a l'action la plus forte dont elle puisse être douée. Pour se faire une idée de cette action la plus grande possible, il faudroit, pour ainsi dire, faire une foule de suppositions absurdes, placer une molécule dans une situation tout-à-fait métaphysique.

En quel sens peut-on dire qu'un corps résiste d'autant plus au mouvement que sa masse est plus grande ? ce n'est pas dans le sens que plus sa masse est grande, plus sa pression contre un obstacle est foible. Il n'y a pas un crocheteur qui ne sache le contraire. C'est seulement relativement à une direction opposée à sa pression. Dans cette direction, il est certain qu'il résiste d'autant plus au mouvement que sa masse est plus grande. Dans la direction de la pesanteur, il n'est pas moins certain que sa pression ou force, ou tendance au mouvement s'accroît en raison de sa masse. Qu'est-ce que tout cela signifie donc ? rien.

Je ne suis point surpris de voir tomber un corps, pas plus que de voir la flamme s'élever en haut, pas plus que de voir l'eau agir en tout sens & peser eu égard à sa hauteur & à sa base, ensorte qu'avec une médiocre quantité de fluide, je puis faire briser les vases les plus solides; pas plus que de voir la vapeur en expansion dissoudre les corps les plus durs dans la machine de Papin, élever les plus pesants dans la machine à feu. Mais j'arrête mes yeux sur l'amas général des corps ; je vois tout en action & en réaction ; tout se détruisant sous une forme, tout se recomposant sous une autre, des sublimations, des dissolutions, des combinaisons de toutes les espèces, phénomènes incompatibles avec l'homogénéité de la matière : d'où je conclus qu'elle est hétérogène; qu'il existe une infinité d'élémens divers dans sa nature ; que chacun de ses élémens par sa diversité a sa force particulière, innée, immuable, éternelle, indestructible; & que ces forces intimes au corps ont leurs actions hors du corps ; d'où naît le mouvement ou plutôt la fermentation générale dans l'univers.

Que font les philosophes dont je réfute ici les erreurs & les paralogismes ? Ils s'attachent à une seule & unique force, peut-être commune à toutes les molécules de la matière; je dis, *peut-être*; car je ne serois point surpris qu'il y eut dans la nature, telle molécule qui, jointe à une autre, rendît le mixte résultant plus leger. Tous les jours dans le laboratoire on volatilise un corps inerte par un corps inerte. Et lorsque ceux qui ne considérant pour toute action dans l'univers que celle de la gravitation, en ont conclu l'indifférence de la matière au repos ou au mouvement, ou plutôt la tendance de la matière au repos, ils croient avoir résolu la question, tandis qu'ils ne l'ont pas seulement effleurée.

Lorsqu'on regarde le corps comme plus ou moins résistant, & cela non comme pesant ou tendant au centre des graves; on lui reconnoît déjà une force, une action propre & intime; mais il en a bien d'autres, entre lesquelles les unes s'exercent en tout sens ; & d'autres ont des directions particulières.

La supposition d'un être quelconque placé hors de l'univers matériel, est impossible. Il ne faut jamais faire de pareilles suppositions, parce qu'on n'en peut jamais rien inférer.

Tout ce qu'on dit de l'impossibilité de l'accroissement du mouvement ou de la vitesse, porte à plomb contre l'hypothèse de la matière homogène. Mais qu'est-ce que cela fait à ceux qui déduisent le mouvement dans la matière, de son hétérogénéité. La supposition d'une matière homogène est bien sujette à d'autres absurdités.

Si l'on ne s'obstine pas à considérer les choses dans sa tête, mais dans l'univers, on se convaincra par la diversité des phénomènes, de la diversité des matières élémentaires, de la diversité des forces, de la diversité des actions & des réactions, de la nécessité du mouvement; & toutes ces vérités admises, on ne dira plus, je vois la matière comme existante ; je la vois d'abord en repos ; car on sentira que c'est faire une abstraction dont on ne peut rien conclure. L'existence n'entraîne ni le repos ni le mouvement; mais l'existence n'est pas la seule qualité des corps.

Tous les physiciens qui supposent la matière indifférente au mouvement & au repos, n'ont pas des idées nettes de la résistance. Pour qu'ils pussent conclure quelque chose de la résistance, il faudroit que cette qualité s'exerçât indistinctement en tout sens, & que son énergie fût la même selon toute direction ; alors ce seroit une force intime, telle que celle de toute molécule ; mais cette résistance varie autant qu'il y a de directions dans lesquelles le corps peut être poussé ; elle est plus grande verticalement qu'horisontalement.

La différence de la pesanteur & de la force d'inertie ; c'est que la pesanteur ne résiste pas également, selon toutes directions ; au lieu que la force d'inertie résiste également, selon toutes directions.

Et pourquoi la force d'inertie n'opéreroit-elle pas l'effet de retenir le corps dans son état de repos & dans son état de mouvement ; & cela par la seule notion de résistance proportionnée à la quantité de matière. La notion de résistance pure s'applique également au repos & au mouvement ; au repos, quand le corps est en mouvement ; au mouvement, quand le corps est en repos. Sans cette résistance, il ne pourroit y avoir de choc, avant le mouvement ; ni d'arrêt après le choc ; car le corps ne seroit rien.

Dans l'expérience de la boule suspendue par un fil, la pesanteur est détruite. La boule tire autant le fil, que le fil tire la boule. Donc la résistance du corps vient de la seule force d'inertie.

Si le fil tiroit plus la boule que la pesanteur, la boule monteroit. Si la boule étoit plus tirée par la pesanteur que par le fil, elle descendroit. &c. &c.

MORALE DE DIDEROT: OBSERVATION GÉNÉRALE DE CE PHILOSOPHE SUR L'ÉDUCATION DES ENFANS, ET PRINCIPES PRATIQUES SUR CE SUJET.

De l'éducation.

N'attendez rien, ou peu de chose de l'éducation, si la nature, par ses dons, n'a préparé le succès de votre ouvrage. Une bonne femme se délassoit des fatigues de son ménage à faire couver des serins. Aussi-tôt que les petits étoient éclos, elle les enlevoit de dessous leur mère, elle disoit, & raisonnoit fort bien, lorsqu'ils ouvriront les yeux pour la première fois, ils me verront, ils ne connoîtront que moi ; c'est moi qui les nourrirai, l'ignorance de leurs parens, leurs besoins satisfaits par mes mains, & peut-être la reconnoissance les rendront familiers. D'un assez grand nombre de petits, il ne lui en restoit que trois. Les voilà déjà couverts de plumes ; ils se tiennent sur le doigt, ils se perchent sur leurs bâtons, ils mangent seuls ; il est temps de les instruire. On approche de leur cage la serinette : dès l'aube du jour, la bonne femme se lève, & leur joue l'air qu'avec le temps elle espère qu'ils répéteront ; l'après dîner, même leçon : le soir, lorsque ses petits font moins distraits, plus recueillis, elle a la manivelle de l'instrument à la main ; elle tourne pendant une heure, pendant deux, & continue avec une assiduité incroyable, la mieux suivie des éducations. De jour en jour elle en attend le fruit ; elle dit aujourd'hui, ils chanteront demain : demain les oisillons sont aussi muets que la veille.

La bonne femme se dépite ; c'est, peut-être, dit-elle, que cet air ne leur plaît pas : il faut leur en siffler un autre. Cessez, bonne femme, vous perdez votre temps & vos soins, ils n'apprendront pas plus votre second air qu'ils n'ont appris le premier : *vous sifflez trois femelles*.

Sur le vice général des méthodes d'instruction consacrées par l'usage.

Les maîtres de la jeunesse, en s'écartant trop de la manière dont la nature nous instruit, donnent des leçons qui fatiguent l'entendement & la mémoire sans les enrichir & sans les perfectionner.

Les leçons, la plupart, ne sont que des assemblages de mots & de raisonnemens ; & les mots, sur quelque matière que ce soit, ne nous rendent qu'imparfaitement les idées des choses. L'écriture hiéroglyphique des anciens égyptiens étoit beaucoup plus propre à enrichir promptement l'esprit des connoissances réelles, que nos signes de convention. Il faudroit traiter l'homme comme un être organisé & sensible, & se souvenir que c'est par ses organes qu'il reçoit ses idées, & que le sentiment seul les fixe dans sa mémoire. En métaphysique, morale, politique, principes des arts, &c, il faut que le fait ou l'exemple fixe la leçon, si vous voulez la rendre utile. On formeroit mieux la raison en faisant observer la liaison naturelle des choses & des idées, qu'en donnant l'habitude de faire des argumens ; il faut mêler l'histoire naturelle & civile, la fable, les emblêmes, les allégories à ce qu'il peut y avoir d'abstrait dans les leçons qu'on donne à la jeunesse ; on pourroit imaginer d'exécuter une suite de tableaux, dont l'ensemble instruiroit des devoirs des citoyens, &c.

Quand les abstractions deviennent nécessaires, & que le maître n'a pu parler aux sens & à l'imagination pour insinuer & pour graver un précepte important, il devroit le lier dans l'esprit de son élève à un sentiment de peine ou de plaisir, & le fixer ainsi dans sa mémoire ; enfin il faudroit avoir plus d'égard qu'on n'en a eu jusqu'à présent au mécanisme de l'homme.

Principes-pratiques sur l'éducation des enfans.

Avant que de jetter les yeux sur les différens plans d'éducation qu'on a proposés jusqu'à présent, j'ai voulu savoir quel seroit le mien. Je me suis demandé, si j'avois un enfant à élever, de quoi m'occuperois-je d'abord ? Seroit-ce de le rendre honnête homme ou grand homme ? & je me suis répondu de le rendre honnête homme. Qu'il soit bon, premièrement, il sera grand après, s'il peut l'être. Je l'aime mieux pour lui, pour moi, pour tous ceux qui l'environneroit avec une belle ame, qu'avec un beau génie.

« Je l'éleverai donc pour l'inftant de fon
» exiftence & de la mienne. Je préférerai donc
» mon bonheur & le fien à celui de la nation?
» Qu'importe cependant qu'il foit mauvais père,
» mauvais époux, ami fufpect, dangereux ennemi,
» méchant homme? Qu'il fouffre, qu'il faffe fouf-
» frir les autres, pourvu qu'il exécute de grandes
» chofes? Bientôt il ne fera plus. Ceux qui auront
» pâti de fa méchanceté ne feront plus; mais
» les grandes chofes qu'il auroit exécutées ref-
» teroient à jamais. Le méchant ne durera qu'un
» moment, le grand homme ne finira point ».

Voilà ce que je me fuis dit, & voici ce que je me fuis répondu. Je doute qu'un méchant puiffe être véritablement grand. Je veux donc que mon enfant foit bon. Quand un méchant pourroit être véritablement grand, comme il feroit du moins incertain s'il feroit le malheur ou le bonheur de fa nation, je voudrois encore qu'il fût bon.

Je me fuis demandé comment je le rendrois bon, & je me fuis répondu, en lui infpirant certaines qualités de l'ame qui conftituent fpécialement la bonté.

Et quelles font ces qualités? la juftice & la fermeté. La juftice qui n'eft rien fans la fermeté, la fermeté qui peut être un grand mal fans la juftice; la juftice qui prévient le murmure & qui règle la bienfaifance; la fermeté qui donnera de la teneur à fa conduite, qui le réfignera à fa deftinée, & qui l'élèvera au-deffus des revers.

Voilà ce que je me fuis répondu; j'ai relu ma reponfe, & j'ai vu avec fatisfaction que les mêmes vertus qui fervoient de bafe à la bonté, fervoient également de bafe à la véritable grandeur. J'ai vu qu'en travaillant à rendre mon enfant bon, je travaillerois à le rendre grand, & je m'en fuis réjoui.

Je me fuis demandé comment on infpiroit la fermeté à une ame naturellement pufillanime, & je me fuis répondu, en corrigeant une peur par une peur, la peur de la mort par celle de la honte. On affoiblit l'une en portant l'autre à l'excès. Plus on craint de fe déshonorer, moins on craint de mourir.

Tout bien confidéré, la vie étant l'objet le plus précieux, le facrifice le plus difficile, je l'ai prife pour la mefure la plus forte de l'intérêt de l'homme, & je me fuis dit : fi le fantôme exagéré de l'ignominie, fi la valeur outrée de la confidération publique ne donnent pas le courage de l'organifation, ils le remplacent par le courage du devoir, de l'honneur, de la raifon. On ne fera jamais un chêne d'un rofeau; mais on entrée le rofeau, & on le réfout à fe laiffer brifer. Heureux celui qui a les deux courages. *Si fractus illabatur orbis, impavidum ferient ruinæ.* Il verra le monde s'ébranler fans frémir.

Avec une ame jufte & ferme, j'ai defiré que mon enfant eût un efprit droit, éclairé, étendu. Je me fuis demandé comment on rectifioit, on éclairoit, on étendoit l'efprit de l'homme, & je me fuis répondu :

On le rectifie par l'étude des fciences rigoureufes. L'habitude de la démonftration prépare ce tact du vrai qui fe perfectionne par l'ufage du monde & l'experience des chofes. Quand on a dans fa tête des modèles parfaits de dialectique, on y rapporte, fans prefque s'en douter, les autres manières de raifonner. Avec l'inftinct de la précifion on fent, dans les cas mêmes de probabilité, les écarts plus ou moins grands de la ligne du vrai. On apprécie les incertitudes, on calcule les chances, on fait fa part & celle du fort, & c'eft en ce fens que les mathématiques deviennent une fcience ufuelle, une règle de la vie, une balance univerfelle, & qu'Euclide qui m'apprend à comparer les avantages & les défavantages d'une action, eft encore un maître de morale. L'efprit géométrique & l'efprit jufte, c'eft le même efprit. Mais, dira-t-on, rien n'eft moins rare qu'un géomètre qui a l'efprit faux. D'accord; c'eft alors un vice de la nature que la fcience n'a pu corriger. Si l'on ne s'attendoit pas à de la juftefse dans un géomètre, on ne s'étonneroit pas de n'y en point trouver.

On éclaire l'efprit par l'ufage des fens le plus étendu, & par les connoiffances acquifes, entre lefquelles il faut donner la préférence à celles de l'état auquel on eft deftiné. On peut, fans conféquence & fans honte, ignorer beaucoup de chofes hors de fon état. Qu'importe que Thémiftocle fache ou ne fache pas jouer de la lyre? Mais les connoiffances de fon état, il faut les avoir toutes & les avoir bien.

Etendre l'efprit eft, à mon fens, un des points les plus importans, les plus faciles & les moins pratiqués. Cet art fe réduit prefque en tout à voir d'abord nettement un certain nombre d'individus, nombre qu'on réduit enfuite à l'unité. C'eft ainfi qu'on parvient à faifir auffi diftinctement un million d'objets qu'une dixaine d'objets. Le nombre, le mouvement, l'efpace & la durée font les premiers élémens fur lefquels il faut exercer l'efprit, & je ne connois pas encore la limite de ce que l'imagination bien cultivée peut embraffer. Le monde eft trop étroit pour elle. Elle voit au-delà des yeux & des télefcopes. Conduite de la confidération des individus à celle des masses, l'ame s'habitue à s'occuper de grandes choses, à s'en occuper sans effort & sans négliger les petites. La vraie étendue de l'esprit dérive originairement de l'esprit d'ordre. Les bons maîtres sont rares, parce qu'ils traînent leurs élèves pied à pied, & qu'on fait avec eux une route immense, sans qu'ils s'avisent d'arrêter leurs élèves sur les sommités, & de promener leurs regards autour de l'horison.

Je prise infiniment moins les connoissances acquises que les vertus, & infiniment plus l'étendue de l'esprit que les connoissances acquises. Celles-ci s'effacent, l'étendue de l'esprit reste. Il y a entre l'esprit étendu & l'esprit cultivé, la différence de l'homme & de son coffre-fort.

On est honnête homme, on a l'esprit étendu; mais on manque de goût, & je ne veux pas qu'Alexandre fasse rire ceux qui broyent les couleurs dans l'attelier d'Apelles. Comment donnerai-je du goût à mon enfant, me suis-je dit? & je me suis répondu : le goût est le sentiment du vrai, du beau, du grand, du sublime, du décent, de l'honnête dans les mœurs, dans les ouvrages d'esprit, dans l'imitation ou l'emploi des productions de la nature. Il tient en partie à la perfection des organes, & se forme par les exemples, la réflexion & les modèles. Voyons de belles choses; lisons de bons ouvrages; vivons avec des hommes; rendons-nous toujours compte de notre admiration, & le moment viendra où nous prononcerons aussi sûrement, aussi promptement de la beauté des objets que de leurs dimensions.

On a de la vertu, de la probité, des connoissances, du génie, même du goût, & l'on ne plaît pas. Cependant il faut plaire. L'art de plaire tient à des qualités qui s'acquièrent, & à d'autres qui ne s'acquièrent point. Prenez de temps en temps votre enfant par la main, & menez le sacrifier aux graces. Mais où est leur autel? Il est à côté de vous, sous vos pieds, sur vos genoux.

Les enfans des maîtres du monde n'eurent d'autres écoles que la maison & la table de leurs pères. Agir devant ses enfans & agir noblement, sans se proposer pour modèles, s'appercevoir sans cesse sans les regarder, parler bien, & rarement interroger, penser juste & penser tout haut, s'affliger des fautes graves, moyen sûr de corriger un enfant sensible; les ridicules ne valent que les petits frais de la plaisanterie, n'en pas faire d'autre; prendre ces marmousets-là pour des personnages, puisqu'ils en ont la manie; être leur ami, & par conséquent obtenir leur confiance sans l'exiger; s'ils déraisonnent, comme il est de leur âge, les mener imperceptiblement jusqu'à quelque conséquence bien absurde, & leur demander en riant, est-ce là ce que vous voulez dire? En un mot, leur dérober sans cesse leurs lisières, afin de conserver en eux le sentiment de la dignité, de la franchise, de la liberté, & de les accoutumer à ne reconnoître de despotisme que celui de la vertu & de la vérité. Si votre fils rougit en secret, ignorez sa honte; accroissez-là en l'embrassant; accablez-le d'un éloge, d'une caresse qu'il sait qu'il ne pas mériter. Si par hazard une larme s'échappe de ses yeux, arrachez-vous de ses bras, allez pleurer de joie dans un endroit écarté, vous êtes la plus heureuse des mères.

Sur-tout gardez-vous de lui prêcher toutes les vertus, & de lui vouloir trop de talens. Lui prêcher toutes les vertus seroit une tâche trop forte pour vous & pour lui. Tenez-vous-en à la véracité : rendez le vrai, mais vrai sans réserve, & comptez que cette seule vertu amènera avec elle le goût de toutes les autres.

Cultiver en lui tous les talens, c'est le moyen sûr qu'il n'en ait aucun. N'exigez de lui qu'une chose; c'est de s'exprimer toujours purement & clairement; d'où résultera l'habitude d'avoir bien vu dans sa tête avant que de parler, & de cette habitude la justesse de l'esprit.

Je ne sais ce que c'est que l'éducation libérale, ou la voilà.

Mais à quoi serviront tant de soins sans la santé? La santé sans laquelle on n'est ni bon ni méchant; on n'est rien. On obtient la santé par l'exercice & la sobriété.

Ensuite un ordre invariable dans les devoirs de la journée : cela est essentiel.

RÉFLEXIONS PHILOSOPHIQUES SUR DIVERS SUJETS.

Sur les termes de vie & de mort.

S'il falloit donner une définition bien rigoureuse de ces deux mots, *naître* & *mourir*, on y trouveroit peut-être de la difficulté. A proprement parler, on ne naît point, on ne meurt point; on étoit dès le commencement des choses, & on sera jusqu'à leur consommation. Un point qui vivoit s'est accru, développé jusqu'à un certain terme, par la juxta-position successive d'une infinité de molécules. Passé ce terme il décroît, & se résout en molécules séparées qui vont se répandre dans la masse générale & commune. La vie ne peut être le résultat de l'organisation; imaginez les trois molécules A, B, C; si elles sont sans vie dans la combinaison A, B, C, pourquoi commenceroient-elles à vivre dans la combinaison B, C, A, ou

C, A, B ? Cela ne se conçoit pas. Il n'en est pas de la vie comme du mouvement ; c'est autre chose : ce qui a vie a mouvement ; mais ce qui se meut ne vit pas pour cela. Si l'air, l'eau, la terre & le feu viennent à se combiner, d'inerts qu'ils étoient auparavant, ils deviendront d'une mobilité incoercible ; mais ils ne produiront pas la vie. La vie est une qualité essentielle & primitive dans l'être vivant, il ne l'acquiert point, il ne la perd point. Il faut distinguer une vie inerte & une vie active : elles sont entre elles comme la force vive & la force morte : ôtez l'obstacle, & la force morte deviendra force vive : ôtez l'obstacle, & la vie inerte deviendra vie active. Il y a encore la vie de l'élément, & la vie de l'agrégat ou de la masse : rien n'ôte & ne peut ôter à l'élément sa vie : l'agrégat ou la masse est avec le tems privée de la sienne ; on vit en un point qui s'étend jusqu'à une certaine limite, sous laquelle la vie est circonscrite en tout sens ; cet espace sous lequel on vit diminue peu-à-peu ; la vie devient moins active sous chaque point de cet espace ; il y en a même sous lesquels elle a perdu toute son activité avant la dissolution de la masse, & l'on finit par vivre en une infinité d'atômes isolés. Les termes de vie & de mort n'ont rien d'absolu ; ils ne désignent que les états successifs d'un même être ; c'est pour celui qui est fortement instruit de cette philosophie, que l'urne qui contient la cendre d'un père, d'une mère, d'un époux, d'une maîtresse, est vraiment un objet qui touche & qui attendrit : il y reste encore de la vie & de la chaleur : cette cendre peut peut-être encore ressentir nos larmes & y répondre ; qui sait si ce mouvement qu'elles y excitent en les arrosant, est tout-à-fait dénué de sensibilité ?

Sur l'absurdité du principe des idées innées.

Il n'y a d'inné que la faculté de sentir & de penser ; tout le reste est acquis. Supprimez l'œil & vous supprimez en même tems toutes les idées qui appartiennent à la vue. Supprimez le nez & vous supprimez en même tems toutes les idées qui appartiennent à l'odorat ; & ainsi du goût, de l'ouie & du toucher. Or toutes ces idées, & tous ces sens supprimés, il ne reste aucune notion abstraite ; car c'est par le sensible que nous sommes conduits à l'abstrait. Mais après avoir procédé par voie de suppression, suivons la méthode contraire. Supposons une masse informe, mais sensible ; elle aura toutes les idées qu'on peut obtenir du toucher : perfectionnons son organisation ; développons cette masse, & en même tems nous ouvrirons la porte aux sensations & aux connoissances. C'est par l'une & l'autre de ces méthodes qu'on peut réduire l'homme à la condition de l'huître, & élever l'huître à la condition de l'homme.

Sur l'utilité de la métaphysique.

La métaphysique est la science des raisons des choses : tout a sa métaphysique & sa pratique : la pratique, sans la raison de la pratique, & la raison sans l'exercice ne forment qu'une science imparfaite. Interrogez un peintre, un poëte, un musicien, un géomètre, & vous le forcerez à rendre compte de ses opérations, c'est-à-dire à en venir à la métaphysique de son art. Quand on borne l'objet de la métaphysique à des considérations vuides & abstraites sur le tems, l'espace, la matière, l'esprit, c'est une science méprisable ; mais quand on la considère sous son vrai point de vue, c'est autre chose. Il n'y a guère que ceux qui n'ont pas assez de pénétration qui en disent du mal.

Sur le peu de confiance que méritent les jugemens de la multitude.

Méfiez-vous du jugement de la multitude : dans les matières de raisonnement & de philosophie, sa voix alors est celle de la méchanceté, de la sotise, de l'inhumanité, de la déraison & du préjugé. Méfiez-vous en encore dans les choses qui supposent ou beaucoup de connoissances ou un goût exquis.

La multitude est ignorante & hébétée. Méfiez-vous en sur-tout dans le premier moment ; elle juge mal lorsqu'un certain nombre de personnes, d'après lesquelles elle réforme ses jugemens, ne lui ont pas encore donné le ton. Méfiez-vous en dans la morale ; elle n'est pas capable d'actions fortes & généreuses : elle en est plus étonnée qu'approbatrice : l'héroïsme est presque une folie à ses yeux. Méfiez-vous en dans les choses de sentiment ; la délicatesse de sentimens est-elle donc une qualité si commune qu'il faille l'accorder à la multitude ? En quoi donc, & quand est-ce que la multitude a raison ? En tout ; mais au bout d'un très-long tems ; parce qu'alors c'est un écho qui répète le jugement d'un petit nombre d'hommes sensés qui forment d'avance celui de la postérité. Si vous avez pour vous le témoignage de votre conscience, & contre vous celui de la multitude, consolez-vous-en, & soyez sûr que le tems fait justice.

Sur les mouvemens de l'ame occasionnés par quelque phénomène étranger.

Je ne sais s'il y a beaucoup de diversité dans la manière dont nos organes sont émus. Tout se réduit peut-être aux différens degrés d'intensité

& à la différence des objets ; & depuis l'émotion la plus légère de plaisir, celle qui altère à peine les traits de notre visage, qui n'émeut que l'extrémité de nos lèvres & y répand la finesse du souris & qui n'ajoute qu'une nuance imperceptible d'éclat à celui de nos yeux, jusqu'aux agitations, aux transports de la terreur qui nous tient la bouche entr'ouverte, le front pâle, le visage transi, les yeux hagards, les cheveux hérissés, tous les membres convulsés & tremblans ; ce n'est peut-être qu'un accroissement successif d'une seule & même action dans les mêmes organes, accroissement qui a une infinité de termes dont nous ne représentons que quelques-uns par les expressions de la voix ; ces termes dans le cas présent sont *surprise, admiration, étonnement, alarme, frayeur, terreur*, &c.

Sur la fausseté de quelques distinctions établies par l'usage entre certains mots de la langue.

L'usage a mis de la différence entre un défaut & un vice ; tout vice est défaut, mais tout défaut n'est pas vice. On suppose à un homme qui a un vice une liberté qui le rend coupable à nos yeux ; le défaut tombe communément sur le compte de la nature. On excuse l'homme, on accuse la nature. Lorsque la philosophie discute ces distinctions avec une exactitude bien scrupuleuse, elle les trouve souvent vuides de sens. Un homme est-il plus maître d'être pusillanime, voluptueux, colère, en un mot, que louche, bossu ou boiteux ? Plus on accorde à l'organisation, à l'éducation, aux mœurs nationales, au climat, aux circonstances qui ont disposé de notre vie, depuis l'instant où nous sommes tombés du sein de la nature, jusqu'à celui où nous existons ; moins on est vain des bonnes qualités qu'on possede, & qu'on se doit si peu à soi-même ; plus on est indulgent pour les défauts & les vices des autres ; plus on est circonspect dans l'emploi des mots vicieux & vertueux qu'on ne prononce jamais sans amour & sans haine ; plus on a de penchant à leur substituer ceux de malheureusement & d'heureusement nés, qu'un sentiment de commisération accompagne toujours. Vous avez pitié d'un aveugle ; & qu'est-ce qu'un méchant, sinon un homme qui a la vue courte, & qui ne voit pas au-delà du moment où il agit ? (*Voyez* sur ce sujet l'article FATALISME & FATALITÉ DES STOÏCIENS).

Sur les effets funestes du zèle aveugle & inconsidéré de Louis XIV pour la religion.

Depuis la révocation de l'édit de Nantes, la France s'est vue privée d'un grand nombre de citoyens qui ont porté à ses ennemis des arts, des talens & des ressources dont ils ont souvent usé contre elle. Il n'est point de bon françois qui ne gémisse depuis long-tems de la plaie profonde causée au royaume par la perte de tant de sujets utiles. Cependant, à la honte de notre siècle, il s'est trouvé de nos jours des hommes assez aveugles ou assez imprudens pour justifier aux yeux de la politique & de la raison, la plus funeste démarche qu'ait jamais pu entreprendre le conseil d'un souverain. Louis XIV, en persécutant les protestans, a privé son royaume de près d'un million d'hommes industrieux qu'il a sacrifiés aux vues intéressées & ambitieuses de quelques mauvais citoyens, qui sont les ennemis de toute liberté de penser, parce qu'ils ne peuvent régner qu'à l'ombre de l'ignorance. L'esprit persécuteur devroit être réprimé par tout gouvernement éclairé : si l'on punissoit les perturbateurs qui veulent sans cesse troubler les consciences de leurs concitoyens, lorsqu'ils different dans leurs opinions, on verroit toutes les sectes vivre dans une parfaite harmonie & fournir à l'envi des citoyens utiles à leur patrie & fidèles à leur prince.

Quelle idée prendre de l'humanité & de la religion des partisans de l'intolérance ? Ceux qui croient que la violence peut ébranler la foi des autres, donnent une opinion bien méprisable de leurs sentimens & de leur propre constance.

Sur les reproches secrets de la conscience.

Il est impossible de les éteindre lorsqu'on les a mérités, parce que nous ne pouvons nous en imposer au point de prendre le faux pour le vrai, le laid pour le beau, le mauvais pour le bon. On n'étouffe point à discrétion la lumière de la raison, ni par conséquent la voix de la conscience. Si l'homme étoit naturellement mauvais, il semble qu'il auroit le remords de la vertu & non le remords du crime. Celui qui est tourmenté de remords ne peut vivre avec lui-même ; il faut qu'il se fuie. C'est-là peut-être la raison pour laquelle les méchans sont rarement sédentaires ; ils ne restent en place que quand ils méditent le mal ; ils errent après l'avoir commis. Que les brigands sont à plaindre !... Poursuivis par les loix, ils sont obligés de s'enfoncer dans le fond des forêts où ils habitent avec le crime, la terreur & le remords !

Sur une des premières & des plus fortes passions de l'homme.

Ce mouvement d'indignation & de colère qui

s'élève en nous, qui y dure, & qui nous porte à nous venger, ou sur-le-champ ou dans la suite d'une injustice qu'on a commise à notre égard, en un mot, le ressentiment est une passion que la nature a placée dans les êtres pour leur conservation. Notre conscience nous avertit qu'il est dans les autres comme en nous, & que l'injure ne les offense pas moins que nous. C'est un des caractères les plus évidens de la distinction que nous faisons naturellement du juste & de l'injuste. La loi qui se charge de ma vengeance a pris la place du ressentiment, la seule loi dans l'état de nature. Plus les êtres sont foibles, plus le ressentiment est vif & moins il est durable; il faut qu'il soit vif dans la guêpe pour inspirer la crainte de l'irriter; il faut qu'il soit passager en elle pour qu'il ne la conduise pas à sa perte.

Sur la cause des rêves.

L'histoire des rêves est encore assez peu connue, elle est cependant importante, non-seulement en médecine, mais en métaphysique, à cause des objections des idéalistes. (*Voyez* l'article BERKELEISME). Nous avons en rêvant un sentiment interne de nous-mêmes, & en même-tems un assez grand délire pour voir plusieurs choses hors de nous; nous agissons nous-mêmes voulant ou ne voulant pas, & enfin tous les objets des rêves sont visiblement des jeux de l'imagination. Les choses qui nous ont le plus frappé pendant le jour, apparoissent à notre ame lorsqu'elle est en repos; cela est assez communément vrai, même dans les brutes, car les chiens rêvent comme l'homme : la cause des rêves est donc toute impression quelconque, forte, fréquente & dominante. Il est certain qu'on rêve, c'est-à-dire qu'on a l'esprit occupé pendant le sommeil, mais il n'est rien moins que certain qu'on rêve toujours, & que l'ame n'ait pas son repos comme le corps.

Sur les vues étroites de ceux qui ont inventé les différentes religions que nous connoissons.

La plupart des fondateurs de religions, de sociétés de sectes, de monastères, ont destiné leurs institutions à un grand nombre d'hommes, quelquefois à toute la terre, tandis qu'elles ne pouvoient convenir qu'au petit nombre de ceux qui leur ressembloit. D'où il est arrivé à la longue qu'elles sont devenues impraticables pour ceux-ci, & il s'en est suivi la division en deux bandes, l'une de rigoristes & l'autre de relâchés. Il n'y a guère qu'une morale ordinaire & commune qui puisse être pratiquée & suivie constamment par la multitude. Il y a, & il y aura dans tout établissement, dans toute profession théologique, monastique, politique, philosophique & morale, du jansénisme & du molinisme; cela est nécessaire.

Sur ce qui constitue l'esprit de vengeance.

Je ne voudrois pas appeller vindicatif celui qui se rappelle facilement l'injure qu'il a reçue; car il y a des hommes qui se souviennent très-bien, qui n'oublient même jamais les torts qu'on a avec eux, & qui ne s'en vengent point, qui ne sont point tourmentés par la rancune & le ressentiment; c'est une affaire purement de mémoire. Ils ont l'insulte qui leur est propre, présente à l'esprit, à peu-près comme celle qu'on a faite à un autre, & dont ils ont été témoins. Il y a donc dans l'esprit de vengeance quelque chose de plus que la mémoire de l'injure. Je pense qu'au moment de l'injure le ressentiment a ut plus ou moins vif; dans cet état du ressentiment, les organes intérieurs sont affectés d'une certaine manière; nous le sentons au mouvement qui s'y produit. Si cette affection dure, tient long-tems; si elle passe, mais qu'elle reprenne facilement, si elle reprend avec plus de force qu'auparavant, voilà ce qui constituera le vindicatif. *Mutatis mutandis*, appliquez les mêmes idées à toutes les autres passions, & vous aurez ce qu'on appelle *le caractère dominant*. C'est un tic des organes intérieurs, vice qu'il est très-dangereux de prendre, qu'on peut contracter de cent manières différentes, auquel la nature dispose & qu'elle donne même quelquefois. Lorsqu'elle le donne, il est impossible de s'en défaire; c'est une affection des organes intérieurs qu'il n'est pas plus possible de changer que celle des organes extérieurs; on ne refait pas plus son cœur, sa poitrine, ses intestins, son estomach, les fibres passionnés, que son front, ses yeux ou son nez. Celui qui est colère par ce vice de conformation restera colère; celui qui est humain, tendre, compatissant, restera tendre, humain, compatissant; celui qui est cruel & sanguinaire trouvera du plaisir à plonger le poignard dans le sein de son semblable, aimera à voir couler le sang, se complaira dans les transes du moribond, & repaîtra ses yeux des convulsions de son agonie. Si l'on a vu des hommes prendre des caractères tout opposés à ceux qu'ils avoient ou paroissoient avoir naturellement, c'est que le premier qu'ils ont montré n'étoit que simulé, ou que peut-être il est possible que les organes intérieurs aient d'abord la conformation qui donne telle passion dominante, tel fond de caractère, qu'en s'étendant, qu'en croissant avec l'âge, ils prennent cette conformation habituelle qui rend le caractère différent, ou même qui donne un caractère opposé: il en est ainsi des organes extérieurs; tel enfant

dans

dans ses premières années est beau, & devient laid; tel autre est laid, & devient beau.

Sur ce qu'il faut entendre par un plaisir ou une peine qui n'est que dans l'imagination.

On dit en ce sens un *bonheur imaginaire*, une *peine imaginaire*. Sous ce point de vue, *imaginaire* ne s'oppose point à réel. Car un bonheur imaginaire est un bonheur réel, une peine imaginaire est une peine réelle. Que la chose soit ou ne soit pas comme je l'imagine, je souffre ou je suis heureux. Ainsi l'imagination peut être dans le motif, dans l'objet; mais la réalité est toujours dans la sensation. Le malade imaginaire est vraiment malade, d'esprit au moins, sinon de corps. Nous serions trop malheureux si nous n'avions beaucoup de biens imaginaires.

Sur la manière physique dont se fait l'imbibition.

Par quel méchanisme, si un fil trempe d'un bout dans un verre plein d'eau, & tombe de l'autre bout au dehors du verre, fera-t-il fonction de siphon, s'imbibera-t-il sans cesse d'eau, & en vuidera-t-il le verre? Si ces petits phénomènes étoient bien expliqués, on en appliqueroit bientôt la raison à de plus importans.

Sur la mort.

On a beau dire, de tous les spectres de ce monde, la mort est le plus effrayant; j'en appelle au trait suivant: malheureusement ce n'est point une fiction, c'est un fait véritable. Dans les tems d'abondance, le paysan trouve sur ses greniers de quoi vivre; dans les tems de misère, il est forcé de venir à la ville implorer la compassion de ses maîtres. Cette année, ces maîtres eux-mêmes, pressés par l'indigence, fermèrent leurs portes, & ces malheureux habitans des champs furent obligés de s'en retourner sans pain dans leurs chaumières, où ils étoient attendus avec impatience par leurs femmes & par leurs enfans. Un d'entre eux se trouve au milieu de quatre petits enfans qui portent leurs mains à leur bouche & qui demandent, & à qui il n'a rien à donner. Le désespoir s'empare de lui; il saisit un couteau, il égorge les trois aînés; le plus jeune qu'il alloit frapper, se jette à ses pieds & lui crie: Mon papa, ne me tuez pas, je n'ai plus faim.

Philosophie anc. & mod. Tom II.

Effets des histoires scandaleuses que les payens attribuoient à leurs dieux.

Mercure étoit adoré dans l'isle de Samos. Le jour de sa fête, tandis qu'on étoit occupé à lui faire des sacrifices, les Samiens voloient impunément tout ce qu'ils rencontroient, & cela en mémoire de ce que leurs ancêtres, vaincus & dispersés par des ennemis, avoient été réduits à ne vivre pendant dix ans que de rapines & de brigandages; ou plutôt à l'exemple du dieu, qui passoit pour le patron des voleurs. Ce trait seul suffiroit, si l'antiquité ne nous en offroit pas une infinité d'autres, pour prouver combien il est essentiel que les hommes aient des idées justes de la divinité. Si la superstition élève sur des autels un Jupiter vindicatif, jaloux, sophiste, colère, aimant la supercherie, & encourageant les hommes au vol, au parjure, à la trahison, &c. je ne doute point qu'à l'aide des imposteurs & des poètes, le peuple n'admire bientôt toutes ces imperfections, & n'y prenne du penchant, car il est aisé de métamorphoser les vices en vertus, quand on croit les reconnoître dans un être sur lequel on ne lève les yeux qu'avec vénération. Tel fut aussi l'effet des histoires scandaleuses que la théologie payenne attribuoit à ses dieux. Dans Térence, un jeune libertin s'excuse d'une action infâme par l'exemple de Jupiter. « Quoi, se dit-il à lui-même, un » dieu n'a pas dédaigné de se changer en homme, » & de se glisser le long des tuiles dans la chambre » d'une jeune fille? & quel dieu encore? celui » qui ébranle le ciel de son tonnerre; & moi, » mortel chétif, j'aurois des scrupules? je crain-» drois d'en faire autant? *ego vero illud feci, &* » *lubens* ». Pétrone reproche au sénat qu'en tentant la justice des dieux par des présens, il sembloit annoncer au peuple qu'il n'y avoit rien qu'on ne pût faire pour ce métal précieux. *Ipse senatus rebti bonique praeceptor, mille pondo auri capitolio promittere solet, ne quis dubitet pecuniam concupiscere, Jovem peculio exorat.*

Platon chassoit les poètes de sa république; sans doute parce que l'art de feindre dont ils faisoient profession, ne respectant ni les dieux, ni les hommes, ni la nature, il n'y avoit point d'auteurs plus propres à en imposer aux peuples sur les choses dont la connoissance ne pouvoit être fausse, sans que les mœurs n'en fussent altérées.

Il n'y a presque aucun des mots de la langue philosophique dont on ait de bonnes définitions: elles sont toutes plus ou moins vicieuses, & par conséquent toutes à refaire. Mais celles qu'il faut sur-tout s'empresser de rectifier, parce qu'elles font une source intarissable d'erreurs, particulièrement en morale, ce sont celles des termes qu'on emploie en parlant des actions humaines.

Diderot, sans doute, en avoit jugé de même : un esprit aussi droit, aussi pénétrant que le sien, ne pouvoit voir dans le principe peu réfléchi de la liberté de l'homme, qu'une base sur laquelle il est absolument impossible d'établir un bon système de morale & de législation. Je sais bien que Clarke, Jacquelot, le Clerc, &c., ont soutenu la proposition contraire avec cette opiniâtreté & cet (1) emportement qu'on ne montre guère lorsqu'on est bien sûr d'avoir raison. Mais le long enchaînement de sophismes d'où ces ergoteurs qui ne manquoient d'ailleurs ni de sens, ni même d'un certain savoir, ont déduit cette assertion absurde, peut donner une idée du désordre extrême que porte dans les principales fonctions de l'entendement l'étude de la théologie. De tous ceux qui s'y sont livrés, soit parmi les anciens, soit parmi les modernes, il n'en est aucun dont elle n'ait plus ou moins dérangé la tête & égaré la raison (2). Diderot, qui avoit dirigé de bonne heure tous ses travaux, toutes ses méditations vers des objets d'une utilité générale & constante, & qui hâtoit au fond de son cœur le moment où il pourroit voir l'homme plus instruit, plus éclairé, libre du joug honteux où la religion l'attache, ne laissoit échapper aucune occasion de faire voir que les dogmes fondamentaux de la théologie n'offroient en dernière analyse, ou décomposition, que des notions vagues, obscures & fausses. C'est dans cette vue qu'il a eu soin de déterminer avec beaucoup d'exactitude la signification de plusieurs mots, qui, pour avoir été jusqu'à présent mal-entendus, n'ont servi qu'à embrouiller les questions les plus simples. Prenons pour exemple celle de la liberté, & voyons comment, en se faisant des idées claires & distinctes de la volonté, un de ces termes si mal définis par les théologiens, & que les philosophes même n'ont pas pris dans un sens plus précis, Diderot est parvenu sans peine à faire évanouir toutes les inconnues du problème proposé.

Locke avoit dit que nous trouvons en nous-mêmes la puissance de commencer ou de ne pas commencer, de continuer ou de terminer plusieurs actions de notre esprit, & plusieurs mouvemens de notre corps, & cela simplement par une pensée ou un choix de notre esprit, qui détermine & commande, pour ainsi-dire, que telle ou telle action particulière soit faite ou ne soit pas faite. Cette puissance que notre esprit a de disposer ainsi de la présence ou de l'absence d'une idée particulière, ou de préférer le mouvement de quelque partie du corps au repos de cette même partie, ou de faire le contraire, c'est ce qu'il appelle volonté. D'où il conclut que vouloir & choisir étant une action, & la liberté consistant dans le pouvoir d'agir ou de ne pas agir, & en cela seulement, l'homme ne sauroit être libre par rapport à cet acte particulier de vouloir une action qui est en sa puissance, lorsque son action a été une fois proposée à son esprit, comme devant être faite sur-le-champ.

En observant avec attention la manière dont Locke procède dans ce long chapitre de son essai, il s'ensuit évidemment qu'il ne croyoit pas à la liberté de l'homme, mais qu'il n'osoit pas énoncer nettement ce résultat de ses recherches, soit qu'il craignît de se brouiller avec les théologiens, soit qu'il ne fût pas très-sûr d'avoir vu dans cette matière tout ce qu'il y avoit à voir. Diderot, plus hardi, plus ferme sur-tout dans ses principes, fit quelques remarques sur le paragraphe 24 du chapitre *de la puissance*, & les écrivit même à la marge de son exemplaire de l'*Essai sur l'entendement humain*. Elles sont très-propres à éclaircir la question de la liberté.

» La volonté, dit ce philosophe, est l'effet de l'impression d'un objet présent à nos sens ou à notre réflexion, en conséquence de laquelle nous sommes portés tout entiers vers cet objet comme vers un bien dont nous avons la connoissance, & qui excite notre appétit, ou nous en sommes éloignés comme d'un mal que nous connoissons aussi, & qui excite notre crainte & notre aversion. Aussi il y a toujours un objet dans l'action de la volonté; car quand on veut, on veut quelque chose; de l'attention à cet objet, une crainte ou un desir excité. De-là vient que nous prenons à tout moment la volonté pour la liberté. Si l'on pouvoit supposer cent mille hommes tous absolument conditionnés de même, & qu'on leur présentât un même objet de desir ou d'aversion, ils le desireroient tous & tous de la même manière, ou le rejetteroient tous & tous de la même manière. Il n'y a nulle différence entre la volonté des fous & des hommes dans leur bon sens, de l'homme qui veille & de l'homme qui rêve, du malade qui a la fièvre chaude, & de l'homme qui jouit de la plus parfaite santé, de l'homme tranquille & de l'homme passionné, de celui qu'on traîne au supplice ou de celui qui y marche intrépidement. Ils sont tous également emportés tout entiers par l'impression d'un objet qui les attire ou qui les repousse. S'ils veulent subitement le contraire de ce qu'ils vouloient, c'est qu'il est tombé un atôme sur le bras de la balance qui l'a fait pencher du côté opposé. On ne sait ce qu'on veut lorsque les deux bras sont à-peu-près également chargés. Si l'on pèse bien ces considérations, on

---

(1) *Voyez* ce que Jacquelot, & le fougueux le Clerc ont écrit contre Bayle ; *l'odium theologicum* se montre là dans tout ce qu'elle a de hideux & d'atroce.

(2) Conférez ici ce que j'ai dit dans l'article CONDILLAC (philosophie de) *tome II, page 2*. Voyez aussi les dernières pages de l'article COLLINS (philosophie de), & le discours préliminaire du premier volume, *page 4 & 5*.

sentira combien il est difficile de se faire une notion quelconque de la liberté, sur-tout dans un enchaînement de causes & d'effets, tel que celui dont nous faisons partie ; j'ajouterai même que plus on examinera les actions humaines de près, plus on sera convaincu que toute la différence des volontaires & des involontaires consiste à avoir été, ou n'avoir pas été réfléchies. Je marche, & sous mes pieds il se rencontre des insectes que j'écrase involontairement. Je marche, & je vois un serpent endormi ; je lui appuie mon talon sur la tête, & je l'écrase volontairement. Ma réflexion est la seule chose qui distingue ces deux mouvemens, & ma réflexion considérée relativement à tous les instans de ma durée, & à ce que je suis dans le moment où j'agis, est absolument indépendante de moi. J'écrase le serpent de réflexion ; de réflexion Cléopâtre le prend & s'en pique le sein. C'est l'amour de la vie qui m'entraîne ; c'est la haîne de la vie qui entraîne Cléopâtre. Ce sont deux poids qui agissent en sens contraire sur les bras de la balance, qui oscillent & le fixent nécessairement. Selon le côté ou le point où ils s'arrêtent, l'homme est bienfaisant ou malfaisant, heureusement ou malheureusement né, exterminable ou digne de récompenses, selon les loix ». (*Voyez* sur ce sujet ce que j'ai dit dans l'article FATALISME & FATALITÉ DES STOÏCIENS).

Sur un dogme de la théologie des grecs.

Ces peuples admettoient, comme les égyptiens auxquels ils devoient la plupart de leurs connoissances, un lieu souterrein où toutes les ames vont au sortir des corps ; un lieu qui reçoit & qui rend : on supposoit qu'à la mort d'un animal, l'ame descendoit dans ce lieu souterrein, & qu'elle en remontoit ensuite pour habiter un nouveau corps. Presque tous les législateurs ont préparé aux méchans & aux bons après cette vie, un séjour dans une autre, où les uns seront punis, & les autres récompensés. Ils n'ont imaginé que moyen ou la métempsycose, pour accorder la providence avec la distribution inégale des biens & des maux dans ce monde. La philosophie les avoit suggérées l'un & l'autre aux sages : mais je suis bien étonné que parmi les anciens philosophes il ne s'en soit trouvé aucun, du moins que je connoisse, qui ait songé à ajouter aux tourmens du Tartare & aux plaisirs de l'Elisée, la seule broderie qui leur manquât ; c'est que les méchans entendroient dans le Tartare, & les bons dans l'Elisée ; ceux-ci tout le bien, & ceux-là tout le mal qu'on diroit ou qu'on penseroit d'eux, quand ils ne seroient plus. Cette idée m'est venue plusieurs fois à la vue de la statue équestre de Henri IV. J'étois fâché que ce grand monarque n'entendît pas où il étoit, l'éloge que je faisois de lui dans mon cœur. Cet eloge eût été si doux pour lui ! Car je n'étois plus son sujet. *Voyez* ci-dessous, pag. 211.

Sur les causes finales.

Il n'y a au moral rien de beau ou de laid, sans règles ; au physique, sans rapports ; dans les arts, sans modèle. Il n'y a donc nulle connoissance du beau ou du laid, sans connoissance de la règle, sans connoissance du modèle, sans connoissance des rapports & de la fin. Ce qui est nécessaire n'est en soi ni bon ni mauvais, ni beau ni laid ; ce monde n'est donc ni bon ni mauvais, ni beau ni laid en lui-même ; ce qui n'est pas entièrement connu, ne peut être dit ni bon ni mauvais, ni beau ni laid. Or on ne connoît ni l'univers entier, ni son but, en ne peut donc rien prononcer ni sur sa perfection, ni sur son imperfection. Un bloc informe de marbre, considéré en lui-même, n'offre ni rien à admirer, ni rien à blâmer ; mais si vous le regardez par ses qualités ; si vous le destinez dans votre esprit à quelque usage ; s'il a déjà pris quelque forme sous la main du statuaire, alors naissent les idées de beauté & de laideur ; il n'y a rien d'absolu dans ces idées. Voilà un palais bien construit ; les murs en sont solides ; toutes les parties en sont bien combinées ; vous prenez un lézard, vous le laissez dans un de ses appartemens ; l'animal ne trouvant pas un trou où se réfugier, trouvera cette habitation fort incommode ; il aimera mieux des décombres. Qu'un homme soit boiteux, bossu ; qu'on ajoute à ces difformités toutes celles qu'on imaginera, il ne sera beau ou laid que comparé à un autre ; & cet autre ne sera beau ou laid que relativement au plus ou moins de facilité à remplir ses fonctions animales. Il en est de même des qualités morales. Quel témoignage Newton seul sur la surface de la terre, dans la supposition qu'il eût pu s'élever par ses propres forces à toutes les découvertes que nous lui devons, auroit-il pu se rendre à lui-même ? Aucun. Il n'a pu se dire grand que parce que ses semblables qui l'ont environné, étoient petits.

Pour prononcer qu'il règne une harmonie parfaite dans un tout, il faut connoître le tout, ses parties, le rapport de ses parties entre elles, l'effet du tout & le but que l'artiste s'est proposé : plus on connoît de ces choses, plus on est convaincu qu'il y a de l'harmonie, plus on y est sensible ; moins on en connoît, moins on est en état de sentir & de prononcer sur l'harmonie. Si la première montre qui se fit fût tombée entre les mains d'un payfan, il l'auroit confidérée, il auroit apperçu quelque arrangement entre fes parties; il en auroit conclu qu'elle avoit fon ufage; mais cet ufage lui étant inconnu, il ne feroit point allé au-delà, ou il auroit eu tort; faifons paffer la même machine entre les mains d'un homme plus inftruit ou plus intelligent, qui découvre au mouvement uniforme de l'aiguille, & aux directions égales du cadran, qu'elle pourroit bien être deftinée à mefurer le tems; fon admiration croitra. L'admiration eût été beaucoup plus grande encore fi l'obfervateur méchanicien eût été en état de fe rendre raifon de la difpofition des parties relatives à l'effet qui lui étoit connu; & ainfi des autres à qui l'on préfentera le même inftrument à examiner. Plus une machine fera compliquée, moins nous ferons en état d'en juger. S'il arrive dans cette machine compliquée des phénomènes qui nous paroiffent contraires à fon harmonie, moins le tout, & fa deftination nous font connus, plus nous devons être réfervés à prononcer fur ces phénomènes; il pourroit arriver que nous prenant pour le terme de l'ouvrage, nous prononçaffions bien ce qui feroit mal, ou mal ce qui feroit bien, ou mal ou bien ce qui ne feroit ni l'un ni l'autre.

Sur le fuicide.

La loi de confervation eft une des loix principales de la nature : elle eft par rapport aux autres loix, ce que l'exiftence eft par rapport aux autres qualités; l'exiftence ceffant, toutes les autres qualités ceffent; la loi de confervation étant enfreinte, le fondement des autres loix eft ébranlé. Se détruire de quelque manière que ce foit, c'eft fe rendre coupable de fuicide. Il faut exifter le plus long-tems qu'il eft poffible pour foi, pour fes amis, pour fes parens, pour la fociété, pour le genre humain; toutes les relations qui font honnêtes & qui font douces nous y convient. Celui qui peche contre la loi de confervation les foule aux pieds; c'eft comme s'il difoit à ceux qui l'environnent : *Je ne veux plus être votre père, votre frère, votre époux, votre ami, votre fils, votre concitoyen, votre femblable.* Nous avons contracté librement quelques-uns de ces rapports, il ne dépend plus de nous de les diffoudre fans injuftice. C'eft un pacte où nous n'avons été ni forcés, ni furpris; nous ne pouvons le rompre de notre propre autorité; nous avons befoin du confentement de ceux avec qui nous avons contracté. Les conditions de ce traité nous font devenues onéreufes; mais rien ne nous empêchoit de le prévoir; elles pouvoient le devenir aux autres & à la fociété; dans ce cas on ne nous eût point abandonné.

Demeurons donc. Il n'y a moralement perfonne fur la furface de la terre d'affez inutile, & d'affez ifolé, pour partir fans prendre congé que de foi-même : l'injuftice d'un pareil procédé fera plus ou moins grande; mais il y aura toujours de l'injuftice. Fais en forte que toutes tes actions tendent à la confervation de toi-même, & à la confervation des autres; c'eft-là le cri de la nature : mais fois par deffus tout honnête homme. Il n'y a pas à choifir entre l'exiftence & la vertu (1).

Sur les duels.

Il n'en faut pas douter, les loix avec le tems changent les mœurs d'un peuple. Mais la loi a fon effet dès qu'elle eft publiée, & les mœurs qui confiftent dans un certain tour de tête commun à tous les membres d'une fociété n'en reftent pas moins d'abord dans toute leur force; ce n'eft qu'à la longue qu'une action conforme aux mœurs & profcrite par la loi devient moins commune à force d'avoir fait éprouver les inconvéniens de ce contrafte. Je fais que les duels font moins fréquens qu'ils ne l'étoient; mais dans quel tems un militaire pourra-t-il fans honte commettre aux

---

(1) C'eft par ces raifonnemens déduits de la nature même de l'homme, de fa fenfibilité phyfique & de la connoiffance réfléchie de fes rapports, qu'il faut combattre le fuicide, & non par des argumens théologiques qui, fuppofant l'homme dans une dépendance abfolue de Dieu, & placé par lui fur la terre, comme dans un pofte où il eft obligé de refter conftamment, ne peuvent avoir quelque force que pour le chrétien, foumis. L'homme eft le même du pole à l'équateur; fa nature ne peut changer qu'avec le tout dont il fait partie : mais une religion quelconque eft néceffairement en viciffitude perpétuelle comme toutes les opinions qui n'ont pour bafe ni l'experience, ni l'obfervation, ni le calcul. Il eft impoffible de plaider contre le fuicide avec une éloquence plus vraie, plus douce & plus perfuafive : fouffrant, ou malheureux par une autre caufe, on fe fent plus difpofé, en lifant ce beau paragraphe, finon a aimer la vie, du moins à en fupporter paciemment le fardeau, & à croire que, pour pouvoir le dépofer fans ingratitude & fans injuftice, il faut être bien fûr de n'avoir plus aucun but à fes femblables. Eh, comment peut-on acquérir cette certitude? comparez les motifs dont la religion fe fert pour détourner l'homme du fuicide, avec ceux que *Diderot* lui préfente pour lui infpirer l'amour & le defir de la confervation; & vous ferez fortement convaincu qu'indépendamment de ce caractère d'évidence que porte avec elle la morale du philofophe, & qui lui donne fur celle du prêtre une fupériorité fi marquée, elle a encore, fur cette dernière, l'avantage de déterminer à l'obfervation de fes préceptes par la feule fanction qui puiffe modifier des êtres raifonnables, & influer, dans tous les inftans de leur durée, fur leur efprit & fur leur conduite.

loix la vengeance d'un soufflet ou d'un coup de canne; je n'en fais rien. Tout ce que je puis assurer c'est qu'alors il y aura moins d'injures que jamais, car les hommes craignent plus la perte de leur fortune que celle de leur vie ou même de leur honneur. Tant que la contradiction des mœurs & de la loi durera, les hommes seront dans une position bien absurde. Si un militaire accepte un duel il est poursuivi par la loi; s'il le refuse il est déshonoré: qu'il accepte ou qu'il refuse il est sûr de perdre son état. Et il n'y a à cela point de remède, excepté celui du tems qui fera perdre à la loi sa force ou qui confirmera l'opinion générale de la société à la volonté du législateur. Nous avons vu nos prêtres pendant long-tems précisément dans la même position fâcheuse. Un prêtre administroit-il les sacremens à un janséniste, il étoit interdit par l'évêque; les refusoit-il, il étoit décrété par le parlement. Alternative cruelle! intervalle de tems dur à passer!

Comment prévenir les duels! A la place du monarque je n'aurois point défendu le duel par une loi civile, j'aurois combattu contre la chimère du point d'honneur par une autre chimère, celle de la religion. Les hommes n'aiment point à se battre, & l'on peut tenir pour certain que celui qui a reçu une insulte est très-fâché d'avoir à en tirer une vengeance qui l'expose lui-même à perdre la vie. D'où l'on peut conclure que tout homme offensé a de la pente à s'adresser aux loix pour en obtenir la réparation, & qu'il n'y a qu'à trouver un prétexte honnête qui l'excuse aux yeux de ses concitoyens, pour le déterminer à suivre cette voie. Ajoutez que même aujourd'hui le militaire est superstitieux, qu'il l'est par état, parce qu'on est superstitieux dans tous les états où l'on court des dangers que toute la prudence humaine ne peut prévenir, & qui inclinent à recourir aux puissances célestes. Ajoutez encore que lors de la loi contre le duel, toute la nation, & partant les militaires plus encore que le reste de la nation étoient superstitieux. Il falloit donc faire excommunier les duellistes, les priver pendant leur vie de toute participation aux solemnités & sacremens de l'église, & après leur mort de tous honneurs funèbres. Il falloit y joindre la perte de la noblesse, &c. Il falloit interposer l'autorité de Dieu & non celle des hommes. Je sais bien qu'aujourd'hui la religion est tombée dans un tel discrédit, que peut-être ce moyen ne réussiroit pas; mais je sais qu'au tems de la loi du duel il auroit réussi. Je sais que l'appel aux tribunaux juridiques s'étant fait pendant une dixaine d'années, la route auroit été frayée & qu'on auroit continué à la suivre, dans quelque avilissement que la religion & ses menaces fussent tombées, parce qu'un préjugé général est anéanti par un préjugé général plus fort, & que le préjugé général de la religion a été & est peut-être encore un préjugé général plus fort que le point d'honneur. Un militaire dira je veux bien me battre, je veux bien être privé de la noblesse; mais que je sois excommunié, que mon père & ma mère voient mon cadavre dans la rue, dévoré par les chiens, c'est une idée qui m'afflige & me trouble. Voulez-vous un fait qui vienne à l'appui de mon opinion? Le voici. Dans une de nos guerres d'Espagne, nos françois, galans à leur ordinaire, corrompoient toutes les femmes espagnoles. Les maris de ces femmes, jaloux comme ils le sont, le trouvoient fort mauvais, & il ne se passoit presque pas une nuit qu'il n'y eût quelque officier, françois assassiné. Le général qui étoit homme de tête sentit bien que l'assassinat étant déjà puni par la perte de la vie, il n'obtiendroit rien en augmentant la sévérité du supplice décerné par la loi. Que fit-il donc? Il déclara qu'outre la peine de mort ordinaire pour ce crime, le cadavre de tout assassin, privé de la sépulture ecclésiastique seroit jetté à la voirie, & pendant tout le reste de la campagne il n'y eut plus aucun assassinat commis. Le fantôme effraye plus que les objets les plus terribles connus; le fantôme a les pieds sur la terre & la tête dans les cieux, il n'a point de mesure. Toute terreur connue a la sienne. A la bataille d'Almanza la première volée de coups de canon emporta la banière de Saint Antoine de Padoue, & voilà toute une armée en déroute. Qui étoit donc le vrai général de cette armée? Saint Antoine de Padoue. Le fantôme protecteur qui avoit ses pieds sur la terre & sa tête dans les cieux avoit disparu, & avec lui toute la confiance de l'armée.

Sur l'origine du mal.

Je ne dirai pas avec Pope que tout est bien. Le mal existe & il est une suite nécessaire des loix générales de la nature & non l'effet d'une ridicule pomme. Pour que le mal ne fût pas, il faudroit que ces loix fussent différentes. J'ai vu de savans systèmes, j'ai vu de gros livres écrits sur l'origine du mal, & je n'ai vu que des rêveries. Le mal tient au bien même; on ne pourroit ôter l'un sans l'autre, & ils ont tous deux leur source dans les mêmes causes. C'est des loix données à la matière, lesquelles entretiennent le mouvement & la vie dans l'univers, que dérivent les désordres physiques, les volcans, les tremblemens de terre, les tempêtes, &c. : c'est de la sensibilité source de tous nos plaisirs, que résulte la douleur. Quant au mal moral qui n'est autre chose que le vice ou la préférence de soi aux autres, il est un effet nécessaire de cet amour-propre si essentiel à notre conservation, & contre lequel de faux raisonneurs ont tant déclamé. Pour qu'il n'y ait point de vices sur la terre, c'est aux législateurs à faire que les hommes n'y trouvent aucun intérêt.

Je ne fais s'il peut y avoir un système où tout seroit bien ; mais je fais que j'ai fait plusieurs fois mon possible pour concevoir un monde sans mal, & que je n'ai jamais pu y parvenir. Otez la faim & la soif aux animaux, qu'est-ce qui les avertira de pourvoir à leurs besoins ? Otez leur la douleur, qui est-ce qui les préviendra sur ce qui menace leur vie ? A l'égard de l'homme, toutes ses passions, comme l'a démontré un philosophe de nos jours, ne sont que le développement de la sensibilité physique. Pour faire que l'homme soit sans passions, il n'y a pas d'autre moyen que de le rendre automate. Pope a très-bien prouvé d'après Léibnitz que le monde ne sauroit être autre chose que ce qu'il est ; mais lorsqu'il en a conclu que tout est bien, il a dit une absurdité ; il devoit se contenter de dire que tout est nécessaire. (*Voyez sur ce sujet ce que j'ai dit dans l'addition à l'article* BELBUCH & ZEOMBUCH ; *tome I, page* 441, 442).

Sur la folie de l'astrologie judiciaire.

Quand on conviendroit qu'en conséquence de la liaison qui est nécessairement entre tous les êtres de l'univers, il ne seroit pas impossible qu'un effet relatif au bonheur ou au malheur de l'homme, dût absolument co-exister avec quelque phénomène céleste, en sorte que l'un étant donné, l'autre résultât ou suivît toujours infailliblement ; peut-on jamais avoir un assez grand nombre d'observations pour fonder en pareil cas quelque certitude ? Ce qui doit ajouter beaucoup de force à cette considération, c'est que toute la durée de nos observations en ce genre ne sera jamais qu'un point, relativement à la durée du monde, antérieur & postérieur à ces observations. Celui qui craindroit, lorsque le soleil descend sous l'horizon, que la nuit qui approche ne fût sans fin, seroit regardé comme un fou : cependant je voudrois bien que l'on entreprît de déterminer le nombre des expériences suffisant pour ériger un événement en loi uniforme & invariable de l'univers, lorsqu'on n'a de la constance de l'événement aucune démonstration tirée de la nature du méchanisme, & qu'il ne reste pour s'en assurer que des observations réitérées.

Sur ces animaux que leur petitesse dérobe à notre vue.

Il y a, je ne dis pas des élémens des corps, des corps composés, des mixtes, des sur-composés, des tissus, mais des corps organisés, vivans, des animaux qui nous sont imperceptibles, & ces animaux qui se dérobent à nos yeux & à nos microscopes, sont peut-être une vermine qui les dévore, & ainsi de suite. Qui sait où s'arrête le progrès de la nature organisée & vivante ? Qui sait quelle est l'étendue de l'échelle selon laquelle l'organisation se simplifie ? Qui sait où aboutit le dernier terme de cette simplicité, où l'état de nature vivante cesse, & celui de nature brute commence ?

Sur l'inutilité des censures de la Sorbonne & des arrêts du parlement contre l'auteur d'un livre hétérodoxe.

Un homme a ses doutes, il les propose au public, il me semble qu'au lieu de brûler son livre, il vaudroit beaucoup mieux l'envoyer en Sorbonne, pour qu'on en préparât une édition où l'on verroit d'un côté les objections de l'auteur, & de l'autre les réponses des docteurs. Que nous apprennent une censure qui proscrit, un arrêt qui condamne au feu ? Rien. Ne seroit-ce pas le comble de la témérité, que de douter que nos habiles théologiens dispersassent comme la poussière toutes les misérables subtilités du mécréant. Il en seroit ramené dans le sein de l'église, & tous les fidèles édifiés s'en fortifieroient encore dans leur foi (1). Un homme de goût avoit proposé à l'académie françoise une occupation bien digne d'elle, c'étoit de publier de nos meilleurs auteurs, des éditions où ils remarqueroient toutes les fautes de langue qui leur auroient échappé. J'oserois proposer à la Sorbonne un projet bien digne d'elle, & d'une toute autre importance, ce seroit de nous donner des éditions de nos hétérodoxes les plus célèbres, avec une réfutation page à page.

Sur le mépris que le gouvernement doit témoigner pour toutes les querelles théologiques.

Combien de questions futiles qui auroient à peine agité les scholastiques dans l'ombre & la poussière de leurs classes, si le gouvernement ne leur avoit donné de l'importance par la part qu'il y a prise ; qu'il ose les mépriser, & bientôt il n'en sera plus parlé. Qu'il en fasse un sujet de distinction, de préférence, de grace, & bientôt les haines s'accroîtront ; les peuples s'armeront, & une dispute de mots finira par des assassinats & des ruisseaux de sang.

(1) *Diderot* se moque ici *tout doucement* des théologiens : mais quoique l'ironie soit très-sensible, & qu'on ne puisse guère s'y méprendre, ils n'osent pas s'en plaindre : ils sentent très-bien que *Diderot* en avoit dit assez pour être entendu des philosophes, & pas assez pour donner lieu à une accusation qui pût le commettre avec les magistrats.

Sur une conséquence très-importante de l'ancien axiôme, nihil eſt in intellectu quod non prius fuerit in ſenſu.

Il y a deux grands principes qu'il ne faut point perdre de vue : c'eſt qu'il n'y a rien dans l'entendement qui n'y ſoit venu par la voie des ſens, & qui par conſéquent ne doive, en ſortant de l'entendement, retrouver des objets ſenſibles pour ſe rattacher. Voilà en philoſophie le moyen de reconnoître les mots vuides d'idées. Prenez un mot, prenez le plus abſtrait, décompoſez-le, décompoſez-le encore, & il ſe réſoudra en dernier lieu en une repréſentation ſenſible. C'eſt qu'il n'y a en nous que des repréſentations ſenſibles & des mots particuliers qui les déſignent, ou des mots généraux qui les raſſemblent ſous une même claſſe, & qui indiquent que toutes ces repréſentations ſenſibles, quelque diverſes qu'elles ſoient, ont cependant une qualité commune. (*Voyez* l'article LOCKE (philoſophie de).

Sur les caractères d'un bon examen en matière de faits qui ne paroiſſent pas dignes de foi.

Il faut avoir égard aux circonſtances, au cours ordinaire des choſes, à la nature des hommes, au nombre de cas où de pareils événemens ont été démontrés faux, à l'utilité, au but, à l'intérêt, aux paſſions, à l'impoſſibilité phyſique, aux monumens, à l'hiſtoire, aux témoins, à leur caractère, en un mot à tout ce qui peut entrer dans le calcul de la probabilité, avant que de prononcer qu'un fait eſt digne ou indigne de notre croyance... Il y a une telle diverſité dans la conſtitution générale des hommes, qu'il n'y en a pas deux à qui un même fait paroiſſe également croyable ou incroyable. Faites-en l'expérience & vous verrez que celui-ci vous dira que la vraiſemblance que telle choſe eſt, à la vraiſemblance qu'elle n'eſt pas, eſt dans le rapport de 1 à 10, & l'autre dans le rapport de 1 à 1,000.

Sur le jugement plus ou moins ſévère qu'on doit porter des mêmes fautes, ſelon les différentes cauſes auxquelles on peut les attribuer, & l'inſtant où on les commet.

Cette attention ſcrupuleuſe à des circonſtances légeres & minutieuſes, qu'on appelle *décence*, diſparoît preſque dans le tranſport des grandes paſſions. Une mère qui vient de perdre ſon fils, ne s'apperçoit pas du déſordre de ſes vêtemens. Une femme tendre & paſſionnée, que le penchant de ſon cœur, le trouble de ſon eſprit, & l'ivreſſe de ſes ſens abandonne à l'impétuoſité des deſirs de ſon amant, ſeroit ridicule ſi elle ſe reſſouvenoit d'être décente, dans un inſtant où elle a oublié des conſidérations plus importantes. Elle eſt rentrée dans l'état de nature : c'eſt ſon impreſſion qu'elle ſuit, & qui diſpoſe d'elle & de ſes mouvemens. Le moment du tranſport paſſé, la décence renaîtra, & ſi elle ſoupire encore, ſes ſoupirs ſeront décens.

Sur cet acte de l'entendement que les philoſophes appellent délibération.

Pour déterminer avec préciſion le ſens de ce mot, il faut comparer les mouvemens de l'ame qui délibère, à celui d'un pendule : comme on diſtingue dans le mouvement du pendule l'inſtant où il commence à ſe mouvoir, la durée de ſes oſcillations, & l'inſtant où il ſe fixe ; dans le mouvement de l'eſprit qui délibère, il y a le moment où l'examen commence, la durée de l'examen ou l'indéciſion, & le moment où l'indéciſion ceſſe, celui de la réſolution & du repos.

Sur quelques erreurs très-communes dans les écrits des théologiens & même des philoſophes.

Je ne connois rien d'inſéparable dans la nature : la cauſe ne peut être ſéparée de l'effet ; il n'y a aucun corps qui ne puiſſe être diſſous, analyſé : ſi l'on prétend prouver le contraire par les qualités eſſentielles d'un ſujet, on verra qu'elles n'en ſont inſéparables que parce qu'elles ſont le ſujet même. Les formes ſont inſéparables de la matière, parce que c'eſt la matière modifiée ; la penſée de l'eſprit, parce que c'eſt l'être penſant ; le ſentiment de l'être ſenſible, parce que c'eſt l'être ſentant ; l'eſpace ou l'étendue de l'être qui le conſtitue, parce que c'eſt l'être étendu ; le tems ou la durée de l'être qui eſt, parce que c'eſt l'être durant ou exiſtant. On s'embarraſſe dans des difficultés qui n'ont point de fin, parce qu'on transforme en êtres réels des abſtractions pures, & qu'on prend pour des choſes les images qu'on en a.

Sur les aveugles.

Si une choſe n'a point été ſenſible, on n'en a nulle idée repréſentative. Une queſtion difficile à réſoudre, c'eſt ſi les aveugles ont des idées repréſentatives, & où ils les ont, & comment ils les ont. Il ſemble que l'idée repréſentative d'un objet entraîne l'idée de limite, & celle de limite, l'idée de couleur. L'aveugle voit-il les objets dans ſa tête ou au bout de ſes doigts ? (*Voyez* ſur cette queſtion la *lettre ſur les aveugles*).

Sur le massacre de la Saint-Barthelemi.

C'est ce jour, à jamais exécrable, dont le crime inouï dans le reste des annales du monde, tramé, médité, préparé pendant deux années entières, se consomma dans la capitale de ce royaume, dans la plupart de nos grandes villes, dans le palais de nos rois le 24 août 1572 par le massacre de plusieurs milliers d'hommes.... Je n'ai pas la force d'un dire davantage. Lorsqu'Agamemnon vit entrer sa fille dans la forêt où elle devoit être immolée, il se couvrit le visage du pan de sa robe..... Un homme a osé de nos jours entreprendre l'apologie de cette journée. Lecteur, devine quel fut l'état de cet homme de sang ; & si son ouvrage te tombe jamais sous la main, dis à Dieu avec moi : ô Dieu, garantis-moi d'habiter avec ses pareils sous un même toit !

Sur l'art de donner des loix aux Peuples.

La meilleure législation est celle qui est la plus simple & la plus conforme à la nature ; il ne s'agit pas de s'opposer aux passions des hommes, mais au contraire de les encourager, en les appliquant à l'intérêt public & particulier. Par ce moyen, on diminuera le nombre des crimes & des criminels, & on réduira les loix à un très-petit nombre.

Sur le but que Machiavel s'est proposé en écrivant son traité du Prince.

Il y a peu d'ouvrages qui aient fait autant de bruit que le traité *du Prince* : c'est là que Machiavel enseigne aux souverains à fouler aux pieds la religion, les règles de la justice, la sainteté des pactes & tout ce qu'il y a de sacré, lorsque l'intérêt l'exigera. On pourroit intituler le quinzième & le vingt-cinquième chapitre, *des circonstances où il convient au prince d'être un scélérat.*

Comment expliquer qu'un des plus ardents detracteurs de la monarchie, soit devenu tout à-coup un infâme apologiste de la tyrannie ? Le voici. Au reste, je n'expose ici mon sentiment que comme une idée qui n'est pas tout-à-fait destituée de vraisemblance. Lorsque Machiavel écrivit son traité *du Prince* ; c'est comme s'il eût dit à ses concitoyens : *lisez bien cet ouvrage, si vous acceptez jamais un maître, il sera tel que je vous le peins.* Voilà la bête féroce à laquelle vous vous abandonnerez. Ainsi ce fut la faute de ses contemporains, s'ils méconnurent son but. Ils prirent une satyre pour un éloge. Bacon, le chancelier, ne s'y est pas trompé, lui, lorsqu'il a dit : cet homme n'apprend rien aux tyrans, ils ne savent que trop bien ce qu'ils ont à faire ; mais il instruit les peuples de ce qu'ils ont à redouter. *Est quod gratias agamus Machiavello & hujusmodi scriptoribus, qui aperte & indissimulanter proferunt quod homines facere soleant, non quod debeant.*

Quoi qu'il en soit, on ne peut guère douter qu'au moins Machiavel n'ait pressenti que tôt ou tard il s'éleveroit un cri général contre son ouvrage & que ses adversaires ne réussiroient jamais à démontrer que son prince n'étoit pas une image fidèle de la plupart de ceux qui ont commandé aux hommes avec le plus d'éclat.

J'ai ouï dire qu'un philosophe interrogé par un grand prince, sur une réfutation qu'il venoit de publier du prince de Machiavel, lui avoit répondu : « Sire, je pense que la premiere leçon » que Machiavel eût donné à son disciple, c'eût été de réfuter son ouvrage. »

Sur la nécessité de changer certaines dénominations peu exactes dont on fait un grand usage dans la morale.

Si l'homme est libre ; c'est-à-dire, si l'âme a une activité qui lui soit propre, & en vertu de laquelle elle puisse se déterminer à faire ou ne pas faire une action, quelles que soient ses habitudes ou celles du corps, ses idées, ses passions, le tempérament, l'âge, les préjugés, &c. Il y a certainement des hommes *vertueux* & des hommes *vicieux* ; s'il n'y a point de liberté, il n'y a plus que des hommes *bienfaisans* & *malfaisans* ; mais les hommes n'en sont pas moins modifiables en bien & en mal ; les bons exemples, les bons discours, les châtimens, les récompenses, le blâme, la louange ; les loix ont toujours leur effet. On peut même ajouter que moins un être est libre, plus on est sûr de le modifier, & plus la modification lui est nécessairement attachée. Les modifications qui nous ont été imprimées, nous changent sans ressource, & pour le moment & pour toute la suite de la vie, parce qu'il ne se peut jamais faire que, ce qui a été une fois tel n'ait pas été tel. (*Voyez* ci-dessus pag. 202, colon. 2. & ce que j'ai dit dans l'article FATALISME & FATALITÉ DES STOICIENS).

Sur l'ancien usage de consacrer par l'onction certains êtres animés ou inanimés.

Dans le fétichisme, la plus ancienne, la plus étendue & la première de toutes les religions, ceux qui prenoient pour fétiche une pierre, l'oignoient afin de la reconnoître: de-là vint dans la suite la coutume d'oindre tout ce qui porta sur la terre quelque caractère divin & sacré. Mais avant les prêtres, les rois, & long-temps avant, l'oint fut un morceau de bois pourri, une paille, un roseau, un caillou sans prix; en un mot, la plupart des choses précieuses & viles, sur lesquelles se portoit l'imagination des hommes, frappés d'admiration, de crainte, d'espoir ou de respect. (*Voyez l'article* FÉTICHISME).

Sur une observation de Lucrèce.

Il y avoit dans la mythologie des anciens, une déesse qui rendoit les plaisirs parfaits. Les hommes n'ont pas eu, je crois, de divinité qui fît plus mal ses fonctions. Où est le plaisir entièrement pur & parfait? Rien n'est plus vrai, ni n'a été dit d'une manière plus touchante que la plainte de Lucrèce, sur la petite pointe d'amertume qui se mêle à tous nos plaisirs.

——————— medio de fonte leporum,
Surgit amari aliquid, quod in ipsis floribus angat.

Sur le duvet, sur le lit le plus voluptueux & le plus doux, entre des draps de satin, sur le sein d'une femme dont la blancheur efface celle du satin qui l'enveloppe, il se trouve toujours, je ne sais comment, une feuille de rose qui nous blesse.

Sur les obstacles que la nature oppose quelquefois aux efforts que nous faisons pour nous rendre moins imparfaits.

L'homme est composé de deux organes principaux; la tête, organe de la raison; le cœur, expression dans lequel on comprend tous les organes des passions; l'estomac, le foie, les intestins. La tête dans l'état de nature n'influeroit presque en rien sur nos déterminations. C'est le cœur qui en est le principe; le cœur, d'après lequel l'homme animal feroit tout. C'est l'art qui a perfectionné l'organe de la raison; tout ce qu'il est dans ses opérations est artificiel: nous n'avons pas eu le même empire sur le cœur; c'est un organe opiniâtre, sourd, violent, passionné, aveugle. Il est resté, en dépit de nos efforts, ce que nature l'a fait, dur ou sensible, foible ou indomptable, pusillanime ou téméraire. L'organe de la raison est comme un précepteur attentif, qui le prêche sans cesse: lui, semblable à un enfant, il crie sans cesse; il fatigue son précepteur qui finit par l'abandonner à son penchant. Le précepteur est éloquent, l'enfant au contraire n'a qu'un mot qu'il répète sans se lasser: c'est *oui* ou *non*. Il vient un temps où l'organe de la raison, après s'être épuisé en beaux discours, & instruit par l'expérience de l'inutilité de son éloquence, se moque lui-même de ses efforts, parce qu'il sait que de toutes ses remontrances il n'en fera pourtant, que ce qu'il plaira au petit despote qui est là. C'est lui qui dit impérieusement: *car tel est notre bon plaisir.*

Sur un des vices de notre législation.

Quelle bisarrerie dans nos loix! tous les crimes ont leur punition; aucune vertu n'a sa récompense: comme si les citoyens n'avoient pas autant de besoin d'être encouragés à la vertu, qu'effrayés du vice. En cela, les Chinois sont plus sages que nous. *Pourquoi vous récompenser? vous avez fait votre devoir.* Mais ne m'en a-t-il rien coûté pour faire ce devoir?

Sur le peu d'importance des opinions religieuses, quelqu'en soit l'objet.

O combien cette maudite métaphysique fait de fous! Hé que vous importe qu'il y ait ou qu'il n'y ait ni Dieu, ni diable, ni anges, ni paradis, ni enfer? Ne savez-vous pas que vous voulez être heureux, que les autres ont le même desir que vous; qu'il n'y a de félicité vraie pour vous que par le besoin que vous avez les uns des autres, & que par le secours que vous espérez de vos semblables & qu'ils attendent de vous; que si vous n'êtes pas aimé, estimé, considéré, vous serez méprisé & haï, & que l'amour, la considération, l'estime, sont attachés à la bienfaisance. Soyez donc bienfaisans, tandis que vous êtes, & endormez-vous du dernier sommeil, aussi tranquilles sur ce que vous deviendrez, que vous l'êtes sur ce que vous étiez, il y a quelques centaines d'années. Le monde moral est tellement lié au monde physique, qu'il n'y a guère d'apparence que ce ne soit une seule & même machine. Vous avez été un atôme de ce grand tout, le temps vous réduira à un atôme de ce grand tout. Chemin faisant, vous aurez passé par une multitude de métamorphoses. De ces métamorphoses, la plus importante est celle sous laquelle vous marchez à deux pieds, la seule qui soit accompagnée de conscience, la seule sous laquelle vous constituez par la mémoire de vos actions successives, un individu qui s'appelle *moi*. Faites que ce *moi* là, soit honoré & respecté & de lui même & de ceux qui co-existent avec lui, & de ceux qui viendront après lui. Vous serez bien avec vous, si vous êtes bien avec les autres, & réciproquement;

& ne prenez pas de la ciguë pour du perfil. Cela seroit plus fâcheux que de se tromper sur la première des vérités métaphysiques (1).

Sur la co-existence nécessaire de plusieurs sensations, soit pour comparer, soit pour juger, &c.

Ceux qui sont accoutumés à réfléchir sur ce qui se passe en eux, connoissent par expérience cette incertitude dans les mouvemens du corps qui marque la même incertitude dans la pensée. Si dans la comparaison que nous faisons intérieurement des motifs qui peuvent nous déterminer à dire ou à faire, ou qui doivent nous en empêcher, nous sommes alternativement & rapidement portés & retenus, nous sommes incertains, nous hésitons. Ainsi l'incertitude est une suite de déterminations momentanées & contraires. L'ame oscille entre des sentimens opposés, & l'action demeure suspendue. De tout ce qui se passe en nous, il n'y a rien peut-être qui marque tant que nous avons, sinon la mémoire présente d'une chose, du moins celle d'une sensation, tandis que nous sommes occupés d'une autre, que nos incertitudes & nos hésitations. Il semble qu'il y ait en nous des mouvemens de fibres, & conséquemment des sensations qui durent, tandis que d'autres, ou disparates ou contraires, naissent ou s'exécutent. Sans cette co-existence il est bien difficile d'expliquer la plupart des opérations de l'entendement.

Sur les effets d'une opinion répandue parmi les premiers chrétiens.

Cette aversion pour le mariage, pour la propriété, pour la richesse, pour la société, qu'on remarque dans presque toutes les premières sectes du christianisme, tenoit beaucoup à la persuasion de la fin prochaine du monde, préjugé très-ancien qui s'étoit répandu d'âge en âge chez presque tous les peuples, & qu'on autorisoit alors de quelques passages de l'écriture mal interprétés. De-là cette morale insociable, qu'on pourroit appeler celle du monde agonisant. Qu'on imagine ce que nous penserions de la plupart des objets, des devoirs & des liaisons qui nous attachent les uns aux autres, si nous croyions que ce monde n'a plus qu'un moment à durer.

Sur les Monstres.

La nature ne produit des monstres que par la comparaison d'un être à un autre ; mais tout naît également de ses loix, & la masse de chair informe, & l'être le mieux organisé ; d'où il suit nécessairement qu'il n'y a rien d'imparfait dans la nature, pas même les monstres. Tout y est enchaîné, & le monstre y est un effet aussi nécessaire que l'animal parfait. Les causes qui ont concouru à sa production tiennent à une infinité d'autres, & celles-ci à une infinité d'autres, & ainsi de suite en remontant jusqu'à l'éternité des choses. Il n'y a d'imperfection que dans l'art, parce que l'art a un modèle subsistant dans la nature, auquel on peut comparer ses productions. Nous ne sommes pas dignes de louer ni de blâmer l'ensemble général des choses, dont nous ne connoissons ni l'harmonie ni la fin, & *bien* & *mal* sont des mots vuides de sens lorsque tout excede l'étendue de nos facultés & de nos connoissances.

Sur certaines qualités morales très-rares dans tous les hommes.

Il n'y a guère de qualité plus essentielle & plus rare que l'impartialité. Qui est-ce qui l'a ? Le voyageur ? Il a été trop loin pour regarder les

---

(1) Il y a plus de philosophie, plus de vérités dans ce paragraphe de *Diderot*, que dans la longue & pieuse déclamation de M. Necker, sur l'inverse de cette proposition. Il est fâcheux que, lorsque cet ex-ministre lui ait permis de s'occuper de toutes ces matières sur lesquelles il n'avoit pas assez réfléchi, & qu'il a traitées sans aucune utilité pour les autres, & sans gloire pour lui : *inglorius labor*. Au reste, un mauvais livre de dévotion, de plus ou de moins, n'est pas un fort grand mal, & de faux raisonnemens en philosophie spéculative ne sont pas aussi dangereux que de faux principes en finances. Un sophisme bien délié, bien subtil n'égare que quelques lecteurs peu instruits ou peu attentifs ; mais l'impéritie d'un ministre peut faire, pendant long-tems, le malheur de tout un peuple. Le meilleur ouvrage de M. Necker, le seul que je lui envie, le seul dont l'éloge, à peine entendu aujourd'hui au milieu des cris réunis de l'intérêt & des passions, retentira un jour de tous les points de la France, c'est d'avoir déterminé le conseil du roi à accorder une double représentation aux communes dans l'assemblée constituante. Ce bienfait dont je crois les motifs très-purs ; ce bienfait dont M. Necker a sans doute prévu l'influence sur la prospérité de l'empire, lui donne de justes droits à la reconnoissance de tous les bons françois. Ne dissimulons aucune de ses fautes, cela peut être utile à la chose publique ; mais n'oublions jamais que si nous jouissons aujourd'hui de cette liberté que nos troubles & nos dissentions mêmes ont cimentée, c'est à M. Necker que nous la devons : c'est lui qui le premier a planté parmi nous cet arbre déjà vigoureux, dont nos neveux plus sages ou plus heureux que nous, pourront un jour, assis sous son ombrage, recueillir en paix les doux fruits.

choſes d'un œil non prévenu : le juge ? Il a ſes idées particulieres, ſes formes, ſes connoiſſances, ſes préjugés : l'hiſtorien ? Il eſt d'un pays, d'une ſecte, &c. ; parcourez ainſi les différens états de la vie, ſongez à toutes les idées dont nous ſommes préoccupés, faites entrer en conſidération de l'âge, l'état, le caractere, les paſſions, la ſanté, les maladies, les uſages, les goûts, les ſaiſons, les climats, en un mot, la foule des cauſes tant phyſiques que morales, tant innées qu'acquiſes, tant libres que néceſſaires, qui influent ſur nos jugemens ; & prononcez après cela ſi l'homme qui ſe croit ſincérement très-impartial, l'eſt en effet beaucoup.

Sur un des caracteres de la philoſophie Stoïcienne.

L'immobilité de l'apathie Stoïcienne n'étoit qu'apparente. Le philoſophe ſouffroit comme un autre homme, mais il gardoit, malgré la douleur, le maintien ferme & tranquille d'un homme qui ne ſouffre pas. Le Stoïciſme pratique caractériſoit donc des ames d'une trempe bien extraordinaire ! qu'eſt-ce qui pourroit émouvoir un homme dont les plus violentes tortures n'ébranlent pas l'immobilité ? Que ſeroit-ce qu'une ſociété d'hommes auſſi maîtres d'eux-mêmes ? Nous reſſemblons à ce duvet que l'haleine de l'air détache des plantes & fait voltiger dans l'eſpace à ſon gré, ſans qu'on puiſſe deviner ce qu'il va devenir, quelle route il ſuivra, où il pourra ſe fixer ; ſi un rien l'arrête, un rien le ſépare & l'emporte. Un Stoïcien eſt un rocher qui demeure immobile à l'endroit où la nature l'a placé ; ni le trouble de l'air, ni le mouvement des eaux, ni la ſecouſſe de la terre ne l'ébranleront point.

Sur l'amour de la gloire & le reſpect de la poſtérité.

Ce ſentiment qui nous porte quelquefois aux plus grandes actions, eſt la marque la plus forte du prix que nous attachons à l'eſtime de nos ſemblables. Nous entendons en nous-mêmes l'éloge qu'ils feront un jour de nous, & nous nous immolons. Nous ſacrifions notre vie, nous ceſſons d'exiſter réellement, pour vivre en leur ſouvenir. Si le deſir de cette eſpece d'immortalité eſt une chimere ; c'eſt la chimere des grandes ames. Ces ames qui priſent tant l'immortalité, doivent priſer en même proportion les talens ſans leſquels elles ſe la promettroient en vain ; la peinture, la ſculpture, l'architecture, l'hiſtoire & la poéſie. Il y eut des rois avant Agamemnon (1), mais ils ſont tombés dans la mer de l'oubli, parce qu'ils n'ont point eu un poëte ſacré qui les ait immortaliſés. La tradition altere la vérité des faits, & les rend fabuleux. Les noms paſſent avec les empires, ſans la voix du poëte & de l'hiſtorien qui traverſe l'intervalle des temps & des lieux, & qui les apprend à tous les ſiecles & à tous les peuples. Les grands hommes ne ſont immortaliſés que par l'homme de lettres qui pourroit s'immortaliſer ſans eux. Au défaut d'actions célebres, il chanteroit les tranſactions de la nature & le repos des dieux, & il ſeroit entendu dans l'avenir. Celui donc qui mépriſera l'homme de lettres, mépriſera auſſi le jugement de la poſtérité, & s'élevera rarement à quelque choſe qui mérite de lui être tranſmis.

Mais y a-t-il en effet des hommes, en qui le deſir de perpétuer leur nom dans la mémoire de leurs ſemblables, ſoit totalement éteint, & qui ne tiennent aucun compte de ce qu'on pourra dire d'eux quand ils ne ſeront plus ? Je n'en crois rien. Nous ſommes fortement attachés à la conſidération des hommes avec leſquels nous vivons ; malgré nous, notre vanité excite du néant ceux qui ne ſont pas encore, & nous entendons plus ou moins fortement le jugement qu'ils porteront de nous, & nous le redoutons plus ou moins.

Si un homme me diſoit : je ſuppoſe qu'il y ait dans un vieux coffre relegué au fond de mon grenier, un papier capable de me traduire chez la poſtérité comme un ſcélérat & comme un infâme ; je ſuppoſe encore que j'aie la démonſtration abſolue que ce coffre ne ſera point ouvert de mon vivant ; eh bien, je ne me donnerois pas la peine de monter au haut de ma maiſon, d'ouvrir le coffre, d'en tirer le papier & de le brûler (2). Je lui répondrois : vous êtes un menteur.

Je ſuis bien étonné que ceux qui ont enſeigné aux hommes l'immortalité de l'ame, ne leur aient pas perſuadé en même temps qu'ils entendront ſous la tombe les jugemens divers qu'on portera d'eux, lorſqu'ils ne ſeront plus. (*Voyez* ci-deſſus, pag. 203, col. 1º & 2).

Vixére fortes ante Agamemnona
Multi : ſed omnes illacrymabiles
Urgentur, ignotique longâ
Nocte, carent quia vate ſacro.

Lib. 4. od. 9. vers 25 & ſeq.

___

(1) *Diderot* traduit ici à ſa maniere ces beaux vers d'Horace que tous les gens de goût ſavent par cœur.

(2) C'eſt un mot de Fontenelle qui décele un profond mépris pour l'eſpéce humaine, mais dans lequel il y a plus d'humeur & de miſantropie que de réflexion & de philoſophie.

Sur le principe d'Aristote, corruptio unius, generatio alterius.

Ceux qui regardent la matière comme éternelle, la regardent aussi comme impérissable. Rien, selon eux, ne se perd de la quantité du mouvement, rien de la quantité de la matière. Les êtres naissans s'accroissent & disparoissent, mais leurs élémens sont éternels. La destruction d'une chose a été, est, & sera à jamais la génération d'une autre. Ce sentiment a été celui de presque tous les anciens philosophes. En effet, pour un homme qui y regarde de près, il n'y a à proprement parler dans la nature aucune production, aucune destruction absolue, aucun commencement, aucune fin; ce qui est a toujours été & sera toujours, passant seulement sous une infinité de formes successives.

Sur ce sentiment vif de plaisir ou d'aversion que les objets quels qu'ils soient, occasionnent en nous.

Telle est notre construction qu'à l'occasion de cet état de l'ame dans lequel elle ressent de l'amour ou de la haine, ou du goût ou de l'aversion, il se fait dans le corps des mouvemens musculaires, d'où, selon toute apparence, dépend l'intensité ou la rémission de ces sentimens. La joie n'est jamais sans une grande dilatation du cœur, le pouls s'élève, le cœur palpite, jusqu'à se faire sentir; la transpiration est si forte qu'elle peut être suivie de la défaillance & même de la mort. La colère suspend ou augmente tous les mouvemens, surtout la circulation du sang; ce qui rend le corps chaud, rouge, tremblant, &c... Or, il est évident que ces symptômes seront plus ou moins violens, selon la disposition des parties & le méchanisme du corps. Le méchanisme est rarement tel que la liberté de l'ame en soit suspendue à l'occasion des impressions. Mais on ne peut douter que cela n'arrive quelquefois : c'est dans le méchanisme du corps qu'il faut chercher la cause de la différence de sensibilité dans différens hommes à l'occasion du même objet. Nous ressemblons en cela à des instrumens de musique dont les cordes sont diversement tendues; les objets extérieurs sont la fonction d'archets sur ces cordes, & nous rendons tous des sons plus ou moins aigus. Une piqûre d'épingle fait jetter des cris à une femme mollement élevée, un coup de bâton romp la jambe à Epictete sans presque l'émouvoir. Notre constitution, notre éducation, nos principes, nos systêmes, nos préjugés, tout modifie nos affections, & les mouvemens du corps qui en sont les suites. Le commencement de l'affection peut être si vif, que la loi qui le qualifie de premier mouvement, en traite les effets comme des actes non libres. Mais il est évident par ce qui précède, que le premier mouvement est plus ou moins durable, selon la différence des constitutions, & d'une infinité d'autres circonstances. Soyons donc bien réservés à juger les actions occasionnées par les passions violentes; il vaut mieux être trop indulgent que trop sévère; supposer de la foiblesse dans les hommes que de la méchanceté, & pouvoir rapporter sa circonspection au premier de ces sentimens plutôt qu'au second; on a pitié des foibles; on déteste les méchans, & il me semble que l'état de la commisération est préférable à celui de la haine.

Sur le penchant de l'homme à la superstition.

Il n'y avoit qu'à mettre les payens en train, quand il falloit honorer leurs Dieux: la superstition imagine plutôt les visions les plus extravagantes & les plus grossières, que de rester en repos. Ces visions sont ensuite consacrées par le tems & la crédulité des peuples; & malheur à celui qui, sans être appellé par Dieu au grand & périlleux état de missionnaire, aimera assez peu son repos, & connoîtra assez peu les hommes pour se charger de les instruire. Si vous introduisez un rayon de lumière dans un nid de hibous, vous ne ferez que blesser leurs yeux & exciter leurs cris...Plus on considère la religion des payens, plus on la trouve favorable à la poésie; tout est animé, tout respire, tout est en image; on ne peut faire un pas sans rencontrer des choses divines & des dieux, & une foule de cérémonies agréables à peindre, mais peu conformes à la raison.

Sur l'ame des bêtes.

Qu'est-ce que cette ame? on ne peut la supposer matérielle : la supposera-t-on spirituelle? assurer que les bêtes n'ont point d'ame & qu'elles ne pensent point, c'est les réduire à la qualité de machines, à quoi l'on ne semble guère plus autorisé, qu'à prétendre qu'un homme dont on n'entend point la langue est un automate. L'argument qu'on tire de la perfection qu'elles mettent dans leurs ouvrages (1) est fort. Car il sembleroit,

---

(1) Cette prétendue perfection est une pure supposition contraire à l'expérience & à l'observation. On peut s'en rapporter sur ce point à un philosophe très-instruit des mœurs des animaux & dont l'excellent ouvrage est aussi instructif qu'agréable à lire. Voici ce qu'il dit pour réfuter cet argument auquel *Diderot* donne ici beaucoup trop d'importance.

« Une preuve certaine que ce n'est pas sans réflexion

à juger de leurs premiers pas, qu'elles devroient aller fort loin ; cependant toutes s'arrêtent au même point, ce qui est presque le caractère machinal. Mais celui qu'on tire de l'uniformité de leurs productions, ne me paroît pas tout-à-fait aussi bien fondé. Les nids des hirondelles (1) & les habitations des castors ne se ressemblent pas plus que les maisons des hommes. Si une hirondelle place son nid dans un angle, il n'aura de circonférence que l'arc compris entre les côtés de l'angle ; si elle l'applique au contraire contre un mur, il aura pour mesure la demi-circonférence. Si vous délogez des castors de l'endroit où ils sont, & qu'ils aillent s'établir ailleurs, comme il n'est pas possible qu'ils rencontrent le même terrain, il y aura nécessairement variété dans les moyens dont ils useront, & variété dans les habitations qu'ils se construiront. (*Voyez* les articles AUTOMATISME & INSTINCT DES ANIMAUX.)

Sur l'instinct & le tact.

On ne se connoît dans aucun des beaux arts sans amour de la chose, sans finesse, sans pénétration, sans esprit, sans jugement, sans la sensibilité & sans la justice. Il est difficile de bien juger de l'éloquence ; plus difficile encore de bien juger de la poésie, tout autrement d'apprécier un morceau de musique ; le jugement de la peinture est le plus difficile de tous. Ceux qui ont écrit de ces différens arts, parlent sans cesse d'instinct & de tact ; & aucun d'eux ne s'est demandé ce que c'étoit que ces expressions magiques.

L'homme qui naît avec les plus heureuses dispositions pour les beaux arts, est en entrant dans ce monde aussi parfaitement ignorant que celui que la grossièreté de ses organes a condamné à une stupidité invincible. L'un & l'autre passent devant les mêmes phénomènes. Ces phénomènes affectent le premier, il s'en souvient ou il les oublie ; mais la sensation ou plutôt la mémoire de la sensation qu'il a éprouvée lui reste, & voilà la règle de ses jugemens & dans les arts & dans la conduite de la vie. S'il a les phénomènes présens il juge en homme savant ; s'il n'a plus les phénomènes présens, il juge par tact ou d'instinct, & son jugement n'en est que plus prompt & n'en est pas moins sûr quoiqu'il ne puisse quelquefois en rendre raison. Toute vérité est en nous le résultat des dispositions naturelles & de l'expérience. Toute erreur y est le résultat ou d'un manque de dispositions naturelles, ou du manque d'expérience, ou du manque de l'un & de l'autre de ces moyens, ou de l'emploi de ces deux moyens séparés.

Ensuite l'expérience est ou spéculative ou pratique. La pratique sans la spéculation dégénère en une routine bornée ; la spéculation sans la pratique n'est jamais qu'une conjecture hasardée.

Sur l'infaillibilité des sens lorsqu'ils ne sont pas contredits par la raison.

Les détracteurs des sens ne voyent pas qu'en

» que les hirondelles construisent leurs nids, les
» abeilles, leurs ruches, &c. ; c'est que l'expérience
» les perfectionne sensiblement, & que la maturité
» de l'âge corrige l'impéritie de la jeunesse. On ne
» peut pas observer avec quelque attention & quelque
» suite les nids des oiseaux, sans s'appercevoir
» que ceux des jeunes sont la plupart mal façonnés
» & mal placés, souvent même les jeunes femelles
» pondent par-tout sans avoir rien prévu. Les défauts
» de ces premiers ouvrages sont rectifiés dans la suite,
» lorsque les animaux ont été instruits par le sentiment
» des incommodités qu'ils ont éprouvées. Si
» les bêtes agissoient sans intelligence & sans réflexion,
» elles agiroient toujours de la même manière. L'impulsion
» une fois donnée à la machine, il n'arriveroit
» point de changement dans l'exécution. Or
» nous voyons qu'il en arrive sans nombre, & toujours
» en raison du plus ou moins d'expérience que
» l'âge & les circonstances ont pu leur donner ; donc
» la réflexion préside à la construction de ces ouvrages.
» Il seroit plaisant que, sans mémoire, ces êtres-là
» conservassent d'une année à l'autre le souvenir de
» ce qui les a importunés, & que, sans réflexion,
» ils se conduisissent en conséquence. *Mais comment
» se fait-il qu'une perdrix qui n'a jamais vu de nid,
» prévoye qu'elle va pondre & qu'elle a besoin d'un
» nid fait d'une certaine manière pour y déposer ses
» œufs.* J'ai déjà dit que les partisans de l'automatisme
» supposent gratuitement que ces ouvrages sont portés
» d'abord au plus haut degré de perfection, & que
» le fait est notoirement faux. Mais enfin le nid le
» plus mal fait montre encore un ensemble de parties
» conspirant à former un tout : Or c'est un principe
» généralement reçu, que tout ouvrage dont les parties
» sont sagement ordonnées pour concourir à un
» but, annonce nécessairement une intelligence, &c. »
Lettres sur les animaux, page 132 & *suiv.* (*Voyez* l'article INSTINCT DES ANIMAUX)

(1) « De cent nids d'hirondelles bien examinés,
» dit le physicien de Nuremberg, il n'y en a pas
» deux qui se ressemblent parfaitement, & il faut
» bien qu'il y ait de la différence ; car s'ils étoient
» semblables, ces mères n'auroient pas de moyen
» pour distinguer le leur de celui de leur voisine.
» *Id. ibid. page* 180. Il avoit observé dans la lettre
» précédente, qu'au tems de la fermentation de l'amour,
» deux jeunes sont poussés par un sentiment
» intime à se chercher, à s'agacer, à s'accoupler, à
» bâtir un nid, qui sans doute a, dans chaque espèce,
» un nombre de conditions déterminées, mais par
» la façon duquel l'expérience donne des leçons aux
» individus ; car il est sûr que celui des vieux oiseaux
» est toujours mieux formé. Dans les précautions qu'ils
» prennent pour parer aux inconvéniens, il est aisé
» de reconnoître un progrès sensible de connoissances
» acquises ». *Id. ibid. page* 173.

récusant leur témoignage, ils renversent les dogmes mêmes qu'ils veulent établir: car sur quoi est fondée la vérité des ces dogmes? Vous me repondrez que c'est sur la parole de Dieu; mais Qui vous a dit que ceux qui ont cru entendre cette parole n'ont pas été trompés par leurs sens? qui vous a dit que vos sens ne vous ont pas trompés aussi, lorsque vous avez cru apprendre cette parole de leur bouche? Dans quel cas faut-il rejetter leur autorité? Dans quel cas faut-il l'admettre? Je suppose que Dieu vienne me révéler lui même les mystères & me dire que du pain n'est pas du pain; pourquoi dans ce cas-là, m'en rapporterois-je plutôt à mon oreille qu'à mes yeux, à mes mains, à mon palais, à mon odorat qui m'assurent le contraire? Pourquoi ne me tromperois-je pas aussi bien en croyant entendre certaines paroles, qu'en croyant voir, toucher, sentir, goûter du pain? N'y a-t-il pas, au contraire, quatre à parier contre un que c'est mon oreille qui me trompe; & dans cette contradiction de mes sens entre eux, ne dois-je pas, selon les règles de la raison, déférer au rapport du plus grand nombre? Qu'on argumente, qu'on subtilise tant qu'on voudra, je défie de répondre à cette objection de manière à satisfaire un homme de bon sens. D'ailleurs j'ai supposé Dieu me parlant par lui même; que sera-ce lorsque sa parole ne me sera transmise qu'à travers une longue succession d'hommes ignorans ou menteurs, & que l'incertitude historique viendra se joindre aux autres difficultés?

Sur les passions.

On a tort de s'en prendre aux passions des crimes des hommes; c'est leurs faux jugemens qu'il en faut accuser. Les passions nous inspirent toujours bien, puisqu'elles ne nous inspirent que le desir du bonheur: c'est l'esprit qui nous conduit mal & qui nous fait prendre de fausses routes pour y parvenir. Ainsi nous ne sommes criminels que parce que nous jugeons mal, & c'est la raison & non la nature qui nous trompe. Mais, me dira-t-on, l'expérience est contraire à votre opinion, & nous voyons que les personnes les plus éclairées sont souvent les plus vicieuses. Je réponds que ces personnes sont en effet très-ignorantes sur leur bonheur, & là dessus je m'en rapporte à leur cœur. S'il est un seul homme sur la terre qui n'ait pas eu sujet de se repentir d'une mauvaise action par lui commise, qu'il me démente dans le fond de son ame. Eh! que seroit la morale, s'il en étoit autrement? Que seroit la vertu? On seroit insensé de la suivre si elle nous éloignoit de la route du bonheur, & il faudroit étouffer dans nos cœurs l'amour qu'elle nous inspire pour elle, comme le penchant le plus funeste. Cela est affreux à penser. Non, le chemin du bonheur est le chemin même de la vertu. La fortune peut lui susciter des traverses; mais elle ne sauroit lui ôter ce doux ravissement, cette pure volupté qui l'accompagne. Tandis que les hommes & le sort sont conjurés contre lui, l'homme vertueux trouve dans son cœur avec abondance le dédommagement de tout ce qu'il souffre. Le témoignage de soi, voilà la source des vrais biens & des vrais maux: voilà ce qui fait la félicité de l'homme de bien parmi les persécutions & les disgraces, & le tourment du méchant au milieu des faveurs de la fortune.

Sur la justice.

La justice est la fidélité à tenir les conventions établies. La justice ne peut consister en telles ou telles actions déterminées, puisque les actions auxquelles on donne le nom de *justes* varient selon les pays, & que ce qui est juste dans l'un est injuste dans l'autre. (*Voyez* l'article ACADÉMICIENS (philosophie des) pag. 33 colonn. 1ᵉ. & 2ᵉ). La justice ne peut donc être autre chose que l'observation des loix. Si la justice n'est pas la fidélité à tenir les conventions établies, qu'est-elle donc? Mais dit-on, la justice ne peut pas être la fidélité à observer les conventions ou les loix, puisque les loix elles mêmes ont été faites sur la justice. Les hommes avant de faire les loix avoient-ils en effet des notions de justice, & est-ce sur ces notions que les loix ont été faites? Pour résoudre cette question examinons comment les premières loix durent être formées. C'est la propriété acquise par le travail ou par droit de premier occupant qui fit sentir le premier besoin des loix. Deux hommes qui sémèrent chacun un champ, ou qui entourèrent un terrein d'un fossé, & qui se dirent réciproquement, ne touche pas à mes grains ou à mes fruits, & je ne toucherai pas aux tiens, furent les premiers législateurs. Ces conventions supposent-elles en eux aucune notion de justice? Et avoient-ils besoin pour les faire d'autre connoissance que celle de leur intérêt commun? Il ne paroît pas. Comment donc acquirent-ils les idées du juste & de l'injuste? elles se formèrent dans leur esprit de l'observation & de l'inobservation des conventions. L'une fut désignée par le nom de *justice*, l'autre par celui d'*injustice*, & les actes de ces deux relations opposées s'appellèrent *justes* & *injustes*. J'insiste donc, & je dis que la justice ne peut-être autre chose que l'observation des loix. Qu'on définisse la justice de tant de manières qu'on voudra, toute autre définition sera obscure & sujette à contestation.

Sur quelques effets d'un mauvais gouvernement.

L'histoire nous parle de ces anciens peuples de

Thrace qui s'affligeoient sur la naissance des enfans, & qui se réjouissoient de la mort des hommes; la naissance étoit, selon eux, le commencement de la misère, & la mort en étoit la fin. Il étoit bien difficile que ces peuples qui regardoient la vie comme un mal, se crussent obligés de remercier les dieux de ce présent. Quoi qu'il en soit, l'opinion générale d'un peuple sur le malheur de la vie est moins une injure faite à la providence, qu'un jugement très-sévère de la manière dont ce peuple est gouverné. Ce n'est pas la nature, c'est la tyrannie qui impose sur la tête des hommes un poids qui les fait gémir & détester leur condition. S'il y avoit sur la surface de la terre (1) un lieu où les hommes redoutassent le mariage & où les hommes mariés se refusassent à cette impulsion si puissante & si douce qui nous convie à la propagation de l'espèce & à la production de notre semblable, pour se porter à des actions illicites & peu naturelles, de peur d'augmenter le nombre des malheureux; c'est là que le gouvernement seroit aussi mauvais qu'il est possible qu'il le soit.

Sur la briéveté de la vie.

Une réflexion bien propre à nous consoler de la briéveté de la vie, & à nous résigner à la quitter, c'est que nous sommes tellement abandonnés à la destinée, que si la nature nous avoit accordé une durée de trois cens ans, par exemple, je tremble que de cinquante en cinquante ans, nous n'eussions été successivement gens de bien & fripons.

La ligne de la probité rigoureuse est étroite; quelque léger que puisse être le premier écart qui nous en éloigne, cet écart s'accroît à mesure que l'on chemine, & lorsque le chemin est long, on se trouve à un intervalle immense de celui qu'il faut suivre. Qu'il est alors difficile de retrouver la véritable voie !

Une très-longue vie ne seroit qu'une ligne à serpentemens & à inflexions qui couperoit en differens points la ligne de la vertu qu'on quitteroit pour la reprendre & qu'on reprendroit pour la quitter.

Il n'en est pas ainsi de l'homme passager & momentanée; lorsqu'il a suivi le vrai chemin, il n'a plus ni le tems ni la force de s'égarer. Tous les penchans vicieux s'affoiblissent en lui; ses intérêts le touchent peu; l'aiguillon des passions est émoussé. La vertu, s'il a bien vécu, est devenue son habitude : il craint de se démentir; il tient à son caractère & à la considération publique dont il jouit : il persiste dans ses principes d'honnêteté.

S'il est vrai qu'en mourant, l'homme de bien échappe à la méchanceté qui le suit, il est évident que plus la durée de la vie seroit longue, plus le nombre des hommes constans dans la vertu seroit petit.

Consolons nous donc d'un événement dernier qui assure notre caractère. Donnez à ce sage Brutus qui s'écrioit en mourant que la vertu n'étoit qu'un vain nom, une cinquantaine d'années de plus à vivre, & dites-moi ce qu'il deviendra. N'aurions-nous à redouter que les dégoûts de l'uniformité, le péril seroit assez grand.

Sur l'usage innocent des plaisirs sensuels.

Ceux qui enseignent je ne sais quelle doctrine austère qui nous affligeroit sur la sensibilité d'organes que nous avons reçue de la nature, qui vouloit que la conservation de l'espèce & la notre fussent encore un objet de plaisir, & sur cette foule d'objets qui nous entourent & qui sont destinés à émouvoir cette sensibillité en cent manières agréables, sont des atrabilaires à enfermer aux petites maisons. Ils remercieroient volontiers (2) l'être tout puissant d'avoir fait des ronces, des épines, des venins, des tigres, des serpens, en un mot, tout ce qu'il y a de nuisible & de malfaisant; & ils sont tout prêts à lui reprocher l'ombre, les eaux fraîches, les fruits exquis, les vins délicieux, en un mot, les marques de bonté & de bienfaisance qu'il a semées entre les choses que nous appellons *mauvaises* & *nuisibles*. A leur gré, la peine, la douleur, ne se rencontrent pas assez souvent sur notre route. Ils voudroient que la souffrance précédât, accompagnât & suivit toujours le besoin. Ils croient honorer dieu par la privation des choses qu'il a créées. Ils ne s'apperçoivent pas que s'ils font bien de s'en priver, il a mal fait de les créer;

_____

(1) Il est aisé de voir que *Diderot* veut parler de la France, & qu'il indique ici un des effets du gouvernement tyrannique & destructeur sous lequel il vivoit.

(2) Il n'est pas inutile d'avertir que ce paragraphe faisoit partie d'un article qui devoit être imprimé sous les yeux même de l'auteur, & dans un tems où les gens de lettres qui pensoient avec une certaine hardiesse étoient obligés d'avoir, comme les anciens philosophes, une doctrine publique, & une doctrine secrete. Cette note explique dans quel sens il faut entendre certains passages, & certaines expressions de philosophie purement exotérique, qu'on a pu déjà observer dans quelques uns des paragraphes précédens, & qu'on remarquera encore dans plusieurs de ceux qui

f u ivront. *sapienti sat.*

Sur cette vertu morale par laquelle nous résistons aux impulsions de la chair.

Il semble qu'il y a entre la chasteté & la continence cette différence, qu'il n'en coûte aucun effort pour être chaste, & que c'est une des suites naturelles de l'innocence ; au lieu que la continence paroît être le fruit d'une victoire remportée sur soi-même. Je pense que l'homme chaste ne remarque en lui aucun mouvement d'esprit, de cœur & de corps, qui soit opposé à la pureté, & qu'au contraire l'état de l'homme continent est d'être tourmenté par ces mouvemens & d'y résister : d'où il s'ensuivroit qu'il y auroit réellement plus de mérite à être continent qu'à être chaste. La chasteté tient beaucoup à la tranquillité du tempérament, & la continence à l'empire qu'on a acquis sur sa fougue. Le cas que l'on fait de cette vertu n'est pas indifférent dans un état populaire. Si les hommes & les femmes affichent l'incontinence publiquement, ce vice se répandra sur-tout, même sur le goût ; mais ce qui s'en ressentira particulièrement, c'est la propagation de l'espèce qui diminuera nécessairement à proportion que ce vice augmentera ; il ne faut que réfléchir un moment sur sa nature, pour trouver des causes physiques & morales de cet effet.

Sur différentes acceptions métaphoriques données au même mot dans une même langue.

On dira très-bien, par exemple, lorsque le gouvernement d'un peuple se déclare contre la philosophie, c'est qu'il est mauvais ; il menace le peuple d'une stupidité prochaine. Lorsque les honnêtes gens sont traduits sur la scène (1), c'est qu'ils sont menacés d'une persécution plus violente : on cherche d'abord à les avilir aux yeux du peuple, & l'on se sert, pour cet effet, d'un Anite, d'un Mélite, ou de quelqu'autre personnage diffamé qui n'a nulle considération à perdre. La perte de l'esprit patriotique menace l'état d'une dissolution totale, &c. &c. &c.

Sur les inconvéniens de la méthode dans l'étude de l'histoire naturelle.

Il y a long-tems qu'il m'est venu dans la pensée que des plantes bien dessinées, bien peintes des différens objets, seroient plus agréables, plus utiles, plus commodes, plus durables, moins dispendieuses, tout aussi instructives que la vue des objets mêmes ramassés dans ces grands tombeaux où les restes de la nature varient, changent & dépérissent sans cesse.

Tous ceux qui se sont livrés à l'étude de la botanique conviennent qu'il n'y a pas de science plus pénible & plus fugitive. Faites trois, quatre, cinq cours de botanique si vous voulez ; suspendez seulement un ou deux ans vos études, & vous serez tout étonné que ces phrases qui fixoient dans votre mémoire la classe, le genre, l'espèce, les caractères d'une plante sont oubliées & que c'est presqu'à recommencer.

Si j'osois, j'avancerois ici un beau paradoxe ; c'est qu'en bien des circonstances rien ne fatigue tant en pure perte que la méthode. Elle gêne l'esprit, elle captive la mémoire, elle applique. C'est un fil qui vous conduit à la vérité, mais qu'il ne faut jamais lâcher. Quittez-le un moment ; perdez-le de vue & vous êtes égaré. Si vous vous proposiez d'apprendre les mots de la langue à un enfant en commençant par les mots A, passant aux mots B & ainsi de suite, il auroit atteint la fin de sa vie avant la fin de l'alphabet. La méthode est excellente dans les choses de raisonnement, mauvaise à mon avis, dans celles de nomenclature, & c'est précisément le cas de l'histoire naturelle en général, & spécialement de la botanique.

A l'âge de cinq ans, un enfant a dans sa mémoire un dictionnaire entier de mots & dans son imagination une collection immense d'images, & ces mots & ces images lui resteront tant qu'il vivra. Comment a-t-il acquis cette étonnante provision ? Peu à peu, sans méthode, sans application, sans étude ; & d'après cette expérience, comment en feroit-on un grand naturaliste ? En le tenant assidûment dans un cabinet d'histoire naturelle, en lui demandant, dans l'occasion & selon le besoin, tantôt un poisson, tantôt un insecte, un papillon, un serpent, un oiseau, un quadrupède, une coquille, un minéral, une plante, sans s'assujettir à aucune règle. Il ne faut pas que la méthode soit la voie de l'instruction, mais le résultat qui se forme de soi-même imperceptiblement & avec le tems, dans l'esprit de l'homme instruit qui a saisi & qui se rappelle des ressemblances & des différences. Est-ce qu'il est plus difficile d'apprendre le mot *crabe* & de retenir la forme du mot *crabe* que le mot *pincette* & la forme de cet ustensile ? aucunement. Qu'en a-t-il coûté à l'enfant pour apprendre le nom & reconnoître l'ustensile domestique ? rien. En y mettant aussi peu d'importance, il ne lui en coûtera pas davantage

---

(1) *Voyez* la comédie des philosophes, par M. Palissot.

davantage pour s'instruire de tous les termes & de tous les objets de l'histoire naturelle.

Sur les saveurs en général.

Le mot de doux ou d'amer désigne cette qualité dans les substances végétales & autres que nous reconnoissons au goût, quand elles excitent en nous par le moyen de ce sens, l'impression que nous fait principalement éprouver ou l'absynte ou le sucre ; car il n'est pas possible de définir autrement les saveurs, qu'en les rapportant aux substances naturelles qui les excitent : d'où il s'ensuit que si les substances étoient dans un état de vicissitude perpétuelle, & que les choses amères tendissent à cesser de l'être & celles qui ne le sont pas à le devenir, les expressions dont nous nous servons ne transmettroient à ceux qui viendroient long-tems après nous aucune notion distincte, & qu'il n'y auroit point de remède à cet inconvénient.

Sur les fantômes.

Nous donnons le nom de fantôme à toutes les images qui nous font imaginer hors de nous des êtres corporels qui n'y sont point. Ces images peuvent être occasionnées par des causes physiques extérieures, de la lumière, des ombres diversement modifiées qui affectent nos yeux, & qui leur offrent des figures qui sont réelles : alors notre erreur ne consiste pas à voir une figure hors de nous, car en effet il y en a une, mais à prendre cette figure pour l'objet corporel qu'elle représente. Des objets, des bruits, des circonstances particulières, des mouvemens de passion, peuvent aussi mettre notre imagination & nos organes en mouvement ; & ces organes mus, agités, sans qu'il y ait aucun objet présent, mais précisément comme s'ils avoient été affectés par la présence de quelque objet, nous le montrent, sans qu'il y ait seulement de figure hors de nous. Quelquefois les organes se meuvent & s'agitent d'eux-mêmes, comme il nous arrive dans le sommeil ; alors nous voyons apparoître au-dedans de nous une scène composée d'objets plus ou moins décousus, plus ou moins liés, selon qu'il y a plus ou moins d'irrégularité ou d'analogie entre les mouvemens des organes de nos sensations. Voilà l'origine de nos songes. On a appliqué le mot de fantôme à toutes les idées fausses qui nous impriment de la frayeur, du respect, &c., qui nous tourmentent & qui font le malheur de notre vie : c'est la mauvaise éducation qui produit ces fantômes ; c'est l'expérience & la philosophie qui les dissipent.

Les réflexions précédentes sont celles d'un *Philosophie anc. & mod. Tome II.*

homme très-instruit, très-éclairé, & d'un excellent esprit. Outre l'importance des matières qui en sont l'objet, il n'en est aucune dans laquelle on ne trouve, ou des observations également fines & profondes sur la nature humaine, ou la solution complette de plusieurs questions dont les difficultés sont invincibles dans les principes communément reçus, ou enfin des pensées & des vues neuves sur divers sujets de politique, de morale & de philosophie purement spéculative. Un autre mérite de ces espèces de *cogitata & visa*, c'est d'être écrites avec cette éloquence qui tire toute sa force de l'évidence & de l'extrême précision des idées. De tous les philosophes de ce siècle, *Diderot* me paroit être celui qui a le mieux connu l'art de colorer agréablement les objets, & de rendre la raison aimable en en présentant les résultats les plus graves dans un style plein de mouvement, de chaleur & d'énergie, & par-tout animé de ces expressions heureuses que les hommes sensibles, passionnés & doués d'une imagination vive & forte peuvent seuls rencontrer. C'est cette association si rare de talens très-divers qui distingue particulièrement ses ouvrages, auxquels on peut appliquer ce que Quintilien a dit de ceux de Cicéron. (1)

C'est avoir profité, que de savoir s'y plaire.

Il y a tels de nos littérateurs dont il ne restera pas un feuillet, & qui, sans avoir presqu'aucune des connoissances nécessaires pour lire avec fruit ce que *Diderot* a écrit sur la philosophie, pour appercevoir d'une vue générale & distincte la tendance de ses principes, les rapports qui les lient entre eux, & les conséquences qui en découlent, se permettent néanmoins de le juger & de déterminer sa mesure, ce qui n'est que ridicule. Je ne doute pas qu'ils ne trouvent beaucoup d'exagération dans l'éloge que je fais ici de ce philosophe,

Quem nec fama deum, nec fulmina, nec minitanti
Murmure compressit cælum ; sed eo magis acrem
Virtutem irritat animi :

Mais je ne crains point d'assurer que leurs ouvrages réunis n'offrent rien qu'on puisse comparer, ni pour le style, ni pour le fond des choses, aux réflexions qu'on vient de lire. Quelques paragraphes de ce recueil, que j'aurois pu rendre beaucoup plus considérable, suffiroient pour sauver de l'oubli un grand nombre de livres dont les auteurs se croyent des hommes de génie, mais avec lesquels on ne referoit pas dix pages de ceux que

---

(1) Ille se proficisse sciat, cui Cicero valdè placebit. *Quintilien*, institut. orator. lib. 10. cap. 1.

Diderot a publiés, ou qu'il a laissés en manuscrits. Lorsqu'on voit ces critiques si vains, si dédaigneux traiter aussi lestement un des hommes dont les travaux ont le plus contribué aux progrès de la raison, & qui s'est acquis le plus de droits à l'estime & au respect de la postérité, on se rappelle le conte de ce pigmée, qui, pour se venger d'un géant dont la taille imposante attiroit tous les regards, levoit sur lui son bâton, & à qui le géant disoit froidement : *Tu veux donc me casser la cheville du pied.*

Diderot avoit contracté depuis très-long-temps l'habitude d'écrire sur les premiers feuillets des livres qu'il lisoit, & souvent sur des feuilles volantes qu'il y inséroit, le jugement qu'il portoit de ces différens ouvrages, & ses propres réflexions sur l'objet général de la discussion. Montaigne faisoit à-peu-près la même chose, comme il nous l'apprend lui-même dans le passage suivant : « Pour
» subvenir, dit-il, à la trahison de ma mémoire,
» & à son défaut, si extrême qu'il m'est advenu
» plus d'une fois de reprendre en main des livres,
» comme recens, & à moi inconnus, que j'avois
» leu soigneusement quelques années auparavant,
» & barbouillé de mes notes : j'ai pris en coustume
» depuis quelque temps d'adjouster au bout de chas-
» que livre (je dis de ceux desquels je ne me
» veux servir qu'une fois) le temps auquel j'ai
» achevé de le lire, & le jugement que j'en ai
» retiré en gros ; afin que cela me représente au
» moins l'air & idée générale que j'avois conceu
» de l'auteur en le lisant. Je veux ici transcrire
» aucunes de ces annotations ». &c.

Peut-être ce passage des *Essais* avoit-il donné à *Diderot* la première idée du projet qu'il a exécuté depuis avec tant de succès : car, outre qu'une certaine paresse d'esprit dont le degré varie d'un individu à l'autre, nous incline tous plus ou moins à suivre dans un grand nombre de cas l'exemple des autres, sur-tout si ceux dont la conduite ou les opinions nous entraînent, se recommandent fortement à notre estime par une grande célébrité, un philosophe se détermine facilement à constater par sa propre expérience, l'utilité d'une méthode d'instruction pratiquée par un écrivain tel que Montaigne. Quoi qu'il en soit, on verra bientôt que le plan de *Diderot* est beaucoup plus vaste & mieux conçu que celui de l'auteur des *Essais* : en effet ce que Montaigne avoit imaginé *pour subvenir à la trahison de sa mémoire*, *Diderot* le faisoit pour étendre, pour multiplier la science, & pour détruire les obstacles divers que les préjugés politiques & religieux opposent aux progrès de la raison. On peut appliquer à quelques-uns de ses extraits, ce que le philosophe cité ci-dessus disoit des vies de Plutarque : » Il y a dans cet
» auteur beaucoup de discours étendus, très-
» dignes d'être sceus. . . . Mais il y en a mille
» qu'il n'a que touché simplement. Il guigne seu-
» lement du doigt, par où nous irons, s'il nous
» plaît, & se contente quelquefois de ne donner
» qu'une atteinte dans le plus vif d'un propos... Il
» aime mieux que nous le vantions de son jugement
» que de son savoir ».

Ce qui mérite sur-tout d'être remarqué, parce que rien ne peint mieux l'originalité du caractère de *Diderot* & ne fait mieux connoître la tournure particulière de son esprit ; c'est qu'en parcourant les titres, souvent inconnus, des ouvrages sur lesquels il a fait des observations, on voit qu'il lui importe fort peu que le livre qu'il analyse soit bon ou mauvais : dans le premier cas, il s'élève rapidement à la hauteur de son sujet ; sa vue s'aggrandit, pour ainsi dire, avec l'horison qu'elle embrasse ; il s'empare des principes de l'auteur, les applique, les généralise & en tire de grands résultats : dans le second, il refait dans sa tête le livre dont il parle, & s'en sert comme d'une table de chapitres qu'il remplit ensuite à sa manière. C'est à ce sujet que M. *d'Holbach*, lui dit un jour qu'il n'y avoit point de mauvais livres pour lui ; & rien n'est plus exact. *Diderot* lui-même ne se défendoit pas trop de cette facilité avec laquelle il prêtoit aux autres son talent, son imagination & ses connoissances ; & lorsqu'après avoir lu sur sa parole tel ou tel livre dont il avoit fait l'éloge, on lui faisoit remarquer qu'il n'y avoit rien de tout ce qu'il y avoit vu, il répondoit naïvement : *eh bien, si cela n'y est pas, cela devroit y être.*

Il a laissé en manuscrits des extraits raisonnés & quelquefois de simples notices d'un très-grand nombre d'ouvrages qui ont paru de son temps. Ces extraits, au milieu desquels il se permet souvent de faire sur la matière même que l'auteur a traitée, des excursions très-philosophiques, peuvent être cités comme d'excellens modèles de critique & d'analyse, car on y trouve sur le livre, & quelquefois même sur l'auteur, à-peu-près tout ce qu'il en faut savoir.

Pour faire connoître au lecteur, ce genre de travail qu'on pourroit perfectionner encore, je rapporterai ici quelques-unes de ces notices prises indifféremment : celui qui un jour les rassemblera toutes, pourra, s'il a du goût, de la philosophie, en former une espèce de cours de science & de littérature, peu méthodique, sans doute, mais très agréable à lire, & où il y aura sur-tout plus à apprendre & à retenir que dans ceux du père Buffier & de l'abbé Batteux.

Voici ce que j'ai trouvé sur son exemplaire d'un livre peu connu & peu digne de l'être. C'est un un ouvrage traduit de l'anglois sous ce titre : *Parallele de la condition & des facultés de l'homme avec la condition & les facultés des autres animaux.*

Il n'y a ni vues nouvelles, ni sentiment (1), ni chaleur, ni style dans une matière qui en comportoit autant. Si j'ai jamais été tenté de refaire un ouvrage, c'est celui-là. A mesure que j'en continuois la lecture, il se présentoit à moi une foule d'idées, tantôt conformes, tantôt contraires aux idées de l'auteur. Si c'est une grande avance pour celui qui veut écrire que d'avoir sous ses yeux un livre médiocre, celui-ci aura parfaitement bien ce mérite. On renfermeroit en cinq ou six pages tout ce qu'on voudroit en avoir fait. Le reste est une rabacherie sur la nature de l'homme & l'énorme distance qui le sépare des animaux. Si l'auteur y avoit bien regardé, il auroit vu que cet orgueilleux bipède étoit à peu-près dans le règne animal, ce que le Titien est entre les peintres; inférieur à chacun & même à plusieurs, si l'on considère ses facultés séparées; supérieur à tous, si on les considère réunies. La raison, armée d'une pierre & d'un bâton, est seule plus forte que tous les instincts animaux.

Ce qu'il ajoute sur notre première éducation & sur l'avantage pour les mères d'allaiter elles-mêmes leurs enfans est écrit par-tout; mais il est à propos de le répéter, jusqu'à ce qu'on ait opéré une conversion générale. Il y a un grand mot à dire & une triste vérité sur le génie. C'est que l'homme à qui la nature l'a départi, & la femme qu'elle a douée de la beauté, sont deux êtres condamnés au malheur; la femme par la séduction; le génie par l'ignorance & l'envie.

Quand on s'avise d'accuser la nation françaife de légéreté, il ne faut pas la louer de sa sociabilité, parce que le défaut qu'on blâme est l'effet de la qualité qu'on loue. Il faut blâmer tout s'use en un moment chez un peuple où le même homme promène dans un jour une chose nouvelle dans cent endroits divers. Brisez les portes des sérails; mêlez à Constantinople les hommes avec les femmes, tâchez de communiquer à ces engourdis & stupides musulmans, le même mouvement rapide qui emporte nos françois; devenus aussi sociables, bientôt ils seront aussi légers. Un seul de mes turbulens compatriotes *foisonne* plus que mille musulmans.

O! combien de choses vraies, touchantes & douces il y avoit à dire sur le penchant de l'homme vers la femme, la femme, l'être de la nature le plus semblable à l'homme; la seule digne compagne de sa vie, la source de ses pensées les plus délicieuses & de sa sensation la plus exquise & la plus vive, la mère de ses enfans; celle qui sait quand il lui plaît, élever ou calmer les vagues de son cœur; l'unique individu sous le ciel qui sente ses caresses & dont l'ame réponde pleinement à la sienne; celle qui vient dans ses embrassemens réunir la grace à la force que la nature a séparées. Celui qui n'aime pas la femme est une espèce de monstre; celui qui ne la cherche que quand il en est averti par le besoin, sort de son espèce & se range à côté de la brute.

Si l'on parle du goût, il faut distinguer le goût de la nation qui est toujours le produit des siècles, & le goût d'un particulier qui est toujours le résultat d'une suite d'observations fines qu'on a quelquefois oubliées. La mémoire des observations passe, mais leur impression reste & dirige le jugement qu'on appelle tact. Rien n'est plus rare que le tact exquis en musique. Plus l'expression d'un art est vague, plus il est difficile de la saisir. La parole grave en moi l'image ou l'idée; le pinceau la tient sous mes yeux; le son l'indique & s'éteint.

Parmi les qualités propres à l'homme, l'auteur compte la religion, qu'il regarde comme une de ses prérogatives les plus précieuses. Malgré tout ce qu'il en dit & que nous n'ignorons pas, toute religion suppose un Dieu qui s'irrite & qui s'appaise, car s'il ne s'irrite point, ou s'il ne s'appaise pas quand il est irrité, plus de culte, plus d'autels, plus de sacrifices, plus de prêtres. Je n'y verrai donc que le germe fécond des impostures & des haines les plus dangereuses; la corruption de la morale universelle; les transes de la vie, & le désespoir de la mort. Car ce Dieu irascible & placable, qui est-ce qui ne l'a point irrité? Qui est-ce qui est sûr de l'avoir appaisé?

Diderot avoit conçu de bonne heure le plan d'un ouvrage qu'il n'a jamais perdu de vue, & dont le projet avoit même pris plus d'importance dans sa tête à mesure que l'expérience, produit trop tardif du tems, étoit venue confirmer ce que la réflexion lui avoit appris. Il vouloit faire ce qu'il appelloit le *dictionnaire universel & philosophique de la langue* : il a même dispersé dans l'Encyclopédie un grand nombre de matériaux qui devoient servir un jour à la composition de ce vocabulaire par lequel il avoit résolu de terminer sa carrière littéraire. Mais des voyages faits dans un âge où les hommes arrachés, pour ainsi dire, avec violence de la terre dans laquelle ils sont nés, où ils se sont succesivement développés, accrus & fortifiés, subissent bientôt le même sort que de vieux arbres qu'on transplante, avoient tellement affoibli sa santé, qu'il ne se sentit plus la force de reprendre ce travail, un des plus utiles qu'un philosophe puisse se proposer. En effet il

---

(1) Ceci confirme ce que j'ai dit ci-dessus, qu'il étoit assez indifférent pour *Diderot* que le livre qu'il lisoit ou dont il rendoit compte fut bon ou mauvais.

est évident que la signification vague, incertaine ou mal entendue des mots en général, & en particulier des abstraits, & le peu de soin qu'on a, soit dans le discours, soit dans l'argumentation de prendre les mêmes termes dans le même sens, & de les réduire scrupuleusement aux collections déterminées des idées simples dont ils sont les signes, sont une des sources les plus anciennes, les plus fécondes de nos disputes & de nos erreurs, & que la perfection de l'entendement humain tient plus qu'on ne croit à celle de la grammaire. *Diderot*, Helvétius & le docteur Roux avoient donc bien raison d'insister fortement sur la nécessité de ce dictionnaire de la langue que l'académie françoise fait, défait, refait sans cesse, *quasi Penelope telam retexens*; & qui, si elle l'achève un jour, ne sera, ni plus complet, ni meilleur que celui qu'elle a déjà publié. C'est qu'en général, un semblable vocabulaire ne peut jamais être l'ouvrage d'un Corps, moins encore d'une société dans laquelle il n'y a guère que des poètes, des littérateurs très-célèbres, sans doute, mais qu'on pourroit presser, pour ainsi dire, jusqu'à la dernière goutte, sans en tirer de quoi composer sur la langue un ouvrage vraiment philosophique, & tel que *Diderot* & ses deux collegues étoient capables de le faire. Je ne sais même si les savans de Port-Royal qui ont travaillé si utilement sur les langues grecque, latine & françoise auroient eu la sorte de talent nécessaire pour réussir dans cette entreprise; car, selon l'observation d'un excellent juge dans ces matières, tel fait développer toutes les règles de la syntaxe, qui ne feroit pas une ligne de cette grammaire.

On peut voir dans la première édition de l'encyclopédie quelques fragmens épars du travail particulier de *Diderot* sur l'objet en question. C'est à lui qu'on doit presqu'entièrement cette partie de la grammaire qui exige le plus de goût, de finesse & de philosophie, celle des synonimes. Les nuances délicates & imperceptibles qui distinguent la plupart de ces mots, y sont marquées avec une singulière précision, & déterminées par des exemples qui, en fixant dans l'esprit le vrai sens de ces expressions, & l'usage qu'on en doit faire dans la langue écrite ou parlée, y gravent en même tems quelque vérité importante de morale ou de philosophie spéculative.

Beauzée, qu'on pourroit surnommer avec plus de raison peut-être qu'Héraclite, *le ténébreux*; Beauzée, qui écrit avec tant d'obscurité sur une science dont on trouve les principes si clairs & l'étude si facile lorsqu'on lit les articles de du Marsais, a rassemblé quelques uns des synonimes imprimés dans l'Encyclopédie, & les a joints à ceux de l'abbé Girard, dont il a donné une nouvelle édition. *Diderot* à qui il envoya son recueil, le lut avec cet intérêt qu'excite une matière sur laquelle on a beaucoup réfléchi. Cette lecture réveilla en lui plusieurs idées qui y étoient restées comme assoupies: son ancien projet se représenta à son esprit sous le même aspect d'utilité qu'il lui avoit autrefois offert; on peut même juger par les observations suivantes, trouvées sur son exemplaire du livre de l'abbé Girard augmenté par Beauzée, qu'il avoit vu beaucoup plus loin que l'auteur des synonimes, dont il fait d'ailleurs un grand éloge, mais sans dissimuler dans l'occasion (1) le vice de quelques unes de ses définitions.

---

(1) En voici un exemple très-remarquable & qui fait bien regretter que sa santé, déja altérée par quarante ans de travaux & de soins pénibles, & dont son voyage de Russie précipita la ruine, ne lui ait pas permis de suivre l'exécution du projet qu'il avoit formé avant même de publier le prospectus de l'Encyclopédie.

L'abbé Girard avoit dit que l'*abjection* se trouve dans l'obscurité où nous nous enveloppons de notre propre mouvement, dans le peu d'estime qu'on a pour nous, dans le rebut qu'on en fait, & dans les situations humiliantes où l'on nous réduit. La *bassesse*, continue le même auteur, se trouve dans le peu de naissance, de mérite, de fortune & de dignité. Voici sur ce passage des *synonymes*, la note de *Diderot*.

« Observons ici combien la langue seule nous donne » de préjugés, si la dernière réflexion de M. l'abbé » Girard est juste. Un enfant, au moment où il reçoit » dans sa mémoire le terme de *bassesse*, le reçoit comme » un terme qui doit réveiller pour la suite dans » son entendement les idées du défaut de naissance, » de mérite, de fortune, de condition & de mépris: » soit qu'il lise, soit qu'il écrive, soit qu'il médite, » soit qu'il converse, il ne rencontrera jamais le terme » *bassesse*, qu'il ne lui attache le cortege de notions fâcheuses; & les signes grammaticaux ayant cela de particulier, en morale sur-tout, qu'ils indiquent non-» seulement les choses, mais encore l'opinion géné-» rale que les hommes qui parlent la même langue » en ont conçue; il croira penser autrement que tout » le monde & se tromper, s'il ne méprise pas qui-» conque manque de naissance, de dignités, de mérite » & de fortune, & s'il n'a pas la plus haute véné-» ration pour quiconque a de la naissance, des dignités, » du mérite & de la fortune; & mourra peut-être » sans avoir conçu que toutes ces qualités étant indé-» pendantes de nous, heureux seulement celui qui » les possède, il ne mettra aucune distinction entre » le mérite acquis & le mérite inné; & il n'aura jamais » sçu qu'il n'y a proprement que le vice qu'on puisse » mépriser, & que la vertu qu'on puisse louer.

« Il imaginera que la nature a placé des êtres dans » l'élévation, & d'autres dans la *bassesse*; mais qu'elle » ne place personne dans l'*abjection*? que l'homme » s'y jette de son choix, ou y est plongé par les » autres; & faute de penser ces autres font pour » la plupart injustes & remplis de préjugés, la diffé-» rence mal-fondée que l'usage de sa langue met entre » les termes *bassesse* & *abjection*, achèvera de lui cor-» rompre le cœur & l'esprit.

« La piété, dit l'auteur des *synonymes*, diminue les » amertumes de l'état d'*abjection*. La stupidité empêche » de sentir tous les désagrémens de la *bassesse d'état*

Plusieurs mots peuvent avoir une acception générale, commune; cette acception est comme le genre de leur définition, & la nuance fine qui les distingue, en est la différence. Il faut de la justesse pour trouver le genre, de la délicatesse, une grande habitude de la langue pour saisir la différence. L'abbé Girard n'a presque jamais fait que la dernière de ces deux choses. Les philosophes qui depuis ont marché sur les pas de l'académicien ont rempli la tâche en entier. M. Beauzée a publié dans son édition soixante-quatre synonymes nouveaux que l'abbé Girard avoit laissés manuscrits. A ces synonimes il en a réuni une multitude d'autres répandus dans les meilleurs auteurs de la langue; mais aucune source ne lui a fourni avec plus d'abondance que l'Encyclopédie. Il reste cependant encore beaucoup à faire. Un bon vocabulaire général embrasseroit tout l'objet. Au reste l'impossibilité pour un moderne de savoir parfaitement une langue morte, pour un étranger de posséder à fond une langue vivante, est bien évidemment démontrée dans cette sorte d'ouvrages, qui devient d'autant plus nécessaire chez une nation qu'il y a plus de poètes & d'orateurs. Les poètes assujettis aux règles sévères de la versification, & gâtés par l'indulgence qu'on a pour eux, confondent toutes les expressions & selon que la mesure ou la rime l'exigera, ils diront indistinctement d'une femme qu'elle a de la beauté, des charmes ou des appas, quoique ces trois mots aient des acceptions vraiment différentes. Les orateurs sont entraînés de leur côté par l'oreille & le goût de l'harmonie, au sacrifice presque continu de l'expression rigoureuse & propre. Quelqu'habitude qu'on ait de bien parler, la rapidité de la conversation ne permet pas d'observer ces délicatesses minutieuses. Il est donc très-à-propos qu'un homme doué d'un goût exquis & d'un bon jugement s'en soit occupé. L'abbé Girard avoit bien ces deux qualités, du moins on les lui remarque dans ses synonimes. Je ne puis accorder que la seconde à M. Beauzée. Cependant je ne doute point que son édition ne doive être préférée aux précédentes & je recommande aux différens peuples de l'Europe d'aimer assez leurs idiomes pour exécuter à notre imitation un pareil ouvrage, & aux littérateurs étrangers & regnicoles de ne pas négliger la lecture de celui-ci. Ce n'est pas seulement un livre de grammaire, c'est encore par le choix des exemples, un bon livre de morale & sous ce point de vue, presque à mettre sur la même ligne que la Bruyère & la Rochefoucault, avec cet avantage sur ceux-ci que l'instruction n'étant point directe dans l'abbé Girard, elle trouve moins de contradiction à l'entrée du cœur & de l'esprit.

―――――

» L'esprit & la grandeur d'ame font qu'on se chagrine
» de l'un & qu'on rougit de l'autre.

« Et je dis, moi, que les termes *abjection*, *bassesse*,
» semblent n'avoir été inventés que par quelques
» hommes injustes dans le sein du bonheur, d'où
» ils insultoient à ceux que la nature, le hazar!,
» & d'autres causes pareilles, n'avoient pas également
» favorisés; que la philosophie soutient dans l'*abjection*
» où l'on est tombé, & ne permet pas de penser qu'on
» puisse *naître* dans la *bassesse*; que le philosophe sans
» naissance, sans biens, sans fortune, sans place, saura
» bien qu'il n'est qu'un être *abject* pour les autres hommes,
» mais ne se tiendra point pour tel, que s'il
» sort de l'état prétendu de *bassesse* qu'on a imaginé,
» il en sera tiré par son mérite seul; qu'il n'épargnera
» rien pour ne pas tomber dans l'*abjection*, à cause
» des inconvéniens physiques & moraux qui l'accompagnent:
» mais que s'il y tombe, sans avoir aucun
» mauvais usage de la raison à se reprocher, il ne
» s'en chagrinera guère & n'en rougira point. Il n'y
» a qu'un moyen d'éviter les inconvéniens de la *bassesse*
» d'état, & les humiliations de l'*abjection*, c'est
» de fuir les hommes, ou de ne voir que ses semblables.
» Le premier me semble le plus sûr, & c'est celui
» que je choisirois. »

Ses réflexions sur un ouvrage publié à l'occasion de la renonciation volontaire de Rousseau au droit de citoyen de Genève sont d'autant plus importantes, qu'elles peuvent fournir des ouvertures pour arriver à une bonne solution de plusieurs problèmes politiques auxquels la révolution a donné lieu, & qui ne me paroissent pas encore résolus dans toutes leurs conditions. On verra sur-tout par le dernier paragraphe que *Diderot* étoit dans les vrais principes sur la souveraineté inaliénable & imprescriptible du peuple, quelque soit d'ailleurs la nature du gouvernement. J'invite particulièrement les agens du pouvoir exécutif à bien méditer les dernières lignes de ce paragraphe & à se pénétrer fortement des vérités qu'elles renferment: ils en rempliront mieux leurs devoirs, & respecteront davantage les droits sacrés du peuple dont la patience est grande & la vengeance tardive, mais terrible & sûre.

Il m'est tombé entre les mains, dit *Diderot*, un ouvrage intitulé: Représentations des citoyens & bourgeois de Genève au premier syndic de cette république, avec les réponses du conseil à ces représentations. Pour lire cet ouvrage avec attention, il me suffisoit que les questions qu'on y agite, touchassent de très-près à la constitution & à la tranquillité d'un peuple entier, quoique peu nombreux, & d'un peuple que je respecte.

Toutes ces questions se réduisent à celle du pouvoir négatif.

Ce pouvoir consiste dans la prérogative que les chefs s'arrogent de porter au tribunal du peuple ou de mettre au néant, les représentations qui leur sont faites par leurs concitoyens.

J'ai été bien surpris de voir qu'à mesure que ma lecture s'avançoit, le fond de la chose s'obcurciſſoit, & qu'alternativement je changeois d'opinion, donnant tort à ceux à qui je venois de donner raiſon, & raiſon à ceux à qui je venois de donner tort. Ce qui me fait penſer que peut-être ils avoient raiſon & tort les uns & les autres. En effet, il m'a ſemblé :

1°. Qu'il falloit abſolument qu'il y eut dans une république un pouvoir négatif, ſans quoi la tranquillité générale ſeroit abandonnée à des repréſentations extravagantes, ſur leſquelles il ſeroit impoſſible que l'autorité ſouveraine ou populaire put décider, ſans que les citoyens ne fuſſent perpétuellement diſtraits de leurs propres affaires, pour s'occuper ſans ceſſe à s'aſſembler, à diſputer & à ſe diſſoudre pour s'aſſembler, diſputer & ſe diſſoudre encore ; chaque citoyen mettant à ſes demandes une importance digne de l'animadverſion publique.

2°. Que ce pouvoir négatif ne pouvoit réſider que dans les chefs qui ont mérité par leur ſageſſe reconnue le choix de tous leurs concitoyens.

3°. Que ſi ces chefs pouvoient en toute circonſtance mettre au néant les repréſentations de leurs concitoyens, ils diſpoſeroient deſpotiquement des loix, de la conſtitution & de la liberté nationales. Ce qui n'étoit pas ſans inconvénient, malgré le peu de vraiſemblance que des hommes ſages, des magiſtrats annuels ſe portaſſent à des excès tyranniques, même dans le cas où ils ſeroient juges & parties.

4°. Qu'il y avoit donc un tempérament à prendre, & que ce tempérament étoit ſi ſimple qu'il étoit ſurprenant qu'avec un peu de bonne foi, il ne ſe fût préſenté à aucun des deux partis.

5°. Que ce tempérament c'eſt que, puiſque toute repréſentation ne peut être portée au tribunal du peuple, ni miſe au néant par les chefs, ſans quelque inconvénient, il conviendroit qu'on en eſtimât l'importance ſur le nombre des repréſentans qu'on exigeroit tel, qu'il y auroit la plus grande probabilité qu'une demande ſouſcrite par tant de citoyens ne ſeroit ni folle, ni ridicule, & qu'un eſprit factieux réuſſiroit très-rarement à ſe concilier la quantité d'adhérens néceſſaires pour que les chefs ne puſſent pas mettre la repréſentation au néant. Dans un pays où il n'y a aucune puiſſance qui puiſſe ſtatuer définitivement ſur la folie ou la ſageſſe d'une repréſentation, le ſeul moyen qui reſte c'eſt de compter les voix, d'autant plus que je ne vois pas un grand inconvénient à s'aſſembler une fois tous les dix ans pour une ſottiſe, & qu'il n'en eſt pas de même à s'endormir ſur une choſe importante.

6°. Que ce réglement de porter au conſeil ſouverain du peuple les repréſentations ſouſcrites par un certain nombre de citoyens, n'empêcheroit pas les chefs de la république de faire examiner au même conſeil les repréſentations ſignées par un nombre de citoyens inſuffiſant & moindre que celui que la loi auroit fixé, ſuppoſé que le ſujet de ces repréſentations parut aux chefs digne de l'attention du peuple.

Si les génevois ont cette loi, que ne s'y conforment-ils ? s'ils ne l'ont pas, que ne la font-ils !

Cette balance, où je me trompe fort, tranquilliſeroit les eſprits, ſans trop prendre ſur l'autorité des chefs.

Le parti qui ſe refuſeroit à cet arrangement, ſe rendroit à mes yeux très-ſuſpect ou d'indépendance ou de deſpotiſme ; avec cette différence que des vues de deſpotiſme ſeroient bien plus odieuſes dans les chefs, que ne ſeroit le deſir de l'indépendance dans un peuple démocratique, à qui la toute-puiſſance appartient de droit. Quelqu'autoriſés que ſoient les chefs, ce ne ſont toujours que des citoyens & des commis du peuple ; quelque fou que ſoit le peuple, il eſt toujours le maître. C'eſt ſa voix qui élève certaines têtes, qui les rabaiſſe, ou qui les coupe.

―――――

Lorſque l'ouvrage intitulé : *De i delitti e delle pene*, fut traduit en françois. *Diderot* qui avoit lu avec plaiſir l'original, n'approuva pas le travail du traducteur qui, la règle & le niveau toujours en main, avoit cru devoir claſſer méthodiquement les idées de Beccaria, & réunir dans un même chapitre toutes les vues, toutes les penſées relatives au même objet, ſans avoir aucun égard au déſordre ſouvent très-pittoreſque, dans lequel elles s'étoient préſentées à l'eſprit de l'auteur. D'un autre côté *Diderot* doutoit que pluſieurs principes du livre de Beccaria fuſſent auſſi ſolides, auſſi inconteſtables, auſſi directement applicables à tous les cas, à toutes les formes de gouvernement que l'auteur le ſuppoſoit : mais trouvant alors quelque inconvénient à publier ſes réflexions à cet égard ; craignant ſurtout, qu'elles n'affligeaſſent Beccaria qu'il aimoit, & dont il eſtimoit même beaucoup l'ouvrage, quoiqu'à l'exemple des commentateurs d'Homère, il n'en admirât pas toutes les penſées, tous les mots & toutes les ſyllabes ; il ne communiqua ſes objections qu'à quelques amis, & laiſſa jouir en paix l'auteur du *Traité des délits & des peines* du ſuccès mérité de ſon livre.

Pluſieurs années après, Beccaria publia ſes *Recherches ſur le ſtyle*, ouvrage très-médiocre, oublié depuis long-tems, & qui ne méritoit certainement pas les honneurs de la traduction, qu'un homme de lettres, ami de l'auteur, s'eſt trop preſſé de lui accorder. Un ſujet auſſi important, traité par un écrivain déjà célèbre, étoit fait pour piquer la curiosité de *Diderot*; mais il ne trouva rien dans les *recherches* de Beccaria, qui lui parut digne d'être recueilli : il s'en expliqua nettement avec moi, & comme il est assez difficile que le second ouvrage d'un auteur ne réveille quelques-unes des sensations que le premier a fait éprouver, il passa rapidement des *recherches sur le style* au *traité des délits & des peines*. Je m'apperçus à la vivacité, à l'énergie de ses expressions, que les objections qu'il m'avoit autrefois proposées contre cet ouvrage, lui paroissoient mériter un examen très-réfléchi. Je l'invitai à écrire tout ce qu'il venoit de me dire, & le lendemain je reçus les observations suivantes qui ont été (1) insérées depuis dans la correspondance littéraire d'un de ses amis, dont le porte-feuille sera un jour très-recherché de ceux qui s'intéressent aux progrès des lumières, parce qu'il est enrichi d'un grand nombre d'excellens papiers de *Diderot* sur les arts, la littérature & la philosophie.

Recherches sur le style.

C'est un ouvrage traduit de l'italien du marquis Beccaria, auteur d'un autre ouvrage qui a fait ici, & par-tout ailleurs, la plus grande sensation; je parle du *Traité des délits & des peines*, que M. l'abbé Morellet a bien *tué* dans sa traduction, en voulant introduire le protocole de la méthode, dans un morceau où les idées philosophiques, coloriées, bouillantes, tumultueuses, exagérées, conduisent à chaque instant l'auteur à l'enthousiasme. Il n'a pas senti qu'il y a une gradation naturelle plus ou moins rapide entre les sentimens qui s'élèvent au fond de notre cœur; que si l'on détruit cette gradation, le calme succède subitement à la fureur, & la fureur au calme, sans qu'il y ait aucun mouvement qui prépare ou qui sauve ces dissonances morales; la mélodie des sentimens disparoit, & que l'auteur est fou d'une folie que je ne saurois partager avec lui, parce que je n'y suis point imperceptiblement entraîné; c'est une fausse ivresse qui me répugne. Il est une loi de nature, & une loi inviolable & éternelle, c'est qu'on ne peut être pathétique qu'après avoir été sensé; celui qui voudroit commencer par être pathétique ou s'adresser à mon cœur, à mes passions, avant que de s'être adressé à mon jugement, à ma raison, ne seroit à mes yeux qu'un frénétique à qui il prendroit subitement un accès. Je me dirois, qu'a-t-il? A qui en veut-il? que se passe-t-il en lui? Sa tête se dérange-t-elle? Mes amis, apportez vite des cordes; il a été mordu de quelque bête venimeuse. Il falloit donc laisser l'ouvrage de M. Beccaria tel qu'il étoit; ou si l'on se déterminoit à l'assujettir à la méthode, il en falloit absolument supprimer les morceaux de poésie & de verve, ou savoir s'échauffer peu-à-peu & les amener.

Le Traité des délits & des peines a suscité des objections sans nombre; on a dit contre cet ouvrage tout ce qu'il ne falloit pas dire, & rien de ce qu'il falloit dire. J'admire le fond inépuisable d'humanité qui l'a dicté. Je révère l'auteur. J'aime mes semblables autant que lui, & le tissu journalier de ma vie en est, je crois, une assez bonne preuve. Tout ce que j'ai, appartient presque à l'indigent qui le sollicite. Je n'ai ni le cœur dur ni l'esprit pervers; cependant il s'en manque beaucoup que je croie l'ouvrage des délits & des peines aussi important, ni le fond des idées aussi vrai qu'on le prétend. Si les deux réflexions que je vais faire sont justes, j'espère qu'on n'en concluera rien contre la bonté de mon caractère, ni même si elles sont fausses.

On a dit que le salut des peuples est la loi suprême. Si l'on consulte l'histoire ancienne & moderne, si l'on consulte le cœur de l'homme, si l'on jette les yeux sur toutes les contrées de l'univers, on restera affligé; mais on sera convaincu que la loi suprême c'est la sécurité ou le salut de ceux (2) qui gouvernent les peuples. Donc les peines ne peuvent jamais être en raison des délits, mais en raison de la sécurité des maîtres. Il faut vingt ans d'assemblées illicites pour renverser un ministre à Londres; il en faudroit plus d'un cent pour en renverser un à Paris; il ne faut à Constantinople qu'une assemblée illicite d'une nuit, & vingt janissaires pour étrangler un sultan. Les peines décernés contre les assemblées illicites, ne peuvent donc être les mêmes dans ces trois contrées, à moins que ceux qui les gouvernent n'oublient leur sécurité & ne soient fous. Voilà pour le fond du système; venons à l'importance des idées.

---

(1) Il n'en a changé que les premières lignes pour l'instruction des étrangers auxquels la correspondance de son ami étoit particulièrement destinée.

(2) Il faut bien distinguer ici le fait du droit, qui est de ce qui doit être. Il est évident que *Diderot* ne parle que du premier; & sous ce point de vue, sa proposition est rigoureusement vraie & ne souffre même aucune exception; il suffit, pour s'en convaincre, d'en appeller au témoignage incontestable de l'expérience. Mais lorsque, faisant abstraction du fait, & se transportant par la pensée d'un ordre de choses constant & positif dans un ordre purement idéal, au moins jusqu'à présent, on examine simplement le droit, l'objection de *Diderot* n'est plus d'aucun poids; car *dans le droit*, la maxime des anciens *salus populi suprema lex est*, est un principe d'éternelle vérité. La force n'éloigne que trop souvent les rois de cette règle invariable, mais la force aussi les y ramène & leur marque le terme beaucoup trop reculé où finit leur autorité & où la résistance à l'oppression devient légitime, nécessaire & le plus sacré des devoirs.

Il y a environ dix-huit millions d'hommes en France; on ne punit pas de peine capitale trois cent hommes par an dans tout le royaume, c'est-à-dire que la justice criminelle ne dispose par an que de la vie d'un seul homme sur soixante mille; c'est-à-dire qu'elle est moins funeste qu'une tuile, un grand vent, les voitures, une catin mal-saine, la plus frivole des passions, un rhume, un mauvais, même un bon médecin; avec cette différence que l'homme exterminé par une des causes précédentes, peut-être un fripon ou un homme de bien, au lieu que celui qui tombe sous le glaive de la justice, est, au moins, un homme suspect, presque toujours un homme convaincu & dont le retour à la probité est désespéré.

Je demande grace pour ces deux observations; je les confie secrettement à des ames honnêtes & sensées. Je ne rougis point de les avoir faites; mais peut-être craindrois-je de les publier, quoique l'abbé Morellet prétende, & que je pense comme lui, que la vérité est toujours utile & le mensonge toujours nuisible.

Si j'ai parlé jusqu'à présent du Traité des délits & des peines de M. le marquis Beccaria, en revanche, je ne dirai pas un mot de son Traité du style; c'est une ouvrage obscur, d'une métaphysique subtile & souvent fausse, un tissu de loix générales qui fourmillent d'exceptions, des pages sèches & dures, un ouvrage sur le style où il n'y a point de style.

J'aime bien mieux vous exposer ici en peu de mots les bases d'airain sur lesquelles sont appuyées la théorie du style & la comparaison des langues, bases aussi anciennes & aussi durables que la constitution de l'homme; tant que l'homme restera, les principes suivans resteront.

Il y a un ordre nécessaire & essentiel des mots dans la phrase, & de la phrase dans le discours; & cet ordre le voici.

Le tems, le lieu, le motif, l'instrument ou le moyen, la personne qui agit, l'action, le terme de l'action.

Exemple. Il y a dix ans qu'à Notre-Dame, par un motif de vengeance, armé d'un poignard, un jeune homme, ivre d'amour, assassina au pied de l'autel son confesseur qui, retenant le dépôt de sa fortune, l'empêchoit de se marier.

Dans cet exemple on a fait abstraction de l'intérêt, des passions & de l'harmonie; entre les idées il y en a qu'on veut ou fortifier ou affoiblir, & l'on produit ces effets par la place qu'on leur donne dans la phrase.

L'oreille veut être satisfaite; elle le veut d'autant plus impérieusement que l'harmonie ne peut être suppléée par celui qui vous écoute: autre source de l'altération naturelle de la phrase.

La phrase est donc le résultat d'un ordre donné par la nature & modifié selon le but de l'orateur par l'intérêt, les passions & l'harmonie.

Ce que je prononce sur les mots dans la phrase est vrai des phrases dans le discours.

Qu'est-ce donc qu'un traité du style? C'est une exposition de l'ordre naturel & essentiel des idées, & une recherche des altérations introduites dans cet ordre par l'intérêt, les passions & l'harmonie, qui exigent à chaque instant le sacrifice du mot propre & son déplacement dans la phrase naturelle.

Et il n'y a rien dans le discours qui ne se rapporte à ces principes.

Et quelle est la plus belle des langues? Celle qui réunit le plus de moyens de disposer de l'ordre naturel & essentiel des mots dans la phrase sans nuire, soit à l'énergie, soit à la clarté, soit à l'harmonie.

Et cela bien médité, dispense de se fendre la tête à entendre l'inintelligible traité du marquis Beccaria.

L'histoire du parlement, par Voltaire, quoique écrite avec hardiesse, sur-tout si l'on considère le tems d'oppression où elle fut imprimée, ne remplissoit pas l'idée que *Diderot* s'étoit faite d'une histoire politique & philosophique de ce Corps dont, pour l'observer ici en passant, l'entière destruction peut être regardée comme un des bienfaits les plus signalés de la révolution. *Diderot* qui aimoit Voltaire, mais qui aimoit encore plus sa vérité, fit quelques remarques critiques sur son ouvrage; & comme le même objet peut être envisagé sous différentes faces, il joignit à ses remarques des vues très-philosophiques, sur la manière de traiter ce sujet beaucoup plus important alors qu'il ne l'est aujourd'hui. Cette espèce de plan d'une nouvelle histoire du parlement est fortement conçu: toutes les parties en sont bien ordonnées, & l'ensemble présente un aspect imposant. Jamais l'esprit général de ces magistrats alternativement prévaricateurs, intolérans, fanatiques & brouillons, n'a été peint de couleurs plus vives & plus vraies. Le lecteur en va juger.

Histoire du parlement de Paris. Critique de cette histoire.

Cet ouvrage est aussi sûrement de Voltaire qu'il n'est pas de moi. Quel autre que lui sait écrire

écrire avec cette facilité, cette grace, cette négligence? Il s'en défend pourtant & il a raison. Il a trouvé le secret d'offenser le parlement & de déplaire au souverain. Il n'y avoit que deux lignes à effacer & deux mauvaises lignes pour que la cour lui sut le plus grand gré de son travail. Les magistrats haineux se sont tus jusqu'à présent ; mais ils attendent que l'auteur se compromette par quelque indiscrétion, & notre maître n'est malheureusement que trop disposé à en faire. Le ressentiment des Corps ne s'éteint jamais. Quand ils ne peuvent se venger sur la personne, ils se vangent sur les siens, ils se vengent sur la postérité. Il faut n'avoir guère de liaisons dans ce monde-ci, pour se brouiller avec des gens qui ont sur le front un bandeau qu'ils sont maîtres de tirer sur leurs yeux : sur leur genoux une balance qui panche du côté qu'il leur plaît : dans leurs mains un glaive qui tranche des deux côtés : devant eux un livre où ils lisent à leur gré notre destinée ; & entre leurs bras une urne qu'ils secouent & d'où ils peuvent faire sortir à tout moment la perte de l'honneur, de la liberté, de la fortune & de la vie. Je ne répondrois pas que Voltaire ne passât les dernières années de la sienne, comme le fils de l'homme qu'il a tant persécuté, à errer sur la surface de la terre, sans trouver où reposer sa tête. Puisse cette triste prophétie être aussi fausse que toutes celles que les Grotius, les le Clerc, les Calmet, &c., ont commentées avec tant d'érudition, & si peu de jugement & de philosophie !

Souverains de la terre, ne mettez jamais vos loix sous la sanction des dieux, vous ne serez plus maîtres de les révoquer.

Souverains de la terre ne confiez jamais vos priviléges à des corps particuliers, vous ne serez plus maîtres de les revendiquer.

Si vous dites à quelques-uns de vos sujets, rendez la justice en mon nom, ils ne pourront plus souffrir que vous rendiez la justice. Evoquez une cause à votre tribunal, & vous entendrez leur murmure.

Voltaire prouve très-clairement par les faits que nos parlemens d'aujourd'hui n'ont rien de commun avec nos anciens parlemens & nos étatsgénéraux, & que ce ne sont que de simples cours de judicature salariées, dont les prétendus priviléges ne sont que des espèces d'usurpations fondées sur des circonstances fortuites, quelquefois très-frivoles. Un homme plus instruit auroit sans doute traité ce sujet important d'une manière plus profonde. En nous entretenant de l'origine des prérogatives du parlement, il nous auroit fait connoître l'esprit de ce Corps. Nous l'aurions vu mettre à prix la tête d'un Condé, & le conseiller Hévrard évidemment compris dans la même conspiration, rester tranquille sur les fleurs de lys. Nous aurions vu les héritages augmenter ou tomber de prix, selon qu'ils étoient ou n'étoient pas situés dans le voisinage d'un de messieurs. Nous aurions vu ce Corps se faire exiler, refuser la justice au peuple & amener l'anarchie, lorsqu'il s'agissoit de ses droits chimériques, jamais quand il étoit question de la défense du peuple. Nous l'aurions vu intolérant, bigot, stupide, conservant ses usages gothiques & vandales, & proscrivant le sens commun. Nous l'aurions vu ardent à se mêler de tout, de religion, de gouvernement, de guerre, de police, de finance, d'arts & de sciences, & toujours brouillant tout d'après son ignorance, son intérêt & ses préjugés. Nous l'aurions vu insolent sous les rois foibles, lâche sous les rois fermes. Nous l'aurions vu plus arriéré sur son siècle, moins au courant des progrès de l'esprit que les moines enfermés dans les cellules des chartreuses. Nous l'aurions vu fermant les yeux sur le fond, & toujours dominé par l'absurdité des formes. Nous l'aurions vu vendu à l'autorité, la plupart de ses membres pensionnés de la cour, & le plus violent ennemi de toute liberté, soit civile, soit religieuse, l'esclave des grands, l'oppresseur des petits. Nous l'aurions vu sans cesse occupé de réforme, excepté dans la partie de la jurisprudence & des loix qu'il a laissées dans le cahos où il les a trouvées. Nous l'aurions vu poursuivant les honneurs & la richesse à quelque prix que ce fût. Nous l'aurions vu étendant sa protection & ses haines jusqu'à la troisième & quatrième génération. Nous l'aurions vu dans les circonstances incertaines, animé du même esprit que le théologien, pencher presque toujours vers le côté absurde & ridicule. Nous l'aurions vu sous prétexte de conserver les droits de la couronne, s'opposer à l'abolition des loix les plus folles & soutenir le droit d'aubaine, l'indissolubilité des grands fiefs, l'inaliénation des domaines royaux, l'éternité des substitutions. Nous l'aurions vu par une inconséquence inconcevable, traversant l'inquisition & servant la fureur sacerdotale, allumant les buchers, préparant les instrumens de supplice, au gré du prêtre fanatique. Nous l'aurions vu exerçant lui-même l'inquisition dans sa procédure criminelle. Nous l'aurions vu porter dans les fonctions publiques, toute l'étroitesse du petit esprit monastique. Nous l'aurions vu le Corps le plus pauvre, le plus ignorant, le plus petit, le plus gourmé, le plus entêté, le plus méchant, le plus vil, le plus vindicatif qu'il soit possible d'imaginer, s'opposant sans cesse au bien ou ne s'y prêtant que par de mauvais motifs, n'ayant aucune vue saine d'administration & d'utilité publique, aucun sentiment de son importance & de sa dignité, ennemi irréconciliable de la philosophie & de la raison.... Quoi qu'il en soit, cet ouvrage est très-bien fait, très-intéressant, très-agréable à lire, & suffisant pour ceux qui comme vous & moi ne se sou-

cient pas de s'enfoncer dans nos antiquités.....
Voltaire renie cet ouvrage, & l'on y ôte au cardinal de Richelieu le testament qui porte son nom, opinion qui est particulière à Voltaire.

Si l'on compare cette manière large & hardie d'esquisser l'histoire du parlement de Paris avec les discours lâches & flasques qui précédèrent le décret par lequel l'assemblée constituante casse & supprime tous les parlemens du royaume, on sentira l'extrême différence qu'il y a entre ce qu'on peut appeller de la véritable éloquence & des déclamations de rhéteurs.

Mais de tous les ouvrages dont *Diderot* a donné un extrait ou porté un jugement général, celui peut-être sur lequel on sera le plus curieux de savoir son sentiment, c'est l'éloge du dauphin par Thomas. Un orateur philosophe qui fait l'éloge d'un prince, contracte une dette immense envers ceux qui l'écoutent ou qui le lisent ; toutes les fois qu'il n'est pas le plus équitable, le plus inflexible des juges, il est le plus dangereux, je dirois presque le plus vil des corrupteurs, *pessimum inimicorum genus, laudantes*. Il est difficile, sans doute, de se tenir par-tout à une égale (1) distance de la satyre & de l'adulation : mais si cette tâche n'étoit pas pénible, si elle n'exigeoit de celui qui se l'impose que des qualités communes, il y auroit moins de mérite à la remplir. C'est dans ces principes d'une telle rectitude qu'aucune considération ne permet de s'en écarter, qu'il est évident que *Diderot* n'a pas été pour Thomas un censeur trop sévère. Son jugement sera encore une grande & instructive leçon pour ceux que des indifférens ou même des amis viennent consulter sur leurs ouvrages ; ils trouveront dans la conduite ferme, mais honnête & franche de *Diderot*, le modèle de celle qu'ils doivent suivre envers les uns & les autres.

Voici ce que ce philosophe écrivoit à un homme qui autrefois a cultivé les lettres sans les aimer, & qui, dès ce tems même, s'étoit lié avec *Diderot* pour en faire un instrument de sa fortune, comme on prend un bâton pour passer un fossé.

Vous me demandez, mon ami, ce que je pense de l'éloge du dauphin, par M. Thomas. Je ne vous répondrai pas autre chose que ce que je lui en dis à lui-même lorsqu'il m'en fit la lecture.

Jamais l'art de la parole n'a été si indignement prostitué. Vous avez pris tous les grands hommes passés, présens & à venir, & vous les avez humiliés devant un enfant qui n'a rien dit ni rien fait. Votre prince valoit-il mieux que Trajan ? Eh bien, monsieur, sachez que Pline s'est déshonoré par son éloge de Trajan. Vous avez un caractère de vérité & d'honnêteté à soutenir, & vous l'allez perdre. Si c'est un Tacite qui écrive un jour notre histoire, vous y serez marqué d'une flétrissure. Vous me faites jetter au feu tous les éloges que vous avez faits, & vous me dispenserez de lire tous ceux que vous ferez désormais. Je ne vous demande pas de prendre le cadavre du dauphin, de l'étendre sur la rive de la Seine, & de lui faire, à l'exemple des égyptiens, sévèrement son procès ; mais je ne vous permettrai jamais d'être un vil & maladroit courtisan. Si vous & moi, nous fussions nés à la place du dauphin, il y auroit paru peut-être ; nous ne serions pas restés trente ans ignorés, & la France auroit su qu'il s'élevoit dans l'intérieur d'un palais un enfant qui seroit peut-être un jour un grand homme : il ne valoit donc pas mieux que nous ? Or je vous demande si vous auriez le front d'accepter votre éloge ? Personne ne m'a jamais fait sentir comme vous, combien la vérité, ou du moins l'art de se montrer vrai, étoit essentiel à l'orateur, puisque, malgré les choses hautes & grandes dont votre ouvrage est rempli, je n'ai pu vous accorder mon attention. On saura, monsieur, ce qui vous a déterminé à parler, & l'on ne vous pardonnera pas la petitesse de votre motif. Vous vous déshonorerez vous-même ; oui, monsieur, vous vous déshonorerez sans faire aucun honneur à la mémoire du dauphin. Loin de me persuader, de me

---

(1) Il paroît que Tacite ne croyoit pas qu'il fût impossible de trouver ce moyen terme, même sous le règne d'un tyran. Il parle en effet d'un sénateur qui, du tems de Tibere avoit assez bien résolu ce grand problème. « C'est ce qui me force de douter ajoute-t-il, si le penchant des princes pour certaines personnes, & leur aversion pour d'autres est, comme tout le reste, l'effet de la fatalité, & de l'influence de l'astre qui préside à notre naissance ; ou si le destin, laissant quelque chose à notre prudence, ne permet pas de marcher sans honte comme sans péril entre une lâche complaisance, & une roideur qui ne connoit point d'égard ».

Hunc ego Lepidum temporibus illis gravem & sapientem virum fuisse comperio. Nam plæraque ab sævis adulationibus aliorum in melius flexit ; neque tamen temperamenti ægebat, cum æquabili auctoritate & gratia apud Tiberium viguerit. Unde dubitare cogor, fato & forte nascendi, ut cætera, ita principum inclinatio in hos, offensio in illos ; an sit aliquid in nostris consiliis, liceat que inter abruptam contumaciam & deforme obsequium pergere iter ambitione ac periculis vacuum.

Il est, je crois, inutile d'avertir que je n'ai pas prétendu rendre ici l'énergique précision des six dernières lignes de ce passage, mais seulement en exprimer a-peu-près le sens. En lisant souvent Tacite avec cette attention qu'exige l'extrême concision de son style & la profondeur de ses pensées, on parvient à l'entendre : mais on en sent d'autant plus fortement l'impossibilité de le traduire.

toucher, de m'émouvoir, vous m'avez indigné : vous n'avez donc pas été éloquent. Je ne suis pas venu, comme César, avec la condamnation de Ligarius signée; mais il eût fallu s'y prendre autrement pour me la faire tomber des mains. Si votre prince méritoit la centième partie des éloges que vous lui prodiguez, qui est-ce qui lui a ressemblé ? qui est-ce qui lui ressemblera ? Le passé ne l'a point égalé ; l'avenir ne montrera rien qui l'égale. Vous m'opposez des garans éclairés, honnêtes & véridiques de ce que vous dites. Je ne connois point ces garans, je n'en conteste ni la véracité ni les lumières; mais trouvez m'en un parmi eux qui ose monter en chaire à côté de vous, & dire, j'atteste que tout ce que cet orateur a dit est la vérité. Le public réclamera, monsieur; vous l'entendrez, & je ne vous accorde pas un mois pour rougir de votre ouvrage. Si j'avois, comme vous, cette voix qui sait évoquer les mânes, j'évoquerois ceux de Daguesseau, de Sully, de Descartes; vous entendriez leurs reproches, & vous ne les soutiendriez pas. Mais croyez-vous qu'un père qui connoissoit apparemment son fils, puisse approuver un amas d'hyperboles dont il ne pourra se dissimuler le mensonge ? Que voulez-vous qu'il pense des lettres & de ceux qui les cultivent, lorsqu'un des plus honnêtes d'entre nous se résout à mentir à toute une nation avec aussi peu de pudeur ? Et ses sœurs & sa femme ? Pour ses valets, ils en riront. Si j'étois votre frère, je me lèverois pendant la nuit, j'enlèverois cet éloge de votre porte-feuille, je le brûlerois, & je croirois vous avoir montré combien je vous aime. Seul, chez moi, le lisant, je l'aurois cent fois jetté à mes pieds, & je doute que le talent me l'eut fait ramasser. Vos exagérations feront plus de tort à votre héros que la satire la plus amère, parce que la satire auroit révolté, & qu'un éloge outré fait supposer que l'orateur n'a pas trouvé dans les faits de quoi s'en passer. C'est inutilement que vous vous défendez par le prétexte de dire quelques vérités grandes & fortes que les rois n'ont point encore entendues ; ces vérités sont flétries, & restent sans effet par la vile application que vous en faites. Et que penseront les tyrans ? comment redouteront-ils la voix de la postérité ? qu'est-ce qui les arrêtera ? Lorsqu'ils pourront être à eux-mêmes, faisons tout ce qu'il nous plaira, il se trouvera toujours quelqu'un qui saura nous louer. Vous êtes mille fois plus blâmable que Pline. Trajan étoit un grand prince, Trajan vivoit, Pline lui donnoit peut-être une leçon; mais le dauphin est mort, il n'a plus de leçons à recevoir : le moment d'être pesé dans la balance de la justice est venu ; & c'est ainsi que vous tenez cette balance ! Monsieur, monsieur, vous le dirai-je ? Si j'étois roi, je défendrois à tout rhéteur, & spécialement à vous, d'oser écrire une ligne en ma faveur ; & si à la justice de Marc-Antonin, je joignois, malheureusement pour vous, la férocité de Phalaris, je vous ferois arracher la langue, & on la verroit clouée publiquement sur un poteau pour apprendre à tous les orateurs à venir à respecter la vérité.

J'ai entendu du dauphin un éloge qui m'a plu, parce qu'il étoit vrai ; & en voici une courte analyse :

L'orateur n'avoit eu garde de s'ériger en panégyriste. On peut-être le panégyriste d'un roi ; mais il avoit conçu que le rôle contraint, obscur, ignoré d'un dauphin réduisoit l'orateur à celui d'apologiste ; & vous allez voir le parti qu'il avoit su tirer de cette idée.

Il commençoit par plaindre la condition des princes. Il faisoit voir que tous ces avantages, qui leur étoient si fort enviés, étoient bien compensés par la seule difficulté de recevoir une bonne éducation. Il entroit dans les détails de cette éducation difficile, & il demandoit ensuite à son auditeur, ce qu'il auroit été, lui qui l'écoutoit, ce qu'il seroit devenu à la place d'un dauphin.

Ensuite il rendoit compte de l'emploi des journées du dauphin. Il en parloit sans enthousiasme & sans emphase. Puis il demandoit à son auditeur ce qu'il étoit permis de se promettre d'un prince qui avoit reçu le goût des bonnes choses & celui des bonnes lectures.

Il peignoit la dépravation de nos mœurs. Il montroit la foi conjugale foulée aux pieds dans toutes les conditions de la société ; & il interrogeoit son auditeur sur la sagesse & la fermeté d'un prince qui l'avoit respectée à la cour.

De-là il passoit à son respect pour le roi, à sa tendresse pour ses enfans & pour ses sœurs, à son attachement pour ses amis, à son caractère, à son esprit, à ses actions, à ses discours, & à quelques autres qualités domestiques, personnelles & bien connues ; & il en tiroit les pronostics les plus heureux en faveur des peuples qu'il auroit gouvernés.

Il avoit réservé toutes les forces de son éloquence pour le beau moment de la vie de son prince, celui où l'on vit sa patience dans les douleurs, sa résignation, son mépris pour les grandeurs & pour la mort.

Mort, il le montroit seul, abandonné, solitaire dans un vaste palais ; & il demandoit aux hommes, quelle différence alors du fils d'un roi & d'un particulier ?

Après avoir ainsi arraché de moi un assez grand éloge du dauphin, il m'amenoit à lui demander : mais eût-il été un grand roi ? Et il avoit eu le courage de répondre ; je n'en sais rien, Dieu le sait.

Ajoutant tout de suite: qu'est-ce qu'un grand roi? Il disoit: prince, son successeur, écoutez-moi; voici ce que c'est qu'un grand roi, & il faisoit le plus effrayant tableau de la royauté. Ce tableau effrayoit, & par les qualités que l'éminence de la place exigeoit, & par les circonstances multipliées qui en empêchoient l'effet. Puis, revenant à ses auditeurs, il disoit, messieurs, loin donc de verser des pleurs sur la cendre du dauphin, joignons nos voix à la sienne, & remercions avec lui la sagesse éternelle, qui, en l'enlevant d'à côté du trône qui lui étoit destiné, l'a soustrait à la terrible alternative de faire des millions d'heureux ou de malheureux; alternative dont tout le génie, toutes les lumières, toutes les ressources au pouvoir de l'humanité ne peuvent garantir, &c. &c. &c.

Les notices qu'on vient de lire font partie de ce que *Diderot* appeloit ses *miscellanea*, recueil assez considérable, qui suppose une grande variété de connoissances, & qui prouve sur-tout avec quelle facilité son génie s'appliquoit à tous les genres de travail. Il ne faut pas croire néanmoins que les articles de cette collection aient tous la même importance : il suffit que chacun ait celle que sa nature comporte ; c'est tout ce qu'on peut raisonnablement exiger.

Ce seroit ici le lieu de parler de plusieurs ouvrages purement philosophiques qui se trouvent parmi les manuscrits de *Diderot* ; mais j'ai donné, dans les mémoires sur sa vie, une analyse raisonnée de celui de ces ouvrages qui m'a paru le plus profond : j'entre même à ce sujet dans des détails qui ne seront pas sans quelque utilité pour les lecteurs qui s'occupent de ces matières difficiles, & qui, déjà éclairés par leurs propres méditations, seront capables de suivre & de cultiver les idées de ce philosophe.

(Cet article est de M. NAIGEON.)

DIEU, (IDEE DE) Histoire de la philosophie ancienne & moderne.

De tous les métaphysiciens qui ont traité cette matière obscure & difficile, Cudworth est peut-être celui qui l'a fait avec le plus d'érudition, de méthode & de clarté. Il avoit étudié dans les sources l'histoire des dogmes philosophiques des anciens ; on trouve même sur ces points de critique, souvent très-difficiles à éclaircir, des remarques curieuses dans son *véritable système intellectuel de l'univers* publié d'abord en anglois, & traduit depuis en latin par Mosheim.

Ce livre de Cudworth est fort savant & suppose, comme tous les ouvrages des érudits, plus de lecture que de méditation. C'est un recueil immense de passages grecs & latins, & d'arguments captieux enchaînés avec beaucoup d'art : toutes les questions les plus abstruses de la métaphysique y sont agitées & résolues *more theologico*, c'est-à-dire par des principes conformes aux opinions communément reçues parmi les chrétiens. En général Cudworth expose avec assez de netteté quelques-unes des objections des incrédules ; ses réponses ne sont pas toujours celles d'un philosophe profond, & qui a vu sous toutes les faces les différens objets dont il juge : mais ce sont du moins les solutions d'un bon & fidèle croyant. C'est ce qui nous détermine à faire usage de ses recherches & de ses raisonnemens dans l'examen de la matière qui fait le sujet de cet article. Il faut d'ailleurs que le chrétien, le déiste, le sceptique & l'athée trouvent dans une histoire de la philosophie, à-peu-près ce qu'on a écrit de plus solide pour & contre ces différentes opinions ; & Cudworth nous a paru le plus capable de défendre ce que les théologiens appellent *la bonne cause*. Il est aussi subtil, aussi exercé à la dispute que le docteur Clarke, & beaucoup plus instruit que lui des sentimens des anciens philosophes, qu'il auroit exposés plus fidèlement encore, s'il eût été moins prévenu en faveur de leur orthodoxie.

Quelques personnes, peu favorables à la liberté de penser, de parler & d'écrire ; trop promptes sur-tout à s'alarmer des progrès rapides de l'incrédulité, comme si *Dieu* n'avoit pas promis expressément que les portes de l'enfer ne prévaudront pas contre la vérité de l'évangile, se sont plaintes avec assez d'amertume que l'éditeur de ce dictionnaire n'avoit pas une foi aussi robuste que la leur. Mais comme il n'y a aucun principe inné dans l'homme, la foi est nécessairement une idée acquise, comme toutes les autres ; & cette idée, sans doute, ne lui est pas encore venue.

En supposant donc qu'il ait causé quelque scandale aux simples en usant librement du droit que tout homme a de dire sur chaque matière ce qu'il croit utile & vrai ; on va voir par l'article suivant, tiré presque tout entier de l'ouvrage du plus savant & du plus zélé des apologistes de la religion chrétienne, qu'il n'a ni dissimulé, ni affoibli les réponses que les théologiens font aux objections des athées, & qu'en choisissant Cudworth pour soutenir l'arche chancelante, il étoit impossible de la confier en des mains plus sûres & plus dignes de la porter.

Les principales objections, que l'on peut faire contre l'idée que nous avons de Dieu, se peuvent réduire à cinq chefs. Le 1. est que nous n'avons aucune idée de rien, qui ne soit corporel, & dont on ne puisse s'appercevoir par les sens ; ni aucune preuve de l'existence de quelque chose, que celle que les sens nous fournissent : le 2. que puisque ceux qui disent qu'il y a un Dieu, avouent que Dieu est incompréhensible, on peut inférer de là, que c'est un pur néant : le 3. que l'idée que nous avons de Dieu, renfermant l'infinité, elle est tout à fait inconcevable & impossible : le 4. que la théologie est une compilation arbitraire d'idées qui se détruisent l'une l'autre : le 5. que ce que l'on dit de Dieu tire son origine des notions confuses des esprits foibles ou des artifices des politiques.

I. Pour commencer par la première de ces objections, si les sens étoient la même chose que la connoissance & que l'intelligence, tous ceux qui voient de la lumière & des couleurs, & qui sentent du chaud & du froid, auroient une idée claire de la lumière, des couleurs, du chaud & du froid, & l'on n'auroit que faire de philosopher là-dessus. Au contraire, l'esprit n'étant pas satisfait de ce qu'il sait de la nature de ces choses corporelles, même après les sensations les plus vives, s'applique à rechercher ce que ce peut être que ces qualités sensibles ; si elles sont réellement dans les objets, ou si ce sont des sensations de nos ames. Il est visible, que nous ne soupçonnerions rien de semblable, si les sens étoient la faculté la plus relevée qui soit en nous. Aucun sens ne peut juger de cette controverse, parce que l'un ne juge point de l'autre, ni ne corrige point ses erreurs. Tous les sens, considérés comme tels, c'est à dire, comme les instrumens de certaines sensations, sont également fidèles.

Si les athées étoient un peu plus habiles dans la philosophie corpusculaire, qu'ils font semblant de savoir & d'estimer, elle leur auroit appris que les sens ne sont pas la même chose que l'intelligence, ni même les juges de la vérité à l'égard des choses sensibles, puisqu'ils ne pénètrent pas leur essence, ou leur nature considérée en elle-même ; mais qu'ils ne s'apperçoivent que du dehors, & de l'effet qu'il produit sur eux, plutôt que de sa cause. C'est une faculté plus relevée de l'ame ; savoir, la raison ou l'entendement qui juge des sens, & qui en découvre même l'imposture. La raison nous apprend qu'il n'y a rien dans les objets, qui soit semblable à ces idées sensibles qu'ils causent en nous, & qui sont dans notre propre ame. C'est une vérité si évidente, que *Démocrite* lui-même la reconnoissoit, quoiqu'il n'en ait pas fait l'usage qu'il devoit. C'est ce que témoigne *Sextus l'Empirique*, en ces mots.

« *Démocrite*, dans ses canons, assure qu'il
» y a deux sortes de connoissance ; l'une qui
» vient par les sens, & l'autre par l'entendement. Il ne tient pour connoissance que celle
» qui vient par l'entendement, & témoigne qu'on
» s'y peut fier quand il s'agit de juger de ce
» qui est vrai : mais il nomme obscure celle qui
» vient par les sens, & lui ôte la distinction
» assurée du vrai & du faux. »

Il dit mot pour mot : » il y a deux sortes de
» sentimens, dont l'une est véritable & l'autre
» obscure. A l'obscure appartiennent toutes ces
» choses, la vue, l'ouïe, l'odorat, le goût,
» l'attouchement. Mais la véritable est plus cachée
» que celle-ci (1).

Il y a encore un autre fragment remarquable de ce philosophe, que le même *Sextus* nous a conservé : « le doux, l'amer, le chaud, le
» froid, & la couleur, ne sont qu'en opinion.
» Les principes de toutes choses sont les atômes
» & le vuide. Les qualités sensibles, que l'on
» croit exister, n'existent point véritablement ».

Le principal fondement, sur lequel les anciens atomistes se sont appuyés, pour oser parler de la sorte des qualités sensibles ; c'est qu'il n'y a rien dans les corps qui ressemble à ce que nous appercevons, mais seulement de la grosseur, de la figure, de la situation, du mouvement & du repos.

Mais outre cela nous avons des notions intelligibles, qui ne sont produites en nous par aucunes images sensibles. Si quelqu'un en doutoit, il n'auroit qu'à lire une période ou deux dans un livre qu'il entendît, & rechercher en lui-même s'il auroit des idées sensibles qui répondissent à chaque mot qu'il entendroit. Tous ceux qui auront quelque sincérité avoueront d'abord qu'il y a quantité de mots, qu'ils entendent très-bien, & qui ne présentent néanmoins à leur esprit aucune image sensible. Une personne, qui s'étoit inconsidérément engagée dans un sentiment contraire, fut à l'instant convaincue de son erreur, en commençant à lire les offices de *Cicéron* ; car elle fut obligée d'avouer que le premier mot *quamquam*, quoique, étoit très-clair, bien que l'imagination ne nous en présente rien que le seul son de ces deux syllabes.

Mais pour prouver qu'il y a des idées qui ne dépendent pas des sens, nous n'avons qu'à produire la définition de la divinité. C'est *une substance souverainement parfaite, infiniment bonne, sage & puissante, qui existe nécessairement, & qui est la cause de toutes les autres substances*. Il n'y a aucun mot là qui soit inintelligible à un

---

(1). Page 164, contra mathematicos, Ed. Henr. Stephani.
(2) Ibid, page 163.

homme qui entend la langue dont on se sert; & néanmoins il n'y a personne qui puisse dire qu'il y ait aucun de ces mots, à l'occasion duquel il se présente une image sensible à son esprit.

Il n'y a donc que ceux qui n'ont pas assez médité, & qui se laissent entêter par les choses sensibles, qui puissent soutenir que l'on ne conçoit rien que ce qui frappe les sens; & puisqu'il est certain que nous avons des idées de choses qui ne sont point sensibles, il est clair aussi que l'on ne peut pas dire que ce que les sens n'apperçoivent pas n'est rien. Ceux qui sont dans une semblable pensée, à l'égard de la nature divine, doivent dire, pour parler conséquemment, que la vie, la pensée, l'intelligence, la raison, la mémoire, la volonté & les desirs, qui sont des choses très-réelles & de très-grande conséquence, ne sont que de purs mots, sans aucune signification. L'imagination même & le sentiment, selon cette hypothèse, passeroient pour un pur néant; parce qu'on ne s'apperçoit que de leurs objets. Nous ne voyons pas la vision, nous ne touchons pas l'attouchement, & nous n'entendons pas l'ouie. Il est encore moins vrai que nous entendions la vision, ou que nous voyons le goût, & il en est de même des autres sens. Ainsi on ne peut pas dire qu'il n'y a point de Dieu, parce qu'il ne frappe pas nos sens.

Il faut avouer que l'existence d'un corps particulier qui est hors de nous, & que nous considérons actuellement, se fait appercevoir par les sens; mais la certitude de cette existence n'est pas seulement fondée sur les sens, elle l'est aussi sur le raisonnement joint à la déposition des sens. Si les sens étoient la seule preuve de l'existence des corps, il n'y auroit point de vérité, ni de fausseté *absolue*; l'on ne sauroit rien que *par rapport* aux mouvemens qui se font en nous, & l'on ne seroit assûré de rien. Car si notre cerveau est mû intérieurement dans l'absence des objets, comme lorsqu'ils sont présens, & qu'il ne se fasse point d'autre mouvement qui efface ces images, il faut nécessairement que ces objets nous paroissent comme présens. Aussi les images qui nous paroissent en songe, nous sont comme présentes lorsque nous dormons; & les mélancholiques même, ou ceux qui ont une fièvre chaude, les voient en veillant. Il n'y a que la raison qui distingue ces images trompeuses des véritables.

Enfin si on ne veut reconnoître l'existence, que de ce qui frappe les sens, il faut nier l'existence de l'ame & dans nous & dans les autres; parce que nous n'avons jamais touché ni vû rien de semblable. Au contraire nous sommes assûrés de l'existence de nos ames, en partie par le sentiment intérieur que nous avons de leurs pensées, & en partie par ce principe de la raison, que *le néant ne peut pas agir*. Nous nous assûrons aussi de l'existence de l'ame de chaque homme, par les effets qu'elle produit sur son corps & par ses discours. Ainsi, puisque les athées ne peuvent pas nier l'existence des ames, seulement parce qu'elles ne frappent pas les sens, ils ne peuvent pas nier non plus l'existence d'une intelligence parfaite, qui préside sur tout l'univers, à cause de cette raison; & l'existence de cet être paroît par ses effets, dans les phénomènes visibles de ce même univers, & dans ce qui se passe en nous-mêmes.

C'est ce que *Cudworth* dit contre *Hobbes*, & d'autres gens de cette sorte, qui ne veulent rien reconnoître que de corporel. Quelques personnes jugeront peut-être qu'il n'étoit pas besoin de s'arrêter à cela, puisque, pour peu qu'on sache raisonner, on tombe nécessairement d'accord que nous avons des idées de choses qui n'ont rien de sensible, & qui ne sont nullement des chimères. Mais si l'on y prend garde, on trouvera que les doutes des athées, ou de ceux qui ont du penchant à le devenir, ne viennent bien souvent d'autre principe, que de ce que *Dieu* n'est pas une chose sensible, & de ce qu'ils ont un penchant secret à douter de ce qui ne frappe pas les sens.

II. La seconde objection que font les athées, est fondée sur ce que ceux qui croient qu'il y a un *Dieu*, avouent qu'il est *incompréhensible*. Le raisonnement des athées suppose ces deux choses; la première, c'est que ce qui est incompréhensible est tout-à-fait inconcevable; & la seconde que ce dont on ne peut point se former d'idée, n'est rien. On peut leur accorder la seconde, que ce qui est si fort inconcevable qu'on ne s'en peut former aucune idée, n'est rien en soi-même, ou au moins à notre égard. L'ame raisonnable étant en *quelque sens toutes choses πῶς πάντα* comme dit *Aristote*, peut se former des idées de tout ce qui est & de tout ce qui peut être.

Il est certain que nous nous formons des idées de tout ce qui est possible, ou au moins que nous en pouvons former; & que quand nous voyons clairement qu'une chose est contradictoire, nous n'en pouvons former aucune idée. De là vient que nous appellons *possible* tout ce que nous pouvons concevoir, & *impossible* ce que nous ne pouvons concevoir en aucune manière. Voyez ce qu'on a dit là-dessus dans l'*Ontologie*, Ch. XIV.

Mais pour la première, nous la nions entièrement; savoir, que ce qui est incompréhensible soit absolument inconcevable; & lorsque nous disons que *Dieu* est incompréhensible, nous voulons seulement dire que nous n'avons pas une idée complette de sa nature. Il ne s'ensuit pas de ce que *Dieu* est incompréhensible à notre intelligence bornée & finie, qu'il soit entièrement inconcevable à tous égards, & que nous en devions conclure que ce n'est rien. Il est certain que nous ne pouvons pas nous comprendre nous mêmes, & que nous n'avons d'idée complette d'aucune substance; en sorte qu'il reste en chacune diverses choses que nous ne comprenons point.

C'est une vérité, quoique les scepticiens en aient abusé, qu'il y a je ne sai quoi d'incompréhensible ἀκατάληπτόν τι, pour nous dans les moindres substances. Le corps même, que les athées s'imaginent de concevoir si distinctement, parce qu'ils le peuvent toucher, renferme mille difficultés, quand on examine sa nature, dont ils ne sauroient se débarrasser.

On peut dire la même chose à l'égard de quelques accidens, comme de la durée & du mouvement. La vérité est plus étendue que nos ames, & nous en voyons seulement une très-petite partie. C'est là un défaut de la créature, de n'avoir pas des idées exactes & complettes de l'essence des choses; ce qui nous doit conduire à la connoissance d'un être intelligent, élevé au dessus de tout l'univers, & de qui nous dépendons. C'est pourquoi si nous n'avions d'idée, que de ce que nous comprenons parfaitement, nous n'aurions d'idée d'aucune substance. Mais quoique nous ne pénétrions pas tout, néanmoins nous ne pouvons nous former des idées assurées des êtres que nous connoissons. Il en est de même de la connoissance que nous avons de la nature divine. Encore que nous ne puissions pas épuiser l'infinité de ses perfections, nous pouvons nous former l'idée d'un être souverainement parfait, autant que notre imperfection le peut permettre; comme nous pouvons nous approcher d'une montagne, & la toucher de nos mains, quoique nous ne puissions pas la renfermer entre nos bras.

Il est vrai que la divinité est plus incompréhensible que quoique ce soit que nous connoissons; mais cela vient de la suprême grandeur de sa perfection, que nous ne pouvons pas renfermer dans une idée qui nous soit proportionnée. On peut dire que c'est cela même qui rend la connoissance de *Dieu* plus facile. Comme le soleil, par son éclat excessif, éblouit notre foible vue, mais qu'il est aussi beaucoup plus visible que les *étoiles nébuleuses* : de même on peut mieux connoître ce qui a plus de perfections, quoique l'infinité de ces perfections confonde notre entendement; ce qui fait que nous trouvons une espèce de ténèbres dans la source de toutes les lumières.

Tant s'en faut que l'on puisse tirer un argument contre l'existence de *Dieu*, de ce que sa nature est incompréhensible, qu'il est au contraire très-assuré que s'il n'y avoit rien qui fût incompréhensible pour nous, qui ne sommes qu'une très-petite partie de l'univers & comme un atôme, qu'il n'y eût aucun être que nous ne pénétrassions parfaitement, on en pourroit conclure qu'il n'y auroit aucun être absolument & infiniment parfait; c'est à dire, qu'il n'y auroit point de *Dieu*. Car il est certain qu'il y a de la proportion entre ce que nous entendons parfaitement, & nous. C'est pourquoi il ne se peut pas faire que des êtres limités & imparfaits aient une idée exacte & complette de ce qui est infiniment & absolument parfait.

III. La troisième difficulté des athées est que l'*infinité*, qui selon notre Théologie est renfermée dans l'idée de *Dieu*, & unie avec tous ses attributs, est tout-à-fait inconcevable, & que par conséquent, il est impossible qu'il y ait un être infiniment parfait. Les athées modernes se sont beaucoup servis de cette objection; & un auteur, qui leur est favorable, dit ouvertement que ceux qui attribuent l'infinité à quelque chose, donnent un nom qu'ils n'entendent pas à une chose dont ils n'ont point d idée : *rei quam non capiunt, attribuunt nomen quod non intelligunt.*

On peut remarquer en général, contre cette objection, que nos athées modernes ne s'accordent point avec les anciens; qui étoient si éloignés de croire qu'il n'y a rien d'infini, qu'*Anaximandre* disoit que le principe de toutes choses étoit l'infini, ἄπειρον, c'est à dire, une matière infiniment étendue, éternelle & destituée de toute vie & de toute intelligence. *Démocrite* & *Epicure* établissoient aussi une infinité numérique d'atômes & une infinité de mondes. Ils étoient si éloignés de croire l'infinité une chose impossible & un non-être, qu'ils en étoient au contraire fortement entêtés.

Mais pour venir, à la chose même, quand on douteroit s'il y a un *Dieu*, ou non; il faudroit néanmoins reconnoître, comme une vérité aussi indubitable que quoi que ce soit que l'on enseigne dans la géométrie, qu'il y a eu quelque chose d'infini en durée, ou d'éternel & sans commencement; parce que s'il y avoit eu un tems auquel il n'y eût rien eu, rien n'auroit jamais été; selon cet axiome indubitable, *que rien ne vient de rien*. S'il y a donc toujours eu quelque chose, il faut qu'il y ait eu un être infini en durée, ou sans commencement. Ainsi on ne peut sans folie nier l'existence d'un *Dieu*, comme s'il étoit impossible qu'il y eût une durée sans commencement; puisqu'il est impossible que cela ne soit.

Il me paroît presque inconcevable qu'il y ait

des gens si aveugles, ou si infatués des principes des athées, qu'ils puissent croire sincerement qu'il y a eu un tems auquel il n'y avoit rien ; mais qu'ensuite la matière vint, je ne sai comment, à exister, d'où tout ce qui est dans le monde est sorti. De cette hypothèse il s'ensuivroit qu'il pourroit arriver que la matière viendroit à retourner dans le néant, & qu'ainsi il n'y auroit plus rien ; car ce qui a pu commencer à exister sans cause, peut périr de même. Il faut donc reconnoître que les athées ou sont extrèmement stupides, s'ils croient que ni *Dieu*, ni la matière, ni quoique ce soit n'a existé de toute éternité ; ou qu'ils sont étrangement entêtés, s'ils soutiennent que la matière est éternelle, ou sans commencement, & s'ils disent ensuite qu'on ne sauroit concevoir comment *Dieu* est éternel, puisqu'ils attribuent cette même propriété à la matière.

Néanmoins nous accorderons à nos athées modernes ces deux choses.

La première est que nous ne pouvons pas imaginer l'infini, parce que nous n'en avons jamais eu aucune sensation, ni un nombre infini, ou une grandeur infinie ; & que nous pouvons encore moins imaginer une durée, ou une puissance infinie.

La seconde, c'est que comme nous ne pouvons nous former d'image d'aucun infini, il n'y a aucune infinité que l'entendement humain, qui est fini, puisse comprendre ; mais puisque l'on peut prouver, avec une évidence mathématique, qu'il y a quelque chose dont la durée est infinie, ou sans commencement, & aucun athée qui ait quelque jugement ne peut le nier, nous en concluons la fausseté de deux de leurs théorêmes ; c'est que ce dont nous ne pouvons pas former d'image sensible, ou que nous ne pouvons pas comprendre parfaitement, n'est point ; & il faut qu'ils avouent qu'il y a quelque chose qui existe réellement, & qu'ils ne sauroient néanmoins imaginer ni comprendre parfaitement.

On peut même aller plus loin, & dire qu'à l'égard de l'infinité du nombre, de l'étendue corporelle, & de la durée successive, non-seulement nous n'en avons aucune image sensible, mais même aucune idée intelligible. Car encore qu'il soit vrai qu'*Aristote* nomme quelquefois le nombre *infini*, on ne peut entendre sa pensée que dans un sens négatif comme celui-ci, c'est qu'on ne peut jamais venir à la fin des nombres, par le moyen de l'addition ; en sorte qu'on n'y puisse plus rien ajouter. C'est la même chose que s'il avoit dit qu'il n'y a point de nombre qui soit actuellement infini, selon la définition de l'infini qu'il donne ailleurs, où il dit que c'est ce à quoi on ne peut rien ajouter. Il ne peut pas non plus y avoir une infinité de grandeur corporelle, non-seulement parce que, s'il y en avoit une, ses parties seroient infinies en nombre ; mais aussi parce que comme il n'y a point de nombre si grand qu'on n'y puisse ajouter quelque chose, de même il n'y a point de corps d'une si vaste grandeur, qu'on n'en puisse concevoir un plus grand. Outre cela l'addition des grandeurs finies que l'on peut y ajouter, n'est pas capable de former un infini.

Il est vrai qu'on a beaucoup parlé d'un espace infini au delà de ce monde fini ; & quelques uns prétendent que c'est un corps infini, pendant que d'autres veulent que ce soit un infini immatériel. Mais tout ce qu'on peut prouver sur ce sujet, c'est que de quelque étendue que soit le monde fini, on y peut toujours ajouter, & que *Dieu* le peut grossir à l'infini. Il semble que l'on confonde cette *infinité potentielle*, selon laquelle la grandeur du monde peut toujours être augmentée, avec un espace *actuellement infini* ; au lieu qu'au contraire il faudroit reconnoître le monde fini, parce qu'on y peut toujours ajouter quelque chose. C'est pourquoi nous concluons à l'égard de la grandeur, comme nous avons fait à l'égard du nombre, c'est qu'il n'y a point d'infinité actuelle d'étendue.

Enfin nous disons la même chose touchant la durée successive, c'est qu'il n'y en a point d'infinie ; non-seulement pour la raison que nous avons dite, mais parce que, dans cette supposition, il y auroit toujours eu un tems passé infini qui n'auroit jamais été présent ; au lieu que tous les momens du tems passé doivent avoir été présens, & que, si cela est, ils doivent tous, excepté un seul, avoir été futurs ; d'où il s'ensuivroit qu'il y auroit eu un premier moment, ou un commencement de tems. Ainsi le monde ne peut pas avoir été infini dans sa durée passée, ou éternel & sans commencement.

Cette matière de l'*infini* & de l'*infinité*, est pleine de difficultés, & bien des gens n'entreront pas tout-à-fait dans la pensée de notre auteur. Il est vrai que nous ne pouvons ni imaginer la divinité, ni avoir une idée intelligible & complette d'un être infini ; mais nous pouvons avoir au moins une idée *négative* de l'infinité en pensant à une grandeur que nous ne pouvons pas épuiser, en y retranchant à l'infini, en sorte que nos diminutions, quelles qu'elles puissent être, laissent toujours cette grandeur également inépuisable ; ou qu'après avoir fait telles diminutions qu'il nous plaira, nous ne soyons pas plus proches de la fin, qu'avant que nous en eussions fait aucune. J'ôterai, par exemple, tel nombre qu'il vous plaira de particules à une masse de matière, & je pourrai continuer à la diminuer pendant toute l'éternité, sans jamais venir à la dernière particule.

ticule. C'est ce que l'on appelle *la divisibilité de la matière à l'infini*, & que l'on démontre mathématiquement. Si l'on dit que l'on peut ajouter à ce nombre, & que par conséquent il est fini ; je nie la conséquence, & je dis que deux corps, où il y a un nombre infini de particules, ne forment pas un infini plus grand joints ensemble que séparés ; parce que chacun d'eux n'est pas moins divisible à l'infini séparément, que joints ensemble. Ainsi je puis dire qu'il y a dans chaque corps un nombre actuellement infini de particules, puisque jamais je ne puis venir à la dernière, de quelque grandeur que soit le corps que j'entreprends de diviser.

Je dis la même chose de l'espace, ou de la pure étendue, & je soutiens que personne ne peut s'en former une idée bornée, ou l'idée d'une étendue, au-delà de laquelle il n'y en ait plus. Je soutiens encore qu'en marchant en ligne droite, pendant toute l'éternité, on ne viendroit jamais à un lieu au-delà duquel il n'y ait point d'espace ; ou au moins que nous ne le pouvons pas concevoir. Il y a donc une étendue réellement infinie, quoiqu'il soit vrai que nous ne pouvons pas l'imaginer, ni nous en former une idée positive.

A l'égard de la durée infinie, je réponds au raisonnement de *Cudworth*, que j'en dis la même chose que des autres sortes d'infinités, & que je puis concevoir un espace de tems borné par le présent, mais qui n'a point de commencement, quoique ses parties soient successives. On en pourroit soustraire, pendant toute l'éternité, des millions d'années, si l'on veut, sans être plus près de la première, qu'avant que d'avoir fait aucune soustraction ; parce qu'il n'y a point de première année. Ajoutez-y au contraire tout ce qu'il vous plaira, le tems écoulé ne sera pas plus infini. Pour l'argument qu'il fait, il est certain que tous les momens passés ont été une fois futurs ; on ne peut concevoir la chose autrement ; mais en considérant l'éternité, on ne peut venir, par la pensée, à aucun tems, avant lequel on ne voie un passé infini, & un avenir infini après lui. On ne peut pas dire que l'on peut distinguer les momens, qui ont été futurs, du premier moment, car il n'y a point ici de premier moment. En rétrogradant du moment auquel nous sommes, nous trouverions, pendant toute l'éternité, des momens passés qui auroient été futurs & présens, sans venir jamais à un premier. Je sai que l'on fait beaucoup de difficultés sur cette matière, lesquelles on ne sauroit résoudre parfaitement ; mais cela vient de ce que nous n'avons, comme je l'ai déjà dit, qu'une idée *négative* de l'*infinité*, au moins qui soit claire. Nous savons que c'est une grandeur qu'on ne peut pas épuiser, mais nous ne comprenons pas la chose en elle même.

Philosophie anc. & mod., Tome II.

En cette occasion, comme par-tout ailleurs, ayant une démonstration fondée sur des idées claires, qui nous montre qu'on doit recevoir une chose que nous ne comprenons pas bien, & sur laquelle par conséquent on nous peut faire bien des questions que nous ne saurions résoudre ; toutes ces difficultés ne détruisent pas la démonstration ; elles prouvent seulement que nous n'avons pas une idée complette de la chose prouvée, ce qui est très-véritable. Ainsi toutes les difficultés que l'on peut faire contre l'infinité des parties des corps & de l'espace, ne détruisent nullement les raisons que nous avons de croire cette infinité, quoique nous ne la comprenions pas. Je ne crois pas d'ailleurs que les athées puissent tirer aucun avantage de ce que je viens de dire ; non plus que des sentimens de *Cudworth*, qui continue de la sorte.

Un athée croira, parce que j'ai dit que le monde ne peut pas être éternel, d'une éternité successive, qu'on en peut tirer cette conséquence, que *Dieu* ne l'est pas aussi. Mais au contraire, cela nous fournit une démonstration claire de l'*existence* de *Dieu* ; car puisque la durée passée du monde ne peut pas être infinie, il y a quelque être qui a exîté auparavant, & à qui le monde doit son origine. Notre auteur s'appuie même sur l'idée platonicienne de l'éternité sans succession ; mais comme on n'entendroit pas ce qu'il en dit à moins qu'on ne s'étendît davantage, on passera cet endroit. Voyez ce qu'on en a dit dans l'*Ontologie*, ch. v.

On a vû, dit notre auteur, par les choses que l'on a dites de l'*infinité*, que ce mot n'est point un vain son, comme le prétendent quelques athées, mais une propriété très-réelle. Ils attaquent principalement la *puissance infinie* de *Dieu*, qu'ils prétendent n'être qu'un attribut chimérique, que les hommes effrayés par la superstition donnent à l'objet de leur culte. Selon eux, toute-puissance est finie ; sur quoi ils citent quelques vers de *Lucrèce*, qui attaquent ouvertement la toute-puissance de la divinité.

Premièrement, il faut remarquer que les athées donnent communément une fausse idée de la toute-puissance de *Dieu*, afin de la tourner ensuite en ridicule. Ils prétendent que l'on entend par-là la puissance de tout faire, sans en excepter même les choses les plus contradictoires. Il est vrai que les enfans peuvent en avoir une semblable idée, & il est vrai encore que *Descartes*, qui a été d'ailleurs un homme d'une grande pénétration, a dit que toutes choses, & même la nature du bien & du mal, du vrai & du faux, dépendoient de la volonté arbitraire de *Dieu*, & que, s'il avoit voulu *deux & deux ne seroient pas quatre, ni les deux angles d'un triangle ne seroient pas égaux à deux*

G g

droits. Il ajoute feulement que ces chofes ayant été une fois établies par un décret de *Dieu*, elles deviennent immuables, non pas à l'égard de *Dieu*, comme je croi, mais feulement au nôtre.

Il n'y a aucun paradoxe, (1) dans l'antiquité, plus déraifonnable que celui-là, & fi quelqu'un vouloit accufer *Defcartes* de n'avoir pas cru qu'il y ait un *Dieu*, mais d'en avoir feulement fait femblant, cette penfée ferviroit infiniment à donner de la couleur à fon accufation. C'eft attribuer à la divinité une propriété, qui eft incompatible avec les autres, comme avec l'intelligence & la fageffe infinies. Car fuppofer que *Dieu* eft *intelligent* & *fage*, feulement par *fa volonté*, c'eft la même chofe que dire qu'il n'a aucune *intelligence*, ni aucune *fageffe* ; fa volonté étant libre, & pouvant par fon changement faire changer fa *fageffe*, & la faire confifter en des chofes tout oppofées à celles dans lefquelles elle confifte préfentement. C'eft pourquoi lorfque nous difons que *Dieu* eft tout-puiffant, nous ne prétendons pas dire qu'il peut détruire la nature intelligible des chofes comme il veut ; ce qui feroit la même chofe que dire, qu'il n'a ni intelligence, ni fageffe, qui font néanmoins la régle & la mefure de fon pouvoir. Nous prétendons feulement dire que *Dieu* peut faire tout ce qui eft poffible, tout ce qui eft concevable, ou qui n'implique pas contradiction.

Mais les athées regardant *l'infinité* de *Dieu*, comme quelque chofe d'inconcevable, il faut tâcher de la rendre un peu plus facile. Je dis donc que *l'infinité* n'eft autre chofe que la *perfection*. Une *intelligence infinie* n'eft qu'une *connoiffance parfaite*, qui n'a aucun mélange d'ignorance, & qui connoît tout ce qui peut être connu. De même une *puiffance infinie* peut faire tout ce qu'un entendement infini conçoit, & pas davantage ; car l'intelligence eft la mefure de la puiffance, & tout ce qui eft inconcevable à *Dieu*, comme ce qui eft contradictoire, n'eft pas l'objet de fa puiffance. Enfin *l'infinité de fa durée* ou fon *éternité*, n'eft réellement autre chofe qu'une perfection qui renferme l'exiftence néceffaire & l'immutabilité de *Dieu*. Il eft non feulement contradictoire que cet être ceffe d'exifter, mais même qu'il n'acquière rien de nouveau, ou qu'il perde quelque chofe de ce qu'il a par la continuation de fon exiftence. Néanmoins cet être comprend les différences du paffé, du préfent & de l'avenir. L'*infinité* étant le fuprême degré de la perfection, rien de ce qui renferme quelque imperfection ne peut être véritablement infini ; & tel eft le nombre, la grandeur corporelle, & la durée fucceffive. Ces chofes n'ont que l'apparence de l'infinité, *mentiuntur infinitatem*, parce qu'on leur peut toujours ajouter ; mais elles ne l'égalent jamais.

On a déjà dit auparavant quelque chofe de ces fortes d'*infinités*, qui fe trouve oppofée à ce que dit notre auteur. On peut encore remarquer ici que pourvu que l'on dife que *Dieu* exifte néceffairement, qu'il ne perd, ni n'acquiert rien dans la continuation de fon exiftence ; & que l'addition, ou la fouftraction de cent millions d'années ou de quelque durée infinie que ce foit ne le rend ni plus vieux, ni plus jeune ; on n'ôte rien, ce me femble, à la fouveraine perfection de *Dieu*, quoique l'on conçoive fa durée comme fucceffive. Si l'on examine l'idée que l'on a de la durée, on verra qu'il n'eft pas en notre puiffance de la concevoir autrement. La durée n'eft que la continuation de l'exiftence, & toute continuation eft néceffairement fucceffive. Qui peut concevoir que *Dieu* a continué d'exifter avec le monde, & que néanmoins le moment auquel *Dieu* exifte préfentement eft le même que celui auquel il exiftoit quand le monde commença à être par fa volonté ? Pour moi, j'avoue que je n'y comprends rien du tout ; & je crois que ce qui a fait que *Platon* & d'autres ont dit, que l'éternité n'étoit qu'un perpétuel préfent, n'a été que la crainte qu'ils avoient, qu'en admettant une fucceffion, on n'admît les imperfections qui fe trouvent dans la durée fucceffive des créatures, dont les momens ne font pas néceffairement liés les uns aux autres, & pendant laquelle elles perdent ou acquièrent quelque chofe. Mais ôtez ces imperfections, je ne vois pas ce que la fucceffion de la durée, qui dans le fond n'eft que la continuation de l'exiftence, peut renfermer d'imperfection. Que les philofophes examinent cette matière fans préjugés. Ecoutons maintenant ce que notre auteur continue à nous dire.

Il paroît, dit-il, évidemment par l'idée que nous avons de l'*imperfection*, qui nous eft fi familière, que nous avons auffi une idée de la *perfection*. La *perfection* eft la mefure de *l'imperfection*, comme une ligne droite eft la regle d'une courbe. La *perfection* n'eft pas un défaut de *l'imperfection*, mais la feconde eft un défaut de la première ; de forte que l'on doit concevoir la *perfection* avant *l'imperfection*, comme la lumière avant les ténèbres. Outre cela, nous voyons divers degrés de perfection dans l'effence des chofes ; comme, par exemple, dans les chofes inanimées & animées, dont les fecondes nous paroiffent plus parfaites que les premières. Celles qui jouiffent de la raifon nous paroiffent auffi d'un degré plus relevé, que celles qui ne font que fentir. Ces différens

---

(1) Il y a bien de l'apparence que Defcartes parloit ainfi par politique. *Voyez* les chap 4, & 14, de l'Ontologie.

degrés ne peuvent pas aller à l'infini, il faut qu'ils s'arrêtent à la nature qui possède toutes sortes de perfections, dans le plus haut degré qu'il soit possible. Enfin nous ne pourrions pas connoître d'imperfection, dans les choses les plus parfaites que nous connoissions par les sens & par l'expérience, si nous n'avions pas une idée de ce qui est absolument parfait, que nous comparons secrétement avec ce à quoi il manque quelque chose. On peut ajouter à cela qu'on ne connoitroit pas ce qui est moins parfait, en chaque espèce, si l'on n'avoit une idée de ce qui est plus parfait en ces mêmes espèces.

C'est pourquoi l'*infini* étant le même que l'*absolument parfait*, nous avons une idée du dernier antérieure à celle de l'autre, & quoique le mot d'*infini* soit *négatif* dans sa forme grammaticale, il signifie quelque chose de *positif*; & le *fini* est plutôt une négation de l'*infini*.

Quoique le rapport que notre auteur trouve entre le *fini* & l'*infini*, soit véritable, à les considérer en eux-mêmes, il y a bien plus d'apparence que notre esprit commence par le *fini*, ou ce qui n'a qu'un certain nombre de propriétés, & cela dans un degré limité, & qu'il s'élève par degrés à ce qui possède toutes les propriétés de toutes choses, sans aucune inperfection. Ceux qui se consulteront eux-mêmes, plutôt que ce que Platon a dit des idées sans le prouver, en tomberont d'accord. L'auteur a néanmoins raison de conclure de ce qu'il a dit, qu'assurer qu'il y a un *être infini*, c'est la même chose qu'assurer qu'il y a un être absolument parfait, qui est l'auteur de toutes choses.

IV. Venons présentement, continue-t-il, à la quatrième objection des athées, que la théologie n'est qu'un recueil d'opinions incertaines, qui ne s'accordent pas les unes avec les autres.

On ne peut pas nier que quelques théologiens des derniers tems n'aient étendu la puissance de *Dieu* à des choses contradictoires, comme à faire qu'un seul corps fût en plusieurs lieux à-la-fois; & qu'il n'y en ait d'autres qui lui ont donné des attributs opposés les uns aux autres qu'ils ont pris pour des perfections. Ainsi, quoique les théologiens soutiennent communément qu'il y a une justice & une sainteté naturelles, dans la divinité; quelques-uns néanmoins prétendent que la divinité n'est pas déterminée à agir par une loi antécédente, ou par la nature de la justice, mais que quoi qu'elle veuille, cela devient juste, parce qu'elle le veut. C'est ce qu'ils appellent le *droit souverain de Dieu*, & qui, selon eux, est une grande perfection.

Il est certain que ces deux choses sont contraires; savoir, *qu'il y a quelque chose, qui de sa nature est juste ou injuste*, ou *qu'il y a une sainteté naturelle en Dieu, & que la volonté arbitraire de la divinité est la règle du juste & de l'injuste.*

Il y a encore des théologiens, qui disent que *tout ce qui est en dieu est dieu*, & qui croient que c'est-là une de ses perfections. Cependant ces gens-là ne laissent pas de soutenir que *Dieu* est si fort libre, que tout dépend de sa volonté. Ils se contredisent visiblement en cela, & encore en ce qu'ils ôtent à *Dieu* le pouvoir d'agir extérieurement, & appercevoir ce qui se fait ici dans la succession du tems. Mais il ne s'ensuit pas des contradictions des théologiens qui se trompent, que la théologie elle-même soit pleine de contradictions, & qu'elle ne renferme aucune vérité philosophique.

Il est certain qu'il n'y a aucune idée véritable, qui puisse renfermer une contradiction; comme les idées d'un triangle, d'un quarré, d'un cube, ou d'une sphère ne pourroient pas renfermer une contradiction, & être les idées de figures possibles. Il n'y en peut non plus avoir aucune, dans l'idée d'un être tout parfait. Il est vrai que l'idée de *Dieu* paroît une idée composée des divers attributs qu'on lui donne, & que si ces attributs se détruisoient l'un l'autre, cette contradiction rendroit le tout un pur non-être. Ainsi un triangle, dont les trois angles sont plus grands que deux droits, est contradictoire & inconcevable. On n'en a aucune idée, c'est un pur néant. Mais les attributs, dont l'idée de *Dieu* est composée, sont des propriétés que l'on peut toutes démontrer de l'être tout parfait, comme on démontre les propriétés d'un triangle, ou d'un quarré; & elles ne sont incompatibles, ni avec l'essence divine, ni entre elles-mêmes.

Non-seulement il n'y a point d'incompatibilité entre les véritables attributs de *Dieu*, mais ils sont même si étroitement liés ensemble, qu'ils sont inséparables. Il ne peut pas y avoir une chose infinie en sagesse seulement, ni une autre infinie en puissance seulement, ni enfin une autre infinie en durée seulement. Un seul être possède lui seul ces trois propriétés. La vérité est, que ces attributs de la divinité, ne sont que des idées incomplettes d'un seul & même être très-simple & très-parfait, considéré à divers égards, parce que l'entendement humain ne le peut pas concevoir autrement.

Ainsi il faut que les attributs de *Dieu*, comme les athées le disent, soient un amas de propriétés inconcevables & impossibles, ou de simples marques extérieures d'honneur & de respect, que des esprits, brouillés par la superstition & par la crainte, rendent à un être chimérique, qui ne soit qu'une fiction de leur cerveau. Il n'y a rien dans l'idée véritable de *Dieu* & de ses attributs, que l'on ne puisse démontrer d'un être tout parfait : & l'on n'y peut rien ajouter, ni rien retrancher; non plus qu'on ne peut rien ajouter, ni retrancher à l'idée claire d'un quarré, ou d'un triangle, sans détruire sa nature. Nous ne nions pas qu'il n'y ait quelques personnes, qui par superstition ou flatterie (car il y a des gens qui sont, comme parle saint-Jérôme, *Stulti adulatores Dei*, des flatteurs insensés de *Dieu*) lui attribuent des choses qui sont incompatibles avec sa nature, sous prétexte de l'honorer, en exaltant sa puissance & sa souveraineté sur ses créatures. Ces gens-là le deshonorent infiniment, en le représentant comme un être qui n'a rien d'aimable.

S. *Jérôme* a imité dans l'expression qu'on en vient de rapporter, *Plutarque*, qui a fort bien dit des superstitieux : *ils ont peur des Dieux, & ils ont leur refuge à eux. Ils les flattent & les injurient. Ils leur font des vœux, & ils les blâment*. On trouve aussi une semblable idée dans la IV. harangue de *Maxime de Tyr*.

Les *Thomistes*, qui, sous prétexte de rendre les hommes dépendans de *Dieu*, le font l'auteur de leurs actions, autant mauvaises que bonnes, détruisent, sans y prendre garde, la sainteté de *Dieu*, en lui faisant, s'il est permis de parler ainsi, de mauvais complimens. Ils anéantissent aussi la justice de *Dieu*, par le même principe, en supposant que *Dieu* punit, & punit de supplices éternels, des fautes dans lesquelles il a concouru; ensorte que les créatures n'ont pas pu ne les pas commettre, supposé ce concours qu'ils lui attribuent dans toutes leurs actions.

A l'égard de ceux qui sont dans de semblables pensées, il faut avouer que l'idée de *Dieu* est une idée pleine de contradictions; puisqu'ils le font en même-tems saint & agissant contre la sainteté, juste & faisant la plus grande injustice que l'on puisse imaginer. Mais Jésus-Christ, ni ses apôtres, qui sont les seuls maîtres du christianisme, ne nous ont rien enseigné de semblable. Les premiers chrétiens ont aussi été fort éloignés de ces pensées. Ainsi on ne sauroit les regarder comme une partie de la religion chrétienne sans injustice. Mais écoutons notre auteur.

V. Ceux qui prétendent, dit-il, qu'il n'y a point de *Dieu* sont obligés de nous apprendre d'où vient que les hommes ont cru généralement qu'il y en a un, & qu'en tous tems & en tous lieux on a eu du penchant à la religion; si cela ne vient pas en conséquence de certaines lumières qui sont communes à tous les hommes. Les athées croient pouvoir rendre raison de cela, en disant que cela vient en partie de la timidité des hommes, & de l'ignorance où ils sont des causes; & en partie de l'adresse des législateurs, qui se sont voulu soumettre les peuples par-là.

Comme c'est en ceci que consiste la cinquième difficulté des athées, & qu'ils croient triompher en cette occasion, nous expliquerons leur pensée dans toute son étendue, après quoi nous la réfuterons.

Ils disent donc que l'imbécillité naturelle des hommes les tient dans une perpétuelle inquiétude à l'égard de l'avenir ou touchant ce qui leur peut arriver de bien & de mal dans la suite du tems. Cette disposition, continuent-ils, rend les hommes enclins à s'imaginer mille choses effroyables, & à soupçonner qu'il y a des êtres qui ne sont point. Cette peur pleine de défiance touchant leur état futur, élève dans leur esprit des spectres épouvantables, & leur représente un être invisible, gouvernant arbitrairement tout le monde, & tyrannisant le genre humain, comme il lui plaît. Dès qu'ils se sont formés l'idée de cet épouvantail, qui n'existe que dans leur imagination, ils inventent un culte rempli de soumission & de crainte, & des paroles pleines de respect & d'humilité, pour tâcher de se rendre favorable, & pour appaiser ce gouverneur imaginaire de l'univers. Ainsi ils se chargent d'un joug insupportable, & passent leur vie dans la crainte & dans la défiance.

Les athées ajoutent à cela l'ignorance des causes de ce qui arrive, qui fait, disent-ils, que l'on attribue à la divinité tout ce dont on ne sait pas rendre raison. Les hommes sont naturellement curieux de savoir les raisons de tout ce qu'ils voient; & comme ils ne peuvent pas toujours les trouver, ils attribuent ces effets à une cause invisible qui peut tout.

Ils disent de plus que l'adresse des législateurs & des politiques a beaucoup contribué à affermir l'opinion générale qu'il y a un *Dieu*. Ils voyoient qu'ils pouvoient se servir utilement de cette opinion pour tenir les peuples dans la soumission, & pour conserver la paix dans la société civile dont les hommes observent mieux les loix, lorsqu'ils croient qu'outre les peines que les hommes font souffrir à ceux qui violent ces loix; lorsqu'ils les en peuvent convaincre, il y a des peines à craindre de la part de *Dieu* pour cette vie & pour l'autre, quoique les hommes ne puissent pas découvrir les coupables. C'est pour cela que les législateurs ont cultivé avec soin les semences de religion, que la crainte & l'ignorance avoient produites dans l'esprit des hommes, & les ont confirmés dans la créance

---

(1) Lib. de superst. T. 2. p. 167.

qu'il y a des esprits, qu'il se fait des miracles & des prodiges, qu'il y a des oracles & des prédictions. On a débité là-dessus des fables & des histoires, qui étant approuvées par les magistrats & par les princes, ont établi pour jamais ces opinions parmi les hommes. Ainsi, selon le sentiment d'un athée moderne, la crainte d'une puissance invisible que l'esprit de l'homme a inventée, ou que l'on a tirée de quelques histoires approuvées de l'état où l'on vit, se nomme *religion*; & lorsqu'elle n'est pas approuvée par l'état, on la nomme *superstition*.

Notre auteur fait voir au long, que ç'a été aussi là le langage des anciens athées; mais on ne peut pas rapporter ici leurs passages, sans s'étendre trop. Il paroîtra clairement par la suite qu'il est faux que l'idée d'une divinité en général soit venue des principes que l'on vient de rapporter; mais on ne peut guère nier que les anciens payens ne donnassent sujet aux athées de leur faire ces objections, avec assez de vraisemblance, par leurs divinités particulières. Ils se faisoient, par une sotte crainte, des divinités purement imaginaires, qu'ils adoroient ensuite avec une superstition ridicule. Telles étoient *la peur, la pâleur, la fièvre, la mort*, &c. Comme ils ignoroient les causes des choses naturelles, telles que sont la *foudre*, les *éclipses*, &c. ils les attribuoient immédiatement à de certaines divinités, & les regardoient comme des prodiges.

Il est certain aussi que les législateurs & les souverains qui tâchoient de profiter des opinions populaires, ne manquoient pas de favoriser celles qui pouvoient servir à confirmer leur autorité. Par exemple, à Rome, lorsqu'il tonnoit le jour que l'on avoit fait une élection de quelques magistrats, ou une loi, tout ce qui avoit été conclu dans l'assemblée du peuple étoit cassé. Il en étoit de même si un augure public observoit le ciel pendant ce tems-là. On pourroit produire plusieurs autres exemples de semblables superstitions.

Parmi des peuples plus polis & plus éclairés que les anciens payens, ne voit-on pas que les hommes s'établissent certains objets de leur culte, par la sotise & par la superstition du peuple, auxquels ils adressent ensuite leurs vœux, & de qui ils croient tout pouvoir obtenir; opinion que leurs conducteurs entretiennent soigneusement, à cause des avantages qu'ils en tirent. Cette sorte de comédie se joue depuis long-tems si grossièrement, qu'elle sert infiniment à jetter dans l'athéisme bien des gens qui s'en apperçoivent; & qui ne sont pas capables de remonter plus haut, & de voir qu'il y a d'autres principes de religion que ceux qu'on leur débite. Notre auteur réfute ainsi ceux qui croient que l'opinion, qu'il y a un *Dieu*, ne s'est établie, que par la crainte & l'ignorance des peuples, & ne s'est confirmée que par l'adresse des politiques.

Premièrement, dit-il, une crainte qui fait qu'on croit constamment une certaine chose, dont l'existence n'est fondée ni sur les sens, ni sur la raison; une crainte, qui va à remplir toute la vie d'inquiétude & de frayeur; une crainte, dis-je, de cette nature ne peut être regardée que comme une sorte de folie. Ainsi les athées, qui attribuent quelque chose de semblable au genre humain, regardent tous les hommes comme des foux, & croient qu'il n'y a que deux ou trois athées qui ne soient pas hors de sens. Mais le reste du genre humain a bien plus de sujet de les regarder eux-mêmes comme des insensés, qui, par une stupidité étrange, ne peuvent croire que ce qu'ils touchent & qu'ils voient.

Il est vrai que ceux qui croient qu'il y a un *Dieu*, le craignent; mais la créance d'une divinité n'est pas venue de la crainte que les hommes ont pour l'avenir; car personne n'est moins inquiet pour l'avenir, que ceux qui craignent véritablement *Dieu*. La raison de cela est que ce qu'ils regardent comme leur souverain bien dans cette vie, n'est aucune des choses qui sont soumises à la puissance des hommes, ou aux revers de la fortune, comme l'on parle Il est en eux-mêmes, & il consiste dans le bon usage qu'ils font de leur volonté, qui sera récompensé dans une vie, dans laquelle les hommes n'auront aucun pouvoir de leur nuire. Au contraire, les athées doivent être dans une perpétuelle inquiétude, parce qu'ils font consister tout leur bien dans la jouissance des choses qui sont soumises, selon eux, à l'empire de la fortune, comme sont les honneurs, les plaisirs & les richesses. En effet, ces gens-là sont ordinairement fort craintifs & fort défiants; ce qui paroît en ce qu'ils bâtissent toute leur politique, & ce qu'ils nomment *justice*, sur la crainte & sur la défiance.

Mais la grande erreur des athées en cette occasion, c'est qu'ils supposent que la divinité, selon le sentiment de la plûpart du genre humain, n'est qu'une idée effrayante, & qui n'a rien d'aimable. Au contraire, puisqu'on invoque *Dieu*, dans les adversités & dans les dangers, on le regarde comme un être exorable, & qui se laisse fléchir; & en se confiant en lui, on fait voir qu'on croit que c'est une nature bonne & bienfaisante. S'il y a quelques expressions & quelques pensées dans les anciens ou dans les modernes qui soient contraires à cette idée de *Dieu*, on peut les regarder comme opposées au sentiment commun de toutes les nations.

Il est vrai que l'écriture sainte représente la

religion par les mots de *crainte de Dieu*, & que l'on a sujet de craindre ses châtimens dans cet état de péché, avant que d'être parvenu au *véritable amour de Dieu*, ou à la justice. Mais la crainte religieuse que l'on a pour la divinité, n'est pas une peur que l'on en ait comme d'un être tout-puissant & capricieux, & qui règne d'une manière arbitraire sur les créatures; ou comme d'un être malfaisant; ce qui nous donneroit nécessairement de la haine pour lui. C'est une crainte, que l'on a pour un être qui est essentiellement juste, & qui punit le vice, comme il récompense la vertu. *Lucrèce* lui-même représente la crainte religieuse, comme jointe avec quelque sentiment de son devoir :

(1) Tum populi gentesque tremunt....... ---
Ne quod ob admissum fœde, dictumque superbe,
Pænarum grave sit solvendi tempus adactum.

» Alors les peuples & les nations tremblent, &c.
» que le tems ne soit venu d'être puni de quel-
» que vilaine action, ou de quelque discours in-
» solent. ». On ne peut pas nier que cette crainte ne soit utile à la société, pour empêcher que le vice ne s'augmente parmi les hommes, & utile même à ceux qui s'abstiennent de mal faire par une crainte religieuse, pour les porter à la vertu, & les garantir de toutes les mauvaises suites du vice.

La raison qui fait que les athées se trompent si fort, dans l'idée de *Dieu*, & qu'ils le conçoivent autrement que les autres hommes, & comme un être pour lequel on ne peut avoir que de la peur, & pour lequel on a par conséquent de la haine; la raison, dis-je, de leur erreur en cette occasion, n'est que leur mauvais naturel.

Premièrement, ils s'imaginent que la différence du bien & du mal moral n'a aucun fondement dans les choses mêmes, & qu'elle n'est fondée que sur une loi purement arbitraire, qui est contraire à la nature; l'homme étant naturellement libre, & n'étant gêné par les loix que malgré lui. C'est ce qui fait qu'ils regardent avec haine un être qui les empêcheroit de jouir de leur liberté, & que la sévérité contre les méchants leur paroîtroit une pure tyrannie.

Outre cela, les athées ont une maxime très-mauvaise, c'est qu'il n'y a aucune charité naturelle : (2) *nulla naturalis caritas ;* & que toute la bienveillance vient de la foiblesse & de la crainte : *omnis benevolentia oritur ex imbecillitate*

& *metu;* c'est-à-dire, que les hommes ne se témoignent de l'amitié, que parce qu'ils sont sous le pouvoir des autres, ou parce qu'ils ont besoin de leur secours. Ils conçoivent de même que s'il y avoit un *Dieu*, il ne se soucieroit pas des hommes, parce qu'il n'en auroit que faire, & que les hommes, de leur côté, ne pourroient lui obéir que par force. Un *Dieu* de cette nature ne pourroit qu'épouvanter les hommes, & il ne leur seroit pas possible de l'aimer.

Mais ce ne sont là que de fausses idées des athées. La véritable religion nous représente les choses d'une manière qui nous remplit de consolation, en nous persuadant qu'il y a une divinité bienfaisante & amie de la vertu. Au contraire les athées nous ouvrent, pour ainsi dire, un théâtre plein de tristesse, de chagrin, de désespoir & d'horreur, en nous disant qu'il n'y a point d'autre bien que le plaisir de satisfaire ses passions, qui sont néanmoins comme le tonneau des Danaïdes, & que rien de ce qui est ici bas ne peut contenter; que nous ne sommes qu'un amas d'atomes qui s'évanouissent en se dissipant par la mort, sans espérance d'être jamais réunis; qu'il n'y a point de providence, ni aucun être au-dessus de nous qui ait soin des hommes, puisqu'il n'y a dans le monde que de la matière insensible & sans vie.

Notre auteur prouve cela plus au long par d'autres raisonnemens, & par des passages de l'antiquité, qui méritent d'être lus; mais on est obligé de passer tout cela, pour éviter une longueur excessive. Ensuite il vient à l'examen de la seconde raison, que les athées donnent de la persuasion générale où l'on est qu'il y a un Dieu.

Secondement, les athées disent que les hommes ayant vainement cherché les causes de ce qu'ils voyoient autour d'eux, au lieu des causes naturelles & nécessaires qu'ils ne surent pas trouver, en imaginèrent de surnaturelles & de divines pour cacher leur ignorance; en quoi la crainte dont on a parlé se mêla aussi. C'est ainsi que parle Démocrite. « (3) Les anciens, dit-il, voyant ce qui pas-
» soit dans les météores, comme sont les ton-
» nerres, les éclairs & les foudres, les éclipses
» du soleil & de la lune, en furent effrayés, &
» crurent que c'étoient les dieux qui en étoient
» les auteurs ».

Epicure dit aussi qu'il ne s'étoit appliqué à l'étude de la physique, que pour se délivrer de la crainte des dieux; parce que les hommes ne sachant pas les causes naturelles de ces effets, en cherchent de surnaturelles.

---

(1) Lib. V. p. 707. Ed. Lamb. Wechel.
(2) Cicer. de Nat. Deor. Lib. I.

(3) Apud. Sex. Empiric. Lib. VIII. adverf. Mathem. page 312.

Les athées ayant donc cherché les causes naturelles de cette espèce de choses, & les ayant trouvées, ou au moins le croyant, triomphoient & soutenoient que la matière faisoit tout sans l'intervention d'aucune divinité. Mais sans vouloir défendre l'ignorance populaire, nous montrerons ici, par quelque peu d'exemples, que la philosophie & que la connoissance des causes mènent tout droit à Dieu, & que l'athéisme n'est autre chose que l'ignorance des causes & de la philosophie.

Les athées ne sauroient donner aucune raison de l'origine de leur propre ame, puisqu'il est absolument inconcevable & impossible qu'une ame douée de sentiment & de raison, puisse naître d'une matière qui en est entièrement destituée de quelque manière qu'on la modifie. On ne sauroit concevoir qu'un esprit naisse de simples atomes destitués de toutes qualités, & dans lesquels on ne voit que de la grandeur, de la figure, de la situation, du mouvement & du repos ; parce que l'effet ne peut pas être plus excellent que sa cause. C'est pourquoi les athées, qui supposent qu'eux-mêmes, avec toutes les ames, sont sortis de la matière insensible, & que toute la sagesse & politique & philosophique qui est dans le monde, n'est qu'un pur résultat du hasard, ne peuvent passer que pour des gens qui ignorent entièrement les causes de de que nous voyons.

Outre cela, les athées ignorent aussi la cause du mouvement des corps, par laquelle néanmoins ils supposent que tout se fait. Ils n'en sauroient rendre aucune raison, pendant qu'ils disent qu'il n'y a rien que de la matière.

Premièrement, il est indubitable que le mouvement n'est pas essentiel au corps, considéré comme tel ; puisque si cela étoit, aucune particule de matière ne pourroit demeurer en repos, & que par conséquent il n'y auroit jamais eu de génération de rien, & le monde ne se seroit jamais formé. On ne pourroit voir aucunes particules attachées les unes aux autres, parce qu'elles seroient toutes dans un perpétuel mouvement, & dans une séparation qui n'auroit point de fin ; de sorte qu'aucun corps ne pourroit se former. Il est certain d'ailleurs qu'aucun corps n'a le pouvoir de se mouvoir & de se reposer librement. Aussi, excepté quelque peu d'hylozoïstes, le reste des athées de l'antiquité ont nié que la matière eût aucune sorte de vie. C'est pourquoi ceux qui suivoient *Démocrite*, comme *Aristote* le remarque en quelque part, ne pouvoit assigner aucune cause du mouvement, (1) sinon qu'un corps en avoit remué un autre de toute éternité, & cela à l'infini ; de sorte qu'on ne pouvoit trouver aucun premier moteur, parce qu'il n'y a point de commencement, ni de premier dans l'éternité. Ainsi c'étoit la même chose que de dire qu'il n'y avoit eu aucune première cause mouvante, ce qui est absurde.

C'est pourquoi *Epicure*, pour corriger ce défaut du système de *Démocrite*, donna de la pesanteur aux atomes, quoique d'ailleurs il les dépouillât de toutes sortes de qualités. Il prétendit que les atomes descendoient continuellement dans un espace infini. Mais il est ridicule d'établir *un haut & un bas* dans un espace infini, & où il n'y a rien que des atomes ; ou de dire qu'il y a de la pesanteur, qui ne tend à aucun centre, ni à aucun lieu de repos. D'ailleurs il ne donnoit non plus aucune raison de ce mouvement, il assuroit simplement que les atomes descendoient, la pesanteur n'étant autre chose que l'inclination de descendre ; mais il ne disoit ni comment, ni pourquoi se faisoit cette descente.

Ainsi les athées ne rendoient aucune raison de la matière ; & puisqu'elle ne peut pas se mouvoir d'elle-même, ou il faut dire que le mouvement n'a point de cause, ou il faut reconnoître qu'il y a quelque autre substance que le corps, & qui a le pouvoir de le remuer. C'est pourquoi *Platon* jugeoit que la pensée, qui est un mouvement, s'il faut ainsi dire, qui se fait de lui-même (αὐτοκινησία) a été avant le mouvement local, qui est l'effet de quelqu'autre cause, ἑτεροκινησία.

Quoique le mouvement, considéré tel qu'il est dans les corps, ou comme le changement qui arrive à un corps transporté d'un lieu à un autre, soit une chose corporelle, ou une manière d'être du corps mû ; si on le considère comme la force mouvante qui agit sur la matière, c'est une chose immatérielle. C'est pourquoi dans le corps des animaux, la véritable cause du mouvement, ou de sa détermination n'est pas le corps organisé, mais l'ame qui pense, ou un principe actif & vital, qui est uni au corps, & qui le conduit. Mais dans l'univers Dieu est originairement la cause du mouvement, comme l'assure l'écriture sainte, (1) qui dit que *par lui nous avons la vie & le mouvement*. Sous la divinité il y a un être inférieur & créé, qui est l'ame de la nature, ou un *principe hylarchique*, qui a le pouvoir de remuer régulièrement la matière. Nous voyons donc encore par là que l'ignorance des causes est la semence de l'athéisme & non de la créance qu'il y a une divinité. Aucun athée ne peut nous marquer, selon ses principes, la véritable cause du mouvement, & la connoissance de cette cause nous conduit droit à une divinité.

Cudworth ajoute à tout cela la beauté de l'univers, la disposition admirable du corps des ani-

---

(1) Vide Phys. Arist. Lib. VII, t. 5.

(4) Act. XVII, 28.

maux, & l'harmonie qu'il y a entre toutes les parties dont ils sont composés. Les anciens athées, qui ont cru que le hasard avoit formé le monde, & que les animaux étoient nés de la terre, comme des champignons ont été si fort sifflés là-dessus, que l'on ne s'y arrêtera pas ici, outre qu'on en dira quelque chose dans la suite. Il réfute aussi très-facilement les visions des Epicuriens, qui disoient que les yeux n'avoient pas été faits pour voir; mais que les animaux avoient vu, parce que les yeux s'étoient par hasard trouvés propres pour cela. On ne s'arrêtera pas non plus à cette matière, pour les mêmes raisons. Il fait aussi voir que quoique Dieu n'agisse pas immédiatement pour la formation des animaux & des plantes, il y a une nature plastique qui agit en cela sous ses ordres; & qu'il règle la fin, pour laquelle chaque chose est produite, quoique l'instrument dont il se sert l'ignore. On a déjà parlé de cette nature ailleurs, & l'auteur la décrit très-bien par ces paroles de *Balbus*, (1) dans *Ciceron*, *vis quædam sine ratione, ciens motus in corporibus necessarios; sed vis particeps ordinis, tamquam viâ progrediens; cujus sollertiam nulla ars, nemo artifex consequi potest imitando*: « Une force destituée de raison, qui produit les » mouvemens nécessaires dans les corps; mais une » force qui est attachée à un certain ordre, & qui » agit avec méthode, & dont aucun art ni aucun » artisan ne peut imiter l'adresse ». Après avoir montré que les Athées atomistes rejettoient toutes sortes de causes finales, & qu'ils ne pouvoient pas rendre raison de la disposition de l'univers & de ses parties; il continue ainsi.

Il est surprenant que les rêveries des anciens athées se trouvent soutenues par quelques chrétiens modernes, qui, suivant la doctrine des atomes dans leur physique, voudroient nous persuader que le monde entier, avec les plantes & les animaux, est sorti par un mouvement nécessaire & qui n'a été conduit par aucune intelligence, de la matière d'abord tournée en rond & ensuite agitée diversement. Ces derniers philosophes surpassent même en quelque chose les anciens atomistes; car ces atomistes n'ont jamais osé dire que l'univers fût formé du premier concours fortuit des atomes; mais ils croyoient qu'ils avoient été combinés d'une infinité de manières, avant qu'il en pût résulter rien de régulier. Ils enseignoient aussi que le monde que nous voyons, périroit, comme il avoit été formé par un mouvement fortuit de la matière; & qu'il y avoit un nombre prodigieux de mondes irréguliers, pour un où il y eût de la régularité, comme est celui dans lequel nous sommes. La raison de cela étoit que l'on croyoit que ce qui a été fait par hasard ne demeure pas toujours le même, & que le hasard n'a rien de réglé. Mais nos atomistes modernes prétendent que du pre-

(1) Lib. II. de Nat. Deor. c. 31.

mier coup la matière muë en rond, a formé d'elle-même un monde aussi admirable, que si elle avoit été conduite par une parfaite sagesse. Ainsi ces nouveaux atomistes nous enlèvent entièrement le grand argument que nous tirons de la disposition admirable du monde contre les athées, & qui est le plus propre pour toucher les esprits; & ne nous laissent qu'un raisonnement de métaphysique qui, supposé qu'il soit bon, est néanmoins inutile pour la multitude, & ne fait souvent qu'embrouiller les savans.

Il est visible que c'est manquer tout-à-fait de pénétration, que de s'imaginer que la disposition du monde peut-être l'effet d'un simple mouvement circulaire. Mais on doit encore savoir qu'il y a des phénomènes qui, étant en partie au-dessus des forces mécaniques, & en partie contraires à ces mêmes forces, ne sauroient être expliqués que par le moyen des causes finales & des principes vitaux. Tels sont, par exemple, les phénomènes de la pesanteur ou de l'effort que les corps font pour descendre, le mouvement du diaphragme dans la respiration, la systole & la diastole du cœur, &c. Nous pouvons encore ajouter à cela l'intersection du plan de l'équateur & de celui de l'écliptique, ou le mouvement diurne de la terre autour d'un axe, qui n'est point parallèle avec celui de l'écliptique ni perpendiculaire à son plan; car encore que *Descartes* veuille que nous supposions que la terre a été autrefois un soleil qui étoit au centre d'un moindre tourbillon, dont l'axe étoit dirigé de cette manière, & qui n'a pas changé de situation; parce que les parties canelées ne trouvant de passage par la terre qu'en ce sens-là, elles conservent cette direction de l'axe de la terre: néanmoins il avoue que les deux mouvemens de la terre, le diurne & l'annuel, se feroient mieux sur des axes parallèles, & à cause de cela, ils se doivent toujours rapprocher, en sorte que l'équateur & l'écliptique viendront enfin à avoir des axes parallèles. Néanmoins les plus exactes observations des astronomes, n'y ont remarqué aucun changement depuis deux mille ans. On ne peut rendre aucune raison de la continuation de ces deux mouvemens sur des axes différens, que par une cause finale, c'est-à-dire, parce que Dieu l'a voulu ainsi, afin qu'il y eût la différence des saisons sur la terre, que nous y voyons.

Si notre auteur avoit vécu jusqu'à notre temps, il auroit pû objecter plusieurs autres choses aux tourbillons des *Descartes*, telles que sont celles que *Gregory* lui objecte dans son astronomie physique & géométrique, liv. I, propos. LXXVI, où l'on trouve aussi l'objection de *Cudworth*. Il continue ainsi.

Mais le plus grand de tous les phénomènes particuliers est la formation des corps des animaux, avec toute la beauté & la variété qu'on y voit. C'est de quoi nos atomistes modernes n'ont pû rendre

rendre aucune raison, & jusqu'où ils n'ont pas osé pousser leur système de la formation mécanique du monde. On a bien vu un livre posthume de *Descartes*, intitulé : *de la formation du fœtus*; mais il n'est appuyé que sur de fausses suppositions que *Harvey* a réfutées dans son livre *de la génération des animaux*.

Descartes bannit de la physique la considération des causes finales de Dieu, sous prétexte que nous ne les pouvons pas pénétrer. Mais il ne s'agit pas de savoir si nous pouvons toujours pénétrer les fins de Dieu, & voir ce qui est le meilleur en chaque chose, pour en conclure que la chose est ainsi, ou qu'elle doit être. Il s'agit de savoir si Dieu a fait quelque chose pour une certaine fin, à laquelle il n'arriveroit pas, par le mouvement fortuit de la matière. Ce n'est pas être trop présomptueux, ni vouloir pénétrer dans les secrets de Dieu, que de dire que les yeux ont été faits pour voir, que les oreilles ont été faites pour ouïr, & ainsi du reste; en sorte que ces membres ont été faits le mieux qu'ils le pussent être pour ces fins-là. Cela est si clair qu'il faut être stupide, ou tout-à-fait rejetter la providence pour en douter; & peut-être qu'il y avoit quelque chose de semblable de caché, sous le voile de cette prétendue humilité.

On peut néanmoins excuser *Descartes*, comme on l'a dit dans l'*Ontologie* ch. XI. Mais on ne s'arrêtera pas à cela, non plus qu'à quelques autres choses, que notre auteur dit contre les hylozoïstes. A l'égard des *causes finales*, on n'a qu'à consulter le livre de M. *Boyle*, intitulé *Recherches touchant les causes finales*, où il a traité cette matière au long.

Ceux qui ont cru, continue notre auteur, que le monde avoit été formé par le concours fortuit des atomes n'étoient pas capables de rendre une raison tolérable du commencement du genre humain & des autres animaux, qui ne naissent que par la voie de la génération, ou par la conjonction d'un mâle & d'une femelle. Ils étoient obligés de dire que les hommes étoient nés de la terre, ce qui devoit avoir été, comme le remarque (1) *Aristote*, ou par une sorte de pourriture, comme les vers, ou par des œufs ; & en effet *Epicure* croyoit qu'ils étoient nés dans un sac qui tenoit à la terre.

(2) *Crescebant uteri terræ radicibus apti.*

Tout cela devoit encore se faire par le concours fortuit des atomes. Mais on demande d'abord pourquoi cela n'arrive pas encore aujourd'hui, car les atomes ont autant de mouvement qu'ils en ont jamais eu sur la surface de la terre. Il n'y a point de raison à en donner; car dire que la terre est comme une femme qui au-delà de certain âge ne fait plus d'enfans, est une absurdité épicurienne, qu'on ne sauroit souffrir.

On ne peut pas non plus passer à *Lucrèce* la réponse qu'il fait, quand on lui demande comment ces enfans de la terre pouvoient vivre quand ils étoient nés ; c'est que la terre jettoit après eux des fleuves de lait, d'où ils buvoient, & qu'alors il faisoit un temps toujours tempéré. *Anaximandre* aimoit mieux dire que les hommes avoient été engendrés dans le ventre de quelques gros poissons qui les avoient vomis à terre, quand ils avoient été en état d'avoir soin d'eux-mêmes. Voilà les absurdités où l'on en vient, si l'on ne veut reconnoître la divinité.

On peut ajouter à tout cela que c'est une erreur vulgaire que de s'imaginer que les animaux les plus petits naissent de la pourriture, comme *François Redi* l'a très-bien démontré dans son livre des insectes. Le corps d'une mouche, par exemple, renferme autant d'art que celui d'un éléphant; & si de la boue, agitée par le soleil, peut être disposée comme une mouche, je ne vois pas non plus pourquoi, en jettant du cuivre & de l'acier dans un creuset, la chaleur du feu ne peut pas y produire les montres les mieux travaillées.

Je ne comprends pas non plus comment un plus grand animal ne pourra pas être formé par la chaleur du soleil. Ce que l'on dit, que les plus gros animaux sont formés par la chaleur de leur mère dans des œufs, ne me paroît pas plus raisonnable ; à moins qu'on ne dise que leur corps est tout formé dans l'œuf d'où ils naissent par quelque intelligence, & qu'il ne fasse proprement qu'y croître par la chaleur & les sucs que l'œuf renferme ; car enfin la chaleur ne peut faire autre chose qu'agiter diversement les particules de la liqueur qui est dans l'œuf ; mais elle ne sauroit pas plus faire une machine aussi admirable qu'est le corps d'un animal, que le mouvement fortuit des atomes n'a pû faire le monde entier avec toutes ses parties. J'avoue que je n'y vois rien de travaillé avec plus d'art que le corps des animaux. Il faut dire la même chose de celui des plantes, qui doit être aussi tout formé dans leurs graines avant d'en sortir. Si des intelligences ne s'en mêloient pas, on n'y verroit point l'admirable proportion, la constance, la variété & la propagation reglée, que l'on y remarque. C'est pour cela que *Cudworth* a eu raison de recourir à des natures plastiques, & ceux qui prétendent que tout cela se fait mécaniquement ne sont pas plus raisonnables que ceux qui soutenoient que le concours fortuit des atomes avoit tout fait.

Tout cela montre clairement que pour rendre raison du commencement & de l'origine des animaux, il faut nécessairement avoir recours à l'histoire de Moïse, & dire que *Dieu* forma les

(1) De Gen. Anim. Lib. III. cap. ult.
(2) Lucretius, lib. V.
Philosophie anc. & mod. Tom II.

hommes & les autres animaux dans un état où ils pouvoient avoir soin d'eux-mêmes & perpétuer leur espèce, comme notre auteur le fait voir. Il ajoute à cela que ce n'est pas sans une providence particulière de *Dieu*, qu'il naît à-peu-près autant de mâles que de femelles. Si pendant quelques années il ne naissoit, par exemple, que des hommes, ou que des femmes, le genre humain périroit. Après cela, il vient à montrer que l'idée de *Dieu* n'est en aucune manière une invention des politiques.

Troisièmement, quoique nous ne niions pas que les politiques n'aient quelquefois abusé de la religion, pour soutenir leurs intérêts ; néanmoins ils n'auroient pas pu venir à bout de leurs desseins, si la chose en elle-même n'avoit eu aucune solidité, ni aucun fondement dans la nature. Mais la religion étant aussi universellement établie qu'elle l'est, il n'est pas concevable que les souverains, qui ont été par toute la terre, & dont quelques-uns étoient très-éloignés les uns des autres, & n'ont point eu de commerce ensemble, se soient accordés à se servir tous du même artifice. Quand même ils auroient pu tous avoir cette pensée, ils n'auroient pas pu mettre dans l'esprit de la plupart des hommes, savans & ignorans, de la crainte & du respect pour une pure fiction, qui n'auroit non-seulement aucun fondement, ni dans le sens, ni dans la raison, mais qui de plus, selon les athées, rempliroit les hommes de terreur, & soumet les corps & les esprits à une misérable esclavage. Les hommes ne sont pas si généralement persuadés que ceux que leur puissance ou leur dignité élève au-dessus des autres, soient plus habiles dans la théologie, ou dans la connoissance de la nature que le commun.

N'est-il pas surprenant, après cela, que les hommes n'aient point soupçonné qu'on les trompoit, & n'aient jamais voulu recouvrer leur liberté, & qu'il se soit trouvé tant de souverains & de politiques, aussi persuadés de l'existence d'une divinité que le peuple ? Toutes les autres tromperies ayant été une fois bien découvertes, n'ont plus été capables de tromper personne. Néanmoins, quoiqu'il y ait deux mille ans que les athées se tuent de dire que la religion n'est qu'une imposture politique, le pouvoir qu'elle a sur l'esprit des hommes n'est point diminué, sans doute, parce que ce n'est pas une chose imaginée à plaisir, mais qu'elle a de profondes racines dans l'âme de l'homme. C'est ce qui paroît par la religion chrétienne, qui n'étant fondée sur aucune politique humaine, & ne tendant à appuyer aucun intérêt mondain, s'est néanmoins établie malgré la politique & la fureur des juifs & des payens, & s'est soumis ceux qui la persécutoient, non en leur résistant, mais en ordonnant à ceux qui l'embrassoient de souffrir patiemment, selon cette maxime, *qu'il vaut mieux obéir à Dieu qu'aux hommes.*

Mais il y a plusieurs autres raisons, qui font voir que la religion n'est pas une imposture. On ne sauroit concevoir, s'il n'y avoit point de *Dieu*, comment l'idée d'un être tout parfait seroit entrée dans l'esprit des hommes. Les athées nous disent que ce sont les politiques qui ont forgé cette idée, & qui ont persuadé aux hommes qu'il y a un être qui lui ressemble. Cette opinion, selon eux, s'est répandue par-tout, par une tradition orale, depuis qu'elle a été inventée. Mais ils font voir par là qu'ils n'entendent rien dans la philosophie, puisqu'ils s'imaginent qu'il ne faut employer que des mots pour faire naître une idée dans l'esprit. Les sons des mots ne font que frapper les oreilles, & donner occasion à l'âme d'exciter en elle-même les idées qui y sont déjà, & dont les sons ne sont que les signes ; ou de réfléchir sur ces idées, de les considérer plus distinctement, & de les comparer avec d'autres. On ne remplit pas l'âme comme un vaisseau, en y mettant quelque chose de dehors, mais en l'aidant à réveiller les idées, à les comparer & à les joindre ensemble, « Il y a comme des étincelles cachées de la vé- » rité, que l'instruction allume ». C'est la pensée de *Boëce* :

Hæret profectò semen introrsum veri,
Quod excitatur, ventilante doctriná.

C'est pourquoi le nom, ou la définition de *Dieu* ne suffiroit pas, pour nous donner l'idée de *Dieu*; si nous n'avions déjà en nous-mêmes les notions que cette idée renferme. D'ailleurs on demanderoit toujours, comment les législateurs eux-mêmes se formèrent cette idée, avant que de la vouloir faire entrer dans l'esprit des autres hommes.

On répondra peut-être que les hommes ont le pouvoir de se former des idées des choses qui ne sont point, comme d'un centaure, d'une montagne d'or, & d'autres choses semblables, & qu'ils se sont formés de la même manière l'idée d'un *Dieu*. Je ne nie pas que l'âme humaine ne puisse composer des idées de choses qui existent à part, & qui n'ont jamais été unies. Je dis seulement que l'âme n'a pas le pouvoir de se faire de nouvelles idées simples. Il en est de même d'elle que d'un peintre, qui ne peut pas faire de nouvelles couleurs, mais qui peut bien mêler celles que la nature lui fournit, & faire des figures de choses, qui ne sont point. L'âme ne peut pas non plus se former une idée simple d'une chose qui n'est pas, ni avoir une idée positive d'un être qui n'est absolument rien. Quoique le tout d'une idée composée, que l'esprit se forme, comme une montagne d'or, n'existe pas ; néanmoins ce n'est pas une idée contradictoire, il se pourroit faire absolument parlant qu'il y en eût une ; autrement nous ne pourrions pas la concevoir. Ainsi nous ne pouvons former aucune idée d'un triangle quarré, parce qu'il ne peut point y en avoir. On peut même dire qu'encore que *Dieu* puisse tirer un nouveau monde du néant, il ne peut pas avoir une idée positive de ce qui n'est point, ni ne peut être.

Mais l'*idée de Dieu* n'est pas un amas d'idées de choses qui existent à part dans le monde ; car ce seroit alors une idée arbitraire, à laquelle on retrancheroit & l'on ajouteroit ce que l'on voudroit. Quoique nous ayons diverses notions incomplettes de l'être infiniment parfait, ce n'est dans le fond qu'une seule idée, à laquelle on ne peut rien ajouter ni retrancher, n'y ayant rien dans cette idée qu'on ne puisse démontrer d'un être infiniment parfait; ensorte qu'elle ne renferme rien d'arbitraire. Il n'y a rien non plus dans le monde qui réponde à part aux notions incomplettes que nous avons de la divinité ; comme l'immutabilité, l'existence nécessaire, l'infinité, &c. & faire une idée composée dont les parties n'existent point, c'est non-seulement peindre, c'est encore faire les couleurs qui n'étoient point auparavant.

Je ne puis pas dissimuler, que quelques philosophes ont prétendu non-seulement que notre ame a le pouvoir de composer des idées, mais encore de les amplifier, en y ajoutant à l'infini. Ainsi *Sextus* l'empirique a cru qu'en ajoutant aux perfections de l'homme, on pouvoit se former l'idée d'un être infiniment parfait. Mais on peut s'assurer que les hommes ont une idée de ce qui est absolument parfait, laquelle est la règle par où ils jugent de ce qui est imparfait, & qui, par conséquent, précède l'imperfection dans l'ordre de la nature. En voici la preuve, c'est que tous les théologiens payens, aussi bien que chrétiens, disent qu'on peut se former une *idée de Dieu*, principalement *per viam remotionis*, ou en éloignant de lui toutes sortes d'imperfections. Ainsi *Alcinoüs* dit que *la première notion de Dieu se forme par le retranchement*: Ajoutez à cela que des choses finies, mises ensemble, ne peuvent pas faire un infini. Par exemple, des vies humaines qui ont chacune un commencement, ajoutées les unes aux autres, ne peuvent pas faire une éternité, ou une durée sans commencement.

Gassendi objecte à ceci qu'encore qu'il n'y eût point de *Dieu*, on pourroit néanmoins s'en former une idée ; comme il y a eu des philosophes qui se sont formé des idées d'une infinité de mondes, ou d'une matière infinie, quoiqu'il n'y en ait point. On répond à cela, que des *mondes infinis*, ou *une matière infinie*, ne sont que des mots mal joints ensemble ; mais que l'infinité est une chose réelle, aussi bien que le monde & la matière ; quoiqu'elle ne soit propre qu'à la divinité.

Pour moi, j'avoue que je suis de ceux qui croient que nous nous formons l'*idée de Dieu à posteriori*, sur les idées que nous avons des propriétés, ou des perfections des créatures, de qui nous retranchons tout ce qui peut y avoir de défauts, & à qui nous ajoutons tout d'un coup le plus haut degré de perfection qu'il soit possible. Il est indubitable que nous pensons à des propriétés particulières, & qui existent, avant que de nous en former des idées abstraites. Par exemple, je pense à la faculté de concevoir que j'ai, avant que de me former une notion abstraite & générale d'une intelligence. Ensuite je viens à cette seconde idée, en retranchant à l'idée de ma propre intelligence ce qu'elle a de particulier. Après cela, sentant en moi-même que je n'entends pas tout ce que je veux, & que j'ai de la peine à venir aux connoissances, que je puis acquérir, je pense qu'il peut y avoir des intelligences dont les lumières sont plus étendues que les miennes, & qui ont plus de facilité à les augmenter. Mais lorsque je veux, je m'élève tout d'un coup à l'idée d'une intelligence qui sait tout ce qu'il est possible de savoir ; c'est-à-dire, à une intelligence infinie. Je me forme de même l'idée de l'éternité, de la toute-puissance, & des autres perfections de *Dieu*, par le pouvoir que j'ai de former des propositions générales. Pour ce qui est de l'infinité, considérée d'une manière abstraite, je n'en ai qu'une idée négative, que je forme, non en ajoutant des quantités finies les unes aux autres, mais en éloignant tout d'un coup toutes sortes de bornes. Mais après tout, il faut que j'avoue que je n'ai qu'une idée générale & incomplette de cet Etre tout parfait ; parce qu'étant fini, je ne puis pas comprendre l'infini.

Cudworth croit, avec les cartésiens, que s'il n'y avoit point de *Dieu* nous ne pourrions pas en former d'idée. J'avoue que nous nous formons une idée, dans laquelle l'existence necessaire entre ; mais cela ne veut dire autre chose, si-non que s'il y a un être semblable à notre idée, il faut que cet être existe nécessairement. Mais c'est de quoi notre auteur lui-même parlera dans la suite. Ecoutons présentement ce qu'il dit, pour prouver de nouveau que la religion n'est pas un effet de la politique.

Comme la crainte de violer les sermens est, dit-il, le lien de la société civile, l'obligation de la conscience à l'égard de *Dieu*, qui punit ceux qui agissent contre ses lumières, est le fondement de ce qu'on appelle souveraineté parmi les hommes. Les traités & les conventions (qui, selon quelques-uns, sont l'unique source de la puissance civile) sans cela ne sont que des mots & des sons. Les ordres du souverain ne sont pas l'obligation de la conscience ; ils la supposent, comme quelque chose d'antécédent, & sans quoi ils ne sont d'aucune force.

L'auteur du livre *de Cive* est obligé de tomber d'accord de cette vérité, quoiqu'il n'entende pas bien cette obligation naturelle. Elle n'est pas fondée sur l'utilité particulière des hommes, comme cet auteur le suppose; parce que chaque homme en étant juge pour lui-même, il seroit permis à chaque sujet de se défaire de son souverain, lorsqu'il croiroit que cela lui seroit utile. D'ailleurs si l'obligation d'obéir aux puissances étoit fondée sur la seule utilité des particuliers, la même utilité la pourroit dissoudre. On doit donc regarder la conscience & l'obligation religieuse où l'on est de faire son devoir, comme l'unique base de la société civile & de l'autorité des souverains. C'est pourquoi la religion ne peut pas passer pour une fiction des puissances souveraines, à moins que l'ordre de la société ne soit aussi lui-même une fiction, ou une chose qui n'a aucun fondement dans la nature, mais qui n'est qu'un fruit de l'artifice & de la violence.

Il est certain que le plus solide fondement de tous les devoirs de la vie humaine, est la créance qu'il y a un *Dieu*, qui veut que nous les observions; mais il est certain aussi que ces devoirs sont inséparablement unis à l'utilité de ceux qui composent la société, & qu'ils tendent à les rendre heureux. C'est-là la fin de *Dieu* dans l'établissement de la société; c'est pourquoi il s'offense des actions tant des souverains que des sujets, qui vont à rendre malheureux ses membres; & c'est ce que l'on doit craindre de faire, à cause de la conscience.

Il faut remarquer que, *par l'utilité des membres de la société*, on doit entendre non l'utilité de chacun en particulier, comme si la société étoit perdue dès que quelqu'un y souffre injustement, & qu'il pût prendre les armes contre le souverain à cause de cela; mais celle de la plupart de ses membres, qu'il n'est pas permis de leur enlever, en faveur de quelque peu de particuliers, ensorte qu'on en rende malheureux cent, par exemple, pour en mettre dix à leur aise. Quand la société entière, ou la plus grande partie, souffre par l'injustice de ceux qui la gouvernent, qui peut douter qu'elle n'ait droit d'y mettre ordre par les voies les plus douces qu'il soit possible?

C'est aussi ce que l'Angleterre a mis en pratique plus d'une fois, & que nous avons vu depuis peu, dans l'heureuse révolution que le feu roi Guillaume III y a causée. Je ne puis pas expliquer ceci plus au long; mais je remarquerai, pour appuyer le dessein de notre auteur, que puisque la société ne peut pas bien subsister sans religion, & que la société est une chose tout-à-fait nécessaire au genre humain, il faut avouer que la religion l'est aussi. La liaison étroite qui est entre ces deux choses, fait voir qu'elles viennent de la même source; & que celui qui a mis le genre humain sur la terre l'y a mis pour y avoir une religion, aussi bien que pour y vivre en société. Mais notre auteur nous va donner une autre raison plus convaincante de la fausseté de cette prétention des athées, que la religion n'est qu'une ruse des politiques.

Si les religions, dit il, étoient une pure invention des politiques pour parvenir plus facilement à leurs fins, & pour tenir les hommes soumis à leur autorité; ils auroient inventé des religions, dont les maximes pourroient être changées comme ils le trouveroient à propos, & selon que leurs intérêts présens le demanderoient. Les souverains auroient tâché de persuader au monde que, quoi qu'ils commandassent, leurs commandemens devroient toujours être jugés conformes à la volonté de *Dieu*; & que quoi qu'ils pussent défendre, ce qu'ils défendroient seroit toujours désagréable à *Dieu*, qui puniroit ceux qui le feroient. Par là, ils seroient devenus comme les lieutenans de *Dieu* sur la terre, & les seuls interpretes de ses volontés. Les loix civiles de chaque pays & les volontés arbitraires des souverains seroient devenues les uniques mesures du juste & de l'injuste & les uniques règles de la conscience & de la religion. Par là, les souverains auroient un pouvoir absolu de faire & d'ordonner tout ce qui leur plairoit; rien ne leur étant défendu, & leurs sujets étant obligés en conscience de leur obéir en toutes choses.

Une religion de cette sorte seroit véritablement une fiction des politiques; mais il ne seroit pas facile de persuader une semblable chose au genre humain. La véritable religion n'est pas, comme l'on parle, un nez de cire que l'on tourne comme l'on veut. Elle ne dépend nullement du caprice des hommes, mais elle est ferme & immuable, elle n'a égard qu'à la divinité & à ses loix qui ne changent pas. Lorsqu'il arrive que les loix humaines les contrarient, ceux qui suivent la véritable religion déclarent qu'il *vaut mieux obéir à Dieu qu'aux hommes*. C'est aussi la raison pour laquelle quelques politiques modernes se sont déclarés contre la religion, comme contre une chose qui n'étoit pas compatible avec la souveraineté des rois, parce qu'elle établit une puissance, dont on doit avoir plus de peur, que du *Leviathan*. On sait que c'est le nom que *Thomas Hobbes* donne à la puissance souveraine & arbitraire, à qui il attribue le gouvernement de la société civile.

Notre auteur fait voir, par plusieurs passages tirés des livres de *Hobbes*, qu'il prétendoit que la religion devoit entièrement dépendre du caprice de son *Leviathan*. Il soutenoit que la volonté du souverain fait non-seulement ce qui est juste & injuste; mais même la religion, & qu'aucune révélation divine ne peut obliger la conscience, lorsque l'autorité du souverain lui a donné force de loi. S'il y avoit une religion en quelque part dépendante du caprice du souverain, on pourroit assurément dire alors que ce seroit une fiction des politiques; & il y en a en effet une au monde qui tient beaucoup du principe d'*Hobbes*, en ce qu'elle établit une autorité qui y fait le changement qu'il lui plait, sans qu'il soit permis de se soustraire jamais à ses ordonnances, ni même de les examiner, & qui prétend que *Dieu* damne ceux qui refusent de s'y soumettre. Ces principes sont très-propres à entretenir l'athéisme dans le monde, qui est en effet très-commun, où cette autorité règne absolument.

VI. Après avoir montré que les objections des athées contre les phénomènes ordinaires, desquels on conclut qu'il y a une divinité, ne sont d'aucun poids; il faut venir aux extraordinaires, que l'on peut réduire à ces trois principaux, les *apparitions*, les *miracles*, & les *prophéties*. Les athées nient ici les faits, & ainsi on tâchera d'en établir la vérité.

A l'égard des *apparitions*, quoiqu'il se soit mêlé beaucoup d'histoires fausses, parmi ce que l'on en raconte, néanmoins on ne peut pas dire qu'il n'y a rien du tout de vrai. On a fait de semblables histoires dans presque tous les siècles, & elles ont été attestées par des personnes prudentes & sincères. Ceux d'entre les athées qui prétendent que ce ne sont là que des songes ou des imaginations de gens qui veilloient, qu'ils ont prises pour des visions réelles, ou pour des sensations; ceux qui prétendent, dis-je, quelque chose de semblable détruisent leur propre principe, par lequel ils établissent les sens comme les seuls témoins & les seuls juges de la vérité. Car si l'on peut confondre des songes & des imaginations avec des sensations réelles, comment est-ce que le témoignage des sens peut être assuré? Comment concevoir d'ailleurs que l'imagination est capable de présenter à l'esprit de plusieurs personnes des phantômes, qu'ils prenent pour des réalités? On peut voir par-là l'entêtement des athées, qui aiment mieux admettre les plus grandes absurdités, que d'accorder la moindre chose qui puisse conduire à reconnoître l'existence de *Dieu*. Car si l'on reconnoît une fois qu'il y a des esprits, ou des intelligences qui existent à part, on ne pourra pas s'empêcher de recevoir une intelligence suprême.

Démocrite néanmoins, tout athée qu'il étoit, étoit si fort persuadé de la vérité des faits en matière d'apparitions, qu'il ne les nioit point, comme il paroît par un passage qui se trouve dans (1) *Sextus* l'empirique. Mais il prétendoit que c'étoient des simulacres corporels, comme tout le reste, qui apparoissoient, & qui étoient sujets à la mort. « *Démocrite*, dit-il, assure qu'il y a de certains » phantômes qui s'approchent des hommes, & » que les uns sont bienfaisans, & les autres mal- » faisans. (2) Il se glorifie d'en avoir trouvé de » raisonnables, & il dit que ceux-ci sont grands » & majestueux; qu'ils ne meurent que difficile- » ment, quoiqu'ils ne soient pas immortels, & » qu'ils prédisent l'avenir aux hommes, en le » faisant voir & en parlant. De-là vient que les » anciens les ayant vûs, crurent qu'il y avoit une » divinité, quoiqu'il n'y eût aucun autre *Dieu* » qui eût une nature immortelle, au-delà de ces » phantômes ».

On peut joindre au phénomène des apparitions, ce que l'on dit des *magiciens* & des *possédés*. Les Juifs étoient persuadés qu'il y avoit des gens véritablement possédés, & qu'on pouvoit les guérir par des exorcismes, comme il paroît par *Joseph. Ant. Jud. Liv. VIII*, c. 2. C'est ce qui fit qu'ils ne s'étonnèrent point que l'on présentât à Jésus-Christ des gens que l'on disoit être possédés, & qu'ils ne nièrent point le fait, comme font nos incrédules d'aujourd'hui; mais qu'ils dirent seulement que notre seigneur mettoit dehors les démons, par un pouvoir qu'il avoit reçu du prince des démons.

Daniel Sennert, fameux médecin, ne doute pas qu'il n'y ait des mélancoliques, possédés du démon. *Voyez* son Traité de la Manie, liv. I, c. XV. *Jean Fernel*, dans son livre des causes cachées, en rapporte un exemple considérable. Un mélancolique, que les médecins avoient traité en vain, & qui ne savoit ni grec, ni latin, se mit à parler ces deux langues, & à découvrir ce que les médecins avoient de plus caché, en se moquant de leurs remèdes; de sorte qu'on ne douta pas qu'il ne fût possédé. On en auroit pu rapporter d'autres exemples que l'on omet; mais on a cru devoir parler des possessions, tant pour la défense du christianisme, que pour la conviction des athées; parce que l'on a connu des gens si chancelans dans leur religion, qu'ils doutoient de la vérité de l'histoire du nouveau testament, seulement parce qu'il y est fait mentions de possédés, & que ces gens croyoient qu'il n'y en avoit jamais eu.

Pour venir présentement aux *miracles*, & aux *effets surnaturels*, on sait que les payens ont soutenu qu'il se faisoit chez eux des miracles, & avant & après Jésus-Christ. Ils en ont attribué à Vespasien & à Adrien, & il y avoit (3) un écriteau grec dans le temple d'Esculape, à Rome, où l'on voyoit l'histoire de plusieurs malades guéris par cette divinité. L'écriture sainte même reconnoît qu'il se faisoit des choses surnaturelles chez les payens; mais les miracles de Moïse & ceux de notre seigneur les surpassent infiniment en nombre & en grandeur.

Il y a de deux sortes de miracles. Les uns, quoiqu'au-dessus des forces des causes naturelles &

---

(1) Cont. Math. p. 311.
(2) Où il souhaite d'en avoir.

(3) *Voyez* l'histoire de la médecine, par M. le Clerc, partie I. livre I. chapitre 10.

ordinaires, peuvent néanmoins se faire lorsque *Dieu* le permet, par des intelligences créées, bonnes ou mauvaises. Par exemple, si une pierre s'élevoit en l'air & y demeuroit suspendue, sans qu'aucune cause sensible contribuât à l'élever & à la soutenir, ce seroit un effet surnaturel; & néanmoins on ne croiroit pas cet effet au-dessus de la puissance des anges, ni qu'il fût besoin que *Dieu* lui-même s'en mêlât. Si une personne sans lettres parloit grec & latin, ce seroit aussi un effet surnaturel, comme on ne peut pas douter que ce n'en fût un dans les apôtres. Néanmoins cela est arrivé à des démoniaques, par l'opération des mauvais esprits. Mais il y a une autre sorte de miracles, que l'on regarde comme au-dessus de toutes les causes secondes, ou créées, & dont *Dieu* seul peut être l'auteur.

Je sais que l'auteur du *Traité théologico-politique* prétend que les miracles ne sont que des effets extraordinaires de la nature; & que s'il se faisoit quelque chose qui fût au-dessus de ses forces, cela affoibliroit plutôt la créance que nous avons qu'il y a un *Dieu*, qu'il ne l'affermiroit. Mais ces pensées sont si creuses & si déraisonnables, qu'elles ne méritent pas que l'on s'y arrête.

Il faut entendre, de la première sorte de miracles, ce qui est dit Deut. XIII, v. 1 & suivant. « Lorsqu'il se lèvera au milieu de vous un prophète, ou un homme qui aura fait un signe ou un miracle, & que ce signe ou ce miracle qu'il vous avoit promis sera arrivé, & qu'il dira: Suivons les *dieux* des autres, que vous ne connoissez pas, & les servons; vous n'écouterez point les discours de ce prophète, ou de cet homme qui aura des songes; car le créateur votre *Dieu* vous éprouvera, pour savoir si vous l'aimez de tout votre cœur, &c. »

Il ne se peut pas faire que *Dieu* veuille inspirer lui-même un homme pour exhorter les autres à l'idolatrie, & confirmer ce qu'il dit par des effets surnaturels. *Dieu* ne fait autre chose ici que permettre qu'un esprit séducteur fasse ces miracles, pour éprouver les hommes. Il paroît aussi par-là, que les miracles seuls ne suffisent pas pour autoriser un prophète; mais qu'il faut de plus que sa doctrine soit conforme à la révélation. On peut encore se convaincre qu'il y a des miracles que *Dieu* ne fait pas, par Matth. ch. XXIV, 24. 2. Thessal. 11, 9. Apocal. XIII, 12. XVI, 14. XIX, 20.

Pour les miracles de notre seigneur, quand même ils auroient tous été de la première sorte, ou de ceux qui pouvoient être faits par des esprits créés, les juifs n'auroient pas été moins obligés de le recevoir, comme envoyé de *Dieu*; parce qu'il n'enseignoit rien qui favorisât l'idolatrie, ni qui fût contraire aux lumières naturelles. Mais notre seigneur fit d'autres miracles de la seconde sorte, & qui ne peuvent être des effets que de la seule puissance de *Dieu*; comme la résurrection de Lazarre, & la sienne propre.

On conclut de là qu'encore que tous les miracles ne prouvent pas directement l'existence d'un *Dieu*, ni ne confirment pas un prophète; néanmoins ils montrent tous qu'il y a un ordre d'êtres intelligens supérieurs aux hommes, ce que les athées nient ordinairement. On ne peut pas nier ces faits, sans rejetter le témoignage des sens, ou de l'histoire. Les juifs n'auroient jamais été si fort attachés aux cérémonies mosaïques, s'ils n'avoient cru qu'elles avoient été confirmées par des miracles indubitables; & si les gentils avoient embrassé l'évangile sans avoir vu aucun miracle, c'auroit été le plus grand de tous les miracles.

Le troisième phénomène extraordinaire, dont les athées ne sauroient rendre raison, est celui des prophéties, ou des prédictions d'évènemens que les hommes ne peuvent prévoir. On conclut de là qu'il y a un *Dieu*, ou au moins des intelligences supérieures aux hommes. C'est ce qui faisoit que quelques philosophes payens disoient, *si divinatio est, Dii sunt*; s'il y a de la divination, il y a des *dieux*.

Il faut ici faire la même distinction à l'égard des prédictions, que nous avons faite à l'égard des miracles. C'est qu'il y en a de deux sortes, dont l'une n'est pas au-delà du pouvoir des intelligences créées, soit qu'on les nomme *anges*, ou qu'on les appelle *démons*. Comme on croit que ces êtres ont non-seulement plus de pénétration & de lumières que les hommes dans les choses naturelles; mais encore que, par le moyen de leur agilité & de leur invisibilité, ils peuvent savoir très-promptement des choses éloignées, & être présens aux consultations secrètes des hommes; on conçoit facilement qu'ils peuvent prévoir & prédire des choses que les hommes ne prévoient point. Ainsi ceux qui entendent l'astronomie, peuvent prédire les éclipses du soleil & de la lune, ce que les autres ne sauroient faire. Ainsi encore ceux qui se mêlent d'affaires d'état, & qui sont instruits de ce qui se passe chez eux & chez leurs voisins, peuvent souvent prévoir la guerre ou la paix, que les autres ne prévoient point.

Démocrite lui-même, quoique très-attaché à l'athéïsme, a reconnu qu'il y avoit des prédictions, au rapport (1) de *Ciceron*. « *Démocrite*, dit-il, qui étoit un auteur auquel on peut ajouter foi, confirme en plusieurs endroits la prévision des choses futures. » *Plurimis locis, gravis auctor* Democritus *præsentionem rerum futurarum comprobat*. Ce philosophe croyoit, comme on l'a dit, qu'il y avoit des êtres intelligens plus excellens que les hommes, quoiqu'il crût que ces êtres étoient corporels.

---

(4) Lib. I. de Divin.

Mais il y a, en second lieu, une autre sorte de prédictions, qu'on ne peut attribuer à aucun esprit créé, mais seulement à la prescience de Dieu. Telles sont les prédictions des évènemens éloignés, dont les causes immédiates n'existent pas encore, & qui dépendent de plusieurs circonstances, & d'une longue suite de choses; dont une seule, étant disposée autrement, feroit changer la suite des évènemens. Telles sont encore celles qui dépendent de l'incertitude de la volonté des hommes, qui est souvent très-libre, où il s'agit de choisir des objets, dont l'un ne renferme aucune raison de le choisir plutôt que l'autre. Telles sont enfin les choses qui ne dépendent d'aucunes circonstances extérieures, ni des effets naturels, mais de la seule volonté de Dieu. La prédiction de semblables choses ne peut venir que d'une révélation de Dieu, à qui tout est connu.

Sans s'arrêter aux divers sentimens que l'on a eus touchant la prescience divine, Ciceron (1) parle de la divination, comme d'une chose reçue généralement & reconnue pour vraie, depuis les tems héroïques, ou depuis les guerres de Thèbes & de Troie.

Notre auteur croit qu'il y a eu parmi les payens plusieurs exemples des deux sortes de prédictions dont on a parlé; car il juge qu'il y a eu dans l'Occident des devins, comme Balaham dans l'Orient, ou à qui le vrai Dieu a quelquefois découvert l'avenir; comme ce *Vettius Valens*, qui, au rapport de *Varron*, prédit à Romulus que Rome subsisteroit douze-cens ans; ce qui fut accompli l'an CCCCLV, lorsque Genseric brûla Rome, peu d'années après les douze siècles écoulés. La question seroit de savoir si *Vettius Valens* ne hazarda point sa prédiction, sur le seul nombre des vautours que Romulus vit, sans en savoir davantage, & si elle ne s'est point trouvée accomplie, par hasard.

Je viens de parler de ce devin, de même que *Cudworth*, qui le nomme *an Augur in the time of Romulus*, un Augure dans le tems de Romulus. Mais ayant consulté l'endroit de *Varron*, qui se trouve entre les fragmens du liv XVIII, *des antiquités des choses humaines*, j'y ai trouvé premièrement que ce devin se nommoit seulement *Vettius*. Il semble que notre auteur l'ait confondu par mégarde avec *Vettius Valens*, devin d'Antioche, qui prédit à Constantin la destinée de la nouvelle Rome, ou de Constantinople. Voyez *Vossius*, *des sciences mathématiques*, chap. XXXVII, 6.

Secondement, j'ai trouvé dans *Varron*, que ce *Vettius* vivoit du tems de *Varron* même, & non

(1) Lib. I. de Divinat.

de celui de Romulus. Voici ses paroles : *fuisse Vettium Romæ in Augurio non ignobilem, ingenio magno, cuivis docto in disceptando parem ; eum se audisse dicentem ; si ita esset, ut traderent historici de Romuli urbis condendæ auguriis, ac duodecim vulturiis ; quoniam centum & viginti annos (post Romulum) incolumis præteriisset populus romanus, ad mille & ducentos perventurum*. Ausonius Popma, commentateur de *Varron*, avoit lu négligemment ce passage, puisque dans ses notes, il commence les CXX ans dont parle *Vettius*, au tems de *Varron*; au lieu qu'il est visible qu'il les regardoit comme passés, & qu'il les avoit commencés à Romulus. Il seroit à souhaiter que quelqu'un de nos critiques nous donnât de nouveau une bonne édition des œuvres de *Varron*, qui manque jusqu'à présent. Ils rendroient plus de service au public, qu'en faisant réimprimer tant de fois les mêmes auteurs, avec des additions de peu de conséquence.

Au reste, quoique *Cudworth* se soit trompé, à l'égard du tems auquel *Vettius* a vécu, son raisonnement ne laisse pas de subsister; parce que depuis le tems de *Varron*, qui vivoit autour de l'an DCC de Rome, il s'est écoulé environ cinq cens ans jusqu'à l'accomplissement. Mais on voit bien, par ce que dit *Varron*, que *Vettius* ne parloit que par conjecture; & que s'il avoit vécu du tems de Romulus, il ne lui auroit pu dire autre chose, si-non que chaque vautour pouvoit signifier ou dix ans, ou cent ans; & que si Rome duroit plus de six-vingt ans, ce seroit une marque que chaque vautour auroit marqué plus de dix ans, ou cent ans. *Cudworth* joint à *Vettius* les Sibylles, sur les oracles desquelles on ne fait pas moins de difficultés. Je ne voudrois pas objecter de semblables choses aux athées.

Mais l'écriture, continue notre auteur, triomphe ici du paganisme, & de toutes ses prédictions, puisqu'il s'y trouve quantité de prophéties, qui ne peuvent être que des effets de la toutescience de Dieu. Telles sont les prédictions de la venue du messie, & celles de la vocation des gentils à l'évangile, qui ont été exactement accomplies. Il n'y avoit que la seule prescience divine, qui pût prédire ces évènemens. C'étoient des résolutions du conseil secret de Dieu, & que les étoiles ne pouvoient pas préfager.

M. *le Noble*, baron de S. Georges, prétend prouver le contraire, dans sa dissertation sur la naissance de Jesus-Christ, imprimée à Paris en 1693. Mais l'astrologie judiciaire est trop décriée, pour donner du cours à cette opinion.

On peut encore, dit *Cudworth*, mettre la destinée de la monarchie des perses & de celle des grecs, qui est prédite dans Daniel, aussi bien que les LXX semaines parmi les prophéties, qui ne peuvent venir que de Dieu. Il conclut enfin de tous ces phénomènes extraordinaires, qu'il y a des natures intelligentes plus excellentes que les hommes, & même une divinité.

VII. Quelques anciens philosophes qui étoient persuadés qu'il y a une divinité, ont dit néanmoins qu'on ne pouvoit pas le démontrer; ce qu'il faut entendre d'une démonstration *à priori*, comme on le fait voir, par quelques passages des anciens. Mais il ne s'ensuit pas de là que nous ne puissions avoir aucune certitude philosophique de l'existence de *Dieu*, ensorte que ce que l'on en dit ne soit que *foi* & *opinion*. Nous sommes assurés de plusieurs choses, dont nous ne pouvons pas démontrer *à priori* la manière, ou par des causes nécessaires & antécédentes. Par exemple, on ne peut pas démontrer ainsi, qu'il y a quelque chose d'éternel, & qui existe par soi même; parce qu'il est contradictoire qu'une chose, comme celle-là, ait une cause antécédente. Néanmoins, supposé que quelque chose existe, on peut montrer évidemment, qu'il n'y a pas eu un tems auquel rien n'existât; ensorte qu'il faut nécessairement qu'il y ait eu quelque être éternel. On peut prouver de même qu'il y a un *Dieu*, par des démonstrations *à posteriori*, qui ne sont pas pour cela moins solides.

Un illustre philosophe de ces derniers tems a dit qu'on ne peut avoir aucune certitude de quoi que ce soit, à moins qu'on ne soit assuré qu'il y a un *Dieu* essentiellement bon; parce que, selon ce philosophe, nous pourrions soupçonner que nous sommes faits de manière, ou par le hasard, ou par un mauvais génie, ou par une divinité capricieuse, que nous nous trompons toujours; au lieu que supposé que *Dieu* est bon, il ne se peut pas faire qu'il nous trompe. Il s'ensuit de-là que les théologiens, qui font de *Dieu* un être purement arbitraire, & qui n'est déterminé par aucune bonté naturelle, ni par aucune règle de justice, mais qui est lui même la règle de l'un & de l'autre, ne peuvent jamais être assurés de la vérité d'aucune chose, pas même que deux & deux fassent quatre; parce qu'ils ne peuvent pas savoir que *Dieu* ne les a pas faits d'une manière qu'ils se trompent dans leurs plus claires notions.

Mais quoiqu'il semble qu'il y ait une sorte de piété à établir la connoissance de la bonté de *Dieu*, comme le principe de tout ce que nous savons; cette supposition va dans le fond à rendre tout incertain, parce que si nous pouvons soupçonner qu'un être malfaisant nous a formés, en sorte que nous nous trompions toujours, il est impossible que nous arrivions jamais à aucune connoissance certaine de l'existence d'un *Dieu* essentiellement bon; puisque nous ne pouvons venir à cette conclusion, qu'en nous servant de nos facultés, qui peut-être nous trompent toujours. Assurer qu'il y a un *Dieu* parce que notre raison nous en convainc, & dire en même tems que nous ne pouvons nous fier aux lumières de notre raison, que parce que c'est un *Dieu* essentiellement bon qui nous les a données, c'est faire ce qu'on appelle *un cercle*, & ne prouver rien du tout. C'est ce que l'on peut reprocher à *Descartes*, avec beaucoup de raison.

Ainsi, selon son hypothèse, nous sommes condamnés à un éternel scepticisme; premièrement à l'égard de l'existence de *Dieu*, puis qu'après toutes nos démonstrations, il faut que nous avouions aux athées qu'il se pourroit faire qu'il n'y en eût point; & en second lieu, à l'égard de toute autre chose, parce que toutes nos connoissances dépendent de la certitude où nous sommes qu'il y a un *Dieu*, qui ne peut pas tromper.

Si nous prétendons pouvoir parvenir avec quelque certitude, à la connoissance de l'existence de *Dieu*, il faut que nous renoncions à toute cette hypothèse sceptique de la possibilité qu'il y a, selon *Descartes*, que nos entendemens soient faits en sorte qu'ils se trompent dans leurs plus claires notions; car si cela est, nous ne pouvons être assurés de rien. Pour faire donc voir la fausseté de cette hypothèse, nous soutenons qu'il n'y a aucun pouvoir dans la nature, pas même celui qui n'a point de bornes, qui puisse faire que la même chose soit vraie ou fausse indifféremment. Si l'on n'en convient, on détruit la nature de la vérité & de la fausseté, qui ne sont plus que de simples mots qui n'ont point de signification. La vérité n'est pas une chose qui se puisse changer arbitrairement comme l'on veut; elle est d'une nature tout-à-fait immuable. La volonté de *Dieu* & sa toute-puissance n'ont aucun empire sur son entendement, & si *Dieu* n'entendoit que par sa volonté, il n'entendroit rien du tout; parce qu'il n'y auroit rien de déterminé dans l'idée des choses, & que tout seroit vrai ou faux, comme il le voudroit.

Ajoutez à cela qu'encore que la vérité de chaque proposition contingente dépende de l'existence des choses dont elle parle, les théorèmes généraux & abstraits des sciences, qui n'existent que dans l'intelligence dont ils sont les idées, & qui sont la mesure & la règle de la vérité, sont renfermés dans l'intelligence elle-même, & ne peuvent être autre chose que ses notions claires & distinctes. Dans ces idées de l'entendement, tout ce qu'il conçoit clairement être est, ou, ce qui est la même chose, est vrai. Chaque notion claire & distincte est un être ou une vérité; comme au contraire ce qui ne se peut point concevoir est un non-être ou une fausseté. C'est une chose essentielle à la vérité, que de pouvoir être clairement entendue; & c'est pourquoi on ne peut avoir aucune notion claire & distincte de ce qui est faux.

On

On conclut de tout cela, que puisqu'il n'y a point de puissance qui puisse faire qu'une proposition générale soit fausse, ou vraie, comme il lui plaît, & que puisqu'il est essentiel à la vérité de pouvoir être clairement entendue, il s'ensuit que la toute-puissance elle-même ne peut pas faire que nous concevions clairement & distinctement ce qui est faux ; par exemple, un cercle quarré ; ou créer des esprits, qui conçoivent clairement & distinctement ce qui est faux & un non-être, comme nous concevons la vérité, ou un être réel. Aucune intelligence, qui aura la même idée que nous avons d'un tout & d'une partie, d'une cause & d'un effet, ne peut être créée, en sorte qu'elle conçoive clairement que le tout est plus petit que sa partie, & que l'effet est antérieur à sa cause. Ainsi nous pouvons dire, avec le respect qui est dû à la divinité, qu'il ne seroit pas possible que dieu fît des créatures raisonnables, en quelque planète, ou en quelqu'autre endroit de l'univers, qui conçussent clairement & distinctement tout le contraire de ce que nous concevons avec clarté. Cela revient à la même chose que ce que disent les théologiens, que *Dieu* ne peut pas faire des choses contradictoires, ou qu'une chose soit vraie & fausse en même tems.

Il y a grande apparence que *Descartes* n'a dit le contraire que par politique, de peur d'être accusé de rejetter un dogme essentiel de l'église romaine. Dans le fonds, il n'avoit aucune idée de ce qu'il disoit, en cette occasion ; & notre auteur ne fait ici que défendre le dogme commun, *qu'il y a des vérités éternelles*, dont on ne sauroit disconvenir dès qu'on les entend ; comme je l'ai fait voir en peu de mots, dans l'*Ontologie*, ch. 4. Disputer au reste si la clarté & l'évidence est un caractère essentiel à la vérité, ou si elles pourroient se trouver jointes avec des notions fausses, comme *Descartes* le suppose ; c'est se donner de la peine inutilement. Car enfin nous ne sommes pas maîtres de croire ou de ne croire pas ce qui nous est clair & évident.

Les habitans des autres planètes, s'il y en a, pourroient proposer entr'eux cette question : si ce que les habitans de la troisième planète de notre tourbillon, en commençant à compter par celle qui est la plus proche du soleil ; si, dis-je, ce que les habitans de cette planete conçoivent clairement & distinctement est nécessairement vrai ; mais pour nous, quelque parti que l'on puisse prendre sur cette question, nous serons toujours invinciblement déterminés par l'évidence.

Pour revenir à notre auteur, il est vrai, selon lui, que le témoignage des sens, à l'égard des corps, n'est que relatif ; parce que nous n'appercevons les choses par les sens, que par rapport aux besoins de notre corps ; mais il n'en est pas de même de la connoissance des vérités intelligibles & abstraites. C'est aussi de quoi les plus habiles cartésiens conviennent, comme l'auteur de *la recherche de la vérité*.

Peut-être, dit notre auteur, que quelqu'un nous objectera que c'est avoir trop d'orgueil pour une créature, que de croire connoître quelque chose, avec une entière certitude ; & qu'il n'y a que *Dieu seul qui soit sage*, comme parle l'écriture. Mais il est aisé de répondre que *Dieu* est intelligent & sage par lui-même, & que ce que nous avons d'intelligence & de sagesse vient de lui, qui nous a fait telle part qu'il lui a plû de ses perfections. Notre entendement est sujet à se tromper, mais par notre faute, & si nous nous trompons en bien des choses, nous en ignorons encore davantage. Ce n'est pas avoir de l'orgueil, que de croire que par une participation aux perfections divines, nous sommes capables de savoir certainement que deux & deux font quatre, que des quantités égales étant ajoutées à des quantités égales, elles demeurent égales, & autres vérités de cette nature. Si des créatures raisonnables ne pouvoient être assurées de rien, que seroit cette vie, qu'un pur songe ? Que seroit l'homme ? qu'un exemple ridicule de la plus chimérique vanité. Il nous est d'ailleurs impossible de croire que *Dieu* ait mis l'homme qu'il a fait, dans une absolue impossibilité de savoir si celui qui l'a créé existe, ou non, ou qu'il ne nous en ait donné qu'une certitude conditionnelle ; savoir, que si nos facultés ne nous trompent pas (ce qui pourroit néanmoins être) il y a un *Dieu*.

Après avoir établi la certitude de nos connoissances claires, sans quoi nous ne pourrions rien prouver, nous tâcherons de montrer qu'il y a un *Dieu*, & cela par des raisons tirées de l'idée que nous en avons.

On sait que *Descartes* a crû pouvoir démontrer l'existence de *Dieu* d'une manière mathématique, par ce raisonnement : *On peut assurer d'une chose tout ce que l'on voit clairement & distinctement dans son idée : or, l'on voit clairement & distinctement l'existence nécessaire, dans l'idée de l'être tout-parfait : donc, on peut assurer que l'être tout-parfait existe nécessairement.* Quoique l'on ne doive pas chicaner contre ceux qui font ce qu'ils peuvent, pour prouver qu'il y a un *Dieu* ; néanmoins il n'est pas bon que l'on croie que ceux qui défendent une si bonne cause, s'appuient sur des raisonnemens qui ne sont pas concluans. C'est pourquoi nous dirons ce que l'on objecte à cet argument de *Descartes*, & ce que l'on peut dire pour sa défense, sans rien dissimuler, & nous en laisserons le jugement au lecteur.

On objecte premièrement à ce raisonnement,

que de ce qu'on se forme une idée d'un être absolument parfait, qui renferme l'existence nécessaire, il ne s'ensuit pas qu'il y ait un être tout-parfait qui existe hors de notre pensée. Nous pouvons nous former des idées de choses qui n'ont jamais été, ni ne seront jamais. On ne peut donc conclure autre chose de cette idée, sinon qu'elle ne contient rien de contradictoire, & qu'il n'est pas impossible qu'il n'y ait un tel être. Secondement on objecte qu'il s'ensuit seulement de-là, que s'il y avoit un être tout-parfait, il existeroit nécessairement. C'est pourquoi cet argument est faux, en ce que de ce que l'on a assuré conditionnellement que s'il y avoit un être tout-parfait, son existence seroit nécessaire, on conclut qu'il existe actuellement. De ce que l'idée d'un être tout-parfait renferme l'existence nécessaire, on conclut avec raison que si cet être existoit, il existeroit nécessairement ; mais non qu'il existe actuellement. Ces deux propositions sont très-différentes l'une de l'autre.

Après avoir dit ce que l'on objecte au raisonnement de Descartes, il faut aussi mettre ce que l'on dit en sa faveur. L'idée de l'être tout-parfait renfermant en elle-même, non une idée possible, mais une idée nécessaire, il s'ensuit de-là qu'il existe ; car comme en considérant l'idée des choses contradictoires, lorsque nous y avons remarqué l'impossibilité de l'existence, s'il faut ainsi parler, nous en concluons hardiment qu'elles n'ont jamais été ni ne seront jamais : & comme de ce que nous voyons une existence possible en ce qui n'est pas contradictoire, nous disons que cela peut être : de même l'existence nécessaire étant de l'essence de l'être tout-parfait, il faut qu'il existe nécessairement.

Il est vrai que nous avons bien des idées de choses qui n'ont jamais été, ni ne seront jamais, mais ces idées ne renferment qu'une existence possible. Il ne s'ensuit pas de-là que l'être tout-parfait dont l'idée renferme une existence nécessaire, puisse ne pas être. C'est pourquoi on ne doit pas prendre ce que l'on dit de la nécessité de l'existence, renfermée dans l'*idée de Dieu*, comme quelque chose de conditionnel seulement ; de même que si l'on disoit que s'il y avoit un être tout-parfait, il existeroit nécessairement. On doit le prendre d'une manière absolue, comme si l'on disoit que comme les êtres imparfaits peuvent être ou n'être pas ; il est impossible que l'être tout-parfait ne soit point. Si l'on disoit seulement conditionnellement que s'il y avoit un être tout-parfait, il existeroit nécessairement, cela signifieroit que l'être tout-parfait, quoique la nécessité de l'existence soit renfermée dans sa nature, peut néanmoins être ou n'être pas ; ce qui est une contradiction.

C'est au lecteur à juger si l'argument de Descartes est bon, ou non. Quoi qu'il en soit, il n'y a pas d'apparence que beaucoup d'athées aient été convertis par-là. C'est pourquoi nous tâcherons de faire un autre raisonnement pour prouver l'existence de *Dieu*, tiré de son idée, comme renfermant l'existence nécessaire.

Premièrement, encore qu'il ne s'ensuive pas de ce que nous nous formons l'idée d'une chose, que cette chose existe ; néanmoins, quand nous pouvons nous former l'idée d'une chose, c'est une marque qu'elle n'est pas au moins impossible, car nous ne pouvons avoir aucune idée de ce qui est impossible. L'idée de l'être tout-parfait n'est point une idée qui implique contradiction, puisque c'est l'idée d'une chose qui a toutes les perfections concevables & possibles, c'est-à-dire, dont la nature n'est pas contradictoire en elle-même, & qui ne sont pas incompatibles l'une avec l'autre. Ceux qui nient que de ce que l'existence nécessaire est renfermée dans l'idée de l'être tout-parfait, il s'ensuit qu'il existe, ne peuvent pas au moins nier que de ce que cette idée ne renferme aucune contradiction, il ne s'ensuive que cet être est possible ; car nous ne regardons comme impossible que ce qui nous paroit contradictoire. Ce pas étant fait, nous ajoutons qu'il n'est point impossible que *Dieu* n'ait été.

De ces deux choses, de la possibilité, & de l'existence nécessaire renfermée dans l'*idée de Dieu*, nous concluons ensuite qu'il est conforme à la raison de dire que *Dieu* existe nécessairement. S'il est possible qu'il y ait eu un *Dieu* ou un être tout-parfait, dans l'idée duquel l'existence nécessaire est renfermée, il y en a un nécessairement ; parce que supposé qu'il n'existât pas actuellement, seroit impossible qu'il n'y en eût jamais eu un. A l'égard des êtres imparfaits qui peuvent être ou n'être point ; il ne s'ensuit pas de ce qu'ils n'existent pas, qu'il est impossible qu'ils aient jamais été. Mais un être auquel l'existence nécessaire est essentielle, s'il n'existe pas actuellement, n'a jamais pu être ni ne sera jamais ; parce que s'il avoit pu être & qu'il ne fût pas, ce ne seroit pas un être existant nécessairement. C'est pourquoi ou il faut dire qu'il est impossible qu'il y ait jamais eu un *Dieu* ou qu'il y en a un ; parce de la supposé que c'est un être qui existe nécessairement.

Mais comme tout le monde n'est pas frappé de cette sorte d'argumens, & qu'on les prend même pour des sophismes ; notre auteur passe à un autre raisonnement. En effet, quoiqu'il soit vrai que si l'être tout-parfait n'existoit pas actuellement, il n'auroit jamais pu être, ni ne seroit jamais, cet argument n'est pas plus concluant que celui de Descartes. Car voici à quoi il se réduit, c'est que s'il y a un être qui ressemble à l'idée que nous nous formons d'un être tout-parfait, il faut nécessairement qu'il ait été de toute éternité ; mais il ne s'ensuit pas de là qu'il y en ait un. De l'idée on passe à la chose même sans s'en appercevoir, & sans donner aucune preuve qu'il y ait un être qui ressemble à cette idée. Mais notre auteur va rapporter un autre raisonnement dont la conclusion est nécessaire.

Il faut nécessairement, dit-il, que quelque être ait été de toute éternité ; car il est certain que tout ne peut pas avoir été fait, ni ne peut pas s'être fait soi-même ; & que jamais rien n'auroit existé s'il y avoit un tems auquel il n'y avoit rien. Il est donc incontestable qu'il y a toujours eu quelque chose ou quelque être qui n'a point été fait, & qui existe par lui-même de toute éternité. Toute la difficulté est de savoir quel être c'est, qui a existé de toute éternité, si c'est un être parfait ou imparfait ; & c'est là aussi toute la controverse que nous avons avec les athées.

Nous disons donc que tout être qui existe de toute éternité, existe naturellement & nécessairement, ou renferme l'existence nécessaire dans sa nature. Mais il n'y a rien dont l'existence nécessaire soit une propriété essentielle, que ce qui est absolument parfait. Tous les êtres imparfaits peuvent être ou n'être pas. Il faut donc reconnoître qu'il n'y a eu qu'un être tout-parfait, qui a existé par lui-même de toute éternité ; & que tout ce qui n'existe pas par soi-même a tiré son existence de lui. Ici les athées font paroître l'absurdité de leurs sentimens, puisqu'ils ne veulent pas reconnoître qu'il y ait un être tout-parfait, qui existe nécessairement ; pendant qu'ils prétendent qu'un être, dont l'idée ne renferme point l'existence nécessaire, le plus imparfait de tous les êtres, la matière destituée de sentiment & de vie, existe nécessairement de toute éternité.

On peut encore prouver l'existence de *Dieu* par le moyen de son idée, d'une autre manière. Il faut, avant toutes choses, supposer que tout n'a pas été fait, mais qu'il y a quelque être éternel ; & que tout n'est pas éternel, mais qu'il y a des êtres qui ont eu un commencement. Ceux qui croient qu'il y a un *Dieu*, & ceux qui ne le croient pas, conviennent en ce point. Il s'agit seulement de savoir si ce qui a existé soi-même de toute éternité, a été un être parfait ou un *Dieu* ; ou le plus imparfait de tous les êtres, ou la matière qui n'a ni vie ni sentiment. Ceux qui croient qu'il y a un *Dieu*, soutiennent qu'il y a un être absolument parfait, qui existe par lui-même de toute éternité, & de qui tous les êtres moins parfaits descendent, comme par degrés, depuis les intelligences les plus relevées jusqu'aux corps inanimés. L'hypothèse des athées, fait au contraire de la matière destituée de sentiment & du plus imparfait des êtres, le premier principe qui existe par lui-même, & la cause de toutes choses. Par conséquent ce qu'il y a de plus parfait dans le monde en est sorti, & pour ainsi-dire

est monté au-dessus de sa source ; puisque la vie, le sentiment, l'intelligence & la raison sont des facultés sorties de la matière morte & insensible. Les anciens matérialistes, comme on l'a montré auparavant, ont été de ce sentiment.

L'état de la question, entre nous & les athées, étant établi de la sorte, on peut très-facilement la décider, & convaincre de la vérité tous ceux qui ne sont pas tout-à-fait aveuglés par leurs préjugés. D'un côté, il est clair que de moindres perfections peuvent tirer leur origine des êtres qui en ont de plus grandes, ou au moins d'un être infiniment parfait, qui les renferme toutes d'une manière plus excellente ; & de l'autre, il n'est pas possible que des perfections plus grandes & plus relevées viennent des êtres qui en sont destitués, & que la chose la plus imparfaite de toutes, soit la cause & l'origine de tout ce qui existe. C'est ce que l'on peut démontrer par cet axiôme, dont les athées eux-mêmes se servent si souvent, quoiqu'ils ne l'entendent pas, que *rien ne se fait de rien* ; ce qui seroit faux, si le sentiment, la vie & la raison sortoient d'une matière qui ne renferme rien de semblable. Ainsi nous pouvons dire que le raisonnement que nous avons proposé, est une démonstration contre les athées.

On peut encore raisonner contre eux sur l'*idée de Dieu*, comme renfermant en elle-même de l'intelligence, & établir ainsi l'état de la question entre eux & nous ; s'il y a une intelligence éternelle qui ait fait toutes les autres intelligences, ou si toutes les intelligences sont sorties d'elles-mêmes de la matière. Les anciens philosophes qui croyoient qu'il y a un *Dieu*, soutenoient le premier, & ceux qui n'en croyoient point soutenoient le second. On peut décider clairement & d'une manière satisfaisante, la controverse proposée de la sorte.

Premièrement, comme il est clair que s'il y avoit eu un tems auquel rien n'eût été, il ne seroit jamais rien sorti du néant : il est certain aussi que s'il y avoit eu un tems auquel il n'y eût ou aucune vie dans l'univers, tout en étant destitué, il n'y auroit jamais eu d'être vivant. De même s'il y avoit eu un tems auquel il n'y eût eu ni intelligence, ni connoissance dans la nature ; il n'y auroit jamais eu d'être intelligent. On ne peut pas néanmoins dire la même chose du monde corporel & de la matière, parce qu'un être infiniment parfait, & qui renferme en soi-même les propriétés de toutes choses, a pu produire la matière. C'est pourquoi de ce qu'il y a des intelligences, nous en pouvons conclure qu'il y a eu quelque intelligence éternelle ; mais nous ne pouvons pas conclure de ce qu'il y a des corps, qu'il y a eu une matière éternelle.

Secondement, nos esprits qui sont imparfaits, ne peuvent en aucune manière avoir été éternels, mais doivent avoir été produits. Ils ne peuvent pas non plus être sortis de la matière destituée d'intelligence & de vie. Il n'est pas possible que toutes les intelligences qui ont eu un commencement, aient été produites les unes par les autres ; donc à l'infini, il faut qu'il y ait une intelligence toute-puissante, qui ait produit & les ames des hommes & tout le reste.

Notre auteur réfute ensuite Hobbes, qui prétendoit que *Dieu* n'étoit pas un être intelligent, & que nos sensations ne sont que le mouvement des objets corporels que nous recevons d'eux. Il fait voir qu'il y a des vérités & des essences éternelles & immuables ; d'où il conclut de nouveau qu'il y a eu une intelligence dans laquelle ces idées ont été de toute éternité. On ne peut pas entrer dans ce détail, à cause de la longueur de cet extrait, outre qu'après ce qu'on vient de lire on n'a pas extrêmement besoin de ces raisonnemens. Nous ajouterons seulement ici la conclusion de notre auteur, dans laquelle il prouve qu'il n'y a qu'un seul *Dieu* par l'unité, s'il faut ainsi dire, des lumières de la raison qui éclairent tous les hommes.

Il est clair, dit-il, par-là, qu'il n'y a qu'un esprit qui est l'origine de tous les autres, ou qu'une seule intelligence qui existe par elle-même. Toutes les autres participent à ses lumières, & elle les a, pour ainsi-dire, toutes marquées d'un seul & même sceau. Delà vient que tous les esprits, dans tous les lieux & dans tous les siècles, ont les mêmes idées des choses, & soutiennent les mêmes vérités. Les vérités ne sont pas multipliées en elles-mêmes par le nombre des esprits qui les conçoivent ; ce ne sont que des participations & des copies d'une seule vérité originale. Comme un visage peut être réfléchi par différens miroirs ; comme l'image du même soleil est reçue par un million d'yeux qui le voyent ; & comme enfin une seule & même voix est dans toutes les oreilles qui l'entendent : ainsi, lorsqu'un nombre infini d'intelligences créées a les mêmes idées des choses & conçoit la même vérité, elles ne réfléchissent qu'une seule lumière éternelle, & ce ne sont que des échos qui multiplient un seul mot de cette parole qui ne se tait jamais. Un maître ne pourroit pas enseigner ses disciples, s'il ne trouvoit dans leurs esprits les mêmes idées qui sont dans le sien. Nous ne pourrions pas avoir de commerce ensemble, & nous entendre les uns les autres comme nous faisons, si nous ne participions tous à la même intelligence. C'est le sentiment de Themistius, célèbre interprète d'Aristote.

L'opinion de ceux qui ont crû qu'il y a plusieurs intelligences indépendantes, & dont aucune par conséquent n'est toute-puissante, se trouve détruite par ce principe ; car il n'est pas concevable comment ces intelligences s'accorderoient dans les mêmes vérités, n'ayant aucune mesure commune du vrai & du faux, non plus qu'aucune règle commune de leur volonté. Elles n'auroient même aucune connoissance, la connoissance n'étant qu'une conception de ce qui est possible, ou des choses auxquelles s'étend une puissance infinie ; parce que, selon cette hypothèse, il n'y a point de puissance infinie, & que toutes ces prétendues divinités sont bornées. C'est pourquoi nous concluons que l'on peut démontrer, par la nature de l'ame & de la connoissance, qu'il n'y a qu'une seule intelligence originale, de laquelle toutes les autres sont venues.

C'est ainsi que Cudworth a réfuté les objections que les athées font contre l'idée que nous avons de *Dieu*, & qu'il prouve qu'il y en a un.

On peut remarquer divers degrés dans ses démonstrations, qui peuvent beaucoup servir à en concevoir toute la force, si on les oppose aux sentimens des athées.

Le premier est, que l'*idée de Dieu* ne renfermant rien d'impossible, il faut avouer qu'il peut y en avoir un.

Le second, qu'il y a grande apparence qu'il y a un *Dieu*, parce qu'en supposant qu'il y en a un, on rend facilement raison des phénomènes ordinaires & extraordinaires que l'on a vus jusqu'à présent dans le monde.

Le dernier enfin, qu'il y a nécessairement une intelligence éternelle, qui a fait tout ce qui a commencé, & en particulier les intelligences ; sans quoi rien n'auroit jamais pu être, parce que rien ne se forme de rien. Au contraire, il faut que les athées soutiennent premièrement qu'il est impossible qu'il y ait un être tout-parfait, parce que s'il n'y en a point, il n'y en peut avoir ; car avoir un commencement & être tout-parfait, sont des choses incompatibles. Cependant, comme on l'a vû, il n'y a rien de contradictoire dans son idée.

Il faut, en second lieu, qu'ils avouent qu'ils ne peuvent pas rendre raison d'une infinité de choses, dont ceux qui croient qu'il y a un *Dieu* rendent facilement raison. Ces choses sont des faits qu'on ne peut pas rejetter comme faux, & dont les athées doivent dire que la cause leur est entièrement inconnue, plutôt que d'avouer qu'il y a un *Dieu*, ou des intelligences plus parfaites que les ames humaines.

Il faut, en troisième lieu, qu'ils fassent la matière destituée de vie & de sentiment, éternelle, & la cause de l'existence des êtres doués de sentiment, de vie & d'intelligence ; ce qui est le comble de l'abſurdité; plutôt que de convenir qu'il y a une intelligence éternelle.

Ceux qui compareront avec quelque ſoin ces deux ſentimens, tomberont néceſſairement d'accord que celui des athées n'a aucune vraiſemblance, qu'il ne ſert à rendre raiſon de rien, & qu'il laiſſe dans une obſcurité impénétrable une infinité de queſtions que l'on peut facilement réſoudre, par le ſyſtême qui reconnoît une divinité; & qu'il eſt même tout-à-fait impoſſible de dire, dans l'hypothèſe des athées, comment les choſes qui ont commencé ſont ſorties du néant, ou de la pure matière.

J'avoue qu'il y a quelques difficultés dans notre ſyſtême, mais elles viennent preſque toutes de ce que la nature divine ne nous eſt pas entièrement connue, non plus que celle des autres ſubſtances. S'il falloit dire qu'il n'y a point de *Dieu*, parce qu'on ne connoît pas bien ſa nature, il faudroit ſoutenir la même choſe de tous les autres eſprits & de tous les corps, car il faut avouer que leur eſſence nous eſt inconnue. D'ailleurs, on vient de faire voir que le ſentiment des athées nous replonge dans la plus profonde ignorance & dans les plus grands embarras que l'on puiſſe imaginer; & ſi les athées peuvent vivre tranquillement dans ce chaos & dans ces ténèbres, ils n'ont pas ſujet de s'étonner de ce que nous ne nous inquiétons pas de ce que nos connoiſſances ſont bornées.

(Cet article, à l'exception du préambule, a été envoyé à l'éditeur par M. ROLAND DE CROISSY).

DIEUX DE L'ORIENT (Hiſtoire des anciennes ſuperſtitions).

Mon deſſein n'eſt pas de donner un extrait d'un livre auſſi connu que celui de Selden, des dieux des ſyriens. Tous ceux qui ſouhaitent d'entendre la théologie des peuples Orientaux qui ont habité autrefois la Syrie & les pays voiſins, & de l'idolâtrie deſquels il eſt parlé dans l'écriture Sainte, ne peuvent pas ſe diſpenſer de le lire avec ſoin, parce que l'auteur y a recueilli preſque tout ce qu'on trouve dans l'antiquité ſacrée & profane des divinités de ces pays-là, & qu'il l'a puiſé dans les ſources. Il eſt vrai qu'il ne s'eſt pas ſi fort étendu ſur la théologie des babyloniens, des perſes & des ſabéens, que *Jean Stanley*; ni ſur celle des égyptiens, que *Jean Marsham*. Mais ſon but étoit (1) principalement de parler des Dieux dont il eſt fait mention dans l'ancien teſtament, & il ne parle preſque des autres, que par occaſion, & autant que cela étoit néceſſaire pour l'intelli-

(1) Prolog. c. 1. ſub finem.

gence des paſſages de l'écriture ſainte, qu'il avoit entrepris d'éclaircir.

J'ai deſſein de faire quelques remarques générales & particulières ſur cet ouvrage, pour contribuer, autant qu'il m'eſt poſſible, à perfectionner l'hiſtoire des *Dieux de l'Orient*, deſquels l'écriture ſainte parle; afin que l'on entende mieux ce qu'elle en dit. Si quelqu'un a des vues plus étendues, ou plus exactes, ſur cette matière, il me fera plaiſir de me les communiquer, pour en faire part au public.

Je me ●●● preſentement de l'édition de *Selden* de Léipſick, qui parut en 1668, in-8°; avec les additions d'*André Beyer*. Ce n'eſt pas que je croye que ces additions ſoient de grande conſéquence, ni qu'elles ſoient bien rangées. *Selden* avoit preſque tout dit ce qu'on pouvoit dire de quelque importance, & ces additions ſont des amas confus de citations ſans ordre & ſans choix. On y en voit quantité de modernes, dont il valoit mieux prendre les raiſons que les paroles; parce que leur autorité n'eſt d'aucun poids dans ces matières. Il y a néanmoins, par-ci par-là, des choſes utiles, & de plus il y a dans cette édition des indices des paſſages de l'écriture expliqués, & des matières; & ces indices ne ſe trouvoient pas dans les éditions précédentes.

Après avoir lu avec ſoin le livre de *Selden*, j'y ai remarqué trois défauts généraux, & qui lui ſont communs avec la plupart de ceux qui ont écrit ſur la même matière.

Le premier, c'eſt que, lorſqu'il s'agit de l'hiſtoire & des divinités des anciens peuples de l'Orient, *Selden* cite indifféremment, pour les expliquer, des auteurs qui en pouvoient ſavoir quelque choſe, ou par les temps où ils ont vécus, ou par les lieux où ils demeuroient, ou par les anciennes hiſtoires; & ceux qui n'avoient aucun ſecours pour s'en inſtruire & qui diſent hardiment tout ce qui leur vient dans la tête, ſans ſe mettre en peine de prouver ce qu'ils avancent. Tels ſont les Rabbins, que l'on ſait n'avoir eu aucuns monumens anciens des auteurs de leur nation, excepté le vieux teſtament, & n'avoir jamais lu les livres payens, pour s'inſtruire. Ces gens-là, pour expliquer un endroit de l'ancien teſtament, où il eſt fait alluſion à l'idolâtrie des peuples voiſins des juifs, font hardiment des romans, & nous débitent des hiſtoires circonſtanciées, comme s'ils en avoient été témoins. C'eſt être bien crédule, que de ſe fier à ces gens-là, après les avoir ſurpris mille fois en menſonges, & bien injuſte que de vouloir que les autres s'en contentent. C'eſt la même choſe que ſi l'on citoit les ſcholaſtiques & les théologiens des derniers temps, pour nous inſtruire des ſentimens des apôtres, & des uſages des premiers chrétiens, & que l'on prétendît que nous nous soumissions à leur simple autorité. Il ne faut rien avancer en cela, que ce qui se trouve dans l'écriture sainte, ou dans les auteurs qui ont voyagé dans les pays voisins de la Judée, ou qui ont lu des histoires & des livres de ces peuples, tels que sont *Hérodote*, *Diodore* de Sicile, & autres semblables auteurs. Lorsque ce qu'ils disent des orientaux a du rapport à ce qu'en dit le vieux testament, on peut l'expliquer très-utilement par leur moyen. Je sais, par expérience, que l'on peut tirer des deux auteurs grecs, que j'ai nommés, infiniment plus de lumières pour cela, que des rabbins qui ont travaillé sur le vieux testament, & qui ne savoient rien de ces temps éloignés, & des peuples voisins des juifs, que ce qu'ils en pouvoient tirer des livres sacrés.

Il est vrai qu'en examinant avec soin les auteurs que l'on cite, & n'apportant rien que de bien fondé, il y a beaucoup de choses sur lesquelles il faudra avouer son ignorance & demeurer en suspens. Mais il vaut bien mieux savoir que certaines choses nous sont inconnues, que se repaître de la vaine imagination de savoir ce que l'on ne sait point, & suppléer par des fables au défaut des monumens anciens. C'est là se tromper soi-même & vouloir tromper les autres, & non rechercher la vérité.

Le second défaut, que j'ai remarqué en plusieurs de ceux qui ont écrit des *Dieux de l'Orient*, c'est qu'ils confondent perpétuellement les Dieux des grecs avec ceux des peuples barbares, sans y apporter presque aucune distinction. Je tombe d'accord que les plus anciens habitans de la Grèce étoient venus de l'Orient, & qu'ils avoient apporté dans l'Occident quelques-unes des superstitions orientales; mais il faut, avant que de juger, examiner bien ce qu'en disent les anciens. Lorsqu'en faisant l'histoire de leurs Dieux, ils témoignent qu'ils sont venus de l'Orient, & le font voir par les circonstances de ce qu'ils disent, il les en faut croire.

Par exemple, il paroît par l'histoire de *Vénus*, ou d'*Aphrodite*, comme les grecs la nommoient, qu'elle étoit même plus ancienne, ou aussi ancienne que le *Jupiter* des grecs, comme je l'ai montré dans mes remarques sur la *Théogonie d'Hésiode*.

On doit dire la même chose d'*Hécate*, d'*Hercule*, qui étoit un phénicien, & de *Bacchus*, Dieu d'Egypte ou d'Arabie. Mais à l'égard des autres divinités, que les plus anciens auteurs grecs, c'est-à-dire les poëtes, nous représentent comme des hommes qui étoient nés & qui avoient vécu en Grece, il ne les faut point chercher dans l'Orient. Tels sont *Saturne* & *Rhée* avec leur postérité; *Jupiter*, *Neptune* & *Pluton*, & tous ceux qui en sont descendus; que l'on peut prouver avoir été des hommes qui sont nés en Grèce, & qui y ont vécu, par toute la suite de leur histoire, telle qu'elle se trouve dans les plus anciens poëtes, comme *Homère* & *Hésiode*. Confondre ces Dieux avec ceux de babyloniens & des égyptiens, comme si ces peuples de l'Orient avoient adoré des hommes morts parmi les grecs; c'est confondre des choses toutes différentes, & qui n'ont rien de commun. Les orientaux, dont les états & les sentimens sur la religion étoient formés, avant que la Grece fût fort habitée, n'avoient que faire d'emprunter d'eux le culte des anciens rois des grecs. Ils avoient eu assez de rois, & plus anciens que ceux de la Grèce, pour les mettre au rang des Dieux, sans recevoir ceux des étrangers, plus modernes que les leurs.

Par exemple, les grecs nous veulent persuader qu'*Isis* n'est autre chose que la fille d'*Inaque*, nommée *Io*, que leurs fables disent avoir été changée en vache & être allée en Egypte, où elle fut adorée sous le nom d'*Isis*. Mais *Diodore* de Sicile, dans son premier livre, nous apprend qu'*Isis* étoit une très-ancienne reine d'Egypte, née & morte en ce pays-là, & nullement une femme grecque. Quelque légère ressemblance du nom & de l'histoire a été cause que les grecs ont cru que les égyptiens avoient adoré la fille d'un petit roi d'une partie du Peloponnèse. C'est une bévue qu'ils ont très-souvent commise, comme je le dirai dans la suite.

Ainsi il faut bien se garder de confondre le *Jupiter*, roi de Thessalie & de Crète, avec le *Bélus*, ou le *Bel* des assyriens. Il est vrai qu'il y a plusieurs auteurs grecs, qui le nomment *Jupiter Bélus*; mais cela ne vient que de ce que les Grecs entendant parler de *Bélus*, à Babylone, comme du souverain des Dieux, ils lui donnoient le nom de *Jupiter*, qui étoit la souveraine divinité des grecs. Les babyloniens ne savoient rien de l'histoire de Jupiter, & n'avoient pas la même idée de leur *Bel*, que les grecs, de ce roi de Thessalie. Voyez ce qu'on a dit sur le mot *Bélus*, dans l'indice philologique sur la philosophie orientale de *Stanley*.

Le troisième défaut, que *Selden* n'a pas entièrement évité, c'est qu'il admet en quelques endroits l'explication allégorique des fables, comme si c'avoit été le dessein de ceux qui les ont débitées les premiers, de représenter, je ne sais quels mystères, sous l'enveloppe des fables.

Après avoir bien considéré cette matière, je trouve qu'il y a deux sortes de fables. Les unes ne sont autre chose que l'ancienne histoire des premiers habitans de la Grèce, embellie & mal-entendue. Les poëtes, qui nous la racontent, ne sont pas toujours contentés de nous dire ce que l'on en racontoit de leurs temps, mais ils l'ont encore augmentée de diverses circonstances, qu'ils ont inventées à plaisir; comme on le voit dans les histoires qu'*Homére* & *Hésiode* nous racontent de Saturne & de ses fils, qu'ils embellissent comme ils le trouvent à propos. Ils ont de plus inventé de nouvelles fables sur le modèle des anciennes; & tels sont les discours & les combats des Dieux, pour & contre les troyens. *Homére* les a inventés, à l'imitation de ce qu'on disoit de son temps des premiers habitans de la Grèce. Cette licence a beaucoup contribué à rendre la vérité cachée encore plus obscure; mais ce qui l'a entièrement défigurée, c'est que la langue & les coutumes ayant fort changé parmi les grecs, ils n'ont plus entendu leurs anciennes histoires, & ont changé divers faits faciles à concevoir, & qui arrivoient communément, en des événemens étranges, ou même impossibles; soit parce qu'ils n'entendoient pas bien les expressions de leurs anciennes histoires, à cause des équivoques de la langue phénicienne, ou parce qu'ils prenoient dans un sens propre ce qui ne devoit être pris que dans un sens figuré.

Samuel Bochard a donné de très-bonnes preuves de la première dépravation de l'histoire ancienne, en expliquant par la langue phénicienne diverses fables inintelligibles, & j'en ai donné un beaucoup plus grand nombre d'exemples dans mes notes sur la *Theogonie d'Hésiode*. Paléphate avoit aussi vu en partie la seconde cause des narrations monstrueuses des fables grecques, comme il paroît par son livre *des choses incroyables*, où il fait voir qu'il falloit entendre figurément plusieurs choses dans la fable, que les poëtes expliquoient à la lettre. Je ne voudrois pas à la vérité soutenir toutes ses explications; mais il y en a quelques-unes, qui sont assurément véritables, comme celle de la fable des Centaures, qu'il fait voir n'avoir été autre chose que des cavaliers de Thessalie.

Il y a une seconde sorte de fables, qui sont entièrement inventées par les poëtes, mais que l'on voit clairement avoir un sens figuré; comme ce que dit *Homére*, Iliad. E, des *prières* & du *crime*, dont il fait des personnes; ou ce qu'il y a, dans le dernier livre du même poëme, des *deux tonneaux*, qui sont à la porte du palais de Jupiter, & dont l'un est plein de biens, & l'autre de maux, que Jupiter mêle ensemble, pour en donner aux hommes. Telles sont encore les descriptions de la renommée, de l'envie, de la faim & du sommeil, que l'on trouve en divers poëtes. Tout le monde voit d'abord que ce sont des prosopopées faites à plaisir. L'on en trouve plusieurs semblables dans la *Théogonie d'Hésiode*. On ne peut chercher aucune histoire dans ces sortes de fables. Mais je soutiens que l'histoire de Saturne & de ses contemporains, avec celles des autres Dieux, dont on voit la naissance & les actions dans les autres poëtes, n'est point une pure fiction; mais une histoire gâtée, par ceux qui ne l'ont point entendue, & par la liberté que les poëtes ont prise de l'embellir & de l'augmenter.

La règle dont je me sers pour distinguer les fables historiques des allégoriques est claire & facile. Lorsque je vois qu'il est parlé d'une divinité comme d'un homme, dont on raconte la naissance & les actions, ce que l'on voit dans la fable des principaux Dieux de la Grece; & que l'on peut expliquer fort naturellement cette fable, par le moyen de l'ancienne langue des habitans de ce pays-là, ou en donnant un sens figuré à ce qui est absurde pris à la lettre, je ne doute pas qu'il ne s'agisse d'une histoire véritable. J'en ai donné des exemples incontestables, dans les explications des fables d'*Hercule*, d'*Adonis* & de *Cérès*, qui ont été insérées dans le I, dans le III & dans le VI tome de la *Bibliothèque Universelle*.

A l'égard des pures fictions, & qui n'ont aucun fondement dans l'histoire, elles sont faciles à distinguer des faits, par les choses mêmes qu'elles renferment. Par exemple, il n'y a personne qui ne voie que les prosopopées, dont j'ai parlé, sont de pures productions de l'imagination des poëtes. La chose même le fait voir, car elle ne peut recevoir aucun sens historique. Personne ne s'imaginera encore que les trois Parques, les Heures, les trois Graces, les Furies ou autres personnes semblables de la fable aient été des personnes réelles, ou que les Payens ne l'aient cru de bonne foi.

Mais je crois que les explications allégoriques, que l'on a données à l'histoire de Saturne & de ses enfans, sont de pures chimères, inventées à plaisir, & que l'on ne sauroit rendre vraisemblables, si on les nie. C'est expliquer le son des cloches, ou chercher des figures dans les nuées, que de donner à ces fables un sens allégorique & arbitraire, comme on le fait communément. Par exemple, on dit que Saturne est le temps, & que parce que le temps produit & consume toutes choses, on a feint que Saturne mangeoit ses enfans; que Jupiter est l'Ether & Junon la terre, & que c'est pour cela que les poëtes disent que Jupiter & Junon étoient mariés ensemble, parce que l'Ether, en envoyant les pluies, rend la terre féconde : que Neptune n'est que la mer, Pluton les richesses, Cerès le bled, Bacchus le vin, Vulcain le feu, &c. Je soutiens que ces explications sont sans fondement, parce que si elles quadrent à quelque peu de circonstances des fables, elles ne sont point suffisantes pour en expliquer la plupart; & parce qu'elles sont arbitraires & que chacun les tourne comme il veut. Il n'y en a aucun vestige dans les plus anciens poëtes & Mythologues, qui racontent les vies de ces Dieux comme de simples histoires, sans rien dire, qui puisse faire soupçonner qu'ils ne les ont pas entendues à la lettre. C'est aussi ce que plusieurs peres de l'église ont soutenu aux Payens, & avec beaucoup de raison, comme on le verra encore mieux dans la suite.

On m'objectera peut-être que ce sont des auteurs payens & des philosophes même du premier ordre, qui ont dit qu'il falloit entendre les fables allégoriquement, comme *Zenon*, (1) *Chrysippe*, & d'autres illustres Stoiciens. Ils ont été suivis, dira-t-on, par quantité d'autres payens, & l'on peut assurer que ça été l'opinion commune des Payens pendant les premiers siécles du christianisme. Je ne nie point cela, mais je suis persuadé que ces allégories sont de pures inventions des philosophes, qui ne voyoient point d'autre moyen de défendre la religion contre ceux qui s'en moquoient avec raison.

Ils s'imaginoient que les premiers instituteurs de la religion payenne étoient trop sages pour avoir eu d'aussi basses idées des divinités que l'on adoroit, que l'on en voit dans la fable entendue littéralement. Ils voyoient même qu'il étoit dangereux pour les bonnes mœurs, de l'entendre de la sorte; parce que le peuple pouvoit croire qu'il n'y avoit point de mal à faire des crimes, que les Dieux autorisoient par leurs exemples. Ce sont là les raisons pour lesquelles on chercha des explications allégoriques, & les explications furent plus en usage que jamais, lorsque les Juifs commencèrent à avoir du commerce avec les Payens & à se moquer de leur religion, qu'il leur étoit impossible de défendre, sans le secours des allégories. C'est pour cela que *Phurnutus* a fait son livre *de la nature Dieux*, & *Salluste* le III & le IV chapitre de son ouvrage *des dieux & du monde*. Les grammairiens contribuèrent aussi beaucoup à établir & à conserver cette manière d'expliquer les fables, parce que, sans ce même secours, il ne leur étoit pas possible non plus de soutenir la haute réputation d'*Homère* qu'ils faisoient passer pour le père de toutes les sciences, & qui, sans le moyen de l'allégorie, devoit passer pour un impie ou pour un fou en matière de religion. C'est ce dont on peut s'assurer par le livre des *allégories d'Homère*, que l'on attribue à *Héraclite du Pont*.

D'ailleurs il est si vrai qu'il n'y a dans *Homère* ni dans *Hésiode*, aucune marque dans laquelle on puisse connoître qu'ils n'entendoient pas à la lettre ce qu'ils disent des Dieux; que *Platon*, qui étoit fort porté à l'allégorie, comme il paroit par les étymologies de leurs noms, qu'il donne dans son *Cratyle*, & admirateur de ces deux poëtes ne leur a pû pardonner les choses injurieuses, qu'ils avoient dites des Dieux. On peut voir ce qu'il en dit, sur la fin du II livre de sa *république*, où il trouve à propos d'empêcher qu'on en entretienne la jeunesse. S'il avoit crû pouvoir sauver tout cela par des allégories, il auroit sans doute tâché de le faire, comme l'auteur du livre que j'ai cité, & qui injurie *Platon*, pour avoir mal parlé du divin *Homère*.

Outre cela, il y a deux raisons décisives contre le sens allégorique des fables. La première se trouve dans l'auteur des homilies attribuées à S. *Clément*, Homil. VI, cit. 17. Elle est exprimée d'une manière si forte, que je ne ferai que traduire ses paroles. Après avoir introduit *Appion* expliquant allégoriquement des fables, dont les Juifs & les chrétiens se moquoient, il fait parler ainsi S. *Clément* contre lui.

„ Ce que vous venez de dire, dit-il, pouvant
„ être expliqué d'une manière pieuse & utile, en
„ parlant clairement & ouvertement, je m'étonne
„ que vous disiez que ceux qui l'ont caché sous
„ des énigmes & sous des fables mal-honnêtes,
„ étoient des personnes prudentes & sages. Au
„ contraire poussés par un mauvais démon, ils
„ ont dressé des embuches à la plupart des hom-
„ mes. Car enfin ou ce ne sont pas des énigmes,
„ mais de véritables fautes des Dieux; & en ce
„ cas, il ne les falloit pas découvrir, ni les pro-
„ poser en aucune manière à imiter aux hommes:
„ ou ce sont des énigmes, qui décrivent des
„ choses qui n'ont point été faites par les Dieux,
„ & ceux qui les ont inventées ont fait une faute;
„ puisqu'étant sages, comme vous les nommez
„ *Appion*, ils ont caché des choses honnêtes, sous
„ des fables mal-honnêtes, & ont porté les
„ hommes à commettre des péchés; & cela en
„ parlant injurieusement de ceux, qu'ils regar-
„ doient comme des Dieux „.

" Croyez donc que de tels êtres ne sont pas
„ de sages démons, mais de mauvais démons,
„ puisqu'ils ont pris de mauvais sujets, plutôt
„ que de bonnes actions, pour les proposer aux
„ hommes; afin que ceux qui voudroient imiter
„ des êtres plus relevés qu'eux, imitassent les
„ actions de ceux qu'on appelloit dieux; que je
„ n'ai pas cachées jusqu'à présent, en m'entre-
„ tenant avec vous. Je veux dire des parricides,
„ des meurtres des enfans par leurs pères, des
„ commerces impies des dieux avec leurs mères,
„ leurs sœurs & leurs filles, des adultères hon-
„ teux, des commerces contre la nature, des
„ souillures scandaleuses, outre mille autres forni-
„ cations semblables & défendues. Les plus impies
„ sont ceux, qui veulent que cela soit véritable,
„ afin de n'avoir pas de la confusion, en vivant de
„ la même manière. Si ces gens-là avoient quelque
„ piété, quand même les dieux auroient fait le
„ mal que l'on dit; il falloit, par respect pour les
„ dieux, cacher tout ce qui n'est pas honnête,
„ sous

---

(4) *Voyez* Ciceron de Nat. Deor Lib. I. 14. & seqq.

» sous des fables honnêtes, comme je le disois
» tout à l'heure; & non pas tout au contraire,
» comme vous le dites, suppose que les dieux
» n'aient fait que de bonnes actions, les enve-
» lopper d'une manière de les raconter mauvaise
» & déshonnête, qui étant expliquée allégori-
» quement, ne peut être entendu qu'avec peine.
» Si quelqu'un l'entend, il n'a pour fruit de sa
» peine, que le plaisir de ne se tromper pas en
» cela; mais on auroit pû lui épargner cette
» peine. Pour ceux qui s'y trompent, leur erreur
» les perd entièrement. J'approuve davantage la
» conduite de ceux, qui expliquent allégori-
» quement ces fables pour leur donner un sens
» honnête, & qui indiquent obscurément que
» la sagesse est sortie du cerveau de Jupiter. Mais
» il paroit plus vraisemblable que ces mauvaises
» actions ont été commises par de méchans hom-
» mes que l'on a crû avoir été des *Dieux* ».

Dans les premiers tems de la Grèce, auxquels les peuples barbares n'avoient presque aucune idée de la vertu; ils ont mis leurs rois dans le rang des *Dieux*, sans avoir d'égard à leurs mauvaises actions, qu'ils ne racontoient pas moins après leur apothéose que devant, parce qu'ils n'avoient ni de la divinité, ni de la vertu les idées qu'ils en devoient avoir. Ainsi ces histoires scandaleuses sont venues jusqu'à la postérité, telles qu'on les racontoit dans les premiers tems, & la postérité ayant de meilleures idées & de la divinité, & de la manière dont on doit vivre, s'est trouvée dans la nécessité ou de rejetter l'ancienne religion, ou d'expliquer allégoriquement l'histoire des *dieux*. Les épicuriens & d'autres philosophes se sont moqués des *dieux* & de la religion, mais les stoïciens & d'autres ont mieux aimé expliquer la fable allégoriquement.

Mais il y a une seconde raison contre ces allégories, qui les détruit entièrement. C'est que de la manière, dont les philosophes & les grammairiens expliquent les fables, il s'ensuivroit que les premiers habitans de la Grèce auroient fait consister toute leur sagesse à dire le plus obscurément du monde des choses que tout le monde sait. Par exemple, qui ne sait que la pluye qui tombe du ciel, rend la terre feconde? Cependant pour dire une chose si connue, ils ont fait selon les allégoristes, de l'éther une personne qu'ils ont nommée *Zéus*, ou *Zéen*, & que les latins ont appellée *Jupiter*, & de la terre une autre qu'ils ont nommée *Héera*, en latin *Junon*. Ce qu'il y a encore de plus ridicule, c'est qu'ils auroient fait consister leur religion à adorer les noms mystiques des choses naturelles métamorphosées en personnes, par le moyen de la prosopopée. Ils auroient adoré sous le nom de *Bacchus*, qui ne marque que le vin, celui de *Cérès* qui ne signifie que le bled, & ainsi du reste. Je crois bien que ces peuples étoient ignorans & barbares, mais je ne saurois croire qu'ils

Philosophie anc. & mod. Tome II.

aient eu de si étranges & de si ridicules finesses, & même dont on ne voit aucuns vestiges dans leur histoire. On en est venu là, parce qu'on ne savoit comment sauver autrement la religion & la vertu.

Je sais que *Strabon*, qui étoit un homme d'ailleurs judicieux, a expliqué tout autrement l'origine & l'usage des fables; mais il avoit pris ses idées dans la philosophie stoïcienne qu'il préféroit aux autres. Je rapporterai ses paroles qui sont remarquables, & je les examinerai en peu de mots.

(1) « Ce ne sont pas, dit-il, les poëtes seule-
» ment qui ont reçu les fables. Les villes & les
» législateurs les avoient reçues long-tems aupa-
» ravant, à cause de l'utilité qu'ils en tiroient,
» eu égard à la disposition dans laquelle sont les
» esprits des hommes. L'homme est naturellement
» curieux, & sa curiosité se repait d'abord de
» fables; car c'est par-là que les enfans commen-
» cent à s'instruire & à prendre part dans les dis-
» cours qu'ils entendent. La raison de cela c'est
» que la fable contient quelque chose de nouveau
» & non-seulement ce qui est; & que l'on entend
» avec plaisir ce qui est nouveau, & qu'on ne
» savoit point auparavant. Cela même est ce qui
» rend les hommes curieux. Quand on mêle à ces
» narrations l'admirable & le surprenant, cela
» augmente le plaisir & engage à apprendre. Au
» commencement donc, il faut se servir de ces
» manières d'attirer, & lors que l'âge est plus
» avancé, conduire la jeunesse à la connoissance
» des choses mêmes; quand l'esprit est affermi
» & qu'il n'a plus besoin qu'on le flatte. Tous les
» ignorans & les personnes sans étude sont en
» quelque manière enfans, & aiment les fables
» comme eux. Ceux qui ont de l'étude les aiment
» aussi, mais avec retenue, car ils n'ont pas assez
» de force d'esprit pour ne s'en point soucier, &
» ils ne sont pas défaits des coûtumes de leur
» enfance ».

Mais on peut dire à cela que les législateurs qui avoient reçu les fables que l'on débitoit touchant les *dieux*, les avoient reçues parce qu'ils les croyoient vraies, ou au moins parce qu'ils ne savoient rien de meilleur. La raison de cela est, qu'on ne trouve rien de meilleur dans cette profonde antiquité, de laquelle il ne nous reste que ces fables qui n'auroient jamais pû s'établir, si l'on avoit eu une connoissance plus nette de la divinité. On n'auroit jamais souffert tant d'extravagantes idées de Dieu & de la vertu. La vérité est que ces fables étoient tout ce qui restoit de la plus ancienne histoire des grecs & qu'on les racontoit par coûtume, depuis les tems les plus éloignés, & non dans des vues philosophiques, telles que sont celles de *Strabon* qui continue de sorte.

(1) Lib. I. page 13. Ed. Gen.

« Comme le surprenant est non-seulement
» agréable, mais qu'il effraye, on peut s'en servir
» à ces deux fins, & quand on a affaire aux
» enfans, & quand on s'adresse à des personnes
» plus avancées en âge. Nous disons aux enfans
» des fables agréables, pour les exciter à faire
» quelque chose, & celles qui épouvantent pour
» les en détourner. Les Lamies, les Gorgones,
» Ephialte & Mormolyque sont de pures fables;
» & la multitude qui demeure dans des villes,
» est portée à agir par les fables agréables, quand
» elle a ouï les poëtes raconter de belles actions,
» quoique fabuleuses; tels que sont les combats
» d'Hercule ou de Thésée, ou les honneurs
» que les *dieux* leur ont fait, ou même lorsqu'elle
» voit des peintures & des statues de métal ou de
» terre qui représentent de semblables événe-
» mens fabuleux. Elle est au contraire portée à
» éviter de mauvaises actions lorsqu'elle voit les
» peines que les *dieux* leur ont imposées, la
» peur des méchans, les menaces des *dieux*, ou
» par des voies, ou par des figures terribles, ou
» lorsqu'elle croit que quelque chose de sem-
» blable arrive. Il n'est pas possible d'émouvoir,
» par des discours philosophiques, une multitude
» de femmes ou de populace, ni de la porter
» par-là à la piété, à la sainteté & à la fidélité;
» il le faut faire par la superstition qui n'agit
» que par le moyen des fables & des prodiges.
» La foudre, l'égide, le trident, les flambeaux,
» les serpens & les thyrses, que l'on donne aux
» *dieux*, ne sont que des fables, non plus que
» toute la théologie ancienne. Ceux qui ont établi
» les républiques ont reçu tout cela pour tenir
» en crainte les simples. La fable étant de cette
» nature, qu'elle porte les hommes à vivre en
» communauté & à former des villes, & les
» conduit à la connoissance de la vérité, les
» anciens gardèrent cette manière d'instruire les
» enfans jusqu'à un certain âge avancé, & ils
» crurent que l'on pouvoit fort bien instruire
» ainsi toutes sortes d'âges ».

Il est faux, comme on l'a fait voir, que les fables concernant la vie & les actions des *dieux* aient été inventées par des gens sages, pour s'en servir à conduire les peuples. Non-seulement on n'y apperçoit aucun dessein moral, avec quelque attention qu'on les life; mais on voit au contraire qu'elles étoient très-propres à débaucher la jeunesse & à lui donner de très-mauvaises impressions. Car enfin ce que l'on dit de la conduite de Jupiter à l'égard de Saturne, ne pouvoit la porter qu'à mépriser ceux à qui elle doit le plus de respect & de soumission. La vie du même Jupiter & celle de Vénus ne pouvoient lui persuader autre chose, sinon que la débauche la plus infâme étoit permise : comme celle de Bacchus autorisoit l'ivrognerie. Ainsi ce que *Strabon* dit là-dessus est une pure fiction des Stoïciens, à laquelle les plus anciens théologiens des grecs n'ont jamais pensé, & qui est incompatible avec les actions infâmes & scandaleuses de leurs *dieux*.

S'il avoit dit que les poëtes tragiques avoient tiré de la fable divers sujets sur lesquels ils avoient composé des pièces pleines de moralités, qui pouvoient servir à l'instruction du peuple; il auroit eu raison, au moins à quelque égard. Il est vrai qu'il y a une infinité de choses dans les tragédies dont les peuples pouvoient profiter. Mais ils ne pouvoient que se corrompre dans la lecture des fables théologiques, comme *Platon* l'a très-bien reconnu. Outre ce qu'il en dit à l'endroit, que j'ai cité ci-dessus, il n'y a rien de plus formel que le passage de l'*Eutyphron*, que l'on trouvera tom. III, p. 71 de la *Bibliothèque Choisie*.

Il est vrai qu'on ne peut pas conduire une multitude ignorante, par des raisons de philosophie; mais il y a grande apparence qu'à l'égard de la théologie, les anciens législateurs eux-mêmes n'étoient guère plus éclairés que la multitude; au moins n'apporte-t-on aucune preuve du contraire, dans laquelle on voye quelque solidité. D'ailleurs cette multitude, quoiqu'ignorante, auroit été très-susceptible d'un changement en mieux, si ceux qui la conduisoient en eussent pû former l'idée. Mais s'ils la tenoient dans l'ignorance, ils y demeuroient aussi eux-mêmes. Par-tout où l'on a entrepris d'apprendre quelque chose de meilleur au peuple, il s'est trouvé nombre de gens, qui ont fait voir qu'ils étoient mieux en état de comprendre la vérité & de l'embrasser, que les philosophes mêmes, & que les princes, ou ceux qui gouvernoient les états & qui ordinairement n'étoient rien moins que philosophes. C'est ce que l'on a vu, lorsque l'évangile a commencé à se répandre dans l'empire romain. Une infinité de personnes du peuple se moqua des fables, & fit voir qu'elle n'avoit que faire de ce prétendu secours pour s'élever aux vérités les plus sublimes. Si on la repaissoit auparavant de fables, c'est que l'on ne savoit pas mieux l'instruire.

Cela paroîtra encore plus clairement, par l'examen d'un passage de *Varron*, que S. Augustin nous a conservé dans sa cité de *Dieu*, liv. VI, c. 5, & que l'on cite ordinairement sur cette matière. Il disoit qu'il y avoit trois sortes de théologie, la première fabuleuse, la seconde physique, & la troisième politique ou *civile*, comme il parloit.

« Les poëtes sur-tout, dit-il, se servent de la
» fabuleuse, les philosophes de la physique, &
» les peuples de la politique. Dans la première
» il y a plusieurs choses feintes contre l'excel-
» lence & la nature des *dieux* immortels. C'est

» dans cette forte de théologie qu'on dit qu'un » *Dieu* est né de la tête d'un autre, un autre de » fa cuiffe, & un autre de quelques gouttes de » fang. Il y a là comment les *dieux* ont dérobé, » comment ils ont commis des adultères, com- » ment ils ont été efclaves des hommes. Enfin » on y a attribué aux *dieux* non feulement tout » ce que les hommes peuvent faire, mais encore » tout ce dont les plus méprifables des hommes » font capables ».

Il faut néanmoins remarquer que c'est ici l'an- cienne théologie des grecs, qui n'en connoiffoient point d'autre du tems d'*Homère* & d'*Héfiode*; qui n'auroient jamais ofé parler fi injurieufe- ment des *dieux*, fi ce n'avoit été l'ufage de leurs tems, comme je l'ai remarqué fur le 211 vers de la Théogonie d'Héfiode. Les grecs des fiècles fuivans la confervoient encore avant que les philofophes entrepriffent de la réformer. Depuis le tems des philofophes, quoique les particu- liers puffent avoir de meilleures idées de la divinité, fon culte public tout fondé fur des fables, ne fut point changé pour cela, comme on le dira dans la fuite. Varron continue ainfi :

« La feconde forte de théologie est celle » dont j'ai parlé, & dont les philofophes font » laiffé plufieurs livres. On y trouve quels font » les *dieux*, où ils font, quelle est leur origine, » quelle est leur nature, depuis quel tems ils » ont été, s'ils ont été éternels ; s'ils font venus » du feu, comme le croit Héraclite ; ou des » nombres, felon le fentiment de Pythagore ; » ou des atômes, felon celui d'Epicure. Il y a » d'autres chofes de cette nature, que les oreilles » peuvent plus facilement fouffrir dans un audi- » toire de philofophie, que dans une place pu- » blique ».

Je ne dirai pas que cette théologie phyfique ne valoit rien, car ce n'est pas dequoi il s'agit ici ; mais je dirai qu'il paroît, par les dernieres paroles de Varron, que quoique l'on fouffrît que les philofophes débitaffent leur théologie dans leurs écoles, on ne pouvoit fouffrir qu'ils en parlaffent publiquement parmi le peuple. *Facilius intra parietes, in fchola quàm extra in foro ferre poffunt aures.* Cependant ils prétendoient qu'elle étoit contenue dans les fables, mais qu'ils expliquoient contre le fentiment commun. « Zé- » non, dit (1) Cicéron, lorfqu'il explique la » théogonie d'Héfiode, détruit entièrement les no- » tions communes & reçues des *dieux*, car il ne met » dans le nombre des *dieux*, ni Jupiter, ni Junon, » ni Vefta, ni qui que ce foit, qui fe nomme » ainfi ; mais il enfeigne que ces noms, felon je » ne fais quelles fignifications, ont été donnés à » des chofes inanimées & muettes ». Les expli- cations allégoriques des autres philofophes n'é- toient pas mieux fondées, ni plus conformes aux idées communes, felon lefquelles on entendoit les poëtes.

« La troifième forte de théologie, dit Varron, » est celle que les habitans des villes, & princi- » palement les facrificateurs doivent favoir & » mettre en pratique. On trouve dans cette théo- » logie, quels *dieux* l'état adore, & quels facri- » fices il faut que chacun leur faffe. La première » théologie est propre pour le théâtre, la feconde » est accommodée à l'univers, & la troifième aux » villes ».

Dans le fonds, la théologie des villes, ou la théologie établie par les ufages & par les loix, en Grèce & en Italie, n'a été pour l'ordinaire que la théologie poétique, fur laquelle les céré- monies de la religion étoient fondées. Ce n'étoient fouvent que des repréfentations de ce que la fable racontoit des *dieux* : comme je l'ai fait voir dans les explications des fables d'Adonis & de Cérès. On commettoit même des défordres fcandaleux dans le culte des *dieux*, comme des débauches dans le culte de Vénus, & des ivrogneries dans celui de Bacchus, parce que la fable repréfen- toit Vénus comme une débauchée, & Bacchus comme un ivrogne. Auffi S. Auguftin a-t-il très- bien montré que ces deux théologies n'étoient que la même, & c'est ce que l'on peut reconnoître par les livres des Faftes d'Ovide, qui en expli- quant les facrifices & les fêtes des romains, en rend à tous momens des raifons tirées de la fable.

Il faut néanmoins avouer que peu à peu les difcours des philofophes firent quelque impreffion fur les efprits, & que l'on mêla leur théologie phyfique & allégorique dans le culte que l'on rendoit aux *dieux*. On remarque fouvent ce mélange dans les anciens auteurs, dans les infcrip- tions & dans les médailles, où l'on voit des marques fenfibles des explications philofophiques de la religion. Mais il faut bien fe donner de garde de confondre jamais les idées philofophiques des théologiens qui ont vécu depuis le tems des philo- fophes, avec celles des plus anciens théologiens de la Grèce, qui ne contenoient rien de philo- fophique. La théologie des premiers tems, comme on le voit par celle d'Homère & d'Héfiode, n'étoit que l'hiftoire des anciens rois de la Grèce, gâtée par des équivoques & par des inventions poétiques. Mais celle des tems poftérieurs à la philofophie est un mélange de cette hiftoire, avec ce que les philofophes croyoient avoir dé- couvert de la divinité, en raifonnant. Comme on ne doit pas reprocher à ces derniers toutes les idées groffieres d'Homère & d'Héfiode : on ne

(1) *Lib.* I. *de Nat. Deo.* c. 14.

doit pas non plus attribuer à ces deux poëtes les raffinemens philosophiques de la postérité. Si l'on ne fait cette distinction dans la théologie payenne, on n'y entendra jamais rien, & l'on ne fera qu'embarrasser l'esprit de ceux qui tâchent de la pénétrer, & qu'obscurcir tout ce qu'on en trouve dans les anciens des différens âges.

Par exemple, quiconque aura lu Homère & Hésiode ne doutera point qu'ils ne crussent qu'il y avoit presque autant de *dieux* différens, qu'on trouve de noms différens dans leurs écrits. Jamais Jupiter, Neptune, Pluton, Junon, Cérès, Vénus, Proserpine, Latone, Vulcain, Mercure, Mars, Apollon, Diane, &c. n'y sont confondus; mais seulement dans les écrits des théologiens qui ont vécu quelques siècles après eux, sur-tout depuis que le judaïsme & le christianisme furent connus de tous les payens. C'est ainsi qu'Apulée, au commencement du livre XI de sa métamorphose, confond Isis, Cérès, Vénus, Diane, Minerve & Proserpine, & que (1) Macrobe prétend réduire toutes les divinités à une seule; savoir, au soleil.

On voit encore de semblables confusions dans les Dionysiaques de Nonnus (2). C'est ce qui a produit ces figures Panthées, où plusieurs divinités sont confondues en une, sur quoi l'on peut voir M. Spon dans ses Miscellanées, sect. I, art. 6. On ne peut nier ni la distinction des divinités dans les plus anciens auteurs payens, ni leur confusion dans ceux des derniers siècles du paganisme. Ainsi l'on ne doit pas expliquer les sentimens des uns par ceux des autres.

Comme les noms des divinités sont plus anciens, que les conjectures des philosophes, & peut-être même que la langue grecque; lorsque l'on veut chercher ce qu'ils veulent dire, il ne faut avoir aucun égard ni à ces explications philosophiques, inconnues à ceux qui les ont imposés, ni à la langue grecque, qui n'étoit pas encore en usage du tems des *dieux*, ou des premiers princes de la Grèce. Il faut d'abord examiner le caractère particulier de la divinité dont il s'agit, & ensuite voir si dans la langue phénicienne ces noms ne marquent point ce caractère. Quand ces deux choses se rencontrent & s'accordent parfaitement, il y a beaucoup d'apparence que l'on a bien deviné. Je crois en avoir donné tant d'exemples dans mes notes sur la Théogonie d'Hésiode, que l'on aura de la peine à se persuader que je me sois trompé en tout ; car il n'est pas possible que le hasard ait fait que tant de noms signifient, dans la langue phéni-

___

(1) Saturnal. Lib. I. c. 17. & seqq.
(2) *Voyez* le livre XL.

cienne, ce qu'ils doivent signifier pour cadrer parfaitement aux divinités dont ce poëte parle.

Il est vrai que nos noms d'aujourd'hui ne signifient rien, mais on sait qu'on les impose sans dessein. Il n'en étoit pas de même des anciens orientaux qui les imposoient, comme il paroit par l'écriture sainte, à cause de quelque chose de remarquable qui étoit arrivé à ceux qui les portoient. Comme les noms qui ont été inventés non-seulement pour distinguer les hommes les uns des autres, mais pour marquer en quelque sorte ce qui les distinguoit, il arrive souvent qu'ils cadrent à ce que l'histoire dit des personnes mêmes.

Outre cela les hommes n'ont pas eu un seul nom qui leur eût été imposé dès leur naissance; avant qu'on sût ce qu'ils feroient, & il est arrivé que divers de ces noms on été plutôt des surnoms, qu'on leur a imposés depuis, & qu'ils sont devenus plus célèbres que les premiers noms. Je sais que l'on a accoutumé de dire que les patriarches de l'ancien testament les imposoient par prophétie; mais je n'en trouve pas des preuves assez claires, à moins que l'on ne veuille conclure que ce qui s'est fait quelquefois soit toujours arrivé.

Les anciens nous ont même conservé la mémoire de la signification de quelques-uns de ces noms, ou plutôt de ces surnoms. Par exemple, Diodore de Sicile, dans son liv. I, dit que le mot Isis signifie ancienne, & que c'est le surnom de la plus ancienne reine que les égyptiens eussent eue, ou dont il restât quelque mémoire parmi cette nation, comme nous l'apprenons du même historien. Aussi dans la langue hébraïque, avec laquelle l'ancienne langue égyptienne avoit beaucoup de rapport, *jaschisch* signifie-t-il décrépit, vieux. Après cela, on ne peut pas douter de l'origine de ce mot, & c'est en vain que l'on en chercheroit une autre étymologie. Ce seroit sur-tout se tromper lourdement, que d'appuyer l'origine d'un si ancien nom, sur les conjectures philosophiques, que les égyptiens firent sur la divinité de cette reine d'Egypte, plusieurs siècles après sa mort.

Ce sont là les remarques générales que j'avois à faire sur la manière dont Selden a traité quelquefois de la théologie des orientaux. Ce n'est pas qu'il ait le plus commis de fautes là-dessus, ni qu'il ait été le premier ou le dernier qui ait prouvé d'anciens faits par des témoins, qui n'en étoient pas plus instruits, que nous ne le sommes; qui ait confondu les *dieux* des grecs & des orientaux, & qui ait expliqué allégoriquement les fables grecques. Plusieurs savans hommes l'avoient fait avant lui, & plusieurs ont suivi cette méthode depuis. Mais ayant quelques remarques à faire sur son ouvrage, j'ai cru devoir commencer par ces remarques générales, quoiqu'elles ne le regardent pas plus que d'autres qui ont écrit sur la même matière, & peut-être encore moins. Je déclare au reste que je suis l'un de ceux qui estiment le plus le savoir de Selden, & que je me sers très-souvent de ses livres. Je suis aussi très-éloigné du sentiment de ceux dont il se plaint, dans la préface de la seconde édition, qui l'accusoient d'avoir pillé quelques endroits des *Sémestres de Pierre Fabry*. Ceux qui ont lu les écrits de Selden avec soin, ne peuvent pas douter que cet auteur ne fut original, & qu'il n'eût puisé dans les sources. Il ne faut pas facilement accuser quelqu'un de plagiat, & si cette accusation est d'elle-même odieuse, elle l'est encore plus, lorsqu'on la fait contre ceux qu'on pille soi-même. Quoique je ne voulusse pas imiter la méthode confuse, ni le style de Selden, qui est souvent un mélange de tout ce que la latinité a de bon & de mauvais ; je suis aussi très-éloigné de lui en faire un crime, ni de le mépriser, à cause de cela. Les bonnes choses qu'il dit, & l'érudition qu'il fait paroître par-tout, surpassent de beaucoup en utilité ce qu'il y a d'ailleurs de défectueux dans ses ouvrages.

J'ai cru devoir dire en un mot mes sentimens sur cet habile homme, de peur qu'on ne me confonde avec des gens qui louent ou qui blâment tout, sans distinction. Si j'admire quelques auteurs, que certaines gens prennent plaisir à déchirer d'une manière peu honnête, tel qu'est par exemple, Hugues Grotius ; je n'admire nullement ce qu'ils peuvent avoir de blâmable, & je le reprends dans leurs écrits, quand l'occasion s'en présente, comme je l'ai fait plusieurs fois à l'égard de ce grand homme ; mais sans jamais oublier les obligations que le public leur a, & à cause desquelles je leur pardonne ce que je ne saurois louer. Mes ouvrages sont remplis de louanges de quantité d'auteurs, que je n'estime néanmoins point aveuglément & à toutes les opinions desquels je ne voudrois pas souscrire. J'ai même parlé avec éloge de gens de qui j'avois de justes sujets de me plaindre, lorsque j'ai cru qu'ils méritoient qu'on les louât à certains égards.

II. *Selden* a fait voir 1. dans ses *Prolégomènes*, qu'encore que l'écriture sainte n'appelle *Aram* (mot que l'on traduit par celui de *Syrie*) qu'une étendue de pays, qui n'est pas fort considérable ; les grecs & les latins ont appelé *Syrie* une beaucoup plus grande étendue, au-deçà & au-delà de l'Euphrate. C'est ce qui fait que les *dieux des syriens* comprennent les divinités de plusieurs pays, qui sont autour de la Palestine, ou au moins dont le culte a été adopté par les peuples de ces pays-là.

2. Notre auteur prétend, selon le sentiment commun, que la langue hébraïque étoit la langue de Noé & de ses fils, & que c'est d'elle que sont venues toutes les langues de l'Orient ; qui dégénérèrent beaucoup de leur première origine, pendant que la *langue sainte* se conserva dans la famille d'Abraham. Je crois avoir réfuté invinciblement ce sentiment dans ma dissertation de *la langue hébraïque*, qui est au-devant de mon commentaire sur la genèse, où j'ai fait voir que la langue primitive s'étoit perdue, & que l'hébraïque ou la chananéenne est une de ses filles. Après cela, il n'y a pas sujet d'être surpris de ce que la langue des carthaginois, qui étoient une colonie des tyriens, ressembloit à l'hébraïque, comme *Selden* le fait voir, puisque les hébreux & les tyriens parloient la même langue. *Bochart* l'a montré depuis avec plus d'étendue, quoiqu'après *Bernard Aldrete*, que *Selden* avoit vu, puisqu'il le cite dans le chapitre II de ses prolégomènes, & qu'il est surprenant que Bochart, qui avoit lu cet ouvrage de Selden, n'ait pas connu. J'en ai déjà parlé ailleurs.

3. Selden croit, après Maimonidès, que l'idolatrie a commencé par le culte du soleil, de la lune & des autres étoiles, & qu'ensuite on vint à adorer les démons. On verra dans l'auteur les raisons qu'il en a, & que d'autres ont suivies depuis. Néanmoins, si l'on consulte l'histoire sainte, il y a plus d'apparence que les anciens hommes sachant qu'il y avoit des anges, les ont respectés d'abord comme les ministres de *Dieu*, & ensuite leur ont rendu un culte qui n'appartenoit qu'à *Dieu* seul. Après cela, ils leur joignirent les ames des hommes, qui avoient été formidables par leur puissance, ou respectés à cause de leurs vertus, car ils étoient communément persuadés qu'après la mort des hommes distingués, leurs ames vivoient parmi les intelligences célestes. Comme ils ne comprenoient pas que les étoiles se mussent, comme elles se meuvent effectivement, ou comme elles paroissent se mouvoir, ils s'imaginèrent que ces intelligences & ces ames présidoient sur les corps des astres & les animoient en quelque sorte. On a donné des preuves de tout cela dans l'indice philologique sur la philosophie orientale de Stanley, aux mots *Astra*, *Idolatria*, &c. Mais en cela Selden a suivi Maimonidès, avec lequel il fait aussi commencer l'idolatrie avant le déluge, sur un passage de Moyse mal entendu ; savoir, gén. IV. 26. Pour ce qu'il dit que les hommes de devant le déluge ayant ouï dire à leurs pères, *que le soleil & la lune dominoient sur le jour & sur la nuit*, ils en prirent occasion de les adorer ; c'est une conjecture peu vraisemblable, parce qu'ils pouvoient être mieux instruits par les patriarches qui avoient vu Adam & Eve.

Il n'y a pas plus d'apparence en ce qu'il dit que les sages, parmi les grecs & parmi les égyptiens, n'adoroient qu'une seule cause suprême sous divers noms. Il se peut faire, & il y a même de l'apparence qu'ils ont cru qu'il y avoit un *Dieu* suprême ; mais ils lui ont joint une infinité de *dieux* inférieurs, qu'ils adoroient aussi bien que lui. On ne peut le nier sans forcer tout ce que dit l'antiquité, comme fait ici Selden, qui prend *tous les dieux* pour un seul, & *un certain dieu*, (*aliquis Deus*) pour le vrai *Dieu*. Qu'on lise la fin du III. chapitre de ses prolégomènes, & l'on verra qu'il confond des conjectures philosophiques avec la religion.

Je ne crois pas que les sacrificateurs égyptiens eussent plus de connoissance de la vérité que le peuple. Les mystères, dont ils couvroient tout, n'étoient que pour le tromper, & je soupçonne beaucoup que le secret de tout cela ne fût ou une superstition grossière ou un pur athéisme. J'ai déjà dit que le peuple ne veut être trompé, que parce que ceux qui le gouvernent font tout ce qu'ils peuvent pour le surprendre, soit qu'ils se trompent eux-mêmes, soit qu'ils agissent par pur intérêt. On ne sauroit avoir bonne opinion des prêtres égyptiens, qui avoient si étrangement trompé le peuple, & qui l'entretenoient dans une si grande superstition. S'ils avoient eu communément entre eux de meilleurs sentimens, il ne tenoit qu'à eux de ramener le peuple, dont ils étoient les maîtres.

Selden rapporte ici un endroit de Synésius, que l'on expliquera en passant. Il est dans l'éloge de la Chauveté, p. 73 de l'éd. de Pétau.

« Les égyptiens, *dit-il*, sont aussi sages en ceci,
» c'est que les prophètes n'y permettent pas aux
» artisans de faire les statues des *dieux*, de peur
» qu'ils ne fassent quelque faute semblable (*en re-*
» *présentant les dieux autrement qu'il ne faut*) mais
» après avoir gravé des becs d'éperviers ou d'ibis
» au-devant de leurs temples, ils se moquent du
» peuple. Pour eux, entrant dans les lieux les
» plus sacrés, ils enveloppent tout ce qu'ils ont
» fait. Ils ont aussi des comastères (Κωμαστηρια)
» & des coffres où sont cachés les globes, (*Symboles de la divinité*) que le peuple ne pourroit
» voir sans se fâcher. »

Il parle aussi des *comastes*, (Κωμασται) espèce de sacrificateurs, entre les prophètes & les gardiens des temples, dans la sect. I. de son livre de la providence.

(1) Clément Alexandrin dit aussi que les égyptiens portoient, *dans ce qu'ils appeloient Comastes*, les statues de leurs *dieux*. Hervet & Petau tirent ces mots du grec Κωμος qui signifie une collation nocturne, & traduisent le mot Κωμασται, *Epulones*.

Selden a raison de croire que ce sont des mots qui n'ont rien de grec que la terminaison, & qu'ils viennent de quelque mot égyptien, mais il ne l'indique pas. Je crois que l'on nommoit en égyptien une statue *Komak*, aussi bien qu'en hébreu, & que le lieu que Synésius nomme *Komastère* est quelque armoire où on les gardoit ; que les K*o*-*mastes* étoient ceux qui en avoient la garde, & enfin les *Komasies* des pompes ou des processions publiques, dans lesquelles on portoit les statues des *dieux*.

Synésius dit, dans la page précédente, « que
» celui qui écrit ou qui parle pour le peuple, doit
» nécessairement être peuple dans ses sentimens
» (δημος τη δοξη) afin qu'il puisse feindre & raison-
» ner sur des principes qui plaisent au peuple,
» car les ignorans sont opiniâtres, & défendent
» violemment les opinions les plus absurdes ; de
» sorte que si quelqu'un entreprend mal-à-propos
» de changer une coutume ancienne, il est en dan-
» ger de boire de la ciguë. Que croyez-vous
» donc qu'Homère eût souffert des grecs, s'il leur
» eût dit la vérité de Jupiter, & s'il n'eût pas in-
» venté des choses étranges, qui font peur aux
» petits enfans ? » Pour moi, je suis persuadé qu'Homère n'en savoit pas plus que les autres, comme je l'ai déjà dit ; mais Synésius a raison de dire que si ce poëte eût dit la vérité de Jupiter, en cas qu'il l'eût sue, il auroit été en danger.

III. 1. Selden croit que dans les paroles de Léa, qui sont gén. xxx. 11, il est fait mention d'une divinité nommée *Gad* ; comme s'il falloit traduire ainsi les mots de cette femme de Jacob : *La bonne fortune* (Gad) *est venue*. C'est en effet le sentiment des anciens interprètes juifs aussi bien que des modernes, qui est fondé sur ce que *gad*, en arabe, signifie *bon* & *bienfaisant*. Selden prétend que la bonne fortune est ici la même chose que la lune, & débite plusieurs choses que les anciens astrologues en ont dit, & qui font voir quelle étoit son érudition.

Mais je doute beaucoup que les orientaux de ce tems-là eussent aucune idée de ce que les grecs ont depuis nommé *la fortune*. Comme il ne se trouve point de mot équivalent dans Homère, il n'y en a aussi aucun dans l'écriture sainte, & ne vois nulle part que les orientaux aient eu aucune pensée semblable à celles des grecs là-dessus. Il est vrai qu'ils ont été fort adonnés à l'astrologie judiciaire, & qu'ils croyoient que le bonheur de la vie dépendoit de la situation des étoiles au moment de la naissance ; mais ils attribuoient la naissance, comme tout ce qui arrivoit, à cet ordre constant & réglé, que les grecs ont nommé ειμαρμενη, les latins *fatum*, ou à la *destinée*. Au moins c'étoit là l'opinion commune des astrologues, qui vouloient que tout fût un effet inévitable de la

(1) Strom. V. page. 567.

disposition des astres, comme on le peut voir par (1) Firmicus & par Manilius.

D'ailleurs il est bon de remarquer que les LXX. & les autres interprètes juifs, tant anciens que modernes, expliquent les mots hébreux qui ne se trouvent que rarement dans le texte hébreu, plutôt par conjecture qu'autrement. Les plus anciens de tous ; savoir, les Septante ou les auteurs de la première version grèque, ont vécu dans un tems auquel la langue du vieux testament ne s'apprenoit plus que par étude, & ainsi ils n'ont pas tiré leurs explications de l'usage vivant de cette langue, mais de l'étude qu'ils en avoient faite, & souvent de l'affinité qu'ils trouvoient entre cette langue & les autres de l'Orient qui leur pouvoient être connues, comme nous le faisons encore à présent. Ainsi nous pouvons opposer à leurs conjectures d'autres conjectures, si elles nous paroissent plus vraisemblables. Telle est, à mon gré, celle des interprètes modernes qui ont pris *gad* pour la même chose que *gedoud*, une troupe, une multitude de gens. Voyez ce que l'on en a dit dans le *commentaire philologique* sur cet endroit.

Il n'y a qu'un seul passage, savoir Esaïe LXV. 11., où *gad* signifie une divinité, & je crois en effet qu'il s'agit là de la lune, comme je l'ai montré sur le vers 411 de la *théogonie d'Hésiode*. Mais il ne me semble pas que Lea y fasse allusion dans le passage de la genèse que j'ai cité.

2. Selden, dans le chap. II de son 1. livre, où il traite des Théraphims, a ramassé tout ce qu'il a pu trouver dans l'antiquité, des figures magiques & de diverses sortes de divinations, par leur moyen. Il parle en passant de la divination par les flèches, à la p. 101, où il cite un passage de S. Jérôme sur Ezéch. XXI. 31., où ce père en fait mention. Selden dit qu'il n'avoit vu nulle part cette espèce de divination, mais Beyer remarque fort bien qu'Edouard Pococke en a donné des exemples tirés des auteurs arabes dans ses notes sur le livre d'Abulfarai, touchant les mœurs des arabes.

J'ai été surpris que Selden se soit embarrassé, dans ce même chapitre, dans l'explication d'un passage de Théocrite, tiré de l'idyle II, & qui n'a rien d'obscur. Une femme, qui vouloit regagner son amant par des cérémonies magiques, faisoit tourner un rhombe sur sa pointe, à coups de fouet, & disoit : *Comme ce rhombe se tourne, ἐξ Ἀφροδίτας, qu'il se tourne ainsi lui devant notre porte.* Selden croit que les deux mots grecs signifient que Vénus avoit inventé cet usage, ou que ce rhombe étoit fait pour recevoir l'influence de Vénus. Mais comme le rhombe étoit consacré à Hécate, comme il le fait voir, il confond cette déesse avec Vénus. Mais il faut joindre ces deux mots avec la suite, & expliquer le passage ainsi : *Comme ce rhombe se tourne, qu'il se tourne ainsi lui d'amour devant notre porte. Ex Venere* est la même chose que *præ amore*.

3. Selden se moque, avec raison, des rabbins qui ont feint que Baaltsephon étoit une statue magique, que les égyptiens avoient placée en un endroit, pour retenir les israëlites par la vertu qu'elle avoit reçue des astres. Il dit fort bien « que ces sottises sont nées de l'écriture mal-entendue » & de la manière folle dont les juifs expliquent » les passages ambigus de l'écriture sainte. » *Ex male intellecta scriptura & fanatica Judaorum in ambiguis interpretatione, nugamentum illud primum emanasse videtur.* Il a raison de dire que Baaltsephon étoit une ville, mais il semble que le nom marque qu'il y avoit un temple de Baal. Au reste, on ne peut pas savoir si *Tsephon* signifie ici le *Septentrion*, comme Selden le conjecture, ou quelque autre chose, comme *caché*, ou le *Sanctuaire*, car le mot hébreu peut signifier tout cela.

4. Notre auteur traite au long du veau d'or, & après plusieurs digressions qui marquent son savoir, il en conclut qu'Aaron n'imita pas en cela, à proprement parler, le culte d'*Apis* & de *Mnevis*, dont on ne voit pas que les égyptiens fissent des statues, mais plutôt la coutume de montrer la figure d'un veau doré dans les cérémonies que l'on faisoit à l'honneur d'Osiris. Mais comme l'on peut dire en général qu'Aaron imita les égyptiens, on ne peut guère savoir s'il ne fit rien du tout que ce qu'ils faisoient, & s'il n'ajouta rien du sien. Le peuple d'Israël voulant avoir un *dieu* ou une statue que l'on portât à la tête de ses marches, Aaron leur fit un veau, qui étoit la figure, ou vivante ou morte sous laquelle les égyptiens représentoient Osiris.

Je ne sais, au reste, pourquoi Selden rejette avec dédain l'explication du mot (1) *Osiris*, que l'on trouve dans Plutarque & dans Eusèbe, ou plutôt dans Diodore qu'Eusèbe copie. C'est que ce mot signifie *qui a plusieurs yeux*, ou un *bienfaiteur*. Si l'on écrivoit ce mot ainsi, en caractères hébreux, *osiri*, on peut l'expliquer régulièrement, *qui fait ma lumière ;* ce qui cadre assez bien avec le soleil, si l'on prend ces mots à la lettre, ou qui peut signifier un bienfaiteur dans un sens figuré. Celui qui fait la lumière ou le soleil a, pour ainsi dire, plusieurs yeux, puisqu'il voit tout, comme Diodore de Sicile le remarque à cette occasion, & l'on sait que la *lumière* marque le bien & le

---

(1) *Voyez* Bibl. choisie, tome II. page 229. & suiv.

(1) Page 147.

bonheur, comme les *ténèbres* le malheur. On en pourroit produire des exemples tirés de la langue hébraïque & de la langue grecque.

Il n'est pas besoin de dire que les égyptiens placèrent l'ame d'Osiris dans le soleil, comme celle d'Isis dans la lune & dans la canicule, ainsi qu'on l'a fait voir dans l'*explication historique de la fable d'Adonis*. J'aimerois mieux suivre cette étymologie, fondée sur le témoignage d'auteurs qui vivoient dans un tems auquel la langue égyptienne n'étoit pas entièrement éteinte, que de faire venir ce mot de *Sichor*, nom du Nil, dont on a fait *Sichri*, *Oschri* & *Osiris*, selon la conjecture de Selden, que d'autres ont suivie depuis. Les conjectures de cette sorte doivent, autant qu'il est possible, être conformes au témoignage des anciens, comme je l'ai déjà dit.

5. Notre auteur a sujet de rejetter les conjectures des rabbins sur Baal-Péor, que Kimchi prétend ridiculement avoir été honoré, en faisant ses nécessités devant sa statue, & Maimonidès en se découvrant devant lui. C'est aussi sans aucun fondement que S. Jérôme l'a pris pour Priape, comme Selden le fait voir. Toutes ces conjectures ne sont fondées que sur le mot *phegor* ou *pehor*, qui vient d'une racine qui signifie *découvrir*; & ce fondement est trop léger pour bâtir là-dessus ce que les juifs se sont imaginés, & ce que S. Jérôme avoit appris de son maître. Il faut se souvenir ici de ce que Selden a dit des rabbins sur Baal tsephon. Il y a plus d'apparence que Baal peor a tiré son nom du lieu où il étoit adoré, qui étoit une montagne des moabites, qui se nommoit *Peor*, ou *Phogor*, selon les différentes prononciations. Si l'on vouloit bâtir des histoires sur des étymologies, on pourroit dire qu'il y avoit une statue de ce Dieu dans une fente de cette montagne, parce que ce même mot peut être expliqué ainsi par le moyen des langues arabe & syriaque. Mais ce seroit se moquer des lecteurs, qui ont droit d'exiger de ceux qui se mêlent d'écrire plus de respect pour la vérité que certaines gens n'en ont.

6. Selden finit son premier livre par un long recueil de ce que l'on trouve dans les anciens & dans les rabbins, touchant Moloch, & les autres divinités qui y ont quelque rapport, & touchant Adad, dieu des assyriens. Il parle aussi du nom tyrien d'Hercule, qui est *Melicarte*, *roi de la ville*, comme d'autres l'ont fait voir, ce qui est plutôt un titre, qu'un nom. A l'occasion de cela, il cite un passage d'Eusèbe sa chronique, où l'on trouve ces paroles selon la version de S. Jérome, sur l'an CCCCXCIX. *Hercules cognomento Desanaus in Phœnice clarus habetur. Unde & ad nostram usque memoriam à Capadocibus & Eliensibus Desanaus adhuc dicitur.* On ne trouve néanmoins rien de ce surnom d'Hercule dans l'antiquité, & d'autres exemplaires latins ont ici *Desnaas*, ou *Desnas*, ou *Desnaus*, ou *Dosnaus*, ou *Desonaas*, comme Vossius l'a remarqué dans son ouvrage de l'idolâtrie, liv. I, c. 22. Il y a une plus grande variété dans le grec d'Eusèbe, où Hercule est nommé *Diodas* Διωδας, & où, au lieu des peuples de l'*Elide*, il y a ceux d'*Ilium*. Cela me fait croire que le mot que l'on doit lire ici est proprement une explication du nom phénicien d'Hercule, *harochel*, qui signifie un *marchand* ou un *voyageur*, que l'on peut appeler en grec διοδευτης, du verbe διοδευειν, qui signifie *voyager*.

IV. 1. Selden commence son II. livre par *Baal Bel*, nom commun à plusieurs divinités de l'Orient, & explique tous les noms où ce mot se trouve seul ou joint avec quelque autre. Il y a parmi tout cela diverses digressions, savantes à la vérité, mais qui détournent le lecteur du sujet dont il souhaite d'être instruit. Selden est extrêmement sujet à ce défaut.

Il est certain que les grecs ont interprété le nom de *Belus* ou *Baal* par *Zeus*, & les latins par *Jupiter*. Mais, comme je l'ai déjà dit, ce n'étoit point la même divinité, comme il paroît clairement par toute la vie de Jupiter, qui étoit un homme né en Candie, & qui passa sa vie dans la Grèce. Mais dans la suite du tems, les grecs attachèrent au nom de *Zeus*, & les latins à celui de *Jupiter*, l'idée de la suprême divinité, & l'employèrent pour expliquer les noms des *dieux* des autres nations, qu'elles regardoient comme les *dieux* suprêmes. Il auroit mieux valu, pour ne pas tromper les lecteurs, que les anciens auteurs eussent par-tout nommé les *dieux* de leurs noms propres, & eussent ajouté ce que les peuples, qui les adoroient, en disoient. Autrement on confond, sans y prendre garde, le *dieu* d'un lieu avec celui d'un autre. (1) J'ai traité ailleurs de cette matière, ce qui fait que je n'y m'arrête pas davantage.

On ne doit pas dire ici que les *dieux* sont venus de l'Asie en Grèce. Cela n'est vrai qu'à l'égard de quelques-uns, tels que sont *Venus*, *Hécate*, *Bacchus*, *Hercule*, &c. Pour *Saturne* & ses fils, leur histoire, comme je l'ai dit, fait voir évidemment que c'étoient des hommes qui régnoient en Grèce, & que les grecs mirent au rang des Dieux. Si l'on nie cette histoire, ou qu'on l'explique allégoriquement, je ne vois pas ce que l'on peut dire d'assuré; car enfin on débitera ses propres songes, au lieu de ce que l'on trouve dans l'antiquité. Il auroit été à souhaiter que

(1) *Voyez* Artis Crit. page 2. sect. I. c. 13

Selden, au lieu de tant de digreſſions, eût fait de ſemblables remarques.

Je ne ſuis point de ſon ſentiment touchant l'origine du mot *Jovis*, d'où l'on a fait *Jovis Pater* & *Jupiter*. Il le fait venir du mot hébreu *Jehova*, ce qui me paroît peu vraiſemblable, parce que les latins ont tiré leur religion des grecs & non des orientaux, & qu'ils ne diſent de leur *Jovis* que ce que les grecs ont dit de leur Ζεύς. J'aimerois beaucoup mieux ſuivre la conjecture de Saumaiſe, qui croit que les éoliens, dont la dialecte a donné la naiſſance à la langue latine, ont dit Ζεβύς, pour Ζεύς, d'où eſt venu *Jovis*.

2. Notre auteur traite auſſi fort au long de la déeſſe *Aſtarte* ou *Aſthoreth*, que les ſidoniens adoroient, & dont l'on a expliqué le nom par le mot de *Junon*. Il traite en même tems de diverſes autres divinités qui y ont quelque rapport. On trouve de ceci, comme de preſque tout le reſte, des abrégés dans Voſſius, *de idolatria*, où il ne manque pas de citer de tems en tems Selden, de peur qu'on ne l'accuſe de plagiat. Auſſi ne ſauroit-on faire aucun traité complet des divinités dont il parle, ſans le copier. On peut le redreſſer & y ajouter quelques remarques, mais le principal fonds viendra toujours de lui.

3. Il faut dire la même choſe du chapitre ſuivant, où il eſt traité de *Dagon*, de *Dercet* & d'*Atergatis*, que Selden croit avoir été la même divinité.

4. Dans le chap. IV, Selden traite de la Venus phénicienne, plutôt ſur ce qui s'en trouve dans les auteurs païens, que ſur ce qui s'en pourroit tirer de l'écriture ſainte, qui n'en dit rien diſtinctement.

5. Selden explique le nom d'une idole nommée *miphletſeth*, I. rois, XV, après la vulgate & les rabbins, comme s'il marquoit la même choſe que Priape. Mais je n'en vois aucune preuve dans le texte ni dans aucun auteur, à qui l'on s'en puiſſe fier. Car pour S. Jérôme, il ne ſavoit rien là-deſſus, que ce que les juifs lui avoient appris, & ils n'étoient nullement dignes de foi. Il eſt vrai que Selden tire de la racine du mot hébreu que l'on a rapporté, le mot *phallus*, qui eſt la partie caractériſtique de Priape. Mais *phallus* peut venir de *phalou*, caché, auſſi commodément que de l'autre mot.

6. Les accaronites adoroient un *dieu*, qu'ils nommoient *Baal-zebub*, comme qui diroit *Baal-la mouche* que Selden croit avoir été ainſi nommé, comme, parmi les grecs, Hercule & Jupiter étoient nommés, en certains lieux, ἀπόμυιοι, *chaſſe-mouches*, parce qu'ils chaſſoient, comme on le croyoit, *les mouches*, qui auroient autrement fort incommodé ces lieux en été. Selden croit voir quelque trace de ce *dieu* des accaronites dans un paſſage de Pline qui ſe trouve au livre X, c. 28 de ſon hiſtoire naturelle, & que l'auteur produit en ces termes: *Cyrenaïci Acorem Deum* (invocant) *muſcarum multitudine peſtilentiam adferente, quæ protinus intereunt poſtquàm litatum eſt illi deo*. Il croit que ce dieu fut nommé *Acores d'Accaron*, mais ce n'eſt qu'une conjecture des critiques. (1) Les plus anciens manuſcrits ont ici Ἐυἰσνυσακορεν, qui ne ſignifie rien, & dont Saumaiſe faiſoit *Elii Myiacoren*, μυιακόρην, ceux d'Elide invoquent *Myiacores*, ou le *dieu* chaſſe-mouche. Le P. Hardouin a mieux aimé mettre *Myiagrum*, qui fait néanmoins le même ſens. Il ne faut donc plus chercher le *dieu* des accaronites dans ce paſſage.

Selden avoue qu'il ne ſait pas pourquoi, du tems de Notre-Seigneur, on nommoit *Baal-zebub*, ou *Baal-zebul*, le prince des diables; & je crois en effet qu'il n'eſt pas poſſible de le ſavoir, dans l'ignorance où l'on eſt de ce que les accaronites croyoient de ce *dieu* & des démêlés qu'ils pouvoient avoir eus avec les juifs là-deſſus. Suppoſer que les accaronites nommoient ainſi Pluton, c'eſt ſuppoſer ce que l'on ne ſait point & dont il n'y a aucun veſtige dans l'antiquité. Pourquoi auroient-ils adopté ce que les grecs diſoient de leur Pluton, qui n'étoit pas une divinité de l'Orient? Pourquoi auroient-ils nommé le *dieu* des morts, le *ſeigneur-mouche*? On peut faire mille queſtions là-deſſus, auxquelles on ne ſauroit ſatisfaire, & qu'il ne ſert de rien de faire naître par des ſuppoſitions arbitraires.

7. Notre auteur traite dans les chap. VII, VIII & IX des *dieux* des peuples, que Salmanaſar envoya dans le pays des dix tribus. Quoi qu'il en diſe tout ce qu'on en peut dire, il n'en dit preſque rien d'aſſuré, comme il le reconnoît lui-même. Il explique très-bien, par Baruch & par Hérodote, ce que peuvent ſignifier les mots *ſucchoth benoth*, ou les tabernacles des filles. Les babyloniens, comme le diſent ces auteurs, proſtituoient leurs filles dans des tabernacles ou des loges autour du temple de Vénus. Je m'étonne, après cela, comment on a cru que le nom de *Venus* pouvoit venir de *Benoth*, qui n'eſt point un nom d'idole, ſi l'on y prend bien garde, mais qui marque ſeulement *les filles* qui la ſervoient en ſe proſtituant. Outre cela, c'eſt un mot purement latin, qui ne vient nullement de l'Orient immédiatement, mais de la langue greque, dans laquelle ἕνωσις ſignifie, non-ſeulement *union*, mais la *conjonction des ſexes*. Les éoliens, en y ajoutant

---

(4) *Voyez* Bibl. univerſelle, tome V. page 8.

leur digamma, en ont fait Ϝίμωσις, d'où est venu *Venos*, comme on prononçoit au commencement, & ensuite *Venus*, qui a marqué, non-seulement cette action, mais encore la déesse que l'on croyoit présider là-dessus. On ne peut pas douter que les latins n'aient très-souvent mis un V ou un digamma au commencement des mots. Ainsi ils ont dit *Vesper* de ἕσπερος, *Vesta* de ἱσία, & une infinité d'autres mots semblables, dont on trouvera des exemples dans le traité de Vossius, *de permutatione litterarum*, & dans les *principes de l'art des étymologies*, de Ménage. Je me persuade qu'on jugera cette étymologie plus vraisemblable que celle de Selden & que celle de ceux qui dérivent le mot de *Venus* du verbe *venire*, *quòd ad omnia veniat*.

Selden croit voir *Succoth Benoth*, dans une ville d'Afrique nommée *Sicca Venezia*, mais ce sont là des noms latins & non africains.

8. Selden traite au ch. XI de *Thamouz*, qu'il fait voir être un *dieu* égyptien, & le même qu'*Osiris* & *Adonis*. Il est constant que *Thamouz* est un nom égyptien, puisque c'est le nom d'un des mois égyptiens, & un nom propre d'homme ; mais il est étrange qu'aucun des auteurs païens qui ont parlé des superstitions des égyptiens, ne nous aient appris ce nom.

9. Enfin notre auteur finit son recueil, dans les chap. suiv. XII, XIII, XIV, XV, XVI & XVII, par ce qu'il a pu ramasser de Nebo, de Selach, de Chiun ; des monceaux de pierre consacrés à Mercure, & que l'on croit être nommés en hébreu, *margemah*; des images des *dieux*, que l'on mettoit sur la poupe & sur la proue des vaisseaux, & enfin du serpent d'airain & des calomnies que l'on a débitées contre le culte des juifs parmi les païens. Je ne m'arrêterai pas à cela, parce que je ne me suis pas proposé de faire d'extrait de ce livre. Ce que j'en ai dit n'est que pour faire quelques remarques sur cet ouvrage, d'où ceux qui ne le savoient pas pourront recueillir l'usage que ceux qui entreprennent de parler à fond des *dieux* des orientaux, font nécessairement de ce livre. Aussi Vossius l'a-t-il, comme je l'ai dit, abrégé, en le nommant toujours & en donnant à l'auteur les éloges qu'il mérite. C'est comme il faut faire, & non parler méprisamment de ceux dont on emploie les matériaux, sur-tout quand on sait en sa conscience qu'on n'a jamais lu les originaux que l'on cite, qu'à mesure que les auteurs modernes les ont indiqués, si tant est même qu'on l'ait fait.

Si Selden avoit vu les inscriptions que l'on a apportées depuis peu de Syrie, il auroit eu une occasion d'exercer son savoir sur les noms de quelques *dieux* qui n'étoient pas encore connus. L'illustre M. Cuper, qui joint à un profond savoir une civilité & une douceur toutes singulières, vertus rares parmi les savans, a publié une de ces inscriptions, où il est parlé des *dieux Madbachus & Salamanes* comme de *dieux* particuliers en quelque endroit de Syrie. Je sais ce que plusieurs personnes ont conjecturé là-dessus, mais cela ne m'empêchera pas de dire que je crois toujours qu'on peut regarder *Madbachus* & *Salamanes* comme deux divinités qui présidoient sur le mariage ou sur la paix de l'état. La première se nommoit *Madbak*, en syriaque, mot qui vient de la racine qui signifie *s'attacher*, & se dit de l'union des maris & des femmes. *Salman* est un nom propre qui signifie *pacifique*, & qui vient de *schalom*, *paix*. Ce peut donc être le nom d'une divinité, qui présidoit, selon le sentiment des syriens, sur la concorde des gens mariés, & qui conservoit la paix dans les ménages.

J'avoue que l'on pourroit donner plus d'étendue aux fonctions de ces divinités, & les faire présider sur l'attachement que les sujets doivent avoir pour leurs souverains, & sur la concorde & la paix qui doit être entr'eux. Il se pourroit faire que *Crateas*, fils d'*Andronique*, auteur de cette inscription, eût dressé un autel, après quelque dissension civile, selon le vœu que son père en avoit fait.

On ne peut proposer qu'en doutant des conjectures sur des *dieux* aussi peu connus que ceux-là. Peut-être que l'on trouvera d'autres inscriptions plus étendues que celle que M. Cuper a publiée, & j'en ai même déjà vu quelques unes dans une lettre venue de Syrie, entre les mains d'un habile homme. Quand on aura plus de lumières, on verra à quoi l'on pourra s'en tenir. Je ne puis m'empêcher de louer Selden à cet égard, puisqu'en plusieurs endroits où d'autres auroient d'autant plus hasardé, qu'on pouvoit moins relever leurs fautes par le secours de l'antiquité, qui ne nous fournit rien là-dessus, il s'est abstenu de rien conjecturer, pour ne pas débiter des songes.

Je ne m'arrêterai pas à celui qui a fait des supplémens à Selden, en marquant les auteurs modernes, & sur-tout ceux d'Allemagne, qui ont écrit pour ou contre les pensées de cet habile anglois. Il y a des lieux où l'on estime & où l'on regarde comme habiles gens ceux qui paroissent avoir feuilleté beaucoup d'auteurs modernes, & qui en font de longues citations. Ailleurs cette espèce d'érudition ne plaît pas, non-seulement parce qu'on peut facilement citer ce qu'on n'a point lu, quand on ne fait que mettre un nom d'auteur ou marquer même l'endroit où il traite de quelque chose, mais principalement parce que cette multitude d'auteurs ne font souvent que copier assez grossièrement ce que d'autres ont dit avant eux, de sorte que qui en a lu un les a tous lus. Encore s'ils se servoient des matériaux que d'autres ont ramassés avant eux, avec plus d'art & de méthode qu'ils n'avoient fait, ou qu'ils exprimassent les choses en meilleur style, on le leur pourroit pardonner. Mais il n'y a communément, dans leurs écrits, ni ordre ni agrément, & souvent même très-peu de jugement. Après cela, on ne doit pas être étonné si les gens de bon goût se dégoûtent de ces recueils.

(Cet article, tiré des ouvrages de Jean Leclerc, a été envoyé à l'éditeur par M. ROLAND DE CROISSI.)

E

ECLECTISME, f. m. (*Hift. de la philofophie anc. & mod.*)

L'éclectique eft un philofophe qui foulant aux pieds le préjugé, la tradition, l'ancienneté, le confentement univerfel, l'autorité, en un mot tout ce qui fubjugue la foule des efprits, ofe penfer de lui-même, remonter aux principes généraux les plus clairs, les examiner, les difcuter, n'admettre rien que fur le témoignage de fon expérience & de fa raifon; & de toutes les philofophies qu'il a analyfées fans égard & fans partialité, s'en faire une particulière & domeftique qui lui appartienne : je dis *une philofophie particulière & domeftique*, parce que l'ambition de l'éclectique eft moins d'être le précepteur du genre humain, que fon difciple; de réformer les autres, que de fe réformer lui-même; d'enfeigner la vérité, que de la connoître. Ce n'eft point un homme qui plante ou qui fème; c'eft un homme qui recueille & qui crible. Il jouiroit tranquillement de la récolte qu'il auroit faite, il vivroit heureux, & mourroit ignoré, fi l'enthoufiafme, la vanité, ou peut-être un fentiment plus noble, ne le faifoit fortir de fon caractère.

Le fectaire eft un homme qui a embraffé la doctrine d'un philofophe; l'éclectique, au contraire, eft un homme qui ne reconnoît point de maître : ainfi quand on dit des éclectiques que ce fut une fecte de philofophes, on affemble deux idées contradictoires, à moins qu'on ne veuille entendre auffi par le terme de *fecte*, la collection d'un certain nombre d'hommes qui n'ont qu'un feul principe commun, celui de ne foumettre leurs lumières à perfonne, de voir par leurs propres yeux, & de douter plutôt d'une chofe vraie que de s'expofer, faute d'examen, à admettre une chofe fauffe.

Les éclectiques & les fceptiques ont eu cette conformité, qu'ils n'étoient d'accord avec perfonne; ceux-ci, parce qu'ils ne convenoient de rien; les autres, parce qu'ils ne convenoient que de quelques points. Si les éclectiques trouvoient dans le fcepticifme des vérités qu'il falloit reconnoître, ce qui leur étoit contefté même par les fceptiques; d'un autre côté les fceptiques n'étoient point divifés entr'eux : au lieu qu'un éclectique adoptant affez communément d'un philofophe ce qu'un autre éclectique en rejettoit, il en étoit de fa fecte comme de ces fectes de religion, où il n'y a pas deux individus qui aient rigoureufement la même façon de penfer.

Les fceptiques & les éclectiques auroient pu prendre pour devife commune, *nullius addictus jurare in verba magiftri*; mais les éclectiques qui n'étant pas fi difficiles que les fceptiques, faifoient leur profit de beaucoup d'idées, que ceux-ci dédaignoient, y auroient ajouté cet autre mot, par lequel ils auroient rendu juftice à leurs adverfaires, fans facrifier une liberté de penfer dont ils étoient fi jaloux : *nullum philofophum tam fuiffe inanem qui non viderit ex vero aliquid*. Si l'on réfléchit un peu fur ces deux efpèces de philofophes, on verra combien il étoit naturel de les comparer; on verra que le fcepticifme étant la pierre de touche de l'*éclectifme*, l'éclectique devroit toujours marcher à côté du fceptique pour recueillir tout ce que fon compagnon ne réduiroit point en une pouffière inutile, par la févérité de fes effais.

Il s'enfuit de ce qui précède, que l'*éclectifme* pris à la rigueur n'a point été une philofophie nouvelle, puifqu'il n'y a point de chef de fecte qui n'ait été plus ou moins éclectique; & conféquemment les éclectiques font parmi les philofophes ce que font les fouverains fur la furface de la terre, les feuls qui foient reftés dans l'état de nature où tout étoit à tous.

Pour former fon fyftême, Pythagore mit à contribution les théologiens de l'Egypte, les gymnofophiftes de l'Inde, les artiftes de la Phénicie, & les philofophes de la Grèce. Platon s'enrichit des dépouilles de Socrate, d'Héraclite, & d'Anaxagore; Zénon pilla le pythagorifme, le platonifme, l'héraclitifme, le cynifme : tous entreprirent de longs voyages. Or quel étoit le but de ces voyages, finon d'interroger les différens peuples, de ramaffer les vérités éparfes fur la furface de la terre, & de revenir dans fa patrie remplis de la fageffe de toutes les nations ? Mais comme il eft prefque impoffible à un homme qui, parcourant beaucoup de pays, a rencontré beaucoup de religions, de ne pas chanceler dans la fienne, il eft très-difficile à un homme de jugement, qui fréquente plufieurs écoles de philofophie, de s'attacher exclufivement à quelque parti, & de ne pas tomber ou dans l'*éclectifme*, ou dans le fcepticifme.

Il ne faut pas confondre l'*éclectisme* avec le *sincrétisme*. Le sincrétiste est un véritable sectaire; il s'est enrôlé sous des étendards dont il n'ose presque pas s'écarter. Il a un chef dont il porte le nom: Cesera, si l'on veut, ou Platon, ou Aristote, ou Descartes, ou Newton; il n'importe. La seule liberté qu'il se soit réservée, c'est de modifier les sentimens de son maître, de resserrer ou d'étendre les idées qu'il en a reçues, d'en emprunter quelques autres d'ailleurs, & d'étayer le système quand il menace ruine. Si vous imaginez un pauvre insolent qui, mécontent des haillons dont il est couvert, se jette sur les passans les mieux vêtus, arrache à l'un sa casaque, à l'autre son manteau, & se fait de ces dépouilles un ajustement bizarre de toute couleur & de toute pièce, vous aurez un emblème assez exact du sincrétiste. Luther, cet homme que j'appellerois volontiers, *magnus autoritatis contemptor osorque*, fut un vrai sincrétiste en matière de religion. Reste à savoir si le sincrétisme en ce genre est une action vertueuse ou un crime, & s'il est prudent d'abandonner indistinctement les objets de la raison & de la foi au jugement de tout esprit.

Le sincrétisme est tout au plus un apprentissage de l'*éclectisme*. Cardan & Jordanus Brunus n'allèrent pas plus loin; si l'un avoit été plus sensé, & l'autre plus hardi, ils auroient été les fondateurs de l'*éclectisme* moderne. Le chancelier Bacon eut cet honneur, parce qu'il sentit & qu'il osa se dire à lui-même, que la nature ne lui avoit pas été plus ingrate qu'à Socrate, Epicure, Démocrite, & qu'elle lui avoit aussi donné une tête. Rien n'est si commun que des sincrétistes; rien n'est si rare que des éclectiques. Celui qui reçoit le système d'un autre éclectique, perd aussi-tôt le titre d'*éclectique*. Il a paru de tems-en-tems quelques vrais éclectiques; mais le nombre n'en a jamais été assez grand pour former une secte; & je puis assurer que dans la multitude des philosophes qui ont porté ce nom, à peine en comptera-t-on cinq ou six qui l'aient mérité. *Voyez les artic.* ARISTOTÉ-LISME, PLATONISME, ÉPICURÉISME, BACONISME, &c.

L'*éclectique* ne rassemble point au hazard des vérités; il ne les laisse point isolées; il s'opiniâtre bien moins encore à les faire quadrer à quelque plan déterminé; lorsqu'il a examiné & admis un principe, la proposition dont il s'occupe immédiatement après, ou se lie évidemment avec ce principe, ou ne s'y lie point du tout, ou lui est opposée. Dans le premier cas, il la regarde comme vraie; dans le second, il suspend son jugement jusqu'à ce que des notions intermédiaires qui séparent la proposition qu'il examine du principe qu'il a admis, lui démontrent sa liaison ou son opposition avec ce principe: dans le dernier cas, il la rejette comme fausse. Voilà la méthode de l'éclectique. C'est ainsi qu'il parvient à former un tout solide, qui est proprement son ouvrage, d'un grand nombre de parties qu'il a rassemblées, & qui appartiennent à d'autres; d'où l'on voit que Descartes, parmi les modernes, fut un grand éclectique.

L'*éclectisme* qui avoit été la philosophie des bons esprits depuis la naissance du monde, ne forma une secte & n'eut un nom que vers la fin du second siècle & le commencement du troisième. La seule raison qu'on en puisse apporter; c'est que jusqu'alors les sectes s'étoient, pour ainsi-dire, succédées ou souffertes, & que l'*éclectisme* ne pouvoit guère sortir que de leur conflit: ce qui arriva, lorsque la religion chrétienne commença à les allarmer toutes par la rapidité de ses progrès, & à les révolter par une intolérance qui n'avoit point encore d'exemple. Jusqu'alors on avoit été pyrrhonien, sceptique, cynique, stoïcien, platonicien, épicurien, sans conséquence. Quelle sensation ne dut point produire au milieu de ces tranquilles philosophes, une nouvelle école qui établissoit pour premier principe, qu'hors de son sein il n'y avoit ni probité dans ce monde, ni salut dans l'autre; parce que sa morale étoit la seule véritable morale, & que son Dieu étoit le seul vrai Dieu! Le soulèvement des prêtres, du peuple, & des philosophes, auroit été général, sans un petit nombre d'hommes froids, tels qu'il s'en trouve toujours dans les sociétés, qui demeurent long-tems spectateurs indifférens, qui écoutent, qui pèsent, qui n'appartiennent à aucun parti, & qui finissent par se faire un système conciliateur, auquel ils se flattent que le grand nombre reviendra.

Telle fut à peu-près l'origine de l'*éclectisme*. Mais par quel travers inconcevable arriva-t-il, qu'en partant d'un principe aussi sage que celui de recueillir de tous les philosophes, *tros, rutulus-ve fat*, ce qu'on y trouveroit de plus conforme à la raison, on négligea tout ce qu'il falloit choisir, on choisit tout ce qu'il falloit négliger, & l'on forma le système d'extravagances le plus monstrueux qu'on puisse imaginer; système qui dura plus de quatre cents ans, qui acheva d'inonder la surface de la terre de pratiques superstitieuses, & dont il est resté des traces qu'on remarquera peut-être éternellement dans les préjugés populaires de presque toutes les nations. C'est ce phénomène singulier que nous allons développer.

Tableau général de la philosophie éclectique.

La philosophie éclectique, qu'on appelle aussi le *Platonisme réformé* & la *philosophie alexandrine*, prit naissance à Alexandrie en Egypte, c'est-à-dire au centre des superstitions. Ce ne fut d'abord qu'un sincrétisme de pratiques religieuses, adopté par les prêtres de l'Egypte, qui n'étant pas moins crédules sous le règne de Tibère qu'au tems d'Hérodote, parce que le caractère d'esprit qu'on tient du climat change difficilement, avoient toujours l'ambition de posséder le systême d'extravagances le plus complet qu'il y eût en ce genre. Ce sincrétisme passa de-là dans la morale, & dans les autres parties de la philosophie. Les philosophes assez éclairés pour sentir le foible des différens systêmes anciens, mais trop timides pour les abandonner, s'occupèrent seulement à les réformer sur les découvertes du jour, ou plutôt à les défigurer sur les préjugés courans : c'est ce qu'on appella *platoniser*, *pythagoriser*, &c.

Cependant le christianisme s'étendoit ; les dieux du paganisme étoient décriés, la morale des philosophes devenoit suspecte ; le peuple se rendoit en foule dans les assemblées de la religion nouvelle ; les disciples même de Platon & d'Aristote s'y laissoient quelquefois entraîner ; les philosophes sincrétistes s'en scandalisèrent, leurs yeux se tournèrent avec indignation & jalousie, sur la cause d'une révolution, qui rendoit leurs écoles moins fréquentées ; un intérêt commun les réunit avec les prêtres du paganisme, dont les temples étoient de jour en jour plus déserts ; ils écrivirent d'abord contre la personne de Jésus-Christ, sa vie, ses mœurs, sa doctrine, & ses miracles ; mais dans cette ligue générale, chacun se servit des principes qui lui étoient propres : l'un accordoit ce que l'autre nioit ; & les chrétiens avoient beau jeu pour mettre les philosophes en contradiction les uns avec les autres, & les diviser ; ce qui ne manqua pas d'arriver ; les objets purement philosophiques furent alors entièrement abandonnés, tous les esprits se jettèrent du côté des matières théologiques ; une guerre intestine s'alluma dans le sein de la philosophie ; le christianisme ne fut pas plus tranquille au-dedans de lui-même ; une fureur d'appliquer les notions de la philosophie à des dogmes mystérieux, qui n'en permettoient point l'usage, fureur conçue dans les disputes des écoles, fit éclore une foule d'hérésies qui déchirèrent l'église.

Cependant le sang des martyrs continuoit de fructifier ; la religion chrétienne de se répandre malgré les obstacles ; & la philosophie, de perdre sans cesse de son crédit. Quel parti prirent alors les philosophes ? Celui d'introduire le sincrétisme dans la théologie payenne, & de parodier une religion qu'ils ne pouvoient étouffer. Les chrétiens ne reconnoissoient qu'un dieu ; les sincrétistes, qui s'appellèrent alors *éclectiques*, n'admirent qu'un premier principe. Le dieu des chrétiens étoit en trois personnes : le père, le fils & le S. esprit. Les éclectiques eurent aussi leur trinité : le premier principe, l'entendement divin, & l'ame du monde intelligible. Le monde étoit éternel, si l'on en croyoit Aristote ; Platon le disoit engendré ; dieu l'avoit créé, selon les chrétiens. Les éclectiques en firent une émanation du premier principe ; idée qui concilioit les trois systêmes, & qui ne les empêchoit pas de prétendre comme auparavant, que rien ne se fait de rien. Le christianisme avoit des anges, des archanges, des démons, des saints, des ames, des corps, &c. Les éclectiques, d'émanations en émanations, tirèrent du premier principe autant d'êtres correspondans à ceux-là : des dieux, des démons, des héros, des ames & des corps ; ce qu'ils renfermèrent dans ce vers admirable :

ἔνθεν ἄδην τρώσκει γένεσις πολυποίκιλυ ὕλης ;

De-là s'élance une abondance infinie d'êtres de toute espèce. Les chrétiens admettoient la distinction du bien & du mal moral, l'immortalité de l'ame, un autre monde, des peines & des récompenses à venir. Les éclectiques se conformèrent à leur doctrine dans tous ces points. L'épicuréisme fut proscrit d'un commun accord ; & les éclectiques conservèrent de Platon, le monde intelligible, le monde sensible, & la grande révolution des ames à travers différens corps, selon le bon ou le mauvais usage qu'elles avoient fait de leurs facultés dans celui qu'elles quittoient. Le monde sensible n'étoit, selon eux, qu'une toile peinte qui nous séparoit du monde intelligible ; à la mort, la toile tomboit, l'ame faisoit un pas sur son orbe, & elle se trouvoit à un point plus voisin ou plus éloigné du premier principe, dans le sein duquel elle rentroit à la fin, lorsqu'elle s'en étoit rendue digne par les purifications théurgiques & rationelles.

Il s'en faut bien que les idéalistes de nos jours aient poussé leur extravagance aussi loin que les eclectiques du troisième & du quatrième siècles : ceux-ci en étoient venus à admettre exactement l'existence de tout ce qui n'est pas, & à nier l'existence de tout ce qui est. Qu'on en juge sur ces derniers mots de l'entretien d'Eusebe avec Julien : ὡς ταῦτα ἔιη τὰ ὄντως ὄντα, αἱ δὲ τὴν αἴσθησιν ἀπατῶσαι μαγγανεῖαι κ̀ γοητεύουσι, θαυματοποιῶν ἔργα : *Il n'y a de réel que ce qui existe par soi-même (ou les idées) ; tout ce qui frappe les sens n'est que fausse apparence, & l'œuvre du prestige, du miracle, & de l'imposture.*

Les chrétiens avoient différens cultes. Les éclectiques imaginèrent les deux théurgies ; ils supposèrent des miracles ; ils eurent des extases ; ils conférèrent l'enthousiasme, comme les chrétiens conféroient le S. Esprit; ils crurent aux visions, aux apparitions, aux exorcismes, aux révélations, comme les chrétiens y croyoient; ils pratiquèrent des cérémonies extérieures, comme il y en avoit dans l'église; ils allièrent la prêtrise avec la philosophie; ils adressèrent des prières aux dieux; ils les invoquèrent, ils leur offrirent des sacrifices; ils s'abandonnèrent à toutes sortes de pratiques, qui ne furent d'abord que fantasques & extravagantes, mais qui ne tardèrent pas à devenir criminelles. Quand la superstition cherche les ténèbres, & se retire dans des lieux souterrains pour y verser le sang des animaux, elle n'est pas éloignée d'en répandre de plus précieux; quand on a cru lire l'avenir dans les entrailles d'une brebis, on se persuade bien-tôt qu'il est gravé en caractères beaucoup plus clairs, dans le cœur d'un homme. C'est ce qui arriva aux théurgistes pratiques; leur esprit s'égara, leur ame devint féroce, & leurs mains sanguinaires. Ces excès produisirent deux effets opposés. Quelques chrétiens séduits par la ressemblance qu'il y avoit entre leur religion & la philosophie moderne, trompés par les mensonges que les éclectiques débitoient sur l'efficacité & les prodiges de leurs rits, mais entraînés sur-tout à ce genre de superstition par un tempérament pusillanime, curieux, inquiet, ardent, sanguin, triste & mélancholique, regardèrent les docteurs de l'église comme des ignorans en comparaison de ceux-ci, & se précipitèrent dans leurs écoles; quelques éclectiques au contraire qui avoient le jugement sain, à qui toute la théurgie pratique ne parut qu'un mélange d'absurdités & de crimes, qui ne virent rien dans la théurgie rationnelle qui ne fût prescrit d'une manière beaucoup plus claire, plus raisonnable, & plus précise, dans la morale chrétienne, & qui, venant à comparer le reste de l'*éclectisme* spéculatif avec les dogmes de notre religion, ne pensèrent pas plus favorablement des émanations que des théurgies, renoncèrent à cette philosophie, & se firent baptiser; les uns se convertissent, les autres apostasient, & les assemblées des chrétiens & les écoles du paganisme se remplissent de transfuges. La philosophie des éclectiques y gagna moins que la théologie des chrétiens n'y perdit: celle-ci se mêla d'idées sophistiques, que ne proscrivit pas sans peine l'autorité qui veille sans cesse dans l'église à ce que la pureté de la doctrine s'y conserve inaltérable.

Lorsque les empereurs eurent embrassé le christianisme, & que la profession publique de la religion payenne fut défendue, & les écoles de la philosophie éclectique fermées; la crainte de la persécution fut une raison de plus pour les philosophes de rapprocher encore davantage leur doctrine de celle des chrétiens; ils n'épargnè-

rent rien pour donner le change sur leurs sentimens & aux PP. de l'église, & aux maîtres de l'état. Ils insinuèrent d'abord que les apôtres avoient altéré les principes de leur chef; que malgré cette altération, ils différoient moins par les choses, que par la manière de les énoncer: *Christum nescio quid aliud scripsisse, quam christiani docebant, nihilque seasisse contra deos suos, sed eos potius magico ritu coluisse;* que Jésus-Christ étoit certainement un grand philosophe, & qu'il n'étoit pas impossible qu'initié à tous les mystères de la théurgie, il n'eût opéré les prodiges qu'on en racontoit, puisque ce don extraordinaire n'avoit pas été refusé à la plupart des éclectiques du premier ordre.

Porphyre disoit: *sunt spiritus terreni minimi, loco quodam malorum dæmonum subjecti potestati; ab his sapientes Hebræorum quorum unus etiam iste Jesus fuit,* &c. Ils attribuoient cet oracle à Apollon, interrogé sur Jésus-Christ θνητὸς ἦν κατὰ σάρκα σοφὸς τετυφωκόσιν ἔργοις: *Mortalis erat, secundum carnem philosophus ille miraculosis operibus clarus.*

Alexandre Sévère mettoit au nombre des personnages les plus respectables par leur sainteté, *inter animas sanctiores,* Abraham, Orphée, Apollonius, & Jésus-Christ. D'autres ne cessoient de crier: *discipulos ejus de illo fuisse revera mentitos: dicendo illum Deum, per quem facta sunt omnia, cum nihil aliud quàm homo fuerit, quamvis excellentissima sapientia.* Ils ajoutoient: *ipse vero pius, & in cœlum sicut pii, concessit; ita hunc quidem non blasphemabis; misereberis autem hominum dementiam.*

Porphyre se trompa; ce qui fait grande pitié à un philosophe, c'est un éclectique tel que Porphire, qui en est réduit à ces extrémités.

Cependant les éclectiques réussirent par ces voies obliques à en imposer aux chrétiens, & à obtenir du gouvernement un peu plus de liberté; l'église même ne balança pas à élever à la dignité de l'épiscopat Synesius, qui reconnoissoit ouvertement la célèbre Hypatia pour sa maîtresse en philosophie; en un mot il y en eut un tems où les éclectiques étoient presque parvenus à se faire passer pour chrétiens, & où les chrétiens n'étoient pas éloignés de s'avouer éclectiques. C'étoit alors que S. Augustin disoit des philosophes: *Si hanc vitam illi philosophi rursus agere potuissent, viderent profectò cujus autoritate facilius consuleretur hominibus, & paucis mutatis verbis, Christiani fierent, sicut plerique recentiorum nostrorumque temporum Platonici fecerunt.*

L'illusion dura d'autant plus long-tems, que les éclectiques, pressés par les chrétiens, & s'enveloppant dans les distinctions d'une métaphysique très-subtile à laquelle ils étoient rompus, ne

n'étoit plus difficile que de les faire entrer entièrement dans l'église, ou que de les en tenir évidemment séparés; ils avoient tellement quintessencié la théologie payenne, que prosternés aux pieds des idoles, on ne pouvoit les convaincre d'idolatrie; il n'y avoit rien à quoi ils ne fissent face avec leurs émanations. Etoient-ils matérialistes? ne l'étoient-ils pas? C'est ce qui n'est pas même aujourd'hui trop facile à décider. Y a-t-il quelque chose de plus voisin de la monade de Léibnitz, que les petites sphères intelligentes, qu'ils appelloient *yunges* : νοούμεναι ἴυγγες πατρόθεν νοέσι ϰ̀ αὐταὶ βουλαῖς ἀφθέγκτοισι κινούμεναι ὡσὶ νοῆσαι : *Intellectǎ yunges à patre, intelligunt & ipsa, consiliis ineffabilibus motæ, ut intelligant.* Voilà le symbole des élémens des êtres, selon les éclectiques; voilà ce dont tout est composé, & le monde intelligible, & le monde sensible, & les esprits créés, & les corps. La définition qu'ils donnent de la mort, a tant de liaison avec le système de l'harmonie préétablie de Léibnitz, que M. Brucker n'a pu se dispenser d'en convenir. Plotin dit : *L'homme meurt, ou l'ame se sépare du corps, quand il n'y a plus de force dans l'ame qui l'attache au corps; & cet instant arrive, perditâ harmoniâ quam olim habens, habebat & anima.* Et M. Brucker ajoute : *en vero harmoniam præstabilitam inter animam & corpus jam Plotino ex parte notam.*

On sera d'autant moins surpris de ces ressemblances, qu'on connoîtra mieux la marche désordonnée & les écarts du génie poétique, de l'enthousiasme, de la métaphysique, & de l'esprit systématique. Qu'est-ce que le talent de la fiction dans un poëte, sinon l'art de trouver des causes imaginaires à des effets réels & donnés? Quel est l'effet de l'enthousiasme dans l'homme qui en est transporté, si ce n'est de lui faire appercevoir entre des êtres éloignés des rapports que personne n'y a jamais vus ni supposés? Où ne peut point arriver un métaphysicien qui, s'abandonnant entièrement à la méditation, s'occupe profondément de Dieu, de la nature, de l'espace, & du tems? A quel résultat ne sera point conduit un philosophe qui poursuit l'explication d'un phénomène de la nature à-travers un long enchaînement de conjectures? qui est-ce qui connoît toute l'immensité du terrein que ces différens esprits ont battu, la multitude infinie de suppositions singulières qu'ils ont faites, la foule d'idées qui se sont présentées à leur entendement, qu'ils ont comparées, & qu'ils se sont efforcés de lier. J'ai entendu raconter plusieurs fois à un de nos premiers philosophes, que s'étant occupé pendant long-tems d'un phénomène de la nature, il avoit été conduit par une très-longue suite de conjectures, à une explication systématique de ce phénomène, si extravagante & si compliquée, qu'il étoit demeuré convaincu qu'aucune tête humaine n'avoit jamais rien imaginé de semblable. Il lui arriva cependant de retrouver dans Aristote précisément le même résultat d'idées & de réflexions, le même système de déraison. Si ces rencontres des modernes avec les anciens, des poëtes tant anciens que modernes, avec les philosophes, & des poëtes & des philosophes entr'eux, sont déjà si fréquentes, combien les exemples n'en seroient-ils pas encore plus communs, si nous n'avions perdu aucune des productions de l'antiquité, ou s'il y avoit en quelque endroit du monde un livre magique qu'on pût toujours consulter, & où toutes les pensées des hommes allassent se graver au moment où elles existent dans l'entendement?

La ressemblance des idées des éclectiques avec celles de Léibnitz, n'est donc pas un phénomène qu'il faille admettre sans précaution, ni rejetter sans examen; & la seule conséquence équitable qu'on en puisse tirer, dans la supposition que cette ressemblance soit réelle, c'est que les hommes d'un siècle ne diffèrent guère des hommes d'un autre siècle, que les mêmes circonstances amènent presque nécessairement les mêmes découvertes, & que ceux qui nous ont précédé avoient vu beaucoup plus de choses, que nous n'avons généralement de disposition à le croire.

Après ce tableau général de l'*éclectisme*, nous allons donner un abregé historique de la vie & des mœurs des principaux philosophes de cette secte; d'où nous passerons à l'exposition des points fondamentaux de leur système.

Histoire de l'éclectisme.

La philosophie éclectique fut sans chef & sans nom ἀκέφαλος ϰ̀ ἀνώνυμος jusqu'à Potamon d'Alexandrie. L'histoire de ce Potamon est fort brouillée : on est très-incertain sur le tems où il parut; on sait rien de sa vie; on sait très-peu de chose de sa philosophie. Trois auteurs en ont parlé, Diogène Laërce, Suidas, & Porphyre. Ce dernier dit, à l'occasion de Plotin : *Sa maison étoit pleine de jeunes garçons & de jeunes filles. C'étoient les enfans des citoyens les plus considérés par leur naissance & par leur fortune. Telle étoit la confiance qu'ils avoient dans les lumières & la vertu de ce philosophe, qu'ils croyoient tous n'avoir rien de mieux à faire en mourant, que de lui recommander ce qu'ils laissoient au monde de plus cher;* de ce nombre étoit Potamon, *qu'il se plaisoit à entendre sur une philosophie dont il jettoit les fondemens, ou sur une philosophie qui consiste à fondre plusieurs systèmes en un.* (διὸ ϰ̀ ἐπλήρωτο αὐτῷ ἡν οἰκία, παιδῶν ϰ̀ παρθένων, ἐν τούτοις ϰ̀ ἡ Ποτάμων, ὁ, τῆς παιδεύσεως φροντίζων πολλάκις ἡ ϰ̀ μετακοιούντος ἠκροᾶτο.

C'est un logogriphe que ce passage de Porphyre : *de ce nombre* (ἐν τούτοις) étoit Potamon. On ne sait si cela se rapporte aux pères ou aux enfans. Si c'est des pères qu'il faut entendre cet endroit, Potamon étoit contemporain de Plotin. Si c'est des enfans, il étoit postérieur à ce philosophe. Le reste du passage ne présente pas moins de difficultés : les uns lisent πολλάκις ἐν, qui ne présente presqu'aucun sens; d'autres, πολλάκις μὲν ou πολλάκις ἐν que nous avons rendu par, *qu'il se plaisoit à entendre sur une philosophie dont il jettoit les fondemens, ou qui consiste à fondre plusieurs systêmes en un.* Suidas dit de son Potamon, qu'il vécut avant & sous le règne d'Auguste πρὸ κ‍‍ μετὰ Αυγούστου. En ce cas, ou cet auteur s'est trompé dans cette occasion, comme il lui est arrivé dans beaucoup d'autres; ou le Potamon dont il parle, n'est pas le fondateur de la secte éclectique; car Diogène Laërce dit de celui-ci, *qu'il avoit tiré de chaque philosophie ce qui lui convenoit; qu'il en avoit formé sa philosophie, & que cet éclectisme étoit tout nouveau* (ἡ δὲ) πρὸ ὀλίγου κ‍ ἐκλεκτική τις αἵρεσις εἰσήχθη ὑπὸ Ποτάμωνος τοῦ Ἀλεξανδρέως. ἐκλεξαμένου τὰ ἀρέσαντα ἐξ ἑκάστης τῶν αἱρέσεων).

Voilà le passage auquel il faut s'en tenir; il l'emporte par la clarté sur celui de Porphyre, & par l'autorité sur celui de Suidas. D'où s'ensuit que Potamon naquit sous Alexandre Sévère, & que sa philosophie se répandit sous la fin du second siècle & le commencement du troisième. En effet, si l'éclectisme étoit antérieur à ces tems, comment seroit-il arrivé à Galien, à Sextus empiricus, à Plutarque sur-tout, qui a fait mention des sectes les plus obscures, de ne rien dire de celle-ci?

Potamon pouvoit avoir autant de sens qu'il en falloit pour jetter les premiers fondemens de l'*éclectisme*; mais il lui manquoit, & l'impartialité nécessaire pour faire un bon choix parmi les principes des autres philosophes, & des qualités personnelles, telles que l'enthousiasme, l'éloquence, l'esprit, & même un extérieur intéressant, sans lesquelles on réussit difficilement à s'attacher un grand nombre d'auditeurs. Il avoit d'ailleurs pour le platonisme, une prédilection incompatible avec son systême; il le renfermoit entièrement dans les matières purement philosophiques; & grace aux querelles des chrétiens & des payens, qui étoient alors plus violentes qu'elles ne l'ont jamais été, les seules matières de religion étoient à la mode. Telles furent les causes principales de l'obscurité dans laquelle la philosophie de Potamon tomba, & du peu de progrès qu'elle fit.

Potamon soutenoit, *en métaphysique*, que nous avons dans nos facultés intellectuelles, un moyen sûr de connoître la vérité; & que l'évidence est le caractère distinctif des choses vraies, *en physique*, qu'il y a deux principes de la production générale des êtres; l'un passif, ou la matière; l'autre actif, ou toute cause efficiente qui la combine. Il distinguoit dans les corps naturels, le lieu & les qualités; & il demandoit d'une substance, quelle qu'elle fût, quelle en étoit la cause, quels en étoient les élémens, quelle étoit sa constitution & sa forme, & en quel endroit elle avoit été produite.

Il réduisoit toute la morale à rendre la vie de l'homme la plus vertueuse qu'il étoit possible; ce qui, selon lui, excluoit l'abus, mais non l'usage des biens & des plaisirs.

Ammonius Saccas, disciple & successeur de Potamon, étoit d'Alexandrie. Il professa la philosophie éclectique sous le règne de l'empereur Commode. Son éducation fut chrétienne; mais un gout décidé pour la philosophie régnante, ne tarda pas à l'entrainer dans les écoles du paganisme. A peine eut-il reçu les premières leçons d'*éclectisme*, qu'il sentit qu'une religion telle que la sienne, étoit incompatible avec ce systême. En effet, le christianisme ne souffre aucune exception. Rejetter un de ses dogmes, c'est n'en admettre aucun. Ammonius apostasia, & revint à la religion autorisée par les loix, ce qu'ils appelloient τὴν κατὰ νόμους πολιτείαν; c'est-à-dire qu'à parler exactement il n'en avoit point; car celui à qui l'on demande *quelle est sa religion*, & qui répond, *la religion du prince*, se montre plus courtisan que religieux.

Ammonius l'éclectique n'écrivit point, ce qui le distingue de l'Ammonius d'Eusèbe. Il imposa à ses disciples un profond silence sur la nature & l'objet de ses leçons. Il craignit que les disputes, qui ne manqueroient pas de s'élever entre ses disciples & les autres philosophes, n'augmentassent le mépris de la philosophie & le scandale des petits esprits; ce qui est très-conforme à ce que nous lisons de lui dans Hiéroclès : *Cum hactenus magnæ inter platonicos & aristotelicos, cœterosque philosophos exstitissent contentiones, quorum insania eò usque erat provecta, ut scripta quoque præceptorum suorum depravarent, quo magis viros hos inter se pugnantes sisterent, æstu quodam raptus ad philosophiam Ammonius, vir θεοδίδακτος rejectis, quæ philosophia contemtui erant & opprobrio, opinionum dissentionibus, perpurgatisque & resectis, quæ utrinque excrevarant nugis, in præcipuis quibusque & maxime necessariis dogmatibus concordem esse Platonis & Aristotelis philosophiam demonstravit, sicque philosophiam à contentionibus liberam suis discipulis tradidit.*

Ammonius dit donc à ses disciples : « Commen-
» çons par nous séparer de ces auditeurs oisifs,
» dont nous n'avons aucun secours à attendre
» dans la recherche de la vérité; ils se sont
» amusés assez long-tems aux dépens d'Aristote &
» de Platon; méditons dans le silence ces pré-
» cepteurs du genre humain. Attachons-nous
» particulièrement à ce qui peut étendre l'esprit,
» purifier l'ame, élever l'homme au-dessus de sa
» condition, & l'approcher des immortels. Que
» ces sources fécondes de doctrine, ne nous fassent
» ni mépriser ni négliger celles où nous espérions
» de puiser encore une seule goutte d'instruction
» solide. Tout ce que les hommes ont produit de
» bon, nous appartient. Si la secte intolérante
» qui nous persécute aujourd'hui, peut nous

Philosophie anc. & mod. Tome II.

» procurer quelques lumières sur Dieu, sur l'ori-
» gine du monde, sur l'ame, sur sa condition
» présente, sur son état à venir, sur le bien, sur
» le mal moral, profitons-en. Aurions-nous la
» mauvaise honte de rejetter des principes qui
» tendroient à nous rendre meilleurs, parce qu'ils
» seroient renfermés dans les livres de nos enne-
» mis? Mais avant tout, engageons-nous à ne
» révéler notre philosophie, à ces hommes que
» le torrent de la superstition nouvelle entraîne,
» que quand ils seront capables d'en profiter. Que
» le serment en soit fait à la face du ciel ».

Cette philosophie conciliatrice, paisible & secrette, qui s'imposoit un silence rigoureux, &
qui étoit toujours disposée à écouter & à s'instruire, plut beaucoup aux hommes sensés. Elle
fut aussi favorisée par le gouvernement, qui ne
demandoit pas mieux de voir les esprits se porter
de ce côté: non qu'il se souciât beaucoup que
telle secte prévalût sur telle autre, mais il n'ignoroit pas que tous ceux qui entroient dans l'école
d'Ammonius, étoient perdus pour celle de Jesus-
Christ.

Ammonius eut un grand nombre de disciples.
Ils gardèrent, du moins pendant la vie de leur
maître, un silence si religieux sur sa doctrine,
que nous n'en parlerons que par conjecture. Cependant Ammonius s'étant proposé de donner à
l'*éclectisme* toute la faveur possible, il est certain
qu'il eut de l'indulgence pour le goût dominant
de son tems, & que ses leçons furent mêlées de
théologie & de philosophie. Ce mélange monstrueux produisit dans la suite les plus mauvais
effets. L'*éclectisme* dégénéra, sous les successeurs
d'Ammonius, en une théurgie abominable. Ce
ne fut plus qu'un rituel extravagant d'exorcismes,
d'incantations, d'évocations & d'opérations nocturnes, superstitieuses, souterraines & magiques;
& ses disciples ressemblèrent moins à des philosophes qu'à des sorciers.

Denis Longin, ce rhéteur célèbre de qui nous
avons un traité du sublime, fut un des philosophes de l'école d'Ammonius. Longin voyagea;
les voyages étoient beaucoup selon l'esprit de la
secte éclectique. Il conféra avec les orateurs, les
philosophes, les grammairiens, & tous ceux,
qui, de son tems, avoient quelque réputation dans
les lettres. Il eût passé pour un grand philosophe,
s'il n'eût pas été le premier philologue du monde:
mais il excella tellement dans les lettres, qu'on
ne parla point de lui comme philosophe. Eunapius
nous le donne encore comme un homme profondément versé dans l'histoire. Il l'appelle βιϐλιοθήκην
τινὰ ἔμψυχον bibliothèque vivante, éloge qu'on a
donné depuis à tant d'autres. Il eut pour disciples
Porphyre & Zénobie reine d'Orient. L'honneur
d'enseigner la philosophie & les lettres à une reine,
lui coûta la vie. Zénobie, seule maîtresse du
trône des Palmiréniens, après le meurtre d'Ode-
nathe son mari, envahit l'Egypte & quelques provinces de l'empire. Aurélien marcha contre elle,
la vainquit, & la fit prisonnière. Longin, soupçonné d'avoir mal conseillé Zénobie, fut condamné à mort par l'empereur. Il apprit l'ordre
de son supplice avec fermeté, & il employa l'art
dans lequel il excelloit, à relever le courage de
ses complices, & à les détacher de la vie. Il avoit
beaucoup écrit; les fragmens qui nous restent de
son traité du sublime, suffisent pour nous montrer
quelle étoit la trempe de son esprit.

Herennius & Origene sont les deux éclectiques
de l'école d'Ammonius, que l'histoire de la secte
nous offre immédiatement après Longin. Nous ne
savons d'Herennius qu'une chose, c'est qu'il viola
le premier le secret qu'il avoit juré à Ammonius,
& qu'il entraîna par son exemple Origene &
Plotin à divulguer la philosophie éclectique. Cet
Origene n'est point celui des chrétiens. L'éclectique mourut âgé de soixante-dix ans, peu de
tems avant la fin du règne des empereurs Gallus &
Volusien.

Voici un des plus célèbres défenseurs de l'école
Ammonienne, c'est Plotin; Porphyre son disciple & son ami nous a laissé sa vie. Mais quel fond
peut-on faire sur le récit d'un homme qui s'étoit
proposé de mettre Plotin en parallèle avec Jésus-
Christ; & qui étoit assez peu philosophe pour
s'imaginer qu'il les placeroit de niveau dans la mémoire des hommes, en attribuant des miracles à
Plotin? Si l'on rendoit justice à Porphyre sur cette
misérable supercherie, loin d'ajouter foi aux miracles de Plotin, on regarderoit son historien,
malgré toute la violence avec laquelle on sait qu'il
s'est déchaîné contre la religion chrétienne, comme
peu convaincu de la fausseté des miracles de Jésus-
Christ.

Plotin naquit dans l'une des deux Lycopolis
d'Egypte, la treizième année du règne d'Alexandre Severe, & se livra à l'étude de la philosophie
à l'âge de vingt-huit ans. Il suivit les maîtres les
plus célèbres d'Alexandrie; mais il sortit chagrin
de leurs écoles. C'étoit un homme mélancolique
& superstitieux; & comme les philosophes qu'il
avoit écoutés faisoient assez peu de cas des mystères de son pays, il les regarda comme des gens
qui promettoient la sagesse sans la posséder. Le
dégoût de leurs principes, le conduisit dans l'école
d'Ammonius. A peine eut-il entendu celui-ci dis-
serter *du grand principe & de ses émanations*, qu'il
s'écria: *voilà l'homme que je cherchois*. Il étudia
sous Ammonius pendant onze ans. Il ne se détermina à quitter son école, que pour parcourir
l'Inde & la Perse, & s'instruire plus à fond des
rêveries mystiques & des opérations théurgiques
des mages & des gymnosophistes; car il prenoit
ces choses pour la seule véritable science. Une

circonstance qu'il regarda comme favorable à son dessein, ce fut le départ de l'empereur Gordien pour son expédition contre les Parthes : mais Gordien fut tué dans la Mésopotamie, & notre philosophe risqua plusieurs fois de perdre la vie avant que d'avoir regagné Antioche. Il passa d'Antioche à Rome ; il avoit alors quarante ans ; il se trouvoit sur un grand théâtre ; rien ne l'empêchoit de s'y montrer, que le serment qu'il avoit fait à Ammonius ; l'indiscrétion d'Herennius leva cet obstacle. Plotin se croyant dégagé de son serment par le parjure d'Herennius, professa publiquement l'*éclectisme* pendant dix ans, mais seulement de vive voix, sans rien dicter. On l'interrogeoit, & il répondoit. Cette manière de philosopher devenant de jour en jour plus bruyante, par les disputes qu'elle excitoit entre ses disciples, & plus fatigante pour lui par la nécessité où il se trouvoit à chaque instant de répondre aux mêmes questions, il prit le parti d'écrire. Il commença la première année de Gallien ; & la dixième il avoit composé vingt & un ouvrages sur différens sujets. On ne se les procuroit pas facilement : pour conserver encore quelques vestiges de la discipline philosophique d'Ammonius, on ne les communiquoit qu'à des élèves bien éprouvés, qu'aux éclectiques d'un jugement sain & d'un âge avancé. C'étoit, comme on le verra dans la suite, tout ce que la métaphysique peut avoir de plus entortillé & de plus obscur, la dialectique de plus subtil & de plus ardu, un peu de morale, & beaucoup de fanatisme & de théurgie. Mais s'il y avoit peu de danger à lire Plotin, il y en avoit beaucoup à l'entendre. La présence d'un auditoire nombreux élevoit son esprit ; sa bile s'enflammoit ; il voyoit en grand ; on se laissoit insensiblement entraîner & séduire par la force des idées & des images qu'il déployoit en abondance ; on partageoit son enthousiasme ; & comme l'on jugeoit de la vérité & de la beauté de ce qu'on venoit d'entendre, par la violence de l'émotion qu'on en avoit éprouvé, on s'en retournoit convaincu que Plotin étoit le premier homme du monde ; & en effet c'étoit une tête de la trempe de celle de nos Cardan, de nos Kircher, de nos Mallebranche, de ces hommes moins utiles que rares : *Quorum ingenium miro ardore inflammatum, & nescio quâ ambitione ductum, se se judicii habenis coercere ægre fert & indignatur; qui objectorum magnitudine capti & abrepti sibi sæpe ipsi non sunt præsentes ; eo horum numero qui non quid dicant sentiantve perpendunt, sed cogitationum vividissimarum fertilissimarumque fluctibus obvoluti, amplectuntur, quidquid æstuanti imaginationi occurrit altum, singulare & ab aliis diversum, fundamento fulciatur aliquo vel nullo, dummodo mentibus aliorum attonitis offeratur aliquid portentosum & enorme.*

Voilà ce que Plotin possédoit dans un degré surprenant ; sa figure d'ailleurs étoit imposante & noble. Tous les mouvemens de son ame venoient se peindre sur son visage ; & lorsqu'il parloit, il s'échappoit de son regard, de son geste, de son action & de toute sa personne, une persuasion dont il étoit difficile de se défendre, sur-tout quand on apportoit de son côté quelque disposition naturelle à l'enthousiasme. C'est ce qui arriva à un certain Rogatien ; les discours de Plotin lui échauffèrent tellement la tête, qu'il abandonna le soin de ses affaires, chassa ses domestiques, méprisa des dignités auxquelles il étoit désigné, & tomba dans une misère affreuse, mais au milieu de laquelle il eut le bonheur de conserver sa frénésie.

Avec des qualités telles que celles que l'histoire accorde à Plotin, on ne manque pas de disciples ; aussi en eut-il beaucoup, parmi lesquels on nomme quelques femmes. Ses vertus lui méritèrent la considération des citoyens les plus distingués ; ils lui confièrent en mourant la fortune & l'éducation de leurs enfans. Pendant les vingt-six ans qu'il vécut à Rome, il fut l'arbitre d'un grand nombre de différens, qu'il termina avec tant d'équité, que ceux-mêmes qu'il avoit condamnés devinrent ses amis. Il fut honoré des grands. L'empereur Gallien & sa femme Salonine en firent un cas particulier. Il ne leur demanda jamais qu'une grace, qu'il n'obtint pas ; c'étoit la souveraineté d'une petite ville de la Campanie, qui avoit été ruinée, & du petit territoire qui en dépendoit. La ville devoit s'appeller *Platonopolis* ou *la ville de Platon*. Plotin s'engageoit à s'y renfermer avec ses amis, & à y réaliser la république de ce philosophe : mais il arriva alors ce qui arriveroit encore aujourd'hui ; les courtisans tournèrent ce projet en ridicule, traduisirent Plotin comme une espèce de fou, en dégoûtèrent l'empereur, & empêchèrent qu'une expérience très-intéressante ne fût tentée.

Ce philosophe vivoit durement, ainsi qu'il convenoit à un homme qui regardoit ce monde comme le lieu de son exil, & son corps comme la prison de son ame ; il professoit la philosophie sans relâche ; il abusoit trop de sa santé pour se bien porter, & il en faisoit trop peu de cas pour appeller le médecin quand il étoit indisposé ; il fut attaqué d'une esquinancie, dont il mourut à l'âge de 66 ans, la seconde année du règne de l'empereur Claude. Il disoit en mourant : *equidem jam enitor quod in nobis divinum est, ad divinum ipsum quod viget in universo, adjungere* : « je m'efforce » de rendre à l'ame du monde, la particule divine » que j'en tiens séparée ». Il admettoit la métempsycose, comme une manière de se purifier ; mais il mourut convaincu que son ame étoit devenue si pure par l'étude continuelle de la philosophie, qu'elle alloit rentrer dans le sein de Dieu, sans passer par aucune épreuve nouvelle. Sa philosophie fut généralement adoptée, & l'école d'Alexandrie le regarda comme son chef, quoiqu'il eût eu pour prédécesseurs Ammonius & Potamon.

Amelius, successeur de Plotin, avoit passé ses premières années sous l'institution du stoïcien Lisimaque. Il s'attacha ensuite à Plotin. Il travailla pendant vingt-quatre ans à débrouiller le cahos des idées moitié philosophiques, moitié théurgiques, de ce vertueux & singulier fanatique. Il écrivit beaucoup; & quand ses ouvrages n'auroient servi qu'à reconcilier Porphyre avec l'*éclectisme* de Plotin, ils n'auroient pas été inutiles au progrès de la secte.

Porphyre, cet ennemi si fameux du nom chrétien, naquit à Tyr la douzième année du règne d'Alexandre Severe, 233 ans après la naissance de Jésus-Christ. Il apostasia pour quelques coups de bâton que des chrétiens lui donnèrent mal-à-propos. Il étudia à Athènes sous Longin, qui l'appella Porphyre; Malchus, son nom de famille, paroissoit trop dur à l'oreille du rhéteur. Malchus ou Porphyre avoit alors dix-huit ans; il étoit déjà très-versé dans la philosophie & dans les lettres. A l'âge de vingt ans il vint à Rome étudier la philosophie sous Plotin. Une extrême sobriété, de longues veilles, des disputes continuelles lui brûlèrent le sang, & tournèrent son esprit à l'enthousiasme & à la mélancolie.

J'observerai ici en passant, qu'il est impossible en poésie, en peinture, en éloquence, en musique, de rien produire de sublime sans enthousiasme. L'enthousiasme est un mouvement violent de l'ame, par lequel nous sommes transportés au milieu des objets que nous avons à représenter; alors nous voyons une scène entière se passer dans notre imagination, comme si elle étoit hors de nous: elle y est en effet, car tant que dure cette illusion, tous les êtres présens sont anéantis, & nos idées sont réalisées à leur place: ce ne sont que nos idées que nous appercevons, cependant nos mains touchent des corps, nos yeux voyent des êtres animés, nos oreilles entendent des voix. Si cet état n'est pas de la folie, il en est bien voisin. Voilà la raison pour laquelle il faut un très-grand sens pour balancer l'enthousiasme. L'enthousiasme n'entraîne que quand les esprits ont été préparés & soumis par la force de la raison; c'est un principe que les poëtes ne doivent jamais perdre de vue dans leurs fictions, & que les hommes éloquens ont toujours observé dans leurs mouvemens oratoires. Si l'enthousiasme prédomine dans un ouvrage, il répand dans toutes ses parties je ne sais quoi de gigantesque, d'incroyable & d'énorme. Si c'est la disposition habituelle de l'ame, & la pente acquise ou naturelle du caractère, on tient des discours alternativement insensés & sublimes; on se porte à des actions d'un héroïsme bizarre, qui marquent en même-tems la grandeur, la force, & le désordre de l'ame. L'enthousiasme prend mille formes diverses: l'un voit les cieux ouverts sur sa tête, l'autre les enfers s'ouvrir sous ses pieds: celui-ci se croit au milieu des esprits célestes, il entend leurs divins concerts, il en est transporté; celui-là s'adresse aux furies, il voit leurs torches allumées, il est frappé de leurs cris; elles le poursuivent; il fuit effrayé devant elles.

Porphyre n'étoit pas éloigné de cet état enchanteur ou terrible, lorsque Plotin, qui le suivoit à la piste, l'atteignit; il étoit assis à la pointe du promontoire de Lilybée; il versoit des larmes; il tiroit de profonds soupirs de sa poitrine; il avoit les yeux fixement attachés sur les eaux; il repoussoit les alimens qu'on lui présentoit; il craignoit l'approche d'un homme; il vouloit mourir. Il étoit dans un accès d'enthousiasme, qui grossissoit à son imagination les misères de la vie humaine, & qui lui représentoit la mort comme le plus grand bonheur d'un être qui pense, qui sent, qui a le malheur de vivre. Voici un autre enthousiasme; c'est Plotin qui, fortement frappé du péril où il apperçoit son disciple & son ami, éprouve sur-le-champ un autre accès d'enthousiasme qui sauve Porphyre de la fureur tranquille & sourde dont il est possédé. Ce qu'il y a de singulier, c'est que celui-ci se prend pour un homme sensé; écoutez-le: *studium nunc istud, ô Porphyri, tuum, non sanæ mentis est, sed animi atrâ bile furentis.* Un troisième qui eût été témoin de sang froid, de l'action outrée & du ton emphatique de Plotin, n'auroit-il pas été tenté de lui rendre à lui-même son apostrophe, & de lui dire, en imitant son action & son emphase: *studium nunc istud, ô Plotine, tuum, honestâ reverâ mentis est, sed animi splendida bile furentis.* Au reste, si un accès d'enthousiasme peut être reprimé, c'est par un autre accès d'enthousiasme. La véritable éloquence seroit en pareil cas foible, froide, & resteroit sans effet: il faut un choc plus violent, & la secousse d'un instrument plus analogue.

Porphyre follement persuadé que le christianisme rend les hommes méchans & misérables (méchans, disoit-il, en multipliant les devoirs à l'infini & en pervertissant l'ordre des devoirs; misérables, en remplissant les ames de remords & de terreurs), écrivit quinze livres pour les détromper. Je crains bien que Théodose ne leur ait fait trop d'honneur par l'édit qui les supprima, & j'oserois presqu'assurer, sur les fragmens qui nous en restent dans les pères qui l'ont refuté, qu'il y avoit beaucoup plus d'éloquence & d'enthousiasme que de bon sens & de philosophie. Il m'a semblé que l'enthousiasme étoit une maladie épidémique particulière à ces tems, qui n'avoit pas entièrement épargné les hommes les plus respectables par leurs talens, leurs connoissances, leur état, & leurs mœurs. L'un croyoit avoir répondu à Porphyre, lorſqu'il lui avoit dit qu'*il étoit l'ami intime du diable* ; un autre prenoit, ſans s'en appercevoir, le ton de Porphyre, lorſqu'il l'appelloit *impie, blaſphémateur, fou, calomniateur, impudent, ſycophante*. La cauſe du chriſtianiſme étoit trop bonne, & les pères avoient trop de raiſons pour accumuler tant d'injures. Cet endroit ne ſera pas le ſeul de cet article où nous aurons lieu de remarquer, pour la conſolation des ames foibles & la nôtre, que dans les plus grands ſaints l'homme perce toujours par quelqu'endroit. Porphyre vécut beaucoup plus long-tems qu'on ne pouvoit l'eſpérer d'un homme de ſon caractère. Il atteignit l'âge de ſoixante & douze ans, & ne mourut que l'an 305 de J. C.

Jamblique, diſciple de Porphyre, fut une des lumières principales de l'école d'Alexandrie. Le paganiſme menaçoit ruine de toutes parts, lorſque ce philoſophe théurgiſte parut. Il combattit pour ſes dieux, & ne combattit pas ſans ſuccès.

C'eſt une choſe remarquable que l'averſion preſque générale des philoſophes éclectiques pour le chriſtianiſme, & leur attachement opiniâtre à l'idolâtrie. Pouvoit-il donc y avoir un ſyſtême plus ridicule que celui de la mythologie ? S'il étoit naturel que le ſacrifice exigé dans la religion chrétienne, de l'eſprit de l'homme par des myſtères, de ſon corps par des jeûnes & des mortifications, de ſon cœur par une abnégation entière de ſoi-même, en éloignât des hommes charnels & des raiſonneurs orgueilleux, l'étoit-il qu'un Potamon, un Ammonius, un Longin, un Plotin, un Jamblique, ou fermaſſent les yeux ſur les abſurdités de l'hiſtoire de Jupiter, ou ne les apperçuſſent point ?

Jamblique étoit de Chalcis ville de Céléſyrie ; il deſcendoit de parens illuſtres : il eut pour inſtituteur Anatolius, philoſophe d'un mérite peu inférieur à Porphyre. Il fut d'un caractère doux, un peu renfermé, ne s'ouvrant guère qu'à ſes diſciples ; moins éloquent que Porphyre ; & l'éloquence ne devoit pas être comptée pour peu de choſe dans des écoles où l'on profeſſoit particulièrement la théurgie, ſyſtême auquel il étoit impoſſible de donner quelques couleurs ſéduiſantes, ſans le ſecours du ſublime & de l'enthouſiaſme : cependant il ne manqua pas d'auditeurs, mais il les dut moins à ſes connoiſſances qu'à ſon affabilité. Il avoit de la gaieté avec ſes amis, & il leur en inſpiroit : ceux qui avoient une fois goûté les charmes de ſa ſociété, ne pouvoient plus s'en détacher. L'hiſtoire ne nous a rien raconté de nos myſtiques, que nous ne retrouvions dans Jamblique. Il avoit des extaſes, ſon corps s'élévoit dans les airs pendant ſes entretiens avec les dieux, ſes vêtemens s'éclairoient de lumière, il prédiſoit l'avenir, il commandoit aux démons, il évoquoit des génies du fond des eaux.

Jamblique écrivit beaucoup ; il laiſſa la vie de Pythagore, une expoſition de ſon ſyſtême théologique, des exhortations à l'étude de l'*eclectiſme*, un traité des ſciences mathématiques, un commentaire ſur les inſtitutions arithmétiques de Nicomaque, une expoſition des myſtères égyptiens. Parmi ces ouvrages, il y en a pluſieurs où l'on auroit peine à reconnoître un prétendu faiſeur de miracles ; mais qui reconnoîtroit Newton dans un commentaire ſur l'Apocalypſe ? & qui croiroit que cet homme a aſſemblé tout Londres dans une égliſe, pour être témoin des réſurrections qu'il promet ſérieuſement d'opérer, eſt le géomètre Fatio ? Jamblique mourut l'an de Jeſus-Chriſt 333, ſous le règne de Conſtantin. La converſion de ce prince à la religion chrétienne, fut un évènement fatal pour la philoſophie ; les temples du paganiſme furent renverſés, les portes des écoles *éclectiques* fermées, les philoſophes diſperſés : il en coûta même la vie à quelques-uns de ceux qui oſèrent braver les conjonctures.

Tel fut le ſort de Sopatre, diſciple de Jamblique ; il étoit d'Apamée, ville de Syrie. Eunape en parle comme d'un homme éloquent dans ſes écrits & dans ſes diſcours. Il ajoute que l'étendue de ſes connoiſſances lui avoit acquis parmi les grecs la réputation du premier philoſophe de ſon tems (τον επιϲημοτατον τον τε παρ ελληϲιν επει παιδευϲει γεγενημενον).

Voici le fait tel qu'on le lit dans Eunape. Conſtantinople ou Byzance (car c'eſt la même ville ſous deux noms différens) fourniſſoit anciennement l'Attique de vivres, & il eſt incroyable la quantité de grains que cette province de la Grèce en tiroit ; mais il arriva dans ces tems que les vaiſſeaux qui venoient chargés d'Egypte, & que toutes les proviſions qu'on tiroit de la Syrie, de la Phénicie, de l'Aſie entière, & d'une infinité d'autres contrées nourricières de l'empire, ne purent ſuffire aux beſoins de la multitude innombrable de priſonniers que l'empereur avoit raſſemblés dans Byzance, & cela, par la vanité puérile de recueillir au théâtre un plus grand nombre d'applaudiſſemens : & de quelle ſorte encore, & de quels gens ? d'une populace pleine de vin, d'hommes à qui l'yvreſſe ne permettoit ni de parler ni de ſe tenir debout, de barbares & d'étrangers qui ſavoient à peine prononcer ſon nom. Mais telle étoit la ſituation du port de Conſtantinople, que, couvert par des montagnes, il n'y avoit qu'un ſeul vent qui en favoriſât l'entrée ; & ce vent vient de ceſſer de ſouffler, & ſuſpendu trop long-tems l'arrivée des vivres dans une conjoncture où la ville, qui regorgeoit d'habitans, en avoit un beſoin plus preſſant, la famine ſe fit ſentir. On ſe rendit à jeun au théâtre ; & comme il n'y avoit preſque point de gens yvres, il y eut peu d'applaudiſſemens, au grand étonnement de l'empereur, qui n'avoit pas rassemblé tant de bouches pour qu'elles restassent muettes. Les ennemis de Sopatre & des philosophes, attentifs à saisir toutes les occasions de les desservir & de les perdre, crurent en avoir trouvé une très-favorable dans ce contre-tems : *C'est ce Sopatre*, dirent-ils au crédule empereur, *cet homme que vous avez comblé de tant de bienfaits, & qui est parvenu par sa politique à s'asseoir sur le trône à côté de vous ; c'est lui qui, par les secrets de sa philosophie mal-faisante, tient les vents enchaînés, & s'oppose à votre triomphe & à votre gloire, tandis qu'il vous séduit par les faux éloges qu'il vous prodigue.* L'empereur irrité ordonne la mort de Sopatre, & le malheureux philosophe tombe sur le champ frappé d'un coup de hache. Hélas ! il étoit arrivé à la cour dans le dessein de défendre la cause des philosophes, & d'arrêter, s'il étoit possible, la persécution qu'on exerçoit contr' eux. Il avoit présumé quelque succès de la force de son éloquence & de la droiture de ses intentions ; & en effet il avoit réussi au-delà de ses espérances : l'empereur l'avoit admis au nombre de ses favoris, & les philosophes commençoient à prendre crédit à la cour, les courtisans à s'en allarmer, & les intolérans à s'en plaindre. Ceux-ci s'étoient apparemment déjà rendus redoutables au prince même, qu'ils avoient entraîné dans leurs sentimens, puisqu'il paroit que Sopatre fut une victime qu'il leur immola malgré lui, afin de calmer les murmures qui commençoient à s'élever. » Pour dis- » siper les soupçons qu'on pourroit avoir que » celui qui avoit accueilli favorablement un » hiérophante, un théurgiste, ne fût un néophite » équivoque, il se détermina (dit Suidas) à faire » mourir le philosophe Sopatre », *ut fidem faceret se non amplius religioni gentili addictum esse.* Ablabius courtisan vil, sans naissance, sans ame, sans vertus, un de ces hommes faits pour capter la faveur des grands par toutes sortes de voies, & pour les déshonorer ensuite par les mauvais conseils qu'ils leur donnent en echange des bienfaits qu'ils en reçoivent, étoit devenu jaloux de Sopatre, & ce fut cette jalousie qui accéléra la perte du philosophe. Pourquoi faut-il que tant de rois commandent toujours, & ne lisent jamais !

Edesius étoit de Cappadoce ; sa famille étoit considérée, mais elle n'étoit pas opulente. Il se livra à l'étude de la philosophie dans Athènes, où on l'avoit envoyé pour y apprendre quelqu'art lucratif : c'étoit répondre aussi mal qu'il étoit possible aux intentions de ses parens, qui auroient donné, pour une pièce d'or, tous les livres de la république de Platon. Cependant, sa sagesse, sa modération, son respect, sa patience, ses discours, parvinrent à reconcilier son père avec la philosophie ; le bonhomme conçut enfin qu'un science qui rendoit son fils heureux sans les richesses, étoit préférable à des richesses qui n'avoient jamais fait le bonheur de personne sans cette science.

La réputation de Jamblique appella Edesius en Syrie ; Jamblique le chérit, l'instruisit, & lui conféra le grand don, le don par excellence, le don d'enthousiasme. Les théurgistes ne pouvoient donner de meilleures preuves du cas infini qu'ils faisoient de la religion chrétienne, que de s'attacher à la copier en tout. Les apôtres avoient conféré le saint esprit, ou cette qualité divine en vertu de laquelle on persuade fortement ce dont on est fortement persuadé : les *éclectiques* parodièrent ces effets avec leur enthousiasme.

Cependant, la persécution que l'empereur exerçoit contre les philosophes, augmentoit de jour en jour ; Edesius épouvanté eut recours aux opérations de la théurgie, pour en être éclairci sur son sort : les dieux lui promirent, ou la plus grande réputation s'il demeuroit dans la société, ou une sagesse qui l'égaleroit aux dieux, s'il se retiroit d'entre les hommes. Edesius se disposoit à prendre ce dernier parti, lorsque ces disciples s'assemblent en tumulte, l'entourent, le prient, le conjurent, le menacent, & l'empêchent d'aller, par une crainte indigne d'un philosophe, se réléguer dans le fond d'une forêt, & de priver les hommes des exemples de sa vertu & des préceptes de sa philosophie, dans un tems où la superstition, disoient-ils, s'avançoit à grands pas, & entraînoit la multitude des esprits. Edesius établit son école à Pergame : Julien le consulta, l'honora de son estime & le combla de présens : la promesse des dieux qu'il avoit consultés s'accomplit ; son nom se répandit dans la Grèce, on se rendit à Pergame de toutes les contrées voisines. Il avoit un talent particulier pour humilier les esprits fiers & transcendans, & pour encourager les esprits foibles & timides. Les atteliers des artistes étoient les endroits qu'il frequentoit le plus volontiers au sortir de son école ; ce qui prouve que l'enthousiasme & la théurgie n'avoient point éteint en lui le goût des connoissances utiles. Il professa la philosophie jusque dans l'âge le plus avancé.

Eustathe disciple de Jamblique & d'Edesius, fut un homme éloquent & doux, sur le compte duquel on a débité beaucoup de sottises. J'en dis autant de Sosipatra ; des vieillards la demandent à son père, & lui prouvent par des miracles qu'il ne peut en conscience la leur refuser : le père cède sa fille, les vieillards s'en emparent, l'initient à tous les mystères de l'*eclectisme* & de la théurgie, lui conférent le don d'enthousiasme & disparoissent, sans qu'on ait jamais sû ce qu'ils étoient devenus. J'en dis autant d'Antonin, fils de Sosipatra ; je remarquerai seulement de celui-ci, qu'il ne fit point de miracles, parce que l'empereur n'aimoit pas que les philosophes en fissent.

Il y eut un moment où la frayeur pensa faire ce qu'on devoit attendre du sens commun ; ce fut de séparer la philosophie de la théurgie, & de renvoyer celle-ci aux diseurs de bonne aventure, aux saltimbanques, aux fripons, & aux prestigiateurs. Eusebe de Minde en Carie, qui parut alors sur la scène, distingua les deux espèces de purifications que la philosophie *éclectique* recommandoit également ; il appella l'une *théurgique* & l'autre *rationnelle*, & s'occupa sérieusement à décrier la première, mais les esprits en étoient trop infectés : c'étoit une trop belle chose que de commercer avec les dieux, que d'avoir les démons à son commandement, que de les appeller à soi par des incantations, ou de s'élever à eux par l'extase, pour qu'on pût détromper facilement les hommes d'une science qui s'arrogeoit ces merveilleuses prérogatives. S'il y avoit un homme alors auprès duquel la philosophie d'Eusebe devoit réussir, c'étoit l'empereur Julien ; cependant il n'en fut rien : Julien quitta ce philosophe sensé, pour se livrer aux deux plus violens théurgistes que la secte éclectique eût encore produits, Maxime d'Ephèse & Chrysanthius.

Maxime d'Ephèse étoit né de parens nobles & riches ; il eut donc à fouler aux pieds les espérances les plus flatteuses, pour se livrer à la philosophie : c'est un courage trop rare pour ne pas lui en faire un mérite. Personne ne fut plus évidemment appellé à la théurgie & à l'*éclectisme*, si l'on regarde l'éloquence comme le caractère de la vocation. Maxime paroissoit toujours agité par la présence intérieure de quelque démon ; il mettoit tant de force dans ses pensées, tant d'énergie dans son expression, tant de noblesse & de grandeur dans ses images, je ne sais quoi de si frappant & de si sublime, même dans sa déraison, qu'il ôtoit à ses auditeurs la liberté de le contredire : c'étoit Apollon sur son trépié, qui maîtrisoit les ames & commandoit aux esprits. Il étoit savant ; des connoissances profondes & variées fournissoient un aliment inépuisable à son enthousiasme : il eut Edesius pour maître, & Julien pour disciple. Il accompagna Julien dans son expédition de Perse : Julien périt, & Maxime tomba dans un état déplorable ; mais son ame se montra toujours supérieure à l'adversité. Valentinien & Valens irrités par les chrétiens, le font charger de chaînes, & jetter dans le fond d'un cachot : on ne l'en tire que pour l'exposer sur un théâtre, il y paroît avec fermeté. On l'accuse, il répond sans manquer à l'empereur, & sans se manquer à lui-même. On prétendoit le rendre responsable de tout ce qu'on reprenoit dans la conduite de Julien ; il intéressa l'empereur même à rejetter cette accusation : *s'il est permis*, di-

soit-il, *d'accuser un sujet de tout ce que son souverain peut avoir fait de mal, pourquoi ne le louera-t-on pas de tout ce qu'il aura fait de bien ?* On cherchoit à le perdre, chose surprenante ! on n'en vint point à bout. Dans l'impossibilité de le convaincre, on lui rendit la liberté ; mais comme on étoit persuadé qu'il s'étoit servi de son crédit auprès de Julien pour amasser des trésors, on le condamna à une amende exorbitante qu'on réduisit à très-peu de chose, ceux qu'on avoit chargé d'en poursuivre le paiement, n'ayant trouvé à notre philosophe que sa besace & son bâton. La présence d'un homme avec lequel on avoit de si grands torts, étoit trop importune pour qu'on le souffrît ; Maxime fut relégué dans le fond de l'Asie, où de plus grands malheurs l'attendoient. La haine implacable de ses ennemis l'y suivit ; à peine est-il arrivé au lieu de son exil, qu'il est saisi, emprisonné, & livré à l'inhumanité de ces hommes que la justice emploie à tourmenter les coupables, &, qui, corrompus par ses persécuteurs, inventèrent pour lui des supplices nouveaux : ils en firent alternativement l'objet de leur brutalité & de leur fureur. Maxime lassé de vivre, demanda du poison à sa femme, qui ne balança pas à en lui apporter ; mais avant que de le lui présenter, elle en prit la plus grande partie & tomba morte : Maxime lui survécut. On cherche, en lisant l'histoire de ce philosophe, la cause de ses nouveaux malheurs, & l'on n'en trouve point d'autre que d'avoir déplu aux défenseurs de certaines opinions dominantes ; leçon terrible pour les philosophes, gens raisonneurs qui leur ont été & qui leur seront suspects dans tous les tems.

La providence qui sembloit avoir oublié Maxime depuis la mort de Julien, laissa tomber enfin un regard de pitié sur ce malheureux. Cléarque, homme de bien, que par hasard Valens avoit nommé préfet en Asie, trouva en arrivant dans sa province, le philosophe exposé sur un chevalet, & prêt à expirer dans les tourmens : il vole à son secours, il le délivre, il lui procure tous les soins dont il étoit pressé dans le déplorable état où on l'avoit réduit ; il l'accueille, il l'admet à sa table, il le réconcilie avec l'empereur, il fait subir à ses ennemis la peine du talion, il le rétablit dans le peu de fortune qu'il devoit à la commisération de ses amis & de ses parens ; il y ajoute des bienfaits, & le renvoie triomphant à Constantinople, où la considération générale du peuple & des grands sembloit lui assurer du moins quelque tranquillité pour les dernières années de sa vie ; mais il n'en fut pas ainsi. Des mécontens formèrent une conspiration contre Valens ; Maxime n'étoit point du nombre, mais il avoit eu malheureusement d'anciennes liaisons avec la plûpart d'entr'eux. On le soupçonna d'avoir eu connoissance de leur dessein ; ses ennemis insinuèrent à l'empereur qu'il avoit été consulté, en qualité de théurgiste, & le proconsul Festus eut ordre de l'arrêter & de le faire mourir, ce qui fut exécuté.

Telle fut la fin tragique d'un des plus habiles & des plus honnêtes hommes de son siècle, à qui l'on ne peut reprocher que son enthousiasme & sa théurgie. Festus ne lui survécut pas long-tems, son esprit s'altéra, il crut voir en songe Maxime qui le traînoit par les cheveux devant les juges des enfers ; ce songe le suivoit par-tout, il en perdit tout-à-fait le jugement, & mourut fou. Le peuple oubliant les disgraces cruelles auxquelles les dieux avoient abandonné Maxime pendant sa vie, regarda la mort de Festus comme un exemple éclatant de leur justice. Festus étoit odieux, Maxime n'étoit plus, la vénération qu'on lui portoit en devint d'autant plus grande : le moyen que le peuple ne vît pas du surnaturel dans le songe du proconsul, & dans une mort qui le surprend, sans aucune cause apparente, au milieu de ses prospérités ! On n'est pas communément assez instruit pour savoir qu'un homme menacé de mort subite, sent de loin des mouvemens avant coureurs de cet événement ; ce sont des atteintes sourdes, qu'il néglige, parce qu'il n'en prévoit ni n'en craint les suites ; ce sont des frissons passagers, des inquiétudes vagues, de l'abattement, de l'agitation, des accès de pusillanimité. Qu'au milieu de ces approches secretes un homme superstitieux & méchant ait la conscience chargée de quelque crime atroce & récent, il en voit les objets, il en est obsédé ; il prend cette obsession pour la cause de son mal-aise : & au-lieu d'appeller un médecin, il s'adresse aux dieux : cependant le germe de mort qu'il portoit en lui-même se développe & le tue, & le peuple imbécille crie au prodige. C'est faire injure à l'être suprême, c'est s'exposer même à douter de son existence, que de chercher dans les afflictions & les prospérités de ce monde, des marques de la justice ou de la bonté divine. Le méchant peut avoir tout, excepté la faveur du ciel.

Prisque, ami & condisciple de Maxime, étoit de Thesprotie: Il avoit beaucoup étudié la philosophie des anciens ; il s'accordoit avec Eusebe de Minde à regarder la théurgie comme la honte de l'*eclectisme* ; mais né taciturne, renfermé, ennemi des disputes scholastiques, ayant à-peu-près du vulgaire l'opinion qu'il en faut avoir, c'est-à-dire, n'en faisant pas assez de cas pour lui dire la vérité ; ce fut un homme peu propre à s'attacher des disciples & à répandre ses opinions. Cette maniere de philosopher tranquille & retirée jetta sur lui une obscurité salutaire, les ennemis de la philosophie l'oublièrent. Les autres éclectiques en furent réduits ou à se donner la mort à eux-mêmes, ou à perdre la vie dans les tourmens ; Prisque, ignoré, acheva tranquillement la sienne dans les temples deserts du paganisme.

Chrysanthius, disciple d'Edesius, & instituteur de Julien, joignit l'étude de l'art oratoire à celle de la philosophie : *C'est assez pour soi*, disoit-il, *de connoître la vérité ; mais pour les autres, il faut encore savoir la dire & la faire aimer. La philanthropie est le caractère distinctif de l'homme de bien ; il ne doit pas se contenter d'être bon, il doit travailler à rendre ses semblables meilleurs : la vertu ne le domine pas assez fortement, s'il peut la contenir au-dedans de lui-même. Lorsque la vertu est devenue la passion d'un homme, elle remplit son ame d'un bonheur qu'il ne sauroit cacher, & que les méchans ne peuvent feindre. C'est à la vertu qu'il appartient de faire de véritables enthousiastes ; c'est elle seule qui connoît le prix des biens, des dignités & de la vie, puisqu'il n'y a qu'elle qui sache quand il convient de les perdre ou de les conserver.*

La théurgie si fatale à Maxime, servit utilement Chrysanthius ; ce dernier s'en tint avec fermeté à l'inspection des victimes & aux regles de la divination, qui lui annonçoient les plus grands malheurs s'il quittoit sa retraite ; ni les instances de Maxime, ni les invitations réitérées de l'empereur, ni des députations expresses, ni les prières d'une épouse qu'il aimoit tendrement, ni les honneurs qu'on lui offroit, ni le bonheur qu'il pouvoit se promettre, ne purent l'emporter sur ses sinistres pressentimens, & l'attirer à la cour de Julien. Maxime partit, *résolu*, disoit-il, *de faire violence à la nature & aux destins*. Julien se vengea des refus de Chrysanthius en lui accordant le pontificat de Lydie, où il l'exhortoit à relever les autels des dieux, & à rappeller dans leurs temples les peuples que le zèle de ses prédécesseurs en avoit éloignés.

Chrysanthius, philosophe & pontife, se conduisit avec tant de discrétion dans sa fonction délicate, qu'il n'excita pas même le murmure des intolérans ; aussi ne fut-il point enveloppé dans les troubles qui suivirent la mort de Julien. Il demeura désolé, mais tranquille au milieu des ruines de la secte éclectique & du paganisme, qui fut même protégé des empereurs chrétiens. Il se retira dans Athènes, où il montra qu'il étoit plus facile à un homme comme lui de supporter l'adversité, qu'à la plûpart des autres hommes de bien user du bonheur. Il employoit ses journées à honorer les dieux, à lire les auteurs anciens, à inspirer le goût de la théurgie, de l'*eclectisme*, & de l'enthousiasme à un petit nombre de disciples choisis, & à composer des ouvrages de philosophie. Les tendons de ses doigts s'étoient retirés à force d'écrire. La promenade étoit son unique délassement ; il le prenoit dans les rues spacieuses, marchant lentement, gravement, & s'entretenant s'entretenant avec ses amis. Il évita le commerce des grands, non par mépris, mais par goût. Il mit dans son commerce avec les hommes tant de douceur & d'aménité, qu'on le soupçonna d'affecter un peu ces qualités. Il parloit bien, on le louoit sur-tout de savoir prendre le ton des choses. S'il ouvroit la bouche, tout le monde restoit en silence. Il étoit ferme dans ses sentimens : ceux qui ne le connoissoient pas assez, s'exposoient facilement à le contredire, mais ils ne tardoient pas à sentir à quel homme ils avoient affaire. Nous serions étonnés qu'avec ces qualités de cœur & d'esprit, Chrysanthius ait été un des plus grands défenseurs du paganisme, si nous ne savions combien le mystère de la croix est une étrange folie pour des esprits orgueilleux. Il jouissoit à l'âge de quatre-vingts ans d'une santé si vigoureuse, qu'il étoit obligé d'observer des saignées de précautions : Eunape étoit son médecin ; cependant une de ces saignées faite imprudemment en l'absence d'Eunape, lui coûta la vie : il fut saisi d'un froid & d'une langueur dans tous les membres, qu'Oribase dissipa pour le moment par des fomentations chaudes, mais qui ne tardèrent pas à revenir, & qui l'emportèrent.

Julien, le fléau du christianisme, l'honneur de l'*eclectisme*, & un des hommes les plus extraordinaires de son siècle, fut élevé par les soins de l'empereur Constance ; il apprit la grammaire de Nicoclès, & l'art oratoire d'Eubole : ses premiers maîtres étoient tous chrétiens, & l'eunuque Mardonius avoit l'inspection sur eux. Il ne s'agit ici ni du conquérant ni du politique, mais du philosophe. Nous préviendrons seulement ceux qui voudront se former une idée juste de ses qualités, de ses défauts, de ses projets, de sa rupture avec Constance, de ses expéditions contre les parthes, les gaulois & les germains, de son retour à la religion de ses ayeux, de sa mort prématurée & des événemens de sa vie, de se méfier également & des éloges que la flaterie lui a prodigués dans l'histoire prophane, & des injures que le ressentiment a vomi contre lui dans l'histoire de l'église.

C'est ici qu'il importe sur-tout de suivre une règle de critique, qui dans une infinité d'autres conjonctures, conduiroit à la vérité plus sûrement qu'aucun témoignage ; c'est de laisser à l'écart ce que les auteurs ont écrit d'après leurs passions & leurs préjugés, & d'examiner d'après notre propre expérience ce qui est vraisemblable. Pour juger avec indulgence ou avec sévérité du goût effréné de Julien pour les cérémonies du paganisme ou de la théurgie, ce n'est point avec les yeux de notre siècle qu'il faut considérer ces objets ; mais il faut se transporter au tems de cet empereur, & au milieu d'une foule de grands hommes, tous entêtés de ces doctrines

superstitieuses, se sonder soi-même, & voir sans partialité dans le fond de son cœur, si l'on eût été plus sage que lui. On craignit de bonne heure qu'il n'abandonnât la religion chrétienne ; mais l'on étoit bien éloigné de prévoir que la médiocrité de ses maîtres occasionneroit infailliblement son apostasie. En effet, lorsque l'exercice assidu de ses talens naturels l'eut mis au-dessus de ses instituteurs, la curiosité le porta dans les écoles des philosophes. Ses maîtres fatigués d'un disciple qui les embarrassoit, ne répondirent pas avec assez de scrupule à la confiance de Constance. Il fréquenta à Nicomédie ce Libanius avec lequel l'empereur avoit si expressément défendu qu'il ne s'entretînt, & qui se plaignoit si amèrement d'une défense qui ne lui permettoit pas, disoit-il, *de répandre un seul grain de bonne semence dans un terrein précieux dont on abandonnoit la culture à un misérable rhéteur, parce qu'il avoit le talent si petit & si commun de médire des dieux.*

Les disputes des catholiques entr'eux & avec les ariens, achevèrent d'étouffer dans son cœur le peu de christianisme que les leçons de Libanius n'en avoient point arraché. Il vit le philosophe Maxime. On prétend que l'empereur n'ignora pas ces démarches inconsidérées, mais que les qualités supérieures de Julien commençant à l'inquiéter, il imagina, par un pressentiment qui n'étoit que trop juste, que pour la tranquillité de l'empire & pour la sienne propre, il valoit mieux que cet esprit ambitieux se tournât du côté des lettres & de la philosophie, que du côté du gouvernement & des affaires publiques. Julien embrassa l'*eclectisme*. Comment se seroit-il garanti de l'enthousiasme avec un tempérament bilieux & mélancholique, un caractère impétueux & bouillant, & l'imagination la plus prompte & la plus ardente ? Comment auroit-il senti toutes les puérilités de la théurgie & de la divination, tandis que les sacrifices, les évocations, & tous les prestiges de ces espèces de doctrines, ne cessoient de lui promettre la souveraineté ? Il est bien difficile de rejetter en doute les principes d'un art qui nous appelle à l'empire ; & ceux qui méditeront un peu profondément sur le caractère de Julien, sur celui de ses ennemis, sur les conjonctures dans lesquelles il se trouvoit, sur les hommes qui l'environnoient, seront peut-être plus étonnés de sa tolérance que de sa superstition. Malgré la fureur du paganisme dont il étoit possédé, il ne répandit pas une goutte de sang chrétien ; & il seroit à couvert de tout reproche, si pour un prince qui commande à des hommes qui pensent autrement que lui en matière de religion, c'étoit assez que de n'en faire mourir aucun. Les chrétiens demandoient à Julien un entier exercice de leur religion, la liberté de leurs assemblées & de leurs écoles, la participation à tous les honneurs de la société, dont ils étoient des membres utiles & fidèles ; & en cela ils avoient juste raison. Les chrétiens n'exigeoient point de lui qu'il contraignît par la force les payens à renoncer aux faux dieux, ils n'avoient garde de lui en accorder le droit : ils lui reprochoient au contraire, sinon la violence, du moins les voies indirectes & sourdes dont il se servoit pour déterminer les chrétiens à renoncer à Jesus-Christ. *Abandonnez à elle-même*, lui disoient-ils, *l'œuvre de Dieu : les lois de notre église ne sont point les lois de l'empire, ni les lois de l'empire les lois de notre église. Punissez-nous, s'il nous arrive jamais d'enfreindre celles-là ; mais n'imposez à nos consciences aucun joug. Mettez-vous à la place d'un de vos sujets payens, & supposez à votre place un prince chrétien : que penseriez-vous de lui, s'il employoit toutes les ressources de la politique pour vous attirer dans nos temples ? Vous en faites trop, si l'équité ne vous autorise pas ; vous n'en faites pas assez, si vous avez pour vous cette autorité.*

Quoi qu'il en soit, si Julien eût réfléchi sur ce qui lui étoit arrivé à lui-même, il eût été convaincu qu'au lieu d'interdire l'étude aux chrétiens, il n'avoit rien de mieux à faire que de leur ouvrir les écoles de l'*eclectisme* : ils y auroient été infailliblement attirés par l'extrême conformité des principes de cette secte avec les dogmes du christianisme ; mais il ne lui fut pas donné de tendre un piége si dangereux à la religion.

La providence qui répandit cet esprit de ténèbres sur son ennemi, ne protégea pas le christianisme d'une manière moins frappante, lorsqu'elle fit sortir des entrailles de la terre ces tourbillons de flammes qui dévorèrent les juifs qu'il employoit à creuser les fondemens de Jérusalem, dont il se proposoit de relever le temple & les murs. Julien trompé derechef dans la malice de ses projets, consomma la prophétie qu'il se proposoit de rendre mensongère, & l'endurcissement fut sa punition & celle de ses complices. Il persévéra dans son apostasie ; les juifs qu'il avoit rassemblés se dispersèrent comme auparavant ; Ammien-Marcellin qui nous a transmis ce fait, n'abjura point le paganisme ; & Dieu voulut qu'un des miracles les plus grands & les plus certains qui se soient jamais faits, qui met en défaut la malheureuse dialectique des philosophes de nos jours, & qui remplit de trouble leurs ames incrédules, ne convertît personne dans le tems où il fut opéré.

On raconte de cet empereur superstitieux, qu'assistant un jour à une évocation de démons, il fut tellement effrayé à leur apparition, qu'il fit le signe de la croix, & qu'aussi-tôt les démons s'évanouirent. Je demanderois volontiers à un chrétien s'il croit ce fait, ou non : s'il le nie, je lui demanderai encore si c'est ou parce qu'il ne croit point aux démons, ou parce qu'il ne croit point à l'efficacité du signe de la croix, ou parce qu'il ne croit point à l'efficacité des évocations ; mais s'il croit aux démons, il ne peut être assez convaincu de l'efficacité du signe de la croix ; & pourquoi douteroit-il de l'efficacité des évocations, tandis que les livres saints lui en offrent plusieurs exemples ? Il ne peut donc se dispenser d'admettre le fait de Julien, & conséquemment la plûpart des prodiges de la théurgie : & quelle raison auroit-il de nier ces prodiges ? J'avoue, pour moi, que je n'accuserois point un bon dialecticien bien instruit des faits, de trop présumer de ses forces, s'il s'engageoit avec le père Baltus de démontrer à l'auteur des oracles, & à tous ceux qui pensent comme lui, qu'il faut ou donner dans un pyrrhonisme général sur tous les faits surnaturels, ou convenir de la vérité de plusieurs opérations théurgiques.

Nous ne nous étendrons pas davantage sur l'histoire de Julien ; ce que nous pourrions ajouter d'intéressant, seroit hors de notre objet. Julien mourut à l'âge de trente-trois ans. Il faut se souvenir en lisant son histoire, qu'une grande qualité naturelle prend le nom d'un grand vice ou d'une grande vertu, selon le bon ou le mauvais usage qu'on en a fait ; & qu'il n'appartient qu'aux hommes sans préjugés, sans intérêt & sans partialité, de prononcer sur ces objets importans.

Eunape fleurit au tems de Théodose ; disciple de Maxime & de Chrisantius, voilà les maîtres sous lesquels il avoit étudié l'art oratoire & la philosophie alexandrine. Les empereurs exerçoient alors la persécution la plus vive contre les philosophes.

Il se présenteroit ici un problème singulier à résoudre ; c'est de savoir pourquoi la persécution a fait fleurir le christianisme, & éteint l'*éclectisme*. Les philosophes théurgistes étoient des enthousiastes : comment n'en a-t-on pas fait des martyrs ? les croyoit-on moins convaincus de la vérité de la théurgie, que les chrétiens de la résurrection ? Oui, sans doute. D'ailleurs, quelle différence d'une croyance publique, à un système de philosophie ? d'un temple, à une école ? d'un peuple, à un petit nombre d'hommes choisis ? de l'œuvre de Dieu, aux projets des hommes ? La théurgie & l'*éclectisme* ont passé ; la religion chrétienne dure & durera dans tous les siècles. Si un système de connoissances humaines est faux, il se rencontre tôt ou tard un fait, une observation, qui le renverse. Il n'en est pas ainsi des notions qui ne tiennent à rien de ce qui se passe sur la terre ; il ne se présente dans la nature aucun phénomène qui les contredise ; elles s'établissent dans les esprits presque sans aucun effort, & elles y durent par prescription. La seule révolution qu'elles éprouvent, c'est de subir une infinité de métamorphoses, entre lesquelles il n'y en a jamais qu'une qui puisse les exposer; c'est celle qui leur faisant prendre une forme naturelle, les rapprocheroit des limites de notre foible raison, & les soumettroit malheureusement à notre examen. Tout est perdu, & lorsque la théologie dégénère en philosophie, & lorsque la philosophie dégénère en théologie : c'est un monstre ridicule qu'un composé de l'une & de l'autre. Et telle fut la philosophie de ces tems; système de purifications théurgiques & rationnelles, qu'Horace n'auroit pas mieux représenté, quand il l'auroit eu en vue, au commencement de son *art poétique* : n'étoit-ce pas en effet une tête d'homme, un cou de cheval, des plumes de toute espèce, les membres de toutes sortes d'animaux, *undique collatis ut turpiter atrum desinat in piscem, mulier formosa supernè* ?

Eunape séjourna à Athènes, voyagea en Egypte & se transporta par-tout où il crut appercevoir de la lumière : semblable à un homme égaré dans les ténèbres, qui dirige ses pas où des bruits lointains & quelques lueurs intermittentes lui annoncent le séjour des hommes; il devint médecin, naturaliste, orateur, philosophe, & historien. Il nous reste de lui un commentaire sur les vies des sophistes, qu'il faut lire avec précaution.

Hiéroclès succéda à Eunape; il professa la philosophie alexandrine dans Athènes, à-peu-près sous le règne de Théodose le jeune. Sa tête étoit un chaos d'idées platoniciennes, aristotéliques, & chrétiennes; & ses cahiers ne prouvoient clairement qu'une chose, c'est que le véritable *éclectisme* demandoit plus de jugement que beaucoup de gens n'en avoient. Ce fut sous Hiéroclès que cette philosophie passa d'Alexandrie dans Athènes.

Plutarque, fils de Nestorius, l'y professa publiquement après la mort d'Hiéroclès. C'étoit toujours un mélange de dialectique, de morale, d'enthousiasme, & de théurgie : *humanum caput & cervix equina*. Plutarque laissa sa chaire en mourant à Syrianus, qui eut pour successeur Hermès ou Hermeas, bon homme s'il en fut; c'est lui qui prouvoit un jour à un égyptien moribond, que l'ame étoit mortelle, par un argument assez semblable à celui d'un luthérien mal instruit, qui diroit à un catholique ou à un protestant, à qui il se proposeroit de faire croire l'impanation : *Nous admettons tous les deux l'existence du diable; eh bien, mon cher ami, que le diable m'emporte, si ce que je vous dis n'est pas vrai*. Hermeas avoit un frere qui n'étoit pas si honnête homme que lui; mais qui avoit plus d'esprit.

Hermeas enseigna l'*éclectisme* à Edesia sa femme, à l'arithméticien Domninus, & à Proclus le plus fou de tous les éclectiques. Il s'étoit rempli la tête de gymnosophisme, de notions hermétiques, homériques, orphéiques, pytagoriciennes, platoniques, & aristotéliciennes; il s'étoit appliqué aux mathématiques, à la grammaire, & à l'art oratoire; il joignoit à toutes ces connoissances acquises, une forte dose d'enthousiasme naturel. En conséquence, personne n'a jamais commercé plus assidûment avec les dieux, n'a débité tant de merveilles & de sublime, & n'a fait plus de prodiges. Il n'y avoit que l'enthousiasme qui pût rapprocher des idées aussi disparates que celles qui remplissoient la tête de Proclus, & les rendre éloquentes sans le secours des liaisons. Lorsque les choses sont grandes, le défaut d'enchaînement achève de leur donner de l'élévation. Il est inconcevable combien le dessein de balancer les miracles du christianisme par d'autres miracles, a fait débiter de rêveries, de mensonges, & de puérilités, aux philosophes de ces tems. Un philosophe éclectique se regardoit comme un pontife universel, c'est-à-dire comme le plus grand menteur qu'il y eût au monde : *dicere philosophum*, dit le sophiste Marinus, *non unius cujusque civitatis, neque cæterarum tantum gentium institutorum ac rituum curam egere, sed esse in universum totius mundi sacrorum antistitem.* Voilà le personnage que Proclus prétendoit représenter : aussi il faisoit pleuvoir quand il lui plaisoit, & cela par le moyen d'un yunge, ou petite sphère ronde; il faisoit venir le diable; il faisoit en aller les maladies : que ne faisoit-il pas ? *Quæ omnia eum habuerunt finem ut purgatus defæcatusque, & nativitatis suæ victor, ipse adita sapientia feliciter penetraret : & contemplator factus beatorum ac revera existentium spectaculorum, non amplius prolixis dissertationibus indigeret ad colligendam sibi earum sapientiam, sed simplici intuitu fruens & mentis actu spectans exemplar mentis divinæ, assequeretur virtutem quam nemo prudentiam dixerit, sed sapientiam.*

J'ai rapporté ce long passage mot pour mot, où l'on retrouve les mêmes prétentions absurdes, les mêmes extravagances, les mêmes visions, le même langage, que dans nos mystiques & nos quiétistes; afin de démontrer que l'entendement humain est un instrument plus simple qu'on ne l'imagine, & que la succession des tems ramène sur la surface de la terre jusqu'aux mêmes folies & à leur idiome.

Proclus eut pour successeur son disciple Marinus, qui eut pour successeurs & pour disciples Hegias, Isidore, & Zenodote, qui eut pour disciple & pour successeur Damascius, qui ferma la grande chaîne platonicienne. Nous ne savons rien d'important sur Marinus. La théurgie déplut à Hegias; il la regardoit comme une pédanterie de sabbat. Zenodote prétendoit être éclectique, sans prendre la peine de lire : *toutes ces lectures,* disoit-il, donnent beaucoup d'opinions, & presque point de connoissances. Quant à Damascius, voici le portrait que Photius nous en a laissé : *fuisse Damascium summe impium quoad religionem*, c'est-à-dire qu'il eut le malheur de n'être pas chrétien ; *& novis atque anilibus fabulis scriptionem suam replevisse*, c'est-à-dire qu'il avoit rempli sa philosophie de révélations, d'extases, de guérisons de maladies, d'apparitions, & autres sottises théurgiques : *sanctamque fidem nostram, quamvis timidè tectèque, allatravisse*.

Les payens injurioient les chrétiens ; les chrétiens le leur rendoient quelquefois. La cause des premiers étoit trop mauvaise ; & les seconds étoient trop ulcérés des maux qu'on leur avoit faits, pour qu'ils pussent ni les uns ni les autres se contenir dans les bornes étroites de la modération. Si les temples du paganisme étoient renversés, ses autels détruits, & ses dieux mis en pièces, la terre étoit encore trempée & fumante du sang chrétien : *eis etiam, quos ob eruditionem summis laudibus extulerat, rursus detraxisse* ; c'étoit alors comme aujourd'hui. On ne disoit le bien que pour faire croire le mal : *seque eorum judicem constituendo, nullum non pertrinxisse ; in singulis quos laudarat aliquid desiderando, & quos in cœlum evexerat, humi rursus allidendo*. C'est ainsi qu'il en usoit avec ses bons amis. Je ne crois pas qu'il eût tant de modération avec les autres.

Les éclectiques comptèrent aussi des femmes parmi leurs disciples. Nous ne parlerons pas de toutes ; mais nous mériterions les plus justes reproches de la partie de l'espèce humaine à laquelle nous craignons le plus de déplaire, si nous passions sous silence le nom de la célèbre & trop malheureuse Hypatie. Hypatie naquit à Alexandrie, sous le règne de Théodose le jeune ; elle étoit fille de Théon, contemporain de Pappus, son ami, & son émule en mathématiques. La nature n'avoit donné à personne, ni une ame plus élevée, ni un génie plus heureux, qu'à la fille de Théon. L'éducation en fit un prodige. Elle apprit de son père la géométrie & l'astronomie ; elle puisa dans la conversation & dans les écoles des philosophes célèbres, qui fleurissoient alors dans Alexandrie, les principes fondamentaux des autres sciences.

De quoi ne vient-on point à-bout avec de la pénétration & de l'ardeur pour l'étude ? Les connoissances prodigieuses qu'exigeoit la profession ouverte de la philosophie éclectique, n'effrayèrent point Hypatie ; elle se livra toute entière à l'étude d'Aristote & de Platon ; & bientôt il n'y eut personne dans Alexandrie qui possédât comme elle ces deux philosophes. Elle n'eut pas plutôt approfondi leurs ouvrages, qu'elle entreprit l'examen des autres systèmes philosophiques ; cependant elle cultivoit les beaux arts & l'art oratoire. Toutes les connoissances qu'il étoit possible à l'esprit humain d'acquérir, réunies dans cette femme à une éloquence enchanteresse, en firent un phénomène surprenant, je ne dis pas pour le peuple qui admire tout, mais pour les philosophes même qu'on étonne difficilement. On vit arriver dans Alexandrie une foule d'étrangers qui s'y rendoient de toutes les contrées de la Grèce & de l'Asie, pour la voir & l'entendre. Peut-être n'eussions-nous point parlé de sa figure & de son extérieur si nous n'avions eu à dire qu'elle joignoit la vertu la plus pure à la beauté la plus touchante. Quoiqu'il n'y eût dans la capitale aucune femme qui l'égalât en beauté, & que les philosophes & les mathématiciens de son tems lui fussent très-inférieurs en mérite, c'étoit la modestie même. Elle jouissoit d'une considération si grande, & l'on avoit conçu une si haute opinion de sa vertu, que, quoiqu'elle eût inspiré de grandes passions & qu'elle rassemblât chez elle les hommes les plus distingués par les talens, l'opulence, & les dignités, dans une ville partagée en deux factions, jamais la calomnie n'osa soupçonner ses mœurs & attaquer sa réputation. Les chrétiens & les payens qui nous ont transmis son histoire & ses malheurs, n'ont qu'une voix sur sa beauté, ses connoissances, & sa vertu ; & il règne tant d'unanimité dans leurs éloges, malgré l'opposition de leurs croyances, qu'il seroit impossible de connoître, en comparant leurs récits, quelle étoit la religion d'Hypatie, si nous ne savions pas d'ailleurs qu'elle étoit payenne. La providence avoit pris tant de soin à former cette femme, que nous l'accuserions peut-être de n'en avoir pas pris assez pour la conserver, si mille expériences ne nous apprenoient à respecter la profondeur de ses desseins. Cette considération même dont elle jouissoit à si juste titre parmi ses concitoyens, fut l'occasion de sa perte.

Celui qui occupoit alors le siège patriarchal d'Alexandrie, étoit un homme impérieux & violent ; cet homme entraîné un zèle mal entendu pour sa religion, ou plutôt jaloux d'augmenter son autorité dans Alexandrie, avoit médité d'en bannir les juifs. Un différend survenu entre eux & les chrétiens, à l'occasion des spectacles publics, lui parut une conjoncture propre à servir ses vues ambitieuses ; il n'eut pas de peine à émouvoir un peuple naturellement porté à la révolte. Le préfet, chargé par état de la ville, prit connoissance de cette affaire, & fit saisir & appliquer à la torture un des partisans les plus séditieux du patriarche ; celui-ci outré de l'injure qu'il croyoit faite à son caractère & à sa dignité, & de l'espèce de protection que le magistrat sembloit accorder aux juifs, envoie chercher les principaux de la synagogue, & leur enjoint de renoncer à leurs projets, sous peine d'encourir tout le poids de son indignation. Les juifs, loin de redouter ses menaces, excitent de nouveaux tumultes, dans lesquels il y eut même quelques citoyens massacrés. Le patriarche ne se contenant plus, rassemble un grand nombre de chrétiens, marche droit aux synagogues, s'en empare, chasse les juifs d'une ville où ils étoient établis depuis le règne d'Alexandre le Grand, & abandonne leurs maisons au pillage.

On présumera sans peine que le préfet ne vit pas tranquillement un attentat commis évidemment sur ses fonctions, & la ville privée d'une multitude de riches habitans. Ce magistrat & le patriarche portèrent en même tems cette affaire devant l'empereur; le patriarche se plaignant des excès des juifs, & le préfet, des excès du patriarche.

Dans ces entrefaites, cinq cents moines du mont de Nitrie, persuadés qu'on en vouloit à la vie de leur chef, & qu'on méditoit la ruine de leur religion, accourent furieux, attaquent le préfet dans les rues, & non contens de l'accabler d'injures, le blessent à la tête d'un coup de pierre. Le peuple indigné se rassemble en tumulte, met les moines en fuite, saisit celui qui avoit jetté la pierre & le livre au préfet, qui le fait mourir à la question. Le patriarche enlève le cadavre, lui ordonne des funérailles, & ne rougit point de prononcer en l'honneur d'un moine séditieux, un panégyrique, dans lequel il l'éleve au rang des martyrs. Cette conduite ne fut pas généralement approuvée; les plus sensés d'entre les chrétiens, en sentirent & en blâmèrent toute l'indiscretion. Mais le patriarche s'étoit trop avancé pour en demeurer là. Il avoit fait quelques démarches pour se réconcilier avec le préfet; ces tentatives ne lui avoient pas réussi, & il portoit au-dedans de lui-même le ressentiment le plus vif contre ceux qu'il soupçonnoit de l'avoir traversé dans cette occasion. Hypatie en devint l'objet particulier. Le patriarche ne put lui pardonner ses liaisons étroites avec le préfet, ni peut-être l'estime qu'en faisoient tous les honnêtes gens; il irrita contre elle la populace. Un certain Pierre, lecteur dans l'église d'Alexandrie, un de ces vils esclaves sans doute, tels que les hommes en place n'en ont malheureusement que trop autour d'eux, qui attendent avec impatience & saisissent toujours avec joie l'occasion de commettre quelque grand forfait qui les rende agréables à leur supérieur; cet homme donc ameuté une troupe de scélérats, & se met à leur tête; ils attendent Hypatie à sa porte, fondent sur elle comme elle se disposoit à rentrer, la saisissent, l'entraînent dans l'église appellée la *Césarée*, la dépouillent, l'égorgent, coupent ses membres par morceaux, & les réduisent en cendres. Tel fut le sort d'Hypatie, l'honneur de son sexe, & l'étonnement du nôtre.

L'empereur auroit fait rechercher & punir les auteurs de cet assassinat, si la faveur & l'intrigue ne s'en étoient point mêlées; l'historien Socrate & le sage M. Fleuri qu'on en croira facilement, disent que cette action violente, indigne de gens qui portent le nom de chrétien & qui professent notre foi, couvrit de deshonneur l'église d'Alexandrie & son patriarche. Je ne prononcerai point, ajoute M. Brucker dans son histoire critique de la philosophie, s'il en faut rassembler toute l'horreur sur cet homme; je sai qu'il y a des historiens qui ont mieux aimé la rejetter sur une populace effrénée: mais ceux qui connoîtront bien la hauteur de caractère de l'impétueux patriarche, croiront le traiter assez favorablement en convenant que, s'il ne trempa point ses mains dans le sang innocent d'Hypatie, du moins il n'ignora pas entièrement le dessein qu'on avoit formé de le répandre. M. Brucker oppose à l'innocence du patriarche, des présomptions assez fortes; telles que le bruit public, le caractère impétueux de l'homme, le rôle turbulent qu'il a fait de son tems, la canonisation du moine de Nitrie, & l'impunité du lecteur Pierre. Ce fait est du règne de Théodose le jeune, & de l'an 415 de Jesus-Christ.

La secte éclectique ancienne finit à la mort d'Hypatie: c'est une époque bien triste. Cette philosophie s'étoit répandue successivement en Syrie, dans l'Egypte, & dans la Grèce. On pourroit encore mettre au nombre de ces Platoniciens réformés, Macrobe, Chalcidius, Ammian Marcellin, Dexippe, Thémistius, Simplicius, Olimpiodore, & quelques autres: mais à considérer plus attentivement Olimpiodore, Simplicius, Thémistius, Dexippe, on voit qu'ils appartiennent à l'école péripatéticienne, Macrobe au platonisme, & Chalcidius à la religion chrétienne.

L'éclectisme, cette philosophie si raisonnable, qui avoit été pratiquée par les premiers génies long-tems avant que d'avoir un nom, demeura dans l'oubli jusqu'à la fin du seizième siècle. Alors la nature qui étoit restée si long-tems engourdie & comme épuisée, fit un effort, produisit enfin quelques hommes jaloux de la prérogative la plus belle de l'humanité, la liberté de penser par soi-même: on vit renaître la philosophie éclectique sous Jordanus Brunus de Nole, Jérôme Cardan, *V. philosophie de Cardan* à l'art. CARDAN; François Bacon de Verulam, *voyez l'article* BACONISME; Thomas Campanella, *voyez l'article philosophie de Campanella*, à *l'article* CAMPANELLA; Thomas Hobbes, *voyez l'article* HOBBISME; René Descartes, *voyez l'article* CARTÉSIANISME; Godefroi Guillaume Leibnitz, *voyez l'article* LEIBNITZIANISME; Christian Thomasius, *voyez l'article philosophie de Thomasius*, au mot THOMASIUS; Nicolas Jérôme Gundlingius, François Budée

André Rudigerus, Jean Jacque Syrbius, Jean Leclerc, Mallebranche, &c.

Nous ne finirions point, si nous entreprenions d'exposer ici les travaux de ces grands hommes, de suivre l'histoire de leurs pensées, & de marquer ce qu'ils ont fait pour le progrès de la philosophie en général, & pour celui de la philosophie éclectique moderne en particulier. Nous aimons mieux renvoyer ce qui les concerne aux articles de leurs noms, nous bornant à ébaucher en peu de mots le tableau du renouvellement de la philosophie éclectique.

Le progrès des connoissances humaines est une route tracée, d'où il est presque impossible à l'esprit humain de s'écarter. Chaque siècle a son genre & son espèce de grands hommes. Malheur à ceux qui destinés par leurs talens naturels à s'illustrer dans ce genre, naissent dans le siècle suivant, & sont entraînés par le torrent des études régnantes, à des occupations littéraires, pour lesquelles ils n'ont point reçu la même aptitude; ils auroient travaillé avec succès & facilité; ils se seroient fait un nom; ils travaillent avec peine, avec peu de fruit, & sans gloire, & meurent obscurs. S'il arrive à la nature, qui les a mis au monde trop tard, de les ramener par hasard à ce genre épuisé dans lequel il n'y a plus de réputation à se faire, on voit par les choses dont ils viennent à bout, qu'ils auroient égalé les premiers hommes dans ce genre, s'ils en avoient été les contemporains. Nous n'avons aucun recueil d'académie qui n'offre en cent endroits la preuve de ce que j'avance. Qu'arriva-t-il donc au renouvellement des lettres parmi nous? On ne songea point à composer des ouvrages: cela n'étoit pas naturel, tandis qu'il y en avoit tant de composés qu'on n'entendoit pas; aussi les esprits se tournèrent-ils du côté de l'art grammatical, de l'érudition, de la critique, des antiquités, de la littérature. Lorsqu'on fut en état d'entendre les auteurs anciens, on se proposa de les imiter, & l'on écrivit des discours oratoires & des vers de toute espèce. La lecture des philosophes produisit aussi son genre d'émulation; on argumenta, on bâtit des systèmes, dont la dispute découvrit bientôt le fort & le foible: ce fut alors qu'on sentit l'impossibilité & d'en admettre & d'en rejetter aucun en entier. Les efforts que l'on fit pour relever celui auquel on s'étoit attaché, en réparant ce que l'expérience journalière détruisoit, donna naissance au syncrétisme. La nécessité d'abandonner à la fin une place qui tomboit en ruine de tout côté, de se jetter dans une autre qui ne tardoit pas à éprouver le même sort, & de passer ensuite de celle-ci dans une troisième, que le tems détruisoit encore, détermina enfin d'autres entrepreneurs (pour ne point abandonner ma comparaison), à se transporter en rase campagne, afin d'y construire des matériaux de tant de places ruinées, auxquels on reconnoîtroit quelque solidité, une cité durable, éternelle, & capable de résister aux efforts qui avoient détruit toutes les autres: ces nouveaux entrepreneurs s'appellèrent *éclectiques*. Ils avoient à peine jetté les premiers fondemens, qu'ils s'apperçurent qu'il leur manquoit une infinité de matériaux; qu'ils étoient obligés de rebuter les plus belles pierres, faute de celles qui devoient les lier dans l'ouvrage; & ils se dirent entre eux: *mais ces matériaux qui nous manquent sont dans la nature, cherchons-les donc*; ils se mirent à les chercher dans le vague des airs, dans les entrailles de la terre, au fond des eaux, & c'est ce qu'on appella *cultiver la philosophie expérimentale*. Mais avant que d'abandonner le projet de bâtir & que de laisser les matériaux épars sur la terre, comme autant de pierres d'attente, il fallut s'assûrer par la combinaison, qu'il étoit absolument impossible d'en former un édifice solide & régulier, sur le modele de l'univers qu'ils avoient devant les yeux: car ces hommes ne se proposent rien de moins que de retrouver le porte-feuille du grand architecte & les plans perdus de cet univers; mais le nombre de ces combinaisons est infini. Ils en ont déjà essayé un grand nombre avec assez peu de succès; cependant ils continuent toujours de combiner; on peut les appeller *éclectiques systématiques*.

Ceux qui convaincus non-seulement qu'il nous manque des matériaux, mais qu'on ne fera jamais rien de bon de ceux que nous avons dans l'état où ils sont, s'occupent sans relâche à en rassembler de nouveaux; ceux qui pensent au contraire qu'on est en état de commencer quelque partie du grand édifice, ne se lassent point de les combiner, ils parviennent à force de tems & de travail, à soupçonner les carrières d'où l'on peut tirer quelques-unes des pierres dont ils ont besoin.

Voilà l'état où les choses en sont en philosophie, où elles demeureront encore long-tems, & où le cercle que nous avons tracé les rameneroit nécessairement, si par un évènement qu'on ne conçoit guère, la terre venoit à se couvrir de longues & épaisses ténèbres, & que les travaux en tout genre fussent suspendus pendant quelques siècles.

D'où l'on voit qu'il y a deux sortes d'*éclectisme*; l'un expérimental, qui consiste à rassembler les vérités connues & les faits donnés, & à en augmenter le nombre par l'étude de la nature; l'autre systématique, qui s'occupe à comparer entr'elles les vérités connues & à combiner les faits donnés, pour en tirer ou l'explication d'un phénomène, ou l'idée d'une expérience. L'*éclectisme* expérimental est le partage des hommes laborieux; l'*éclectisme* systématique est celui des hommes de génie; celui qui les réunira, verra son nom placé entre les noms de Démocrite, d'Aristote & de Bacon.

Deux causes ont retardé les progrès de cet *éclectisme*; l'une nécessaire, inévitable, & fondée dans la nature des choses; les autres accidentelles & conséquentes à des évènemens que le tems pouvoit ou ne pas amèner, ou du moins amèner dans des circonstances moins défavorables. Je me conforme dans cette distinction à la manière commune d'envisager les choses, & je fais abstraction d'un système qui n'entraîneroit que trop facilement un homme qui réfléchit avec profondeur & précision, à croire que tous les évènemens dont je vais parler, sont également nécessaires.

La première des causes du retardement de l'*éclectisme* moderne, est la route que suit naturellement l'esprit humain dans ses progrès, & qui l'occupe invinciblement pendant des siècles entiers à des connoissances qui ont été & qui seront dans tous les tems antérieures à l'étude de la philosophie. L'esprit humain a son enfance & sa virilité: plût au ciel qu'il n'eût pas aussi son déclin, sa vieillesse & sa caducité. L'érudition, la littérature, les langues, les antiquités, les beaux arts, sont les occupations de ses premières années & de son adolescence; la philosophie ne peut être que l'occupation de sa virilité, & la consolation ou le chagrin de sa vieillesse: cela dépend de l'emploi du tems & du caractère; or l'espèce humaine a le sien; & elle apperçoit très-bien dans son histoire générale les intervalles vuides, & ceux qui sont remplis de transactions qui l'honorent ou qui l'humilient.

Quant aux causes du retardement de la philosophie éclectique, dont nous formons une autre classe, il suffit d'en faire l'énumération. Ce sont les disputes de religion qui occupent tant de bons esprits; l'intolérance de la superstition qui en persécute & décourage tant d'autres; l'indigence qui jette un homme de génie du côté opposé à celui où la nature l'appelloit; les récompenses mal placées qui l'indignent & lui font tomber la plume des mains; l'indifférence du gouvernement qui dans son calcul politique fait entrer pour infiniment moins qu'il ne vaut, l'éclat que la nation reçoit des lettres & des arts d'agrément, & qui négligeant les progrès des arts utiles, ne sait pas sacrifier une somme aux tentatives d'un homme de génie qui meurt avec ses projets dans sa tête, sans qu'on puisse conjecturer si la nature réparera jamais cette perte: car dans toute la suite des individus de l'espèce humaine qui ont existé & qui existeront, il est impossible qu'il y en ait deux qui se ressemblent parfaitement; d'où il s'ensuit pour ceux qui savent raisonner, que toutes les fois qu'une découverte utile attachée à la différence spécifique qui distinguoit tel individu de tous les autres, & qui le constituoit tel, ou n'aura point été faite, ou n'aura point été publiée, elle ne se fera plus; c'est autant de perdu pour le progrès des sciences & des arts, & pour le bonheur & la gloire de l'espèce.

J'invite ceux qui seront tentés de regarder cette considération comme trop subtile, d'interroger là-dessus quelques-uns de nos illustres contemporains; je m'en rapporte à leur jugement. Je les invite encore à jetter les yeux sur les productions originales, tant anciennes que modernes, en quelque genre que ce soit, à méditer un moment sur ce que c'est que l'originalité, & à me dire s'il y a deux originaux qui se ressemblent, je ne dis pas exactement, mais à de petites différences près. J'ajouterai enfin la protection mal placée, qui abandonne les hommes de la nation, ceux qui la représentent avec dignité parmi les nations subsistantes, ceux à qui elle devra son rang parmi les peuples à venir, ceux qu'elle révère dans son sein, & dont on s'entretient avec admiration dans les contrées éloignées, à des malheureux condamnés au personnage qu'ils font, ou par la nature qui les a produits médiocres & méchans, ou par une dépravation de caractère qu'ils doivent à des circonstances telles que la mauvaise éducation, la mauvaise compagnie, la débauche, l'esprit d'intérêt, & la petitesse de certains hommes pusillanimes qui les redoutent, qui les flattent, qui les irritent peut-être, qui rougissent d'en être les protecteurs déclarés, mais que le public à qui rien n'échappe, finit par compter au nombre de leurs protégés. Il semble que l'on se conduise dans la république littéraire par la même politique cruelle qui régnoit dans les démocraties anciennes, où tout citoyen qui devenoit trop puissant, étoit exterminé. Cette comparaison est d'autant plus juste que, quand on eût sacrifié par l'ostracisme quelques honnêtes gens, cette loi commença à deshonorer ceux qu'elle épargnoit. J'écrivois ces réflexions, le 11 Février 1755, au retour des funérailles d'un de nos plus grands hommes, désolé de la perte que la nation & les lettres faisoient en sa personne, & profondément indigné des persécutions qu'il avoit essuyées. La vénération que je portois à sa mémoire, gravoit sur son tombeau ces mots que j'avois destinés quelque tems auparavant à servir d'inscription à son grand ouvrage de l'Esprit des loix: *alto quæsivit cœlo lucem, ingemuitque reperta*. Puissent-ils passer à la postérité, & lui apprendre qu'alarmé du murmure d'ennemis qu'il redoutoit, & sensible à des injures périodiques, qu'il eût méprisées sans doute sans le sceau de l'autorité dont elles lui paroissoient revêtues, la perte de la tranquillité, ce bien si précieux à tout homme, fut la triste récompense de l'honneur qu'il venoit de faire à la France, & du service important qu'il venoit de rendre à l'univers !

Jusqu'à présent on n'a guère appliqué l'*éclectisme* qu'à des matieres de philosophie ; mais il n'est pas difficile de prévoir, à la fermentation des esprits, qu'il va devenir plus général. Je ne crois pas, peut-être même n'est-il pas à souhaiter, que ses premiers effets soient rapides ; parce que ceux qui sont versés dans la pratique des arts ne sont pas assez raisonneurs, & que ceux qui ont l'habitude de raisonner, ne sont ni assez instruits, ni assez disposés à s'instruire de la partie méchanique. Si l'on met de la précipitation dans la forme, il pourra facilement arriver qu'en voulant tout corriger, on gâtera tout. Le premier mouvement est de se porter aux extrêmes. J'invite les philosophes à s'en méfier ; s'ils sont prudens, ils se résoudront à devenir disciples en beaucoup de genres, avant que de vouloir être maîtres ; ils hasarderont quelques conjectures, avant que de poser des principes. Qu'ils songent qu'ils ont affaire à des especes d'automates, auxquels il faut communiquer une impulsion d'autant plus ménagée, que les plus estimables d'entre eux sont les moins capables d'y résister. Ne seroit-il pas raisonnable d'étudier d'abord les ressources de l'art, avant que de prétendre aggrandir ou resserrer ses limites ? c'est faute de cette initiation, qu'on ne sait ni admirer ni reprendre. Les faux amateurs corrompent les artistes ; les demi-connoisseurs les découragent : je parle des arts libéraux. Mais tandis que la lumiere qui fait effort en tout sens, pénétrera de toutes parts, & que l'esprit du siecle avancera la révolution qu'il a commencée, les arts méchaniques s'arrêteront où ils en sont, si le gouvernement dédaigne de s'intéresser à leur progrès d'une maniere plus utile. Ne seroit-il pas à souhaiter qu'ils eussent leur académie ? Croit-on que les cinquante mille francs que le gouvernement employeroit par an à la fonder & à la soutenir, fussent mal employés ? Quant à moi, il m'est démontré qu'en vingt ans de tems il en sortiroit cinquante volumes *in-4°*. où l'on trouveroit à peine cinquante lignes inutiles ; les inventions dont nous sommes en possession, se perfectionneroient ; la communication des lumieres en feroit nécessairement naître de nouvelles, & recouvrer d'anciennes qui se sont perdues ; & l'état présenteroit à quarante malheureux citoyens qui se sont épuisés de travail, & à qui il reste à peine du pain pour eux & pour leurs enfans, une ressource honorable & le moyen de continuer à la société des services plus grands peut-être encore que ceux qu'ils lui ont rendus, en consignant dans des mémoires les observations précieuses qu'ils ont faites pendant un grand nombre d'années. De quel avantage ne seroit-il pas pour ceux qui se destineroient à la même carriere, d'y entrer avec toute l'expérience de ceux qui n'en sortent qu'après y avoir blanchi ? Mais faute de l'établissement que je propose, toutes ces observations sont perdues, toute cette expérience s'évanouit, les siecles s'écoulent, le monde vieillit, & les arts méchaniques restent toujours enfans.

Après avoir donné un abrégé historique de la vie des principaux éclectiques, il nous reste à exposer les points fondamentaux de leur philosophie. C'est la tâche que nous nous sommes imposée dans le reste de cet article. Malgré l'attention que nous avons eue d'en écarter tout ce qui nous a paru inintelligible (quoique peut-être il ne l'eût pas été pour d'autres), il s'en faut beaucoup que nous ayons réussi à répandre sur ce que nous avons conservé, une clarté que quelques lecteurs pourront desirer. Au reste, nous conseillons à ceux à qui le jargon de la philosophie scholastique ne sera pas familier, de s'en tenir à ce qui précede ; & à ceux qui auront les connoissances nécessaires pour entendre ce qui suit, de ne pas s'en estimer davantage.

Philosophie des éclectiques.

Principes de la dialectique des éclectiques. Cette partie de leur philosophie n'est pas sans obscurité : ce sont des idées aristotéliques si quintessenciées & si rafinées, que le bon sens s'en est évaporé, & qu'on se trouve à tout moment sur les confins du verbiage : au reste, on est presque sûr d'en venir là toutes les fois qu'on ne mettra aucune sobriété dans l'argumentation, & qu'on la poussera jusqu'où elle peut aller. C'étoit une des ruses du scepticisme. Si vous suiviez le sceptique, il vous égareroit dans des ténebres inextricables, si vous refusiez de le suivre, il tireroit de votre pusillanimité des inductions assez vraisemblables, & contre votre these en particulier, & contre la philosophie dogmatique en général. Les éclectiques disoient :

1. On ne peut appeller véritablement *être*, que ce qui exclut absolument la qualité la plus contraire à l'entité, *la privation d'entité*.

2. Il y a dans le premier être des qualités qui ont pour principe l'unité ; mais l'unité ne se comptant point parmi les genres, elle n'empêche point l'être premier d'être premier, quoiqu'on dise de lui qu'il est un.

3. C'est par la raison que tout ce qui est un, n'est ni même, ni semblable, que l'unité n'empêche pas l'être premier d'être le premier genre, *le genre suprème.*

4. Ce qu'on apperçoit d'abord, c'est l'existence, l'action & l'état ; ils sont un dans le sujet ; en eux-mêmes, ils sont trois.

Voilà

Voilà les fondemens sur lesquels Plotin élève son système de dialectique. Il ajoute :

5. Le nombre, la quantité, la qualité, ne sont pas des êtres premiers entre les êtres, ils sont postérieurs à l'essence : car il faut commencer par être possible.

6. La féité ou le soi, la quiddité ou le ce, l'identité ; la diversité, ou l'altérité, ne sont pas, à proprement parler, les qualités de l'être, mais ce sont ses propriétés, des concomitans nécessaires de l'existence actuelle.

7. La relation, le lieu, le tems, l'état, l'habitude, l'action, ne sont point genres premiers ; ce sont des accidens qui marquent composition ou défaut.

8. Le retour de l'entendement sur son premier acte lui offre nombre, c'est-à-dire un & plusieurs ; force, intensité, rémission, puissance, grandeur, infini, quantité, qualité, quiddité, similitude, différence, diversité, &c. d'où découlent une infinité d'autres notions. L'entendement se joue en allant de lui-même aux objets, & en revenant des objets à lui-même.

9. L'entendement occupé de ses idées, ou l'intelligence est inhérente à je ne sais quoi de plus général qu'elle.

10. Après l'entendement, je descends à l'ame qui est une en soi, & en chaque partie d'elle-même à l'infini. L'intelligence est une de ses qualités ; c'est l'acte pur d'elle une en soi, ou d'elle une en chaque partie d'elle-même à l'infini.

11. Il y a cinq genres analogues les uns aux autres, tant dans le monde intelligible que dans le monde corporel.

12. Il ne faut pas confondre l'essence avec la corporéité, ou matérialité ; celle-ci enferme la notion de flux, & on l'appelleroit plus exactement *génération*.

13. Les cinq genres du monde corporel, qu'on pourroit réduire à trois, sont la substance, l'accident qui est dans la substance, l'accident dans lequel est la substance, le mouvement, & la relation. *Accident* se prend évidemment ici pour mode ; & l'*accident dans lequel est la substance*, est selon toute apparence, *le lieu*.

14. La substance est une espèce de base, de suppôt ; elle est par elle-même, & non par un autre ; c'est ou un tout, ou une partie : si c'est une partie, c'est la partie d'un composé qu'elle peut completter, & qu'elle complette, tant que le tout est tout.

15. Il est essentiel à une substance qu'on ne

Philosophie anc. & mod. Tome II.

puisse dire d'elle qu'elle est un sujet. *Sujet se prend ici logiquement.*

16. On seroit conduit à la division des substances génériques en espèces, par la sensation, ou par la considération des qualités simples ou composées, par les formes, les figures & les lieux.

17. C'est le nombre & la grandeur qui constituent la quantité ; c'est la relation qui constitue le tems & l'espace. Il ne faut point compter ces êtres parmi les quantités.

18. Il faut considérer la qualité en elle-même dans son mouvement & dans son sujet.

19. Le mouvement sera ou ne sera pas un genre, selon la manière dont on l'envisagera ; c'est une progression de l'être, la nature de l'être restant la même ou changeant,

20. L'idée de progression commune à tout mouvement, entraine l'idée d'exercice d'une puissance ou force.

21. Le mouvement dans les corps est une tendance d'un corps vers un autre, qui doit en être sollicité au mouvement. Il ne faut pas confondre cette tendance avec les corps mus.

22. Pour rencontrer la véritable distribution des mouvemens, il vaut mieux s'attacher aux différences intérieures, qu'aux différences extérieures, & distinguer les forces en forces animées & forces inanimées ; ou mieux encore, en forces animées par l'art ou par la sensation.

23. Le repos est une privation, à moins qu'il ne soit éternel.

24. Les qualités actives & passives ne sont que des manières différentes de se mouvoir.

25. Quant à la relation, elle suppose pluralité d'êtres considérés par quelque qualité qui naisse essentiellement de la pluralité.

Voilà le système des genres ou des prédicamens que la secte éclectique avoit adopté. On ne disconviendra pas, si l'on se donne la peine de le lire avec attention, qu'à travers bien des notions obscures & puériles, il n'y en ait quelques-unes de fortes & très-philosophiques.

Principes de la métaphysique des éclectiques. Autre labyrinthe d'idées sophistiques, où Plotin se perd lui-même, & où le lecteur nous pardonnera bien de nous égarer quelquefois. Les éclectiques disoient :

1. Il y a les choses & leur principe ; le principe est au-dessus des choses ; sans le principe,

les choses ne seroient pas. Tout procède de l'être principe; cependant c'est sans mouvement, division, ni multiplication de lui-même. Voilà la source des émanations éclectiques.

2. Ce principe est l'auteur de l'essence & de l'être; il est premier, il est un, il est simple : c'est la cause de l'existence intelligible. Tout émane de lui, & le mouvement & le repos; cependant il n'a besoin ni de l'un ni de l'autre. Le mouvement n'est point en lui, & il n'y a rien en quoi il puisse se reposer.

3. Il est indéfinissable. On l'appelle *infini*, parce qu'il est un; parce que l'idée de limite n'a rien d'analogue avec lui, & qu'il n'y a rien à quoi il aboutisse : mais son infinitude n'a rien de commun avec celle de la matière.

4. Comme il n'y a rien de meilleur que le principe de tout ce qui est, il s'ensuit que ce qu'il y a de meilleur, est.

5. Il est de la nature de l'excellent de se suffire à soi-même. Qu'appellerons-nous donc *excellent*, si ce n'est ce qui étoit avant qu'il y eût rien, c'est-à-dire avant que le mal fût.

6. L'excellent est la source du beau, il en est l'extrême, il doit en être la fin.

7. Ce qui n'a qu'une raison d'agir, n'en agit pas moins librement : car l'unité du motif n'offre point l'idée de privation, quand cette unité émane de la nature de l'être, c'est un corollaire de son excellence. Le premier principe est donc libre.

8. La liberté du premier principe n'a rien de semblable dans les êtres émanés de lui. Il en faut dire autant de ses autres attributs.

9. Si rien n'est au-dessus de ce qui étoit avant tout, il ne faut point remonter au-delà; il faut s'arrêter à ce premier principe, garder le silence sur sa nature, & tourner toutes ses recherches sur ce qui en est émané.

10. Ce qui est identique avec l'essence, prédomine sans ôter la liberté; l'acte est essentiel, sans être contraint.

11. Lorsque nous disons du premier principe qu'il est juste, excellent, miséricordieux, &c. cela signifie que sa nature est toujours une & la même.

12. Le premier principe posé, d'autres causes sont superflues; il faut descendre de ce principe à l'entendement, ou à ce qui conçoit, & de l'entendement à l'âme : c'est-là l'ordre naturel des êtres. Le genre intelligible est borné à ces objets; il n'en renferme ni plus ni moins. Il n'y en a pas moins, parce qu'il y a diversité entr'eux. Il n'y en a pas davantage, parce que la raison démontre que l'énumération est complette. Le premier principe, tel que nous l'admettons, ne peut être simplifié, & l'entendement est, mais simplement, c'est-à-dire sans qu'on puisse dire qu'il soit ou en repos, ou en mouvement. De l'idée de l'entendement à l'idée de raison, & de celle-ci à l'idée d'ame, il y a procession ininterrompue; on ne conçoit aucune nature moyenne entre l'ame & l'entendement. Plotin file ces notions avec une subtilité infinie, & les dirige contre les gnostiques, dont il bouleverse les éons & toutes les familles divines. Mais ce n'étoit-là que la moitié de son but; il en déduit encore une trinité hypostatique, qu'il oppose à celle des chrétiens.

13. Il y a un centre commun entre les attributs divins : ces attributs sont autant de rayons qui en émanent; ils forment une sphère, au-delà des limites de laquelle rien n'est lumineux; tout veut être éclairé.

14. Il n'y a que l'être simple, premier & immobile qui puisse expliquer comment tout est émané de lui; c'est à lui qu'il faut s'adresser pour s'en instruire, non par une prière vocale, mais par des élans réitérés qui portent l'ame au-delà des espaces ténébreux qui la séparent du principe éternel dont elle est émanée. Voilà le fondement de l'enthousiasme éclectique.

15. Lorsqu'on applique le terme de *génération* à la production des principes divins, il en faut écarter l'idée du tems. Il s'agit ici de transactions qui se sont passées dans l'éternité.

16. Ce qui émane du premier principe, s'en émane sans mouvement. S'il y avoit mouvement dans le premier principe, l'être émané seroit le troisième être mû, & non pas le second. Cette émanation se fait sans qu'il y ait dans le premier principe, ni répugnance, ni consentement.

17. Le premier principe est au centre des êtres qui s'en émanent; en repos, comme le soleil au centre de la lumière & du monde.

18. Ce qui est fécond & parfait, engendre de toute éternité.

19. L'ordre de perfection suit l'ordre d'émanation; l'être de la première émanation est l'être le plus parfait après le principe : cet être fut l'entendement, *νοῦς*

20. Toute émanation tend à son principe; c'est un centre où il a été nécessaire qu'elle se reposât pendant toute la durée, où il n'y avoit d'être

qu'elle & son principe : alors ils étoient réunis, mais distingués, car l'un n'étoit pas l'autre.

21. L'émanation première est l'image la plus parfaite du premier principe ; elle est de lui sans intermède.

22. C'est de cette émanation la première, la plus pure, la plus digne du premier principe, qui n'a pû naître que de ce principe, qui en est la vive image, qui lui ressemble plus que la lumière au corps lumineux, que sont émanés tous les êtres, toute la sublimité des idées, tous les dieux intelligibles.

23. Le premier principe d'où tout est émané, réabsorbe tout ; c'est en rappellant les émanations dans son sein, qu'il les empêche de dégénérer en matière.

24. L'entendement ou la première émanation, ne peut être stérile, si elle est parfaite. Qu'a-t-elle donc engendré ? L'ame, seconde émanation moins parfaite que la première, plus parfaite que toutes les émanations qui l'ont suivie.

25. L'ame est une hypostase du premier principe ; elle y est inhérente, elle en est éclairée, elle la représente, elle est féconde à son tour, & laisse échapper d'elle des êtres à l'infini.

26. Ce qui entend est différent de ce qui est entendu ; mais de ce que l'un entend, & l'autre est entendu, sans être identiques, ils sont co-exis-tans, & celui qui entend a en soi tout ce qu'il peut avoir de ressemblance & d'analogie avec ce qu'il entend : d'où il s'ensuit :

27. Qu'il y a je ne sais quoi de suprême qui n'entend rien ; une première émanation qui entend, une seconde qui est entendue, & qui conséquemment n'est pas sans ressemblance & sans affinité avec ce qui entend.

28. Où il y a intelligence, il y a multitude. L'intelligent ne peut être ce qu'il y a de premier, de simple & d'un.

29. L'intelligent s'applique à lui-même & à sa nature ; s'il rentre dans son sein & qu'il y consomme son action, il en découlera la notion de duité, de pluralité, & celle de tous les nombres.

30. Les objets des sens sont quelque chose ; ce sont les images d'êtres ; l'entendement connoît & ce qui est en lui, & ce qui est hors de lui, & il sait que les choses existent, sans quoi il n'y auroit point d'images.

31. Les intelligibles diffèrent des sensibles, comme l'entendement diffère des sens.

32. L'entendement est en même tems une infinité de choses dont il est distingué.

33. Autant que le monde a de principes divers de fécondité, autant il a d'ames différentes, autant il y a d'idées dans l'entendement divin.

34. Ce que l'on entend, devient intime, il s'institue une espèce d'unité entre l'entendement & la chose entendue.

35. Les idées sont d'abord dans l'entendement ; l'entendement en acte ou l'intelligence, s'applique aux idées. La nature de l'entendement & des idées est donc une : si nous les divisons, si nous en faisons des êtres essentiellement différens, c'est une suite de la marche de notre esprit, & de la manière dont nous acquérons nos connoissances. Voilà le principe fondamental de la doctrine des idées innées.

36. L'entendement divin agit sur la matière par ses idées, non d'une action extérieure & méchanique, mais d'une action intérieure & générale, qui n'est toutefois ni identique avec la matière, ni séparée d'elle.

37. Les idées des irrationnels sont dans l'entendement divin : mais elles n'y sont pas sous une forme irrationnelle.

38. Il y a deux espèces de dieux dans le ciel incorporel, les uns intelligibles, les autres intelligens : ceux-ci sont les idées, ceux-là sont des entendemens béatifiés par la contemplation des idées.

39. Le troisième principe émané du premier, est l'ame du monde.

40. Il y a deux Vénus, l'une fille du ciel, l'autre fille de Jupiter & de Dioné : celle-ci préside aux amours des hommes, l'autre n'a point eu de mère : elle est née avant toute union corporelle, car il ne s'en fait point dans les cieux. Cette Vénus céleste est un esprit divin, c'est une ame aussi incorruptible que l'être dont elle est émanée : elle réside au-dessus de la sphère sensible, elle dédaigne de la toucher du pied : que dis-je du pied, elle n'a point de corps ; c'est un pur esprit, c'est une quintessence de ce qu'il y a de plus subtil ; inférieure, mais co-existante à son principe. Ce principe vivant la produisit : elle en fut un acte simple, il étoit avant elle, il l'a aimée de toute éternité, il s'y complaît, son bonheur est de la contempler.

41. De cette ame divine en sont émanées d'autres, quoiqu'elle soit une ; les ames qui en sont émanées, sont des parties d'elle-même, qui pénètrent tout.

42. Elle se repose en elle-même ; rien ne l'agite

& ne la diftrait : elle eft toujours une, entière, & par-tout.

43. Il n'y a point eu de tems où l'ame manquât à cet univers : il ne pouvoit durer fans elle, il a toujours été ce qu'il eft. L'exiftence d'une maffe informe ne fe conçoit pas.

44. S'il n'y avoit point de corps, il n'y auroit point d'ame. Un corps eft le feul lieu où une ame puiffe exifter, elle n'a aucun mouvement progreffif fans lui; elle fe meut, dégénère, & prend un corps en s'éloignant de fon principe, comme un feu allumé fur une haute montagne, dont l'éclat va toujours en s'affoibliffant jufqu'où les ombres commencent.

45. Le monde eft un grand édifice co-exiftant avec l'architecte : mais l'édifice & l'architecte ne font pas un, quoiqu'il n'y ait pas une molécule de l'édifice où l'architecte ne foit préfent. Il a fallu que ce monde fût; il a fallu qu'il fût beau, il a fallu qu'il le fût autant qu'il étoit poffible.

46. Le monde eft animé, mais il eft plutôt en fon ame, que fon ame n'eft en lui : elle le renferme, il lui eft intime, il n'y a pas un point où elle ne foit appliquée, & qu'elle n'informe.

47. Cette ame fi grande par fa nature, fuit le monde par-tout, elle eft par-tout où il eft.

48. La perfection des êtres, auxquels l'ame du monde eft préfente, eft proportionnée à la diftance du premier principe.

49. La beauté des êtres eft en raifon de l'énergie de l'ame en chaque point, ils ne font que ce qu'elle les fait.

50. L'ame eft comme affoupie dans les êtres inanimés : mais ce qui s'allie à un autre, tend à fe l'affimiler; c'eft ainfi qu'elle vivifie autant qu'il eft en elle, ce qui de foi n'eft point vivant.

51. L'ame fe laiffe diriger fans effort : on la captive en lui offrant quoi que ce foit qu'elle puiffe fupporter, & qui la contraigne à céder une portion d'elle-même, elle n'eft pas difficile fur tout ce qu'on lui expofe; un miroir n'admet pas plus indiftinctement la repréfentation des objets.

La nature univerfelle contient en foi la raifon d'une infinité de phénomènes, & elle les produit, quand on fait la provoquer.

Voilà les principes d'où Plotin & les éclectiques déduifirent leur enthoufiafme, leur trinité & leur théurgie fpéculative & pratique; voilà le labyrinthe dans lequel ils s'égarèrent. Si l'on veut en fuivre tous les détours, on conviendra qu'il leur en auroit coûté beaucoup moins d'efforts pour rencontrer la vérité.

Principes de la pfychologie des éclectiques.

Ce que l'on enfeignoit dans l'école alexandrine fur la nature de l'ame de l'homme, n'étoit ni moins obfcur, ni plus folide que ce qu'on y débitoit fur la nature du premier principe de l'entendement divin & de l'ame du monde.

1. L'*ame* de l'homme & l'*ame* du monde ont la même nature, ce font comme les deux fœurs.

2. Cependant les *ames* des hommes ne font pas à l'*ame* du monde, ce que les parties font au tout; autrement l'ame du monde divifée ne feroit pas toute entière par-tout.

3. Il n'y a qu'une ame dans le monde, mais chaque homme a la fienne. Ces ames diffèrent, parce qu'elles n'ont pas été des écoulemens de l'ame univerfelle. Elles y repofoient feulement, en attendant des corps, & les corps leur ont été départis dans le tems, par l'ame univerfelle qui les domine toutes.

4. Les effences vraies ne réfident que dans le monde intelligible : c'eft auffi le féjour des ames, c'eft de là qu'elles paffent dans notre monde : ici, elles font unies à des corps; là, elles en attendent & n'en ont point encore.

5. L'entendement eft la plus importante des effences vraies. Il n'eft ni divifé ni difcret. Les ames lui font co-exiftantes dans le monde intelligible; aucun intervalle ne les fépare ni de lui, ni les unes des autres. Si les ames éprouvent une forte de divifion, ce n'eft que dans ce monde où leur union avec les corps les rend fufceptibles de mouvement. Elles font préfentes, abfentes, éloignées, étendues : l'efpace qu'elles occupent a fes dimenfions; on y diftingue des parties, mais elles font indivifibles.

6. Les ames ont d'autres différences que celles qui réfultent de la diverfité des corps : elles ont chacune une manière propre de fentir, d'agir, de penfer. Ce font les veftiges des vies antérieures. Cela n'empêche point qu'elles n'ayent confervé des analogies qui les portent les unes vers les autres. Ces analogies font auffi dans les fenfations, les actions, les paffions, les penfées, les goûts, les défirs, &c.

7. L'ame n'eft ni matérielle ni compofée, autrement on ne pourroit lui attribuer ni la vie ni l'intelligence.

8. Il y a des ames bonnes, il y en a de mauvaifes. Elles forment une chaîne de différens or-

dres. Il y a des ames du premier, du second, du troisieme ordre, &c. cette inégalité est en partie originelle, en partie accidentelle.

9. L'ame n'est point dans le corps, comme l'eau dans un vase. Le corps n'en est point le fait, ce n'est point non plus un tout dont elle soit une partie; nous savons seulement qu'elle y est présente, puisqu'elle l'anime.

10. A parler exactement, l'ame est moins dans le corps que le corps n'est dans l'ame. Entre les fonctions de l'homme, la faculté de sentir & de végéter est du corps; celle d'appercevoir & de réfléchir est de l'ame.

11. Les puissances de l'ame sont toutes sous chaque partie du corps; mais l'exercice en chaque point est analogue à la nature de l'organe.

12. L'ame séparée du corps ne reste point ici, où il n'y a point de lieu pour elle: elle rentre dans le sein du principe d'où elle est émanée: les places n'y sont pas indifférentes: la raison & la justice les distribuent.

13. L'ame ne prend point les formes du corps: elles ne souffrent rien des objets. S'il se fait une impression sur le corps, elle s'en apperçoit, & appercevoir c'est agir.

14. L'ame est la raison derniere des choses du monde intelligible, & la premiere raison des choses de celui-ci. Alternativement citoyenne de l'une & de l'autre, elle ne fait que se ressouvenir de ce qui se passoit dans l'un, quand elle croit apprendre ce qui se passe dans l'autre.

15. C'est l'ame qui constitue le corps. Le corps ne vit point; il se dissout. La vie & l'indissolubilité ne sont que de l'ame.

16. Le commerce de l'ame avec le corps éleve à l'existence de quelqu'être, qui n'est ni le corps ni l'ame, qui réside en nous, qui n'a point été créé, qui ne périt point, & par lequel tout perse vere & dure.

17. Cet être est le principe du mouvement. C'est lui qui constitue la vie du corps, par une qualité qui lui est essentielle, qu'il tient de lui-même, & qu'il ne perd point. Les platoniciens l'appelloient ἀυτοκινησία *autoquinessie*.

18. Les ames sont alliées par le même principe éternel & divin qui leur est commun.

19. Le vice & la peine leur sont accidentelles. Celui qui a l'ame pure ne doute point de son immortalité.

20. Il règne entre les ames la même harmonie que dans l'univers. Elles ont leurs révolutions, comme les astres ont leur apogée & leur périgée. Elles descendent du monde intelligible dans le monde matériel, & remontent du monde matériel dans le monde intelligible; de-là vient qu'on lit au ciel leurs destinées.

21. Leur révolution périodique est un enchaînement de transformations, à travers lesquelles elles passent d'un mouvement tantôt accéléré tantôt retardé. Elles descendent du sein du premier principe jusqu'à la matière brute, & remontent de la matière brute jusqu'au premier principe.

22. Dans le point de leur orbe le plus élevé, il leur reste de la tendance à descendre; dans le point le plus bas il leur en reste à remonter. Dans le premier cas, c'est le caractere d'émanation qui ne peut jamais être détruit: dans le second, c'est le caractere d'émanation divine qui ne peut jamais être effacé.

23. L'ame, en qualité d'être créé, souffre & se détériore; en qualité d'être éternel, elle reste la même, sans souffrir, s'améliorer, ni se détériorer. Elle est différente ou la même, selon qu'on la considère dans un point distinct de sa révolution périodique, ou relativement à son entière révolution; elle se détériore en descendant du premier principe vers le point le plus bas de son orbe; elle s'améliore en remontant de ce point vers le premier principe.

24. Dans son périgée, elle est comme morte. Le corps qu'elle informe est une espece de sépulcre où elle conserve à peine la mémoire de son origine. Ses premiers regards vers le monde intelligible qu'elle a perdu de vue, & dont elle est séparée par des espaces immenses, annoncent que son état stationnaire va finir.

25. La liberté cesse, lorsque la violence de la sensation ou de la passion ôte tout usage de la raison: on la recouvre à mesure que la sensation ou la passion perd de sa force. On est parfaitement libre, lorsque la passion & la sensation gardent le silence, & que la raison parle seule; c'est l'état de contemplation: alors l'homme s'apperçoit, se juge, s'accuse, s'absout, se réforme sur ce qu'il observe dans son entendement. Ainsi la vertu n'est autre chose qu'une obéissance habituelle de la volonté, à la lumiere & aux conseils de l'entendement.

26. Tout acte libre change l'état de l'ame, soit en bien soit en mal, par l'addition d'un nouveau mode. Le nouveau mode ajouté la détériore toujours lorsqu'elle descend dans sa révolution, s'éloignant du premier principe, s'attachant à ce

qu'elle rencontre, en conservant en elle le simulacre. Ainsi dans la contemplation qui l'améliore & qui la ramène au premier principe, il faut qu'il y ait abstraction de corps & de tout ce qui y est analogue. C'est le contraire dans tout acte de la volonté qui altère la pureté originelle & première de l'ame; elle fuit l'intelligible, elle se livre au corporel, elle se matérialise de plus en plus, elle s'enfonce dans ce tombeau; l'énergie de l'entendement pur & de l'habitude contemplative s'évanouit; l'ame se perd dans un enchaînement de métamorphoses qui la défigurent de plus en plus, & d'où elle ne reviendroit jamais, si son essence n'étoit indestructible. Reste cette essence vivante, & avec elle une sorte de mémoire ou de conscience : ces germes de la contemplation éclosent dans le tems, & commencent à tirer l'ame de l'abîme des ténèbres où elle s'est précipitée, & à l'élancer vers la source de son émanation ou vers Dieu.

27. Ce n'est ni par l'intelligence naturelle, ni par l'application, ni par aucune des manières d'appercevoir les choses de ce monde, que nous nous élevons à la connoissance & à la participation de Dieu; c'est par la présence intime de cet être à notre ame, lumière bien supérieure à toute autre. Nous parlons de Dieu; nous nous en entretenons, nous en écrivons; ces exercices excitent l'ame, la dirigent, la préparent à sentir la présence de Dieu; mais c'est autre chose qui la lui communique.

28. Dieu est présent à tous, quoiqu'il paroisse absent de tous. Sa présence n'est sensible qu'aux ames qui ont établi entr'elles & cet être excellent quelqu'analogie, quelque similitude, & qui, par des purifications réitérées, se sont restituées dans l'état de pureté originelle & première qu'elles avoient au moment de l'émanation; alors elles voient Dieu autant qu'il est visible par sa nature.

29. Alors les voiles qui les enveloppoient sont déchirées, les simulacres qui les obsédoient & les éloignoient de la présence divine se sont évanouis. Il ne leur reste aucune ombre qui empêche la lumière éternelle de les éclairer & de les remplir.

30. L'occupation la plus digne de l'homme, est donc de séparer son ame de toutes les choses sensibles, de la ramener profondément en elle-même, de l'isoler, & de la perdre dans la contemplation jusqu'à l'entier oubli d'elle-même & de tout ce qu'elle connoît. *Le quiétisme est bien ancien, comme on voit.*

31. Cette profonde contemplation n'est pas notre état habituel, mais c'est le seul où nous atteignions la fin de nos desirs, & ce repos délicieux où cessent toutes les dissonances qui nous environnent & qui nous empêchent de goûter la divine harmonie des choses intelligibles. Nous sommes alors à la source de vie, à l'essence de l'entendement, à l'origine de l'être, à la région des vérités, au centre de tout bien, à l'océan d'où les ames s'élèvent sans cesse, sans que ces émanations éternelles l'épuisent, car Dieu n'est point une masse : c'est-là que l'homme est véritablement heureux; c'est-là que finissent ses passions, son ignorance & ses inquiétudes; c'est-là qu'il vit, qu'il entend, qu'il est libre & qu'il aime; c'est-là que nous devons hâter notre retour, foulant aux pieds tous les obstacles qui nous retiennent, écartant tous ces fantômes trompeurs qui nous égarent & qui nous jouent, & bénissant le moment heureux qui nous rejoint à notre principe, & qui rend au tout éternel son émanation.

32. Mais il faut attendre ce moment. Celui qui, portant sur son corps une main violente, l'accéléreroit, auroit au moins une passion; il emporteroit encore avec lui quelque vain simulacre. Le philosophe ne chassera donc point son ame, il attendra qu'elle sorte, ce qui arrivera lorsque son domicile dépérissant, l'harmonie constituée de toute éternité entre elle & lui cessera. *On retrouve ici des vestiges du léibnitianisme.*

33. L'ame séparée du corps reste dans ses révolutions à travers les cieux, ce qu'elle a le plus été pendant cette vie, ou rationelle, ou sensitive, ou végétale. La fonction qui la dominoit dans le monde corporel, la domine encore dans le monde intelligible; elle tient ses autres puissances inertes, engourdies & captives. Le mauvais n'anéantit pas le bon, mais ils co-existent subordonnés.

34. Exerçons donc notre ame dans ce monde à s'élever aux choses intelligibles, si nous ne voulons pas qu'accompagnée dans l'autre de simulacres vicieux, elle ne soit précipitée de rechef du centre des émanations, condamnée à la vie sensible, animale ou végétale, & assujettie aux fonctions brutales d'engendrer & de croître.

35. Celui qui aura respecté en lui la dignité de l'espèce humaine, renaîtra homme; celui qui l'aura dégradée, renaîtra bête; celui qui l'aura abrutie, renaîtra plante. Le vice dominant déterminera l'espèce. Le tyran planera dans les airs sous la forme de quelqu'oiseau de proie.

Principes de la cosmologie des éclectiques.

Voici ce qu'on peut tirer de plus clair de notre très-inintelligible philosophe Plotin.

1. La matière est la base & le support des modifications diverses. Cette notion a été jusqu'à présent commune à tous les philosophes; d'où il s'ensuit qu'il y a de la matière dans le monde intelligible même, car il y a des idées qui sont modifiées;

or tout mode suppose un sujet. D'ailleurs le monde intelligible n'étant qu'une copie du monde sensible, la matiere doit avoir sa représentation dans l'un, puisqu'elle a son existence dans l'autre; or cette représentation suppose une toile matérielle a laquelle elle soit attachée.

2. Les corps mêmes ont dans ce monde sensible un sujet qui ne peut être corps; en effet, leurs transmutations ne supposent point diminution, autrement les essences se réduiroient à rien; car il n'est pas plus difficile d'être réduit à rien qu'à moins; d'ailleurs, ce qui renaît ne peut renaître de ce qui n'est plus.

3. La matiere premiere n'a rien de commun avec les corps, ni figure, ni qualité, ni grandeur, ni couleur; d'où il s'ensuit qu'on n'en peut donner qu'une définition négative.

4. La matiere en général n'est point une quantité; les idées de grandeur, d'unité, de pluralité, ne lui sont point applicables, parce qu'elle est indéfinie; elle n'est jamais en repos; elle produit une infinité d'especes diverses par une fermentation intestine qui dure toujours & qui n'est jamais stérile.

5. Le lieu est postérieur d'origine à la matiere & au corps; il ne lui est donc pas essentiel: les formes ne sont donc pas des attributs nécessaires de la quantité corporelle.

6. Qu'on ne s'imagine pas sur ces principes, que la matiere est un vain nom; elle est nécessaire; les corps en sont produits. Elle devient alors le sujet de la qualité & de la grandeur, sans perdre ses titres d'invisible & d'indéfinie.

7. C'est n'avoir ni sens ni entendement, que de rapporter l'essence & la production de l'univers au hasard.

8. Le monde a toujours été. L'idée qui en étoit le modele, ne lui est antérieure que d'une priorité d'origine & non de tems. Comme il est très-parfait, il est la démonstration la plus évidente de la nécessité & de l'existence d'un monde intelligible; & ce monde intelligible n'étant qu'une idée, il est éternel, inaltérable, incorruptible, un.

9. Ce n'est point par induction, c'est par nécessité que l'univers existe. L'entendement agissoit sur la matiere, qui lui obéissoit sans effort; & toutes choses naissoient.

10. Il n'y a nul effet contradictoire dans la génération d'un être par le développement de son germe; il y a seulement une multitude de forces opposées les unes aux autres, qui réagissent & se balancent. Ainsi, dans l'univers, une partie est l'antagoniste d'une autre; celle-ci veut, celle-là se refuse; elles disparoissent quelquefois les unes & les autres dans ce conflit, pour renaître, s'entrechoquer, & disparoître encore; & il se forme un enchaînement éternel de générations & de destructions qu'on ne peut reprocher à la nature, parce que ce seroit une folie que d'attaquer un tout dans une de ses parties.

11. L'univers est parfait; il a tout ce qu'il peut avoir; il se suffit à lui-même; il est rempli de dieux, de démons, d'ames justes, d'hommes que la vertu rend heureux, d'animaux & de plantes. Les ames justes répandues dans la vaste étendue des cieux, donnent le mouvement & la vie aux corps célestes.

12. L'ame universelle est immuable. L'état de tout ce qui est digne, après elle, de notre admiration & de nos hommages, est permanent. Les ames circulent dans les corps, jusqu'à ce que, exaltées & portées hors de l'état de génération, elles vivent avec l'ame universelle. Les corps changent continuellement de formes, & sont alternativement, ou des animaux, ou les plantes qui les nourrissent.

13. Il n'y a point de mal absolu: l'homme injuste laisse à l'univers sa bonté; il ne l'ôte qu'à son ame, qu'il dégrade dans l'ordre des êtres. C'est la loi générale à laquelle il est impossible de se soustraire.

14. Cessons donc de nous plaindre de cet univers; tâchons d'être bons; plaignons les méchans, & laissons à la raison universelle des choses le soin de les punir & de tirer avantage de leur malice.

15. Les hommes ont les dieux au-dessus d'eux, & les animaux au-dessous; & ils sont libres de s'élever à l'état des dieux par la vertu, ou de s'abaisser par le vice à la condition des animaux.

16. La raison universelle des choses a distribué à chacune toute la bonté qui lui convenoit. Si elle a placé des dieux au-dessus des démons, des démons au-dessus des ames, des ames au-dessus des hommes, des hommes au-dessus des animaux, ce n'est ni par choix ni par prédilection; la nature de son ouvrage l'exigeoit, ainsi que l'enchaînement & la nécessité des transmutations le démontrent.

17. Le monde renfermant tout ce qui est possible, ne pouvant ni rien perdre ni rien acquérir, il durera éternellement tel qu'il est.

18. Le ciel & tout ce qu'il contient est éternel. Les astres brillent d'un feu inépuisable, uniforme & tranquille. Il n'y a dans la nature au-

cun lien auſſi fort que l'ame, qui lie toutes ces choſes.

19. C'eſt l'ame des cieux qui peuple la terre d'animaux ; elle imprime au limon une ombre de vie, & le limon ſent, reſpire & ſe meut.

20. Il n'y a dans les cieux que du feu ; mais ce feu contient de l'eau, de la terre, de l'air, en un mot toutes les qualités des autres élémens.

21. Comme il eſt de la nature de la chaleur de s'élever, la ſource des feux céleſtes ne tarira jamais. Il ne s'en peut rien diſſiper ſans effort, & le mouvement circulaire y ramène tout ce qui s'en diſſipe.

22. Les aſtres changent dans leurs aſpects & dans leurs mouvemens, mais leur nature ne change point.

23. C'eſt parce que les aſtres annoncent l'avenir, que leur marche eſt réglée, & qu'ils portent les empreintes des choſes. L'univers eſt plein de ſignes ; le ſage les connoît & en tire des inductions : c'eſt une ſuite néceſſaire de l'harmonie univerſelle.

24. L'ame du monde eſt le principe des choſes naturelles, & elle a parſemé l'étendue des cieux de corps lumineux qui l'embelliſſent & qui annoncent les deſtinées.

25. L'ame qui s'éloigne du premier principe, eſt ſoumiſe à la loi des cieux dans ſes différens changemens de domicile : il n'en eſt pas ainſi de l'ame qui s'en approche ; elle fait elle-même ſa deſtinée.

26. L'univers eſt un être vivant qui a ſon corps & ſon ame ; & l'ame de l'univers, qui n'eſt attachée à aucun corps particulier, exerce une influence générale ſur les ames attachées à des corps.

27. L'influence céleſte n'engendre point les choſes, elle diſpoſe ſeulement la matière aux phénomènes, & la raiſon univerſelle les fait éclore.

28. La raiſon univerſelle des êtres n'eſt point une intelligence, mais une force inteſtine & agitatrice qui opère ſans deſſein, & qui, exerçant ſon énergie de quelque point central, met tout en mouvement, comme on voit des ondulations naître dans un fluide les unes des autres, & s'étendre à l'infini.

29. Il faut diſtinguer dans le monde les dieux des démons. Les dieux ſont ſans paſſions, les démons ont des paſſions : ils ſont éternels comme les dieux, mais inférieurs d'un degré : dans l'échelle univerſelle des êtres, ils tiennent le milieu entre nous & les dieux.

30. Il n'y a point de démon dans le monde intelligible : ce qu'on y appelle des *démons* ſont des dieux.

31. Ceux qui habitent la région du monde ſenſible, qui s'étend juſqu'à la lune, ſont des dieux viſibles, des dieux du ſecond ordre : ils ſont aux dieux intelligibles ce que la ſplendeur eſt aux étoiles.

32. Ces démons ſont des ſympathies émanées de l'ame qui fait le bien de l'univers ; elle les a engendrées, afin que chaque partie eût dans le tout la perfection & l'energie qui lui conviennent.

33. Les démons ne ſont point des êtres corporels, mais ils mettent en action l'air, le feu & les élémens : s'ils étoient corporels, ce ſeroient des animaux ſenſibles.

34. Il faut ſuppoſer une matière générale intelligible qui ſoit un véhicule, un intermède entre la matière ſenſible & les êtres auxquels elle eſt ſubordonnée.

35. Il n'y a point d'élémens que la terre ne contienne. La génération des animaux & la végétation des plantes démontrent que c'eſt un animal ; & comme la portion d'eſprit qu'elle renferme eſt grande, on eſt bien fondé à la prendre pour une divinité ; elle ne ſe meut point d'un mouvement de tranſlation, mais elle n'eſt pas incapable de ſe mouvoir. Elle peut ſentir, parce qu'elle a une ame, comme les aſtres en ont une, comme l'homme à la ſienne.

Principes de la théologie écletique, tels qu'ils ſont répandus dans les ouvrages de Jamblique, le théologien par excellence de la ſecte.

1. Il y a des dieux : nous portons en nous-mêmes la démonſtration de cette vérité. La connoiſſance nous en eſt innée : elle exiſte dans notre entendement, antérieure à toute induction, à tout préjugé, à tout jugement. C'eſt une conſcience ſimultanée de l'union néceſſaire de notre nature avec ſa cauſe génératrice ; c'eſt une conſéquence immédiate de la co-exiſtence de cette cauſe avec notre amour pour le bon, le vrai & le beau.

2. Cette eſpèce de contact intime de l'ame & de la divinité ne nous eſt pas ſubordonnée ; notre volonté ne peut ni l'altérer, ni l'éviter, ni le nier, ni le prouver. Il eſt néceſſairement en nous ; nous le ſentons, & il nous convainc de l'exiſtence des dieux par ce que nous ſommes, quelque choſe que nous ſoyons.

3. Mais

3. Mais l'idée des compagnons immortels des dieux ne nous est ni moins intime, ni moins innée, ni moins perceptible que celle des dieux. La connoissance naturelle que nous avons de leur existence est immuable, parce que leur essence ne change point. Ce n'est point non plus une vérité de conséquence & d'induction: c'est une notion simple, pure & première, puisée de toute éternité dans le sein de la divinité, à laquelle nous sommes restés unis dans le tems par ce lien indissoluble.

4. Il y a des dieux, des démons & des héros, & ces êtres célestes sont distribués en différentes classes. Les ressemblances & les différences qui les distinguent & qui les rapprochent ne nous sont connues que par analogie. Il faut, par exemple, que la bonté leur soit une qualité commune, parce qu'elle est essentielle à leur nature. Il en est autrement des ames qui participent seulement à cet attribut par communication.

5. Les dieux & les ames sont les deux extrèmes des choses célestes. Les héros constituent l'ordre intermédiaire. Ils sont supérieurs en excellence, en nature, en puissance, en vertu, en beauté, en grandeur, & généralement en toute bonne qualité, aux ames qu'ils touchent immédiatement, & avec lesquelles ils ont de la ressemblance & de la sympathie par la vie qui leur a été commune. Il faut encore admettre une sorte de génies subordonnés aux dieux, & ministres de leur bienfaisance, dont ils sont épris, & qu'ils imitent. Ils sont le milieu à travers lequel les êtres célestes prennent une forme qui nous les rend visibles; le véhicule qui porte à nos oreilles les choses ineffables, & à notre entendement l'incompréhensible; la glace qui fait passer dans notre ame des images qui n'étoient point faites pour y pénétrer sans son secours.

6. Ce sont ces deux classes qui forment le lien & le commerce des dieux & des ames, qui rendent l'enchaînement des choses célestes indissoluble & continu, qui facilitent aux dieux le moyen de descendre jusqu'aux hommes, des hommes jusqu'aux derniers êtres de la nature, & à ces êtres de remonter jusqu'aux dieux.

7. L'unité, une existence plus parfaite que celle des êtres inférieurs, l'immutabilité, l'immobilité, la puissance de mouvoir sans perdre l'immobilité, la providence, sont encore des qualités communes des dieux. On peut conjecturer par la différence des extrèmes, quelle est celle des intermédiaires. Les actions des dieux sont excellentes, celles des ames sont imparfaites. Les dieux peuvent tout, également, en même tems, sans obstacle & sans délai. Il y a des choses qui sont impossibles aux ames; il leur faut du tems, pour toutes celles qu'elles peuvent; elles ne les exécutent que séparément & avec peine. La divinité produit sans effort, & gouverne: l'ame se tourmente pour engendrer, & sert. Tout est soumis aux dieux, jusqu'aux actions & à l'existence des ames: ils voient les essences des choses, & le terme des mouvemens de la nature. Les ames passent d'un effet à un autre, & s'élèvent par degré. La divinité est incompréhensible, incommensurable, illimitée. Les ames éprouvent toutes sortes de passions & de formes. L'intelligence qui préside à tout, la raison universelle des êtres, est présente aux dieux sans nuage & sans réserve, sans raisonnement & sans induction, par un acte pur, simple & invariable. L'ame n'en est éclairée qu'imparfaitement & par intervalle. Les dieux ont donné les loix à l'univers: les ames suivent les loix données par les dieux.

8. C'est la vie que l'ame a reçue dans le commencement, & le premier mouvement de sa volonté, qui ont déterminé l'espèce d'être organique qu'elle informeroit, & la tendance qu'elle auroit à se perfectionner ou à se détériorer.

9. Les choses excellentes & universelles contiennent en elles la raison des choses moins bonnes & moins générales. Voilà le fondement des révolutions des êtres, de leurs émanations, de l'éternité de leur principe élémentaire, de leur rapport indélébile avec les choses célestes, de leur dépravation, de leur perfectibilité, & de tous les phénomènes de la nature humaine.

10. Les dieux ne sont attachés à aucune partie de l'univers: ils sont présens même aux choses de ce monde: ils contiennent tout, & rien ne les contient: ils sont par-tout; tout en est rempli. Si la divinité s'empare de quelque substance corporelle, du ciel, de la terre, d'une ville sacrée, d'un bois, d'une statue, son empire & sa présence s'en répandent au-dehors, comme la lumière s'échappe en tout sens du soleil. La substance en est pénétrée. Elle agit au-dedans & à l'extérieur, de près & au loin, sans affoiblissement & sans interruption. Les dieux ont ici-bas différens domiciles, selon leur nature ignée, terrestre, aérienne, aquatique. Ces distinctions & celles des dons qu'on en doit attendre, sont les fondemens de la théurgie & des évocations.

11. L'ame est impassible; mais sa présence dans un corps rend passible l'être composé. Si cela est vrai de l'ame, à plus forte raison des héros, des démons & des dieux.

12. Les démons & les dieux ne sont pas également affectés de toutes les parties d'un sacrifice; il y a le point important, la chose énergique & secrete: ils ne sont pas non plus également sensibles à toutes sortes de sacrifices. Il faut aux uns des symboles, aux autres, ou des victimes, ou

des représentations, ou des hommages, ou de bonnes œuvres.

13. Les prieres font fuperflues. La bienfaifance des dieux, qui connoît nos véritables befoins, eft attentive à prévenir nos demandes. Les prieres ne font qu'un moyen de s'élever vers les dieux, & d'unir fon efprit au leur. C'eft ainfi que le prêtre fe garantit des paffions, conferve fa pureté, &c.

14. Si l'idée de la colere des dieux étoit mieux connue, on ne chercheroit point à l'appaifer par des facrifices. La colere célefte n'eft point un reffentiment de la part des dieux, dont la créature ait à craindre quelque mauvais effet; c'eft une averfion de fa part pour leur bienfaifance. Les holocauftes ne font utiles que quand elles font la marque de la réfipifcence. C'eft un pas que le coupable a fait vers les dieux dont il s'étoit éloigné: le méchant fuit les dieux, mais les dieux ne le pourfuivent point; c'eft lui feul qui fe rend malheureux, & qui fe perd par fa méchanceté.

15. Il eft pieux d'attendre des dieux tout le bien qu'il leur eft impofé par la néceffité de leur nature. Il eft impie de croire qu'on leur fait violence. Il ne faut donc s'adreffer aux dieux, que pour fe rendre meilleur foi-même. Si les luftrations ont écarté de deffus nos têtes quelques calamités imminentes, c'étoit afin que nos ames n'en reçuffent aucune tache.

16. Ce n'eft point par des organes que les dieux nous entendent; c'eft qu'ils ont en eux la raifon & les effets de toutes les prieres des hommes pieux, & fur-tout de leurs miniftres. Ils font préfens à ces hommes confacrés, & nous parlons immédiatement aux dieux par leur intermiffion.

17. Les aftres, que nous appelons des *dieux*, font des fubftances très-analogues à ces êtres immatériels; mais c'eft à ces êtres qu'il faut fpécialement s'adreffer dans les aftres qu'ils informent. Ils font tous bienfaifans; il s'en écoule fur les corps des influences indélébiles. Il n'y a pas un point de l'efpace où leurs vertus ne faffent fentir leur énergie; mais leur action fur les parties de l'univers eft proportionnée à la nature de ces parties. Elle répand de la diverfité, mais elle ne produit jamais aucun mal abfolu.

18. Ce n'eft pas que ce qui eft excellent, relativement à l'harmonie univerfelle, ne puiffe devenir nuifible à quelque partie en particulier.

19. Les dieux intelligibles qui préfident aux fpheres céleftes, font des êtres originaires du monde intelligible; & c'eft par l'attention qu'ils donnent à leurs propres idées, en fe renfermant en eux-mêmes, qu'ils gouvernent les cieux.

20. Les dieux intelligibles ont été les paradigmes des dieux fenfibles. Ces fimulacres une fois engendrés ont confervé fans aucune altération l'empreinte des êtres divins dont ils étoient les images.

21. C'eft cette reffemblance inaltérable que nous devons regarder comme la bafe du commerce éternel qui regne entre les dieux de ce monde & les dieux du monde fupérieur. C'eft par cette analogie indeftructible que tout ce qui en émane revient à l'être unique dont il eft l'émanation, & en eft réabforbé. C'eft l'identité qui lie les dieux entre eux dans le monde intelligible & dans le monde fenfible; c'eft la fimilitude qui établit le commerce des dieux d'un monde aux dieux de l'autre.

22. Les démons ne font point perceptibles, foit à la vue, foit au toucher. Les dieux font plus forts que tout obftacle matériel. Les dieux gouvernent le ciel, l'univers & toutes les puiffances fecretes qui y font renfermées. Les démons n'ont l'adminiftration que de quelques portions qui leur ont été abandonnées par les dieux. Les démons font alliés & prefque inféparables des êtres qui leur ont été concédés. Les dieux dirigent les corps, fans leur être préfens. Les dieux commandent. Les démons obéiffent, mais librement.

23. La génération des démons eft le dernier effort de la puiffance des dieux: les héros en font émanés comme une fimple conféquence de leur exiftence vivante; il en eft de même des ames. Les démons ont la faculté génératrice; c'eft à eux que le foin d'unir les ames aux corps a été remis. Les héros vivifient, infpirent, dirigent, mais n'engendrent point.

24. Il a été donné aux ames, par une grace fpéciale des dieux, de pouvoir s'élever jufqu'à la fphere des anges. Alors elles ont affranchi les limites qui leur étoient prefcrites par leur nature. Elles la perdent, & prennent celle de la nouvelle famille dans laquelle elles ont paffé.

25. Les apparitions des dieux font analogues à leurs effences, puiffances & opérations. Ils fe montrent toujours tels qu'ils font. Ils ont leurs fignes propres, leurs caracteres & leurs mouvemens diftinctifs, leurs formes fantaftiques particulieres; & le fantôme d'un dieu n'eft point celui d'un démon, ni le fantôme d'un démon celui d'un ange, ni le fantôme d'un ange celui d'un archange, & il y a des fpectres d'ames de toutes fortes de caracteres. L'afpect des dieux eft confolant; celui des archanges, terrible; celui des anges, moins févere; celui des héros, attrayant; celui des démons, épouvantable. Il y a dans ces apparitions encore une infinité d'autres variétés, relatives au rang de l'être, à fon autorité, à fon génie, à fa viteffe, à fa lenteur, à fa gran-

deur, à son cortège, à son influence... Jamblique détaille toutes ces choses avec l'exactitude la plus minutieuse, & nos naturalistes n'ont pas mieux vu les chenilles, les mouches, les pucerons, que notre philosophe éclectique, les dieux, les anges, les archanges, les démons & les génies de toutes les espèces qui voltigent dans le monde intelligible & dans le monde sensible. Si l'on commet quelque faute dans l'évocation théurgique, alors on a un autre spectre que celui qu'on évoquoit. Vous comptiez sur un un dieu, & c'est un démon qui vous vient. Au reste, ce n'est point la connoissance des choses saintes qui sanctifie. Tout homme peut se sanctifier; mais il n'est donné d'évoquer les dieux qu'aux théurgistes, aux hommes merveilleux qui tiennent dans leurs mains le secret des deux mondes.

26. La prescience nous vient d'en-haut; elle n'a rien en soi ni d'humain ni de physique. Il n'en est pas ainsi de la révélation. C'est une voix foible qui se fait entendre à nous sur le passage de la veille au sommeil. Cela prouve que l'ame a deux vies; l'une unie avec le corps, l'autre séparée. D'ailleurs, comme sa fonction est de contempler, & qu'elle contient en elle la raison de tous les possibles, il n'est pas surprenant que l'avenir lui soit connu. Elle voit les choses futures dans leurs raisons préexistantes. Si elle a reçue des Dieux une pénétration sublime, un pressentiment exquis, une longue expérience, la facilité d'observer, le discernement, le génie, rien de ce qui a été, de ce qui est, & de ce qui sera n'échappera à sa connoissance.

27. Voici les vrais caractères de l'enthousiasme divin. Celui qui l'éprouve est privé de l'usage commun de ses sens; sa veille ne ressemble point à celle des autres hommes; son action est extraordinaire; il ne se possède plus; il ne pense plus & ne parle plus par lui-même; la vie qui l'environne est absente pour lui; il ne sent point l'action du feu, ou il n'en est point offensé; il ne voit ni ne redoute la hache levée sur sa tête; il est transporté dans des lieux innaccessibles, il marche à travers la flamme; il se promene sur les eaux &c.... Cet état est l'effet de la divinité qui exerce tout son empire sur l'ame de l'enthousiaste, par l'entremise des organes du corps; il est alors le ministre d'un dieu qui l'obsède, qui l'agite, qui le poursuit, qui le tourmente, qui en arrache des voix, qui vit en lui, qui s'est emparé de ses mains, de ses yeux, de sa bouche, & qui le tient élevé au-dessus de la nature commune.

28. On a consacré la poésie & la musique aux dieux. En effet, il y a dans les chants & dans la versification, toute la variété qu'il convient d'introduire dans les hymnes qu'on destine à l'évocation des dieux. Chaque dieu à son caractère. Chaque évocation a sa forme & exige sa mélodie.

L'ame avoit entendu l'harmonie des cieux, avant que d'être exilée dans un corps. Si quelques accens analogues à ces accens divins, dont elle ne perd jamais entiérement la mémoire, viennent à la frapper, elle tressaillit, elle s'y livre, elle en est transportée. Jamblique se précipite ici dans toutes les espèces de divinations, sottises magnifiques à travers lesquelles nous n'avons pas le courage de le suivre. On peut voir dans cet auteur ou dans l'histoire critique de la philosophie de M. Brucker, toutes les rêveries de l'*Eclectisme* théologique, sur la puissance des dieux, sur l'illumination, sur les invocations, la magie, les prêtres & la nécessité de l'action de la fumée des victimes sur les dieux &c.

29. La justice des dieux n'est point la justice des hommes. L'homme définit la justice sur des rapports tirés de sa vie actuelle & de son état présent. Les dieux la définissent relativement à ses existences successives & à l'universalité de nos vies.

30. La plupart des hommes n'ont point de liberté, & sont enchaînés par le destin, &c.

Principes de la théogonie éclectique. 1. Il est un Dieu de toute la nature, le principe de toute génération, la cause des puissances élémentaires, supérieur à tous les dieux, en qui tout existe, immatériel, incorporel, maître de la nature, subsistant de toute éternité par lui même, premier, indivisible & indivisé, tout par lui-même, tout en lui-même, antérieur à toutes choses, même aux principes universaux & aux causes générales des êtres, immobile, renfermé dans la solitude de son unité, la source des idées, des intelligibles, des possibilités, se suffisant, père des essences & de l'entité, antérieur au principe intelligible. Son nom est Noetarque.

2. Emeth est après Noetarque; c'est l'intelligence divine qui se connoît elle-même, d'où toutes les intelligences sont émanées, qui les ramène toutes dans son sein, comme dans un abyme; les égyptiens plaçoient Eicton ayant Emeth; c'étoit la première idée exemplaire; on adoroit Eicton par le silence.

3. Après ces dieux, viennent Amem, Ptha & Osiris, qui président à la génération des êtres apparens, dieux conservateurs de la sagesse, & ses ministres dans les tems où elle engendroit les êtres & produisoit la force secrette des causes.

4. Il y a quatre puissances mâles & quatre puissances femelles au-dessus des élémens & de leurs vertus. Elles résident dans le soleil. Celle qui dirige la nature dans ses fonctions génératrices a son domicile dans la lune.

5. Le ciel est divisé en deux, ou quatre, ou trente-six régions, & ces régions en plusieurs autres; chacune a sa divinité, & toutes sont subordonnées à une divinité qui leur est supérieure. De ces principes, il faut descendre à d'autres, jusqu'à ce que l'univers entier soit distribué à des puissances qui émanent les unes des autres, & toutes d'une première.

6. Cette première puissance tira la matière de l'essence, & l'abandonna à l'intelligence qui en fabriqua des sphères incorruptibles. Elle employa ce qu'il y avoit de plus pur à cet ouvrage; elle fit du reste les choses corruptibles & l'universalité des corps.

7. L'homme a deux ames; l'une qu'il tient du premier intelligible, & l'autre qu'il a reçue dans le monde sensible. Chacune a conservé des caractères distinctifs de son origine. L'ame du monde intelligible retourne sans cesse à sa source, & les loix de la fatalité ne peuvent rien sur elle; l'autre est asservie aux mouvemens des mondes.

8. Chacun a son démon, il préexistoit à l'union de l'ame avec le corps. C'est lui qui l'a unie à un corps. Il l'a conduit, il l'inspire. C'est toujours un bon génie. Les mauvais génies sont sans district.

9. Ce démon n'est point une faculté de l'ame: c'est un être distingué d'elle, & d'un ordre supérieur au sien, &c.

Principes de la philosophie morale des Eclectiques.

Voici ce qu'on en recueillera de plus généralement admis, en feuilletant les ouvrages de Porphyre & de Jamblique.

1. Il ne se fait rien de rien. Ainsi l'ame est une émanation de quelque principe plus noble.

2. Les ames existoient avant que d'être unies à des corps. Elles sont tombées, & l'exil a été leur châtiment. Elles ont depuis leur chûte passé successivement en différens corps, où elles ont été retenues comme dans des prisons.

3. C'est par un enchaînement de crimes & d'impiétés, qu'elles ont rendu leur esclavage plus long & plus dur. C'est à la philosophie à l'adoucir & à le faire cesser. Elle a deux moyens: la purification rationelle, & la purification théurgique, qui élèvent les ames successivement à quatre différens degrés de perfection, ont le dernier est la théopatie.

4. Chaque degré de perfection a ses vertus. Il y a quatre vertus cardinales, la prudence, la force, la tempérance & la justice; & chaque vertu a ses degrés.

5. Les qualités physiques qui ne sont que des avantages de conformation, & dont l'usage le plus noble seroit d'être employés comme des instrumens pour s'élever aux autres qualités, sont au dernier rang.

6. Les qualités morales & politiques, sont celles de l'homme sensé qui, supérieur à ses passions, après avoir travaillé long-temps à se rendre heureux par la pratique de la vertu, s'occupe à procurer le même bonheur à ses semblables. Ces qualités sont pratiques.

7. Les qualités spéculatives sont celles qui constituent proprement le philosophe; il ne se contente pas de faire le bien, il descend encore en lui-même, il s'y renferme & médite, afin de connoître la vérité des principes par lesquels il se conduit.

8. Les qualités expurgatives ou sanctifiantes, ce sont toutes celles qui élèvent l'homme au-dessus de sa condition, par la privation de tout ce qui est au-delà des besoins de la nature les plus étroits. Dans cet état, l'homme a sacrifié tout ce qui peut l'attacher à cette vie, son corps lui devient un fardeau onéreux; il en souhaite la dissolution, il est mort philosophiquement. Or la mort philosophique parfaite est le point de la perfection humaine le plus voisin de la vie des dieux.

9. Les qualités spéculatives consistent dans la contemplation habituelle du premier principe, & dans l'imitation la plus approchée de ses vertus.

10. Les qualités théurgiques sont celles par lesquelles on est digne dès ce monde de commercer avec les dieux, les démons, les héros & les ames libres.

11. L'homme peut avec le secours des seules forces qu'il a reçues de la nature, s'élever successivement de la dégradation la plus profonde, jusqu'au dernier degré de perfection; car la loi de la nécessité n'a point d'empire invincible sur l'énergie du principe divin qu'il porte en lui-même, & avec lequel il n'y a point d'obstacle qu'il puisse surmonter.

12. Si la séparation de l'ame & du corps s'est faite avant que l'ame ne se soit relevée de son état d'avilissement, & qu'elle ait emporté avec elle des traces secrettes de dépravation; elle éprouve le supplice des enfers, en rentrant dans un nouveau corps qui devient pour elle une prison plus cruelle que le corps qu'elle a quitté, qui l'éloigne davantage de son premier principe, & qui rend sa grande révolution plus longue & plus difficile.

Voilà ce que nous avons trouvé de plus important & de moins obscur dans la philosophie des *éclectiques* anciens. Pour s'en instruire à fond, il faut aller puiser dans les sources, & feuilleter ce qui nous reste de Plotin, de Porphyre, de Julien, de Jamblique, d'Ammian Marcellin, &c.... sans oublier l'histoire critique de la philosophie de M. Brucker, & la foule des auteurs tant anciens que modernes, qui y sont cités.

(Cet article est de DIDEROT.)

ÉCOLE: (Philosophie de l') (*Histoire de la philosophie moderne*).

On désigne par ces mots l'espèce de philosophie, qu'on nomme autrement & plus communément *scholastique*, qui a substitué les mots aux choses, & les questions frivoles & ridicules aux grands objets de la véritable philosophie; qui explique par des termes barbares des choses inintelligibles; qui a fait naître ou mis en honneur les universaux, les cathégories, les prédicamens, les degrés métaphysiques, les secondes intentions, l'horreur du vuide, &c. Cette philosophie est née de l'esprit & de l'ignorance. On peut rapporter son origine, ou du moins sa plus brillante époque, au douzième siècle, dans le temps où l'université de Paris a commencé à prendre une forme éclatante & durable. Le peu de connoissances qui étoit alors répandu dans l'univers, le défaut de livres, d'observations, & le peu de facilité qu'on avoit à s'en procurer, tournèrent tous les esprits du côté des questions oisives; on raisonna sur les abstractions, au lieu de raisonner sur les êtres réels: on créa pour ce nouveau genre d'étude une langue nouvelle, & on se crut savant parce qu'on avoit appris cette langue. On ne peut trop regretter que la plupart des auteurs scholastiques aient fait un usage si misérable de la sagacité & de la subtilité extrême qu'on remarque dans leurs écrits; tant d'esprit mieux employé eût fait faire aux sciences de grands progrès dans un autre temps; & il semble que, dans les grandes bibliothèques on pourroit écrire au-dessus des endroits où la collection des scholastiques est renfermée, *ut quid perditio hac?*

C'est à Descartes que nous avons l'obligation principale d'avoir secoué le joug de cette barbarie; ce grand homme nous a détrompés de la philosophie de l'*école* (& peut-être même sans le vouloir de la sienne; mais ce n'est pas de quoi il s'agit ici). L'université de Paris, grace à quelques professeurs vraiment éclairés, se délivre insensiblement de cette lèpre; cependant elle n'en est pas encore tout-à-fait guérie. Mais les universités d'Espagne & de Portugal, grace à l'inquisition qui les tyrannise, sont beaucoup moins avancées; la philosophie y est encore dans le même état où elle a été parmi nous depuis le douzième jusqu'au dix-septième siècle; les professeurs jurent même de n'en jamais enseigner d'autre: cela s'appelle prendre toutes les précautions possibles contre la lumière. Dans un des journaux des savans de l'année 1752, à l'article des *nouvelles littéraires*, on ne peut lire sans étonnement & sans affliction, le titre de ce livre nouvellement imprimé à Lisbonne (au milieu du dix-huitième siècle): *Systema aristotelicum de formis substantialibus, &c. cum dissertatione de accidentibus absolutis. Ulyssipone 1750.* On seroit tenté de croire que c'est une faute d'impression & qu'il faut lire 1550, (*voyez* ARISTOTÉLISME, SCHOLASTIQUE, &c. &c.

Nous seroit-il permis d'observer que la nomenclature, inutile & fatigante dont plusieurs sciences sont encore chargées, est peut-être un mauvais reste de l'ancien goût pour la *philosophie de l'école*? (*Voyez* BOTANIQUE, MÉTHODE, &c., &c.)

[Cet article est de D'ALEMBERT].

ÉGYPTIENS. (Philosophie des) (*Histoire de la philosophie ancienne*).

L'histoire de l'*égypte* est en général un chaos où la chronologie, la religion & la philosophie sont particulièrement remplies d'obscurités & de confusion.

Les *égyptiens* voulurent passer pour les peuples les plus anciens de la terre, & ils en imposèrent sur leur origine. Leurs prêtres furent jaloux de conserver la vénération qu'on avoit pour eux, & ils ne transmirent à la connoissance des peuples, que le vain & pompeux étalage de leur culte. La réputation de leur sagesse prétendue devenoit d'autant plus grande, qu'ils en faisoient plus de mystère, & ils ne la communiquèrent qu'à un petit nombre d'hommes choisis, dont ils s'assurèrent la discrétion par les épreuves les plus longues & les plus rigoureuses.

Les *égyptiens* eurent des rois, un gouvernement, des loix, des sciences, des arts, long-temps avant que d'avoir aucune écriture; en conséquence, des fables accumulées pendant une longue suite de siècles, corrompirent leurs traditions. Ce fut alors qu'ils recoururent à l'hiéroglyphe; mais l'intelligence n'en fut, ni assez facile, ni assez générale pour se conserver.

Les différentes contrées de l'*égypte* souffrirent de fréquentes inondations, ses anciens monumens furent renversés, ses premiers habitans se dispersèrent; un peuple étranger s'établit dans ses provinces désertes; des guerres qui succédèrent, répandirent parmi les nouveaux *égyptiens*, des transfuges de toutes les nations circonvoisines. Les connoissances, les coutumes, les usages, les cérémonies, les idiomes se mêlèrent & se confondirent. Le vrai sens de l'hiéroglyphe, confié aux seuls prêtres, s'évanouit; on fit des efforts pour le retrouver. Ces tentatives donnèrent naissance à une multitude incroyable d'opinions & de sectes. Les historiens écrivirent les choses comme elles étoient de leur temps; mais la rapidité des événemens jetta dans leurs écrits une diversité nécessaire. On prit ces différences pour des contradictions; on chercha à concilier sur une même date, ce qu'il falloit rapporter à plusieurs époques. On étoit égaré dans un labyrinthe de difficultés réelles; on en compliqua les détours pour soi-même & pour la postérité, par les difficultés imaginaires qu'on se fit.

L'*égypte* étoit devenue une énigme indéchiffrable pour l'*égyptien* même, voisin encore de la naissance du monde, selon notre chronologie. Les pyramides portoient, au temps d'Hérodote, des inscriptions dans une langue & des caractères inconnus; le motif qu'on avoit eu d'élever ces masses énormes, étoit ignoré. A mesure que les temps s'éloignoient, les siècles se projettoient les uns sur les autres; les événemens, les noms, les hommes, les époques, dont rien ne fixoit la distance, se rapprochoient imperceptiblement, & ne se distinguoient plus; toutes les transactions sembloient se précipiter pêle-mêle dans un abyme obscur, au fond duquel les hiérophantes faisoient appercevoir à l'imagination des naturels & à la curiosité des étrangers, tout ce qu'il falloit qu'ils y vissent pour la gloire de la nation & pour leur intérêt.

Cette supercherie soutint leur ancienne réputation. On vint de toutes les contrées du monde connu, chercher la sagesse en Egypte. Les prêtres *égyptiens* eurent pour disciples, Moyse, Orphée, Linus, Platon, Pythagore, Démocrite, Thalès, en un mot, tous les philosophes de la Grèce. Ces philosophes, pour accréditer leurs systèmes, s'appuyèrent de l'autorité des hiérophantes. De leur côté, les hiérophantes profitèrent du témoignage même des philosophes, pour s'attribuer leurs découvertes. Ce fut ainsi que les opinions qui divisoient les sectes de la Grèce, s'établirent successivement dans les gymnases de l'Egypte. Le platonisme & le pythagorisme sur-tout y laissèrent des traces profondes; ces doctrines portèrent des nuances plus ou moins fortes sur celles du pays. Les nuances qu'elles affectèrent d'en prendre, achevèrent la confusion. Jupiter devint Osiris; on prit Typhon pour Pluton. On ne vit plus de différence entre l'Adès & l'Amenthès. On fonda de part & d'autre l'identité sur les analogies les plus légères. Les philosophes de la Grèce ne consultèrent là-dessus que leur sécurité & leur succès; les prêtres de l'Egypte, que leur intérêt & leur orgueil. La sagesse versatile de ceux-ci changea au gré des conjonctures. Maîtres des livres sacrés, seuls initiés à la connoissance des caractères dans lesquels ils étoient écrits, séparés du reste des hommes, & renfermés dans des séminaires dont la puissance des souverains faisoit à peine entr'ouvrir les portes, rien ne les compromettoit. Si l'autorité les contraignoit à admettre à la participation de leurs mystères quelque esprit naturellement ennemi du mensonge & de la charlatanerie, ils le corrompoient & le déterminoient à seconder leurs vues, ou ils le rebutoient par des devoirs pénibles & un genre de vie austère. Le néophite le plus zélé étoit forcé de se retirer, & la doctrine ésotérique ne transpiroit jamais.

Tel étoit à-peu-près l'état des choses en Egypte, lorsque cette contrée fut inondée de grecs & de barbares qui y entrèrent à la suite d'Alexandre; source nouvelle de révolutions dans la théologie & la philosophie *égyptienne*. La philosophie orientale pénétra dans les sanctuaires d'Egypte, quelques siècles avant la naissance de Jésus-Christ. Les notions judaïques & cabalistiques s'y introduisirent sous les Ptolemées. Au milieu de cette guerre intestine & générale que la naissance du christianisme suscita entre toutes les sectes des philosophes, l'ancienne doctrine *égyptienne* se défigura de plus en plus. Les hiérophantes devenus syncrétistes, (*voyez ce mot.*) chargèrent leur théologie d'idées philosophiques, à l'imitation des philosophes qui remplissoient leur philosophie d'idées théologiques. On négligea les livres anciens. On écrivit le système nouveau en caractères sacrés; & bientôt ce système fut le seul dont les hiérophantes conservèrent quelque connoissance. Ce fut dans ces circonstances que Sanchoniaton, Manéthon, Asclépiade, Paléphate, Chérémon, Hécatée publièrent leurs ouvrages. Ces auteurs écrivoient d'une chose que ni eux, ni personne n'entendoient déjà plus. Qu'on juge par-là de la certitude des conjectures de nos auteurs modernes, Kircher, Marsham & Witsius, qui n'ont travaillé que d'après des monumens mutilés, & que sur les fragmens très-suspects des disciples des derniers hiérophantes.

Theut, qu'on appelle aussi *Thoyt* & *Thoot*, passe pour le premier fondateur de la sagesse *égyptienne*. On dit qu'il fut chef du conseil d'Osiris; que ce prince lui communiqua ses vues; que Thoot imagina plusieurs arts utiles; qu'il donna des noms à la plûpart des êtres de la nature; qu'il apprit aux hommes à conserver la mémoire des faits par la voie du symbole; qu'il publia des loix; qu'il institua les cérémonies religieuses; qu'il observa le cours des astres, qu'il cultiva l'olivier; qu'il inventa la lyre & l'art palestrique, & qu'en reconnoissance de ces travaux, les peuples de l'Egypte le placèrent au rang des Dieux, & donnèrent son nom au premier mois de leur année.

Ce Theut fut un des Hermès de la Grèce,

& c'est au sentiment de Cicéron, le cinquième mercure des latins. Mais, à juger de l'antiquité de ce personnage par les découvertes qu'on lui attribue, Marsham a raison de prétendre que Cicéron s'est trompé.

L'Hermès, fils d'Agathodémon & père de Tat, ou le second Mercure, succède à Thoot dans les annales historiques ou fabuleuses de l'Egypte. Celui-ci perfectionna la théologie, découvrit les premiers principes de l'arithmetique & de la géometrie, sentit l'inconvénient des images symboliques, leur substitua l'hiéroglyphe, & éleva des colonnes sur lesquelles il fit graver dans les nouveaux caractères qu'il avoit inventés, les choses qu'il crut dignes de passer à la postérité ; ce fut ainsi qu'il se proposa de fixer l'inconstance de la tradition ; les peuples lui dressèrent des autels & célébrèrent des fêtes en son honneur.

L'Egypte fut désolée par des guerres intestines & étrangères. Le nil rompit ses digues, il se fit des ouvertures qui submergèrent une grande partie de la contrée. Les colonnes d'Agathodémon furent renversées ; les sciences & les arts se perdirent ; & l'Egypte étoit presque retombée dans sa première barbarie, lorsqu'un homme de génie s'avisa de recueillir les debris de la sagesse ancienne ; de rassembler les monumens dispersés ; de rechercher la clef de hiéroglyphes, d'en augmenter le nombre & d'en confier l'intelligence & le dépôt à un collège de prêtres. Cet homme fut le troisième fondateur de la sagesse des *égyptiens*. Les peuples le mirent aussi au nombre des dieux, & l'adorèrent sous le nom d'*Hermès Trismégiste*.

Tel fut donc, selon toute apparence, l'enchaînement des choses. Le temps qui efface les défauts des grands hommes & qui relève leurs qualités, augmenta le respect que les *égyptiens* portoient à la mémoire de leurs fondateurs, & ils en firent des dieux. Le premier de ces hommes inventa les arts de nécessité. Le second fixa les événemens par des symboles. Le troisième substitua au symbole l'hiéroglyphe plus commode ; & s'il m'étoit permis de pousser la conjecture plus loin, je ferois entrevoir le motif qui détermina les *égyptiens* à construire leurs pyramides ; & pour venger ces peuples des reproches qu'on leur a faits, je représenterois ces masses énormes dont on a tant blâmé la vanité, la pesanteur, les dépenses & l'inutilité, comme les monumens destinés à la conservation des sciences, des arts & de toutes les connoissances utiles à la nation *égyptienne*.

En effet, lorsque les monumens du premier ou second Mercure eurent été détruits, de quel côté se dûrent porter les vues des hommes pour se garantir de la barbarie dont on les avoit retirés, conserver les lumières qu'ils acquéroient de jour en jour, prévenir les suites des révolutions fréquentes auxquelles ils étoient exposés dans ces temps reculés où tous les peuples sembloient se mouvoir sur la surface de la terre, & obvier aux évenemens destructeurs dont la nature de leur climat les menaçoit particulièrement ? Fût-ce de chercher un autre moyen, ou de perfectionner celui qu'ils possédoient ? Fût-ce d'assurer de la durée à l'hiéroglyphe, ou de passer de l'hiéroglyphe à l'écriture ? Mais l'intervalle de l'hiéroglyphe à l'écriture est immense. La métaphysique qui rapprocheroit ces découvertes, & qui les enchaîneroit l'une à l'autre, seroit mauvaise. La figure symbolique est une *peinture* de la chose. Il y a le même rapport entre la chose & l'hiéroglyphe : mais l'écriture est une expression des voix. Ici le rapport change ; ce n'est plus un art inventé qu'on perfectionne, c'est un nouvel art qu'on invente, & un art qui a ce caractère particulier que l'invention en dût être totale & complette. C'est une observation de M. Duclos, de l'académie françoise, qui me paroît avoir jetté sur cette matière un coup d'œil plus philosophique qu'aucun ceux qui l'ont précédé.

Le génie rare, capable de réduire à un nombre borné l'infinie variété des sons d'une langue, de leur donner des signes, de fixer pour lui-même la valeur de ces signes, & d'en rendre aux autres l'intelligence commune & familière, ne s'étant point rencontré chez les *égyptiens*, dans la circonstance où il leur auroit été le plus utile ; ces peuples, pressés entre l'inconvénient & la nécessité d'attacher la mémoire des faits à des monumens, ne dûrent naturellement penser qu'à en construire d'assez solides pour résister éternellement aux plus de grandes révolutions.

Tout semble concourir à fortifier cette opinion ; l'usage antérieur de confier à la pierre & au relief l'histoire des connoissances & des transactions ; les figures symboliques qui subsistent encore au milieu des plus anciennes ruines du monde, celles de Persépolis où elles représentent les principes du gouvernement ecclésiastique & civil ; les colonnes sur lesquelles Theut grava les premiers caractères hiéroglyphiques ; la forme des nouvelles pyramides sur lesquelles on se proposa, si ma conjecture est vraie, de fixer l'état des sciences & des arts dans l'Egypte ; leurs angles propres à marquer les points cardinaux du monde, & qu'on a employés à cet usage ; la dureté de leurs matériaux qui n'ont pu se tailler au marteau, mais qu'il a fallu couper à la scie ; la distance des carrières d'où ils ont été tirés, aux lieux où ils ont été mis en œuvre ; la prodigieuse solidité des édifices qu'on en a construits ; leur simplicité, dans laquelle on voit que la seule chose qu'on se soit proposée, c'est d'avoir beaucoup de solidité & de surface ; le choix de la figure pyramidale ou d'un corps qui à une base immense, & qui se termine en pointe; le rapport de la base à la hauteur; les frais immenses de la construction; la multitude d'hommes & la durée du tems que ce travail a consommés; la similitude & le nombre de ces édifices; les machines dont ils supposent l'invention; un goût décidé pour les choses utiles, qui se reconnoît à chaque pas qu'on fait en Egypte; l'inutilité prétendue de toutes ces pyramides comparées avec la haute sagesse des peuples. Tout bon esprit qui pésera ces circonstances, ne doutera pas un moment que ces monumens n'aient été construits pour être couverts un jour de la science politique, civile & religieuse de la contrée; que cette ressource ne soit la seule qui ait pu s'offrir à la pensée, chez des peuples qui n'avoient point encore d'écriture, & qui avoient vu leurs premiers édifices renversés; qu'il ne faille regarder les pyramides comme les bibles de l'Egypte, dont les tems & les révolutions avoient peut-être détruit les caractères plusieurs siècles avant l'invention de l'écriture; que c'est la raison pour laquelle cet événement ne nous a point été transmis; en un mot, que ces masses, loin d'éterniser l'orgueil ou la stupidité de ces peuples, sont des monumens de leur prudence & du prix inestimable qu'ils attachoient à la conservation de leurs connoissances. Et la preuve qu'ils ne se sont point trompés dans leur raisonnement, c'est que leur ouvrage a résisté pendant une suite innombrable de siècles, à l'action destructive des élémens qu'ils avoient prévus, & qu'il n'a été endommagé que par la barbarie des hommes contre laquelle les sages Égyptiens, ou n'ont point pensé à prendre des précautions, ou ont senti l'impossibilité d'en prendre de bonnes. Tel est notre sentiment sur la construction des pyramides de l'Egypte; il seroit bien étonnant que, dans le grand nombre de ceux qui ont écrit de ces édifices, personne n'eût rencontré une conjecture qui se présente si naturellement.

Si l'on fait remonter l'institution des prêtres *Egyptiens* jusqu'au tems d'Hermès Trismégiste, il n'y eut dans l'état aucun ordre de citoyens plus ancien que l'ordre ecclésiastique; & si l'on examinoit avec attention quelques-unes des loix fondamentales de cette institution, on verra combien il étoit impossible que l'ordre des Hiérophantes ne devînt pas nombreux, puissant, redoutable, & qu'il n'entraînât pas tous les maux dont l'Egypte fut désolée.

Il n'en étoit pas dans l'Egypte ainsi que dans les autres contrées du monde payen, où un temple n'avoit qu'un prêtre & où un Dieu. On adoroit dans un seul temple *égyptien* un grand nombre de dieux. Il y avoit un prêtre au moins pour chaque dieu, & un séminaire de prêtres pour chaque temple. Combien n'étoit-il pas facile de prendre trop de goût pour un état où l'on vivoit aisément sans rien faire; où placé à côté de l'autel, on partageoit l'hommage avec l'idole, & l'on voyoit les autres hommes prosternés à ses pieds; où l'on en imposoit aux souverains même; où l'on étoit regardé comme le ministre d'en haut, & l'interprète de la volonté du ciel; où le caractère sacré dont on étoit revêtu permettoit beaucoup d'injustices, & mettoit presque toujours à couvert du châtiment; où l'on avoit la confiance des peuples; où l'on dominoit sur les familles dont on possédoit les secrets; en un mot, où l'on réunissoit en sa personne, la considération, l'autorité, l'opulence, la fainéantise & la sécurité. D'ailleurs, il étoit permis aux prêtres *égyptiens*, d'avoir des femmes, & il est d'expérience que les femmes des ministres sont très-fécondes.

Mais, pour que l'Hiérophantisme engloutît tous les autres états, & ruinât plus sûrement encore la nation, la prêtrise *égyptienne* fut une de ces professions dans lesquelles les fils étoient obligés de succéder à leurs pères. Le fils d'un prêtre étoit prêtre né; ce qui n'empêchoit point qu'on ne pût entrer dans l'ordre ecclésiastique sans être de famille sacerdotale. Cet ordre enlevoit donc continuellement des membres aux autres professions, & ne leur en restituoit jamais aucun.

Mais il en étoit des biens & des acquisitions ainsi que des personnes. Ce qui avoit appartenu une fois aux prêtres ne pouvoit plus retourner aux laïcs. La richesse des prêtres alloit toujours en croissant comme leur nombre. D'ailleurs, la masse des superstitions lucratives d'une contrée suit la proportion de ses prêtres, de ses devins, de ses augures, de ses diseurs de bonne aventure, & de tous ceux en général qui tirent leur subsistance de leur commerce avec le ciel.

Ajoutons à ces considérations qu'il n'y avoit peut-être sur la surface de la terre aucun sol plus favorable à la superstition que l'Egypte. Sa fécondation étoit un prodige annuel. Les phénomènes qui accompagnoient naturellement l'arrivée des eaux, leur séjour & leur retraite portoient les esprits à l'étonnement. L'émigration régulière des lieux bas, vers les lieux hauts; l'oisiveté de cette demeure; le tems qu'on y donnoit à l'étude de l'astronomie; la vie sédentaire & renfermée qu'on y menoit; les météores, les exhalaisons, les vapeurs sombres & mal-saines qui s'elevoient de la vase de toute une vaste contrée trempée d'eau, & frappée d'un soleil ardent, les monstres qu'on y voyoit éclore; une infinité d'événemens produits dans le mouvement général de toute l'Egypte s'enfuyant à l'arrivée de son fleuve, & redescendant des montagnes à mesure

mesure que les plaines se découvroient; tant de canaux ne pouvoient manquer de rendre cette nation superstitieuse; car la superstition est partout une suite nécessaire des phénomènes surprenans dont les raisons sont ignorées.

Mais lorsque dans une contrée le rapport de ceux qui travaillent à ceux qui ne font rien, va toujours en diminuant, il faut à la longue que les bras qui s'occupent ne puissent plus suppléer à l'imagination de ceux qui demeurent oisifs, & que la condition de la fainéantise y devienne onéreuse à elle-même. Ce fut aussi ce qui arriva en Egypte; mais le mal étoit alors trop grand pour y remédier. Il fallut abandonner les choses à leur torrent. Le gouvernement en fut ébranlé. L'indigence & l'esprit d'intérêt engendrèrent parmi les prêtres l'esprit d'intolérance. Les uns prétendirent qu'on adorât exclusivement les grues; d'autres voulurent qu'il n'y eût de vrai Dieu que le crocodile. Ceux-ci ne prêchèrent que le culte des chats, & anathématisèrent le culte des oignons. Ceux-là condamnèrent les mangeurs de fèves à être brûlés comme des impies. Plus ces articles de croyance étoient ridicules, plus les prêtres y mirent de chaleur. Les séminaires se soulèvent les uns contre les autres; les peuples crurent qu'il s'agissoit du renversement des autels & de la ruine de la religion, tandis qu'au fond il n'étoit question entre les prêtres que de s'attirer la confiance & les offrandes des peuples. On prit les armes, on se battit, & la terre fut arrosée de sang.

L'Egypte fut superstitieuse dans tous les tems; parce que rien ne nous garantit entièrement de l'influence du climat, & qu'il n'y a guère de notions antérieures dans notre esprit à celles qui nous viennent du spectacle journalier du sol que nous habitons. Mais le mal n'étoit pas aussi général sous les premiers dépositaires de la sagesse de trismégiste, qu'il le devint sous les derniers hiérophantes.

Les anciens prêtres de l'Egypte prétendoient que leurs dieux étoient adorés même des barbares. En effet, le culte en étoit répandu dans la Chaldée, dans presque toutes les contrées de l'Asie, & on en retrouve aujourd'hui des traces très-distinctes parmi les cérémonies religieuses de l'Inde. Ils regardoient Osiris, Isis, Orus, Hermès, Anubis, comme des ames célestes qui avoient généreusement abandonné le séjour de la félicité suprême, pris un corps humain, & accepté toute la misère de notre condition, pour converser avec nous, nous instruire de la nature du juste & de l'injuste, nous communiquer les sciences & les arts, nous donner des loix & nous rendre plus sages & moins malheureux. Ils se disoient descendans de ces êtres immortels, & les héritiers de leur divin esprit: doctrine

excellente à débiter aux peuples; aussi n'y avoit-il anciennement aucun culte superstitieux dont les ministres n'eussent quelque prétention de cette nature; ils réunirent quelquefois la souveraineté avec le sacerdoce. Ils étoient distribués en différentes classes employées à différens exercices, & distinguées par des marques particulières. Ils avoient renoncé à toute occupation manuelle & profane. Ils erroient sans cesse entre les simulacres des dieux, la démarche composée, l'air austère, la contenance droite, & les mains renfermées sous leurs vêtemens. Une de leurs fonctions principales étoit d'exhorter les peuples à garder un attachement inviolable pour les usages du pays; & ils avoient un assez grand intérêt à bien remplir ce devoir du sacerdoce. Ils observoient le ciel pendant la nuit; ils avoient des purifications pour le jour. Ils célébroient un office qui consistoit à chanter quelques hymnes le matin, à midi, l'après-midi & le soir. Ils remplissoient les intervalles par l'étude de l'arithmétique, de la géométrie & de la physique expérimentale περι την εμπειριαν. Leur vêtement étoit propre & modeste; c'étoit une étoffe de lin. Leur chaussure étoit une nate de jonc. Ils pratiquoient sur eux la circoncision. Ils se rasoient tout le corps. Ils s'abluoient d'eau froide trois fois par jour. Ils buvoient peu de vin. Ils s'interdisoient le pain dans les tems de purification, ou ils y mêloient de l'hyssope. L'huile & le poisson leur étoient absolument défendus. Ils n'osoient pas même semer des fèves. Voici l'ordre & la marche de leurs processions.

Les chantres étoient à la tête, ayant à la main quelques symboles de l'art musical. Les chantres étoient particulièrement versés dans les deux livres de Mercure qui renfermoient les hymnes des dieux & les maximes des rois.

Ils étoient suivis des tireurs d'horoscopes, portant la palme & le cadran solaire, les deux symboles de l'astrologie judiciaire. Ceux-ci étoient savans dans les quatres livres de Mercure sur les mouvemens des astres, leur lumière, leur coucher, leur lever, les conjonctions, & les oppositions de la lune & du soleil.

Après les tireurs d'horoscopes, marchoient les scribes des choses sacrées, une plume sur la tête, l'écriture, l'encrier & le jonc à la main. Ils avoient la connoissance de l'hiéroglyphe, de la cosmologie, de la géographie, du cours du soleil, de la lune & des autres planetes, de la topographie de l'Egypte & des lieux consacrés, des mesures & de quelques autres objets relatifs à la politique & à la religion.

Après les horoscopistes venoient ceux qu'on appelloit les *Stolites*, avec les symboles de la justice & les coupes de libations. Ils n'ignoroient rien de ce qui concerne le choix des victimes, la discipline des temples, le culte divin, les cérémonies de la religion, les sacrifices, les prémices, les hymnes, les prières, les fêtes, les pompes publiques, & autres matières qui composoient dix des livres de Mercure.

Les prophètes fermoient la procession. Ils avoient la poitrine nue; ils portoient dans leur sein découvert l'*hydria*; ceux qui veilloient aux pains sacrés les accompagnoient. Les prophètes étoient initiés à tout ce qui a rapport à la nature des dieux & à l'esprit des loix; ils présidoient à la répartition des impôts; & les livres sacerdotaux qui contenoient leur science étoient au nombre de dix.

Toute la sagesse *égyptienne* formoit quarante-deux volumes, dont les six derniers, à l'usage des pastophores, traitoient de l'anatomie, de la médecine, des maladies, des remèdes, des instrumens, des yeux & des femmes. Ces livres étoient gardés dans les temples. Les lieux où ils étoient déposés n'étoient accessibles qu'aux anciens d'entre les prêtres. On n'initioit que les naturels du pays, qu'on faisoit passer auparavant par de longues épreuves. Si la recommandation d'un souverain contraignoit à admettre dans un séminaire quelque personnage étranger, on n'épargnoit rien pour le rebuter. On enseignoit d'abord au néophite l'épistolographie, ou la forme & la valeur des caractères ordinaires. De là, il passoit à la connoissance de l'écriture sainte ou de la science du sacerdoce, & son cours de théologie finissoit par les traités de l'hiéroglyphe, ou du style lapidaire qui se divisoit en caractères parlans, symboliques, imitatifs & allégoriques.

Leur philosophie morale se rapportoit principalement à la commodité de la vie & à la science du gouvernement.

Si l'on considère qu'au sortir de leur école, Thalès sacrifia aux dieux, pour avoir trouvé le moyen de décrire le cercle & de mesurer le triangle; & que Pythagore immola cent bœufs, pour avoir découvert la propriété du quarré de l'hypothénuse, on n'aura pas une haute opinion de leur géométrie.

Leur astronomie se réduisoit à la connoissance du lever & du coucher des astres, des aspects des planètes, des solstices, des équinoxes, des parties du zodiaque; connoissances qu'ils appliquoient à des calculs astrologiques, & généthliaques. Eudoxe publia les premières idées systématiques sur le mouvement des corps célestes: Thalès prédit la première éclipse; soit que le dernier en eût inventé la méthode, soit qu'il l'eût apprise en Egypte, qu'étoit-ce que l'astronomie *égyptienne*? Il y a toute apparence que leurs observations ne devoient leur réputation qu'à l'inexactitude de celles qu'on faisoit ailleurs.

La gamme de leur musique avoit trois tons, & leur lyre trois cordes. Il y avoit long-tems que Pythagore avoit cessé d'être leur disciple, lorsqu'il s'occupoit encore à chercher les rapports des intervalles des sons.

Un long usage d'embaumer les corps auroit dû perfectionner leur médecine; cependant ce qu'on en peut dire de mieux, c'est qu'ils avoient des médecins pour chaque partie du corps & pour chaque maladie. C'étoit du reste un tissu de pratiques superstitieuses, très-commodes pour pallier l'inefficacité des remèdes & l'ignorance du médecin. Si le malade ne guérissoit pas, c'est qu'il avoit la conscience en mauvais état.

Tout ce que Borrichius a débité de leur chimie, n'est qu'un délire érudit; il est démontré que la question de la transmutation des métaux n'avoit point été agitée avant le règne de Constantin. On ne peut nier qu'ils n'aient pratiqué de tems immémorial, l'astrologie judiciaire; mais les en estimerons-nous beaucoup davantage? Ils ont eu d'excellens magiciens, témoin leur querelle avec Moyse en présence de Pharaon, & la métamorphose de leurs verges en serpens. Ce tour de sorcier est un des plus forts dont il soit fait mention dans l'histoire.

Ils ont eu deux théologies, l'une ésotérique, & l'autre exotérique. (*Voyez* cet article.) La première consistoit à n'admettre d'autre Dieu que l'univers, d'autres principes des êtres que la matière & le mouvement. Osiris étoit le soleil, la lune étoit Isis. Ils disoient qu'au commencement, tout étoit confondu; le ciel & la terre n'étoient qu'un; mais dans le tems les élémens se séparèrent. L'air s'agita; sa partie ignée portée au centre, forma les astres & alluma le soleil. Son sédiment grossier ne resta pas sans mouvement. Il se roula sur lui même, & la terre parut. Le soleil échauffa cette masse inerte; les germes qu'elles contenoit fermentèrent, & la vie se manifesta sous une infinité de formes diverses. Chaque être vivant s'élança dans l'élément qui lui convenoit. Le monde, ajoutoient-ils, a ses révolutions périodiques, à chacune desquelles il est consumé par le feu. Il renaît de sa cendre, pour subir la même sort à la fin d'une autre révolution. Ces révolutions n'ont point eu de commencement & n'auront point de fin. La terre est un globe sphérique. Les astres sont des amas de feu. L'influence de tous les corps célestes conspire à la production & à la diversité des corps terrestres. Dans les éclipses de lune, ce corps est plongé dans l'ombre de la terre. La lune est une espèce de terre planétaire.

Les *Egyptiens* persistèrent dans le matérialisme,

jusqu'à ce qu'on leur en eût fait sentir l'absurdité. Alors ils reconnurent un principe intelligent, l'ame du monde, présent à tout, animant tout, & gouvernant tout selon des loix immuables. Tout ce qui étoit, en émanoit; tout ce qui cessoit d'être, y retournoit : c'étoit la source & l'abyme des existences. Ils furent successivement déistes, platoniciens, manichéens, selon les conjonctures & les systêmes dominans. Ils admirent l'immortalité de l'ame. Ils prièrent pour les morts. Leur Amenthès fut une espèce d'enfer ou d'élisée. Ils faisoient aux moribonds la recommandation de l'ame en ces termes : *sol omnibus imperans, vos dii universi qui vitam hominibus largimini, me accipite : & diis æternis contubernalem futurum reddite.*

Selon eux, les amés des justes rentroient dans le sein du grand principe, immédiatement après la séparation d'avec le corps. Celles des méchans se purifioient ou se dépravoient encore davantage en circulant dans le monde sous de nouvelles formes. La matière étoit éternelle; elle n'avoit été ni émanée, ni produite, ni créée. Le monde avoit eu un commencement, mais la matière n'avoit point commencé & ne pouvoit finir. Elle existoit par elle même, ainsi que le principe immatériel. Le principe immatériel étoit l'être éternel qui informe; la matière étoit l'être éternel qui est informé. Le mariage d'Osiris & d'Isis étoit une allégorie de ce systême. Osiris & Isis engendrèrent Orus, ou l'univers, qu'ils regardoient comme l'acte du principe actif appliqué au principe passif.

La maxime fondamentale de leur théologie exotérique, fut de ne rejetter aucune superstition étrangère; conséquemment il n'y eut point de Dieu persécuté sur la surface de la terre, qui ne trouvât un asyle dans quelque temple *égyptien*; on lui en ouvroit les portes, pourvu qu'il se laissât habiller à la manière du pays. Le culte qu'ils rendirent aux bêtes, & à d'autres êtres de la nature, fut une suite assez naturelle de l'hiéroglyphe : les figures hiéroglyphiques représentées sur la pierre, désignèrent dans les commencemens différens phénomènes de la nature; mais elles devinrent pour le peuple des représentations de la divinité, lorsque l'intelligence en fut perdue & qu'elles n'eurent plus de sens; de-là cette foule de dieux de toute espèce dont l'Egypte étoit remplie; de-là ces contestations sanglantes qui s'élevèrent entre les prêtres, lorsque la partie laborieuse de la nation ne fut plus en état de fournir à ses propres besoins, & en même-tems aux besoins de la portion oisive.

—————————————— *summus utrique*
Inde furor vulgo, quod numina vicinorum
Odit uterque locus, cum solos credat habendos
Esse deos, quos ipse colit.

(JUVENAL, *Satyr. XV. vers. 35. & seq.*)

Ce seroit ici le lieu de parler des antiquités *égyptiennes*, & des auteurs qui ont écrit de la théologie & *de la philosophie des Egyptiens* : mais la plupart de ces auteurs ont disparu dans l'incendie de la bibliothèque d'Alexandrie; ce qui nous en reste est apocryphe, si l'on en excepte quelques fragmens conservés en citations dans d'autres ouvrages. Sanchoniaton est sans autorité. Manéthon étoit de Diospolis ou de Sébennis; il vécut sous Ptolémée-Philadelphe. Il écrivit beaucoup de l'histoire de la philosophie & de la théologie des *Egyptiens*. Voici le jugement qu'Eusèbe a porté de ses ouvrages.

Ex columnis, dit Eusèbe, *in syriadicâ terrâ positis, quibus sacrâ dialecto sacræ erant notæ insculptæ à Thoot, primo mercurio; post diluvium verò ex sacrâ linguâ in græcam notis ibidem sacris versæ fuerunt; interque libros in adita ægyptia relata ab Agatho dæmone, altero Mercurio Patre Tat; unde ipse ait libros scriptos ab avo Mercurii Trismegisti....*

Quel fond pourrions-nous faire sur cette traduction de traduction de symboles en hiéroglyphes, d'hiéroglyphes en caractères *égyptiens* sacrés, de caractères *égyptiens* sacrés en lettres grecques sacrées, de lettres grecques sacrées en caractère ordinaire, quand l'ouvrage de Manéthon seroit parvenu jusqu'à nous?

La table Isiaque est une des antiquités *égyptiennes* les plus remarquables. Pierre Bembe la tira d'entre les mains d'un ouvrier qui l'avoit jettée parmi d'autres mitrailles. Elle passa de-là dans le cabinet de Vincent, duc de Mantoue. Les Impériaux s'emparèrent de Mantoue en 1630, & la table Isiaque disparut dans le sac de cette ville : un médecin du duc de Savoye la recouvra long-tems après, & la renferma parmi les antiquités de son souverain, où elle existe apparemment. Voyez-en la description *au mot* ISIAQUE. Que n'a-t-on point vu dans cette table? C'est un nuage où les figures se font multipliées, selon qu'on avoit plus d'imagination & de connoissances. Rudbeck y a trouvé l'alphabet des Lapons; Fabricius les signes du Zodiaque & les mois de l'année; Herwart les propriétés de l'aimant & la polarité de l'aiguille aimantée; Kircher, Pignorius, Witsius, tout ce qu'ils ont voulu; ce qui n'empêchera pas ceux qui viendront après eux d'y voir encore tout ce qu'ils voudront; c'est un morceau admirable pour ne laisser aux modernes, de leurs découvertes, que ce qu'on ne jugera pas digne d'être attribué aux anciens (1).

(Cet article est de DIDEROT.)

ADDITION A L'ARTICLE PRÉCÉDENT.

Doctrine des Egyptiens sur les causes premières, ou OSIRIS, ISIS ET TYPHON.

LA Perse & l'Inde ont été peuplées par les enfans de Sem : l'Egypte l'a été par ceux de Cham. L'écriture sainte donne à l'Egypte le nom de ce patriarche, *Terra Cham*, qu'elle porte encore dans la langue des Coptes (2). De ce nom adouci, est venu, selon quelques savans, le surnom de Jupiter Amon, ou Amus, ou Hammon, à qui furent consacrées des villes & des temples, dont un entre autres, célèbre par ses oracles, fut visité par Alexandre (3).

Quoique ce patriarche eût été chargé de la malédiction de son père Noé, il ne faut pas croire pour cela qu'il soit devenu tout d'un coup infidèle, ni qu'il ait renoncé sur-le-champ à l'idée ou au culte du vrai Dieu. Un pareil renoncement n'est, ni ne peut être, l'effet d'un accès de colère ou d'un mouvement de dépit. Ce ne fut tout au plus qu'après plusieurs siècles, que ses enfans ayant changé en culte les honneurs qu'ils rendoient à leur pere commun, purent faire de lui une espèce de divinité tutélaire & nationale, sans toutefois renoncer à la croyance ni à l'idée d'un dieu suprême qui s'est toujours conservée dans les nations. Le plus superstitieux de tous les peuples n'étoit point fait pour abandonner aucun Dieu, quel qu'il fût, lorsqu'une fois il avoit commencé à le reconnoître comme Dieu. Mais ils firent entrer tant d'alliage dans leur culte ; ils y mêlèrent tant de pratiques & d'idées bisarres, qu'il devint un cahos de superstitions plutôt qu'un système religieux.

Pourrons-nous démêler dans ce cahos, d'ailleurs couvert des ténèbres de tant de siècles, ce que ces peuples ont imaginé sur les causes productrices & conservatrices de l'univers ?

---

(1) Conférez ici ce que nous avons dit du livre de M. Dutens, sur l'*origine des découvertes attribuées aux modernes*, dans le discours préliminaire qui sert d'introduction a ce dictionnaire philosophique. Voyez depuis la page 15, jusqu'a la page 21. NOTE DE L'ÉDITEUR.

(2) Jablonsk. 1. 2. §. 10.

(3) Selon d'autres, Amon signifie le soleil dans le belier *Voyez* Jablonsk. 2. 2. Ce qui n'exclut pas nécessairement l'autre opinion, pourvu qu'on distingue les tems.

Nous avons sur cet objet un ouvrage de Plutarque, écrit avec une sorte de gravité religieuse, qui annonce non-seulement les recherches & les soins de l'auteur, mais encore son respect pour le sujet qu'il traite. Or quand un homme tel que Plutarque a traité une matière avec ces dispositions, on peut être assuré que s'il n'a pas dit tout ce qui étoit, il a dit du moins tout ce qu'on savoit de son tems. Mais avant que de l'entendre, il est nécessaire d'exposer les principaux points d'un système *égyptien*, beaucoup plus simple que celui qu'il nous expose, & par conséquent plus ancien : en quoi nous suivrons les gradations de l'esprit, aussi bien que celle du sujet & des tems.

On trouve dans la plus haute antiquité *égyptienne* deux noms, *Athir* & *Kneph*, qui répondent assez exactement aux deux idées fondamentales qu'on a vues chez les chaldéens & chez les perses.

Le mot Athyr, Athur, Athor, (car c'est toujours le même mot, sous ces terminaisons différentes,) signifioit dans l'origine, *la nuit, les ténèbres* ; mais ces ténèbres, qui avoient été le berceau de la nature universelle, qui en contenoit les principes & les élémens, & que toutes les Cosmogonies ont connues sous les noms de cahos, d'Erebe, de matière confuse, d'espace informe, selon les différens langages des tems & des lieux. Les *égyptiens* firent de cette notion un personnage symbolique, & même une divinité, mère de tous les êtres, qui, répondant à-peu-près à la Vénus céleste ou Uranie des grecs, à leur Lucine ou Lune, ou Ilythye, ou même à leur Junon (4), renfermoit dans son vaste sein tous les corps dont l'assemblage & les rapports forment ce qu'on appelle la nature. Les *égyptiens*, dit le grand Etymologique, donnent à Vénus le nom d'*Athor*. Il y avoit en Egypte un Nôme appellé *Athrybites* ; & dans ce Nôme, une ville nommée *Atharbechis*, dont Strabon a rendu le nom par celui de *ville de Vénus* (5), à cause du temple qui y étoit consacré à cette déesse. D'un autre côté, Hesychius nous apprend qu'il y avoit en Egypte un temple de Vénus *ténébreuse*.

Le même nom d'Athyr fut donné à la vache mystique, qui étoit le symbole vivant de la déesse, selon l'usage du culte *égyptien* (6). Cet animal au large ventre, offrant dans son lait une nourriture abondante & toujours prête, présentant sur sa tête le croissant de la néoménie, figuroit assez bien cette divinité, mère & nourrice

---

(4) Jablonsk. Pantheon. 1. 1.

(5) XVII. 803, Hérodote, lib. 2. 41.

(6) Ἀθὼρ ἐξ βοῦς, Hesych.

des êtres, qui se renouvelloit tous les mois dans le ciel sous la figure de cornes renaissantes.

Enfin Athyr fut le nom d'un mois *égyptien* (1) qui répondoit à notre mois de novembre; lorsque le soleil s'approchant du capricorne, rend les jours plus courts & les nuits plus longues. Ce mois étoit consacré aux fêtes de la *nuit*. On y promenoit un bœuf, symbole du jour ou du soleil, couvert d'un drap noir, symbole de la nuit; & depuis le 7 jusqu'au 10, on pleuroit cette fête, qui avoit le même fond que celle d'Adonis chez les phéniciens & en Assyrie (2).

Toutes ces dénominations nous apprennent assez clairement que les ténèbres, divinisées sous le nom de Vénus, & caractérisées sous l'emblême d'une vache, étoient, dans le commencement, honorées en Egypte (3) comme un des principes originaires & universels, comme le lieu, *la matière* & la mère des êtres. On les chantoit dans les cantiques sacrés; on en répétoit trois fois le nom : *O nuit! nuit sacrée! nuit mère de tout !* C'est Damascius qui nous l'apprend dans son livre des principes (4).

A cette première divinité, les *égyptiens* en joignoient une autre, qu'ils nommoient *Kneph*, ou *Emeph*, mot qui dans leur langue signifioit *bon, bienfaisant*, & dont ils faisoient le principe de l'ordre, la cause artiste de l'univers, éternelle & immortelle (5). Ils peignoient ce dieu sous la forme humaine, pour marquer son intelgence (6); androgyne (7), pour signifier son indépendance absolue dans ses productions; ayant sur la tête un épervier, pour désigner son activité; avec un œuf sortant de sa bouche, pour indiquer sa fécondité. De cet œuf étoit sorti Phtas, ou le feu, d'où les grecs ont formé leur Vulcain (8) ou Ephaïste. Ce mot signifioit, & signifie encore en Copte, *celui qui fait, qui dirige, qui ordonne*. (9). C'étoit à ce même Phtas qu'on prétend que s'adressoit sous un autre nom, la fameuse inscription du temple de Saïs, qui se terminoit par ces mots : *le fruit que j'ai produit est le soleil* (10). C'étoit à lui qu'étoient élevées les pyramides, dont la forme symbolique de feu représentoit les rayons du soleil : *radiorum solis argumentum in effigie est* (11). Les rois d'Egypte en faisoient leurs tombeaux, autant par orgueil que par religion, pour que leurs corps parussent déposés dans le sein même de la divinité.

Il suffit d'avoir indiqué ces principes, qui, comme l'on voit, se réduisent toujours à deux; dont l'un reçoit la forme, l'autre l'ordonne & l'applique. C'étoient les dieux des *égyptiens*, connus par l'esprit. Ils en eurent d'autres, qu'ils connurent par les sens, le soleil, la lune, les astres, les élémens, qu'ils confondirent souvent avec les premiers. On va les voir dans le récit de Plutarque (12).

Rhéa ayant eu un commerce secret avec Chronos ou Saturne, le soleil en fut instruit; & aussitôt celui-ci prononça contre elle cette malédiction: *Puisses-tu n'enfanter en mois, ni an*. Mais Hermès, ou Mercure, épris d'amour pour la même déesse, chercha les moyens de la soustraire à l'effet de cet anathême. Il s'avisa de jouer aux dés avec la lune, à qui il gagna heureusement la soixante-dixième partie de ses clartés (13). Il en composa cinq jours, qui, n'étant ajoutés à l'année que par intercalation, ne furent point compris *en mois, ni an*. Rhéa prit justement ces cinq jours, pour mettre au monde les enfans qu'elle portoit dans son sein; & depuis leur naissance, ces jours, nommés *épagomènes*, c'est-à-dire, *ajoutés*, furent autant de jours de fête dans lesquels les *égyptiens* célébroient la naissance des dieux (14).

Osiris naquit le premier jour. On entendit, dans le moment de sa naissance, une voix qui annonçoit que *le maître de toutes choses arrivoit à la lumière*.

---

(1) Ἀθὼρ μήν. Hesych.

(2) Plutarq. *de Is. & Os.* page 366. Selon Macrobe, l'hémisphère supérieur de la terre s'appelloit Vénus, & l'inférieur Proserpine. Lorsque dans l'hiver le soleil, ou Adonis, rendoit les jours plus courts, Vénus pleuroit le long séjour que faisoit son époux chez Proserpine. I. 21.

(3) Les momemphites adoroient Vénus, & nourrissoient, en son honneur, une vache sacrée. *Strab.* 17. 552 & 556.

(4) Cudvorth. Syst. Intel. 337.

(5) Il avoit son temple dans l'isle éléphantine, où il en subsiste encore des restes.

(6) Horapol. 1. 12.

(7) Plut. *de Is. & Os.* 359. D.

(8) Euseb. Præp. Ev. 3. 11. Cicéron en parle, *de Nat. Deor.* 3. 22. Jambl. *de Myst. Ægyp.* §. 8. 8.

(9) Il étoit nommé sur une obélisque, d'Hiérapolis, *le père des dieux*.

(10) Ammian. Marcell. 17. *Vid.* Jablonsk. 1. 3. p. 69. Minerve a quelquefois été confondue avec Vulcain, étant l'un & l'autre des divinités artistes. *Ibid.* 78.

(11) Plin. Nat. l. 36. c. 8.

(12) Page 355. D.

(13) C'est la soixante-dixième partie de chaque jour, qui, en un mois fait à-peu-près dix heures; en douze mois, cinq jours. *Voyez* Scalig. *de Emend. temp. l.* 3.

(14) L'année égyptienne étoit composée de douze mois, chacun de trente jours; mais cette année étant plus courte que l'année solaire, on y ajoutoit par intercalation ces cinq jours.

Un certain Pamilès, qui alloit puiser de l'eau à la fontaine de Jupiter, entendit une autre voix qui lui commandoit de crier, *que le grand roi bienfaiteur étoit né*. Arouéris naquit le second jour. Typhon parut le troisième. Celui-ci n'étoit point à terme; il s'élança par le flanc de sa mère, qu'il déchira en naissant. Isis naquit le quatrième jour; & le cinquième, Nephthys, dont le nom a été rendu par *Fin, Perfection, Vénus, Victoire*.

Osiris & Aroueris furent engendrés par le soleil, Isis par Hermès, Typhon & Nephthys par Saturne.

Nephthys épousa Typhon. Osiris & Isis, s'aimèrent dès le sein de leur mère; & de leur amour étoit provenu Aroueris, que les *égyptiens* appellent Orus, & les grecs Apollon.

Osiris parcourut l'univers, & le remplit de ses bienfaits. Mais Typhon ayant conjuré contre lui, l'enferma dans un coffre, & le jeta dans une des bouches du Nil, d'où il fut porté à la mer. La malheureuse Isis chercha long-temps ce coffre précieux. Elle le trouva enfin dans le royaume de Biblos, où elle pleura son époux. Mais bientôt Typhon se rendit maître du corps même d'Osiris, & le partagea en quatorze parties, qu'Isis recueillit encore, à une seule près, qui avoit été dévorée par les poissons.

Osiris apparut à son fils Orus, & lui donna des instructions qui le mirent en état de remporter une victoire complette sur Typhon, lequel fut fait prisonnier à son tour, puis remis en liberté par Isis. Orus en fut si irrité, qu'il ôta à sa mère les marques de la royauté qu'elle avoit sur la tête. Mercure les remplaça par une coiffure qui avoit la forme d'une tête de vache. Typhon intenta un procès à Orus sur la légitimité de sa naissance. Mais Orus fut jugé légitime par les dieux mêmes; & depuis ce temps, il acheva de défaire entièrement Typhon dans deux autres combats. « Tels sont les points principaux de la fable *égyptienne*, selon Plutarque.

Avant que de commencer ce récit bizarre, Plutarque avoit eu la précaution de dire à son lecteur, que dans les cérémonies *égyptiennes* il n'y avoit ni supposition, ni fables vaines, ni choses sans raison; que tout y étoit fondé sur des principes de morale & d'utilité, sur des faits historiques, ou des points de physique, parce que c'étoit le goût des *égyptiens* de revêtir la vérité d'un corps symbolique; & que c'étoit pour cela qu'ils plaçoient des sphinx à l'entrée de leurs temples (1); pour marquer le secret des cérémonies

saintes, & le voile mystérieux qui couvre la marche de Dieu dans la nature. Enfin il ajoute (2) que ceux qui prendroient ces récits à la lettre, mériteroient, usant des termes d'Eschyle, *qu'on leur crachât au visage*; parce que des divinités heureuses, des natures immortelles, ne peuvent être exposées à de si indignes traitemens. D'où il conclut qu'il ne faut pas s'en tenir à l'écorce de la fable, & qu'on doit chercher la vérité sous les enveloppes qui la cachent.

Avant que de donner son explication, Plutarque en propose plusieurs autres, qu'on ne peut voir ici qu'avec plaisir; d'autant plus, dit-il lui-même, qu'il n'y en a pas une qui n'ait quelque chose de vrai.

Quelques-uns ont cru que les personnages d'Isis, Osiris & Typhon ont été des rois, des princes à qui leurs grandes vertus ont mérité les honneurs de l'apothéose. Cette explication est fort simple. Il semble même qu'il y ait de la décence d'appliquer ainsi à des hommes, ce qui ne peut-être appliqué à des dieux. Mais aussi je crains bien, continue Plutarque, que ce ne soit ébranler des bornes sacrées, & renverser la croyance de tant de siècles, de tant d'hommes & de nations, qui ont pensé tout autrement. Je crains que ce ne soit ouvrir la porte à l'athéisme & à l'irréligion, & donner trop de faveurs aux impostures d'Evhemerus de Messène (3) qui, transformant les dieux en grands hommes, en princes, en rois, a semé l'impiété dans tout l'univers.... On chante en Assyrie les grandes actions de Sémiramis; celles de Sésostris en Egypte: les phrygiens, en mémoire des beaux faits d'un de leurs rois Manis, appellent *Maniques*, toutes les belles & grandes actions: Cyrus a conduit les Perses & Alexandre les Macédoniens, jusqu'au bout du monde, & on ne les a regardés que comme de grands rois. S'il y en a eu que la vanité, la jeunesse & l'ignorance aient emporté jusqu'au point de recevoir des temples & des honneurs divins; à leur gloire, qui n'a fait que passer, a succédé la honte & l'ignominie;

En peu de jours leur folle renommée
S'en est allé en vent & en fumée.

AMIOT.

on les a arrachés de leurs temples comme des malfaiteurs réfugiés dans des lieux saints; à peine leur a-t-on laissé leurs tombeaux... Apelles avoit peint Alexandre tenant en main un foudre. Lysippe blâma cette flatterie, & se contenta d'armer ce héros d'une simple lance; disant pour raison,

---

(1) On en voit encore dans les ruines de l'Egypte, placés sur deux lignes, formant de longues avenues, qui conduisent aux temples.

(2) De Is. & Os. 358 E.
(3) *Voyez*, sur Evhemère, les mém. de l'acad. des inscrip. & bell. lett.

que le temps respecte la vérité, & détruit les faux honneurs.

Quelque plausible que soit ce raisonnement de Plutarque, il y a des savans qui persistent dans l'opinion d'Evhémère, & qui s'obstinent à croire que les prêtres intéressés cachèrent soigneusement la vérité, de crainte que le sacerdoce ne tombât avec les sacrifices.

Mais n'étoit-il pas aisé aux prêtres de concilier leur intérêt, même avec le système d'Evhémère? Ne pouvoient ils pas dire qu'Osiris étant vraiment un dieu, & Isis une déesse, on avoit dans l'antiquité, donné leurs noms à des rois sages & à des reines vertueuses, pour honorer leurs vertus; & qu'ainsi la mort de ces rois & de ces reines n'étoit pas un préjugé contre la divinité des êtres dont ils portoient les noms? Ne pouvoient-ils pas dire que ces rois étoient les divinités mêmes des cieux, descendues dans des corps mortels, qu'elles avoient animés pendant un certain temps, après quoi elles étoient retournées dans le séjour céleste: *serus in cœlum redeas*? (1) Falloit-il même de l'art pour établir dans l'esprit des peuples, naturellement portés à la superstition, la nécessité d'un culte, qui, quel qu'il fût, auroit toujours suffi aux prêtres pour assurer leur état? Tous les autres peuples en avoient un: bêtes, bois, pierres, taillées ou brutes, tout avoit été reçu. Les prêtres *égyptiens* auroient donc pu avouer que les dieux qu'on adoroit avoient été des hommes, sans perdre leurs avantages. Qu'il y ait eu de l'historique dans la mythologie *égyptienne*, qu'il y ait eu du physique, du moral, bien loin de nous en défendre, nous croyons que cela n'a pas besoin de preuve. Mais nous croyons en même-temps que si le récit *égyptien* s'adapte plus naturellement aux idées cosmologiques qu'à toutes les autres, on doit en conclure que les symboles ont été inventés pour elles dans l'origine, & qu'ils n'ont été ensuite appliqués aux autres objets que par analogie. Venons aux autres explications.

Platon, Pythagore, Xenocrates & Chrysippe ont pensé, d'après les anciens théologiens, que les récits touchant Osiris, Isis & Typhon ne regardoient ni les dieux, ni les hommes, mais les démons, qui sont des substances intermédiaires entre les dieux & les hommes, & dont les uns, comme Osiris & Isis, sont bons; & les autres, comme Typhon, sont mauvais.

Il y a une troisième explication encore plus simple: c'est de dire que comme chez les grecs Saturne est le tems, Junon l'air, Vulcain le feu; de même, chez les *Égyptiens*, Osiris est le Nil, qui a commerce avec la terre; & que Typhon est la mer, dans laquelle le Nil se jette & se perd.

Il y en a une quatrième, donnée par les prêtres les plus savans, & qui n'est qu'une extension de la troisième. Ils entendent par Osiris, non-seulement le fleuve du Nil, mais en général toute vertu ou principe d'humidité; parce qu'ils prétendent que l'eau est le principe matériel de toute génération; que c'est ce même principe qu'Homère a appelé Océan, & que Thalès a regardé ensuite comme le principe universel; que par opposition, Typhon est tout principe de sécheresse & de stérilité, contraire au principe de fécondité.

Enfin il y en a qui croient que tout ce récit fabuleux ne désigne que les éclipses.

Après toutes ces explications, Plutarque arrive à la sienne, qui contient le développement des causes, telles qu'elles ont été connues des sages, chez toutes les nations. » Il ne faut pas, dit-il, s'imaginer que les principes de l'univers soient des corps inanimés, comme l'ont pensé Démocrite & Epicure, ni qu'une matière sans qualité soit ordonnée & organisée par une seule raison ou providence, maîtresse de toutes choses, comme l'ont dit les stoïciens. Car il n'est pas possible qu'un seul être, bon ou mauvais, soit la cause de tout, Dieu ne pouvant être la cause d'aucun mal. L'harmonie de ce monde est une combinaison de contraires, comme les cordes d'une lyre, ou la corde d'un arc, qui se tend & se détend: *jamais*, a dit le poëte Euripide, *le bien du mal n'est séparé*:

L'un est toujours par l'autre tempéré,
Afin que tout au monde en aille mieux.

AMIOT.

Or cette opinion des deux principes est, dit toujours Plutarque, de toute antiquité. Elle a passé des théologiens & des législateurs aux poëtes & aux philosophes. L'auteur n'en est point connu; mais l'opinion elle-même est constatée par les traditions du genre humain: elle est consacrée par les mystères & par les sacrifices, chez les grecs, & chez les barbares, tellement qu'on ne peut dire, ni que l'univers flotte au hazard, sans intelligence & sans guide; ni qu'il y ait en lui une raison unique qui tienne les rênes & dirige le timon; mais qu'il y a plusieurs principes, & que de leur contrariété naît le mélange du bien & du mal. Car la nature ne produit rien ici bas, qui soit sans ce mélange. On ne peut pas dire que c'est un seul dispensateur qui puise les événemens, comme une liqueur, dans deux tonneaux, pour les mêler ensemble & nous en faire

---

(1) *Voyez* Warburt. *diss.* 13.

boire la mixtion. Il faut donc que ce soient deux causes contraires, deux puissances opposées, qui portent l'une vers la droite, l'autre vers la gauche, & qui gouvernent ainsi notre vie, de même que le monde sublunaire, qui par cette raison est sujet à tant de changemens & d'irrégularités de toute espèce. Car si rien ne peut se faire sans cause, & que le bon ne puisse être cause du mauvais, il est absolument nécessaire qu'il y ait une cause pour le mal, comme il y en a une pour le bien (1) ».

Ce principe général établi, Plutarque prouve par les détails, que tous les peuples & tous les sages ont admis cette duplicité de causes, dans tous les tems (2). « Les Perses avoient Oromaze & Arimane ; les chaldéens, les astres bons & les mauvais ; les grecs, dans les tems fabuleux, Jupiter & Pluton, Mars & Vénus, dont est née l'harmonie (3). Héraclite a dit que la discorde étoit la mère & la maîtresse du monde : Empédocle a nommé le principe du bien, amour & amitié, & souvent harmonie à la douce voix ; & le principe du mal, combat sanglant & noise pestilente. Les Pythagoriciens appellent le bon principe, la monade, le fini, le permanent; & le mauvais, la dyade, l'infini, le changeant. Anaxagore nomme l'un, esprit, intelligence ; & l'autre, infini, ou informe : Aristote, l'un, forme, & l'autre, matière. Platon enveloppant sa pensée, appelle la cause du bon, *le même*, & celle du mauvais, *l'autre*... En deux mots, tous les peuples qui ont été puiser chez les *Egyptiens*, ou chez qui les *égyptiens* ont été puiser, ont admis deux causes, l'une à l'autre contraires : donc il est très-probable, par cette seule raison, que les *égyptiens* les ont admises aussi. S'il y a dans les fables *égyptiennes* des vestiges sensibles de cette doctrine, la probabilité augmente. Si ces vestiges sont clairs & évidens, la probabilité se change en certitude. Donc on peut expliquer la fable *égyptienne* par les deux principes ; donc on le doit.

Reste à savoir si ces deux principes sont marqués assez sensiblement dans la fable *égyptienne*. Plutarque en est intimement persuadé. Il conçoit le monde comme un tout composé d'un corps & d'une ame, mais d'un corps & d'une ame composés eux-mêmes de puissances contraires. Or ces puissances sont, selon lui, désignées par les noms des dieux *égyptiens*. « Ainsi dans l'ame du monde, la raison, qui est la cause du bien, sera Osiris ; & dans le corps, tout ce qui est ordonné, stable, sain, par rapport aux tems, aux combinaisons, aux retours périodiques, sur la terre, dans l'air, dans l'eau, dans le ciel, dans les astres, sera l'écoulement d'Osiris, son image exprimée. De même tout ce qui est passionné, rebelle, déraisonnable, désordonné dans l'ame du monde, sera Typhon ; & tout ce qui est maladif, tumultueux, mal assorti, déplacé dans le corps du monde, tout ce qui produit les obscurcissemens du soleil, les disparitions de la lune, sera l'ouvrage de Typhon, portant le caractère du mal & de la destruction. Aussi a-t-on donné à Typhon le nom de Seth, qui signifie, *brutal*, *violent*, quelquefois *renversement*. On lui a donné aussi celui de Bebon, qui signifie *enchaînement*, pour faire entendre que sans la résistance que Typhon y oppose, tout iroit à sa plus grande perfection (4). »

Mais ce n'est point assez de ce coup d'œil général sur Typhon & sur Osiris ; il faut entrer dans quelques détails, & voir s'ils peuvent se concilier avec cette explication.

On ne s'avisera pas, je crois, de chercher dans l'histoire aucun trait auquel on puisse adapter la grossesse de Rhéa, portant à la fois dans son sein cinq enfans, dont deux se trouvent pères avant que de naître eux-mêmes. On voit clairement que cette fable ne peut avoir de sens que dans la mythologie, & en supposant que Rhéa représentoit l'état primitif des êtres. Les *égyptiens* ne connoissoient pas Rhéa, mais ils connoissoient Athyr, à qui ils donnoient tous les attributs de Rhéa.

Les époux de Rhéa ont des caractères symboliques qui s'accordent avec le sien. Saturne est le premier. Si Rhéa est la masse élémentaire, que peut-être Saturne, sinon le temps fatal, qui engendre & fait éclore les différens êtres, qui marquent les momens du débrouillement & de la combinaison des principes?

Le second époux de Rhéa est le soleil ou le feu, principe universel d'activité, sans lequel la matière & le tems n'auroient rien produit. Les *égyptiens* lui donnoient le nom de Phthas ou Vulcain. *Phtha aperuit*.

Qu'auroient produit le tems & le feu, si Mercure, dieu Artiste, n'eût été le troisième époux de Rhéa, s'il ne se fût joint à Saturne, pour dessiner & organiser la lyre du monde, & faire naître l'harmonie à la douce voix ? C'est donc lui qui a déterminé les formes symétriques des êtres ; cha-

---

(1) Dans toute l'antiquité grecque & barbare, on a connu non-seulement des dieux visibles, mais des dieux intelligibles, & les *égyptiens* en particulier. Jablonsk. Proleg. page 44 & seq. Voyez les deux Orus de Plutarque, Is. & Os. page 373. C.

(2) Ibid. p. 370. C. D.

(3) Hom. Odyss.

(4) De Is. & Os. 371. A.

eunes dans leurs espèces. Fable pour fable, il faut convenir que celle-ci commence aussi raisonnablement qu'aucune autre.

Le moment de la naissance des cinq dieux arrive. Osiris naît le premier. Il est revêtu d'une robe toute lumineuse, sans aucune ombre, sans mélange de couleurs (1) : cette image ressemble bien à celle de la lumière primitive. Il a pour femme Isis, dont on verra les caractères dans un moment ; pour fils Orus, & pour ennemi Typhon, qui l'enferme en un coffre. Dans l'histoire civile on pourra faire, si l'on veut, d'Osiris, un bon roi, tantôt vainqueur, tantôt vaincu ; dans la physique, ce sera l'eau ; le Nil, ou le principe humide ; dans le labourage, ce sera le bled enseveli sous les sillons, & renaissant peu de jours après ; dans la religion vulgaire, ce sera peut-être le ciel ou le soleil : mais dans la théologie des prêtres & des sages, puisqu'il y avoit des sages en Egypte, qui empêche que ce ne soit le principe actif de l'ordre & de tout bien ? *Os-iri*, en Cophte, *Dominus fabricator* (2).

Isis est l'épouse d'Osiris. Sa robe n'étoit pas toute lumineuse comme celle de son époux, elle étoit au contraire variée de toutes les couleurs & de toutes les nuances qui sont dans la nature. Osiris portoit la lumière (3), Isis en rendoit toutes les différences & les modifications possibles, φύσις παναίολος... Elle avoit tous les noms des déesses, qui ont rapport à la maternité : πάντων μήτηρ. *I-si*, en Cophte, signifie encore *commune receptaculum*.

L'amour des deux époux avoit commencé avant leur naissance : Arouéris, ou Orus l'aîné en avoit été le fruit. A quel trait d'histoire pourra-t-on adapter ce conte burlesque ? Il s'explique de lui-même, si on dit qu'Osiris est le principe de force & de bonté qui agit dans la nature, & Isis le principe d'union & de sagesse, ou, si on veut, le principe qui desire l'ordre & les formes, qui les poursuit, à qui elles s'offrent. Ces deux principes, amis l'un de l'autre, concourent à former le plan du monde, qui est Arouéris (4) : c'est leur enfant, renfermé avec eux dans le sein de Rhéa, c'est-à-dire, dans l'état primordial des causes. Trois êtres métaphysiques, la pensée de Dieu, le desir de la matière, & le plan du monde, résultat des deux autres. Ou si on veut passer au physi-

que, l'action de Dieu, la forme reçue dans la matière & le monde, résultat des deux (5).

Typhon, en naissant, déchira le flanc de sa mère ; trait qui caractérise sa nature pétulante & sa férocité. On le peignit dans les allégories comme un monstre à cent têtes, pour dire qu'il agissoit en différens lieux ; avec des mains sans nombre, pour montrer sa force & son activité ; son corps étoit couvert d'écailles & de plumes, parce qu'il agit dans l'air & dans les eaux ; ses bras s'alongeoient jusqu'au bout du monde ; il vomissoit la flamme ; il étoit loup, crocodile, hippopotame ; en un mot, il réunissoit en lui tout ce qu'il y avoit de mauvais principes : *Tout ce qui est nuisible & qui a une partie propre à perdre ou à gâter ; tout cela s'appelle Typhon*.

Enfin Nephthys parut le cinquième jour. Ce mot signifie *fin, perfection, mort, victoire, beauté achevée*.

Typhon épousa Nephthys ; Osiris l'épousa aussi, mais secrètement : deux traits qui, joints à l'étymologie du mot, peuvent former l'idée emblématique du monde sublunaire, où tout naît, croît, périt ; où les élémens sont victorieux & vaincus tour à tour. C'est-là que Typhon règne avec empire, & par lui, la destruction & la mort. Osiris y a néanmoins quelque pouvoir, mais moindre que celui de Typhon, parce qu'il semble qu'il y a dans ce monde plus de mal que de bien : de-là les combats d'Osiris & de Typhon, & la victoire de celui-ci sur l'autre.

« Dans la nature, dit Plutarque, Isis tient lieu
» de l'épouse ; c'est elle qui reçoit l'action du
» principe qui engendre ; c'est le récipient uni-
» versel, la déesse aux mille noms, Μυριώνυμος,
» parce qu'elle prend toutes les formes & tous
» les caractères spécifiques. (6). *La raison suprême*
» *imprime en elle un amour inaltérable du sou-*
» *verain bien ; elle le desire, le poursuit sans*
» *cesse*..... Elle se présente à lui pour recevoir
» l'impression de ses idées.... Car la génération
» des êtres n'est autre chose que l'image de l'es-

---

(1) Plut. de Is. & Os. 382. B.

(2) *Voyez* M. Freret, défense de la chron. p. 367. & suiv.

(3) Ibid. C.

(4) Selon Timée de Locre, le *Monde sensible* est fils du Dieu suprême & de son idée.
Philosophie anc. & mod. Tom II.

(5) On a figuré cette idée par le triangle rectangle, dont la propriété est que le quarré de la sous-tendante, soit égal au quarré des deux autres côtés pris ensemble. Qu'Osiris soit la perpendiculaire, Isis la base, Arouéris la sous-tendante, Arouéris n'est autre chose que la somme des produits intellectuels des pensées d'Osiris & d'Isis, pour former le plan du monde. La même comparaison s'applique au monde sensible qui, dans la mythologie *égyptienne*, est Orus : qu'Osiris soit la cause intelligente, & Isis la cause matérielle, il résulte de leur action combinée un troisième être, qui est Orus ou le monde. *Voyez* Plut. de Is. & Os. 374. A.

(6) 372. E.

» fence éternelle, empreinte fur la matière ; & » l'être formé n'eſt autre choſe que l'impreſſion » de l'être toujours être, *rendue par la ma-* » *tiere* ».

» Ce n'eſt donc pas ſans raiſon, continue Plu- » tarque, que les fables *égyptiennes* ont dit que » l'ame d'Oſiris étoit immortelle, & que ſon corps » étoit déchiré, & ſes membres diſperſés par » Typhon, & qu'Iſis errante, alloit recueillant » ces membres pour les remettre en place. L'être » par excellence, l'intelligent, le bon, les incor- » ruptible & immuable ; mais les êtres ſenſibles » & corporels, qui reçoivent les idées de ce pre- » mier être, comme la cire reçoit l'empreinte » d'une figure, ne ſont point permanens ; parce » que le ſujet qui le reçoit eſt déſordonné, chaſſé » du ciel en ces bas lieux, où il combat contre » Orus, qu'Iſis a engendré, comme l'expreſſion » ſenſible du monde intelligible ».

En un mot, dans le langage de la philoſophie moderne, Oſiris ſeroit dieu, Typhon la matière animée par elle-même, de laquelle ſeroient ſortis les quatre élémens avec leurs qualités contraires ; Arouéris ſeroit la penſée de Dieu, ſongeant à former le monde ; Iſis la nature, ou, pour expliquer ce mot, la loi fondamentale de l'univers, établie pour la formation, la perfection, pour la meſure & la durée des êtres, chacun dans leur eſpèce. Orus ſeroit le monde ſenſible, comprenant le ciel & la terre, & Nephthys le monde ſublunaire : c'eſt à quoi ſe réduit en derniers termes, la coſmologie myſtique des *égyptiens*.

Quoique cette explication ait l'air du platoniſme, on ne croit pas que ce ſoit un préjugé légitime contre elle ; c'eſt peut être même une raiſon de plus pour l'admettre. Platon & ſes maîtres avoient été puiſer leur doctrine chez les *égyptiens* ; on en convient. Si cela eſt, la doctrine de Platon, qu'on a, doit avoir au moins quelque reſſemblance avec celle des *égyptiens* : elle doit aider à expliquer celle des *égyptiens*, qu'on n'a qu'imparfaitement ; comme celle des *égyptiens*, ſi on l'avoit, aideroit à expliquer celle de Platon, ſi on ne l'avoit pas. Dans le cas où nous ſommes, on ne fait que reporter de Grèce en Egypte une partie de ce qui avoit été apporté d'Egypte en Grèce (1).

On inſiſte : ſi les philoſophes grecs avoient effectivement puiſé leur doctrine en Egypte, ils auroient tous enſeigné les mêmes dogmes : or.... Cette conſéquence pourroit être fauſſe, quand même ils auroient tous été en Egypte dans le même temps, dans les mêmes villes, ſous les mêmes maîtres, parce qu'on ſait qu'en philoſophie les diſciples font tous les jours des changemens dans les opinions de leurs maîtres. A plus forte raiſon ne ſera-t-elle pas évidente, ſi les temps & les maîtres n'ont été différens. Mais que répondroit-on, ſi l'on diſoit qu'effectivement tous les philoſophes grecs, excepté les corpuſculiſtes, ont eu les mêmes penſées que les prêtres *égyptiens* ? On pourra en juger par la ſuite de cette hiſtoire.

Mais les *égyptiens* n'étoient-ils pas trop vains, trop mépriſans pour les étrangers, trop intéreſſés à cacher le ſecret de leur doctrine ? Ne peut-on pas croire qu'ils n'ont communiqué aux grecs que des fables, que des contes faits à plaiſir, pour amuſer leur curioſité, & ne pas les renvoyer avec un refus abſolu ?

Quand les *égyptiens* auroient tenu cette conduite avec tous les étrangers, il y a eu un temps où il y auroit eu une exception en faveur des grecs ; lorſque la Grèce, unie par les mêmes intérêts, envoyoit à l'Egypte des ſecours contre les Perſes, leurs ennemis communs.

Mais quand même les grecs n'auroient pas eu l'avantage de cette circonſtance, il eſt difficile de concevoir que des hommes tels que Pythagore, qui a fait un ſi long ſéjour en Egypte, qui fut même admis aux myſtères d'Iſis ; que Platon, qui avoit tant de graces & d'éloquence ; que Démocrite, Œnopidès, Eudoxe ; que vingt autres, dont les faſtes d'Egypte conſervoient les noms (2), qui voyageoient avec conſidération, & qui avoient de quoi payer d'un riche retour les connoiſſances dont on leur auroit fait part : il eſt, dis-je, bien difficile de concevoir que de tant de dangers & de fatigues, dont le but unique étoit de s'inſtruire, ces grands hommes n'euſſent remporté que des menſonges vains & des contes frivoles. Que les prêtres *égyptiens* leur en aient impoſé ſur quelques faits merveilleux de leur hiſtoire, ſur la haute antiquité de leur origine, dont peut-être ils étoient dupes eux-mêmes, qu'ils aient mis du myſtère dans leur aſtrologie horoſcopique, dans leur magie, dans leurs preſtiges, pour en relever le mérite & ſe faire valoir aux yeux des étrangers ; cela ſe conçoit : mais on conçoit auſſi que les hommes dont nous parlons ne ſe ſeront point obſtinés à vouloir pénétrer dans l'intérieur de ces petites chimères ; qu'ils auront aiſément conſenti à ces petites réſerves de l'amoir-propre *égyptien* ; qu'ils auront même feint de les reſpecter, pour obtenir plus facilement des ouvertures ſur les objets impor-

---

(1) *Voyez* défenſe de la chronol. par M. Freret, page 363.

(2) *Voyez* Diod. Sic. 1. page 86 Ed. Hanow. 1694.

tans, tels que l'origine du monde & son premier état, les révolutions arrivées dans le globe terrestre, la nature & le nombre des dieux, leur providence & leur influence dans les choses humaines, les loix & l'art de gouverner les peuples, &c. Et est-il hors de doute que sur ces articles les *égyptiens* auront répondu ce qu'ils savoient, parce qu'il étoit de leur intérêt de paroître instruits? D'où je conclus que Plutarque a pu, ainsi que d'autres philosophes, connoître la vraie pensée des *égyptiens* de son tems, & que son explication a rendu le fond & l'esprit de leur système sur les causes premières.

En deux mots, voici le cercle des idées *égyptiennes*. Les deux notions de Dieu & de la matière, identifiées avec Kneph & Athyr, ou la lumière & les ténèbres, ou le jour & la nuit, devinrent le soleil & la lune (1). On observa dans la course annuelle du soleil, & dans les mois de la lune, les points de départ, les milieux, les divisions, qui eurent leurs rapports avec l'année rustique, civile & religieuse, & qui furent marquées par des annonces. Ces annonces furent exprimées par des images différentes, la plupart humaines, dont les noms devinrent peu à peu, dans l'esprit du peuple, des noms de personnages différens. Le soleil fut, selon ses différentes positions ou ses rapports, Osiris, Ammon, Orus, Harpocrate, Hercule, Serapis, Mendès, Vulcain, &c. (2) La lune, de son côté, fut Isis, Bubastis, Thermutis, Athyri, Io, Byto, ou Léto (3) selon ses degrés d'accroissement & de décroissement. Chacun de ces noms forma sa notion, eut ses attributs, ses rapports de paternité, de filiation, d'influence magique sur les peuples & sur les particuliers. Les prêtres aidèrent au fanatisme, qui étendoit leur crédit. Les princes ne s'y opposèrent pas, par la même raison. Parmi les annonces des fêtes, il y avoit des animaux figurés, qu'on prit pour les types ou représentans de la divinité. Le taureau représenta le soleil; la vache, Isis; l'épervier, Osiris; le chat, Diane. Des types inanimés, on passa aux types vivans; les animaux devinrent eux-mêmes des objets de vénération (4). Les grecs & les romains rioient. Cependant la stupidité de leur culte descendoit encore plus bas au moins d'un degré, puisqu'ils adoroient la pierre & le bois.

(1) Diod. Sic. 1. page 10. Euseb. Prep. Ev. 3. 4. Sext. Emp. 5. adv. Mat.

(2) Macrob. Sat. 1. 18. Porph. Epist. ad Anebon. Procl. in Tim. 1. page 33. Vid. Jabl. L. 2.

(3) *Voyez* Jabl. L. 3.

(4) Il est possible encore que la figure de ces animaux servît de bannière ou d'étendart aux différens nomes ou peuples de l'Egypte, lorsqu'ils se réunissoient, soit dans les fêtes, soit dans les armées.

Il vint un temps, un siècle environ avant Alexandre, où la philosophie commença à faire retourner les *égyptiens* sur leurs pas. La divinité fut ôtée aux animaux, qu'on réduisit à la simple qualité de symboles. Les annonces mystiques des fêtes ayant perdu leur sens primitif, ne furent plus que de vaines images, sans signification & sans conséquence. Les différens noms du soleil & de la lune, ne furent plus que les expressions de leurs différens rapports. Les germes de cette révolution étoient restés au fond des idées antiques, où l'unité étoit dominante. Les étrangers devenus les maîtres, étant plus portés à rire des bizarreries du culte *égyptien*, qu'à les respecter, achevèrent de déchirer le voile. Tout ce vaste édifice, de fables, d'allégories, de symboles, s'évanouit comme un vain enchantement qu'il étoit, & les prêtres, forcés par la vérité même & par l'unanimité des suffrages réunis contre eux, n'eurent d'autre parti à prendre que d'aider eux-mêmes à la révolution, & d'aller au devant des réformes que la raison & le bon sens leur proposoient. *Voyez* l'histoire des causes premières. Cette addition a été envoyée à l'éditeur par M. ROLAND DE CROISSY.

ÉLÉATIQUE. (SECTE) *Hist. de la philosophie ancienne.*

La *secte éléatique* fut ainsi appellée d'Elée, ville de la grande Grèce, où naquirent Parménide, Zénon & Leucippe, trois célèbres défenseurs de la philosophie dont nous allons parler.

Xénophane de Colophone passe pour le fondateur de l'*éléatisme*. On dit qu'il succéda à Telauge, fils de Pythagore, qui enseignoit en Italie la doctrine de son père. Ce qu'il y a de certain, c'est que les *éléatiques* furent quelquefois appellés *Pythagoriciens.*

Il se fit un grand schisme dans l'école *éléatique*, qui la divisa en deux sortes de philosophes qui conservèrent le même nom, mais dont les principes furent aussi opposés qu'il étoit possible qu'ils le fussent; les uns se perdant dans des abstractions, & élevant la certitude des connoissances métaphysiques aux dépens de la science des faits, regardèrent la physique expérimentale & l'étude de la nature comme l'occupation vaine & trompeuse d'un homme qui, portant la vérité en lui-même, la cherchoit au dehors, & devenoit de propos délibéré le jouet perpétuel de l'apparence & des fantômes; de ce nombre furent Xénophane, Parménide, Mélisse & Zénon. Les autres, au contraire, persuadés qu'il n'y a de vérité que dans les propositions fondées sur le témoignage de nos sens, & que la connoissance des phénomènes de la nature est la seule philosophie, se livrèrent tout entiers à l'étude de la physique: & l'on trouve à la tête de ceux-ci les noms célèbres de Leucippe, de Démocrite, de Protagoras, de Diagoras & d'Anaxarque. Ce schisme nous donne la division de l'histoire de la philosophie *éléatique* en histoire de l'*éléatisme* métaphysique, & en histoire de l'*éléatisme* physique.

Histoire des éléatiques *métaphysiciens*.

Xénophane vécut si long-tems, qu'on ne sait à quelle année rapporter sa naissance. La différence entre les historiens, est de vingt olympiades; mais il est difficile d'en trouver une autre que la cinquante-sixième, qui satisfasse à tous les faits donnés. Xénophane, né dans la cinquante-sixième olympiade, put apprendre les élémens de la grammaire, tandis qu'Anaximandre fleurissoit; entrer dans l'école Pythagoricienne à l'âge de vingt-cinq ans, professer la philosophie jusqu'à l'âge de quatre-vingt-douze, être témoin de la défaite des Perses à Platée & à Marathon, voir le règne d'Hiéron, avoir Empédocle pour disciple, atteindre le commencement de la quatre-vingt unième olympiade, & mourir âgé de cent ans.

Xénophane n'eut point de maître. Persécuté dans sa patrie, il se retira à Zancle ou à Catane dans la Sicile. Il étoit poëte & philosophe. Réduit à la dernière indigence, il alla demander du pain à Hiéron. Demander du pain à un tyran ! il valoit encore mieux chanter ses vers dans les rues; cela eût été plus honnête & plus conforme aux mœurs du tems. Indigné des fables qu'Homère & Hésiode avoient débitées sur le compte des dieux, il écrivit contre ces deux poëtes; mais les vers d'Hésiode & d'Homère sont parvenus jusqu'à nous, & ceux de Xénophane sont tombés dans l'oubli. Il combattit les principes de Thalès & de Pythagore; il harcela un peu le philosophe Epiménide; il écrivit l'histoire de son pays; il jetta les fondemens d'une nouvelle philosophie dans un ouvrage intitulé *de la nature*. Ses disputes, avec les philosophes de son tems, servirent aussi d'alimens à la mauvaise humeur de Timon; je veux dire que le misantrope s'en réjouissoit intérieurement, quoiqu'il en parût fâché à l'extérieur.

Nous n'avons point les ouvrages des *éléatiques*, & l'on accuse ceux d'entre les anciens qui ont fait mention de leurs principes, d'avoir mis peu d'exactitude & de fidélité dans l'exposition qu'ils nous en ont laissée. Il y a toute apparence que les *éléatiques* avoient la double doctrine. Voici tout ce qu'on a pu recueillir de leur métaphysique & de leur physique.

Métaphysique de *Xénophane*.

Rien ne se fait de rien. Ce qui est a donc toujours été; mais ce qui est éternel est infini; ce qui est infini est un : car, où il y a dissimilitude, il y a pluralité. Ce qui est éternel, infini, un, par-tout le même, est aussi immuable & immobile : car s'il pouvoit changer de lieu, il ne seroit pas infini; & s'il pouvoit devenir autre, il y auroit en lui des choses qui commenceroient, & des choses qui finiroient sans cause; il se feroit quelque chose de rien, & rien de quelque chose; ce qui est absurde. Il n'y a qu'un être qui soit éternel, infini, un, immuable, immobile, tout; & cet être est Dieu. Dieu n'est point corps; cependant sa substance, s'étendant également en tout sens, remplit un espace immense, sphérique. Il n'a rien de commun avec l'homme. Dieu voit tout, entend tout, est présent à tout; il est en même-tems l'intelligence, la durée, la nature; il n'a point notre forme; il n'a point nos passions; ses sens ne sont point tels que les nôtres.

Ce système n'est point éloigné du spinosisme. Si Xénophane semble reconnoître deux substances dont l'union intime constitue un tout, qu'il appelle *l'univers*; d'un autre côté, l'une de ces substances est figurée, & ne peut, selon ce philosophe, se concevoir, distinguée & séparée de l'autre que par abstraction. Leur nature n'est pas essentiellement différente; d'ailleurs, cette ame de l'univers, que Xénophane paroit avoir imaginée, & que tous les philosophes qui l'ont suivi ont admise, n'étoit rien de ce que nous entendons par *un esprit*.

Physique de *Xénophane*.

Il n'y a qu'un univers; mais il y a une infinité de mondes.

Comme il n'y a point de mouvement vrai, il n'y a, en effet, ni génération, ni dépérissement, ni altération. Il n'y a ni commencement, ni fin de rien, que des apparences. Les apparences sont les seules processions réelles de l'état de possibilité à l'état d'existence, & de l'état d'existence à celui d'annihilation.

Les sens ne peuvent nous élever à la connoissance de la raison première de l'univers. Ils nous trompent nécessairement sur ses loix. Il ne nous vient de science solide que de la raison; tout ce qui n'est fondé que sur le témoignage des sens, est opinion.

La métaphysique est la science des choses; la physique est l'étude des apparences.

Ce que nous appercevons en nous est; ce que nous appercevons hors de nous, nous paroît. Mais la seule vraie philosophie est des choses qui sont, & non de celles qui paroissent.

Malgré ce mépris que les *éléatiques* faisoient de

la science des faits & de la connoissance de la nature, ils s'en occupoient sérieusement; ils en jugeoient seulement moins favorablement que les philosophes de leur tems. Ils auroient été d'accord avec les Pyrrhoniens sur l'incertitude du rapport des sens; mais ils auroient défendu contr'eux l'infaillibilité de la raison.

Il y a, disoient les *éléatiques*, quatre élémens; ils se combinent pour former la terre. La terre est la matière de tous les êtres.

Les astres sont des nuages enflammés : ces gros charbons s'éteignent le jour & s'allument la nuit. Le soleil est un amas de particules ignées, qui se détruit & se reforme en 24 heures : il se lève le matin comme un grand brasier allumé de vapeurs récentes; ces vapeurs se consument à mesure que son cours s'avance; le soir il tombe épuisé sur la terre; son mouvement se fait en ligne droite : c'est la distance qui donne à l'espace qu'il parcourt une courbure apparente. Il y a plusieurs soleils; chaque climat, chaque zône a le sien.

La lune est un nuage condensé : elle est habitée; il y a des régions, des villes.

Les nuées ne sont que des exhalaisons que le soleil attire de la surface de la terre.

Est-ce l'affluence des mixtes qui se précipitent dans les mers qui les sale ? Les mers ont couvert toute la terre; ce phénomène est démontré par la présence des corps marins, sur sa surface & dans ses entrailles. Le genre humain finira lorsque la terre étant entraînée au fond des mers, cet amas d'eau se répandra également par-tout, détrempera le globe & n'en formera qu'un bourbier; les siècles s'écouleront, l'immense bourbier se séchera, & les hommes renaîtront. Voilà la grande révolution de tous les êtres.

Ne perdons point de vue au milieu de ces puérilités, plusieurs idées qui ne sont point au-dessous de la philosophie de nos tems; la distinction des élémens, leur combinaison, d'où résulte la terre; la terre principe général des corps; l'apparence circulaire, effet de la grande distance; la pluralité des mondes & des soleils; la lune habitée, les nuages formés des exhalaisons terrestres; le séjour de la mer sur tous les points de la surface de la terre. Il étoit difficile qu'une science qui en étoit à son alphabet, rencontrât un plus grand nombre de vérités ou d'idées heureuses.

Tel étoit l'état de la philosophie *éléatique* lorsque Parménide naquit. Il étoit d'Elée. Il eut Zénon pour disciple. Il s'entretint avec Socrate. Il écrivit sa philosophie en vers; il ne nous en reste que des lambeaux si décousus, qu'on n'en peut former aucun ensemble systématique. Il y a de l'apparence qu'il donna aussi la préférence à la raison sur les sens; qu'il regarda la physique comme la science des opinions, & la métaphysique comme la science des choses, & qu'il la fia l'*éléatisme* spéculatif où il en étoit; à moins qu'on ne veuille s'en rapporter à Platon, & attribuer à Parménide tout ce que le platonisme a débité depuis sur les idées. Parménide se fit un système de physique particulier. Il regarda le froid & le chaud, ou la terre & le feu, comme les principes des êtres; il découvrit que le soleil & la lune brilloient de la même lumière, mais que l'éclat de la lune étoit emprunté; il plaça la terre au centre du monde; il attribua son immobilité à sa distance égale en tout sens, de chacun des autres points de l'univers. Pour expliquer la génération des substances qui nous environnent, il disoit : le feu a été appliqué à la terre, le limon s'est échauffé, l'homme & tout ce qui a vie a été engendré; le monde finira; la portion principale de l'ame humaine est placée dans le cœur.

Parménide naquit dans la soixante-neuvième olympiade. On ignore le tems de sa mort. Les éléens l'appellèrent au gouvernement; mais des troubles populaires le dégoûtèrent bientôt des affaires publiques, & il se retira pour se livrer tout entier à la philosophie.

Mélisse de Samos fleurit dans la quatre-vingt-quatrième olympiade. Il fut homme d'état avant que d'être philosophe. Il eût peut-être été plus avantageux pour les peuples, qu'il eût commencé par être philosophe avant que d'être homme d'état. Il écrivit dans sa retraite de *l'être & de la nature*. Il ne changea rien à la philosophie de ses prédécesseurs : il croyoit seulement que la nature des dieux étant incompréhensible, il falloit s'en taire, & que ce qui n'est pas est impossible; deux principes, dont le premier marque beaucoup de retenue, & le second beaucoup de hardiesse. On croit que ce fut notre philosophe qui commandoit les samiens, lorsque leur flotte battit celle des Athéniens.

Zénon *l'éléatique* fut un beau garçon que Parménide ne reçut pas dans son école sans qu'on en médît. Il se mêla aussi des affaires publiques, avant que de s'appliquer à l'étude de la philosophie. On dit qu'il se trouva dans Agrigente, lorsque cette ville gémissoit sous la tyrannie de Phalaris; qu'ayant employé sans succès toutes les ressources de la philosophie pour adoucir cette bête féroce, il inspira à la jeunesse l'honnête & dangereux dessein de s'en délivrer; que Phalaris, instruit de cette conspiration, fit saisir Zénon, & l'exposa aux plus cruels tourmens, dans l'espérance que la violence de la douleur lui arracheroit les noms de ses complices; que le philosophe ne nomma que le favori du tyran; qu'au milieu des supplices, son éloquence réveilla les lâches agrigentins; qu'ils rougirent de s'abandonner eux-mêmes, tandis qu'un étranger expiroit à leurs yeux pour avoir entrepris de les tirer de l'esclavage; qu'ils se soulevèrent brusquement, & que le tyran fut assommé à coups de pierres. Les uns ajoutent qu'ayant invité Phalaris à s'approcher, sous prétexte de lui révéler tout ce qu'il désiroit savoir, il le mordit par l'oreille, & ne lâcha prise qu'en mourant sous les coups que les bourreaux lui donnèrent. D'autres que, pour ôter à Phalaris toute espérance de connoître le fond de la conjuration, il se coupa la langue avec les dents, & la cracha au visage du tyran. Mais quelque honneur que la philosophie puisse recueillir de ces faits, nous ne pouvons nous en dissimuler l'incertitude. Zénon ne vécut ni sous Phalaris, ni sous Denys, & l'on raconte les mêmes choses d'Anaxarque.

Zénon étoit grand dialecticien. Il avoit divisé sa logique en trois parties. Il traitoit dans la première de l'art de raisonner; dans la seconde de l'art de dialoguer, & dans la troisième de l'art de disputer. Il n'eut point d'autre métaphysique que celle de Xénophane. Il combattit la réalité du mouvement. Tout le monde connoît son sophisme de la tortue & d'Achille : « Il disoit, » si je souffre sans indignation l'injure du mé- » chant, je serai insensible à la louange de l'hon- » nête homme ». Sa physique fut la même que celle de Parménide. Il nia le vuide. S'il ajouta au froid & au chaud l'humide & le sec, ce ne fut pas proprement comme quatre différens principes, mais comme quatre effets de deux causes, la terre & le feu.

Histoire des éléatiques physiciens.

Leucippe d'Abdère, disciple de Mélisse & de Zénon, & maître de Démocrite, s'apperçut bientôt que la méfiance outrée du témoignage des sens détruisoit toute philosophie, & qu'il valoit mieux rechercher en quelles circonstances ils nous trompoient, que de se persuader à soi-même & aux autres, par des subtilités de logique, qu'ils nous trompent toujours. Il se dégoûta de la métaphysique de Xénophane, des idées de Platon, des nombres de Pythagore, des sophismes de Zénon, & s'abandonna tout entier à l'étude de la nature, à la connoissance de l'univers, & à la recherche des propriétés & des attributs des êtres. Le seul moyen, disoit-il, de reconcilier les sens avec la raison, qui semblent s'être brouillés depuis l'origine de la secte *éléatique*, c'est de recueillir des faits & d'en faire la base de la spéculation. Sans les faits, toutes les idées systématiques ne portent sur rien : ce sont des ombres inconstantes qui ne se ressemblent qu'un instant.

On peut regarder Leucippe comme le fondateur de la philosophie corpusculaire. *Voyez* ATOMISME. Ce n'est pas qu'avant lui on n'eût considéré les corps comme des amas de particules; mais il est le premier qui ait fait de la combinaison de ces particules, la cause universelle de toutes choses. Il avoit pris la métaphysique en une telle aversion, que pour ne rien laisser, disoit-il, d'arbitraire dans sa philosophie, il en avoit banni le nom de Dieu. Les philosophes qui l'avoient précédé voyoient tout dans les idées; Leucippe ne voulut rien admettre que ce qu'il observeroit dans les corps. Il fit tout émaner de l'atôme, de sa figure, & de son mouvement. Il imagina l'atômisme, Démocrite perfectionna ce système & Epicure le porta jusqu'où il pouvoit s'élever. *Voyez* ATOMISME.

Leucippe & Démocrite avoient dit que les atômes différoient par le mouvement, la figure & la masse, & que c'étoit de leur co-ordination que naissoient tous les êtres. Epicure ajouta qu'il y avoit des atômes d'une nature si hétérogène, qu'ils ne pouvoient ni se rencontrer, ni s'unir. Leucippe & Démocrite avoient prétendu que toutes les molécules élémentaires avoient commencé par se mouvoir en ligne droite. Epicure remarqua que si elles avoient commencé à se mouvoir toutes en ligne droite, elles n'auroient jamais changé de direction, ne se seroient point choquées, ne se seroient point combinées, & n'auroient produit aucune substance : d'où il conclut qu'elles s'étoient mues dans des directions un peu inclinées les unes aux autres, & convergentes vers quelque point commun, à-peu-près comme nous voyons les graves tomber vers le centre de la terre. Leucippe & Démocrite avoient animé leurs atômes d'une même force de gravitation. Epicure fit graviter les siens diversement, voilà les principales différences de la philosophie de Leucippe & d'Epicure, qui nous soient connues.

Leucippe disoit encore : l'univers est infini : il y a un vuide absolu, & un plein absolu : ce sont les deux portions de l'espace en général. Les atômes se meuvent dans le vuide. Tout naît de leurs combinaisons, ils forment des mondes, qui se résolvent en atômes. Entraînés autour d'un centre commun, ils se rencontrent, se choquent, se séparent, s'unissent; les plus légers sont jettés dans les espaces vuides qui embrassent extérieurement le tourbillon général. Les autres tendent fortement vers le centre ; ils s'y hâtent, s'y pressent, s'y accrochent, & y forment une masse qui augmente sans cesse en densité. Cette masse attire à elle tout ce qui l'approche ; de-là naissent l'humide, le limoneux, le sec, le chaud, brûlant, l'enflammé, les eaux, la terre, les pierres, les hommes, le feu, la flamme, les astres.

Le soleil est environné d'une grande atmosphère qui lui est extérieure.

C'est le mouvement qui entretient sans cesse le feu des astres, en portant au lieu qu'ils occupent des particules qui réparent les pertes qu'ils font.

La lune ne brille que d'une lumière empruntée du soleil. Le soleil & la lune souffrent des éclipses, parce que la terre penche vers le midi. Si les éclipses de lune sont plus fréquentes, que celles de soleil, il en faut chercher la raison dans la différence de leurs orbes.

Les générations, les dépérissemens, les altérations, sont les suites d'une loi générale & nécessaire, qui agit dans toutes les molécules de la matière.

Quoique nous ayons perdu les ouvrages de Leucippe, il nous est resté, comme on voit, assez de connoissance des principes de sa philosophie, pour juger du mérite de quelques-uns de nos systématiques modernes; & nous pourrions demander aux cartésiens, s'il y a bien loin des idées de Leucippe à celle de Descartes? *Voyez* CARTÉSIANISME.

Leucippe eut pour successeur Démocrite, un des premiers génies de l'antiquité. Démocrite naquit à Abdère, où sa famille étoit riche & puissante. Il fleurissoit au commencement de la guerre du Péloponèse. Dans le dessein qu'il avoit formé de voyager, il laissa à ses frères les biens-fonds, & il prit en argent ce qui lui revenoit de la succession de son père. Il parcourut l'Egypte, où il apprit la géométrie dans les séminaires; la Chaldée, l'Ethiopie, où il conversa avec les gymnosophistes; la Perse où il interrogea les mages; les Indes, &c. *Je n'ai rien épargné pour m'instruire,* disoit Démocrite; *j'ai vu tous les hommes célèbres de mon temps; j'ai parcouru toutes les contrées où j'ai espéré rencontrer la vérité: la distance des lieux ne m'a point effrayé; j'ai observé les différences de plusieurs climats; j'ai recueilli les phénomènes de l'air, de la terre & des eaux; la fatigue des voyages ne m'a point empêché de méditer; j'ai cultivé les mathématiques sur les grandes routes, comme dans le silence de mon cabinet; je ne crois pas que personne me surpasse aujourd'hui dans l'art de démontrer par les nombres & par les lignes, je n'en excepte pas même les prêtres de l'Egypte.*

Démocrite revint dans sa patrie, rempli de la sagesse de toutes les nations; mais il y fut réduit à la vie la plus étroite & la plus obscure; ses longs voyages avoient entièrement épuisé sa fortune, heureusement il trouva dans l'amitié de Damasis son frère, les secours dont il avoit besoin. Les loix du pays refusoient la sépulture à celui qui avoit dissipé le bien de ses pères. Démocrite ne crut pas devoir exposer sa mémoire à cette injure: il obtint de la république une somme considérable en argent, avec une statue d'airain, sur la seule lecture d'un de ses ouvrages. Dans la suite, ayant conjecturé, par des observations météorologiques, qu'il y auroit une grande disette d'huile, il acheta à bon marché toute celle qui étoit dans le commerce, la revendit fort cher, & prouva aux détracteurs de la philosophie, que le philosophe savoit acquérir des richesses, quand il le vouloit. Ses concitoyens l'appellerent à l'administration des affaires publiques: il se conduisit à la tête du gouvernement, comme on l'attendoit d'un homme de son caractère. Mais son goût dominant ne tarda pas à le rappeller à la contemplation & à la philosophie. Il s'enfonça dans les lieux sauvages & solitaires; il erra parmi les tombeaux; il se livra à l'étude de la morale, de la nature, de l'anatomie & des mathématiques; il consuma sa vie en expériences; il fit dissoudre des pierres; il exprima le suc des plantes; il disséqua les animaux. Ses imbécilles concitoyens le prirent alternativement pour magicien & pour insensé. Son entrevue avec Hippocrate, qu'on avoit appelé pour le guérir, est trop connue & trop incertaine, pour que j'en fasse mention. Ses travaux & son extrême sobriété n'abrégèrent point ses jours. Il vécut près d'un siècle. Voici les principes généraux de sa philosophie.

Logique de Démocrite.

Démocrite disoit: il n'existe que les atômes & le vuide; il faut traiter le reste comme des simulacres trompeurs.

L'homme est loin de la vérité. Chacun de nous a son opinion; aucun n'a la science.

Il y a deux philosophies; l'une sensible, l'autre rationelle; il faut s'en tenir à la première, tant qu'on voit, qu'on sent, qu'on entend, qu'on goûte & qu'on touche; il ne faut poursuivre le phénomène à la pointe de l'esprit, que quand il échappe à la portée des sens. La voie expérimentale est longue, mais elle est sûre; la voie du raisonnement a le même défaut, & n'a pas la même certitude.

D'où l'on voit que Démocrite s'étoit un peu rapproché des idées de Xénophane en métaphysique, & qu'il s'étoit livré sans réserve à la méthode de philosopher de Leucippe en physique.

Physiologie de Démocrite.

Démocrite disoit: rien ne se fait de rien; le vuide & les atômes sont les causes efficientes de tout.

La matiere est un amas d'atômes, ou n'est qu'une vaine apparence. L'atôme ne naît point du vuide, ni le vuide de l'atôme : les corps existent dans le vuide. Ils ne different que par la combinaison de leurs élémens.

Il faut rapporter l'espace aux atômes & au vuide. Tout ce qui est plein est atôme ; tout ce qui n'est pas atôme est vuide. Le vuide & les atômes sont deux infinis ; l'un en nombre, l'autre en étendue.

Les atômes ont deux propriétés primitives, la figure & la masse. La figure varie à l'infini, la masse est la plus petite possible.

Tout ce que nous attribuons d'ailleurs aux atômes comme des propriétés, est en nous. Ils se meuvent dans le vuide immense, où il n'y a ni haut ni bas, ni commencement, ni milieu, ni fin ; se mouvement a toujours été, & ne cessera jamais. Il se fait selon une direction oblique, telle que celle des graves. Le choc & la cohésion sont des suites de cette obliquité & de la diversité des figures.

La justice, le destin, la providence, sont des termes vuides de sens. Les actions réciproques des atômes, sont les seules raisons éternelles de tout. Le mouvement circulaire en est un effet immédiat.

La matiere est une : toutes les différences émanent de l'ordre, de la figure & de la combinaison des atômes.

La génération n'est que la cohésion des atômes homogenes : l'altération n'est qu'un accident de leur combinaison; la corruption n'est que leur séparation; l'augmentation qu'une addition d'atômes; la diminution, qu'une soustraction d'atômes.

Ce qui s'apperçoit par les sens, est toujours vrai ; la doctrine des atômes rend raison de toute la diversité de nos sensations.

Les mondes sont infinis en nombre : il y en a de parfaits, d'imparfaits, de semblables, de différens. Les espaces qu'ils occupent, les limites qui les circonscrivent, les intervalles qui les séparent, varient à l'infini. Les uns se forment, d'autres sont formés; d'autres se résolvent & se détruisent.

Le monde n'a point d'ame, ou l'ame du monde est le mouvement igné. Le feu est un amas d'atômes sphériques.

Il n'y a d'autres différences entre les atômes constitutifs de l'air, de l'eau & de la terre, que celle des masses.

Les astres sont des amas de corpuscules ignés & légers, mus sur eux-mêmes.

La lune a ses montagnes, ses vallées & ses plaines.

Le soleil est un globe immense de feu.

Les corps célestes sont emportés d'un mouvement général d'orient en occident. Plus leur orbe est voisin de la terre, plus il se meut lentement.

Les cometes sont des amas de planetes si voisines, qu'elles n'excitent que la sensation d'un tout.

Si l'on resserre dans un espace trop étroit une grande quantité d'atômes, il s'y formera un courant ; si l'on disperse au contraire les atômes dans un vuide trop grand pour leur quantité, ils demeureront en repos.

Dans le commencement, la terre fut emportée à travers l'immensité de l'espace d'un mouvement irrégulier. Elle acquit dans le tems de la consistance & du poids ; son mouvement se ralentit peu-à-peu, puis il cessa. Elle doit son repos à son étendue & à sa gravité. C'est un vaste disque qui divise l'espace infini en deux hémispheres, l'un supérieur, & l'autre inférieur. Elle reste immobile par l'égalité de force de ces deux hémispheres. Si l'on considere la section de l'espace universel relativement à deux points déterminés de cet espace, elle sera droite ou oblique ; c'est en ce sens que l'axe de la terre est incliné.

La terre est pleine d'eau : c'est la distribution inégale de ce fluide dans ses immenses & profondes concavités, qui cause & entretient ses mouvemens.

Les mers décroissent sans cesse, & tariront. Les hommes sont sortis du limon & de l'eau. L'ame humaine n'est que la chaleur des élémens du corps ; c'est par cette chaleur que l'homme se meut & qu'il vit. L'ame est mortelle, elle se dissipe avec le corps. La partie qui réside dans le cœur, réfléchit, pense & veut ; celle qui est répandue uniformément par-tout ailleurs, sent seulement.

Le mouvement qui a engendré les êtres détruits, les réformera.

Les animaux, les hommes & les dieux, ont chacun leurs sens propres. Les nôtres sont des miroirs qui reçoivent les images des choses.

Toute sensation n'est qu'un toucher.

La distinction du jour & de la nuit est une expression naturelle du tems.

Théologie

Théologie de Démocrite.

Il y a des natures composées d'atômes très-subtils, qui ne se montrent à nous que dans les ténebres. Ce sont des simulacres gigantesques : la dissolution en est plus difficile & plus rare que des autres natures. Ces êtres ont des voix : ils sont plus instruits que nous. Il y a dans l'avenir des évènemens qu'ils peuvent prévoir, & nous annoncer ; les uns sont bienfaisans, les autres malfaisans. Ils habitent le vague des airs ; ils ont la figure humaine. Leur dimension peut s'étendre jusqu'à remplir des espaces immenses. D'où l'on voit que Démocrite avoit pris pour des êtres réels les fantômes de son imagination, & qu'il avoit composé sa théologie de ses propres visions ; ce qui étoit arrivé de son tems à beaucoup d'autres, qui ne s'en doutoient pas.

Morale de Démocrite.

La santé du corps & le repos de l'ame sont le souverain bien de l'homme.

L'homme sage ne s'attache fortement à rien de ce qui peut lui être enlevé.

Il faut se consoler de ce qui est par la contemplation du possible.

Le philosophe ne demandera rien, & méritera tout ; ne s'étonnera guère, & se fera souvent admirer.

C'est la loi qui fait le bien & le mal, le juste & l'injuste, le décent & le déshonnête.

La connoissance du nécessaire est plus à desirer que la jouissance du superflu.

L'éducation fait plus d'honnêtes gens que la nature.

Il ne faut courir après la fortune, que jusqu'au point marqué par les besoins de la nature.

L'on s'épargnera bien des peines & des entreprises, si l'on connoit ses forces, & si l'on ne se propose rien au-delà, ni dans son domestique, ni dans la société.

Celui qui s'est fait un caractère, sait tout ce qui lui arrivera.

Les loix n'ôtent la liberté qu'à ceux qui en abuseroient.

On n'est point sous le malheur, tant qu'on est loin de l'injustice.

Le méchant qui ignore la dissolution finale, & qui a la conscience de sa méchanceté, vit en crainte, meurt en transe, & ne peut s'empêcher d'attendre d'une justice ultérieure qui n'est pas, ce qu'il a mérité de celle qui est, & à laquelle il n'ignore pas qu'il échappe en mourant.

La bonne santé est dans la main de l'homme. L'intempérance donne de courtes joies & de longs déplaisirs, &c.

Démocrite prit pour disciple Protagoras, un de ses concitoyens ; il le tira de la condition de porte-faix, pour l'élever à celle de philosophe. Démocrite ayant considéré, avec des yeux méchaniciens, l'artifice singulier que Protagoras avoit imaginé pour porter commodément un grand fardeau, l'interrogea, conçut sur ses réponses, bonne opinion de son esprit, & se l'attacha. Protagoras professa l'éloquence & la philosophie. Il fit payer chèrement ses leçons : il écrivit un livre de la nature des dieux, qui lui mérita le nom d'*impie*, & qui l'exposa à des persécutions. Son ouvrage commençoit par ces mots : *Je ne sais s'il y a des dieux ; la profondeur de cette recherche, jointe à la briéveté de la vie, m'ont condamné à l'ignorer toujours.*

Protagoras fut banni, & ses livres recherchés, brûlés, & lûs. *Punitis ingeniis gliscit auctoritas.*

Ce qu'on nous a transmis de sa philosophie, n'a rien de particulier ; c'est la métaphysique de Xénophane, & la physique de Démocrite.

L'*éléatique* Diagoras, de l'isle de Mélos, fut un autre impie ; il naquit dans la trente huitième olympiade. Les désordres qu'il remarqua dans l'ordre physique & moral, le déterminèrent à nier l'existence des dieux ; il ne renferma point sa façon de penser, malgré les dangers auxquels il s'exposoit en la laissant transpirer. Le gouvernement mit sa tête à prix. On éleva une colonne d'airain, par laquelle on promettoit un talent à celui qui le tueroit, & deux talens à celui qui le prendroit vif. Une de ses imprudences fut d'avoir pris, au défaut d'autre bois, une statue d'Hercule pour faire cuire des navets. Le vaisseau qui le portoit loin de sa patrie, ayant été accueilli par une violente tempête, les matelots gens superstitieux dans le danger, commencèrent à se reprocher de l'avoir pris sur leur bord ; mais ce philosophe leur montrant d'autres bâtimens qui ne couroient pas moins de danger que le leur, leur demanda avec un grand sang-froid, si chacun de ces vaisseaux portoit aussi un Diagoras. Il disoit dans un autre conjoncture à un Samothrace de ses amis, qui lui faisoit remarquer dans un temple de Neptune, un grand nombre d'*ex voto* offerts par des voyageurs qu'il avoit sauvés du naufrage, que les prêtres ne seroient pas si fiers, si l'on avoit pu tenir registre des prières de tous les honnêtes gens que Neptune avoit laissé périr. Notre athée donna de bonnes loix aux Mantinéens, & mourut tranquillement à Corinthe.

Anaxarque d'Abdère fut plus fameux par la licence de ses mœurs que par ses ouvrages. Il jouit de toute la faveur d'Alexandre : il s'occupa à corrompre ce jeune prince par la flatterie. Il parvint à le rendre inaccessible à la vérité. Il eut la bassesse de le consoler du meurtre de Clitus. *An ignoras*, lui disoit-il, *jus & fas jovi assidere ut quidquid Rex agas, id fas justumque putetur?* Il avoit long-tems sollicité auprès d'Alexandre, la perte de Nicocréon, tyran de l'Isle de Chypre. Une tempête le jetta entre les mains de ce dangereux ennemi ; Alexandre n'étoit plus. Nicocréon fit piler Anaxarque dans un mortier. Ce malheureux mourut avec une fermeté digne d'un plus honnête homme. Il s'écrioit sous les coups de pilon : *Anaxarchus culeum, non Anaxarchum tundis*. On dit aussi de lui qu'il se coupa la langue avec les dents, & qu'il la cracha au visage du tyran.

(Cet article est de DIDEROT.)

ADDITION A L'ARTICLE PRÉCÉDENT.

L'école d'Elée,

ou L'UNITÉ DE L'ÊTRE.

Il n'est peut-être point de situation plus cruelle pour le vrai philosophe, que de tenir une partie de la vérité, sans pouvoir atteindre à l'autre. Quand on suit de l'œil ces grands personnages de l'antiquité philosophique, & qu'on voit leurs efforts pour pénétrer dans l'intérieur des causes, il semble qu'on les entend gémir. Les yeux serrés sous un bandeau de fer, ils font mille courses, mille circuits ; ils s'avancent, se croisent, reviennent sur eux-mêmes, jusqu'à ce qu'enfin ils tombent de lassitude & d'inanition, souvent à l'endroit même d'où ils étoient partis : on le verra surtout dans l'école d'Elée, où nous allons entrer.

L'école d'Elée, ou de Velie, ville d'Italie, sur la côte de la mer de Toscane, assez près du détroit de Messine, fut ainsi nommée à cause de Parménide & de Zénon, ses deux chefs les plus célèbres, qui étoient nés dans cette ville. Xénophane de Colophon, qui vécut cent ans, passe pour en être le fondateur. Melissus de Samos y est aussi compris ; parce que ces philosophes ayant eu à-peu-près le même langage que ceux d'Elée, ont aussi paru dans cette partie de l'Italie, à-peu-près dans le même-tems. Ce sont, de tous les anciens, ceux qui paroissent avoir fait le plus d'efforts pour reconnoître l'origine des êtres & la nature des premiers principes.

Disciples de Pythagore, ils avoient vu chez leur maître commun, la monade, ou l'unité établie comme un principe. La voix de la tradition universelle, celle de la nature, du sens commun jointes à l'autorité du maître qui *l'avoit dit*, leur fit aisément adopter cette idée comme un dogme fondamental. Mais ils confondirent l'unité d'un être avec l'unité de l'être ; c'est-à-dire, qu'ils ne se contentèrent pas de croire qu'il n'y avoit qu'un seul être essentiel, qu'une seule essence immuable ; ils voulurent que tout ce qui n'étoit point cet être ne fût point, ne fût rien. Ils avoient vu aisément que cet être essentiel & unique devoit aussi être infini, immuable, toujours le même, & le même par-tout. Mais embarrassés du spectacle de la nature, qui, au lieu de l'unité & de l'immutabilité, ne leur présentoit que multitude & différence, productions & destructions, ils prirent un parti violent ; ce fut de dire que ces êtres, naissans & mourans, n'étoient point ; & de supprimer dans la nature entière toute espèce de génération, de corruption, d'augmentation, d'altération, même de transport local (1). Il falloit être bien brave & bien armé, pour se maintenir dans un poste si difficile ; tout l'univers sembloit déposer contre eux. Lorsqu'ils se virent forcés dans leurs premiers retranchemens, ils se retirèrent dans les souterrains de la métaphysique. Leurs adversaires les y suivirent. Mais s'y trouvant comme eux, dans les ténèbres les plus épaisses, ils n'eurent rien de solide à leur opposer, faute d'idées.

C'est pourtant dans ces ténèbres, comparées par un savant moderne (2) à celles des tombeaux, que nous allons tâcher de reconnoître la pensée des *éléatiques*, à la faveur de quelque jour qui s'est réfléchi des siècles postérieurs sur cet endroit de l'histoire philosophique.

Le siècle où brilla l'école d'Elée (l'observation est nécessaire) étoit précisément celui des sophistes, dont le nom est resté à cette fausse philosophie, qui croit qu'argumenter, c'est raisonner. On les connoît assez par l'humeur qu'ils donnèrent à Socrate, par qui ils furent couverts du mépris qu'ils méritoient. Disputans à outrance sur les matières qu'ils entendoient le moins ; plus glorieux de

---

(1) Mais quelques-uns de ceux qui ont établi l'unité rigoureuse de l'être, vaincus par la difficulté même de la question, ont dit, que l'être unique étoit immobile aussi-bien que la nature entière ; voulant dire non-seulement que rien ne s'engendre ni ne se produit, (car tous l'avoient dit anciennement) mais qu'il n'y a nulle espèce de mutation ni de mouvement. C'est là le point qui leur est propre. *Arist. Mét.* 1, 3.

(2) Jo. Godefr. Waller.

prendre les esprits dans les filets d'une dialectique captieuse, que de s'instruire eux-mêmes, ou de chercher à instruire les autres, ils triomphoient, quand leurs adversaires surpris, se trouvoient sans réplique, quoiqu'ils ne les eussent ni persuadés ni convaincus. Ce fut par-là que Gorgias de Leontium, homme d'ailleurs d'un mérite éminent, se rendit si fameux à Athènes. Il soutenoit thèse sur le champ, & sur tout, le pour ou le contre, comme on vouloit. Il alla jusqu'à prétendre que l'être étoit la même chose que le néant, & le néant la même chose que l'être. Nous avons encore sa preuve (1), qui est pitoyable, mais qui apparemment étoit de mise dans un tems où les autres philosophes le payoient de semblable monnoie. Ceux d'Elée en particulier étoient forts en ce genre d'escrime; & ce ne fut pas sans raison que Platon prit pour acteur principal un *éléatique*, dans celui de ses dialogues qui porte le nom de *Sophiste*.

Voici une partie de leurs raisonnemens sur la matière présente. Ils sont tirés d'Ocellus Lucanus (2), de Platon (3), d'Aristote (4), de Cicéron, de Stobée (5), de Plutarque, de Sextus Empiricus, de Clément d'Alexandrie, d'Eusèbe de Césarée, qui sont les auteurs graves en cette matière, & dont plusieurs ont cité les propres paroles de Xénophane, de Parménide & de Zénon.

« L'univers est tout ce qui est: donc tout ce qui est est la même chose que l'univers. L'Univers est un: donc tout ce qui est est un. Si l'univers est un, il est unique; s'il est unique, il est infini: donc tout ce qui est est infini.

» Car ce qui est *tout* & *unique*, comprend tout, & ne laisse rien hors de lui. Or ce qui ne laisse rien hors de soi, n'a rien qui le termine; & ce qui n'est terminé par rien est infini: donc tout est infini.

» Si tout est infini, il n'a ni commencement ni fin: il est donc éternel; il a donc toujours été; il n'a donc jamais été fait.

» Si tout ce qui est n'a jamais été fait, & s'il a toujours été, rien ne se fait donc aujourd'hui; rien donc ne naît ni ne meurt.

» En effet, si quelque chose se faisoit, ce seroit » de ce qui étoit auparavant, ou de ce qui n'étoit » pas. De ce qui n'étoit pas? cela ne se peut; » parce que rien ne se fait de rien. De ce qui » étoit? il n'a donc pas été fait, puisqu'il étoit. » Donc rien n'a été fait; donc si quelque chose » se fait, ce n'est pas un être; donc ce n'est rien. » Avançons.

» L'unité est semblable en tout à elle-même » donc si tout est un, il est semblable à lui-même » en tout; car autrement il seroit tel ici & tel là; » ce qui feroit diversité, & par conséquent plu- » ralité, & dès-lors plus d'unité.

» Si tout est un, il ne peut se mouvoir; car se » mouvoir, c'est passer de l'un dans l'autre. Or, » où il n'y a qu'un, il n'y a point d'autre ». Il n'est pas nécessaire d'avertir que ce sont-là des sophismes.

On peut juger, par cet échantillon, du goût & du style de l'école d'Elée, en fait de dialectique & de métaphysique. On y voit tout l'appareil de l'ergotisme: des mots pris à double sens, des énumérations incomplètes, des définitions louches qui s'altèrent dans le raisonnement, & sur-tout des *sorites*, espèce d'argument la plus trompeuse de toutes; parce que dans chacune des propositions qu'on y élève, comme par étage, il se glisse aisément de petites inexactitudes, qu'on n'apperçoit pas séparément, mais dont la somme donne dans la conclusion finale, une erreur grossière à laquelle on est forcé de souscrire, quand on n'a pas arrêté l'argument dans son progrès. Le malheur des *éléatiques*, est d'avoir pris quelquefois le change, en voulant le donner aux autres, & de n'avoir pu se dépêtrer eux-mêmes de leurs propres filets. Passons au système qu'on prétendoit prouver par ces beaux raisonnemens. On verra que c'est le même que celui de Pythagore, présenté avec les épines de la dialectique sophistique.

« Xénophane (le plus ancien, & comme le » chef des *éléatiques*) disoit que tout est un; qu'il » n'est point muable, qu'il est Dieu, que rien ne » naît nulle part, qu'il est éternel & de figure » ronde ». C'est Cicéron qui nous donne ce précis. Et ailleurs: « Xénophane, qui a pensé » que l'univers, auquel il donnoit l'intelligence, » étoit Dieu, parce qu'il étoit infini (6) ».

---

(1) Arist. de Xenoph. Zen. & Gorgia. c. 6.

(2) De Universo. 1.

(3) Parmenid.

(4) Loc. cit. & de Gen. & Cor. 1. 7 & 8.

(5) Adv. Math. 7. 2.

(6) *Xenophanes ait unum esse omnia, neque id esse mutabile, & id esse verum Deum, neque natum usquam quicquam, & sempiternum, conglobata figura.* Acad. 2. 37. Et de Nat. Deor. 1. 11. *Xenophanes qui mente adjunctâ Omne propterea quod esset infinitum, Deum esse voluit.* Nous avons traduit Omnia & Omne, qui ont ici un même sens, par *tout*, ou *l'Univers*. C'est le τὸ πᾶν ou le τὰ πάντα des Grecs. Xénophane, dit Aristote, envisageant tout le Ciel, (tout l'Univers) a dit que la

Ces passages s'expliquent par les raisonnemens qu'on vient de voir. Le *tout*, ou l'univers, est un, c'est-à-dire unique; parce que, qui dit tout, n'excepte rien. Si quelque chose étoit excepté, tout ne seroit pas tout, ne seroit pas l'univers.

Ce tout est infini, parce qu'il n'est rien au-delà de lui qui le termine. Cette infinité n'empêche pas qu'il ne soit rond, *conglobatâ figurâ*, parce que cette infinité n'est qu'une négation de limites. Si le globe terrestre étoit suspendu seul au milieu de l'espace & du vuide, il seroit infini dans le même sens.

Ce tout ne peut changer; il est immuable, parce qu'on ne peut y rien ajouter, ni en rien ôter: il a toujours la même quantité d'être, parce qu'aucune partie de l'être ne peut commencer à être, ni cesser d'être; parce que rien ne peut naître de rien; *neque natum usquam quicquam*. D'où il suit que *tout*, ou *le tout*, est éternel: OMNE esse sempiternum.

Ce tout, ou univers, unique, infini, rond, immuable, éternel, *est Dieu*, *est vrai Dieu*, doué d'intelligence, *mente adjunctâ*. Ainsi Dieu, selon Xénophane, étoit une substance intelligente, sphérique, suspendue au milieu de l'espace: c'étoit le seul être: c'étoit le monde dit Aristote (1).

Au reste le système de Xénophane n'étoit rien moins que clair & raisonné; ce n'étoit, selon le même Aristote, qu'un essai, une ébauche grossière, des assertions sans preuves, plutôt que des explications raisonnées & réduites à un juste système.

Il en étoit de même de Melissus de Samos, qu'Aristote comprend dans la même qualification. Il voyoit l'unité dans la matière, ou le *substratum* des formes, pâte commune, continue, & par cette raison *une* & unique dans toute la nature. Ce n'étoit que le même mot, avec une autre idée.

Parménide renferma sa doctrine dans deux mots, *un* & *plusieurs*. Les développemens sophistiques de ces deux mots remplissent presque tout le Parménide de Platon. C'est-là qu'on peut voir, si quelqu'un au monde en a le tems & la patience, toutes les futilités des métaphysiciens sophistes. On se gardera bien d'en citer ni les raisonnemens, qui sont misérables, ni les résultats, qui sont dignes des raisonnemens (2); mais je rapporterai les paroles de Plutarque, qui sont claires & intelligibles, & qui nous donnent la solution de l'énigme. « Parménide, dit-il, admettoit l'*unum* & le *multa*, » c'est-à-dire, l'*être* & le *non-être*; mais il leur » conserve à l'un l'autre, ce qui leur appartient. » Il veut que l'essence de l'*un* par excellence, soit » l'objet de la raison & de la science, parce que » cet un est immuable, éternel, incorruptible; » & que l'essence de l'*autre*, qui est *multa*, soit » l'objet des sens.... Mais ce qui est toujours le » même, ayant droit d'avoir un autre nom que ce » qui change sans cesse, il a donné le nom d'*être* » au premier, & au second celui de *non-être*, ou » *néant* (3) ».

Aristote avoit parlé de même que Plutarque. » Parménide, dit-il, ayant posé pour principe » que le *non-être* n'étoit rien, auroit dû en conclure que l'*être* étoit le seul être; mais forcé » par le spectacle de la nature, & pensant qu'il n'y » avoit qu'*un* seul être selon l'esprit, & qu'il y en » avoit *plusieurs* selon les sens, il admet deux » causes ou deux principes, le chaud & le froid, » comme le feu & la terre, unissant le chaud à » l'*être*, & le froid au *non-être* (4). Aussi définissoit-il Dieu dans Cicéron: Une sphère de feu » & de lumière, qui embrasse & contient l'univers (5) ».

Zénon d'Elée essaya d'approfondir encore & d'affermir par ses raisonnemens subtils le dogme de l'unité, qu'il ne fit que rendre plus incompréhensible. Parménide avoit soutenu qu'il n'y avoit qu'*un*. Zénon, pour changer la phrase, dit qu'il n'y avoit pas *plusieurs*, & que tout ce que nous voyons n'existoit pas. Il alla même jusqu'à dire, si l'on en croit Sénèque, que l'un

---

Un étoit Dieu. Toutes les éditions du second passage de Cicéron portent *præter ea* Nous avons prouvé dans les Mem. de l'Acad. des Inscrip. qu'il faut lire *propterea*; ce qui fait tomber toutes les objections de Bayle contre Cicéron, & par conséquent toutes les réponses qu'on a faites pour justifier ce dernier. Voyez *la Dissert.* de M. l'Abbé d'Olivet sur ce passage, tom. 2 de sa traduct. de Cic. de Nat. Deor.

(1) Métaph. 1, 5.

(2) *Totus dialogus an fracuosâ disputatione obscurus, legendus ei est qui nugas Platonicas accuratè intelligere cupit.* Bruker T. 1. pag. 1105. Jugement trop dur, en ce qu'il met sur le compte de Platon ce qui doit être sur celui de Parménide, & plus encore sur celui de son Ecole, dont, selon toute apparence, Platon se moque en feignant de l'admirer: *Ego ironiam illam, quam, in Socrate, dicunt fuisse, quâ ille in Platonis libris utitur, facetam & elegantam puto....Apud Platonem Socrates in cœlum effert Hippiam, Prodicum, Gorgiam, cæteros; se autem omnium rerum insium fingit & rudem.* Cic. de Clar. Or. 85.

(3) Adv. Colot. pag. 1114. B.

(4) Métaph. 5. 1. C'étoit la pensée de Platon Tim.

(5) STEPHANEN appellat, continentem ardore lucis orbem qui cingit cælum, quem appellat Deum. De Nat Deor. 1. 11.

n'exiſtoit pas, *Ne unum quidem eſſe*; que rien n'exiſtoit, *nihil eſſe* : aſſertion ridicule, qu'il eſt impoſſible que Zénon, perſonnage grave dans ſon tems, ait pu défendre ſérieuſement. On aime mieux croire qu'étant dans un état de guerre avec les autres ſophiſtes, il ne ſoutenoit ces paradoxes que par ſuppoſition, & pour réduire ſes adverſaires à l'abſurde, *ἐριστικῶς* (1) : car

> Grande éloquence & grande force d'art,
> Pour diſputer en l'une & l'autre part,
> Avoit Zénon, reprenant tout le monde,
> Quand il vouloit déployer ſa faconde (2).

Ce fut lui qui, trop preſſé par l'argument tiré du mouvement, oſa en nier l'exiſtence. Il prouvoit ſa thèſe par les argumens que Bayle a développés au long dans ſon dictionnaire (3), & auxquels Diogène le Cynique répondoit aſſez mal, en ſe levant & ſe promenant devant lui, ſans rien dire.

Quand à ſon opinion ſur l'unité, on n'a rien ſur quoi on puiſſe ſe fonder. On ne ſait pas même ſi dans le livre d'Ariſtote, où il traité *des opinions de Xénophane, de Zénon, de Gorgias*, les noms n'ont pas été tranſpoſés. Xénophane diſoit que l'être unique étoit le monde; Méliſſus que c'étoit la matière; Parménide, que c'étoit Dieu ſeul, parce que tout le reſte étoit périſſable. Il n'étoit guères poſſible que Zénon, dans le fait, ne ſe rapprochât de quelqu'un des trois. Ils cherchoient tous la vérité quand ils méditoient; mais quand ils diſputoient, ils ne cherchoient qu'à vaincre ou à tromper leurs adverſaires. Le vrai dénouement de leurs difficultés eût été le dogme de la création, dont les philoſophes mêmes ont ſenti la néceſſité, quand ils en ont connu le fait. Ils auroient vu alors un ſeul être eſſentiel, dominant ſur d'autres êtres produits par une force ineffable; & la dualité ſe ſeroit aiſément conciliée avec l'unité.

Cependant quand les philoſophes d'Elée ſeroient parvenus à cette grande vérité, qui eſt la clef de tant d'autres, ils auroient pu encore ne rien changer à leur langage, parce qu'ils pouvoient prendre l'unité dans un ſens ou métaphyſique ou phyſique, qui n'exclućt pas la multiplicité dans un autre genre : remarque qui ſuffiroit ſeule pour empêcher de dire trop affirmativement que les *éléatiques* étoient ſpinoſiſtes.

Qu'ils l'aient été ou non, cela eſt aujourd'hui aſſez peu important. Les philoſophes anciens ſont tombés dans un aſſez grand nombre d'abſurdités, pour qu'on puiſſe leur paſſer encore celle-ci. Mais il ſemble qu'à regarder les choſes de près, & ſans prévention, il n'y avoit guères que la reſſemblance des mots : les explications, les raiſonnemens, les points de vûe ſur-tout étoient différens.

L'être de Spinoſa, eſt la vraie & réelle ſubſtance des êtres, la ſubſtance dont ils ſont compoſés, qui ſe meut, qui ſe change, qui ſe modifie de toutes les manières, qui eſt corps & eſprit, cauſe & effet.

L'être des *éléatiques* étoit ou la ſomme entière des ſubſtances qui compoſent le monde, ou une ſorte d'être de raiſon, en qui ils ne concevoient d'autre attribut que d'*être*, & dont ils écartoient par abſtraction toute idée de cauſe ou d'effet, de mouvement, de modification, de forme : c'étoit quelque choſe qui étoit; ils s'arrêtoient là; ou s'ils alloient plus loin, c'étoit pour ſe jetter dans des diſtinctions ſophiſtiques dont ils cachoient ſoigneuſement le ſecret à ceux des autres écoles, avec qui ils diſputoient. Il eſt vrai que les expreſſions qu'ils employoient peuvent ſe rapporter au ſpinoſiſme. Mais où ne peut-on pas trouver de ces rapports? Spinoſa lui-même ne s'étaye-t-il pas de Saint-Paul, parce que l'apôtre a dit, *que nous vivons dans Dieu, que nous marchons, que nous ſommes dans lui* (4)? Il y au moins une différence très-eſſentielle entre les *éléatiques* & les modernes unitaires : c'eſt que les anciens ne faiſoient nullement dépendre leur morale de leur métaphyſique, & qu'ils regardoient leurs ſyſtêmes abſtraits comme de ſimples conjectures, comme des ſpéculations ingénieuſes, qui pouvoient aiguiſer l'eſprit dans leurs entretiens philoſophiques, mais ſur leſquels il ne falloit point appuyer la conduite de l'état, ni celle du citoyen. Ils convenoient tous que la nature intérieure des êtres étoit impénétrable, que la ſcience avoit ſes bornes très-près de nous, & qu'ainſi les diſputes ſur les cauſes ne pouvoient être regardées que comme des amuſemens ou des jeux philoſophiques, dans leſquels les eſprits pouvoient s'exercer à l'ombre de la vérité, ſans tirer à conſéquence pour la conduite. *Voyez* l'hiſtoire des cauſes premières.

Cette addition a été envoyée à l'éditeur par M. ROLAND DE CROISSI.

ÉPICURÉISME ou ÉPICURISME, ſubſt. m. (*Hiſtoire de la philoſophie ancienne*).

La ſecte éléatique donna naiſſance à *la ſecte épicurienne*. Jamais philoſophie ne fut moins entendue & plus calomniée que celle d'*Epicure*. On

---

(1) Bayle, *Dict. Zenon. E.*
(2) Plut. de Vie *de Périclès* par Amiot.
(3) Ariſtote les rapporte *Phyſ.* 6. 14. & y répond.

(4) In ipſo vivimus, movemur & ſumus.

accusé ce philosophe d'athéisme, quoiqu'il admît l'existence des Dieux, qu'il fréquentât les temples, & qu'il n'eût aucune répugnance à se prosterner aux pieds des autels. On le regarda comme l'apologiste de la débauche, lui dont la vie étoit une pratique de toutes les vertus, & sur-tout de la tempérance. Le préjugé fut si général, qu'il faut avouer, à la honte des stoïciens, qui mirent tout en œuvre pour le répandre, que les *épicuriens* ont été de très-honnêtes gens qui ont eu la plus mauvaise réputation. Mais afin qu'on puisse porter un jugement éclairé sur la doctrine d'*Epicure*, nous introduirons ce philosophe même entouré de ses disciples, & leur dictant ses leçons à l'ombre des arbres qu'il avoit plantés. C'est donc lui qui va parler dans le reste de cet article; & nous espérons de l'équité du lecteur, qu'il voudra bien s'en souvenir. La seule chose que nous nous permettrons, c'est de jetter entre les principes quelques-unes des conséquences les plus immédiates qu'on en peut déduire.

De la philosophie en général.

L'homme est né pour penser & pour agir, & la philosophie est faite pour régler l'entendement & la volonté de l'homme: tout ce qui s'écarte de ce but est frivole.

Le bonheur s'acquiert par l'exercice de la raison, la pratique de la vertu, & l'usage modéré des plaisirs; ce qui suppose la santé du corps & de l'ame.

Si la plus importante des connoissances est de ce qu'il faut éviter & faire, le jeune homme ne peut se livrer trop tôt à l'étude de la philosophie, & le vieillard y renoncer trop tard.

Je distingue entre mes disciples trois sortes de caractères: il y a des hommes tels que moi, qu'aucun obstacle ne rebute, & qui s'avancent seuls & d'un mouvement qui leur est propre, vers la vérité, la vertu & la félicité; des hommes tels que Métrodore, qui ont besoin d'un exemple qui les encourage; & d'autres, tels qu'Hermaque, à qui il faut faire une espèce de violence. Je les aime tous. Oh! mes amis, y a-t-il quelque chose de plus ancien que la vérité? La vérité n'étoit-elle pas avant tous les philosophes? Le philosophe méprisera donc toute autorité, & marchera droit à la vérité, écartant tous les fantômes vains qui se présenteront sur sa route, & l'ironie de Socrate & la volupté d'*Epicure*. Pourquoi le peuple reste-t-il plongé dans l'erreur? C'est qu'il prend des noms pour des preuves. Faites-vous des principes; qu'ils soient en petit nombre, mais féconds en conséquences; ne négligeons pas l'étude de la nature, mais appliquons-nous particulièrement à la science des mœurs. De quoi nous serviroit la connoissance approfondie des êtres qui sont hors de nous, si nous pouvions, sans cette connoissance, dissiper la crainte, obvier à la douleur, & satisfaire à nos besoins.

L'usage de la dialectique poussé à l'excès dégénère dans l'art de semer d'épines toutes les sciences: je hais cet art. La véritable logique peut se réduire à peu de règles.

Il n'y a dans la nature que les choses & nos idées; & conséquemment il n'y a que deux sortes de vérités, les unes d'existence, les autres d'induction. Les vérités d'existence appartiennent aux sens; celles d'induction, à la raison.

La précipitation est la source principale de nos erreurs. Je ne me lasserai donc point de vous dire, *attendez*.

Sans l'usage convenable des sens, il n'y a point d'idées ou de prénotions; & sans prénotions, il n'y a ni opinion, ni doute. Loin de pouvoir travailler à la recherche de la vérité, on n'est pas même en état de se faire des signes. Multipliez donc les prénotions par un usage assidu de vos sens; étudiez la valeur précise des signes que les autres ont institués, & déterminez soigneusement la valeur de ceux que vous instituerez. Si vous vous résolvez à parler, préférez les expressions les plus simples & les plus communes, ou craignez de n'être point entendus, & de perdre le temps à vous interpréter vous-mêmes. Quand vous écouterez, appliquez-vous à sentir toute la force des mots. C'est par un exercice habituel de ces principes, que vous parviendrez à discerner sans effort le vrai, le faux, l'obscur & l'ambigu. Mais ce n'est pas assez que vous sachiez mettre de la vérité dans vos raisonnemens; il faut encore que vous sachiez mettre de la sagesse dans vos actions. En général, quand la volupté n'entraînera aucune peine à sa suite, ne balancez pas à l'embrasser; si la peine qu'elle entraînera est moindre qu'elle, embrassez-la encore: embrassez même la peine dont vous vous promettrez un grand plaisir. Vous ne calculerez mal, que quand vous vous abandonnerez à une volupté qui vous causera une trop grande peine, ou qui vous privera d'un plus grand plaisir.

De la physiologie en général.

Quel but nous proposerons-nous dans l'étude de la physiologie? Si ce n'est de connoître les causes générales des phénomènes, afin que délivrés de toutes vaines terreurs, nous nous abandonnions sans remords à nos appetits raisonnables, & qu'après avoir joui de la vie, nous la quittions sans regret.

Il ne s'est rien fait de rien; l'univers a toujours

été, & sera toujours. Il n'existe que la matière & le vuide ; car on ne connoît aucun être mitoyen. Joignez à la notion du vuide l'impénétrabilité, la figure & la pésanteur, & vous aurez l'idée de la matière. Séparez de l'idée de matière les mêmes qualités, & vous aurez la notion du vuide ; la nature considérée, abstraction faite de la matière, donne le vuide ; le vuide occupé donne la notion du lieu ; le lieu traversé donne l'idée de région : qu'entendrons-nous par l'espace, sinon le vuide considéré comme étendu ? La nécessité du vuide est démontrée par elle-même, car sans vuide, où les corps existeroient-ils ? Où se mouveroient-ils ? Mais, qu'est-ce que le vuide ? Est-ce une qualité ? Est-ce une chose ? Ce n'est point une qualité. Mais si c'est une chose, c'est donc une chose corporelle ? Il n'en faut pas douter. Cette chose uniforme, homogène, immense, éternelle, traverse tous les corps sans les altérer, les détermine, marque leurs limites, & les y contient. L'univers est l'aggrégat de la matière & du vuide. La matiere est infinie, le vuide est infini : car si le vuide étoit infini & la matière finie, rien ne retiendroit les corps & ne borneroit leurs écarts : les percussions & les répercussions cesseroient ; & l'univers, loin de former un tout, ne seroit dans quelqu'instant de la durée qui suivra, qu'un amas de corps isolés, & perdus dans l'immensité de l'espace. Si au contraire, la matière étoit infinie & le vuide fini, il y auroit des corps qui ne seroient pas dans l'espace, ce qui est absurde.

Nous n'appliquerons donc à l'univers aucune de ces expressions par lesquelles nous distinguons des dimensions, & nous déterminons des points dans les corps finis. L'univers est immobile, parce qu'il n'y a point d'espace au-delà. Il est immuable, parce qu'il n'est susceptible, ni d'accroissement, ni de diminution. Il est éternel, puisqu'il n'a point commencé, & qu'il ne finira point. Cependant les êtres s'y meuvent, des loix s'y exécutent, des phénomènes s'y succèdent. Entre ces phénomènes, les uns se produisent, d'autres durent, & d'autres passent ; mais ces vicissitudes sont relatives aux parties, & non au tout. La seule conséquence qu'on puisse tirer des générations & des destructions, c'est qu'il y a des élémens dont les êtres sont engendrés, & dans lesquels ils se résolvent. On ne conçoit ni formation, ni résolution, sans idée de composition ; & l'on n'a point l'idée de composition, sans admettre des particules simples, primitives & constituantes. Ce sont ces particules que nous appellerons *atômes*.

L'atôme ne peut ni se diviser, ni se simplifier, ni se résoudre ; il est essentiellement inaltérable & fini : d'où il s'ensuit que dans un composé fini, quel qu'il soit, il n'y a aucune sorte d'infini, ni en grandeur, ni en étendue, ni en nombre.

Homogènes en égard à leur solidité & à leur inaltérabilité, les atômes ont des qualités spécifiques qui les différencient. Ces qualités sont la grandeur, la figure, la pésanteur & toutes celles qui en émanent, tel que le poli & l'anguleux. Il ne faut pas mettre au nombre de ces dernières le chaud, le froid & d'autres semblables ; ce seroit confondre des qualités immuables avec des effets momentanées.

Quoique nous assignions à l'atôme toutes les dimensions du corps sensible, il est cependant plus petit qu'aucune portion de matière imaginable : il échappe à nos sens, dont la portée est la mesure de l'imaginable, soit en petitesse, soit en grandeur. C'est par la différence des atômes que s'expliqueront la plupart des phénomènes relatifs aux sensations & aux passions. La diversité de figure étant une suite nécessaire de la diversité de grandeur, il ne seroit pas impossible que dans tout cet univers, il n'y eût pas un composé parfaitement égal à un autre.

Quoiqu'il y ait des atômes, les uns anguleux, les autres crochus, leurs pointes ne s'émoussent point, leurs angles ne se brisent jamais. Je leur attribue la pésanteur comme une qualité essentielle, parce que se mouvant actuellement, ou tendant à se mouvoir, ce ne peut-être qu'en conséquence d'une force intrinsèque, qu'on ne peut ni concevoir, ni appeler autrement que *pondération*.

L'atôme a deux mouvemens principaux, un mouvement de chûte ou de pondération qui l'emporte ou qui l'emporteroit, sans le concours d'aucune action etrangère, & le choc ou le mouvement de réflexion qu'il reçoit à la rencontre d'un autre. Cette dernière espèce de mouvement est variée selon l'infinie diversité des masses & des directions. La première étant une énergie intrinsèque de la matière, c'est elle qu'il faut regarder comme la conservatrice du mouvement dans la nature, & la cause éternelle des compositions.

La direction générale des atômes emportés par le mouvement général de pondération, n'est point parallèle ; elle est un peu convergente ; c'est à cette convergence qu'il faut rapporter les chocs, les cohérences, les compositions d'atômes, la formation des corps, l'ordre de l'univers avec tous ces phénomènes. Mais d'où naît cette convergence ? De la diversité originelle des atômes, tant en masse qu'en figure, & qu'en force pondérante. Telle est la vitesse d'un atôme & la non-résistance du vuide, que si l'atôme n'étoit arrêté par aucun obstacle, il parcourroit le plus grand espace intelligible dans le tems le plus petit. En effet, qu'est-ce qui le retarderoit ? qu'est-ce que le vuide, eu égard au mouvement ? Aussi-tôt que les atômes combinés ont formé un composé, ils ont dans ce composé, & le composé a dans l'espace différens mouvemens, différentes actions, tant intrinséques qu'extrinséques, tant au loin que dans le lieu.

Ce qu'on appelle communément *des élémens*, sont des composés d'atômes ; on peut regarder ces composés comme des principes, mais non premiers. L'atôme est la cause première par qui tout est, & la matiere première dont tout est. Il est actif essentiellement, & par lui-même. Cette activité descend de l'atôme à l'élément, de l'élément au composé, & varie selon toutes les compositions possibles. Mais toute activité produit, ou le mouvement local, ou la tendance. Voilà le principe universel des destructions & des régénérations. Les vicissitudes des composés ne sont que des modes du mouvement, & des suites de l'activité essentielle des atômes qui les constituent. Combien de fois n'a-t-on pas attribué à des causes imaginaires, les effets de cette activité qui peut, selon les occurrences, porter les portions d'un être à des distances immenses, ou se terminer à des ébranlemens, à des translations imperceptibles? C'est elle qui change le doux en acide, le mou en dur, &c. & même, qu'est-ce que le destin, sinon l'universalité des causes ou des activités propres de l'atôme, considéré ou solitairement, ou en composition avec d'autres atômes? Les qualités essentielles connues des atômes, ne sont pas en grand nombre ; elles suffisent cependant pour l'infinie variété des qualités des composés. De la séparation des atômes plus ou moins grande, naissent le dense, le rare, l'opaque, le transparent, &c. c'est de-là qu'il faut déduire encore la fluidité, la liquidité, la dureté, la molesse, le volume, &c. D'où ferons-nous dépendre la figure, sinon des parties composantes ; & le poids, sinon de la force intrinsèque de pondération ? Cependant, à parler avec exactitude, il n'y a rien qui soit absolument pesant ou léger. Il faut porter le même jugement du froid & du chaud.

Mais qu'est-ce que le tems? c'est dans la nature une suite d'événemens ; & dans notre entendement une notion qui est la source de mille erreurs. Il faut porter le même jugement de l'espace. Dans la nature, sans corps, point d'espace ; sans événemens successifs, point de temps. Le mouvement & le repos sont des états dont la notion est inséparable en nous de celles de l'espace & du temps.

Il n'y aura de production nouvelle dans la nature, qu'autant que la composition diverse des atômes en admettra. L'atôme incréé & inaltérable est le principe de toute génération & de toute corruption. Il suit de son activité essentielle & intrinséque, qu'il n'y a nul composé qui soit éternel : cependant il ne seroit pas absolument impossible qu'après notre dissolution, il ne se fit une combinaison générale de toute la matière, qui restituât à l'univers le même aspect qu'il a, ou du moins une combinaison partielle des élémens qui nous constituent, en conséquence de laquelle nous ressusciterions ; mais ce seroit sans mémoire du passé. La mémoire s'éteint au moment de la destruction.

Le monde n'est qu'une petite portion de l'univers dont la foiblesse de nos sens a fixé les limites ; car l'univers est illimité. Considéré relativement à ses parties & à leur ordre réciproque, le monde est un ; il n'a point d'ame : ce n'est donc point un Dieu ; sa formation n'exige aucune cause intelligente & suprême. Pourquoi recourir à de pareilles causes dans la philosophie, lorsque tout a pu s'engendrer, & peut s'expliquer par le mouvement, la matière & le vuide ? Le monde est l'effet du hasard, & non l'exécution d'un dessein. Les atômes se sont mus de toute éternité. Considérés dans l'agitation générale d'où les êtres devoient éclore dans le tems, c'est ce que nous avons nommé le *cahos* ; considérez après que les natures furent écloses, & l'ordre introduit dans cette portion de l'espace, tel que nous l'y voyons, c'est ce que nous avons appellé le *monde* : ce seroit un préjugé que de concevoir autrement l'origine de la terre & de la mer & des cieux. La combinaison des atômes forma d'abord les semences générales ; ces semences se développèrent, & tous les animaux, sans en excepter l'homme, furent produits seuls, isolés. Quand les semences furent épuisées, la terre cessa d'en produire, & les espèces se perpétuèrent par différentes voies de génération.

Gardons-nous bien de rapporter à nous les transactions de la nature ; les choses se sont faites sans qu'il y eût d'autre cause que l'enchaînement universel des êtres matériels qui travaillât, soit à notre bonheur, soit à notre malheur. Laissons-là aussi les génies & les démons ; s'ils étoient, beaucoup de choses, ou ne seroient pas, ou seroient autrement. Ceux qui ont imaginé ces natures n'étoient point philosophes, & ceux qui les ont vues n'étoient que des visionnaires. Mais si le monde a commencé, pourquoi ne prendroit-il pas une fin ? N'est-ce pas un tout composé ? N'est-ce pas un composé fini ? l'atôme n'a-t-il pas conservé son activité, dans ce grand composé, ainsi que dans sa portion la plus petite ? Cette activité n'y est-elle pas également un principe d'altération & de destruction ? Ce qui révolte notre imagination, ce sont les fausses mesures que nous nous sommes faites de l'étendue & du temps ; nous rapportons tout au point de l'espace que nous occupons, & au court instant de notre durée. Mais, pour juger de notre monde, il faut le comparer à l'immensité de l'univers & à l'éternité des tems : alors ce globe eût-il mille fois plus d'étendue, rentrera dans la loi générale, & nous le verrons
soumis

soumis à tous les accidens de la molécule. Il n'y a d'immuable, d'inaltérable, d'éternel, que l'atôme ; les mondes passeront, l'atôme restera tel qu'il est.

La pluralité des mondes n'a rien qui répugne. Il peut y avoir des mondes semblables au nôtre ; il peut y en avoir de différens. Il faut les considérer comme de grands tourbillons appuyés les uns contre les autres, qui en resserrent entr'eux de plus petits, & qui remplissent ensemble le vuide infini. Au milieu du mouvement général qui produisit le nôtre, cet amas d'atômes que nous appellons *terre*, occupa le centre ; d'autres amas allerent former le ciel & les astres qui l'éclairent.

Ne nous en laissons pas imposer sur la chûte des graves ; les graves n'ont point de centre commun, ils tombent parrallèlement. Concluons-en l'absurdité des antipodes.

La terre n'est point un corps sphérique ; c'est un grand disque que l'atmosphère tient suspendu dans l'espace : la terre n'a point d'ame ; ce n'est donc point une divinité. C'est à des exhalaisons souterreines, à des chocs subtils, à la rencontre de certains élémens opposés à l'action du feu qu'il faut attribuer ses tremblemens.

Si les fleuves n'augmentent point les mers, c'est que relativement à ces volumes d'eau, à leurs immenses réservoirs, & à la quantité de vapeurs que le soleil éleve de leurs surfaces, les fleuves ne sont que de foibles écoulemens. Les eaux de la mer se répandent dans toute la masse terrestre, l'atrosent, se rencontrent, se rassemblent, & viennent se précipiter derechef dans les bassins d'où elles s'étoient extravasées : c'est dans cette circulation qu'elles sont dépouillées de leur amertume.

Les inondations du Nil sont occasionnées par des vents étésiens qui soulevent la mer aux embouchures de ce fleuve, y accumulent des digues de sable, & le font refluer sur lui-même.

Les montagnes sont aussi anciennes que la terre.

Les plantes ont de commun avec les animaux, qu'elles naissent, se nourrissent, s'accroissent, dépérissent & meurent ; mais ce n'est point une ame qui les vivifie ; tout s'exécute dans ces êtres par le mouvement & l'interposition. Dans les animaux, chaque organe élabore une portion de sémence, & la transmet à un réservoir commun : de-là cette analogie propre aux molécules séminales, qui les sépare, les distribue, les dispose chacune à former une partie semblable à celle qui l'a préparée, & toutes à engendrer un animal semblable. Aucune intelligence ne préside à ce méchanisme. Tout s'exécutant comme si elle n'existoit point, pourquoi donc en supposerions-nous l'action ?

Les yeux n'ont point été faits pour voir, ni les pieds pour marcher ; mais l'animal a eu des pieds, & il a marché ; des yeux, & il a vu.

L'ame humaine est corporelle ; ceux qui assurent le contraire ne s'entendent pas, & parlent sans avoir d'idées. Si elle étoit incorporelle, comme ils le prétendent, elle ne pourroit ni agir, ni souffrir ; son hétérogénéité rendroit impossible son action sur le corps. Recourir à quelque principe immatériel, afin d'expliquer cette action ; ce n'est pas résoudre la difficulté, c'est seulement la transporter à un autre objet. S'il y avoit dans la nature quelque être qui pût changer les natures, la vérité ne seroit plus qu'un vain nom : or, pour qu'un être immatériel fût un instrument applicable à un corps, il faudroit changer la nature de l'un ou de l'autre. Gardons-nous cependant de confondre l'ame avec le reste de la substance animale. L'ame est un composé d'atômes si unis, si légers, si mobiles, qu'elle peut se séparer du corps sans qu'il perde sensiblement de son poids. Ce réseau, malgré son extrême subtilité, a plusieurs qualités distinctes ; il est aérien, igné, mobile & sensible. Répandu dans tout le corps, il est la cause des passions, des actions, des mouvemens, des facultés, des pensées, & de toutes les autres fonctions, soit spirituelles, soit animales ; c'est lui qui sent, mais il tient cette puissance du corps ; au moment où l'ame se sépare du corps, la sensibilité s'évanouit, parce que c'étoit le résultat de leur union.

Les sens ne sont qu'un toucher diversifié ; il s'écoule sans cesse des corps mêmes, des simulacres qui leur sont semblables, & qui viennent frapper nos sens. Les sens sont communs à l'homme & à tous les animaux. La raison peut s'exercer même quand les sens se reposent. J'entends par l'*esprit* la portion de l'ame la plus déliée.

L'esprit est diffus dans toute la substance de l'ame, comme l'ame est diffuse dans toute la substance du corps ; il lui est uni ; il ne forme qu'un être avec elle ; il produit ses actes dans des instans presqu'indivisibles ; il prend son siége dans le cœur : en effet, c'est de-là qu'émanent la joie, la tristesse, la force, la pusillanimité, &c.

L'ame pense, comme l'œil voit, par des simulacres ou des idoles ; elle est affectée de deux sentimens généraux, la peine & le plaisir. Troublez l'état naturel des parties du corps, & vous produirez la douleur ; restituez les parties du corps dans leur état naturel, & vous ferez éclore le plaisir. Si ces parties, au lieu d'osciller pouvoient demeurer en repos, ou nous cesserions de sentir, ou, fixés dans un état de paix inaltérable, nous

Philosophie anc. & mod., Tome II.

éprouverions peut être la plus voluptueuse de toutes les situations.

De la peine & du plaisir, naissent le desir & l'aversion. L'ame en général s'épanouit & s'ouvre au plaisir ; elle se flétrit & se resserre à la peine. Vivre, c'est éprouver ces mouvemens alternatifs.

Les passions varient selon la combinaison des atomes qui composent le tissu de l'ame.

Les idoles viennent frapper le sens ; le sens éveille l'imagination ; l'imagination excite l'ame, & l'ame fait mouvoir le corps. Si le corps tombe d'affoiblissement ou de fatigue, l'ame accablée ou distraite succombe au sommeil. L'état où elle est obsédée de simulacres errans qui la tourmentent ou qui l'amusent involontairement, est ce que nous appellerons l'insomnie ou le rêve, selon le degré de conscience qui lui reste de son état.

La mort n'est que la cessation de la sensibilité. Le corps dissous, l'ame est dissoute ; ses facultés sont anéanties, elle ne pense plus ; elle ne se ressouvient point, elle ne souffre, ni n'agit. La dissolution n'est pas une annihilation ; c'est seulement une séparation de particules élémentaires. L'ame n'étoit pas avant la formation du corps, pourquoi seroit-elle après sa destruction ? Comme il n'y a plus de sens après la mort, l'ame n'est capable ni de peine, ni de plaisir. Loin de nous donc la fable des enfers & de l'élisée, & tous ces récits mensongers dont la superstition effraie les méchans qu'elle ne trouve pas assez punis par leurs crimes mêmes, ou repait les bons qui ne se trouvent pas assez récompensés par leur propre vertu. Concluons, nous, que l'étude de la nature n'est point superflue, puisqu'elle conduit l'homme à des connoissances qui assurent la paix dans son ame, qui affranchissent son esprit de toutes vaines terreurs, qui l'élevent au niveau des Dieux, & qui le ramènent aux seuls vrais motifs qu'il ait de remplir ses devoirs.

Les astres sont des amas de feu. Je compare le soleil à un corps spongieux, dont les cavités immenses sont pénétrées d'une matière ignée, qui s'en élance en tout sens. Les corps célestes n'ont point d'ame : ce ne sont donc point des dieux. Parmi ces corps, il y en a de fixes & d'errans : on appelle ces derniers *planetes*. Quoiqu'ils nous semblent tous sphériques, ils peuvent être ou des cylindres, ou des cônes, ou des disques, ou des portions quelconques de sphère ; toutes ces figures & beaucoup d'autres ne répugnent point avec les phénomènes. Leurs mouvemens s'exécutent, ou en conséquence d'une révolution générale du ciel qui les emporte, ou d'une translation qui leur est propre, & dans laquelle ils traversent la vaste étendue des cieux qui leur est perméable.

Le soleil se lève & se couche, en montant sur l'horizon & descendant au-dessous, ou en s'allumant à l'orient & s'éteignant à l'occident, consumé & reproduit journellement. Cet astre est le foyer de notre monde : c'est de là que toute la chaleur se répand ; il ne faut que quelques étincelles de ce feu pour embraser toute notre atmosphère.

La lune & les planetes peuvent briller ou de leur lumière propre, ou d'une lumière empruntée du soleil ; & les éclipses avoir pour cause, ou l'extinction momentanée du corps éclipsé, ou l'interposition d'un corps qui l'éclipse. S'il arrive à une planete de traverser des régions pleines de matières contraires au feu & à la lumière, ne s'éteindra-t-elle pas ? ne sera-t-elle pas éclipsée ?

Les nuées sont ou des masses d'un air condensé par l'action des vents, ou des amas d'atômes qui se sont accumulés peu à peu, ou des vapeurs élevées de la terre & des mers.

Les vents sont ou des courants d'atômes dans l'atmosphère, ou peut-être des souffles impétueux qui s'échappent de la terre & des eaux, ou même une portion d'air mise en mouvement par l'action du soleil.

Si des molécules ignées se réunissent, forment une masse, & sont pressées dans une nuée, elles feront effort en tout sens pour s'en échapper, & la nuée ne s'entre-ouvrira point sans éclair & sans tonnerre.

Quand les eaux suspendues dans l'atmosphère seront rares & éparses, elles retomberont en pluie sur la terre ou par leur propre poids, ou par l'agitation des vents. Le même phénomène aura lieu, quand elles formeront des masses épaisses ; si la chaleur vient à les raréfier, ou les vents à les disperser. Elles se mettent en gouttes, en se rencontrant dans leur chûte : ces gouttes glacées ou par le froid ou par le vent, forment de la grêle. Le même phénomène aura lieu, si quelque chaleur subite vient à résoudre un nuage glacé.

Lorsque le soleil se trouve dans une opposition particulière avec un nuage, qu'il frappe de ses rayons, il forme l'arc-en ciel. Les couleurs de l'arc-en-ciel sont un effet de cette opposition, & de l'air humide qui les produit toutes, ou qui n'en produit qu'une qui se diversifie selon la région qu'elle traverse, & la manière dont elle s'y meut.

Lorsque la terre a été trempée de longues pluies, & échauffée par des chaleurs violentes, les vapeurs qui s'en élèvent, infectent l'air & répandent la mort au loin.

De la théologie.

Apres avoir posé pour principe qu'il n'y a dans la nature que de la matière & du vuide, que penserons-nous des Dieux ? Abandonnerons-nous notre philosophie pour nous asservir à des opinions populaires, ou dirons nous que les Dieux sont des êtres corporels ? Puisque ce sont des dieux, ils sont heureux ; ils jouissent d'eux-mêmes en paix ; rien de ce qui se passe ici bas, ne les affecte & ne les trouble ; & il est suffisamment démontré, par les phénomènes du monde physique & du monde moral, qu'ils n'ont eu aucune part à la production des êtres, & qu'ils n'en prennent aucune à leur conservation. C'est la nature même qui a mis la notion de leur existence dans notre ame. Quel est le peuple si barbare qui n'ait quelque notion anticipée des Dieux ? Nous opposerons-nous au consentement général des hommes ? Eléverons-nous notre voix contre la voix de la nature ? La nature ne ment point ; l'existence des Dieux se prouveroit même par nos préjugés. Tant de phénomènes, qui ne leur ont été attribués que parce que la nature de ces êtres & la cause des phénomènes étoient ignorées ; tant d'autres erreurs ne sont-elles pas autant de garans de la croyance générale ? Si un homme a été frappé dans le sommeil par quelque grand simulacre, & qu'il en ait conservé la mémoire à son réveil, il a conclu que cette idole avoit nécessairement son modèle errant dans la nature ; les voix qu'il peut avoir entendues, ne lui ont pas permis de douter que ce modèle ne fût d'une nature intelligente ; & la constance de l'apparition en différens tems & sous une même forme, qu'il ne fût immortel : mais l'être qui est immortel est inaltérable, & l'être qui est inaltérable, est parfaitement heureux, puisqu'il n'agit sur rien, ni rien sur lui. L'existence des dieux a donc été & sera donc à jamais une existence stérile, & par la raison même qu'elle ne peut être altérée ; car il faut que le principe d'activité, qui est la source féconde de toute destruction & de toute réproduction soit anéanti dans ces êtres. Nous n'en avons donc rien à espérer ni à craindre. Qu'est-ce donc que la divination ? Qu'est-ce que les prodiges ? Qu'est-ce que les religions ? S'il étoit dû quelque culte aux Dieux, ce seroit celui de l'admiration qu'on ne peut refuser à tout ce qui nous offre l'image séduisante de la perfection & du bonheur. Nous sommes portés à croire les Dieux de forme humaine ; c'est celle que toutes les nations leur ont attribuée ; c'est la seule sous laquelle la raison soit exercée, & la vertu pratiquée. Si leur substance étoit incorporelle, ils n'auroient ni sens, ni perceptions, ni plaisir, ni peine. Leur corps toutefois n'est pas tel que le nôtre, c'est seulement une combinaison semblable d'atômes plus subtils : c'est la même organisation, mais ce sont des organes infiniment plus parfaits ; c'est une nature particulière si déliée, si ténue, qu'aucune cause ne peut, ni l'altérer, ni s'y unir, ni la diviser, & qu'elle ne peut avoir aucune action. Nous ignorons les lieux que les dieux habitent : ce monde n'est pas digne d'eux, sans doute ; ils pourroient bien s'être refugiés dans les intervalles vuides que laissent entr'eux les mondes contigus.

De la morale.

Le bonheur est la fin de la vie : c'est l'aveu secret du cœur humain, c'est le terme évident des actions mêmes qui en éloignent. Celui qui se tue regarde la mort comme un bien. Il ne s'agit pas de réformer la nature, mais de diriger sa pente générale. Ce qui peut arriver de mal à l'homme, c'est de voir le bonheur où il n'est pas, ou de le voir où il est en effet, mais de se tromper sur les moyens de l'obtenir. Quel sera donc le premier pas de notre philosophie morale, si ce n'est de rechercher en quoi consiste le vrai bonheur ? Que cette étude importante soit notre occupation actuelle. Puisque nous voulons être heureux dès ce moment, ne remettons pas à demain à savoir ce que c'est que le bonheur. L'insensé se propose toujours de vivre, & il ne vit jamais.

Il n'est donné qu'aux immortels d'être souverainement heureux. Une folie dont nous avons d'abord à nous garantir, c'est d'oublier que nous ne sommes que des hommes. Puisque nous désespérons d'être jamais aussi parfaits que les dieux que nous nous sommes proposés pour modèles, résolvons nous à n'être point aussi heureux. Parce que mon œil ne perce pas l'immensité des espaces, dédaignerai-je de l'ouvrir sur les objets qui m'environnent ? Ces objets deviendront une source intarissable de volupté, si je sais en jouir ou les négliger. La peine est toujours un mal, la volupté toujours un bien : mais il n'est point de volupté pure. Les fleurs croissent sous nos piés, & il faut au moins se pencher pour les cueillir. Cependant, ô volupté ! c'est pour toi seule que nous faisons tout ce que nous faisons ; ce n'est jamais toi que nous évitons, mais la peine qui ne t'accompagne que trop souvent. Tu échauffes notre froide raison ; c'est de ton énergie que naissent la fermeté de l'ame & la force de la volonté ; c'est toi qui nous meus, qui nous transportes, & lorsque nous ramassons des roses pour en former un lit à la jeune beauté qui nous a charmés, & lorsque bravant la fureur des tyrans, nous entrons tête baissée & les yeux fermés dans les taureaux ardens qu'elle a préparés. La volupté prend toutes sortes de formes. Il est donc important de bien connoître le prix des objets sous lesquels elle peut se présenter à nous, afin que nous ne foyons point incertains quand il nous convient de l'accueillir ou de la repouffer, de vivre ou de mourir.

Après la fanté de l'ame, il n'y a rien de plus précieux que la fanté du corps. Si la fanté du corps fe fait fentir particulièrement en quelques membres, elle n'eft pas générale. Si l'ame fe porte avec excès à la pratique d'une vertu, elle n'eft pas entièrement vertueufe. Le muficien ne fe contente pas de tempérer quelques-unes des cordes de fa lyre ; il feroit à fouhaiter pour le concert de la fociété, que nous l'imitaffions, & que nous ne permiffions pas, foit à nos vertus, foit à nos paffions d'être ou trop lâches, ou trop tendues, & de rendre un fon ou trop fourd ou trop aigu. Si nous faifons quelque cas de nos femblables, nous trouverons du plaifir à remplir nos devoirs, parce que c'eft un moyen fûr d'en être confidérés. Nous ne méprifons point les plaifirs des fens ; mais nous ne nous ferons point l'injure à nous-mêmes, de comparer l'honnête avec le fenfuel. Comment celui qui fe fera trompé dans le choix d'un état fera-t-il heureux ? comment fe choifir un état fans fe connoître ? Et comment fe contenter dans fon état, fi l'on confond les befoins de la nature, les appétits de la paffion, & les écarts de la fantaifie ? Il faut avoir un but préfent à l'efprit, fi l'on veut pas agir à l'aventure. Il n'eft pas toujours impoffible de s'emparer de l'avenir. Tout doit tendre à la pratique de la vertu, à la confervation de la liberté & de la vie, & au mépris de la mort. Tant que nous fommes, la mort n'eft rien, & ce n'eft rien encore quand nous ne fommes plus. On ne redoute les dieux, que parce qu'on les fait femblables aux hommes. Qu'eft-ce que l'impie, finon celui qui adore les dieux du peuple ? Si la véritable piété confiftoit à fe proftener devant toute pierre taillée, il n'y auroit rien de plus commun : mais comme elle confifte à juger fainement de la nature des dieux, c'eft une vertu rare.

Ce qu'on appelle *le droit naturel*, n'eft que le fymbole d'une utilité générale. L'utilité générale & le confentement commun doivent être les deux grandes règles de nos actions. Il n'y a jamais de certitude que le crime refte ignoré : celui qui le commet eft donc un infenfé qui joue un jeu où il y a plus à perdre qu'à gagner.

L'amitié eft un des plus grands biens de la vie, & la décence, une des plus grandes vertus de la fociété. Soyez décens, parce que vous n'êtes point des animaux, & que vous vivez dans les villes, & non dans le fond des forêts, &c.

Voilà les points fondamentaux de la doctrine d'*Epicure*, le feul d'entre tous les philofophes anciens qui ait fu concilier fa morale avec ce qu'il pouvoit prendre pour le vrai bonheur de l'homme, & fes préceptes avec les appétits & les befoins de la nature : auffi a-t-il eu & aura-t-il dans tous les tems un grand nombre de difciples. On fe fait Stoïcien, mais on naît *Epicurien*.

Epicure étoit Athénien, du bourg de Gargette & de la tribu d'Egée. Son père s'appelloit *Néoclés* & fa mère *Chereftrata* : leurs ancêtres n'avoient point été fans diftinction ; mais l'indigence avoit avili leurs defcendans : Néoclés n'ayant pour tout bien qu'un petit champ, qui ne fourniffoit pas à fa fubfiftance, il fe fit maître d'école ; la bonne vieille Chereftrata, tenant fes fils par la main, alloit dans les maifons faire des luftrations, chaffer les fpectres, lever les incantations ; c'étoit *Epicure* qui lui avoit enfeigné les formules d'expiations, & toutes les fottifes de cette efpèce de fuperftition.

Epicure naquit la troifième année de la cent neuvième olympiade, le feptième jour du mois de Gamélion ; il eut trois frères, Néoclés, Charidème & Ariftobule : Plutarque les cite comme des modèles de la tendreffe fraternelle la plus rare. *Epicure* demeura à Téos jufqu'à l'âge de dix-huit ans : il fe rendit alors dans Athènes avec la petite provifion de connoiffances qu'il avoit faite dans l'école de fon père ; mais fon féjour n'y fut pas long. Alexandre meurt : Perdiccas défole l'Attique, & *Epicure* eft contraint d'errer d'Athènes à Colophone, à Mytilène, & à Lampfaque. Les troubles populaires interrompirent fes études ; mais n'empêchèrent point fes progrès. Les hommes de génie, tels qu'*Epicure*, perdent peu de tems ; leur activité fe jette fur tout ; ils obfervent & s'inftruifent fans qu'ils s'en apperçoivent ; & ces lumières, acquifes prefque fans efforts, font d'autant plus eftimables, qu'elles font relatives à des objets plus généraux. Tandis que le naturalifte a l'œil appliqué à l'extrémité de l'inftrument qui lui groffit un objet particulier, il ne jouit pas du fpectacle général de la nature qui l'environne. Il en eft ainfi du philofophe ; il ne rentre fur la fcène du monde qu'au fortir de fon cabinet : & c'eft là qu'il recueille ces germes de connoiffances qui demeurent long-tems ignorés dans le fond de fon ame, parce que ce n'eft point à une méditation profonde & déterminée, mais à des coups-d'œil accidentels qu'il les doit ; germes précieux qui fe développent tôt ou tard pour le bonheur du genre humain.

Epicure avoit trente-fept ans lorfqu'il reparut dans Athènes : il fut difciple du Platonicien Pamphile, dont il méprifa fouverainement les vifions : il ne put fouffrir les fophifmes perpétuels de Pyrrhon : il fortit de l'école du Pythagoricien Naufiphanes, mécontent des nombres & de la métempfycofe. Il connoiffoit trop bien la nature de l'homme & fa force, pour s'accommoder de la sévérité du Stoïcisme. Il s'occupa à feuilleter les ouvrages d'Anaxagore, d'Archélaüs, de Métrodore & de Démocrite ; il s'attacha particulièrement à la philosophie de ce dernier, & il en fit les fondemens de la sienne.

Les Platoniciens occupoient l'académie, les Péripatéticiens le Lycée, les Cyniques le Cynosarge, les Stoïciens le Portique ; *Epicure* établit son école dans un jardin délicieux, dont il acheta le terrein, & qu'il fit planter pour cet usage. Ce fut lui qui apprit aux Athéniens à transporter dans l'enceinte de leur ville le spectacle de la campagne : il étoit âgé de quarante-quatre ans, lorsqu'Athènes, assiégée par Démétrius, fut désolée par la famine. *Epicure*, résolu de vivre ou de mourir avec ses amis, leur distribuoit tous les jours des féves, qu'il partageoit au compte avec eux ; on se rendoit dans ses jardins de toutes les contrées de la Grèce, de l'Egypte, & de l'Asie : on y étoit attiré par ses lumières & par ses vertus, mais sur-tout par la conformité de ses principes avec les sentimens de la nature. Tous les philosophes de son tems sembloient avoir conspiré contre les plaisirs des sens & contre la volupté : *Epicure* en prit la défense ; & la jeunesse athénienne, trompée par le mot de *volupté*, accourut pour l'entendre. Il ménagea la foiblesse de ses auditeurs ; il mit autant d'art à les retenir, qu'il en avoit employé à les attirer ; il ne leur développa ses principes que peu-à-peu. Les leçons se donnoient à table ou à la promenade ; c'étoit ou à l'ombre des bois, ou sur la mollesse des lits, qu'il leur inspiroit l'enthousiasme de la vertu, la tempérance, la frugalité, l'amour du bien public, la fermeté de l'ame, le goût raisonnable du plaisir, & le mépris de la vie. Son école, obscure dans les commencemens, finit par être une des plus éclatantes & des plus nombreuses.

Epicure vécut dans le célibat : les inquiétudes qui suivent le mariage lui parurent incompatibles avec l'exercice assidu de la philosophie ; il vouloit d'ailleurs que la femme du philosophe fût sage, riche, & belle. Il s'occupa à étudier, à écrire & à enseigner ; il avoit composé plus de trois cent traités différens ; il ne nous en reste aucun. Il ne faisoit pas assez de cas de cette élégance à laquelle les Athéniens étoient si sensibles ; il se contentoit d'être vrai, clair & profond, il fut chéri des grands, admiré de ses rivaux, & adoré de ses disciples : il reçut dans ses jardins plusieurs femmes célèbres, Léontium, maîtresse de Métrodore ; Thémiste femme de Léontius ; Philénide, une des plus honnêtes femmes d'Athènes ; Nécidie, Erotie, Hédie, Marmarie, Bodie, Phédrie, &c. Ses concitoyens, les hommes du monde les plus enclins à la médisance, & à la superstition la plus ombrageuse, ne l'ont accusé ni de débauche, ni d'impiété.

Les stoïciens féroces l'accablèrent d'injures ; il leur abandonna sa personne, défendit ses dogmes avec force, & s'occupa à démontrer la vanité de leur système. Il ruina sa santé à force de travailler : dans les derniers jours de sa vie il ne pouvoit ni supporter un vêtement, ni descendre de son lit, ni souffrir la lumière, ni voir du feu. Il urinoit le sang : sa vessie se fermoit peu-à-peu par les accroissemens d'une pierre : cependant il écrivoit à un de ses amis que le spectacle de sa vie passée suspendoit ses douleurs.

Lorsqu'il sentit approcher sa fin, il fit appeller ses disciples ; il leur légua ses jardins ; il assura l'état de plusieurs enfans sans fortune, dont il s'étoit rendu le tuteur ; il affranchit ses esclaves ; il ordonna ses funérailles, & mourut âgé de soixante-douze ans, la seconde année de la cent vingt-septième olympiade. Il fut universellement regretté : la république lui ordonna un monument ; & un certain Théotime, convaincu d'avoir composé sous son nom des lettres infâmes, adressées à quelques-unes des femmes qui fréquentoient ses jardins, fut condamné à perdre la vie.

La *philosophie épicurienne* fut professée sans interruption, depuis son institution jusqu'au tems d'Auguste ; elle fit dans Rome les plus grands progrès. La secte y fut composée de la plupart des gens de lettres & des hommes d'état ; Lucrèce chanta l'*épicuréisme* ; Celse le professa sous Adrien, Pline le naturaliste sous Tibère : les noms de Lucien & de Diogène Laërce sont encore célèbres chez les épicuriens.

L'*épicuréisme* eut, à la décadence de l'empire romain, le sort de toutes les connoissances ; il ne sortit d'un oubli de plus de mille ans qu'au commencement du dix-septième siècle : le discrédit des formes plastiques remit les atômes en honneur. Magnen, de Luxeu en Bourgogne, publia son *Democritus Reviviscens*, ouvrage médiocre où l'auteur prend à tout moment ses rêveries pour les sentimens de Démocrite & d'*Epicure*. A Magnen succéda Pierre Gassendi, un des hommes qui font le plus d'honneur à la philosophie & à la nation : il naquit le mois de janvier 1592, à Chantersier, petit village de Provence, à une lieue de Digne, où il fit ses humanités. Il avoit les mœurs douces, le jugement sain & des connoissances profondes : il étoit versé dans l'astronomie, la philosophie ancienne & moderne, la métaphysique, les langues, l'histoire, les antiquités ; son érudition fut presque universelle. On a pu dire de lui que jamais philosophe n'avoit été meilleur humaniste, ni humaniste si bon philosophe : ses écrits ne sont pas sans agrément ; il est clair dans ses raisonnemens, & juste dans ses idées. Il fut parmi nous le restaurateur de la *philosophie d'Epicure* : sa vie fut pleine de troubles ; sans cesse il attaqua & fut attaqué : mais il ne fut pas moins attentif dans ses disputes, soit avec Fludd, soit avec mylord Herbert, soit avec Descartes, à mettre l'honnêteté que la raison de son côté.

Gassendi eut pour disciples ou pour sectateurs plusieurs hommes qui se sont immortalisés, Chapelle, Molière, Bernier, l'abbé de Chaulieu, M. le grand prieur de Vendôme. Le maréchal de Catinat, & plusieurs autres hommes extraordinaires, qui, par un contraste de qualités agréables & sublimes, réunissoient en eux l'héroïsme avec la molesse, le goût de la vertu avec celui du plaisir, les qualités politiques avec les talens littéraires, & qui ont formé parmi nous différentes écoles d'*épicuréisme* moral dont nous allons parler.

La plus ancienne & la première de ces écoles où l'on ait pratiqué & professé la morale d'*Epicure*, étoit rue des Tournelles, dans la maison de Ninon l'Enclos; c'est là que cette femme extraordinaire rassembloit tout ce que la cour & la ville avoient d'hommes polis, éclairés & voluptueux : on y vit madame Scarron, la comtesse de la Suze, célèbre par ses élégies; la comtesse d'Olonne, si vantée par sa rare beauté & le nombre de ses amans; Saint-Evremont, qui professa depuis l'*Epicuréisme* à Londres, où il eut pour disciples le fameux comte de Grammont, le poëte Waller, & madame de Mazarin; la duchesse de Bouillon Mancini, qui fut depuis de l'école du Temple; des Yveteaux, (*voyez* ARCADIENS), monsieur de Gourville, madame de la Fayette, M. le duc de la Rochefoucauld, & plusieurs autres qui avoient formé à l'hôtel de Rambouillet une école de platonisme, qu'ils abandonnèrent pour aller augmenter la société & écouter les leçons de l'*Epicurienne*.

Après ces premiers *Epicuriens*, Bernier, Chapelle & Molière, disciples de Gassendi, transférèrent l'école d'*Epicure* de la rue des Tournelles à Auteuil: Bachaumont, le baron de Blot, dont les chansons sont si rares & si recherchées; & Desbarreaux, qui fut le maître de madame Deshoulières dans l'art de la poésie & de la volupté, ont principalement illustré l'école d'Auteuil.

L'école de Neuilly succéda à celle d'Auteuil: elle fut tenue pendant le peu de tems qu'elle dura, par Chapelle & MM. Sonnings; mais à peine fut-elle instituée, qu'elle se fondit dans l'école d'Anet & du Temple.

Que de noms célèbres nous sont offerts dans cette dernière ? Chapelle & son disciple Chaulieu, M. de Vendôme, madame de Bouillon, le chevalier de Bouillon, le marquis de la Fare, Rousseau, MM. Sonnings, l'abbé Courtin, Campistron, Palaprat, le baron de Bréteuil, père de l'illustre marquise du Châtelet; le président de Mesmes, le président Ferrand, le marquis de Dangeau, le duc de Nevers, M. de Catinat, le comte de Fiesque, le duc de Foix ou de Randan, M. de Périgny, Renier, convive aimable, qui chantoit & s'accompagnoit du luth; M. de Lasséré, le duc de la Feuillade, &c. Cette école est la même que celle de S. Maur ou de madame la Duchesse.

L'école de Seaux rassembla tout ce qui restoit de ces sectateurs du luxe, de l'élégance, de la politesse, de la philosophie, des vertus, des lettres & de la volupté, & elle eut encore le cardinal de Polignac, qui la fréquentoit plus par goût pour les disciples d'*Epicure*, que pour la doctrine de leur maître; Hamilton, S. Aulaire, l'abbé Génet, Maléfieux, la Motte, M. de Fontenelle, M. de Voltaire, plusieurs académiciens, & quelques femmes illustres par leur esprit; d'où l'on voit qu'en quelque lieu, & en quelque tems que ce soit, la secte *Epicurienne* n'a jamais eu plus d'éclat qu'en France, & sur-tout pendant le siècle dernier. *Voyez* Brucker, Gassendi, Lucrèce.

(Cet article est de DIDEROT)

Il seroit à souhaiter que Diderot, pour l'intérêt même de sa gloire, eût cité exactement toutes les sources où il a puisé son exposé de la philosophie d'*Epicure*. A l'aide de ces passages rejettés, ou seulement indiqués au bas des pages, on verroit d'un coup-d'œil ce qui appartient exclusivement à la doctrine de cet ancien philosophe, & les résultats que Diderot a déduits de cette doctrine, & qu'il a intercallés parmi les principes mêmes qui en ont été l'objet. C'est particulièrement sur le précis qu'il a donné de la morale d'*Epicure* qu'il auroit été nécessaire de rapporter les textes originaux, afin que chacun pût être juge dans une question qui a donné lieu à des opinions très-diverses, & que les préjugés religieux n'ont pas peu contribué à obscurcir, comme ils embrouillent toutes celles dans lesquelles on n'en fait pas une entière abstraction.

Pour réparer en quelque sorte cette omission de Diderot, & mettre sous les yeux du lecteur les pièces instructives d'un procès que les philosophes ont jugé il y a long-tems, mais sur lequel les érudits, en général (1) très-superstitieux, ne pro-

---

(1) Ceci me fait souvenir d'un mot très-fin de d'Alembert. *Je sais bien*, disoit ce philosophe, *pourquoi tous les érudits sont dévots, c'est que la bible est un vieux livre.*

Il semble en effet, (& les ouvrages de l'abbé Batteux en offriroient plus d'un exemple) que la devise commune de tous ces gens hérissés de doctes fadaises,

noncent pas tous en faveur d'*Epicure*, nous allons faire usage des recherches d'un de ces savans ; c'est donc l'abbé Batteux qui va parler dans ce supplément : il promet un examen impartial ; mais à l'art perfide avec lequel il envenime la plupart des maximes d'*Epicure* ; aux conséquences odieuses & fausses qu'il en tire, au silence affecté qu'il garde sur celles mêmes qu'il auroit pu louer sans se commettre avec la tourbe sacerdotale, aux vues étranges qu'il prête à ce philosophe, à la manière ridicule dont il le fait raisonner dans certaines circonstances, aux différens traits lancés contre la philosophie & les philosophes modernes qu'il auroit beaucoup mieux fait d'étudier, il est facile de reconnoître un juge prévenu qui a déjà pris son parti sur le fond de la question, & dont l'esprit imprégné, pour ainsi dire, d'une forte dose de superstition corrompt les meilleures choses, comme la liqueur la plus pure s'aigrit dans un vase qui n'est pas net (1).

Au reste, il n'est pas inutile d'avertir, parce que personne, ce me semble, ne l'a remarqué, que l'ouvrage de l'abbé Batteux contre la physique & la morale d'*Epicure* n'est qu'une réfutation indirecte de l'exposé que Diderot a fait de l'une & de l'autre, & sur-tout des principes sur lesquels cet excellent article est conçu & rédigé. L'abbé Batteux n'estimoit guère que les connoissances qu'il avoit acquises, & ne trouvoit même presque rien d'utile au-delà du terme où il s'étoit arrêté dans ses études. C'est, pour l'observer ici en passant, un travers fort commun, sur-tout parmi ces savans que Montesquieu tourne si finement en ridicule dans une de ses lettres (2) Persannes. Il voyoit depuis long-tems le règne de l'érudition pencher vers son déclin, & celui de la philosophie expérimentale & rationelle s'avancer rapidement, & donner à tous les esprits une forte impulsion. Le succès brillant des articles ÉCLECTISME, ÉPICUREISME, &c. l'impression vive & profonde qu'ils avoient faite sur les gens de lettres les plus instruits & du goût le plus délicat, c'est-à-dire, sur cette partie du public dont la critique ou l'éloge détermine & entraîne tôt ou tard l'opinion générale, sembloit décider la question en faveur des ouvrages pensés & écrits avec une certaine hardiesse. L'abbé Batteux le sentit, & ce changement remarquable dans les idées lui parut même

très-préjudiciable à la religion. Ce n'étoit pas, sans doute, la chûte de cette vieille idole que tant de gens encensent par habitude, qui le touchoit le plus, quoiqu'il affectât (3) par-tout un saint zèle pour cette cause : mais il ne se dissimuloit pas que ses concitoyens, une fois tournés vers les matières de raisonnement, les seules qui puissent conduire à de grands résultats ; occupés alternativement d'observations, d'expériences & de calculs, ne prendroient désormais qu'un foible intérêt aux recherches de pure érudition, & que tout son savoir, apprécié dès-lors à sa juste valeur, pourroit peut-être lui mériter un jour le titre d'écrivain utile & laborieux, mais jamais celui d'homme célèbre.

L'aversion secrette de l'abbé Batteux pour la philosophie avoit encore une autre cause : son amour-propre avoit été grièvement blessé du coup que la *lettre sur les sourds* (4) avoit porté à son traité des beaux arts réduits à un même principe. Tous ceux qui savent juger des choses avoient observé l'intervalle immense que cette lettre avoit laissé entre le philosophe & le littérateur ; celui-ci ne l'ignoroit pas, & sa haine en étoit irritée.

Urit enim fulgore suo, qui prægravat artes
Infra se positas.

Tous ces motifs réunis déterminèrent notre professeur à se couvrir du manteau de la religion, & à décrier ce qu'il appelloit la nouvelle philosophie. Il n'osa cependant ni nommer, ni désigner un seul de ceux qui professoient ces nouvelles opinions : mais voulant, pour me servir de l'expression énergique & pittoresque de Montaigne, *donner à Diderot une nasarde sur le nez d'Epicure*, il fit tous ses efforts pour prouver que cette philosophie corpusculaire que le savant encyclopédiste avoit présentée sous un aspect très-imposant, n'étant au fond qu'un système complet d'athéisme, la morale, dont Epicure avoit parlé d'ailleurs si dignement, & donné de si belles leçons, ne pouvoit plus avoir de base dans ses principes, & n'étoit à-peu-près qu'un mot vuide de sens.

Il seroit facile de démontrer, si c'en étoit ici le lieu, que cette conséquence absurde ne peut se déduire en bonne logique, ni de l'hypothèse d'*Epicure*, ni de celle de Spinosa. Un examen réfléchi de ces matières prouve, au contraire, que les loix, les bons exemples & les exhortations

---

soit, *point de philosophie*, comme celle de tous les théologiens est *point de raison*. ce qui exprime la même pensée en d'autres termes.

(1) Sincerum est nisi vas, quodcunque infundis acescit.
HORAT. *Epist.* 1. *lib.* 1.

(2) Voyez la cent quarante deuxième, édition d'Amsterdam. 1760.

(3) Voyez ci-dessous, la seconde note de l'éditeur, pag. 337. col. 2.

(4) Voyez ce que j'ai dit à ce sujet dans les *mémoires historiques & philosophiques* pour servir à la vie de Diderot. Voyez aussi l'article de ce philosophe, ci-dessus, pag. 178. colon. 2.

font d'autant plus utiles qu'elles ont *nécessairement* leurs effets. J'ai fait voir ailleurs (1) que le système de la nécessité qui paroît si dangereux aux théologiens, & à ceux qui ne font pas un meilleur usage de leur raison, ne l'est point, & ne change rien au bon ordre de la société. Les choses qui corrompent les hommes seront toujours à supprimer ; les choses qui les améliorent seront toujours à multiplier & à fortifier. C'est une dispute de gens oisifs qui ne mérite pas la moindre animadversion de la part du législateur. Seulement notre système de la nécessité assure à toute cause bonne, ou conforme à l'ordre établi son bon effet ; à toute cause mauvaise ou contraire à l'ordre établi son mauvais effet ; & en nous prêchant l'indulgence & la commisération pour ceux qui sont malheureusement nés, nous empêche d'être si vains de ne pas leur ressembler ; c'est un bonheur qui n'a dépendu de nous en aucune façon.

Ceux qui aiment sincérement la vérité & qui la cherchent sans préjugés, sans passions, peuvent au moins conclure de ce que nous venons de dire du livre de l'abbé Batteux, du motif qui le lui a fait écrire, & du but qu'il s'y est proposé, qu'il faut le lire avec beaucoup de précaution. Comme ce n'étoit ni un penseur profond, ni même un sophiste subtil, les piéges où il conduit le lecteur ne sont pas difficiles à voir ; mais il est bon que ceux auxquels ses raisonnemens pourroient faire illusion, sachent en général qu'il n'en est presque aucun qu'on puisse admettre sans restriction, & qui ne soit par quelque côté ou vague & insignifiant, ou faux, ou absurde.

Au reste, comme il faut être juste en tout, & que rien ne dispense de ce devoir, le premier & le plus sacré dans l'ordre social, nous dirons ici qu'on peut appliquer à ce livre de l'abbé Batteux ce qu'un ancien poëte latin disoit du sien.

Sunt bona, sunt quædam mediocria, sunt mala plura.

Il y a quelques bonnes choses, il y en a de médiocres, & beaucoup de mauvaises : nous rangerons parmi les premières plusieurs citations & quelques remarques qui peuvent servir de supplément & de preuves à certains paragraphes de l'article EPICURÉISME : c'est ce qui nous a déterminés à joindre le travail de l'abbé Batteux à celui de Diderot ; ces deux analyses sont d'ailleurs entre elles comme leurs auteurs, ce qui suffit pour déterminer la mesure de l'espace qu'ils ont parcourue & le terme où ils sont arrivés.

---

(1) Voyez l'article FATALISME & FATALITÉ DES STOÏCIENS.

*Morale d'*Epicure *tirée de ses écrits.*

Tout est dit pour & contre *Epicure*. Depuis deux mille ans il a eu des amis & des ennemis qui n'ont rien oublié, les uns pour l'attaquer, les autres pour le défendre.

Ses disciples ont prétendu justifier sa doctrine par sa frugalité & par sa conduite. Quel moyen, disoient-ils, d'avoir tant de mœurs avec des principes de corruption (2) ?

Ses ennemis au contraire ont dit que s'il n'avoit pas été vicieux, ce ne pouvoit être que par tempérament (3) & par timidité ; & qu'avec des principes comme les siens, si, par hasard on avoit des mœurs, on ne pouvoit avoir des vertus (4).

Comme il ne s'agit point ici de la personne d'*Epicure*, mais seulement des principes qu'on lui reproche ; nous nous bornerons à exposer d'abord ces principes, en peu de mots, & à donner ensuite les piéces justificatives de notre exposition : ce qui divisera naturellement cet article en deux parties, dont la première contiendra les dogmes d'*Epicure* exposés relativement à la morale ; la seconde, l'exposition vérifiée par les paroles mêmes d'*Epicure*.

*Principes de la philosophie d'*Epicure *relativement à la morale.*

Nous présenterons d'abord un tableau abrégé de l'état des esprits dans la Grèce, par rapport à la philosophie, lorsqu'*Epicure* se montra sur la scène. Ensuite nous fixerons l'objet que ce philosophe se proposa dans le plan de toute sa philosophie. Enfin nous traiterons en peu de mots les

---

(2) Il est vrai qu'il n'en doit pas être des philosophes comme des autres hommes qui ont souvent des principes austeres, & une conduite relâchée. Quand la conduite d'un philosophe n'est pas conforme aux loix il faut qu'il ait eu le secret de se faire des loix conformes à sa conduite : ou il n'est pas philosophe.

(3) ἀναισθησία. Il fut tourmenté des douleurs de la gravelle pendant toute sa vie.

(4) On reconnoît ici le langage astucieux d'un prêtre d'assez mauvaise foi pour feindre d'ignorer que les mœurs sont absolument indépendantes des opinions spéculatives sur la religion, sur Dieu &c On n'est pas plus vertueux parce qu'on est chrétien, que l'on n'est vicieux parce qu'on est incrédule ; & pour l'observer ici en passant, les motifs qui portent un athée à la pratique de la vertu sont d'une toute autre force que ceux qui peuvent y déterminer le chrétien. Mais ce n'est pas ici le lieu de traiter ce sujet. Nous en avons déja dit quelque chose dans plusieurs articles de ce dictionnaire philosophique, & nous aurons encore d'autres occasions de revenir sur ces matières. NOTE DE L'EDITEUR.

points capitaux de sa doctrine, qui sont la nature des dieux, celle de l'ame, de la volupté & de la vertu : c'est le plan de la première partie.

Quoique nous n'ayons d'autre objet qu'une exposition simple & non une réfutation, parce que les dogmes dont il s'agit ont été réfutés mille fois & sans réplique ; nous ne pourrons néanmoins nous dispenser, en considération de quelques-uns de nos lecteurs, d'indiquer en passant, les principales raisons qu'employoient les anciens philosophes pour détruire ces dogmes. Le contraste animera notre exposition, & aidera ceux qui pourroient avoir besoin de ce secours pour juger comme il convient.

Siècle d'Epicure.

Epicure, né 342 ans avant Jésus-Christ (1), dans un bourg d'Athènes nommé Gargette, se livra de très-bonne heure (2) à l'étude de la philosophie, piqué, dit-on, contre son maître de Grammaire, qui, lui faisant lire la Théogonie d'Hésiode, n'avoit pû lui expliquer ce que c'étoit que le cahos.

Il ouvrit son école à trente-deux ans, d'abord à Mitylene, puis à Lampsaque, & cinq ans après à Athènes, dans un jardin qu'il avoit acheté quatre-vingts mines (3). Ce fut là qu'il passa le reste de sa vie avec des amis qu'il s'étoit formé pour lui-même, selon les principes de sa philosophie.

La sublimité de l'école de Platon où régnoient Xénocrate & Polémon ; la science profonde de celle d'Aristote, où parloit le fameux Théophraste ; l'éclat naissant de la vertu de Zénon, qui rassembloit tant d'auditeurs dans ces galeries célèbres qu'avoit peint Polygnote, n'effrayèrent point son courage. Il opposa hardiment ses dogmes à ceux de ses rivaux ; persuadé que l'inscription même de l'école (4) qui annonçoit la volupté, attireroit d'abord l'attention des hommes, & que l'agrément de ses jardins, joint à une idée de vertu, retiendroit chez lui une partie de ces auditeurs nombreux, qui remplissoient chaque jour l'académie, le lycée & le portique.

Il sembloit même avoir quelques avantages sur les autres philosophes. Il paroissoit d'un caractère franc, ingénu, plus occupé du bien des autres que du sien propre. Il sembloit proposer ses idées sans art & sans détour ; se déclarant hautement contre les couleurs de l'éloquence & contre les finesses de la dialectique ; affectant d'attaquer en plein jour, sans casque, ni bouclier, avec une sorte de confiance qui en donnoit à ceux qui l'écoutoient (5).

Le divin Platon avoit été admiré lorsqu'il parloit des perfections de l'être suprême, de l'immortalité de l'ame, des charmes & des récompenses de la vertu. Mais ses écrits, qui présentent toujours le pour & le contre avec des traits également forts, & des couleurs également vives, donnoient trop d'exercice, & trop peu de nourriture à la plupart des lecteurs, dont l'esprit, après une certaine mesure de travail, aime à se reposer sur quelque vérité. Ses successeurs Speusippe, Xénocrate & Polémon, qui avoient été moins attachés que lui à la manière de Socrate, n'ayant rien inventé de nouveau, la grande idée qui étoit restée de leur maître, absorboit une partie de leur gloire, & l'habitude d'entendre depuis soixante ou quatre-vingts ans les mêmes choses, avoit émoussé le goût du peuple d'Athènes, toujours avide de nouveauté.

Aristote, génie hardi, profond, lumineux quand il traitoit les sujets qu'il vouloit éclaircir, ou qui pouvoient l'être, avoit présenté les matières qui concernent la divinité, l'ame, & les autres causes fondamentales du bonheur, avec un art qui n'appartenoit qu'à lui. Tout paroissoit précis, articulé, analysé ; mais ce n'étoit qu'un

---

(1) Olymp. 109. 3.

(2) Selon Diogène Laërce, à l'âge de 14 ans, selon d'autres, à 12.

(3) Quatre-vingts mines équivalent à 6,400 livres sur le pied où est l'argent aujourd'hui, à 50 livres le marc.

(4) Inscriptum hortulis : Hospes hic bene manebis ; hic summum bonum Voluptas est. Sen. Epit. 21.

Philosophie anc. & med. Tome II.

(5) Cependant S. Clément d'Alexandrie assure que les épicuriens avoient des dogmes secrets, aussi bien que les pythagoriciens & Platon, & qu'ils ne permettoient pas à tout le monde de lire les livres où ils étoient renfermés. L. 5. Strom. Mais qu'avoient-ils à cacher après avoir dit hautement que la Divinité ne se mêloit point des affaires des hommes ; que l'ame mouroit avec le corps, que la volupté est le souverain bien ; & que la justice n'est rien ? Peut-être y avoit-il quelques développemens trop cruds, qui n'auroient pû passer à la police d'Athènes, malgré son extrême indulgence pour les philosophes.

* Cette extrême indulgence des athéniens pour les philosophes est une pure supposition démentie par cent faits tous plus concluans les uns que les autres. L'abbé Batteux ne l'ignoroit pas sans doute ; mais ici il lui plaît de l'oublier. Au reste, il paroit que ce littérateur dont les principes ressembloient beaucoup à ceux de ce théologien dans les papiers duquel on trouva un jour cette pensée : humilité, pauvre vertu, hypocrisie, vérité, dont il ne seroit pas difficile de faire l'apologie : il paroit, dis-je, que si cet écrivain avoit été un des juges de l'Aréopage, ceux qui pensent aujourd'hui comme lui, n'auroient pas à lui reprocher son extrême indulgence pour les philosophes. NOTE DE L'ÉDITEUR.

éclat extérieur jeté sur un fond obscur. Les idées étoient devenues si minces, dans la décomposition, qu'un œil ordinaire ne les appercevoit qu'avec peine. Il falloit bien souvent en croire le philosophe sur sa parole. Ses leçons particulières pour les adeptes, avoient mis en défiance tous ses auditeurs, sans exception. Qui pouvoit se flatter d'être entierement compris dans le privilège, & d'avoir vu intuitivement la pensée du maître ?

Le portique où s'étoit un peu apprivoisée la secte des cyniques, rendue fameuse par la vertu énorme d'Antisthène, de Diogène, de Monime, de Cratès & d'Hipparchia (1), ressentissoit des plus belles leçons. C'étoit là qu'on alloit chercher le sublime de la sagesse & du bonheur. Mais cette prétendue (2) sagesse étoit si fort au-dessus des idées & de la portée du grand nombre ; elle étoit accompagnée de tant de prétentions outrées, pour ne rien dire de plus, qu'elle effrayoit les uns & faisoit rire les autres. Ajoutez à cela le fatalisme, ce dogme si déconcertant pour l'amour-propre, & l'idée bizarre d'un dieu rond, confondu avec le feu, coupé en une infinité de parcelles, pour être distribué dans tous les êtres. Qui pouvoit digérer tant de paradoxes ?

Falloit-il passer la mer & aller à Cyrène chercher l'esprit d'Aristippe ? Ses successeurs se déshonoroient par leurs excès & leurs écarts philosophiques. Théodore, surnommé d'abord l'athée, ensuite, par antiphrase, le dieu, chassé de toutes les villes policées, n'avoit trouvé de réfuge que dans la maxime qui dit, que le sage n'a point besoin d'amis. Bion, son disciple, avoit detesté en mourant, la folle témérité de ses maîtres & la sienne. Hégésias, surnommé l'orateur de la mort, πεισιθάνατος calculant la somme des biens & des maux de la vie, avoit poussé si loin ses principes, qu'au sortir de ses leçons on alloit mourir. Il fallut que le roi d'Egypte lui imposât silence, pour conserver ses sujets (3).

De tous les impies qui vivent & qui meurent sans espérance (4), c'étoit peut-être le seul qui eût raisonné conséquemment jusqu'au bout. Mais ces conséquences mêmes, quoique justes, avoient dégoûté de sa philosophie bien des gens, trop amis de la vie pour la sacrifier à une opération d'arithmétique.

C'est là le moment où *Epicure* se montre à la Grèce, presque lasse de croire & d'espérer aux promesses des philosophes.

Il avoit visité toutes les écoles, entendu tous les maîtres ; & s'il ne connut pas toutes leurs pensées, c'est qu'il crut en avoir assez vu pour n'avoir pas besoin de connoître le reste.

Peu satisfait de tout ce qu'on avoit voulu lui apprendre, il songea à donner des idées nouvelles. Il fit un plan, qu'il présenta comme neuf, & qu'il prétendit avoir exécuté seul, & de ses propres fonds, sans aucun emprunt (5). Il étoit aisé de l'en croire sur sa parole : c'étoit, dit Cicéron, un homme mal logé, qui se vantoit d'avoir bâti sa maison lui-même, sans le secours d'aucun architecte (6).

Il composa trois cents volumes, sans y faire entrer aucune citation ; parce qu'apparemment il ne croyoit pas que la philosophie dût citer, ou que ses prédécesseurs méritassent de l'être. On l'a même accusé de ne s'être pas toujours renfermé dans les bornes de ce silence, qui valoit une critique, & de les avoir crayonnés tous à sa manière, d'une façon qui marquoit son mépris pour eux (7).

Diogène Laërce rapporte quelques-unes des qualifications dont on prétend qu'il avoit décoré Nausiphane, un de ses maîtres, Platon, Aristote, Protagore, Héraclite, Démocrite, à qui il devoit toute sa physique, Antidore, &c. Nous les supprimons, par égard pour de si grands hommes, &

---

(1) Hipparchia jeune athénienne, de famille noble, se prit d'amour pour le philosophe Cratès, au point qu'elle déclara à ses parens qu'elle mourroit, si elle ne l'épousoit pas. Cratès étoit laid, bossu, n'ayant pour tout bien qu'une besace & un bâton. Il lui découvrit même sa bosse pour essayer de la guérir de sa maladie. Non, dit-elle, je n'en veux ni un plus beau, ni un plus riche.

(2) Remarquez que l'abbé Batteux ne laisse pas échapper une occasion de se montrer le détracteur de tout ce que les anciens philosophes ont pensé & écrit de vrai, de beau & de bon sur la morale ; comme s'il n'y avoit eu d'honnêtes gens que dans le christianisme, & depuis l'établissement de cette religion. NOTE DE L'ÉDITEUR.

(3) A Rege Ptolemæo prohibitus est illa in scholis dicere, quod multi his auditis, mortem sibi consciscerent. Cic. *Tusc.* 1. 34.

(4) Et quelle espérance un homme sensé & en qui les préjugés religieux n'ont pas éteint toutes les lumières de la raison, peut-il donc avoir ? NOTE DE L'ÉDITEUR.

(5) Cependant il est certain qu'il n'a rien à lui : il doit toute sa physique à Démocrite, *in Physicis totus est alienus*, & toute sa morale à Aristippe. *Voyez Cic. de Fin.* 1. 6. & 8.

(6) Quod & non prædicanti tamen facilé quidem crederem : sicut mali ædificii domino, glorianti se architectum non habuisse. *De Nat. Deor.* 1. 26.

(7) Voyez Plut. dans son livre contre les *épicuriens* pag. 1086.

par respect (1) pour la philosophie (2).

Ces discours injurieux ont-ils été faussement attribués à *Epicure*, & seulement pour multiplier le nombre de ses ennemis? Diogène Laërce, qui l'assure, peut avoir raison. On peut croire que Timocrate, qui fut le plus grand détracteur d'*Epicure*, après avoir abandonné son école, en parla mal, pour justifier sa désertion.

Mais d'un autre côté, Dioclès, qu'on cite comme son apologiste, n'est pas moins récusable que Timocrate, par la raison contraire; étant disciple d'*Epicure*, son commensal & son ami de tous les jours, c'étoit pour son honneur même qu'il justifioit son maître.

Nous n'avons rien à dire sur cette accusation, sinon que plusieurs de ces traits sont rendus au moins vraisemblables, par l'affectation d'*Epicure* à ne citer jamais aucun de ceux-mêmes à qui il devoit le plus; par son obstination à nier qu'il eût rien appris de qui que ce fût; par les reproches que lui ont fait plusieurs auteurs graves, qui, quelque prévenus qu'on les suppose, n'étoient pas capables d'adopter légèrement des calomnies grossières; enfin par la conduite de Colotes son disciple & son ami de cœur, Καλοταρίον, lequel dans l'ouvrage qu'il avoit fait pour prouver: *Qu'on ne peut être heureux en suivant les dogmes des autres philosophes*, a laissé échapper des traits injurieux contre ce que la philosophie a de plus respectable, jusqu'à dire, entre autres choses, qu'il falloit donner du foin à Socrate, au lieu de pain, puisqu'il faisoit profession de ne rien savoir. Il traitoit avec la même liberté Parménide, Platon, Démocrite, &c.

Métrodore, qui étoit un second *Epicure*, *alter Epicurus*, disoit qu'un homme libre ne pouvoit s'empêcher de rire, quand il pensoit à ces tristes Lycurgue, à ces Solon, & aux autres qui leur ressemblent (3). Enfin il n'y a pas jusqu'à Léontium, qui n'ait voulu lancer des traits contre Théophraste: ce qui fit naître le proverbe, *de choisir l'arbre pour se pendre* (4). Cette conduite des disciples prouve au moins que les plus grands noms n'étoient pas fort respectés dans les jardins de leur maître. Il seroit aisé de prouver qu'ils ne devoient pas l'être, selon les maximes & les principes qu'on y avoit établis.

Tout ce que Diogène Laërce avance pour la défense d'*Epicure*, prouve que ce philosophe étoit doux, complaisant dans sa propre société; mais cela ne démontre nullement qu'il ait beaucoup respecté les philosophes dont il renversoit la philosophie, ou qui vouloient renverser la sienne.

Après des jugemens & des termes si peu ménagés, *Epicure* n'étoit pas en droit d'attendre qu'on lui fît beaucoup de grace. On ne lui rendit pas même justice. La philosophie s'oublia jusqu'au point de mettre en œuvre la calomnie, les suppositions d'écrits (5), les déclamations grossières, moyens odieux qui ne firent que donner à *Epicure* une célébrité qu'il n'avoit pas encore par lui-même (6), & qu'il n'auroit peut-être jamais eue sans ses ennemis.

On peut voir ce qu'a écrit à ce sujet Gassendi, qui ayant épuré la doctrine de ce philosophe dans quelques-uns de ses points, a aussi vengé sa personne, & rétabli une partie de sa mémoire. Pour nous, sans statuer rien de précis sur la personne d'*Epicure*, nous croyons que s'il y a eu de l'animosité & de l'injustice dans ses ennemis, il y a eu aussi de l'affectation & du zèle outré dans ses défenseurs. Les uns veulent qu'il soit couvert de blâme & de reproches, les autres qu'il soit sans aucune tache: il y a apparence qu'ici comme ailleurs, la vérité pourroit être dans le milieu.

---

(1) Le respect de l'Abbé Batteux pour la philosophie! je ne connois aucun écrivain qui se soit plus constamment attaché à décrier la philosophie, sur tout celle des modernes à la hauteur de laquelle il ne pouvoit s'élever ni par ses connoissances ni par l'étroitesse de son esprit. C'étoit un homme qui savoit du grec & du latin, & qui raisonnoit comme raisonnent tous ceux qui ne savent que cela. Si je voulois réfuter ici les sophismes de cet ennemi secret de tous les grands hommes de son siècle, je ferois un livre aussi volumineux que le sien. Il ne faut prendre de son ouvrage que les faits qui, en général, sont assez exacts toutes les fois qu'il n'a pas quelqu'intérêt à les altérer ou à les présenter sous un faux jour, & ne tenir aucun compte de ses raisonnemens presque tous puisés dans le fanatisme religieux très-commun de son tems, & qui commence à passer de mode. Note de l'éditeur.

(2) Voyez Cicéron de *Nat Deor.* 1. 93.

(3) Non, non, Métrodore, reprend Plutarque en colère, un homme libre ne rit point quand il pense à ces grands hommes; & celui qui rit n'est point un homme libre; mais un insolent qu'il faut châtier, non avec la verge, comme l'enfant libre, mais avec le fouet à gros nœuds, dont on punit les esclaves de Cybèle.

Adv. Colot. Torquatus ne parle guères plus respectueusement de Platon dans Cicéron.

(4) Proverbium inde natum, suspendio arborem eligendi. *Plin. Nat. Præf. lib.* 1.

(5) On accusa Diotime stoïcien, de lui avoir prêté 50 lettres amoureuses. *Voyez Laer.* 10. *Seg.* 3 & *Jonsius, lib.* 2. *cap.* 15. *n.* 4.

(6) Nihil sibi ait nocuisse, aut Motrodore, inter bona tanta, quod ipsos illa nobilis Græcia non ignotos solum habuisset, sed pene inauditos. *Senec. Epist.* 79.

Objet de la philosophie d'Epicure.

Henri Morus écrivoit à l'ami de Descartes (1) que la fin suprême de la philosophie étoit la religion : *Summus philosophiæ finis religio*. Il entendoit sans doute la fin de l'œuvre, & non celle de l'ouvrier. Car la religion, étant elle-même un moyen, a pour objet, comme toutes les vertus, toutes les études, tous les efforts, toutes les entreprises de l'homme, le bonheur de l'homme même ; avec cette seule différence, que sous son empire la nature est guidée par une sagesse (2) qui ne trompe point ; tandis que les autres moyens, employés souvent par un faux amour propre, ou par les vues détournés de quelque passion trompeuse, mènent l'homme à un fantôme de bonheur, plutôt qu'à une félicité réelle.

Les philosophes payens avoient saisi cette première vérité : *que l'amour de soi-même est le principe de toutes les actions de l'homme*, & que si cet amour étoit bien réglé, il seroit aussi la vraie règle de l'humanité.

Il falloit donc le régler cet amour, c'est-à-dire, lui montrer son véritable objet, ensuite la vraie route qui conduit à cet objet ; enfin lui fournir les forces, ou les motifs nécessaires pour le porter jusqu'à cet objet. C'est ce qu'ils ont cru réservé à la philosophie, c'est-à-dire, à la raison instruite par elle-même des devoirs de l'homme, & pourvue, aussi par elle-même, des moyens suffisans pour les remplir. Nous serons sages, ont-ils dit, & heureux par la philosophie, quand elle nous aura donné des idées nettes & claires sur les points d'où dépendent notre bonheur, & qu'elle nous aura procuré l'habitude d'agir en conséquence.

Or, voici comment ils procédoient dans leurs recherches & leurs raisonnemens sur cette matière.

Le premier sentiment de l'homme est le desir de sa propre conservation & de celle de son état. Tout animal en naissant est recommandé à lui-même par la nature.

L'homme ouvrant les yeux sur soi, examine de quelles parties son être est composé : il y trouve un corps & une ame.

Il doit donc s'occuper de la conservation de son corps & de son ame, & de ce qui peut contribuer à les rendre plus complets, & plus utiles pour son bien être, c'est-à-dire, plus parfaits. Et quand il aura obtenu la perfection possible de ces deux parties de son être, il sera aussi, lui-même, parfait, autant qu'il peut l'être, eu égard à sa nature ; & parconséquent il sera heureux.

Le corps est parfait, quand il est sain & vigoureux, & que la santé présente semble répondre de la santé à venir.

L'ame est parfaite, quand la vertu y règne pleinement, c'est-à-dire, quand l'esprit ayant des idées justes, & en nombre suffisant, le cœur s'y conforme constamment & sans efforts.

Par conséquent l'homme heureux est celui qui porte dans un corps sain & agile, un esprit éclairé, avec un cœur droit, accoutumé à suivre les idées de l'esprit.

Cet homme heureux est aussi un sage : mais s'il a toujours le même cœur & le même esprit dans un corps foible & souffrant ; alors c'est un héros, c'est presque un Dieu.

Ainsi parloient Socrate, Platon, Aristote, Xénocrate, Dicéarque, & tous ceux qui ont philosophé de bonne foi sur cette matière, la seule vraiement philosophique.

Toute la perfection de l'homme dépend donc des idées de l'esprit, puisque ce sont elles qui règlent la volonté. Maintenant quelles doivent être ces idées ? C'étoit-là que se partageoient les philosophes.

On peut les diviser d'abord en trois classes. Dans la première, chaque homme est regardé comme une partie de l'Univers, laquelle doit se conformer & concourir à l'ordre général, & à la perfection du tout. C'étoit l'idée des stoïciens.

Dans la seconde, chaque homme est une partie du genre humain, & doit, à ce titre, contribuer au bonheur général, & en tirer, par ce moyen, son bonheur particulier. C'étoit la pensée de l'école

---

(1) M. Clerselier. Lettres de Descartes, tom. 1. pag. 313. édit. 1657.

(2) Cette assertion n'est que ridicule, & ne mérite pas d'être refutée sérieusement. C'est dans ces principes que tout cet ouvrage de l'abbé Batteux est écrit. On peut juger par ce seul trait de la justesse & de l'étendue de son esprit. Il est peu de livres d'érudition dans lesquels il règne une superstition plus dégoûtante. On n'y trouve pas une seule pensée qui lui appartienne & qui mérite d'être remarquée. Toutes ses réflexions sont fausses ou communes, & toujours envenimées par cette haine secrette pour les philosophes de son tems, dont la réputation méritée, humilioit son sot orgueil, & faisoit un des tourmens de son cœur rongé de fiel & d'envie.

Invidus alterius macrescit rebus opimis.
Invidiâ siculi non invenere tyranni
Maj.s tormentum.

NOTE DE L'EDITEUR.

de Platon, qui, sur ce point, comprenoit aussi celle d'Aristote.

Dans la troisième, chaque homme en particulier se fait centre de l'univers & de la société : c'est à lui seul qu'il rappelle tout le reste. C'étoit le système d'*Epicure*, d'Aristipe, & de tous ceux qui mettoient le souverain bien dans les sens & la volupté.

Et mihi res, non me rebus subjungere conor.

HORAT.

Ces trois classes peuvent être réduites à deux, dont la première comprend tous ceux qui bornoient l'être de l'homme à la vie présente ; la seconde renferme ceux qui espéroient une autre vie, dont l'état fût lié avec l'état de la vie présente.

Selon le système de ceux-ci, le bien particulier sacrifié au bien public, dans cette vie, devoit être remplacé par un plus grand bien particulier dans la vie future.

Selon le système des *Epicuriens*, le sacrifice du bien particulier au bien public, étoit une sotise pure, sans récompense & sans objet.

La différence de ces deux philosophies n'étoit donc pas dans l'une le sacrifice de l'intérêt personnel, dans l'autre le commerce ou l'usure de ce même intérêt : l'intérêt particulier étoit dans toutes deux. Mais dans l'une, c'étoit l'intérêt d'une (1) vie immortelle & d'un bonheur sans fin ; dans l'autre, c'étoit l'intérêt & le bien être d'une vie passagère.

Le premier intérêt étoit l'amour de soi-même qui renonçoit à quelque bien présent pour un bien à venir infiniment plus grand. L'autre étoit le même amour de soi, qui renonçoit à l'espérance à venir, pour le bien qu'il croyoit présent. C'étoit donc la différence des idées qui séparoit d'abord les philosophes ; & ceux qui avoient tort étoient coupables d'erreur, avant que de l'être de crime.

Faisons encore un pas. Le bien de la vie présente est de deux sortes : le bien honnête & le bien agréable.

Le bien agréable, par opposition au bien honnête, est celui qui parvient à l'ame par les organes des sensations : c'est un mouvement qui flatte les sens.

Le bien honnête est celui qui nous procure l'estime & la bienveillance des hommes vertueux.

Les stoïciens avoient embrassé le bien honnête, exclusivement à tout autre bien. C'étoit à eux à concilier les contradictions des principes de leur métaphysique, avec ceux de leur morale. Aristippe & *Epicure* avoient embrassé le seul bien agréable, y comprenant les vertus mêmes, qui n'étoient bonnes, selon eux, qu'à cause des agrémens qui les accompagnent même dans cette vie. Nous toucherons encore cette matière ci-après. *Art.* 5.

Tout se réduit donc à savoir si l'homme sage, pour se rendre aussi parfait & aussi heureux qu'il peut l'être, eu égard à sa nature, à son origine, à sa destination, doit dans cette vie, sacrifier les plaisirs à la vertu, ou subordonner les vertus au plaisir.

Pour discuter cette question dans toute son étendue, il y avoit deux autres points essentiels à traiter préalablement : la nature de la divinité & de ses attributs ; celle de notre ame & de ses propriétés ; la question du bonheur n'étant proprement que le résultat de ces deux autres : *Epicure* l'avoit senti. » Si nous n'avions point, dit-il, d'inquiétude sur » ce qui se passe au-dessus de nos têtes, ni sur » la mort & ses suites, & que nous pussions con- » noître, sans la philosophie, où doivent s'arrêter » nos plaisirs pour ne point se changer en douleur, » nous n'aurions que faire d'étudier la philoso- » phie » (2).

Voilà donc trois objets : connoître les dieux, pour savoir s'il faut craindre leur vengeance : connoître l'ame, pour savoir quelles sont les suites de la mort : connoître les limites du plaisir, pour éviter les suites fâcheuses de l'excès.

La connoissance des dieux & celle de l'ame nous est donnée par l'étude de la nature ou de la physique (3) : sans cette étude, dit *Epicure*, les hommes comme les enfans dans l'obscurité, s'effraient de ce qui n'est pas. Les phénomènes du ciel & de la terre, dont ils sont frappés, parce qu'ils n'en voient pas les causes, les tiennent sous le joug d'une crainte qui les rend souverainement malheureux. C'est donc au grand jour de la philosophie qu'il appartient de tirer les hommes de la servitude, & de leur apprendre que ce ne sont pas les dieux qui font ce qui les étonne : « graces

---

(1) Il falloit que l'abbé Batteux fut ou de mauvaise foi, ou bien peu versé dans l'histoire des dogmes des anciens philosophes, pour oser dire ici qu'il y en ait eu quelques-uns qui aient espéré une vie immortelle & un bonheur sans fin. Il faut supposer dans ses lecteurs une crédulité & une ignorance peu communes pour hasarder de pareilles assertions.

NOTE DE L'ÉDITEUR.

(2) Max. XI. 2. Part. art. 2.
(3) Voyez les maximes II. 12, & 13.

» soient rendues au citoyen d'Athènes, s'écrie
» Lucrêce dans l'enthousiasme de son admiration,
» nous sommes libres des vains préjugés de l'en-
» fance (1). C'est cet homme immortel, qui,
» emporté par son génie vainqueur au-delà des
» limites enflammées du monde, a parcouru l'u-
» nivers & l'espace. C'est lui qui nous a ramené
» en triomphe, toutes les déterminations possibles
» des êtres, les formes essentielles de chaque es-
» pèce, les principes de leurs mouvemens & de leur
» repos, enfin tous les circuits & les retours des
» élémens. Nous pouvons désormais acquiescer à
» nos penchans, & suivre sans inquiétude, les
» douces violences de la nature, qui nous entraîne
» à la volupté ».

Ce qui veut dire en prose que nous connoissons par la philosophie que les dieux ne se mêlent de rien ; que chaque être a la raison de sa forme & de son existence dans la pesanteur, la configuration, & la masse des atômes, l'ame aussi bien que le corps ; & qu'ainsi tout se décompose & se détruit, sans exception : partant point de maître à craindre dans le monde invisible, ni pendant cette vie, ni après la mort. Tout notre être est ici, tout notre bonheur ici : & l'un & l'autre ne dépend que de nous. Voilà les lumières que nous donne l'étude de la nature, ou de ce que les anciens appelloient la philosophie naturelle.

Il ne reste plus qu'à développer, d'après ces principes, les loix que cette même nature prescrit à l'homme, soit par le sentiment, soit par la raison, pour le conduire au bonheur qui lui convient, selon ce système ; & alors il jouira de tous les avantages que la sagesse peut lui procurer : c'est l'objet de la philosophie morale, qu'*Epicure* a traitée au long, & toujours relativement à la nature de la divinité & de l'ame, qui sont les deux appuis fondamentaux des mœurs, & à celle du bonheur de l'homme, qui en est la fin & le résultat.

Les autres philosophes avoient aussi traité avec étendue ces mêmes objets, relativement aux mêmes points de vue, je veux dire, pour nous délivrer de nos craintes fausses, & nous mener au vrai bonheur ; parce que ces idées ne peuvent se séparer (2). Mais ils nous conduisoient à ces résultats par des moyens tout différens de ceux d'*Epicure*.

Ils avoient écrit sur la divinité, pour nous faire connoître, je ne dis point sa nature, qui est essentiellement incompréhensible à toute intelligence finie ; mais son existence, & quelques-uns de ses attributs relatifs à notre propre conduite ; sa sagesse qui ordonne toutes choses ; sa puissance, qui embrasse les moindres objets, qui leur donne l'être, le mouvement & la vie ; sa science, à qui tout est présent, qui voit jusqu'à nos plus secrettes pensées ; sa providence, qui veille spécialement sur les hommes, & qui leur a donné par prédilection, le motif de la raison, plus encore que celui de l'intérêt, pour les attacher à la vertu : enfin sa justice, qui est un amour constant de l'ordre, qui le fait, qui le commande, qui le rétablit, toujours pour sa gloire : & au lieu du tribut servile de la crainte, auquel *Epicure* prétendoit que nous serions forcés, si la divinité existoit, ils ont demandé pour elle l'hommage libre & filial, c'est-à-dire, l'amour & le respect d'un cœur vertueux.

Ils avoient parlé de la mort : non pour nous montrer de loin les portes du néant, qui n'est que le doute malheureux d'un homme sans principes ; mais pour nous adoucir ce passage nécessaire, par le détachement insensible des choses terrestres : *philosophia est commentatio mortis*. Ils avoient dit que l'homme étranger sur la terre, & rappellé à une meilleure patrie, devoit chaque jour couper quelqu'un de ces nœuds grossiers qui l'attachent ici-bas, malgré lui ; qu'il devoit diminuer, par l'étude des choses intellectuelles, le poids de cette partie matérielle de lui-même, qui l'empêche de prendre l'essor vers la perspective d'une autre vie. Ils avoient dit que la vie d'ici-bas, en comparaison de l'autre, n'étoit qu'un état de mort ; que notre ame étoit renfermée dans le corps comme dans un tombeau, ou tout au plus, comme dans une prison étroite ;

---

(1) Primum Graius homo mortaleis tollere contra
Est oculos ausus, primusque obsistere contra,.
Ergo vivida vis animi pervicit, & extra
Processit longè flammantia mœnia mundi,
Atque omne immensum peragravit mente animo
(que)
Unde refert nobis victor quid possit oriri,
Quid nequeat, finita potestas denique quoique
Quânam sit ratione, atque altè terminus hærens.
L. I. v. 66.

Et metus ille foras præceps Acheruntis agendus,
Funditus, humanam qui vitam turbat ab imo ;
Omnia suffundens mortis nigrore : neque ullam
Esse voluptatem liquidam puramque reliquit.
L. III. v. 40.

(2) Toute idée de justice, disoit Chrysippe, tient à Jupiter, & à la connoissance qu'on a de la nature universelle. C'est de-là que dépend l'essence du bonheur & des vertus, *Plut. de Stoic. rep.* 1035.

où ses idées n'étoient que des lueurs, ses desirs que des maladies, ses plaisirs que des suites ou des préludes de la douleur; de manière que la mort, qui étoit par elle-même un fantôme affreux pour le vulgaire, & pour *Epicure* l'entrée du néant, étoit devenue pour le sage (1), un terme desirable, le moment du salaire, où les travaux finissent & le bonheur commence.

Ils avoient parlé des goûts de la nature, & même de la volupté des sens; mais ils en avoient parlé comme d'un criminel digne de mort, à qui il falloit faire le procès sans pitié, qu'il falloit exterminer comme l'ennemi de toute vertu. Ceux d'entre eux qui l'avoient traité avec plus de modération, avoient dit que les plaisirs sensibles étoient des adoucissemens légers dans les maux de la vie, mais dont il falloit user sobrement: des attentions de la nature bienfaisante, qui nous invite à conserver notre être par l'attrait du sentiment; mais dont il ne falloit profiter qu'avec défiance & précaution.

Ainsi avoient parlé les écoles de Thalès, de Pythagore, de Parménide, de Platon, d'Aristote, des deux Zénons, de ces hommes fameux, dont tout l'Univers alors connu, répétoit les noms avec une reconnoissance mêlée de vénération : « parce que, dit Plutarque (2), quand même
» les loix qui sont le frein des passions humaines
» auroient été perdues & anéanties, les con-
» seils & les exemples de ces héros de la sagesse,
» auroient toujours retenu les nations, & em-
» pêché les hommes de se dévorer. On auroit
» toujours craint le crime & la honte; toujours
» aimé & respecté la justice, rendu honneur aux
» magistrats & aux dieux : on auroit toujours cru
» qu'il y avoit des guides & des témoins invisibles
» de la conduite de chaque mortel; que tout
» l'or de l'Univers ne pouvoit payer la moindre
» vertu; enfin on auroit fait, par l'attrait seul
» de la raison & de la décence, ce qu'on ne fait
» aujourd'hui que par crainte ».

Cependant il faut l'avouer, ces grands hommes qui avoient trouvé dans l'étude de la nature, la notion de Dieu, de l'ame immortelle, du bonheur de la vertu, n'avoient pas toujours eu ce qu'il falloit pour persuader les esprits, souvent grossiers, quelquefois rétifs, presque toujours offusqués par le goût & l'habitude des choses sensibles. Ils n'étoient pas même d'accord entre eux sur les développemens de plusieurs de ces points essentiels. Et comme l'esprit humain a toujours eu le secret, quand il l'a voulu, d'embrouiller, à force de réflexions, les choses les plus claires, & de rendre douteuses les plus certaines; il s'est trouvé que dans le choc des raisonnemens & des idées contraires, dont aucune ne reconnoissoit un tribunal sans appel, la vérité a souvent eu moins de crédit & de pouvoir que le mensonge; parce qu'elle est ordinairement sans faction, & que le nombre des sages n'est jamais le plus grand.

Dans cet état des pensées & des opinions des Philosophes sur le bonheur de l'homme, & sur les moyens d'y parvenir, *Epicure* s'imagina que la question seroit bientôt décidée, si quelqu'un, sans s'arrêter aux vaines disputes des écoles, reprenoit le fil de la nature, & le suivoit jusqu'au bout sans le rompre. Il crut que ce chef-d'œuvre lui étoit réservé, & qu'il étoit heureusement arrivé au terme, en prenant le hasard pour principe, & la volupté pour guide : l'un pour délivrer l'homme des craintes fausses, & l'autre pour le délivrer des sottes cupidités, qui sont les deux grandes, & les seules maladies du genre humain. Il a prétendu avoir guéri la première, en tirant le voile mystérieux qui nous déroboit les opérations secrettes de la nature; & la seconde, en plaçant le ressort de toute vertu dans l'amour du bien être de cette vie : c'est toute sa philosophie.

Idée d'Epicure sur la nature des Dieux.

Un poëte a dit, & on l'a cité quelquefois avec complaisance, que c'étoit la crainte qui avoit fait les Dieux (3) dans l'univers : *Primus in orbe Deos fecit timor.*

On pourroit dire le contraire avec plus de vérité, que c'est la crainte qui a chassé les Dieux de l'Univers: « Je n'ai jamais vu un homme, dit
» Cicéron, qui eût plus de peur qu'*Epicure* de
» deux choses, dont il disoit qu'il ne falloit
» point avoir peur, je veux dire de la mort &
» des Dieux (4). Il en parloit toujours.

Elevé dès sa tendre enfance (5) dans la frayeur

---

(1) Pour déprécier la morale d'*Epicure* fondée partout sur la nature de l'homme bien connue, bien observée, l'abbé Batteux fait ici de tous les autres philosophes autant *de petits saints*

NOTE DE L'EDITEUR.

(2) *Adv. Col.*

---

(3) C'est l'ignorance & non la crainte qui a fait les dieux. L'homme ne craint & n'est superstitieux que parce qu'il est ignorant. Eclairez-le, & toutes ces vaines terreurs dont son ame étoit affligée, se dissiperont à mesure que sa raison se perfectionnera.

NOTE DE L'EDITEUR.

(4) Neminem vidi qui magis ea quæ timenda esse negaret, timeret; mortem dico & deos. *De Nat. Deor.* I. 31.

(5) Voyez Diog. Laërce, & Bayle dans son dict. Rem. B, n. 1.

des esprits & des démons, contre qui sa mère employoit les rits expiatoires dans les maisons des particuliers, il avoit eu long-tems l'imagination remplie de fantômes hideux. Il se représentoit, si l'on peut user de l'expression du poëte qui a mis en vers sa philosophie, la tête énorme de la religion sortant des cieux, & glaçant d'effroi par son regard terrible, les pâles mortels, victimes du préjugé:

> Quæ caput à cœli regionibus ostendebat,
> Horribili super aspectu mortalibus instans.
>
> L. 1. 65.

Ce fut pour se délivrer une bonne fois de cette idée, pleine de trouble & de terreur, qu'il entreprit de mettre la religion sous ses pieds. Quand il crut y avoir réussi, ses disciples chantèrent victoire, & se crurent eux-mêmes dans les cieux:

> Quare relligio pedibus subjecta vicissim.
> Obteritur, nos exæquat victoria cælo.
>
> L. 1. v. 80.

Lorsque des esclaves infidèles craignent leur maître, ils n'ont que deux moyens pour se délivrer de leur crainte: le premier est de l'anéantir, s'ils le peuvent; le second de lui fermer les yeux, & de lui lier les mains: car si ce second moyen passe encore leurs forces, ils n'ont d'autre parti à prendre que de faire leur devoir, & de porter leurs chaînes de bonne grace.

Epicure n'a point voulu imiter ces philosophes titans qui entreprirent d'escalader le ciel, dussent-ils être écrasés par les rochers mêmes qu'ils lançoient contre lui. Il a aimé mieux prendre la voie des souterrains. « Oui, dit-il, oui: il y a » des Dieux: l'évidence des idées nous le » prouve. » (1): c'est-à-dire, la vue claire & distincte de ces fantômes gigantesques qui se peignent à notre imagination lorsque nous rêvons.

Mais quels sont ces Dieux? Quelle est leur nature? C'étoit-là le point essentiel pour son objet (2).

L'existence des Dieux considérée en elle-même, ne fut jamais ce qui blessa ceux qui l'ont attaquée. Qu'importoit à Diagoras qu'il y eût dans quelque coin de l'Univers quelque nature plus parfaite que lui, jouissant d'un plus grand bonheur que le sien? Que lui importoit même que ces êtres fussent spectateurs de sa conduite & de ses pensées, pourvû qu'ils n'eussent aucune sorte d'influence sur son bien-être? Eût-il laissé mettre sa tête à prix, pour une question toute spéculative, qui n'auroit eu aucune espèce de rapport avec son existence? Il s'agissoit d'une providence universelle, qui, ayant arrangé toutes choses, eût fait des loix morales pour les êtres qui seroient capables de s'y conformer.

Epicure a donc pris la question dans le point intéressant, quand, laissant aux dieux l'existence, il leur a ôté les armes,

> Eripuitque Jovi fulmen, viresque tonanti.
>
> Man. 1.

Athènes qui vouloit conserver ses Dieux, mais qui rougissoit encore d'avoir ôté la vie au plus sage de ses philosophes, parut se contenter du mot qu'on lui laissoit, & n'osa se plaindre qu'on lui eût ôté la chose.

Dieu, a dit *Epicure*, est un être heureux & immortel (3): deux attributs que toutes les philosophies renferment dans la notion de Dieu, mais qu'*Epicure* emploie par préférence à d'autres, pour des raisons essentielles à son système; les voici:

Tout être qui a ces deux qualités, n'est, selon lui, capable ni de haine, ni d'amour, sentimens qui supposent la foiblesse. Par conséquent on ne le touche point par les bienfaits, ni on ne l'offense par les injures. Tranquille & renfermé en lui-même, il n'empêche ni ne trouble la tranquillité de qui que ce soit (4). C'est donc mal-à-propos que les hommes prêtent à la divinité leurs idées d'amour & de haine, de récompense & de (5) punition, & qu'ils lui refusent le repos parfait, parce qu'ils n'en trouvent pas le modèle en eux-mêmes (6).

Epicure (qu'il soit permis de l'observer ici en

---

(1) Lettre à Ménécée, n. 1.

(2) Voyez la lettre à Ménécée, II. Part. num. 1. dans la note.

---

(3) Voyez la lettre à Ménécée, II. Partie, Art. I. n. 1.

(4) Voyez II. Part. art. 3. Max. 1.

(5) Il y a plus de philosophie, plus d'exactitude & de précision dans ces principes d'Epicure, que dans tout ce que l'Abbé a écrit pour les combattre. La seule idée d'un Dieu qu'on irrite & qu'on appaise, qui punit & qui récompense, répugne au sens commun, & se montre dans toute son absurdité à celui qui consulte sa raison dans le silence des préjugés.

NOTE DE L'ÉDITEUR.

(6) Lettre à Mén. II. Part. Art. 1.

passant)

paſſant) ne s'apperçoit pas qu'il tombe lui-même dans la faute qu'il reproche au vulgaire. Quand il ne peut concevoir le repos & le bonheur parfait de la divinité, ſans lui ſuppoſer une inaction univerſelle ; n'eſt-ce point parce qu'il ne peut concevoir un homme gouvernant un grand empire, ſans prendre beaucoup de ſoins & beaucoup de peines ? C'eſt donc par la nature de l'homme, qu'il juge de la nature de Dieu. Mais ſuivons-le dans le développement de ſes principes.

Les Dieux ſont heureux, parce qu'ils ſont parfaitement oiſifs ; rien n'agit ſur eux ; ils n'agiſſent ſur rien (1). On peut en juger par les lieux mêmes où ils ſont placés. Qu'on ſe repréſente une infinité de mondes qui s'agitent & ſe meuvent chacun dans leur tourbillon particulier : il n'eſt pas poſſible que leurs configurations, rondes ou approchantes de la rondeur, ne laiſſent quelques intervalles entre eux. Ces intervalles s'appellent *intermondes*. C'eſt-là que les Dieux tranquilles, loin des hommes, règnent & jouiſſent d'eux-mêmes, ſans action, ſans ſoins, ſans volonté. S'ils ſe fuſſent trouvés engagés dans les mondes, ils auroient eu trop d'embarras & trop de peines. Il auroit fallu ſuivre le mouvement des ſphères : quelle fatigue ! ou le régler : quels efforts ! cela ne peut ſe concilier avec le bonheur de l'immortalité qui eſt l'élément des Dieux.

Mais d'où viennent toutes ces formes qui rempliſſent l'Univers, & qui ſe varient à chaque inſtant ? Il y a aſſurément une cauſe, quelle qu'elle ſoit, pour la production & pour la formation de ces êtres. Ne ſeroit-ce point ces dieux par leſquels ſeroient opérés tous ces renouvellemens de ſcène qui nous étonnent ? Si par malheur cela étoit ainſi, vivans & mourans, nous ſerions dans la main de ces dieux.

Un philoſophe religieux auroit dit que c'étoit une raiſon de plus pour reconnoître l'action des Dieux ; puiſqu'alors nous ſerions dans la main des auteurs de notre être, qui ne peuvent être ennemis de leur ouvrage. *Epicure* n'oſe s'y fier. Il croit plus ſûr pour lui, de tenir ſon être du concours fortuit des atômes, & de le perdre dans le vuide, que d'en être redevable à un être très-ſage & très-bon (2).

Mais quelle preuve nous donne-t-il de cette origine du genre humain & des autres êtres ? Il faut l'entendre un moment.

L'Univers, dit-il, ne renferme que deux choſes, le corps & l'eſpace. On ne peut concevoir, ni par idée intuitive ou directe, ni par analogie ou réflexion, aucun autre être qui ſoit eſſentiellement & par lui-même (3).

Le corps eſt partagé en atômes ou parties indiviſibles, infinies en nombre, preſque infinies en figures (4). Toutes, par leur peſanteur naturelle & néceſſaire dans le vuide, ſe meuvent avec une vîteſſe égale à celle de la penſée, & dans une direction infiniment peu éloignée de la perpendiculaire.

L'eſpace eſt un être eſſentiellement continu & indiviſible, même par la penſée, pénétrable au corps, comme le corps l'eſt à lui, immuable, parce qu'il eſt infini & continu, mais ſans lequel le corps, ou l'atôme, ſeroit immobile.

On conçoit que de la rencontre & de la combinaiſon de ces atômes, différemment figurés dans l'eſpace, & des parties de l'eſpace différemment figurées par les atômes, ſelon qu'il a plû au hazard de l'ordonner, ſe ſont formés tous les êtres & tous leurs attributs. C'eſt de-là que viennent le bonheur & l'immortalité des Dieux, les ſenſations, les penſées, les raiſonnemens des hommes, les formes des élémens, les générations des eſpèces, enfin l'ordre de toutes choſes tant au ciel que ſur la terre : c'eſt de-là qu'eſt venu non-ſeulement tout ce qui eſt, mais encore tout ce qui a pû être.

Voilà les principes de tous les êtres expliqués, ou les cauſes clairement connues, ſans avoir eu beſoin de recourir à la divinité.

Epicure a donc conçu clairement que deux atômes, dont ni l'un ni l'autre ne ſent, pouvoient ſentir, penſer & raiſonner, quand ils ſe touchoient par quelqu'une de leurs extrémités (5).

Il a conçu que dans l'eſpace infini où il ne voit lui-même ni haut ni bas, ni cauſe déterminante, les atômes pouvoient ſe mouvoir plutôt d'un côté que d'un autre, en déclinant de la perpendiculaire, plutôt qu'en la ſuivant.

Il a conçu que les atômes allant tous dans la même direction, & avec une vîteſſe égale (6),

---

(1) Voyez l'extrait de la lettre à Hérod. II. Part. art. 5. n. 18.

(2) Mon deſſein n'eſt pas de réfuter ici tous les ſophiſmes de l'abbé Batteux ; la plus légère attention ſuffit pour les dévoiler aux yeux même de ceux qui pourroient d'abord ſe laiſſer éblouir par ces fauſſes lueurs.
NOTE DE L'ÉDITEUR.

(3) *Voyez* II. part. art. 5, n. 2, & ſuiv.

(4) Lettre à Her. Seg. 42.

(5) *Voyez* II. Part. Lettre à Her. n. 13. & ſuiv.

(6) Ibid. n. 12.

pouvoient s'atteindre, & former des masses ou collections d'atômes.

Enfin il a conçu bien clairement, que l'ordre, la beauté, l'harmonie, la magnificence de l'Univers, étoient le résultat d'un mécanisme aveugle, l'effet d'un coup de dés heureux : il a conçu tout cela, & il ne peut concevoir, non plus que nous, qu'un batteau de pêcheur aille & revienne constamment au même rivage, sans être guidé par une intelligence.

C'est par ces idées lumineuses qu'il est parvenu à se persuader lui-même, & à persuader à ses disciples qu'il n'y a point d'esprit qui gouverne le monde ; que les dieux ne font rien dans l'Univers ; qu'ils n'ont aucune attention à ce que font ou deviennent les hommes, & que par conséquent, il n'y a rien à craindre ni à espérer d'eux.

Idée d'Epicure sur la nature de l'ame humaine.

S'il est vrai que les dieux ne font, ni ne sentent rien, l'homme bien sûr de leur impuissance, n'a rien à craindre d'eux, ni pendant sa vie, ni après sa mort. *Epicure* croit l'avoir démontré.

Mais n'a-t-il rien à craindre de la nature même, qui, après tout, peut lui laisser assez de sentiment pour le rendre malheureux dans quelque état, dont on peut imaginer la possibilité ? Le même *Epicure* nous assure que non.

La mort, ce mot qui fait frémir les humains, n'est, selon lui, qu'un vain fantôme, qu'il suffit de regarder de près, pour en dissiper l'illusion. Comme il a vû dans l'espace infini les atômes allant & venant de la composition des êtres à leur dissolution, & réciproquement ; il étoit bien capable de nous apprendre ce que nous sommes & ce que nous devenons. « Qui suis-je, (s'écrie l'homme qui se dispose à raisonner sur son sort) ? » Suis-je un mélange de corps & d'ame ;
» ou plutôt une ame usant du corps, comme le
» cavalier use de son cheval? Ce principe, par
» lequel j'ai l'intelligence, le raisonnement, l'ac-
» tion, est-il proprement mon être, de manière
» que les organes du corps & les facultés de l'ame,
» ne soient que les instrumens de cette première
» faculté ? Suis-je un animal plus compliqué &
» plus furieux que Typhon, ou une nature simple
» & paisible émanée de la divinité (1) ? »

Vous êtes, dit *Epicure*, un rezeau d'atômes, un tissu de certaines parcelles, formé par certaines combinaisons que le hasard a exécutées

d'une certaine manière, & qui doivent se rompre au bout d'un certain tems, par les loix essentielles de la nature (2). Votre ame même n'est qu'un entrelacement de corps très-subtils, répandus dans cette portion organisée de matière sensible, que vous appellez votre corps. Ce ne peut être autre chose, puisque toute chose est essentiellement & nécessairement atôme & vuide : ou, si vous le voulez, choix & arrangement d'atômes, combinés avec le vuide (3).

De quelle espèce sont ces atômes ? C'est quelque chose d'approchant d'un souffle de flamme, tenant à la fois de la nature de l'air & de celle du feu ; mais dont les parties surpassent cependant en finesse celles des deux élémens : ce qui rend l'ame plus capable de sympathie.

Enfin, pour ne rien laisser à desirer sur cette matière, *Epicure* nous assure que la partie raisonnable de l'ame a son siège dans la poitrine, comme il paroît par les sensations de joie & de crainte, & que sa partie non raisonnable est dans le reste du corps (4).

Nous nous mocquons des grecs quand nous voyons chez eux de telles idées & de telles preuves ; comme si tous les grecs les avoient employées, ou que personne ne les employât chez nous.

Il est donc démontré, comme on vient de le voir, que l'ame est composée d'atômes, de même que le corps. Changez en quelque chose la position & l'ordre de ces atômes ; l'homme, d'heureux qu'il étoit, devient malheureux : ou de malheureux il devient heureux (5) Changez-la encore ; d'être sentant qu'il étoit, il n'est plus rien : son être particulier est rentré dans le fonds commun de la nature, où il trouve un repos éternel dans le néant de lui-même : la mort n'est rien.

Cependant *Epicure* n'est point entièrement sûr de sa découverte. Il avoue qu'il a peine à tirer la pensée, la mémoire, le raisonnement, l'amour, la haine, des élémens dont il compose l'ame ; qu'il lui faut une qualité...... comment la nommera-t-il ? Elle n'a point de nom (6). Quelle est sa nature ? On ne peut la définir, ni la décrire, ni

---

(1) Plut. adv. Col. 1119.

(2) Lettre à Hérod. II part. art. 5, n. 12.

(3) *Voyez* Lettre à Hérod.

(4) Ibid.

(5) Epicurus summum bonum definit σαρκὸς εὐσταθὲς κατάστημα. A. Gel. IX. 5.

Métrodore définissoit de même le bonheur, selon Cicéron. 2. Tusc. & 2. de Fin. ; & Off.

(6) Ea est omnino nominis expers. Luc. 3, v. 243.

la désigner : on la sent : c'est tout ce qu'on en fait (1).

Nous pourrions nous dispenser d'indiquer les preuves d'*Epicure*, puisque nous n'avons promis qu'une exposition vérifiée de sa doctrine. Si nous en offrons ici quelques-unes ; ce ne sera que pour rendre notre exposition plus complette.

On ne peut concevoir, a-t-il dit, aucune substance ou être subsistant par lui-même, que l'atôme & le vuide : donc on ne doit point en admettre d'autre.

Il n'est personne aujourd'hui qui ne sente combien une pareille conséquence est ridicule. Tout est plein de choses dont nous ne pourrions croire même la possibilité, si leur existence n'étoit pas sentie de la manière du monde la plus évidente.

Il sembleroit au moins par ce raisonnement, qu'*Epicure* auroit conçu bien clairement lui-même, ce que c'est que vuide & qu'atôme. Si cela étoit aisé à concevoir, pourquoi tant de grands hommes, anciens & modernes, d'un esprit très-vif & très-pénétrant, auroient-ils déclaré qu'ils ne pouvoient le comprendre ? Et en effet, qu'est-ce qu'un atôme ? Une étendue solide, & indivisible.

Avons-nous dans la nature aucun exemple d'une pareille indivisibilité ? Pouvons-nous nous en faire une notion ? Ne peut-on pas dire du vuide, qui est opposé au corps, tout ce qu'on dit du corps ? Si le corps est étendu ; le vuide l'est aussi. Si le corps est impénétrable au corps ; le vuide l'est au vuide. Si le corps pénètre le vuide considéré comme espace, le vuide considéré comme espace, pénètre le corps dans le même sens. Si le corps est mobile, parce qu'on le suppose dans l'espace, l'espace sera aussi mobile dans le corps supposé continu. Il ne reste que l'indivisibilité. Mais si on ne la conçoit pas dans le vuide, parce qu'on y voit toujours de l'étendue, il est évident qu'on ne la conçoit pas davantage dans le plein, par la même raison. L'étendue indivisible, & par conséquent l'atôme, n'est donc rien moins qu'aisée à concevoir.

Epicure dira qu'elle est prouvée par le fait même de la nature. Quel est-il ce fait ? La constance des espèces dans le monde physique. Les natures y ont toujours été les mêmes dans tous les tems : ce qui démontre qu'elles sont fondées & établies sur des principes immuables, qu'aucune force physique ne peut ébranler, ni détruire, ni par conséquent diviser.

On lui passe cette raison, quoiqu'elle ne soit

_____

(1) *Voyez* Cicéron 2, *de fin* Plut. *adverf. Col* p. 1118.

valable que dans le systême d'Anaxagore, qui fait les premiers élémens similaires, c'est-à-dire, de même nature que les espèces qui en sont composées immédiatement. Car alors il est aisé de comprendre pourquoi le feu est toujours feu, l'air toujours air, &c. parce que le feu est composé d'élémens qui sont essentiellement feu, & l'air d'élémens qui sont air. Mais dans le systême d'*Epicure*, où le feu, l'eau, la terre, l'air, ne sont tels que par la combinaison des atômes ; cette combinaison pouvant changer à tout moment, si la nature ne change point ; ce n'est pas à l'indivisibilité des atômes qu'il faut en avoir obligation : cela est évident.

On peut même tourner cette façon de raisonner contre *Epicure*. Il juge de l'existence & de la nécessité des indivisibles par les inductions qu'il tire des effets de la nature, dont il ne sauroit donner l'explication sans eux ; pourquoi ne juge-t-il pas de la nécessité & de l'existence des esprits par les opérations & les productions dont on ne peut trouver la raison, ni dans les atômes sur qui rien n'agit, ni dans le vuide qui n'agit sur rien ?

Les modernes suggéreront peut-être à *Epicure* leur argument favori : que nous ne connoissons point toutes les propriétés de la matière, & que nous ignorons si elle ne peut pas penser.

Mais alors ils ne sont plus dans l'idée du philosophe. On renverse tout son édifice, dont l'objet unique est d'établir la sécurité de l'ame, sur l'évidence des causes de composition : tout est perdu, si on peut soupçonner seulement qu'il y ait en nous un atôme pensant, & par conséquent sentant, par lequel notre être pourroit devenir malheureux, même après notre mort.

Si on dit que les atômes, dont aucun ne sent, commencent à sentir quand ils sont plusieurs, on n'apprend rien de nouveau à *Epicure*. Il l'avoit dit avant tous les modernes ; & c'est sur quoi il auroit eu besoin, comme eux, d'une double démonstration : la première, pour prouver la possibilité & le fait d'un être sensitif composé de parties qui ne sentent point ; la seconde, pour prouver que cette composition n'est, ni ne peut être existante après la décomposition du corps grossier.

Toutes les autres preuves d'*Epicure* contre l'immortalité de l'ame, se réduisent à sa dépendance apparente des différens états du corps. Elle semble se développer, se fortifier, s'affoiblir avec lui ; elle est gaie, triste, vive, languissante, selon que le sang coule, ou qu'on a bien ou mal digéré.

Aristote avoit répondu à cette objection faite long-tems avant *Epicure*. Dans un vieillard la mémoire tombe, l'imagination s'éteint, toutes les facultés de l'ame semblent s'affaisser comme le corps. Mais le corps n'étant que l'instrument (1) de l'ame, ne peut-on pas attribuer à l'instrument seul ce qu'on veut attribuer à l'ame ? Donnez un œil de vingt ans à une ame de quatre-vingts, elle verra comme à vingt ans: & de même l'homme de vingt ans verra comme à quatre-vingts, si on lui donne un œil de quatre-vingts ans. J'écris rouge ou noir, avec de l'encre rouge ou noire; gros ou fin, net ou brouillé, avec une plume bien ou mal taillée. L'application est aisée. C'en est assez du moins pour ôter aux preuves tirées de la dépendance de l'ame, l'effet de la démonstration qu'*Epicure* prétend leur donner, & pour faire renaître les inquiétudes de l'obscurité.

On ne lui parle point de ces opérations de l'esprit qui sont toutes intellectuelles, & qui, quand même elles auroient des liaisons d'origine avec les sens, ne peuvent être l'ouvrage des sens. On ne lui parle point de ce trésor immense d'idées de toute espèce sur lesquelles l'activité de l'esprit se fixe & travaille à son gré, pour en composer ses notions & ses raisonnemens. On ne lui demande point par quel art de sympathie, le corps aide l'ame à former de longues chaînes de pensées infiniment subtiles, & toutes composées d'une infinité d'idées. *Epicure* n'a pas porté jusques-là ses recherches.

Mais on lui demande quel avantage il a prétendu tirer de la mortalité de l'ame.

Il répond, sans mystère, que c'est pour être plus tranquille en cette vie.

On lui réplique que quand même cette opinion seroit la plus probable, ce qui n'est point, elle ne seroit pas la plus sûre : cela est évident.
» Si je me trompe, disoit le vieux Caton,
» quand je crois que les ames sont immortelles,
» c'est une erreur qui me plaît : je ne veux point
» qu'on me l'arrache, tandis que je suis vivant.
» Et si, comme le veulent quelques philosophes
» du dernier rang, je n'ai plus de sentiment après
» ma mort, je ne crains point que les autres
» philosophes morts viennent se railler de ma
» crédulité (2) ».

On lui demande en faveur de qui il a travaillé en bâtissant un pareil système. Tout le genre humain est partagé en deux classes, dont l'une comprend les gens de bien, & l'autre les méchans. J'entends ici par méchans ceux qui observent la loi par crainte, & qui la transgressent par goût, & j'entends par gens de bien, ceux qui observent la loi par goût, & qui ne la transgressent que par foiblesse.

Il n'est point de méchans heureux : le vice, par la raison seule qu'il est vice, trouble & ronge toujours le cœur où il habite. La crainte du déshonneur, de la punition, de la douleur, l'agite, & l'éveille au milieu de son repos. Il est inutile de le prouver aux *épicuriens*. C'est une de leurs plus formelles prétentions, qu'ils poussent même beaucoup trop loin ; parce que, nécessaire à la justification de leur morale, elle ne le fait que quand elle est outrée. Ils ont dit qu'il n'étoit aucun cas, où le méchant pût, je ne dis pas être assuré, mais se croire sûr de l'impunité, soit par le secret qui l'enveloppe, ou par la puissance qui le défend contre les loix (3).

Si cela est ainsi, quelle perspective plus agréable pour un homme méchant, que celle de la mort ? C'est bien pour lui que la mort est un port après la tempête, un doux sommeil après des tourmens cruels, la liberté après un long & pénible esclavage.

Il n'arrivera à la mort que par la douleur. N'a-t-il pas la recette de son école ? Si la douleur dure, on peut la supporter : si on ne le peut, c'est un quart-d'heure (4).

Qu'*Epicure* ait eu compassion des méchans, parce qu'ils sont hommes ; cela est digne d'un philosophe

---

(1) Je ne sais si le corps de l'abbé Batteux étoit un bon *instrument* ; mais c'étoit assurément un *instrument* dont son ame a bien mal joué, lorsqu'elle lui a dicté cette réponse. Au reste, je viens de trouver la même solution dans Gassendi, mais elle n'en est pas meilleure pour cela, & l'abbé Batteux auroit tout aussi bien fait de la laisser où il l'a prise. Quelque habile que fut Gassendi, il a pu faire un mauvais raisonnement ; je suis même très-sûr que cela lui est arrivé plusieurs fois, mais ce n'étoit pas en ce point que l'abbé Batteux devoit sur-tout l'imiter ; & c'est ici le cas de dire, comme Armande, dans les femmes savantes,

Quand sur une personne on prétend se régler,
C'est par les beaux côtés qu'il lui faut ressembler;
Et ce n'est point du tout la prendre pour modèle,
ma sœur, que de tousser & de cracher comme elle.

NOTE DE L'EDITEUR.

(2 Quod si in hoc erro, quod animos hominum immortales esse credam, libenter erro : nec mihi hunc errorem, quo delector, dum vivo, extorqueri volo. Sin mortuus, ut quidam minuti philosophi censent, nihil sentiam : non vereor ne hunc errorem meum mortui philosophi irrideant, *Cat. maj. n. 23.*

(3) Max. 38.

(4) II Part. art. 1, Max. 4.

qui chérit l'humanité : mais quelle raison a-t-il eue pour ôter aux gens de bien leur récompense (1) ?

Si cette récompense est le sentiment de leur vertu ; cette vertu leur échappe comme un songe vain. Ils vont se plonger dans le néant, avec le regret inutile d'avoir été justes, modérés, patiens, tempérans, lorsqu'ils pouvoient (2) ne pas l'être, & que ne l'étant pas, ils pouvoient jouir de satisfactions sans nombre, & se délivrer d'autant de combats, qu'il leur en a fallu, pour résister à toutes les invitations de la nature, de la volupté, & de l'exemple.

S'ils sont heureux dans cette vie : quel spectre plus affreux que la mort qui va les dépouiller nuds, & leur ravir tout leur bien sans retour ?

S'ils sont malheureux, quel désespoir de se voir en proie à la douleur, en attendant le néant (3) ?

―――

(1) Toute la récompense d'une bonne action est au fond même du cœur de celui qui la commet. C'est là que l'homme de bien la trouve, & il ne la cherche pas ailleurs.
                      NOTE DE L'EDITEUR.

(2) J'avois d'abord eu dessein de faire sur cet ouvrage de l'abbé Batteux, quelques remarques critiques qui pussent servir de correctifs à un assez grand nombre de passages plus dignes d'un déclamateur superstitieux que d'un bon logicien : mais un examen plus sévère des raisonnemens de l'auteur, m'a convaincu que pour relever les erreurs plus ou moins graves dans lesquelles il est tombé, il faudroit couvrir de notes presque toutes les pages de son livre ; & je ne me sens pas le courage de continuer ce travail ingrat. Lorsqu'un homme s'écarte que rarement des vrais principes, on peut espérer de l'y ramener sans de grands efforts ; mais lorsqu'il bronche à chaque pas ; lorsqu'il n'a vu qu'un côté des objets divers dont il juge ; lorsque les absurdités les plus monstrueuses qu'une religion puisse réunir & proposer, ont pour lui l'évidence des démonstrations géométriques ; c'est un esprit faux qu'il est impossible de redresser, & qu'il faut laisser divaguer.

Le seul mérite du recueil de l'abbé Batteux, c'est d'offrir à la méditation du philosophe, plusieurs beaux fragmens de la physique & de la morale d'Epicure traduits sur les textes originaux sinon avec énergie & précision, au moins avec assez d'exactitude. Il est triste, sans doute, que ces matériaux précieux soient étouffés sous un monceau de lieux communs & d'argumens sophistiques qu'il a tirés de ses cahiers de théologie : mais c'est au lecteur intelligent à faire de ce fatras, comme Cicéron des poésies d'Ennius, à séparer l'or de ce fumier ; *aurum ex stercore Ennii colligere*. Il faut ici porter toute son attention sur les grandes vues, les idées philosophiques & les réflexions profondes d'*Epicure*, & jetter au feu, ou ailleurs, la plupart des commentaires de son interprète.

Annales volusî, cacata charta.

(3) *Voyez* le liv. de Plut. où il prouve *qu'on ne peut vivre heureux en suivant* Epicure. Vers la fin.

Ne feront-ils pas mieux de sortir de leur engourdissement, pour tirer quelque parti avantageux de leur existence momentanée ? Il ne s'agit que d'être adroit ou puissant, ou l'un & l'autre, si on le peut, par soi-même, ou par autrui ; n'importe comment, pourvu qu'on ait de quoi se satisfaire, sans en craindre les suites : le pis-aller, est de se briser dans l'effort.

Qu'*Epicure* se tourne comme il lui plaira. Dans son système, tout est pour les méchans, & contre les gens de bien. Les méchans ont profité de la vie : ils ont été riches, puissans, encensés du grand nombre, & ils gagnent encore en mourant le repos de leurs passions & l'assurance de l'impunité. Les gens de bien n'ont point joui de la vie ; & ils perdent en la quittant le seul bien qu'ils ont eu, leur vertu, qui n'a été pour eux qu'un mot, comme un bois sacré n'est qu'un bois. S'ils avoient bien pris les leçons d'*Epicure*, ils auroient sû que vivre c'est jouir, & que l'homme est d'autant plus parfait dans sa nature, qu'il a plus de goûts, & d'autant plus heureux, qu'il a plus de moyens de les satisfaire.

Idée d'Epicure sur la volupté.

Après avoir démontré à sa manière que les dieux ne se mêlent point de ce qui regarde les hommes, & que la mort n'est qu'un vain fantôme, qui fuit lorsqu'on ose aller à lui, *Epicure* s'arrange & se fait un plan de conduite.

Je suis : mon existence renfermée dans des bornes très-étroites, n'est qu'un tissu de sensations qui me sont propres, & dont les unes sont agréables, les autres douloureuses.

Par un avantage particulier que j'ai sur les bêtes, je puis prévoir jusqu'à un certain point l'avenir de mon être, & par ma prévoyance diminuer la somme de mes sensations douloureuses, & augmenter celle des sensations agréables : je le puis.

Si je le fais, je suis ce qu'on appelle un sage, c'est-à-dire un mortel, qui par la justesse des mesures qu'il a prises, & par sa ponctualité à les exécuter, s'est donné à lui-même toute la perfection dont l'humanité étoit susceptible en lui.

Je n'ai rien à craindre des dieux ; la mort n'est rien, je ne me vois donc d'ennemi que la douleur. Si je m'en délivre, il ne me reste que mon être & la volupté.

Qu'est-ce que la volupté ?

C'étoit sur cet article principalement que les *épicuriens* prétendoient n'être pas entendus. « Quoi,

» disoit Cicéron (1), je ne sais point ce que c'est
» qu'ἡδονὴ en grec, & *voluptas* en latin ? Quicon-
» que veut être *épicurien* l'est en deux jours, &
» je serai le seul qui ne pourrai y rien comprendre ?
» Vous dites vous-même qu'il ne faut point de
» lettres pour devenir philosophe (il parle à un
» *épicurien*.) En vérité, quoique je sois naturel-
» lement assez modéré dans la dispute ; je l'avoue,
» j'ai peine à me contenir ».

Et en effet, pourquoi Cicéron n'auroit-il pas compris ce que les *épicuriens*, la plupart fort bornés & incapables d'entrer dans des discussions fines (2), comprenoient dès le premier mot ? *Epicure* parle d'une volupté dont tout animal en naissant a la connoissance par le sentiment seul (3). Il en appelle aux témoignages de l'enfant qui vient de naître, & de la bête brute, qui se porte par le seul instinct de la nature, à la recherche du plaisir. La notion renfermée dans le mot de *volupté* n'est donc pas une chose si mystérieuse, ni si difficile à pénétrer.

Epicure avoit une excellente maxime : c'étoit de ne point employer un mot qui eût besoin d'être expliqué par un autre. La seule qualité qu'il demandoit dans l'orateur, & à plus forte raison, dans le philosophe, étoit la clarté. Il la pratiquoit lui-même : *Complectitur verbis quod vult ; & dicit planè, quod intelligam* (4). Ses disciples la pratiquoient comme lui ; & si bien que Cicéron qui avoit suivi avec Atticus les leçons de Phédre & de Zénon, successeurs d'*Epicure*, déclare qu'ayant eu souvent des discussions sur ces matières avec son ami, jamais il ne s'étoit agi du sens des termes, mais toujours du fonds même de la doctrine : *Neque erat unquam controversia quid ego intelligerem, sed quid probarem. De Fin. I. 5.*

Et après tout si les *épicuriens* entendoient par le mot de *volupté*, autre chose que ce qu'on entend ordinairement, ils n'étoient guères habiles d'aller employer, dans un pays où ils avoient tant de rivaux & d'ennemis, une expression dont le sens, au moins équivoque, pouvoit donner prise à la calomnie. Qui les obligeoit, s'ils avoient des idées pures & exemptes de tout reproche, de présenter la vertu sous l'habit d'une courtisanne décriée ? *Quid enim necesse, tanquam meretricem in matronarum cætum, sic voluptatem in virtutum concilium adducere ? Invidiosum nomen est, & infamia subjectum* (5). Le seul nom suffisoit pour les rendre suspects.

Venons à la chose même, & tâchons de pénétrer, s'il est possible, le sens énigmatique qu'on prétendoit donner à ce mot fameux. Qu'est-ce que la volupté ?

Epicure en distinguoit de deux sortes : l'une qui consistoit dans le mouvement, & l'autre dans le repos.

Dans l'une, l'ame agissoit, ou plutôt recevoit des sens une impression agréable qui la remuoit, *jucundus motus in sensu*. Dans l'autre, l'ame n'étoit ni active ni passive : elle étoit seulement délivrée de la douleur, *doloris amotio*. Un homme altéré boit une liqueur fraîche & agréable ; il goûte la première espèce de volupté : il a bu, & il est désaltéré ; il goûte la seconde. Dans l'une, il a senti le plaisir ; dans l'autre, il ne sent plus le besoin.

C'est ce dernier état qu'il a plu à *Epicure* d'appeller souveraine volupté, bien suprême, comble de félicité. En effet, on est heureux quand on est content, & on est content quand on ne sent ni douleur ni besoin.

Mais il est nécessaire de reprendre la chose de plus haut.

Aristippe de Cyrène qui, comme *Epicure*, renfermoit tout le bonheur de l'homme dans cette vie, avoit parlé sans détour, & fait consister ce bonheur dans la jouissance des sensations agréables.

Hiéronymus de Rhodes voyant que cette opinion pouvoit avoir, & qu'elle avoit eu effectivement des suites peu honorables à la philosophie, crut qu'il devoit la modifier, en la réduisant à la cessation de toute douleur.

Epicure qui vint quelque tems après Aristippe & Hiéronymus, adopta les idées de ces deux maîtres, & se fit disciple du second pour les principes, & du premier pour les conséquences.

Mais la nature ayant réglé les besoins & les plaisirs de l'homme, de manière qu'en se délivrant des uns, il jouit des autres ; il est évident que ces

---

(1) Hoc frequenter dici solet à vobis, non intelligere nos quam dicat *Epicurus* voluptatem. Quod quidem mihi, si quando dictum est, est autem dictum non parum sæpe, etsi satis clemens sum in disputando tamen interdum soleo subirasci. Ego non intelligo quid sit ἡδονὴ græcè, latinè *voluptas* ? &c. *De Fin. 2. 4.*

(2) Vestri optimè disputant, nihil opus esse eum qui philosophus futurus sit, scire litteras. Itaque ut majores nostri ab aratro abduxerunt Cincinnatum : sic vos de Pelasgis omnibus colligitis bonos quidem viros, sed certè non pereruditos. *Ibid.*

(3) Cic. lib. 1. *de finibus.* Et Diog. Laer. liv. 10. Segm. 138.

(4) Cic. de Fin. l. 5.

(5) De Fin. 2. 4.

deux opinions n'en faisoient qu'une sous deux faces. Aristippe altéré, buvant une liqueur fraîche, ne fût-ce que de l'eau, disoit : Je jouis du bonheur de ma philosophie, parce que je ressens du plaisir. *Epicure*, dans le même cas, disoit : Je jouis aussi du bonheur de la mienne, parce que je me délivre de la douleur & du besoin.

La douleur, en général, n'est qu'un avertissement ou un cri de la nature, qui se sent en quelque danger, & qui demande d'être secourue.

Quoique l'ame seule soit sensible, il y a pourtant douleur d'esprit & douleur de corps.

La douleur d'esprit ne peut être que la crainte de l'avenir & le regret du passé.

La douleur du corps est le sentiment du présent.

La douleur du corps peut être de deux espèces : l'une qui s'appelle besoin, l'autre maladie.

Les besoins du corps sont des espèces de maladies, dont les remèdes sont agréables & faciles à la nature.

Les maladies sont des espèces de besoins dont les remèdes sont le plus souvent désagréables, & quelquefois impossibles à la nature.

Pour être heureux il faut être délivré de toutes ces espèces de douleurs (1).

L'homme sera délivré de la crainte de l'avenir, quand il saura qu'il n'a que faire aux dieux, & que la mort n'est rien.

Il n'aura point de regrets du passé, quand il saura que le passé est irréparable, & qu'il est sans conséquence.

On sait la recette d'*Epicure* pour les maladies & les douleurs. Si elles ne sont pas supportables, elles tuent; si elles ne tuent pas, elles sont supportables (2) : d'ailleurs on est libre de quitter la vie quand elle est à charge.

Il ne reste donc plus qu'à examiner les besoins du corps, c'est-à-dire, les douleurs, dont les remèdes sont agréables & faciles à la nature : c'est de quoi il s'agit dans cet article.

L'homme considéré par rapport à ses besoins, peut être dans trois états (3), qui sont l'état d'inquiétude ou du besoin senti; l'état du mouvement ou du remède qui s'applique au besoin, & l'état du repos ou du besoin satisfait.

Dans le premier état le cœur se resserre & se rétrécit; dans le second il se dilate; dans le troisième il a son assiette naturelle : c'est-là qu'est le vrai bonheur.

Ecoutons maintenant les leçons du philosophe.

Si vous êtes sans besoins, vous êtes aussi sans desirs. Si vous êtes sans desirs, vous êtes content, & par conséquent heureux. Tâchez de vous maintenir dans cet état.

Si vous avez des besoins, leur objet est dans la nature ou dans le caprice d'une vaine imagination. Vous voyez, sans qu'on vous le dise, qu'il faut renoncer à tous les besoins de fantaisie : c'est multiplier les chaînes & les douleurs de la vie, à pure perte. Mais si cet objet est dans les bornes & les loix de la nature; vous avez acquis en naissant le droit de vous y porter : cependant il faut encore distinguer.

Si cet objet vous est absolument nécessaire pour votre conservation; nulle loi ne peut vous empêcher de le poursuivre. La loi de votre propre conservation passe avant tout. Il n'est point d'animal qui puisse oublier l'intérêt de son être : voilà la régle générale. S'il ne vous est pas absolument nécessaire; je vous conseille de vous en abstenir encore, & de le renvoyer avec les besoins de pure fantaisie.

Qu'*Epicure* prescrive ce régime philosophique à une ame paisible, dont les mouvemens soient doux, les idées pures & sans mélange; on conçoit qu'il sera bien reçu, & pratiqué sans effort. Mais il n'étoit point nécessaire. Cette ame est saine, & n'a nul besoin des remèdes de la philosophie. C'est un homme malade qu'il faut guérir. La philosophie est la médecine de l'esprit.

On lui propose donc un homme, jeune ou vieux (car il veut qu'à tout âge on travaille à se rendre heureux) qui ait les besoins de la nature & ceux de l'imagination & même du caprice, & qui les ait à un degré violent. La cupidité enflammée a mis le trouble dans toutes ses facultés: la résistance & les combats n'ont fait que redoubler l'ardeur de sa fièvre. Guérissez-moi, s'écrie cet homme, adressant la parole à *Epicure*, je viens à votre école : on dit que vous possédez l'art de rendre l'homme heureux.

Rien n'est plus facile. Mais avant que de vous donner des préceptes, il faut vous donner des idées. Je ne serai pas long.

---

(1) Augendæ voluptatis finis est doloris omnis amotio. *De Fin.* 1. n 3.

(2) II Part. Art. 1. Max. 4.

(3) Sunt in natura rerum tria, unum cum in voluptate sumus, alterum cum in dolore, tertium hoc, in quo nunc quidem sumus. *Cicero de Fin.* 2, n. 5.

Votre état est un état de douleur. La douleur est le souverain mal, de même que la volupté est le souverain bien. Toute douleur est une affection désagréable de l'ame ou du corps. Toute volupté est une affection agréable du corps ou de l'ame. Je vais vous donner des principes généraux : seulement ce sera à vous-même d'en faire l'application à l'état où vous êtes.

Toute volupté est bonne en soi : toute douleur en soi est mauvaise. Mais la première est quelquefois précédée ou suivie de douleurs, & la seconde quelquefois précédée ou suivie de volupté. Il faut donc user de prudence, & se conduire selon les règles que voici :

Première règle.

Embrasser la volupté qui ne tient à aucune douleur.

Deuxième règle.

Rejetter la douleur qui ne tient à aucune volupté.

Troisième règle.

Rejetter une volupté qui en empêche une plus grande, ou qui tient à une plus grande douleur.

Quatrième règle.

Embrasser une douleur qui délivre d'une plus grande douleur, ou qui tient à une plus grande volupté (1).

Voilà une balance que la philosophie présente à la raison, pour peser les intérêts de l'homme, & le déterminer par le plus grand poids.

On pourroit demander à *Epicure*, si la raison de l'homme dont il s'agit, qui n'a pour contre-poids ni la crainte des dieux, ni l'idée d'une seconde vie, peut user de cette prétendue balance dans l'état où il est. Son cœur est aux abois, l'objet de sa cupidité l'emporte : il ne voit ni ne sent que lui, & c'est dans ce moment de trouble & de délire, qu'on lui dit : prenez la balance. Il la prend.

Sa douleur est occasionnée par le frein que la loi met à sa cupidité, & qui l'empêche d'aller à son objet, où elle trouveroit un plein repos.

Cette loi ne peut être que celle de la nature, qui concerne le bien particulier, ou celle de la société, qui fait le bien public. Si vous commettez l'homicide; la société vous punit par le supplice. Si vous êtes intempérant, la nature vous punit par la maladie. Si vous conservez un citoyen, la société vous récompense, & cette récompense vous procure un moyen de bonheur de plus. Si vous êtes sobre & frugal, vous serez sain, vigoureux & long-tems. Voilà tous les poids qu'*Epicure* met en opposition dans les bassins de sa balance. Ce sont les biens d'une part, & de l'autre les maux de la nature & de la société.

Que fera l'homme malheureux par ses passions, qu'il décore des noms de besoins & de douleurs de la nature, souffrante en lui, sous le joug de la loi? Il voit enfin un rayon d'espérance qui brille à ses yeux. Il se recueille en lui-même, pour se faire l'application des principes de son nouveau maître, & voici comme il raisonne.

Agité jour & nuit par les combats qui se livrent en moi la nature & la loi, je souffre cruellement & sans relâche. La douleur est le souverain des maux : on vient de me l'apprendre. On m'a appris aussi que tout mon être est dans cette vie, & que nulle autre intelligence que la mienne, n'aura pitié de moi. Mon sort est donc dans mes mains.

Jusqu'ici j'ai sacrifié mon repos à une loi qui faisoit le repos des autres & mon propre tourment. On vient de m'en montrer une autre qui est supérieure à celle que je suivois : c'est la loi de mon plus grand bien. J'y cours, & je vais trouver enfin mon repos dans la satisfaction de mes goûts & de mes penchans. Que peut-il arriver à un malheureux qui risque? si ce n'est de ne plus être malheureux, ou peut-être même d'être heureux.

J'aurai à craindre la maladie? Sera-t-elle plus cruelle que la torture que j'essuie depuis si long-tems? La mort? La mort n'est rien.

Je craindrai d'être reconnu par la société offensée, & d'être puni par elle? Qu'est-ce que cette crainte de l'avenir, en comparaison du mal présent dont je me délivre, & du bien aussi présent que je me procure? Elle s'affoiblira de jour en jour par l'habitude : bientôt il n'en restera que de foibles ressentimens, qui ne reviendront que de loin en loin, & qui enfin ne reviendront plus. Combien y en a-t-il d'autres qui échappent, soit de l'adresse, soit par le crédit, soit par d'autres moyens? Il y a à parier mille contre un, que je serai du nombre. Ainsi j'embrasse un bien présent, grand, & très-grand pour moi, qui ne tient qu'à une menace légère, éloignée, & qui le plus souvent reste sans effet.

Je suis découvert & puni? Mais premièrement les larcins que je médite, ne sont pas dans le genre

---

[1] *Voyez* la lettre à Ménécée.

la plus odieux à la société; ainsi la peine se réduira à quelque diminution d'estime dans l'esprit de gens à préjugés, que je méprise. Je serai dans le cas de l'animadversion publique? Mais elle ne sera sur moi que ce que la misère alloit faire, *quem metui moritura*. On m'ôtera la liberté? Un philosophe sait la reprendre, quand il le veut. On me rendra la vie importune? l'étoit-elle moins avant ma transgression? J'aurai du moins cette consolation que ce n'est plus par imbécillité que je suis malheureux. Qui m'empêchera de sortir du malheur, si je le veux, & d'aller dormir dans le néant? Faut-il plus d'effort pour aller au-devant de la mort qui n'est rien que pour l'attendre dans une prison ou dans un lit? Mais ces terreurs sont vaines : je me cacherai dans la foule; on n'auroit jamais fait s'il falloit nous punir tous (1).

En un mot, pour conclure : cet homme malheureux par la pauvreté, par l'infortune, par la violence de ses passions, par toutes les conjectures qui peuvent mettre le comble au malheur, n'a point de raison dans la philosophie d'*Epicure*, pour sacrifier son bonheur actuel à la loi, & il en a de suffisantes, même d'évidentes pour sacrifier la loi à son bonheur.

Nous parlons d'un seul homme malheureux. Combien y en a-t-il qui n'aient été au moins pendant quelques momens de leur vie, dans ces situations critiques où le joug de la loi les rendoit souverainement malheureux? Quel motif pouvoit les retenir, s'ils étoient disciples d'*Epicure*? La crainte d'être découverts? C'étoit donc à ce fil si délié que tenoit leur vertu, cette vertu tant de fois comparée par les poëtes aux rochers inébranlables au milieu des flots. Mais au moins il suit de-là que, si le sage *épicurien* ne craignoit point de perdre les honneurs de la société, il n'y auroit rien de si injuste ni de si infâme, qu'il ne fît pour jouir des avantages du vice : *In magnis interdum versatur angustiis, ut hominum conscientiâ remotâ nihil tam turpe sit, quod voluptatis causâ non videatur esse facturus.* Cic. *de fin.* Confiez à un tel sage un dépôt de vingt mille écus, dont il ait lui-même un pressant besoin, & croyez qu'il aimera mieux votre estime que cette somme qui feroit son bonheur, ou qu'il la rendra à vos héritiers, si on vous trouve mort un matin.

On nous dira que Cicéron & ceux qui le citent sont bien éloignés de la pensée d'*Epicure*, à qui on suppose gratuitement des principes d'injustice &

d'infamie; qu'on devroit se souvenir que plus haut on a dit, que toute sa volupté se réduisoit à la paix de l'ame & à la santé du corps, & que par conséquent on devroit conclure qu'elle ne souffre point d'entreprises illégitimes, ni contraires aux dispositions de la société; sa volupté ne consistant point dans le mouvement, mais dans le repos.

Cette réponse, comme nous l'avons déjà insinué plus haut, n'est qu'un retour de finesse & une vaine dispute de mots. D'abord *Epicure* admet l'une & l'autre volupté. Diogène Laërce en convient (2), lorsqu'il marque la différence qu'il y a entre les cyrénaiques & les *épicuriens*. « Les » cyrénaiques, dit-il, n'admettoient pas la » volupté de repos ; ils ne connoissoient que » celle qui consiste dans l'action & le mouvement. » *Epicure* admet l'une & l'autre ». L'historien cite les livres du philosophe d'où il a tiré ce qu'il avance.

En second lieu, la volupté d'*Epicure* n'est pas seulement une soif appaisée, c'est une soif qui s'appaise, *amotio doloris* (3). C'est un mouvement de l'ame qui s'éloigne du besoin & de la douleur, & qui s'avance au terme où le besoin sera satisfait.

L'homme placé entre la douleur & la volupté comme entre deux termes, dont l'un est le principe de son mouvement, l'autre en est la fin, ne peut faire un pas qui ne leur soit également relatif, par des rapports contraires. S'il fuit la douleur, c'est toujours pour courir à la volupté; s'il court à la volupté, c'est toujours en fuyant la douleur, ou le desir qui cuit. De sorte que, dans tous les mouvemens de son ame, il y a nécessairement une double impulsion : l'une qui vient de la haine, l'autre de l'amour : deux ressorts opposés, dont la force, partie du même centre, se réunit au même point, qui est le bien être.

Epicure avoit senti, quoique peut-être assez confusément, l'inséparabilité de ces deux principes qui n'en font qu'un sous deux faces. Présentant tantôt l'une, tantôt l'autre, selon la différence des circonstances; devant ses ennemis, il ne parloit que d'écarter la douleur; devant ses amis, il convenoit qu'on ne pouvoit l'écarter sans causer le mouvement du plaisir.

Cependant, pour ne point trop embrouiller les idées de ses disciples, il a fallu renoncer à

---

(1) *Non oportet timidum aut imbecillo animo fingi, non bonum illum virum qui, quidquid fecerit, ipse se cruciet, omniaque formidet; sed omnia callide referentem ad utilitatem, acutum, versutum, veteratorem facile ut excogitet quomodo occulté, sine ullo conscio fallat.* De Fin. I. 16.

(2) Lib. 10. Seg. 136. édit. Vest.
(3) Τῦ ἀλγοῦντος ὑπεξαίρεσις.

cette politique dans ses livres, & dire nettement ce qu'il entendoit par cette volupté. C'est ce qu'il a fait, sur-tout dans celui qui avoit pour titre : *Du souverain Bien*. Voici ses paroles citées par Cicéron apostrophant *Epicure* : « Pourquoi tergiverser ? Sont-ce vos paroles, ou non ? Voici ce que vous dites, dans le livre qui contient toute votre doctrine sur cette matière : car je ne ferai que traduire mot-à-mot, *ad verbum expressa*, de peur qu'on ne pense que j'invente.

» Je déclare, dites-vous, que je ne connois
» aucun bien, autre que celui qu'on goûte par
» les saveurs, par les sons agréables, par la beauté
» des objets sur lesquels tombent nos regards,
» & par les autres impressions sensibles que
» l'homme reçoit dans toute sa personne. Et afin
» qu'on ne dise point que c'est la joie de l'ame qui
» constitue ce bonheur, je déclare que je ne
» connois de joie de l'ame, que quand elle voit
» arriver ces biens dont je viens de parler, &
» dont la jouissance la délivrera de la douleur.....
(1) Et quelques lignes plus bas : » Tout ce qui
» suit est dans le même goût ; tout le livre est
» plein des mêmes idées. Et n. 20 : Il ne s'est
» pas contenté de présenter le mot de volupté, il
» a expliqué ce qu'il entend par ce mot : ce sont
» les saveurs, le toucher des corps, les jeux, les
» chants, les beautés qui frappent la vue. Est-ce
» que je mens ? Est-ce que j'invente ? Qu'on me
» réfute, je ne demande pas mieux, car je ne
» cherche en tout que la vérité.. Il dit la même
» chose. *De finib.* 2. (2) ».

Un témoignage si formel prouve bien que, selon *Epicure*, tout ne se réduit au silence de la nature que quand elle est satisfaite. Il ne s'agit, dans ce monde, ni d'honneur ni de probité que comme de moyens dont le sage use pour se délivrer d'un mal ou pour se procurer un plaisir. La vertu ne peut être elle-même que l'instrument de la volupté (3).

Pourquoi *Epicure* nous dit-il que quand la volupté ne peut point s'augmenter, elle peut se varier (4) ? Il est certain que le plaisir du repos, lorsque l'ame est pleinement satisfaite, après l'exécution entière de son entreprise, ne peut plus s'augmenter ; dans le repos parfait, il n'y a ni plus ni moins. Mais d'où vient que ce repos peut se varier ? si ce n'est relativement aux espèces de mouvemens ou d'actions qui ont précédé le repos. Ainsi les repos qui suivent la faim, la soif, la douleur, le desir de vengeance, sont différens dans leurs espèces, parce qu'ils sont à la suite de mouvemens différens. Ils supposent donc tout le plaisir d'action & de mouvement : *Jucundus motus in sensu*.

Epicure a fait plus ; il a mis cette doctrine en maxime, lorsqu'il a dit que si les voluptueux, ἀπατοι, connoissoient les bornes dans leurs plaisirs, & qu'ils n'eussent à craindre ni les dieux ni la mort, leur état pourroit être celui du sage : *Nihil haberem quod reprehenderem* (5).

Le voluptueux *épicurien* ne craint ni les dieux ni la mort. Il n'a donc plus d'étude à faire que pour connoître les limites & en éviter le choc. C'est où l'*épicurien* a besoin de recourir aux leçons de la philosophie pour apprendre les règles de la volupté : *Hoc loco discipulos quærere videtur* (*Epicurus*) *ut qui asoti esse velint philosophi ante fiant*. Cic. de Fin. C'est le bien être seul, le plaisir, en un mot, la volupté qui règne. Les passions tirent son char ; les vertus empressées n'ont d'autres fonctions que d'en graduer avec art les mouvemens, & de le mener jusqu'au point précis où commenceroit le dégoût, c'est-à-dire, le pressentiment de la douleur : ou si on aime mieux l'idée de Cléanthe, qu'on imagine un tableau où la volupté, parée comme une reine, soit assise mollement sur un trône, ayant autour d'elle, & à ses ordres, les vertus qui lui disent à l'oreille (si toutefois la peinture peut rendre cette expression) de ne rien hasarder qui puisse blesser les esprits, ou lui causer à elle-même quelque retour désagréable. C'est là le sublime de l'école. (6).

Idée des vertus, selon Epicure.

» Cet homme, qu'on accuse d'être trop livré à
» la volupté, *Epicure*, n'a de voix que pour crier
» qu'on ne peut vivre heureux sans être prudent,
» honnête & juste, ni être prudent, honnête &
» juste sans être heureux (7). » C'est un *épicurien* qui parle ainsi dans les ouvrages de Cicéron.

---

(1) Tusc. III. 18.

(2) *Voyez* Diog Laër. L. X. S. 6. Athénée 12. cap. 12. & sur-tout Gassendi. *Tome II.* 680.

(3) Diog. Laër. Liv. 10. s. 138.

(4) II. Part. Art. 2. Max. 18.

(5) Max 12. II. Part. Art. 2.

(6) Cleantes jubebat eos qui audiebant secum ipsos cogitare pictam in tabula voluptatem pulcherrimo in vestitu & ornatu regali, in solio sedentem ; præsto esse virtutes ut ancillulas quæ nihil aliud agerent, nullum suum officium ducerent, nisi ut voluptati ministrarent & eam tantùm ad aurem admonerent [si modo id pictura intelligi posset] ut caverent ne quid perficerent imprudens, quod offenderet animos hominum, aut quidquam ex quo oriretur aliquis dolor. *Cic. de Finib.* II. 21.

(7) Clamat *Epicurus*, is quem vos nimis volupta-

Les disciples d'*Epicure* croient que tout est dit pour la justification de leur maître, quand ils ont cité cet apophthegme & quelques autres semblables. Mais en considérant les choses de près, ces discours spécieux ne détruisent aucune des conséquences qu'on reproche à leur système.

Toutes les sectes philosophiques, considérées par rapport aux mœurs, se réduisent à deux, dont l'un détruit l'ame avec le corps, l'autre fait l'ame immortelle & susceptible, après cette vie, de peine ou de récompense.

L'ame est censée détruite, quelque chose qu'elle devienne, quand elle perd le sentiment d'elle-même, qu'elle ne sent plus l'intérêt de son être particulier.

Qu'on arrive à cette conclusion finale directement ou par des circuits, par l'*épicuréisme* ou le matérialisme, par le stoïcisme, par le stratonisme, par le spinosisme, par l'athéisme; tous ces moyens sont à-peu-près indifférens, toutes ces sectes, au point de réunion, font cause commune. Qu'importe que l'on fasse les atômes sans qualités, ou qu'ils soient feu, air & eau, avec un mouvement direct ou oblique, perpendiculaire ou déclinant, raréfiant, condensant, dans le plein ou dans le vuide, &c? Qu'importe qu'on anéantisse les corps pour ne laisser que les phénomènes, ou qu'on ne laisse qu'une substance générale & unique, physiquement indifférente à toutes formes, & dans laquelle se perdent tous les êtres particuliers? Toutes ces opinions ne sont que des erreurs diverses de gens qui vont au même but.

Ils conviennent tous que leur être est tout entier dans cette vie, & que leur bien-être est dans la satisfaction ou le repos de l'ame; enfin que ce repos ne peut être l'ouvrage que de la vertu.

Il faut que la vertu soit bien gravée dans la constitution même de l'homme, puisque nulle morale, quelle qu'elle puisse être, n'a jamais pu se soutenir sans elle (1)!

Mais qu'entendent ces philosophes par le mot de vertu? Le sacrifice d'un moindre bien présent à un plus grand bien à venir attendu dans cette vie.

_____

* tibus esse deditum d'citis, non posse jucundè vivi, nisi sapienter, honeste, justeque vivatur, nec sapienter, honestè, justè, nisi jucundè. *Cic. de Fin.* l. n. 18.

(1) Eo libentiùs Epicuri dicta commemoro, ut istis, qui ad illa confugiunt, spe malâ inducti, qui velamentum seipsos suorum vitiorum habituros existimant, probem. quocunque ierint, honestè esse vivendum. *Sen. Ep.* 21.

Soyez juste, s'écrie *Epicure*, de peur qu'on ne vous dépouille vous-même par la loi du talion, ou que la société dont vous êtes membre, ne vous punisse. Voyez à quels retours fâcheux tels & tels ont été exposés, pour avoir voulu être heureux par l'injustice. Il faut plier ou rompre sous la loi, parce que, tôt ou tard, elle est la plus forte (2).

Soyez prudent, sans quoi vous serez dupe & bientôt victime. La prudence consiste à ne pas prendre l'ombre pour le corps, en fait de bonheur ou de malheur.

Armez-vous de force & de constance, pour être prêt à tout événement; cela dépend de vous, il est essentiel de le croire: le découragement ne fait que doubler les maux de la condition humaine.

Enfin, soyez tempérant & modéré en tout. La nature a marqué les bornes où il faut vous arrêter pour votre propre intérêt. Elle ne nous a point donné le ventre du bœuf, ni le cou du chameau, ni l'estomac de l'autruche. Il faut donc vous soumettre à ses loix, user de ses présens & vous arrêter au nécessaire.

Si nous étions nés comme les autres animaux, dont les idées sont renfermées dans les bornes du présent & du besoin réel, ces efforts de vertu nous seroient inutiles: nous n'aurions qu'à nous laisser aller au courant des impressions reçues. Mais l'impétuosité & l'étendue de nos pensées emportant notre cœur au delà du but de la nature; & quelquefois notre cœur trop lâche restant en-deçà, c'est une nécessité d'user de mors & d'éperon: point de bonheur pour l'homme sans la vertu.

Ce discours étonne ceux qui croient que la vertu ne peut être sans la religion & le respect de la divinité. Ils demandent si cette vertu est bien vraie & bien réelle, si elle va jusqu'au cœur.

On leur répond avec confiance, qu'il n'est pas permis d'en douter. Et en effet, dit-on, si cette vertu étoit fausse, elle ne feroit qu'un faux bonheur. Il faut donc que ce soit une vertu franche & sincère, qui porte son empire jusqu'aux pensées les plus secretes, jusqu'au germe du désir désordonné, dont la sourde activité suffiroit pour sapper les fondemens du bonheur, & ôter au philosophe tout le fruit de sa philosophie.

Mais si cela est ainsi, permettez, *Epicure*, qu'on vous demande à vous & à vos sectateurs, la raison qui vous empêche de pratiquer cette même vertu

_____

(2) *Voyez* II. Part. Art. 2. Max. 34. & suiv.

par des principes plus relevés que celui de votre bien-être en cette vie? Car voici un raisonnement qu'on peut vous présenter en passant; nous reviendrons après à l'examen de vos principes de vertus.

Quoique sans Dieu & sans loi, vous convenez que vous n'en êtes pas moins obligés, pour votre propre conservation & pour votre repos, d'être vertueux, c'est-à-dire, d'être justes, prudens, modérés, armés de force & de constance, & d'avoir jusques dans le cœur le fond & le principe essentiel de ces vertus, de peur, dites-vous, que la nature ne vous punisse par l'inquiétude intérieure & par la révolte des passions. Si cela est, qu'auriez-vous de plus à faire sous la loi de la providence? Que vous en coûteroit-il de faire ce que vous faites, parce qu'une intelligence, qui veille à votre conduite & à votre conservation, l'exigeroit de vous pour votre propre bonheur? Car, encore une fois, vous êtes vertueux, vous l'êtes réellement, vous nous l'avez dit, & un philosophe ne ment point. Qui vous empêche de joindre aux motifs que vous avez d'obéir à la nature pour votre santé, à la police pour votre sûreté, celui d'obéir à une divinité pour l'assurance de l'avenir, contre lequel, après tout, vous n'avez point de démonstration géométrique? Que risquez-vous? Il n'y a que la vertu qui coûte. Dès que vous la pratiquez si bien, & dans tous ses points, un motif de plus, qu'on vous donne, doit vous prêter des ailes plutôt que de vous arrêter dans votre course.

Refuserez-vous de faire avec plus ce que vous faites avec moins? Ce refus, sans raison, ne seroit pas digne d'un philosophe.

Direz-vous qu'en vous délivrant de toute crainte des dieux, vous espérez vous dédommager par des transgressions secrètes? Vous nous avez donc trompé, quand vous nous avez assuré que votre vertu étoit vraie & entière. Mais non, nulle philosophie ne permet ces transgressions ni ne les avoue.

Réclamerez-vous les droits naturels d'user de votre corps, de votre intelligence, de votre volonté, de votre liberté, des plaisirs de cette vie, dont nos modernes affectent de dire que la religion demande le sacrifice plus que la philosophie.

Mais 1°., c'est une allégation fausse. La religion, par elle-même, n'exige rien de contraire à la santé ni à la vigueur du corps (1); & la philosophie demande par elle-même la retenue, la sobriété, la tempérance, aussi-bien que la religion (2).

2°. Le sacrifice de nos lumières naturelles, sur ce qui concerne les causes primitives, est-il un si grand sacrifice? J'en appelle à la bonne foi des philosophes qui ont étudié l'histoire de l'esprit humain. La religion ne nous ôte pas une de nos connoissances utiles & réelles. Elle affermit celles qui sont chancelantes, & nous en donne que nous n'aurions pas sans elle: son flambeau s'allume, où celui de la raison s'éteint. De quoi se plaint-on? La raison ne comprend rien aux mystères; cela est vrai, mais elle voit évidemment que Dieu peut communiquer à l'homme la connoissance de certaines vérités, sans lui en communiquer les démonstrations. Si elle pouvoit en douter, on la rappelleroit à toutes ses connoissances naturelles, qui sont à-peu-près dans le même cas. Le philosophe sait-il ce que c'est que la lumière qu'il voit, l'air qu'il respire, la terre qu'il foule de ses pieds, le feu qui lui donne la vie? Connoit-il l'art du germe de la moindre plante, du moindre vermisseau? Tout est mystère pour lui dans les choses qu'il voit, qu'il touche, dans lesquelles il existe; & il se cabre lorsqu'il ne comprend pas l'infini.

La volonté est captive sous la religion; il faut renoncer à ses penchans, à ses goûts...

Est-ce que vous en auriez de ceux que la religion condamne? On vous demande si la philosophie les approuve? Qu'est-ce que la vertu, selon la philosophie même d'*Epicure*? Une volonté subjuguée. Où irons-nous pour avoir cette liberté que nous demandons? La nature sage, qui nous a donné les forces, a cru devoir les limiter pour la conservation même de notre être. L'ordre public les a bornées encore pour nous assurer notre bien-être. Que ferions-nous si nous avions les ailes de l'aigle & la force du taureau? Il a fallu nous garotter les mains, le cœur & l'esprit pour notre propre repos; cela est évident. Que doit faire le philosophe, s'il est vraiment tel? Se renfermer dans les limites, & se tenir toujours en-deça, s'il craint de se heurter contre elles.

―――――

[1] Pour que notre raisonnement soit juste, il n'est pas nécessaire que la philosophie porte la vertu aussi loin que la perfection chrétienne.

[2] La première idée, dit Bayle, qui se présente à ceux qui veulent examiner l'état d'irréligion, est l'idée d'une liberté fort heureuse, selon le monde, dans laquelle on satisfait tous ses desirs, sans aucune crainte, sans aucuns remords. Cette idée s'enracine si avant dans l'ame, & en occupe tellement la capacité, que si quelqu'un nous vient dire que l'état d'un homme pieux n'est point comparable, en fait d'avantages temporels, à celui d'un *Epicurien*, nous rejettons cela comme un mensonge très-absurde; & cependant ce mensonge prétendu a de son côté une foule de raisons très-fortes, comme Plutarque l'a fait voir. D. *tionnaire, au mot* Epicure. *Remarque* R.

Il faudra donc renoncer à tout, se concentrer en soi-même, dire adieu à tous les plaisirs. C'en est fait...

On est fâché de le dire, tant d'objections décèlent un intérêt secret.

Plutarque a fait un livre exprès pour prouver qu'on ne peut vivre heureux en suivant la doctrine d'Epicure. Un moderne, philosophe aussi profond qu'ami sincère de l'humanité, a démontré qu'on ne pouvoit être malheureux avec la vertu (1) Enfin, voici un apologue, qui est vieux, mais qui fera voir qu'il y a long-tems qu'on a répondu à ces difficultés, qu'on croit nouvelles.

« On raconte qu'Hercule, embarrassé du parti
» qu'il devoit prendre en entrant dans le monde,
» vit venir à lui deux femmes. L'une vêtue de
» blanc, avoit la taille déliée, des traits nobles;
» la pudeur régnoit dans ses yeux, la douceur &
» la modestie dans son maintien : toute sa per-
» sonne étoit ornée par la décence & par la sim-
» plicité. L'autre, engraissée par une éducation
» molle, avoit plus d'apparence que de force.
» Sa taille, toute artificielle, ses couleurs em-
» pruntées, ses yeux ouverts avec affectation, sa
» parure recherchée, enfin, une étude conti-
» nuelle de ses mouvements & de ses gestes an-
» nonçoient un dessein formé de plaire & d'at-
» tirer les yeux. Celle-ci, plus empressée que
» sa compagne, se hâta d'adresser ces mots au
» héros : Jeune prince, vous êtes embarrassé, je
» le vois, de la route que vous devez suivre dans
» le cours de votre vie. Ayez confiance en moi;
» je vous montrerai un chemin facile, par lequel
» vous arriverez à tous les plaisirs, sans essuyer
» aucune peine. Exempt de tous soins, exempt des
» fatigues de la guerre, vous n'aurez qu'à choi-
» sir les mets & les liqueurs qui seront de votre
» goût, ainsi que les autres objets qui pourront
» flatter vos yeux, vos oreilles, tous vos sens.
» Si vous craignez que ces objets ne vous soient
» ravis; je vous enseignerai les moyens de vous
» les procurer sans efforts. Vous jouirez du tra-
» vail des autres, vous ne vous abstiendrez de
» rien, quand il vous paroîtra bon. Car c'est la
» puissance que j'accorde à ceux qui m'aiment:
» ils ont droit de tirer tout à eux. Comment
» vous appellez-vous, lui dit le héros? Mes amis
» m'appellent la Félicité, & mes ennemis, la
» Mollesse. »

« La Vertu parla à son tour, mais d'un style
» bien différent de celui de sa rivale. Je ne veux
» point vous tromper, dit-elle au héros. Tout
» ce qu'il y a de beau & d'excellent dans la na-
» ture s'achète au prix de la peine & du travail.
» Les dieux l'ont ordonné ainsi. Si vous voulez
» que ces dieux vous soient favorables, il faut
» leur rendre honneur. Si vous voulez être aimé
» de vos amis, il faut leur faire du bien. Si vous
» voulez être honoré dans quelque ville que ce
» soit, il faut y être utile. Si vous voulez être
» admiré de toute la Grèce, il faut la servir. Si
» vous voulez que la terre vous donne ses fruits,
» il faut la cultiver. Si vous voulez défendre
» vos amis & votre patrie, & vous venger de
» vos ennemis, il faut apprendre l'art pénible de
» la guerre, & vous endurcir aux travaux;
» enfin, si vous voulez avoir un corps robuste,
» il faut l'accoutumer à obéir à l'ame, l'habituer
» à la sueur & aux efforts laborieux ».

Après ce discours, la Vertu fait observer à son élève, qu'outre la gloire & le plaisir d'avoir fait le bien, elle fait donner aux hommes, mais comme un surcroît seulement, les satisfactions mêmes que promet la Volupté; qu'elle les leur procure à meilleur titre & à un plus haut degré; en un mot, que l'homme gagne plus de volupté qu'il n'en perd, quand il renonce à la volupté (2).

Rien n'empêchera donc celui qui est vraiment philosophe, c'est-à-dire vraiment vertueux, de se soumettre à l'œil de la providence; cette soumission ne lui ôtera rien de ce que la vraie philosophie lui accorde, non plus que celle-ci n'ôte rien à la nature, quand elle ne demande que ses vrais besoins :

Non aliud natura, aliud sapientia, dicit.

JUVENAL.

Que la nature soit la base de l'édifice, la religion peut le couronner; & la raison, placée entre les deux, obéissant à l'une, commandant à l'autre, sera le nœud de correspondance & de conciliation.

On nous a dit que l'impie (3) avoit besoin d'être vertueux pour son bonheur. Le philosophe qui reconnoît la providence, le sera de même pour le sien. Mais, celui-ci aura des motifs pour l'être malgré la douleur & la mort; parce qu'il voit sa plus grande récompense au-delà de cette vie. Cet autre cessera de l'être toutes les fois que l'accomplissement de la loi lui coûtera plus dans

---

(1) La théorie des sentimens agréables, par M. l'évêque de Pouilly. Chez David le jeune.

(2) Xénophon Mém. Soc. lib. 2.

(3) Ce n'est pas seulement l'impie qui a ce besoin; il est le même pour l'homme le plus stupidement crédule, comme pour le plus éclairé.

NOTE DE L'ÉDITEUR.

cette vie que la transgreffion ; ou que, toutes chofes égales, il lui rapportera moins.

S'il l'eft encore, quoique la vertu exige plus d'efforts qu'elle ne rapporte de fatisfactions : ce ne pourra être que par des raifons étrangères à fon fyftême, & parce que fes mœurs avoient été faites par l'éducation, avant que la philofophie en eût vicié les principes. Car il agit fans caufe, & eft dupe de fa vertu, toutes les fois qu'un double falaire, quel qu'il foit, ne le paie point en cette vie du facrifice qu'il a fait de fon repos.

Le crime de toutes les fectes qui tuent l'ame avec le corps, n'eft donc point d'avoir permis le vice & négligé la vertu. Cette idée auffi odieufe qu'abfurde, eût été à Athènes une affaire de police plutôt qu'une queftion de philofophie. C'eft d'avoir ôté aux paffions leur frein & leurs barrières les plus effentielles : c'eft d'avoir coupé à la vertu fes nerfs ; de lui avoir ôté fes motifs & fes garans : c'eft d'avoir mis tout le reffort moral des facultés humaines dans le bien-être perfonnel de la vie préfente.

Si l'*Epicurien* fe fait des amis, ce ne fera que pour en tirer un profit ufuraire : *L'amitié eft une terre qu'on feme* (1). S'il eft jufte, ce ne fera que pour fa propre utilité : il ne peut l'être contre lui-même (2) : *Le fage eft à lui-même fa dernière fin* (3). Il fe gardera d'entrer dans les affaires publiques, *parce que les honneurs font toujours des charges* (4). Il ne voudroit pas même être roi, *parce que la couronne du repos vaut mieux que celle de la gloire* (5). Enfin, tirant parti de tout, il prendra fur les autres le plus qu'il pourra prendre, & ne laiffera prendre fur lui que ce qu'il ne pourra défendre. *Et mihi res non me rebus.* Hor.

« Ce n'étoit point ainfi, dit Plutarque, que fe
» comportoient les fages qui ont précédé *Epicure*.
» Parménide (6) a établi d'excellentes loix dans
» fa patrie, dont chaque année les magiftrats font
» jurer encore l'obfervation à chaque citoyen.
» Empédocle a fait faire le procès aux chefs
» d'Agrigente, qui étoient devenus tyrans &
» diffipateurs des fonds publics. Il a délivré fon
» pays de la pefte & de la ftérilité, en faifant mu-
» rer les gorges d'une montagne, par où le vent
» du midi fe portoit dans les plaines. Socrate
» condamné, aima mieux mourir injuftement,
» que de donner en fuyant la moindre atteinte
» aux loix. Méliffus fe mit à la tête d'une flotte,
» & battit les athéniens. Platon a écrit des chofes
» admirables fur les loix, & fur l'art de rendre
» les peuples heureux ; mais fes leçons de vive
» voix étoient plus admirables encore. Ce fut
» par elles que Dion mit fa patrie en liberté ;
» que Python & Héraclide égorgèrent le tyran
» de Thrace. Chabrias & Phocion, qui com-
» mandèrent les armées d'Athènes, étoient dif-
» ciples de l'académie. Il eft vrai qu'*Epicure* en-
» voya un homme en Afie pour maltraiter Ti-
» mocrate, & le faire chaffer de la cour, parce
» qu'il avoit offenfé fon frère Métrodore. Ce trait
» eft confervé dans leurs archives. Mais Platon
» a envoyé aux arcadiens Ariftonime, aux Ebéens
» Phormion, Ménédéme aux pyrrhéens, pour
» régler les conftitutions de leurs états. Eudoxe
» a donné des loix aux Cnidiens ; Ariftote à
» Stagyre : ils étoient l'un & l'autre amis & dif-
» ciples de Platon. Alexandre demanda à Xéno-
» crate fes confeils fur l'art de régner. Celui que
» les grecs d'Afie envoyèrent à Alexandre pour
» le déterminer à la guerre contre les barbares,
» Délius d'Ephefe, étoit de l'école du même
» Platon ».

« Quand la conjuration de Zénon, difciple
» de Parménide, contre le tyran Démicus fut
» découverte, il fit voir que la doctrine de fon
» maître étoit un or pur, qui ne craint point
» l'épreuve du feu. Il fit voir que la douleur ne
» peut effrayer que les enfans & les femmes,
» ou les hommes qui ont un cœur de femme. Il
» fe trancha la langue avec fes dents, & la cracha
» au vifage du tyran. La morale d'*Epicure*, a-t-elle,
» je ne dis pas pas égorgé les tyrans ; a-t-elle pro-
» duit, je ne dis pas un héros, un légiflateur,
» un chef de nation, un miniftre de quelque
» roi, un défenfeur du peuple, un homme qui
» ait fouffert pour la juftice, qui foit mort pour
» elle ; mais un homme qui fe foit feulement
» embarqué pour fa patrie, qui ait fait pour elle
» la moindre dépenfe ? Qu'on nous en cite un
» feul qui ait travaillé pour le bien public. Mé-
» trodore une fois en fa vie fit un voyage de qua-
» rante ftades (7) pour rendre un fervice à un
» certain Mithra, officier du roi Lyfimaque.
» *Epicure* en écrivit des lettres à tout l'Univers :
» c'étoit l'effort d'une vertu fublime. Qu'auroient-
» ils dit, fi, comme Ariftote, ils euffent rebâti
» leur patrie ; & s'ils l'euffent, comme Théo-
» phrafte, remife deux fois en liberté ? Le Nil
» n'eût point produit affez de papier pour célé-
» brer tant de gloire ».

---

(1) Voyez Max. 32.

(2) Voyez les Max. 34 35. &c.

(3) *Sapientem omnia fuâ caufâ facere. Cic. pro Sexto.*

(4) Plut. *adv.* Col. 1125.

(5) Plut. *adv.* Col. 1125.

(6) *Adv.* Col. 1126.

(7) Environ une lieue & demie.

« Mais ce qui me paroît le plus insoutenable, ce n'est point que de tous les philosophes ils soient les seuls qui ne fournissent point leur contingent à la société; tandis que les poëtes même, jusqu'aux comiques, plaident la cause du bien public & des loix : c'est que s'ils parlent du gouvernement, c'est pour défendre d'y prendre aucune part; s'ils parlent de l'éloquence, c'est pour la mettre au rabais; s'ils parlent de la royauté, c'est pour vanter le bonheur de ceux qui vivent sous les rois (1). Ils tournent en ridicule les héros amis de la liberté & de la gloire » : *Qu'étoit-ce qu'Epaminondas ? Peu de chose : un corps sans ame, une ame de bois* (2), *& encore n'avoit-il que l'écorce. Quelle mouche le piquoit pour aller courir comme un fou par-tout le Péloponèse, tandis qu'il pouvoit rester chez lui tranquillement assis, la tête dans son bonnet ?*

Nous laissons au lecteur à juger lui-même si ce discours de Plutarque est une vaine déclamation sans fondement, ou un exposé fidèle des conséquences d'un système qui ramène tout au bien-être personnel dans cette vie.

Qu'on suppose en concurrence, l'*Epicurien* avec l'homme qui reconnoît l'œil de la providence : le premier a pour lui, non-seulement les moyens légitimes qui sont les talens, la capacité, les amis, les dehors de la vertu, les témoignages des honnêtes gens, *fas*; mais encore le mensonge, qui ne sera point honteux lorsqu'il ne pourra être prouvé; le parjure, qui, sans la divinité, n'est qu'une ruse pour attraper les sots; la calomnie qui tue si elle pénètre, & qui laisse au moins la cicatrice, si elle guérit; enfin, il aura tous les moyens les plus violens, *nefas*; pourvû qu'il puisse s'assurer de l'impunité, soit par la force, soit par l'artifice, ou que les suites du mauvais succès de l'entreprise formées soient plus fâcheuses encore pour lui, que celles des mauvais moyens.

Qu'on suppose deux concurrens, persuadés tous deux des principes métaphysiques d'*Epicure*, tous deux adroits, tous deux puissans, tous deux également ardens, également pressés par la cupidité, par le besoin, par la douleur; on entrevoit le spectacle de tout ce qui peut rendre odieuse l'espèce humaine. Qu'on mette deux nations à la place des deux hommes; on a toutes les horreurs des siècles les plus barbares.

Mais, dira-t-on, la religion empêche-t-elle ces horreurs dans les nations où elle règne ?

Elle les empêche souvent : elle les condamne toujours. Et la philosophie dont nous parlons, n'ayant, dans bien des cas, aucun titre pour les condamner, en fournit même pour les autoriser. Voilà les dangers de cette doctrine pour la société.

Il n'y a pas moins d'inconvéniens pour le particulier même; dont la vertu est peu assurée par les motifs d'*Epicure*.

Il n'est vertueux, que parce qu'à sa vertu tient son être, & son bien être; sans quoi la vertu ne vaudroit pas pour lui un denier percé (3).

L'intérêt de son être, s'il est bien convaincu de ses principes, est une foible garde. Que lui importe de vivre vingt-ans de plus ou de moins? On sait en françois la maxime des voluptueux; les latins en avoient une pareille :

Mihi sex menses satis sunt vitæ, septimum orco spondeo [4]

Epicure n'a-t-il point dit que ce n'étoit pas par la durée qu'on devoit mesurer la vie, mais par la jouissance du plaisir (5)? Le sage peut donc prendre sur son être, pour ajouter à son bien être.

Mais, s'il arrivoit qu'on se fût trompé dans le calcul de l'avenir, & que les plaisirs qu'on avoit cru devoir abréger la vie, ne la changeassent qu'en une longue douleur; alors, l'*épicurien* seroit livré à de cruels repentirs. Cette crainte ne suffit-elle pas pour l'attacher à la pratique constante de la vertu.

Voilà donc l'unique frein de la passion. Ce n'est plus la mort qui épouvante l'*épicurien*; c'est la douleur qui y conduit par un chemin trop long.

Qu'est-ce que cette crainte, sur-tout pour un *épicurien*, dans l'instant où domine déjà l'avant-goût & le pressentiment de la volupté? Presque tous les hommes s'y laissent prendre. Quelque amour qu'ils aient pour la santé & pour la vie; quelque autorité qu'aient sur eux la raison, l'honneur, les loix qui punissent, celles qui récompensent, l'intérêt de la vie présente, l'espérance de la future; il en est peu qui ne chancelent devant le phantôme du bonheur, qu'ils croient voir dans la volupté. Et *Epicure* veut que la seule

___

(1) *Epicure* étoit vraiment dans ses principes : la royauté est le repos de tous par le travail d'un seul.

(2) Un homme qui ne sentoit point : Σιδήριον σπλάγχνον.

[3] Cette expression est de Plutarque. Diogène Laërce dit qu'*Epicure* pensoit que c'est pour la volupté qu'on doit rechercher les vertus, & non pour elles-mêmes. *Lib. X. Seg.* 138.

[4] Cic. L. 2. de Fin.

[5] Lettre à Ménécée.

crainte d'une douleur qui peut fuivre ou ne pas fuivre le plaifir; d'une douleur, dont on peut fe délivrer foi-même, fi elle ne nous délivre pas affez vite de nous, conferve la vertu dans fa pureté! Ce n'eft point par amufement qu'on difpute en matière fi grave; & fi on y a de bonne foi, on s'en rapportera à l'expérience & au jugement de ceux qui connoiffent le caractère des hommes, leur fenfibilité au bien préfent, & leur peu d'inquiétude fur le mal problématique de l'avenir.

Partifans d'Epicure.

On a recours aux autorités pour juftifier *Epicure*. Peut-on croire, dit-on, que, fi les principes de ce philofophe euffent été tels qu'on vient de les préfenter; tant de gens de bien dans l'antiquité, & parmi les modernes, auroient pris fa défenfe?

Cicéron, lui-même, en plufieurs endroits de fes ouvrages, loue les *épicuriens* pour leur droiture, leur probité, leur amitié réciproque entre eux (1). Il y a plus, Sénèque, c'eft-à-dire, un Stoïcien, qui, felon l'efprit de fa fecte, devoit être l'ennemi juré d'*Epicure*. Sénèque a fait fon apologie. « Je ne penfe point, dit-il, comme la plupart de nos Stoïciens, qui affurent que la fecte d'*Epicure* eft l'école du vice: je dis feulement qu'elle a une mauvaife réputation; & j'ajoute qu'elle ne la mérite point. C'eft donc l'apparence qui trompe & qui infpire la défiance (2) ».

Que dirons-nous des modernes, de Philélphe, de Rhodiginus, de Volaterran, de Laurent-Valle, de Quévédo, de la Mothe-le-Vayer, de Sorbière, &c. dont les uns difent qu'*Epicure* eft de tous les anciens philofophes celui qui a le plus approché de la vérité; & d'autres que c'eft injuftement qu'il a été attaqué & déchiré par fes ennemis? M. le baron des Coutures a fait fur lui un livre qui eft un panégyrique. Enfin, on cite Gaffendi, dont l'ouvrage eft un chef-d'œuvre, & qui feul vaut tous les autres de ce philofophe calomnié.

On peut répondre en général, que les fuffrages de tous ces auteurs prouvent peu de chofe; parce qu'ils font tous ou des *épicuriens* fecrets qui tâchent de juftifier leur maître afin de fe juftifier eux-mêmes; ou des favans, qui, ayant approuvé les idées d'*Epicure* fur certains chefs, les ont reftreintes & modifiées, comme elles avoient befoin de l'être. C'eft un édifice ruineux dont ils ont voulu conferver quelques parties, qui leur ont paru belles & fondées fur les vrais principes. Par exemple, ayant confidéré avec attention la morale qui ramène toutes nos actions au bien être particulier, ils y ont trouvé un fonds de vérité, dont il eft difficile de fe défendre quand on l'a approfondi (3).

Il eft certain que les hommes qui ne font inftruits que par la nature, travaillent principalement pour fe procurer la force, & par elle, la liberté & le repos.

Il n'eft pas moins certain que toutes les vertus civiles, qui vont au bien de la fociété, ont en même tems une autre tendance plus forte & plus fenfible vers le bien perfonnel, & que la plupart des facrifices faits au bien général, rapportent le centuple à l'amour particulier.

Qu'il y ait des impulfions fubites, des traits de pure générofité, des vues fublimes d'ordre & de grandeur, qui femblent épurées de toute efpèce d'intérêts; cependant, quand les *épicuriens* foutiennent que tous ces fentimens élevés ont leur germe radical dans un certain amour de foi-même; fi, après les avoir entendus, on defcend jufqu'au fond de fon cœur, on y trouve quelque chofe qui parle pour eux. Quel inconvénient que Dieu ait enchâffé, enveloppé le germe de la vertu dans l'intérêt de notre être, & que l'accompliffement de chacun de nos devoirs foit récompenfé par quelque accroiffement de bien être?

Ce coup d'œil de la morale, qui, quoi qu'on en dife, a été préfenté d'une manière plus marquée & plus nette dans la philofophie d'*Epicure* que par-tout ailleurs, & qu'on pourroit concilier avec la plus fublime vertu, eft ce qui a procuré des partifans à cette philofophie: on a cru & voir une partie du fyftême de la nature, dont la voix, lorfqu'elle eft diftinctement articulée & étendue, ne peut point tromper le cœur humain. C'eft le côté que Gaffendi a vu, & qu'il a fait voir à ceux auprès de qui il vouloit juftifier *Epicure*.

Mais à ce côté, il en eft un autre oppofé, & qui ruine dans la pratique, tout ce que ce fyftême préfente de féduifant dans la fpéculation: c'eft de n'avoir employé pour rien, dans ce plan de morale, la divinité, fans laquelle l'homme n'a plus d'appui, plus de garant, plus de reffort agiffant dans tous les cas.

---

(1) Cicéron ne parle que des hommes, & nullement de la doctrine.

(2) Non dico quod plerique noftrorum, fectam Epicuri flagitiorum magiftram effe; fed illud dico. Male audit, infamis eft: & immerito... Frons ipfa dat locum fabulæ, & ad malam fpem invitat. *Lib. de beat. vitâ, cap. 13.*

(3) Voyez chap. 2.

Les *épicuriens* en conviennent lorsqu'ils font l'histoire du genre humain. « Dans le commencement, nous disent-ils, les hommes vivans comme les bêtes, n'avoient d'autres règles que la volonté du plus fort :

Viribus editior cædebat, ut in grege taurus.

HORAT.

» Par l'expérience, on trouva qu'il seroit utile de faire des loix d'équité & de justice pour arrêter le brigandage & la licence. La société alors prit quelque forme, & commença à apprivoiser les hommes brutaux.

» Ce remède ayant paru insuffisant dans une infinité de cas secrets, un législateur plus profond & plus rusé que tous les autres, imagina les dieux; c'est-à-dire, des témoins, des juges, des vengeurs, pour voir, peser & récompenser le bien & le mal, ou dans cette vie, ou dans une autre (1) ».

Cet exposé purement *épicurien*, est l'aveu le plus complet de ce qu'on reproche à la vertu d'*Epicure*. Son héros peut être brave, honnête, juste, modéré, quand il croit qu'on le regarde; parce qu'alors le salaire est prêt, c'est-à-dire, l'estime, la considération, la confiance des autres hommes, qui sont pour lui autant de moyens de plaisir & de sûreté. Mais quand on ne le voit plus, toutes ces belles vertus s'évanouissent. Elles sont une duperie, sur-tout, si les vices contraires rapportent plus de repos, plus de liberté, plus de moyens de bonheur, que les vertus.

On oppose l'autorité de Sénèque, comme un bouclier impénétrable à tous les traits qu'on peut lancer sur *Epicure*.

Il est vrai que son apologie d'*Epicure* est précise & formelle ; mais il est à craindre que loin de justifier *Epicure*, elle ne donne des soupçons contre les Stoïciens. Veut-on s'arrêter un moment pour comparer ensemble ces deux sectes?

Elles avoient un fond intérieur & un dehors apparent. Sénèque nous l'a assuré, pour l'honneur d'*Epicure*. Que seroit-ce, s'il en étoit de même des Stoïciens, à la honte de Zénon?

Il est certain que pour les dehors, jamais sectes ne furent plus opposées.

Dans le portique, on ne parloit que de dieux & de providence des Dieux. Dans les jardins d'*Epicure*, on ne voyoit que des atômes, & leur concours fortuit pour former tous les êtres.

Là, les colonnes n'étoient frappées que des beaux noms de vertu austère, de justice universelle, d'amitié pure. Ici les échos ne répétoient que les noms de volupté, de plaisirs sensibles, de bien-être personnel.

Zénon regardoit les passions comme des monstres qu'il falloit étouffer. *Epicure* les voyoit comme des ressources qu'il falloit ménager.

L'un ne parloit que d'action, d'activité : il falloit être soldat, commerçant, magistrat ; en un mot, se livrer à la vie civile & aux occupations de service dans la société. L'autre vouloit qu'on laissât faire les sots, & qu'on se reposât à l'ombre de la sagesse ; ou qu'on ne se donnât de mouvement qu'autant qu'il en falloit pour assaisonner le plaisir du repos.

On voit par ce simple coup d'œil, combien il devoit y avoir de combats & de querelles entre les subalternes des deux écoles. Car, en fait de dispute, ils sont toujours plus braves que les chefs. Les Stoïciens étoient furieux par principes, croyant se battre pour la vertu. Les *épicuriens* se fâchoient un peu moins, de crainte de se fatiguer. Mais ceux qui étoient à la tête des deux partis, rioient secrètement de ces démêlés, dont ils laissoient le petit honneur au peuplé de la secte, pour lui tenir lieu de pâture, & l'animer à bien servir ses maîtres dans le besoin.

Sénèque, qui n'étoit point homme à passer toute sa vie dans une secte philosophique sans l'avoir approfondie & comparée avec les autres, avoit sans doute jetté un regard sur celle d'*Epicure* (2) ; & il y avoit saisi les traits de ressemblance avec la sienne, que le vulgaire n'y voyoit pas.

Epicure concevoit dans l'infinité de l'espace un nombre infini d'atômes, dont la masse, le mouvement & la figure étoient les causes séminales de tous les êtres. Les Stoïciens concevoient un cahos immense, contenant tous les principes, & les raisons mécaniques des essences, & des natures qui se sont formées (3).

Selon ces derniers, les principes nageans d'abord dans le vuide, s'étoient rassemblés au centre de l'espace, y avoient formé les élémens, & ensuite le monde que nous habitons. *Epicure* en disoit autant de ses atômes : seulement il ad-

---

[1] *Plut. de Plac.* L. 1. c. 7.
Philosophie anc. & mod. Tome II.

[2] Soleo enim & in aliena castra transire, non tanquam transfuga, sed tanquam explorator. *Sén. Epist.* 2.
[3] Voyez *Plut. de Plac.* l. 7.

mettoit d'autres mondes que celui-ci, & vouloit que le vuide fût dispersé par-tout. Les Stoïciens ne l'admettoient que hors du monde ; afin, disoient-ils, que, quand le monde respiroit, il eût de l'espace pour s'enfler & s'étendre.

Il est vrai que Zénon faisoit Dieu auteur du monde. Mais 1°. ce Dieu étoit corporel : c'étoit la partie la plus subtile de la matière. 2°. Il étoit soumis au destin, ou à une nécessité qui contenoit en soi la raison de toutes choses (1). 3°. Il étoit l'ame de tout ce qui a en soi un principe de mouvement & d'activité. *Epicure*, en changeant les noms, avoit tout cela dans ses atômes, lesquels renfermoient en eux les principes naturels de toute activité, par leur pesanteur nécessaire dans le vuide, & de toutes formes, par leurs configurations inaltérables. Deux têtes bien organisées, qui en étoient à ces termes, pouvoient aisément se concilier sur ces deux points.

Malgré la roideur & l'inflexibité du destin, Zénon n'osoit dire que l'homme ne fût pas libre. *Epicure* ne le disoit pas non plus, malgré le mécanisme des causes motrices. Il n'avoit même inventé la déclinaison des atômes, que pour conserver la liberté & donner par elle quelque mérite à la philosophie : mais ce n'étoit que des mots de part & d'autre (2). Sénèque l'avoit bien vu.

Les Stoïciens faisoient grand bruit de la providence : on croiroit, quand ils en parlent, qu'il s'agit d'une volonté éclairée, qui règle toutes choses à son gré : ce n'étoit qu'un mouvement spontané de la nature, une chaîne mobile tournant sur elle-même, & entraînant avec elle, la suite & l'ensemble de tous les êtres attachés irrésistiblement aux anneaux dont elle étoit composée (3). Cette même providence s'appelle aussi fatalité, nécessité, hazard même, si l'on veut (4).

---

[1] *Eadem necessitas & Deos alligat : irrevocabilis divina pariter atque humana cursus vehit. Ille ipse omnium conditor ac rector scripsit quidem fata, sed sequitur ; semper paret ; semel jussit. Sénec. de Prov. c. 5. Voyez Bruk. T. 1. Hist. ph.*

[2] Rien de plus pitoyable que la méthode dont *Epicure* se servoit pour expliquer la liberté des actions humaines. *Bayle au mot*, Epicure. *Rem. V.*

[3] *Fatum est sempiterna quædam & indeclinabilis series rerum, & catena volvens semetipsa & implicans per æternos consequentiæ ordines, ex quibus apta, connexaque est. A Gel. Noct. Att. L. VI. c. 2.*

[4] *Vis illum fatum vocare ? Non errabis..... Vis illum providentiam dicere ? Recte dices .. Vis illum naturam vocare ? Non peccabis.... Vis illum vocare mundum ? Non falleris. Ipse enim est totum quod vides, totus suis partibus inditus, & se sustinens vi suâ. Sen. Nat quæst. L. 2. c. 45. Voyez M. Brucker Oxi. Vindel. p. 165.*

Epicure devoit être content, à moins qu'il ne voulût disputer pour le plaisir de disputer.

Nous avons dit qu'*Epicure* avoit lié les mains aux dieux, remettant aux atômes toute l'activité des causes. Sénèque l'a fait de même, remettant cette activité au destin, qui seul ordonne de tout, & applique les formes à la matière (5) : mais hâtons-nous d'achever ce parallèle.

A la mort *Epicure* nous anéantit entièrement, c'est-à-dire, qu'il rejette dans la masse universelle les élémens dont nous étions composés, & qu'il ne nous laisse aucun sentiment de notre être. Les Stoïciens nous accordoient quelques siècles de vie au-delà du trépas, pour purger l'ame de ses souillures, avant que de la replonger dans l'être principe. Pour Sénèque, il paroissoit avoir peu de foi à cette seconde vie (6). Et après tout, le monde des Stoïciens n'étoit que celui d'Héraclite, où tout se faisoit par des retours périodiques de raréfaction & de condensation. La substance la plus raréfiée étoit Dieu, la plus condensée étoit matière. Les ames placées entre les deux extrèmes, prenoient l'ordre du destin pour monter ou pour descendre. Quelques routes qu'elles prissent, elles arrivoient toujours à un fleuve d'oubli. Or, c'étoit tout ce que vouloit *Epicure*.

Zénon avoit en horreur la volupté. *Epicure* en faisoit son dieu. Mais tous deux vouloient arriver à l'ataraxie, à l'apathie, à l'euthymie, à l'aponie, à l'aochlésie, à l'athambie, à l'acataplexie, à l'athyphie, c'est-à-dire en françois, au repos de l'ame :

Hic (Zeno) requiem præbet fessis in vertice summo.

Le Stoïcien sera heureux quand il sera indépendant de tout ce qui ne dépend point de lui ; quand il ne craindra ni les dieux, ni la mort, ni la fortune, ni la douleur, & que par une pratique constante, il sera affermi dans ses principes, s'abandonnant au cours du destin, sans que rien l'étonne ni ne le frappe.

---

(5) Dieu, selon les Stoïciens, est un feu subtile qui se revêt selon les loix du destin, de toutes les formes qui font dans la nature. *Plutarq. de Plac.* l. 2. c. 6 & c. 7. Diog. Laër. L. 7. Cic. de Nat. Deor. L. 1. Sen. de ben. IV. c. 7. Bruk Hist. Crit. T. 1. p. 31.

(6) *Juvabat de æternitate animarum quærere, imo Hercule credere. Credebam enim facile opinionibus magnorum virorum, rem gratissimam promittentium magis, quam probantium, Epist. 102. Et dans l'Ep. 53. Fortasse (si modo sapientium vera fama est, recipit que nos locus aliquis) quem putamus periisse, præmissus est.* Il parle clairement dans le livre à Marcia. *Luserunt ista poetæ : mors omnium dolorum solutio est & finis....non potest miser esse qui nullus est. c. 19.*

L'*épicurien* sera indépendant, de même que le Stoïcien, & par les mêmes raisons (1). Il s'est délivré de la terreur des phénomènes : la mort pour lui n'est rien : la douleur vive ne fait que passer; ou si elle dure, elle a des repos de compensation. Que le ciel tonne, que la terre tremble, que les ruines de l'univers tombent sur lui, il n'en sera point étonné, s'il est affermi dans ses principes :

Impavidum ferient ruinæ.

Enfin, & c'est le dernier point de comparaison, ce bonheur suprême, ce repos immuable est l'ouvrage de la vertu, de la justice, de la prudence, de la force, & de la tempérance (2), c'est-à-dire, de ces habitudes pénibles à acquérir, qui rangent sous le joug de la raison tous les goûts & toutes les idées de l'amour propre mal entendu, & qui n'adoptent que celles qui, épurées au feu de la plus austère philosophie, placent la félicité de l'homme dans une sphère supérieure à tout événement. « Non, dit *Epicure*, on ne peut être
» heureux sans être sage, honnête & juste ; &
» réciproquement, on ne peut être sage, honnête
» & juste, sans être heureux ».

Il reste à savoir si ces philosophies pouvoient fournir les principes de cette vertu. Ce point a été touché dans l'article précédent.

C'en est assez, je crois, pour faire voir la conformité des deux systêmes, & réduire à sa juste valeur l'apologie dont *Epicure* est redevable à Séneque : *Non est*, dit celui-ci, en parlant d'*Epicure*, *quod putes magnum quâ diffidemus* (3). On peut voir ce qu'en dit Gassendi, L. 2. De Vit. Epic. c. 6.

On peut juger maintenant si ce philosophe & les autres ennemis de la divinité ont atteint véritablement leur objet, qui étoit de rendre l'homme parfait & heureux, en renfermant tout son être dans cette vie.

Ils ont formé leur systême d'irréligion, parce que dans les systêmes religieux, ils ne pouvoient vivre en paix. Les modernes parlent comme ont parlé les anciens : « Leur ame partagée sans cesse
» entre le penchant de la nature & les loix sévères
» de la religion, étoit livrée à des alternatives
» continuelles, & à des intermittences doulou-
» reuses. La religion demandant sans cesse des sa-
» crifices, la nature voulant toujours régner, ces
» deux forces contraires déchiroient leur cœur
» tour-à-tour, & le donnoient en proie à de
» cruelles variations, qui ne devoient finir qu'au
» milieu des terreurs d'une autre vie, dont
» l'état étoit inconnu ». Il a donc fallu opter. Les *épicuriens* modernes l'ont fait par des raisons toutes contraires à celles des anciens.

Epicure avoit prétendu se mettre en liberté par l'étude aprofondie de la nature. Il croyoit avoir découvert les vraies sources des êtres, & avoir vu, avec la dernière évidence, qu'il n'y avoit nulle cause intelligente universelle; c'étoit donc sur l'évidence qu'il fondoit son bonheur & son repos.

Les modernes ont repris, & peut-être, avec moins de tort, les idées de Démocrite, qui disoit que la vérité étoit au fond de l'abîme : *Veritas demersam in profundo*. Le problème des causes leur a paru si compliqué, & si fort au-dessus des pensées de l'homme, qu'ils ont cru qu'on ne pouvoit leur faire un crime d'une ignorance qu'ils prétendent invincible : « Nous
» nous traînons, se sont-ils écriés, dans des
» ténèbres profondes que rien ne peut percer.
» Cette fière raison, dont on fait tant de bruit,
» n'est qu'une étincelle qui nous éblouit, &
» qui l'instant d'après nous rejette dans des té-
» nèbres plus noires. Si c'est le hazard qui règle
» notre marche ; c'est lui qui fait nos crimes :
» il doit en porter la peine. Avant que de sa-
» crifier, il faut connoître des Dieux ».

Ainsi a parlé la philosophie incrédule, tantôt présomptueuse jusqu'à l'imbécillité, & toujours se réfutant elle-même par la contrariété de ses pensées. Elle qui parle sans cesse du milieu, qui le conseille sans cesse, elle ne peut s'y arrêter.

Mais qu'elle prenne le parti de l'évidence des causes, ou celui de leur obscurité, elle doit toujours convenir que l'une est traversée de nuages assez épais, & l'autre, de rayons assez lumineux, pour ramener le doute pénible & l'intermittence douloureuse.

On a vu que la nature des atômes & du vuide, ou d'une matière substance unique, n'étoit rien moins que démontrée; que les combinaisons des parties par le mouvement fortuit ou spontané, pour former les dieux, l'ame, le sentiment, l'ordre des grandes & des petites parties de l'univers, étoient des mystères qui demandoient le sacrifice le plus dur & le plus complet des lumières naturelles.

---

(1) Sed possunt hæc quadam ratione dici, non modo non repugnantibus, verum etiam approbantibus nobis (*Epicureis*) Sic enim ab Epicuro sapiens semper beatus inducitur : finitas habet cupiditates ; negligit mortem; de Diis immortalibus, sine ullo metu, vera sentit : non dubitat, si ita melius sit, migrare de vitâ : his rebus instructus semper est in voluptate. De. Fin. 1. c. 19.

(2) Il faut observer qu'il ne s'agit point ici des faits, mais des prétentions de la philosophie.

Le mécanisme peut bien rendre raison de quelques causes & de quelques effets secondaires, qui ressemblent à des causes conditionnelles ; mais, nul philosophe dans ce siècle, n'a osé avancer que ce même mécanisme pût être jusques dans l'action des causes premières. L'évidence ne peut donc rassurer l'*épicurien*.

Il en est de même de l'obscurité. Tout est mystère dans la nature, *sacer est mundus*; c'est-à-dire, que tout l'intérieur des causes, dont l'homme n'est point chargé de mouvoir les ressorts, n'est point montré à l'homme, pour des raisons dont on peut rendre grace à la sagesse de ce ui qui a bien fait toutes choses. Mais dans le spectacle des effets, que d'objets frappans nous avertissent qu'une intelligence en prépare & en conduit tous les ressorts. Sans parler des rapports de dessein qui sont sous nos yeux & qui brillent dans la composition & l'organisation du moindre insecte, pour sa propre conservation & pour celle de son espèce, qui peut expliquer par des principes mécaniques, pourquoi ces globes qui roulent sur nos têtes ne sont pas tous réunis au même point central ? pourquoi, ne s'étant pas réunis, ils ne suivent pas tous de semblables routes dans l'espace ? pourquoi ils en suivent souvent de tout opposées, quoique dans le même tourbillon ? pourquoi ces astres étrangers qui voyagent dans notre monde, n'y établissent point leur demeure ? pourquoi ils y reviennent au bout d'une certaine révolution des tems, en contrariant, par une irrégularité régulière, tous les mouvemens qui s'observent dans les tourbillons qu'ils traversent ? En faut-il tant, je ne dis pas pour démontrer, nous n'avons pas besoin ici d'aller jusques-là, mais pour produire au moins des doutes dans l'ame de celui qui veut méconnoître l'action d'une cause libre & intelligente, & par conséquent, pour le rejetter dans le trouble & dans l'inquiétude, & lui faire perdre par-là le fruit de sa prétendue philosophie ?

Ainsi difficultés de toutes parts. Il y en a de grandes dans la religion : il y en a de plus grandes encore dans l'irréligion. Et comme par-tout il est évident qu'il faut réfréner ses goûts, & se livrer à la pratique de la vertu, pour le bonheur même de cette vie ; il s'ensuit que c'est toujours par la vertu qu'il faut commencer. Quand nos philosophes la pratiqueront seulement autant que la philosophie le demande, on a assez bonne opinion de leur esprit & de leur jugement, pour croire qu'ils descendront en eux-mêmes, & qu'ils sentiront la justesse de ces mots énergiques d'un payen : *S'il y a des dieux, les gens de bien ne doivent pas craindre la mort : & s'il n'y en a point, que font-ils sur la terre ?* Marc Antonin.

Seconde partie contenant les preuves de la première.

Il est peu de sectes philosophiques dont nous ayons des monumens en si grand nombre & si authentiques que de celle d'*Epicure*. Diogène Laërce nous a conservé quatre lettres de ce philosophe ; trois desquelles ont été écrites pour être le précis de toute sa philosophie : c'est-à-dire de sa physique particulière & de sa morale (1) ; car il ne vouloit point de dialectique, ni de métaphysique. Le même historien nous a conservé quarante-quatre maximes fondamentales : *maximè ratas sententias*, concernant la divinité, la mort, les fins morales de l'homme, & les principes de ses devoirs : c'est la philosophie en aphorismes. Enfin, nous avons de lui le portrait du sage, ou le plan général de sa conduite, par rapport à lui-même & par rapport à la société.

Lucrèce vient à l'appui, quand il en est besoin, pour expliquer ou déterminer le sens du texte de son maître. Cicéron y vient aussi, de même que Plutarque, Clément d'Alexandrie, Sénèque, Lactance, Arnobe, & tous ceux qui ont combattu ou défendu *Epicure*. Cependant, nous n'employerons aucune de ces autorités que comme commentaires, & seulement lorsque le texte original, qui fait seul notre objet, aura besoin de ces éclaircissemens.

Nous allons présenter d'abord la traduction de la troisième lettre, qui, contenant l'abrégé de la morale d'*Epicure*, doit être, par cette raison, la première de nos pièces justificatives.

Nous donnerons ensuite la traduction des maximes, & celle du portrait du sage, où on verra le concert de la doctrine & de la conduite de ces philosophes.

La lettre à Hermachus, qui contient les dernières paroles d'*Epicure* suivra ces trois morceaux, & sera comme le couronnement du portrait de la sagesse *épicurienne*.

Enfin, nous ajouterons un extrait de deux lettres à Hérodote & à Pithoclès. Quoique ces

_____

(1) » *Epicure* divise la philosophie en trois parties:
» il nomme la première, canonique, la seconde,
» physique, & la troisième, éthique ou morale.

» La canonique est une espèce d'introduction ren-
» fermée dans le livre qu'il a intitulé Κανων ou la
» règle. La physique contient toute la théorie de la
» nature, renfermée dans 37 livres & dans des épitres
» particulières. La morale, qui a pour objet ce qu'il
» faut fuir ou rechercher, est dans ses livres sur l'art
» de vivre, dans ses épitres, & dans le livre sur le
» souverain bien, περι Τελους. Les épicuriens ne veu-
» lent point de la dialectique qu'ils croient inutile,
» disant pour raison, qu'un physicien n'a besoin que
» de savoir le nom des choses. Diog. Laër. L. X. Seg.
30. Le livre intitulé *la règle*, contenoit les règles pour penser & pour parler.

lettres ne contiennent, la première, que la physique générale, & une partie de la physique particuliere d'*Epicure*, & l'autre que la physique des météores, elles entrent essentiellement dans notre plan, parce qu'*Epicure* n'a traité ces genres que relativement à la morale & au bonheur de l'homme dans cette vie. *Omnium rerum naturâ agnitâ, levamur superstitione, liberamur mortis metu, non conturbamur ignoratione rerum, è quâ ipsâ horribiles sæpè existunt formidines. Denique melius morati erimus, cùm didicerimus quæ natura desideret.* C'est Torquatus, *épicurien*, qui parle ainsi dans Cicéron (1), & qui répète la même chose quelques lignes plus bas.

Lettre d'Epicure à Ménécée (2).

Diog. Laër. Liv. X. Seg. 122--135.

« La jeunesse, Ménécée, n'est point une
» raison pour différer d'embrasser la philosophie,
» ni la vieillesse, pour cesser de la suivre; puis-
» qu'il n'est point d'âge où il soit indifférent de
» se procurer la santé de l'ame. Dire qu'il n'est
» pas encore tems de se livrer à l'étude de la
» sagesse, ou qu'il n'est plus tems, c'est dire qu'il
» est trop-tôt ou trop-tard pour travailler à se
» rendre heureux (3). On doit s'attacher à cette
» étude quand on est jeune, afin qu'en vieillissant
» on rajeunisse toujours par le souvenir agréable
» d'une sage conduite (4). On le doit quand on
» est vieux, afin d'avoir à la fin de sa carriere la
» sécurité de la jeunesse, qui ne fait point craindre
» l'avenir.

---

(1) De fin. 119.

(2) Cette traduction a été faite d'abord sur le texte de Gassendi, & ensuite revue sur celui de Westein, corrigée par Meibom. Nous n'avons pas cependant toujours suivi les corrections de ce commentateur. Il est nécessaire que le lecteur en soit averti.

Nous n'avons jetté au bas du texte de cette lettre que des notes courtes, pour éclaircir quelques endroits qui nous ont paru n'avoir pas besoin d'une plus longue explication; renvoyant à la premiere partie, les points plus importans qui ont besoin de plus grands détails & de quelques développemens.

(3) C'étoit une question dans les écoles de l'antiquité, de savoir si un jeune homme étoit digne disciple de la philosophie. On entendoit par philosophie principalement la partie qu'on nomme morale. Il est certain que la plupart du tems qu'un jeune personne ne sent pas les beaux préceptes qu'elle entend. Sa santé, sa vigueur semblent la mettre au-dessus de tous les conseils. On n'apprend à économiser ses fonds, que quand on est presque ruiné.

(4) La sagesse de la conduite consiste, selon *Epicure*, à se procurer de grands plaisirs, à petits frais, & à éviter de grandes douleurs en sacrifiant de petits plaisirs.

» Il faut donc nous occuper de ce qui peut
» faire notre bien-être; puisque nous avons tout
» dans le bien-être, & que quand nous ne l'avons
» point nous faisons tout pour y parvenir (5).
» Souvenez-vous, Ménécée, de ce que je vous
» ai dit & recommandé souvent, & regardez-
» le comme la source & le principe du bonheur
» de votre vie.

» I. Mettez-vous d'abord dans l'esprit que
» Dieu est un être immortel & heureux. C'est
» la notion commune que nous en avons tous (6).
» Gardez-vous donc de lui rien attribuer qui
» ne puisse s'accorder parfaitement avec son
» immortalité & avec son bonheur; ou de lui re-
» fuser rien de tout ce qui convient à ce bonheur
» inaltérable qui fait son essence (7).

» Oui, il y a des dieux: l'évidence des idées
» nous le démontre (8). Mais ces dieux ne sont
» point tels que la multitude les imagine, avec
» des attributs qui en détruiroient la nature.

» L'impiété n'est pas de nier l'existence des
» dieux du vulgaire; c'est de leur attribuer ce
» que ce même vulgaire leur attribue (9).

---

(5) S'il y a des cas où le crime est plus sûr que la vertu pour arriver au bien-être de cette vie, que deviendra la vertu?

(6) *Voyez* ci-après, art. 2. dans les développemens des max. 25, 26 & 27. ce qu'*Epicure* entend par *notion commune*.

(7) *Epicure* ne donne ces attributs à la divinité, que parce qu'il les croit incompatibles avec la providence. *Voyez* le chap. 3. & la Max. I.

(8) *Epicure* entend par évidence des idées, non une notion claire & distincte d'un être infiniment parfait; mais une image corporelle, détachée de la surface des corps divins, & qui traversant les airs, sans se rompre, vient par nos yeux, jusqu'à notre esprit. Image qui, selon Epicure, ne peut pas exister sans modèle. Nous voyons quelquefois dans nos songes des géans, des figures collossales; donc il y a des modèles semblables, errans dans la nature. On a entendu des voix au loin, venant de ces modèles, donc ce sont des natures intelligentes. Ces mêmes apparitions se sont faites en différens tems & en différens lieux; donc ces natures sont immortelles. Or ces êtres, géans, intelligens, immortels, sont des dieux; donc il y a des dieux; Quelle est leur forme? Humaine. Que font-ils de leur membre? Rien. Leur corps est-il solide? Ce n'est qu'une vapeur circonscrite qui n'a que le trait, *monogrammos Deos*: des dieux grêles (*Cic. de Nat. D.* 23). Gassendi excuse *Epicure*, disant qu'il n'a erré que par ignorance, & non par malice; *Videri illum ignorantiâ, non malitiâ lapsum fuisse, In Lib. X. Laër.* Il pourroit y avoir eu autant de l'un que de l'autre.

(9) Il veut dire que c'est une impiété de croire que les dieux se fatiguent à récompenser la vertu, & à punir le vice.

» Auſſi les idées qu'il s'en fait ſont-elles plutôt des lueurs fauſſes que de vraies idées. Il croit que les dieux ont ſans ceſſe l'œil ouvert ſur les méchans pour les punir, & ſur les gens de bien pour les récompenſer, & jugeant des affections de la divinité par celle de l'homme, il lui refuſe les qualités dont il ne trouve point le modèle dans l'homme.

» II. Faites-vous une habitude (1) de croire que la mort ne nous eſt rien : car le bien & le mal ne peuvent avoir lieu que par le ſentiment. Or, la mort eſt l'extinction de tout ſentiment (2).

« Avec ce principe on ſait uſer de cette vie mortelle : on ne s'aviſe point d'en attendre une autre pour jouir, & on renonce à ce vain eſpoir de l'immortalité (3). Il ne peut même arriver rien qui nous rende malheureux, dès que nous ſommes parvenus à ne pas regarder la perte de la vie comme un malheur.

» Mais, dira-t-on, la mort eſt toujours à craindre à cauſe du mal qu'elle nous fait, ſinon quand elle eſt préſente, du moins quand on la voit en perſpective.

» Quand elle eſt préſente, elle ne peut nous tourmenter en aucune façon (4). Quand elle eſt abſente & loin de nous ; il eſt évident que ce n'eſt pas elle, mais un vain fantôme de notre imagination, qui nous tourmente. Ainſi la mort, ce mot qui fait friſſonner le vulgaire, ne nous touche point, puiſque tant que nous ſommes elle n'eſt point, & que quand elle eſt nous ne ſommes plus. Ni ceux qui vivent, ni ceux qui ſont morts, n'ont rien à craindre de la mort ; ceux-là, parce qu'elle ne peut être avec eux ; ceux-ci, parce qu'ils ne peuvent être avec elle.

» III. Les hommes vulgaires craignent la mort, ou comme le plus grand des maux, ou comme la privation de ce qu'ils ont de bien dans la vie.

---

(1) Cette expreſſion eſt remarquable. C'eſt un endurciſſement contre la crainte de la mort, & non une aſſurance fondée ſur la raiſon.

(2) C'eſt ce qu'il faudroit prouver, & ce qu'Epicure ni perſonne ne prouvera jamais.

(3) Cette maxime développée va loin, il eſt inutile d'en avertir.

(4) C'eſt-à-dire, quand on eſt mort. Mais quand on meurt, & qu'on voit un avenir ſur lequel Epicure ne donne point de démonſtration qui aille au cœur ; on peut, on doit être fort inquiet, ſur tout, ſi on a vécu ſelon les principes d'Epicure.

» Mais pourquoi craindre de ne pas vivre, puiſqu'on n'eſt plus, pour ne ſentir qu'on ne vit pas (5) ?

» Ce n'eſt pas la quantité mais le goût qui fait le mérite des viandes. Il en eſt de même de la vie : ce n'eſt point par ſa durée, mais par la ſatisfaction dont on a joui, qu'on doit en apprécier la valeur (6).

» Celui qui a dit que le jeune homme devoit apprendre à vivre heureux, & le vieillard à mourir content, me paroît avoir manqué de ſens (7) : non-ſeulement, parce que la vie eſt toujours un bien déſirable (8) ; mais encore, parce que le ſoin qu'on prend pour vivre heureux, & celui qu'on ſe donne pour être content de mourir, ne peuvent être l'un ſans l'autre (9).

» Un autre a dit encore plus mal-à-propos, que le premier bonheur étoit de n'être pas né; le ſecond, de rentrer dans le néant auſſitôt qu'on a vu le jour (10). Si ce prétendu ſage étoit bien perſuadé de ſa maxime, que ne quittoit-il la vie ? car on le peut toujours quand on le veut. S'il plaiſantoit, c'étoit un ſot, ματαιος on ne plaiſante point ſur une matière ſi grave.

» IV. Conſidérez l'avenir comme une choſe qui eſt à nous, & qui cependant n'eſt pas à nous (11), comme une choſe que nous pouvons

---

(5) C'eſt la réponſe au premier membre de la propoſition disjonctive. Le texte de Meibom porte : Le Sage ne craint point de ceſſer de vivre, parce qu'il ne penſe pas que ce ſoit un mal, & parce qu'il ſait qu'il n'eſt pas le maître de prolonger ſa vie, quand la nature la termine.

(6) C'eſt la réponſe au ſecond membre.

(7) ευηθης εσιν Ce terme prouve qu'Epicure n'étoit pas tendre pour ceux qui ne penſoient pas comme lui.

(8) A cauſe des plaiſirs qui l'accompagnent toujours apparemment. On en appelle à l'exemple de Philoctète. Voyez Cic. de Fin. II.

(9) Parce qu'on ne peut être tranquille dans cette vie, que quand on eſt toujours prêt à mourir.

(10) Théognide. Non naſci longè optimum, nec in hos ſcopulos incidere vitæ : proximum autem, ſi natus ſis, quàm primùm mori, & tanquam ex incendio effugere fortunæ. Frag. de Cic.

(11) *Comme une choſe qui eſt à nous* : parce que nous pouvons y renoncer en nous donnant la mort.

Comme une choſe qui n'eſt pas à nous : parce que la nature peut nous l'ôter malgré nous, en nous ôtant la vie. Il peut y avoir encore un autre ſens : *choſe à nous*, parce que nous pouvons la régler par la prudence : *choſe qui n'eſt pas à nous*, parce que le hazard peut déranger ce que nous avons réglé.

" espérer; mais sur laquelle il ne faut pas trop
" compter.

" V. Parmi nos desirs, il y en a de naturels,
" & il y en a de fantaisie. Parmi les desirs natu-
" rels, il y en a dont l'objet nous est nécessaire,
" & d'autres dont l'objet n'est que naturel, sans
" être nécessaire. Parmi ceux dont l'objet nous
" est nécessaire, il y en a qui regardent notre
" bonheur, comme de ne ressentir aucune dou-
" leur; d'autres qui ne sont nécessaires que pour
" l'entretien de la vie.

" VI. Par la connoissance exacte de ces objets,
" on sait ce qu'il faut fuir ou rechercher pour la
" santé du corps & pour la paix de l'ame : deux
" choses qui constituent tout notre bonheur. Car
" tout ce que nous faisons dans la vie se rapporte
" à ces deux points : corps sans douleur, ame
" sans trouble.

" Quand nous les avons atteints, il n'y a plus
" en nous de trouble ni d'agitations : l'animal
" n'a rien de plus à acquérir ni à rechercher
" pour completter son bien-être.

" Nous ne ressentons le besoin du plaisir que
" quand sa privation nous cause quelque douleur.
" Dès que nous ne sommes plus remués par cette
" douleur, nous n'avons plus de desirs (1).

" VII. C'est pour cela que nous avons dit que
" la volupté étoit le principe & le bonheur de la
" vie : c'est le but essentiel où se porte notre
" nature : c'est son premier mobile quand elle
" fuit ou recherche un objet : c'est elle qui est
" notre fin; en un mot, c'est le sentiment qui
" est la pierre de touche pour tout ce que nous
" appellons bien (2).

" VIII. La volupté étant naturelle à l'homme,
" & en même-tems le premier de ses biens, elle
" porte en soi une raison pour n'être point em-
" brassée sans choix.

" Il y a des cas où nous rejetterons de grands
" plaisirs, quand par exemple ils seront suivis de
" plus grandes peines. Il y en a où nous em-
" brasserons de grandes & de longues peines,
" quand elles seront suivies de plus grands plaisirs.

" Ainsi quoique tout plaisir soit un bien en soi,
" parce qu'il convient à notre nature, il y a ce-
" pendant des plaisirs qu'il faut se refuser. De

" même, quoique toute douleur soit un mal en
" soi; il y a cependant des douleurs qu'il faut
" embrasser. C'est à la raison à considérer la na-
" ture des choses, à peser les avantages & les
" inconvéniens; & alors, selon les cas, nous
" nous abstiendrons du bon, comme on s'abstient
" de ce qui est mauvais; nous embrasserons ce
" qui est mauvais, comme on embrasse ce qui est
" bon (3).

" IX. Nous regardons la modération αυταρκειαν
" comme un grand bien : non pour nous faire
" une règle de nous contenter de peu; mais
" afin que nous puissions nous y borner quand
" nous n'aurons rien de plus; parce que nous
" sommes persuadés qu'on jouit d'autant mieux
" de l'abondance qu'on a le secret de s'en
" passer (4), & que nous savons d'ailleurs que
" le plaisir de la nature est à la portée de tous
" les hommes, & que celui de fantaisie est de
" difficile accès. Les mets les plus communs nous
" procurent autant de plaisir que les viandes les
" plus succulentes, quand ils nous délivrent de
" la douleur attachée au besoin. Le simple pain,
" l'eau simple, sont des mets délicieux pour qui-
" conque attend le moment de l'appétit.

" X. L'habitude de la frugalité nous donnera
" une santé vigoureuse & de l'agilité pour toutes
" les fonctions de la vie. Elle nous fera mieux
" goûter les repas somptueux, parce qu'ils seront
" rares (5) : enfin elle nous mettra en état de
" mépriser les coups de la fortune.

" XI. Quand nous faisons consister le souve-
" rain bien dans la volupté, nous ne voulons donc
" point parler des plaisirs grossiers que recherchent
" le luxe & la mollesse, comme on l'a interprété
" par ignorance ou par malignité (6), ou comme
" l'ont enseigné quelques philosophes (7). Nous
" l'avons dit : tout se réduit à avoir le corps
" exempt de douleur, & l'ame exempte de trou-
" ble (8). Ni les festins somptueux, ni les li-

---

[3] Ceci peut être appelé la balance du plaisir. On reproche à *Epicure* d'avoir trop peu chargé les bassins. V. Ch. 6. I. P.

[4] Voilà l'utilité & l'emploi des vertus.

[5] Est-ce là la volupté de repos? Si c'est elle; il est évident qu'on y arrive par la volupté de mouvement.

[6] *Epicure* se met ici en présence de ses ennemis, & n'offre que le côté favorable de son système. *Voyez* l'art. 5. I. P.

[7] Les Cyrenaïques.

[8] C'est-à-dire, délivrer le corps de ses besoins pressans & l'ame de ses craintes.

---

[1] Ainsi la satisfaction des desirs est le comble de la volupté. Il n'est point de voluptueux qui en demande davantage. *Voyez l'art.* 5. de la I. Partie.

[2] Οι καλον τω παθει και αγαθον κρινοντες.

» queurs précieuses, ni les poissons exquis, ni
» la compagnie des femmes ne peuvent faire le
» bonheur de la vie (1). On ne peut attendre
» ce bonheur que d'une raison sobre, qui dicte le
» choix des objets qu'on doit fuir ou rechercher
» & qui rejette les opinions qui portent dans
» l'ame la terreur & le trouble.

» XII. La prudence sera donc le premier
» appui de notre bonheur : cette vertu préférable
» à la philosophie même, vertu, la mère des
» autres vertus, qui nous apprennent qu'on ne
» peut être heureux sans être prudent, honnête
» & juste, ni être prudent, honnête & juste, sans
» être heureux. La félicité & la vertu sont deux
» sœurs qui ne se quittent jamais (2).

» Concevez-vous un mortel plus parfait que
» celui qui a des idées saines de la divinité (3);
» qui ne craint aucunement la mort, qui a saisi
» les fins de la nature, qui sait que le souverain
» bien est facile à obtenir; que les maux qui
» nous menacent sont de peu de durée, ou peu
» violens, qui ne croit pas à cette fatale néces-
» sité, que quelques philosophes (4) ont fait maî-
» tresse souveraine de notre sort; qui est persuadé
» qu'il y a des choses qui dépendent, soit de la
» fortune, soit de nous mêmes; parce qu'il sait
» que ce qui est soumis à la loi de nécessité ne
» peut être dirigé, que ce qui dépend de la for-
» tune n'a nulle consistance, & que ce qui vient
» de nous, n'étant asservi à aucune autre puis-
» sance (5), il est sujet au blâme & à la louange.

» XIV. Il vaudroit encore mieux en croire les
» fables populaires touchant la divinité, que de
» nous mettre sous le joug de cette fatale néces-
» sité introduite par quelques physiciens. Du
» moins y a-t-il quelqu'espoir d'appaiser la colère
» de ces dieux par un culte, quel qu'il soit :
» mais rien ne peut fléchir l'impitoyable nécessité.

» XV. Gardez-vous de regarder la fortune
» comme une déesse. Les dieux ne font rien au
» hazard ni sans conseil (6).

» Ne la regardez pas non plus comme une cause
» aveugle, qui livre témérairement aux hommes,
» non les biens & les maux, mais les grandes
» occasions de la vie, d'où dépend la chaine de
» nos biens & de nos maux (7).

» Il vaudroit mieux être malheureux avec une
» conduite sensée & régulière, qu'heureux par
» l'imprudence & la témérité. Il est plus beau
» de régir soi-même une entreprise que d'en laisser
» le soin à la fortune.

» Voilà, Ménécée, ce que vous devez mé-
» diter jour & nuit, seul & avec l'ami qui vous
» ressemble. Ces idées fondamentales établiront
» la paix dans votre ame. Jamais ni vos pensées
» du jour, ni vos songes de la nuit ne vous cau-
» seront de troubles, & vous vivrez comme un
» dieu au milieu des hommes; car ce n'est plus
» ressembler aux hommes, mais aux dieux, que
» de jouir sans cesse du repos des dieux ».

Maximes d'Epicure.
Diog. Laër. Liv. X. Seg. 139-154.

C'est une maxime (8) d'*Epicure* que le sage
doit avoir des maximes, c'est-à-dire, des vérités
réduites en propositions courtes & claires, pour
servir de règle & d'appui à l'esprit incertain,
quand il n'a pas le tems de discuter plus au long
le point qui lui fait difficulté.

Tous les disciples d'*Epicure* apprenoient par
cœur ces maximes, qu'ils regardoient comme des
oracles descendus du ciel, *cælo delapsas sententias* (9).

Il y en a plusieurs qui sont claires par elles-
mêmes, quelques-unes qui, ayant besoin d'être
développées, l'ont été dans la première partie où
nous renverrons. Il y en a d'autres auxquelles nous
joindrons une courte explication; d'autres enfin

---

[1] Il a raison : c'est l'appétit, & non le mets friand qui fait le bon repas.

[2] Toutes ces belles idées sont vraies, même dans le système d'Aristipe. *Voyez* art. 5. I. P.

[3] C'est-à-dire, qui croit qu'elle ne se mêle point de ce qui regarde les hommes.

[4] Il attaque indirectement les stoïciens & les autres partisans de la fatalité.

[5] Si *Epicure* étoit mauvais physicien, il étoit encore plus mauvais métaphysicien. Il admettoit la decli-
naison des atômes, pour sauver la liberté; comme si cette déclinaison n'étoit pas aussi mécaniquement déterminée, dans son système, que le mouvement direct. Voyez le diction. de Bayle, art. *Epicure*.

[6] Ils ne font rien du tout : mais s'ils faisoient quelque chose, ils ne le feroient pas au hazard.

[7] Il y avoit des gens qui croyoient que la fortune fournissoit à l'homme, au moins une fois pendant sa vie, un moment important qu'il étoit essentiel de saisir pour le bonheur de tout le reste de la vie. C'est de-là qu'est venu l'emblème de la fortune.

[8] Max. 24.

9. Quis enim vestrûm [Epicureorum] non edidicit Epicuri κυρίας δόξας, id est, quasi *maxime* ratas, quia gravissimæ sunt ad beatè vivendum breviter enunciatæ sententiæ? *Cic de Fin.* 2. n. 7.

dont

dont le sens sera problématique & indéterminé, à cause de l'incertitude du texte, que les conjectures des commentateurs n'ont pû fixer.

I.

« L'Etre qui est heureux & immortel, n'a lui-
» même, ni ne cause à qui que ce soit, aucune
» peine. Il ne se fâche ni ne sait gré de rien : ces
» sentimens sont des marques de foiblesse (1) ».

Epicure auroit pû ajouter que ce sont aussi des marques de connoissance, d'amour de l'ordre, d'attention pour les gens de bien, de justice contre les méchans.

Qu'*Epicure* ait admis l'existence des dieux, qu'il ait fréquenté les temples, qu'il n'ait eu même aucune répugnance à se prosterner aux pieds des autels ; qu'est-ce que cela prouve, s'il est vrai qu'il ne regardoit les dieux que comme de beaux tableaux qu'on admire, & qui ne sont bons à rien ? « Qu'est-ce qu'un sacrifice, dit Plutarque,
» sans la présence de la divinité ? Une fête sans
» festin. Et le prêtre qui sacrifie, qu'est-il autre
» chose qu'un rotisseur & un boucher. 1 Adv.
Epic. (2).

I I.

« La mort ne nous fait rien. Ce qui est décom-
» posé ne sent point, & ce qui ne sent point ne
» nous fait rien ». (*Voyez* I. Part. Art. 4.)

III.

» La suprême volupté est la délivrance de tout
» ce qui fait mal : par-tout où il y a volupté,
» tant qu'elle y est, il n'y a ni douleur ni tris-
» tesse ». (*Voyez* l'Art. 5. I. Part.)

Cette notion de la volupté n'est point selon les idées ordinaires : avoir un plaisir extrême, & ne souffrir aucune douleur, ne sont pas la même chose, quoi qu'en dise *Epicure*.

I V.

« Nulle douleur du corps ne dure long-tems
» sans quelqu'interruption : si elle est au plus haut
» degré, elle finit bientôt : si elle dure plusieurs
» jours, elle a des momens de repos. Les mala-
» dies qui durent ont des repos qui sont plus
» de plaisir que la douleur n'a fait de mal ».

Cicéron donne cette recette en deux mots : *Doloris medicamenta Epicurea : si gravis, brevis : si longus, levis.* Si la douleur n'est pas supportable, elle tue : si elle ne tue pas, elle est supportable (3).

V.

« On ne peut vivre heureux, ἡδέως, qu'en sui-
» vant la prudence, l'honnêteté, la justice, ni
» pratiquer ces vertus sans être heureux : de sorte
» que celui qui n'est ni prudent, ni honnête, ni
» juste ne peut manquer d'être malheureux (4) ».

V I.

« Le pouvoir suprême qui nous procure un
» moyen de sûreté de plus, est toujours un bien,
» par quelque voie qu'on y arrive ».

Cette affreuse maxime, dit Meibom, n'avoit pas été prise dans son vrai sens par les interprêtes. C'est par cette raison qu'on ne peut point dire que Machiavel y a puisé sa détestable politique (5).

Epicure prétendoit que l'état naturel de l'homme étoit un état de guerre : *Homo homini lupus* (6).

V I I.

« Il y a des hommes qui ont recherché l'éclat
» & le pouvoir de la fortune pour se procurer un
» moyen de sûreté de plus. S'ils sont arrivés par-
» là au repos parfait, ils ont acquis le plus grand
» bien qui soit dans la nature : s'ils n'ont pû y
» arriver, ils ont été grands à pure perte ».

V I I I.

» Nulle volupté n'est un mal par elle-même ;
» mais il y a tel objet qui, procurant des plaisirs,
» procure de plus grandes douleurs (7).

*I X.

» Si la volupté consistoit dans la réunion de tous
» les plaisirs que l'homme peut goûter, tant par
» le corps que par l'esprit ; les voluptés ne diffé-
» reroient point entr'elles ».

---

(1) Voyez la I. P, Art. 3.

(2) Novi ego Epicureos omnia sigilla venerantes. Quanquam video nonnullis videri Epicurum, ne in offensionem Atheniensium caderet, verbis reliquisse Deos, re sustulisse. Itaque in illis selectis ejus brevibusque sententiis, quas appellat Κυρίας δόξας, hæc, ut opinor, prior sententia est : Quod beatum & immortale est, id nec habet, nec exhibet cuiquam negotium. De Nat. Deor. 1. 30.

(3) *De Fin.* 2. 7.
(4) V. la I. Part. Art. 6.
(5) V. sa note sur Diog. Laër. pag. 662.
(6) V. la Max. 34. & suiv.
(7) Voyez I. Part. Art. 5.

Gassendi donne un autre sens à cette maxime : « Si toutes les espèces de volupté étoient sans suites fâcheuses, on pourroit se livrer à toutes sans choix ».

Il est aisé de juger de l'incertitude du texte par la différence des sens qu'on lui donne (1).

X.

« Si les voluptueux trouvoient dans les objets » qui leur procurent la volupté, le remède à la » crainte des phénomènes, de la mort, & de la » douleur, & outre cela, les bornes que la cu- » pidité doit se prescrire ; je ne trouverois rien » à reprendre dans leur état. Ils seroient heureux » par la volupté, sans douleur aucune, ni peine » d'esprit (2) ».

Cicéron a traduit ainsi cette maxime : *Si ea quæ luxuriosis efficientia voluptatum, liberarent eos Deorum, mortis & dolorisq metu, docerentque qui essent fines cupiditatum, nihil haberemus quod reprehenderemus.* De Fin. L. 2 (3).

La philosophie d'*Epicure* réduisant la sagesse & la félicité humaine à trois points : ne pas craindre les dieux : ne pas craindre la mort : être exempt de douleur ; elle ravale la condition des hommes au-dessous de celle des bêtes. Car les bêtes, dit Plutarque (4), ont ces trois avantages d'une manière bien plus parfaite que le sage même d'*Epicure*. Elles ont moins de douleurs ; parce qu'elles ont moins de besoins, moins de passions, moins de vices, moins d'imagination. Elles ne connoissent que l'instant présent, & sont stupidement c'est-à-dire, profondément, tranquilles sur le passé & sur l'avenir. Elles ne connoissent ni les dieux ni leur vengeance ; & leur ignorance brute sur cet article, assure mieux leur repos que les démonstrations *épicuriennes*. Enfin, c'est vraiment pour elles que la mort n'est rien ; puisqu'elles ne la connoissent, ni quand elle est, ni quand elle n'est point.

D'où il suit que le sublime de l'école d'*Epicure* seroit de ramener l'homme, par un effort de raison, au bonheur dont la nature a fait présent aux bêtes. Cette conséquence absurde, est une des plus fortes démonstrations d'une providence divine & d'une autre vie pour les hommes.

XI.

« Si nous n'avions point de soupçons fâcheux » à la vue de ce qui passe dans le ciel, ni d'in- » quiétudes sur la mort, & que nous connussions » les limites du besoin & de la douleur, la » philosophie nous seroit entièrement inutile ».

C'est le même sens que dans la précédente & que dans celle qui suit.

XII.

« Quand on est frappé des craintes qu'inspirent » les fables du vulgaire, on ne peut s'en délivrer » que par l'étude de la nature : sans cette étude, » point de plaisirs purs. V. la 1. Part. Art. 2.

XIII.

« Ce n'est rien de ne pas craindre les hommes, » si on a quelque inquiétude sur les causes qui sont » au-dessus de nos têtes, ou dessous nos pieds, ou » dans l'infini (1).

XIV.

« Comme la tranquillité qu'on peut se procurer » par le moyen des autres hommes ne va que jusqu'à » un certain point ; il y a un art de s'en pro- » curer une parfaite à soi-même : c'est de sim- » plifier ses besoins, de se dégager de beaucoup » de choses, & de se contenter de peu.

XV.

« Les richesses dont la nature est satisfaite, sont » bornées : on les a aisément. Les autres ne le » sont point : on ne les obtient jamais.

XVI.

« Le sage laisse peu de chose au pouvoir de la » fortune. La raison & la prudence ont toujours » gouverné, & gouvernent ce qu'il y a de plus » essentiel dans sa vie.

---

(1) Voyez la longue note de Méib. Diog. Laër. 606.

(2) *Voyez* I Part. Art. 5.

(3) Voici de quelle manière M. le Baron des Coutures traduit cette maxime. » Si tout ce qui flatte les hom- » mes dans la lasciveté de leurs plaisirs, arrachoit en » même-tems de leur esprit la terreur qu'ils conçoi- » vent des choses qui sont au-dessus d'eux, la crainte » des dieux, & les allarmes que donne la pensée » de la mort ; & qu'ils y trouvassent le secret de » savoir desirer ce qui leur est nécessaire pour bien » vivre ; j'aurois tort de les reprendre, puisqu'ils se- » roient au comble de tous les plaisirs, & que rien » ne troubleroit en aucune manière la tranquillité de » leur situation ».

M. le B. des Coutures, après avoir traduit ainsi cette maxime, trouve le moyen de la justifier : ce qui prouve bien ce qu'a dit Bayle dans ses nouvelles de la république des lettres, que M. le Baron a fait un panégyrique d'*Epicure*. Car dans un panégyrique on ne laisse aucune tache sur la vie du héros qu'on célèbre, quoi qu'il en coûte à la vérité.

(4) Livre 1. contre Col. p. 1092.

(1) V. I. Part. Art. 2.

XVII.

» L'homme juste est le plus tranquille de tous
» les hommes. L'injuste l'est le moins (1) ».

*Neque stultorum quisquam beatus, neque sapientum
non beatus :* c'est Torquatus, *épicurien*, qui parle
ainsi dans Cicéron, *de Fin.* l. 8.

Les Stoïciens disoient la même chose, mais les *épicuriens* croyoient être plus en droit qu'eux de le dire : *Multo hoc melius nos, ac verius quàm Stoici.* Ils pouvoient avoir raison.

XVIII.

» La volupté ne s'augmente point, quand une
» fois le besoin réel est satisfait. Elle ne fait plus
» que varier. *V.* 1. *Part. Art.* 5.

XIX.

» La perfection de l'ame, quant au plaisir, est
» l'extinction de toute opinion capable de lui ins-
» pirer de la crainte ».

Les bêtes sont à ce point de perfection par leur stupidité : aussi n'ont-elles pas besoin de philosophie, comme *Epicura*.

XX.

« A en juger par la nature même du plaisir,
» qu'il soit fini ou infini en durée, il n'im-
» porte ».

S'il en est ainsi du plaisir qui est le souverain bien ; il semble qu'il devroit en être de même de la douleur, qui est le souverain mal. Cependant, il faut convenir que plus la douleur dure, plus elle rend l'homme malheureux.

XXI.

» Si le plaisir du corps pouvoit être sans bornes,
» il faudroit un tems sans bornes pour le pro-
» duire ».

Le sens & le texte de cette maxime sont également contestés. Nous avons suivi la leçon de M. Meibom aussi bien que dans celle qui suit.

XXII.

» Si l'esprit instruit des facultés limitées du
» corps, & délivré des craintes de l'éternité a
» fait de la vie un tissu aussi parfait qu'il pouvoit
» l'être, il ne desire point l'immortalité : il est
» heureux, lors même que certaines circonstances
» l'obligent de quitter la vie. Il sait qu'il n'aban-
» donne que quelques momens d'un tems incer-
» tain.

XXIII.

» Celui qui connoît les vrais besoins de la na-
» ture, sait combien il est facile de se délivrer
» des maux de l'indigence, & de se faire des pro-
» visions pour toute la vie. Il n'a ni combats à
» essuyer, ni efforts pénibles ».

Nul n'est pauvre de ce qui suffit, disent Plutarque & Lucrèce : *Nec enim est unquam penuria parvi ;* maxime vraie & belle dans toute philosophie.

XXIV.

» Il faut bien connoître les fins de la morale,
» les avoir toujours présentes à l'esprit ; afin qu'on
» puisse y ramener ses jugemens, sans quoi toute
» la vie sera pleine d'incertitude & de troubles.

Peut-être qu'il s'agit dans cette maxime des principes de nos connoissances plus que de ceux des mœurs. Le sens n'en est pas aisé à déterminer.

XXV.

« Si vous rejetez le témoignage des sens, sans
» exception, vous vous ôtez à vous-même les
» moyens de réfuter les sensations que vous
» croyez fausses ; vous n'avez plus de règle, où
» vous puissiez ramener vos jugemens.

XXVI.

» Si vous rejetez le témoignage de quelqu'un
» des sens, & que vous ne distinguiez pas entre
» les jugemens confirmés par l'expérience & les
» idées qui naissent sur le champ par les sensations,
» par les affections, par toutes les impressions qui
» se font sur l'esprit ; vous mettrez le trouble
» même dans les autres sensations *confirmées* : il
» ne vous restera plus de moyen pour juger.

XXVII.

» Si vous vérifiez toutes les sensations qui ont
» besoin de l'être, & que vous n'en adoptiez
» aucune qui soit destituée de cette vérification,
» vous serez toujours sur vos gardes lorsqu'il
» s'agira de prononcer ».

Le texte incertain de ces trois maximes, a été travaillé par tant de mains hardies, qu'il est presque impossible d'en articuler le sens avec netteté. Pour éviter un commentaire aussi inutile qu'il seroit long, nous avons cru devoir donner l'exposé du système d'*Epicure* sur les sensations, tel que

---

(1) Ἡ ἀδικία μητρόπολις τῶν κακῶν. Diod. Sic.

nous l'avons dans Diogène Laërce, L. X. seg. 31.

Il y avoit dans l'antiquité deux opinions sur le témoignage des sens. Les uns prétendoient que les sens ne sont point faits pour nous rien apprendre des objets ; mais seulement pour nous instruire de leurs rapports avec notre conservation : c'étoit l'opinion des écoles de Platon & d'Aristipe (1).

La seconde assuroit que les sens sont destinés à nous faire connoître, non-seulement les rapports des êtres extérieurs avec nous ; mais encore, la nature même de ces êtres : que les sensations sont toutes essentiellement vraies, & qu'elles sont le point d'appui unique de toutes nos connoissances. C'est l'opinion d'*Epicure*.

» *Epicure* dit dans le livre intitulé *la Règle*, que
» les sensations, les notions communes & les af-
» fections sont les juges de la vérité, *criteria*.

» Il dit d'abord, que toutes les sensations sont
» vraies (2). Il le prouve.

» 1°. Parce que dans les sens, il n'y a ni juge-
» ment, ni mémoire (3). Ils ne se meuvent pas
» eux-mêmes ; & mûs par l'objet, ils n'unissent ni
» ne séparent les idées.

» 2°. Rien ne peut les convaincre de faux :
» une sensation ne peut rien contre l'autre :
» parce que si elles sont dans le même genre,
» elles ont une autorité égale ; si elles sont dans
» un genre différent, elles n'ont pas le même ob-
» jet (4). Le raisonnement ne peut pas non plus
» les convaincre ; parce que lui-même il est fondé
» sur les sensations. Enfin, la vérité des objets
» sentis, prouve la vérité des sensations. La vi-
» sion & l'audition existent comme la douleur :

» or, la douleur, quand on la sent, est toujours
» vraie, donc la vision & l'audition le sont tou-
» jours. Il n'y a pas de différence entre être vrai
» & exister (5).

» C'est par la connoissance de ce qui paroît,
» qu'on doit arriver à la connoissance de ce qui ne
» paroît point.

» Toutes les idées naissent par les sens (6),
» soit par une perception directe », (*comme*
» *l'idée d'un homme qu'on voit*) soit par analogie,
(*comme quand on imagine un géant ou un pygmée*),
» ou par similitude, (*comme quand on imagine*
une ville qu'on n'a pas vue), » enfin, par composition », (*comme une montagne d'or, une bête à*
trois têtes (7).

» Les phantômes qui occupent les fous, & les
» animaux dormans, sont vrais ; car ils meuvent ;
» & ce qui n'est point, ne meut point.

» Par idée anticipée, prénotion, notion com-
» mune, les *épicuriens* entendent l'idée générique
» de quelque chose, c'est-à-dire, la notion d'une
» chose qu'on a vue (8). Ainsi, aussi-tôt qu'on
» prononce le mot *homme*, l'idée anticipée se pré-
» sente, parce qu'on a vu des hommes. Chaque
» chose est connue d'abord par le nom qu'elle

---

(1) On peut voir le *Lucullus* de Cicéron & le traité de M. Huet *De Imbecillitate mentis humanæ*. Et Malbranche, liv. 2. de la recherche de la vérité.

(2) C'est Gassendi qui ajoute cette proposition au texte de Diogène Laërce, comme nécessaire au sens. Voyez son comment. sur le X. liv. *pag.* 115. Il ne s'agit pas ici de la vérité de conformité ; mais de la vérité d'existence, à laquelle il n'y a point de fausseté opposée que celle du néant.

(3) Pour unir deux idées, il faut se souvenir de la première, & ensuite l'attacher à la seconde : or les sens n'ont point cette faculté : donc ils ne peuvent unir les idées ; or où il n'y a point de liaison d'idées, il n'y a point de faux ; par la règle : *Abstrahentium non est mendacium*. Donc....

(4) *Epicure* parle de l'objet direct & immédiat : ainsi la vûe ne peut juger la solidité, ni l'œil les couleurs, quoiqu'ils puissent, l'un & l'autre juger l'étendue, qui tient à la solidité & aux couleurs : Voyez. *Lucr. L. IV. v.* 480.

(5) Cette dernière proposition a été ajoutée par Gassendi, pour une plus grande clarté. Mais il peut se faire qu'elle altère le sens d'*Epicure*. Gassendi veut pour la justification d'*Epicure*, qu'il ne s'agisse ici que de la vérité d'existence. Il y a apparence qu'*Epicure* confond les deux. Il parle de la vérité qui se trouve, lorsqu'on juge si une chose est ou n'est pas, si elle est de telle ou de telle manière, de la vérité, en vertu de laquelle il sera jugé bien ou mal, c'est-à-dire, que tel objet est un cheval ou un bœuf. Or, cette vérité est la vérité de conformité.

(6) Cicéron a ainsi rendu ce principe. *Quidquid animo cernimus id omne oritur à sensibus*. Et Aristote ἄνευ φαντάσματος οὐδὲν ἔστι νοῆσαι. Démocrite avoit employé l'expression de *table rase*. Ce principe est un des plus vieilles découvertes de la philosophie. Il suppose faite l'énumération des parties, laquelle rempliroit un gros volume si nous l'avions. Les anciens étoient bien capables aussi bien que nous, mais leur manière étoit de donner les résultats & de supprimer les détails.

(7) *Epicure* réduit, dans l'épître à Hérodote, ces quatre principes de nos idées à deux, dont le premier est l'impression directe que les objets font sur nos sens, περίληπτως ; le second est l'analogie avec les impressions directes, c'est-à-dire, la réflexion par laquelle l'esprit travaille sur les impressions qu'il a reçues, ἀναλόγως. Voyez *Locke. Entend. hum. L. 2. 1. §. 24.*

(8) Chrisippe la définissoit ἔννοια φυσικὴ τῶν καθόλου une connoissance naturelle d'une notion universelle. Voyez *Gass*.

» porte : & on ne feroit aucune question sur
» rien, si on n'avoit point d'idée de la chose sur
» laquelle on fait la question (1). Ce que je vois
» de loin est-il un cheval ou un bœuf ? Pour
» faire cette question, il faut que je sache ce
» que c'est qu'un cheval ou un bœuf. Je ne
» pourrois rien nommer, si je n'en avois en moi
» le type par la prénotion. Il faut donc que la pré-
» notion soit évidente par elle-même. C'est en
» partant de la prénotion que nous jugeons, quand
» nous disons : Ceci est un homme (2).

» Le jugement est appelé par eux, opinion,
» ou décision.

» Il est quelquefois vrai, & quelquefois faux.
» Il est vrai, quand il est confirmé & qu'il n'est
» point démenti par les sensations évidentes. Il
» est faux, quand il est démenti, ou qu'il n'est
» point confirmé par les mêmes sensations évi-
» dentes. C'est de-là qu'est venu le mot *attendez*,
» ou *attendons*. Attendons que nous soyons auprès
» de la tour ; & nous jugerons certainement si
» elle est ronde ou quarrée.

» Les affections sont au nombre de deux : le
» plaisir & la douleur. Tout animal en est suscep-
» tible : l'une lui convient, l'autre lui est con-
» traire. C'est par elles qu'on juge de ce qu'il faut
» rechercher ou éviter ».

Voilà, selon *Epicure*, quels sont les principes des connoissances humaines. Par les sensations, nous connoissons sûrement ce qui est vrai ou ce qui ne l'est pas. Par les affections, nous connoissons ce qui est bon & ce qui ne l'est pas. Les sensations nous instruisent de la nature des choses ; les affections nous apprennent leurs rapports avec notre bonheur. Les uns fondent la physique, & les autres la morale.

Epicure voulant des dogmes, parce qu'ils sont essentiels à l'objet de sa philosophie, qui est de bannir toute crainte, & par conséquent, d'établir des jugemens irréfragables, & ne pouvant avoir dans son système d'autre fondement de certitude que la véracité des sens, lesquels sont, selon lui, la seule origine, & le seul principe de nos idées, prononça que les sensations étoient toutes essentiellement vraies, par les trois raisons qu'on a vues, il y a un moment.

On se révoltoit contre la généralité de cette assertion. Si cela est ainsi, disoit-on, il faudra convenir qu'une tour quarrée vue de loin sera ronde, & que vue de près, elle sera quarrée.

La conséquence n'est pas juste, répond *Epicure*. Il eût fallu conclure, 1°. que le simulacre, ou le phantôme de la tour vue de loin est rond : & il l'est effectivement ; parce qu'en traversant les airs, ses angles se sont rompus & émoussés par le choc des atômes qu'il a rencontrés en venant à notre œil.

2°. Que le simulacre de la même tour vue de près est quarré ; parce qu'effectivement il l'est : frappant nos yeux presque dans le même état où il étoit en se détachant de la tour qui nous l'envoie. On a dit qu'il ne falloit pas confondre la sensation avec le jugement qui la suit : la sensation est toujours vraie, & le jugement qui la suit, ne l'est pas toujours.

Quand le sera-t-il ? Il le sera, répond *Epicure*, quand il aura été confirmé, ou qu'il n'aura pas été démenti par les sensations évidentes : & il sera faux, quand il aura été démenti, ou qu'il n'aura pas été confirmé par les mêmes sensations évidentes (3).

---

(1) Cicéron dit : *Informationem anteceptam, sine quâ nec intelligi quicquam nec quæri, nec disputari potest.* L. 1. de Nat. Deor.

[2] Il y quatre règles sur les notions.

première règle.

Toute notion naît des sensations, soit par impression directe, soit par proportion, ou par imitation, ou par composition.

I I. règle.

La notion est l'idée des attributs essentiels d'une chose, ou sa définition, qui précède nécessairement toutes les questions qu'on peut faire sur cette chose.

I I I. règle.

La notion précède tout jugement ; c'est d'elle qu'on peut savoir l'identité, la diversité, la connexion, l'indépendance, &c. des choses entr'elles.

I V. règle.

Ce qui n'est pas évident, doit être démontré par une notion évidente. *Gass. Com. sur le X. L. de D. L. p. 138.*

[3] Voici quatre règles rédigées par Gassendi, touchant les sensations, selon le sistême d'*Epicure*.

première règle.

Les sens ne sont jamais trompés ; par conséquent toute sensation est vraie.

I I. règle.

Le jugement prononcé d'après la sensation est tantôt vrai, tantôt faux.

I I I. règle.

Le jugement est vrai quand il est confirmé, ou qu'il n'est pas démenti par les sensations évidentes.

Pour abréger les discussions, il faut dire qu'*Epicure* entend par sensation évidente, celle qui se fait avec les conditions requises, si célèbres dans l'école; & qui sont, la distance légitime, la bonne disposition de l'organe, la convenance du milieu, & la persévérance de la même impression. Par conséquent, je ne jugerai sûrement que la tour est ronde ou quarrée, que quand je l'aurai vue de près.

En deux mots : toutes les sensations sont vraies de la vérité d'existence; parce que dès qu'on sent, il y a nécessairement deux choses qui existent, la sensation & la cause de la sensation : ce qui fait que cette vérité d'existence pourroit aussi être appellée vérité de connexion. Mais elles ne sont vraies de la vérité de conformité, que quand elles ont été vérifiées & confirmées par les sensations revêtues des conditions qu'on vient de marquer.

On réplique : Ce langage réduit aux termes de la précision, ne signifie autre chose que ce qu'on dit communément, qu'il y a des sensations vraies, & qu'il y en a de fausses, en prenant la vérité & la fausseté dans le sens ordinaire. Et si cela est, l'objection revient dans toute sa force. Voici le raisonnement : S'il y a des sensations vraies, & s'il y en a de fausses; comment les distinguera-t-on les unes des autres? Parmi les raisons qu'*Epicure* a employées pour prouver qu'elles sont toutes vraies, il y a celle-ci : qu'une sensation ne peut en réfuter une autre; parce que si elles sont dans un genre différent, elles ne peuvent point rendre témoignage sur le même objet, & que si elles sont dans le même genre, elles ont autant d'autorité les unes que les autres. Si cela est, pourquoi juger-t-il d'après celle qui lui a fait voir la tour, quarrée, plutôt que d'après celle qui la lui a fait voir ronde? Il faut les en croire toutes deux, ou ne les en croire ni l'une ni l'autre (1). Et si on ne croit aucune sensation; on ne connoîtra démonstrativement ni l'étendue, ni le mouvement, ni les atômes, ni le vuide; & alors, tout le système bâti sur la connoissance démontrée des principes physiques s'écroulera & tombera en ruine.

XXVIII.

» Si vous ne rapportez point toutes vos actions
» aux fins de la nature, & que pour fuir ou re-
» chercher un objet, vous soyez déterminé par
» quelqu'autre point de vue, votre conduite ne
» sera point d'accord avec vos discours.

IV. règle.

Le jugement est faux quand il n'est pas confirmé, ou qu'il est démenti par les sensations évidentes. *Voyez les com. de Gass. sur le X livre de Diogene Laërce*, p. 138.

(1) Plut. adv. Col.

XXIX.

» Parmi les objets de nos desirs, les uns sont
» naturels sans être nécessaires, d'autres sont
» naturels & nécessaires; les autres, enfin, ne
» sont ni naturels ni nécessaires, mais l'ouvrage
» de la fantaisie & du caprice (2) ».

Epicure appelle desirs naturels & nécessaires, ceux dont l'objet nous délivre de quelque douleur, comme de boire quand on a soif. Il appelle naturels & non nécessaires, ceux dont l'objet ôte la douleur dont on pourroit être délivré sans lui, comme les mets frians. Enfin, les desirs qui ne sont ni naturels ni nécessaires, ont pour objet des choses dont on peut se passer sans aucune douleur, comme les couronnes & les statues. C'est Diogene Laërce qui fait ce commentaire.

On l'entend. Le sage a permission de manger quand il aura faim; de boire quand il aura soif, &c. Tous ces besoins sont des douleurs; & le bonheur consistant dans la délivrance des douleurs, il peut, il doit se délivrer de ses besoins. Si cependant, lorsque la nature pourvue de son nécessaire, gardera à-peu-près le silence, (je dis *à-peu-près*) l'idée du plaisir, présentée avec des mets frians & des liqueurs délicieuses, réveille le sentiment du besoin, faux ou vrai, qui s'annonce par le desir d'user : que fera alors le sage *épicurien*? Il s'abstiendra; parce que ce n'est plus la nature qui parle, c'est le caprice. Soit. Mais ce caprice peu-à-peu se rendant le maître, jette dans l'ame où il est, un trouble aussi violent, & même plus violent que celui de la nature, lorsqu'elle demande ses plus justes & ses plus pressans besoins. N'importe : il continuera de résister. Mais que devient la paix de l'ame & cette apathie ou indolence, qui fait le bonheur du sage? Qu'il prenne la balance, & qu'il pèse les suites de la résistance & celles du consentement. Hé bien, il pèse. S'il résiste; il voit d'abord de longs combats, & ensuite peut-être du repos. S'il consent; il voit d'abord du repos, & peut-être ensuite de longues peines. Peut-être oui, peut-être non. Mais si elles arrivent, ces peines... On répondra dans le langage de l'école d'*Epicure*, que nous pouvons vivre si la nature le veut, & ne pas vivre si nous le voulons.

XXX.

« Les desirs naturels qui ont pour objet des
» choses dont on peut se passer sans douleur, ne
» sont violens, quand ils le sont, que parce que
» l'opinion ajoute à ces choses ce qu'elles n'ont

(2) *Voyez* Lettre à Men. & Cicer. *de Fin*. 1. 1; L'ordre des maximes 19 & 30 est différent dans quelques éditions : nous avons suivi celui de Gassendi.

» point : & ce n'est que par la fausse idée qu'on
» s'en est faite qu'elles nous emportent.

XXXI.

» Les desirs auxquels on peut se refuser, sans
» que la douleur s'ensuive, n'ont point pour
» objet des choses nécessaires : ce ne sont que
» des appétits désordonnés, aisés à dissiper (1) ;
» sur-tout, si l'objet est par lui-même difficile à
» obtenir, ou qu'il soit cause de quelque dom-
» mage.

XXXII.

» De tous les biens que la sagesse procure à
» l'homme pour le rendre heureux, il n'en est
» point de plus grand que l'amitié. C'est en elle
» que l'homme, borné, comme il l'est, par sa
» nature, trouve sa sûreté & son appui. *Lec. de*
» *Meib.*

» Voici, dit Bayle, un beau passage de Ci-
» céron : *De quâ*, (*amicitiâ*), *Epicurus quidem*
» *ita dicit, omnium rerum quas ad beatè vivendum*
» *sapientia comparaverit nihil esse majus amicitiâ,*
» *nihil uberius, nihil jucundius... Epicurus una in*
» *domo, & ea quidem angustâ, quam magnos,*
» *quantaque amoris conspiratione consentientes tenuit*
» *amicorum greges? Quod fit etiam nunc ab Epicu-*
» *reis* (2). Qu'on vienne dire après cela que des
» gens qui nient la providence & qui établissent
» pour leur derniere fin leur propre satisfaction,
» ne sont nullement capables de vivre en société,
» que ce sont nécessairement des traîtres, des
» fourbes, &c ? Toutes ces belles doctrines ne
» sont-elles pas confondues par ce seul passage de
» Cicéron ? Une vérité de fait, comme celle que
» Cicéron vient d'attester, ne renverse-t-elle pas
» cent volumes de raisonnemens spéculatifs ».

Il y a deux petites observations à faire sur le
passage cité : la première est que Cicéron le met
dans la bouche de Torquatus, qui fait le personnage d'*épicurien* dans cet endroit du livre cité, &
qui, selon l'usage de sa secte ne parle jamais
qu'avec enthousiasme de son maître, & de tout
ce qui a rapport à lui. La seconde est, que Cicéron, lui-même, répond à ce beau discours de
Torquatus dans le II. livre : voici ses paroles.
« Mais *Epicure*, dit-on, a eu beaucoup d'amis.
» Comme s'il étoit question ici de savoir si
» *Epicure* a été lui-même doux, humain, com-
» plaisant ! Il s'agit non de ses mœurs, mais de sa
» doctrine. Laissons aux grecs le droit qu'ils ont

» de parler mal de ceux qui ne pensent pas
» comme eux. Enfin, quelque ... qu'il ait été
» à l'amitié, supposé que ce que vous avez dit soit
» vrai ; (car je n'assure rien) (3), il n'a pas bien
» vu les suites »... Et quelques lignes plus bas :
» Qu'*Epicure* ait été bon, ami fidèle, réglé &
» honnête dans sa conduite, lui & plusieurs de ses
» partisans, qu'ils aient écouté leur devoir plutôt
» que la volupté, qu'est-ce que cela prouve, sinon
» que la vertu a plus de pouvoir que la volupté ?
» Il y en a qui disent mieux qu'ils ne font : chez
» *Epicure*, ce sera le contraire.

XXXIII.

» C'est la même sagesse qui a montré à l'homme
» qu'il n'y a point de douleur qui ne finisse, ni
» même qui dure long-tems. *Leçon de Meib.*

XXXIV.

» Le droit de la nature s'explique par l'uti-
» lité réciproque (4) : c'est une convention de
» ne pas se nuire mutuellement. »

Nous allons présenter de suite les huit autres

---

(1) Cela n'est pas toujours si aisé. Etoit-il aisé à
Alexandre de s'abstenir de faire des conquêtes, chose
peu nécessaire au bonheur ?

(2) *De Fin.* I, 20.

(3) Jonsius semble n'avoir pas pris la vraie pensée
de Cicéron dans ces mots : *tamen sic hæc vera sunt,
nihil enim affirmo.* Il prétend qu'il révoque en doute
les mauvais propos qu'on accusoit Epicure d'avoir tenus
contre les autres philosophes. Mais il n'y a pas dans
cet endroit que du nombre de ses amis, que Torquatus
avoit fait valoir avec emphase dans le premier livre
de Finibus, & sur lequel Cicéron dit qu'il ne veut point
prononcer.

Nous pouvons dire ici en passant, que le zèle des apologistes d'*Epicure*, est quelquefois si vif, qu'il leur
ôte le temps d'examiner à fonds ce qui peut lui être
favorable ou contraire. Gassendi lui-même, tout modéré qu'il est, y a été pris quelquefois. C'est d'après
lui que Bayle a cité Torquatus au lieu de Cicéron. Il
y en a un exemple encore plus frappant, à l'occasion
de Plutarque, que Gassendi accuse d'avoir jugé *Epicure*
sur des discours en l'air, plutôt que sur des témoignages fidèles. C'est, dit-il, Plutarque lui-même qui
en convient : ἀλλὰ τὴν δόξαν, οὐ ἀλήθειαν σκοποῦμεν.
Cet aveu de la part d'un auteur tel que Plutarque, a
quelque chose de révoltant. Voici en peu de mots de quoi
il s'agit. Plutarque, dans le livre, où il prouve *que la
philosophie d'Epicure ne mène point au bonheur*, dit qu'un
des plus grands plaisirs de cette vie, est celui de la
gloire ; & qu'on ne peut l'espérer, quand, comme *Epicure*, on pense qu'il ne faut vivre que pour soi ; qu'il
ne faut point se livrer aux occupations de la vie civile,
ni exercer les charges, &c. Il se fait aussi-tôt une objection. On dira peut-être que c'est à tort qu'on reproche
cette doctrine aux *Epicuriens*. Il répond : que ce soit
à tort ou non : ce de quoi il s'agit, n'est pas le fait
de la doctrine, c'est le fait du reproche. S'il est généralement répandu, c'en est assez pour que les *Epicuriens* ne
puissent point prétendre au plaisir produit par la gloire,
or, &c. Il y a même des villes qui ont fait des décrets
contr'eux, &c. *Plut.* p. 1100.

(4) Σύμβολον τοῦ συμφέροντος.

maximes qui accompagnent celle-ci : après quoi nous y joindrons quelque développement.

XXXV.

» Il n'y a juste ni injuste entre les animaux qui n'ont pû faire des conventions de ne pas se nuire. Par la même raison, il n'y en a point entre les hommes qui n'ont point voulu, ou qui n'ont point pû convenir ensemble de ne pas se nuire réciproquement.

XXXVI.

» La justice de soi n'est rien. Elle n'a lieu que par les traités, en quelque lieu qu'habitent les nations qui contractent (1).

XXXVII.

» L'injustice par elle-même n'est point un mal. Elle ne l'est que parce qu'elle laisse après soi la crainte des vengeurs des loix.

XXXVIII.

» Il n'est pas possible que celui qui a violé les conventions qu'il a faites, se sente assuré du secret jusqu'à la mort, quelque bien caché qu'il soit dans le moment.

XXXIX.

» En général, ce qu'on appelle justice est la même chose par-tout : la raison de l'utilité réciproque. Mais les lieux & les circonstances lui donnent des variétés.

XL.

» Si ce qu'on a cru juste se trouve réellement utile à la société, il est vraiment juste. S'il ne se trouve pas utile, il cesse d'être juste. »

XLI.

» Si une loi est tantôt utile & tantôt non utile, elle est juste quand elle est utile. Cela est clair pour quiconque ne s'embarrasse point de mots vuides de sens. »

---

[1] Cicéron étoit bien éloigné de penser ainsi. « La loi, dit-il, n'est point une invention humaine, ni un établissement arbitraire, que les peuples aient fait ; mais l'expérience de la raison éternelle qui gouverne l'univers. L'outrage que Tarquin fit à Lucrèce n'en étoit pas moins un crime, parce qu'il n'y avoit point encore à Rome de loi contre ces sortes de violences. Tarquin pécha contre la loi éternelle...... qui n'est autre chose que la suprême raison du grand Jupiter » *Liv. II. des loix.*

XLII.

» Quand le juste qu'on avoit cru utile ne l'est pas effectivement, sans qu'il y ait eu un changement dans les circonstances, cela prouve qu'il n'étoit pas juste. Si c'est par le changement des circonstances qu'il a cessé d'être utile, il a cessé alors d'être juste. »

Cette doctrine sur la nature & l'essence de la justice est commune à tous ceux qui nient la providence, & elle suit nécessairement de leurs principes. Le fameux Hobbes qui entreprit de rétablir la morale d'*Epicure*, comme Gassendi en avoit rétabli la physique, nous en donnera l'explication en peu de mots.

Il distingue dans l'homme deux sortes d'états, l'état de nature qui convient aussi aux bêtes, *status belluinus*, & l'état de société, qui ne convient qu'à un animal raisonnable, *status civilis*.

Dans l'état de nature, on voit l'homme libre, sans loi, sans maîtres, ayant un droit sans bornes, à tout & sur tout, *jus in omnia*.

Mais tout homme ayant en particulier le même droit, il s'ensuit qu'à égale volonté de jouir, c'est le combat seul qui peut décider entre deux contendans ; & que la force seule l'emporte. Malheur aux vaincus ! C'est par cet état qu'il semble à *Epicure* que le genre humain a commencé.

Cependant les vaincus eurent une ressource ; ce fut de former une conspiration secrète pour rompre leurs chaînes, & lier à leur tour le bras qui les avoit mis aux fers. Alors commença l'état de société, dans lequel l'oppresseur même fut opprimé par les forces réunies de plusieurs.

De-là il suit que dans l'état de société il y a deux forces contraires, dont l'une est le poids de la loi sociale, qui pese sur le droit naturel du particulier, & qui le tient en respect ; l'autre est le ressort de la liberté du particulier opprimé, qui se tend contre la loi ou conspiration de la société.

Avant l'union de plusieurs contre l'ennemi commun, tout étoit à tous, & par conséquent, rien n'étoit injuste. Mais depuis l'union, il y a eu pour l'un droit à ceci, & pour l'autre droit à cela, c'est-à-dire, *le tien & le mien* ; sans quoi l'union eût été impossible : le droit à tout étant un état de guerre.

Il a donc fallu pour condition préliminaire du pacte, ou de la paix entre plusieurs, que chaque particulier renonçât à son droit à tout, & se restreignît au droit à une partie, pour en jouir sans trouble sous la protection & la garantie de la société.

C'est

C'est de-là, selon Hobbes, & selon les *Epicuriens*, qu'est née la notion du juste, lequel n'est autre chose que la possession légitime du droit restreint, & de l'injuste, qui est la répétition violente du droit cédé.

D'où il suit, 1°. que le droit de la société, composé des droits que les particuliers avoient à tout, est comme le dépôt de tous ces droits, & qu'elle peut en jouir dans toute leur étendue : c'est même ce qui la constitue essentiellement.

Par conséquent, rien pour elle n'est juste ni injuste, vis-à-vis d'une autre société, avec qui elle n'aura point fait de pacte ou de traité.

Il suit, 2°. que les particuliers de cette même société ont le même droit qu'elle, contre tous ceux qui ne sont pas de leur société, & qu'ils ne peuvent jamais, par quelque excès que ce soit, devenir coupables à leur égard ; parce que ce n'est qu'en faveur de leur société, & des membres qui la composent, qu'ils ont renoncé à leur droit à tout.

Donc tout ce qu'il y a de justice sur la terre dépend des engagemens qu'une société a pris avec ses membres, ou avec une autre société, & de ceux que les membres ont pris avec leur société, ou entre eux. Telle est la nature, l'essence & l'origine du juste & de l'injuste.

Que fera le sage, quand, remontant à la première origine des loix, il aura vû qu'elles ne sont que l'ouvrage de la conspiration de plusieurs, contre un seul qui seroit plus fort que chacun d'eux séparément : qu'une entreprise heureuse de l'intérêt commun sur l'intérêt naturel du particulier ? Quand il aura vu que son droit à tout n'a été restraint à une partie que par la violence du grand nombre qui s'est trouvé le plus fort ?

S'il ne consent pas à être duppe, il tâchera de rentrer sourdement dans ses droits usurpés, de se soustraire à la loi, toutes les fois qu'il pourra reprendre sur elle la possession inaliénable de sa première liberté. Il pensera comme un personnage de la république de Platon (*Trasimaque*), que la justice n'est que la sottise d'une belle ame, & l'injustice, l'adresse d'un homme instruit. Lorsqu'on lui fera la même question que celle qu'*Epicure* s'est faite à lui-même (1), « Si le sage » assuré du secret, pourroit faire une action » contraire aux loix » : il avouera comme lui que la réponse est embarrassante : ce qui signifie, ajoute Plutarque, qu'il le pourroit, mais qu'il faudroit bien se garder d'en faire l'aveu.

S'il donne des conseils en confidence à quelqu'un de ses amis, il lui dira, comme *Epicure* à Idoménée (2), « de ne s'assujettir aux loix » qu'autant qu'il le faut pour éviter le choc & » le trouble qui suit la transgression ».

Partant de ces principes, le sage *épicurien* ne manquera pas de rendre à ce qu'il appellera nature dans sa personne, tout ce qu'il pourra ôter aux loix. Il saura profiter de la liberté que lui donne sa philosophie contre la société, & des avantages que lui donne la loi de la société contre ceux qui ne sont pas philosophes. En un mot, il se soustraira à l'autorité autant qu'il le pourra, quand elle sera contre lui ; & il la fera valoir tant qu'il pourra, quand elle sera pour lui. Qui peut lui faire un crime d'avoir préféré son propre avantage à celui d'un autre ? sur-tout, s'il est vrai comme il l'est dans son système, que l'utilité seule est la mère des loix ; & que la loi de l'utilité particulière, antérieure à celle du bien public, est l'ouvrage de la nature ; tandis que celle du bien public n'est que l'ouvrage de la convention réciproque des hommes ?

Ce sont ces conséquences, & quelques autres soigneusement voilées par ceux qui les admettent, qui ont effrayé les défenseurs des principes innés. A voir la chaleur avec laquelle on a combattu pour & contre ces principes depuis quelques tems, il est aisé de sentir qu'ils tiennent à un système plus étendu & plus important qu'il ne paroit au premier coup-d'œil.

En effet, sans compter la notion de l'ame qu'on brouille dans tous ses points, en la réduisant à une simple table rase, en ne lui laissant aucun acte ni connoissance qui provienne d'elle, qui soit à elle ; en lui ôtant jusqu'à la puissance d'elle-même, lorsqu'elle n'a plus les organes des sensations, (ce qui réduit toutes les idées que nous avons de la vie de l'ame séparée du corps, à une possibilité absolue, comprise dans l'idée générale que nous avons de la puissance infinie de Dieu, qui peut, dit-on, donner des perceptions à l'ame par d'autres voies que par celles du corps), sans compter, dis-je, cet inconvénient, qui n'est pas médiocre importance, il y a celui de faire dépendre les notions du bien & du mal moral des sensations du bien & du mal physique, de sorte que les idées du bien & du mal physique seroient les idées de la nature, & celles du bien

---

[1] Plut. adv. Col. 1127.
Philosophie anc. & mod. Tome II,

[2] *Adv. Col.* 1127. C'est cet Idoménée à qui *Epicure* disoit modestement, pour le détourner du genre de vie qu'il avoit embrassé : *si c'est la gloire qui vous touche, les lettres que je vous écris vous rendront plus célèbre que tout ce que vous faites pour vous donner de la considération.* Sen. Ep. 15.

& du mal moral, des idées factices de l'esprit humain.

Ces conséquences nécessaires dans le système des *épicuriens* renversent réellement, & selon leur intention, les loix essentielles de la morale, les notions fondamentales du vice & de la vertu, & ne font de toute la société humaine qu'un assemblage d'animaux qui croient agir par raison, & vouloir librement ce qu'ils ne font que par méchanisme : automates d'autant plus sots, qu'ils s'imaginent n'en pas être ; & d'autant plus malheureux, qu'ils pensent & qu'ils sentent comme s'ils n'en étoient pas.

Cependant, il faut l'avouer, toutes ces conséquences ne sont pas essentielles à l'opinion même qui tire toutes nos idées des sensations.

Car, quand même on réduiroit tous les sentimens de la nature à la douleur & au plaisir ; qui empêcheroit de supposer que c'est Dieu même qui a jugé à propos de conduire l'homme par cette voie infaillible, à la connoissance du bien & du mal moral ; gravant dans l'homme, dans l'essence même de l'homme, par l'impression de la douleur & du plaisir, ses devoirs naturels, tant envers la divinité qu'envers ses semblables, nous donnant par le sentiment de notre foiblesse & de notre ignorance, les idées d'une puissance & d'une sagesse où nous ne concevons point de bornes ; nous faisant connoître par le mal que nous sentons nous-mêmes, le mal que nous pouvons faire aux autres ; & par la crainte de l'éprouver, la défense de le faire éprouver à autrui. Alors la loi du bien-être particulier devient le code de la société, & celle du bien-être de la société, la caution du bien-être particulier. La crainte même qui, selon Hobbes, est une cause de guerre dans l'état de nature, devient dans l'état de société une cause d'union, & un principe naturel de loix & d'équité.

Qu'on ajoute à ces principes nés des sensations de l'homme pris solitairement, & comme un individu à part, ceux qui naissent de la société conjugale, par laquelle chaque individu n'est que comme une moitié d'un tout, liée à l'autre moitié par le penchant naturel des cœurs, on a une nouvelle source de paix, d'union, & par conséquent de loix sociales. L'époux livré à son épouse n'a plus d'intérêt exclusif. L'amour de lui-même confondu dans l'amour de son semblable, se trouve enrichi par les sacrifices qu'il lui fait. Ce sentiment heureux suit le progrès du sang. L'homme voit son être se renouveller dans ses enfans, aller à l'immortalité par ses neveux, qui attachés directement & collatéralement les uns aux autres par les plus doux noms de la nature, forment comme un rezeau immense, dont les nœuds affermis les uns par les autres, couvrent la surface de la terre, de tous les rapports d'amour, d'union, d'égalité, de subordination qui constituent ce qu'on appelle la société.

En quels caractères plus lumineux Dieu pouvoit-il graver ses loix de justice & de sagesse dans l'espèce humaine ? Quelle voix plus forte pouvoit-il employer pour les publier ? Chaque mouvement de notre ame, chaque impression des objets extérieurs sur notre corps, & de notre corps sur elle, est une indication, ou un développement de la loi naturelle, qui ordonne le bien & qui défend le mal.

Il s'en faut bien que les *épicuriens* anciens & modernes, l'entendent ainsi ; & c'est ce qui a fait le crime de cette opinion, déjà dangereuse par elle-même. La divinité n'ayant aucune influence sur la formation, ni sur le destin de la nature humaine, l'homme, dans leur système, n'est qu'une machine animée qui se brisera, soit par le dépérissement naturel de ses organes, dont les éléments, contraints par une forme accidentelle, doivent se relâcher avec le tems, soit par le choc violent de quelque cause extérieure, que la force ou l'adresse n'auront pû détourner. Tout est mécanique dans l'homme : c'est le poids, la masse, la figure, l'attraction mutuelle, la rencontre fortuite des atômes qui décident de tout chez lui, comme dans le monde, où il n'y a ni ordonnance ni causes finales, que par la tournure & l'habitude de notre imagination.

Faut-il s'étonner, après cela, si le juste & l'injuste ne sont que de vains noms, ou tout au plus des conventions arbitraires, dont l'intérêt seul est le nœud & le garant? Faut il être surpris des conséquences odieuses que les adversaires d'*Epicure* ont tiré de son système ? « Quand est-ce, dit Plu-
» tarque, que les hommes vivront comme les
» bêtes les plus sauvages & les plus insociables?
» Ce ne sera pas quand ils n'auront plus de loix ;
» mais quand ils n'auront plus ces grands principes qui sont le fondement & l'appui des loix.
» Ce sera quand on invitera l'homme à la volupté ; qu'on niera la providence des dieux ;
» qu'on regardera comme sages ceux qui méprisent
» l'honnêteté qui ne tient point au plaisir ; qu'on
» tournera en ridicule ces grandes vérités :

Qu'un Dieu tient en sa main, comme souverain maître
 Les causes, les progrès, & les fins de tout être.

Et ailleurs :

 Vois-tu dans la nature, où sa marche est tracée,
  Les loix qu'il prescrit aux mortels?

La justice le suit pour venger ses autels,
Et rétablir les droits de sa gloire offensée.

„ Ce sont ces hommes qui ont besoin de loix, ceux qui regardent ces vérités comme des fables, qui mettent leur bonheur dans leur ventre, & dans les autres plaisirs grossiers. C'est pour ceux-là qu'il faut des chaînes, des verges, des rois armés d'autorité, pour empêcher des hommes sans frein & sans Dieu, de dévorer leurs semblables. Car, c'est ainsi que vivent les bêtes : elles ne connoissent rien de plus beau que la volupté, elles n'ont point d'idée de la justice des dieux, ni de respect pour la vertu, employant tout ce que la nature leur a donné d'adresse & de force, pour satisfaire leurs appétits sensuels & se procurer les plaisirs du corps. Le bel oracle que nous a prononcé Métrodore, quand il nous a appris que *tout ce que l'esprit & la raison avoient jamais inventé de beau, se rapportoit essentiellement au corps & à ses plaisirs, & que toute entreprise qui ne tendoit point là étoit sans objet!* Les bêtes brutes qui n'ont de voix & de cri que pour assouvir leur ventre & leurs desirs brutaux, expriment-elles d'autres sentimens quand on les entend hennir ou mugir ? *Contre Col.*

XLIII.

„ Quiconque veut vivre sans craindre rien de ce qui est au-dehors, ne doit entreprendre que de se procurer ce qui est à sa portée : il doit regarder comme besoin de lui tout ce qu'il ne peut se donner ; s'abstenir de beaucoup de choses, & sur-tout, de celles dont il est inutile de jouir (1) ".

XLIV.

„ Ceux qui ont eu le talent de se procurer par leurs environs une sécurité entière, ceux-là ont passé leur vie agréablement dans le sein de l'amitié & de la confiance réciproque : & quand il a fallu perdre ces amis si chers, ils ne sont point plaints que la mort les eût enlevés trop tôt.

*Le sage d'*Epicure.
Diog. Laër. Seg. 116.

S'il est vrai que nous ayons bien exposé la doctrine d'*Epicure* dans la première partie, on a dû la retrouver dans les maximes qu'on vient de parcourir ; & on doit la retrouver encore dans le portrait du sage *épicurien*, tel qu'*Epicure* lui-même nous l'a tracé.

[1] Lec. de M. Meibom.

On se souviendra que ce sage ne craint les dieux, ni dans cette vie, ni dans l'autre ; que croyant son ame mortelle, tout son être est dans cette vie, & par conséquent, tout son bien-être ; que les loix, selon lui, ne sont que des conventions humaines, dont la dernière raison est le bien particulier, compris dans le bien public ; enfin, que l'exemption de toute douleur du corps & de l'esprit, c'est-à-dire, la satisfaction pleine & entière de l'individu en cette vie, est le parfait idéal de l'humanité. Que fera-t-il en conséquence de ces principes ? On nous présente le tableau de sa conduite : il suffit d'y jetter les yeux.

I.

« Les hommes ne peuvent faire quelque dommage aux autres hommes que par haine, par envie & par mépris. Le sage sait se mettre au-dessus de tout ce que peuvent faire ces passions ».

Ce trait est essentiel au portrait du sage dans toute philosophie. *In sapientem*, dit Senèque, *non cadit injuria*. Il doit être indépendant du jugement des sots & de ceux des méchans, qu'il ne peut pas plus empêcher que la grêle de tomber, les insectes de piquer.

II.

„ Le sage ne cesse jamais d'être sage, quand une fois il est parvenu à l'être ".

Il y est parvenu, sans doute, quand il est parvenu à croire fermement les dogmes de son maître *Epicure*, & à agir en conséquence. Reste à savoir si étant sage, il peut les croire sans retour d'inquiétude.

III.

Il ressent les passions, sans rien perdre de sa sagesse ".

Il peut même s'y livrer : c'est le moyen de se rendre le calme & le repos qui est son objet. Il sera toujours sage, pourvu que le calcul ait précédé sa détermination, & qu'il ait suivi son calcul dans l'exécution.

IV.

„ Ne devient point sage qui veut, ni dans tout pays ".

Cette proposition ne doit pas être prise en rigueur. Il n'y a point de caractères, quelque rebelles qu'ils soient, que la culture ne puisse former & adoucir. Cependant Thalès disoit : Je rends graces aux dieux d'être né raisonnable & non bête, homme & non femme, grec & non barbare. *Non ex omni ligno Mercurius.*

V.

« Le sage est toujours heureux, même dans les tourmens, quoiqu'il se plaigne & qu'il gémisse ».

C'étoit un paradoxe chez les Stoïciens, qui mettoient le bonheur suprême dans la vertu. C'est une contradiction manifeste chez Epicure qui mettoit le bonheur dans l'exemption de la douleur. Apparemment qu'il y avoit quelque restriction mentale : *Toujours heureux, autant qu'il peut l'être : heureux, parce qu'il a en lui le pouvoir de quitter la vie, & de se délivrer de toute douleur.* Heureux encore, si on le veut, parce qu'il a le secret de se rappeller le souvenir des plaisirs qu'il a eus auparavant. Au reste, que les *épicuriens* concilient ces deux propositions : *Le bonheur, même celui du sage, réside dans la volupté, ou dans l'exemption de la douleur, & cet autre, la douleur ne détruit pas le bonheur du sage.* Quid attinet gloriose loqui, nisi Constanteo loquare?

VI.

« Il est le seul capable d'une vraie reconnoissance envers ses amis présens ou absens ».

VII.

« Il n'a aucun commerce avec la femme qui lui est interdite par les loix ».

On en sent la raison : *Epicure* avoit trouvé par le calcul, qu'il y avoit plus à perdre qu'à gagner.

VIII.

« Il punit ses esclaves : mais il fait grace à ceux qui ont un bon caractère & de bonnes intentions ».

C'est un trait en faveur de l'humanité contre les Stoïciens. Et après tout, un maître doux est plus heureux chez lui qu'un maître dur & violent. *Servi, humiles amici.*

IX.

« Il n'est point amoureux, ni ne croit que l'amour soit envoyé par quelque Dieu ».

Si le sage *épicurien* pouvoit s'imaginer que l'amour est envoyé par un Dieu, il ne pourroit espérer de s'en délivrer par sa philosophie, ni par un effort de sa sagesse. Sa vertu seroit un présent du ciel, & l'hommage qui lui en seroit dû, rameneroit la religion avec toutes ses suites.

X.

« Il est peu inquiet de sa sépulture ».

En mourant il perdra pour toujours l'intérêt de son être. *Nec tumulum curo*, disoit Mécène, *sepelit natura relictos*.

XI.

« Il ne se fait point une affaire sérieuse de parer son discours ».

XII.

« Il fuit tous les plaisirs de l'amour : persuadé qu'ils ne font jamais de bien, & que c'est beaucoup s'ils ne font point de mal (1) ».

XIII.

« Il n'a ni femme ni enfans ».

C'est un attirail trop embarrassant : c'est présenter trop de surface aux coups de la fortune. Cependant il aura l'un & l'autre, si les circonstances de sa vie l'ordonnent.

XIV.

« Il ne passe point les nuits à table ».

XV.

« Il n'est ni magistrat, ni chef dans sa nation (2) ».

XVI.

« Il n'est point cynique, ni ne mendie son pain comme ceux de cette secte ».

XVII.

« Qu'on lui crève les yeux, il est encore heureux (3) ».

XVIII.

« Il peut ressentir la tristesse, & même être cité devant le juge ».

XIX.

« Il peut laisser des livres : mais il ne les lira pas dans les assemblées publiques ».

D'autres traduisent, mais il ne composera point de panégyriques.

---

[1] *Voyez* Lucrece, *lib. IV.*

[2] Epicurus ait : Non accedet ad rempublicam sapiens, nisi si quid intervenerit. Zenon ait : Accedet ad rempublicam, nisi si quid impedierit. *Sen. de Otio Sap.* c. 30.

[3] *Voyez* la note ci-dessus, *page* 380.

XX.

« Il veille sur son bien & prévoit l'avenir ».

XXI.

« Il aime la vie rustique ». (Meibom).
Elle donne repos & liberté.

. . . . Non
Otia divitiis Arabum liberrima mutem.

C'étoit la devise d'Horace.

XXII.

« Il est toujours prêt contre la fortune ».

Si la Fortune, cette déesse volage, étend ses ailes pour s'envoler, dit Horace ; je lui rends ses dons, & je m'enveloppe dans ma vertu.

Cependant, quoi qu'en dise *Epicure*, son bonheur dépend de la fortune, qui est maîtresse de tout ce qui peut lui procurer du plaisir & lui causer de la douleur : car tout cela est extérieur ; or ce qui est extérieur dépend de la fortune.

XXIII.

« Il choisit pour ami un caractère gai & complaisant ».

Sur-tout point de ces amis tristes, disoit Sénéque, qui sont toujours gémissans, voyant tout par un côté lugubre. Quelque parfaite & solide que soit leur amitié, on ne peut goûter avec eux ni douceur ni repos (1).

XXIV.

« Il aime les spectacles du théâtre & s'y plait plus que les autres ».

XXV.

« Il ne croit point que toutes les fautes soient égales ».

Les stoïciens ne voyoient dans toutes les fautes que la loi transgressée. Les *épicuriens* n'y voyoient que le dommage fait. Il falloit y voir l'un & l'autre.

XXVI.

« Il pense que la santé est un bien pour les uns, une chose indifférente pour les autres ».

Cette pensée n'est rien moins que claire, & ne paroît pas s'accorder avec l'axiôme, *corps sans douleur, ame sans trouble*.

XXVII.

« Il croit que la fermeté d'ame est une vertu qui s'acquiert ».

Sans cette persuasion, l'*épicurien* dans les maux, n'auroit d'autre parti à prendre que l'abattement & le désespoir.

XXVIII.

« Il croit que l'amitié est fondée sur l'intérêt : c'est une terre qu'on sème. Son lien est l'utilité réciproque ».

On a beau retourner ce sentiment : il ne sera jamais délicat ni avantageux à la société. Croira-t-on que l'*épicurien* ne préférera pas les belles terres, les grands domaines, à la possession d'un ami ? *Dubium est quin fundos & insulas amicis anteponemus* (2) ?

XXIX.

« Il y a deux sortes de bonheur : le bonheur parfait qui ne convient qu'à un Dieu : & le bonheur de l'homme, qui est susceptible de plus & de moins ».

Cette division n'a guères de sens dans la philosophie d'*Epicure*, qui fait consister le bonheur dans la délivrance ou cessation de la douleur. Les dieux qui n'en ont point, peuvent-ils en être délivrés ? Veut-il dire que le bonheur des dieux consiste dans la réunion de tous les plaisirs ? Mais il change la notion du bonheur, & d'ailleurs, comment des êtres qui n'agissent pour rien, qui rien n'agit, peuvent-ils avoir du plaisir ? Veut-il dire que les dieux sont dans une parfaite sécurité ? Mais l'homme sage, selon *Epicure*, peut y arriver par ses principes : c'est l'unique objet de sa philosophie.

XXX.

« Si le sage a des ancêtres, il place leurs bustes dans ses portiques ou ailleurs, indifféremment ».

Il les place, & il le doit. C'est un moyen de considération aux yeux du vulgaire, c'est-à-dire, une caution de plus pour la sûreté & le service.

XXXI.

« Il est le seul qui puisse juger sainement de la poésie & de la musique ».

Epicure faisoit aussi peu de cas de l'une que de l'autre.

---

[1] De Tranquill. C. 7.

[2] De Fin. II. 16.

XXXII.

« Il ne fait point les poètes ni leurs fictions : tant il est éloigné de faire des vers ».

Avouez, avouez sans rougir, disoit Métrodore, cité par Plutarque (1), que vous ne savez pas pour qui combattoit Hector, ni quels vers sont au milieu ou au commencement du Poème d'Homère. Et Torquatus dans Cicéron : *An ille (sapiens) tempus in poetis volvendis consumeret, in quibus solida utilitas nulla, omnisque puerilis est delectatio ?*

XXXIII.

« Un sage peut être plus sage qu'un autre sage ».

Les stoïciens n'en convenoient pas.

XXXIV.

« S'il est dans l'indigence, il tirera partie de sa sagesse ».

Il en fera des leçons en payant.

XXXV.

« Il félicite ceux qui reviennent à la raison & à la vertu ».

XXXVI.

« Il rendra hommage au prince, si le cas l'exige ».

XXXVII.

« S'il ouvre une école, ses auditeurs ne seront pas nombreux ».

Il y en a une bonne raison : les leçons de la sagesse ne peuvent être goûtées que par les sots ; & les sages qui sont faits pour l'entendre sont en petit nombre (2).

XXXVIII.

« S'il récite en public quelque ouvrage de sa façon, il faudra qu'on l'en ait bien prié ».

Epicure fut-il sage en ce point ? Il donna 300 volumes au public.

XXXIX.

« Il aura des dogmes, & ne mettra point toutes nos connoissances en problêmes ».

---

[1] Adv Epic.
[2] Voyez Sen. Ep. 7.

On en a dit la raison dans la remarque sur la maxime 35.

XL.

« Son ame paisible sera toujous la même dans la veille & dans le sommeil ».

XLI.

« Il donnera, s'il le faut, sa vie pour son ami ».

Cela n'est arrivé à aucun *épicurien* ; mais cela seroit possible. Donner sa vie n'est pas toujours un grand présent, sur-tout pour un disciple d'*Epicure*, qui quelquefois la quitte pour rien, & par simple dégoût.

On connoît la doctrine d'*Epicure* & ses maximes ; on a vu son portrait, à peu de choses près, dans le portrait du sage. On le verra mourant dans l'article qui suit.

Lettre d'Epicure à Hermachus.

Cette lettre courte, mais énergique, contient les dernières paroles d'*Epicure*, & présente un de ces momens critiques & intéressans, où l'homme se dévoile & se montre tel qu'il est :

Nam veræ voces tum demum pectore ab imo
Ejiciuntur, & eripitur persona, manet res.

Lucr. III. v. 57.

Elle est adressée à Hermachus son disciple, à qui il avoit laissé par testament sa chaire, son jardin, avec ses dépendances, pour passer ensemble à ses successeurs, à perpétuité. Diogène Laërce suppose qu'elle a été écrite à Idoménée ; Cicéron, qu'elle le fut à Hermachus : peut-être le fut-elle à tous deux, le texte portant ὑμῖν vobis. Nous avons suivi la leçon de Cicéron uniquement pour prendre un parti dans une chose indifférente par elle-même : voici cette lettre telle que Cicéron l'a traduite :

Epicurus Hermacho, S.

Cum ageremus vitæ beatum & eundem supremum diem, scribebamus hæc. Tanti autem morbi aderant vesicæ & viscerum, ut nihil ad eorum magnitudinem posset accedere. Compensabatur tamen cum his omnibus animi lætitia, quam capiebam memoriâ rationum inventorumque nostrorum (3). Sed tu, ut dignum est

---

(3) Gassendi accuse Plutarque d'avoir altéré le texte d'Epicure en lisant τῇ μνήμῃ τῶν ἀπολελαυσμένων πρότερον ἡδονῶν au lieu de lire, comme Diogène Laërce & comme Cicéron a lû, à en juger par sa traduction. ἐπὶ τῇ τῶν γεγονότων ἡμῖν διαλογισμῶν. Plutarchus ut Epicurum posset facilius carpere verba detorsit, & immutavit. De Vit & M. Epic. L. III. 3. 7.

tuâ erga me & erga philosophiam voluntate ab adolescentulo susceptâ, fac ut Metrodori tueare liberos.

Essayons de la traduire en françois.

Epicure à Hermachus, S.

« Je vous écris, Hermachus, dans cet heureux jour, le dernier de ma vie. Je souffre des entrailles & de la vessie, au-dessus de tout ce qu'on peut imaginer. Mais j'oppose à mes maux la joie de mon esprit, en me rappellant les preuves des importantes vérités que j'ai établies. Je vous recommande les enfans de Métrodore (1). C'est un soin digne de l'attachement que vous avez eu, dès votre jeunesse, pour la philosophie & pour moi ».

Cicéron considérant cette lettre, avoue qu'*Epicure* est grand & admirable dans ce moment, que sa mort est comparable à celle des plus fameux héros de la Grèce : *Non ego jam Epaminondæ, non Leonidæ mortem hujus morti antepono*. Mais en même tems il soutient que ce qu'il a dit en mourant, est le cri de la nature contre ce qu'il a enseigné pendant sa vie; que pénétré de sa situation, & parlant de l'abondance du cœur, il s'est oublié lui-même, & a perdu de vue les principes essentiels de sa philosophie. « Tournez-vous comme il vous plaira, dit-il à Torquatus, vous ne trouverez rien dans cette lettre si belle de votre maître, qui soit d'accord avec ses dogmes : il se réfute lui-même. Reprenons ses paroles, c'est toujours Cicéron qui parle, & voyez la différence qu'il y a entre sa doctrine & sa conduite. *Je vous écris dans cet heureux jour, le dernier de ma vie. Je souffre des douleurs au-dessus de tout ce qu'on peut imaginer* ».

« S'il est vrai comme *Epicure* l'a enseigné, que la douleur soit le souverain des maux, comme la volupté est le souverain des biens, voilà sans doute un homme malheureux : il n'est pas possible d'en disconvenir. Comment donc peut-il dire qu'il est heureux? Continuons. *J'oppose à ces douleurs la joie que je ressens dans mon esprit, en me rappellant les preuves de la philosophie que j'ai établie.* Mais, Epicure, songez-vous que vous avez écrit qu'il n'y avoit aucune joie, aucun plaisir qui ne fût relatif au corps ? Que pouvez-vous lui rapporter dans l'état affreux où vous êtes, pour en concevoir de la joie? *Je me rappelle avec plaisir le passé.* Quel est-ce passé ? Celui qui a rapport au corps ? Vous ne parlez dans votre lettre que du souvenir de vos argumens & de vos preuves philosophiques. Celui qui a rapport à l'ame seulement? Vous vous êtes donc trompé, quand vous avez assuré que toutes les joies de l'ame étoient essentiellement relatives au corps. Mais quel rapport l'attention tendre que vous avez pour les enfans de Métrodore (2), peut-elle avoir avec votre corps ? Convenez plutôt qu'il y a dans le cœur de l'homme des sentimens généreux par lesquels les belles ames font le bien sans autre salaire que celui de l'avoir fait. Votre lettre est un hommage que vous rendez, malgré votre philosophie, à cette précieuse vérité. Dans les autres sectes la théorie est plus belle que la pratique : chez vous c'est le contraire : vous faites mieux que vous n'avez dit ». Ainsi raisonnoit Cicéron plaidant la cause de la vertu, & trouvant des titres pour elle jusques dans l'école de la volupté.

Nous sera-t-il permis de soumettre cette même lettre à un nouvel examen; &, supposé qu'il en sorte quelques conséquences un peu différentes de celles que l'orateur philosophe en a tirées, de les présenter avec cette liberté qui ne blesse jamais la philosophie, & dont cependant je n'userai qu'avec timidité vis-à-vis d'une si grande autorité ?

Les dernières paroles d'un mourant ne doivent être censées le cri du cœur, que dans les hommes

---

On pourroit répondre à Gassendi qu'ἡδονῶν est autant & plus dans le système d'*Epicure* que διαλογισμον. Il y a dans Cicéron même de quoi justifier cette leçon car, pourquoi Cicéron en reprenant les termes de cette lettre, cite-t-il, sans détermination, les objets dont *Epicure* se rappelle le souvenir. *Præteritis, inquit gaudeo. De quels biens passés voulez-vous parler? Quibus præteritis?* Si Cicéron n'eût pas vû ailleurs que dans la lettre à Hermachus la recette *épicurienne* contre la douleur, il ne la rapporteroit pas ici de cette manière ; il ne demanderoit point quels sont ces biens passés, dont le souvenir est le contre-poids de la douleur; car il est clair que dans la lettre à Hermachus, ce sont des plaisirs de l'esprit, διαλογισμον, il pensoit donc à une autre recette. On la trouve citée quelques lignes plus bas *Bona præterita non effluere sapienti*. Et plus bas encore : *Vobis Epicureis voluptatum perceptarum recordatio vitam beatam facit, & quidem corpore perceptarum*. Voilà de quoi autoriser la leçon de Plutarque. *Epicure* souffroit des douleurs cruelles ; il se rappelloit, pour leur servir de contre-poids, les plaisirs dont il avoit joui. Ainsi il opposoit les plaisirs à la douleur, le passé au présent, παρεστᾶτετο. Plutarque a donc pu lire, comme il a lû, sans faire tort au système d'*Epicure*. Peut-être même que cette leçon est la seule bonne ; car après tout, *Epicure* ne fait que mettre en œuvre le remède que la philosophie procure à ses partisans au milieu des tourmens. Or ce bonheur ne peut être que le souvenir des plaisirs passés ; car on sait qu'ils n'étoient pas tous dans le cas de se rappeller le souvenir de leurs belles inventions. Nous n'avons pas le tems d'entrer ici dans une plus longue discussion.

(1) Métrodore, ami & disciple d'*Epicure* étoit mort il y avoit six ou sept ans. Il avoit eu plusieurs enfans de Leontium.

(2) Leontium ab Epicuro & Metrodoro amata. Fabr. L. III. c. 33. §. 3. V. Laer. L. X. 4. 5. 6. 23.

simples, qui se laissent conduire jusqu'à la fin par la nature. On conçoit que dans cette extrémité le cœur se déchirant par la violence du dernier coup, doit laisser échapper des sentimens que l'homme peut avoir cachés, ou n'avoir pas démêlés pendant sa vie : le prestige, ou si on veut, le masque tombe, & la vérité seule reste.

Il en est tout autrement de l'homme qui se détermine à mourir, qui choisit son jour, son heure, son moment. Pour peu qu'il soit philosophe, il fait ses apprêts, & tâche de mourir conséquent. Le même art qui a soutenu ses sentimens pendant sa vie en arrange encore les expressions au moment de l'adieu. Or c'est ainsi qu'il semble qu'*Epicure* est mort.

Comme on pourroit nous contester ce fait, que personne jusqu'ici ne semble avoir déterminé, on nous permettra de nous arrêter un instant, pour discuter les raisons sur lesquelles nous appuyons nos conjectures.

Dans les premiers siècles de la philosophie, les sages, pleins de respect pour les loix de la nature, croyoient bonnement que c'étoit à elle seule à marquer le dernier de nos momens, & à nous y conduire par la route qu'elle jugeroit à propos de choisir. Si la fortune des choses humaines s'avisoit quelquefois de déranger le plan de la nature; ils s'y soumettoient encore, attendant toujours l'ordre, & ne le prévenant jamais. C'est ainsi que sont morts Thalès, Solon, Phérécide, Pythagore, Héraclite, Anaxagore, Parménide, Socrate, Antisthène, & d'autres, dans les vieux tems de l'ancienne philosophie.

Ce ne fut que quand on eut rafiné sur la question du bien-être & du *mal-être*, & sur les fins de l'homme pendant sa vie & après sa mort, qu'on commença à établir une autre méthode de mourir. Le philosophe étant, disoit-on, aussi libre que les dieux (parce que la philosophie n'est autre chose que l'art de se posséder soi-même) devoit-il rester à la discrétion de la fortune cruelle, ou de la nature ingrate, qui le détruisent souvent par des longs supplices? S'il est un cas où la philosophie doit délivrer l'homme, c'est dans cette dernière crise; ou bien ses promesses ne sont que des mots. Ainsi, le sage calcule la somme des biens & celle des maux qui lui restent dans la vie. Si la première l'emporte, il consent de vivre; si c'est l'autre, il lui convient de mourir : *In quo plura sunt quæ secundùm naturam sunt, hujus officium est in vitâ manere; in quo autem sunt plura contraria aut fore videntur, hujus officium est è vitâ excedere.* Ce sont les paroles d'un stoïcien (1). Si nous disons que les *épicuriens* pouvoient les adopter, parce qu'ils avoient à peu-près les mêmes principes; ce ne sera point un paradoxe pour ceux qui ont vu de près la philosophie ancienne.

Les stoïciens détruisant à la mort tout sentiment individuel de l'homme, rejetoient l'ame dans le principe universel de la nature. Ce principe étoit le feu, cause matérielle & efficiente de tous les êtres, mue, réglée & déterminée par le destin, c'est-à-dire, par une roue de nécessité, dont la révolution embrassoit & entraînoit l'ensemble & la suite de tous les êtres (2).

Les *épicuriens* anéantissoient de même tout l'être individuel de l'homme; & en rejetoient les parties composantes dans la masse commune des atômes; mais au lieu de la nécessité fatale pour ouvrir les portes de la vie & de la mort, ils employoient le hasard aveugle. Ces deux causes dans l'analyse revenant au même, devoient avoir la même influence sur la conduite des hommes. Aussi quand la mesure de la vie étoit remplie à-peu-près, & que les facultés presque usées les avertissoient de préparer le départ, ils avoient les uns & les autres les mêmes raisons pour mourir; c'est à-dire pour faire un sacrifice où, sans rien perdre ils gagnoient une diminution de douleur & un accroissement de gloire.

Ce fut par ces considérations, que Zénon, chef des stoïciens, s'étant cassé un doigt en tombant, crut entendre la voie de la nature, & s'étrangla pour lui obéir; que Diogène luttant contre la fièvre, trouva le secret de la vaincre en retenant sa respiration.

Démocrite, père des atômes, seroit mort, dit-on, dans le tems de la fête de Cérès; mais sa sœur voulant y assister, le pria de différer de quelques jours. Il eut pour elle cette complaisance, & remit à mourir au lendemain. *Epicure* avoit ces exemples fameux devant les yeux. Ceux des stoïciens sur-tout, qui reprochoient à sa doctrine d'affoiblir l'ame & d'énerver le courage, le déterminèrent à leur opposer un trait de cette vigueur & de cette liberté, auxquelles il n'aspiroit pas moins que les prétendus héros du portique.

Il étoit âgé de soixante-douze ans : il avoit été toute sa vie tourmenté de la gravelle. Ses douleurs depuis quatorze jours étoient portées à un degré inexprimable. Il étoit d'ailleurs d'une complexion si merveilleusement foible, que Métrodore, celui dont nous avons parlé, en avoit fait le sujet d'un livre : à peine, selon le récit de Suidas, pouvoit-il porter ses habits, descendre de son lit, voir la lumière & le feu.

Dans cet état de foiblesse & d'anéantissement,

---

(1) Senèque.

(2) *Voyez* I. Part. Art. 6.

il prend son jour pour mourir. Le jour arrivé, il écrit la lettre que nous avons vue ; ensuite il se fait descendre dans un bain d'eau chaude où il expire, après avoir avalé du vin pur. C'est le récit de Diogène Laërce.

Epicure avoit plus de physique qu'il n'en falloit, pour prévoir qu'un corps excessivement foible par lui-même, & atténué par une longue diete & des douleurs aiguës, ne pourroit soutenir le bain chaud. Il n'est point de médecin assez hardi pour l'employer dans ces états de foiblesse extrême. On peut donc supposer que le bain lui ôta le reste de ses forces & le fit mourir.

Ainsi quand Diogène Laërce, Gassendi, Bayle & les autres, nous disent qu'Epicure mourut dans les douleurs de la pierre ; ils disent ce qui est vrai : mais ils ne disent pas tout ; & par cette réticence ils nous induisent à croire que ce fut la pierre qui le fit mourir ; elle le fit mourir comme la victoire de César fit mourir Caton ; comme la fistule fit mourir Atticus, c'est-à-dire qu'elle le détermina à prendre son parti dans ce moment plutôt que dans un autre. Sans cette circonstance, la mort d'Epicure pourroit-elle être comparée à celle de Léonidas & d'Epaminondas ? Il prit son jour ; il fit les apprêts, il choisit le moyen. C'en est assez pour faire croire qu'il mourut libre & de son propre mouvement.

Cela posé, voici comme on pourroit raisonner sur la lettre dont il s'agit.

Epicure ayant marqué le moment de sa mort, pouvoit ne laisser aucun monument de ses dernières pensées. Voulant en laisser un, est-il vraisemblable qu'il ait voulu que ce monument détruisît par un seul mot tout ce qu'il avoit écrit pendant sa vie ; ou que le détruisant, il ne l'ait pas senti ? L'équité semble exiger qu'on n'en porte ce jugement qu'après qu'on aura vu que les expressions de sa lettre ne peuvent recevoir un autre sens.

Epicure a dit qu'il étoit heureux dans ses douleurs, & que son bonheur venoit de ce qu'il se rappelloit ses découvertes.

Il semble que dans son système, c'étoit ainsi qu'il devoit parler.

Il faisoit consister le souverain bien dans la cessation de la douleur. Il en souffroit de cruelles depuis quatorze jours. Mourant ce jour-là, il voyoit le moment de sa délivrance : il y touchoit : il y étoit. Il pouvoit donc dire : je suis heureux. Il l'étoit en effet ; parce qu'un homme qui souffre depuis long-tems, ne souffre plus lorsqu'il touche au terme certain de ses maux.

Mais ce bonheur n'étoit-il point troublé par la crainte de la mort ? Nullement. La mort n'est rien, selon Epicure, & ne nous fait rien, parce que tant que nous sommes, elle n'est pas encore, & que quand elle est, nous ne sommes plus (1). Ne craint-il pas les suites de la mort ? Encore moins. Epicure se rappelle ses preuves & ses prétendues démonstrations, où il réduit tout en atômes qui ne sentent rien. Cette pensée présente à son esprit, & mise en opposition vis-à-vis des maux qu'il endure, est un contre-poids qui emporte la douleur. Il voit dans le tombeau où il va descendre, un sommeil & une insensibilité éternelle. Il y a plus : cette joie qu'il ressent est toute relative au corps, comme elle doit l'être, selon Cicéron, pour être le fruit naturel de sa philosophie. Cela est évident : son corps ne souffrira plus.

Mais d'où vient ce souvenir tendre pour les enfans de Métrodore ? Que peut-il en revenir à son corps, sur-tout quand il ne sera plus ? C'est un reste de bienfaisance dont il fait une dernière leçon à ses disciples ; parce que cette vertu, nécessaire à tout homme dans la société, est essentielle à quiconque met tout son bonheur en cette vie. C'est la seule de toutes les vertus qui rapporte au centuple. Elle est le prix & le garant de la bienveillance des autres hommes, sans laquelle il n'y a dans la vie, ni paix, ni plaisir, ni sûreté. Epicure ayant eu le tems de méditer une lettre si courte, en a pesé toutes les expressions, & il a vu que ce sentiment de tendresse, venant à la suite de ceux que sa philosophie avoit approuvés dans le cours de sa vie, pouvoit entrer dans l'ordre des rapports dont il avoit pensé que le corps étoit le centre.

En deux mots : ci-devant quand Epicure ressentoit les douleurs de la faim & de la soif, il buvoit ou mangeoit pour se délivrer de l'une ou de l'autre ; quand il ressentoit des maladies supportables, il les supportoit, en attendant les intervalles du mieux, ou le repos de la guérison. Aujourd'hui qu'il éprouve des maux excessifs & qui le menacent, à soixante & douze ans, d'une destruction qui, selon son âge même étoit peu éloignée, tout bien considéré dans le présent & dans l'avenir, il quitte un poste souverainement malheureux, où le hasard seul, à qui il ne doit rien, l'avoit placé. Diogène le cynique avoit dit dans le style de son école, qu'il falloit faire provision de philosophie ou de cordes. Il a cru, lui, qu'il falloit ôter la disjonctive, & se munir de tous les deux. Il meurt, non comme le héros d'Utique, en se poignardant lui-même tragiquement, dans un moment où il étoit seul ; mais en s'éteignant doucement & peu à peu, au milieu de ses amis. Il s'affaisse dans un bain d'eau chaude

---

(1) Ep. à Ménécée.

qui, en même-tems qu'il adoucit ses douleurs achève de relâcher les foibles liens qui le retenoient encore, & le conduit à la mort, sous l'apparence & avec tous les accompagnemens du sommeil.

C'étoit ainsi qu'un philosophe voluptueux, qui ne connoissoit de loix que celles du hazard, du mécanisme, & de l'opinion, devoit terminer ses jours, dans l'endroit où son être cessoit d'être un bien pour lui. Il s'est délivré de la vie pour se délivrer de la douleur. C'est l'exemple qu'il a laissé à ses disciples.

Reste à savoir si la douleur qui fait renoncer à la vie, ne sera pas assez forte pour faire renoncer à la vertu. C'est la dernière analyse de la morale d'*Epicure*, où on trouve aussi le principe essentiel de sa réfutation.

*Extrait de la lettre d'*Epicure *à* Hérodote (1).

Cette lettre & celle à Pythoclès qui suit celle-ci, pourroient fournir la matière de plusieurs volumes à quiconque entreprendroit d'exposer en détail les dogmes qu'elles contiennent; que de choses à dire, si on vouloit comparer ces dogmes avec ceux des autres philosophes anciens & modernes; si on vouloit les justifier, ou les réfuter par l'expérience des tems, & par les découvertes des derniers siècles!

Nous ne les traduirons pas entièrement pour deux raisons : la première est, qu'il y a plusieurs morceaux qui n'ont que des rapports très-éloignés avec notre objet : la seconde est que, dans ces mêmes morceaux, le texte est incertain, & le sens du texte si obscur & si embrouillé, qu'au lieu de donner les paroles mêmes d'*Epicure* & ses pensées, nous n'eussions offert que les incertitudes & les conjectures des commentateurs.

Epicure commence celle à Hérodote, par l'exposition même de ses vues : c'est de faire un précis court & clair des principes généraux de sa philosophie, une sorte de manuel, contenant les vérités fondamentales de son système, tellement réduites, que l'application puisse s'en faire aisément à tous les détails, dans les occasions qui se présentent fréquemment de raisonner sur les objets physiques.

Nous commençons.

Maxime fondamentale dans la physique des anciens.
(Seg. 39). (2).

1. « La première vérité, qui sert de base à » tout le reste, est qu'il ne se fait rien de ce qui » n'est pas, & que rien de ce qui est ne se réduit » à n'être pas (3). Car s'il se faisoit quelque » chose de ce qui n'est pas; toute matière seroit » propre à former toute sorte d'êtres : il ne fau- » droit ni semences, ni matière organisée. Et si » ce qui se détruit se réduisoit à ce qui n'est pas; » toutes les espèces périroient, parce qu'il ne » resteroit rien de ce qu'elles auroient été ».

Epicure n'a pas dit, *rien ne se fait de rien*, οὐδὲν ἐξ οὐδενός, mais rien de ce qui n'est pas, οὐδὲν ἐκ τοῦ μὴ ὄντος. Le non-être est ce qui est sans forme, sans nature fixe & déterminée. Le rien, ou le néant, est ce qui n'est point du tout (4). La matière première, si elle existoit, seroit non-être dans le sens d'*Epicure*, quoiqu'elle ne fût point néant. Ainsi, le sens de ce premier principe est qu'il y a dans les premiers élémens, qui sont, selon *Epicure*, les atômes, une configuration éternelle & inaltérable, qui détermine la forme des êtres, & qui la maintient constamment dans les individus de la même espèce, sans y faire intervenir le ministère de la divinité. C'est la maxime; *rien ne se fait sans cause*, restreinte aux causes mécaniques : elle est de Leucippe. Nous avons développé les sens qu'on peut lui donner, dans une dissertation donnée à l'académie en 1756.

« L'univers a toujours été ce qu'il est aujour- » d'hui, & il sera toujours le même. Il n'est rien » en quoi il puisse être changé. Il n'y a rien hors » de lui qui puisse lui être ajouté, ni causer en » lui quelque différence (5) ».

Par *univers*, *Epicure* entend non le monde, mais la masse universelle des atômes dans l'espace infini.

Principes de composition (Seg. 40).

2. « L'univers est partie corps & partie espace, » ou vuide. L'existence des corps se prouve par » le témoignage des sens, par lesquels nous arri- » vons aux connoissances de raisonnement, comme » nous l'avons dit ailleurs (6). Et s'il n'y avoit

---

(1) Cet Hérodote étoit disciple & ami particulier d'*Epicure*.

(2) Ces chiffres marquent l'endroit du texte de Diog. Laër. L. X.

(3) C'est Gassendi qui ajoute ce dernier membre, pour figurer avec ce qui précède & ce qui suit.

(4) Colotes dit Plutarque, qui n'avoit pas l'ombre de philosophie, a pris pour une même chose, *l'homme non être*, & *l'homme néant*. Mais Platon met une grande différence entre le *non-être*, & le *néant*. *Voyez* le passage entier *adv*. Col. p. 215;

(5) Ocellus Lucanus a dit la même chose dans le même sens. Chap. I. *de nat univ*. On peut même dire que cette doctrine est commune à tous les philosophes de l'antiquité, sans exception.

(6) *Voyez* l'explication des maximes XXV. XXVI. &c. pag. 222 & suiv.

» point ce que nous appellons vuide, lieu, espace,
» nature intactile, les corps ne pourroient être
» dans le lieu, ni se mouvoir au travers du lieu,
» comme il est évident qu'ils s'y meuvent.

» On ne peut concevoir ni par idée directe, ni
» par analogie avec les idées directes (1), aucune
» autre chose qui soit par elle-même. Car nous
» ne parlons pas des essences qui résultent des
» combinaisons, ni des modes qu'on appelle
» accidentels (2) ».

Corps simples & corps composés. (45).

3. « Parmi les corps, il y en a de composés
» & d'autres simples, dont se forment les com-
» posés. Les simples sont indivisibles & inalté-
» rables; car toutes choses se réduiroient au non-
» être, si elles n'avoient pas en elles des princi-
» pes indissolubles, dans la dissolution même
» du composé (3). Or ces principes sont tels,
» parce qu'ils sont pleins, & qu'ils ne donnent
» aucune prise aux dissolvans ».

L'univers est sans bornes. (Ibid.)

4. « L'univers est infini. Car ce qui est fini a une
» extrémité : ce qui a une extrémité peut être vu
» d'ailleurs; l'univers ne peut être vu d'ailleurs ; il
» n'a donc point d'extrémité, ni par conséquent
» de fin. Il est donc infini. Or il est infini *de deux*
» *manières :* en nombre, par la multitude des
» atômes; en étendue par l'immensité de l'espace.
» Car si l'espace étant infini, le nombre des atô-
» mes étoit fini, les atômes ne s'arrêteroient
» nulle part ; mais ils se perdroient dans l'espace,
» sans trouver aucun obstacle qui modifiât leur
» mouvement par le choc. Si d'un autre côté le
» nombre des atômes étant infini, l'espace étoit
» fini, le lieu manqueroit aux atômes ».

Configuration des atômes. (Seg. 42).

5. « Les atômes ou corps pleins, dont se for-
» ment les différentes concrétions, comme de
» leurs élémens, ont un nombre indéfini (4) de
» figures différentes. Sans cela, on ne pourroit

» rendre raison de cette variété de configurations
» qui se trouvent dans la nature. Il y a une infinité
» d'atômes dans chaque espèce de leurs configu-
» rations ; car sans cela les atômes ne seroient pas
» infinis en nombre. Mais ces configurations,
» nous l'avons dit, ne sont qu'indéfinies en nom-
» bre, & non pas infinies : parce que si elles
» étoient infinies, il faudroit qu'il y eût des
» atômes d'une étendue infinie, une infinité de
» configurations supposant l'étendue infinie dans
» quelques espèces d'atômes (5) ».

Epicure veut dire, selon Gassendi, que plus
il y a d'étendue dans un corps, plus il y a pour
ce corps de configurations possibles. Un atôme
qui auroit cent millions de faces, seroit nécessairement plus grand que celui qui ne peut en avoir
que quatre, & ainsi de suite, en suivant la progression jusqu'à l'infini.

Mouvement des atômes. (Seg. 43).

6. « Les atômes ont un mouvement continu &
» éternel (6). Les uns sont emportés à une grande
» distance ; d'autres ont un mouvement de trépi-
» dation, lorsque par le mouvement de déclinai-
» son ils se trouvent accrochés mutuellement,
» ou qu'ils se trouvent engagés dans quelque con-
» crétion ».

D'où vient le mouvement des atômes ? (Seg. 44).

7. « La cause de ce mouvement est d'un côté,
» la nature même de l'espace qui environne cha-
» que atôme sans le contraindre aucunement, &
» de l'autre la dureté de ces mêmes atômes, qui
» occasionne des répercussions, selon la nature
» des concrétions qui se choquent. Ces mou-
» vemens n'ont point eu de commencement,
» parce que les atômes & le vuide n'en ont
» point eu (7).

» Ce petit nombre de principes peut déjà
» fournir des idées de la nature ».

---

(1) L'intention d'*Epicure* est de faire croire qu'il n'y a point d'être simple, intelligent par la nature, & par conséquent point de providence universelle.

(2) Leç. de Gassendi.

(3) *Voyez* la note sur le premier article de cette lettre.

(4) ἀπερίληπτα. Ce sont ces figures essentielles aux atômes, qui font leur organisation, & qui préparent & entretiennent les combinaisons spécifiques des élé- mens & ensuite de tous les êtres qui sont composés des élémens.

(5) Nous avons suivi la leçon de Gassendi. Diogène Laërce ajoute de lui-même, comme une nouvelle preuve du nombre fini des configurations, l'impossibilité de la division à l'infini. En effet, si la divisibilité s'arrête à certain point ; il s'ensuit qu'il y a plusieurs confi- gurations de moins dans la nature des atômes ; par con- séquent, que les configurations ne vont point jusqu'à l'infini.

(6) Diogène ajoute qu'*Epicure* dit plus bas qu'ils se meuvent d'une vitesse égale, parce que ce mouvement se faisant dans le vuide, la pesanteur ou la légèreté de l'atome, ne cause point de différence dans leurs mouvemens.

(7) Diogène ajoute qu'*Epicure* dit plus bas que les atômes n'ont aucune qualité que la configuration, la grandeur & la pesanteur ; que les couleurs varient par la seule position des atômes.

Pluralité des mondes. (Seg. 45).

8. « Il y a une infinité de mondes, dont les uns ressemblent à celui-ci, les autres ne lui ressemblent pas. Car les atômes étant infinis en nombres, comme nous l'avons démontré, & se portant dans divers endroits de l'espace infini, ils se rencontrent loin de ce monde, dans une infinité de lieux, pour y former une infinité de mondes. Les atômes sont un fonds qui ne s'épuise pas, ni par la formation d'un monde, ni par la formation d'un nombre de mondes qui seroit fini, de telle espèce ou de telle autre espèce. Ainsi rien n'empêche qu'il y ait une infinité de mondes ».

Causes de nos sensations. (46).

9. « Il y a des simulacres ou images semblables aux corps; mais qui sont d'une finesse dont rien n'approche. Car il ne répugne point que dans l'espace environnant il se forme de ces surfaces minces, ni que les atômes se prêtent à la finesse & à la convexité de ces simulacres ; ni enfin que ces simulacres s'élevant des corps, conservent quelque tems les positions & les rapports de leurs parties. Nous appellons ces images, tantôt idoles, tantôt simulacres (1) ».

Génération des images. (Seg. 48).

10. « La génération des images va aussi vite que la pensée. Car le flux des surfaces étant continu, la succession des parties ne peut être discernée (2), parce qu'elles se suivent sans aucune interruption, en conservant pendant quelque tems l'ordre des atômes, & la position réciproque des parties du corps d'où elles émanent, jusqu'à ce qu'enfin elles se brouillent & se confondent. Les images qui se forment d'elles-mêmes dans l'air peuvent se former aussi rapidement que les autres; parce qu'elles sont toutes en superficie. Il y a sans doute d'autres manières pour les former; on les admettra, pourvu qu'elles ne soient point détruites par les sensations évidentes, & qu'on voie comment elles peuvent produire leurs effets sur nous (3) ».

Epicure admet ces images que le hazard forme dans les airs, pour expliquer les rêveries des malades, ou des fous, qui ayant des idées bizarres, doivent les avoir reçues, selon ce philosophe, de quelque objet extérieur. Il en est de même des idées qu'on a de la divinité. On voit dans les fantômes de l'imagination des dieux, comme des géans qui traversent les airs, ou qui règnent dans le vuide des intermondes. Si on les voit, ils sont ; parce que toutes nos idées étant vraies, il faut qu'elles aient été produites par un objet vrai & réel.

Qualités des atômes. (Seg. 54).

11. « Les atômes n'ont par eux-mêmes aucunes qualités sensibles, que la figure, la pesanteur, l'étendue, & celles qui tiennent nécessairement à ces trois. Toutes les autres, telles que la couleur, la chaleur, &c. changent selon l'arrangement des atômes ; par conséquent ne sont point dans les atômes. Leurs qualités propres & inhérentes, qui sont celles que nous avons indiquées, ne sont pas plus altérables que les atômes.

» Il faut bien qu'il reste quelque chose d'indissoluble après la dissolution des mixtes, par quoi les changemens se fassent, non de l'être au néant, ni du néant à l'être, mais par la transposition de plusieurs parties, & par l'addition & le retranchement de quelques autres. Il suit de-là, que tout être dont les parties ne peuvent être transposées, est dès-lors incorruptible ; par conséquent, les atômes & leurs figures le sont, puisqu'ils restent les mêmes dans toutes les décompositions ».

Egalité du mouvement des atômes. (61).

12. « Le mouvement de tous les atômes est nécessairement égal, tant qu'ils se meuvent dans le vuide, parce que rien ne les arrête. Les plus pesans n'ont point plus de vitesse que les plus légers ; parce qu'il n'y a pas plus d'obstacle aux uns qu'aux autres ; ni les plus petits que les grands, parce que l'espace est également libre pour les uns & pour les autres. C'est toujours la même vitesse que le mouvement soit direct ou réfléchi, en en haut, par les chocs, ou en en bas, par leur propre poids ».

Nature de l'ame. (Seg. 63).

13. « Considérons maintenant les sensations & les affections de l'ame : elles nous feront comprendre aisément que l'ame est un corps très-subtil, répandu dans toute une combinaison organisée, & très-approchant d'un souffle de flamme, tenant à-la-fois de l'air & du feu. Cependant toutes les parties de ce feu surpassent encore en finesse celle de ces deux élémens. C'est ce qui rend l'ame sensible à toutes les affections du composé. Cette nature de l'ame est prouvée par ses facultés, par ses affec-

---

[1] Tout ce qu'*Epicure* a dit de ces images, a été dit par d'autres, anciens & modernes, de la lumière réfléchie.

(2) Meib. lit : ἀθρόου, au lieu de συμμενούση.

[3] Cette dernière période nous a paru d'un sens très-équivoque.

» tions, par son agilité, par ses pensées, & par
» toutes les propriétés que la mort nous fait
» perdre.

» L'ame est la principale cause du sentiment,
» qu'elle ne produiroit pas cependant, si elle
» n'étoit pas attachée à une certaine organisation.
» Le corps organisé, qui met l'ame en état de
» sentir, partage avec elle, & par elle cette fa-
» culté; quoiqu'il ne partage pas les autres. C'est
» pourquoi l'ame se retirant, le corps ne sent
» plus. Il n'avoit point par lui-même le sentiment,
» mais par son union avec un autre être, qui l'a,
» par sa conformation naturelle, φυσει, c'est-à-
» dire, par une faculté préparée en elle pour
» recevoir par le mouvement, des impressions
» sensibles, & les communiquer au corps, à
» cause de la cohésion intime & du rapport sym-
» pathique de ces deux parties.

» Et voilà pourquoi tant que l'ame est unie au
» corps, quand même on en retrancheroit des
» membres, la sensibilité subsiste. Mais cette
» sensibilité n'est plus dès que l'ame a péri par
» la dissolution, soit de tout le corps, soit de
» quelqu'une de ses parties, où l'ame est con-
» tenue principalement. Le corps reste entier, &
» avec toutes ses parties, quoique sans sentiment,
» parce qu'il a perdu cette quantité d'atômes dé-
» terminée par la nature pour constituer l'essence
» de l'ame ».

Ce que devient l'ame après la mort. (66).

14. « Quand ce composé se dissout, l'ame se
» disperse & n'a plus les mêmes facultés. Elle ne
» reçoit plus d'impressions par le mouvement, &
» par conséquent, elle n'a plus de sentiment :
» car on ne peut concevoir que le sentiment reste
» dans un être qui n'a plus les mêmes rapports,
» & qui ne reçoit plus les mêmes impressions que
» lorsqu'il sentoit ».

De quels atômes l'ame est composée. (Ibid.)

15. « L'ame est composée d'atômes très-polis
» & très-ronds, assez semblables aux atômes de
» feu (*) ».

Où réside l'ame. (Ibid.)

16. « La partie raisonnable de l'ame a son siége
» dans la poitrine, comme il paroit par les sensa-
» tions de joie & de crainte, & sa partie irrai-
» sonnable est dans tout le reste du corps (2). »

» Maintenant si on rapporte tout ce que nous
» avons dit sur l'ame, aux passions & aux sensa-
» tions qu'elle éprouve, & qu'on se rappelle
» en même-tems ce que nous avons dit dans le
» commencement, il sera aisé d'appercevoir
» qu'elles ont toutes leur origine dans les impres-
» sions reçues, par lesquelles on explique tous
» les détails ».

Formation des mondes par les tourbillons. (Seg. 73).

17. « Les mondes, ainsi que toutes les autres
» concrétions finies, qui ont de la ressemblance
» avec tous les objets que nous voyons, se sont
» formés de l'infini, en se séparant par des tour-
» billons particuliers, les uns plus grands, les
» autres plus petits. Ils se détruiront les uns plus
» tôt, les autres plus tard, les uns par une cause,
» les autres par un autre.

» Il ne faut pas croire non-plus que tous les
» mondes aient nécessairement la même figure.
» Les uns sont ronds, les autres ovales, les autres
» autrement. Cependant toutes sortes de figures
» ne leur conviennent pas ».

Oisiveté des dieux. (Seg. 76).

18. « Quand aux choses célestes, il ne faut pas
» croire que les mouvemens des astres, leurs re-
» tours, leurs éclipses, leurs levers, leurs cou-
» chers, & les autres phénomènes semblables
» soient causés par aucune puissance heureuse &
» immortelle qui les gouverneroit, ou qui leur
» auroit donné des loix dans le commencement.

» Peut-on concilier les soins, les détails pé-
» nibles, le courroux, la faveur, avec le parfait
» bonheur ?

» Ils ne conviennent qu'à la foiblesse, à la
» crainte, à l'indigence (3). On ne dira point
» non-plus que ce sont je ne sais quels êtres
» divins & heureux qui aient voulu d'eux-mêmes
» se charger de rouler avec les astres (4) ? N'usons
» que de termes convenables au respect que nous
» leur devons, & dont on ne puisse rien déduire
» qui n'y soit conforme : sans quoi nous en serons
» bientôt punis par le trouble intérieur de nos
» ames. Disons que dans le commencement il s'est
» formé des tourbillons d'atômes qui ont produit
» le monde, & en même-tems ces loix constantes
» & immuables qui en perpétuent les phéno-
» mènes ».

---

(1) Lec. de Gass. Meibom lit, très-différent des atômes de feu.

[2] Voyez I. Part. Art. 4.

[4] Voyez Max. I.

(4) M. Meibom, dont nous avons suivi la leçon, prétend qu'*Epicure* attaquoit directement Aristote, qui avoit dit que les astres étoient conduits par des êtres de nature éthérée ou de feu céleste.

Les dieux ne sont nullement à craindre. (81).

19. « Enfin, ajoutons à tout ce que nous avons dit, que la plus grande peine qui fatigue les ames humaines est de croire qu'il y a des êtres éternels & heureux, qui aient des fonctions, des volontés, des passions qui ne peuvent cependant point s'accorder avec ce bonheur & cette immortalité, & de voir en perspective des malheurs éternels dont les hommes sont menacés par les fables, ... se donnant par leurs fausses idées, & leurs sottes frayeurs des tourmens & des maux aussi réels & aussi continus que s'il y avoit des causes réelles. La tranquillité d'ame demande qu'on s'affranchisse de toutes ces opinions, & qu'on se tienne constamment aux principes généraux ».

*Extraits de la lettre d'*Epicure *à* Pithocles.

Pythocles étoit un jeune homme qui avoit mérité l'amitié particulière d'*Epicure*. C'étoit, dit Gassendi, d'après Plutarque, le plus beau naturel qu'il y eût dans la Grèce. Il a eu raison de ne point traduire le reste de l'éloge (1). Ce fut à sa prière qu'*Epicure* se détermina à faire sur les météores, c'est-à-dire, sur les phénomènes qui annoncent avec plus d'éclat l'existence & la puissance d'un maître souverain dans la nature, ce qu'il avoit fait sur les premières causes physiques, je veux dire un précis de sa doctrine, où l'on vit avec évidence, dans une exposition réduite, la cause naturelle & mécanique de ces phénomènes, & par conséquent l'inutilité d'une cause première & intelligente, dont les fonctions se portant sur les détails de la nature, auroient pu se porter jusqu'à la conduite de l'homme, & rendre celui-ci justiciable d'un tribunal qui auroit pû influer sur son bonheur & sur son malheur. Voilà l'objet d'*Epicure* dans cette lettre. On va l'entendre lui-même.

Pourquoi on étudie la physique. (82).

1. « Mettez-vous d'abord dans l'esprit qu'on ne doit se proposer l'étude des phénomènes célestes, soit en général, soit en particulier, pour d'autres fins que la paix de l'ame & la tranquillité de l'esprit. C'est l'objet unique de toutes les parties de la philosophie. Cependant, il ne faut point demander l'impossible sur cette matière, ni exiger par-tout des principes aussi évidens qu'en morale, ou en physique, tels que ceux-ci, *l'univers est corps & vuide, les premiers corps sont indivisibles*, & d'autres semblables, dont les objets n'ont qu'une manière d'être, pour être d'accord avec les phénomènes ; car cela ne se trouve point avec la matière présente, où le même phénomène peut avoir différentes causes, & par-conséquent différentes explications, également d'accord avec les idées produites par les sens. Il ne s'agit point de débiter sur la physique des opinions nouvelles sans preuves, mais de suivre pas à pas les phénomènes où ils nous conduisent.

» Le bonheur de notre vie dépend de l'imperturbabilité de notre ame, & non de discours présomptueux, ou d'opinions prétendus neuves, qui ne portent sur rien ».

On croiroit, à en juger par ce prélude, qu'*Epicure* se déclarant si hautement contre les assertions téméraires & présomptueuses, va nous donner le vrai, simple & pur, absolument séparé de tout ce qui n'est qu'opinion, ou jugement incertain. Il n'en veut qu'aux opinions exclusives, & prétend qu'on doit admettre toutes les explications qui ont quelque analogie avec ce que nous voyons sous nos yeux, & qu'on n'en rejette aucune.

« Tout ce que nous disons sur les météores sera constaté suffisament, si après avoir présenté différentes causes, toutes d'accord avec ce qui se passe autour de nous, nous ne donnons l'exclusion à aucune. Car ceux qui en adoptent une & rejettent les autres, qui ne sont pas moins vraisemblables, courent risque d'abandonner le vrai pour des romans ».

Voici de quelle manière *Epicure* raisonnoit : Quand on a une seule explication mécanique d'un phénomène, on n'a pas besoin d'avoir recours à l'action des dieux pour l'expliquer, à plus forte raison quand on en a plusieurs. Or, nous adoptons toutes les explications mécaniques des phénomènes ; donc, il sera inutile d'avoir recours à l'action de la divinité pour en rendre raison.

Les ennemis d'*Epicure* lui reprochoient d'être entièrement ignorant, & très-mauvais logicien : j'ai laissé au lecteur à en porter son jugement dans les occasions qui se sont présentées dans la lettre à Hérodote, & qui se présenteront encore dans celle-ci. Notre unique objet est d'exposer, & de fournir des preuves de notre exposition.

Définition du monde. Seg. 88.

1. « Le monde est cette convexité du ciel qui comprend les astres, la terre, & tous leurs phénomènes. C'est une portion de l'infini terminée en elle-même par des extrémités qui sont denses ou rares, en mouvement ou en repos, rondes ou triangulaires, ou de quelque autre figure : car aucune de ces formes ne répugne ou

---

(1) Adv. Col. p. 1134 C.

» foi, ni aux phénomènes. Lorsque cette con-
» vexité se brisera, tout l'intérieur se décompo-
» sera, & tombera dans la confusion.

» Nous ne pouvons savoir de quelle nature ni
» de quelle forme sont les limites de ce monde,
» ni où elles sont ; mais nous pouvons savoir
» qu'il y a une infinité de mondes..

Comment ce monde a pu se former? Seg. 89.

3. » On conçoit qu'un monde tel que celui-ci
» a pu se former, soit dans les intermondes,
» (nous appellons ainsi l'intervalle qui sépare deux
» ou plusieurs mondes), soit dans une espace en-
» tiérement dégagé de toutes concrétions, (mais
» qui n'est pas un vuide absolu, comme l'ont dit
» quelques philosophes), lorsque les atômes ou
» semences convenables venant d'un ou de plu-
» sieurs autres mondes, ou de quelque inter-
» monde, s'unissant peu à peu, se condensant,
» se transportant au gré du hasard, & recevant
» d'ailleurs des accroissemens, acquièrent enfin
» la solidité de l'organisation que comporte la
» nature des premiers fondemens de la masse
» entière. Car ce n'est pas assez de parler de la
» rencontre des atômes, ni de leur circonvo-
» lution (1) dans l'endroit de l'espace, où il
» doit se former un monde par les loix méca-
» niques, ni de dire que la masse s'accroît jus-
» qu'à ce qu'elle en ait touché une autre,
» comme l'ont dit quelques-uns de ceux qu'on
» appelle physiciens. Cela répugne à nos idées
» & aux phénomènes.

Formation des astres. Seg. 90.

4. » Le soleil, la lune, & les autres astres n'ont
» point été formés à part, & ensuite reçus dans
» ce monde. Ils se sont accrus & conformés,
» (de même que la terre, la mer, & ce que
» l'une & l'autre renferme), par les sécrétions
» & les circonvolutions d'une matière subtile,
» semblable à l'air, au feu, ou tenant de tous
» les deux. Les sens même nous donnent idée
» de cette espèce de formation.

Grandeur du soleil & des autres astres. Seg. 91.

5. » Le soleil & les autres astres ne sont pas,
» relativement à nous, plus grands qu'ils ne le pa-
» roissent (2).

» Mais en eux-mêmes, ils peuvent être un
» peu plus grands, ou un peu moins, ou pré-
» cisément la même chose (3). On peut en juger
» par les feux que nous voyons à une certaine
» distance de nous. Quelque difficulté qu'on fasse
» sur ce point, on les résoudra aisément, si on
» part toujours de ce qui se passe sous nos yeux,
» comme nous l'avons démontré amplement dans
» nos livres de physique ».

Epicure, qu'il soit permis de l'observer une fois en passant, pourroit bien être de ceux qui ne montrent jamais tant de confiance que quand ils ne sont point sûrs d'eux-mêmes. Ce trait d'ignorance sur la grandeur des astres lui a été souvent reproché par ses ennemis. On en verra d'autres, sans compter ceux qu'on a déjà vûs.

Mouvement journalier des astres. Seg. 92.

6. « Le lever & le coucher du soleil & des
» autres astres, peut venir d'un feu qui s'allume
» en certains endroits du ciel, & qui s'éteint
» dans d'autres, par la rencontre d'une matière
» propre à produire ces deux phénomènes (4).
» Nul exemple ne s'y oppose. Peut-être aussi
» viennent-ils de l'élévation de ces astres sur
» l'horizon, & de leur abaissement au-dessous,
» par la même raison.

» Le mouvement des astres peut s'expliquer
» par le mouvement général du ciel même qui
» les entraîneroit avec lui ; ou par une progres-
» sion qui leur seroit propre dans un ciel immo-
» bile, en suivant certaines loix mécaniques
» établies dès l'origine, & dont l'impression aura
» commencé en orient ; ou enfin, par l'action
» d'un feu qui s'avance toujours dans le ciel,
» en poursuivant son aliment.

Mouvement périodique du soleil & de la lune. Seg. 92.

7. » Les retours périodiques du soleil & de
» la lune peuvent être causés par l'obliquité
» même du ciel, qui, avec le tems, auroit pris
» cette configuration ; ou par la résistance de
» l'air ; ou parce que la matière qui nourrit les
» astres seroit disposée de cette sorte, & les atti-
» reroit de celle qui seroit consumée, à celle
» qui ne le seroit point. Enfin, ils peuvent ve-
» nir du premier ébranlement qui a déterminé les
» astres dont il s'agit, à un mouvement spiral

---

(1) δίνον ou δίνεσιν.

(2) Anaximandre a pensé que le soleil étoit un globe concave qui vomissoit le feu par une bouche aussi grande que la terre. *Plut. Plac. II. c. 21.*

[3] Huic [*Epicuro*] Sol bipedalis fortasse : tantum enim esse censet quantus videtur, vel paulò aut majorem, aut minorem. *Cic. de Fin. I. n. 6.*

(4) C'étoit l'opinion des Stoïciens. *Voyez Plut. Placit. II. c. 23.*

» & périodique. Aucun de ces moyens ne ré-
» pugne, si on les rapproche de ce qui nous est
» connu, sans s'embarrasser des systèmes serviles
» des astronomes (1).

De la lune en particulier. Seg. 93.

8. » Les accroissemens & les déclins de la
» lune peuvent se faire par son mouvement sur
» elle-même, *en lui supposant un côté obscur*,
» ou par quelque configuration de l'air comprimé ;
» ou par l'interposition de quelque corps opaque,
» ou enfin par quelque autre moyen, qui, se
» pratiquant sous nos yeux, peut nous expliquer
» de pareils effets.....

» La lune peut avoir sa lumière par elle-même,
» ou l'emprunter du soleil : il y a des exemples
» de l'un & de l'autre. Nul phénomène ne s'y
» oppose.....

» Cette face qui paroît sur l'orbe de la lune,
» peut venir de la différence des parties qui la
» composent, ou d'un corps opaque qui la
» couvre, ou de quelque autre cause semblable
» à ce que nous voyons ailleurs. Car il faut
» s'attacher constamment à ces premiers fonde-
» mens de nos connoissances, sans lesquelles il
» n'y a point de tranquillité à espérer.

Cette face apparemment avoit de quoi effrayer
le petit peuple de la secte, qui n'étoit rien
moins que subtil, *genus minimè malitiosum*. Comme
les dieux, selon *Epicure*, avoient la figure
humaine, ils pouvoient craindre que sous ce
masque pâle, il n'y eût quelque esprit curieux
de la conduite des hommes, & capables d'agir
en conséquence de ce qu'il auroit vu.

Des éclipses. Seg. 66.

9. » Les éclipses du soleil & de la lune
» peuvent arriver par l'extinction même de la
» lumière de ces deux astres, ou par l'opposition
» de quelque autre corps, tel que le ciel & la
» terre, &c. ».

Ce n'est pas assez pour *Epicure* d'avoir une
bonne explication ; il ramasse aussi les mauvaises,
afin de faire nombre, & de peur de donner dans
les explications exclusives.

» Le retour régulier des éclipses doit s'expli-
» quer comme d'autres phénomènes qui sont sous
» nos yeux. On n'a pas besoin pour cela de la
» puissance des dieux, qui doivent être sans au-
» cune fonction, & jouir d'un bonheur complet.
» Si on les appelle, toute la physique des corps
» célestes est inutile pour nous tranquilliser ».

Et si on ne les appelle pas, elle est inexplicable. On doit les appeler pour être première
cause, & pour fonder les loix générales du mouvement ; ensuite on appelle l'observation & le
raisonnement, c'est-à-dire, la physique, pour
expliquer les causes secondes & leurs effets.

Causes de la variation des jours & des nuits. Seg. 98.

10. » La variation successive dans la longueur
» des jours & des nuits peut venir de ce que
» le soleil va tantôt plus vite & tantôt plus len-
» tement, selon les lieux qu'il a à traverser, soit
» au-dessus, soit au-dessous de l'horizon ; ou
» parce que la route est tantôt plus longue &
» tantôt plus courte, ou parce qu'elle est plus
» difficile en certains endroits & moins en d'autres :
» nous voyons ici bas des effets & des causes
» semblables ».

Hâtons-nous de venir au tonnerre, aux éclairs,
à la foudre, sur lesquels les *épicuriens* ont besoin
d'être rassurés.

Du tonnerre. Seg. 100.

11. » Les tonnerres peuvent être causés par des
» vents qui se roulent & se trémoussent dans
» les cavités des nuages, comme dans nos ton-
» neaux vuides, ou par l'explosion d'un feu
» que l'air anime, ou par la rupture & la sépa-
» ration violente des nuages, ou par le choc
» & le froissement des nuages congelés : enfin,
» les phénomènes terrestres nous fournissent
» plusieurs explications de celui-ci.

Des éclairs. Seg. 101.

12. » Il y en a aussi plusieurs pour l'éclair.
» Le frottement & le choc des nuages peuvent
» produire la configuration qui donne le feu
» & par conséquent l'éclair. Les vents se por-
» tant à travers les nuages, peuvent pousser des
» bouffées de flammes. L'éclair peut naître par
» expression, d'un nuage comprimé, soit par
» un autre nuage, soit par les vents. Ce peut
» être la lumière des astres, interceptée d'abord
» par les nuages ; & rendue ensuite par l'action des
» vents ou de ces mêmes nuages qui la laissent
» échapper. Ce peut être encore cette même lu-
» mière criblée à travers les nuages, au moment
» que le feu agit dans les nuées & qu'il produit le
» tonnerre par leur mouvement. Ce peut être l'air
» enflammé par l'excès du mouvement & par le
» choc violent des réflexions (102) ; enfin, ce
» peut être le brisement des nuées fait par les
vents

---

(1) *Epicure* est toujours dur ou méprisant dans les
qualifications qu'il donne à ceux qui ne sont pas de
son avis.

» vents : les atômes ignés s'élancent & font
« briller l'éclair.

» L'éclair précède le tonnerre, parce que dans
» l'inftant où le vent tombe fur la nuée, la con-
» figuration que produit l'éclair fe fait, & que
» le même vent fe développant ne produit le
» tonnerre que l'inftant d'après : ou fi l'on veut
» que les deux effets foient fimultanés, il faudra
» dire que l'éclair arrive à nous plus vite que
» le tonnerre. C'eft ainfi que l'action qui fe fait
» avec bruit, & qu'on voit à une certaine dif-
» tance nous envoie l'image avant le fon ».

De la foudre. Seg. 103.

13. » La foudre peut être l'effet de plufieurs
» vents emprifonnés, qui fe roulent violem-
» ment, s'enflamment & brifent la nuée par un
» feu qui fe précipite, tantôt fur les mon-
» tagnes, tantôt fur d'autres lieux qui font au-
» deffous. Ce brifement violent fe fait à caufe
» de la condenfation extrême des nuages envi-
» ronans, laquelle empêche le feu de pénétrer
» peu à peu, & l'oblige à l'effort qui le met en
» liberté. Il peut y avoir encore d'autres caufes :
» l'effentiel eft de ne point donner dans les caufes
» chimériques ».

Ces caufes chimériques feroient le bras de
quelque divinité offenfée, qui ne tonneroit jamais que pour annoncer fa colère aux mortels
coupables à fes yeux.

Des comètes. Seg. 111.

14. » Il y a des comètes, lorfqu'un feu nourri
» dans certains lieux de l'air, pendant un cer-
» tain tems, s'allume : & que le ciel par une
» certaine difpofition de la matière environnante
» le foutient pendant un certain tems au-deffus
» de nos têtes (1) ; ou lorfque mues par certaines
» conjonctures, elles s'approchent de nous &
» viennent briller à nos yeux. Elles difparoiffent
» par les caufes contraires, foit que quelque
» chofe s'oppofe à leur mouvement, comme la
» terre, cette partie immobile autour de laquelle
» le refte tourne ; foit qu'elles aient autour d'elles
» un tourbillon qui les empêche d'approcher
» de nous, de même que d'autres aftres ; foit
» enfin le défaut de matière dont elles fe re-
» paiffent, où on les voit, & qui les empêche
» d'aller où on ne les voit pas. Explications
» qui ne font pourtant point exclufives.

Des planètes. Seg. 113.

15. » Parmi les aftres, il y en a qu'on appelle
» errans, parce que leur mouvement eft tel,
» & d'autres fixes & non errans. Il peut fe faire
» que dans les commencemens ils aient été déter-
» minés par des loix particulières, les uns à
» l'uniformité dans leur mouvement ; les autres
» à quelques variations contraires aux loix gé-
» nérales du mouvement circulaire. Il peut fe
» faire encore que dans les routes qu'ils par-
» courent, les lieux foient tellement difpofés en
» certains endroits, que les aftres y fuivent
» toujours le même ordre, & qu'ailleurs, au
» contraire, il y ait des irrégularités dans leurs
» courfes. Il feroit infenfé de s'attacher à une
» feule caufe, lorfqu'on voit par les phénomènes
» qu'il peut y en avoir plufieurs. C'eft témérai-
» rement que les partifans d'une aftrologie fri-
» vole cherchent des explications ridicules,
» affujétiffant la divinité à des fervices indignes
» d'elle.

Des préfages. Seg. 115.

16. » Les préfages que l'on tire de certains
» animaux ne font que des faits occafionnés par
» l'influence des faifons. Dira-t-on que les oifeaux
» qui changent de climats forcent l'hiver d'arri-
» ver ? ou qu'il y ait quelque part des divinités
» affifes, en attendant le départ de ces animaux
» comme un avis pour agir en conféquence ?
» Il n'eft point d'animal, quelque ftupide qu'il
» foit, en qui puiffe naître cette penfée : com-
» ment pourroit-elle être dans les dieux » ?

On conviendra aifément qu'il falloit que Py-
tocles & les autres *épicuriens* pour qui *Epicure* a
écrit cet abrégé fur les phénomènes céleftes,
ne fuffent guères alarmés de l'action des dieux,
fi les explications qu'on vient de voir ont fuffi
pour leur mettre l'âme en repos. Quand toutes
ces explications feroient vraies, elles ne donneroient que les caufes fecondes, & c'eft des premières feules qu'il s'agit.

Nos modernes rient de cette manière de procéder. Ils n'ont pas tort. Mais ils oublient dans
ce moment ce qu'ils ont éprouvé eux-mêmes,
qu'une demi-preuve & quelquefois moins, fuffit
à quiconque defire d'être perfuadé. Eft-ce raifonner, dit-on, que d'attribuer au hafard les
mouvemens du ciel fi certains, le cours des aftres
fi régulier, toutes chofes fi bien liées enfemble,
fi bien proportionnées & conduites par des loix
fi conftantes & fi invariables ?

Mais eft-ce raifonner davantage que d'attribuer
tous ces effets merveilleux à une caufe néceffaire,
qui connoît fans action, qui choifit fans deffein,
qui fe meut fans liberté, qui fe modifie par
nature & par néceffité ? Lequel vaut mieux du
hazard, ou de la fatalité, aveugle ou non, pour
donner une ordonnance réelle à l'univers, de la
dignité à l'homme, du mérite à la vertu ? Dans

---

[1] Lec. de Meiboni.
Philofophie anc. & mod. Tom II.

l'un & dans l'autre fyftême, le monde eft-il autre chofe qu'un palais fans roi, l'homme qu'un animal fans deftination, la vertu qu'une opinion de mode? Le monde phyfique eft-il autre chofe qu'une maffe organifée fans deffein; & le monde moral qu'un fyftême de politique?

On eft étonné qu'il y ait eu un homme qui fe foit perfuadé que certains corps folides fe mouvoient d'eux-mêmes par leur pefanteur naturelle, & que de leur concours fortuit, il fe foit formé un monde tel que celui-ci. On a raifon.

Mais ne doit-on pas être étonné de même qu'il y ait des gens d'efprit, qui, avec je ne fais quels principes métaphyfiques, dont l'unité rigoureufe, la fubftance générale, la nature naturante, & la nature naturée font les notions élémentaires, ont cru pouvoir compofer ce même monde, & établir par enthoufiafme ces idées bizarres & inintelligibles, à la place de la tradition du genre humain? On peut du moins imaginer les atômes, les concevoir jufqu'à un certain point, concevoir leur mouvement, leurs rencontres.... Mais ces autres principes, dont pourtant on veut tirer les mêmes conféquences par rapport au bonheur de la vie, joignent aux inconvéniens des atômes une incompréhenfibilité abfolue, fous laquelle l'efprit gémit gratuitement, fans que le cœur en ait plus de liberté.

Qu'on compare ces chimères énigmatiques avec la noble fimplicité de la doctrine qui fert de frein & de confolation au vulgaire. « Nous commençons par croire qu'il y a un Dieu maître de tout & qui gouverne tout, qui difpofe de tous les événemens, qui ne ceffe de faire du bien au genre humain; dont les regards démêlent ce que chacun eft, ce que chacun fait, tout ce qu'on fe permet à foi-même, dans quel efprit & avec quels fentimens on profeffe la loi, la religion; & qui met de la différence entre l'homme pieux & l'impie..... Peut-on nier que ces fentimens-là ne foient d'une grande utilité, & combien eft fainte une fociété d'hommes perfuadés qu'ils ont au milieu d'eux & pour juge & pour témoin un Dieu jufte, infiniment puiffant »? *Sit hoc perfuafum civibus dominos effe omnium rerum ac moderatores, Deos: eaque quæ gerantur, eorum geri ditione ac numine, eofdemque optimè de genere hominum mereri; & qualis quifque fit, quid agat, quid in fe admittat, quâ mente, quâ pietate colat religiones intueri: piorumque & impiorum habere rationem.... Utiles effe opiniones has, quis neget, quamquam fanctâ fit focietas civium, inter ipfos Diis immortalibus interpofitis tum judicibus, tum teftibus?* Cic. de Leg. II. 7.

ÉTHIOPIENS, f. m. plur. (PHILOSOPHIE DES) *Hiftoire de la philofophie ancienne.*

Les *éthiopiens* ont été les voifins des égyptiens, & l'hiftoire de la philofophie des uns n'eft pas moins incertaine que l'hiftoire de la philofophie des autres. Il ne nous eft refté aucun monument digne de foi fur l'état des arts & des fciences dans ces contrées. Tout ce qu'on nous raconte de l'Ethiopie paroît avoir été imaginé par ceux qui, jaloux de mettre Apollonius de Tyane en parallèle avec Jéfus-Chrift, ont écrit la vie du premier d'après cette vue.

Si l'on compare les vies de la plupart des légiflateurs, on les trouvera calquées à-peu-près fur un même modèle; & une règle de critique qui feroit affez fûre, ce feroit d'examiner fcrupuleufement ce qu'elles auroient chacune de particulier, avant que de l'admettre comme vraie, & de rejetter comme faux tout ce qu'on y remarqueroit de commun. Il y a une forte préfomption que ce qu'on attribue de merveilleux à tant de perfonnages différens, n'eft vrai d'aucun.

Les *éthiopiens* fe prétendoient plus anciens que les égyptiens, parce que leur contrée avoit été plus fortement frappée des rayons du foleil qui donne la vie à tous les êtres.

D'où l'on voit que ces peuples n'étoient pas éloignés de regarder les animaux comme des développemens de la terre mife en fermentation par la chaleur du foleil, & de conjecturer en conféquence que les efpèces avoient fubi une infinité de transformations diverfes, avant que de parvenir fous la forme où nous les voyons; que dans leur première origine les animaux naquirent ifolés; qu'ils purent être enfuite mâles & femelles, tout à la fois, comme on en voit encore quelques-uns; & que la féparation des fexes n'eft peut-être qu'un accident, & la néceffité de l'accouplement qu'une voie de génération analogue à notre organifation actuelle.

Quelles qu'aient été les prétentions des *éthiopiens* fur leur origine, on ne peut les regarder que comme une colonie d'égyptiens; ils ont eu, comme ceux-ci, l'ufage de la circoncifion & des embaumemens, les mêmes vêtemens, les mêmes coutumes civiles & religieufes; les mêmes dieux, Hammon, Pan, Hercule, Ifis; les mêmes formes d'idoles, le même hiéroglyphe, les mêmes principes, la diftinction du bien & du mal moral, l'immortalité de l'ame & les métempfycofes, le même clergé, le fceptre en forme de foc, &c. en un mot, fi les *éthiopiens* n'ont pas reçu leur fageffe des égyptiens, il faut qu'ils leur aient tranfmis la leur; ce qui eft fans aucune vraifemblance: car la philofophie des égyptiens n'a point un air d'emprunt; elle tient à des circonftances inaltérables, c'eft une production du fol. Elle eft liée avec les phénomènes du climat par une infinité de rapports. Ce feroit en Ethiopie, *proles fine matre creata* : on en rencontre les causes en Egypte; & si nous étions mieux instruits, nous verrions toujours que tout ce qui est, est comme il doit être, & qu'il n'y a rien d'indépendant, ni dans les extravagances des hommes, ni dans leurs vertus.

Les *éthiopiens* s'avouoient autant inférieurs aux indiens, qu'ils se prétendoient supérieurs aux égyptiens ; ce qui me prouve, contre le sentiment de quelques auteurs, qu'ils devoient tout à ceux-ci, & rien aux autres. Leurs Gymnosophistes, car ils en ont eu, habitoient une petite colline voisine du Nil ; ils étoient habillés dans toutes les saisons à-peu-près comme les athéniens au printems. Il y avoit peu d'arbres dans leur contrée ; on y remarquoit seulement un petit bois où ils s'assembloient pour délibérer sur le bonheur général de l'Ethiopie. Ils regardoient le Nil comme le plus puissant des dieux : c'étoit, selon eux, une divinité *terre & eau*. Ils n'avoient point d'habitations ; ils vivoient sous le ciel : leur autorité étoit grande ; c'étoit à eux qu'on s'adressoit pour l'expiation des crimes. Ils traitoient les homicides avec la derniere sévérité. Ils avoient un ancien pour chef. Ils se formoient des disciples, &c.

On attribue aux *éthiopiens*, l'invention de l'astronomie & de l'astrologie ; & il est certain que la sérénité continuelle de leur ciel, la tranquillité de leur vie, & la température toujours égale de leur climat, ont dû les porter naturellement à ce genre d'étude.

Les phases différentes de la lune sont, à ce qu'on dit, les premiers phénomènes célestes dont ils furent frappés ; &, en effet, les inconstances de cet astre me semblent plus propres à incliner les hommes à la méditation, que le spectacle constant du soleil, toujours le même sous un ciel toujours serein. Quoique nous ayons l'expérience journaliere de la vicissitude des êtres qui nous environnent, il semble que nous nous attendions à les trouver constamment tels que nous les avons vus une premiere fois ; & quand le contraire est arrivé, nous le remarquons avec un mouvement de surprise : or, l'observation & l'étonnement sont les premiers pas de l'esprit vers la recherche des causes. Les *éthiopiens* rencontrerent celle des phases de la lune, ils assurerent que cet astre ne brille que d'une lumiere empruntée. Les révolutions & même les irrégularités des autres corps célestes ne leur échapperent pas ; ils formerent des conjectures sur la nature de ces êtres ; ils en firent des causes physiques générales. Ils leur attribuerent différens effets, & ce fut ainsi que l'astrologie naquit parmi eux de la connoissance astronomique.

Ceux qui ont écrit de l'Ethiopie prétendent que ces lumieres & ces préjugés passerent de cette contrée dans l'Egypte, & qu'ils ne tarderent pas à pénétrer dans la Lybie : quoi qu'il en soit, le peuple, par qui les lybiens furent instruits, ne peut être que de l'ancienneté la plus reculée. Atlas étoit de Lybie. L'existence de cet astronome se perd dans la nuit des tems : les uns le font contemporain de Moyse, d'autres le confondent avec Enoch : si l'on suit un troisieme sentiment, qui explique fort bien la fable du ciel porté sur les épaules d'Atlas, ce personnage n'en sera que plus vieux encore ; car ces derniers en font une montagne.

La philosophie morale des égyptiens se réduisoit à quelques points, qu'ils enveloppoient des voiles de l'énigme & du symbole, « il faut » disoient-ils, adorer les dieux, ne faire de mal » à personne, s'exercer à la fermeté, & mépriser » la mort : la vérité n'a rien de commun, ni avec » la terreur des arts magiques, ni avec l'appa- » reil imposant des miracles & du prodige : la » tempérance est la base de la vertu ; l'excès dé- » pouille l'homme de sa dignité : il n'y a que les » biens acquis avec peine dont on jouisse avec » plaisir : le faste & l'orgueil sont des marques » de petitesse : il n'y a que vanité dans les visions » & dans les songes, &c. »

Nous ne pouvons dissimuler que le sophiste, qui fait honneur de cette doctrine aux *éthiopiens*, ne paroisse s'être proposé secretement de rabaisser un peu la vanité puérile de ses concitoyens, qui renfermoient dans leur petite contrée toute la sagesse de l'univers.

Au reste, en faisant des *éthiopiens* l'objet de ses éloges, il avoit très-bien choisi. Dès le tems d'Homere, ces peuples étoient connus & respectés des grecs pour l'innocence & la simplicité de leurs mœurs. Les Dieux mêmes, selon leur poëte, se plaisoient à demeurer au milieu d'eux. Ζεὺς... μετ' ἀμυμονας... αἰθιοπῆας... ἰση... θεοὶ δ' ἁμα παντες.... *Jupiter s'en étoit allé*, dit-il, *chez les peuples innocens d'Ethiopie, & avec lui tous les Dieux*. Iliad.

(Cet article est de *DIDEROT*.)

EXOTÉRIQUE & ÉSOTÉRIQUE. (*Histoire de la philosophie ancienne.*)

Le premier de ces mots signifie *extérieur*, le second *intérieur*.

Les anciens philosophes avoient une double doctrine ; l'une externe, publique ou *exotérique* ; l'autre interne, secrette ou *ésotérique*. La premiere s'enseignoit ouvertement à tout le monde, la seconde étoit réservée pour un petit nombre de disciples choisis. Ce n'étoit pas différens points de doctrine que l'on enseignoit en public ou en particulier, c'étoient les mêmes sujets, mais traités différemment, selon que l'on parloit devant la multitude ou devant les disciples choisis. Les philosophes des temps postérieurs composèrent quelques ouvrages sur la doctrine cachée de leurs prédécesseurs, mais ces traités ne sont point parvenus jusqu'à nous ; Eunape, dans la vie de Porphire, lui en attribue un, & Diogène Laërce en cite un de Zacynthe. *Voyez* ECLECTISME.

Les grecs appeloient du même nom les secrets des écoles & ceux des mystères, & les philosophes n'étoient guère moins circonspects à révéler les premiers, qu'on l'étoit à communiquer les seconds. La plupart des modernes ont regardé cet usage comme un plaisir ridicule, fondé sur le mystère, ou comme une petitesse d'esprit qui cherchoit à tromper. Des motifs si bas ne furent pas ceux des philosophes : cette méthode venoit originairement des égyptiens, de qui les grecs l'empruntèrent ; & les uns & les autres ne s'en servirent que dans la vue du bien public, quoiqu'elle ait pu par la suite des tems dégénérer en petitesse.

Il n'est pas difficile de prouver que cette méthode venoit des Egyptiens ; c'est d'eux que les Grecs tirèrent toute leur science & leur sagesse. Hérodote, Diodore de Sicile, Strabon, Plutarque, tous les anciens auteurs en un mot, sont d'accord sur ce point : tous nous assurent que les prêtres Egyptiens, qui étoient les dépositaires des sciences, avoient une double philosophie ; l'une secrete & sacrée, l'autre publique & vulgaire.

Pour juger quel pouvoit être le but de cette conduite, il faut considérer quel étoit le caractère des prêtres Egyptiens. Elien rapporte que dans les premiers tems, ils étoient juges & magistrats. Considérés sous ce point de vue, le bien public devoit être le principal objet de leurs soins dans ce qu'ils enseignoient, comme dans ce qu'ils cachoient ; en conséquence, ils ont été les premiers qui ont prétendu avoir communication avec les dieux, qui ont enseigné le dogmes des peines & des récompenses d'une autre vie, & qui, pour soutenir cette opération, ont établi les mystères dont le secret étoit l'unité de Dieu.

Une preuve évidente que le but des instructions secrettes étoit le bien public, c'est le soin que l'on prenoit de les communiquer principalement aux rois & aux magistrats. « Les Egyptiens, dit » Clément d'Alexandrie, ne révèlent point leurs » mystères indistinctement à toutes sortes de per- » sonnes ; ils n'exposent point aux profanes leurs » vérités sacrées, ils ne les confient qu'à ceux qui » doivent succéder à l'administration de l'etat, & » à quelques-uns de leurs prêtres les plus recom- » mandables par leur éducation, leur savoir & leurs » qualités ».

L'autorité de Plutarque confirme la même chose.

« Les rois, dit-il, étoient choisis parmi les prê- » tres ou parmi les hommes de guerre. Ces deux » états étoient honorés & respectés, l'un à cause » de sa sagesse, & l'autre à cause de sa bravoure, » mais lorsqu'on choisissoit un homme de guerre, » on l'envoyoit d'abord au collège des prêtres, » où il étoit instruit de leur philosophie secrette, » & on lui dévoiloit la vérité cachée sous le voile » des fables & des allégories ».

Les mages de Perse, les druides des Gaules, les brachmanes des Indes, tous semblables aux prêtres Egyptiens, & qui comme eux participoient à l'administration publique, avoient de la même manière, & dans la même vue leur doctrine publique, & leur doctrine secrette.

Ce qui a fait prendre le change aux anciens & aux modernes sur le but de la double doctrine, & leur a fait imaginer qu'elle n'étoit qu'un artifice pour conserver la gloire des sciences & de ceux qui en faisoient profession, a été l'opinion générale que les fables des dieux & des héros avoient été inventées par les sages de la première antiquité, pour déguiser & cacher des vérités naturelles & morales, dont ils vouloient avoir le plaisir de se réserver l'explication. Les philosophes grecs des derniers tems sont les auteurs de cette fausse hypothèse, car il est évident que l'ancienne mythologie du paganisme naquit de la corruption de l'ancienne tradition historique ; corruption qui naquit elle-même des préjugés & des folies du peuple, premier auteur des fables & des allégories : ce qui, dans la suite, donna lieu d'inventer l'usage de la double doctrine, non pour le simple plaisir d'expliquer les prétendues vérités cachées sous l'enveloppe de ces fables, mais pour tourner au bien du peuple les fruits mêmes de sa folie & de ses préjugés.

Les législateurs grecs furent les premiers de leur nation qui voyagèrent en Egypte. Comme les égyptiens étoient alors le peuple le plus fameux dans l'art du gouvernement, les premiers grecs qui projettèrent de réduire en société civile les différentes hordes ou tribus errantes de la Grèce, allèrent s'instruire chez cette nation savante, des principes qui servent de fondement à la science des législateurs, & ce fut le seul objet auquel ils s'appliquèrent : tels furent Orphée, Rhadamante, Minos, Lycaon, Triptolème, &c. C'est là qu'ils apprirent l'usage de la double doctrine, dont l'institution des mystères, une des parties les plus essentielles de leurs établissemens politiques, est un monument remarquable.

Voyez les dissertations sur l'union de la religion, de la morale & de la politique, tirées de la légation divine de Moyse, du docteur Warburthon, & traduites par M. de Silhouette. tom. II., dissertat. 8.

(Cet article est de FORMEY.)

F

FATALISME & FATALITÉ DES STOÏCIENS. (*Histoire de la philosophie ancienne & moderne*).

J'ai eu plusieurs fois occasion dans le cours de cet ouvrage de faire quelques réflexions sur cette matière : mais si ces réflexions, écrites rapidement & dans l'ordre où elles se sont offertes alors à mon esprit, ont à-peu-près le caractère & l'étendue qu'elles doivent avoir dans des articles dont elles ne sont pas l'objet direct ; elles ne suffisent pas pour éclaircir cette question, une des plus importantes dont les métaphysiciens puissent s'occuper. Je me suis donc proposé de traiter ici ce sujet avec tout le soin dont je suis capable. Je craindrai d'autant moins de m'éloigner des idées reçues, qu'en général la vérité se trouve bien plus souvent dans les principes qui les renversent que dans ceux qui les confirment.

Pour peu qu'on soit versé dans l'histoire de la philosophie ancienne, on sait que, selon les *Stoïciens*, rien n'arrive qui ne soit un effet nécessaire & inévitable de la *fatale destinée*, qu'ils définissoient un certain ordre ou enchaînement de choses qui se suivent les unes les autres de toute éternité, sans que rien puisse changer ou interrompre la liaison étroite & naturelle qu'elles ont entre elles (1). Ils pensoient donc que tout se fait dans la nature par des loix immuables & éternelles ; qu'un destin aveugle & irrévocable nous entraine ; que le premier instant de notre vie en règle absolument la suite, & qu'enfin l'homme n'est point libre.

« La liberté, *disoient-ils*, est une chimère
» d'autant plus flatteuse, que l'amour propre s'y
» prête tout entier. Elle consiste en un point
» assez délicat, en ce qu'on se rend témoignage
» à soi-même de ses actions, & qu'on ignore
» les motifs qui les ont fait faire. Il arrive de-là,
» que méconnoissant ces motifs, & ne pouvant
» rassembler les circonstances qui l'ont déterminé
» à agir d'une certaine manière, chaque homme
» se félicite de ses actions, & se les attribue.
» Mais quoi, peut-il penser qu'il ait véritable-
» ment le pouvoir de se déterminer ? Ne sont-
» ce point plutôt les objets extérieurs combinés
» de mille façons différentes, qui le poussent, le
» déterminent ? Sa volonté est-elle une faculté
» vague & indépendante, qui agisse sans choix &
» par caprice ? elle agit, soit en conséquence d'un
» jugement, d'un acte de l'entendement qui lui
» représente que telle chose est plus avantageuse,
» plus convenable à ses intérêts que toute autre ;
» soit parce qu'indépendamment de cet acte, les
» circonstances où un homme se trouve, l'incli-
» nent, le forcent à se tourner d'un certain côté,
» & il se flatte de s'y être tourné librement,
» quoiqu'il n'ait pas pu vouloir se tourner d'un
» autre ».

On conçoit sans peine que les *Stoïciens*, en procédant par une analyse bien faite, c'est-à-dire, en descendant de perceptions claires en perceptions claires, aient pu arriver à ce résultat que l'observation, l'expérience & le raisonnement confirment également ; mais on ne peut trop s'étonner que ces dialecticiens, souvent si subtils, n'ayent pas vu que leur dogme de la *fatalité* rendoit absolument inutiles les vœux, les prières, les autels (2),

---

(1) Fatum.... ad hanc fermè sententiam Chrysippus sic ut princeps philosophiæ definit. Fatum est, inquit, sempiterna quidem & indeclinabilis series rerum & catena volvens semetipsa sese & implicans per æternos consequentiæ ordines, ex quibus apta connexaque est. (*Aul. Gel. noct. attic. lib.* 6 *cap.* 2. *init.*.

Auluggelle rapporte ensuite les propres termes de Chrysippe, dont le latin qu'on vient de lire exprime fort bien le sens.

(1) Plutarque avoit aussi remarqué cette discordance de la métaphysique & de la morale des stoïciens «Ils pen-
» sent, dit-il, que les épicuriens, qui nient que
» les dieux s'empêchent du gouvernement des
» choses humaines, se réfutent eux-mêmes,
« quand ils leur sacrifient, & eux-mêmes sont
» encore mieux réfutés, quand ils sacrifient aux
» dieux dedans les temples, & sur les autels, lesquels
» ils maintiennent ne devoir point estre, ny que l'on
» n'en doit point bastir, *Voyez* les contredicts des phi-
» losophes stoïques, de la traduction d'Amiot, pag.
» 523. Edit. de Vascosan, *in*-8.

Au reste, il paroît que Sénèque avoit prévu l'objection que je fais ici aux stoïciens, car il se fait demander par Lucilius, à quoi servent les sacrifices, les expiations, si les arrêts du destin sont immuables ? La réponse du philosophe est directe & précise « Vous
» n'arrachez mon secret, *dit-il à son ami*, apprenez
» donc que j'embrasse la secte rigide qui, en adoptant
» les cérémonies religieuses, ne les regarde que comme
» des frivolités consolantes pour une ame malade. Le
» destin ne se conduit pas comme nous le pensons ; les
» prières ne peuvent le toucher ; il est insensible & aux
» égards & à la pitié ; son cours est irrévocable & sa
» tendance invariable....&c ».

les sacrifices, les expiations, enfin toute espèce de culte, soit intérieur, soit extérieur. Qu'est-ce, en effet, que cette providence dont ils parloient sans cesse, & dont Balbus (1) fait un éloge si pompeux & si emphatique? S'il y a un mot vuide de sens, dans la langue de celui qui admet un *fatalisme* nécessitant, & pour qui tous les évènemens ne sont que les effets d'un rigide méchanisme, c'est certainement celui de *providence*, ou plutôt celui de *Dieu* dont la providence n'est qu'un attribut, une propriété qu'il faut nécessairement lui accorder, si l'on ne veut le réduire au rôle de spectateur oisif, bénévole ou malévole de tout ce qui se passe sur notre terre & autour de lui, en un mot, si l'on n'en veut pas faire un vain épouvantail, & un pur néant. Par quelle bizarre inconséquence les *Stoïciens* étoient-ils donc les plus dévots, les plus religieux de tous les philosophes? A qui adressoient-ils leurs hommages? qui prioient-ils, & quelle récompense pouvoient-ils attendre de leur piété? Rien ne prouve mieux, ce me semble, que les hommes n'agissent point conséquemment à leurs principes, & qu'un philosophe même dont la vie, pour parler comme Montaigne, *est conforme & consonante avec sa doctrine & sa parole*, est un phénomène très-rare. En effet, lorsque dans le silence de la retraite, des intérêts & des passions qui nous agitent au sein de la société, nous examinons la question de la liberté, le résultat évident de nos recherches & de notre méditation, est que cette liberté est une chimère; mais lorsqu'une fois sortis de notre cabinet, & répandus dans les différens cercles de la ville, ou, nous entretenant avec un ami, nous parlons de nos actions & de celles des autres; quand nous les louons ou que nous les blâmons, nous ne sommes certainement pas de cet avis.

Une autre contradiction, non moins remarquable des *Stoïciens*; c'est qu'il n'y a point eu de philosophes qui, soit dans leurs discours, soit dans leurs écrits, aient enseigné plus expressément la doctrine de la *fatale nécessité* de toutes choses, & qui d'un autre côté aient parlé en termes plus énergiques & plus précis de la liberté de l'homme; on trouve la preuve de ce fait dans Plutarque & dans Aulu-gelle. C'est en rapprochant ce que ces auteurs nous ont conservé des opinions de Chrysippe, qu'on voit que son système n'étoit qu'un recueil de pièces mal assorties, entassées confusément & sans nulle proportion entr'elles,

Congestaque eôdem
Non benè junctarum discordia semina rerum.

Il est certain que ses idées sur le destin & sur le principe des actions humaines, étoient mal liées, & contradictoires. Je sais qu'il a soutenu 1°. « Que rien du tout ne s'arrête ni ne se meut, » tant peu que ce soit, autrement que par la » raison de Jupiter qu'il dit être la même que la » *destinée fatale*. 2°. Que cette *fatale destinée* est » une cause invincible que l'on ne peut ni empê- » cher ni fléchir; lui-même l'appelle pour cette » cause *Atropos* & *Adrastie*, comme qui diroit, » cause que l'on ne sauroit détourner ni éviter; » *Nécessité* & *Prépomène*, c'est-à-dire, finissant & » terminant toutes choses (2) ». Mais je sais aussi que la *fatalité*, telle que Chrysippe la concevoit, nous montre l'homme placé dans un ordre de choses qu'une loi générale lie & entraîne, & lui ôte son franc arbitre: c'est même une des objections que Carnéade faisoit à ce philosophe. « Si vous » joignez ainsi dans les arrêts des destinées les » causes avec les effets, *lui disoit-il*, tout se fera » par nécessité, & rien ne sera en notre puissance; » chaque chose dépendra d'une cause antécédente, » & toutes sont enchaînées ensemble d'un lien » naturel & indissoluble. Mais il est constant qu'il » y a des actions qui dépendent de nous & sont » contingentes: donc elles ne se font pas toutes » par des causes externes & antécédentes ».

Si omnia antecedentibus causis fiunt, omnia naturali colligatione consertè contexuntur fiunt: quod si ita est, omnia necessitas efficit. Id si verum est, nihil est in nostra potestate: est autem aliquid in nostra potestate: at si omnia fato fiunt, omnia causis antecedentibus fiunt: non igitur fato fiunt, quæcumque fiunt (3).

Quid ergo expiationes, procurationesque, quo pertinent si immutabilia sunt fata? Permitte mihi illam rigidam sedem tueri eorum, qui excipiunt ista, & nihil aliud esse existimant, quam ægri mentis solatia. Fata aliter jus suum peragunt; nec ulla commoventur prece, non misericordia flectuntur, non gratia. Servant cursum irrevocabilem, ex destinato fluunt, Senec. nat. quæst. Lib. 2. cap. 35).

Voilà l'opinion de Sénèque bien prononcée: c'est à cette espèce de profession de foi très-philosophique qu'il faut s'en tenir, si l'on veut savoir positivement ce qu'il a pensé sur cette matière. A l'égard de ce qu'il ajoute ensuite pour plaider, comme il l'avoue, la cause de ceux qui soutiennent que les vœux sont profitables, sans que pour cela le destin perde rien de sa force & de sa puissance, on doit y faire peu d'attention: ce n'est plus son sentiment qu'il expose & qu'il défend, c'est celui des autres; & d'ailleurs, il est aisé de voir que dans le premier cas, il a fait de la raison, & que dans le second il fait de la théologie.

(1) Apud, Ciceron. de natur. deor. Lib. 2.

(2) Tandem ait nihil ne minimum quidem vel quiescere vel moveri absque Jovis sententia, quæ idem cum fato sit.... fatum Chrysippus *causam insuperabilem* quæque impediri aut mutari nullo modo possit prononcians, ipse *Atropon* (quasi immutabilem) & *Adrasteam* & *Necessitatem* & ut finem omnibus imponentem *Peporomenen* appellat *Plutarchi. de stoicor. repugnant.* pag. 1056. C. edit. Paris 1624.

(3) Carneades apud. Ciceron. de fato, cap. 14. init.

Carnéade avoit très-bien vu que la doctrine du *fatum* une fois admise, tous les actes de la volonté humaine en sont des suites inévitables. Si Chrysippe eût connu les dépendances nécessaires de son dogme de la *destinée*, il en auroit tiré la même conséquence ; mais il étoit bien difficile qu'un homme qui avoit l'esprit plus subtil que juste ; & qui d'ailleurs ne se donnoit guère le tems de creuser jusqu'à une certaine profondeur les matières dont il s'occupoit, ne s'embarrassât pas dans quelques mauvais raisonnemens. C'est aussi ce qui lui est arrivé plusieurs fois dans la question de la liberté. On va voir par l'analyse que nous allons donner de sa solution, que les difficultés dans lesquelles il se précipite sont telles que malgré lui il confirme la nécessité du destin (1) qu'il avoit d'abord établie sans aucune restriction (2).

Premièrement, il suppose, on ne sait ni pourquoi ni comment, que l'ame de l'homme s'est sauvée de la *fatalité* générale ; il l'exempte de la condition de toutes les autres choses, il la fait libre.

Chrysippus autem cum & necessitatem improbaret, & nihil vellet sine præpositis causis evenire, causarum genera distinguit, ut & necessitatem effugiat, & retineat fatum. (apud *Ciceron.* de fato, cap. 18.

Il ne nie point que chaque chose ne soit produite par une cause antécédente, mais il admettoit deux sortes de causes, dont la dernière ne détruisoit point la liberté. « Les causes parfaites & » principales, *disoit-il*, ne permettent pas » que l'action soit libre, mais les causes qui ne » font qu'aider, n'empêchent point qu'elle ne le » soit ».

Causarum enim inquit, aliæ sunt perfectæ & principales, aliæ adjuvantes & proximæ. Quamobrem quam dicimus, omnia fato fieri causis antecedentibus ; non hoc intelligi volumus, causis perfectis & principalibus, sed causis adjuvantibus, antecedentibus, & proximis. Id. ibid.

Secondement, comme ce philosophe prétendoit que nos desirs ne dépendent pas d'une cause externe principale, mais seulement d'une cause externe non principale, & qui ne fait qu'exciter, il concluoit que notre ame les produisoit librement & en étoit la maîtresse. Elle avoit besoin d'être excitée par les objets, sans cela elle n'eût pu former aucun acte de consentement, mais les objets qui l'excitent ne produisent point les actes de sa volonté ; c'est par sa propre force qu'elle se détermine, après que les objets lui ont donné une première impulsion. Il expliquoit cela par une comparaison. « Celui qui pousse un cylindre, » *disoit-il*, lui imprime le premier mouvement, » mais non pas la volubilité ; ce cylindre roule » ensuite par sa propre force ; ainsi notre ame » ébranlée par les objets, se meut ensuite d'elle-» même». Cicéron développe très-bien ce raisonnement de Chrysippe.

Quanquam adsensio non possit fieri nisi commota viso ; tamen, cum id visum proximam causam habeat, non principalem, hanc habet rationem (ut Chrysippus vult) quam dudum diximus, non ut illa quidem fieri possit nulla vi extrinsecus excitata, (necesse est enim adsensionem viso commoveri) sed revertitur ad cylindrum & ad turbinem suum, quæ moveri incipere, nisi pulsa, non possunt. Id autem cum accidit, suapte natura, quod superest, & cylindrum volvi, & versari turbinem putat. Ut igitur, inquit, qui protrusit cylindrum, dedit ei principium motionis, volubilitatem autem non dedit : sic visum objectum imprimet illud quidem & quasi signabit in animo suam speciem, sed adsensio nostra erit in potestate : eaque, quemadmodum in cylindro dictum est, extrinsecus pulsa, quod reliquum est, suapte vi & natura movebitur. (Cicer. *de fato*, cap. 18, & 19. Edit. Davis.)

La conclusion que Chrysippe tiroit de cette théorie, plus ingénieuse que vraie, c'est que l'excuse de ceux qui rejettent sur la destinée les fautes qu'ils commettent, est inadmissible, & qu'il ne faut pas écouter les malfaiteurs qui recourent à un tel asyle. *Propterea negat oportere ferri audirique homines aut nequam aut ignavos & nocentes & audaces ; qui, cum in culpa & in maleficio revicti sunt, perfugiunt ad fati necessitatem, tamquam in aliquod fati asylum ; &, quæ pessimè fecerunt, ea non suæ temeritati sed fato esse attribuenda dicunt.* (Aulus Gell. noct. attic. Lib. 6. cap. 2.)

L'exposé succinct que nous venons de faire du petit système de Chrysippe sur la *fatale destinée*, en découvre toutes les incohérences : elles n'ont point échappé à un excellent critique, dont les ouvrages font beaucoup penser. Comme tout ce qu'il dit à ce sujet est très-propre à éclaircir cette matière, nous rapporterons ici les argumens dont il presse Chrysippe ; on y reconnoît les trois qualités distinctives de son esprit, la clarté, la justesse & la profondeur.

Il observe d'abord que ce philosophe n'étoit point un homme qui se tînt ferme sur ses principes ; qu'il raisonnoit au jour la journée, & qu'il

---

(1) *Dum autem verbis utitur suis, delabitur in eas difficultates, ut necessitatem fati confirmet invitus.* Cicer. de fato, cap. 17.

Cette remarque de Cicéron paroîtra plus juste encore, si l'on veut lire avec attention les passages d'Aulugelle que je citerai bientôt.

(2) *Voyez* ci-dessus, page 398, col. 2. la définition qu'il donne de la destinée dans un de ses livres dont Plutarque rapporte quelques fragmens.

soutenoit tantôt le blanc, tantôt le noir; « laissons-lui néanmoins, *ajoute-t-il*, la liberté de forger des distinctions tout-à-fait gratuites, il retombera enfin dans l'abyme après ses circuits & ses détours... On voit, sans peine, que sa distinction entre les causes externes qui nécessitent, & celles qui ne nécessitent point ne lui est d'aucun usage. Il ne fait que *roder autour du pot*, & enfin il se trouve au même lieu que ceux qui soumettoient tout à l'inévitable nécessité du destin. Il ne faut, pour s'en convaincre, que lier ensemble sa comparaison du cylindre, & l'aveu qu'il fait que les qualités intérieures de l'ame qui la poussent vers le mal, sont (1) une suite naturelle & nécessaire du destin. Il dit qu'il y a des ames bien formées dès le commencement qui essuient sans dommage la tempête qui tombe sur elles de la part du *fatum*, & qu'il y en a d'autres si *raboteuses* & si mal tournées, que pour peu que le destin les heurte, ou même sans aucun choc du destin, elles roulent vers le crime par un mouvement volontaire (2). C'est un certain travers naturel qui en est la cause. Or il a dit que la *fatale nécessité* de toutes choses est le principe qui fait qu'il y a des ames bien ou mal conditionnées (3); il faut donc qu'il dise qu'on peut & qu'on doit attribuer au destin tous les crimes que les hommes commettent, de sorte que, reconnoissant d'ailleurs une providence divine, il falloit qu'en bien raisonnant il regardât Dieu comme la cause de tous ces crimes, & par conséquent l'accusation de Plutarque (4) est très-bien fondée; car afin que la comparaison du cylindre soit juste, il faut comparer la *destinée* non pas au premier venu qui le pousse, mais au menuisier qui l'a fait, & qui ensuite lui donne du pied. Ce que le cylindre roule fort long-tems vient de sa figure; mais parce que le menuisier lui a donné cette figure, cause nécessaire d'un mouvement durable, il est la véritable cause de la durée de ce mouvement. Toute la différence entre un cube qui ne roule point, & un cylindre qui roule, toutes les suites, toutes les régularités ou irrégularités du repos de l'un, & du mouvement continué de l'autre, doivent être attribuées à l'ouvrier qui a donné à ces deux corps la forme d'où elles résultent nécessairement. Chacun peut faire l'application de cela aux ames humaines, &c. »

On peut juger par ce qui précède, que Chrysippe n'avoit des idées bien nettes & bien précises ni de la *fatalité* ni de la liberté. Les efforts qu'il a faits pour concilier ces deux dogmes incompatibles ne prouvent bien qu'une seule chose; c'est que s'il eût vécu depuis l'invention & l'établissement du christianisme, il auroit pu tenir un rang distingué parmi les théologiens, qu'il a devancés dans l'art funeste de l'arguïtie & du sophisme, mais qui, à cet égard, ont été beaucoup plus loin que lui; car les mauvais exemples ne s'arrêtent pas au point où ils ont commencé; mais quelque étroit que soit le sentier par lequel ils s'introduisent, ils s'ouvrent une nouvelle route pour s'étendre au loin en tout sens. Dès qu'on s'est une fois écarté du droit chemin, on arrive bientôt sur le bord de quelque précipice. (5) Cette réflexion d'un ancien n'est pas seulement vraie en morale, elle l'est encore des premiers pas que l'on fait dans la recherche de la vérité. En général, dans la conduite de la vie, comme dans l'étude des sciences & des arts, c'est avoir fait la moitié de l'ouvrage que de l'avoir bien commencé,

Dimidium facti qui bene cœpit, habet.

---

(1) Idque ipsum ut ea ratione fiat naturalis illa & necessaria rerum consequentia efficit quæ fatum vocatur. *Aul. Gell.* noct. attic, lib. 6. cap. 2.).

(2) Quamquam ita sit, inquit, (Chrysippus) ut ratione quadam principali, necessario coacta atque connexa sint fato omnia; ingenia tamen ipsa mentium nostrarum proinde sunt fato obnoxia, ut proprietas eorum est ipsa & qualitas, nam si sunt per naturam primitus salubriter utiliterque ficta, omnem illam vim quæ de fato extrinsecus ingruit, inoffensius tractabiliusque transmittunt. Sin vero sunt aspera, & inscita & rudia, nullisque artium bonarum adminiculis fulta: etiamsi parvo sive nullo fatalis incommodi conflictu urgeantur; sua tamen scævitate & voluntario impetu in assidua delicta & in errores ruunt. (*Aul. Gell.* noct. attic. lib. 6. cap. 2.

(3) *Voyez* ci-dessus le passage d'Aulugelle, cité note première.

(4) Il l'accusoit de faire Dieu auteur du péché. Le passage de Plutarque est très-long: on y voit entre autres choses que selon Chrysippe, « il n'est pas possible que la moindre partie (*de l'univers*) se porte autrement que comme il plaît à Jupiter, ains toute partie animée, & qui a ame vivante s'arrête & se remue ainsi que lui la meine & la manie, & arrête & dispose ». Plutarque traite cette doctrine de pernicieuse, il remarque que s'il falloit choisir entre deux maux, ou que Jupiter manquât de puissance, ou qu'il manquât de bonté, il faudroit prendre le premier parti, & qu'il vaut mieux dire que Dieu n'a pas toute la force nécessaire pour empêcher qu'il ne se fasse des crimes, que de prétendre que c'est lui qui les fait commettre. *Tolerabilius enim erat infinitas partes dicere Jovi ob ejus imbecillitatem vi facta agere multa improbè contra ipsius naturam & voluntatem, quam nullam esse libidinem, nullum scelus quod non Jovi autori imputandum esset.* (Plutarch. adversus stoicos, page 1076. E.

(5) Non enim ibi consistunt exempla, unde cœperunt; sed quamlibet in tenuem recepta tramitem, latissimè evagandi sibi viam faciunt: & ubi semel recto decertum est, in præceps pervenitur. (Vell. Patercul. Hist. Rom. lib 2, cap. 3.

Une preuve peut-être encore plus forte du peu de liaison des principes de Chrysippe, je dirois presque du peu d'étendue de son esprit, c'est le parti qu'il prit sur la fameuse question des choses possibles & des choses impossibles. Il s'agissoit de savoir si, parmi les choses qui n'ont jamais été & qui ne seront jamais, il y en a de possibles, ou si tout ce qui n'est point, tout ce qui n'a jamais été, tout ce qui ne sera jamais étoit impossible. Chrysippe qui, en raisonnant conséquemment à la doctrine du *futum*, dont il étoit un des plus ardens défenseurs, auroit dû dire que tout ce qui n'arrive pas est impossible, & qu'il n'y a rien de possible que ce qui se fait actuellement, combattit fortement l'opinion de Diodore. Ce philosophe, que Cicéron appelle un habile dialecticien, soutenoit qu'il n'y a de possible que ce qui est vrai ou ce qui doit arriver. Selon lui, tout ce qui doit arriver arrive nécessairement, & tout ce qui ne doit point arriver, il ne le met pas au rang des choses possibles. Chrysippe prétendoit, au contraire, que ce qui ne doit pas arriver, n'en est pas moins possible, comme il est possible, ajoutoit-il, que cette perle soit brisée, quoiqu'elle ne doive jamais l'être, & qu'il n'étoit pas *nécessaire* que Cypselus régnât à Corinthe, quoique l'oracle d'Apollon l'eût prédit mille ans auparavant. (1)

---

(1) Voici les propres termes de Cicéron ; on y verra mieux le véritable état de la question agitée entre Chrysippe & Diodore.

Maxumèque tibi (Chrysippe) *de hoc ipso cum Diodoro tertamen est : ille enim id solum fieri posse dicit, quod aut fit verum, aut futurum sit verum, &, quicquid futurum sit, id dicit fieri necesse esse, & quicquid non fit futurum, id negat fieri posse. Tu, & quæ non sunt futura, posse fieri dicis ut frangi hanc gemmam, etiamsi it numquam futurum sit : neque necesse fuisse Cypselum regnare Corinthi, quamquam id millesimo ante anno appollinis oraculo editum esset... Placet igitur Diodoro, id solum fieri posse, quod aut verum, aut verum futurum sit. Qui locus attingit hanc questionem, nihil fieri, quod non necesse fuerit &, quicquid fieri possit, id aut esse jam, aut futurum esse, nec magis commutari ex veris in falsa ea posse quæ futura sunt, quam ea quæ facta sunt : sed in factis immutabilitatem apparere ; in futuris quibusdam, quia non apparent, ne inesse quidem videri : ut in eo qui mortifero morbo urgeatur, verum sit, hic morietur hoc morbo : sic autem si verè dicatur in eo, in quo vis morbi tanta non appareat, nihilo minus futurum sit. Ita fit, ut commutatio ex vero in falsum ne in futuro quidem ulla fieri possit* (Cicer. de fato, cap. 7 & 9).

Au reste on peut conclure d'une seule expression de Cicéron, que Chrysippe étoit souvent très-embarrassé dans cette dispute des choses possibles & impossibles, *hoc loco Chrysippus æstuans*, &c. dit Cicéron, cet orateur remarque même, dans un passage qui nous a été conservé par Anlugelle, que Chrysippe avec toute son adresse, n'a pas mieux réussi à concilier la doctrine du destin avec celle de notre liberté.

* Ce philosophe, *dit-il*, s'agite & s'échauffe sans
 succès, pour expliquer comment il reste au fond de
Philosophie anc. & mod. Tome II.

Ceux qui savent suivre, dans toutes ses dépendances, une vérité ou une erreur, (car il importe également aux progrès des lumières d'avoir tous les résultats de l'une & de l'autre, pour s'assurer de la route qu'on doit prendre & de celle dont on doit s'éloigner) ne douteront pas un moment que le raisonnement de Chrysippe ne soit celui d'un philosophe qui n'entend, ni la matière qu'il traite ni le systême auquel cette matière est liée. J'observerai à cette occasion qu'un des plus judicieux écrivains de ce siècle prétend que c'est un grand embarras pour les spinosistes, que de voir que, selon leur hypothèse, il a été aussi impossible, de toute éternité, que Spinosa, par exemple, ne mourût pas à la Haie, qu'il est impossible que deux & deux soient six. « Ils sentent bien, ajoute-t-il, que c'est une conséquence
» nécessaire de leur doctrine, & une conséquence
» qui rebute, qui effarouche, qui soulève les
» esprits par l'absurdité qu'elle renferme diamé-
» tralement opposée au sens commun. Ils ne sont
» pas bien aises que l'on sache qu'ils renversent
» une maxime aussi universelle, aussi évidente que
» celle-ci : *Tout ce qui implique contradiction est*
» *impossible, & tout ce qui n'implique point contra-*
» *diction est possible*. Or, quelle contradiction y
» auroit-il en ce que Spinosa seroit mort à Leyde ?
» La nature auroit-elle été moins parfaite, moins
» sage, moins puissante ? »

Comme l'autorité de ce philosophe pourroit en imposer à la plupart des lecteurs, il ne sera pas inutile d'examiner ici de quel poids elle peut être dans cette circonstance. D'ailleurs, cette discussion appartient directement au sujet de cet article, & nous tâcherons d'y établir quelques-uns de ces principes généraux qui donnent la solution d'un grand nombre de difficultés, à-peu-près comme en géométrie on réduit les plus sublimes questions de cette science à des formules universelles qui contiennent tous les cas possibles.

Premièrement, s'il est en effet quelques spinosistes que cette conséquence, qu'on tire de leur hypothèse, étonne & arrête, c'est qu'ils sont précisément à cet égard dans le cas de Chrysippe relativement à la dispute des choses possibles & des choses impossibles : ils n'entendent pas leur propre doctrine.

Secondement, lorsqu'après avoir regardé cette

---

notre cœur quelque liberté, si, comme il le dit, la
nécessité préside à tous les événemens ». *Cicero in libro, quem de fato conscripsit, quum quæstionem istam diceret obscurissimam esse & implicatissimam, Chrysippum quoque philosophum non expedisse se in ea refert*, his verbis : Chrysippus æstuans laboransque, quonam pacto explicet & fato omnia fieri, & esse aliquid in nobis, intricatur hoc modo. (*Aul. Gel.* noct. attic. lib. 6, cap. 2).

conséquence comme une objection très-forte contre le spinosisme, on demande quelle contradiction il y auroit *en ce que Spinosa seroit mort à Leyde?* On ne fait pas attention que l'enchaînement universel des causes, par lequel tout arrive nécessairement, n'est pas une simple hypothèse, mais un fait démontré par l'observation des phénomènes de la nature, en prenant ce mot dans son acception la plus étendue; d'où il suit qu'il étoit aussi mathématiquement impossible que Spinosa ne mourût pas à la Haye, le 21 de février 1677, à l'âge d'un peu plus de 44 ans, qu'il l'est que, dans un parallélogramme quelconque, la somme des quarrés des deux diagonales ne soit pas égale à la somme des quarrés des quatre côtés.

Troisièmement, dans un système où tout se tient, où tout est lié, tout est *nécessaire*; dans un système où tout est *nécessaire*, tout ce qui peut exister, quant à la matière, de même que quant aux propriétés de ses élémens & de leurs composés, existe actuellement, & il ne peut rien y avoir de plus ni de moins que ce qui est. Supposez, dans l'univers ou dans le tout, un seul animal, une seule molécule, un seul phénomène de plus ou de moins, & la coordination actuelle n'est plus la même; ce sont d'autres êtres, d'autres loix du mouvement, d'autres rapports, & par conséquent d'autres phénomènes; le grand principe de l'enchaînement des causes liées les unes avec les autres est renversé; en un mot, c'est nécessairement une autre machine. Il en est à cet égard, si l'on peut se servir de cette comparaison, comme d'une proportion dans laquelle il suffit qu'un des termes seulement devienne moyen, pour que cette proportion soit détruite, quoique tous les termes qui la composent existent séparément. Enfin, ce qui est absolument nécessaire (comme, par exemple, la matière & tous les phénomènes qui résultent de ses propriétés, tant connues qu'inconnues) est seul possible, & il n'y a rien de possible que ce qui arrive effectivement ou ce qui est (1), c'est-à-dire, que la possibilité d'un être ou d'un effet quelconque est une suite, une conséquence nécessaire de son existence actuelle, & sa non-existence ou son impossibilité une suite, une conséquence nécessaire de sa possibilité pure & simple. Une preuve qu'il impliquoit contradiction, & par conséquent qu'il étoit métaphysiquement impossible que Spinosa mourût à Leyde, c'est que cela n'est pas arrivé, & qu'il est mort à la Haye: c'est précisément ce fait qui démontre en rigueur, pour tout homme qui raisonne conséquemment, que le contraire impliquoit contradiction, sinon avec notre manière ordinaire de concevoir, ou notre pensée, laquelle n'ajoute rien à ce que les objets sont en eux-mêmes, mais avec la manière dont le tout étoit nécessairement coordonné pour ce philosophe, & ce philosophe pour le tout; car, dans un enchaînement de causes & d'effets *nécessaires*, il n'y a aucun événement indifférent, & qui puisse arriver autrement qu'il n'arrive, à cause de sa liaison avec ceux qui l'ont précédé & qui le suivront. La *nécessité* est absolument la même pour tous les êtres, pour tous les phénomènes, pour tous les instans de la durée, dans toutes les circonstances de la vie, il n'y a de différence que dans les actions & dans les effets auxquels cette *nécessité* s'applique, & qu'elle détermine.

Il ne faut donc plus demander si, *quand Spinosa seroit mort à Leyde, la nature auroit été moins parfaite, moins sage, moins puissante;* car 1°. on pourroit également demander si elle auroit été moins brune ou moins blonde, moins belle ou moins laide, &c. cette question n'est pas plus absurde que l'autre.

2°. Toutes ces propriétés données à un être abstrait, à une vue particulière de notre esprit, à un pur concept, ne signifient rien. Attribuer à la nature de la perfection, de la sagesse, c'est supposer qu'elle agit d'après un plan, avec une intention, pour une fin; en un mot, c'est lui accorder de l'intelligence: or, selon l'observation juste & profonde d'un des plus grands esprits de ce siècle, « il n'y a au moral rien de beau » ou de laid, sans règles; au physique, sans rap» ports; dans les arts, sans modèle. Il n'y a » donc nulle connoissance du beau ou du laid sans » connoissance de la règle, sans connoissance du » modèle, sans connoissance des rapports & de la » fin. Ce qui est nécessaire n'est en soi ni bon » ni mauvais, ni beau ni laid; ce monde n'est » donc ni bon ni mauvais, ni beau ni laid en lui-» même; ce qui n'est pas entièrement connu, » ne peut être dit ni bon ni mauvais, ni beau » ni laid. Or, on ne connoît ni l'univers entier » ni son but, on ne peut donc rien prononcer » ni sur sa perfection ni sur son imperfection, » &c. » (2)

―――――

(1) Abélard a enseigné sur ce point la même doctrine que Diodore. Selon lui les choses qui n'ont jamais été & qui ne seront jamais, ne sont point possibles. *Voyez* la page 1112 & 1127 de ses œuvres.

(2) Cette réflexion, pour l'observer ici en passant, fait très-bien sentir l'absurdité de ceux qui prétendent prouver l'existence de Dieu par les merveilles de la nature. De tous les argumens qu'on emploie communément en faveur de la providence, celui qu'on tire des causes finales est le plus fort, le plus accrédité, & celui que les théologiens étalent avec le plus de confiance & de faste; mais il n'en est guère de plus insignifiant. *Voyez* ce que j'ai dit du *cœli enarrant gloriam dei,* dans une note de l'article BACONISME, tom. I, page 318. *Voyez* aussi la note de la page 168 du même volume. Hobbes, dans sa dispute avec l'évêque Bram-

Laissons donc la nature pour ce qu'elle est, ne parlons ni de sa perfection, ni de sa sagesse, ni de sa bonté ; toutes ces expressions sont vuides de sens, & par cela même très-déplacées dans la bouche d'un philosophe aux yeux duquel l'univers, considéré dans l'ensemble & dans les détails, n'offre rien qu'il puisse louer ou blâmer. En effet, tout ce que nous en pouvons connoître avec certitude, c'est-à-dire, tout ce que l'observation, l'expérience & le calcul réunis nous en apprennent, c'est que dans les phénomènes les plus communs ou les plus rares de la matière brute & inanimée, jusqu'aux pensées, aux volontés, aux volitions, aux actions les plus machinales ou les plus réfléchies de l'animal, portion nécessairement organisée d'une matière appropriée (1), sensible & vivante, tout s'exécute par des loix éternelles & nécessaires, & que le monde ou le tout ne sauroit être autre chose que ce qu'il est. Si Spinosa fut mort à Leyde ou ailleurs, plus tôt ou plus tard, la nature n'auroit été ni plus ni moins parfaite, ni plus ni moins sage, ni plus ni moins puissante, parce qu'elle n'est rien de tout cela, mais l'univers auroit été nécessairement très-différent de ce qu'il est. Tous les événemens forment une chaîne étroite & inaltérable ; ôtez un seul de ces événemens, la chaîne est rompue & toute l'économie de l'univers est troublée. Cela est démontré pour ceux qui entendent cette matière ; & ce seroit entreprendre de *blanchir un maure*, pour me servir de l'expression d'un savant moderne, que de vouloir le prouver à ceux qui ne l'entendent pas.

Nous aurons peut-être occasion, dans quelque autre article de ce dictionnaire, de revenir sur ce sujet important, & de le traiter avec plus d'étendue : il nous suffit d'indiquer ici sommairement quelques-uns des principes qui peuvent l'éclaircir. Ceux qui sauront les généraliser, jugeront, ce me semble, qu'ils se soutiennent également de tous les côtés, ce qui est déjà un préjugé en leur faveur : car, lorsque l'utilité d'une théorie est réelle, elle doit se retrouver à-peu-près au même degré dans tous les cas qui ont rapport avec ceux dans lesquels on l'a d'abord employée avec succès.

Comme des recherches & des discussions qui auroient uniquement pour objet de connoître & de déterminer ce que Zénon, Chrysippe, Sénèque, &c. ont pensé sur le destin & sur la liberté, seroient au fond plus curieuses qu'utiles, nous allons tâcher présentement de tirer de cet exposé analytique des opinions des stoïciens sur la *fatale destinée*, quelques résultats généraux qui, peut-être, ne seront pas aussi stériles.

Une remarque que ceux qui lisent avec quelque attention auront sans doute faite en résumant les disputes des académiciens & des disciples de Zénon sur le *fatum* : c'est que ces disputes, simplifiées & circonscrites dans leurs véritables limites, se réduisent à une seule difficulté que le christianisme a rendu fort célèbre, & qu'il est impossible de lever dans ce systême religieux, quoique ses fauteurs y travaillent opiniâtrément depuis près de deux mille ans. Il s'agit donc de savoir si cette *fatale destinée* des stoïciens s'accorde avec l'observation des phénomènes ou lui est contraire ; ou, pour exprimer la même idée dans la langue des modernes, s'il est vrai, comme Clarke, Jacquelot, le Clerc, &c. l'affirment sans le prouver, je dirois presque, sans le croire, que notre ame soit la cause efficiente de ses volitions, ou si toutes ses pensées, tous ses jugemens, en un mot tous les actes de l'entendement sont nécessaires, & déterminés d'une manière certaine & infaillible. Tel est, ce me semble, le vrai point de vue sous lequel on doit considerer la question de la *fatalité*. Il en est, sans doute, de plus difficile, mais il n'en est guère que les théologiens aient plus embrouillé, & dont la solution donne en même-temps celle d'un plus grand nombre de problèmes du même ordre.

On s'apperçoit tous les jours, dit un philosophe célèbre, que trop de choses passent pour constantes. Cette réflexion est sur-tout applicable au préjugé si ancien & si général encore de la liberté de l'homme. Ce que nous en allons dire ne le détruira pas sans doute, mais le rendra peut-être moins commun ; & lorsqu'un mal est bien invétéré, lorsqu'il est même presque épidémique, c'est faire un peu de bien que de guérir quelques-uns de ceux qui en sont atteints.

La liberté réside dans le pouvoir qu'un être intelligent a de faire ce qu'il veut, conformément à sa propre détermination. On ne sauroit dire que dans un sens fort impropre, que cette faculté ait lieu dans les jugemens que nous portons sur les vérités, par rapport à celles qui sont évidentes ; elles entraînent notre consentement, & ne nous laissent aucune espèce de liberté. Tout

---

hall, sur la liberté, la nécessité & le hasard, dit très-bien que la sagesse qu'on attribue à Dieu ne consiste pas dans une discussion logique du rapport des moyens aux fins, mais dans un attribut incompréhensible attribué à un être incompréhensible, pour l'honorer. (*Voyez* la page 161 de l'écrit cité). Il est certain que si Dieu avoit fait le monde autrement qu'il n'est, il auroit fait également bien, & l'on auroit un égal sujet de le louer, & de dire encore avec le roi prophète : *cœli enarrant gloriam dei*.

(1) Léibnitz reconnoît aussi qu'il y a de l'organisme par-tout, quoique toutes les masses ne composent point des corps organiques ; comme un étang peut fort bien être plein de poissons, ou autres corps organiques, quoiqu'il ne soit point lui-même un animal, ou corps organique, mais seulement une masse qui les contient. *Voyez* sa Théodicée, page 323.

ce qui paroît dépendre de nous, c'est d'y appliquer notre esprit ou de l'en éloigner. Mais, dès que l'évidence diminue, la liberté rentre dans ses droits, qui varient même & se règlent sur les degrés de clarté ou d'obscurité : les biens & les maux en font les principaux objets. Elle ne s'étend pas cependant sur les notions générales du bien & du mal. La nature nous a faits de manière que nous ne saurions nous porter que vers le bien, & qu'avoir horreur du mal considéré en général ; mais dès qu'il s'agit du détail, notre liberté a un vaste champ, & peut se déterminer de bien des côtés différens, suivant les circonstances & les motifs.

On se sert d'un grand nombre de preuves pour démontrer que la liberté est une prérogative réelle de l'homme. Ces preuves paroissent d'abord assez spécieuses, mais lorsqu'on les examine avec attention, & en détail, on s'apperçoit bientôt qu'elles ne peuvent faire quelque impression que sur l'esprit de ceux qui, soit dans les matières de faits, soit dans celles de raisonnement, composent leur opinion de toutes les erreurs reçues sur les unes & sur les autres.

Un protestant qui a écrit en faveur de la religion chrétienne, mais qui, selon l'usage des théologiens, n'a fait que répéter en d'autres termes, & présenter sous une autre forme, les mêmes sophismes dont on s'étoit servi avant lui pour défendre la même cause, a réduit à douze les argumens qui établissent, selon lui, la liberté de l'homme. Comme il n'a rien dit de nouveau sur cette matière, & que d'ailleurs ce n'est pas un dialecticien qu'on puisse comparer au docteur Clarke, nous renverrons aux ouvrages polémiques de ce dernier le lecteur curieux de connoître ce qu'on a imaginé de plus subtil pour prouver la liberté des actions humaines. Nous donnerons seulement ici une espèce de précis ou de sommaire des douze preuves rapportées par le professeur dont je parle au commencement de ce paragraphe. (*Conférez* ici la première partie de l'article COLLINS. (philosophie de)

1°. Notre propre sentiment qui nous fournit la conviction de la liberté.

2°. Sans liberté les hommes seroient de purs automates qui suivroient l'impulsion des causes, comme une montre s'assujettit aux mouvemens dont l'horloger l'a rendue susceptible.

3°. Les idées de vertu & de vice, de louange & de blâme qui nous sont naturelles, ne signifieroient rien.

4°. Un bienfait ne seroit pas plus digne de reconnoissance que le feu qui nous échauffe.

5°. Tout devient nécessaire ou impossible. Ce qui n'est pas arrivé ne pourroit arriver. Ainsi tous les projets sont inutiles ; toutes les règles de la prudence sont fausses, puisque dans toutes choses la fin & les moyens sont également nécessairement déterminés.

6°. D'où viennent les remords de la conscience, & qu'ai-je à me reprocher si j'ai fait ce que je ne pouvois éviter de faire ?

7°. Qu'est-ce qu'un poëte, un historien, un conquérant, un sage législateur ? Ce sont des gens qui ne pouvoient agir autrement qu'ils n'ont fait.

8°. Pourquoi punir les criminels & récompenser les gens de bien ? Les plus grands scélérats sont des victimes innocentes qu'on immole s'il n'y a point de liberté.

9°. A qui attribuer la cause du péché, Qu'à Dieu ? Que devient la religion avec tous ses devoirs ?

10°. A qui Dieu donne-t-il des loix, fait-il des promesses & des menaces, prépare-t-il des peines & des récompenses ? A de pures machines incapables de choix.

11°. S'il n'y a point de liberté, d'où en avons-nous l'idée ? Il est étrange que des causes nécessaires nous aient conduit à douter de leur propre nécessité.

12°. Enfin les fatalistes ne sauroient se formaliser de quoi que ce soit qu'on leur dit & de ce qu'on leur fait.

Pour traiter ce sujet avec précision, il faut donner une idée des principaux systêmes qui le concernent. Le premier systême sur la liberté est celui de la *fatalité*. Ceux qui l'admettent n'attribuent pas nos actions à nos idées, dans lesquelles seules on suppose communément que réside la persuasion, mais à une cause méchanique qui entraîne avec soi la détermination de la volonté ; de manière que nous n'agissons pas parce que nous le voulons, mais que nous voulons parce que nous agissons. C'est là la vraie distinction entre la liberté & la *fatalité* ; c'est précisement celle que les *stoïciens* reconnoissoient autrefois. Ils comparoient le destin à un torrent rapide, qui ne peut ni remonter vers sa source ni même s'arrêter par l'impulsion des derniers flots, qui ne cessent de pousser les premiers (1). « Une rotation éter-

---

(1) Quemadmodum rapidorum aquæ torrentium in se non recurrit, nec moratur quidem, quia priorem superveniens præcipitat : sic ordinem rerum fati æterna series rotat, cujus hæc prima lex est, stare decreto. Senec. natur. quæst. lib. 2, cap. 35.

» nelle & néceſſaire, *ajoutoient-ils*, emporte tous
» les événemens : la première loi du deſtin eſt
» l'immutabilité. Il eſt décidé au commencement,
» quel jour nous nous réjouirons, quel jour nous
» pleurerons (1). Quel eſt donc le devoir de
» l'homme de bien ? de s'abandonner au deſtin.
» C'eſt une grande conſolation que d'être em-
» porté avec l'univers. Quelle que ſoit la loi qui
» nous force à vivre & à mourir ainſi, c'eſt une
» néceſſité qui lie les dieux même : le même torrent
» entraîne & les dieux & les hommes. Le fon-
» dateur & le moteur de l'univers, qui a tracé
» les arrêts du deſtin, y eſt lui-même ſoumis : il
» n'a ordonné qu'une fois, il obéit toujours. » (2)

J'ai obſervé ci-deſſus que les principes des *ſtoï-
ciens*, ſur le dogme fondamental de leur philoſophie, n'étoient pas bien-liés. Il paroît en effet
qu'ils n'entendoient pas leur propre ſyſtême, puiſqu'ils prétendoient expliquer comment, ſans déroger au deſtin, l'homme conſerve l'exercice de
ſon libre arbitre : *quemadmodum, manente fato,
aliquid ſit in hominis arbitrio*. Mais ce n'eſt
pas ici le lieu de parler des contradictions fréquentes de ces philoſophes : remarquons ſeulement en général, qu'on peut citer leur exemple
comme une des plus fortes preuves de cette réflexion de Fontenelle ; c'eſt qu'il ne ſuffit pas
d'être dans le vrai, il faut y être arrivé par le
vrai chemin.

Le ſecond ſyſtême ſur la *fatalité* eſt celui des
mahométans ; c'eſt ce qu'on appelle le deſtin à
la turque, *fatum mahumetanum*, parce qu'ils croyent
que tout eſt abreuvé des influences céleſtes, &
qu'elles règlent la diſpoſition future des événemens ; de ſorte que, ſelon eux, les effets arri-
veroient quand on en éviteroit la cauſe, comme
s'il y avoit une *néceſſité* abſolue.

La troiſième hypothèſe eſt celle des eſſéniens.
Ces eſpèces de moines, dont la vie ſolitaire exaltoit l'imagination, avoient une idée ſi haute &
ſi déciſive de la providence, qu'ils croyoient que
tout arrive par une *fatalité* inévitable, & ſuivant
l'ordre que cette providence a établi, & qui ne
change jamais. Point de choix dans leur ſyſtême,
point de liberté. L'avenir eſt néceſſaire, ſoit parce
que Dieu prévoit tout, ſoit parce que tout arrive néceſſairement par l'enchaînement des cauſes.

---

(1) Olim conſtitutum eſt, quid gaudeas, quid fleas. *Idem* de providentiâ. cap. 5.

(2) Quid eſt boni viri ? præbere ſe fato grande ſola-
tium eſt cum univerſo rapi. Quicquid eſt quod nos ſic
vivere juſſit, ſic mori : eadem neceſſitate & deos
alligat. Irrevocabilis humana pariter ac divina curſus
vehit. Ille ipſe omnium conditor ac rector ſcripſit quidem fata, ſed ſequitur : ſemper paret, ſemel juſſit.
Idem ibidem.

Spinoſa, Hobbes, & pluſieurs autres, ont admis de nos jours une ſemblable *fatalité*, mais
ſans y faire intervenir la providence, dogme incompatible avec leurs principes.

Spinoſa a répandu cette doctrine dans pluſieurs
endroits de ſes ouvrages : l'exemple qu'il allègue
pour éclaircir la matière de la liberté, ſuffira
pour nous en convaincre.

» Concevez, *dit-il*, qu'une pierre, pendant
» qu'elle continue à ſe mouvoir, penſe & ſache
» qu'elle s'efforce de continuer autant qu'elle peut
» ſon mouvement ; cette pierre, par cela même
» qu'elle a le ſentiment de l'effort qu'elle fait pour
» ſe mouvoir, & qu'elle n'eſt nullement indiffé-
» rente entre le mouvement & le repos, croira
» qu'elle eſt très-libre, & qu'elle perſévère à ſe
» mouvoir uniquement parce qu'elle le veut. Et
» voilà quelle eſt cette liberté tant vantée, &
» qui conſiſte ſeulement dans le ſentiment que
» les hommes ont de leurs appétits, & dans l'igno-
» rance des cauſes de leurs déterminations ».

Spinoſa ne dépouille pas ſeulement les créatures
de la liberté, il aſſujettit encore ſon Dieu à une
brute & *fatale néceſſité* : c'eſt le grand fondement
de ſon ſyſtême. De ce principe, il s'enſuit qu'il
eſt impoſſible qu'aucune choſe qui n'exiſte pas actuellement, ait pu exiſter, & que tout ce qui
exiſte, exiſte ſi néceſſairement, qu'il ne ſauroit
n'être pas ; & enfin qu'il n'y a pas, juſqu'aux
manières d'être & aux circonſtances de l'exiſtence des choſes, qui n'aient dû être, à tous
égards, préciſément ce qu'elles ſont aujourd'hui.
Spinoſa admet en termes exprès ces conſéquences,
& il ne fait pas difficulté d'avouer qu'elles ſont
des ſuites naturelles de ſes principes.

Léibnitz & ſes ſectateurs n'ont pas ſur cette
matière des idées fort différentes de celles de
Spinoſa. Ils diſent que Dieu a fait *librement* le
monde comme il l'a fait, & qu'il a prédéterminé tout ce qui eſt arrivé & qui arrivera à l'avenir *librement* ; mais qu'il ne peut rien arriver que
ce qui arrivera réellement, comme il n'eſt rien
arrivé qui ne fût prédéterminé auparavant ; ce
qui ſignifie, en d'autres termes, que les hommes ne ſont point libres de ne pas faire ce qu'ils
font, ni de faire ce qu'ils ne font pas, & qu'il
en eſt de même de Dieu. Deſcartes avoit ſuppoſé
que nous avons un ſentiment *vif, interne* de notre
liberté : il ſe ſert même de ce prétendu ſentiment pour prouver l'indépendance de nos actions.
Léibnitz obſerve judicieuſement que cet argument
n'a aucune force. « Nous ne pouvons pas, *dit-il*,
» ſentir proprement notre indépendance, & nous
» ne nous appercevons pas toujours des cauſes,
» ſouvent imperceptibles, dont notre réſolution
» dépend. C'eſt comme ſi l'aiguille aimantée pre-
» noit plaiſir de ſe tourner vers le nord, car

» elle croiroit tourner indépendamment de quel-
» que autre cause, ne s'appercevant pas des mou-
» vemens insensibles de la matière magnétique...
» Une infinité de grands & de petits mouve-
» mens internes & externes concourent avec
» nous, dont le plus souvent l'on ne s'apper-
» çoit pas ; & j'ai déjà dit que, lorsqu'on sort
» d'une chambre, il y a telles raisons qui nous
» déterminent à mettre un tel pied devant sans
» qu'on y réfléchisse. »

Des écrivains peu philosophes, mais qui savoient beaucoup d'hébreu, de grec & de théologie, ont reproché aux leibnitiens de confondre
la liberté avec la spontanéité, qui, selon eux,
n'est nullement la même chose ; ils remarquent
même, à ce sujet, qu'on ne dit pas que l'on
croit *librement* les axiomes des mathématiques ou
des propositions démontrées, quoiqu'on les embrasse *sponte naturâ*, parce que nos esprits sont
naturellement & nécessairement déterminés à admettre ce qui est évident, dès que nous entendons les termes dont on se sert pour l'exprimer.
Mais, ce que ces théologiens n'ont pas vu, c'est
qu'on peut appliquer à toutes les actions de
notre vie ce qu'ils disent de la nécessité absolue
où nous sommes de croire vraies les propositions géométriques dont nous comprenons clairement la démonstration. Notre choix dans le premier cas n'est pas plus libre que notre jugement
dans le second : la seule différence assignable entre ces effets également *nécessaires*, c'est que nous
ne voyons pas toujours très-nettement les motifs
extérieurs & indépendans de nous qui nous déterminent à agir ; au lieu que nous pouvons toujours nous assurer de ceux qui nous portent irrésistiblement à juger, par exemple, que le diamètre du cercle est le double du rayon. (*Voyez*
ci-dessus, page 405, colon. 2.)

La doctrine de Hobbes, sur la *nécessité*, est
à-peu-près la même que celle de Spinosa. Selon
le philosophe de Malmesbury, & selon la raison, tous les événemens ont leurs causes *nécessaires* : la volonté elle-même, & chaque pente
de l'homme pendant qu'il délibère, est aussi né-
cessitée & déterminée par une cause suffisante,
que toute autre chose quelle qu'elle soit. Par
exemple, il n'est pas plus nécessaire que le feu
brûle, qu'il l'est qu'un homme, ou toute autre
créature, qui remue ses membres par fantaisie,
ait le choix, c'est-à-dire, la liberté de faire ce
qu'il a envie de faire, quoiqu'il ne dépende pas
de lui de choisir sa fantaisie ou sa volonté. Il
ajoute que le style des loix est de dire : *vous devez faire* ou *vous ne devez pas faire ceci* ; mais
qu'il n'y a point de loi qui dise : *vous le devez
vouloir* ou *vous ne le devez point vouloir*. Il prouve
très-bien que rien ne se fait au hasard, ou plutôt
que le hasard ne signifie que l'ignorance des causes
qui produisent l'effet, & que pour chaque effet
il faut un concours de toutes les conditions suffisantes antérieures à l'événement ; il est donc
évident qu'aucune de ces conditions ne peut
manquer quand l'événement doit suivre, parce
que ce sont des conditions ; & que l'événement
ne manque pas non plus de suivre, quand elles
se trouvent toutes ensemble, parce que ce sont
des conditions suffisantes. Hobbes tire de-là plusieurs conséquences très-importantes, entre autres celles-ci : que tout arrive par une *nécessité*
absolue & mathématique ; que la prescience divine
seule suffiroit pour établir cette nécessité absolue des événemens ; que ce qui n'arrive point
est impossible, parce qu'il n'arrive jamais que
toutes les conditions requises à une chose qui
n'existera point (*omnia rei non futurae requisita*)
se trouvent ensemble : or, la chose ne sauroit
exister sans cela, &c, &c, &c.

On peut réduire à trois tous les argumens dont
Spinosa & ses sectateurs se sont servis pour com-
battre le préjugé de la liberté des actions humaines.
Voici donc à-peu-près comment ils raisonnent :

1°. Puisque tout effet présuppose une cause,
& que tout mouvement qui arrive dans un corps
lui est imprimé par l'impulsion d'un autre corps,
& le mouvement de ce second par l'impulsion
d'un troisième, &c ; ainsi chaque volition &
chaque détermination de la volonté de l'homme
doit nécessairement être produite par quelque
cause extérieure, & celle-ci par une troisième ;
d'où ils concluent que la volonté de la liberté
n'est qu'une chimère.

Ils disent, en second lieu, que la pensée avec
tous ses modes ne sont que des qualités de la
matière, & par conséquent qu'il n'y a point de
liberté de volonté, puisqu'il est évident que la
matière n'a pas en elle-même le pouvoir de commencer le mouvement, ou de se donner à elle-
même la moindre détermination, &c, &c.

En troisième lieu, ils demandent si l'homme est
un être simple tout spirituel, ou tout corporel,
ou un être composé. Dans les deux premiers cas
ils n'ont pas de peine à prouver la *nécessité* de ses
actions ; & si on leur répond que c'est un être
composé de deux principes, l'un matériel & l'autre immatériel, voici comment ils raisonnent. Ou
le principe spirituel est toujours dépendant du
principe matériel, ou toujours indépendant. S'il
en est toujours dépendant, nécessité aussi absolue
que si l'être étoit un, simple & tout matériel,
ce qui est vrai. Mais si on leur soutient qu'il en
est quelquefois dépendant, & quelquefois indépendant ; si on leur dit que les pensées de ceux
qui ont la fievre chaude, & des fous ne sont pas
libres, au lieu qu'elles le sont dans ceux qui sont
sains : ils répondent qu'il n'y a ni uniformité, ni

liaison dans notre systême, & que nous rendons les deux principes indépendans, selon le besoin que nous avons de cette supposition pour nous défendre, & non selon la vérité de la chose. Si un fou n'est pas libre, un sage ne l'est pas davantage, & soutenir le contraire, c'est prétendre qu'un poids de cinq livres peut n'être pas emporté par un poids de six. Mais si un poids de cinq livres peut n'être pas emporté par un poids de six, il ne le sera pas non plus par un poids de mille; car alors il résiste au poids de six livres par un principe indépendant de sa pesanteur, & ce principe, quel qu'il soit, n'aura pas plus de proportion avec un poids de mille livres qu'avec un poids de six livres, parce qu'il faut alors qu'il soit d'une nature différente de celle des poids, &c &c. &c. (*Voyez* l'article FONTENELLE (philosophie de).

Ces argumens, dont je ne donne ici que le résumé, découvrent très-bien quelques-unes des incohérences du systême contre lequel ils sont dirigés : mais il s'en faut beaucoup que les spinosistes aient vu dans cette matière tout ce qu'il y avoit à voir. Il paroît seulement qu'à cet égard ils étoient sur de bonnes voyes. Au reste, comme on ne peut jamais présenter les mêmes vérités par trop de faces différentes, lorsqu'on veut multiplier la science à laquelle elles appartiennent. Voici quelques réflexions que je soumets au jugement des lecteurs philosophes; peut-être y trouveront-ils une solution plus simple & plus générale du problème qui fait le sujet de cet article. Les conclusions auxquelles je suis arrivé en partant d'ailleurs de principes tout différens, se lient facilement à celles que les spinosistes ont tirées des leurs, d'où l'on peut inférer, ce me semble, que les uns & les autres sont vrais; car, selon la remarque d'un écrivain célèbre par la justesse de ses pensées, & par le tour ingénieux & fin qu'il leur a donné; telle est la nature des vérités, qu'elles sont toujours prêtes à recevoir parmi elles d'autres vérités, & leur laissent, pour ainsi dire des places qu'elles n'ont qu'à venir prendre.

1°. Si nous nous reportons par la pensée dans tous les états antécédens par lesquels nous avons successivement passé avant d'agir d'une manière quelconque; si nous réfléchissons sur cette variété infinie de causes & de circonstances absolument indépendantes de nous, qui ont influé sur cette action; si nous voulons sur-tout observer que de très-légers changemens dans ces causes comme par exemple, une seule circonstance de plus ou de moins, suffisoient pour faire manquer l'effet, ou pour le rendre très-différent; nous serons bientôt convaincus que sans doute nous avons fait librement ce que nous avons voulu, mais que nous avons été irrésistiblement déterminés à vouloir, & par conséquent que le mot *liberté*,

pris dans l'acception qu'on lui donne communément, est un mot vuide de sens. Il n'y a point, & il ne peut y avoir d'être libre; un tel être dans un enchaînement de causes & d'effets nécessaires, seroit un être plus fort que la nature entière dont il fait partie. C'est sans doute ce qui a fait dire à Spinosa que les hommes concevant la liberté comme ils font, c'est-à-dire, comme un pouvoir absolu de se déterminer, établissent un empire dans l'empire de Dieu, *imperium in imperio* (1).

2°. Nous ne sommes que ce qui convient à l'ordre général, à l'organisation, à l'éducation, & à la chaîne des événemens : voilà ce qui dispose de nous invinciblement.

3°. Il est évident pour quiconque veut approfondir ce sujet & l'examiner dans toutes ses dépendances, que dans le systême de la liberté, il n'y a plus aucune connoissance fondée du caractère & des mœurs des hommes, & que l'effet des habitudes est inexplicable.

4°. Ce que nous sommes dans l'instant qui va suivre, dépend si nécessairement de ce que nous sommes dans l'instant présent, qu'il est métaphysiquement impossible que nous soyons autres. Il y a sans doute actuellement quelque femme dans la société, déterminée par sa passion à s'aller jetter ce soir entre les bras de son amant, & qui n'y manquera pas. Si je suppose cent mille femmes tout-à-fait semblables à cette première femme, de même âge, de même état, ayant des amans tous semblables, le même tempérament, la même vie antérieure, les mêmes idées, dans un espace conditionné de la même manière; telles en un mot qu'il n'y ait aucune différence assignable entre elles & la première : il est certain qu'un être élevé au-dessus de ces cent mille femmes, les verroit toutes agir de la même manière, toutes également soumises à leur passion dominante, se précipiter entre les bras de leurs amans, à la même heure, au même moment, de la même manière, sans qu'on puisse concevoir aucune raison pour laquelle l'une ne feroit pas ce que toutes les autres feront. Une armée qui fait l'exercice, & qui est commandée dans ses mouvemens; des capucins de carte qui tombent tous les uns à la file des autres, ne se ressembleroient pas davantage; le moment où nous agissons dépend si parfaitement du moment qui l'a précédé, & celui-ci du précédent encore, &c.

---

(1) *Voyez* son *Tractatus theologico-politicus*, cap. 2. n°. 6.

Spinosa, dit Leibnitz, a raison d'être contre un pouvoir absolu de se déterminer, c'est-à-dire, sans aucun sujet; il ne convient pas même à Dieu. *Voyez* la Théodicée.

5°. Nous ne faisons rien qu'on puisse appeler bien ou mal sans motif. On ne conçoit non plus qu'un être agisse sans motifs (1), qu'un des bras d'une balance se meuve sans l'action d'un poids. Or il n'y a aucun motif qui dépende de nous, soit eu égard à sa production, soit eu égard à son énergie : il nous est toujours extérieur, étranger, attaché ou par la nature ou par une cause quelconque qui n'est pas nous. Prétendre qu'il y a dans l'ame une activité qui lui est propre, c'est dire une chose inintelligible & qui ne résout rien. Car il faudra toujours une cause indépendante de l'ame qui détermine cette activité à une chose plutôt qu'à une autre, & pour reprendre la première partie du raisonnement, ce que nous sommes dans l'instant qui va suivre, dépend donc absolument de ce que nous sommes dans l'instant présent ; ce que nous sommes dans l'instant présent, dépend donc de ce que nous étions dans l'instant précédent ; & ainsi de suite, en remontant jusqu'au premier instant de notre existence, s'il y en a un. Notre vie n'est donc qu'une suite d'instans nécessairement tels, un enchaînement d'existences & d'actions nécessaires ; notre volonté un acquiescement à être ce que nous sommes nécessairement dans chacun de ces instans, & notre liberté une chimère : ou il n'y a rien de démontré en aucun genre, ou cela l'est.

Mais ce qui confirme sur-tout ce système, c'est le moment de la délibération, le cas de l'irrésolution ? Qu'est-ce que nous faisons dans l'irrésolution ? Nous oscillons entre deux ou plusieurs motifs, qui nous tirent alternativement en sens contraire. Notre entendement est alors comme créateur & spectateur de la *nécessité* de nos balancemens. Supprimez tous les motifs qui nous agitent, alors inertie & repos nécessaires. Supposez un seul & unique motif ; alors une action *nécessaire*. Supposez deux ou plusieurs motifs conspirans, même *nécessité*, & plus de vîtesse dans l'action. Supposez deux ou plusieurs motifs opposés, & à peu-près de forces égales, alors oscillations, oscillations semblables à celles des bras d'une balance mise en mouvement, & durables jusqu'à ce que le motif le plus puissant fixe la situation de la balance & de l'ame. Et comment se pourroit-il faire que le motif le plus foible fut le motif déterminant ? Ce seroit dire qu'il est en même tems le plus foible & le plus fort. Il n'y a de différence entre l'homme automate qui agit dans le sommeil, & l'homme intelligent qui agit & qui veille, sinon que l'entendement est plus présent à la chose ; quant à la *nécessité* elle est la même. Que signifie donc cette distinction communément établie entre le mouvement machinal, c'est-à-dire celui que la machine exécute d'elle-même, sans aucune participation de notre volonté, & le mouvement qu'on appelle *libre* ou *volontaire* ? Lorsque je fais un faux pas, & que je vais tomber du côté droit, je jette en avant & du côté opposé mon bras gauche, & je le jette avec la plus grande vîtesse que je peux : qu'en arrive-t-il ? C'est que par ce moyen non réfléchi, je diminue d'autant la force de ma chûte. Si l'on y fait attention, on verra, je pense, que cet artifice est la suite d'une infinité d'expériences faites depuis la première jeunesse ; que nous apprenons, sans presque nous en appercevoir, à tomber le moins rudement qu'il est possible dès nos premiers ans, & que ne sachant plus comment cette habitude s'est formée, nous croyons dans un âge plus avancé, que c'est une qualité innée de la machine ; c'est une chimère que cette idée. J'en dis autant de ce penchant qui nous porte à croire que toutes ces femmes dont j'ai parlé dans le paragraphe 4 sont libres, & qu'il ne faut pas confondre leurs actions quand elles se rendent entre les bras de leurs amans avec leur action, quand elles se secourent machinalement dans une chûte : il n'y a aucune distinction réelle entre ces deux cas, notre vie n'étant, comme je l'ai observé ci-dessus, qu'une suite d'instans nécessairement tels, nécessairement enchaînés les uns aux autres. Ce qui nous trompe, ce qui rend faux & illusoires la plupart des jugemens que nous portons sur la nature de nos actions ; c'est la prodigieuse variété de ces actions, joint à l'habitude que nous avons prise dès l'enfance, de confondre le volontaire avec le libre. Nous faisons tant de choses, & nous sentons depuis si long-tems que nous les voulons toutes ; nous avons tant loué, tant repris, nous l'avons été tant de fois, que c'est un préjugé bien enraciné, bien vieux, que celui de croire que nous & les autres voulons, agissons librement. Mais qu'est ce donc que ce sentiment intérieur de notre liberté ? L'illusion d'un enfant qui ne réfléchit sur rien. L'homme n'est donc pas différent d'un automate ? Nullement différent d'un automate qui sent. C'est une machine plus composée ; mais s'il n'y a point de liberté, il n'y a point d'action qui mérite la louange ou le blâme ; il n'y a ni vice ni vertu ; rien dont

---

(1) **Prenez garde**, dit judicieusement Bayle, à tous les actes humains que l'on attribue à la liberté d'indifférence, vous trouverez que jamais l'homme ne les suspend, ou ne choisit l'un des deux contraires, que parce qu'ayant comparé le pour & le contre, il a trouvé ou plus de motifs de suspension que d'action, ou plus de motifs de cette action que de celle-là. Article ROBARIUS, page 2605.

Leibnitz reconnoît aussi qu'une indifférence d'équilibre est en tout sens impossible & absolument contraire à l'expérience. « Quand on s'examinera, *ajoute-t-il*, l'on trouvera qu'il y a toujours eu quelque cause ou raison qui nous a incliné vers le parti qu'on a pris, quoique bien souvent on ne s'apperçoive pas de ce qui nous meut ; tout comme on ne s'apperçoit guère pourquoi en sortant d'une porte on a mis le pied droit avant le gauche, ou le gauche avant le droit ». *Voyez* sa Théodicée, §. 35, page 108, 109.

il faille récompenser ou châtier. Qu'est-ce qui distingue donc les hommes? La bienfaisance & la malfaisance. Le malfaisant est un homme qu'il faut exterminer, mais non punir. La bienfaisance (1) est une bonne fortune & non une vertu. Et les récompenses & les châtimens? Il faut bannir ces mots de la morale; on ne récompense point, mais on encourage à bien faire; on ne châtie point, mais on étouffe, on effraie. En effet, quoique l'homme bienfaisant ou malfaisant ne soit pas libre, l'homme n'en est pas moins un être (2) qu'on modifie : c'est par cette raison qu'il faut détruire le malfaisant sur une place publique. De-là les bons effets de l'exemple, des exhortations, des discours, de l'éducation, du plaisir, de la douleur, des grandeurs, de la misère, &c. De-là une sorte de philosophie pleine de commisération qui attache fortement aux bons, qui n'irrite pas plus contre le méchant que contre un ouragan qui nous remplit les yeux de poussière. Il n'y a qu'une sorte de causes à proprement parler, ce sont les causes physiques; il n'y a qu'une sorte de *nécessité*, c'est la même pour tous les êtres, quelque distinction qu'il nous plaise d'établir entre eux, ou qui y soit réellement. Voilà ce qui réconcilie avec le genre humain, ce qui nous réconcilie aussi avec les autres & avec nous-mêmes. Bon ou méchant on ne se sait ni bon ni mauvais gré de ce qu'on est : c'est un bonheur ou un malheur qui n'a dépendu de nous en aucune façon. Mais pourquoi distinguez-vous par votre indignation & par votre colère l'homme qui vous offense, de la tuile qui vous blesse ? C'est qu'alors je suis déraisonnable, & que je ressemble au chien qui mord la pierre qui l'a frappé; c'est que dans l'homme le mieux constitué, le plus heureusement modifié, il reste toujours beaucoup d'animal. Mais cette idée de liberté que nous avons, d'où vient-elle? De la même source qu'une infinité d'autres idées fausses que nous avons. Voyez avec quelle évidence, avec qu'elle précision Bayle démontre la foiblesse de cette preuve de sentiment qui paroît si forte à ceux qui ne considèrent jamais qu'un côté de l'objet dont ils jugent.

» Le sentiment clair & net que nous avons des
» actes de notre volonté, dit ce philosophe, ne
» nous peut pas faire discerner si nous nous les
» donnons nous-mêmes, ou si nous les recevons
» de la même cause qui nous donne l'existence.
» Il faut recourir à la réflexion ou à la méditation,
» afin de faire ce discernement. Or, je mets en
» fait que par des méditations purement philo-
» sophiques, on ne peut jamais parvenir à une
» certitude bien fondée que nous sommes la
» cause efficiente de nos volitions; car toute
» personne qui examinera bien les choses, con-
» noîtra évidemment que si nous n'étions qu'un
» sujet passif à l'égard de la volonté, nous au-
» rions les mêmes sentimens d'expérience que
» nous avons lorsque nous croyons être libres.
» Supposez par plaisir que Dieu ait réglé de
» telle sorte les loix de l'union de l'ame & du
» corps, que toutes les modalités de l'ame
» sans en excepter aucune, soient liées néces-
» sairement entr'elles avec l'interposition des
» modalités du cerveau, vous comprendrez qu'il
» ne nous arrivera que ce que nous éprouvons :
» il y aura dans notre ame la même suite de
» pensées depuis la perception des objets des
» sens qui est sa première démarche, jusqu'aux
» volitions les plus fixes qui sont sa dernière
» démarche. Il y aura dans cette suite le senti-
» ment des idées, celui des affirmations, celui
» des irrésolutions, celui des velléités & celui
» des volitions. Car soit que l'acte de vouloir
» nous soit imprimé par une cause extérieure,
» soit que nous le produisions nous-mêmes, il
» sera également vrai que nous voulons, & que
» nous sentons que nous voulons : & comme cette
» cause extérieure peut mêler autant de plaisir
» qu'elle veut dans la volition qu'elle nous im-
» prime, nous pourrons sentir quelquefois que
» les actes de notre volonté nous plaisent infi-
» niment, & qu'ils nous mènent selon la pente
» de nos plus fortes inclinations. Nous ne senti-
» rons point de contrainte : vous savez la
» maxime, *voluntas non potest cogi* : ne comprenez-
» vous pas clairement qu'une girouette à qui

---

(1) Conférez ici le traité de la liberté par Fontenelle, partie 4, page 148, 149, 150. On trouvera ce traité imprimé plus corectement dans l'article FONTENELLE, (philosophie de)

(2) Bayle après avoir dit que l'une des plus fortes preuves que l'on apporte de la liberté de l'homme, est tirée de la punition des malfaiteurs, observe avec raison que cette preuve du libre arbitre n'est pas aussi « forte qu'elle le paroît, « car, ajoute-t-il, encore que « les hommes soient persuadés que les machines ne « sentent point, ils ne laissent pas de leur donner cent « coups de marteau quand elles sont détraquées, s'ils « jugent qu'en applatissant une roue, ou une autre « pièce de fer, ils les remettront au train ordinaire. « Ils feroient donc fustiger un coupeur de bourse, « quand même ils sauroient qu'il n'a point de liberté,

» pourvu que l'expérience leur eut appris qu'en faisant
» fouetter les gens on les empêche de continuer cer-
» taines actions ». Rem. F. de l'article RORARIUS, page 1605.

Leibnitz soutient aussi qu'on a tort de dire que dans le système de la *nécessité* absolue de toutes choses; personne ne doit être loué ni blamé, récompensé ni puni. « Puisqu'il est sûr & expérimenté, *dit-il*, que la « crainte des châtimens & l'espérance des récom-
» penses sert à faire abstenir les hommes du mal, &
» les oblige à tâcher de bien faire; on auroit raison
» & droit de s'en servir, quand même les hommes
» agiroient *nécessairement* par quelque espèce de néces-
» *sité* que ce pourroit être n. (*Voyez* la Théodicée, § 71, page 134. & joignez à ce passage ce que Fontenelle dit sur le même sujet dans son traité de la liberté, partie 4, page 148 & 149.

» l'on imprimeroit toujours tout-à-la-fois (1) le mouvement vers un certain point de l'horizon, & l'envie de se tourner de ce côté-là, seroit persuadée qu'elle se mouvroit d'elle-même pour exécuter les desirs qu'elle formeroit? Je suppose qu'elle ne sauroit point qu'il y eut des vents, ni qu'une cause extérieure fit changer tout-à-la-fois & sa situation & ses desirs. Nous voilà naturellement dans cet état : nous ne savons point si une cause invisible nous fait passer successivement d'une pensée à une autre. Il est donc naturel que les hommes se persuadent qu'ils se déterminent eux-mêmes. Mais il reste à examiner s'ils se trompent en cela comme en une infinité d'autres choses qu'ils affirment par une espèce d'instinct, & sans avoir employé les méditations philosophiques ».

» Puis donc qu'il y a deux hypothèses sur ce qui se passe dans l'homme, l'une qu'il n'est qu'un sujet passif, l'autre qu'il a des vertus actives, on ne peut raisonnablement préférer la seconde à la première, pendant que l'on ne peut alléguer que des preuves de sentiment ; car nous sentirions avec une égale force que nous voulons ceci ou cela, soit que toutes nos volitions fussent imprimées à notre ame par une cause extérieure & invisible, soit que nous les formassions nous-mêmes, (2) &c. &c

Mais s'il est vrai, (3) comme on n'en peut douter, que l'homme agisse toujours *nécessairement* ; & que sa volonté soit soumise à une *fatale nécessité* qui l'entraîne, qui ne lui permet, ni de s'arrêter, ni de reculer, ni de se détourner, à quoi servent les loix? Elles sont d'autant plus utiles qu'elles ont nécessairement leurs effets. Hobbes ne s'y est pas trompé : c'est dans ces principes si conformes à la saine raison, qu'il a dit que la certitude des événemens & la nécessité même ne nous empêchent point d'employer les délibérations, les exhortations, les réprimandes & les louanges, les peines & les récompenses, puisqu'elles servent & portent nécessairement les hommes à faire certaines actions ou à s'en abstenir. D'ailleurs, le supplice que les loix humaines font souffrir aux malfaiteurs, ne suppose point qu'ils aient une liberté d'indifférence ; & Bayle a judicieusement observé qu'on se déferoit des perturbateurs du repos public, comme on se défait des bêtes féroces, quand même on croiroit qu'ils n'ont point de franc arbitre (4). Enfin notre système de la *nécessité* ne change rien au bon ordre de la société ; les choses qui corrompent les hommes seront toujours à supprimer ; les choses qui les améliorent & qui les modifient seront toujours à multiplier & à fortifier. C'est une dispute de gens oisifs qui ne mérite pas la moindre animadversion de la part du législateur. Seulement ce système assure à toute cause bonne, ou conforme à l'ordre établi, son bon effet ; à toute cause mauvaise ou contraire à l'ordre établi, son mauvais effet. La bienfaisance, ou si l'on veut, la vertu, (car dans tout ceci il n'y a que la nomenclature de changée), est toujours elle ; & l'indulgence, la commisération même qu'on a pour la malfaisance ou le vice, ne lui ôte rien de sa difformité. Plus le méchant semblera foible, plus l'homme de bien paroîtra robuste. La plupart des hommes haïssent le méchant ; moi j'en ai pitié. Je n'approuve pas, j'excuse. Je me dis : qui sait dans les mêmes circonstances ce que j'aurois fait, ce que je serois devenu ? Elevé comme Caligula ou Commode, j'aurois peut-être été aussi fou, aussi féroce, aussi cruel que ces deux monstres. Celui qui n'en dit pas autant de lui-même, & qui de plus ose assurer le contraire, n'y a pas bien réfléchi.

Voilà ce que j'avois à dire de la doctrine très-chrétienne, sans doute, mais très-peu philosophique de la liberté de l'homme. Ceux qui sont déjà convaincus par leurs propres réflexions de la foiblesse des preuves sur lesquelles les théologiens établissent cette fausse hypothèse, jugeront peut-être que c'est lui faire trop d'honneur que de la réfuter sérieusement. Je leur conseille donc de passer cet article, qui vraisemblablement ne leur apprendra rien, & dans lequel ils ne trouveront guère que ce qu'ils avoient également observé de leur côté, & ce qu'ils auroient sûrement exprimé avec plus de force & plus d'éloquence que moi, mais il ne faut pas croire que tous les esprits soient aussi droits, aussi cultivés : le joug humiliant sous lequel la religion, c'est-à-dire, la superstition autorisée

---

(1) En sorte pourtant que la priorité de nature, ou si l'on veut même, une priorité d'instant réel conviendroit au desir de se mouvoir. *Note de Bayle.*

(2) Réponse aux questions d'un provincial, chap. 140, pages 761 & suivantes.

(3) « Ceux qui n'examinent pas à fond ce qui se passe en eux-mêmes, se persuadent facilement qu'ils sont libres, que si leur volonté se porte au mal, c'est leur faute, c'est par un choix dont ils sont les maîtres. Ceux qui font un autre jugement sont des personnes qui ont étudié avec soin les ressorts & les circonstances de leurs actions, & qui ont bien réfléchi sur les progrès du mouvement de leur ame. Ces personnes-là pour l'ordinaire doutent de leur franc arbitre ; & viennent même jusqu'à se persuader que leur raison & leur esprit sont des esclaves, qui ne peuvent résister à la force qui les entraîne ou ils ne voudroient pas aller ». (Bayle dict. hist. & crit. art. Hélène, page 1497 de la 2ᵉ édition).

(4) Voyez ci-dessus le passage de l'article ROBARIUS, cité page 409, note 2.

par la loi de l'état, tiennent encore la plupart des hommes, prouve combien à cet égard leur raison est peu avancée. Si quelques lueurs plus ou moins vives brillent par intervalles à leurs yeux, cette espèce de lumière intermittente sert bien plus à les éblouir qu'à les guider. D'ailleurs, comme ces vérités qu'ils ne font qu'entrevoir au travers d'une foule de préjugés, dont ils ont été imbus dès l'enfance, & fous l'empire desquels ils ont vécu, n'ont point leurs analogues parmi ces opinions préconçues ; elles s'arrêtent, pour ainsi dire, à l'entrée de leur tête, & y restent stériles. Ce ne sont donc pas ces hommes qui, selon l'expression de Bayle, *ont déjà pris racine dans un système*, & qui paroissent modifiés en bien & en mal pour le reste de leur vie, qu'il faut espérer de persuader ; il y auroit en eux trop de préjugés à renverser, trop d'idées acquises à détruire : il faut qu'ils restent ce que la nature ou l'éducation, & quelquefois l'une & l'autre les ont faits. Mais il en est d'autres plus heureusement nés, auxquels un ardent desir de s'instruire a inspiré de bonne heure le goût de l'étude & de l'application. Jeunes encore & assez éclairés pour apprécier l'utilité des connoissances exactes, pour sentir la nécessité de perfectionner l'art qui les considère, & l'instrument qui doit les saisir, ils ne le sont néanmoins pas assez pour éviter tous les piéges que des sophistes subtils tendent à leur raison, & sur-tout, pour voir l'enchaînement & les liaisons mutuelles des vérités déjà connues dont la recherche & l'observation les occupe ; ils ont besoin comme le dit très-bien Montaigne, qu'on leur fasse *goûter les choses, les choisir & discerner ; quelquefois leur ouvrant le chemin, & quelquefois le leur laissant ouvrir*. C'est à cette classe de lecteurs que cet article est particulièrement destiné. Je les invite même à examiner avec la plus scrupuleuse exactitude si les raisonnemens qu'on emploie communément pour prouver la liberté de l'homme, portent dans leur esprit le même degré d'évidence & de conviction que ceux dont je me suis servi pour la combattre : car c'est à cette épreuve qu'il faut soumettre tous les argumens dont les théologiens font usage pour consacrer leurs dogmes absurdes. C'est alors que comparant la force & la clarté des objections dont on les accable avec leurs réponses, ou vagues, ou inintelligibles, on voit combien tout ce qu'ils enseignent est obscur, inconsistant & faux.

(Cet article est de M. NAIGEON.)

FÉTICHISME. (*Histoire des superstitions anciennes & modernes.*)

L'assemblage confus de l'ancienne mythologie n'a été pour les modernes qu'un cahos indéchifrable, ou qu'une énigme purement arbitraire, tant qu'on a voulu faire usage du figurisme des derniers philosophes platoniciens, qui prêtoit à des nations ignorantes & sauvages une connoissance des causes les plus cachées de la nature, & trouvoit dans le ramas des pratiques triviales d'une foule d'hommes stupides & grossiers, les idées intellectuelles de la plus abstraite métaphysique.

On n'a guères mieux réussi, quand par des rapports, la plupart forcés & mal soutenus, on a voulu retrouver dans les faits mythologiques de l'antiquité l'histoire détaillée, mais défigurée, de tout ce qui est arrivé chez le peuple Hébreu, nation inconnue à presque toutes les autres, & qui se faisoit un point capital de ne pas communiquer sa doctrine aux étrangers. Mais ces deux méthodes avoient une utilité marquée pour ceux qui les premiers en ont fait usage. Les payens cherchoient à sauver l'honneur de leur croyance de la juste critique des chrétiens ; & ceux-ci prosélites & persécutés, avoient un intérêt direct de ramener à eux tout ce qui leur étoit étranger, & de tourner en preuves contre leurs adversaires les anciennes traditions dont ceux-là même demeuroient d'accord. D'ailleurs l'allégorie est un instrument universel qui se prête à tout. Le système du sens figuré une fois admis, on y voit facilement tout ce que l'on veut comme dans les nuages : la matière n'est jamais embarrassante ; il ne faut plus que de l'esprit & de l'imagination : c'est un vaste champ, fertile en explications, quelles que soient celles dont on peut avoir besoin. Aussi l'usage du figurisme a-t-il paru si commode, que son éternelle contradiction avec la logique & le sens-commun n'a pu encore lui faire perdre aujourd'hui dans ce siècle de raisonnement le vieux crédit dont il a joui durant tant de siècles.

Quelques savans plus judicieux, bien instruits de l'histoire des premiers peuples dont les colonies ont découvert l'Occident, & versés dans l'intelligence des langues orientales, après avoir débarrassé la mythologie du fatras mal assorti dont les grecs l'ont surchargée, en ont enfin trouvé la vraie clef dans l'histoire réelle de tous ces premiers peuples, de leurs opinions, & de leurs souverains ; dans les fausses traductions d'une quantité d'expressions simples, dont le sens n'étoit plus entendu de ceux qui continuoient de s'en servir ; dans les homonymies, qui ont fait autant d'êtres ou de personnes différentes d'un même objet désigné par différentes épithètes. Ils ont vu que la mythologie n'étoit autre chose que l'histoire ou *le récit des actions des morts*, comme son nom même l'indique ; le grec μύθος étant dérivé du mot égyptien *Muth*, i. e. *mors* ; terme qui se trouve de même dans la langue chananéene. Philon de Biblos traduit l'expression *Mouth*, qu'il trouve dans le texte de Sanchoniaton, par θάνατος ou *Pluton* : traduction qui nous indique

Fff 2

en passant un rapport formel entre les deux langues égyptienne & phénicienne.

Horace semble s'être plu à rendre en latin l'idée attachée au mot grec *mythologie*, par la version purement littérale *Fabulæ manes, les morts dont on parle tant*. Ainsi la simple origine du terme *mythologie* en donne à la fois la véritable signification, montre sous quelle face la mythologie doit être considérée, & enseigne la meilleure méthode de l'expliquer. Les savantes explications qu'ils nous ont données ne laissent presque plus rien à desirer, tant sur le détail de l'application des fables aux événemens réels de la vie des personnages célèbres de l'antiquité profane, que sur l'interprétation des termes, qui, réduisant pour l'ordinaire le récit à des faits tout simples, font évanouir le faux merveilleux dont on s'étoit plû à le parer.

Mais ces clefs, qui ouvrent très-bien l'intelgence des fables historiques, ne suffisent pas toujours pour rendre raison de la singularité des opinions dogmatiques, & des rites pratiques des premiers peuples. Ces deux points de la théologie payenne roulent, ou sur le culte des astres, connu sous le nom de sabéisme, ou sur le culte peut-être non moins ancien de certains objets terrestres & matériels, appellés *fétiches* chez les nègres africains, parmi lesquels ce culte subsiste, & que par cette raison j'appellerai *fétichisme*. Je demande que l'on me permette de me servir habituellement de cette expression : & quoique dans sa signification propre, elle se rapporte en particulier à la croyance des nègres de l'Afrique, j'avertis d'avance que je compte en faire également usage en parlant de toute autre nation quelconque, chez qui les objets du culte sont des animaux, ou des êtres inanimés que l'on divinise; même en parlant quelquefois de certains peuples pour qui les objets de cette espèce sont moins des dieux proprement dits, que des choses douées d'une vertu divine, des oracles, des amulettes & des talismans préservatifs : car il est assez constant que toutes ces façons de penser n'ont au fond qu'une même source, & que celle ci n'est que l'accessoire d'une religion générale répandue fort au loin sur toute la terre, qui doit être examinée à part, comme faisant une classe particulière parmi les diverses religions payennes, toutes assez différentes entr'elles.

C'est ici (ce me semble, & je me propose de l'établir) un des grands élémens qu'il faut employer dans l'examen de la mythologie, & dont nos plus habiles mythologues, ou ne se sont pas avisés, ou n'ont pas su faire usage, pour avoir regardé d'un trop beau côté la chose du monde la plus pitoyable en soi.

Il est constant que parmi les plus anciennes nations du monde, les unes tout-à-fait brutes & grossières, s'étoient forgées par un excès de stupidité superstitieuse ces étranges divinités terrestres; tandis que d'autres peuples moins insensés adoroient le soleil & les astres.

Ces deux sortes de religions, sources abondantes de la mythologie orientale & grecque, & plus anciennes que l'idolâtrie proprement dite, paroissent demander divers éclaircissemens que ne peut fournir l'examen de la vie des hommes déifiés. Ici les divinités sont d'un autre genre, sur-tout celles des peuples *fétichistes*, dont j'ai dessein de détailler la croyance, si ancienne & si long-tems soutenue, malgré l'excès de son absurdité.

On n'a point encore donné de raison plausible de cet antique usage tant reproché aux égyptiens, d'adorer des animaux & des plantes de toute sorte, (1) *quibus hæc nascuntur in hortis Numina*. Car ni les allégories mystiques de Plutarque & de Porphyre, qui veulent que ces objets vulgaires fussent autant d'emblèmes des attributs de l'être suprême, ni le sentiment de ceux qui sans preuve suffisante posent pour principe que chaque divinité avoit pour type visible un animal que le peuple prit bientôt pour la divinité même, ni le système d'un figuriste moderne qui en fait autant d'affiches, annonçant énigmatiquement au peuple les choses communes dont il avoit déjà l'usage trivial, n'ont rien à cet égard de plus satisfaisant pour les esprits qui ne se paient pas de vaines paroles élégantes, que la fable de la fuite des dieux de l'Olimpe en Egypte, où ils se déguisèrent en toutes sortes d'espèces d'animaux, sous la forme desquels on les adora depuis.

Il ne faut pas aller chercher bien loin ce qui se trouve plus près, quand on sait par mille exemples pareils qu'il n'y a point de superstition si absurde ou si ridicule que n'ait engendrée l'ignorance jointe à la crainte; quand on voit avec quelle facilité le culte le plus grossier s'établit dans des esprits stupides affectés de cette passion, & s'enracine par la coutume parmi les peuples sauvages qui passent leur vie dans une perpétuelle enfance. Mais ils ne se déracinent pas si aisément : les vieux usages, sur-tout lorsqu'ils ont pris une teinture sacrée, subsistent encore long-tems après qu'on en a senti l'abus.

Au reste, ce n'est pas aux seuls égyptiens qu'on pouvoit faire un pareil reproche. Nous verrons bientôt que les autres nations de l'Orient n'ont pas été plus exemptes dans leurs premiers siècles d'un culte puérile que nous trouverons gé-

(1) Juvenal Sat. 15.

néralement répandu sur toute la terre, & maintenu sur-tout en Afrique. Il doit sa naissance aux tems où les peuples ont été de purs sauvages, plongés dans l'ignorance & dans la barbarie. A l'exception de la race choisie, il n'y a aucune nation qui n'ait été dans cet état, si l'on ne les considère que du moment où l'on voit le souvenir de la révélation divine tout-à-fait éteint parmi elles. Je ne les prends que de ce point, & c'est en ce sens qu'il faut entendre tout ce que je dirai là-dessus dans la suite.

Le genre humain avoit d'abord reçu de Dieu même des instructions immédiates conformes à l'intelligence dont sa bonté avoit doué les hommes. Il est si étonnant de les voir ensuite tombés dans un état de stupidité brute, qu'on ne peut guères s'empêcher de le regarder comme une juste & surnaturelle punition de l'oubli dont ils s'étoient rendus coupables envers la main bienfaitrice qui les avoit créés. Une partie des nations sont restées jusqu'à ce jour dans cet état informe : leurs mœurs, leurs idées, leurs raisonnemens, leurs pratiques sont celles des enfans. Les autres, après y avoir passé, en sont sorties plus tôt ou plus tard par l'exemple, l'éducation & l'exercice de leurs facultés. Pour savoir ce qui se pratiquoit chez celles-ci, il n'y a qu'à voir ce qui se passe actuellement chez celles-là, & en général il n'y a pas de meilleure méthode de percer les voiles des points de l'antiquité peu connus, que d'observer s'il n'arrive pas encore quelque part sous nos yeux quelque chose d'à-peu-près pareil. Les choses, dit un philosophe grec, (Lamiscus de Samos) se sont & se feront comme elles se sont faites : *ἔστιν ἃ ἐγένετο ϗ ἔσται* L'Ecclésiaste dit de même : *Quid est quod fuit ? ipsum quod futurum est.*

Examinons donc d'abord quelle est à cet égard la pratique des peuples barbares chez qui le culte en question est encore dans toute sa force. Rien ne ressemble mieux aux absurdes superstitions de l'ancienne Egypte envers tant de ridicules divinités, ni ne sera plus propre à montrer d'où provenoit ce fol usage. Cette discussion dans laquelle je me propose d'entrer divise naturellement cet article en trois parties. Après avoir exposé quel est le *fétichisme* actuel des nations modernes, j'en ferai la comparaison avec celui des anciens peuples ; & ce parallèle nous conduisant naturellement à juger que les mêmes actions ont le même principe, nous fera voir assez clairement que tous ces peuples avoient là-dessus la même façon de penser, puisqu'ils ont eu la même façon d'agir, qui en est une conséquence.

Du fétichisme actuel des nègres & des autres nations sauvages.

Les nègres de la côte occidentale d'Afrique, & même ceux de l'intérieur des terres jusqu'en Nubie, contrée limitrophe de l'Egypte, ont pour objet d'adoration certaines divinités que les Européans appellent *fétiches*, terme forgé par nos commerçans du Sénégal, sur le mot portugais *feitisso*, c'est-à-dire, *chose fée, enchantée, divine* ou *rendant des oracles* ; de la racine latine, *fatum*, *Fanum*, *Fari*. Ces *fétiches* divins ne sont autre chose que le premier objet matériel qu'il plait à chaque nation ou à chaque particulier de choisir & de faire consacrer en cérémonie par ses prêtres : c'est un arbre, une montagne, la mer, un morceau de bois, une queue de lion, un caillou, une coquille, du sel, un poisson, une plante, une fleur, un animal d'une certaine espèce, comme vache, chèvre, éléphant, mouton ; enfin tout ce qu'on peut s'imaginer de pareil. Ce sont autant de dieux, de choses sacrées, & aussi de talismans pour les nègres, qui leur rendent un culte exact & respectueux, leur adressent leurs vœux, leur offrent des sacrifices, les promènent en procession s'ils en sont susceptibles, ou les portent sur eux avec de grandes marques de vénération, & les consultent dans toutes les occasions intéressantes ; les regardant en général comme tutélaires pour les hommes, & comme de puissans préservatifs contre toute sorte d'accidens. Ils jurent par eux, & c'est le seul serment que n'osent violer ces peuples perfides.

Les nègres, ainsi que la plupart des sauvages, ne connoissent point l'idolâtrie des hommes déifiés. Chez eux, le soleil, ou les *fétiches*, sont les vraies divinités ; quoique quelques-uns d'entr'eux qui ont quelque foible idée d'un être supérieur ne les regardent pas comme égaux à lui, & que quelques autres, qui ont une teinture de mahométisme, n'en fassent que des génies subalternes & des talismans.

Il y a dans chaque pays le *fétiche* général de la nation, outre lequel chaque particulier a le sien qui lui est propre & *Pénate*, ou en a même un plus grand nombre, selon qu'il est plus ou moins susceptible de crainte ou de dévotion. Elle est si grande de leur part que souvent ils les multiplient, prenant la première créature qu'ils rencontrent, un chien, un chat, ou le plus vil animal. Que s'il ne s'en présente point, dans leur accès de superstition, leur choix tombe sur une pierre, une pièce de bois, enfin le premier objet qui flatte leur caprice. Le nouveau *fétiche* est d'abord comblé de présens, avec promesse solemnelle de l'honorer comme un patron chéri, s'il répond à l'opinion qu'on s'est tout d'un coup avisé d'avoir de sa puissance.

Ceux qui ont un animal pour *fétiche* ne mangent jamais de sa chair : ce seroit un crime impardonnable de le tuer ; & les étrangers qui commettroient une telle profanation, seroient bientôt les victimes de la colère des naturels. Il y en a parmi eux qui par respect & par crainte s'abstiennent de voir jamais leur *fétiche*. Nos commerçans racontent qu'un souverain voisin de la côte ne put à leur prière venir trafiquer avec eux sur les vaisseaux, parce que la mer étoit son *fétiche*, & qu'il y avoit une croyance répandue dans cette contrée, que quiconque verroit son Dieu mourroit sur-le-champ; opinion qui ne leur a pas été tout-à-fait particulière, & dont on trouve des traits chez quelques anciennes nations de l'Orient.

« Presque par toute la Nigritie, dit *Loyer* (1), outre les *fétiches* particuliers, il y en a de communs au royaume, qui sont ordinairement quelque grosse montagne, ou quelque arbre remarquable. Si quelqu'un étoit assez impie pour les couper ou les défigurer, il seroit certainement puni de mort. Chaque village est aussi sous la protection de son propre *fétiche*, qui est orné aux frais du public, & qu'on invoque pour le bien commun. Le gardien de l'habitation a son autel de roseaux dans les places publiques, élevé sur quatre piliers & couvert de feuilles de palmier. Les particuliers ont dans leur enclos ou à leur porte un lieu réservé pour leur *fétiche*, qu'ils parent suivant les mouvemens de leur propre dévotion, & qu'ils peignent une fois la semaine de différentes couleurs. On trouve quantité de ces autels dans les bois & dans les bruyères: ils sont chargés de toutes sortes de *fétiches*, avec des plats & des pots de terre remplis de maïz, de riz & de fruits. Si les nègres ont besoin de pluie, ils mettent devant l'autel des cruches vuides: s'ils sont en guerre, ils y mettent des sabres & des zagayes pour demander la victoire: s'ils ont besoin de viande ou de poisson, ils y placent des os ou des arrêtes: pour obtenir du vin de palmier, ils laissent au pied de l'autel le petit ciseau servant aux incisions de l'arbre: avec ces marques de respect & de confiance, ils se croient sûrs d'obtenir ce qu'ils demandent; mais s'il leur arrive une disgrace, ils l'attribuent à quelque juste ressentiment de leur *fétiche*, & tous leurs soins se tournent à chercher les moyens de l'appaiser ».

On entrevoit déjà combien tous ces faits ont de ressemblance avec ce que l'on nous raconte de l'ancienne religion d'Egypte; mais pour le dire en passant, sur un point particulier auquel je ne compte pas revenir, & qui seul demanderoit une dissertation à part, le parallèle qu'on pourroit faire du récit de *Loyer* avec les figures gravées sur les obélisques, où l'on voit des têtes de chiens & d'éperviers, des soleils, des serpens, des oiseaux, &c. à qui des hommes à genoux présentent de petites tables chargées de vases & de fruits, &c., ne seroit peut-être pas la plus mauvaise clef qu'on pourroit choisir pour expliquer les hiéroglifes égyptiens.

La religion du *fétichisme* passe pour très-ancienne en Afrique, où elle est si généralement répandue, que les détails circonstanciés de ce qui se pratique là-dessus en chaque contrée deviendroient d'une extrême longueur. Il suffit de renvoyer aux relations de voyages ceux qui voudront être instruits des pratiques particulières à chaque pays: elles en ont amplement parlé. L'usage à cet égard est toujours, soit pour le genre de l'hommage, soit pour les rites du culte, à peu près le même chez les nègres, aujourd'hui la plus superstitieuse nation de l'univers, qu'il étoit chez les égyptiens, autrefois aussi la plus superstitieuse nation de ce tems. Mais je ne puis supprimer le récit du *fétichisme* en usage à Juidah, petit royaume sur la côte de Guinée, qui servira d'exemple pour tout ce qui se passe de semblable dans le reste de l'Afrique; sur-tout par la description du culte rendu au serpent rayé, l'une des plus célèbres divinités des noirs. On verra combien il diffère peu de celui que l'Egypte rendoit à ses animaux sacrés, parmi lesquels il n'y a peut-être pas eu de *fétiche* plus honoré que celui-ci : & l'on voit déjà du premier mot, que rien ne doit mieux ressembler que ce serpent de Juidah, au serpent *fétiche* d'Evil-Merodach, dont l'histoire est rapportée au 14me. chapitre de Daniel: car à la lecture de ce chapitre, il est assez évident pour tout le monde que ce serpent apprivoisé & nourri dans un temple de Babylone, où l'on vouloit obliger Daniel à l'adorer, comme un Dieu vivant, étoit pour les babyloniens une vraie divinité du genre des *fétiches*. Je tirerai ma narration d'Atkins, de Bosman, & de Des-Marchais, qui tous trois ont souvent fréquenté & bien connu les mœurs de ce canton de la Nigritie.

A Juidah, les *fétiches* sont de deux espèces: il y en a de publics & de particuliers. Ceux de cette seconde classe, qui sont pour l'ordinaire quelque animal, quelque être animé ou quelque idole grossièrement fabriquée de terre grasse ou d'ivoire, ne sont pas moins honorés que les autres; car on leur offre quelquefois le sacrifice d'un esclave dans les occasions fort intéressantes. Mais pour ne s'arrêter ici qu'aux *fétiches* communs à toute la nation, il y en a quatre; le serpent, les arbres, la mer, & une vilaine petite idole d'argile qui préside aux conseils. On trouve toujours au-devant de celle-ci trois plats de bois contenant une vingtaine de petites boules de terre. Les dévots, avant que de tenter quelque

(1) Voyage d'Issini.

entreprise vont trouver le prêtre, qui après avoir offert le présent à la divinité, fait plusieurs fois sauter les boules au hazard d'un plat dans un autre, & conjecture que l'entreprise sera heureuse, si le nombre des boules se trouve le plus souvent impair dans chaque plat. Les grands arbres sont l'objet de la dévotion des malades, qui leur offrent des tables chargées de grains & de gâteaux : ces offrandes tournent au profit des prêtres du bois sacré. La mer est invoquée pour la pêche & pour le commerce, ainsi qu'un fleuve du pays que nos voyageurs nomment l'Euphrate. On fait sur ses bords des processions solemnelles ; on y jette diverses choses de prix, même de petits anneaux d'or. Mais comme ces offrandes sont en pure perte pour les prêtres, ils conseillent plus volontiers le sacrifice d'un bœuf sur le rivage. Le serpent est un bel animal gros comme la cuisse d'un homme & long d'environ sept pieds, rayé de blanc, de bleu, de jaune & de brun, la tête ronde, les yeux beaux & fort ouverts, sans venin, d'une douceur & d'une familiarité surprenante avec les hommes. Ces reptiles entrent volontiers dans les maisons ; ils se laissent prendre & manier même par les blancs, & n'attaquent que l'espèce des serpens venimeux, longs, noirs & menus, dont ils délivrent souvent le pays, comme fait l'Ibis en Egypte. Toute cette espèce de serpens, si l'on en croit les noirs de Juidah, descend d'un seul qui habite l'intérieur du grand temple près de la ville de Shabi, & qui vivant depuis plusieurs siècles, est devenu d'une grosseur & d'une longueur démesurée. Il avoit ci-devant été la divinité des peuples d'Ardra ; mais ceux-ci s'étant rendus indignes de sa protection par leur méchanceté & par leurs crimes, le serpent vint de son propre mouvement donner la préférence aux peuples de Juidah ; ayant quitté ceux d'Ardra au moment même d'une bataille que les deux nations alloient se livrer ; on le vit publiquement passer d'un des camps à l'autre. Loin que sa forme eût rien d'effrayant, il parut si doux & si privé, que tout le monde fût porté à le caresser. Le grand prêtre le prit dans ses bras, & le leva pour le faire voir à l'armée. A la vue de ce prodige, tous les nègres tombèrent à genoux, & lui rendirent un hommage dont ils reçurent bientôt la récompense, par la victoire complette qu'ils remportèrent sur leurs ennemis.

On bâtit un temple au nouveau *fétiche* : on l'y porta sur un tapis de soie en cérémonie, avec tous les témoignages possibles de joie & de respect, on assigna un fonds pour sa subsistance : on lui choisit des prêtres pour le servir, & des jeunes filles pour lui être consacrées ; & bientôt cette nouvelle divinité prit l'ascendant sur les anciennes. Elle préside au commerce, à l'agriculture, aux saisons, aux troupeaux, à la guerre, aux affaires publiques du gouvernement, &c.

Avec une si haute opinion de son pouvoir, il n'est pas surprenant qu'on lui fasse des offrandes considérables : ce sont des pièces entières d'étoffe de coton, ou de marchandises de l'Europe, des tonneaux de liqueur, des troupeaux entiers : ses demandes sont pour l'ordinaire fort considérables, étant proportionnées au besoin & à l'avarice des prêtres, qui se chargent de porter au serpent les adorations du peuple, & de rapporter les réponses de la divinité, n'étant permis à personne autre qu'aux prêtres, pas même au roi, d'entrer dans le temple & de voir le serpent. La postérité de ce divin reptile est devenue fort nombreuse. Quoiqu'elle soit moins honorée que le chef, il n'y a pas de nègre qui ne se croie fort heureux de rencontrer des serpens de cette espèce, & qui ne les loge ou les nourisse avec joie. Ils les traitent avec du lait, si c'est une femelle, & qu'ils s'apperçoivent qu'elle soit pleine, ils lui construisent un nid pour mettre ses petits au monde, & prennent soin de les élever, jusqu'à ce qu'ils soient en état de chercher leur nourriture. Comme ils sont incapables de nuire, personne n'est porté à les insulter. Mais s'il arrivoit à quelqu'un, nègre ou blanc, d'en tuer ou d'en blesser un, toute la nation seroit ardente à se soulever. Le coupable, s'il étoit nègre, seroit assommé & brûlé sur-le-champ. C'est ce qui arriva aux anglois lors du premier établissement qu'ils firent sur cette côte.

« Ils trouvèrent (1) la nuit dans le magasin
» un serpent *fétiche*, qu'ils tuèrent innocem-
» ment, & qu'ils jettèrent devant leur porte,
» sans se défier des conséquences. Le lendemain,
» quelques nègres, qui reconnurent le sacrilége,
» & qui en apprirent les auteurs, par la con-
» fession même des anglois, ne tardèrent point
» à répandre cette funeste nouvelle dans la na-
» tion. Tous les habitans du canton s'assemblè-
» rent : ils fondirent sur le comptoir naissant,
» massacrèrent les anglois jusqu'au dernier, &
» détruisirent par le feu l'édifice & les marchan-
» dises. Depuis ce tems, les noirs ne voulant
» pas se priver du commerce, prennent la pré-
» caution d'avertir les étrangers de la vénération
» qu'on doit avoir pour cet animal, & de les
» prier de le respecter comme sacré. Si quelque
» blanc vient à en tuer un, il n'y a pour lui
» d'autre parti à prendre que la fuite, & pour sa
» nation, que la ressource d'aller avouer le
» crime, en protestant qu'il a été fait par
» hasard, & en payant une grosse amende pour
» marque de repentir. »

Un portugais arrivé depuis peu sur la côte, eut la curiosité d'emporter un serpent *fétiche* au

___

(1, Bosman, page 376. Des-Marchais tome II.

Brésil. « Lorsque son vaisseau fut prêt à partir, il se procura secrettement un de ces animaux, qu'il renferma dans une boëte, & s'étant mis dans un canot avec sa proie, il comptoit de se rendre droit à bord. La mer étoit calme; cependant le canot fut renversé, & le portugais se noya. Les rameurs nègres ayant rétabli leur canot, retournèrent au rivage, & négligèrent d'autant moins la boëte, qu'ils avoient vû le portugais fort attentif à la garder. Ils l'ouvrirent avec de grandes espérances : quel fut leur étonnement d'y trouver un de leurs *fétiches*! Leurs cris attirèrent un grand nombre d'habitans, qui furent informés aussi-tôt de l'audace du portugais. Mais comme le coupable étoit mort, les prêtres & la populace fondirent sur tous les marchands de sa nation qui étoient dans le pays, les massacrèrent, & pillèrent leurs magasins. Ce ne fut qu'après de longues difficultés, & même à force de présens, qu'ils se laissèrent engager à permettre que les portugais continuassent leur commerce. »

Les animaux qui tueroient ou blesseroient un serpent, ne seroient pas plus à couvert du châtiment que les hommes. La voracité d'un cochon des hollandois qui en avoit mangé un, causa la mort de presque tous les porcs du pays. Des milliers de nègres armés d'épées & de massues, commencèrent l'exécution ; & l'on ne pardonna au reste de l'espèce qu'à condition qu'on les tiendroit renfermés dans le tems que les serpens font leurs petits : alors une troupe de gardes parcourt le pays, détruisant tout ce qui seroit à portée de leur nuire : tellement qu'à force de laisser multiplier ces ridicules divinités, la contrée en seroit couverte (1), sans les serpens venimeux qui en tuent un grand nombre dans les combats qui se font entre les deux espèces. Les serpens rayés, quoi qu'incapables de nuire, ne laissent pas que d'être fort incommodes par leur excessive familiarité. Dans les grandes chaleurs ils entrent dans les maisons, se placent sur les meubles, & se glissent même dans les lits, où souvent ils font leurs petits. Personne n'a l'audace de les déplacer : on va chercher un prêtre voisin, qui prend le *fétiche* & le porte doucement dehors. Si l'on veut se défaire de la compagnie des nègres, il n'y a point de meilleur secret que de parler sans respect du serpent : aussi-tôt ils se bouchent les oreilles & fuient la société des impies.

On a soin de bâtir de tout côté des cabanes ou temples pour servir de retraite aux *fétiches*, s'ils en veulent faire usage. L'intendance de chacun de ces bâtimens est confiée pour l'ordinaire à une vieille prêtresse.

Mais de toutes les cérémonies, la plus solemnelle est la procession qui se fait au grand temple de Shabi, avec tout l'appareil que ces peuples sont capables d'y mettre : elle n'est pas composée de moins de cinq cens personnes, tant archers que musiciens, sacrificateurs, ministres portant les offrandes, prêtres, & grands du royaume de l'un & de l'autre sexe. Le roi, ou la reine mère, & le grand pontife, appelé en langue du pays *Béti*, la conduisent chacun une canne ou sceptre à la main : ce qui rappelle l'idée de tant de figures de rois ou de prêtres qu'on voit dans les sculptures égyptiennes se présenter devant leurs divinités, ayant à la main le sceptre antique, qui est une espèce de canne à crochet. Cette procession se prosterne à la porte du temple, le visage contre terre, la tête couverte de cendres, & fait son invocation, tandis que les ministres du temple reçoivent les présens pour les offrir à la divinité.

Le grand sacerdoce donne un pouvoir presque égal à l'autorité royale, dans l'opinion où l'on est que le pontife converse familièrement avec le grand *fétiche*. Cette dignité est héréditaire dans la même famille. Les prêtres le sont de même par droit de naissance, & forment un ordre & une tribu à part, comme en Egypte : on les reconnoît aux piqûres cicatrisées qu'ils ont sur le corps. Quant aux prêtresses, ou *Bétas*, voici la forme de les choisir. Pendant un certain tems de l'année, les vieilles prêtresses, armées de massues, courent le pays depuis le coucher du soleil jusqu'à minuit, furieuses comme des bacchantes. Toutes les jeunes filles d'environ douze ans qu'elles peuvent surprendre, leur appartiennent de droit ; il n'est pas permis de leur résister, pourvu qu'elles n'entrent pas dans les maisons, où il leur est défendu d'arrêter qui que ce soit. Elles enferment ces jeunes personnes dans leurs cabanes ; elles les traitent assez doucement, les instruisant au chant, à la danse, aux rites sacrés. Après les avoir stylées, elles leur impriment la marque de leur consécration, en leur traçant sur la peau, par des piqûres d'aiguilles des figures de serpens, de fleurs & d'animaux. Cette opération douloureuse est quelquefois suivie d'une fièvre mortelle. Mais lorsqu'on en guérit, la peau redevient fort belle, & semblable à un satin noir brodé à fleurs. On leur dit que le serpent les a marquées ; & en général, le secret sur tout ce qui arrive aux femmes dans l'intérieur des cloîtres est tellement recommandé, sous peine d'être emportée & brulée vive par le serpent, qu'aucune d'entr'elles n'est tentée de le violer. La plupart se trouvent assez bien de ce qui s'est passé dans le lieu de leur retraite, pour n'avoir

aucune

---

(1) Joseph faisoit la même remarque à l'Egyptien Apion. « Si toutes les nations, lui disoit-il, pensoient comme la vôtre, les animaux auroient bientôt chassé les hommes de la surface de la terre ».

aucun intérêt de le révéler; & celles qui penseroient autrement n'ignorent pas que les prêtres ont assez de pouvoir pour mettre leur menace à exécution. Les vieilles les remènent pendant une nuit obscure, chacune à la porte de leurs parens, qui les reçoivent avec joie, & paient fort cher aux prêtresses la pension du séjour, tenant à honneur la grace que le serpent a faite à leur famille. Les jeunes filles commencent dès-lors à être respectées, & à jouir de quantité de priviléges. Lorsqu'elles sont nubiles, elles retournent au temple en cérémonie, & fort parées pour y épouser le serpent. Le mariage est consommé la nuit suivante dans une loge écartée, pendant que les compagnes de la mariée dansent assez loin de-là au son des instrumens. Quoiqu'on dise que le serpent s'acquitte lui-même de ce devoir conjugal, on ne doute guères, dans le pays même, qu'il n'en donne la commission à ses prêtres. Le lendemain, on reconduit la mariée dans sa famille; & dès ce jour là elle a part aux rétributions du sacerdoce. Une partie de ces filles se marient ensuite à quelques nègres; mais le mari doit les respecter, comme le serpent même dont elles portent l'empreinte, ne leur parler qu'à genoux, & être soumis, tant à leurs volontés qu'à leur autorité. S'il s'avisoit de vouloir corriger ou répudier une femme de cet ordre, il s'attireroit à dos le corps entier. Celles qui ne veulent pas se marier, vivent en communauté dans des espèces de couvens, où elles font, à ce qu'on dit, trafic de leurs faveurs, ou de celles de leurs camarades. Au reste, le mystère est indispensable sur tout ce qui se passe dans les lieux sacrés, à peine du feu.

Indépendamment de cette espèce de religieuses attitrées, il y a une consécration passagère pour les jeunes femmes ou filles attaquées de vapeurs hystériques, maladie qui paroît commune en cette contrée. On s'imagine que ces filles ont été touchées du serpent, qui ayant conçu de l'inclination pour elles, leur a inspiré cette espèce de fureur; quelques-unes se mettent tout-à-coup à faire des cris affreux, & assurent que le *fétiche* les a touchées, mais qu'il s'est retiré lorsqu'on est venu à leur secours. Elles deviennent furieuses comme les pythonisses; elles brisent tout ce qui leur tombe sous la main, & font mille choses nuisibles. Alors leurs parens sont obligés de les mener dans un logement construit exprès dans le voisinage de chaque temple, où moyennant une grosse pension que paie leur famille, elles restent quelques mois pour leur guérison.

Un nègre racontoit à Bosman que, sa femme ayant été atteinte de ce mal, il feignit de la mener, selon l'ordre, au temple voisin; mais au lieu de ceci, il la conduisit en effet sur la côte pour la vendre à des marchands d'esclaves. Dès que la femme apperçut le vaisseau d'Europe, elle fut subitement guérie de son mal, & cessant de faire la furieuse, ne demanda plus à son mari que de la ramener tranquillement chez elle. Le nègre avouoit à Bosman, que par une démarche si hardie, il couroit de grands risques de la part des prêtres s'il eût été rencontré.

Tel est dans ce canton d'Afrique le culte du serpent rayé, dont beaucoup de marins ont parlé fort au long. Je n'ai pas craint de le décrire avec quelque étendue, parce que le rite en étant mieux connu, peut faire juger de ceux de pareil genre qui le sont moins, tant chez les anciens peuples que chez les modernes.

Il n'est pas hors de propos de remarquer, avant que de quitter cet article, que ces africains de Juidah ont ainsi que les égyptiens l'usage de la circoncision. Il est si ancien parmi eux, qu'ils en ignorent l'origine, n'ayant pas d'autre exemple pour l'observer que l'exemple immémorial de leurs ancêtres: au reste ils ne le regardent pas comme une pratique de religion. Remarquons encore que ce n'est pas seulement dans ce canton de la Nigritie que le serpent a été regardé comme la divinité principale. Son culte étoit très-anciennement répandu dans l'intérieur de l'Afrique. Il étoit l'objet de la religion des Ethiopiens dans le quatrième siècle de l'ère vulgaire, lorsque Frumentius alla leur prêcher la foi chrétienne, & vint à bout de les convertir en détruisant le serpent qui avoit été jusqu'alors le Dieu des axumites (1). On raconte que ce serpent d'une grosseur monstrueuse, avoit nom en langue du pays, *Arwe-midre*, & que selon une ancienne tradition reçue parmi les abassins, c'étoit la divinité que les premiers éthiopiens adoroient de toute antiquité (2).

Un autre pays bien éloigné de celui-ci, nous fournit un exemple de la manière dont les sauvages font choix de leur divinité, & nous prouve en même tems combien ce culte ridicule, répandu si loin & commun à des peuples entre lesquels il n'y a eu aucune communication d'idées, tombe facilement dans la pensée des hommes grossiers.

Dans la presqu'île d'Yucatan, en Amérique, chacun a son Dieu particulier: ils ont pourtant des lieux où ils s'assemblent pour les adorer en commun, & qui leur servent d'église, quand les prêtres espagnols y sont. Lorsqu'un enfant vient de naître, ils le portent dans ce lieu, où on le laisse passer la nuit exposé tout nud sur une

---

(1) Gonsalez ap. Ludolf. Ethiopic. page 479.
(2) Ludolf. ibid liv. II, c. 3.

petite place qu'ils ont parfemée de cendres paffées dans un tamis d'écorce d'arbre. Le lendemain ils y retournent & remarquent les vestiges de l'animal qui s'est approché de l'enfant : s'il y en a deux, ils les prennent tous deux pour patrons, ou un seul s'il n'y en a qu'un. Ils élèvent l'enfant jufqu'à ce qu'il foit en âge de connoître leur religion : alors fes parens lui déclarent quel est fon patron; & foit fourmi, rat, souris, chat ou ferpent, il doit l'adorer comme fon Dieu. Ils ne le réclament jamais que dans l'adverfité, c'est-à-dire, lorsqu'ils ont perdu quelque chofe, ou reçu quelque déplaisir. Ils vont pour ceci dans une maifon destinée à cet ufage, & offrent de la gomme copal, comme nous offrons l'encens. Après cela, quelque chimère qui leur paffe par la tête, foit defir de fe venger d'un affront prétendu, foit toute autre penfée, ils ne manquent pas de l'exécuter; agiffant, à ce qu'ils prétendent, en vertu de l'ordre précis de leur Dieu (1).

Le *fétichifme* n'est pas moins général dans tous les cantons de l'Amérique; mais fur-tout les pierres coniques, comme les Bœtyles de Syrie, & les grands arbres, comme ceux des Pélafges grecs. Chez les Apalaches de la Floride (2), c'est une grande montagne appellée Olaïmi. Chez les Natchez de la Louifiane, c'est une pierre conique précisément conservée dans une enveloppe de plus de cent peaux de chevreuils, ainfi que les anciens enveloppoient certains bœtyles dans des toifons. Chez les infulaires de Cozumel ou Sainte-Croix, c'est une croix de pierre d'une dixaine de pieds de haut (3) : c'est le dieu qui felon eux donne la pluie quand on en a befoin.

En Gafpéfie, où les fauvages adorent le foleil, la croix est en même tems le *fétiche* particulier du pays. On le place dans le lieu du confeil, dans l'endroit honorable de la cabane. Chacun la porte à la main ou gravée fur la peau. On la pofe fur la cabane, fur les canots, fur les raquettes, fur les habits, fur l'enveloppe des enfans, fur la fépulture des morts. « Ils ra-
» content, dit le P. Leclerc (4), que cette fi-
» gure apparut en dormant à leurs ancêtres durant
» le cours d'une maladie peftilentielle. Comme
» ils font crédules à l'excès pour les fonges,
» ils ne négligèrent pas celui-ci, & en effet la
» maladie ceffa. Depuis ce tems ils en font à
» fimple, à double & à triple croifon. Perfonne
» ne la quitte en quelque occafion preffante que

_____

(1) Oxmelin hist. des Flibust. tome I,
(2) Rochef. hist. des Antilles.
(3) Oviedo.
(4) Leclerc hist. de Gafpéfie, chap. 9 & 10.

» ce foit; & ils la font enterrer avec eux, difant
» que fans cela ils ne feroient pas connus dans le
» pays des ancêtres ». Les anciens naturels de l'île Hayti ou Saint-Domingue en avoient un grand nombre & de fort variés, qu'ils nommoient *Zemez*, & dont on trouve çà & là les images cachées en terre dans les lieux autrefois habités; mais fur-tout des tortues, des caymans & des pierres : ils leur offroient des corbeilles pleines de fleurs & de gâteaux (5). Chacun avoit néanmoins fon culte particulier, felon qu'il préfidoit aux faifons, à la fanté, à la chaffe, ou à la pêche. Un Cacique du pays avoit trois pierres divines très-précieufes. l'une faifoit croître les grains, l'autre accoucher heureufement les femmes; la troifième (6) donnoit le beau tems & la pluie.

Les abénaquis ont un vieux arbre *fétiche* qu'ils croyoient ne devoir jamais tomber : mais quoique cela foit arrivé, ils n'ont pas laiffé de continuer d'y attacher leurs offrandes. D'autres ont des lacs pour *fétiches*, comme les avoient les celtes tectofages; ou des crocodiles, ainfi que les égyptiens; ou d'autres poiffons de mer, comme les philiftins; ou des perches plantées debout, comme les fabins d'Italie; ou des marmoufets de bois, comme Laban le fyrien; ou des repréfentations des parties du fexe, comme les indiens linganiftes, ou des os de morts, comme les infulaires voifins des Philippines; ou des poupées de coton : en un mot mille bizarres objets différens dont l'énumération deviendroit faftidieufe.

La plupart des américains font fort prévenus que ces objets qu'ils confacrent deviennent autant de génies ou de *manitous*. Le nombre est fi peu déterminé, que les iroquois les appellent en leur langue d'un nom qui fignifie *efprits de toutes fortes*. Leur imagination leur en fait voir dans les chofes naturelles; mais fur-tout dans celles dont les refforts leur font inconnus, & qui ont pour eux un air de nouveauté. Les moindres bagatelles les frappent à cet égard. Le même P. Leclerc, c. 13, p. 574, parle d'une gafpéfienne fort accréditée parmi la nation des porte-croix, & qu'il appelle la patriarche du pays, laquelle avoit érigé en divinités un roi de cœur & un pied de verre, devant lefquels elle faifoit fa prière. Il ne faut pas demander fi les fufils ou la poudre à canon font pour eux des *fétiches* ou manitous redoutables.

Mais nulle divinité de ce genre n'a été fi funefte aux fauvages que l'or, qu'ils croyent certainement être le *fétiche* des efpagnols, jugeant de l'efpèce de leur croyance par la leur propre &

_____

(5) Herrera hist. des Indes.
(6) Charlevoix hist. de St. Domingue.

par la profonde vénération qu'ils leur voyoient pour ce métal. Les barbares de Cuba, sachant qu'une flotte de Castille alloit descendre dans leur île, jugèrent qu'il falloit d'abord se concilier le dieu des espagnols, puis l'éloigner de chez eux. Ils rassemblèrent tout leur or dans une corbeille. Voilà, dirent-ils, le dieu de ces étrangers ; célébrons une fête en son honneur pour obtenir sa protection, après quoi nous le ferons sortir de notre île. Ils dansèrent & chantèrent selon leur mode religieux autour de la corbeille, puis la jetterent dans la mer (1). La prière ordinaire des sauvages aux manitoux, est pour en obtenir qu'ils ne leur fassent point de mal. Ils les honorent beaucoup plus que l'être supérieur à eux, avec lequel quelques-uns de ces peuples paroissent ne le pas confondre, soit le soleil ou quelqu'esprit qui commande dans le pays des ames. Ils les consultent dans leurs besoins & se gouvernent par la réponse. Par exemple, les brasiliens ont pour fétiche ordinaire une grosse calebasse sèche, dans laquelle on jette des grains de mais ou de petites pierres : chaque ménage a le sien à qui on offre des présens (2) C'est leur dieu lare, dont l'usage est sur-tout consacré à la divination : c'est-là qu'ils croient que l'esprit réside & rend ses réponses, quand on va consulter le bruit que fait cette espèce d'instrument, comme les sauvages grecs de Thesprotie consultoient le leur en rendoit le chaudron de Dodone frappé par de petites chaines suspendues & agitées par le vent ; comme les africains consultent leurs gris-gris talismaniques ; ou comme les égyptiens consultoient cet objet peu connu, cette machine divinatoire composée de plusieurs pierreries, dont l'éclat combiné servoit à conjecturer l'avenir, & que les hébreux leurs voisins appelloient *urim* & *thummim*, c'est-à-dire, *les lumières merveilleuses*. Ils brûlent du tabac en holocauste devant cette divinité, comme d'autres font aussi en l'honneur du soleil (3). Ils en hument aussi la fumée, dont l'ivresse leur faisant tourner la tête, les met dans un état d'inspiration plus propre à comprendre ce que veut dire le son des grains jettés dans la calebasse. Ainsi la pythie assise sur son trépied & recevant sous ses vêtemens quelque fumée naturelle de la terre, ou celle d'un aromate jetté dans un réchaud, tomboit dans un accès de vapeur qui la rendoit prophétesse, & lui faisoit proférer des paroles sans suite, que les auditeurs appliquoient à leur guise aux questions consultées.

Le tabac est une offrande américaine, dont les virginiens font des sacrifices à l'air & à l'eau (4) ; ils y en jettent des poignées pour avoir du beau tems en voyage, ou pour être délivrés de la tempête sur mer : ils en attachent aussi à leurs filets neufs, dans l'espérance d'être heureux à la pêche. Ceux du Brésil, lorsqu'ils vont faire quelque chose d'important, s'en font souffler (5) des bouffées au visage par leurs jongleurs, ce qui s'appelle parmi eux *recevoir l'esprit*.

Les illinois dans leurs fêtes à danser étendent une natte de jonc peinte de couleurs au milieu de la campagne : c'est un tapis sur lequel on place avec honneur le dieu manitou de celui qui donne la fête, qui est ordinairement un serpent, un oiseau, ou une pierre. On pose à sa droite le grand calumet : on dresse devant lui un trophée d'armes en usage dans la nation : puis tandis que la troupe chante en chœur, chacun avant que de danser à son tour vient saluer le manitou (6), & souffler sur lui la fumée de tabac en guise d'encens.

La religion des sauvages, dit un missionnaire, ne consiste que dans quelques superstitions dont se berce leur crédulité (7). Comme leur connoissance se borne à celle des bêtes & aux besoins naturels de la vie, leur culte n'a pas non plus d'autres objets. Leurs charlatans leur donnent à entendre qu'il y a une espèce de génie ou de manitou qui gouverne toutes choses, qui est le maître de la vie & de la mort, mais ce génie ou ce manitou n'est qu'un oiseau, un animal ou sa peau, ou quelque objet semblable, qu'on expose à la vénération dans des cabanes, & auquel on sacrifie d'autres animaux. Les guerriers portent leur manitou dans une natte, & l'invoquent sans cesse pour obtenir la victoire. C'est le manitou qui guérit les maladies au moyen des contorsions que font les charlatans, en nommant tantôt une bête, tantôt une autre ; & si le malade vient à guérir, c'est alors que la puissance du manitou est bien reconnue. Un sauvage qui avoit un bœuf pour manitou, convenoit un jour que ce n'étoit pas ce bœuf même qu'il adoroit, mais un manitou de bœuf qui étoit sous terre, & qui animoit tous les bœufs : il convenoit aussi que ceux qui avoient un ours pour manitou adoroient un pareil manitou d'ours. On lui demanda s'il n'y avoit pas aussi un pareil manitou d'hommes ? il en convint. Alors on lui représenta que puisque l'homme étoit sur la terre le maître des autres animaux qu'il tue & qu'il mange, le manitou d'homme doit être sous terre le maître des autres manitous, & que par con-

---

(1) Herrera IX, 3.
(2) Lery hist. du Brésil chap, 15 & 9.
(3) Lett. des missionnaires.

(4) Th. Hariot de Virgin.
(5) Lery *ibid*.
(6) Marquette, Mœurs des Illinois.
(7) Let. des Missionn. tome XI, page 325.

féquent il feroit plus convenable d'invoquer l'efprit qui est le maître des autres. Ce raisonnement parut bon au fauvage, mais ne le fit pas changer de coutume.

Le P. Laffiteau nous apprend que les iroquois, qu'on peut compter parmi les plus spirituels d'entre les américains, quoique très-féroces, ont une opinion à peu-près pareille fur chaque espèce d'animaux, qu'ils croient avoir son archétype dans le pays des ames (ce qui revient, dit-il, aux idées de Platon), & que leurs ames vont après leur mort habiter ce pays; car ils ne font pas l'ame des bêtes d'une nature différente de celle de l'homme, à laquelle ils donnent néanmoins la supériorité (1): selon eux, l'ame c'est la pensée: ils ne diftinguent pas l'agent de l'action, & n'ont qu'un même terme pour exprimer l'un & l'autre. Ils ont aussi un objet divin qu'ils appellent *Oïarou* consistant dans la premiere bagatelle qu'ils auront vue en songe, un calumet, une peau d'ours, un couteau, une plante, un animal, &c. Ils croyent pouvoir par la vertu de cet objet, opérer ce qui leur plaît, même se tranfporter & se métamorphofer. Les devins qui acquièrent dans ces visions un pouvoir furnaturel, font appellés en leur langue d'un mot qui signifie *les voyans*. (2). C'est aussi le nom que les orientaux donnoient aux prophètes.

Si du nouveau monde nous pafsons aux climats voisins de notre pôle, où il se trouve encore des nations fauvages, nous les y voyons infatuées du même *fétichifme* : car, encore un coup, j'appelle en général de ce nom toute religion qui a pour objet le culte des animaux ou des êtres terreftres inanimés. Les mœurs des lapons & des famoïedes, le culte qu'ils rendent aux pierres graiffées ou bœtyles, & aux troncs d'arbres, leur entêtement pour les talifmans & les jongleurs, font trop connus pour en faire ici le détail. Il femble même que les famoïedes attachent aux animaux féroces une espèce de *fétichifme* dont ils redoutent les fuites quand ils en ont tué un : car alors avant que de l'écorcher, ils lui proteftent fort férieufement que ce font les ruffes qui lui ont fait ce mal (cette nation leur est en horreur); que c'est le couteau d'un ruffe (3) qui va le mettre en pièces, & que c'est fur eux qu'il en faudra prendre vengeance. On ne trouveroit guères un culte plus fensé chez le refte des barbares, habitans les vaftes forêts & les grands déferts qui s'étendent de l'océan feptentrional à la mer Cafpienne; avec cette différence qu'à mesure qu'on se rapproche des anciens royaumes d'Orient, on retrouve auffi leurs mœurs, leurs vieux ufages, leur goût prédominant pour certaines espèces de *fétiches*, & leur vénération connue pour les bois facrés. Les circaffes pétigories tiennent à cet égard du fcythe & de l'aflyrien, entre lefquels ils font placés; ils n'ont ni religion ni culte ni aucune notion de la divinité. La feule chofe refpectable pour eux eft un bois fort épais au milieu d'une plaine toute environnée de hautes montagnes. Un large fofsé creufé alentour & plein d'eau défend l'approche. Toute la nation s'affemble vers la fin du mois d'août : tout s'y paffe à régler le commerce entre eux, à faire échange de leurs denrées ou autres commodités, & à conférer de leurs affaires communes; comme les peuples latins quand ils s'affembloient *ad caput feronia*. Mais l'affemblée ne se fépare qu'après une cérémonie folemnelle confiftante à pendre leurs meilleures armes à certains arbres choifis de ce bois, avec une forte de confécration. L'année fuivante, étant de nouveau affemblés, il nettoient ces armes, & les replacent après les avoir baifées : elles demeurent ainfi jufqu'à ce que le tems & la rouille les aient fait dépérir. Ils ne fauroient rendre raifon de cette coutume qu'ils fuivent par tradition.

Telle eft l'espèce de croyance que nous trouvons aujourd'hui généralement admife parmi les peuples fauvages que nous avons fous les yeux, foit au midi, foit à l'occident, foit au nord. Remarquons avant que d'aller plus loin, que ce culte rendu à certaines productions naturelles eft effentiellement différent de celui que l'idolatrie vulgairement dite rendoit à des ouvrages de l'art, repréfentatifs d'autres objets, auxquels l'adoration s'adreffoit réellement; & qu'ici c'est aux animaux vivans ou aux végétaux eux-mêmes, qu'il eft directement adreffé.

Parcourons à préfent les pratiques du même genre que nous favons avoir eu cours chez les nations de l'antiquité, & nous verrons par le fait même (c'eft la meilleure manière de s'y prendre) s'il faut juger de la façon de penfer de ceux-ci que nous ne pouvons plus connoître, par la façon de penfer de ceux-là que nous connoiffons très-bien : car à l'égard du culte, nous l'allons trouver fi femblable, que la defcription fommaire qu'en donne un auteur arabe paroît faite exprès pour celui des nations modernes dont on vient de lire le récit (4). *Fuerunt alii qui feras, alii qui volucres, alii qui fluvios, alii qui arbores, alii qui montes, alii qui terram coluerunt.* Maimonides femble de même confondre à cet égard les fauvages de fon tems & les payens, lorfqu'il dit que les peuples barbares & gentils ont pour dieux les montagnes,

---

(1) Laffit. M. des Améric. tome I, page 360.

(2) Idem page 370.

(3) Recueil des voyages au Nord.

(4) Ibn. patriq. ap Pocok.

les collines, les arbres fruitiers, les fontaines, &c. : & c'est là sans doute ce que Saint Epiphane appelle (1) *le barbarisme*, qu'il compte pour la plus ancienne des quatre religions qui ont eu cours autrefois.

Fétichisme *des anciens peuples comparé à celui des modernes.*

On ne s'attend pas que je m'arrête à prouver ici que l'Egypte adressoit un culte d'adoration à des animaux, & même à des êtres inanimés. C'est une vérité trop connue pour qu'il soit besoin d'y insister.

Quis nescit qualia demens.
Ægyptus portenta colat (2) ?

Si j'emploie le témoignage des anciens écrivains, c'est moins pour prouver un fait qui l'est déjà assez, que pour montrer la parité qui se trouve entre le culte égyptien & le *fétichisme* de Nigritie. Il n'y a guères de peuple sur lequel nous ayons des traditions plus reculées que sur celui-ci : aussi nous n'avons rien de plus ancien sur le culte des *fétiches* que les pratiques égyptiennes. Il est naturel en effet qu'une opinion qui se trouve répandue dans tous les climats barbares, le soit de même dans tous les siècles de barbarie. L'Egypte a eu ce tems comme les autres contrées. C'est ce qu'il faut commencer par prouver, si tant est que le fait ait besoin de preuves : car les égyptiens eux-mêmes ne le nioient pas, malgré cette grande supériorité de toute espèce d'avantages physiques & moraux qu'ils affectoient sur les autres nations.

Voici ce que Diodore (3) avoit appris d'eux là-dessus durant le séjour qu'il fit en leur pays. Que l'on juge si ce n'est pas la véritable peinture d'un peuple sauvage.

« Avant que d'entamer l'histoire des rois » d'Egypte, il convient de parler des anciennes » coutumes du pays. On dit que dans les com- » mencemens les égyptiens ne vivoient que d'her- » bes, mangeant des choux ou des racines qu'ils » trouvoient dans les marais, chacun selon son » goût ; sur-tout de l'herbe nommée *agrostis*, qui » est de bon goût, d'ailleurs suffisante à la nour- » riture de l'homme : du moins il est certain qu'elle » est fort bonne aux troupeaux. Les égyptiens » pour conserver la mémoire de ce fait & de l'uti- » lité que leurs pères ont tirée de cette plante, » la portent en main lorsqu'ils vont au temple faire

(1) Epiphan. de hæref. liv. I.
(2) Juvenal sat. XV.
(3) Diodor. lib. I. Sect. 2, in princip.

» leur prière aux dieux. Ils croyent, comme je » l'ai dit, que l'homme est un animal formé du » limon des marais.

» Le second mets des égyptiens a été le poisson. » Le Nil leur en fournit une quantité prodigieuse, » & quand ses eaux se retirent, la terre en de- » meure couverte. Ils mangeoient aussi de la » chair de bestiaux, & se servoient de leurs peaux » pour se vêtir. Ils se faisoient des cabanes de » roseaux, comme font encore les bergers de » cette contrée.

» Après un assez long-tems ils passèrent à l'usage » de faire du pain & de manger le fruit du lotos. » On dit qu'Isis leur en donna l'invention (2) ; » d'autres la rapportent à l'ancien roi Ménès... » doivent à Osiris l'institution de plusieurs choses » utiles à la société humaine. Il abolit la cou- » tume exécrable qu'avoient les hommes de se » manger les uns les autres, & établit en place la » culture des fruits. Isis de son côté leur donna » l'usage du froment & de l'orge, qui croissoient » auparavant dans les champs, comme plantes in- » connues & négligées. Leurs sujets furent char- » més de ce changement, par la douceur qu'ils » trouvèrent dans la nouvelle nourriture, & par » l'horreur qu'ils conçurent eux-mêmes de l'an- » cienne.

» La vérité de cette tradition est confirmée » par la pratique constante qu'ont les égyptiens, » & dont ils se font une loi. Dans le tems de la » moisson on dresse une gerbe autour de laquelle » les laboureurs célèbrent Isis en mémoire de la » découverte qui lui est due. On dit de plus » qu'Isis a donné les premières loix aux hommes, » leur enseignant à se rendre réciproquement » justice, & à bannir la violence par la crainte » du châtiment.

» La fabrique des métaux ayant été trouvée dans » la Thébaïde, on en fit des armes pour exter- » miner les bêtes féroces, des instrumens pour » travailler à la terre, & la nation se policant de » plus en plus, elle eut des temples pour les » dieux. Mercure forma le premier un discours » exact & réglé du langage incertain dont on se » servoit : il imposa des noms à une infinité de » choses d'usage qui n'en avoient point : il institua » les rites du culte sacré : il donna les premiers » principes de l'astronomie, de la musique, de » la danse, des exercices réglés : il enseigna la » culture des oliviers. Osiris avoit trouvé celle » de la vigne. Il but du vin le premier, & apprit » aux hommes la manière de le faire & de le con- » server. Il étoit né bienfaisant & amateur de la

(4) Idem liv. I, sect. I.

» gloire, & jugea bien qu'ayant tiré les hommes de leur première férocité, & leur ayant fait goûter une société douce & raisonnable, il participeroit aux honneurs des dieux ; ce qui arriva en effet...

(1) » Les grecs ont toûjours été accusés de s'attribuer l'origine d'un assez grand nombre de dieux & de héros, entr'autres celle d'Hercule que les égyptiens disent né chez eux. En effet comment rapporter le tems d'Hercule à l'époque fixée par les grecs, qui le font vivre un peu avant la guerre de Troie, c'est-à-dire, il n'y a pas douze cents ans. La massue, la peau de lion qu'on a toûjours données à Hercule sont une preuve de son antiquité, & font voir qu'il combattoit dans un tems où les armes offensives & défensives n'étant pas encore inventées, les hommes n'alloient à la guerre qu'avec des bâtons, & n'étoient couverts que de peaux de bêtes. L'opinion reçue de tout tems chez les grecs, qu'Hercule a purgé la terre de monstres, est une preuve contre eux-mêmes. Car des exploits de cette nature ne sauroient tomber dans les tems de Troie, où le genre humain s'étant considérablement accru, on trouvoit par-tout des villes policées & des terres cultivées. On ne peut les placer raisonnablement que dans cet âge grossier & sauvage où les hommes étoient accablés par la multitude des bêtes féroces, particulièrement en Egypte, dont la haute région est encore remplie de ces animaux. Ce fut alors qu'Hercule, plein d'amour pour sa patrie, extermina ces monstres, & livra la campagne tranquille à ceux qui voudroient la cultiver : ce qui le fit mettre au rang des dieux ».

Ce tableau donné par Diodore, sur le témoignage même de la nation dont il parle, est, ce me semble, assez concluant, ainsi que celui qu'en fait Plutarque (2). « Osiris régnant en Egypte retira la nation de la vie misérable, indigente & sauvage qu'elle menoit alors ; il enseigna à semer & à planter : il établit des loix : il apprit à honorer les dieux : il inventa les arts, & apprivoisa les hommes ».

Que si l'on veut quelque chose de plus précis encore, on n'aura qu'à lire un autre endroit du même livre de Diodore, où il dit que les égyptiens prétendent que le genre humain a commencé dans leur pays, & que les hommes y sont nés de l'action du soleil sur la terre humectée.

« Les hommes nés de cette manière menoient d'abord une vie sauvage : ils alloient chacun de leur côté manger sans apprêt dans la campagne les fruits & les herbes qui y naissent sans culture : mais étant souvent attaqués par les bêtes féroces, ils sentirent bientôt qu'ils avoient besoin d'un secours mutuel, & s'étant ainsi rassemblés par la crainte, ils s'accoutumèrent les uns aux autres. Ils n'avoient eu auparavant qu'une voix confuse & inarticulée : mais en prononçant différens tons à mesure qu'ils se montroient différens objets, ils formèrent enfin une langue propre à exprimer toutes choses. Ces petites troupes ramassées au hazard en divers lieux, & sans communication les unes avec les autres, ont été l'origine des nations différentes, & ont donné lieu à la diversité des langues.

« Cependant les hommes n'ayant encore aucun usage des commodités de la vie, ni même d'une nourriture convenable, demeuroient sans habitation, sans feu, sans provision, & les hivers les faisoient périr presque tous par le froid & par la faim. Mais ensuite s'étant creusés des antres pour leurs retraites, ayant trouvé moyen d'allumer du feu, & ayant remarqué les fruits qui étoient de garde, ils parvinrent enfin jusqu'aux arts qui contribuent aujourd'hui, non-seulement à l'entretien de la vie, mais encore à l'agrément de la société. C'est ainsi que le besoin a été le maître de l'homme, & qu'il lui a montré à se servir de l'intelligence, de la langue & des mains que la nature lui a données préférablement à tous les autres animaux ».

Les preuves tirées du raisonnement nous auroient indiqué comme je le dirai plus bas, ce que nous montrent ici les preuves de fait ; savoir que l'Egypte avoit été sauvage ainsi que tant d'autres contrées. Les preuves de fait qui nous la montrent adorant des animaux & des végétaux, en un mot ce que j'appelle *fétichiste*, ne sont pas moins nombreuses que précises.

Mais puisque les mœurs, le culte & les actions des égyptiens ont été à peu-près les mêmes que celles des nègres & des américains, n'est-il pas bien naturel d'en conclure qu'ils ont tous agi en vertu d'une façon de penser à-peu-près uniforme, & de juger que c'est là tout le mystère d'une énigme dont on n'a si long-tems cherché le mot, que pour en avoir conçu une trop belle idée, que faute de s'être avisé de ce parallèle facile à faire des mœurs antiques avec les modernes ? *Novi status imago, arcanum antiqui* (3). Voyons donc si la ressemblance se soutiendra dans le détail des pratiques égyptiennes sur le culte en question.

La nation avoit ses *fétiches* généraux ; & les can-

---

(1) Ibid.
(2) Plut. in Isid. & Osir.
(3) Tacite.

tons ou provinces en avoient de particuliers, différens les uns des autres (1).

Crocodilon adorat

Pars hæc ; illa pavet Saturam serpentibus Ibim.
Effigies sacri nitet aurea Cercopitheci.
Dimidio magicæ resonant ubi Memnone chordæ,
Atque vetus Thebæ centum jacet obruta portis :
Illic cæruleos, hic piscem fluminis, illic
Oppida tota canem venerantur, nemo Dianam.
Porrum & cæpe nefas violare & frangere morsu.
O sanctas gentes, quibus hæc nascuntur in hortis
Numina ! lanatis animalibus abstinet omnis
Mensa ; nefas illic foetum jugulare capellæ.

JUVENAL. Sat. XV.

On ne peut guères douter que le serpent n'y ait été comme en Nigritie une des principales & des plus anciennes divinités. On en a des témoignages dès le tems où l'Egypte commençoit à se policer. Le plus vieux des historiens profanes dont il nous reste quelques morceaux, Sanchoniaton, qui avoit soigneusement recherché & extrait les livres de Toth, dit dans son ouvrage *de Phænicum elementis* (2) : « que Toth avoit beaucoup observé la
» nature des dragons & des serpens : que c'étoit
» à cause de leur longue vie que les phéniciens,
» ainsi que les égyptiens, & parmi eux cet écri-
» vain célèbre, attribuoient la divinité à ces rep-
» tiles ».

Observons ici en passant, que si Toth eût regardé le serpent non comme animal, mais comme un simple emblème de l'éternité, ainsi qu'on en a depuis usé plusieurs fois en le dépeignant en cercle, se mordant la queue, il étoit inutile qu'il employât beaucoup de tems à observer la nature de ce reptile. Philon de Biblos, traducteur de l'historien de Phénicie, qui déclare n'avoir entrepris cette version que pour montrer le frivole d'un système tendant à tourner des faits réels en allégories, cite encore un autre ouvrage du même écrivain, dont le titre *E-Thothia* paroît indiquer qu'il étoit un extrait de Thoth. Philon dit à ce sujet, parlant soit de Thoth, soit de Sanchoniaton : « qu'il avoit traité fort au long de la
» nature des animaux ci-dessus : que le serpent
» avoit été appellé par les phéniciens Agathodæ-
» mon (le bon génie) & par les égyptiens Kneph :
» que l'Agathodæmon étoit dépeint avec une tête
» d'épervier à cause de sa force & de sa vivacité ».

Dans Plutarque le dieu Kneph n'est pas un serpent, mais un vrai dieu intellectuel, premier principe de toute chose. Il y a apparence que Philon ne l'entendoit pas ainsi, lui qui n'écrit qu'en vue de réfuter le nouveau système de théologie emblématique. « Les qualités du serpent divin, ajoute-t-
» il, ont été décrites fort au long par Epeis, cé-
» lèbre égyptien, chef des hiérophantes & des
» écrivains sacrés, dont le livre a été traduit par
» Arius l'héracléopolitain ».

Quant aux autres *fétiches* généraux de l'Egypte le Nil étoit par-tout un objet révéré. Le bras canopique de ce fleuve & le bœuf Apis avoient leurs prêtres & leurs temples dans toute la basse Egypte, comme le bélier Amnon dans toute la haute (3). Que si nous parcourons les provinces, le chat est une divinité à Bubaste, le bouc à Mendez, la chèvre sauvage à Coptos, le taureau à Héliopolis, l'hippopotame à Papremis, la brebis à Sais, l'aigle à Thèbes, une espèce de petits serpens cornus non venimeux aussi à Thèbes, l'épervier à Thèbes & à Philes, le faucon à Butus, le singe d'Ethiopie à Babylone, le cynocéphale, espèce de baboin, à Arsinoé, le crocodile à Thèbes & sur le lac Mœris, l'ichneumon dans la préfecture Héracléotique, l'Ibis dans celle voisine de l'Arabie, la tortue chez les troglodytes à l'entrée de la mer Rouge, la musaraigne à Athribis : ailleurs le chien, le loup, le lion, certains poissons, tels que le maiote, à Eléphantine (4) ; à Syenne l'oxyrinque, autrement le bec-aigu, espèce d'alose à museau fort pointu, nommé en langue égyptienne actuelle (5) quéchoué ; le lépidote, gros poisson de vingt à trente livres pesant, que les égyptiens appellent aujourd'hui buani ; le latus & l'anguille (6) s'attirent une dévotion particulière dans chaque nome qui fait gloire de tirer son nom de celui de l'animal divinisé ; Léontopolis, Lycopolis, &c. sans parler des pierres, (car Quinte-Curce (7) décrit Jupiter Ammon comme un bœtyle de pierre brute) sans parler non plus des plantes mêmes & des légumes, comme les lentilles, les pois, les porreaux, les oignons, qui en quelques endroits ne sont pas traités avec moins de vénération. Il paroît même que les grands arbres avoient en Egypte, comme en tant d'autres pays, leurs oracles & leurs adorateurs, leurs prêtres & leurs prêtresses, si l'on en juge par la liaison qui se trouve entre l'établissement du fa-

---

(1) Mela I. 19.

(2) Sanchoniat. & Phil. Bibl. ap. Euseb. Præp. Evang.

(3) Strab. liv. XVII, Ælian. X. 23.

(4) Clem. Alex. Admonit. ad gent.

(5) Antiphan. in Lycon. & Anaxandrid. in civitat. apud Athen. Deipn. VII, 13.

(6) Herod. Diod. Strab. Plin. L. XIX.

(7) Q. Curt. IV. 7.

meux oracle des arbres de Dodonne en Grèce, & les pratiques égyptiennes, qui, au rapport d'Hérodote, donnèrent naissance à cet établissement. Il raconte (1) que les phéniciens enlevèrent de Thébes deux prêtresses, l'une desquelles ayant été vendue en Grèce y rendit les plus anciens oracles, enseigna sous un arbre la pratique des rites religieux, & occasionna la fondation d'un collège de prêtresses. Mais selon ce qu'il apprit des prêtresses de Dodone elles-mêmes, elles attribuoient leur fondation à une colombe noire, qui s'étant envolée de la Thébaïde à Dodone, vint se percher sur un hêtre de la forêt, où elle parloit à voix humaine, instruisant les Pélasges de ce qui a rapport au culte divin. Qui ne voit que cette prétendue colombe noire n'est autre chose qu'une négresse ou qu'une égyptienne bazanée enlevée par les phéniciens & vendue aux sauvages de la forêt de Tesprotie ? c'est l'opinion formelle d'Hérodote. « Je crois, dit-il à ce propos, que
» ceux de Dodone ont fait une colombe de cette
» femme étrangère, tant qu'ils n'ont pas entendu
» son langage, qui n'étoit à leurs oreilles qu'une
» espèce de ramage d'oiseau. Mais ce fut pour eux
» une femme comme une autre, quand elle parvint
» à s'énoncer en leur langue : comment seroit-il
» possible en effet qu'une colombe parlât
» à voix humaine? quand on nous dit qu'elle
» étoit noire, cela nous fait entendre qu'elle
» étoit égyptienne. Aussi les oracles de Thébes,
» d'Egypte & ceux de Dodone sont-ils presque
» tout-à-fait semblables, & c'est d'Egypte qu'est
» venue la manière de prédire l'avenir dans les
» lieux sacrés ». La fable grecque qui a fait une colombe de cette prêtresse noire, paroît née, selon la juste remarque de Bochart (2), de l'équivoque du mot oriental, *heman* colombe, avec le mot *iman* prêtresse.

Il est de même visible que chacun des animaux ci-dessus mentionnés étoit le *fétiche* général de la contrée, par le soin qu'avoient pris les loix d'assigner à des officiers publics l'entretien de l'animal respecté. Ces charges étoient très-honorables & héréditaires dans les familles. L'officier qui en étoit revêtu ne sortoit de chez lui qu'avec les marques extérieures de sa dignité, qui indiquoient de quel animal il étoit le gardien. C'étoit toujours des gens du premier ordre « qui se glorifioient
» d'être employés aux plus saintes cérémonies
» de la religion (3) ». On construisoit des parcs ou des loges propres à la retraite de l'animal ; on lui amenoit les plus belles femelles de son espèce. On destinoit le revenu de certaines campagnes à son entretien ; on le fournissoit de vivres.

Nous apprenons de Diodore que cette dépense publique alloit à de très-grosses sommes, & qu'il a vu des gens qui de son tems y avoient dépensé plus de cent talens. On levoit un impôt sur chaque contrée pour faire peindre & sculpter la divinité. Il n'y avoit, au rapport de Plutarque, qu'un canton dans la Thébaïde qui adoroit Kneph, le dieu éternel, qui seul ne payoit rien de cet impôt. On s'agenouilloit si l'animal venoit à passer : on étendoit des tapis sur sa marche : on brûloit de l'encens : on chantoit des hymnes (4) : on vouoit ses enfans en leur faisant raser la tête & donnant à la prêtresse le poids des cheveux en argent pour la nourriture de l'animal sacré ; on faisoit en son honneur de pompeuses processions décrites au long par Athenée & par Clément (5) d'Alexandrie : on venoit le consulter pour oracle, & comme il ne rendoit point de réponse, on se bouchoit les oreilles au sortir du temple, & les premières paroles que l'on entendoit par hazard étoient prises pour une reponse, dont l'application se faisoit pour le mieux au fait consulté (6) ; méthode assez semblable à celle des nègres, & qui est le signe d'une égale puérilité dans l'esprit des consultans. On nourrissoit le crocodille avec le même soin & à peu-près de la même manière que le dragon l'étoit à Babylone, & que le serpent rayé l'est à Juidah : les prêtres anciens pratiquant à cet égard le même genre de friponnerie que pratiquent à présent les prêtres africains. Bien plus ; on tenoit pour saints & bienheureux ceux qui étoient dévorés par un crocodille, comme aujourd'hui dans l'Inde les fanatiques qui se font écraser sous le char de l'idole (7). Le soin de la nourriture des animaux sacrés étoit si privilégié, qu'il n'étoit pas négligé même en tems de famine, loin que le peuple osât se nourrir de leur chair, & faire usage d'un aliment commun à tant d'autres hommes. Le chat étoit si honoré par ceux qui y avoient dévotion, que sa mort causoit un deuil dans la maison, & ceux qui l'habitoient se rasoient les sourcils. Si le feu prenoit à la maison, on s'empressoit sur-tout à sauver les chats de l'incendie, grande marque que le culte regardoit l'animal même, qui n'étoit pas considéré comme un simple emblême : & toute cette adoration si marquée de l'animal vivant ou mort le témoigne assez. S'il venoit à mourir de mort naturelle, on faisoit ses obsèques en cérémonie. Le serpent cornu, par exemple, étoit

---

(1) Herodot. lib. II, cap. 54.
(2) Boch. Chanaan. page 814.
(3) Herodot. lib. 2. Diodor. lib. I, Plutarch. in Is. & Osir.

(4) Plin. VIII. 46.
(5) Clem. Alex. Strom. l. 5.
(6) Pausan. l. 7.
(7) Voss. de Idol. ibid.

inhumé

inhumé dans le temple d'Ammon. Au tems du règne de Ptolomée Lagus les funérailles du bœuf Apis furent si pompeuses, que le roi fournit encore cinquante talens pour en faire les frais, après que le gardien y eut dépensé tout son bien qui étoit considérable. Ceux qui alloient en pays étrangers emportoient souvent avec eux leur animal *fétiche* : ce qui prouve qu'outre le culte général de chaque contrée, les égyptiens avoient aussi comme les nègres des patrons particuliers. Si la bête venoit à mourir pendant le voyage, on l'embaumoit pour la rapporter & lui donner au retour une sépulture solemnelle dans le lieu où elle étoit adorée.

Mais rien ne pouvoit contenir l'indignation du peuple, lorsqu'un impie s'avisoit de tuer un animal sacré; le meurtrier étoit irrémissiblement puni de mort. Pour un meurtre involontaire on étoit puni à l'arbitrage du prêtre. « Mais si c'étoit » un chat, un ichneumon, un ibis ou un éper- » vier, quand même le coup auroit été fait sans » dessein, le peuple se jettoit sur le coupable, & » le massacroit ordinairement sans forme de pro- » cès, après lui avoir fait souffrir mille maux. » Aussi ceux qui rencontrent un de ces animaux » sans vie, se mettent à se lamenter de toute leur » force, protestant qu'ils l'ont trouvé en cet » état (1) ». Le respect pour le nom des romains, l'intérêt actuel que l'Egypte avoit à les ménager, ni toute l'autorité du roi Ptolémée & de ses officiers, ne purent empêcher le peuple d'expier le meurtre d'un chat par celui du romain qui l'avoit tué. « C'est un fait, ajoute Diodore, » que je n'allègue pas sur le rapport d'autrui; j'en » fus témoin moi-même durant mon séjour en » Egypte; il paroît fabuleux ou incroyable. On » sera bien plus surpris d'apprendre qu'en une » famine dont l'Egypte fut affligée, les hommes » en vinrent jusqu'à se manger les uns les autres, » sans que personne ait été accusé d'avoir touché » aux animaux sacrés. Je vous assure qu'il est bien » plus aisé de raconter que de faire croire tout » ce qu'on y pratique à l'égard du bœuf, du » bouc, du crocodile, du lion, &c. ». En un mot il n'y a pas d'exemple d'un étranger capable de tuer un de ces animaux. « On n'a pas même ouï dire, » s'écrie Cicéron (2), qu'un pareil forfait ait » jamais été commis par un égyptien..... Il n'y a » point de tourment qu'il n'endurât plutôt que de » faire du mal à un Ibis, ou autre animal objet de » la vénération ». Mais ce que remarque Cicéron n'étoit qu'une observance locale : car le même animal divinisé dans un endroit étoit regardé ailleurs avec indifférence ou même tué sans scrupule s'il étoit nuisible.

Des traitemens si contraires ne pouvoient manquer d'être une source de querelles entre les contrées voisines, où la différence des cultes produit, on le sait, de vives animosités. Il est parlé des guerres de religion que se faisoient les égyptiens, elles y devoient être encore plus fortes qu'ailleurs, par une raison singulière qui se joignoit à la raison générale. L'antipathie que la nature a mise entre plusieurs espèces d'animaux, ne pouvoit manquer d'augmenter celle qui se trouvoit entre les peuples qui les avoient choisis pour *fétiches* : il n'y avoit pas moyen que les adorateurs du rat vécussent long-tems en bonne intelligence avec les adorateurs du chat. Mais ces guerres donnent une preuve nouvelle qu'il s'agissoit de l'animal pris en lui-même, & non pas considéré comme un emblème arbitrairement choisi de la divinité réelle : car alors il n'y auroit pas eu matière à discorde; tous ces types se rapportant au même objet, comme les mots différens de plusieurs langues lorsqu'ils signifient la même chose.

Si toute cette description ne caractérise pas d'une manière claire un culte direct, un culte de latrie, que faut-il donc pour le rendre tel? Quoiqu'il soit vrai, comme le remarque l'abbé Banier (3), que tout culte n'est pas un culte religieux, & que tout culte religieux n'est pas un culte de latrie, il est difficile d'admettre l'application qu'il veut faire ici de cette maxime.

Diodore rapporte ailleurs un fait relatif à l'histoire du culte des *fétiches* en Nigritie, d'une manière qui montre bien qu'au fond il ne s'éloignoit pas de regarder la façon de penser des égyptiens sur cet article comme semblable à celle des peuples barbares de l'Afrique. Après avoir raconté comment lors de la guerre d'Agathocle contre les carthaginois, Eumaque, un de ses lieutenans, fut envoyé à la découverte dans le pays des noirs au-delà de celui des numides « En s'avançant » plus loin, continue-t-il, il se trouva dans un » pays rempli de singes, où il y a trois espèces de » villes qui portent toutes trois le nom de cet » animal, que nous appellerions en grec les *pithé-* » *cuses*. Leurs mœurs & leur façon de vivre sont » extrêmement différentes des nôtres. En effet il » faut se représenter que les singes qui sont des » dieux en ce pays-là comme les chiens le sont » en Egypte, habitent dans les maisons avec les » hommes, & qu'on leur laisse manger tout ce » qui leur plaît dans les cuisines & sur les tables. » Les parens donnent à leurs enfans les noms de » ces animaux, comme on fait porter aux nôtres » ceux de nos divinités; & si quelqu'un les tue, » il est condamné irrémissiblement à mort, comme » criminel au premier chef : de sorte qu'un pro- » verbe établi parmi eux contre ceux qui pa-

---

(1) Diodor. ibid.
(2) Cicer. Tuscul. l. V.
Philosophie anc. & mod., *Tome II.*

(3) Mythol. VI. 4.

H h h

» roissent capables des plus noires entreprises, est
» de leur dire : *Vous avez bu du sang de singe* (1) ».

Un des pressans motifs qu'alléguoient les hébreux à Pharaon pour en obtenir la permission de sortir de son empire, étoit la nécessité que leur imposoit leur rite sacré d'immoler des animaux que ses sujets n'auroient pas vu sacrifier sans horreur. Toute cette *zoolatrie* de l'Egypte est fort ancienne. La bible nous la peint comme un emblême ou comme une allégorie, mais comme une pure *zoolatrie* directe. On ne peut nier que l'adoration du veau d'or dans le désert ne fût une imitation de l'égyptianisme; & l'écriture ne donne point du tout à entendre que ce fût un culte figuré. Indépendamment de la foi due au livre sacré, c'est encore le siècle & l'historien le mieux informé de la façon de penser égyptienne. Il distingue nettement les trois genres de culte (2) dont l'égyptianisme étoit mêlangé ; savoir les idoles, les animaux quadrupèdes, oiseaux, reptiles, poissons, & les astres. La loi mosaïque ne défend rien avec plus de menaces que la fornication de ce culte *fétichiste*. *Vous ne figurerez point*, dit-elle (3), *d'images de bêtes terrestres ni aquatiques* (4). *Vous n'aurez point de bois sacrés : vous n'offrirez plus dorénavant de sacrifices aux velus* (5), c'est-à-dire aux animaux sauvages ou domestiques ; car c'est ainsi qu'on doit traduire le mot *seirim*, *pilosi*, *hirsuti*, ou, comme Juvenal l'a dit ci-dessus, *lanata animalia*, & non par *dæmones*, comme on l'a traduit ensuite dans les siècles où les sciences secrètes & le platonisme ont eu cours. Alors les idolâtres, dit Maimonides (6), s'imaginoient que les mauvais génies apparoissoient aux hommes sous la figure des boucs ; c'est encore parmi nous l'opinion du menu peuple, que le diable se montre au sabat sous cette forme ; & c'est de-là peut-être qu'est née cette opinion.

Que si après avoir fondé le parallèle de la religion de l'ancienne Egypte avec celle des autres africains sur la parité des actions, qui suppose une pareille façon de penser, ressemblance dont nous rechercherons bientôt le principe dans les causes générales inhérentes à l'humanité ; nous descendons sur ceci à quelques autres usages particuliers des deux peuples, ils nous en donneront encore la même opinion. On y trouve aux obsèques des morts une pratique singulière qui paroit la même.

----

(1) Diodor. l. XX.
(2) Deuter. IV. 16.
(3) Deuter. XVII. 22.
(4) V. 8.
(5) Levit. XVII. 7.
(6) Doct. perplex. III. 4. 6.

La coutume parmi les nègres est de mettre dans la sépulture d'un homme le *fétiche* qu'il a le plus révéré. On trouve de même avec les momies dans les tombeaux égyptiens, des chats, des oiseaux, ou autres squelettes d'animaux embaumés avec autant de soin que les cadavres humains : il y a grande apparence que c'est le *fétiche* du mort qu'on a embaumé avec lui, afin qu'il pût le retrouver lors de la résurrection future, & qu'en attendant il servît de préservatif contre les mauvais génies qu'on croyoit inquiéter les mânes des morts (7). Le lion, la chèvre, le crocodile &c. rendoient des oracles en Egypte comme les *fétiches* en Nigritie (8). Chez l'un & l'autre peuple l'être divinisé a ses prêtres & ses prêtresses qui forment un ordre à part du reste de la nation, & dont les fonctions passent à leur postérité. L'un & l'autre portent avec eux leur *fétiche*, soit à la guerre, soit dans les autres occasions d'importance, où la crainte excitée ne manque jamais d'exciter la dévotion.

Que si nous voulons comparer la fourberie dont usent les prêtres africains du serpent rayé, pour abuser des jeunes femmes sous prétexte de dévotion, l'histoire des prêtres du chien Anubis & de Pauline ne sera pas la seule qui pourra fournir matière au parallèle. Mais sans s'arrêter ici à ce point particulier, ni aux exemples qu'on pourroit donner de l'abus d'un sentiment de dévotion mal appliqué, rapportons un fait qui seul donne une preuve décisive de la question générale, & porte au dernier degré d'évidence le parallèle de la croyance des deux nations, en nous apprenant que ce même serpent rayé, divinité des noirs, a été fort anciennement, & est encore aujourd'hui un objet d'idolatrie pour les égyptiens.

Si quelqu'un vouloit encore douter que le culte des animaux en Egypte ne fût la même chose que le *fétichisme* actuellement pratiqué chez les nègres, il faudroit, ce me semble, qu'il se rendît au témoignage oculaire, récent & convainquant du docteur Richard Pocoke, qui en 1738, a lui-même vu que le serpent rayé est une divinité en Egypte, dans une contrée faisant partie de l'ancien Nome Panopolite, sur la rive orientale du Nil, un peu au-dessous de la Thébaïde. Voici ses propres paroles, où l'on aura lieu de remarquer, que la police acquise de la nation n'y avoit pas aboli l'ancien culte sauvage ; que les nouvelles religions intellectuelles ont bien de la peine à y déraciner entièrement l'ancienne & grossière religion matérielle ; & quelles en ont même pris une teinture.

» Le lendemain matin (du 16 Février 1738)
» nous arrivâmes à Raigny ; où je trouvai le scheik,

----

(7) Kirker Œdip. Ægypt.
(8) Vandal de Orac. C. 13.

» qui a pour objet de son culte le fameux serpent
» appellé *Heredy*. J'avois pour lui une lettre du
» prince d'Akmim. Il nous mena à la grotte du ser-
» pent si connu dans le pays sous le nom de *Sheik-*
» *Heredy*. J'en veux faire une relation particulière,
» pour montrer quelle est la folie, la crédulité & la
» superstition du peuple de cette contree : car les
» chrétiens y ont foi aussi bien que les turcs. Nous
» montâmes environ un demi-mille à travers les
» rochers, jusqu'à un endroit où la vallée est plus
» ouverte. Sur la droite il y a une espèce de
» mosquée surmontée d'un petit dome, appuyée
» contre le roc, & que l'on prendroit pour le
» tombeau d'un sheik : près de-là est une large
» fente dans le rocher, de laquelle ils disent que
» sort le serpent. Dans la mosquée il y a un tom-
» beau à la turque, qu'ils disent être le tombeau
» d'Heredi. Je m'imagine que c'est un de leurs
» saints qui est enterré là, & qu'ils se figurent que
» son ame a passé dans le serpent : car je remarquai
» qu'ils faisoient leurs prières auprès du tombeau,
» qu'ils baisoient avec beaucoup de dévotion. Vis-
» à-vis cette fente il y en a une autre, qu'ils disent
» être celle d'Hassan le fils, c'est-à-dire le fils
» d'Heredi. Il y a aussi deux autres ouvertures
» dans la roche, où, selon eux, les anges font
» leur demeure. Le Sheik me dit qu'en cet en-
» droit il y avoit deux serpens, quoique l'opinion
» commune soit qu'il n'y en a qu'un. Il m'ajouta que
» ce serpent est là dès le tems de Mahomet ; que
» sa forme est à-peu-près pareille à celle des au-
» tres serpens ; que sa grandeur varie d'un à deux
» pieds de long ; que sa couleur est mélangée de
» jaune, de rouge & de noir ; qu'on peut le ma-
» nier tant qu'on veut, & qu'il ne fait jamais de
» mal. Le serpent sort de son trou pendant les
» quatre mois d'été. On dit qu'on lui offre des
» sacrifices. Le sheik me nia ce fait, m'affirma
» qu'on amenoit seulement des moutons & des
» agneaux, & qu'on donnoit quelqu'argent pour
» l'entretien de l'huile de la lampe : mais son asser-
» tion se trouvoit démentie par mes propres
» yeux : car je voyois près du trou le sang & les
» entrailles des bêtes qu'on y avoit égorgées. Les
» histoires qu'ils racontent à ce sujet, sont trop
» ridicules pour être répétées, si ce n'étoit pour
» donner un exemple de leur idolatrie à cet égard,
» malgré l'éloignement que la religion mahomé-
» tane a soin d'en inspirer. Ils disent que le serpent
» guérit les maladies de tous ceux qui vont le
» trouver, ou vers qui on l'amène : car quelque-
» fois on l'amène dans un sac au peuple assem-
» blé ; mais jamais on ne le fait voir, probable-
» ment parce que la plupart du tems il n'est pas
» dans le sac. Ils racontent encore que les femmes
» viennent ici en grand nombre une fois l'an,
» qu'alors le serpent sort de sa caverne, se plaît à
» les regarder, & s'entortille autour du col de la
» plus belle, ce qui est un signe certain qu'elle a
» en elle quelques qualités extraordinaires, telles

» qu'en possèdent les houris du paradis de Maho-
» met. Ils font une histoire d'un prince qui vint
» pour voir le serpent, & sur le refus qu'on fit de
» le lui montrer, il le fit tirer par force & couper
» en morceaux. On les mit sous un vase, d'où le
» serpent sortit le moment d'après tout entier.
» Un chrétien à qui l'on contoit cette histoire,
» voulant désabuser le peuple de ce grossier men-
» songe, offrit une grosse somme pour qu'on lui
» laissât couper le serpent en morceaux ; mais on
» ne voulut pas lui permettre de faire cette expé-
» rience. Enfin ils assurent qu'on ne peut pas me-
» ner le serpent plus loin que jusqu'à Girge au
» dessus du Nil, ou jusqu'à Melouí autre ville au-
» dessous de ce fleuve ; & que quand on vouloit
» tenter de le mener au-delà, il disparoissoit aussi-
» tôt ; (c'est-à-dire qu'encore aujourd'hui comme
» autrefois, sa divinité est purement locale, & ne
» s'étend pas au-delà de ces confins). Tout ceci
» me parut si étrange, que je voulus m'éclaircir à
» fond de cette affaire, & je fus bien surpris d'en-
» tendre un chrétien, homme grave & de bon
» sens, à ce qu'il me parut d'ailleurs, me dire que
» véritablement le serpent guérissoit toujours les
» malades, mais que pour l'ordinaire les gens guéris
» tomboient dans des accidens pires que le mal.
» Quelques autres chrétiens, voulant se donner
» pour plus habiles que les autres, & qui croyoient
» aussi que le serpent opéroit réellement des mi-
» racles, me dirent que selon leur opinion c'étoit ce
» même démon dont il est parlé dans l'histoire de
» Tobie, que l'ange Gabriel (Raphael) chassi
» de la montagne d'Ecbatane en Médie jusques
» dans la haute Egypte. Pour moi je crois qu'il
» y a là réellement quelque serpent qu'on a soin
» d'élever tout pendit & d'apprivoiser. Tout ce que
» je vis ici me parut un reste de l'ancienne idolâ-
» trie des serpens sans venin mentionnés par Hé-
» rodote. On les croyoit consacrés à Jupiter ; &
» lorsqu'on les trouvoit morts, on leur donnoit
» leur sepulture à Thèbes dans le temple de ce
» dieu. Voici comment s'exprime Hérodote
» II. 74.

» Il y a aux environs de Thèbes des serpens sa-
» crés, qui ne font jamais de mal aux hommes. Ils
» sont petits, & ont deux cornes au sommet de la
» tête. Quand ils sont morts on les enterre dans le
» temple de Jupiter, à qui on dit qu'ils sont con-
» sacrés. — Sur ce que rapporte Hérodote que ces
» serpens cornus sont petits & sans venin, j'ob-
» serverai à mon tour que la vipère cornue est fort
» commune en Egypte : mais je la crois venimeuse.
» Ses cornes sont semblables à celles de l'escargot,
» si ce n'est qu'elles sont d'une substance plus
» dure ». (*Travels of Richard Pococke. Tom. I. pag.*
125). Je ne crois pas qu'on puisse rien trouver de
plus précis que ce fait récent sur le sujet que je
traite. Mais continuons le parallèle.

Les nègres ne mangent jamais de leur animal

fétiche, mais ils se nourissent fort bien de ceux d'une autre contrée : c'étoit la même chose en Egypte : le respect infini pour un animal dans un certain canton, ne lui en attiroit aucun dans le canton voisin. Mais quel crime n'auroit-ce pas été que de tuer un chat à Bubaste, que de manger une vache à Memphis ou dans l'Inde. Quelques savans (1), de l'avis desquels je ne suis nullement, ont cru que c'étoit premièrement par là que c'étoit introduite la coutume religieuse de l'abstinence de certaines viandes.

Pour prix du tribut de respect que l'on payoit à l'animal sacré, il devoit à son tour répandre ses bienfaits sur la nation : & ce qui me persuade encore mieux que les égyptiens n'avoient là-dessus qu'une façon de penser peu différente de celle des sauvages, c'est la vengeance que les prêtres tiroient de leur dieu lorsqu'ils en étoient mécontens. « Si la sécheresse, dit (2) Plutarque, » cause dans le pays quelque grande calamité ou » quelque maladie pestilentielle, les prêtres prennent en secret pendant la nuit l'animal sacré, & » commencent d'abord par lui faire de fortes » menaces; puis, si le malheur continue, ils le tuent » sans en dire mot : ce qu'ils regardent comme » une punition faite à un méchant esprit ».

Les chinois en usent à peu-près de même : ils battent leurs idoles lorsqu'elles sont trop long-tems sans exaucer leurs prières; & chez les romains, Auguste ayant perdu deux fois sa flotte par la tempête, châtia Neptune, en défendant de porter son image à la procession avec celle des autres divinités, *Voyage de le Comte. Sueton. in August.*

Nous avons vu les nègres avoir des *fétiches* généraux pour toute une contrée, sans préjudice du *fétiche* particulier à chaque canton. De même chez les égyptiens il y avoit des animaux dont la divinité n'étoit que locale, tels que le bouc ou l'ibis : il y en avoit d'autres généralement respectés dans tout le pays, tels que le bélier dans la haute Egypte, & le bœuf dans la basse. Micerinus (Mis-Ceres) ancien roi d'Egypte, ayant perdu sa fille qu'il aimoit éperdument, & voulant après sa mort la faire honorer comme on honore une divinité, ne trouva point d'expédient plus propre que d'enfermer le (3) corps dans une figure de vache, qui fut posée dans une espèce de chapelle de la ville de Saïs, où l'on brûloit chaque jour de l'encens devant elle, & la nuit on y tenoit des lampes allumées. Il fit choix à cet effet d'un des animaux *fétiches* le plus communément révéré : grande marque que le *fétichisme* & le sabéisme étoient alors les deux seules religions reçues en Egypte : & que l'érection des statues de figure humaine y étoit rarement d'usage, ou même n'avoit pas encore lieu, non plus que l'idolatrie des hommes déifiés ; à laquelle, pour le remarquer en passant, l'Egypte n'a presque pas été sujette, & qui n'a pareillement aucun cours en Nigritie.

Il est bien juste que puisque les *fétiches* sont les dieux de l'Afrique, ils y soient aussi les oracles & les talismans : ils n'ont même que ce dernier degré parmi les mores africains, à qui la connoissance d'un seul dieu est parvenue par le mahométisme, qui, tout défiguré qu'il est chez eux, fait néanmoins le fonds de leur religion. Quant aux nègres, « si l'un d'eux, dit Loyer, se trouve » dans quelque embarras fâcheux, il juge aussi-tôt » que son *fétiche* est irrité, & ses soins se tournent » à chercher les moyens de connoître sa volonté. » On a recours aux devins pour faire le *tokké*, » qui ne demande pas peu de mystères & de cérémonies. Le devin prend en ses mains neuf courroyes de cuir de la largeur d'un doigt, parsemés de petits *fétiches*. Il tresse ensemble ces » courroyes, en prononçant quelque chose d'obscur ; il les jette deux ou trois fois comme au hazard. La manière dont elles tombent à terre » devient un ordre du ciel, qu'il interprète ».

C'est par un usage à peu près pareil que le (4) roi de Babylone debout dans un carrefour jettoit des flèches, comme les africains jettent des tresses de courroyes ; & que les Assyriens, au rapport de Théocrite (5), faisoient tourner une toupie magique garnie de saphirs & de plaques de métal gravées de caractères astrologiques. On la fouettoit avec une courroye en invoquant les génies. Michel Psellus, qui, en parlant des égyptiens, appelle *yinge* une pareille toupie, donne lieu de conjecturer qu'ils s'en servoient aussi. On sait en effet que par une méthode usitée pour connoître la volonté des dieux, & fort analogue à celle du *tokké*, de l'*yinge* & des flèches, les égyptiens consultoient le ciel par l'inspection de plusieurs pierreries rassemblées sur une même monture. Nous ignorons le nom qu'ils donnoient en leur propre langue à cette espèce de divination. Il pourroit être le même que celui que portoit chez les hébreux (6) un rite réellement sacré ; soit que les égyptiens le voyant pratiquer aux hébreux, en aient abusé pour le faire dégénérer en superstition ; soit que les hébreux, comme l'ont avancé quelques habiles gens, aient apporté de l'Egypte cette

---

(1) Marsham Canon. Chron.

(2) In Isid.

(3) Herodot. II. 129.

(4) Ezech. XXI. 21.

(5) Theocr. in pharmaceut.

(6) V. Selden Syntagm. page 39 & 40.

méthode de divination, qui fut véritablement consacrée en leur faveur lorsqu'ils reçurent les loix, ainsi que quelques autres usages étrangers dont ils s'étoient fait une habitude. On l'appelloit en Palestine *déclaration de la vérité*, des mots *Orah, lumen* & *themah, admirari* (1) qui peuvent se traduire au propre par *lumière admirable*, & selon leur sens figuré, par *manifestation de la vérité*.

Ainsi l'on peut conjecturer que les prêtres d'Egypte *déclaroient la vérité*, & interprétoient les ordres du ciel, en combinant l'éclat que jetoient certaines pierreries *fétiches* sur lesquelles on laissoit tomber les rayons du soleil.

On faisoit en Chanaan pour de pareilles consultations des éphods au prêtre du dieu; ce qui se voit par la longue histoire d'une pratique superstitieuse de l'hébreu Michas (2) qui demeuroit sur la montagne d'Ephraïm : mais toutes ces formules égyptiennes ou phéniciennes de connoître l'avenir par l'éphod ou par l'urim, & par l'inspection des lames de métal gravées, dont on ornoit les théraphins, ou qu'on enchâssoit dans les murailles du temple, étoient idolâtres, à l'exception de celle que (3) Jaoh avoit bien voulu consacrer exprès pour le grand prêtre Aaron ; tellement que quoique l'urim & l'éphod fussent du genre des (4) téraphins ou des *fétiches* talismaniques, & que le livre des juges & le prophète Osée nomment par homonymie l'éphod & le téraphim, cependant les téraphins étoient regardés comme des signes d'idolatrie affectés aux étrangers ; au lieu que l'éphod & l'urim hébreux étoient les signes particuliers de Jaoh, dont il avoit fait choix lui-même pour manifester par de tels signes sa volonté dans son tabernacle : aussi David Cimchi entend par l'éphod le culte véritable, & par les téraphins le culte étranger.

Soit que les traditions du *fétichisme* d'Egypte nous soient restées en plus grand nombre, soit que ce peuple superstitieux à l'excès y ait été réellement plus enclin, comme il paroît en effet que nul autre n'a eu tant de *fétiches* ni de si variés ; on a multiplié sur lui à cet égard les railleries que les autres orientaux leurs voisins, & même les grecs, selon la remarque d'Elien (5), méritoient de partager.

Pour commencer le détail du *fétichisme* de l'Asie par la nation la plus voisine de l'Egypte, l'ancienne divinité des arabes (6) n'étoit qu'une pierre carrée : un autre de leurs dieux célèbres, le Bacchus de l'Arabie, appellé chez eux, *Disar*, étoit une autre pierre de 6 pieds de haut (7). On peut voir Arnobe sur les pierres divinisées tant en Arabie qu'à Pacsinunte. Il n'y a guères lieu de douter que la fameuse pierre noire si ancienne dans le temple de la Mecque, si revérée par les mahométans malgré les saines idées qu'ils ont d'un seul dieu, & de laquelle ils font un conte relatif à Ismaël, ne fût autrefois un pareil *fétiche*.

Près-de-là le dieu Casius, dont la représentation se voit sur quelques médailles, étoit une pierre ronde coupée par la moitié : aussi est-elle nommée par Cicéron *Jupiter lapis*.

L'objet du culte religieux de la tribu de Coresh étoit un arbre Acacia. Kaled, par ordre de Mahomet, fit couper l'arbre jusqu'à la racine, & tuer la prêtresse. La tribu de Madhaï avoit un lion, celle de Morad un cheval : celle d'Amiyar, qui font les anciens homérites, dans le pays d'Yemen un aigle (8). Cette aigle sacrée s'appelle *Nasr* en la langue du pays, & cette interprétation nous apprend, selon l'apparence mieux qu'aucune autre, ce que c'est que le dieu Nisr ou Nisroch mentionné dans la bible : cependant on a donné diverses autres explications de ce terme, que je ne laisserai pas que de rapporter ci-après.

Mais venons à des faits bien antérieurs à tout ceci, & qui remontent à la plus haute antiquité dont il y ait mémoire parmi les peuples payens. Nous y verrons quelle idée ils avoient eux-mêmes sur la première origine du culte des astres, des élémens, des animaux, des plantes, & des pierres. On aura lieu de remarquer, non sans quelque surprise, que plus le témoignage est ancien, plus le fait est présenté d'une manière simple, naturelle, vraisemblable, & que la première raison qu'on ait donnée de l'introduction de ce culte, est encore la meilleure & la plus plausible qui ait jamais été à l'on de de sorte qu'elle pourroit suffire, si sa fi té, qui ne permet pas d'en faire l'application à tant d'objets variés de l'adoration des peuples sauvages, n'obligeoit d'avoir encore recours à quelqu' autre cause plus générale.

Il n'y a rien de plus ancien ni de plus nettement déduit sur le premier culte des anciennes nations sauvages de l'Orient, que ce qu'on lit à ce sujet dans le fragment de Sanchoniaton,

---

(1) Voyez Philon de Vit. Mos. C. III. & Rich. Sim. Dict.
(2) Judic. XVII.
(3) Joseph Hyppomnestic. ap. Th. Gale in Jamblic.
(4) Loc. citat... 3. 4.
(5) Ælian. de animal. XII. 5.

(6) Maxim. Tyr. Orat. 38.
(7) Stephan. Byz. Arnob. l. VI.
(8) Vid. Alsharistani.

ouvrage non suspect si on l'examine bien à fond, quoique interpolé tant par Philon de Biblos son traducteur, que par Eusèbe qui en a donné un extrait, & qui tous deux ont mêlé leurs réflexions au texte original. Sanchoniaton a non-seulement le mérite d'une haute antiquité, mais encore celui d'avoir eu sous les yeux des écrits antérieurs au sien, qu'il dit avoir tirés partie des annales particulières des villes de Phénicie, partie des archives conservées dans les temples ; & d'avoir recherché avec soin, & consulté par préférence les écrits de Thoth l'égyptien, persuadé, dit-il, que Thoth étant l'inventeur des lettres, ne pouvoit manquer d'être le plus ancien des écrivains. Voici comment s'explique l'auteur phénicien sur l'ancien culte des objets matériels. Le passage est important, fort raisonnable, & très-clair (1).

« Les premiers hommes prirent pour des êtres
» sacrés les germes de la terre : ils les estimè-
» rent des dieux, & les adorèrent, parce qu'ils
» entretenoient leur vie par le moyen de ces pro-
» ductions de la terre, auxquelles ils devoient
» déjà la vie de leurs pères, & devroient à l'avenir
» celle de leurs enfans. Ils faisoient des effusions
» & des libations. L'invention d'un tel culte
» convenoit assez à leur foiblesse & à l'imbéci-
» lité de leur esprit.....Aion avoit trouvé la fa-
» çon de se nourrir des arbres....Genos & Genea
» ses enfans élevèrent leurs mains au ciel vers le
» soleil, qu'ils croyoient le seul dieu du ciel &
» appelloient par cette raison Baal-Samain *le sei-*
» *gneur des cieux*. (Ici le traducteur Philon insère
» cette remarque relative à son objet, qui étoit
» de réfuter les opinions systématiques des grecs.
» *Ce n'est pas sans motif que nous faisons souvent ces*
» *distinctions : elles servent à faire connoitre les per-*
» *sonnes & les actions. Les grecs n'y faisant pas ré-*
» *flexion, ont souvent pris une chose pour une autre,*
» *trompés par l'équivoque des termes....*

» Les vents impétueux agitèrent à tel point les ar-
» bres du pays de Tyr, que les bois par l'agitation
» prirent feu & brûlèrent une forêt. Ousoos prit
» un arbre & coupa les branches, sur lesquelles il
» eut la hardiesse de se mettre en mer. Il con-
» sacra au vent & au feu deux colonnes : il les
» adora, & leur fit des libations du sang des bê-
» tes qu'il prenoit à la chasse. Après que cette
» génération fut finie, ceux qui restèrent consa-
» crèrent des branches de bois, adorerent des
» colonnes, & leur firent des fêtes annuelles...
» Ouranos trouva les boetyles & a fabriqué les
» pierres animées, *ou plutôt, selon la juste correc-*
» *tion de Bochart*, les pierres graissées, *lapides*
» *unétos* ».

Il parle aussi dans le même fragment des apothéoses des hommes déifiés, de l'érection des temples & des statues, des sacrifices humains &c. Son histoire contenoit neuf livres, dont le premier étoit employé à déduire les opinions vulgaires ayant cours en Chanaan sur les origines des choses, des hommes, & des arts ; sur la formation du monde ; sur les premiers auteurs de chaque invention commune & utile à la vie ; sur l'introduction du culte divin ; sur les chefs des nations sur-tout phénicienne & égyptienne ; sur l'établissement du pouvoir souverain. Tous ces points n'y sont touchés que de gros en gros, seulement autant qu'il en est besoin pour donner une notice des événemens les plus remarquables ; soit que l'auteur n'ait pu, faute de plus amples connoissances, entrer dans un plus grand détail, soit que l'extrait qui en reste ne contienne qu'un abrégé de l'original. Son narré, quoiqu'obscur sur les choses naturelles, assez dénué de liaison dans les faits & dans les prétendues généalogies, quelquefois mêlé de fables populaires, ne laisse pas que de nous faire assez bien connoître quelles étoient sur tous ces points la croyance & la tradition du peuple chananéen. Au fond elles se rapportent en gros sur la plupart des articles principaux avec celles des peuples leurs voisins, chaldéens, hébreux & égyptiens, même grecs. On y voit qu'ils ont tous écrit les traditions reçues chez eux, & à peu près sur le même fonds d'idées ; si ce n'est que la vérité, qui se retrouve pure chez les hébreux, est souvent omise ou défigurée chez les nations voisines. Mais quant au détail des circonstances ils ne s'accordent plus, ce qui est très-naturel. La chose n'arrive-t-elle pas dans les histoires de faits récens qui conviennent ensemble sur le fond des événemens ? Rien de plus vain que les efforts & les suppositions qu'on voudra faire pour mettre une conformité totale entre les opinions de l'antiquité. Chaque pays a ses fables propres, qui ne sont pas celles d'une autre contrée, & qu'il faut lui laisser.

Je croirois volontiers que l'ouvrage de Sanchoniaton étoit intitulé : *Origines phéniciennes*, περὶ τῶν Φοινικικῶν στοιχείων *de Phænicum elementis*, & que le livre de cet auteur cité aussi par Philon sous ce titre, n'est pas autre que sa grande histoire en neuf livres dédiée au roi Abi-Baal, où l'on voit que son principal but a été de parler des inventeurs des arts, qui se sont rendus célèbres de tems à autres ; de faire l'histoire des apothéoses, en indiquant ceux qui pour leurs inventions utiles ont été mis au rang des dieux, & honorés d'un culte public ; de distinguer l'établissement des différens objets de culte rendu soit aux astres, soit aux choses matérielles, soit aux hommes. Il nous indique quels étoient les plus anciennement reçus parmi

(1) Sanchoniat. ap. Euseb. I. 9 & 10.

ceux de la seconde espèce : & peut-être en rapportoit-il beaucoup d'autres dans son ouvrage dont nous n'avons plus qu'une très-petite partie; car nous apprenons d'ailleurs que ces objets étoient fort variés dans le pays dont il a écrit l'histoire.

(1) Bénadad, roi de Damas, avoit son dieu Rimmon, dont le nom en hébreu signifie une grenade ou une orange. La Palestine avoit des poissons nommés en langue du pays Dagon & Atergatis (Dag, *Piscis*, Aderdag, *magnificus Piscis*; (2) des brebis (Astheroth, *oves*) des chèvres ou d'autres menus bestiaux appellés Anamelech (*Pecus rex*) ; (3) une colombe nommée depuis Sémiramis ; une pierre carrée nommée aussi depuis Astarte ou Vénus Uranie : car il faut, comme dit le poëte Milton en pareil cas, se servir des noms institués depuis pour des dieux qui n'en avoient point alors (4). *Nomen lapidibus & lignis imposuerunt*, dit le livre de la sagesse. Le nom d'Asarah, autre divinité phénicienne que le roi Josias (5) fit brûler, se traduit communément par *idolum ex luco* : ce qui paroît signifier un bois sacré plutôt qu'une statue de bois. Nisr, l'une des divinités de Ninive, signifie, dit-on, en persan, *bois touffu* : (6) il y a grande apparence néanmoins que c'est le même que le dieu Nisroch du roi Sennacherib (Senni-chérif) dont Kirker (7) traduit le nom par arche ou canot. On donnoit le nom de khamos à un gros moucheron de bronze forgé en cérémonie talismanique sous l'aspect de la planete Jupiter (8) ; c'est un mélange de *fétichisme* & de sabéisme.

Je ne parle pas ici de Bel-zebub, *le dieu mouche* ; persuadé comme je le suis que Belzebub & Belzebul sont des altérations & de fausses prononciations ironiques de Beelzebuth, qui me paroît être le même mot que Baal-Sabaoth, en latin *Jupiter Sabazius*, *le dieu des armées*, ou plutôt *le dieu des orientaux* ; quoique les grecs aient eu un Jupiter chasse-mouches, ζεὺς ἀπόμυος.

Aglibel, ou le dieu rond, (Agli-Baal, *rotundus dominus*,) pierre ronde en forme de cône, étoit la divinité des *fétichistes* d'Emesse, tandis que les sabéistes de Palmyre adoroient le soleil sous ce même nom ; comme nous le voyons sur un marbre de cette superbe ville, où l'on a représenté deux figures du soleil, avec l'inscription grecque *Aglibel & Malachbel, dieux du pays*. Selden. Synt. 11. p. 149. explique le mot Aglibel, ou ahgol-Baal par *rotundus deus*. D'autres assurent qu'il signifie *vitulus deus*, ce qui a toujours rapport au culte des animaux divinisés.

Le dieu Abbadir, (Abb-adir, *pater magnificus*) étoit un caillou, & la déesse de Biblos à-peu-près la même chose. Nicolas de Damas décrit un de ces *fétichises* : « C'est, dit-il, (9) une pierre ronde, » polie, blanchâtre, veinée de rouge, à-peu-près » d'un empan de diametre ». Cette description nous apprend quelle étoit la forme des pierres divinisées & nommées bœtyles, au rapport de Sanchoniaton, dont le culte, selon lui, est si ancien, qu'il en fait Uranos le premier instituteur. Les pierres de cette espèce qu'on voyoit rangées en grand nombre sur le Mont-Liban, avoient été autrefois les grandes divinités du pays (10) Il y en avoit entre Byblos & Héliopolis qui faisoient des miracles à milliers : on en consacra à Jupiter, au Soleil, à Saturne, à Vénus (11). Les pierres enveloppées de langes que Saturne dévora, selon la fable grecque, au lieu de ses enfans, étoient de tels bœtyles. Ils nous rappellent l'idée de ces morceaux de pierre ou de bois enveloppés de fourrure, (12) de coton, ou de toile, que l'on trouve dans les isles de l'Amérique & chez les sauvages de la Louisiane, & qu'ils tiennent soigneusement cachés dans le sanctuaire de leurs temples au fond des bois.

Il est certain, par le témoignage de toute l'antiquité que les syriens adoroient, ou du moins avoient un profond respect pour les poissons & pour les pigeons. Ils s'abstenoient de manger des poissons, dans la crainte que la divinité offensée ne leur fit des tumeurs sur le corps. S'ils étoient tombés en faute à cet égard, ils s'expioient par une grande pénitence en se couvrant de sac & de cendre selon la coutume des orientaux. On peut voir dans Selden (13) toute l'histoire de ce culte, ainsi que celui des samaritains en l'honneur d'une colombe trouvée sur le mont Garizim. Il n'est pas étonnant que cette colonie étrangère venue du Chusistan à Samarie, eût apporté dans son nouvel établissement une dévotion pratiquée dans le pays de son origine. Le talmud va jusqu'à reprocher aux samaritains de circoncire leurs enfans au nom de cet oiseau. Après

---

(1) 4. Reg. 5. 18. & Selden II. 10. & Cleric. in Reg

(2) David Cimchi in Reg. 1. 5.

(3) Vid. Nigid. ap. Germanic. in Arat. Phænomen.

(4) Pausan. in Attic. ch. 14.

(5) IV. Reg. 23. 6.

(6) Hyde Rel. Pers. chap. 4. 5.

(7) In Pantheo.

(8) Hyde ibid.

(9) Ap. Euseb. Præpar. l. I.

(10) Damasc. ap. Phot. n. 241. p. 1063.

(11) Asclepiad. ap. Damasc. ibid.

(12) Hezich. ♦.

(13) Synt. II, C. 3.

out, c'est peut-être une calomnie que la haine dictoit aux juifs contre ces étrangers.

Par le culte que ces mêmes étrangers apportèrent en Israël, nous apprenons quels animaux étoient divinisés dans diverses contrées voisines de l'Euphrate. Lorsque Salmanasar roi d'Assyrie eut emmené les dix tribus captives, il les remplaça par des colonies tirées de ses propres Etats. Il en envoya de Babylone, de Cuth, d'Aava, d'Emath, & de Sepharvaim (1) « Chacun de ces peuples
» mit son dieu particulier dans les temples
» & dans les hauts lieux bâtis par les anciens
» sujets des rois de Samarie : chaque na-
» tion mit le sien dans la ville qu'elle habitoit.
» Ceux de Babel y mirent Succoth-Benoth; les
» Cuthéens, Nergal : ceux d'Emath, Asima : les
» Haweens Nibchaz & Tharthak. Les Sipphari-
» tains faisoient passer leurs enfans par le feu, en
» l'honneur d'Adramelech & d'Anamalech dieux
» de Sepharraim ».

Tels étoient les dieux de ces différentes contrées; & si nous en croyons les plus savans d'entre les Juifs, Aben-Ezra, R. Jarchi, R. Kimki & autres, dans les explications qu'ils donnent de ce genre d'idolatrie, tous ces noms de divinités assyriennes désignent autant d'animaux (2). Selon eux Succoth Benoth est une poule avec ses poussins : Nergal est une gelinote ou un coq de bruyère : Asima est un bouc ou un mouton, ou selon l'opinion d'Elias (3), un singe, divinité autrefois adorée en Egypte, (*Effigies sacri nitet aurea cercopitheci*) aujourd'hui fort honorée dans les royaumes de Bengale & de Pegu : Nibchaz est un chien, comme l'Anubis d'Egypte, & son nom vient de l'oriental Nibch ou Nabac, c. d. aboyer : Tharthak est un âne : Adramelech & Anamelech, un mulet & un cheval, les rois du troupeau; ou selon d'autres un paon & un faisan.

Je ne prétends pas néanmoins faire regarder comme certaines les explications données par les rabbins de tant de termes obscurs & douteux. On sait, par exemple, que Succoth-Benoth doit signifier ici les *pavillons des filles* : & il est bien naturel de croire que la colonie de Babylone apporta dans Samarie le rite impur pratiqué dans son pays en l'honneur de Vénus Mylitte, tel que le décrit Hérodote (4). Mais ce concours des interprètes à rendre tous ces mots par des noms d'animaux, montre au moins une connoissance généralement répandue, que les anciens peuples orientaux dont il s'agit avoient des animaux pour divinités, comme les barbares modernes en ont pour *fétiches*. Quelques-uns des termes ci-dessus employés pour noms des faux dieux, comme Adra-Melech, *Magnificus Rex*, me paroissent être des titres d'honneur également donnés aux astres par les sabéistes, & aux animaux par les *fétichistes*. Car en Egypte, comme en Orient, ces deux religions sont si mélangées l'une avec l'autre dans le même pays, (& il en est de même à la Chine où il y a plusieurs religions dominantes) qu'il devient aujourd'hui assez difficile de bien démêler tout ce qui leur étoit particulier à chacune. C'étoit l'usage de ces nations de mêler ainsi les différens cultes, & d'en adopter un nouveau sans quitter l'ancien. Nous en avons une preuve en ce même endroit de la bible. Salmanasar apprenant que les habitans de la nouvelle colonie étoient dévorés par des lions, ou selon le rapport de Joseph (5), & comme ils le disent eux-mêmes dans leur chronique Samaritaine, qu'ils périssoient de maladies épidémiques causées par l'air & par les fruits du pays auxquels ils n'étoient pas accoutumés; & sachant qu'on attribuoit ces malheurs à l'ignorance dans laquelle vivoient les nouveaux habitans de la manière dont le dieu de cette terre vouloit être adoré (6) *eo quod ignorent ritum Dei hujus terræ*, ce prince leur envoya un des prêtres captifs qui vint s'établir à Béthel, « & leur ensei-
» gner (7) comment ils devoient honorer le dieu
» du pays. Tous ces peuples qui avoient conservé
» leurs dieux propres, ne laisserent pour cela
» d'adorer le Seigneur. Mais quoiqu'ils adorassent
» le Seigneur, ils servoient en même tems leurs
» dieux selon la coutume des nations du milieu
» desquelles ils avoient été transférés à Samarie.
» Ces peuples suivent encore aujourd'hui leurs
» anciennes coutumes ».

Ezéchiel, en décrivant les impiétés commises par les hébreux dans le temple du vrai Dieu, distingue fort bien les quatre fausses religions qui de son tems avoient cours en Orient, savoir l'idolatrie des faux dieux, tels que Baal; le *fétichisme* ou culte des animaux; l'idolatrie des demi-dieux, ou héros divinisés, tels qu'Adonis; & le sabéisme, ou l'adoration du soleil & des astres. Voici ce qu'il dit (8).

« Un jour le cinq du sixième mois, comme
» j'étois assis dans ma maison (en Mésopotamie)

---

(1) IV. Reg. 27. 29.

(2) V. Selden Synt. II, C. 27. & seq. Vatabl. in not. IV. Reg.

(3) Elias Levit. in Tisbi.

(4) Herodot. I. 199.

(5) Joseph. antiq. IX. 14. Chron. Samar. ap. Hottinger. in exercit. Antimorin.

(6) IV. Reg. 27. 26.

(7) Ibid. ℣. 28. 32 & seq.

(8) Ezech. C. 8.

» avec les anciens de Juda, je vis tout d'un coup
» comme une figure de feu; elle étoit toute de
» flamme de la ceinture en bas, & du haut de
» bronze doré fort brillant : elle avança une
» forme de main, me prit par les cheveux, &
» m'enlevant entre le ciel & la terre me descendit
» à Jérusalem. Là le Dieu d'Ifrael me dit: homme
» du peuple, lève les yeux & regarde dans le tem-
» ple du côté de l'Aquilon; & ayant jetté la vue, je
» vis qu'on avoit placé près de la porte de l'autel
» l'idole de Jaloufie qui irrite le dieu jaloux (l'idole
» de Baal) (1). Le Seigneur me dit, homme du peu-
» ple, tu vois les abominations que fait la maifon d'If-
» raël pour m'obliger à me retirer de mon fanc-
» tuaire; retourne-toi d'un autre côté, perce la mu-
» raille, & regarde, tu verras encore pis. Je fis un
» trou à la muraille, & je vis les images de toutes
» fortes de ferpens & d'animaux abominables
» peintes fur le mur tout à l'entour; & foixante
» & dix des anciens d'Ifraël étoient debout de-
» vant ces peintures, chacun avec un encenfoir à
» la main. Il me dit : Tu vois ce que chacun d'eux
» fait en fecret dans fa cellule peinte, croyant
» que le Seigneur ne le voit pas : tourne-toi d'un
» autre côté, tu verras encore pis. Ayant porté
» la vue vers la porte du feptentrion, je vis en ce
» lieu des femmes affifes qui pleuroient Adonis.
» Il me dit : entre dans le parvis intérieur du
» temple, tu verras encore pis. Je vis, entre le
» veftibule & l'autel, vingt-cinq hommes qui tour-
» noient le dos au temple & le vifage à l'orient, &
» ils adoroient le foleil levant. Vois les abomina-
» tions qu'ils font dans ce lieu, & regarde comme
» ils approchent une branche d'arbre de leur nez
» (pour la baifer en figne d'adoration après l'avoir
» préfentée au foleil ou à l'idole.) Auffi je les trai-
» terai avec fureur, &c. ». Au chap. 20, il leur
reproche encore d'avoir adoré les dieux du pays où
ils étoient, & ceux du pays voifin : *abominationes
oculorum fuorum*, les impiétés qu'ils avoient fous
les yeux, c'eft-à-dire Baal, […], &
de Paleftine, &c.; & *idola Æ[…]*-à-dire
les animaux divinifés de l'[…] bœuf
Apis, &c.

Puifque les traces de ce penchant à choifir des
objets terreftres pour leur rendre un culte religieux fe retrouvent dans cette contrée en remontant à une haute antiquité, il ne faut pas s'étonner
de trouver par fois quelque chofe de relatif à des
coutumes fi anciennes & fi générales en Orient
dans les ufages pratiqués par les premiers auteurs
de la nation juive, avant le tems où des loix pofitives profcrivirent formellement chez eux de tels
ufages. Abraham paroît avoir fait un mélange d'une
action toute fainte avec les vieilles coutumes fu-
perftitieufes de fon pays, lorfqu'après fon alliance
avec Abimelech, roi de Gérare, il fit planter un
bois facré près de Berfabée en Paleftine, pour y
invoquer le nom de Jaoh. (2) Jacob ayant eu un
fonge myftérieux confacra la pierre qui lui avoit
fervi de chevet pendant la nuit, en arrofa d'huile
le fommet, & l'appella *Beth-el*, c'eft-à-dire *demeure de Dieu*.

On a dit que c'étoit de cette confécration que
les pierres bœtyles du paganifme avoient tiré leur
nom. Mais combien n'eft-il pas plus probable que
le nom eft antérieur à Jacob, puifque l'ufage eft
certainement plus ancien que lui, & qu'Uranos
avoit avant lui fabriqué en Phénicie de ces bœtyles
ou pierres graiffées (3). Abraham & Jacob ne firent donc qu'imiter une pratique établie avant eux,
& long-tems fuivie depuis : ils fuivirent une vieille
coutume générale en ufage alors, & conforme à
la ruftique fimplicité de leur fiècle. Le vrai Dieu
voulut bien adopter & fanctifier pour lui ce culte
fimple, par une condefcendance pareille à celle
dont il a fouvent ufé depuis pour la façon de penfer peu éclairée du peuple qu'il avoit choifi.
Lorfqu'il apparut enfuite à (4) Jacob dans un autre
fonge. « Je fuis, lui dit-il, le dieu de Bethel où
» tu as graiffé la pierre ». Mais le bœtyle de Jacob demeura un vrai *fétiche* en vénération aux
peuples chananéens, qui n'élevoient pas leurs
penfées plus haut que la pierre même : auffi les
hébreux en abolirent parmi eux le culte traditionel,
l'appellant Beth-aven, *demeure du menfonge*, au
lieu de Bethel; *demeure de Dieu*. Les loix qu'ils
reçurent après leur invafion en Chanaan prefcrivoient rigoureufement l'abolition de ce culte ufité
dans le pays conquis, qui fut le motif du maffacre
total des habitans, comme il l'a depuis été de
celui des américains fait par les efpagnols. (5)
« Vous briferez les pierres dreffées, dit la loi,
» & vous exterminerez tous les habitans de ce
» pays-là (6) : vous ne dreffetez point de co-
» lonnes : vous n'érigerez point dans votre terre
» de pierre remarquable pour l'adorer : (7) vous
» n'aurez aucune image de bête, d'oifeau, de
» quadrupède ou de poiffon ».

C'eft à l'inobfervation de ces loix, c'eft au malheureux penchant qu'avoient les hébreux à fe
laiffer aller, foit au *fétichifme*, foit au fabeïfme
des nations voifines, que les livres faints attribuent
prefque toujours les malheurs que laiffoit fondre
fur eux la colère du vrai Dieu, qu'ils avoient fi
fouvent négligé.

Le rite religieux de frotter d'huile les pierres
bœtyles fe retrouve fréquemment par-tout : il en

---

(1) Vatabl. in not.

(2) Genef. XXI. 33.
(3) Sanchoniat. Ibid.
(4) Genef. XXXI. 13.
(5) Numer. XIII. 5...
(6) Levit. XXXI. 1...
(7) Deuter. IV. 16.

Philofophie anc. & mod. Tome II.

est fait mention plus d'une fois dans Homère & dans Strabon. Il est vrai que quelques personnes savantes ont voulu entendre par les bœtyles, non des *pierres graissées*, mais des *pierres animées*: mais quand même par cette dernière explication il ne faudroit pas entendre, si elle avoit lieu, des pierres douées d'un esprit vivant, plutôt que des pierres taillés en figures humaines, comment concilier cette manière de traduire le terme, tant avec ce que Jaoh dit à Jacob dans le passage ci-dessus rapporté, *Je suis le Dieu de Bethel où tu as graissé la pierre*, qu'avec ce que dit Arnobe de ses pratiques dévotes avant sa conversion (1). « Dès que j'appercevois, dit-il, quelque pierre polie frottée d'huile, j'allois la baiser, comme contenant quelque vertu divine ». L'espèce du rite est digne du genre de culte, & tous deux répondent à l'ignorance des siècles où ils avoient cours.

Rachel femme de Jacob eut un tel attachement pour les marmousets *fétiches* ou tséraphins de Laban le Syrien son père, qu'elle les lui vola en le quittant (2), & que poursuivie à ce sujet, après les avoir cachés sous ses habits, elle n'hésita pas, pour n'être pas obligée de se lever à l'arrivée de son père, de supposer une incommodité qu'elle n'avoit pas. La fausse imputation dont Tacite & Diodore (3) chargent les Hébreux d'avoir eu pour *fétiche* un âne sauvage qui leur avoit fait trouver une source d'eau dans le désert, & d'avoir mis dans leur sanctuaire la tête de cette ridicule divinité, vient non-seulement de l'idolâtrie du veau d'or *fétiche*, & de la figure mal entendue des deux Chérubins sculptés sur l'arche, qui étoient deux têtes de veaux ailés, (4), mais aussi de l'usage d'un culte de ce genre alors universellement répandu dans l'orient (5). Je laisse à part beaucoup d'autres fables du même genre, que les payens mal instruits débitoient sur le compte des juifs, & que l'on peut voir dans Tertullien, dans Epiphane, &c.

Il est aisé de distinguer, par les circonstances même du fait, ce qu'il y avoit de sacré, & ce qu'il y avoit d'impie dans les usages de cette espèce pratiqués chez les hébreux. Par exemple le serpent d'airain élevé par ordre de Jaoh même, & dont la vue étoit un préservatif contre les morsures des serpens du désert, n'avoit certainement rien de commun avec le *fétichisme*; tandis que les deux veaux d'or des dix tribus, placés l'un à Dan, l'autre à Bethel, en étoient des marques aussi scandaleuses que certaines. Ces deux espèces d'animaux, le bœuf & le serpent, étoient sur-tout des objets ordinaires de culte. L'un paroît avoir été plus particulier à l'Egypte, & l'autre à la Syrie (6).

» hiéroglyphiques qui étoient représentées en bro-
» derie sur les voiles du tabernacle. Telles étoient les
» figures symboliques que les égyptiens mettoient à
» la porte de leurs temples, & les images de la plu-
» part de leurs dieux, qui n'étoient autres, pour
» l'ordinaire, que des statues composées de l'homme
» & des animaux ».

Macrobe *Satur.* I. 20. en décrit une d'une manière curieuse. *Simulacro (Serapidis) signum tricipitis animantis adjungunt, quod exprimit medio eodemque maximo capite leonis effigiem. Dextera parte caput canis exoritur, mansuetâ specie blandientis: pars vero lævâ cervicis rapacis lupæ capite finitur: easque formas animalium draco connectit volumine suo, capite redeunte ad dei dexteram, quâ conspicitur monstrum.*

Ces figures composées, fort communes aujourd'hui dans toute l'Asie idolâtre, & sur-tout dans l'Inde, sont d'une haute antiquité. Au rapport d'Alexandre Polyhistor, on en voyoit autrefois dans le temple de Bélus, & il en attribue l'usage aux fables débitées par Oannes (que je crois être un navigateur indien, venu par mer en Chaldée,) sur la forme de l'ancien monde couvert de ténèbres.

Animal ▓▓▓osa, & sub variis naturæ speciebus & form▓▓▓is vitam ac lucem accepisse. Homines duabus ▓▓▓s quatuor, & geminis vultibus insignes: ▓▓▓▓ unum, capita vero duo, virile & fœmineu▓▓▓ gemina pudenda, masculum & muliebre. Hominum aliorum, horum caprarum crura & cornua, illos equorum anteriores, alios posteriores & hominum anteriores, quales sunt Hippocentaurorum formæ, habuisse. Tauros humanis capitibus ibidem nasci; canes caudis quadricorporeos, & posterioribus partibus pisces; equis canum adjunctâ capita: homines & alia animantia caput & corpus equinum, piscium vero caudas habentia, nec non & varia variis quibuscumque formis deformia. His adjunge pisces, reptilia, serpentes, & alia plura animantia quasi mutatis ab invicem speciebus varietate conspicua, quorum imagines in templo Beli appensæ. Istis omnibus presidet mulier, cujus nomen Omoroca, Chaldaicè interpretatur Thalath, id est mare. Alex. Polyh. ia Chaldaïc. ap. Syncell. p. 29.

(1) Arnob. adv. gent.
(2) Genes. XXXI.
(3) Tacit. Hist. V. Diodor. Frag. libr. 29. Joseph. adv. App.
(4) Ces sculptures figurées * sur le couvercle de l'arche, n'y servoient selon toute apparence que d'ornement du tems & du pays; car on sait que la loi défendoit aux hébreux, avec la dernière sévérité, d'avoir dans leur temple aucune figure représentative ou relative. *Chérubin* signifie, à ce que l'on croit, *les animaux qui labourent*, du mot chaldéen *charab*, labourer. Ce qu'Ezechiel X. 14, appelle *facies cherub*, il le nomme I. 10. *facies bovis.* Voyez Calmet & les auteurs qu'il cite, Clément d'Alexandrie, Grotius, Spencer, &c.

« Les descriptions, dit-il, que l'écriture nous donne
» des chérubins, quoique différentes entre elles,
» conviennent en ce qu'elles représentent toutes une
» figure composée de plusieurs autres, comme de
» l'homme, du bœuf, de l'aigle & du lion. Aussi
» Moïse, *Exode* XVI. 1. appelle *ouvrage en forme
» de chérubin* les représentations symboliques ou

* Leclerc, note sur la Bible.

(5) Vid. Selden. de Diis Syris. page 292.
(6) III. Reg. 12. 29.

Philon le juif, croit celui-ci très-ancien parmi les Amorrhéens de Chanaan : & Philon de Biblos fait mention d'un ouvrage de Pherecyde (1) sur la Phénicie, où l'on lisoit, dit-il, des choses très-curieuses sur le dieu serpent Ophionée, autrement Agathodæmon, & sur le rite des Ophionides ses adorateurs. En effet, les tséraphins, si communs en Syrie, ne sont que des serpens *fétiches*, comme leur nom même *Tsaraph*, d'où vient le latin *serpens*, le fait assez voir. Les Assyriens, outre leurs toupies talismaniques dont il a été parlé, ont la célèbre histoire du serpent si révéré dans le palais de leur roi *Mérodach le méchant*. J'en ai déjà parlé.

Les Perses, du moins le peuple grossier, avoient pour *fétiches* le feu & les grands arbres. Le premier des deux cultes y subsiste, malgré la persécution dont on l'accable, peut-être avec trop de rigueur, aujourd'hui que le feu n'est plus chez les Guebres qu'un type de l'Etre suprême; & le second n'y est nullement aboli.

Chardin a mesuré un arbre dans un jardin du roi, à la partie méridionale de Chiras, qui avoit plus de quatre brasses de tour. Les habitans de Chiras voyant cet arbre usé de vieillesse, le croyent âgé de plusieurs siècles, & y ont dévotion comme à un lieu saint. Ils affectent d'aller faire leur prière à son ombre; ils attachent à ses branches des espèces de chapelets, des amulettes, & des morceaux de leurs habillemens. Les malades, ou des gens envoyés de leur part, viennent y brûler de l'encens, y offrir de petites bougies allumées, & y faire d'autres superstitions semblables, dans l'espérance de recouvrer la santé.

Il y a partout en Perse de ces vieux arbres dévotement reverés par le peuple, qui les appelle *Draet-fasch*, c. à. d. *arbres excellens*. On les voit tous lardés de clous pour y attacher des pièces d'habillemens, ou d'autres enseignes votives. Les dévots, particulièrement les gens consacrés à la vie religieuse, aiment à se reposer dessous, & à y passer les nuits : si on les en croit, il y apparoit alors des lumières resplendissantes, qu'ils jugent être les ames *des Aoulia* (des saints, des bienheureux) qui ont fait leur dévotion à l'ombre des arbres divins. Les affligés de longues maladies vont se vouer à ces esprits, & s'ils guérissent dans la suite, ils ne manquent pas de crier au miracle (2).

La petite rivière Sogd étoit autrefois en grande vénération dans la ville de Samarcande qu'elle traverse. Des prêtres préposés veilloient la nuit le long de son cours, pour empêcher qu'on n'y jettât aucune ordure : en récompense ils jouissoient de la dixme des fruits provenans des fonds situés sur son rivage (3).

Les Perses avoient aussi un très-grand respect pour les coqs (4). Un Guebre aimeroit mieux mourir que de couper le col à cet oiseau. Le coq étoit fort commun en Médie; Aristophane l'appelle l'oiseau Méde : cependant ce respect paroît devoir être attribué à ce que le chant du coq marque le tems & annonce le retour du soleil, plutôt qu'aux rites *fétichistes*. Je croirois qu'on doit penser de même du respect de cet ancien peuple pour les chiens, dont la conservation est fort recommandée par Zerdusht; car toute sa législation paroît très-éloignée du *fétichisme*. Les Perses lui doivent d'avoir été bien moins adonnés qu'aucune autre nation à ce culte grossier : & même le peu qu'ils en ont eu est beaucoup plus susceptible d'une meilleur face qu'il ne l'est ailleurs. Ce n'est pas sans une forte apparence qu'on a dit d'eux, que ne pensant pas que la divinité pût se représenter par aucune figure fabriquée de main d'homme (5), ils avoient choisi pour son image la moins imparfaite, les élémens primitifs, tels que le feu & l'eau, conservés dans toute leur pureté.

Cependant malgré ce qu'on a soutenu avec grande vraisemblance que le feu n'étoit pour cette nation Sabeïste que l'image du soleil, malgré les efforts que le docteur Hyde a faits, dans son excellent ouvrage, pour prouver que le soleil même n'y étoit que le type de l'être suprême à qui seul on raportoit l'adoration, les Perses avoient dans leur rite pratique en l'honneur du feu des formules directes tendantes au *fétichisme*, & très-significatives, dont je ne citerai que celle-ci; lorsque s'approchant du feu dans un profond respect & lui offrant du bois ils lui disoient, νῦε Δίσπατα ἴσι τιεν, *Seigneur feu, mange* (6). Chez les Indiens, au milieu d'une religion dont les dogmes sont aussi d'une toute autre espèce rien de plus révéré que la vache, le cheval & le fleuve du Gange : mais ils ont aussi leurs pierres *fétiches* toutes semblables à la grande déesse de Pessinunte & à l'Aglibel d'Emesse.

Après avoir vu cette espèce de croyance si bien établie dans l'Orient, même parmi des peuples civilisés, chez qui les arts & la philosophie fleurissoient, & dont les premiers siècles de barbarie

---

(1) Pherecyd. apud Phil. Bibl. in Euseb. L. 1.
(2) Chardin. Voy. de Perse.
(3) Yakut Geograph.
(4) Hyde Rel. Pers. C. 1.
(5) Dinon ap. Cl. Alex. in protreptic.
(6) Maxim. Tyr. Orat...

font presqu'échappé à l'histoire, serions-nous surpris de la trouver dans la Grèce, dont nous connoissons jusqu'à l'enfance? Il ne faut pas se faire une autre idée des Pélasges sauvages qui l'habitèrent jusqu'au tems où elle fut découverte & peuplée par les navigateurs orientaux, que celle qu'on a des Braziliens ou des Algonkins. Ils erroient dans les bois sans connoissance & sans police, n'ayant pour demeure que des antres, & pour nourriture que des racines ou des fruits sauvages : car il ne paroit pas même qu'ils se fussent beaucoup adonnés à élever des troupeaux. Leurs divinités étoient les fontaines, des chauderons de cuivre, ou les grands chênes de Dodone, l'oracle le plus ancien de la Grèce, & dont il fallut avoir la permission pour adopter les autres divinités qu'apportoient les colonies étrangères. Mais parmi celles-ci les premières préférences furent données aux dieux *fétiches*, sur-tout aux pierres bœtyles, dont sans doute il y avoit déjà bon nombre dans le pays ; indépendamment de certains cailloux divins, que les anciens habitans de Lacédémone tiroient du fleuve Eurotas, & qui, s'il faut les en croire, s'élevoient d'eux-mêmes au son d'une trompette du fond de la rivière à la surface de l'eau.

(1) La Vénus de Paphos figurée sur une médaille de Caracalla (2), étoit une borne ou pyramide blanche : la Junon d'Argos (3), l'Apollon de Delphes, le Bacchus de Thèbes, des espèces de Cippes : la Diane Oréenne de l'isle d'Eubée, un morceau de bois non travaillé : la Junon Thespienne de Cythéron, un tronc d'arbre : celle de Samos, une simple planche, ainsi que la Latone de Délos, la Diane de Carie, un rouleau de bois ; la Pallas d'Athènes & la Cérès, un pieu non dégrossi, *sine effigie rudis palus & informe lignum* (4). Encore un coup, il faut se servir ici des noms qui ne furent donnés que depuis à ces objets. Car Hérodote (5) convient que les divinités des anciens Grecs, n'avoient point de noms personnels, & que ceux qu'on a depuis donnés aux dieux viennent d'Egypte. Eusèbe (6) va même jusqu'à dire, qu'avant le tems de Cadmus on ne savoit en Grèce, ce que c'étoit que des dieux. La Matuta des Phrygiens (7) (je cite ici ce peuple qui n'est pas oriental, mais une colonie d'Européans sortis des confins de Thrace & de Macédoine), cette grande déesse apportée à Rome avec tant de respect & de cérémonie, étoit une pierre noire à angles irréguliers. On la disoit tombée du ciel à Pessinunte, comme on racontoit aussi que la pierre adorée dans Abydos étoit venue du soleil. La circonstance de leur chûte d'en haut, quoique très-extraordinaire, n'a rien qui ne soit fort vraisemblable, puisqu'on a souvent vu d'autres exemples du même phénomène. Matuta la grande mère des dieux étoit sans doute une pyrite semblable à celles qui tombèrent du ciel il y a six ans (8), presqu'en ma présence, en Bresse, par un tems fort serein, le ciel étant sans nuage, & le vent du nord assez médiocre : mais il y eut tout d'un coup dans l'air un sifflement singulier qui fit sortir tout le monde pour savoir d'où il provenoit, & se fit entendre à trois ou quatre lieues. Deux ou trois paysans m'apportèrent sur le champ quelques-unes de ces pierres ramassées à plus de 1500 toises de distance les unes des autres : il y en avoit de plus grosses que les deux poings, toutes irrégulières, noirâtres, piquées de points brillans & fort lourdes pour leur volume. Il faut remarquer que c'est dans un pays bas fort éloigné des grandes montagnes, où l'on pourroit soupçonner quelque volcan inconnu. Un pareil évènement devoit être fort merveilleux pour les peuples sauvages, & n'est pas moins admirable, quoiqu'en un autre sens, aux yeux des physiciens. Faut-il donc s'étonner si, dans la disposition où les esprits étoient alors, il a contribué à faire mettre au nombre des *fétiches* les prétendues pierres de tonnerre? & si certains météores singuliers, comme ceux que nous appellons feux folets (9), ont été quelquefois aussi regardés comme tels?

Sans sortir de ce canton de l'Asie, en Troade, Hélénus fils de Priam, l'un des célèbres devins de l'antiquité, portoit avec lui son *fétiche* favori, savoir une pierre minérale (10) marquée de certaines rayes naturelles. Lorsqu'il la consultoit, elle faisoit un petit bruit semblable, disoit-on, à celui d'un enfant au maillot : mais peut-être plutôt semblable au murmure que font entendre les coquillages quand on les approche de l'oreille. « Le simu-
» lacre d'Hercule dans son temple d'Hyette en
» Béotie, dit Pausanias, n'est point une figure
» taillée, mais une pierre grossière à l'antique.
» Le Dieu Cupidon des Thespiens, dont l'image
» est extrêmement ancienne, n'est aussi qu'une
» pierre brute : de même dans un fort ancien

---

(1) Plutarch. de Fluv.

(2) Erizzo Numismat.

(3) Phoronid. ap. Clem. Alex. Strom. 1. Samos in Deliac. L. 5. ap. Athen. I. 14. Æthlius ap. Arnob. L. 6.

(4) Tertull. adv. gent. Vist. Vos. de Idolol. IX. 5.

(5) Herodot. I. 131. IV. 60.

(6) Euseb. Præpar. II. 1.

(7) Arnob. ibid.

---

(8) Le 16 septembre 1753.

(9) Damasc. ap. Phot. ibid.

(10) Orph. de lapidib.

» temple des Grâces à Orchoméne, où n'y adore
» que des pierres qu'on dit être tombées du ciel
» au tems du roi Etéocle. Chez nos premiers an-
» cêtres les pierres recevoient les honneurs divins.
» Ailleurs il dit (1) avoir vu, vers Corinthe, près
» de l'autel de Neptune Isthmien, deux repré-
» sentations fort grossières & sans art, l'une de
» Jupiter bienfaisant qui est une pyramide, l'autre
» de Diane Patroa qui est une colonne taillée (2) ».

Ce que l'on a depuis appellé Diane d'Ephèse
avoit d'abord été une souche de vigne, selon Pline,
ou selon d'autres, un tronc d'orme autrefois posé
par les Amazones.

Quant aux animaux adorés, la Grèce n'a pas
été moins bizarre dans son choix que l'Egypte ou
que la Nigritie, s'il en faut juger par le rat
d'Apollon Sinynthien (3) (le rat étoit adoré chez
les Hamaxites de Troade), par la sauterelle
d'Hercule Cornopien, & les mouches des dieux
Myagrien, Myode, Apomyen, &c. (4)

Mais lorsque quelques siècles après, la *Théosy-
nodie*, c'est-à-dire la théologie d'un conseil des
dieux, eut prévalu dans la Grèce, ou ce dogme
paroît plus marqué que nulle part ailleurs, la
vieille prédilection pour les fontaines & pour les
arbres *fétiches*, remplit encore le pays de Nymphes
& de Driades, vrais Manitous des eaux & des
bois, divinités locales & subalternes aux dieux
supérieurs, dont on appliqua les noms aux pierres
bœtyles qui paroissoient y avoir toujours tenu le
premier rang. Aussi Paufanias continue-t-il de nous
apprendre, que, quoiqu'on eût érigé des statues
aux dieux, les pierres brutes qui en portoient les
noms ne restèrent pas moins en possession du vieux
respect dû à leur antiquité ; tellement, dit-il,
» que les plus grossières sont les plus respectables,
» comme étant les plus anciennes ».

Je dis, & je le dis après Hérodote, que la
Grèce donna dans la suite à ses vieux bœtyles les
noms des dieux étrangers, que les pierres & les
autres *fétiches* animaux ne représentoient rien,
& qu'elles étoient divines de leur propre divinité. Car je ne puis être du sentiment, que c'étoit
des statues telles quelles, érigées aux dieux de la
Grèce, dans un tems où l'on ne savoit pas faire
mieux, & où l'art, encore dans sa grossièreté,
manquoit de l'industrie qu'il auroit fallu pour leur
donner une forme plus approchante de la figure
humaine. N'est-ce pas, en effet, trop abuser des

termes que de prétendre que des pierres pyrami-
dales, coniques ou quarrés sont des statues man-
quées? Et pourquoi les arbres & les lacs étant
fétiches chez les Grecs, comme chez les Sauvages,
les pierres qui le sont chez ces derniers ne l'auroient-elles pas de même été chez ceux-là? De
plus, les pierres brutes de l'ancienne Grèce ne
pouvoient être alors pour les naturels ces divinités
célestes dont elles ont depuis porté le nom, puisque ces dieux y étoient alors inconnus, étant tous
venus ensuite de l'Orient; ce que leurs noms
propres indiqueroient assez, quand même on ne
le sauroit pas d'ailleurs : *Benoth* (Venus); *A Belen*
(Apollon); *Jaoh-Pater* (Jupiter); *Baal-Kan*
(Vulcain); *Isch-Caleb* (Esculape); *Aph-esta*
(Hephæstos); *Art-Themist*, ou *Art-Tham-est*
(Artemis); *Mœris* (Mars) &c. Il n'est pas plus
vrai que ces dieux ayent été connus dans la
Grèce, avant l'arrivée des peuplades étrangères,
qu'il est vrai qu'ils y ayent pris naissance, comme
les Grecs se sont avisés de le dire aussi. Mais, suivant la remarque d'Hérodote, la date qu'ils donnent à la naissance de chacun dénote celle où ils
ont reçu son culte : le lieu de leur naissance est pareillement peut-être un indice de celui où il fut
premièrement admis. Nous verrons ailleurs comment ces mêmes noms des dieux ont aussi été sub-
séquemment adaptés aux astres, quand la *Théosy-
nodie* eut prévalu sur le Sabéisme; & ce sera une
confirmation de la manière dont je pense que ce
changement s'est fait ici. Ces mêmes noms donnés
aussi depuis aux anciens animaux *fétiches* deviennent une clef générale explicative de tant de métamorphoses des dieux en animaux : il seroit difficile d'en trouver une plus simple; l'application en
est si sensible qu'elle ne demande pas d'entrer là-
dessus dans aucun détail.

C'est encore par un pareil mélange du *fétichisme*
& du polythéisme proprement dit, qui lui a succédé, que certains quadrupèdes, oiseaux, poissons,
plantes ou herbes, se trouvent chez les payens
plus particulièrement consacrés à certains dieux
du paganisme qui avoient pris leur place, &
s'étoient, pour ainsi parler, identifiés à eux en
quelque façon dans le cœur & le culte des mortels. La représentation des choses autrefois principales ne se trouve aujourd'hui que comme symbole habituellement joint à l'image des divinités,
qui cependant ne sont que secondaires en ordre de
date.

On trouve une preuve bien formelle de ce passage du type à l'antitype, de ce caractère de
l'ancien *fétichisme* conservé dans l'idolâtrie même,
dans ce que Justin raconte des javelines divinisées,
puis jointes en mémoire de l'ancien culte aux
statues des dieux. Je rapporterai bientôt ses propres paroles.

La religion des premiers romains étoit formée

---

(1) Paufan. L. IX. page 577.
(2) Id. L. II. C. 9.
(3) Ælian. animal. XII. 5.
(4) Selden, page 218.

sur un tout autre plan que la grecque. Ce peuple, dont le caractère étoit aussi grave & sensé que l'imagination de l'autre étoit abondante & légère, rapportoit directement les noms & les idées, tant de ses dieux que de leur culte, aux soins du gouvernement public, & aux besoins des divers âges de l'humanité & du cours ordinaire de la vie civile. La haute opinion que ce peuple altier conçut de lui-même dès son enfance, se manifeste jusques dans sa religion. Il sembloit dès-lors que le ciel & les dieux ne fussent faits que pour la république & pour chacun de ses citoyens. Tout se rapporte à l'accroissement ou à la législation de l'une, & à la conservation des autres. C'étoit la victoire, Bellone, la fortune romaine, le génie du peuple romain, Rome même : c'étoit une foule de divinités dont on n'épargnoit ni le nombre, ni les soins appropriés à chacune des fonctions, de l'éducation des enfans, des mariages, des accouchemens, de la culture des terres, de l'œconomie intérieure du ménage. Aussi voit-on chez eux bien moins d'indices qu'on n'en voit ailleurs, d'une espèce de culte qui est la marque d'une grande puérilité d'esprit. Ils ont cependant, comme les autres, quelquefois payé à l'ignorance ce tribut de *fétichisme* dont presqu'aucune nation n'a pu s'exempter pendant son enfance. Deux poteaux assemblés d'une traverse, qui depuis s'appellèrent Castor & Pollux, faisoient l'une de leurs divinités. Il est bien singulier que les Chinois, dès leurs premiers siècles, ayent eu une pareille forme de divinité. On lit dans les extraits de leurs plus anciens livres, donnés par M. des Hautes-Rayes, « que » *Hiene-Yuene*, au tems du 9e. ki, joignoit en- » semble deux pièces de bois, l'une posée droit, » l'autre en travers, afin d'honorer le Très-Haut, » & que c'est de là qu'il s'appelle *Hiene-Yuene* ; » le bois traversé se nommant *Hiene*, & celui » qui est posé droit *Yuene* ». On ne peut s'empêcher d'être étonné que des nations & des siècles si distans se soient rencontrés sur une pareille idée.

Le bois traversé des romains étoit une imitation du Dieu des Sabins, formé par une pique transversale soutenue sur deux autres piques plantées debout en plein air, & nommée de son nom propre *Quirinus le Piquier*, comme le peuple se nommoit aussi *Quirites*, c. d. *les Piquiers*.

Quod Hasta *Quiris* priscis est dicta Sabinis. (1)

Le Dieu Mars des Romains, dit Varron, (2) étoit un javelot. « Encore en ce tems dit Justin (3),

» parlant de la fondation de Rome, les rois au » lieu de diadème portoient une javeline pour » marque de souveraineté. Car dès les premiers » siècles l'antiquité adoroit des javelines au lieu » des dieux immortels : & c'est en mémoire de » cette ancienne religion que les statues des dieux » ont aujourd'hui des lances ».

Le faune & le pivert des rois latins ; les oiseaux augures de Romulus, le bouclier *ancile* de Numa, le *Sororium tigillum* de Tullus Hostilius, le clou fiché dans le poteau en tems de peste, les poulets sacrés & les frayeurs qu'ils inspiroient en refusant la nourriture offerte, l'opinion sur les animaux de bonne ou de mauvaise rencontre, les pierres de tonnerre tombées du ciel, dont parle Pline (4), qu'on invoquoit pour obtenir un heureux succès dans les entreprises militaires, paroissent être autant de marques de la même croyance.

Je pourrois encore ranger dans cette classe une ancienne pierre qui se voit à Rome au pied du mont Palatin sur la face opposée au Tibre, & qu'on appelle *Bocca di verità*, parce que la tradition porte qu'elle a été autrefois en vénération, & qu'elle rendoit des oracles. C'est une pierre ronde en forme de *fétiche*, percée au milieu d'un trou ovale assez grossier. Mais je n'insiste pas beaucoup sur cette conjecture, ne la voyant fondée que sur une tradition populaire, peut-être peu digne de foi.

Parmi les pierres adorées, il y en avoit quelques-unes de celles que les physiciens appellent *Hystérolythes* (5), où la nature en les formant avoit imprimé une espèce de figure de bouche ou du sexe féminin. Un savant moderne remarque que le célèbre Bœtyle appellée la mère des dieux étoit de cette dernière espèce : ce pouvoit être une empreinte pétrifiée du coquillage *Concha Veneris* ; & le nom de mère des dieux a pû venir aussi de cette figure relative à la génération. Le même auteur observe encore que plusieurs de ces pierres étoient des *Astroïtes*, ou autres pareilles, dont la superficie se trouvoit naturellement ornée de certaines figures, lignes, rides, ou façon de lettres, dont l'inspection servoit à conjecturer l'avenir. On les enchassoit dans les murailles, d'où elles rendoient leurs oracles à ceux qui les alloient regarder. Rien de plus semblable encore aux pierres brillantes ou aux lames de métal, dont on ornoit les Téraphins, ou que l'on infixoit dans les murailles des temples.

En Germanie les anciens Saxons avoient pour *fétiches* de gros arbres touffus, des sources d'eau

---

(1) Ovid. Fast. L. V.
(2) Ap. Arnob.
(3) Justin, XLIII. 3.

(4) Plin. XXXVII. 9.
(5) Voyez Falconet, Mém. de l'Acad. tome IX.

vive, une barque, une colonne de pierre par eux appellée *Irminful*. Ils avoient leur méthode de divination assez ressemblante au tokké des Nègres & aux flèches de Babylone : elle consistoit dans les divers morceaux d'une branche d'arbre coupée en plusieurs parties de figures différentes, qui jettées pêle-mêle dans une robe blanche (1), formoient par le résultat du mêlange une prédiction sur le succès des entreprises publiques.

Les Celtes regardoient comme des objets divins les chênes : le gui si sacré pour eux (2), & dont la cérémonie n'est pas encore abolie en quelques villes de la haute Allemagne : les arbres creux (3) par lesquels ils faisoient passer les troupeaux pour porter bonheur au bétail : de simples troncs d'arbres semblables, selon la description qu'en fait Lucain (4), aux divinités actuelles des Lapons ; *simulacraque mœsta Deorum Arte carent, casisque extant informia truncis* : les gouffres des marais, où les eaux courantes dans lesquelles on précipitoit les chevaux & les vêtemens pris sur l'ennemi, & où les Hermondures, nation Germaine (5), précipitoient les prisonniers de guerre même : les lacs où ils jettoient par forme d'offrande le plus précieux de leur butin (6) tel que celui de Toulouse, où les Tectosages avoient abymé tant d'or & d'argent massif.

Nous apprenons de Grégoire de Tours (7), que dans les Cévennes les gens de village s'assembloient chaque année près d'une montagne du Gévaudan, sur les bords du lac Hélanus, où ils jettoient des habits, du lin, du drap, des toisons de brebis, de la cire, des pains, des fromages, ou autres choses utiles dans leur ménage, chacun selon sa dévotion ou ses facultés.

Le culte chez les Gaulois étoit mélangé comme chez tant d'autres nations. Quoiqu'ils eussent des divinités qu'on peut appeler célestes, tels que Taran, Belen, &c. & même des héros ou demi-dieux, tels que l'Hercule Aghem ou Ogmien, c. d. *le marchand étranger* (c'étoit un phénicien), ils avoient aussi des objets de culte terrestres. Ils déifioient les villes, les montagnes, les forêts, les rivières (8). Bibracte, Pennine, Ardenne,

Yonne, sont des noms de leurs divinités, que l'on retrouve dans les anciennes inscriptions.

Le temple qu'Auguste, durant son séjour dans les Gaules, fit élever au vent de Nord-ouest (*Circius*) (9) est, une bonne preuve que la nation à qui ce prince vouloit plaire le regardoit comme un Dieu (10). « Ils adoroient des arbres, des » pierres & des armes ». *Nihil habent Druides*, dit Pline (11), *visco & arbore in qua gignitur, si modo, sit robur, sacratius. Jam per se roborum eligunt lucos, nec ulla sacra sine ea fronde conficiunt*.

Le même auteur décrit d'une manière curieuse comment ils s'y prenoient pour avoir l'œuf du serpent, espèce de concrétion animale de la nature du Bezoar, dont on vantoit la vertu pour avoir accès auprès des princes, & gagner des procès. Il raconte (12) les cérémonies qu'ils employoient pour cueillir le *Selago* (la Sabine) & le *Samole*. Ces derniers points appartiennent aux talismans & à la médecine, dont l'exercice est pour l'ordinaire chez les peuples sauvages un acte de religion.

Les mœurs nouvelles qu'apportèrent les francs lors de la conquête du pays, n'avoient rien que d'assez conforme à ces usages (13). « Leurs divi- » nités, dit encore Grégoire de Tours, étoient » les élémens, les bois, les eaux, les oiseaux, » & les bêtes ». Lors même que les Gaules étoient chrétiennes, les évêques étoient obligés de défendre qu'on n'allât aux fontaines & aux arbres faire usage des philactères (14). Une épée nue étoit encore une des divinités Celtiques (15) ; coutume semblable à celle de Scythie, où l'on adoroit un cimeterre, & culte fort naturel aux sauvages, dont la guerre est presque l'unique emploi. Sur quoi il a plu aux romains, qui rapportent tout à leurs propres rites, de dire que les Gaulois adoroient le Dieu Mars : comme ils ont aussi avancé que *Dis* ou *Pluton* étoit le premier auteur de la race Celtique (16) : *Ab Dite patre se prognatos prædicant*, parce que le mot *Tit*, qui n'est en langue des Celtes, qu'une traduction du mot latin *Pater*, est le même que le mot *Dis*, nom que les romains donnoient à Pluton leur dieu des en-

---

(1) Tacit. Mor. German.
(2) Hist. Angl. tome XIII. page 366.
(3) V. Martin Rel. des Gaul. tome I, page 71
(4) Lucan. Pharf. L. 3.
(5) Tacit. Annal XV.
(6) A. Gell. III. 9.
(7) Greg. Tur. Conf. Glor. C. 2.
(8) Le Bœuf Dissert. & Bouquet Præfat. ad Coll. Histor. page 38.

(9) Senec. Quæst. Nat. V. 17.
(10) Mém. de l'Acad. tome XXIV, page 359.
(11) Plin. XVI. 44.
(12) Plin. XXIX. 3. XXIV. 11.
(13) Idem Hist. II. 10.
(14) Martin ibid.
(15) Clément Alex.
(16) Cæsar. Bell. Gall. L. 1 5

fers. Ils sont si fort dans l'habitude, ainsi que les grecs, d'ôter aux divinités étrangères leurs véritables noms, pour les revêtir de ceux de leurs propres dieux, qu'il ne semble pas qu'il leur soit jamais tombé en pensée que les dieux d'un pays n'étoient pas ceux d'un autre. C'est ainsi qu'ils défigurent tout ce qu'ils nous apprennent des religions étrangères, & qu'ils brouillent tous les objets, pour peu qu'ils trouvent de ressemblance entre les noms ou les fonctions des divinités barbares & des leurs; ce qui n'est pas difficile à rencontrer, puisque par-tout elles se rapportent aux désirs & aux besoins des hommes. Dès-lors il faut bien qu'elles se ressemblent. Mais comment des divinités locales & fantastiques, que chaque peuple se forgeoit à sa guise, pourroient-elles être identiquement les mêmes dans un pays & dans un autre?

Les grands chênes étoient si bien pour les Celtes un lieu d'adoration, que le nom de cet arbre *Kirh*, ou selon la prononciation latine *Quercus*, est devenu dans les langues dérivées du Celtique ou de l'ancien Germanique, le mot employé pour signifier *temple* ou *église*. « Tels étoient, dit Pline
» à ce sujet, les anciens temples des dieux : &
» même aujourd'hui dans les campagnes, où la
» simplicité des mœurs conserve les anciens rites,
» on y consacre les beaux arbres. L'adoration n'est
» pas plus pure dans l'enceinte des édifices enri-
» chis d'or & ornés de statues d'yvoire, qu'elle
» l'est au milieu des bois & dans le sein du si-
» lence. Chaque espèce d'arbre conserve toujours
» son ancienne consécration à quelqu'un des dieux;
» tel est le chêne consacré à Jupiter, le laurier à
» Apollon, le peuplier à Hercule, le myrthe à
» Vénus, l'olivier à Minerve (1). Pline auroit
» pu ajouter, & ce que les dieux sont aujour-
» d'hui, les arbres même l'étoient autrefois ».
Maxime de Tyr (2) nous l'apprend très-différemment, en disant, « que les gaulois n'avoient d'autre
» statue de Jupiter, qu'un grand chêne ». N'omettons pas de dire néanmoins, que quelques-unes de leurs cérémonies religieuses étoient relatives à de plus saines idées de la divinité. Pline le dit en propres termes de celle du gui sacré : *precantes ut suum donum Deus prosperum faciat his quibus dederit*.

Mais malgré cela les esprits justes auront toujours peine à convenir que tant de pratiques constantes puissent se concilier avec l'opinion de quelques savans, qui, en convenant des faits, ne voudroient les rapporter qu'à de meilleures vues, & en conclure que les Gaulois n'avoient eu cependant que la religion intellectuelle d'un seul Dieu;

notion qu'on ne trouve nulle part en sa pureté chez des sauvages, même chez ceux qui, comme les Gaulois & comme partie des Américains croyent que l'ame ne meurt pas avec le corps ; & qu'après sa séparation elle va habiter le pays des ames (3).

___

(3) Que l'on me permette à cette occasion de dire ici mon sentiment en peu de mots sur un point important de la religion des gaulois, sur lequel d'habiles gens sont partagés. Dans leur opinion sur l'etat des ames après la mort, admettoient-ils le dogme de la métempsycose, comme certains orientaux ? ou croyoient-ils qu'elles alloient habiter, soit le pays des ames, comme les sauvages du Canada, soit une cour guerrière, telle à peu près que celle d'Odin, comme les sauvages septentrionaux de l'Europe ? car on est bien d'accord que les sauvages en admettant l'immortalité de l'ame, n'ont cependant nulle idée de sa spiritualité : telle est leur inconséquence. Par tout ce qu'on nous rapporte du rite funèbre des gaulois, tout-à-fait semblable à celui des sauvages, il me paroit clair qu'ils tenoient à la dernière de ces deux opinions, quoique les auteurs ci-après cités, qui n'avoient nulle idée du pays des ames ni de la cour d'Odin, mais qui connoissoient fort bien le dogme de la métempsycose, ayent formellement conclu de ce qu'ils racontent que les gaulois étoient dans le premier sentiment. Les anciens écrivains, faute de connoissance, ne trouvoient pas de conformité plus apparente, & ils raisonnoient en conséquence; mais leur rapport même rend aujourd'hui leur erreur facile à rectifier.

« Ils ont reçu chez eux, dit *Diodore liv.* 5. *page* 306,
» l'opinion de Pythagore, selon laquelle les ames hu-
» maines sont immortelles, & après un certain tems re-
» viennent à la vie dans d'autres corps. C'est pourquoi
» dans les funérailles des morts, chacun se sert de
» l'occasion pour écrire à ses parens défunts; & les let-
» tres sont jettées dans le bucher pour parvenir à leur
» destination ».

» Je rapporterai un mot, dit *Valère Maxime*, II, 6;
» 10, d'une de leurs coutumes singulières, Persuadés
» comme ils le sont de l'immortalité de l'ame, ils
» prêtent de l'argent à condition qu'il leur sera rendu
» dans l'autre monde. En ceci je les taxerois d'être
» insensés, si Pythagore n'eût débité les mêmes folies
» sous son manteau, que ceux-ci sous leur court habit
» barbare ».

« Ils veulent sur-tout nous persuader, dit *Cæsar* VI,
» 14 & 19, que les ames ne meurent pas, & qu'après la
» mort elles passent d'un homme à un autre. Ils jugent
» cette opinion très propre à relever le courage, &
» à inspirer le mépris de la mort. Leurs obsèques sont
» magnifiques & de grande dépense. On jette dans le
» bucher tout ce qui plaisoit le plus au défunt durant
» sa vie, même les animaux; il n'y a pas long-tems
» qu'on brûloit aussi avec le mort les esclaves & les
» cliens qu'il avoit le mieux aimés ».

» Nous connoissons un de leurs dogmes, dit *Mela*
» III, 2, savoir pour rendre les hommes plus
» vaillans, les druides leur enseignent que les ames
» sont immortelles, & qu'il y a une vie chez les
» mânes. C'est pourquoi lorsqu'ils brûlent ou inhument
» les morts, ils y joignent les choses nécessaires au
» service des vivans : ils renvoyent même quelquefois
» à l'autre vie les décomptes d'affaires & le paiement
» des dettes. On en a vu qui se jettoient dans le bucher

___

(1) Plin. XII. 1.
(2) Maxim. Tyr. Orat. 38.

C'est

C'est sur des faits tout simples, & sur des raisonnemens beaucoup moins détournés, que le même Pline s'écrie, à l'occasion de la profonde vénération des Gaulois pour de très-petits objets : *tanta gentium in rebus frivolis plerumque religio est.*

Examen des causes auxquelles on attribue le fétichisme.

Tant de faits pareils, ou du même genre, établissent avec la dernière clarté, que telle qu'est aujourd'hui la religion des nègres africains & autres barbares, telle étoit autrefois celle des anciens peuples ; & que c'est dans tous les siècles, ainsi que par toute la terre, qu'on a vu régner ce culte direct rendu sans figure aux productions animales & végétales. Il suffit d'avoir établi le fait par une foule de preuves. On n'est pas obligé de rendre raison d'une chose où il n'y en a point : & ce seroit, je pense, assez inutilement qu'on en chercheroit d'autre que la crainte & la folie dont l'esprit humain est susceptible, & que la facilité qu'il a dans de telles dispositions à enfanter des superstitions de toute espèce. Le *fétichisme* est du genre de ces choses si absurdes qu'on peut dire qu'elles ne laissent pas même de prise au raisonnement qui voudroit les combattre. A plus forte raison seroit-il difficile d'alléguer des causes plausibles d'une doctrine si insensée. Mais l'impossibilité de la pallier aux yeux raisonnables ne diminue rien de la certitude du fait, & ce seroit assurément pousser le pyrrhonisme historique au-delà de toutes bornes, que de vouloir nier la réalité de ce culte simple & direct en Egypte & chez les nègres. Les peuples ont pu se rencontrer également sur ces absurdités, ou se les communiquer les uns aux autres. Le voisinage de l'Afrique & de l'Egypte rend ce dernier point fort vraisemblable ; soit que les noirs les eussent reçus des Egyptiens, ou que ceux-ci les tinssent d'eux : car on sait que l'Egypte avoit emprunté de l'Ethiopie une partie de ses plus anciens usages. Mais d'autre part, quand on voit, dans des siècles & dans des climats si éloignés, des hommes, qui n'ont rien entr'eux de commun que leur ignorance & leur barbarie, avoir des pratiques semblables, il est encore plus naturel d'en conclure que l'homme est ainsi fait, que laissé dans son état naturel brut & sauvage, non encore formé par aucune idée réfléchie ou par aucune imitation, il est le même pour les mœurs primitives & pour les façons de faire en Egypte comme aux Antilles, en Perse comme dans les Gaules : par-tout c'est la même méchanique d'idées ; d'où s'ensuit celle des actions. Et si l'on est surpris sur ce point particulier, qui paroît en effet très-étrange, si l'on s'étonne de voir le *fétichisme* répandu chez tous les peuples grossiers de l'univers, dans tous les tems, dans tous les lieux ; il ne faut pour expliquer ce phénomène que le rappeler à sa propre cause déjà citée : c'est l'uniformité constante de l'homme sauvage avec lui-même ; son cœur perpétuellement ouvert à la crainte, son ame sans cesse avide d'espérances qui donnant un libre cours au déréglement de ses idées, le portent à mille actions dénuées de sens, lorsque son esprit sans culture & sans raisonnement est incapable d'appercevoir le peu de liaison qui se trouve entre certaines causes & les effets qu'il en attend. Puisque l'on ne s'étonne pas de voir les enfans ne pas élever leur esprit plus haut que

de leurs parens, ou de leurs amis, pour aller continuer de vivre avec eux ».

Ils pensent que des corps les ombres divisées
Ne vont pas s'enfermer dans les champs Elisées,
Et ne connoissent point ces lieux infortunés,
Qu'à d'éternelles nuits le ciel a condamnés.
De son corps languissant une ame séparée
S'en va renaître ailleurs en une autre contrée :
Elle change de vie au lieu de la laisser,
Et ne finit ses jours que pour les commencer.
De ces peuples du Nord agréable imposture !
La frayeur de la mort, des frayeurs la plus dure,
N'a jamais fait pâlir ces fières nations,
Qui trouvent leur bonheur dans leurs illusions.
De-là naît dans leurs cœurs cette brillante envie
D'affronter une mort qui donne une autre vie,
De braver les périls, de chercher les combats,
Où l'on se voit renaître au milieu du trépas.

Trad. de Lucain I. 1.

D. Bouquet a raison d'observer que de telles pratiques excluent plûtôt qu'elles n'admettent le dogme de la metempsicose. Comment pourroient-elles en effet s'allier avec une transmigration des ames qui les fait passer par l'enfance dans les corps de toutes sortes d'animaux ou d'hommes de tout état. Au contraire, la précaution d'emmener avec soi ses amis, ses esclaves, ses armes, ses chevaux, ses vêtemens, & autres choses nécessaires aux usages de l'homme, le soin d'emporter des lettres pour ceux qui sont déjà partis, & d'y assigner le payement de l'argent prêté, s'accordent à merveille avec l'idée qu'on va revivre tous ensemble dans un autre pays, comme on a vécu, avec les mêmes exercices. Les celtes étoient un peuple à demi sauvage. Il est naturel de retrouver chez eux le même fond de pensée que chez plusieurs autres sauvages, & assez approchant de celui des nations septentrionales & guerrières, dont la croyance contenue dans l'Edda & dans leurs anciennes poésies semble en ce point avoir été commune à l'Europe barbare : car Lucain s'exprime là-dessus en général, *populi quos despicit Arctos* : outre qu'il y a bien d'autres choses dans la mythologie de l'Edda, dont les traces reparoissent jusques chez les Pélasges, & dans la Grèce barbare, où s'est faite la jonction des idées orientales avec les idées européanes.

Philosophie anc. & mod. Tom. II.

leurs poupées, les croire animées, & agir avec elles en conséquence, pourquoi s'étonneroit-on de voir des peuples, qui paſſent conſtamment leur vie dans une continuelle enfance & qui n'ont jamais plus de quatre ans, raiſonner ſans aucune juſteſſe, & agir comme ils raiſonnent? Les eſprits de cette trempe ſont les plus communs, même dans les ſiècles éclairés, & parmi les nations civiliſées. Auſſi cette eſpèce d'uſages déraiſonnables ne perd-il pas dans un pays en même proportion que la raiſon y gagne; ſur-tout quand ils ſont conſacrés par une habitude invétérée & par une pieuſe crédulité. Leur antiquité les maintient chez une partie de la nation, tandis que peut-être l'autre les tourne en ridicule: elle les mélange même à d'autres cultes dominans, & à de nouveaux dogmes poſtérieurement reçus, comme il eſt arrivé en Egypte. En un mot il en eſt du *fétichiſme* comme de la magie, ſur laquelle Pline remarque qu'elle a été naturellement adoptée par des nations qui n'avoient rien pris l'une de l'autre: *adeo iſta toto mundo conſenſere, quanquam diſcordi ſibi & ignoto.*

Au reſte je ne vois pas pourquoi l'on s'étonne ſi fort que certains peuples ayent diviniſé des animaux, tandis qu'on s'étonne beaucoup moins qu'ils ayent diviniſé des hommes. Cette ſurpriſe, cette différence de jugement qu'on y met, me ſemble un effet de l'amour propre qui agit ſourdement en nous. Car malgré la haute prééminence de la nature de l'homme ſur celle des animaux, il y a dans le fond autant de diſtance de l'une que de l'autre juſqu'à la nature divine, c'eſt-à-dire une égale impoſſibilité d'y arriver. Un homme ne pouvant pas plus qu'un lion devenir une divinité, c'eſt une façon de penſer auſſi déraiſonnable dans la nation qui le prétend de l'un que dans celle qui le prétend de l'autre. Cependant on ne fait nulle difficulté d'avouer que des nations très-civiliſées, très-inſtruites, très-ſpirituelles, telles que les grecs, les romains & les égyptiens mêmes, ont déifié & adoré des hommes mortels; en mêmetems que l'on ſoutient que ce ſeroit faire tort à la juſte idée qu'on doit avoir de la ſageſſe égyptienne, & qu'elle mérite en effet à beaucoup d'égards, que de dire que ce peuple a purement & ſimplement déifié & adoré des animaux. Mais à mon ſens, toutes ces eſpèces d'idolâtries ſont également déraiſonnables; & ce que j'y trouve de plus étrange, c'eſt que ces nations ſi vantées, & ſi dignes de l'être ſur tant de points, ſe ſoient figuré d'avoir le pouvoir de conférer la divinité & élever des êtres mortels au rang des dieux. C'eſt pourtant ce qui eſt autrefois arrivé chez tant de nations ſpirituelles & philoſophes qui avoient l'uſage des apothéoſes.

Les ſavans modernes qui ont traité cette matière en convenant des faits, nient les conſéquences (1). Ils ne demeurent pas d'accord que le culte rendu aux animaux fût un culte direct, ni que chaque animal ſacré fût pris pour autre choſe que pour ſymbole de la divinité qu'il repréſentoit, & à laquelle il étoit dédié: quoiqu'ils ne faſſent pas difficulté d'avouer, que le vulgaire, aveugle comme partout ailleurs, & dont la façon de penſer ne doit nulle part décider du dogme, s'arrêtoit à l'écorce & à l'objet viſible. Selon leur opinion, l'égyptianiſme a commencé par être une religion pure & intellectuelle. Mais les hommes peu faits pour le culte abſtrait & mental, ſuſceptibles d'être touchés des objets qui affectent leurs ſens, prirent d'abord les aſtres pour types viſibles de la divinité inviſible, & ne tardèrent pas à les adorer eux-mêmes: car il n'eſt guères poſſible de nier que le culte rendu aux aſtres ne fût un culte direct. Enſuite ils étendirent cette repréſentation typique aux objets terreſtres naturels animés, inanimés, en un mot à toute production de la nature féconde. Un petit nombre de gens ſages ne perdit pas de vue la relation anciennement établie, & rapporta ſon hommage à l'Etre ſuprême auteur de tous les êtres; tandis que la religion, d'intellectuelle qu'elle avoit été, devint à-peu-près matérielle pour le reſte du monde. Voila ſelon eux quel doit avoir été le progrès du paganiſme. Mais il me ſemble que cette façon de raiſonner prend l'inverſe de l'ordre naturel des choſes. Que l'on me permette de m'expliquer à cet égard.

On dit communément que tous les peuples ont eu les véritables idées d'une religion intellectuelle, qu'ils ont enſuite tout-à-fait défigurée par de groſſières ſuperſtitions; & qu'il n'y a pas une nation ſur la terre qui ne s'accorde dans l'idée univerſelle de l'exiſtence de Dieu. Ces deux propoſitions ſont très-vraies dans le ſens où elles doivent être priſes, & que j'expliquerai bientôt de manière à les ſolidement prouver: mais j'oſe dire qu'elles ſont peu conformes à la vérité dans le ſens où l'on les avance communément. Elles n'ont pas beſoin d'être appuyées de raiſons peu concluantes; & ce ſeroit leur faire tort que de vouloir les ſoutenir par des argumens contraires à la nature des choſes & démentis par les faits. L'erreur à cet égard vient, ce me ſemble, de ce que l'on conſidère ici l'homme comme il eſt premièrement ſorti des mains de ſon créateur, en état de raiſon & bien inſtruit par la bonté divine; au lieu qu'il ne faut conſidérer le genre humain que poſtérieurement à ſa deſtruction preſque totale, & au châtiment mérité, qui renverſant la ſurface de la terre, & aboliſſant par-tout, hors en un ſeul point, les connoiſſances acquiſes, produiſit un nouvel état de choſes. Des trois chefs de gé-

(1) Vid. Voſſ. de Idolol. L. 3 & 4, & Bannier. mythol. L. VI. C. 4.

nérations qui repeuplèrent la terre fortie de deſſous les eaux, la famille de l'un d'eux ſeulement conſerva la connoiſſance du culte primordial & les ſaines idées de la divinité. La poſtérité des deux autres, plus nombreuſe & plus étendue que celle du premier, perdit encore le peu qui lui reſtoit de connoiſſances, par ſon éloignement & ſa diſperſion en mille petites colonies iſolées dans des régions incultes & couvertes de bois. Que purent être les deſcendans de ceux-ci néceſſairement réduits dans une terre ingrate à ne s'occuper que des ſoucis preſſans du beſoin animal? Tout étoit oublié, tout devint inconnu. Ce nouvel état d'une ſi grande partie du genre humain, qui a ſa cauſe forcée dans un évènement unique, eſt un état d'enfance, eſt un état ſauvage dont pluſieurs nations ſe ſont tirées peu-à-peu, & dont tant d'autres ne ſont encore ſorties que fort imparfaitement. Nous voyons, nous liſons que quelques-unes ſont preſqu'encore au premier pas; que d'autres ſe ſont formées par leur induſtrie & par leur propre expérience; que d'autres ont acquis davantage par l'exemple d'autrui; que d'autres enfin ont atteint le point véritable de la police, de la raiſon, & du développement de l'eſprit. Mais nous voyons en même tems le tableau ſucceſſif du progrès de ces dernières, & qu'ainſi qu'on eſt en bas âge avant que d'être homme fait, elles ont eu leurs ſiècles d'enfance avant leurs ſiècles de raiſon. Preſque partout où nous pouvons remonter aux premières traditions d'un peuple policé, elles nous le montrent ſauvage ou barbare : & s'il eſt un peuple où ces traditions ſoient trop éloignées de nous pour y pouvoir atteindre, n'eſt-il pas conforme aux principes du bon ſens & de l'analogie de les préſumer telles que nous les voyons ailleurs; de ſuppoſer le même progrès ſucceſſif de développement auquel ce peuple ſera parvenu plus anciennement qu'un autre; de juger enfin des choſes inconnues par les choſes connues. Pourquoi les égyptiens de la race de Cham ſeroient-ils à cet égard plus privilégiés, malgré leur ſageſſe acquiſe, que les Pélaſges devenus grecs, que les Aborigènes devenus romains, que les Celtes & les Germains devenus françois, que les Scythes devenus turcs & perſans? La plupart des nations rentrent dans cet ordre commun, à ne les prendre que du renouvellement du monde, après que la colère céleſte l'eut noyé ſous les eaux. C'eſt une nouvelle époque pour le genre humain, où l'homme ne doit plus être regardé comme étant dans cet état de perfection dans lequel il étoit primitivement ſorti des mains de ſon créateur; mais comme étant en cet état d'ignorance & d'enfance d'eſprit où ſont aujourd'hui les petites nations qui vivent iſolées dans les déſerts, ainſi que la plus grande partie du genre humain y vivoit pour lors.

Or, en prenant les choſes de ce point de révolution, comme il me ſemble raiſonnable de le faire, & comme j'ai pris ſoin d'en avertir d'avance, revenons aux deux propoſitions ci-deſſus, pour les examiner ſelon la marche ordinaire de l'eſprit humain. La première, ſavoir, que tous les peuples ont commencé par avoir les juſtes notions d'une religion intellectuelle, qu'ils ont enſuite corrompues par les plus ſtupides idolâtries; la première, dis-je, dans l'ordre des choſes qu'elle ſuppoſe, n'a rien de conforme au progrès naturel des idées humaines, qui eſt de paſſer des objets ſenſibles aux connoiſſances abſtraites, & d'aller du près au loin, en remontant de la créature au créateur, non en deſcendant du créateur qu'il ne voit pas à la nature qu'il a ſous les yeux. Un profond philoſophe, qui après avoir dit, *je penſe, donc je ſuis*, s'élève tout d'un coup de cette ſeule idée à la connoiſſance du ſpiritualiſme & à la conviction de l'exiſtence d'un ſeul Dieu immatériel & cauſe première, avoit déjà pardevers lui mille & mille idées qui lui ont ſervi à franchir d'un ſeul vol cet immenſe intervalle. Mais ceux qui donneroient aux ſauvages la tête de Platon ou celle de Deſcartes, ſeroient-ils des critiques bien judicieux? On voit quantité de peuples, après n'avoir eu qu'une croyance fort matérielle, s'élever peu-à-peu par l'inſtruction ou par la réflexion à un meilleur culte. Mais autant il eſt inouï qu'une nation, après avoir habité les villes, & joui des avantages d'une bonne nourriture & d'une forme de ſociété policée, ſe ſoit miſe à errer dans les bois & à vivre de gland, à moins d'un évènement qui renverſe la ſurface de la terre, autant il eſt ſans exemple que les eſprits deviennent aveugles de clairvoyans qu'ils étoient, qu'ils paſſent d'un ſentiment ſublime à un ſentiment brut, & qu'une nation douée ſur ce point d'une façon de penſer ſaine & intellectuelle, ſoit tombée dans cet excès de ſtupidité qu'on a lieu de reprocher à preſque toutes. La ſuite ordinaire de ce qui arrive chez un peuple inſtruit, eſt qu'à force de ſubtiliſer ſur la croyance, de diſſerter ſur le dogme, d'étendre & de ſubdiviſer les objets du culte, la religion y dégénère en puérilités minutieuſes chez une partie de la nation: une autre partie, plus mal-à-propos encore, l'abandonne tout-à-fait; tandis que les gens ſages conſervent dans ſa pureté ce qu'elle a de bon & de vrai, ſans donner dans l'un ni dans l'autre excès, ſans confondre le fond d'un dogme reſpectable avec la ſurcharge étrangère qui ſert de prétexte aux eſprits trop libres pour rejetter le tout.

Quant à la ſeconde propoſition de l'idée univerſelle de Dieu, véritablement il doit être auſſi rare de trouver des peuples qui n'aient pas la croyance de quelque être ſupérieur à qui il faut s'adreſſer pour en obtenir ce qu'on ſouhaite, qu'il ſeroit difficile de trouver des hommes libres de tout sentiment de crainte, d'espérance ou de desir. L'idée de la divinité, dit un missionnaire (1) bien instruit des mœurs américaines, se fait sentir en nous par tout ce qui est la preuve de notre foiblesse. Notre dépendance, notre impuissance, notre déréglement, & nos maux, joints au sentiment d'une rectitude naturelle, nous aident à nous élever au-dessus de nous-mêmes, & à chercher hors de nous un maître qui ne soit pas sujet à nos misères.

Ainsi, quoiqu'il y ait quelques peuples fort brutes en qui on n'apperçoit aucune étincelle de religion, le commun des nations sauvages rend quelque culte à certains êtres supérieurs aux hommes, dont il attend du bien ou craint du mal. Mais y a-t-il rien dans leur façon de penser qui réponde à une idée de Dieu approchante de celle que l'on doit avoir ? C'est donner aux expressions une force qu'elles n'ont pas en matière abstraite, que de prétendre qu'il suffit de se servir des mêmes termes pour avoir les mêmes choses dans la tête. Chez les sauvages, les noms *Dieu* ou *esprit* ne signifient point du tout ce qu'ils veulent dire parmi nous. En raisonnant sur leur façon de penser, il faut, comme on l'a déjà remarqué, se bien garder de leur attribuer nos idées, parce qu'elles sont à-présent attachées aux mêmes mots dont ils se sont servis, & ne leur pas prêter nos principes & nos raisonnemens.

On peut dire en général, que dans le langage vulgaire du commun paganisme, le mot *Dieu* ne signifioit autre chose qu'un être ayant pouvoir sur la nature humaine ; soit qu'on crût qu'il avoit toujours été tel, ou que l'on s'imaginât qu'il avoit acquis ce degré d'autorité. Ce n'est point, selon les idolâtres, une nécessité pour être *Dieu* que d'avoir toujours été, ni que d'être d'une nature indépendante : en un mot ils n'ont là-dessus aucun principe clair ni aucun raisonnement conséquent dont on puisse tirer de conclusion satisfaisante.

Mais une preuve de l'existence de Dieu, bien plus évidente & plus solide que cette universalité des suffrages, dans le nombre desquels il y en a tant qui ne méritent pas d'être comptés, c'est l'accord unanime des hommes intelligens & des nations éclairées : c'est de voir ce dogme être par-tout le fruit solide d'un bon raisonnement, la conviction s'augmenter, le culte s'épurer, dans le même progrès que la raison humaine se développe, se fortifie, & parvient à son meilleur degré : c'est enfin d'être obligé d'avouer par des preuves de fait, que plus un peuple est privé de sens commun, moins il connoît la divinité ; & que plus il acquiert de justesse d'esprit, plutôt il arrive à la connoissance de cette importante vérité. C'est par là qu'après des siècles d'enfance & de barbarie, chaque peuple parvenu à sa maturité a pris une façon de penser plus saine sur ce point capital, & que le commun accord où le raisonnement a conduit les nations civilisées, a formé pour le genre humain une certitude morale, à laquelle la révélation a joint la certitude physique pour ceux qui en ont été favorisés.

Les croyances religieuses des sauvages & des païens étant donc des opinions purement humaines, le principe & l'explication en doivent être cherchés dans les affections même de l'humanité, où ils ne sont pas difficiles à rencontrer ; les sentimens des hommes qui les ont produites se pouvant réduire à quatre, la crainte, l'admiration, la reconnoissance & le raisonnement. Chacun d'eux a fait son effet sur les peuples, selon qu'ils étoient plus près ou plus loin de leur enfance, selon qu'ils avoient l'esprit plus ou moins éclairé : mais le grand nombre étant de ceux qui manquent de lumières, l'impression faite par les premiers de ces quatre mobiles, dont l'un a produit le *fétichisme* & l'autre le sabéisme, est aussi la plus ancienne & la plus étendue.

La plus étendue : car les principes plus solides de quelques philosophes & de quelques bons esprits, ou la saine doctrine d'une nation privilégiée, ne forment qu'une bien petite quantité sur le total. La plus ancienne : cela s'entend, comme je l'ai déjà souvent expliqué, depuis la renaissance du monde, depuis que le genre humain, réduit par sa punition à un petit nombre de familles isolées & dispersées sur la surface de la terre, fut tombé dans les ténèbres de l'ignorance & de l'oubli de son créateur.

Voyons dès-lors le rapport clair de l'histoire profane de toutes ces nations. Plus en y remonte, plus on trouve le genre humain plongé dans l'aveuglement. La plus ancienne mémoire de ces peuples nous y présente toujours le polythéisme comme étant le système commun & reçu partout. Les quatre côtés du monde rendent également témoignage du même fait, & se réunissent pour former une preuve aussi complette qu'on puisse l'avoir en pareil cas. L'erreur sur le dogme religieux y marche d'un pas égal avec l'ignorance de toutes autres choses utiles & décentes dans laquelle l'homme s'étoit vû replongé. On voit que les arts primitifs s'étoient perdus, que les connoissances acquises étoient restées ensevelies sous les eaux, que ce n'est presque partout qu'un pur état de barbarie ; suites naturelles d'une révolution si générale & si puissante. Que si, malgré cela, on veut soutenir que dans ce même tems, avant l'usage de l'écriture, avant

---

(1) Lafitteau, mœurs des amer. Tome I.

le recouvrement des arts & des sciences, ces mêmes nations, que l'on voit toujours payennes dans leurs propres mémoires, suivoient les principes d'une religion pure & intellectuelle, c'est-à-dire, pendant qu'elles étoient ignorantes & barbares, elles ont découvert la vérité, qu'elles ont ensuite abandonnée pour l'erreur dès qu'elles sont devenues instruites & civilisées, ne sera-ce pas avancer une proposition non moins contraire à la raison qu'à l'expérience ? Les nations sauvages d'Asie, d'Afrique & d'Amérique sont toutes idolâtres. On n'a pas encore trouvé une seule exception à cette règle : tellement qu'à supposer un voyageur transporté dans un pays inconnu, s'il y trouve une nation instruite & policée, ce qui est le cas le plus favorable, encore personne n'osera-t-il assurer, avant que d'avoir vérifié le fait, que la religion y est vraiment pure & intellectuelle comme parmi nous, au lieu que si le peuple est sauvage & barbare, on annoncera d'avance qu'il est idolâtre, sans crainte de se tromper.

Il est certain que, selon le progrès connu de la pensée humaine, destituée du secours de la révélation, le vulgaire ignorant a commencé par avoir quelques notions petites & communes d'un pouvoir supérieur, avant que d'étendre ses idées jusqu'à cet être parfait qui a donné l'ordre & la forme à toute la nature. Il seroit plus sensé d'imaginer que l'homme a bâti des palais avant que de faire des cabanes, qu'il a étudié la géométrie avant l'agriculture, que d'assurer qu'il a conçu la divinité comme un pur esprit remplissant tout l'univers de son immensité, avant que de se l'être figurée comme une grande puissance du genre de la puissance humaine, mais douée d'une force tout-à-fait supérieure & non limitée, ayant des desirs & des passions semblables à celles de l'homme, des membres & des organes comme lui. L'esprit humain s'élève par degrés de l'inférieur au supérieur : il se forme une idée du parfait par des abstractions tirées de l'imparfait : il sépare lentement la plus noble partie d'un être de la plus grossière ; accroissant & renforçant l'idée qu'il s'en forme, il la transporte sur la divinité. Rien ne peut déranger ce progrès naturel de la pensée, à moins qu'un argument aussi sensible qu'invincible, qu'un fait aussi évident qu'incontestable, suppléant aux forces que l'esprit humain n'auroit pu trouver en soi, ne le conduise du premier coup aux purs principes du théisme, en lui faisant franchir d'un seul pas l'immense intervalle qui est entre la nature divine & la nature humaine. Aussi la bonté de Dieu avoit-elle conduit le premier homme à ce point, d'une manière claire, en se manifestant à lui dès le moment de la création : aussi s'est-il directement révélé, & a-t-il lui-même donné les loix du culte à la race choisie. Aussi cette nécessité d'une révélation, qui instruit nettement l'homme de ce qu'il auroit eu trop de peine à découvrir sans le secours de la bonté divine, est-elle un des principaux arguments qu'on employe pour preuve de son incontestable certitude. Ce n'est pas néanmoins que cet argument sensible dont j'ai parlé ne puisse se tirer à la longue de l'ordre extérieur de l'univers, lorsqu'on vient à l'examiner avec réflexion : mais la manière dont les traditions nous montrent que les choses se sont passées, n'induit guères à penser que cette réflexion ait beaucoup influé sur la plupart des peuples lorsqu'ils se sont formé leur première notion religieuse. La cause d'un objet tout-à-fait familier n'attire ni l'attention ni la curiosité. Quelque surprenans ou extraordinaires que ces objets soient en eux-mêmes, le vulgaire ignorant & rustique les laisse passer sans examen ni recherche.

Ceux qui ont écrit des romans hypothétiques, où ils se sont plu à dépeindre un homme seul, abandonné dès l'enfance en quelque île déserte, qui se fait de lui-même, à la vue du cours de la nature, les plus subtiles questions physiques & métaphysiques, qui parvient à les résoudre sainement, & à tirer de son raisonnement la conclusion d'une sage doctrine sur tous ces points ; ceux-là, dis-je, étoient dans un état de perfection d'esprit qui leur permettoit de bâtir de telles hypothèses qu'ils avoient d'avance toutes décidées ; ils se trouvoient fournis de connoissances acquises, qui opéroient en eux lors même qu'ils cherchoient à se déguiser leur propre opération. Mais un pauvre sauvage nécessiteux, tel qu'on voit qu'ont été les plus anciens hommes connus de chaque nation, pressé par tant de besoins & de passions, ne s'arrête guères à réfléchir sur la beauté ni sur les conséquences de l'ordre qui règne dans la nature, ni à faire de profondes recherches sur la cause première des effets qu'il a coutume de voir dès son enfance. Au contraire, plus cet ordre est uniforme & régulier, c'est-à-dire parfait, plus il lui est par là devenu familier : moins il le frappe, moins il est porté à l'examiner & à l'approfondir. C'est l'irrégularité apparente dans la nature, c'est quelque événement monstrueux ou nuisible qui excite sa curiosité & lui paroît un prodige. Une telle nouveauté l'allarme & le fait trembler ; une telle faculté de nuire excite en lui la terreur & tout ce qui en est une suite. Aussi voyons-nous les sauvages s'adresser beaucoup plus souvent dans leurs prières aux génies malfaisans qu'à ceux auxquels ils doivent les bienfaits habituels que leur procure le cours ordinaire & régulier de la nature. Une chose telle qu'elle doit être, un animal bien constitué dans ses membres & dans ses organes, est pour le sauvage un spectacle ordinaire, qui n'excite en lui ni sensation ni dévotion. Un tel animal a été produit ainsi par son père, & celui-ci par le sien. Encore un peu d'éloignement, sa curiosité demeure satisfaite : dès que les objets sont mis à une certaine distance, il les perd de vue. N'imaginez pas qu'il se jette dans la question de savoir qui a produit le premier animal, encore moins d'où vient le système général & la fabrique de l'univers, ni qu'il veuille se tourmenter l'esprit pour une chose si éloignée, si peu intéressante à ses besoins, & qui passe si fort les bornes de sa capacité.

Peut-être même la considération peu exacte du cours ordinaire des choses de la nature auroit-elle été capable de conduire un peuple sauvage au polythéisme, & de lui faire supposer que le monde est gouverné par plusieurs puissances indépendantes & non tout-à-fait absolues. Il faut une vue fine & de profondes observations combinées pour appercevoir la liaison qui, enchaînant les unes aux autres les causes & les effets de toutes choses, montre qu'elles émanent d'un principe & d'une puissance unique, au lieu que les yeux les moins attentifs sont aisément frappés de la contrariété apparente qui se trouve entre les événemens journaliers, de la manière dont les tempêtes détruisent les productions de la terre féconde, dont les maladies ruinent la bonne constitution du corps humain, dont les succès varient en bien ou en mal dans une guerre entre deux nations, ou dans une querelle particulière entre deux ennemis. Si l'on pense que toutes ces choses sont dirigées par des puissances supérieures, il tombera facilement dans un esprit non exercé, que ces puissances ou ces principes sont différens & ont chacun leur dessein & leurs fonctions séparées. De là on viendra sans peine à croire qu'il y a une divinité particulière pour chaque élément, pour chaque nation, pour chaque fonction principale de la vie humaine, & que le combat de ces différentes puissances est la cause immédiate de tant de variété dans les événemens. Comme on a conçu ces puissances semblables aux puissances humaines, s'il est question de les déterminer en sa faveur, on y employera les mêmes moyens qui sont propres à déterminer les hommes, à se procurer leurs faveurs ou à faire cesser leur haine; & ces moyens auront premièrement été mis en usage par les ressorts qui agitent le plus vite & le plus vivement l'humanité. Or ces ressorts ne sont certainement pas la curiosité spéculative ni le pur amour de la vérité, motifs trop rafinés pour des esprits rustiques & trop généraux pour des têtes étroites. Les passions ordinaires à l'homme l'amènent beaucoup plus vite à ce point; soit la crainte, soit l'espérance, en un mot toute inquiétude sur ce qui fait l'objet de ses besoins, ou du desir que l'homme a naturellement de prévaloir de quelque manière que ce soit sur un autre homme. Agité par les pensées qui naissent de ses affections intérieures, c'est alors qu'il commence à jetter les yeux avec une curiosité craintive sur le cours des causes futures, & à raisonner bien ou mal sur le principe des événemens divers & contraires de la vie humaine. Tandis que ces passions le tiennent suspendu dans l'anxieté que lui donne l'incertitude des événemens futurs qu'il ne peut ni connoître ni régir, son imagination s'employe à se former une idée de certains pouvoirs supérieurs aux siens, qui font ce qu'il ne peut faire, en connoissant & régissant eux-mêmes les causes dont il n'a pas la puissance de déterminer les effets. On sait le penchant naturel qu'a l'homme à concevoir les êtres semblables à lui-même, & à supposer dans les choses extérieures les qualités qu'il ressent en lui. Il donne volontiers & sans réflexion de la bonté & de la malice, même aux causes inanimées qui lui plaisent ou qui lui nuisent. L'habitude de personnifier, soit de tels êtres physiques, soit toute espèce d'êtres moraux, est une métaphore naturelle à l'homme, chez les peuples civilisés comme chez les nations sauvages. Et quoique celles-ci ne s'imaginent pas toujours réellement, non plus que ceux-là, que ces êtres physiques, bons ou mauvais à l'homme, soient en effet doués d'affection & de sentiment, cet usage des métaphores ne laisse pas que de prouver qu'il y a dans l'imagination humaine une tendance naturelle à se les figurer ainsi. Les nymphes des fontaines, les driades des bois ne sont pas des personnages imaginaires pour tout le monde sans exception : dans tout pays, le vulgaire ignorant croit de bonne foi l'existence des génies, des fées, des lutins, des satyres, des spectres, &c. Faut-il donc tant s'étonner si même le vulgaire, parmi les peuples ignorans & grossiers, est venu à se figurer qu'il y avoit dans certains êtres matériels, objets de son culte, une puissance, un génie quelconque, un *fétiche*, un manitou ? si en levant les yeux sur les globes lumineux qui parent le ciel, il s'est à plus forte raison imaginé que les astres étoient animés par des génies ? si poussé par la crainte à supposer des pouvoirs invisibles, & conduit par les sens à fixer son attention sur les objets visibles, il a réuni deux opérations opposées & simultanées, en attachant le pouvoir invisible à l'objet visible, sans distinguer dans la grossière contexture de son raisonnement l'objet matériel du pouvoir intelligent qu'il y supposoit, comme il eût été moins déraisonnable de le faire ? si enfin il a prêté à ce pouvoir intelligent les mêmes affections d'amour, de haine, de colère, de jalousie, de vengeance, de pitié, &c., dont il est lui-même agité ? Cette façon de penser une fois admise pour certains objets, se généralise sans peine & s'étend à beaucoup d'autres, sur-tout dans les circonstances où le hasard, c'est-à-dire les accidens imprévus, ont beaucoup d'influence ; car c'est alors que la superstition prend sur les ames un plus grand empire. Coriolan disoit que les Dieux influoient surtout dans les affaires de guerre, où les événemens sont plus incertains qu'ailleurs. Nos anciens françois remettoient la décision des procès obscurs à une méthode de jugement qui tient beaucoup de la façon de penser des sauvages, qu'ils appeloient très-mal-à-propos les jugemens de Dieu. Un célèbre écrivain étranger, de qui je tire une partie de ces réflexions, remarque que les matelots, les moins capables de tous les hommes d'une méditation sérieuse, sont en même tems les plus superstitieux. Il en est de même des joueurs, qui s'imaginent volontiers que la fortune, bonne ou mauvaise, s'attache avec intelligence à cent petites circonstances frivoles qui les tiennent dans l'inquiétude.

Avant que les états fussent réglés par un bon corps de loix, par une forme de gouvernement méthodique & combinée, le défaut de prévoyance & de bon ordre y rendoit l'empire du hasard plus dominant qu'il ne l'a depuis été ; ainsi les accidens étant plus communs dans les gouvernemens & dans les siècles sauvages, la superstition, née de la crainte des accidens, ne pouvoit manquer d'y avoir aussi plus de force, & d'y multiplier les puissances invisibles qu'on croyoit maîtresses de disposer du bonheur ou du malheur de chaque individu. Comme dans cette façon de penser il est naturel de ne leur croire qu'un pouvoir limité à de certains effets, quoique sur-humain, il devient par-là naturel aussi d'en multiplier assez le nombre pour qu'il puisse répondre à l'extrême variété des événemens, & suffire à tant d'effets dont on les regardoit comme les causes. De-là tant de divinités locales ou appropriées à certains besoins particuliers, tant d'amulettes, de talismans & de *fétiches* divers. Il en falloit de généraux pour chaque pays ou pour chaque grand effet physique : il en falloit de particuliers pour chaque personne, même pour chaque petit desir de chaque personne, & sur-tout pour la préserver de chaque accident fâcheux qu'elle pouvoit avoir lieu de craindre. Car les affections tristes jettent beaucoup plus vîte dans la superstition que les sentimens agréables. Ceux-ci, remplissant l'ame de la joie qu'ils lui inspirent, lui donnent une certaine vivacité gaie, qui ne la laisse guère s'occuper que de son plaisir présent : d'ailleurs l'homme reçoit volontiers le bien qui lui arrive comme une chose qui lui est dûe ; mais l'infortune l'allarme, le jette promptement dans la recherche de la source d'où peut provenir le mal, & des moyens de le détourner. Plus la crainte & la mélancholie sont fortes, plus elles multiplient les objets de terreur, plus elles portent à les attribuer à un grand nombre de causes malfaisantes qu'il faut appaiser par des soumissions. C'est un fait que l'expérience vérifie chez les sauvages ; on sait qu'ils s'adressent beaucoup plus souvent à leurs *fétiches* pour les détourner de leur faire du mal, que pour leur rendre graces des bienfaits reçus : & même dans toutes les religions on se sert avec avantage des afflictions qui arrivent à chacun pour le ramener aux sentimens d'une piété véritable.

Une seconde cause s'est jointe à celle que je viens d'exposer, & a beaucoup contribué sans doute à propager la fausse croyance dont il s'agit ici. Comme le desir & la crainte sont des sentimens incertains & flottans, ils s'attachent volontiers au premier appui qu'ils rencontrent, sans observer s'il est solide. Une telle disposition de l'ame, grossissant la peur & les scrupules, donne beau jeu aux gens fourbes, lorsqu'ils trouvent quelque avantage à la mettre à profit pour leur propre intérêt. Sur cet article, les hommes, pour être barbares, n'en sont ni moins rusés ni moins ardens à profiter de la crédulité d'autrui. C'est ainsi qu'en usent les jongleurs parmi les sauvages, leur persuadant que de petits instrumens qu'ils possèdent sont doués d'un esprit vivant capable de déterminer les effets de leurs souhaits. Il ne faut pas douter que dès les premiers tems où la folle imagination du *fétichisme* a commencé de prendre quelque cours parmi les nations ignorantes, ces jongleurs n'aient fait de leur mieux pour étendre, sur le premier plan adopté, un système de crédulité si compatible avec leur intérêt personnel, & qu'ils n'aient trouvé beaucoup de facilité à y réussir. L'artifice y a donc eu sa part, comme aux oracles du paganisme, & s'est joint à la foiblesse & à la folie de l'humanité, pour faire jetter de plus profondes racines à une opinion, qui, toute absurde qu'elle est, trouve pourtant sa première source dans le fond des affections générales de la nature humaine.

Mais, dira-t-on, comment se peut-il faire qu'un culte aussi grossier puisse durer depuis si long-tems parmi des sauvages même ? comment, à plus forte raison, auroit-il pu se maintenir dans l'Egypte & dans l'Orient civilisé ? ou, puisque le fait est incontestable, n'est-il pas possible de prêter là-dessus, d'une manière vraisemblable, de plus saines idées à cette nation en particulier ?

Le premier point n'a pas beaucoup de difficulté, lorsqu'il s'agit de peuples barbares, chez qui les mœurs ne changent pas, deux mille ans n'apportent aucune altération aux usages, & de qui, lorsqu'on leur demande raison de ce qu'ils pratiquent, on ne retire d'autre réponse, sinon que cela s'est fait de tout tems, que leurs pères faisoient ainsi, & que leurs enfans feront de même. On sait qu'ils vivent dans une insensibilité qui tient de l'apathie, née du petit nombre de leurs idées, qui ne s'étendent pas au-delà de leurs besoins présens : ils ne savent rien, & n'ont nulle envie de favoir : ils paſſent leur vie ſans penſer, & vieilliſſent ſans ſortir du bas âge, dont ils conſervent tous les défauts. Pour changer les mœurs d'une nation, il faut de ces génies ſupérieurs, tels que dix ſiècles en fourniſſent à peine un ſur toute la terre, & de plus qu'il ſe rencontre dans des circonſtances favorables deux points preſqu'impoſſibles à réunir chez les barbares ; ou bien il faut que ce ſoit l'opération lente de l'exemple, l'imitation étant le guide ordinaire des actions humaines. Mais parmi eux les exemples nouveaux n'ont que très-peu de force pour prévaloir ſur les vieilles coutumes. Un caraïbe qui reçoit quelque inſtruction d'un chrétien (1), lui répond froidement : « Mon ami, vous êtes fort ſubtil ; je voudrois ſavoir parler auſſi bien que vous ; mais ſi nous faiſions ce que vous dites, nos voiſins ſe moqueroient de nous. Vous dites qu'en continuant ainſi nous irons en enfer : mais puiſque nos pères y ſont, nous ne valons pas mieux qu'eux, nous pouvons bien y aller auſſi. »

L'habitude maintient donc un tems infini les uſages, quels qu'ils ſoient, parmi des gens qui n'agiſſent que par coutume, ſans réfléchir ſi le principe de la coutume a quelque juſteſſe, ni même s'en ſoucier. Elle les y maintiendroit encore long-tems après qu'ils n'auroient pas laiſſé d'en adopter auſſi de meilleurs : c'eſt une ſeconde remarque qu'il faut faire ici par rapport aux égyptiens, & qui n'eſt pas moins fondée que la précédente. Développons-la plus au long.

Selon les principes que j'ai poſés, & qu'on ne doit jamais ſéparer de la reſtriction que j'y ai jointes, principes que l'expérience & la tradition conſtante vérifient auſſi ſouvent qu'il eſt poſſible, il n'y a preſque aucune nation qui n'ait été ſauvage dans ſa première origine, qui n'ait commencé par cet état d'enfance & de déraiſon. Les égyptiens y ont donc été comme les autres : ils ſont même venus tard, s'il eſt vrai, comme le dit Hérodote, que leur terre ſoit un don du Nil ; quoiqu'il ne ſubſiſte plus guères de traditions antérieures aux tems où nous les voyons déjà ſortis de la barbarie dans laquelle les autres africains, leurs voiſins, ſont encore plongés : & là-deſſus peut-être jugera-t-on incroyable que la nation égyptienne, ſi bien policée, chez qui d'ailleurs on ne laiſſe pas de trouver des notions de la divinité plus juſtes qu'elles ne ſont chez beaucoup d'autres, ait pu donner dans un genre de ſuperſtition auſſi groſſier que l'eſt celui des nègres. Mais toutes les ſuppoſitions que l'on voudra faire ne peuvent détruire un fait ſi bien avéré. Il faut démentir le témoignage unanime

_____
(1) Hiſtoire des colonies angloiſes.

de l'antiquité, ou convenir que les égyptiens adoroient des chiens, des chats, des lézards & des oignons, & qu'ils avoient pour leurs divinités un auſſi grand reſpect & le même genre de reſpect par rapport au rite, que les nègres ont pour leurs *fétiches*. La teneur des loix moſaïques nous fait voir combien le culte des animaux étoit ancien en Egypte. L'hiſtoire nous prouve que, quoique l'une des nations fût infiniment plus civiliſée que l'autre, elle n'a pas eu moins d'abſurdité dans ſon culte. La police n'exclud pas la ſuperſtition. On n'ignore pas qu'il y a des peuples fort ſpirituels d'ailleurs, tels que les chinois, qui ont à cet égard d'étranges opinions. Les augures établis chez les romains dans le ſiècle de l'enfance de Rome, n'ont-ils pas continué d'y ſubſiſter dans le plus beau tems de la république ? c'étoient même les perſonnes les plus qualifiées, les plus ſavantes, les plus ſpirituelles qui en exerçoient gravement les fonctions, quoique, de leur propre aveu, ils euſſent bien de la peine à ſe regarder ſans rire. Quel ſiècle plus célèbre & plus éclairé que celui d'Auguſte ? Quel homme plus ſpirituel & plus inſtruit que cet empereur ? Cependant, lorſqu'après la perte de ſa flotte, il voulut châtier Neptune & ſe venger de ce Dieu, c'eſt une marque évidente qu'il le regardoit de bonne foi comme une divinité réelle, & comme cauſe volontaire de ſon déſaſtre. Mais, d'autre part, quelle folie à un homme de s'imaginer qu'il va punir un Dieu ! & quelle inconſéquence que d'en former le deſſein, quand on croit réellement en ſa divinité ! Où pourroit-on trouver une plus forte marque qu'il n'y a rien de ſi déraiſonnable qui ne puiſſe par fois trouver ſa place dans l'eſprit d'un homme ſage ?

Perſonne ne diſconvient que, lorſqu'il s'agit des traditions religieuſes des peuples payens, ce n'eſt ni raiſonner juſte ni connoître les hommes, que de conclure, de ce qu'une choſe eſt abſurde, que le fait n'eſt pas vrai ; & même que de nier que chez une nation où une telle opinion étoit ancienne & courante, elle n'avoit cours que parmi le peuple, & qu'elle étoit rejettée par tous les gens ſenſés. Quand même ceux-ci n'en auroient au fond de l'ame fait aucun cas, n'auroient-ils pas fait profeſſion de ſuivre à l'extérieur la croyance publique ? Mais indépendamment de ceci, beaucoup d'entr'eux ſans doute y donnoient de bonne foi : & l'on a eu raiſon de remarquer, que comme il n'y a point de précepte ſi rigoureux qu'il n'ait été reçu par des gens entièrement livrés aux plaiſirs des ſens, de même n'y a-t-il point d'opinion dogmatique ſi dénuée de fondement qui ne ſe trouve embraſſée par quelques perſonnes d'un eſprit excellent d'ailleurs. De plus, on ne peut nier que les égyptiens ne fuſſent naturellement portés à une ſu perstition excessive, & que leur philosophie ne fut, en bien des points, assez grossière & mal raisonnée. Ceux qui en ont une si haute idée auroient quelque peine à la soutenir en faveur d'une doctrine qui, au tems de Diodore, enseignoit que le limon des marais avoit produit l'homme & les animaux tout organisés ; que c'est parce que l'homme tire sa première origine de ce lieu humide, qu'il a la peau lisse & unie ; que pour preuve certaine d'une telle formation des animaux, on voyoit tous les jours en Thébaïde des souris à démi-formées, n'ayant que la moitié du corps d'un animal, & le reste du pur limon. (1)

Cette célèbre philosophie égyptienne, qui faisoit un homme d'une motte de terre, a bien pu faire une divinité d'un quadrupède. Je n'allegue pas ceci pour la ravaler en tout. Certainement les égyptiens ont été sages en beaucoup de choses, & versés dans la connoissance de bien des arts. Mais qui ne sait combien les hommes ont d'inconséquence dans l'esprit (2) & de peine à revenir de leurs fausses idées quand elles ont pris racine par une très-longue habitude ? Observons ce qui se passe chez les Maures d'Afrique, arabes d'origine, parmi lesquels la religion mahométane a porté la connoissance d'un seul Dieu. Malgré le mahométisme dont ils font profession, l'usage des *fétiches* n'est ni moins généralement répandu ni moins consacré par leurs prêtres marabous : ceux-ci donnent aux *fétiches* le nom de *Grigris*. La nouvelle religion n'a produit d'autre effet que de les faire regarder comme des puissances subalternes, comme des talismans préservatifs contre toute sorte de maux ou d'événemens fâcheux. Chaque grigris a sa propriété : aussi les maures en ont-ils tant, qu'ils en sont quelquefois couverts de la tête aux pieds : parmi eux les *fétiches* ont gagné en nombre ce qu'ils ont perdu en force. Il est assez certain aussi que les égyp-

_____

(1) Diodore, L. 1, au même endroit où il rapporte que les égyptiens prétendent que le genre humain a commencé chez eux, donne le détail de leur système sur la première formation des hommes. ,, La rotation " continuelle du globe sur lui-même, disent-ils, le " partagea par le moyen de cette agitation en eau & " en terre de toute forte pourtant, que la terre de-" meura molle & fangeuse. Les rayons du soleil don-" nant sur elle en cet état, causèrent différentes fermen-" tations à sa superficie. Il se forma, dans les endroits " les plus humides, des excroissances couvertes d'une " membrane déliée, ainsi qu'on le voit encore arriver " dans les lieux marécageux, lorsqu'un soleil ardent " succède immédiatement à un air frais. Ces premiers " germes reçurent leur nourriture des vapeurs gros-" sières qui couvrent la terre pendant la nuit, & se " fortifièrent insensiblement par la chaleur du " jour. Etant arrivés enfin à leur point de maturité, " ils se dégagèrent des membranes qui les envelop-" poient, & parurent sous la forme de toutes sortes " d'animaux. Ceux en qui la chaleur dominoit s'éle-" vèrent dans les airs : ce furent les oiseaux. Ceux qui " participoient davantage de la terre, comme les " hommes, les animaux à quatre pieds & les reptiles, " demeurèrent sur sa surface ; & ceux dont la sub-" stance étoit plus aqueuse, c'est-à-dire les poissons, " cherchèrent dans les eaux le séjour qui leur étoit " propre. Peu de tems après, la terre s'étant entiè-" rement desséchée, ou par l'ardeur du soleil, ou par " les vents, devint incapable de produire d'elle-" même les animaux ; & les espèces déja produites " ne s'entretinrent plus que par voie de génération. " Au reste, si quelqu'un révoque en doute la pro-" priété que ces naturalistes donnent à la terre d'a-" voir produit tout ce qui a vie, on lui allègue pour " exemple ce que la nature fait encore aujourd'hui " dans la Thébaïde : car lorsque les eaux du Nil se " sont retirées après l'inondation ordinaire, & que " le soleil échauffant la terre cause de la pourriture " en divers endroits, on en voit éclore une infinité " de rats. Ainsi, disent ces naturalistes, la terre s'é-" tant desséchée par l'action de l'air environnant, " doit avoir produit au commencement du monde " différentes espèces d'animaux, ... Ils insistent fort " sur cet exemple particulier des rats, dont ils disent

Philosophie anc. & mod. Tome II.

" que tous ceux qui le voient sont très-étonnés : car " on apperçoit quelquefois ces animaux présentans " hors de terre une moitié de leur corps déja formée " & vivante, pendant que l'autre retient encore la " nature du limon où elle est engagée. Il est dé-" montré par la, continuent-ils, que dès que les " élémens ont été développés, l'Egypte a produit " les premiers hommes, puisqu'enfin dans la dispo-" sition même où la tient maintenant l'Univers, la terre " d'Egypte est restée la seule qui produise encore " quelques animaux ". Cette fable des rats fut encore, à la fin du siècle passé, mise au nombre des questions qu'un savant faisoit faire sur l'histoire naturelle de l'Egypte, savoir si l'on trouvoit à la campagne des grenouilles & des souris qui fussent moitié terre & moitié animal. A quoi le Drogman du Caire répondit que personne n'avoit jamais rien vû ni rien ouï dire de pareil. *Journ. des Sav. Juil.* 1685.

(2) Un homme d'une vaste érudition, membre d'une des plus illustres compagnies littéraires, n'a pas hésité de s'exprimer là-dessus en termes beaucoup plus forts qu'on ne le fait ici, dans un ouvrage expressément examiné & approuvé par son corps. « En vé-" rité, dit l'abbé Fourmont, *Reflex. sur l'hist. des* " *anc. peuples, L.* 11. *sect.* 4. de quelque façon que l'on " s'y prenne pour disculper les égyptiens, ce ne sera pas " beaucoup avancer en leur faveur : il faudra toujours " avouer que malgré leur haute réputation de sagesse, " ils étoient tombés là-dessus dans les excès les plus " odieux. Que personne n'ose ici nous apporter pour " prétexte la politique de leurs souverains. Dans le " dessein, dit-on, de diviser efficacement tous ces " nomes de l'Egypte, ils y avoient établi tous ces " cultes différens. On pourroit, par grace, leur ac-" corder ces vues semblables à celles de Jéroboam : " elles en avoient peut-être été le modèle. Mais pour " parler simplement & sans fard, il faudra, bongré " malgré, en revenir à ceci, que les égyptiens étoient " (& s'ils pensoient un peu, devoient se croire eux-" mêmes) un peuple fort extravagant. On n'apo-" théose point sans folie les oignons & les asperges. " Que penser encore des dieux oiseaux, poissons, " serpens, crocodiles ? Un peu plus bas, il dit nette-" ment, *que les égyptiens ne pensoient pas mieux sur cet article que les Samoyèdes, & que les sauvages d'Amérique.*

tiens portoient sur eux leurs *fétiches* talismaniques. On trouve de très-anciennes momies, ayant sur l'estomac une plaque d'or gravée d'une figure de bête, & pendue à un colier de même métal. Pietro della Valle (1) en a vu de telles dans les sépultures voisines du Caire.

De ces deux observations de fait, l'une que les anciens peuples étoient sauvages & grossiers comme le sont les noirs & les caraïbes, l'autre que les objets de leur culte étoient les mêmes que chez ceux-ci, il en résulte cette conséquence certaine, que leur religion & leur façon de penser en cette matiere étoit la même chez les uns que chez les autres, la même en Egypte autrefois qu'elle est aujourd'hui en Nigritie. Tout absurde & grossier qu'est le *fétichisme*, il ne faut pas croire qu'il ait dû s'abolir en Egypte à mesure & aussi promptement que les esprits des habitans se sont rafinés. Les points qui regardent le culte religieux subsistent encore comme choses sacrées long-tems après qu'on en a reconnu la futilité, & restent au moins chez le bas peuple, qui fait le plus grand corps d'une nation, & qui est toujours, comme on le sait assez, fort attaché à ses vieux usages, sur-tout en cette matière. C'est ainsi qu'il faut entendre ce que dit Synesius: » Les prêtres d'Egypte savent bien se
» jouer du peuple au moyen des becs d'éper-
» viers & d'ibis sculptés au-devant des temples,
» tandis qu'ils s'enfoncent dans les sanctuaires
» pour dérober à la vue de tout le monde les
» mysteres qu'ils célebrent devant les globes qu'ils
» ont soin de couvrir de machines qu'ils ap-
» pellent χισμοσφαιρα. Le soin qu'ils prennent de
» couvrir ces globes est pour ne pas révol-er
» le peuple, qui mépriseroit ce qui seroit sim-
» ple : il faut pour l'amuser des objets qui le
» frappent & le surprennent, autrement on ne
» gagne rien avec lui : c'est-là son caractere. (2) »

Malgré la perfection que les mœurs & les arts acquirent en Egypte, les villes égyptiennes n'en sont guères moins restées attachées chacune au vieux *fétiché* particulier dont elles avoient fait choix. Ce n'est qu'à force de vétusté que cette idolâtrie si grossière s'y est enfin éteinte, & que les traces en ont enfin été effacées par le christianisme & par le mahométisme, deux religions les plus propres qu'il y ait à détruire les autres, tant par la pureté avec laquelle elles maintiennent le dogme précieux de l'unité de Dieu, & proscrivent tout ce qui se ressent du polythéisme, que par l'esprit d'intolérance qu'elles tiennent de la Judaïque leur mère.

Voyons cependant en peu de mots, s'il sera possible, sans s'écarter tout-à-fait de la justesse du raisonnement, de donner à cette pratique égyptienne quelqu'autre fondement que la pure sottise du peuple; quoique les railleries qu'on en a faites autrefois montrent assez qu'on n'en avoit pas alors une meilleure opinion. De plus, s'il étoit public que ce culte eût un fondement raisonnable, en ce que le respect rendu à l'animal ne se rapportoit pas directement à lui, mais à la divinité réelle dont il n'étoit que la figure, pourquoi les auteurs qui en parlent (1), auroient-ils pris la précaution d'avertir d'avance que ce qu'ils vont dire est une chose hors de croyance, & un problème susceptible de bien des difficultés, παραδοξον τὸ γινόμενον κỳ ζητησεως ἄξιον : que les causes que l'on donnera de ces pratiques paroîtront fort douteuses & peu satisfaisantes, πολλην ἀπορίαν παρέχουσι τοῖς τας αἰτίας τούτων ζητουσι que les prêtres ont soin de garder un profond silence sur ces sortes de matieres : que ce que la nation en sait tient en grande partie de la fable & de la simplicité des premiers siècles, της ἀρχαίας ἁπλότητος. Pourquoi Plutarque si zélé pour y trouver du mystère, qui s'épuise à chercher sur chaque point toutes les allégories les moins imaginables & les plus inconséquentes, même sur les différentes couleurs de la robe d'Isis, & sur les différentes résines qu'on bruloit dans son temple; pourquoi dis-je, seroit-il obligé d'avouer que les égyptiens, en prenant les bêtes pour des dieux, se sont rendus ridicules aux yeux de tout le monde, & ont fait de leurs cérémonies un objet de risée ? Pourquoi Cicéron (1) avanceroit-il que les égyptiens sont plus fermes dans leur croyance de la divinité des animaux, que le romain ne l'est dans la sienne en entrant dans le temple le plus saint ? Pourquoi Plutarque & Diodore rapporteroient-ils sur le même point tant de systèmes d'explications différentes qui n'ont aucun rapport les unes aux autres, qui s'excluent même, & par-là s'accusent réciproquement de fausseté ? Car enfin dès qu'il n'y avoit que le bas peuple, toujours par-tout ignorant & crédule, qui prît les objets de superstition à la lettre, dès que tous les gens sensés de la nation ne regardoient ces différens objets que comme symboliques de la divinité, le sens qu'ils y donnoient étoit fixe, public, connu de tout le monde, non sujet à la dispute ni à l'incertitude : les prêtres d'Egypte, ces gens si mystérieux, ayant une réponse satisfaisante à donner au reproche général fait à leur nation, loin de garder le silence, avoient plus d'intérêt que personne à s'expliquer ouvertement. Mais quand on n'a rien de bon à dire, c'est le cas de

(1) Pietro della Valle Lett. XI.
(2) Synes. in epist. ad Calvit.

(3) Diodor.
(4) Cic. Nat. D. L. I.

laisser croire qu'on garde un secret, d'affecter le mystère, de ne s'expliquer qu'à demi & à fort peu de gens. On voit qu'Hérodote, qui avoit beaucoup conversé avec les prêtres, est très-réservé lorsqu'il est question de parler des motifs du culte égyptien. Quoiqu'il fasse ses efforts pour le présenter sous une face plus raisonnable, en donnant à entendre que chaque animal étoit consacré à un Dieu, ce qui pouvoit bien être ainsi de son tems, on s'apperçoit aisément qu'il ne veut pas s'expliquer sur ce qu'il fait.

« Les égyptiens, dit-il (1), sont superstitieux
» à l'excès sur les choses divines. Les bêtes fa-
» rouches & domestiques y sont sacrées. Si j'en
» voulois dire la raison, il me faudroit insensi-
» blement tomber sur le discours de la religion,
» dont j'évite de parler autant qu'il m'est pos-
» sible, & dont on voit que je n'ai dit quelque
» chose, qu'autant que je m'y trouvois engagé
» par la nécessité de mon sujet, & seulement en
» passant ».

Ailleurs, parlant d'un certain rite de sacrifices où l'on immoloit des porcs : « Les égyptiens, dit-
» il (2), en rendent une raison ; mais quoique je
» la sache, je crois qu'il est plus honnête que je
» ne la rapporte pas ». Plus haut, après avoir dit que les mendésiens respectent le bouc, parce que l'on représente le dieu Pan avec une tête de chèvre & des pieds de bouc : « Ce n'est pas,
» ajoute-t-il, qu'ils le croient ainsi fait. Pan est
» un dieu semblable aux autres. Si on le représente
» ainsi, j'en sais bien la raison, mais je ne serois
» pas bien-aise de la dire ». Cette réticence n'a point rapport à l'obscénité ; car on sait qu'Hérodote n'est pas fort retenu sur cet article. En un autre, où il conte l'histoire d'Hercule, il finit en priant les dieux & les héros de prendre en bonne part ce qu'il a dit. En un mot il est facile de voir qu'il ne touche cette matière de la croyance égyptienne, qu'avec scrupule & discrétion : car dans ses discours, s'il n'est pas chaste, il est au moins fort dévot. Les écrivains postérieurs à lui, tels que Diodore, Plutarque, Porphyre, Jamblique, &c. recherchent très-curieusement les motifs fondamentaux de ce culte : & c'est une chose digne de remarque, que plus l'auteur est recent, plus il est porté vers les explications mystiques, qui de siècle en siècle devenoient plus à la mode, à mesure qu'on sentoit davantage le besoin qu'avoit l'égyptianisme d'être pallié par des allégories. Parcourons aussi brièvement qu'il sera possible, les différens systèmes figurés qu'on a voulu faire adopter.

Je crois d'abord que ceux qui veulent soutenir l'honneur de la croyance égyptienne (3), seront bien-aises que je n'allègue en sa faveur, ni la fable de Jupiter qui ne voulut se laisser voir à Hercule qu'après avoir écorché un mouton & s'être enveloppé de sa peau, (cause pour laquelle le bélier a été déifié), ni la métamorphose (4) des dieux en bêtes, lorsque les géans les eurent mis en fuite. Cette fable ne supposeroit pas une moindre sottise dans le peuple qui l'adopteroit, que celle à qui l'on cherche à donner une tournure plus sensée. Si elle a réellement eu cours en Egypte, elle nous montre, parce qu'en rapporte Diodore, quelle étrange & misérable opinion les égyptiens ont eu de leurs dieux, de leur multiplication & de leur pouvoir. » Ils disent,
» selon lui, que les dieux n'étant autrefois qu'en
» petit nombre, & craignant d'être accablés par
» la multitude des hommes impies & scélérats,
» se cachoient sous la forme de divers animaux,
» pour échapper à leur poursuite & à leur fu-
» reur. Mais ces mêmes dieux s'étant enfin ren-
» dus les maîtres du monde, avoient eu de la
» reconnoissance pour les animaux dont la res-
» semblance les avoit sauvés : ils se les étoient
» consacrés & avoient chargé les hommes même
» de les nourrir avec soin, & de les ensevelir
» avec honneur ».

Plutarque a raison de s'écrier là-dessus, qu'oser dire que les dieux effrayés ont été se cacher dans les corps des chiens & des cigognes, c'est une fiction monstrueuse qui surpasse les plus grossiers mensonges : & tout de suite, il rejette aussi comme indigne d'être avancée, l'opinion de la métempsycose, qu'on donnoit pour cause du respect rendu aux animaux.

Je ne m'arrêterai pas non plus à réfuter la fable suivante. Tiphon tua son frère Osiris, & coupa le cadavre en vingt-six parties qu'il dispersa. Isis lui fit la guerre, vengea le meurtre de son époux, & étant montée sur le trône, chercha & retrouva ses membres épars. Pour leur donner une sépulture à jamais célèbre, elle fit vingt-six momies, dans chacune desquelles elle mit un morceau du corps d'Osiris ; & ayant appelé chaque société de prêtres en particulier, elle assura en secret chacune des sociétés qu'elle l'avoit préférée aux autres, pour être dépositaire du corps entier d'Osiris. Elle enjoignit à chacune d'elles de choisir un animal tel qu'elles le voudroient, auquel on rendroit pendant sa vie les mêmes respects qu'à Osiris, & qu'on enseveliroit après sa mort avec les mêmes honneurs. C'est pourquoi chaque société sacerdotale se van-

---

(1) Herodot. II. 65.
(2) Herodot. II. 47.

(3) Herodot. II. 41.
(4) Ovid. Metam. L. 5.

soit de posséder seule le corps d'Osiris, nourrissoit un animal sacré en sa mémoire, & renouvelloit les funérailles du Dieu à la mort de cet animal.

Ce conte est assez bien inventé pour rendre raison du culte particulier à chaque contrée. Mais quel raisonnement plausible pourroit-on appuyer sur un récit aussi visiblement fabuleux dans la plupart de ses circonstances ? D'ailleurs, il n'est ici question que des animaux : cependant nous avons vû que les êtres inanimés étoient aussi des objets de culte. Quand cette fable seroit bonne pour l'Egypte, elle ne serviroit à rien pour les autres endroits de l'Orient où le *fétichisme* a eu vogue. Les raisons qui lui ont donné cours dans un pays, ne sont pas différentes de celles qui l'ont introduit dans un autre. On a dit qu'autrefois les princes successeurs d'Osiris (1), & les généraux d'armée, portoient sur leurs casques des figures de têtes d'animaux, pour se rendre plus remarquables ou plus terribles : ce qui les a fait représenter après leur mort avec les figures qu'ils avoient choisies pour cimiers. Ainsi on a représenté sous la figure d'un chien Anubis (2), l'un des principaux officiers d'Osiris. Cette solution est assez ingénieuse. On pourroit encore alléguer en sa faveur l'analogie qu'elle semble avoir avec le grand nombre de figures égyptiennes qu'on voit en forme humaine avec des têtes d'animaux. Néanmoins elle suppose, 1°, que le culte public s'adressoit seulement à la figure sculptée d'un animal, ou à quelque statue humaine ornée de cette figure ; au lieu qu'il s'adressoit à l'animal vivant lui-même, &, de même que les noirs qui vont tout nuds & qui n'ont point eu chez eux d'officiers d'Osiris, ni d'apothéoses, l'adressent à leur *fétiche*. Car ce seroit une autre absurdité de dire, que parce qu'un personnage illustre s'étoit orné de la dépouille de quelque bête, la vénération rendue à sa mémoire a consacré toutes les bêtes vivantes de la même espèce. La peau de lion dont se coëffoit Hercule n'a pas déifié dans la Grèce l'espèce vivante des lions : outre qu'il me paroît douteux que les capitaines égyptiens aient jamais porté d'oignons pour cimiers de leurs casques : c'étoit pourtant un des dieux de l'Egypte. Pline dit formellement : (3) » l'ail, & l'oignon, sont des » dieux sur lesquels l'égyptien fait serment ».

Elle suppose, 2°, que le *fétichisme* n'est qu'une altération de l'idolâtrie proprement dite, dont elle seroit dérivée à la suite des tems ; au lieu que le culte des animaux paroît au contraire visiblement antérieur en Egypte à celui des idoles, qui même n'y a pas été aussi fort en vogue dans la Grèce & dans le reste de l'Orient. Strabon (4) dit en propres termes, que dans les premiers tems, les égyptiens n'avoient point d'idoles, ou que s'ils en avoient, elles n'étoient pas de forme humaine, mais de figures de bêtes. Isis, Osiris, & sa famille, divinités si anciennes en Egypte, sont des dieux relatifs au sabéisme ou culte des astres, & à l'ancien état du globe terrestre. Lors de la conquête des perses, Cambyze ne trouva dans le vaste temple de Vulcain, que de petits objets qui excitèrent sa risée : le Jupiter Sérapis & quelques autres divinités, sont récentes en comparaison des *fétiches*.

Parmi les statues égyptiennes qui nous restent, dont le plus grand nombre ne sont pas des figures de divinités, probablement la plupart ne sont pas antérieures à la monarchie grecque d'Alexandrie, qui donna sans doute une vogue très-considérable au pur culte idolâtre. La religion d'Egypte étoit fort mélangée. Dès les premiers siècles le sabéisme y entroit pour beaucoup. Si la nation n'avoit eu que douze dieux *fétiches*, on pourroit croire que la division du zodiaque en douze signes, à qui l'on donna le nom d'autant d'animaux, a donné naissance à la *Zoolatrie* ; les égyptiens adorateurs des astres & auteurs de cette division astronomique, ayant substitué le culte d'un bélier ou d'un taureau à celui des constellations qui portoient le nom de ces quadrupèdes.

Lucien (5), si le discours sur l'astrologie judiciaire qui se trouve dans ses œuvres est de lui, s'explique là-dessus en ces termes assez curieux : » Les égyptiens ont cultivé cette science après » les éthiopiens : ils ont mesuré le cours de cha- » que astre, & distingué l'année en mois & en » saisons ; réglant l'année sur le cours du soleil, » & les mois sur celui de la lune. Ils ont fait » plus : car ayant partagé le ciel en douze parties, » ils ont représenté chaque constellation par la » figure de quelque animal, d'où vient la diver- » sité de leur religion. Car tous les égyptiens » ne se servoient pas de toutes les parties du » ciel pour deviner ; mais ceux-ci de l'une & » ceux-là de l'autre. Ceux qui observèrent les » propriétés du bélier, adorent le bélier ; & » ainsi du reste ». Malheureusement ce passage du sabéisme au *fétichisme*, assez naturel d'ailleurs, soutiendroit mal l'application qu'on en voudroit faire au détail complet du culte en question. J'avoue cependant, que de toutes les opinions, celle-ci me paroît la plus vraisemblable, après

---

(1) Plutarch. in Isid.
(2) Euseb. Præpar. II. 1.
(3) Plin. L. XIX.

(4) L. 17
(5) Luci. an. de Astrolog.

celle que j'ai pour but d'établir dans ce traité.

Plutarque & Diodore rapportent, que lorsqu'on divisa l'Égypte en Nomes, afin d'empêcher les habitans de remuer & de s'unir pour secouer le joug, on imposa dans chaque Nome un culte particulier; rien ne tenant les hommes plus divisés & plus éloignés les uns des autres que la différence de religion. On eut soin d'assigner à chaque Nome voisin des animaux antipathiques, pour augmenter la haine entre les habitans, lorsque chacun verroit sa propre divinité maltraitée, ou l'ennemi de son Dieu honoré par ses voisins. Une politique si rafinée auroit été sans doute excellente & appuyée sur un fondement très-véritable. Mais qui ne voit que les esprits du peuple étant plus difficiles à tenir en contrainte sur le point de la religion que sur aucun autre, c'étoit au contraire choisir un moyen tout propre à les révolter tous; & qu'il y auroit eu cent fois plus de peine à les plier à une telle nouveauté, qu'à les tenir assujettis à une domination temporelle? La manière bizarre dont on suppose que le projet étoit conçu, achevoit d'en rendre l'exécution impossible, si le *fétichisme* étoit une croyance nouvelle qu'on eût voulu pour lors établir. Ne seroit-il pas plus vraisemblable de dire, que la division géographique & politique, quand il fut question de l'introduire, fut réglée sur la division de culte qui se trouvoit déjà entre les différentes contrées?

D'autres ont dit que chaque animal emportoit avec soi l'idée d'un Dieu plus relevé dont il étoit le type; de sorte qu'il faudroit ainsi regarder l'animal comme le Dieu même. A Bubaste donc, le chat auroit été le représentant de la lune. Mais les habitans de Bubaste sont assez mal justifiés par-là: car il n'y a guères moins d'imbécillité à prendre un chat pour la lune, qu'à l'adorer lui-même. D'ailleurs, combien n'étoit-il pas plus simple de rendre directement ce culte à la lune, que de l'adresser aux chats sublunaires! Selden (1) tâche de donner à ceci une face moins ridicule: il croit que les animaux n'étoient que symboliques des dieux du pays, & que le culte des symboles a donné naissance au culte des animaux & autres objets singuliers, lorsqu'on a substitué le culte visible de l'objet représentant à celui de l'objet représenté; par exemple, le bœuf en Egypte, & le feu en Perse: l'un n'avoit d'abord été que le type du Dieu Apis, l'autre que celui du soleil. Mais à force d'avoir le représentant sous les yeux, le peuple grossier a perdu l'idée du représenté, & a tourné son adoration de l'objet absent, pour l'adresser en droiture à l'objet présent.

Ceci peut avoir quelque chose de vrai par rapport au culte du feu, pour ceux d'entre les guèbres qui adoroient le feu terrestre de leurs pyrées. Que le bœuf, le plus utile des animaux, ait été généralement reçu comme le symbole conventionnel du plus favorable des dieux, on pourroit le croire: mais si l'on veut faire l'application de cette hypothèse au détail infini du *fétichisme* égyptien, on sera bientôt contraint d'abandonner le système, à force d'endroits où il n'est plus possible de l'adapter. Dira-t-on avec Plutarque (2), que le crocodile n'ayant point de langue doit être considéré comme le symbole de la divinité, qui sans proférer une seule parole imprime les loix éternelles de la sagesse dans le silence de nos cœurs? ou plutôt ne sera-t-on pas surpris de voir un si excellent esprit débiter en termes magnifiques des choses aussi peu conséquentes & aussi éloignées du sens commun? On est tout-à-fait étonné de lui entendre dire que la belette, qui conçoit par l'oreille & accouche par la bouche, est le symbole de la parole qui procède ainsi: que la musaraigne aveugle est adorée, parce que les ténèbres primitives ont précédé la lumière: (3) que la chatte est le type sacré de la lune, parce qu'elle a comme elle des taches sur sa superficie, & qu'elle court la nuit: que l'aspic & l'escarbot sont les types du soleil, l'escarbot parce qu'il va à reculons, comme le soleil allant d'Orient en Occident va contre le mouvement du premier mobile qui se meut d'Occident en Orient; l'aspic, parce que comme le soleil il ne vieillit point, & marche sans jambes avec beaucoup de souplesse & de promptitude: qu'en langue égyptienne la pierre d'aimant s'appelle *Os d'Horus*, & le fer *Os de Typhon*, qu'Horus étant le monde ou la nature humaine, & Typhon le mauvais principe, cela signifie que la nature humaine, tantôt succombe à sa pente vers le mal, tantôt le surmonte, comme l'aimant attire le fer par un de ses pôles, & le repousse par l'autre. Si c'est la façon de penser des égyptiens du tems que Plutarque nous débite ici, elle fait assurément peu d'honneur à la justesse d'esprit de cette nation. La grossière simplicité des siècles sauvages, que je crois avoir été l'ancienne base & la première source de son culte religieux, sans être plus déraisonnable, a du moins plus de vraisemblance.

Le même embarras sur l'application se retrouve dans le sentiment de ceux (4) qui veulent qu'on n'ait eu en vue en honorant les animaux, que les diverses utilités qu'en tiroient les hommes, ou que

---

(1) Selden. Prolegom. C. 3.

(1) Isie & Osir.
(3) In Symposiac. IV. 5.
(4) Cic. Nat. D. L. I. Euseb. Ibid.

les bonnes qualités par lesquelles ils se distinguoient. Le bœuf laboure la terre : la vache engendre le bœuf : la brebis fournit la laine & le lait : le chien est bon pour la garde, pour la chasse ; il a quêté pour retrouver le corps d'Osiris : le loup ressemble au chien, & a mis en fuite une armée d'Ethiopiens qui vouloient faire une invasion : le chat écarte les aspics ; l'ichneumon détruit le crocodile : l'ibis mange les serpens venimeux & les insectes : le faucon apporta aux prêtres de Thèbes un livre couvert de pourpre, contenant les loix & les cérémonies religieuses : la cigogne a montré une façon de prendre des remèdes : l'aigle est le roi des oiseaux : le crocodile fait peur aux voleurs arabes, qui n'osent approcher du Nil ; il porta sur son dos d'un bord à l'autre du lac de Mœris, le roi Mênes qui se trouvoit en danger sur le rivage : l'oignon croît dans le déclin de la lune : & quant au reste des légumes, il faut les respecter, car si tout le monde mangeoit de tout, rien ne pourroit suffire. Voilà sans doute de puissantes raisons, & des motifs d'adoration qu'on veut donner pour raisonnables, ou du moins pour spécieux. On honoroit donc la fidélité dans le chien. Dans le bouc, animal fort lascif, on honoroit la génération, & Diodore (1) entre là-dessus dans un détail tout-à-fait circonstancié ; seroit-ce par cette raison que les femmes découvroient leur sexe devant l'animal sacré, & alloient quelquefois plus loin, comme le raconte Hérodote (2) dans une histoire qui n'est pas bonne à répéter, & sur laquelle Vossius a eu une pensée fort extraordinaire, que je ne veux pas rapporter, non plus, quoique ce trait d'histoire prouve invinciblement que rien n'étoit moins symbolique ? Il faut avouer que c'est pousser bien loin l'admiration des vertus, ou du moins la manifester d'une étrange manière. Aussi le philosophe Porsée (3), disciple de Zénon, qui étoit dans cette idée, alloit-il jusqu'à faire entendre qu'il ne falloit pas regarder les choses utiles & salutaires à l'homme comme de simples présens des dieux, mais comme étant divines de leur propre nature.

Plutarque ne va pas si loin. « Mais les philosophes les plus louables, dit-il, voyant dans les choses inanimées quelque image occulte de la divinité, ont cru qu'il étoit mieux de ne rien négliger de ce qui pouvoit la faire révérer. J'estime donc que les êtres animés, sensibles, capables d'affections & de mœurs, sont encore plus propres à inspirer du respect pour leur auteur. J'approuve ceux qui adorent, non les animaux, mais en eux la divinité qui s'y montre comme en un miroir naturel, & qui les emploie comme des instrumens bien faits dont elle orne l'univers. Une chose inanimée, quelque riche qu'elle soit, fût-elle toute de pierreries, ne vaut pas celle qui est douée de sentiment. Cette portion de la nature qui vit, qui voit, qui a en soi un principe de mouvement & de connoissance, a tiré à soi quelque particule de cette providence qui gouverne le monde. Ainsi la nature divine est au moins aussi bien représentée par des animaux vivans, que par des statues de bronze ou de marbre aussi périssables, & de plus, insensibles. Voilà l'opinion que je trouve la plus recevable de toutes celles qu'on a données de l'adoration rendue aux animaux ».

Je rapporte avec plaisir ce passage de Plutarque, qui est très-louable par l'intention, & le meilleur endroit de tout son livre. Mais, outre ce n'est ici que le raisonnement réfléchi d'un philosophe, & non celui de la nation dont les pratiques montrent qu'elle avoit un culte direct & non relatif, ce raisonnement est au fond peu solide, & a le défaut des argumens qui prouvent beaucoup plus qu'il ne faudroit. Car si l'on pouvoit justifier l'adoration réelle rendue à toute espèce d'être vivant ou inanimé, en disant, malgré toutes les apparences contraires, que ce n'est que parce qu'il est l'image & l'ouvrage de Dieu, on parviendroit à rendre raisonnable le paganisme le plus insensé.

L'opinion ci-dessus a du rapport à celle de quelques autres philosophes qui ne trouvent ici que le naturalisme, & qui regardent toute cette théologie bizarre comme un pur hommage rendu à la nature même productrice de tous les êtres. Rien de plus forcé que ce qu'ils disent. Le peuple n'entend rien à ces raffinemens : il ne sait que ce qu'il voit : sa religion n'est jamais allégorique : tellement qu'il est aussi naturel de penser que la dévotion égyptienne n'étoit ni différente de celle des nègres, ni mieux raisonnée, qu'il est peu de chercher des raisons subtiles & philosophiques pour les justifier d'avoir adoré des éperviers & des légumes. Mais de plus, cette explication a un défaut qui lui est commun avec aussi toutes les précédentes, & qui suffiroit pour les faire tomber : c'est qu'aucune ne rend raison de ce qu'il y avoit un animal affecté à chaque contrée pour sa divinité.

Cette simple observation réfute aussi ce que dit ailleurs Diodore, en donnant la métempsycose & le passage de l'ame d'Osiris dans le corps d'un bœuf & dans celui d'un loup, pour un des motifs qui faisoient respecter les animaux. Car si on estimoit les animaux pour leurs bonnes qualités ; s'ils étoient la figure des hommes qui avoient

---

(1) Diodor. Pindar. ap. Ælian.

(2) Herodot. L. II. c. 46 & Voss. Idol. L. III. c. 74.

(3) Perseus ap. Cic. nat. Deor. L. I. C. 15.

rendu de grands services à l'Egypte ; s'ils étoient les images des dieux ou les emblèmes de la nature ; s'ils ont été substitués par homonymie aux signes célestes du Zodiaque ; s'ils étoient la retraite des ames humaines après le trépas des hommes, ils devoient par tous ces motifs jouir d'un honneur égal dans tout le pays ; au lieu qu'on n'avoit dans un canton nul respect pour l'animal, Dieu du canton limitrophe. Hors du ressort de sa divinité, il étoit tué & mangé sans pitié : de même que chez les africains, le *fétiche* d'une contrée n'est qu'une bête pour les peuples voisins. Hérodote dit positivement que le crocodile n'est sacré qu'à Thèbes & sur le lac Mœris, & l'hippopotame qu'à Pampremis : qu'ailleurs, entr'autres dans la contrée d'Elephantine, les habitans leur font la chasse & les tuent comme ennemis de l'homme.

D'autres, voulant particulariser davantage cette idée de culte religieux, & rendre raison de ce qu'il n'y avoit qu'un certain animal jouissant dans chaque province d'un respect exclusif, ont dit que l'animal étoit un objet d'adoration, parce que le peuple de la province en portoit la figure à la guerre en guise d'étendart, autour duquel il se réunissoit, comme la légion romaine autour de son aigle, ou nos bataillons chacun autour de son propre drapeau. » Peu après, dit-on, » que les hommes eurent abandonné la vie sau- » vage pour former entr'eux diverses sociétés, » ils s'attaquoient & se massacroient continuel- » lement les uns les autres, ne connoissant en- » core d'autre loi que celle du plus fort. La né- » cessité apprit bientôt aux plus foibles à se se- » courir mutuellement ; & ils se donnèrent pour » signal de convocation, la figure de quelques- » uns des animaux qu'on a consacrés depuis. A » cette marque, ils se rassembloient & formoient » un corps redoutable à ceux qui les faisoient » trembler auparavant. La première de ces bandes » servit de modèle & d'exemple à d'autres ; & » toutes ayant pris des animaux différens pour » enseignes, c'est la raison pour laquelle les uns » sont honorés dans un endroit, & les autres » dans un autre, comme les auteurs particuliers » du salut des différentes troupes qui se sont » établies en plusieurs villes ».

Ce raisonnement de Diodore est le plus naturel & le plus judicieux qu'on ait fait sur la matière. Il prend l'origine des choses au tems où elle doit être prise, c'est-à-dire, aux siècles de barbarie. Il rend bon compte de l'attribution du culte particulier à chaque Nome, en même tems qu'il est en général applicable à tout autre peuple sauvage. Malgré cela, on aura peine d'admettre que ce soit ici la cause générale du *fétichisme* ancien & moderne. Il y a des objets de culte même en Egypte, à qui l'on n'en peut faire l'application. On ne voit pas qu'elle ait en rien influé dans le choix que les peuples modernes ont fait de leurs divinités matérielles. Enfin cette opinion a le défaut de renverser les objets, en prenant pour la cause ce qui n'est que l'effet. Autant qu'il seroit extraordinaire d'adorer un être parce qu'on le porte pour enseigne, autant il est naturel de le porter pour enseigne parce qu'on l'adore. Ce n'est pas à cause que nous portons processionellement l'image d'un saint dans nos bannières que nous l'honorons ; mais c'est parce que nous le révérons que nous le portons ainsi.

Enfin les figuristes de goût & de profession, non contens du naturalisme général auquel on avoit imaginé que la religion égyptienne servoit de voile, sont entrés dans le détail des allégories, & en ont appliqué une sort à propos à chaque pratique. Je n'ai garde d'allonger cet article par le détail circonstancié de ce qu'ils avancent, (ce seroit la matière d'un livre entier) ni par une réfutation suivie de mille visions sans fondement qui se réfutent d'elles-mêmes. Ce n'est pas que je ne loue l'intention de ceux qui par de tels détours cherchoient à détruire les préjugés du pur *fétichisme*, non moins puérils & bien plus dangereux. A cet égard, je dirai volontiers ce que disoit Denis d'Halicarnasse, des opinions grecques sur cette matière. » A Rome, » nous prenons pour des fables & pour de vaines » superstitions, tout ce qui n'est ni sensé ni bien- » séant. Qu'on ne s'imagine pourtant pas que » j'ignore qu'il y a quelques fables des grecs qui » pouvoient être utiles aux hommes, soit comme » représentant des ouvrages & des effets de la » nature sous une allégorie, soit comme ayant » été inventées pour consoler les hommes dans » leurs malheurs, les délivrer des troubles d'es- » prit, les guérir de leurs folles espérances, ou » déraciner d'anciennes opinions encore plus » extravagantes. Quoique je sache ceci tout aussi » bien qu'un autre, je m'éloigne cependant vo- » lontiers de ces fables, avec les ménagemens » qu'il faut apporter en une matière délicate & » religieuse (1) ».

On peut consulter sur toute cette doctrine mystagogique, l'excellent ouvrage d'Eusèbe, qui l'a suivie pied à pied, & qui n'y laisse rien à répliquer. Philon de Biblos avoit déjà eu la même vue, en donnant par extrait une traduction grecque de l'ancienne histoire phénicienne de Sanchoniaton. Son but, à ce qu'il nous apprend lui-même, étoit de montrer aux grecs combien ils étoient répréhensibles d'avoir tourné des faits réels en froides allégories, ou d'en avoir voulu donner des explications abstraites :

---

(1) Dion. Halic. L. II. p. 91.

d'avoir imaginé du myſtère dans les hiſtoires des dieux, & par-là donné naiſſance à une doctrine ſecrette qui n'eut jamais de fondement réel, & qu'ils publient néanmoins, dit-il, avec emphaſe, & de manière à étouffer la vérité des faits. Il ajoute qu'il a déja réfuté ce ſyſtème dans les trois livres intitulés περὶ παραδόξου ἱστορίας, *de hiſtoria incredibili* (1), où il détruit les allégories des grecs, mal d'accord entre eux, en donnant de telles explications à divers points de leur théologie, fondés ſur des faits véritables. Il nous donne à entendre que ſon deſſein, en traduiſant les livres de ſon ancien compatriote, eſt de confirmer de plus en plus ce qu'il a déja ſoutenu contre les grecs.

« Ceux-ci, dit-il, par la beauté de leur élocution, l'ont emporté ſur tous les autres peuples: ils ſe ſont approprié toutes les anciennes hiſtoires, qu'ils ont changées, ornées, exagérées; ne cherchant qu'à faire des récits agréables,..... par leſquels, allant de ville en ville, ils ont comme étouffé la vérité. Nos oreilles, accoutumées dès l'enfance à leurs fables, ſe trouvent prévenues d'opinions accréditées depuis pluſieurs ſiècles, à qui le tems a donné inſenſiblement la force de s'emparer de nos eſprits: ſi bien qu'elles en ſont tellement en poſſeſſion, qu'il nous eſt difficile de les rejetter. Il arrive même de-là, que la vérité, lorſqu'on la découvre aux hommes, paroît avoir à préſent l'air d'une opinion nouvelle; pendant que ces récits fabuleux, quelque peu raiſonnables qu'ils ſoient, paſſent pour des choſes authentiques ».

Euſèbe ſe ſert à ſon tour avec avantage de cette verſion du phénicien, pour renverſer de fond en comble le ſyſtème du ſens allégorique inventé par les gentils pour juſtifier leur culte. Il obſerve que la théologie phénicienne, qui ne reſſemble nullement aux fictions des poëtes, les ſurpaſſe de beaucoup en antiquité; & il en appelle au témoignage de pluſieurs interprètes eſtimés, leſquels ont déclaré que les anciens qui ont établi le culte des dieux, n'ont point eu en vue de ſignifier les choſes naturelles, ni d'expliquer par des allégories ce qu'ils publioient de leurs dieux; mais qu'ils vouloient qu'on s'en tînt à la lettre de l'hiſtoire.

Je tranſcrirois un grand nombre de pages de ſon livre, s'il falloit rapporter tout ce qu'il dit de judicieux ſur ce chapitre: il ſuffit de faire uſage ici de quelques-unes des réflexions répandues dans tout l'ouvrage. Les choſes que les anciens ont bonnement racontées de leurs dieux,

_____
(1) Voy. Tournemine. Journal de Trev. 1714. en Janvier.

étant, dit-il, vraiment riſibles, on a voulu, plus ſagement peut-être, y donner un ſens honnête & fort caché, en les appliquant aux effets de la nature. Cependant pluſieurs théologiens du paganiſme avouent que cette méthode ſpécieuſe ne doit pas être adoptée; quelques-uns même s'en ſont plaints, diſant que par principe de philoſophie, en prenant les dieux pour les différentes parties de la nature, on éteignoit la religion. Tous ſont forcés de convenir qu'il eſt conſtant qu'on n'a d'abord raconté que le fait tout nud, & que le rite n'a rapport qu'au fait ſimple, tel que la vieille tradition l'a tranſmis: il dément l'appareil de ce ſens prétendu tiré des choſes abſtraites ou naturelles; de ce figuriſme inventé par des ſophiſtes qui en font trophée en ſi beaux diſcours. Auſſi ne peuvent-ils apporter aucune tradition des tems éloignés auxquels ce culte doit ſa naiſſance, qui faſſe voir que l'antiquité avoit deſſein, comme ils le prétendent, de débiter ſa phyſique ſous des énigmes: outre que ces points de phyſique ſont des choſes communes que tout le monde ſait, ou apprend par les ſens, & dont les emblêmes ſont tirés de trop loin pour être tombés dans l'eſprit de ceux qui ont établi ce culte.

Ecoutons Porphyre, ce grand théologien myſtique du paganiſme: après avoir débuté d'un ton emphatique, & écarté les profanes, il nous apprendra que l'adoration d'une pierre noire ſignifie que la nature divine n'eſt pas une choſe qui tombe ſous le ſens de la vue: qu'une pierre pyramidale eſt un rayon de la flamme divine: qu'un pieux dreſſé, ou un triangle, repréſentant, ſelon lui, les deux ſexes, ſont les reproductions des germes, & un hommage rendu à la nature féconde. Si l'on veut l'en croire ſur le fond de cette théologie terreſtre, c'eſt une diſpoſition myſtérieuſe, ſoit des divers attributs de la divinité ſuprême emblématiquement figurés, & de ſa puiſſance manifeſtée ſur toutes choſes, ſoit de l'ame du monde & des cauſes naturelles; comme ſi en effet il eût fallu recourir à ce ridicule artifice pour expliquer aux hommes des choſes toutes ſimples que perſonne n'ignore. On diſoit dès-lors, entr'autres explications, que c'étoit auſſi des figures de la manière de cultiver les fruits de la terre, des ſaiſons qui en ſont le tems, & d'autres articles néceſſaires à la conſervation de la vie humaine (2).

On voit bien que perſonne n'oſant ouvertement nier les dogmes, crainte des loix, ni s'oppoſer à la crédulité du vulgaire, chacun les expliquoit ſelon ſon propre génie, & y a trouvé ſans peine ce qu'il a voulu. Le champ étoit ou-

_____
(2) Euſeb. Præp. Evang. II. 6. III. 7. & 11. &o.

vert

vert aux explications arbitraires : aussi chacun a-t-il hautement refusé d'admettre celles que donnoit un autre, sans néanmoins oser toucher au fond des choses qui méritoient encore moins de ménagement. Mais quand on se croit obligé de conserver un texte aussi absurde, il n'est pas étonnant de trouver tant d'incertitudes & d'inconséquences dans le commentaire.

Eusèbe a de même réfuté le sentiment de Diodore sur cette matière, ainsi que les énigmes physiologiques de Plutarque, en faisant voir qu'il est mal d'accord avec lui-même, & qu'il n'y a aucune suite dans tout ce qu'il dit (1). S'ils sont contraires à eux-mêmes, comment pourroient-ils ne le pas être aux autres ? En effet les plus zélés d'entre eux, parmi les modernes, ont été les plus ardens à rejetter ce qu'avoient soutenu leurs devanciers. Quand on veut, dit l'un d'eux, s'instruire de ce qu'il est possible de savoir de cette religion égyptienne qui irrite la curiosité par ses dogmes si singuliers, on ne manque pas de lire avec empressement Diodore, Platon, Plutarque & Porphyre. Après les avoir lus, on est étonné de n'y trouver que des contes de petit peuple ; ou de fades allégories sans liaison, sans dignité, sans utilité ; ou enfin une métaphysique guindée, dont il est ridicule de penser que l'antiquité ait eu la moindre connoissance. » On étoit
» encore moins blessé de la grossière simplicité
» de l'égyptien qui prend un bœuf pour un
» bœuf, que du sublime galimatias d'un plato-
» nicien, qui voit par-tout des monades & des
» triades ; qui cherche le tableau de la nature
» universelle dans les pieds d'un bouc : qui trouve
» dans une Isis le monde archetype, le monde
» intellectuel & le monde sensible. Tout ce
» qu'on apprend d'une manière précise dans ces
» lectures, dont l'ennui n'est racheté par aucune
» découverte tant soit peu satisfaisante, ce sont
» les erreurs & les plates idées des égyptiens ».
On les trouve, il est vrai, bien plus intelligens que d'autres peuples en matière d'astronomie, d'architecture, d'arts, de métiers, de gouvernement & de police : mais d'ailleurs on ne les voit pas moins remplis de puérilités : & quant à cette profonde connoissance qu'ils s'attribuoient de la religion & de la nature, loin d'en reconnoître quelques vestiges dans les ouvrages des auteurs ci-dessus, on rencontre à chaque pas les preuves du plus étrange égarement dans l'ancienne théologie, & de la plus mauvaise dialectique dans la nouvelle ; car il est vrai que celle-ci étoit devenue telle à-peu-près que les platoniciens nous le disent. Ils ne sont probablement pas les inventeurs de ce fatras allégorique, quoiqu'ils aient peut-être beaucoup ajouté de leur

fonds à une chose qui se trouvoit être si fort de leur goût : ils avoient voyagé en Égypte, & fréquemment conversé avec les prêtres de ce pays, connus pour les plus mystérieuses gens de l'univers. Mais quelque chose que ces prêtres aient pû dire aux étrangers, je crois pouvoir leur répondre dans les mêmes termes que Plutarque (2), quoiqu'en un autre sens, *le parallèle que j'ai fait de leur culte, les ressemblances que j'y ai montrées, prouvent mieux ce que c'étoit que leur propre témoignage*. Ceux-ci, sans doute, avoient cru donner une meilleure face à ces vieux rites terrestres, en les tournant, à quelque prix que ce fût, du côté de l'intellectuel ; & ce pouvoit être alors la théologie des gens d'esprit, tandis que le vulgaire continuoit à ne voir aux choses que ce qui y étoit. Mais si l'on trouve dans leurs idées creuses quelque métaphysique sur le destin & sur la nécessité des effets de la nature, on y trouve encore plus de chimères & de pauvretés : de sorte qu'au cas que les égyptiens pensassent là-dessus comme le dit Porphyre, il faudroit encore convenir qu'ils n'étoient guères plus judicieux que s'ils adoroient réellement des animaux & des têtes de chien. Tout ce système d'allégorie physique & métaphysique inventé après coup, faux & insoutenable en lui-même, est donc inutile en même tems, puisqu'il ne rend pas le *fétichisme* égyptien plus raisonnable qu'il n'étoit. Mais quand toutes ces hypothèses alléguées & dénuées des preuves qu'elles exigent, donneroient une solution plus satisfaisante, en seroient-elles moins inadmissibles en bonne critique ? Ce n'est pas dans des possibilités, c'est dans l'homme même qu'il faut étudier l'homme : il ne s'agit pas d'imaginer ce qu'il auroit pû ou dû faire, mais de regarder ce qu'il fait.

(Cet article est de M. DE BROSSES).

FONTENELLE. PHILOSOPHIE DE (*Histoire de la philosophie moderne*).

La mort des hommes illustres est le terme de la jalousie qu'ils excitoient, & plusieurs n'ont jamais pu jouir de leur gloire. Celle de *Fontenelle* a été bientôt hors d'atteinte (3) ; il en a joui, & ceux

---

(1) Euseb. L. III. in prooem. & Cap. 1. & 3. *Philosophie anc. & mod.* Tom II.

(2) In Isid.

(3) *Fontenelle* a dit plusieurs fois qu'il n'avoit été parfaitement heureux qu'à soixante ans. Il étoit alors secrétaire de l'académie des sciences depuis plus de quinze années, & s'étoit fait, dans cette place, la plus brillante réputation. Despréaux & Racine, ses ennemis déclarés, n'existoient plus ; le poëte Rousseau, son détracteur, étoit banni du royaume ; le poëte Roi, autre satyrique acharné contre lui, étoit flétri & méprisé ; *Fontenelle*, mort à cent ans, a donc joui quarante années de toute sa gloire. & cependant n'en a joui que la moitié de sa vie. C'est trop peu

qui ne se faisoient pas un devoir de la reconnoître publiquement, s'en faisoient un de cacher leur injustice. L'idée qu'on s'est formée de *Fontenelle*, est fondée sur tant de titres, qu'on peut lui appliquer ce qu'il a dit de Léibnitz, que, pour le faire connoître, il falloit le décomposer. Cette application se présentera à tous ceux qui auront à parler de *Fontenelle*.

Il y avoit un siècle (1) que ce philosophe étoit né, lorsque nous l'avons perdu, & sa réputation étoit presque de la même date. A quatorze ans, il eut un prix de l'académie. Mais quelles contradictions n'eut-il pas d'abord à essuyer? Si l'on connoissoit moins les hommes, oseroit-on avouer que ce ne fut point un avantage pour lui d'être neveu des Corneilles.

Qu'on naisse de parens illustres par le sang, leur nom tient lieu de mérite à leurs descendans, du moins jusqu'à ce qu'ils aient eu le tems d'en acquérir un qui leur soit personnel. On commence par le supposer ou l'espérer, ce qui est déjà un moyen de le faire naître ou de le développer; & si le public est obligé de renoncer à ses espérances, un grand nom privé d'estime obtient encore des égards.

Il n'en est pas ainsi de la république des lettres; le grand nom de Corneille fut un poids que *Fontenelle* fut chargé de soutenir presque en naissant, & qui lui fit des envieux prématurés. Il les mérita bientôt par lui-même. A peine étoit-il dans la première jeunesse, qu'un de ses oncles le chargea de faire à sa place un ouvrage pour la cour, & *Fontenelle* eut l'honneur de le voir attribuer à celui dont il portoit le nom. On ignoreroit encore qu'il est l'auteur de Bellerophon, s'il n'eût été obligé, il y a peu d'années, de réfuter une imputation injurieuse à Thomas Corneille. Il n'étoit pas nécessaire pour cela de tenir à ce nom par les liens du sang, il suffisoit d'être françois, le nom de Corneille appartient à la nation.

Dès sa plus tendre jeunesse, *Fontenelle* commença par s'instruire de tout ce que l'antiquité nous a laissé de précieux dans les lettres. Il savoit combien cette étude, trop négligée aujourd'hui, est propre à développer l'esprit & les talens, & combien on y puise d'idées sans en être plagiaire. Il lut, ou plutôt il étudia les grands maîtres avec cette critique qui admet & rejette; & lorsqu'il ne se trouvoit pas d'accord avec ceux qu'il estimoit le plus, il avoit la ressource de pouvoir se comparer avec eux & de juger lui-même. Il acquit un fonds d'érudition supérieure à son âge, mais également à celle qui faisoit alors des réputations, réputations qui inspirent tant d'estime de soi-même à ceux qui ne peuvent aspirer à une autre, *Fontenelle* savoit en apprécier le mérite. *J'ai fait dans ma jeunesse*, me disoit-il un jour, *des vers latins & grecs, aussi beaux que ceux de Virgile & d'Homère; vous jugez bien comment*, ajoutoit-il, *c'est qu'ils en étoient pris*.

En effet, les versificateurs en langue morte ne font guère que des centons. Quelque estime qu'il eût pour l'érudition, il sentit qu'on doit, quand on le peut, ajouter à la masse des idées, & ne pas se borner à la connoissance du mérite d'autrui. Il se fit bientôt un nom par des ouvrages d'un caractère nouveau, lors même qu'il en empruntoit le sujet. Ses dialogues des morts, ses poésies, & l'histoire des oracles eurent la plus grande célébrité. La *pluralité des Mondes* a conservé un éclat qu'aucun imitateur du même genre n'a partagé. On fut étonné d'une variété de talens, qui, jusqu'à lui, avoient paru exclusifs les uns des autres, & qu'en sortant de l'académie des sciences, où l'on venoit d'entendre traiter des matières qui exigeoient l'attention la plus suivie, on trouvât pour délassement *Thétis & Pélée*, ouvrage du même auteur.

Fontenelle entra dans l'académie françoise en 1691, & il y avoit déjà quelques années que la voix publique le nommoit. Sans doute que l'académie, en différant de répondre aux vœux du public, vouloit les irriter & en faire un sujet de reproches à ceux qui étoient les moins favorables à un choix si juste. Chaque retardement augmentoit ses titres. Nous ne les rappellerons point; ils sont entre les mains de tout le monde, & jouissent de l'approbation générale; ce qui suppose que ce n'a pas été sans contradiction. Il eut peu de bons critiques, les véritables sont presque aussi rares que les bons auteurs; mais il vit s'élever contre lui une nuée de petits censeurs, insectes qui s'assemblent en foule autour de la lumière, & finissent par s'y consumer. *Fontenelle* venoit de porter dans les lettres le flambeau de la philosophie, qui blesse les yeux de ceux qu'il n'éclaire pas. D'autre part, les graces qu'il répandoit sur la philosophie, sembloient une profanation à ceux qui ne se croient solides que parce qu'ils sont pesans. Incapables de sentir son mérite, ils osèrent le regarder comme frivole dans le tems que Bayle reconnut le philosophe dans ses premiers ouvrages d'agrément, & que le célèbre géomètre Varignon, déclaroit avec une reconnoissance noble, & qui flatte tant ceux qu'elle ne gêne pas, combien ses ouvrages gagnoient à être revus par *Fontenelle*. Il est vrai que ses

---

sans doute pour l'amour-propre; mais c'est trop aussi pour la jalousie & pour la haine.

NOTE DE D'ALEMBERT.

(1) Il naquit à Rouen, le 11 février 1657, & mourut le 9 janvier 1757, âgé de cent ans moins un mois.

adversaires n'avoient pas le droit de n'être point jaloux, à peine avoient-ils des titres pour l'être. La célébrité est un attrait pour ces satyriques sans talens, qui, se flattant de se faire remarquer, auroient l'ambition d'être regardés du moins comme des ennemis, & qui ne font que s'avilir dans leur obscurité sans en pouvoir sortir.

Ce n'est pas qu'à la honte des lettres, ou plutôt de l'humanité, on ne voie quelquefois des hommes de mérite se dégrader par la jalousie. S'ils ne sentent pas combien ils ajouteroient à leur gloire, en respectant celle de leurs rivaux, c'est qu'il n'appartient qu'à l'envie d'étouffer jusqu'à l'amour-propre. Dans la carrière du bel esprit, un concurrent est un rival ; pour le vrai philosophe, un rival est un ami ; il s'enrichit des découvertes de ses concurrens. La vérité étant le but vers lequel ils tendent, chacun de ceux qui en approchent ou y parviennent, en applanit la route. *Fontenelle* n'a jamais montré de jalousie, il paroît même qu'il n'eut pas besoin d'être en garde contre cette foiblesse. Lorsque dans sa jeunesse il lisoit des satyres contre des ouvrages estimables (c'étoit au sujet de Quinault), étonné de penser si différemment : *Il faut*, disoit-il avec l'ingénuité d'une ame honnête, *qu'on ait dans la Capitale des lumières bien supérieures.* Il y vint, & se détrompa. Il connut par sa propre expérience quel tribut le mérite éminent est obligé de payer à l'envie. On ne l'humilie qu'à force de succès. Elle n'a point de pudeur ; mais elle éprouve quelquefois de la honte, quand elle sent que sa voix est étouffée par celle du public.

Les censeurs se réduisirent enfin à ces reproches, qui diffèrent peu des éloges. Il y a trop d'esprit, disoient-ils, dans les ouvrages de *Fontenelle*. Ces allégations se répétoient par des auteurs bien innocens d'un pareil crime. Ce n'étoit point de ces hommes rares, dont l'imagination féconde, après avoir prodigué les fleurs dans une jeunesse brillante, donne des fruits nourrissans dans la maturité de l'âge. De tels censeurs, s'il s'en trouvoit, ne seroient pas suspects ; il n'appartient qu'à un dissipateur corrigé de déclamer contre la prodigalité. En vain ceux qui n'ont jamais pu s'attirer de pareils reproches, se flattent-ils d'en imposer par leur humeur contre ce luxe de l'esprit. On ne leur fait pas l'honneur de les taxer d'avarice, & leur économie sur cet article, n'annonce que leur indigence.

Ce qui acheva de soustraire *Fontenelle* à la jalousie de ceux qui avoient quelque fondement pour en avoir, ce fut de le voir entrer dans une nouvelle carrière : il se livra particulièrement aux sciences. Alors ceux qui n'étoient que gens de lettres, tâchèrent de le supposer comme éclipsé, depuis qu'il étoit dans une région où ils ne pouvoient plus le suivre. Ce n'est pas qu'il ne leur en procurât toutes les facilités, en dégageant les sciences de la sécheresse qui en écarte la plupart des hommes. Il les rendoit agréables à ceux mêmes qui ne cherchent que l'amusement. Les lecteurs les moins appliqués se crurent savans en parcourant ses ouvrages ; & la facilité qu'on trouvoit à l'entendre, nuisoit peut-être à la reconnoissance qu'on en devoit avoir. Les hommes sont assez portés à respecter ce qu'ils ne voient qu'au travers d'un voile ; leurs yeux sont plus frappés des météores de la nuit, que de la lumière du jour. *Fontenelle* ne se borna pas à répandre des graces sur la philosophie, il y porta la raison ; car ce n'est pas toujours la même chose. Loin de chercher à se distinguer par des opinions singulières, qui font un nom à leur auteur, quelquefois des sectateurs, & retardent les progrès de la vraie philosophie, il s'attacha à dégager la vérité de ce qui lui est étranger. Elle est comme les métaux que l'art ne crée point, mais qu'il purifie. Affranchie du prestige des systêmes, elle ne fait point de secte ; & c'est souvent sacrifier de sa renommée, que de travailler à n'être qu'utile.

Combien *Fontenelle* n'a-t-il pas assuré de réputations par son histoire de l'académie des sciences ? Combien n'a-t-il pas sauvé de noms de l'oubli, en les attachant au sien par ses éloges académiques ? Il contribuoit par ses lumières aux réputations les plus méritées. Il est l'auteur de la préface raisonnée du livre du marquis de l'Hôpital *sur les infiniment petits*. M. Rollin, qui l'ignoroit, ayant cité cette préface comme un modèle de jugement & d'impartialité dans la dispute vive sur les anciens & les modernes, fut fort étonné d'apprendre que l'auteur étoit un de ceux contre qui il vouloit en faire un titre. Ce ne seroit pas avoir une médiocre opinion du caractère de M. Rollin, que de croire qu'il se fût appuyé du même ouvrage, s'il eût été instruit du nom du véritable auteur.

Le mérite de *Fontenelle* étoit d'un si grand poids dans la cause des modernes, qu'on vouloit supposer qu'il méconnoissoit celui des anciens. Dans cette prévention, on l'avoit comparé à ces enfans vigoureux qui battent leur nourrice. Cette comparaison eût été plus justement appliquée à plusieurs de ceux à qui il avoit applani la route des sciences. Celles qu'on nomme exactes, ont pu être portées en France plus loin qu'elles ne l'étoient alors ; mais en doit-on moins d'éloges à des maîtres capables de former des disciples dignes de les surpasser ?

Si *Fontenelle* a trouvé des ingrats, qui peut-être n'étoient pas assez éclairés pour être reconnoissans & sentir ce qu'ils lui devoient, il en a été bien dédommagé par la considération dont il jouissoit dans toute l'Europe savante. Des étrangers venoient en France uniquement pour le voir. Un de ceux-là l'ayant demandé, en entrant dans Paris, aux commis de la barrière, crut ne s'être pas adressé à des François, puisqu'ils ne connoissoient pas le nom de *Fontenelle*. Cependant toutes les classes distinguées de la société lui rendoient, dans sa patrie, le même hommage que les étrangers. On vouloit le voir, on vouloit du moins l'avoir vu, si l'on n'étoit pas à portée de vivre avec lui.

Ses ouvrages, tout estimés qu'ils sont, ne l'emportoient pas sur sa conversation, mérite très-rare. D'ailleurs, personne n'étoit plus fait que lui pour faire rechercher sa société, parce que personne n'a réuni plus de qualités sociales. Les hautes spéculations de la philosophie ne prouvent que l'esprit, la conduite seule prouve le philosophe. Son objet doit être de rectifier les idées, épurer les sentimens, régler les mœurs, & par là conduire au bonheur. C'étoit l'usage que *Fontenelle* avoit fait de la philosophie. Il avoit l'art singulier d'étouffer la sensibilité naturelle sur les injustices, sans la perdre sur l'estime des hommes qui en méritent eux-mêmes. Si l'on étoit absolument insensible à toute espèce de louanges, on n'en mériteroit guère; mais sa droiture ne lui a jamais permis de rechercher la gloire par des manœuvres contre ses rivaux; il savoit qu'on perd souvent sa réputation en voulant enfler sa renommée; sa sagesse seule le rendit heureux. Il y a peu d'hommes qui puissent dire comme lui à la fin d'une longue vie, qu'ils consentiroient à recommencer exactement la même carrière. Le bonheur est l'objet de l'envie; le sien étoit un sujet d'éloges, puisque c'étoit son ouvrage. Sans ambition que celle de remplir les devoirs de son état, il n'en est jamais sorti. *L'homme sage*, disoit-il, *occupe le moins de place qu'il peut, & n'en change point*. M. le Régent, s'étant bonnement imaginé que dans une compagnie où le mérite fait le titre d'admission, celui qui en a le plus à cet égard pourroit aussi la présider, offrit à *Fontenelle* d'être le président perpétuel de l'académie des sciences : *Eh, monseigneur*, répondit-il, *pourquoi voulez-vous m'empêcher de vivre avec mes égaux*? Caractère égal, on n'a jamais remarqué dans *Fontenelle* aucun des écarts dont l'esprit ne préserve pas, & qu'il fait même excuser, parce qu'il n'en est que trop souvent la source. Tous les grands génies ont leur folie, lui disoit une princesse; vous êtes assez prudent pour nous avoir toujours caché la vôtre; avouez-nous-la de bonne foi : *En toute humilité*, répondit-il, *je m'en connois point*. Tant de sagesse devoit être un objet de respect; elle fut encore en butte à la malignité. On tâcha de persuader que son ame étoit indifférente (1) sur tout, & incapable de s'attacher aux dépens de son repos; c'est-à-dire qu'on lui reprochoit d'être né avec des passions réglées, ou d'avoir eu la force de les assujettir. Eh! quelles sont donc ces amitiés du siècle qu'on proposeroit pour modèles? Quelques engouemens peu réfléchis, bientôt suivis d'une liaison de respect humain, & quelquefois d'une rupture d'éclat. Les hommes supérieurs, loin de renfermer leurs inclinations dans un cercle étroit, se doivent peut-être à la société entière. C'est ainsi que les vrais princes s'occupent du bien des peuples, & n'ont point de favoris.

Cependant *Fontenelle* a été ami essentiel, & en a eu un assez grand nombre pour un pareil titre. Il n'est pas d'ailleurs inutile d'observer que tous ceux qui ont cru ou voulu trouver peu de chaleur dans le cœur de *Fontenelle*, ne l'ont connu que

---

l'esprit des détracteurs de la philosophie & des philosophes, mais qui feront plus d'impression sur ceux qui jugent sans passion, & qui ne cherchent en tout que le vrai.

Malouin, parent & ami de *Fontenelle*, eut plusieurs obligations à ce philosophe célèbre, & il se plaisoit à publier quelle noblesse, quelle simplicité, quelle suite *Fontenelle* savoit mettre dans les services qu'il rendoit. Il n'avoit pas besoin d'être sollicité : son amitié étoit vraie, & même active; aucun genre de sensibilité ne lui étoit étranger, & il connoissoit sur-tout les peines, & il avouoit à Malouin qu'elles étoient les plus cruelles qu'il eût senties, quoique les injustices qu'il avoit si long-tems essuyées dans la carrière des lettres, parussent bien faites pour affliger vivement son amour-propre. Il savoit, disoit avec plaisir Malouin, obliger ses amis à leur insçu, & leur laisser croire qu'ils ne devoient qu'à eux-mêmes ce qu'ils tenoient de son crédit, & de la juste considération qu'il avoit obtenue. Ce désir d'obliger ne l'abandonna pas dans les dernières années de sa vie, & survécut même à l'affoiblissement de sa mémoire & de ses organes. Un de ses amis lui parloit un jour d'une affaire qu'il lui avoit recommandée; je vous demande pardon, lui dit *Fontenelle*, de n'avoir pas fait ce que je vous ai promis. Vous l'avez fait, répondit son ami, vous avez réussi, & je viens vous remercier. Eh bien, dit *Fontenelle*, je n'ai point oublié de faire votre affaire, mais j'avois oublié que je l'eusse faite. Cependant on a cru *Fontenelle* insensible, parce qu'il étoit calme, parce que sachant maîtriser les mouvemens de son ame, il se conduisoit d'après son esprit toujours juste & toujours sage. D'ailleurs il avoit consenti sans peine à conserver cette réputation; il avoit souffert les plaisanteries de ses sociétés sur sa froideur, sans chercher à les détromper, parce qu'il étoit bien sûr que ses vrais amis n'en seroient pas la dupe, & parce qu'il voyoit dans cette réputation un moyen commode de se délivrer des indifférens sans blesser leur amour-propre...... Nous avons cru devoir rendre ce témoignage public aux vertus d'un sage dont l'envie n'a point respecté les cendres, parce qu'uniquement occupée de l'intérêt de blesser les vivans, elle se plaît également, selon que cet intérêt l'exige, à déchirer les morts, ou à les accabler de louanges exagérées, &c. *Voyez*, dans les mémoires de l'académie des sciences, l'éloge de Malouin, par M. Condorcet.

NOTE DE L'ÉDITEUR.

---

(1) Comme cette petite calomnie se répète encore tous les jours, il ne sera pas inutile de citer ici quelques faits qui sans doute ne la détruiront pas dans

depuis sa soixantième année ; âge où presque tous les hommes ont perdu les premiers, & par conséquent les plus chers objets de leurs affections; âge où l'on n'acquiert plus d'ami bien vif, où l'on n'est plus soi-même en état de le redevenir comme on l'a été, quoique l'on continue de l'être, & que les anciens amis soient plus chers que jamais ; âge enfin où l'on est réduit aux liaisons de société ; mais les procédés les plus honnêtes qu'on y peut avoir, ne sont pas des sentimens.

Fontenelle est peut-être le seul homme qui, dans sa vieillesse, ait senti & avoué l'affoiblissement des forces de son esprit. Il savoit combien la mémoire est nécessaire à l'esprit. En effet, elle rassemble les idées, l'esprit les met en ordre, & le jugement prononce sur la justesse de leur union. Il faut donc une mémoire étendue & prompte, pour offrir à-la-fois une quantité d'idées dont l'esprit fait un rapprochement subit, en supprimant la chaîne des intermédiaires pour n'en donner que le résultat. *Fontenelle* avoit souvent donné des preuves de ce talent rare.

Je lui rappelois un jour quelques-uns de ces traits d'une lumière vive : *Je ne produis plus*, me dit-il, *de ceux-là* ; & en parlant des pertes de sa mémoire : *Prêt à déloger d'ici, c'est le gros bagage que j'envoie d'avance.*

La longue vie de *Fontenelle* paroît encore entrer dans son éloge, puisqu'il la dut en partie à sa sagesse, sans rien retrancher sur les plaisirs, du moins sur les vrais, qui ne sont fondés que sur les besoins, & annoncés par les desirs. Il ne s'en est interdit aucun de ceux-là. Il écouta toujours la nature, sans lui commander des efforts : on ne l'oblige jamais à des avances, qu'elle n'en fasse payer les intérêts très-chers. Né avec un tempérament sain, mais délicat & foible, puisque, dans son enfance, on ne croyoit pas qu'il pût vivre, il a rempli un siècle par sa conduite, & non par un régime superstitieux, peut-être aussi contraire à la nature que des excès. Il sembloit que Dieu, en lui donnant une raison supérieure, l'eût laissé le dispensateur de ses jours. Aussi disoit-il dans ses derniers momens, quand on l'interrogeoit sur son état, qu'il ne sentoit autre chose qu'*une grande difficulté d'être*. Il mourut le 9 janvier 1757 ; mais son nom ne mourra jamais.

L'éloge de plusieurs hommes illustres n'est qu'un hommage glorieux à leur mémoire, sans aucun fruit pour la postérité. *Fontenelle* a laissé un exemple de ce que l'esprit juste & sage peut procurer de bonheur ; mais on pourra peut-être lui appliquer ce qu'il a dit de son oncle Pierre Corneille, qu'il n'a laissé son secret qu'à celui qui sauroit l'employer. (1).

(1) Cet éloge de *Fontenelle* est de Duclos.

Après avoir considéré rapidement *Fontenelle* dans les lettres, dans les sciences & dans la société, nous allons exposer aussi brièvement les principes de sa philosophie, dans lesquels on reconnoîtra presque toujours, cette clarté, cette précision, & ce même esprit d'analyse qu'on remarque dans tous ses ouvrages, & sur-tout dans l'histoire de l'académie des sciences, excellent modèle à proposer à tous ceux qui courent la même carrière.

Principes de la philosophie rationelle de Fontenelle.

Ce n'est que par notre raison que nous parvenons à la découverte de ce qui nous est inconnu, & notre raison elle-même nous est aussi inconnue que tout le reste.

Ce qu'on appelle communément la logique m'a toujours paru un art assez imparfait ; vous n'y apprenez ni quelle est la nature de la raison humaine, ni quels sont les moyens dont elle se sert dans ses recherches, ni quelles sont les bornes que Dieu lui a prescrites, ou l'étendue qu'il lui a permise, ni les différentes voies qu'elle doit prendre selon les différentes fins qu'elle se propose ; vous apprenez seulement de combien de propositions un raisonnement est composé, en combien de manières ces propositions peuvent être combinées, selon qu'elles sont universelles ou singulières, & combien de situations différentes on peut donner à un certain terme qui tient la place la plus honorable dans les syllogismes ; recherches inutiles & vaines, peu curieuses même, si on en juge par l'agrément, & peut-être seulement glorieuses pour leur auteur qui n'en est pas venu à bout sans application & sans subtilité.

Toute idée ne représente pas.

Quand je vois un animal se mouvoir de soi-même, j'ai une idée qui me le représente se mouvant de soi-même. Après en avoir vu plusieurs se mouvoir ainsi, je dis que tout animal se meut de soi-même. Cette idée ne me représente point que tout animal se meut de soi-même, elle m'en assure seulement.

Il est impossible qu'elle me le représente ; car nulle idée ne peut me représenter ce qui n'est point ; & *tout animal* n'est point une chose qui soit réellement ; donc nulle idée ne peut me représenter *tout animal*, ni par conséquent rien qui lui appartienne.

Mais ayant vu plusieurs animaux se mouvoir d'eux-mêmes, je crois que tous les autres animaux que je n'ai pas vus, & par conséquent tous les animaux généralement, se meuvent ainsi, & cette idée m'assure que cela est sans me rien représenter.

Si je veux qu'elle me représente quelque chose,

je vois aussitôt quelque animal ou quelques animaux en particulier ; c'est-à-dire, que cette idée, d'universelle qu'elle étoit, devient particulière.

Voici en effet comment se forment les idées universelles. On voit plusieurs choses particulières semblables. L'esprit qui ne peut ni les voir toutes, ni quand il les auroit vues, les embrasser toutes, conclut que celles qu'il n'a pas vues, & qui sont de même nature, sont semblables aussi, & là-dessus forme une proposition universelle.

Ainsi toute proposition universelle est une voie abrégée de l'esprit qui ne peut ni voir ni embrasser ensemble tous les particuliers, & les envelopper tous ensemble dans une seule idée. De-là vient que cette idée est confuse, & ne représente rien ; car elle n'a pour but rien qui soit réel. Donc nulle idée universelle ne représente.

Je crois que Dieu n'a point d'idée universelle ; son entendement infini embrasse distinctement tous les particuliers ensemble, & n'a point besoin d'en faire d'extrait ni d'abrégé. D'ailleurs il ne peut avoir d'idée qui ne représente rien de réel. Or une idée universelle ne peut rien représenter de réel, & par conséquent ne représente rien du tout.

Les bêtes n'ont que des idées particulières qui représentent, & n'en ont point qui assurent. C'est que leur esprit ne peut embrasser que ce qu'il voit.

Les hommes ont des idées qui représentent, & d'autres qui assurent. C'est qu'ils peuvent embrasser beaucoup, mais ils ne peuvent l'embrasser distinctement.

Le plus ou moins distinctement peut former une infinité d'espèces entre Dieu & les bêtes, selon ses différentes proportions. L'homme est une de ces espèces mitoyennes.

Les deux extrémités se rejoignent. Dieu & les bêtes n'ont que des idées qui représentent, mais bien différemment.

Vous voyez que les idées universelles sont bien éloignées d'être plus parfaites que les particulières : tout au contraire.

On appelle ordinairement les idées qui représentent, idées d'imagination, & celles qui assurent, idées de pur entendement.

Il est bien vrai que les idées qui représentent se forment en quelque sorte dans l'esprit sans qu'il agisse, & qu'il paroît les recevoir à la manière d'un miroir, & pour celles qui assurent, il y entre de l'action de l'esprit, qui, las de recevoir tant d'idées particulières, les suppose toutes égales. Mais je ne crois pas qu'il soit de la nature du pur entendement que ses idées ne représentent rien. Que dira-t-on de celle de Dieu ?

Selon l'ordre naturel toutes les idées qui assurent ont été précédées d'idées qui représentoient.

Il est impossible que j'aie des idées qui assurent, si je n'en ai, sur la même espèce de choses, qui représentent. Car je ne sais ce que voudroient dire ces idées qui assureroient. Que je n'aie vu que quatre ou cinq couleurs : je puis avoir une idée qui m'assurera qu'il peut y avoir une infinité d'autres couleurs que je ne me représenterai pas. Mais il suffira pour fonder cette idée générale qui assure, que j'en aie eu quelques particulières qui représentoient.

Mais si je suis aveugle-né, & que nulle idée ne m'ait représenté aucune couleur, nulle idée ne pourra m'assurer qu'il y en puisse avoir.

Donc toute idée qui assure, est fondée sur des idées qui représentent. Donc toute idée universelle, sur des particulières. Donc il est impossible que j'aie une idée universelle sur une chose sur laquelle je n'en ai point de particulières. Donc il est impossible que j'aie une idée innée des axiômes ; car ce sont des idées universelles ; & on convient que je n'ai que par expérience les idées particulières qui s'y rapportent.

Il faudroit que Dieu, en me mettant dans l'esprit que le tout est plus grand que sa partie, m'y eût mis aussi l'idée de quelque tout & de quelque partie, nombre ou ligne, &c. car sans cette idée particulière, l'universelle qui ne représente rien est inintelligible.

Qu'on me dise le mot *beth*, que je n'entends point ; je m'en fais pourtant une idée que je retrouve dans mon esprit quand je veux. Cette idée ne me représente rien de réel, que le son, le mot *beth*. Ce n'est l'idée que d'un mot. Si on me dit que *beth* veut dire une maison, alors en entendant *beth*, je vois dans mon esprit une maison.

Cette idée représente & est l'idée d'une chose. Deux idées peuvent donc répondre à *beth*, celle du mot & celle de la chose.

Supposé que je sache l'hébreu, quand on me dit *beth*, la première idée qu'on me donne est celle du mot ; car elle est inséparable du son matériel, & dans le même instant je prends l'idée de la chose. Si je commence à apprendre l'hébreu, sur l'idée qu'on me donne du mot *beth*, mon esprit court aussitôt à celle d'une maison, comme pour confronter ces deux idées, & voir si celle de la chose répond toujours à celle du mot ; si ce qu'on m'assure être vrai de l'idée de ce mot *beth*, est vrai de l'idée d'une maison.

Lorſque je ſais bien la langue, & que j'ai vu par pluſieurs expériences intérieures que l'idée du mot répond toujours à celle de la choſe; je commence à prendre l'habitude de m'arrêter à l'idée du mot, ſans paſſer à celle de la choſe. Car remarquez que l'idée de la choſe coûte à prendre, & que celle du mot ne coûte rien. Je ſens un certain travail d'eſprit quand je veux me repréſenter une maiſon, & je n'en ſens point à prononcer intérieurement *beth*.

Ayant donc reconnu l'égalité des idées des mots & des idées des choſes, & les idées des mots étant plus aiſées à prendre, l'eſprit s'accoutume à n'opérer plus que ſur les idées des mots, ſauf à leur ſubſtituer celles des choſes, s'il en eſt beſoin. Car cette égalité n'eſt pas ſi juſte, qu'elle ne nous trompe quelquefois.

Je puis bien, par exemple, vous faire paſſer cette propoſition, qu'un homme ayant les talons contre une muraille, peut toucher la terre de ſes mains. Pourquoi vous y ſurprendrai-je? C'eſt que vous ne prenez que les idées des mots, entre leſquels vous ne voyez pas d'oppoſition manifeſte. Mais ſi vous allez juſqu'à l'idée des choſes, ſi vous vous repréſentez ce que je vous dis, vous verrez bien qu'il eſt impoſſible qu'un homme, &c.

Cela ſuffiroit, ce me ſemble, pour faire voir la différence des idées des mots & des idées des choſes.

Cette différence eſt la raiſon pourquoi; 1°. en méditant, nous parlons dans notre eſprit. 2°. Quelque ſpirituellement qu'on médite, chacun médite en ſa langue.

3°. Les raiſonnemens formés par diverſes nations ſur les mêmes choſes, ſont les mêmes, parce que, quoiqu'ils aient été formés ſur les idées des mots qui étoient différentes, ces différentes idées étoient ſubſtituées pour les idées des choſes qui étoient les mêmes.

4°. Quand on me dit une armée de 30,000 hommes, j'entends cela ſans prendre aucune idée préciſe d'hommes aſſemblés & armés.

5°. Mais ſi je ne crois pas qu'une armée de 30,000 hommes puiſſe être en tel lieu, je prends l'idée préciſe de la choſe pour la mieux voir.

6°. Les muets & ſourds ont l'eſprit plus vif que les autres, parce qu'ils n'ont point d'idées des mots qui, en épargnant de la peine à l'eſprit, rendent auſſi ſon action plus lente & plus froide que s'il opéroit ſur les idées des choſes mêmes.

7°. La peinture demande un eſprit plus vif que la philoſophie, parce que la peinture opère toujours ſur les idées des choſes, & la philoſophie opère le plus ſouvent ſur les idées des mots, dont les égalités ou inégalités étant reconnues par les idées des choſes qui ont dû précéder, on ne raiſonne preſque que ſur les idées des mots. Mais la philoſophie faiſant beaucoup de comparaiſons d'idées, ne fuſſent-elles que des mots, elle demande plus de juſteſſe & de fineſſe d'eſprit que la peinture.

Toute idée repréſente ou aſſure. Toute idée qui repréſente, eſt idée de mot ou de choſe. Toute idée qui aſſure, n'eſt idée ni de mot, ni de choſe; j'entends par elle-même.

Ainſi un ſourd a une idée qui l'aſſure qu'il y a un Dieu, & cette idée ne lui repréſente ni le mot ni la choſe.

Mais pour nous qui parlons, comme une idée qui aſſure ſimplement, eſt trop confuſe, nous mettons en ſa place une idée qui repréſente un mot. Ainſi nous mettons l'idée du mot de Dieu en la place de cette idée qui aſſure l'être infini.

Un ſourd voyant pluſieurs animaux automates par des idées qui les repréſentent, conçoit que tout animal eſt automate, par une idée qui l'aſſure ſans repréſenter. J'ai auſſi cette idée comme lui. La différence eſt que moi, en la place de cette idée univerſelle qui aſſure, je mets une idée qui repréſente, & c'eſt l'idée de ces mots, *tout animal eſt automate*. (*Voyez* l'article INSTINCT DES ANIMAUX).

Toute idée univerſelle qui aſſure, n'étant point réduite à une idée de mots, doit être précédée actuellement & ſoutenue par les idées particulières qui repréſentent; mais ſi elle eſt réduite à une idée de mots qui repréſente, elle ſe ſoutient bien dans l'eſprit ſans les idées particulières des choſes qui repréſentent. Ainſi je ſens que je dis bien intérieurement dans mon eſprit en françois: *tout animal eſt automate*; & je ſais qu'il y a un ſens à cela, & je vois ce ſens, & je ne me repréſente pourtant nul animal. Mais ſi je veux ôter à cette idée l'expreſſion françoiſe qu'elle a dans mon eſprit, je retourne à des idées particulières d'animaux automates: après quoi je dis: *cela doit toujours être ainſi*, *tout animal eſt automate*.

Quand ayant vu *Pierre*, *Jacques*, &c., je conçois tout homme, c'eſt l'idée d'un mot que je mets en la place d'un trop grand nombre d'idées particulières de choſes que je ne puis embraſſer. Mais quand je dis, ſur un certain nombre d'expériences: *tout homme agit ainſi*, *a telle figure*, &c. qui apprend cela à mon eſprit touchant les hommes qu'il n'a pas vus?

Il ſemble que cette idée qui aſſure, ſoit fondée ſur l'axiôme que ce qui eſt toujours tel, en toutes circonſtances, eſt néceſſairement tel. Or cet axiôme ſeroit donc né avec moi?

Voici ma penſée. Mon eſprit naturellement copie. Sur une idée particulière qui repréſente, il s'en fait à lui-même d'autres ſemblables, & n'y met point de différences ſenſibles, s'il ne les prend ſur d'autres idées particulières.

Si je n'ai jamais vu qu'un cheval qui ſoit noir, & que je ſache qu'il y ait encore au monde d'autres chevaux, ou que ſeulement je multiplie dans mon eſprit, par des idées particulières, ce ſeul cheval que j'ai vu, naturellement je me figurerai tous ces chevaux noirs. Juſques-là je prendrai pour une choſe ſûre que tous les chevaux ſont noirs.

Si j'ai d'ailleurs l'idée de la blancheur, & que de cette idée & de celle de la figure du cheval, je vienne à en compoſer un cheval blanc, comme je n'aurai ni impoſſibilité ni difficulté à concevoir cela, je commencerai à douter s'il n'y a point réellement quelque cheval blanc.

Mais ſi venant à voir un grand nombre d'autres chevaux, il ſe rencontroit qu'ils fuſſent tous noirs, alors je commencerois à croire qu'ils devroient tous être noirs, puiſqu'ils le ſeroient tous; & je ne concevrois pourtant pas qu'il fût poſſible qu'il y en eût de blancs.

Mais ſi d'ailleurs je n'avois jamais vu que du noir, alors n'ayant l'idée que du noir, je verrois évidemment, & poſerois pour axiôme, que tout cheval ſeroit noir, & il me ſeroit impoſſible de le concevoir autrement. Je verrois cet axiôme, comme je vois que le tout, &c.

Un axiôme n'eſt donc point fondé ſur l'évidence réelle de la choſe, c'eſt-à-dire, ſur la vérité qui produiſe en moi l'évidence, mais ſur l'impoſſibilité que j'ai de concevoir la choſe autrement.

Car, quoiqu'il n'y ait nulle évidence réelle, nulle vérité dans cet axiôme, *tout cheval eſt noir*; vous voyez pourtant un cas poſſible où il iroit de pair avec le tout plus grand, &c.

L'impoſſibilité de concevoir la choſe autrement peut venir, ou de ce que je n'ai pas des idées contraires qui ſoient poſſibles, ou de ce que ces idées contraires ſont réellement impoſſibles.

Comment diſtinguer dans lequel de ces deux cas nous ſommes à l'égard de quelque idée? Par l'expérience même. Si quelque idée pouvoit être contraire au tout plus grand, &c., dans le grand nombre d'idées particulières que je reçois, quelqu'une lui ſeroit contraire.

D'ailleurs, en ſuppoſant ce principe, s'il n'étoit pas réellement vrai, je n'en tirerois pas une infinité de choſes que l'expérience m'apprend être vraies. Je n'attends pourtant pas ces réflexions pour m'aſſurer de la vérité du tout, &c, car l'évidence m'emporte, & dans lequel des deux cas que ce ſoit, elle m'emportera toujours. Mais quand elle vient de la nature des choſes, rien ne la détruit jamais; quand elle ne vient que du défaut d'idées contraires, elle eſt bientôt détruite.

Je ne doute point que, dans mon enfance, je n'aye eu beaucoup d'axiômes vrais & faux, que je croyois tous avec une égale évidence; mais les uns ont tenu bon, les autres non.

En un mot, toute choſe m'eſt axiôme la première fois que je la vois, ſi je n'ai encore vu qu'elle; car je la conçois évidemment telle, & je ne la puis concevoir autrement.

Mais il n'a jamais été d'inſtant où je n'aye eu l'idée que d'une ſeule choſe; & ſi n'y ayant que deux idées dans mon eſprit, il ne m'eſt pas impoſſible de prendre de l'une & de l'autre pour en faire une troiſième, dès-lors ni l'une ni l'autre n'eſt axiôme, parce que je puis concevoir l'une & l'autre autrement que je ne l'ai vue d'abord.

Ce que, par aucun mélange d'idées, je ne puis jamais concevoir autrement que je ne l'ai vu d'abord, demeure axiôme. De-là vient que, quoique les axiômes ſoient pris dans l'expérience, ils n'ont point beſoin d'induction; car je ne crois point que le tout, &c, parce que je l'ai toujours vu ainſi, mais parce que, ne l'euſſé-je jamais vu qu'une fois, je ne le puis concevoir autrement, quelque mélange que je faſſe des autres idées que j'ai par l'expérience.

Une choſe que j'ai toujours vue ainſi, & que je puis concevoir autrement, n'eſt point un véritable axiôme, quelque induction que j'aie faite: ce n'eſt qu'un axiôme d'expérience. Je crois avoir tort de concevoir la choſe autrement, puiſqu'elle n'eſt jamais autrement.

La différence de ces deux ſortes d'axiômes vient de ce que, dans un certain ordre de choſes, la nature ſe montre toute entière à nous; dans un autre ordre ſeulement en partie.

Quand elle ſe montre toute entière à nous, la même néceſſité réelle qui rend la choſe telle, devient en nous une néceſſité abſolue de la concevoir telle.

Quand la nature des choſes ne ſe montre qu'en partie, la néceſſité qui les rend telles ne ſe montre point du tout; car cette néceſſité eſt indiviſible; ainſi je les puis concevoir autrement.

Si

Si je vois une montre par dedans, je vois qu'il faut nécessairement qu'elle sonne, & ne pourrois concevoir qu'elle ne sonnât pas. Cela répond aux vrais axiômes.

Si je ne la vois que par dehors, ou que la moitié du dedans, je vois bien qu'elle sonne toujours; mais je pourrois bien concevoir qu'elle ne sonnât pas. Cependant parce qu'elle sonne toujours, &c, cela répond aux axiômes d'expérience.

Loi de la pensée.

L'esprit juge vrai tout ce qu'il ne peut penser autrement. Raison de cette loi. En vain un esprit seroit capable d'idées vraies s'il ne les croyoit vraies. De juger en quel cas il les doit croire vraies, sur une règle qui seroit née avec lui, & laquelle il iroit envisager, cela seroit inutile; car cette règle même pourquoi la croiroit-il vraie? Ce ne pourroit être que par un mouvement naturel & imprimé de Dieu; or il vaut autant que ce mouvement lui soit imprimé sur les choses mêmes que sur la règle.

Mais en quel cas Dieu doit-il donner ce mouvement pour croire? Ce ne doit être que dans les cas où il portera généralement au vrai.

Un esprit parfait, & auquel la vraie nature des choses se montre, & qui ne fait que recevoir les objets, doit juger vrai tout ce qu'il conçoit; ce doit être là son mouvement de créance; mais l'esprit humain n'est pas parfait. Non-seulement la nature des choses ne se montre pas toujours toute à lui, mais après avoir reçu les objets, il opère diversement sur eux: double source d'erreurs pour les idées simples des sens, & pour les idées composées de l'entendement.

Il a fallu que Dieu, en imprimant la loi générale de créance, évitât le cas de l'erreur.

Or, quoique dans les idées des sens la nature des choses ne se montre pas toute, c'est pourtant parce que la nature des choses est telle, qu'elles se montrent d'une certaine manière, en tant qu'elles se montrent. Ainsi ce qu'on en voit a sa vérité; mais la présence des objets détermine nécessairement l'esprit à les concevoir d'une telle façon & non d'une autre. Si je vois un homme debout, il m'est impossible de le voir couché, &c. Ainsi l'esprit, dans ce cas là, se portera au vrai, en jugeant vrai ce qu'il ne pourra penser autrement; car ce qu'il ne pourra penser autrement est pris dans la nature même des choses, qui est vraie en cette partie qu'elle montre.

A l'égard des idées composées de l'entendement, j'en puis faire qui ne représentent rien de réel; aussi jusques-là je n'ai nul penchant à les juger vraies. Mais quand, malgré cette composition arbitraire d'idées, il y a toujours quelque chose qui ne peut être conçu autrement, comme le *tout*, &c, alors il faut que cette impossibilité vienne de la nature des choses; car, dans le nombre prodigieux d'idées différentes que j'ai, il y en auroit de contraires si les contraires étoient possibles. Donc, ce qu'on ne peut concevoir autrement, est vrai.

S'il eût fallu que l'esprit, avant que de juger quelque chose vrai, eût envisagé toutes ces raisons, je n'eût jamais été fait. Il a donc fallu que Dieu, fondé sur ces mêmes raisons, lui ait imprimé un mouvement de créance.

En effet, tout ce qu'on ne peut juger autrement, on le juge vrai, sans examiner & sans savoir si cette impossibilité de concevoir autrement est une marque sûre de vérité.

A ce mouvement naturel de créance, l'esprit ajoute une règle qu'il se fait à lui-même. Cette règle est, qu'il juge vrai tout ce qu'il croit ne devoir pas concevoir autrement, quoiqu'il le pût.

Ainsi, quoique je pusse concevoir les hommes immortels, je ne crois pourtant pas cela vrai, parce que j'ai une raison d'expérience pour croire que je ne le dois pas concevoir ainsi.

Cette règle est fondée sur ce que l'esprit a fait réflexion que l'impossibilité de concevoir autrement n'est une marque de vérité que parce qu'elle vient de la nature des choses. Or si les choses se présentent toujours à moi d'une certaine manière, elles me fournissent, autant qu'il est en elles, l'impossibilité de les concevoir autrement; & si je puis encore les concevoir autrement, c'est que je leur applique des idées qui ne leur conviennent pas. Ainsi je juge aussi vrai ce que je crois ne devoir pas concevoir autrement, quoique je le pusse, que ce que je ne puis du tout concevoir autrement.

De la dernière espèce sont les axiômes d'expérience, & de la première les axiômes de la nature.

Pour les axiômes d'expérience, il faut quelques précautions avant que de les recevoir. Comme ils ne sont fondés que sur ce que la chose est toujours d'une certaine manière, il faut voir si on a assez d'expériences, assez de différens cas, &c.

Mais d'où vient que de deux choses vraies, on peut concevoir l'une autrement, l'autre non? C'est que la nature des choses se montre quelquefois toute entière, quelquefois non.

L'être mathématique des choses, leur être nombrable & mesurable se montre à nous entier, j'entends sur de certaines matières. Leur être physique, qui consiste en figures & mouvemens, ne se montre pas entier.

Comme je vois l'être mathématique entier, nulle idée ne lui peut être contraire ; car je le vois par-tout de la même manière, toujours par une idée simple.

Mais comme je ne vois pas entier l'être physique de l'homme, je puis appliquer à la partie inconnue de cet être physique une idée prise ailleurs, & qui lui sera contraire.

Ainsi, l'idée que j'ai prise dans le soleil d'un mouvement perpétuel, sans diminution ni déchet de substance, je l'applique à la partie inconnue de l'être physique de l'homme, & je me trompe. Si cette partie-là m'eût été connue, je n'eusse jamais pu lui appliquer cette idée.

Ainsi je ne puis concevoir les choses autrement qu'elles ne sont, que lorsqu'une partie de leur être m'est inconnue. Si je connoissois le tout : j'y verrois nécessité absolue d'être ainsi. (*Ce principe généralisé est une vérité incontestable, & qui sert de base à tout l'édifice de la philosophie rationelle : on peut voir ce que j'ai dit à ce sujet dans l'article* FATALISME & FATALITÉ DES STOÏCIENS, *ci-dessus, pag. 402, colon. prem. & 2.*

Par impossibilité de concevoir autrement, je n'entends pas une réflexion expresse que l'esprit fasse qu'il ne peut concevoir autrement, ou un effort inutile de concevoir autrement. Je n'entends que la nécessité de concevoir ainsi, jointe peut-être au sentiment de cette nécessité.

La nature des loix générales, en tant qu'elles sont du dessein de Dieu, est de produire toujours des effets qui le remplissent, hormis dans un petit nombre de cas, qui ne pourroient être réformés que par des loix particulières, indignes de la sagesse & de la simplicité de Dieu.

Les loix générales de la génération des animaux produisent quelquefois des monstres. Ainsi la loi générale de la pensée porte quelquefois à faux, mais rarement. Elle n'y porte jamais dans les idées composées, universelles, &c ; il n'y a rien de faux, & qui soit tel que je ne le puisse concevoir autrement.

Restent les idées simples des sens, le bâton rompu dans l'eau, les grandeurs des corps célestes, les couleurs, les sons, &c. Je me trompe sur tout cela, en vertu de la loi générale qui me porte à juger vrai ce que la présence des objets m'oblige à concevoir d'une certaine manière.

Mais ces cas-là, quoiqu'en grand nombre, sont pourtant en petit nombre, en comparaison de ceux où je juge vrai, qui sont, 1°. l'existence de tous les corps, 2°. presque tous leurs mouvemens, situations, figures & actions.

De plus, ces jugemens faux sont tous ensuite réformés par d'autres que la même loi générale fait faire. Ainsi elle applique elle-même le remède au mal qu'elle fait.

Enfin ces jugemens sont vrais, non en eux-mêmes, mais par rapport à nos besoins, pour lesquels ils suffisent.

Et peut-être Dieu, qui doit la vérité à tout esprit qu'il crée, ne nous doit-il, sur les objets des sens, que cette vérité respective ; au lieu que sur les objets de l'entendement il nous doit une vérité absolue ; & en effet, sur cela, la loi générale ne trompe jamais.

Les cartésiens prétendent que les jugemens qu'on fait en attachant aux objets les couleurs, les sons, &c, sont des jugemens précipités que nous avons grand tort de faire, & que nous devrions seulement dire : *il y a quelque chose dans les objets qui fait que, ou à l'occasion de quoi je pense*, &c.

J'avoue que ces jugemens sont précipités, c'est-à-dire, qu'on les fait promptement ; j'avoue aussi qu'ils sont faux, mais je soutiens qu'on a raison de les faire.

1°. Les jugemens contraires qu'on veut mettre à la place sont impossibles. Si vous prétendez que, sur les idées des choses sensibles, il ne faille rien assurer des objets, il ne faut seulement pas assurer leur existence ; ainsi il ne faut pas dire : *Il y a quelque chose dans l'objet qui fait que je pense blanc* ; mais il faut dire : *j'ai une idée de blanc*. Or qui m'assurera qu'il y ait quelque chose au monde de blanc ? C'est que Dieu, disent les cartésiens, ne permettroit pas qu'on fût dans une illusion perpétuelle, &c ; mais qui m'assurera d'un Dieu ? Otez-moi toutes les idées des sens, jamais vous ne me prouverez un Dieu. Il faut donc revenir à croire positivement quelque chose de ce qui est rapporté par les sens.

Mais quand on pourroit dire, *il y a quelque chose dans les objets*, &c, il le faudroit dire sur tout, sur les mouvemens, figures & situations, comme sur les couleurs, sons, &c. Or, un homme qui dira qu'il y a dans les objets quelque chose qui lui fait avoir la pensée de mouvement & de figure, mais non pas réellement mouvement, figure, étendue, &c., sera le pyrrhonien le plus parfait ; & par conséquent le plus impertinent qui ait jamais été ; vous ne lui prouverez jamais la distinction de l'ame &

du corps, puisqu'elle n'est fondée que sur la supposition qu'il n'y a dans la matière qu'étendue, mouvement, &c.

Du raisonnement.

On dit qu'on a vu dans le germe des oignons de quelques fleurs, de petites fleurs déjà toutes faites, en sorte que la nature n'avoit plus qu'à leur donner de l'accroissement & de l'étendue; & dans ces petites fleurs il falloit qu'il y eût encore des oignons, & dans ces oignons des fleurs encore plus petites. Ainsi toutes ces fleurs ne feroient que se développer à l'infini les unes de dedans les autres, & ce qu'on appelle générations ne seroient plus des formations nouvelles, mais des développemens. Ce système est fort vraisemblable, mais de plus il est joli & fait plaisir à croire. S'il n'est vrai pour la matière, il l'est pour l'esprit. Il ne se forme point dans notre esprit de nouvelles connoissances, mais celles qui y sont se développent; & les développer, c'est raisonner. Vous savez que le tout est plus grand que sa partie, & que qui ajoute choses égales à choses égales, les touts sont égaux; vous savez toutes les mathématiques. Vous ne l'eussiez pas cru? mais vous n'eussiez pas cru non plus que la première tulipe du monde renfermât toutes les autres déjà formées. Les tulipes qui naissent à présent étoient bien enveloppées dans celles qui fleurirent il y a six mille ans; aussi les équations de l'algebre sont-elles bien enveloppées dans les propositions que je viens de vous dire; mais il ne tient qu'à les en tirer, elles y sont. Vous voyez les plus simples & les plus aisées sortir les premières, & puis les autres. Je ne vous apprends jamais rien, mais je vous fais voir jusqu'où va ce que vous saviez. La conséquence étoit dans les principes; vous ne l'y apperceviez pas, & cette conséquence-là va devenir principe à l'égard d'une autre conséquence. C'est ainsi que cela se développe toujours. L'esprit a sa divisibilité à l'infini, comme la matière. (1)

D'où vient qu'on ne se rend pas si aisément à l'autorité qu'à la raison? Je dirois bien, si je voulois, que l'autorité est une tyrannie que l'on exerce sur nous, au lieu que la raison est un empire légitime, & que l'esprit qui est naturellement indépendant, se révolte contre l'autorité.

---

(1) Ce paragraphe faisoit partie d'un recueil que *Fontenelle* avoit intitulé *rêveries diverses*. Je fais cette remarque, parce qu'il ne faut pas attacher à cette comparaison ingénieuse une importance que ce philosophe n'y mettoit pas, Il avoit l'esprit trop juste pour admettre une hypothèse aussi absurde que celle des germes préexistans. NOTE DE L'EDITEUR.

Mais je crois de bonne foi que nous nous attribuons quelquefois des sentimens d'orgueil que nous n'avons point, & que d'autres fois, en récompense, nous en avons que nous ne nous attribuons pas. La vraie cause, qui m'empêche de croire un auteur sur sa parole, c'est que ce qu'il me veut faire croire est étranger dans mon esprit, & n'y est pas né comme dans le sien. Une opinion que j'ai prise de moi-même tient dans ma tête à tous les principes.....

De la connoissance de l'esprit humain.

Je n'entreprends point sur la nature de l'esprit une spéculation métaphysique, où je me perdrois peut-être, & où il est toujours certain que peu de gens me suivroient quand je ne m'y égarerois pas. Je ne prétends découvrir que des vérités moins abstraites, mais dont quelques-unes ne sont pas pour cela moins nouvelles ni moins utiles. J'éviterai avec soin les idées trop philosophiques, mais je ne les contredirai pas. Je les laisserai à l'écart, mais sans les perdre de vue, & je ferai en sorte que l'on puisse, si l'on veut, y rejoindre facilement celles de cet ouvrage; peut-être même employerai-je quelquefois la métaphysique, pourvu qu'elle se rende traitable, & qu'en conservant son exactitude & sa justesse, elle se laisse dépouiller de son apreté & de son austérité ordinaires.

Toute la nature de l'esprit est de penser, & nous ne considérerons l'esprit humain que selon ses idées. Nous examinerons d'abord quelle est leur origine; ensuite nous les regarderons sous deux rapports principaux qu'elles ont; l'un aux objets extérieurs, ce qui fait qu'on les appelle vraies ou fausses; l'autre à l'esprit même, ce qui fait qu'on les appelle agréables ou désagréables. Enfin, des diverses espèces d'idées, & de diverses choses qui regardent leur nature, nous tirerons les principales différences qui sont entre les esprits, c'est-à-dire, les différens caractères qui distinguent les hommes, quant à ce qui regarde l'esprit.

DE L'ORIGINE DES IDÉES.

Que toutes les idées sont prises dans l'expérience.

L'ancienne philosophie n'a pas toujours eu tort; elle a soutenu que tout ce qui étoit dans l'esprit avoit passé par les sens, & nous n'aurions pas mal fait de conserver cela d'elle. Les sens apportent à l'esprit une infinité d'images des objets extérieurs, assez imparfaites à la vérité, & assez confuses; mais comme l'esprit a le pouvoir d'agir sur ces images, de les augmenter, de les diminuer, de les comparer les unes aux autres, il s'en forme de nouvelles plus justes & plus ressemblantes que les premieres sur lesquelles il a travaillé. Ainsi, de plusieurs idées particulières qui représentent des objets semblables en quelque chose, il retranche ce qu'elles ont de différent, & de-là nait une idée universelle qui représente plusieurs choses comme une seule, parce qu'elle ne représente que ce qu'elles ont de commun.

A force d'opérer sur les premières idées fournies par les sens, d'y ajouter, d'en retrancher, de les rendre, de particulières, universelles, d'universelles plus universelles, l'esprit les rend si différentes de ce qu'elles étoient d'abord, qu'on a quelquefois peine à y reconnoître des traces de leur origine. Cependant qui voudra prendre le fil & le suivre exactement, retournera toujours de l'idée la plus sublime & la plus élevée, à quelque idée sensible & grossière (1).

L'idée même de l'infini n'est prise que sur le fini dont j'ôte les bornes, & alors je ne l'embrasse ni ne le conçois plus ; seulement je raisonne sur la supposition que j'ai faite qu'il n'a point de bornes, & je ne vais pas bien loin sans tomber dans des embarras qui naissent de l'imperfection de mon idée.

On prétend que les axiômes, c'est-à-dire, des propositions d'une vérité incontestable, & qui n'a pas besoin de preuves, sont des connoissances nées avec nous ; par exemple, que le tout est plus grand que sa partie ; que de grandeurs égales, si on ôte choses égales, les restes sont égaux, &c. Si c'étoit-là, dit-on, des vérités connues par l'expérience, il les faudroit prouver comme on prouve des vérités d'expérience, en parcourant tous les cas particuliers. Il faudroit voir chaque tout, & voir s'il est toujours plus grand que sa partie ; comme pour établir cet axiôme d'expérience, que tous les hommes sont mortels, il a fallu en voir mourir une grande quantité.

Je réponds que ces deux axiômes, *que le tout est plus grand que sa partie*, & *tous les hommes sont mortels*, sont également des axiômes d'expérience, mais qu'ils n'ont pas également besoin d'être vérifiés par des expériences répétées.

Dans un certain ordre de choses, la nature se montre toute entière à nous, & dans un autre elle ne se montre pas entière. Quand elle se montre toute entière à nous, la même nécessité qui rend la chose telle, devient pour nous aussi une nécessité absolue de la concevoir telle.

Quand la nature des choses ne se montre qu'en partie, la nécessité qui les rend telles, ne se montre point du tout, car elle est indivisible.

Si je vois une pendule par dedans, je vois qu'il faut nécessairement qu'elle sonne, & je ne pourrois concevoir qu'elle ne sonnât pas. Si je ne la vois que par dehors, je vois bien qu'elle sonne toujours ; mais je n'aurois pas beaucoup de peine à m'imaginer qu'elle pût ne pas sonner.

Quand je vois une grandeur d'un pied, je vois toute la nature en tant qu'elle est simplement grandeur ; & quand je vois qu'elle est plus grande qu'un pouce qui est sa partie, j'y vois une telle nécessité, qu'il ne m'est plus possible après cela d'imaginer quelque autre tout qui ne soit aussi plus grand que sa partie.

Mais quand je vois un homme qui meurt, comme je ne connois point cette machine, ou plutôt cet assemblage infini de machines qui sont le corps humain, je ne vois point la nécessité qui fait que tout cela se désassemble après un certain tems, & il ne me seroit pas impossible d'imaginer que le mouvement & l'union des parties ne finiroient point.

Ainsi dans le premier exemple, j'ai vu la nature entière de la chose la première fois que je l'ai vue ; un seul cas m'a représenté tous les autres ; & je n'ai pas besoin d'une seconde expérience pour être convaincu qu'il en iroit toujours de même. Ensuite, comme cette idée, quoique prise dans l'expérience, s'est maintenue dans mon esprit par elle-même, & indépendamment du secours des expériences suivantes, j'ai cru que l'expérience ne me l'avoit jamais donnée ; j'ai méconnu son origine, & me suis persuadé qu'elle étoit née avec moi. Voilà ce qu'on appelle les axiômes naturels.

Dans le second exemple, la répétition d'expériences qui a été nécessaire pour me persuader que tous les hommes sont mortels, m'a marqué continuellement, & à divers reprises, d'où venoit cette idée, & m'a empêché de la prendre pour autre chose que pour un axiôme d'expérience. Je ne vois point la nécessité qui fait que tous les hommes meurent ; mais sans la voir, je suis obligé de la supposer, & j'en ai une entière certitude.

Toutes les idées viennent donc de l'expérience ; mais il y en a que l'expérience peut abandonner, pour ainsi dire, dès qu'elle les a fait naître, & qui se soutiennent sans elle ; d'autres qui ont long-tems besoin de son secours.

---

(1) Ce principe de *Fontenelle* est d'une évidence à laquelle il est impossible de se refuser. Il est peu de vérités spéculatives plus fécondes, & dont les conséquences soient plus importantes. Diderot y est aussi arrivé en partant, comme *Fontenelle*, de l'ancien axiôme, *nihil est in intellectu quod non prius fuerit in sensu*, (*Voyez* ce qu'il observe à ce sujet, ci-dessus, page 107, colon. première.

NOTE DE L'EDITEUR.

Analogie de la matière & de l'esprit.

Dieu a fait la matière capable de mouvement, de communiquer & de reprendre ce mouvement. Il a fait l'esprit capable de penser, de répéter & de comparer ses pensées. Il a donné à la matière un mouvement général, qui est ensuite différemment modifié dans les parties de la matière, selon qu'elles se rencontrent. Il a donné à l'esprit une pensée générale qui est différemment modifiée par l'action particulière des objets sur l'esprit.

Cette pensée générale est, *je pense, je suis.* De-là vient qu'en toute pensée il entre, *je pense, je suis.*

Dieu a donné des loix au mouvement. Il a donné des loix à la pensée. Je n'entends pas par loix de la pensée, des règles générales nées dans l'esprit, auxquelles il rapporte les choses pour juger si elles sont vraies ou non, telles que l'on conçoit communément les axiomes. J'entends le mouvement volontaire de l'esprit, par lequel il juge une chose vraie, sans savoir pourquoi il la juge vraie.

Sur l'infini.

Si on me dit, il y a trois goutes d'eau dans ce vase, en une heure il en sort une goute, & il n'y rentre rien, je concluerai : donc ce vase sera épuisé en trois heures.

Cette opération de mon esprit suppose seulement que j'aie le pouvoir de tirer une conséquence. Elle ne suppose point que j'aye aucune vue de l'infini, ni que je sois capable d'en avoir.

Si on me dit, en cent ans il sort de la mer une goute d'eau plus qu'il n'y en entre, je concluerai : donc au bout d'un certain tems très-long la mer s'épuisera. Cette application est essentiellement la même que la première ; elle ne me coûte pas même davantage. Elle ne regarde qu'une matière bornée. Car le tems au bout duquel je conçois que la mer s'épuisera, est aussi bien un tems fini que les trois heures dans lesquelles le vase se vuide.

Je suis donc capable de tirer cette conclusion, sans qu'il soit besoin pour cela que je sois capable de porter ma vue dans l'infini.

Je suppose que je demeure dans les bornes d'esprit qui ont été précisément nécessaires pour tirer cette conclusion. Qu'on me dise maintenant, il rentre toujours dans la mer autant d'eau précisément qu'il en sort : je dis que je pourrai conclure : donc la mer ne s'épuisera jamais ; car il est impossible de voir que la mer s'épuisera, s'il y rentre moins qu'il n'en sort ; & de ne pas voir qu'elle ne s'épuisera pas, s'il y rentre toujours autant qu'il en sort. L'un est voir ce principe ; *ôter plus qu'on ne remet, c'est diminuer.* L'autre est voir aussi ce principe ; *remettre autant qu'on ôte, ce n'est point diminuer.*

Or il n'est pas concevable qu'on fût capable d'envisager l'un de ces principes, & incapable d'envisager l'autre : & même, s'il falloit que cela fût, il seroit plus aisé de voir que remettre autant qu'on ôte, ce n'est point diminuer, qu'il ne le seroit de voir qu'ôter plus qu'on ne remet, c'est diminuer.

Car que remettre autant qu'on ôte, ce n'est point diminuer, c'est-là la vue d'un rapport d'égalité ; & qu'ôter plus qu'on ne remet, c'est diminuer, c'est-là la vue d'un rapport d'inégalité. Or naturellement l'esprit a plus de facilité à concevoir les rapports d'égalité que ceux d'inégalité.

Donc sans être aucunement capable de porter ma vue dans l'infini, je puis juger que la mer ne s'épuisera jamais. Cependant dans ce jugement est enfermée l'idée d'un tems infini pendant lequel la mer ne s'épuisera point. Donc cette idée d'un tems infini n'est nullement une vraie idée de l'infini.....

Qu'est-ce donc que cette idée ? lorsque je veux concevoir le tems pendant lequel la mer s'épuisera dans la première supposition, & celui pendant lequel elle ne s'épuisera pas dans la deuxième ; il est certain que je ne me représente ni l'étendue infinie de l'un, ni l'étendue bornée de l'autre.

Je ne suis pas seulement incapable de me représenter l'infini, je suis incapable aussi de me représenter le fini d'une certaine grandeur.

Quand je veux me représenter ce tems pendant lequel la mer s'épuisera, je sens que mon esprit m'en offre trop tôt les bornes ; je ne veux point les placer là, & j'arrête avec moi-même qu'il les faut porter plus loin, sans concevoir précisément où.

Quand je veux me représenter ce tems pendant lequel la mer ne s'épuisera point, mon esprit m'y fait voir malgré moi des bornes ; je refuse absolument ces bornes là, & je dis qu'il n'en faut point, quoique je les voye toujours.

Dans l'un de ces cas je recule les bornes que je vois toujours trop près, sans pouvoir les voir aussi loin qu'il faudroit ; dans l'autre j'ôte ces bornes, que je vois pourtant toujours malgré moi.

Comparons ces deux choses. Si je suis incapable de reculer les bornes d'un objet autant qu'il faudroit, à plus forte raison je suis incapable de les ôter tout-à-fait. Donc l'idée de l'infini est tout au moins aussi imparfaite en moi que celle du fini d'une certaine grandeur. Donc tout ce qui ne prouvera pas l'idée que j'ai du fini, l'idée de l'infini ne prouvera pas non plus...... (*Il manque ici quelque chose qui peut se suppléer en suivant le fil des idées de l'auteur.*)

La fausseté des raisonnemens ordinaires consiste en ce qu'on ne met l'esprit humain qu'au-dessous de l'infini. Il est aussi au-dessous de beaucoup de choses finies. Il voit pourtant ces choses finies au-dessous desquelles il est, & voici comment cela se fait.

L'esprit reçoit & agit. Il reçoit par les sens des idées expresses d'une infinité de choses qu'il voit parfaitement, par exemple l'idée de l'étendue d'un pied. Mais il agit sur ces idées, augmente, diminue, combine en mille façons. Ainsi de l'idée d'un pied, il se fait celle de 100000 pieds.

Il est impossible qu'il voye jamais 100000 pieds, comme il voit un pied; il n'en aura jamais une idée expresse. Mais il en a une idée de supposition. Il suppose une étendue de 100000 pieds qu'il ne comprend point, & raisonnera, s'il veut là-dessus.

Et remarquez qu'il n'est pas besoin que cette supposition soit fondée dans la nature des choses, c'est-à-dire, qu'il puisse y avoir réellement une étendue de 100000 pieds.

Car quand j'aurois vu de mes yeux l'univers entier en même-tems, que j'aurois vu positivement ses bornes & le néant qui est supposé au-delà, & que je n'y aurois vu nulle étendue plus grande que de 100000 pieds, & que je verrois clairement que Dieu même n'en pourroit faire une plus grande, je pourrois encore avoir une idée de supposition de l'étendue de 100000 pieds. Car cette idée de supposition ne demande en moi que le pouvoir d'augmenter une idée expresse, sans nul rapport à ce qui est possible ou non.

Remarquez encore que je ne puis avoir plus ou moins le pouvoir d'augmenter mes idées expresses.

Il faut plus d'étendue & de force d'esprit, pour concevoir distinctement & se représenter parfaitement un champ de dix lieues en quarré, qu'un morceau de terre d'un pied quarré; mais quand on a une fois l'idée du pied quarré, il n'en coûte pas plus pour augmenter cette idée par supposition jusqu'à un million de pieds, que jusqu'à mille......

C'est qu'il faut plus de grandeur à l'esprit, à proportion de la grandeur des objets qu'il embrasse; mais il ne lui faut point plus de grandeur à proportion de la grandeur des objets qu'il n'embrasse point, & qu'il voit de telle manière que l'action de l'esprit n'a nul rapport à la grandeur de l'objet.

Tant que l'esprit comprend l'objet, & le voit dans sa grandeur, son action a rapport à la grandeur de l'objet, & y est proportionnée, mais dès que l'esprit commence à supposer l'objet grand d'une telle grandeur, sans le voir dans cette grandeur, son action n'a plus de rapport à cette grandeur de l'objet, & cette même action se termine aussi aisément à un grand qu'à un beaucoup plus petit.

Ainsi il peut y avoir une infinité de degrés de comprendre, & d'avoir des idées expresses, parce qu'on peut avoir des idées expresses d'objets plus grands & plus grands à l'infini, & cela fera autant d'ordres différens d'esprits.

Mais pour ce qui est d'avoir des idées de supposition, cela ne peut avoir différens degrés; & dès qu'on peut supposer un objet d'une certaine grandeur, qu'on ne comprend pas, on le peut supposer de toute grandeur, quelle qu'elle soit.

Je crois que les esprits s'élèvent les uns au-dessus des autres, selon toutes les combinaisons possibles.

Nous ne voyons aucun degré entre les bêtes & nous, & cependant quelle prodigieuse différence de nous à elles! elles n'ont d'idée ni de l'avenir, ni de l'infini, ni enfin de tout ce qui est au-dessus de leurs sens; & nous, &c.

C'est que les différences des esprits doivent se prendre sur les idées expresses qui seules sont capables d'augmentation: or, selon ces idées-là, nous ne sommes pas de plus de quelques degrés au-dessus des bêtes.

Mais ce qui met la grande différence entre nous & elles, ce sont les idées de supposition qui sont faites de l'augmentation ou combinaison des idées expresses. Or, comme on ne sauroit avoir si peu le pouvoir d'augmenter ces idées expresses, qu'on ne l'ait autant qu'il est possible, cela nous met tout d'un coup infiniment au-dessus des bêtes.

De-là vient cette bizarrerie apparente de l'esprit humain, qui a tant d'étendue en un sens, & si peu en un autre, &c......

L'idée que j'ai de l'infini, ne suppose donc ni la possibilité de l'infini dans la nature, ni une grande étendue dans mon esprit; elle demande seulement que je puisse supposer que de certaines idées expresses & très-bornées que j'ai, soient augmentées, sans que je les puisse concevoir dans cette augmentation. C'est comme si un vaisseau qui tient une pinte d'eau pouvoit dire : *je suppose qu'à cette pinte d'eau j'ajoute encore de nouvelle eau*. Il est certain qu'il n'en auroit pas pour cela plus de capacité, & qu'il ne lui en seroit pas plus aisé de contenir cette eau, si elle augmentoit......

Mais, direz-vous, quand l'esprit faisant effort pour concevoir l'infini, y met des bornes malgré soi, & sent en même tems qu'il en faut ôter ces bornes, c'est une idée purement intellectuelle de l'infini qu'il a, sur laquelle il corrige l'idée infidèle que l'imagination lui présente.

Je réponds : je ne fais point que l'infini n'ait point de bornes par aucune vue que j'en aye, mais seulement par la supposition que j'en fais.

Mais il faut du moins, avant que de faire cette supposition, que vous sachiez qu'une chose sans bornes est possible, & par-là vous retombez dans l'idée intellectuelle de l'infini. Non, je suppose une chose sans bornes, sans savoir si elle est possible ou non, & sans la concevoir en aucune manière.

Ainsi je supposerai, si je veux, un nombre tel que son quarré sera moindre que le produit de sa racine par 1 $ZZ = Z \, 1 - a$.

J'ai supposé ce nombre sans savoir qu'il fût possible, sans le concevoir ; & en effet il ne peut être, & je reconnois aussi-tôt qu'il est impossible par la contradiction enfermée dans la supposition. Mais il est sûr que j'ai fait la supposition avant que d'avoir l'idée de la possibilité ou de l'impossibilité de ce nombre. Et si vous en doutiez, je n'aurois qu'à faire une supposition dont la contradiction fut moins évidente.

Si je suppose un nombre tel que son quarré soit égal au produit de 3, par la différence de ce nombre à 5, $ZZ = 3\,Z - 15$. Ce nombre peut être possible ; il peut être impossible, je n'en fais encore rien, & j'ai pourtant fait la supposition.

On ne dira pas que j'ai une idée intellectuelle de ce nombre ; assurément je n'en ai aucune, & j'en puis si peu avoir, que je ne fais si ce nombre n'est point impossible, auquel cas il ne seroit convenable en aucune manière.

Cependant, en appellant ce nombre Z, je ne laisserai pas de le comparer à d'autres nombres que je connois parfaitement, & je démontrerai quelques-uns de ses rapports. Ou vous remarquerez que je ne démontrerai que ceux de ses rapports qui sont enfermés dans la supposition, car pour avoir les autres, il faudroit voir le nombre en lui-même.

Et si je ne puis résoudre l'égalité $ZZ = 3Z - 15$, j'ignorerai éternellement quel est ce nombre, & je n'en aurai nulles idées ni nulles connoissances que celles qui peuvent naître de ma supposition.

Tout cela s'applique de soi-même à l'infini. Il est ce Z que je ne puis jamais voir en lui-même que je ne connois que par supposition, dont je ne connois que les propriétés qui sont enfermées dans cette supposition, ou qui en naissent nécessairement, & qu'enfin je suppose sans être assuré s'il est possible ou non.

Ce n'est donc pas une preuve, ni que l'infini soit, ni qu'on le connoisse parce qu'on en démontre les propriétés, si ces propriétés ne sont que celles qui naissent de la supposition. Or, certainement nous n'en connoissons pas d'autres......

On dit d'ordinaire qu'on ne comprend pas l'infini, mais qu'on l'apperçoit. On ne le comprend, ni on ne l'apperçoit. Mais on comprend quelque chose de fini qui, selon la supposition, doit être partie de l'infini ; & de-là vient qu'on s'imagine voir un commencement de l'infini, ce qu'on appelle l'appercevoir.

Cela est si vrai qu'on s'imaginera appercevoir un infini qui a un bout, comme la durée éternelle d'une créature qui a commencé ; mais on ne s'imagine point appercevoir un infini à deux bouts, comme la durée de Dieu. On prend la durée de la créature par son commencement, & de-là on croit appercevoir l'infini en éloignement ; mais la durée de Dieu, on ne sait par où la prendre, si ce n'est par un milieu imaginaire, d'où l'on regarde les deux bouts ; mais on voit aussi-tôt par la supposition la fausseté de cette idée.

Sur l'instinct.

On entend par le mot d'instinct quelque chose de surajouté à ma raison, & qui produit un effet avantageux pour la conservation de mon être ; quelque chose que je fais sans savoir pourquoi, & qui m'est cependant très-utile, & c'est en quoi est le merveilleux de l'instinct. C'est ainsi que sur le point de tomber, j'étends le bras, sans savoir que ce bras étant plus éloigné du *point fixe*, centre de gravité, aura plus de poids, & me remettra en équilibre (1).

---

(1) *Voyez* dans l'article FATALISME & FATALITÉ DES STOICIENS, l'explication que j'ai donnée du phénomène observé par *Fontenelle*. Ce philosophe n'a point vu que le mouvement dont il parle, étoit un mouvement purement machinal, en quoi il me paroit qu'il s'est trompé. *Voy.* ci-dessus p. 408 colon. 2.

NOTE DE L'EDITEUR.

Examinons cette action de plus près. Elle n'est point produite par la disposition machinale de mon corps. Le mouvement qui me fait pencher d'un côté, n'étend point mon bras de l'autre. Si cela étoit, ce ne seroit plus ce qu'on entend par instinct.

Cette action ne se feroit point si je n'y pensois. Car si j'étois endormi, & que je ne me réveillasse point, je tomberois tout d'une piece. C'est donc un mouvement volontaire, produit par mon ame, pareil à celui du marcher. Mais en tout mouvement volontaire, l'ame fait ce qu'elle veut faire, & ici elle ne le fait point. Elle fait en général qu'elle veut empêcher le corps de tomber, mais elle ne fait point en particulier qu'il faut allonger le bras. Or, pour un mouvement volontaire, il faut savoir en particulier ce qu'on veut faire, quel membre il faut remuer, &c.

Car quoiqu'en jouant du luth, je ne songe pas à tous momens à remuer les doigts, & que je n'aie qu'une volonté générale, il a pourtant fallu que j'aie eu une volonté particuliere, ou en commençant cette piece, ou quand j'ai appris d'abord à jouer du luth, ce qui suffit. Mais je n'ai jamais eu la volonté particuliere d'étendre le bras. Il faut donc, ou que Dieu, dans le moment, allonge mon bras, sans l'opération de mon ame, ou, que sur la volonté générale qu'a l'ame d'empêcher le corps de tomber, il en exécute le moyen particulier, & allonge mon bras, ou qu'il inspire à mon ame la volonté particuliere d'allonger le bras, sans qu'elle sache précisément pourquoi, ou qu'il lui ait donné en général la disposition de vouloir en certaines occasions, par des volontés particulieres, ce qui sera propre à la conservation de son corps, sans qu'elle sache précisément pourquoi cela y est propre, ni pourquoi elle doit vouloir cela.

Ce quatrieme cas est évidemment le même que le troisieme, & il n'en faut compter que trois. Si c'étoit le premier, j'allongerois mon bras en dormant; car il est indifférent à cette opération de Dieu & au dessein qu'il a de me conserver, que je dorme ou non. Si c'étoit le deuxieme, il y auroit mille autres rencontres aussi pressantes où Dieu auroit les mêmes raisons d'exécuter par des moyens particuliers mes volontés générales. Si c'étoit le troisieme, je me souviendrois positivement d'avoir voulu allonger le bras; car je ne dois pas moins me souvenir d'une volonté particuliere que Dieu m'a inspirée, que d'une que j'ai eue naturellement.

Si vous me dites sur ce dernier cas, que l'habitude ou la vîtesse de l'action en efface le souvenir, je me servirai de ces mêmes raisons pour soutenir dans un autre système que j'ai pu avoir une volonté particuliere; & alors, il est sûr que ne se souvenir pas de sa volonté particuliere, n'est pas une preuve qu'on n'en ait pas eu une, ni par conséquent que l'action soit d'instinct.

L'inconvénient général de tout cela, & le plus grand, est que Dieu fera des exceptions aux loix générales, & agira par des loix particulieres. Or pour quelle fin? pour ma conservation qui auroit demandé une infinité d'autres exceptions aussi bien fondées, que Dieu constamment n'a pas faites.

Il n'y a donc point d'instinct, rien de surajouté à ma raison, &c. Je n'ai qu'une sorte de raison qui veille à me conserver. Qu'est-ce donc que ce mouvement par lequel j'étends le bras?

Je suppose que quand l'ame a un dessein général, elle essaie au hazard de plusieurs moyens particuliers pour l'exécuter. Si je veux tirer de l'arc sans avoir de maître, j'essayerai au hazard de plusieurs situations de bras & de tête, avant que de rencontrer celle qui est la plus propre à tirer juste. Après l'avoir rencontrée, je la garderai toujours, & dès que je voudrai tirer, je la prendrai sans y songer. Si elle se présentoit à moi d'abord, & que du premier coup je donnasse dans le blanc, je la garderois encore plus facilement, & j'en aurois pris l'habitude en moins de rien. Diroit-on pour cela que Dieu m'eût donné un instinct pour tirer de l'arc?

Quand je n'ai qu'une volonté générale, & que j'essaie au hazard de plusieurs moyens particuliers, il faut que quelque chose détermine l'un à se présenter plûtôt que l'autre; or, ce ne peut être que la disposition machinale, la plus grande facilité qu'ont les esprits à couler plus d'un côté que d'un autre.

Ainsi, ce qui fait les mouvemens qu'on appelle d'instinct, est que l'ame ayant une volonté générale de faire quelque chose, prend au hazard le premier moyen qui se présente de l'exécuter; & que ce moyen qui, en vertu de la disposition machinale, se présente le premier, est justement le plus propre à exécuter le dessein de l'ame. Après quoi il est aisé de concevoir qu'elle le reprend toujours dans l'occasion, & si subitement, qu'elle pourroit avoir eu une volonté particuliere de le prendre, & ne s'en pas souvenir.

Il n'arrive pas toujours que quand l'ame prend un moyen au hazard, le plus propre à exécuter son dessein, se présente le premier à elle.

Quand je passe une riviere sur une planche étroite, la volonté générale de mon ame est de m'empêcher de tomber; mais elle n'en sait pas bien les moyens particuliers. Elle en cherche au hazard

hazard, & le premier qui se présente est de porter les mains de côté & d'autre pour chercher un appui, & cela même fait qu'on tombe.

Je suppose un homme qui rêve en marchant, & rencontre en son chemin un pieu dont l'image se peint dans son œil, mais dont il ne se détourne point, parce qu'il n'y fait point d'attention. Cet homme ne se détourne point du pieu, quoique ce pieu frappe son nerf optique, ébranle le cerveau, &c. Donc, se détourner du pieu n'est point une action qui soit une suite machinale de l'ébranlement que le pieu cause dans l'œil, &c.

D'ailleurs, il est certain que si cet homme pensoit à ce pieu, il pourroit s'en détourner. Donc, il ne peut s'en détourner à moins qu'il n'y pense. Donc s'il s'en détournoit, ce mouvement seroit commandé par l'ame, & non machinal.

On répondra : ce qui empêche cet homme de e détourner du pieu, n'est pas qu'il n'y pense point, c'est qu'il pense à autre chose ; & s'il ne pensoit à rien du tout, il s'en détourneroit. Car puisqu'il rêve fortement, les fibres de son cerveau sont tendues ou agitées d'une certaine façon ; de même de ses esprits animaux. Dans cet état du cerveau, survient l'ébranlement causé par le pieu ; & cet ébranlement étant trop foible pour rien changer dans la disposition présente du cerveau, & trouvant aussi les esprits déja occupés à autre chose, il ne le fait point couler dans les nerfs de la manière dont il faudroit pour que les pieds de cet homme se détournassent du pieu.

Deux principes. Ebranlement trop foible par rapport à l'état présent du cerveau, esprits animaux occupés ailleurs. Si cela n'étoit point, on se détourneroit du pieu sans y penser en aucune façon. Je conviens que l'ébranlement causé par le pieu est foible, par rapport à l'état présent du cerveau ; & en effet il est si foible, qu'il ne fait point penser au pieu ; & en conséquence de ce qu'on ne pense point au pieu, on ne s'en détourne point.

Mais je prétends que cet ébranlement, assez foible pour ne pas faire penser au pieu, est assez fort pour faire couler les esprits dans les nerfs, de la manière dont il faut pour se détourner du pieu, en cas qu'une pensée ne soit pas nécessaire pour commander ce mouvement-là.

Voici une preuve : le cerveau de cet homme supposé est en même tems dans deux états. L'un est l'état où il doit être pour rêver fortement ; tension ou agitation des fibres ; agitation & consommation d'esprits. L'autre est l'état où il doit être pour marcher. Et je ne sais si les fibres y

Philosophie anc. & mod. Tome II.

contribuent de rien ; mais il est sûr qu'il y a beaucoup d'esprits qui coulent sans cesse dans les nerfs des jambes, &c.

Les esprits employés à rêver ne sont point ceux qui sont employés à marcher. Donc il est déja clair que ce qui empêche que l'ébranlement causé par le pieu dans le cerveau, ne détermine les pieds à s'en détourner ; ce n'est point que les esprits sont occupés à rêver. Pour détourner mes pieds de ce pieu, il ne faut, ni faire un plus grand effort, ni mouvoir d'autres membres ; il ne faut que changer un peu la direction de mes pieds ; & pour cela, il n'est besoin que de déterminer les mêmes esprits qui enflent certains muscles en un sens, à les enfler un peu en un autre. Or il est indubitable qu'un corps étant en mouvement selon une détermination, la moindre force suffit pour lui donner une détermination différente. Donc, n'étant question que de déterminer les mouvemens de mes esprits, qui coulant du cerveau, remuent les pieds, le moindre ébranlement causé dans le cerveau suffira pour cet effet. Donc, l'ébranlement causé par la vue du pieu, y suffira.

Cependant, ce même ébranlement ne suffit pas pour faire penser au pieu. Car pour faire penser à une chose nouvelle, lorsqu'on est occupé d'une autre, il faut un ébranlement du cerveau d'une égale force à-peu-près que celui qui cause la première pensée. Ce n'est pas-là donner une nouvelle détermination au même mouvement, c'est donner un nouveau mouvement tout différent au même corps.

La force du gouvernail qui suffit pour déterminer le mouvement horizontal qu'un navire a sur l'eau, ne suffiroit pas pour lui donner un mouvement vertical de bas en haut.

Donc, si l'homme supposé ne se détourne pas du pieu, ce n'est pas parce qu'il pense à autre chose, c'est parce qu'il ne pense point au pieu. Donc un chien, dans la même supposition, ne pourra se détourner du pieu, s'il ne pense point.

La conséquence que je tire suppose évidemment que le cerveau de l'homme & celui du chien sont semblables en ce point ; que ce qui ne peut se faire machinalement dans le cerveau de l'homme, ne se peut faire machinalement dans celui d'un chien, n'y ayant nulle diversité de circonstances.

Or, pour faire que le chien se détourne machinalement du pieu, vous ne sauriez, non pas montrer, mais seulement imaginer aucune chose dans le cerveau du chien qui ne soit constamment dans le cerveau de l'homme. Je crois qu'on y rêveroit inutilement toute sa vie.

Donc, les bêtes pensent & ne sont pas des machines. (*Voyez* l'article INSTINCT DES ANIMAUX). Les cartésiens prouvent ordinairement qu'elles en font, en rapportant tout ce que les hommes font machinalement, & en concluent que les bêtes le peuvent faire machinalement aussi : la conclusion est juste en ce point particulier, mais non pas pour ce qui est de conclure que tout soit machinal dans les bêtes.

Je fais un raisonnement plus juste en renversant celui des cartésiens, & prenant la chose par la face opposée, à quoi ils ne songent pas : je dis ce que les hommes & les bêtes font également, & ce que les hommes ne font pas machinalement, les bêtes ne le font pas machinalement non plus. &c. &c. &c.

Nota. Nous terminerons cet exposé succinct de la philosophie de *Fontenelle*, par ce qu'il a écrit sur la liberté. Le bon abbé Trublet, qui avoit fort à cœur le salut de l'ame de *Fontenelle*, auroit fort désiré qu'il ne fût pas l'auteur de ce petit traité, dans lequel il faut avouer que l'intérêt de la sainte religion, dont l'abbé Trublet étoit un des plus ardens défenseurs, est un peu compromis. Mais il faut rendre justice au bon abbé ; malgré tant de raisons qu'il avoit pour ne pas attribuer à *Fontenelle* un ouvrage qui suffiroit seul pour donner la mesure de sa foi, quand on ne sauroit pas d'ailleurs ce qu'il pensoit de tout le système religieux, il n'a pas osé le nier ; il laisse même entrevoir assez distinctement qu'il croit ce traité de *Fontenelle* ; & il auroit pu facilement s'en assurer, en consultant sur ce fait Duclos & d'Alembert, à qui *Fontenelle* ne l'avoit pas caché, & qui me l'ont confirmé de la manière la plus expresse.

De la liberté.

On suppose toujours la liberté de l'homme & la prescience de Dieu sur ses actions libres : la difficulté n'est plus que d'accorder ensemble ces deux hypothèses, dont l'une n'est pas mieux prouvée que l'autre. Peut-être même s'embarrasse-t'on d'une question dont les parties ne sont pas vraies. Je prends la chose de plus loin, & j'examine premièrement, si Dieu peut prévoir les actions des causes libres ; & en second lieu, si les hommes le sont.

Sur la première question, je dis que j'appelle prescience toute connoissance de l'avenir.

La nature de la prescience de Dieu m'est inconnue, mais je connois dans les hommes cette prescience par laquelle je puis juger de celle de Dieu, parce qu'elle est commune à Dieu & à tous les hommes.

Des astronomes prévoient infailliblement les éclipses ; Dieu les prévoit aussi.

Cette prescience de Dieu & cette prescience des astronomes sur les éclipses, conviennent en ce que Dieu & les astronomes connoissent un ordre nécessaire & invariable dans le mouvement des corps célestes, & qu'ils prévoient par conséquent les éclipses qui sont dans cet ordre-là.

Ces presciences diffèrent, premièrement, en ce que Dieu connoît dans les mouvemens célestes l'ordre qu'il y a mis lui-même, & que les astronomes ne sont pas les auteurs de l'ordre qu'ils y connoissent.

Secondement en ce que la prescience de Dieu est tout-à-fait exacte, & que celle des astronomes ne l'est pas ; parce que les mouvemens des corps célestes ne sont pas si réguliers qu'ils les supposent, & que leurs observations ne peuvent pas être de la première justesse.

On ne peut trouver, entre la prescience de Dieu & celle des astronomes, d'autres convenances, ni d'autres différences.

Pour rendre la prescience des astronomes sur les éclipses égale à celle de Dieu, il ne faudroit que remplir ces différences.

La première ne fait rien d'elle-même à la chose ; il n'est pas nécessaire d'avoir établi un ordre pour en prévoir les suites, il suffit de connoître cet ordre aussi parfaitement que si on l'avoit établi ; & quoiqu'on ne puisse pas en être l'auteur sans le connoître, on peut le connoître sans en être l'auteur.

En effet, si la prescience ne se trouvoit qu'où se trouve la puissance, il n'y auroit aucune prescience dans les astronomes sur les mouvemens célestes, puisqu'ils n'y ont aucune puissance. Ainsi Dieu n'a pas la prescience en qualité d'auteur de toutes choses, mais il l'a en qualité d'être qui connoît l'ordre qui est en toutes choses.

Il ne reste donc qu'à remplir la deuxième différence qui est entre la prescience de Dieu & celle des astronomes. Il ne faut pour cela que supposer les astronomes parfaitement instruits de l'irrégularité des mouvemens célestes & leurs observations de la dernière justesse. Il n'y a nulle absurdité à cette supposition.

Ce seroit donc avec cette condition qu'on pourroit assurer sans témérité, que la prescience des astronomes sur les éclipses, seroit précisément égale à celle de Dieu en qualité de simple prescience : donc la prescience de Dieu sur les éclipses ne s'étendroit pas à des choses où celle des astronomes ne pourroit s'étendre.

Or il est certain que, quelque habiles que fussent les astronomes, ils ne pourroient pas prévoir les éclipses, si le soleil ou la lune pouvoit quelquefois se détourner de leurs cours indépendamment de quelque cause que ce soit, & de toute règle.

Donc Dieu ne pourroit pas non plus prévoir les éclipses, & ce défaut de prescience en Dieu auroit précisément la même cause que le défaut de prescience dans les astronomes.

Or le défaut de prescience dans les astronomes ne viendroit pas de ce qu'ils ne seroient pas les auteurs des mouvemens des corps célestes, puisque cela est indifférent à la prescience, ni de ce qu'ils ne connoîtroient pas assez bien les mouvemens de ces corps, puisqu'on suppose qu'ils les connoîtroient aussi bien qu'il seroit possible; mais le défaut de prescience en eux, viendroit uniquement de ce que l'ordre établi dans les mouvemens célestes ne seroit pas nécessaire & invariable : donc de cette même cause viendroit aussi le défaut de prescience en Dieu.

Donc Dieu, quoiqu'infiniment puissant & infiniment intelligent, ne peut jamais prévoir ce qui ne dépend pas d'un ordre nécessaire & invariable.

Donc Dieu ne prévoit point du tout les actions des causes qu'on appelle libres.

Donc il n'y a point de causes libres, où Dieu ne prévoit point leurs actions.

En effet, il est aisé de concevoir que Dieu prévoit infailliblement tout ce qui regarde l'ordre physique de l'univers, parce que cet ordre est nécessaire & sujet à des règles invariables qu'il a établies. Voilà le principe de sa prescience.

Mais sur quel principe pourroit-il prévoir les actions d'une cause que rien ne pourroit déterminer nécessairement ? Le second principe de prescience qui devroit être différent de l'autre, est absolument inconcevable ; & puisque nous en avons un qui est aisé à concevoir, il est plus naturel & plus conforme à l'idée de la simplicité de Dieu de croire que ce principe est le seul sur lequel toute sa prescience est fondée.

Il n'est point de la grandeur de Dieu de prévoir des choses qu'il auroit faites lui-même de nature à ne pouvoir être prévues.

Il ne faudroit donc point ôter la liberté aux hommes pour conserver à Dieu une prescience universelle, mais il faudroit auparavant savoir si l'homme est libre en effet.

Examinons cette deuxième question en elle-même & sur ces principes essentiels, sans même avoir égard au préjugé du sentiment que nous avons de notre liberté, & sans nous embarrasser de ses conséquences, voici ma pensée.

Ce qui est dépendant d'une chose a certaines proportions avec cette même chose, c'est-à-dire, qu'il reçoit des changemens quand elle en reçoit selon la nature de leur proportion.

Ce qui est indépendant d'une chose n'a aucune proportion avec elle, en sorte qu'il demeure égal & tel qu'il étoit, quand elle reçoit des augmentations & des diminutions.

Je suppose avec tous les métaphysiciens, 1°. que l'ame pense selon que le cerveau est disposé, & qu'à de certaines dispositions matérielles du cerveau, & à de certains mouvemens qui s'y font, répondent certaines pensées de l'ame.

2°. Que tous les objets, même spirituels, auxquels on pense, laissent des dispositions matérielles, c'est-à-dire, des traces dans le cerveau.

3°. Je suppose encore un cerveau où soient en même tems deux sortes de dispositions matérielles, contraires & d'égale force, les unes qui portent l'ame à penser vertueusement sur un certain sujet, les autres qui la portent à penser vicieusement.

On ne peut refuser d'admettre cette supposition ; en effet, les dispositions matérielles contraires se peuvent aisément rencontrer ensemble dans le cerveau au même degré, & s'y rencontrent même nécessairement toutes les fois que l'ame délibère & ne sait quel parti prendre.

Cela posé, je dis : ou l'ame peut absolument se déterminer dans cet équilibre des dispositions du cerveau, à choisir entre les pensées vertueuses & les pensées vicieuses, ou elle ne le peut pas.

Si elle le peut, elle a en elle-même le pouvoir de se déterminer, puisque dans son cerveau tout ne tend qu'à l'indétermination, & que pourtant elle se détermine. Donc ce pouvoir qu'elle a de se déterminer est indépendant des dispositions du cerveau. Donc il n'a nulle proportion avec elles. Donc il demeure le même, quoiqu'elles changent.

Donc si l'équilibre du cerveau subsistant, l'ame se détermine à penser vertueusement, elle n'aura pas moins le pouvoir de s'y déterminer quand ce sera la disposition matérielle à penser vicieusement qui l'emportera sur l'autre.

Donc à quelque degré que puisse monter cette

disposition matérielle aux pensées vicieuses, l'ame n'en aura pas moins le pouvoir de se déterminer aux choix des pensées vertueuses.

Donc l'ame a en elle-même le pouvoir de se déterminer malgré toutes les dispositions contraires du cerveau.

Donc les pensées de l'ame sont toujours libres. Venons au second cas.

Si l'ame ne peut se déterminer absolument, cela ne vient que de l'équilibre supposé dans le cerveau, & l'on conçoit qu'elle ne se déterminera jamais si l'une des dispositions ne vient à l'emporter sur l'autre, & qu'elle se déterminera nécessairement pour celle qui l'emportera.

Donc le pouvoir qu'elle a de se déterminer au choix des pensées vertueuses ou vicieuses, est absolument dépendant des dispositions du cerveau.

Donc pour mieux dire, l'ame n'a en elle-même aucun pouvoir de se déterminer, & ce sont les dispositions du cerveau qui la déterminent au vice ou à la vertu. Donc les pensées de l'ame ne sont jamais libres.

Or en rassemblant les deux cas, ou il se trouve que les pensées de l'ame sont toujours libres, ou qu'elles ne le sont jamais en quelque cas que ce puisse être.

Or il est vrai & reconnu de tous, que les pensées des enfans, de ceux qui rêvent, de ceux qui ont la fièvre chaude & des fols, ne sont jamais libres.

Il est aisé de reconnoître le nœud de ce raisonnement. Il établit un principe uniforme dans l'ame, en sorte que le principe est toujours, ou indépendant des dispositions du cerveau, ou toujours dépendant, au lieu que dans l'opinion commune, on le suppose quelquefois dépendant, & d'autres fois indépendant.

On dit que les pensées de ceux qui ont la fièvre chaude & des fols ne sont pas libres, parce que les dispositions matérielles du cerveau sont atténuées & élevées à un tel degré que l'ame ne leur peut résister, au lieu que dans ceux qui sont sains, les dispositions du cerveau sont modérées, & n'entraînent pas nécessairement l'ame.

Mais premièrement dans ce système, le principe n'étant pas uniforme, il faut qu'on l'abandonne, si je puis expliquer tout par un qui le soit.

Secondement, si un poids de cinq livres peut n'être pas emporté par un poids de six, il ne le sera pas non plus par un poids de mille livres; car alors il résiste à un poids de six livres par un principe indépendant de sa pesanteur, & ce principe, quel qu'il soit, n'aura pas plus de proportion avec un poids de mille livres qu'avec un poids de six livres, parce qu'il faut alors qu'il soit d'une nature différente de celle des poids.

Ainsi si l'ame résiste à une disposition matérielle du cerveau qui la porte à un choix vicieux, & qui, quoique modérée, est pourtant plus forte que la disposition matérielle à la vertu, il faut que l'ame résiste à cette même disposition matérielle du vice quand elle sera infiniment au-dessus de l'autre, parce qu'elle ne peut lui avoir résisté d'abord que par un principe indépendant des dispositions du cerveau, & qui ne doit pas changer par les dispositions du cerveau.

En troisième lieu, si l'ame pouvoit voir très-clairement malgré une disposition de l'œil qui devroit affoiblir la vûe, on pourroit conclure qu'elle verroit encore malgré une disposition de l'œil qui devroit empêcher entièrement la vision, en tant qu'elle est matérielle.

4°. On convient que l'ame dépend absolument des dispositions du cerveau pour ce qui regarde le plus ou le moins d'esprit; cependant si relativement à la vertu ou au vice, les dispositions du cerveau ne déterminent l'ame que lorsqu'elles sont extrêmes, & qu'elles lui laissent la liberté lorsqu'elles sont modérées, en sorte qu'on puisse avoir beaucoup de vertu malgré une disposition médiocre au vice, il devroit être aussi, qu'on pût avoir beaucoup d'esprit malgré une disposition médiocre à la stupidité, ce qu'on ne peut pas admettre; il est vrai que le travail augmente l'esprit, ou pour mieux dire, qu'il fortifie les dispositions du cerveau, & qu'ainsi l'esprit croît précisément autant que le cerveau se perfectionne.

En cinquième lieu, je suppose que toute la différence qui est entre un cerveau qui veille & un cerveau qui dort est qu'un cerveau qui dort est moins rempli d'esprits, & que les nerfs y sont moins tendus, de sorte que les mouvemens ne se communiquent pas d'un nerf à l'autre, & que les esprits qui rouvrent une trace, n'en rouvrent pas une autre qui lui est liée.

Cela supposé, si l'ame a le pouvoir de résister aux dispositions du cerveau, lorsqu'elles sont foibles, elle est toujours libre dans les songes, où les dispositions du cerveau qui la portent à certaines choses, sont toujours très-foibles. Si l'on dit que c'est qu'il ne se présente à elle que d'une sorte de pensées qui n'offrent point de matière de délibération, je prends un songe où l'on délibère si l'on tuera son ami, ou si on ne le tuera pas, ce qui ne peut être produit que par des dispositions matérielles du cerveau qui soient contraires, & en ce cas il paroît que selon les principes de l'opinion commune, l'ame devroit être libre.

Je suppose qu'on se réveille, lorsqu'on étoit résolu à tuer son ami, & que dès qu'on est réveillé on ne le veut plus tuer, tout le changement qui arrive dans le cerveau, c'est qu'il se remplit d'esprits, c'est que les nerfs se tendent; il faut voir comment cela produit la liberté.

La disposition matérielle du cerveau qui me portoit en songe à vouloir tuer mon ami, étoit plus forte que l'autre. Je dis: (1) ou le changement qui arrive à mon cerveau fortifie également toutes les deux, ou elles demeurent dans la même disposition où elles étoient; l'une restant, par exemple, trois fois plus forte que l'autre; & alors vous ne sauriez concevoir pourquoi l'ame est libre quand l'une de ces dispositions a dix degrés de force & l'autre trente, & pourquoi elle n'est pas libre quand l'une de ces dispositions n'a qu'un degré de force & l'autre que trois.

Si ce changement du cerveau n'a fortifié que l'une de ces dispositions, il faut pour établir la liberté que ce soit celle contre laquelle je me détermine, c'est-à-dire celle qui me portoit à vouloir tuer mon ami, & alors vous ne sauriez concevoir pourquoi la force qui survient à cette disposition vicieuse est nécessaire pour faire que je puisse me déterminer en faveur de la disposition vertueuse qui demeure la même; ce changement paroit plutôt un obstacle à la liberté: enfin s'il fortifie une disposition plus que l'autre, il faut encore que ce soit la disposition vicieuse, & vous ne sauriez concevoir non plus pourquoi la force qui lui survient est nécessaire pour faire que l'une puisse faire embrasser l'autre qui est toujours la plus foible, quoique plus forte qu'auparavant.

Si l'on dit que ce qui empêche pendant le sommeil la liberté de l'ame, c'est que les pensées ne se présentent pas à elle avec assez de netteté & de distinction. Je réponds que le défaut de netteté & de distinction dans les pensées peut seulement empêcher l'ame de se déterminer avec assez de connoissance, mais qu'il ne la peut empêcher de se déterminer librement & qu'il ne doit pas ôter la liberté, mais seulement le mérite ou le démérite de la résolution qu'on prend.

L'obscurité & la confusion des pensées fait que l'ame ne sait pas assez sur quoi elle délibère, mais elle ne sait pas que l'ame soit entraînée nécessairement à un parti; autrement si l'ame étoit nécessairement entraînée, ce seroit sans doute par celles de ses pensées obscures & confuses qui le seroient le moins, & je demanderois pourquoi le plus de netteté & de distinction dans les pensées la détermineroit nécessairement pendant que l'on dort, & non pas pendant que l'on veille, & je ferois revenir tous les raisonnemens que j'ai faits sur les dispositions matérielles.

Il paroît donc que le principe commun que l'on suppose inégal & tantôt dépendant, tantôt indépendant des dispositions du cerveau, est sujet à des difficultés insurmontables, & qu'il vaut mieux établir le principe par lequel l'ame se détermine toujours dépendant des dispositions du cerveau en quelque cas que ce puisse être.

Cela est plus conforme à la physique, selon laquelle il paroît que l'état de veille, ou celui de sommeil, une passion ou une fièvre chaude, l'enfance & l'âge avancé, sont des choses qui ne diffèrent réellement que du plus ou du moins, & qui ne doivent pas par conséquent emporter une différence essentielle, telle que seroit celle de laisser à l'ame sa liberté, ou de ne la lui pas laisser.

Les difficultés les plus considérables de cette opinion sont le pouvoir qu'on a sur ses pensées, & sur les mouvemens volontaires du corps.

On convient que les premières pensées sont toujours présentées involontairement par les objets extérieurs, ou, ce qui revient au même, par les dispositions intérieures du cerveau, cela est très-vrai. Cependant si l'ame formoit une première pensée indépendamment du cerveau, elle formeroit bien la seconde, & ensuite toutes les autres, & cela en quelqu'état que pût être le cerveau. Mais on dit communément qu'après que cette première a été nécessairement offerte à l'ame, l'ame a le pouvoir de l'étouffer ou de la fortifier, de la faire cesser ou de la continuer.

Ce pouvoir n'est pas encore tout-à-fait indépendant du cerveau; car, par exemple, l'ame pourroit donc en songe disposer comme elle voudroit des pensées que les dispositions du cerveau lui auroient offertes.

---

(1) Ce paragraphe est obscur, & il manque certainement ici quelque chose que chacun peut suppléer en y rêvant un peu. J'invite ceux qui ont un manuscrit plus correct de ce petit ouvrage de *Fontenelle* à restituer ce passage, ainsi que plusieurs autres où il peut m'être arrivé de n'avoir pas deviné la vraie leçon. En général cet ouvrage fourmille de fautes dans l'imprimé, & l'on a souvent bien de la peine à y reconnoître le sens de l'auteur. J'ai corrigé un grand nombre de ces fautes, mais il reste encore quelques paragraphes où la pensée de *Fontenelle* n'est pas assez développée.

NOTE DE L'ÉDITEUR.

Mais l'opinion commune est que dans l'état de la veille ou de la santé, l'ame a dans son cerveau des esprits auxquels elle peut imprimer à son gré le mouvement qui est propre à étouffer ou à fortifier les pensées qui sont nées d'abord indépendamment d'elle.

Sur cela je remarque, que l'action des esprits dépend de trois choses, de la nature du cerveau sur lequel ils agissent, de leur nature particulière & de la quantité ou de la détermination de leur mouvement.

De ces trois choses il n'y a précisément que la dernière dont l'ame puisse être maîtresse. Il faut donc que le pouvoir seul de mouvoir les esprits suffise pour la liberté.

Or je dis premièrement, que si ce pouvoir de mouvoir les esprits suffit pour rendre l'ame libre par rapport à la vertu ou au vice, quoiqu'elle ne soit maîtresse ni de la nature du cerveau, ni de celle des esprits, pourquoi ne suffira-t-elle pas pour rendre l'ame libre sur le plus ou le moins de connoissances & de lumières naturelles ? Si la nature de mon cerveau & de mes esprits me dispose à la stupidité, le seul pouvoir de diriger le mouvement de mes esprits ne me mettra-t-il pas en état d'avoir si je veux beaucoup de discernement & de pénétration ?

En second lieu, si le pouvoir de diriger le mouvement des esprits ne suffit pas pour la liberté, puisque l'ame doit avoir ce pouvoir dans les enfans, & qu'elle n'est pourtant pas libre, ce qui l'empêche de l'être, est la seule nature de son cerveau, & peut-être encore celle de ses esprits.

3°. Pourquoi l'ame des fols n'est-elle pas libre, elle peut encore diriger le mouvement de ces esprits. Ce pouvoir est indépendant des dispositions où est le cerveau des fols. Si on dit que le mouvement naturel de leurs esprits est alors trop violent, il s'ensuit que dans cet état la force de l'ame n'a nulle proportion avec celle des esprits, qui l'emporte nécessairement ; que dans un état plus modéré où la force de l'ame commence à avoir de la proportion avec celle des esprits, l'ame ne peut pas changer entièrement le mouvement des esprits, mais seulement leur en donner un composé de celui qu'ils avoient d'abord & de celui qu'elle leur imprime de nouveau, ce qui est autant de rabattu sur la liberté de l'ame, & qu'enfin l'ame n'est entièrement libre, que quand elle imprime un mouvement aux esprits qui d'eux-mêmes n'en avoient aucun, ce qui apparemment n'arrive jamais.

En quatrième lieu, l'ame devroit n'avoir jamais plus de facilité à diriger le mouvement des esprits que pendant le sommeil, & par conséquent elle ne devroit jamais être plus libre.

Si on dit que les pensées, tant les premières que les secondes, dépendent absolument des dispositions du cerveau, mais qu'elles ne sont que la matière des délibérations, & que le choix que l'ame en fait est absolument libre : je demande ce qui met cette différence de nature entre les pensées & le choix qu'on en fait, & pourquoi les fols & ceux qui rêvent, ne font pas des choix libres & indépendans des pensées auxquelles leur cerveau les détermine.

Sur les mouvemens volontaires du corps, l'opinion commune est, que l'on remue librement le pied, le bras, & il est vrai que ces mouvemens sont volontaires, mais il ne s'ensuit pas absolument de-là qu'ils soient libres. Ce qu'on fait parce qu'on le veut, est volontaire, mais il n'est point libre, à moins qu'on pût s'empêcher réellement ou effectivement de le vouloir.

Quand je remue la main pour écrire, j'écris parce que je le veux, & si je ne le voulois pas, je n'écrirois pas ; cela est volontaire & n'a nulle contrainte. Mais il y a dans mon cerveau une disposition matérielle qui me porte à vouloir écrire, ensorte que je ne puis pas réellement ne le point vouloir ; cela est nécessaire & n'a nulle liberté ; ainsi ce qui est volontaire est en même tems nécessaire, & ce qui est sans liberté n'a pourtant pas de contrainte.

Concevez donc que comme le cerveau meut l'ame, en sorte qu'à son mouvement répond une pensée de l'ame, l'ame meut le cerveau, en sorte qu'à sa pensée répond un mouvement du cerveau.

L'ame est déterminée nécessairement par son cerveau à vouloir ce qu'elle veut, & sa volonté excite nécessairement dans son cerveau un mouvement par lequel elle l'exécute.

Ainsi, si je n'avois point d'ame, je ne ferois point ce que je fais, & si je n'avois point un tel cerveau, je ne le voudrois point faire.

Tous les autres mouvemens, comme celui du cœur &c, ne sont point causés par l'ame. Elle ne fait rien que par des pensées, & ce qui n'est point l'effet d'une pensée ne vient point d'elle.

Sur ce principe, je puis satisfaire aisément à tout ce qui regarde les mouvemens volontaires ; mais je veux qu'en me servant de réponse il me serve encore de nouvelles preuves.

Je suppose un fou qui veut tuer quelqu'un, & qui le tue véritablement : le mouvement du bras de ce fol est volontaire, c'est-à-dire produit par l'ame, parce qu'elle le veut; car s'il ne l'étoit pas, il faudroit que la même disposition matérielle du cerveau qui auroit porté l'ame du fol à vouloir tuer, eût aussi fait couler les esprits dans les nerfs de la manière propre à remuer le bras, & que ce qui l'auroit fait vouloir, eût en même tems exécuté sa volonté, sans que l'ame s'en fût mêlée, n'ayant imprimé aucun mouvement au cerveau. D'où il suit évidemment; 1°. Que quand le fol auroit été une pure machine vivante qui n'auroit point eu d'ame qui pensât, il auroit encore tué cet homme en prenant même les armes qui y sont propres, & en choisissant les endroits qui sont le plus exposés à être blessés.

En second lieu, que quand ce fol auroit été guéri, il pourroit encore tuer un homme en le voulant tuer, mais sans le tuer précisément parce qu'il le voudroit, puisque les dispositions du cerveau qui le portoient à vouloir tuer, pourroient encore exciter dans son bras le mouvement par lequel il tueroit indépendamment de l'ame.

Qu'ainsi, l'ame dans tous les hommes ne seroit la cause d'aucun mouvement, mais qu'elle le voudroit seulement dans le tems qu'il se feroit, & par conséquent l'ame ôtée, les hommes feroient encore tout ce qu'ils font, ce qui ne peut être admis.

Donc le mouvement du bras de ce fol est volontaire, mais certainement ce mouvement n'est pas libre.

Donc il n'est pas absolument de la nature des mouvemens volontaires d'être libres.

En effet, c'est l'ame de ce fol qui remue son bras parce qu'elle veut tuer, mais elle est portée nécessairement à vouloir tuer par les dispositions de son cerveau.

Il ne me reste plus qu'à découvrir la source de l'erreur où sont tous les hommes sur la liberté & la cause du sentiment intérieur que nous en avons.

Tous les préjugés ont un fondement, & après l'avoir trouvé, il faut trouver encore pourquoi on a donné dans l'erreur plutôt que dans la vérité.

Les deux sources de l'erreur où l'on est sur la liberté, sont que l'on ne sait ce que l'on veut faire, & que l'on délibère très-souvent si on fera ou si on ne fera pas telle ou telle chose.

Un esclave ne se croit point libre, parce qu'il sent qu'il fait malgré lui ce qu'il fait, & qu'il connoît la cause étrangère qui l'y force; mais il se croiroit libre s'il se pouvoit faire qu'il ne connût point son maître, qu'il exécutât ses ordres sans le savoir, & que ces ordres fussent toujours conformes à son inclination.

Les hommes se sont trouvés en cet état; ils ne savent point que les dispositions du cerveau font naître toutes leurs pensées & toutes leurs diverses volontés; & que les ordres qu'ils reçoivent, pour ainsi dire de leur cerveau, sont toujours conformes à leurs inclinations, puisqu'ils causent l'inclination même. Ainsi l'ame a cru se déterminer elle-même, parce qu'elle ignoroit & ne connoissoit en aucune manière le principe étranger de sa détermination.

On sait qu'on fait tout ce que l'on veut, mais on ne sait point pourquoi on le veut, il n'y a que les physiciens qui le puissent deviner.

En second lieu, on a délibéré, & parce qu'on s'est senti partagé entre vouloir & ne pas vouloir, on a crû, après avoir pris un parti, qu'on eût pû prendre l'autre; la conséquence étoit mal tirée, car il pouvoit faire aussi bien qu'il fût survenu quelque chose qui eût rompu l'égalité qu'on voyoit entre les deux partis, & qui eût déterminé nécessairement à un choix, mais on n'avoit garde de penser à cela puisqu'on ne sentoit pas ce qui étoit survenu de nouveau & qui déterminoit l'irrésolution, & faute de le sentir, on a dû croire que l'ame s'étoit déterminée elle-même & indépendamment de toute cause étrangère.

Ce qui produit la délibération & ce que le commun des hommes n'a pû deviner, c'est l'égalité de force qui est entre deux dispositions contraires du cerveau, & qui donne à l'ame des pensées contraires; tant que cette égalité subsiste, on délibère, mais dès que l'une des deux dispositions matérielles l'emporte sur l'autre par quelque cause physique que ce puisse être, les pensées qui lui répondent se fortifient & deviennent un choix. De-là vient aussi qu'on se détermine souvent sans rien penser de nouveau, mais seulement parce qu'on pense à quelque chose avec plus de force qu'auparavant. De-là vient aussi qu'on se détermine sans savoir pourquoi. Si l'ame s'étoit déterminée elle-même, elle devroit toujours en savoir la raison. Dans l'état de veille, le cerveau est plein d'esprits & les nerfs sont tendus, de sorte que les mouvemens se communiquent d'une trace à une autre qui lui est liée. Ainsi comme vous n'avez jamais ouï parler d'un homicide que comme d'un crime, dès qu'on vous y fait penser, le même mouvement des esprits va rouvrir les traces qui vous représentent l'horreur de cette action; & en un mot, sur quelque sujet que ce soit, toutes les traces qui y sont liées se rouvrent & vous fournissent par conséquent toutes les différentes pensées qui peuvent naître sur cela.

Mais dans le sommeil, le défaut d'esprit & le relâchement des nerfs font que le mouvement des esprits qui rouvrent, par exemple, les traces qui vous font penser à un homicide, ne rouvrent pas nécessairement celles qui y sont liées & qui vous le représentoient comme un crime; & en général il ne se présente point à vous tout ce que vous pouvez penser sur chaque sujet, c'est pourquoi on se croit libre en veillant, & non pas en dormant, quoique dans l'un & l'autre état, l'ame soit également déterminée par les dispositions du cerveau.

On ne croit pas que les fols soient libres parce que toutes les dispositions de leur cerveau sont si fortes pour certaines choses qu'ils n'en ont point du tout, ou n'en ont que d'infiniment foibles qui les portent aux choses contraires, & que par conséquent ils n'ont point le pouvoir de délibérer, au lieu que dans les personnes qui ont l'esprit sain, le cerveau est dans un certain équilibre qui produit les délibérations.

Mais il est évident qu'un poids de cinq livres emporté par un poids de six, est emporté aussi nécessairement que par un poids de mille livres, quoiqu'il le soit avec moins de rapidité; ainsi ceux qui ont l'esprit sain étant déterminés par une disposition du cerveau qui n'est qu'un peu plus forte que la disposition contraire, sont déterminés aussi nécessairement que ceux qui sont entraînés par une disposition qui n'a été ébranlée par aucune autre; mais l'impétuosité est bien moindre dans les uns que dans les autres, & il paroît qu'on a pris l'impétuosité pour la nécessité, & la douceur du mouvement pour la liberté. On a bien pû, par le sentiment intérieur, juger de l'impétuosité ou de la douceur du mouvement, mais on ne peut que par la raison, juger de la nécessité ou de la liberté.

Quant à la morale, ce système rend la vertu, un pur bonheur, & le vice un pur malheur; il détruit donc toute la vanité & toute la présomption qu'on peut tirer de la vertu, & donne beaucoup de pitié pour les méchans sans inspirer de haine contre eux. Il n'ôte nullement l'espérance de les corriger; parce qu'à force d'exhortations & d'exemples, on peut mettre dans leur cerveau les dispositions qui les déterminent à la vertu, & c'est ce qui conserve les loix, les peines & les récompenses (1).

Les criminels sont des monstres qu'il faut étouffer en les plaignant, leur supplice en délivre la société, & épouvante ceux qui seroient portés à leur ressembler.

On ne doit qu'à son tempérament même les bonnes qualités, ou le penchant au bien, & il n'en faut point faire honneur à une certaine raison dont on reconnoît en même tems l'extrême foiblesse. Ceux qui ont le bonheur de pouvoir travailler sur eux-mêmes fortifient les dispositions naturelles qu'ils avoient au bien.

Enfin ce système ne change rien à l'ordre du monde, sinon qu'il ôte aux honnêtes gens un sujet de s'estimer & de mépriser les autres, & qu'il les porte à souffrir des injures sans avoir d'indignation ni d'aigreur contre ceux dont ils les reçoivent. J'avoue néanmoins que l'idée que l'on a de se pouvoir retenir sur le vice est une chose qui aide souvent à nous retenir, & que la vérité que nous venons de découvrir est dangereuse (2) pour ceux qui ont de mauvaises inclinations. Mais ce n'est pas la seule matière sur laquelle il semble que Dieu ait pris soin de cacher au commun des hommes les vérités qui leur auroient pû nuire.

Au reste ce système est très-uniforme, & le principe en est très-simple; la même chose décide de l'esprit naturel & des mœurs, & selon les différens degrés qu'elle reçoit, elle fait la différence des fols & des sages, de ceux qui dorment & de ceux qui veillent, &c.

Tout est compris dans un ordre physique, où les actions des hommes sont à l'égard de Dieu la même chose que les éclipses, & où il prévoit les unes & les autres sur le même principe.

FORME SUBSTANTIELLE, (*Histoire de la philosophie ancienne & moderne*). terme barbare de l'ancienne philosophie scholastique, dont on s'est principalement servi pour déterminer de prétendus êtres matériels qui n'étoient pourtant pas matière. Nous ne nous chargeons pas d'expliquer ce que cela signifie : nous dirons seulement, que la question si épineuse de l'ame des bêtes a donné occasion à cette opinion absurde. Voici, selon toutes les apparences, par quels

---

(1) Voyez ce que nous avons dit sur le même sujet dans l'article FATALISME & FATALITÉ DES STOICIENS, ci-dessus, pag. 409, 410, au texte & dans les notes.

NOTE DE L'ÉDITEUR.

(2) La vérité ne peut jamais nuire, & si celle que *Fontenelle* a prouvée dans ce traité, pouvoit être dangereuse, ce ne seroit plus une vérité, ce seroit une erreur & un mensonge; mais ce philosophe paye ici en passant, un léger tribut aux préjugés communément reçus, & il faut le lui pardonner en faveur de ces pensées profondes, de ces réflexions fines qu'il a répandues dans tous ses ouvrages & qui en rendent la lecture si utile & si instructive.

NOTE DE L'ÉDITEUR.

degrés les scholastiques y ont été conduits, c'est-à-dire par quelle suite de raisonnemens ils sont parvenus à déraisonner.

Si les bêtes sentent, pensent, & même raisonnent, comme l'expérience semble le prouver, elles ont donc en elles un principe distingué de la matière : car ce seroit renverser les preuves de la spiritualité de l'ame, que de croire que Dieu puisse accorder à une substance étendue le sentiment & la pensée. Or si l'ame des bêtes n'est point matière, pourquoi s'éteint-elle à la destruction de leur corps ? Pourquoi l'Etre suprême ayant mis dans les animaux un principe de sentiment semblable à celui qu'il a mis dans l'homme, n'a-t-il pas accordé à ce principe l'immortalité qu'il a donné à notre ame ? La philosophie de l'école n'a pû trouver à cette difficulté d'autre réponse, sinon que l'ame des bêtes étoit *matérielle* sans être *matière*; au lieu que l'ame de l'homme étoit *spirituelle* : comme si une absurdité pouvoit servir à résoudre une objection, & comme si nous pouvions concevoir un être spirituel sous une autre idée que sous l'idée négative d'un *être qui n'est point matière.*

Les philosophes modernes, plus raisonnables, conviennent de la spiritualité de l'ame des bêtes, & se bornent à dire qu'elle n'est pas immortelle, parce que Dieu l'a voulu ainsi.

Mais l'expérience nous prouve que les bêtes souffrent; que leur condition est sur ce point à-peu-près pareille à la nôtre, & souvent pire. Or pourquoi Dieu, cet être si bon & si juste, a-t-il condamné à tant de peines des êtres qui ne l'ont point offensé, & qu'il ne peut même dédommager de ces peines dans une vie future? Croire que les bêtes sentent, & par conséquent qu'elles souffrent, n'est-ce pas enlever à la religion le grand argument que saint Augustin tire des souffrances de l'homme pour prouver le péché originel ? *Sous un Dieu juste,* dit ce père, *toute créature qui souffre doit avoir péché.*

Descartes, le plus hardi, mais le plus conséquent des philosophes, n'a trouvé qu'une réponse à cette objection terrible : c'a été de refuser absolument tout sentiment aux animaux ; de soutenir qu'ils ne souffrent point ; & que destinés par le créateur aux besoins & au service de l'homme, ils agissent en apparence comme des êtres sentans, quoiqu'ils ne soient réellement que des automates. Toute autre réponse, de quelques subtilités qu'on l'enveloppe, ne peut, selon lui, mettre à couvert la justice divine. Cette métaphysique est spécieuse sans doute. Mais le parti de regarder les bêtes comme de pures machines, est si révoltant pour la raison, qu'on l'a abandonné, nonobstant les conséquences apparentes du système contraire. En effet comment peut-on espérer de persuader à des hommes raisonnables, que les animaux dont ils sont environ-

nés, & qui, à quelques légères différences près, leur paroissent des êtres semblables à eux, ne sont que des machines organisées ? Ce seroit s'exposer à nier les vérités les plus claires. L'instinct qui nous assure de l'existence des corps, n'est pas plus fort que celui qui nous porte à attribuer le sentiment aux animaux. (*Voyez* l'article INSTINCT DES ANIMAUX).

Quel parti faut-il donc prendre sur la question de l'ame des bêtes? Croire, d'après le sens commun, que les bêtes souffrent; croire en même tems, d'après la religion, que notre ame est spirituelle & immortelle, que Dieu est toujours sage & toujours juste; & savoir ignorer le reste.

C'est par une suite de cette même ignorance, que nous n'expliquerons jamais comment les animaux, avec des organes pareils aux nôtres, avec des sensations semblables, & souvent plus vives, restent bornés à ces mêmes sensations, sans en tirer, comme nous, une foule d'idées abstraites & réfléchies, les notions métaphysiques, les langues, les lois, les sciences & les arts. Nous ignorerons du moins jusqu'où la réflexion peut porter les animaux, & pourquoi elle ne peut les porter au-delà. Nous ignorerons aussi toujours, & par les mêmes raisons, en quoi consiste l'inégalité des esprits; si cette inégalité est dans les ames, où dépend uniquement de la disposition des organes, de l'éducation, des circonstances, de la société ; comment ces différentes causes peuvent influer si différemment sur des ames qui seroient toutes égales d'ailleurs; ou comment des substances simples peuvent être inégales par leur nature. Nous ignorerons si l'ame pense ou sent toujours ; si la pensée est la substance de l'ame, ou non; si elle peut subsister sans penser ou sentir; en quel tems l'ame commence à être unie au corps, & mille autres choses semblables. Les idées innées sont une chimère que l'expérience réprouve; mais la manière dont nous acquerons des sensations & des idées réfléchies, quoique prouvée par la même expérience, n'est pas moins incompréhensible. Toute la philosophie, sur une infinité de matières, se borne à la devise de Montaigne. L'intelligence suprême a mis au-devant de notre vûe un voile que nous voudrions arracher en vain : c'est un triste sort pour notre curiosité & notre amour-propre ; mais c'est le sort de l'humanité.

Au reste, la définition que nous avons donnée du mot *forme substantielle,* ne doit pas s'appliquer à l'usage qui est fait de ce même mot dans le premier canon du concile général de Vienne, qui décide contre le cordelier Pierre-Jean d'Olive, que *quiconque osera soutenir que l'ame raisonnable n'est pas essentiellement la* forme substantielle *du corps humain, doit être tenu pour hérétique.* Ce décret, qu'on auroit peut-être dû énoncer plus clairement, ne prouve pas, comme quelques in-

Philosophie anc. & mod., Tome II.

crédules l'ont prétendu, que du tems du concile de Vienne, on admettoit la matérialité de l'ame, ou du moins qu'on n'avoit pas d'idée distincte de sa spiritualité : car l'église ne peut ni se tromper, ni par conséquent varier sur cette matiere importante. *Voyez* AME. *Voyez aussi l'abrégé de l'Histoire Ecclésiastique*, Paris 1751, *sous l'année* 1312.

Les philosophes scholastiques distinguent la *figure* de la *forme*, en ce que la premiere est la disposition des parties extérieures du corps; & la seconde, celle des parties intérieures : c'est ce qui donne lieu à cette scène si plaisante du *mariage forcé*, où Pancrace, docteur péripatéticien, soutient qu'on doit dire la *figure* d'un chapeau, & non la *forme*, & croit que l'état est renversé par l'usage contraire.

(Cet article est de d'ALEMBERT.)

FRÉRET. (PHILOSOPHIE DE) (*Histoire de la philosophie moderne*).

On trouve dans l'immense recueil de l'académie des inscriptions & belles-lettres un grand nombre d'excellens mémoires de *Fréret* sur différens points de critique & d'érudition très-difficiles à éclaircir. Mais ce que la plupart des lecteurs ignorent peut-être, c'est que ce n'étoit pas seulement un savant très-distingué & du premier ordre, c'étoit encore un philosophe profond, & qui avoit même vu très-loin dans une matiere épineuse que l'auteur du *système de la nature* a traitée depuis avec beaucoup d'exactitude & de clarté.

Les sentimens de *Fréret* sur cet article fondamental de la croyance des chrétiens sont exposés très-méthodiquement, mais sur-tout sans aucune espèce de ménagement pour les préjugés reçus, dans un ouvrage qui a pour titre : *Lettre de Thrasibule à Leucippe*. Un académicien célebre par un bon traité de calcul intégral, & dans la famille duquel *Fréret* a passé une partie de sa vie, m'a assuré qu'il avoit composé cette lettre pour une sœur qu'il aimoit tendrement, & qui se destinoit à la vie monacale & religieuse malgré lui, peut-être même malgré elle (car cette espèce particuliere de martyrs n'a été autrefois que trop commune). *Fréret* qui voyoit avec peine que la nature n'avoit point appellé sa sœur à cet état violent, crut devoir dessiller ses yeux, & la guérir enfin de cette fièvre religieuse qui n'étoit pas continue, & qui laissant à sa raison des intervalles lucides, l'auroit fait mourir dans le désespoir, après l'avoir fait vivre plus ou moins longtems dans les regrets, dans l'amertume & dans les larmes. Le desir de rendre le calme à une ame sensible & mobile, mais trop souvent troublée par tous les vains fantômes de la superstition ; l'espoir d'y réussir en faisant parler la raison dont la voix est si persuasive, lorsqu'on veut l'écouter dans le silence des passions : tous ces motifs réunis déterminèrent notre philosophe dont le bonheur étoit lié à celui de sa sœur, à lui adresser cette lettre que nous ferons bientôt connoître plus particulièrement. Il paroît qu'il l'écrivit en 1722, c'est-à-dire, dans un tems où le fanatisme religieux étoit à Paris l'esprit dominant. Mais heureusement pour *Fréret* que l'indiscrétion d'un seul de ceux auxquels il eût la foiblesse de la confier, auroit pu perdre, elle ne fut imprimée que 17 ans après sa mort (1).

D'Alembert desiroit que chaque homme de lettres laissât un testament de mort, où il exposât naïvement & librement sa pensée sur divers objets purement philosophiques, & demandât pardon à son siecle de n'avoir avec lui qu'une sincérité posthume. « En usant de cette innocente » ressource, *ajoute-t-il*, les hommes qui par » leurs écrits, commandent à l'opinion, n'au- » roient plus la douleur d'accréditer les sottises » qu'ils devroient détruire; & leur réclamation, » quoique timide & tardive, seroit, pour ainsi » dire, une porte secrete qu'ils ouvriroient à » la vérité » (2).

On peut regarder la *lettre de Thrasibule à Leucippe* comme le testament de mort de *Fréret* : il seroit même difficile d'en faire un plus clair. Malheureusement les copies de cette espece de testament se sont tellement multipliées du vivant même de l'auteur, & depuis sa mort, qu'elles fourmillent toutes de fautes très-graves, & qui corrompent le sens en mille endroits; j'ai consulté & comparé plus de vingt manuscrits de la *lettre de Thrasibule*, &c; & je n'en ai pas rencontré un seul de correct; ils sont tous plus ou moins mutilés, plus ou moins incomplets. Je présume même que tous ces différens manuscrits ont été faits sur une première copie très-fautive, car ils sont tous altérés dans les mêmes endroits : on y trouve la même obscurité, les mêmes lacunes, les mêmes transpositions; enfin il est souvent impossible de s'assurer du vrai sens de l'auteur. J'ai donc été forcé, pour faire disparoître ces défauts si choquans dans un ouvrage de cette importance, & où la clarté est sur-tout si nécessaire, de me mettre fréquemment à la place de *Thrasibule*, & de le faire raisonner conséquemment à ses principes, mais sans chercher à imiter son style. Il m'a semblé que l'essentiel étoit de bien prendre le fil de ses idées, & c'est à quoi je me suis assez scrupuleusement

---

(1) Il naquit à Paris le 15 février 1688, & mourut dans la même ville le 8 mars 1749. *Voyez* son éloge par M. de Bougainville dans les mémoires de l'académie des inscriptions, tom 23.

(2) *Voyez* l'éloge de l'abbé de Saint-Pierre, par d'Alembert.

attaché, pour croire qu'il m'est rarement arrivé de le rompre & d'en suivre un autre.

J'ai ajouté au texte de *Fréret*, plusieurs notes qui m'ont paru nécessaires pour éclaircir, ou confirmer certaines traditions historiques ou fabuleuses qu'il rapporte succinctement, ou auxquelles il fait seulement allusion. On en trouvera aussi, sur-tout dans la seconde partie, quelques-unes de purement philosophiques qui, peut-être, ne seront pas sans une sorte d'utilité. Enfin j'ai fait pour la *lettre de Thrasibule* ce que je souhaiterois qu'un homme de lettres voulut faire pour un ouvrage que j'aurois laissé aussi imparfait ; supposé toutes-fois qu'il jugeât ce manuscrit aussi digne d'être publié que celui de *Fréret* me l'a paru.

La dévotion est sans doute, ma chère *Leucippe*, une passion dont les effets peuvent n'être pas funestes, lorsqu'elle est sincère & continue ; il est même assez inutile qu'elle soit éclairée & raisonnable pour nous rendre heureux. La superstition qui ne nous propose que des choses absurdes pour objet de notre foi, de notre respect & de notre amour, peut faire éprouver des plaisirs aussi grands que la piété fondée sur les idées les plus saines de la divinité & du culte qu'on prétend faussement qu'elle exige des hommes. Ce n'est pas la qualité des objets en eux-mêmes qui en fait le prix, c'est l'idée ou l'opinion que nous en avons & l'activité des sentimens qu'ils nous inspirent. Un pâtre, fortement épris d'une maussade paysanne de son hameau, goûtera entre ses bras un plaisir aussi vif, sera aussi parfaitement heureux que l'étoit *Adonis*, comblé des faveurs de la plus belle des déesses. La mesure de notre amour fait la mesure de nos plaisirs & de notre bonheur.

On ne peut donc éviter avec trop de soin de combattre l'opinion d'un homme sincère avec lui-même, & dont l'opiniâtre crédulité pour tous les dogmes de nos prêtres, résiste constamment à tous les efforts que la raison fait pour la détruire. Tenter d'affoiblir sa persuasion, ce seroit renverser tout l'édifice de son bonheur. Mais il n'en est pas de même de celui qui n'a que des accès passagers d'une foi intermittente, & pour lequel la dévotion est une passion triste, qui lui fait envisager la divinité comme un être toujours irrité contre le genre humain : un tel homme étant nécessairement malheureux, dans cet état d'oscillation habituelle, c'est lui rendre un service important que de déraciner de son esprit des préjugés funestes qui empoisonnent tous ses plaisirs, qui aigrissent toutes ses peines, & qui changent sa vie en un supplice continuel.

Ne vous y trompez pas, ma chère *Leucippe*, il n'y a point au monde de gens plus à plaindre que les dévots de cette dernière espèce : semblables à des amans haïs & méprisés, ils n'envisagent la divinité comme le seul objet qui peut faire leur bonheur, que pour désespérer d'en obtenir jamais la possession. Les dévots, dont j'ai parlé d'abord, sont dans une situation toute opposée ; ce sont des amans tendres, respectueux, soumis, dont l'unique crainte est de ne pas ressentir autant d'amour qu'ils en inspirent à l'objet de leur passion. La divinité est pour eux une maîtresse tendrement chérie qui joint à cet empire doux & puissant que la beauté exerce sur nos cœurs, l'autorité que doivent nécessairement donner les qualités physiques & morales les plus propres à exciter en nous un sentiment profond d'admiration, d'estime & d'amitié.

Leur amour est exempt des craintes & des tourmens cruels de la jalousie ; tous les instans de leur vie sont des instans de jouissance dont rien n'affoiblit ni ne partage le sentiment. Les dévots de cette espèce ajoutent une ferme croyance à tout ce qu'on leur annonce de la part du souverain Etre. Ils obéissent avec empressement à ses moindres ordres ; ils goûtent la joie la plus pure dans les sacrifices qu'ils lui font de leurs passions, de leurs desirs, de leurs opinions, de leur raison même, parce qu'ils ne voient dans ces sacrifices, que le droit qu'ils acquièrent par eux sur l'objet de leur amour.

Cette peinture de la dévotion continue, est, je l'avoue, bien séduisante ; & si je croyois, ma chère *Leucippe*, que vous pussiez jamais parvenir à cet état, le plus désirable qu'il y ait peut-être, lorsqu'on est assez malheureux pour être privé de la connoissance de la vérité, je serois le premier à vous presser d'entrer dans un sentier où n'offre que des fleurs aux yeux de ceux qui y sont entraînés par une persuasion vive, sincère & durable ; mais il faut y être entraîné. Le sentiment de la dévotion est une véritable passion, &, vous me l'avez dit vous-même, on n'est point maître de se donner des sentimens & des passions ; notre ame ne peut se procurer cette espèce de mouvement qui les forme ; il ne peut être excité en elle que par les impressions qui lui viennent du dehors, & à cet égard, elle n'a d'autre force que celle de sentir ce qui se passe en elle, lorsque l'impression qu'elle a reçue commence à se développer.

Je sçais que dans la situation où vous vous trouvez, la dévotion vous seroit d'une ressource infinie, pour charmer les ennuis inséparables de votre solitude ; mais c'est une passion qui ne dépend pas plus de nous que les autres, & à laquelle nous ne sommes pas plus libres de nous livrer lorsque nous le désirons, que nous ne le sommes d'aimer ou de haïr. N'ayez donc recours qu'à vous-même & à votre complaisance naturelle, pour alléger le poids de votre esclavage : vous êtes née douce ; vous savez vous prêter facilement à la contrainte à laquelle vous n'êtes pas en état de résister ; & la nature vous a fait telle qu'il faut être pour obtenir plus promptement qu'un autre, la paix & le repos, de ceux auxquels le sort vous a assujettie.

Croyez-moi, cette disposition est la plus heureuse de toutes celles que l'on peut apporter en entrant dans le monde que nous habitons ; car ce monde n'est autre chose que l'assemblage d'un nombre infini d'êtres, qui agissent & réagissent sans cesse les uns sur les autres par des désirs & des forces différentes. Cet univers n'auroit pû être tel qu'il est, si ces desirs n'avoient été opposés les uns aux autres, & comme ils se combattent mutuellement, ils ne peuvent être tous satisfaits en même temps. Les uns forment des obstacles aux autres ; & la victoire est toujours du côté où se trouve le plus grand dégré de force.

Le plaisir est attaché à la satisfaction de ces desirs, & la douleur à la rencontre de ces obstacles ; cette douleur est d'autant plus vive, que l'activité de ces désirs est plus grande. Heureux ceux qui par la disposition naturelle de leur tempérament, souhaitent la paix & la tranquillité avec plus d'ardeur que tout le reste ! il ne leur en coute qu'un peu de complaisance pour l'obtenir de ceux au milieu desquels ils vivent.

Peut-être la souveraine bonté & sagesse de ce premier être (sur la nature duquel nos philosophes sont si peu d'accord entr'eux) exigeoient-elles de lui que le plaisir résultât de toutes les combinaisons que produisent la variété & l'opposition de ces desirs. Mais qui nous a dit qu'il existât hors de cet univers, & abstraction faite des êtres particuliers dont il est l'assemblage, un être souverainement bon & sage ? Qui nous a dit, pour parler plus nettement, qu'il y eût hors de nous une divinité telle que nos poëtes nous dépeignent le destin, ce maître des dieux & des hommes, douée d'intelligence & de volonté, & possédant dans un degré éminent la bonté, la justice, la prudence, & toutes les autres qualités qui sont des perfections dans les êtres semblables à nous ?

Prenons garde que l'idée que nous nous en sommes faite, n'ait pas plus de réalité que celle que les ancêtres des romains, sous l'empire desquels nous vivons maintenant, avoient de leur république. Ils la concevoient comme je ne sai quel être distingué de tous les citoyens particuliers qui la composoient ; c'est ainsi qu'ils en parloient tous ; & c'est en conséquence de cette idée, qu'ils exigeoient que chaque citoyen lui sacrifiât ses intérêts, son bonheur & sa vie, quoique le repos & la félicité de cette république ne fussent autre chose que le repos & la félicité de tous les citoyens en particulier.

Il n'y a que trop souvent dans le langage ordinaire des hommes, de semblables termes, qui n'excitent dans l'esprit de ceux qui les profèrent, qu'une espèce de phantôme auquel ils attribuent une réalité que n'a jamais eue l'image confuse qui les accompagne ; les mots de *divinité*, de *destinée*, de *providence* &c. sont de ce nombre, & de-là vient que ceux qui parlent de ces choses, ne sont d'accord ni entr'eux, ni avec eux-mêmes. Ils varient sans cesse, ne conviennent de rien, s'accusent mutuellement d'erreur, & ne font qu'entasser absurdités sur absurdités, lorsqu'ils entreprennent d'éclaircir, ou seulement de developer les idées qu'ils prétendent avoir.

Si nous n'étions accoutumés dès l'enfance à trembler au seul nom de la divinité, nous ne pourrions nous empêcher de les regarder comme des hommes en proie à un véritable délire, car c'en est un de prendre ses propres visions pour des êtres réellement existans hors de nous. Les hommes attaqués de cette espèce de maladie vont plus loin ; non seulement ils règlent toute leur conduite sur ces apparences chimériques, mais encore ils veulent forcer les autres hommes à voir ces objets qui n'existent point, & ils les contraignent de se conformer à leur conduite, & de suivre les exemples qu'ils leur donnent. Comme leur délire est contagieux, le nombre des fanatiques est devenu si considérable, que les gens sages, sentant l'impossibilité de résister à cette multitude de furieux, ont pris le parti de respecter leur folie, & de feindre souvent d'être attaqués du même mal, lorsqu'ils n'avoient que ce moyen pour assurer leur tranquillité.

Le fanatisme dont je vous parle devient encore plus dangereux lorsqu'il s'empare de ces hommes durs, hautains, impérieux, insociables, qui uniquement occupés d'eux-mêmes, & des moyens de satisfaire une foule de passions auxquelles ils sont en proie, n'ont jamais goûté ce plaisir délicieux & pur que les ames bien nées éprouvent en faisant le bonheur de la société dans laquelle elles se trouvent. Ce fanatisme éteint toutes les passions douces & naturelles ; il fortifie toutes celles qui sont contraires à la nature & à l'humanité ; & l'on peut assurer qu'il est la source la plus féconde des maux qui affligent l'espèce humaine. Malheur à ceux qui se trouvent liés avec de tels hommes ; lorsque la fuite leur est interdite, il n'y a qu'un seul parti à prendre, c'est celui de la complaisance, & heureusement elle vous coûte moins qu'à un autre.

Cette complaisance ne doit pourtant pas aller, ma chère *Leucippe*, jusqu'à vous laisser empoisonner par la contagion de ce mal ; dissimulez, renfermez vos sentimens au dedans de vous, feignez même s'il le faut, pour obtenir la paix, mais craignez de vous laisser entamer sur le chapitre du phantôme; il n'y va pas moins que du repos & du bonheur de toute votre vie, la moindre foiblesse vous réduiroit dans le plus déplorable de tous les états.

D'un autre côté, vous avez reçu de la nature un esprit trop juste, trop pénétrant, trop étendu, pour vous livrer sans retour au délire de la dévotion. Vous ne serez jamais intimement persuadée de la vérité des dogmes qui font aujourd'hui l'objet de votre foi : les absurdités dont fourmille tout système religieux, quel qu'il soit, révolteront toujours votre raison malgré tous les efforts que vous pourrez faire pour la soumettre. Vous n'aurez pas plutôt donné entrée dans votre esprit à ces phantômes religieux, que la mélancolie de votre tempérament, jointe à la sensibilité & à l'inquiétude naturelle de votre cœur, ennemi de son propre repos, vous fourniront sans cesse mille nouveaux sujets de terreur; des scrupules de toute espèce s'empareront de votre ame, vous en serez perpétuellement déchirée, & je craindrois que votre corps sur lequel la situation de votre ame a tant d'empire, n'y succombât à la fin.

Je vais plus loin; quand vous réussiriez à force d'exalter votre imagination & d'aliéner vos sens, à exciter en vous ce fanatisme religieux dont j'ai fait plus haut la peinture, vous n'éprouveriez dans ces instans de délire que les élans passagers d'une dévotion foible & inquiete; vous n'auriez jamais que de légers & courts accès, interrompus par des intervalles de raison, ce qui est peut-être la situation la plus pénible où puisse se trouver l'esprit humain; le passage continuel d'un de ces états à l'autre, & les secousses terribles qu'éprouve alors la machine, poussée sans cesse en sens contraire par la variété & la violence des passions qui se succèdent en elle, la minent, la détruisent peu à peu, & font pour elle une source intarissable de sentimens douloureux qu'on peut comparer à ceux d'un amant trahi & méprisé qui, dans les transports de sa fureur, rougit de l'amour qu'il a senti pour une maîtresse infidelle qu'il s'imagine ne plus aimer, parce qu'il croit devoir la haïr; & qui, dans l'instant suivant, détestant ses premiers sentimens, voudroit en effacer le souvenir avec des flots de son sang, & se sent dévorer par une passion qu'il ne peut ni éteindre ni satisfaire.

Tel est, ma chère *Leucippe*, l'état vraiment cruel où se trouve mille fois dans sa vie un homme livré à une dévotion intermittente. Comme sa persuasion n'est jamais assez vive pour qu'il ne soit point frappé de l'absurdité de ce qu'il croit; son amour est foible, son zèle tiède : & sa foi chancelante : pour peu qu'il soit remué par des passions opposées aux loix qu'il regarde comme émanées du souverain être; s'il tente de les combattre, sa résistance est accompagnée d'un sentiment très-douloureux, parce qu'il n'est que foiblement affecté de la bonté & de la réalité de l'objet auquel il sacrifie sans cesse ses goûts, ses désirs, sa raison; c'est un esclave qui obéit parce qu'il craint de déplaire à un tyran capricieux qu'il ne peut aimer & qu'il n'ose haïr. S'il cède aux passions qui l'entraînent, alors sa persuasion qui étoit trop foible pour le retenir, devient assez forte pour le tourmenter. Son cœur est alternativement déchiré par le repentir de sa faute, & troublé par la crainte d'en être puni. S'il est d'un caractère timide, inquiet, scrupuleux, & facile à allarmer, les manquemens les plus légers lui paroîtront des crimes énormes, & il sera perpétuellement dans les transes mortelles d'un coupable qui va paroître devant le plus redoutable de tous les juges.

Si nous considérons l'état d'un tel homme, lorsque son délire l'abandonnant, il prête de nouveau l'oreille à la voix de la raison trop long-tems méconnue, & déchire une partie du voile épais dont ses yeux étoient couverts, nous serons convaincus qu'il ne fait presque jamais ces pas vers la vérité que par le secours de quelque passion violente qui l'agite & lui prête pour un moment une force étrangère; mais comme cette force ne lui est pas inhérente, & n'est en lui que l'effet passager d'une espèce de fièvre de l'ame, elle l'abandonne bientôt pour le laisser retomber dans un état de désespoir & de regret tel que celui que nous avons décrit.

Mais examinons cet homme au moment même où il cesse d'être en proie au délire de la dévotion; il n'ose alors jetter les yeux sur sa conduite passée; elle lui paroît un tissu d'extravagances & de folies, il regrette les sacrifices que ses opinions lui ont fait faire au chimérique objet de sa foi, & ne voit plus dans sa religion qu'un assemblage monstrueux de faits contradictoires, de dogmes absurdes, d'idées fausses, incohérentes, & de principes pernicieux. Mais il n'est assez heureux pour demeurer long-tems dans cet état; il retombe bientôt dans les accès de son premier délire; & sa vie entière n'est qu'un passage continuel de la honte au repentir, & du repentir à la honte. Partagé sans cesse entre deux sentimens opposés & douloureux qui l'agitent tour à tour, tantôt il voudroit arracher, pour ainsi dire, de son cœur & de son esprit, jusqu'aux premières notions d'une religion qui le gêne, qui l'isole & contrarie tous ses penchans les plus doux; tantôt il voudroit, en redoublant de zèle & d'amour pour elle, étouffer en lui les mouvemens & les desirs qui y sont opposés. Mais tous ses efforts sont vains;

jamais sa conviction n'est assez forte pour qu'il puisse avec plaisir, agir en conséquence, & jamais elle n'est assez affoiblie, ni assez parfaitement détruite, pour pouvoir se livrer sans remords aux affections qu'elle condamne : c'est ainsi qu'après avoir passé dans les combats les plus pénibles, la plus grande partie de sa vie, il en sort sans en avoir joui, souvent même avant le terme ordinaire, par une suite nécessaire des impressions destructives qu'ont faite sur ses organes, les secousses violentes qu'il a si souvent éprouvées, & presque toujours l'esprit troublé & déchiré par les terreurs que lui inspire l'incertitude du sort qui lui est préparé.

Voilà l'état dans lequel vous réduiroit la dévotion, ma chère *Leucippe*, si jamais vous aviez le malheur d'en être atteinte. Je vous connois mieux que vous ne pensez; j'ai étudié votre tempérament, & je vous tromperois si je vous parlois autrement. Lorsqu'une personne de votre caractère a commencé une fois à secouer le joug des opinions reçues dans l'enfance, elle doit aller en avant, s'en délivrer tout-à-fait, & regarder toute religion comme un système d'erreur & de tyrannie, inventé par des prêtres imposteurs pour dominer les esprits foibles, & soutenu par des souverains ignorans, qui regardent faussement la superstition comme le plus ferme appui de leur trône & de leur pouvoir, tandis qu'elle les met au contraire sous la tutelle & la dépendance continuelles du sacerdoce qui s'en sert souvent pour les punir eux-mêmes de leur résistance à ses volontés, & de toutes les actions qui peuvent tendre à diminuer son crédit, ou porter la moindre atteinte à ses intérêts. Tel est le point de vue sous lequel vous devez envisager toutes les religions, si vous voulez vous en faire une idée exacte & précise, Cependant, quoiqu'elles soient toutes fausses & nuisibles, la prudence exige que le sage respecte en public celle qui est établie dans l'état sous les loix duquel il vit, & se soumette extérieurement à toutes les extravagances du culte public, sur-tout lorsqu'il ne peut pas l'éviter, & qu'il est forcé par état ou par la nécessité des circonstances, de vivre avec quelques-uns de ces hommes dont on devient l'ennemi, quand on refuse d'être leur esclave. Mais, pour ce qui est de son cœur & de son esprit, le même sage doit les conserver libres & indépendans de toute opinion, à laquelle la saine raison, ou la loi victorieuse du plaisir ne nous force point de nous soumettre.

Si vous étiez dans une autre situation que celle où vous vous trouvez maintenant, ma chère *Leucippe*, je me contenterois de ces réflexions générales, & de celles qu'elles vous donneront occasion de faire; mais votre intérêt m'est trop cher, pour ne pas tâcher de vous fournir un préservatif contre les atteintes d'un mal dont je crains la contagion pour vous. L'esprit humain est naturellement superstitieux, & cette disposition prend encore de nouvelles forces, lorsqu'on est exposé, comme vous, à l'ennui & à la tristesse d'une solitude désagréable. Elevée au milieu de Rome, vous vous trouvez reléguée à l'extrémité de l'empire, dans un lieu où vous n'avez aucun des amusemens, ni des sociétés que vous fournissoit cette capitale du monde; &, pour comble de disgrace, tout ce qui vous approche contribue encore à augmenter votre ennui. Comme cette situation vous rend plus susceptible de la contagion, il faut attaquer le mal dans sa source : ainsi je vais commencer par chercher les causes & l'origine de la superstition, & ce que sont en général les religions. Je vous exposerai les différens systèmes entre lesquels les hommes se sont partagés à ce sujet, & les motifs de crédibilité sur lesquels ils sont appuyés; après quoi j'examinerai la nature de nos connoissances en général; comment nous distinguons celles qui sont vraies & certaines, d'avec celles qui sont ou fausses ou non-prouvées; & enfin ce que nos idées claires, distinctes & fondées sur l'expérience, nous apprennent sur l'essence de dieu sur celle de notre ame, & sur la religion en général.

PREMIERE PARTIE.

Les vues & les notions de notre esprit sont bornées & circonscrites dans des limites infiniment étroites, & il apporte en naissant une curiosité, une passion de savoir que rien ne peut satisfaire : on ne se lasse jamais de voir de nouveaux objets, & la vie entière se passe à chercher les moyens de remplir le vuide & l'inquiétude que laissent en nous les connoissances les plus étendues, dès que nous les avons acquises. Nous ne pouvons connoître aucune chose parfaitement, pas même notre propre substance, & cependant nous voulons rendre raison de tout. L'aveu de notre ignorance eût été trop douloureux pour notre orgueil; pour l'éviter, nous avons pris le parti de nous payer de raisonnemens vagues & de suppositions absurdes & chimériques. Par exemple, lorsqu'il s'est agi de rendre raison de l'ordre & des phénomènes de l'univers, on a imaginé des dieux, c'est-à-dire des êtres intelligens & tout-puissans, placés au-dessus de nous, auxquels on a attribué tous les effets dont la cause étoit inconnue; bientôt après on les a regardés comme les auteurs de tous les biens & de tous les maux qui nous arrivent. L'habitude où l'on étoit de recevoir ces opinions comme vraies, & le double avantage qu'elles avoient de satisfaire à la fois la paresse & la curiosité de notre esprit, les ont fait regarder peu à peu comme démontrées, malgré les absurdités sans nombre dont elles fourmillent; & cette persuasion est devenue si vive chez quelques nations, que les raisonnemens les plus sensés & les persécutions les plus violentes n'ont pu leur ôter la croyance qu'elles donnent à des fables extravagantes. Les Egyptiens croyent encore aujourd'hui que le corps d'un animal, qu'un fruit, qu'une plante, souvent destinés par la nature à servir d'aliment aux hommes, se changent dans la substance même de la divinité dont ils prétendent cependant avoir des idées plus hautes & plus sublimes que le reste des nations. *Voyez* l'article FÉTICHISME.

L'opinion de l'existence & du pouvoir souverain de ces dieux une fois établie, le désir si naturel aux hommes de se rendre heureux, c'est-à-dire de jouir des biens & des plaisirs, & d'éviter les maux & la douleur dont on avoit fait ces dieux dispensateurs, les a portés à chercher les moyens de se les rendre favorables; on s'en est fait une idée d'après ce que nous connoissons de plus puissant parmi les hommes; on les a regardés comme nos rois, nos souverains, & on les a traités sur ce pied-là; on a commencé à leur témoigner sa soumission par des saluts, des adorations & des prières; on leur a fait des promesses & des vœux, pour les engager à nous faire du bien; on leur a fait des présens, car les sacrifices de toute espèce qu'on leur offre, ne sont autre chose. Enfin on a essayé de les gagner par des louanges & des flatteries; on a cru que l'attention à leur rendre ces devoirs, étoit un sûr moyen de leur plaire, & que l'on ne pouvoit y manquer sans s'exposer infailliblement par cette négligence à leur ressentiment.

Quelques peuples ne s'en sont point tenus-là. Comme les rois qu'ils voyoient, étoient des tyrans cruels & féroces, ils ont cru que ces dieux étoient des êtres aussi impitoyables & aussi méchans qu'eux; ils se sont imaginés que pour prévenir leur courroux & la haine qu'ils portoient au genre humain, il falloit se faire volontairement une partie des maux que leur colère & leur malignité prenoient plaisir à verser sur les hommes; que cela seul pouvoit les appaiser, & nous garantir des effets funestes de cette haine. Cette opinion est la source des jeûnes & des macérations, des flagellations, des incisions & de toutes ces pratiques barbares, par lesquelles tant de nations prétendent honorer la divinité. Les *Brachmanes* de l'*Inde*, les prêtres d'*Osiris*, ceux de *Mithra*, d'*Adonis*, d'*Atys*, & ces vagabonds qui promènent par les provinces les simulacres de la déesse de *Syrie* & de celle qui est adorée à *Comane* (1),

nous fournissent des exemples de ces ridicules superstitions.

Il y a même des peuples entiers qui n'ont pas borné là l'idée injuste & barbare qu'ils s'étoient faite de la divinité. Le sang des victimes ordinaires ne leur a pas paru suffisant pour appaiser ces dieux cruels, & altérés du sang des mortels; il falloit, selon eux, leur immoler des victimes humaines; & que leur sang versé sur les autels par la main d'un autre homme, sauvât celui de toute la nation, que les dieux auroient fait couler à grands flots, si l'on n'avoit pris soin de les appaiser par ces exécrables sacrifices. Je n'ai pas besoin de recourir aux fables d'*Iphigénie* & d'*Oreste* pour en trouver des exemples; à la honte de l'humanité, il n'est presque aucune nation qui n'ait souillé ses autels par un culte impie, &, malgré la lumière de la raison, qui éclaire aujourd'hui l'univers, cette fureur subsiste encore de nos jours: les (2) *Celtes*, les *Syriens*, les *Romains* (3) mêmes n'ont pû guérir; car les misérables esclaves que ces derniers obligent de se dévouer à une mort volontaire, dans les spectacles qui accompagnent les fêtes de leurs dieux, sont des victimes qu'ils leur immolent.

Mais comme les événemens ne répondoient

---

(1) Strabon nous apprend qu'il y avoit deux villes de ce nom, l'une dans le Pont, l'autre dans la Cappadoce, & qu'elles avoient l'une & l'autre un temple célèbre consacré à Bellone, où l'on pratiquoit à peu-près les mêmes cérémonies. Les deux grands prêtres portoient le diadême dans les processions qui se faisoient deux fois par an, & dans lesquelles une multitude innombrable d'hommes qui se disoient inspirés, ou qu'on croyoit tels, promenoient l'idole de la déesse. *Vide* Strabon. Lib. 12, page 809. B. C. & page 835. C. Edit. Amstel. 1707.

(NOTE DE L'ÉDITEUR).

(2) Les Celtes offroient des victimes humaines à leurs dieux. Ils croyoient les appaiser, & se racheter eux-mêmes de la mort en enterrant des hommes tout vivans, ou en les noyant.... Les grecs aussi offroient à Pluton des victimes humaines. Ils précipitoient, ils noyoient des hommes, pour appaiser le dieu de la mort & de l'enfer. Voyez l'histoire des Celtes par Pelloutier, liv. 3, chap. 6, §. XI, page 87. La coutume barbare d'immoler aux dieux des victimes humaines est de la plus haute antiquité. On la trouve pratiquée par les gaulois, les aborigènes, les carthaginois, les habitans de l'île de Sardaigne, les Goths, les islandois, & en général par tous les peuples, scythes & celtes. On peut voir à ce sujet les passages formels des anciens cités par Pelloutier, liv. 3, chap. 6 passim. Ce savant auteur n'a rien laissé à desirer sur cette matière; & son ouvrage est, sous plusieurs rapports, un des livres les plus curieux qu'on puisse lire.

(NOTE DE L'ÉDITEUR).

(3) Voyez ce que Denys d'Halicarnasse dit des anciens habitans de l'Italie, Antiq. Rom. lib. 1, cap. 38, p. 30. Edit oxon. 1704, & notez ces paroles de Lactance: Apparet antiquum esse hunc immolandorum hominum ritum. De falsa relig. lib. 1, cap. 21.

(NOTE DE L'ÉDITEUR).

pas toujours aux défirs de ceux qui avoient offert ces sacrifices, on a cru qu'ils ne leur étoient pas toujours agréables ; le choix des victimes propres à les fléchir, est devenue une des principales attentions du culte. On s'est fait un art de conjecturer le succès qui suivroit ces sacrifices, par les moindres circonstances qui les accompagnoient. Bientôt cet art a passé pour une méthode sûre de découvrir l'avenir ; & de-là sont nées toutes les espèces différentes de la divination augurale, qui, malgré l'expérience que l'on fait tous les jours de sa fausseté, conduit des nations entières dans les occasions les plus importantes.

Comme on avoit imaginé un rapport nécessaire entre les événemens fortuits que le hazard offre à notre vue, & les arrêts des destinées, on se persuada aussi que les songes & les images trompeuses qui se présentent à nous dans le sommeil, étoient un tableau où les dieux nous présentoient l'image de l'avenir qui nous regardoit.

Cette opinion de l'existence & du pouvoir de ces dieux, dispensateurs des biens & des maux, est ce qui a enfanté toutes les différentes religions qui inondent la terre. Comme l'examen de ces diverses religions suffit pour en démontrer la fausseté à un bon esprit, & que d'ailleurs, c'est du sentiment pour la religion, que dépend, à ce que prétendent les prêtres dans tous les pays, non-seulement notre bonheur & notre malheur dans cette vie, mais même le sort qui nous attend après la mort : je vais, ma chère *Leucippe*, vous faire en peu de mots l'exposé des différens systèmes religieux. Je les ai tous examinés avec soin, & pour mieux connoître les principes qui leur servent de base, j'ai étudié ceux de chaque secte en particulier. Je les ai comparés entr'eux pour m'assurer des points dans lesquels ces sectes si opposées se touchent, & de ceux où elles se séparent. J'ai lu les livres sacrés de celles qui en ont, & j'ai interrogé avec une exactitude scrupuleuse, les prêtres & les savans des sectes qui n'ont point de semblables livres.

Par cet examen j'ai appris que les hommes ne suivent, à proprement parler, que deux systèmes sur la nature de la divinité, qui même ne sont pas fort opposés dans le fond, & qu'ils ne diffèrent entr'eux que sur la forme du culte qu'ils croyent lui être dû, & sur la nature des pratiques par lesquelles ils espèrent se la rendre favorable; vous en allez juger, ma chère *Leucippe*, par une exposition très-exacte, quoiqu'assez courte, pour être le résultat d'une étude de plusieurs années.

Le premier système est celui des Egyptiens, des Grecs, & de la plus grande partie des peuples de l'Occident. Le second est celui des Chaldéens, des Juifs, des Persans & de quelques autres nations orientales.

Ceux qui ont suivi le premier système, croyent que l'univers est gouverné par plusieurs dieux, ayant chacun une force qui leur est propre, en sorte que, quoique subordonnés les uns aux autres, ils sont néanmoins indépendans à certains égards, & dans certaines choses, c'est-à-dire, qu'ils peuvent s'opposer à l'exécution de leurs volontés mutuelles, par conséquent être divisés, & même en dispute les uns avec les autres. A leur tête est une divinité qui, semblable à nos magistrats & à nos rois, maintient le bon ordre parmi eux, & les gouverne suivant certaines loix.

Le chef des dieux est plus puissant que chacun des dieux inférieurs, pris en (1) particulier, mais s'ils étoient tous ligués & réunis contre lui, il ne pourroit leur résister, & son pouvoir céderoit au leur (2).

───────

(1. Telle est, selon Mars, la limite de la puissance de Jupiter, il ne veut pas qu'on l'étende plus loin, & parle même en termes assez peu mesurés du défi que le fils de Saturne fit un jour à tous les dieux assemblés, de tirer en bas une chaîne d'or, dont le premier anneau seroit dans ses mains.

Ego autem, dit-il à Mercure, *si singulos compares, omnibus fortiorem esse, & validiorem, infitias non iverim: sed una junctis tot diis superiorem esse, ut pondere nostro ne deduceremus quidem eum valeamus, & si terram & pontum adsumserimus. aut sane mihi persuaserim.* Apud Lucian. in deorum dialogis. pag. 267, 268. §. 1. Tome I. Voyez la note suivante.

(NOTE DE L'ÉDITEUR)

(2) On lit dans Homère, que Jupiter, après avoir assemblé sur l'olympe les dieux & les déesses, & leur avoir défendu, sous peine d'être précipités dans les profonds abîmes du tartare, de secourir les troyens ou les grecs, leur parla en ces termes; « pour vous » convaincre que je suis plus puissant que tous les » dieux ensemble, suspendez du haut des cieux une » chaîne d'or, & tâchez, tous tant que vous êtes de » dieux & de déesses, de la tirer en-bas, jamais vos » forces réunies ne pourront m'ébranler ni me faire » descendre en terre, & moi quand il me plaira » vous enleverai tous sans peine, vous, la terre & la » mer, & si je lie ensuite cette chaîne au sommet » de l'olympe, toute la nature suspendue demeurera » sans action, tant mon pouvoir surpasse celui de tous » les dieux & de tous les hommes ». Ce passage semble prouver que notre auteur n'expose pas fidèlement le système théologique des grecs, & qu'en attribuant à Jupiter un pouvoir absolu sur tous les autres dieux, Homère n'a fait que suivre une opinion reçue en Grèce de son tems, & qui même, selon toute apparence, n'y étoit pas nouvellement établie. Mais il faut observer premièrement, que Jupiter se contente de proposer l'expérience, & se garde bien de la faire, secondement, que les dieux n'étoient nullement con-

Au-dessus

Au-dessus de tous ces dieux est le destin, la nécessité, la nature, puissance aveugle qui règle cependant toutes choses, de manière que les dieux mêmes ne font (1) qu'exécuter ses loix, & ne sont dans l'univers que comme des magistrats d'une république bien policée, où la raison & la loi gouvernent tout. Mais, comme il agit nécessairement sans choix, & même sans

vaincus qu'il eût réellement le pouvoir dont il se vantoit, comme on le voit par le dialogue de Lucien, dans lequel Mars avoue confidemment à Mercure, que cette menace de Jupiter lui parut très-ridicule, lorsqu'il l'entendit. « Je me souviens, ajoute-t-il, que » Neptune, Junon & Minerve, ayant résolu, il n'y » a pas long-tems, de le saisir & de le lier, on le vit » aussitôt pâtir de crainte, & devenir de toutes sortes » de couleurs; ils n'étoient cependant que trois; malgré cela, si Thétis n'eût eu pitié de lui, & n'eût » appelé à son secours les cent bras du géant Briarée, » ce Jupiter si puissant, auroit été enchaîné effectivement avec sa foudre & son tonnerre. En vérité » quand je me rappelle cette aventure, je ne puis » m'empêcher de rire de la forfanterie de ce dieu ». Voyez Lucien in deorum dialogis. (pag. 268. §. 2. tom. I. Edit. Amstel. 1743) & notez qu'Homère lui-même rapporte ce fait avec les mêmes circonstances. (Iliad. Lib. I. vers. 396. & seqq.) Ce qui contredit manifestement le discours de Jupiter cité au commencement de cette note. Mais ce seroit connoître bien mal les priviléges des poëtes en général, & particulièrement des poëtes épiques & lyriques, que de reprocher cette contradiction à Homère, qui n'écrivant ni en historien, ni en critique, a dû enrichir son poëme de toutes les traditions qui avoient cours dans son pays, toutes les fois qu'elles ont pu ou lui inspirer quelqu'idée noble, forte & sublime, ou lui fournir quelqu'épisode intéressante, ou lui offrir quelque grand phénomène de nature à peindre, ou enfin lui donner lieu d'employer ces images douces, riantes, voluptueuses & terribles tour-à-tour, qui ont excité l'admiration des plus beaux génies de l'antiquité, & qui font aujourd'hui les délices de ceux dont le goût est le plus sévère & le plus délicat. Voyez le bel éloge qu'Horace fait d'Homère dans son épître à Lollius. Il venoit de relire l'Iliade & l'Odyssée, & c'est après ce nouvel ex men, qu'il dit que ce grand poëte est un meilleur maître de morale que Chrysippe & Crantor, & qu'il enseigne d'une manière beaucoup plus claire & plus persuasive, ce qui est honnête ou déshonnête, utile ou pernicieux.

Qui, quid sit pulchrum, quid turpe, quid utile, quid non,
Planius ac melius Chrysippo & Crantore dicit.

Horat. Epist. 2. lib. 1. vers. 3. & 4. Voyez la suite.
NOTE DE L'EDITEUR.

(1) Je pourrois rapporter ici une foule de passages qui tous prouvent la même chose; mais ce seroit multiplier inutilement les citations, il suffira de mettre sous les yeux du lecteur ces paroles de Sénèque, dont la doctrine sur ce point étoit conforme aux idées théologiques reçues & consacrées en Grèce.

Philosophie anc. & mod. Tome II.

connoissance, il est inutile de lui rendre aucun culte.

Ce système est celui qui résulte de toutes les traditions religieuses des Grecs, & des ouvrages de leurs premiers poëtes, dans lesquels ils puisent toute leur théologie. Ce n'est pas qu'ils l'exposent avec cette clarté, ils n'en ont pas développé les conséquences, & il n'est pas fort ordinaire aux hommes de chercher à mettre de l'ordre & de la netteté dans leurs idées religieuses; mais c'est ce qui se présente aux esprits attentifs qui les examinent.

Les Egyptiens & les Indiens ajoutent à cette première supposition, que les dieux, tant les supérieurs que les inférieurs, viennent souvent converser avec les hommes; qu'alors, pour se rendre sensibles à eux, ils prennent des corps grossiers semblables à ceux des animaux; que dans cet état, ils sont sujets à toutes les infirmités de la nature qu'ils ont revêtue, & même à la mort, par laquelle ils se dépouillent de ce corps, dans lequel ils étoient enveloppés, pour retourner dans leur état naturel de gloire & de béatitude.

Vous savez quelles sont encore aujourd'hui les opinions des Egyptiens au sujet du bœuf *Apis*, qui n'est, selon eux, que le Dieu *Osiris*, qui vient de tems en tems habiter avec les hommes sous la forme d'un veau conçu (1) miraculeusement, & connoissable à certaines marques extérieures dont ses prêtres seuls sont instruits.

Osiris n'est pas la seule divinité Egyptienne qui se soit métamorphosée; tous les autres Dieux en ont fait autant autrefois; c'est pour cela qu'ils sont représentés sous cette figure dans leurs temples, & que certaines espèces d'animaux leur sont consacrées, le bélier à

Caussa pendet ex caussa, dit ce philosophe, *privata ac publica longus ordo rerum trahit.... Quicquid est quod nos sic vivere jussit, sic mori : eadem necessitate & deos alligat. Irrevocabilis humana pariter ac divina cursus vehit. Ille ipse omnium conditor ac rector scripsit quidem fata, sed sequitur; semper paret, semel jussit.* Senec. de providentia, cap. V.

(NOTE DE L'EDITEUR).

(2) *Est autem hic Apis, idemque Epaphus è vacca juvenci genitus quæ nullam dum aliam potest admittere genituram: eamque Ægyptii aiunt fulgure ex cœlo tangi & ictam parere ex eo Apin. Habet autem hic vitulus, qui appellatur Apis, hæc signa; est bene niger, in fronte album figuræ quadratæ; in tergo effigiem aquilæ, in cauda duplices pilos, in lingua scarabeum.* Hérodot. Lib. 2 cap. 28. pag. 208, 209. Edit. cit. ubi sup. confer quæ Plin. nat. hist. Lib. 8. cap. 46.

NOTE DE L'EDITEUR.

Hammon, père d'*Osiris*, le chien à *Anubis*, &c. : mais il n'y a guères qu'*Osiris* qui ait assez aimé les hommes pour continuer de venir habiter parmi eux, comme il arrive lorsqu'il y paroît un *Apis*. Cette Epiphanie ou manifestation, car c'est ainsi qu'ils la nomment, est un sujet (1) de joie pour toute l'Egypte ; mais sa retraite qui arrive à la mort d'*Apis*, en est un de douleur ; c'est alors un deuil public pour tout le pays : ce deuil dure pour les prêtres d'*Osiris*, jusqu'à l'apparition d'un nouvel *Apis*, avant laquelle il se passe quelquefois plus d'un siècle. *Osiris* étoit, selon eux, un de leurs plus anciens rois, qui n'étoit autre que le Dieu devenu homme, & qui régnoit quinze mille ans avant *Amasis*, le dernier roi d'Egypte. C'est ainsi qu'ils racontent sa naissance, ses aventures & sa mort. Dans les siècles suivans, la reconnoissance des peuples, ou la flatterie des poëtes, a fait regarder les princes, qui avoient quelque conformité avec *Osiris*, ou avec les autres Dieux, comme de nouvelles incarnations de ces divinités ; on leur a attribué leurs actions : de là est venue la confusion qui règne dans leur histoire sacrée, qui n'a été formée que sur la tradition des peuples ; ainsi on y voit plusieurs Mercures ou Thots, & plusieurs princes dont les aventures se retrouvent dans l'histoire d'*Osiris*. Parmi nos dévots de *Bacchus*, les spirituels, ceux qui ont été initiés aux mystères les plus cachés, auxquels on ne parvient qu'avec bien des peines, prétendent, sur l'autorité de je ne sais quelle révélation attribuée à *Orphée*, que le fils de *Semelé*, cet enfant dont elle accoucha au milieu d'un orage, n'étoit autre chose qu'une nouvelle incarnation d'*Osiris*, qui étoit venu prendre un corps humain dans le sein de la fille de *Cadmus* ; c'est pour cela, disent-ils, que les aventures du *Bacchus* grec ressemblent si fort à celles d'*Osiris* ; c'est par là qu'il faut expliquer les expéditions de *Bacchus* dans les Indes, ses exploits dans la guerre des géans, la mort qu'il reçut par leurs mains, & la vie qui lui fut rendue : quoique certainement au tems de *Cadmus*, dont nous connoissons l'histoire, il n'y ait eu aucun héros grec qui ait porté le nom de *Denis* (2), ni qui ait fait la conquête de l'Orient.

Au reste, la religion Egyptienne a souffert de grandes altérations depuis la ruine de leur royaume par les Perses. Autrefois on se faisoit un point capital de croire sans examen, de s'interdire tout usage de sa raison ; on appeloit alors profondeur impénétrable & mystère respectable, tout ce qui étoit scandale pour elle. Depuis que les Grecs se sont mêlés avec eux, leurs prêtres ont voulu devenir philosophes, & ceux qui se mêlent de raisonner, ont tout tourné en allégories, sans penser qu'elles étoient détruites par les cérémonies qu'ils pratiquent à leurs fêtes. *Voyez* l'article FÉTICHISME.

Les opinions des Indiens ne nous sont plus inconnues : nous avons eu occasion de nous en instruire par le commerce de ces Brachmanes qui accompagnoient les ambassadeurs du roi de la *Taprobane* ; vous les avez vus à Rome : c'est une opinion constamment reçue parmi eux, que les Dieux & surtout celui dont les Brachmanes tirent leur nom, sont déjà venus parmi les hommes, & qu'ils y viendront encore pour les instruire & les tirer des erreurs où ils tombent en éteignant la lumière de leur raison. Le dogme de la transmigration des âmes est très-ancien chez eux, plusieurs de leurs coutumes n'ont point d'autre fondement, & ce n'est pas de *Pythagore* qu'ils l'ont reçu ; ce philosophe n'a jamais été chez eux, & leur religion est beaucoup plus ancienne que lui.

Au reste, ils croyent comme les Egyptiens, que la divinité revêtue d'un corps, est assujétie à toutes nos misères, à nos besoins, à nos maladies & à la mort même : dans leur système, les Dieux s'étoient dépouillés en prenant une forme visible, de cette toute-puissance qui est l'appanage de la divinité ; & dans les dangers où ils se sont trouvés, ils ont eu seulement recours à l'adresse, & aux moyens humains qui souvent n'ont pas été capables de les en tirer.

Les Grecs ne furent jamais sans un système religieux ; ils avoient déjà des traditions & un culte réglé, dès le tems de (3) leur barbarie ;

---

(1) Ægyptii, quum Apis extitisset, vestimenta quampulcherrima ferebant, & celebrantis festo operam dabant. *Herodot.* Thalia, *Sive Lib.* 2. cap. 27. pag. 208. Edit. Wesseling. Amstel. 1763.

Pline en parlant de ce bœuf honoré comme un Dieu par les Egyptiens, fait mention de plusieurs particularités curieuses que je ne me souviens pas d'avoir lues dans Hérodote. Voici les paroles de Pline, elles confirment en partie ce que dit ici notre auteur.

Non est fas eum (Apin) *certos vitæ excedere annos, mersumque in sacerdotum fonte enecant, quæsituri luctu alium quem substituant : & donec invenerint, mœrent, derasis etiam capitibus : nec tamen unquam diu quæritur*, &c. nat. hist. Lib. 8. cap. 46.

NOTE DE L'ÉDITEUR.

---

(2) En grec Διονυσος.

(3) Cette assertion de notre auteur est fondée sur un passage d'Hérodote que je vais rapporter, parce qu'il renferme des détails curieux sur l'ancienne religion de

mais ce culte ne subsiste plus, il a été entièrement altéré par le mélange de la religion Egyptienne. Cette religion s'introduisit dans la Grèce par l'établissement des deux colonies d'*Argos* & d'*Athènes*, mais rien ne la répandit tant que les conquêtes de *Sésostris*, qui, plusieurs siècles avant la guerre de Troye, porta le culte des dieux Egyptiens dans l'Asie-mineure & dans la Thrace, dont il soumit une grande partie.

Orphée venu de Thrace, l'alla répandre dans la Grèce, qu'il parcourut toute entière par un motif religieux; c'est alors qu'il institua les mystères de Bacchus à Thèbes, & plusieurs autres dont il passe pour le fondateur.

Les Grecs encore grossiers, ne prirent qu'une partie des dogmes Egyptiens, qu'ils ne connoissoient que fort imparfaitement. Ceux que *Sésostris* avoit laissés dans ces pays nouvellement conquis, n'étoient pas, selon les apparences, instruits du fond des dogmes; ils n'en connoissoient que l'extérieur; ainsi il n'est pas surprenant que les histoires auxquelles ces dogmes avoient rapport, se soient si fort altérées. Cela est arrivé dans des pays plus voisins de l'Egypte, comme la Phrygie & la Syrie, où les mystères d'*Atys* & d'*Adonis* n'ont conservé qu'une ressemblance imparfaite avec ceux d'*Osiris*, quoiqu'il soit constant que ces trois divinités sont une seule & même chose.

Les Grecs accommodèrent donc les traditions egyptiennes avec celles qu'ils avoient depuis long-tems; & ils donnèrent à leurs divinités les attributs des Dieux Egyptiens; ils ne comprirent pas que ces Dieux n'avoient pris des corps que pour un tems dans le système Egyptien, & seulement pour se rendre sensibles aux hommes lorsqu'ils vouloient converser parmi eux; ils ne donnèrent même à ces divinités que la figure humaine, & ils crurent qu'elle leur étoit naturelle, & que ces dieux ne pouvoient se dépouiller de ces corps: ils les firent à la vérité, diaphanes, brillans, infiniment plus légers & plus robustes que les nôtres, mais cependant sujets à la douleur, à la lassitude, aux besoins du dormir & du manger; ils étoient immortels, mais non invulnérables, comme vous l'avez vu dans *Homère* (1), où *Vénus* blessée par *Diomède*, est pansée par *Machaon*, le médecin des dieux. Après leur avoir donné des corps sujets en partie à nos infirmités, il n'eût pas été raisonnable de leur ôter le besoin que la nature a rendu la source de nos plaisirs les plus vifs. Les dieux furent donc exposés aux traits de l'amour: non-seulement ils épousèrent des déesses desquelles ils eurent des enfans qui peuplèrent l'Olympe, mais ils ne dédaignèrent pas de s'embraser pour de simples mortelles; & les déesses à leur tour abandonnèrent l'Olympe pour venir chercher les faveurs des hommes; elles ne croyoient point s'avilir par ce commerce; les plus farouches succombèrent à cette foiblesse, &, selon les Arcadiens; le mont Latmus pourroit rendre bon compte de ce qui se passoit dans les rendez-vous nocturnes que Diane donnoit à *Endymion*.

Ces idées étoient autorisées par la pratique introduite dans l'Orient, pour favoriser la débauche des prêtres de plusieurs dieux; on feignoit que le dieu, devenu sensible aux charmes de quelque beauté mortelle, vouloit l'honorer de ses faveurs. La religion s'en mêloit, & la femme la plus chaste ne pouvoit être cruelle sans sacrilège. Il y avoit certaines déesses qui n'avoient que des prêtresses; ces prêtresses n'osoient faire l'amour, la sagesse leur étoit ordonnée: elles se servoient du même artifice; & par là elles ménageoient leur honneur & leurs plaisirs. Comme il arriva que quelques-uns des enfans qui naquirent de ce commerce, se rendirent illustres, on en fit des héros, des hommes d'une espèce supérieure; &, bientôt après, les grands hommes eurent honte de n'avoir qu'une origine ordinaire, ils voulurent sortir des dieux; l'imposture leur suffît dans des tems simples & grossiers, par l'amour que les hommes avoient alors pour le merveilleux de ce genre. La chose n'a plus été si facile dans la suite. *Alexandre* tenta vainement d'être le fils de Jupiter, il eut beau (2) vouloir brouiller sa mère

---

ces peuples. On y voit qu'ils reconnoissoient des Dieux qu'ils ne distinguoient par aucuns noms, qu'ils invoquoient collectivement, & auxquels ils présentoient indistinctement toute sorte d'offrandes.

Pelasgi antea diis vota facientes omnia immolabant, quemadmodum ego apud dodonum audiendo cognovi; nulli autem eorum cognomen neque nomen imponebant, quippe non audierant usquam. Deos autem cognominaverunt eos ob id, quod cum ornatu posuerint omnes res atque omnes distributiones. Herodot. Lib. 2. cap. 52. pag. 129. Edit. cit. ubi sup.

NOTE DE L'EDITEUR.

(1) Iliade Lib. V. vers. 335. & Seqq. Mais notez qu'Homère ne dit pas que Vénus fut pansée par Machaon: c'est Dioné, mère de cette déesse, qui essuye le sang qui coule de sa blessure, comme on peut le voir dans Homère, Loc. cit. vers. 416. 417.

NOTE DE L'EDITEUR.

(2) Voici ce qu'on trouve à ce sujet dans Aulugelle. *Quum is Alexander) ad matrem ita scripsisset; Rex Alexander jovis Hammonis filius Olympiadi matri salutem dicit. Olympias ei rescripsit ad hanc sententiam: amabo, inquit, mi fili, quiescas: neque deferas me*

Olimpias avec *Junon*, en la faisant passer pour la rivale de cette déesse ; il n'est, & il ne sera jamais regardé que comme le fils de *Philippe*.

Les barbares de l'Occident dont les religions nous sont connues, ne paroissent pas avoir suivi un autre système que celui des Grecs ; si cependant on peut appeler système, un amas confus de superstitions grossières & de traditions contradictoires.

Les Romains, quoique très-policés, & ayant égalé dans la science du raisonnement, les Grecs, qu'ils ont surpassé par l'éclat & l'étendue de leurs conquêtes, n'ont point de système réglé ; la raison en est que, chez eux, la religion est une partie du gouvernement politique. Les magistrats sont, à proprement parler, les prêtres de la république, & ils n'ont regardé la religion que comme un moyen propre à conduire la populace ; ainsi, ne s'embarrassant point qu'elle se livrât à la superstition la plus grossière, pourvû que l'ordre public ne courût point risque d'être dérangé ni troublé, ils ont admis le culte de toutes les nations qu'ils ont soumises ; &, par le mélange de ces dogmes différens, la religion ancienne du pays a été comme étouffée. Il y a cependant beaucoup d'apparence qu'elle avoit un grand rapport avec celle des plus anciens Grecs dont les Romains tirent leur origine. Au reste, la preuve que les Romains n'ont regardé le culte des dieux que comme un établissement politique, c'est la liberté que leurs plus grands hommes, revêtus des premières magistratures, se sont donnée impunément de l'attaquer dans des ouvrages publiés sous leur nom, & sans que la considération & l'estime dont ils jouissoient, en ayent reçu aucune atteinte (1).

Le second système, qui est celui des Chaldéens, des Juifs, des Persans & de quelques autres nations voisines, comme les Arabes, n'admet, à proprement parler, d'autre divinité que la cause première & universelle, dont les ordres sont exécutés par les êtres particuliers qui sont seulement ses instrumens & ses ministres.

Les Juifs ne s'en sont pas encore tenus là ; quoiqu'ils fassent mention des divinités subalternes, qu'ils nomment démons, anges, intelligences, génies, & qui sont comme les lieutenans de l'être suprême, de l'être par excellence ; c'est néanmoins à lui seul qu'ils rapportent tout ce qui arrive dans l'univers ; & ils croient que l'on ne peut s'adresser à ces génies, ni leur rendre aucun culte sans déplaire à ce premier être. Dans leurs livres sacrés, que j'ai lus avec grand soin, parce qu'ils les ont traduits en notre langue, c'est à lui seul qu'on rapporte tous les évènemens, sans faire aucune attention aux causes physiques & sensibles, ni aux moyens naturels

---

neque criminere adversum Junonem. Malum mihi prorsum illa magnum dabit, quum tu me litteris tuis pellicem illi esse confiteris. *Aul. Gell. noct. attic. Lib.* 13. cap. 4. ex libro Varronis qui inscriptus est Orestes vel de insania.

NOTE DE L'EDITEUR.

(1) Notre auteur veut parler ici de Cicéron, qui, dans plusieurs endroits de ses ouvrages, & particulièrement dans ses traités *de natura Deorum* & *de Divinatione*, se moque assez librement de la religion de son pays, & tourne finement en ridicule ces dieux immortels qu'il atteste avec tant d'emphase & de respect dans ses plaidoyers. Au reste, ce fait qui paroît d'abord extraordinaire, cesse bientôt de l'être, lorsqu'on fait réflexion que cet orateur écrivoit dans un siècle où l'imprimerie n'étoit pas inventée, & où, par conséquent, on ne pouvoit pas multiplier assez les copies d'un ouvrage, pour qu'il fût lu tout d'un coup par un grand nombre de citoyens : il n'y avoit guères que ceux qui aimoient à s'instruire, & qui étoient en état d'acheter des manuscrits ou d'en faire copier, qui s'occupassent à lire : or les hommes qui pensent, & qui lisent pour étendre la sphère de leurs connoissances, & perfectionner leur goût & leur raison, ne sont jamais le grand nombre dans aucun état, & ce n'est certainement pas dans cette classe qu'il faut chercher les ennemis & les persécuteurs des philosophes. On peut donc conjecturer avec beaucoup de vraisemblance que, parmi ceux qui lisoient les ouvrages de notre orateur, les uns, (& c'étoit sûrement la plus grande partie) pensoient comme lui sur l'article de la religion, & voyoient avec plaisir le mépris a ec lequel il en parloit ; les autres, intéressés par état, ou portés par ignorance à entretenir la superstition, blâmoient hautement sa hardiesse, mais leurs cris étouffés, pour ainsi dire, sous le poids du pouvoir & de la considération dont jouissoit le philosophe & l'homme d'état, ne faisoient aucune sensation, & étoient à peine entendus des magistrats qui les méprisoient, sans faire paroître. A l'égard du peuple, qui seul, auroit pu exciter contre Cicéron, quelque persécution, & forcer par ses murmures, les magistrats à réprimer la licence de ce destructeur des augures & des haruspices, il ne lisoit pas plus alors qu'aujourd'hui, & n'avoit certainement aucune connoissance de tous ses écrits ; parce qu'il est le même dans tous les siècles & dans tous les pays, & qu'il ne lui falloit à Rome, comme il ne lui faut à Paris que du pain & des spectacles, *panem & circenses.*

Je ne voudrois cependant pas nier, qu'en général, les Romains, ainsi que le pense notre auteur, n'ayent regardé la religion comme une institution politique, & que cette manière de voir n'ait beaucoup contribué à assurer le repos & la liberté de ceux qui l'attaquoient ; je crois seulement qu'il ne faut pas attribuer uniquement à cette cause ces heureux effets, & qu'il faut faire entrer dans la solution de ce problème politique, plusieurs considérations qui ne sont nullement à négliger.

NOTE DE L'EDITEUR.

dont il s'est servi ; sa nature n'y est point expliquée, on se contente de lui donner un nom qui, suivant l'interprétation des plus habiles de leurs prêtres avec lesquels je me suis entretenu, signifie seulement (1) *celui qui existe* ; comme si on avoit voulu marquer par là que ce dieu est le seul qui existe par lui-même, & que tout le reste de l'univers ne tient l'existence que de lui seul. Aujourd'hui les Juifs sont devenus plus curieux de philosophie qu'ils ne l'étoient autrefois, mais il paroît que toutes les idées qu'ils ont là-dessus, ils les tiennent des Grecs, ou des Chaldéens de qui nous allons parler.

Ces peuples avoient du dieu suprême à-peu-près la même idée que les Juifs ; mais comme il habite, ainsi qu'ils le disent en termes formels, une lumière pure & inaccessible à des êtres aussi grossiers & aussi imparfaits que nous le sommes, il ne nous gouverne pas immédiatement, mais par l'entremise des intelligences & des génies qui nous conduisent, pour l'ordinaire, d'une manière invisible & insensible. Les plus puissans & comme les chefs de ces génies, habitent le soleil, la lune & les autres astres, tandis que la tourbe des génies subalternes est attachée aux autres êtres inanimés de la nature, tels que les pierres, les métaux, les plantes, &c. Ces génies supérieurs agissent sur nous & sur toute la nature, par le moyen de la lumière & des influences des astres, & avec le concours des génies inférieurs attachés aux êtres particuliers.

C'est sur cette opinion qu'est fondée leur astrologie, & leur art de prédire les événemens futurs que doivent produire les aspects ou le concours de ces divers astres ; & cela en conséquence des régles établies par des observations faites depuis plusieurs myriades d'années, sur le rapport qui s'est trouvé entre la disposition de ces astres, & les événemens arrivés parmi les hommes.

Mais, comme le cours & le mouvement des astres ne sont point arbitraires, puisqu'ils sont soumis au calcul à l'aide duquel nous sommes en état de prédire sûrement le retour périodique de quelques-uns, & de déterminer avec précision les temps différens dans lesquels tous les corps célestes font leurs révolutions, soit sur eux-mêmes, soit autour du centre de leur mouvement. Il suit évidemment de la doctrine astrologique des Chaldéens, que les événemens futurs sont nécessaires, & que la volonté des intelligences attachées aux astres, ne peut les changer ; deux principes également vrais, mais dont il étoit impossible que la superstition pût s'accommoder. En effet, les hommes ne se contentent pas d'espérer les biens & de prévoir les maux, ils veulent obtenir les premiers & éviter les seconds ; & cela ne se pouvoit dans la supposition de la nécessité des événemens ; il fallut donc en faire une autre. On se persuada alors que les dieux étoient maîtres des événemens ; qu'ils pouvoient changer les règles qu'ils s'étoient imposées ; qu'il ne s'agissoit que de se les rendre favorables, & de forcer les génies ennemis à s'appaiser par l'intercession des génies qui étoient plus puissans. Lorsqu'on désespéra de gagner les génies supérieurs, on tâcha de s'assurer de ceux qui étoient attachés aux plantes & aux pierres, & d'en réunir un grand nombre. On regarda ces génies comme des hommes, & on se conduisit avec eux sur ce pied-là ; on travailla à former en sa faveur des ligues & des traités avec ce peuple intellectuel. C'est là la magie chaldéenne ; elle est, comme vous voyez, différente de celle que l'on connoît parmi les Grecs, & qui n'a pour objet que l'évocation des mânes & des phantômes qui habitent les royaumes sombres de Pluton ; quoique peut-être il ne fût pas difficile de la rapporter à celle des Chaldéens qui, admettant des esprits malfaisans & cruels, parmi ces génies inférieurs, croyoient qu'on ne pouvoit se les rendre favorables que par des crimes & des meurtres.

Je n'entre pas dans le détail des moyens qu'on employa ; les plus absurdes ne furent pas rejettés. Comme cette opinion n'avoit aucun fondement réel, il ne faut pas s'étonner si l'on y fait entrer toutes les extravagances & les absurdités dont vous voyez qu'elle est remplie ; je crois pourtant que, dans le commencement, la médecine & les effets singuliers des remèdes tirés des plantes, des minéraux, & de certains animaux, furent le motif de la plupart de ces pratiques, à l'imitation desquelles on en institua d'autres qui ne produisirent rien.

Ces deux sectes opposées dans le chaldaïsme, ont donc formé ce que nous appelons *astrologie & magie*. La dernière passa en Egypte. Le pays étant plus fertile & plus varié dans les productions de la nature, donna lieu aux hommes curieux de ces sortes de connoissances, de faire un grand nombre de découvertes singulières ; elles les mirent en état de produire des effets extraordinaires, que la populace attribua à l'opération de ces génies, avec lesquels ils feignoient d'avoir commerce par le secours de la magie. On mêla ensemble dans la suite l'astro-

---

(1) Ait moyses ad Deum..... si dixerint mihi, quod est nomen ejus ? quid dicam eis ? dixit Dominus ad moysen : *ego sum, qui sum*. Ait ; sic dices filiis israel : *qui Est* misit me ad vos... hoc nomen mihi est in æternum, & hoc memoriale meum in generatione & generationem. *Exod.* cap. 3. verset. 13. & seqq.

NOTE DE L'EDITEUR.

logie & la magie. On crut que l'observation de l'aspect de certaines étoiles, augmentoit la force des sacrifices par lesquels on s'imaginoit évoquer les intelligences, & c'est ce que pratiquent encore aujourd'hui ces superstitieux qui inondent les provinces sous le nom de *Chaldéens* & de *Pythagoriciens*.

Les mages de *Médie* & de *Perse* ne sont pas différens des Chaldéens, si ce n'est en ce qu'ils admettent nettement deux sortes d'intelligences inférieures, les unes bienfaisantes, & les autres cruelles & malfaisantes. Le nom de la première espèce est *Oromazes*, & celui de la seconde est *Arimanes*; car je ne crois pas qu'on doive leur attribuer l'opinion de ceux qui font de ces deux espèces de génies, deux dieux suprêmes & égaux en puissance, sans cesse opposés l'un à l'autre, dont les combats mutuels forment tous les êtres particuliers, lesquels sont un mélange de la substance de ces deux premiers principes, & qui, par cette raison, sont composés de lumière & de ténèbres, de matière & d'esprit, de vertus & de vices, de plaisirs & de douleurs. Les plus habiles mages avec lesquels je me suis entretenu, m'ont assuré que cette opinion étoit regardée comme une erreur, & qu'elle étoit formellement opposée au sentiment de *Zoroastre*. Ils conservent ses ouvrages dans lesquels il ne reconnoit qu'un seul principe supérieur, auquel il donne le nom de *Mithra* qu'ils traduisent par les mots, *amour*, *union*, *justice*, termes qui signifient qu'il le concevoit comme un être d'une nature bienfaisante, comme la cause de toutes les productions, comme celle de l'ordre & de l'arrangement de l'univers, comme le lien qui en unissoit toutes les parties, & qui empêchoit leur dissolution. Le soleil étoit la vivante image de *Mithra*. L'instrument le plus efficace qu'ils employassent après le soleil, étoit le feu; & ils prétendent que le respect qu'ils témoignoient à *Mithra*, dont ces deux choses étoient des symboles naturels, avoit donné lieu aux Grecs de supposer qu'ils rendoient à ces deux êtres un culte bien éloigné de leurs principes, qui leur défendent de reconnoître d'autre dieu que *Mithra*. Au reste, ces mages, qui étoient assez instruits de nos opinions, me disoient que l'on ne pouvoit pas leur attribuer le dogme des deux principes égaux en puissance, avec plus de fondement que l'on ne nous attribueroit à tous en général, le sentiment de quelqu'une des sectes de philosophie qui sont reçues parmi nous.

Voilà, ma chère *Leucippe*, toutes les sectes religieuses essentiellement différentes que nous connoissons parmi les hommes; toutes les autres en sont des modifications, formées le plus souvent par l'assemblage de diverses opinions prises de systèmes opposés. Telle est, par exemple, la nouvelle secte formée dans le judaïsme, & qui commence à se répandre dans le monde. Ce sont ces gens que l'on nomme *chrétiens*; ils croyent tous en général, comme les Juifs, qu'il n'y a que le seul être suprême qui gouverne l'univers, & que cet être a envoyé sur la terre un homme extraordinaire pour instruire le genre humain de ce qu'il falloit croire & observer pour lui être agréable. Ils croyent aussi que cet homme est venu changer la loi particulière que ce dieu souverain avoit donnée aux Juifs; mais sur le reste de leurs dogmes, ils ne sont point d'accord entr'eux. Les uns, & il paroît que c'est le plus grand nombre, ont adopté le dogme des Egyptiens & des Indiens, & disent que l'auteur de leur secte n'étoit pas un simple homme, & que c'étoit dieu même qui avoit pris un corps; &, quoiqu'il ait perdu la vie dans les tourmens, ils n'en sont pas plus embarrassés que les Egyptiens le sont de la mort cruelle d'*Osiris*. Ils prétendent mettre l'honneur de sa divinité à couvert, par je ne sais quelles merveilles qui l'ont suivie, à ce qu'ils disent, & dont ils prétendent que ses sectateurs ont été témoins oculaires, quoiqu'ils soient les seuls qui en parlent. D'un autre côté, plusieurs d'entr'eux ont adopté beaucoup de rêveries prises des Chaldéens modernes, sur la nature & les propriétés de ce souverain être, ainsi que sur les différentes espèces d'intelligences inférieures auxquelles ils rendent un culte: mais, comme il y a eu de tout temps peu d'uniformité dans les opinions religieuses du même peuple, ce culte est condamné par les autres, quoiqu'ils avouent que l'existence de ces démons bien ou malfaisans, est établie par les prodiges & les discours qu'ils attribuent à l'auteur de leur secte.

Parmi les différentes religions dont je viens d'exposer assez rapidement les principes généraux, il n'y en a aucune dont les dogmes & le culte soient établis sur les lumières de cette raison universelle, qui éclaire également tous les hommes, & qui fait que la distance des temps ou des lieux, & la différence des langues, des coutumes & des opinions, ne mettent aucune variété entr'eux; telle qu'est celle qui leur découvre les premiers principes de la morale, ou les vérités de la géométrie.

Les uns croyent que le premier être gouverne tout par lui-même, & par des volontés particulières, & donne une attention distincte à chaque objet, comme les juifs & les chrétiens; les autres, qu'il se repose sur les génies & les intelligences, comme les chaldéens, les égyptiens & les grecs; & parmi ces derniers, quelques-uns ne le regardent que comme une cause aveugle, destituée de connoissance & d'intelligence; tels sont les égyptiens & les grecs, qui n'ont jamais adressé de vœux au destin, qui ne lui ont jamais bâti de temples, & qui n'ont établi aucun culte réglé en son honneur. Ce qu'ils nomment la *fortune*, est une espèce de divinité particulière, qu'ils font présider à ces événemens dont on attribue la cause au hazard, parce que l'on n'imagine pas ce qui a pu les produire. Cet oubli du destin & de la fortune dans le culte, est d'autant plus étonnant, que les hommes en ont sans cesse le nom (1) à la bouche, qu'ils l'invoquent seule, qu'ils lui attribuent également les bons & les mauvais succès, & que le portrait injurieux qu'ils en font, en la traitant de volage, d'inconstante, d'aveugle, de fantasque, lorsqu'ils déclament contre elle dans leurs plus grands emportemens, prouve que dans ces instans mêmes, ils reconnoissent son existence & son pouvoir.

Pour les chaldéens, quoiqu'ils rendent un culte à leur *Bélus* qui est le maître & le roi des dieux, l'habitude où ils sont de voir des monarques inaccessibles à leurs peuples, & qui se tenant enfermés dans le fond de leurs palais, gouvernent de là leur empire par le moyen de leurs satrapes, les empêche de croire qu'il faille s'adresser à l'être suprême plutôt qu'aux génies qu'il a établis entre lui & les hommes. Ils sont persuadés que les dieux inférieurs sont des esprits purs, c'est-à-dire, sans un corps semblable aux nôtres, qui ne sont susceptibles d'aucune des passions ni des infirmités auxquelles nous sommes assujettis, & qui ne peuvent devenir malheureux. Les égyptiens & les grecs pensent au contraire, que les dieux, même les plus puissans, se sont revêtus de corps matériels; quelques-uns croyent aussi comme les grecs, que ces dieux sont toujours sujets à nos passions, à nos foiblesses, à nos besoins, peuvent être blessés, devenir malheureux & assez malheureux pour desirer la mort. Les fables de nos poëtes, conformes en cela à nos plus anciennes traditions, ne sont remplies que d'exemples de ce que j'avance. *Vranus* mutilé par Saturne & dépouillé de sa couronne; le même Saturne chassé de son trône par son fils Jupiter, & chargé de fers; les amours de *Jupiter*, ses déguisemens honteux pour jouir de ses maîtresses, parmi lesquelles on ne rougit pas de placer sa mère, sa sœur, ses filles & ses tantes; les querelles des dieux, leurs combats, les périls qu'ils coururent, lorsqu'ils furent attaqués par les géans, & lorsqu'obligés de se déguiser sous la forme de divers animaux, ils échappèrent à peine à leur poursuite; en un mot, une infinité de faits semblables, sur lesquels je n'ai pas le temps de m'étendre, prouvent assez ce que nos ancêtres ont pensé des dieux.

Il ne faut pas chercher parmi les égyptiens, les Indiens & les chrétiens, des opinions mieux liées sur cet article; elles sont aussi injurieuses pour leurs dieux, & n'ont pas plus de fondement: en effet, ils croyent que non-seulement les dieux, mais encore le souverain être, la première cause de l'univers, s'est revêtu du corps d'un homme ou d'un animal pour venir converser parmi nous, & que, pendant le temps de cette incarnation, il a été exposé à tous les accidens auxquels l'espèce, dont il avoit pris la figure, étoit sujette; ensorte que, de même qu'*Osiris*, *Adonis* & *Atys* avoient souffert une mort cruelle, & que le dieu des chrétiens avoit péri par un supplice honteux & destiné aux plus vils esclaves, le bœuf *Apis* pouvoit encore tomber sous le couteau du boucher, comme il est arrivé (2) sous *Cambise*, & servir d'aliment aux hommes, comme il arriva sous *Ochus* qui fit servir le bœuf *Apis* sur sa table, & qui régala sa cour aux dépens de la substance divine.

Il n'y a pas moins d'opposition dans le culte & dans la pratique qu'il faut observer dans les différentes sectes, pour devenir agréable aux dieux; la plupart égorgent des bêtes pour se rendre la divinité favorable. Juifs, chaldéens, égyptiens, indiens, tous croyent que la vapeur du sang qu'ils versent; que la fumée & l'odeur des viandes qu'ils brûlent sur les autels, contribuent au bonheur des dieux, & les engagent par reconnoissance à leur accorder les graces qu'ils en veulent obtenir. Les chrétiens me paroissent les plus sages de tous à cet égard, puisqu'ils n'ont

---

(1) Il y a sur ce sujet un beau passage de Pline le naturaliste : comme il a beaucoup de rapport avec ce que dit ici notre auteur, j'imagine qu'on ne sera pas fâché de le trouver ici.

Toto quippe mundo & locis omnibus, omnibusque horis omnium vocibus fortuna sola invocatur : una nominatur; una accusatur, una agitur rea, una cogitatur, sola laudatur, sola arguitur, & cum conviciis colitur : volubilis, a plerisque vero & cæca etiam existimata, vaga, inconstans, incerta, varia, indignorum fautrix. Huic omnia expensa, huic omnia feruntur accepta : & in tota ratione mortalium, sola utramque paginam facit. Adeoque obnoxia sumus sortis, ut sors ipsa pro deo sit, qua Deus probatur incertus. Hist. nat. Lib. 2. cap. 7.

NOTE DE L'EDITEUR.

(2) La cause, les détails & les suites de ce meurtre, sont exposés au long dans Hérodote. Lib. 2. cap. 17, 28, 29, 30 & 31. pag. 208 & 209. Edit. cit. ubi sup. A l'égard d'Ochus on peut consulter Plutarque, *de Iside & Osiride* pag. 355. c. & pag. 363. c. tom. 2. Edit: Paris, 1624. Cet auteur dit que les Egyptiens appelloient ce roi des perses, l'ane, & qu'Ochus l'avant appris, leur dit : *Cet asne là mangera votre bœuf*, ce qu'il fit en effet. Vide Locis citat. Voyez aussi Ælian. de natur. animal. Lib. 10. cap. 28. pag. 576. Edit. Lond, 1744.

NOTE DE L'EDITEUR.

point de sacrifices, & que dans leurs assemblées, ils se contentent de témoigner leur amour & leur reconnoissance au souverain être par des cantiques, des prières & des actions de graces, dont ils accompagnent des repas simples & conformes à la frugalité de leur vie ordinaire. Je me suis instruit de ce qui se passe dans ces assemblées, & je puis assurer que les abominations qu'on leur impute, sont de pures calomnies: toute secte naissante & persécutée a soin de se distinguer par une grande pureté de mœurs; & les chrétiens sont encore trop foibles & trop nouveaux, pour être déjà aussi corrompus qu'on le suppose. Si leurs assemblées nocturnes causent quelque désordre, comme il est assez vraisemblable que cela arrive quelquefois, il est infiniment moindre que celui dont tous nos mystères sont accompagnés, même ceux d'*Eleusis*; car les mystères d'*Adonis*, de la déesse de Syrie, d'*Atys*, de *Bacchus*, sont si décriés parmi nous, que des gens graves auroient honte d'y être initiés.

Au reste, si les Juifs, les Chaldéens, les Egyptiens &c. s'accordent tous à dire qu'il faut offrir des sacrifices aux dieux, pour se les rendre propices, ils différent beaucoup sur la nature & les circonstances de ces sacrifices, sur le choix des victimes, sur la manière de les immoler, sur le lieu & le jour où elles doivent être sacrifiées, &c. Ces peuples ont cependant sur ces sacrifices expiatoires & propitiatoires, une opinion qui leur est commune, & dont leur histoire, particulièrement celle des Juifs, fournit plusieurs preuves. Ils croyent généralement que les dieux, ou du moins certains dieux, ne peuvent être satisfaits, si l'on ne dépeuple l'univers, si l'on n'égorge des hommes sur leurs autels. Il faut être homicide, & quelquefois même parricide, pour être agréable à ces dieux sanguinaires; & ils ne favorisent parmi les Syriens & les Carthaginois, que ceux que les loix punissent dans les sociétés bien réglées. Dans quelques endroits de l'isle de Cypre & à Babylone (1), les filles croiroient irriter contre elles le souverain être, si elles n'alloient dans le temple de *Vénus* servir aux plaisirs des étrangers que le hazard y conduit; en sorte que, ce qui s'appelle ailleurs débauche & prostitution, est là un acte de piété qui honore la divinité (2).

Les dieux des autres nations ne sont en général, ni moins atroces, ni moins infames: tous veulent des sacrifices sanglans; mais le choix des animaux ne leur est nullement indifférent; ils ont même sur ce point des goûts, ou plutôt des caprices fort divers, auxquels il faut néanmoins s'assujetir, si on veut leur plaire. L'un, par exemple, veut un bœuf d'une telle taille & d'une telle couleur; l'autre veut des moutons; celui-ci veut une truie; celui-là une chèvre, un bouc, un serpent, un oiseau; il y en a même dont le goût bisarre veut se repaître de la fumée d'un animal dont les nations policées n'oseroient faire leur aliment.

A l'égard des mœurs que les dieux exigent, il y en a très-peu qui se soucient que l'on observe ou que l'on viole les loix de la morale; il y en a même dont la vie est un enchaînement, une suite ininterrompue de désordres de toute espèce: les Grecs, par exemple, n'ont pas un de leurs dieux, surtout des plus puissans, qui ne soit souillé de quelque crime, de quelque vice abominable, ou du moins qui n'ait fait quelque action honteuse & infame; le meurtre, le vol, la débauche, la prostitution, la colère, la vengeance forment tous les traits de leur histoire, & il n'y a point de république qui voulût avoir des citoyens aussi pervers & aussi corrompus que les dieux de cette nation.

Les Egyptiens, les Juifs & les Chrétiens semblent, sur ce point seulement, avoir un peu plus d'égard aux mœurs; mais, si l'on trouve dans leurs livres quelques préceptes de morale vraiment utiles, ils y sont, pour ainsi dire, étouffés & corrompus par une foule d'idées superstitieuses, qui leur servent de base, & avec lesquelles ils sont en quelque sorte amalgamés. D'ailleurs, comme il ne peut jamais y avoir de bonne morale partout où il y a une religion quelconque, il s'ensuit que ces sectes, quoique

---

(1) Ce que dit ici notre auteur est tiré d'Hérodote, libro primo, cap. 199. pag. 94, 95. Edit. cit. ubi sup. Lisez tout ce chapitre qui est fort curieux; & conférez Strabon Lib. 16. pag. 1081. c. Edit. Amstel. 1707. Mais notez qu'Hérodote ne parle pas seulement des *filles*, il dit, en général, qu'il faut que *toute femme* née dans le pays, aille s'asseoir dans le temple de Venus pour accorder une fois en sa vie les dernières faveurs à un étranger. Voyez la suite dans cet historien.

NOTE DE L'ÉDITEUR.

(2) La peinture fidelle que Freret vient de tracer des dieux de ces différens peuples, & du culte abominable & insensé que les prêtres ont institué en leur honneur, en se constituant les oracles & les interprètes de leurs volontés, est la même que celle des dieux de toutes les nations de la terre, avec la seule différence des siècles ignorans, ou instruits, policés ou barbares: & cela doit être en effet, parce qu'ils ont tous la même origine, & que les prêtres qui font leurs représentans sur la terre, & qui les font parler, vouloir & agir conformément à leurs passions & à leurs intérêts, sont les mêmes dans tous les siècles & dans tous les pays, & font cause commune d'un pôle à l'autre, malgré la diversité & même l'opposition de leurs opinions.

NOTE DE L'ÉDITEUR.

un peu moins déraisonnables sur certains articles, que celles qui les ont précédées, n'ont aucun avantage sur elles en ce qui regarde la morale: il seroit même très-facile de prouver que celle qu'elles enseignent, est souvent plus nuisible & plus impraticable. Car, quoi de plus insensé, de plus contraire à la nature de l'homme, & par conséquent de plus destructif de toute société, que de croire avec les Egyptiens & les Chrétiens, que, quoique l'on ne puisse être agréable aux dieux sans la pratique de la vertu, néanmoins cette vertu est inutile & fausse aux yeux du souverain être, sans la croyance de certains dogmes spéculatifs, souvent très-absurdes & toujours destitués d'évidence, & sans l'observation de certaines cérémonies vaines, puériles & la plupart du tems douloureuses, comme celle de la circoncision, ou du moins fatigantes & contraires à la raison, à la nature & aux besoins de la société ; ensorte que les vertus auxquelles ils donnent le prix, sont celles qui consistent à nous rendre insociables, à nous haïr nous-mêmes, à nous priver du plaisir pour lequel la nature nous a donné une pente invincible, & à nous en priver sans qu'il en résulte aucun avantage pour le reste de la société. La tempérance, la sobriété, l'humanité, la justice ne suffisent pas, selon eux, pour faire un homme vertueux, il faut s'abstenir de presque tous les alimens, jeûner, souffrir volontairement la faim & la soif, ne boire & ne manger qu'autant qu'il est absolument nécessaire pour ne pas mourir. Telle est la doctrine des prêtres Egyptiens & des Chrétiens.

Les juifs ne vont pas jusques-là ; mais en récompense, il faut pour se rendre agréable au souverain être, s'abstenir de certains (1) animaux. Dans leurs principes, celui qui mange du cochon, ne déplaît pas moins aux dieux, que celui qui mange de la chair humaine.

Selon les chrétiens, les plaisirs de l'amour, que le souverain Etre a rendus les plus vifs de tous, parce qu'il les a attachés à la plus nécessaire des actions, à celle de qui dépend la conservation de l'espèce humaine, ces plaisirs si naturels, sont criminels par eux-mêmes. Ils ne condamnent pas seulement l'abus de ces plaisirs, & les moyens de les obtenir, lorsque ces moyens sont contraires au bien général de la société, mais même l'usage le plus réglé & le plus légitime que l'on en peut faire. Si tous ne blâment pas absolument le mariage, comme font plusieurs d'entre eux, au moins il est aisé de voir par l'éloge qu'ils font de la virginité & du célibat, qu'ils regardent tous les autres états comme autant d'obstacles au bonheur de l'autre vie qu'il faut néanmoins laisser subsister par condescendance pour la foiblesse humaine. Plusieurs ne se contentent pas de ces souffrances qui naissent de l'abstinence des besoins les plus pressans, ils y joignent la douleur actuelle & positive, ils déchirent leur corps, se fouettent, se découpent, dans l'espérance que dans cet état, ils plairont à ce Dieu, duquel je ne puis croire qu'ils aient une autre idée, que celle d'un Etre méchant, cruel, & qui prend plaisir à voir souffrir les hommes.

Ces sentimens étant trop absurdes & trop opposés entre eux ; pour être fondés sur les lumières de la raison naturelle ; il faut examiner sur quoi ils peuvent être appuyés, & comment je connoîtrai qu'ils sont vrais.

Je remarque d'abord que tous ceux qui les soutiennent, m'assûrent en particulier qu'ils ont la vérité pour eux, & que leur persuasion est également vive ; & en effet, je vois que pour défendre ces opinions, ils ont souvent sacrifié leurs intérêts les plus chers, & ont bravé des dangers auxquels on s'expose difficilement, même pour conserver ce que l'on a de plus précieux.

D'un autre côté, comme leurs opinions sont tout opposées entre elles, & que la vérité est une, elle ne peut se trouver dans ces différentes sectes à-la-fois ; il pourroit même arriver qu'elle ne fût dans aucune ; car ce n'est pas une chose bien rare, de trouver des gens dont la persuasion est plus forte que les motifs qu'ils ont de croire, & nous voyons le fanatisme religieux produire par tout le même effet. A l'égard de la certitude qu'ont toutes les sectes d'être en possession exclusive de la vérité, & des moyens les plus efficaces de plaire au souverain être, on ne peut pas raisonnablement supposer qu'elle soit fondée sur l'évidence des faits & des dogmes spéculatifs qu'elles admettent, parce qu'il est démontré par l'expérience que l'erreur & la fausseté ont excité de tout tems parmi les hommes à peu-près le même degré de persuasion que la vérité, puisqu'elles ont eu l'une & l'autre leurs martyrs ; je sais que ces sectes prétendent, les unes que les dieux, les autres que le souverain être a révélé que leurs opinions étoient vraies ; mais comme ce Dieu ne peut faire que des choses opposées soient vraies, il ne doit y avoir qu'une de ces opinions qui jouisse de cet avantage. Voyons quelle sera celle à laquelle nous l'accorderons.

---

(1) Voyez le Lévitique, cap. XI. toto capite. C'est-là qu'on voit qu'il ne faut manger ni du lièvre ni du cochon, parce que ces deux animaux ruminent, & qu'ils n'ont pas le pied fendu. Ce seul trait suffit pour prouver que Moyse n'avoit pas des connoissances fort sures ni fort étendues en histoire naturelle. M. de Buffon, sans être inspiré, en sait plus que lui.

● NOTE DE L'EDITEUR.

Les grecs n'emploient aucune révélation pour établir leur religion. Les oracles qu'ils prétendent subsister parmi eux, & par le moyen desquels les dieux les instruisent de ce qu'ils ignorent, supposent la religion & ne l'établissent pas; ils ne parlent que dans des occasions particulieres, & sans vouloir philosopher ni dogmatiser; ils répondent tant bien que mal aux questions qu'on leur fait, pour savoir quel sera le sort d'une maladie ou le succès d'une entreprise, & tout se borne à ordonner quelque sacrifice. D'ailleurs les oracles sont moins anciens que la religion, qui étoit déjà établie lorsqu'ils ont commencé; plusieurs d'entre eux ont cessé, d'autres ont pris leur place, qui ont à leur tour perdu leur crédit par le succès qu'ont eu des oracles encore plus nouveaux. De plus l'obscurité & l'ambiguité de tous ces oracles, la fausseté manifeste du plus grand nombre des réponses qu'ils rendent, montrent évidemment qu'ils n'ont aucun avantage sur les prédictions de ces imposteurs vagabonds qui courent les provinces, pour mettre la superstition des ignorans à contribution; & en effet, ces oracles sont tellement décriés, que les gens les moins pénétrans, ne les consultent que pour la forme & par déférence pour les usages anciens. Nos grecs n'ont aucuns livres sacrés; toute leur religion est fondée sur des traditions confuses, & dont l'origine est non seulement obscure, mais remplie de contradictions; il n'y a qu'à lire le recueil qu'*Evhémère* en a fait, compilant (1) ce qu'il avoit tiré des archives des temples les plus célèbres; l'ouvrage de *Théophraste d'Erèse*, ou ceux de nos historiens qui ont écrit sur les antiquités des nations & des villes de la Grèce; on verra que ces différentes traditions font remonter leur origine si haut, qu'elle se confond avec le règne des dieux sur la terre, & cette partie de l'histoire est si incertaine, qu'elle n'a point d'autre nom que celui d'inconnue & de fabuleuse.

---

(1) Antiquus auctor Evhemerus, qui fuit ex civitate messana, res gestas jovis, & cœterorum, qui dii putantur, collegit, historiamque contexuit ex titulis & inscriptionibus sacris, quæ in antiquissimis templis habebantur, maximeque in fano jovis Triphylii; ubi auream Columnam positam esse ab ipso Jove, titulus indicabat : in qua columna gesta sua perscripsit; ut monimentum esset posteris rerum suarum. Lactantius de falsa religion. Lib. I. cap. XI. pag. 62. Edit. Lugd. bat. 1660.

On trouve dans les fragmens de Diodore de Sicile un passage fort curieux de l'histoire sacrée d'Evhémère au sujet des Dieux qui n'avoient été que des hommes. Vide Diodor. fragmenta ex lib. 6. pag. 633, 634 tom. 2. Edit. Wesselingii. Et notez ces paroles de Cicéron : ab Evhemero autem, & mortes, & sepulturæ demonstrantur deorum. De natur. deor. Lib. I. n°. 119.

NOTE DE L'EDITEUR.

Si nous consultons les poëtes, outre que les monumens d'*Orphée*, les plus anciens de tous, sont certainement d'un tems (2) très-postérieur, & qu'*Aristote* croyoit (3) même que cet *Orphée* dont on montroit les ouvrages, n'avoit jamais existé; ils ne servent de rien pour établir la religion; ses révélations prétendues, son commerce avec les dieux, ne nous apprennent point qu'il lui aient donné le pouvoir de rien annoncer de leur part aux hommes, & qu'ils lui aient fourni les moyens de prouver qu'il avoit véritablement reçu d'eux cette autorité.

Le *Minos* des *crétois* a été à la vérité un législateur célèbre, mais son commerce simulé avec les dieux, & ses retraites dans les antres sacrés du mont *Ida* ne peuvent servir à établir la vérité de la religion des grecs, quand même ces révélations ne seroient pas d'ailleurs de pures fables, puisque les *crétois*, instruits par *Minos* lui-même, regardent, & ont toujours regardé les dieux de la Grèce, les plus célèbres, comme des hommes (4) nés, élevés, & morts dans leur île, où ils ont été ensevelis, ainsi que leurs tombeaux en faisoient foi, & suivant les inscriptions mêmes de ces tombeaux, recueillies (5) par Evhé-

---

(2) Voyez à ce sujet le système intellectuel de Cudworth, pag. 341, 342. & seqq. Mais sur-tout les savantes notes de Mosheim, dans lesquelles il y a beaucoup plus à apprendre que dans l'ouvrage entier du docteur anglois. Mosheim me paroît avoir tenu un juste milieu dans l'examen de cette question : & ce qu'il dit d'Orphée & de ses ouvrages, est fort raisonnable. Voyez pag. 344. note 20.

NOTE DE L'EDITEUR.

(3) Orpheum poëtam docet aristoteles nunquam fuisse, & hoc Orphicum Carmen pythagorici ferunt cujusdam fuisse Cecropis. Cicer. de nat. Deor. Lib. I. cap. 38.

Le Clerc n'est pas de cet avis. Il est croyable, dit-il, qu'il y a eu effectivement une personne en Grèce que l'on a nommée par excellence *Harophe*, *Orphée*, c'est-à-dire, *medecin*, & dont les enchantemens feints ou véritables, ont donné origine à la fable que l'on en a faite. Bibliot. univ. tom. 15. art. IV. pag. 99. 100.

NOTE DE L'EDITEUR.

(4) Plerosque etiam deos apud se natos perhibent, qui beneficiis in totum genus mortalium sempiternos honores promeruerunt. Diodor. sicul. Lib. V. cap. 64. pag. 381. tom. 1. vide & cap. 77. pag. 393. Le passage mérite d'être lu.

NOTE DE L'EDITEUR.

(5 Voyez le passage de Lactance, cité ci dessus, note 1, pag. 498. & joignez-y ces paroles de Cicéron *Totum propè cœlum..... nonne humano genere completum est? Si vero scrutari vetera & ex his ea quæ scriptores Graciæ prodiderunt ducere coner : ip-*

mère. En effet, loin que les prêtres des dieux prétendent établir la vérité de leurs dogmes sur les révélations de Minos, & sur le témoignage des crétois, ils les traitent de (1) menteurs, à cause de ce qu'ils ont dit du tombeau de Jupiter, sans penser que ceux qui étoient nés comme les autres hommes, qui avoient vécu dans un corps sujet aux mêmes infirmités qu'eux, devoient aussi avoir été sujets à la mort; & pour le prouver, je ne veux pas d'autres témoignages que ceux d'Héfiode & d'Homère, qu'ils regardent comme des hommes inspirés.

Mais comme nous avons vu que la religion des grecs venoit des égyptiens, peut-être sera-ce parmi eux que nous trouverons des preuves de la vérité de cette religion. Les égyptiens prétendent qu'Osiris, ou le souverain Dieu lui-même, a habité parmi eux, qu'il les a gouvernés sous la forme d'un homme, qu'il a fondé leur monarchie & leur religion; mais ils n'ont aucuns livres de lui. Le plus ancien législateur de l'Egypte étoit Menès, selon quelques-uns, selon d'autres son fils Athothis (2); il laissa des livres (3), contenant les préceptes de ce qu'il falloit croire & pratiquer au sujet des dieux, pour leur être agréable. Un de ses descendans, de même nom que lui, transcrivit ces livres dans un caractère plus aisé à lire & à entendre que celui dans lequel ils avoient été écrits d'abord. Les égyptiens prétendent avoir conservé ces livres. Manethon & Sanchoniaton (4) en ont publié quelque chose dans leurs ouvrages; mais malgré cela ces livres ne subsistent plus, & quand ils subsisteroient, les prêtres conviennent eux-mêmes qu'ils ont perdu l'intelligence des hiéroglyphes, ou caractères sacrés, dans lesquels ils étoient écrits: ils ne peuvent expliquer qu'à peine les inscriptions qui sont sur leurs obélisques, quoique gravées dans un tems bien postérieur. Et quand même ils prétendroient les entendre, comme la signification de ces caractères n'étoit qu'allégorique, c'est-à-dire arbitraire, on est toujours en droit de douter de l'interprétation qu'ils y donneroient; n'ayant point ces livres, & ne pouvant nous assurer ni de leur authenticité, ni du sens dont-ils étoient susceptibles; ne pouvant pas même en juger par la comparaison des monumens contemporains, ni par ceux des tems qui les ont suivis, nous n'avons d'autres preuves de la vérité de ce qui y est contenu, que le témoignage de ceux qui prétendent que leur religion est celle qui y étoit enseignée; & comme nous l'avons vu, ce témoignage n'a aucune force, puisque la persuasion étant égale dans toutes ces différentes religions, elle ne sert de rien pour

---

illi majorum gentium dii qui habentur, hinc à nobis profecti in cœlum reperientur. Quære quorum demonstrantur sepulchra in Græcia: reminiscere, quoniam es initiatus, quæ tradantur mysteriis: tum denique, quam hoc latè pateat, intelliges. Tuscul. quæst. Lib. 1. n°. 28, 29. Voyez sur le même sujet un passage très-curieux de Philon de Biblos, rapporté par Eusèbe, præparat. Evangel. Lib. 1. cap. 9. pag. 32 D. & pag. 33. A. Edit. cit. ubi infra.

NOTE DE L'EDITEUR.

(1) Les Crétois sont toujours menteurs, dit Callimaque; ils vous ont élevé un tombeau, ô Jupiter! à vous qui n'êtes point mort, & qui vivez toujours. Vide Callimach. hymn. in Jovem, vers 8 & 9, Edit. Lugd. Batav. 1761.

NOTE DE L'EDITEUR.

(2) Ou Athotes, c'est le theut ou le thot de Platon, que ce philosophe prétend être le Mercure des grecs, & que quelques auteurs font l'inventeur de l'écriture & de la plupart des arts.

NOTE DE L'AUTEUR.

Voyez ce que Platon dit de ce Theut dans son philebe, pag. 374. E. F. & 375. A. Edit. Francof. anno 1602. Le passage est fort curieux; mais il est trop long pour être inféré ici. Cicéron compte cinq Mercures, dont le dernier donna des loix aux Egyptiens, & leur apprit l'usage des lettres. C'est celui que les Egyptiens appellent Thoyth; & c'est de lui que le premier mois de leur année a pris son nom. Voyez Cicéron de nat. deor. Lib. 3. n°. 56. cap. 21. & joignez au passage de Platon indiqué au commencement de cette note, un autre passage de ce philosophe où il rapporte une conversation entre ce Theuth & un roi d'Egypte nommé Thamus. In Phædro, pag. 1240. A. B. C. D. Edit. cit. ubi sup.

NOTE DE L'EDITEUR.

(3) Hic Scripsit libros, & quidem multos ad cognitionem divinarum rerum pertinentes, in quibus majestatem summi ac singularis dei asserit: iisdemque nominibus appellat, quibus nos, deum & patrem. Ac ne quis nomen requireret: ἀκώνυμον esse dixit; eò quod nominis proprietate non egeat, ob ipsam scilicet unitatem. Ipsius hæc verba sunt: ὁ δὲ θεός εἷς, ὁ δὲ εἷς ὀνόματος ἃ προσδεῖται ἔστι γὰρ ὢν ἀνώνυμος Lactant. divin. institut. Lib. 1. cap. 6. p. 30. Edit. Lugd. Batav. 1660.

Diodore de Sicile parle assez au long de cet hermes, & de ses différentes découvertes dans les arts & dans les sciences. Primus, dit-il, communem loquelam articulatim distinxit, & multis rebus nomine destitutis nomen indidit. Literas invenit, deorum cultus & sacrificia ordinavit, &c. Voyez la suite, Lib. sect. 1. cap. 16. pag. 19 & 20. tom. 1. Edit. cit. ubi sup.

NOTE DE L'EDITEUR.

(4) Voyez le curieux fragment de cet historien phénicien dans la préparation évangélique d'Eusèbe. Lib. 1. cap. 7. pag. 33. & seqq Edit. Paris, 1628.

NOTE DE L'EDITEUR.

prouver la vérité d'aucune en particulier. Mais qui n'assurera d'ailleurs que ces livres, quels qu'ils soient, contenoient la religion révélée aux égyptiens ? Je vois les villes de ce pays partagées sur cette matière en un nombre presque infini d'opinions, non-seulement différentes, mais encore opposées les unes aux autres ; chaque ville (1), ou du moins chaque province, a sa divinité, qu'elle prétend être la seule, & elle se fait un point de religion de massacrer ce que les autres adorent. Vous savez quelles (2) haines cette division de sentimens entretient parmi eux, les cruautés qu'ils exercent les uns contre les autres à ce sujet, la peine qu'ont les magistrats à les contenir ; & vous n'ignorez pas que les efforts successifs des persans, des grecs & des romains, pour abolir la religion égyptienne, viennent seulement de ce qu'ils la regardent comme étant propre à inspirer à ceux qui la professent, les sentimens de la haine la plus barbare & la plus féroce, pour ceux qui ont des opinions différentes. Tel est, pour le dire en passant, le point de vue sous lequel il faut envisager les persécutions qui s'élèvent de tems en tems à Rome contre les égyptiens, les juifs & les chrétiens : au-lieu de les attribuer à une inhumanité gratuite, ou à quelqu'autre motif également blâmable, il faut les regarder comme des moyens violens, mais nécessaires, dont la politique du sénat se sert à regret, pour prévenir de plus grands maux ; en effet les romains sont trop sensés & trop tolérans, pour croire que la société ait droit de punir l'erreur & l'extravagance, à moins qu'elles ne dégénèrent en fureurs capables de troubler la paix & le bon ordre ; comme cela arrive souvent dans les religions atroces dont nous parlons, où l'on se croit obligé pour plaire aux dieux, de contraindre les autres hommes à penser comme soi.

Mais revenons aux traditions religieuses des égyptiens : vous avez vu, ma chère *Leucippe*, combien elles varient d'une province à l'autre. Cependant, s'il faut choisir entre elles, laquelle dois-je préférer ? Toutes allèguent des révélations expresses en leur faveur ; toutes citent des livres dans lesquels elles assurent que ces révélations sont écrites ; chacune prétend jouir du même privilège, à l'exclusion des autres. Mais comme aucune ne peut prouver le droit qu'elle s'attribue, je suis obligé d'en revenir à la raison dont on vouloit m'empêcher de me servir, & cette raison me fait voir que ces dogmes sont composés de fables absurdes, extravagantes, infâmes même, & telles que les écrits les plus décriés ne contiennent rien de pareil ; que les pratiques que l'on m'impose sont incommodes, puériles, extravagantes, contraires à la nature & aux principes du sens commun ; telles que l'abstinence totale de certains animaux, les veilles, les jeûnes, les flagellations, la récitation de certaines paroles mystérieuses, souvent destituées de sens, & presque toujours d'un sens raisonnable. Ma raison ne peut concevoir que, supposé l'existence d'un Dieu, & d'un Dieu qui ait exigé qu'on lui rende un culte particulier, ce soit par un tel culte qu'on puisse lui devenir agréable. Les descriptions & les images que l'on me donne des dieux, sont même telles, qu'il n'est aucun homme qui ne prît la fuite, & qui ne fût saisi de la terreur la plus vive à la vue d'un être qui auroit la figure de ces dieux. Ainsi c'est certainement ailleurs que chez les égyptiens qu'il faut chercher la révélation.

Les indiens ont, à la vérité, des livres qu'ils soutiennent très-anciens, pour lesquels ils ont une vénération infinie, & qu'ils prétendent avoir reçus de leurs dieux mêmes. Mais par ce qui m'a été dit de ces livres, qu'ils montrent difficilement aux étrangers, qui sont d'ailleurs écrits dans une langue difficile à entendre, & différente de celle qu'on parle présentement, ils contiennent deux sortes de dogmes ; les uns sont des dogmes philosophiques, exposés d'une manière figurée, à travers laquelle on voit clairement que leurs auteurs étoient des philosophes, qui ne distinguoient point la substance divine de celle de l'univers ; qui croyoient que nos ames & nos corps sont autant de parties ou de modifications

---

(1) Quis nescit.................. qualia demens
Ægyptus portenta colat ? crocodilon adorat,
Pars hæc : illa pavet saturam serpentibus Ibin.
Effigies sacri nitet aurea Cercopitheci,
Dimidio magicæ resonant ubi Memnone chordæ,
Atque vetus thebæ centum jacet obruta portis.
Illic cœruleos, hic piscem fluminis ; illic
Oppida tota canem venerantur, nemo Dianam.
Porrum & cepe nefas violare & frangere morsu.
O sanctas gentes, quibus hæc nascuntur in hortis
Numina ! &c. Juvenal. satyr. 15. vers. 1. & seqq.

NOTE DE L'EDITEUR.

(1) Inter finitimos vetus atque antiqua simultas,
Immortale odium, & nunquam sanabile vulnus
Ardet adhuc Ombos & Tentyra. Summus utrinque
Inde furor vulgo, quod numina vicinorum
Odit uterque locus ; cum solos credat habendos
Esse deos, quos ipse colit.

Juvenal. satyr. 15. vers. 33. & seqq.

NOTE DE L'EDITEUR.

de la divinité, & qui, par conséquent, ne doivent aucun culte au souverain être, parce que l'on ne peut s'en rendre à soi-même; ils ajoutent à cela que ces ames & ces corps ne font par la naissance & par la mort, que prendre de nouvelles formes & passer d'un état à un autre, & que ce qui règle le fort de chacun de ces états, est une certaine fatalité qui a attaché le bonheur à la vertu, & l'infortune au vice. Tous les événemens font nécessaires, selon eux, & par conséquent, n'y ayant point de liberté, il n'y a ni mérite ni démérite au sens où nous entendons ces mots; on ne peut ni plaire, ni déplaire au souverain Etre; & on ne doit pas espérer que le culte qu'on lui rend, soit capable de changer le fort qui nous est destiné. *Voyez* l'article INDIENS (philosophie des).

A ces principes théologiques, on a joint plusieurs fables absurdes concernant certaines avantures de leurs dieux, dont quelques-unes sont ridicules, & qui ne sont point de la même main que le reste, on y voit aussi des traditions historiques, qui, quoique confuses, montrent que ces peuples ont conservé la mémoire des tems antérieurs à toutes les histoires des autres nations. Mais comme ce qu'il y a de plus ancien dans ces livres, détruit le culte par lequel ces peuples prétendent honorer les dieux, & même l'existence des dieux, selon que le peuple les conçoit, vous voyez, ma chère *Leucippe*, que l'on ne peut les regarder comme le fondement d'une religion véritable & qu'il ne faut pas s'y arrêter.

Je me suis assuré par le commerce de leurs plus savans bramines, qui accompagnoient les ambassadeurs de la Taprobane, que leurs philosophes ne regardent la religion que comme un établissement politique. Ils croyent que celle de chaque pays est la véritable pour ceux qui la professent; & ils me citoient là-dessus les vers d'un de leurs poètes mystiques, qui après avoir dit que la divinité est comme un grand roi qui reçoit les hommages des différentes nations de son empire, avec les cérémonies particulières à chacune d'elles, ajoutoit que ce monde avec les différentes religions qui y sont établies, étoit une des soixante-douze mille comédies que la divinité faisoit représenter devant elle pour s'amuser.

Les persans ont des livres sacrés écrits, selon eux, par Zoroastre ou Zerdusht, mais c'est par le dernier de ceux qui portoient ce nom, & qui n'a vécu que du temps de Cyrus, & de Darius, fils d'Hystaspes, dont il est parlé dans ces ouvrages. Les persans prétendent que ces livres ont été écrits par Mythra lui-même; & si l'on en excepte un grand nombre de pratiques puériles, ridicules (qui semblent cependant avoir eu leur fondement dans des réglemens convenables à la nature du climat,) & changées en cérémonies religieuses par la superstition des peuples antérieurs à Zoroastre, qui n'étoit que le réformateur de l'ancienne religion, ils contiennent des préceptes conformes à la raison; selon ces livres c'est par le respect & par la reconnoissance, que l'on adore le souverain être; on n'y suppose point qu'il nous ait donné des préceptes différens de ceux que la nature nous inspire; la douleur passe dans cette religion pour un mal, & il faut la fuir, le plaisir est un bien, & pourvu qu'on ne le recherche que par les moyens conformes aux loix, c'est-à-dire que l'ordre de la société n'en soit point violé, on est agréable au souverain être. De toutes les religions que nous connoissions, c'est la plus sensée; mais après tout, son instituteur, ou plutôt son restaurateur, n'est qu'un simple homme, qui ne nous prouve point qu'il ait eu d'autre droit que celui de la raison; les miracles que l'on prétend qu'il a faits pour convaincre ses compatriotes de la vérité de sa mission, ne sont pas trop bien établis; ils n'ont point été connus hors de son pays; & dans son pays même il y a eu un grand nombre d'hommes qui les rejettoient.

D'ailleurs les pratiques religieuses de ceux qui le regardent comme l'interprète du souverain être sont contraires à ses principes. Ils font consister toute la religion dans l'observation de quelques vaines cérémonies, qui, selon l'idée qu'il nous donne lui-même du souverain être, ne peuvent être regardées tout au plus que comme des usages particuliers à ceux au milieu desquels il vivoit, & qui étant devenus comme sacrés pour eux, ne pourroient être déracinés de leur esprit sans violence; or il ne faut jamais employer la contrainte pour ôter aux hommes des opinions indifférentes à la tranquillité publique. Ainsi les dogmes persans sont moins une religion, que les sentimens particuliers d'une secte de philosophie, qui dans ce qu'elle enseigne de raisonnable, n'avance rien qui ne lui soit commun avec celles de toutes les autres nations.

Les chaldéens prétendent avoir eu des livres sacrés, mais ils ne peuvent plus nous les montrer; ce que Beroze en a tiré pour composer son histoire, fait remonter si haut l'origine de leur nation & de leur religion, que cela n'est appuyé que sur des traditions bien confuses. Ils rapportent pour établir leur antiquité, des (1) observations

---

(1) Condemnemus hos, (Babylonios) aut stultitiæ aut vanitatis, aut imprudentiæ qui 470,000 annorum, ut ipsi dicunt, monumentis comprehensa continent, & mentiri judicemus, nec sæculorum reliquorum judicium, quod de ipsis futurum sit, pertimescere. C'est ce que dit Cicéron de divinat. Lib. 1. cap. 19. n°. 36.

Joignons à ce passage celui de Diodore de Sicile, qui contient quelque chose de plus précis. *Numerum annorum*, dit-il, *quibus mundi se consideratione va-*

astronomiques & généalogiques de plus de quatre cent soixante-dix mille ans. Il est certain que le mouvement des astres a été connu & déterminé chez eux, il y a long-tems. Leur religion en dépend, pour ainsi dire, & ce motif les a obligés de s'y appliquer de très-bonne heure; mais il s'en faut bien qu'ils aient de quoi prouver cette antiquité de plusieurs myriades d'années; qu'ils donnent à leur nation; puisque leurs observations suivies ne remontent qu'à quatre ou cinq siècles au-dessus d'Alexandre, & que la plus ancienne des observations antérieures, recueillies par Callisthène, & envoyées par lui à Aristote, ne précède pas de deux mille ans la conquête de Babylone & la défaite de Darius.

Les chaldéens n'ayant donc plus de livres sacrés, nous ne pouvons savoir laquelle des deux sectes qui les partagent, suit la doctrine de ces livres; il paroît que celle qui fait profession de la pure astrologie, ne doit point avoir de culte religieux. Car tout étant nécessaire, l'observation des loix ne dépend point de notre volonté, & par conséquent nous ne pouvons être ni agréables, ni désagréables au souverain être, par l'observation des loix que la religion impose; & il ne peut en avoir établi une.

La seconde secte qui suppose que les dieux & les hommes agissent librement, peut seule former une religion. Elle prétend que les hommes peuvent converser avec les dieux, elle enseigne même les moyens de lier ce commerce, & elle soutient que ces moyens sont infaillibles; le livre qui court parmi nous sous le nom d'oracles de Zoroastre, est rempli de ces détails frivoles & superstitieux; mais aucun de ceux qui observent ce qu'il prescrit, n'a pu encore parvenir à contracter avec la divinité cette espèce d'union; ce qui ne doit pas étonner, mais ce qui prouve au moins que la religion des chaldéens est, comme toutes les autres, un tissu de mensonges, d'extravagances, de puérilités, & leurs mages des fourbes, dont les prestiges absurdes peuvent à peine séduire la plus vile populace, loin d'en imposer aux gens éclairés qui les examinent.

La religion des juifs & des chrétiens est la seule dont il me reste à examiner les fondemens; je les joins ensemble, parce que les derniers supposant la vérité des livres reçus par les premiers; d'ailleurs n'ayant prétendu que réformer leur religion, ils n'en doivent pas être distingués.

_____

çasse collegium chaldæorum asseverat. Haud facilè crederis. Nam ad expeditionem Alexandri in asiam quadringenta & 73 millia numerant, ex quo sidera observari certum sit. Diodor. sicul. Lib. 2. cap. 31. pag. 145. tom. 1. Edit. Amstel. 1746.

NOTE DE L'ÉDITEUR.

Les livres des juifs nous sont connus; eux-mêmes les ont traduits en notre langue; ainsi nous pouvons les examiner. Ces livres sont de plusieurs sortes, les uns attribués à leur législateur, & portant son nom; les autres écrits depuis lui, mais selon eux par des gens que leur dieu inspiroit, & auxquels même il découvroit l'avenir, afin qu'ils le révélassent à leur nation.

Le premier de ces livres attribués au législateur des juifs, contient l'histoire du monde entier, depuis la première origine des êtres jusqu'au tems où il vivoit. Les quatre suivans contiennent le détail de leurs loix & de leur police ecclésiastique & civile.

Leurs traditions historiques sur l'origine du monde, jusqu'au tems d'un chaldéen, duquel ils croyent qu'est descendue toute leur nation, qui ne se regarde que comme une seule famille partagée en douze tribus, sorties des douze fils de cet homme; ces traditions, dis-je, sont assez conformes à celles des chaldéens, si ce n'est qu'ils abrègent les tems infiniment plus qu'eux; les uns & les autres croyent que depuis le premier homme, jusqu'à celui sous lequel arriva cette grande inondation qui fit périr tout le genre humain, à l'exception d'une seule famille qui repeupla toute la terre, il n'y a eu que dix générations; mais la conformité ne va pas plus loin. Ce livre des juifs, ainsi que les suivans, suppose l'existence d'un dieu unique, qui a fait le monde & qui le gouverne, mais il ne nous explique point ce qu'il est, & quelle idée nous devons nous en former. Au reste ce livre contient bien des choses qui ne peuvent s'expliquer que par des allégories forcées, & qui ne sont guères dignes de la majesté du souverain Etre, dont il nous donne même des idées assez puériles. Les juifs eux-mêmes conviennent qu'il y a des choses insérées dans ce livre, de même que dans les suivans, qui ne peuvent avoir été écrites que long-tems après leur législateur, ensorte qu'ils ne sont point venus à nous tels qu'ils sont sortis de ses mains; ce qui donne déjà une grande atteinte à leur autorité; d'ailleurs il y a des contradictions manifestes en plusieurs endroits de ces livres, ce qui ne convient pas aux ouvrages dictés par le souverain Etre, dont la sagesse doit être supérieure à celle des hommes.

Ces difficultés sont encore plus fortes dans les ouvrages suivans: ceux qui contiennent leur histoire sont imparfaits (1), & d'ailleurs sont écrits avec une obscurité & une sécheresse infinies,

_____

(1) Voyez les *sentimens de quelques théologiens de Hollande*, sur l'histoire critique de l'ancien testament, par le P. Simon. C'est un ouvrage de le Clerc, dans lequel on trouve une infinité de choses curieuses & très-propres à donner à tout lecteur qui sait réfléchir,

on ne peut guère les regarder que comme des extraits faits par des particuliers, de livres plus étendus, auxquels on renvoie à tout moment. A l'égard du recueil de leurs prophéties, je ne connois rien de plus indécent & de plus propre a corrompre les mœurs. Les expressions les plus libres, les comparaisons les plus sales, les peintures les plus lascives, les détails les plus infâmes souillent presque toutes les pages de ces livres scandaleux où le désordre & la confusion regnent d'ailleurs de toutes parts; en un mot, ils ne paroissent avoir été inspirés que par le libertinage, le délire & la folie, & ils ne sont clairs que quand ils sont obscènes. Il y a de plus une observation assez importante à faire contre l'authenticité de ces misérables rapsodies, c'est qu'il y avoit parmi les juifs, comme on le voit dans leur histoire, une foule de gens qui s'imaginoient avoir commerce avec le Dieu suprême, & qui passent néanmoins parmi eux pour des imposteurs, quoiqu'ils aient donné alors les mêmes preuves de la vérité de leurs révélations, que ceux qui étoient regardés comme de véritables prophètes: ainsi il ne reste plus de marque à laquelle on puisse distinguer les vrais prophètes d'avec les faux (1), ni les miracles des prestiges.

Ajoutez à cela que les ouvrages de ces hommes, prétendus inspirés, étant supposés écrits dans des tems antérieurs aux événemens; nous n'avons point de preuves qu'ils soient en effet de ces tems-là, & que leurs auteurs aient véritablement prédit ce qui est arrivé depuis. Nous ne sommes pas plus sûrs que leurs prédictions n'aient point été ajustées après coup avec les événemens par ceux qui les ont mis en ordre; ce qu'il y a de certain, c'est que, de l'aveu même des juifs,

___

& tirer des conséquences des faits qu'on lui présente, un juste mépris pour tous les livres qui composent le canon du vieux & du nouveau testament. Je jugement que notre auteur porte ici de ces livres est en tout conforme à celui de le Clerc, comme on peut s'en convaincre en lisant l'ouvrage de ce savant théologien, sur-tout les lettres 11 & 12, qui renferment un mémoire instructif sur l'inspiration des livres sacrés.

NOTE DE L'EDITEUR.

(1) Voyez, parmi les lettres écrites de la montagne, celle où Rousseau examine la preuve tirée des miracles; c'est je crois la troisième. Voyez aussi, dans l'Emile, la profession de foi du vicaire savoyard; on y trouve sur le sujet qui fait l'objet de cette note, des réflexions très-sensées. Je sais que l'abbé Bergier a réfuté les ouvrages que je cite ici avec éloge; mais quelque succès que son livre ait eu parmi les jeunes étudians en théologie, & les gens accoutumés à croire sans examen, ceux qui flatte leurs préjugés superstitieux, il suffit de le comparer avec les ouvrages qu'il y attaque, pour se convaincre que sa réfutation laisse dans toute leur force, les objections du citoyen de Geneve.

NOTE DE L'EDITEUR.

il n'y a plus de prophètes parmi eux, ainsi nous sommes réduits à les en croire sur leur parole, lorsqu'ils nous assurent que Dieu se communiquoit jadis aux hommes.

En examinant le système de leur religion & la suite de leur histoire, nous voyons qu'ils sont persuadés que le souverain Etre les a choisis parmi tous les autres peuples de la terre, pour leur déclarer de quelle manière il vouloit être adoré, que, pourvu qu'ils fussent fidèles à ses loix, il leur promit de les combler de bonheur, & que, pour les convaincre que c'étoit véritablement lui qui avoit dicté ces lois, il fit en leur faveur les plus grands miracles. Mais il semble qu'il lui étoit plus facile de déranger toute la nature, de bouleverser les élémens, d'arrêter le cours du soleil, de rendre solides la mer & les fleuves, d'épaissir la rosée pour en faire une nourriture, &c., que de toucher leur cœur, de persuader leur esprit. C'est déjà un grand sujet de révoquer en doute la vérité de ces prodiges; car, s'ils étoient véritablement arrivés, ils auroient produit dans ceux qui en auroient été les témoins, la persuasion la plus vive. Cependant nous voyons, par leur histoire même, que leur législateur ne fut occupé pendant sa vie qu'à appaiser les séditions qui s'excitoient contre lui, & que les chatimens les plus sévères & les plus tyranniques ne pouvoient les empêcher d'abandonner le culte du dieu qu'il leur prêchoit, pour suivre celui des divinités des autres pays. A peine fut-il mort, qu'ils oublièrent les loix qu'il leur avoit données; & la suite de leur histoire pendant plusieurs siècles, n'est qu'un tissu de passages du culte de leur dieu à celui des divinités étrangères, jusqu'à ce qu'enfin leur ville & leur royaume fussent détruits par les Chaldéens qui les emmenèrent en Assyrie pour peupler la ville de Babylone & les environs. Ils passèrent près d'un siècle dans ce pays, & ne revinrent habiter leur patrie, que lorsque Cyrus, craignant la puissance de Babylone nouvellement conquise, résolut d'affoiblir cette ville, en lui ôtant la meilleure partie de ses habitans. Depuis ce temps, ces Juifs, auparavant si rébelles à leur dieu, malgré les prodiges éclatans qu'il opéroit tous les jours sous leurs yeux, devinrent fidèles à sa loi, & ont témoigné pour elle le zèle le plus vif & le plus ardent; non-seulement ils n'ont point adoré les divinités étrangères, mais lorsqu'un des rois de Syrie (2), descendu de

___

(2) Notre auteur veut parler d'Antiochus Epiphane, qui exerça en effet contre les juifs des cruautés inouies, dont on peut voir le détail dans Josephe, antiquit. Judaic. (Lib. 12. cap. V. § 4. pag. 609 & 610. tom. 1. Edit. amstel. 1726.) Je remarquerai seulement que les juifs ne donnèrent pas tous dans cette circonstance,

Séleucus, voulut les contraindre d'adorer les dieux de la Grèce, & de violer la loi de leur dieu, en mangeant des animaux qu'elle leur interdit, ils souffrirent avec constance les tourmens les plus cruels, plutôt que de violer cette loi, & de se souiller par des cérémonies qu'ils regardoient comme des abominations; cependant ils n'avoient alors, pour les soutenir dans leur foi, ni prophètes, ni prodiges, & néanmoins leur persuasion étoit plus vive que dans le tems où leur histoire suppose que dieu leur envoyoit tous les jours des *voyans*, & faisoit éclater à leurs yeux étonnés, sa toute-puissance par des miracles continuels. Jugez par-là, ma chère *Leucippe*, de l'effet que ces miracles auroient dû produire sur ceux que l'on prétend en avoir été les témoins, puisque la seule opinion qu'ils sont arrivés, faisoit alors, & fait encore aujourd'hui une telle impression sur leurs descendans? Il faut conclure de-là que ces prodiges n'ont jamais été opérés, mais qu'ils ont été insérés après coup dans une histoire qui, de leur propre aveu, a été compilée par celui qui les ramena de Babylone, qui établit leur nouveau gouvernement, qui rebâtit leur ville avec le temple de leur dieu, & qui régla la forme de leur religion entièrement abolie.

Selon les promesses positives de leur dieu, ils doivent être heureux & florissans tant qu'ils seront fidèles à sa loi. Jamais ils ne l'ont été davantage que depuis leur retour de Babylone, & jamais ils n'ont été plus malheureux. Exposés à la tyrannie des successeurs d'*Alexandre*, ils ne se sont soustraits à leur puissance, que pour retomber sous celle des romains, qui, lassés enfin de leurs continuelles révoltes, ont détruit leur ville, exterminé la plus grande partie de leur nation, & dispersé le reste dans les provinces de leur empire, où la persécution continuelle qu'on leur a faite, ne peut les ébranler, loin de leur faire abandonner leur religion. Que peut-on penser de la vérité des promesses qui leur ont été faites au nom de dieu, sinon que ce n'est qu'une adresse de leur législateur, qui vouloit faire impression sur un peuple superstitieux, & qui, voulant profiter de cette disposition de leur esprit, tournoit en prodiges tout ce qui leur arrivoit d'extraordinaire, suivant le langage de ce peuple, dans lequel ce qui arrive de plus ordinaire, passe pour une action immédiate de dieu?

---

l'exemple d'un attachement inviolable pour leur loi. Josephe le dit formellement, comme on va le voir dans le passage que je vais citer. *Et multi quidem judæorum*, dit-il, *alii sponte, alii pœnæ indiciæ metu, Regis præceptis obsequebantur; eminentissimi vero & animo generosi eum non curabant, sed, &c.* Vid. Loc. cit.

NOTE DE L'ÉDITEUR.

Comme les livres de ce législateur ont passé successivement par bien des mains qui y ont changé & ajouté ce qui leur a plu, il n'est pas étonnant qu'ils se trouvent remplis de tant de prodiges racontés suivant les idées qui s'en étoient répandues parmi une nation grossière, crédule & superstitieuse. Ainsi je conclus que leur religion ne conserve pas plus de marques de divinité, que celle des indiens, des égyptiens & des chaldéens; qu'il n'y a jamais eu & qu'il ne peut pas y avoir de preuves de la certitude des révélations sur lesquelles elle est fondée, & que tout dépend de la tradition historique, & de la croyance aveugle de ceux qui les reçoivent.

Depuis la ruine & la dispersion des juifs, il s'est élevé parmi eux une nouvelle secte que l'on nomme *chrétiens*, du nom de leur législateur. Je vous en ai deja parlé; ces gens supposent la vérité de la loi & de toutes les révélations judaiques; mais ils prétendent que le bonheur promis aux juifs, n'étoit pas un bonheur temporel, tel qu'ils l'imaginent, consistant dans la gloire, dans la richesse, dans l'abondance & dans la tranquillité de leur empire (ces peuples n'ayant jamais eu aucun avantage sur les autres nations dans la jouissance de ces biens), mais dans la connoissance de la vérité, dans la pratique de la vraie vertu, dans une espèce de beatitude stoïcienne qui, pendant cette vie, peut se trouver dans l'état le plus malheureux, & après la mort, dans le commerce du souverain Etre, avec lequel ils converseront, & qu'ils connoîtront alors intimement. Ils ajoutent que cette loi donnée aux juifs, n'étoit qu'une loi particulière qui devoit finir au bout d'un certain temps, après lequel le culte des juifs & les pratiques gênantes de leurs cérémonies seroient abolies; qu'alors l'Etre suprême n'exigeroit d'autre adoration des hommes, que le respect, l'amour & la reconnoissance, jointe à la pratique exacte d'une vertu sublime, & portée plus loin que les philosophes ne l'ont jamais fait. Ils assurent que ce temps est arrivé, que leur christ est celui que dieu a envoyé parmi les hommes, pour leur enseigner les moyens de lui devenir agréables; que c'est là le messie qu'il avoit tant de fois promis aux juifs, & qui devoit les tirer de l'état malheureux où ils se trouvoient plongés; & c'est ce que signifie, selon eux, le titre de *Christ* qu'ils lui donnent, car il avoit un autre nom.

Les juifs, au contraire, soutiennent que tout ce qui a été prédit de cet homme qui doit relever leur nation, ne peut se prendre allégoriquement. Ils disent que ce sera un roi puissant qui les rassemblera, qui rétablira leur empire & l'étendra sur toutes les nations. Et il faut avouer en effet, que leurs livres ne nous en donnent pas une autre idée.

idée, & que l'on n'y trouve rien qui favorise l'explication des chrétiens (1).

La secte de ces derniers dépend de la vérité de celle des juifs, sur laquelle elle est entièrement fondée; ainsi il suffiroit d'avoir détruit la première, pour se dispenser de parler de celle-ci; mais par elle-même, elle est destituée de preuves suffisantes; nous n'avons aucun livre de ce christ, & quoique ses disciples en aient écrit plusieurs, il y en a quelques-uns (2) qui ne parlent que par oui-dire, & dont les auteurs ne prétendent point avoir été témoins des faits qu'ils rapportent; ainsi on peut leur refuser sa créance. Pour les autres, ce sont des ouvrages obscurs, inconnus au public, & que les chrétiens cachent avec un grand soin aux juifs & aux étrangers; car le mystère est un des plus grands points de leur religion; en sorte que, comme ces livres n'ont point été exposés à la critique & à la contradiction, le silence de leurs ennemis sur les faits qui y sont contenus, ne peut être cité comme un aveu de leur vérité. D'ailleurs, ces livres sont remplis de prodiges faits par cet homme à la vue de toute la nation juive, de maladies incurables guéries, sans employer aucun remède; d'aveugles, de muets & de sourds guéris; de gens morts depuis plusieurs jours, auxquels il a rendu la vie : or, quand il n'y auroit d'autres preuves de la fausseté de ces prodiges, que l'incrédulité constante des juifs, & le supplice ignominieux qu'ils ont fait subir, d'une voix unanime, au vil imposteur qui cherchoit à les séduire, ce seroit des motifs plus que suffisans pour les rejeter, & pour mettre au rang des fables les plus invraisemblables dans le fond & dans les détails, tout ce que les disciples obscurs & fanatiques de ce faux messie lui attribuent d'extraordinaire & de merveilleux; car il est absurde, vu la manière dont les hommes sont faits, de penser qu'on eût persécuté un homme pour lequel Dieu se déclaroit d'une manière si évidente, qu'on l'eût arrêté & fait mourir comme un malfaiteur & un perturbateur du repos public, s'il avoit opéré d'une manière éclatante, & à la vue de toute la nation assemblée, un seul des miracles qu'on lui attribue. Mais, indépendamment de tant d'autres preuves qui déposent contre l'inspiration prétendue & les prodiges de cet homme, dont presque toutes les actions tendoient à troubler la société, comment peut-on ajouter foi à ses miracles, dont les historiens romains ne disent pas un mot, tandis que la Judée étoit gouvernée par un homme subordonné aux Romains? D'ailleurs, les livres de cette secte la plus intolérante de toutes par principes, & dont l'esprit persécuteur forme un des caractères dominans, sont pleins de puérilités & d'absurdités, & l'on ne peut sauver les contradictions qui s'y trouvent presqu'à chaque page.

Ainsi, de tous les livres sacrés que le fanatisme religieux, l'ambition & l'intérêt ont forgés, & qui ont cours parmi les diverses nations, il n'y en a aucun qui, bien loin de porter, à l'exclusion des autres, l'empreinte de la divinité, n'ait au contraire tous les caractères de l'imposture, de l'ignorance & de la folie. Il n'y en a donc aucun qui puisse nous persuader, tant que nous voudrons faire usage des lumières de notre raison, que les faits, les opinions, les dogmes qui y sont contenus, ont le degré de certitude nécessaire pour forcer l'acquiescement de tout homme raisonnable, & que, par conséquent, nous devons le regarder comme divinement inspiré, & nous soumettre aveuglément à ce qu'il exige de nous, quoique presque tout ce qu'il renferme, ne s'accorde en rien avec ces vérités premières que nous touchons pour ainsi dire par tous nos sens, & confonde même absolument les notions les plus claires qui soient dans notre esprit. En effet, vous voyez, ma chère *Leucippe*, par tout ce que je viens de dire, que la vérité de ces différentes religions dépend de l'autorité de ceux qui nous attestent les faits sur lesquels elles sont fondées, savent prendre sur notre esprit, ou que nous avons la foiblesse de leur accorder, & du degré de foi que nous voulons bien ajouter à leurs discours; car les prodiges qu'on suppose avoir été opérés autrefois, ayant cessé, & les prophètes qu'on prétend en avoir été les auteurs, les annonciateurs ou les témoins ne subsistant plus à présent, & n'ayant pas eu, dans les temps qui ont suivi, des successeurs favorisés des mêmes dons, nous ne sommes obligés de croire les uns & les autres, que comme nous croyons les événemens passés; & il est évident pour tout homme qui veut y réfléchir avec un esprit libre de préjugés, que ces miracles & ces prophéties ne peuvent tout au plus avoir pour nous qu'une certitude historique. Or, qu'est-ce qu'une telle certitude? On s'en contente dans les choses indiffé-

---

(1) Voyez à ce sujet un livre publié à Londres en 1770 : sous ce titre : *Israël vengé, ou exposition naturelle des prophéties hébraïques que les chrétiens appliquent à Jésus leur prétendu Messie*. Par Isaac Orobio. Voyez aussi l'*Examen des prophéties qui servent de fondement à la religion chrétienne*, par Collins. Cet excellent ouvrage a été traduit en françois, & imprimé à Londres en 1768.

NOTE DE L'EDITEUR.

(2) Quoniam quidem multi conati sunt ordinare narrationem, quæ in nobis completæ sunt rerum; sicut tradiderunt nobis, qui ab initio ipsi viderunt, & ministri fuerunt sermonis; visum est & mihi, assecuto omnia à principio diligenter, ex ordine tibi scribere, optime Theophile, ut cognoscas eorum verborum, de quibus eruditus es veritatem. Evangel. S. Luc. cap. 1. init.

NOTE DE L'EDITEUR.

Philosophie anc. & mod. Tome II.

rentes & naturelles, & qu'il est peu important pour nous de croire ou de ne pas croire; mais si l'on prétendoit, en conséquence de certains faits historiques, nous dépouiller de ce que nous possédons, nous assujettir à des pratiques gênantes, incommodes & douloureuses, nous priver de ce qui nous est le plus cher, nous interdire toute espèce de plaisirs & de repos, en un mot, tarir la source de notre bonheur, ne devrions-nous pas examiner avec la dernière rigueur les titres sur lesquels on se fonderoit, résister aussi long-temps que nous pourrions le faire avec raison, & ne nous rendre qu'à la dernière évidence? Après tout, il ne s'agit pas moins ici que de la liberté de notre corps, de notre entendement, de notre volonté, que l'on prétend réduire en esclavage. Or, il me semble que ces biens sont assez précieux pour inspirer à tout homme sensé le desir le plus vif de les conserver, & que c'est s'exposer volontairement à tous les maux que l'erreur & la superstition entraînent nécessairement après elles, que de soumettre ainsi sa raison à l'autorité tyrannique des prêtres, espèce d'êtres née de tout temps pour le malheur du genre humain.

Je vous l'ai déjà dit plusieurs fois, toutes ces religions emploient des preuves de même nature, pour montrer la vérité des dogmes qu'elles enseignent: je vois de tous les côtés une égale persuasion, un zèle égal, un fanatisme aussi insensé pour des faits surnaturels, & par cela même démontrés faux, dont on se dit prêt à sceller la vérité de son sang, on s'accuse mutuellement d'aveuglement, d'erreur & de prévention, & l'on fait des merveilles tant qu'il ne s'agit que d'attaquer les opinions des autres: on en triomphe hautement, on met dans le plus beau jour leurs absurdités, leurs contradictions, le défaut de leurs preuves; mais cet avantage cesse, dès qu'il s'agit de défendre ses propres sentimens, & passe du côté de ceux qui attaquent.

La persuasion la plus vive de certains dogmes & de certains faits, n'est donc pas une preuve suffisante pour en établir la vérité; car cette persuasion est égale dans tous les partis, & la vérité ne peut être que dans un seul; je ne sais même par quelle fatalité il arrive qu'à la honte de l'esprit humain, les religions les plus absurdes, comme celle des Indiens & des Egyptiens, sont précisément celles qui fournissent les exemples les plus frappans d'une forte conviction, & qui donnent le plus de ressorts à l'ame: on peut en juger par les austérités affreuses auxquelles ces peuples s'assujettissent par un motif de religion; elles sont telles, que les supplices inventés par les tyrans les plus cruels, ne les égalent pas.

C'est donc à la raison à examiner les preuves sur lesquelles les diverses religions sont établies, & à décider en faveur de celle qui lui paroîtra la mieux prouvée: elle seule peut nous guider dans la recherche de la vérité; & si nous nous en écartons, il n'y a plus pour nous qu'erreurs & que ténèbres. C'est être inconséquent, que de vouloir bien se servir de sa raison lorsqu'il s'agit de combattre les opinions des autres, & de s'en interdire l'usage quand il faut examiner la sienne propre: si l'on est intéressé à faire la première de ces choses, on l'est bien davantage à faire la seconde, puisque c'est alors une affaire personnelle. On conçoit aisément que des prêtres, dont tout le pouvoir n'est fondé que sur l'ignorance & l'abrutissement dans lesquels ils s'efforcent de tenir les malheureux mortels qui gémissent sous leur joug odieux, doivent décrier la raison, leur empire finit où le sien commence; mais ceux qui ont reçu de la nature un esprit droit, dont l'étude & la réflexion ont porté les vues sur un plus grand nombre d'objets, doivent travailler à étendre de plus en plus le domaine & la sphère de cette raison si injustement proscrite, & lutter sans cesse contre le despotisme sacerdotal le plus cruel & le plus féroce de tous. Aucune secte n'a le privilège exclusif de la vérité. Si l'une d'elles prétendoit en jouir, elles seroient toutes également fondées à se l'arroger: les mêmes preuves qui établiroient le droit de l'une, assureroient de même celui des autres; & après bien des querelles aussi vives qu'inutiles, ce seroit encore à la raison à décider entre ces sectes, du plus ou moins de fondement de la prétention de chacune.

Rapportons-nous en donc sincèrement & de bonne foi à la raison, l'unique juge dans ces matières: ne croyons que ce qu'elle nous apprendra; elle ne peut nous tromper; si elle pouvoit le faire, il n'y auroit point de règle constante parmi les hommes, & nous voyons cependant qu'ils conviennent dans la connoissance & dans l'usage d'un grand nombre de vérités; s'ils diffèrent entre eux, s'ils se trompent en beaucoup de choses, c'est qu'ils se hâtent de prononcer avant que de l'avoir consultée; c'est qu'ils prennent pour son langage celui de leurs préjugés, ou quelques opinions spéculatives que l'habitude & la soumission aveugle à l'autorité des autres hommes, leur font regarder comme des vérités. Il s'agit donc d'éviter la précipitation dans les raisonnemens, & de rejeter tout principe dont la vérité n'est pas fondée sur un sentiment intérieur, vif & distinct, il s'agit de ne point parler des choses que nous ne connoissons point, & de ne pas prendre pour des idées claires & précises ces images confuses qui accompagnent les termes que les écoles philosophiques ont rendus familiers parmi nous. Leurs abstractions ne vous sont pas inconnues; je pourrois en employer le langage, sans craindre de vous effrayer; mais ces subtilités ne vous seroient d'aucun usage: les spéculations des philosophes qui ont écrit sur la métaphysique, sont au moins inutiles pour trouver la vérité, & souvent même elles en retardent la découverte (1). Sans avoir étudié leurs sophistiqueries sur la nature du vrai, sur l'origine & la liaison des idées, & sur leurs objets, l'expérience, sans laquelle toutes nos connoissances sont incertaines, l'habitude d'observer ce qui se passe en eux-mêmes, un sens droit, une certaine justesse d'esprit dont les hommes ne sont guère dépourvus que lorsqu'ils ont éteint en eux-mêmes le flambeau de la raison par l'abus ou le peu d'usage qu'ils en ont fait, leur suffit pour connoître quel parti ils doivent prendre dans cette question & dans celles qui en dépendent : elles ne sont si embrouillées aujourd'hui, que par le peu de progrès qu'on a fait jusqu'à présent dans la connoissance des causes & du méchanisme très-compliqué des opérations de l'entendement humain, quoique l'explication de ces opérations puisse seule donner la solution d'une infinité d'autres questions très-importantes que les métaphysiciens ont tenté en vain d'éclaircir.

Ainsi, sans nous engager dans les définitions des philosophes, & dans la discussion trop scrupuleuse de leurs opinions, voyons ce que c'est que la raison, quelle est la nature des connoissances qu'elle doit régler, & qu'elle est la manière dont nous devons nous conduire pour en faire un bon usage. Tâchons seulement de n'employer les termes dont nous nous servirons, que dans le sens auquel ils sont pris par ceux qui parlent & qui raisonnent avec cette justesse d'esprit dont nous avons parlé.

SECONDE PARTIE.

Nous n'apportons en naissant qu'une disposition à connoître, c'est-à-dire, à sentir & à apercevoir les impressions que nous recevons des autres êtres, lorsqu'ils agissent sur nous : ces impressions sont ce que nous appellons *connoissances*, *idées*, *perceptions*, &c. Ceux de nos philosophes qui soutiennent que nous naissons avec des idées & des connoissances actuelles, avancent une chose également contraire à l'expérience (2) & à la raison;

nous sommes convaincus, en réfléchissant sur nous-mêmes, que nous acquérons nos connoissances successivement, & à l'occasion des différentes impressions que nous recevons des objets extérieurs, & des réflexions que nous faisons sur ce que nous sentons; nous commençons par avoir des idées particulières des choses, & par la suite, en comparant ces diverses perceptions, nous en formons des idées générales & universelles. D'ailleurs, il n'y a que deux manières de concevoir les idées, ou bien elles sont une impression actuelle de quelque objet, & en ce cas nous ne pouvons les avoir sans être avertis de leur présence par le sentiment qui les accompagne, ou bien ces idées sont le souvenir, & pour ainsi dire l'écho d'une impression reçue autrefois, & alors le souvenir d'une telle impression est accompagné d'un sentiment qui la fait reconnoître pour un souvenir; ensorte qu'on la distingue parfaitement d'une impression actuelle, & qu'on se souvient de l'avoir reçue dans un temps antérieur. Les prétendues idées innées devroient être de ce dernier genre, & ne faire que se réveiller en nous à la présence des objets; mais cela est contraire à l'expérience : nous n'avons aucun sentiment qui nous porte à soupçonner seulement que nous avons eu autrefois ces idées que nous croyons acquérir, & qu'elles ne font que se réveiller dans notre esprit où elles étoient gravées, sans qu'il s'en aperçût. Mais sans nous engager dans l'examen de ces opinions, continuons à voir ce qu'il y a de certain sur cette matière.

Les impressions des objets laissent en nous comme une trace & un vestige d'elles-mêmes, qui se réveille quelquefois pendant l'absence des objets qui les avoient excitées; c'est là ce

---

(1) Quand les philosophes, dit le sage Fontenelle, s'entêtent une fois d'un préjugé, ils sont plus incurables que le peuple même, parce qu'ils s'entêtent également & du préjugé & des fausses raisons dont ils le soutiennent. Hist. des oracles, chap. 8.

NOTE DE L'EDITEUR.

(2) Il n'y a d'inné que la faculté de sentir & de penser; tout le reste est acquis. Supprimez l'œil, & vous supprimez en même-tems toutes les idées qui appartiennent à la vue, Supprimez le nez, & vous supprimez en même-tems toutes les idées qui appartien-

nent à l'odorat; & ainsi du goût, de l'ouïe & du toucher. Or toutes ces idées & tous ces sens supprimés, il ne reste aucune notion abstraite; car c'est par la sensible que nous sommes conduits à l'abstrait. Mais après avoir procédé par voie de suppression, suivons la méthode contraire. Supposons une masse informe, mais sensible, elle aura toutes les idées qu'on peut obtenir du toucher; perfectionnons son organisation; développons cette masse, & en même-tems nous ouvrirons la porte aux sensations & aux connoissances. C'est par l'une & l'autre de ces méthodes qu'on peut réduire l'homme à la condition de l'huître, & élever l'huître à la condition de l'homme.

Il y a plus de vérités & plus de vraie philosophie dans ce petit nombre de lignes, qu'il n'y en a dans tout ce que Descartes, Mallebranche & leurs sectateurs ont écrit sur l'entendement humain. L'auteur de cet excellent article, est un génie du premier ordre, qui a porté sur tous les sujets qu'il a traités, des vues neuves, vastes & profondes. *Voyez* son article, ci-dessus, pag. 153, & suiv.

NOTE DE L'EDITEUR.

qu'on nomme *mémoire* & *souvenir* (1); sentiment par lequel j'ai connoissance des impressions qui ont été en moi, mais qui est accompagné d'une perception au moins confuse de la distinction qui est entre le tems auquel je les ai reçues, & celui auquel je m'en souviens.

Toutes ces impressions sont accompagnées d'un sentiment agréable ou désagréable; s'il est vif, on le nomme *plaisir* ou *douleur*; s'il est foible, c'est *satisfaction*, *complaisance*, ou bien *ennui*, *déplaisance*, *mal-aise*. Le premier de ces sentimens nous pousse, pour ainsi dire, vers les objets, nous porte à faire effort pour nous en approcher, pour nous y joindre, pour nous y attacher, pour augmenter la force & la vivacité du sentiment que nous éprouvons, pour en prolonger & pour en perpétuer, s'il étoit possible, la durée, pour le renouveller quand il cesse, pour le rappeller quand il nous a quittés, nous aimons les objets qui nous procurent de tels sentimens, nous en jouissons lorsque nous les éprouvons à leur occasion, nous les cherchons & nous en désirons la possession, lorsque nous ne l'avons pas, & nous la regrettons, lorsque nous l'avons perdue.

Le second sentiment au contraire, c'est-à-dire, celui de la douleur, nous porte naturellement & invinciblement à faire effort pour le repousser loin de nous, à fuir les objets qui nous le font éprouver, à craindre leur impression, à le détester, à la haïr. Nous naissons tellement disposés, que nous recherchons le plaisir, & que nous fuyons la douleur; & cette loi, que la nature a gravée en nous, est d'une telle autorité, que nous ne pouvons nous empêcher d'y obéir dans toutes les actions de notre vie, parce qu'il n'y en a aucune, quelle qu'elle soit, qui ne soit accompagnée d'un de ces deux sentimens, ou plus fort, ou plus foible. Le plaisir est attaché à toutes les actions nécessaires à la conservation de la vie, & la douleur à toutes celles qui lui sont contraires; sans examen & sans réflexion, l'amour du plaisir & la haine de la douleur nous portent à faire les unes & à nous abstenir des autres.

(1) Le souvenir, dit Hobbes, n'est que le défaut des parties que chaque homme s'attend à voir succéder après avoir eu la conception d'un tout. Voir un objet à une grande distance de lieu, ou se rappeller un objet à une grande distance de tems, c'est avoir des conceptions semblables de la chose : car il manque dans l'un & l'autre cas la distinction des parties, l'une de ces conceptions étant foible par la grande distance d'où la sensation se fait, l'autre par le déchet qu'elle a souffert. Hobbes, traité de la nature humaine, chap. 3. §. 7.

NOTE DE L'ÉDITEUR.

L'impression du plaisir ou de la douleur une fois reçue, nous ne sommes plus les maîtres de la prolonger, ou de la faire cesser; elle a une certaine mesure que tous nos efforts ne peuvent changer. Il y a des plaisirs & des douleurs, non-seulement plus ou moins durables, mais encore plus ou moins vifs, ou qui nous rendent plus ou moins heureux ou malheureux. Souvent une impression, qui avoit commencé par un sentiment agréable, mais léger, se termine par une douleur infiniment vive; souvent, au contraire, c'est par une légère douleur qu'il faut acheter la jouissance des plus grands plaisirs. Enfin le plaisir & la douleur sont perpétuellement mêlés & joints l'un à l'autre; nous ne sommes pas faits pour goûter des plaisirs purs; à notre arrivée dans le monde, nous nous laissons conduire par l'impression actuelle du plaisir ou de la douleur qui nous affecte; en cela nos enfans ne different pas des petits des bêtes; les uns & les autres se livrent avec un égal aveuglement à l'impression actuelle, sans prévoir les conséquences & les suites de cette impression; & comment pourroient-ils les prévoir ces conséquences? Prévoir n'est autre chose que se souvenir qu'une telle impression, semblable à celle que nous éprouvons, a été suivie d'une autre toute différente & infiniment plus vive, & que nous devons craindre quelque chose de pareil; or, cela ne se peut que par le moyen de l'expérience & des réflexions sur les impressions répétées que nous avons reçues des objets. Il y a même des hommes qui ne sortent presque jamais de l'enfance à cet égard, & qui n'acquièrent jamais cette faculté de prévoir, & il y en a peu qui, dans le cours de leur vie, n'éprouvent plus d'une fois que les impressions vives & les passions violentes, sur-tout celle de l'amour, la plus forte & la plus délicieuse de toutes, mettent souvent les plus prudens dans la situation des enfans qui ne prévoyent rien, & qui se laissent emporter par l'impression du moment.

A mesure que nous avançons en âge, nous acquérons plus d'expérience; &, comparant les objets nouveaux & inconnus, avec l'idée & l'image d'un plus grand nombre d'objets connus dont la mémoire conserve l'empreinte, nous jugeons des uns & des autres, qu'ils seront plus ou moins utiles, ou plus ou moins nuisibles, qu'ils nous causeront du plaisir ou de la douleur, par conséquent qu'il les faut rechercher ou éviter. Cette faculté de comparer ensemble, non-seulement les objets présens, pour choisir celui qui nous procure le plus grand plaisir, mais encore les objets absens qui n'existent que dans notre mémoire, est ce qui constitue la *raison*; c'est la balance avec laquelle nous pesons les objets, & par laquelle, rappellant ceux qui font éloignés de nous, nous connoiffons ce que nous en devons penfer, par le rapport qu'ils ont entr'eux, mais de telle forte, que c'eft toujours l'apparence du plus grand plaifir qui l'emporte. Voilà, ma chère *Leucippe*, ce que c'eft que cette raifon dont les hommes tirent tant de vanité, & qu'ils fe font attribuée à l'exclufion des animaux, je ne fais fur quel fondement. Si la raifon n'eft pas autre chofe que ce que je viens de dire, il femble qu'elle devroit être moins rare qu'elle ne l'eft parmi les hommes, & que nous devrions la trouver toujours prête à nous conduire. Cela eft vrai; auffi dans prefque toutes les occafions où nous voulons appliquer notre efprit à des chofes vraiment utiles, comme celles qui regardent la fatisfaction des befoins du corps, elle ne nous manque jamais, à moins que nous ne foyons dans le fommeil, ou dans un état de folie & de démence, reconnus pour tels par tous les hommes, c'eft-à-dire, atteints de cette maladie qui nous met abfolument hors d'état de comparer les objets préfens avec les abfens. Nous n'avons lieu de nous plaindre du peu d'étendue & de certitude de nos connoiffances, que dans certaines occafions où ces connoiffances nous feroient d'une utilité affez médiocre. Pour expliquer ceci, j'entre dans le détail des divers genres de connoiffances, & par conféquent j'examine leur nature.

Dans toutes les impreffions que nous recevons, il y a en même tems perception ou appercevance des objets, & fentiment ou appercevance de l'effet qu'ils produifent en nous. Ces deux chofes ne peuvent être féparées; nous confidérons un objet comme préfent à notre efprit, duquel il eft apperçu, & nous fentons que cette perception nous met dans une certaine fituation.

Ce font néanmoins deux chofes différentes. La perception nous fait penfer principalement à l'objet que nous confidérons; & ce n'eft que par conféquence que nous penfons à l'impreffion agréable ou défagréable que cet objet fait fur nous; quelquefois même la perception de l'objet eft fi vive, & l'émotion fi foible, que nous n'y penfons prefque pas. Le fentiment au contraire, nous fait penfer d'abord & principalement à nous; & ce n'eft que par réflexion que nous penfons à l'objet qui nous caufe l'impreffion agréable ou défagréable que nous reffentons.

Chacune de ces deux efpèces d'impreffions fe fubdivife encore; c'eft-à-dire, le fentiment & la perception; car je me fervirai de ces deux termes pour exprimer ces deux fortes d'impreffions.

Quoique tous nos fentimens foient excités, ou du moins foient accompagnés en nous par le changement, ou par le mouvement qui arrive dans les organes de notre corps, on les diftingue néanmoins en deux claffes. Les premiers ont un rapport fi immédiat & fi vif avec certaines parties de notre corps, que nous ne pouvons nous empêcher de rapporter à ces endroits l'impreffion agréable ou défagréable que nous fentons. On nomme ces........

(» Il y avoit en cet endroit du manufcrit
» une lacune dont le traducteur Anglois n'a
» pas marqué l'étendue. Je crois qu'elle ne nous
» a rien fait perdre d'abfolument néceffaire.
» L'auteur Grec y examinoit la nature des fen-
» fations & des perceptions; & en raffemblant
» ce qu'il dit à ce fujet dans la fuite, il m'a
» femblé qu'il établiffoit deux efpèces de fen-
» fations, les unes qui font accompagnées de
» la perception de quelque objet corporel,
» diftingué de nous & agiffant fur notre corps;
» ce font là celles qu'il nomme fenfations pro-
» prement dites; les autres, qui ne font ac-
» compagnées que de la perception du chan-
» gement excité en nous, & de notre état,
» foit agréable, foit douloureux, font ce qu'il
» nomme fentiment intérieur.

» A l'égard des perceptions ou du fentiment
» par lequel nous fentons l'exiftence & la pré-
» fence d'un objet, fans confidérer s'il agit fur
» nous, il m'a femblé que l'auteur Grec en pro-
» pofoit diverfes claffes; mais, comme il n'eft
» pas facile d'imaginer en quel ordre il les
» rangeoit, je craindrois de donner mes propres
» idées pour les fiennes, fi j'entreprenois de
» fuppléer à ce qui manque au manufcrit fur cet
» article »).

Toutes nos perceptions, de même que nos fentimens, font excités en nous, ou du moins accompagnés d'un mouvement & d'un changement dans les organes de notre corps; mais ces mouvemens n'ont pas tous la même caufe; les uns font produits par l'action des objets extérieurs fur nos fens, & ceux-ci portent clairement & diftinctement avec eux l'idée de quelque chofe diftinguée de nous. Les autres mouvemens font excités en nous par des agens intérieurs; tels font, par exemple, les différentes liqueurs qui circulent dans toute l'habitude de notre corps, & qui, étant foumifes à l'action d'une infinité de caufes diverfes, peuvent éprouver, & éprouvent en effet, foit dans leur nature particulière, foit dans leurs cours, des altérations qui influent néceffairement fur notre manière d'être. Les mouvemens de cette feconde efpèce ne nous donnent ordinairement que la perception des changemens qui arrivent dans nos fentimens, & dans l'état intérieur de notre ame. Néanmoins, pendant le fommeil, &

& même pendant la veille, lorsque ces liqueurs viennent à s'enflammer & à bouillonner d'une manière irrégulière, leur mouvement devenu plus rapide, nous donne des perceptions assez vives d'objets corporels que nous croyons exister réellement hors de nous & agir sur nous.

Lorsque, pendant la veille, cet état est accompagné d'un dérangement sensible qui altère la constitution du corps, & qui met la vie en danger, on le nomme maladie; si ce dérangement n'est pas sensible, & que cet état devienne comme habituel, on nomme fous & insensés ceux qui y tombent.

Dans les perceptions qui nous viennent des objets extérieurs par la voie des sens, nous sommes rarement trompés; car, quelque chose qu'il ait plu à de grandes sectes de philosophes de dire contre les sens, leur témoignage ne nous trompe (1) point, lorsque nous ne hâtons pas trop nos jugemens, & que nous consultons ces sens avec attention. Si c'est un objet qui frappe plusieurs sens à la fois, nous les interrogeons tous, & nous en répétons l'impression pour connoître si elle sera uniforme; nous nous mettons dans différens point de vue, nous nous rappellons les impressions qui ont précédé celle sur laquelle nous sommes en doute, nous la comparons avec celles qui la suivent, pour voir si la suite & la liaison de nos perceptions s'accorderont avec elle; nous consultons les autres hommes, pour voir s'ils reçoivent les mêmes impressions que nous, & nous avons soin de préférer ceux qui apportent les mêmes précautions que nous pour se préserver de l'erreur. Alors, comparant tous ces témoignages, nous nous déterminons en faveur de ceux qui se réunissent, & nous cédons à la conviction qu'ils excitent en nous. C'est par là que nous nous garantissons des illusions & des prestiges de l'optique, & que nous redressons un bâton qui nous paroît courbé, lorsqu'une de ses parties trempe dans l'eau. En comparant ainsi plusieurs impressions du même objet, & le tournant de plusieurs côtés, en faisant usage de tous les sens qu'il peut affecter, on parvient au dernier dégré de la certitude, c'est-à-dire, à la connoissance des plus sublimes vérités de la géométrie, science dont tous les résultats sont cependant fondés sur le témoignage des sens.

En consultant la suite & la liaison des idées qui précédent & qui suivent celles sur lesquelles nous sommes en doute, nous distinguons de même l'état du sommeil de celui de la veille. Dans ces apparitions subites & momentanées qui nous donnent souvent des perceptions extrêmement vives, nous comparons l'état dans lequel les objets nous paroissent avant & après; &, comme nous n'y appercevons rien de semblable à ce qui nous a paru dans le tems intermédiaire, ni rien qui y ait rapport, nous concluons que nous avons dormi, ou que, sans tomber dans le sommeil, nous avons eu quelques instans d'un délire qui n'est proprement que le songe d'un homme éveillé.

L'expérience nous apprend donc qu'il n'est pas ordinaire de nous tromper sur les objets dont la perception nous vient par les sens extérieurs, ou que du moins l'erreur n'est pas dangereuse, puisqu'elle est aisément reconnue.

Les perceptions intérieures, c'est-à-dire, celles qui ne sont point produites par les sens extérieurs, sont de plusieurs espèces; les unes ne nous présentent d'autre objet que nous-mêmes & l'état où nous sommes, c'est-à-dire, nos sentimens intérieurs; celles-ci ne nous abusent jamais, car je ne crois pas sentir du plaisir ou de la douleur, que je n'en sente effectivement. Si ce sentiment est accompagné d'une perception confuse de quelque partie de mon corps, à l'occasion de laquelle je crois recevoir cette sensation agréable ou douloureuse, il pourra peut-être arriver que je me tromperai quelquefois en la rapportant à cette partie, mais l'erreur n'est pas de conséquence, & je n'y tombe que pour avoir décidé avec trop de précipitation: aussi ces perceptions intérieures ne sont pas celles sur lesquelles les hommes sont d'opinion différente, ni sur lesquelles ils courent risque de se tromper. Mais il y a des perceptions intérieures d'une autre espèce; ce sont celles qui nous représentent un objet comme existant hors de nous, ou du moins comme distingué de nous de quelque manière que ce soit, ainsi qu'il arrive lorsque nous réfléchissons sur nos pensées, nos sentimens, nos perceptions, en un mot, sur les propriétés & les opérations mécaniques de notre ame; il est visible qu'alors toutes ces choses, devenant

---

(1) Berkeley a raison de dire qu'un homme ne se trompe nullement dans les perceptions actuelles qu'il a de ses idées, mais seulement dans les conséquences qu'il tire de ses perceptions actuelles. Ainsi, continue-t-il, dans l'exemple de la rame qui, enfoncée à moitié dans l'eau, paroît courbe, ce que cet homme apperçoit immédiatement par le sens de la vue, n'est pas droit, mais courbe; & tant qu'il ne fera que le juger tel, il n'aura pas encore commis d'erreur: mais s'il passe de-là jusqu'à conclure qu'après avoir retiré la rame de l'eau, il continueroit à y appercevoir par la vue la même courbure, ou même que la rame devroit, en restant dans l'eau, affecter son toucher, comme les choses courbes ont coutume de le faire, c'est en cela que se trouvera l'erreur, Dialogues entre Hylas & Philonous, Dial. 3. pag. 205 & 206, de la traduction françoise. Voyez la suite de ce passage, qui est très-philosophique.
NOTE DE L'ÉDITEUR.

l'objet de notre esprit, sont apperçus par lui: or, ce qui apperçoit n'est pas la même chose que ce qui est apperçu; il y a donc entr'eux une distinction. Mais cette distinction est-elle réelle, ou seulement imaginaire? c'est ce que nous examinerons bientôt. En attendant, n'oublions pas d'observer que ces perceptions représentatives d'un objet distingué de nous, sont encore de différentes espèces. Si elles nous représentent les objets comme absens, & comme ayant été autrefois présens à notre esprit, c'est ce que l'on nomme *mémoire, souvenir*; si elles nous offrent les objets sans nous avertir de leur absence, alors c'est ce qu'on nomme *imagination*: or c'est cette imagination qui est la source de toutes nos erreurs. Lorsque l'objet nous affecte vivement, nous sommes portés à croire qu'il est présent, non-seulement de cette présence objective, c'est-à-dire, de cette présence sans laquelle les objets ne pourroient être apperçus, mais présent de la même manière que le sont les corps qui, agissant sur nos organes, excitent en eux des sensations qui nous avertissent de la présence réelle & extérieure de ces corps.

La mémoire nous rappelle l'impression des objets qui ont frappé nos sens; mais, comme ces objets ont chacun un grand nombre de faces, de rapports & de propriétés, il est presque impossible que nous les ayons toutes examinées, & encore plus rare que nous ayons conservé toutes les impressions de ces objets, & qu'elles se présentent clairement à notre esprit, lorsque nous nous en souvenons: l'oubli efface plusieurs choses de notre mémoire, & il ne nous reste que le souvenir confus d'avoir reçu autrefois une impression à l'occasion d'un certain objet; mais nous n'avons aucune idée distincte de cette impression, & souvent même ce souvenir confus s'efface totalement. Il arrive de là que, comme il y a plusieurs faces semblables, ou presque semblables dans des objets d'ailleurs très-différens, nous ne pouvons les distinguer lorsqu'ils sont présens, & que nous les confondons, lorsque nous nous en souvenons. Par exemple, vous savez ce que c'est que la ciguë, cette herbe dont on emploie le jus pour finir les jours des criminels à Athènes (1). Cette herbe est un poison. Il y en a une autre qui lui est presque semblable (2), mais qui est très-saine & qui sert d'aliment à des nations entières. Il faut que ces herbes soient l'une auprès de l'autre pour les distinguer aisément. La différence qui est entre leurs tiges, la grandeur, la figure, & la découpure de leurs feuilles, & celle qui se trouve entre les nuances du vert dont elles sont colorées, sont presque imperceptibles. Lorsque l'une des deux est seule présente à nos yeux, ceux qui n'en ont pas une connoissance parfaite, les confondent ensemble. La raison de cela, est qu'ayant des propriétés communes, ou à-peu-près, nous ne pouvons, faute d'une expérience suffisante, appercevoir la distinction qu'il y a entre les deux plantes, auxquelles ces propriétés appartiennent; nous nous souvenons tout au plus, qu'il y a de la différence entr'elles, mais nous n'avons plus aucune idée nette de leur différence.

Si l'oubli efface les impressions des corps, si notre esprit n'en reçoit pas même toujours des images exactes, semblables aux objets qui agissent sur nos organes extérieurs, que sera-ce lorsqu'il s'agit de comparer des objets qui n'agissent que sur les sens intérieurs, de comparer entr'elles diverses perceptions & diverses idées, & des souvenirs de perceptions, de sensations, ou de sentimens intérieurs, pour connoître les rapports qui sont entr'eux?

Vous voyez à combien de méprises & d'erreurs nous sommes sujets par le défaut de notre mémoire; l'imagination en fournit encore un bien plus grand nombre: la source la plus féconde de ses erreurs vient de ce que nous supposons que les objets de ces perceptions intérieures ont une existence propre, & qu'ils subsistent réellement hors de nous, de même que nous les concevons séparément. Ainsi il faut commencer par examiner si toutes les choses qui sont distinguées entr'elles, le sont de la même manière: il y en a qui le sont tellement, qu'elles ne peuvent pas subsister ensemble; par exemple, la superficie d'un même corps, ne peut être tout à la fois noire & blanche dans toutes ses parties, mais elle peut passer successivement d'une de ces couleurs à l'autre. Un sentiment ne peut être à la fois agréable & désagréable; un même corps ne peut être en même tems plus & moins étendu qu'un autre; c'est-là la plus grande distinction qui puisse se trouver entre les êtres: deux choses qui sont distinguées de cette manière, le sont tellement, qu'elles s'excluent l'une l'autre, que l'existence de l'une emporte la non-existence de l'autre, &, par conséquent, elles ont chacune une existence séparée. Mais il y a une autre sorte de distinction; lorsqu'un corps passe d'une couleur ou d'une forme à une autre, lorsque j'éprouve successivement des sentimens différens, il est clair que ce corps & moi nous demeurons les mêmes, au moins selon nos manières ordinaires de concevoir. C'est le même corps qui change de couleur; cependant le corps n'est pas sa couleur, puisqu'il peut cesser de l'avoir, sans cesser d'être le même. La figure d'un corps n'est pas sa couleur, son mouvement, son étendue, sa dureté &c. ces choses sont différentes entr'elles,

---

(1) On s'en servit pour faire mourir Socrate.
(2) Le cerfeuil.

puisque l'une peut exister sans l'autre, & être détruite sans que l'autre cesse d'exister. Mais sont-elles distinguées de la même manière que les choses qui ne peuvent exister en même tems ? non sans doute, puisqu'elles existent ensemble. Il n'y a donc nulle raison d'assurer que ces choses aient une (1) existence séparée & distincte de celle des corps qu'elles affectent, & dont elles sont les propriétés. La même force par laquelle un corps blanc existe, est celle par laquelle sa blancheur existe ; la blancheur ne sauroit exister à part, & sans aucun corps, quoiqu'il pût se faire qu'il n'y eût aucun corps blanc. Cette distinction est celle qui se trouve entre les choses qui peuvent être séparées, quoiqu'elles puissent se trouver ensemble, & qui nous causent des impressions différentes, peuvent être considérées séparément, & devenir autant d'objets distincts de nos perceptions. Cette distinction est celle que je nomme *objective*, ou *imaginée*, pour la distinguer de celle qui se trouve entre les choses qui ne peuvent subsister ensemble, & que je nomme *réelle* ou *exclusive*. Les choses entre lesquelles cette dernière distinction se trouve, ont une existence propre que je nomme aussi *réelle* ou *exclusive*, au lieu que les autres n'ont qu'une existence objective ou imaginée, par laquelle les choses existent seulement dans notre esprit.

Il est d'une importance infinie de ne pas confondre ces deux genres de distinction, & conséquemment les deux genres d'existence qui les accompagnent ; vous ne pouvez croire de combien d'erreurs cette confusion est la source. Dans les mathématiques, par exemple, les géomètres qui ont la grandeur ou la quantité des corps pour objet, se sont accoutumés à considérer des points, c'est-à-dire des étendues sans longueur, largeur, ni profondeur ; des lignes, c'est-à-dire des étendues qui n'ont que de la longueur ; des surfaces qui ont de la longueur & de la largeur, mais sans aucune profondeur ; & enfin des solides ou des corps qui ont ces trois dimensions. Ils conviennent (2) eux-mêmes qu'il n'y a, ni ne peut y avoir aucun corps qui existe comme ils imaginent leurs points, leurs lignes & leurs surfaces ; que ces corps mathématiques n'ont qu'une existence objective, & ne sont que dans notre esprit, au lieu que tous les corps naturels sont réellement étendus en tout sens. C'est là-dessus qu'est fondée la certitude de leurs démonstrations de la divisibilité de la matière à l'infini : c'est parce que, quelque petites que soient les parties d'un corps, elles sont toujours étendues en tout sens. C'est pourtant en conséquence de cette supposition, & pour avoir confondu l'existence réelle avec l'existence objective, que les atomistes ont composé l'univers d'atomes ou de petits corps qui n'ont ni solidité, ni étendue, qui sont cependant d'une dureté infinie, & qui sont figurés avec une variété inconcevable. Ces atomistes ont cru que, parce que les géomètres pouvoient considérer l'une des propriétés de l'étendue, sans faire attention aux autres, elles existoient séparément & l'une sans l'autre. Il est vrai que les plus habiles atomistes ne donnent point dans cette erreur ; mais plusieurs de leurs disciples l'ont fait ; & cela me suffit pour la justesse de l'exemple que je viens d'apporter pour faire sentir comment on confond l'existence objective avec l'existence réelle. Si nous pouvons nous tromper si lourdement, faute de distinguer entre l'existence réelle des corps qui sont hors de nous, & l'existence objective des perceptions qui sont dans notre esprit ; que sera-ce lorsqu'il s'agit de comparer nos perceptions, & même les rapports qui sont entr'elles, c'est-à-dire des rapports de rapports ?

Nous n'allons pas jusqu'à croire que nos sensations existent hors de nous. Le sentiment de la piqûre, celui de la douleur, celui du plaisir, n'est point distingué de (3) moi qui le sens, mais envisage les lignes comme sans largeur, & les surfaces comme sans profondeur, ainsi les vérités que la géométrie démontre sur l'étendue, sont des vérités purement hypothétiques ;... mais si les théorèmes mathématiques n'ont pas rigoureusement lieu dans la nature, ils servent du moins à résoudre avec une précision suffisante pour la pratique, les différentes questions qu'on peut se proposer sur l'étendue.

Tel est l'aveu formel d'un des plus grands géomètres de l'Europe, &, ce qui est peut-être encore plus rare, d'un géomètre philosophe. Voyez les mélanges de littérature de d'Alembert, tome IV, art. 15, page 158, 159, édit. de 1763.

NOTE DE L'ÉDITEUR.

___

(1) Tous les accidens ou toutes les qualités que nos sens nous montrent comme existans dans le monde, n'y sont point réellement, & ne doivent être regardés que comme des apparences ; il n'y a réellement dans le monde, hors de nous, que les mouvemens par lesquels ces apparences sont produites. Voila la source des erreurs de nos sens, que ces mêmes sens doivent corriger ; car de même que mes sens me disent qu'une couleur réside dans l'objet que je vois directement ; mes sens m'apprennent que cette couleur n'est point dans l'objet, lorsque je le vois par réflexion. Hobbes, traité de la nature humaine, chap. 2. §. 10.

NOTE DE L'ÉDITEUR.

(2) C'est par une simple abstraction que le géomètre

(3) Voyez à ce sujet le *Traité de la nature humaine* de Hobbes, chap. 3. Il y prouve de la manière la plus évidente, que le sujet auquel la couleur & l'image sont inhérentes, n'est point l'objet ou la chose vue ; qu'il n'y a réellement hors de nous rien de ce qui

il est distingué de mon esprit qui l'apperçoit, qui en a la perception, qui réfléchit dessus, qui le compare avec un autre sentiment. Comme le sentiment de l'existence & de la distinction réelle, est accompagné de plus de clarté que l'autre, parce que c'est celui que nous éprouvons à l'égard des corps qui sont ce que nous appercevons d'une manière plus sensible, nous jugeons qu'il y a une pareille distinction entre toutes les choses que nous concevons vivement. C'est par-là que les différentes opérations de notre esprit & ses propriétés, sont devenues, ainsi que celles des autres parties qui composent notre être, autant de petites entités, qui ont une existence propre & réelle, & qu'elles ont acquis une réalité physique qu'elles n'ont point par elles-mêmes. Par là notre esprit, c'est-à-dire nous-mêmes en tant que pensans, que sentans, que raisonnans, est distingué de nous, comme la partie l'est du tout, dans la composition duquel elle entre. Cet esprit, lui-même, est devenu différent de notre ame, c'est-à-dire, de ce qui nous anime, de ce qui nous rend vivans. Dans notre esprit on a distingué entre l'entendement & la volonté, c'est-à-dire entre ce qui apperçoit & ce qui sent, & ce qui veut ou ne veut pas. Nos perceptions, elles-mêmes, sont distinguées de nous & entr'elles; en tant qu'elles apperçoivent les objets présens & leurs rapports, & les rapports de ces rapports, ce sont des pensées; entant qu'elles nous rappelent les images des choses absentes, ce sont des idées. Cependant toutes ces choses ne sont que des modalités ou des diverses manières d'exister de notre être, & ne sont pas plus distinguées entr'elles, ni de nous-mêmes, que l'étendue, la solidité, la figure, la couleur, le mouvement, ou le repos d'un corps, le sont de ce même corps; & malgré cela, on a mis entr'elles une distinction absolue, on en a fait autant de petites entités, dont nous sommes l'assemblage; en sorte que nous serions composés d'un million de petits êtres aussi distingués entr'eux, que le sont les arbres qui sont dans une forêt, & qui existent chacun par des forces particulières & distinctes. A l'égard des choses distinguées réellement de nous, on a distingué d'elles-mêmes non seulement leurs propriétés, mais encore leurs rapports, c'est-à-dire ces mêmes propriétés, considérées comme semblables, ou comme plus ou moins différentes, & on a donné de la réalité à ces diverses choses. On a observé que les corps agissoient les uns sur les autres, s'approchoient, ou s'éloignoient, se frappoient, se repoussoient & qu'après ces actions & réactions diverses, il arrivoit du changement en eux. En approchant ma main du feu, j'y sens ce que l'on nomme chaleur, le feu est la cause, & la chaleur est l'effet. Comme pour abréger le discours on a imaginé des termes (1) universels qui convinssent généralement à toutes les idées particulières qui étoient semblables: on a nommé *cause* en général, tout être qui produit quelque changement dans un autre être distingué de lui, & *effet* tout changement produit dans un être par un autre être. Comme ces termes excitent en nous au moins une image confuse d'être, d'action, de réaction, & de changement, l'habitude de s'en servir a fait croire que l'on en avoit une idée claire & distincte; on les a eu perpétuellement à la bouche; & à force de réaliser des concepts abstraits, l'on en est venu jusqu'à imaginer qu'il pouvoit exister une cause qui ne fût pas un être ou un corps, une cause qui fût distinguée réellement de tous les corps, & qui, sans mouvement & sans action, pourroit produire tous les effets imaginables.

On n'a pas voulu faire réflexion que tous les êtres particuliers, agissant & réagissant sans cesse les uns sur les autres, produisoient & souffroient en même temps des changemens; que le même être qui est cause dans l'instant présent, étoit effet dans le précédent, c'est-à-dire, que celui qui produit un changement par son mouvement, a souffert antérieurement un changement par l'action d'un autre, & que ce changement qu'il a reçu, l'a mis en état d'en produire un autre; qu'il peut même être en même temps effet à l'égard d'un être, & cause à l'égard d'un autre être; que lorsque je pousse un corps avec un bâton, le mouvement de ce bâton, qui est *effet* de mon impulsion, est *cause* de la progression du corps que je pousse. On a supposé, contre ce qui est démontré par l'expérience, qu'il y avoit des causes absolues, des causes qui n'étoient ni ne pouvoient être effets; cependant le mot de *cause* ne signifie autre chose que la perception du changement que produit un corps sur un autre, considéré par rapport au corps qui le produit, & le mot *effet*, le changement considéré dans celui qui le reçoit.

---

nous appellons image ou couleur, que cette image ou couleur n'est en nous qu'une apparence du mouvement, de l'agitation ou du changement que l'objet produit sur le cerveau, sur les esprits ou sur la substance renfermée dans la tête; que comme dans la vision, de même dans toutes les conceptions qui nous viennent des autres sens, le sujet de leur inhérence n'est point l'objet, mais l'être qui sent.

NOTE DE L'EDITEUR.
Philosophie anc. & med. Tome II.

(1) *Voyez* ce que Hobbes dit de ces termes, de leur origine, de leur usage dans le discours, & de l'abus qu'on en a fait en prenant la dénomination générale, ou universelle pour la chose qu'elle signifie. *Traité de la nature humaine*, chap. 5. §. 5. & 6.

NOTE DE L'EDITEUR.

La progression infinie des êtres qui ont été successivement cause & effet, a bientôt fatigué l'esprit de ceux qui ont eu la curiosité de rechercher les causes de tous les effets; sentant leur attention épuisée par la considération de cette longue suite d'idées, ils ont pris le parti de remonter tout d'un coup à une première cause qu'ils ont imaginée comme la cause universelle, à l'égard de laquelle toutes les causes particulières sont des effets, & qui n'est l'effet d'aucune cause; ils n'en ont donné d'autre idée que celle de quelque chose qui produit tout ce qui est, non-seulement la manière d'être des choses, mais encore leur existence. Voilà tout ce qu'ils en savent: ce n'est ni un corps, ni un esprit, ce n'est pas même un être à la manière des êtres particuliers; en un mot, ils n'en peuvent dire autre chose, si ce n'est que c'est la cause universelle.

Vous sentez par tout ce que vous ai dit, ma chère *Leucippe*, que ce n'est là qu'une chimère & qu'un phantôme, qui n'a tout au plus qu'une existence objective, & qui n'est point hors de l'esprit de ceux qui l'ont examiné; c'est pourtant là le destin des Grecs, le dieu de nos philosophes & celui des Chaldéens, des Juifs & des Chrétiens, c'est-à-dire, de ceux qui se vantent de parler le plus sensément de la religion.

Ceux qui n'ont pas reconnu cette cause universelle, & qui se sont contentés d'admettre des causes particulières, les ont le plus souvent distinguées des êtres corporels: comme ils voyoient que souvent le même changement ou effet étoit produit par des actions ou causes différentes, & que la même action ou la même cause produisoit des effets ou des changemens divers; ils ont imaginé des causes particulières, mais distinguées des êtres corporels sensibles; les uns ont fait ces causes douées d'intelligence & de volonté, comme ceux qui ont admis des dieux, des génies, des démons, des intelligences bonnes & mauvaises; d'autres, qui ne pouvoient pas concevoir que ces causes agissent volontairement & avec connoissance à notre manière, ont supposé dans les influences ou écoulemens des astres, je ne sais quelles facultés ou vertus, le hasard, & mille autres termes ténébreux qui ne signifient autre chose que des causes aveugles & nécessaires.

Je me suis beaucoup étendu sur la différence entre la distinction réelle & la distinction objective, parce que, comme vous le voyez, c'est de là que viennent les variétés qui se trouvent dans les opinions pratiques & spéculatives des hommes; ils donnent une existence réelle à beaucoup de choses qui n'ont qu'une existence objective & supposée.

Comme ce n'est que la liaison & la suite qui est entre les diverses actions & réactions des corps, qui en fait regarder quelques-uns comme la cause des changemens qui arrivent: il s'ensuit de-là qu'on a dû souvent prendre une chose pour la cause d'un effet avec lequel elle n'avoit aucune liaison; & comme de ces changemens ou effets, résultent notre bonheur ou notre malheur, nos plaisirs ou nos peines, l'opinion que l'on s'est formée de ces causes, est devenue la règle & le principe de notre conduite. Mais tout cela est venu de notre imagination, qui, concevant comme présens réellement, des objets qui ne l'étoient pas, nous a induits en erreur.

De même que notre esprit sépare les propriétés des êtres, pour les considérer comme distinguées réellement de ces êtres, il lui arrive aussi bien souvent de réunir des propriétés différentes pour en faire de nouveaux composés; c'est ce qui lui arrive dans le sommeil, pendant lequel nos rêves sont un assemblage bizarre des images imparfaites & sans suite que nous avons reçues pendant la veille, par l'action des objets extérieurs sur nos sens. Il y a des temps où nous rêvons tout éveillés, & en général ceux qui ont l'imagination un peu vive, sont presque toujours dans cet état: de là ces fictions (1) folles & monstrueuses des poètes & des peintres, ces chimères, ces centaures, ces satyres, ces sphinx, ces figures des divinités d'Egypte, tels que les songes d'un malade, sont encore plus sensés. Mais après tout, l'erreur la plus dangereuse n'est pas de croire qu'il existe de tels corps ou de tels êtres, elle ne peut séduire que ceux qui, comme des enfans & de foibles femmes, tremblent au seul nom des lémures & des lamies; c'est à l'égard des perceptions intérieures que ces réunions vicieuses de

---

(1) Je ne connois aucun philosophe qui ait expliqué d'une manière plus claire & plus satisfaisante, la cause & l'origine de ces fictions bisarres, que Hobbes. Comme ce qu'il dit à ce sujet peut jetter du jour sur les idées de notre auteur, je rapporterai ses propres paroles. De même que l'eau, dit-il, ou tout fluide agité en même tems par des forces diverses, prend un mouvement composé de toutes ces forces, ainsi le cerveau ou l'esprit qu'il contient, ayant été remué par des objets divers, compose une imagination totale dont les conceptions diverses que la sensation avoit fourni, séparées, sont les élémens. Ainsi, par exemple, les sens nous ont montré dans un tems, la figure d'une montagne, & dans un autre tems, la couleur de l'or, ensuite l'imagination les réunit à la fois, & en fait une montagne d'or. Voilà comment nous voyons des châteaux dans les airs, des chimères, des monstres qui ne se trouvent point dans la nature, mais qui ont été apperçus par les sens en différentes occasions: c'est cette composition que l'on désigne communément sous le nom de fiction de l'esprit. *Traité de la nature humaine*, chap. 3. §. 4. *Voyez* aussi le §. suivant.

NOTE DE L'ÉDITEUR.

propriétés séparées, produisent les plus grandes erreurs : on se persuade que ces assemblages de propriétés sont des êtres réels, & qu'ils existent hors de nous : on joint ensemble les idées de cause, d'intelligence, de volonté, de puissance, de bonté ou de malice, & l'on donne le nom de dieu à cet assemblage ; on s'accoutume à le considérer comme quelque chose de réel, on oublie que c'est son propre ouvrage ; & à force d'échauffer son imagination, on en vient jusqu'à se persuader non-seulement que sa volonté est cause de tout ce qui arrive, mais que le moyen de lui plaire est d'observer telles ou telles choses. Cette opinion, qui ne sert de rien pour rendre les hommes meilleurs & plus vertueux, leur fait négliger les précautions de la prudence & perdre l'usage de leur raison.

Dans les matières qui ne dépendent pas du sentiment extérieur ou intérieur, le peuple est très-disposé à s'en rapporter au témoignage des autres hommes : si ces derniers ont une imagination vive & forte, qui leur fasse parler des choses comme si elles étoient devant leurs yeux ; si l'air du visage, le ton de la voix, le geste ne démentent point cette persuasion, on les regarde comme des gens plus éclairés que les autres ; il suffit que, dans le reste de leurs actions, ils ne donnent aucune marque de folie : on n'examine point si ce qu'ils disent ne répugne pas à ce que nous voyons, & à ce que nous sentons de plus certain.

En rassemblant ce que je viens de dire sur les causes de la variété des opinions humaines, il en résulte, 1°. que les hommes s'accordent tous à chercher le plaisir & à fuir la douleur.

2°. Qu'ils consentent non moins unanimement à se déterminer dans cette recherche & cette fuite, par l'idée du plus grand plaisir & de la plus grande douleur.

3°. Qu'ils ne s'accordent pas à reconnoître les mêmes plaisirs & les mêmes douleurs pour les plus grandes ; que la variété de la constitution de leurs organes rend les uns sensibles à certaines choses qui effleurent à peine les autres.

4°. Que cette différence paroît bien davantage dans les plaisirs & dans les peines de l'esprit, c'est-à-dire, dans les sentimens qui sont produits en nous par les organes intérieurs, par la perception des objets qui n'existent point hors de notre esprit, & qui peuvent être d'autant d'espèces différentes, qu'il y a de diverses combinaisons dans la disposition des organes intérieurs, & de variété dans la nature des liqueurs, dont le mouvement cause l'impression que reçoivent ces organes.

5°. Enfin, que les hommes, confondant aisément la réalité des objets qui existent hors d'eux, avec l'existence purement objective des phantômes, des idées & des perceptions qui sont présens à leur esprit & à leur imagination, se sont conduits à l'égard de ceux-ci, comme ils font à l'égard des autres ; s'étant une fois accoutumés à dire que les objets extérieurs, à l'occasion desquels ils éprouvoient leurs sensations, étoient causes de ces sensations, & en conséquence, se déterminant à chercher ou à fuir ces objets, ils en ont fait de même à l'égard de leurs perceptions intérieures & des objets de ces perceptions. Ces objets sont aussi devenus la cause de leurs sensations, & il est arrivé que ces objets étant infiniment variés, on a imaginé un nombre infini de causes différentes ; & comme les sentimens intérieurs ont souvent plus de force que ceux qui viennent de dehors, ces causes intérieures & imaginées sont devenues les motifs les plus efficaces de nos actions.

Les erreurs dans lesquelles nous tombons à l'occasion de ces êtres objectifs, sont les plus nombreuses & les plus dangereuses ; elles viennent ordinairement de ce que nous n'apportons pas assez d'attention à les considérer, de ce que nous les confondons avec les êtres réels, en décomposant & recomposant nos idées avec trop de précipitation, & sa s'examiner si les diverses qualités que nous joignons ensemble, ont jamais été unies réellement, si même elles ne s'excluent pas l'une l'autre directement, ou du moins si elles ne sont pas inséparables de certaines propriétés qui s'excluent mutuellement ; par exemple, nous croyons, sans y avoir réfléchi attentivement, & pour ainsi dire à la première vue, qu'il peut exister une puissance une cause, une sagesse infinies, parce que nous ne considérons que les propriétés de sagesse, de causalité, de puissance, mais nous ne faisons pas réflexion que le terme d'infini est incompatible avec l'existence de quelque chose de fini, de positif & de réel, c'est-à-dire, qu'il emporte avec lui l'impossibilité d'exister réellement. Qui dit une force infinie, une quantité infinie, un nombre infini, dit quelque chose que l'on ne peut déterminer, & dont on ne peut avoir une idée juste & ressemblante, parce que, quelque étendue qu'elle soit, elle sera toujours au dessous de la chose que l'on veut représenter. Un nombre infini est celui qui ne peut être ni conçu (1), ni exprimé ; car

---

(1) La quantité infinie, dit très-bien M. d'Alembert, est proprement celle qui est plus grande que toute grandeur assignable, & comme il n'existe pas de telle quantité dans la nature, il s'en suit que la quantité infinie n'est proprement que dans notre esprit, & n'existe dans notre esprit que par une espèce d'abstraction dans laquelle nous écartons l'idée de bornes.

supposé qu'il y eût en effet un tel nombre, on demande si on ne peut pas en ôter une certaine partie, la moitié, par exemple, cette moitié est finie : on peut la compter & l'exprimer; mais en la doublant, on aura la somme égale au nombre infini, laquelle sera déterminée, & à laquelle on pourra ajouter au moins une unité, alors cette somme sera plus grande qu'elle n'étoit; cependant elle étoit infinie par la supposition, c'est-à-dire, telle qu'on n'y pouvoit rien ajouter, & malgré cela on y peut ajouter; elle est donc en même tems finie & infinie, elle a donc des propriétés exclusives, & c'est la même chose qu'un corps blanc qui n'est pas blanc, c'est-à-dire une chimère, de laquelle nous ne pouvons rien dire, si ce n'est qu'il n'y a aucun tems ni aucun lieu dans lequel elle puisse exister.

Ce que j'ai dit d'un nombre ou d'une quantité infinie, je le dirai d'une cause, d'une puissance, d'un mouvement infini &c. parce que, comme il y a divers degrés de force & d'action, c'est-à-dire, des causes plus ou moins productrices, des puissances plus ou moins étendues, je regarde ces degrés comme des unités dont la somme exprime la quantité de force & d'action qu'ont ces causes, & j'en dis tout ce que je dirois des nombres; c'est-à-dire qu'une force ou une cause infinie, au dessus de laquelle on n'en puisse concevoir aucune autre, ou que l'on ne puisse augmenter en la doublant, est impossible, n'existe point, n'a point existé & n'existera jamais.

Nous nous préserverons de l'erreur dans nos idées objectives, si nous ne donnons aux objets de nos perceptions intérieures, que les propriétés de l'existence que nous y apercevons, & si nous n'attribuons point aux unes les propriétés que nous découvrons dans les autres; lorsque je vois un bâton courbé dans l'eau où il est plongé en partie, je dis qu'il existe (1) droit, quoiqu'il me paroisse courbé; c'est-à-dire qu'il existe réellement hors de moi d'une autre façon qu'il n'existe objectivement dans mon esprit, parce que, consultant plusieurs sens différens, &

le regardant dans diverses situations, j'aperçois la cause de mon erreur. Lorsque je dors, quelque vives que soient les impressions que j'ai reçues de mes songes, je connois à mon réveil que les objets de ces perceptions & de ces sentimens n'existent point (2) hors de moi, à la manière des objets de mes sensations & perceptions extérieures. Suivons le même procédé dans la considération de ces objets intérieurs qui ne sont présens qu'à notre esprit; comparons-les entre eux, & que ceux qui nous donnent des images vives, claires & distinctes, des images toujours semblables, soient la règle à laquelle nous comparions ces images confuses, obscures & voltigeantes qui nous séduisent pour l'ordinaire, non-seulement nous verrons qu'elles ne sont que dans notre esprit, & que c'est uniquement par un effet de la force de nos préjugés & de notre propension à réaliser peu-à-peu nos propres abstractions, qu'elles y sont accompagnées d'un sentiment très-fort & très-constant de leur existence, mais même que ceux qui leur donnent cette existence, forment des phantômes spirituels qui n'ont pas plus de réalité que les chimères & les sphinx, ou plutôt qu'ils se servent de termes auxquels ils ne peuvent pas attacher plus de sens qu'à ceux de noire blancheur, de froide chaleur, de dure mollesse, qui joignent ensemble des idées incompatibles & contradictoires.

Je n'ai pu m'empêcher de prévenir, dans ce que j'ai dit ci dessus, une partie de ce que j'avois à dire sur la nature de cette première cause, de ce souverain être qui est l'objet du culte religieux de tous les hommes. J'ai fait voir qu'une telle cause infinie n'étoit présente à notre esprit que d'une présence objective, &

L'idée que nous avons de l'infini, est donc absolument négative & provient de l'idée du fini, & le mot même négatif d'*infini* le prouve. Encyclopédie, tome VIII, page 703, colonne 2. Voyez aussi tome VI, page 817, & l'éclaircissement sur les principes métaphysiques du calcul infinitésimal, §. 14, tome V, pages 219 & suivantes, des mélanges de littérature de ce philosophe célèbre.

NOTE DE L'ÉDITEUR.

(1) Voyez page 511, dans la note, le passage que je cite, il peut servir d'éclaircissement & de supplément à ce que dit ici notre auteur.

NOTE DE L'ÉDITEUR.

(3) Tout ce que d'Alembert dit sur la manière dont nous pouvons distinguer la veille du sommeil est très-sensé, très-philosophique, & très-propre à développer & à confirmer le raisonnement de notre auteur. L'illusion des songes, dit-il, nous frappe sans doute aussi vivement que si les objets étoient réels; mais nous parvenons à découvrir cette illusion, lorsqu'à notre réveil nous nous appercevons que ce que nous avons cru voir, toucher ou entendre, n'a aucun rapport ni aucune liaison, soit avec le lieu où nous sommes, soit avec ce que nous nous souvenons d'avoir fait auparavant. Nous distinguons donc la veille du sommeil par cette continuité d'actions, qui pendant la veille se suivent & s'occasionnent les unes les autres; elles forment une chaîne continue que les songes viennent tout-à-coup briser ou interrompre, & dans laquelle nous remarquons sans peine les lacunes que le sommeil y a faites. Par ces principes on peut distinguer dans les objets l'existence réelle de l'existence supposée. Mélanges de litt. & de philosophie, tome IV, art. 6, pages 56 & 57.

NOTE DE L'ÉDITEUR.

même qu'elle y étoit comme non-exiſtante & comme impoſſible.

Tout ce que les partiſans du ſyſtême religieux ont écrit pour conſtater l'exiſtence d'un être tel que leur dieu, ne prouve autre choſe, ſinon qu'il n'arrive rien qui ne ſoit l'effet d'une cauſe; que le plus ſouvent nous ne pouvons connoître les cauſes immédiates des effets que nous voyons; que, lors même que nous le pouvons, ces cauſes ſont elles-mêmes des effets à l'égard des autres cauſes antérieures qui les ont produites, & ainſi à l'infini. Mais ils ne prouvent point qu'il faille en venir à une première cauſe immatérielle, qui ſoit la cauſe univerſelle de toutes les cauſes particulières, qui produiſe toutes les propriétés des êtres, & même leur exiſtence, & qui ne dépende elle-même d'aucune autre cauſe. Il eſt vrai que nous ne connoiſſons pas la liaiſon, la ſuite & la progreſſion de toutes les cauſes, mais que conclure de là? l'ignorance d'une choſe n'a jamais pu être un motif raiſonnable de croire ni de ſe déterminer à admettre des choſes abſurdes & qui impliquent contradiction.

Je ne ſais quelle eſt la cauſe d'un certain effet, je ne puis en aſſigner une qui me ſatiſfaſſe & qui lève tous mes doutes; dois-je pour cette ſeule raiſon, ſuivre dans l'explication de ce phénomène, l'opinion d'un autre homme qui me dira que la cauſe à laquelle il l'attribue, eſt la ſeule vraie, la ſeule admiſſible; lorſque je verrai d'ailleurs qu'une telle cauſe eſt impoſſible; lorſque avec une ignorance égale à la mienne ſur le ſujet en queſtion, il n'aura ſur moi d'autre avantage que celui de la préſomption? En un mot, ma chère *Leucippe*, n'eſt-il pas infiniment plus ſage, plus conforme à la droite raiſon, d'avouer ingénuement ſon inſuffiſance, que de prétendre ſavoir ce qu'on ignore? & n'étoit-ce pas une vanité bien ridicule, & une tyrannie tout-à-fait ſacerdotale, que celle de cet Indien dans le pays duquel un marchand d'Alexandrie avoit porté entre autres curioſités, quelques-unes de ces machines hydrauliques qui ſervent à marquer le tems; elles firent l'admiration de ces barbares peu intelligens dans les mathématiques; ils cherchèrent long-tems à deviner quelle pouvoit être la cauſe de ces mouvemens, & n'en pouvant venir à bout, enfin l'un d'entr'eux, plus hardi que les autres, décida que ces machines étoient des animaux d'une certaine eſpèce; &, parce que les autres ne pouvoient lui montrer que les mouvemens de cette machine vinſſent d'un autre principe que celui qui nous fait mouvoir, il ſe croyoit en droit de les forcer à admettre ſon explication.

Les prêtres & les philoſophes partiſans du ſyſtême religieux, reſſemblent fort à cet indien, &
prétendent auſſi que, parce que nous ne pouvons
expliquer les cauſes de tous les effets, ni parcourir la ſuite infinie des cauſes, il faut que nous admettions leur opinion touchant l'exiſtence d'une cauſe univerſelle, immatérielle & diſtincte de ſes effets; mais, tant qu'ils ne pourront me la rendre probable, tant qu'elle impliquera contradiction dans mon eſprit, & n'y entrera qu'accompagnée d'un ſentiment vif & intime de ſa fauſſeté, je ſerai en droit de la rejetter, quoique d'ailleurs je ne puiſſe rendre raiſon de tout, & qu'il y ait bien des phénomènes dans l'univers dont les vraies cauſes me ſoient abſolument inconnues. Un philoſophe ne doit point avoir honte de convenir de cette ignorance, quand il a lieu de croire qu'elle eſt invincible, & qu'il voit qu'elle lui eſt commune avec la plus raiſonnable partie de ſon eſpèce; non, ma chère *Leucippe*, ce n'eſt pas de leur ignorance que les hommes doivent rougir, ce n'eſt point elle qui leur eſt nuiſible; une ignorance modeſte nous oblige de nous tenir en ſuſpens, elle ne nous fait rien décider témérairement; c'eſt la préſomption ou la fauſſe perſuaſion de connoître & de ſavoir qui nous empêche de remplir nos devoirs envers nos ſemblables, & de mériter par-là leur bienveillance, qui nous expoſe à des maux réels, qui nous prive des avantages ſur leſquels eſt fondé notre bonheur; &, ce qui eſt de plus grande conſéquence pour le genre humain, c'eſt elle qui a enfanté le fanatiſme religieux qui n'a jamais ſervi qu'à troubler l'ordre public.

Ainſi je ſupporte ſans douleur le vuide que les *Théiſtes* croyent remplir par la ſuppoſition d'une cauſe intelligente, infinie en durée, en force, en propriétés & en actions; cette ſuppoſition ne ſerviroit qu'à me plonger dans de nouvelles difficultés.

Quand je les prie de me définir avec préciſion la nature & les propriétés de cette cauſe, je trouve qu'ils ne s'accordent qu'en un ſeul point qui eſt que c'eſt la cauſe par excellence; mais, ſur le reſte, ils ſont dans une variation continuelle, non-ſeulement les uns avec les autres, mais encore chacun d'eux avec lui-même. A meſure qu'ils avancent dans l'expoſé de leur opinion, ſon abſurdité augmente par les ſuppoſitions bizarres qu'ils ſont obligés de faire à chaque pas. Que leur hypothèſe ſoit contradictoire, il eſt facile de le montrer. Dans tous les ſyſtêmes, la dernière cauſe à laquelle il faut remonter, ſoit qu'on la nomme deſtin, néceſſité, nature, cauſe univerſelle, dieu ſuprême, eſt confondue avec les êtres particuliers. Car enfin, ſi la volonté permanente & perpétuellement agiſſante de cette cauſe, produit l'exiſtence des êtres & de leurs propriétés; ſi cette exiſtence n'eſt autre choſe que l'effet de la volonté de cette cauſe, ce n'eſt qu'un acte de ſa volition, qu'un attribut, qu'une propriété qui n'est pas distinguée d'elle autrement que nos pensées le sont de nous, que la couleur l'est du corps coloré, l'action du corps agissant. Si dieu est cette cause universelle, les êtres particuliers qu'il produit, n'ont qu'une existence objective, c'est-à-dire, que leur existence est comme une émanation, une extension de celle de dieu dont ils sont autant d'attributs, de propriétés & de parties, en sorte que dieu n'est autre chose que l'assemblage de tous les êtres particuliers que l'univers renferme; opinion soutenue par un grand nombre de nos philosophes, surtout par les stoïciens qui, par une inconséquence bien étrange, & par un travers de tête inconcevable, rendent à la divinité un culte religieux, prescrivent même les moyens de la fléchir, de mériter ses bienfaits & parlent sans cesse de providence, tandis qu'il est évident pour tout homme qui sait juger des choses que leur système anéantir au contraire toute idée d'un dieu vengeur, rémunérateur, prévoyant & pourvoyant, & renverse en un mot toute espèce de culte & de religion. *Voyez* l'article FATALISME ET FATALITÉ DES STOÏCIENS, ci-dessus, page 397, 398.

Les platoniciens, plus conséquens en cela, mais en général aussi mauvais logiciens, ont du moins prétendu que cette cause devoit absolument être distinguée de l'univers, puisqu'elle l'avoit produit, & que la production & l'existence de tous les êtres est l'effet de son action & de sa volonté: voyons ce qu'ils entendent par le terme de production; le mouvement, selon eux, est produit par un autre mouvement; la figure des corps est produite par la différence de couleurs & de dureté de ces corps, & de ceux qui les environnent immédiatement; la solidité ou dureté des corps est produite par la différence de la direction & de la quantité ou vitesse du mouvement des petites parties de ces corps & de celles de l'air qui les environne, &c. &c. Telles sont les notions vagues, obscures & incomplettes que ces philosophes nous donnent du mot *produire*; mais, outre que c'est là de la mauvaise physique, & qui n'explique rien, on ne voit pas ce qu'ils peuvent conclure de cette théorie, même quand elle seroit vraie, en faveur de leur hypothèse: en effet, quelle liaison y a-t-il entre ces assertions hazardées & l'existence d'une cause universelle distincte de l'univers? Des trois propositions qu'on vient de lire, les deux dernières sont inintelligibles, & la première est une vérité commune, exprimée en termes assez inexacts, & qui n'a aucun rapport avec la question dont il s'agit: nous concevons aisément qu'un corps actuellement en repos, peut-être mu tour-à-tour d'un mouvement oblique, circulaire, rectiligne; qu'on peut lui donner telle ou telle configuration, & le rendre propre, en changeant

sa surface, ou par tel autre moyen, à réfléchir tel ou tel rayon de lumière, & par conséquent telle ou telle couleur: nous avons une idée fort distincte de toutes ces choses, parce que nous avons vu souvent des corps acquérir & perdre ces diverses modifications: nous avons été témoins des changemens qu'ils ont soufferts & des causes qui les ont produits en eux. En un mot, nous avons une idée des formes ou modalités que les êtres acquièrent & perdent successivement, parce que ces modalités ne sont au fond que nos propres sensations rapportées aux objets extérieurs: nous éprouvons en nous-mêmes la succession de ces différentes sensations & des propriétés diverses que nous découvrons dans les êtres à l'occasion des impressions variées qu'ils font sur nous; mais pour la cause de l'existence des corps & de la matière, comme nous n'en avons jamais vu passer du néant à l'être, nous ne pouvons comprendre comment cela se fait, ni même que cela se fasse. Ces termes de productions des êtres, & de commencement de leur existence, ne sont accompagnés en nous d'aucune idée claire & distincte; il vaudroit donc mieux dire, si nous ne voulons pas nous contenter de l'aveu de notre ignorance, que les corps & la matière existent par eux-mêmes & par leurs propres forces, & que leur existence est nécessaire; ce qui nous ramène au système des stoïciens.

Si la cause de cette existence est la volonté de dieu, comme nous n'avons point l'idée d'une volonté sans un motif & une raison qui détermine à vouloir, parce que vouloir c'est préférer une chose à une autre; on demande quel sera le motif de cette volonté? Si ce sont les êtres mêmes, comment ce qui n'est pas & ce qui n'a jamais été ni en soi, ni en ses idées, peut-il être conçu, être imaginé servir de motif & déterminer la volonté de dieu? Si ce sont les idées de ces êtres que l'on suppose exister en dieu, d'où lui sont-elles venues? Ce ne peut être des êtres qui n'ont jamais existé; elles sont donc aussi anciennes que lui; elles sont donc une partie de lui-même & de sa substance; mais dieu, dans cette hypothèse, conçoit-il les êtres comme devant exister? Si cela est, quelle est la loi qui leur a imposé cette nécessité? Ce n'est pas sa volonté, puisque sa volonté n'est point la cause de l'existence de ses idées ou perceptions, & qu'il n'est point le maître de se les donner, de les produire, ni d'y rien changer; elles sont immuables & éternelles comme lui; mais cependant cette existence est nécessaire, & dieu n'en est pas la cause; il y a donc une autre cause que lui, une autre cause nécessaire, dont il suit les loix; par conséquent il n'est pas la première cause, ce qui est contre la supposition. S'il ne conçoit pas les êtres comme devant exister, ses perceptions sont fausses, & ne représentent pas les choses & les êtres tels qu'ils sont, & par conséquent elles ne peuvent être pour lui un motif raisonnable d'agir. Mais, puisque ce ne sont ni les êtres, ni les idées des êtres qui déterminent la volonté de dieu à agir, il faut donc qu'il soit déterminé par une cause antérieure; à moins que l'on ne dise que sa volonté se détermine par elle-même, par sa propre nature, qu'elle est cause d'elle-même, c'est-à-dire, cause aveugle, puisqu'elle ne voit ni les êtres, ni leurs idées.

J'avoue que ces termes ne sont pour moi qu'un vain son, destitué de toute signification & de de tout sens; & quand on a recours à des supositions de cette nature pour établir un système, on ne fait que balbutier des mots, & mettre dans tout son jour la foiblesse de sa cause. Pour raisonner philosophiquement sur cette matière, il faut dire que tout ce qui existe, existe nécessairement, a toujours existé, existera toujours, & qu'il ne peut pas ne point exister; que ses divers changemens apparens ne sont tels que par rapport à nous & aux impressions que font sur nous les êtres qui nous touchent; que, selon les divers aspects sous lesquels nous envisageons l'univers, nous disons qu'il passe d'une modification à l'autre, qu'il acquiert & qu'il perd des propriétés; que cependant, non-seulement sa force d'exister ou son existence, incapable d'accroissement & de diminution, est toujours la même, mais que les changemens que nous croyons voir dans ses propriétés, n'ont pas plus de réalité, que ceux de ces objets dont la forme & la couleur changent suivant le point de vue sous lequel nous les envisageons. Tels sont, en partie, les principes philosophiques par lesquels on peut résoudre une foule d'objections si embarrassantes dans l'hypothèse des théistes. Quiconque voudra les méditer & y ajouter ceux qui en découlent comme conséquences, se convaincra de plus en plus qu'ils acquièrent par les faits & par les raisonnemens sur lesquels on peut les appuyer, le plus haut dégré d'évidence possible dans les choses qui ne sont pas susceptibles d'une démonstration mathématique; au-lieu que tout implique contradiction dans le système que nous combattons.

Je pourrois m'en tenir-là, ma chère *Leucippe*, & me contenter d'avoir prouvé contre les partisans du système religieux, que l'existence d'une cause universelle & immatérielle est impossible, & que leur divinité n'est autre chose qu'un spectre ou un phantôme de notre imagination qui n'a aucune réalité distinguée de nous-mêmes, & qui n'existe dans notre esprit tout au plus que comme les objets de nos songes; mais je veux aller plus loin contr'eux, & voir si, en leur accordant que ce phantôme peut exister réellement hors de nous, ils pourront établir les conséquences particulières qu'ils tirent de cette hypothèse. Je suppose donc avec eux qu'il existe un être, cause universelle, non-seulement des modifications des êtres particuliers, mais encore de leur existence, qui les a faits, & qui les conserve, qui les change, & qui les détruit; dont la volonté est la source & le principe de toute existence, n'y en ayant aucune qui n'en émane & n'en découle; qui peut subsister sans ces êtres, & sans lequel ils ne peuvent subsister; que cependant il est absolument distingué de ces êtres qui ne sont ni ses attributs, ni ses parties, quoiqu'ils n'ayent une existence séparée & réellement indépendante de la sienne; je suppose encore qu'un tel être doué d'intelligence & de volonté à la manière des hommes, quoiqu'exempt de nos défauts, nous ayant donné avec l'existence une force que nous appellons volonté, & par laquelle nous agissons, l'usage que nous faisons de cette force n'est raisonnable, n'est capable de lui plaire, de lui devenir agréable, & par conséquent de nous rendre heureux, que lorsqu'il est conforme à ses vues, à ses loix & à ses volontés.

Je demande d'abord à nos défenseurs de l'existence de la divinité, si la loi, la règle, la volonté, par laquelle il conduit les êtres, est de même nature que notre volonté & que la force que nous croyons appercevoir en nous; si dans les mêmes circonstances il peut vouloir & ne pas vouloir; si la même chose peut lui plaire & lui déplaire; s'il ne change pas de sentiment; si la loi par laquelle il se conduit, est immuable. Si c'est elle qui le conduit, il ne fait que l'exécuter, & il n'a aucune puissance. Cette loi nécessaire, qu'est-elle elle-même? Est-elle distinguée de lui & des êtres, ou des perceptions qu'il en a? N'est-ce que la perception des rapports de convenance ou de disconvenance qui sont entre les choses, ou leurs idées? Ce sont-là autant de questions que l'on ne peut résoudre; & les réponses que l'on y feroit seroient ou absurdes, ou inintelligibles; car enfin, si la volonté de dieu est de la même nature que celle des êtres qu'il a créés, & s'il se détermine par les mêmes causes, il est évident qu'une détermination de cette espèce ne peut venir que de l'action des êtres extérieurs, qui font sur un objet une impression qu'il ne peut que recevoir: or, c'est ce que l'on ne peut pas dire ici; les effets d'une cause universelle & nécessaire ne pouvant agir sur cette cause.

Si au contraire cet être peut changer de sentiment & de volonté sans que la nature des choses en général & les circonstances cessent d'être les mêmes, je demande 1°. pourquoi il en change, & quel est son motif? il lui en faut un, & un raisonnable; car cet être doit nous surpasser en sagesse, comme il nous surpasse en puissance : l'on ne peut imaginer ce motif qui n'est ni dans les objets, ni dans leurs idées ou perceptions, puisque, par la supposition, il n'y a rien de changé dans les êtres, ni dans leurs rapports : mais je vais plus loin & je demande 2°. s'il sait d'avance qu'il changera de volonté. S'il l'ignore, qu'est ce qu'un pareil être qui ne prévoit pas ce qu'il fera ? S'il le prévoit, & qu'il ne puisse se tromper, comme il faut nécessairement le supposer, pour se former de cet être une idée convenable, il est donc arrêté, qu'indépendamment de sa volonté, il agira de telle & telle façon. Mais qu'est-ce que cette loi que sa volonté suit ? Où est-elle, d'où tire-t-elle sa force ? Je n'ai encore trouvé personne parmi les déistes qui puisse répondre raisonnablement à ces questions.

Si ce Dieu n'est point libre, s'il est déterminé à agir en conséquence de certaines loix qu'il ne peut changer ; c'est une force semblable au destin, au sort, à la fortune, & je ne vois pas qu'on puisse le toucher ni le fléchir par des vœux, par des prieres, ni par aucun culte ; & par conséquent, comme il ne fera jamais que ce qu'il doit faire, la religion est absolument inutile. (Conférez ici ce que j'ai dit dans l'article FATALISME ET FATALITÉ DES STOICIENS.)

Mais, dira-t-on, peut-être, la même loi qui a déterminé les volontés & les décrets de la Divinité, a déterminé aussi que la pratique du culte religieux, l'observation des cérémonies, &. la croyance des dogmes seroient nécessairement suivies du bonheur. Ceci est un fait que l'on avance, & dont il faut donner la preuve. Mais avant que d'entrer dans ce détail, permettez-moi de faire quelques réflexions sur la nature de la volonté, & de rechercher si nous en avons une connoissance exacte.

Nous avons sentiment & perception de notre volonté, c'est-à-dire d'une force par laquelle nous nous (1) portons vers les objets agréables, & nous nous éloignons de ceux qui sont désagréables. Nous concevons cette force en nous comme quelque chose de semblable au mouvement que nous appercevons dans les corps, parce que tout ce que nous voulons concevoir avec clarté & précision, nous le rapportons aux propriétés des corps ; ainsi nous allons examiner le mouvement & ses différentes espèces dans les corps.

Parmi les corps, les uns se meuvent parce qu'ils sont frappés ou poussés par d'autres corps déja en mouvement ; les autres se meuvent d'eux-mêmes, c'est-à-dire sans que nous voyons aucune cause extérieure de leur mouvement ; par exemple, lorsque je coupe la corde qui tient un corps pesant suspendu en l'air, ou la corde d'un arc tendu, il arrive que sur le champ, le corps pesant descend vers la terre, & que l'arc se détend & se redresse ; mais cette expérience ne m'apprend autre chose, sinon qu'il y a des corps qui se meuvent sans que je voye la cause de leur mouvement ; elle ne m'apprend pas qu'ils ayent en eux-mêmes cette cause de leur mouvement. Les hommes & les êtres vivans se meuvent de même, sans que l'on voye rien d'extérieur qui les pousse. Nous sentons, à la vérité, que ce mouvement est souvent accompagné en nous d'un sentiment ou d'une volonté, que nous sommes tentés de croire en être la cause, mais comme il arrive souvent que nous sommes mis en mouvement sans le concours de notre volonté, & quelquefois malgré elle, ainsi que le prouvent tous les mouvemens (2) involontaires de la ma-

---

(1) Voici quelques réflexions d'un philosophe célebre, qui pourront nous aider à fixer avec précision nos idées sur le vrai sens du mot *volonté*, si mal défini par les théologiens qui, par ignorance ou mauvaise foi, confondant sans cesse le libre avec le volontaire, n'ont fait qu'obscurcir par leurs sophismes la question de la liberté à laquelle ils n'ont jamais rien entendu. La volonté, dit très-judicieusement le savant auteur de qui j'emprunte ici les paroles, est l'effet de l'impression d'un objet présent à nos sens ou à notre réflexion, en conséquence de laquelle nous sommes portés tout entiers vers cet objet, comme vers un bien dont nous avons la connoissance, & qui excite notre appétit ; ou nous en sommes éloignés comme d'un mal que nous connoissons aussi, & qui excite notre crainte & notre aversion. Aussi il y a toujours un objet dans l'action de la volonté ; car quand on veut on veut quelque chose ; de l'attention à cet objet, une crainte ou un desir excité. De-là vient que nous prenons à tout moment la volonté pour la liberté. Si l'on pouvoit supposer cent mille hommes tous absolument conditionnés de même, & qu'on leur présentât un même objet de desir ou d'aversion, ils le desireroient tous, & tous de la même maniere. Il n'y a nulle différence entre la volonté des fous & la volonté des hommes dans leur bon sens, de l'homme qui veille, & de l'homme qui rêve, du malade qui a la fievre chaude, & de l'homme qui jouit de la plus parfaite santé, de l'homme tranquille, & de l'homme passionné, de celui qu'on traîne au supplice, ou de celui qui y marche intrépidement. Ils sont tous également emportés tout entiers par l'impression d'un objet qui les attire ou qui les repousse. S'ils veulent subitement le contraire de ce qu'ils vouloient, c'est qu'il est tombé un atôme sur le bras de la balance, qui l'a fait pancher du côté opposé. On ne sait ce qu'on veut lorsque les deux bras sont à-peu-près également chargés. Si l'on pese bien ces considérations, on sentira combien il est difficile de se faire une notion quelconque de la liberté, sur-tout dans un enchaînement de causes & d'effets tel que celui dont nous faisons partie.

NOTE DE L'ÉDITEUR.

(2) Le philosophe cité dans la note précédente, a

chine ; que souvent notre volonté ne peut ni produire du mouvement, ni arrêter celui qui est excité dans certaines parties de notre corps, même dans celles qui lui paroissent le plus soumises, comme les bras, les jambes, la langue, il est évident que notre volonté toute seule ne suffit pas pour produire du mouvement en nous, & qu'il faut le concours d'une autre cause, quelle qu'elle soit. Il y a donc en nous deux sortes de mouvemens ; l'un involontaire qui se fait sans le concours de la volonté, & quelquefois même malgré elle, & que l'on peut nommer mouvement forcé, mouvement contraint ; l'autre volontaire, qui est accompagné du concours de la volonté, ce que j'explique par cette supposition.

Vous avez vu ces machines que l'on met au haut des tours pour marquer de quel côté souffle le vent ; si la lame de métal qui est posée sur le pivot & qui tourne facilement, étoit animée, & qu'elle eût un sentiment qui lui fit éprouver du plaisir à se tourner vers le septentrion, elle auroit toujours une pente, une inclination, une tendance à se tourner vers ce côté-là, & dès que le vent du midi souffleroit, elle croiroit se tourner d'elle-même vers le nord, quoiqu'elle ne contribuât pas plus à son mouvement dans cette occasion, que lorsqu'elle se tourneroit vers tous les autres côtés, pour lesquels elle auroit le plus de répugnance. Nous n'avons point de preuves que nous soyons d'une autre nature que cette machine, mais comme ce que nous avons dit jusqu'à présent, ne suffit pas encore pour prouver que nous lui soyons exactement semblables, il ne faut pas décider si dans certaines occasions, où notre volonté concourt en apparence avec la cause de nos mouvemens, elle ne fait que les accompagner, sans avoir aucune force de les produire, ou si elle a effectivement une force qui, se joignant à la cause de nos mouvemens, la met en état de les produire. Il faut plutôt examiner si cette force, ce mouvement intérieur de la volonté, cet effort, cette tendance est produite au dedans de la volonté par elle-même, ou si elle la reçoit d'ailleurs : le résultat de cet examen sera la solution de la question précédente ; mais pour y procéder avec exactitude, il faut reprendre les choses de plus loin.

La volonté n'a que deux efforts ou tendances, l'un pour s'approcher des objets agréables, l'autre pour s'éloigner des objets désagréables. Elle a une tendance vers les uns, & une répugnance pour les autres ; & l'une & l'autre sont invincibles & également nécessaires. La difficulté est de savoir si cette force est dans la volonté, ou si elle est dans les objets ; si elle s'approche ou s'éloigne d'eux, ou si ce sont eux qui l'attirent ou qui la repoussent. Ce problème est d'autant plus important que sans le résoudre, on ne peut entendre les fameuses questions sur la liberté qui partagent nos philosophes ; tout se réduit dans ces questions à savoir 1°. si la volonté est nécessairement déterminée par l'apparence du plus grand plaisir ou de la plus grande douleur en général.

2°. Si à l'égard des objets particuliers, elle peut se les représenter comme étant ou n'étant pas la cause nécessaire des impressions du plus grand plaisir, ou de la plus grande douleur.

3°. Si elle peut ajouter à la force par laquelle les objets agissent sur elle ; si elle peut augmenter leur action, & de non-déterminante qu'elle étoit, la rendre déterminante, &c &c. Je vais, ma chere *Leucippe*, établir quelques principes clairs & simples, à l'aide desquels vous pourrez sans peine résoudre ces différentes questions, & qui jetteront un grand jour sur ce qui précède.

Lorsque la différence qui est entre les divers degrés de plaisir ou de douleur est considérable, ou lorsqu'un seul objet est présent à l'esprit & agit sur lui, il est clair que la volonté est dé-

---

déterminé avec beaucoup d'exactitude la nature des actions volontaires & involontaires. Peu de lignes lui ont suffi pour traiter cette matière importante, mais il en a dit assez, pour que tout homme qui sait réfléchir apperçoive directement la nuance qui les différencie, le point où cette nuance s'affoiblit, & les conséquences qui résultent pour la morale, & la connoissance de l'homme, des principes qu'il pose. Après avoir défini l'*involontaire*, *ce à quoi la volonté n'a point eu de part, ce qui n'a point été ou n'est pas voulu, consenti*. Il ajoute : il paroît à celui qui examinera les actions humaines de près, que toute la différence des volontaires & des involontaires, consiste à avoir été, ou n'avoir pas été réfléchies. Je marche, & sous mes pieds il se trouve des insectes que j'écrase involontairement. Je marche, & je vois un serpent endormi, je lui appuie mon talon sur la tête, & je l'écrase *volontairement*. Ma réflexion est la seule chose qui distingue ces deux mouvemens, & ma réflexion considérée relativement à tous les instans de ma durée, & à ce que je suis dans le moment où j'agis, est absolument indépendante de moi. J'écrase le serpent, de réflexion ; de réflexion, Cléopatre le prend & s'en pique le sein. C'est l'amour de la vie qui m'entraîne ; c'est la haine de la vie qui entraîne Cléopatre. Ce sont deux poids qui agissent en sens contraires sur les bras de la balance, qui oscillent & se fixent nécessairement. Selon le côté où ils s'arrêtent, l'homme est bienfaisant ou malfaisant, heureusement ou malheureusement né, exterminable ou digne de récompense selon les loix.

NOTE DE L'EDITEUR.

terminée conformément à l'apparence de cet objet, & qu'elle n'a que la force de vouloir, c'est-à-dire d'être mue ; mais lorsque deux ou plusieurs objets nous frappent, & nous poussent de divers côtés avec des forces à peu près égales, comme nous ne sommes entraînés dans le premier instant vers aucun, mais que nous nous sentons poussés vers tous presque dans le même tems, nous sommes fort portés à croire que c'est nous-mêmes qui nous sommes déterminés & qui avons rendu l'une de ces impressions efficaces : nous croyons que la supériorité qu'elle a acquise, est un effet du concours de la volonté qui s'est jointe à elle. Si nous nous contentons de consulter un certain sentiment confus de ce qui se passe en nous, nous jugerons que cela est ainsi, & nous appellerons *liberté* cette force que nous croyons avoir de nous déterminer, indépendamment de l'action des objets. Mais si nous considérons que nous recevons les impressions des objets d'une maniere absolument passive & à laquelle nous ne pouvons apporter aucun changement, que nous ne produisons pas nos perceptions, mais qu'elles sont excitées par l'action de quelque chose qui est hors de nous, nous penserons que la volonté en nous n'a pas plus de force que la faculté d'appercevoir ; & que, de même que nous ne contribuons en rien à l'évidence des objets que nous appercevons, de même aussi nous ne (1) contribuons en rien à l'apparence des motifs qui nous déterminent à vouloir ; par conséquent nous dirons que l'on ne doit point distinguer entre les actions libres & volontaires ; que ma volonté n'est pas moins forte, lorsque je retire ma main du feu qui me brûle, que lorsque je la trempe dans l'eau pour la laver ; quoique je sois déterminé bien plus fortement à l'une de ces actions qu'à l'autre.

Toutes les actions auxquelles ma volonté concourra, seront également libres, parce qu'elles seront toutes également volontaires. Le degré de force du motif déterminant est infiniment plus grand dans un cas que dans l'autre ; mais la nature de ce motif est la même par-tout ; il n'y aura que les actions involontaires & contraires à la volonté qui ne seront pas libres ; par exemple le battement de mes artères, les convulsions dans une grande maladie, la contrainte d'un homme extrèmement fort qui me prendroit le bras pour me faire enfoncer un poignard dans le sein de mon meilleur ami, tandis que je fais inutilement tous mes efforts pour m'en défendre, &c. Ceux qui font consister la liberté dans quelque chose de plus que le concours ou le consentement de la volonté, n'ont point d'idée de ce qu'ils disent, & ne peuvent en communiquer à ceux qui les écoutent. Le commun des hommes qui dans les choses de sentiment, est beaucoup moins sujet à se tromper que les raisonneurs abstraits, parce qu'il juge d'après sa propre sensation, appelle *actions libres*, toutes celles qui sont volontaires, & il croit que sa volonté a d'autant plus de force pour le déterminer, que celle des objets extérieurs est moins marquée & moins sensible ; il appelle *mouvemens libres* tous ceux auxquels sa volonté consent.

Cela posé, examinons si, dans la supposition d'une cause intelligente, d'une divinité qui produit tous les êtres particuliers, il doit & peut y avoir des actions qui lui soient plus agréables les unes que les autres, ou ce qui est la même chose, des actions justes & injustes par elles-mêmes, au sens où nous prenons ces termes.

C'est de cette cause infinie que nous tenons non seulement notre existence, mais encore les affections ou modifications de cette existence ; c'est par son action que nous recevons toutes nos impressions & nos perceptions, puisque les objets n'ont pas la force d'exister par eux-mêmes, loin d'avoir celle d'agir sur nous ; quand même ils l'auroient, ce seroit de ce Dieu qu'ils la tiendroient, ou au moins par sa direction qu'ils l'exerceroient. Quant à nous, c'est de lui que découlent toutes nos perfections & imperfections ; nous n'avons que ce qu'il nous donne, & par nos propres forces, nous ne pouvons rien produire en nous, ni y rien changer ; nous sommes précisément tels qu'il nous a faits, & seulement parce qu'il nous a fait tels ; donc, quels que nous soyons, nous sommes toujours conformes à sa volonté, puisqu'il n'y a point d'autre cause de l'existence des êtres & de leurs differentes modifications. De cela seul qu'une chose existe, on peut & on doit conclure qu'il le veut. Il faut donc dire qu'il n'y a aucun être particulier, aucune modification, aucune qualité de ces êtres, qui soit plus conforme à la volonté de Dieu qu'une autre ; que par rapport à lui, tout est égal, & que, ce que nous appellons perfections & imperfections, justice, bonté, méchanceté, vérité, fausseté, sagesse, folie, &c. ne different que par le rapport que les objets ont avec nous, & par rapport aux impressions de plaisir & de douleur, d'agrément ou de désagrément que nous en recevons. Toutes ces choses ont une égale réalité en elles-mêmes, & sont également les effets nécessaires d'une volonté

---

(1) Notre auteur étoit trop bon logicien pour ne pas voir qu'on ne doit attribuer la détermination de la volonté qu'à une cause extérieure & méchanique qui l'entraîne nécessairement, & par conséquent que l'homme n'est pas libre, ce qu'il prouve très-solidement.

toujours efficiente, & la feule caufe de tout ce qui exifte.

Vous fentez, ma chère *Leucippe*, l'impoffibilité de concilier ces conféquences avec le dogme religieux ; c'eft elle qui a porté ceux qui le défendent, à dire que Dieu ne produit que les mouvemens des corps, & que ceux de la volonté font produits par une autre force, qui eft dans notre volonté ; mais je leur demanderai ce que c'eft qu'une telle force qui exifte & qui agit indépendamment de la caufe univerfelle ; elle n'eft donc plus univerfelle contre la fuppofition ? Cette caufe prête-t-elle fon action, concourt-elle avec notre volonté ? En ce cas elle y donne fon confentement ou elle le refufe. Si elle y confent, elle eft complice de toutes les actions de notre volonté particulière ; fi elle n'y confent pas, elle eft moins puiffante que cette volonté particulière, puifque contre fon gré, elle obéit à fes loix.

Quelle idée nous donne-t-on de la divinité ? Quoi ! ce Dieu maître abfolu de l'univers, ne fe fera obéir que par les êtres inanimés, que par la matière ! mais le monde intelligent, le monde des efprits, celui que nous croyons le plus parfait & le plus noble, ne fera point affujetti à fes loix ! en vain ce Dieu fera tous fes efforts pour le porter à les exécuter ; en vain il y attachera fa gloire & fon bonheur ; tous fes efforts feront inutiles & ne ferviront qu'à lui rendre plus douloureux le mauvais fuccès de fes tentatives !

Mais comme je crains que, malgré la vérité & l'évidence de ces raifonnemens, ils ne paroiffent trop fubtils aux partifans du fyftême religieux, efprits groffiers & fuperficiels, attaquons leur opinion abfurde par des argumens moins abftraits & plus palpables ; accordons-leur donc que le Souverain Être a donné des loix aux hommes, & que les hommes font les maîtres d'exécuter ou de violer ces loix ; cela fuppofé, voyons quelles doivent être ces loix, & à quelle marque on pourra les connoître. Ces loix fe réduifent à trois chefs ; la foumiffion de notre efprit par la croyance de certaines vérités fpéculatives, l'obfervation de certaines règles dans la morale & dans la jouiffance des objets de nos fenfations ; enfin la pratique de certaines cérémonies établies pour lui témoigner notre attachement & notre refpect. Si les partifans du culte religieux avouent que cela eft vrai, ces loix étant communes pour tous les hommes, elles doivent leur être connues à tous, ou du moins ils doivent avoir tous des facilités égales pour en acquérir la connoiffance, & pour fe convaincre de leur vérité : une loi n'oblige que quand elle eft connue, & pour qu'elle foit cenfée connue, il faut qu'elle foit accompagnée & revêtue de certains caractères fans lefquels elle n'a aucune autorité.

Voyons donc quelles font ces loix gravées dans l'efprit & dans le cœur de tous les hommes, au moins de ceux qui y font attention & qui cherchent à les connoître. Quant à leur efprit, je les vois convenir de certaines vérités générales qui concernent les propriétés des corps & leurs rapports de grandeur & de quantité ; mais ce font des vérités ftériles & de pure fpéculation, dont toute l'utilité fe borne à leur apprendre qu'ils apperçoivent en tout tems & en tous lieux les mêmes propriétés dans les corps, & qu'ils en reçoivent à peu près les mêmes impreffions. Les vérités mathématiques ne roulent que fur les mefures de la grandeur, & fur les proportions des nombres ; cependant ce font les feules fur lefquelles les hommes s'accordent. On les acquiert par l'expérience, & on s'en convainc par l'uniformité que l'on apperçoit dans toutes les impreffions que les objets extérieurs font fur nos fens, qui font, comme je l'ai déjà dit, les organes par lefquels nous acquérons des connoiffances vraies & certaines. Les plus fublimes vérités de la géométrie ne font que des conféquences de ces vérités communes, & les démonftrations ne font qu'appliquer à un cas moins ordinaire, une vérité dont nous fommes déjà convaincus par une expérience habituelle & journalière qui a été répétée un million de fois. Toutes les autres connoiffances qui paffent pour certaines, n'ont point ce degré de certitude ; nous fommes fûrs de voir ce que nous voyons, mais nous ne le fommes prefque jamais qu'il y ait quelque chofe hors de nous qui foit précifément tel que nous le voyons ; il faut un grand nombre d'expériences faites & répétées avec bien des précautions pour produire en nous un degré de conviction égal à celui que portent dans notre efprit les vérités géométriques. S'il y a quelques autres vérités, elles font en petit nombre & communes à tous les hommes doués des fens néceffaires pour les découvrir. Elles fe bornent à nous apprendre que nous éprouvons telles ou telles fenfations à la préfence de tel objet.

Voilà toutes les vérités fpéculatives que nous pouvons regarder comme des loix générales, dont l'évidence eft la même pour tous les hommes, non qu'ils apportent avec eux en naiffant la connoiffance de ces vérités, mais parce qu'elles fe gravent dans leur efprit de la même façon & avec la même force, dès qu'ils entendent les termes dans lefquels elles leur font propofées, & toujours en raifon de leur fagacité, du nombre & de l'exactitude des expériences qu'ils font & de l'attention qu'ils y prêtent.

Quant au cœur, c'eft-à-dire au fentiment &

à la volonté, il est vrai que j'y vois une loi gravée dès le premier instant de l'existence de l'animal : c'est l'amour du plaisir & l'aversion de la douleur ; cette loi est généralement observée par tous les hommes ; il n'y en a aucun qui s'en écarte un seul instant ; cette loi a attaché le plaisir aux actions propres, ou même nécessaires à notre conservation, elle a attaché la douleur à celles qui y sont contraires ; & par une instinct naturel, l'amour du plaisir nous porte nécessairement à faire les unes, & l'aversion de la douleur à éviter les autres. L'effet de cet instinct est tel que nous ne sommes pas maîtres d'y résister. Entre plusieurs plaisirs, nous choisissons celui qui est le plus grand à nos yeux, de même qu'entre plusieurs douleurs nous craignons davantage la plus vive. Nous pouvons envisager la privation d'un plaisir comme plus fâcheuse qu'une douleur positive, ou la souffrance d'une douleur comme plus difficile à supporter que la privation d'un plaisir, & agir en conséquence ; mais quoi que nous fassions, c'est toujours l'apparence du plus grand plaisir & de la plus grande douleur qui fait la plus grande impression, & c'est toujours cette impression qui détermine & qui entraîne la volonté.

La raison consiste dans la comparaison de ces différens degrés d'impressions, & dans le choix des moyens que nous employons pour parvenir au plaisir & pour éviter la douleur ; ceux-là passent pour raisonnables, qui s'accordent avec les autres hommes dans ce qu'ils regardent comme le plus grand plaisir & la plus grande douleur, comme ceux-là passent pour sensés & pour prudens, qui paroissent appercevoir les objets de la même manière dont les voyent les autres, & qui dans la conduite de la vie, arrivent plus directement au but où ils tendent, c'est-à-dire au bonheur.

Telle est la loi que les hommes portent gravée dans leur cœur, par laquelle ils sont perpétuellement conduits, & à laquelle ils ne peuvent pas plus se soustraire, que les corps aux loix qui règlent leurs mouvemens. Si le premier Etre a établi une loi pour les êtres qu'il a créés, elle doit être semblable à celle-ci ; car je ne puis comprendre que l'auteur de leur existence & de leurs modalités puisse avoir une volonté qu'ils n'exécutent pas & qu'ils rendent inutile.

Au reste cette loi suffit pour conserver, perpétuer & augmenter le genre humain ; c'est elle qui a formé les sociétés & qui les maintient ; la religion y est absolument inutile, elle a fait de tout tems & fera toujours le malheur des états & des individus qui les composent ; 1°. parce qu'elle isole l'homme au milieu même de ses semblables, & lui fait sacrifier les devoirs de père, d'époux, d'ami, de citoyen au vain espoir de plaire à un Etre chimérique, & de mériter un jour ses faveurs ; 2°. parce qu'elle lui remplit l'esprit d'idées fausses, de principes funestes, & offre sans cesse à ses yeux éblouis la peinture idéale d'un bonheur différent de celui qui consiste dans la jouissance des plaisirs attachés à la satisfaction de ses besoins les plus doux ; 3°. enfin parce qu'elle lui fait craindre des maux qui n'existent que dans le cerveau troublé de celui qui les appréhende, & que, pour éviter ces maux imaginaires, il s'expose à souffrir des douleurs réelles, & se prive inutilement d'une foule de sensations délicieuses qui font le charme de la vie, & sans lesquelles elle seroit à tout prendre un assez mauvais présent.

Que cette loi de l'amour du plaisir & de la fuite de la douleur, soit suffisante pour conduire les hommes lorsqu'ils vivent en société, c'est de quoi il est aisé de se convaincre : en effet si les hommes n'étoient sensibles qu'aux impressions des sens extérieurs, comme il paroit que sont les animaux, il pourroit se faire qu'ils ne vivroient point en société, hors le tems où l'amour les porte à se joindre ensemble ; l'instinct qui attache les bêtes les plus féroces au soin de nourrir leurs petits, les porteroit à demeurer unis, jusqu'à ce que leurs enfans pussent se passer d'eux : les hommes seroient comme les oiseaux parmi lesquels le mâle & la femelle que l'amour a réunis, ne se séparent point que leurs petits ne soient en état de se passer de leur secours. Il est vrai que, comme les enfans sont beaucoup plus long-tems incapables de pourvoir à leurs besoins, que les petits des bêtes & des oiseaux, les sociétés amoureuses des hommes seroient plus longues que celles des animaux, mais hors de là ils se craindroient & se fuiroient mutuellement comme la plupart des autres animaux. Il ne m'est cependant pas encore bien démontré que cela ne pût être autrement ; car parmi les animaux, nous voyons que les abeilles & les fourmis forment des (1) sociétés nombreuses & aussi

___

(1) Notre auteur qui combat si souvent & toujours avec raison, les opinions du vulgaire, paroît avoir cédé au torrent dans ce qu'il dit ici de la belle ordonnance des abeilles ; ce fait est fondé sur des expériences dont l'exactitude est encore trop contestée, pour qu'on puisse le faire servir de base à un raisonnement. Le plus sûr est de refaire les expériences, de les retourner, de les combiner de toutes les manières possibles, de multiplier les essais, & sur-tout de se tenir en garde contre les hypothèses des métaphysiciens : cela est d'autant plus sage que l'amour du merveilleux a souvent fait illusion aux observateurs, & l'esprit de système aux philosophes ; de sorte qu'en prenant les uns ou les autres pour guides dans l'examen de cette question & de beaucoup d'autres semblables, on court également risque de s'égarer : *iliacos intra muros peccatur, & extra.*

bien réglées que les nôtres, & que, quoique nous n'ayons nul motif de leur attribuer une raison semblable à la nôtre, ces animaux paroissent plus sociables que les scythes septentrionaux, & que les barbares du milieu de l'Afrique, parmi lesquels il y a des nations entières, dont les hommes sont séparés les uns des autres, & où les familles ne vivent ensemble que jusqu'à ce que ceux qui les composent, puissent se passer de secours pour subsister, & pour se défendre contre les animaux féroces.

Mais comme les hommes, ainsi que nous l'avons remarqué plus haut, ont des sentimens intérieurs de plaisir & de douleur qui les affectent indépendamment des organes extérieurs du corps, & que ces impressions intérieures les affectent souvent plus vivement & plus efficacement que les autres, ce sont elles qui déterminent presque toute leur conduite; ainsi il n'a fallu d'autres motifs pour former les sociétés que le plaisir que nous trouvons dans la compagnie & dans le commerce des autres hommes, avec lesquels la parole nous donne la facilité de converser; c'est à-dire de leur communiquer non seulement nos sensations, comme font les animaux, mais encore nos perceptions les plus délicates. Le desir de ce commerce est si naturel, que nous ne pouvons en être privés, sans ressentir l'ennui inséparable de la solitude totale, lequel forme une situation très-douloureuse : mais quand on supposeroit pour un moment que l'homme est né insociable, & ne goûte point un plaisir naturel dans la conversation de ses semblables, cela ne pourroit empêcher qu'il ne se fût bientôt formé un grand nombre de sociétés.

Dans cette supposition, on peut regarder les hommes comme timides, & se fuyant réciproquement, ou comme féroces & cherchant à se nuire mutuellement, parce que non seulement ils veulent se rendre heureux aux dépens des autres hommes, mais parce que la douleur des autres est pour eux une source de plaisirs. Je doute cependant qu'il y ait de tels hommes; s'il y en a, ce sont des monstres encore plus rares que ceux qui naissent avec trois yeux, ou quatre bras.

Si les hommes naissent seulement sauvages & timides, comme chacun d'eux craindra tous ceux qui l'environneront, il cherchera à les empêcher

---

Finissons cette note par un passage de M. de Buffon sur le gouvernement des abeilles : ce qu'il dit a ce sujet, pourra donner lieu à quelques réflexions importantes ; ce n'est point, dit ce philosophe, par des » vues morales que les abeilles se réunissent, c'est » sans leur consentement qu'elles se trouvent ensem- » ble. Cette société n'est donc qu'un assemblage phy- » sique ordonné par la nature, & indépendant de toute » vue, de toute connoissance, de tout raisonnement. » La société, dans les animaux qui semblent se réunir » librement & par convenance, suppose l'expérience » du sentiment ; & la société des bêtes, qui comme » les abeilles, se trouvent ensemble sans s'être cher- » ché à, ne suppose rien, quels qu'en puissent être les » résultats, il est clair qu'ils n'ont été ni prévus, ni » ordonnés, ni conçus par ceux qui les exécutent, » & qu'ils ne dépendent que du mécanisme universel » & des loix du mouvement établies par le créateur ». *Histoire Nat.* tome IV, pages 93, 94, 97, 98, édition in 4°.

Je suis bien éloigné de penser avec M. de Buffon que les actions des animaux s'exécutent des loix purement mécaniques, mais je crois qu'il y a du vrai dans ce qu'on vient de lire, & qu'en effet M. de Réaumur, qui avoit plus de connoissances que de lumières, & plus de patience que de grandes vues, s'est un peu trop pressé d'admirer l'ordre & la sagesse prétendues de la république des abeilles. A l'égard du sentiment de M. de Buffon sur les opérations des bêtes, je dirai ici en passant que ceux qui l'ont attaqué, n'ont point apperçu la tendance de son discours sur la nature des animaux : pour moi, après l'avoir bien médité, je le regarde comme un morceau très-adroit, à la fin duquel ce philosophe a seulement oublié d'ajouter la formule favorite des alchymistes, *sapienti sat*.

L'auteur de l'art. *unitaires* n'a pas osé affirmer que M. de Buffon ait eu en effet le but que je lui suppose, mais il paroît que le même soupçon lui est venu dans l'esprit : on peut s'en convaincre par le passage suivant dans lequel il réfute notre savant naturaliste, sans cependant le nommer, mais en le désignant d'une manière si claire qu'on ne sauroit s'y méprendre : après avoir remarqué fort judicieusement « que la perfecti- » bilité n'est pas même une faculté que nous ayons de » plus que les bêtes, puisqu'on voit que leur instinct, » leur adresse & leurs ruses augmentent toujours à » proportion de celles qu'on emploie pour les détruire » ou pour les perfectionner, il ajoute : que s'il n'y a » rien dans les mouvemens & les actions des bêtes » qu'on ne puisse expliquer par les loix de la méca- » nique, il n'y a de même rien dans les oscillations, » les déterminations & les actes de l'homme, dont on » ne puisse rendre raison par les mêmes loix. Qu'ainsi » ceux qui, à l'exemple de Descartes, ont prétendu » que les animaux étoient de pures machines, & qui » ont fait tous leurs efforts pour le prouver, ont dé- » montré en même tems que l'homme n'étoit rien » autre chose. Que c'est la conséquence qu'ils laissent » tirer à leurs lecteurs, soit qu'ils l'aient fait à dessein, » soit qu'ils n'aient pas connu les dépendances inévi- » tables du système qu'ils vouloient établir ». Encyclopédie tome XVII, page 398 colonne 1. Ces réflexions sont judicieuses, elles font entrevoir le but que M. de Buffon p ut être proposé dans son discours sur la nature des animaux : si ce but n'a pas été le sien, il faut avouer que ses idées sont mal liées entre elles, que ses principes se contredisent, & qu'en voulant faire renaître de ses cendres le sentiment de Descartes, en le modifiant seulement dans quelques points, il a fait avec beaucoup d'art, d'esprit & de sagacité de la mauvaise philosophie.

NOTE DE L'EDITEUR.

de lui nuire en gagnant leur affection, parce qu'il se sentira trop foible pour leur résister; cette bienveillance réciproque des hommes les uns pour les autres, formera bientôt des liaisons & des sociétés particulieres fondées sur leur disposition mutuelle à s'aider, à se soulager, & à se procurer des plaisirs les uns aux autres. Dans ce commerce de services réciproques, celui qui les reçoit, conçoit nécessairement de l'amour pour celui à qui il les doit; il le regarde comme la cause de son bonheur: Ce sentiment flatte l'orgueil de celui qui en est l'objet; il voit avec une satisfaction intérieure la reconnoissance que l'on a pour lui, il s'accoutume à la considérer comme un avantage, & bientôt son imagination lui en grossissant l'idée, cette opinion devient pour lui la source d'un plaisir si vif, qu'il lui sacrifie avec joie tous les autres plaisirs réels, & que les douleurs les plus aiguës lui semblent légeres, si elles sont le prix auquel il peut l'acquérir. C'est ainsi, selon moi, que se sont instituées les républiques, forme de gouvernement la plus convenable à des hommes modérés, qui cherchent la tranquillité & le repos. Bientôt il s'élevera dans ces sociétés des fanatiques de gloire qui sacrifieront à ce phantôme du bien public, leurs richesses, leur repos, leurs plaisirs & leur vie même, quoique la mort soit ce que les hommes imaginent comme le plus grand des maux.

L'expérience de ce qui se passe parmi les enfans dans ces petites sociétés que forme l'amour du jeu & du plaisir, montre que je ne suppose ici rien dont nous n'ayons tous les jours des exemples.

J'ai supposé jusqu'ici que l'homme étoit naturellement timide, voyons ce qu'il arriveroit, s'il étoit naturellement féroce & méchant; la nécessité de se défendre les uns des autres, réunira les plus foibles contre les plus méchans, & ceux-ci en feront autant pour éviter d'être accablés sous le nombre. Après une guerre de quelque tems, l'un des deux partis se trouvant le plus foible, se soumettra au vainqueur qui l'assujétira, le réduira en esclavage, lui imposera des loix plus ou moins dures, selon ses besoins, ses caprices, ou le degré de force ou de foiblesse des vaincus. La nécessité de se tenir unis & toujours armés, parce qu'ils ne compteront que sur la terreur de leurs nouveaux esclaves, pour assurer leur empire, les obligera de se choisir un chef qui n'aura d'abord qu'une autorité précaire sur ses compagnons, fera avec eux des conventions qu'il sera de leur avantage de garder, tandis que de son côté, il tâchera d'étendre & d'établir son autorité par toutes sortes de moyens. Tel est l'état de la tyrannie, & c'est ainsi qu'ont pû se former les monarchies des *Medes* & des *Parthes*, dans lesquelles une partie des sujets gémit sous les loix d'un cruel esclavage, tandis que l'autre partage avec le prince tous les avantages réels de l'autorité, les emplois, les dignités, les richesses, & même l'impunité.

Toutes les sociétés politiques que nous voyons parmi les hommes, se réduisent à l'une de ces deux especes, ou tiennent de toutes deux, parce qu'il y en a peu qui n'aient passé successivement du gouvernement républicain au gouvernement monarchique, ou qui n'aient aboli la tyrannie pour se gouverner en république; mais quelle que soit l'origine de ces sociétés, il n'y en aura certainement aucune où l'on ne se forme des idées de justice & d'injustice, de vertu & de vice, de gloire & d'infamie, quoique d'ailleurs il faille convenir que ces idées varieront suivant la diversité des mœurs, des coûtumes, des besoins & des opinions qui auront prévalu dans chacune de ces sociétés.

D'un autre côté, comme ces causes ne peuvent pas, quelque énergie qu'on leur suppose, changer absolument la nature des êtres & de leurs actions, mais seulement les modifier différemment à certains égards, & étendre ou restreindre plus ou moins le sens des mots qui servent à désigner les qualités morales des individus, il s'ensuit qu'en général on appellera injustes, les actions par lesquelles on cherchera son propre bonheur aux dépens de celui des autres membres du corps politique, & qu'on donnera le nom de justes à celles qui, subordonnant l'intérêt personnel à la grande loi de l'utilité publique, seront conformes aux devoirs que la nature impose à tous les hommes (1) dès qu'ils sont réunis en corps par un acte exprès ou tacite d'association. La vertu sublime consistera à faire aux autres un sacrifice continuel de soi-même, & à travailler constamment à leur bonheur aux dépens du sien propre: on attachera des idées d'honneur & de gloire à ces actions éclatantes, & le mépris ou l'infamie sera réservé pour celles qui y seront contraires;

---

(1) Cela me paroît très-bien vu, car la justice étant un rapport, suppose nécessairement deux êtres: un homme qui tomberoit tout-à-coup du sein de la nature dans le fond d'une forêt, où il vivroit en véritable sauvage, absolument séparé du reste des humains, ne pourroit être ni juste ni injuste, ni vertueux ni vicieux, ni bon, ni méchant; mais placez auprès de lui un être de son espece, dès-lors les relations sociales s'établissent, & avec elles les différentes qualités morales qui en sont les suites nécessaires. Cette idée, dont la vérité est démontrée pour moi, auroit besoin d'être développée pour être saisie, mais ce n'est pas ici le lieu de s'étendre & d'en faire sentir la justesse, il suffit pour ce moment de la consigner dans cet ouvrage.

NOTE DE L'EDITEUR.

& si celles-ci sont capables de troubler le repos des particuliers, & de relâcher les ressorts du gouvernement, on les punira par des châtimens plus ou moins sévères, afin que la crainte de la douleur ou de la mort puisse contenir ceux que l'amour de la gloire ou la honte du blame & de l'ignominie n'auroit pas la force de déterminer. Cette gloire, au reste, n'est pas une pure chimère, puisqu'elle procure des avantages réels, tels que l'estime des autres hommes, le crédit, l'autorité, la facilité d'obtenir les emplois, les dignités, les richesses, l'impunité, & tous les autres biens dont jouissent les grands de chaque état.

A cet amour du bien public si actif, si puissant dans les républiques pour produire des héros, on substituera dans les monarchies la gloire de la nation, les loix de l'honneur, l'ambition, l'attachement à la personne du prince, & le dévouement à ses volontés, toutes les fois qu'elles seront conformes aux lois fondamentales de l'etat, & ces motifs si honnêtes seront des stimulans qui agiront sur tous les sujets avec plus ou moins de force, & qui les détermineront à faire les plus grandes actions.

Si les hommes se laissoient toujours guider par la raison, voilà à quoi se borneroient toutes les lois; elles n'auroient d'autre but que celui de maintenir la tranquillité dans la société, & de prévenir tout ce qui peut nuire aux intérêts du plus grand nombre de ceux qui la composent; mais comme les hommes mêlent toujours les objets de leur imagination avec les vues les plus saines & les plus propres à assurer leur bonheur commun, on trouve souvent dans les codes législatifs des différentes nations, des règlemens très-sages, très-utiles à côté d'une foule d'institutions puériles, bizarres & d'une atrocité révoltante. En effet, il n'y a point de société qui n'ait rempli ses lois de beaucoup de choses arbitraires & de pure opinion; il n'y en a point qui n'ait fait des crimes dignes de mort, de certaines actions indifférentes en elles-mêmes pour le repos & le bonheur du plus grand nombre, tandis qu'elle désigne comme vertueuses & dignes d'une gloire immortelle, des actions que les autres sociétés regardent comme insensées, si même elles ne leur paroissent pas infames, tant il est vrai qu'il n'y a pas un seul principe de morale inné, & que les idées de justice & d'injustice, de vertu & de vices, de gloire & d'infamie sont absolument arbitraires & dépendantes de l'habitude, de l'éducation, du gouvernement, du climat, de la religion, des préjugés, des circonstances; en un mot, d'une infinité de causes physiques & morales qu'il seroit trop long d'indiquer ici. Il y a, en effet, je ne sais quelle contagion qui répand dans les esprits les opinions de ceux qui dominent dans les sociétés, & qui peut aller jusqu'à nous faire admettre comme vraies & utiles les maximes les plus fausses, & dont nous avions été le plus choqués. Mais cette discussion n'est point de mon sujet; il me suffit d'avoir indiqué, en passant, les causes qui doivent nécessairement varier à l'infini les idées que nous avons du beau & du bon en moral.

Si les loix prescrites par la divinité doivent être connues à tous les hommes, si elles se bornent, pour la spéculation, à la recherche de la vérité & à l'admission de certains principes généraux d'une évidence incontestable, & pour la pratique, à la fuite de la plus grande douleur & à la recherche du plus grand plaisir, ainsi que je l'ai fait voir, ces loix sont observées religieusement par tous les individus de l'espèce humaine; car il n'y en a aucun qui ne cherche la vérité, & qui ne croye l'avoir trouvée lors même qu'il se trompe, & qu'il s'égare dans un dédale d'erreurs : il n'y en a point qui ne travaille à multiplier ses plaisirs, à en augmenter l'intensité, & qui ne fuye la douleur lors même qu'il paroît faire le contraire. La différence que l'on remarque dans sa conduite, vient de ce qu'il n'est pas affecté par les objets, de la même manière que le commun des hommes; ainsi il n'y a personne qui n'observe les loix de la divinité, & par conséquent personne qui ne lui soit agréable; car l'erreur dans laquelle on tombe sur la nature des objets, ne peut être un crime, puisque c'est la faute de l'impression que ces objets font sur nous; que ceux qui embrassent l'erreur, croient préférer la vérité, & que ceux qui se livrent à la douleur, ne le font que parce que la pensée d'en éviter une plus grande, leur fait éprouver un plaisir réel : s'il y a quelqu'un qui aille contre les loix de la divinité, ce sont ceux qui, non contens de se livrer à l'illusion, veulent encore contraindre les hommes d'embrasser les mêmes erreurs, & d'abandonner les vérités qu'ils sentent & qu'ils touchent, pour courir après les phantômes que d'autres hommes prétendent voir.

S'il y a des gens dignes de la colère du ciel, ce sont les partisans du système religieux, qui veulent établir de nouvelles loix différentes de celles que la nature a écrites dans l'esprit & dans le cœur de tous les hommes, & qu'elle y a écrites d'une manière si efficace, qu'ils ne peuvent jamais s'en écarter un seul moment.

Mais comme je veux suivre ces hommes superstitieux jusques dans leurs derniers retranchemens, voyons s'il est possible que dieu ait établi d'autres loix que celles que tout être sensible porte gravées au fond de son cœur, & à quoi nous pourrons reconnoître ces loix.

Dans cette supposition, pour que les hommes soient agréables au souverain Etre, non-seulement il ne leur suffit pas de suivre les loix que la nature leur a dictées elle-même, qu'ils connoissent par le moyen de leur raison, & qu'ils se sentent portés à exécuter en toute occasion par la force supérieure d'un instinct qu'ils ne peuvent surmonter ; mais il faut qu'ils suivent encore d'autres loix qui le plus souvent semblent être opposées aux premieres, & les détruire entiérement. Ces loix sont connues à un très-petit nombre d'hommes, tandis que le reste du genre humain naît & meurt sans en avoir la moindre idée. Ceux qui prétendent avoir été choisis par le souverain Etre pour les annoncer au genre humain, sont encore partagés entre eux, de sorte que l'examen de ces loix est une étude très-penible, & que peu d'hommes sont en état de choisir entre elles, de maniere à pouvoir s'assurer de ne s'être point trompés.

Si dieu a caché à la plus grande partie des hommes ce qui étoit nécessaire pour leur bonheur, son dessein n'étoit pas de les rendre tous heureux ; donc il ne les aime pas tous, donc il n'est ni juste, ni bienfaisant. Suivant l'idée que nous avons de la justice, de la bienfaisance, (& nous ne pouvons raisonner d'après d'autres idées que celles que nous avons), un Etre bon, juste, équitable, ne doit rien vouloir que de possible, & il ne l'est pas que j'observe des loix qui me sont inconnues ; celui qui exigeroit d'une pierre qu'elle ne pesât point, quoiqu'elle fût pesante, ne seroit-il pas un insensé ? La divinité fait-elle plus, elle me hait pour avoir ignoré ce que l'on ne m'a point appris, elle me punit pour avoir transgressé une loi secrete & non publiée, pour avoir suivi un penchant invincible qu'elle m'avoit donné elle-même ; puis-je donc la concevoir autrement que comme un être barbare, injuste, fantasque, digne de mon mépris & de ma haine ? Puis-je voir en elle autre chose qu'un tyran farouche & un monstre auquel l'homme le plus méchant rougiroit encore de ressembler ? Tel est néanmoins le Dieu que nous prêchent les partisans du système religieux. Or dès que je suis obligé de m'en former cette idée ; dès qu'il n'est pas essentiellement bon par lui-même, je ne suis pas obligé de le croire tel qu'il ne puisse me tromper. Ainsi quand même on me prouveroit qu'il existe, qu'il a établi des loix différentes des loix générales, qu'il a choisi des hommes pour les publier, que pour mieux prouver la divinité de leur origine, & les rendre obligatoires en tous tems & en tous lieux, il a fait un grand nombre de prodiges ; quand tous ces hommes qui me parlent en son nom, s'accorderoient entr'eux, je ne suis point encore sûr que je lui plairai en observant ces loix ; car s'il n'est pas bon, il peut me tromper, & je ne puis même m'en rapporter au témoignage de ma raison qu'il peut m'avoir donnée exprès pour m'induire en erreur.

Mais allons plus loin, accordons leur que le souverain être peut en effet avoir établi des loix particulieres, & avoir choisi un petit nombre d'hommes auxquels il les a révélées immédiatement, en leur ordonnant de les faire connoître au genre humain, je leur demanderai d'abord comment cet Etre souverain se conduira à l'égard de ceux auxquels ces loix n'auront pas été annoncées ; car enfin tous les hommes répandus sur la surface de la terre, ne sont pas encore liés ensemble par le commerce ; il y a des nations entieres qui habitent des pays séparés de nous par des mers impraticables ; l'astronomie nous fait voir que la terre est un sphéroide applati vers les pôles, & que la partie que nous habitons ne fait pas la centieme partie de sa surface. Si Dieu punit l'ignorance invincible de ceux auxquels ces loix n'ont pas été connues, il est injuste ; car enfin ce n'est pas par notre volonté que nous sommes coupables ; s'il ne la punit pas, mais qu'il les juge p r les seules loix de la raison naturelle & commune à tous les hommes ; on peut donc lui être agréable sans observer ces loix particulieres ; & comme elles sont plus difficiles à pratiquer que les loix générales, ceux à qui il a imposé la nécessité d'observer ces loix particulieres, sont beaucoup plus maltraités que les autres, & doivent se plaindre du fardeau sous lequel ils gémissoient. Mais sans nous arrêter à cette réflexion générale, voyons quelles sont ces loix qu'il a plu au souverain Etre de prescrire à une partie des hommes.

1°. Je vois qu'elles sont aussi différentes dans les différens pays, que le sont les mœurs, les coutumes & les opinions des différentes nations qui les habitent.

2°. Que ces loix ne font presque jamais consister la conformité à la volonté divine, dans la pratique des vertus utiles & nécessaires à la conservation des sociétés, mais qu'elles font dépendre principalement cette conformité de l'exactitude à remplir certains usages cérémoniels, souvent très-génans, & presque toujours contraires à la vertu, aux bonnes mœurs, & aux intérêts de la société.

3°. Que ces loix obligent à croire certaines opinions spéculatives, presque toujours absurdes, & souvent entiérement scandaleuses, comme les aventures des divinités pendant qu'elles conversoient avec les hommes & qu'elles en avoient pris la forme & la nature. Les moins déraisonnables de ces opinions sont toujours inconcevables à l'esprit humain, & telles qu'on ne peut y appercevoir aucune conformité avec les vérités constantes & reconnues de tout le monde.

Néanmoins cette révélation doit porter avec elle des caracteres qui fassent reconnoître son origine.

1°. Les

1°. Les vérités qu'elle enseigne doivent être telles que les forces naturelles de l'esprit humain ne puissent jamais nous y conduire, quelqu'effort que nous fassions, car si elles le pouvoient, il seroit inutile de recourir à cette voie extraordinaire.

2°. Elles doivent se trouver conformes aux notions communes, & avoir au moins pour tous les hommes auxquels elles sont annoncées, le même degré d'évidence que les vérités les plus abstraites ont pour les esprits attentifs & accoutumés à réfléchir.

3°. Les visions, les fables, le mensonge ne doivent point porter les mêmes traits que ces vérités; & il ne doit pas être possible de les confondre & de prendre les unes pour les autres.

Je ne crois pas que l'on m'accuse d'en demander trop, car enfin, pour que je sois obligé de croire ce que l'on me dit, il faut qu'on me donne des motifs suffisans de crédibilité.

Voyons quels sont ceux que me montrent les partisans du système religieux. Je n'en vois aucun autre que l'autorité qu'ils s'attribuent; ils exigent de moi la soumission pleine & absolue de mon esprit, aux dogmes & aux pratiques qu'ils m'annoncent; plus ces choses sont au-dessus de la raison, plus elles y sont contraires, & plus ils demandent que ma persuasion soit vive, que ma confiance en eux soit entière. Ce sont des législateurs qui ne prétendent établir leurs loix, ni sur leur conformité avec la raison, comme font les philosophes, ni sur la considération de leur utilité pour maintenir la tranquillité publique, ou sur celle des avantages particuliers qui en résulteront pour ceux qui les observeront, comme ont fait les fondateurs des villes & des républiques, Licurgue, Solon, Numa, & tant d'autres. Ce sont des monarques, ou ce qui est la même chose, des tyrans qui nous interdisant tout usage de la raison, ne fondent l'obligation d'obéir à leurs loix, que sur le pouvoir & l'autorité de celui au nom duquel ils les publient. Mais au moins faudroit-il que cette publication fut accompagnée de deux conditions essentielles. 1°. Que je fusse bien sûr de la bonne foi de ceux qui m'annoncent ces loix, car s'ils veulent me tromper, je ne dois point les croire. 2°. Que j'eusse une certitude suffisante qu'ils n'ont pas pu se tromper eux-mêmes.

Quant au premier article, comme les loix qu'ils viennent m'annoncer sont obligatoires, au moins pour tous ceux à qui elles sont connues, je veux, pour être persuadé de leur bonne-foi, qu'ils soient les premiers & les plus rigides observateurs de ces loix. Car enfin si ceux qui prétendent que le souverain Etre s'est communiqué intimement à eux, & qu'il leur a manifesté sa vo-

Philosophie anc. & mod. Tom II.

lonté, ne s'y conforment pas, comment veulent-ils exiger de moi, qui ne puis avoir d'autres preuves de la vérité de ce qu'ils me disent que leur persuasion même, que je croye ne pouvoir désobéir sans crime à des loix qu'ils violent à mes yeux ? Je veux que cette persuasion éclate dans toutes leurs actions, & qu'elle soit vraiment pratique, sans quoi je les regarderai tout au plus comme des philosophes qui disputent pour soutenir des opinions spéculatives, auxquelles dans le fond ils ne tiennent que très-foiblement. En un mot, je veux que leur conviction soit au moins aussi forte que celle que nous avons de la faculté qu'a le feu de nous brûler, & par conséquent de nous causer de la douleur, & qu'elle influe de même sur leurs actions. Je veux qu'il soit aussi rare de leur voir violer ces loix, même pour éviter une grande douleur, ou pour jouir d'un grand plaisir, qu'il l'est de voir des hommes se jetter de sang-froid au milieu des flammes, ou empoigner un fer rouge. En vérité, c'est une chose bien rare, pour ne pas dire inouie, de trouver de telles gens.

Ceux qui témoignent par leurs discours & par leurs actions, le plus de persuasion & de zèle pour les opinions religieuses, démentent la vérité de leur croyance par l'irrégularité de leur conduite. On en voit, il est vrai, quelques-uns qui surmontent les vices grossiers, qui vont jusqu'à se priver de tout ce que les hommes regardent comme des plaisirs, qui renoncent aux passions douces & à celles qui semblent les plus naturelles à l'homme, aux plaisirs de l'amour & de la table. Je ne veux point chicaner avec eux, ni examiner trop scrupuleusement si leur tempérament n'a pas la plus grande part à ces austérités, si la nature ne les a pas rendus comme insensibles à ces plaisirs auxquels ils renoncent ; car, après tout, nous voyons des gens à qui la paresse & l'indolence philosophiques en ont fait faire autant ; je ne leur reprocherai même pas que la gloire qui leur revient de cette privation, est un motif suffisant pour les y résoudre ; car nous voyons combien de choses difficiles cet amour de la gloire fait faire aux hommes.

Mais je demande que l'on me montre des hommes que la religion ait rendus doux, humains, compatissans, qui aiment sincèrement leurs semblables, qui ne soient dominés ni par l'orgueil, ni par la jalousie, ni par l'ambition, ni par l'intérêt ; car je n'en ai vu aucun que quelques-unes de ces passions n'aient obligés de se démentir ; je n'en ai guères vu que des motifs d'intérêt & d'ambition n'ayent portés à abandonner lâchement des opinions qu'ils avoient défendues dans d'autres circonstances, comme les vérités les plus certaines & les plus essentielles : mais si l'on peut m'en montrer que la religion ait rendus meilleurs, & qui, prêts à commettre un crime ou seulement une action malhonnête, aient été retenus par la crainte seule d'offenser dieu, sans qu'on puisse dire que le glaive de la justice suspendu sur leur tête, la peur de perdre l'estime & la considération publiques, & surtout la foiblesse naturelle de leurs passions, aient arrêté leurs bras, ou changé leurs dispositions, alors je croirai qu'ils sont sincèrement persuadés de la vérité des dogmes qu'ils veulent me faire embrasser, je croirai qu'ils sont de bonne foi ; mais cela ne m'assurera pas qu'ils ne peuvent me tromper après s'être trompés eux-mêmes les premiers.

D'abord, il faut que celui, sur la parole duquel je croirai des choses aussi difficiles à concevoir & aussi contraires à la raison, soit lui-même homme d'esprit & à l'abri de l'illusion ; car enfin, quand j'écouterai le récit d'une aventure qui m'intéresse & sur laquelle je dois régler mes démarches dans une affaire civile, j'examinerai le caractère & l'autorité de celui qui parle avant que de me déterminer sur son rapport. Il ne me suffit pas encore qu'il soit homme d'esprit, car on en voit tous les jours qui se trompent ; il faut que j'examine quelles précautions il a prises pour s'instruire de ce qu'il me dit ; le degré d'importance de l'affaire dont il s'agira, réglera les précautions que je prendrai pour m'assurer qu'il n'est point lui-même dans l'erreur. Mais qui sont ceux qui veulent m'obliger de croire sur leur parole les dogmes incroyables de la religion qui doivent faire, selon eux, le bonheur ou le malheur de toute ma vie ? Des prêtres crédules & intéressés, des hommes ignorans & superstitieux, des philosophes présomptueux & entêtés de leurs opinions, des gnostiques, des illuminés, des fanatiques qui ajoutent foi aux visions les plus absurdes, songes, prodiges, enchantemens, spectres, lamies, &c., tout ce qui se présente à leur imagination échauffée, prend à leurs yeux une entière réalité : enfin ils sont tels que vous auriez peine à faire donner le fouet à un de vos esclaves, sur leur autorité.

S'il se trouve parmi eux quelques personnes plus sensées, mais dont l'esprit naturellement juste & droit, ait été corrompu de bonne heure par des idées religieuses, ainsi que cela arrive très-souvent, il n'y en a pas une qui puisse prouver qu'elle a sérieusement examiné les motifs & les fondemens de sa persuasion, & qu'elle l'a fait dans une disposition sincère & véritable de changer de sentiment, si la raison l'ordonnoit. En général il est rare qu'on examine la religion dans laquelle on est né, dans d'autres vues que celle de s'y conformer de plus en plus. Pour un homme qui discute sévèrement & de sang-froid les preuves sur lesquelles on fonde la vérité des dogmes qu'on lui a enseignés, & qui se détermine avec connoissance de cause à les admettre, ou à les rejetter, il y en a cent mille qui ne les croyent que sur parole, & qui, se faisant un devoir de la soumission la plus aveugle & la plus continue, tournent en preuves de leur religion, jusqu'aux absurdités dont elle est remplie ; on peut même assurer, sans craindre de se tromper, que la foi de la plupart des hommes n'a pas une base plus solide. Leur persuasion est l'effet de l'éducation & de l'habitude où ils sont de regarder comme vraies des opinions dont ils ont été imbus dès l'enfance, & qu'ils ont sucées, pour ainsi dire, avec le lait. Et comment oseroient-ils secouer le joug qu'on leur a imposé en naissant ? Dans les principes de leur religion, le doute même le plus léger est un crime & un sacrilège ; & ils y sont d'autant plus attachés qu'ils sont en quelque sorte identifiés avec l'erreur. S'ils ont été persuadés dans un âge plus avancé, & qu'ils ayent abandonné la religion dans laquelle ils avoient été élevés, pour en embrasser une autre : leur changement n'a pas été l'effet d'un examen réfléchi & comparé des deux doctrines, comme il auroit dû l'être pour être motivé, mais bien plutôt de l'autorité de ceux qui leur prêchoient d'autres dogmes & un nouveau culte, du zèle & de l'enthousiasme qu'ils savoient exciter en eux, de leur éloquence, de l'assurance avec laquelle ils s'exprimoient, de la vivacité réelle ou simulée de leur persuasion, du penchant naturel que les hommes ont pour la nouveauté, & enfin de l'intérêt dont il étoit pour eux de se laisser persuader. C'est ainsi qu'entraînés par la réunion de ces causes diverses, comme par autant de forces rendues plus déterminantes par la simultanéité de leur action, ils ont donné leur acquiescement à la religion qu'on leur a proposée : & c'est à-peu-près par ces sortes de machines, qu'on remue les hommes plus ou moins efficacement, surtout en matière de religion. Mais qu'est-ce qu'une semblable persuasion ? Peut-elle jamais être accompagnée de quelqu'évidence ? Et ne faut-il pas être le plus ignorant, le plus simple & le plus crédule des hommes, pour se laisser convaincre par de pareils moyens, & pour renoncer ainsi à sa religion sans s'être assuré auparavant, par un examen sévère & rigoureux, que celle qu'on lui préfère, est meilleure, & qu'il peut même y en avoir une bonne ? De quel poids peut être la conviction de tous ces hommes rassemblés, en faveur de la religion qu'ils professent ? Quelle confiance peut-on avoir dans les éloges pompeux qu'ils en font sans cesse ! Et comment peut-on croire, sur leur propre témoignage, à la supériorité qu'ils lui attribuent sur toutes les autres, en assurant hardiment que ceux qui l'ont annoncée, étoient immédiatement inspirés de dieu, comme si toutes les sectes que nous connoissons, n'avoient pas de même ce ridicule prétention ? Quel est l'homme sensé qui e déterminant à faire un choix, supposé qu'il y en ait à faire dans les divers systêmes religieux, voudra suivre des guides aussi trompeurs, dont les préjugés ont totalement obscurci la raison? Quand ces hommes, si convaincus de la pureté de leur doctrine, sans cependant l'avoir examinée, pourroient réussir à prouver évidemment l'absurdité & l'imposture des autres religions, ce qui n'est pas difficile, qu'en pourroient-ils raisonnablement conclure pour la vérité de la leur? De la fausseté d'un fait à la certitude d'un autre fait, la conséquence est-elle bonne, & de ce qu'on prouve aux autres qu'ils se trompent, s'ensuit-il nécessairement qu'on ne puisse être soi-même dans l'erreur, surtout en fait de religion, matiere dans laquelle il est bien plus facile d'attaquer que de se défendre?

J'ai lu avec grande attention les apologies que les chrétiens ont écrites pour obtenir la tolérance de leur secte; ils montrent parfaitement le ridicule des autres religions; mais, en vérité, il s'en faut bien (1) que les preuves sur lesquelles ils établissent la vérité de la leur, ayent la même force. Ils se contentent presque de la supposer, & cependant on ne peut présumer qu'ils ayent negligé de les mettre dans le plus beau jour; ils ont choisi les meilleurs esprits, pour travailler à des ouvrages qu'ils devoient présenter aux empereurs, & du succès desquels dépendoit leur tranquilité.

Pour que ces hommes me fassent voir que les dogmes qu'ils annoncent, ne sont point les productions de leur imagination échauffée, mais leur ont été découverts par la divinité elle-même, il faut qu'ils m'en donnent des preuves sensibles, & c'est ce qu'ils prétendent faire par les prodiges & les merveilles dont toutes les traditions religieuses sont pleines. Mais vous vous souvenez de ce que j'ai remarqué à ce sujet, que les religions les plus contradictoires, citant également des miracles pour me prouver leur vérité; que ces religions opposées m'assurant également que ces miracles ne sont & ne peuvent être inventés, & fondant également la vivacité de leur persuasion sur l'évidence & la publicité de ces merveilles, il faut nécessairement supposer une de ces deux choses, ou que la divinité a fait des prodiges pour établir la croyance de deux opinions contraires, dont il y en a au moins une fausse, & qu'ainsi elle a induit les hommes en erreur; ou que la croyance des miracles cités par les partisans du culte religieux, peut s'introduire dans une nation, quoiqu'il ne soit jamais rien arrivé de tel, & que cette croyance peut même devenir assez vive dans les esprits, pour qu'ils renoncent plus aisément à la vie qu'à cette persuasion. Or, si on m'accorde cela, non-seulement les miracles ne sont plus une preuve suffisante de la vérité d'une religion, puisqu'elle a pu s'établir sans leur secours, mais encore il n'y aura plus de miracles qui ne doivent être suspects, puisque la persuasion des vrais & des faux miracles peut devenir également vive, & que je pourrai dire contre les uns ce que l'on employe contre les autres, pour les détruire.

Cette lettre est devenue bien longue, ma chère *Leucippe*, mais l'importance de la matiere, & le grand nombre de questions qui y entrent nécessairement, & que je n'ai pu m'empêcher de traiter, m'ont entraîné plus loin que je ne voulois. Souvenez-vous toujours que la dévotion est une passion qui promet de grandes douceurs, mais qui ne tient pas parole; que la plus terrible situation est celle d'une dévotion foible & intermittente qui livre notre cœur à des scrupules & à des regrets continuels; que, par conséquent, à moins de s'y sentir porté par un penchant invincible, il faut résister de toutes ses forces à ces velléités passagères de dévotion, qui nous attaquent dans la solitude: songez que, si cela est vrai en général, il l'est encore plus pour les personnes d'un tempérament & d'un caractere d'esprit tel que le vôtre.

Faites réflexion à ce que je vous ai dit au commencement de ma lettre, sur les horreurs qui remplissent un cœur agité de ces mouvemens variables d'une dévotion passagère, & sur le danger où sont les personnes d'un caractere mélanco-

---

(1) L'ouvrage d'Origene contre Celse, est très-foible en plusieurs endroits, & j'ai été fâché qu'on l'ait traduit en françois. Souvent les réponses du chrétien n'ont quelque force, que parce que le payen paroit en plusieurs endroits très foible dans la dispute. D'ordinaire le payen attaque assez mal, & le chrétien ne se défend pas trop bien. *Bernard, nouv. de la répub. des lettres, mars & avril 1716. pag. 247.*

Ce que Bernard dit ici de l'ouvrage d'Origene, on peut le dire avec autant de raison de tous les anciens apologistes de la religion chrétienne, tels qu'Arnobe, Tertullien, Lactance, Justin martyr, Tatien, Athénagore, Minucius Felix &c. Tous ces auteurs étoient en général de pauvres raisonneurs. Ils réfutoient les fables des payens par d'autres fables tout aussi absurdes, & beaucoup moins ingénieuses. Voyez, à ce sujet, *l'examen critique des apologistes de la relig. chret.* C'est un excellent ouvrage contre lequel un théologien instruit, mais très-mauvais logicien, & crédule jusqu'à la superstition, a écrit deux gros volumes dans lesquels il seroit peut-être difficile de trouver un seul raisonnement solide, mais où l'on rencontre à chaque page des preuves d'une mauvaise foi insigne, & qui a révolté contre lui tous les lecteurs sensés & impartiaux.

NOTE DE L'ÉDITEUR.

lique & livré à l'ennui & à la contrainte, de tomber dans ce cruel état.

Servez-vous de toute votre raison pour vous garantir de ce malheur; quoi qu'en disent les superstitieux, elle ne nous trompe point, surtout lorsque, ne voulant pas nous engager dans des opinions spéculatives, nous nous contentons d'examiner quelle réalité ont les objets imaginaires que lui offre notre esprit.

Si ces objets sont véritables, cet examen nous assurera de leur existence; mais aussi, si ce ne sont que des phantômes vains, ils se dissiperont dès que nous oserons en approcher, ou du moins les considérer d'un œil fixe: je ne répéterai ici ni ce que j'ai dit sur la nature & la certitude de nos connoissances, ni ce que j'ai dit sur la source des erreurs où nous nous engageons dans les matières de spéculation; je me suis assez étendu sur ce sujet, & vous ne pouvez avoir oublié qu'elles viennent toutes de ce que nous donnons à-peu-près le même dégré de réalité à tous les objets de nos connoissances, de ce que nous sommes semblables à celui qui ne voudroit pas distinguer les objets qu'il voit & qu'il touche étant éveillé, d'avec ceux qu'il apperçoit pendant le sommeil ou pendant l'ivresse.

Quelles que soient les erreurs qui puissent résulter de-là dans la philosophie, il est assez indifférent que l'on sépare les propriétés, des divers êtres auxquels elles appartiennent, que l'on admette des propriétés, des facultés, des formes, des entéléchies distinguées des corps, & que l'on en fasse autant de petites *entités* existantes à part; ces erreurs n'empêchent point les choses d'aller leur train à l'ordinaire, les hommes n'en vivent pas moins heureux; le soin de défendre ces opinions & le desir de les détruire, les occupe, & cette occupation est souvent un bonheur.

Mais, dans la religion, il n'en est pas de même; lorsque les hommes ont une fois réalisé les objets imaginaires qu'elle leur fournit, ils se passionnent pour ces objets, ils se persuadent que ces phantômes qui voltigent dans leur esprit, existent réellement hors d'eux tels qu'ils les voyent, & là-dessus leur imagination s'enflammant, rien ne peut plus la retenir; elle enfante tous les jours de nouvelles chimères qui excitent en eux des mouvemens de la plus vive terreur: Tel est l'effet que produit en nous le phantôme de la divinité, c'est lui qui cause les maux les plus réels que ressentent les hommes; c'est lui qui les force de supporter la privation extrêmement douloureuse des plaisirs les plus naturels & les plus nécessaires, par le motif de la crainte de déplaire à cet être chimérique.

Il nous importe donc de nous délivrer des terreurs que nous inspire ce phantôme; pour cela il ne faut qu'oser avancer vers lui, qu'avoir le courage de pénétrer jusqu'à lui, d'examiner, de sonder, & alors nous verrons que cette divinité n'est qu'une pure illusion, que l'idée qu'on nous en donne & que nous pouvons nous en former, n'a aucune réalité, que l'on n'en peut tirer aucune conséquence sensée, & qu'on peut encore moins la faire servir de fondement à une religion, quelle qu'elle soit.

L'idée qu'ils veulent nous donner de la divinité, n'est autre chose que celle d'une cause universelle qui n'est produite par aucune cause antérieure, & de laquelle toutes les autres sont les effets. Quoiqu'ils n'en puissent dire autre chose, sinon que c'est la cause universelle, ils se sont persuadés qu'elle existoit séparément & indistinctement des êtres particuliers qu'elle produisoit, & sur lesquels elle agissoit. Cependant il n'est pas plus raisonnable de penser qu'il existe une telle cause générale, séparée de toutes les causes particulières, qu'il le seroit de dire qu'il existe un mouvement, une blancheur, une rondeur universels, distingués de chaque mouvement, de chaque blancheur, de chaque rondeur particulière, desquels on ne peut dire autre chose sinon que c'est le mouvement, la blancheur, la rondeur universels, dont participent ces diverses modalités.

Cette cause universelle ne peut être distinguée réellement des êtres particuliers, que comme la blancheur, la rondeur, le mouvement des corps le peuvent être des êtres qu'ils modifient; les êtres particuliers n'ont point d'existence propre & particulière dans l'hypothèse de la cause universelle, ils n'existent point par une force qui soit en eux, & indépendamment de cette cause; ils n'ont qu'une existence précaire & émanée de la cause universelle, par la continuation d'un effet répété à chaque instant de leur durée; il en est comme de la blancheur, de la rondeur, du mouvement, &c. (pour ne pas sortir de l'exemple choisi) qui n'existent point par quelque force qui soit en eux, mais parce qu'ils constituent l'existence des corps qu'ils modifient; & cela est si vrai, que nous ne pouvons concevoir que l'on détruise ces corps sans détruire leurs modalités. Si cela est vrai, (comme il faut qu'il le soit pour que la cause soit universelle, car si les êtres particuliers existoient par une force distinguée de cette cause, elle ne seroit pas universelle, puisqu'il y auroit d'autres causes indépendantes d'elle), si, dis-je, cela est vrai, cette cause ne peut être autrement distinguée des êtres particuliers que la blancheur & la rondeur le sont des corps blancs & ronds, c'est-à-dire, qu'elle n'est que l'assemblage des êtres particuliers agissant mutuellement les uns sur les autres; par conséquent, la divinité n'est autre chose que l'univers dont nous faisons nous-mêmes une partie, parce que nous sommes des êtres, que nous agissons sur ceux qui nous environnent, & que nous recevons leur action. La divinité n'est donc distinguée de l'univers, que comme la république d'Athènes l'étoit de l'assemblage des citoyens différens qui la composoient; c'est-là le système des stoïciens, système que je ne vois pas qu'on puisse ajuster avec la religion; car enfin, dans le système religieux, non-seulement la cause universelle existe d'une manière distinguée des autres êtres, mais elle a encore une intelligence & une volonté, sans quoi elle ne pourroit être l'objet d'un culte religieux; elle veut & ne veut pas certaines choses, elle est capable de haîne & d'amour, elle récompense & punit ceux qui obéissent ou désobéissent à ses ordres.

Vous vous souvenez, je crois, de ce que j'ai dit sur l'impossibilité de concevoir l'existence d'une telle cause universelle douée d'intelligence ou de volonté qui puisse être l'objet d'un culte religieux.

Si les êtres ne sont pas nécessaires, & que la cause de leur existence soit la volonté de la cause universelle, c'est-à-dire de Dieu, on demande (1) quel sera le motif qui le déterminera à vouloir; ce ne peuvent être les êtres mêmes, puisqu'ils n'existent pas encore; si l'on dit que ce sont les idées de ces êtres, on demande comment Dieu peut avoir une idée de ce qui n'est point & de ce qui n'a jamais été; s'il a acquis ces idées, comment & d'où lui sont-elles venues? S'il les a toujours eues, elles sont éternelles comme lui, & une partie de lui-même : sur quoi l'on demande si ces idées représentent ces êtres comme devant exister. Si elles les représentent autrement, elles sont fausses & trompeuses; si elles les représentent comme devant exister, leur existence est donc nécessaire, & Dieu en les produisant, ne fait qu'exécuter la loi éternelle qui lui est imposée; il est contraint de produire les êtres tels que ses idées les lui représentent, il y a donc une autre cause que lui, & à laquelle il est assujetti, donc il n'est pas la dernière cause universelle, donc ceux-mêmes qui ont cru remonter à la dernière cause par leur supposition de la cause universelle, n'ont pu en venir à bout : d'ailleurs en supposant une telle cause universelle qui existe de la manière qu'ils le prétendent, cette cause ne peut être l'objet d'un culte religieux, elle n'aime, ni ne hait, ne punit, ni ne récompense, mais elle agit toujours conformément aux loix éternelles & invariables que lui prescrivent ses idées, tandis que les êtres exécutent constamment ces mêmes loix. On ne peut dire qu'il arrive rien dans la nature contre sa volonté, puisque cette volonté est la seule & unique cause de toute existence; donc tous les êtres existent toujours par sa volonté & conformément à sa volonté; donc ils sont toujours, non-seulement parce qu'elle veut qu'ils soient, mais ils sont tels qu'elle veut qu'ils existent, parce qu'ils n'ont ni en eux, ni dans les autres êtres aucune force capable d'agir par elle-même, loin d'avoir celle de s'opposer à la force de la cause universelle.

Donc tous les êtres accomplissent également la volonté de la divinité ou de la première cause; donc tous sont égaux par rapport à lui, & le corps pesant obéit à ses loix en tombant, comme la flamme en s'élevant en l'air.

Ceux qui ne font produire à la première cause que le mouvement local des corps, & qui donnent à nos esprits la force de se déterminer, bornent étrangement cette cause, & lui ôtent son universalité pour la réduire à ce qu'il y a de plus bas dans la nature, c'est-à-dire à l'emploi de remuer la matière; mais comme tout est lié dans la nature, que les sensations produisent du mouvement dans les corps vivans, de même que les mouvemens des corps excitent des sentimens dans les ames, on ne peut même avoir recours à cette supposition pour établir ou pour défendre le culte religieux.

1°. Nous ne voulons qu'en conséquence de la perception des objets qui se présentent à nous; ces perceptions ne nous viennent qu'à l'occasion du mouvement excité dans nos organes; donc la cause du mouvement est celle de notre volonté : si cette cause ignore l'effet que pro-

---

(1) Notre auteur présente ici sous une forme un peu plus serrée, un raisonnement dont il s'est servi plus haut. Mais on voit par le paragraphe qui précède celui-ci, que cette répétition de la même objection a été faite à dessein de rappeller des idées qu'il craignoit qu'on ne perdît de vue. Voyez pag. 518. 519. ces sortes de répétitions nuisent sans doute à la chaleur & à la rapidité du stile qu'elles rendent un peu diffus : mais on peut les excuser plus facilement dans un ouvrage de métaphysique qui ne peut jamais être trop clair, & dont les raisonnemens doivent être liés de manière, qu'ils se prêtent mutuellement de la force & de la clarté. Or pour produire cet effet sur l'esprit du lecteur distrait & peu attentif, il faut qu'ils soient sans cesse présens à son imagination & à sa mémoire, ce qui peut obliger un auteur à se répéter quelque fois, car un seul de ses raisonnemens oublié ou mal entendu, rompant nécessairement la chaîne des autres, suffit pour jetter de l'obscurité, de l'inexactitude sur les résultats qu'il en tire, & par conséquent de l'incertitude sur tout son système quelque fondé qu'il puisse être d'ailleurs.

NOTE DE L'EDITEUR.

duira ce mouvement en nous, quelle idée indigne de Dieu ! S'il le sçait, il en est complice, & il y consent ; si le sachant il n'y consent pas, il est donc forcé de faire ce qu'il ne veut pas, & il y a quelque chose de plus fort & de plus puissant que lui dont il est contraint de suivre les loix malgré lui.

2°. Comme nos volontés sont toujours suivies de quelques mouvemens, Dieu est obligé de concourir avec notre volonté ; s'il y consent, il en est complice ; s'il n'y consent pas, il est moins fort que nous, & obligé de nous obéir ; donc quelque chose que l'on dise, il faut avouer, ou qu'il n'y a point de cause universelle, ou que s'il y en a, elle veut tout ce qui arrive, & ne veut jamais autre chose ; que, par conséquent, elle n'aime ni ne hait aucun des êtres particuliers, parce qu'ils lui obéissent tous également, & que les mots de peine, de récompense, de loix, de défenses, d'ordres, &c. sont des termes allégoriques tirés de ce qui se passe parmi les hommes. Mais quand même on accorderoit que cette cause universelle nous a donné avec l'existence, le pouvoir d'exécuter, ou de ne pas exécuter les loix qu'elle nous a imposées, il faut voir quelles sont ces loix, & si elles sont différentes de celles que tous les hommes portent gravées dans leur cœur, des inclinations naturelles qu'ils ne quittent jamais, du désir de connoître la vérité, & de jouir du plaisir, de la recherche du bonheur & de la fuite de la douleur. Si les loix que la première cause a établies doivent se borner là, tous les êtres intelligens les observent sans s'en écarter un seul moment, & par conséquent ils sont tous conformes à sa volonté, car celui qui se trompe, croit suivre la vérité en soutenant l'erreur, & celui qui sacrifie les plaisirs réels à une pure chimère, imagine & sent effectivement une grande félicité à lui faire ce sacrifice.

Si le souverain Etre a établi d'autres loix que celles qu'il a mises dans le cœur de tous les hommes, ceux à qui il les a cachées, étoient-ils l'objet de son amour, puisqu'il ne leur a point découvert ce qui étoit propre à les rendre heureux ? Les punira-t-il pour avoir violé des loix qu'ils ignoroient ? Si cela est, non-seulement cet Etre n'aime pas les hommes, & par conséquent, ne mérite pas leur amour, mais de plus, c'est un Etre injuste & tyrannique, indigne de leur estime, & qui ne peut exciter en eux qu'un sentiment de haine.

Si l'on n'est pas obligé de regarder Dieu comme un être essentiellement bon, comme un être qui aime les hommes, l'on peut croire qu'il a voulu les tromper, ainsi quand même tous les miracles sur lesquels se fondent ceux qui prétendent connoître les loix qu'il a révélées à quelques hommes, seroient véritables, comme c'est un Etre injuste & inhumain, je ne puis être assuré qu'il n'ait pas fait ces miracles exprès pour me tromper, & je n'ai nulle preuve que je lui deviendrai plus agréable par l'observation de ces loix.

S'il ne punit pas ceux qui ont ignoré ces loix, comme il ne le peut faire sans injustice, il n'est donc pas absolument nécessaire de les observer pour lui plaire, puisqu'on le peut en suivant les seules loix naturelles, communes à tous les hommes ; mais, si cela est, comme les loix révélées sont difficiles à exécuter, consistant à se priver de tous les plaisirs, à refuser de satisfaire les besoins naturels, & à remplir une foule de devoir aussi pénibles qu'inutiles, elles ne servent qu'à rendre malheureux ceux à qui il les a révélées, donc il les hait ; mais ils ne l'ont pu mériter, puisqu'ils ont pratiqué les loix générales, comme ceux à qui il n'en a point donné de particulières ; donc, quoique l'on dise, il faut conclure que c'est un Etre injuste, capricieux & indigne de notre respect.

D'ailleurs ces loix particulières ne sont accompagnées d'aucuns des caractères qui puissent faire regarder comme vraies ; elles sont absurdes & contraires à la raison, elles sont opposées aux loix naturelles & communes qui ordonnent de satisfaire aux besoins de la nature ; le plupart de ceux qui les annoncent, font voir, en les violant à tout moment, qu'ils ne sont pas persuadés de leur vérité ; & ceux qui les observent, sont pour l'ordinaire des gens qui croyent sans examen, & sur l'autorité seule de ceux qui les ont précédés ; s'il s'en trouve parmi eux quelques-uns qui croyent par conviction, ils sont en très-petit nombre, & pour la plupart ignorans, crédules, timides, & recevant indistinctement comme vrai, tout ce que l'imagination échauffée d'un prêtre imposteur, peut inventer de plus absurde & de plus extravagant. Lorsqu'on examine de sang-froid les preuves par lesquelles ces malheureuses victimes du fanatisme religieux se sont laissées convaincre, on trouve qu'elles n'ont nulle solidité, qu'elles ne sont appuyées que sur des traditions confuses, incertaines & presque toujours fabuleuses, que dans cette religion, comme dans toutes les autres, les sectes les plus opposées, citent avec un égal avantage, des faits non prouvés, & que dans tous les partis, on réussit à merveille à détruire le fondement des opinions contraires à la sienne, sans qu'aucun puisse mettre celle qu'il défend, à couvert des mêmes objections par lesquelles il accable les autres.

De toutes les religions établies parmi les hommes, il n'y en a aucune qui puisse l'emporter sur les autres, & qui mérite qu'un homme sense s'y soumette ; celles qui à certains égards sont un peu plus épurées que les autres de fables ridicules & grossières, comme le Judaïsme, le Christianisme, le magisme, le Chaldaïsme, sont au fond, également destituées de vraisemblance dans les faits qu'elles racontent, de probabilité dans leurs dogmes, & de solidité dans leurs preuves.

Comme la vérité de leurs dogmes n'est pas du ressort de la raison, parce que la nature des choses dont on y traite, ne nous est pas connue, ceux qui veulent que nous ajoutions foi à ce qu'ils nous en disent, doivent nous montrer comment ils ont appris ce qu'ils prétendent nous enseigner ; ils nous assurent que cette divinité, au nom de laquelle ils nous parlent, dont ils ne peuvent nous donner d'idée claire, & de laquelle ils disent des choses si opposées les unes aux autres, s'est révélée à eux, & les a instruits des loix qu'elle prétendoit être observées parmi les hommes ; & pour prouver la vérité de ce témoignage, ils nous citent des miracles & des prodiges opérés autrefois pour obliger les hommes à les croire ; mais ces prodiges n'arrivant plus de nos jours, ils ne sont fondés que sur une tradition historique, de laquelle on ne peut plus s'assurer maintenant. Toutes les sectes religieuses citent des miracles pareils pour établir la vérité de leurs opinions ; & les plus absurdes sont celles qui en rapportent un plus grand nombre. Les dogmes de ces diverses sectes sont opposés & contraires les uns aux autres, ils se détruisent mutuellement, & ne peuvent être vrais tous à la fois ; donc il faut, si tous ces miracles sont véritables, qu'il s'en soit fait pour attester la vérité d'une opinion fausse, & que par conséquent la divinité ait voulu séduire les hommes par des prodiges, ou bien qu'il y en ait seulement une partie de faux, & que les autres soient vrais ; mais à quoi les distinguer ? Car enfin en fait de miracles, comme ils sont tous contre le cours ordinaire de la nature, & au-dessus de la force des agens naturels, ils ne peuvent être aux yeux d'un homme sensé & conséquent, ni plus ni moins possibles, ni plus ni moins vraisemblables, & la raison, bien loin de concevoir les uns plus que les autres, les rejette tous également.

D'ailleurs chaque secte est également persuadée de la vérité des siens ; si néanmoins ces prodiges sont faux & imaginaires, comme on n'en sauroit raisonnablement douter, il en faut conclure que des nations entières peuvent donner créance à des miracles supposés ; donc sur le chapitre des prodiges, la persuasion vive, constante & pratique d'une nation entière n'en prouve pas la vérité. Ajoutez à cela qu'il n'y a aucun de ces faits de la certitude desquels on puisse donner d'autres preuves que la persuasion même de ceux qui les croyent maintenant ; donc il n'y en a aucun dont l'authenticité soit suffisamment établie : & comme ces prodiges sont le seul moyen par lequel on puisse nous obliger de croire la vérité d'une religion, je dois conclure qu'il n'y en a aucune de prouvée, & je dois les regarder toutes comme l'ouvrage du fanatisme ou de la fourberie, & souvent de tous les deux ensemble.

On peut observer à l'égard de ces miracles, que, de l'aveu de ceux même qui les croyent, ils n'ont fait aucune impression sur l'esprit & sur le cœur de ceux qui en ont été les témoins. Les prodiges que les grecs racontent de Bacchus, pour punir l'incrédulité de Lycurgue, roi de Thrace, n'ont pas rendu les sujets de ce prince plus dévots au fils de Sémelé. Les merveilles rapportées dans l'histoire du législateur des juifs, ne rendoient point ces peuples plus exacts observateurs du culte & des loix du Dieu qui les opéroit ; il semble qu'il lui étoit plus facile de déranger le cours de la nature, de leur ouvrir un chemin solide au milieu de la mer, de faire remonter les fleuves vers leur source, d'épaissir la rosée pour en faire un aliment, &c. que de leur persuader de lui rendre le culte qu'il exigeoit d'eux. Leur histoire n'est qu'un tissu de révoltes & de désobéissances au dieu que Moïse avoit voulu leur faire adorer. La secte juive qui porte le nom de chrétiens, nous raconte avec emphase les merveilles opérées par leur législateur, merveilles aussi utiles que surnaturelles, les maladies les plus incurables guéries, les morts rappellés à la vie, sont les faits dont son histoire est remplie ; cependant cette même histoire nous apprend que cet homme fut arrêté par sa nation même à qui il avoit fait tant de bien, regardé comme un vil imposteur, & livré aux romains pour être puni du supplice infâme destiné aux esclaves & aux brigands (1).

Que penser de ces prodiges qui n'ont fait aucune impression sur l'esprit de ceux au milieu desquels ils arrivoient ? Est-ce connoître le cœur humain que de supposer que des hommes témoins de ces merveilles, n'en ont point été touchés, lorsque nous voyons tous les jours que le simple

---

(1) On trouve pag. 505. & suiv. cette même objection développée & mise dans toute sa force. Notre auteur se contente de la rappeller ici en peu de mots, & il faut avouer qu'elle seroit très embarrassante pour des hommes sensés qui auroient le malheur de croire à la religion chrétienne : mais les apologistes sincères ou simulés de cette pernicieuse superstition, ont répondu à tout. Ceux-ci parce qu'en deffendant une doctrine qu'ils ne croyent pas, mais dont il est très-important pour eux de voir les autres convaincus, ils combattent pour leur intérêt personnel, chose qui les touche bien plus vivement que la religion même au maintien de

bruit populaire d'un miracle ou supposé (1), ou qui n'est qu'un événement commun, est capable de remuer des provinces entières?

Mais enfin direz-vous, ma chère *Leucippe*, s'il n'y a aucune religion véritable, si l'on ne peut même supposer raisonnablement l'existence d'une divinité ou d'une cause universelle distinguée de l'univers, par qui cet univers est-il gouverné? Par qui est-il conduit & conservé? car après tout il faut bien en venir à une première cause.

Je ne vois pas pour moi la nécessité d'une telle conséquence, à moins qu'on n'entende par cette première cause, la matière revêtue de toutes ses propriétés tant connues qu'inconnues. L'univers est un assemblage d'êtres différens qui agissent & qui réagissent mutuellement & successivement les uns sur les autres, comme je l'ai déjà dit. Je n'y découvre de bornes, ni par son étendue, ni par sa durée; j'y apperçois seulement une vicissitude & un passage continuel d'un état à l'autre, par rapport aux êtres particuliers qui prennent successivement diverses formes nouvelles; mais je n'y vois pas une cause universelle distinguée de lui, qui lui donne l'existence & qui produise les modifications des êtres particuliers qui le composent. Je crois même voir très-distinctement l'impossibilité d'une telle cause, & je vous ai exposé plus haut mes idées à ce sujet. Du reste j'avoue que mon esprit est trop foible & trop borné pour deviner tous les secrets de la nature & pour assigner les véritables causes de tous les phénomènes de l'univers; mais aussi je n'ai point la ridicule manie de vouloir expliquer tout: je sais m'arrêter où l'évidence cesse de me guider, & je m'enveloppe alors tranquillement dans une ignorance que je ne rougis point d'avouer, & qui n'est point honteuse, parce qu'elle est invincible.

Je ne crois pas au reste que cette ignorance donne aucun droit à ceux qui s'imaginent en savoir davantage, de m'assujettir à leur opinion, lorsque non-seulement je n'en puis appercevoir la vérité, mais lorsque je vois au contraire qu'elle entraîne après elle des difficultés insolubles, & que, de quelque côté qu'on l'examine, elle implique contradiction. Ce seroit donner trop d'avantage à la présomption, qui est le partage ordinaire de ceux qui ne doutent de rien, parce qu'ils n'ont rien examiné. Je m'en tiens au raisonnement sensé de ces indiens qui, quoiqu'ils ne pussent concevoir la mécanique de ces machines hydrauliques qu'on leur avoit portées, ne se croyoient point obligés d'avouer à leurs compatriotes que ces machines étoient des animaux. Quoiqu'on n'ait pu encore expliquer (2) la cause du flux & du reflux de la mer, ni celle qui fait que la pierre d'Héraclée (3) attire le fer, on a droit néanmoins de rejetter les suppositions que l'on a imaginées pour rendre raison de ces effets; parce que ces suppositions sont absurdes. Conduisons-nous ainsi à l'égard des phénomènes dont les causes nous sont inconnues. Contentons-nous de savoir que rien de ce qui existe, n'est l'ouvrage d'une cause intelligente & libre: rejettons les hypothèses inintelligibles & contradictoires auxquelles la superstition a eu recours, pour expliquer la formation de cet univers & des êtres qui en font partie; ne balançons point à mettre une opinion raisonnable aux yeux de tout homme sensé, à la place d'un système absurde dans tous ses points; & supportons sans peine le vuide où les limites de notre entendement nous laissent sur les causes cachées d'un grand nombre d'effets extraordinaires, & quelquefois très-simples. Il est tant de connoissances nécessaires, ou du moins agréables, que nous savons acquérir aisément, pourquoi nous inquiéter de ce qui ne nous regarde pas? Nous sommes dans un vaisseau battu des vents & des flots, songeons à en diriger le cours de façon qu'il souffre le moins qu'il pourra; manœuvrons de manière que nous corrigions le vent

___

laquelle il est attaché; & ceux-là parce qu'ils sont persuadés que la vérité ne se trouve que dans leur parti, d'où ils concluent par une logique aussi étrange que le principe d'où ils partent, que toutes les objections qu'on peut leur faire, quelques fortes qu'elles leur paroissent d'abord, n'ont aucune solidité, & que quand même ils ne pourroient les résoudre, elles n'en seroient pas moins destituées de fondement, puisqu'elles tendroient à renverser leur système dont la vérité est démontrée. NOTE DE L'ÉDITEUR.

(1) Il paroit que l'auteur avoit ici en vue les miracles attribués à M. Paris.

___

(2) Voyez sur les principaux phénomènes du flux & reflux & sur les causes qui les produisent, l'excellent article *flux & reflux* dans l'Encyclopédie, tom. 6. M. d'Alembert est entré là-dessus dans des détails très-savans, & qui ne laissent rien à desirer. Il y donne, & par le seul raisonnement & par le calcul, l'explication de ce mouvement journalier & périodique qu'on observe dans les eaux de la mer. Notre auteur qui étoit lui-même géomètre, & très-instruit des découvertes de Newton, n'ignoroit pas que l'on explique ce phénomène d'une manière très-satisfaisante par le principe évident de la gravitation universelle: mais il a dû s'exprimer de la sorte pour conserver le caractère d'ancienneté qu'il lui donne dans sa préface. Car quoique les anciens ayent dit que le soleil & la lune étoient la cause des marées, cette vérité n'est dans leurs écrits qu'une simple opinion, & ils n'ont jamais su comment cette cause opéroit. Mais ce qui n'étoit alors qu'un soupçon est démontré dans les savans ouvrages des Newton, des Euler, des Bernoullis & des d'Alembert. NOTE DE L'ÉDITEUR.

(3) L'aimant appellé par les grecs Ἡρακλεία λίθος,

s'il

s'il est possible, sinon obéissons lui, ne nous amusons pas à philosopher sur la cause physique qui le produit, occupons-nous seulement au milieu des hommes parmi lesquels nous nous trouvons placés dans cet instant, à nous conduire avec eux de façon que, sans leur nuire, nous souffrions le moins de douleur & que nous goûtions le plus de plaisir qu'il sera possible; car enfin c'est à ces deux points que tout se réduit, fuir la douleur & chercher le plaisir. Nous serions donc bien fous si nous ne nous occupions, comme le veulent les dévots, qu'à nous refuser la jouissance raisonnable des plaisirs dont la nature nous a rendus susceptibles, & qu'à nous procurer les maux & les douleurs qui ne nous sont point destinés : la première des loix naturelles par son importance & dans l'ordre même de ces loix, est l'amour de sa conservation : la seconde qui n'est qu'une conséquence immédiate de cette loi primitive, c'est l'amour du plaisir & la crainte de la douleur. L'homme veut être heureux; c'est son desir le plus vif & le plus constant. Il peut se tromper sur le choix des moyens qu'il employe pour parvenir à cette fin, parce que les passions auxquelles il est sujet, obscurcissent quelquefois sa raison, mais son but est toujours le même. Heureux ceux que l'éducation, l'expérience & la philosophie ont fortement convaincus qu'il n'y a point de bonheur solide sans la vertu, & que, tout bien examiné, l'homme n'a rien de mieux à faire dans cette vie que d'être bon & vertueux.

Je vous connois trop, ma chère *Leucippe*, pour croire qu'en secouant le joug de la tyrannie religieuse, vous tombiez dans les excès, où l'on prétend faussement que l'irréligion plonge ceux que l'on nomme Athées; les hommes sont toujours pour les mœurs tels que les rend leur tempérament naturel, l'éducation & la proportion qu'ont avec leurs passions, les objets qui frappent leurs sens. Vous n'aurez jamais que des passions douces & languissantes; votre tempérament mélancholique pourra leur donner une force intérieure qui agira sur votre ame, mais elles ne se développeront jamais au dehors; & d'ailleurs la délicatesse de votre goût vous rend moins sensible à ces objets d'amour & d'ambition qui sont la source de tous les excès publics où se portent les personnes de votre sexe, & de ces emportemens par lesquels seuls elles peuvent donner atteinte à leur gloire.

Je ne vous ai point parlé de l'immortalité de l'ame, ni de ce que nous devenons après la mort, parce que la première de ces choses est une rêverie théologique déjà détruite par tout ce qui précède, & dont vos propres réflexions suffisent pour vous faire sentir la fausseté & l'inutilité. Je crois seulement devoir vous prévenir que les différentes opinions des philosophes sur la nature & la destination de l'ame humaine & sur la dis-

Philosophie anc. & mod. Tome II.

tinction de l'homme en deux ou trois substances n'ont aucun fondement, ce sont les rêves de leur imagination en délire, & rien de plus. A l'égard de la manière dont nous existerons après la mort, c'est une chose absolument inconnue. Tout ce qu'on peut dire de raisonnable, sur cette matière, c'est que, de même qu'avant notre naissance, nous n'étions certainement pas ce que nous sommes maintenant, & que ces deux manières d'être ne sont point liées de façon qu'il reste un vestige sensible de leur liaison & du passage d'un état à l'autre, de même aussi il est très-probable qu'après la mort, nous continuerons à la vérité d'exister, mais que nous deviendrons un nouvel être, dont les modifications n'auront pas plus de rapport à celles de notre état actuel, que ces dernières en ont avec les modifications antérieures à notre naissance. Au reste nous avons existé pendant plusieurs mois dans le sein de nos mères, tout le monde en est convaincu, quelle idée en avons-nous? Y a-t-il quelqu'un qui ait gardé le souvenir de son entrée dans le monde, & des impressions qu'ont fait sur lui les objets au moment de sa naissance? A-t-on même quelque idée de ce qui nous est arrivé pendant nos premières années? Puis donc que nous sommes forcés d'avouer que ces choses nous sont inconnues, quoiqu'elles fassent partie de notre état actuel, ne rougissons pas d'ignorer ce qui nous arrivera lorsque nous serons passés dans un autre état par la mort, & de ne pouvoir pas assigner avec précision la forme sous laquelle nous existerons alors. Regardons tout ce que les philosophes débitent là dessus comme des choses avancées sans preuves & destituées de fondement. Leurs différentes hypothèses sur le sort de l'homme après la mort, n'ont pas plus d'autorité & ne méritent pas plus de créance, que les fables inventées par les poëtes au sujet du Tartare & des Champs Elisées. J'accorderai sans peine que ces fictions sont plus ou moins ingénieuses, mais elles sont certainement très-nuisibles au genre humain sous quelque point de vue qu'on les envisage, & de quelque prétexte dont on cherche à colorer les raisons de ceux qui leur ont donné cours, en les faisant passer pour des dogmes dictés par Dieu même. Pour vous convaincre, ma chère *Leucippe*, de la frivolité de ces raisons, je vais vous exposer en peu de mots par quelle suite d'idées & de suppositions bizarres, on est parvenu à regarder le dogme d'une autre vie où chacun moissonnera selon ce qu'il aura semé, comme le plus ferme appui des sociétés.

Le commun des hommes est trop corrompu & trop livré à ses passions déréglées pour n'avoir pas besoin d'être conduit à la pratique des actions vertueuses, c'est-à-dire utiles à la société, par l'espoir des récompenses, & détourné des actions criminelles par la crainte des châtimens;

c'est-là ce qui a donné naissance aux loix, & aux peines & aux récompenses qui en sont la sanction; mais comme ces loix ne punissent ni ne récompensent les actions cachées, & que dans les sociétés les mieux policées, les coupables puissans & accrédités, trouvent souvent le secret de se soustraire à leur autorité, & d'échapper aux châtimens qu'elles infligent à ceux qui les violent, on a cru parer à cet inconvénient en imaginant un tribunal plus redoutable que celui du magistrat civil, devant lequel l'homme puissant & le foible, le riche & le pauvre, le méchant & l'homme de bien seroient jugés selon l'équité la plus rigoureuse, & sans aucune acception de personne. On a donc supposé qu'après la mort nous entrions dans une nouvelle vie, dont le bonheur ou le malheur dépendoit de notre conduite passée. Elle sera examinée, nous disent les partisans de cette opinion, par un juge inflexible auquel toutes nos actions, même les plus ignorées, seront connues. Un bonheur éternel & au dessus de tout ce que nous avons éprouvé de plus délicieux, sera le partage des gens de bien, tandis que des tourmens effroyables seront destinés à punir & à expier les crimes des méchans.

Mais quel est l'homme pour peu qu'il veuille faire usage de sa raison, & secouer le joug de l'autorité des prêtres, qui ne sente en lui-même que cette doctrine étrange n'est établie que sur une foule d'assertions également impossibles à prouver, & que les crimes & les désordres auxquels on prétend la faire servir d'obstacle & de barrière peuvent être prévenus & évités par des moyens beaucoup plus simples, plus efficaces & plus capables par leur nature de faire impression sur l'esprit des hommes en général. C'est donc se tromper grossièrement que de dire avec quelques philosophes, que cette doctrine quoique fausse, peut être avantageuse aux sociétés, tant qu'on ne la fera servir qu'au bonheur public, puisqu'il vaut tout autant proscrire une opinion dont il est d'ailleurs très-facile d'abuser, que de la faire recevoir comme utile, en stipulant certaines conditions que des anges seuls peuvent remplir. Qui ne voit, en effet, que la superstition continuant à s'emparer de cette opinion, ne cessera jamais de l'employer comme elle a fait jusqu'ici, pour troubler le repos des simples, & pour les remplir de vaines terreurs; que des hommes fourbes & ambitieux ne manqueront pas de s'en servir dans l'occasion pour étendre leur empire sur les esprits & pour se les assujettir, comme nous le voyons si souvent; que l'on fera dépendre le bonheur & le malheur de cette vie future, non pas du respect ou de l'infraction des loix établies pour le bien des sociétés, mais de la pratique ou de l'inobservation des cérémonies religieuses;

de la croyance ou de la réjection de certains dogmes opposés à la raison, & de la soumission aveugle, ou de la résistance vigoureuse à ceux qui se prétendent les envoyés & les confidens de l'Être suprême; que, par conséquent l'amour du bien public & de la vérité ordonnent à tout homme qui s'intéresse vivement au bonheur de ses semblables & au progrès de la raison, de s'opposer de toutes ses forces au torrent des préjugés superstitieux qui ont causé dans tous les tems des maux infinis, de dessiller les yeux des peuples sur le compte de ces imposteurs sacrés, nés pour le malheur du genre humain, & de tout tenter pour désabuser ceux qu'ils veulent séduire en leur prêchant comme une vérité utile, & de la croyance de laquelle dépend leur bonheur dans cette vie & dans l'autre, une erreur d'autant plus pernicieuse qu'elle en suppose une multitude d'autres également funestes.

Il ne serviroit de rien d'alléguer en faveur de cette opinion, qu'elle est reçue chez toutes les nations policées, & même chez la plus grande partie des barbares; son universalité n'est pas une preuve de sa vérité; il y a des erreurs communes à tous les hommes, qui sont les effets nécessaires de certaines passions générales qui les dominent plus ou moins selon leur organisation particulière, & la nature des causes physiques & morales à l'influence desquelles ils sont plus ou moins soumis dans les divers climats qu'ils habitent. L'opinion de l'immortalité de l'ame est de ce genre, & elle a outre cela une raison particulière de son extrême étendue, c'est que l'intérêt de la société demandant qu'elle fût déracinée de la tête des hommes, les politiques subjugués par des préjugés superstitieux, ou plutôt dévorés du desir de commander aux autres, & de les gouverner avec un sceptre de fer en les enchaînant par un double lien, se sont fait un devoir de s'opposer à tout ce qui pouvoit la détruire, ou même en affoiblir la persuasion. D'ailleurs personne ne pouvant se former d'idée de l'anéantissement, ou de la destruction totale de la matière des êtres, tous les hommes ont dû concevoir la mort comme un passage à une nouvelle manière d'exister, & il seroit peut-être impossible de trouver des peuples chez lesquels l'opinion commune n'attribuât pas une espèce d'immortalité à nos ames. D'un autre côté, comme il n'y a que les esprits raisonnables qui puissent supporter sans peine le vuide où nous laisse notre ignorance sur la nature de cet état dans lequel nous passerons à la mort, & que ces esprits raisonnables sont très-rares, on a dû chercher à remplir ce vuide fatigant pour le plus grand nombre, par quelque hypothèse plus ou moins vraisemblable sur cet état futur.

Notre imagination, quelqu'étendue qu'on lui

suppose, est toujours réduite à nous représenter les choses que nous avons déjà vues & à nous rappeller les sensations que nous avons déjà éprouvées. Elle peut à la vérité unir les choses que nous avons toujours vues séparées, & séparer celles que nous avons toujours vues unies ; elle forme de nouveaux assemblages de qualités, mais elle ne peut nous offrir de nouvelles qualités & de nouvelles modifications.

Toutes les hypothèses que l'imagination a pu enfanter sur la nature de cet état futur, l'ont donc représenté comme une nouvelle vie & comme une répétition de ce qui nous arrive dans celle-ci. Elles nous promettent les mêmes plaisirs & nous menacent des mêmes peines.

Or, puisqu'il n'a pas été possible de varier le fond de cette hypothèse, & que les barrieres opposées par la nature elle-même, aux efforts de l'esprit humain, ont dû retenir tous les hommes dans les mêmes limites, il ne faut pas regarder comme une preuve de la vérité de l'opinion commune, son universalité & son uniformité.

Vous êtes trop sensée, ma chère *Leucippe*; pour vous laisser effrayer par les vains phantômes de l'imagination des poëtes, qui n'ont de réalité que dans l'esprit d'une populace ignorante & superstitieuse. Vous savez faire usage de votre raison pour les dissiper, & pour vous garantir des effets de cette illusion si funeste au repos des personnes timides. Ce seroit en vain que nous nous glorifierions de posséder cette raison, si nous ne la faisions servir à nous rendre plus heureux, & à nous procurer cette tranquillité d'ame & ce repos intérieur qui constituent la félicité pure & sans trouble que nous promet la saine philosophie. Suivons donc un guide si utile dans tous les momens de la vie, & ne nous en laissons point imposer par l'autorité de ces prêtres fanatiques, qui ne cessent de déclamer contre la raison, comme étant la cause de toutes nos erreurs : croyons au contraire que les hommes doivent aux lumieres de cette raison si décriée, la plupart des découvertes qu'ils ont faites dans les arts & dans les sciences, & qu'ils n'ont été malheureux que pour avoir négligé d'en faire usage. Plus on y réfléchira, plus on consultera l'expérience, & plus on sera convaincu que les idées religieuses sont aussi funestes aux Etats qu'aux individus qui les composent : & que la raison peut seule tarir la source des maux qui affligent l'espèce humaine depuis tant de siecles, en éclairant l'homme sur ses véritables intérêts, & sur la nature de ses devoirs envers ses semblables, en lui apprenant à régler ses desirs & ses craintes, en le délivrant peu à peu de l'empire de l'opinion, & en lui fournissant les remèdes les plus efficaces contre ces vaines terreurs dont son imagination se remplit, quand elle est une fois troublée par la superstition.

(Cet article est de M. N A I G E O N.)

G

GASSENDISME, ou **Philosophie de Gassendi**, (*Histoire de la Philosophie Moderne.*)

Le nom de *Gassendi* est assez connu de quiconque n'est pas absolument étranger dans la république des lettres ; on sait qu'il a été un des plus illustres pères de la philosophie moderne, & le restaurateur de la physique corpusculaire, on n'a qu'à lire les écrits de son temps, les preuves de son mérite & de son savoir y sont par-tout consignées. Il étoit en liaison ou en correspondance littéraire avec les philosophes les plus distingués du siècle dernier ; on remarque sur-tout dans ce nombre Descartes, (malgré les nuages passagers que certaines discussions jetterent pendant un temps sur sa façon de penser) Galilée, le P. Mersenne, Hobbes, le P. Kirker, Grotius, l'abbé de Marolles, Roberval, Lamothe-le-Vayer, l'abbé de Launoi, Hévélius, Bouillaud, Sorbiere, Ménage, Guy-Patin, Borel, tous auteurs célèbres contemporains de *Gassendi*. On doit distinguer dans une classe particuliere ses trois fameux disciples qui lui étoient si attachés, Moliere entr'autres, qu'il suffit de nommer, Chapelle & Bernier. A tous ces noms illustres il faut joindre ceux des personnes de la première qualité, des princes, & des têtes couronnées qui ont eu une estime particuliere pour notre philosophe, comme Christine, reine de Suede, Louis de Valois, duc d'Angoulême, le prince de Condé, les cardinaux d'Etrées, de Retz & de Richelieu, frere du fameux cardinal ministre, le chancelier Séguier, &c.

Nous avons au P. Bourgerel, de l'Oratoire, l'obligation de connoître l'homme de bien dans *Gassendi*. Il nous en a donné une histoire très-détaillée qu'on peut consulter ; pour moi je me suis attaché à donner l'histoire de ses pensées, plutôt que de sa personne. Dans cette vue j'ai joint au récit abrégé de sa vie, un extrait substantiel de son système.

On sait la faveur dont jouissent les hypothèses, ou, pour mieux dire, les découvertes du grand Newton ; on trouve les germes du Newtonianisme dans *Gassendi*. « Newton, dit M. de Voltaire, (1)

---

(1) Elémens de la philosophie de Newton, par M. de Voltaire.

suivoit les anciennes opinions de Démocrite, d'Epicure, & d'une foule de philosophes, rectifiées par notre célèbre *Gassendi*. Newton a dit plusieurs fois à des françois qu'il regardoit *Gassendi* comme un esprit très-juste & très-sage, & qu'il faisoit gloire d'être entièrement de son avis dans toutes les choses dont on vient de parler : l'espace, la durée, les atômes ».

Le système de *Gassendi* peut donc être regardé comme un vrai préliminaire de celui de Newton. On pénètre beaucoup mieux le second après la lecture préparatoire du premier. C'est ce qui m'a engagé à développer le fonds, & à parcourir les branches essentielles du système de *Gassendi*.

Pour peu qu'on soit initié dans la philosophie de Newton, on trouve un air de famille qui frappe entre les sentimens des *Gassendistes* & ceux du philosophe anglois. Qu'est-ce en effet que cette philosophie angloise si fort en vogue aujourd'hui, sinon l'épicuréisme réformé ? La gloire de cette réforme est due à *Gassendi* ; il a repris l'ancien édifice aux fondemens, il a changé la première pierre, & en conservant l'ancienne symmétrie & l'ordonnance première, il a bâti avec plus de solidité.

Les anciens épicuriens supposoient les atômes éternels, nécessaires, *Gassendi* établit d'abord qu'ils sont contingens, & par-là il se met à l'abri du reproche le plus grave qu'avoit encouru Epicure : ce dernier philosophe avoit attribué à ses atômes mus dans le vuide, une divergence contraire aux premieres loix de la mécanique ; il falloit redresser ce mouvement défectueux : *Gassendi* a pourvu à tout en lui donnant une cause souverainement intelligente. Epicure attribuoit au hasard tout l'ordre & le mouvement de la nature : *Gassendi* lui prouve, sans beaucoup de peine, que l'univers n'est pas l'effet d'un coup de dez. Epicure faisoit consister l'essence de l'ame humaine dans un réseau d'atômes sujet à se dissoudre, au lieu que *Gassendi* reconnoît l'ame immatérielle, & par conséquent indissoluble. Voilà ce que notre philosophe a changé dans l'ancienne doctrine : voici présentement les points qu'il a conservés.

Epicure disoit : le mouvement existe ; donc il y a du vuide. Les espèces sont toujours reproduites les mêmes ; donc les premiers principes sont invariables, & par conséquent il y a des atômes, c'est-à-dire, des principes indivisibles.

Ces deux argumens sont très-concluans aux yeux de *Gassendi* : il admet donc le vuide & les atômes comme les fondemens de sa philosophie. Il croit qu'en effet il devroit y avoir, sans le vuide, un obstacle universel au mouvement dans l'univers, & que sans les atômes il y auroit une confusion éternelle dans les générations.

Notre philosophe reconnoît encore, avec Epicure, que nos sensations sont l'origine de toutes nos idées, à quelques modifications près, sur la manière dont elles se forment dans l'entendement. Mais soutiendra-t-il que la volupté est le souverain bien, comme disoit Epicure ? Osera-t-il défendre cette proposition qui a suscité tant d'ennemis à l'ancien philosophe ?

Gassendi ne balance pas à soutenir que le souverain bien consiste dans le plaisir ; mais dans quel sens ? Dans celui-même d'Epicure, lorsque celui-ci disoit : « La vertu & la félicité sont deux sœurs inséparables ». S'il prêche le plaisir, c'est donc le plaisir considéré en lui-même, & dans sa plus grande abstraction : la grande affaire est de ne point prendre le change sur l'objet. Alors la volupté sera à l'ame ce que la chaleur interne est au corps ; tant qu'elle est maintenue dans son juste degré d'activité, cette chaleur fait le principe & le soutien de toute l'économie animale ; mais si malheureusement elle sort de sa sphère, elle cause des ravages terribles, la fièvre, l'inflammation & la mort.

La reconnoissance exigeoit de *Gassendi* qu'il vengeât la mémoire d'un philosophe dont il avoit emprunté tant de choses ; l'intérêt de la vérité n'étoit pas moins pressant pour lui. Il ose donc se roidir contre les préjugés de ses devanciers & de ses contemporains ; il défend l'innocence opprimée ; Epicure est blanchi & rétabli avec honneur dans le collège des philosophes ; les Stoïciens, ses calomniateurs sont démasqués & confondus ; on connoit que le fond de leur vertu, n'est qu'un orgueil rafiné qui cherche à outrer les dehors de toutes les vertus, & à éblouir, par beaucoup de singularités & de grimaces, le vulgaire, trop souvent dupe de ces surfaces imposantes. Ces gens si austères, qui se feroient fait un scrupule de se plaindre, si on les eût frappés, se permettoient en même-temps, sans aucuns remords, les sarcasmes & les invectives les plus sanglantes & les plus injustes contre Epicure ; ce qui prouve bien que la calomnie est la sœur du rigorisme : les faits les mieux avérés, les témoignages les plus recevables, sont les monumens qui servent à *Gassendi* pour constater la probité d'Epicure. On nous

avoit peint ce philosophe comme un homme plongé dans les plaisirs des femmes & de la table : ses mœurs sont exactement l'opposé de tous ces excès. Sa continence est reconnue si parfaite, qu'on lui reprochoit même un défaut de tempérament ; & ce même homme qu'on a tant accusé d'intempérance, ne prêchoit que la frugalité, & ne vivoit que de légumes, le plus souvent de pain & d'eau tout simplement, tant ses censeurs étoient conséquens.

En livrant sa métaphysique aux justes anathêmes dont on l'a foudroyée, *Gassendi* a recueilli avec soin toutes les maximes étrangères à ses erreurs, sur-tout ces belles sentences dont Séneque a fait le texte de ses admirables épitres. L'autorité de ce dernier doit d'autant plus influer sur le jugement que nous devons porter d'Epicure, qu'elle est fondée sur la plus étonnante impartialité. Séneque, élevé dans une secte ennemie-née des épicuriens, eut assez de discernement pour démêler le mérite d'Epicure, & assez de courage d'esprit pour l'exalter : « (1) La morale d'Epicure, dit-il, est exacte, pure, austère même, si on vient à l'examiner de près ». Voilà comme s'exprime ce grand homme ; c'est un hommage de plus que nous devons à sa mémoire, pour avoir sçu donner au monde l'exemple si rare de sacrifier les préjugés de parti aux droits de la vérité, & de rendre justice au mérite par-tout où il se trouve.

Tel est le plan des utiles réparations que *Gassendi* a faites au système d'Epicure. On sent que quand Newton est venu ensuite achever & couronner l'édifice, il a dû être content des travaux de son prédécesseur, & qu'ainsi la gloire immortelle dont le philosophe anglois s'est couvert, doit réjaillir jusqu'à un certain point sur le philosophe françois : l'Angleterre ne lui enviera pas sans doute ces avantages.

Pour tout ce qui est relatif au système de *Gassendi*, j'ai puisé dans les sources mêmes, je veux dire, dans les six volumes *in-folio* qui comprennent en latin toutes les œuvres de *Gassendi* ; le stile en est clair, énergique, quoique souvent prolixe, suivant le goût du temps. J'ai eu recours encore à l'*abrégé de la philosophie de Gassendi, par Bernier le médecin* ; ce savant disciple d'un si grand maître a simplifié & éclairci en bien des points sa doctrine ; mais son abrégé comprend encore sept volumes *in-12*. J'ai tâché de le resserrer autant qu'il a été possible, en le dépouillant de tout ce qui est étranger au système

---

(1) In ea quidem ipse sententia sum (licet vitis hoc nostris popularibus dicam) *sancta*, Epicurum & recta præcipere & si propius accesseris, *tristia*. Seneca de vitâ beatâ. Cap. 13.

de *Gaffendi*, proprement dit. J'ai donc laissé à l'écart toutes les opinions qui lui sont communes avec les autres philosophes, pour ne conserver que celles qui lui appartiennent en propre.

Comme *Gaffendi* s'est d'abord attaché à réfuter ce qu'Epicure a dit sur l'ame, j'ai commencé par cette partie qui nous touche de si près. On a beau dire que la métaphysique est entierement nébuleuse sur ce point; il est des questions qui nous pressent de prendre un parti, & dont l'objet fait assez sentir par lui-même l'inconvénient de la neutralité.

Je parle ensuite du vuide & des atômes : ces questions paroissent indifférentes & superflues à bien des personnes ; mais on en jugera bien différemment si on vient à considérer la liaison intime & l'analogie qu'elles ont avec les découvertes de Newton : ces découvertes ôtent pour ainsi dire, au systême du vuide, tout ce qu'il a de systématique. On trouvera enfin une differtation sommaire sur la volupté d'Epicure, & un extrait de ses maximes philosophiques. Comme je ne fais qu'effleurer ces matieres, je me suis borné à rechercher la clarté & la précision, pour les mettre à portée de tout le monde.

Il ne me reste qu'un mot à dire pour prévenir certaines objections. Dans tout ce que j'ai écrit touchant Epicure, j'ai suivi pas à pas *Gaffendi* qui a si bien épuré la doctrine de cet ancien ; je n'ai d'autre objet, ni d'autres motifs, que ceux du philosophe François ; si j'ai employé quelques nouveaux raisonnemens, c'est qu'ils m'ont paru nécessaires pour appuyer ou éclaircir les siens ; & je crois pouvoir me flatter de n'avoir avancé aucun principe qu'il n'eût lui-même revendiqué.

Si j'avois besoin d'une autre sauve-garde auprès de ces ames moins instruites que timorées pour qui le seul nom d'Epicure est encore une espèce de blasphème, je pourrois m'autoriser d'un passage de St. Augustin : ce pere dit en propres termes (1) « que de tous les philosophes de l'antiquité, ç'auroit été Epicure à qui il auroit donné la palme, s'il avoit admis des peines & des récompenses après la mort ».

Pierre *Gaffendi*, ou *Gaffend*, naquit au village de Chanterfier près de Digne en Provence, le vingt-deux janvier mille cinq cent quatre-vingt-douze. Le développement du génie quelquefois tardif, quelquefois précoce, prévint l'éducation dans *Gaffendi*. Dès l'âge de quatre ans, il déclamoit de petits sermons : à sa septième année, il passoit secretement les nuits à contempler les astres. De si heureuses dispositions engagèrent ses parens à les cultiver ; le curé de Chanterfier fut chargé de donner la première teinture des lettres à notre jeune homme qui s'y porta avec la plus grande activité ; il prenoit sur son repos pour étudier une partie de la nuit à la lampe de l'église. Au bout de trois ans, il fit des progrès qui étonnèrent son maître. L'évêque de Digne faisant la visite de son diocèse, notre écolier, qui n'avoit que dix ans, se chargea de le haranguer, & il s'en acquitta si bien que le prélat s'écria : » « Que cet enfant feroit un jour la merveille de son siècle, & qu'il causeroit de l'admiration aux savans, avant que d'être parvenu » à un âge mûr ». La suite du tems n'a point démenti ces présages qui sont souvent trompeurs.

Quelque tems après *Gaffendi* fut envoyé à Digne pour y faire sa rhétorique ; ses succès furent des plus brillans : on ne l'appelloit plus que le petit docteur. Il composa pour son college de petites pièces de théâtre, qui furent très-applaudies. Toutes ces particularités prouvent que *Gaffendi* meriteroit sa place dans l'histoire des enfans célèbres.

Il passa ensuite à l'étude de la philosophie, dans laquelle il ne se distingua pas moins. Il dévoroit les difficultés les plus abstraites. Ce n'est pas qu'il suivît à la lettre tous ses cahiers ; doué naturellement d'un sens droit, il ne pouvoit goûter la philosophie du tems ; c'étoient des entités, des quiddités, des taléités & des essences hypothétiques; c'étoit un ramas de chimères péripatéticiennes : *Gaffendi* pourtant les apprit, mais pour les combattre. Son professeur lui marquoit tant de prédilection, qu'il le chargeoit de remplir sa place, lorsqu'il ne pouvoit monter en chaire, ce qui lui arrivoit souvent, à cause de ses infirmités ; & le jeune *Gaffendi* s'en acquittoit au grand contentement de tous ses condisciples.

Après avoir achevé le cours de ses études, il retourna dans le sein de sa famille qui n'eut pas la satisfaction de le posséder long-tems. La chaire de rhétorique de Digne, se trouvant vacante, fut proposée au concours. *Gaffendi*, âgé seulement de seize ans, se mit sur les rangs & l'emporta. Mais il ne la garda pas long-tems ; se disposant à l'état ecclésiastique, il se rendit à Aix pour faire un cours de théologie auquel il joignit l'étude des langues grecque & hébraïque : ses progrès furent aussi rapides que distingués.

Il essaya ensuite de la prédication, & fut uni-

---

(1) Epicurum accepturum fuisse palmam in animo meo, nisi ego credidissem post mortem restare animæ vitam & tractus meritorum.... Augustinus, confess.... *lib.* VI, cap. 16.

versellement applaudi : son esprit s'étendoit à tout avec autant de facilité que d'intelligence.

Sa réputation naissante lui valut d'abord la théologale de Forcalquier, ensuite celle de Digne qu'il préféra à l'autre. Pour mieux remplir cette dignité, il fut prendre le bonnet de docteur à Avignon. De la théologale il passa à la prévôté de la cathédrale de Digne.

Bientôt après les chaires de théologie & de philosophie de l'université d'Aix vinrent à vaquer; *Gassendi* se présenta au concours, & les emporta d'emblée; on eût dit qu'il n'avoit qu'à se montrer : il garda pour lui la chaire de philosophie, & céda celle de théologie à son ancien professeur. On ne doit pas oublier que cette année il dicta son premier cours par cœur.

Alors il parut être dans son centre; l'astronomie, sa passion favorite dès l'enfance, fut la partie à laquelle il s'adonna de préférence. Il est vrai, (car il ne faut pas taire les défauts des grands hommes) qu'il donna pendant un tems dans les visions de l'astrologie judiciaire. Science absurde qui a régné pendant tant de siècles, & qui a séduit des savans de la première classe.

On voit, par une lettre de *Gassendi*, combien il rougit dans la suite de ses erreurs qu'il a depuis si glorieusement réparées. On peut dire en effet, que l'astrologie n'a pas eu de plus redoutable adversaire.

Il faisoit en même-tems une étude particulière de l'anatomie, celle de toutes les sciences curieuses qui nous touchent de plus près, puisqu'elle nous dévoile les secrets de notre être.

Les talens supérieurs que *Gassendi* fit éclater dans les fonctions de la chaire, lui acquirent l'estime universelle. Il se lia d'abord avec plusieurs personnages d'un esprit & d'un mérite distingués, tels que Nicolas de Peiresc, conseiller au parlement d'Aix; Gautier, prieur de la Vallette; le P. Mersenne, grand mathématicien; Bouillaud, célèbre astronome, & Henri Dufaur de Pibrac, conseiller au parlement de Toulouse. Ce dernier lui écrivit une lettre remplie de protestations d'amitié, & y joignit l'excellent livre de Charron *sur la sagesse*, dont il lui faisoit présent.

Gassendi, dans sa réponse, fait l'éloge de ce livre. Il marque à Henri Dufaur qu'il le mettroit à côté d'Épicure, Cicéron, Sénèque, Plutarque, Horace, Lucien, Érasme, qui faisoient sa compagnie ordinaire : cette lettre prouve combien il savoit déjà mettre de choix dans ses lectures.

Quelque tems après, *Gassendi* commença à faire des observations astronomiques; il marqua la distance de Jupiter à ses satellites, & fit, sur une comète qui parut en 1618, des conjectures que l'événement vérifia : ces phénomènes célestes étoient peu connus alors; il est vrai que Kepler, Ticho-Brahé & Hevélius en avoient parlé; mais leurs opinions ne s'accordoient pas avec l'expérience; les uns croyoient que c'étoient des météores; les autres un excrément de l'air; d'autres un signe du céleste courroux : ce dernier sentiment prévaloit. Enfin Newton, Huyghens & Hallei ont asservi, pour ainsi dire, à leurs calculs ces astres errans; l'on tient communément aujourd'hui que les comètes sont des planètes semblables aux autres, & qu'elles n'en différent que par leur révolution périodique autour du soleil qui est beaucoup plus longue, ces corps décrivant une parabole. Quant à la queue qui termine les comètes, il est apparent, selon Newton, que ce n'est autre chose qu'un amas de vapeurs fuligineuses qui s'exhalent de ces corps, lorsqu'ils avoisinent le soleil; selon le même philosophe, ces vapeurs sont destinées à réparer les fluides qui se consument sans cesse dans les opérations de la nature; ainsi elles sont en quelque façon la sève de l'univers.

C'est ce sentiment que Voltaire a rendu dans ce vers.

Des mondes épuisés ranimez la vieillesse.

Gassendi donna en 1622 la démission de sa chaire, par le conseil, dit-on, de ses amis. Un peu avant sa retraite, il fit soutenir des thèses pour & contre Aristote, & répondit en grec & en hébreu aux argumens qu'on lui fit dans ces deux langues. Ce fut ainsi qu'il commença à déclarer la guerre à l'aristotélisme, lui réservant de plus grandes hostilités dans un tems plus opportun. *Voyez* l'article ARISTOTELISME.

Le chapitre de Digne, se trouvant engagé dans un procès de conséquence, députa *Gassendi* à Grenoble pour soutenir ses droits. Celui-ci se rendit, quoiqu'avec beaucoup de répugnance, aux instances de ses confrères. A son arrivée à Grenoble, il fut accueilli avec toutes les distinctions dues à son mérite. Il eut la satisfaction d'y trouver son ami Valois, trésorier de France de cette ville : c'étoit un amateur de l'astrologie, mais imbu des chimères des astrologues : *Gassendi* lui rendit le service de le détromper par un innocent stratagème.

Ce fut à Grenoble qu'il mit la dernière main à son ouvrage contre les péripatéticiens; il le publia sous ce titre : *Exercitationes paradoxicæ adversus Aristoteleos, in quibus fundamenta dialecticæ & doctrinæ ejus excutiuntur.* C'est-à-dire : *Exerci-*

tations paradoxales contre la philosophie d'Aristote, où l'on renverse les fondemens de sa dialectique & de sa doctrine.

Pour se former une idée de cet ouvrage, il faut se rappeller le règne tyrannique qu'a exercé la philosophie d'Aristote pendant tant de siècles. Après que les Vandales & les Goths eurent porté en Italie leur domination & leur ignorance, l'Europe demeura plongée dans la barbarie: cependant les Arabes cultivoient les arts ; les Sarrasins s'attachèrent principalement à Aristote ; Averroës & Avicène firent une étude profonde de cet ancien philosophe, ils le commentèrent l'un & l'autre, & en voulant le corriger, ils renchérirent sur ses erreurs.

Les arts passèrent de l'Arabie à Constantinople ; après le siège de cette ville, ils refluèrent vers Rome leur ancienne patrie. Alors commença la grande vogue des écrits d'Aristote ; ils eurent cependant un sort long-tems inégal, (1) car ses partisans furent tantôt canonisés, tantôt excommuniés ; à la fin la philosophie péripatéticienne prit le dessus.

Les scholastiques se prévalurent long-tems des idées inintelligibles & de l'obscurité illusoire des définitions qu'on trouve dans cette philosophie qui semble née pour embrouiller les notions les plus claires. On ne juroit que par Aristote ; on n'expliquoit rien que selon ses principes ; on demandoit aux péripatéticiens ce que c'est que la matière : *C'est*, disoient-ils, *ce qui n'est ni qui, ni quoi, ni par qui l'être est déterminé pour être tel.* Ils expliquoient clairement la nature de l'ame, en disant *qu'elle est une entéléchie ;* pour la lumière, *c'est l'acte du transparent en tant que transparent.*

Ces absurdités néanmoins s'étoient accréditées au point qu'on ne pouvoit les combattre sans encourir le reproche d'athéisme. Cependant le chancelier Bacon, en Angleterre, (*Voyez* BACONISME) & Ramus, en France, avoient déjà porté des coups mortels à cette secte qui, accablée ensuite des traits de Descartes & de *Gassendi*, alloit chaque jour en déclinant. Ce fut enfin en 1674 qu'elle rendit le dernier soupir, & voici de quelle manière.

(2) L'université de Paris avoit dressé un projet de requête pour demander au parlement la condamnation de la philosophie de Descartes. M. de Lamoignon, premier président, disoit qu'on ne pourroit s'empêcher de rendre un arrêt conforme à cette requête. Boileau, présent à cette conversation, imagina l'arrêt burlesque qu'il composa lui, Racine & Bernier leur ami commun. Dongeois, neveu de Boileau, y mit le style de palais. L'arrêt en cet état fut porté à signer, à M. le premier président. A peine M. de Lamoignon eut-il jetté les yeux dessus : « A » d'autres, s'écria-t-il, voilà un tour de Des- » préaux ». Cet arrêt burlesque eut un succès que n'auroit peut-être pas eu une pièce sérieuse ; il sauva l'honneur des philosophes & des magistrats, & fit perdre à l'université l'envie de présenter sa requête. C'est ainsi que le législateur du Parnasse a bien mérité du Licée.

Notre auteur, dans le corps de son ouvrage, fait voir combien l'Aristotélisme a donné le change aux anciens philosophes qui prenoient pour des opinions sûres de vaines subtilités. Il prouve ensuite que, parmi les prétendus ouvrages d'Aristote, il y en a plusieurs de supposés, & beaucoup de passages tronqués, altérés & ajoutés par ses disciples, ses traducteurs & ses scholiastes. Il expose encore les obstacles que cette philosophie a opposés à la recherche de la vérité, par la déférence aveugle dont les péripatéticiens faisoient profession pour tout ce qu'avoit dit Aristote. *Gassendi* montre enfin combien de choses erronées, superflues & contradictoires sont renfermées dans la logique & la méthode d'Aristote ; il fait main-basse sur ses cathégories, ses principes métaphysiques : après cette réfutation, il fait une sortie assez vive sur ses mœurs. Ce qu'il y a de singulier, c'est qu'il rapporte sur la foi de Philoponus, qu'Aristote (3) étoit inspiré du diable, & qu'il avoit composé ses œuvres philosophiques à la suggestion d'une Pythonisse, laquelle étoit en commerce avec le démon ; mais *Gassendi* ne donne cette anecdote, que pour ce qu'elle vaut.

En rejettant la doctrine d'Aristote, ce seroit une grande injustice que de lui refuser le juste tribut d'éloges qu'il mérite. Le précepteur d'Alexandre-le-Grand est au rang des plus grands génies. Sa rhétorique & sa poëtique sont regardées comme des chefs-d'œuvre ; s'il s'est trompé en physique, il a cela de commun avec tous les philosophes qui ont voulu exploiter cette mine sans avoir les instrumens nécessaires.

---

(1) Voyez sur cet article l'excellent ouvrage de l'abbé de Launoi, docteur de Sorbonne, publié le siècle dernier sous ce titre : *De variâ Aristotelis fortunâ*. Voyez aussi l'histoire critique de la philosophie, par Deslandes.

(2) Mémoires sur la vie de Racine & de Boileau, par feu Racine le fils.

(3) Exercitatio secunda adversus Aristot...

Après

Après la publication de cet ouvrage, *Gassendi* fit un voyage à Paris; il y fit connoissance avec Luillier, maître des comptes & conseiller au parlement de Metz, homme de goût, & qui aimoit les gens de lettres. Ce magistrat le logea chez lui, & depuis cette époque ils furent étroitement liés.

Gassendi ne fit pas un long séjour à Paris; de retour à Grenoble, il y trouva Deodati, conseiller de la république de Genève. C'étoit un intime ami de l'illustre Galilée, que l'astronomie regarde comme son restaurateur & son maître. *Gassendi* n'eut rien de plus pressé que de se procurer la connoissance de ce grand homme, sur tout ce que lui en dit Déodati. Il lui écrivoit en-même-tems que ce dernier lui marque dans sa lettre: » La vénération qu'il a pour son » mérite, & la conformité de sa façon de penser » avec la sienne sur le mouvement de la terre. » Je vous suis inférieur, ajoute-t-il, en science, » en esprit, en vertu, & je n'ai pas l'avantage » d'être connu de vous; néanmoins j'ose vous » présenter mes respects, & vous prier en-même-» tems de m'accorder un peu de part dans la » bienveillance dont vous honorez les gens de bien » qui cultivent les lettres ».

Après avoir terminé ses affaires à Grenoble, notre philosophe entreprit, avec son ami Luillier, le voyage de la Hollande, qu'ils avoient projetté ensemble à Paris. Ils ne manquoient pas d'observer tous les phénomènes, & de rendre visite à tous les savants qui se trouvoient sur leur route.

En passant à Bruxelles, *Gassendi* fit connoissance avec le célèbre médecin Vanhelmont. Ils eurent ensemble plusieurs conférences qui donnèrent lieu à la dissertation suivante. « Est il plus na-» turel à l'homme de se nourrir de viande que » de fruit? Le médecin prétendoit que l'homme » étoit destiné à se nourrir de viande: notre » philosophe soutenoit l'opinion contraire; il » tiroit ses preuves de la conformité de nos » dents avec celles des animaux. Les animaux » qui se nourrissent d'herbes ont les dents plates, » comme le bœuf, le mouton & le cheval. Ceux » au contraire qui se nourrissent de viande, les » ont pointues, comme le lion, le loup, le » chien & le chat: or, les dents de l'homme » sont précisément comme celles des animaux » frugivores. Parmi ces dents on en compte vingt » qu'on nomme molaires, huit incisives & quatre » canines; il n'est donc pas vraisemblable que » la nature ait rangé l'homme dans la classe des » animaux carnaciers. Dans l'état de pure nature, » l'homme fut placé dans un jardin de délices; » Dieu lui donna l'ordre de se nourrir de tous les » fruits qu'il trouveroit, preuve certaine que » c'étoit sa nourriture primitive. Présentez à un » enfant du fruit & de la viande, il choisira l'un » & laissera l'autre ».

« Aussi les premiers hommes qui ne subsistoient » que de végétaux, jouissoient d'une santé plus » robuste que nous, & poussoient leur carrière » plus loin. La chair par elle-même est difficile » à digérer; elle surcharge l'estomac, offusque » l'esprit, & engendre la corruption. Les fruits » au contraire, sont des alimens légers qui se » digèrent facilement, & qui forment un chile » pur & suffisant pour notre nourriture ».

Gassendi s'arrêta quelque temps à la Haye: il y composa son livre des parélies qu'il adressa à Reneri. Ce sont des conjectures sur quatre faux soleils qui furent apperçus à Rome en 1629. *Gassendi*, pressé de son sentiment, commence par déclarer qu'il ne donne pas sa conjecture comme certaine, mais qu'il embrasse la plus probable opinion.

« Dieu seul, *dit-il*, connoît le fond des choses; » les hommes n'en voient que la superficie; ils » ne sont, à proprement parler, que les histo-» riens, & non les confidents de la nature: les » physiciens s'appliquent à connoître les pro-» ductions, & jouissent d'une considération bien » méritée; mais de croire qu'il y en ait eu d'assez » privilégiés dans le sanctuaire de la nature pour » y voir à découvert ses secrets & les causes » premières, c'est ce que je ne saurois me per-» suader. Le plus petit insecte, le moindre des » végétaux m'arrête tout court, quand je le » considère avec attention: si je ne fais que » balbutier quand je veux expliquer les choses » qui sont si simples, que sera-ce donc lorsque » j'entreprendrai de rendre raison de celles qui » sont si relevées »?

Après un début aussi modeste, notre auteur entre en matière; il marque d'abord la figure & la position respective des quatre faux soleils; il fait voir que ces prodiges ne sont que des apparences qui dépendent du point de vue sous lequel ils sont apperçus; il attribue la formation des parélies ainsi que des iris, & des cercles lumineux qui les accompagnent, à la réfraction des rayons du soleil produite par un amas de vapeurs raréfiées, lesquelles forment des nuées disposées d'une certaine manière propre à cet effet: la réfrangibilité est la seule cause de ce phénomène: il s'attache ensuite à détruire les faux préjugés du peuple, qui regardoit les parélies comme des présages certains de quelques malheurs. Il cite les observations d'Aristote & de Pline, & la prédiction de Cardan, qui prétendit que les trois soleils fantastiques qui parurent de son temps, présageoient un triumvirat nouveau. Notre auteur fait sentir le faux & le ridicule de ces pronostics: « Si l'on a vu des événemens sinistres après ces

Philosophie anc. & mod. Tome II.

» phénomènes, dit-il, il ne faut pas croire qu'ils
» en aient été une suite; ces événemens auroient
» eu lieu sans parélies, & les parélies auroient
» paru sans ces événemens. Si nous devons être
» heureux ou malheureux, nous le serons égale-
» ment sans parélies & sans comètes, comme
» avec des comètes & des parélies ».

On trouve dans cet écrit une définition toute newtonienne de la lumière: on y lit que la lumière est un feu raréfié, & le feu une lumière condensée.

Gassendi quitta enfin la Hollande, emportant avec lui l'estime de tous les savans du pays. Il fixa son séjour pendant un temps à Paris; il y mit à profit les ressources de la capitale pour y cultiver à loisir les sciences & sur-tout l'astronomie.

L'année 1631 fixa l'attention des philosophes à l'occasion du passage de Mercure sur le soleil qui avoit été prédit par Képler. *Gassendi*, de concert avec son illustre ami la Mothe-le-Vayer, observa sur le disque du soleil l'entrée & la sortie de Mercure, & fit part au public de ses remarques. Quoiqu'il fût déjà connu avantageusement par d'autres productions parmi les astronomes, celle-ci ne laissa pas que d'augmenter beaucoup sa réputation, au point que le savant Bouillaud lui fit la dédicace d'un de ses ouvrages.

L'année d'après, il observa la conjonction de Mercure & de Vénus, & les taches du soleil. Il faisoit hommage de ses travaux à Képler, que les astronomes ont toujours regardé comme leur législateur.

Gassendi fut le principal auteur de cette découverte, que la déclinaison de l'aimant avoit une variation; c'est-à-dire, que dans un même lieu elle changeoit d'un temps à un autre, & changeoit perpétuellement. Ce phénomène essentiel renversa tout. « On peut voir par cet exem-
» ple, *dit Fontenelle*, & on le verroit aussi par
» une infinité d'autres, que nos progrès sont
» fort lents, qu'il y a toujours entre une dé-
» couverte & une autre d'assez grands intervalles,
» & que ces intervalles, qui sont fort grands
» dans les premiers temps, diminuent toujours,
» & se serrent en approchant de ces temps-ci ».

Gassendi en même-temps étoit rempli d'un autre projet qui l'occupoit beaucoup, c'étoit son grand ouvrage sur Epicure. Il se donna beaucoup de peines pour rassembler tous les matériaux nécessaires; il commença par traduire le dixième livre de Diogène de Laërce: c'est à ce fameux écrivain que nous devons tout ce que nous savons d'Epicure. *Gassendi* eut beaucoup de difficultés à vaincre pour pénétrer le sens de cet auteur,

& suppléer aux lacunes qui s'y trouvent. Il fallut ensuite parcourir les anciens auteurs, conférer leurs textes, éclaircir leurs sens, rédiger leurs remarques sur Epicure; en un mot, il ne négligea rien de ce qui pouvoit donner à l'exécution de son plan toute la perfection dont elle étoit susceptible.

Dans le fort de tous ses travaux, il reçut une lettre de Réneri, qu'il avoit particulièrement connu en Hollande: ce savant se trouvant chargé de l'éducation de trois jeunes gens, consultoit *Gassendi* sur la meilleure méthode de les élever. Falloit-il d'abord appliquer les enfants à la composition, ou bien à la lecture & à la traduction: tel étoit l'objet de la lettre de Réneri.

« Je pense, répondit *Gassendi*, qu'il faut d'abord
» appliquer les enfants à la traduction; c'est en
» s'appropriant les phrases & les tours des bons
» auteurs, qu'ils pourront acquérir des idées &
» se former un style. Les enfants aiment natu-
» rellement l'histoire. Il faut donc leur mettre
» entre les mains les historiens les plus à leur
» portée; comme l'enfance est le temps où la
» mémoire est la plus heureuse, l'esprit n'étant
» point alors agité des soucis qu'amène un âge
» plus mûr, il faut cultiver avec soin cette facul-
» té de l'ame, qui sert non-seulement à former
» le jugement, mais encore à orner l'esprit. C'est
» principalement dans ce premier effet que con-
» siste l'utilité de la mémoire, plutôt que dans
» un vain étalage de ce qu'on a appris par cœur.
» Après ces préparations, il sera bon de faire
» composer les enfants, afin de leur mieux in-
» culquer ce qu'ils auront appris; l'expérience
» prouvant qu'on ne retient jamais mieux les
» choses que quand on les met par écrit ».

C'est dans cette même lettre que *Gassendi* remarque que « la philosophie qu'on enseigne com-
» munément dans les écoles, n'est qu'une phi-
» losophie de théatre qui ne consiste que dans une
» vaine ostentation; la vraie philosophie se ré-
» fugie sous le simple toit de quelques particu-
» liers qui la cultivent à l'ombre du silence & du
» repos ».

C'étoit de cette manière que notre philosophe la cultivoit; mais son mérite ne pouvoit être enseveli dans l'ombre du silence: sa réputation, qui alloit chaque jour en augmentant, lui attiroit par-tout l'accueil le plus favorable, ce fut alors qu'il forma ces élèves qui lui ont fait un honneur infini, tels que Bernier, Molière, Chapelle & Bachaumont. Chapelle étoit un des plus aimables esprits de son temps. Sénèque disoit que la morale d'Epicure portoit à la frugalité & à la tempérance: l'épicurisme de Chapelle n'étoit pas tout-à-fait dans cette cathégorie. Comme il étoit recherché dans les meilleures tables, il avoit coutume de s'enivrer tous les foirs; dans fes momens d'ivreffe il entroit dans l'enthoufiafme, & faifoit le commentaire du fyftême de *Gaffendi* fon maître, & quand les convives s'étoient levés de table, il continuoit le verre à la main d'expliquer le fyftême au maître d'hôtel & aux laquais.

Cependant les affaires de *Gaffendi* le rappellèrent à Grenoble : on ne doit point omettre, comme d'autres faits peu intéreffans, une anecdote qui fait honneur à fon caractère. Il eut pour compagnon de voyage un confeiller au grand confeil, nommé Maridat; ils logèrent & mangèrent enfemble pendant toute la route. A Grenoble ils furent loger enfemble dans la même auberge : un jour Maridat rencontrant un de fes amis dans la rue, lui demande où eft-ce qu'il porte fes pas? Celui-ci répond qu'il va rendre vifite à un célèbre philofophe nommé *Gaffendi* : Maridat lui demande la permiffion de l'accompagner, ne voulant pas laiffer échapper l'occafion de faire connoiffance avec cet homme fameux. L'ami y confent, & conduit le confeiller à l'auberge même où celui-ci logeoit, & à l'appartement du prévôt de Digne. Maridat qui ne l'auroit jamais foupçonné d'être *Gaffendi*, ne pouvoit revenir de fon étonnement, ni affez admirer cette modeftie qui eft la compagne ordinaire du vrai favoir.

A peine le philofophe de Provence fut-il de retour dans fa patrie, qu'il fongea à acquitter la promeffe qu'il avoit faite au P. Merfenne de répondre au livre que Robert Flud avoit écrit contre lui. Il faut favoir que ce Robert Flud étoit un gentilhomme anglois qui donnoit dans l'alchymie, la magie, l'aftrologie, la cabale, & la cacodœmonie; il s'étoit affocié avec les frères de la rofe-croix qui s'occupoient de ces fciences occultes. Flud expliquoit en faveur de cette confrerie les allégories de la bible, dans lefquelles il trouvoit à chaque pas les myftères de la cabale. Flud avoit renouvellé auffi le fyftême des anciens philofophes fur l'ame du monde; il s'étoit attaché fur-tout à faire revivre l'opinion de Zaréta, philofophe chaldéen, qui prétendoit que la lumière & les ténèbres font le principe de toutes chofes. Voici comment l'anglois développoit ce fentiment.

« La lumière & les ténèbres font les deux » principes des chofes, tous deux incréés, l'un » actif & l'autre paffif : ces deux principes ne » font réellement diftingués l'un de l'autre qu'en- » tant qu'un même objet eft vu fous deux afpects » différens ; mais ils n'ont jamais été féparés, » à proprement parler, De leur mélange réfulte » l'unité radicale dont chaque être tire fon » origine ; la lumière pénètre la maffe géné- » rale dont elle anime les différentes parties » par fon action vivifiante, les ténèbres font cette » maffe, ce principe paffif qui fe prête à tout; » on peut les confidérer en eux-mêmes & fans » aucune relation aux objets actuellement exif- » tans ». En un mot, ces deux principes ne font qu'une même caufe confidérée fous deux faces. Si Robert Flud parloit d'un temps qui eût précédé la création, c'étoit, felon lui, un temps imaginaire que l'efprit repréfente par une abftraction, à peu-près dans le même fens que les univerfaux de l'école.

Le P. Merfenne, dans fon ouvrage fur la genèfe avoit attaqué Flud fans aucun ménagement: celui-ci avoit répondu fur le même ton. Le minime, détourné par d'autres occupations, ou fe méfiant peut-être de fes forces avoit prié *Gaffendi* de fe joindre à lui pour repouffer les traits de fon adverfaire; le defir d'obliger fon ami mit la plume à la main à notre philofophe, qui compofa un examen du fyftême de Flud, & l'envoya enfuite au P. Merfenne. Dans la lettre qu'il écrit à ce religieux, il lui reproche les invectives qui lui font échappées contre fon adverfaire; il blâme hautement l'amertume du zèle théologique, plus fouvent enclin aux injures qu'aux raifons.

« Penfez-vous, dit-il, qu'un favant qui fe » pique d'être chrétien, puiffe fupporter pa- » tiemment des critiques qui attaquent fa religion » & fa doctrine ? Votre adverfaire eft un homme » à qui fon érudition & fes ouvrages ont acquis » beaucoup de célébrité. Il eft plein de fagacité » & de rufes, & on ne peut lui faire abandonner » fon pofte, qu'il ne trouve le fecret d'y rentrer » bientôt par une autre voie ».

Cependant *Gaffendi* trouva le moyen de l'en chaffer; il fit fentir les dangers du fyftême de l'ame du monde qu'il appelloit un athéifme pire que l'athéifme même. Quant aux vifions & aux chimères des confrères de la Rofe-croix, *Gaffendi* fe contenta de les expofer au grand jour : dévoiler ainfi de pareils fyftêmes, c'étoit les réfuter. Il avoit, comme remarque Sorbières à cette occafion, un talent merveilleux pour démêler les fophifmes, pour en faire connoître les ridicules, & pour les expofer enfuite avec une ironie piquante.

Cependant le livre que *Gaffendi* avoit publié contre Ariftote, excitoit de plus en plus des rumeurs. Cet ouvrage lui avoit fait beaucoup de partifans, mais encore plus d'ennemis : on le traita de téméraire & d'impie comme fi, dit Bernier, la confervation (1) de la religion eût été attachée à la doctrine d'Ariftote. Notre philofophe n'oppofa que la modération & le filence

---

(1) Bernier, abrégé de la philofophie de *Gaffendi*, préface.

à ces persécutions, il crut même devoir supprimer la suite de son ouvrage contre les péripatéticiens, par un certain ménagement qu'il avoit encore pour cette secte absurde, mais accréditée.

A peine *Gassendi* eut-il quitté Paris, qu'on s'apperçut du vuide que son absence laissoit parmi les savans. Un homme du premier rang qu'on ne nomme pas, (on présume pourtant que c'est le chancelier Séguier), lui avoit offert son hôtel, sa table, & une pension annuelle de mille écus. *Gassendi* donna en cette occasion des preuves de cet amour de l'indépendance qui fait la pierre de touche du philosophe. Il remercia celui qui vouloit être son bienfaiteur; les grands, d'ailleurs, ne lui en imposoient en aucune manière; il les regardoit comme des hommes fort ordinaires, qui avec toutes leurs vaines richesses ne sont pas en état d'acheter l'impayable liberté du philosophe.

Ce fut aussi dans les mêmes circonstances qu'il se trouva engagé, sans le savoir, dans une intrigue qu'il n'avoit pas recherchée. Pour reprendre les choses de plus haut, il faut savoir que *Gassendi* étoit lié avec Louis de Valois, comte d'Alais, petit-fils du côté gauche, du roi Charles IX, & connu depuis sous le nom de duc d'Angoulême. Ce prince, amateur des lettres & grand littérateur lui-même, avoit conçu la plus grande affection pour *Gassendi*, avec lequel il entretint toute sa vie un commerce de lettres. Notre philosophe avoit logé long-temps dans le palais du prince à Aix; il fut temoin des troubles que les divisions du comte avec le parlement occasionnèrent dans la ville.

Le comte d'Alais s'étoit mis en tête de faire *Gassendi* agent du clergé de France; il se donna en conséquence tous les mouvemens nécessaires auprès des évêques qui composoient l'assemblée de la province; il parvint, par ses négociations, à réunir la pluralité des voix en faveur de son protégé, malgré la concurrence de l'abbé d'Hugues, neveu du président de cette assemblée. L'évêque de Digne parut fort opposé à *Gassendi*: il est vrai qu'il eut le désagrément de ne point être écouté.

Comme la nomination de *Gassendi* à l'agence du clergé avoit besoin d'être ratifiée par l'assemblée générale du clergé de France, le comte d'Alais le pressa de se rendre à Paris, ensuite à Nantes, où l'assemblée avoit été transportée. Mais *Gassendi* n'avoit pas cette souplesse de caractère propre à réussir dans le monde: défaut au reste qui ne fait que son éloge. S'étant apperçu que l'abbé d'Hugues avoit pris les devants par ses manœuvres intrigantes, il prit le parti de s'accommoder avec son compétiteur, moyennant la somme de huit mille livres qui lui furent promises, & qu'il ne toucha jamais.

Si *Gassendi* perdit un poste, sa gloire & la postérité y gagnèrent également par tant d'ouvrages utiles qui furent le fruit de son repos littéraire. Retourné en Provence, son séjour n'y fut point oisif ni infructueux; il travailloit de concert avec son ami de Péiresc, chez qui il logeoit: ils firent ensemble un voyage à Marseille pour vérifier les observations de Pythéas. Cet ancien astronome avoit déterminé à Marseille l'obliquité de l'écliptique sur des raisons dont Strabon avoit contesté la justesse. Notre philosophe ayant trouvé les remarques de Pythéas exactes, composa son apologie.

Il parcourut ensuite la Provence avec son ami le conseiller de Péiresc, pour examiner les antiquités, les monumens & les curiosités naturelles que le pays renferme; toujours attachés à l'anatomie, ils observèrent les phénomènes de la vision dans les quadrupèdes, les poissons & les amphibies, suivant de cette manière la nature à la piste, suivant l'expression de Fontenelle.

Milord Herbert ayant donné à peu-près dans ce même tems un ouvrage métaphysique, *Gassendi* crut devoir relever certains endroits qui lui parurent hardis & repréhensibles. Il se croyoit tenu de repousser les traits qui pouvoient retomber sur la révélation, mais c'étoit toujours avec une sagesse & une modération dignes de la cause qu'il soutenoit.

Nous voici arrivés à une époque des plus remarquables de la vie de *Gassendi*, je veux dire, à l'histoire de ses discussions métaphysiques avec Descartes.

Réné Descartes, chevalier, seigneur Duperron, naquit à la Haye en Touraine en 1596. Après avoir donné pendant son enfance des marques de ce qu'il devoit être un jour, il suivit quelque temps la profession des armes, qu'il quitta bientôt pour se livrer à l'étude de la philosophie; & pour y vaquer avec plus de liberté, il crut devoir fuir les hommes; en conséquence il vécut pendant deux ans dans une maison écartée, du faubourg S. Germain, sans faire & sans recevoir aucune visite. Il quitta ensuite sa patrie, & passa en Hollande pour philosopher avec plus de liberté. La persécution qu'il avoit déja commencé à essuyer à Paris, vint encore le troubler dans sa nouvelle retraite; mais elle tourna entièrement à sa gloire & à la confusion de ses ennemis. Il passa ensuite à Stockholm sur les exhortations pressantes de la reine Christine. A peine y fut-il arrivé qu'il termina sa carrière à l'âge de 54 ans. Simple & sans ambition, il sacrifia toujours à l'amour de la solitude, les prétentions que sa naissance & ses talens pouvoient lui imposer. Modeste & frugal, il ne consulta jamais que le simple besoin dans ſes vêtemens & ſa nourriture. Il fut enfin dans ſes écrits & ſa vie privée, la lumière & le modèle des philoſophes.

Si ſon ſyſtême des connoiſſances innées eût été admiſſible, on auroit cru en trouver dans ſa perſonne une preuve vivante des plus complettes. Doué d'une ſagacité plus qu'humaine, il fit l'étonnement de ſon ſiècle par ſon prodigieux ſavoir; il fixa les règles du raiſonnement; il établit un doute méthodique dont l'utilité eſt reconnue pour l'avancement de la vraie ſcience; les mathématiques qui faiſoient ſon plus beau domaine furent portées par lui à un point de perfection qu'on admiroit ſans le concevoir. Il fit le premier l'application de l'algèbre à la géométrie. Voilà par quels degrés Deſcartes opéra cette révolution qui changea totalement la face de la philoſophie; à la vérité, ſon ſyſtême n'a été qu'une mode auſſi éphémère que brillante, on lui a reproché d'avoir abandonné le flambeau de la géométrie qui l'avoit guidé ſi long-temps, pour ſe livrer aux illuſions de l'eſprit ſyſtématique: cet eſprit lui a fait prendre ſouvent des ſentiers detournés, lorſqu'il a voulu pénétrer les profondeurs de la phyſique. Mais on convient que ſes mépriſes ne ſont que les écarts d'un génie créateur. « Il faut » toujours admirer Deſcartes, diſoit un illuſtre » cartéſien, & le ſuivre quelquefois (1) ».

Deſcartes ſe ſignala ſur-tout par des nouvelles preuves qu'il donna de la ſpiritualité de l'ame. Il mit dans un grand jour les propriétés diſtinctes de la penſée & de l'étendue; il aſſigna leurs limites reſpectives; il établit leur excluſion réciproque, c'eſt ainſi qu'il prouva la différence de l'eſprit & du corps, & non par ſon hypothèſe chimérique des idées innées, qu'on a reléguée aujourd'hui dans la claſſe des êtres de raiſon. Il faut remarquer auſſi que pour prouver la ſpiritualité de l'ame, Deſcartes ſe fraya une route univerſelle, & diamétralement oppoſée à celle qu'on avoit ſuivie avant lui. Les ſcholaſtiques avoient donné à l'ame une étendue différente pourtant de celle de la matière; c'étoit comme le remarque Bayle (2), renverſer d'une main l'immatérialité qu'ils avoient établie de l'autre. Auſſi Deſcartes fit voir que l'eſſence de la ſpiritualité conſiſte dans une incompatibilité abſolue avec une extenſion ou des parties quelconques.

C'eſt par ces nouveaux raiſonnemens que Deſcartes a bien mérité de la religion; à la vérité, on a trouvé qu'il auroit dû s'en tenir là, & ne point mêler des preuves ſuſpectes & incertaines

___

(1) *Bernier*, abrégé de la philoſophie de *Gaſſendi*, préface.

2) Bayle, Dictionnaire critique, article Simonide.

à une cauſe qui n'admet que le vrai, & exclut eſſentiellement l'arbitraire.

Tel étoit Deſcartes avec qui *Gaſſendi* devoit rivaliſer pendant quelque temps: ces deux philoſophes, les premiers de leur ſiècle, partagèrent le ſceptre du licée. L'un ſembloit avoir un génie ſupérieur à ſes connoiſſances; l'autre avoit des connoiſſances qui s'étendoient au-delà de ſon génie: l'un, ſéduit par l'éclat du merveilleux, s'élançoit, ſe perdoit même quelquefois dans la région ſublime des hypothèſes; l'autre alloit toujours terre à terre, & ne marchoit qu'au flambeau de l'analogie: l'un vouloit voir les choſes par leur principe, c'eſt-à-dire, comme Dieu même; l'autre ſe bornoit aux foibles lumières dont la meſure a été départie à la nature humaine: l'un fécond inventeur; l'autre ſimple, commun & d'autant plus vrai: l'un enfin a régné long-tems par lui-même, par Mallebranche & par Régis; l'autre avec Moliere & Bernier a d'abord fait moins de bruit, mais il a été l'avant-coureur.

J'eſpère qu'on voudra bien me pardonner cette digreſſion pour revenir à mon ſujet; je remarquerai que lorſque Deſcartes eut publié ſes méditations, le P. Merſenne qui étoit lié avec lui, ainſi qu'avec *Gaſſendi*, fit paſſer au dernier le livre des méditations, pour voir s'il auroit quelques difficultés à lui oppoſer: ce religieux en avoit uſé de même à l'égard de M. Arnauld & de Hobbes, avec leſquels il étoit lié, & ces deux auteurs avoient déjà fait leurs objections. *Gaſſendi* fit auſſi les ſiennes de ſon côté; il proteſte d'abord qu'il n'attaque point les queſtions qui font la matière des objections, & qu'il ne veut point donner atteinte aux vérités établies dans les méditations de Deſcartes; il propoſe ſeulement quelques difficultés qui l'empêchent d'adopter certaines preuves acceſſoires déduites dans le livre des méditations; il auroit voulu qu'on leur en ſubſtituât de nouvelles plus ſolides & qui répandiſſent plus de jour ſur les vérités dont il convenoit pour le fond avec Deſcartes. Il n'approuvoit pas ſur-tout que Deſcartes voulût donner pour une choſe claire & palpable une vérité obſcure, & qu'il eût prétendu réduire en théorême, ce qui n'étoit qu'un Dogme.

Après avoir mis au net ſes objections, il les adreſſa à Deſcartes, avec une lettre fort polie, où il lui explique ſes motifs & ſon but. « Quand » je ſuis à table, dit-il, & que je tombe ſur » un mets qui n'eſt pas de mon goût, je n'exige » pas, que les autres convives ſoient du même » avis que moi: il en doit-être de même en fait » d'opinions. Rien n'eſt plus vrai que chacun » abonde en ſon ſens; mais il ſeroit auſſi injuſte » d'exiger de quelqu'un qu'il penſe comme nous, » que de vouloir qu'un convive trouve bon un » ragoût qui flattera notre palais. Il ajoute qu'il

» est très-éloigné de vouloir le choquer, &
» promet d'effacer toutes les expressions qui pour-
» roient lui déplaire, & qui ne s'accorderoient
» pas avec les égards & la considération dont il
» fera toujours profession envers lui. On remarqua dans le tems que Descartes, dans son traité
des météores, avoit profité de l'ouvrage de Gassendi sur les parélies, sans daigner le citer. Ces
reticences arrivoient par fois à Descartes; Gassendi fut sensible à celle-ci.

Descartes, dans sa réponse, loue beaucoup
notre philosophe sur les agrémens de son style,
quoiqu'il ait employé des figures de rhétorique,
disoit-il, plutôt que les raisonnemens d'un philosophe; il dit après, qu'il reconnoît Gassendi
pour un grand philosophe aussi recommandable
par sa candeur que par la profondeur de sa doctrine, & qu'il fera tout ce qu'il dépendra de lui
pour cultiver son amitié qui lui sera toujours précieuse.

Descartes fait ensuite une espèce de dialogue
où il met l'esprit & la chair sur la scène. Gassendi comprit que Descartes avoit prétendu le
désigner sous le nom de la chair, & qu'il s'étoit
représenté lui-même sous celui de l'esprit; il fut
un peu piqué de l'allusion, ainsi que du ton tran-
chant & décisif qu'affectoit son antagoniste. Une
lettre de celui-ci acheva de l'indisposer, Descartes y parloit fort cavalièrement: « il peut se
» faire, disoit-il, que Gassendi n'approuve pas
» mes raisons, parce qu'il en aura senti la vérité,
» pour moi je ne puis approuver les siennes par
» une raison contraire. Si cela est, ce n'est pas
» ma faute. »

Notre philosophe, qui ne restoit pas volontiers court, prit aussitôt la plume pour répliquer
à Descartes. Il lia ensemble ses objections, les
réponses de Descartes, & les instances qu'il avoit
composées en réplique: les questions sont aussi
approfondies dans ces dernières qu'elles pouvoient
l'être; il y démêle avec beaucoup d'art les paralogismes de son adversaire, qu'il accule pour
ainsi dire par plusieurs de ces argumens qu'on
appelle ad hominem. Il dit ensuite à Descartes:
« En m'appellant chair, vous ne m'ôtez pas mon
» esprit, de même qu'en vous nommant esprit,
» vous ne quittez pas votre corps; mais vous êtes
» le maître de parler selon votre génie: il me
» suffit qu'avec l'aide de Dieu, je ne sois pas
» tellement chair, que je ne conserve encore
» mon esprit, & que vous ne soyez pas tel-
» lement esprit, que vous ne gardiez encore
» votre corps. Ni vous, ni moi ne sommes au
» dessus ni au dessous de la nature; si vous rou-
» gissez de l'humanité, je n'en rougis pas. »

Le livre des instances fut reçu du public avec
beaucoup d'avidité; on trouva qu'il ne laissoit
rien à desirer pour la solidité des preuves, la
force & l'enchaînement des raisons, & la
véritable méthode de manier la dialectique; ce
fut, dit le P. Bougerel « (1) le premier exem-
» ple d'une réfutation très-complette digne d'un
» philosophe très-subtil, très-savant & chrétien.
» L'auteur d'une lettre critique sur la vie de
Gassendi, prétend que ce philosophe n'étoit pas
content de cette production: je ne sais où il a
puisé cette anecdote qu'il n'appuie d'aucune
autorité. Les suffrages du public étoient bien capables de le rassurer, car, à peine le livre des
instances eut vu le jour, qu'on lui écrivit de
toutes parts pour le féliciter sur le succès éclat-
tant qu'il avoit. On ajoutoit que la doctrine Car-
tésienne alloit chaque jour en déclinant depuis
qu'on avoit vu la réfutation. « Descartes peut
» faire quand il voudra de nouvelles méditations,
» disoit-on, dans ces lettres, car les anciennes
» sont coulées à fond ».

Les Cartésiens témoins de tous ces revers,
sollicitoient vivement leur maître de repousser les
traits de Gassendi; Descartes tâchoit de s'en exempter, en disant beaucoup de mal du livre &
de l'auteur: il prétendoit que la réfutation de
ses méditations ne méritoit que du mépris, &
qu'il ne se donneroit pas seulement la peine de
la lire. Cette politique est commode pour trancher bien des difficultés.

Mais, ce qui ne fera jamais honneur à Descartes, c'est son déchaînement contre Gassendi
à ce sujet. Il ne laissoit échapper aucune occasion de le dénigrer de vive voix; plusieurs personnes aussi judicieuses qu'impartiales, furent choquées de ce procédé, & blâmèrent hautement
Descartes, dont la modération de Gassendi ne
faisoit qu'aggraver les torts. On ne sauroit s'empêcher, (2) dit le P. Bougerel, « de regarder
» autrement, que comme des rodomontades,
» tout ce que Descartes débitoit dans cette oc-
» casion, & on s'étonne que Baillet, dans la
» vie de ce philosophe, ait donné ces rodo-
» montades, pour des objections solides. Il seroit
» difficile de justifier Baillet du reproche de par-
» tialité contre Gassendi, dont il ne pouvoit
» s'empêcher de reconnoître la modération ».

On lit une remarque singulière dans un ouvrage
de M. Arnauld, qui a pour titre: Difficultés proposées à M. Steiaert. Ce célèbre docteur dit
qu'on lui avoit écrit de Naples que le livre des
instances de Gassendi avoit jetté plusieurs personnes dans l'erreur épicurienne sur la mortalité
de l'ame. Il ajoute que cette lecture peut être

---

(1) Vie de Gassendi, par le P. Bougerel, liv. 4.
(2) Le P. Bougerel, ibidem.

dangereuse pour certains esprits, parce que *Gassendi* y met en avant toutes les raisons que la sagacité humaine peut suggérer pour prouver que l'ame n'est pas plus distinguée du corps qu'un corps subtil l'est d'un grossier : le P. Bougerel fait sentir combien cette critique porte à faux. En effet, M. Arnauld l'appuie uniquement sur les conséquences qu'on peut tirer de la réfutation des méditations de Descartes ; mais un auteur doit-il donc être garant des conséquences sophistiques & désavouées auxquelles son livre peut donner lieu ? Qu'auroit répondu M. Arnauld, partisan très-chaud de Descartes, si on lui eût rétorqué que le spinosisme étoit une suite des principes cartésiens ? Il se seroit sans doute récrié sur la fausseté des conséquences. On peut par la même raison justifier *Gassendi* du reproche d'avoir voulu favoriser le matérialisme dont il étoit aussi éloigné que Descartes du spinosisme, & Mallebranche du matérialisme.

Il faut encore observer, avec le P. Bougerel, que lorsque *Gassendi* propose ses difficultés sur la spiritualité de l'ame, il ne parle que philosophiquement. D'ailleurs, il dit & repète souvent qu'il n'en veut qu'aux raisons qu'allegue Descartes, & non pas à la cause qu'il défend : c'est ainsi que dans les écoles, ajoute encore le P. Bougerel, on a toujours été en possession de donner carrière à des opinions purement philosophiques. On y entend tous les jours sans scandale les argumens les plus forts contre l'existence de Dieu & l'immortalité de l'ame. D'ailleurs *Gassendi* prouvoit sans réplique à Descartes, combien il étoit téméraire de vouloir sonder la nature de l'ame qui a toujours été, & qui sera probablement toujours incompréhensible.

D'ailleurs ce n'étoit pas personnellement à *Gassendi*, mais aux fausses conséquences tirées de son ouvrage, que M. Arnauld faisoit le procès. Il ne pouvoit ignorer la pureté des sentimens de notre philosophe, assez constatée par la voix publique. Pour s'en convaincre, il ne faut que lire ses ouvrages postérieurs aux instances ; s'il falloit encore rendre la justification de *Gassendi* plus complette, on pourroit alléguer que le livre des méditations a été mis à l'index, & que celui des instances n'a jamais essuyé la moindre flétrissure.

Gassendi perdit bientôt après son ami de Péiresc, dont la mort lui fut d'autant plus sensible, qu'ils avoient toujours vécu dans l'union la plus étroite & la mieux soutenue ; le chagrin qu'il en eut, lui fit suspendre tous ses travaux littéraires pendant le reste de l'année. Il paya ensuite à la mémoire du défunt, le tribut que la reconnoissance & l'amitié lui imposoient, en faisant imprimer sa vie qui fut très-bien accueillie du public (1).

Le célèbre Galilée ayant perdu un œil à peu près dans ces circonstances, *Gassendi* lui écrivit une lettre philosophique pour le consoler. C'est dans cette lettre qu'il avance « que nous ne » voyons jamais les objets que d'un œil, quoi- » qu'ils soient ouverts tous les deux. Dans le » tems qu'un de nos yeux considère un objet, » l'axe de l'autre œil se trouve arrêté & » suspendu par le ressort de la nature qui n'agit » à proprement parler, que sur un seul. » Notre auteur prenoit l'intérêt le plus vif à tout ce qui regardoit Galilée ; & lorsque l'inquisition en eut usé à l'égard de ce célèbre astronome avec cette rigueur qu'on trouve aujourd'hui si absurde dans le pays même où il fut si maltraité, *Gassendi* s'employa autant qu'il le put, par lettres, & par négociation, pour procurer à son illustre ami le recouvrement de sa liberté. Notre philosophe pensoit de même que Galilée, mais il usoit de beaucoup plus de réserve. C'est ce qu'on apperçoit dans le traité qu'il composa sur la communication du mouvement : il y donne la solution des principales questions de mécanique, sur-tout de celles qui sont relatives au mouvement de la terre, mais il n'ose se déclarer ouvertement pour le système de Copernic.

« Je sais bien, disoit-il, que les partisans de » ce système donnent des raisons solides & satis- » faisantes qui concilient leurs opinions avec les » passages de l'écriture ; mais quand je vois des » personnes qui ont une grande autorité dans l'é- » glise, suivre un avis contraire, je me tais ; » non que je croie que leur opinion soit une » règle de foi, mais je la regarde comme un grand » préjugé que je respecte ».

Aujourd'hui cette déférence paroîtra poussée à l'excès. L'on convient assez unanimement que les questions de fait de cette nature, ne sont point du ressort de l'autorité ; ainsi lorsqu'on avoit défendu autrefois de croire aux antipodes, le roi d'Espagne Ferdinand aima mieux, dit Pascal, croire Christophe Colomb qui en revenoit, que le pape Zacharie qui disoit qu'il n'y en avoit pas.

Si *Gassendi* fit paroître dans cette occasion une timidité déplacée, il répara bientôt après cette faute, dans le traité qu'il publia sur l'accélération des corps graves dans leur chûte : il soutient hautement l'hypothèse de Copernic dans cet ouvrage. Un jésuite recteur du collège de Dijon,

___
(1) Cette vie se trouve en latin dans la collection des œuvres de *Gassendi*.

attaqna *Gassendi* qui repoussa victorieusement ses traits; mais Morin jugea à propos de prendre le parti du jésuite, il fit part à *Gassendi* du projet qu'il avoit formé d'écrire contre lui, l'exécuta bientôt après, malgré les remontrances du P. Mersenne & de quelques autres savans de distinction. Il mit au jour un livre intitulé : *Les ailes de la terre brisées : Ala telluris fracta.* Ce livre contient un amas de raisonnemens absurdes pour prouver l'impossibilité du mouvement de la terre autour du soleil : on y trouve aussi un torrent d'injures contre *Gassendi*. L'acharnement de Morin contre notre philosophe avoit sa source dans une raison qui ne fait pas honneur au premier. Cet homme imbu des préjugés de l'astrologie judiciaire, avoit cru faire de nouvelles découvertes dans son art chimérique ; il les avoit proposées à *Gassendi*, qui en avoit fait tout le cas qu'elles méritoient ; il avoit même tâché de dessiller charitablement les yeux de Morin, qui prit en mauvaise part le service que notre philosophe avoit voulu lui rendre ; il se mit donc à composer ce libelle dans lequel il soulage sa bile par des personnalités aussi odieuses qu'indécentes contre *Gassendi* : ce dernier fit l'honneur à ce visionnaire de le réfuter de point en point. Morin, au reste, ne manquoit ni d'esprit, ni de connoissances ; il étoit à plaindre par ses préjugés en faveur de l'astrologie judiciaire, plus à plaindre encore par ses procédés à l'égard de *Gassendi* ; procédés qui laissent sur sa mémoire une tache éternelle.

Enfin, après bien de laborieuses recherches, *Gassendi* termina son ouvrage sur la vie & les mœurs d'Epicure. Cet ouvrage est divisé en huit livres ; il est précédé d'une épitre dédicatoire où l'auteur expose son sujet & son but à son ami Luillier le maître des comptes. « Il y prévient » les reproches (1) qu'on pouvoit lui faire de » contredire l'opinion commune où l'on étoit » alors touchant Epicure, & d'entreprendre un » ouvrage nuisible à la religion & aux bonnes » mœurs. Il répond au premier chef, que l'o» pinion de la multitude ne doit point servir de » loi, parce que pour l'ordinaire elle est moins » fondée sur une connoissance de cause que sur » l'autorité souvent incertaine des anciens. Aussi » Sénèque, disoit-il avec raison, je ne cherche » point à plaire au peuple, il ignore ma façon » de penser, & moi la sienne. La vérité des opi» nions dépend de la force & du concours des » preuves dont elles sont appuyées, & non pas » du nombre ou de la qualité de ceux qui se mê» lent d'en juger. Que sera-ce donc, ajoute-t-il, » si je viens à faire voir qu'Epicure ne le cède à » aucun philosophe, soit pour la candeur, l'in» tégrité, la sévérité même de ses mœurs, soit » pour le génie, la sagacité & la solidité du ju» gement ? Pour s'en convaincre, il faut exami» ner le fonds des choses, comme disoit Sénèque, » & non pas s'arrêter aux apparences. »

« *Gassendi* ajoute qu'il ne prétend pas s'affi» cher pour un homme qui aime à fronder les » préjugés reçus ; mais qu'en même-tems il n'est » point sourd à la voix de l'humanité qui lui a » mis la plume à la main pour venger un homme » qu'on a si indignement déchiré, pour lequel » il ressent le même zèle dont il seroit animé » envers un innocent qu'il sauroit être injuste» ment opprimé. La calomnie nous représente » Epicure comme un homme absorbé dans la » vice, qui ne cherche qu'à se vautrer dans les » plus sales voluptés ; en un mot, comme un » Sardanapale, ou comme un Heliogabale ; si » cela étoit, je serois le premier à lui jetter la » pierre & à le dévouer aux furies, mais je me » flatte de démontrer la fausseté de ces impu» tations, & de confondre ceux qui, cachant » leurs désordres sous un zèle apparent de ré» formateurs, sont encore à cent lieues d'Epi» cure pour l'honnêteté des mœurs ».

« Quant à ce qui est contraire à la religion & » & à la pureté de la foi, j'aurai soin de le relever » autant qu'il sera en mon pouvoir. On ne peut » se dissimuler combien Epicure est condamna» ble sur ce chapitre ; mais il a cela de com» mun avec tous les autres philosophes : car, en » se bornant aux écrits d'Aristote, qui a dominé » si long-tems dans l'école, combien d'impiétés » n'y trouve-t-on pas contre la providence ? Ce» pendant cela n'empêche pas de le lire & de » l'étudier en prenant ce qu'il y a de bon, & » laissant le mauvais à l'écart : il faut user des » mêmes précautions à l'égard d'Epicure ».

Ce passage si précis, & des autorités aussi respectables que celles de *Gassendi* & de Sénèque auroient dû, ce me semble, faire quelque sensation sur tant de déclamateurs qui ont cru pouvoir se permettre d'outrager si gratuitement la mémoire d'Epicure.

Le premier & le second livre de *Gassendi* sont employés à écrire la vie d'Epicure. Ce philosophe issu d'une famille distinguée naquit à Cargetes, bourgade voisine d'Athènes, environ trois cens quarante ans avant l'Ere chrétienne. Sa mère étoit fort superstitieuse, & croyoit aux esprits & aux revenans. Le jeune Epicure fut envoyé à Samos, ensuite à Athènes, pour y faire ses études. Son maître de grammaire lui parlant un jour du chaos qu'il disoit être l'origine de tout, le jeune écolier lui demanda : « Si le chaos » est l'origine de toutes choses, d'où tire t-il » lui-même

---

(1) Ce long passage est extrait de l'épitre dédicatoire de *Gassendi* à Lullier, dont je donne ici la traduction.

» lui-même son origine ? » Le maître embarrassé, répondit que cette question étoit de la compétence des philosophes qui font profession de chercher la vérité. A quoi Epicure répondit : « Puisque cela est ainsi, je vais étudier sous ceux qui s'appliquent à connoître la vérité ». Telle fut l'origine de son goût pour la philosophie ; la lecture des ouvrages de Démocrite ne contribua pas peu à l'y attacher.

Parvenu à un âge plus mûr, Epicure se mit à philosopher, il ouvrit une école d'abord à Samos, ensuite à Athènes où il se fixa. Il y fit l'acquisition d'un jardin pour la somme de six mille livres ou environ de notre monnoie. C'étoit-là qu'il vivoit avec un petit nombre de disciples choisis dans le sein de l'amitié, & la communication de la raison. Ses quatre principaux disciples furent Métrodore, Hérodote, Hermachus & Polistrate. Cicéron remarque qu'on n'a jamais vu d'exemple d'une union aussi constante depuis Oreste, Pilade & Thésée. Ils avoient sans cesse le portrait de leur maître devant les yeux, au lit & au bain.

Epicure a composé environ trois cens ouvrages dont nous n'avons que des fragmens très-imparfaits. Le tems ne nous a pas conservé le reste, & c'est peut-être la plus grande perte qu'ait faite la république des lettres. Ce grand homme, tourmenté toute sa vie de la goutte, cherchoit sa consolation dans l'étude de la nature, & dans cet épanchement du cœur si propre à adoucir les misères humaines. Il donna jusqu'à la fin, l'exemple de la conduite la plus irréprochable par sa continence & sa sobriété, ne vivant que de légumes, & ne buvant jamais de vin. C'est ainsi qu'il poussa sa carrière jusqu'à l'âge de soixante-douze ans. Sur ses derniers jours il étoit devenu si foible qu'il ne pouvoit plus supporter la lumière ni ses vêtemens. Sentant sa fin approcher, il fit ses dernières dispositions, entra dans un bain chaud, avala un verre de vin, & expira bientôt après. *Voyez* l'article EPICUREISME.

Dans ses derniers momens, Epicure écrivit à Hermachus la lettre suivante que Cicéron nous a transmise, en comparant la mort d'Epicure avec celle des Léonidas, des Epaminondas & des autres héros de la Grece. « Je vous écris, Hermachus, dans cet heureux jour, le dernier de ma vie, je souffre des entrailles & de la vessie au dessus de ce que l'on peut s'imaginer ; mais j'oppose à mes maux la joie de mon esprit, en me rappellant les preuves des importantes vérités que j'ai établies. Je vous recommande les enfans de Métrodore ; c'est un soin digne de l'attachement que vous avez eu dans votre jeunesse, pour la philosophie & pour moi ».

Les disciples d'Epicure continuèrent à vivre

Philosophie anc. & mod., Tome II.

de la même manière après sa mort ; leur école produisit plusieurs hommes célèbres.

Dans le quatrième livre, *Gassendi* remonte à la source de la haine & des invectives auxquelles Epicure s'est trouvé en butte. Les Stoïciens y donnèrent lieu. Zénon, patriarche de ces derniers, étoit un homme d'un esprit rare, mais sombre & acariâtre ; il s'associa avec quelques autres philosophes de la même trempe, & parvint à fonder une secte qui fut depuis très-florissante. Cette secte professoit à l'extérieur, ce que nous appellons le rigorisme, pleine d'ailleurs des plus singulières prétentions qu'Horace a si bien ridiculisées dans ses satyres. Sénèque, dans la tragédie de Thyeste, peint aussi d'après nature la morgue stoïcienne dans ces vers ;

Rex est, qui posuit metus,
Et diri mala pectoris :
Quem non ambitio impotens
Et numquam stabilis favor,
Vulgi præcipites movet.

Epicure sans tant d'appareil & de faste plaidoit en faveur des droits de la nature, qu'il prétendoit être très-légitimes par eux-mêmes ; il ne s'agissoit que de les bien entendre. Il prenoit un parti mitoyen entre la rigueur & le relâchement. Comme il suivoit une route diamétralement opposée à celle de Zenon, il n'en fallut pas davantage pour ameuter les Stoïciens contre lui ; & delà tant de sottises & d'imputations calomnieuses contre Epicure, lesquelles ont malheureusement séduit des esprits très-éclairés, & sur-tout un des plus sages & des plus agréables écrivains de l'antiquité.

Le cinquième livre roule sur la religion d'Epicure. On y voit que le philosophe d'Athènes a toujours reconnu l'existence de la divinité. Il pensoit aussi sainement qu'un payen pouvoit le faire sur son excellence. Il alloit même dans les temples, & l'on sait le mot de cet ancien : « Que Jupiter ne lui avoit jamais paru plus grand que depuis qu'il avoit vu Epicure prosterné au pied de ses autels ». Il est vrai qu'il a nié la providence ; il pensoit que c'étoit déroger à la haute idée que l'on doit avoir de l'Etre suprême, que de le croire occupé des choses d'ici-bas. « La divinité, disoit-il, est trop heureuse & trop supérieure à la nature humaine pour descendre dans tous ces détails ». Ainsi il tomba dans l'irréligion par un principe trop religieux. Il seroit téméraire de vouloir disculper Epicure sur ce chapitre ; aussi *Gassendi* l'abandonne-t-il aux reproches qu'on lui a faits de couper les reins à la vertu, si l'on peut se servir de ce terme, en lui enlevant ses plus fermes soutiens. Mais notre

A a a a

philosophe fait voir en même-tems qu'Epicure à eu pour complices tous les sages de l'antiquité, dont les systêmes théologiques bien approfondis, n'étoient pas plus favorables à la providence, ils ne différoient entr'eux que du plus ou du moins; ainsi les Stoïciens étoient dans un étrange erreur, si en condamnant les Epicuriens ils croyoient valoir beaucoup mieux qu'eux avec leur fatalité, & leur Dieu rond & igné coupé en parcelles dans tous les Etres qui composent la nature. Gassendi ne fait point de quartier à aucun philosophe sur ce point de religion, pas même au divin Platon.

La justification d'Epicure sur l'article des mœurs, fait le sujet du sixième livre. Le philosophe d'Athènes étoit bien éloigné, comme on voit par le contenu de ce livre, de cette dépravation qu'on lui a imputée. Le jardin d'Epicure, ce berceau d'une si illustre école, n'étoit rien moins qu'un lieu de prostitution, comme il a plu au fanatique Chrysippe de le débiter; c'étoit le séjour de l'honnêteté, de la philosophie & de l'amitié; les femmes d'Athenes, célèbres par leur beauté & leurs talens, venoient y puiser l'amour de la science & de la vertu.

Dans le septième livre, Gassendi repousse encore les calomnies des Stoïciens contre la tempérance d'Epicure, & le huitième livre a pour objet l'examen & la réfutation de ce qu'Epicure avoit avancé touchant les arts libéraux & mécaniques. Tel est le plan de cet ouvrage qui réunit au plus haut degré la précision du style, les recherches de l'érudition, & la justesse de la dialectique. Il suffit, pour en faire l'éloge, de citer le suffrage de deux grands connoisseurs (1) qui conviennent que ce livre est un chef-d'œuvre qui vaut lui seul tous les ouvrages qu'on a composés en faveur d'Epicure. Gassendi y a joint des remarques sur le dixième livre de Diogene de Laërce, avec une exposition des maximes d'Epicure, suivies de notes simples & lumineuses. Epicure avoit divisé sa philosophie en trois branches, la canonique, la morale & la physique. Toute sa doctrine étoit réduite en aphorismes. Gassendi l'avoit d'abord donnée au public sous cette même forme; mais les changemens & les éclaircissemens qu'elle demandoit, l'engagèrent insensiblement dans de longs détails; la matière s'étendit entre ses mains au point de former un volume considérable, & un cours de philosophie très-complet & très-instructif: c'est de cet ouvrage que nous avons extrait le précis du systême de Gassendi qu'on trouvera à la suite de sa vie.

La vie d'Epicure fut reçue du public avec

(1) Bayle & l'abbé Batteux.

l'empressement qu'elle méritoit, & mit le dernier sceau à la réputation de Gassendi, qui parut alors être parvenu à ce période qui met également au dessus de l'éloge & de la critique.

En 1645, une chaire de mathématiques étant venue à vaquer au collége royal, le cardinal Louis de Richelieu, archevêque de Lyon, & grand aumônier de France, nomma Gassendi pour la remplir: notre philosophe qui savoit que le sage ne doit pas s'immiscer dans beaucoup d'affaires, la refusa d'abord, mais enfin il l'accepta sur les instances réitérées du cardinal: le jour de son installation il prononça une harangue qui fut très-applaudie, & dans laquelle il fit un éloge délicat du cardinal, de tous les professeurs ses collégues, sans oublier Morin, rendant ainsi le bien pour le mal.

De nouvelles affaires appellèrent encore Gassendi en Provence; il fit alors imprimer ses ouvrages à Lyon. Il travailloit toujours avec une ardeur infatigable, sur-tout à des expériences de physique qui lui coutèrent cher; il en eut une maladie qui le mit aux portes de la mort. L'astrologue Morin annonça qu'il n'en relèveroit pas; il avoit été instruit de son état, & comptant qu'il étoit perdu sans ressource, il se félicitoit de trouver cette occasion de venger & de rétablir l'honneur de son art décrié: mais ce fut encore un nouveau sujet de confusion pour lui. Gassendi ne se porta jamais mieux que dans le tems où Morin avoit prédit sa mort, & réfuta ainsi l'astrologue autant par son expérience que par ses écrits.

Notre philosophe n'eut pas plutôt recouvré sa santé, qu'il mit la dernière main à plusieurs ouvrages qu'il avoit entrepris. Ces ouvrages sont les vies de Tycobrahé, de Copernic & de Régiomontanus, célèbres astronomes. Il se rendit aussi utile à l'église de Digne par plusieurs Recherches savantes sur ses droits & ses antiquités. Il donna encore un traité sur la musique françoise, avec une explication raisonnée des tons de voix, des inflexions & des modulations: il en parle aussi pertinemment qu'on pouvoit le faire dans un tems où cet art étoit encore au berceau; enfin, comme aucun genre d'érudition ne lui étoit étranger, il écrivit sur l'évaluation des sesterces un petit traité qui répand beaucoup de jour sur cette partie de l'histoire ancienne.

Le livre des principes de physique de Descartes faisoit alors du bruit. Sorbières qui se trouvoit en Hollande, voulut engager Gassendi à écrire contre Descartes. Mais notre philosophe ne jugea pas à propos de le faire, persuadé de l'inutilité de ces contestations littéraires qui n'aboutissent la plupart du tems, qu'à repaître la vaine curiosité des gens désœuvrés pour qui elles forment une espèce de spectacle, & *Gassendi* ne vouloit pas se donner en spectacle. D'ailleurs il n'étoit pas en reste envers Descartes, & celui-ci ayant gardé le silence, l'autre ne croyoit pas devoir être le premier à le rompre. Cependant Rivet lui ayant écrit pour lui demander son avis sur les principes de physique, voici ce qu'il lui répondit.

» Je ne crois pas qu'on doive se mettre en frais pour réfuter un système qui probablement ne survivra pas à celui qui l'a inventé. Rien n'est plus ennuyant, il tue son lecteur ; on s'étonne que ces fadaises aient tant coûté à leur auteur ; pour moi je ne puis qu'appréhender beaucoup pour la témérité d'un homme qui veut ainsi détrôner Aristote, afin de se mettre à sa place, en substituant à l'ancienne doctrine une autre doctrine non moins erronée : il est bien singulier qu'un si grand géomètre veuille nous donner des fadaises & des rêveries pour des démonstrations ».

Cette critique qui décéla sans doute l'homme piqué, fournit à Baillet l'occasion de déprimer *Gassendi* pour élever Descartes son héros ; mais Baillet n'auroit pas tant déclamé, s'il avoit pu pressentir le jugement de la postérité qui semble avoir justifié parfaitement la production de notre philosophe.

Descartes, témoin du discrédit où étoient tombées ses méditations, depuis qu'on lisoit les *instances* de *Gassendi*, voulut y répliquer par une réponse en forme. Il avoit d'abord joué le mépris pour le livre & son auteur, mais il comprit enfin qu'il ne devoit point mépriser ce qui n'étoit pas méprisable, il répondit quoiqu'indirectement, feignant de n'avoir pas lu la réfutation de son adversaire. *Gassendi* ne se crut pas obligé de répondre une seconde fois à des argumens qu'il avoit déjà combattus, & qui ne se reproduisoient point sous de nouvelles formes. C'étoit assez la coutume de Descartes de revenir toujours aux principes qu'il avoit déjà posés, sans s'embarrasser si on les avoit réfutés, & à prouver le même par le même. Cependant, comme la division de ces deux grands hommes ne laissoit pas de produire un mauvais effet, M. l'abbé d'Estrées, qui fut depuis cardinal, grand amateur des lettres, & avec connoissance de cause, résolut de faire cesser ce scandale littéraire. Pour cet effet il invita un jour à dîner Descartes, *Gassendi*, Roberval, l'abbé de Marolles, & quelques autres amis communs. *Gassendi* ne put s'y trouver à cause d'une indisposition qui lui étoit survenue la nuit précédente. Après le dîner, M. l'abbé d'Estrées mena la compagnie chez *Gassendi* ; l'accord se fit aisément entre deux philosophes qui s'estimoient réciproquement. Dès que *Gassendi* fut en état de sortir, il alla rendre visite à Descartes ; ils se jurèrent dès-lors une amitié qui ne fut jamais démentie.

Les fréquens voyages de *Gassendi*, ses études continuelles, ses veilles, ses expériences laborieuses, altérèrent prodigieusement sa santé ; il falloit se soumettre au régime, non pas pour sa nourriture, il n'en avoit jamais eu besoin, mais on l'obligea de renoncer à l'étude, sacrifice qui lui coûta beaucoup. Au mois de février 1655, son état empira si fort qu'on le crut perdu sans ressource. Il échappa cependant au danger, & eut même assez de repos l'été suivant ; mais au mois d'octobre, il retomba dans un état dont il ne devoit plus se relever. Il fut traité pendant sa maladie par plusieurs médecins qui ne le quittoient jamais. Ces docteurs, quoique de ses amis, ordonnèrent d'un avis commun treize saignées sur ce corps exténué de veilles, de travaux, de diète. Le malade se soumit à tout avec beaucoup de résignation. Guy Patin qui étoit du nombre de ses médecins & son ami particulier, s'approcha de son lit pour lui dire de mettre ordre à ses affaires. Notre philosophe levant la tête, répondit tranquillement qu'il avoit pourvu à » tout » : il reçut ensuite les derniers sacremens. Il conserva jusqu'à la fin au milieu du dépérissement de ses forces, sa douceur & sa présence d'esprit, effet du calme & de la sérénité de son ame. Sentant que sa fin approchoit, il prit la main de son secrétaire qu'il posa sur son cœur, en proférant ses deux dernières paroles. » Voilà ce que c'est que la vie de l'homme », Il expira bientôt après : ce fut le 24 octobre 1655. Il étoit âgé de soixante-trois ans neuf mois : on ne douta point dans le tems que ces nombreuses saignées n'eussent abrégé ses jours. Ainsi il mourut victime de sa trop grande docilité envers les médecins, comme Descartes périt par son peu de condescendance à leur égard.

Deux jours après sa mort, son corps fut porté à l'église de saint Nicolas-des-Champs. Ses obsèques furent honorées d'un concours prodigieux de gens de distinction & de savans. Elles furent ordonnées par M. de Montmort, maître des requêtes, & l'un des quarante de l'académie françoise. Ce savant magistrat paya ce dernier tribut à son ami ; il le fit inhumer dans la chapelle de saint Joseph, où l'on voit son mausolée & son buste de marbre. La mort de *Gassendi* laissa un grand vuide dans l'Europe savante, & tous les philosophes de ce tems arrosèrent son tombeau de leurs larmes.

Comment, en effet, ne l'auroit-on pas regretté ? La candeur de son ame réfléchie dans tous ses écrits, la simplicité de ses mœurs dignes des premiers âges, l'aménité de son caractère égal dans toutes les circonstances, l'enjouement de sa conversation vive & coupée de saillies agréables, toutes ces qualités rendoient sa société délicieuse.

Si la voix du peuple est un garant certain de la vérité, il suffira de dire, à la louange de notre philosophe, qu'en Provence on l'appelloit *le saint prêtre*, suffrage d'autant plus flatteur, qu'il est bien rare qu'on soit prophète dans son pays. Cette bonne opinion que son mérite avoit inspirée à ses compatriotes, ne se démentit jamais, & lorsque Taxil, son successeur à la prévôté de Digne, prononça son oraison funèbre dans le chapitre de cette ville, l'auditoire qui étoit nombreux l'interrompit par ses sanglots. Jamais vie n'a été plus unie & plus modeste que la sienne, il ne vivoit que de légumes, & ne buvoit que de l'eau. » Il vivoit, dit Sorbières, comme un ana- » chorète au milieu de Paris, & quoiqu'il n'eût » pas fait les trois vœux, il les observoit aussi » rigoureusement qu'aucun autre religieux ». Falloit-il que cet homme, philosophe sans licence, & pieux sans impolitesse, se trouvât en butte aux traits de la calomnie ? On répondra que s'il ne les avoit point essuyées, il auroit eu ce trait de conformité de moins avec ses modèles ; car par une fatalité aussi bizarre que marquée, parmi tous les sages qui ont illustré le Lycée depuis Socrate jusqu'à nos jours, il n'en est pas un seul qui n'ait été dénigré. Le titre de philosophe exempt de préjugés, étoit plus que suffisant pour lui attirer des persécutions; il avoit d'ailleurs soutenu qu'Epicure avoit quelquefois raison, & qu'Aristote avoit souvent tort. Les Péripatéticiens qu'il avoit foudroyés l'accusèrent d'athéisme ; mais leurs délations & leurs cris furent regardés comme les derniers soupirs d'une secte expirante. Morin renouvella depuis la même accusation ; il publioit hautement que *Gassendi* n'avoit point de religion, & qu'il déguisoit ses sentimens par pure politique & dans la crainte du feu (*Metu atomorum ignis*) : c'étoit ainsi que ce fanatique, sans aucunes preuves, s'érigeoit en scrutateur des cœurs; notre philosophe auroit pu lui susciter des affaires sérieuses ; il fit mieux, il s'en vengea par de bonnes manières.

Si de l'examen de ces vertus sociales qui formoient la belle ame de *Gassendi*, on passe aux qualités de l'esprit, qui n'admirera la profondeur & la variété de ses connoissances ! On voit régner dans tous ses écrits cette méthode & cette clarté qui font le principal mérite des matières philosophiques. Nourri de la fleur des meilleurs écrivains, toutes ses productions sont ornées de la latinité la plus pure, & d'une érudition universelle qu'il répandoit par-tout, souvent même avec prodigalité. Son éloquence n'étoit point recherchée ; il savoit se passer de tout ornement superflu. Enfin on ne sauroit rendre son éloge plus complet, qu'en disant de lui, avec *Bayle*, qu'il a été le *plus humaniste des philosophes, & le plus philosophe des humanistes*.

Abrégé du système de Gassendi.

Après avoir ébauché le portrait de *Gassendi*, il nous reste à donner une idée de son système, si toutefois on peut donner le nom de système à des opinions que l'analogie avoue, & que *Gassendi* ne proposoit d'ailleurs que comme de simples conjectures ; il pouvoit s'appliquer ce beau passage de Cicéron : » J'expliquerai mon » sentiment (1) comme je le pourrai, non en » prenant un ton d'oracle, comme un autre » Apollon ; mais en suivant comme un foible » mortel la conjecture la plus probable ». En effet, bien loin de prendre un ton d'oracle, ou de donner des décisions tranchantes, notre philosophe se sert à chaque pas de ce mot: *Esse videtur*; cela me *paroît probable* : il savoit ignorer sans murmure ce qu'il voyoit être supérieur à l'intelligence humaine. C'est ainsi que Montagne disoit que *l'ignorance & l'incuriosité sont deux doux oreillers pour une tête bien faite*. Aussi notre philosophe eut-il le courage de douter sur ce que ses devanciers ou ses contemporains avoient éu la présomption de décider ; mais son scepticisme fut toujours raisonnable, & n'empiéta jamais sur les questions qui ne sont pas de son district, comme celles de l'article suivant.

Je ne saurois trop répéter que je ne fais qu'exposer nuement ce qu'a pensé *Gassendi*, comme l'on pourra s'en convaincre, si on veut prendre la peine de lire les citations justificatives que j'ai eu soin de joindre à mon texte ; je n'ai extrait de *Gassendi* que ce qui fait, à proprement parler, son système particulier, & la base de l'épicuréisme réformé, laissant à l'écart les questions sur lesquelles les découvertes postérieures à son siècle ont répandu un nouveau jour, & qui seront probablement plus éclaircies encore par la génération suivante.

De l'Ame.

On peut diviser en trois classes les opinions des anciens sur l'ame humaine. Les uns croyoient que chaque ame particulière étoit une portion de l'ame universelle, une étincelle détachée de ce feu divin où elle avoit existé de toute éternité, & où elle alloit se confondre après la mort, dépouillée de toutes ses sensations individuelles. Virgile a développé ce système dans ces vers :

---

(1) Ut potero explicabo non tamen ut Pythius Apollo certa ut sint & fixa quæ dixero, sed ut homunculus probabilia conjectura sequens. *Cicer. Tuscul.* 1, *Cap.* 9.

« Les abeilles (1) participent à la substance de la divinité, à cette ame universelle répandue en tous lieux dans les airs, sur la terre & dans la mer, & de laquelle non-seulement les hommes, mais encore tout ce qui respire dans l'univers tire son origine ; c'est dans cette ame immense que se fait la résolution de chaque ame particulière qui ne meurt point, mais qui s'envole au ciel, & qui est réunie à la substance des astres ».

Tel étoit le sentiment le plus reçu dans l'antiquité : c'étoit entr'autres celui de Platon, de Pythagore, de Zénon, des Stoïciens, & de plusieurs autres.

La seconde classe des philosophes, comme Dicéarque, Aristoxene, Galien, croyoient l'ame une qualité provenant du jeu & de la disposition de nos organes, semblable à l'harmonie qui résulte de l'accord des instrumens de musique. Cudwort, philosophe anglois, a renouvellé cette opinion.

Epicure & ses disciples formoient la troisième classe qui sembloit tenir des deux premières. Les epicuriens pensoient, avec Platon, Zénon, &c. que l'ame étoit un souffle de feu ; & avec Dicéarque & Galien, ils faisoient consister l'esprit dans une faculté qui dépendoit d'une certaine combinaison d'atômes. Plutarque nous fait connoître le système épicurien sur l'ame par le passage suivant, traduction d'Amiot : » L'ame » est une certaine température de je ne sais quoi » de feu, de je ne sais quoi d'air, de je ne sais » quoi de vent, & d'un autre quatrième je ne » sais quoi, qui n'a pas de nom » (2).

Il n'y a point d'opinion philosophique sur l'entendement humain, qu'on ne puisse ramener à l'un de ces trois principes généraux dont nous venons de donner une exposition sommaire.

Nous n'entrerons point ici dans la question de l'ame du monde qui nous meneroit trop loin ; nous nous contenterons d'opposer à ses partisans l'argument d'Arnobe aux platoniciens, que saint Augustin a (3) développé depuis, & qui est peut-être le seul qu'on puisse faire valoir contre ce dogme compliqué. « Comment ne rougissez- » vous pas, disoit Arnobe, d'admettre un Dieu » hétéroclite, un Dieu qui sera caduque dans » les vieillards, imbécille dans les enfans, & » furieux dans les frénétiques. O démence ! ô » impiété » !

On peut répondre aux seconds philosophes qui font de l'ame un résultat de la structure & du jeu des organes corporels, qu'il n'y a aucune comparaison à sa re entre les organes & l'ame d'une part, les instrumens & l'harmonie de l'autre ; chaque corde d'un instrument de musique produit par ses vibrations sonores, cette harmonie qui charme nos oreilles ; mais les fibres dont nos organes sont tissus, soit qu'on les prenne ensemble ou séparément, sont incapables de produire aucune chose qui ressemble aux facultés de l'esprit : qui pourroit s'imaginer par exemple, qu'un muscle pût donner une moitié ou un quart de réflexion, de même que la corde d'un violon rend un demi-ton, un quart de ton.

La *Psycologie* d'Epicure s'est reproduite si souvent, & sous des formes si variées, qu'elle seule mérite un examen & une réfutation sérieuse. Nous allons voir, avec *Gassendi*, combien elle est erronée ; & quoique les argumens allégués par ce philosophe contre Epicure soient très-solides, nous y en joindrons encore d'autres empruntés de M. Jacquelot ou d'autres bons auteurs.

Démocrite avoit d'abord supposé que les atômes ou les parties élémentaires de la matière étoient douées de la faculté de penser. Ainsi, dans cette hypothèse, une pierre, une plante, un vil excrément sont composés de parties pensantes. Epicure sentant le ridicule de cette opinion, soutint que les atômes ne pensoient point par eux-mêmes, mais que leur assemblage dans un certain ordre que nous nommons organisation, pouvoit produire une intelligence qui subsistoit tant que ces atômes conservoient la même disposition, & qui périssoit par leur désunion.

Mais, a-t-on répondu à Epicure, si l'ame étoit un amas de corpuscules d'air, de feu & de sang bien quintessentiés ; si ces corpuscules avoient quelque faculté sensitive ou intellectuelle, il s'ensuivroit que la matière en général pourroit connoître & sentir. Epicure n'admettoit point cette conséquence ; mais il ne voyoit pas qu'il impliquoit contradiction d'avancer que des atômes destitués de tout sentiment, de toute perception par eux-mêmes, pussent acquérir ces facultés étant dans un certain arrangement, puisque des parties

---

(1) Esse apibus partem divinæ mentis & haustus, Æthereos dixere. Deum namque ire per omnes Terras que, tractusque maris cœlumque profundum. Hinc pecudes, armenta, viros, genus omne ferarum, Quemque sibi tenues nascentem arcessere vitas, &c.

Virgil. Georg. lib. 4.

(2) Plutarque, Traité des opinions philosophiques, traduction d'Amiot.

(3) August. *De civitate Dei.* lib. 4.

insensibles, il n'en sauroit résulter rien de sensible, & que l'être ne sort point du néant.

On ne pourroit d'ailleurs, donner aucune raison suffisante pour que telle portion de matière eût le privilège d'avoir des idées privativement à toute autre partie de matière. L'ordre & l'arrangement des atômes ne donneront jamais que des situations & des combinaisons, lesquelles ne pourront qu'affecter les qualités extérieures des corps sans influer en aucune façon sur leurs propriétés intrinseques.

Si je veux ensuite mettre en parallele les attributs de l'entendement humain avec ceux de la matière, je crois qu'ils sont très-dissemblables entr'eux. Tout ce que la matière offre à mes yeux, se réduit aux trois dimensions de la longueur, largeur & profondeur. Je descends en moi-même, je réfléchis sur la nature de mes connoissances, & je trouve qu'aucune de ces choses que j'ai apperçues dans les êtres matériels, n'est appliquable à ma façon de penser. Je ne vois aucun rapport entre une ligne droite, courbe, elliptique, & l'affirmation, le doute & la volonté. Rien d'analogue entre un cercle & un jugement, un triangle & la raison, un périmètre quelconque & l'entendement humain; il n'est point de corps d'ailleurs, qui ne m'offre des parties distinctes & séparées, & je sens combien il répugne de dire une portion de pensée, un tiers de réflexion.

L'ame, selon Epicure, est composée d'un certain nombre d'atômes : examinons son raisonnement. L'ame sera donc formée de vingt atômes, plus ou moins : chacun de ces corpuscules coopère en son particulier à l'entendement humain, où il n'y coopère pas. Dans le premier cas, voilà donc vingt particules de matière qui auront chacune de leur côté, une idée, chaque particule sera occupée de sa fonction sans pouvoir partager ni même connoître la fonction de la parcelle voisine; puisqu'elles sont différentes entr'elles, leurs opérations différeront conséquemment : l'une voudra, l'autre ne voudra pas; l'une affirmera, l'autre niera. Or, je laisse à penser si un jugement, une réflexion pourra jamais éclore de ce chaos de perceptions disparates : juger, c'est comparer deux idées ensemble, pour en conclure le rapport ou la différence : or, pour faire ce rapport, il faut sentir les deux idées à la fois; cependant, dans l'hypothèse présente, chaque atôme ne peut avoir qu'une seule & même pensée : où donc trouver le point de réunion de ces deux idées ? A quel atôme sera accordée la prérogative de porter un jugement ? Sera-ce aux atômes du milieu, ou aux atômes collatéraux ? Mais pourquoi les uns plutôt que les autres ! Ce sera donc une confusion & une anarchie éternelle parmi cette petite république pensante; or, chacun sent s'il éprouve pareille chose au dedans de lui, lorsqu'il veut porter un jugement.

Si chacun de ces vingt atômes que nous avons dit composer l'ame dans l'hypothèse épicurienne, ne met rien du sien dans l'exercice des facultés intellectuelles, & qu'il n'y en ait qu'un seul qui en soit chargé, la même difficulté subsistera toujours à l'égard de cet unique atôme; car, quoiqu'il soit un numériquement, il est néanmoins une collection de parties qu'on peut diviser mentalement, quoiqu'on ne puisse les diviser réellement, à cause de la nature de l'atôme qui ne donne aucune prise aux corps étrangers.

Je suppose donc, pour un moment, que mon ame est un atôme, & je raisonne ainsi : J'entends un homme qui me parle, & en-même-tems je vois sa figure & ses traits. Quand l'atôme de mon ame n'auroit que deux parties, chacune d'elle ne pourra éprouver ces sensations en-mêmetems, parce que l'une n'est pas l'autre. La partie A verra, & la partie B entendra, ou la partie A entendra, & la partie B verra : la partie A ne pourra composer sa sensation avec celle qu'elle n'a pas. La partie B sera dans le même cas; elle ignorera même si sa compagne a ressenti quelque chose. Or, je compare aisément ces deux impressions différentes que mes sens me transmettent à la fois; donc le principe qui reçoit & qui compare ces deux idées, doit être parfaitement simple & parfaitement un; donc il est de sa nature sans parties & sans extension : donc il est spirituel ? Mais, dira-t-on, un point zénonique n'est-il pas sans étendue ? Qui pourra l'empêcher d'avoir la faculté de penser ? La matière peut donc être susceptible de pensée ?

Il est vrai que le point zénonique n'auroit rien en lui-même d'exclusif à la pensée : mais l'existence de ce point est démontrée chimérique. Il faut en effet renoncer aux notions les plus simples pour s'imaginer que la matière dont l'étendue fait un attribut primitif & essentiel, puisse être composée d'élémens qui, n'ayant ni étendue, ni partie, ne sauroient conséquemment se toucher, ni s'unir les uns aux autres. Au reste, quand on accorderoit que dieu, par sa toute-puissance, peut rendre cet élément de matière simple & pensant, la transcréation de cet élément le rendroit entièrement conforme à ce que nous entendons par la spiritualité.

Quelque satisfaisantes que paroissent les raisons qu'on vient de déduire, certains esprits ne les goûtent pas.

» A la vérité, disent-ils, nos connoissances ne
» sont ni carrées, ni oblongues, mais la gra-

» tion & le mouvement ne le font pas, & ces » deux principes se trouvent néanmoins réunis à » l'étendue. Que de nouveaux attributs le physi- » cien ne découvre-t-il pas chaque jour dans la » matière ? Que de vertus singulières ne nous » offrent point l'électricité & le magnétisme ! » On en voit plusieurs qui paroissent incompati- » bles ensemble dans le même sujet ; mais cette » incompatibilité apparente ne subsisteroit peut- » être pas à notre égard, si nous venions enfin à » découvrir une propriété générale dont les autres » pussent se déduire. Avant que de décider si la » pensée & l'étendue peuvent subsister ensemble » ou non, attendez du moins qu'on ait découvert » toutes les propriétés de la matière dont le do- » maine s'accroît si fort de jour en jour. Alors il » sera permis de rendre raison de toutes les pro- » priétés qui ne paroissent pas tenir les unes aux » autres, & de remonter, par une liaison graduelle » & démontrée des différens modes, jusqu'à cet » attribut essentiel & primitif qui est la source de » tous les autres, & qui est la cause générale du » système du monde. Mais, jusqu'à ce moment, » gardez-vous bien de décider rien sur la nature » de l'ame, puisque vous ne pouvez nier votre » ignorance profonde sur cette matière. D'ailleurs, » vous n'êtes pas en droit de me reprocher des » contradictions, parce que je soutiens qu'une » substance peut être corps & penser en-même- » tems. Les contrariétés ne sont pas mieux sauvées » dans votre système ; car, comment concevoir » un être sur qui rien ne peut agir, & qui n'agit » sur rien ? Un être qui ne peut occuper aucune » place, & qui se trouve cependant dans le corps » humain. Ainsi, difficultés de toutes parts : or, » contradictions pour contradictions, qu'importe » laquelle domine ! Dans ma façon de penser, j'ai » du moins le mérite de ne point multiplier les » êtres sans nécessité, & sans raison suffisante. » J'aime mieux croire que l'entendement humain » est une simple faculté surajoutée à la machine » d'une manière qui passe ma pénétration, que d'en » faire un être à part, & de réaliser de pures abs- » tractions ; je suis bien loin d'imiter les poëtes qui » personnifioient les vertus & les passions ; encore » plus loin de la simplicité de certains idiots qui » attribuoient une ame & une intelligence à la » pierre d'aimant & aux autres phénomènes dont » ils admiroient les effets, sans pouvoir en péné- » trer les causes ».

Ce raisonnement pourroit éblouir au premier coup-d'œil ; mais le prestige cesse, si on vient à l'examiner de près : est-ce une raison pour refuser d'admettre une substance distincte de la matière, que de ne pouvoir comprendre comment cette substance est unie au corps & agit sur lui ? A chaque pas on trouve des mystères dans la nature ; & quel est l'homme qui refusera d'y acquiescer, sous prétexte qu'il n'en comprend pas les raisons ? Ce feroit raisonner tout aussi conséquemment que si l'on disoit, je ne saurois convenir que le pain se transforme en chile, parce que je ne conçois pas comment le bled peut germer dans la terre.

Il est vrai que les merveilleux effets de la gravitation, de l'électricité & du magnétisme confondent notre intelligence ; cependant on n'apperçoit dans tous ces phénomènes qu'un principe aveugle, passif, purement mécanique, qui ne sauroit entrer dans aucune sorte de comparaison avec un principe qui connoît, délibère & agit librement. Dira-t-on en effet, que le feu électrique raisonne & que l'attraction réfléchit, que l'un & l'autre ont une motion spontanée ? D'ailleurs, tout mouvement se divise, ce qui ne peut être appliqué à la faculté de penser, à moins qu'on ne veuille faire voir une moitié & un cinquième d'entendement humain : il n'est donc pas nécessaire de connoître la nature intime d'un sujet pour affirmer ou nier la liaison de deux attributs dans le même sujet ; il faut encore prouver la *non-répugnance* de ces attributs pour les supposer dans la même substance ; or, on ne peut concevoir un être étendu & pensant en-même-tems, pas plus qu'une figure ovale & pentagonale tout à la fois : donc, &c. &c.

Il est bien aisé de démontrer ce que l'ame n'est pas ; mais il n'est pas si aisé de faire voir ce qu'elle est par la seule lumière naturelle. On prouve par des raisonnemens qui frappent, qu'elle n'est pas matière ; mais conçoit-on, d'une autre part, que quelque chose puisse exister sans avoir aucune des dimensions de la matière ? On n'expliquera jamais comment une idée, qui est la représentation d'un objet étendu (1), peut être le mode d'une substance sans parties. On ne saura jamais la raison qui fait qu'une idée (2) peut offrir une figure sans être figurée, ou une couleur sans être colorée. Ce seroit encore de la philosophie perdue que de prétendre expliquer comment l'ame peut se trouver dans le concours des nerfs, & ressentir les impressions qu'ils lui transmettent, tandis que cette ame ne peut avoir ni mouvement, ni repos, ni figure, ni situation (3).

Ce n'est pas la seule difficulté qu'on ait à dévorer dans la supposition que l'ame puisse occuper une place fixe dans le cerveau ou dans la glande pinéale, si elle n'a en-même-tems des parties correspondantes aux parties du lieu qu'elle occupe :

---

(1) Species est extensa aut inextensa. Si extensa quidem tum corporea convenietque suum subjectum extensum : si inextensa, tum non habet rationem speciei. *Gassendi*, Dubitatio 4, ad. Sex. Médit...

(2) *Gassendi*, ibidem.

(3) Cum tu in puncto existens in quo non sunt plagæ nec a dextera, nec a sinistra, superior aut inferior. *Gassendi*, object. contra Cart.

si petit que l'on faffe (1) ce lieu, il a toujours une dimenſion, & un eſprit de ſa nature ne peut exiſter que dans un point où il n'y a ni haut, ni bas, ni côté droit, ni côté gauche. On ſe perd dans cet abyme, quand on veut le creuſer, & cette *localité* de l'ame a toujours été l'écueil des raiſonneurs qui n'ont pas voulu reconnoître que c'étoit un myſtère impénétrable à la raiſon.

Ce n'eſt pas encore tout : il reſtera à prouver (2) comment les eſprits animaux peuvent ſe mouvoir eux-mêmes & mettre en jeu toute la machine. Premièrement, ils ne ſauroient ſe mouvoir eux-mêmes, puiſqu'ils ne ſont que matière, & que c'eſt un principe conſtant que la matière ne peut ſe donner à elle-même le mouvement. Sera-ce donc l'ame qui mettra ces eſprits en jeu? Mais l'ame n'a aucunes parties par le moyen deſquelles elle puiſſe toucher & pouſſer ces eſprits vitaux qu'elle anime : or, la direction des eſprits ne ſe peut faire ſans quelque impulſion : ſi c'eſt l'ame qui en eſt le principe, qu'on démontre donc comment elle peut agir ſur une autre ſubſtance, ſans une pulſation réelle, & lui communiquer le mouvement, s'il n'y a un mutuel contact entre le mobile & le moteur, puiſque la lumière naturelle nous démontre évidemment qu'il n'y a qu'un corps qui puiſſe toucher & être touché.

C'étoit ainſi que *Gaſſendi* preſſoit Deſcartes. On auroit tort d'en rien conclure contre notre philoſophe dont la pureté des ſentimens étoit d'ailleurs reconnue : au ſurplus, il proteſte à la tête de ſes objections contre Deſcartes, qu'il n'en veut point aux principes reconnus (3) pour vrais par lui-même, il n'attaque que le *déficit* des preuves carteſiennes. Loin de vouloir ébranler la certitude des dogmes qu'il défendoit, s'il propoſe ſes doutes & ſes difficultés, c'eſt dans des vues droites & louables ; c'eſt pour répandre un plus grand jour ſur la vérité que les conteſtations ne font ſouvent qu'éclairer & affermir davantage.

Notre philoſophe ne pouvoit adopter ce principe de Deſcartes, que la nature de l'ame nous eſt encore plus connue que celle de notre corps : il vouloit humilier cette fière raiſon uſurpatrice téméraire des droits de la révélation qui veut ſoumettre tout à ſon tribunal, ſe rendre maitreſſe des premiers principes, & diſputer à la divinité même la viſion intuitive des choſes dans leur eſſence intime. La métaphyſique eſt impuiſſante à produire en nous un certain dégré de conviction ſur la ſpiritualité de l'ame ; il ne lui a point été donné de trouver la ſolution des difficultés qu'entraine après elle cette doctrine de la ſpiritualité ; ſi nous en avons une certitude entière, nous en ſommes redevables à une lumière infiniment ſupérieure. Cependant, quoique de nous-mêmes nous n'allions qu'en tâtonnant dans ce ſentier ténébreux, quoique la raiſon ne nous fourniſſe que des preuves vagues & incompletes ſur ces queſtions ſublimes, elle nous fait aſſez ſentir que la penſée & l'étendue ſont deux modes inſociables ; elle nous fait faire la moitié du chemin, après quoi elle nous abandonne à la foi qui vient nous prendre par la main & nous conduit au terme.

(4) *Gaſſendi*, dans le ſecond tome de ſes ouvrages, prouve que l'entendement humain doit être ſimple & ſans parties. Rien ne montre mieux ſa ſpiritualité, ſelon lui, que cette faculté qu'il a de ſe replier ſur lui-même pour connoître ſes idées, & juger de ſes propres opérations ; il n'y a qu'un eſprit qui ſoit capable de ſi grandes choſes : en effet, l'œil ne voit pas qu'il voit, l'oreille n'entend pas qu'elle entend, mais l'ame humaine juge ſes jugemens mêmes (5).

Et ſeroit-il poſſible de s'imaginer qu'une ſubſtance qui produit cette multiplicité inſtantanée d'actes divers, qui s'élance dans les eſpaces illimités, qui meſure & pèſe en quelque façon le ſoleil & les corps céleſtes, qui fait de tout l'univers le vaſte champ de ſes opérations, qui va enfin juſqu'à ſoumettre l'infini à ſon calcul ; ſeroit-il

___

(1) Quantulacumque ſit illa pars extenſa tamen eſt & tu illi coextenderis, particulaſque particulis illius reſpondentes habes.... *Ibid*....

(2) Ut præteream capi non poſſe quomodo tu motum illis imprimes ſi ipſe in puncto ſis, niſi ipſe corpus ſis, ſeu niſi corpus habeas qui illos contingas ſimulque propellas ; nam ſi dicas ipſos per ſe moveri, ac te ſolummodo dirigere ipſorum motum, memento te alicubi negaſſe moveri corpus niſi te ut proinde inferri poſſes te eſſe motus illius cauſam ; ac deinde explica nobis quomodo talis directio, ſine aliquâ tui motione eſſe va eat? Quomodo contentio in rem aliquam, & motio illius ſine contactu mutuò moventis & mobilis ? Quomodo contactus ſine corpore, quando [ut lumine naturali eſt adeo perſpicuum] tangere & tangi niſi corpus, nulla poteſt res. *Gaſſendi* objections & inſtances contre les méditations de Deſcartes, qui ſont dans le troiſième volume. Edition in-folio de Lyon, 1658.

(3) Non de rerum veritate ſed de argumentorum Vi... quæ tamen omnia ſemper objicio non de concluſione à te intentata dubitans, ſed ut de Vi demonſtrationis à te propoſita diffidens. *Gaſſendi*... idibem...

(4) *Gaſſendi*.. De animorum immortalitate phyſicæ, ſectio 3a. membrum poſterius. lib. 14, & tome II, in-fol... édition. Lugd...

(5) *Gaſſendi*... Ibidem... Et Bernier, *de l'entendement humain*, tome VI, liv. 4, *de l'abrégé de la philoſophie de* Gaſſendi, édit. 1684, in-12.

poſſible,

possible, dis-je, qu'une telle substance fût d'une nature terrestre & périssable.

Voici encore un passage de Bernier, qui justifie parfaitement le sentiment des *Gassendistes* sur la spiritualité de l'ame. « Eh dieu, mon cher, écrivoit-il à son ami Chapelle, ne sommes-nous pas cent & cent fois tombés d'accord ensemble vous & moi, que quelqu'effort que nous puissions faire sur notre esprit, nous ne saurions jamais concevoir comme quoi de corpuscules insensibles il en puisse jamais rien résulter de sensible, sans qu'il intervienne rien que d'insensible, & qu'avec tous leurs atômes, quelque petits & quelque mobiles qu'ils les fassent (les anciens épicuriens) quelque mouvement & quelques figures qu'ils leur donnent, en quelqu'ordre, mélange & disposition qu'ils nous les puissent faire voir, & même quelqu'industrieuse main qui pût les conduire ; ils ne sauroient jamais, demeurant dans la supposition que ces corpuscules n'ont pas d'autres propriétés que celles que je viens de leur attribuer, nous faire imaginer comment il en puisse résulter un composé, je ne dis pas qui soit raisonnant comme l'homme, mais qui soit seulement sensitif comme le pourroit être le plus vil & le plus imparfait vermisseau de terre qui se trouve ».

Si l'ame est une substance simple, elle est donc indissoluble, immortelle par conséquent. D'ailleurs, il n'y a point d'anéantissement dans la nature ; ce qu'on appelle improprement mort, destruction, n'est au vrai qu'une séparation des parties, le composé se dissout, l'élément reste. Or, notre ame, comme on l'a prouvé ci-dessus, est sans aucune composition ; donc elle est indestructible, donc elle survivra à la dissolution des organes corporels.

(1) Cependant cette immortalité est purement précaire, Dieu seul est immortel, & tout ce qui a eu un commencement paroît devoir finir ; ainsi l'être suprême auroit fort bien pu ne créer nos ames que pour un tems, au bout duquel ces ames devroient perdre leur existence. On concevroit même facilement cette mortalité des ames sans aucune annihilation, en supposant que Dieu eût attaché l'exercice des facultés intellectuelles à l'action perpétuelle des organes extérieurs, dont l'interruption plongeroit l'ame dans l'inertie. L'ame, dans cette hypothèse, subsisteroit toujours quant à son essence ; d'ailleurs, elle ne conserveroit plus aucune fonction ; mais la volonté divine nous a manifesté le contraire : c'est donc en elle qu'il faut chercher les preuves rigoureuses de l'immortalité de l'ame.

Rien n'est plus problématique que le vrai sentiment des anciens philosophes sur ce point important ; si nous consultons les plus célèbres d'entr'eux, on ne trouve rien de précis sur l'immortalité de l'ame. Platon & Aristote disent souvent le pour & le contre : (2) Cicéron reproche à Platon son inconséquence, mais il tombe souvent lui-même dans cet inconvénient. Tantôt il parle des supplices réservés dans une autre vie pour les malfaiteurs ; tantôt il dit, au sujet de ces mêmes supplices : « Quelle est (3) la vieille assez radoteuse pour y ajouter foi ? » Dans ses épitres, il dit formellement : « Lorsque j'aurai cessé (4) de vivre, je n'aurai plus aucun sentiment. » Sénèque qui en plusieurs endroits parle en faveur de l'immortalité de l'ame, se contredit lui-même souvent (5). « Je serai après ma mort, ce que j'étois avant de naître », dit-il dans ses lettres.

Le système de la réfusion de chaque ame particulière, dans l'ame universelle, qui étoit si dominant chez les anciens, n'étoit pas moins commode que l'attente de l'anéantissement pour la fausse sécurité de l'incrédule. Dans cette hypothèse, chaque ame particulière perdoit son existence & ses sensations individuelles, en se confondant dans le grand tout, pour participer à l'existence commune de ce tout.

Malgré tous ces nuages, on trouve des principes très-lumineux dans Platon & dans Cicéron sur la vie future, & on a toujours fait valoir avec avantage l'argument qui suit.

---

(1) Solus naturæ autor improductus sit, atque idcirco dicatur, solus habere immortalitatem absolutam scilicet illam quâ impossibile est ut quemadmodum numquam cæpit causaeque sui esse non habet ita nunquam desinat, fatendum est ut totum mundum ita res incorporeas habere precariam, dumtaxat immortalitatem at posse absolutè siquidem velit in nihilum redigi verum ex suppositione quod nihil molitur præter naturæ ordinem, & quod sapientissimè instituit idem constanter perseverare. Perspicuum est ut incorporeas in æternum perseveraturas.

Philosophie anc. & mod. Tome II.

(2) De Platonis inconstantiâ longum est dicere. *Cicer.* De naturâ Deorum.

(3) Quæ est anus tam delira quæ ista credat,
    TUSCUL. quæst.

(4) Cum amplius non ero sensu omni carebo.
    EPIST.

(5) Id quale sit, jam scio, hoc erit post me quod ante me fuit... Ep. 54. Sénèque dit encore : mors est non esse. On connoît encore de lui, ce vers si fameux :

Post mortem nihil est ipsaque mors nihil.

« Quand je considère, disoit Cicéron, cette
» prodigieuse (1) activité de l'esprit humain, ce
» souvenir du passé, cette prévoyance de l'ave-
» nir; les arts, les sciences où il est parvenu,
» tant de découvertes qu'il a faites ; je ne puis
» me persuader qu'une nature capable de si gran-
» des choses, soit sujette à la mort ».

Ce n'est pas seulement par cette faculté que
l'ame possède d'étendre ses connoissances vers les
objets les plus reculés des sens, que l'on démontre sa dignité & son excellence. Ses affections
prouvent, d'une manière encore plus frappante,
sa haute destination. Ce fond de desirs inépuisa-
bles dans le cœur humain, ces vœux qui ne connoissent d'autres bornes que de n'en point avoir,
cette pente invincible vers la félicité qui le tourmente sans cesse, ne sont-ce pas là autant de présages consolans de l'immortalité ? « La preuve
» la plus sensible de l'immortalité de l'ame que
» j'aie trouvée, disoit Saint-Evremont, c'est
» ce desir que j'ai d'être toujours ».

On a cité & combattu si souvent les objections
de Lucrèce sur l'immortalité de l'ame qu'il seroit
peut-être inutile d'en parler encore ici ; cependant comme le sujet semble le demander, voici
la plus spécieuse de toutes que j'ai traduite librement.

« (2) L'ame naît avec le corps, elle participe
» à son accroissement & à sa caducité : informe
» dans les années de l'enfance où les organes sont
» si délicats, elle n'a pour-lors que des idées
» foibles & bornées ; à mesure que l'âge fortifie
» les sens & mûrit la raison, les facultés de l'homme
» se développent, le fond de ses connoissances
» augmente, le jugement se perfectionne ; mais
» dès que la vieillesse vient de son bras pesant,
» miner son foible corps, la raison chancelle,
» l'homme balbutie, bat la campagne, ses sens
» émoussés tombent dans la langueur, les res-
» sorts de la machine se relâchent, ses facultés
» l'abandonnent & s'éclipsent totalement ; il est
» donc naturel de penser que l'ame à notre mort,
» s'évaporera comme une légère fumée dans le
» vague de l'air, puisque, comme je l'ai fait
» voir, elle a des liaisons d'origine avec le corps,
» & qu'elle partage son altération & sa déca-
» dence ».

C'étoit ainsi que Lucrèce croyoit faire la véritable histoire de l'ame. Son but est de prouver
que tout périt avec nous ; on voit dans son troisième livre qu'il a pris à tâche de renverser de
fond en comble toutes les preuves dont on avoit
accoutumé d'étayer l'immortalité : ses objections
sont d'autant plus séduisantes, qu'elles sont toutes tirées de la physiologie, & amenées avec beaucoup d'art : il y déploie son énergie ordinaire,
parée de toutes les richesses & de toutes les
graces de la poésie. Le poison y est par-tout dé-
layé dans le nectar. *Gassendi* passe en revue toutes
ses objections au nombre de vingt-sept, il en démêle le fort & le foible ; il s'attache sur-tout
à faire sentir la fausseté des conséquences dont
son adversaire prétendoit se prévaloir. Ainsi, de
ce que l'ame commence d'exister avec le corps,
il ne s'ensuit point du tout qu'elle doive périr
avec lui. Rien n'est plus vrai que l'ame se ressent
de l'altération ou du dépérissement des organes
du corps humain, que la différente conformation
des organes cause l'inégalité des esprits, que
l'air extérieur, les alimens, le méchanisme
des sens ; en un mot, que tout ce qui a
rapport au systême de l'organisation, influe
considérablement sur les fonctions de l'entendement humain, qu'une blessure à la tête, une
fibre dérangée, & la morsure d'un chien suffisent
pour troubler la raison la plus saine, qu'enfin,
il est des crises dans la vie d'où semble dépendre la suspension ou la cessation des facultés de
l'ame. Ces vérités affligeantes sont un contre-
poids bien humiliant de la haute idée que l'homme
a conçue de son esprit : Lucrèce n'exagère donc
rien quand il expose ces faits ; mais qu'est-ce
qu'il prouve par tout cet étalage ? L'union & non
pas l'identité de l'ame avec le corps. Dans tout
cela, dit *Gassendi*, le corps humain n'est qu'un
instrument : ainsi le musicien ne déploiera jamais

---

(1) Sic sentio, cum tanta celeritas animorum sit, tanta memoria præteritorum, futurorumque prudentia, tot artes, tantæ scientiæ, tot inventa, non posse eam naturam quæ res eas contineat esse mortalem, *Cicer.* de Senect. cap. 21.

(2) Præterea Gigni pariter cum corpore, & una
Crescere sentimus, pariterque senescere mentem.
Nam velut infirmo pueri, teneroque vagantur
Corpore : sic animi sequitur sententia tenuis.
Inde ubi robustis adolevit viribus ætas :
Consilium quoque majus, & auctior est animi vis,

Post ubi jam validis quassatum est viribus ævi
Corpus, & obtusis ceciderunt viribus artus :
Claudicat ingenium, delirat linguaque mensque :
Omnia deficiunt atque uno tempore desunt ;
Ergo dissolvi quoque convenit omnem animæ
Naturam, ceu fumus in altas aeris auras :
Quandoquidem Gigni pariter pariterque videmus.
Crescere, & (ut docui simul ævo fessa fatisci.

LUCRET. lib. 3.

la supériorité de son art, si son instrument est défectueux ; ainsi un écrivain peindra bien ou mal suivant que sa plume sera bonne ou mauvaise ; donnez un œil de vingt-cinq ans à un vieillard de quatre-vingt-dix, il verra aussi clairement que le jeune homme.

La physiologie heurte souvent de front la métaphysique ; mais elle doit se taire, parce qu'elle ne voit que les dehors, non l'enceinte de l'ame ; qu'elle se borne donc à étudier les fonctions organiques ou les fonctions mixtes de l'homme, sans porter ses regards téméraires sur les fonctions purement intellectuelles.

(1) *Gassendi* ajoute enfin ces paroles : « Quoique les preuves qu'on allègue d'ordinaire en faveur de l'immortalité de l'ame ne soient pas d'une évidence mathématique, elles sont néanmoins de nature à faire de fortes impressions sur tout esprit bien fait, puisqu'elles balancent les preuves dont on veut étayer l'opinion contraire ; la foi venant ensuite à l'appui de ces probabilités morales & métaphysiques, elle leur donne une force & une évidence à laquelle on ne peut se refuser ».

La révélation nous fournit cet argument décisif, s'il y a une vertu & une providence, il doit nécessairement y avoir une autre vie ; en effet, si la vertu & le vice ne sont pas des chimères, ni des conventions sociales, il faut que Dieu, en vertu de sa justice & de sa bonté, punisse le crime qui triomphe, & récompense la vertu qui gémit. Or, l'expérience ne prouve ni l'un ni l'autre ; & d'ailleurs la religion nous apprend que l'essence du bien & du mal n'est point arbitraire ; donc les rétributions du souverain juge sont réservées pour un autre tems : c'est donc à la foi à nous fixer & à changer nos conjectures en démonstrations.

De la génération de nos idées.

Gassendi pose pour premier fondement de sa doctrine sur les idées, que « l'ame en venant au monde est (2) semblable à une table rase où il n'y a aucun caractère empreint, car ceux qui disent que l'ame a des idées gravées dans elle par la nature, & que les sens ne lui ont point transmises, ne sauroient en aucune façon prouver ce qu'ils avancent ». Voilà le système des idées innées coulé à fond par ce principe.

Toute l'antiquité avoit cru, jusques à Descartes, que *rien n'est dans l'entendement sans avoir été auparavant dans la sensation* (3). Lorsque Descartes eut déclaré la guerre à Aristote, il proscrivit cette opinion avec les erreurs de cet ancien ; mais *Gassendi* & quelques autres philosophes ont sauvé cette étincelle des cendres du péripatéticisme. S'il y avoit des idées innées, ce seroient sans doute ces propositions générales dites axiomes, qu'il suffit d'énoncer, pour que l'esprit les conçoive & y acquiesce sur le champ. Telle est cette proposition : le tout est plus grand que sa partie. Cependant personne ne peut porter le jugement énoncé par cette proposition, sans savoir ce que c'est que le tout & la partie, & sans avoir comparé ces deux choses ; ces notions ne peuvent être introduites dans l'entendement que par le canal des sens ; & les sens ne peuvent transmettre que des idées simples & particulières, comme, par exemple, une maison & son couvert, un arbre & ses branches ; ainsi ce n'est qu'en comparant les idées ou représentations spéciales de chacun de ces objets particuliers, que l'esprit pourra prononcer que le tout est plus grand que sa partie, parce qu'il aura mesuré & rapporté ensemble l'arbre & la branche, la maison & le toit : donc les idées (4) générales sont toujours précédées & formées des idées particulières. Or, les idées particulières ne peuvent venir des objets extérieurs que par l'entremise des sens ; donc il n'y a rien dans l'entendement qui n'ait été avant dans les sens ; donc il n'y a point d'idée innée.

Il seroit en effet absurde de soutenir qu'une abstraction, une idée générale fût innée dans l'entendement, sans avoir connu avant les idées & les termes dont cette proposition est conçue, » Il vaudroit autant, dit agréablement Locke,

---

(1) Profecto ut rationes immortalitati astruendæ allatæ, mathematicæ evidentiæ ut sumus initio testati non sint, eæ tamen sunt, quæ non neminem bene affectum permovent, quæ congestis aliis immortalitati propugnandæ præponderent ; quæ denique superveniente autoritate fidei pondus atque robur ineluctabile obtineant. *Gassendi*, tome II. De animorum immortalitate.

(2) Mentem tabulam *rasam* in quâ nihil cælatum depictumve... Qui dicunt ideas à naturâ impressas neque per sensus acquisitas quod dicunt minime probant. *Gassendi*. Institutiones logicæ, pars prima, de simplici rerum imaginatione.

(3) Nihil est in intellectu quod non prius fuerit in sensu.

(4) Cum intellectus nihil possit nisi per species in phantasiâ degentes intelligere, & species istæ non imprimantur nisi sensibus ministrantibus, & sensus ipsi nihil quod non sit singulare percipiant ; perspicuum videtur omnem cognitionem à singularibus inchoare. *Gassen*. Physicæ, sectio tertia membrum posterius, lib. 2. de intellectu seu mente.

» prouver à un homme (1) qu'il a actuellement
» cent francs argent comptant dans sa poche,
» quoiqu'il n'y ait ni louis d'or, ni écu, ni
» aucune pièce de monnoie qui puisse former
» actuellement cette somme ».

On cite comme une forte preuve en faveur des idées innées, le consentement prompt que l'on accorde à certaines vérités aussi-tôt qu'on les entend prononcer; mais si cette preuve est bonne, il n'y aura point de vérité mathématique qui ne soit innée, puisqu'on les retient seulement à la seule exposition qu'on en fait. Il en est de même des principes des autres sciences.

» Mais, dit-on, ces connoissances n'ont be-
» soin que d'être développées, l'ame les apporte
» en naissant ». A cela l'on répond que si l'ame en étoit originairement pourvue, il faudroit qu'on pût en découvrir quelques traces dans elle-même, car il seroit ridicule de dire que ces connoissances existent dans l'entendement *incognito*, à moins qu'on ne veuille soutenir qu'une chose est & n'est pas en même-tems dans un même lieu. Mais une marque certaine que ces notions qu'on ne veut que développer, n'existent en aucune manière dans l'entendement, c'est que l'homme a besoin d'acquérir ces connoissances prétendues innées; & l'expérience, d'accord avec la raison, prouve qu'il ne les acquiert que par les facultés que Dieu lui a accordées pour cet effet.

« Mais, dira-t-on encore, pourquoi tous les
» hommes s'accorderoient-ils unanimement sur
» certaines opinions, s'ils ne les trouvoient em-
» preintes dans leur ame? Ces opinions peuvent
» varier, quant aux apparences, mais le fond
» est toujours le même. Il faut nécessairement
» que la nature les ait elle-même gravées dans
» leur esprit, puisqu'ils les reçoivent tous d'un
» consentement général ».

Il n'y a point au monde de vérité sur laquelle les hommes soient plus constamment d'accord que celle-ci : *six & trois font neuf, neuf & trois font douze*. Or, les Cartésiens diront-ils que ces principes si clairs sont nés avec nous ? S'ils en viennent là, les maîtres de mathématiques ne leur auront pas beaucoup d'obligation ? Or, si des vérités aussi simples que celles-là ne sont point gravées originairement dans notre esprit, comment d'autres vérités moins évidentes seroient-elles innées?

Mais par surabondance de droit, on a encore prouvé aux Cartésiens que si tous les hommes conviennent de ces principes qu'on suppose innés ;

si ces caractères primitifs imprimés dans les ames humaines, n'étoient ensuite méconnus que parce que des hommes aveuglés ou prévenus les ont dénaturés, il s'ensuivroit que ces principes devroient briller dans toute leur pureté chez les enfans, les foux & les imbécilles ; un voyage qu'on peut faire aux enfans trouvés, aux petites maisons & aux hôpitaux suffiroit pour convaincre de la supposition chimérique des idées innées ; & la seule analogie dans ce point, comme dans tous les autres, détruiroit tous les argumens Cartésiens. Néanmoins on répétera ici les raisonnemens victorieux de *Gassendi* sur ce sujet.

« (2) Les idées innées devroient paroître avec
» d'autant plus d'éclat dans les enfans, qu'elles
» n'auroient encore pu être altérées par aucun
» mélange de préjugé & de sophisme. Prenons-
» les donc dans le sein de leur mère. Bien loin
» que l'embryon puisse avoir aucune notion innée,
» il ne paroit pas même qu'il puisse penser à
» quelque chose ; il ne peut en effet avoir au-
» cune idée de la lumière, ni d'aucune chose
» qui soit dans le ciel & sur la terre, ni de son
» ame, ni de son corps ; les pensées du fœtus
» ne peuvent avoir pour objet rien de ce qui
» est au dehors ni au dedans de sa coëffe ; il est
» tout au plus borné aux sensations que lui cau-
» sent la soif & une situation commode ou in-
» commode. Or, que le fœtus ait des pensées
» qui se succèdent sans intervalle, c'est ce que
» je ne conçois point : si vous êtes plus clair-
» voyant que moi, vous n'avez qu'à le prouver ;
» mais la raison & l'expérience ne seront pas
» de votre côté. Je n'irai donc point vous faire
» des questions importunes, ni vous prier de
» me dire si vous vous ressouvenez des idées
» que vous avez eues avant que de venir au
» monde, ou les premiers mois qui ont suivi
» votre naissance ? Et si vous me répondez que
» vous en avez perdu le souvenir ; vous ne
» pourrez du moins me contester que dans ce
» tems-là vos pensées, supposé même que vous
» en eussiez, ne fussent bien foibles, bien obs-
» cures, & pour ainsi dire nulles ».

Tel étoit le raisonnement que *Gassendi* objectoit à Descartes ; & pour prouver combien l'intelligence humaine dépendoit, pour ses fonctions, du cerveau, il alléguoit encore la preuve suivante. *Gassendi* reprochoit à son adversaire qu'il donnoit la question pour réponse, & qu'il évadoit l'argument ; car, disoit-il, » (3) puisque le

---

(1) Locke, *Essai sur l'entendement humain*, livre premier, chapitre 3.

(2) *Gassendi, Object... & instantiæ contra Renat... Cart. med...* Ce passage, ainsi que le suivant, est entièrement pris de *Gassendi*.

(3) Ibidem.

» cerveau n'influe point sur la faculté de pen-
» ser, il est naturel de croire que dans une lé-
» thargie, l'ame aura des idées d'autant plus par-
» faites, que le cerveau n'influe point alors sur
» ses opérations : ainsi l'ame se trouvera alors
» dans cette situation heureuse où elle pourra
» jouir d'elle-même, & sera dégagée du corps
» grossier qui la captivoit : combien doit-elle
» désirer cet état de liberté où elle peut con-
» templer sans trouble & sans nuage les objets
» qu'elle connoît, sans être offusquée par les
» vapeurs grossières qui s'élèvent des sens. Je
» laisse à ceux qui ont plus de sagacité que moi
» à décider si les choses vont de même dans
» une syncope ».

Selon notre philosophe, il n'est pas possible de (1) concevoir qu'un homme absolument perclus de tous ses sens, pût avoir quelque idée : il est même évident que cet homme ne vivroit point, s'il étoit privé du sens du tact qui est répandu dans toutes les parties du corps, & qu'on peut appeler le sens de l'existence.

Puisque ces principes généraux qu'on soutenoit innés, ne sont pas connus des personnes qui sont dans l'état que nous venons de dire, lesquelles forment une partie considérable du genre humain ; c'est donc sans raison, comme sans vérité, qu'on allègue que tous les hommes les comprennent & y acquiescent aussi-tôt qu'on les prononce devant eux. Ce consentement général, quand bien même il seroit vrai, ne fourniroit aucune preuve aux cartésiens ; car, puisque les hommes acquiescent à ces propositions générales dites *axiômes*, aussi-tôt qu'ils les entendent prononcer, il est clair qu'ils les ignoroient auparavant ; car ils n'auroient pas eu besoin d'accorder leur suffrage à des propositions qu'ils auroient précédemment connues ; ils auroient répondu avec raison qu'on ne leur apprenoit rien de nouveau, & que toutes ces explications étoient inutiles.

« L'homme est né, objecte-t-on, avec la capa-
» cité d'avoir des idées ». Rien n'est plus vrai : mais ce seroit changer totalement la thèse que de confondre ses principes, avec les moyens de les acquérir. Ainsi un homme est né sans biens, mais la nature lui a donné le moyen d'en acquérir, puisqu'elle a pourvu de bras & de mains pour cet objet : mais de ce qu'un homme est né avec des mains, en conclura-t-on qu'il est né avec une fortune ?

On n'est pas plus avancé à dire que l'ame en venant au monde porte les germes de ses connoissances ; car, qu'est-ce que ces germes des connoissances, sinon des connoissances ébauchées ? Qu'on nous fasse donc voir ces connoissances que l'ame tire de son propre fonds, & pour lesquelles le ministère des sens est inutile. Il n'y a point de vérité au monde que l'entendement humain ne connût sans l'entremise des organes, s'il portoit en lui-même des principes qu'il tînt uniquement des mains de la nature. C'est à cette occasion que *Gassendi* badine Descartes, qui sans doute poussé à bout par son adversaire, avoit avancé que les (2) aveugle-nés peuvent avoir connoissance des couleurs. Dans quelles bizarreries ne jette point un système que la raison désavoue !

Si Dieu avoit gravé de son propre doigt quelques notions dans nos ames, ces notions primordiales y paroîtroient visiblement ; car Dieu ne faisant rien en vain, comment auroit-il gravé ces caractères sans qu'on pût les voir ? Pourquoi auroit-il fait dépendre ces notions des organes extérieurs ? Tout ce qui émane de l'être souverain doit porter l'empreinte visible de sa main toute-puissante ; & puisque ces connoissances sont gravées dans le cœur de tous les hommes, chaque individu doit les distinguer sans peine ; car qui dit gravé ou imprimé annonce des caractères nets & visibles à tout le monde ; c'est la signification que ces termes emportent avec eux. Or, comme nous l'avons déjà fait voir plus haut, il s'en faut de beaucoup que tout le monde y lise ces caractères prétendus innés.

Certains disciples de Descartes ont avancé que Dieu avoit tracé dans nous ces caractères d'une manière implicite. Mais cette proposition est bien hasardée, pour ne rien dire de plus. Je suppose qu'un cartésien donne une boîte ou une montre à graver, & que le metteur-en-œuvre les lui rapporte en lui disant qu'il a gravé ces bijoux implicitement ; je demande si le défenseur des idées gravées implicitement, se payeroit de la gravure implicite de ses bijoux ?

Les cartésiens mitigés se sont bornés au principe suivant, le seul qu'ils aient reconnu inné. Voici ce principe développé avec beaucoup d'art dans un ouvrage très-estimé. (3) « Il n'y a pas
» de proposition plus claire que celle-ci : *je pense,*
» *donc je suis*, & l'on ne sauroit avoir aucune
» assurance évidente de cette proposition, si
» l'on ne concevoit clairement ce que c'est qu'exis-
» ter ; si l'on ne peut donc nier que les idées de
» l'être & de la pensée sont dans l'entendement,
» je demande : par quels sens extérieurs ces idées
» y ont-elles été produites ? Sont-elles lumineu-
» ses ou colorées pour y être entrées par la vue ?

---

(1) Ibidem.

(2) Ibidem.

(3) Logique de Port-Royal.

» d'un son grave ou aigu, pour y être venues par
» l'ouïe, d'une bonne ou mauvaise odeur, pour
» y être entrées par l'odorat, de bonne ou mau-
» vaise saveur, pour y être venues par le goût,
» froides ou chaudes, dures ou molles, pour être
» entrées par l'attouchement? Si l'on dit que ces
» idées sont formées de quelques images sensibles,
» qu'on nous dise quelles sont ces images sen-
» sibles dont on prétend qu'elles ont été for-
» mées ».

Cet argument si démonstratif en apparence, & qui en a long-temps imposé, ne paroîtra qu'un paralogisme, étant rapproché à la lumière de *Gassendi*.

Mais avant que d'exposer les réponses qu'on a faites, & les conséquences qu'on prétendoit tirer de cet argument, il ne sera pas hors de propos d'entrer dans quelques explications préparatoires. Descartes avoit établi sa théorie de l'ame sur ce fondement, que nous pouvons bien douter de l'existence de tous les objets qui nous environnent, mais non pas de celle de notre ame. Il suppose que par la permission divine, le ciel, la terre & tous les corps environnans sont des êtres purement phantastiques; tout ce qu'on apperçoit, tout ce qu'on sent, n'est qu'un enchaînement de prestiges dont le diable est l'auteur: les sens sont faux & illusoires; ainsi Descartes commence par récuser ces témoins suborneurs; il se dépouille de toute prévention & de toute notion anticipée & ne reconnoît plus rien pour vrai. Voilà par quels degrés il parvient à cette sublime découverte: *je pense, donc je suis*, & s'applaudit lui-même de cette espèce de révélation qui étoit réservée à son esprit privilégié. Ses disciples triomphans exaltent cette vérité comme le seul principe fécond & lumineux d'où émanent nos autres connoissances; mais cette lumière nouvelle pourroit bien n'être qu'une lanterne sourde qui n'éclaire qu'eux-mêmes.

Puisque Descartes pensoit que chaque homme pouvoit aisément se convaincre de sa doctrine sur l'ame, il falloit se borner à un raisonnement clair & précis, tiré de la nature des deux substances, & démontrer que l'idée de la pensée ne renferme pas celle de l'étendue. Pourquoi recourir à des idées innées? Pourquoi poser son système sur un fondement aussi suspect que ces hypothèses ingénieuses? Pourquoi rejetter le témoignage des sens? Ce Philosophe assuroit qu'il vouloit se mettre à la portée de tout le monde; mais quel est l'homme du peuple disposé à écouter un philosophe, qui lui dira que pour s'assurer de la distinction de son ame & de son corps, il faut qu'il croie que le ciel, la terre, sa maison, sa famille, en un mot, tous les corps peuvent n'être que des illusions diaboliques? Il y a apparence que c'est ce fondement de cartésianisme qui choqua les MM.

du saint Office, lorsqu'ils mirent le livre des *méditations* à l'index. Peut-être ils crurent que Descartes étoit une espèce de magicien, & que pour être son disciple, il falloit commencer par se donner au diable.

Cependant s'ils avoient eu le talent ou le goût d'approfondir la méthode de Descartes, ils n'auroient pas été si prompts à la condamner. Ils auroient vu qu'elle ne pouvoit partir que d'un génie presque surnaturel; mais telle est la condition de l'esprit humain, dont la foiblesse ne se décèle souvent mieux que dans les plus grands hommes. Quel sujet de réflexion pour un philosophe, qu'un homme comme Descartes ait médité pendant dix ans pour découvrir une vérité aussi commune & aussi triviale que celle-ci: *je pense, donc je suis*, & que ce même Descartes, par une contradiction singulière, ait voulu donner pour innées des idées qu'il avoit été dix ans à trouver.

Gassendi étoit bien éloigné d'établir les connoissances fondamentales de l'esprit humain sur des idées si bizarres. Il ne goûtoit point ce principe qui conduisoit à démentir nos sens & à douter de l'existence de l'univers. Quelque sage & utile que soit le doute méthodique inventé par Descartes, on peut dire cependant que ce grand philosophe a été moins heureux dans l'application que dans l'invention de ce système. Le doute cesse d'être raisonnable, lorsqu'il s'étend sur des objets confirmés par le rapport constant & uniforme de tous les sens. Ce n'est plus alors le scepticisme, qui ne prescrit l'indécision que dans les questions obscures & contentieuses; c'est le vrai pyrrhonisme qui révoque en doute les choses les plus claires & les plus évidentes. Voilà le préambule de *Gassendi* contre Descartes: il ne perd pas de temps à lui prouver son existence; vérité si sensible & en même-temps si difficile à prouver par le seul raisonnement, par cela même, qu'elle est trop sensible. Il entre tout de suite en lice pour combattre cet *Achille*, cet argument prétendu invincible dont nous avons vu une brillante application dans la logique de Port-Royal.

« (1) Je me flattois, dit *Gassendi* à Descartes,
» de découvrir une vérité nouvelle qui fut la
» source de toutes les autres, lorsque je tombai
» sur ce passage de vos méditations où vous faites
» si fort ronfler cet argument: *je pense, donc
» je suis*. Bon Dieu, m'écriai-je! voilà donc cette
» merveilleuse découverte qui exigeoit de si pro-
» fondes recherches, & un si grand appareil de
» preuves! Si quelqu'un avant ce temps-là, vous

---

(1) J'ai traduit mot à mot ce long passage de *Gassendi*, tiré du commencement de ses objections contre Descartes.

» eût fait cette question : Existez-vous Descartes ?
» Vous n'auriez su que répondre, & vous auriez
» demandé quelques semaines & quelques mois
» pour vous convaincre de votre existence, avant
» que de satisfaire à cette question : vous n'en
» avez point, dites-vous, une certitude métaphy-
» sique, c'est-à-dire, fondée sur le raisonnement ;
» mais qui dit certitude, dit quelque chose d'assu-
» ré. Tout ce qui est susceptible de quelques de-
» grés de plus d'assurance, cesse d'être certain ;
» ou cette nouvelle méthode n'ajoute rien de
» plus à la preuve de votre question, ou cessez
» de nous dire que vous en avez une certi-
» tude ».

« Mais sans insister davantage sur cet article,
» examinons votre objet. Quoique personne ne
» puisse vous contester le fond de la question,
» vous ne croyez cependant pas pouvoir vous la
» persuader pleinement, si vous n'avez recours
» à des preuves choisies, & qui vous soient par-
» ticulières. Voyons présentement si elles sont
» concluantes : *je pense, donc je suis*, dites-vous ;
» c'est à merveille ; mais avez-vous oublié votre
» principe fondamental, qui est de regarder
» comme faux ou incertain tout ce que vous
» auriez précédemment connu ? Vous faites pro-
» fession de renoncer à toute notion anticipée,
» à tout préjugé ; (si toutefois on peut vous
» passer que votre nouvelle opinion ne soit pas
» elle-même un préjugé) ; de ce principe que
» vous venez d'établir, vous devez déduire l'en-
» chaînement des conséquences qu'il vous reste
» à nous démontrer. . . . Venons donc à votre rai-
» sonnement : *je pense, donc je suis* ».

« Premiérement, c'est un pur hasard que cette
» proposition se soit offerte à votre esprit, plutôt
» qu'une autre. Elle ne peut naître de votre ju-
» gement, puisque vous avez plus haut renoncé
» à tout jugement, & cette proposition : *je pense,
» donc je suis*, énonce un jugement réel de votre
» part, qui fait le premier jugement dont vous parlez.
» Ainsi le principe & toutes ses conséquences
» ne seront jamais le fruit de vos réflexions ».

« Je pense, dites-vous, mais la pensée doit
» avoir un objet. A quoi pensez-vous donc ?
» Est-ce au ciel, à la terre ou à votre personne ?
» Mais suivant votre première thèse, que vous
» n'avez point abandonnée, tout cela n'est qu'une
» illusion. Votre idée sera donc illusoire, de
» même que toutes les autres idées subsé-
» quentes ».

« Mais encore, qu'entendez-vous en disant je
» pense ? Vous connoissez-vous vous-même ? Il
» y a apparence, puisque vous dites *je* : savez-
» vous si vous existez ou non ? Si vous le savez,
» vous avez donc une notion anticipée, ce qui
» est contre votre hypothèse ; si vous ne savez

» pas que vous existez, comment saurez-vous
» que vous agissez, puisque l'action présuppose
» l'existence ? Vous ne pouvez donc savoir si vous
» pensez, puisque penser, c'est agir ».

« D'ailleurs, quand vous dites, je pense, c'est
» comme si vous disiez, *je suis pensant*. Vous êtes
» le sujet, & la pensée est l'attribut : or, vous
» ne pouvez pas dire, je suis pensant, sans dé-
» clarer en même-temps que vous existez ; ainsi
» l'antécédent & le conséquent ne seront jamais
» qu'une même raison, par conséquent, vous ne
» faites que prouver une proposition par la même
» proposition. Il est aisé de voir par tout ce qui
» précède, que vous voulez démontrer une chose
» évidente par un raisonnement captieux ; non
» que ce raisonnement ne soit très-juste en lui-
» même, mais dans votre hypothèse il porte sur
» un principe faux ».

Quoique ce passage soit un peu long & abstrait, je l'ai rapporté dans son entier, pour donner une échantillon de la dialectique de *Gassendi* : on pourroit encore ajouter que cette proposition : *je sens, donc je suis*, devroit tout aussi bien être admise que l'autre : *je pense, donc je suis*. Il semble même que la certitude de notre existence soit plutôt fondée sur le concours de toutes nos sensations successives ou simultanées, que sur le témoignage de la pensée, qui du moins n'est pas antérieur à celui de la sensation. On objecte que si nos sensations sont l'origine commune de nos idées, notre ame se trouvera par-là réduite à bien peu de chose, comme si nous en étions moins sous la main de l'être suprême, qui pouvant nous communiquer nos connoissances par toutes sortes de voies, a jugé à propos de choisir celle de nos sens, pour exciter dans nos ames ces perceptions d'où proviennent toutes nos connoissances, celles même du bien & du mal. « Ainsi par le seul que
» nous sentons (1) nous-mêmes, dit l'abbé Bat-
» teux, nous connoissons le mal que nous pou-
» vons faire aux autres, & par la crainte de l'é-
» prouver, la défense de le faire éprouver à au-
» trui. . . . En quels caractères plus lumineux Dieu
» pouvoit-il graver sa loi & sa justice dans l'es-
» pèce humaine ; chaque mouvement de notre
» ame, chaque impression des objets extérieurs
» sur notre corps, & de notre corps sur elle,
» est une méditation ou un développement de
» la loi naturelle qui ordonne le bien & qui
» défend le mal. La loi du bien-être particulier
» devient le code de la société, & celle du bien-
» être de la société, la caution du bien-être par-
» ticulier ».

En voilà plus qu'il n'en faut pour détruire les idées innées ; quand on n'auroit pas d'ailleurs

---

(1) Morale d'Epicure.

une si grande multitude de preuves à leur opposer, il suffiroit pour battre en ruine ce système de faire voir, avec Locke, que l'homme peut acquérir & acquiert en effet ses connoissances par toute autre voie, c'est-à-dire, par le moyen des facultés que Dieu lui a données pour cet effet.

Telle est donc la marche de l'entendement humain; les objets extérieurs agissent sur nos sens, qui font passer à l'ame les mouvemens ou impressions qu'ils en reçoivent : ces impressions ne peuvent jamais être que des représentations d'objets simples & particuliers ; de la connoissance de ces individus, l'homme passe à celle des espèces, des espèces aux genres, & de-là il s'élève jusqu'aux idées abstraites & universelles. Ainsi l'enfant qui semble d'abord borné à des sensations, apprend peu à peu à connoître chaque chose par les termes qu'il entend souvent répéter, & dont on lui explique le sens. Ensuite il range dans sa mémoire, sous différentes classes, ces dénominations qui lui rappellent les choses qu'elles désignent. A mesure que les organes se fortifient, l'ame de l'enfant perce les enveloppes ténébreuses de ses sens, elle apprend à se replier sur elle-même, ce qui est le premier pas de la réflexion naissante ; elle parvient enfin à former des idées universelles qui sont le vrai partage de la raison humaine, laquelle achève de se mûrir & de se perfectionner par le secours de l'expérience, qui n'est autre chose qu'une collection multipliée de sensations.

Si l'analogie nous éclaire sur l'origine de nos idées, elle ne nous apprend pas la manière dont elles se forment dans l'entendement : entre toutes les opinions que les philosophes ont proposées sur la génération de nos idées, on en distingue trois principales.

La première est celle d'Epicure qui soutenoit, d'après Démocrite, qu'il se détachoit continuellement de la surface des objets extérieurs, des images de ces mêmes objets qui produisoient toutes ces perceptions dans notre ame, ou plutôt qui étoient elles-mêmes ces perceptions. Ainsi tout s'opéroit, selon lui, dans l'entendement humain, par le moyen de ces simulacres voltigeans qui émanoient sans cesse du tissu des corps environnans, & dont nos sens étoient en quelque façon le reservoir : cette hipothèse, si elle est romanesque, est du moins brillante.

La seconde opinion est celle de Hobbes & de quelques autres qui ont expliqué de cette manière la nature de la sensation : les corps extérieurs frappent l'extrémité de l'organe dans lequel circulent les esprits animaux, c'est-à-dire, des globules ignés qui sont dans un flux continuel & une rapidité inconcevable. L'ébranlement communiqué de l'un à l'autre de ces globules s'étend par une serie de vibrations continuées jusqu'au timbre du cerveau où l'autre extrémité de l'organe va aboutir, & de la répercussion de ce timbre naît le sentiment : mais comment ces philosophes prouveront-ils qu'un nerf percuté & répercuté, produise de lui-même la sensation qui ne sauroit être une modalité de la matière, non plus que la pensée ?

Le troisième système est celui de Descartes & de ses disciples, qui sentant les difficultés extrêmes qu'il y a de concilier l'impression des organes avec une substance simple & sans parties, ont eu avec raison recours au créateur ; ainsi c'est Dieu lui-même qui produit dans notre ame toutes les opérations dont l'action des organes n'est qu'une cause occasionnelle. A la vérité on leur a répondu que cette solution étoit, comme on dit, è *machina Deus*, & qu'il ne falloit pas une science profonde pour dire que c'est Dieu qui fait tout : mais ce parti est le plus modeste, & par conséquent le plus sûr dans tout ce qui est au-delà du *nec plus ultra* des connoissances humaines.

L'apperception ou réflexion est cette faculté de l'ame, qui venant à se replier sur elle-même, tire de son propre fonds toutes ses opérations, sans le secours des organes. Cependant on doit remarquer que l'ame dans la réflexion n'est pas absolument indépendante des sens : quoiqu'elle ne se serve pas de leur entremise actuelle pour produire ses actes, elle se sert des idées (1) sensibles comme de degrés, pour s'élever par le moyen de la réflexion jusqu'à ces objets sublimes où les sens ne sauroient atteindre, en sorte qu'il n'y a point d'idée si abstraite ni si relevée, qui n'ait des liaisons d'origine avec quelques-uns de nos sens.

De la volupté d'Epicure.

Les êtres sensibles agissent sur notre ame de deux manières par la voie des sens ; par la première, ils y excitent des idées, & par la seconde, des affections. Ces deux branches collatérales naissent des sensations comme de leur souche commune, & se ramifient à l'infini.

On entend par ce mot d'affection, une sorte d'instinct, ou un mouvement naturel qui porte chaque être vivant à rechercher ce qui est ami de son existence, & à fuir ce qui lui est contraire. Cet instinct est produit dans nous-mêmes, sans nous-mêmes & souvent malgré nous-mêmes.

_____

(1) Utitur intellectus speciebus phantasiâ perceptis tanquam gradibus ut ratiocinando assequatur ea quæ sine speciebus phantasmaticè intelligit... *Gassendi...* Physic. sect. 3a, lib. II.

La satisfaction qui naît du besoin rempli, est ce qui constitue le plaisir. Pour nous donner une idée juste du besoin & du plaisir, les philosophes ont ordinairement l'exemple d'un homme tourmenté d'une soif violente qui avale une liqueur fraîche ; la première sensation est le besoin, la seconde est le plaisir.

C'est une vérité de fait avouée de tout le monde, que tout être sentant ne se détermine à aucun acte que selon son plus grand plaisir. On a répété & expliqué si souvent cette maxime dans tant de livres échos les uns des autres, qu'il seroit très-déplacé de s'appésantir ici sur les preuves d'un principe trop clair pour avoir besoin d'être prouvé. Chacun n'a qu'à réfléchir sur lui-même & sur les motifs déterminans de toutes ses démarches, pour se convaincre que le plaisir est, pour ainsi dire, l'ame de notre ame, qu'il est, à son égard, ce que le mouvement est aux corps, & que de même que ceux-ci persévèrent dans leur inertie naturelle, lorsqu'ils ne sont point excités par aucune impulsion étrangère ; ainsi sans le grand mobile du plaisir, l'homme seroit plongé dans une léthargie éternelle. Il ne se porteroit à rien, il ne voudroit ni boire, ni manger, ni multiplier son espèce : son état, en un mot, ne différeroit point de celui des végétaux.

(1) Voici un argument d'Aristote touchant le plaisir. « Tout ce que l'animal appète, est un » bien par lui-même, ce qu'il desire avec le plus » d'ardeur, doit être le souverain bien : or, » tout ce qui respire, appète avec beaucoup d'ar-» deur la volupté ; donc la volupté doit cons-» tituer le souverain bien ».

On demande ce que c'est que le plaisir ? Il semble naturel de répondre qu'il est fait pour être senti & non pas analysé ; cependant on peut distinguer, avec Gassendi, le physique & le moral du plaisir. Ce philosophe disoit, avec les (2) Epicuriens, que le physique du plaisir est ce sentiment agréable qui résulte de l'impression de certains esprits ou atômes très-subtils & très-doux de leur nature, qui par leur chatouillement affectent délicieusement notre cœur. La douleur, au contraire, est produite par l'irritation de certains esprits rudes & piquans qui froissent le cœur. Ce viscère se resserre à l'approche de ceux-ci, se dilate quand les premiers agissent sur lui ; selon les mêmes Epicuriens, le plaisir consiste dans une certaine température ou équilibre des esprits, & la douleur dans leur dérangement ou leur oscillation.

Qu'est-ce que le moral du plaisir ? Socrate l'avoit défini une (3) *volupté sans peine* ; Epicure disoit, *corps sans douleur, ame sans trouble*. Les plus grands adversaires d'Epicure n'ont garde de démentir cette maxime, sur-tout dans la pratique, & si l'on vouloit approfondir sans préjugé les divers sentimens des philosophes sur ce point important, on pourroit les ramener tous à ce principe commun de l'influence nécessaire de nos plaisirs sur toutes nos actions.

Puisque le cœur humain n'a point d'autre levier, il ne s'agit que de lui donner la raison pour point d'appui. Or, la raison nous démontre que sans les auspices de la vertu, le plaisir sort de la sphère, & va directement contre son but.

Mais qu'est-ce que la vertu ? Les Stoïciens la plaçoient dans les extrêmes, les vrais Epicuriens dans le milieu.

Zénon dénaturoit l'homme en le concentrant dans une espèce d'insensibilité que son état ne comportoit point: Epicure se mettoit au niveau de la nature humaine dont il connoissoit le foible ; il ne vouloit pas anéantir les passions ; il n'aspiroit qu'à les régler. Quand il disoit que la félicité & la vertu sont deux sœurs inséparables ; il entendoit par vertu l'art de modérer ses passions sans exclure les plaisirs. On avoit cru pendant long-tems que ce philosophe n'admettoit d'autres plaisirs que ceux de la débauche. *Gassendi* fait voir le contraire, & c'est la différence notable qu'il y avoit entre Aristippe & lui. Le dernier ne prêchoit que les plaisirs des sens ; l'autre, au contraire, n'entendoit que les plaisirs de l'esprit. *Gassendi* (4) cite plusieurs passages de Cicéron, de Sénèque, de Lactance, de saint Jérôme, de saint Grégoire de Nazianze & de Gerson, pour faire voir qu'il ne falloit donner d'autre interprétation à la volupté d'Epicure, que l'idée des plaisirs honnêtes & permis.

L'on conçoit aisément par l'exposé que l'on vient de faire, qu'Epicure tenoit un juste milieu entre Aristippe & Zénon. Aristippe & ses disciples ressembloient à des malades aveuglés sur leur état, & qui ne veulent s'assujétir à aucun remède ; Epicure prescrivoit & observoit un régime exact, n'affichoit point le charlatanisme,

---

(1) Ut in omnibus rebus id quod appetitur bonum est, ita quod summè appetitur esse oportet summum bonum... Atqui voluptas hujusmodi est, igitur eam esse summum bonum oportet. Aristote, cité par *Gassendi*, Ethicæ, liber primus de felicitate.

(2) *Gassendi*. Physicæ, sectio 3a. memb... post... lib. 10 de appetitu & affectibus animæ.

(3) *Gassendi*, ibid.

(4) *Gassendi*, ibidem, & dans sa vie d'Epicure.

& ne prétendoit point guérir radicalement les maux du genre humain ; il conseilloit le remède palliatif du plaisir qui pris avec précaution, pourroit, ce me semble, être comparé à l'opium qui, quoique mortel de sa nature, peut néanmoins, étant sagement administré, suspendre nos douleurs, & répandre un calme enchanteur dans tous nos sens.

Les Stoïciens, au contraire, se flattant de vaincre par leur sagesse austère, les maladies incurables de la nature, ne ressembloient pas mal à certains empiriques qui prétendent guérir les maux de l'humanité, avec du sublimé corrosif : la question du plaisir mène naturellement à celle du bonheur. On a agité long-tems en quoi consistoit le solide bonheur : à prendre ce mot dans toute son étendue, il n'est pas douteux que le bonheur ne se trouve que dans celui-là « seul » en qui réside toute la plénitude de la joie, » & à la droite duquel il y a des plaisirs sans » fin ». Mais si on entend par ce mot de bonheur, la situation qui doit procurer le plus de satisfaction à l'homme, la question est encore indécise.

Les anciens philosophes ont long-tems disputé sur le bonheur ; Saint Augustin comptoit *deux cents & quatre-vingt systèmes* différens sur ce seul article. Les uns le faisoient consister dans les plaisirs, d'autres dans les richesses, d'autres dans les honneurs, d'autres dans la philosophie. « Ils auroient fait tout aussi-bien, dit » Locke, (1) de disputer entr'eux sur le goût le » plus délicieux des poires, des prunes & des » abricots, & de se diviser sur ce point en au- » tant de sectes : car, comme la bonté de ces » fruits est relative à la différente conformation » des palais, de même les causes morales de la » félicité varient suivant les goûts différens des » humains ».

Chacun se fait donc des systèmes particuliers de bonheur analogues à sa manière de penser. Quoiqu'il n'y ait point de sentiment uniforme & dominant sur les causes efficientes du bonheur, tout le monde tombe d'accord de ce principe fondamental de la volupté épicurienne dont nous avons déjà parlé : *corps sans douleur, ame sans trouble*. Il n'est personne au monde qui n'ait fort à cœur la conservation de sa santé, personne qui ne cherche à s'affranchir ou à se distraire des misères inséparables de la condition humaine. On voit même des hommes qui préfèrent l'intérêt de leur repos à celui de leur santé, persuadés que le bien-être ne se trouve que dans une certaine quiétude d'esprit que rien n'altère.

Selon l'opinion populaire, le bonheur parfait consiste dans une suite non interrompue de sensations voluptueuses ; mais outre qu'un pareil bonheur est un être de raison, il n'est pas concevable, quand bien même il seroit possible, qu'un homme qui auroit vécu dans des délices continuelles, eût la moindre idée du vrai plaisir : ce n'est que par son absence & son retour, ce n'est que par des momens contrastés de travail & de repos, de volupté & de douleur, qu'on peut connoître le prix d'un état heureux.

Le tableau des misères humaines est trop frappant pour vouloir le déguiser. « L'homme, dit Rous- » seau, est un miroir de douleurs » : c'est ce qui faisoit dire aussi aux anciens que « Prométhée » avoit détrempé dans ses larmes le limon dont » il pétrit la race humaine ; d'autres pensoient » que les dieux étoient ivres de nectar, lors- » qu'ils formèrent l'homme ». Que de maux extérieurs ou intérieurs assiègent notre vie !

Malgré tous ces obstacles qui s'opposent à notre félicité, il est pourtant certain « que nous » y pouvons (2) quelque chose », comme l'a remarqué M. de Fontenelle. Si nous avons soin de simplifier nos besoins, de retrancher nos desirs, & d'observer exactement toutes les loix sociales, nous sommes déjà avancés dans la carrière du bonheur.

Deux mots d'Horace renferment dans leur précision, la substance des vrais moyens de parvenir au bonheur ; matière d'ailleurs si rebattue dans tant de traités volumineux.

Nil admirari prope res est una Numici,

Solaque quæ possit facere ac servare beatum.

Que de sens ne renferment point ces deux mots si simples, *ne s'étonner de rien : nil admirari* ! L'homme qui aura une fois bien pénétré la profondeur de cette maxime ne se tourmentera plus à rechercher péniblement hors de lui le secret du bonheur que la nature a mis dans ses mains. Il saura apprécier la fortune, ne se laissera point éblouir par l'éclat de ses faveurs ; il découvrira aisément les maux réels déguisés sous des surfaces trompeuses de contentement. Il ne regardera que comme des infiniment petits, & qu'avec un souris de compassion, tous ces êtres qui ne cherchent qu'à se guinder sans cesse sur les échasses de l'orgueil & des prétendues grandeurs humaines. Rien ne l'étonnera, & il sera préparé d'avance à tout événement : *Nil admirari*.

---

(1) Locke, *Essai sur l'entendement humain*, lib. 2.

(2) M. de Fontenelle, *Traité du bonheur*.

Il aura soin principalement de se préserver de toute sensibilité excessive, & de s'envelopper selon la maxime d'un ancien, du manteau de son indifférence. C'est le grand point de morale du philosophe; « & tel est, dit M. d'Alembert (1) » le déplorable état de la condition humaine, » qu'il faut presque toujours renoncer aux plai- » sirs pour éviter les maux qui en sont la suite » ordinaire. Cette insipide existence qui nous fait » supporter la vie sans nous y attacher, est l'ob- » jet de l'ambition & des efforts du sage : & » c'est en effet, tout mis en balance, la con- » dition que notre situation présente doit nous » faire désirer le plus. Encore la plupart des » hommes sont-ils assez à plaindre pour ne pou- » voir pas, par leurs soins, se procurer cet état » d'indifférence & de paix. »

Ce seroit néanmoins mal interpréter le sentiment des philosophes, que de s'imaginer qu'en nous recommandant le calme de l'indifférence, ils aient voulu nous livrer à l'inaction totale des sens; ils n'ont prétendu nous inspirer que l'éloignement de ces plaisirs bruyants qui privent l'ame de la jouissance d'elle-même, pour nous rappeler à cette volupté pure que l'on goûte dans l'étude, & pour nous introduire dans ce temple de la sagesse dont parle Lucrèce, dans lequel on coule des jours sereins : c'est dans ce port assuré que l'on contemple à loisir les naufrages de ces malheureux humains qui vont échouer chaque jour contre les écueils de l'ambition ; c'est-là qu'on apprend à connoître & à écarter, autant qu'il est possible, ces ténèbres & ces dangers qui environnent notre foible existence.

Ceux qui sont moins touchés des réflexions que des exemples, ne peuvent en choisir un plus illustre; que celui de Madame de Maintenon, pour reduire à leur juste valeur les idées du vulgaire sur l'essence du vrai bonheur. La fortune sembloit avoir épuisé ses faveurs sur elle. Selon l'opinion commune, elle devoit être au comble de la prospérité & de la joie. Cependant elle avoue, dans ses lettres, qu'elle n'y tient plus, & qu'elle voudroit être morte, tant l'ennui qui dévore les grands est affreux, & tant il y a de vuide dans les prospérités humaines.

Ce peu de réflexions n'est qu'un simple développement des sentimens de *Gassendi* sur cette matière, auxquels on a cru pouvoir joindre quelques passages pris des plus illustres auteurs. Si d'ailleurs on veut avoir une juste idée de la morale de *Gassendi*, on en trouvera le germe dans les maximes d'Epicure (*Voyez* l'article ÉPICUREISME & l'addition à cet article.)

___
(1) M. d'Alembert, mélanges de littérature, de morale & de philosophie, *tome IV.*

Du vuide.

La raison & l'analogie sembloient avoir dicté à Epicure, que, puisque le mouvement existe, il y a conséquemment du vuide dans la nature. Les défenseurs du plein, les Cartésiens surtout, ont cherché à évader cet argument : ne pouvant en attaquer la justesse, ils ont eu recours à l'exemple des poissons qui se meuvent librement dans l'eau, à cause de la souplesse & de la rareté du fluide ; mais Lucrèce avoit déjà réfuté cette objection d'une manière invincible.

« (2) On objecte, disoit ce grand poëte, » que les poissons en nageant fendent avec toute » liberté, la plaine liquide, parce qu'à mesure » qu'ils avancent, les eaux se retirent par une » prompte circulation, dans l'espace qu'ils » laissent derrière eux; d'où l'on prétend con- » clure la facilité du mouvement dans le plein ; » mais cette conséquence est fausse en tout point. » Le poisson éprouvera une résistance invincible, » si les ondes ne s'écoulent pour lui laisser un pas- » sage libre. Et comment les flots pourront - ils » céder leur place, s'ils ne trouvent eux-mêmes » une libre retraite? S'il n'y a pas d'interstices dans » l'eau qui puissent favoriser l'action réciproque » des particules du fluide, en recevant les pre- » miers globules d'eau qui sont poussés par les » autres, le poisson & les eaux seront donc for- » cément immobiles, puisqu'il n'y a aucune » partie du fluide qui puisse commencer à se mou- » voir ». *Liv. 1. vers. 373 & suiv.*

Certains Cartésiens ont reconnu l'existence de ces interstices nécessaires ; mais ils ont soutenu en-même-tems que ces petits espaces étoient remplis par l'air qui, étant, de sa nature, de moindre densité que l'eau, cède facilement à ce fluide : il falloit faire voir en-même-tems que les oiseaux avoient la même aisance en volant, que

___
(2) Cedere squammigeris latices nitentibus aiunt,
Et liquidas aperire vias, quia post loca pisces
Linquant, quò possint cedentes confluere undæ.
Sic alias quoque res, inter se posse moveri,
Et mutare locum, quamvis sint omnia plena ;
Scilicet id falsâ totum ratione receptum est.
Nam quò squammigeri poterunt procedere tandem,
Ni spatium dederint latices ? concedere porrò
Quò poterunt undæ, cum pisces ire nequibunt.
Aut igitur motu privandum est corpora quæque,
Aut esse admixtum dicendum est rebus inane ;
Unde initum primum capiat res quæque movendi.

es poissons en nageant; car, s'il n'y a pas de vuide dans l'air, les oiseaux seront fort embarrassés pour s'y remuer. Qu'ont fait les Cartésiens ? Ils ont allégué la différente ténuité des couches d'air dont l'atmosphère est composé ; l'expérience démontre que l'air, après sa raréfaction, occupe un million de fois plus d'espace qu'auparavant : or, les globules d'air, étant d'une subtilité extraordinaire, & d'une promptitude inconcevable à céder au moindre choc, & à se répandre, le mouvement se conçoit très-bien dans le plein.

Voici comment *Gassendi* les poursuit jusques dans leurs derniers retranchemens. « Supposé, » leur dit-il, « qu'un corps se (1) meuve dans » l'air, supposé que, pour opérer ce mouvement, » il ne faille pas un espace plus grand que celui » que peut occuper un filet d'air qui seroit mille » fois plus petit qu'une toile d'araignée ; cet » intervalle si prodigieusement petit, mais né- » cessaire néanmoins pour recevoir la partie de » l'air voisin qui sera mû; cet intervalle, dis-je, » est nécessairement occupé, il faut qu'il soit éva- » cué avant que l'air environnant puisse s'y » rendre; mais comment cet air voisin chassera- » t-il celui-ci ? Direz-vous que c'est par un » mouvement latéral & rétrograde; mais ce préten- » du mouvement rétrograde ne peut avoir lieu » que la première particule d'air n'ait été poussée » en avant. Or, celle-ci ne nous avons sup- » posée aussi petite qu'on peut l'imaginer, n'au- » ra pu s'avancer, faute d'avoir trouvé un vuide » proportionné à son inconcevable petitesse ; donc » l'air, d'un côté, ne pourra pousser l'air » ambiant; donc il restera nécessairement immo- » bile ».

» Mais, direz-vous, ces portions d'air se ra- » réfient & se confondent dans un autre air » plus reculé : la même difficulté renaîtra tou- » jours. Je vous demanderai à mon tour ce que » deviendront les différentes parties d'air qui » se dissipent lors de la raréfaction ? Il faudra » de deux choses l'une; ou elles se réfugieront » dans des interstices qui ne sont occupés par » aucun corps, & alors vous serez obligés de » convenir de l'existence du vuide, ou bien » elles iront se joindre à de nouvelles portions » d'air; pour lors, je vous prierai de me dire » encore que deviendront ces dernières ? Si elles » ne bougent point de l'endroit qu'elles occu- » poient avant que l'air voisin s'y fût intro- » duit, il y aura deux corps en un même lieu, ce » qui est impossible. Si vous croyez que ces » particules aériennes cèdent à celles qui ar- » rivent, faites-nous voir quelqu'endroit libre où » elles puissent se réfugier ».

C'est donc en vain qu'on opposeroit l'existence d'un prétendu fluide imperceptible, répandu partout, souple & sans cesse agissant, qui, pénétrant les corps, les rend plus flexibles & plus dociles à la moindre impression : la mobilité de ce prétendu fluide ne supposeroit-elle pas d'ailleurs, l'impénétrabilité de ses parties élémentaires ? Or, puisque deux corps différens ne peuvent partager la même place dans un sens exact, il faut nécessairement qu'il y ait un vuide intérieurement répandu ; on n'est pas en droit de citer la densité ou la rareté des milieux, puisque ce seroit encore donner pour preuve, ce qui est en question ; d'ailleurs cette densité & cette rareté ne sont point des qualités inhérentes au corps, & elles ne dépendent que du plus ou du moins de vuide parsemé dans le tissu de ces corps.

Il faut donc que les Cartésiens passent condamnation à l'égard du plein, ou qu'ils admettent une pénétration réciproque des corps, ce qui est contraire à leur nature : ce n'est, en effet, que parce que les corps sont originairement impénétrables, que l'on conçoit qu'ils peuvent se mouvoir mutuellement.

Rien de plus frêle aux yeux des *Gassendistes*, que les raisons imaginées par les défenseurs du plein, pour expliquer la communication du mouvement. » Vous voulez savoir, disent-ils, » où se placera un corps poussé par un autre ? N'est-il » pas clair que c'est dans le lieu qu'occupoit le » corps voisin qui, mû à son tour, chassera le » corps suivant, & ainsi de suite. Vous voyez » donc que le mouvement s'opère par le transport » & le remplacement des corps contigus ; & ce » remplacement réciproque vient de la facilité » qu'ont les corps de céder, les plus foibles & » les plus mous aux plus durs & aux plus solides, » comme l'air & le feu aux autres corps ». Pour accomplir ce mouvement, ils supposent encore un cercle de pulsations successives, qui est l'image vraie de la manière de raisonner de ces Messieurs; car *Gassendi* leur a reproché de n'employer que des cercles vicieux dans leurs argumens, & de revenir, sans s'être fait jour, au même point d'où ils étoient partis, après un long circuit de subtilités qui ne prouvent rien.

On ne sauroit contester raisonnablement, répondent les disciples de *Gassendi*, que pour donner lieu à ces percussions « réciproques, par » lesquelles les divers corps se déplacent successi- » vement, il faut supposer une retraite libre où » puisse se loger le dernier corps mû par commu- » nication; autrement ce dernier corps résistera à » l'avant dernier; celui-ci à l'autre, & ainsi de » suite ; de sorte que l'impulsion du pre- » mier mobile se trouvera d'abord anéantie ».

---

(1) Physicæ, sectio 1a. lib. 2us. de loco & duratione rerum. *tome I. Op. Gassendi...*

C'est un principe constant qu'une hypothèse qui mène à l'absurde, doit par cela même être rejettée. Or, si tout est plein, l'univers doit être un amas de corps entassés, une masse très-serrée & très-compacte dans toutes ses parties ; corps qui, à cause de leur liaison & de leur adhérence, doivent opposer une résistance continuelle au mouvement ; ce qui est contre l'expérience, puisque chacun se meut librement sans s'appercevoir de la résistance que son corps éprouve dans l'air. Il suivra encore de cette hypothèse, que, quand un homme viendroit à remuer seulement le petit doigt, ce foible mouvement devroit se continuer jusqu'aux extrémités de l'univers, & se propager même à l'infini, puisque rien ne sauroit se mouvoir que par le choc & la translation successive des corps ; or, qu'y a-t-il de plus absurde que cette conséquence ?

Si on entend par l'espace, la surface des corps, une simple qualité relative, ou l'ordre & la distance que l'on observe entre les êtres coexistans, & qui ne sauroient subsister sans eux ; si c'est-là l'idée qu'on prétend constituer la nature du lieu ; cela peut se dire pendant tout le tems que les corps demeureront immobiles ; mais l'impossibilité de concevoir le mouvement n'est pas levée par cette explication ; car on conçoit toujours la même portion d'espace à l'endroit que le corps vient de quitter : & comment quittera-t-il cet endroit, s'il ne trouve un autre réceptacle à côté ? Il en faut toujours revenir là. Si le mouvement est, comme on l'a défini, un *passage successif* des corps d'un lieu à un autre, on sent alors que l'espace n'est pas une simple relation ou le seul contour des corps ambians.

Concluons donc qu'il doit y avoir un mélange d'interstices ou de petits vuides disséminés dans l'intérieur du monde, pour recevoir les atômes & les parties des différens corps, & occasionner, par ce moyen, le mouvement de l'univers ; & tenons-nous fermes dans ce principe qu'on ne peut se lasser de répéter, parce qu'il est sans replique, » qu'il faut qu'un lieu soit ab- » solument vuide de tout corps étranger, pour » recevoir celui qui vient le remplir. » N'admettons point une pénétration contraire à l'idée que nous devons avoir de la nature, de la matière, dont toutes les parties ont la propriété essentielle de se borner & de se résister mutuellement. C'est l'idée qu'emporte nécessairement cette vérité universellement reconnue, que deux corps ne peuvent exister dans un même lieu, pas plus qu'un seul corps ne peut exister en même tems dans deux lieux différens. Laissons donc aux partisans du plein la peine de sécher pour concevoir,

Comment, tout étant plein, tout a pu se mouvoir.

Si une hypothèse doit être rejettée parce qu'elle est inconcevable, à plus forte raison quand elle est dangereuse par les conséquences qui en découlent naturellement. « Or, tel est » le système du plein : le seul parti que peuvent » prendre désormais ces messieurs, dit Locke, » est de reconnoître que la matière est infinie, » ce qu'ils n'osent pourtant déclarer ouverte- » ment ; ou d'avouer que l'espace existe au delà » des bornes du monde ». (1)

Les partisans du vuide entendent, par le terme d'espace pur, une étendue immatérielle & infinie en longueur, largeur & profondeur, laquelle existoit avant la création : c'étoit comme la table d'attente des productions que Dieu tire de sa toute-puissance. Les Cartésiens nient d'abord qu'on puisse se former aucune idée de l'espace en général.

« Le vuide, disent-ils, est une chimère : car » comment se le représenter ? Est-ce une sub- » stance ou un accident ? De l'aveu de ses par- » tisans, l'espace n'est pas corps ; il n'est donc » rien de réel : c'est une idée absolument abs- » traite, qui représente l'absence de tout corps, » comme quelque chose de positif ; c'est un écart » de l'imagination qui confondant l'espace avec » la distance des corps, détache cet espace de » chacun d'eux, & le réalise à part, quoiqu'il en » soit inséparable. »

On répond, en premier lieu à ces messieurs, qu'il faut bien qu'on ait quelqu'idée de l'espace, puisqu'on dispute si fort sur sa nature.

Ce qu'il y a de spécieux dans cette objection, roule sur les idées primitives que les Cartésiens veulent donner de la matière, laquelle ils confondent avec l'étendue ; en quoi on leur a prouvé combien ils avoient tort, puisque l'essence & la modification sont deux choses très-distinctes (2) : « il faut d'abord exister avant que d'exister » de telle ou telle manière ». Les corps ne peuvent exister sans étendue, cela est très-vrai ; mais il ne s'ensuit point que l'étendue ne puisse exister sans corps, puisqu'elle leur sert d'ailleurs de mesure & de limite.

En entrant dans une chambre, la première idée qui s'offre à l'esprit, est celle de la distance qui est entre les quatre murs, distance à laquelle on songe avant que de se représenter l'air, ou toute autre chose qui pourroit être comprise dans l'en-

---

(1) Locke, *Essai sur l'entendement humain*. liv. 2 chap. 13.

(2) Prius est esse quam esse tale.

ceinte de cette chambre. On conçoit même que cette étendue pourroit subsister, quand bien même l'air en seroit évacué. On peut donc se représenter l'espace par cette étendue qui renferme & qui borne les êtres corporels.

En second lieu, les Cartésiens demandent si le vuide est une substance ou un accident ; & sans attendre de réponse, ils ajoutent qu'il ne peut être ni l'un ni l'autre.

Mais se vanteront-ils de connoître bien positivement toutes les substances & tous les accidens possibles ? Quelle raison ont-ils pour empêcher qu'on ne croie que le vuide soit un être à sa manière, une espèce de fluide immatériel où tous les corps sont plongés. (1) « Locke dit » que si l'on peut prouver que l'esprit est différent du corps, parce que ce qui pense ne » renferme point l'idée de l'étendue ; on peut » également prouver que l'espace n'est pas corps, » en donnant à celui-ci l'impénétrabilité pour » premier attribut, l'espace & la solidité étant » deux idées aussi différentes entr'elles que l'étendue & la pensée. »

De même que l'on conçoit l'existence des esprits, quoiqu'ils ne tombent sous aucun de nos sens, & qu'on ne les connoisse que par leurs opérations, nous connoissons le pur espace de la même manière ; quoiqu'il soit invisible & impalpable, il suffit que l'ordre de l'univers le démontre.

Une preuve certaine que nous avons une idée réelle & positive de l'espace, c'est que nous comprenons que le globe terrestre pourroit changer de place, & nous représenter en même tems son ancienne position, & l'endroit où se trouvoient son centre, son diamètre & ses pôles. Si Dieu vouloit anéantir le soleil, les astres, la terre, ne pourroit-il pas empêcher qu'aucun corps nouveau succédât à ceux qui sont déjà anéantis ? Les défenseurs du plein restreignent ici la toute-puissance divine, qui dans leur hypothèse n'auroit pu créer cet univers, sans qu'un autre univers ne lui fût contigu, déduction naturelle de leurs principes qui mènent à l'opinion de l'infinité du monde, & des êtres matériels.

Aussi sont-ils dans un étrange embarras pour répondre (2) à cet argument de Lucrèce & d'Architas.

« Qu'on suppose, dit Lucrèce, un homme » placé à l'extrémité de l'univers. (Supposition » qu'on ne peut nier, dès-lors qu'on reconnoît » la matière bornée.) Que ce même homme » vienne à lancer une flèche d'un bras vigou- » reux, qu'elle route suivra ce trait ? Franchira- » t-il les limites de l'univers, où trouvera-t-il » encore de l'obstacle ? S'il vole au delà des » bornes de la matière, il y a donc de l'espace ; » s'il ne peut y pénétrer, il y a donc encore » des corps, & dans ce dernier cas, le monde » est infini. »

Le cardinal de Polignac a donné cette solution (3) ingénieuse & subtile. « Le néant est au » delà de l'univers : Lancerez-vous, dit-il, un » trait dans le néant » ? Il est à remarquer combien cette question est captieuse : *Lancerez-vous un trait dans le néant ?* On pourroit lui répliquer sur le même ton, en n'affirmant rien : « Le néant » est-il quelque chose d'existant ? Ce qui n'est » rien, peut-il opposer de la résistance à une » flèche » ?

D'autres Cartésiens ont avancé que le trait franchira les limites du monde, quoique le néant se trouve au delà : c'est à eux maintenant à prouver au cardinal de Polignac, comment une chose peut être continuée dans le rien.

Si le monde est borné, & fini, il faut nécessairement qu'il y ait au delà une extension uniforme & incorporelle, qui constitue la nature de l'espace. Si je veux pousser toujours en avant l'idée que j'ai de cette extension, je trouve que je puis la prolonger jusques à l'infini ; d'où je conclus l'infinité de l'espace, puisque les bornes de l'étendue se refusent à ma conception. Car si l'étendue pouvoit être finie, il faudroit que les limites fussent vues au delà d'elles-mêmes : ce qui implique contradiction, puisque dans cette hypothèse il y auroit toujours de l'étendue au delà de l'étendue ; donc l'espace est illimité.

---

(1) Essai sur l'entendement humain, liv. 2, ch. 13.

(2) . . . . Si quis procurrat ad oras
Ultimus extremas jaciatque volatile telum,
Id validis utrum contortum viribus ire

Quò fuerit missum, mavis, longèque volare,
An prohibere aliquid censes, obstareque posse ?
Alterutrum fatearis enim, sumsaque necesse est...
Nam sive est aliquid quod prohibeat, officiatque
Quominus quo missum est veniat, finique locet se,
Sive foras fertur, non est ea finis profecto.
Hoc pacto sequar, atque oras ubicumque locaris
Extremas, quæram quid telo denique fiat.
Fiet uti nusquam possi: consistere finis.

(3) Post mundum nihil est ; ergo mittesne sagittam in nihilum... *Anti-Lucret...*

L'argument d'Archytas, se réfère beaucoup à celui de Lucrèce. « Transportez, dit-il, un » homme au bout de l'espace ; que cet homme » veuille ensuite étendre son bras, s'il ne le peut, » qu'est-ce qui l'en empêche ? S'il étend le bras, » il y a donc encore de l'espace, donc l'espace » est infini. » Quoique l'espace du soleil ne soit pas le même que celui où nage la terre, l'espace en général n'en est pas moins indivisible ; car diviser un tout, c'est séparer ses parties & les mettre à la place les unes des autres, ce qu'on ne peut se figurer de l'espace pur qui pénètre, contient & environne tous les corps en tout sens & en toute manière. On ne peut concevoir deux superficies distinctes même mentalement de l'espace ; il est donc absolument indivisible, & son indivisibilité emporte nécessairement son immutabilité.

« Mais, disent les adversaires du vuide, si » l'espace étoit comme on le prétend un être » nécessaire, immobile, éternel, & infiniment » étendu, il réuniroit toutes les perfections » possibles, & seroit Dieu, par conséquent ».

Cette question a été long-tems débattue entre Newton, Clarke, d'une part, Leibnitz & ses disciples, de l'autre ; enfin, après bien des altercations la victoire fut adjugée aux philosophes anglois, défenseurs de l'espace pur. On peut consulter les pièces justificatives de cette dispute dans *le recueil* de Des Maiseaux. Clarke fait voir d'abord que le vice de l'objection précédente vient de ce que l'on confond communément les idées abstraites avec les idées concrètes ; l'immense & l'immensité : « Ainsi l'espace infini est » l'immensité, & non pas l'immense ; tandis » qu'un être infini, qui remplit l'espace infini, » est l'immense & non pas l'immensité : c'est » ainsi que la durée infinie est l'éternité, & non » pas l'éternel, au lieu qu'un être infini qui » est dans cette durée infinie, est l'éternel, & » non pas l'éternité ».

Cette distinction aussi sublime que solide, développe nettement cette vérité simple & si commune, que Dieu est *par-tout*. C'est dans le catéchisme que Newton, Clarke &c. ont puisé le principe fondamental de leur théorie du vuide. *Dieu est en tout lieu* ; donc tout lieu existe avant comme après la création.

Quoiqu'il n'y ait, à proprement parler, dans Dieu ni de *où* ni de *quand*, il ne peut cependant point ne pas être quelque part : on dit que Dieu est *dans lui-même*. Cela est vrai, mais dans un sens métaphysique, comme ceux qui font cette objection sont aussi en eux-mêmes. Puisque l'immensité de Dieu remplit tout, selon le langage de l'écriture, il faut que ce *tout rempli* soit une suite, une extension & un mode de la divinité ; l'immense ne pouvant être sans l'immensité : c'est dans ce sens là que les théologiens entendent les espaces imaginaires qui sont au delà du monde ; ce n'est pas, selon eux, que ces espaces n'existent que dans l'imagination, mais ils ne peuvent être conçus que par l'imagination.

On cite aussi en faveur du vuide, ce passage de saint Augustin dans la cité de Dieu : « Il » faut concevoir au-delà (1) du monde des es- » paces infinis ; oseroit-on nier, dit un peu » après ce saint docteur, que la substance di- » vine qui est présente par-tout, remplisse ces » espaces aussi-bien que notre monde qui n'est » qu'un point, eu égard à cette infinité ? Je ne » crois pas qu'on se laisse aller à de si vains dis- » cours ». Le même saint dit encore que « c'est » dans ces espaces que s'occupe la toute-puissance » divine ».

C'est dans ce dernier passage que Newton semble avoir pris le germe de cette idée ; la divinité présente partout, voit & discerne toutes choses dans l'espace infini, de la manière la plus claire, comme dans son *sensorium* ; ce dernier mot signifie cerveau ou organe. Leibnitz avoit attaqué cette expression ; mais Newton la justifia en faisant voir combien nos langues sont foibles & imparfaites, & combien il est difficile de trouver des termes exacts & propres à désigner les attributs & les opérations de la divinité.

Tel étoit le sentiment de *Gassendi*. Il pensoit qu'on ne peut avoir une idée juste de *l'ubiquité* divine, qu'en admettant un espace éternel, infini, dont l'existence est une suite nécessaire de celle de Dieu-même.

Il est donc constant, par toutes les raisons qu'on vient de déduire, que nous nous représentons réellement l'espace, parce qu'en reconnoissant, comme nous sommes obligés de le faire, que le monde est fini, ses bornes ne peuvent être autre chose qu'une étendue homogène & illimitée, car si elle étoit bornée, ce ne pourroit être que par une extension ultérieure, puisque l'étendue ne peut avoir d'autres bornes que celles d'une étendue voisine ; il s'ensuit que l'espace ne sauroit être borné que par l'espace, ce qui répugne ; l'espace est donc infini.

Quoique *Gassendi* eût défendu le vuide avec beaucoup d'avantage, cette hypothèse avoit néanmoins besoin de passer par les mains de Newton. Les découvertes de ce dernier philosophe portent sur ce principe, qu'il *faut que les corps célestes* (2) *soient dans des espaces absolument vuides* :

---

(1) S. August. De Civitate Dei.

(2) Oportet spatia coelestia omnino esse vacua. Newton.

le vuide est encore nécessaire dans sa théorie de la lumiere, de la gravitation, &c. Newton nous introduit enfin dans la terre promise; *Gassendi* nous mene jusques à ses confins, à travers les déserts immenses du vuide.

Des Atômes.

On a long-temps agité, & on agitera encore long-temps, si les êtres « étendus sont composés d'élé- » mens qui ne soient pas étendus, & si les corps » sont composés de maniere qu'on ne puisse ja- » mais assigner leurs composans ».

La premiere question qui influe entiérement sur l'autre, fait le sujet de la dispute très-connue sur la divisibilité de la matiere à l'infini; question si obscure, & qui prête si fort aux argumentations pour ou contre dont retentissent chaque jour les bancs au profit ou au détriment de la raison.

Nous nous contenterons de jetter un coup d'œil rapide sur les quatre principales questions relatives à ce sujet.

Aristote a soutenu que la matiere étoit divisible à l'infini, non pas *actuellement*, mais *virtuellement*, disoit-il, avec sa clarté ordinaire. Rien de plus frivole d'ailleurs, que cette solution; la divisibilité d'un corps présuppose nécessairement la distinction réelle de ses parties; ainsi dans un pied de roi, on distingue douze pouces avant la division de cette mesure.

Zénon pensoit que les corps étoient composés de points sans étendue, auxquels on a donné le nom de points zénoniques. On a répondu qu'il implique contradiction qu'un être étendu soit composé de parties simples, que des élémens qui n'ont ni extension, ni côtés, ni figure, ne sauroient occuper un lieu, former un corps étendu, ni s'unir les uns aux autres. Ils ne feroient que se pénétrer mutuellement; & quand on en supposeroit des millions joints ensemble, ils se confondroient tous dans le même point sans former aucune contiguité.

Certains défenseurs de Zénon ont imaginé de faire gonfler je ne sais comment ces points zénoniques, ensorte que leur bouffissure supplée, selon eux, à l'extension qui leur manque; mais autant en emporte le vent, & on n'a pas même fait l'honneur à ces philosophes de vouloir les entendre, parce qu'on a jugé avec raison qu'ils ne s'entendoient pas eux-mêmes.

Descartes nous dit que le nombre des parties dans lesquelles la matiere est divisible, n'est fini ni infini, mais seulement indéfini. Il est sensible qu'il a voulu évader la difficulté de la question, & on a comparé avec raison, cette défaite à celle d'un homme qui, interrogé sur le nombre d'écus qu'il auroit dans sa poche, répondroit qu'il n'est pair ni impair, mais indépair. Chrisippe avoit fait jadis cette mauvaise plaisanterie que Descartes a renouvellée, & Plutarque avoit répondu que ce n'étoit pas résoudre la difficulté, puisqu'en bonne logique, on ne pourroit nier le premier membre d'une proposition contradictoire, sans affirmer en même-temps le second.

Enfin *Gassendi* & Bernier, suivis des philosophes anglois, ont raisonné de la maniere qui suit.

« Il est absurde de croire qu'un tout fini & » borné de toutes parts, renferme des parties » infinies »; quelques subtiles distinctions qu'on oppose à ce principe, elles ne prouveront jamais que les parties soient plus grandes que leur tout; c'est cependant la conséquence qui dérive du système de la divisibilité à l'infini.

Qui pourra se persuader que le pied d'un aussi petit insecte que l'est un ciron, peut être divisé en mille « (1) millions de parties dont chacune » peut être encore subdivisée mille millions de » fois, & ainsi de toutes les parties du pied » du ciron, & cela dans autant de temps que » peuvent en donner mille millions d'années ».

On ne comprendra pas plus aisément que dans une goutte de pluie, il y ait assez de particules d'eau pour se mêler avec toute l'eau de la mer, & l'auteur de la logique du Port-Royal aura bien de la peine à nous faire croire, malgré toute son éloquence, » que dans un grain de blé, puisse » se trouver un petit monde avec son soleil, » ses planetes, & que dans chaque partie de ce » petit monde il y ait encore un autre petit » monde proportionné & ainsi de suite à l'in- » fini ». Voilà bien des infinis inégaux entr'eux.

Il faut que Messieurs les Cartésiens soient bien aguerris au sophisme pour débiter si affirmativement de pareils paradoxes.

Quoique l'homme, malgré tous ses efforts, ne puisse parvenir au dernier terme de la division des corps, n'est-il pas cependant naturel de croire, qu'après un certain nombre de divisions & de subdivisions, les corps devroient ainsi se résoudre en élémens indivisibles, qui seroient les principes composans des êtres matériels: cette supposition fondée sur l'analogie a donné lieu à l'atomisme.

L'étymologie du mot *atôme* signifie quelque chose d'insécable. Ce n'est pas qu'on prétende que les atômes soient indivisibles, parce qu'ils

---

(1) *Gassendi*. Physicæ, sectio prima, lib. tertiæ. Bernier, tom II.

n'ont pas des parties posées les unes hors des autres, les atômes sont étendus, figurés, ils ont des côtés, puisqu'ils se touchent & se lient mutuellement : ainsi, quand on dit que l'atôme est un être simple, il faut entendre par cette simplicité un tout par continuité, qui se présente sans discontinuation & sans interruption sous la même superficie : telle est l'explication que nous donne Bernier du mot *atôme*, ce corpuscule est indivisible, quoiqu'il ait des parties, mais son tissu est tellement plein, tellement compact, qu'il ne donne aucune prise aux dissolvans. C'est parce que ces atômes sont parfaitement durs & solides, que les corps sont impénétrables. Si les premiers principes des corps étoient mous, on concevroit fort bien pourquoi quelques-uns de ces corps sont mous, mais on ne rendroit jamais raison de la dureté des autres, au lieu que si les premiers élémens sont durs & solides, on concevra alors facilement ce qui fait la dureté & la mollesse ; ces deux dernières qualités proviennent du plus ou du moins de vuide intercepté dans le corps, & la mollesse n'est qu'une qualité relative, les corps les plus mous étant aussi réellement impénétrables que les plus durs.

La constante uniformité des espèces dans leurs reproductions, fournit aussi un argument démonstratif en faveur du vuide ; si chaque espèce est si invariablement déterminée dans sa forme, ses nuances & sa multiplication, les premiers principes sont donc fixes & immuables. Si les germes s'accroissent & se développent, ce n'est que par l'assemblage & la contiguïté des mêmes parties homogènes. On ne peut donc concevoir l'immutabilité des espèces, qu'en supposant que les premiers principes sont exempts de toute décomposition ou division, c'est-à-dire entièrement inaltérables. Les restaurateurs modernes de la philosophie corpusculaire, ont fait valoir cet argument comme le plus solide qui ait jamais été employé en faveur de leur système. Ce système si ancien laissoit beaucoup de choses à réformer ; on doit remarquer les différences essentielles qui le caractérisent dans son renouvellement.

L'on trouve dans Plutarque une exposition détaillée du système épicurien sur les atômes. Je me sers de la traduction d'Amiot, *traités des opinions des anciens philosophes*. « Epicurus, fils de Néoclès » l'Athénien, suivant l'ancienne opinion de Dé- » mocritus, dit que les premiers principes de » toutes choses sont les atômes, c'est-à-dire, » corps indivisibles & perceptibles par la raison » seule, solides sans rien de vuide, non engen- » drés, éternels, immortels, incorruptibles, » qu'on ne sauroit rompre, ni leur donner autre » forme ni autrement les altérer, qui se meu- » vent en un infini, & par un infini qui est le » vuide, & que ces corps sont en nombre infini ; » & ont ces trois qualités, figure, grandeur & » poids. Démocritus en admettoit deux, gran- » deur & figure ; Epicurus y ajoutoit le poids : » car il est, disoit-il, force que ces corps-là se » meuvent par la permission du poids, car autre- » ment, ils ne pourroient se mouvoir, & que » les figures de tels corps étoient compréhen- » sibles & non pas infinies, pour ce qu'ils ne » sont ni de forme d'hameçons, ni de fourches, » ni d'annelets d'autant plus que telles figures » sont fort fragiles..... Ils s'appellent atômes, » c'est-à-dire, indivisibles, non parce qu'ils sont » les plus petits, mais parce qu'on ne peut les » départir d'autant qu'ils sont impassibles, & » qu'ils n'ont rien qui soit vuide, & qu'il y » ait des atômes, il est tout clair, parce qu'il » y a des élémens éternels des corps vuides, » & l'unité ».

On voit par cet exposé, ce qui étoit défectueux dans l'ancien système. *Gassendi* détruit d'abord la supposition d'une infinité numérique des atômes dans le vuide. La masse de ces corpuscules n'égale point l'étendue du vuide, puisqu'ils y nagent librement.

Notre philosophe redresse ici deux erreurs capitales d'Epicure, qui avoient entraîné cet ancien dans des absurdités. La première erreur est cette prétendue déclinaison des atômes que leur pondération naturelle, suivant Epicure, faisoit descendre d'un mouvement irrégulier dans le vuide. Le cardinal de Polignac réfute cette opinion avec son éloquence ordinaire.

« Vous soutenez que les atômes ne doivent » qu'à leur pesanteur, le mouvement qui les fait » traverser l'empire immense du vuide ; vous » avouez en même-temps que les corps suivent » des lignes perpendiculaires, à moins que les » autres corps placés au-dessous, ne les en dé- » tournent ; toutefois, qui le croiroit ? Oubliant » vos propres principes, vous donnez une pente » à des atômes dont la chûte est spontanée. Où » tendent ces troupes confuses de corpuscules ? » D'où naît cette différence dans leur direction ? » Est-ce l'effet de leur choix ? Est-ce le vuide ? » Est-ce un vent qui les détourne ? Si vous faites » décrire à quelques-uns d'entr'eux une perpen- » diculaire, ils doivent tous prendre la même » route. Si vous en détournez quelques-uns, » il faut les détourner tous, puisque, selon » vous, chaque atôme peut différemment suivre » l'une ou l'autre direction : vous avouez qu'au- » cune ne lui est naturelle. Regarder l'une comme » essentielle, c'est une erreur ; soutenir qu'elles » le sont toutes les deux, c'est une absurdité ».

Gassendi déplore à cette occasion, l'aveuglement d'Epicure & des autres philosophes qui ont méconnu la main toute-puissante de la divinité dans les différentes parties de l'univers où brillent avec tant d'éclat, l'ordre, l'ensemble, la variété & la magnificence. Il fait sentir, avec autant de force que d'éloquence, que la régularité des corps célestes, les vicissitudes réglées des saisons, la structure admirable des êtres organisés, ne forment qu'un cri général qui retentit d'un bout du monde à l'autre, en faveur de l'existence de la divinité.

Après ces préliminaires indispensables, notre philosophe admet les atômes avec les qualités que leur attribuoient Démocrite & Epicure. Il les regarde comme des corpuscules subtils très-déliés, imperceptibles & intactiles, parce que leur extrême petitesse les dérobe à nos sens. Lactance, en combattant autrefois Epicure, croyoit qu'il étoit absurde de supposer des atômes, parce qu'on ne pouvoit les voir ni les toucher; il auroit sans doute changé de sentiment, si Leuwenhoek, qui est venu long-temps après, eût pû lui faire voir au bout de son microscope dans une goutte d'eau, des animalcules cent mille fois plus petits qu'un grain de millet. Cependant ces animaux si prodigieusement petits sont pourvus d'organes, ils ont des membres, des viscères pour vivre, se mouvoir, des parties pour engendrer.

Gassendi reconnoît encore, avec Epicure (1), que les atômes sont diversement configurés, ronds, quarrés, anguleux, oblongs & cubiques, &c. Ils sont essentiellement indivisibles, non qu'ils soient privés d'étendue, puisqu'ils se joignent ensemble, ils ne sont pas non plus les plus petites parties qui restent après les derniers termes de la division, puisque ces atômes ont encore des parties; mais leur indivisibilité provient de leur constitution primordiale, qui les rend pleins, solides, durs; ainsi, comme ils n'ont point de pores, leur tissu n'est point susceptible de l'introduction d'aucun corps étranger, & conséquemment ils sont insécables; d'ailleurs, s'ils n'étoient pas originairement pleins, serrés & compactes, on ne pourroit point rendre raison de l'impénétrabilité de la matière en général, & de la mollesse ou de la dureté de certains corps en particulier; donc, &c. &c.

Ce n'est ni du choc irrégulier, ni de la combinaison fortuite de ces corpuscules que les êtres ont été formés. Le hasard est aveugle, & ne produit rien que d'informe, de bizarre & de mal assorti, ou plutôt, le hasard n'est rien; les atômes inégaux entr'eux, ont un mouvement régulier constant, & capable de produire les effets les mieux ordonnés, parce qu'ils sont dirigés par une main

(1) Phys. section 1a lib. jus.

toute-puissante. Il ne faut plus se mettre en peine après cela de quelle manière ils se meuvent dans l'espace, si leur cours est rectiligne, curviligne, circulaire, éliptique. Reposons-nous en sur leur souverain moteur.

Les atômes sont immortels, puisqu'ils sont insécables de leur nature, & que Dieu lui-même ne sauroit diviser ce qu'il a fait pour être *un tout par continuité*. On peut se former une idée des atômes par l'amas de ces molécules déliées qu'on voit voltiger dans une chambre, à la faveur d'un rayon du soleil; comme c'est l'union réciproque de ces corpuscules, qui a fait éclorre toutes choses, leur séparation cause la ruine de tout: ils conservent toujours la première activité qui leur a été imprimée dès le commencement. Plus ces atômes sont libres & dégagés entr'eux, plus cette activité se fait sentir, comme dans les fluides; plus au contraire ils sont liés & privés d'interstices, & moins leur mouvement est sensible, comme dans la matière brute; cependant, selon les *gassendistes*, l'inertie de cette matière brute n'est qu'apparente; cela nous paroît malaisé à concevoir, parce que son mouvement interne échappe à nos regards; nous pouvons cependant nous en former une idée par l'image du plomb, qui nous paroît dans un repos parfait, lorsqu'il est en fusion, quoique les parties soient alors dans une rapide agitation par l'activité du feu qui pénètre les vuides que ces parties ont entr'elles.

C'est-là une raison qui nous fait concevoir pourquoi rien n'est durable dans ce bas monde. Le temps, dit-on communément, ronge les corps les plus solides, comme l'airain, les métaux & les marbres les plus durs; qu'entend-on par-là? Que les atômes qui composent tous les corps, conservant toujours leur mobilité inhérente, tendent sans cesse à s'affranchir des liens qui les tiennent captifs, par conséquent tous les êtres matériels souffrent une déperdition continuelle de leurs parties qui se séparent par le frottement, & viennent enfin à se détruire par les côtés où le mouvement le plus vif occasionne le plus grand frottement.

Système particulier de Gassendi sur l'ame du monde.

Le système d'un monde animé a été embrassé par la partie la plus nombreuse & la plus éclairée des anciens philosophes. Ce système suppose une ame universelle, infuse dans la masse générale des êtres, dont les ames particulières ne sont que des portions, & des écoulemens qui vont enfin se réunir à leur tout, par voie de réfusion. Telle étoit la doctrine de Platon, Pythagore, Aristote, Anaxagore, Hippocrate, Thalès, Zénon, les Stoïciens, &c. La théologie montrueufe de Spinofa, n'eſt qu'un centon raiſonné de ces anciennes opinions auxquelles il a ajouté celles de Straton de Lampſaque & quelques autres qui lui ſont particulières : il eſt parvenu, à force d'argumens & de ſubtilités, à faire de ſon ſyſtême un chaos très-difficile à débrouiller.

Képler, quoique très-éloigné du Spinoſiſme, qui d'ailleurs lui eſt poſtérieur, incline cependant à croire que le monde eſt animé, puiſqu'il dit « qu'à l'apparition des comètes, la terre en a » une ſi grande frayeur, qu'elle ſue à groſſes » gouttes, & de-là les inondations, les pluies, » &c. ». Bayle, en rapportant ce paſſage de Képler, ajoute « que nous ne ſommes pas plus » capables de diſcerner ſi le monde penſe, ou » raiſonne, qu'un pou n'eſt en état de juger ſi » l'homme ſur lequel il ſe trouve, a du jugement » ou non ». Il ne faut cependant pas accuſer Bayle d'avoir voulu favoriſer le ſentiment de Spinoſa, qu'il réfute au contraire ſi ſolidement, comme on peut le voir dans cet article de ſon dictionnaire.

Robert Flud avoit été l'avant-coureur de Spinoſa, dans le ſyſtême de l'ame du monde : on a vu dans l'abrégé de la vie de Gaſſendi, qu'il avoit combattu avec beaucoup de ſuccès ce dogme dont il avoit dévoilé les difficultés, les contradictions & les dangers. Il admettoit cependant une ame particulière qui ſembloit gouverner les reſſorts de l'univers ; mais il ne propoſoit cette opinion que comme une hypothèſe, & il ne donnoit cette ame que comme une puiſſance employée par l'être ſuprême, & qu'on entendoit communément ſous le nom de *loix générales*, & de *cauſes ſecondes*.

Cette ame du monde excite à chaque inſtant notre admiration dans toutes les productions de la nature en grand comme en petit ; elle nous rappelle ſans ceſſe la grandeur de celui dont elle eſt comme l'inſtrument.

On peut ſe repréſenter la divinité produiſant toutes choſes d'un ſeul mot, ſelon le langage ſublime de l'écriture : *il dit, & tout a été fait*. Les atomes vagues & flottans dans les régions immenſes du vuide ſe raſſemblent à ſa parole féconde, cette pépinière d'êtres, cette graine de mondes, ſi l'on peut parler de la ſorte, dans ſes différentes circonvolutions, fait éclore tout ce qui exiſte : les atômes s'élèvent ou tombent ſuivant leur légéreté ou leur poids. Les plus ſubtils s'envolent au plus haut degré ; les autres moins légers, mais très-ſubtils, s'arrêtent dans une région inférieure, où ils ſe joignent & s'arrondiſſent en ſoleils, d'autres corpuſcules inféſieurs aux premiers ſe diſtribuent dans la moyenne région en différentes couches, plus ou moins épaiſſes, qui forment une atmoſphère : enfin, la partie la plus groſſière & la plus craſſe des élémens, ſe précipite & s'affaiſſe au lieu le plus bas ; & par leur conſiſtance & leur condenſation, ces parties produiſent des planètes.

Ces mêmes cauſes ſéminales qui ont produit cet univers, continuent à y répandre la fécondité & la vie : elles opèrent tout ce que l'on remarque dans la nature.

Gaſſendi penſoit qu'il y avoit une force particulière répandue dans la nature, qui en nourrit & vivifioit toutes les parties, & il la regardoit comme un feu ſubtil, dont l'effet étoit de produire ſans ceſſe ; mais, en même tems, comme un agent ſubordonné à l'Être ſuprême, qui s'en ſervoit comme d'un inſtrument propre à exécuter ſes loix.

« Je penſois, diſoit *Gaſſendi*, qu'il n'étoit » pas contraire à la révélation, en ce que cette » ame ne ſeroit cenſée être autre choſe qu'une » certaine force dépendante de Dieu, & être » une, ame à ſa manière ; c'eſt-à-dire, d'une eſ- » pèce particulière, différente de la ſenſitive & » de la raiſonnable. »

» Je rapporte ce paſſage, afin que lorſqu'on » le lira, & qu'on verra enſuite en divers en- » droits de cet ouvrage que *Gaſſendi* a beaucoup » de pente à croire que la terre, la lune, le ſo- » leil & tous les autres globes qui compoſent » la machine du monde, ont chacun leur ame » à leur manière, à peu près dans le même ſens » d'Ariſtote, d'Hippocrate, &c. ; mais qu'il n'y » a preſque rien en particulier, qui ne ſoit » animé, comme les pierres précieuſes, l'aimant, » les plantes, les ſemences, & que par le moyen » de cette ame, toutes ces choſes ſavent ce qui » leur eſt propre, & qui eſt fait pour leur con- » ſervation ou leur deſtruction..... *Bernier*, &c.

C'étoit ainſi que *Gaſſendi* tâchoit d'expliquer les phénomènes de la nature, autant qu'il eſt permis à un foible mortel d'entrevoir ſes reſſorts ; il étoit bien éloigné de prendre le ton de la confiance, & de vouloir s'élever au deſſus des autres philoſophes du côté de la ſcience ; mais enfin, il a épuré la philoſophie d'Epicure ; & c'eſt la plus belle fleur de ſa couronne. Il n'eſt point d'eſprit ſage qui en voyant les ſalutaires correctifs qu'il a faits à cette philoſophie, n'eût pu dire aux anciens Epicuriens : « Remettez les » rênes de l'univers entre les mains d'un Dieu, » principe ſouverain de l'ordre phyſique & mo- » ral, & votre ſyſtême deviendra le plus ſimple, » le plus plauſible de tous. »

(Cet article, extrait de l'ouvrage de M. Camburat, a été envoyé à l'éditeur.)

GRECS. (PHILOSOPHIE DES) (*Histoire de la philosophie ancienne.*)

Je tirerai la division de cet article de trois époques principales, sous lesquelles on peut considérer l'histoire des Grecs, & je rapporterai aux tems anciens leur *philosophie fabuleuse*; au tems de la législation ; leur *philosophie politique* ; & au tems des écoles ; leur *philosophie sectaire*.

De la philosophie fabuleuse des Grecs.

Les Hébreux connoissoient le vrai Dieu ; les Perses étoient instruits dans le grand art de former les rois, & de gouverner les hommes ; les Chaldéens avoient jeté les premiers fondemens de l'astronomie ; les Phéniciens entendoient la navigation, & faisoient le commerce chez les nations les plus éloignées ; il y avoit long-tems que les Egyptiens étudioient la nature & cultivoient les arts qui dépendent de cette étude ; tous les peuples voisins de la Grèce étoient versés dans la théologie, la morale, la politique, la guerre, l'agriculture, la métallurgie, & la plupart des arts méchaniques que le besoin & l'industrie font naître parmi les hommes rassemblés dans les villes & soumis à des lois ; en un mot, ces contrées que le grec orgueilleux appella toujours du nom de barbares, étoient policées, lorsque la sienne n'étoit habitée que par des sauvages dispersés dans les forêts, fuyant la rencontre les uns des autres, paissant les fruits de la terre comme les animaux, retirés dans le creux des arbres, errant de lieux en lieux, & n'ayant entr'eux aucune espèce de société. Du moins, c'est ainsi que les historiens mêmes de la Grèce nous la montrent dans son origine.

Danaüs & Cécrops étoient égyptiens ; Cadmus, de Phénicie ; Orphée, de Thrace. Cécrops fonda la ville d'Athènes, & fit entendre aux grecs, pour la première fois, le nom redoutable de *Jupiter*; Cadmus éleva des autels dans Thebes ; & Orphée prescrivit dans toute la Grèce la manière dont les Dieux vouloient être honorés. Le joug de la superstition fut le premier qu'on imposa ; on fit succéder à la terreur des impressions séduisantes, & le charme naissant des beaux arts fut employé pour adoucir les mœurs & disposer insensiblement les esprits à la contrainte des lois.

Mais la superstition n'entre point dans une contrée sans y introduire à sa suite un long cortège de connoissances, les unes utiles, les autres funestes. Aussitôt qu'elle s'est montrée, les organes destinées à invoquer les Dieux se dénouent ; la langue se perfectionne ; les premiers accens de la poésie & de la musique font retentir les airs ; on voit sortir la sculpture du fond des carrières, & l'architecture d'entre les herbes ; la conscience s'éveille & la morale naît. Au nom des Dieux prononcé, l'univers prend une face nouvelle ; l'air, la terre & les cieux se peuplent d'un nouvel ordre d'êtres ; & le cœur de l'homme s'émeut d'un sentiment nouveau.

Les premiers législateurs de la Grèce ne proposèrent pas à ces peuples des doctrines abstraites & sèches ; des esprits hébétés ne s'en seroient point occupés : ils parlèrent aux sens & à l'imagination ; ils amusèrent par des cérémonies voluptueuses & gaies ; le spectacle des danses & des jeux avoit attiré des hommes féroces du haut de leurs montagnes, du fond de leurs antres ; on les fixa dans la plaine, en les y entretenant de fables, de représentations & d'images. A mesure que les phénomenes de la nature les plus frappans se succéderent, on y attacha l'existence des Dieux ; & Strabon croit que cette méthode étoit la seule qui pût réussir. *Fieri non potest*, dit cet auteur, *ut mulierum, & promiscuè turba multitudo philosophicâ oratione ducatur, excitaturque ad religionem, pietatem & fidem ; sed superstitione præterea ad hoc opus est, quæ incuti sine fabularum portentis nequit. Etenim fulmen, ægis, tridens, faces, anguis hastaque Deorum Thyrsis infixa fabulæ sunt, atque tota theologia prisca. Hæc autem recepta fuerunt à civitatum autoribus, quibus velutì larvis insipientium animos terrent.* Nous ajouterons que l'usage des peuples policés & voisins de la Grèce, étoit d'envelopper leurs connoissances sous le voile du symbole & de l'allégorie, & qu'il étoit naturel aux premiers législateurs des *Grecs* de communiquer leurs doctrines ainsi qu'ils les avoient reçues.

Mais un avantage particulier aux peuples de la Grèce, c'est que la superstition n'étouffa point en eux le sentiment de la liberté, & qu'ils conservèrent, sous l'autorité des prêtres & des magistrats, une façon de penser hardie, qui les caractérisa dans tous les tems.

Une des premières conséquences de ce qui précede, c'est que la mythologie des *grecs* est un chaos d'idées, & non pas un système, une marqueterie d'une infinité de pieces de rapport qu'il est impossible de séparer ; & comment y réussiroit-on ? Nous ne connoissons pas la vie, les mœurs, les idées, les préjugés des premiers habitans de la Grèce : nous aurions là-dessus toutes les lumières qui nous manquent, qu'il nous resteroit à désirer une histoire exacte de la philosophie des peuples voisins ; & cette histoire nous auroit été transmise, que le triage des superstitions *grecques* d'avec les superstitions barbares, seroit peut-être encore au-dessus des forces de l'esprit humain.

Dans les anciens tems, les législateurs étoient philosophes & poëtes: la reconnoissance & l'imbécilité mettoient tour-à-tour les hommes au rang des Dieux; & qu'on devine après cela ce que devint la vérité déja déguisée, lorsqu'elle eut été abandonnée, pendant des siecles, à ceux dont le talent est de feindre, & dont le but est d'étonner.

Dans la suite, fallut-il encourager les peuples à quelque entreprise, les consoler d'un mauvais succès, changer un usage, introduire une loi? Ou l'on s'autorisa des fables anciennes en les défigurant, ou l'on en imagina de nouvelles.

D'ailleurs, l'emblème & l'allégorie ont cela de commode, que la sagacité de l'esprit, ou le libertinage de l'imagination peut les appliquer à mille choses diverses: mais à travers ces applications, que devient le sens véritable? Il s'altere de plus en plus; bientôt une fable a une infinité de sens différens: & celui qui paroît à la fin le plus ingénieux est le seul qui reste.

Il ne faut donc pas espérer qu'un bon esprit puisse se contenter de ce que nous avons à dire de la philosophie fabuleuse des *Grecs*.

Le nom de Prométhée, fils de Japhet, est le premier qui s'offre dans cette histoire. Prométhée sépare de la matiere les élémens, & en compose l'homme, en qui les forces, l'action & les mœurs sont variées selon la combinaison diverse des élémens; mais Jupiter que Prométhée avoit oublié dans ses sacrifices, le priva du feu qui devoit animer l'ouvrage. Prométhée, conduit par Minerve, monte aux cieux, accroche le *Ferula* à une des roues du char du sol il, en reçoit le feu dans sa tige creuse, & le rapporte sur la terre. Pour punir sa témérité, Jupiter forme la femme, connue dans la fable sous le nom de *Pandore*, lui donne un vase qui renfermoit tous les maux qui pouvoient désoler la race des hommes, & la dépêche à Prométhée. Prométhée renvoie Pandore & sa boîte fatale; & le Dieu trompé dans son attente, ordonne à Mercure de se saisir de Prométhée, de le conduire sur le Caucase, & de l'enchaîner dans le fond d'une caverne, où un vautour affamé déchirera son foie toujours renaissant: ce qui fut exécuté. Hercule dans la suite délivra Prométhée. Combien cette fable n'a-t-elle pas de variantes, & en combien de manieres ne l'a-t-on pas expliquée?

Selon quelques-uns, il n'y eut jamais de Prométhée. Ce personnage symbolique représente le génie audacieux de la race humaine.

D'autres ne disconviennent pas qu'il n'y ait eu un Prométhée; mais dans la fureur de rapporter toute la mythologie des Payens aux traditions des Hébreux, il faut voir comme ils se tourmentent pour faire de Prométhée, Adam, Moyse, ou Noé.

Il y en a qui prétendent que ce Prométhée fut un roi des Scythes, que ses sujets jeterent dans les fers pour n'avoir point obvié aux inondations d'un fleuve qui dévastoit leurs campagnes. Ils ajoutent qu'Hercule détourna le fleuve dans la mer & délivra Prométhée.

En voici qui interpretent cette fable bien autrement: l'Egypte, disent-ils, eut un roi fameux qu'elle mit au rang des Dieux pour les grandes découvertes d'un de ses sujets. C'étoit dans les tems de la fable comme aux tems de l'histoire; les sujets méritoient des statues, & c'étoit au souverain qu'on les élavoit. Ce roi fut Osiris, & celui qui fit les découvertes fut Hermès: Osiris eut deux ministres, Mercure & Prométhée; il avoit confié à tous les deux les découvertes d'Hermès. Mais Prométhée se sauva, & porta dans la Grece les secrets de l'Etat. Osiris en fut indigné; il chargea Mercure du soin de sa vengeance. Mercure tendit des embûches à Prométhée, le surprit, & le jeta dans le fond d'un cachot, d'où il ne sortit que par la faveur de quelque homme puissant.

Pour moi, je suis de l'avis de ceux qui ne voient dans cet ancien législateur de la Grece, qu'un bienfaiteur de ses habitans sauvages qu'il tira de la barbarie dans laquelle ils étoient plongés, & qui leur fit luire les premiers rayons de la lumiere des sciences & des arts; & ce vautour, qui le dévore sans relâche, n'est qu'un emblème de la méditation profonde & de la solitude. C'est ainsi qu'on a cherché à tirer la vérité des fables; mais la multitude des explications montre seulement combien elles sont incertaines. Il y a une broderie poétique tellement unie avec le fond, qu'il est impossible de l'en séparer sans déchirer l'étoffe.

Cependant, en considérant attentivement tout ce systême, on reste convaincu qu'il sert en général d'enveloppe, tantôt à des faits historiques, tantôt à des découvertes scientifiques; & que Cicéron avoit raison de dire que Prométhée ne seroit point attaché au Caucase, & que Céphée n'auroit point été transporté dans les cieux avec sa femme, son fils & son gendre, s'ils n'avoient mérité, par quelques actions éclatantes, que la fable s'emparât de leurs noms.

Linus succéda à Prométhée; il fut théologien,

philosophe, poëte, musicien : il inventa l'art de filer les intestins des animaux, & il en fit des cordes sonores qu'il substitua sur la lyre au fil de lin dont elle étoit montée. On dit qu'Appollon, jaloux de cette découverte, le tua : il passe pour l'inventeur du vers lyrique ; il chanta le cours de la lune & du soleil, la formation du monde, & l'histoire des Dieux ; il écrivit des plantes & des animaux ; il eut pour disciples Hercule, Thamiris & Orphée. Le premier fut un esprit lourd, qui n'aimoit pas le châtiment & qui le méritoit souvent. Quelques auteurs accusent ce disciple brutal d'avoir tué son maître.

Orphée, disciple de Linus, fut aussi célebre chez les *Grecs* que Zoroastre chez les Chaldéens & les Perses, Buddas chez les Indiens, & Thoot ou Hermès chez les Egyptiens ; ce qui n'a pas empêché Aristote & Cicéron de prétendre qu'il n'y a jamais eu d'Orphée. Voici le passage d'Aristote ; nous le rapportons pour sa singularité. Les Epicuriens prouvoient l'existence des Dieux par les idées qu'ils s'en faisoient, & Aristote leur répondoit : *Et je me fais bien une idée d'Orphée, personnage qui n'a jamais existé.* Mais toute l'antiquité réclame contre Aristote & Cicéron.

La fable lui donne Appollon pour pere, & Calliope pour mere, & l'histoire le fait contemporain de Josué : il passe de la Thrace, sa patrie, dans l'Egypte, où il s'instruit de la philosophie, de la théologie, de l'astronomie, de la médecine, de la musique, de la poésie. Il vient d'Egypte en Grece, où il est honoré des peuples, & comment ne l'auroit-il pas été, prêtre & médecin, c'est-à-dire, homme se donnant pour savoir écarter les maladies par l'entremise des Dieux, & y apporter remede, quand on en est affligé ?

Orphée eut le sort de tous les personnages célebres dans les tems où l'on n'écrivoit point l'histoire. Les noms abandonnés à la tradition étoient bientôt oubliés ou confondus ; & l'on attribuoit à un seul homme tout ce qui s'étoit fait de mémorable pendant un grand nombre de siécles. Nous ne connoissons que les Hébreux chez qui la tradition se soit conservée pure & sans altération, & n'auroient-ils que ce privilege, il suffiroit pour les faire regarder comme une race très-particuliere, & vraiment chérie de Dieu.

La mythologie des *Grecs* n'étoit qu'un amas confus de superstitions isolées ; Orphée en forma un corps de doctrine ; il institua la divination & les mysteres ; il en fit des cérémonies secretes, moyen sûr pour donner un air solemnel à des puérilités ; telles furent les fêtes de Bacchus & d'Hécate, les Eleusinies, les Panathénées & les Thesmophories. Il enjoignit le silence le plus rigoureux aux initiés ; il donna des regles pour le choix des prosélytes : elles se réduisoient à n'admettre à la participation des mysteres, que des ames sensibles & des imaginations ardentes & fortes, capables de voir en grand & d'allumer les esprits des autres : il prescrivit des épreuves ; elles consistoient dans des purifications, la confession des fautes que l'on avoit commises, la mortification de la chair, la continence, l'abstinence, la retraite, & la plupart de nos austérités monastiques ; & pour achever de rendre le secret de ces assemblées impénétrable aux profanes, il distingua différens degrés d'initiation ; & les initiés eurent un idiome particulier & des caracteres hiéroglyphiques.

Il monta sa lyre de sept cordes : il inventa le vers hexametre, & surpassa dans l'épopée tous ceux qui s'y étoient exercés avant lui. Cet homme extraordinaire eut un empire étonnant sur les esprits, du moins à en juger par ce que l'hyperbole des poëtes nous en fait présumer. A sa voix les eaux cessoient de couler ; la rapidité des fleuves étoit retardée ; les animaux, les arbres accouroient ; les flots de la mer étoient appaisés, & la nature demeuroit suspendue dans l'admiration & le silence : effets merveilleux qu'Horace a peints avec force, & Ovide avec une délicatesse mêlée de dignité.

Horace dit : *Ode* XII. *L.* I.

Aut in umbrosis Helicopis oris

Aut super Pindo, gelidove in hæmo,

Unde vocalem temerè insecutæ

Orphea sylvæ,

Arte maternâ rapidos morantem

Fluminum lapsus, celeresque ventos,

Blandum & auritas fidibus canoris

Ducere quercus.

Et Ovide, *Métamorph. Liv.* X.

Collis erat, collemque super planissima campi

Area, quam viridem faciebant graminis herbæ ;

Umbra loco deerat, quâ postquam poste resedit,

Dis genitus vates & fila sonantia movit,

Umbra loco venit.

Ceux qui n'aiment pas les prodiges opposeront aux vers du poëte lyrique un autre passage où il s'explique en philosophe, & où il réduit la merveilleuse histoire d'Orphée à des choses assez communes.

Silvestres homines sacer interpresque Deorum

Cœdibus & victu fœdo deterruit Orphœus,
Dictus ab hoc lenire tigres, rabidosque leones.

C'est-à-dire, qu'Orphée fut un fourbe éloquent qui fit parler les Dieux pour maîtriser un troupeau d'hommes farouches, & les empêcher de s'entre-égorger; & combien d'autres événemens se réduiroient à des phénomènes naturels, si l'on se permettoit d'écarter de la narration l'emphase avec laquelle ils nous ont été transmis?

Après les précautions qu'Orphée avoit prises pour dérober sa théologie à la connoissance des peuples, il est difficile de compter sur l'exactitude de ce que les auteurs en ont recueilli. Si une découverte est essentielle au bien de la société, c'est être mauvais citoyen que de l'en priver; si elle est de pure curiosité, elle ne valoit ni la peine d'être faite, ni celle d'être cachée : utile ou non, c'est entendre mal l'intérêt de sa réputation que de la tenir secrette; ou elle se perd après la mort de l'inventeur qui s'est tu, ou un autre y est conduit & partage l'honneur de l'invention. Il faut avoir égard en tout au jugement de la postérité, & reconnoître qu'elle se plaindra de notre silence, comme nous nous plaignons de la taciturnité & des hiéroglyphes des prêtres Egyptiens, des nombres de Pythagore, & de la double doctrine de l'académie. (*Voyez* PLATONISME.)

A juger de celle d'Orphée, d'après les fragmens qui nous en restent épars dans les auteurs, il pensoit que Dieu & le chaos co-existoient de toute éternité; qu'ils étoient unis, & que Dieu renfermoit en lui tout ce qui est, fut, & sera, que la lune, le soleil, les étoiles, les Dieux, les Déesses, & tous les êtres de la nature étoient émanés de son sein; qu'ils ont la même essence que lui; qu'il est présent à chacune de leurs parties. Qu'il est la force qui les a développés & qui les gouverne; que tout est de lui, & qu'il est en tout; qu'il y a autant de divinités subalternes, que de masses dans l'univers; qu'il faut les adorer; que le Dieu créateur, le Dieu générateur, est incompréhensible, que répandu dans la collection générale des êtres, il n'y a qu'elle qui puisse en être une image; que tout étant de lui, tout y retournera; que c'est en lui que les hommes pieux trouveront la récompense de leurs vertus; que l'ame est immortelle, mais qu'il y a des lustrations, des cérémonies qui purgent de ses fautes, & qui la restituent à son principe aussi sainte qu'elle en est émanée, &c.

Il admettoit des esprits, des démons & des héros. Il disoit: l'air fut le premier être qui émana du sein de Dieu; il se plaça entre le chaos & la nuit. Il s'engendra de l'air & du chaos un œuf, dont Orphée fait éclore une chaîne de puérilités peu dignes d'être rapportées.

On voit, en général, qu'il reconnoissoit deux substances nécessaires, Dieu & le chaos; Dieu principe actif; le cahos ou la matiere informe, principe passif.

Il pensoit encore que le monde finiroit par le feu, & que des cendres de l'univers embrasé il en renaîtroit un autre.

Que l'opinion, que les planetes & la plupart des corps célestes sont habités, comme notre terre, soit d'Orphée ou d'un autre, elle est bien ancienne. Je regarde ces lambeaux de philosophie, que le tems a laissés passer jusqu'à nous, comme ces planches que le vent pousse sur nos côtes après un naufrage, & qui nous permettent quelquefois de juger de la grandeur du bâtiment.

Je ne dis rien de sa descente aux enfers; j'abandonne cette fiction aux poëtes. On peut croire de sa mort tout ce qu'on voudra; ou qu'après la mort d'Euridice, il se mit à prêcher le célibat, & que les femmes indignées le massacrèrent pendant la célébration des fêtes de Bacchus; ou que ce dieu vindicatif qu'il avoit négligé dans ses chants, & Vénus dont il avoit abjuré le culte pour un autre qui lui déplait, irritèrent les bacchantes qui le déchirèrent; ou qu'il fût foudroyé par Jupiter, comme la plupart des héros des tems fabuleux; ou que les Thraciennes se défirent d'un homme qui entraînoit à sa suite leurs maris; ou qu'il fut la victime des peuples qui supportoient impatiemment le joug des lois qu'il leur avoit imposées: toutes ces opinions ne sont guere plus certaines que ce que le poëte de la métamorphose a chanté de sa tête & de sa lyre.

Caput, Hæbre, Lyramque
Excipis, &, mirum, medio dum labitur amne,
Flebile nescio quid queritur lyra, flebile lingua
Murmurat exanimis, respondent flebile ripæ.

« Sa tête étoit portée sur les flots; sa langue
» murmuroit je ne sais quoi de tendre & d'inar-
» ticulé, que répétoient les rivages plaintifs;
» & les cordes de sa lyre frappées par les ondes,
» rendoient encore des sons harmonieux ». O! douces illusions de la poésie, vous n'avez pas moins de charmes pour moi que la vérité! puissiez-vous me toucher & me plaire jusques dans mes derniers instans.

Les ouvrages qui nous restent sous le nom d'Orphée, ceux qui parurent au commencement de l'ère chrétienne, au milieu de la dissention des chrétiens, des juifs & des philosophes païens, sont tous supposés ; ils ont été répandus, ou par des juifs qui cherchoient à se mettre en considération parmi les gentils, ou par des chrétiens qui ne dédaignoient pas de recourir à cette petite ruse pour donner du poids à leurs dogmes aux yeux des philosophes, ou par des philosophes même qui s'en servoient pour appuyer leurs opinions de quelque grande autorité. On faisoit un mauvais livre ; on y inséroit ces dogmes qu'on vouloit accréditer, & l'on écrivoit à la tête le nom d'un auteur célèbre ; mais la contradiction de ces différens ouvrages rendoit la fourberie manifeste.

Musée fut disciple d'Orphée ; il eut les mêmes talens & la même philosophie, & il obtint chez les *Grecs* les mêmes succès & les mêmes honneurs. On lui attribue l'invention de la sphère ; mais on la révendique en faveur d'Atlas & d'Anaximandre. Le poëme de Léandre & Héro, & l'hymne qui porte le nom de *Musée*, ne sont pas de lui ; tandis que des auteurs disent qu'il est mort à Phalère, d'autres assurent qu'il n'a jamais existé. La plupart de ces hommes anciens, qui faisoient un si grand secret de leurs connoissances, ont réussi jusqu'à rendre leur existence même douteuse.

Thamyris succède à Musée dans l'histoire fabuleuse ; il remporte le prix aux jeux pythiens, défie les muses au combat du chant, en est vaincu & puni par la perte de la vue & l'oubli de ses talens. On a dit de Thamyris ce qu'Ovide a dit d'Orphée :

Ille etiam Thracum populis fuit autor, amorem
In teneros transferre mares, citraque juventam
Ætatis breve ver & primos carpere flores.

Voilà un vilain art bien contesté.

Amphion, contemporain de Thamyris, ajoute trois cordes à la lyre d'Orphée ; il adoucit les mœurs des Thébains. Trois choses, dit Julien, le rendirent grand poëte, l'étude de la philosophie, le génie & l'oisiveté.

Mélampe, qui parut après Amphion, fut théologien, philosophe, poëte & médecin ; on lui éleva des temples après sa mort, pour avoir guéri les filles de Prætus de la fureur utérine. On dit que ce fut avec l'ellébore.

Hésiode, successeur de Mélampe, fut contemporain & rival d'Homère. Nous laisserons les particularités de sa vie qui sont assez incertaines, & nous donnerons l'analyse de sa théogonie.

Le chaos, dit Hésiode, étoit avant tout ; la terre fut après le chaos ; & après la terre, le tartare dans les entrailles de la terre : alors l'amour naquit, l'amour le plus ancien & le plus beau des immortels. Le chaos engendra l'érèbe & la nuit ; la nuit engendra l'air, & le jour ; la terre engendra le ciel, la mer & les montagnes ; le ciel & la terre s'unirent, & ils engendrèrent l'océan, des fils, des filles ; & après ces enfans, Saturne, les Cyclopes, Bronte, Stérope & Argé, fabricateurs de foudres ; & après les Cyclopes, Cotté, Briare & Gygès.

Dès le commencement, les enfans de la terre & du ciel se brouillèrent avec le ciel, & se tinrent cachés dans les entrailles de la terre. La terre irrita ses enfans contre son époux, & Saturne coupa les testicules au ciel. Le sang de la blessure tomba sur la terre, & produisit les géans, les Nymphes & les Furies. Des testicules jettées dans la mer naquit une déesse autour de laquelle les amours se rassemblèrent : c'étoit Vénus. Le ciel prédit à ses enfans qu'il seroit vengé. La nuit engendra le destin, Némésis, les Hespérides, la fraude, la dispute, la haine, l'amitié, Momus, le sommeil, la troupe légère des songes, la douleur & la mort.

La dispute engendra les travaux, la mémoire, l'oubli, les guerres, les meurtres, le mensonge & le parjure. La mer engendra Nérée, le juste & véridique Nérée ; & après lui des fils & des filles, qui engendrèrent toutes les races divines.

L'Océan & Thétis eurent trois mille enfans. Rhéa fut mère de la lune, de l'aurore & du soleil. Le Styx, fils de l'océan, engendra Zélus, Nicé la force & la violence qui furent toujours assises à côté de Jupiter. Phébé & Cæus engendrèrent Latone, Astérie & Hécate, que Jupiter honora pardessus toutes les immortelles. Rhéa eut de Saturne, Vesta, Cérès, Pluton, Neptune & Jupiter, père des dieux & des hommes. Saturne, qui savoit qu'un de ses enfans le détrôneroit un jour, les mange à mesure qu'ils naissent ; Rhéa, conseillée par la terre & par le ciel, cache Jupiter, le plus jeune, dans un antre de l'île de Crète, &c.

Voilà ce qu'Hésiode nous a transmis en très-beaux vers, le tout mêlé de plusieurs autres rêveries grecques. *Voyez* dans Bruker, tome premier, pag. 417, le commentaire qu'on a fait sur ces rêveries. Si l'on s'en est servi pour cacher quelques vérités, il faut avouer que l'on a bien réussi. Si Hésiode pouvoit revenir au monde, & qu'il entendît seulement ce que les chimistes voient dans la fable de Saturne, je crois qu'il seroit bien surpris. De tems immémorial, les plantes & les métaux ont été désignés par les mêmes noms. Entre les métaux, Saturne est le plomb. Saturne dévore presque tous ses enfans ; & pareillement le plomb attaque la plupart des

substances

substances métalliques : pour le guérir de cet avidité cruelle, Rhéa lui fait avaler une pierre ; & le plomb uni avec les pierres, se vitrifie, & ne fait plus rien aux métaux qu'il attaquoit, &c. Je trouve dans ces sortes d'explications beaucoup d'esprit & peu de vérité.

Une réflexion qui se présente à la lecture du poëme d'Hésiode, qui a pour titre *des jours & des travaux*, c'est que dans ces tems la pauvreté étoit un vice ; le pain ne manquoit qu'aux paresseux, & cela devroit être ainsi dans tout état bien gouverné.

On cite encore parmi les théogonistes & les fondateurs de la philosophie fabuleuse des *Grecs*, Epiménide de Crète, & Homère.

Epiménide ne fut pas inutile à Solon dans le choix des loix qu'il donna aux Athéniens. Tout le monde connoît le long sommeil d'Epiménide ; c'est selon toute apparence, l'allégorie d'une longue retraite.

Homère, théologien, philosophe & poëte, écrivit environ 900 ans avant l'ère chrétienne. Il imagina la ceinture de Vénus, & il fut le père des graces. Ses ouvrages ont été bien attaqués & bien défendus. Il y a deux mots de deux hommes célèbres que je comparerois volontiers. L'un disoit qu'Homère n'avoit pas vingt ans à être lu ; l'autre que la religion n'avoit pas cent ans à durer. Il me semble que le premier de ces mots marque un défaut de philosophie & de goût, & le second un défaut de philosophie & de foi.

Voilà ce que nous avons pu rassembler de supportable sur la philosophie fabuleuse des *grecs*. Passons à leur philosophie politique.

Philosophie politique des grecs.

La religion, l'éloquence, la musique & la poésie avoient préparés les peuples de la Grèce à recevoir le joug de la législation ; mais ce joug ne leur étoit pas encore imposé. Ils avoient quitté le fond des forêts ; ils étoient rassemblés ; ils avoient construit des habitations, & élevé des autels ; ils cultivoient la terre, & sacrifioient aux dieux ; au reste, sans conventions qui les liassent entr'eux, sans chefs auxquels ils se fussent soumis d'un consentement unanime, quelques notions vagues du juste & de l'injuste étoient toute la règle de leur conduite ; & s'ils étoient retenus, c'étoit moins par une autorité publique, que par la crainte du ressentiment particulier. Mais qu'est-ce que cette crainte ? qu'est-ce même que celle des dieux ? qu'est-ce que la voix de la conscience, sans l'autorité & la menace des lois ? Les lois, les lois ; voilà la seule barrière qu'on puisse élever contre les passions des hommes ; c'est la volonté générale qu'il faut opposer aux volontés particulières ; & sans un glaive qui se meuve également sur la surface d'un peuple, & qui tranche ou fasse baisser les têtes audacieuses qui s'élèvent, le foible demeure exposé à l'injure du plus fort ; le tumulte règne, & le crime avec le tumulte ; & il vaudroit mieux, pour la sûreté des hommes, qu'ils fussent épars, que d'avoir les mains libres & d'être voisins. En effet, que nous offre l'histoire des premiers tems policés de la Grèce ? Des meurtres, des rapts, des adultères, des incestes, des parricides ; voilà les maux auxquels il falloit remédier lorsque Zaleucus parut. Personne n'y étoit plus propre par ses talens & moins par son caractère ; c'étoit un homme dur ; il avoit été pâtre & esclave, & il croyoit qu'il falloit commander aux hommes comme à des bêtes, & mener un peuple comme un troupeau.

Si un européen avoit à donner des loix à nos sauvages du Canada, & qu'il eût été témoin des excès auxquels ils se portent dans l'ivresse ; la première idée qui lui viendroit, ce seroit de leur interdire l'usage du vin. Ce fut aussi la première loi de Zaleucus : il condamna l'adultère à avoir les deux yeux crevés, & son fils ayant été convaincu de ce crime, il lui fit arracher un œil, & se fit arracher l'autre. Il attacha tant d'importance à la législation, qu'il ne permit à qui que ce fût d'en parler qu'en présence de mille citoyens, & qu'avec la corde au cou. Ayant transgressé dans un tems de guerre la loi par laquelle il avoit décerné la peine de mort contre celui qui paroîtroit en armes dans les assemblées du peuple, il se punit lui-même en s'ôtant la vie. On attribue la plupart de ces faits, les uns à Charondas, les autres à Dioclès de Syracuse. Quoi qu'il en soit, ils n'en montrent pas moins combien on exigeoit de respect pour les lois, & quel danger on trouvoit à en abandonner l'examen aux particuliers.

Charondas de Catane s'occupa de la politique, & dictoit ses lois dans le même tems que Zaleucus faisoit exécuter les siennes. Les fruits de sa sagesse ne demeurèrent pas renfermés dans sa patrie ; plusieurs contrées de l'Italie & de la Sicile en profitèrent.

Ce fut alors que Triptolème policia les villes d'Eleusine ; mais toutes ces institutions s'abolirent avec le tems.

Dracon les recueillit, & y ajouta ce qui lui fut suggéré par son humeur féroce. On a dit de lui, que ce n'étoit point avec de l'encre, mais avec du sang qu'il avoit écrit ses lois.

Solon mitigea le système politique de Dracon,

Philosophie anc. & mod. Tome II.

& l'ouvrage de Solon fut perfectionné dans la suite par Théfée, Cliftène, Démétrius de Phalère, Hipparque, Pififtrate, Périclès, Sophocle, & d'autres génies du premier ordre.

Le célèbre Lycurgue parut dans le courant de la première olympiade. Il étoit réfervé à celui-ci d'affujettir tout un peuple à une efpèce de règle monaftique. Il connoiffoit les gouvernemens de l'Egypte. Il n'écrivit point fes lois. Les fouverains en furent les dépofitaires; & ils purent, felon les circonftances, les étendre, les reftreindre ou les abroger fans inconvénient: cependant elles étoient le fujet des chants de Tyrtée, de Terpandre, & des autres poëtes du tems.

Rhadamante, celui qui mérita par fon intégrité la fonction de juge aux enfers, fut un des légiflateurs de la Crète. Il rendit fes inftructions refpectables, en les propofant au nom de Jupiter; il porta la crainte des diffentions que le culte peut exciter, ou la vénération pour les dieux, jufqu'à défendre d'en prononcer le nom.

Minos fut le fucceffeur de Rhadamante, l'émule de fa juftice en Crète, & fon collègue aux enfers. Il alloit confulter Jupiter dans les antres du Mont-Ida; & c'eft de là qu'il rapportoit aux peuples, non fes ordonnances, mais les volontés des dieux.

Les fages de la Grèce fuccédèrent aux légiflateurs. La vie de ces hommes, fi vantés pour leur amour de la vertu & de la vérité, n'eft fouvent qu'un tiffu de menfonges & de puérilités, à commencer par l'hiftoriette de ce qui leur mérita le titre de *fages*.

De jeunes Ioniens rencontrent des pêcheurs de Milet, ils en achetent un coup de filet, & l'on trouve parmi des poiffons un trépied d'or. Les jeunes gens prétendent avoir tout acheté, & les pêcheurs n'avoir vendu que le poiffon. On s'en rapporte à l'oracle de Delphes, qui adjuge le trépied au plus fage des *Grecs*. Les Miléfiens l'offrent à Thalès, le fage Thalès le tranfmet au fage Bias, le fage Bias à Pittacus, Pittacus à un autre fage, & celui-ci à Solon, qui reftitua à Apollon le titre de *fage & le trépied*.

La Grèce eut fept fages. On entendoit alors par un *fage*, un homme capable d'en conduire d'autres: On eft d'accord fur le nombre, mais on varie fur les perfonnages. Thalès, Solon, Chilon, Pittacus, Bias, Cléobule & Périandre, font le plus généralement reconnus. Les *grecs*, ennemis du defpotifme & de la tyrannie, ont fubftitué à Périandre, les uns Myfon, les autres Anacharfis. Nous allons commencer par Myfon.

Myfon naquit dans un bourg obfcur. Il fuivit le genre de vie de Timon & d'Apémante, fe garantit de la vanité ridicule des *grecs*, encouragea fes concitoyens à la vertu, plus encore par fon exemple que par fes difcours, & fut véritablement un fage.

Thalès fut le fondateur de la fecte ionique. Nous renvoyons l'abrégé de fa vie, à l'article IONIENNE (PHILOSOPHIE,) où nous ferons l'hiftoire de fes opinions.

Solon fuccéda à Thalès. Malgré la pauvreté de fa famille, il jouit de la plus grande confidération. Il defcendoit de Codrus. Exéceftide, pour réparer une fortune que fa prodigalité avoit épuifée, jetta Solon, fon fils, dans le commerce. La connoiffance des hommes & des lois fut la principale richeffe que le philofophe rapporta des voyages que le commerçant entreprit. Il eut pour la poéfie un goût exceffif qu'on lui a reproché. Perfonne ne connut auffi bien l'efprit léger & les mœurs frivoles de fes concitoyens, & n'en fut mieux profiter. Les Athéniens défefpérant, après plufieurs tentatives inutiles, de recouvrer Salamine, décernèrent la peine de mort contre celui qui oferoit propofer derechef cette expédition. Solon trouva la loi honteufe & nuifible. Il contrefit l'infenfé, & le front ceint d'une couronne, il fe préfenta fur une place publique, & fe mit à réciter des élégies qu'il avoit compofées. Les Athéniens fe raffemblent autour de lui; on écoute; on applaudit; il exhorte à reprendre la guerre contre Salamine. Pififtrate l'appuie; la loi eft révoquée; on marche contre les habitans de Mégare; ils font défaits, & Salamine eft recouvrée. Il s'agiffoit de prévenir l'ombrage que ce fuccès pouvoit donner aux Lacédémoniens, & l'allarme que le refte de la Grèce en pouvoit prendre; Solon s'en chargea, & y réuffit: mais ce qui mit le comble à fa gloire, ce fut la défaite des Cyrrhéens, contre lefquels il conduifit fes compatriotes, & qui furent févèrement châtiés du mépris qu'ils avoient affecté pour la religion.

Ce fut alors que les Athéniens fe divifèrent fur la forme du gouvernement; les uns inclinoient pour la démocratie; d'autres pour l'oligarchie, ou quelque adminiftration mixte. Les pauvres étoient obérés au point que les riches, devenus maîtres de leurs biens & de leur liberté, l'étoient encore de leurs enfans: ceux-ci ne pouvoient plus fupporter leur mifère, & trouble pouvoit avoir des fuites fâcheufes; il y eut des affemblées. On s'adreffa d'une voix générale à Solon, & il fut chargé d'arrêter l'état fur le penchant de fa ruine. On créa les archontes. La troifième année de la quarante-sixième olympiade, il rétablit la police & la paix dans Athènes; il soulagea les pauvres, sans trop mécontenter les riches; il divisa le peuple en tribus; il institua des chambres de judicature; il publia ses lois; & employant alternativement la persuasion & la force, il vint à bout des obstacles qu'elles rencontrèrent. Le bruit de sa sagesse pénétra jusqu'au fond de la Scythie, & attira dans Athènes Anacharsis & Toxaris, qui devinrent ses admirateurs, ses disciples & ses amis.

Après avoir rendu à sa patrie ce dernier service, il s'en exila. Il crut que son absence étoit nécessaire pour accoutumer ses concitoyens, qui le fatiguoient sans cesse de leurs doutes, à interpréter eux-mêmes ses lois. Il alla en Egypte, où il fit connoissance avec Psénophe; & dans la Crète, où il fut utile au souverain par ses conseils. Il visita Thalès; il vit les autres sages; il conféra avec Periandre, & il mourut en Chypre âgé de quatre-vingt ans. Le desir d'apprendre qui l'avoit consumé pendant toute sa vie, ne s'éteignit qu'avec lui. Dans ses derniers momens, il étoit encore environné de quelques amis, avec lesquels il s'entretenoit des sciences qu'il avoit tant chéries.

Sa philosophie pratique étoit simple; elle se réduisoit à un petit nombre de maximes communes, telles que celle-ci: ne s'écarter jamais de la raison: n'avoir aucun commerce avec le méchant: en tout, considérer la fin. C'est ce que nous disons à nos enfans; mais tout ce qu'on peut faire dans l'âge mûr, c'est de pratiquer les leçons qu'on a reçues dans l'enfance.

Chilon de Lacédémone fut élevé à l'éphorat sous Eutideme. Il n'y eut guère d'hommes plus juste. Parvenu à une extrême vieillesse, la seule faute qu'il se reprochoit, étoit une foiblesse d'amitié qui avoit soustrait un coupable à la sévérité des lois. Il étoit patient, & il répondoit à son frère, indigné de la préférence que le peuple lui avoit accordée pour la magistrature: *Tu ne sais pas supporter une injure, & je le sais moi.* Ses mots sont laconiques. *Connois-toi; rien de trop: laisse en repos les morts*: sa vie fut d'accord avec ses maximes. Il mourut de joie, en embrassant son fils qui sortoit vainqueur des jeux olympiques.

Pittacus naquit à Lesbos, dans la trente-deuxième olympiade. Encouragé par les frères du poëte Alcée, & brûlant par lui-même du desir d'affranchir sa patrie, il débuta par l'exécution de ce dessein périlleux. En reconnoissance de ce service, ses concitoyens le nommèrent général dans la guerre contre les Athéniens. Pittacus proposa à Phrinon, qui commandoit l'ennemi, d'épargner le sang de tant d'honnêtes gens qui marchoient à leur suite, & de finir la querelle des deux peuples par un combat singulier. Le défi fut accepté. Pittacus enveloppa Phrinon dans un filet de pêcheur qu'il avoit placé sur son bouclier, & le tua.

Dans les répartitions des terres, on lui en accorda autant qu'il en voudroit ajouter à ses domaines; il ne demanda que ce qu'il en pourroit renfermer sous le jet d'un dard, & n'en retint que la moitié. Il prescrivit de bonnes lois à ses concitoyens. Après la paix, ils reclamèrent l'autorité qu'ils lui avoient confiée, & il la leur résigna. Il mourut âgé de soixante-dix ans, après avoir passé les dix dernières années de sa vie dans la douce obscurité d'une vie privée. Il n'y a presqu'aucune vertu dont il n'ait mérité d'être loué: il montra sur-tout l'élévation de son ame dans le mépris des richesses de Crésus; sa fermeté dans la manière dont il apprit la mort imprévue de son fils; & sa patience, en supportant sans murmure les hauteurs d'une femme impérieuse.

Bias de Priene fut un homme rempli d'humanité; il racheta les captives Messéniennes, les dota, & les rendit à leurs parens. Tout le monde sait sa réponse à ceux qui lui reprochoient de sortir les mains vuides de sa ville abandonnée au pillage des ennemis: *j'emporte tout avec moi.* Il fut orateur célèbre & grand poëte. Il ne se chargea jamais d'une mauvaise cause; il se seroit cru deshonoré, s'il eût employé sa voix à la défense du crime & de l'injustice. Nos gens de palais n'ont pas cette délicatesse. Il comparoit les sophistes aux oiseaux de nuit dont la lumière blesse les yeux: il expira à l'audience entre les bras de ses parens, à la fin d'une cause qu'il venoit de gagner.

Cléobule de Linde, ville de l'île de Rhodes, avoit été remarqué par sa force & par sa beauté, avant que de l'être par sa sagesse. Il alla s'instruire en Egypte. L'Egypte a été le séminaire de tous les grands hommes de la Grèce. Il eut une fille appellée *Eumétide* ou *Cléobuline*, qui fit honneur à son père. Il mourut âgé de soixante-dix ans, après avoir gouverné ses citoyens avec douceur.

Périandre le dernier des sages, seroit bien indigne de ce titre, s'il avoit mérité la plus petite partie des injures que les historiens lui ont dites; son grand crime, à ce qu'il paroît, fut d'avoir exercé la souveraineté absolue dans Corinthe; telle étoit l'aversion des *grecs* pour tout ce qui sentoit le despotisme, qu'ils ne croioient pas qu'un monarque pût avoir l'ombre de la vertu: cependant, à travers leurs invectives, on voit que Périandre se montra grand dans la guerre, & prudent dans la paix, & qu'il ne fut déplacé ni à la tête des affaires, ni à la tête des armées; il mourut âgé de quatre-vingt ans, la quatrième année de la quarante-huitième olympiade : nous renvoyons à l'histoire de la Grèce pour le détail de sa vie.

Nous pourrions ajouter à ces hommes, Esope, Theognis, Phocylide, & presque tous les poëtes dramatiques ; la fureur des *grecs* pour les spectacles donnoit à ces auteurs une influence sur le gouvernement, dont nous n'avons pas d'idée.

Nous terminerons cet abrégé de la *philosophie politique des grecs*, par une question. Comment est-il arrivé à la plupart des sages de la Grèce, de laisser un si grand nom après avoir fait de si petites choses ? Il ne reste d'eux aucun ouvrage important, & leur vie n'offre aucune action éclatante ; on conviendra que l'immortalité ne s'accorde pas de nos jours à si bas prix. Seroit-ce que l'utilité générale qui varie sans cesse, étant toutefois la mesure constante de notre admiration, nos jugemens changent avec les circonstances ? Que falloit-il aux *grecs* à peine sortis de la barbarie ? des hommes d'un grand sens, fermes dans la pratique de la vertu, au dessus de la séduction des richesses & des terreurs de la mort, & c'est ce que leurs sages ont été ; mais aujourd'hui c'est par d'autres qualités qu'on laissera de la réputation après soi ; c'est le génie, & non la vertu, qui fait nos grands hommes. La vertu obscure parmi nous, n'a qu'une sphère étroite & petite dans laquelle elle s'exerce ; il n'y a qu'un être privilégié dont la vertu pourroit influer sur le bonheur général, c'est le souverain ; le reste des honnêtes gens meurt, & l'on n'en parle plus : la vertu eut le même sort chez les *grecs* dans les siècles suivans.

De la philosophie sectaire des grecs.

Combien ce peuple a changé ! du plus stupide des peuples il est devenu le plus délié, du plus féroce le plus poli : ses premiers législateurs, ceux que la nation a mis au nombre de ses dieux, & dont les statues décorent ses places publiques & sont révérées dans ses temples, auroient bien de la peine à reconnoître les descendans de ces sauvages hideux qu'ils arrachèrent il n'y a qu'un moment du fond des forêts & des antres.

Voici le coup-d'œil sous lequel il faut maintenant considérer les *grecs* sur-tout dans Athènes.

Une partie livrée à la superstition & au plaisir, s'échappe le matin d'entre les bras des plus belles courtisanes du monde, pour se répandre dans les écoles des philosophes & remplir les gymnases, les théâtres & les temples ; c'est la jeunesse & le peuple ; une autre toute entière aux affaires de l'état, médite de grandes actions & de grands crimes ; ce sont les chefs de la république, qu'une populace inquiète immole successivement à sa jalousie : une troupe moitié sérieuse & moitié folâtre passe son tems à composer des tragédies, des comédies, des discours éloquens & des chansons immortelles ; & ce sont les rhéteurs & les poëtes : cependant un petit nombre d'hommes tristes & querelleurs décrient les dieux, médisent des mœurs de la nation, relèvent les sottises des grands, & se déchirent entr'eux ; ce qu'ils appellent *aimer la vertu & chercher la vérité* ; ce sont les philosophes, qui sont de tems en tems persécutés & mis en fuite par les prêtres & les magistrats.

De quelque côté qu'on jette les yeux dans la Grèce, on y rencontre l'empreinte du génie, le vice à côté de la vertu, la sagesse avec la folie, la mollesse avec le courage ; les arts, les travaux, la volupté, la guerre & les plaisirs ; mais n'y cherchez pas l'innocence, elle n'y est pas.

Des barbares jettèrent dans la Grèce le premier germe de la philosophie ; ce germe ne pouvoit tomber dans un terrein plus fécond ; bientôt il en sortit un arbre immense dont les rameaux s'étendant d'âge en âge & de contrées en contrées, couvrirent successivement toute la surface de la terre : on peut regarder l'école ionienne & l'école de Samos comme les tiges principales de cet arbre.

De la secte Ionique.

Thalès en fut le chef. Il introduisit dans la philosophie la méthode scientifique, & mérita le premier d'être appellé *philosophe*, à prendre ce mot dans l'acception qu'il a parmi nous : il eut un grand nombre de sectateurs ; il professa les mathématiques, la métaphysique, la théologie, la morale, la physique, & la cosmologie ; il regarda les phénomènes de la nature, les uns comme causes, les autres comme effets, & chercha à les enchaîner : Anaximandre lui succéda, Anaximène à Anaximandre, Anaxagoras à celui-ci, Diogène Apolloniate à Anaxagoras, & Archélaus à Diogène. (*Voyez* IONIENNE, (PHILOSOPHIE)).

La secte ionique donna naissance au socratisme & au péripatétisme.

Du Socratisme.

Socrate, disciple d'Archélaus, Socrate, qui fit descendre du ciel la philosophie, se renferma dans la métaphysique, la théologie, & la morale : il eut pour disciples Xénophon, Platon, Aristoxène, Démétrius de Phalère, Panætius, Callisthène, Satyrus, Eschine, Criton, Cimon, Cébès, & Timon le misantrope. (*Voyez* l'article SOCRATISME.)

La doctrine de Socrate donna naissance au Cyrénaïsme sous Aristippe; au mégarisme sous Euclide, à la secte éliaque, sous Phédon, à la secte académique sous Platon, & au cynisme sous Antisthène.

Du Cyrénaïsme.

Aristippe enseigna la logique & la morale; il eut pour sectateurs Arété, Egésias, Annium, l'Athée Théodore, Evhémère, & Bion le Boristhenite. (*Voyez* l'article CYRENAISME.)

Du Mégarisme.

Euclide de Mégare, sans négliger les parties de la philosophie socratique, se livra particulierement à l'etude des mathématiques; il eut pour successeur Eubulide, Alexine, Euphane, Apollonius Cronus, Diodore & Stilpon (*Voyez* l'article MEGARISME.)

De la secte Eliaque & Erétriaque.

La doctrine de Phédon fut la même que celle de son maître; il eut pour disciples Ménédème & Asclepiade. (*Voyez* ELIAQUE, secte.)

Du Platonisme.

Platon fonda la secte académique; on y professa presque toutes les sciences, les mathématiques, la géométrie, la dialectique, la métaphysique, la psycologie; la morale, la politique, la théologie & la physique.

Il y eut trois académies; l'académie première ou ancienne sous Speusippe, Xénocrate, Polémon, Cratès, Crantor: l'académie seconde ou moyenne, sous Archytas & Lacyd; l'académie nouvelle ou troisième, quatrième & cinquième, sous Carnéade, Clitomaque, Philon, Charmidas & Antiochus. *Voyez* les articles PLATONISME & ACADEMICIENS, (philosophie des) tom. I. pag. 19 — 132.

Du Cynisme.

Antisthène ne professa que la morale; il eut pour sectateurs Diogène, Onésicrite, Maxime, Cratès, Hypparchia, Métrocle, Ménédème & Ménippe. (*Voyez* l'article CYNISME.)

Le cynisme donna naissance au stoïcisme; cette secte eut pour chef Zénon, disciple de Cratès.

Du Stoïcisme.

Zénon professa la logique, la métaphysique, la théologie & la morale, il eut pour sectateurs Persée, Ariston de Chio, Hérille, Sphère, Athenodore, Cleanthe, Chrysippe, Zénon de Tarse, Diogène le Babylonien, Antipater de Tarse, Panétius, Possidonius & Jason. (*Voyez* l'article STOICISME.)

Du Péripatétisme.

Aristote en est le fondateur; Montagne a dit de celui-ci, qu'il n'y a point de pierres qu'il n'ait remuées. Aristote écrivit sur toutes sortes de sujets, & presque toujours en homme de génie; il professa la logique, la grammaire, la rhétorique, la poétique, la métaphysique, la théologie, la morale, la politique, l'histoire naturelle, la physique & la cosmologie: il eut pour sectateurs Théophraste, Straton de Lampsaque, Lycon; Ariston, Critolaüs, Diodore, Dicéarque, Eudème, Héraclide de Pont, Phanion, Démétrius de Phalere, & Hiéronimus de Rhodes. *Voyez* les articles ARISTOTELISME & PERIPATETISME.)

De la secte Samienne.

Pythagore en est le fondateur; on y enseigna l'arithmétique, ou plus généralement la science des nombres, la géométrie, la musique, l'astronomie, la théologie, la médecine & la morale; Pythagore eut pour sectateurs Thélauge, son fils, Aristée, Mnésarque, Ecphante, Hyppon, Empédocle, Epicarme, Ocellus, Timée, Architas de Tarente, Alcméon, Hyppase, Philolaüs, & Eudoxe. *Voyez* l'article PYTHAGORISME.

On rapporte à l'école de Samos, la secte éléatique, l'heraclitisme, l'epicuréisme, & le pyrrhonisme ou scepticisme.

De la secte Eléatique.

Xénophane en est le fondateur: il enseigna la logique, la métaphysique, & la physique; il eut pour disciples Parménide, Mélisse, Zénon d'Élée, Leucippe qui changea toute la philosophie de la secte, négligeant la plupart des matières qu'on y agitoit, & se renfermant dans la physique: il eut pour sectateurs Démocrite, Protagoras & Anaxarque. (*Voyez* ELEATIQUE, (secte).

De l'Héraclitisme.

Héraclite professa la logique, la métaphysique, la théologie & la morale, il eut pour disciple Hippocrate, qui seul en valoit un grand nombre d'autres. *Voyez* HERACLITISME.

De l'Epicuréisme.

Epicure enseigna la dialectique, la théologie, la morale & la physique; il eut pour sectateurs

Métrodore, Polyene, Hermage, Mus, Timocrate, Diogène de Tarse, Diogène de Séleucie & Apollodore. *Voyez* l'article EPICUREISME.

Du Pyrrhonisme ou *scepticisme.*

Pyrrhon n'enseigna qu'à douter, il eut pour sectateurs Timon & Enésidème. *Voyez* les articles PYRRHONISME & SCEPTICISME.

Voilà quelle fut la filiation des différentes sectes qui partagèrent la Grèce, les chefs qu'elles ont eus, les noms des principaux sectateurs, & les matières dont ils se sont occupés ; on trouvera aux articles cités, l'exposition de leurs sentimens & l'histoire abrégée de leurs vies.

Une observation qui se présente naturellement à l'aspect de ce tableau, c'est qu'après avoir beaucoup étudié, réfléchi, écrit, disputé, les philosophes de la Grece finissent par se jetter dans le pyrrhonisme. Quoi donc, seroit-il vrai que l'homme est condamné à n'apprendre qu'une chose avec beaucoup de peines ? c'est que son sort est de mourir sans avoir rien su.

Consultez sur les progrès de la *philosophie des grecs* hors de leurs contrées, les articles des différentes sectes, les articles de l'histoire de la philosophie en général, de la philosophie des romains sous la république & sous les empereurs, de la philosophie des orientaux, de la philosophie des arabes, de la philosophie des chrétiens, de la philosophie des peres de l'église, de la philosophie des chrétiens d'occident, des scholastiques, de la philosophie parménidéenne, &c. Vous verrez que cette philosophie s'étendit également par les victoires & les défaites des grecs.

Nous ne pouvons mieux terminer ce morceau que par un endroit de Plutarque qui montre combien Alexandre étoit supérieur en politique à son précepteur, qui fait assez l'éloge de la saine philosophie, & qui peut servir de leçon aux rois.

« La police, ou forme de gouvernement d'état tant estimé, que Zénon, le fondateur, & premier auteur de la secte des philosophes stoïques, a imaginée, tend presque à ce seul point en somme, que nous, c'est-à-dire, les hommes en général ne vivions point divisés par villes, peuples & nations, étant tous séparés par lois, droits & coutumes particulières, ainsi que nous estimions tous hommes, nos bourgeois & nos citoyens, & qu'il n'y ait qu'une sorte de vie, comme il n'y a qu'un monde, ne plus ne moins que si ce fût un même troupeau paissant sous le même berger en pâtis commun. Zénon a écrit cela comme un songe, ou une idée d'une police & de lois philosophiques qu'il avoit imaginées & formées en son esprit : mais Alexandre a mis à réelle exécution ce que l'autre avoit figuré par écrit ; car il ne fit pas comme Aristote, son précepteur, lui conseilloit, qu'il se portât envers les *grecs* comme pere, & envers les barbares comme seigneur, & qu'il eût soin des uns comme de ses amis & de ses parens, & se servit des autres comme de plantes ou d'animaux ; en quoi faisant, il eût rempli son empire de bannissemens, qui sont toujours occultes semences de guerres, & factions & partialités fort dangereuses ; ains estimant être envoyé du ciel comme un commun réformateur, gouverneur & réconciliateur de l'univers ; ceux qu'il ne put rassembler par remontrance de la raison, il les contraignit par force d'armes, & assemblant le tout en un de tous côtés, en les faisant boire tous, par manière de dire, en une même coupe d'amitié, & mêlant ensemble les vies, les mœurs, les mariages & façons de vivre, il commanda à tous hommes vivans d'estimer la terre habitable, être leur pays, & son camp en être le château & donjon, tous les gens de bien parens les uns des autres, & les méchans seuls étrangers. Au demeurant, que le *grec* & le barbare ne seroient point distingués par le manteau, ni à la façon de la targue ou du cimeterre, ou par le haut chapeau, ains remarqués & discernés le *grec* à la vertu, & le barbare au vice, en réputant tous les vertueux *grecs* & tous les vicieux *barbares* ; en estimant au demeurant les habillemens communs, les tables communes, les mariages, les façons de vivre, étant tous unis par mélange de sang, & communion d'enfans, &c. »

Telle fut la politique d'Alexandre, par laquelle il ne se montra pas moins grand homme d'état, qu'il ne s'étoit montré grand capitaine par ses conquêtes. Pour accréditer cette politique parmi les peuples, il appella à sa suite les philosophes les plus célèbres de la Grèce ; il les répandit chez les nations à mesure qu'il les subjuguoit. Ceux-ci plièrent la religion des vainqueurs à celle des vaincus, & les disposèrent à recevoir leurs sentimens en leur dévoilant ce qu'ils avoient de commun avec leurs propres opinions. Alexandre lui-même ne dédaigna pas de conférer avec les hommes qui avoient quelque réputation de sagesse chez les barbares, & il rendit par ce moyen la marche de la philosophie presque aussi rapide que celle de ses armes.

Cet article est de DIDEROT.

ADDITION A L'ARTICLE PRÉCÉDENT.

IDÉES DES ANCIENS GRECS SUR LES CAUSES PREMIERES.

Idées des grecs à l'arrivée des colonies.

Nous voici transportés sous un ciel nouveau, dans une terre fertile en génies vigoureux & inventifs, qui ont essayé leurs forces de toutes les manières, sur la nature & l'activité des premières causes. Il seroit naturel d'attendre ici des choses neuves. Mais il en est des pensées des hommes comme des passions. Dans tous les lieux du monde, chez tous les peuples, l'ambition, l'avarice, la vengeance, ont eu à-peu-près les mêmes ressorts & les mêmes effets. Pour qui ne cherche ni les dates, ni les noms, l'histoire d'un siècle est l'histoire de tous les siècles. C'est toujours la force qui attaque, & la foiblesse qui se défend; celle-là par la violence & par l'injustice, celle-ci par la ruse & par les loix. Cependant, comme on passe volontiers de l'histoire d'Assyrie & d'Egypte à celle des *grecs* ou des romains, ne fût-ce que parce que la scène varie par le changement des lieux & des noms, il en sera de même de la philosophie; l'imagination vive des *grecs* pourra nous donner des traits & des détails différens, quoique sur un fond qui sera le même. Il s'agit de nous placer dans le vrai point de vue pour jouir du spectacle, ou du moins pour en juger.

Les savans conviennent que Javan, fils de Japhet, fut le père des ioniens. Cette portion des enfans de Noé, quittant les plaines de Sennaar, échues aux aînés, se retira d'abord du côté de l'Asie mineure. Ensuite s'enfonçant de proche en proche entre les deux mers, selon qu'ils y étoient invités par les circonstances, ils passèrent insensiblement dans les îles de l'Archipel, & ensuite dans l'Europe. On pense bien qu'ayant à combattre d'abord contre la dureté des lieux & des saisons, contre la férocité des bêtes, en un mot contre une nature toute sauvage, toute hérissée, ils furent principalement occupés des plus pressans besoins. Cependant ils conservoient les idées anciennes de la religion.

» Les pélasgues, dit Hérodote, c'est-à-dire,
» les plus anciens peuples de la Grèce, connois-
» soient les dieux; mais ils ne les désignoient
» par aucun nom particulier. Ils savoient seu-
» lement, en général, qu'il y avoit des êtres
» qui avoient réglé toutes choses, & qui con-
» tinuoient de les gouverner. Ce ne fut qu'a-
» près l'arrivée des colonies étrangères, &
» sur-tout de celles d'Egypte, qu'ils commen-
» cèrent à distinguer des dieux du premier ordre
» & du second, & qu'ils appuyèrent sur un
» systême de religion plus formé, les fondemens
» de leurs loix & de leurs sociétés ». Ce qui signifie qu'avant l'arrivée des colonies, les pélasgues avoient des idées à-peu-près justes de la divinité, & que ce fut aux étrangers qu'ils durent leur égarement sur ce point.

Inachus, dont le nom paroît être le même que celui d'*Enac* ou *Enacim* (1), race de chananéens, dont il est parlé dans l'écriture, fut, dit-on, le premier de tous les étrangers, qui apporta en Grèce, près de 2000 ans avant J. C. l'histoire merveilleuse des guerres d'un Jupiter de son pays (2). Par la facilité singulière que les hommes eurent toujours de confondre les notions qui ont entr'elles quelque ressemblance, cette fable fut appliquée aux dieux, & devint le germe de toute la mythologie.

Quelques années après, Cécrops (3), & après celui-ci Erechtée, partis d'Egypte, apportèrent dans l'Attique, les fêtes, les pratiques, les symboles mystérieux de leur pays. Danaüs, invité par l'exemple de Cécrops, passa dans l'isle de Rhodes, & de-là dans le Péloponèse, à une partie duquel il donna son nom. Cadmus étoit déjà venu, & avoit fondé une ville de son nom dans la Béotie, où il avoit établi les lettres & les arts de Phénicie (4).

Les peuples de la Grèce, sauvages ingénieux, assez pourvus d'idées pour désirer d'en avoir davantage, reçurent avidement ces étrangers, & les écoutèrent avec cette admiration ignorante, qui croit tout sans examen. C'étoit de ces terres desséchées, mais fécondes par elles-mêmes, auxquelles la première rosée fait jeter avec profusion des herbes bonnes & mauvaises, qui s'étouffent par leur force autant que par leur nombre. Les dieux d'Asie, d'Egypte, de Syrie, Osiris, Isis, Typhon, Astarté, Vénus, Adonis, Jupiter, les Titans, arrivant dans ce

---

(1) *Voyez* Défense Chron. par M. Freret, 275, qui fait aussi venir delà le nom d'*Anax*, *rex*.

(2) Phoronée, son fils, rassembla & réunit en société les Pelasgues, qui étoient dispersés dans la partie de la Grèce qui fut nommée, dans la suite, *Peloponèse*, (Pausan. II. 15 (& institua le culte des dieux. *Clem. Al. adm. ad. Gent.*

(3) Contemporain de Lycaon, roi d'Arcadie, il fut le premier qui donna à Jupiter le nom de *Très-haut*, ὕπατος, & qui se contenta de lui offrir des gâteaux, au lieu de sacrifices sanglans. *Paus*, 8. 2.

(4) Que les noms de ces fondateurs soient historiques ou seulement allégoriques, peu nous importe, pourvu qu'il soit reçu comme constant qu'à-peu-près dans ces siècles, il est venu des orientaux s'établir dans cette partie de l'Europe.

climat nouveau, avec leur suite d'aïeux & d'enfans mystiques, avec leurs animaux & leurs plantes symboliques, avec leurs attributs, leurs mystères, leurs cérémonies, bouleversèrent des têtes aussi chaudes que vuides, & y préparèrent cette effervescence d'idées qui enfante des merveilles ou des monstres. Chaque bourgade, chaque hameau eut ses conteurs. Chaque conteur eut son imagination, dont il usa avec pleine licence, accouplant sans retenue & en toute occasion les serpens avec les oiseaux, & les agneaux avec les tigres. Le vrai, le faux, le sacré, le profane, l'historique, le physique, l'événement du jour, le songe de la nuit, tout couloit ensemble dans le même récit. Nul genre, nul fait n'avoit ses bornes, ni ses contours. On craignoit la vraisemblance & le sens commun. Si de loin en loin il s'élevoit quelques sages, c'étoient des lumières foibles & timides, qui n'osoient contredire ouvertement les extravagances reçues. Leur manière d'enseigner, couverte d'allégories, conspirant avec l'ignorance de ces temps, ne faisoit qu'augmenter l'enthousiasme, loin de le diminuer. Prométhée, Orphée, Linus, Musée, Eumolpe, Thamyris, Amphion, Melanippe, théologiens des temps fabuleux, dont les noms sont parvenus jusqu'à nous, ont connu la vérité, & n'ont pas eu le courage de la publier.

J'ai dit *théologiens*, car c'est toujours par-là que les savans ont commencé, chez les *grecs*, comme chez les autres peuples. Mais les *grecs* ne s'en tinrent pas à ce seul genre : ils eurent des poëtes & des physiciens, qu'il faut soigneusement distinguer des théologiens dans l'époque où nous sommes.

Les théologiens ne traitoient des causes que conformément à la tradition immémoriale des peuples, & relativement aux devoirs de reconnoissance, de piété & de religion, qui lient les hommes entr'eux & avec la divinité : c'étoit la science des choses divines & humaines par la foi du genre humain.

Les poëtes, que nous ne considérons ici que par rapport à la fiction, étoient les savans qui revêtoient les dogmes religieux de figures & d'ornemens symboliques de toute espèce ; qui animoient le monde moral & le métaphysique, aussi bien que le physique ; qui mettoient tout en action, & par conséquent tout en acteur. Le rythme & le chant, ajoutés à leur expression, donnèrent un nouveau dégré de force à leurs fictions ; & comme ils chantoient la théologie antique, ornée à leur manière, les peuples, séduits par l'expression, s'arrêtèrent aux images & oublièrent la vérité.

Les physiciens ou philosophes, qui n'arrivèrent que long-tems après les théologiens & les poëtes, cherchèrent à expliquer la nature par l'action des causes secondes, en faisant abstraction de la cause première, quelquefois même en l'excluant, par opposition aux théologiens. Les causes secondes résidoient dans les qualités inhérentes aux premiers principes physiques observés par les sens, ou imaginés par l'analogie avec les choses sensibles.

Nous nous occuperons ici des théologiens & des poëtes seulement.

Théologiens des temps fabuleux, ou Linus & Orphée.

Quoiqu'il nous reste peu de chose des temps fabuleux, & que ce peu soit assez obscur par lui-même, & de plus, assez médiocrement authentique, toutefois, dans la matière que nous traitons, on peut en tirer quelques lumières sûres jusqu'à un certain point ; parce que si tous les textes qu'on a ne sont point des auteurs dont ils portent les noms, du moins sont-ils d'une très-grande antiquité, étant cités comme très-anciens par des auteurs très-anciens eux-mêmes. Et quand même ils seroient d'une fabrique plus nouvelle, étant composés de matériaux antiques (1), & crus tels, ils seroient toujours d'une grande autorité.

Il fut un temps, dit Linus (2), *où tous les êtres prirent naissance*. De quelque façon qu'on envisage ce texte, il annonce nécessairement deux choses, la naissance du monde, & un principe antérieur à cette naissance ; rien ne pouvant naître de rien, ni passer d'un état à un autre sans quelque cause au moins déterminante. Linus reconnoissoit donc une pareille cause, à qui le monde étoit redevable de son état actuel.

Dans des siècles aussi ignorans que nous nous figurons ceux-là, peut-être assez gratuitement, c'étoit une grande & importante notion, qui supposoit beaucoup d'idées, & qui en entraînoit un grand nombre après elle.

Orphée, disciple, ou, selon d'autres, maître

---

(1) Ceux qui prétendent que les hymnes d'Orphée sont supposés, les attribuent à un certain Onomacrite, athénien, qui vivoit 600 ans avant J. C. Cette date n'est guères moins respectable que ne le seroit celle d'Orphée.

(2) Linus, selon plusieurs auteurs anciens, avoit écrit une cosmogonie qui commençoit par ce vers. *Diog. Laër. I.* §. 4. On prétend qu'il inventa le rythme & le vers lyrique, & qu'il eut entr'autres disciples, Hercule, Thamyris, Orphée. Hercule, dit-on, le tua dans un accès de colère. *Diod. Sic.* 3. *pag.* 140.

GRE

de Linus, étoit, dit-on, thrace d'origine, fils d'un roi nommé Œagrius. Il vécut avant la guerre de Troye, à-peu-près dans le siècle de Josué ou des Juges. S'étant instruit de tout ce qu'on pouvoit apprendre dans son pays, il passa en Egypte pour y faire de nouvelles acquisitions : entreprise qui ne marque ni l'ignorance grossière, ni la barbarie que nous supposons au siècle où il vivoit. Le prince philosophe fut reçu d'une manière distinguée par les prêtres d'Héliopolis, par ceux de Thèbes, & en général par tous les savans d'Egypte, qui lui firent part de toutes leurs connoissances dans les différens genres, & qui même l'admirent à l'autopsie, c'est-à-dire, au spectacle immédiat de leurs mystères. Enrichi de tant d'idées nouvelles, quand il rentra dans sa patrie, il y fut reçu comme un Dieu. Théologien, philosophe, législateur, poëte, musicien, & même un peu magicien, de cette magie sans doute dont il est parlé dans l'écriture sainte, & qui n'est que la science de certaines choses secrettes & mystiques ; il étonna ; il ravit tous les esprits : on ne parla de lui qu'avec les expressions de l'enthousiasme. Il avoit apprivoisé par les doux accens de sa lyre, les lions & les tigres ; les forêts avoient abandonné leurs montagnes, pour venir l'entendre ; les fleuves avoient suspendu leur course rapide ; les vents avoient retenu leur haleine : c'est-à-dire, pour quitter le langage de la fiction, qu'il avoit, par la force de son éloquence, persuadé à quelques hommes encore brutes & féroces, de se réunir en société (1), qu'il leur avoit donné une religion, un culte, des lois qu'ils n'avoient pas encore, ou qu'il avoit perfectionné celles qu'ils avoient (2).

La profonde vénération que l'antiquité avoit pour son nom, lui a fait attribuer des poëmes qui ne sont point de lui, mais dans lesquels on a affecté de renfermer la doctrine qu'on a crue la plus antique. On y voit distinctement marqué un seul principe universel, père de tous les êtres (3) : « Tout étoit dans Jupiter, l'étendue » éthérée & sa hauteur lumineuse, la mer, la » terre, l'océan, l'abîme du tartare, les fleuves, » tous les dieux & les déesses immortelles, tout » ce qui est né & tout ce qui doit naître, tout » étoit dans le sein de Jupiter ».

Et ailleurs (4) : « Jupiter est le premier & » le dernier ; il est le commencement, & la » fin, & le milieu ; il est la base du globe terrestre & de l'olympe étoilé. Jupiter est l'époux » & la nymphe immortelle :

Jupiter & mas est ; atque idem nympha perennis.

» Jupiter est l'ame de tout ; il est le feu tout» puissant, il est la source des mers, il est le » soleil & la lune, il est le roi, le maître, l'au» teur de tout : renfermant tout dans son sein » sacré, & le reproduisant au-dehors, selon les » desseins qu'il a formés dans son cœur ». On imaginoit donc, lorsqu'on forgea ce texte, que la haute antiquité avoit cru un Etre éternel, auteur de tout ; qu'elle avoit cru un acte, quel qu'il fût, par lequel tous les êtres avoient été produits ; enfin, qu'il y avoit un principe vivifiant, répandu partout, animant tout, liant tout.

Ce principe n'étoit-il que l'état originaire des choses confondues dans le chaos, ou étoit-ce un principe actif & productif par lui-même ? Etoit-ce un principe aveugle & spontanée, ou un principe libre qui choisit ? Son action étoit-elle renfermée en lui, ou terminée à des êtres autres que lui ? Contenoit-il les substances avant que de les avoir produites ? Les contenoit-il réellement, de manière qu'elles ne fussent sorties de lui que par émanation ; ou comme cause, de manière qu'il les eût mises au jour par un acte de toute-puissance qui eût donné l'existence à ce qui n'étoit point ? C'est-là le nœud de la difficulté, sur lequel on peut faire tant de suppositions qu'on voudra. Les idées vagues de ces deux textes, les couleurs poétiques dont ces idées sont revêtues, donnent une libre carrière à l'imagination

---

(1) Silvestres homines sacer interpresque Deorum,
Cædibus & victu fœdo deterruit Orpheus ;
Dictus ob hoc lenire tigres rabidosque leones.
HORAT. *art poet.*

(2) On voyoit sur l'Hélicon, la statue d'Orphée, avec les signes symboliques des mystères : des bêtes sauvages de marbre & d'airain qui l'environnoient & écoutoient ses chants. *Pausan.* 3. 30.

(3) Ce morceau a été conservé par Proclus, dans son commentaire sur le Timée de Platon :

Fuerunt intra Jovem cum universo,

Philosophie anc. & mod. Tom II.

Ætherea vastitas & cœli præclara sublimitas,
Immensique maris & telluris inclytæ latitudo,
Oceanusque ingens, depressaque tartara terræ,
Fluminaque & pontus sine fine & cætera cuncta,
Immortales omnes beati Diique Deæque,
Quæ fuerint exorta, & quæ ventura sequuntur,
Hæc in ventre Jovis rerum compage manebant.

(4) On trouve celui-ci dans le livre d'Aristote, *de Mundo* : *Primus cunctorum est & Jupiter ultimus idem Jupiter & caput, &c.* Vide Loc.

des métaphysiciens, & se prêtent à toutes les explications.

On observera seulement qu'il ne faut pas se laisser tromper par quelque ressemblance des termes avec ceux de Spinosa. Les systêmes métaphysiques de ces temps-là n'étoient pas même des systêmes, ce n'étoient qu'un assemblage mal digéré de traditions historiques, de fictions poétiques, peut-être de quelques observations physiques, ajustées au gré d'une théologie grossière, où il entroit plus de faits que de raisonnemens, plus de traditions que d'idées philosophiques.

On compte parmi les théologiens des temps fabuleux, Musée, disciple d'Orphée, à qui on attribue l'hymne à Cerès, composé pour les Lycomides, dont parle Pausanias (1), & à qui Onomacrite supposa des oracles qu'il avoit composés lui-même, & qui le firent chasser d'Athènes par le tyran Pisistrate. Musée enseignoit, selon Diogène Laerce, que tout avoit été formé d'un premier être, & que tout y rentroit. Il eut pour fils Eumolpe, autre théologien, dont la famille fut consacrée à la célébration des mystères d'Eleusis. Thamyris de Thrace, Amphion de Thebes, Melampus d'Argos, furent honorés du même titre, parce qu'ils s'étoient occupés de la nature & du culte des Dieux, des sacrifices, des expiations, des mystères, en un mot, de tout ce qui avoit rapport à la religion des peuples.

Aux théologiens des temps fabuleux, on peut joindre les législateurs & les sages, qui se sont fait une si grande réputation à-peu-près dans les mêmes temps. Occupés uniquement du bonheur des hommes dans la société civile, on sent bien que les législateurs ne durent prendre de la question des causes, que ce qu'il leur en falloit pour donner à leurs lois le degré de force dont ils avoient besoin. Ils les appuyèrent sur la providence des Dieux d'une part, & de l'autre, sur la vie de l'ame après la mort. Non qu'avant eux ces deux importantes vérités fussent inconnues au genre humain, mais parce qu'elles l'étoient. L'œil ouvert sur les portes des temples en Egypte, la métempsycose, les prières des mourans, le culte des mânes, la croyance des enfers, & mille autres monumens qu'on trouve par-tout dans l'antiquité, prouvent que ces deux vérités étoient expresses dans la foi naturelle du genre humain. Mais les sages dont nous parlons la prononcèrent encore avec plus de force. Zaleucus, Triptolème, Dracon, Solon, Lycurgue, Minos, Rhadamante, chez les grecs, Numa, chez les Romains, sentoient vivement que les lois, sans la conscience, n'arrêtoient que la main. Il n'y eut aucun de ces grands hommes qui ne fit descendre ses lois de Jupiter même ou de quelqu'autre Dieu, & qui n'ait ajouté la sanction de la religion à la force de l'état (2).

D'autres sages, par leurs maximes & par leurs grands exemples, concouroient au même but. Pittacus à Mytilène, dans l'isle de Lesbos, Bias à Priène, en Ionie, Cléobule dans l'isle de Rhodes, Anacharsis chez les Scythes, tant d'autres dont les sentences étoient recueillies & citées comme des oracles, étoient autant de flambeaux qui éclairoient les nations & les siècles. Pourquoi s'obstiner à ne voir dans ces temps reculés qu'ignorance, barbarie, stupidité, en ce qui concerne les causes; tandis qu'on ne peut leur refuser des lumières, du goût, du génie, des vues dans tous les autres genres ?

Mystères d'Eleusis.

La doctrine d'un premier principe, unique, étoit connue également chez les Savans & parmi le peuple (3); avec cette différence, que les savans, initiés aux mystères, reconnoissoient une divinité, & n'en reconnoissoient qu'une; & que le peuple, croyant cette divinité suprême, trembloit en même-temps sous une multitude de dieux subalternes, que la superstition avoit adoptés, & peut-être la politique, pour mieux assurer l'obéissance des peuples, & les contenir par cette garde nombreuse, qui sembloit environner chaque homme en particulier, & répondre de lui, quand il est seul.

Cette diversité de croyance produisit deux cultes, l'un extérieur & public, pour le vulgaire & le corps des nations; l'autre intérieur & mystique, où l'on présentoit des idées plus saines & plus justes, & où n'étoient admis dans les commencemens que les personnes distinguées par leur naissance, ou par leur mérite personnel : c'est ce qui fit donner à ce culte le nom de mystères.

Il y avoit des mystères établis chez toutes les nations, avec des traits si ressemblans, qu'on ne peut douter qu'ils n'aient eu une origine commune. C'étoit par-tout les mêmes procédés à peu de chose près, les mêmes dogmes, les mêmes leçons de conduite, le même objet. Il n'y avoit guères de différence que dans les noms des divinités qui y présidoient. En Egypte, c'étoient Isis & Osiris; c'étoit Mithras en Asie,

---

(1) Attic. pag. 47.

(2) *Voyez* Diod. Sic. l. 48. C.
(3) *Voyez* l'article suivant.

la mère des dieux en Samothrace, Bacchus en Béotie, Vénus dans l'île de Chypre, Jupiter en Crète, Castor & Pollux à Amphisse, Vulcain à Lemnos, enfin Cérès & Proserpine dans l'Attique. Ceux-ci établis dans un des bourgs d'Athènes, environ quatorze siècles avant Jésus-Christ (1), furent célèbres dans tout l'Univers sous le nom de *mystères Éleusiniens*. Ceux des autres pays, dégénérans en abus, tombèrent peu à peu dans le discrédit; tandis que le temple d'Eleusis, dit Aristide, devint le temple de toute la terre (2).

On y donnoit, selon Cicéron, les principes, *initia*, de l'humanité, de la justice, de toutes les sortes de vertus. On y apprenoit à vivre dans une joie douce, & à mourir dans l'espérance d'un sort encore plus heureux : *Neque solùm cum lætitiâ vivendi rationem accepimus, sed etiam cum spe meliore moriendi* (3).

On y voyoit, dans des tableaux allégoriques, l'homme pris dès le berceau, livré aux misères de l'enfance, emporté par les fougues de la jeunesse, marchant jusqu'aux portes de la mort, au milieu des craintes, des frayeurs, des malheurs de toute espèce. Après avoir franchi ce passage, terrible pour le vulgaire ignorant, l'homme vertueux jouissoit d'un bonheur inaltérable dans une lumière pure ; il erroit dans des prairies émaillées, où il entendoit les récits sublimes des choses saintes, accompagnés de danses légères & de chants mélodieux. Libre alors & maître de lui-même, couronné de gloire dans la société des ames saintes, le sage voyoit la terre, sous ses pieds avec toutes ses richesses, comme un amas de fange & de ténèbres où croupissent les profanes qui craignent la mort, ou qui doutent d'une meilleure vie après celle-ci. C'est Themistius qui nous a laissé ces détails, & qui nous dit lui-même que ces mystères n'étoient autre chose que les tableaux de la vie & de la mort (4).

L'Hiérophante, espèce de prêtre ou de ministre principal de ces rits sacrés, ouvroit la scène mystique par des paroles qui annonçoient l'inspiration & l'enthousiasme : « Que l'entrée » de ces lieux soit fermée aux profanes, & que » les initiés entendent les vérités sublimes. O toi, » fils de la brillante Sélène, Musée, prêtes à mes » accens une oreille attentive. Que les préjugés » vains, & les affections de ton cœur ne te dé- » tournent point de la vie heureuse. Ouvre ton » ame à la lumière ; & marchant dans la voie » droite, contemple le roi du monde. Il est un, » il est né de lui-même ; de lui tous les êtres » sont nés. Il est en eux, autour d'eux ; il a les » yeux ouverts sur tous les mortels, & nul œil » mortel ne le voit (5) ».

Quel que soit l'auteur de cette formule, on ne peut douter qu'elle ne soit d'une haute antiquité, par la raison que nous avons dite ci-dessus. On sait d'ailleurs combien, en fait de culte, les peuples sont obstinés à retenir les usages & les formules antiques. Pausanias nous apprend qu'on rejetta les cantiques faits par Homère, quoique plus beaux & plus élégans que ceux qu'on avoit, parce que la rouille de ceux-ci avoit quelque chose de vénérable ; & que les enfans aimoient à répéter ce qui avoit été chanté par leur père (6).

Ces paroles de l'Hiérophante ont été employées, & même développées, par les philosophes & par les poëtes qui sont venus dans les siècles suivans. C'est de-là que vint le Jupiter universel d'Orphée ; que Pythagore tira sa monade théologique, qu'il fait auteur du monde. C'est de-là que Virgile a tiré ce principe intérieur, cette ame qu'il répand dans toutes les parties du monde. Horace semble en avoir copié l'invocation dans cette ode sublime qui commence son troisième livre, où, après avoir écarté le vulgaire profane, il peint Jupiter règnant sur les rois, donnant l'ordre & la forme à l'univers par la défaite des géans, & le mouvement à tout par le signe de la pensée. Enfin, c'est de la vision allégorique du bonheur de l'autre vie, que sont venues, selon quelques savans, ces descentes aux enfers, si connues dans les poëtes & dans les auteurs anciens : celle d'Hercule, de Thésée, de Pirithoüs, d'Orphée, d'Ulysse, d'Énée ; la vision d'Érus, dans la république de Platon, le songe de Scipion, l'âne d'or d'Apulée. Les mystères étoient une mort figurée, qui représentoit aux initiés l'état bienheureux d'une autre vie, pour récompenser les vertus de celle-ci.

L'unité du premier principe sur-tout, y est si distinctement, si fortement prononcée, qu'il n'est pas possible que ce dogme n'ait été connu par tous les honnêtes gens, en Europe, en Asie, en Afrique, où comme on l'a dit, l'objet des

---

(1) Selon les marbres d'Arondel.

(2) Or. 19. & Cicéron : *Mitto Eleusinam sanctam illam & augustam, ubi initiantur gentes orarum ultimæ*. De nat. Deor. 1. 42.

(3) De Leg. II.

(4) Cité par Stobée ; *serm.* 119. p. 104.

(5) S. Clém. d'Alex. p. 36.

(6) Les Lycomides, enfans de Lycus, chantoient dans les mystères de Messène, les hymnes composés par Olen, poëte antérieur à Orphée. *Paus*. 9. 27. Si on avoit à Messène les vers d'Olen, on pouvoit avoir à Eleusis ceux d'Orphée.

mystères étoit le même dans l'origine, & le nom seul différent. J'ajoute qu'elle a été connue même du peuple. Mais comme cette vérité peut avoir l'air d'un paradoxe, qu'on me permette de l'étayer de quelques preuves. Cet épisode, si c'en est un ici, ne sera qu'une courte distraction.

L'unité d'un dieu suprême, connue de tous les peuples policés de l'antiquité.

Il est question ici, non des sages ni des philosophes, mais de ce qu'on appelle *peuple*, par opposition aux *sages*. J'entends toutefois les peuples civilisés, qui ayant, comme tels, des arts, des loix, des mœurs, étoient dans le cas d'user quelquefois de leur raison, & de réfléchir jusqu'à un certain point sur l'intérêt de leur propre existence & sur leur état d'homme. En un mot, les Chaldéens ont paru reconnoître deux dieux, les perses trois, les fables d'Egypte en nomment cinq ou six grands, sans compter ceux d'un ordre inférieur, les *grecs* & les romains en avoient des milliers: il m'a semblé qu'on pouvoit établir que ces peuples, malgré tant d'erreurs & d'extravagances, ont connu un dieu suprême, & qu'ils n'en ont connu qu'un (1). C'est l'objet de cet article.

On pourroit aisément écrire sur ce problème plusieurs volumes; le raisonnement & l'érudition fourniroient également de quoi les remplir. Il suffira ici d'indiquer les principales preuves, sans les développer.

Ces preuves seront de deux sortes: les unes tirées de l'histoire sainte, à cause des rapports que le peuple de dieu a eus nécessairement avec les payens; les autres tirées de l'histoire profane, soit par des inductions qui paroissent fondées, soit par des textes formels.

Pour ne point nous égarer dans un espace qui comprend tant de siècles, nous distinguerons trois époques: la première, depuis le déluge jusqu'au passage de la mer rouge: la seconde, depuis la sortie d'Egypte jusqu'à Alexandre: la troisième, depuis Alexandre jusqu'à l'établissement du christianisme.

Quand le genre humain descendit de l'arche, & qu'il se répandit dans les plaines de Sennaar, il n'y avoit qu'une même pensée dans tous les esprits: nous l'avons dit. Il n'y avoit aussi qu'un seul langage qui étoit celui de la crainte & de la reconnoissance pour celui qui avoit puni le crime & conservé l'innocence. Cela ne demande point de preuves.

_____
(1) *Voyez* la def. chron. de M. Freret, 298.

Noé, selon l'écriture, vécut encore long-tems après le déluge, tenant sous ses yeux une partie considérable de ses enfans. Sem, son fils, lui survécut de 150 ans, & aida, comme son père avoit fait, par sa présence & par son exemple, à maintenir ses descendans dans la foi primitive.

Il y a apparence que Cham & Japhet ne vécurent pas moins que Sem, chacun dans la partie du monde où ils se portèrent; qu'ils y furent autant de témoins vivans de la tradition, & que les gens raisonnables au moins réglèrent sur eux leur conduite & leurs pensées. Se portant alors par une progression parfaitement libre, dans des terres ouvertes au premier occupant, ils ne furent point dans le cas de s'abrutir, comme s'ils eussent été dispersés par la violence, & forcés de se cacher dans des antres sauvages, où ils auroient tout oublié, pour ne s'occuper que du soin de se nourrir ou de se défendre contre les bêtes féroces. Quelle révolution dans ces premiers siècles de paix auroit pu effacer subitement & pour jamais, dans des familles entières, une idée nécessaire & naturelle, qui se reconnoissoit par la simple attention, qui se développoit par l'éducation, qui se renouveloit à tout moment, par le témoignage des yeux au-dehors, & par celui du cœur en-dedans? Qui des patriarches pouvoit s'entretenir avec ses enfans, sans leur raconter les origines & les faits, sans leur expliquer les monumens, les tombeaux, les pierres huilées, les autels, les puits de serment & de témoignage? Il n'en falloit pas tant: la crainte seule, que quelques athées ont faite la mère des dieux, auroit suffi pour conserver le dépôt antique & rendre l'oubli impossible.

Abraham vint au monde 427 ans après le déluge, lorsque Sem vivoit encore, selon l'écriture. Dieu l'appelle dans la terre de Chanaan. Voyageons avec lui, & voyons si sur ses pas nous ne rencontrerons point quelques vestiges de la vérité qui fait notre objet.

Abraham, sorti de la Chaldée, vient d'abord à Haran, & de-là dans le pays de Chanaan. Ce voyage assez long, fait par un étranger chargé de troupeaux, espèce de richesse difficile à transporter, sans avoir été attaqué par aucun ennemi, montre bien que le pays n'étoit pas encore fort habité, puisqu'on lui laissa à discrétion les pâturages qui devoient être absorbés par un bétail nombreux; mais il prouve encore que ceux qui l'habitoient, n'étoient rien moins que féroces ou sauvages, qu'ils avoient quelques principes d'humanité & de loi naturelle, puisqu'ils ne formèrent aucune entreprise contre l'inconnu. On ne donne ceci que comme une conjecture.

Le patriarche passe en Egypte. Pharaon enlève Sara. Mais bientôt ce roi entend & reconnoît la voix de dieu : il fait des reproches à l'étranger de l'avoir exposé à commettre un crime qui eût attiré sur lui & sur son peuple la colère du ciel. Pharaon connoissoit donc dieu & sa justice qui punit l'adultère.

Abimelech, roi de Gérare, dans le pays des philistins, la connoissoit de même que le roi d'Egypte. « Seigneur, dit-il à dieu dans une cir-« constance qui n'étoit que la répétition de celle du » roi Pharaon, punirez-vous de mort l'ignorance » d'un peuple innocent » ? Et à Abraham : « Quel » mal vous avons-nous fait, pour avoir voulu » nous engager ainsi, moi & mon royaume, » dans une si grande faute » ? Quarante ans après, Isaac essuya un pareil reproche de la part du même roi, ou d'un autre du même nom. Ce langage peut-il être celui d'hommes qui ne connoissoient pas dieu, ou qui auroient eu de dieu une autre idée que les patriarches dont ils se plaignoient ? Après la victoire remportée par Abraham sur les cinq rois d'orient, le grand-prêtre des jébuséens, habitans de Salem, le bénit en invoquant *le dieu* TRES-HAUT, *qui créa le ciel & la terre*. Abraham avoit lui-même une si haute idée de ce prince qu'il lui donna la dixme de toutes les dépouilles qu'il avoit remportées sur les cinq rois (1).

Abimelech, roi de Gérare, fait alliance avec Abraham, & ensuite avec Isaac, parce qu'il voit que le seigneur est avec (2) eux. Ces faits sont d'autant plus concluans, que tous ces rois étoient enfans du fils maudit par Noé. Mezraïm peupla l'Egypte, & Chanaan la Palestine. Pharaon, Abimélech, Melchisedech auroient été les seuls princes ou prêtres instruits, dans un si grand nombre de villes qui avoient chacune leur roi, prêtre & sacrificateur ? Les autres auroient ou ignoré ou fait mystère à leurs peuples d'une croyance qui fait l'autorité des rois & leur sûreté ?

Il est sorti deux peuples de Loth, les Moabites & les Ammonites : Madian étoit enfant d'Abraham & de Céthura : Ismaël peupla une partie de l'Arabie : Esaü, ou Edom, remplit les montagnes de Seir, & alla jusqu'à la mer rouge. Ces cinq peuples, ayant puisé la vérité dans des sources si pures & si proches d'eux, ont-ils pu la perdre de vue si-tôt, & passer sans retour, sans aucun ressouvenir, de la connoissance du vrai dieu au culte exclusif d'un Moloch de fer ou d'un Astaroth d'argile ? La sagesse des vieillards, si renommée, si respectée en ces tems héroïques, se seroit oubliée sur ce seul point, le plus essentiel de tous !

Du tems de Moïse, Jéthro qui etoit chez les madianites prêtre du très-haut, Job qui vivoit au pays de Hus, sur les confins de l'Arabie, Éliphaz & ses voisins qui vinrent visiter Job dans son malheur, parloient de dieu comme les patriarches.

Jacob va du pays de Chanaan en Mésopotamie, chercher une femme de sa race. Lia & Rachel, filles de Laban, qui garde chez lui de petits dieux d'or & d'argent, circonstance à remarquer, donnent aux enfans qui naissent d'elles, des noms qui sont autant d'actes de foi & de reconnoissance envers dieu. Laban lui-même reconnoît que le seigneur l'a béni à cause de Jacob ; & quand il traite avec lui sur la montagne de Galaad, il jure par le dieu d'Abraham, le dieu de Nachor & le dieu de Tharé, leur père commun. Le culte particulier de quelque idole n'empêchoit donc point la croyance d'un seul dieu, maître suprême (3).

Nous ne suivrons point les enfans de Sem au-delà de l'Euphrate ; quoique les savans en langues orientales trouvent dans les livres chinois les plus anciens, le dogme dont nous parlons clairement & fortement établi. Rapprochons-nous de l'Egypte, & suivons les enfans Jacob, qui vont y entrer.

C'est Joseph qui leur prépare la voie. Toutes les fois que ce patriarche parle devant Pharaon, il ne dit point *le dieu de mes pères*; mais *dieu*, sans modification, sans restriction : *Deus respondebit. Qua facturus est deus.* Pharaon entend son discours : &, lorsque ce roi lui répond, il ne dit point, *votre dieu*, mais *l'esprit de dieu* (4). *Dieu vous a fait connoître.* Le roi d'Egypte parloit donc de dieu comme Joseph.

Le peuple d'Egypte en parloit comme son roi. Il est dit dans l'exode, que les sage-femmes égyptiennes craignirent dieu, & qu'elles lui obéirent plutôt qu'au roi. Les magiciens mêmes, qui luttoient contre Moïse, voyant leurs prestiges

---

(1) *Epit. aux héb. c.* 7. ⅴ. 4. Intuemini quantus sit hic cui decimas dedit, Abraham, de præcipuis.

(2) *Gen.* 26.

(3) Il est dit, dans le liv. de Jos. cap. 24. 2. que non-seulement *Tharé & Nachor, mais même Abraham, servirent des dieux étrangers.* M. Hyde en conclut qu'Abraham étoit né païen, *ethnicus*, (c. 2. p. 58.) Il s'ensuit seulement qu'il y avoit dans sa famille un culte rendu à des dieux domestiques, ou nationaux.

(4) An inveniemus virum huic similem, in quo sit spiritus Dei ?... Quia ostendit tibi Deus quæ locutus es, ... *Gen.* 41. 38 & 39.

détruits, s'avouèrent vaincus par celui qu'ils appelloient le dieu par excellence: *Digitus dei est hic*, le doigt de dieu est ici: expression aussi naïve que sublime, que tout le monde comprit, & qui fit dire à Pharaon: « Le seigneur est » juste; moi & mon peuple nous sommes des » impies: *Dominus justus, ego & populus meus impii* ».

Lorsque les israëlites envoyèrent des espions dans la terre de Chanaan, la courtisane Rahab, qui les reçut chez elle à Jéricho, leur dit qu'elle savoit que leur dieu étoit le dieu du ciel & de la terre: *Ipse est deus in cœlo sursum & in terra deorsum* (1). Qui ne le savoit point, si une courtisane le savoit?

Adonibesech, roi de Bezec, reconnoît la justice de dieu dans son supplice; c'est dieu qui me le rend: *Ita reddit mihi deus* (2).

Dira-t-on que ces façons de parler sont équivoques? que le nom de dieu peut être pris dans des sens différens? Mais est-il question ici de métaphysiciens subtils qui creusent leurs idées, & qui les dénaturent à force d'analyse? D'ailleurs ce nom est le plus souvent expliqué; c'est le dieu maître souverain, le dieu du ciel & de la terre, le dieu très-haut, le dieu juste, qui voit les pensées, qui punit & qui récompense selon les mérites. Nous avons suivi Abraham & ses descendans, en Palestine, en Egypte, en Arabie, en Mésopotamie. Suivons maintenant quelques-unes des colonies qui sont venues d'orient en Europe.

La loi de Moïse fut donnée l'an du monde 2513, 1491 ans avant J. C., plusieurs siècles après l'établissement d'Inachus & de Cécrops dans la Grèce, & plusieurs années après celui de Cadmus dans la Béotie (3). Par conséquent, nous pourrions faire entrer ces établissemens dans l'époque qui finit au passage de la mer rouge. Mais, pour mieux séparer les preuves qui sont de genre différent, nous ferons de Cécrops la tête de la seconde époque, d'autant plus que, dans des tems si éloignés, un siècle ou deux ne font point une différence sensible.

En partant de cette antiquité reculée, nous trouverons des fêtes, des pratiques religieuses, des usages établis, des théologiens, des législateurs, des philosophes, des poëtes, qui concourront tous également à prouver la même vérité.

Quand on veut écarter l'histoire de Moïse, & s'en tenir aux seules conjectures, ou aux idées que peuvent nous donner les auteurs profanes, on ne manque pas d'imaginer un état primordial de bête & de stupidité brute, comme celui des singes & des ours, *mutum & turpe pecus*, dont les hommes seront sortis, dit-on, peu-à-peu, par une lente expérience, ou par des hazards heureux. Mais cet état de brute n'est qu'une imagination chimérique, dont le fait, quand même il seroit possible, ne pourroit être admis sans des preuves positives qu'on n'a point. Qui ne voit, par exemple, que toutes les idées de Diodore de Sicile, sur les origines du genre humain (4), ne sont qu'un roman imaginé par Diodore lui-même, ou arrangé sur des idées vagues de possibilité. Sa formation de l'homme est-elle autre chose que l'idée de Leucippe, ou d'Epicure, ou de Straton, ou de quelqu'autre physicien pareil, qui a cru que l'œuf avoit pu être avant l'oiseau qui le pond; que la chaleur du soleil & la fange d'un marais avoient pu produire tout d'un coup, ou par degré, un homme dans l'âge parfait, & à côté de cet homme, une femme, pour la conservation de l'espèce. On a vu, disoit Empédocles, des têtes sans cou, des pieds sans jambes, qui végétoient (5). Les germes des animaux, dit Lucrèce, attachés à la terre par leurs racines, croissoient comme les plantes (6). D'autres ont eu recours à des pellicules formées sur l'eau croupissante des marais, & dans lesquelles se sont formés l'homme, le cheval, l'éléphant, &c. Pourquoi ne s'y en forme-t-il plus? La nature est épuisée. Réponse digne de cette philosophie. Quelque merveilleux que paroisse le récit de Moïse sur ce point, tout homme de bonne foi conviendra qu'il n'est point pour nous d'origine sensée que celle qu'il nous donne, & que les autres, en comparaison, ne sont que des absurdités.

Or, en prenant le récit de Moïse pour base de l'histoire des peuples, il est évident que la vérité a été avant l'erreur, la science avant l'ignorance, les lois & les mœurs avant la barbarie; qu'il y a eu dès le commencement un culte; que ce culte a été pur, qu'il a même été uniforme, jusqu'à ce que le goût de propriété ayant produit le partage des terres entre les nations, on vint de-là à celui des dieux.

Les traces de ce premier état se retrouvent dans tous les siècles de l'histoire. On nomme

---

(1) Jos. 2.

(2) Judic. 1.

(3) *Voyez* les marbres d'Arondel.

(4) Lib. 1. 7. & 8.

(5) Aristote, *de Cœlo*, 3. 2. *Voyez* aussi Censorin, *de Die Natali*.

(6) Crescebant uteri terræ radicibus apti. v. 805.

des rois qui régnoient à Argos, à Sicyone & ailleurs, 1800 ans avant J. C., c'est-à-dire, deux ou trois cens ans après la dispersion des enfans de Noé. Un de ces rois sacrifia à Jupiter Phyxien, sur le Parnasse, pour l'avoir sauvé des eaux (1). Les pelasgues adoroient des divinités dont ils ne savoient pas les noms. Il y eut un différend jugé dans l'Attique, entre deux hommes dont on fit l'apothéose 2). Enfin, on voit par-tout des autels, des sacrifices, des oracles, des rois, des tribunaux : toutes notions qui ne s'accordent point avec l'état de sauvage. Cet état ne pouvoit avoir lieu en Europe, soit que les enfans de Japhet y eussent pénétré par l'Asie mineure, ou que les colonies de l'orient y eussent abordé par les côtes maritimes. Dans l'un & dans l'autre cas, les nouveaux colons quittant des peuples instruits, qui avoient des lois, des mœurs, un culte, ne pouvoient tout oublier au moment du départ, c'est-à-dire, au moment où ils avoient besoin de se souvenir de tout. Cadmus, Cécrops, Danaüs, Agénor, tous les autres chefs de colonies, en quittant un pays où la société étoit formée avec tous ses détails, y auroient laissé ce qu'il y avoit d'idées, pour n'emporter que l'ignorance & le pain du jour?

J'ose dire au contraire, que ces héros fondateurs, partant pour aller s'établir dans des contrées peu ou point habitées, firent la plus ample provision de tout ce qu'il y avoit chez eux de notions utiles ; que non-seulement ils connoissoient la mer, la navigation, les côtes où ils vouloient aborder, mais qu'ils avoient fait des réflexions profondes sur tout ce qui peut faire le bonheur & la sûreté des nations, & qu'ils firent choix de tout ce qu'il y avoit de mieux dans la société qu'ils quittoient, pour en user dans celle qu'ils alloient fonder. Mille ans avant qu'il y eût des romains, la méditerranée, & même l'océan, voyoient tous les jours des vaisseaux qui alloient & venoient des métropoles aux colonies : le commerce étoit libre : les sages voyageoient pour étudier les hommes, les lois, les religions. Comment concilier ces faits connus, avoués de tout le monde, prouvés par mille monumens, avec l'ignorance absolue & la stupidité sauvage? Mais suivons l'ordre que nous nous sommes prescrit.

Orphée apporta d'Egypte en Grèce les mystères qui furent établis à Eleusis, avant l'époque du passage de la mer rouge. Étoit-il même nécessaire qu'il allât les chercher en Egypte, toute la Grèce étant déjà remplie de colonies égyptiennes ?

Lorsqu'on nomme Orphée, Musée, Linus, Eumolpe, & quelques autres que nous appercevons tout au plus comme des ombres, au travers de quarante siècles, nous les imaginons se traînant à tâton dans l'obscurité, & ne voyant pas plus autour d'eux que nous n'y voyons nous-mêmes à une si grande distance. Ces hommes ont-ils jamais existé, & leurs noms ne sont-ils pas les noms de la science plutôt que ceux des savans ? Que nous importe, pourvu qu'il y ait des faits. Or, il y en a.

Il s'est établi chez les *grecs*, selon leurs marbres (3), dans les tems les plus reculés, lorsque les israélites étoient encore en Egypte, des rits sacrés, où la vérité dont nous nous occupons ici, étoit prononcée dans les termes les plus formels & les plus énergiques : on les a vus dans l'article précédent. Je puis donc en conclure que, chez les *grecs*, tous les initiés au moins avoient la connoissance d'un seul être, auteur de tout.

Ces mystères étoient-ils les seuls de leur espèce dans l'univers ? Non : il y en avoit dans une infinité d'autres lieux (4). Il y avoit donc, dans une infinité de lieux, des hommes qui reconnoissoient un seul principe, auteur de l'univers.

Qui étoit initié à ces mystères ? Tous les rois, tous les princes, tous les prêtres, tous les sages, tous les hommes célèbres, sans compter ceux que la faveur, la brigue, la curiosité, l'avarice pouvoit y admettre. Il y avoit donc une infinité de personnes éclairées dans différentes parties du monde. Combien d'étincelles de cette lumière s'échappoient à chaque moment dans le public ! Combien de traits, d'allusions qui, tombant dans des esprits rendus attentifs par la conscience, par le raisonnement, par le spectacle de la nature, par les idées de vertu, de récompense, par l'inquiétude de l'avenir, les frappoient aussi fortement que l'évidence ! Tout l'univers se disoit à l'oreille, qu'il n'y avoit qu'un seul dieu. Cependant tout l'univers couroit aux idoles. Nous expliquerons dans un moment cette contradiction.

Les anciens ont connu dans tous les tems l'apothéose, ou la consécration des grands hommes.

---

(1) Marbres d'Arondel. *Jehova, Jaoh, Jov, Jaho pater, Jupiter,* sont évidemment & par l'histoire, le même not : le Dieu que Moïse appelle *Iao.* Diod. Sic. l. pag. 48. C. Hasov. 1604.

(2) *Voyez*, ci-après, *pag.* 599, 600

(3) Marbres d'Arondel.

(4) Fab. Antiq. 32

Comment les peuples, qui y croyoient, auroient-ils pu en avoir l'idée, s'ils n'avoient pas eu préalablement celle d'un séjour divin, où régnoit le bonheur sous l'empire d'un dieu, qui récompensoit la sagesse, le courage, la fidélité, la piété, ces vertus qui peuvent seules, disoient les payens, ouvrir aux hommes le chemin du ciel : *quibus homini datur ascensus in cœlum* (1). Où les romains, qu'on imagine encore brutes & féroces dans ces commencemens, pensoient-ils que Romulus avoit été emporté, quand Proculus leur raconta sa vision ? C'étoit un mensonge ; mais dans ce mensonge, quel amas de vérités ! Les romains furent 170 ans sans aucune image de leurs dieux (2). S'ils avoient des temples, c'étoit aux vertus qu'ils étoient consacrés : pour signifier, dit Cicéron, que ceux qui avoient ces vertus dans le cœur, étoient les temples des dieux mêmes : *ut illi qui haberent virtutes illas deos ipsos in animo collocatos* (3) *putent*. Varron assure que ceux qui après ces tems ont introduit des simulacres, n'avoient point communiqué l'erreur qu'ils avoient reçue de leurs pères, mais qu'ils l'avoient créée : *errorem non tradiderunt, sed addiderunt* (4). Il y avoit donc des idées de la divinité chez les romains, avant qu'il y eût des simulacres des dieux. Or, avant qu'il y eût des simulacres des dieux, il y a toute apparence qu'on connoissoit peu leur multiplicité.

Le premier de tous les gouvernemens qui aient été en usage, est la royauté, les autres n'étant qu'une correction de celui-là. C'est une idée simple qui s'est offerte à tous les esprits : un père dans une famille, un chef dans une armée. Quelle apparence que les peuples aient mis dans le ciel un autre gouvernement que celui qu'ils croyoient le meilleur pour eux ; ou que, croyant la polycratie plus avantageuse, ils aient pris pour eux la monarchie ? S'ils ont admis plusieurs dieux, ce n'a pu être que sous l'empire d'un seul : s'ils n'en ont admis qu'un, les autres n'ont pu être que des ministres. Ainsi dans l'Asie, dans l'Egypte, dans tout l'orient, dans tout l'occident, la forme même du gouvernement portoit les peuples à ne connoître qu'un dieu (5).

---

(1) Les arcadiens, peuple simple, mais pieux, ami des dieux, croyoient la punition des méchans, & la récompense des bons dans une autre vie. Ils ont mis au rang des dieux, Aristée, Britameris, Hercule, Amphiaraüs, Castor, Pollux. *Pauf.* 8. 21.

(2) S. Aug. *de Civ. Dei.* 4. 31.

(3) De Legib. 2. 11.

(4) S. Aug. *de Civit. Dei.* 4. 31.

(5) Inquirendum putas utrum unius imperio, an

La nature des lois les conduisoit à la même vérité. Où Zoroastre, Confucius, Zaleucus, Minos, Numa, Solon, ont-ils pris la plus grande partie de leur autorité ? Je parle de celle qui agit sur les esprits, & qui les subjugue : si ce n'est dans l'opinion généralement consentie, qu'il y avoit quelque part un législateur suprême, qui prescrivoit des règles, qui veilloit à leur exécution, qui avoit en son pouvoir de punir les infracteurs, soit dans un tems, soit dans un autre. Ces législateurs étoient trop habiles, pour ne pas confirmer les esprits dans cette persuasion qui seule peut enchaîner l'homme par sa propre pensée. Aussi n'en est-il point qui n'ait fait parler quelque dieu ; qui n'ait fait entendre aux peuples que ses loix venoient d'en haut ; enfin il n'en est point qui n'ait vu que le serment étoit le dernier & le plus fort lien de la volonté. Or, il n'y a point de serment sans dieu pris à témoin, pris pour juge, redouté comme vengeur : *Audi sancte Jupiter !*

Qui étoit ce Jupiter dans l'esprit des peuples ? Les poëtes, qui ont été de tout tems les interprètes du peuple, nous le ferons connoître : je ne citerai qu'Hésiode & Homère.

Ces deux poëtes étoient les précepteurs de la jeunesse dans une grande partie de l'Italie, dans toute la Grèce proprement dite, dans l'Asie mineure, dans toutes les isles de la méditerranée. On chantoit leurs vers dans les fêtes : on en faisoit le texte des leçons concernant la conduite & les mœurs. Cela posé, quelle étoit la doctrine de ces poëtes ?

Hésiode (dont nous parlerons plus amplement ci-après) chante le cahos & la naissance du monde. Mais aussi-tôt que le monde est formé, Jupiter prend l'empire, & préside à l'exécution des destins. La justice, les parques, les saisons, les heures, toutes les vertus, toutes les puissances sont à ses ordres. C'est lui qui voit, qui entend, qui élève, qui abaisse, qui distribue, comme il lui plaît, l'obscurité & la gloire.

Selon Homère, c'est la volonté suprême de Jupiter qui est la dernière raison des choses : c'est de lui qu'émanent les loix sages : c'est qui donne aux rois la puissance & le sceptre, qui brise la tête des villes : c'est le dieu très-grand & très-glorieux, qui lance seul la foudre, qui est le père des dieux & des hommes : enfin c'est lui qui tient le premier anneau de cette

---

arbitrio plurimorum, celeste regnum gubernetur; quod ipsum non est multi laboris aperire, cogitanti imperia terrena, quibus exempla utique de cœlo. *Minu. Felix. in Octav.* c. 18. p. 164.

chaine

chaîne sacrée à laquelle tout l'univers est suspendu : » Réunissez-vous, dieux & déesses; employez vos plus grands efforts. Vous n'abaisserez » pas vers la terre le dieu très-haut, impénétrable dans ses pensées : &, s'il me plaît, je » vous enlèverai tous avec la terre & les mers » profondes, & je vous attacherai au sommet » du ciel, où vous resterez suspendus. Tel est » le pouvoir sans bornes , qui m'élève au-dessus » des dieux & au-dessus des hommes (1) ». Tout Homère est rempli de ces traits. Si l'unité d'un dieu suprême étoit une vérité indifférente, ou une vérité de difficile accès, qui fût le résultat, ou quelque conséquence subtile d'une longue chaîne de propositions déduites les unes des autres, peut-être que ces traits, quoique répétés souvent , en cent manieres différentes, n'auroient pas suffi pour la rendre sensible. Mais c'est une de ces vérités essentielles au bonheur de l'homme, qui naît avec nous, qui entre en nous par tous nos sens, qui se voit comme la lumière, sans qu'on la regarde. Où ces deux poëtes avoient-ils puisé ces idées? Si elles eussent été inconnues aux peuples pour qui ils écrivoient, comment auroient-elles obtenu leur applaudissement? On en peut dire autant de Sophocle, d'Euripide, de Pindare, de tous les autres qui, n'ayant en leur qualité de poëtes, qu'une éloquence populaire, n'ont pu être , dans leurs écrits, que les échos du public de leur tems, & n'ont fait des portraits que de ce qui seroit reconnu, *ex noto fictum*.

On a vu ailleurs les pensées des philosophes sur la nature des causes. On peut les ranger en deux classes, dont l'une combat la nécessité d'une cause intelligente, universelle; l'autre l'établit par des preuves de tout genre. Leucippe, Démocrite, Épicure, Straton, l'attaquoient par leurs systêmes; Thalès, Anaxagore, Timée, Platon, Zénon, la soutenoient par les leurs. Les premiers vouloient détromper le peuple sur cet objet; ceux-ci vouloient l'affermir dans ses pensées. L'attaque & la défense supposoient donc également le fait que nous entreprenons de prouver.

Donc la tradition du genre humain, les mystères, les usages religieux, la forme des gouvernemens, les poëtes, les philosophes, le sentiment intérieur, la crainte de l'avenir, enfin le ciel & la terre annonçoient la même vérité. Tout le genre humain auroit été endormi, qu'une seule de ces voix eût suffi pour le réveiller. Or, il étoit bien loin de l'être sur cette matière. Toute la terre, graces à l'inquiétude naturelle des hommes sur l'avenir, ne parloit, ne s'occupoit que des dieux; toutes les têtes travailloient; & il ne se seroit pas trouvé un seul de ces sages, un de ces héros tant vantés, qui eût réduit à leur valeur les contes burlesques de la croyance populaire, & qui eût averti le genre humain (2)?

Je ne puis me dispenser d'ajouter ici les paroles de quelques rois d'orient, consacrées dans l'écriture. Quand Salomon monta sur le trône, le roi de Tyr rendit graces *au dieu du ciel & de la terre*, de ce qu'il avoit donné à David un successeur digne de lui (3). Cyrus, dans ses édits, reconnoît que ses victoires sont *un don du dieu du ciel* (4). Darius veut que les juifs fassent pour lui des vœux *au dieu du ciel* (5). Artaxercès parle à-peu-près de même dans Esdras. Assuérus reconnoît ce même dieu dans le décret qu'il adresse aux cent vingt-sept provinces de son empire, depuis les Indes jusqu'en Éthiopie (6). Quel eût été le sens de ces décrets, si les nations eussent ignoré qu'il y avoit un dieu souverain & universel?

C'en est assez, je crois, pour montrer que, jusqu'au siècle d'Alexandre, la vérité dont nous parlons, n'a pas été un mystère pour les nations. Disons un mot de cette dernière époque qui commence 330 ans avant J. C.

Si l'idée publique d'un dieu suprême se conserva dans les siècles les plus ténébreux du paganisme; à plus forte raison dut-elle être répandue quand la philosophie, ayant parcouru le cercle des erreurs possibles sur la divinité, fut obligée de revenir au point d'où elle étoit partie, & d'ajouter ses raisonnemens au poids de la tradition antique.

Environ six siècles avant Jésus-Christ, les philosophes avoient quitté le fil de cette tradition, pour s'abandonner à leurs propres pensées. S'étant enfin éloignés d'elle jusqu'à prendre le hasard pour première cause, la lumière éclata par le choc même des absurdités. Qui pouvoit se persuader que le hasard qui n'est rien, fût la cause de tout ?

---

(2) Ne hoc quidem crediderunt Jovem manu mittere fulmina, sed eundem custodem, rectoremque universi, animum ac spiritum, mundani hujus operis Dominum & artificem, cui nomen omne convenit. *Senec. Quæst. nat. lib. 2. c.* 45.

(3) Benedictus Dominus Deus cœli & terræ. *Reg. 3. 5.*

(4) Omnia regna terræ dedit mihi Deus cœli. *Esdr. 1. 1.*

(5) Offerant Deo cœli, & orent pro vitâ regis & filiorum ejus. *Esdr. 1. 6.*

(6) Esth. 16. 16.

---

(1) Iliad. 20.

Philosophie anc. & mod. Tome II.

Qui pouvoit croire qu'ayant en foi un principe pour se conduire, l'univers n'en eût point pour le gouverner?

Alexandrie, fondée par le conquérant du monde, entre l'Asie, l'Afrique & l'Europe, sur les bords d'une mer qui réunissoit les trois parties connues du globe, devint le rendez-vous de tous les savans de l'univers. La *philosophie des grecs* y fut mise dans la balance avec la sagesse de l'orient & du midi. La discussion sur le premier de tous les principes, fut bientôt terminée. Quand J. C. vint au monde, le peuple même entendoit raillerie sur le chapitre de ses dieux. Il n'y croyoit plus que par habitude, comme les princes par politique, & les prêtres par intérêt. Qu'on lise Cicéron, Macrobe, tous les platoniciens anciens & modernes, tous les péripatéticiens, tous les poëtes de ce tems-là, tous, sans exception, établissent l'unité d'une première cause intelligente. Il n'est aucun des attributs de dieu qui n'ait été rendu par quelqu'un d'eux, avec autant d'énergie & de précision qu'il a pu l'être depuis par nos théologiens. Tous les écrivains ecclésiastiques qui les citent, en font foi. Stobée, dans ses *églogues physiques*, a rassemblé un grand nombre de leurs textes (1). Nous ne pousserons donc pas plus loin ce détail de preuves, qui nous paroît inutile; & nous conclurons que les peuples payens civilisés ont eu, comme nous, l'idée d'un seul être suprême, maître de l'univers.

Quel étoit donc le crime du genre humain livré à l'idolatrie? La réponse est facile. C'étoit d'avoir connu dieu, & de ne lui avoir rendu aucun hommage; c'étoit de l'avoir regardé comme le dieu de tout le monde, & d'en avoir conclu dans la pratique, qu'il n'étoit le dieu de personne.

On a dit que l'idée de la monarchie céleste leur avoit aidé à prendre l'idée de leur gouvernement. Par retour, ce qui se pratiquoit dans leur monarchie, ils l'appliquèrent au gouvernement céleste. Si les rois, invisibles & renfermés dans leurs palais, n'entroient point dans les détails du gouvernement, à plus forte raison le dieu suprême devoit-il abandonner à ses ministres la conduite des mondes, & sur-tout celle du monde sublunaire, sujet à tant de révolutions & de désordres. Supposé qu'il y eût quelque tribut à lui payer, ne suffiroit-il pas de l'adresser aux subalternes qui le verseroient ensuite, s'il le falloit, dans les trésors du grand roi? On se servoit de bonne foi de ces comparaisons qui sembloient honorer la divinité suprême, & qui la reléguoient en effet dans le ciel des cieux. Les autres sphères étoient emportées par les dieux ministres; & la terre, abandonnée à la discorde des élémens, n'avoit de refuge que dans les génies & les démons bons ou mauvais, desquels il falloit attendre, comme les seules causes, la décision des événemens importans. Lors donc qu'une crainte violente affoiblissoit les cerveaux, qu'une peste ravageoit les villes, mais sur-tout lorsqu'un ennemi furieux s'avançoit, le fer & le feu à la main, il n'y avoit point de peuple qui ne s'écriât: *Ayons des dieux qui marchent avant nous*: (le moyen de combattre sans dieux!) *mais aussi que ces dieux ne soient qu'à nous. Comment nous fier à des dieux qui seroient aussi les dieux de nos ennemis? qui diroient peut-être: troyen ou rutule, que m'importe?* Auroient-ils attendu du dernier des cieux le secours décisif dans le moment critique? Le dieu de l'univers auroit quitté son trône céleste, pour venir tristement se mêler d'affaires dont souvent un roi mortel ne daigne pas se charger? Enfin ce grand dieu, tout l'orient étoit persuadé qu'on ne pouvoit le voir sans être frappé de mort. On crut donc qu'il étoit plus sûr d'avoir chacun des dieux à soi, des dieux qui n'eussent qu'un soin, qu'une ville à conserver ou à défendre, dont ils fussent même obligés de partager le sort, & pour laquelle ils se battissent, dieux contre dieux, comme dans la mêlée d'Homère. C'étoit en ce sens qu'on disoit, le dieu de Gaza, de Memphis, la grande diane d'Ephèse: c'étoit les dieux du sol, les dieux de telle ville, de tel royaume: *Deos populares* (2). Les particuliers mêmes voulurent en avoir pour protéger leur famille & leurs foyers.

Mais tous ces dieux n'étoient que des dieux tutélaires, des espèces de talismans, de fétiches (3), ou de symboles, qu'on supposoit doués de

---

(1) M. de Burigny a porté cette vérité jusqu'à la démonstration dans la *Théologie payenne*.

(2) Ce fut pour cela que le premier acte de Jéroboam, devenant roi d'Israël, fut de se faire d'autres dieux que celui de Jérusalem. *Fragilis & laboriosa mortalitas (Deum) in partes ita digessit, injuriimitatis sua memor, ut portionibus coleret quisque, quo maxime indigeret.* Plin. 2. 5.

(3) M. le président de Brosse, honoraire de l'académie des inscriptions & belles lettres, a développé avec beaucoup d'érudition le culte des fétiches. Ce nom vient du mot portugais, *fetisso*, qui signifie *chose fée, enchantée, divine, rendant des oracles*. De la *fatum, furi*, chez les latins. Il a très-bien prouvé que la plupart des nations barbares, & même des nations policées, ont eu de ces objets de culte, comme les Béryles en Syrie, les grands arbres chez les pélasgues, des serpens rayés, des quadrupèdes, des montagnes, des poupées de coton, &c. chez d'autres peuples. Le savant académicien en conclut que les peuples qui avoient ce culte, n'ont point connu la vraie divinité. Cette conséquence n'est point renfermée dans les prémisses. Le peuple d'Israël adorant le veau d'or, n'avoit pas pour cela oublié le Dieu

quelque vertu secrète & magique, par l'attache de quelque démon ou génie, pour porter bonheur ou malheur, à l'ami ou à l'ennemi : ce ne pouvoit être autre chose. Croire que des boucs, des chiens, des chats, des scarabées, de petits cailloux d'une certaine forme, de marmouzets d'or ou de léton, étoient ou pouvoient être, dans l'esprit d'aucun peuple civilisé, le plus haut dégré de la divinité, reine & maîtresse de l'univers, c'est une erreur impossible, une absurdité qui ne peut se trouver dans aucune tête, pensante ou non. En un mot, ces dieux n'étoient que ce que sont encore parmi nous les patrons révérés par les provinces, par les villes, par les bourgades ; que ce que sont les reliques, les images des personnes dont le nom a été consacré par la piété ; avec cette différence toutefois qu'aujourd'hui l'artisan distingue le culte rendu au serviteur, de celui qu'il doit au maître, & que les payens oublioient totalement les droits du maître pour lui substituer un rival imaginaire, dont souvent le culte étoit un crime encore plus qu'une erreur.

Les sages voyoient sans doute l'absurdité ; mais bien loin de s'y opposer, ils craignoient la révolution que pouvoit occasionner la vérité. Il n'y eut qu'un seul homme à qui il fut permis à Rome de parcourir les livres trouvés dans le tombeau de Numa : on crut important d'en dérober la connoissance au peuple, au sénat, aux prêtres même. Quel déluge ne pouvoit pas causer le mouvement ou le déplacement d'une masse si énorme d'opinions & de préjugés enracinés par l'habitude, défendus par la superstition, toujours furieuse quand elle se bat ? Peut-être même que la politique trouvoit plus avantageux pour elle d'environner la populace, de cette multitude de génies témoins & vengeurs, que de la menacer d'un être suprême, dont la colère se feroit éteinte dans le trajet, ou perdue dans le détail.

Mais encore, comment cette vérité pouvoit-elle subsister avec tant d'erreurs & d'absurdités qu'on trouve dans le culte idolâtre ?

Je dirai d'abord qu'il ne s'agit point de concilier les hommes, quelquefois même les plus sages, avec eux-mêmes. Je n'en veux pour exemple que les romains. Les romains répétoient à tout moment, Jupiter très-bon, Jupiter très-grand : *optimus propter beneficia, maximus propter vim*. Ils invoquoient, dans leurs prières, le dieu *qui par ses décrets éternels règle à son gré le ciel & la terre, les tristes royaumes, & les épouvante par son ton-*

d'Abraham. Les dévotions particulières ne sont point exclusives, sur-tout lorsqu'il y entre de la superstition, parce que celle-ci ne fait que multiplier les objets du culte, sans en retrancher aucun.

nerre (1). Ils savoient que ce dieu remplissoit de son action les terres, les mers, les profondeurs célestes ; que du signe de son sourcil il mouvoit l'univers (2). *Jupiter tout-puissant*, s'écrie Varron, *père & mère des dieux, des rois, de tous les êtres, dieu des dieux, un & universel* (3). Et cependant les romains écoutoient toutes les rêveries de la superstition. Il n'y avoit imagination folle, terreur d'enfant, conte de vieille, qui n'eût son poids dans le moment du danger, & qui n'influât sur les décisions d'état les plus importantes.

Je dirai en second lieu, que la notion dont nous parlons, ayant des côtés aussi obscurs que les autres sont clairs, il n'étoit pas fort difficile de l'admettre avec des disparates. Les payens avoient trois sortes de théologies ; l'une civile, l'autre naturelle, & l'autre fabuleuse (4). La première étoit, dans les temples, enseignée par les prêtres ; la seconde, dans les écoles, traitée par les savans ; la troisième, sur le théâtre, employée par les poëtes. A la première tenoient les sacrifices, les augures, toutes les pratiques religieuses auxquelles on croyoit attachée la fortune de la nation. La seconde étoit occupée à expliquer les causes physiques, & quelquefois à indiquer les fins morales. Lorsqu'il s'agissoit de fêtes publiques, mêlées d'amusement & de superstition, les poëtes faisoient valoir la troisième. Le peuple, qui n'examine rien à fond, voyant en gros ces trois espèces de théologies, qui lui étoient présentées assez nettement, par les trois espèces d'hommes qui s'en occupoient, croyoit que ce qui étoit obscur ou absurde dans l'une, étoit justifié & expliqué dans l'autre. Ils donnoient leur adhésion à l'unité, moitié par raison, moitié par instinct, par ce qu'ils entendoient dire, & par ce qu'ils sentoient confusément. Mais, ne voyant nulle part aucune voie sans danger, aucune opinion sans difficulté & sans obscurité ; ne pouvant d'ailleurs rester sans prendre de parti, & n'ayant pas la force d'en prendre un conforme à ce qu'ils auroient désiré, ils s'abandonnoient à la pratique du culte établi, au pis aller de faire cause commune, quant aux suites, avec le reste du genre humain. Socrate, tout grand philosophe qu'il étoit, ne laissa pas en mourant de sacrifier à Esculape, pour rendre hommage aux dieux de son pays, auxquels il ne croyoit point. Tout cela se concilioit par la distinction des

---

(1) Virgile, Æn. 1. 233.
(2) Horace, Od. L. 3. 1. & 4.
(3) Jupiter omnipotens rerum, regumque, Deûmque, Progenitor genitrixque, Deûm Deûs, unus & omnes,
(4) *Civile, physicum, mythicum*, apud Varr. S. Aug. *de Civit. Dei*.

dieux nationaux & d'un seul dieu de toute la nature : *Deos populares multos, naturalem unum* (1).

Idées des poëtes grecs dans les temps fabuleux,

OU LA NUIT ET L'AMOUR, PRINCIPES DU MONDE.

S'il étoit vrai que les sages, & même les peuples, dans les pays civilisés, ont eu les mêmes idées sur la nature & la nécessité d'un premier être, il est évident que les premiers poëtes eurent le même point d'appui, pour élever leur système de cosmogonie. Les poëtes ne bâtissent guères que sur un fond donné par le public; ils suivent la renommée. Ceux dont nous parlons, ayant adopté avec trop de vivacité & trop peu de discernement, le langage & les figures symboliques qui avoient passé la mer avec Cécrops, Danaus & les autres fondateurs des colonies grecques, il n'y eut pas une de ces idées étrangères qui ne fût personifiée, & qui n'eût, en cette qualité, tous les accompagnemens individuels qu'il plut à leur imagination d'y attacher.

Ils commencèrent par celle de la *nuit*, qu'on regardoit dans l'antiquité comme l'état primitif de la nature avant qu'elle eût pris la forme du monde (2). La notion de la nuit primitive comprenoit, chez les *grecs*, trois idées, le cahos, l'érèbe & le tartare, c'est-à-dire, un espace sans bornes, sans lumière, rempli de matériaux sans forme & sans ordre. On demanda à Thalès lequel étoit le plus ancien, du jour ou de la nuit. Il répondit, la nuit (3). Alexandre-le-grand fit la même question à un gymnosophiste des Indes, qui lui répondit brusquement que c'étoit le jour. Le prince, qui ne s'attendoit pas à cette réponse, reprit qu'elle étoit digne de la demande (4). Les gaulois & les germains comptoient par nuits, parce qu'ils faisoient la nuit aînée du jour : en un mot, la nuit étoit la déesse antique (5), l'origine, la source de tous les êtres (6). Il fut un tems, disoient les théologiens, où il n'y avoit ni ciel, ni terre, ni mer : tout étoit nuit. Les principes ou élémens, engourdis dans cet abyme universel, n'y avoient qu'un mouvement sourd & aveugle ; peut-être même n'y en avoient-ils point. Le moment des destins étant arrivé, un point de lumière étincela au milieu de cet espace ténébreux, se développa, & avec lui l'ordre & la beauté de l'univers (7).

Ces idées brillantes & hardies, étant encore trop simples pour les poëtes & pour le peuple, qui aime bien mieux le merveilleux que la vérité simple, on donna à la nuit un corps, une ame, des facultés. On en fit une déesse, mère en titre des dieux & des hommes, qui eut des temples & des oracles (8). On composa l'histoire de sa fécondité. Elle avoit, dans la première origine des tems, déposé un œuf au vaste sein de l'érèbe son époux. De cet œuf, après une longue suite de siècles, étoit sorti l'amour aux ailes dorées, portant en sa main le flambeau qui éclaire le monde & qui l'échauffe (9). Levez les yeux, disoient-ils, contemplez cette voûte immense & azurée, sous laquelle se promènent les astres : croyez-vous que ce soit un désert où règnent le vuide & le néant ? C'est le berceau primordial de la nature : c'est la déesse même qui a produit le monde, qui le nourrit par ses bénignes influences : c'est la nuit, mère de tout, qui s'est retirée à la circonférence (10) pour faire place à son premier-né, enfant unique, qu'elle tient toujours entre ses bras humides, & sur lequel, à la fin de chaque jour, elle abaisse son voile ténébreux, pour assurer son repos dans le silence de la nature :

. . . . Ruit Oceano nox
Involvens umbra magna terramque polumque (11).

---

(1) Antisthène, cité par Cicéron, *de nat. Deor.*

(2) Les égyptiens, dit Plutarque, rendoient des honneurs divins à la taupe, parce qu'elle étoit sans yeux, & qu'ils croyoient les ténèbres plus anciennes que la lumière. *Quæst. Conviv.* 4. 5. *Voyez* ci-dessus, pag. 52.

(3) Diog. Laër. 1. 36.

(4) Plut. *Vie d'Alexandre.*

(5) Ἡ παλαιά, ἀρχαίη Νύξ. *Voyez* l'hym. d'Orph. à la nuit.

Arist. *Metaph.* 12. 6.

(7) Poës. Orph.

(8) Paus. *Attic.* 97.

(9) Aristoph. *Oiseaux*, v. 694. En voici la traduction littérale : « Au commencement étoient le cahos, la nuit, le noir Erèbe, & le vaste Tartare. Il n'y avoit ni terre, ni air, ni ciel, dans les profondeurs sans fin de l'Erèbe. La nuit aux ailes noires enfanta un œuf *clair*, (sans germe) duquel, après une certaine révolution des tems, sortit l'amour ; s'élevant avec des ailes d'or comme un tourbillon violent. L'amour mêlé ensuite avec le noir cahos ailé, dans le vaste Tartare, il produisit notre espèce, & nous amena à la lumière. Les immortels n'étoient point avant que l'amour eût mêlé toutes choses. De ce mélange furent faits le ciel, l'océan, la terre & toute la race immortelle des dieux bienheureux. » *Voyez* aussi l'hym. d'Orphée, *au Premier-né.*

(10) Οὐρανόν.

(11) Cette application, qui peut paroître hardie, le

Quand la fable de la nuit fut ainsi revêtue, on songea à orner de même celle de son fils & de l'œuf dont il étoit sorti. C'étoit un œuf clair ou sans germe, *ventosum*, pour faire entendre que la nuit l'avoit conçu d'elle-même, sans autre agent qui eût concouru avec elle: idée antique, qui, pour représenter l'indépendance des grands dieux dans leurs productions, les supposoit *androgynes*, c'est-à-dire, produisans par eux-mêmes: *Jupiter & mas est & fœmina*.

De cet œuf divin, pondu avant les tems, sortit l'amour, premier-né de l'univers, dieu de double nature, céleste & terrestre. S'élevant dans l'espace obscur avec des aîles de feu, pour répandre par-tout la lumière, il tenoit en sa main les clefs du ciel, de la terre & des eaux, pour ouvrir à tous les animaux les portes de la vie. Sa voix mugissante, ταυροφώνος, qui les appelle, retentit d'un bout à l'autre de l'univers, dont il tient en main le gouvernail & le sceptre, régnant également & sur les dieux & sur les hommes, qu'il a tous également formés (1). On reconnoît aisément dans cette cosmogonie la fable d'Athyr & de Kneph, dont il a été fait mention ci-devant (2).

Nous observerons en passant qu'un fragment de Sanchoniaton, rapporté par Eusèbe (3), offre les mêmes traits. On y voit une substance ténébreuse, un amas informe, dans lequel agit sourdement une forte d'ame ou d'esprit aveugle, qui se nomme *désir* ou *amour*. De l'action de cet esprit sort une lumière éclatante, qui produit le soleil & la lune. La terre & la mer s'échauffent par l'air enflammé: l'éclair brille, le tonnere éclate. A ce bruit terrible, les animaux s'éveillent comme d'un sommeil profond, & commencent à se mouvoir sur la terre & dans les eaux. Ce sont par-tout les mêmes idées.

fait ici avec d'autant plus de justesse, que l'Océan, dans la haute antiquité, n'étoit autre chose que le principe humide, dont Orphée, Homère, Thalès, ont fait le père de tous les êtres. Ce principe étoit répandu dans l'espace céleste, qui étoit comme une mer supérieure, où les égyptiens disoient, selon Plutarque, traduit par Amiot, *que le soleil & la lune étoient voiturés, non dans des chariots ou charrettes, ains dedans des bateaux, esquels ils navigeoient à l'entour du monde*. Euripide & d'autres poëtes ont eu la même idée, lorsqu'ils ont dit que cet éther immense, cet azur presque noir que nous voyons, embrassoit tous les êtres dans son sein humide.

(1) Tous ces traits se trouvent dans deux hymnes d'Orphée, dont l'une *au Premier-né*, l'autre *à l'Amour*.

(2) Art. des Egypt.

(3) De Præp. Ev. 2. 10.

Ce fut de ces idées mythologiques que vint aux égyptiens, & par eux à Pythagore & à quelques-uns de ses disciples, l'idée de mettre le soleil au centre du monde. Dès que le partage de l'espace universel s'étoit fait entre la nuit primitive & la lumière, & que celle-ci, née au sein de l'autre, s'étoit aggrandie par degré, c'est-à-dire, par l'addition successive de tous les élémens qui pouvoient devenir lumière, il sembla que le corps lumineux devoit repousser de proche en proche, à des distances proportionnées à sa force, la masse ténébreuse qui l'environnoit, & former au sein même de la nuit, l'empire du jour, ayant pour centre & pour roi le soleil, dont l'intérieur de l'œuf présentoit l'image, aussi bien que sa forme. Il convenoit à l'astre roi de la nature, d'être au milieu de son empire, & d'y être en repos, tandis que ses sujets seroient en mouvement autour de lui. Il convenoit que l'œil du monde, la garde de Jupiter fût placée à des distances égales des limites; que l'autel où brûloit l'encens de l'univers, fût placé au milieu du temple. Car ce fut par ces brillantes comparaisons, jointes à l'histoire qu'ils avoient arrangée sur l'origine des êtres, & non par l'étude des phénomènes, ni par les observations astronomiques, qu'ils parvinrent à cette vérité qui n'en fut jamais une pour eux (4).

Ce feu primordial, allumé au sein de la nuit, avoit été nommé *phthas* chez les égyptiens. Les grecs l'appellèrent *éphaïste*, & les latins *vulcain*, noms sous lesquels il recevoit les mêmes honneurs que sous celui d'*amour*. Il étoit, de même que l'amour, dieu du feu, portant la lumière aux dieux & aux hommes; il étoit l'éther, le soleil, la lune, tous les astres, de même que lui: il forgeoit comme lui la foudre de Jupiter & les traits qui blessent les amans. Ces idées, sorties originairement d'une même tige, & multipliées par les combinaisons arbitraires, se séparoient, se réunissoient, se mettoient en opposition, rentroient les unes dans les autres, selon qu'il plaisoit aux poëtes, aux prêtres, aux peuples. La moindre analogie dans les noms, dans les attributs, dans les

(4) Arist. *de Cælo*, 2. Les idées de tous les pythagoriciens n'étoient pas tout à fait nettes sur cet objet. Voici comme S obée expose le système de Philolaüs, un des principaux disciples de l'école de Pythagore: « Philolaüs place le feu au milieu, autour du centre, » & il l'appelle le foyer de l'univers, le saint dire de » Jupiter, la mère des dieux, l'autel, le lien intérieur, » la mesure de la nature. Il admet un autre feu en » haut, à la circonférence de l'univers. Mais il dit » que le feu central n'étoit pas le premier dans l'ordre de la » nature, & qu'autour de lui tournent en cadence » les corps divins, le ciel, les planetes, ensuite le » soleil, puis la lune, puis la terre, puis l'anti-chtone, » ou *contre-terre*; après quoi est le feu central. » *Ecl. phys.* 1. *pag.* 51.

fonctions, leur suffisoit pour passer d'une idée à une autre : que devoit-il arriver quand les choses avoient du rapport aussi-bien que les noms ; ce qui se rencontroit dans le feu & l'amour ?

En orient, *our* ou *or*, signifioit *le feu, la lumière* : chez les égyptiens, *horus* ou *hor*, signifioit le plus ordinairement *le soleil, le monde éclairé par la lumière* : chez les grecs, *eros* signifioit l'*amour* : voilà la ressemblance des noms. L'amour, dans les fables, étoit armé du flambeau ; il lançoit des traits de feu aussi brûlans que ceux du soleil ; l'amour unit, produit, échauffe la nature, comme le soleil ou le feu : voilà la ressemblance des choses. En falloit-il davantage pour faire de l'amour le dieu de la lumière & l'auteur du monde ? Dans les tems d'une philosophie plus éclairée & plus raffise, Empédocles n'a-t-il pas dit que l'*amour* & la *haîne* en étoient les principes ? Aristote lui-même ne donne-t-il pas à la matière l'*amour* ou *appétence* des forces ? Tout est amour, selon lui : la haîne même n'est que le revers de l'amour, parce que la fuite du mauvais n'est que le désir du bon.

L'idée d'amour appliquée une fois au principe universel d'activité, se développa bientôt par celle de la cosmogonie. L'amour fut le dieu conciliant, le dieu organisant, le dieu animant, le dieu donnant l'être, la forme, le mouvement, la vie, le sentiment, à tout ce qui respire, à tout ce qui est. Et, si on le peignoit quelquefois enfant, ce fut pour figurer la jeunesse éternelle du monde dont il est l'ame, le nœud & le soutien :

> Quod Mundus stabili fide
> Concordes variat vices ;
> Quod pugnantia semina
> Fœdus perpetuum tenent ;
> Quod Phœbus roseum diem
> Curru provehit aureo, . . .
> Hanc rerum seriem ligat
> Terras & Pelagus regens,
> Et cœlo imperitans Amor :
> Hic si fræna remiserit,
> Quidquid nunc amat invicem
> Bellum continuò geret (1).

Ainsi le même amour, qui étoit fils de la Vénus Cythérée, fut aussi le fils de la Vénus céleste, l'enfant de la nuit (2), le père du jour, le dieu du feu, l'auteur, le lien, l'ame de l'univers.

Vénus Cythérée, à son tour, devint la nuit, mère première des êtres, &c. (3). On a vu chez les égyptiens, Athyr se changer en Vénus ; un hymne d'Orphée donne le même nom à la nuit: « Mère des dieux & des hommes ! Nuit sacrée, » qu'on nomme encore Cypris ! Reine du ciel, » s'écrie Apulée, prenant le style antique, ou » si tu l'aimes mieux, puissante Cérès, qui nous » as montré l'usage d'une nourriture plus humai-» ne... ou céleste Vénus, qui, dans la naissance » du monde, inspiras par ton souffle la fécon-» dité qui produit les espèces, & qui les con-» serve ; ou encore, redoutable Proserpine, dont » les humides feux, gradués par les diverses op-» positions du soleil, nourrissent les germes de la » nature (4) ».

Mais la déesse ajoute elle-même à ces titres: « Touchée de tes larmes, la mère commune de » tous les êtres, la maîtresse des élémens, la » production initiale des siècles, la reine des » mânes, l'essence universelle des déesses & des » dieux, a daigné entendre ta voix : *En adsum* » *tibi* ». C'est cette même essence qui fut adorée à Pessinunte sous le nom de mère universelle, *magna mater*, embrassant dans son vaste giron cent neveux, tous habitans des cieux:

> . . . . Centum complexa nepotes
> Omnes Cœlicolas. . . . .

la même qui fut Junon, ou l'air, épouse du dieu de l'Olympe, qui fut Ilythie ou Prothyrée, parce qu'elle présidoit à la formation & à la naissance des animaux : elle fut la lune, ou Lucine, se promenant dans son empire ténébreux, sur un char d'argent avec un cortège d'étoiles (5) ; enfin, elle fut la nature productrice, décorée de cent titres que l'antiquité fabuleuse lui donne (6), père, mère, nourriture & nourrice de tout ce qui est, qui a été, ou qui sera. Mais la plupart de ces idées, toujours à la discrétion des poëtes, ont pris avec le tems, des couleurs & des nuances si différentes, qu'à la fin l'amour céleste & sa mère Uranie ont perdu leur empire sur le monde universel, & se sont trouvés réduits aux emplois très-subal-

---

(1) Boët. de Consf. L. 2. met. 8.

(2) Olen de Lycie, dont il a été parlé plus haut, a dit que Lucine ou Ilythie étoit mère de l'amour. *Paus.* 9. 27.

(3) *Ven*, dans les langues orientales, ou *Pen*, signifie *Venter*.

(4) Udis ignibus nutriens læta semina, & solis ambagibus dispensans incerta lumina. *Metam.* 9.

(5) Théocrite.

(6) Hym. d'Orph. *à la nature*.

ternes, d'enflammer & de tourmenter les amans. Ou, si, par la faveur de quelque poëte plus philosophe que les autres, ils sont rentrés quelquefois dans l'ordre des causes, ce n'a été que pour parer de leurs noms & de leurs attributs poétiques, des systêmes qui s'expliquoient beaucoup mieux sans eux.

Théogonie d'Hésiode.

ou JUPITER ET LES TITANS.

Hésiode (selon les marbres d'Arondel) vivoit dans le Xe siècle avant J. C. & touchoit aux tems fabuleux. Sa théogonie, qui, comme toutes celles qui l'ont précédée ou suivie, n'est autre chose qu'une cosmogonie, n'a pu avoir pour matériaux que les idées que nous avons présentées jusqu'ici (3). Les alternatives du jour & de la nuit, les combats d'Oromaze & d'Arimane, ceux d'Osiris & de Typhon, avec leurs détails, sont évidemment l'idée originale qui a produit les combats de Jupiter contre les titans ; de même que ceux-ci ont amené dans l'imagination des premiers philosophes, les combats des qualités contraires dans les élémens, & les efforts de la matière qui attire les formes qu'elle n'a pas, & qui repousse celles qu'elle a.

Le sujet du poëme d'Hésiode est la naissance des dieux, c'est-à-dire, la formation de la terre, de la mer, de l'air, du feu, de l'éther, des astres & des autres parties du monde, lesquelles étant animées, selon la plupart des philosophes anciens, & immortelles de leur nature, ont dû être regardées par un poëte comme autant de divinités.

« Le premier de tous, dit Hésiode, est le » cahos (2), & après lui la terre dont la large » poitrine est l'appui inébranlable des immortels qui » sont placés au-dessous de l'olympe. Ensuite le tar- » tare ténébreux, dans les profondes abymes qui » sont sous la terre; & enfin l'amour, ce dieu le » plus beau des dieux, qui dissipe les soucis, qui » règne sur les cœurs des hommes & des immor- » tels ».

Le cahos est nommé le premier, parce qu'il est le premier état des élémens confondus. Quand les élémens commencèrent à se débrouiller & à se mettre en ordre, ils formèrent d'abord la terre, laquelle comme un disque, ou une large table, coupa par son plan le cahos en deux parties; l'une supérieure, que le destin accorda aux dieux immortels, qui s'élevèrent comme par étage jusqu'à l'olympe ; l'autre inférieure, qui fut le tartare, gouffre affreux, qui a autant de profondeur sous la terre, que l'olympe a d'élévation au-dessus : de sorte que la terre étoit à la fois, & la base de l'olympe, & le couvercle du tartare.

L'amour étoit, même avant que la terre se formât ; & ce fut lui, selon toute apparence, qui en rapprocha les élémens & qui les lia entr'eux. Mais ce n'étoit pas encore ce dieu caractérisé, qu'on fit bientôt maître souverain des êtres & des cœurs. Ce n'étoit guères qu'un effort obscur, qu'un ressort interne qui agissoit dans la masse, qui tendoit à la réunion, & poussoit sourdement chaque espèce élémentaire dans le lieu de l'espace qui lui convenoit.

« Du cahos sortirent l'Erebe & la nuit ; & du commerce de l'Erebe avec la nuit, naquirent l'Ether & le jour. »

Il est inutile d'avertir que ces naissances prétendues ne peuvent être autre chose que le développement successif des parties du cahos, présentées sous la forme poétique d'actions & de personnages.

« La terre engendra le ciel orné d'étoiles, qui l'embrassa elle-même de toutes parts, comme une voûte sphérique, & devint la demeure inébranlable des dieux bienheureux. Elle engendra ensuite les hautes montagnes, où les nymphes se retirent dans les grottes profondes, &c. » Voilà les effets du débrouillement du cahos.

Mais ce débrouillement n'ayant pu se faire qu'avec des efforts prodigieux de la nature, qui éprouva dans toutes ses parties les secousses les plus violentes par la contrariété des élémens, ce fut la guerre des géans. « Il y avoit dix ans (le nombre fini pour l'indéfini) que les Titans orgueilleux & les dieux bienfaisans se livroient des combats ; ceux-ci du haut de l'olympe, ceux-là du haut du mont Othrys. La victoire incertaine, ne penchoit ni d'un côté ni de l'autre ; mais quand on eut fait boire aux dieux le nectar & l'ambroisie, il s'alluma en eux une ardeur nouvelle ; & pour l'augmenter encore, le père des dieux & des hommes leur tint ce discours: « Illustres enfans du ciel & de la terre, vous savez depuis quel tems nous combattons pour la victoire & pour l'empire. Voici le moment de signaler la force invincible de vos bras. Souvenez-vous de la tendre amitié qui vous unit, & des maux que vous avez endurés dans cette prison obscure (le cahos) dont je vous ai tirés par la sagesse de mes conseils. Il dit. Cottus lui répondit : Dieu puissant, vous nous rappelez un souvenir aussi vrai que douloureux. Nous savons aussi que vous possédez la sagesse & l'intel-

---

(1) Mosheim ad Cudworth. 227.
(2) Vers 116.

ligence suprème, & que c'est-vous qui avez tiré les immortels de ces ténèbres profondes, où ils ont enduré tant de maux. Vous nous voyez tous prets de venger vos droits & de punir vos ennemis. »

Après ce discours le combat commence de part & d'autre : on se porte des coups épouvantables : les airs retentissent, la terre rugit, les cieux troublés poussent de longs gémissemens : l'olympe même est ébranlé sous le choc des immortels : le tartare se confond dans ses abîmes : les cris s'élevent jusqu'aux étoiles. Alors Jupiter déploie sa force invincible. Il s'avance des sommets du ciel, précédé de l'éclair, accompagné du tonnerre ; chacun de ses mouvemens fait éclater la foudre, toute la mêlée est couverte de feu. La terre pétille dans des flammes que rien ne peut éteindre ; l'Océan bouillonne. Enfin les enfans de la terre sont livrés à des flammes dont l'éclat est si ardent, que les dieux mêmes ne peuvent le supporter. Jupiter triomphe, & ses ennemis sont précipités dans le tartare. Il est évident que ce récit, qui ne peut être appliqué à aucun événement de l'histoire, ne peint que l'effort de la nature sortant du cahos, & les secousses réciproques des élémens, pour prendre entr'eux cet équilibre qui a fait le monde & qui le conserve. C'est la fable des égyptiens & des perses, habillée d'une autre maniere, & chargée de quelques circonstances nouvelles. Car tel est le progrès de l'imagination humaine, qui va toujours du simple au composé. Le récit des chaldéens, le plus simple de tous, est le premier ; celui des *grecs*, le plus composé, est le dernier ; l'erreur s'accroît avec l'art.

Après la victoire, Jupiter est choisi par la loi du sort, c'est-à-dire, par la raison de la force, pour être le roi suprême des immortels. Il épouse *la Prudence*, qui le fait père de la sage *Minerve*, qu'il retient dans son cerveau, pour connoître par elle le bien & le mal. Il épouse encore *la déesse de l'ordre*, puis *la justice*, *la paix*, & même *les parques*, qui filent les destins heureux ou malheureux. Une autre épouse lui donna les graces au regard doux, aux joues vermeilles. Cérès lui donna Proserpine, déesse de l'agriculture : Mnémosyne, les neuf muses, qui président aux arts de goût & de plaisir.

Telles sont les suites heureuses de la victoire de Jupiter : c'est le tableau du monde même, ordonné comme il l'est, & conservé dans son état, par l'action & la sagesse de Dieu. Le poëte, usant des priviléges de son art, a peint les forces mouvantes de la nature, & les attributs de Dieu, sous des formes humaines ; parce que sans cela la peinture des actions eût été impossible (1).

Il est vrai que l'auteur, plus occupé de peindre que de raisonner, nous paroît souvent assez peu d'accord avec lui-même. Il mêle les traditions populaires avec les fictions, les idées de la théologie avec les faits de l'histoire, les généalogies des dieux avec celles des rois & des héros, celles des dieux visibles, avec celles des dieux auteurs & principes ; il confond les tems, les lieux, le moral, le physique ; il semble aussi embarrassé dans le cahos de ses idées, que son Jupiter l'est dans celui du monde. Mais quand une fois il a établi ce dieu dans l'olympe, alors délivré d'embarras, ainsi que son héros, il présente des idées plus justes & plus suivies, l'univers gouverné par un seul maître, sage & puissant, qui fait régner l'ordre, & conduit tout au plus grand bien. C'étoit la croyance publique de son tems.

Nous avons déja parlé des idées d'Homère (2), & nous avons dit qu'il n'y a point d'objet que ce poete ait présenté plus souvent à ses lecteurs, & plus fortement, que celui de l'action des dieux sur la nature, & de celle de Jupiter sur tous les autres dieux, dont il est le maître partout, dans les cieux, comme sur la terre. Il nomme l'état primitif *océan*, & non *cahos* ; façon de voir qu'il avoit empruntée, de même que Thalès & quelques autres, de la mythologie égyptienne, où l'on envisageoit les premiers élémens comme détrempés dans le principe humide. Mais à cette idée il joint les dogmes essentiels, qu'il remontre sans cesse, avec toute la clarté que la poésie a pu lui permettre. Tout est l'ouvrage de Jupiter, tout lui obéit.

Par le concours d'Orphée, des Mystères, d'Hésiode, d'Homère, pour ne pas citer d'autres autorités, il est aisé de juger quels ont été les sentimens des *grecs* dans les tems fabuleux. On voit également par-tout une masse informe, comme sujet primitif, & un principe actif qui forme les parties du monde, qui les maintient dans leur état, qui les gouverne. Ce principe étoit le Dieu fort, parce qu'il avoit triomphé de tous les obstacles ; c'étoit le Dieu artiste, parce qu'il avoit tout organisé selon ses plans ; le Dieu bon, parce qu'il avoit fait le monde meilleur que le cahos ; le Dieu juste, parce qu'il récompensoit le bien & punissoit le mal. Voilà ce qu'ils savoient.

Ce Dieu étoit-il avant le cahos, ou le cahos avant lui ? Avoient-ils été tous deux de tout tems, l'un comme ame, l'autre comme matière ou autrement ? Dieu avoit-il formé le monde

---

(1) Erat enim non facilè agentes aliquid, & mo-

Homines Deos, in aliarum formarum imitatione servare. Cic. de nat. Deor. l. 27.

(2) *Voyez* ci dessus, article 3.

selon ses desseins, où le monde s'étoit-il formé lui-même par des lois méchaniques? Ces questions, & d'autres du même genre, restoient dans le vague de leur imagination, avec les idées de sort, de destin, d'espace sans bornes, d'éternité, d'être en général, de néant, &c. lesquelles n'ont pris à la fin quelque espèce de corps ou de consistance, que par l'opiniâtreté de la métaphysique à s'en occuper. C'est, je crois, perdre le tems, que de chercher dans des siècles si obscurs & si reculés, des idées précises, que nous pouvons à peine saisir dans nos contemporains. Nous disputons tous les jours, & nous ne sommes point d'accord sur les spéculations de Descartes, de Malebranche, de Leibnitz, &c. nous disputons sur des faits de notre propre histoire, sur des faits de nos jours, sans pouvoir quelquefois parvenir à la vérité, & nous pourrions nous flatter de rendre compte au juste des pensées métaphysiques d'Orphée, de Zoroastre, de Confucius, dont nous ne savons pas la langue, dont nous n'avons point les textes? Tenons-nous en aux grandes masses, qui se sont défendues par elles-mêmes contre les imaginations humaines & contre le tems: c'en est bien assez pour nous. Les anciens grecs connoissoient un Dieu, puissant, bon, juste, régnant sur tout, par lui ou par ses ministres. A cette vérité, ils joignoient la croyance d'une autre vie, qui étoit établie par les prières pour les mourans, par les expiations pour les morts, par le culte des mânes, par les idées de Tartare & des champs Elisées. Ainsi ils avoient les deux points fondamentaux qui servent de base à la religion & aux lois. Ces notions, il est vrai, étoient mêlées de nuages, d'idées fausses, de contradictions, mais où ce mélange ne se trouve-t-il point, quand les notions ont été maniées long-tems par les hommes, qu'elles ont des faces évidentes, & d'autres obscures? Les philosophes ont travaillé sur ce fond, pour le nettoyer & pour l'éclaircir, mais souvent ils ont pris le change eux-mêmes, ou ils ont passé le but. *Voyez* l'histoire des causes premières.

(Cette addition a été envoyée à l'éditeur qui l'a employée telle qu'il l'a reçue.)

GREW, (Philosophie de) (*Histoire de la philosophie moderne*)

On a accusé autrefois les physiciens de n'être pas assez religieux; parce qu'en effet, quelques-uns d'entr'eux, comme *Démocrite* & *Epicure*, & ceux qui ont suivi en tout leurs sentimens, étoient de véritables athées. On peut voir aussi, par le premier livre de *Pline*, que la religion de ce grand historien de la nature étoit extrêmement incertaine. Sur ce même pied-là, on a fait les mêmes accusations contre les physiciens modernes, sans considérer qu'ils avoient des principes très-différens de ceux des anciens athées.

Philosophie anc. & mod. Tome II.

Grew, connu par plusieurs beaux ouvrages de physique, fait voir dans sa *Cosmologie sacrée* I. *Que Dieu a fait le monde corporel, & ce que c'est.* II. *Qu'il y a un monde vital,* (ou intelligible) *& ce que c'est.* III. *Que Dieu gouverne l'univers qu'il a fait, & de quelle manière.* IV. *Que l'ancien testament contient des loix positives de Dieu.* V. *Que le nouveau testament est aussi une loi divine.*

Voilà le plan général de l'ouvrage dont il faut donner à présent le détail le plus succinctement possible.

I. Comme chacun souhaite naturellement d'être heureux, il est naturel de rechercher s'il n'y a point un Etre qui nous puisse donner le bonheur que nous souhaitons. Nous pouvons être assurés de son existence comme de la nôtre propre; puisque, s'il n'y avoit point de Dieu, il est certain que rien n'auroit jamais pu exister. Si l'on supposoit qu'il y a eu un moment auquel nul Etre n'existoit, il s'ensuivroit, ou que rien auroit fait quelque chose, ou que quelque chose se seroit faite elle-même: ce qui est absurde. Que s'il n'a jamais été possible qu'il n'y eût rien dans l'univers, il faut nécessairement qu'il y ait eu quelque Etre sans commencement & sans cause qui l'ait produit, ou existant par lui-même.

Il s'ensuit de-là que cet Etre a toutes sortes de perfections; car un Etre, qui existe par lui-même, peut exister de la manière la plus parfaite, puisqu'il n'y a point d'état de perfection qui soit plus élevé qu'un autre, que quelque chose ne l'est au-dessus du néant. Ayant donc la perfection d'exister par lui-même, il faut nécessairement qu'il ait le pouvoir d'exister de la manière la plus parfaite. L'auteur prouve encore la même chose, en diverses façons.

Cet Etre parfait doit être infini à tous égards, & premièrement à l'égard de la durée; car la durée d'un Etre, qui n'a jamais commencé, n'a point de bornes. Comme cette durée est sans bornes, elle est aussi sans parties; car il n'y a jamais un si grand nombre de parties, qu'on n'y en puisse ajouter quelques-unes, & par conséquent ce qui est infini n'a point de parties. Pour la même raison, le tems, qui a des parties, ne peut pas faire partie d'une durée infinie, ou de l'éternité; parce que le tems passé aujourd'hui, qui seroit infini, seroit demain plus qu'infini. L'éternité donc est, selon l'auteur, un perpétuel présent, où il n'y a ni passé, ni avenir, selon l'idée des anciens Platoniciens & des Scholastiques.

Celui qui est infini en durée, ne peut qu'être immense & infiniment puissant, sage & bon. Il peut être tel, car il est aussi possible qu'un Etre soit immense, ou infini dans son essence, que dans sa durée. Or, Dieu est tout ce qu'il peut

Hhhh

être, comme on l'a prouvé; car, autrement il ne seroit ni un Etre nécessaire, ni un Etre tout parfait. Comme la durée infinie, n'a aucun rapport au mouvement, ni au tems : de même l'immensité n'a rien de commun avec le corps, mais est quelque chose de distinct de toute grandeur corporelle. Le néant n'a point de parties, & l'infini non plus; s'il n'y a que ce qui est fini, qui en ait; & quand nous considérons le fini & l'infini, nous trouvons qu'il y a la même *raison* entre eux, pour parler comme les géomètres, qu'il y a entre le fini & le néant. C'est pourquoi l'Etre infini est autant élevé au-dessus de ce qui a des parties, que le néant est au-dessous, c'est-à-dire, que l'infini est aussi relevé au-dessus du monde entier, que le monde entier l'est au-dessus du néant.

Le même Etre très-parfait doit être nécessairement tout-puissant, & comme existant par lui-même & comme immense ; car ce qui existe par soi-même, ayant le pouvoir d'être, renferme le pouvoir d'être de toutes les manières les plus parfaites, & comme il est la cause de tous les Etres, il est tout-puissant. Ayant de plus, comme immense, le pouvoir d'un être infini, il renferme par conséquent le pouvoir de tous les Etres finis, ce qui est Etre tout-puissant.

L'Etre, qui est tout-puissant, sait nécessairement toutes choses, car ayant le pouvoir de faire tout ce qui peut être fait, s'il n'avoit pas la connoissance de tout ce qui peut être connu, il seroit, ou il pourroit faire ce qu'il ne connoîtroit pas.

Un Etre tout-puissant & qui sait tout, ne peut être que parfaitement bon; car la bonté est fondée sur la vérité, ou sur une certaine sorte de convenance. Il faut plus de puissance & de sagesse pour vouloir & faire toujours ce qui est le plus convenable, que pour faire autrement. Que s'il faisoit jamais, ou s'il vouloit faire quelque chose qui ne fût pas convenable, il seroit moins grand & moins sage qu'il n'est effectivement, ce qui est contradictoire. Outre cela, un Etre tout parfait ne peut jamais faire, ou être obligé de faire quelque chose qui ne lui plaît pas. Or, tout mal est une sorte d'imperfection. Ainsi, si Dieu pouvoit faire, ou vouloit quelque mal, ce qui est parfait se plairoit dans l'imperfection, ou dans ce qui est contraire à sa nature.

Celui qui est parfaitement bon, doit être aussi parfaitement juste; car la justice est la convenance qu'il y a entre l'action, & la récompense qui lui est due ; & ainsi, entre une mauvaise action, & la peine qu'elle mérite. Comme Dieu approuve cette convenance, s'il est parfaitement bon, il doit être aussi parfaitement juste.

Son amour pour la vérité est aussi manifeste par-là, car s'il pouvoit dire un mensonge, ce seroit parce qu'il n'oseroit pas dire la vérité, ou qu'il ne la sauroit pas, ou qu'il ne la voudroit pas dire ; ce qui seroit lui attribuer de l'impuissance, de l'ignorance, ou de la malice, qui sont contraires aux perfections dont on vient de parler.

En tout cela, il doit être immuable, car, s'il étoit possible qu'il changeât en aucune manière, il ne seroit pas un Etre nécessaire, ou éternel.

C'est pourquoi l'Etre suprême, que nous appellons DIEU, est un Etre nécessaire, existant par lui-même, éternel, immense, tout-puissant, qui sait tout, qui est très-bon & très-juste, & par conséquent d'une sainteté parfaite.

Dieu étant tout parfait, on ne peut pas concevoir qu'il ait jamais été sans agir; car l'excellence de chaque Etre, propre à agir, consiste en son opération. Ainsi, une nature parfaite doit être non-seulement propre à agir, mais doit agir de nécessité, parce que cela est renfermé en son essence. Avoir le pouvoir de faire tout & néanmoins ne faire rien, seroit plutôt une possibilité de perfection, qu'une perfection même. Si donc, nous voulons nous former une idée de Dieu aussi étendue, qu'il nous est possible, il faut que nous regardions Dieu, non-seulement comme un Etre éternel, mais aussi comme un Etre qui agit de toute éternité.

Nous ne pouvons pas concevoir que Dieu agisse autrement, que d'une manière conforme à ses perfections. Quoique nous soyons très-assurés des perfections de Dieu, dont on a parlé, il faut avouer que nous n'en avons pas des idées complettes, à cause de l'infinité de Dieu, qui est au-dessus de nos conceptions. De même, nous sommes assurés que Dieu ne peut pas demeurer sans agir, & qu'il agit d'une manière convenable à sa nature; quoique nous ne puissions pas concevoir la manière dont il agit, qui est infiniment au-dessus de notre portée & de notre manière d'agir.

Comme Dieu existe autrement que nous n'existons, & qu'il agit autrement que nous n'agissons, il faut aussi tomber d'accord qu'il pense autrement que nous ne pensons, & que nous ne pouvons pas nous en former une idée complette. Comme nous agissons, lorsque nous pensons, quoique d'une manière conforme à notre nature, Dieu aussi, en pensant, agit toujours & conformément à ses perfections. Ainsi, autant qu'un Etre, existant par lui-même, est élevé au-dessus d'un Etre dépendant, autant l'opération de ses pensées surpasse celle des nôtres. Dieu donc, en pensant, agit d'une manière toute-puissante & éternelle.

Dieu, étant seul éternel, il n'a pu penser de toute éternité qu'à lui-même : & en pensant à lui-même, il faut nécessairement qu'il en ait une idée exacte ; c'est-à-dire, qu'en y pensant, il doit produire des images substantielles de sa nature ; & par conséquent, ces images doivent avoir une existence nécessaire & éternelle, comme Dieu ; car autrement ce ne seroient pas des images exactes de ses perfections, & ses opérations ne seroient pas infinies & éternelles, & aussi parfaites qu'elles le doivent être.

Comme il y a une distinction réelle entre son entendement & sa volonté ; quoique cette distinction soit incompréhensible : ainsi, leurs images substantielles en doivent être réellement distinctes, & non-seulement distinctes entre elles, mais encore de Dieu lui-même, parce que rien n'est l'image de soi-même. Quoiqu'elles aient une existence distincte, elles ne peuvent être séparées de Dieu ; comme les idées que nous formons de notre esprit, n'en existent pas séparément, mais qu'elles co-existent avec lui.

Comme Dieu a une idée des perfections de sa propre nature, il faut aussi qu'il ait des idées de tous les êtres possibles, c'est-à-dire, une idée complette de l'univers.

Mais, parce que rien ne peut être éternel, que ce qui est infini, il est impossible que Dieu pense à l'univers, ou à quelque autre chose, que ce soit, comme éternelle. C'est pourquoi on ne peut pas dire que Dieu ait pensé éternellement à le faire exister ; & par conséquent l'univers, ni quelque autre chose que ce soit, ne peut être, comme les images de ses perfections, considéré comme étant la même chose que lui ; car le fini & l'infini ne peuvent pas être la même chose.

C'est ainsi que *Grew* prouve l'existence de Dieu & de ses perfections *à priori*, comme il le dit dans sa préface. Il dit encore que quelques-uns croyant la Trinité impossible, il a prouvé, au contraire, en quatre ou cinq paragraphes, que nous ne pouvons pas avoir une véritable idée de la Divinité, sans elle. Il faut néanmoins avouer que, si la révélation ne nous en avoit rien dit, les idées, que nous en pourrions former, seroient fort douteuses & fort confuses. Il croit, par exemple, que Dieu, en pensant à lui-même, en forme des *images substantielles* ; mais, si l'on dit que l'idée que Dieu a de lui-même est sa propre substance qui se contemple immédiatement avec elle-même, comment prouvera-t-il le contraire ? S'ensuit-il que Dieu produit un Etre, dont l'existence est réellement distincte, lorsqu'il se contemple lui-même ; puisque l'idée qu'il en a, comme parlent les hommes, n'est à proprement parler que sa propre nature ? Quand on dit que Dieu contemple son image, c'est une façon de parler humaine,

tirée de notre manière de concevoir ; dans laquelle les images, ou les idées, que nous avons des choses, sont distinctes de la nature de notre ame ; mais, comme l'auteur le reconnoît, la manière d'entendre de Dieu n'est pas la même que la nôtre. On ne peut donc pas dire que Dieu entend d'une certaine manière, parce que c'est ainsi que nous entendons ; mais, comme nous n'avons point d'idée claire & assurée de l'*intellection* de Dieu, il ne nous est pas permis de rien assurer de particulier de la manière dont elle se fait. Le danger de se tromper est égal des deux côtés.

Outre cela, son raisonnement (supposé qu'il fût solide) ne prouveroit directement que la *Dualité*, & non la *Trinité* ; parce que quoique *Grew* parle des *images* de Dieu au pluriel, l'immutabilité & la simplicité de Dieu ne souffrent pas qu'il ait plusieurs idées de lui-même. Celle qu'il a eue de toute éternité, il l'a encore, & l'aura à jamais, sans qu'il y arrive aucun changement, au moins *intrinseque*, comme parlent les philosophes. Ainsi, selon ces principes, il n'y auroit que deux Etres éternels, Dieu & son image. Mais, supposé que cette image substantielle, comme parle l'auteur, en produisît encore une semblable à elle, il y auroit, dira-t-on, trois Etres co-éternels. Cela seroit fort bien, si l'on avoit une raison solide de croire que ce troisième Etre n'en engendre pas un quatrième de la même manière. Les Platoniciens hésitoient beaucoup là-dessus, comme on le pourroit faire voir par *Plotin*. Mais comme on n'en a aucune qui soit tirée de la raison, il faut avouer qu'elle ne nous enseigne pas plus qu'il y en a trois, qu'une infinité. C'est ce qui fait que beaucoup de gens croyent qu'il nous en faut tenir uniquement à la révélation, qui nous enseigne du *Père*, du *Fils* & du *Saint-Esprit*, sans vouloir expliquer par des raisonnemens, ce qui est inaccessible à la raison ; & il est certain qu'on n'a rien pu trouver de satisfaisant là-dessus.

Cela soit dit en passant, pour exciter l'auteur & les habiles gens, en cette sorte de chose, à y penser avec soin ; car ce qu'on vient de remarquer ne naît d'aucune envie de contredire, ni de critiquer un auteur, pour qui l'on a beaucoup d'estime : c'est de quoi il peut être parfaitement assuré. On n'est pas plus surpris de trouver dans les autres des sentimens différens de ceux que l'on a, que l'on est surpris de savoir que ce sont des hommes, qui ont la même liberté de penser, que l'on veut prendre soi-même. D'ailleurs, comme il y a toujours eu de grandes disputes sur ces matières, & que ces disputes ne sont pas prêtes à finir, il en faut parler avec beaucoup de précaution, & n'employer, s'il est possible, que des preuves décisives. Autrement, les anti-Trinitaires ne manquent pas d'en triompher.

Mais, pour en revenir à notre auteur, il prouve ensuite que la matière & le mouvement ont eu un commencement. Si la matière étoit éternelle, elle existeroit par elle-même, &, par conséquent, elle auroit par elle-même le pouvoir d'être, & d'être de la manière la plus parfaite; de sorte, que tout le monde corporel, & même chaque atôme, renfermeroit toutes les perfections, & seroit Dieu : ce qui est la derniere absurdité.

Outre cela, un corps ne peut pas exister par lui-même, parce qu'il ne se remue pas de lui-même; puisque nous nous pouvons former l'idée d'un corps sans mouvement, & que nous concevons très clairement qu'un corps peut exister sans cela. Si donc un corps se mouvoit de lui-même, il auroit le pouvoir de faire quelque chose de rien; & un seul atôme, en multipliant son mouvement à l'infini, seroit capable de causer tous les mouvemens qui sont dans l'univers. Supposer qu'un corps existe par lui-même, est une absurdité aussi grande, que supposer qu'il a la faculté de se mouvoir de lui-même; car il y a autant de distance entre l'existence & la non-existence, qu'il y en a entre le mouvement & le repos.

De plus, si la matiere & le mouvement n'avoient pas été produits, ils seroient éternels. Mais c'est ce qu'on ne peut pas supposer, parce que si le mouvement est éternel, le tems, dans lequel il auroit été, seroit aussi éternel, & ainsi il y auroit toujours eu un tems infini qui seroit passé. Un tems qui a toujours été passé, n'a jamais été présent. Pour ne pas tomber dans cette contradiction, il faut avouer que le mouvement a eu un commencement, & par conséquent la matiere. Car, pourquoi la matiere auroit-elle existé éternellement sans mouvement ? A quoi auroit-elle servie ? Ainsi, il faut reconnoître que le monde a été créé, & que Dieu en est le créateur.

Toutes choses ayant été créées, elles continuent à exister par la vertu de leur première existence; car, comme l'étendue d'un corps est la continuation d'un corps ajouté à un autre corps, de même la durée de quelque chose est la continuation d'un Etre joint à un autre Etre. C'est pourquoi, comme un petit corps ne se peut pas faire lui-même plus grand qu'il n'est, de même un corps qui a commencé ne peut pas plus se continuer lui-même, qu'il n'a pu se donner le commencement de son existence.

II. Après avoir prouvé de la sorte l'existence de Dieu & la création du monde, l'auteur donne une description du monde corporel, tel que les physiciens modernes le conçoivent, & qui mérite d'être rapporté. Quoiqu'il ait commencé, l'auteur dit qu'il est *indéfini* en toutes sortes de perfections créées. Car on ne peut jamais marquer le dernier effet d'une cause infinie.

Nous ne pouvons jamais arriver aux dernieres bornes de son étendue; mais nous avons assez de quoi admirer, dans l'espace qui s'étend d'ici aux étoiles fixes, que nous pouvons voir, & qui est infiniment plus grand qu'on ne le croyoit autrefois.

La parallaxe de l'étoile polaire, sous-tendue par le diametre de l'*orbis magnus*, n'est pas de plus d'une minute. C'est pourquoi, sa distance du soleil n'est pas moins de 3,400 diametres de l'*orbis magnus*; & sa distance de la terre, quand elle est la plus proche, est de 3,399. Ainsi, le diametre de la terre étant d'environ 8,000 milles, & le diametre de l'*orbis magnus* étant de 10,000 diametres de la terre; le distance de cette étoile de la terre est de plus de 470,840,000 milliers de pas.

Outre les étoiles visibles, il y en a d'autres que l'on n'a découvertes, que par le moyen du télescope, comme celles qui composent la *voie lactée*, les nébuleuses de la tête d'*orion*; la *creche*, où il y en a plus de 40; celles qui sont mêlées parmi les *pléiades*, & qui sont en aussi grand nombre; & les 80 qui sont autour de l'épée & de la ceinture d'*orion*.

M. *Flamsteed*, célebre astronome anglois, ne croit pas que, parce qu'elles paroissent plus petites, il en faille conclure qu'elles sont plus éloignées. Il a trouvé que la parallaxe de l'étoile polaire est plus grande que celle de la canicule, qui, par conséquent, est plus éloignée que la précédente, quoique la canicule soit plus grande & plus brillante. Mais comme on ne pouvoit appercevoir les étoiles, dont on a parlé, avant l'invention des télescopes, il y en a sans doute encore beaucoup, qui, à cause de leur grand éloignement, ou de leur petitesse, nous sont invisibles.

Le monde n'est pas plus admirable en son tout, qu'en ses parties, soit qu'elles soient grandes, ou petites.

Les planetes, pour commencer par les grandes parties quoiqu'elles se meuvent dans des orbites, dont les aires sont placées obliquement, ou inclinées à celle de l'écliptique, se meuvent néanmoins très-régulierement, selon certains dégrés de vitesse, & toujours dans la même distance les unes des autres : il ne laisse pas d'y avoir beaucoup de variété dans ce mouvement régulier. Toutes les planetes principales se meuvent autour du soleil, comme autour de leur centre commun, à différentes distances & avec divers dégrés de vitesse; mais elles ont toutes cette commune loi, que les quarrés des tems de leurs révolutions sont proportionnels aux cubes de leur distance. Les moindres planetes, comme la lune & les satellites de Jupiter & de Saturne, observent les mêmes loix.

Il est aussi évident, par les taches que l'on remarque dans le soleil & dans les grosses planetes, qu'outre le mouvement de ces dernieres autour du soleil, elles tournent aussi bien que lui autour de leurs axes, & toujours dans le même sens ; sçavoir : de l'occident à l'orient. La terre fait sa revolution autour de son axe dans un jour ; le soleil, en vingt-cinq jours & six heures ; Mars, quoique plus petit que la terre, emploie souvent plus d'un jour ; Jupiter, au contraire, qui est plus gros qu'elle, fait sa révolution environ en dix heures. Pour la lune, on n'y remarque qu'une espece de libration, sur son propre axe, par laquelle elle va & vient. L'axe de la terre, & ceux des autres principales, demeurent toujours paralleles à eux-mêmes, quoiqu'ils ne le soient pas entre eux. On croit aussi que les cometes décrivent des courbes semblables aux orbites des planetes.

La substance, non-seulement des planetes, qui sont des corps opaques & destitués de lumiere, mais encore du soleil est solide; ce qui est nécessaire, afin qu'il puisse tourner autour de son axe, sans changer de figure. C'est ce qui rend son éclat plus admirable, parce que tous les autres corps, les plus lumineux, sont fluides. L'auteur croit, ce qui est encore plus surprenant, que le soleil donne sa lumiere sans être chaud en lui-même, au moins d'un degré considérable de chaleur ; & il y a apparence, selon lui, que ses rayons s'échauffent seulement quand ils viennent à se mêler avec l'air, ou avec l'atmosphère. Car, comme il y a des choses extrêmement chaudes sans donner aucune lumière, il y a des corps assez lumineux sans aucune chaleur sensible, comme le bois pourri, &c.; en sorte, que la lumiere & la chaleur ne sont pas nécessairement unies, & ne se trouvent pas ensemble dans la même proportion. On sait aussi de quelle nécessité est l'air, pour faire du feu & même pour la lumière ; puisque les corps lumineux perdent cette propriété, ou en tout, ou en partie, quand on les met dans la machine du vuide. On sait aussi que les rayons du soleil, étant recueillis par le moyen d'un miroir creux, fondent les métaux dans un moment. Il ne semble pas que le recueillement des rayons du soleil doive autant augmenter leur force, qu'elle a dû être diminuée, en passant au travers de 10,000,000 de milles, pour le moins. Si le soleil étoit un corps brulant, & que sa chaleur fût proportionnée à sa distance; comment une aussi horrible chaleur ne causeroit-elle pas une plus grande altération dans sa masse? Comment pourroit-il avoir conservé sa chaleur, avec tant d'égalité, depuis 6,000 ans? Quoi qu'il en soit, on ne peut qu'être surpris de voir un corps si lumineux sans chaleur ; ou si c'est un corps brulant, qu'il arrive si peu d'altération dans sa substance, ou dans sa chaleur, depuis tant d'années.

La domination du soleil, s'il faut ainsi parler, sur les principales planetes, & celles de ces planetes sur leurs satellites, n'est pas moins admirable. La régularité de leurs mouvemens est visible, mais la cause en est cachée. On croit qu'il y a quelque chose, dans le grand tourbillon du soleil, semblable à ce qui est dans celui de la terre ; c'est-à-dire, une force appesantissante qui les pousse vers le soleil. Cet astre est le plus propre pour cet effet, à cause de sa grandeur, qui peut agir fort loin. Comme on suppose que le soleil est éloigné de nous d'environ 10,000 diametres de la terre : il y a autant de disproportion entre la masse de la terre & du soleil, qu'il y en a entre 1 & 1,000,000. Le soleil a de la force sur les planetes, à proportion de leur grandeur, comme la terre sur les corps pesans qui l'environnent.

Néanmoins il reste en cela de grandes difficultés; car si l'on donne au soleil la faculté de mouvoir les planetes, il faut encore, qu'il y ait quelque autre cause qui rende ce mouvement circulaire & toujours le même. Car pourquoi les corps pesans ne se mouvroient-ils pas aussi circulairement autour de la terre? Il semble que pour tenir les planetes dans le même éloignement, il faut qu'il y ait autant de sortes d'*éther* qu'il y a de planetes qui y nagent, & qu'il y ait, je ne sais quoi, dans les planetes qui diversifie leurs mouvemens. D'ailleurs, quelle cause est-ce qui remue le soleil lui-même.

L'auteur compare ensuite la terre à l'aimant, & avoue qu'on ne sait point encore les loix de la variation de l'aimant, ni pourquoi il ne se tourne pas exactement vers les poles de la terre.

L'éther, dans lequel les planetes se meuvent, outre qu'il peut être d'espece différente, peut être aussi consideré par rapport à sa rareté, qui peut-être est plus grande que celle de l'air, 20 fois plus à proportion que l'air n'est plus rare que l'eau ; c'est-à-dire, que si l'air est 860 fois plus rare que l'eau, l'éther est 7,200 fois plus rare que l'air. Il est fort probable que, s'il y a différentes sortes d'éther, elles ont des différens degrés de rareté, par le moyen de laquelle, l'éther est un moyen propre pour transmettre la lumiere & les influences des astres les plus éloignés. Cela se fait avec une si prodigieuse vîtesse, que dans dix minutes de tems, ou dans la sixieme partie d'une heure, la lumière traverse un espace de 10,000 diametres de la terre. Cela sert encore à faire concevoir comment les planetes peuvent faire leurs révolutions dans cette matiere avec tant de vîtesse & d'égalité. La terre, par exemple, avance chaque jour, dans sa révolution annuelle, l'espace d'environ 200 de ſes diametres, c'eſt-à-dire, environ 1,000 milliers de pas dans une minute.

L'air ſert manifeſtement à mille uſages importans, comme à la génération des vents, & des météores, & de beaucoup d'autres corps inférieurs, & même à la vie des animaux. Les vents réglés du nord-eſt & du ſud-eſt, qui ſoufflent entre les tropiques pendant toute l'année, ſemblent naître en partie du mouvement diurne de la terre, qui, faiſant là un plus grand cercle, du couchant à l'orient, fait que l'air ſe meut de l'orient au couchant. Il y a pluſieurs autres vents & particulierement quelques-uns qui ſoufflent de l'oueſt, qui demeurent deux ou trois jours au même point, & qui font faire à un vaiſſeau juſqu'à 150 lieues dans cet eſpace de tems. Il y a encore d'autres vents réglés & variables, auxquels on ne s'arrête pas.

Pour rendre raiſon de tout cela, l'auteur croit qu'il faut avoir recours non-ſeulement à la terre, mais encore à la ſituation des planetes, & à quelques-unes des étoiles fixes. Il conjecture que tous ces corps ont, comme le ſoleil, quelque pouvoir de remuer la terre, & ce qui eſt autour d'elle ; mais non pas néanmoins de faire aucun changement à ſon axe, qui eſt commandé par le ſoleil, eu égard à ſa diſtance. Selon que l'atmoſphère de la terre preſſe plus ou moins l'éther dans lequel elle ſe meut, la figure & le mouvement de l'atmoſphère en reçoivent plus ou moins de changement.

L'eau eſt auſſi d'un uſage admirable, par deux de ſes propriétés ; ſavoir, la fluidité de toute ſa maſſe, & la ſolidité de chacune de ſes particules. Car ſi elle n'étoit pas propre à être élevée en forme de vapeurs, il n'y auroit ni nuées, ni pluie.

Comme un brouillard n'eſt autre choſe, ſelon l'auteur, qu'une multitude de petits globules ſolides, qui deſcendent de l'air, par leur peſanteur : de même les vapeurs ne ſont autre choſe qu'un amas de globules creux, qui montent juſqu'à une hauteur à laquelle ils ſont d'un poids égal avec l'air ; où ils demeurent ſuſpendus, juſqu'à ce qu'étant rompus par quelque mouvement de l'air, ils deſcendent en gouttes plus denſes, ou comme un brouillard, quand elles ſont petites, & comme une pluie, quand elles ſont plus groſſes. Qu'y a-t-il de plus grand uſage que les eaux ramaſſées en mers, lacs & rivières, & que la pente de ces dernières, qui naît de l'inégalité de la ſurface de la terre ? Il n'y a rien de plus utile non plus, que les mouvemens réglés de la mer, dont les viciſſitudes journalières ſont cauſées par le mouvement diurne de la terre, & les changemens qui s'y font dans l'eſpace d'un mois, par ce même mouvement, joint à celui de la lune, ſelon Wallis.

Quelques modernes, auſſi bien que les anciens pythagoriciens, en conſidérant les parties obſcures & inégales de la lune, & quelques autres choſes, ont cru que c'étoit un globe compoſé de terre & d'eau, comme la terre, & qui a ſes vents, ſes mers & ſes flux & reflux ; & par conſéquent qui a ſes animaux & ſes végétaux, quoiqu'ils ſoient différents de ceux de notre terre. Nous ſommes auſſi bien fondés à conjecturer la même choſe de toutes les autres planetes.

Outre cela, nous avons ſujet de croire que chaque étoile fixe eſt un autre ſoleil, qui tournant autour de ſon axe commande à un *ſyſtème planetaire*, ſemblable à celui dans lequel nous ſommes. La diſtance où Saturne, la plus éloignée des planetes, eſt du ſoleil, & au-delà de laquelle on n'en voit aucune, n'eſt peut-être pas une cinquième partie de la diſtance qu'il y a de Saturne à l'étoile fixe la plus proche. Il ſemble qu'il n'y auroit point de ſymmétrie à embellir d'un ſi magnifique appareil un auſſi petit eſpace de l'univers, que l'eſt le tourbillon de notre ſoleil, & à laiſſer tout le reſte vuide & deſtitué de tout ornement. En ſuppoſant que chaque étoile fixe eſt un ſoleil, il ne paroît pas convenable à la ſageſſe divine qu'elle ait donné un ſi grand uſage & un ſi grand empire à l'un de ces ſoleils, ſans donner preſque rien de ſemblable aux autres. S'il y a donc pluſieurs milliers d'étoiles, que nous voyons, & que nous ne voyons pas, qui ont des tourbillons avec des planetes autour d'eux, il y a beaucoup plus de mondes planetaires. Nous ne pouvons ni voir, ni concevoir des bornes dans l'univers, non plus que dans la ſageſſe toute-puiſſante de celui qui l'a fait.

On pourra voir cette matière traitée plus au long, dans le *Coſmotheoros* de *Huygens*, qui ne croit pas néanmoins qu'il puiſſe y avoir des animaux dans la lune, parce qu'il la juge deſtituée d'eau, fondé ſur ce que l'on ne remarque aucune variété ſur ſa ſuperficie, mais toujours les mêmes choſes, & comme il ſemble une éternelle ſérénité. Cela étant ainſi, il ne peut y avoir ni plantes, ni animaux, à moins que d'être d'une nature toute différente de ceux de cette terre. Cependant d'autres aſtronomes croient y avoir remarqué de grands amas d'eau, car il faut qu'ils ayent quatorze mille pieds de largeur, pour être vû ſous un angle de ſix minutes, par une lunette de trente-ſix pieds. Voyez ce qu'en dit Hartſoker, dans (1) ſes eſſais de Dioptrique, ch. X.

_____

(1) Imprimés à Paris, *in-4°.* en 1694.

III. Comme il n'y a point de chose si grande à laquelle on ne puisse ajouter quelque chose, excepté à Dieu seul, il n'y a rien de si petit qu'on n'y puisse retrancher, excepté à (1) un point. Car comme on ne peut pas parvenir aux bornes de l'étendue générale de l'univers : ainsi ses parties sont divisibles à l'indéfini, ou, comme parlent les mathématiciens, à l'infini, c'est-à-dire, au delà de toutes nos observations, & de nos conceptions.

La plus petite partie d'une ligne est une ligne, & il n'y en a point de si courte, qu'elle ne puisse servir de borne à la surface d'un corps, & par conséquent elle est divisible en plus petites parties. C'est ce que l'on voit encore par la nature des lignes spirales infinies & par toutes les *asymptotes* ; ou qui étant sur le même plan peuvent être plus proches l'une de l'autre, qu'aucune distance donnée ; mais qui ne se toucheroient néanmoins jamais, si on les alongeoit à l'infini. C'est pour la même raison qu'encore que quelques uns aient montré la quadrature de quelques lignes courbes ; néanmoins on ne la peut pas faire parfaitement & jusqu'à un point, par la comparaison immédiate d'une ligne courbe & d'une droite. On a besoin pour cela du mouvement, par la vitesse duquel, selon le sentiment de *Newton*, on peut calculer la longueur d'une courbe. On peut, par une comparaison immédiate d'une droite & d'une courbe, approcher plus près de l'égalité qu'aucune différence donnée ; mais on ne peut pas porter l'égalité jusqu'à un point. Car comme la plus petite partie d'une ligne est une ligne, la plus petite partie d'une ligne courbe, quoique divisée à l'infini, est une courbe aussi ; de sorte qu'après avoir immédiatement comparé une ligne droite & une courbe, il reste toujours quelque chose.

Cela nous doit conduire à nous former une idée juste des principes, dont les corps sont composés. Il faut qu'ils aient leur dimension, & par conséquent leur figure solide ; mais néanmoins ils peuvent être infiniment petits, & non seulement imperceptibles, par les seuls sens, & par le moyen du microscope ; mais encore d'une petitesse, qui passe tous les calculs arithmétiques & toute notre conception.

On peut expliquer ces vérités à ceux, qui ne sont pas accoutumés aux preuves mathématiques, par la petitesse de plusieurs corps organisés, pour parler ainsi avec notre auteur. Dix mille grains de la graine de la plante nommée langue de cerf en anglois, *harts-tongue*,) fait à peine la grosseur d'un grain de poivre. Si l'on considère à part l'écorce & le corps même de la graine, les parties *parenchymeuses*, & *ligneuses* de l'un & de l'autre, les principes de leurs fibres, & les parties *homogènes*, ou les atômes de chaque principe, & qu'on les multiplie à proportion, on trouvera cent millions d'atômes, dans l'espace d'un grain de poivre ; & l'on ne sauroit définir combien il y en peut avoir davantage. Cela devient encore plus évident, par la prodigieuse petitesse de certains animaux ; tels que sont ceux que l'on trouve dans le sperme des moindres insectes, & qui sont plusieurs millions de fois plus petits qu'un grain de sable, comme Leuwenhoek l'a remarqué. Après cela, quel peut être le nombre & quelle sera la petitesse de chaque atôme, dont les organes de ces animaux sont composés ? Ces exemples peuvent montrer qu'il est très-probable que les qualités des corps, par lesquelles ils opèrent les uns sur les autres, appartiennent proprement à certains principes corporels, & qu'elles ne sont pas originairement en d'autres. La chaleur, par exemple, est communicable à toutes sortes de corps ; néanmoins il y a certains corpuscules, dans lesquels elle est originairement. C'est-à-dire, que quand un corps reçoit de la chaleur, c'est par le moyen de quelques particules très-subtiles, qui sont remuées dans ce corps échauffé, ou qui y passent de quelque autre corps. C'est pourquoi une coupe d'argent, qui est remplie d'une liqueur chaude, étant plus propre à retenir ses *principes calorifiques*, non seulement elle demeure chaude plus long-tems, mais est même plus chaude que la liqueur qu'elle contient. Par quel chimérique mouvement un miroir creux pourroit-il faire un *focus*, dans lequel il y a une chaleur si grande, si la lumière n'étoit pas un corps propre à la produire ? L'eau pourroit-elle faire les figures que l'on y voit, quand elle est glacée, sans quelque principe glaçant, qui les produit subitement dans cette liqueur ?

Par-là nous pouvons concevoir comment la *gravitation* & la *vertu magnétique* peuvent venir de certains corpuscules, qui sortent des corps, en qui l'on remarque ces qualités : encore que le poids du fer, que l'aimant soutient, soit quelquefois soixante-fois plus grand que le poids de l'aimant. Car comme une corde d'une viole, lorsqu'elle est mue, en peut mouvoir une autre également tendue : ainsi les écoulemens de la matière insensible, qui sort de l'aimant & du fer, étant mûs de même, peuvent ensemble avoir une plus grande force que n'est celle de la *gravitation*, & peuvent être suffisans pour tenir ces deux corps unis.

Il y a une sorte de *magnétisme*, s'il faut parler ainsi, non seulement dans l'ambre jaune, & dans le jais, mais encore en différentes sortes

---

(1) Mais ce *point* est une idée abstraite & n'existe pas.

de gommes résineuses, & même dans la poix-résine ordinaire; car tous ces corps étant frottés, jusqu'à ce qu'ils soient chauds, enlèvent de petits morceaux de paille. Néanmoins ces mêmes gommes étant échauffées au même degré, ou davantage auprès du feu, ou à la chandelle, ne font point d'effet sur le brin de paille, qu'ils venoient d'enlever.

Il y a plusieurs autres phénomènes, qui ont du rapport aux qualités des corps, & qui étant examinés à fond, se trouvent enveloppés d'une grande obscurité. C'est ainsi que la sagesse & la puissance divine ont caché les principes de la génération & des opérations des corps, dans l'extrême petitesse des corpuscules dont ils sont composés, en sorte que nous ne les saurions pénétrer.

Les ouvrages de la divinité ne sont pas plus surprenants à l'égard de la petitesse des principes dont ils sont composés, qu'en ce que ces principes sont inaltérables. Il y a même quelques minéraux, dont non seulement les principes ne changent point, mais dont les corps demeurent toujours les mêmes. On sait que l'or souffre un feu très-violent, pendant long-tems, sans aucun changement; & que quand il a été dissous, par les liqueurs corrosives, & divisé en particules imperceptibles, il peut être promptement précipité & reparoître sous sa première forme. La même immutabilité que l'on remarque dans une masse d'or, se doit encore plus trouver dans les principes dont il est composé, & dans ceux de tous les autres corps, quand leur composition est détruite.

Il est clair que les principes de l'eau sont durs & inaltérables, dans leur figure; autrement toutes sortes de sels, comme le tartre, le sel ammoniac, le sel commun, le vitriol, & le nitre se pourroient toujours dissoudre, en même quantité, dans la même quantité d'eau, & ils y occuperoient tous le même espace. Car quelque variété qu'il y ait dans les figures des sels, si les atômes de l'eau étoient fluides & changeants, ils se conformeroient toujours aux figures de ces particules salines, & rempliroient exactement toutes sortes d'espaces vuides : & par conséquent on pourroit toujours charger la même quantité d'eau de la même quantité de sel. Or c'est ce qui ne se fait point, comme l'auteur l'a fait voir dans un discours qui a été lu devant la société royale de Londres, & où il a traité *de la dissolution des sels dans l'eau.* Si les atômes de l'eau sont inaltérables, il en est de même des atômes de toutes les autres liqueurs; & à plus forte raison de ceux des corps, qui ont de la consistance & de la solidité.

Il étoit convenable & même nécessaire que cela fût ainsi. Cela étoit convenable, parce que comme le mouvement dépend de certaines loix inviolables, il falloit aussi que les principes de chaque corps fussent d'une certaine grosseur, & d'une certaine figure. Cela étoit aussi nécessaire; car si nous supposions que ces principes peuvent être changés par quelque mouvement, après une infinité de vicissitudes de générations & de corruptions, pourroit-on être assuré qu'ils reviendroient à leur première figure? Que deviendroient-ils dans chaque altération? Nous aurions tous les jours de nouveaux principes, de nouvelles sortes de générations, un nouvel état des corps, en un mot un nouveau monde.

S'il n'y a aucun mouvement qui puisse altérer les principes des corps, c'est-à-dire, leur faire changer de grandeur & de figure, il n'y en a point non plus, qui les leur puisse donner par lui-même. Cela veut dire que, si les principes des corps sont inaltérables, il n'y a rien aussi qui puisse les former, que la puissance divine.

De plus, la régularité des principes corporels montre qu'ils viennent de la divinité qui la leur a donnée. Cette régularité est certaine, quoiqu'elle ne paroisse pas également dans tous les corps; car on ne la remarque pas si facilement dans les fluides, que dans les solides: car la régularité n'est autre chose qu'une ressemblance continuée. Quoique nous ne puissions pas voir les particules insensibles, dont l'eau, par exemple, est composée, elles sont pourtant toujours de la même figure qui est nécessaire pour former une masse liquide. De même les atômes de l'air sont de la figure dont il faut qu'ils soient pour faire un corps élastique.

S'il y a quelque sens en ce qu'ont dit quelques philosophes des *qualités occultes* des corps, ils ont dû entendre par ces mots les effets de leurs principes cachés, & dont les atômes ne sont pas unis dans un nombre suffisant pour faire des masses visibles.

En tout cela, il faut nécessairement, quoique nous ne le voyions pas, qu'il y ait des particules semblables, qui sont propres pour produire, quand elles sont unies, un effet constant & réglé.

Les atômes de tous les corps fluides visibles, considérés comme visibles, semblent être d'une figure ronde; n'y ayant aucune figure si propre que celle-là, à produire la fluidité, & cette rondeur visible que l'on remarque dans les gouttes de toutes les liqueurs. Néanmoins, outre cette rondeur commune aux atômes de tous les corps fluides, il faut qu'il y ait entr'eux quelqu'autre chose par laquelle les atômes de différens corps fluides soient distingués les uns des autres; car autrement,

autrement, tous les fluides auroient les mêmes qualités.

Si l'on met de l'eau commune, & du vif-argent dans deux thermomètres égaux, en sorte que l'eau monte aussi haut dans le col de l'un, que le mercure dans le col de l'autre; & qu'ensuite on mette ces deux thermomètres dans un vaisseau plein d'eau chaude, l'eau & le vif-argent monteront tous deux, mais selon une proportion très différente. Encore que l'eau soit 14 fois plus légère que le vif-argent, néanmoins le vif-argent monte de deux tiers plus haut que l'eau. Ainsi les corps ne sont pas *expansibles*, pour parler avec l'auteur, selon la proportion de leur poids, ou de la matière qui peut être dilatée. Cela vient de la diversité de leurs atômes qui peuvent être plus ou moins raréfiés, ou différemment ébranlés par les atômes des corps chauds.

Mais la régularité des principes se manifeste davantage dans les corps solides. Les facettes des diamans sont très-souvent hexagones dans le rocher même auquel ils sont attachés. Le crystal se trouve naturellement en forme de prisme hexagone, & ses bouts taillés de même. Les grenats sont d'une rondeur toute pleine d'angles. Outre les pierres précieuses, il y en a plusieurs autres qui sont naturellement d'une certaine figure régulière. L'*astérie* est en forme d'étoile; la pierre *judaïque* est comme une poire; l'*amianthe* est plein de fils parallèles, comme les étoffes de soie; le *sélénites* est plein de feuilles plates, comme seroient des feuilles de papier mises l'une sur l'autre, & il est de la figure d'un rhombe; le *talk* est aussi rhomboïde, & l'on remarque de semblables diversités en plusieurs pierres.

Plusieurs de ces pierres abondent en sels, & il semble que c'est des différentes sortes de sels & de leurs mélanges, que viennent leurs différentes figures. Quelques autres, comme le *diamant*, l'*amianthe* & le *talk*, semblent, à cause de leur dureté, & parce que le feu ne les peut pas endommager, être composées de particules terrestres, ou pierreuses, proprement dites. On peut recueillir de-là, que ces corps, étant de figures régulières, ils sont composés d'atômes réguliers.

Outre les pierres, toutes sortes de minéraux & mêmes les métaux, tant l'or que les autres, ont naturellement de certaines figures. Les côtés de tous les morceaux d'argent & de plomb, que l'on trouve dans les mines, sont toutes leurs faces réduites à des angles égaux. Il n'y a pas lieu de douter que, si toutes les pierres & tous les métaux avoient sous la terre des espaces assez grands, & tout ce qu'il faut pour leur génération, chaque pierre & chaque morceau de métal n'eût toute la perfection que son espèce demande & une certaine figure.

On sait par expérience, que les sels sont toujours de même dans ces circonstances. Quoiqu'ils soient de diverses figures, leurs facettes sont terminées par des figures rectilignes, & des angles proportionnés les uns aux autres. Le sel du lac asphaltite se réduit en cubes parfaits. Le sel commun approche aussi quelquefois de cette figure. Quelquefois il est composé de quarrés plats, d'autres fois de pyramides, d'autres fois d'autres figures, mais toutes terminées par des lignes droites. On remarque la même chose dans toutes les solutions du sel *ammoniac*, du *salpêtre*, du *vitriol*, du *nitre*, des sels végétaux & volatils, comme on le pourra voir dans l'auteur; car on ne peut pas entrer ici dans tout ce détail.

Les sels de l'air semblent être un mélange des sels volatils d'ici bas. Mais il n'y en a point qui produise des effets aussi sensibles que celui qui cause le gel & qui ressemble au salpêtre. D'autres ont remarqué que la neige est figurée d'une manière assez régulière & disposée ordinairement en forme d'étoiles qui ont six pointes. Mais M. *Grew* a montré, dans un discours présenté à la société royale, & publié dans les *transactions philosophiques*, que tout le corps d'une nuée de neige est composé de semblables petits glaçons formés régulièrement. Chaque petite goutte de vapeur, descendant au travers d'un air glaçant, devient un glaçon figuré de la sorte. Mais la plupart de ces glaçons, étant emportés par le vent dans leur chûte, ils sont brisés & réduits en ce que nous appellons des *floquets* de neige.

Ces effets de ce principe glaçant, sont aussi fort remarquables sur la terre. Dans la blanche gelée, on voit une très-grande multitude de prismes quadrangulaires bien formés & mis les uns sur les autres, sans aucun ordre. On a vu dans un premier gel, sur de la neige, de semblables prismes, mis les uns sur les autres, joints bout à bout, & également longs, en sorte qu'ils composoient tous ensemble une pyramide sexangulaire renversée. Quelquefois on a vu une grande quantité de globules de glace, c'est-à-dire, de gouttes de brouillards gelées subitement sur la neige, & mises l'une sur l'autre en forme de pyramide qui finissoit par un de ces globules.

L'humidité, qui se trouve sur les fenêtres, ou sur les pierres, en dehors des maisons, est si joliment gelée, qu'elle ressemble souvent à une plante. L'auteur croit que le principe glaçant est alors mêlé parmi quelques parties volatiles des

Philosophie anc. & mod. Tom. II.

plantes, & qui voltigent perpétuellement autour de la surface de la terre.

Dans la saison du gel, si l'on mouille une vitre avec de l'eau chaude, en sorte qu'elle ne se gèle pas trop subitement, lorsque cette eau viendra à regeler, elle aura toujours des figures régulières, où l'on verra plusieurs glaçons parallèles, rangés en long, & qui seront toujours entrecoupés par d'autres glaçons semblables, & par le même angle ; ce qu'on remarqueroit aussi dans la neige, si elle n'étoit composée que de deux glaçons. Il paroît par-là que le principe glaçant forme toujours des figures régulières, toutes les fois que l'eau est divisée en petites parties & fort minces à proportion de sa surface, en sorte que le principe glaçant peut agir facilement sur elle. Tout ce qui se forme dans l'air, dans l'eau, ou dans la terre, seroit toujours régulièrement formé ; si l'espace du lieu où il se forme, & toutes les autres circonstances de sa génération le permettoient.

Il faut aussi remarquer qu'encore que les figures des pierres, des sels & des autres corps dont on a parlé, soient souvent faites à angles droits ; l'angle, que l'on trouve le plus communément, est l'angle aigu, par lequel le cercle est divisé en six parties égales. Cet angle, de lui-même, ou en y ajoutant, ou diminuant quelque chose, est propre à la génération de toutes sortes de figures, dans les corps composés.

Il est évident, par tous ces exemples, que les principes des corps ont des figures régulières. Il est vrai que les principes eux-mêmes, à proprement parler, ne paroissent pas dans les corps, que l'on vient de nommer, non plus que dans les sels qui ne sont que les premières masses visibles des corps. Il se pourroit donc faire qu'ils eussent une figure différente de celle des corps qu'ils composent. Une figure rhomboïde peut être réduite en coins & en cubes. Un cube peut être réduit en tables & en prismes, & ces figures de nouveau en cubes. Il en est de même des autres figures. Mais, quoique nous ne soyons pas assurés de la figure précise des atômes, néanmoins les masses visibles, dont on a parlé, & les autres corps ayant une figure régulière, nous en pouvons conclure que les atômes, qui les forment, sont aussi réguliers. Car, comme deux lignes incommensurables, quoique divisées, ou multipliées à l'infini, demeurent toujours incommensurables : ainsi, si les figures des atômes étoient elles-mêmes irrégulières, elles ne produiroient que de l'irrégularité dans tous leurs mélanges. C'est pourquoi, par la régularité des corps composés que nous voyons, nous sommes sûrs qu'elle se trouve dans les principes que nous ne voyons pas.

La régularité, étant une chose certaine, elle ne peut pas être l'effet du hazard qui est incertain ; car ce seroit faire de la certitude la cause de l'incertitude. Si l'on dit que le mouvement peut faire toutes sortes de figures dans la matière ; il faudra toujours avouer que des figures régulières ne peuvent venir que d'un mouvement régulier, & par conséquent, qu'elles ne se sont pas formées par le hazard. Il est donc évident que non-seulement la matière & son mouvement, mais encore la grosseur & la figure de ses parties, tirent leur origine d'une divinité qui les a réglées. Que, si nous pouvions voir leur extrême variété, nous y trouverions sans doute un aussi beau spectacle, que dans aucune autre des beautés de la nature.

IV. Si nous considérons les effets de la régularité des principes, dans la composition des corps, nous les trouverons aussi admirables à tous égards.

Dans les parties *ligneuses* des plantes, que l'on peut regarder comme leurs os, les principes sont joints ensemble, d'une manière qui fait qu'elles sont flexibles sans jointure, & en-même-tems qu'elles ont la vertu élastique. Leurs racines peuvent être attachées à des pierres immobiles, pendant que leur tronc est exposé au vent qui l'agite & qui n'empêche pas qu'il ne revienne à son premier état, après avoir été courbé en tout sens. Au contraire, les os des animaux, étant attachés ensemble par des jointures, sont inflexibles en eux-mêmes, ce qui fait la facilité des mouvemens des animaux.

Qu'y a-t-il de plus admirable que les principes qui composent un tendon ? C'est un corps mou qui peut recevoir & communiquer les esprits animaux, & qui peut être facilement nourri & remué. Néanmoins dans cette mollesse, il a la force du fer, comme il paroît par le poids que les tendons du dos d'un cheval soutiennent, lorsqu'il marche avec un homme sur son dos.

Qu'y a-t-il de plus surprenant que de voir que plusieurs de nos *viscères* ont chacun leur substance particulière, aussi bien que leur disposition organique ? N'est-il pas encore merveilleux de voir plusieurs milliers de ces parties, disposées tout de même, en sorte qu'elles sont également propres à l'usage que l'ouvrier s'est proposé ? Le foie & les glandes sont disposés à exclure une trop grande quantité de particules salines qui viennent du sang, & à en recevoir davantage de particules huileuses ; les reins, au contraire, sont disposés en sorte qu'ils n'en reçoivent que peu de particules huileuses, & au contraire beaucoup de salines.

On voit dans l'œil deux humeurs, d'égal usage pour bien voir, & qui sont si près l'une de l'autre, qu'elles ont la même enveloppe; néanmoins l'une est claire comme du cryſtal, & l'autre noire, comme de l'encre.

Quelle connoiſſance ne faut-il pas avoir de la nature des corps, pour faire un *menſtrue* qui diſſolve toute ſorte de chair qui entre dans l'eſtomac, ſans gâter neanmoins l'eſtomac lui-même, qui eſt auſſi chair; & un *menſtrue* qui, en faiſant cela, n'excite aucune flatuoſité, comme le font les autres corroſifs? Car les éructations ſont des effets des mauvaiſes concoctions, & non de celles qui ſe font bien.

Les corps des plantes & des animaux ne ſont-ils pas d'une admirable ſtructure? Les corps des herbes, des arbriſſeaux & des arbres ſont compoſés de deux ſortes de fibres, ſi artificiellement diſpoſées, que toutes les parties, depuis la racine juſqu'à la graine, ſont diſtinguées l'une de l'autre, ſeulement par les différentes ſituations & proportions, & les autres propriétés de ces deux eſpèces de fibres: comme Grew l'a fait voir dans ſon *anatomie des plantes*. Le lecteur y trouvera & la géométrie de la nature, pour parler avec l'auteur, dans la conſtruction de leurs parties; & ſa chymie, dans la préparation des liqueurs dont les plantes ſe nourriſſent.

Il y a un grand rapport dans la ſtructure des plantes & des animaux. Tous les anatomiſtes ſavent depuis long-tems que les muſcles, les membranes & la peau ſont compoſés de fibres; & l'auteur a fait voir dans l'anatomie des racines, que les cartilages, les os mêmes & tous les *viſcères* ſont formés de même. Il eſt encore très-probable que ces fibres ſont, ou ont été au commencement creuſes, pour ſervir à conduire quelque liqueur, ou quelque eſprit aérien.

On doit auſſi remarquer que les fibres des animaux, auſſi bien que celles des plantes, ſont de deux ſortes. Il y en a de dures & de *tirantes* (1); & les dures ſervent dans les plantes à la diſtribution de la ſève, ou du ſuc qui nourrit les plantes. Dans les glandes & les parties glanduleuſes des animaux, elles ſont molles & douces comme dans la moële & dans les fruits. Dans chaque muſcle, les fibres tendineuſes ſont tirantes, comme les fibres perpendiculaires dans le bois des arbres. Mais les fibres charneuſes ſont plus caſſantes; de même que les fibres horizontales, qui dans un arbre vont juſqu'à la moële. Comme dans les arbres il ſe fait un nouvel anneau, chaque année, qui ſe joint de l'écorce au bois: ainſi dans les animaux, lorſqu'ils croiſſent il ſe fait un *périoſte* qui, des membranes muſculaires, ſe joint aux os, de tems en tems. C'eſt ainſi que les œuvres de la nature ſont conformes les unes aux autres, autant que la variété de leurs uſages le permet.

Dans les parties dures & *tirantes* des animaux, il y a à proportion plus de ſel, que d'autres principes; mais dans les parties molles & douces, il y a beaucoup d'huile; comme on le voit clairement, lorſqu'on diſtile de os, des muſcles, des cerveaux, des foyes, à diverſes fois & de diverſes manières. Par ce moyen, on peut diſtinguer les parties l'une de l'autre, par la diverſité de leurs ſubſtances.

Par la compoſition de ces deux ſortes de fibres, & par leur différente ſituation, la ſtructure de diverſes parties, devient différente.

Dans les cartilages, qui uniſſent les vertèbres, ces fibres ſont parallèles & en forme d'anneau, l'une ſur l'autre. Elles ſont auſſi parallèles dans tous les os, comme on le peut voir dans un *fœtus* de peu de ſemaines; car dans les animaux plus âgés, elles ſont plus difficiles à diſtinguer, parce qu'elles ſont, pour ainſi dire, ſoudées enſemble par les particules ſalines & terreſtres du ſang, qui y tombent par la circulation, comme les eaux qui coulent par des tuyaux, y laiſſent leurs particules terreſtres. En-même-tems, les particules huileuſes ſe jettent ſur la moële. C'eſt ainſi que, dans les fruits, les particules de tartre ſe jettent ſur les fibres qui ſont deſtinées à former l'enveloppe dure du noyau, & les huileuſes ſur la ſemence qui eſt dans ce noyau.

Les fibres viſibles ſont auſſi parallèles dans tous les muſcles. Cette ſituation, auſſi bien que la durée des fibres, eſt la cauſe de la force des muſcles; car ainſi elles ſouffrent la même contraction, dans l'action des muſcles, ce qui ne pourroit pas être, dans une autre ſituation.

Mais elles ſont parallèles de deux manières. Les tendineuſes ſont parallèles entr'elles & dirigées, d'un bout du muſcle à l'autre; & c'eſt de celles-ci que le plus grand effort de l'action muſculaire dépend. Les charneuſes ſont auſſi parallèles entr'elles, mais dirigées au travers du muſcle.

Néanmoins elles ſont partout entrelacées enſemble, comme on le peut voir quand on coupe un tendon en travers, où l'on voit qu'embraſſant les tendineuſes, elles forment un même corps avec elles. C'eſt ainſi que les fibres de la moële, dans un arbre, embraſſent & attachent enſemble les fibres ligneuſes. Quand le tendon s'ouvre lui-même, & fait un ventre,

---

(1) On traduit ainſi le mot anglois *tough*, qui ſe dit de la chair, qui ne ſe coupe pas facilement, & qui tire ſous la dent.

il est alors rempli de fibres charneuses, qui font la chair d'un muscle; comme dans une plante les fibres, qui embrassent le bois, se réunissant au centre, y font la moële.

Il y a pourtant des fibres charneuses, qui ne traversent pas directement, mais obliquement les muscles, & dont la contraction se doit faire, par conséquent, avec celles des tendineuses, en sorte qu'elles aident l'action du muscle, quoique le savant Sténon soit dans une autre pensée.

La peau qui couvre tout le corps, & les membranes, soit des vaisseaux, soit des intestins, ou viscères, sont plus ou moins musculeuses, puisqu'après avoir été étendues, elles ont un mouvement élastique, & qu'elles tendent à se remettre dans leur premier état. C'est là une propriété de toutes les fibres musculaires, mais non pas des autres.

Le mouvement des muscles est plus fort ou plus foible, selon la différente situation des fibres. Là où elles sont parallèles, le mouvement est tout tourné d'un certain côté, comme dans les membranes des intestins. Mais là où elles ne sont pas parallèles, le mouvement est beaucoup plus foible, parce qu'il se fait de différens côtés, & en différentes parties & engagées les unes dans les autres; comme dans la peau où les fibres sont entrelacées, ainsi que la laine dans un chapeau, qui est comme une peau artificielle. Les animaux, dont la peau est plus mobile, comme les bêtes à quatre pieds, la peuvent mouvoir par le moyen de quelques fibres parallèles qui sont dessous, ou de quelques muscles fort minces.

Toutes les glandes, ou parties glanduleuses sont aussi formées de fibres, mais plus molles & plus douces; & ces fibres sont les vaisseaux qui sont propres aux glandes. Elles n'y sont pas parallèles, comme dans les muscles, ni entrelacées, comme dans la peau, mais plutôt rangées en rond, comme les fils dans un peloton; ce qui paroît clairement dans les testicules des mâles, & surtout dans ceux des rats. On le remarque plus facilement, si on les laisse quelque tems dans l'alun dissous, parce que les fibres y devenant dures, on les sépare plus facilement les unes des autres. On peut se servir du même moyen, ou de quelque autre semblable, pour remarquer l'entortillement des fibres, dans les autres glandes.

Les anatomistes ont remarqué qu'il y a de deux sortes de glandes, dont ils nomment les unes conglobées, & les autres conglomérées. Les glandes de la première sorte forment un seul corps, comme sont les testicules & quelques autres. Celles de la seconde, comme le savant Malpighi l'a remarqué, sont un amas d'un grand nombre de glandes plus petites, & si petites que les yeux seuls ont de la peine à les distinguer. Telles sont le Pancréas, le foie & diverses parties glanduleuses. Mais, comme je l'ai dit, il y a plusieurs années, dans l'anatomie des racines, je crois pouvoir assurer que toutes les glandes conglomérées sont composées de fibres, c'est-à-dire, que les plus petites sont composées, de même que les plus grosses, de fibres entortillées. Cet entortillement a été fait pour séparer mieux diverses particules du sang, desquelles les humeurs du corps sont composées; en arrêtant, par des replis, le mouvement trop rapide, que le sang a dans les vaisseaux par lesquels il circule. C'est ainsi qu'une rivière qui serpente, a les eaux plus claires, & coule plus lentement; pendant qu'une autre, dont le cours est plus droit & plus rapide, entraîne de la boue, & tout ce qu'elle rencontre.

Ainsi les matériaux & la structure des viscères sont comme on va les décrire. Un testicule est une grosse glande conglobée, qui consiste en des fibres douces & molles entortillées. Le foie au contraire est une grosse glande conglomérée, composée d'une infinité de glandules faites de fibres entortillées à part, qui ne sont ainsi autre chose qu'un globe de fibres.

Le cœur, l'estomac, les boyaux, & les vaisseaux sanguins ou membraneux ne sont autre chose, comme tout le monde en convient présentement, que des muscles. Les poumons aussi sont composés de fibres musculaires; mais elles ne sont pas parallèles comme dans un muscle, ou dans la partie ligneuse d'une plante, mais disposées en sorte qu'elles font des vessies, comme dans la moële des arbres. Ces vessies par leur contraction, qui est un mouvement propre aux parties musculaires, pressent la portion de l'air, qui est utile à la vie, dans les rameaux capillaires de l'artere vaineuse, qui est disposée à le recevoir : comme les vessies de la moële des plantes poussent une partie de l'air qu'elles contiennent dans les vaisseaux voisins, qui contiennent le suc de la plante.

La rate est composée en partie de glandes, qui sont faciles à voir dans la rate d'une souris. Elles sont toutes entrelacées, comme dans la peau, mais plus entr'ouvertes. L'usage de cette disposition c'est que quelques unes des parties acides du sang, étant déposées en ces glandes, deviennent un suc propre à aigrir quelque ferment, ou à séparer quelques humeurs. Cet acide n'y est pas plutôt entré qu'en picotant les fibres musculaires, il y cause de la contraction, par laquelle elles le chassent de là.

On a reconnu que les rognons ne sont autre chose que des glandes conglomérées, ce qu'il faut entendre de leurs parties extérieures, car les intérieures, dont les *papilles* font composées, font sans doute musculaires. Je recueille ceci en partie de leur substance qui est *tirante*, mais surtout de leur continuité avec les uretères, que l'on reconnoît être des muscles. Le milieu d'un rognon est composé de particules glanduleuses & musculaires, mêlées admirablement les unes avec les autres ; ce que l'on peut facilement remarquer dans le rognon d'un chat. Les parties séreuses du sang étant séparées, par le moyen des corps glanduleux, sont emportées par un mouvement péristaltique dans toutes les fibres des muscles. C'est là la véritable raison pour laquelle l'urine & la sueur se ressemblent si fort ; c'est que la seconde est séparée de même par les glandes de la peau, & déchargée par les fibres musculaires. Pour cela tous les pores, & particulièrement ceux qui sont dans les paumes des mains, & dans les plantes des pieds, sont disposés comme autant de petits uretères.

Le pancréas est tout composé de fibres douces & molles, excepté les vaisseaux ouverts. La partie extérieure est composée d'un nombre infini de glandes conglomérées qui servent à séparer une humeur qui est comme un excrément, & les intérieures, qui semblent être parallèles & directes, servent à l'en décharger.

Il y en a plusieurs semblables dans les parties corticale & moëleuse du cerveau. La première semble servir à former les esprits animaux, c'est-à-dire, à les séparer du sang ; & la seconde à les nourrir & à les conduire dans les nerfs. Les parties que l'on nomme *thalami optici*, *nates*, *testiculi* semblent être autant de réservoirs de ces esprits, qui servent aux fonctions des sens & de l'imagination. La base de la partie moëleuse, où les fibres sont plus directes est le passage commun des esprits animaux, soit pour aller, par une espèce de flux, dans les organes des sens ; soit pour y revenir par un reflux, pour apporter au cerveau les espèces sensibles.

Tous les organes, que l'on vient de décrire sont développés dans une ou plusieurs tuniques, qui consistent, comme toutes les autres, en des fibres musculaires. Ces tuniques servent non seulement, comme on l'a cru jusqu'à présent, à leur conservation ; mais encore à les serrer & à exprimer les liqueurs qu'elles contiennent. C'est pourquoi le pancréas, le foie & la rate, qui ne font que de petites décharges de leurs sucs, n'ont chacune qu'une tunique & même fort mince ; au lieu que les reins, qui jettent beaucoup d'humeur, ont deux tuniques, qui sont toutes deux fortes & épaisses. Il y a même des parties qui en ont trois, à cause des promptes excrétions qu'elles doivent faire.

Il est aussi très croyable que la membrane intérieure qui enveloppe étroitement le cerveau & que l'on nomme *la pie mère*, sert à la même fonction ; c'est-à-dire, qu'en le serrant, elle produit une plus vigoureuse effusion d'esprits animaux, & par là une meilleure *irradiation*, comme parle l'auteur, dans les organes du mouvement & des sens. Cette constriction étant réitérée tant de fois pendant tout le jour, & cette membrane étant tirée par une continuelle action, comme tous les autres muscles, elle se relâche enfin & suspend son action. Ainsi les esprits animaux coulant plus foiblement dans les organes, nous tombons dans le sommeil.

Ce n'est pas seulement dans la structure intérieure des parties, que l'on peut remarquer une admirable régularité ; elle n'est pas moins remarquable dans leur figure. Il y a dans les moindres figures une régularité qui n'est pas compatible avec le hazard, comme dans un cercle, dont la circonférence est régulière. Cela est encore moins possible dans les figures composées comme dans *l'Helix*, dont la ligne est variée régulièrement ; car encore qu'elle ne soit composée, que de divers demi-cercles, néanmoins ils diffèrent l'un de l'autre, selon la même proportion.

Mais la constance des opérations de la nature est encore plus remarquable dans les figures qui ne sont ni continuées, ni variées régulièrement ; mais qui sont, pour ainsi dire, régulièrement irrégulières. Elles sont si composées qu'on ne peut pas les réduire à aucune figure particulière. Telle est la tête de certains os, où l'on ne voit ni la même figure ni la même proportion continuée, mais une grande variété. Néanmoins ces figures, considérées par rapport à l'espèce des animaux à qui elles appartiennent, sont d'une régularité admirable, étant toujours les mêmes dans tous les individus de cette espèce, & étant faites dans un dessein pour lequel aucune autre figure, quelque régulière qu'elle fût, ne sauroit servir. Ainsi les figures des membres qui paroissent les moins bien formés, montrent plus clairement que les autres la régularité du dessein pour lequel ils ont été faits.

Il y a aussi une exacte proportion dans la dimension des os & des autres parties. Le haut du front & la nuque du col, & le dessus des oreilles, forment un cercle dont le vertex est le centre. Dans la main, le triangle qui est au bas du doigt du milieu, étant le centre, & le reste des doigts étant étendus & la main ouverte, un compas décrira un demi-cercle en touchant le bout des doigts. La situation & la longueur de chaque doigt sont disposées en sorte qu'ils peuvent servir chacun à différens usages, & contribuer tous ensemble au même.

On peut remarquer particulièrement cette proportion dans les os & dans les muscles du visage, qui joints ensemble font une belle figure. Toutes ces parties en longueur & en largeur, ont une proportion double ou triple l'une avec l'autre ; & la fossette de la lèvre de dessus est leur commune mesure.

Entre les os, il n'y en a point qui mérite mieux d'être considéré que le labyrinthe de l'oreille ; non pour la beauté de sa figure, mais pour la manière de sa structure qui est propre à conduire dans le cerveau tous les accords de la musique. Si l'on examine les tuyaux différens dont il est percé, pour conduire le son, en y mettant une soie de pourceau, on voit qu'ils ne sont pas continués, mais qu'à une certaine distance l'un entre dans l'autre. Ils ne sont pas tous troués de même, ni chacun également large par tout. Il paroît par là qu'ils sont disposés à recevoir de très-différentes harmonies, & que deux ou trois suffisent pour recevoir tous les sons d'un orgue où il y a tant de tuyaux, & d'un luth où l'on voit un si grand nombre de touches.

Je ne parlerai plus que d'une partie : savoir, de l'humeur crystalline de l'œil, dont la figure est très-digne de remarque, comme les anatomistes & les mathématiciens l'ont fait voir. J'ajouterai à ce que d'autres en ont dit la variété de sa situation & de sa figure, dans le même œil, selon la diversité des occasions. Cette humeur est évidemment composée de deux substances. Au dehors elle ressemble à une gelée, mais a beaucoup plus de consistance que l'humeur vitrée, & dans le centre elle n'en a pas moins que de la cire molle un peu échauffée.

Par là, elle est en état de garder toujours la même épaisseur autour du centre ; mais elle peut changer de figure, selon l'occasion, à l'égard des bords. Ce changement peut arriver par le moyen de la membrane qui l'environne, savoir *le ligament ciliaire*, qui a une force considérable, à cause de quoi je ne fais pas difficulté d'attribuer à cette membrane la fonction d'un muscle. La construction de ses fibres autour du bord de l'humeur crystalline la rend plus convexe, & cette membrane retient l'humeur crystalline plus ou moins vers le fonds de l'œil ; à proportion que la grandeur ou la distance de l'objet demande plus ou moins de réfraction.

On peut voir par-là, selon l'auteur, combien d'art la sagesse divine a employé à former seulement la demeure des créatures sensibles & intelligentes. On peut ajouter à ceci, que si Platon avoit su tout cela, comme nous le savons, au lieu qu'il n'en avoit qu'une idée fort générale & fort grossière, il auroit cru avoir beaucoup plus de raison de dire ; ὁ Θεὸς γεωμετρεῖ, *Dieu se mêle de géométrie.*

V. Dans le cinquième chapitre, l'auteur traite plus au long de l'usage des parties des corps organisés, & voici à quoi se réduit ce qu'il en dit.

Il n'y a aucune partie de celles qui composent les corps organisés, qui ne leur soit nécessaire, ou au moins utile, en quelque grand nombre qu'elles soient. Comme il n'y a rien de nuisible ni d'inutile, il ne leur manque rien non plus de ce dont ils ont besoin. Comme on pourroit montrer qu'il en est ainsi de toutes les plantes, depuis le cèdre jusqu'au champignon : on le peut faire voir dans tous les animaux, depuis l'homme jusqu'à l'huître, & dans toutes leurs parties, depuis le cœur jusqu'aux sourcils.

C'est ce que l'on peut encore mieux remarquer dans la variation, que l'on voit dans les membres des animaux selon leurs différentes espèces. Il n'y a aucune espèce d'os, de muscles ou de boyaux qui ne soit diversifiée, comme l'usage de chaque animal le demande. Dans tous, la peau sert à la conservation des parties inférieures & au sentiment ; mais dans les bêtes, elle sert de plus au mouvement, à cause de quoi elle est musculaire. Dans les hérissons, la peau est soutenue d'un fort muscle, qui y est étroitement uni tout le long du dos, afin qu'il puisse mieux redresser ses pointes.

Non-seulement les nageoires des poissons, mais encore les vessies qui leur servent à nager, sont disposées selon la variété de leurs mouvemens & de leurs demeures dans l'eau. Les brochets n'en ont qu'une, & les tanches en ont deux. Dans les dernières, il y a un tuyau qui s'étend de là au gosier, où il est inséré, & où il se sépare en deux branches, comme les vaisseaux spermatiques pour arrêter la décharge de l'air. Dans les rosses (1) elle a une double branche, une à chaque côté, & le goujon n'en a point. Dans les brêmes (2), ces branches sont droites ; mais dans les ables (3), elles sont tournées en ligne spirale, depuis la base jusqu'à la pointe de la vessie. Dans les rougets, il y a des muscles au lieu de ces bras. Il paroît par là que ces bras ont la nature & l'usage des tendons pour serrer une vessie, & de faire passer l'air dans une autre, ou pour le mettre tout-à-fait dehors, selon l'occasion.

L'humeur crystalline de l'œil, dans un pois-

---

(1) En anglois *Roche*.

(2) En anglois *Bream*.

(3) En anglois *Bleak*.

son, est sphérique, & dans les animaux terrestres, lenticulaire. Cette différente figure sert à voir mieux l'objet, soit dans l'air, qui est un moyen plus rare, dans une plus grande distance, & avec une moindre réfraction ; ou dans l'eau, qui est plus dense, à une moindre distance & avec une plus grande réfraction.

Entre les variétés que l'on remarque dans les oreilles, celles qui sont dans l'ouverture extérieure sont remarquables. Dans une chouette qui se perche au haut d'un arbre, & qui attend la proie de dessous elle, l'oreille est plus allongée par le haut que par le bas, afin qu'elle entende mieux le moindre son qui vient par-là. Au contraire, dans un renard qui va chercher sa proie dans un poulailler élevé, elle est plus allongée par le bas que par le haut. Dans un putois, qui écoute le bruit qui se fait devant lui, elles sont allongées par derrière, afin de recevoir le bruit qui vient par devant. Dans un lièvre, qui a l'ouïe fort bonne, & qui ne pense qu'à être poursuivi, cela est suppléé par un tuyau d'os, qui est comme un cornet naturel, & qui est tourné en arrière ; en sorte que cet animal peut ouïr de fort loin le moindre bruit qui se fait derrière lui. Dans les chevaux, qui ont aussi l'ouïe bonne, & doivent entendre le son du fouet, & la voix de ceux qui les conduisent derrière eux, le passage dans l'oreille n'est pas fort différent de celui d'un lièvre.

Les bêtes à quatre pieds & les oiseaux ayant de la salive, (1) pour le même usage, les glandes parotides lui font descendre dans leur gueule. Mais il est à remarquer que dans les piverts, & dans les oiseaux de cette espèce, qui chassent aux mouches avec leur langue, au lieu de ces glandes, elles ont deux sacs pleins d'une humeur visqueuse, comme de la glu. Elle y vient par de petits canaux comme ceux de la salive, & leur langue en étant enduite, les mouches s'y prennent comme les oiseaux à la glu.

Entre les variétés que l'on remarque dans les dents, il est à remarquer que dans les lapins & dans les lièvres, derrière les dents de devant de la gencive d'en-haut, il y a deux autres dents, qu'on peut appeler incudes ou enclumes. En recevant les deux incisoires ou dents coupantes, elles empêchent que les dents d'en-bas ne blessent la gencive d'en-haut, & que les dents d'en-haut ne nuisent à celles d'en bas.

La variété de la trachée-artère est remarquable dans les animaux, selon la variété de leurs voix ou de leurs cris. Dans les hérissons, qui ont un cri très-petit, ce n'est presque qu'une membrane.

_____

(1) Pour aider à la digestion.

Dans les pigeons, dont le cri est bas & doux elle est en partie cartilagineuse, & en partie membraneuse, là où les anneaux se joignent. Mais dans les chouettes, qui ont un cri assez aigu, elle est plus cartilagineuse. Celle des geais & des linottes ont des os assez durs au lieu de cartilages, ce qui fait que leurs cris sont plus forts & plus hauts que ceux des autres oiseaux de la même grosseur qui ont la trachée-artère cartilagineuse.

Les anneaux de ce tuyau sont disposés en sorte que, par leur moyen, les animaux sont capables de donner diverses modulations à leurs voix. Dans les chiens & dans les chats, qui, dans les expressions des passions qui les occupent, se servent de divers tons, ces anneaux sont séparés & flexibles. Selon qu'ils sont plus ou moins dilatés, ou qu'ils le sont tous, ou seulement quelques-uns d'entre eux, il faut que le ton soit plus haut ou plus bas, comme il arrive à une corde de viole que l'on presse plus ou moins du doigt. Au contraire, dans quelques animaux, qui n'ont qu'un seul ton, comme dans les perroquets du Japon, la trachée-artère est tout de même depuis le haut jusqu'au bas.

Les poumons de quelques oiseaux ont de certaines ouvertures par lesquelles l'air passe de chaque lobe dans leur ventre, soit que ce soit pour continuer leur chant plus long-tems, comme dans les geais & les linotes, ou pour voler plus facilement, comme dans le coucou. Dans cet oiseau, il y a aussi des valvules qui ferment ces ouvertures pour empêcher que l'air ne s'en retourne. Mais cela ne se trouve pas dans tous les oiseaux.

Outre la figure & le nombre des organes dans le cerveau des hommes, combien sa masse, comparée avec la grandeur de son corps, ne surpasse-t-elle pas la masse du cerveau, qui se trouve dans les autres animaux ? Par là le trésor des images des choses, qu'ils conservent en leur mémoire devient capable de recevoir & de retenir un beaucoup plus grand nombre d'images. On peut considérer de même toutes les variétés qu'il y a dans les autres animaux, soit à l'égard des parties externes ou internes, & l'on sera convaincu que la source de tout cela est une raison immuable & toute puissante, qui ne manque jamais de parvenir à ses fins.

Si la variation, que l'on remarque dans les organes des animaux, est admirable, la variété des usages de chaque organe ne l'est pas moins. Le nez sert non-seulement à embellir le visage, mais encore à défendre les yeux, à recevoir la pituite, & à la loger quelque tems ; à la respiration, quand nous fermons la bouche, & à former même divers sons. Dans les bêtes, cette partie est faite avec encore plus d'art que dans les hommes, &

la distance de leurs narines & de leur cerveau est plus grande. L'odorat exquis qu'elles ont, leur tient lieu de raison pour prendre ou rejetter ce qui leur est utile ou nuisible.

Quelle admirable machine n'est point l'œil, si nous considérons les muscles, les membranes & les humeurs, dont il est composé? Ses muscles servent ou à le mouvoir, ou à le fixer; la clarté de ses humeurs est très-propre à transmettre les rayons, & leur figure à leur causer la réfraction nécessaire pour les rassembler. La noirceur du *sclérotès* sert encore à empêcher qu'ils ne soient confondus par la réflexion. Combien d'objets l'œil ne peut-il pas voir ou tout d'un coup, ou successivement, mais presque en un instant? En même tems il donne lieu à l'ame de juger de leur situation, de leur figure & de leur couleur; & selon leur distance, ou leur grandeur, il est en même tems comme un microscope, ou comme un télescope.

Par-là il est comme une sentinelle qui avertit des dangers, & un guide fidèle lorsqu'il est question d'agir. Cependant il nous entretient par l'agréable variété des objets. C'est non-seulement comme une fenêtre, par laquelle l'homme apperçoit les objets qui sont autour de lui : mais comme une porte par laquelle il entre dans l'esprit d'un autre. On peut découvrir l'amour, ou la haine, le courage ou la peur, par de certains mouvemens des yeux ou des paupières; & dans toutes les conversations, quoi que l'on puisse dire, ou faire, l'œil est le maître des cérémonies.

On trouve de même une infinité d'usages, dans la langue, dans les mains, & même dans les muscles du ventre, que l'on pourra voir dans l'auteur. Mais les usages divers d'une seule partie ne sont pas plus admirables que le concours de plusieurs membres pour une seule action; ce que l'on peut remarquer, par exemple, dans la nutrition de l'animal. Premièrement la partie la plus crasse des esprits animaux, qui est aussi un peu aigre, & qui ressemble à la lie du vin qui tombe dans le fonds du tonneau, étant jettée par les nerfs les plus bas sur les tuniques de l'estomac, travaille sur ces tuniques, faute d'aliment, & le picote; en sorte qu'elle produit en nous ce que nous appellons le sentiment de la faim. Ce sentiment nous porte à manger quand le tems en est venu, & à nous servir de nos mains pour porter les alimens à notre bouche. Là les lèvres, la langue & les dents servent à les moudre, & les glandes salivaires à y mêler le ferment de la salive. Après cela, la langue & l'œsophage les conduisent à l'estomac, dans lequel la partie la plus subtile étant changée en chyle, ce chyle se décharge dans les boyaux, par la constriction des fibres musculaires. Là il reçoit un double assaisonnement & de la liqueur du pancréas & de la bile, qui s'y mêlent. Étant disposé de la sorte, il est poussé par les boyaux dans les veines lactées, par lesquelles il conduit dans un réceptacle commun; dans lequel la lymphe, portée par ses vaisseaux particuliers, se décharge aussi. Le chyle étant ainsi mêlé, en partie afin qu'il se change plus facilement en sang, par le mélange d'une liqueur qui est d'une nature mitoyenne entr'eux; & en partie afin qu'il s'attache plus facilement aux parties qu'il doit nourrir; il est transporté par le canal thorachique dans la veine cave, d'où il va dans le ventricule droit du cœur, & dans les poumons.

Là il reçoit une nouvelle vigueur par les particules éthérées ou volatiles de l'air, & dans cet état il entre dans le ventricule gauche du cœur, d'où par les artères il se répand dans tout le corps.

Combien ne faut-il pas d'artifice pour produire une seule action? La facile expansion des aîles dans un oiseau; la légèreté, la force & la forme de ses plumes, qui fait par-dessous une figure concave; leur mouvement oblique, en partie vers le bas, pour soutenir l'oiseau, & en partie en arrière pour le faire avancer; tout cela n'a été disposé ainsi, qu'afin qu'il pût mieux voler. Son bec dur est comme la quille d'un vaisseau pour fendre l'air devant lui; sa queue, lorsqu'il la ramasse perpendiculairement, lui sert de gouvernail; & quand il la tient disposée horizontalement, il l'étend plus ou moins, selon qu'il veut s'élever en volant, ou descendre sur sa proie. Ses viscères sont aussi balancées, comme elles le doivent être pour cela. Car comme son cœur, de même que dans les autres animaux, est placé dans le milieu de sa poitrine, son jabot est attaché, par une forte membrane, au péritoine, & demeure lié au milieu du ventre. Son foie n'est pas à un des côtés du ventre, comme dans les quadrupèdes, mais il y en a un lobe à chaque côté du jabot; & le pancreas est aussi de chaque côté des intestins. Par cet équilibre, les oiseaux volent avec beaucoup plus de facilité. Leurs cuisses, pour être plus légères, sont garnies seulement de petits tendons au lieu de muscles, & leurs os sont fort spongieux. C'est ce que l'on remarque plus sensiblement dans les oiseaux sauvages & qui volent long-tems, que dans les domestiques. Dans plusieurs oiseaux sauvages, comme dans les perroquets du Japon, le diaphragme est étendu presque jusqu'au croupion; & on peut aisément les enfler en introduisant l'air par la trachée artère, comme ils le font eux-mêmes en retirant leur haleine; en sorte que le diaphragme fait, dans quelques oiseaux, les mêmes fonctions que la vessie pleine d'air qui est dans les poissons.

Nous

Nous ne pouvons pas seulement parler sans le concours de douze ou treize différentes parties ; savoir, le nez, les lèvres, les dents, le palais, les gencives, la langue, le gosier, les poumons, les muscles de la poitrine, le diaphragme & les muscles du ventre ; & tous ces membres sont autant de systêmes, comme parle l'auteur, de parties organiques. Tout cela sert à faire un son articulé ; sans parler des oreilles, qui, *par une commission*, dit Grew, *de la chambre d'audience du cerveau*, mettent tout le reste en œuvre.

Il faut employer plus de quarante ou cinquante muscles, sans parler des autres parties qui leur sont attachées, pour faire un seul éclat de rire. Ceux du nez, des lèvres, des joues, du menton, font changer de figure au visage. Ceux du gosier, de la poitrine, du diaphragme & du ventre servent à faire du bruit par l'expulsion de l'air.

Nous ne pouvons pas quelquefois exécuter une simple pensée, sans mettre en mouvement un très-grand nombre de parties & de muscles. Supposons que quelqu'un, étant assis dans une chambre, ait seulement la volonté de regarder quelque chose par la fenêtre. Outre les nerfs, par lesquels les esprits coulent dans les parties, qui doivent servir à ce mouvement, les os & les muscles des jambes & du ventre sont employés à le faire lever. Après cela les muscles des jambes, des cuisses & du dos servent à le tenir droit, comme ceux de la poitrine, des bras & de la main à ouvrir la fenêtre. Ceux du col sont employés ensuite à lui faire tourner la tête, & ceux des yeux à les fixer sur l'objet qu'il veut voir. Il y en a en tout soixante & dix ou quatre-vingts, qui sont occupés à exécuter cette seule pensée. Il n'y a point de monarque sur la terre, qui soit servi avec tant de vitesse, de ponctualité & de pompe, que chaque homme l'est dans le territoire, s'il faut ainsi parler, de son propre corps.

Dans l'usage des choses, on voit aussi des rapports, qui répondent en quelque sorte à la proportion géométrique. Ainsi les animaux, dont le mouvement est lent, sont aveugles ; mais ceux qui ont un mouvement prompt, ont des yeux pour le conduire & pour le déterminer, c'est-à-dire, que ce que l'aveuglement est à un mouvement lent, la vue l'est à un prompt. Les animaux qui ont des oreilles, ont aussi des poumons ; & au contraire ceux qui n'ont point d'oreilles n'ont point de poumons ; car ce que les yeux sont au mouvement, les oreilles le sont à la voix. Les animaux qui ont des dents aux deux machoires, n'ont qu'un estomac ; mais la plupart qui n'ont pas des dents à la mâchoire de dessus, ont trois estomacs. Dans les bêtes à quatre pieds, on les nomme en anglois *the panch*, *the read* & *the feck*, & dans les oiseaux qui vivent de grains, *the crop*, *the echinus*, & *the gizard*. On peut dire en françois le *jabot* & *l'estomac*, car pour la cavité qui est entre deux, je ne sais si elle a de nom en notre langue. Quoi qu'il en soit, il est certain que la digestion est plus facile après avoir mâché, & au contraire plus difficile, quand on avale les alimens tout entiers.

L'homme qui a la substance du cerveau plus abondante, à proportion de son corps, qu'aucun autre animal, a aussi des mains plus commodes. Les singes ont à la vérité des mains, mais elles sont attachées à des bras plus propres à marcher, qu'à servir à des mains. Ils ne peuvent pas employer leurs mains & leurs pieds à deux usages différens en même tems, comme l'homme qui se tient debout. Comme donc les oreilles ont du rapport à la voix, les yeux au mouvement : de même il y a du rapport entre la raison & l'action.

On peut encore remarquer la même chose entre l'homme & les autres parties de l'univers, & cela à différents égards. Etant un animal sociable & capable d'amitié constante, il ne se reproduit pas dans lui-même comme font les plantes ; mais son espèce se perpétue par la jonction d'un mâle & d'une femelle, & la génération se fait même d'une manière admirable. Chacun de ses sens a son objet propre, savoir ce qui se peut toucher & voir, & tout ce qui est sensible. Sa figure à quelque chose aussi de singulier. Dieu auroit pu faire un quadrupède, ou un oiseau raisonnable. Mais si l'animal raisonnable avoit eu quatre pieds ; il n'auroit pas eu cette majesté qui convient si bien à la domination qu'il a sur tout le reste. S'il avoit été oiseau, il auroit été moins sociable, qu'il n'est. Sur la moindre occasion de peur, bien ou mal fondée, sur le moindre mécontentement il s'en feroit envolé ailleurs, & le genre humain au lieu d'habiter dans les villes, auroit fait son nid sur les rochers comme les aigles.

Outre cela, soit que l'animal raisonnable eût été quadrupède ou oiseau, il auroit manqué de mains. S'il avoit été nain, tels que l'on a feint les Pygmées, ou il auroit eu une très-grosse tête, & ainsi il n'auroit pas eu assez de corps & de sang pour fournir son cerveau d'esprits ; ou il auroit eu la tête petite & proportionnée à son corps, & par conséquent il n'auroit pas eu assez de cerveau pour faire tout ce dont il a besoin. Il est certain, qu'aucun homme d'une grandeur ou d'une petitesse monstrueuse n'a jamais passé pour un homme fort sage. Si le genre humain avoit été d'une taille gigantesque, à peine auroit-il pu trouver assez de nourriture sur la terre ; car les bêtes, dont la chair est la meilleure, n'en auroient pas eu assez pour le nourrir.

Que si le corps des bêtes avoit été augmenté à proportion, il n'y auroit pas eu assez d'herbe pour elles. Les barques & les vaisseaux auroient dû être aussi d'une grandeur beaucoup plus considérable : mais ainsi la plûpart des rivières & des côtes maritimes n'auroient pu les recevoir. Il n'auroit pas même été besoin qu'il fît un aussi grand usage de sa raison pour decouvrir mille instrumens & mille machines. Il auroit fait quantité de choses par pure force, qu'il fait présentement par adresse ; & ainsi, à quelque égard, il auroit été inutilement raisonnable. Il n'auroit pas pu se servir des chevaux & de plusieurs autres bêtes s'il avoit été beaucoup plus grand : mais étant d'une taille médiocre, il est beaucoup plus en état de s'en servir. On ne peut rendre d'autre raison pourquoi l'homme n'a pas été fait beaucoup plus grand qu'il n'est, que le rapport qu'il a au reste de l'univers.

Ces considérations sont très-bonnes pour fermer la bouche à ceux d'entre les anciens philosophes qui ont prétendu, qu'à l'égard du corps, l'homme étoit inférieur aux bêtes. Car, supposé que Dieu mit une ame raisonnable dans le corps de quelque autre animal que ce soit, il est certain qu'elle n'y seroit pas si bien que dans le corps qu'elle habite, & qu'elle voudroit bientôt y retourner, si elle en avoit la liberté. Que si l'on dit que Dieu auroit pu donner au corps de l'homme plus de force & de santé, & une plus longue vie qu'il n'a, & que plusieurs bêtes nous surpassent en cela, on ne peut pas en disconvenir.

Mais sans entrer dans des raisons théologiques, il est facile de répondre, que si Dieu avoit fait l'homme pour vivre toûjours sur la terre, on pourroit trouver à redire en cela dans son ouvrage, parce qu'il se seroit trompé, comme l'événement le fait voir. Au contraire, si Dieu n'a fait l'homme que pour y vivre quelque tems, après quoi il le transporte en d'autres lieux, pour y être récompensé ou puni, selon qu'il a vécu ici bas ; on ne peut pas s'étonner si Dieu a fait son corps sujet aux maladies & à la mort.

On ne peut pas répliquer que je devine cette fin de Dieu, parce que la chose même le demande nécessairement ainsi. Premièrement, celui qui a été capable de faire une machine aussi admirable que l'est celle du corps humain, ne peut pas être accusé, sans absurdité, d'avoir ignoré que cette machine ne peut pas durer toujours, au moins naturellement, & selon les loix établies parmi les corps, non plus qu'une horloge, quand toutes ses parties seroient faites de l'acier le mieux trempé, & que toutes les proportions y seroient gardées avec la dernière exactitude.

Secondement, si l'on peut conjecturer du séjour qu'un habile général veut que son armée fasse en un lieu par les magasins de vivres qu'il y fait, lorsque rien ne l'empêche de les faire si grands qu'il lui plaît, & que rien ne l'oblige d'en déloger plutôt qu'il ne veut ; on peut, à plus forte raison, comprendre par les provisions que Dieu a mises sur cette terre, qu'il n'y a pas voulu laisser long-tems chaque génération, puisqu'il n'y en auroit pas assez, quelque travail que les hommes pussent faire, si Dieu, par un miracle, empêchoit qu'il n'y mourût personne seulement pendant cent ans, comme on peut s'en assurer par le calcul. Quelques déserts qu'il y ait encore en Europe, en Asie, en Afrique & en Amérique, & quelque abondance de poissons que produisent la mer, les lacs & les rivières ; les hommes ne trouveroient jamais assez d'autres animaux, ni de terres à cultiver, pour en tirer ce qui seroit nécessaire à leur vie pendant ce tems-là. On doit donc être persuadé, si l'on veut renoncer au bon sens, que Dieu a fait l'homme, dans son espèce, aussi parfait qu'il l'a dû être, selon les fins qu'il s'est proposées, & qu'il ne s'est trompé en rien. Mais il faut écouter ce que notre auteur ajoute à la fin de ce Chapitre, après quoi l'on finira cet extrait.

Il est vrai, dit-il, que dire que chaque chose a son essence distincte, & considérer cette essence comme une chose formée à dessein, sont deux choses différentes. Mais s'il y avoit quelqu'un qui, peu instruit de l'admirable structure de l'œil ou de l'oreille, s'imaginât que la matière mue ou mêlée par hazard peut vouloir former un œil ou une oreille ; peut-on dire que des aîles ont formé le dessein de faire un œil ? ou que les poumons ont eu la pensée de faire une oreille ? La privation des dents, c'est-à-dire, le pur néant, a-t-il fait à dessein trois estomacs ? L'œil a-t-il eu soin de faire en sorte qu'il y eût de la lumière, afin de voir ? ou cette lumière, existant auparavant, a-t-elle fait des yeux pour être vue ? L'homme a-t-il fait en sorte qu'il eût dans le monde de quoi subsister ? Il ne se peut rien dire de plus absurde que tout cela. & c'est néanmoins ce qu'il faudroit dire, si l'on supposoit que le rapport qu'il y a entre les parties de l'univers n'est pas l'effet d'une cause générale qui les a faites les unes pour les autres. Il faut donc conclure de-là qu'il y a une intelligence ou une raison très-parfaite, qui est infiniment au-dessus des effets de la pure matière & du hazard ; ce qui paroît, & par la structure des choses que l'on voit & par le rapport qu'elles ont les unes avec les autres.

Comme la nature des parties de l'univers & le rapport qu'elles ont les unes avec les autres, dans leurs actions & leurs usages, sont au-dessus de toute censure, en sorte qu'il n'est pas possible de rien imaginer de mieux, ce qui fait voir que leur auteur est une intelligence d'une souveraine sagesse : il faut avouer aussi que les actions

& les usages de ces mêmes choses, n'ayant rien qui aille à leur destruction ni à leur causer de la peine, mais au contraire tendant à leur conservation & à leur bien, c'est une preuve qu'elles procèdent d'une extrême bonté. Il y a quantité d'inventions très-subtiles qui tendent au mal, & les hommes ont trouvé mille choses pour se tourmenter les uns les autres. Il auroit été facile de même à celui qui a fait l'univers, de le remplir de toutes sortes d'animaux qui n'auroient fait aucun mouvement, sans douleur, qui n'auroient jamais vu, ouï, senti, goûté ni manié sans beaucoup de peine, & qui n'auroient rien imaginé ni pensé qui ne les remplît de mélancolie & d'horreur.

On n'auroit pas laissé de reconnoître à ces créatures la grandeur de l'intelligence qui les auroit faites. Mais celui qui a fait un grand nombre d'animaux, & qui leur a donné tant de sortes de mouvemens, de sensations & de pensées, qu'ils ne sauroient avoir sans plaisir, pendant qu'ils demeurent dans les bornes de la nature; ce, être, dis-je, a donné par-là une preuve que sa bonté égale sa sagesse, & qu'il n'a employé sa suprême raison que pour trouver moyen de bien faire, ce qui est la dernière fin qu'il s'est proposée.

Ce sont-là les raisonnemens de *Grew*, pour prouver qu'il y a un Dieu, & par sa nature, considérée en elle-même, & par ses ouvrages corporels. Un habile (1) homme a dit depuis peu, avec beaucoup de raison, *que les boutiques des artisans brillent de tous côtés d'un esprit & d'une invention qui cependant n'attirent point nos regards; qu'il manque des spectateurs à des instrumens & à des pratiques très-utiles & très-ingénieusement imaginées, & que rien ne seroit plus merveilleux pour qui sauroit en être étonné.* Mais si l'on peut parler ainsi des ouvrages des hommes, que ne diroit-on point de l'admirable mécanique des ouvrages de Dieu, & des rapports si justes qu'ils ont les uns avec les autres, si on les connoissoit bien & si on les considéroit avec application?

(1) Artificis naturæ ingens opus adspice, nulla
Tu tanta humanis rebus spectacula cernes.

C'est ce que Galien a très-bien senti, lorsqu'il a dit, dans l'ouvrage qu'il a fait (3) de l'usage des parties des animaux, *qu'en écrivant ces livres, il composoit une véritable hymne à l'honneur de celui qui nous a faits, & qu'il croyoit que la so-*

___

(1) Dans la préface de l'histoire de l'académie royale des sciences, An. 1699.

(2) Corn. Severus, v. 597.

(3) Lib. III. cap. 10.

lide piété ne consistoit pas tant à lui sacrifier plusieurs hécatombes de taureaux, ni à lui présenter les parfums les plus exquis, qu'à reconnoître soi-même & à faire reconnoître aux autres quelle est sa sagesse, sa puissance & sa bonté. Car enfin, ajoute-t-il, ce qu'il a mis toutes choses dans l'ordre & dans la disposition la plus convenable pour les faire subsister, & qu'il a voulu que tout se ressentît de ses bienfaits; c'est là une grande marque de sa bonté, qui demande que nous la célébrions par nos hymnes. Ce qu'il a trouvé tous les moyens qu'il falloit pour établir cette belle disposition, prouve sa sagesse; comme ce qu'il a fait, tout ce qu'il a voulu marque sa toute-puissance.

S'il étoit permis de juger d'une chose aussi relevée, on diroit que des aveux de cette sorte, & l'admiration de personnes aussi pénétrantes, que le sont ceux qui savent se servir comme il faut de leur raison, sont infiniment plus agréables à Dieu que les louanges & l'admiration de ceux, qui ne voyent que le gros des choses, & qui ne louent ou n'admirent que par coutume. Ces derniers, admireroient la sagesse divine, selon les idées ridicules de *Brahma*, s'ils avoient été élevés en Asie, sans changer d'esprit; mais les autres ne le peuvent faire qu'avec connoissance de cause. Il est certain au moins que parmi les hommes, les louanges d'un homme d'esprit sont infiniment plus agréables que celles d'un sot.

Qu'il y a un monde doué de vie, de sentiment & d'intelligence.

Les pensées de *Grew* sont si serrées & en si grand nombre qu'il est difficile de les exposer & de les éclaircir en moins de mots & dans un plus petit espace qu'il n'a fait. Il faut néanmoins que nous tachions de satisfaire à cet égard la curiosité de ceux qui ne peuvent pas lire l'original, & d'abréger les observations & les raisonnemens de l'auteur, autant qu'il nous sera possible, sans nuire à la clarté.

Avant toutes choses, il faut faire voir qu'il y a des substances vivantes, créées & distinctes des corps. Je montrerai donc que leur existence est possible, que la raison demande que nous la reconnoissions, & qu'elle le demande même nécessairement.

Cette existence est possible, parce qu'elle ne renferme aucune contradiction; puisque Dieu, qui est la cause & le principal de tous les êtres, est lui-même une substance incorporelle & pleine de vie. Si l'on disoit que Dieu est corporel, aussi bien que tout le reste des êtres, qui sont au monde; ce seroit le faire une partie du tout, ou de l'univers, & dire qu'une partie de cet univers a fait le reste; & tomber ainsi dans une très-grande absurdité à divers égards, auxquels on ne s'arrêtera pas.

Il n'est pas non plus impossible qu'une substance immatérielle ait une (1) essence analogue à l'étendue des corps, quoique nous n'en ayons pas d'idée complette, ni aucun mot propre à l'exprimer. Chaque mouvement est en quelque sorte *coëtendu*, pour parler comme notre auteur, avec le corps mû. Cependant on ne peut pas dire qu'une motion soit épaisse, ou mince, ou ait aucune des dimensions de corps; car si cela étoit, la même quantité de mouvement occuperoit toujours la même étendue de matière, ce qui n'est point; puisque tout le mouvement qu'a un grand corps peut passer dans un plus petit.

On pourroit donc dire qu'un être vivant est un être dont nous connoissons cette propriété, c'est qu'il a en lui-même un principe de mouvement, qui fait qu'il peut remuer la matière, & sentir à son tour le mouvement de la matière, à laquelle il est uni. Mais si l'on demande ce que c'est que cette substance, qui a la puissance de mouvoir, & qui à son tour s'apperçoit du mouvement du corps auquel elle est attachée; il faudra avouer que nous n'en avons point d'idée claire, & que nous ne savons d'elle que ce que l'on vient d'en dire & que l'expérience nous a appris.

Mais quelle que soit l'essence, dit l'auteur, qui appartient à une substance vivante, on ne peut pas dire qu'il est impossible qu'il y en ait, parce que nous n'en avons pas d'idée complette. Un ver, ou un homme né aveugle n'ont aucun sentiment de la lumière & des couleurs, & néanmoins il y en a. Un poisson, qui n'a point d'oreilles, n'entend point; & il ne s'ensuit pas pour cela qu'il n'y a point de musique.

On pourroit objecter à cela, que s'il y avoit une semblable substance immatérielle en nous, nous devrions le savoir, puisqu'elle seroit une partie de nous-mêmes. Mais pour raisonner de la sorte, il faudroit que nous dissions que ceux qui ont des yeux doivent bien savoir ce que c'est, pour s'en servir; & que ceux qui ont une substance qui pense, doivent savoir ce que c'est que cette substance, pour pouvoir penser. Cependant comme il y a des millions de gens qui voyent très-bien, quoiqu'ils ignorent entièrement la structure de l'œil : il est certain aussi, que nous pouvons penser, sans avoir une idée complette, de la substance qui pense. Ainsi il est absurde de dire que parce que nous ne comprenons pas clairement quelque chose, il n'existe point.

Si l'existence d'une nature comme celle-là est possible, il est raisonnable que nous croyons qu'il y en a une; parce que Dieu ayant créé des corps, qui sont plus imparfaits, on doit raisonnablement croire qu'il a aussi créé des substances immatérielles, qui sont plus parfaites & qui lui ressemblent davantage.

Il est même nécessaire qu'il y en ait; c'est-à-dire, que sans supposer des substances, dans lesquelles la vie existe, comme dans son sujet, & qui soient différentes du corps, il ne pourroit y avoir aucun être vivant, & moins encore sensible, pensant & raisonnable. Ce que je vais montrer, en décrivant les différentes sortes de vies.

Premierement il est visible qu'un corps ne peut pas être *vital*, comme parle l'auteur, en lui-même. Car s'il l'étoit, ce seroit parce qu'il seroit ou très-subtil, ou organisé, ou mû, ou doué de vie, comme d'une propriété qui seroit attachée à sa nature, aussi bien que le mouvement. Or il ne le peut être en aucune de ces manières, & par conséquent il ne l'est point du tout.

Descartes à la vérité, & après lui *Willis*, ont cru que des corpuscules très-subtils & très-fluides contenus dans le sang, le cerveau, & les nerfs des animaux, ou dans tout leur corps, sont ce que nous appellons la vie. Mais que l'on subtilise tant que l'on voudra, des corps, ces atomes ne sont pourtant autre chose que des particules de la matière, & qui ne cessent pas par la division d'être matérielles. Elles ne peuvent rien gagner, par la petitesse, à laquelle elles ne parviennent que par la division; à moins qu'on ne voulût dire qu'en partageant une chose morte en deux, on donne la vie aux deux moitiés; ou que la vie consiste dans un certain nombre de parties, qui se forme par la division; ce qui seroit la dernière absurdité.

Un corps ne peut pas non plus acquérir la vie, par l'organisation, car il ne faut que ces trois choses pour cela; la grosseur des particules, leur figure & leur mélange, ou leur jonction. On a déjà prouvé que la grosseur ne peut pas donner la vie à un corps. Il est clair que la figure ne le peut pas faire non plus; car alors les corps auroient la vie, en tant que revêtus d'une certaine figure. Il s'ensuivroit de-là que non seulement tous les corps, qui auroient une figure auroient une sorte de vie; mais que ceux qui auroient des figures plus composées, auroient plus de vie en eux-mêmes. Un corps quarré, en vertu de sa figure, auroit plus de vie qu'un corps triangulaire; parce que chaque quarré contient deux, ou plusieurs triangles.

Le mélange de la grosseur & de la figure, quel qu'il soit, ne peut produire aucune sorte de vie. Car comme le mélange des nombres ne

---

(1) L'auteur se sert ici du mot d'existence, dans un sens nouveau, mais on ne l'entendroit pas en françois.

peut produire autre chose que des nombres ; la conjonction de la grosseur & de la figure ne peut produire que de la grosseur & de la figure. Si le mélange pouvoit produire la vie, alors tout ce qui seroit mêlé, en tant que mêlé, auroit la vie.

La variété du mélange ne peut pas non plus suffire, pour cela. Un pot plein de miel n'a point de vie, mais un pot de *mithridate*, qui est un médicament assez composé, en a-t-il davantage ? La vie ne vient pas de l'artifice méchanique de ce qui la possède ; à moins qu'on ne veuille dire, que les parties d'une montre, mises ensemble comme elles le doivent être, aient plus de vie, que lorsqu'elles sont en un morceau, les unes sur les autres. On ne peut pas dire non plus que cette disposition méchanique étant naturelle, elle est accompagnée de la vie ; car il n'y a point de différence entre les organes de l'art & ceux de la nature, sinon qu'il y a plus d'artifice dans ces derniers. Ainsi l'oreille d'un animal n'est pas plus capable d'ouïr, parce qu'elle est un organe naturel, que ne le seroit une oreille artificielle, si nous avions de la matière & assez d'art, pour en faire une semblable. Quand même nous ajouterions à cette oreille des nerfs pour être ébranlés, que nous ferions un cerveau, pour ces nerfs, & que nous le remplirions d'esprits animaux : nous ne ferions que mettre des corps avec d'autres corps, & que joindre un artifice à un autre artifice ; mais nous ne viendrions jamais à donner de la vie à cette machine.

Un corps ne peut pas non plus devenir *vital*, parce qu'il est mû ; car si cela étoit, il n'y auroit rien, qui eût tant de vie, que l'Ether, puisque c'est le plus agité de tous les corps. Le même corps auroit plus de vie, lorsqu'il se mouvroit plus violemment, & il en auroit moins, lorsque son mouvement seroit plus lent. Le mouvement régulier, ou conforme à la disposition d'une machine, n'est pas plus capable de lui donner la vie, que le mouvement n'en peut donner à une orgue. Tout mouvement, de quelque nature qu'il soit, est la même chose essentiellement. Si donc un homme, ou un autre animal n'étoit autre chose que de la matière organisée ; que ses organes fussent faits avec tel art qu'il vous plaira, & qu'ils se mûssent régulièrement, ou irrégulièrement, ce ne seroit dans le fonds qu'une marionnette, travaillée avec plus d'art.

Un corps ne peut pas être doué de vie, comme d'une propriété jointe au mouvement. Car le corps ne peut ni produire, ni recevoir immédiatement une semblable propriété. Il ne la peut pas produire, parce qu'il ne peut pas même produire le moindre mouvement, par lui-même, ce qui est bien moins que la vie. Il ne peut pas non plus être le sujet immédiat de la vie, parce que si la vie est une chose distincte du mouvement & plus excellente que lui, comme on l'a fait voir, elle demande un sujet distinct & plus excellent, auquel elle appartienne ; & par conséquent quelque substance, qui soit immatérielle.

Ainsi ce que le mouvement est à tous les corps, la vie l'est à sa manière à toutes les substances *vitales*. Par le moyen de ces deux propriétés, il y a un commerce facile entre les choses corporelles & les immatérielles ; c'est-à-dire, que les impressions des corps sont transmises par le mouvement à la vie, & par la vie à la substance *vitale* ; & les impressions *vitales* sont transmises au corps, par le mouvement.

C'est pourquoi encore que l'organisation d'un corps n'ait rien en elle, qui puisse produire la vie, comme je l'ai montré ; néanmoins il faut que chaque corps ait ses organes conformes à l'espèce de vie, qui est dans le principe *vital*, dont il est doué. Par-là il devient propre à recevoir les impressions de la vie, & à lui donner les mouvemens qui lui sont propres.

On voit par-là que l'union de l'ame & du corps, & de toutes les choses vitales avec les corporelles, n'est autre chose que le rapport qu'il y a entre la vie & le mouvement qu'ils sont capables d'avoir.

Il semble qu'on peut réduire toutes les espèces de vie à ces trois ; la vie végétative ; le sentiment & la pensée.

La plus basse sorte de vie, que nous puissions concevoir, est celle qui n'est accompagnée d'aucun sentiment. Son existence n'est pas impossible, car comme l'intellection, qui est une espèce de vie, est tout à fait distincte du sentiment, comme on le fera voir : il est facile de concevoir une autre sorte de vie, destituée de sentiment ; de même que l'on conçoit l'existence d'un sens, sans celle d'un autre.

Néanmoins par cette vie, je n'entends ni le principe, ni le sujet du mouvement, qui ne s'augmente, ni ne diminue, mais qui passe seulement d'un corps à un autre. Je crois seulement que c'est un certain pouvoir, qui détermine le transport du mouvement, ou qui fait une impression sur les corps, conforme à celle qu'il en a reçue ; & qu'il agit particulièrement sur les principes des corps, avec lesquels il semble avoir du rapport.

Je crois que c'est, par la vertu de cette faculté, que tous les corps ont une certaine sphère d'activité, & qu'ils agissent plus ou moins les uns sur les autres. Les odeurs & les autres écoulemens des corps, qui tendent à les épuiser & à les dissoudre, dépendent d'une force extérieure ; savoir, de l'air ; mais la force, par laquelle les particules des corps demeurent unies, vient d'un principe intérieur. C'est pourquoi comme le rapport qui est entre la vie & le mouvement, fait l'union de l'ame & du corps : de même la convenance, qui se trouve entre deux mouvemens, fait ou augmente l'union que les corps ont les uns avec les autres.

La vie végétative, dont on a parlé, est répandue, dans toutes les parties de la nature corporelle ; mais elle est d'une manière plus sensible dans les plantes & dans les animaux. A l'égard des plantes, j'ai fait voir (1) de quelle manière elles se produisent, degré par degré, autant que la régularité des principes l'a pu permettre ; mais il semble que cette génération ne se peut faire, sans la direction d'un principe *vital*, & que les particules, sans ce secours, ne sauroient s'unir régulièrement. Il faut dire la même chose de l'accroissement & de la nutrition, qui ne sont à proprement parler, que la génération multipliée, ou continuée.

C'est par cette même vie végétative, qu'il se fait de semblables choses dans les animaux, & que les opérations *vitales* continuent pendant que nous dormons, & que nos sens sont comme suspendus. C'est encore pour la même raison que, pendant que nous veillons, nous ne sentons aucuns de ces mouvemens, qui se font continuellement dans notre corps, par le moyen des principes corporels, qui sont destinés à cela.

Il y a une infinité de mouvemens & dans les plantes & dans les animaux, qui dépendent de cette vie végétative. Le mouvement élastique, qui se fait dans les vessies de l'écorce & de la moële des arbres, pour exprimer les liqueurs qu'elles contiennent, ne peut venir que de là. On peut dire la même chose des vaisseaux, qui sont remplis d'air. Cette faculté *vitale* sert à avancer & à distribuer la séve des plantes, en certaines saisons, & les sucs nutritifs dans les animaux, quoique nous n'en ayons aucun sentiment intérieur. On peut attribuer au même principe le mouvement péristaltique des artères ; celui du cœur, qui continue même assez long-tems après la mort de l'animal, celui des boyaux, ou des muscles, quand on les excite, en les coupant, ou par quelque pression violente. C'est ce que l'on voit, quoique dans un moindre degré, dans les plantes, que l'on nomme sensitives. Les poils & les plumes sont aussi des espèces de plantes, qui croissent dans le corps des animaux ; & cela par un mouvement végétable, que les animaux ne sentent point.

On apperçoit en toutes ces choses une sage providence & amie des animaux, & de l'homme en particulier ; puisque la vie végétative est si indépendante des sens, que malgré le perpétuel mouvement & le tumulte, qui se fait dans toutes les chambres de la maison, dans laquelle nous habitons ; je veux dire, dans notre corps ; neanmoins nous n'en avons aucune connoissance, & nous n'en sommes point troublés, ni détournés en aucune manière de ce que nous avons à faire.

II. La seconde sorte de vie, qui est au dessus de la végétative, est celle des sens. On en voit quelque marque, dans cette espèce de productions que nous nommons *Zoophites*, ou animaux-plantes, telle qu'est l'*Urtica Marina*. On doit aussi mettre dans le même rang les *Aurelias*, de tous les insectes, & ces invisibles *Aurelias*, dans lesquels toutes sortes de spermes d'insectes sont apparemment changées, lorsqu'ils passent d'une espèce à une autre.

Le sentiment paroit être une sorte de vie distincte de toute autre ; soit qu'elle soit au dessus d'elle, ou au dessous. Ainsi cette vie doit être une propriété d'un principe particulier. Il est visible qu'elle est distincte de ce qui est au dessus d'elle, puisque les choses, que nous avons nommées, ont toutes du sentiment, sans avoir de la pensée, au moins réfléchie. Elle est aussi distincte de ce qui est au dessous d'elle, & doit dépendre d'un principe différent de celui de la végétation. Je ne vois néanmoins aucune raison pourquoi les principes vitaux des choses ne pourroient pas être composés aussi bien que les corporels, pourvu qu'on se souvienne que comme le mélange des corporels est conforme à la nature de chaque partie : ainsi l'union des principes vitaux est conforme à la nature du tout.

Tout sentiment est une certaine manière de vie, dans une substance vitale, qui répond à une certaine manière de mouvement, dans les corps. La différence qu'il y a entre la vie végétative & la sensitive, c'est que dans la première les impressions, qui se font sur elle par le mouvement, sont entièrement réfléchies & perdues en un instant ; au lieu que ces impressions demeurent & sont retenus dans la seconde, ou dans la sensitive.

Les manières des mouvemens, dont les manières des sensations dépendent, sont simples ou composées. Les simples se réduisent à deux générales, la grandeur & la vitesse ; c'est-à-dire,

---

(1) L'auteur entend sa description des plantes.

que chaque mouvement se fait dans un espace plus grand ou plus petit, & dans plus, ou moins de tems. Les composées se réduisent aussi à deux générales. Ou une manière de mouvement est répétée plusieurs fois, ou diverses sortes de mouvemens, à l'égard de la grandeur & de la vitesse, sont mélées. Ce sont là toutes les variétés dont le mouvement est capable, & ce sont les fondemens de la variation des sensations.

L'Auteur applique ces principes aux sentimens, qui viennent par le son, par la lumière, & par l'impression du toucher; mais quoique tout ce qu'il dit soit digne d'être lu & d'être examiné, on ne peut pas le rapporter ici. On se contentera de mettre ce qu'il dit, des sensations causées par la lumière, & par cela le lecteur jugera de l'exactitude du reste.

Les objets, dit l'auteur, qui frappent les yeux; sçavoir, la figure des corps, ne sont beaux, qu'autant qu'ils sont uniformes, c'est-à-dire, égaux & proportionnels. La même ligne, ou surface est également ou proportionnellement répétée, & ainsi fait une même impression sur l'œil. On peut donc croire, avec raison, qu'un certain mouvement égal est la cause de toute la beauté des couleurs. Je crois que les couleurs, comme *Newton* l'a bien fait voir, ne viennent pas de qualités, qui soient dans la lumière, mais purement des réfractions & des réflexions; & qu'il y a différentes sortes de rayons, pour produire différentes couleurs. J'ajoute à ce que *Newton* a dit, qu'il y a un certain mouvement égal, dans les atômes de chaque rayon, ou dans les rayons de chaque couleur, & que c'est ce qui en fait la beauté. Il y a aussi une certaine différence proportionnelle, entre les degrés de la vitesse de leurs mouvemens, par lesquels ces couleurs sont distinguées les unes des autres. Je dis donc, que pendant que les différentes sortes de rayons comme ceux qui causent les sensations du rouge, ou du bleu, & les autres sont séparés l'un de l'autre, par la réfraction, ils retiennent ces mouvemens, qui sont propres à chacun d'eux. Mais lorsqu'ils sont réunis, ou mêlés ensemble, encore que leur mouvement dure; néanmoins par leur mélange, ce mouvement égal, qui produit la couleur, est interrompu comme dans la musique, un plus haut ton est produit par plus de vitesse, dans le mouvement de l'air; & un plus bas ton, par un mouvement plus lent : ainsi le rouge, qui est la plus vive de toutes les couleurs, est produit par un rayon qui peut moins souffrir de refraction, que les autres; parce qu'il est plus prompt & plus fort. Au contraire, le bleu qui est la couleur la moins vive, est produit par un rayon, qui quoiqu'également mû ne se meut pas si vite.

Par tout ce qu'on a dit, on voit avec combien d'art sont disposés non seulement les organes de notre corps, mais encore ce qui est au dehors, comme l'air, la lumière, & les corpuscules insensibles, pour produire une si grande variété de sensations. On peut remarquer en particulier que comme ce sont-là les corps solides, qui par le moyen de leurs substances, ou de leurs vibrations, font les sons les plus musicaux; aussi l'air lui-même, qui par sa force élastique, est capable de semblables vibrations, est le plus propre de tous les fluides, pour conduire ces sons-là, ou plutôt les mouvemens qui les produisent en nous.

Il semble que si l'auteur de nos corps nous avoit donné plus d'organes, nous aurions plus de sens, que nous n'en avons. Mais ceux, que nous avons, sont en assez grand nombre, & assez propres, pour l'état auquel nous sommes, & par rapport aux êtres corporels, qui sont autour de nous.

Mais quoique les instrumens des sens, tant du dehors que du dedans, & ceux qui en sont composés dans notre propre corps, soient admirablement bien ajustés, néanmoins ils ne peuvent pas produire de sensation, par eux-mêmes. Autrement si un certain mouvement, ou une certaine impression sur les organes étoit la sensation; les corps qui auroient le même mouvement que l'organe, auroient aussi la même sensation. Une cloche, par exemple, entendroit le son qu'elle produit par le mouvement de l'air. Ce mouvement ne sert donc qu'à émouvoir le principe sensitif, qui est dans les animaux, & qui seul à la faculté d'avoir des sensations.

Voilà bien des raisons pour soutenir le sentiment de *Cudworth*, par lequel il établit une *nature plastique*, car cette nature, où les *vies végétatives* & *sensitives* semblent être la même chose, & *Grew* leur attribue les mêmes fonctions, que *Cudworth* donne à sa *nature plastique*.

Il y auroit bien des questions à faire sur ces matières, que l'on laisse aux philosophes, à qui cet ouvrage donnera sans doute beaucoup à penser. On pourroit demander, par exemple, si dans les bêtes les principes de la vie végétative & sensitive sont les mêmes. Si on dit que ce sont les mêmes, il s'ensuivroit que le même principe, qui reçoit les impressions des sens, doit procurer en eux la végétation & la nutrition, & par conséquent que les bêtes sentent qu'elles font agir leur machine, comme elles sentent les impressions du dehors. Or cela n'est point croyable; car premièrement ce principe ne pourroit pas vaquer en même-tems à l'économie intérieure de l'animal, & au soin qu'il faut en avoir, par rapport au dehors. Secondement le principe qui sent en nous, par le ministère des sens, ne se mêle en aucune manière de l'économie animale, & s'il falloit qu'il s'en mêlât, nous ne saurions que devenir, dans l'étrange multitude des choses qu'il faudroit qu'il fît au dedans & au dehors. D'un autre côté, si l'on dit que ces principes sont distincts dans les bêtes, chaque bête sera composée de trois choses; de la machine de son corps, & de deux principes immatériels, dont l'un est végétatif & l'autre sensitif. A l'égard des hommes, comme ils ont de plus une ame intelligente, elle y tient la place du principe sensitif; car on ne peut pas douter que ce ne soit l'ame qui sent, quoiqu'elle ne se mêle, en aucune manière, de l'économie animale, qu'elle ne peut connoître que par reflexion & que par étude, & même que d'une manière assez grossière.

III. Le principe *vital*, que nous appellons *esprit*, est celui qui a la faculté de penser. Quoiqu'un être qui pense ne puisse pas sentir sans penser, néanmoins penser & sentir sont deux choses. (1) Car quoique le doigt d'un homme sente, ce doigt ne pense pas qu'il sent.

On peut distinguer deux sortes de pensées dont les unes sont *imaginatives*, & les autres *intellectuelles*. Pour commencer par les premières, on peut distinguer trois choses dans l'imagination, l'organe, les images, & les actes *vitaux*.

L'organe est le cerveau, & comme les images des sens sont conformes à la nature des organes du sentiment : de même il doit y avoir du rapport entre les images de la fantaisie, & les organes du cerveau dont les différentes cavités sont comme les réservoirs. Les images de la fantaisie sont ou des copies de celles des sens, ou je ne sai quoi d'autre, par lequel elles sont représentées. Les actions de l'imagination sont *vitales*, & par conséquent distinctes de la figure, de la situation & du mouvement des images dont on a parlé. Outre cela, elle a le pouvoir de former ces images, & de s'en servir, comme elle veut.

La force & l'usage de l'imagination sont très-considérables, même dans les bêtes, dans lesquelles elle est la principale faculté. La plupart d'entr'elles ont une assez bonne mémoire, & outre cela quelque sorte de prévoyance. Un chien s'enfuit lorsqu'il voit un bâton, c'est-à-dire, lorsqu'il prévoit qu'il sera battu. Elles ne sont pas sans espérance, sans crainte, sans amour, sans colère & sans plusieurs autres passions. Un coq menace lorsqu'il dresse sa crête, & triomphe lorsqu'il chante. Leurs ouvrages sont pleins d'artifice, comme les cocons des vers à soie, les rayons de miel des abeilles, les nids des oiseaux, &c. Tout cela, & toutes les actions semblables, comme toutes leurs passions & leurs opérations, est soumis au gouvernement de l'imagination, comme de la suprême faculté.

Mais il faut remarquer premièrement qu'on ne peut pas augmenter leurs talens, au delà de leur naturel. Un chien n'apprendra jamais à miauler, ni un chat à aboyer, quoique leurs organes soient assez propres à l'un & à l'autre de ces sons. Ainsi un oiseau qui chante, n'apprend point à parler, ni un oiseau qui parle, à chanter, & aucun d'eux n'apprend à faire une autre sorte de nid, que celui qu'il fait naturellement.

En second lieu, ils ne travaillent pas avec choix, ni ne se proposent aucune fin, dans leurs actions. Une abeille n'amasse pas du miel pour avoir de quoi subsister pendant l'hiver; mais ayant trop pris de nourriture, elle en va vomir la plus grande partie dans la ruche. Il en est de même des actions des autres animaux. Les hommes eux-mêmes font bien des choses, sans avoir en vue la fin à laquelle elles servent. On ne mange guère que pour satisfaire sa faim présente, quoique la fin du manger ne soit, à proprement parler, que la conservation de la vie, de quoi la faim n'est qu'un avertissement.

Les actions des bêtes surpassent, à quelque égard, les actions des hommes, puisqu'elles les font, sans instruction, ni imitation. Un ver à soie travaille à son tombeau, quoiqu'il n'en ait jamais vu, & sans délibération, & ainsi du reste. Ils se servent tous de la même méthode dès le commencement, & de la meilleure qu'ils puissent avoir, pour faire leurs cocons. Si donc leurs actions venoient de la raison, la raison des bêtes seroit plus excellente que celle des hommes; qui ne font rien de parfait du premier coup, & qui n'apprennent ce qu'il faut faire qu'en essayant.

Les bêtes ne travaillent donc pas par prévoyance, ou pour parvenir commodément à certaine fin; mais elles sont poussées par une imagination forte & vive de leurs ouvrages, & des actions qui les concernent; laquelle imagination ne change point. Les vers à soie n'ayant point d'yeux, ne peuvent avoir aucun sentiment de la lumière ni des couleurs; mais par l'attouchement ils peuvent s'appercevoir de la figure. Les yeux des abeilles étant faits comme les verres qui multiplient les objets, ils peuvent multiplier à leur imagination tout ce qu'elles voyent, & les disposer à travailler aux rayons de miel, qui sont composés d'un grand nombre

---

(1) Cette raison semble n'être bonne que contre le commun du monde, qui croit que le sentiment est en chaque membre.

de cellules. L'imagination des oiseaux leur peut aussi représenter une claire image de leurs nids. Leurs sens étant frappés de quelque chose, cette impression, jointe à leur imagination, les porte invinciblement à y travailler. Pour cela, la partie de leur cerveau, où sont leurs nerfs optiques, est dans tous les oiseaux fort grande à proportion de leur corps ; & non pour leur donner une vue plus prompte, comme quelques habiles anatomistes l'ont cru, ce qui vient de la disposition de l'œil. Cette capacité n'est qu'afin qu'ils puissent avoir une plus forte impression des objets visibles. Par cette force de l'imagination, les couleurs particulières des oiseaux sauvages, sont toujours les mêmes. On doit dire la même chose des poissons, dans lesquels cette partie du cerveau est aussi remarquable, que dans les oiseaux.

Le naturel des oiseaux & des autres animaux est une grande preuve de la sagesse de celui qui les a faits ; puisqu'ils semblent imiter les actions des hommes, qu'ils ne font que le moyen d'une intelligence que les autres animaux n'ont pas. *La raison divine*, dit l'auteur, *coule comme une veine d'or par toutes les mines de plomb des natures destituées d'intelligence.*

Mais l'imagination de l'homme est beaucoup plus abondante & plus variée, parce qu'elle est élevée à un plus haut point de perfection, par la raison qui l'accompagne. C'est pourquoi elle mérite une description particulière.

L'imagination, à proprement parler, est l'ame occupée d'objets sensibles & de leurs idées. Elle a deux actions générales, la *perception*, & la *volition* ; car nous appercevons d'abord les objets & nous en sommes ensuite affectés d'une certaine manière.

A l'égard de la perception, elle a ses sortes, ses manières, & ses images, qui sont justement au même nombre que celles des sens ; car quoique ce ne soit qu'une seule faculté, néanmoins elle a diverses conceptions, & par conséquent il ne peut y avoir aucun *sens commun*, dont quelques-uns parlent ; puisque nous ne saurions nous imaginer que nous voyons un son & que nous entendons des couleurs.

Chaque sorte d'imagination a ses manières, & il y en a trois générales. La perception d'une chose, comme présente ; la mémoire d'une chose, comme passée ; la prévoyance d'une chose, comme à venir. L'auteur reprend toutes ces distinctions en détail, & les explique assez au long ; mais on ne s'y arrêtera pas, parce qu'il faudroit omettre des choses moins connues, à cause du petit espace qui nous reste, si nous nous étions trop étendus sur celles-là.

Le pouvoir qu'a l'imagination, dit *Grew*, de *Philosophie anc. & mod., Tome II.*

former des images, qui est son principal usage, est une preuve de la sagesse & de la bonté de son auteur. Aussi ce pouvoir est-il au-dessus de la force de tous les corps de quelques qualités qu'ils puissent être revêtus. On ne peut pas dire que ces images soient des choses visibles, puisqu'il faudroit qu'elles fussent peintes dans les yeux, ou dans le cerveau. Elles ne sont pas dans les yeux, car les yeux ne peuvent rien voir sans lumière, & néanmoins nous pouvons imaginer quand nous dormons, & quand nous avons les yeux fermés, lorsque nous imaginons, par exemple, une figure quarrée & un habit bleu, quoique nous ne les voyons point. Ces images ne peuvent pas non plus être formées dans les yeux, par une cause équivalente à celle qui cause la vision en nous ; c'est-à-dire, qui puisse faire les mêmes impressions régulières sur nos yeux ; car il n'y a point d'organe, qui puisse se régler lui-même, & l'on peut encore moins attribuer cette force aux esprits animaux, qui forment un fluide sans organes. Il faut donc qu'il y ait en nous un principe vital, que nous nommons imagination.

On ne peut pas dire non plus que ces images soient formées dans le cerveau, puisque ce sont les mêmes que celles qui nous viennent par les sens. L'imagination d'un triangle n'est pas un quarré, & celle d'une figure ne ressemble point à celle d'une couleur. Si l'on considère la disposition organique du cerveau, & particulièrement les cavités par lesquelles les nerfs optiques passent, & où les images des choses visibles doivent se former, si elles se forment quelque part dans le cerveau ; elle est tout à fait différente de la disposition de l'œil. Par conséquent, les mouvemens qui se font dans les organes, doivent être différens de ceux qui se font dans les yeux. Le cerveau ne peut pas être juge de cette différence, pour former en lui-même des images semblables à celles qui viennent par la vue ; & ainsi il faut nécessairement avoir recours à quelque chose qui soit au-dessus de la disposition organique du cerveau ; c'est-à-dire, à l'imagination.

La faculté, que nous avons de nous souvenir du passé & de prévoir l'avenir, prouve encore la même chose ; car supposé qu'une pensée ne fût autre chose, qu'un certain mouvement communiqué aux esprits animaux, ou au cerveau, comme quelques-uns se l'imaginent ; cette pensée devroit cesser avec le mouvement, & par conséquent nous ne pourrions jamais penser qu'au présent, puisque le mouvement passé ou à venir n'existe pas.

La faculté que l'imagination a de joindre les images de diverses choses, est encore une preuve de son immatérialité. Car ces images sont corporelles, ou incorporelles. Si l'on accorde qu'elles ne font pas corporelles, on accorde que l'exiſtence de quelques êtres immatériels eſt ſi réelle qu'elle eſt cauſe de la plupart des choſes qui arrivent parmi les hommes ; car il eſt certain que l'imagination en eſt la cauſe. Si l'on dit qu'elles ſont corporelles, je demande ſi elles ſont en repos ou en mouvement. Si l'on dit qu'elles ſont en repos, nous ne ſaurions en faire diverſes images compoſées ; car comment pourroit-on joindre l'image d'un homme & celle d'un cheval, pour en faire un centaure, ſans qu'elles ſe remuent ? Si elles ſont en mouvement, je demande comment elles ſe joignent. Eſt-ce par hazard ? Cela eſt impoſſible ; car ce qui ſe fait par hazard ne ſe fait pas quand on veut ; & nous ſentons que nous avons le pouvoir de faire de ces images compoſées, autant de fois que nous voulons. C'eſt pourquoi le pouvoir de compoſer ces images, montre que nous avons le pouvoir de les remuer, ceſt-à-dire, le principe *vital* de l'imagination, dans laquelle aucun corps ne peut pas plus produire une penſée, que faire un monde entier.

On peut remarquer la force de l'imagination dans la génération ; car l'imagination de chaque eſpèce des animaux ſemble être la cauſe par laquelle elle produit des animaux qui reſſemblent à ceux qui les ont engendrés.

Tous les mouvemens animaux proprement ainſi nommés, & toutes les habitudes corporelles dépendent plus ou moins de l'imagination. Que l'on conſidère, par exemple, l'habitude de parler. Il ſe fait une multitude ſurprenante de mouvemens dans nos lèvres, dans notre langue, dans notre goſier, &c. pour former le ſon des lettres & des mots, quoique nous ne penſions pas au ſon d'une ſeule lettre, mais ſeulement au ſens de ce que nous voulons dire. Ce qui montre d'un côté combien les organes ſont propres à agir de concert, dans cette action ; & de l'autre la force que l'imagination a ſur ces parties, qu'elle dirige ſans la moindre peine. Il en eſt de même de toutes les autres habitudes corporelles.

On voit encore la même vivacité de l'imagination dans toutes les habitudes de l'eſprit, & ſur-tout dans le raiſonnement, qui eſt auſſi différent de la parole, qu'un homme l'eſt d'une ſtatue. Si l'on admire la machine de l'œil qui reçoit tous les objets que la lumière lui préſente ; combien l'imagination eſt-elle plus excellente, qui voit tout ſans aucune lumière ; qui peut ouïr ſans aucun ſon, & qui imite tous les autres ſens, ſans en avoir les organes ? Elle les ſurpaſſe même en ce qu'elle peut appercevoir en une ſeule fois ce que les ſens n'apperçoivent que ſéparément & à pluſieurs repriſes ; en ce qu'elle peut parcourir tout l'univers ſans que nous nous remuyons ; & en ce qu'elle ſe forme des images des pays, des perſonnes & des choſes que nous avons vues, ou dont nous avons ouï parler en divers tems, & qu'elle les ramaſſe toutes dans une très-petite étendue, qui n'eſt éclairée d'aucune lumière. C'eſt ce que nous faiſons tous les jours, en raiſonnant en nous-mêmes.

L'imagination apperçoit même ce que ni les yeux, ni les autres ſens n'ont point apperçu, ni n'apperçevront jamais ; comme lorſqu'elle conſidère des hiéroglyphiques, ou les deſcriptions que l'on trouve dans les poëtes. Elle s'apperçoit encore de ce qui ne peut pas frapper les ſens ; puiſque nous nous appercevons, par ſon moyen, non ſeulement des actions des autres, mais encore de leurs paſſions. Autrement les actions qui ſont les marques de certaines paſſions, feroient le même effet ſur nous quand elles viennent d'une paſſion feinte, que quand elles viennent d'une véritable. Cette perception, auſſi bien que la parole, eſt l'un des principaux liens de la ſociété humaine. Enfin l'imagination eſt d'un très-grand uſage à la raiſon dans ſes raiſonnemens, & dans l'exécution de ſes deſſeins, comme on le va voir dans ce qu'on dira de l'entendement.

IV. Comme les ſens ſont ſoumis & ſervent à l'imagination, l'imagination elle-même ſert à l'entendement, en ſorte que leurs opérations ſont mêlées l'une avec l'autre. Les facultés ont néanmoins des objets & des actions qui leur ſont propres.

Non ſeulement la nature de la Divinité, mais encore de celles de tous les *êtres vitaux* ſont au-deſſus de la portée des ſens & de l'imagination proprement dite, comme dépendante des ſens. Telles ſont encore les autres eſſences, telle qu'eſt par exemple celle d'un point, qui étant conſidéré en général ne fait partie d'aucun eſpace, d'aucune ligne, ni d'aucun corps. On ne ſauroit le voir ni l'imaginer, quoiqu'on le conçoive très-bien. Telle eſt l'eſſence d'une figure parfaite que l'on exprime dans la définition d'un cube ; car encore que l'on employe l'imagination pour concevoir un corps de figure cubique, néanmoins c'eſt l'entendement ſeul qui conçoit l'eſſence de cette figure par laquelle elle eſt diſtincte de toute autre. On conçoit auſſi une figure parfaite juſqu'à un point, cependant il n'y en a jamais eu, ni n'y en aura actuellement, & on ne la ſauroit imaginer. Les ſens, ni l'imagination ne peuvent atteindre à ce qu'on appelle la *proportionalité*, ou la *commenſurabilité* ; & il y a même peu de gens qui comprennent ce qu'on veut dire par-là. La diviſibilité à l'infini ſe peut démontrer, quoiqu'elle ſoit tout-à-fait au-deſſus de la portée des ſens & de l'imagination. Ces facultés ne peuvent pas non plus parvenir à des idées générales & univerſelles ; & c'eſt à cauſe de cela qu'il n'y a que l'homme qui soit capable du langage, qui seroit une chose impraticable sans des noms d'idées universelles.

L'*intellection* est donc une action de l'ame considérant des choses insensibles, ou les idées qu'elle en a. Il y a deux principales actions de l'entendement, comme de l'imagination. La première est la *perception* & l'autre la *volition*. Il y a aussi deux manières de perception, dont on peut nommer l'une *doute* & la seconde *invention*.

On peut appeller le doute une perception négative ; car je doute, lorsque ce que je vois n'est pas ce que je voudrois voir. L'imagination ne doute point, ni ne le sauroit faire ; mais elle prend chaque chose pour ce qu'elle paroît être. C'est donc un privilége de l'entendement de pouvoir douter, & de douter actuellement. La première démarche d'un bon esprit, ou d'un bon raisonnement est de douter, dans la vue de chercher la vérité. Par-là nous avons cet avantage, qu'encore que nos recherches ne puissent pas toujours nous conduire jusqu'à la vérité, au moins nous ne sommes jamais contraints de croire ce qui n'est pas évidemment vrai, & que nous sommes toujours dans le chemin qui nous y conduit.

Le doute est accompagné de la recherche, par laquelle nous ramassons les idées simples & composées que nous avons des choses, & de la comparaison par laquelle nous comparons ensemble ces idées, jusqu'à ce que de la vraisemblance nous soyons parvenus à la vérité elle-même. La seule imagination compose les idées, & souvent même avec beaucoup de variété & de pompe ; mais elle ne les compare jamais exactement l'une avec l'autre. Elle les compare en tant que possibles & telles qu'elles paroissent, mais jamais telles qu'elles sont. La comparaison doit accompagner l'imagination en chaque démarche qu'elle fait, étant comme une garde qui empêche que les sens & l'imagination ne troublent la raison dans ses opérations. Une imagination prompte est d'un grand usage dans la recherche de la vérité, pourvu que la comparaison s'acquitte de son devoir, sans quoi la meilleure imagination & la plus grande vivacité jettent dans l'erreur, au lieu d'aider à trouver la vérité.

La comparaison est suivie de l'invention, & l'on peut nommer ainsi, dans un sens impropre, l'opinion, lorsqu'on ne l'a pas conçue témérairement. C'est ce que l'on appelle découverte de la vérité, lorsqu'un juge ou un médecin, après l'exacte recherche d'un certain cas, dit ce qu'il a trouvé ; & l'on en use ainsi dans la plupart des affaires du monde.

Mais l'invention proprement dite est le repos de l'esprit, lorsqu'il a découvert évidemment la vérité, à laquelle il parvient par trois chemins. Le premier est les sens, le second les premiers théorêmes, & le troisième les conséquences, que l'on tire du témoignage des sens ou des maximes générales.

Pour commencer par les sens, quoique les uns les aient plus vifs que les autres, les différens degrés de vivacité n'empêchent pas que ce ne soit le même témoignage. Ce que l'un voit blanc & triangulaire, ne paroît pas à l'autre noir ou quarré. Toutes les observations de l'anatomie & de divers autres arts & sciences sont fondées sur l'evidence des sens, & tous les ouvrages mécaniques ne sont autre chose que des représentations sensibles des démonstrations mathématiques. On ne peut être plus assuré d'une chose sensible, que lorsqu'elle est appuyée sur le témoignage uniforme des sens de tous les hommes.

Il semble qu'il faut entendre ceci avec quelque restriction, puisque de très-habiles gens, comme l'auteur de *la recherche de la vérité*, ont fait voir que les sens nous ont été donnés pour la conservation de notre vie plutôt que pour l'exacte connoissance de la vérité. Mais il faut écouter notre auteur sur la suite.

Nous connoissons, dit-il, en second lieu la vérité, par les premiers théorêmes, tel qu'est celui-ci, *le tout est plus grand que la partie*. Quelques-uns de ces théorêmes sont aussi fondés sur les perceptions des sens. Car dire que le tout est plus grand que sa partie, est dire la même chose à l'égard de la quantité, que ce que l'on dit à l'égard de la figure, quand on dit qu'un triangle n'est pas un quarré. C'est pourquoi ce théorême & autres semblables ne sont que des abrégés de ce que les sens nous ont appris en détail.

Nous connoissons, en troisième lieu, la vérité par des conséquences tirées du rapport des sens, ou de ces maximes qui sont, non-seulement appuyées sur les sens, mais qui sont aussi purement intellectuelles, comme : *de rien il ne se forme rien*. Toutes les preuves mathématiques sont des conséquences tirées des sens ou de ces maximes ; de sorte qu'on peut aussi bien connoître les choses par quelque sorte de bonne conséquence que ce soit, que par le moyen des mathématiques. C'est pourquoi l'aphorisme vulgaire : *quod facit notum est magis notum*, n'est pas véritable. Car dire qu'une chose est moins connue qu'une autre, c'est dire qu'elle n'est pas connue, mais qu'on suppose qu'elle l'est. Car la certitude n'est pas susceptible du plus & du moins, soit qu'on y soit arrivé par la voie des mathématiques, ou par quelque autre conséquence que ce soit. Si cette conséquence n'est pas douteuse, rien ne peut être plus connu ; ou si on la regarde comme douteuſe, elle ne peut paſſer pour une bonne conſéquence dans l'eſprit de ceux qui en doutent.

Il s'enſuit de-là que nier ou révoquer en doute l'exiſtence d'une choſe dont nous n'avons pas des preuves ſenſibles ou mathématiques, c'eſt limiter d'une maniere abſurde les opérations de la raiſon. L'exiſtence d'un Dieu ſe prouve auſſi fortement par la voie des conſéquences, qu'aucune propoſition des mathématiques le peut être.

Mais quoique dans toutes les conſéquences, proprement ainſi nommées, la certitude ſoit égale, néanmoins leur étendue eſt très-différente. La *démonſtration* & la *compréhenſion*, pour parler avec l'auteur, ſont deux choſes diſtinctes. Ainſi, pour tirer un exemple de ce dont on vient de parler, on peut appeler démonſtration la connoiſſance d'une voie aſſurée pour parvenir à la vérité; mais la compréhenſion eſt la connoiſſance de toutes les voies par leſquelles on y peut arriver, & particulierement de celle qui eſt la meilleure de toutes. Ainſi l'on peut connoître une vérité & démontrer l'exiſtence d'une choſe, ſans en comprendre la raiſon ou la nature, & ſans ſavoir les rapports qu'elle a avec d'autres choſes. La preuve de cette propoſition, *que les angles d'un triangle rectangle ſont égaux à deux droits*, dépend d'une ſuite de propoſitions qu'il faut établir auparavant. La raiſon de cette vérité eſt que les angles de deux triangles de cette nature ſont égaux à ceux d'un quarré ou d'un parallélogramme, qui ſont égaux à ceux d'un quarré. Neanmoins on peut prouver cette propoſition ſans en ſavoir la raiſon. Ainſi encore la verité d'une regle ou d'une operation d'arithmétique, conforme à cette regle, peut être démontrée par ceux qui ne ſavent pas les raiſons ſur leſquelles la regle eſt fondée, ni pourquoi elle eſt infaillible.

On démontre de même l'exiſtence d'une divinité, comme on l'a fait dans quelques-uns des paragraphes précédens, quoique la nature de cette divinité ſoit incompréhenſible. Suppoſez, ſi vous voulez, que l'on faſſe contre cette démonſtration des objections qu'on ne puiſſe pas réſoudre, elle ne laiſſera pas d'être bonne. La raiſon de cela eſt que cette démonſtration eſt fondée ſur des connoiſſances certaines & que ces objections, s'il y en a, viennent de notre ignorance.

Après la *perception*, vient la *volition*, & comme les paſſions de l'imagination ſont ſes volitions; on peut dire de même que les volitions de l'entendement ſont ſes paſſions. On peut nommer la maniere de la volonté intellectuelle, qui répond au doute, *ſuſpenſion*; & ce qui répond à l'invention *réſolution*. Ce qui eſt *obſtination*, dans la volonté imaginative, eſt *conſtance* dans l'intellectuelle.

Il faut donc que, comme les paſſions de l'imagination ſont ſubordonnées à la perception imaginative, la volonté intellectuelle ſoit ſoumiſe à l'entendement. Cela veut dire, que nous n'avons aucun franc-arbitre proprement ainſi nommé, ſi nous nous entendons bien nous-mêmes & ſi nous exprimons bien ce que nous entendons. La volonté étant toujours commandée par quelque raiſon, ou apparence de raiſon petite ou grande; on ne peut pas choiſir bien ou mal, même en ſuivant l'imagination ſans penſer pourquoi. Il y a toujours quelque choſe, qui fait pencher la balance d'un côté ou d'autre. Ce ſeroit auſſi une eſpece de contradiction de ſuppoſer la volonté intellectuelle & dire néanmoins qu'elle ne ſuit pas ce que l'entendement lui dicte.

Il eſt vrai que la volonté peut paroître quelquefois ſupérieure à l'entendement, ou au moins marcher la premiere; car avant que d'entendre quelque choſe, nous réſolvons de nous ſervir de notre raiſon, pour examiner cette choſe. Cependant c'eſt l'entendement qui determine la volonté à prendre cette réſolution; de ſorte que la volonté n'eſt pour ainſi dire, que *la plénipotentiaire de la raiſon*.

Mais les actes de l'imagination & de l'entendement étant ſouvent mêlés, lorſque la volonté imaginative prévaut ſur l'intellectuelle, elle chaſſe de l'eſprit toute ſorte de doute & de ſuſpenſion; par où tout bon raiſonnement doit commencer; & par conſequent elle empêche qu'on ne diſtingue comme il le faut le mal & le bien.

Il faudroit s'étendre un peu plus, que l'auteur n'a fait ici, pour faire entendre ſa penſée à toutes ſortes de gens; & il y auroit bien des choſes à dire ſur une matiere auſſi délicate que l'eſt celle-ci. Mais c'eſt ce que l'objet de cette analyſe ne nous permet pas. Cette même raiſon fait que l'on omet ce que l'auteur dit de la *ſcience*, de la *ſageſſe* & de la *vertu*, dans les chapitres V, VI. & VII. pour paſſer au VIII. où il traite des intelligences céleſtes. Le dernier chapitre ne peut être omis ici, ſans en ôter une partie eſſentielle du projet de ce livre; au lieu que les trois autres peuvent être différés à une autre fois, ſans qu'on s'apperçoive preſque d'aucun vuide. Ils méritent néanmoins d'être lus & d'être examinés avec ſoin, comme tout le reſte, par tous ceux qui aiment à cultiver leur raiſon.

V. En conſidérant Dieu en lui-même, ou dans ſes ouvrages, nous reconnoiſſons que ſes perfections ſont ſans bornes, & qu'on n'y peut rien ajouter; ſoit en idée ſoit autrement. Nous ſavons auſſi qu'il y a une certaine perfection dans toutes les créatures & en nous-mêmes que l'on peut nommer une perfection de *convenance*, en ce qu'elles ont toutes ce qu'elles doivent avoir, ſelon leurs espèces. La perfection de l'homme consiste dans un rapport convenable entre les facultés de son ame, entre son ame & son corps, & entre les autres parties de l'univers.

Mais nous savons aussi que nous sommes imparfaits à plusieurs egards. La meilleure memoire est infidelle, & l'esprit le plus étendu se trouve étroit. Combien d'idées n'avons-nous pas entièrement perdues, par l'oubli; & combien de choses y a-t-il dans Dieu & dans la nature, dont nous n'avons point d'idee? Avec combien de doutes & de recherches ne faut-il pas que nous parvenions à la connoissance de la vérité? Les imperfections de notre volonté sont des suites nécessaires de celles de notre perception; & tout cela nous prive de beaucoup de satisfaction & de plaisir.

Néanmoins par les connoissances que nous avons de Dieu, de nous-mêmes & des natures qui sont au-dessous de nous & que nous voyons; nous pouvons venir à connoître ce qui est au-dessus. Nous pouvons savoir qu'il y a des êtres plus relevés & plus parfaits; aussi bien que des êtres qui sont au-dessous de nous & plus imparfaits que nous; qu'il y en a de plusieurs sortes & en quoi cette diversité consiste.

Comme nous ne pouvons jamais avoir une trop haute idée de Dieu, nous ne pouvons pas penser trop bien de ses ouvrages. Quoique leur perfection ne soit pas absolue, comme celle de Dieu, à laquelle on ne peut rien ajouter; néanmoins leur nature est si parfaite, qu'on n'y peut rien ajouter, dont ils soient capables, chacun dans son espece. Autrement ce seroit supposer Dieu parfait dans son essence & imparfait dans ses opérations; c'est-à-dire, s'il faut parler ainsi avec l'auteur, que nous le regarderions comme *imparfaitement parfait*.

Mais comme il y a différents degrés de perfection dans les créatures que nous voyons: il y en a aussi parmi les intelligences, & nous sentons assez que notre ame n'est pas des plus parfaites. Il faut donc chercher ce qui nous manque, en des êtres qui sont au-dessus de nous. Les intelligences ne sont pas moins les ouvrages de Dieu, que les corps, & elles en sont même la principale partie; que l'on doit juger avoir aussi reçu de Dieu toutes les perfections, dont elle est capable.

On peut s'assurer de leur existence, en comparant le monde intellectuel avec le corporel. Ce dernier étant plein de toutes parts des ouvrages de Dieu; il n'y a point d'apparence qu'il y ait un si grand vuide dans le premier, qu'il n'y ait rien entre Dieu & nous. On peut conclure la même chose de l'étendue du monde corporel, dans laquelle nous ne voyons aucunes bornes. Si le monde intellectuel ne peut pas l'égaler par une étendue de la même nature, il faut qu'il l'égale, par une autre sorte de perfection, dans laquelle nous ne puissions pas plus trouver de bornes, que dans l'étendue des corps.

Les raisons qui prouvent l'existence des intelligences célestes, prouvent aussi leurs différens degrés de perfection & de superiorité au-dessus de nos ames. Comme nous voyons que les parties de la nature ont du rapport les unes aux autres en degrés & en perfections, dont les unes sont plus excellentes que les autres; il seroit peu raisonnable de penser qu'il n'y a rien entre la plus basse sorte des especes intelligentes, que nous concevions, & la plus relevée. Il est donc convenable de penser qu'il y a differents ordres d'intelligences célestes, plus parfaites les unes que les autres; jusqu'à ce que nous arrivions à celle dont la perfection est tout-à-fait consommée.

Les degrés de perfection, que nous voyons en ce qui est au-dessous de nous, nous indiquent aussi la même chose. Parmi les pierres, quelques-unes n'ont d'autre perfection que la figure, d'autres ont de plus celle de la couleur. Il en est de même des plantes & outre cela, il y en a qui ont de l'odeur. Quelques-unes ne portent que de la graine, d'autres de la graine & des fleurs, d'autres enfin ont de la graine, des fleurs & des fruits. Parmi les animaux, il y a de semblables degrés.

Le plus bas est de ceux qui ne se remuent point, mais qui sont attachés à un lieu, comme les plantes, & qui n'ont aucun sens, que l'attouchement; tels que sont les huitres & les autres coquillages. Au-dessus de ces animaux sont ceux, qui ont deux sens, l'attouchement & le goût, avec la liberté de se remuer; mais sans organes, excepté des muscles comme l'escargot. Ensuite viennent les vers, qui ont deux sens, & des ongles, mais aucuns pieds. Les ongles ne leur servent que pour avancer plus facilement, sur le corps auquel ils s'attachent par-là. Au-dessus d'eux sont les chenilles, qui outre qu'elles ont deux sens, ont aussi des ongles & des pieds, & dont les ongles sont à crochet, afin de mieux s'attacher & de monter de branche en branche, pour demeurer suspendues au revers des feuilles. Néanmoins elles ne se meuvent que par hazard & lentement; parce qu'elles n'ont aucuns yeux. Il y en a d'autres au-dessus, qui ont la vue & le mouvement; & leur mouvement par le moyen de leurs jambes & de leurs ailes est plus déterminé & plus prompt; & tels sont tous les insectes qui volent. Néanmoins ils ne produisent que de petits œufs, comme des lendes. On doit mettre au-dessus des insectes les poissons, qui produisent immédiatement leurs petits, & qui outre la vue ont aussi l'odorat. Mais ils sont muets & sourds. Il faut placer au-dessus d'eux les oiseaux & les autres bêtes qui ont de plus l'ouïe & la voix au-dessus desquels sont enfin les hommes qui ont la parole & l'intelligence, & par la connoissance des êtres créés, qui font plus parfaits qu'eux, & de Dieu qui est au-dessus de toutes choses.

Il n'est pas possible qu'il y ait aucune disproportion entre les ouvrages de Dieu. Cependant il y en auroit beaucoup, si Dieu avoit employé plus d'art & mis plus de variété dans le monde corporel, qui est le moindre, & dans le monde *vital*, qui est le plus excellent. Il n'y a point donc d'apparence, qu'il ait plus varié cette moitié du monde *vital*, qui est au-dessous de l'ame de l'homme, que l'autre moitié qui est au-dessus d'elle ; de sorte que nous devons regarder l'homme, comme *l'équateur de l'univers* visible & invisible, ainsi que parle l'auteur.

On peut recueillir de-là, en quoi consiste la diversité des êtres intelligens, à l'égard de leur nature ; c'est qu'il y en a qui sont joints à un corps, & d'autres qui n'en ont point du tout. Outre cela, il est croyable que les êtres intelligens, qui sont immédiatement au-dessus de nous, sont joints à des corps d'une manière ou d'autre. C'est à quoi nous conduisent les êtres vivans, qui sont au-dessous de nous ; car comme il y a plusieurs ordres de corps animés, avant que de venir à un corps qui soit joint à une intelligence, ou à l'homme, il est à présumer qu'il y a aussi plusieurs sortes d'intelligences unies à des corps, avant que d'arriver à des intelligences tout-à-fait pures. Il est aussi à croire, si nous regardons au-dessus de nous, que ce n'est que par degrés que l'on arrive aux intelligences, élevées au-dessus de toute la nature corporelle.

Or il est clair qu'une intelligence, pour être parfaite, doit être dégagée de tout corps ; car si le corps est perfectionné en étant uni à une intelligence ; la perfection d'une intelligence est d'être dégagée de toute sorte de corps. Aussi Dieu qui est la plus parfaite intelligence, est la plus éloignée du corps. Si donc Dieu a fait des corps, qui ne sont que pures ténèbres ; & s'il a joint des esprits à des corps, en sorte qu'ils ont un côté ténébreux ; nous devons croire qu'il a fait des intelligences aussi lumineuses, & aussi semblables à lui, que leur nature le peut souffrir. Ainsi comme un corps animé & une intelligence jointe à un corps, sont des êtres voisins : au contraire un pur corps & une pure intelligence sont les deux extrémités du monde visible & de l'invisible.

Par la connoissance que nous avons des êtres supérieurs, nous pouvons juger de leurs facultés & de leurs opérations. On peut croire premièrement, que les ordres qui sont les plus proches de nous, ne sont pas destitués des sens qui dépendent de l'union d'une nature *vitale* & d'une corporelle. Comme nous avons nous-mêmes divers sens, dont les animaux, qui sont au-dessous de nous, sont privés : de même les intelligences qui sont au-dessus de nous, en peuvent avoir plusieurs, dont nous ne pouvons former aucune idée. Comme les sens sont multipliés par degrés dans les animaux, qui sont au-dessous de nous ; il en est de même dans les êtres, qui sont au-dessus, & qui sont moins attachés au corps les uns que les autres, par degrés.

On pourroit concevoir des êtres intelligens, qui auroient des sens, c'est-à-dire, des facultés par lesquelles ils peuvent appercevoir ce qui est au dehors d'eux, plus parfaits que les nôtres ; 1. en ce qu'ils pourroient voir à la fois sans confusion une plus grande étendue d'êtres corporels, que nous, comme une grande partie du monde corporel tels que seroient un, ou plusieurs tourbillons, avec toutes leurs étoiles & leurs planetes : 2. en ce qu'ils verroient clairement tout ce qui y est, avec l'ordre & les proportions qui y sont gardées : 3. en ce qu'ils verroient distinctement toutes les parties les plus petites, & les plus cachées des corps, & tout le jeu de leurs machines, avec la dernière exactitude : 4. en ce qu'ils n'auroient point besoin de lumière, pour s'en appercevoir : 5. en ce que leurs autres sens seroient aussi plus étendus & plus distincts que les nôtres, en toutes choses : 6. en ce qu'ils appercevroient aussi les esprits en eux-mêmes, & pourroient avoir du commerce avec eux, &c.

Outre cela, dit l'auteur, ces êtres peuvent avoir la force d'imaginer, & une imagination même beaucoup plus vive que la nôtre, pour mieux former & pour mieux retenir les images ; & qui surpasse autant ou plus la nôtre, que la nôtre surpasse celle des êtres qui sont au-dessous de nous. Il en est peut être de même à l'égard de leur intellection, en comparaison de la nôtre.

Mais en supposant en eux une intellection, qui n'est pas entièrement parfaite & une imagination sensitive ; malgré l'étendue de leur connoissance, ils peuvent être capables de mal moral, ou de péché & de vices, & d'un malheur d'autant plus grand, que leurs lumières sont plus étendues. Le corps, qu'on suppose qu'elles ont, peut servir à leur donner une imagination, qui maîtrise leurs lumières, & à les obscurcir ; de sorte qu'il y ait un semblable rapport entre eux & d'autres êtres supérieurs, qu'il y a entre les bêtes & nous.

On peut concevoir au-dessus d'eux des êtres destitués de tout corps & de tous sens, tels que sont les nôtres ; mais dans lesquels le principe imaginatif seroit joint, par une union personnelle, avec le principe intellectuel ; pour ne faire qu'une seule intelligence, comme dans l'ame humaine. Il n'est pas difficile de concevoir une imagination indépendante des sens, puisque, dans l'homme même, leurs opérations sont distinctes.

Un être destitué de tout corps pourroit néanmoins être *affecté* de trois manieres; par les corps, par la fantaisie & par l'entendement. Quoiqu'il ne sentît pas les corps comme nous, il pourroit s'en appercevoir d'une maniere analogue, que l'on peut nommer avec l'auteur, *perspective*. Il pourroit encore y avoir un commerce immédiat, entre les imaginations de ces êtres, dont les unes feroient le même effet sur les autres, que les corps feroient sur elles. Ils pourroient être d'autant plus maîtres de leur imagination, qu'elle ne seroit point soutenue par les sens.

Comme il y a dans les animaux, non-seulement différentes sortes de sens, mais encore différents degrés dans les mêmes sens, & que l'on doit dire la même chose de l'imagination; qui empêche qu'il n'y ait différentes sortes d'imaginations & d'entendemens dans les êtres supérieurs; & plusieurs degrés de perfection dans la même espèce d'imagination & d'entendement?

On peut concevoir une plus excellente espèce d'intellection que celle qui nous est connue. Quoique le doute & la recherche de la vérité soient des perfections de l'entendement humain, qui l'élèvent au-dessus des êtres qui sont au-dessous de lui; néanmoins ces choses considérées en elles-mêmes, marquent de l'imperfection. Ainsi, elles nous conduisent à l'idée d'un être plus excellent, tel que seroit celui qui connoîtroit les choses directement & par simple vue; ce qui est une maniere d'intellection plus aisée & plus claire. Des êtres de cette sorte ne pourroient pas tomber dans le mal moral, & seroient, par conséquent, capables d'une plus grande félicité.

On peut recueillir des êtres, qui sont au-dessous de nous qu'il faut qu'il y en ait au-dessus de tels qu'on vient de les décrire; puisque si l'imagination, que l'on nomme *instinct* dans les bêtes, est si parfaite qu'elle agit régulièrement sans instruction & sans recherche; on peut croire qu'il y a des êtres intelligens, qui sont aussi parfaits à cet égard, ou qui ont une espèce d'instinct intellectuel. Nous pouvons croire, outre cela, qu'il y a plusieurs degrés d'intelligences, que l'on peut nommer *intuitives*; parce qu'elles connoissent la vérité, par simple vue.

En suivant toujours la même proportion, nous pouvons monter, pour ainsi dire, encore un ciel plus haut, puisqu'outre les pures intelligences, dont nous avons parlé, il peut y avoir des esprits tout-à-fait simples & sans aucune composition; ou qui soient non-seulement dégagés des sens, mais même encore de l'imagination, en sorte que ce ne soient que de simples intelligences. C'est-là la plus haute espèce, de laquelle nous nous puissions former une idée distincte. Les précédentes intelligences étant affranchies des ombres qui accompagnent les corps, peuvent savoir ce qu'elles savent par simple vue; mais ayant une imagination, elles sont obligées de se servir de leur mémoire, & de connoître les choses successivement. Mais ces suprêmes intelligences, peuvent non-seulement connoître par simple vue, mais encore avoir toujours présent à l'esprit tout ce qu'elles savent. Un ver ne trouve ce qu'il cherche, que par le moyen de l'attouchement, & en se traînant d'un corps à un autre, parce qu'il n'a point d'yeux; mais l'homme qui a des yeux, voit d'abord tout ce qui est devant lui. Pour garder la proportion, il faut qu'il y ait autant de distance de perfection entre les deux extrémités de l'intellection, qu'il y en a entre celles de la sensation. Autant donc que les sens d'un ver sont au-dessous de ceux de l'homme: autant l'entendement de l'homme est lui-même au-dessous de celui de ce suprême ordre des intelligences.

Comme la connoissance de ces derniers êtres est parfaite dans sa nature, elle l'est aussi dans son étendue. Comme donc les intelligences *intuitives*, par le moyen de l'imagination, apperçoivent les objets d'une maniere *supersensitive*, ainsi qu'on l'a dit: de même ces intelligences *comprehensives* & *abstraites* peuvent avoir une maniere de perception & *supersensitive*, & *superimaginative*. Ainsi encore, quoique semblables à la divinité, autant que la nature des êtres créés le souffre, elles n'ayent aucune perception de plaisir, ni de douleur, ni de quelque autre chose que ce soit, comme nous; elles ont une perception *transcendante* du plaisir & de la douleur, & de toutes les autres choses.

La perfection de la volonté, dans ces créatures du premier ordre, ne peut pas être moindre que celle de l'entendement. N'étant unies ni avec un corps, ni avec une imagination, elles ne peuvent avoir aucune inclination au mal, & elles sont aussi fortement attachées au bien, que des créatures le peuvent être. Car il paroît absurde qu'un pur entendement puisse jamais être détaché de la vérité & de la droiture.

Leur félicité égale aussi leurs autres perfections; puisqu'elle naît nécessairement de la connoissance qu'elles ont de toute la nature, & de l'amour parfait qu'elles ont pour son incompréhensible auteur; qu'elles voyent infiniment plus élevé au-dessus d'elles, qu'elles ne le sont au-dessus d'un ciron, ou d'un atôme.

Ce sont-là les idées de *Grew*, touchant les

natures vivantes, senfitives & intelligentes. Ceux qui les confidèreront avec foin, admireront la proportion qu'il a sû trouver entre le monde vifible & l'invifible, & feront touchés comme moi, de la régularité & de la nobleffe de fes penfées. J'avoue qu'on peut faire quantité de queftions qu'il eft très-difficile ou même impoffible de réfoudre, concernant la vie, les fens, l'imagination & l'entendement; mais il n'y a point de fyftême, où l'on n'en trouve d'infurmontables; & l'auteur n'eft pas de ceux qui croyent avoir des idées complettes des fubftances corporelles & intelligentes. Tout ce qu'on pourra dire contre lui ne prouvera autre chofe que cela; puifque tout ce qu'il avance eft fondé fur l'expérience, ou fur l'analogie & la fymétrie; pour parler ainfi, que l'on remarque conftamment dans les ouvrages de la nature. A l'égard du monde intellectuel, l'écriture fainte nous apprend qu'il y a différentes fortes d'anges bons & mauvais; & ce que *Grew* en dit ici philofophiquement, n'a rien qui ne s'accorde très-bien avec la révélation, & qui ne foit propre à difpofer à la recevoir, ceux à qui cette multitude d'êtres qu'ils ne voyent pas, fait de la peine. Car enfin, s'il ne prouve pas par des raifons démonftratives, qu'il y en a, il fait au moins voir que non-feulement on ne peut le nier fans abfurdité, mais qu'on le peut affurer même comme une chofe très-vraifemblable.

Réflexions fur ce qu'on appelle fcience, fageffe & vertu.

I. *La vérité* eft l'objet le plus propre & le plus néceffaire de notre entendement. Elle en eft l'objet propre, parce qu'il n'y a qu'elle à qui il foit obligé de fe rendre. On peut de plus concevoir cent menfonges, fans appercevoir une vérité: mais, quand on a compris une feule vérité, on conçoit en-même-tems que tout ce qui lui eft oppofé eft faux. Elle en eft l'objet néceffaire, même quand l'entendement apperçoit une fauffeté; car juger qu'une chofe eft fauffe, c'eft s'appercevoir d'une vérité.

La vérité n'eft qu'une convenance qui fe trouve dans les paroles, dans l'efprit, ou dans les chofes. Quand les paroles s'accordent avec la penfée, elles forment un difcours fincère; &, quand c'eft avec d'autres chofes, c'eft un difcours véritable. Quand c'eft avec la conception, elles marquent le véritable deffein que l'on a; &, quand c'eft avec d'autres chofes, c'eft un vrai théorème. Quand les chofes s'accordent avec nos conceptions, alors l'opération de notre efprit a pour objet la vérité. On pourroit faire la même remarque fur le rapport que les chofes ont entr'elles.

La vérité *théorématique*, comme parle l'auteur, & qui confifte dans les conceptions que nous avons des chofes, eft négative, ou pofitive. Cette propofition *l'or eft plus pefant que le vif-argent*, femble être une vérité pofitive; cependant elle revient à la même chofe, que deux négatives; favoir, que l'or n'eft ni plus léger que le vif-argent, ni d'un égal poids. Mais, fi l'on dit que le poids de l'or, comparé avec celui du vif-argent, eft comme neuf à huit, c'eft une vérité pofitive; & c'eft principalement la connoiffance de ces vérités, qui forme la fcience & la fageffe. La première confidère l'effence des chofes, & la feconde leurs opérations.

L'effence d'une chofe, c'eft *la raifon*, pour parler, comme les géomètres, de fon être, & l'idée, ou la perception complette de cette raifon, eft fa définition. Il faut qu'il y ait deux chofes dans cette idée; qu'elle foit précife, & qu'elle renferme tout l'objet, ou qu'elle n'y mette ni plus, ni moins qu'il n'y a.

Dans chaque effence, il y a un *genre*; c'eft-à-dire, ce qu'elle a de commun avec d'autres effences; & une *différence*; ce qui eft ce qu'elle a de particulier, & qui la diftingue de toutes les autres.

Ainfi *le genre*, quoi que quelques-uns en penfent, exifte réellement dans la chofe définie, & eft le fondement de ce qu'on nomme proprement *généralité* qui n'exifte que dans la penfée. Par exemple, la nature d'un *animal*, confidéré comme tel, eft la même dans une bête à quatre pieds, & dans un oifeau, que dans un homme. Mais on dit qu'il n'y en a *qu'une feule*, parce que nous n'en avons qu'une feule conception.

Nous pouvons nous former des idées complettes de ces fortes de chofes qui font fimples & faciles, c'eft-à-dire, marquer ce en quoi ces effences s'accordent, & ce en quoi elles diffèrent; de même que dans la géométrie, où l'on ne confidère prefque que la quantité & la figure.

Nous féparons la quantité, par le moyen de l'abftraction, de la nature du corps. Encore que nous ne puiffions pas concevoir qu'un corps exifte fans quantité, néanmoins nous pouvons confidérer diftinctement le corps & la quantité. Nous ne pouvons pas non plus concevoir qu'un corps exifte fans figure, &, s'il s'enfuivoit que la figure & la quantité font la même chofe, parce que le corps ne peut pas exifter fans quantité, il s'enfuivroit auffi que le corps & la figure font la même chofe, &, par conféquent, qu'il n'y a point de différence entre la figure & la quantité, ce qui eft abfurde.

Il faut bien que nous les diftinguions de la forte, par abftraction; fans quoi nous ne pourrions avoir aucune idée véritable d'une furface, d'une ligne, ou d'un point. Car une furface, pour en donner

donner une définition exacte, est une quantité qui a de la largeur sans épaisseur, &, par conséquent, sans aucune nature corporelle. Une ligne est longue, sans être ni épaisse, ni large. Un point est sans étendue. Sans avoir une véritable idée de ces choses, nous ne pouvons rien comprendre dans les démonstrations qui regardent la quantité.

On peut aussi définir avec exactitude le rapport réel qui est entre deux quantités, & qui est triple, savoir, d'*égalité*, de *proportionalité* & de *commensurabilité*. L'égalité est l'identité des quantités. Ainsi, dans les triangles rectangles, le carré de l'hypoténuse est égal aux carrés des deux autres côtés. L'égalité est une vérité réelle, & lorsqu'on la démontre, c'est un véritable théorème.

La proportionalité est un rapport égal, qui est entre des quantités, ou des nombres inégaux ; soit que cela se fasse par addition, comme en 2, 4, 6, ou par multiplication, comme dans 2, 6, 18, ou en 2, 6, 4, 12. En tout cela, des nombres inégaux sont augmentés également.

La commensurabilité est lorsque deux, ou plusieurs nombres, ou quantités, sont divisibles en parties égales par un nombre commun, ou par une mesure commune. Ainsi 9, 21 & 30 sont divisibles en parties égales, par le nombre de 3.

La quantité & la situation font la figure qui est bornée, ou en tout, ou en partie. Une figure est bornée en partie, lorsqu'elle est renfermée entre deux lignes qui peuvent être prolongées à l'infini, soit dans une égale distance l'une de l'autre, ou autrement. On peut très-bien définir les différentes sortes de figures régulières, entièrement terminées, soit planes, soit solides.

Il y a un double rapport entre les figures dont l'un se nomme *ressemblance*, & l'autre *coexistence*. La ressemblance des figures consiste dans l'égalité de leurs angles, & dans la proportion de leurs côtés. Elles peuvent être semblables, quoiqu'elles diffèrent infiniment en quantité. La coexistence est quand une figure peut être résolue en une autre, comme les figures rectilignes le peuvent être en triangles.

A l'égard des essences des choses composées, invisibles & vitales, elles ne peuvent être définies. Par exemple, nous savons que les fibres d'un muscle peuvent être divisées en d'autres fibres si petites, qu'elles sont plus minces qu'un fil d'araignée, & il se pourroit faire que, par le moyen du microscope, on vît la fin de la division. Nous savons aussi, par l'analyse chimique, qu'un muscle est composé de divers principes. Mais personne ne peut dire en quel nombre ils sont, ou de quelle manière précisément ils sont mêlés ensemble, pour former les propriétés que l'on remarque dans une fibre.

On a prouvé ailleurs que les atômes des principes ont une certaine grosseur, & une certaine figure qui leur sont particulières, & qui ne changent point. Mais nous ne savons pas quelle est cette grosseur, & quelle différence il y a entre la grosseur des atômes de diverses choses. On sait que la figure des particules des sels est toute pleine d'angles, les uns obtus, les autres droits, & les autres aigus ; mais on ne sait pas si ces atômes sont composés de particules d'une semblable figure.

A l'égard de l'essence des principes *vitaux*, nous sommes encore dans une plus grande ignorance, parce que nous ne connoissons que leurs opérations. Ainsi les définitions des essences corporelles & des *vitales* ne sont autre chose que des noms & des marques, pour ainsi dire, par lesquelles on les distingue dans le discours les unes des autres. Par exemple, on dit qu'un homme est *un animal raisonnable* ; ce qui bien loin d'être une bonne définition, n'est pas seulement une bonne marque par laquelle on le puisse distinguer des bêtes, car les bêtes ont une espèce de raison fantastique. Il vaudroit mieux dire que c'est *un animal intellectuel*, ce qui renfermeroit qu'il a de la religion qui dépend de l'intelligence. Encore ne seroit-ce pas là définir l'homme.

Que si l'on me demande une définition, je réponds que là où le couteau finit, le microscope commence, & que là où le microscope finit, le feu commence, ou l'analyse chimique. Quand cette résolution est achevée, la raison commence, par laquelle nous allons aussi loin que nous pouvons, pour nous former une idée du corps de l'homme, qui ne fait que la moitié de son être. Ensuite nous considérons ce qu'il y a de *vital* en lui.

Quoique les idées que nous avons de la figure & de la quantité approchent plus de la perfection que les autres ; néanmoins elles ne sont pas absolument parfaites, ni complettes.

C'est ce qui paroît, à l'égard de la figure, parce que nous ne pouvons concevoir comment la circonférence d'un cercle, ou d'un autre ligne courbe peut être sans une infinité d'angles ; car les parties d'une ligne sont des lignes, & nous ne pouvons concevoir comment elles changent de direction sans former des angles. Néanmoins, supposer qu'il y a des angles dans un cercle, c'est détruire la définition d'un cercle, & par conséquent de tous les théorèmes qui en dépendent. On dit que les lignes tangentes tou-

Philosophie anc. & mod. Tome II.   M m m m

chent feulement à un point, c'eſt-à-dire, qu'elles ne touchent nulle part, car un point n'a pas de parties. Il n'y a point de grammaire mathématique, qui puiſſe fauver cette eſpèce de contradiction. Nous avons une idée de ce que nous diſons, mais nous n'avons point de mots propres, pour l'expliquer.

Il eſt certain que l'angle que fait une tangente avec la circonférence d'un cercle, eſt plus petit qu'aucun angle rectiligne, quoiqu'infiniment petit, ne le peut être, c'eſt-à-dire, qu'il eſt plus petit qu'un infiniment petit.

Les lignes aſymptotes peuvent s'approcher plus près qu'aucune diſtance que l'on puiſſe aſſigner; & néanmoins, étant continuées à l'infini, elles ne ſe toucheroient jamais.

Suppoſons qu'un rayon, comme rayon, ſe meuve ſur un cercle. Soit que nous ſuppoſions qu'il ſe meuve tout entier, ou en partie, cette ſuppoſition nous mènera à une abſurdité. S'il ſe meut en partie, & qu'il ſe repoſe en partie, ce ſera une ligne courbe & non un rayon. S'il ſe meut tout entier, il ſe meut ou autour du centre, ou ſur le centre. S'il ſe meut autour, il ne parvient pas juſqu'au centre, & par conſéquent ce n'eſt pas un rayon. Il ne peut pas non plus ſe mouvoir ſur le centre, parce que le mouvement a des parties, & par conſéquent ne peut pas ſe faire ſur un point, qui n'en a pas.

Par ces exemples, & par d'autres ſemblables, il eſt évident que les lumières des hommes ne vont pas juſqu'aux dernières parties non-ſeulement d'une ligne courbe, mais encore de la quantité, & du mouvement, conſidéré comme une quantité ſucceſſive. C'eſt pourquoi nous n'avons pas d'idée complette de leur nature, puiſque, ſi nous en avions une, nous ſerions capables de ſoudre toutes les difficultés que l'on peut faire là-deſſus. Ainſi à peine y a-t-il un être dans le monde, dont l'eſſence nous ſoit entièrement connue.

Combien moins pourrions-nous comprendre la première cauſe de toutes choſes, ou aucune des perfections qui lui appartiennent? Néanmoins nous ſommes auſſi aſſurés de ſon exiſtence, que nous le ſommes de celles de la quantité, de la figure & du mouvement, ou de quelqu'autre choſe que ce ſoit, dont nous n'avons pas d'idée complette.

Mais, quoique nous ne connoiſſions entièrement l'eſſence d'aucun être, notre ſcience s'étend auſſi loin que nos connoiſſances aſſurées. Nous irons même plus loin, ſi, après avoir fixé les marques auxquelles nous reconnoiſſons chaque être, nous ne nous arrêtons pas là, comme l'on fait dans les écoles; mais que nous tâchions d'approcher des définitions des êtres, leſquelles ſont dans leur perfection ſeulement dans les idées de dieu.

II. Comme *la ſcience* eſt proprement cette connoiſſance qui ſe rapporte à l'eſſence des choſes, *la ſageſſe* regarde leurs cauſes & leurs opérations.

On compte ordinairement quatre cauſes de tout; la cauſe efficiente, la matérielle, la formelle & la finale. Mais cette diviſion eſt vicieuſe. La matière, ni la forme ne peuvent pas être nommées *cauſes*, au ſens auquel ce mot ſe prend, puiſqu'elles ſont plutôt l'eſſence des choſes, que leurs cauſes; de ſorte que ſi la matière & la forme pouvoient être nommées les cauſes de quelque choſe, cette choſe ſeroit la cauſe d'elle-même, & il n'y auroit point de différence entre la cauſe & l'effet. La fin peut être nommée une cauſe, en tant qu'elle produit l'uſage des moyens; mais, à proprement parler, il n'y a que l'efficiente qui puiſſe être juſtement ainſi nommée.

Il y a quatre principales cauſes de toutes les opérations qui regardent les hommes; le corps, les ſens, l'imagination & la raiſon. La conjonction quadruple, pour parler avec l'auteur, de ces cauſes produit en tout ſeize manières générales d'opération.

Les premières quatre manières regardent les corps, & ſont les opérations du corps ſur le corps, ou ſur les ſens, ou ſur l'imagination, ou ſur la raiſon. Les ſecondes appartiennent aux ſens, & ſont des ſens ou ſur le corps, ou ſur les ſens, ou ſur l'imagination, ou ſur la raiſon. Les troiſièmes ſont de l'imagination ſur les corps, ou ſur les ſens, ou ſur l'imagination, ou ſur la raiſon. Les quatrièmes ſont de la raiſon ſur le corps, ou ſur les ſens, ou ſur l'imagination, ou ſur la raiſon elle-même. Toute la ſageſſe des hommes conſiſte dans l'obſervation diſtincte de ces quatre choſes, & dans leur prompt & régulier uſage.

I. 1. La première ſorte d'opération eſt celle du corps ſur le corps, & ſe fait en trois manières, par la groſſeur, par la figure & par la ſituation. La groſſeur produit & le mouvement & le repos, & contribue beaucoup à la direction & à l'accélération du mouvement; car ce qui eſt plus gros a plus de peſanteur, c'eſt-à-dire, qu'il tend avec plus de force à ſon centre. Un corps plus gros donne un mouvement plus vite à celui qui eſt de moindre groſſeur; car ſi la quantité du corps mouvant eſt le double de celle du corps mû, la vîteſſe du mouvement, dans le corps mû, ſera le double de celle du corps mouvant. Le mouvement, qui eſt répandu par toute la maſſe d'un plus gros corps, dans un moindre se jette, pour ainsi dire, en longueur, ou devient plus vîte.

La figure contribue aussi beaucoup au mouvement & au repos. Un corps rond se meut autour de son centre, avec moins de résistance de la part des corps voisins, que s'il avoit des angles. Une vessie, qui n'est point enflée, quoiqu'elle ne soit pas plus pesante, que lorsqu'elle est enflée, mais au contraire un peu moins, descend avec plus de facilité, que lorsqu'elle est remplie d'air, parce qu'elle trouve moins de résistance.

La situation y fait aussi quelque chose, puisqu'un moindre poids placé à une plus grande distance de son centre de pesanteur, fait mouvoir un plus grand poids, qui n'en est pas si éloigné. La vîtesse du mouvement, qui est dans le moindre poids, est égale à la masse du mouvement, qui est dans le plus grand. La plus grande partie des effets de la mécanique est fondée sur ces trois choses.

Il en est de même des mouvemens des animaux. Nous ne devons pas considérer seulement, comme font les physiciens, comment la structure des parties produit les mouvemens dans chaque homme; mais encore le mécanisme de chaque membre, c'est-à-dire, la figure & la grosseur des os & des muscles, & l'insertion des muscles dans les os. Ces choses sont plus ou moins avantageuses, pour certains mouvemens dans un homme, que dans un autre; car il y a une aussi grande variété dans les autres parties du corps, que dans les visages. C'est ce que l'on peut remarquer par l'usage même. Si l'on considère particulièrement la poitrine, les bras, les jambes, on peut juger pour quelle action corporelle un homme est le plus propre.

Plusieurs maladies dépendent de l'action de ces parties, jointe avec d'autres causes. Quand on a la poitrine étroite, on a du penchant à la phthisie; quand on a les veines trop grandes, on est disposé à l'atrophie, & quand elles sont trop étroites, à devenir trop gras. La petitesse des veines jugulaires est une disposition à l'apoplexie; & la même chose dans les jointures cause la goutte; & dans les veines émulgentes la pierre. Il y a de l'apparence que la plupart des maladies procèdent en partie d'une mauvaise conformation des membres, ou sensible, ou cachée.

La grosseur, la figure & la situation produisent les mêmes effets dans les petits corps, que dans les grands; & la même chose se passe dans les atômes, & dans les *molecules*, dont ils sont composés. Il faut faire le même jugement de la séparation & de la conjonction de tous les corps, de leur altération & de leur génération; aussi bien que des maladies qui viennent de causes extérieures, ou intérieures.

Mais la manière de l'opération de ces petits corps est trop obscure. Par exemple on ne sauroit dire assurément pourquoi la rhubarbe purge; si c'est par une espece d'irritation de l'estomac & des boyaux: comme une chose de mauvais goût que l'on tient dans la bouche, cause de la salivation; ou si c'est en passant dans le sang, car la couleur qu'elle donne à l'urine, fait voir qu'elle y passe; ou si c'est en agissant sur les nerfs qui servent beaucoup à l'excrétion des sucs, aussi bien qu'aux autres fonctions animales ou de quelque autre manière. On peut faire mille autres questions, touchant ce remède, & tous les autres auxquelles nous pouvons aussi peu répondre, que connoître l'essence des choses, de qui leurs opérations dépendent.

Mais pour nommer un homme *sage* & *prudent*, il suffit qu'il soit assuré de l'effet des corps autant qu'il est nécessaire, pour en tirer l'usage qu'il se propose. S'il n'a point d'autre vue que de purger, il lui suffit de savoir que la rhubarbe est purgative; & qu'en toutes choses, il n'aille pas plus loin que ses lumières, & qu'il ne se fonde que sur la vérité.

I. 2. La seconde sorte d'opération des corps est celle qu'ils font sur les sens, dont on a déjà parlé.

I. 3. La troisième manière, dont les corps opèrent, consiste dans les effets qu'ils produisent sur l'imagination; soit que ce soit par le moyen des organes des sens, ou par des impressions immédiates des images de la fantaisie. Ceci se peut faire de deux manières; en partie par les humeurs, qui suggerent des conceptions de feu, d'eau, de joie & de chagrin; & en partie par le cerveau, qui est comme le laboratoire, dans lequel se font les images qui sont différentes, selon la constitution différente du cerveau.

Par-là l'imagination est plus ou moins claire, ou confuse, foible ou forte, abondante ou stérile. Elle est claire, selon la pureté des humeurs, qui composent les images; forte par la quantité de ces mêmes humeurs, & abondante, selon la grandeur du cerveau qui les renferme. C'est pourquoi ceux qui ont la tête grosse, supposé que tout le reste soit également disposé, ont ordinairement plus de mémoire, & l'imagination plus abondante.

La clarté de l'imagination ne dépend néanmoins pas de la seule pureté des humeurs, mais aussi de la structure régulière du cerveau qui est plus propre à former & à composer des images régulières. Comme les enfans qui sont noués, n'ont ni les membres, ni les viscères bien formés; dans les fous, le cerveau n'eſt pas non plus bien diſpoſé; & comme cette variété peut être infinie, il y a auſſi une différence infinie dans les imaginations. Mais comme il arrive, avec le tems, du changement dans les membres des enfans, qui ſe redreſſent, il en peut arriver de même, dans le cerveau.

I. 4. Les corps ne peuvent agir ſur la raiſon, que par le moyen des ſens & de l'imagination. Ainſi, à proportion qu'ils agiſſent ſur les ſens & ſur l'imagination, la raiſon en eſt ébranlée; comme on le verra dans la ſuite en parlant des effets des ſens & de l'imagination ſur l'eſprit.

II. 1. Les *ſens* agiſſent ſur les corps, non ſeulement par le moyen de la fantaiſie, comme lorſque l'on bâille, quand on voit bâiller; mais encore en repouſſant ſur les corps les impreſſions naturelles ou contre la nature, qu'ils reçoivent. Ainſi une grande douleur cauſe des gemiſſemens, des ſueurs froides, & des ſyncopes, altère le pouls, & produit ſouvent la fièvre. Ainſi encore le chatouillement peut produire un ris convulſif, & d'autres mouvemens involontaires. Ce ne ſont pas-là des effets de la volonté, & de l'imagination, mais ſeulement des ſens.

II. 2. Les ſens agiſſent auſſi ſur les ſens, mais pour la plus part du tems, conjointement avec l'imagination; en ſorte qu'une ſenſation peut cauſer du changement à une autre, l'affoiblir & même l'empêcher entièrement. Un mets ſervi proprement en paroit meilleur. Une belle voix, avec des manières agréables, empêche qu'on ne ſoit bleſſé des défauts d'un viſage laid. La muſique & une bonne compagnie diminuent la douleur. Cela veut dire que la vue & l'ouïe empêchent que l'imagination ne ſoit frappée par les effets de l'attouchement. Dans le mal de dents, la vue de quelque choſe, qui épouvante, produit le même effet. Il eſt vrai que l'imagination & la peur agiſſent en-même-tems, mais elles n'auroient pas cette force, ſans la vue.

II. 3. On voit par les exemples que l'on vient de rapporter, que les ſens agiſſent ſur l'imagination. Chaque ſens contribue à produire en elle ou des images qui lui ſont propres, ou des images différentes. La vue fournit à l'imagination ſes propres images, comme celle des couleurs, que nous imaginons enſuite ſans les voir; & des images différentes, lorſque la préſence d'un homme nous fait reſſouvenir de ſon nom que nous avions oublié. Mais les ſens ne frappent pas tous également l'imagination. Il eſt certain qu'elle eſt beaucoup plus ébranlée par les objets de la vue & de l'ouïe, que par les autres.

II. 4. Les ſens agiſſent auſſi ſur la raiſon, conjointement avec l'imagination. Le manger, le boire, le jeu, la muſique, les plaiſirs vénériens nous fourniſſent des exemples qui font voir que les ſens ont ſouvent aſſez de force, pour réſiſter à la raiſon, & pour ſuſpendre ſes influences. Au contraire, ce qui fait ceſſer les impreſſions des ſens, comme le calme, la tranquillité & les ténèbres, eſt avantageux à la raiſon. La muſique, la compagnie, une chambre agréable, une promenade ſervent ſouvent à calmer les agitations de l'eſprit. Les ſenſations elles-mêmes, ſi elles ſont agréables & dans les bornes, où elles doivent être, conſiſtent, auſſi bien que la raiſon, dans une certaine uniformité & une certaine proportion.

C'eſt de-là que dépend l'effet de la beauté, qui conſiſte dans une certaine proportion, que les parties du viſage ont les unes avec les autres. Il en eſt de même des habits, que l'on regarde comme attachés aux corps de ceux qui les portent. C'eſt ainſi que la nature a donné aux bêtes à quatre pieds le poil, & aux oiſeaux les plumes, pour leur ſervir d'habits.

L'effet de la parole eſt auſſi très-grand, non-ſeulement à cauſe du ſens qu'elle renferme mais encore à cauſe du ſon. Il y a une eſpèce de muſique, dans une bonne récitation, à l'égard de la meſure, du tems & du ton. Toute bonne période doit avoir trois ſortes de proportions; ſavoir, entre ſes propres membres, avec les autres périodes, & à l'égard de ce que l'on veut exprimer. Les mots ont auſſi leur tems ſelon les ſyllabes & les lettres dont ils ſont compoſés, auſſi bien que ſelon l'ordre, dans lequel ils ſont rangés. Il n'y a point de mot qui n'ait ſon ton, dans le langage ordinaire, auſſi bien que dans la muſique, & on pourroit marquer ces tons par des notes, ſi l'on vouloit. Dans le langage commun, il y a ſeulement moins de variété, & les tems ſont plus courts. A l'égard du tems & de la meſure, le ſtyle des poëtes eſt moins touchant que celui des orateurs; le premier n'étant qu'une courte chanſon que l'on répète juſqu'à la fin du poëme, au lieu que le ſecond eſt plein d'une variété infinie, comme ſeroient differens airs que l'on joueroit ſur un luth.

La manière dont on prononce, & le geſte, contribuent beaucoup à toucher non-ſeulement dans un diſcours étudié, mais encore dans la converſation. Tous les mouvemens du corps qui ſe font, ont une certaine harmonie entre eux, & ont du rapport à ce que l'on dit; deſorte que lorſqu'ils ſont aiſés & ſans affectation, ils ne manquent pas de plaire.

III. 1. L'imagination agit ſur le corps dans tous les mouvemens volontaires qu'elle dirige, ſoit que nous ſoyons réveillés, ou endormis. Elle a même du pouvoir, ſur les mouvemens involontaires, puisque l'amour & les autres passions altèrent souvent le pouls, & produisent d'autres effets sensibles dans le corps.

L'imagination troublée cause souvent des maladies. L'étisie vient quelquefois de chagrin. On peut dire la même chose de l'amour, de la fureur, & des maladies hystériques ; car l'imagination les cause souvent. Cela arrive fréquemment, non parce que l'imagination est troublée par les humeurs ; mais au contraire parce que les humeurs sont troublées par l'imagination. Les chiens, ni les chevaux entiers, qui sont des animaux fort échauffés, n'ayant pas l'imagination que les hommes & les femmes ont des objets qui les enflamment, ne sont sujets à aucune de ces maladies. Il y a des enfans qui sont devenus foux, ou enragés pour avoir eu de grandes frayeurs. Il n'y a guère de violentes passions qui n'aient causé des morts subites ; je n'en excepte pas même la joie.

L'imagination contribue aussi beaucoup à la guérison des malades. La peur a souvent fait passer un accès de fièvre, & a diminué la douleur de la goutte. Les désordres qui viennent de mélancholie, sont guéris par la joie ; & les médecines font souvent plus d'effet, lorsque les malades sont calmes & pleins de courage. Il ne doit pas paroître étrange que l'imagination ait de l'influence sur les muscles du dedans, puisqu'elle a tant de force sur ceux du dehors. On sait que la plupart des parties intérieures sont musculaires, & l'imagination en agissant sur ces muscles agit sur les humeurs qu'ils renferment.

III. 2. L'imagination agit aussi sur les sens, non-seulement dans les cas dont on a parlé, lorsqu'elle agit par un sens sur un autre ; mais encore toute seule & d'elle-même. Quelquefois elle diminue le sentiment, comme lorsqu'une vive conception d'un bien ou d'un plaisir à venir diminue une douleur présente. Quelquefois elle l'augmente ; car une forte imagination de douleur est une douleur, de sorte que quand la douleur vient réellement, elle est redoublée par l'imagination.

Quelquefois même elle produit des sensations, & fait le même effet sur des personnes éveillées, que sur celles qui songent. La frayeur ou la surprise leur fait voir ce qui n'est point ; c'est là-dessus, que sont fondées plusieurs fausses apparitions.

III. 3. L'imagination opère sur elle-même, & elle diminue quelquefois ses propres forces : comme lorsque l'on fait prendre une médecine à un enfant en lui promettant quelque bagatelle, ou que l'agrément extérieur de quelque mets en fait souffrir le mauvais goût.

La meilleure manière de guérir les passions est fondée sur cette expérience ; car peu de gens ayant assez de raison, pour être maîtres des effets de leur imagination, la plus prompte voie de les gagner est d'opposer un de ces effets à un autre. Si l'on veut, par exemple, marier ses enfans à son gré, il faut leur laisser voir beaucoup de monde ; parce que cette multitude d'objets tenant leurs esprits partagés, les sentimens des parens font pencher la balance du côté qu'ils veulent. C'est-là le principal moyen dont les personnes prudentes se servent en toutes occasions, pour gouverner les peuples.

L'imagination d'une personne opère aussi sur celle d'un autre. Ainsi l'amour produit l'amour, & il en est de même des autres passions. Si on considère bien cela, & en même-tems quelle peut être la petitesse des corps, & la rapidité imperceptible du mouvement, & que la fantaisie & le corps agissent souvent de concert, on ne trouvera point d'impossibilité dans la pensée de ceux qui croiroient que l'imagination d'une personne agit sur celle d'une autre par le moyen de certains corpuscules insensibles, qui passent de l'un à l'autre. Mais il faut supposer que l'imagination de l'agent est forte, que la raison du patient est foible, & que l'espace qui est entre eux n'est pas trop grand. C'est-delà que dépendent tous les effets de la magie naturelle, autant qu'on les peut croire véritables.

III. 4. L'imagination agit aussi sur la raison par ses actes de perception, & cela de diverses manières, soit en augmentant ses lumières, ou en diminuant sa force. L'imagination peut augmenter les lumières de la raison, en lui fournissant quantité de matériaux, sur lesquels elle peut agir. Néanmoins l'abondance de ces images n'est pas toujours avantageuse à la raison ; car elles la jettent dans l'erreur, si elles sont fausses ou confuses. Ainsi quoiqu'une grosse tête, tout le reste étant supposé égal, puisse être une marque d'une imagination bien fournie, néanmoins ce n'est nullement une preuve d'un jugement exact, qui dépend plus de la structure régulière, que de la masse du cerveau.

La fantaisie agit encore sur la raison par ses actes de volition. La raison est comme environnée & tenue captive par ce qui plaît davantage à l'imagination ; & ces deux choses se tiennent ordinairement compagnie. Aussi, plus un homme a d'esprit, plus il a d'imagination par laquelle il se gouverne plus ou moins, & de laquelle aussi il faut se servir, si on le veut gouverner. Sa raison est comme le fer de la hache dont on se sert, & l'imagination est comme le manche par lequel on peut le tenir.

Entre tous les effets de l'imagination, il y en

a principalement quatre qui se rendent maîtres de la raison ; l'*esprit*, l'*opinion*, l'*amour* & l'*orgueil*.

Comme le ton de la voix est la musique du discours prononcé : de même les figures & les ornemens du langage font l'harmonie de l'*esprit*. Les conceptions des choses sont placées dans leurs différens degrés de vraisemblance, comme en diverses proportions qu'elles ont l'une avec l'autre, & par cette espèce d'harmonie souvent la voix de la raison se trouve comme absorbée. De-là vient que peu de personnes, extraordinairement judicieuses, entreprennent de faire des poëmes. Ceux qui se plaisent beaucoup au dehors des choses, & à leurs couleurs, en pénètrent rarement le dedans. On peut dire, d'un autre côté, que ceux qui savent ménager avec art la vraisemblance, se rendent aussi maîtres de la vérité elle-même. Ainsi soit que l'on emploie l'esprit, pour ou contre la raison, dans tous les discours, il donne beaucoup de force aux preuves, & dans toutes les affaires de la vie il sert infiniment à conduire nos actions.

L'*opinion* qu'un homme a de lui-même ou des autres, ou de quelque chose, peut avoir une plus grande force sur lui, que ce que l'on nomme l'esprit, parce que chacun prétend que ses opinions sont fondées sur la raison, au lieu que l'on regarde bien des pensées comme pleines d'esprit, que l'on ne croit pas néanmoins raisonnables. Combien de gens y a-t-il qui ont bonne opinion d'eux-mêmes, dans des choses dans lesquelles ils sont généralement condamnés de tout le monde ? On voit aussi que les mêmes paroles, & les mêmes actions sont applaudies ou censurées, selon que les personnes à qui on les attribue, sont estimées, ou non.

Plusieurs choses peuvent contribuer à établir une opinion ; par exemple, la coutume qui a d'autant plus de force qu'elle est plus longue, & qu'on l'a prise plus jeune. Non-seulement elle résiste aux oppositions de la raison; mais elle en devient même plus forte, comme de certains nœuds, qui se serrent à mesure que l'on tâche de les délier. On doit bien prendre garde à ceci, dans l'éducation des enfans. La force de la coutume est si grande qu'elle nous fait trouver les choses bonnes ou mauvaises. On le peut remarquer dans les modes des habits que l'on trouve bienséantes, ou méséantes, selon que l'on y est accoutumé. Elle fait même trouver beau ce qui est absurde, telles que sont les invocations que nos poëtes font aux muses. Cela se pouvoit souffrir dans les payens qui faisoient profession de croire qu'il y avoit des divinités auxquelles ils donnoient ce nom ; mais à présent, à quoi bon s'adresser à des êtres que l'on sait bien être chimériques ? Je ne trouve aucun sens dans ces invocations, à moins que les poëtes ne s'adressent à leur propre imagination, qu'ils regardent comme une divinité.

La force de l'*amour* est aussi très-grande ; & plusieurs choses concourent à produire cette passion. Il y en a de sensibles, comme la beauté du visage, la voix, l'air, la mine, les manières, les habits, &c. Il y en a d'insensibles, comme l'humeur, l'esprit, la retenue, & ce qui fait plus que tout cela, la jeunesse. La moindre de ces causes peut produire l'amour, dans un âge vigoureux ; & que ne font-elles point, lorsqu'elles concourent toutes ? Elles se trouvent mêlées ensemble avec beaucoup d'artifice ; & un peu de mauvaise humeur adroitement ménagé fait valoir tout le reste, comme les dissonnances de la musique.

L'imagination forme enfin une si charmante image de l'objet aimé, que la raison elle même est obligée de plier les genoux, pour ainsi dire, devant elle. Tout cela tend au dessein de la propagation, & il n'y a presque personne, qui n'éprouve cette passion une fois en sa vie. Si les hommes oublioient de chercher où placer leur amour, les femmes commenceroient.

Mais quelque force qu'il ait, l'*orgueil* en a encore davantage. L'un & l'autre sont fondés sur de fausses opinions ; le premier vient de l'opinion que l'on a d'un autre, & le second de celle que l'on a de soi-même. Mais au lieu que l'amour s'augmente par la conversation que l'on ne peut pas toujours avoir ; chacun entretient soi-même son orgueil, il se couche & se lève avec lui, jusqu'à ce qu'il soit devenu une habitude invincible. Ainsi les hommes ayant des idées monstrueuses d'eux-mêmes & des autres, & de ce qu'ils appellent *honneur*; ils détruiroient tout, s'il le falloit, pour le conserver. Non-seulement ils mettroient tout en feu, mais ils mettroient encore sur ce bucher ce qu'ils aiment le plus.

IV. 1. La quatrième cause, c'est la *raison* qui est supérieure, à tous égards, aux trois précédentes. Premièrement la raison a un commandement absolu, directement ou indirectement, sur tous les mouvemens de notre corps. Elle se sert directement de l'imagination pour les volontaires, & indirectement pour tous les autres. Quoiqu'elle ne puisse pas empêcher le mouvement du cœur, des poumons ou des boyaux, en se servant de son imagination, néanmoins elle fait des moyens de le faire autrement. Elle a le pouvoir de remuer d'autre corps, & elle se sert de l'un pour mouvoir l'autre, comme lorsqu'un homme, par le moyen d'une poulie, trouve l'art de soulever son propre corps. Nous pouvons encore faire en sorte qu'un moindre poids en soutienne un plus grand, par le moyen d'une balance romaine. Nous savons qu'un poids n'agit par lui-même, qu'à proportion de fa pefanteur; c'eſt-à-dire, qu'il n'en furmonte un autre, que lorfqu'il a plus de pefanteur que cet autre. Mais la raifon ajoutant la viteffe au mouvement, fait qu'un moindre poids en furmonte un plus grand qui fe meut plus lentement.

IV. 2. Elle a la même fupériorité fur les fens dont elle peut fufpendre les opérations. Ainfi une profonde méditation empêche que nous ne prenions garde au bruit, & ce que l'on fait autour de nous. Mais elle gouverne principalement les effets des fens, parce qu'elle ne nous a pas été donnée pour les détruire, mais pour les conduire. Si la raifon permet au fentiment de la douleur de produire fes effets; il produit des gémiffemens, des mouvemens involontaires, & toutes fortes d'efforts pour éviter la douleur. Néanmoins tout cela eft quelquefois arrêté par la feule force de l'imagination; mais elle agit bien plus puiffamment lorfqu'elle eft jointe avec la raifon, comme il paroît par ceux qui ont fouffert volontairement toutes fortes de tourmens, fans aucun mouvement, & même fans gémir. La raifon a encore plus de pouvoir fur les actions des autres fens, qui font beaucoup plus foibles, foit qu'elle les veuille fupprimer, foit qu'elle veuille s'en fervir, felon fes vues.

IV. 3. La raifon eft auffi fupérieure à l'imagination, quoiqu'elles aient quelquefois des conteftations enfemble; l'une pour foutenir fa fouveraineté, & l'autre pour défendre fes priviléges. Mais cela même fait voir que la raifon eft fupérieure, fans quoi l'imagination régneroit abfolument.

Les *actes de perception* de l'imagination, comme parle l'auteur, ont un fouverain pouvoir fur fes *actes de volition*, c'eft-à-dire, fur les paffions, mais non fur la raifon. L'imagination eft d'elle-même changeante parce qu'elle n'a aucune liaifon néceffaire avec la vérité, mais feulement avec la vraifemblance. Mais la raifon fe rend à la feule vérité qu'elle ne peut plus méconnoître dès qu'elle l'a une fois reconnue, & l'imagination ne fauroit produire une vérité ou une bonté immuable, ou quoique ce foit qu'une ame raifonnable puiffe fouhaiter.

La raifon emploie l'imagination comme elle veut; mais l'imagination ne peut pas fe fervir de même de la raifon. La raifon fe fert de l'imagination & de l'efprit, quelquefois feulement pour fe divertir, ou pour déguifer un menfonge, ou pour éclaircir la vérité. En cela la raifon forme les linéamens, & l'imagination y ajoute les couleurs. Souvent des chofes fenfibles nous conduifent à la connoiffance de celles qui ne frappent pas les fens. Car il n'y a aucune néceffité de dire, comme font quelques-uns, que l'imagination confidere les objets fans aucun ordre, mais il faut qu'elle foit conduite par la raifon dans tous fes mouvemens. Un médecin qui a deffein de guérir un malade, confidère premièrement la nature, les caufes & les fymptômes de la maladie, comme les premières indications de ce qu'il doit faire. Enfuite il examine le malade, la faifon, & les autres circonftances, & enfin les moyens de le guérir. L'imagination agit dans toute cette affaire en préfentant à la raifon les images des chofes. Mais la raifon lui donne ordre d'agir, la fait finir & commencer quand elle veut, & juge du tout. Par la vraifemblance que l'imagination lui fournit, elle parvient fouvent à la vérité; car c'eft un théorème de la droite raifon, qu'encore qu'il y puiffe avoir plufieurs vraifemblances fans vérité, il n'y a néanmoins aucune vérité fans vraifemblance, de forte que lorfque l'on s'apperçoit de l'une, on a raifon de rechercher fi l'autre ne fe trouve pas avec elle.

La raifon fe fert auffi de l'imagination pour rechercher ce qui eft bon, ce qui renferme deux chofes dont la première eft de favoir ce qu'il faut faire, & la feconde eft de conduire l'imagination en le faifant. Cela confifte en partie à furmonter les penfées contraires au deffein que l'on a, & qui viennent principalement des fens & de l'opinion, & en partie à fe fervir des penfées qui peuvent aider & dans le choix de la fin, & dans l'ufage des moyens. Ainfi les fonctions de l'imagination, fous les ordres de la raifon, font de diminuer les difficultés, de faciliter les moyens & de preffentir la fin pour la faire paroître dans tout fon luftre & dans toute fa grandeur.

IV. 4. La raifon agit auffi fur la raifon; ce qui paroît, lorfqu'on perfuade une vérité à quelqu'un. Il eft vrai que l'efprit peut rendre, pour parler ainfi, les armes dont on fe fert plus brillantes; mais ce font la faine raifon & l'expérience qui règlent tout; car ce qui eft le plus fpirituel & le plus fort, eft ce qui a une vérité afurée pour fa bafe. C'eft pourquoi toute la poéfie, quoiqu'elle prétende venir d'infpiration, n'eft qu'un éclair fans tonnerre.

Le pouvoir que la raifon d'un homme a fur celle d'un autre, eft le fondement du bon gouvernement; car encore que peu de gens fachent les caufes particulières de chaque chofe, néanmoins tous les hommes font inftruits de ces maximes générales: *Qu'un homme doit être gouverné par un autre, comme tenant le même rang parmi les créatures*: &c, *Que ce ne doit pas être par caprice & par violence, comme on gouverne les bêtes, mais par des loix*. Il eft vrai que ces loix ne fervent pas toujours à parvenir à la fin qu'on s'étoit propofée, ou qu'on ne les entend pas bien; mais elles ont toujours cette raifon apparente de leur côté, qu'elles ont été faites d'un commun consentement, que chacun sait s'il doit donner ou non.

Les actes de la raison agissent aussi les uns sur les autres. Le doute produit la recherche, le recherche l'invention, l'invention la volition, la volition la résolution, c'est-à-dire, la volition de la fin & des moyens. La vérité est la première source de toutes ces opérations ; car le doute même vient de cette vérité, que nous avons sujet de douter. La vérité fait le même effet que la bonté, sur l'entendement, comme une image en forme une autre dans l'imagination, une vérité en produit une autre dans l'entendement. Elles ont une liaison éloignée les unes avec les autres. On peut distinguer la liaison prochaine en *liaison complette* ou *liaison proportionnelle*, & l'une & l'autre servent aussi bien à inventer, qu'à perfectionner les arts & les sciences. Appliquer à une horloge un poids qui, par ses vibrations, mesure le tems, est une chose qui dépend d'une liaison complette ; mais appliquer un ressort à une montre, pour la même fin, vient d'une liaison proportionnelle ; car ce que le poids est aux vibrations d'une pendule, c'est ce que l'élasticité est à un ressort.

Le plaisir que nous prenons à voir tout ce qui est autour de nous, & l'usage que nous faisons des lunettes a donné, par une liaison complette, l'occasion de penser à faire des microscopes & des télescopes. Mais l'invention des miroirs brûlans dépend d'une liaison proportionnelle ; car on a pensé qu'une figure qui rétréciroit l'image d'un corps lumineux, ou les rayons qui le font voir, rassembleroit, selon la même proportion, la chaleur qui les accompagne.

On peut remarquer la même chose dans les autres arts. Il y a aussi des liaisons éloignées de certaines vérités, aussi bien que des images de la fantaisie, & ces liaisons sont d'un grand usage, lorsqu'elles servent à découvrir d'autres vérités. La démonstration de la proposition 41. du 1. livre d'*Euclide*, par laquelle nous savons le carré de chaque triangle rectiligne, dépend immédiatement de la 37. proposition, & d'une manière plus éloignée de plusieurs des théorèmes qui ont précédé.

L'arithmétique, qui au commencement étoit renfermée dans son enceinte particulière, fut peu-à-peu appliquée à la géométrie, & elle a beaucoup servi à la perfectionner. La géométrie, qui originairement ne différoit point de l'art de mesurer les terres, a été depuis appliquée à l'architecture & à mille autres usages différens, & l'on s'en sert même à mesurer le ciel, par le moyen de la doctrine des triangles sphériques.

Nous ne devons pas désespérer de découvrir ce qu'il est possible de savoir, quelqu'éloigné qu'il soit de nos principes, & quelque peu de fondemens que nous ayions pour bâtir dessus. Chaque vérité ayant la force d'en produire d'autres, par le moyen des conséquences, nous n'en devons mépriser aucune. Souvent un paysan s'est trouvé avec le tems parmi les ancêtres d'un prince. Celui qui fit le premier de la poudre à canon, ne pensoit pas, lorsqu'il commença à y travailler, à introduire une manière toute nouvelle de faire la guerre. Le premier faiseur de lunettes ne pensoit pas qu'il ouvriroit le chemin aux inventions du microscope & du télescope, & que l'on verroit quelque jour, par un semblable moyen, des corps que leur petitesse, ou leur extrême éloignement déroboit aux yeux de tout le genre humain. Celui enfin, qui remarqua le premier que l'aimant se tournoit constamment du même côté du ciel, ne s'imaginoit pas que cette découverte serviroit à trouver un nouveau monde.

Il n'y a aucun art, ni aucune science qui ne soit capable d'accroissement, de cette manière, en sorte qu'il n'y a point de vérité évidente, quelle qu'elle soit, qui n'y puisse contribuer.

Enfin les actes de la *perception intellectuelle* agissent les uns sur les autres, aussi bien que sur la volonté intellectuelle. Il n'y a rien qui puisse empêcher que la vérité & le bonheur, dès qu'on les connoît une fois, ne paroissent souhaitables & aimables, au-dessus de toutes choses. De-là vient qu'un imposteur, dès qu'il est connu pour tel, est toujours méprisé, quelque adroit qu'il soit. Il méprise lui-même ceux qui lui rendent, par bassesse, un honneur qu'il sait aussi bien qu'eux qu'il ne mérite pas. C'est pour cela encore que tout le monde a un sentiment de l'honneur qui est dû à la vertu, & qui n'est dû qu'à elle. Il n'y a point d'homme, à moins qu'il ne soit né fou, qui ne veuille passer pour un homme de bon sens, & les personnes sages ont toujours tâché de l'être effectivement, quoique les autres en puissent penser.

Ce sont-là les plus générales & les plus prochaines causes de tout ce qui se fait dans le monde. La manière de les distinguer avec exactitude, & l'art de s'en servir à propos est ce que l'on appelle *sagesse*. Mais ceux qui ont une fois acquis l'habitude de cette vertu, ne pensent pas plus à ces règles, que ceux qui ont appris à bien parler, ne pensent aux règles de la grammaire.

III. Après avoir parlé de la *science* & de la *sagesse*, il faut venir à la *vertu*.

Comme

Comme la vérité, qui est l'objet de l'entendement, est la conformité des choses avec nos idées : ce qu'on appelle *bon* & *bien*, qui est l'objet de la volonté, n'est que la convenance qu'il y a entre deux choses. L'essence des choses étant diverse, il faut nécessairement qu'il y ait en elles divers degrés de bonté.

On peut considérer un bien, comme plus ou moins assuré & permanent, & notre raison, par le moyen de sa prévoyance, peut regarder des choses incertaines ou passagères, comme des *non-entités*. Ainsi, ce qui est certain & permanent, est autant au-dessus de ce qui lui est contraire, que quelque chose est au-dessus du néant.

Le bien peut être considéré par rapport à son étendue. Ainsi un ver, qui n'a que les sens du goût & de l'attouchement, jouit de moins de bien qu'un poisson qui a de plus la vue. Un poisson en a moins, que les bêtes à quatre pieds qui ont de plus l'ouïe.

Ce même bien peut être considéré par rapport à la manière dont on en jouit. La première est celle qui se fait par le moyen des sens, & sans réflexion. Comme il n'y a pas beaucoup de variété, cette manière de jouir du bien, est extrêmement passagère. La seconde est celle de l'imagination, qui peut réfléchir sur ce dont elle jouit, & augmenter les plaisirs sensibles, & les entretenir même, lorsque les sens n'en sont plus touchés. La troisième est l'intellectuelle, qui consiste dans la connoissance de la vérité. La vérité est infiniment estimable pour un esprit qui a douté & qui l'a cherchée, parce qu'elle lui cause du repos. Outre cela, elle le remplit d'une lumière intellectuelle, qui ne lui est pas moins agréable que la lumière sensible l'est aux yeux. Chaque vérité brille par ses propres rayons, & le conduit à d'autres vérités semblables. En contemplant toutes choses, nous jouissons en quelque sorte du bien dont elles jouissent, & le bonheur de toutes les créatures devient le nôtre.

On peut considérer les degrés de ce bien par rapport à celui des autres créatures; & c'est dans la convenance de ce rapport, que consiste la perfection de chaque chose. Voler, entre les mouvements des animaux, est quelque chose de plus excellent que de ramper. Néanmoins, si une chenille avoit des aîles, comme elle n'auroit point d'yeux pour gouverner ce mouvement, elle seroit encore moins parfaite qu'elle ne l'est.

Dans plusieurs bêtes, la partie extérieure de l'oreille est appliquée à l'intérieure, comme un cornet ; ce qui fait qu'elles ont l'ouïe meilleure que les hommes. Ce n'est pas néanmoins un défaut dans les hommes, dont le sentiment intérieur est d'autant plus vif, que l'extérieur est plus foible.

Les degrés, que l'on voit entre les parties de l'univers, sont aussi nécessaires pour la perfection du tout, laquelle consiste, en grande partie, dans l'ordre des choses. Ainsi une créature, qui n'a pas des qualités égales à celles d'un autre, est néanmoins parfaite, parce qu'elle a toutes celles qu'elle doit avoir dans son rang.

Aussi le véritable bien, & qui ne peut pas changer, est celui qui ne peut pas être plus grand, selon le rang que les créatures, qui l'ont, tiennent dans l'univers, conformément à la fin, pour laquelle elles ont été faites, &, par conséquent, par rapport à la divinité qui est la source & la dernière fin de tout ce qui est bon.

Selon l'idée que nous avons du bien, nous choisissons celui que nous estimons le plus. Si c'est l'imagination qui nous la donne, c'est la *volonté fantastique* qui en fait le choix, & nous n'agissons alors, que par passion. Mais si cette idée vient de la raison, alors nous agissons par vertu; car le siége de la vertu est la *volonté intellectuelle*.

C'est pourquoi toute vertu, ou toute *moralité* est fondée sur la vérité, & par conséquent n'est pas sujette à changer, comme quelques-uns se l'imaginent, selon les coutumes des nations; comme si la même action pouvoit être vertueuse dans un pays, & vicieuse en un autre.

Quoique le nom Grec (1) Ηθικη qui est le nom de la philosophie *morale*, vienne de ηθος *mœurs*, qui vient de εθος *coutume*; néanmoins il ne faut pas croire que la coutume fasse la vertu; au contraire la vertu doit être la mère de la coutume, autant que cette dernière est utile à la société, & conforme au bon sens. Comme la vérité & la bonté intellectuelles sont immuables, toutes les véritables vertus, qui sont fondées sur la première, & qui choisissent la seconde, ne peuvent être qu'exemptes de changement.

La vertu choisit une fin & des moyens, pour y parvenir. L'un & l'autre doit être bon, sans pouvoir changer, & par conséquent le meilleur; car comment peut-on être vertueux, c'est-à-dire, raisonnable, sans choisir ce qui est le meilleur ? La meilleure fin est ou la dernière de toutes, ou celle qui est la meilleure dans son espèce; parce qu'elle tend à la dernière, avec laquelle

---

(1) *Grew* a écrit sans y penser εθικη, qu'il dérive immédiatement de εθος

elle a le plus de rapport. Ainſi les meilleurs moyens ſont ceux qui ont le plus de liaiſon avec les fins prochaines, & avec la dernière. A proportion que notre choix s'éloigne plus ou moins de ces deux choſes, il doit paſſer pour le choix de notre imagination & de nos paſſions, & non pour celui de la vertu.

C'eſt pourquoi la ſageſſe & la vertu ſont deux choſes. Toute vertu eſt ſageſſe, mais toute ſageſſe n'eſt pas vertu. Celui qui fait un bon uſage des moyens, pour parvenir à ſes fins, bonnes ou mauvaiſes, eſt à cet égard, judicieux & ſage. Mais la vertu va toujours à la meilleure de toutes les fins, & ne ſe ſert que des meilleurs moyens pour y arriver; en quoi elle parvient au plus haut point de la ſageſſe.

On peut nommer *innocent*, un homme qui a été élevé en ſorte qu'il n'imagine que ce qui eſt bon & permis, ou qui manque d'occaſion, de courage, ou d'eſprit, pour être méchant. Mais celui qui fait d'un côté le chemin du vice, & de l'autre celui de la vertu, & qui s'éloigne du mauvais chemin, pour ſuivre le bon, celui-là eſt véritablement vertueux.

La vertu ayant choiſi une fin, & s'étant formé une idée des moyens qui nous y conduiſent, elle fait que nous les recherchons; c'eſt-à-dire, qu'elle réſout de les employer. Mais la réſolution ne peut pas ſuivre la raiſon, ſi elle n'eſt maîtreſſe de l'imagination. La raiſon doit ſe ſoumettre les penſées & les paſſions qui s'oppoſent à ſes deſſeins; & ſoutenir & fortifier celles qui ſont utiles à ce que nous voulons faire. Il y a une ſorte de volonté compoſée, dans laquelle la raiſon & l'imagination agiſſent avec vigueur. La raiſon repréſente la fin & les moyens, tels qu'ils ſont en eux mêmes, & l'imagination les fait voir dans toute leur grandeur. Une raiſon éclairée, agiſſant conjointement avec une imagination forte, mais bien diſciplinée, manque rarement de parvenir à ſes fins. L'imagination, ſans la conduite de la raiſon, eſt ſemblable à un cheval échappé, qui n'eſt conduit par perſonne; & la raiſon, ſans l'imagination, reſſemble à un homme mal monté. Mais ceux qui ont le bonheur de joindre une heureuſe imagination à une raiſon éclairée, ſont ceux qui exécutent les plus grandes choſes.

C'eſt pourquoi la médiocrité n'eſt pas néceſſairement une vertu, comme l'a cru *Ariſtote*. On ne peut pas aimer trop ſa patrie, puiſque pour la ſauver ce n'eſt pas trop faire que d'aller à une mort certaine, & un méchant homme peut ſe réſoudre à ſouffrir, juſqu'à perdre la vie. Ainſi ce n'eſt pas la médiocrité de la conſtance, qui fait la vertu; ni l'extrémité qui fait le vice. Mais une conſtance ſans raiſon eſt vicieuſe. Souffrir avec raiſon c'eſt une vertu, & ſouffrir ſans raiſon c'eſt une bêtiſe, ou une opiniâtreté. Il eſt vrai que la vertu eſt, pour la plupart du tems, entre deux vices; mais elle n'eſt pas plus attachée à ce poſte, qu'un homme de bien n'eſt obligé de demeurer entre deux larrons. Ainſi on exprime mieux la nature de la vertu, par la proportion, comme *Ariſtote* lui-même l'a fait ailleurs. Comme dans la proportion, il y a une égalité ou une double raiſon: il en doit être de même entre les actions de la vertu & leurs objets. On peut remarquer cette proportion dans les actes de la juſtice vengereſſe, qui doivent être proportionnés aux crimes.

Là où il y a quelque vertu, il y a une diſpoſition à toutes les vertus; puiſque toutes conſiſtent en une certaine proportion. La même vertu peut auſſi avoir pluſieurs degrés, ſelon la force de la raiſon & de l'imagination, qui en agiſſant enſemble forment la vertu entière. Mais on ne ſauroit approuver la diſtinction des ſcholaſtiques, qui diſtinguent les vertus en *vertus intellectuelles* & en *vertus morales;* ou celles que l'on ne contracte que par la coutume, comme ils le croient. Car comment une habitude pourroit-elle être vertueuſe, n'étant point *intellectuelle*, mais ſeulement *fantaſtique ?* Aucune vertu ne peut s'acquérir par la ſimple coutume; & la coutume elle-même ne peut être bonne, ſans être fondée ſur la raiſon, c'eſt-à-dire, ſur la vertu. Dire que la vertu tire ſon origine de la coutume, c'eſt dire que la raiſon elle-même vient de la coutume; ce qui eſt abſurde; car encore que la vertu ſoit confirmée par l'habitude, il faut avouer qu'elle vient immédiatement des lumières de l'entendement.

Nos paſſions étant jointes avec la raiſon peuvent devenir des vertus. Ainſi l'eſpérance, qui eſt une attente d'un bien à venir, eſt une vertu; lorſqu'elle eſt bien fondée, & qu'elle eſt entretenue par des moyens légitimes, & ainſi du reſte.

La vertu peut avoir différents noms, ſelon les différentes perſonnes, ou les différentes choſes qu'elle regarde. Donner aux pauvres s'appelle *libéralité*; donner indifféremment à tout le monde, *généroſité*. Aimer tout le monde, c'eſt être *charitable;* aimer ceux qui nous aiment à leur tour, c'eſt *amitié*. Etre ſatisfait, ſans jouir d'aucun honneur extérieur, c'eſt *humilité;* manger & boire modérément ſans rechercher la bonne chère, c'eſt *tempérance & ſobriété;* ſe contenter des plaiſirs permis, c'eſt *continence;* comme s'abſtenir de ceux qui ſont défendus, c'eſt *chaſteté*. Ces vertus, auſſi bien que toutes les autres, ſe réduiſent à l'un de ces deux actes de l'entendement: ſouffrir un moindre mal, pour en éviter un plus grand: ou abandonner un bien, qui n'eſt pas conſidérable, pour en gagner un de plus grande importance.

Il y a trois vertus que l'on nomme ainsi, mais qui sont plutôt des qualités nécessaires pour la perfection de la vertu ; savoir, *la prudence, la constance & l'amour*. La prudence, considérée en elle-même, n'est pas une vertu complette, mais la partie *intellectuelle* de la vertu, &, par conséquent, elle se trouve dans toutes les vertus. Personne ne peut être patient, modéré, libéral, ni avoir aucune autre vertu, sans la prudence. Ce que la prudence est à l'entendement, la constance l'est à l'égard de l'imagination, autant qu'elle est conduite par l'entendement, dans la vue d'arriver à une certaine fin, & d'employer pour cela certains moyens. Par l'amour, je n'entends pas la passion que l'on nomme ordinairement ainsi, mais la charité, ou *l'amour intellectuel*, c'est-à-dire, le penchant que l'on a pour tout ce qui est vertueux ou bon.

Il y a quatre vertus qui servent principalement au bonheur du genre humain ; deux que l'on peut nommer contemplatives, savoir, *la magnanimité & l'humilité* : & deux qui regardent davantage la pratique ; savoir, *la justice & le courage*. Par l'humilité, je n'entends aucune bassesse d'ame, mais la précaution que l'on doit avoir de ne pas s'estimer plus qu'on ne doit. Nous pouvons nous tromper dans l'estime que nous faisons de nous-mêmes & des autres, à moins que nous ne sachions exactement ce qui rend les hommes estimables. Le plus sûr est de nous mettre nous-mêmes plutôt au-dessous de ce que nous valons, qu'au-dessus. Par-là, nous nous assurons que nous ne faisons aucun tort aux autres, & cela n'empêche point que nous n'augmentions les bonnes qualités que nous avons. Cette vertu sert d'ornement à toutes les autres. Elle fait le même effet qu'un voile qui couvre le visage d'une femme, & qui fait qu'on la croit souvent plus belle qu'elle n'est, parce que les hommes ont du penchant à avoir bonne opinion de ce qu'ils ne peuvent pas voir. Elle rend même les hommes capables de plusieurs autres vertus ; car qui est plus content de sa condition présente, qui est plus patient, qui est plus pacifique, qui est plus reconnoissant, qui est plus juste, qui est plus doux qu'un homme humble ?

La magnanimité est une constante résolution d'être & de faire ce qui est véritablement grand. Elle peut non-seulement se trouver avec l'humilité, mais cette dernière vertu sert à la former ; car enfin, on ne peut pas aller plus loin, à moins que de savoir jusqu'où l'on est parvenu, & on ne s'avance jamais à un degré auquel on s'imagine vainement d'être déjà arrivé. Mais, sachant où l'on en est, la magnanimité fait que l'on va plus loin. Cette vertu en produit d'autres, & particulièrement l'application au travail, & l'amour de la sagesse.

Pour faire quelque chose de conséquence, il faut nécessairement de l'application & du travail ; & ainsi le magnanime ne sauroit être fort adonné à manger, à boire & à dormir. Il ne peut être ni joueur, ni débauché ; il faut qu'il soit maître de ses passions, & qu'il se serve de tout son esprit. Par la sagesse, j'entends ici la même chose que les anciens nommoient *philosophie*, ou cette habitude de l'esprit, par laquelle on recherche avec soin ce qui est utile au genre humain. Un philosophe, proprement ainsi nommé, est un homme qui recherche avec soin toutes les finesses & tous les effets de l'art & de la nature, & toutes les liaisons qu'ils ont les uns avec les autres, pour en faire usage dans la vie. Les auteurs des inventions utiles, ceux qui ont établi de bonnes loix, ceux qui ont donné des préceptes de vertu, & les fondateurs des républiques, étoient les philosophes des anciens tems.

La justice & le courage sont deux vertus *publiques*, comme parle l'auteur. Tout ce qui a quelque ressemblance avec la justice, ne l'est pas pour cela. On peut aussi faire une chose juste, d'une manière injuste & à mauvais dessein. Ainsi, la justice, proprement dite, est l'habitude par laquelle on rend à tout le monde, & en tous les cas, ce qui lui est dû, d'une manière également prudente & magnanime, & n'ayant jamais qu'une intention droite.

Aussi, celui qui est véritablement juste, doit avoir une grande étendue d'esprit, & autant de courage & de probité. Autrement la difficulté de quelque cas particulier, le pouvoir de quelqu'un, ou ses mauvaises inclinations pourroient le faire biaiser. Étant dans cette disposition, il considère la part que la discrétion, le courage, l'honnêteté, la simplicité, la peur & la mauvaise foi peuvent avoir à cacher, ou à découvrir la vérité. Il examine la nature des choses, par rapport au bien de la société, avec les diverses circonstances qui accompagnent chaque cas particulier. Deux cas n'étant pas les mêmes en toutes choses, il y en a peu qui soient dans le fond ce qu'ils paroissent d'abord. C'est pourquoi un homme juste les pèse avec beaucoup de maturité, aussi bien que toutes leurs particularités & les rapports qu'elles ont les unes avec les autres. Cela étant fait, il détache le cas dont il s'agit de tous égards personnels, & demeure ferme comme un rocher, contre tous les artifices de l'importunité, de la crainte & de l'espérance.

Le courage est la disposition où l'on est de faire & de souffrir patiemment tout ce qui peut être néceſſaire, en faiſant ſon devoir. Parmi les vertus militaires, c'eſt la conduite prudente & magnanime d'une juſte guerre: c'eſt, pour ainſi dire, un ornement compoſé de pluſieurs pierres précieuſes, parmi leſquelles on voit la juſtice entre les motifs, l'habileté dans la conduite, la fermeté dans les actions, & la prudence mêlée par-tout.

Ariſtote, dans ſon ethique, (Liv. 11. ch. 6.) dit fort bien que cette vertu eſt *plus excellente & plus exacte que l'art*; mais ailleurs, (Liv. III. c. 10.) il prétend qu'elle appartient *aux facultés qui ſont deſtituées de raiſon*; en quoi il confond mal-à-propos les vertus avec les paſſions qui nous ſont communes avec les bêtes; au lieu que cette vertu, auſſi bien que les autres, eſt fondée ſur la raiſon la plus relevée.

Dans la pratique de cette vertu, comme dans celle de toutes les autres, on ſe propoſe de faire paroître l'excellence de la vertu, auſſi bien que celle de l'ame humaine, qui eſt la plus relevée des créatures de dieu, ſur notre terre. Si la ſtructure de nos corps & celle du monde matériel qui nous environne, eſt ſi merveilleuſe, que peut-on dire de cet être qui en juge, & qui en fait un uſage vertueux? Nous ferions tort à la divinité, ſi nous croyions qu'elle eût employé moins d'art & de bonté dans la formation de notre ame, que dans celle de notre corps. Comme perſonne, qui eſt en ſanté, ne peut marcher avec peine & avec danger de tomber, s'il fait l'uſage qu'il doit de ſes jambes, ainſi perſonne ne peut penſer mal, ſans abuſer de ſon eſprit, ce qu'un homme vertueux ne fait point. Il a plus de ſatisfaction à conduire ſes ſens & ſon imagination, qu'un autre n'en a à jouir des plaiſirs qui en réſultent. Ainſi nous devons regarder l'empire qu'une ame vertueuſe a ſur ſes ſens & ſur ſon imagination, comme un pouvoir plus excellent que celui des rois, & rendre, à cauſe de cela, à la ſuprême vertu, la gloire qui lui eſt due, pour avoir donné au monde une ſi admirable image d'elle-même.

Ce ſont là les penſées de *Grew*, touchant ce qu'il appelle *la ſcience, la ſageſſe & la vertu*. Par la première, il entend, comme il paroît, la connoiſſance exacte des vérités ſpéculatives; par la ſeconde, ce que l'on nomme communément *philoſophie*, & que les anciens nommoient auſſi *ſageſſe*; par la troiſième, l'habitude que l'on forme de faire un bon uſage de ſes lumières, & ce doit être là la fin de toutes nos connoiſſances.

On peut voir, par ce qu'il dit de l'étendue de la ſcience des hommes, qu'il n'eſt pas du ſentiment de ceux qui croyent que les ſubſtances nous ſont entièrement connues. En effet, ſi l'on conſidère avec quelqu'attention ce que l'on en fait, on verra que nous n'y connoiſſons autre choſe que quelques propriétés que l'expérience nous fait découvrir, & dont nous ne ſaurions rendre aucune raiſon aſſurée. Nous ſavons, par exemple, que nous imaginons & que nous avons de la mémoire; mais il n'y a perſonne qui puiſſe dire comment cela ſe fait. Les plus ingénieuſes conjectures ne nous conduiſent, pour ainſi dire, qu'à moitié chemin de la vraiſemblance, bien loin de nous faire approcher de la vérité.

Il en eſt de même des propriétés particulières des corps, dont les raiſons ſont des myſtères impénétrables à l'eſprit humain. Toute notre ſcience roule ſur quelques idées abſtraites, ou ſur quelques faits. Si nos connoiſſances ne ſont pas fort étendues, il faut au moins faire en ſorte que nous ſachions bien ce que nous pouvons ſavoir, & que nous ne croyions pas connoître ce qui nous eſt inconnu. Dans l'état où nous ſommes, une grande partie de notre ſcience conſiſte à diſtinguer ce que nous ſavons véritablement de ce que nous ne connoiſſons que par conjecture, ou que nous ne ſavons point du tout; & cela eſt d'autant plus néceſſaire, que les philoſophes nous ont voulu perſuader que nous ſavions une infinité de choſes qui nous ſont entièrement inconnues.

Notre philoſophie conſiſte à connoître les cauſes & les effets que nous en voyons, autant qu'il nous eſt poſſible, & ſur-tout ce qui nous regarde de plus près, & ce qui agit ſur nous, pour en faire le meilleur uſage que nous pouvons, afin de parvenir au ſouverain bonheur, par la voie la plus courte & la plus aſſurée. Il ne faut pas s'imaginer que la ſageſſe conſiſte à fermer les yeux à ce qui ſe paſſe autour de nous & dans nous-mêmes. La manière dont la machine de notre corps croît & s'entretient, ſans que nous ſachions comment, la manière dont nous ſentons, qui eſt une ſuite de la liaiſon incompréhenſible de notre ame & de notre corps; notre imagination & la faculté que nous avons de nous reſſouvenir, ſont des objets qui peuvent occuper très-agréablement nos penſées, nous fournir des moyens d'éviter l'erreur & le vice, & nous conduire à reconnoître la puiſſance & la bonté de l'être ſuprême qui nous a créés, & à lui rendre grace de tous ſes bienfaits.

C'eſt de-là que découlent toutes nos vertus qui ne méritent ce nom qu'autant qu'elles ſont fondées ſur la connoiſſance de nous-mêmes & de nos devoirs. Ce ſont des habitudes d'agir conformément aux lumières que dieu nous a données, ou qu'il nous a mis en état d'acquérir par notre application, aussi bien qu'à ce que nous avons appris par la révélation. On peut même dire que ces dernières lumières supposent nécessairement les premières, puisque la révélation suppose que nous sommes des créatures raisonnables, sans quoi elle seroit inutile. Nous ne l'entendrions point sans cela, & nous n'en ferions aucun usage. Plus nous cultivons notre raison, en recherchant la vérité d'une manière sincère, plus nous sommes capables de profiter de ce que dieu nous a revelé. Au contraire, en renonçant à la raison, non-seulement nous ne comprenons rien dans ce que dieu nous veut faire connoître, mais ce que nous appellons vertu, n'est qu'un mouvement aveugle des sens & de l'imagination, qui, n'étant conduit par aucune lumière assurée, fait souvent plus de bien que de mal. Car enfin, si ce que l'on fait, sans savoir pourquoi, se trouve avantageux à la société, ce n'est que par hazard; & pour une fois que cela se trouve ainsi, les sens & l'imagination nous jettent mille fois dans l'erreur & dans le vice.

(Cet article a été envoyé à l'éditeur.)

GUÈBRES, s. m. pl. (*Hist. anc. & mod. des superst.*)

Les *Guèbres* sont un peuple errant & répandu dans plusieurs des contrées de la Perse & des Indes. C'est le triste reste de l'ancienne monarchie persane que les califes arabes armés par la ??? ont détruite dans le septième siècle, pour ??? gner le Dieu de Mahomet à la place du Dieu de Zoroastre. Cette sanglante mission força le plus grand nombre des perses à renoncer à la religion de leurs peres : les autres prirent la fuite, & se dispersèrent en différens lieux de l'Asie, où sans patrie & sans roi, méprisés & haïs des autres nations, & invinciblement attachés à leurs usages, ils ont jusqu'à présent conservé la loi de Zoroastre, la doctrine des mages, & le culte du feu, comme pour servir de monument à l'une des plus anciennes religions du monde.

Quoiqu'il y ait beaucoup de superstition & encore plus d'ignorance parmi les *Guèbres*, les voyageurs sont assez d'accord pour nous en donner une idée qui nous intéresse à leur sort. Pauvres & simples dans leurs habits, doux & humbles dans leurs manières, tolérans, charitables & laborieux, ils n'ont point de mendians parmi eux, mais ils sont tous artisans, ouvriers, & grands agriculteurs. Il semble même qu'un des dogmes de leur ancienne religion ait été, que l'homme est sur la terre pour la cultiver & pour l'embellir, ainsi que pour la peupler. Car ils estiment que l'agriculture est non-seulement une profession belle & innocente, mais noble dans la société, & méritoire devant Dieu.

C'est le prier, disent ils, que de labourer : & leur créance met au nombre des actions vertueuses de planter un arbre, de défricher un champ, & d'engendrer des enfans. Par une suite de ces principes, si antiques qu'ils sont presque oubliés par-tout ailleurs, ils ne mangent point le bœuf, parce qu'il sert au labourage, ni la vache qui leur donne du lait; ils épargnent de même le coq animal domestique, qui les avertit du lever du soleil, & ils estiment particulièrement le chien qui veille aux troupeaux, & qui garde la maison. Ils se font aussi un religieux devoir de tuer les insectes & tous les animaux malfaisans; & c'est par l'exercice de ce dernier précepte, qu'ils croyent expier leurs péchés; pénitence singulière, mais utile. Avec une morale-pratique de cette rare espèce, les *Guèbres* ne sont nulle part des hôtes incommodes; on reconnoît par-tout leurs habitations au coup-d'œil, tandis que leur ancienne patrie, dont l'histoire nous a vanté la fertilité, n'est plus qu'un desert & qu'une terre inculte sous la loi de Mahomet, qui joint la contemplation au despotisme.

Ils sont prévenans envers les étrangers de quelque nation qu'ils soient; ils ne parlent point devant eux de leur religion, mais ils ne condamnent personne, leur maxime étant de bien vivre avec tout le monde, & de n'offenser qui que ce soit. Ils haïssent en général tous les conquérans; ils méprisent & détestent singulièrement Alexandre, comme un des plus grands ennemis qu'ait eu le genre humain. Quoiqu'ils ayent lieu de haïr particulièrement les mahométans, ils se sont toujours reposés sur la providence du soin de punir ces cruels usurpateurs; & ils se consolent par une très-ancienne tradition dont ils entretiennent leurs enfans, que leur religion reprendra un jour le dessus, & qu'elle sera professée de tous les peuples du monde. A cet article de leur croyance, ils joignent aussi cette attente vague & indéterminée, qu'on trouve chez tant d'autres peuples, de personnages illustres & fameux qui doivent venir à la fin des tems, pour rendre les hommes heureux & les préparer au grand renouvellement.

Une discipline sévère & des mœurs sages regnent dans l'intérieur de leurs maisons; ils n'épousent que des femmes de leur religion & de leur nation; ils ne souffrent point la bigamie ni le divorce; mais en cas de stérilité, il leur est permis de prendre une seconde femme au bout de neuf années, en gardant cependant la première. Par-tout où ils sont tolérés, ils reçoivent le joug du prince, & vivent entr'eux sous la conduite de leurs anciens qui leur servent de magistrats.

Ils ont aussi des prêtres qui se disent issus des anciens mages, & qui dépendent d'un souverain pontife, & que les *Guèbres* appellent *deſtour*, *deſtouran*, la *règle des règles* ou *la loi des loix*. Ces prêtres n'ont aucun habit particulier, & leur ignorance les diſtingue à peine du peuple. Ce ſont eux qui ont le ſoin du feu ſacré, qui impoſent les pénitences, qui donnent des abſolutions, & qui pour de l'argent diſtribuent chaque mois dans les maiſons le feu ſacré, & l'urine de vache qui ſert aux purifications.

Ils prétendent poſſéder encore les livres que Zoroaſtre a reçus du ciel ; mais ils ne peuvent plus les lire, ils n'en ont que des commentaires qui ſont eux-mêmes très-anciens. Ces livres contiennent des révélations ſur ce qui doit arriver juſqu'à la fin des tems, des traités d'aſtrologie & de divination. Du reſte leurs traditions ſur leurs prophètes, & ſur tout ce qui concerne l'origine de leur culte, ne forment qu'un tiſſu mal-aſſorti de fables merveilleuſes & de graves puérilités. Il en eſt à cet égard de la religion des *Guèbres* comme de toutes les autres religions d'Aſie ; la morale en eſt toujours bonne, mais l'hiſtorique, ou pour mieux dire le roman, n'en vaut jamais rien. Ces hiſtoires, il eſt vrai, devroient être fort indifférentes pour le culte en général ; mais le mal eſt que les hommes n'ont fait que trop conſiſter l'eſſentiel de la religion dans un nom. Si les nations aſiatiques vouloient cependant s'entendre entr'elles, & oublier ces noms divers de Confucius, de Brahma, de Zoroaſtre & de Mahomet, il arriveroit qu'elles n'auroient preſque toutes qu'une même créance, & qu'elles feroient par-là d'autant plus proches de la véritable.

Pluſieurs ſavans ont cru reconnoître dans les fables que les *Guèbres* débitent de Zoroaſtre, quelques traits de reſſemblance avec Cham, Abraham & Moyſe ; on pourroit ajouter auſſi avec Oſiris, Minos & Romulus ; mais il y a bien plus d'apparence que leurs fables ſont tirées d'une formule générale que les anciens s'étoient faite pour écrire l'hiſtoire de leurs grands hommes, en abuſant des ſombres veſtiges de l'hiſtoire ancienne de la nature.

Plus l'on remonte dans l'antiquité, & plus l'on remarque que l'hiſtorique & l'appareil des premières religions ont été puiſés dans de pareilles ſources. Toutes les fêtes des mages étoient appellées des *mémoriaux* (Selden, *de diis Syris*), & à en juger aujourd'hui par les uſages de leurs deſcendans, on ne peut guère douter que leur culte n'ait effectivement été un reſte des anciennes commémorations de la ruine & du renouvellement du monde, qui a dû être un des principaux objets de la morale & de la religion ſous la loi de nature. Nous ſavons que ſous la loi écrite & ſous la loi de grace, les fêtes ont ſucceſſivement eu pour motifs la célébration des évenemens qui ont donné & produit ces loix : nous pouvons donc penſer que ſous la loi de nature qui les a précédées, les fêtes ont dû avoir & ont eu pour objet les grands événemens de l'hiſtoire de la nature, entre leſquels il n'y en a pas eu ſans doute de plus grands & de plus mémorables que les révolutions qui ont détruit le genre humain, & changé la face de la terre.

C'eſt après avoir profondément étudié les différens âges du monde ſous ces trois points de vûe, que nous oſons hazarder que telle a été l'origine de la religion des *Guèbres* & des anciens mages. Si nous les conſidérons dans leurs dogmes ſur l'agriculture, ſur la population, & dans leur diſcipline domeſtique, tout nous y retracera les premiers beſoins & les vrais devoirs de l'homme, qui n'ont jamais été ſi bien connus, qu'après la ruine du genre humain devenu ſage par ſes malheurs. Si nous les enviſageons dans les terreurs qu'ils ont des éclipſes, des cometes, & de tous les écarts de la nature, & dans leurs traditions apocalyptiques, nous y reconnoitrons les triſtes reſtes de l'eſpèce humaine long-tems épouvantée & effrayée par le ſeul ſouvenir des phénomènes de leurs anciens deſaſtres. Si nous analyſons leur dogme des deux principes & leurs fables ſur les anciens combats de la lumière contre les ténèbres, & que nous en rapprochions d'autres traditions analogues répandues chez divers peuples ; nous y reverrons auſſi ce même fait que quelques-uns ont appellé *cahos*, *débrouillement*, & d'autres *création & renouvellement*. En étudiant leur culte du feu, & leurs preſſentimens ſur les incendies futurs, nous n'y trouverons que le reſſentiment des incendies paſſés, & que des uſages qui en dévoient perpétuer le ſouvenir : enfin, ſi nous les ſuivons dans ces fêtes qu'ils célèbrent pour le ſoleil & pour tous les élémens ; tout nous y retracera de même des inſtitutions relatives à cet ancien objet qui a été perdu, oublié, & corrompu par les *Guèbres*, par les perſes eux-mêmes, & par les autres peuples du monde qui n'ont préſentement que des traces plus ou moins ſombres de ces religieuſes commémorations, qui dans un certain âge ont été générales par toute la terre.

C'eſt une grande queſtion de ſavoir ſi les *Guèbres* d'aujourd'hui ſont idolatres, & ſi le feu ſacré eſt l'objet réel de leur adoration préſente. Les turcs, les perſans, & les indiens les regardent comme tels ; mais ſelon les voyageurs européens, les *Guèbres* prétendent n'honorer le feu qu'en mémoire de leur légiſlateur qui ſe ſauva miraculeuſement du milieu des flammes ; & pour ſe diſtinguer des idolatres de l'Inde, ils ſe ceignent tous d'un cordon de laine ou de poil de chameau. Ils aſſurent reconnoître un Dieu ſuprème, créateur & conſervateur de la lumière ; ils lui donnent

[...] ministres, & ces ministres eux-mêmes en ont d'autres qu'ils invoquent aussi comme génies intercesseurs : l'être suprème est supérieur aux principes & aux causes ; mais il est vrai que leur théologie ou leur superstition attribue tant de pouvoir à ces principes subalternes, qu'ils n'en laissent guère au souverain, ou qu'il en fait peu d'usage ; ils admettent aussi des intelligences qui résident dans les astres & gouvernent les hommes, & des anges ou créatures inférieures qui gouvernent les corps inanimés ; & chaque arbre, comme chaque homme, a son patron & son gardien.

Ils ont persisté dans le dogme du bon & du mauvais principe : cette antique hérésie, & peut-être la première de toutes, n'a été vraisemblablement qu'une suite de l'impression que fit sur les hommes le spectacle affreux des anciens malheurs du monde & la conséquence des premiers raisonnemens qu'on a crû religieusement devoir faire pour n'en point accuser un Dieu créateur & conservateur. Les anciens théologiens s'embrouilloient autrefois fort aisément dans les choses qu'ils ne pouvoient comprendre ; & l'on peut juger combien cette question doit être épineuse pour des pauvres gens, tels que les *Guèbres*, puisque tant & de si grands génies ont essayé en vain de la résoudre avec toutes les lumières de leur raison. *Voyez* MANICHEISME.

Au reste les *Guèbres* n'ont aucune idole & aucune image, & ils sont vraisemblablement les seuls peuples de la terre qui n'en ont jamais eu ; tout l'appareil de leur religion consiste à entretenir le feu sacré, à respecter en général cet élément, à n'y mettre jamais rien de sale, ni qui puisse faire de la fumée, & à ne point l'infecter même avec leur haleine en voulant le souffler ; c'est devant le feu qu'ils prient dans leurs maisons, qu'ils font les actes & les sermens ; & nul d'entr'eux n'oseroit se parjurer, quand il a pris pour témoin cet élément terrible & vengeur : par une suite de ce respect, ils entretiennent en tout tems le feu de leur foyer, ils n'éteignent pas même leurs lampes, & ne se servent jamais d'eau dans les incendies qu'ils s'efforcent d'étouffer avec la terre. Ils ont aussi diverses cérémonies légales pour les hommes & pour les femmes, une espèce de baptême à leur naissance, & une sorte de confession à la mort ; ils prient cinq fois le jour en se tournant vers le soleil, lorsqu'ils sont hors de chez eux ; ils ont des jeûnes réglés, quatre fêtes par mois, & sur-tout beaucoup de vénération pour le vendredi, & pour le premier & le 20 de chaque lune : dans leurs jours de dévotion, ils ont entr'eux des repas communs où l'on partage également ce que chacun y apporte suivant ses facultés.

Ils ont horreur de l'attouchement des cadavres ; ils n'enterrent point leurs morts, ni ne les brûlent ; ils se contentent de les déposer à l'air dans des enceintes murées, en mettant auprès d'eux divers ustensiles de ménage. L'air & la sécheresse du pays permettent sans doute cet usage qui seroit dangereux & désagréable pour les vivans dans tout autre climat ; mais il en est sorti chez les *Guèbres* cette superstition singulière, d'aller observer de quelle façon les oiseaux du ciel viennent attaquer ces corps ; si le corbeau prend l'œil droit, c'est un signe de salut, & l'on se rejouit ; s'il prend l'œil gauche, c'est une marque de réprobation, & l'on pleure sur le sort du défunt : cette espèce de cruauté envers les morts, se trouve réparée par un autre dogme qui étend l'humanité des *Guèbres* jusques dans l'autre vie ; ils prétendent que le mauvais principe & l'enfer seront détruits avec le monde ; que les démons seront anéantis avec leur empire, & que les réprouvés après leurs souffrances, retrouveront à la fin un dieu clément & miséricordieux dont la contemplation fera leurs délices. Malgré l'ignorance des *Guèbres*, il semble qu'ils ayent voulu prendre un milieu entre le paradis extravagant de Mahomet & le redoutable enfer du christianisme.

Des peuples qui ont un culte si simple & des dogmes si pacifiques, n'auroient point dû sans doute être l'objet de la haine & du mépris des mahométans ; mais non-seulement ceux-ci les détestent, ils les ont encore accusés dans tous les tems d'idolâtrie, d'impiété, d'athéisme, & des crimes les plus infames. Toutes les religions persécutées & obligées de tenir leurs assemblées secrètes, ont essuyé de la part des autres sectes des calomnies & des injures de ce genre. Les payens ont accusé les premiers chrétiens de manger des enfans, & de se mêler sans distinction d'âge & de sexe : quelques-uns de nos hérétiques à leur tour ont essuyé un pareil traitement ; & c'est de même le venin calomnieux que répandent les disputes de religion, qui a donné aux restes des anciens perses le nom de *guèbre*, qui, dans la bouche des persans modernes, designe en général un *payen*, un *infidèle*, un *homme adonné au crime contre nature*.

Quelques-uns les ont aussi nommés *Parsis, Pharsis* & *Farsis*, comme descendans des perses, & d'autres *Magious*, parce qu'ils descendent des anciens mages ; mais leur nom le plus connu & le plus usité, est l'infame nom de *guèbre*.

Ce qu'il y a de singulier dans ce nom, c'est qu'il est d'usage chez plusieurs nations d'Europe & d'Asie, & que sous différentes formes & en différens dialectes, il est par-tout l'expression d'une injure grossière.

Le changement du *ben u* donne *gaur*, autre nom des *Guèbres* ; une inflexion legère dans les voyelles donne *giaour* chez les turcs qui ont fréquemment ce mot à la bouche, & qui le prodiguent particulièrement en faveur des juifs, des chrétiens, des infideles, & de tous ceux qu'ils veulent outrager & insulter : le changement du *g* en *k* donne *kebre*, qui est aussi d'usage ; & celui du *b* en *ph*, produit *kaphre* & *kafre*, nom que plusieurs peuples d'Afrique ont reçu des arabes leurs voisins, parce qu'ils ne suivent point la loi de Mahomet.

L'inverse & la métathèse des radicaux de ce nom de *gebr*, qui dans l'hébreu sont *gabar*, *gibor*, *giber*, & *geber*, ont porté dans l'Europe par le canal des phéniciens ou des arabes espagnols, les expressions populaires de *bogri*, *borgi*, *bougari*, & *bougeri*, qui conserve encore l'idée du crime abominable dont les *Guèbres* sont accusés par les persans modernes ; nos ayeux n'ont pas manqué de même d'en décoter les hérétiques du douzième siècle, & nos étymologistes ont savamment dérivé ces mots des bulgares à *bulgaris*.

Les racines primitives de ces noms divers ne portent cependant point avec elles le mauvais sens que le préjugé leur attribue ; *gabar* dans l'hébreu signifie *être fort*, *être puissant*, *être valeureux*, *dominer* : *gibor* & *gibery* sont des épithètes qui indiquent la *force*, le *courage*, la *puissance* & l'*empire*. *Geber* désigne le *maître*, le *dominateur* ; & *gebereth*, la *maîtresse* : d'où nos ancêtres ont formé *berger* & *bergereth*. Les chaldéens dérivent aussi de cette source *guberin*, en latin *gubernatores* & en françois *gouverneurs*. Les orientaux anciens & modernes en ont tiré *Gabriel*, *Kébrail*, *Kabir*, *Giaber*, & *Giafar*, noms illustres d'archanges & de grands hommes.

Les dérivés de *gibor*, de *bogri*, & de *borgi*, désignent encore chez les flamans, *un bel homme*, *un homme puissant* & de taille avantageuse ; & nous exprimons le contraire par le diminutif *rabougri* : ce qui prouve que nos anciens ont connu le sens naturel & véritable de ces dénominations.

Si cependant elles sont devenues injurieuses pour la plupart, c'est par une allusion dont il faut ici chercher la source dans les légendes des premiers âges du monde ; elles nous disent qu'il y a eu autrefois des hommes qui ont rendu leur nom célèbre par leur puissance & leur grandeur ; que ces hommes couvrirent la terre de leurs crimes & de leurs forfaits, & qu'ils furent à la fin exterminés par le feu du ciel : cette race superbe est la même que celles des géants, que les arabes nomment encore *giabar*, & au pluriel *giabaroun*, *potentes* ; & que les anciens ont appellé *gibor* & *gibborim*, ainsi qu'on le voit en plusieurs endroits de la bible. Nous devons donc présumer que c'est sous cet aspect particulier que le nom de *gibor* avec ses dialectes *gehri*, *bogri*, *borgi*, & leurs dérivés, sont devenus chez tant de peuples différens des termes insultans ; & que c'est de-là qu'est sortie l'application presque générale qu'on en a faite à tous ceux que la justice ou le fanatisme calomnieux ont accusés de ce même crime qui a fait tomber le feu du ciel sur la tête des puissans mais abominables *gibborim*.

(Cet article est de BOULANGER.)

GYMNOSOPHISTES. s. m, pl. (*Histoire de la philosophie ancienne*).

Les grecs ont donné le nom de *Gymnosophistes* à tous les philosophes indiens qui alloient nuds. Il y en avoit de tels dans l'Afrique, mais les plus renommés étoient dans les Indes. Les *Gymnosophistes* d'Afrique demeuroient sur une montagne d'Éthiopie, assez près du Nil, sans aucune maison, ni cellule. Ils ne formoient point de communauté, & ne sacrifioient point en commun, comme ceux des Indes. Chacun avoit son petit quartier où il faisoit à part ses exercices & ses études. Il falloit que les homicides involontaires se présentassent à eux pour leur demander l'absolution, en se soumettant aux pénitences qui leur seroient imposées, & sans cela ils ne pouvoient pas revenir dans leur patrie.

Ces philosophes faisoient profession d'une grande frugalité, car ils ne vivoient que des fruits que la terre leur fournissoit d'elle-même. Si l'on en croit Philostrate, ils étoient descendus des *Gymnosophistes* indiens. Je ne puis dire, si c'est à eux que l'on doit attribuer les découvertes astronomiques dont Lucien a donné la gloire à leur nation. Il prétend que c'est dans l'Éthiopie que la science des astres a eu ses commencemens, & que c'est là qu'en considérant les diverses phases de la lune, on a commencé à connoître qu'elle empruntoit toute sa lumière du soleil.

Pour ce qui regarde les *Gymnosophistes* de l'Orient, ils étoient divisés en Brachmanes (*Voyez* cet article) & en Germanes. Les plus considérables de ceux-ci portoient le nom d'Hylobiens, à cause qu'ils demeuroient dans les bois. Ils s'y nourrissoient de feuilles & de fruits sauvages ; ils renonçoient au vin & à l'autre sexe ; ils répondoient aux questions des princes par des messagers, & c'étoit par eux que les rois honoroient & prioient la divinité. Le second degré d'estime étoit pour les médecins. Ceux-ci n'étoient pas sédentaires, comme les Hylobiens, & se piquoient de savoir, entr'autres choses, les remèdes de la stérilité. On les logeoit avec plaisir : cette science de faire engendrer fils & filles, leur donnoit un bon privilège d'hospitalité

pitalité. Quelques-autres se mêloient de prédictions & d'enchantemens, & paroissoient fort instruits des cérémonies & des traditions qui regardent l'état des morts; ils étoient un peu coureurs. D'autres, bien plus polis que ceux-là, ne prenoient de ce qui se dit de l'autre monde, que les choses qui pouvoient servir à la sainteté & à la piété.

Généralement parlant, les *Gymnosophistes* ont fait honneur à leur profession : les maximes que les historiens leur attribuent, & les discours qu'on leur fait tenir, ne sentent point le barbare : on y voit au contraire, bien des choses d'un grand sens & d'une profonde méditation. On ne peut pas se plaindre qu'ils aient mal soutenu la majesté de la philosophie, puisque c'étoit leur méthode de n'aller trouver personne, mais de mettre les choses sur un tel pied, à l'égard même des rois, que, si quelqu'un avoit besoin d'eux, il vint le leur dire. C'est pour cela qu'Alexandre, qui ne crut pas qu'il fût de sa dignité de les aller voir, y députa quelques personnes afin de satisfaire l'envie qu'il avoit de les connoître. Il ne se peut rien voir de plus beau que la manière dont ils élevoient leurs disciples. Tout ce qu'en dit Apulée dans ses florides, me paroît très-digne d'être lu. Ils leur demandoient, chaque jour avant qu'on se mît à table, à quoi ils avoient employé la matinée, & chacun de leurs élèves étoit obligé de produire ou quelque bonne action morale, ou quelque progrès dans les sciences; faute de quoi on le renvoyoit au travail sans lui donner à manger. On peut voir dans Strabon, Arrien, &c., ce qu'ils rapportent de la grande frugalité des *Gymnosophistes*, & de leur patience extraordinaire à se tenir long-tems dans une même situation : je dirai ici que cette dure contrainte n'a pas été hors d'usage parmi les philosophes grecs. Socrate se mettoit quelquefois à cette épreuve, afin de faire bonne provision de patience pour les besoins à venir. *Stare solitus Socrates dicitur pertinaci statu perdius atque pernox, à summo lucis ortu ad solem alterum orientem inconnivens, immobilis, isdem in vestigiis & ore atque oculis eumdem in locum directis cogitabundus.* (Aul. Gellius noct. attic. lib. 2. cap. 1.)

Il n'est pas hors d'apparence que le dogme de la métempsicose portoit les *Gymnosophistes* à ne manger de rien qui eût été animé; & que Pythagore emprunta d'eux cette doctrine : mais il est absurde de faire descendre d'eux le peuple juif, comme Aristote l'en a fait descendre. C'étoit une chose honteuse parmi eux que d'être malade, de sorte que ceux qui vouloient éviter cette ignominie, se brûloient eux-mêmes. C'est ainsi que Calanus se fit mourir à la suite d'Alexandre. Clément d'Alexandrie observe que le dogme de la transmigration des ames inspiroit une extrême indifférence aux Brachmanes pour la vie, ou pour la mort : *Mortem autem contemnunt & vivere nihili faciunt, credunt enim esse regenerationem.* (Clem. Alexandr. stromat. lib. 3. pag. m. 451.) Cela confirme ce que Trajan dit des Getes, qu'ils étoient les plus belliqueux de tous les hommes, non-seulement à cause de la force de leur corps, mais aussi à cause de l'opinion que Zamolxis leur avoit persuadée; car, comme ils ne croyoient pas que la mort fût autre chose qu'un changement de demeure, ils se préparoient plus aisément à mourir qu'à faire un voyage. Voilà de quoi couvrir de honte les chrétiens, à qui, généralement parlant, l'espérance prochaine du paradis, aussi sûre que celle de la transmigration des ames, ne peut arracher l'amour immense qu'ils ont pour la vie ?

Porphyre répond pertinemment à ceux qui proposoient aux Brachmanes cette objection, *que deviendroit le monde, si tous les hommes vivoient comme les Brachmanes ?* Il n'avoit garde de ne pas louer ces philosophes indiens dans son livre de l'abstinence, puisqu'ils pratiquoient si bien son dogme. Il fait une description très-avantageuse de leur frugalité, de leurs bonnes mœurs & de leur mépris pour la vie. Quant à l'objection des mondains, il la réfute de la manière dont Pythagore l'a réfutée. Si tous les hommes, dit-il, devenoient rois, la vie humaine seroit dans un embarras étrange; faut-il pour cela fuir la royauté? Et si tous les hommes suivoient la vertu, on ne sortiroit jamais des charges publiques; car il faudroit que ceux qui les administreroient, ne perdissent jamais cette récompense de leur probité : personne néanmoins n'est assez fou pour prétendre que ce ne soit pas le devoir de tous les hommes, de marcher avec ardeur dans le chemin de la vertu. Il y a bien des choses que les loix permettent au peuple, qu'on ne regarderoit pas comme tolérables à un philosophe. Les loix ne défendent point au peuple les divertissemens avec les filles de joie, ni la vie de cabaret, mais elles jugent qu'un tel commerce & un tel genre de vie sont honteux aux personnes mêmes dont la probité n'est que médiocre. Il ne faut donc pas permettre aux vertueux ce que l'on souffre dans le menu peuple : un philosophe se doit prescrire lui-même les saintes loix que les dieux & les serviteurs des dieux ont établies. Ces maximes de Porphyre peuvent servir à ceux qui prêchent l'observation de la morale la plus sévère, & qui conseillent tant le célibat. Que deviendroit le monde, leur dit-on, si chacun obéissoit à vos conseils? Ne soyez pas en peine sur cela, doivent-ils répondre, peu de gens nous prendront au mot. Les anabaptistes se servent avec succès d'une semblable réponse, touchant la condamnation des charges de magistrature ; ils savent bien qu'on ne manquera jamais de maître, & que, quand leurs censures & leurs exhortations seroient les plus pathétiques du monde, il se trouvera toujours plus de postulans que de charges. Notez que la pensée de Porphyre, *les loix ne défendent point au peuple &c.*, se peut confirmer par ce passage de Cicéron : *Aliter leges, aliter philosophi tollunt astutias ; leges quatenus tenere manu res possunt : philosophi quatenus ratione & intelligentia.* (de offic. lib. 3. cap. 17.) Et par ce passage de Sénèque : *Quam augusta innocentia est ad legem bonum esse ? Quanto latius officiorum patet quam juris regula ? Quam multa pietas, humanitas, liberalitas, justitia, fides exigunt ? Quæ omnia extra publicas tabulas sunt.* (Senec. de irâ, lib. 2. cap. 27.) *Voyez* Grotius au chapitre dix· du 3ᵉ livre *de jure belli ac pacis. Voyez* les articles BRACHMANES, BRAHMINES & INDIENS ; (PHILOSOPHIE DES), sur-tout le supplément à ce dernier article.

H

HAMBÉLIANISME. (*Histoire des superstitions modernes*).

Les *hambéliens* sont une des quatre sectes anciennes du mahométisme. *Hambel* ou *Hambeli*, dont elle a pris son nom, en a été le chef; mais les opinions des hommes ont leur période, court ordinairement, à moins que la persécution ne se charge de le prolonger. Il ne reste à la secte *hambélienne* que quelques arabes entêtés, dont le nombre ne tarderoit pas à s'accroître si, par quelque travers d'esprit, un muphti déterminoit le grand-seigneur à proscrire l'*hambélianisme* sous peine de la vie.

(Cet article est de DIDEROT.)

HARMONIE PRÉÉTABLIE. subst. fém. (*Histoire de la philosophie moderne*).

Un des objets que nous nous sommes proposés dans ce dictionnaire philosophique, c'est d'en completter, autant qu'il nous sera possible, la nomenclature, sur-tout celle des articles qui par leur importance ou la difficulté des matieres qui en sont le sujet immédiat & direct, peuvent exciter davantage l'attention & la curiosité des lecteurs. C'est dans cette vue que nous allons donner ici une idée exacte & très-précise du systême de *l'harmonie préétablie*. Cet exposé succint, tiré des ouvrages mêmes de Leibnitz, & dans lequel, pour éviter toute équivoque, nous employerons souvent ses propres termes, fera mieux entendre ce que Diderot dit un peu trop brièvement peut-être de cette hypothèse dans l'article LEIBNITZIANISME. *Voyez* ce mot.

Les philosophes aussi bien que le peuple, avoient cru que l'ame & le corps agissoient réellement & physiquement l'un sur l'autre. Descartes vint, qui prouva que leur nature ne permettoit point cette sorte de communication véritable, & qu'ils n'en pouvoient avoir qu'une apparente dont Dieu étoit le médiateur. On croyoit, dit l'historien de l'académie, qu'il n'y avoit que ces deux systêmes possibles: Leibnitz en imagina un troisième. Une ame, selon lui, doit avoir par elle-même une certaine suite de pensées, de désirs, de volontés. Un corps qui n'est qu'une machine, doit avoir par lui-même une certaine suite de mouvemens qui seront déterminés par la combinaison de sa disposition machinale avec les impressions des corps extérieurs. S'il se trouve une ame & un corps tels que toute la suite des volontés de l'ame d'une part, & de l'autre toute la suite des mouvemens du corps se répondent exactement, & que dans l'instant, par exemple, que l'ame voudra aller dans un lieu, les deux pieds du corps se meuvent machinalement de ce côté-là, cette ame & ce corps auront un rapport, non par une action réelle de l'un sur l'autre, mais par la correspondance perpétuelle des actions séparées de l'un & de l'autre. Dieu aura mis ensemble l'ame & le corps qui avoient entr'eux cette correspondance antérieure à leur union, cette *harmonie préétablie*. Et il en faut dire autant de tout ce qu'il y a jamais eu, & de tout ce qu'il y aura jamais d'ames & de corps unis.

Cette maniere d'expliquer la communication ou l'union de deux substances aussi différentes, selon les spiritualistes, que l'ame & le corps, a besoin d'éclaircissement. Voici donc comment Leibnitz prétend lever les difficultés que fait naître son hypothèse de *l'harmonie préétablie* Il croit même qu'on peut *rendre la chose intelligible à toute sorte d'esprit, par la comparaison suivante*.

« Figurez-vous, *dit-il*, deux horloges ou deux
» montres qui s'accordent parfaitement. Or
» cela se peut faire de *trois façons*. La pre-
» mière consiste dans l'influence mutuelle d'une
» horloge sur l'autre: la seconde est d'y atta-
» cher un ouvrier habile qui les redresse, &
» les mette d'accord à tous momens: la troi-
» sième est de fabriquer ces deux pendules avec
» tant d'art & de justesse, qu'on se puisse as-
» surer de leur accord dans la suite: *la première*
» *façon*, qui est celle de *l'influence*, a été ex-
» périmentée par feu M. Huygens à son grand
» étonnement. Il avoit deux grandes pendules
» attachées à une même pièce de bois: les
» battemens continuels de ces pendules avoient
» communiqué des tremblemens semblables aux
» particules du bois; mais ces battemens divers
» ne pouvant pas bien subsister dans leur ordre
» & sans s'entr'empêcher, à moins que les
» pendules ne s'accordassent, il arrivoit par
» une espèce de merveille, que, lorsqu'on
» avoit même troublé leurs battemens tout ex-

« près, elles retournoient bientôt à battre ensemble, à-peu-près comme deux cordes qui sont à l'unisson ».

« *La seconde manière* de faire toujours accorder deux horloges, bien que mauvaises, pourra être d'y faire toujours prendre garde par un habile ouvrier qui les mette d'accord à tous momens; & c'est ce que j'appelle la voie de l'*assistance* ».

« Enfin *la troisième manière* sera de faire d'abord ces deux pendules avec tant d'art & de justesse, qu'on se puisse assurer de leur accord dans la suite; & c'est la voie du *consentement préétabli* ».

« Mettez maintenant l'ame & le corps à la place de ces deux horloges. Leur accord ou leur sympathie arrivera aussi par l'une de ces trois façons. *La voie de l'influence* est celle de la philosophie vulgaire; mais comme on ne sauroit concevoir des particules matérielles, ni des espèces ou des qualités immatérielles, qui puissent passer de l'une de ces substances dans l'autre, on est obligé d'abandonner ce sentiment ».

« *La voie de l'assistance* est celle du système des causes occasionnelles; mais je tiens que c'est faire (1) venir *deum ex machinâ*, dans une chose naturelle & ordinaire, où, selon la raison, il ne doit intervenir que de la manière qu'il concourt à toutes les autres choses de la nature. Ainsi il ne reste que notre hypothèse, c'est-à-dire, que *la voie de l'harmonie préétablie* par un artifice divin prévenant, lequel dès le commencement a formé chacune de ces substances d'une manière si parfaite, & réglée avec tant d'exactitude, qu'en ne suivant que ses propres loix qu'elle a reçues avec son être, elle s'accorde pourtant avec l'autre, tout comme s'il y avoit une influence mutuelle, ou comme si Dieu y mettoit toujours la main au-delà de son concours général ».

« Après cela, je ne crois pas que j'aye besoin de rien prouver, si ce n'est qu'on veuille que je prouve que Dieu a tout ce qu'il faut pour se servir de cet artifice prévenant, dont nous voyons même des échantillons parmi les hommes, à mesure qu'ils sont habiles gens. Et supposé qu'il le puisse, on voit bien que c'est la plus belle voie & la plus digne de lui ».

« Les philosophes de l'école croyoient qu'il y avoit une *influence physique réciproque* entre le corps & l'ame; mais depuis qu'on a bien considéré que la pensée & la masse étendues n'ont aucune liaison ensemble, & que ce sont des créatures qui diffèrent *toto genere*, plusieurs modernes ont reconnu qu'*il n'y a aucune communication physique* entre l'ame & le corps, quoique la communication métaphysique subsiste toujours, qui fait que l'ame & le corps composent un même suposl, ou ce qu'on appelle une personne. Cette communication physique, s'il y en avoit, feroit que l'ame changeroit le degré de la vitesse & la ligne de direction de quelques mouvemens qui sont dans le corps; & que, *vice versâ*, le corps changeroit la suite des pensées qui sont dans l'ame. Mais on ne sauroit tirer cet effet d'aucune notion qu'on conçoive dans le corps & dans l'ame; quoique rien ne nous soit mieux connu que l'ame (2), puisqu'elle nous est intime, c'est-à-dire, intime à elle-même ».

« Je ne pouvois manquer de venir à ce système qui porte que Dieu a créé l'ame d'abord de telle façon, qu'elle doit se produire & se représenter par ordre ce qui se passe dans le corps, & le corps aussi de telle façon, qu'il doit faire de soi-même ce que l'ame ordonne; de sorte que les loix qui lient les pensées de l'ame dans l'ordre des causes finales, & suivant l'évolution des perceptions, doivent produire des images qui se rencontrent & s'accordent avec les impressions des corps sur nos organes, & que les loix des mouvemens dans le corps, qui s'entresuivent dans l'ordre des causes efficientes, se rencontrent aussi & s'accordent tellement avec les pensées de l'ame, que le corps est porté à agir dans le tems que l'ame le veut ».

« Le vrai moyen par lequel Dieu fait que l'ame a des sentimens de ce qui se passe dans le corps, vient de la nature de l'ame qui est *représentative* des corps, & faite en sorte par avance, que les représentations qui naîtront en elle les unes des autres par une suite natu-

---

(1) Léibnitz ajoute dans sa théodicée, que si Dieu vouloit que les organes des corps humains se conformassent avec les volontés de l'ame, suivant le système des *causes occasionnelles*, cette loi ne s'exécuteroit que par des miracles perpétuels.

(2) Comme l'œil se voit par lui-même, & que si un homme n'avoit jamais vu l'œil d'un autre homme, ou l'image du sien dans un miroir, il n'auroit jamais pu avoir aucune idée de ce que c'est qu'œil; de même l'ame ne discerne ou ne connoîtpas sa propre substance.

(Cette note est du docteur CLARKE).

» relle de penſées, répondent au changement des
» corps ».

Fontenelle a raiſon de dire que ce ſyſtême donne une merveilleuſe idée de l'intelligence infinie du créateur, mais que peut-être cela même le rend trop ſublime pour nous. « Il a toujours
» pleinement contenté ſon auteur, *ajoute-t-il*;
» cependant il n'a pas fait juſqu'ici, & il ne
» paroît pas devoir faire la même fortune que
» celui de Deſcartes. Si tous les deux ſuccom-
» boient aux objections, il faudroit, ce qui ſe-
» roit bien pénible pour les philoſophes, qu'ils
» renonçaſſent à ſe tourmenter davantage ſur
» l'union de l'ame & du corps. M. Deſcartes
» & M. Leibnitz les juſtifieroient de n'en plus
» chercher le ſecret ». *Voyez* l'article LEIBNITZIANISME.

HELVÉTIANISME ou PHILOSOPHIE D'HELVÉTIUS. (*Hiſtoire de la philoſophie moderne*).

Claude Adrien *Helvétius* naquit à Paris, au mois de janvier 1715, de Jean Adrien *Helvétius*, & de Gabrielle d'Armancourt. La famille des *Helvétius*, originaire du Palatinat, y fut perſécutée du tems de la réforme, & s'établit en Hollande où pluſieurs d'entr'eux ont poſſédé des emplois honorables. Le biſayeul d'*Helvétius*, premier médecin des armées de la république, mérita qu'elle fit frapper des médailles en l'honneur des ſervices qu'il lui avoit rendus. Le fils de cet homme illuſtre vint à Paris fort jeune. Il y fut connu ſous le nom de médecin hollandois; & nous lui devons l'Ipécacuanha; il avoit appris l'uſage de cette racine d'un de ſes parens, gouverneur de Batavia; il s'en ſervit avec beaucoup de ſuccès à Paris & dans nos armées. Louis XIV, dont les graces étoient ſi ſouvent ce que doivent être les graces des rois, c'eſt-à-dire, des récompenſes, lui donna des lettres de nobleſſe, & la charge d'inſpecteur général des hôpitaux. Il mourut à Paris en 1727, regretté des pauvres & des gens de bien.

Un de ſes fils, héritier de ſes talens, cultiva comme lui, la médecine avec gloire. Il étoit jeune encore lorſqu'il ſauva le roi régnant d'une maladie dangereuſe dont ce prince fut attaqué à l'âge de ſept ans. Il fut depuis premier médecin de la reine, & mérita la confiance & les bontés de cette princeſſe. Il fut à Verſailles l'ami de toutes les maiſons dont il étoit le médecin. Il recevoit chez lui un grand nombre de pauvres, & alloit voir aſſidûment ceux que leurs infirmités retenoient chez eux.

Il aimoit beaucoup ſa femme qui étoit belle & attachée à ſon mari, comme à tous ſes devoirs. Ils aimèrent tendrement leur fils, & s'occupèrent également de ſon éducation & du ſoin de rendre ſon enfance heureuſe. Il n'avoit pas cinq ans lorſqu'ils le confièrent à Mr. Lambert, homme ſage & ſenſible, qui vit encore & pleure ſon élève.

Il n'y avoit point de travail que l'envie de plaire à un tel précepteur ne fit entreprendre au diſciple. Il eut de bonne heure le goût de la lecture. Il eſt vrai qu'il n'aima d'abord que les contes de fées, & des livres où régnoit le merveilleux. Mais il leur aſſocia bientôt la Fontaine & même Deſpréaux dont les ouvrages charment les hommes de goût, mais ne devroient pas charmer l'enfance.

On venoit de mettre le jeune *Helvétius* au collège, lorſqu'il lut l'Iliade & Quinte-Curce. Ces deux lectures changèrent ſon caractère. Il étoit fort timide; il devint audacieux. Son goût pour l'étude fut ſuſpendu pendant quelque tems. Il vouloit entrer au ſervice & ne reſpiroit que la guerre.

D'abord le deſpotiſme de ſes régents, leur ton menaçant & la contrainte le révoltèrent. Les occupations minutieuſes dont on le ſurchargeoit, le dégoutèrent. Il ne fit que des progrès médiocres; mais parvenu à la Rhétorique, le P. Porée, ſon régent dans cette claſſe, s'apperçut que cet écolier étoit très-ſenſible aux éloges. En louant ſes premiers efforts, il lui en fit faire de plus grands. Les amplifications étoient à la mode au collège. Le P. Porée trouva dans celle d'*Helvétius*, plus d'idées & d'images, que dans celles de ſes autres diſciples. De ce moment il lui donna une éducation particulière. Il liſoit avec lui les meilleurs auteurs anciens & modernes, & lui en faiſoit remarquer les beautés & les défauts. Ce père n'écrivoit pas avec goût; mais il avoit d'excellens principes de littérature. C'étoit un bon maître & un méchant modèle. Il avoit ſur-tout le talent de connoître la meſure d'eſprit & le caractère de ſes élèves, & la France lui doit plus d'un grand homme dont il a deviné & hâté le génie.

La première jouiſſance de la gloire, en augmente l'amour. Le jeune *Helvétius*, comblé d'éloges dans les exercices publics de ſon collège, voulut réuſſir dans tout ce qui pouvoit être loué. Il avoit d'abord déteſté la danſe & l'eſcrime. Il excella depuis dans ces deux arts. Il a même danſé à l'opéra ſous le nom & le maſque de Javillier, & a été très-applaudi.

Son émulation qui s'étendoit à tout, ne prit jamais le caractère de l'envie. Il aimoit ſes jeunes rivaux; il avoit gagné leur confiance. Ils étoient ſûrs de la diſcrétion dans ces petits complots que la sévérité des maîtres & le besoin du plaisir rendent si communs parmi les jeunes gens.

Il étoit encore au collège, lorsqu'il connut le livre de l'entendement humain. Ce livre fit une révolution dans ses idées. Il devint un zélé disciple de Locke, mais disciple, comme Aristote l'a été de Platon, en ajoutant des découvertes à celles de son maître.

Il porta dans l'étude du droit l'esprit philosophique que Locke lui avoit inspiré. Il cherchoit dès-lors les rapports des loix avec la nature & le bonheur des hommes.

Son père, dont la fortune étoit médiocre, & qui avoit encouru la disgrace du cardinal de Fleuri par son attachement à M. le duc, le destinoit à la finance, comme à un état qui pouvoit l'enrichir & lui laisser le tems de faire usage de ses talens. Il l'envoya chez M. d'Armancourt, son oncle maternel & directeur des fermes à Caën. Là, Helvétius fut occupé des lettres & de la philosophie, plus que de la finance; & plus occupé des femmes que des lettres & de la philosophie. Il apprit cependant en peu de tems & presque sans y songer, tout ce que doit savoir un financier.

Il avoit 23 ans, lorsque la reine, qui aimoit M. & Mme. Helvétius, obtint pour leur fils une place de fermier-général. Il n'eut d'abord que le titre & une demi-place : mais M. Orri lui donna bientôt la place entière. C'étoit lui donner 100,000 écus de rentes. Ses parens empruntèrent les fonds qu'un fermier-général doit avancer au roi, & ils exigèrent de leur fils qu'il prendroit sur les produits de sa place les rentes & même le remboursement de ces fonds.

Il avoit deux passions qui pouvoient déranger le financier le plus opulent, l'amour des femmes & l'envie de faire du bien. Mais il avoit de l'ordre & de la probité. Au milieu de tant de moyens de jouir, il sut jouir avec sagesse. Il destina d'abord les deux tiers de ses revenus au remboursement de ses fonds. Le reste fut consacré aux dépenses que son âge & la noblesse de son cœur lui rendoient nécessaires.

Il avoit cherché, au sortir de l'enfance, à se lier avec les hommes célèbres dans les lettres. Marivaux étoit de ce nombre. Cet homme qui a mis dans ses romans tant d'esprit, de sentiment & de verbiage, étoit souvent agréable dans la conversation. Il méritoit des amis par la délicatesse de son ame & la pureté de ses mœurs. M. Helvétius lui fit une pension de deux mille francs. Marivaux, quoiqu'un excellent

homme, avoit de l'humeur & devenoit aigre dans la dispute. Il n'étoit pas celui des amis de M. Helvétius, pour lequel celui-ci avoit le plus de goût. Mais, du moment qu'il lui eut fait une pension, il fut celui de ses amis pour lequel il eut le plus d'attentions & d'égards.

Le fils de Saurin de l'académie des sciences, n'avoit encore donné aucun des ouvrages qui lui ont fait de la réputation. Mais il étoit connu des gens de lettres comme un esprit étendu, juste & profond, qui avoit des connoissances variées, de la vertu & du goût. Il n'avoit alors pour subsister, qu'une place qui ne convenoit point à son caractère. Il reçut de M. Helvétius une pension de mille écus qui lui valut l'indépendance, le loisir de cultiver les lettres & le plaisir de sentir & de publier qu'il devoit son bonheur à son ami. Ce digne ami, lorsque M. Saurin voulut se marier, l'obligea d'accepter les fonds de la pension qu'il lui faisoit.

Il cherchoit par-tout le mérite pour l'aimer & le secourir. Quelque soin qu'il ait pris de cacher ses bienfaits, nous pourrions présenter une liste d'hommes connus qu'il a obligés. Mais nous croirions manquer à sa mémoire, si nous osions nommer ceux qui ont eu la foiblesse de rougir de ses secours.

Fontenelle étoit alors à la tête de l'empire des lettres. L'étendue de ses lumières, sa philosophie saine, la sagesse de sa conduite, la variété de ses talens, l'enjouement de son esprit, la facilité de son commerce, le rendoient agréable à plusieurs sortes de sociétés. Son indifférence même étoit utile à sa considération. Les ennemis de ses amis, sûrs de n'être pas ses ennemis, le voyoient avec plaisir. Il avoit de plus le mérite d'un grand âge, & celui d'avoir vu ce siècle brillant dont notre siècle aime à s'entretenir. Sa mémoire étoit remplie d'anecdotes intéressantes qu'il rendoit plus intéressantes encore par la manière de les placer. Ses contes & ses plaisanteries faisoient penser. Les femmes, les hommes de la cour, les artistes, les poètes, les philosophes aimoient sa conversation.

M. Helvétius faisoit sa cour à Fontenelle. Il alloit chez lui, comme un disciple qui venoit proposer ses doutes avec modestie. C'étoit avec lui qu'il aimoit à parler des Hobbes & des Locke. Ce qu'il apprit sur-tout de Fontenelle, c'est le talent, aujourd'hui trop négligé de rendre avec clarté ses idées.

Montesquieu n'étoit alors que l'auteur des lettres persanes. Mais dans cet ouvrage frivole en apparence, & dans la conversation, M. Helvétius avoit apperçu le guide des législateurs. Montesquieu devina aussi quel homme seroit un jour son ami. Je ne sais, disoit-il, si *Helvétius* connoît sa supériorité ; mais pour moi, je sens que c'est un homme au-dessus des autres.

La Henriade, poëme épique d'un genre tout nouveau, des tragédies qui balançoient celles de nos grands maîtres, l'histoire de Charles XII si supérieure à toutes les histoires écrites en France, des pièces fugitives qui faisoient oublier cette foule de riens agréables, si communs dans le siècle de Louis XIV, une philosophie lumineuse répandue sur plusieurs genres, beaucoup de génie, plusieurs sortes de mérite, attiroient sur M. de Voltaire les regards de la France & de l'Europe. Personne n'a plus excité que lui l'admiration & l'envie. La partie du public qui ne se rend pas l'écho d'hommes de lettres jaloux, les jeunes gens qui dans leurs lectures cherchent de bonne foi, du plaisir ou des modèles, étoient ses admirateurs. Le reste à-peu-près composoit le nombre de ses ennemis. Son amour pour les lettres, son art de louer dont il n'a fait que trop d'usage, sa politesse, son envie de plaire, ne pouvoient calmer la rage de l'envie. Il cherchoit à s'y dérober dans la retraite de Cirey. *Helvétius* alla l'y chercher. Il lui confia ses secrets les plus chers, c'est-à-dire, le dessein & les deux premiers chants de son poëme du bonheur. Il trouva un critique plus éclairé que tous ceux qu'il avoit consultés jusqu'à ce moment, & un ami zélé pour sa gloire.

On voit par plusieurs lettres de M. de Voltaire, combien ce grand homme avoit été frappé du génie d'*Helvétius*. « Votre première epitre, lui » dit-il, est pleine d'une hardiesse de raison au-» dessus de votre âge, & plus encore de nos lâches » écrivains qui riment pour leurs libraires, qui » se resserrent sous le compas d'un censeur royal, » envieux ou timide. Misérables oiseaux à qui » on rogne les aîles, qui veulent s'élever, & » tombent en se cassant les jambes. Vous avez » un génie mâle ; & j'aime mieux quelques-unes » de vos sublimes fautes, que les médiocres beautés » dont on veut nous assasir ».

Dans d'autres occasions, Voltaire donne à *Helvétius* des conseils excellens, & que nous rapporterons, parce qu'ils peuvent être utiles à quiconque veut écrire en vers.

« Je vous dirai en faveur des progrès qu'un » si bel art peut faire entre vos mains : Craignez » en atteignant le grand, de sauter au gigan-» tesque. N'offrez que des images vraies ; ser-» vez-vous toujours du mot propre. Voulez-» vous une petite règle infaillible ? La voici : » Quand une pensée est juste & noble, il faut » voir si la manière dont vous l'exprimez en » vers, seroit belle en prose, & si votre vers, » dépouillé de la rime & de la césure, vous » paroît alors chargé d'un mot superflu ; s'il y » a dans la construction le moindre défaut ; si » une conjonction est oubliée ; enfin, si le » mot le plus propre n'est pas mis à sa place, » concluez que votre diamant n'est pas bien » enchâssé. Soyez sûr que des vers qui au-» ront un de ces défauts, ne se feront pas » relire ; & il n'y a de bons vers que ceux qu'on » relit ».

Dans une autre lettre, Voltaire reprend *Helvétius* qui lui avoit dit trop de mal de Boileau. « Je conviens, dit-il, avec vous qu'il n'est » pas un poëte sublime ; mais il a très-bien fait » ce qu'il vouloit faire. Il a mis la raison en » vers harmonieux & pleins d'images. Il est » clair, conséquent, facile, heureux dans ses » expressions : il ne s'élève guères, mais il ne » tombe pas ; & d'ailleurs ses sujets ne comportent pas cette élévation dont ceux que » vous traitez, sont susceptibles. Vous avez » senti votre talent, comme il a senti le sien. » Vous êtes philosophe ; vous voyez tout en » grand. Votre pinceau est fort & hardi ; la » nature vous a mieux doué que Despréaux : » mais vos talens, quelque grands qu'ils soient, » ne feront rien sans les siens. Je vous prêcherai » donc éternellement cet art d'écrire que Des-» préaux a si bien connu & si bien enseigné, » ce respect pour la langue, cette suite d'idées, » ces liaisons, cet art aisé avec lequel il con-» duit son lecteur, ce naturel qui est le fruit » du génie. Envoyez-moi, mon cher ami, quelque » chose d'aussi-bien travaillé que vous imaginez no-» blement ».

Quelques hommes d'esprit, mais dont les idées n'étoient pas fort étendues, disoient souvent à *Helvétius* que la métaphysique, & en général la philosophie, ne pouvoient être traitées en vers. Il n'étoit pas fait pour les croire ; mais quelquefois il avoit des doutes. Voltaire le rassuroit.

« Soyez persuadé, lui disoit-il, que la su-» blime philosophie peut fort bien parler le » langage des vers. Elle est quelquefois poé-» tique dans la prose du P. Mallebranche. Pour-» quoi n'achèveriez vous pas ce que Mallebranche » a ébauché ? C'étoit un poëte manqué ; & vous » êtes né poëte ».

*Voltaire avoit raison. Est-ce que Lucrèce chez les romains, & Pope chez les anglois, n'ont pas fait deux poëmes philosophiques & pourtant admirables ?

Des hommes peu éclairés, & quelques amis, peut-être jaloux, répétoient à *Helvétius* qu'il devoit son tems à d'autres études qu'à celle de la poésie & de la philosophie. « Continuez, » lui écrivoit Voltaire, de remplir votre ame » de toutes les connoissances, de tous les arts » & de toutes les vertus. Ne craignez pas d'ho- » norer le parnasse de vos talens. Ils vous ho- » noreront sans doute, parce que vous ne né- » gligerez jamais vos devoirs. Les fonctions de » votre état ne sont-elles pas quelque chose de » bien difficile pour une ame comme la vôtre ? » Cette besogne se fait comme on règle la dé- » pense de sa maison & le livre de son maître- » d'hôtel. Quoi ! pour être fermier-général, on » n'auroit pas la liberté de penser ? eh ! Atticus » étoit fermier-général. Les chevaliers romains » étoient fermiers-généraux. Continuez donc, » Atticus ».

Atticus continua. Il est d'usage que la compagnie des fermes envoye dans les provinces les plus jeunes des fermiers. Ils sont chargés de s'instruire des différentes branches des revenus, de veiller sur les commis & de faire exécuter les ordonnances. Dans ces voyages qu'on appelle *tournées*, Helvétius visita successivement la Champagne, les deux Bourgognes & le Bordelois ; & nulle part il ne se fit une loi de donner toujours raison aux préposés de la ferme, & toujours tort aux peuples. Il ne vouloit point recevoir l'argent des confiscations ; & souvent il dédommagea le malheureux ruiné par les vexations des employés. La ferme n'approuva pas d'abord tant de grandeur d'ame. Mais depuis, *Helvétius* ne fit de belles actions qu'à ses propres dépens, & les fermiers voulurent bien tolérer cette conduite.

Il eut le courage d'être souvent orateur du peuple auprès de sa compagnie & du ministre. On venoit d'employer dans les salines de Lorraine & de Franche-Comté, une machine appellée graduation, qui diminuoit la consommation du bois, mais aussi la qualité du sel. *Helvétius* proposa de détruire la machine, ou de diminuer le prix du sel. Il est aisé de juger qu'il ne put rien obtenir.

Il arrivoit à Bordeaux, lorsqu'on venoit d'y établir un nouveau droit sur les vins, qui désoloit la ville & les provinces. Il écrivit à sa compagnie contre le nouveau droit, & fut indigné des réponses qu'il reçut. Il lui échappa de dire un jour à plusieurs bourgeois de Bordeaux : « Tant que vous ne ferez que vous plaindre, » on ne vous accordera pas ce que vous de- » mandez. Faites-vous craindre. Vous pouvez » vous assembler au nombre de plus de dix mille. » Attaquez nos employés : ils ne sont pas deux » cens. Je me mettrai à leur tête, & nous nous dé- » fendrons; mais enfin vous nous battrez,& on vous » rendra justice ».

Heureusement ce conseil de jeune homme ne fut pas suivi. Mais de retour à Paris, *Helvétius* appuya si bien les plaintes des bordelois, qu'il obtint la suppression de l'impôt.

Cependant il réprimoit l'avidité des subalternes, il indiquoit les moyens d'en diminuer le nombre, il proposoit de donner plus de valeur aux terres du domaine ; & c'est ainsi qu'il se rendoit utile à la fois, à la ferme & à la nation. Ces services ne l'empêchoient pas d'éprouver quelquefois des dégoûts. Il avoit affaire à de petits esprits, & il leur proposoit de grandes vues ; à des hommes endurcis par l'âge & par la finance, & il leur parloit d'humanité. Les malheureux qu'il soulageoit, le commerce des gens de lettres, ses études & ses maîtresses, lui faisoient à peine supporter les inconvéniens de son état. Son père qui avoit fait de lui un fermier-général, ne put jamais en faire un financier. Il avoit remboursé ses fonds ; &, malgré ses dépenses en plaisirs & en bonnes œuvres, il se trouvoit encore des sommes considérables. Il acheta des terres & forma le projet de s'y retirer, pour s'y livrer entièrement aux lettres & à la philosophie. Mais il lui falloit une femme qu'il pût aimer, & que la retraite dans laquelle il vouloit vivre, ne rendroit pas malheureuse.

Chez Mme. de Graffigni, si connue par le joli roman des lettres péruviennes, il vit Mlle. de Ligniville, & fut frappé de sa beauté & des agrémens de son esprit. Mais avant de songer à l'épouser, il voulut la connoître. Il la voyoit souvent sans lui parler de ses desseins & du goût qu'il avoit pour elle. Enfin, après un an d'observation, il vit que Mlle. de Ligniville avoit l'ame élevée sans orgueil, qu'elle supportoit sa mauvaise fortune avec dignité, qu'elle avoit du courage, de la bonté & de la simplicité. Il jugea qu'elle partageroit volontiers sa retraite & lui en fit la proposition qui fut acceptée. Mais, avant de se marier, il voulut quitter la place de fermier-général.

Helvétius, par complaisance pour son père, acheta la charge de maître-d'hôtel de la reine. Il n'étoit pas plus fait pour la cour que pour la finance. Il fut très-sensible aux bontés de la reine. Cette princesse aimoit les gens d'esprit & traita bien *Helvétius* qui n'eut pas d'abord autant d'ennemis qu'il en méritoit ; on lui pardonna long-tems ses lumières & ses vertus. Sa charge n'exigeoit pas beaucoup de service & lui laissoit l'emploi de son temps.

Il se maria enfin au mois de juillet 1751, & partit sur-le-champ pour sa terre de Voré. Il y menoit avec lui deux secrétaires qui lui étoient inutiles depuis qu'il n'étoit plus fermier-général.

Mais

Mais il leur étoit néceffaire. L'un d'eux, nommé Bandot, étoit chagrin, cauftique & inquiet. Sous le prétexte qu'il avoit vu *Helvétius* dans fon enfance, il fe permettoit de le traiter toujours comme un précepteur brutal traite un enfant. Un des plaifirs de ce Bandot étoit de difcuter avec fon maître la conduite, l'efprit, le caractère, les ouvrages de ce maître indulgent. La difcuffion ne finiffoit jamais que par la plus violente fatyre. *Helvétius* l'écoutoit avec patience, & quelquefois en le quittant, il difoit à Mme. *Helvétius* : « Mais eft-il poffible que j'aie » tous les défauts & tous les torts que me trouve » Bandot. Non fans doute. Mais enfin j'en ai un » peu : & qui eft-ce qui m'en parleroit, fi je ne garde » pas Bandot » ?

Il n'étoit occupé dans fes terres que de fes ouvrages, du bonheur de fes vaffaux & de madame *Helvétius*. Il pouvoit dire, comme milord Bolingbroke dans une de fes lettres à Swift : « Je » n'ai plus que pour ma femme, l'amour que » j'avois autrefois pour tout fon fexe. »

Il avoit ceffé depuis deux ans de travailler à fon poëme. Cet ouvrage l'avoit conduit à des recherches fur l'homme. Dès fes premières méditations, il avoit entrevu des vérités nouvelles. Ces vérités devinrent plus claires, & le conduifirent à d'autres ; & il étoit livré entièrement à la philofophie, lorfqu'en 1755, il perdit fon père. Je n'ajouterai qu'un mot à ce que j'ai dit de ce médecin illuftre. Il connoiffoit parfaitement fon fils ; c'eft-à-dire qu'il avoit de grandes lumières, & qu'il étoit fans préjugés. Il vit avec plaifir ce fils facrifier une grande fortune à l'efpérance de la gloire. M. *Helvétius* regretta beaucoup un fi excellent père. Il refufa de recueillir fa fucceffion qu'il vouloit laiffer entièrement à fa mère. Après de longues conteftations, il obtint qu'elle en conferveroit la plus grande partie. La mort de fon père étoit le premier malheur qui jufqu'alors eût troublé fa vie heureufe, & fufpendu fes occupations. Il les reprit, dès qu'il en eut la force, & enfin en 1758, il donna le livre de l'*efprit*, dont je vais faire l'analyfe.

Il commence par examiner ce qu'on entend par le mot *efprit*. Il eft tantôt la faculté de penfer, & tantôt la maffe d'idées & de connoiffances raffemblées dans la tête d'un homme.

Ces idées s'acquièrent par l'impreffion des objets extérieurs fur nos fens ; elles fe confervent par la mémoire, qui n'eft que la première impreffion continuée, mais affoiblie. Ce don d'acquérir des idées par les fens & de les conferver par la mémoire, ne nous donneroit que des connoiffances bornées, & nous laifferoit fans arts, fans mœurs & fans police, fi la nature nous avoit conformés comme la plupart des animaux ;

Philofophie anc. & mod. Tom. II.

c'eft à nos mains flexibles que nous devons notre induftrie ; & fans cette induftrie, occupés dans les forêts du foin de nous défendre, & de difputer notre fubfiftance, aurions-nous formé quelques fociétés foibles ou barbares.

Les objets dont les fens nous tranfmettent les idées ont des rapports avec nous & entr'eux. L'efprit humain s'élève à la connoiffance de ces rapports : voilà fa puiffance & fes bornes. L'appercevance de ces rapports eft ce qu'on appelle *jugement*.

Juger, c'eft fentir.

La couleur que je nomme *rouge* agit fur mes yeux différemment de la couleur que je nomme *jaune*. L'idée de cette différence eft un jugement ; ce jugement eft une fenfation compofée de fenfations reçues dans le moment ou confervées dans la mémoire. Les notions même de force, de puiffance, de juftice, de vertu, &c. quand on les analyfe, fe réduifent à des tableaux placés dans l'imagination ou la mémoire.

Tout dans l'homme fe réduit donc à fentir.

L'homme eft fujet aux erreurs. Elles ont trois caufes : les paffions, l'ignorance & l'abus des mots.

Les paffions nous trompent, parce qu'elles nous font voir les objets fous une feule face. Le prince ambitieux fixe fon attention fur l'éclat de la victoire & fur la pompe du triomphe. Il oublie les inconftances de la fortune & les malheurs de la guerre.

La crainte préfente des fantômes, & ne laiffe point d'entrée à la vérité. L'amour eft fertile en illufions. « Vous ne m'aimez plus, difoit Mademoifelle de Caumont à Poncet, vous croyez » moins ce que je vous dis, que ce que nous voyez ».

L'ignorance eft la caufe des erreurs dans les queftions difficiles. C'eft faute de connoiffances que la queftion du luxe a été fi long-temps agitée, fans être éclaircie. De grands hommes en ont fait l'apologie, d'autres la fatyre.

Sur l'abus des mots, troifième caufe de nos erreurs, M. *Helvetius* renvoye à Locke, & ne dit qu'un mot en faveur de ceux qui ne voudroient pas recourir au philofophe anglois. Il fait voir que les fens faux donnés aux mots, *efpace*, *matière*, *infini*, *amour-propre*, *liberté*, ont été les fources de beaucoup d'erreurs en métaphyfique & en morale. La *matière* n'eft que la collection des propriétés communes à tous les corps. L'*efpace* n'eft que le néant ou le vuide ; confidéré avec les corps, il n'eft que l'étendue. Le mot *infini* ne donne qu'une idée, l'abfence des bornes. L'*amour-propre* est un sentiment gravé en nous par la nature, & qui devient vertueux ou vicieux, selon la différence des goûts, des passions, des circonstances. La *liberté* de l'homme consiste dans l'exercice volontaire de ses facultés.

Passons au second discours.

L'esprit a plus ou moins l'estime du public, selon que les idées sont neuves, utiles & agréables. Ce ne sont pas leur nombre, leur étendue qui emportent notre estime ; c'est le rapport qu'elles ont avec notre bonheur qui nous force à leur accorder notre hommage. Ainsi c'est la reconnoissance ou la vengeance qui loue, ou qui méprise.

Les idées les plus estimables sont celles qui flattent nos penchans. Le premier des livres pour Charles XII, c'est la vie d'Alexandre ; pour une femme sensible, c'est le poëte qui peint l'amour. C'est notre intérêt qui nous fait adopter ou rejetter l'opinion des autres.

Il est vrai qu'il y a sur la terre un petit nombre de philosophes conduits par l'amour du vrai, qui estiment de préférence les idées lumineuses : mais ces philosophes sont en si petit nombre, qu'il ne faut pas les compter. Le reste du genre humain n'estime que les idées qui flattent son opinion ou son intérêt. Un sot n'a que de sots amis. Auguste, Louis XIV, le grand Condé vivoient avec les gens d'esprit. Sous un monarque stupide, disoit la reine Christine, toute sa cour l'est ou le devient.

Lorsque la réputation d'un homme ou d'un ouvrage est établie, nous les louons souvent sans les estimer. Nous n'avons pas pour eux une estime sentie, mais une estime sur parole. Telle est l'estime générale pour Homère, que tout le monde loue, & qui n'est lu que des gens de lettres.

Chaque homme a de soi la plus haute idée, & n'estime dans les autres que son image, ou ce qui peut lui être utile.

Le païsir & le sybarite, la prude & la coquette se méprisent. Le philosophe qui vivra avec de jeunes gens sera l'imbécille, le ridicule de la société. L'homme de robe, l'homme de guerre, le négociant croyent chacun sincèrement que leur sorte d'esprit est la plus estimable.

Ainsi la grande société, la nation se divise en petites sociétés qui, selon leurs occupations, leur rang, leur état, estiment la sorte d'esprit avec laquelle elles ont du rapport.

A la cour, on estime sur-tout les hommes du bon ton, quoiqu'ils soient pour la plupart frivoles, ineptes, ignorans.

Si les petites sociétés n'estiment que l'esprit qui est plus près de leur esprit, le public n'accorde son estime qu'à l'esprit qui est utile au public.

En conséquence de cette vérité, l'esprit qui réussit dans les sociétés particulières, réussit rarement dans le public.

Tel homme au contraire, tel ouvrage font honneur à la nation, & ne réussissent pas dans les sociétés particulières.

Si le public ne rend aucun honneur à l'esprit médiocre, c'est qu'il n'est jamais d'aucune utilité. Si pourtant dans certaines circonstances des esprits médiocres devenus généraux ou ministres sont honorés, c'est qu'ils ont eu le bonheur d'être utiles. De plus, on a de l'indulgence pour les grands. On ne demande pas à la comédie italienne les mêmes talens qu'à la comédie françoise.

Après la mort des hommes en place & des artistes, ceux-ci sont les plus honorés, parce que la postérité jouit de leurs travaux, & que les autres ne sont utiles qu'à leur siècle.

Certains esprits célèbres dans quelques pays & quelques siècles, ne le sont point dans d'autres siècles & dans d'autres lieux. Les sophistes, les théologiens, si illustres autrefois, recueillent le mépris des siècles éclairés. Les farces de Scarron réussissoient avant que l'on eût vu Molière.

Il y a pourtant des idées qui plaisent dans tous les lieux & dans tous les tems : les unes sont instructives, les autres sont agréables. Il y en a des unes & des autres dans Homère, Virgile, Corneille, le Tasse, Milton, qui ne se sont point bornés à peindre une nation ou un siècle, mais l'humanité. Il est peu d'hommes assez mal organisés pour être insensibles aux tableaux des grands objets & à l'harmonie. Les tableaux voluptueux qui rappellent les plaisirs des sens, & surtout ceux de l'amour, sont également du goût de tous les peuples. Les philosophes qui ont découvert des vérités utiles, ont l'estime de tous les siècles ; & dans tous les siècles on aime les poëtes qui ont fait aimer la vertu. Mais qu'est-ce que la vertu ?

Dans les sociétés particulières, on donne ce nom aux actions utiles à ces sociétés. L'homme qui veut dérober à la rigueur des loix un parent coupable, passe pour vertueux.

Le ministre qui refuse ses amis, ses parens, les courtisans, pour leur préférer l'homme de mérite & le bien de l'état, doit avoir à la cour, la réputation d'homme dur, inutile & malhonnête.

Dans les cours, on appelle prudence la fausseté, folie le courage de dire la vérité. On y donne le titre de bon au prince qui prodigue les tréfors de l'état, le nom d'aimable au prince qui accorde à ses favoris, à sa maitresse des emplois importans au bonheur de l'état.

Comment donc savoir si on est vertueux ? Dirige-t-on toutes ses actions au bien du plus grand nombre ? on est vertueux. Oui, la vertu n'est que l'habitude de diriger ses actions au bien général. C'est en la considérant sous ce point de vue qu'on peut s'en former des idées nettes & précises que les moralistes n'ont point eues jusqu'à présent.

Les uns, à la tête desquels est Platon, n'ont débité que des rêves ingénieux. La vertu, selon eux, est l'amour de l'ordre, de l'harmonie, du beau essentiel. Les autres, à la tête desquels est Montaigne, prétendent que les loix de la vertu sont arbitraires, parce qu'ils voyent qu'une action vicieuse au Nord, est souvent vertueuse au Midi. Les premiers pour n'avoir point consulté l'histoire, errent dans un dédale de mots. Les seconds pour n'avoir point médité sur l'histoire, ont pensé que le caprice décidoit de la bonté ou de la méchanceté des actions humaines.

L'amour de la vertu n'est donc que le desir du bonheur général. Les actions vertueuses sont celles qui contribuent à ce bonheur. Les peuples les plus stupides, dans leurs coutumes les plus singulières, ont en vue leur bonheur ; & si dans certains pays, dans certains lieux, on honore des actions qui nous paroissent coupables, c'est que dans ces pays ces actions sont utiles. Le vol fait avec adresse étoit honoré à Sparte, parce que dans cette république toute militaire, & où il n'y avoit point l'esprit de propriété, la vigilance & l'adresse étoient des qualités utiles. En Chine, où la population est excessive, il est permis au père d'exposer ou de tuer ses enfans. Cette loi, si cruelle en apparence, prévient de plus grands maux, & par conséquent est utile. Enfin, c'est par-tout l'utilité qui rend les actions criminelles ou vertueuses.

Mais dans tous les pays on attache l'idée de vertu à des actions qui ne peuvent produire aucun bien. Oui, mais c'est qu'on est persuadé que ces actions produisent un bien, soit pour ce monde, soit pour l'autre : & j'appelle ces habitudes, ces actions, vertus de préjugé dont il faut guérir les hommes.

Ces habitudes n'ont été fondées que sur la préférence donnée à des sociétés particulières sur la société générale : ce qui seul les rend vicieuses.

Quel bien font au monde & à la patrie les austérités des moines & des fakirs ? De quelle utilité peut être la folie des indiens qui se font dévorer par les crocodiles ?

Il est des crimes de préjugé, comme il est des vertus de préjugé.

J'appelle crimes de préjugé, des actions condamnées par l'opinion, quoiqu'elles ne nuisent à personne. Quel mal fait le bramine qui épouse une vierge, & l'homme qui mange un morceau de bœuf plutôt qu'un morceau de poisson ?

Les vertus de préjugé sont quelquefois des habitudes atroces, comme la coutume des giagues, de piler dans un mortier les enfans, pour en composer une pâte qui, selon les prêtres, rend les guerriers invulnérables.

Il y a peu de nations qui n'aient pour les crimes de préjugé plus d'horreur que pour les actions les plus nuisibles à la société, & plus d'estime pour les pratiques minutieuses & indifférentes que pour les actions utiles à l'état.

De ce qu'il y a des vertus réelles & des vertus de préjugé, il suit qu'il y a chez les peuples deux espèces de corruption, l'une politique, & l'autre religieuse. Celle-ci peut n'être pas criminelle, quand elle s'allie avec l'amour du bien public, les talens, de véritables vertus.

La corruption politique prépare au contraire la chûte des empires. Le peuple en est infecté, lorsque les particuliers détachent leurs intérêts de l'intérêt général.

Cette corruption se joint quelquefois à l'autre. Alors les moralistes ignorans les confondent ; mais elles sont souvent séparées. La corruption religieuse n'est souvent que l'amour du plaisir, & inspirée par la nature qu'elle satisfait sans la dégrader. La corruption politique est l'effet du gouvernement.

C'est dans la législation & l'administration des empires qu'il faut chercher la cause des vices & des vertus des hommes.

Les déclamations des moralistes ne font que satisfaire leur vanité, & ne produisent aucun bien. Leurs injures ne peuvent changer nos sentimens, & nos sentimens sont l'effet de la nature ou des loix.

Il faut moins censurer le luxe qui peut être nécessaire à un grand état, & la galanterie à laquelle les hommes peuvent devoir les arts, le goût, & des vertus politiques, que l'institution qui fait de l'homme un lâche, un esclave, un fripon ou un sot.

Il est des moralistes hypocrites. Ce sont ceux qui voyent avec indifférence tous les maux qui entraînent la ruine de leur patrie, & qui se déchaînent contre quelques excès dans la jouissance des plaisirs.

D'après les principes posés ci-dessus, on peut faire un catéchisme dont les préceptes seront clairs, vrais & invariables. Le peuple qui en seroit instruit, ne seroit infecté ni de vices politiques, ni de vertus de préjugé. Le législateur plus éclairé ne donneroit que des loix utiles, & les loix seroient respectées.

L'inexécution des loix prouve toujours l'ineptie du législateur. La récompense, la punition, la gloire, l'infamie sont quatre divinités qui peuvent répandre les vertus & créer des hommes illustres dans tous les genres.

Pour perfectionner la morale, les législateurs ont deux moyens, l'un d'unir les intérêts particuliers à l'intérêt général, l'autre de hâter les progrès de l'esprit. Mais pour hâter ces progrès, il faut savoir si l'esprit est un don de la nature, ou l'effet de l'éducation.

C'est le sujet du troisième discours.

Tous les hommes ont des sens assez bons pour appercevoir les mêmes rapports dans les objets; ils ont les mêmes besoins, & ils auroient la même mémoire, s'ils avoient la même attention.

Tous les hommes bien organisés sont capables d'attention. Tous apprennent leur langue; tous apprennent à lire, & conçoivent au moins les premières propositions d'Euclide. Cela suffit pour s'élever aux plus hautes idées, pourvu qu'ils veuillent faire des efforts d'attention; &, pour faire ces efforts, il faut avoir des passions.

Ce sont les passions qui fécondent l'esprit, & l'élèvent aux grandes idées. Ce sont elles qui ont formé & conduit Lycurgue, Alexandre, Épaminondas, &c. Ce sont elles qui ont inspiré les vastes projets, les moyens extraordinaires, les mots sublimes qui sont les saillies des ames fortement passionnées.

On devient stupide dans l'absence des passions.

Les princes montrent quelquefois de l'esprit pour s'élever au despotisme. Leurs desirs sont-ils remplis? ils n'ont plus le courage de s'arracher aux délices de la paresse, & ils s'abrutissent dans leurs grandeurs.

Mais tous les hommes sont-ils susceptibles du même degré de passion?

L'origine des passions est dans la sensibilité physique, dans l'amour du plaisir, & la crainte de la douleur, qui remue également tous les hommes.

L'avare, en se privant de tout, se propose de s'assurer les moyens de jouir des plaisirs & de se dérober aux maux. L'ambitieux a le même objet dans la poursuite des grandeurs. L'amour de la gloire & de la vertu n'est que le desir de jouir des avantages que la gloire & la vertu procurent.

Tous les hommes sont susceptibles de passion au même degré. Tous peuvent aimer avec fureur la gloire & la vertu; tous ont donc la puissance de s'élever aux plus grandes idées, & de faire de grandes choses. Les hommes nés égaux deviennent différens par les loix & par l'éducation qui doit préparer à l'obéissance & au respect pour les loix. L'éducation est trop négligée; mais pour savoir bien ce qu'elle peut faire sur les esprits, il est important de fixer d'une manière précise les idées qu'on attache aux divers noms donnés à l'esprit. C'est ce que nous allons voir dans le quatrième discours.

Le nom de génie n'est donné qu'aux esprits inventeurs. Leur invention porte sur les détails ou sur le fond des choses. C'est le travail excité par les passions, & sur-tout par celle de la gloire, qui porte l'ame aux grandes méditations, & fait trouver des vérités nouvelles, de nouvelles combinaisons. Les objets dont il est entouré, les circonstances où il est placé déterminent & bornent le génie.

L'imagination est l'invention des images, comme l'esprit est l'invention des idées; elle brille dans les descriptions, les tableaux. Les peintures sont ou grandes ou voluptueuses.

Le sentiment est l'ame de la poésie. L'auteur qui en est privé, est toujours en-deçà ou au-delà de la nature. Celui qui n'a que de l'esprit s'éloigne toujours de la simplicité.

L'esprit n'est qu'un assemblage d'idées nouvelles qui n'ont pas assez d'étendue, ni d'importance pour mériter le nom de génie. Ainsi Machiavel & Montesquieu sont des génies; la Rochefoucault & la Bruyère sont des hommes d'esprit.

Le talent est l'aptitude à un seul genre, dans lequel on ne porte qu'une invention médiocre.

L'esprit est fin quand il apperçoit de petits objets, & donne à deviner.

L'esprit est fort quand il produit des idées propres à faire de fortes impressions.

Il est lumineux, quand il rend clairement des idées abstraites.

Il est étendu, lorsqu'il saisit un ensemble & voit des rapports éloignés.

Il est pénétrant, profond, lorsqu'il voit tout dans les objets.

Le bel esprit tient plus au choix des mots & des tours qu'au choix des idées.

L'esprit du siècle, l'esprit du monde est frivole & porte sur de petits objets. S'il s'occupe un moment des grands hommes & des ouvrages célèbres, il cherche à les rabaisser. C'est le dieu de la raillerie qui considère avec un ris malin & un œil moqueur, le panthéon, l'église de St.-Pierre, le Jupiter de Phidias.

Le génie, l'esprit, sont les effets de la force ou de la vivacité des passions. Le bon sens est l'effet de leur modération. Il se borne presque à l'esprit de conduite.

Mais il est, dit-on, des peuples qui paroissent insensibles aux passions de la vertu & de la gloire. Est-ce la faute du climat? est-ce celle du gouvernement?

Dans leurs républiques, Horatius Coclès & Léonidas ne pouvoient être que des héros. Dans ces républiques, les hommes peu passionnés étoient du moins de bons citoyens.

Les républiques se corrompent, quand les honneurs & les plaisirs sont attachés à la tyrannie, à la puissance. Les mêmes hommes qui auroient été des Scipions & des Camilles, seront des Marius & des Catilina.

La considération est une gloire diminuée. Lorsqu'elle est attachée au crédit, elle fait des flatteurs & des intriguans. L'argent est-il plus honoré que la vertu? On voit aux Cincinnatus, aux Catons, succéder les Crassus & les Séjan. La plus haute vertu, le vice le plus honteux sont également l'effet du plaisir que nous trouvons à nous livrer à l'un ou à l'autre.

Il y a dans tous les hommes un désir secret d'être despote, parce que chaque homme a du plus au moins le désir de faire servir les autres à son bonheur.

Il ne faut pas toujours des talens & du courage, pour établir la tyrannie; il ne faut quelquefois qu'une audace commune & des vices. Le prince commence par diviser les ordres des citoyens, par répandre une sorte d'anarchie, par faire désirer à une partie de la nation l'abbaissement de l'autre. Il fait ensuite briller le glaive de la puissance, met les vertus au rang des crimes, multiplie les délateurs, veut étouffer les lumières & proscrit également les Sénèques & les Thraséas.

Mais les despotes donnent à la soldatesque, qui leur est toujours dévouée, le sentiment de sa force, & finissent par être ses victimes.

L'histoire des empereurs de Rome & de Constantinople, des sultans des turcs, des czars, &c. sont une preuve de cette vérité: L'homme le plus coupable de lèze-majesté, est donc l'homme qui conseille à son prince de porter à l'excès & de faire trop sentir son autorité.

Les despotes, maîtres absolus des peuples qui n'osent les censurer, n'ont plus d'intérêt de s'instruire. Leurs ministres placés par l'intrigue, n'ont aucuns principes de justice, ni d'administration, aucune idée de vertu. Ainsi l'avilissement des peuples entretient l'ignorance & l'ineptie des princes & des ministres.

Il n'y a de vertu que dans les pays où la législation unit l'intérêt particulier à l'intérêt général. Dans ces pays où la puissance est partagée entre le peuple, les grands, les rois, la nécessité où se trouvent les citoyens de tous les ordres de s'occuper d'objets importans, la liberté qu'ils ont de tout penser & de tout dire, donnent aux ames de la force & de l'élévation.

Une petite ville de Grèce a produit plus de belles actions, & de grands hommes, que tous les riches & vastes empires de l'Orient.

La force des passions est proportionnée aux récompenses qu'on leur propose. Les monceaux d'or du Mexique & du Pérou, en exaltant l'avarice des espagnols, leur ont fait faire des prodiges. Les disciples de Mahomet & d'Odin, dans l'espérance de posséder les Houris ou les Valkiries, ont été avides de la mort. Par-tout où les lettres mènent à la considération ou à la fortune, elles sont cultivées avec succès.

Le bon sens qui est l'effet des passions foibles, ne crée, n'invente, ne change, ni n'éclaire. Quand tout est dans l'ordre, il remplit assez bien les grandes places. Faut-il réformer des abus? il ne montre que de l'ineptie.

Il n'y a que le génie inspiré par les passions fortes, qui fonde ou répare la constitution des empires.

Le goût est la connoissance de ce qui doit plaire à tous les hommes, ou au public d'une certaine nation. On acquiert le goût de cette dernière sorte par l'habitude de comparer des jugemens. On acquiert le goût de la première sorte, qui est le vrai goût, par la connoissance profonde de l'humanité.

Pour réussir dans les arts, les sciences & les affaires, il faut d'abord être persuadé qu'on n'excelle pas dans plusieurs genres très-différens. Newton n'est pas compté parmi les poëtes, ni Milton parmi les geomètres.

Il est plusieurs talens exclusifs. Il y a même certaines qualités, & même, si je l'ose dire, certaines vertus particulières, exclues par certains talens. L'ignorance de cette vérité est la source de mille injustices. On vante la modération d'un philosophe, & on se plaint de son peu de sensibilité, sans faire attention qu'il ne doit qu'à l'état tranquille de son ame le talent de l'observation. On veut que l'homme de génie soit toujours sage, & on oublie que le génie est l'effort des passions rarement compatibles avec la sagesse.

On peut connoître si on est né pour les grandes choses, à trois signes certains. 1°. Si on aime assez la gloire pour lui sacrifier toutes les autres passions. 2°. Si on admire vivement les belles actions ou les ouvrages consacrés par les suffrages de tous les siècles. 3°. Si on aime véritablement les grands hommes de son tems. Après avoir donné ces idées sur les différentes sortes de talens, l'auteur finit, comme il avoit promis, par nous parler de la science de l'éducation, qui est la connoissance des moyens propres à former des corps robustes, des esprits éclairés, des ames vertueuses. Ces moyens dépendent absolument du gouvernement. Sous un mauvais gouvernement, la nature & l'éducation ne peuvent rendre les hommes, ni éclairés, ni vertueux, parce qu'ils veulent toujours leur bonheur, & que, sous les tyrans, les lumières & la vertu ne conduisent point au bonheur.

Voilà un extrait fidèle du livre de *l'esprit*. Il ne s'est point fait d'ouvrage où l'homme soit vu plus en grand & mieux observé dans les détails. On a dit de Descartes qu'il avoit créé l'homme. On peut dire d'*Helvétius*, qu'il l'a connu. Il est le premier qui ait fondé la morale sur la base inébranlable de l'intérêt personnel. Il est celui des philosophes, qui a le plus dissipé ces nuages, ces faux systèmes qui nous déguisent à nous-mêmes, & nous donnent de fausses idées de la vertu. Son livre est la production d'une ame vraiment touchée des malheurs qui affligent les grandes sociétés. Personne n'a mieux fait sentir sur quels principes il faut établir un gouvernement, & les inconvéniens de toute constitution politique, où les avantages du petit nombre sont préférés au bonheur du grand nombre. « Athéniens, disoit Solon, vous » serez si convaincus qu'il est de votre intérêt de » suivre mes loix, que vous ne serez pas tentés de » les enfreindre ».

Voilà ce que doivent dire tous les législateurs, & ce que leur prescrit *Helvétius*. Son livre a encore un avantage qui le met au-dessus de bien d'autres. C'est le style. Il est partout clair & noble. Lorsque l'auteur parle d'une vérité nouvelle ou abstraite, il n'est que simple & précis. A-t-il accoutumé votre esprit à ces idées neuves; son style prend de la majesté, de la force & des graces. A-t-il à vous présenter une de ces vérités qui intéressent plus particulièrement les hommes, il la pare des richesses de son imagination; & cette imagination, toujours soumise à la philosophie, l'embellit sans l'égarer. Elle ne sert qu'à rendre les vérités plus sensibles, & pour ainsi dire, plus palpables. C'est dans la même vue qu'il répand dans son livre tant de contes plaisans & intéressans. Ces contes sont des apologues; & s'il les a un peu prodigués, il faut se ressouvenir qu'il écrivoit en France, & qu'il parloit à un peuple enfant.

Lorsque cet ouvrage parut à Paris, les vrais philosophes l'estimèrent, les petits moralistes en furent jaloux, les gens du monde, en attendant qu'il fût jugé, en parlèrent avec dénigrement. Les hypocrites s'allarmèrent, & avec raison. Une femme célèbre par la solidité & les agrémens de son esprit, disoit d'*Helvétius* : « C'est » un homme qui a dit le secret de tout le » monde ».

Les théologiens préparèrent un plan de persécution qu'ils firent précéder par des critiques absurdes. On disoit dans le journal chrétien & dans des mandemens emphatiques : « Que le » pernicieux livre de l'*esprit*, étoit une vapeur » sortie de l'abîme; que l'auteur étoit un lion » qui attaquoit la vertu à force ouverte, un » serpent qui tendoit des embuches; qu'il met- » toit l'homme au rang des bêtes, sans respect » pour Origène qui a dit expressément que » l'homme opère par la raison, & la bête par » l'instinct; que l'auteur a tort de parler de » législation, attendu qu'on trouve dans l'évan- » gile tout ce qu'il faut savoir là-dessus; qu'il » n'y a rien dans les livres sacrés, ni dans les » SS. Pères de ce qui est contenu dans le livre » de l'esprit; que l'amour de la gloire & l'a- » mour de la patrie, doivent être condamnés » comme passions, parce que toutes les passions sont » les fruits du péché ».

D'autres théologiens aussi lumineux, disoient: « Que la philosophie des encyclopédistes & » d'*Helvétius* répandoit une odeur de mort qui » infecteroit toute la postérité, & que c'étoit » une plante maudite qui étoufferoit d'âge en » âge le bon grain semé dans le champ du père de » famille ».

Helvétius reçut d'abord toutes ces critiques avec tranquillité ; il ne pensa pas même à répondre à des accusations si vagues & si absurdes. Comment l'auroit-il fait ? Comment prouver, dit Pascal, qu'on n'est pas une porte d'enfer ? Il eut quelqu'inquiétude, lorsqu'il fut menacé d'une censure de la Sorbonne. Il la vit paroître, & ne la trouva que ridicule. Une suite de quelques-unes des propositions condamnées par cette faculté, justifiera bien le mépris d'*Helvétius*.

« La sensibilité physique produit nos idées, ou ce qui revient au même, nos idées nous viennent par les sens ».

« Le désir de notre bonheur suffit pour nous conduire à la vertu ».

« C'est par de bonnes loix qu'on rend les hommes vertueux ».

« La douleur & le plaisir font penser & agir les hommes ».

« Il faut traiter la morale comme les autres sciences, & faire une morale comme une physique expérimentale ».

« C'est à la différente manière dont le désir du bonheur se modifie, qu'on doit ses vices & ses vertus ».

« Les hommes ne sont point méchans, mais soumis à leurs intérêts ».

« Les actions vertueuses sont les actions utiles au public ».

« De tous les plaisirs des sens, l'amour est le plus vif ».

« Il faut moins se plaindre de la méchanceté des hommes que de l'ignorance des législateurs qui ont toujours mis en opposition l'intérêt particulier & l'intérêt général ».

« Un sot porte des sottises, comme le sauvageon porte des fruits amers, &c. &c. »

Quelque tems après que cette censure eut paru, quelques prêtres & le nommé la Neuville, jésuite, prêchèrent à Paris & à la cour contre le livre de l'*esprit*.

La haîne des molinistes & des jansénistes étoit alors dans la plus grande activité. Ces deux partis s'accusoient réciproquement de trahir les intérêts de la religion ; & pour s'en justifier, les uns & les autres se piquoient d'un grand zèle contre les philosophes. Les jansénistes avoient plus de crédit dans le parlement, & les molinistes à Versailles. Les jansénistes vouloient faire brûler l'auteur du livre, & les jésuites vouloient se faire honneur à la cour de le persécuter.

Il faut leur rendre justice, plusieurs d'entr'eux étoient amis d'*Helvétius*, autant que des jésuites peuvent être amis. Il avoit ménagé leur ordre, & dans son ouvrage, où il se moquoit de tant de prédicateurs & de docteurs, il n'avoit pas cité un seul Jésuite. Ces pères lui en savoient gré ; & d'abord ils parlèrent de son livre avec modération ; ils lui donnèrent même quelques éloges. Mais les Jansénistes s'étant déclarés les persécuteurs d'*Helvétius*, les Jésuites prirent bientôt de l'émulation. Le gazetier ecclésiastique se déchaînoit contre lui. Berthier ne pouvoit se taire avec bienséance. Enfin le parlement étant près de sévir, les jésuites furent humiliés de n'avoir point encore cabalé.

L'un d'eux, ami depuis 20 ans d'*Helvétius*, (& cette qualité m'empechera de le nommer,) imagina qu'il feroit un honneur infini à lui & à son ordre, s'il pouvoit faire rétracter un philosophe. Il ourdit une intrigue contre son ami & son bienfaiteur, & la suivit avec l'activité & la perfidie affectueuse d'un prêtre de cour.

Il proposa d'abord à *Helvétius* de signer une petite rétractation qui devoit, disoit-il, lui ramener les bontés de la reine, & le préserver des fureurs jansénistes. *Helvétius* consentit à répéter dans un écrit particulier ce qu'il avoit dit dans sa préface : « que si, contre son attente, quelques-uns de ses principes n'étoient pas conformes à l'intérêt du genre humain, il déclaroit d'avance qu'il les désavouoit, & que sans garantir la vérité d'aucune de ses maximes, il ne garantissoit que la droiture & la pureté de ses intentions ».

Le Jésuite se fit d'abord valoir d'avoir obtenu une espèce de rétractation ; mais il en vouloit une plus précise, plus détaillée & sur-tout humiliante. Il inspiroit à la reine la volonté de l'exiger. Il montroit à *Helvétius* la nécessité de s'y résoudre & n'en pouvoit rien obtenir. Il écrivoit à madame *Helvétius* pour l'effrayer : mais il écrivoit à une femme courageuse, déterminée à passer avec son mari & ses enfans dans les pays étrangers. Il réussit mieux auprès de la mère d'*Helvétius*. Elle fut persuadée que son fils devoit à la reine les démarches que cette princesse lui demandoit. Elle insista & déchira long-tems le cœur d'*Helvétius*, sans pouvoir l'ébranler.

Il croyoit s'être exprimé dans son livre avec une bienséance & une réserve qui devoient le mettre à l'abri de la censure. Et de plus il s'étoit soumis à toutes les formalités juridiques. Il avoit eu un censeur royal dont il avoit respecté le jugement. Comment donc pouvoit-il être coupable ? Quand même son livre auroit été répréhensible, on ne pouvoit s'en prendre qu'au censeur ; & c'est ce qu'on fit craindre à *Helvétius*.

Il ne pouvoit foutenir l'idée qu'il alloit être la caufe de la difgrace, peut-être même de la perte d'un homme eftimable, & pour le fauver il figna ce qu'on voulut.

Ainfi, pour avoir démontré que l'unique manière de rendre les hommes vertueux & heureux, étoit d'accorder l'intérêt particulier à l'intérêt général, *Helvétius* fut traité comme Galilée le fut pour avoir démontré le mouvement de la terre. Galilée après avoir demandé pardon à genoux, dit en fe relevant : *E però fi muove*. La poftérité a été de fon avis ; & plus elle s'éclairera, & & plus elle penfera comme *Helvétius*.

On croit bien que fa foumiffion n'appaifa pas les prêtres. Il reçut ordre de fe défaire de fa charge, & M. Tercier, fon cenfeur, fut deftitué de fa place de premier commis aux affaires étrangères. Ces rigueurs furent l'ouvrage des jéfuites. Les janféniftes vouloient aller plus loin. Le parlement, qui affurément n'entendoit pas le livre de *l'efprit*, alloit pourfuivre M. Tercier & *Helvétius*, lorfqu'un arrêt du confeil qui fe bornoit à fupprimer le livre, fauva l'auteur & le cenfeur.

Tandis qu'une fecte de théologiens fe ménageoit le plaifir d'humilier *Helvétius*, & qu'une autre fe flattoit de l'efpérance de le faire brûler, les journaliftes de France mêlèrent leurs voix à celles de ces tigres. Ils traitèrent le livre de *l'efprit* comme ils traitent tout ouvrage qui s'elève au-deffus du médiocre. Leurs critiques ont été répétées & le font encore par des hommes de bonne foi, & qui n'ont de commun avec les journaliftes que de ne pas entendre *Helvétius*.

On l'accufa de n'avoir rien dit que les anciens n'euffent dit avant lui. Sans doute plufieurs des vérités qui fe trouvent dans fon livre, fe trouvent chez les anciens. Mais là, elles font éparfes, ifolées, fans qu'on ait apperçu les rapports qui font entr'elles. Dans *Helvétius* au contraire, elles font liées, elles s'appuyent & forment le fyftême de l'homme.

Cette vérité, toutes nos idées nous viennent des fens, fe trouve dans Ariftote & dans Epicure : mais ce n'eft que dans Locke qu'elle eft développée, démontrée & qu'elle fonde la connoiffance de l'efprit humain ; par conféquent, c'eft à Locke qu'elle appartient.

Ce qui eft vice au Nord eft vertu au Midi, eft dans Montaigne comme dans *Helvétius* ; mais dans Montaigne cette vérité eft donnée comme un phénomène, dont on ignore la caufe ; dans *Helvétius* la caufe en eft affignée. Les vérités appartiennent moins à ceux qui les profèrent comme de fimples affertions, qu'à ceux qui les démontrent, les développent, les lient à d'autres vérités & les rendent plus fécondes.

On accufa *Helvétius* de manquer de méthode. On a fait le même reproche à M. de Montefquieu ; & ce reproche n'a été fait que par des hommes dont la tête, faute d'attention ou de capacité, n'a pas faifi l'enfemble du livre de *l'efprit*, ou de l'efprit des loix. La chaîne des idées échape dans M. de Montefquieu, parcequ'il eft obligé d'omettre fouvent les idées intermédiaires. Mais cette chaîne n'exifte pas moins. Elle échape dans *Helvétius*, parce que les idées intermédiaires étant ou très-neuves ou très-importantes, il les développe, il les étend, il les embellit. Alors l'efprit frappé de plufieurs détails, perd de vue la fuite des idées principales ; mais cette fuite n'eft pas moins dans l'ouvrage.

On ofa dire qu'*Helvétius* anéantiffoit toutes les vertus, parce qu'il faifoit de l'intérêt le mobile de toutes les actions. Mais qu'eft-ce qu'*Helvétius* entend par le mot d'intérêt ? l'amour du plaifir, l'averfion de la douleur. A quoi fe réduit donc ce qu'il dit ? à cette vérité éternelle, que foit dans la vertu, foit dans les plaifirs, le defir de notre bonheur eft toujours notre mobile.

On l'accufa auffi de favorifer la corruption des mœurs & le libertinage, parce qu'il parle de l'enthoufiafme de vertu & de gloire, que l'amour des femmes a fouvent infpiré chez les fpartiates, chez les famnites & chez nos ancêtres. On voit cependant dans les principes d'*Helvétius*, que fi le libertinage régnoit chez un peuple, les femmes y feroient trop peu eftimées pour que le defir de leur plaire devînt un mobile puiffant, & que, quand les plaifirs font communs ou faciles, on ne les achète ni par des travaux, ni par des dangers.

On blâme *Helvétius* de parler froidement des vertus privées & feulement utiles à de petites fociétés. Ce n'eft pas qu'il ne fentît l'eftime qui leur eft due ; il les poffédoit toutes. Mais elles font moins fon objet que les vertus qui contribuent au bonheur & à la gloire des nations ; & quand ces grandes vertus font une fois établies par de bonnes loix, les autres en deviennent la fuite néceffaire.

Ce que le commun des lecteurs a le moins pardonné à *Helvétius*, c'eft d'avoir prétendu que tous les hommes naiffoient avec la même difpofition à l'efprit, & qu'il n'y avoit pas d'homme que l'éducation & le travail ne puffent élever au rang de génie. Selon lui, c'eft l'éducation feule qui diftingue les hommes. La nature les a fait égaux. Il compte pour rien les différences du tempérament, de la conftitution phyfique ; il fuppofe que l'organe intérieur qui reçoit les
fenfations,

sensations, est le même dans toutes les têtes, qu'il reçoit ces sensations de la même manière, qu'il opère dans tous avec la même facilité, & qu'enfin les circonstances seules & l'éducation ont fait Newton géomètre, Homère poëte, Raphael peintre, & tel critique un sot. Il employe toutes ses forces pour établir cette opinion; & il faut convenir que jusqu'à présent, il ne l'a pas persuadée. Mais des efforts qu'il fait pour la prouver, il résulte l'évidence d'une très-grande vérité : c'est qu'en général pour étendre & former nos talens, nos qualités, nous comptons trop sur la nature & pas assez sur l'éducation. Cette maxime de Locke, que nous naissons les disciples des objets qui nous environnent, est mise dans tout son jour par *Helvétius*. Il faut dire encore que, si chaque homme n'est pas né avec les mêmes dispositions qu'un autre homme, les hommes considérés en masse, sont réputés égaux. Le législateur qui commande à vingt millions d'hommes, doit voir à tous les mêmes facultés; & ses loix, comme celles de la nature, doivent être générales. Elles ne doivent choisir personne pour inspirer à lui seul la vertu ou le génie. C'est au philosophe qui observe les hommes dans le détail à voir les différences que la nature a mises entr'eux. Mais ces différences s'anéantissent aux yeux du législateur.

Sans m'arrêter davantage aux critiques faites contre l'un des meilleurs ouvrages de ce siècle, je dirai qu'il fut condamné à Rome par l'inquisition; mais que cette condamnation sollicitée par le clergé de France, n'eut aucun effet en Italie. Le livre y fut traduit, admiré & réimprimé. Plusieurs hommes revêtus des premières dignités de l'église, & entr'autres, le cardinal Passionnei, s'empressèrent d'écrire à l'auteur pour le remercier du plaisir qu'il leur avoit donné. Un autre cardinal, que nous ne nommons point, parce qu'il vit encore, lui mandoit *qu'on ne concevoit pas à Rome la sottise & la méchanceté des prêtres françois*. Tous les journaux d'Italie le comblèrent d'éloges.

L'un dit en parlant du livre, *questa è un opera che all'umanità apporterà infallibilmente un gran vantagio*. Un autre dit de l'auteur. *Il grande autore dee rallegrarsi, essendo sicuro della gratitudine, & della stima che per lui avranno i veri dotti, e quelli che ben comprendono le di lui grande idee.*

Le succès fut le même en Angleterre. Traduit à Londres, il s'en fit plusieurs éditions dans la première année. En Ecosse MM. Hume & Robertson en parlèrent comme d'un ouvrage supérieur. Plusieurs poëtes anglois le célébrèrent. Il n'eut de critiques dans cette isle éclairée que celles d'un petit nombre de partisans que s'y conserve la philosophie de Platon, embellie & rendue spécieuse par milord Shafstesburi.

En Allemagne, il parut d'abord deux traductions du livre d'*Helvétius*. Le fameux Gottscheid mit à la tête d'une de ces traductions une préface dans laquelle il dit, « que si le livre de *l'esprit* a été » condamné en France & dans un pays qui croit » à l'infaillibilité du pape, il doit réussir chez » les protestants & dans les pays où les hommes » ont conservé leurs droits. Il ajoute, que l'auteur » vient de détruire plusieurs préjugés funestes à » sa patrie & qu'il éclaire le monde sur les princi- » pes de la morale & de la législation. »

Son livre fut lu avec avidité dans toutes les cours d'Allemagne, & il fut reçu avec les mêmes transports en Suède & jusqu'en Russie. La reine de Suède disoit à un homme qu'elle honoroit de sa confiance : « Que je voudrois m'entretenir » avec *Helvétius* ! Je voudrois au moins qu'il sût » le plaisir qu'il me donne. Ecrivez-lui de ma » part combien je l'admire ».

L'ambassadeur de France à Pétersbourg lui écrivoit : « J'ai trouvé en arrivant l'esprit russe » aussi occupé du vôtre que tout le reste de » l'Europe, & c'est avec un grand plaisir que » je me charge d'être l'interprête des gens éclairés » de cette nation. Je prends la liberté de m'é- » tendre avec eux sur vos qualités. Comme » citoyen & comme ministre, je dois connoître » & faire connoître tout ce qui honore ma » patrie ».

Le petit nombre de françois dont les suffrages méritent d'être comptés, citoient le livre de *l'esprit* avec éloge dans leurs ouvrages & le défendoient avec chaleur dans la conversation. Voltaire donnoit à *Helvétius* les témoignages les plus flatteurs de son estime.

Vos vers semblent écrits par la main d'Apollon :

Vous n'en avez pour fruit que ma reconnoissance :

Votre livre est dicté par la saine raison.

Partez vîte, & quittez la France.

Voltaire lui offre un asyle; il le console, il le soutient, il l'encourage. Il lui souhaite & lui propose de vivre dans une entière indépendance, où il puisse faire usage de son amour pour la vérité, de son éloquence & de son génie. Il écrit en même-tems à d'autres personnes qu'il est le partisan le plus zélé d'*Helvétius* ; que notre nation est bien ridicule, & que sitôt qu'il paroît une vérité parmi nous, tout le monde est allarmé, comme si les anglois faisoient une descente. Il ajoute qu'en Angleterre le livre de *l'esprit* n'auroit fait à son auteur que des disciples & des amis ; parce qu'au lieu d'hypocrites & de petits importans, les anglois n'ont que des philosophes qui nous instruisent, & des marins qui nous donnent sur les oreilles. Il invite sur-tout ses compatriotes à imiter les anglois dans leur noble liberté de penser, & leur profond mépris pour les fadaises de l'école. Il assure que depuis long-tems il n'a pas vu un seul honnête homme qui, sur les choses essentielles, ne pensât comme *Helvétius*.

Tant de suffrages illustres, les éditions du livre de l'*esprit* qui se succédoient rapidement, son succès chez toutes les nations, le témoignage que l'auteur pouvoit se rendre d'avoir fait un livre utile au genre humain, les signes éclatans de la reconnoissance universelle, le doux sentiment de sa gloire guérirent bientôt les blessures qu'avoient faites à *Helvétius* la cabale & l'envie. Il fut plus heureux que jamais.

Il passoit la plus grande partie de l'année à sa terre de Voré. Bon mari & bon père, content de sa femme & de ses enfants, il y goûtoit tous les plaisirs de la vie domestique. Le bonheur de cette famille étoit remarqué de ceux mêmes qui étoient le moins faits pour le sentir. Une femme du monde disoit en parlant d'eux : « Ces gens-là ne prononcent point comme nous les mots de mon mari, ma femme, mes enfans ».

Helvétius s'étoit préparé depuis long-tems une autre source de bonheur. A peine avoit-il été possesseur de sa terre de Voré, qu'il s'y étoit livré à son caractère de bienfaisance.

Il y avoit dans cette terre un gentilhomme nommé M. de Vasseconcelle. Il ne possédoit qu'un petit bien chargé de redevances au seigneur, & depuis long-tems il ne les avoit pas payées. *Helvétius* en achetant la terre achetoit aussi les droits sur les sommes qu'on devoit à Voré. Les gens d'affaires, pour faire leur cour au nouveau seigneur, ne manquèrent pas d'exiger avec rigueur tout ce qui lui étoit dû. Il étoit arrivé depuis quelques jours, lorsqu'on lui annonça M. de Vasseconcelle. Celui-ci dit à *Helvétius* que l'état de ses affaires ne lui avoit pas permis depuis plusieurs années de payer ce qu'il devoit au seigneur de Voré, qu'il n'étoit pas en état dans ce moment de donner le tout ; mais qu'il s'engageoit pour l'avenir à payer exactement l'année courante & les arrérages d'une année. Il ajouta que si on en exigeoit davantage, & si on continuoit les procédures, on le ruineroit sans ressource. Il pria *Helvétius* de donner ordre à ses gens d'affaires de cesser leurs poursuites. « Je sais, lui dit *Helvétius*, que vous êtes un galant homme, & que vous n'êtes pas riche. Vous me payerez à l'avenir comme vous le pourrez ; & voici un papier qui doit empêcher mes gens d'affaires de vous inquiéter ». Il lui donne une quittance générale. M. de Vasseconcelle se jette à ses genoux en s'écriant : « Ah ! Monsieur, vous sauvez la vie à ma femme & à cinq enfans ». *Helvétius* le relève en l'embrassant, lui parle avec l'intérêt le plus noble & le plus tendre, & lui fait accepter une pension de 1000 l. pour élever ses enfans.

D'autres gentilhommes ou voisins ou vassaux d'*Helvétius* eurent recours à lui dans leurs besoins ; plusieurs furent prévenus. Ceux qui pendant la guerre avoient une troupe à rétablir, ou un équipage à faire ; ceux qui avoient des enfans à élever, un bien en désordre, pouvoient compter sur le seigneur de Voré. Entre tous les hommes de cette classe, qu'il a obligés, nous ne nommerons que MM. de l'Étang, qui n'ont jamais voulu taire les bienfaits qu'ils ont reçus d'*Helvétius*.

Si ses fermiers essuyoient quelque perte, si l'année n'étoit pas féconde, il leur faisoit d'abord des remises, & souvent leur donnoit de l'argent. Il avoit fixé dans ses terres un chirurgien, homme de mérite. Il avoit établi une pharmacie bien fournie de tout, & dont les remèdes étoient distribués à tous ceux qui en avoient besoin. Dès qu'un paysan tomboit malade, il recevoit de la viande, du vin, & tout ce qui convenoit à son état. *Helvétius* alloit le voir souvent, il le consoloit, il avoit soin qu'il fût bien servi ; quelquefois il le servoit lui-même. Il avoit une manière assez sûre de terminer les procès ; il payoit d'abord le prix de la chose contestée.

Il étoit l'ami zélé & attentif du petit nombre de paysans qui montroient des mœurs & de la bonté ; il étoit flatté d'avoir pour convives des vieillards, des femmes décrépites qui avoient toute la grossièreté de leur état, mais qui étoient justes & faisoient du bien.

Il a fait souvent jouir ses amis d'un spectacle délicieux, celui de son arrivée à la campagne. Femmes, vieillards, enfants venoient l'entourer, l'embrasser, poussoient des cris & versoient des larmes de joie. A son départ, son carrosse étoit long-tems suivi d'une foule de ses vassaux ou seulement de ses voisins.

Il excitoit le travail dans toutes ses terres ; & il vouloit exciter l'industrie à Voré, parce qu'elle pouvoit seule donner aux habitants une aisance que leur refuse la stérilité du terrein. Il essaya de faire faire du point d'Alençon. Mais jusqu'à présent cet essai n'a pas réussi ; il a été plus heureux dans une autre entreprise. Après avoir été trompé par des agents infidèles, ou peu intelligents, il a enfin établi une manufacture de bas au métier qui fait de jour en jour de nouveaux progrès.

Il passoit toutes ses matinées à méditer & à écrire. Le reste du jour, il cherchoit de la dissipation. Il aimoit la chasse; mais pour la rendre plus agréable, il n'imaginoit pas de multiplier le gibier. Il est vrai qu'il n'aimoit pas à le voir détruire par d'autres que par lui. Cependant il étoit entouré de braconniers. Il fit faire des défenses sévères; mais les gardes qui le connoissoient ne portoient pas fort loin la sévérité. Un jour, un paysan vint chasser jusques sous les fenêtres du château. *Helvétius* en fut irrité, & ordonna que cet homme fût veillé de près, & arrêté à la première occasion. Dès le lendemain on lui amène le coupable. *Helvétius* fort en colère, se lève, & court au chasseur que deux gardes traînoient dans le cour du château. Après l'avoir regardé un moment : » Mon ami, lui dit-il, vous avez de grands » torts avec moi : si vous aviez besoin de gibier, » pourquoi ne m'en avoir pas demandé? Je vous » en aurois donné ». Après ce peu de mots, il fit rendre la liberté au paysan, & lui fit donner du gibier.

Cependant madame *Helvétius* indignée de l'insolence des braconniers, assuroit son mari que tant qu'il ne les puniroit pas, ils continueroient leurs chasses. Il en convint & promit d'user de rigueur. Il ordonna à ses gardes de faire payer l'amende à quiconque tireroit sur ses terres, & de le désarmer. Peu de jours après ces ordres, ils arrêtent un paysan qui chassoit, lui ôtent son fusil, & le conduisent en prison, dont il ne sortit qu'après avoir payé l'amende. *Helvétius* informé de cette aventure, va trouver le paysan, mais en secret, dans la crainte d'essuyer les reproches de madame *Helvétius*. Après avoir fait promettre au braconnier qu'il ne parleroit pas de ce qui alloit se passer entr'eux, il lui paye le prix de son fusil & lui rend la somme à laquelle l'amende & les frais pouvoient se monter. Madame *Helvétius* de son côté n'étoit pas tranquille. Elle disoit à ses enfans : « Je suis la cause que ce pauvre » homme est ruiné ; c'est moi qui ai excité votre » père à faire punir les braconniers «. Elle se fait conduire chez celui qui lui faisoit tant de pitié, elle demande à quoi se monte la somme de l'amende & des frais, & le prix du fusil ; elle paye le tout, & le paysan reçut l'argent sans manquer au secret qu'il avoit promis à *Helvétius*.

La même année, à son retour à Paris, il lui arriva une petite aventure qui prouve que sa philosophie & sa bonté ne le quittoient jamais. Son carrosse fut arrêté dans une rue par une charette chargée de bois, & qui pouvoit se détourner aisément, & rendre la rue libre. Elle n'en fit rien. *Helvétius* impatienté, traita de coquin le conducteur de la charette. « Vous » avez raison, lui dit le paysan, je suis un » coquin & vous un honnête homme ; car je » suis à pied & vous êtes en carrosse. Mon » ami, lui dit *Helvétius*, je vous demande par- » don; mais vous venez de me donner une excel- » lente leçon, que je dois payer ». Il lui donna six francs, & le fit aider par ses gens à ranger la charette.

Après avoir passé sept ou huit mois dans ses terres, il ramenoit sa famille à Paris, & y vivoit dans une assez grande retraite avec quelques amis de tous les états, qui lui convenoient par leurs lumières & par leurs mœurs. Seulement il donnoit un jour de la semaine aux simples connoissances. Ce jour-là, sa maison étoit le rendez-vous de la plupart des hommes de mérite de la nation, & de beaucoup d'étrangers ; princes, ministres, philosophes, grands seigneurs, littérateurs étoient empressés de connoître *Helvétius*.

Un genre de vie si délicieux ne fut interrompu que par deux voyages agréables. Il voulut voir l'Angleterre & connoître cette nation célèbre, à qui l'Europe doit tant de lumières. Il vouloit voir l'effet des bonnes loix & d'une administration vigilante. Il partit pour Londres au mois de mars 1764; il fut reçu du roi, des hommes en place, des savans, comme doit l'être un homme illustre que sa réputation avoit devancé. Il vit les campagnes, il ne les trouva pas mieux cultivées que celles de France ; mais il trouvoit des cultivateurs plus heureux. Il remarquoit dans le peuple de l'intérieur de l'Angleterre beaucoup d'humanité, & rien de cette insolence que les étrangers reprochent quelquefois aux habitans de Londres.

En traversant un bourg de la province d'Yorck-Shire, un postillon mal-adroit le renversa ; les glaces de la chaise furent brisées, & le postillon qui avoit été fort froissé, jettoit des cris. *Helvétius* que les éclats des glaces avoient blessé, sortant de sa chaise les mains sanglantes ne s'occupa que du postillon. Quelques paysans qui étoient accourus pour les secourir, remarquèrent ce trait d'humanité, & le firent remarquer à d'autres. Dans le moment, *Helvétius* fut environné de tous les habitans du bourg. Tous s'empressoient de lui offrir leur maison, leurs chevaux, des vivres, enfin des secours de toute espèce. Plusieurs, & même des plus riches, vouloient lui servir de postillons.

Il remarquoit dans les anglois un amour extrême pour leurs enfans. Ce qu'on appelle en France l'esprit de société leur est presque inconnu. Mais ils jouissent beaucoup des douceurs de la vie domestique. L'esprit de société rassemble à Paris des hommes qui ont le besoin des amusemens frivoles. L'esprit de société rassemble les anglois pour s'occuper des intérêts de l'état & de la prospérité de leur patrie. Ils ne cherchent pas les dissipations, parce qu'ils ont des jouissances solides. On voit peu en Angleterre ce rire, plus souvent le signe de la folie que l'expression du bonheur ; mais on y voit l'aisance & un sage emploi du tems. On voit un peuple sérieux, occupé & content. *Helvétius* en quittant ce pays, où il n'avoit point vu l'humanité humiliée & souffrante, répandit des larmes.

Il céda l'année suivante aux instances du roi de Prusse, & de plusieurs princes, qui depuis long-tems l'invitoient à faire un voyage en Allemagne. Depuis qu'on savoit qu'il pouvoit se déterminer à voyager, les instances devenoient plus vives, & il partit à la fin de l'hiver de 1765. Il étoit pressé de se rendre à Berlin & de voir un grand homme. Le roi de Prusse voulut le loger, & ne permit pas qu'il eût une autre table que la sienne. Il l'entretint souvent, & prit, pour sa personne & son caractère, l'estime qu'il avoit pour son esprit. Il fut accueilli avec la même considération chez plusieurs princes d'Allemagne, & sur-tout à Gotha.

Il remarquoit en général dans toutes ces cours & dans la noblesse allemande, de la philosophie, de l'amour de l'ordre, & de l'humanité. Il résulte de cet esprit que sous le joug de plusieurs princes, dont la plupart sont despotes, le peuple n'est point misérable. *Helvétius* avoit alors quelque crainte d'être encore persécuté en France. Tous les princes d'Allemagne lui offroient à l'envi une retraite. Tous vouloient l'arrêter. Il fut regretté de tous. Cependant si la persécution s'étoit renouvellée contre lui, l'Angleterre est le pays qu'il auroit choisi pour asyle.

En attendant, il revint en France. On y avoit dissous l'ordre des jésuites. Cette société d'intrigants, cette cabale éternelle, à laquelle se ralioient tous les ambitieux sans mérite, cette société funeste aux mœurs & aux progrès des lumières, n'avoit point été proscrite par des philosophes. Ils auroient détruit l'ordre, mais ils auroient bien traité les individus. Les parlements, pour la plupart jansénistes, avoient traité l'ordre comme ils le devoient, & les individus avec barbarie.

Helvétius avoit appris que ce jésuite qui avoit abusé de sa confiance, & trahi son amitié, ce jésuite qui lui avoit fait perdre les bontés de la reine, & animé contre lui les tartuffes de la cour, étoit confiné dans un village, où il souffroit dans sa vieillesse la plus extrême pauvreté. Il alla trouver un des amis de ce malheureux, & lui donna cinquante louis. » Portez-les, lui dit-il, au » père ***, mais ne lui dites pas qu'ils viennent » de moi. Il m'a offensé, & il seroit humilié » de recevoir mes secours ».

Helvétius, dans sa retraite de Voré, s'occupoit à développer, à prouver les principes du livre de *l'esprit* ; mais il ne vouloit plus rien donner au public. (1) Il voyoit la philosophie persécutée par des cabales puissantes, se former peu de disciples & aucuns protecteurs. Il en étoit affligé ; mais il n'en étoit pas étonné. « La vérité, disoit-il, qui
» ne peut jamais nuire au genre humain, ni même
» à aucune de ces grandes sociétés qu'on appelle
» les nations, est souvent opposée aux intérêts de
» ce petit nombre d'hommes qui sont à la tête
» des peuples. Ici vous avez de grands corps qui
» sont tous remplis de ce qu'on appelle l'esprit de
» corps. Ils tendent sans cesse à usurper les uns
» sur les autres, & tous sur la patrie. Elle devient
» comme une grande famille, où les aînés veulent
» exclure les cadets de tout partage. Comment
» sera reçu de ces corps un philosophe qui vien-
» dra leur dire : avant tout, soyez citoyens, voilà
» vos fonctions ; remplissez-les avec zèle. Voilà
» vos droits, conservez-les sans les étendre. Là,
» des ministres d'un esprit borné, & d'un caractère
» altier, incapables de voir les abus qui se sont
» introduits, & ceux qui tiennent à la constitu-
» tion de l'état, sont conduits par la routine &
» la suivent ; ils n'ont point l'habitude de méditer.
» Iront-ils la prendre ? C'est ce qu'il faudroit faire
» cependant pour corriger ces abus que la philoso-
» phie vient leur montrer. Ils ont des fantaisies,
» des projets pour leurs favoris, leurs parents.
» Croyez-vous qu'ils puissent entendre dire sans
» impatience, qu'ils ne doivent avoir en vue que le
» bien de l'état ? Qu'ont-ils à désirer ? De ne point
» éprouver de contradictions. Et pour cela que
» faut-il faire ? Ôter à l'autorité toutes ses bornes,
» dût-on lui ôter toute sa solidité. Mais ces abus
» que les ministres respectent ou tolèrent, à qui
» sont-ils nuisibles ? A la patrie, qui n'est qu'un
» vain nom. A qui peuvent-ils être utiles ? Aux
» grands. Jugez ce que ces grands penseront
» d'une secte d'hommes qui leur proposent d'être
» modérés & justes. Le prince, les grands sont
» environnés de prêtres, qui, dans les siècles
» d'ignorance, régnoient sur les princes & sur
» les peuples. Si le monde s'éclaire, ils seront

---

(1) Le traité *de l'homme & de son éducation* n'a été imprimé que depuis la mort de l'auteur. Ce sont les mêmes principes que ceux du livre *de l'esprit*, mais plus développés. Il y a un grand nombre d'observations fines & judicieuses dans cet ouvrage posthume d'*Helvétius*. Quelques personnes l'ont regardé comme *les rognures & les coupures* du livre *de l'esprit*, pour me servir de leurs expressions : mais ce jugement si dédaigneux montre plus de partialité que d'examen. Il y a bien autre chose que des *rammenta* dans le livre *de l'homme*. C'est même sous tous les rapports, une des productions qui fait le plus d'honneur à ce siècle philosophe. Ce n'est pas que le faux principe de l'égalité naturelle des esprits trop généralisé n'ait entraîné *Helvétius* dans plusieurs erreurs ; mais d'un

» moins respectés, & on les verra comme des
» hommes souvent dangéreux. Peut-on leur savoir
» mauvais gré de l'espèce de rage avec laquelle
» ils déchirent la philosophie? Doit-on s'étonner
» qu'ils soient bien reçus dans les cours où ils
» viennent dire : Dieu vous a donné la puissance;
» il nous charge de l'apprendre aux peuples. Au
» lieu de vous fatiguer à faire de bonnes loix, à
» donner l'exemple de l'amour de la patrie, forcez
» les nations à nous croire, & laissez-nous faire:
» cela est plus aisé.

» Vous voyez la cupidité des hommes de
» mon ancien état, & celle des courtisans, ces
» gens-là laisseront-ils établir en paix que leurs
» fortunes ne sont pas toujours légitimes, &
» qu'ils en font un usage odieux? Pourront-ils
» consentir qu'on les fasse rougir de ces mêmes
» richesses qui font l'aliment de leur orgueil ?
» Vous voyez que la philosophie doit être poursui-
» vie dans les palais & jusque dans les cabanes,
» par les classes de la société, qui du moins, pour
» un moment, déterminent l'opinion : & devant
» qui la philosophie a-t-elle à se défendre? Quels
» sont ses juges? Des sots. Mais me direz-vous,
» il y a dans la nature des gens de lettres estima-
» bles, qui sans être au nombre des philosophes,
» adoptent leurs principes, s'en parent & les ré-
» pandent. Je réponds qu'il y en a peu. Les
» hommes qui n'ont que de l'esprit sont les rivaux
» humiliés des hommes de génie, & les détestent.
» Vous auriez compté plus d'un bel esprit dans
» les détracteurs de Descartes & de Corneille, &
» plus près de nous dans ceux de Voltaire, de
» Montesquieu, de Buffon & de Fontenelle: La
» philosophie réduit le bel esprit, & les petits
» talents à leur juste valeur; & ils ont intérêt
» d'unir leur voix à celle des hommes frivoles
» & corrompus qui s'élèvent contre toute liberté
» de penser. Savez-vous pourquoi, depuis la
» révolution d'Angleterre, la philosophie y est
» honorée & heureuse ? c'est qu'en Angleterre
» l'intérêt général & l'intérêt particulier ne sont
» point opposés ; c'est qu'il y règne l'amour de
» l'ordre & de la patrie. Si l'honneur véritable,
» si l'esprit de citoyen, si les vraies vertus renais-
» soient jamais chez les nations où la philosophie
» est persécutée, elle y auroit de la considéra-
» tion. Si ces nations au contraire tombent sous
» le despotisme, & par conséquent se corrom-
» pent de plus en plus, la philosophie y sera
» proscrite pour jamais ».

C'est d'après ces idées qu'*Helvétius* étoit revenu à son premier talent, & qu'il ne s'occupoit plus que de son poëme (1) du bonheur. Ce talent qu'il avoit laissé sans en faire usage, ne s'étoit point affoibli. On peut en juger par le sixième chant, & par une partie du quatrième, qu'il a composé l'été dernier. Il comptoit travailler encore plusieurs années à cet ouvrage, & le donner, lorsque ses amis & lui en seroient contents. Et à quel degré de perfection ne l'auroit-il pas porté ?

On remarqua au commencement de 1771 quelques changemens dans son humeur & dans ses goûts. On ne lui trouvoit pas sa sérénité ordinaire. Il aimoit moins les conversations qu'il avoit le plus aimées. L'exercice le fatiguoit, il n'alloit presque plus à la chasse. Ce changement n'allarmoit pas sa famille & ses amis. On étoit bien loin de le regarder comme un signe de décadence. On l'attribuoit à des causes morales. Ces dernières années ont été l'époque des malheurs publics, auxquels *Helvétius* fut fort sensible. Le désordre des finances, & le changement dans la constitution de l'état, répandirent une consternation générale. Un grand nombre de suicides dans le royaume, un plus grand nombre dans la capitale, sont des tristes preuves de cette consternation. Des maux physiques l'augmentoient encore. Les récoltes n'étoient point abondantes. Tandis que la disette a duré, les aumônes d'*Helvétius* n'ont pas permis à ses vassaux d'en souffrir. Dans ces années malheureuses, il a prolongé son séjour à sa campagne, qui lui devenoit plus chère par le besoin qu'elle avoit de lui. Et d'ailleurs le spectacle d'une misère qu'il ne pouvoit soulager, lui rendoit triste le séjour de Paris. Il y faisoit cependant de grands biens. Tous les jours on introduisoit chez lui, avec beaucoup de mystère, quelques nouveaux objets de sa générosité. Souvent en leur présence, il disoit à son valet-de-chambre : « Chevalier, je vous défends de parler de ce » que vous voyez, même après ma mort ».

Il lui arrivoit quelquefois d'étendre ses libé-

---

autre côté il a été pour lui une source féconde de vérités neuves, qu'il sème sur sa route & qui n'étoient pas faciles à trouver. Diderot a fait sur ce livre de notre auteur, des notes philosophiques qui formeroient seules un volume de l'ouvrage d'*Helvétius*. J'ai parlé de ces notes de Diderot dans les *mémoires historiques & philosophiques* sur sa vie : je dirai ici en général, que c'est une des lectures les plus utiles & les plus instructives que l'on puisse faire : j'ai même été tenté plusieurs fois d'en faire jouir le public en donnant une édition du livre *de l'homme* avec les notes de Diderot; mais des travaux que je ne puis interrompre, ont arrêté jusqu'à ce moment l'exécution de ce projet dont je pourrai peut-être un jour m'occuper avec plus de suite & de succès.

NOTE DE L'ÉDITEUR.

(1) *Voyez*, ci-après, le jugement que l'auteur de cet article porte de cet ouvrage.

ralités fur d'affez mauvais fujets, & on lui en faifoit des reproches. « Si j'étois roi, difoit-il, » je les corrigerois ; mais je ne fuis que riche, » & ils font pauvres, je dois les fecourir ».

Sa bonne conftitution & une fanté rarement altérée, fembloient lui promettre une longue vie. Cependant de jour en jour il fentoit qu'il perdoit fes forces. Une attaque de goutte qui fe portoit à la tête, & à la poitrine, lui ôta d'abord la connoiffance, & bientôt la vie.

Le 26 décembre 1771, il fut enlevé à fa famille, à fes amis, aux infortunés, & à la philofophie.

Peu d'hommes ont été traités par la nature auffi-bien qu'*Helvétius*. Il en avoit reçu la beauté, la fanté & le génie. Dans fa jeuneffe il étoit très-bien fait ; fes traits étoient nobles & réguliers ; fes yeux exprimoient ce qui dominoit dans fon caractère, c'eft-à-dire, la douceur & la bienveillance. Il avoit l'ame courageufe & naturellement révoltée contre l'injuftice & l'oppreffion.

Perfonne n'a dû être plus convaincu que lui, que pour réuffir à tout, il ne faut que vouloir fortement. Il avoit été bon danfeur, habile à l'efcrime, tireur adroit, financier éclairé, bon poëte, grand philofophe, dès qu'il avoit voulu l'être. Il avoit aimé beaucoup les femmes, mais fans paffion, & entraîné par les fens ; il n'avoit pas dans l'amitié de préférence exclufive. Il y portoit plus de procédés que de tendreffe. Ses amis dans leurs peines, le trouvoient fenfible, parce qu'il étoit bon. Dans le cours ordinaire de la vie, ils lui étoient peu néceffaires. Sa converfation étoit fouvent celle d'un homme rempli de fes idées, & il les portoit quelquefois dans un monde qui n'étoit pas digne d'elles. Il aimoit affez la difpute, & il avançoit des paradoxes pour les voir combattre : il aimoit à faire penfer ceux qu'il en croyoit capables ; il difoit qu'il alloit avec eux *à la chaffe des idées*. Il avoit les plus grands égards pour l'amour-propre des autres ; & il fe paroit fi peu de fa fupériorité, que plufieurs hommes d'efprit qui le voyoient beaucoup, ont été long-tems fans la deviner. Il craignoit le commerce des grands ; il avoit d'abord avec eux l'air de l'embarras & de l'ennui. Il a aimé la gloire avec paffion, & c'eft la feule paffion qu'il ait éprouvée ; elle lui a fait aimer le travail, mais elle n'a point infpiré fes bienfaits. Perfonne ne les a cachés avec plus de foin. Il n'auroit pas donné à fes plaifirs un tems qu'il deftinoit à l'étude ; & dans fa jeuneffe même, lorfqu'il étoit retiré dans fon cabinet, il n'étoit permis de l'interrompre qu'aux malheureux.

Nous avons obfervé ci-deffus que depuis quelque tems *Helvétius* ne s'occupoit plus que de fon poëme *du bonheur* : il faut dire un mot de cet ouvrage imprimé depuis la mort de l'auteur.

Le bonheur eft l'objet des defirs de tous les hommes, & non pas de leurs réflexions. En le cherchant fans ceffe, ils s'inftruifent peu des moyens de l'obtenir ; & il ne leur a fait faire jufqu'à préfent que quelques maximes, quelques chanfons & peu d'ouvrages.

Les philofophes de l'antiquité s'occupoient beaucoup de cet objet important ; mais ils ont donné plus de phrafes que d'idées. Il y a bien de l'efprit dans les traités *de vitâ beatâ*, *de tranquillitate animi* de Séneque, & très-peu de philofophie (1).

Les moraliftes modernes foumis à la fuperftition qui ne peut régner fur l'homme qu'autant qu'elle le rabaiffe & l'épouvante, ont fait la fatyre de la nature humaine, & non fon hiftoire ; ils promettent de la peindre, & ils la défigurent : ils exilent le bonheur dans le ciel, & ne fuppofent pas qu'il habite la terre. C'eft par le facrifice des plaifirs qu'ils nous propofent de mériter ce bonheur, qu'ils ont placé au-delà de la vie. Chez eux le préfent n'eft rien, l'avenir eft tout, & dans les plus belles parties du monde, la fcience du falut a été cultivée aux dépens de la fcience du bonheur.

Quelques philofophes modernes ont fait de petits traités fur le bonheur ; les plus célèbres font ceux de Fontenelle & de Maupertuis.

Fontenelle qui n'a été (2) long-tems qu'un bel efprit, n'étoit pas encore philofophe quand il a fait fon traité. Il ne favoit pas alors généralifer fes idées ; il répand dans fon ouvrage quelques vérités utiles & finement apperçues : mais il arrange fon fyftême, pour fon caractère, fes goûts & fa fituation. Dans ce fyftême, les ames fenfibles ne trouvent rien pour elles : il apprend peu de chofes

---

(1) C'eft dans ce jugement injufte & peu réfléchi que l'on trouve *très-peu de philofophie*. Il paroît que l'auteur a voulu faire ici de l'efprit, lorfqu'il falloit fe contenter tout platement de faire de la raifon. *Voyez* la note fuivante.

NOTE DE L'ÉDITEUR.

(2) Il n'y a pas, dans toute la vie de Fontenelle, un feul moment auquel on puiffe rapporter ce que M. Saint Lambert dit ici de cet homme extraordinaire. Il n'y a pas un feul de fes écrits, à quelque époque où on les prenne, où il ne fe foit montré philofophe, dans l'acception la plus rigoureufe de ce mot. Il faut n'avoir lu aucun de fes ouvrages, pour fe permettre de dire qu'il *n'a été long-tems qu'un bel-efprit* : il faut ignorer que lorfqu'il publia fon *traité du bonheur*, il avoit déjà fait fes dialogues des morts, fes entretiens fur la pluralité des mondes, fon excellente hiftoire des

sur la manière de rendre le bonheur plus général, & nous dit seulement comment Fontenelle étoit heureux.

Maupertuis, esprit chagrin & jaloux, malheureux, parce qu'il n'étoit pas le premier homme de son siècle ; Maupertuis, avec le secours de deux ou trois définitions fausses, en donnant nos desirs pour des tourmens, le travail pour un état de souffrance, nos espérances pour des sources de douleur, nous représente comme accablés sous le poids de nos maux. Selon lui, l'existence est un mal, & en parlant du bonheur, il paroît tenté de se pendre.

Après ces tristes & vains raisonneurs, & d'autres dont nous ne parlerons pas, on doit entendre avec plaisir un vrai philosophe, un homme aimable, aimé & heureux, parler du bonheur ; & nous pensons que le public ne verra pas sans intérêt le poëme que nous lui annonçons.

On y trouve une saine philosophie, de grandes idées, des tableaux sublimes, de la verve, de l'énergie, une foule d'images & de vers heureux. Si le plan ne se trouve pas exactement rempli, s'il y a des négligences dans les détails, quelques tours, quelques expressions prosaïques, si l'harmonie n'est pas toujours assez variée & assez vraie,

---

oracles, sa digression sur les anciens & les modernes, la belle préface de l'analyse des infiniment petits de M. de l'Hopital, & plusieurs autres ouvrages d'un genre très-divers, & dans lesquels il a eu l'art de répandre beaucoup d'agrément, un grand nombre d'idées saines & bien ordonnées, des vues générales qui embrassent un vaste horizon, des réflexions très-fines, souvent profondes, en un mot, ce qu'on peut appeler de la vraie philosophie. Comment peut-on dire d'un homme qui, en 1685, c'est à-dire, à l'âge de vingt-huit ans, avoit déjà trouvé & publié, comme une espèce d'introduction aux ouvrages qu'on vient de citer, une très jolie propriété du nombre 9 & du nombre 7, découverte ingénieuse qui annonçoit une grande aptitude pour les mathématiques auxquelles il s'étoit appliqué dès la première jeunesse, & dont il faisoit même alors une étude particulière ; comment, dis-je, ose-t-on assurer, magistralement, qu'un tel homme *n'a été long-tems qu'un bel esprit*. Qu'on en cite un seul de ceux auxquels on donne communément ce titre, sans en excepter même M. Saint Lambert, qui ait fait à trente ans, deux ouvrages tels que *la pluralité des mondes* & *l'histoire des oracles* ? Quelle variété de connoissances peu communes, même aujourd'hui, sur-tout parmi les poëtes & les littérateurs, ne suppose pas le premier de ces écrits, & quel fonds de raison & de philosophie ne trouve-t-on pas dans le second, que d'Alembert regardoit comme un des meilleurs ouvrages de Fontenelle, & peut-être celui de tous auquel le suffrage unanime de la postérité est le plus assuré (a). Mais le *traité du bonheur* de Fontenelle est-il en effet tel que son critique le suppose ? Je réponds affirmativement que M. Saint Lambert en donne une très-fausse idée : je serois même tenté de croire qu'il ne l'avoit pas lu, ou que, sans se donner la peine d'en faire un examen ultérieur, il s'en est rapporté au jugement que peut faire il en avoit porté autrefois ; mais ce même Fontenelle qu'il traite ici si lestement, auroit pu lui apprendre, avec beaucoup d'autres choses, qu'il ne (b) faut point se croire engagé d'honneur à soutenir ce qu'on a avancé, seulement parce qu'on l'a avancé ; il y auroit bien plus d'honneur à s'en dédire. Fontenelle n'a point fait de système sur le bonheur, il étoit trop philosophe pour concevoir un projet aussi déraisonnable. Son écrit n'offre rien de particulier, rien de relatif à lui : mais il a fait, sur le bonheur, d'excellentes observations générales que chacun peut

(a) Voyez l'Encyclopédie, tom. V. dans l'éloge de du Marsais.
(b) Voyez l'histoire de l'académie des sciences, année 1751.

appliquer ensuite à son caractère, à son tempérament, à ses passions, à ses goûts, à sa position, &c. &c. M. Saint Lambert ajoute, avec ce dédain dont il parle de tout ce qui n'est pas lui, ou de lui, que Fontenelle ne savoit pas alors généraliser ses idées ; cette assertion n'est que ridicule, & ne mérite pas d'être réfutée sérieusement. Ce philosophe est au contraire un de ceux qui ont senti, de très-bonne heure, la nécessité d'élever toujours les vérités, soit anciennes, soit nouvelles, soit philosophiques, soit géométriques, à la plus grande universalité qu'il soit possible : il remarque même, quelque part, qu'on saisit avec plus de force les vérités particulières quand on tient les vérités générales qui les produisent, & qu'on en est plus éclairé quand on peut être admis à les contempler dès leur naissance. M. Saint Lambert est sans doute un très habile homme ; il a fait sur la morale & la législation, un ouvrage fort vanté dans sa société, dans laquelle il n'a guère admis que ceux dont il craignoit la critique, ou dont il attendoit l'éloge : je souhaite pour sa gloire, encore mal (c) assurée, qu'on trouve dans ce manuscrit, dont il parle volontiers, mais qu'il ne publie pas, beaucoup de pages qu'on puisse comparer à ce fragment de ce même traité du bonheur dont il semble n'avoir parlé que pour ne pas perdre cette espèce de bon mot : l'auteur *« nous dit seulement comment Fontenelle étoit heureux* (d).

« La plupart des changemens qu'un homme fait à
» son état pour le rendre meilleur, augmentent la
» place qu'il tient dans le monde, son volume, pour
» ainsi dire ; mais ce volume plus grand donne plus
» de prise aux coups de la fortune..... Celui qui veut
» être heureux se réduit & se resserre autant qu'il est
» possible. Il a ces deux caractères, il change peu
» de place, & en tient peu. Le plus grand secret
» pour le bonheur, c'est d'être bien avec soi. Naturellement tous les accidens fâcheux qui viennent
» du dehors, nous rejettent vers nous-mêmes, &
» il est bon d'y avoir une retraite agréable ; mais
» elle ne peut l'être, si elle n'a été préparée par les
» mains de la vertu. Toute l'indulgence de l'amour-
» propre n'empêche point qu'on ne se reproche du

(c) Cela est bien prouvé par les observations de Diderot sur le *poëme des saisons*, que Voltaire, excellent juge dans ces matières & dans beaucoup d'autres, appelle avec raison *un poëme estimable*. J'ai parlé des observations de Diderot sur cet ouvrage dans les *mémoires historiques & philosophiques* pour servir à la vie de se g and homme.

(d) Il est évident que ce paragraphe sur Fontenelle a été écrit pour cette seule ligne & par conséquent que la vérité a été sacrifiée à une épigramme.

ces défauts font expiés par des beautés de la première classe. Les mêmes défauts se trouvent dans le poëme de Lucrèce, rempli d'ailleurs d'une fausse (1) philosophie ; & cependant ce poëme a franchi avec gloire le long espace de vingt siècles.

Lucrèce & *Helvétius* sont morts avant d'avoir achevé leurs poëmes. Nous espérons que le françois sera traité avec la même indulgence que le romain a obtenue de son siècle & de la postérité. Il la mérite par cet amour de l'humanité, ce desir du bonheur des hommes qui est répandu dans cet ouvrage, comme dans le livre de l'*esprit*, & qui anima l'auteur dans tout le cours de sa vie.

(Cet article envoyé à l'éditeur, est tiré d'une préface de SAINT-LAMBERT.

HÉRACLITISME, ou PHILOSOPHIE D'HÉRACLITE, (*histoire de la philosophie ancienne*).

Héraclite naquit à Éphèse ; il connut le bonheur, puisqu'il aima la vie retirée. Dès son enfance il donna des marques d'une pénétration singulière ; il sentit la nécessité de s'étudier lui-même, de revenir sur les notions qu'on lui avoit inspirées, ou qu'il avoit fortuitement acquises, & il ne tarda pas à s'en avouer la vanité.

Ce premier pas lui fut commun avec la plupart de ceux qui se sont distingués dans la recherche de la vérité ; & il suppose plus de courage qu'on ne pense.

L'homme indolent, foible & distrait, aime mieux demeurer tel que la nature, l'éducation & les circonstances diverses l'ont fait, & flotter incertain pendant toute sa vie, que d'en employer quelques instans à se familiariser avec des principes qui le fixeroient. Aussi le voit-on mécontent au milieu des avantages les plus précieux, parce qu'il a négligé d'apprendre l'art d'en jouir. Arrivé au moment d'un repos qu'il a poursuivi avec l'opiniâtreté la plus continue, & le travail le plus assidu, un germe de tourment qu'il portoit en lui-même secrètement, s'y développe peu à peu, & flétrit entre ses mains le bonheur.

Héraclite convaincu de cette vérité, se rendit dans l'école de Xénophane, & suivit les leçons d'Hippase, qui enseignoit alors la philosophie de Pythagore dépouillée des voiles dont elle étoit enveloppée. *Voyez* PYTHAGORICIENNE (PHILOSOPHIE).

Après avoir écouté les hommes les plus célèbres de son tems, il s'éloigna de la société, & il alla dans la solitude s'approprier, par la méditation, les connoissances qu'il en avoit reçues.

De retour dans sa patrie, on lui conféra la première magistrature ; mais il se dégoûta bientôt d'une autorité qu'il exerçoit sans fruit. Un jour il se retira aux environs du temple de Diane, & se mit à jouer aux osselets avec les enfans qui s'y rassembloient. Quelques éphésiens l'ayant apperçu, trouvèrent mauvais qu'un personnage aussi grave s'occupât d'une manière si peu conforme à son caractère, & le lui témoignèrent. O éphésiens, leur dit-il, ne vaut-il pas mieux s'amuser avec ces innocens, que de gouverner des hommes corrompus ? Il étoit irrité contre ses compatriotes qui venoient d'exiler Hermodore, homme sage, & son ami ; & il ne manquoit aucune occasion de leur reprocher cette injustice.

Né mélancholique, porté à la retraite, ennemi du tumulte & des embarras, il revint des affaires publiques à l'étude de la philosophie. Darius desira de l'avoir à sa cour : mais l'ame élevée du philosophe rejetta avec dédain les promesses du monarque. Il aima mieux s'occuper de la vérité, jouir de lui-même, habiter le creux d'une roche, & vivre de légumes. Les Athéniens, auprès desquels il avoit la plus haute considération, ne purent l'arracher à ce genre de vie dont l'austérité lui devint funeste. Il fut attaqué d'hydropisie ; sa mauvaise santé le ramena dans Éphèse, où il travailla lui-même à sa guérison. Persuadé qu'une transpiration violente dissiperoit le volume d'eau dont son corps étoit distendu, il se renferma dans une étable où il se fit couvrir de fumier : ce remède ne lui réussit pas, il mourut le second jour de cette espèce de bain, âgé de soixante ans.

La méchanceté des hommes l'affligeoit, mais ne l'irritoit pas. Il voyoit combien le vice les rendoit

---

» moins une partie de ce qu'on a à se reprocher ;
» & combien est-on encore troublé par le soin humiliant de se cacher aux autres, par la crainte d'être
» connu, par le chagrin inévitable de l'être ? On se
» fuit & avec raison ; il n'y a que le vertueux qui
» puisse se voir & se connoître. Je ne dis pas qu'il
» rentre en lui-même pour s'admirer & pour s'applaudir ; & le pourroit-il, quelque vertueux qu'il fût ?
» Mais comme on s'aime toujours assez, il suffit d'y
» pouvoir rentrer sans honte, pour y rentrer avec
» plaisir. »

NOTE DE L'ÉDITEUR.

(1) La philosophie corpusculaire, une fausse philosophie ! M. Saint Lambert n'ignoroit pas, sans doute, mais il avoit oublié que le Newtonianisme n'est exactement que cette même philosophie corpusculaire réformée & démontrée géométriquement ; mais ce n'est pas ici le lieu d'entrer à cet égard dans de plus grands détails.

NOTE DE L'ÉDITEUR.

rendoit malheureux, & l'on a dit qu'il en versoit des larmes. Cette espèce de commisération est d'une ame indulgente & sensible. Et comment ne le seroit-on pas, quand on sait combien l'usage de la liberté est affoibli dans celui qu'une violente passion entraîne, ou qu'un grand intérêt sollicite ?

Il avoit écrit de la matière, de l'univers, de la république & de la théologie ; il ne nous a passé que quelques fragmens de ces différens traités. Il n'ambitionnoit pas les applaudissemens du vulgaire, & il croyoit avoir parlé assez clairement, lorsqu'il s'étoit mis à la portée d'un petit nombre de lecteurs instruits & pénétrans. Les autres l'apelloient *le ténébreux*, σκοτεινος & il s'en soucioit peu.

Il déposa ses ouvrages dans le temple de Diane. Comme ses opinions sur la nature des dieux, n'étoient pas conformes à celles du peuple, & qu'il craignoit la persécution des prêtres, il avoit eu, dirai-je, la prudence ou la foiblesse de se couvrir d'un nuage d'expressions obscures & figurées ? Il n'est pas étonnant qu'il ait été négligé des grammairiens, & oublié des philosophes mêmes pendant un assez long intervalle de tems : ils ne l'entendoient pas. Ce fut un Cratès qui publia, le premier, les ouvrages de notre philosophe.

Héraclite florissoit dans la soixante-neuvième olympiade. Voici les principes fondamentaux de sa philosophie, autant qu'il nous est possible d'en juger d'après ce que Sextus-Empyricus, & d'autres auteurs nous en ont transmis.

*Logique d'*Héraclite.

Les sens sont des juges trompeurs : ce n'est point à leur décision qu'il faut s'en rapporter ; mais à celle de la raison.

Quand je parle de la raison, j'entends cette raison universelle, commune & divine, répandue dans tout ce qui nous environne ; elle est en nous, nous sommes en elle, & nous la respirons.

C'est la respiration qui nous lie pendant le sommeil avec la raison universelle, commune & divine, que nous recevons dans la veille, par l'entremise des sens qui lui sont ouverts comme autant de portes ou de canaux : elle suit ces portes ou canaux, & nous en sommes pénétrés.

C'est par la cessation ou la continuité de cette influence qu'*Héraclite* expliquoit la réminiscence & l'oubli.

Il disoit : ce qui naît d'un homme seul n'obtient

& ne mérite aucune croyance, puisqu'il ne peut être l'objet de la raison universelle, commune & divine, le seul *criterium* que nous ayons de la vérité.

D'où l'on voit qu'*Héraclite* admettoit l'ame du monde, mais sans y attacher l'idée de spiritualité.

Le mépris assez général qu'il faisoit des hommes, prouve assez qu'il ne les croyoit pas également partagés du principe raisonnable, commun, universel & divin.

*Physique d'*Héraclite.

Le petit nombre d'axiomes auxquels on peut la réduire, ne nous en donne pas une haute opinion. C'est un enchaînement de visions assez singulières.

Il ne se fait rien de rien, disoit-il.

Le feu est le principe de tout : c'est ce qui se remarque d'abord dans les êtres.

L'ame est une particule ignée.

Chaque particule ignée est simple, éternelle, inaltérable & indivisible.

Le mouvement est essentiel à la collection des êtres, mais non à chacune de ses parties : il y en a d'oisives ou mortes.

Les choses éternelles se meuvent éternellement. Les choses passagères & périssables ne se meuvent qu'un tems.

On ne voit point, on ne touche point, on ne sent point les particules du feu ; elles nous échappent par la petitesse de leur masse & la rapidité de leur action. Elles sont incorporelles.

Il est un feu artificiel qu'il ne faut pas confondre, avec le feu élémentaire.

Si tout émane du feu, tout se résout en feu.

Il y a deux mondes, l'un éternel & incréé, un autre qui a commencé & qui finira.

Le monde éternel & incréé fut le feu élémentaire qui est, a été, & sera toujours, *mensura generalis accendens & extinguens*, la mesure générale de tous les états des corps, depuis le moment où il s'allument, jusqu'à celui où ils s'éteignent.

Le monde périssable & passager n'est qu'une combinaison momentanée du feu élémentaire.

Le feu éternel, élémentaire, créateur & toujours vivant, c'est Dieu.

Le mouvement & l'action lui font essentiels ; il ne se repose jamais.

Le mouvement essentiel d'où naît la nécessité & l'enchaînement des événemens, c'est le destin.

C'est une substance intelligente ; elle pénètre tous les êtres ; elle est en eux, ils sont en elle, c'est l'ame du monde.

Cette ame est la cause génératrice des choses.

Les choses sont dans une vicissitude perpétuelle ; elles sont nées de la contrariété des mouvemens, & c'est par cette contrariété qu'elles passent.

Un feu le plus subtil & le plus liquescent a fait l'air en se condensant ; un air plus dense a produit l'eau ; une eau plus resserrée a formé de la terre ; l'air est un feu éteint.

Le feu, l'air, l'eau & la terre d'abord séparés, puis réunis & combinés, ont engendré l'aspect universel des choses.

L'union & la séparation sont les deux voies de génération & de destruction.

Ce qui se résout, se résout en vapeurs.

Les unes sont légères & subtiles, les autres pesantes & grossières. Les premières ont produit les corps lumineux ; les secondes, les corps opaques.

L'ame du monde est une vapeur humide. L'ame de l'homme & des autres animaux est une portion de l'ame du monde, qu'ils reçoivent, ou par l'inspiration, ou par les sens.

Imaginez des vaisseaux concaves d'un côté, & convexes de l'autre ; formez la convexité de vapeurs pesantes & grossières ; tapissez la concavité de vapeurs légères & subtiles, & vous aurez les astres, leurs faces obscures & lumineuses, avec leurs éclipses.

Le soleil, la lune & les autres astres n'ont pas plus de grandeur que nous ne leur en voyons.

Quelle différence de la logique & de la physique des anciens, & de leur morale ! Ils en étoient à peine à l'a b c de la nature, qu'ils avoient épuisé la connoissance de l'homme & ses devoirs.

Morale d'Héraclite.

L'homme veut être heureux. Le plaisir est son but.

Ses actions sont bonnes, toutes les fois qu'en agissant, il peut se considérer lui-même, comme l'instrument des dieux. *Quel principe !*

Il importe peu à l'homme, pour être heureux, de savoir beaucoup.

Il en sait assez, s'il se connoît & s'il se possède.

Que lui fera-t-on, s'il méprise la mort & la vie ? Quelle différence si grande verra-t-il entre vivre & mourir, veiller & dormir, croître ou passer ; s'il est convaincu que sous quelque état qu'il existe, il suit la loi de la nature ?

S'il y a bien réfléchi, la vie ne lui paroîtra qu'un état de mort, & son corps le sépulcre de son ame.

Il n'a rien ni à craindre, ni à souhaiter au-delà du trépas.

Celui qui sentira avec quelle absolue nécessité la santé succède à la maladie, la maladie à la santé, le plaisir à la peine, la peine au plaisir, la satiété au besoin, le besoin à la satiété, le repos à la fatigue, la fatigue au repos, & ainsi de tous les états contraires, se consolera facilement du mal, & se réjouira avec modération dans le bien.

Il faut que le philosophe sache beaucoup. Il suffit à l'homme sage de savoir se commander.

Sur-tout être vrai dans ses discours & dans ses actions.

Ce qu'on nomme le génie dans un homme, est un démon.

Nés avec du génie, ou nés sans génie, nous avons sous la main tout ce qu'il faut pour être heureux.

Il est une loi universelle, commune & divine, dont toutes les autres sont émanées.

Gouverner les hommes, comme les dieux gouvernent le monde, où tout est nécessaire & bien.

Il faut avouer qu'il y a dans ces principes, je ne sais quoi, de grand & de général, qui n'a pu sortir que d'ames fortes & vigoureuses, & qui ne peut germer que dans des ames de la même trempe. On y propose par-tout à l'homme, les dieux, la nature & l'universalité de ses loix.

Héraclite eut quelques disciples. Platon, jeune alors, étudia la philosophie sous *Héraclite*, & étint ce qu'il en avoit appris sur la nature de la matière & du mouvement. On dit qu'Hippocrate & Zénon élevèrent aussi leurs systèmes aux dépens du sien.

Mais jusqu'où Hippocrate s'est-il approprié les

idées d'*Héraclite* ? c'est ce qu'il sera difficile de connoître, tant que les vrais ouvrages de ce père de la médecine demeureront confondus avec ceux qui lui sont faussement attribués.

Les traits où l'on voit Hippocrate abandonner l'expérience & l'observation, pour se livrer à des hypothèses, sont suspects. Cet homme étonnant ne méprisoit pas la raison; mais il paroît avoir eu beaucoup plus de confiance dans le témoignage de ses sens & la connoissance de la nature & de l'homme. Il permettoit bien au médecin de se mêler de philosophie; mais il ne pouvoit souffrir que le philosophe se mêlât de médecine. Il n'avoit garde de décider de la vie de son semblable, d'après une idée systématique. Hippocrate ne fut à proprement parler, d'aucune secte. *Celui, dit-il, qui ose parler ou écrire de notre art, & qui prétend rappeler tous les cas à quelques qualités particulières, telles que le sec & l'humide, le froid & le chaud, nous resserre dans des bornes trop étroites, & ne cherchant dans l'homme qu'une ou deux causes générales de la vie ou de la mort, il faut qu'il tombe dans un grand nombre d'erreurs.* Cependant la philosophie rationnelle ne lui étoit pas étrangère; & si l'on consent à s'en rapporter au livre des principes & des chairs, il sera difficile d'appercevoir l'analogie & la disparité de ses principes & des principes d'*Héraclite*.

Physique d'Hippocrate

A quoi bon, dit Hippocrate, s'occuper des choses d'en-haut ? On ne peut tirer de leur influence sur l'homme & sur les animaux, qu'une raison bien générale & bien vague de la santé & de la maladie, du bien & du mal, de la mort & de la vie.

Ce qui s'appelle le chaud paroît immortel. Il comprend, voit, & entend & sent tout ce qui est & sera.

Au moment où la séparation des choses confuses se fit, une partie du chaud s'éleva, occupa les régions hautes, & servit d'enveloppe au tout. Une autre resta sédentaire, & forma la terre qui fut froide, seche & variable. Une troisième se répandit dans l'espace intermédiaire, & constitua l'atmosphère : le reste lécha la surface de la terre, ou s'en éloigna peu, & ce furent les eaux & leurs exhalaisons.

De-là Hippocrate, ou celui qui a parlé en son nom, passe à la formation de l'homme & des animaux, & à la production des os, des chairs, des nerfs & des autres organes du corps.

Selon cet auteur, la lumière s'unit à tout & domine.

Rien ne naît & rien ne périt. Tout change & s'altère.

Il ne s'engendre aucun nouvel animal, aucun être nouveau.

Ceux qui existent, s'acroissent, demeurent & passent.

Rien ne s'ajoute au tout. Rien n'en est retranché. Chaque chose est coordonnée au tout; & le tout l'est à chaque chose.

Il est une nécessité universelle, commune & divine, qui s'étend indistinctement à ce qui a volonté, & à ce qui ne l'a pas.

Dans la vicissitude générale, chaque être subit sa destinée, & la génération & la destruction sont un même fait vu sous deux aspects différens.

Une chose s'acroît-elle, il faut qu'une autre diminue, ame ou corps.

Des parties d'un tout qui se résout, il y en a qui passent dans l'homme. Ce sont des amas ou de feu seul, ou d'eau seule, ou d'eau & de feu.

La chaleur a trois mouvemens principaux, ou elle se retire du dehors au dedans, ou elle se porte du dedans au dehors, ou elle reste & circule avec les humeurs. De-là le sommeil, la veille, l'accroissement, la diminution, la santé, la maladie, la mort, la vie, la folie, la sagesse, l'intelligence, la stupidité, l'action & le repos.

Le chaud préside à tout. Jamais il ne se repose.

L'ordre de la nature est des dieux. Ils font tout, & tout ce qu'ils font, est nécessaire & bien.

On demande, d'après ces principes, s'il faut compter Hippocrate au nombre des sectateurs de l'athéisme ? Nous aimons mieux imiter la modération de Mosheim, & laisser cette question indécise, que d'ajouter ce nom célèbre à tant d'autres.

(*Cet article est de* DIDEROT.)

ADDITION A L'ARTICLE PRÉCÉDENT.

Héraclite & Zénon le stoïcien,

OU L'AME UNIVERSELLE CONFONDUE AVEC LE DESTIN.

On se souvient d'avoir vu chez les hébreux & les chaldéens, la lumière créée; Mithras, dieu du feu, chez les perses; l'amour armé d'un flambeau, chez les grecs des tems fabuleux. L'école de Pythagore recueillit ces idées; & tandis que Thalès, chef de l'école ionienne, faisoit tout naître de l'eau, celui de l'école italique vouloit que tout vînt du feu. Hippasus, Parménide, Philolaus, Empédocle, croyoient que le feu étoit un premier principe ; mais *Héraclite* d'Ephèse crut qu'il étoit le seul : *Ex igni summam consistere solo* (1). Nous prendrons pour texte, dans cet article, le précis de la doctrine d'*Héraclite*, qui sera renfermée en deux mots ; celle de Zénon en sera le commentaire.

Héraclite partageoit la substance universelle en corpuscules de feu, auxquels il donnoit non-seulement le mouvement local, mais encore celui d'essence & d'altération de nature (2), par lesquels ils devenoient air, eau, terre, en se condensant ; de terre, eau, air, feu élémentaire, feu éthéré, en se raréfiant : allant & revenant d'un état à l'autre par ces deux routes, qu'il appelloit, l'une *la route d'en haut*, l'autre *la route d'en bas*. Toute la nature n'étoit qu'un grand fleuve qui couloit sans cesse dans l'espace (3).

Pour opérer ces transmutations, le philosophe ne pouvoit se dispenser d'assigner une cause : « Il y a, disoit-il, dans l'univers un être doué de connoissance, une raison qui parcourt & pénètre l'essence des êtres ». Or cette raison il l'appeloit *destin*. Qu'entendoit *Héraclite* par ce mot ? Les savans n'ont point de texte ni d'autorité décisive pour répondre nettement. Et plutôt que de nous perdre avec eux dans des conjectures incertaines sur les pensées d'un homme qui a voulu être obscur (4), rapportons-nous en aux stoïciens, qui semblent avoir suivi pas à pas le philosophe d'Ephèse.

Zénon, né à Cittium, ville de Chypre, & surnommé, par cette raison, le *Cittien*, pour le distinguer de Zénon d'Elée & de plusieurs autres Zénon connus dans l'histoire, commença à paroître dans le portique vers la CXX^e. olymp. environ 300 ans avant J. C.

Pendant les trente premières années de sa vie, il ne se douta nullement qu'il fût destiné à fonder une secte de philosophes. Phénicien d'origine, commerçant par éducation & par état, il ne songeoit qu'à faire valoir ses fonds & les augmenter, lorsqu'un coup de vent engloutit ses vaisseaux, & lui enleva jusqu'à son crédit. La philosophie, qu'il connoissoit déjà, lui offrit dans ce moment un port : il eut le bon esprit de l'accepter.

Il y avoit alors à Athènes de quoi choisir. Toutes les routes étoient non-seulement ouvertes, mais frayées. Aristote, mort depuis vingt ans, avoit laissé à Théophraste la gloire du lycée ; Polémon occupoit la chaire de Platon : Cratès avoit hérité de la diploïde ou double manteau de Diogène ; Épicure, assis dans ses jardins, prêchoit l'inaction d'après Aristippe & Hiéronymus de Rhodes ; enfin Arcésilas & Carnéade soutenant le pour & le contre, réduisoient tout à de simples probabilités.

Zénon entendit tous ces maîtres, & sut profiter de leurs leçons. Mais la fâcheuse expérience qu'il avoit faite des caprices de la fortune, & surtout une certaine tristesse de caractère le tournant vers l'austérité, il se livra entièrement à Cratès, & il embrassa la secte cynique (5), dont pourtant il ôta l'indécence & adoucit les prétentions. Il donna ses leçons dans le pécile, ou le portique peint par Polygnote, en grec *stoa*, d'où est venu à sa secte le nom de stoïcien.

On ne dira point de Zénon, comme de certains philosophes, que semblable aux instrumens de musique, il rendoit des sons harmonieux, & ne les entendoit point. La haute idée qu'il donna du sage ne fut pas tout à fait un paradoxe, tant qu'elle fut soutenue de son exemple. Il eut des disciples dignes de sa réputation, parmi lesquels on compte Cléanthe, qui n'eut pas le caractère moins élevé que son maître ; Panétius, qui fut l'ami de Scipion ; Possidonius, devant qui le grand Pompée abaissa les faisceaux de l'empire. On y ajoute Caton d'Utique, Sénèque, Thraséas, Pétus, l'empereur Marc-Antonin & quelques autres, dont les maximes austères, jointes à la hauteur du cœur romain, ont mis le comble à la gloire du portique.

Le champ de la philosophie étoit si cultivé quand Zénon se présenta, que ce fut pour lui une nécessité de s'établir dans les pensées de ceux qui l'avoient précédé. Il trouva le moyen, en changeant les termes, en raffinant sur les définitions, de rajeunir des idées anciennes, & de présenter un édifice brillant capable d'attirer les yeux & de rendre l'auditoire nombreux (6).

---

(1) Lucret. 1. *Voyez* Stanlei, *pag.* 839.

(2) *Voyez* ci-dessus, *pag.* 194.

(3) Res more fluminis continenter labi & fluere.

(4) Heraclitum quoniam quid diceret intelligi noluit, omittamus. Cic. de Nat. Deor. 3. 14 Socrate disoit que par-tout, pour l'entendre, il faudroit avoir un plongeur de Délos.

(5) Antisthène, disciple de Socrate, en étoit le chef.

(6) Plato, dit Cicéron, reliquit perfectissimam disciplinam peripateticos & academicos nominibus differentes re congruentes, a quibus Stoïci verbis magis quam sententiis differunt. Et dans un autre endroit, en

Zénon se représentoit le monde comme un grand animal sphérique, composé par conséquent d'un corps & d'une ame qui agissoient réciproquement l'un sur l'autre, selon certaines loix naturelles & immuables, en vertu desquelles toutes leurs parties alloient à leurs fins propres, pour la plus grande perfection du tout.

Dans ce systême l'ame du chef des stoïciens étoit comme celle de tout autre homme, une parcelle de Dieu (1), attachée à une parcelle de matière organisée, & soumise aux loix immuables de la nature universelle, il ne s'en croyoit pas moins obligé de faire des efforts de vertu pour tendre vers sa source, & pour honorer le Dieu qui animoit son corps mortel.

Il eût été plus conséquent & plus conforme à son principe fondamental de l'immutabilité des causes & des effets, qui sera developpé dans un moment, d'y tendre par le seul penchant, en se laissant aller sans résistance aux impressions toujours victorieuses du principe universel qui, de gré ou de force, emportoit tout sans exception, corps & ame, vers le but de la nature. Résister à la loi de force qui règle l'Univers, c'étoit imiter le chien traîné par l'essieu d'un chariot qu'il ne veut pas suivre : les stoïciens usoient de cette image (2) : *Ducunt volentem fata, nolentem trahunt* (3). Toute la vertu, toute la raison, toute la sagesse devoit donc consister à ne point lutter en cette vie contre une nécessité invincible, *suis Dieu* ı c'étoit la grande maxime, le mot de ralliement de l'école.

Mais il est nécessaire d'entrer dans quelques détails des principes : on épargnera les citations qu'on trouve par-tout (4).

Les stoïciens mettoient de la différence entre l'univers & le monde. L'univers comprenoit tout l'espace, plein ou vuide. Le monde étoit l'espace plein, autour duquel étoit l'espace vuide (5).

Ils admettoient plusieurs mondes successifs, périssant l'un après l'autre par le feu, & renaissant de leurs cendres, comme le phénix, & comme lui, toujours unique dans son espèce.

D'une substance primitive à-peu-près la même dans ses parties, n'ayant d'autres différences que le plus ou le moins de finesse ou de grossièreté, étoient nés tous les êtres, Dieux, esprits, animaux, matière brute, sans distinction.

Par le premier débrouillement de cette substance, les parties grossières destinées à composer le corps du monde, s'étoient séparées des parties subtiles qui devoient en composer l'ame, ce qui constituoit deux sortes de principes.

Ceux qui devoient composer le corps, se formèrent d'abord en élémens, au nombre de quatre, tous altérables & destructibles : & en cela différens des principes, qui, étant simples, étoient inaltérables & indestructibles. Les élémens, après s'être changés réciproquement les uns aux autres une infinité de fois pendant tout le tems que subsistoit un monde, & après avoir circulé dans une infinité d'individus de toutes espèces, rentroient à la fin dans leur état primitif de principes, ou de feu primordial, par la réduction universelle.

L'ame étoit aussi composée de principes, mais de ceux qui ne prenoient point l'organisation des élémens ; c'étoit, comme nous venons de le dire, la partie la plus fine & la plus déliée de la matière universelle, qui avoit été séparée de la partie grossière.

Quelle étoit l'organisation propre de cette ame ? Les stoïciens n'en savoient rien sans doute ; mais ils lui donnoient en vertu, soit de cette organisation, soit de sa pureté, la puissance de mouvoir, le sentiment, l'intelligence, la raison, qu'elle distribuoit en se distribuant elle-même dans les différentes parties du monde, selon leurs fonds de composition & leurs formes spécifiques, y prenant aussi elle-même, par son union &

---

parlant de Zénon, *Nihil novi reperiens, emendans superiora immutatione verborum.*

Juste Lipse est bien éloigné d'adopter ce jugement du philosophe romain, il en parle même avec assez peu de ménagement. Toutefois il devoit penser que Cicéron, faisant l'extrait des philosophes grecs, travailloit pour sa gloire & pour celle du nom romain. Il auroit dû se souvenir que lui-même accorde à Cicéron, dans cette matière, la plus grande autorité, & que Cicéron n'est pas le seul qui ait fait le reproche à Zénon. « Je le vois, disoit Polémon, qui, suivant » la mode de son pays, se glisse dans les jardins pour » en dérober le fruit ». Enfin il ne seroit pas difficile de justifier le jugement de Cicéron par les preuves de détail.

(1) Cette doctrine est développée dans le songe de Scipion.

(2) Pseudo-Orig. c. 21.

(3) Cléanthe, cité dans Epictete, Enchir. 52 traduit par Seneq. Ep. 107.

(4) *Voyez* le 2ᵉ liv. de Cic. de Nat. Deor. où Balbus expose en grand le sistême des Stoïciens & 3ᵉ, où Cotta le réfute.

(5) Plut. de plac. 2.1. & Stob. Ecl. Phys. 25.

son action, un caractère, des formes, des modifications nouvelles : à-peu-près comme l'air qui, chassé dans un instrument de musique, fait connoître, par les différens sons qu'il produit, les différences de ses masses & des modifications qu'il y reçoit ; ou comme la sève qui, étant toute de la même nature dans la tige d'une plante par où elle s'élève, se distribue méthodiquement dans les différentes parties, & devient bois, écorce, feuille, fleur, fruit, n'ayant auparavant aucune de ces formes par elle même. Il doit être permis d'user quelquefois d'images en traitant cette matière, parce que la plupart des raisonnemens de nos philosophes se réduisent en dernier terme à des comparaisons.

L'ame du monde, répandue par-tout sous différentes formes, & envisagée dans ses différentes fonctions, avoit aussi différens noms. C'étoit Dieu, le grand Jupiter, la nature universelle, le destin, Junon, Vénus, Minerve, la providence.

« On peut lui donner, dit Sénèque, tels noms » qu'on veut, pourvu qu'ils signifient quelque » influence des choses célestes sur nous : il peut » en avoir autant qu'il a de fonctions (1). Voulez- » vous l'appeller *destin* ? Vous ne vous trompe- » rez pas : c'est le point à quoi tout est sus- » pendu, la cause des causes. Voulez-vous l'ap- » peller *providence* ? Vous direz bien : parce que » c'est son conseil qui pourvoit à tout dans le » monde, qui règle la marche irrévocable des » êtres & les développemens de toutes choses. » L'appellez-vous *nature* ? Il n'y a point de crime : » c'est de lui que naissent tous les êtres ; c'est » par son souffle que nous avons la vie. L'appellez- » vous *monde* ? Il l'est ; il est tout ce que vous » voyez ; tout dans toutes ses parties, se sou- » tenant par sa propre force ».

On sait jusqu'aux antipodes, dit Plutarque (2), que cette nature universelle, *natura communis*, est, selon les stoïciens, la même chose que ce qu'ils appellent providence, destin, raison universelle.

La définition qu'ils donnoient de Dieu répandra sur ces différentes dénominations le jour dont elles ont besoin, & fixera le sens qu'elles avoient dans le portique. Voici celle qui a été recueillie par Plutarque & par Stobée : « Dieu est un feu » artiste, procédant avec méthode à la forma- » tion du monde, lequel contient en lui toutes » les raisons séminales selon lesquelles naissent » les êtres, conformément à la loi du destin (3) ».

On sent qu'on a dû préférer, dans cette traduction, l'exactitude à l'élégance. A cette définition, Plutarque en ajoute une seconde par forme d'explication. « Dieu, dit-il encore, est » un souffle, un esprit qui, pénétrant de son » action le monde entier, prend différens noms, » selon les formes dont il est revêtu dans les » différentes parties ». *Ibid.*

Pour bien développer cette définition, il faudroit expliquer 1°. ce que les stoïciens entendoient par le feu, qui constitue la nature de Dieu. 2°. Comment ils concevoient ces raisons séminales qui dirigeoient l'action de Dieu. 3°. Quelle idée ils avoient du destin & de son influence sur la production des êtres. On va l'essayer, sans toutefois se flatter d'y réussir pleinement.

Les stoïciens concevoient Dieu sous l'idée de feu. Le feu, comme personne ne l'ignore, étoit le symbole de la divinité le plus généralement adopté par les nations polies ; j'ajouterai, & par les philosophes du premier rang. Mais les stoïciens ne s'en tinrent pas là : ils attribuèrent à Dieu l'essence même du feu. Ce n'étoit point, il est vrai, ce feu qui sert à nos usages dans ce monde terrestre, & qui toutefois y étoit regardé par les anciens, comme le premier des quatre élémens. C'étoit, comme on l'a déjà fait entendre, une substance infiniment subtile & active, que d'autres nommoient Ether, quintessence, par opposition aux quatre élémens sublunaires.

Si ce mot eût été métaphorique chez Zénon, comme le sont chez nous ceux d'*ame*, d'*esprit*, de *souffle*, il auroit peut-être été aussi juste qu'aucun autre ; mais il signifioit un corps, & un corps proprement dit, qui se définissoit par les trois dimensions, & qui donnoit à Dieu même une étendue corporelle, & une surface sphérique : *Rotundam Deo formam* (4).

―――――――――――――――――――――――――――

(1) Quæcumque voles nomina propria Deo aptabis, vim aliquam affectumque cœlestium continentia, tot appellationes ejus esse possunt quot munera. *De Ben.* 4 *cap* 7. Vis illum fatum vocare ? Non erravis : hic est ex quo suspensa sunt omnia. Causa causarum. Vis illum Providentiam ? Rectè dices, &c. *Quæst. Nat. lib.* 2. *c.* 45. *Voyez* aussi Laër. Zen. seg. 135. & Possid. cité par Stobée, Ecleg. Phys.

(2) Chrysip. dans Plut. de Plac.

(3) Stoici Deum pronuntiant esse Ignem artificem via procedentem ad Mundi generationem, qui Mundus, seminales rationes omnes complectitur juxta quas singula secundum fatum fiunt. De Plac. 1. 7. Dans la définition rapportée par Stobée, *les raisons séminales* semblent appartenir au feu artiste, plutôt qu'à la matière ; ce qui sera discuté dans un moment. Cicéron donne la même définition en moins de mots : *Ignem artificiosum ad gignendum progredientem via*. De Nat. Deor. 2. 22.

(4) Dans Sen. 94.

Tout étoit corps, selon les stoïciens. Les affections de l'ame, les vices, les vertus étoient corps, parce qu'elles n'étoient qu'un corps modifié : *Corporis bona corpora sunt : corpora ergo sunt & quæ animi ; nam hic quoque corpus est* (1). Zénon ne connoissoit d'incorporel que le vuide, l'espace, le tems, & quelques autres êtres aussi métaphysiques.

Cela n'empêchoit pas que Dieu, selon les stoïciens, ne fût une substance intelligente, douée de tous les attributs que nous donnons à la substance spirituelle.

Ce feu, qui étoit Dieu, étoit un feu artiste, travaillant avec méthode, *progrediens viâ*, mot à mot, *marchant selon la voie tracée* (2) dans les matériaux mêmes, par des caractères à peu près semblables à ce qu'on voit dans les semences des plantes. Art, voie, méthode, raison séminale, ces quatre mots étant à peu près synonymes dans le style des stoïciens, il suffira d'en définir un pour entendre les autres.

Un art en général, est une collection de règles propres à diriger l'artiste dans les opérations de son art. Ces règles peuvent être de deux sortes ; les unes placées seulement dans l'esprit, comme modèle idéal de la chose qui s'exécute au-dehors ; c'est ainsi que l'écrivain, la main levée, n'ayant d'autre règle que son idée, trace avec la plume une ligne circulaire sur le papier. Les autres sont placées hors de l'esprit, dans les instrumens mécaniques que l'artiste emploie, & qui donnent à son opération une direction certaine, qu'elle n'auroit pas sans cela ; comme quand le compas dirige la ligne tracée, & la rend exactement circulaire.

Pour savoir de quelle nature étoient les règles ou raisons séminales que les stoïciens mettoient dans l'action du Dieu formateur du monde, il ne faut qu'examiner si elles étoient dans l'intelligence de Dieu, comme des idées, ou dans la matière même, comme des qualités ; c'est-à-dire, si elles se rapportoient au système de Platon, ou à celui d'Epicure.

Selon les stoïciens, tout étoit feu dans la masse primitive, avant qu'elle eût pris la forme du monde ; par conséquent tout y étoit matière. Le monde, qui est composé de corps & d'ame, n'étoit point ; par conséquent l'ame du monde, qui n'étoit pas encore formée, ne pouvoit contenir en elle les raisons séminales de la naissance du monde. Elles n'étoient pas non plus, me dira-t-on, comme qualités mécaniques, dans le corps, puisque le corps n'étoit pas plus que l'ame. Elles n'y étoient point sans doute. Où étoient elles donc ? Dans chacune des parcelles de la masse universelle, comme des dispositions préparatoires plus ou moins prochaines, pour entrer dans la composition, soit de l'ame, soit du corps, selon leurs degrés de subtilité ou de grossiéreté. Or ces dispositions préparatoires ne ressemblent à rien mieux qu'aux qualités mécaniques des atômes. Les raisons séminales des êtres, l'art, la méthode, les voies destinées de la nature n'étoient donc que des dispositions attachées à la matière, & non des modèles intelligibles tracés dans l'esprit de Dieu.

Il y a plus ; *les raisons séminales* n'ont jamais produit leur effet que par une force mécanique, & en suivant les loix du mouvement des corps. Dans la formation du monde, selon les stoïciens, la terre ne s'est placée au centre que par *la raison séminale* de sa gravité relative ; l'eau s'est placée de même ; l'air ensuite ; ensuite le feu élémentaire ; enfin cet éther, qui est la substance de Dieu, ne s'est répandu autour du globe des élémens qu'en vertu de sa subtilité & de sa finesse relative.

Toute cette ordonnance, tant sublunaire que céleste, s'est donc faite par les qualités purement matérielles qui résidoient dans les principes de la masse informe. *Les raisons séminales* de la composition du monde n'étoient donc point dans les idées de Dieu. Or il est évident que le monde se conserve & se gouverne par les mêmes causes par lesquelles il a été formé : donc les raisons séminales qui gouvernent aujourd'hui le monde, ne peuvent être des idées.

Et pourquoi les appeloient-ils *raisons séminales*, & non pas *idées*, si ce n'étoit à cause de quelque analogie avec les semences, c'est-à-dire, à cause de certaines formes ou qualités en vertu desquelles les principes originaux occupoient tel ou tel lieu, produisoient telle ou telle essence dans la nature ? Dieu formant le monde, dit un ancien (3), en suivant cette idée, a imité le laboureur qui sème dans son champ les espèces que la nature lui a données, froment, orge & autres graines. Il a semé l'immortalité dans les cieux, parce que la matière des cieux étoit en soi incorruptible. Il a semé les vicissitudes & les alternatives des formes sur la terre ; parce que la matière plus grossière dont elle est composée renfermoit les germes de la mort avec ceux de la vie. Cette explication prendra de nouvelles forces dans le

---

(1) Sen. Ep. 106. Ils définissoient le corps, *ce qui agit ou reçoit l'action*. Or rien ne pouvoit agir sans toucher, & rien ne pouvoit toucher sans être corps, selon l'axiome même d'Epicure, cité par Seneque : *Tangere nec tangi sine corpore nulla potest res*, Ibid.

2 Cic. de Nat. Deor. 3.

(3) Merc. Trismegiste *Pœm.* 14.

troisième point de la définition sur la nature & l'influence du destin.

Il y a deux mille ans qu'on demande ce que c'est que le destin. Si on persiste à faire toujours la même question, c'est une preuve qu'on n'y a jamais bien répondu. Et comment l'auroit-on fait dans une matière aussi obscure & aussi profonde que celle-ci, où il ne s'agit de rien moins que de comprendre l'essence de Dieu & la raison de ses décrets éternels ; de remonter aux sources premières des loix physiques &' morales ; enfin d'attacher solidement le premier anneau de la chaîne qui embrasse tous les êtres actuels & possibles ?

Quelquefois il semble que le destin est une sorte de nécessité qui se tient du côté de la matière, laquelle, plus ou moins docile sous la main de Dieu, s'est opposée plus ou moins à la perfection de son ouvrage. C'est l'opinion la plus généralement répandue chez ceux des anciens qui ont eu des idées à peu près justes de la divinité.

Quelquefois cette nécessité paroît se tenir du côté de Dieu même, à qui sa propre nature semble imposer telles ou telles loix de causalité & d'opérations, dans lesquelles l'intelligence même & la volonté n'ont point d'influence essentielle. C'est là la doctrine commune des fatalistes proprement dits.

D'autres fois c'est la perfection même des idées de Dieu, qui ne lui permet d'adopter que le plus parfait possible, ou qui lui défend, après avoir choisi dans le commencement, de faire dans la suite des tems un autre choix ; parce que les tems ne peuvent lui découvrir aucune vue nouvelle. Sénèque voudroit faire croire que dans sa secte il ne s'agissoit que de cette dernière nécessité : *Necesse est ei eadem placere cui nisi optima placere non possunt : nec ob hoc minùs liber & potens est, ipse enim est necessitas sua* (1). Mais quand on y regarde de près, on voit que ce bel extérieur n'est pas d'accord avec le fond du système.

Chrysippe, un des principaux chefs de l'école stoïcienne, nous dépeint l'action du destin comme une chaîne immense & infinie, dont tous les anneaux s'entraînent & se suivent nécessairement, & qui, embrassant en son circuit le tems & l'éternité, comprend tous les renouvellemens consécutifs des mondes, dont elle est elle-même tissue & composée : *Sempiterna & indeclinabilis series rerum, & catena volvens semet & implicans per æternos conseq. entia ordines ex quibus apta & connexa est.* Cette brillante définition, qu'Aulu-Gelle nous a conservée & traduite (2), présente le destin en grand, non-seulement dans les événemens successifs ou simultanés de chaque monde en particulier, mais encore dans la succession des mondes à l'infini.

Or cette *chaîne sacrée*, comme l'appelle Marc-Antonin (3), lie les dieux aussi bien que les hommes, & les lie invinciblement. *Eadem necessitas*, dit Sénèque, *& Deos alligat, ac irrevocabilis divina atque humana cursus vehit*. C'est un torrent qui se précipite, & qui dans son cours rapide emporte irrévocablement tout ce qui existe, sans exception.

Et afin qu'on ne pense pas qu'il s'agit seulement du soleil, de la lune & de quelques autres parties du monde, regardées par les stoïciens comme des divinités qui devoient se fondre dans l'embrasement de l'univers, & nullement de Jupiter, auteur & souverain de la nature. Voici ce que dit Sénèque :

« Que deviendra le sage, s'il arrive qu'il soit
» abandonné de ses amis, retenu dans les pri-
» sons, ou relégué chez des peuples barbares,
» ou arrêté au-delà des mers, ou enfin jetté sur
» quelque rivage desert ? Il deviendra ce que
» devient Jupiter, quand le monde étant décom-
» posé, tous les dieux étant confondus dans la
» masse, la nature reste quelque tems immobile
» & sans action, Jupiter alors se repose en lui-
» même, & se livre à ses pensées ». *Qualis est Jovis cum, resoluto Mundo & Diis in unum confusis, paulisper cessante Naturâ, acquiescit sibi, cogitationibus suis traditus* (4). C'est, comme on le voit, l'apathie de Jupiter proposée pour modèle de l'apathie du sage : mais qu'est-ce que cette apathie du plus grand des dieux ?

Il est essentiel de faire attention à ces trois mots : *paulisper cessante Naturâ*. On a dit ailleurs que dans la philosophie ancienne, le mot *nature*, pris activement comme il l'est ici, désignoit le principe qui forme les êtres, qui les conduit à leur perfection & à leurs fins. On a dit aussi, il y a un moment, que les mots *nature, Dieu, Jupiter*, étoient synonymes chez les stoïciens.

Or, dans l'état dont parle Sénèque, la nature reste sans action, Jupiter y reste donc lui-même. C'est le sens d'*acquiescit sibi*. Ce repos est-il le repos d'un être qui veille & qui pense sans agir, ou la

---

(1) Sen. *Quæst. nat. Præf.*

(2) Lib. 6. & 2. & *Sénèque* : Fata nos ducunt, causa pendet ex causâ : privata ac publica longus ordo rerum trahit : non incidunt cuncta, sed veniunt. De Prov. c. 5.

(3) Liv. 4. S. 9.

(4) Ep. 9.

léthargie

léthargie d'un malade, dont toutes les facultés font arrêtées & suspendues ; ou enfin une mort réelle, consistant dans la décomposition même de Jupiter regnant, de manière que ce Jupiter lui-même ne soit plus qu'un état chaotique de la substance universelle réduite dans ses principes (1) ?

Pour en juger, il faut considérer l'état des choses dans ce moment. Tous les dieux sont rentrés dans l'océan de substance d'où ils avoient été tirés ; *confusis Diis in unum* : le monde entier est détruit ; *resoluto Mundo*. Il n'a plus ni son corps, ni son ame ; tout est mêlé, brouillé, confondu. Jupiter qui étoit ame du monde, parce qu'il en animoit le corps, a donc cessé d'être ce qu'il étoit : il a donc été soumis lui-même à la loi du destin universel, & enseveli, comme les autres dieux, dans les ruines du monde : *Irrevocabilis divina pariter & humana cursus vehit : ille ipse omnium conditor & rector, scripsit quidem fata, sed sequitur.* Oui, pour avoir écrit les destinées, le grand Jupiter n'en est pas moins obligé de les suivre ; parce qu'il ne les a écrites que sous la dictée du destin, c'est-à-dire, d'une cause dont il n'est pas le maître, & qui l'entraîne lui-même dans ses révolutions périodiques. Son repos, dans la confusion des élémens, seroit éternel ; son sommeil seroit la mort, si la chaîne fatale ne le retiroit pas du fond de l'abime où il est plongé avec tous les autres êtres.

Ce moment de délivrance arrive : apparemment en vertu de quelque raison séminale déterminant le destin, ou déterminée par lui. Il se fait un trémoussement universel dans la masse informe ; c'est la nature qui fait ses apprêts pour commencer un nouveau monde : *ex integro generabitur.* C'est le réveil de Jupiter. Le mouvement continue : les principes les plus déliés s'élèvent d'un côté, les parties grossières se précipitent de l'autre ; toutes par la même action, qui a des effets différens, selon les raisons séminales qui se trouvent dans les sujets où elle est reçue. Les parties subtiles acquièrent par leur réunion & leur disposition respective, la raison & l'intelligence, & avec elles le sceptre & l'empire de ce monde nouveau : c'est Jupiter formé & revêtu de sa gloire, dieu suprême, dieu unique, qui s'étend par-tout, qui pénètre le corps du monde, comme l'ame pénètre celui des animaux terrestres, se formant lui-même en formant le monde, agissant sur le vase qui le contient comme le vase agit sur lui : *Mundum habere mentem quæ & se, & ipsum fabricata fit (2).*

Pour mettre une certaine liaison dans cette partie du système stoïcien, il faudroit regarder le destin sous deux faces, & dans deux tems : d'abord comme une force aveugle, lorsque la masse universelle s'agite, & semble chercher un commencement d'organisation ; ensuite comme une force intelligente, lorsque cette masse est en partie ou tout à fait organisée, & qu'elle se maintient dans toute sa perfection & toute sa force. Par-là Jupiter est tour à tour destin aveugle & destin intelligent ; mais toujours automate, dans un état comme dans l'autre, n'ayant d'idées, de volonté, même d'action, que par un ressort de spontanéité.

Si cela est ainsi, me dira-t-on, à quoi pouvoit servir l'intelligence que les stoïciens donnoient à Dieu ? à quoi servoit la volonté, qui suit l'intelligence, & sa liberté, qui est le résultat des deux ?

Il eût été plus simple sans doute, & plus conséquent pour eux comme pour tous les fatalistes en général, de dire que la cause universelle étoit destituée d'une intelligence & d'une volonté qui n'ont point d'effet réel, ou même de dire qu'il n'y avoit point de cause universelle, comme l'ont dit Straton & Épicure. Mais il eût paru dur à tous ceux qui n'étoient pas aussi hardis que les deux philosophes qu'on vient de nommer, de dire au genre humain, qui voit dans le monde tant de choses ordonnées, qu'il n'y a nulle cause qui les ordonne, ou que cette cause est privée d'intelligence, tandis qu'on ne peut nier que l'homme, qui n'est rien en comparaison, connoît des fins & emploie des moyens.

Par la même raison, il a fallu accorder à cette même cause universelle une volonté, parce que la première chose qui fait bégayer un enfant, c'est *je veux*, par la conscience vive qu'il a de sa propre activité. En suivant la même analogie, il falloit admettre une troisième faculté, je veux dire, la liberté du choix : car à quoi sert de connoître & de vouloir pour agir, si on est déterminé nécessairement à agir comme si on avoit ni connu, ni voulu ? Il falloit opter ; laisser la liberté à Dieu ou l'ôter à l'homme.

Dans cet embarras, les stoïciens voulurent prendre un milieu, qui étoit de laisser l'homme libre, & de soumettre Dieu à la nécessité. Ils se donnèrent la torture pour conserver cette faculté dans l'ame humaine, & la concilier avec cette loi de fer, qui conduisoit les plus petites choses avec une roideur inflexible. Ils eurent recours à cette finesse de quelques théologiens modernes, qui confondent le volontaire avec la liberté du choix (3). Mais c'étoit un de ces endroits foibles par où

---

(1) Uno igne ardebit ? *Senec.* ad Marciam. c. ult. In quem reliquos omnes consumi putent. *Plut. adv. Stoic.* 459.

(2) Cic. Luc. 37.
Philosophie anc. & mod. Tome II.

(3) Non externa Deos cogere, sed suam illis in legem, voluntatem esse.

Carnéade (1), purgé d'éllebore, attaquoit avec le plus de succès les stoïciens : *Ducunt volentem fata, nolentem trahunt.* Ce seul aveu lui donnoit la victoire.

Pour récapituler en peu de mots toute la doctrine des stoïciens, le monde, sous la direction de la divinité, ou plutôt Dieu lui-même, animant le monde, n'étoit dans le fait, & à proprement parler, qu'une horloge animée, qui se plaisoit à compter elle-même les heures qu'elle marquoit nécessairement. Il pouvoit se rappeler le passé, prévoir l'avenir, se faire des idées ; mais ces idées n'influoient en rien sur l'état des êtres ; cette providence, dont on faisoit tant de bruit dans le portique, étoit tout au plus un ressort machinal, c'est-à-dire, gouverné plutôt que gouvernant. Ce n'étoit, comme Varron le reproche aux stoïciens, qu'une vieille fée, qui n'avoit d'idées que ce qu'elle en recevoit du destin, & qui ne répétoit que ce qu'elle avoit appris de lui : *Anus fatidica* (2). Ce qui n'empêchoit pas que Dieu, selon les stoïciens, ne fût très-bon, très-sage, très-juste, très-puissant, même très-libre. Le peuple qui ne savoit pas le fond des pensées, croyoit qu'on louoit ses dieux, tandis qu'il s'en falloit peu qu'on ne se moquât d'eux, comme on se moquoit réellement de lui (3).

Cependant on doit dire, pour leur justification, que les stoïciens n'ont guères dit, dans leur système de physiologie, que ce qui avoit été dit dès les tems fabuleux, & ensuite répété dans toutes les écoles grecques, où on a admis la divinité. Mais au lieu de laisser, sur une matière si profonde, un certain voile respectueux, qui auroit couvert aussi la foiblesse des pensées humaines, ils voulurent analyser jusqu'au bout un système qui n'étoit appuyé que sur des notions imparfaites : ce fut la source de leurs erreurs. Quand les géomètres s'élèvent dans leurs spéculations, ils ont pour base des quantités données, dont ils ont des idées précises : c'est pour cela que leurs résultats sont justes. Mais quand, sans connoître ce que c'est que substance, mouvement, causalité proprement dite, sans avoir d'autres idées des choses divines & éternelles, que celles que nous avons des choses terrestres & passagères, nous voulons rendre compte de la divinité ; plus nous allons loin, plus nos erreurs deviennent absurdes.

---

(1) Aulu-Gelle.

(2) Cic. de Nat. Deor. 1. 8.

(3) Voyez l'article 7 de la *Morale d'Epicure*, où on fait voir qu'en dernière analyse, les principes des Stoïciens rentroient dans ceux d'Epicure.

Les stoïciens accoutumés à définir, à diviser, & sur-tout à ne jamais douter, furent poussés par leurs adversaires dans des conséquences qu'ils n'avoient pas prévues, & qu'il leur fallut admettre, pour ne point abandonner l'honneur de l'école, qui auroit été compromis.

Pour couvrir en partie ces défauts, ils employèrent les subterfuges. Ils se firent un rempart épineux de dialectique : *spinosum differendi genus* (4). Ils y joignirent l'appareil éclatant d'une morale toute en paradoxe, qui imposa au peuple, à ce peuple auquel les philosophes ne manquent guères d'en appeler, quand ils se sentent trop pressés : & malgré l'absurdité des principes & l'énormité des conséquences, l'école se soutint par l'éclat éblouissant des paradoxes & par la gravité des mœurs. Nous n'osons encore aujourd'hui la juger en rigueur, à cause de son enthousiasme & de ses grands exemples de vertu. *Voyez* l'histoire des causes premières.

(Cette addition envoyée à l'éditeur, a été employée telle qu'il l'a reçue).

HOBBISME ou PHILOSOPHIE D'HOBBES, (*histoire de la philosophie moderne*).

Nous diviserons cet article en deux parties ; dans la première, nous donnerons un abrégé de la vie de *Hobbes* ; dans la seconde, nous exposerons les principes fondamentaux de sa philosophie.

Thomas *Hobbes* naquit en Angleterre, à Malmesbury, le 5 avril 1588 ; son père étoit un ecclésiastique obscur de ce lieu. La flotte que Philippe II, roi d'Espagne, avoit envoyée contre les anglois, & qui fut détruite par les vents, tenoit alors la nation dans une consternation générale. Les couches de la mère de *Hobbes* en furent accélérées, & elle mit au monde cet enfant avant terme.

On l'appliqua de bonne heure à l'étude ; malgré la foiblesse de sa santé, il surmonta avec une facilité surprenante les difficultés des langues savantes ; & il avoit traduit en vers latins la Médée d'Euripide, dans un âge où les autres enfans connoissent à peine le nom de cet auteur.

On l'envoya à quatorze ans à l'université d'Oxford, où il fit ce que nous appellons *la philosophie* ; de-là il passa dans la maison de Guillaume Cavendish, baron de Hardwick, & peu de tems après comte de Devonshire, qui lui confia l'éducation de son fils aîné.

---

(4) Cic. *de Finib.* 3. 4.

La douceur de son caractère, & les progrès de son élève, le rendirent cher à toute la famille, qui le choisit pour accompagner le jeune comte dans ses voyages. Il parcourut la France & l'Italie, recherchant le commerce des hommes célèbres, & étudiant les loix, les usages, les coutumes, les mœurs, le génie, la constitution, les intérêts & le goût des deux nations.

De retour en Angleterre, il se livra tout entier à la culture des lettres, & aux méditations de la philosophie. Il avoit pris en aversion & les choses qu'on enseignoit dans les écoles, & la manière de les enseigner. Il n'y voyoit aucune application à la conduite générale ou particulière des hommes. La logique & la métaphysique des péripatéticiens ne lui paroissoit qu'un tissu de niaiseries difficiles ; leur morale, qu'un sujet de disputes vuide de sens ; & leur physique, que des rêveries sur la nature & ses phénomènes.

Avide d'une pâture plus solide, il revint à la lecture des anciens ; il dévora leurs philosophes, leurs poëtes, leurs orateurs & leurs historiens ; ce fut alors qu'on le présenta au chancelier Bacon, qui l'admit dans la société des grands hommes dont il étoit environné. Le gouvernement commençoit à pencher vers la démocratie ; & notre philosophe effrayé des maux qui accompagnent toujours les grandes révolutions, jetta les fondemens de son système politique ; il croyoit de bonne foi que la voix d'un philosophe pouvoit se faire entendre au milieu des clameurs d'un peuple rebelle.

Il se repaissoit de cette idée aussi séduisante que vaine ; & il écrivoit, lorsqu'il perdit, dans la personne de son élève, son protecteur & son ami : il avoit alors quarante ans, tems où l'on pense à l'avenir. Il étoit sans fortune, un moment avoit renversé toutes ses espérances. Gervaise Clifton le sollicitoit de suivre son fils dans ses voyages, & il y consentit : il se chargea ensuite de l'éducation d'un fils de la comtesse de Devonshire, avec lequel il revit encore la France & l'Italie.

C'est au milieu de ces distractions qu'il s'instruisit dans les mathématiques qu'il regardoit comme les seules sciences capables d'affermir le jugement ; il pensoit déjà que tout s'exécute par des loix mécaniques, & que c'étoit dans les propriétés seules de la matière & du mouvement qu'il falloit chercher la raison des phénomènes des corps brutes & des êtres organisés.

A l'étude des mathématiques, il fit succéder celle de l'histoire naturelle & de la physique expérimentale ; il étoit alors à Paris, où il se lia avec Gassendi, qui travailloit à rappeler de l'oubli la philosophie d'Epicure. Un système où l'on explique tout par du mouvement & des atômes ne pouvoit manquer de plaire à *Hobbes* ; il l'adopta, & en étendit l'application des phénomènes de la nature aux sensations & aux idées. Gassendi disoit d'*Hobbes* qu'il ne connoissoit guère d'ame plus intrépide, d'esprit plus libre de préjugés, d'homme qui pénétrât plus profondément dans les choses : & l'historien d'*Hobbes* a dit du P. Mersenne, que son état de religieux ne l'avoit point empêché de chérir le philosophe de Malmesbury, ni de rendre justice aux mœurs & aux talens de cet homme, quelque différence qu'il y eût entre leur communion & leurs principes.

Ce fut alors qu'*Hobbes* publia son livre du *citoyen* ; l'accueil que cet ouvrage reçut du public, & les conseils de ses amis, l'attachèrent à l'étude de l'homme & des mœurs.

Ce sujet intéressant l'occupoit, lorsqu'il partit pour l'Italie. Il fit connoissance à Pise avec le célèbre Galilée. L'amitié fut étroite & prompte entre ces deux hommes. La persécution acheva de resserrer, dans la suite les liens qui les unissoient.

Les troubles qui devoient bientôt arroser de sang l'Angleterre, étoient sur le point d'éclater. Ce fut dans ces circonstances qu'il publia son *Leviathan* : cet ouvrage fit grand bruit, c'est-à-dire, qu'il eut peu de lecteurs, quelques défenseurs & beaucoup d'ennemis. *Hobbes* y disoit : « Point de sûreté sans la paix ; point de paix » sans un pouvoir absolu ; point de pouvoir absolu » sans les armes ; point d'armes sans impôts ; & » la crainte des armes n'établira point la paix, » si une crainte plus terrible que celle de la mort » n'excite les esprits. Or, telle est la crainte de » la damnation éternelle. Un peuple sage com- » mencera donc par convenir des choses néces- » saires au salut ».

Sine pace impossibilem esse incolumitatem ; sine imperio pacem ; sine armis imperium ; sine opibus in unam manum collatis, nihil valent arma ; neque metu armorum quicquam ad pacem proficere illos, quos ad pugnandum concitat malum morte magis formidandum. Nempe dum consensum non fit de iis rebus quæ ad felicitatem æternam necessaria credantur, pacem inter cives esse non posse.

Tandis que des hommes de sang faisoient retentir les temples de la doctrine meurtrière des rois, distribuoient des poignards aux citoyens pour s'entr'égorger, & prêchoient la rebellion & la rupture du pacte civil, un philosophe leur disoit : » mes amis, mes concitoyens, écoutez- » moi : ce n'est point votre admiration ni vos » éloges que je cherche, c'est de votre bien,

» c'est de vous-même que je m'occupe. Je vou-
» drois vous éclairer sur des vérités qui vous
» épargneroient des crimes : je voudrois que vous
» conçussiez que tout a ses inconvéniens, & que
» ceux de votre gouvernement sont bien moin-
» dres que les maux que vous vous prépariez.
» Je souffre avec impatience que des hommes
» ambitieux vous abusent & cherchent à cimenter
» leur élévation de votre sang. Vous avez une
» ville & des loix ; est-ce d'après les suggestions
» de quelques particuliers, ou d'après votre
» bonheur commun que vous devez estimer la
» justice de vos démarches ? Mes amis, mes con-
» citoyens, arrêtez, considérez les choses, &
» vous verrez que ceux qui prétendent se sous-
» traire à l'autorité civile, écarter d'eux la por-
» tion du fardeau public, & cependant jouir
» de la ville, en être défendus, protégés, &
» vivre tranquilles à l'ombre de ses remparts,
» ne sont point vos concitoyens, mais vos
» ennemis ; & vous ne croirez point stupide-
» ment ce qu'ils ont l'impudence & la témérité
» de vous annoncer publiquement ou en secret,
» comme la volonté du ciel & la parole de
» Dieu ».

Feci non eo concilio ut laudarer, sed vestri causâ, qui cum doctrinam quam offero, cognitam & perspectam haberetis, sperabam fore ut aliqua incommoda in re familiari, quoniam res humanæ sine incommodo esse non possunt, æquo animo ferre, quam reipublicæ statum conturbare malletis. Ut justitiam earum rerum, quas facere cogitatis, non sermone vel concilio privatorum, sed legibus civitatis metientes, non amplius sanguine vestro ad suam potentiam ambitiosos homines abuti paterimini. Ut statu præsenti, licet non optimo, vos ipsos frui, quam bello excitato, vobis interfectis, ætate consumptis, alios homines alio sæculo statum habere reformatiorem satius duceretis. Præterea qui magistratui civili subditos sese esse nolunt, onerumque publicorum immunes esse volunt, in civitate tamen esse, atque ab eâ protegi & vi & injuriis postulant, ne illos cives, sed hostes exploratoresque putaretis ; neque omnia quæ illo pro verbo dei vobis vel palam, vel secreto proponunt, temerè reciperetis.

Il ajoute les choses les plus fortes contre les parricides, qui rompent le lien qui attache le peuple à son roi, & le roi à son peuple, & qui osent avancer qu'un souverain soumis aux loix comme un simple sujet, plus coupable encore par leur infraction, peut être jugé & condamné.

Le *citoyen* & le *Leviathan* tombèrent entre les mains de Descartes, qui y reconnut du premier coup-d'œil le zèle d'un citoyen fortement attaché à son roi & à sa patrie, & la haine de la sédition & des séditieux.

Quoi de plus naturel à l'homme de lettres, au philosophe, que les dispositions pacifiques ? Qui est celui d'entre nous qui ignore que point de philosophie sans repos, point de repos sans paix, point de paix sans soumission au dedans, & sans crédit au dehors ?

Cependant le parlement étoit divisé d'avec la cour, & le feu de la guerre civile s'allumoit de toutes parts. *Hobbes*, défenseur de la majesté souveraine, encourut la haine des démocrates. Alors voyant les loix foulées aux pieds, le trône chancelant, les hommes entraînés, comme par un vertige général, aux actions les plus atroces, il pensa que la nature humaine étoit mauvaise, & de-là toute sa fable ou son histoire de l'état de nature. Les circonstances firent sa philosophie : il prit quelques accidens momentanés pour les règles invariables de la nature, & il devint l'aggresseur de l'humanité, & l'apologiste de la tyrannie.

Cependant, au mois de novembre 1611, il y eut une assemblée générale de la nation ; on en espéroit tout pour le roi : on se trompa, les esprits s'aigrirent de plus en plus, & *Hobbes* ne se crut plus en sûreté.

Il se retire en France, il y retrouve ses amis, il en est accueilli ; il s'occupe de physique, de mathématiques, de philosophie, de belles lettres & de politique : le cardinal de Richelieu étoit à la tête du ministère, & sa grande ame échauffoit toutes les autres.

Mersenne, qui étoit comme un centre commun où aboutissoient tous les fils qui lioient les philosophes entr'eux, met le philosophe anglois en correspondance avec Descartes. Deux esprits aussi impérieux n'étoient pas faits pour être long-tems d'accord. Descartes venoit de proposer ses loix du mouvement. *Hobbes* les attaqua. Descartes avoit envoyé à Mersenne ses méditations sur l'esprit, la matière, Dieu, l'ame humaine & les autres points les plus importans de la métaphysique. On les communiqua à *Hobbes*, qui étoit bien éloigné de convenir que la matière étoit incapable de penser. Descartes avoit dit : « je pense, donc je suis ». *Hobbes* disoit : « je » pense, donc la matière peut penser ». *Ex hoc primo axiomate quod Cartesius statuminaverat, ego cogito, ergo sum, concludebat rem cogitantem esse corporeum quid.* Il objectoit encore à son adversaire que quelque fût le sujet de la pensée, il ne se présentoit jamais à l'entendement que sous une forme corporelle.

Malgré la hardiesse de sa philosophie, il vivoit à Paris tranquille ; & lorsqu'il fut question de donner au prince de Galles un maître de mathématiques, ce fut lui qu'on choisit parmi la grand nombre d'autres qui envioient la même place.

Il eut une autre querelle philosophique avec Bramhall, évêque de Derry. Ils s'étoient entretenus ensemble chez l'évêque de Neucaftle, de la liberté, de la néceffité, du deftin & de fon effet fur les actions humaines. Bramhall envoya à Hobbes une differtation manuscrite fur cette matière. Hobbes y répondit: il avoit exigé que fa réponfe ne fût point publiée, de peur que les efprits peu familiarifés avec fes principes n'en fuffent effarouchés. Bramhall répliqua. Hobbes ne refta pas en refte avec fon antagonifte. Cependant les pièces de cette difpute parurent, & produifirent l'effet que Hobbes en craignoit. On y lifoit que c'étoit au fouverain à prefcrire aux peuples ce qu'il falloit croire de Dieu & des chofes divines; que Dieu ne devoit être appellé jufte, qu'en ce qu'il n'y avoit aucun être plus puiffant qui pût lui commander, le contraindre & le punir de fa défobéiffance; que fon droit de regner & de punir n'étoit fondé que fur l'irréfiftibilité de fa puiffance; qu'ôté cette condition, enforte qu'un feul ou tous réunis puffent le contraindre, ce droit fe réduifoit à rien; qu'il n'étoit pas plus la caufe des bonnes actions que des mauvaifes; mais que c'eft par fa volonté feule qu'elles font mauvaifes ou bonnes, & qu'il peut rendre coupable celui qui ne l'eft point, & punir & damner fans injuftice celui même qui n'a pas péché.

Toutes ces idées fur la fouveraineté & la juftice de Dieu, font les mêmes que celles qu'il établiffoit fur la fouveraineté & la juftice des rois. Il les avoit tranfportées du temporel au fpirituel; & les théologiens en concluoient que, felon lui, il n'y avoit ni juftice, ni injuftice abfolue; que les actions ne plaifent pas à Dieu, parce qu'elles font bien; mais qu'elles font bien, parce qu'il lui plaît, & que la vertu, tant dans ce monde que dans l'autre, confifte à faire la volonté du plus fort qui commande, & à qui on ne peut s'oppofer avec avantage.

En 1649, il fut attaqué d'une fièvre dangereufe; le P. Merfenne, que l'amitié avoit attaché à côté de fon lit, crut devoir lui parler alors de l'églife catholique & de fon autorité. « Mon P. » lui répondit Hobbes, je n'ai pas » attendu ce moment pour penfer à cela, & je » ne fuis guère en état d'en difputer; vous avez » des chofes plus agréables à me dire. Y a-t-il » long-tems que vous n'avez vu Gaffendi ». *Mi pater, hæc omnia jamdudum mecum difputavi, eadem difputare nunc moleftum erit; habes quæ dicas amaniora? Quando vidifti Gaffendum?* Le bon religieux conçut que le philofophe étoit refolu de mourir dans la religion de fon pays, ne le preffa

pas davantage, & Hobbes fut adminiftré felon le rite de l'églife anglicane.

Il guérit de cette maladie, & l'année fuivante il publia fes traités de la nature humaine, & du corps politique. Sethus Wardus, célèbre profeffeur en aftronomie à Seville, & dans la fuite évêque de Salisbury, publia contre lui une efpèce de fatyre, où l'on ne voit qu'une chofe; c'eft que cet homme, quelque habile qu'il fut d'ailleurs, réfutoit une philofophie qu'il n'entendoit pas, & croyoit remplacer de bonnes raifons par de mauvaifes plaifanteries. Richard Stéele, qui fe connoiffoit en ouvrages de littérature & de philofophie, regardoit ces derniers comme les plus parfaits que notre philofophe eût compofés.

Cependant, à mefure qu'il acquéroit de la réputation, il perdoit de fon repos; les imputations fe multiplioient de toutes parts; on l'accufa d'avoir paffé du parti du roi dans celui de l'ufurpateur. Cette calomnie prit faveur; il ne fe crut pas en fûreté à Paris, où fes ennemis pouvoient tout, il retourna en Angleterre, où il fe lia avec deux hommes célèbres, Harvée & Selden. La famille de Devonshire lui accorda une retraite; & ce fut loin du tumulte & des factions qu'il compofa fa logique, fa phyfique, fon livre des principes ou élémens des corps, fa géométrie & fon traité de l'homme, de fes facultés, de leurs objets, de fes paffions, de fes appétits, de l'imagination, de la mémoire, de la raifon, du jufte, de l'injufte, de l'honnête, du déshonnête, &c.

En 1660, la tyrannie fut accablée, le repos rendu à l'Angleterre, Charles rappellé au trône, la face des chofes changée, & Hobbes abandonna fa campagne, & reparut.

Le monarque, à qui il avoit autrefois montré les mathématiques, le reconnut, l'accueillit, & paffant un jour proche de la maifon qu'il habitoit, le fit appeller, le careffa, & lui préfenta fa main à baifer.

Il fufpendit un moment fes études philofophiques, pour s'inftruire des loix de fon pays, & il en a laiffé un commentaire manufcrit qui eft eftimé.

Il croyoit la géométrie défigurée par des paralogifmes; la plupart des problêmes, tels que la quadrature du cercle, la trifection de l'angle, la duplication du cube, n'étoient infolubles, felon lui, que parce que les notions qu'on avoit du rapport, de la quantité, du nombre, du point, de la ligne, de la furface, & du folide, n'étoient pas les vraies, & il s'occupa à perfectionner les mathématiques, dont il avoit commencé l'étude trop tard, & qu'il ne connoiſſoit pas aſſez pour en être le réformateur.

Il eut l'honneur d'être viſité par Coſme de Médicis, qui recueillit ſes ouvrages, & les tranſporta avec ſon buſte dans la célèbre bibliothèque de ſa maiſon.

Hobbes étoit alors parvenu à la vieilleſſe la plus avancée, & tout ſembloit lui promettre de la tranquillité dans ſes derniers momens; cependant il n'en fut pas ainſi. La jeuneſſe avide de ſa doctrine, s'en repaiſſoit, elle étoit devenue l'entretien des gens du monde, & la diſpute des écoles. Un jeune bachelier, dans l'univerſité de Cambridge, appellé *Scargil*, eut l'imprudence d'en inférer quelques propoſitions dans une thèſe, & de ſoutenir que le droit du ſouverain n'étoit fondé que ſur la force; que la ſanction des loix civiles fait toute la moralité des actions; que les livres ſaints n'ont force de loi dans l'état, que par la volonté du magiſtrat, & qu'il faut obéir à cette volonté, que ces arrêts ſoient conformes ou non à ce qu'on regarde comme la loi divine.

Le ſcandale que cette thèſe excita fut général, la puiſſance eccléſiaſtique appella à ſon ſecours l'autorité ſéculière; on pourſuivit le jeune bachelier; on impliqua *Hobbes* dans cette affaire. Le philoſophe eut beau réclamer, prétendre & démontrer que Scargil ne l'avoit point entendu, on ne l'écouta pas; la thèſe fut lacérée; Scargil perdit ſon grade, & *Hobbes* reſta chargé de tout l'odieux d'une aventure dont on jugera mieux après l'expoſition de ſes principes.

Las du commerce des hommes, il retourna à la campagne, qu'il eût bien fait de ne pas quitter, & il s'amuſa des mathématiques, de la poéſie & de la phyſique. Il traduiſit en vers les ouvrages d'Homère, à l'âge de quatre-vingt-dix ans; il écrivit contre l'évêque Laney, ſur la liberté ou la néceſſité des actions humaines; il publia ſon décaméron phyſiologique, & il acheva l'hiſtoire de la guerre civile.

Le roi, à qui cet ouvrage avoit été préſenté manuſcrit, le déſaprouva; cependant il parut, & *Hobbes* craignit de cette indiſcrétion quelques nouvelles perſécutions qu'il eût ſans doute eſſuyées, ſi ſa mort ne les eût prévenues. Il fut attaqué au mois d'octobre 1679, d'une rétention d'urine qui fut ſuivie d'une paralyſie ſur le côté droit qui lui ôta la parole, & qui l'emporta peu de jours après. Il mourut âgé de quatre-vingt-onze ans; il étoit né avec un tempérament foible, qu'il avoit fortifié par l'exercice & la ſobriété; il vécut dans le célibat, ſans être toutefois ennemi du commerce des femmes.

Les hommes de génie ont communément, dans le cours de leurs études, une marche particulière qui les caractériſe. *Hobbes* publia d'abord ſon ouvrage du *citoyen*: au lieu de répondre aux critiques qu'on en fit, il compoſa ſon traité de l'homme; du traité de l'homme il s'éleva à l'examen de la nature animale; de-là il paſſa à l'étude de la phyſique ou des phénomènes de la nature, qui le conduiſirent à la recherche des propriétés générales de la matière, & de l'enchaînement univerſel des cauſes & des effets. Il termina ces différens traités par ſa logique & ſes livres de mathématiques; ces différentes productions ont été rangées dans un ordre renverſé. Nous allons en expoſer les principes, avec la précaution de citer le texte par-tout où la ſuperſtition, l'ignorance & la calomnie, qui ſemblent s'être réunies pour attaquer cet ouvrage, ſeroient tentées de nous attribuer des ſentimens dont nous ne ſommes que les hiſtoriens.

Principes élémentaires & généraux.

Les choſes qui n'exiſtent point hors de nous, deviennent l'objet de notre raiſon; ou, pour parler la langue de notre philoſophe, ſont intelligibles & *comparables*, par les noms que nous leur avons impoſés. C'eſt ainſi que nous diſcourons des fantômes de notre imagination, dans l'abſence même des choſes réelles d'après leſquelles nous avons imaginé.

L'eſpace eſt un fantôme d'une choſe exiſtante, *phantaſma rei exiſtentis*, abſtraction faite de toutes les propriétés de cette choſe, à l'exception de celle de paroître hors de celui qui imagine.

Le tems eſt un fantôme de mouvement conſidéré ſous le point de vue qui nous y fait diſcerner priorité & poſtériorité, ou ſucceſſion.

Un eſpace eſt partie d'un eſpace, un tems eſt partie d'un tems, lorſque le premier eſt contenu dans le ſecond, & qu'il y a plus dans celui-ci.

Diviſer un eſpace ou un tems, c'eſt y diſcerner une partie, puis une autre, puis une troiſième, & ainſi de ſuite.

Un eſpace, un tems ſont un, lorſqu'on les diſtingue entre d'autres tems & d'autres eſpaces.

Le nombre eſt l'addition d'une unité à une unité, à une troiſième & ainſi de ſuite.

Compoſer un eſpace ou un tems, c'eſt après un eſpace ou un tems, en conſidérer un ſecond, un troiſième, un quatrième, & regarder tous ces tems ou eſpaces comme un ſeul.

Le tout eſt ce qu'on a engendré par la compoſition; les parties, ce qu'on retrouve par la division.

Point de vrai tout qui ne s'imagine comme composé des parties dans lesquelles il puisse se résoudre.

Deux espaces sont contigus, s'il n'y a point d'espaces entr'eux.

Dans un tout composé de trois parties, la partie moyenne est celle qui en a deux contiguës, & les deux extrêmes sont contiguës à la moyenne.

Un tems, un espace est fini en puissance, quand on peut assigner un nombre de tems ou d'espaces finis qui le mesurent exactement ou avec excès.

Un espace, un tems est infini en puissance, quand on ne peut assigner un nombre d'espaces ou de tems finis qui le mesurent, & qu'il n'excède.

Tout ce qui se divise, se divise en parties divisibles; & ces parties en d'autres parties divisibles; donc il n'y a point de divisible qui soit le plus petit divisible.

J'appelle *corps*, ce qui existe indépendamment de ma pensée, co-étendu, ou co-incident avec quelque partie de l'espace.

L'accident est une propriété du corps avec laquelle on l'imagine, ou qui entre nécessairement dans le concept qu'il nous imprime.

L'étendue d'un corps, ou sa grandeur indépendante de notre pensée, c'est la même chose.

L'espace co-incident avec la grandeur d'un corps est le lieu du corps; le lieu forme toujours un solide; son étendue diffère de l'étendue du corps; il est terminé par une surface co-incidente avec la surface du corps.

L'espace occupé par un corps est un espace plein; celui qu'un corps n'occupe point est un espace vuide.

Les corps entre lesquels il n'y a point d'espace sont contigus; les corps contigus qui ont une partie commune sont continus; & il y a pluralité, s'il y a continuité entre des contigus quelconques.

Le mouvement est le passage continu d'un lieu dans un autre.

Se reposer, c'est rester un tems quelconque dans un même lieu; être mu, c'est avoir été dans un autre lieu que celui qu'on occupe.

Deux corps sont égaux, s'ils peuvent remplir un même lieu.

L'étendue d'un corps un & le même, est une & la même.

Le mouvement de deux corps égaux est égal, lorsque la vitesse considérée dans toute l'étendue de l'un est égale à la vitesse considérée dans toute l'étendue de l'autre.

La quantité de mouvement considérée sous cet aspect, s'appelle aussi *force*.

Ce qui est en repos est conçu devoir y rester toujours, sans la supposition d'un corps qui trouble le repos.

Un corps ne peut s'engendrer ni périr; il passe sous divers états successifs auxquels nous donnons différens noms: ce sont les accidens du corps qui commencent & finissent, c'est improprement qu'on dit qu'ils se *meuvent*.

L'accident qui donne le nom à son sujet, est ce qu'on appelle *l'essence*.

La matière première, ou le corps considéré en général n'est qu'un mot.

Un corps agit sur un autre, lorsqu'il y produit ou détruit un accident.

L'accident ou dans l'agent, ou dans le patient, sans lequel l'effet ne peut être produit, *causa sine qua non*, est nécessaire par hypothèse.

De l'aggrégat de tous les accidens, tant dans l'agent que dans le patient, on conclut la nécessité d'un effet; & réciproquement on conclut du défaut d'un seul accident, soit dans l'agent, soit dans le patient, l'impossibilité de l'effet.

L'aggrégat de tous les accidens nécessaires à la production de l'effet, s'appelle dans l'agent, cause complette, *causa simpliciter*.

La cause simple ou complette s'appelle, après la production de l'effet, *cause efficiente* dans l'agent, *cause materielle* dans le patient; où l'effet est nul, la cause est nulle.

La cause complette a toujours son effet; au moment où elle est entière, l'effet est produit & est nécessaire.

La génération des effets est continue.

Si les agens & les patiens sont les mêmes, & disposés de la même manière, les effets seront les mêmes en différens tems.

Le mouvement n'a de cause que dans le mouvement d'un corps contigu.

Tout changement est mouvement.

Les accidens considérés relativement à d'autres, qui les ont précédés, & sans aucune dépendance d'effet & de cause, s'appellent *contingens*.

La cause est à l'effet, comme la puissance à l'acte, ou plutôt c'est la même chose.

Au moment où la puissance est entière & pleine, l'acte est produit.

La puissance active & la puissance passive ne sont que les parties de la puissance entière & pleine.

L'acte à la production duquel il n'y aura jamais de puissance pleine & entière, est impossible.

L'acte qui n'est pas impossible est nécessaire; de ce qu'il est possible qu'il soit produit, il le sera; autrement il seroit impossible.

Ainsi tout acte futur l'est nécessairement.

Ce qui arrive, arrive par des causes nécessaires; & il n'y a d'effets contingents que relativement à d'autres effets avec lesquels les premiers n'ont ni liaison, ni dépendance.

La puissance active consiste dans le mouvement.

La cause formelle ou l'essence, la cause finale ou le terme, dépendent des causes efficientes.

Connoître l'essence, c'est connoître la chose; l'un suit de l'autre.

Deux corps diffèrent, si l'on peut dire de l'un quelque chose qu'on ne puisse dire de l'autre au moment où on les compare.

Tous les corps diffèrent numériquement.

Le rapport d'un corps à un autre consiste dans leur égalité ou inégalité, similitude ou différence.

Le rapport n'est point un nouvel accident; mais une qualité de l'un & de l'autre corps, avant la comparaison qu'on en fait.

Les causes des accidens de deux corrélatifs, sont les causes de la corrélation.

L'idée de quantité naît de l'idée de limites.

Il n'y a grand & petit que par comparaison.

Le rapport est une évaluation de la quantité par comparaison; & la comparaison est arithmétique ou géométrique.

L'effort ou *nisus* est un mouvement par un espace & par un tems moindres qu'aucuns donnés.

L'*impetus*, ou la quantité de l'effort, c'est la vitesse même considérée au moment du transport.

La résistance est l'opposition de deux efforts ou *nisus* au moment du contact.

La force est l'*impetus* multiplié, ou par lui-même, ou par la grandeur du mobile.

La grandeur & la durée de tout nous sont cachées pour jamais.

Il n'y a point de vuide absolu dans l'univers.

La chûte des graves n'est point en eux la suite d'un appétit, mais l'effet d'une action de la terre sur eux.

La différence de la gravitation naît de la différence des actions ou efforts excités sur les parties élémentaires des graves.

Il y a deux manières de procéder en philosophie; ou l'on descend de la génération aux effets possibles, ou l'on remonte des effets aux générations possibles.

Après avoir établi ces principes communs à toutes les parties de l'univers, *Hobbes* passe à la considération de la portion qui sent ou l'animal, & de celui-ci à celle qui réfléchit & pense ou l'homme.

De l'animal.

La sensation dans celui qui sent est le mouvement de quelques-unes de ses parties.

La cause immédiate de la sensation est dans l'objet qui affecte l'organe.

La définition générale de la sensation est donc l'application de l'organe à l'objet extérieur; il y a entre l'un & l'autre une réaction d'où naît l'empreinte & le fantôme.

Le sujet de la sensation est l'être qui sent, son objet, l'être qui se fait sentir, le fantôme est l'effet.

On n'éprouve point deux sensations à la fois.

L'imagination est une sensation languissante qui s'affoiblit par l'éloignement de l'objet.

Le réveil des fantômes dans l'être qui sent, constate l'activité de son ame; il est commun à l'homme & à la bête.

Le songe est un fantôme de celui qui dort.

La crainte, la conscience du crime, la nuit, les lieux sacrés, les contes qu'on a entendus, réveillent en nous des fantômes qu'on a nommés *spectres*; c'est en réalisant nos spectres hors de nous par des noms vuides de sens, que nous est venue l'idée d'incorporéité. *Et metus, & scelus, & conscientia, &*

nox & loca consecrata, adjuta apparitionum historiis phantasmata horribilia etiam vigilantibus excitant, quæ spectrorum & substantiarum incorporearum nomina pro veris rebus imponunt.

Il y a des sensations d'un autre genre; c'est le plaisir & la peine. Ils consistent dans le mouvement continu qui se transmet de l'extrémité d'un organe vers le cœur.

Le desir & l'aversion sont les causes du premier effort animal; les esprits se portent dans les nerfs ou s'en retirent; les muscles se gonflent ou se relâchent; les membres s'étendent ou se replient, & l'animal se meut ou s'arrête.

Si le desir est suivi d'un enchaînement de fantômes, l'animal pense, délibère, veut.

Si la cause du desir est pleine & entière, l'animal veut nécessairement: vouloir, ce n'est pas être libre, c'est tout au plus être libre de faire ce que l'on veut, mais non de vouloir. *Causa appetitus existente integrâ, necessariò sequitur voluntas; adeoque voluntati libertas à necessitate non convenit; concedi tamen potest libertas faciendi ea quæ volumus.*

De l'homme.

Le discours est un tissu artificiel de voix instituées par les hommes pour se communiquer la suite de leurs concepts.

Les signes que la nécessité de la nature nous suggère ou nous arrache, ne forment point une langue.

La science & la démonstration naissent de la connoissance des causes.

La démonstration n'a lieu qu'aux occasions où les causes sont en notre pouvoir. Dans le reste, tout ce que nous démontrons, c'est que la chose est possible.

Les causes du desir & de l'aversion, du plaisir & de la peine, sont les objets mêmes des sens. Donc s'il est libre d'agir, il ne l'est pas de haïr ou de desirer.

On a donné aux choses le nom de *bonnes*, lorsqu'on les desire; de *mauvaises*, lorsqu'on les craint.

Le bien est apparent ou réel. La conservation d'un être est pour lui un bien réel, le premier des biens. Sa destruction un mal réel, le premier des maux.

Les affections ou troubles de l'ame sont des mouvemens alternatifs de desir & d'aversion qui naissent des circonstances, & qui balotent notre ame incertaine.

Philosophie anc. & mod. Tome II.

Le sang se porte avec vîtesse aux organes de l'action, en revient avec promptitude; l'animal est prêt à se mouvoir; l'instant suivant il est retenu; & cependant il se réveille en lui une suite de fantômes alternativement effrayans & terribles.

Il ne faut pas rechercher l'origine des passions ailleurs que dans l'organisation, le sang, les fibres, les esprits, les humeurs, &c.

Le caractère naît du tempérament, de l'expérience, de l'habitude, de la prospérité, de l'adversité, des réflexions, des discours, de l'exemple, des circonstances. Changez ces choses, & le caractère changera.

Les mœurs sont formées, lorsque l'habitude a passé dans le caractère; & que nous nous soumettons sans peine & sans effort aux actions qu'on exige de nous. Si les mœurs sont bonnes, on les appelle *vertus*; *vices*, si elles sont mauvaises.

Mais tout n'est pas également bon ou mauvais pour tous. Les mœurs qui sont vertueuses au jugement des uns, sont vicieuses au jugement des autres.

Les loix de la société sont donc la seule mesure commune du bien & du mal, des vices & des vertus. On n'est vraiment bon ou vraiment méchant que dans sa ville. *Nisi in vita civili virtutum & vitiorum communis mensura non invenitur. Quæ mensura ob eam causam alia esse non potest præter unius cujusque civitatis leges.*

Le culte extérieur qu'on rend sincèrement à Dieu, est ce que les hommes ont appelé *religion*.

La foi qui a pour objet les choses qui sont au-dessus de notre raison, n'est, sans un miracle, qu'une opinion fondée sur l'autorité de ceux qui nous parlent. En fait de religion, un homme ne peut exiger de la croyance d'un autre que d'après miracle. *Homini privato sine miraculo fides haberi in religionis actu non potest.*

Au défaut de miracles, il faut que la religion reste abandonnée aux jugemens des particuliers, ou qu'elle se soutienne par les loix civiles.

Ainsi la religion est une affaire de législation, & non de philosophie. C'est une convention publique qu'il faut remplir, & non disputer. *Quod si religio ab hominibus privatis non dependet, tunc oportet, cessantibus miraculis, ut dependeat à legibus. Philosophia non est, sed in omni civitate lex non disputanda, sed implenda.*

Point de culte public sans cérémonies; car,

qu'est-ce qu'un culte public, sinon une marque extérieure de la vénération que tous les citoyens portent au dieu de la patrie; marque prescrite selon les temps & les lieux, par celui qui gouverne. *Cultus publicus signum honoris deo exhibiti, idque locis & temporibus constitutis à civitate. Non à natura operis tantum, sed ab arbitrio civitatis pendet.*

C'est à celui qui gouverne à décider de ce qui convient ou non dans cette branche de l'administration, ainsi que dans toute autre. Les signes de la vénération des peuples envers leur dieu ne sont pas moins subordonnés à la volonté du maître qui commande, qu'à la nature de la chose.

Voilà les propositions sur lesquelles le philosophe de Malmesbury se proposoit d'élever le système qu'il nous présente dans l'ouvrage qu'il a intitulé le *Léviathan*, & que nous allons analyser.

Du Léviathan d'Hobbes.

Point de notions dans l'ame qui n'aient préexisté dans la sensation.

Le sens est l'origine de tout. L'objet qui agit sur le sens, l'affecte & le presse, est la cause de la sensation.

La réaction de l'objet sur le sens, & du sens sur l'objet, est la cause des fantômes.

Loin de nous ces simulacres imaginaires qui s'émanent des objets, passent en nous, & s'y fixent.

Si un corps se meut, il continuera de se mouvoir éternellement, si un mouvement différent ou contraire ne s'y oppose. Cette loi s'observe dans la matière brute & dans l'homme.

L'imagination est une sensation qui s'appaise & s'évanouit par l'absence de son objet, & par la présence d'un autre.

Imagination, mémoire, même qualité sous deux noms différens. Imagination, s'il reste dans l'être sentant, image ou fantôme. Mémoire, si le fantôme s'évanouissant, il ne reste qu'un mot.

L'expérience est la mémoire de beaucoup de choses.

Il y a l'imagination simple & l'imagination composée qui différent entr'elles, comme le mot & le discours, une figure & un tableau.

Les fantômes les plus bizarres que l'imagination compose dans le sommeil, ont préexisté dans la sensation. Ce sont des mouvemens confus & tumultueux des parties intérieures du corps qui, se succédant & se combinant d'une infinité de manières diverses, engendrent la variété des songes.

Il est difficile de distinguer les fantômes du rêve, des fantômes du sommeil, & les uns & les autres de la présence de l'objet, lorsqu'on passe du sommeil à la veille sans s'en appercevoir, ou lorsque dans la veille l'agitation des parties du corps est très-violente. Alors Marcus Brutus croira qu'il a vu le spectre terrible qu'il a rêvé.

Otez la crainte des spectres, & vous bannirez de la société la superstition, la fraude & la plupart de ces fourberies dont on se sert pour leurrer les esprits des hommes dans les états mal gouvernés.

Qu'est-ce que l'entendement? La sorte d'imagination factice qui naît de l'institution des signes. Elle est commune à l'homme & à la brute.

Le discours mental, ou l'activité de l'ame, ou son entretien avec elle-même, n'est qu'un enchaînement involontaire de concepts, ou de fantômes qui se succèdent.

L'esprit ne passe point d'un concept à un autre, d'un fantôme à un autre, que la même succession n'ait préexisté dans la nature ou dans la sensation.

Il y a deux sortes de discours mental, l'un irrégulier, vague & incohérent. L'autre régulier, continu, & tendant à un but.

Ce dernier s'appelle *recherche*, *investigation*. C'est une espèce de quête où l'esprit suit à la piste les traces d'une cause ou d'un effet présent ou passé. Je l'appelle *réminiscence*.

Le discours ou raisonnement sur un événement futur forme la prévoyance.

Un événement qui a suivi en indique un qui a précédé, & dont il est le signe.

Il n'y a rien dans l'homme qui lui soit inné, & dont il puisse user sans habitude. L'homme naît, il a des sens. Il acquiert le reste.

Tout ce que nous concevons est fini. Le mot infini est donc vuide d'idée. Si nous prononçons le nom de Dieu, nous ne le comprenons pas davantage. Aussi cela n'est-il pas nécessaire; il suffit de le reconnoître & d'adorer.

On ne conçoit que ce qui est dans le lieu, divisible & limité. On ne conçoit pas qu'une chose puisse être toute en un lieu, & toute en un autre, dans un même instant, & que deux ou plusieurs choses puissent être en même-temps dans un même lieu.

Le discours oratoire est la traduction de la pensée. Il est composé de mots. Les mots sont propres ou communs.

La vérité ou la fausseté n'est point des choses, mais du discours. Où il n'y a point de discours, il n'y a ni vrai, ni faux, quoiqu'il puisse y avoir erreur.

La vérité consiste dans une juste application des mots. De-là la nécessité de les définir.

Si une chose est désignée par un nom, elle est du nombre de celles qui peuvent entrer dans la pensée ou dans le raisonnement, ou former une quantité, ou en être retranchée.

L'acte du raisonnement s'appelle *syllogisme*, & c'est l'expression de la liaison d'un mot avec un autre.

Il y a des mots vuides de sens, qui ne sont point définis, qui ne peuvent l'être, & dont l'idée est & restera toujours vague, inconsistante & louche; par exemple substance incorporelle. *Dantur nomina insignificantia, hujus generis est substantia incorporea.*

L'intelligence propre à l'homme est un effet du discours. La bête ne l'a point.

On ne conçoit point qu'une affirmation soit universelle & fausse.

Celui qui raisonne cherche ou un tout par l'addition des parties, ou un reste par la soustraction. S'il se sert de mots, son raisonnement n'est que l'expression de la liaison du mot *tout* au mot *partie*, ou des mots *tout* & *partie*, au mot *reste*. Ce que le géomètre exécute sur les nombres & les lignes, le logicien le fait sur les mots.

Nous raisonnons le plus juste qu'il est possible, si nous partons des mots généraux ou admis pour tels dans l'usage.

L'usage de la raison consiste dans l'investigation des liaisons éloignées des mots entr'eux.

Si l'on raisonne sans se servir de mots, on suppose quelque phénomène qui a vraisemblablement précédé, ou qui doit vraisemblablement suivre. Si la supposition est fausse, il y a erreur.

Si on se sert de termes universaux, & qu'on arrive à une conclusion universelle & fausse, il y avoit absurdité dans les termes. Ils étoient vuides de sens.

Il n'en est pas de la raison comme du sens & de la mémoire. Elle ne naît point avec nous. Elle s'acquiert par l'industrie, & se forme par l'exercice & l'expérience. Il faut savoir imposer des mots aux choses, passer des mots imposés à la proposition, de la proposition au syllogisme, & parvenir à la connoissance du rapport des mots entr'eux.

Beaucoup d'expérience est prudence; beaucoup de science, sagesse.

Celui qui sait est en état d'enseigner & de convaincre.

Il y a dans l'animal deux sortes de mouvemens qui lui sont propres, l'un vital, l'autre animal; l'un involontaire, l'autre volontaire.

La pente de l'ame vers la cause de son *impetus*, s'appelle *desir*. Le mouvement contraire *aversion*. Il y a un mouvement réel dans l'un & l'autre cas.

On aime ce qu'on desire; on hait ce qu'on fuit. On méprise ce qu'on ne desire ni ne fuit.

Quel que soit le desir ou son objet; il est bon; quelle que soit l'aversion ou son objet, on l'appelle mauvaise.

Le bon qui nous est annoncé par des signes apparens, s'appelle *beau*. Le mal dont nous sommes menacés par des signes apparens, s'appelle *laid*. Les espèces de la bonté varient. La bonté considérée dans les signes qui la promettent, est *beauté*; dans la chose, elle garde le nom de *bonté*; dans la fin, on la nomme *plaisir*, & *utilité* dans les moyens.

Tout objet produit dans l'ame un mouvement qui porte l'animal ou à s'éloigner, ou à s'approcher.

La naissance de ce mouvement est celle du plaisir ou de la peine. Ils commencent au même instant. Tout desir est accompagné de quelque plaisir; toute aversion entraîne avec elle quelque peine.

Toute volupté naît, ou de la sensation d'un objet présent, & elle est sensuelle; ou de l'attente d'une chose, de la prévoyance des fins; de l'importance des suites, & elle est intellectuelle, douleur ou joie.

L'appétit, le desir, l'amour, l'aversion, la haine, la joie, la douleur prennent différens noms, selon le degré, l'ordre, l'objet & d'autres circonstances.

Ce sont ces circonstances qui ont multiplié les

mots à l'infini. La religion est la crainte des puissances invisibles. Ces puissances sont-elles avouées par la loi civile, la crainte qu'on en a retient le nom de *religion*. Ne sont-elles pas avouées par la loi civile, la crainte qu'on en a prend le nom de *superstition*. Si les puissances sont réelles, la religion est vraie. Si elles sont chimériques, la religion est fausse. *Hinc oriuntur passionum nomina ; verbi gratia, religio, metus potentiarum invisibilium, quæ si publicè acceptæ, religio ; secus, superstitio, &c.*

C'est de l'aggrégat de diverses passions élevées dans l'ame, & s'y succédant continuement, jusqu'à ce que l'effet soit produit, que naît la délibération.

Le dernier desir qui nous porte, ou la dernière aversion qui nous éloigne, s'appelle *volonté*. La bête délibere : elle veut donc.

Qu'est-ce que la félicité ? Un succès constant dans les choses qu'on desire.

La pensée qu'une chose est ou n'est pas, se fera ou ne se fera pas, & qui ne laisse après elle que la présomption, s'appelle *opinion*.

De même que dans la délibération, le dernier desir est la volonté ; dans les questions du passé & de l'avenir, le dernier jugement est l'opinion.

La succession complete des opinions alternatives, diverses ou contraires, fait le doute.

La conscience est la connoissance intérieure & secrete d'une pensée ou d'une action.

Si le raisonnement est fondé sur le témoignage d'un homme dont la lumière & la véracité ne nous soient point suspectes, nous avons de la foi, nous croyons. La foi est relative à la personne ; la croyance au fait.

La qualité en tout est quelque chose qui frappe par son degré ou sa grandeur ; mais toute grandeur est relative. La vertu même n'est que par comparaison. Les vertus ou qualités intellectuelles sont des facultés de l'ame qu'on loue dans les autres, & qu'on desire en soi. Il y en a de naturelles, il y en a d'acquises.

La facilité de remarquer dans les choses des ressemblances & des différences qui échappent aux autres, s'appelle *bon esprit* ; dans les pensées, *bon jugement*.

Ce qu'on acquiert par l'étude & par la méthode, sans l'art de la parole, se réduit à peu de chose.

La diversité des esprits naît de la diversité des passions, & la diversité des passions naît de la diversité des tempéramens, des humeurs, des habitudes, des circonstances, des éducations.

La folie est l'extrème degré de la passion. Tels étoient les démoniaques de l'évangile. *Tales fuerunt quos historia sacra vocavit judaico stylo dæmoniacos.*

La puissance d'un homme est l'aggrégat de tous les moyens d'arriver à une fin. Elle est ou naturelle, ou instrumentale.

De toutes les puissances humaines, la plus grande est celle qui rassemble dans une seule personne, par le consentement, la puissance divisée d'un plus grand nombre d'autres, soit que cette personne soit naturelle comme l'homme, ou artificielle comme le citoyen.

La dignité ou la valeur d'un homme c'est la même chose. Un homme vaut autant qu'un autre voudroit l'acheter suivant le besoin qu'il en a.

Marquer l'estime ou le besoin, c'est honorer. On honore par la louange, les signes, l'amitié, la foi, la confiance, le secours qu'on implore, le conseil qu'on recherche, la préférence qu'on cede, le respect qu'on porte, l'imitation qu'on se propose, le culte qu'on paie, l'adoration qu'on rend.

Les mœurs relatives à l'espece humaine consistent dans les qualités qui tendent à établir la paix, & à assurer la durée de l'état civil.

Le bonheur de la vie ne doit point être cherché dans la tranquillité ou le repos de l'ame, qui est impossible.

Le bonheur est le passage perpétuel d'un desir satisfait à un autre desir satisfait. Les actions n'y conduisent pas toutes de la même manière. Il faut aux uns de la puissance, des honneurs, des richesses ; aux autres, du loisir, des connoissances, des éloges, même après la mort. De-là, la diversité des mœurs.

Le desir de connoître les causes attache l'homme à l'étude des effets. Il remonte d'un effet à une cause, de celle-ci à une autre, & ainsi de suite, jusqu'à ce qu'il arrive à la pensée d'une cause éternelle qu'aucune autre n'a devancée.

Celui donc qui se sera occupé de la contemplation des choses naturelles, en rapportera nécessairement une pente à reconnoître un Dieu, quoique la nature divine lui reste obscure & inconnue.

L'anxiété naît de l'ignorance des causes ; de l'anxiété, la crainte des puissances invisibles ; & de la crainte de ces puissances, la religion.

Crainte des puiſſances inviſibles, ignorance des cauſes ſecondes, penchant à honorer ce qu'on redoute, événemens fortuits pris pour pronoſtics, ſemences de religion.

Deux ſortes d'hommes ont profité de ce penchant, & cultivé ces ſemences; hommes à imagination ardente devenus chefs de ſectes, hommes à révélation à qui les puiſſances inviſibles ſe ſont manifeſtées. Religion partie de la politique des uns. Politique partie de la religion des autres.

La nature a donné à tous les mêmes facultés d'eſprit & de corps.

La nature a donné à tous le droit à tout, même avec offenſe d'un autre; car on ne doit à perſonne autant qu'à ſoi.

Au milieu de tant d'intérêts divers, prévenir ſon concurrent, moyen le meilleur de ſe conſerver.

De-là, le droit de commander acquis à chacun par la néceſſité de ſe conſerver.

De-là, guerre de chacun contre chacun, tant qu'il n'y aura aucune puiſſance coactive. De-là, une infinité de malheurs au milieu deſquels nulle ſécurité que par une prééminence d'eſprit & de corps; nul lieu à l'induſtrie, nulle récompenſe attachée au travail, point d'agriculture, point d'arts, point de ſociété; mais crainte perpétuelle d'une mort violente.

De la guerre de chacun contre chacun, il s'enſuit encore que tout eſt abandonné à la fraude & à la force, qu'il n'y a rien de propre à perſonne; aucune poſſeſſion réelle, nulle injuſtice.

Les paſſions qui inclinent l'homme à la paix, ſont la crainte; ſur-tout celle d'une mort violente, le deſir des choſes néceſſaires à une vie tranquille & douce, & l'eſpoir de ſe les procurer par quelque induſtrie.

Le droit naturel n'eſt autre choſe que la liberté à chacun d'uſer de ſon pouvoir de la manière qui lui paroîtra la plus convenable à ſa propre conſervation.

La liberté eſt l'abſence des obſtacles extérieurs.

La loi naturelle eſt une règle générale dictée par la raiſon, en conſéquence de laquelle on a la liberté de faire ce qu'on reconnoît contraire à ſon propre intérêt.

Dans l'état de nature, tous ayant droit à tout, ſans en excepter la vie de ſon ſemblable, tant que les hommes conſerveront ce droit, nulle ſûreté même pour le plus fort.

De-là, une première loi générale, dictée par la raiſon, de chercher la paix, s'il y a quelque eſpoir de ſe la procurer; ou, dans l'impoſſibilité d'avoir la paix, d'emprunter des ſecours de toute part.

Une ſeconde loi de la raiſon, c'eſt après avoir pourvu à ſa défenſe & à ſa conſervation, de ſe départir de ſon droit à tout, & de ne retenir de ſa liberté que la portion qu'on peut laiſſer aux autres, ſans inconvénient pour ſoi.

Se départir de ſon droit à une choſe, c'eſt renoncer à la liberté d'empêcher les autres d'uſer de leur droit ſur cette choſe.

On ſe départ d'un droit, ou par une renonciation ſimple qui jette, pour ainſi dire, ce droit au milieu de tous, ſans l'attribuer à perſonne, ou une collation; & pour cet effet, il faut qu'il y ait des ſignes convenus.

On ne conçoit pas qu'un homme confère ſon droit à un autre, ſans recevoir en échange quelque autre bien ou quelque autre droit.

La conceſſion réciproque des droits eſt ce qu'on appelle un *contrat*.

Celui qui cède le droit de la choſe, abandonne auſſi l'uſage de la choſe, autant qu'il eſt en lui de l'abandonner.

Dans l'état de nature, le pacte arraché par la crainte eſt valide.

Un premier pacte en rend un poſtérieur invalide. Deux motifs concourent à obliger à la preſtation du pacte, la baſſeſſe qu'il y a à tromper, & la crainte des ſuites fâcheuſes de l'infraction. Or, cette crainte eſt religieuſe ou civile, des puiſſances inviſibles, ou des puiſſances humaines. Si la crainte civile eſt nulle; la religieuſe eſt la ſeule qui donne de la force au pacte, de-là le ſerment.

La juſtice commutative eſt celle des contractans; la juſtice diſtributive eſt celle de l'arbitre entre ceux qui contractent.

Une troiſième loi de la raiſon, c'eſt de garder le pacte. Voilà le fondement de la juſtice. La juſtice & la ſainteté du pacte commencent quand il y a ſociété & force coactive.

Une quatrième règle de la raiſon, c'eſt que celui qui reçoit un don gratuit, ne donne jamais lieu au bienfaiteur de ſe repentir du don qu'il a fait.

Une cinquième, de s'accommoder aux autres, qui ont leur caractère comme nous le nôtre.

Une sixième, les sûretés prises pour l'avenir, d'accorder le pardon des injures passées à ceux qui se repentent.

Une septième, de ne pas regarder dans la vengeance à la grandeur du mal commis, mais à la grandeur du bien qui doit résulter du châtiment.

Une huitième, de ne marquer à un autre ni haine, ni mépris, soit d'action, soit de discours, du regard ou du geste.

Une neuvième, que les hommes soient traités tous comme égaux de nature.

Une dixième, que dans le traité de paix générale, aucun ne retiendra le droit qu'il ne veut pas laisser aux autres.

Une onzième, d'abandonner à l'usage commun ce qui ne souffrira point de partage.

Une douzième, que l'arbitre, choisi de part & d'autre, sera juste.

Une treizième, que dans le cas où la chose ne peut se partager, on en tirera au sort le droit entier, ou la première possession.

Une quatorzième, qu'il y a deux espèces de sort; celui du premier occupant ou du premier né, dont il ne faut admettre le droit qu'aux choses qui ne sont pas divisibles de leur nature.

Une quinzième, qu'il faut aux médiateurs de la paix générale, la sûreté d'aller & venir.

Une seizième, d'aquiescer à la décision de l'arbitre.

Une dix-septième, que personne ne soit arbitre dans sa cause.

Une dix-huitième, de juger d'après les témoins dans les questions de fait.

Une dix-neuvième, qu'une cause sera propre à l'arbitre toutes les fois qu'il aura quelque intérêt à prononcer pour une des parties de préférence à l'autre.

Une vingtième, que les loix de nature qui obligent toujours au for intérieur, n'obligent pas toujours au for extérieur. C'est la différence du vice & du crime.

La morale est la science des loix naturelles, ou des choses qui sont bonnes ou mauvaises dans la société des hommes.

On appelle celui qui agit en son nom, ou au nom d'un autre, une *personne*; & la personne est propre, si elle agit en son nom; représentative, si c'est au nom d'une autre.

Il ne nous reste plus, après ce que nous venons de dire de la philosophie d'*Hobbes*, qu'à en déduire les conséquences, & nous aurons une ébauche de sa politique.

C'est l'intérêt de leur conservation & les avantages d'une vie plus douce qui ont tiré les hommes de l'état de guerre de tous contre tous, pour les assembler en société.

Les loix & les pactes ne suffisent pas pour faire cesser l'état naturel de guerre; il faut une puissance coactive qui les soutienne.

L'association du petit nombre ne peut procurer la sécurité, il faut celle de la multitude.

La diversité des jugemens & des volontés ne laisse ni paix, ni sécurité à espérer dans une société où la multitude gouverne.

Il n'importe pas de gouverner & d'être gouverné pour un tems, il le faut tant que le danger & la présence de l'ennemi durent.

Il n'y a qu'un moyen de former une puissance commune qui fasse la sécurité; c'est de résigner sa volonté à un seul, ou à un certain nombre.

Après cette résignation, la multitude n'est plus qu'une personne qu'on appelle la *ville*, la *société* ou la *république*.

La société peut user de toute son autorité pour contraindre les particuliers à vivre en paix entre eux, & à se réunir contre l'ennemi commun.

La société est une personne dont le consentement & les pactes ont autorisé l'action, & dans laquelle s'est conservé le droit d'user de la puissance de tous pour la conservation de la paix & la défense commune.

La société se forme, ou par institution, ou par acquisition.

Par institution, lorsque d'un consentement unanime, des hommes cèdent à un seul, ou à un certain nombre d'entr'eux, le droit de les gouverner, & vouent obéissance.

On ne peut ôter l'autorité souveraine à celui qui la possède, même pour cause de mauvaise administration.

Quelque chose que fasse celui à qui l'on a confié l'autorité souveraine, il ne peut être suspect envers celui qui l'a conférée.

Puisqu'il ne peut être coupable, il ne peut être ni jugé, ni châtié, ni puni.

C'est à l'autorité souveraine à décider de tout

ce qui concerne la confervation de la paix & fa rupture, & à prefcrire des règles d'après lefquelles chacun connoiffe ce qui eft fien, & en jouiffe tranquillement.

C'eft à elle qu'appartient le droit de déclarer la guerre, de faire la paix, de choifir des miniftres, & de créer des titres honorifiques.

La monarchie eft préférable à la démocratie, à l'ariftocratie, & à toute autre forme de gouvernement mixte.

La fociété fe forme par acquifition ou conquête, lorfqu'on obtient l'autorité fouveraine fur fes femblables par la force; enforte que la crainte de la mort ou des liens ont foumis la multitude à l'obéiffance d'un feul ou de plufieurs.

Que la fociété fe foit formée par inftitution ou par acquifition, les droits du fouverain font les mêmes.

L'autorité s'acquiert encore par la voie de la génération; telle eft celle des pères fur leurs enfans. Par les armes, telle eft celle des tyrans fur leurs efclaves.

L'autorité conférée à un feul ou à plufieurs, eft auffi grande qu'elle peut l'être, quelque inconvénient qui puiffe réfulter d'une réfignation complette; car rien ici bas n'eft fans inconvénient.

La crainte, la liberté & la néceffité qu'on appelle *de nature & de caufes*, peuvent fubfifter enfemble. Celui-là eft libre, qui peut tirer de fa force & de fes autres facultés tout l'avantage qu'il lui plaît.

Les loix de la fociété circonfcrivent la liberté; mais elles n'ôtent point au fouverain le droit de vie & de mort. S'il l'exerce fur un innocent, il pèche envers les dieux, il commet l'iniquité, mais non l'injuftice: *ubi in innocentem exercetur, agit quidem iniquè, & in Deum peccat imperans, non vero injuftè agit.*

On conferve dans la fociété le droit à tout ce qu'on ne peut réfigner ni transférer, & à tout ce qui n'eft point exprimé dans les loix fur la fouveraineté. Le filence des loix eft en faveur des fujets. *Manet libertas circa res de quibus leges filent pro fummo poteftatis imperio.*

Les fujets ne font obligés envers le fouverain que tant qu'il lui refte le pouvoir de les protéger. *Obligatio civium erga eum qui fummam habet poteftatem tandem nec diutius permanere intelligitur, quam manet potentia cives protegendi.*

Voilà la maxime qui fit foupçonner Hobbes d'avoir abandonné le parti de fon roi qui en étoit réduit alors à de telles extrémités, que fes fujets n'en pouvoient plus efpérer de fecours.

Qu'eft-ce qu'une fociété? Un aggregat d'intérêts oppofés, un fyftême où par l'autorité conférée à un feul, ces intérêts contraires font tempérés. Le fyftême eft régulier ou irrégulier, ou abfolu, ou fubordonné, &c.

Un miniftre de l'autorité fouveraine eft celui qui agit dans les affaires publiques, au nom de la puiffance qui gouverne, & qui la repréfente.

La loi civile eft une régle qui définit le bien & le mal pour le citoyen, elle n'oblige point le fouverain: *Hâc imperans non tenetur.*

Le long ufage donne force de loi. Le filence du fouverain marque que telle a été fa volonté.

Les loix civiles n'obligent qu'après la promulgation.

La raifon inftruit des loix naturelles. Les loix civiles ne font connues que par la promulgation.

Il n'appartient ni aux docteurs, ni aux philofophes, d'interpréter les loix de la nature. C'eft l'affaire du fouverain. Ce n'eft pas la vérité, mais l'autorité qui fait la loi: *Non veritas, fed auctoritas facit legem.*

L'interprétation de la loi naturelle eft un jugement du fouverain qui marque fa volonté fur un cas particulier.

C'eft ou l'ignorance, ou l'erreur, ou la paffion, qui caufe la tranfgreffion de la loi, & le crime.

Le châtiment eft un mal infligé au tranfgreffeur publiquement, afin que la crainte de fon fupplice contienne les autres dans l'obéiffance.

Il faut regarder la loi publique comme la confcience du citoyen: *Lex publica civi pro confcientia fubeunda.*

Le but de l'autorité fouveraine, ou le falut des peuples, eft la mefure de l'étendue des devoirs du fouverain: *Imperantis officia dimetienda ea fine, qui eft falus populi.*

Tel eft le fyftême politique d'*Hobbes*. Il a divifé fon ouvrage en deux parties. Dans l'une, il traite de la fociété civile, & il y établit les principes que nous venons d'expofer. Dans l'autre, il examine la fociété chrétienne, & il applique à la puiffance éternelle les mêmes idées qu'il s'étoit formées de la puiffance temporelle.

Caractère d'Hobbes.

Hobbes avoit reçu de la nature cette hardiesse de penser, & ces dons avec lesquels on en impose aux autres hommes. Il eut un esprit juste & vaste, pénétrant & profond. Ses sentimens lui sont propres, & sa philosophie est peu commune. Quoiqu'il eût beaucoup étudié, & qu'il sût, il ne fit pas assez de cas des connoissances acquises. Ce fut la suite de son penchant à la méditation. Elle le conduisoit ordinairement à la découverte des grands ressorts qui font mouvoir les hommes. Ses erreurs mêmes ont plus servi au progrès de l'esprit humain, qu'une foule d'ouvrages tissus de vérités communes. Il avoit le défaut des systématiques ; c'est de généraliser les faits particuliers, & de les plier adroitement à ses hypothèses ; la lecture de ses ouvrages demande un homme mûr & circonspect : personne ne marche plus fermement, & n'est plus conséquent. Gardez-vous de lui passer ses premiers principes, si vous ne voulez pas le suivre par-tout où il lui plaira de vous conduire. La philosophie de M. Rousseau de Genève, est presque l'inverse de celle d'*Hobbes*. L'un croit l'homme de la nature bon, & l'autre le croit méchant. Selon le philosophe de Genève, l'état de nature est un état de paix ; selon le philosophe de Malmesbury, c'est un état de guerre. Ce sont les loix & la formation de la société qui ont rendu l'homme meilleur, si l'on en croit *Hobbes* ; & qui l'ont dépravé, si l'on en croit M. Rousseau. L'un étoit né au milieu du tumulte & des factions ; l'autre vivoit dans le monde, & parmi les savans. Autres tems, autres circonstances, autre philosophie. M. Rousseau est éloquent & pathétique ; *Hobbes* sec, austère & vigoureux. Celui-ci voyoit le trône ébranlé, les citoyens armés les uns contre les autres, & sa patrie inondée de sang par les fureurs du fanatisme presbytérien, & il avoit pris en aversion le Dieu, le ministre & les autels. Celui-là voyoit des hommes versés dans toutes les connoissances, se déchirer, se haïr, se livrer à leurs passions, ambitionner la considération, la richesse, les dignités, & se conduire d'une manière peu conforme aux lumières qu'ils avoient acquises, & il méprisa la science & les savans. Ils furent outrés tous les deux. Entre le système de l'un & de l'autre, il y en a un autre qui peut-être est le vrai : c'est que, quoique l'état de l'espèce humaine soit dans une vicissitude perpétuelle, sa bonté & sa méchanceté sont les mêmes, son bonheur & son malheur circonscrits par des limites qu'elle ne peut franchir. Tous les avantages artificiels se compensent par des maux : tous les maux naturels par des biens. *Hobbes*, plein de confiance dans son jugement, philosopha d'après lui-même. Il fut honnête homme, sujet attaché à son roi, citoyen zélé, homme simple, droit, ouvert & bienfaisant. Il eut des amis & des ennemis. Il fut loué & blâmé sans mesure ; la plupart de ceux qui ne peuvent entendre son nom sans fremir, n'ont pas lu, & ne sont pas en état de lire une page de ses ouvrages. Quoi qu'il en soit, du bien ou du mal qu'on en pense, il a laissé la face du monde telle qu'elle étoit. Il fit peu de cas de la philosophie expérimentale : s'il faut donner le nom de philosophie à un faiseur d'expériences, disoit-il ; le cuisinier, le parfumeur, le distillateur sont donc des philosophes. Il méprisa Boyle, & il en fut méprisé, il acheva de renverser l'idole de l'école que Bacon avoit ébranlée. On lui reproche d'avoir introduit dans sa philosophie des termes nouveaux, mais ayant une façon particulière de considérer les choses, il étoit impossible qu'il s'en tînt aux mots reçus. S'il ne fut pas athée, il faut avouer que son Dieu diffère peu de celui de Spinosa. Sa définition du méchant me paroit sublime. Le méchant de *Hobbes* est un enfant robuste : *malus est puer robustus*. En effet, la méchanceté est d'autant plus grande, que la raison est foible, & que les passions sont fortes. Supposez qu'un enfant eût à six semaines l'imbécillité du jugement de son âge, & les passions & la force d'un homme de 40 ans, il est certain qu'il frappera son père, qu'il violera sa mère, qu'il étranglera sa nourrice, & qu'il n'y aura nulle sécurité pour tout ce qui l'approchera. Donc la définition d'*Hobbes* est fausse ; ou l'homme devient bon à mesure qu'il s'instruit. On a mis à la tête de sa vie l'épigraphe suivante : elle est tirée d'Ange Politien.

> Qui nos damnant, histriones sunt maximi,
> Nam Curios simulant & bacchanalia vivunt.
> Hi sunt precipuè quidam clamosi, leves,
> Cucullati, lignipedes, cincti funibus,
> Superciliosi, incurvi cervicum pecus,
> Qui, quod ab aliis habitu & cultu dissentiunt,
> Tristesque vultu vendunt sanctimonias,
> Censuram sibi quamdam & tyrannidem occupant,
> Pavidamque plebem territant minaciis.

Outre les ouvrages philosophiques d'*Hobbes*, il y en a d'autres dont il n'est pas de notre objet de parler.

(Cet article est de DIDEROT.)

ADDITION A L'ARTICLE PRÉCÉDENT.

Lorsque Diderot composa l'excellent article qu'on vient de lire, il ne connoissoit pas encore le *traité de la nature humaine* de *Hobbes*, un des
plus

plus beaux ouvrages qui soit sorti de tête d'homme, & peut-être le meilleur de ceux que ce philosophe a publiés. Comme cet écrit est très-important, & qu'il renferme dans un petit nombre de pages presque tous les principes de la philosophie de *Hobbes*, nous allons en donner ici une analyse exacte: ce sera un bon supplément à l'article HOBBISME.

Diderot ne pouvoit se consoler de n'avoir pas connu plutôt ce traité sublime de *Hobbes* (1) dont la lecture avoit fait sur lui une impression vive & profonde. « J'en suis sorti de ce *traité de la nature humaine*, m'écrivoit-il un jour: quel dommage que le traducteur n'ait pas réuni l'élégance & la clarté du style à l'évidence & à la force des idées! Que Locke me paroît diffus & lâche, la Bruyère & la Rochefoucauld pauvres & petits en comparaison de ce Thomas *Hobbes* ! c'est un livre à lire & à commenter toute sa vie ». Cet éloge n'est point exagéré; c'est l'expression simple & vraie de la haute estime qu'il avoit conçue pour cet ouvrage de *Hobbes* où en effet, dans la matière la plus épineuse, la plus difficile, la plus contestable, la plus abstraite, je ne crois pas qu'il y ait un mot obscur, une idée équivoque. Quelle précision un auteur mettroit dans sa conversation & dans ses écrits, si l'énorme enchaînement par lequel ce philosophe déduit nos sentimens, nos idées, nos préjugés, nos intérêts, nos passions, étoit bien présent à sa mémoire! mais laissons le lecteur apprécier lui-même le mérite des pensées que nous allons exposer.

Dans l'épitre dédicatoire au comte de Newcastle, *Hobbes* remarque que les deux principales parties de la nature de l'homme, la raison, & les passions, ont fait éclore deux sortes de sciences, les *mathématiques* & les *dogmatiques*. Dans les premières, il n'y a ni controverses ni disputes, parce qu'elles consistent uniquement dans la comparaison des figures & du mouvement qui sont des choses où la *vérité* & l'*intérêt* des hommes ne se trouvent point en opposition. Mais dans les autres tout est sujet à disputes, parce qu'elles s'occupent à comparer les hommes, & qu'elles examinent leurs droits & leurs avantages, objets sur lesquels toutes les fois que la raison sera contraire à l'homme, l'homme sera contraire à la raison; de là vient que tous ceux qui ont écrit sur la justice & la politique se contredisent souvent eux-mêmes, & sont contredits par les autres. Le seul moyen de réduire cette doctrine aux règles infaillibles de la raison, c'est de poser pour fondement des principes dont les passions ne se défient point, & qu'elles ne cherchent point

à écarter, d'établir ensuite sur ces principes tout ce qui a du rapport à la loi naturelle qu'on a jusqu'à présent bâtie en l'air, & d'avancer par degrés jusqu'à ce qu'on ait élevé un fort imprenable. « Les principes propres à ce dessein, » ajoute-t-il, sont, milord, ceux dont je vous » ai entretenu jusqu'à présent en particulier, & » que j'ai arrangés ici méthodiquement par votre » ordre. Je laisse à ceux qui en auront le loisir » ou la volonté, le soin d'appliquer ces principes » à la conduite des souverains avec des souve- » rains, ou des souverains avec des sujets. Quant » à moi, milord, je présente cet ouvrage à » votre grandeur, comme contenant les véri- » tables & uniques fondemens de la science dont » il s'agit; à l'égard du style, j'ai plus consulté » la logique que la rhétorique: mais pour ce » qui est de la doctrine que j'y établis, elle est » fortement prouvée, & les conséquences qui en » découlent sont telles que, faute de les avoir » connues, le gouvernement & la tranquillité » n'ont été jusqu'à présent fondés que sur des » craintes mutuelles : & il sera infiniment » avantageux à l'état que tout le monde adopte » sur le droit & la politique, les sentimens que » je propose ici, &c ».

Hobbes définit dans le premier chapitre la nature de l'homme, la somme de ses facultés naturelles, telles que la nutrition, le mouvement, la génération, la sensibilité, la raison, &c.

Il distingue dans l'homme deux espèces de facultés, celles du corps & celles de l'esprit: celles-ci sont de deux espèces, *connoître* & *imaginer*, ou concevoir & se mouvoir. « Pour comprendre, » dit-il, ce que j'entends par la faculté de con- » noître, il faut se rappeler qu'il y a continuelle- » ment dans notre esprit des images ou des concepts » des choses qui sont hors de nous, en sorte » que si un homme vivoit, & que tout le reste du » monde fût anéanti, il ne laisseroit pas de con- » server l'image des choses qu'il y auroit pré- » cédemment apperçues; en effet chacun sait, » par sa propre expérience, que l'absence ou la » destruction des choses une fois imaginées, ne » produit point l'absence ou la destruction de » l'imagination elle-même. L'image ou repré- » sentation des qualités des êtres qui sont hors » de nous, est ce qu'on nomme le *concept*, l'*ima-* » *gination*, l'*idée*, la *notion*, la *connoissance* de » ces êtres: la faculté ou le pouvoir par lequel » nous sommes capables d'une telle connoissance, » est ce que j'appelle *pouvoir cognitif* ou *conceptif*, » ou pouvoir de connoître ou de concevoir ».

Dans le chapitre second, *Hobbes* combat l'opinion que la couleur & la figure sont les vraies qualités de l'objet; & il prouve clairement que le sujet auquel la couleur & l'image sont inhérentes n'est point l'objet ou la chose vue.

---

(1) Il le lut, pour la première fois, en 1772.
Philosophie anc. & mod., Tome II.

Qu'il n'y a réellement hors de nous, rien de ce que nous appelons image ou couleur.

Que cette image ou couleur n'est en nous qu'une apparence du mouvement, de l'agitation ou du changement que l'objet produit sur le cerveau, sur les esprits, ou sur la substance renfermée dans la tête.

Que, comme dans la vision tout se passe dans celui qui voit, de même dans toutes les conceptions qui nous viennent des autres sens, le sujet de leur inhérence n'est point l'objet, mais l'être qui sent.

Après avoir démontré ces quatre propositions par des observations & des expériences incontestables, *Hobbes* en tire encore ce résultat, que tous les accidens ou toutes les qualités que nos sens nous montrent comme existans dans le monde, n'y sont point réellement, mais ne doivent être regardés que comme des apparences : « Il n'y a réellement dans le monde, hors de nous, que les mouvemens par lesquels ces apparences sont produites. Voilà la source des erreurs de nos sens, que ces mêmes sens doivent corriger ; car de même que mes sens me disent qu'une couleur réside dans l'objet que je vois directement, mes sens m'apprennent que cette couleur n'est point dans l'objet, lorsque je le vois par réflexion ».

La précision & la clarté des définitions de *Hobes* ne sont pas moins remarquables que l'ordre & l'enchaînement de ses idées. Quoi de plus ingénieux & de plus exact tout ensemble que la comparaison dont il se sert pour expliquer ce que c'est que l'imagination ? « comme une eau stagnante, dit-il, mise en mouvement par une pierre qu'on y aura jettée, ou par un coup de vent, ne cesse pas de se mouvoir aussitôt que la pierre est tombée au fond, ou dès que le vent cesse ; de même l'effet qu'un objet a produit sur le cerveau, ne cesse pas aussitôt que cet objet cesse d'agir sur les organes, c'est-à-dire, que quoique le sentiment ne subsiste plus, son image ou sa conception reste, mais plus confuse lorsqu'on est éveillé, parce qu'alors quelque objet présent remue ou sollicite continuellement les yeux ou les oreilles, & en tenant l'esprit dans un mouvement plus fort, l'empêche de s'appercevoir d'un mouvement plus foible. C'est cette conception obscure & confuse que nous nommons *fantaisie* ou *imagination*. Ainsi l'on peut définir l'imagination une perception qui reste & qui s'affoiblit peu-à-peu après la sensation même dont elle tire son origine ».

Le sommeil est la privation de l'acte de la sensation, quoique le pouvoir de sentir reste toujours ; & les rêves sont les imaginations de ceux qui dorment.

Les causes des songes & des rêves, quand ils sont naturels, sont les actions ou les efforts des parties internes d'un homme sur son cerveau, efforts par lesquels les passages de la sensation engourdis par le sommeil, sont restitués dans leur mouvement.

Un autre signe qui prouve que les rêves sont produits par l'action des parties intérieures, c'est le desordre ou la liaison accidentelle d'une conception ou d'une image à une autre : car lorsque nous sommes éveillés, la conception ou la pensée antécédente amène la subséquente o en est la cause, de même que sur une table unie & séche, l'eau suit le doigt ; au lieu que dans le rêve, il n'y a pour l'ordinaire aucune liaison, & quand il y en a, ce n'est que par hazard ; ce qui doit venir nécessairement de ce que, dans les rêves, le cerveau ne jouit pas de son mouvement dans toutes ses parties également, ce qui fait que nos pensées sont semblables aux étoiles lorsqu'elles se montrent au travers des nuages qui passent avec rapidité, non dans l'ordre nécessaire pour être observées, mais suivant que le vol incertain des nuages le permet.

De même que l'eau, ou tout fluide agité en même-temps par des forces diverses, prend un mouvement composé de toutes ses forces, ainsi le cerveau ou l'esprit qu'il contient, ayant été remué par des objets divers, compose une imagination totale dont les conceptions diverses que la sensation avoit fourni séparées, sont les élémens ; ainsi, par exemple, les sens nous ont montré dans un temps la figure d'une montagne, & dans un autre temps la couleur de l'or, ensuite l'imagination les réunit à la fois, & en fait une montagne d'or. Voilà comment nous voyons des châteaux dans les airs, des chimères, des monstres qui ne se trouvent point dans la nature, mais qui ont été apperçus par les sens en différentes occasions : c'est cette composition que l'on désigne communément sous le nom de *fiction* de l'esprit.

Il y a une autre espèce d'imagination qui, pour la clarté, le dispute avec la sensation aussi bien que les rêves ; c'est celle que nous avons, lorsque l'action du sens a été longue ou véhémente : le sens de la vue nous en fournit des expériences plus fréquentes que les autres. Nous en avons des exemples dans l'image qui demeure dans l'œil après avoir regardé le soleil ; dans ces bluettes, que nous appercevons dans l'obscurité, comme je crois que tout homme le fait par sa propre expérience, & sur tout ceux qui sont craintifs & superstitieux. Ces sortes d'images, pour les distinguer, peuvent être appelées des *phantômes*.

A l'égard de la mémoire, *Hobbes* observe que par le moyen des sens qu'on réduit à cinq selon le nombre des organes, nous acquérons la connoissance des objets qui sont hors de nous; & cette connoissance est le concept ou l'idée que nous en avons; car, quand la conception de la même chose revient, nous nous appercevons qu'elle vient de nouveau, c'est-à-dire, que nous avons ou la même conception auparavant, ce qui est la même chose que d'imaginer une chose passée; ce qui est impossible à la sensation qui ne peut avoir lieu que quand les choses sont présentes. Ainsi cela peut être regardé comme un sixième sens, mais interne, & non extérieur comme les autres; c'est ce que l'on désigne communément sous le nom de *ressouvenir*.

Le souvenir n'est que le défaut des parties que chaque homme s'attend à voir succéder, après avoir eu la conception d'un tout. Voir un objet à une grande distance de lieu ou se rappeller un objet à une grande distance de temps, c'est avoir des conceptions semblables de la chose: car il manque, dans l'un & l'autre cas, la distinction des parties; l'une de ces conceptions étant foible par la grande distance, d'où la sensation se fait; l'autre par le déchet qu'elle a souffert.

Hobbes conclut de ce qui précède qu'un homme ne peut jamais savoir qu'il rêve; il peut rêver qu'il doute s'il rêve ou non; la clarté de l'imagination lui représentant la chose avec autant de parties que le sens même, il ne peut l'appercevoir que comme présente; tandis que de savoir qu'il rêve, ce seroit penser que ses conceptions, (c'est-à-dire ses rêves,) sont plus obscures qu'elles ne l'étoient au sens: de sorte qu'il faudroit qu'il crût qu'elles sont tout-à-la fois aussi claires & non pas aussi claires que le sens, ce qui est impossible.

Le chapitre IV traite du discours, de la liaison des pensées, de l'extravagance, de la sagacité, de la réminiscence, de l'expérience, de l'attente, de la conjecture, des signes, de la prudence, & enfin des précautions à conclure d'après l'expérience. Voyons quelles sont, sur tous ces objets, les idées de *Hobbes*.

La succession des idées ou conceptions dans l'esprit, leur suite ou leur liaison, peut être casuelle & incohérente, comme il arrive dans les songes, ou peut-être ordonnée, comme lorsqu'une première pensée amène la suivante, & alors cette suite ou série de pensées, se nomme *discours*. Mais comme ce mot est pris communément pour une liaison ou une conséquence dans les mots, afin d'éviter toute équivoque, il l'appelle *raisonnement*.

La cause de la liaison ou conséquence d'une conception à une autre, est leur liaison ou conséquence dans le temps que ces conceptions ont été produites par le sens.

Il y a dans les sensations des liaisons d'idées que nous pouvons appeler extravagances ou *écarts*. Alors nous partons d'un point arbitraire.

Une autre sorte de raisonnement, c'est celui qui commence par le désir de recouvrer une chose perdue, & qui, du présent, remonte en arrière, c'est-à-dire, de la pensée du lieu où nous appercevons de la perte, à la pensée du lieu d'où nous sommes venus récemment, & de la pensée de ce dernier lieu à celle du lieu où nous avons été auparavant, & ainsi de suite, jusqu'à ce que nous nous remettions d'idée, dans l'endroit où nous avions encore la chose qui nous manque; voilà ce que nous appellons *réminiscence*.

Le souvenir de la succession d'une chose relativement à une autre, c'est-à-dire de ce qui l'a précédée, suivie & accompagnée, s'appelle *expérience*, soit qu'elle ait été faite volontairement, comme lorsqu'un homme expose quelque chose au feu pour en connoître l'effet résultant, soit qu'elle se fasse indépendamment de nous, comme quand nous nous rappellons que l'on a du beau temps le matin qui vient à la suite d'une soirée durant laquelle l'air étoit rouge.

Avoir fait un grand nombre d'observations, est ce que nous appellons avoir de l'expérience, ce qui n'est que le souvenir d'effets subséquens produits par des causes antécédentes.

C'est de nos conceptions du passé que nous formons le *futur*, ou plutôt nous donnons au passé relativement le nom de *futur*. Ainsi les hommes appellent *futur*, ce qui est conséquent à ce qui est présent. Voilà comme le souvenir devient une prévoyance des choses à venir, c'est-à-dire, nous donne l'attente ou la présomption de ce qui doit arriver.

Si un homme voit actuellement ce qu'il a vu précédemment, il pense que ce qui a précédé ce qu'il a vu auparavant, a aussi précédé ce qu'il voit présentement. Par exemple, celui qui a vu qu'il restoit des cendres après le feu, lorsqu'il revoit des cendres, il conclut qu'il y a eu du feu. C'est-là ce qu'on nomme *conjecture* du passé, ou *présomption* d'un fait.

L'antécédent & le conséquent sont des *signes* l'un de l'autre; c'est ainsi que les nuages sont des *signes* de la pluie qui doit venir, & que la pluie est un *signe* des nuages passés.

Les *signes* ne sont que des conjectures; leur certitude augmente & diminue suivant qu'ils ont plus ou moins souvent manqué; ils ne sont jamais pleinement évidens. Quoiqu'un homme ait vu constamment jusqu'ici le jour & la nuit se succéder, cependant il n'est pas pour cela en droit de conclure qu'ils se succéderont toujours de même, ou qu'ils se sont ainsi succédé de toute éternité. L'expérience ne fournit aucune conclusion universelle. Si les signes montrent juste vingt fois contre un qu'ils manquent, un homme pourra bien parier vingt contre un sur l'événement, mais il ne pourra pas conclure que cet événement est certain. On voit par là clairement que ceux qui ont le plus d'expérience peuvent le mieux conjecturer, parce qu'ils ont le plus grand nombre de signes propres à fonder leurs conjectures.

Les hommes d'une imagination prompte ont, toutes choses égales, plus de prudence que ceux dont l'imagination est lente, parce qu'ils observent plus en moins de temps.

La prudence n'est que la conjecture d'après l'expérience, ou d'après les signes donnés par l'expérience, & consultés avec précaution, & de manière à se bien rappeler toutes les circonstances des expériences qui ont fourni ces signes, vu que les cas qui ont de la ressemblance, ne sont pas toujours les mêmes.

Nous ne pouvons pas conclure d'après l'expérience qu'une chose doit être appellée juste ou injuste, vraie ou fausse, ou généraliser aucune proposition, à moins que ce ne soit d'après le souvenir de l'usage des noms que les hommes ont arbitrairement imposés. Par exemple, avoir vu rendre mille fois un même jugement dans un cas pareil, ne suffit pas pour en conclure qu'un jugement est juste, quoique la plupart des hommes n'ayent pas d'autre règle; mais pour tirer une telle conclusion, il faut, à l'aide d'un grand nombre d'expériences, découvrir ce que les hommes entendent par *juste* & *injuste*.

Une marque est un objet sensible qu'un homme érige pour lui même volontairement; afin de s'en servir pour se rappeller un fait passé, lorsque cet objet se présentera de nouveau à ses sens.

Un nom ou une dénomination est un son de la voix de l'homme employé arbitrairement comme une marque destinée à rappeller à son esprit quelque conception relative à l'objet auquel ce nom a été imposé.

C'est par le secours des noms que nous sommes capables de science, tandis que les bêtes à leur défaut n'en sont point susceptibles: l'homme lui-même sans ce secours ne peut devenir savant.

L'universalité d'un même nom donné à plusieurs choses est cause que les hommes ont cru que ces choses étoient universelles elles-mêmes: ils se sont trompés en prenant la dénomination générale ou universelle, pour la chose qu'elle signifie. Il n'y a rien d'universel que les noms, qui pour cette raison sont appellés indéfinis, parce que nous ne les limitons point nous-mêmes, & nous laissons à celui qui nous entend, la liberté de les appliquer; au lieu qu'un nom particulier est restreint à une seule chose parmi le grand nombre de celles qu'il signifie; comme il arrive lorsque nous disons *cet homme* en le montrant ou en le désignant sous le nom qui lui est propre.

Toutes les métaphores sont équivoques par profession, & il se trouve à peine un mot qui ne devienne équivoque par le tissu du discours, ou par l'inflexion de la voix, ou par le geste qui l'accompagne. Il faut donc qu'un homme soit très-habile pour se tirer de l'embarras des mots, de la texture du discours & des autres circonstances, pour s'expliquer sans équivoque & découvrir le vrai sens de ce qui se dit; & c'est cette habileté que nous appellons *intelligence*.

A l'aide du petit mot *est*, ou de quelque équivalent, de deux appellations nous faisons une affirmation ou une négation, dont l'une ou l'autre désignée dans les écoles sous le nom de proposition, est composée de deux appellations jointes ensemble par le mot *est*.

Former des syllogismes est ce que nous nommons *raisonnement*.

Il est de la nature de presque tous les corps qui sont souvent mus de la même manière, d'acquérir de plus en plus de la facilité ou de l'aptitude au même mouvement: par-là ce mouvement leur devient si *habituel*, que pour le leur faire prendre, il suffit de la plus légère impulsion. Comme les passions de l'homme sont les principes de ses mouvemens volontaires, elles sont aussi les principes de ses discours, qui ne sont que des mouvemens de sa langue. Les hommes desirant de faire connoître aux autres les connoissances, les opinions, les conceptions, les passions qui sont en eux-mêmes, & ayant dans cette vue inventé le langage, ils ont par ce moyen fait passer tout le discours de leur esprit, à l'aide du mouvement de la langue, dans le discours des mots, & la raison (*ratio*) n'est plus qu'une oraison (*oratio*) pour la plus grande partie, sur laquelle l'habitude a tant de pouvoir, que l'esprit ne fait que suggérer le premier mot, le reste suit machinalement sans que l'esprit s'en mêle.

Si nous considérons le pouvoir des illusions des sens, le peu de constance ou de fixité que l'on a mis dans les mots, à quel point ils sont sujets à des équivoques, combien ces mots sont diversifiés par les passions qui font que l'on trouve à peine deux hommes qui soient d'accord sur ce qui doit être appellé bien ou mal, libéralité ou prodigalité, valeur ou témérité: enfin si nous considérons combien les hommes sont sujets à faire des paralogismes ou de faux raisonnemens, nous serons forcés de conclure qu'il est impossible de rectifier un si grand nombre d'erreurs sans tout refondre, & sans reprendre les premiers fondemens des connoissances humaines & des sens. Au lieu de lire des livres, il faut lire ses propres conceptions, & c'est dans ce sens que je crois que le mot fameux, *connois-toi toi-même*, peut être digne de la réputation qu'il s'est acquise.

Il y a deux sortes de sciences ou de connoissances, dont l'une n'est que l'effet du sens ou la science originelle & son souvenir; l'autre est appellée science ou connoissance de la vérité des propositions & des noms que l'on donne aux choses, & celle-ci vient de l'esprit. L'une & l'autre ne sont que l'expérience; la première est l'expérience des effets produits sur nous par les êtres extérieurs qui agissent sur nous, & la dernière est l'expérience que les hommes ont sur l'usage propre des noms dans le langage.

Toute expérience n'étant que souvenir, il en faut conclure que toute science est souvenir.

L'on appelle histoire la première science enregistrée dans les livres; on appelle les sciences les registres de la dernière.

Le mot de science ou de connoissance renferme nécessairement deux choses: l'une est la vérité & l'autre est l'évidence.

L'évidence est la concomitance de la conception d'un homme avec les mots qui signifient cette conception dans l'acte du raisonnement.

L'évidence est pour la vérité, ce que la sève est pour l'arbre; tant que cette sève s'élève dans le tronc & circule dans les branches, elle les tient en vie, mais ils meurent dès que cette sève les abandonne, attendu que l'évidence qui consiste à penser ce que nous disons, est la vie de la vérité. Ainsi je définis la connoissance que nous nommons science, l'évidence de la vérité fondée sur quelque commencement ou principe du sens: car la vérité d'une proposition n'est jamais évidente jusqu'à ce que nous concevions le sens des mots ou termes qui la composent, lesquels sont toujours des conceptions de l'esprit; & nous ne pouvons nous rappeller ces conceptions sans la chose qui les a produites sur nos sens.

Quand une opinion est admise par confiance en d'autres hommes, on dit que nous la *croyons*, & son admission est appellée *croyance* ou *foi*.

Le mot de conscience est employé par ceux qui ont une opinion, non-seulement de la vérité de la chose, mais encore de la connoissance qu'ils en ont, opinion dont la vérité de la proposition est une conséquence. Cela posé, *Hobbes* définit la conscience l'opinion de l'évidence.

Après avoir ainsi exposé ses idées sur les sens, l'imagination, le discours, le raisonnement & la connoissance ou science, qui sont des actes de notre faculté cognitive ou conceptive, *Hobbes* parle en général des *affections* ou *passions*. Il avoit dit que les conceptions & les apparitions ne sont réellement rien que du mouvement excité dans une substance intérieure de la tête; il ajoute ici que ce mouvement ne s'arrêtant point là, mais se communiquant au cœur, doit nécessairement aider ou arrêter le mouvement que l'on nomme vital. Lorsqu'il l'aide & le favorise, on l'appelle *plaisir*, *contentement*, *bien-être*, qui n'est rien de réel qu'un mouvement dans le cœur, de même que la conception n'est rien qu'un mouvement dans la tête.

Hobbes prouve ensuite que le plaisir, l'amour, l'appétit ou le desir, sont des mots divers dont on se sert pour désigner une même chose envisagée diversement.

Que chaque homme appelle *bon* ce qui est agréable pour lui-même, & appelle *mal* ce qui lui déplaît. Ainsi chaque homme différant d'un autre par son tempérament ou sa façon d'être, en differe sur la distinction du bien & du mal; & il n'existe point une bonté absolue considérée sans relation, car la bonté que nous attribuons à Dieu même, n'est que sa bonté relativement à nous.

Que toutes les idées que nous recevons immédiatement par les sens, étant ou plaisir ou douleur, produisent ou le desir ou la crainte, & qu'il en est de même de toutes les imaginations qui viennent à la suite de l'action des sens.

Que l'appétit ou le desir étant le commencement d'un mouvement animal qui nous porte vers quelque chose qui nous plaît, la cause finale de ce mouvement est d'en atteindre la fin que nous nommons aussi le *but*.

Que lorsque nous atteignons cette fin, le plaisir qu'elle nous cause se nomme *jouissance*; ainsi le bien (*bonum*) & la fin (*finis*) sont la même chose envisagée diversement.

Que la félicité par laquelle nous entendons le plaisir continuel, ne consiste point à avoir réussi, mais à réussir.

Qu'il y a peu d'objets dans ce monde qui ne soient mélangés de bien & de mal; qu'ils sont si intimement & si nécessairement liés, que l'on ne peut obtenir l'un sans l'autre: c'est ainsi que le plaisir qui résulte d'une faute est joint à l'amertume du sentiment ; c'est ainsi que l'honneur est joint communément avec le travail & la peine. Lorsque dans la chaîne totale de la chaîne, le bien fait la plus grande partie, le tout est appellé *bon* ; mais quand le mal fait pancher la balance, le tout est appellé *mauvais*.

Hobbes examine dans le chapitre VIII, en quoi consistent les plaisirs des sens, & de quelle conception procède chacune des passions que nous remarquons être les plus communes. Il remarque à ce sujet que les conceptions sont de trois sortes ; les unes sont présentes, elles viennent du sens ou font la sensation actuelle ; les autres sont passées & constituent la mémoire ; les troisièmes ont pour objet l'avenir, & produisent l'attente. De chacune de ces conceptions naît ou un plaisir, ou une douleur présente. Il désigne toutes ces passions sous le nom de plaisirs *sensuels*, & leurs contraires sous celui de douleurs *sensuelles*. On peut y joindre, selon lui les plaisirs & les déplaisirs qui résultent des odeurs, & quelques-unes sont organiques, ce qu'elles ne sont point pour la plûpart : & il le prouve par une observation très fine & très-neuve, & dans laquelle il y a autant d'esprit que de justesse. « En effet, dit-il, » l'expérience de chaque homme démontre que les » mêmes odeurs quand elles paroissent venir des » autres, nous offensent, quoiqu'elles émanent de » nous, tandis qu'au contraire quand nous croyons » qu'elles émanent de nous, elles ne nous déplai- » sent pas, lors même qu'elles émanent des autres. » Le déplaisir que nous éprouvons dans ce cas, naît » de la conception ou de l'idée que ces odeurs peu- » vent nous nuire ou nous sont mal-saines, & par consé- » quent ce déplaisir est une conception d'un mal à » venir & non d'un mal présent ».

Hobbes passe de-là à des considérations sur le plaisir que nous procure le sens de l'ouie, plaisir dont l'organe n'est point affecté. Il fait voir que l'harmonie ou l'assemblage de plusieurs sens qui s'accordent, nous plaît par la même raison que l'unisson ou le son produit par des cordes égales & également tendues.

Que les sons qui différent les uns des autres par leur degré du grave à l'aigu, nous plaisent par les alternatives de leur égalité & de leur inégalité, c'est-à-dire, que le son le plus aigu nous frappe deux fois, contre un coup de l'autre ; ou qu'ils nous frappent ensemble à chaque second temps, comme Galilée l'a très-bien prouvé. « Il » y a encore, ajoute *Hobbes*, un autre plaisir & » un autre déplaisir résultant des sons ; il naît de » la succession de deux sons diversifiés par le degré » & la mesure. On appelle *air* une succession de » sons qui plaît ; cependant j'avoue que j'ignore » pour quelle raison une succession de sons diver- » sifiés par le degré & la mesure produit un air » plus agréable qu'un autre, je présume seule- » ment que quelques airs imitent ou font revivre » en nous quelque passion cachée, tandis que » d'autres ne produisent point cet effet ».

Selon ce philosophe, le plaisir des yeux consiste dans une certaine égalité de couleurs ; car la lumière, qui est la plus belle des couleurs, est produite par une opération égale de l'objet, tandis que la couleur en général est une lumière inégale & troublée. Voilà pourquoi les couleurs sont d'autant plus éclatantes qu'elles ont plus d'égalité: & comme l'harmonie cause du plaisir à l'oreille par la diversité de ses sons, de même il est des mélanges & des combinaisons de couleurs qui sont plus harmonieuses à l'œil que d'autres.

Hobbes termine ce chapitre par expliquer en peu de mots, ce que c'est que l'honneur, l'honorable, le mérite, les marques d'honneur, le respect, &c. quoique toutes ses remarques à cet égard, soient très-judicieuses, nous ne nous y arrêterons pas ; mais nous rapporterons ce qu'il dit de l'imagination ou de la conception du pouvoir dans l'homme. Il établit donc que la conception de l'avenir, n'en est qu'une supposition produite par la mémoire du passé : nous convenons qu'une chose sera par la suite, parce que nous savons qu'il existe quelque chose à présent qui a le pouvoir de la produire ; or nous ne pouvons concevoir qu'une chose a le pouvoir d'en produire une autre par la suite, que par le souvenir qu'elle a produit la même chose ci-devant. Ainsi toute conception de l'avenir, est la conception d'un pouvoir capable de produire quelque chose. « Cela posé, dit » *Hobbes*, quiconque attend un plaisir futur doit » concevoir en lui-même un pouvoir à l'aide » duquel ce plaisir peut être atteint ». Et comme les passions, dont il parle dans le chapitre suivant, consistent dans la conception de l'avenir, c'est-à-dire, dans la conception d'un pouvoir passé & d'un acte futur, il définit ici ce pouvoir par lequel il entend les facultés du corps nutritives, génératrices, motrices, ainsi que les facultés de l'esprit, la science, & de plus les pouvoirs acquis par leur moyen, tels que les richesses, le rang, l'autorité, l'amitié, la faveur, la bonne fortune, &c. Les contraires de ces facultés sont l'impuissance, les infirmités, les défauts de ces pouvoirs respectivement ; comme le pouvoir d'un homme résiste & empêche les effets d'un autre homme, le pouvoir pris simplement n'est autre chose que l'excès du pouvoir de l'un sur le pouvoir d'un autre ; car deux pouvoirs égaux & opposés se détruisent, & cette opposition qui se trouve entre eux, se nomme contention ou conflict.

Le chapitre IX est un des plus importans de cet excellent ouvrage. Le plaisir ou le déplaisir que causent aux hommes les signes d'honneur ou de déshonneur qu'on leur donne, constitue la nature des passions dont *Hobbes* parle dans ce chapitre, & qu'il définit avec son exactitude & sa précision ordinaires. C'est-là que le lecteur peut se faire des idées claires & distinctes de ce que c'est que la gloire, la fausse gloire, la vaine gloire, l'humilité & l'abjection, la honte, le courage, la colère, la vengeance, le repentir, l'espérance, le désespoir, la défiance, la confiance, la pitié & la dureté, l'indignation, l'émulation & l'envie, le rire, les pleurs, la luxure, l'amour, la charité, l'admiration & la curiosité, la grandeur d'ame & la pusillanimité, &c, &c. *Hobbes* en apprend plus sur tous ces objets en vingt pages que tous les livres des moralistes. On ne lit point les écrits de ce philosophe profond, sans y trouver par-tout la preuve de cette observation d'Horace ;

— — cui lecta potenter erit res,
Nec facundia deseret hunc, nec lucidus ordo.
Ordinis hæc virtus erit, & venus, aut ego fallor,
Ut jam nunc dicat, jam nunc debentia dici
Pæraque differat, & præsens in tempus omittat.

S'agit-il d'expliquer ce que c'est que l'admiration & la curiosité ? Voyez combien la définition qu'il en donne est simple & juste. » Comme l'expérience, *dit-il*, est la base de toute connoissance, de nouvelles expériences sont la source » de nouvelles sciences, & les expériences accumulées doivent contribuer à les augmenter. Cela » posé, tout ce qui arrive de neuf à un homme » lui donne lieu d'espérer qu'il saura quelque » chose qu'il ignoroit auparavant. Cette espérance & cette attente d'une connoissance future que nous pouvons acquérir par tout ce qui » nous arrive de nouveau & d'étrange est la passion que nous désignons sous le nom d'*admiration*. La même passion considérée comme un » desir est ce qu'on nomme *curiosité*, qui n'est » que le desir de savoir ou de connoitre ».

» Comme dans l'examen des facultés du jugement, l'homme rompt toute communauté avec » les bêtes par celle d'imposer des noms aux » choses, il les surpasse encore par la passion » de la curiosité ; en effet quand une bête apperçoit quelque chose de nouveau & d'étrange » pour elle, elle ne la considère uniquement que » pour s'assurer, si cette chose peut lui être utile » ou lui nuire, en conséquence elle s'en approche ou la fuit ; au lieu que l'homme qui dans » la plupart des événemens se rappelle la manière » dont ils ont été causés ou dont ils ont pris naissance, cherche le commencement ou la cause de » tout ce qui se présente de neuf à lui. Cette passion d'admiration & de curiosité a produit non-» seulement l'invention des mots, mais encore » la supposition des causes qui pouvoient engendrer toutes choses. Voilà la source de toute » philosophie. L'astronomie est due à l'admiration des corps célestes. La physique est due » aux effets étranges des élémens & des corps. » Les hommes acquièrent des connoissances à » proportion de leur curiosité, &c. »

Hobbes fait voir ensuite que la curiosité étant un plaisir, la nouveauté doit en être un aussi ; sur-tout quand cette nouveauté fait concevoir à l'homme une opinion vraie ou fausse d'améliorer son état. « Dans ce cas, dit-il, un homme » éprouve les mêmes espérances qu'ont tous les » joueurs, tandis qu'on bat les cartes ».

On trouve au commencement du second livre de Lucrèce (1) la solution d'un problème de morale que *Hobbes* s'est proposé à-peu-près dans les mêmes termes : il examine donc d'où peut venir le plaisir que les hommes trouvent à contempler du rivage le danger de ceux qui sont agités par une tempête, ou engagés dans un combat, ou à voir d'un château bien fortifié, deux armées qui se chargent dans la plaine ? L'explication qu'il donne de ce phénomène, me paroît plus philosophique que celle du chantre d'Épicure ; elle prouve même que *Hobbes* avoit vu beaucoup plus loin dans cette matière. « On ne peut » douter, dit-il, que ce spectacle ne leur cause » de la joie, sans quoi ils n'y courroient pas avec » empressement. Cependant cette joie doit-être » mêlée de chagrin ; car si, dans ce spectacle, il » y a nouveauté, idée de sécurité présente, & » par conséquent plaisir ; il y a aussi sentiment de » pitié qui est déplaisir : mais le sentiment du » plaisir prédomine tellement, que les hommes, » pour l'ordinaire, consentent en pareil cas à » être spectateurs du malheur de leurs amis ».

Enfin ce philosophe, un de ceux qui a le mieux connu l'art de généraliser ses idées, nous représente la vie humaine sous l'image d'une course : & quoique cette comparaison, d'ailleurs ingénieuse & très philosophique, ne soit pas juste à tous égards, comme il l'observe lui-même, elle suffit pour nous remettre sous les yeux toutes les passions dont il a parlé dans ce chapitre. « Mais nous » devons supposer, *dit-il*, que dans cette course » on n'a d'autre but & d'autre récompense que » de devancer ses concurrens. Faire des efforts, » c'est appéter ou desirer ; se relacher, c'est sen-

---

(1) Suave, mari magno turbantibus æquora ventis,
È terrâ magnum alterius spectare laborem ;
Non quia vexari quemquam est jucunda voluptas ;
Sed, quibus ipse malis careas, quia cernere
suave est.
Suave etiam belli certamina magna tueri
Per campos instructa, tuâ sine parte pericli.
Lucret. de rer. nat. lib. 2. *vers.* 1, & *seqq.*

» fualité ; regarder ceux qui font en arrière , c'est
» gloire ; regarder ceux qui précédent , c'est
» humilité ; perdre du terrein en regardant en
» arrière , c'est vaine gloire ; être retenu, c'est
» haine ; retourner sur ses pas, c'est repentir ; se
» tenir en haleine , c'est espérance ; être excédé ,
» c'est désespoir ; tâcher d'atteindre celui qui
» précéde , c'est émulation; le supplanter ou le
» renverser , c'est envie ; se résoudre à franchir
» un obstacle prévu, c'est courage; franchir un
» obstacle soudain, c'est colère ; franchir avec
» aisance, c'est grandeur d'ame ; perdre du ter-
» rein par de petits obstacles, c'est pusillanimité,
» tomber subitement, c'est disposition à pleurer ;
» voir tomber un autre , c'est disposition à rire ;
» voir surpasser quelqu'un malgré nos vœux, c'est
» pitié ; voir gagner le devant à celui que nous
» n'aimons pas, c'est indignation; suivre ou serrer
» de près quelqu'un, c'est amour; faire avancer
» celui auquel on se tient ainsi attaché, c'est cha-
» rité ; se blesser par trop de précipitation, c'est
» honte ; être continuellement devancé , c'est
» malheur ; surpasser continuellement celui qui
» précédoit, c'est félicité; abandonner la course ,
» c'est mourir ».

Après avoir montré dans les chapitres précédens que la sensation est due à l'action des objets
extérieurs sur le cerveau ou sur une substance
renfermée dans la tête, & que les passions viennent du changement qui s'y fait, & qui est transmis jusqu'au cœur, *Hobbes* recherche quelles
peuvent être les causes qui produisent tant de
variétés dans les capacités & les talens par lesquels nous remarquons tous les jours qu'un homme
en surpasse un autre. La diversité des degrés de
connoissance ou de science qui se trouve dans les
hommes, lui paroît trop grande pour pouvoir
être attribuée aux différentes constitutions
de leurs cerveaux : il pense donc que la différence
des esprits tire son origine de la différence
des passions & des fins différentes auxquelles l'appétence ou le desir les conduit « Si la différence
» dans les facultés, *dit-il*, étoit due au tempé-
» ramment naturel du cerveau ; je n'imagine
» point de raison pourquoi cette différence ne se ma-
» nifesteroit pas d'abord & de la façon la plus mar-
» quée dans tous les sens qui , étant les mêmes dans
» les plus sages que dans les moins sages, indiquent
» une même nature dans le cerveau qui est l'organe
» commun de tous les sens ».

J'avoue que j'ai peine à reconnoître dans ce
paragraphe, l'écrivain judicieux & profond à qui
nous devons l'excellent ouvrage que j'analyse ici.
Comment un philosophe d'un esprit aussi droit,
aussi étendu, aussi pénétrant que *Hobbes*, n'a-t-il
pas vu que les hommes différoient nécessairement
entr'eux par la constitution de leur cerveau autant
que par les traits de leur visage ? L'homme de génie
& l'homme ordinaire ont bien, à la vérité, les
mêmes sens, parce que ce sont des instrumens
communs à toute l'espèce humaine ; mais le degré
de finesse, de mobilité, de sensibilité & de perfection de ces organes, varie absolument d'un
individu à l'autre ; par cela seul, qu'un de ces
individus n'étant pas l'autre, il est mathématiquement impossible que son organisation soit la même,
& par conséquent que le résultat total ne soit pas
différent, deux causes essentiellement diverses ne
pouvant pas produire un effet identique. On peut
dire, si l'on veut, que la différence des esprits
tire son origine de la différence des passions ;
mais il faut ajouter que cette différence des passions, est elle-même le résultat nécessaire de la
différente constitution du cerveau, du tempérament, &c. Voilà les causes principales & origi-
nelles de toutes les variétés qu'on remarque dans
les actions humaines, dans les talens, dans les
productions de l'esprit humain. C'est l'organisation particulière de la substance renfermée dans la
tête, qui fait les hommes de génie & les imbécilles, les sages & les fous, qui dispose au bien
ou au mal; qui signe, pour ainsi dire, l'un pour
la gloire & pour la vertu, l'autre pour le vice &
pour l'infamie. Mais poursuivons l'exposé des principes de *Hobbes*.

Il dit donc que la sensualité consiste dans les
plaisirs des sens, qu'on n'éprouve que dans le
moment ; ces plaisirs ôtent l'inclination d'observer
les choses qui procurent de l'honneur, & par
conséquent font que les hommes sont moins
curieux ou moins ambitieux, ce qui les rend
moins attentifs à la route qui conduit à la science
fruit de la curiosité, ou à tout autre pouvoir issu
de l'ambition : car c'est dans ces deux choses que
consiste l'excellence du pouvoir de connoître ; &
c'est le défaut absolu de ce pouvoir qui produit
ce qu'on nomme *stupidité*; c'est la suite de l'appétit
des plaisirs sensuels. *Hobbes* croit que cette passion
a sa source dans la grossièreté des esprits, & dans
la difficulté du mouvement du cœur.

La disposition contraire est ce mouvement
rapide de l'esprit qui est accompagné de la curiosité de comparer les uns avec les autres les objets
qui se présentent à nous, comparaison dans
laquelle l'homme se plaît à découvrir, soit une
ressemblance inattendue entre des choses qui sembloient disparates, soit de la dissimilitude entre des
objets qui sembloient être les mêmes.

Juger n'est autre chose que distinguer ou discerner.

L'imagination & le jugement sont compris communément sous le nom d'*esprit*.

Le défaut de l'esprit, que l'on nomme *légèreté*,
décèle une mobilité dans les esprits, mais portée
à l'excès. Cette disposition est produite par une
curiosité, mais trop égale ou trop indifférente;
puisque

puisque les objets faisant tous une impression égale, & plaisant également, ils se présentent en foule pour être exprimés & sortir à-la-fois.

L'*indocibilité* ou difficulté d'apprendre paroît venir de la fausse opinion où l'on est que l'on connoît déjà la vérité sur l'objet dont il s'agit ; car il est certain qu'il y a moins d'inégalité de capacité entre les hommes, que d'inégalité d'évidence entre ce qu'enseignent les mathématiciens, & ce qui se trouve dans les autres livres. Si donc les esprits des hommes étoient comme un papier blanc ou comme une table rase, ils seroient également disposés à reconnoître la vérité de tout ce qui leur seroit présenté selon une méthode convenable, & par de bons raisonnemens ; mais lorsqu'ils ont une fois acquiescé à des opinions fausses, & qu'ils les ont authentiquement enregistrées dans leur esprit, il est tout aussi impossible de leur parler intelligiblement, que d'écrire lisiblement sur un papier déjà barbouillé d'écriture. Ainsi la cause immédiate de l'*indocibilité* est le préjugé, & la cause du préjugé est une opinion fausse de notre propre savoir.

Ce que l'on nomme *extravagance*, *folie*, paroît être une imagination tellement prédominante qu'elle devient la source de toutes les autres passions. Cette conception n'est qu'un effet de vaine gloire ou d'abattement.

La malice est une nuance de la fureur, & l'affectation est un commencement de frénésie.

La circonspection avec laquelle *Hobbes* procède dans l'examen des matières qui font le sujet du chapitre XI, est très-remarquable. Ici ses pas ne sont ni aussi fermes, ni aussi assurés que dans les chapitres précédens. On sent à chaque ligne qu'il est gêné, contraint, qu'il n'ose dire ce qu'il pense, ni raisonner conséquemment aux principes qu'il a établis. Il s'enveloppe, il avance, il recule alternativement, *occultus enim propter metum judæorum* : & ce qu'il dit de vrai, semble presque lui échapper, tant il craignoit d'irriter la haine du prêtre fanatique dont il voyoit la hache encore sanglante suspendue sur sa tête. Observons néanmoins que, quoique *Hobbes* environné d'ennemis puissans sacrifie ici quelquefois à l'erreur commune, il est assez facile de pénétrer ses vrais sentimens qu'il laisse toujours entrevoir par quelque proposition conforme aux principes de sa philosophie. Nous en verrons ici plus d'un exemple.

Comme nous donnons des noms non-seulement aux objets naturels mais encore aux surnaturels, & comme nous devons attacher une idée ou un sens à tous les noms, *Hobbes* considère d'abord quelles sont les pensées & les imaginations que nous avons dans l'esprit, lorsque nous prononçons le nom de *Dieu*, & le nom des vertus ou propriétés que nous lui attribuons ; il examine ensuite quelle est l'image qui se présente à notre esprit, quand nous entendons prononcer le mot *esprit*, ou celui des *anges* bons ou mauvais.

1°. De ce que Dieu est incompréhensible, il s'ensuit que nous ne pouvons avoir de conception ou d'image de la divinité ; conséquemment tous ses attributs n'annoncent que l'impossibilité de concevoir quelque chose touchant sa nature, dont nous n'avons d'autre conception, selon Hobbes, sinon que Dieu existe.

2°. Le nom de Dieu renferme éternité, incompréhensibilité, toute-puissance.

3°. Lorsque nous disons de Dieu qu'il voit, qu'il entend, qu'il parle, qu'il fait, qu'il aime, &c. mots par lesquels nous comprenons quelque chose dans les hommes à qui nous les attribuons, nous ne concevons plus rien, lorsque nous les attribuons à la nature divine. Ainsi les attributs que l'on donne à la divinité ne signifient que notre incapacité, &c.

4°. Par le mot *esprit* nous entendons un corps naturel, d'une telle subtilité qu'il n'agit point sur les sens, mais qui remplit une place, comme pourroit la remplir l'image d'un corps visible. Ainsi le concept, l'idée que nous avons d'un *esprit*, est celle d'une figure sans couleur : dans la figure nous concevons dimension ; par conséquent concevoir un esprit, c'est concevoir quelque chose qui a des dimensions : mais qui dit un esprit surnaturel, dit une substance sans dimensions, deux mots qui se contredisent. Ainsi quand nous attribuons le mot *esprit* à Dieu, nous ne nous le lui attribuons non plus selon l'expression d'une chose que nous concevons, que quand nous lui attribuons le sentiment & l'intellect ; c'est une manière de lui marquer notre respect, que cet effort en nous de faire abstraction en lui de toute substance corporelle & grossière. (*Voilà un de ces paragraphes dont j'ai parlé ci-dessus, & où les vrais sentimens de* Hobbes *sont exposés clairement, & sans laisser le moindre doute dans l'esprit*).

5°. Il n'est pas possible par les seuls moyens naturels, de connoître même l'existence des autres êtres que les hommes appellent *esprits incorporels*. Nous qui sommes des chrétiens, nous admettons l'existence des anges bons & mauvais, & des esprits ; nous disons que l'ame humaine est un *esprit*, & que ces esprits sont incorporels, mais il est impossible de le savoir, c'est-à-dire, d'avoir une évidence naturelle de ces choses ; car toute évidence est conception, & toute conception est imagination, & vient des sens. Or, nous supposons que les esprits sont des substances qui n'agissent point sur les sens, d'où il suit qu'il est impossible de les concevoir.

6°. C'est une contradiction palpable dans le discours naturel, que de dire en parlant de l'ame humaine qu'elle est toute dans le tout, & toute dans chaque partie du tout, *tota in toto, & tota in qualibet parte corporis* : proposition qui n'est fondée ni sur la raison ni sur la révélation, mais qui vient de l'ignorance de ce que sont les choses que l'on nomme des *spectres*, ces images qui se montrent dans l'obscurité aux enfans & à ceux qui sont peureux, & d'autres imaginations étranges que j'appelle des *phantomes* ; car en les prenant pour des choses réelles placées hors de nous comme les corps, & en les voyant paroître & se dissiper d'une façon si étrange & si peu semblable à la façon d'agir des corps, comment les désigner autrement que sous le nom de *corps incorporels* ? ce qui n'est pas un nom, mais une absurdité du langage.

Hobbes employe le reste de ce chapitre à faire voir que l'opinion des Payens touchant les esprits ne prouve point leur existence, qu'elle n'est fondée que sur la foi que nous avons dans la révélation ; que la divinité des écritures n'est établie que sur la foi, que la foi n'est que la confiance en des hommes vraiment inspirés, que dans le doute on doit préférer à sa propre opinion celle de l'église, &c. &c. tout ce qu'il dit sur ces différens points est plus ou moins conforme aux opinions des théologiens, & par conséquent n'offre rien qui mérite l'attention des philosophes. *Hobbes* avoit la double doctrine comme tous ceux qui vivent dans un gouvernement où il y a une superstition dominante, des loix qui la soutiennent & qui proscrivent l'usage de la raison. Il ne faut que lire ce chapitre avec quelque attention pour voir que *Hobbes* y choque le moins qu'il peut les préjugés reçus, & qu'il les respecte même toutes les fois qu'il ne pourroit les fouler ouvertement aux pieds sans se commettre avec les prêtres, & par conséquent avec les magistrats qui n'en sont que les bourreaux dans tous les pays où le christianisme est établi.

Après avoir expliqué de quelle manière les objets extérieurs produisent des idées, & ces idées, le désir ou la crainte qui sont les premiers mobiles cachés de nos actions, *Hobbes* examine ce que c'est que la délibération : il nomme ainsi ces desirs & ces craintes qui se succèdent les uns aux autres aussi long-temps qu'il est en notre pouvoir de faire ou de ne pas faire l'action sur laquelle nous délibérons, c'est-à-dire, que nous desirons & craignons alternativement ; car tant que nous avons la liberté de faire ou de ne pas faire, l'action demeure en notre pouvoir, & la délibération nous ôte cette liberté.

Ainsi la délibération demande deux conditions dans l'action sur laquelle on délibère ; l'une est que cette action soit future ; l'autre qu'il y ait espérance de la faire, ou possibilité de ne la pas faire ; car le desir & la crainte sont des attentes de l'avenir, & il n'y a point d'attente d'un bien sans espérance, ni d'attente d'un mal sans possibilité ; il n'y a donc point de délibération sur les choses nécessaires. Dans la délibération le dernier desir, ainsi que la dernière crainte, se nomme volonté. Le dernier desir veut faire ou veut ne pas faire. Ainsi la volonté ou la dernière volonté sont la même chose.

Les actions & les omissions volontaires, sont celles qui tirent leur source de la volonté : toutes les autres sont involontaires ou mixtes telles que celles que l'homme produit par desir ou par crainte.

Les involontaires sont celles qu'il fait par nécessité de nature, comme quand il est poussé, qu'il tombe & fait, par sa chûte, du bien ou du mal à quelqu'un.

Les mixtes sont celles qui participent de l'une & de l'autre ; comme quand un homme est conduit en prison, il marche volontairement, mais il va dans la prison involontairement. L'action de celui qui, pour sauver son vaisseau & sa vie, jette ses marchandises dans la mer, est volontaire, car il n'y a dans cette action, d'involontaire, que la dureté du choix qui n'est pas son action, mais l'action des vents : ce qu'il fait alors n'est pas plus contre sa volonté de fuir un danger n'est contre la volonté de celui qui ne voit pas d'autre moyen de se conserver.

Le desir, la crainte, l'espérance & les autres passions ne sont point appellées volontaires, car elles ne procèdent point de la volonté, mais elles sont la volonté même, & la volonté n'est point une action volontaire, car un homme ne peut pas plus dire qu'il *veut vouloir*, qu'il ne peut dire qu'il *veut vouloir vouloir*, & répéter ainsi à l'infini le mot *vouloir*, ce qui seroit absurde & dépourvu de sens.

Comme vouloir faire est desir, & vouloir ne pas faire est crainte, la cause du desir ou de la crainte est aussi la cause de notre volonté : mais l'action de peser les avantages & les désavantages, c'est-à-dire, la récompense & le châtiment, est la cause de nos desirs & de nos craintes, & par conséquent de nos volontés, autant que nous croyons que les récompenses ou les avantages que nous pesons nous arriveront : en conséquence nos volontés suivent nos opinions, de même que nos actions suivent nos volontés ; c'est dans ce sens que l'on a raison de dire que l'opinion gouverne le monde.

Dans les délibérations interrompues, comme elles peuvent l'être par des distractions, des amusemens, par le sommeil, &c. la dernière appétence ou desir de cette délibération partielle se nomme intention ou dessein.

Hobbes développe dans le dernier chapitre de son ouvrage les effets des mots & des discours, espéces de signes qui peuvent être dissimulés ou feints.

Le premier usage du langage est d'exprimer nos conceptions, c'est-à-dire, de produire dans un autre les mêmes conceptions qui sont au-dedans de nous-mêmes; c'est-là ce qu'on nomme *enseigner*.

Si la conception de celui qui enseigne, accompagne continuement ses paroles, en partant d'une vérité fondée sur l'expérience, alors elle produit la même évidence dans celui qui écoute & qui comprend ce qu'on lui dit, & lui fait connoître quelque chose : c'est ce que l'on nomme *apprendre*. Mais s'il n'y a point une pareille évidence, cet enseignement se nomme *persuasion*; elle ne produit dans celui qui écoute que ce qui est uniquement dans l'opinion de celui qui parle.

Hobbes fait ensuite un bel éloge des géomètres & de la certitude de leur science; il les regarde comme les auteurs de tous les avantages que nous avons sur les sauvages de l'Amérique : il observe que jusqu'à ce jour, on n'a point entendu dire qu'il y ait aucune dispute sur les conséquences tirées des mathématiques, parce que les géomètres partent de principes très-simples dont l'évidence est frappante pour les esprits les plus ordinaires, & s'avancent peu-à-peu, en mettant beaucoup de sévérité dans leurs raisonnemens, & de l'imposition des noms, ils concluent la vérité de leurs premières propositions; des deux premières propositions, ils en inférent une troisième; de ces trois une quatrième, & suivant ainsi la route de la science pas à pas; au lieu que ceux qui ont écrit sur les facultés, les passions & les mœurs des hommes, c'est-à-dire, sur la philosophie morale, la politique, le gouvernement & les loix, bien loin de diminuer les doutes & les disputes sur les questions qu'ils ont traitées, n'ont fait que les multiplier. Hobbes appelle *dogmatiques* les savans de cette seconde espèce qui se fondent sur des maximes qu'ils ont adoptées dans leur éducation & d'après l'autorité des hommes ou de l'usage, & qui regardent le mouvement habituel de la langue comme du raisonnement.

Il définit le *conseil* une délibération intérieure de l'esprit concernant ce que nous devons faire ou ne pas faire. Il fait même à ce sujet une remarque très-fine, c'est que les conséquences de nos actions font nos conseillers par leur succession alternative dans l'esprit. Dans les conseils qu'un homme prend d'un autre, ses conseillers ne font que lui montrer alternativement les conséquences d'une action : aucun d'eux ne délibère, mais tous ensemble fournissent à celui qui les consulte, des objets sur lesquels il puisse délibérer avec lui-même.

Hobbes considère ensuite divers autres usages du langage, tels que l'interrogation, la prière, la promesse, la menace, le commandement, la loi. Il observe que le langage sert encore à exciter ou appaiser, à échauffer ou éteindre les passions dans les autres, ce qui est absolument la même chose que la persuasion, car il n'y a point de différence réelle entre inspirer des opinions ou faire naître des passions : mais comme dans la persuasion nous nous proposons de faire naître l'opinion par l'entremise de la passion, dans le cas dont il s'agit, on se propose d'exciter la passion à l'aide de l'opinion. Or, comme pour faire naître l'opinion de la passion, il est nécessaire de faire adopter une conclusion de tels principes qu'on veut; de même en excitant la passion à l'aide de l'opinion, il n'importe que l'opinion soit vraie ou fausse, que le récit qu'on fait, soit historique ou fabuleux; car ce n'est pas la vérité, c'est l'image qui excite la passion : une tragédie bien jouée affecte autant que la vue d'un assassinat.

Hobbes a très-bien vu que les mots sont souvent équivoques selon la diversité de la texture du discours & celle de ceux qui emploient ces signes de nos idées & de nos opinions, & après avoir observé que pour nous faire démêler le vrai sens de ces mots, il faut voir celui qui parle, être témoin de ses actions, & conjecturer ses intentions, il en conclut judicieusement qu'il doit être extrêmement difficile de découvrir les opinions & le vrai sens de ceux qui ont vécu long-tems avant nous, & qui ne nous ont laissé que leurs ouvrages pour nous en instruire, vu que nous ne pouvons les entendre qu'à l'aide de l'histoire, par le moyen de laquelle nous suppléerons peut-être au défaut des circonstances passées, mais non sans beaucoup de sagacité.

On ne lit point le § 9 du dernier chapitre de cet ouvrage, sans être tenté de croire que *Hobbes* n'a pas voulu terminer son traité sans indiquer lui-même le moyen de distinguer ses vrais sentimens de ceux que la crainte des prêtres & le pouvoir impérieux des circonstances l'ont quelquefois obligé de soutenir. Voici ce paragraphe qu'on peut regarder, ce me semble, comme le mot de l'énigme proposée dans les dernières pages du chapitre XI.

» Lorsqu'il arrive qu'un homme nous annonce
» deux opinions contradictoires dont l'une est
» exprimée clairement & directement, & dont
» l'autre ou a été tirée de la première par induc-

» tion ou lui a été associée faute d'en avoir senti la contradiction ; alors quand l'homme n'est pas présent pour s'expliquer lui-même, nous devons prendre la première proposition pour son opinion, car c'est celle qu'il a exprimé clairement & directement, comme la sienne, tandis que l'autre peut venir de quelque erreur dans la déduction ou de l'ignorance où il étoit de la contradiction qu'elle renfermoit. Il faut en user de même, & pour la même raison, lorsqu'un homme exprime son intention de deux manières contradictoires. »

Tel est l'exposé fidèle des principes sur lesquels *Hobbes* a philosophé dans ce *traité de la nature humaine* : j'ai eu soin autant qu'un simple extrait peut le permettre, de ne rien omettre d'absolument essentiel au développement de ses idées : mais on ne peut sentir tout le mérite de cet ouvrage très-réfléchi & pensé par-tout avec autant de justesse que de profondeur, qu'en le lisant dans l'original, & en *le courant tout d'un fil*, pour me servir de l'expression de Montaigne. Si l'analyse que j'en ai donné peut exciter dans l'esprit de quelques lecteurs philosophes le désir de cultiver les idées fortes & hardies d'*Hobbes* & de s'élever à la hauteur & à la généralité de ses résultats, je croirai avoir contribué en cela aux progrès de la raison ; & c'est le but que je me suis proposé en m'occupant de ce travail.

(Cet article est du citoyen NAIGEON.)

HUME. PHILOSOPHIE DE, (*Histoire de la philosophie moderne*).

C'est *Hume* lui-même qui va nous faire l'histoire de sa vie avec une candeur & une bonhommie qui inspirent la confiance, & qui le font aimer. Il l'écrivit quelques mois avant sa mort, & dans un codicile joint à son testament, il demande que ce morceau soit imprimé à la tête de la première édition qu'on fera de ses ouvrages. Le ton naturel qui règne dans ce précis de sa vie, le caractère de véracité qui y est fortement empreint, feront connoître ce philosophe, que Rousseau, dans une lettre qu'on croiroit écrite par un fou, mais par un fou très-éloquent, nous a peint comme un profond scélérat. De toutes les preuves que l'auteur d'Emile a données d'une véritable aliénation d'esprit, (car j'aime mieux le supposer insensé que méchant) je n'en connois point de plus fortes & de plus évidentes que cette lettre à M. *Hume*, sa brochure intitulée *Rousseau juge de Jean Jacques*, & ses *confessions*. Mais laissons cet homme malheureusement né, qui avoit eu l'art funeste de s'abreuver de fiel & d'amertume pendant les vingt-cinq dernières années de sa vie, & qui, séparé de ses amis, que l'injustice & la dureté de ses procédés avoient sensiblement blessés ; mal avec lui-même, parce qu'il étoit mal avec les autres, n'a plus trouvé d'autre moyen de se tirer de cet état pénible & vraiment cruel que par une mort volontaire.

La vie de *Hume* écrite par lui-même promet des faits & des détails plus intéressans peut-être que ceux qu'on va lire, mais elle a paru très piquante, du moins par le ton dont elle est écrite : jamais un grand homme n'a parlé de lui-même avec cette simplicité. C'est *la vanité naïve d'un enfant avec l'indépendance d'un philosophe*, a dit un de ses compatriotes.

On voit dans ce petit écrit que *Hume* n'a jamais aimé que les lettres, la gloire & la vérité. Mais la gloire le fuyoit ; la vérité lui suscitoit des persécutions ; l'étude le consoloit de tout & faisoit le charme de sa vie. C'est une leçon très-encourageante pour les gens de lettres. En effet, le bonheur le plus pur, le plus facile & le plus durable est dans l'étude même pour ceux qui aiment véritablement l'étude. La gloire vient lentement ; mais elle ne manque jamais à celui qui l'a méritée.

Hume aimoit la France, & il le devoit. Jamais étranger n'y a été mieux accueilli, & son excellente *histoire* y a trouvé des admirateurs zélés, tandis qu'on la déchiroit avec acharnement dans sa patrie. On en prépare une nouvelle édition qu'il a corrigée avec beaucoup de soin dans les dernières années de sa vie.

Il a laissé à M. Strahan des dialogues manuscrits sur la nature des dieux, à peu-près sur le plan de ceux de Cicéron. Il met en scène deux hommes de sectes différentes qui se disputent, & un sceptique qui tire avantage de leur querelle. Un anglois très-distingué par ses talens & ses lumières, & qui a lu ce manuscrit, écrit que de tous les ouvrages philosophiques de *Hume*, c'est le plus profond, le plus ingénieux & le mieux écrit. (*Ces quatre derniers paragraphes sont de M. Suard*).

MA VIE.

Il est difficile de parler de soi long-temps sans vanité ; je serai donc court. On pourra cependant regarder comme un trait de vanité la fantaisie que j'ai d'écrire ma vie ; mais ce récit ne contiendra guère que l'histoire de mes écrits, en effet presque toute ma vie s'est consommée en occupations & en travaux littéraires. D'ailleurs le genre de succès qu'ont eu d'abord la plupart de mes ouvrages n'est pas fait pour être un sujet de vanité.

Je suis né à Edimbourg, le 26 avril 1711, vieux style, d'une famille distinguée, tant du côté de mon père que de celui de ma mère. La famille de mon père est une branche des comtes de *Home* ou *Hume*, & mes ancêtres ont été, pendant plusieurs générations, propriétaires du bien que mon frère possède. Ma mère étoit fille du chevalier David Falconer, président du collège de justice ; & son frère a eu par succession le titre de Lord Harkelton.

Ma famille n'étoit cependant pas riche ; & n'étant moi-même qu'un cadet, mon patrimoine, suivant la coutume de mon pays, étoit par conséquent très-peu de chose.

Mon père qui passoit pour un homme d'esprit, mourut lorsque j'étois encore en bas âge, & me laissa avec un frère aîné & une sœur sous la conduite de notre mère, femme d'un rare mérite, qui, quoique jeune & belle, se dévoua toute entière à l'éducation de ses enfans.

Je suivis avec succès le cours ordinaire des études, & je me sentis de très-bonne heure entraîné par un goût pour la littérature qui a été la passion dominante de ma vie, & la grande source de mes plaisirs. L'amour pour l'étude, la sobriété & l'intelligence que je montrois, firent penser à ma famille que le barreau étoit un état qui pouvoit me convenir; mais je sentois une aversion insurmontable pour tout autre objet que pour les recherches de la philosophie & de la littérature ; & tandis que mes parens me croyoient occupé à méditer sur Voët & sur Vinnius, c'étoient les ouvrages de Cicéron & de Virgile que je dévorois en secret.

Cependant ma fortune étant trop modique pour se concilier avec ce genre de vie, & ma santé étant un peu altérée par l'ardeur du travail, je fus tenté ou plutôt forcé de faire une légère épreuve pour entrer dans une carrière plus active. J'allai donc à Bristol en 1734 avec quelques recommandations pour des négocians considérables : mais au bout de quelques mois, je trouvai que le commerce ne me convenoit point du tout.

Je passai en France avec le dessein de continuer mes études dans une retraite à la campagne, & c'est-là que je commençai le plan de vie que j'ai depuis heureusement & constamment suivi. Je pris le parti de suppléer au défaut de fortune par l'économie la plus exacte ; de conserver la plus entière indépendance & de regarder avec dédain tout ce qui ne tendoit pas à perfectionner mes talens en littérature.

Pendant ma retraite en France, d'abord à Rheims, mais particulierement à la Flèche, en Anjou, je composai mon *Traité de la nature humaine*. Après avoir passé très-agréablement trois années dans ce pays, j'allai à Londres en 1737. A la fin de 1738, j'y publiai mon traité, & aussitôt après je vins joindre ma mère & mon frère en Ecosse. Mon frère vivoit à sa maison de campagne, où il s'occupoit très sagement & très-avantageusement à augmenter sa fortune.

Jamais, il n'y eut d'entreprise littéraire plus malheureuse que mon *traité de la nature humaine* ; il mourut en naissant, & il n'obtint pas même la distinction d'exciter quelques murmures parmi les fanatiques. Comme j'étois naturellement porté à la gaieté & à l'espérance, je me relevai bientôt de ce premier coup ; & je repris mes études à la campagne avec une nouvelle ardeur. En 1742, je fis imprimer à Edimbourg la première partie de mes *Essais* : cet ouvrage fut accueilli favorablement, & me fit entièrement oublier mon premier revers. Pendant le temps que je passai à la campagne avec ma mère & mon frère, je me remis à l'étude de la langue grecque que j'avois trop négligée dans ma première jeunesse.

En 1745, je reçus une lettre du marquis d'Annaldale, qui m'invitoit à aller en Angleterre pour vivre avec lui ; les parens de ce jeune seigneur desiroient le confier à mes soins & à ma direction, dont l'état de son ame & celui de sa santé avoit besoin. Je passai un an avec lui ; & dans cet intervalle, mes appointemens contribuèrent à accroître ma petite fortune.

Je reçus alors une autre invitation du général Saint-Clair, qui me proposoit de l'accompagner, en qualité de secrétaire, à une expédition qui étoit d'abord destinée contre le Canada, & qui se termina à une incursion sur la côte de France.

L'année suivante, c'est-à-dire, en 1747, ce même général me proposa de l'accompagner avec le même titre dans son ambassade militaire aux cours de Vienne & de Turin. Je pris alors un uniforme d'Officier, & je fus présenté à ces cours comme aide-de-camp du général, ainsi que le chevalier Henri Erskine & le capitaine Grant, aujourd'hui officier général. Ces deux années ont été presque les seules interruptions qu'il y ait eu dans mes études pendant le cours de ma vie. Je les passai agréablement & en bonne compagnie ; & mes appointemens joints à mon économie, me rendirent maître d'une fortune que j'appellois indépendante, quoique mes amis eussent envie de rire quand j'en parlois sur ce ton-là. Enfin je possédois alors près de mille livres sterling.

J'avois toujours cru que le mauvais succès de mon *traité sur la nature humaine* tenoit plus à la forme qu'au fonds de l'ouvrage, & que je n'avois fait qu'une imprudence très-ordinaire en me faisant imprimer trop tôt. Je refondis donc la première partie de ce traité dans mes *recherches sur l'entendement humain*, qui furent publiées pendant que j'étois à Turin. Cette seconde entreprise ne fut d'abord guère plus heureuse que la première. A mon retour d'Italie, j'eus la mortification de trouver toute l'Angleterre en rumeur à l'occasion des *recherches libres* du docteur Middleton, tandis que mes *recherches* étoient absolument négligées ou ignorées. On fit à Londres une nouvelle édition de mes *essais de morale & de politique*, qui n'eurent pas un meilleur fort.

Telle est la force du tempéramment & du caractère, que ces revers ne firent que peu ou point d'impression fur moi. Je vins en Ecosse, en 1749. Ma mère étoit morte : je vécus deux ans avec mon frère à sa maison de campagne. J'y composai la seconde partie de mes *essais*, que j'appellai *discours politiques*, & mes *recherches sur les principes de la morale*, qui sont une autre partie refondue de mon *traité de la nature humaine*.

Cependant mon libraire A. Millar m'écrivit que mes ouvrages, à l'exception de ce malheureux traité, commençoient à devenir le sujet des conversations; que le débit en augmentoit tous les jours, & qu'on en demandoit de nouvelles éditions. On imprimoit dans une année deux ou trois réponses à ces écrits, faite par des révérends & très-révérends auteurs; & je jugeai par les invectives du docteur Warburton (1), que mes livres commençoient à être estimés en bonne compagnie. J'avois cependant pris la résolution de ne jamais répondre à personne; j'y ai été invariablement fidèle, & n'étant pas d'un caractère très-irascible, je me suis aifément dispensé d'entrer dans aucune querelle littéraire. Ces apparences d'un accroissement de réputation m'encourageoit d'autant plus, que j'ai toujours été plus disposé à saisir le côté favorable des choses que le mauvais côté; & c'est un tour d'esprit plus utile au bonheur que d'être né avec 10,000 livres sterling de rente.

En 1751, je quittai la campagne pour la ville, qui est la véritable résidence d'un homme de lettres. En 1752, je publiai à Edimbourg, où je vivois alors, mes *difcours politiques*, le seul de mes ouvrages qui ait eu du succès en paroissant; il fut très-bien accueilli & en Angleterre & en Ecosse. On publia à Londres dans la même année mes *recherches sur les principes de la morale*, celui de tous mes écrits historiques, philosophiques ou littéraires, qui (s'il m'est permis d'avoir une opinion sur ce sujet) me paroît sans comparaison le meilleur. On n'y fit aucune attention lorsqu'il parut.

---

(1) Evêque de Glocester, auteur du favant traité *de la mission divine de Moïse*, & de quelques ouvrages de controverfe, écrits avec trop d'amertume & de dureté pour un théologien anglois.

En 1752, le corps des avocats d'Edimbourg me choisit pour son bibliothécaire, emploi dont je ne retirois que peu ou point d'émolumens, mais qui me donnoit la disposition d'une grande bibliothèque. Je conçus alors le projet d'écrire l'histoire d'Angleterre, mais je fus effrayé de fuivre une narration pendant un période de 1700 ans. Je commençai à l'avénement de la maison de Stuart, époque où il me sembloit que l'esprit de faction avoit commencé particulièrement à répandre les préventions & les erreurs. J'étois, je l'avoue, plein de confiance fur le succès de cet ouvrage. Je croyois être le seul historien qui eut dédaigné à-la-fois le pouvoir, le crédit, la fortune & les clameurs des préjugés populaires; & comme le sujet étoit à la portée de tout le monde, je comptois fur l'approbation universelle. Mais je fus inhumainement frustré dans ces espérances; il s'éleva contre moi un cri général de censure, d'improbation & même de détestation : Anglois, Ecossois & Irlandois; Whigs & Torys; Anglicans & Sectaires; esprits forts & dévots; patriotes & courtisans, tous se réunirent dans leur fureur contre un homme qui avoit eu l'audace de répandre une larme généreuse sur le sort de Charles I, & sur celui du comte de Strafford; mais après que la première effervescence de leur rage fut calmée, ce qu'il y a de plus mortifiant encore pour moi, c'est que le livre parut tomber dans l'oubli. M. Millar me dit que dans un an, il n'en avoit vendu que quarante-cinq exemplaires. Il étoit en effet difficile de citer dans les trois royaumes un seul homme considérable par le rang ou par les connoissances, qui trouvât l'ouvrage tolérable. J'en excepte cependant le docteur Herring, primat d'Angleterre, & le docteur Stone, primat d'Irlande, deux exceptions qui doivent paroitre un peu extraordinaires. Ces prélats distingués m'exhortèrent chacun de leur côté à ne pas perdre courage.

J'avoue cependant que j'étois découragé; & si la guerre ne s'étoit déclarée entre la France & l'Angleterre, je me serois certainement retiré dans quelque ville des provinces de France, en changeant de nom & avec la résolution de ne plus retourner dans ma patrie. Mais ce projet n'étant pas praticable, & le second volume de mon histoire étant déjà fort avancé, je repris courage, & je me déterminai à continuer.

Dans cet intervalle, je publiai à Londres mon *histoire naturelle de la religion*, avec quelques autres morceaux. Cette nouvelle production resta d'abord assez obscure; seulement le docteur Hurd y répondit par un pamphlet écrit avec toute l'arrogance, l'amertume & la grossiereté qui distinguent l'école Warburtonienne. Ce pamphlet me consola un peu de l'accueil assez froid d'ailleurs qu'on fit à mon ouvrage.

En 1756, deux ans après la chûte du premier volume de mon histoire, je publiai le second volume, qui embrassoit le période écoulé depuis la mort de Charles I, jusqu'à la révolution.

Il arriva que les Whigs furent moins choqués de cette seconde partie, laquelle fut mieux reçue & non-seulement se soutint, mais aida même à relever un peu la première.

Quoique l'expérience m'eut appris que le parti des whigs étoit en possession de donner toutes les places, & en politique & en littérature, j'étois si peu disposé à céder à leurs déraisonnables clameurs, que dans plus de cent passages que l'étude, la lecture ou la réflexion m'engagèrent à changer dans les règnes des deux premiers Stuarts, tous ces changemens furent sans exception en faveur du parti tory. Il est ridicule de considérer la constitution d'Angleterre avant ce période, comme un système régulier de liberté.

En 1759, je publiai mon histoire de la maison de Tudor, qui excita presqu'autant de clameurs que celle des deux premiers Stuarts. Le règne d'Elisabeth fut le morceau qui révolta davantage. Mais j'étois alors devenu insensible aux impressions de la sottise publique, je restai paisible & content dans ma retraite d'Edimbourg, pour y achever en deux autres volumes la partie antérieure de l'histoire d'Angleterre, que je donnai au public en 1761, avec un succès passable, mais seulement passable.

Malgré ces vicissitudes auxquelles mes écrits avoient été exposés, ils ont toujours gagné dans l'opinion, au point que l'argent qui m'en a été donné par le libraire, a été fort au-delà de ce qu'on avoit jamais vu en Angleterre. J'étois donc devenu non-seulement indépendant, mais même opulent; je me retirai dans mon pays natal dans l'intention de n'en plus sortir, emportant avec moi la satisfaction de n'avoir jamais rien demandé, ni même fait aucune avance d'amitié à un seul homme en place. J'avois alors plus de cinquante ans, & je comptois passer le reste de ma vie dans ce repos philosophique, lorsque je reçus en 1763 une invitation du comte d'Hertford, avec qui je n'avois jamais eu aucune liaison, & qui me proposoit de l'accompagner à son ambassade en France, pour y remplir les fonctions de secretaire d'ambassade, avec l'espérance prochaine d'en avoir le titre. Je refusai d'abord cette offre quelque avantageuse qu'elle fût, parce que j'avois quelque répugnance à former des liaisons avec les grands, & parce que je craignois que la politesse & la gaîté des sociétés de Paris ne convinssent plus à un homme de mon âge & de mon caractère. Mais mylord Hertford ayant renouvellé ses instances, je m'y rendis; & j'ai eu toutes sortes de raisons, soit d'agrément, soit d'intérêt, pour me féliciter de la liaison que j'ai contractée avec ce seigneur, & depuis avec son frère le général Conway.

Ceux qui n'ont jamais connu les étranges effets de la mode, pourront difficilement concevoir l'accueil que je reçus à Paris, des hommes & des femmes de tous les rangs & de tous les états. Plus je me dérobois à leur excessive politesse, plus j'en étois accablé. On trouve cependant, en vivant à Paris une satisfaction bien réelle dans la société d'un grand nombre de personnes spirituelles, instruites & polies, dont cette ville abonde plus qu'aucun lieu de l'Univers. J'ai eu une fois l'idée de m'y établir pour le reste de ma vie.

Je fus nommé secrétaire d'ambassade, dans l'été de 1765. Le lord Hertford ayant été fait viceroi d'Irlande, il me laissa à Paris en qualité de *chargé d'affaires*, jusqu'à l'arrivée du duc de Richmond vers la fin de l'année. Au commencement de 1766 je quittai Paris, & l'été suivant je vins à Edimbourg, résolu comme autrefois de m'ensevelir dans une retraite philosophique. J'y revenois, non plus riche que j'en étois parti, mais avec plus d'argent & un plus gros revenu, que je devois à l'amitié du lord Hertfort; j'eus le désir d'essayer ce que pouvoit produire sur moi le superflu, après avoir déjà éprouvé l'effet du nécessaire. Mais en 1767, M. Conway m'offrit la place de sous-secrétaire d'état. Le caractère de ce ministre, & mes relations avec mylord Hertford, ne me permirent pas de refuser cette place. Je revins à Edimbourg en 1769, très-opulent, car je possédois mille livres sterling de rente, en bonne santé, & quoiqu'un peu appesanti par l'âge, espérant de jouir long-tems de mon aisance & de voir augmenter ma réputation.

Au printems de 1775 je fus attaqué d'un mal d'entrailles qui d'abord ne me donna aucune inquiétude, mais qui depuis est devenu, à ce que je crois, mortel & incurable. Je compte maintenant sur une prochaine dissolution. Cette maladie a été accompagnée de très-peu de douleur; & ce qui est plus étrange, je n'ai jamais senti, malgré le dépérissement de toute ma personne, un seul instant d'abattement de l'ame; en sorte que s'il me falloit dire quel est le tems de ma vie où j'aimerois le mieux revenir, je serois tenté d'indiquer ce dernier période: je n'ai jamais eu en effet plus d'ardeur pour l'étude ni plus de gaîté en société. Je considère d'ailleurs qu'un homme de soixante-cinq ans ne fait en mourant que se dérober à quelques années d'infirmités; & quoique plusieurs circonstances puissent me faire espérer de voir ma réputation littéraire acquérir enfin un peu plus d'éclat, je sais que je n'aurois que peu d'années à en jouir.

Il est difficile d'être plus détaché de la vie que je le suis à présent.

Je terminerai ceci en historien exact, par la peinture de mon caractère. Je suis, ou plutôt j'étois (car c'est le ton que je dois prendre en parlant de moi, & qui m'enhardit même à dire ce que je pense), j'étois, dis-je, un homme d'un caractère doux, maître de moi-même, d'une humeur ouverte, gaie & sociale, capable d'amitié, mais peu susceptible de haine, & très-modéré dans toutes mes passions. Le desir même de la renommée littéraire qui a été ma passion dominante, n'a jamais aigri mon caractère, malgré les fréquens revers que j'ai éprouvés. Ma conversation n'étoit désagréable ni aux jeunes gens, ni aux oisifs, ni aux hommes studieux & instruits ; & comme je trouvois un plaisir particulier dans la société des femmes honnêtes, je n'ai pas eu lieu d'être mécontent de la manière dont j'en ai été traité. En un mot, quoiqu'il n'y ait guère eu d'hommes distingués en quelque genre que ce soit qui n'aient eu à se plaindre de la calomnie, je n'ai jamais senti l'atteinte de sa dent envenimée ; & quoique je me sois exposé assez légèrement à la rage des factions politiques & religieuses, elles ont paru se dépouiller en ma faveur de leur férocité ordinaire. Mes amis n'ont jamais eu besoin de justifier aucune circonstance de ma conduite, ni de mon caractère : ce n'est pas que les fanatiques n'eussent été disposés, comme on peut bien le croire, à fabriquer & à répandre des fables à mon désavantage, mais ils n'ont jamais pu en inventer une seule qui eût quelque apparence de probabilité.

Je ne puis pas dire qu'il n'y ait point de vanité à faire ainsi ma propre oraison funèbre ; mais j'espère que du moins on ne la trouvera pas hors de propos : c'est un point de fait qui va être bientôt éclairci & constaté.

Ce 18 avril 1776.

Nous allons joindre à ce morceau, peut-être unique dans son genre, une lettre du célèbre Adam Smith, qui contient quelques détails intéressans sur la manière dont *Hume* s'est conduit dans sa dernière maladie, & qui achèvent de le faire connoître dans un moment où les hommes se montrent ordinairement tels qu'ils sont :

Nam veræ voces tum demum pectore ab imo
Eliciuntur, & eripitur persona ; manet res.

Lucret. de rer. nat. lib. 3. vers. 57.

Quoique M. *Hume*, dit M. Smith (1), eut jugé lui-même son mal incurable & mortel, cependant par égard pour les instances de ses amis, il consentit à faire l'essai de ce que pourroit produire sur lui un long voyage. Quelques jours avant de se mettre en route, il écrivit le précis de sa vie qu'il a confié à vos soins ainsi que ses autres papiers. Mon récit commencera donc où le sien finit.

Il partit pour Londres vers la fin du mois d'avril. J'en étois parti avec M. Jean Home pour aller le voir, espérant le trouver à Edimbourg. Nous le rencontrâmes à Morpeth ; M. Home retourna avec lui, ne le quitta point pendant le séjour qu'il fit en Angleterre, & lui donna tous les soins qu'on pouvoit attendre d'un ami si tendre & si parfait. Comme ma mère m'attendoit en Ecosse, je fus obligé de continuer ma route, & de me rendre auprès d'elle.

La maladie de M. *Hume* parut d'abord céder à l'exercice & au changement d'air ; & lorsqu'il arriva à Londres il se trouvoit mieux que lorsqu'il avoit quitté Edimbourg.

On lui conseilla d'aller à Bath pour prendre les eaux. Elles produisirent d'abord un si bon effet, qu'il commença lui-même à juger plus favorablement de son état, quoiqu'il ne fût guère disposé à l'espérance. Mais les symptômes du mal reparurent bientôt avec leur violence ordinaire ; & dès ce moment, renonçant à toute idée de guérison, il se soumit à son sort non-seulement avec une parfaite résignation, mais même avec un calme & une gaîté extraordinaires.

En revenant à Edimbourg il se trouva beaucoup plus foible, mais sa gaîté ne diminua point, & il continua de s'amuser selon sa coutume, à corriger ses ouvrages pour une nouvelle édition, à lire quelques livres agréables & à converser avec ses amis ; quelquefois, vers le soir, il faisoit une partie de Whisk qu'il aimoit beaucoup. Sa gaîté étoit si naturelle, sa conversation & sa vie avoient si peu changé, que malgré tous les

---

(1) M. Smith est un homme de lettres, écossois, auteur de plusieurs excellens ouvrages. *Les recherches sur la nature & les causes de la richesse des nations ;* qu'il a publiées l'année dernière, en 2 vol. in-4°. sont, à ce qu'il nous semble, l'ouvrage le plus approfondi qu'on ait encore écrit sur les principales questions de l'économie politique, & méritent d'être méditées par les philosophes & les politiques qui s'occupent de ces grands objets.

La lettre de M. Smith est écrite à M. Strahan, écossois aussi, & imprimeur à Londres, il est membre de la chambre des communes. *Hume*, dont il étoit l'ami, lui a laissé en mourant ses manuscrits.

symptômes fâcheux de son état, plusieurs personnes ne pouvoient pas croire qu'il fût près de sa fin. Le docteur Dundas lui disoit un jour : je dirai à votre ami le colonel Edmondstone que je vous ai laissé beaucoup mieux & en bon train de guérison. Docteur, lui répondit M. *Hume*, comme je crois que vous n'avez envie de dire que la vérité, vous feriez mieux de lui dire que je m'en vais aussi vite que mes ennemis, si j'en ai, peuvent l'attendre, & aussi doucement que mes meilleurs amis peuvent le desirer.

Le colonel Edmondstone vint quelque tems après pour voir M. *Hume* & prendre congé de lui. En s'en allant il ne put pas s'empêcher d'écrire une lettre à son ami mourant, pour lui dire encore un éternel adieu ; & dans cette lettre, il lui applique les beaux vers françois que l'abbé de Chaulieu adresse au marquis de la Fare, lorsque se croyant près de sa fin, il regrette d'être bientôt séparé de son ami. Le courage & la tranquillité de M. *Hume* étoient si sincères que ses plus tendres amis savoient qu'ils ne risquoient rien en lui parlant comme à un homme mourant, & que loin d'être blessé de cette franchise, il en étoit plutôt flatté. J'entrai dans sa chambre au moment où il lisoit la lettre qu'il venoit de recevoir du colonel Edmondstone : il me la donna à lire. Je lui dis que malgré son affoiblissement sensible & les apparences fâcheuses de son état, sa gaieté étoit toujours si grande & le principe de la vie sembloit encore si vigoureux en lui, que je ne pouvois m'empêcher de conserver quelques espérances. Vos espérances sont sans fondement, me répondit-il. Une diarrhée habituelle pendant plus d'un an seroit un mal très-dangereux à tout âge ; mais au mien c'est une maladie mortelle. Quand je me couche le soir je me sens plus foible que quand je me suis levé le matin, & en me levant le matin, je me trouve plus foible que je ne m'étois couché la veille. Je sens d'ailleurs que quelques-unes des organes de la vie sont affectés ; ainsi il faut bientôt mourir. Eh bien ! lui dis-je, si cela est, vous aurez du moins la satisfaction de laisser tous vos amis, & la famille de votre frère en particulier, dans une situation heureuse & florissante. Il me répondit que cette idée consolante le touchoit si vivement, que, lisant quelques jours auparavant dans les dialogues de Lucien, les différens prétextes que les morts alléguoient à Caron pour ne pas entrer dans sa barque, il n'en avoit pas trouvé un seul qui pût lui convenir : il n'avoit ni fille à pourvoir, ni batiment à finir, ni ennemis dont il voulût se venger ; de sorte, ajoutoit-il, que je ne pouvois guere trouver d'excuse à donner à Caron pour obtenir quelque délai. J'ai fait toutes les choses de quelque importance que j'ai jamais desiré de faire, & dans aucun tems je ne pourrois espérer de voir mes parens & mes amis dans une meilleure situation que celle où je suis près de les laisser : j'ai donc toutes sortes de raisons de mourir content. Il s'amusa alors à imaginer différentes excuses plaisantes qu'il supposoit pouvoir alléguer à Caron, & les réponses brutales que celui-ci ne manqueroit pas de lui faire. En y pensant bien, disoit-il, j'ai trouvé que je pourrois lui dire : « Mon bon Caron, j'ai corrigé mes ouvrages
» pour en faire une nouvelle édition ; donnez-
» moi le tems de voir comment le public recevra
» ces changemens ». Mais j'entends Caron me répondre : « quand vous auriez vu l'effet de ces
» changemens vous voudriez en faire d'autres.
» Il n'y auroit point de fin à de pareils prétextes ;
» ainsi, l'ami, entrez dans ma barque ». Je pourrois insister & lui dire : « Un peu de patience,
» honnête Caron, j'ai travaillé à ouvrir les yeux
» du genre humain. En vivant quelques années
» de plus, je pourrois avoir le plaisir de voir
» les hommes délivrés de quelques-uns des maux
» que la superstition leur a faits «. Mais Caron alors n'entendroit plus raison, & me crieroit :
» ce que tu dis n'arrivera pas de cent ans.
» Crois-tu que je t'attende jusques-là ? Allons,
» allons, paresseux babillard, passe dans ma
» barque sans raisonner davantage ».

Quoique M. *Hume* parlât toujours de sa fin prochaine, il n'affectoit jamais de faire parade de son courage. Il n'en parloit que lorsque la conversation y conduisoit naturellement, & ne s'y arrêtoit qu'autant que la suite du discours l'exigeoit. C'étoit, il est vrai, un sujet qui se présentoit souvent, par une suite nécessaire des questions que lui faisoient sur son état les amis qui venoient le visiter.

L'entretien dont je viens de vous rendre compte, se passa le 8 d'août : depuis ce jour-là je ne l'ai vu qu'une fois. Il étoit devenu si foible que la société de ses meilleurs amis le fatiguoit ; car il avoit conservé à un tel point sa gaieté, sa complaisance & son humeur sociale, que toutes les fois qu'un de ses amis étoit avec lui, il ne pouvoit s'empêcher de parler & plus long-tems & avec plus d'activité que sa foiblesse ne le comportoit. Ce fut d'après ses propres instances que je consentis à quitter Edimbourg, où j'étois en grande partie pour lui ; je retournai chez ma mère, à Kirkaldy, à condition qu'il m'enverroit chercher toutes les fois qu'il desireroit de me voir. Le docteur Black, qui est le médecin qui le voyoit le plus assidûment, s'engagea en même tems à m'écrire des nouvelles de sa santé.

Le 22 août je reçus la lettre suivante du docteur.

« Depuis ma derniere lettre, M. *Hume* a vécu
» très-doucement, mais il est beaucoup plus
» foible. Il se leve, descend l'escalier une fois

» par jour, & s'amuſe à lire; mais il ne voit
» preſque perſonne. Il trouve que même la con-
» verſation de ſes meilleurs amis le fatigue &
» l'accable; heureuſement il n'en a pas beſoin,
» car il n'a ni inquiétude, ni impatience, ni
» abattement, & il paſſe très-bien ſon tems avec
» le ſecours de quelques livres d'amuſement ».

Je reçus le lendemain, de M. *Hume* lui-même, une lettre dont voici l'extrait.

Edimbourg, le 23 août 1776.

MON TRÈS-CHER AMI,

« Je ſuis obligé de me ſervir de la main de
» mon neveu pour vous écrire, car je ne me
» leverai pas aujourd'hui. . . . .
» . . . .
» Je m'en vais déclinant très-rapidement. J'ai
» eu la nuit dernière une petite fièvre, & j'eſpé-
» rois qu'elle avanceroit le terme de cette en-
» nuyeuſe maladie, mais malheureuſement elle
» s'eſt diſſipée. Je ne puis conſentir à ce que
» vous veniez ici à cauſe de moi, parce qu'il
» ne me ſeroit poſſible de vous voir que très-
» peu de momens dans le jour. Le docteur Black
» peut vous informer plus exactement du degré
» de force qui me reſte encore. Adieu ».

Trois jours après le docteur Black m'écrivit la lettre ſuivante.

Edimbourg, le 26 août 1776.

MON CHER MONSIEUR,

« Hier, vers les quatre heures après midi,
» M. *Hume* expira. L'approche de ſa mort s'an-
» nonça clairement dans la nuit du jeudi au ven-
» dredi: ſa maladie étoit parvenue au dernier
» terme, & l'avoit affoibli au point qu'il ne pou-
» voit plus ſe lever. Il a conſervé juſqu'au dernier
» moment toute ſa raiſon, & n'a éprouvé ni
» douleurs, ni même un grand mal-aiſe. Il ne
» lui eſt jamais échappé la moindre expreſſion
» d'impatience; & quand il a eu occaſion de
» parler aux perſonnes qui l'environnoient, il
» l'a toujours fait avec beaucoup de douceur &
» de tendreſſe. Je n'ai pas cru devoir vous en-
» gager à venir ici, d'autant que j'ai ſu que
» M. *Hume* vous avoit écrit pour vous en dé-
» tourner. Il s'étoit affoibli au point qu'il avoit
» beſoin de faire un effort pour parler; & il
» eſt mort dans une heureuſe ſérénité d'ame que
» rien ne peut égaler ».

Telle a été la fin de notre excellent ami, dont la mémoire nous ſera toujours chère. On pourra juger diverſement de ſes opinions philoſophiques, chacun les approuvant ou les condamnant ſelon qu'il les trouvera conformes ou contraires aux ſiennes; mais il eſt difficile qu'il y ait de la diverſité dans le jugement qu'on portera de ſa conduite & de ſon caractère. Jamais les facultés naturelles d'aucun homme ne furent plus heureuſement combinées & balancées: même dans le plus bas état de ſa fortune, ſon extrême économie ne l'empêcha jamais de faire dans l'occaſion des actes de charité & de généroſité; c'étoit une économie néceſſaire, fondée non ſur l'avarice, mais ſur l'amour de l'indépendance. La grande douceur de ſon caractère n'altéra jamais ni la fermeté de ſon ame, ni la conſtance de ſes réſolutions. Sa plaiſanterie habituelle n'étoit que la ſimple effuſion d'une bonté naturelle & d'une gaieté tempérée par la délicateſſe & la modeſtie, & où il n'entroit pas la plus légère teinture de cette malignité qui eſt ſi ſouvent le principe dangereux de ce qu'on appelle communément eſprit. Jamais il ne lui échappa une ſeule raillerie qui eût pour but de mortifier: auſſi ſes railleries plaiſoient-elles à ceux mêmes ſur qui elles tomboient; &, de toutes ſes grandes & aimables qualités, peut-être n'y en eut-il pas une qui rendît ſa ſociété plus agréable à ſes amis que cette tournure de plaiſanterie, quoiqu'ils en fuſſent d'ordinaire les objets.

Cette gaieté naturelle, ſi agréable dans le monde, mais ſi ſouvent accompagnée de qualités frivoles & ſuperficielles, s'allioit en M. *Hume* avec l'application la plus ſérieuſe, les connoiſſances les plus variées, la plus grande profondeur de penſée & l'eſprit à tous égards le plus étendu. Enfin je l'ai toujours regardé, pendant ſa vie & depuis ſa mort, comme l'homme le plus approchant de l'idée qu'on ſe forme d'un homme parfaitement ſage & vertueux, que peut-être ne le comporte la nature de la foibleſſe humaine.

Ce tableau fidèle de la vie de *Hume* le recommande à l'eſtime de tous les gens de bien. On y voit un homme de mœurs douces & faciles, un ami ſincère de la vérité & de la vertu, en un mot un vrai philoſophe pratique. Nous allons préſentement le conſidérer ſous un autre rapport; car dans une hiſtoire des progrès de l'eſprit humain, il s'agit ſur-tout de marquer bien diſtinctement ce que chaque ſcience doit à celui qui l'a cultivée, c'eſt-à-dire, le terme d'où il eſt parti, & celui où il eſt arrivé. C'eſt moins la peinture de ſes vertus ſociales & privées que l'expoſé de ſes découvertes qu'il faut offrir aux lecteurs: c'eſt la force & l'étendue de ſon génie qu'ils veulent connoître, & dont il faut raſſembler les traits les plus caractériſtiques. Dans ce cas ſeulement les facultés intellectuelles ſont le principal, les qualités morales ne ſont que l'accessoire, puisqu'on pourroit les avoir toutes, sans être capable de reculer d'un pas les bornes de nos connoissances.

Sur l'origine des idées.

La mémoire peut retracer les perceptions sensibles, l'imagination peut les imiter ; mais ni l'une ni l'autre ne sauroit atteindre au degré de force & de vivacité de la sensation primordiale.

L'image la plus forte demeure toujours au-dessous de la sensation la plus foible.

Toutes nos perceptions se séparent en deux classes. On nomme communément les perceptions moins fortes & moins vives, *idées* ou *pensées* : j'appellerai celles de la seconde espèce *impressions* en employant ce terme dans un sens un peu différent de celui qu'on a coutume d'y attacher. Je comprends donc sous ce terme d'*impression* toutes les perceptions qui ont un degré de force, comme sont celles de l'ouïe, de la vue & du toucher ; & j'y joins aussi l'amour, la haine, le désir & la volition. En opposant les *idées* aux *impressions*, j'entends par *idées* les perceptions les moins vives dont nous soyons affectés ; perceptions que l'ame éprouve lorsqu'elle se replie sur ses sensations.

Tous les matériaux de nos pensées sont pris, ou des sens extérieurs, ou du sentiment interne ; la fonction de l'ame consiste à en faire l'assortiment & le mélange : ou, pour parler philosophiquement, les idées sont les copies des impressions, & chaque perception languissante est l'affoiblissement de quelque perception plus vive.

Si nous analysons nos pensées, ou nos idées, quelque sublimes qu'elles soient, elles se résoudront toujours en un assemblage d'idées simples, dont chacune est copiée d'après quelque sentiment, ou quelque sensation correspondante.

Lorsqu'il arrive, par un défaut dans les organes, qu'un homme n'est pas susceptible d'une certaine espèce de sensation, nous le trouvons toujours également privé des idées qui en naissent. C'est ainsi qu'un aveugle-né n'a point la notion des couleurs, ni un sourd celle des sons. Rendez à l'un ou à l'autre le sens qui lui manque ; ce nouveau canal, ouvert aux sensations, servira en même tems de passage aux idées, & il concevra sans difficulté des choses qui jusques-là lui étoient entièrement inconnues. Le cas est le même lorsque les objets, propres à exciter une certaine sensation, n'ont jamais été appliqués à l'organe.

Toutes les idées, en comparaison des sensations, ont quelque chose d'obscur, & pour ainsi dire de languissant, mais les idées abstraites plus que les autres ; notre ame n'a que peu de prise sur elles, & leur ressemblance est cause qu'on les confond aisément. Il en est tout autrement des impressions : les sensations, soit externes, soit internes, nous affectent d'une manière forte & vive ; leurs limites sont marquées avec plus d'exactitude : & il est difficile de se méprendre à leur égard.

Dès que nous soupçonnons un terme philosophique d'être vuide de sens, & de n'avoir point d'idée correspondante, comme cela n'arrive que trop fréquemment, nous n'avons qu'à nous demander ; *à quelle impression cette prétendue idée rapporte son origine ?* Si nous ne lui en trouvons point, ce sera une marque que notre soupçon étoit fondé ; & en faisant passer nos idées par cette épreuve, nous pouvons nous flatter raisonnablement d'abréger toutes les disputes qui s'éleveront touchant leur nature & leur réalité.

Sur la liaison des idées.

Il est évident qu'il y a des principes qui lient nos pensées ; car elles sont introduites dans l'esprit les unes par les autres : c'est avec un certain degré de méthode & de régularité qu'elles se présentent à la mémoire ou à l'imagination.

Dans nos rêveries les plus vagues & les plus extravagantes, dans nos songes même, l'imagination ne court pas tout-à-fait à l'aventure : en y réfléchissant, on découvre toujours la liaison entre les idées qui se succèdent. Si l'on écrivoit la conversation la plus libre & la plus décousue en apparence, il arriveroit de deux choses l'une ; ou l'on verroit à l'œil les liens qui ont amené ses transitions ; ou en cas que cela ne fût point, la personne qui auroit rompu le fil du discours, pourroit au moins nous dire qu'il s'est fait dans son ame une révolution secrete qui l'a détournée peu à peu du sujet de la conversation.

En comparant ensemble les langues de plusieurs peuples, entre lesquels on ne peut soupçonner ni liaison ni commerce, on trouve pourtant une correspondance étroite dans les mots qui représentent les idées les plus composées ; marque certaine que les idées simples dont ils expriment la collection, sont unies par un principe universel, qui exerce son influence sur tout le genre humain.

Je ne connois aucun philosophe qui ait entrepris d'indiquer les différens principes de cette liaison des idées, & de les réduire en classes : pour moi je ne trouve que trois de ces principes, celui de *ressemblance*, celui de *contiguité de tems ou de lieu*, & celui de *causalité*. Ce sont là les seuls liens de nos pensées, les seuls qui produisent les réflexions réglées & les discours suivis ;

& ils ne diffèrent que du plus au moins dans leur influence.

Doutes sceptiques touchant les opérations de l'entendement.

Tous les objets dont la raison humaine se propose la recherche, se divisent naturellement en deux classes ; la première comprend *les relations des idées*, & la seconde *les choses de fait*. A la première appartiennent toutes les propositions de géométrie, d'algèbre & d'arithmétique, toutes celles qui sont, ou intuitivement, ou démonstrativement certaines. Dire que *le quarré de l'hypoténuse est égal aux quarrés des deux côtés*, c'est exprimer une relation entre des figures.. Dire que *trois fois cinq sont égaux à la moitié de trente*, c'est en exprimer une entre les nombres. Les propositions de ce genre se découvrent par de simples opérations de la pensée, & ne dépendent en rien des choses qui existent dans l'Univers. N'y eût-il ni cercle, ni triangle dans la nature ; les théorèmes démontrés par *Euclide* n'en conserveroient pas moins leur évidence & leur éternelle vérité.

Ce n'est pas ainsi que s'établit la certitude des *choses de fait*, qui composent la seconde classe des objets sur lesquels la raison s'exerce : quelque grande que puisse être cette certitude, elle est d'une nature différente. Le contraire de chaque fait demeure toujours possible, & ne pouvant jamais impliquer contradiction, l'esprit le conçoit aussi distinctement & aussi facilement que s'il étoit vrai & conforme à la réalité. *Le soleil se levera*, & *le soleil ne se levera pas*, sont deux propositions également intelligibles, & aussi peu contradictoires l'une que l'autre.

Les raisonnemens que nous formons sur les choses de fait paroissent avoir tous pour fondement la relation qui a lieu entre les causes & les effets. Elle est en effet la seule qui puisse nous transporter au-delà de l'évidence qui accompagne les sens & la mémoire.

Il n'y a pas un seul cas assignable où la connoissance du rapport qui est entre la cause & l'effet puisse être obtenue *à priori* ; mais au contraire cette connoissance est uniquement due à l'expérience, qui nous montre certains objets dans une liaison constante. Présentez au plus fort raisonneur qui soit sorti des mains de la nature, à l'homme qu'elle a doué de la plus haute capacité, un objet qui lui soit entièrement nouveau, laissez-lui examiner scrupuleusement toutes ses qualités sensibles : je le défie, après cet examen, de pouvoir indiquer une seule de ses causes, ou un seul de ses effets.

Il n'y a point d'objet qui manifeste par ses qualités sensibles les causes qui l'ont produit, ni les effets qu'il produira à son tour : & notre raison, dénuée du secours de l'expérience, ne tirera jamais la moindre induction qui concerne les faits & les réalités.

Cette proposition : *Que ce n'est pas la raison, mais l'expérience qui nous instruit des causes & des effets*, est admise sans difficulté, toutes les fois que nous nous souvenons du tems où les objets dont il s'agit nous étoient entièrement inconnus, puisqu'alors nous nous rappellions nécessairement l'incapacité totale où nous étions de prédire, à leur première vue, les effets qui en devoient résulter.

Toutes les loix de la nature, & toutes les opérations des corps, sans en excepter aucune, sont connues par la seule expérience. La recherche la plus exacte, l'examen le plus profond, ne nous peut faire lire un effet dans sa prétendue cause : ce sont-là deux choses totalement différentes, & qui ne se rencontrent jamais ensemble.

Une pierre, ou une pièce de métal, est soutenue dans l'air : ôtez-lui son support, elle tombera ; mais à considérer la chose *à priori*, que trouvons-nous dans la situation de la pierre qui puisse nous faire naître la notion *d'en-bas* plutôt que celle *d'en-haut*, ou de toute autre direction ?

Dans les opérations naturelles, tous les effets qu'on assigne sans avoir préalablement consulté l'expérience, ne sont que des imaginations arbitraires ; il faut juger de même du lien par lequel on suppose un effet tellement dépendant de sa prétendue cause, qu'il soit impossible à tout autre effet d'en résulter.

Tout effet est un événement distinct & séparé de sa cause ; il ne peut donc être apperçû dans sa cause, & les idées qu'on s'en voudra former *à priori* seront arbitraires. Et lors même que cet effet sera connu, sa liaison avec la cause doit paroître également arbitraire, puisque l'entendement concevra toujours un grand nombre d'autres effets tout aussi naturels, & qui ne répugnent pas davantage. Il n'y a donc pas un seul cas où, sans l'aide de l'expérience, on puisse déterminer les événemens, & en inférer l'existence, soit en qualité de causes, soit en qualité d'effets. Ainsi ce ne sont là que de vaines prétentions auxquelles il faut renoncer.

Le dernier effort de la raison humaine se réduit à simplifier les principes producteurs des phénomènes naturels, & à résoudre, avec le secours de l'analogie, de l'expérience & des observations, la foule des effets individuels en un petit nombre de causes générales ; mais les causes de ces causes nous échaperont toujours, & jamais nous n'en trouverons une explication satisfaisante.

Les derniers ressorts, les premiers principes, voilà l'écueil éternel de la curiosité de l'homme, & des recherches du spéculateur. Elasticité, pésanteur, cohésion des parties, communication impulsive du mouvement, voilà nos bornes : il n'est pas vraisemblable que nous puissions aller plus loin, trop heureux encore si par un examen précis, & par des raisonnemens justes, nous parvenons à faire remonter les phénomènes jusqu'à ces principes *généraux*, ou à les en approcher.

La physique, dans sa plus haute perfection, ne fait que reculer un peu notre ignorance : la morale & la métaphysique, ne servent peut-être qu'à nous la montrer dans une plus vaste étendue : le résultat total de la philosophie, c'est de nous apprendre combien nous savons peu de chose, & de nous convaincre de notre insuffisance. Nous avons beau nous révolter, faire des efforts pour surmonter ces inconvéniens, ou pour les éviter ; quelque détour que nous prenions, ils nous arrêtent au passage.

Les abstractions géométriques ne peuvent avoir que deux usages ; ou elles aident l'expérience dans la découverte de certaines loix établies dans la nature ; ou elles déterminent leur influence sur les cas particuliers dans lesquels cette influence dépend d'un degré précis de distance & de quantité. C'est par exemple, une des loix du mouvement découverte par l'expérience, que la force d'un corps qui se meut suit la raison composée de sa masse avec sa vitesse ; d'où l'on conclut que la moindre force pourra vaincre le plus grand obstacle, & lever les poids les plus énormes, pourvû que par quelque méchanisme artificiel nous puissions augmenter sa vitesse jusqu'à un certain point, je veux dire, à ce point qui la rend supérieure à la force opposée. Or que fait ici la géométrie ? Elle nous prête son assistance dans l'application de cette loi, en traçant de justes dimensions des parties qui peuvent entrer dans la composition de toutes sortes de machines, & des différentes figures qu'on peut leur donner. Mais la découverte de la loi même n'est due qu'à l'expérience, & toutes les abstractions du monde ne nous sauroient avancer d'un seul pas dans cette recherche.

En envisageant un de ces objets que nous appellons cause, & en raisonnant sur lui *à priori*, indépendamment de toute observation, nous ne voyons absolument rien qui nous suggère la notion distincte d'un second objet que nous puissions nommer l'effet du premier, encore moins pourrons-nous comprendre cette liaison indissoluble & inaltérable que l'on suppose entre les deux objets.

Tout argument concernant les choses existantes est fondé sur la relation de cause & d'effet. L'expérience seule nous fait connoître cette relation, & toute conclusion expérimentale s'appuye sur la supposition que l'avenir sera conforme au passé. Vouloir donc prouver cette dernière supposition par des probabilités, par des argumens relatifs aux objets existans, c'est évidemment commettre un cercle, c'est poser en fait ce qui est en question.

Tout argument tiré de l'expérience se fonde sur la *similitude* que nous découvrons entre les objets naturels : c'est elle qui fait que nous attendons des effets semblables à ceux que nous avons vû résulter de pareils objets.

De la ressemblance des causes nous concluons celle des effets ; c'est là le sommaire de toutes nos conclusions expérimentales.

Dans chaque genre, ce n'est qu'après une longue suite d'expériences homogènes que nous acquérons une ferme assurance, une sécurité entière, par rapport aux événemens particuliers.

Toutes les inductions de l'expérience se fondent sur ce que l'avenir ressemblera au passé, & sur ce que la ressemblance des qualités est inséparable de celle des facultés. Dès qu'il y a donc le moindre soupçon que le cours de la nature peut changer, le passé cesse d'être une règle pour l'avenir ; l'expérience perd tout usage, & ne peut faire naître aucune conclusion. Ainsi il est impossible qu'elle prouve cette ressemblance de l'avenir au passé, puisqu'elle ne sauroit employer de preuve qui ne la suppose d'avance.

Ce n'est pas la raison qui nous induit à croire l'avenir semblable au passé, & à conclure la ressemblance réelle des effets, de la ressemblance apparente des causes.

En raisonnant d'après l'expérience, l'âme fait un acte qui ne procède d'aucun argument ni d'aucune opération intellectuelle.

Si nos conclusions expérimentales ne sont pas fondées sur des argumens en forme, il faut qu'elles le soient sur quelque autre principe, qui ait autant de poids & d'autorité que l'argumentation, & dont l'influence dure autant que la nature de l'homme. Ce principe se nomme *coutume*, ou *habitude*. Toutes les fois que la réitération fréquente d'un acte particulier a fait naître une disposition à reproduire le même acte, sans que ni le raisonnement, ni aucune opération intellectuelle, s'en mêlent ; nous disons que cette disposition est l'effet de la *coutume*. En nous servant de ce terme, nous ne prétendons pas assigner une cause primitive, nous ne faisons qu'indiquer par-là un principe de la nature humaine, généralement reconnu & manifeste par ses effets.

Il est sûr que nous avançons ici une proposition sinon vraie, au moins très-intelligible, en disant qu'après avoir observé la liaison constante de deux choses, de la chaleur, par exemple, avec la flamme, ou de la solidité avec la pesanteur, nous ne sommes déterminés que par *habitude* à conclure de l'existence de l'une de ces choses, l'existence de l'autre. Cette hypothèse paroit même la seule propre à expliquer pourquoi nous concluons de mille cas ce que nous ne saurions conclure d'un cas unique, quoique le même à tous égards. La raison ne varie pas ainsi : les mêmes conclusions qu'elle tire de la contemplation d'un cercle, elle les tireroit encore, après avoir contemplé tous les cercles qui sont dans l'univers; au lieu que personne, ayant vû un seul corps se mouvoir après avoir été choqué par un autre, n'oseroit affirmer que tous les corps sans exception seroient mis en mouvement par un choc semblable. Donc aucune induction expérimentale ne procède du raisonnement; elles naissent toutes de la *coûtume*.

La coûtume est le guide principal de la vie humaine, c'est elle seule qui rend nos expériences utiles, en nous montrant, dans la ressemblance des différentes séries d'évenemens, un avenir semblable au passé. Sans son influence, ce que nous connoîtrions dans les choses de fait, ne s'étendroit pas au-delà de la mémoire & des sens, nous ne saurions jamais comment ajuster les moyens aux fins, ni comment employer nos facultés naturelles à produire quoi que ce fût : toute notre activité & la partie la plus intéressante de nos spéculations se réduiroient à rien; ce seroit leur période fatal.

Quoique les conclusions tirées de l'expérience nous transportent au-delà des sens & de la mémoire, & nous certifient des faits qui sont reculés dans les lieux & dans les tems les plus reculés; elles partent pourtant toujours de quelque fait immédiatement présent à l'esprit.

Nos raisonnemens ne sont qu'hypothétiques, autant de fois qu'ils ne s'appuient pas sur quelque fait qui frappe les sens, ou dont la mémoire garde le dépôt. Les chaînons auront beau être liés entr'eux; la chaîne entière ne tiendra à rien, & ne pourra nous assurer d'aucune existence réelle. Vous rapportez un fait, je demande quelle raison vous avez de le croire : cette raison ne peut être qu'un autre fait lié au précédent : or comme cela ne peut pas aller jusqu'à l'infini, il faut nécessairement qu'à la fin vous vous arrêtiez à un fait actuellement présent à vos sens ou retracé dans votre souvenir : si cela n'est pas, vous devez avouer que vous croyez sans fondement.

Quand on a vérifié par plusieurs exemples, que deux choses de différentes espèces, comme la flamme & la chaleur, la neige & le froid, sont constamment jointes ensemble, notre ame contracte la coutume d'attendre du chaud ou du froid, toutes les fois que le sens de la vue est frappé de nouveau par le feu ou par la neige, & de croire que ces qualités se manifesteront à l'approche de ces objets. Cette croyance est un résultat nécessaire des circonstances où l'ame se trouve placée.

La *croyance* n'est autre chose que la conception d'un objet, plus vive, plus animée, plus ferme, plus stable, que nous ne pourrions l'obtenir par l'imagination seule.

En Philosophie, nous ne pouvons pas aller au-delà de cette assertion; c'est que la croyance est une chose sentie par l'ame, qui discerne les idées dépendantes du jugement, des fictions imaginaires : qui donne aux premières une influence plus efficace, les fait paroître plus importantes, les fortifie dans l'esprit, & les érige en principes ordonnateurs de nos actions.

Le sentiment de la croyance n'est autre chose qu'une conception qui a plus d'intensité & de consistance que n'en ont les simples actes de l'imagination : cette manière de concevoir résulte de la coûtume de joindre l'objet conçu avec quelque chose qui est actuellement présent aux sens ou à la mémoire.

De la probabilité.

Locke divise tous les argumens en deux espèces, en démonstrations & en probabilités. Selon cette division, il ne seroit que probable que tous les hommes doivent mourir, ou que le soleil se levera demain. Pour nous accommoder à l'usage, nous faisons trois classes, & nous distinguons les *démonstrations*, *les preuves & les probabilités*. Par preuves, nous entendons les argumens pris de l'expérience qui sont hors de doute, & qui ne souffrent aucune contestation.

Il n'y a point de hazard, à proprement parler; mais il y a son équivalent : l'ignorance où nous sommes des vraies causes des évenemens, a sur notre esprit l'influence qu'on suppose au hazard, y produit la même espèce de croyance, ou d'opinion.

Il y a très-assurément ce qu'on appelle *probabilité*; elle existe lorsque les cas sont en plus grand nombre d'un côté que de l'autre : à mesure que ces cas s'accumulent & surpassent les cas opposés, la probabilité reçoit des accroissemens proportionnels, & fait pencher, de plus en plus, l'assentiment ou la croyance du côté où cette supériorité se manifeste.

C'est la nature propre du hazard de mettre une égalité parfaite entre tous les cas qu'il embrasse.

Il en est de la probabilité des causes comme de celle du hazard. Il y a des causes uniformes & constantes dans leurs productions, & dont la régularité n'a jamais été trouvée en défaut : le feu a toujours brûlé, l'eau a toujours mouillé, le mouvement est toujours produit par le choc & la pesanteur : cette loi universelle n'a souffert jusqu'ici aucune exception.

Quoique nous réglions notre croyance, par rapport aux événemens futurs, sur ce qui est arrivé le plus souvent ; il ne nous est pas permis pour cela de négliger entièrement les effets qui font exception : il faut donner à chacun son poids & son autorité propre, selon que nous l'avons apperçu plus ou moins fréquemment.

Lorsque nous transportons le passé dans l'avenir, pour déterminer l'effet d'une cause, nous transportons, en même tems, tous ces divers événemens proportionnellement au nombre de fois qu'ils ont déjà paru ; par exemple, nous concevrons que l'un est arrivé cent fois, l'autre dix fois, un troisième une fois. Voici donc encore bien des vues qui concourent dans un événement, & qui, le fortifiant & l'affermissant dans l'imagination, produisent ce sentiment que nous nommons croyance.

La métaphysique n'a rien de plus obscur ni de plus incertain que les idées *de pouvoir, de force, d'énergie ou de liaison nécessaire*; idées cependant dont à chaque moment nous avons besoin dans nos recherches.

Nos idées ne sont autre chose que des copies des impressions que nous avons éprouvées ; ou pour mieux dire, il nous est impossible de penser à un objet, à moins qu'il n'ait été apperçu antécédemment, soit par les sens extérieurs, soit par le sentiment interne.

C'est en vain que nous promenons nos regards sur les objets qui nous environnent, pour en considérer les opérations ; nous n'en sommes pas plus en état de découvrir ce pouvoir, cette liaison nécessaire, cette qualité qui unit l'effet à la cause, & rend l'une de ces choses la suite infaillible de l'autre : nous voyons qu'elles se suivent ; & c'est tout ce que nous voyons. Une bille frappe une autre bille, celle-ci se meut : les sens extérieurs ne nous apprennent rien de plus. D'un autre côté, cette succession d'objets n'affecte l'ame d'aucun sentiment, d'aucune impression interne. Donc il n'y a point de cas où la causalité puisse nous instruire sur l'idée de pouvoir, ou de liaison nécessaire.

La scène de l'univers est assujettie à un changement perpétuel ; les objets se suivent dans une succession continuelle : mais le pouvoir ou la force, qui anime la machine entière, se dérobe à nos regards : & les qualités sensibles des corps n'ont rien qui puisse nous la découvrir. Nous savons, par le fait, que la chaleur est la compagne inséparable de la flamme ; mais pouvons-nous conjecturer, ou imaginer même ce qui les lie ? Il n'y a donc point de cas individuel d'un corps agissant, dont la contemplation fasse naître l'idée de pouvoir ; parce qu'il n'y a point de corps qui montre un pareil pouvoir, d'où l'on puisse former l'archétype de cette idée.

Il ne paroît pas qu'aucune opération corporelle en particulier puisse nous faire concevoir la force agissante des causes, ou le rapport qu'elles ont avec leurs effets. Tout ce que nos recherches les plus profondes nous découvrent sur ce point, ce sont des événemens à la suite d'autres événemens. La même difficulté revient, lorsque nous contemplons les opérations de l'ame sur le corps : nous observons le mouvement à la suite de la volition ; mais le lien qui les unit, ou l'énergie que l'ame déploie dans la production de l'effet, c'est ce que nous ne saurions, ni observer, ni comprendre. L'empire de l'ame sur ses propres facultés, ou sur ses idées, n'est pas plus concevable. Ainsi, à tout prendre, la nature ne nous offre pas un seul exemple de liaison dont nous puissions saisir l'idée. Tous les événemens semblent être décousus & détachés les uns des autres : ils se suivent à la vérité, mais sans que nous remarquions la moindre liaison entr'eux : nous les voyons, pour ainsi dire, en *conjonction*, mais jamais en *connexité*. Enfin, comme nous ne pouvons nous former aucune idée de choses qui n'ont jamais affecté, ni nos sens externes, ni notre sentiment intérieur ; il paroît inévitable de conclure que nous manquons absolument de toute idée de connexion ou de pouvoir, & que ces termes ne signifient rien, soit qu'on les emploie dans les spéculations philosophiques, soit qu'on en fasse usage dans la vie commune.

Dès que des événemens d'une certaine espèce ont été toujours & dans tous les cas apperçus ensemble, nous ne faisons plus le moindre scrupule de présager l'un à la vue de l'autre ; & nous donnons pleine carrière à ce raisonnement, qui seul peut nous certifier les choses de fait, ou d'existence. Alors nommant l'un de ces objets *cause*, & l'autre *effet*, nous les supposons dans un état de connexion : nous donnons au premier un pouvoir par lequel le second est infailliblement produit, une force qui opère avec la certitude la plus grande & avec la nécessité la plus inévitable.

On voit donc qu'un grand nombre de cas similaires, dans lesquels les événemens sont constamment en conjonction, fait ici ce qu'un seul de ces cas ne pourroit pas faire, sous quelque jour ou dans quelque position qu'on l'envisageât ; c'est de nous donner l'idée d'une liaison nécessaire. Mais, tous ces cas étant supposés parfaitement semblables, en quoi diffère leur pluralité de chacun d'eux pris en particulier ? Toute la différence consiste en ce que la répétition fréquente de cas similaires fait naître l'habitude de concevoir les événemens dans leur ordre habituel ; & dès que l'un existe, il persuade que l'autre existera. Cette liaison que nous sentons, cette transition habituelle qui fait passer l'imagination de l'objet qui précede à celui qui a coutume de suivre, est donc le seul sentiment, la seule impression d'après laquelle nous formons l'idée de pouvoir, ou de liaison nécessaire. C'est-là tout le mystère : contemplez ce sujet par toutes ses faces ; je vous défie de trouver une autre origine que celle-ci.

La première fois que l'on voit le mouvement communiqué par impulsion, par exemple, dans le choc de deux billes sur le billard, on peut dire que ces deux événemens sont *conjoints* : mais on n'oseroit prononcer qu'ils soient *connexes* : cette derniere assertion ne sauroit avoir lieu qu'après avoir observé plusieurs exemples de même nature. Or quel changement est-il arrivé qui ait pu susciter cette nouvelle idée, je dis, l'idée de connexion ? Tout se réduit à ce que l'on sent actuellement ces événemens liés dans l'imagination, & que l'on peut prédire le second à l'apparition du premier. Autant de fois donc que nous parlons d'une liaison d'objets, nous n'entendons que cette liaison mentale, d'où naissent les inductions, & par laquelle les objets se prêtent des preuves réciproques de leur existence.

Les objets similaires sont toujours joints à des objets similaires : première expérience qui nous sert à définir la cause *un objet tellement suivi d'un autre objet que tous les objets semblables au premier soient suivis d'objets semblables au second.* La vue d'une cause conduit l'ame, par son passage habituel, à l'idée de l'effet : seconde expérience, qui fournit une seconde définition : *la cause est un objet tellement suivi d'un autre objet que la présence du premier fasse toujours penser au second.*

Ces définitions sont prises toutes deux de circonstances étrangeres à la nature des causes : c'est un inconvénient sans remede ; il n'y a pas moyen d'atteindre à une définition plus exacte, & nous ne saurions déterminer cette circonstance qui lie les causes aux effets. Non-seulement nous n'avons point d'idée de cette connexion ; nous ne savons pas même ce que nous desirons de connoître, lorsque nous nous efforçons de la concevoir. Nous disons, par exemple, que la vibration d'une telle corde est la cause d'un tel son : qu'entendons nous par là ? Une de ces deux choses ; ou *que cette vibration est suivie de ce son, & que toutes les vibrations similaires ont toujours été suivies de sons similaires :* ou, *que cette vibration est suivie de ce son, & qu'à l'apparition de la première, l'esprit anticipant sur les sens, forme immédiatement l'idée du second.* Le rapport qui est entre la cause & l'effet peut être envisagé de ces deux manieres ; mais nous n'en avons point d'autre idée.

L'idée de *pouvoir*, est une idée relative, aussi bien que celle de *cause* : elles se rapportent, l'une & l'autre, à un effet, ou à quelque événement qui les suit constamment. Lorsque nous considérons la circonstance inconnue d'un objet qui fixe, ou détermine le degré ou la quantité de son effet ; nous la nommons le pouvoir ou la force qui a produit cet effet : en conséquence de quoi tous les philosophes conviennent que le *pouvoir* se mesure par son effet. S'ils avoient une idée du pouvoir, tel qu'il est en lui-même, qu'est-ce qui les empêcheroit de le mesurer aussi tel qu'il est en lui-même ? La fameuse dispute ; la force d'un corps qui se meut est proportionnelle à sa vitesse, ou au quarré de sa vîtesse, cette dispute, dis-je, n'auroit pas besoin d'être décidée par la comparaison des effets produits en tems égaux ou en tems inégaux : on pourroit se servir de mesures & de comparaisons directes.

Une *cause* differe d'un *signe*, en tant qu'elle implique une priorité de tems & une contiguïté de lieu, aussi bien qu'une conjonction constante. Un signe n'est qu'un effet corrélatif, procédant de la même cause.

Chaque idée est copiée d'après une impression, ou un sentiment qui ont précédé ; & là où il n'y a point d'impression, nous sommes assurés qu'il n'y a point d'idée. Or il ne se fait aucune opération, ni dans les corps, ni dans les esprits, qui, prise en particulier, produise la moindre impression de pouvoir, ou de liaison nécessaire. Donc il n'y en a aucune qui fasse naître leur idée.

Ce n'est qu'après plusieurs expériences uniformes, où le même objet se montre toujours suivi du même événement, que nous commençons à prendre les idées de cause & de liaison. Le nouveau sentiment que notre ame éprouve alors, n'est autre chose qu'un rapport habituel entre les objets qui se suivent ; & ce sentiment est l'archetype de l'idée que nous cherchons. Comme cette idée vient, non d'un seul cas, mais d'une pluralité de cas similaires, elle doit résulter de la circonstance dans laquelle cette pluralité differe de l'unité de chaque cas individuel : or cette circonstance est précisément ce passage habituel de l'imagination l'imagination qui fait la liaison des objets ; ce n'est qu'en ceci que plusieurs cas différent d'un cas, avec lequel il s'accordent en tout autre point. La première fois, pour revenir à cet exemple commun, que nous avons vu le mouvement d'une bille communiqué par le choc, à une autre bille, ce cas a été exactement semblable à tous ceux que nous pouvons rencontrer actuellement : toute la différence, c'est qu'alors nous ne pouvions pas inférer un événement de l'autre ; au lieu que nous le pouvons aujourd'hui, après une longue suite d'expériences uniformes.

Sur la liberté & la nécessité.

Les opérations de la matiere sont produites par des forces nécessaires, & les effets y sont déterminés, avec tant de précision, par la nature & l'énergie de leurs causes, que dans chaque circonstance donnée, il n'eut pu exister d'autre effet que celui qui s'est manifesté.

Si les scenes de la nature changeoient perpétuellement, & changeoient de façon que jamais il n'y eût la moindre ressemblance entre deux événemens ; si chaque objet étoit tellement neuf qu'on n'y retrouvât rien de ce qu'on y a apperçu précédemment ; il est clair que nous ne serions jamais parvenus à aucune idée de nécessité ou de liaison. Dans cette hypothèse, nous verrions des suites ; mais nous ne soupçonnerions pas même des productions, & le rapport qu'on nomme de *causalité* nous seroit entièrement inconnu. Dès lors plus d'inductions, plus de raisonnemens sur les opérations de la nature.

Les idées de nécessité & de cause dérivent uniquement de cette uniformité observable dans les œuvres, qui consiste dans l'union constante des objets similaires, & dans l'habitude où nous sommes d'inférer l'existence des uns de l'existence des autres : C'est sur ces deux circonstances que se fonde toute la nécessité que nous attribuons à la matiere ; & sans elle, nous n'en aurions pas la moindre notion.

La liaison des motifs avec les actes de la volonté n'est, ni moins réguliere, ni moins uniforme, que celle des autres causes naturelles avec leurs effets. Cette vérité est universellement reconnue, & n'a jamais été contestée, ni par les philosophes, ni par le peuple. Or, comme l'expérience du passé est le fondement de toutes nos inductions pour l'avenir, & que nous concluons que les objets qui ont toujours été joints, le seront toujours ; il paroit superflu de montrer que l'uniformité connue, & prouvée par l'expérience, est la source de toutes les conclusions que nous formons touchant les actions humaines.

Philosophie anc. & mod. Tom. II.

Généralement parlant, il ne peut y avoir, ni science, ni action, sans présupposer la doctrine de la nécessité, & sans reconnoître la force de cet argument qui conclut des motifs aux actes de la volonté, & du caractere à la conduite.

Une liaison d'objets, prouvée par l'expérience, toutes les fois qu'elle reparoit la même, produit le même effet sur l'ame, indépendamment de la nature de ces objets : que ce soient des motifs, des volitions, des actes, ou que ce soit de la figure & du mouvement, cela revient au même : nous pouvons changer les noms des choses ; mais leur nature & leurs opérations sur l'entendement demeurent invariables.

En examinant les opérations des corps, & la production des effets, nous trouvons que nos facultés ne nous découvrent que deux choses, *la conjonction constante* de certains objets, & la *transition habituelle* qui porte l'ame de la vue de l'un à la supposition de l'autre.

Toutes nos connoissances en fait de *causalité*, de quelque genre qu'elle soit, se réduisent à la *conjonction constante & à l'induction* qui s'y fonde ; en voyant ces deux circonstances universellement reconnues dans les actes volontaires ; il ne nous en coûtera plus tant d'admettre une même nécessité commune à toutes les causes. Ce raisonnement, qui rend les déterminations de la volonté nécessaires, paroîtra opposé aux systèmes de plusieurs philosophes ; cependant en y réfléchissant, on verra que l'opposition n'est que dans les mots.

Tant que nous supposerons gratuitement que l'opération des objets extérieurs nous donne une idée de nécessité ou de causalité, que nous reconnoissons ne pouvoir trouver dans les actes volontaires de l'ame, cette supposition erronée nous mettra pour toujours dans l'impossibilité de rien conclure.

Les actes volontaires sont constamment & régulièrement alliés aux motifs, aux circonstances, & aux caracteres, & nous concluons toujours des uns aux autres : il faut donc trancher le mot, & reconnoître en termes formels cette nécessité dont jusqu'ici toutes nos délibérations, toutes nos réflexions, & toutes nos démarches ont porté l'empreinte.

On peut rendre une autre raison de la grande vogue que la doctrine de la liberté s'est acquise. Il y a une sensation trompeuse d'un état indifférent, fondée sur une fausse lueur d'expérience qui accompagne, ou peut du moins accompagner plusieurs de nos actions. La nécessité d'une action, soit matérielle, soit spirituelle, n'est pas, à proprement parler, une qualité inhérente dans l'agent ; elle est l'état d'un être pentant qui considère cette action ; & elle consiste principalement dans cette détermination de la pensée qui tire l'action présente d'un objet précédent. Il en est de même de la liberté, entant qu'on l'oppose à la nécessité ; elle n'est autre chose que l'absence de cette détermination, un certain état vague, une certaine indifférence que nous sentons en passant, ou en ne passant pas, de l'idée d'un objet à celle d'un autre. Il est à remarquer que nous nous trouvons rarement dans cette situation vague & indifférente lorsque nous réfléchissons sur les actions des autres ; nous déduisons ordinairement ces actions, avec beaucoup de certitude, de leurs motifs & des dispositions de l'agent : & au contraire cela nous arrive très-fréquemment lorsque nous agissons nous-mêmes. Or, comme les objets semblables sont aisément confondus, on a pris ceci pour une preuve démonstrative & intuitive même de la liberté humaine. Dans la plupart des occasions nous sentons nos actions assujetties à notre volonté, nous nous imaginons de sentir que la volonté n'est assujettie à rien, à cause que lorsqu'on nous nie ce point, & qu'on nous provoque à des essais, nous sentons qu'elle se meut aisément en tout sens, & produit sa propre image, ou ce qu'on nomme *velléité* dans les écoles, du côté même pour lequel elle ne s'est point déclarée. Nous nous persuadons que cette image, ou ce mouvement ébauché, eut pû être rendu complet, & passer en acte dans le tems même que cela n'est point arrivé ; parce que, si on le nie, nous trouvons la chose praticable à un second essai, ne prenant pas garde que ce désir fantasque de faire parade de notre liberté est ici précisément le motif qui nous fait agir. Mais nous avons beau nous imaginer d'avoir un sentiment intime de notre liberté ; rarement un spectateur s'y trompera : le plus souvent il sera en état d'inférer nos actions de leurs motifs & de notre caractère ; ou, s'il ne le peut pas, il conclura en général que ce n'est que faute de connoître parfaitement toutes les circonstances de notre situation, & de notre tempérament, & les ressorts secrets de notre complexion & de notre humeur. Or, c'est précisément en quoi, selon moi, consiste l'essence de la nécessité.

Qu'entend-on par liberté, lorsqu'on nomme les actes de la volonté *libres* ? On ne veut pas dire assurément qu'ils n'ont aucune liaison avec les motifs, les inclinations, & les circonstances ; qu'ils n'en découlent point avec un certain degré d'uniformité, & que nous n'avons pas droit d'en conclure leur existence par induction : ce seroit nier des faits trop incontestables. On ne peut donc entendre par liberté, que le *pouvoir d'agir ou de n'agir pas conformément aux déterminations de la volonté* ; c'est-à-dire, que si nous choisissons de demeurer en repos, nous le pouvons ; & que si nous choisissons de nous mouvoir, nous le pouvons aussi. Or, personne ne nie que tous les hommes n'aient cette liberté hypothétique, à moins que d'être emprisonnés & enchaînés. Ainsi point de dispute sur cet article.

On convient universellement que rien n'existe sans cause, & que le terme de hazard, à le bien examiner, n'est qu'un terme négatif, qui ne peut signifier aucun pouvoir réel & existant dans la nature. Mais on prétend qu'il y a des causes nécessaires. Ici paroit la merveilleuse utilité des définitions. Qu'on me définisse une cause, sans faire entrer dans la définition sa *liaison nécessaire* avec l'effet, & qu'on me montre distinctement l'origine de l'idée exprimée par les termes dont on se servira. S'il n'y avoit point de liaison régulière & constante entre les objets, les notions de cause & d'effet ne nous seroient jamais venues dans l'esprit. Or cette liaison constante produit l'induction intellectuelle dont nous avons parlé, & qui est la seule espèce de connexion que nous puissions concevoir. Quiconque entreprendra de définir le mot de cause, en faisant abstraction de ces circonstances, sera réduit, ou à parler un langage inintelligible, ou à employer des termes synonymes à celui qu'il veut définir. Ainsi par exemple, en nommant cause *ce qui produit quelque chose, produire* & *cause* sont manifestement synonymes. La même objection a lieu, si on définit la cause *ce par quoi une chose existe* ; car que veut dire *par quoi* ? Si l'on avoit nommé cause *ce après quoi une chose existe constamment*, nous aurions d'abord compris le sens de ces paroles, puisque c'est-là, en effet, tout ce que nous savons sur ce sujet : or cette *constance* est l'essence même de la nécessité ; & nous n'en avons point d'autre idée.

Il n'y a point de méthode plus commune ni plus condamnable dans les disputes de philosophie, que d'attaquer une hypothèse par le danger qui en peut revenir à la religion & à la morale. Une opinion est certainement fausse lorsqu'elle conduit à des absurdités ; mais elle ne l'est jamais par la raison que ses conséquences sont dangereuses.

On peut définir la nécessité de deux façons, prises de la double définition du mot de cause, où elle entre très-essentiellement. Elle consiste donc, ou dans l'union constante des mêmes objets, ou dans l'induction intellectuelle, tirée d'un objet à l'autre. Or dans l'un & dans l'autre de ces deux sens, la nécessité a été universellement, quoique seulement d'une manière tacite, attribuée à la volonté humaine, tant dans les écoles, qu'en chaire & dans la vie commune. Personne n'a jamais prétendu nier que nous ne fussions en état de tirer des inductions au sujet des actions humaines, & que ces inductions ne fussent fondées sur l'expérience des mêmes actions subordonnées aux mêmes motifs, aux mêmes inclinations, & aux mêmes circonstances. Le seul point dans lequel on puisse s'écarter de nous, c'est que peut-être on refusera le nom de nécessité à cette propriété des actions humaines; mais, tant que le sens subsiste, le mot ne fait rien. Ou bien, l'on croira pouvoir trouver quelque chose de plus dans les opérations de la matière que ce que nous y avons découvert. Mais, de quelque conséquence que cela puisse être en physique ou en métaphysique ; il faut avouer au moins que la morale & la religion n'y sont aucunement intéressées.

Toutes les loix ayant les récompenses & les peines pour base, le principe fondamental qu'on leur suppose, c'est que ces deux motifs ont sur l'esprit une influence régulière & uniforme, qu'ils servent tous deux à produire les bonnes actions & à prévenir les mauvaises. On peut donner à cette influence tel nom qu'on veut; mais, dès qu'elle est ordinairement jointe aux actions, on doit la regarder comme une *cause*, & par conséquent, comme un exemple de la nécessité que nous voudrions établir.

Sur la raison des bêtes.

Il paroît évident qu'à bien des égards les bêtes s'instruisent par l'expérience, aussi bien que l'homme : & que comme lui, elles inferent les mêmes événemens des mêmes causes. C'est à l'aide de ce principe qu'elles se familiarisent avec les propriétés les plus communes des objets extérieurs, & que dès leur naissance elles accumulent, peu-à-peu, des connoissances sur la nature du feu, de l'eau, de la terre, des pierres, des hauteurs, des profondeurs, &c. & sur les effets qui en résultent. Ces inductions des animaux ne sont donc pas le fruit du raisonnement : celles des enfans ne le sont pas davantage, & l'on peut y comprendre celles qui regardent les actions & les conclusions ordinaires du gros des hommes : enfin celles des philosophes eux-mêmes sont du même ordre; ils sont peuple dans la vie active, & se conduisent par des maximes populaires. Il falloit que la nature ménageât un autre principe, d'un usage plus prompt, & d'une application plus générale. L'induction des causes aux effets étoit un acte d'une trop grande importance dans la vie, pour être confié à la marche lente & incertaine de l'argumentation. Si l'on pouvoit en douter à l'égard des hommes, au moins cela paroîtroit-il incontestable par rapport aux brutes. Or cette vérité étant une fois fermement établie par rapport aux dernières, toutes les loix de l'analogie nous font présumer qu'elle doit être admise universellement, & sans exception.

C'est la coutume, & la coutume seule, qui engage les animaux à inférer les suites ordinaires de chaque objet qui frappe leurs sens ; c'est elle qui à la présence d'un objet excite dans leur imagination cette conception forte & vive d'un autre objet, d'où naît le sentiment que nous nommons *croyance*. Et l'on ne sauroit expliquer autrement cette opération, ni dans les classes supérieures ni dans les classes inférieures des êtres doués de sensations qui parviennent à notre connoissance.

Tous nos raisonnemens sur les faits ou sur les causes, dérivant uniquement de l'habitude, on peut demander, d'où vient que les hommes surpassent si fort les bêtes dans l'art de raisonner ? Et d'où vient qu'un homme y surpasse si fort un autre homme ? Est-ce donc que la même habitude n'influe pas également sur tous ?

Nous tâcherons d'expliquer ici briévement la diversité des entendemens humains. Après quoi il sera aisé de comprendre pourquoi les hommes different des brutes à cet égard.

Lorsqu'ayant vécu pendant quelque tems, nous sommes accoutumés à l'uniformité de la nature, nous acquérons l'habitude générale de transporter le connu à l'inconnu, & de concevoir ce dernier semblable au premier. Ce principe d'habitude nous fait regarder l'expérience, comme la base du raisonnement : & une seule expérience nous fait déjà attendre un évènement avec quelque degré de certitude, pourvu qu'elle ait été faite exactement, & qu'elle soit dépouillée de toute circonstance étrangère. Il est donc extrêmement important d'observer les conséquences des choses ; & comme les hommes surpassent les uns & les autres de beaucoup en attention, en mémoire, & en capacité d'observer, cela met déjà une grande différence dans leurs raisonnemens.

Souvent un effet résulte de causes compliquées ; & un esprit, étant plus étendu que les autres, sera mieux en état d'embrasser le système entier de ces causes, & d'en déduire les justes conséquences.

Un homme peut suivre plus loin une chaîne de raisonnemens qu'un autre homme.

Peu de gens peuvent soutenir de longues méditations sans confondre les idées, & sans prendre l'une pour l'autre ; & cette foiblesse a divers degrés.

Souvent les circonstances dont les effets dépendent, sont impliquées les unes dans les autres : souvent des circonstances étrangères s'y mêlent ; & il faut bien de l'attention, de l'exactitude, & de la subtilité, pour les débrouiller.

C'est une opération très-délicate que de tirer des maximes générales d'observations particulières : rien de plus commun que les méprises où tombent, à cet égard, les esprits précipités, & les esprits bornés, qui ne voyent pas les choses par toutes leurs faces.

Lorsqu'il s'agit de raisonner d'après les analogies, celui qui a le plus d'expérience & le plus de promptitude pour trouver ces analogies, sera celui qui raisonnera le mieux.

Les préjugés, l'éducation, les passions, l'esprit de parti, &c. influent plus sur les uns que sur les autres.

Lorsque nous avons appris à nous fier au témoignage des hommes, les livres & la conversation étendent la sphère de l'expérience & de la méditation des uns au-delà de celle des autres.

Il seroit aisé d'assigner beaucoup d'autres circonstances qui différencient les entendemens humains.

La raison expérimentale elle-même, que nous avons en commun avec les bêtes, & de laquelle dépend toute notre conduite, n'est autre chose qu'une espèce d'instinct, ou de puissance méchanique, qui agit en nous à notre insçu, & dont les principales opérations ne sont jamais dirigées par ces rapports, ou ces comparaisons d'idées, qui font les objets propres de nos facultés intellectuelles. Ce qui enseigne à l'homme à éviter le feu, quoique ce soit un instinct différent, n'est pourtant pas moins instinct que ce qui apprend à l'oiseau, avec tant d'exactitude, l'art de l'incubation, & tout l'ordre économique de la nutrition des petits.

Sur les miracles.

Dans nos raisonnemens sur les matières de fait, il y a tous les degrés imaginables de certitude, depuis l'évidence complette jusqu'à la moindre probabilité morale.

Le sage proportionne sa foi à l'évidence. Quand une expérience infaillible soutient sa conclusion, il attend l'événement avec la dernière assurance, l'expérience du passé faisant chez lui une preuve complette par rapport à l'avenir. En est-il autrement ? il use de plus de précautions : il pèse les expériences opposées : il considère de quel côté il s'en trouve le plus grand nombre ; c'est de ce côté-là qu'il penche en doutant & en hésitant : & l'évidence qui fixe à la fin son jugement, ne va pas au-delà de ce qui, à proprement parler, s'appelle *probabilité*.

Toute probabilité suppose une opposition entre diverses expériences & observations, de façon que l'un des côtés, prédominant sur l'autre, produit un degré d'évidence qui répond à sa supériorité. Cent cas contre cinquante rendent un événement fort douteux ; au lieu que cent expériences uniformes contre une seule contraire doi-

vent raisonnablement faire naître un très-haut degré de confiance. La force précise de l'évidence supérieure se découvre, dans tous les cas, en balançant les expériences opposées, s'il y en a, & en déduisant la moindre somme de la plus grande.

C'est une maxime générale, qu'on ne peut découvrir aucune liaison entre les objets, & que nous ne pouvons conclure de l'un à l'autre que d'après l'expérience de leur conjonction constante & régulière : il est clair qu'il n'y a point d'exception à faire en faveur du témoignage humain, sa liaison avec les événemens ne paroissant pas, en elle-même, plus nécessaire que celle des autres objets.

L'évidence dérivée des témoins varie avec l'expérience du passé, qui lui sert de fondement : elle devient *preuve*, ou *probabilité*, selon qu'on a trouvé l'union, entre un certain genre de narration & un certain ordre d'objets, constante, ou variable.

Supposons que le fait qu'un témoin veut établir, tienne de l'extraordinaire & du merveilleux ; en ce cas, je dis que l'évidence qui résulte du témoignage souffre plus ou moins de rabais, selon que le fait est plus ou moins extraordinaire. Ce qui nous fait ajouter foi aux témoins & aux historiens, n'est pas une *connexion*, connue *à priori*, entre le témoignage & la réalité ; ce n'est qu'une conformité que nous sommes habitués à y trouver. Mais, dès que le fait attesté est du genre de ceux que nous n'avons observé que rarement, il y a deux expériences en conflit ; & l'expérience victorieuse, ayant détruit toute la force de l'autre par une partie de la sienne, ne peut opérer sur l'entendement qu'avec la force qui reste. Ainsi le même principe d'expérience qui donne un certain degré de certitude à la déposition des témoins, nous donne dans le cas présent, un autre degré de certitude contre le fait que les témoins voudroient établir : de cette contradiction résulte nécessairement un contre-poids, une destruction réciproque de croyance & d'autorité.

Afin d'augmenter la probabilité contre la déposition des témoins, supposons que le fait qu'ils rapportent, au lieu de n'être qu'une merveille, soit un miracle. Supposons encore que le témoignage, considéré à part & en lui-même, fasse une preuve complette. Ici il y a preuve contre preuve, & la plus forte doit prévaloir, avec un rabais de force cependant proportionné à celle de la preuve contraire.

Tout miracle étant une infraction des loix de la nature, & ces loix étant établies sur une expérience ferme & inaltérable, la nature même du fait fournit ici contre les miracles une preuve d'expérience aussi complette qu'il soit possible d'en imaginer.

Il n'y a point d'événement qui puisse mériter le titre de miracle, que celui qui a une expérience uniforme contre lui. Or comme une pareille expérience fait preuve, il s'ensuit que l'existence de chaque miracle est combattue par une preuve directe & complette, tirée de la nature même du fait. Et cette preuve ne peut être détruite en sorte que le miracle devienne croyable, que par une preuve opposée qui lui soit superieure.

« Il n'y a point de témoignage assez fort pour
» établir un miracle, à moins que ce témoignage
» ne soit de telle nature, que sa fausseté seroit
» plus miraculeuse que n'est le fait qu'il doit éta-
» blir. Et même dans ce cas, il se fait une des-
» truction mutuelle d'argumens, celui qui l'em-
» porte ne nous laissant qu'une assurance propor-
» tionnée au degré de force qui reste, après avoir
» soustrait celle de l'argument détruit ». Quelqu'un me dit qu'il a vû un mort ressuscité : je considère immédiatement lequel des deux est le plus probable, ou que le fait soit arrivé comme on le rapporte, ou bien que celui qui le rapporte se soit trompé, ou veuille tromper les autres : je pèse ici un miracle contre l'autre ; je décide de leur grandeur ; & je ne manque jamais de rejetter le plus grand.

On ne trouve pas dans toute l'histoire, un seul miracle attesté par un nombre suffisant de témoins d'un bon sens, d'une bonne éducation, & d'un savoir assez généralement reconnu, pour pouvoir nous rassurer contre toutes les illusions qu'ils auroient pû se faire à eux-mêmes, des témoins d'une intégrité assez incontestable pour les mettre au-dessus de tout soupçon d'imposture, d'une réputation assez accréditée aux yeux de leurs contemporains pour avoir eu beaucoup à perdre en cas qu'on les eut convaincus de fausseté & dont, en même tems, le témoignage roule sur des faits arrivés d'une manière assez publique & dans une partie du monde assez célèbre, pour qu'on n'eut pas pu manquer d'en découvrir l'abus. Ce sont là cependant autant de circonstances requises pour pouvoir se reposer pleinement sur le témoignage des hommes.

Une forte présomption contre les récits surnaturels & miraculeux, c'est qu'ils abondent surtout parmi les nations ignorantes & barbares, & que si l'on en trouve chez des peuples civilisés, il est visible qu'ils leur ont été transmis par leurs grossiers ancêtres, avec cette sanction & cette autorité inviolable, affectée à toutes les opinions anciennement reçues. En lisant l'histoire de l'origine des nations, on croit être transporté dans un nouvel univers : toute la machine du monde y paroît détraquée : les élémens n'y font plus les fonctions que nous leur voyons faire aujourd'hui : ce ne sont jamais les causes naturelles que l'expérience nous découvre, qui produisent les batailles, les révolutions, les pestes, les famines, & les mortalités ; les prodiges, les augures, les oracles, les jugemens divins, couvrent de leur ombre obscure le peu d'événemens naturels qui y sont encore mêlés. Or, si nous observons que les miracles deviennent plus rares à chaque page, à mesure que nous approchons des âges éclairés du flambeau de la science, nous n'y trouverons plus rien de mystérieux ni de surnaturel : nous verrons qu'ils ne procèdent que de l'inclination des hommes pour le merveilleux & l'extraordinaire, inclination à laquelle le bon sens & le savoir peuvent mettre de tems en tems des barrières, mais trop profondément enracinée dans la nature humaine, pour pouvoir en être entièrement extirpée.

Il n'y a aucun prodige, pas même entre ceux dont l'imposture n'a point été expressément dévoilée, qui ne soit combattu par un nombre infini de témoins. Ainsi ce n'est pas assez que le miracle ruine le crédit du témoignage ; le témoignage se détruit lui-même. On me comprendra d'autant mieux, si l'on considère qu'en fait de religion, toutes les différences sont des contrariétés : il seroit impossible, par exemple, que la religion de l'ancienne Rome, celle des turcs, celle de Siam & celle de la Chine, fussent toutes également établies sur de solides fondemens. Or chacune de ces religions fourmille de prétendus miracles, opérés en sa faveur, & dans la vue directe de confirmer le système qui lui est propre. Chacun de ces miracles a, par conséquent, une force, quoique plus indirecte, de ruiner tous les systèmes opposés ; & en les ruinant, il renverse en même tems l'autorité des miracles qui leur servent d'appui. Ainsi tous les prodiges dont les diverses religions se glorifient, doivent être regardés comme autant de faits contraires ; & les degrés d'évidence, plus forts ou plus foibles, qui accompagnent ces prodiges, comme répugnans les uns aux autres. Selon cette manière de raisonner, si nous ajoutons foi à quelque miracle de Mahomet ou de ses successeurs, nous avons d'un côté, pour garants de sa vérité, un petit nombre de barbares Arabes ; & de l'autre côté, nous devons regarder l'autorité de *Tite Live*, de *Plutarque*, de *Tacite*, conjointement avec tous les auteurs & témoins grecs, chinois & catholiques romains, qui ont rapporté quelque miracle arrivé dans leur secte, nous devons, dis-je, regarder leur témoignage comme un démenti donné, en termes exprès, au miracle Mahométan, & qui a autant de certitude qu'en ont les miracles que ces auteurs racontent. Cet argument revient, pour le fonds, à celui d'un juge qui suppose que la crédibilité de deux témoins qui accuseroient quelqu'un d'un crime, se détruit par la déposition de deux autres, qui affirment que l'accusé s'est trouvé, au même instant, à deux cens lieues de l'endroit où le crime a été commis.

Tout miracle fondé sur le témoignage des hommes doit être plutôt un objet de dérision qu'un sujet de raisonnement.

Lorsque de nouvelles religions s'élèvent, la chose, pour l'ordinaire, paroît trop peu importante aux savans & aux sages pour mériter leur attention ; quand ensuite ils voudroient découvrir la fourbe, afin de désabuser la multitude prévenue, la saison en est passée, les documens & les témoins, qui eussent pû éclaircir le sujet, ont péri sans espoir de retour.

Les témoignages, rendus à quelque espèce de miracles que ce soit, ne peuvent jamais aller jusqu'à la probabilité ; tant s'en faut qu'ils aillent jusqu'à la preuve. Mais supposé que cela fût ; ce seroit des preuves combattues par d'autres preuves, dérivées de la nature même du fait que l'on auroit en vue d'établir. C'est l'expérience seule qui donne du poids au témoignage des hommes ; & c'est encore l'expérience qui nous fait connoître les loix de la nature. Lorsque donc ces deux sortes d'expérience se trouvent en conflit, il n'y a qu'à soustraire l'une de l'autre, & embrasser l'opinion victorieuse avec le degré d'assurance qui résulte du reste. Or, selon le principe posé, le résultat de cette soustraction, par rapport à toutes les religions populaires, devient zéro. Donc nous pouvons établir la maxime générale, qu'aucun témoignage humain n'a assez de force pour prouver un miracle, & pour en faire la base solide d'un système religieux.

Sur la providence particulière & sur l'état à venir.

Si nous proportionnons avec précision & exactitude la cause à son effet, nous n'y trouverons jamais des attributs qui portent plus loin, je veux dire, qui s'étendent à de nouvelles vues & à de nouvelles productions ; car il est clair que de semblables attributs devroient être quelque chose de plus que ce qui est requis pour produire l'effet que nous considérons.

Après nous être élevés de l'univers, qui est l'effet, à Jupiter qui est la cause, il ne nous est plus permis de descendre de cette cause à de nouveaux effets, comme si ceux, qui existent présentement, n'étoient pas assez dignes des glorieux attributs dont nous revêtons cette divinité. La connoissance des causes n'étant dûe qu'à celle des effets, il doit y avoir une proportion exacte entre les uns, & les autres. C'est là le terme où l'on doit s'arrêter ; on ne rencontre rien au-delà qui puisse devenir le fondement d'aucune nouvelle conclusion.

Tirer du cours de la nature un argument pour établir l'existence d'une cause individuelle, intelligente, d'un être, auteur & conservateur de l'ordre du monde, c'est poser un principe également incertain & inutile : incertain, parce que le sujet dont il s'agit, est entierement hors de la portée de l'expérience humaine, inutile, parce que la connoissance que nous avons de cette cause étant entierement bâtie sur l'expérience, nous ne pouvons pas, en bonne logique, partir de cette cause & retourner en arriere pour former de nouvelles inductions, puisque nous ne pouvons rien ajouter au cours connu & expérimenté de la nature, dans la vue d'y fonder de nouveaux principes de vie & de conduite.

Nous ne connoissons la divinité que par ses productions ; comme elle est un être unique dans l'univers, nous ne pouvons la ranger sous aucune espèce, ni sous aucun genre, dont les attributs, connus par expérience, puissent nous donner le droit de former des analogies par rapport aux siens. Autant que l'univers montre de sagesse & de bonté, autant nous concluons que dieu est sage & bienfaisant. Quand un degré particulier de ces perfections brille dans quelque effet, nous attribuons à son auteur ce degré-là, exactement proportionné au cas dont il s'agit ; mais la saine logique nous défend de lui donner, soit par voie d'argument, soit par voie de supposition, plus d'attributs, ou les mêmes attributs dans un plus haut degré. Or ce ne seroit qu'en prenant de pareilles licences que nous pourrions argumenter de la cause, & en induire des changemens, arrivés dans l'effet, que nous n'aurions jamais immédiatement observés. Un plus grand bien sera produit par cet être ; il possède donc un plus haut degré de bonté. Les récompenses & les punitions seront distribuées avec moins de partialité ; cela prouve une justice & une équité supérieure. Chaque addition que l'on suppose faite aux ouvrages de la nature, est le fondement de celle qu'on fait aux attributs de son auteur : & par conséquent lorsque toutes ces additions, prises ensemble, n'ont aucune raison, aucun argument pour base, elles ne peuvent jamais être admises qu'en qualité de conjectures & d'hypothèses.

Là, où une cause n'est connue que par ses effets particuliers, il est impossible d'en inférer de nouveaux effets. Car les qualités qui devroient se joindre aux précédentes pour produire ces nouveaux effets, devroient être ou différentes, ou supérieures en degré, ou d'une activité plus étendue que n'étoient celles qui ont produit simplement le premier effet, lorsque nous sommes censés ne connoître que la cause précise de celui-là. Donc nous ne pouvons jamais avoir la moindre raison de supposer ces qualités.

Outre que le cours ordinaire de la nature peut déjà nous convaincre que presque toutes les choses sont reglées par des principes & des maximes très-différentes des nôtres ; outre cela dis-je, il est évidemment contraire à toutes les loix de l'analogie de conclure des intentions & des projets des hommes aux intentions & aux projets d'un être qui est si fort au-dessus des hommes. L'expérience nous découvre, en nous mêmes & dans nos semblables, une certaine solidité & une sorte de liaison d'idées & de desseins : c'est pourquoi, quand nous avons appris à connoître les intentions de certaines personnes dans certains cas, nous pouvons souvent déduire raisonnablement les unes des autres, & former une longue chaîne de conclusions qui ont pour objet leur conduite passée ou à venir. Mais cette méthode ne sauroit avoir lieu par rapport à un être aussi éloigné & aussi incompréhensible que dieu, un être qui a moins d'analogie avec quelqu'autre être du monde que ce soit, que le soleil n'en a avec une bougie, un être qui ne se manifeste que par quelques traces, par quelques traits effacés : au delà de quoi nous n'avons aucun droit de supposer en lui d'autres attributs, ni d'autres perfections. Ce que nous prenons pour perfection supérieure pourroit, dans le fond, être un défaut ; mais fût-ce une perfection, la bonne logique & la saine philosophie ne l'attribueroient pourtant jamais à la divinité, tant qu'elle n'éclatera pas pleinement dans ses ouvrages : cela sentiroit trop le flatteur & le panégyriste.

L'hypothèse de la religion ne peut nous démontrer aucun fait nouveau : elle ne peut nous faire prévoir ni prédire aucun évènement, nous faire espérer aucune récompense, ni craindre aucune punition, outre ce que nous connoissons déjà par la voie de l'expérience & de l'observation. Ainsi les intérêts politiques de la société ne dépendent en rien des disputes philosophiques sur les sciences abstraites & sur la religion.

Je doute fort qu'il soit possible de connoître une cause uniquement par son effet ; ou pour dire la chose autrement, qu'il puisse y avoir une cause d'une nature si singulière & si unique, qu'elle n'admette aucune cause parallele & n'ait aucun rapport, aucune ressemblance avec les autres objets qui s'offrent à notre considération. Nous ne saurions inférer un objet de l'autre qu'après avoir remarqué une liaison constante entre leurs effects : & si l'on nous présentoit un effet entierement unique, qui ne pût être compris sous aucune espece connue ; je ne vois pas que nous pussions former aucune induction ni conjecture sur sa cause. Si l'expérience, l'observation, & l'analogie, sont en effet nos seuls guides raisonnables dans ces sortes d'inductions ; il faut que l'effet & la cause, tout ensemble, ressemblent à d'autres effets & d'autres causes, qui nous soient connus, & que nous ayons trouvés fréquemment unis.

Les antagonistes d'Epicure supposent par-tout que l'univers est un effet tout-à-fait isolé, unique dans son espece, & qui n'a rien de parallele ; après quoi ils en font la preuve de l'existence d'une divinité, cause également isolée, & hors de tout parallele. Vos raisonnemens sur cette supposition me paroissent au moins très-dignes d'attention. Je reconnois qu'il y a de la difficulté à concevoir comment on peut retourner de la cause à l'effet, & en raisonnant d'après les idées tirées de la premiere, en inférer des changemens, ou des additions, qu'on supposeroit dans le dernier.

Sur la philosophie académique ou sceptique.

Commencer par des principes clairs & évidens par eux-mêmes, faire des pas timides, mais assurés, revoir souvent nos conclusions, & en examiner toutes les conséquences avec exactitude, ce ne sont pas là les moyens d'avancer fort vite dans nos systêmes ; mais c'est l'unique méthode par laquelle nous puissions espérer d'arriver au vrai, de donner de la stabilité & de la certitude à nos décisions.

La philosophie nous enseigne que rien ne peut être présent à l'ame qui ne soit image ou perception, & que les sens ne sont que des canaux qui transmettent les images, sans accorder à l'ame aucun commerce avec les objets externes. A mesure que nous nous éloignons d'un objet, nous le voyons diminuer en grandeur ; & cependant cet objet réel, qui existe indépendamment de nous, ne souffre aucun changement : ce qui se présentoit à notre esprit, n'étoit donc autre chose que l'image. C'est ici un des plus simples enseignemens de la raison : & jamais il n'est arrivé à un homme qui réfléchit, de douter que les existences que nous considérons en disant *cet homme, cet arbre*, fussent quelque chose de plus que des perceptions de l'esprit, & des copies ou des représentations passageres d'autres êtres, qui conservent leur uniformité & leur indépendance.

Comment prouvera-t-on jamais que les perceptions de l'ame doivent être produites par des objets extérieurs qui en different essentiellement, dans le même tems, qu'ils leur ressemblent, si tant est que cette ressemblance ne soit pas impossible ? Ces perceptions ne pourroient-elles pas résulter d'une force propre à l'ame, ou de l'opération de quelque esprit invisible & inconnu, ou enfin de quelque autre cause plus cachée encore ? En effet, on accorde déjà par rapport à un grand nombre de ces perceptions, qu'elles ne viennent pas de dehors, comme dans les songes, dans les phrénésies, & dans d'autres indispositions. Enfin rien n'est moins explicable que la manière dont le corps devroit agir sur l'ame pour transmettre une image de lui-même à une substance, qu'on suppose d'une nature si différente & si opposée.

Les perceptions sensibles sont-elles produites par des objets extérieurs qui leur ressemblent ? C'est une question de fait, & comment la décider, si ce n'est comme toutes les autres questions de cette nature, je veux dire par l'expérience ? Or l'expérience se tait ici, & doit se taire. Rien ne peut être présent à l'esprit hormis les perceptions ; & par là il est impossible que nous ayons une expérience de leur liaison avec les objets. C'est donc sans aucun fondement raisonnable que l'on supposeroit cette liaison.

Les spéculateurs modernes tombent unanimement d'accord que toutes les qualités sensibles, telles que sont la dureté, la mollesse, la chaleur, le froid, le blanc & le noir, &c. ne sont que des qualités secondaires, qui n'existent point dans les objets, n'étant que des perceptions de l'ame qui ne sont modelées sur aucun archétype. Or, si cela est vrai des qualités secondaires, il doit l'être aussi de l'étendue & de la solidité, qu'on prétend être des qualités premières ; & cette dénomination de première ne peut leur appartenir préférablement aux autres. L'idée de l'étendue ne nous vient que par les sens de la vue & du toucher ; ainsi elle dépend entièrement d'idées sensibles, ou d'idées de qualités secondaires. Si donc toutes les idées apperçues par les sens sont dans l'ame, & non dans les objets, la même conséquence doit avoir lieu à l'égard de celle-ci. Rien ne peut nous en sauver, si ce n'est de dire que les idées de ces qualités premières s'acquièrent par voie d'abstraction, ce qui, à le bien examiner, est inconcevable & même absurde. Une étendue qui n'est, ni tangible, ni visible, ne sauroit être conçue : & une étendue tangible ou visible, qui n'est, ni dure ni molle, ni noire ni blanche, est également hors de la portée de notre conception. Que quelqu'un essaye de concevoir un triangle en général, qui ne soit, ni isoscèle, ni scalène, & qui n'ait aucune aire particulière, ni aucune proportion déterminée de côtés. Il s'appercevra bientôt de l'absurdité de toutes les notions de l'école au sujet des abstractions & des idées générales (1).

La principale objection contre tous les raisonnemens abstraits se tire de la nature de l'espace & du tems : ces sujets, qui paroissent clairs & intelligibles dans la vie commune & aux esprits superficiels, ne sont pas plutôt mis à l'épreuve des sciences profondes, dont ils sont les principaux objets, qu'ils conduisent à des notions pleines d'absurdités & de contradictions. Jamais prêtre, dans l'intention d'apprivoiser & de subjuguer notre raison rebelle, n'inventa de dogme qui choque davantage le sens commun, que le fait la doctrine d'une étendue divisible à l'infini, avec toutes ses conséquences, telles que tous les géomètres & tous les métaphysiciens les étalent si pompeusement, & avec une espèce de triomphe. Une quantité réelle, infiniment moindre que quelque quantité finie que ce soit, contenant des quantités infiniment moindres qu'elle-même, & ainsi à l'infini : c'est-là un édifice hardi dont la masse est trop pesante pour pouvoir reposer sur la base d'une prétendue démonstration, parce qu'il choque les principes les plus clairs & les plus naturels de la raison humaine. Mais ce qui est le plus extraordinaire, c'est que ces opinions absurdes sont fondées sur une chaîne de raisons les plus claires & les plus naturelles, & où il paroit impossible d'accorder les prémisses sans admettre les conséquences.

Quelque dispute qu'il puisse y avoir sur les points mathématiques, il faut tomber d'accord qu'il y a des points physiques, c'est-à-dire, des parties d'étendue, qui ne sauroient être divisées ou diminuées, ni par les yeux, ni par l'imagination. Ces images donc, peintes dans notre imagination ou dans nos sens, sont absolument indivisibles ; & par conséquent les mathématiciens doivent convenir qu'elles sont infiniment plus petites qu'une portion réelle d'étendue : cependant, si quelque chose paroit certain à la raison, c'est qu'un nombre infini de ces points compose une étendue infinie ; à combien plus forte raison doivent donc le faire un nombre infini de ces parties infiniment petites d'étendue, que l'on suppose encore divisibles à l'infini ?

Rien ne peut être plus convainquant, ni plus satisfaisant, que les conclusions qui concernent les propriétés des cercles & des triangles. Cependant, si on les reçoit, comment peut-on nier que l'angle du contact, placé entre le cercle

___

(1) Cet argument est pris du docteur *Berkeley*, & en effet la plupart des ouvrages de cet ingénieux écrivain sont les meilleures leçons de scepticisme que l'on puisse rencontrer, soit chez les philosophes anciens, soit chez les modernes, sans même en excepter *Bayle*. Il déclare cependant, au titre, & sans doute avec beaucoup de vérité, qu'il a composé son livre contre

les sceptiques, aussi bien que contre les athées & les esprits forts. Mais nous avons une marque évidente que tous ses argumens sont purement sceptiques, quoique contre son intention : cette marque c'est qu'ils n'admettent point de réplique & cependant ne produisent point de conviction. Le seul effet qu'ils produisent, c'est cette surprise momentanée, cette irrésolution, cet embarras, qui sont le résultat du scepticisme.

NOTE DE *HUME*.

& sa tangente, ne soit infiniment moindre que le moindre des angles rectilignes ; qu'en augmentant le diametre du cercle à l'infini, cet angle ne devienne encore plus petit, & même jusqu'à l'infini ; & enfin, qu'il n'y ait d'autres courbes qui puissent former avec leurs tangentes des angles infiniment moindres que celui qu'un cercle quelconque forme avec la sienne, & ainsi de suite jusqu'à l'infini ? La démonstration de ces principes ne paroît pas être plus sujette à des exceptions, que ne l'est celle de l'égalité des trois angles du triangle à deux droits ; cependant cette derniere opinion est naturelle & aisée à concevoir, au lieu que la premiere est chargée de contradictions & d'absurdités.

Lorsque les sciences abstraites passent de l'étendue à la durée, l'absurde témérité de leurs décisions devient, s'il étoit possible, encore plus palpable. Un nombre infini de portions réelles de tems, qui se succedent & s'épuisent l'une après l'autre, est une contradiction si évidente qu'il est inconcevable qu'elle puisse être admise par un homme à qui la science n'a pas gâté le jugement, au lieu de le rectifier.

A proprement parler, il n'y a point d'idées abstraites ou générales : & toutes celles à qui on donne ce nom, ne sont, en effet, que des idées particulieres attachées à un terme général, qui, dans l'occasion, rappelle d'autres idées particulieres, semblable, à certains égards, à l'idée qui est alors presente à l'esprit. Ainsi le mot de cheval étant prononcé, nous nous formons immédiatement l'idée d'un animal noir ou blanc, d'une taille ou d'une figure déterminée. Mais comme ce terme s'applique aussi à des animaux d'une figure & d'une taille différente ; ces idées, quoiqu'elles ne soient pas actuellement présentes à l'imagination, s'y retracent pourtant aisément, nos raisonnemens & nos conclusions procédant comme si elles existoient. Ceci étant admis, comme il paroit raisonnable de l'admettre, il s'ensuit que toutes les idées de quantité sur lesquelles les mathématiques roulent, ne sont que des idées particulieres, fournies par les sens & par l'imagination, & que par conséquent elles ne peuvent pas être divisibles à l'infini ; nous pouvons prononcer en général, qu'il s'en faut beaucoup que les idées de *plus grand*, de *moindre*, ou de *l'égalité* ; qui sont les principaux objets de la géométrie, soient assez exactes, & assez déterminées pour y pouvoir fonder des inductions aussi extraordinaires. Qu'on demande à un géometre ce qu'il entend en disant que deux quantités sont égales : il sera obligé de répondre que l'idée de l'égalité est une idée indéfinissable ; & que pour la faire naître, il suffit de placer devant soi deux quantités égales. Or, n'est-ce pas en appeller aux objets tels qu'en général ils

Philosophie anc. & mod. Tom II.

paroissent aux sens ou à l'imagination ? Ces objets ne peuvent donc jamais fournir des conclusions aussi contraires à ces mêmes facultés par lesquelles ils sont apperçus.

Les objections que font les sceptiques contre *l'évidence morale*, ou contre les raisonnemens qui concernent des matieres de fait, sont, ou des objections *populaires*, ou des objections *philosophiques*. Les objections populaires sont prises de la foiblesse naturelle de l'entendement humain, des opinions contradictoires qui ont prévalu en divers tems & chez diverses nations, des variations de nos jugemens dans la santé ou dans la maladie, dans la jeunesse ou dans la vieillesse, dans la prospérité ou dans l'adversité ; de la contradiction perpétuelle qui regne dans les opinions & les sentimens de chaque individu, & d'autres lieux communs de cette nature. Il est inutile de nous arrêter plus long-tems là-dessus : ce ne sont-là, en effet, que de foibles objections.

Dans la vie commune nous raisonnons, à chaque instant, sur des faits & sur des choses existantes ; & nous ne saurions subsister sans un usage continuel d'argumens de cette espece. Il n'y a donc point d'objection populaire capable d'en détruire l'évidence. Le grand destructeur du pyrrhonisme & du scepticisme poussé à l'excès, c'est l'action, c'est le mouvement, ce sont les occupations de la vie commune.

Toute l'évidence qui accompagne les choses de fait, destituées du témoignage des sens & de la mémoire, dérive de la relation qui existe entre les causes & les effets. L'idée que nous avons de cette relation n'est que celle de la liaison fréquente de deux objets ; & tout ce que l'on nous démontre, c'est que des objets que l'expérience nous a souvent offerts liés ensemble, le seront encore de la même maniere, à l'avenir, & dans d'autres cas. Mais rien n'autorise cette induction, si ce n'est la coutume, ou un instinct naturel, sujet à l'erreur comme le sont tous les instincts.

Le pyrrhonien peut exciter, en lui-même ou dans les autres, une surprise passagere, un trouble momentané ; mais le premier événement de sa vie, & l'événement le plus trivial, fera évanouir tous ses doutes & tous ses scrupules : il le laissera sur chaque point de pratique ou de théorie, dans le même état où sont, & les autres philosophes, & ceux qui ne s'embarrassent point des recherches philosophiques.

Il y a, en général, un degré de doute, de circonspection, & de modestie, qui doit être inséparable d'un esprit juste dans toutes ses recherches, & dans toutes ses décisions.

Nous ne saurions donner de bonnes raisons pour

A a a a a

quoi, après mille expériences, nous croyons qu'une pierre tombera, ou que le feu brûlera; & nous prétendrions décider, d'une manière satisfaisante, sur l'origine des mondes, & sur les routes que la nature suit d'éternité en éternité.

Les quantités & les nombres me paroissent l'unique matière des sciences abstraites, & l'unique objet de la démonstration. Ce genre de connoissances est le plus parfait; mais toutes les tentatives qu'on fait pour l'étendre au-delà des bornes que je viens de poser, aboutissent au sophisme & à l'illusion.

On ne peut savoir qu'à l'aide d'une certaine suite de raisonnemens & de spéculations, que *le quarré de l'hypothénuse est égal aux deux quarrés des côtés*, quand même les termes seroient définis avec la dernière exactitude; au lieu que pour nous convaincre que *là où il n'y a point de propriété, il ne sauroit y avoir d'injustice*, il n'est besoin que de définir le terme d'injustice par violation de propriété, cette proposition n'étant en effet qu'une définition imparfaite. Il en est de même de tous ces raisonnemens prétendus syllogistiques qu'on rencontre dans les branches de nos connoissances qui ne concernent pas les quantités & les nombres. Je crois qu'on peut affirmer, avec assurance, que ces quantités & ces nombres sont les seuls objets d'une vraie science, & d'une démonstration réelle.

Il est évident que toutes les recherches de l'esprit humain qui roulent sur des matières de fait & d'existence, ne sont pas susceptibles de démonstration. Tout ce qui est, pourroit ne pas être, la négation d'un fait n'implique jamais contradiction; la non-existence de quelque être que ce soit présente une idée aussi claire & aussi distincte que son existence: la proposition qui affirme qu'il n'existe pas, n'est pas moins concevable, ni moins intelligible que celle qui nous dit qu'il existe.

L'existence d'un être ne peut se prouver que par des argumens pris des causes ou des effets de cet être; & ces argumens ne sont fondés que sur l'expérience. En raisonnant *à priori*, il nous paroîtra que toute chose peut produire toute chose: la chûte d'un caillou peut éteindre le soleil; au moins ne sommes-nous pas sûrs du contraire, & la volonté de l'homme peut arrêter les planètes dans leur course. Il n'y a que l'expérience qui puisse nous enseigner la nature des causes & des effets, & leurs limites: il n'y a qu'elle qui nous mette en état de déduire, de l'existence d'un objet, l'existence de l'autre. La maxime impie *ex nihilo nihil fit*, dont les anciens philosophes se servoient pour nier la création du monde, cesse d'être une maxime dans notre philosophie. Non-seulement la volonté du souverain être peut créer la matière; mais nous ne savons pas *à priori*, si elle ne peut pas être créée par la volonté de tout autre être, ou de toute autre cause que l'imagination la plus fantasque puisse concevoir.

Les raisonnemens moraux roulent, ou sur des faits particuliers, ou sur des faits généraux. Sous les premiers sont comprises toutes les délibérations qui regardent la vie, de même que toutes les recherches d'histoire, de chronologie, de géographie, & d'astronomie.

Les sciences qui traitent des faits généraux, sont celles dont les spéculations ont pour objet les qualités, les causes & les effets des classes entières d'être, comme la politique, la philosophie naturelle, la physique, la chimie, &c.

La morale & la critique sont plutôt les objets du goût & du sentiment que de l'entendement. La beauté, soit morale, soit naturelle, se sent plutôt qu'elle ne s'apperçoit; ou si nous en raisonnons, si nous tâchons d'en fixer la règle, nous envisageons un fait nouveau, c'est-à-dire le goût universel du genre humain, ou tel autre fait qui peut être assujetti au raisonnement & à la spéculation.

Sur la religion primitive du genre humain.

Je ne crois pas que nous puissions douter que le polythéisme ou l'idolâtrie n'ait été la première & la plus ancienne religion du monde. C'est un fait incontestable qu'en remontant au-delà d'environ 1,700 ans, on trouve tout le genre humain idolâtre. Croire que dans des tems plus reculés, avant la découverte des arts & des sciences, les principes du pur théisme ont prévalu, ce seroit dire que les hommes découvrirent la vérité pendant qu'ils étoient ignorants & barbares; & qu'aussi-tôt qu'ils commencèrent à s'instruire & à se polir, ils tombèrent dans l'erreur.

Il est infiniment plus difficile de découvrir & de prouver une vérité, que de la maintenir lorsqu'elle est découverte & prouvée.

Il y a une grande différence entre les faits historiques & les sentimens de spéculation; ces deux sortes de connoissances ne se répandent pas par la même voie. Les faits historiques qui transmis par les témoins oculaires, & par leurs contemporains, passent de bouche en bouche à la postérité, sont défigurés dans chaque nouveau récit; il peut arriver au bout d'un certain tems qu'ils ne se ressemblent presque plus, ou même qu'ils deviennent tout-à-fait méconnoissables. La foiblesse de notre mémoire, le plaisir que les hommes trouvent à exagérer leur molle nonchalance, tout cela, dis-je, contribue aux altérations des événemens qui ne sont point conservés par écrit. Le raisonnement n'ayant point de prise, ou n'en ayant que fort peu sur ces sortes de matières, ne sauroit y rappeller la vérité, lorsqu'une fois elle s'en est éclipsée.

Le cas est différent par rapport aux opinions spéculatives. Si les argumens qui les prouvent sont assez clairs & assez à la portée commune pour convaincre tous les hommes, ils conserveront à ces opinions leur pureté primitive, partout où elles se sont répandues. Si ce sont des argumens abstrus qui surpassent la portée du vulgaire, les doctrines qui s'y appuient ne seront connues que d'un petit nombre de personnes, & seront ensevelies dans l'oubli aussitôt que ces personnes cesseront de s'en occuper. Que des deux membres de ce dilemme on choisisse celui qu'on voudra, il paroit également impossible que la religion primitive du genre humain ait été un théisme raisonné, dont la corruption eût engendré l'idolâtrie, & les diverses superstitions du monde payen. Des raisonnemens aisés l'eussent empêché de se corrompre: des raisonnemens abstraits & difficiles l'eussent dérobé à la connoissance du peuple, seul corrupteur des principes & des opinions.

Si nous cherchons les traces d'un pouvoir invisible dans les événemens de la vie humaine, la variété & la contrariété que nous y trouvons, nous conduira nécessairement au polythéisme, & nous fera reconnoître plusieurs divinités bornées & imparfaites.

Aucune des nations idolâtres n'a puisé ses premières idées religieuses dans le spectacle de la nature. L'intérêt que les hommes prennent aux divers événemens de la vie, les espérances & les craintes dont sans cesse ils sont agités, voilà la vraie source de ces religions. Aussi voyons-nous que les idolâtres ont de tout tems eu soin de distinguer les différentes fonctions de leurs divinités, & qu'ils se sont adressés, selon les occasions, à celle qui présidoit aux choses qu'ils souhaitoient de voir réussir (1).

C'est une vérité incontestable, que pour porter

___

(1) *Fragilis & laboriosa mortalitas in partes ista digessit, infirmitatis suæ memor, ut portionibus quisque coleret quo maximè indigeret.* Plin. l. 11.

Dès le tems d'Hésiode, il y eut déjà trente mille dieux. *Op. & Dier. l. 1. v. 250.* Cependant ce nombre ne suffisoit pas encore aux fonctions qu'ils avoient à remplir; il fallut subdiviser leurs tâches: il y eut jusqu'à un dieu qui présidoit à l'éternuement. *V. Arist. probl. sect. XXXIII. c. 7.* Le département de la génération fut divisé entre plusieurs dieux, à cause de l'importance & de la dignité de cet acte.

Note de *Hume*.

l'attention des hommes au-delà du monde visible, pour la faire remonter jusqu'à une puissance invisible, il faut que quelque passion les anime; ils n'entreprendroient jamais de pareilles recherches, s'ils n'avoient point de motif pour les entreprendre.

Les hommes deviennent plus superstitieux, à mesure qu'ils éprouvent un plus grand nombre d'accidens dans le cours de leur vie. Les joueurs & les mariniers, sont des preuves frappantes de cette vérité: quoique de tous les hommes les moins capables de réfléchir, on les voit livrés aux craintes les plus ridicules, aux superstitions les plus frivoles.

Les passions tristes nous font plus souvent fléchir les genoux que les passions agréables. Nous recevons communément la prospérité, comme une chose qui nous est dûe; & sans nous informer d'où elle vient; au lieu que le moindre désastre nous allarme; & fait penser aux causes dont il peut tirer son origine.

Il n'y a qu'un article en théologie sur lequel presque tout le genre humain soit d'accord, c'est qu'il existe dans le monde un pouvoir intelligent & invisible. Mais ce pouvoir est-il suprême ou subordonné? réside-t-il dans un seul être, ou est-il partagé entre plusieurs? quels sont les attributs, les qualités, les liaisons, & les principes d'action de ces êtres? sur tous ces points, les systèmes populaires s'éloignent extrêmement les uns des autres.

L'idée de génération paroit avoir été plus goûtée des anciens mythologistes que celle de création ou de formation, c'est presque la seule dont ils fassent usage pour expliquer l'origine du monde.

Ce n'a jamais été que par accident que la question sur l'origine du monde est entrée dans les anciens systèmes: les théologiens de ces tems-là ne la regardoient point comme étant de leur ressort; il n'y eut que les philosophes qui s'en occuperent; & ce n'est que fort tard que ceux-ci s'aviserent de chercher la cause universelle dans une suprême intelligence. Il s'en falloit bien alors qu'on ne regardât comme profanes ceux qui expliquoient l'origine des êtres sans recourir à la divinité.

Autant que le polythéisme est tolérant, autant voit-on d'intolérance dans les religions qui maintiennent l'unité de Dieu. Qui ne connoît le génie étroit & l'esprit implacable des juifs?

Rien n'est plus doux ni plus sociable que le polythéisme: quoique les autres religions sévissent contre lui & le noircissent aux yeux de leurs sectateurs; elles ont de la peine à l'effaroucher; on le voit toujours prêt à tendre la main & à composer à l'amiable. Auguste il est vrai, donna de grandes louanges à la retenue de Cajus César, son petit fils, de ce que passant près de Jérusalem il ne voulut point sacrifier suivant la loi Judaïque; mais pourquoi applaudit-il si fort à cette conduite? Ce n'est que parce que la religion juive passoit, chez les payens, pour une religion ignoble & barbare.

Voici les deux différences les plus frappantes qu'il y ait entre une religion traditionnelle ou mythologique, & une religion systématique ou scholastique. D'abord la première est souvent plus raisonnable que la seconde: elle n'est, pour ainsi dire, qu'un recueil d'événemens, peu fondés il est vrai, mais qui pourtant n'impliquent pas des contradictions formelles & dont on puisse démontrer l'absurdité. Ensuite la religion traditionnelle ne pèse pas si fort à l'esprit humain: & quoique généralement reçue, elle n'excite pas des passions si violentes, ni ne fait de si fortes impressions sur l'entendement.

Plusieurs religions populaires, à en juger par les conceptions du commun des hommes, sont véritablement une espèce de démonisme: de quelques éloges que l'adorateur enthousiasmé comble son Dieu, il est certain que pour l'ordinaire il lui ôte en bonté tout ce qu'il lui donne en intelligence & en grandeur. Le langage de l'idolâtre peut être mensonger & contraire à l'opinion qu'il a dans l'esprit; chez les dévots plus rafinés, l'opinion elle-même contracte souvent une espèce de fausseté, & se voit démentie par les sentimens du cœur: ce cœur déteste tout bas les effets cruels de la vengeance de son Dieu, tandis que l'esprit, en lâche courtisan, n'ose rien y voir que d'adorable & de parfait. Ce combat interne augmente la terreur, & donne un air plus hideux aux phantômes qui persécutent les victimes infortunées de la superstition.

Dans les religions populaires, *la cruauté & le caprice*, sous quelque nom qu'on les déguise, forment toujours le caractère dominant de la divinité: souvent les prêtres mêmes, au lieu de rectifier ces fausses conceptions, les nourrissent & les entretiennent: plus le Dieu est terrible, plus nous sommes dociles & soumis à ses ministres: plus les pratiques qu'il faut pour lui plaire sont bizarres; plus nous sommes réduits à renoncer à nos propres lumières, pour nous livrer à la direction de nos guides spirituels. Cependant, quoique l'artifice des hommes puisse augmenter ces sortes de foiblesses & de folies naturelles; ce n'est pourtant pas à cet artifice qu'elles doivent leur naissance; elles poussent des racines plus profondes dans nos esprits; elles résultent, en un mot, des propriétés essentielles & universelles de la nature humaine.

Le bon, le grand, le sublime, le délicieux étant compris éminemment dans les principes purs du théisme, l'analogie de la nature exige que le bas, le puérile, l'absurde, le terrible soient le partage des fictions & des chimères religieuses.

Promenez vos regards sur les nations & les tems, examinez les maximes de religion qui ont eu vogue dans le monde, vous aurez de la peine à vous persuader que ce soit autre chose que des rêves d'un homme en délire; peut être même les prendrez-vous plutôt pour des imaginations capricieuses de singes travestis, que pour des assertions sérieuses, positives, & dogmatiques d'êtres qui s'honorent du beau nom d'êtres raisonnables.

Sur l'immortalité de l'ame.

Il paroit très-difficile de prouver l'immortalité de l'ame par la seule lumière de la raison; les preuves que l'on allegue en sa faveur sont communément dérivées soit des lieux communs de la métaphysique, soit de la morale & de la physique; mais dans le vrai, c'est l'évangile, & l'évangile seul qui nous a apporté la vie & l'immortalité.

I. Les principes de la métaphysique supposent l'ame immatérielle, & regardent comme impossible que la pensée puisse être une propriété de la matière.

Mais la vraie métaphysique nous apprend que les notions que nous avons de la matière ou de la substance sont totalement confuses & imparfaites, & que nous n'avons point d'autre idée d'une substance que de la regarder comme un aggrégat ou un assemblage de qualités particulières, inhérentes à un être inconnu. Ainsi, dans le fond la matière & l'esprit sont des choses également inconnues; & nous sommes dans l'impossibilité de déterminer quelles sont les qualités inhérentes à l'une ou à l'autre.

La métaphysique nous apprend encore que nous ne pouvons rien décider *à priori* sur une cause ou sur un effet, & que l'expérience étant l'unique source de nos jugemens dans les choses de cette nature, nous n'avons point de moyens pour nous assûrer si la matière par sa structure & son arrangement ne peut point être la source de la pensée. Les raisonnemens abstraits ne peuvent point décider une question de fait ou d'existence.

Mais en admettant une substance spirituelle, semblable au feu éthéré des stoïciens, répandue dans tout l'univers; & en la regardant comme le seul sujet inhérent de la pensée, nous aurons raison de conclure par analogie que la nature s'en sert de la même manière qu'elle fait de l'autre substance, c'est-à-dire de la matière; elle l'emploie comme une espèce de pâte ou d'argile; elle la modifie, & lui donne différentes formes & existences; au bout d'un certain tems elle dissout & détruit ces modifications, & avec leurs substances elle produit de nouvelles formes. Comme la même substance matérielle peut successivement composer le corps de tous les animaux, la même substance spirituelle peut composer leur esprit. Leur conscience ou ce système de pensée qu'ils formoient pendant la vie, peut être continuellement mis en dissolution par la mort, & ne les interesser nullement dans leur nouvelle modification. Ceux qui assûrent le plus positivement la mortalité de l'ame, n'ont jamais nié l'immortalité de sa substance, & si l'ame est immatérielle, il paroît qu'une substance immatérielle aussi-bien qu'une substance matérielle peut perdre la mémoire ou la conscience de son existence jusqu'à un certain point, c'est ce que prouve l'expérience.

En raisonnant d'après le cours ordinaire de la nature & sans supposer l'intervention de l'être suprème, qui doit toujours être exclu de la philosophie, qui est incorruptible doit aussi être incréé. Ainsi, si l'ame est immortelle, elle a dû exister avant notre naissance, & si notre existence antérieure ne nous a point intéressé, notre existence subséquente ne doit point nous intéresser davantage.

Il n'est point douteux que les animaux sentent, pensent, aiment, haïssent & ont une volonté & même une raison, quoique dans des dégrés inférieurs à l'homme; je demande donc si leurs ames sont aussi immatérielles & immortelles?

II. Considérons maintenant les preuves morales, & sur-tout celles qui sont dérivées de la justice de Dieu, que l'on suppose intéressé à punir encore par la suite les méchans & à récompenser les bons.

Mais ces preuves supposent que Dieu a d'autres attributs que ceux qu'il a manifestés dans cet univers qui sont les seuls dont nous ayons connoissance; qu'est-ce donc qui nous autorise à supposer ces attributs?

C'est le plus sûr pour nous d'assurer que tout ce que la divinité a fait est pour le mieux, mais il est dangereux d'affirmer qu'elle fera toujours ce qui nous paroît le mieux. Dans combien de circonstances ce raisonnement se trouveroit-il en défaut relativement au monde actuel?

Mais s'il est quelque plan dans la nature qui se montre clairement à nos yeux, nous pouvons affirmer que le but & l'intention de la création de l'homme, autant que la raison naturelle nous permet d'en juger, se borne à la vie présente. Avec quelle indifférence la structure inhérente à son ame & ses passions lui font-elles envisager au-delà! Quelle comparaison pour la fermeté & pour l'efficacité entre une idée si flottante & la persuasion que donne le moindre fait qui se présente dans la vie.

Il est vrai qu'il est des esprits dans lesquels il s'élève d'étranges terreurs relativement à l'avenir, mais elles se dissiperoient bientôt, si elles n'étoient point entretenues & nourries par les préceptes & par l'éducation. Quel est le motif de ceux qui les entretiennent? N'est-ce pas de gagner de quoi vivre & d'acquérir des richesses & du pouvoir en ce monde? Ainsi leur zèle & leur artifice sont des preuves contre eux.

Quelle cruauté, quelle injustice, quelle dépravation dans la nature, de borner ainsi tout notre intérêt & toutes nos connoissances à la vie actuelle, s'il étoit vrai qu'il existât une autre vie bien plus importante qui nous attendît après celle-ci! Comment attribuer une illusion si barbare à un être sage & bienfaisant?

Que l'on observe dans quelle exacte proportion la tâche à faire & la faculté de la remplir se trouvent disposées dans toute la nature. Si la raison de l'homme lui donne une grande supériorité sur les autres animaux, ses besoins sont proportionnellement multipliés. Tout son tems, toute sa capacité, toute son activité, son courage, sa passion, sont suffisamment occupés à le défendre contre tous les maux de la situation présente; souvent & même toujours, toutes ces choses ne sont point assez fortes pour produire les effets auxquels elles sont destinées.

Peut-être que l'art de faire des souliers n'a point encore été porté au degré de perfection dont il est susceptible; néanmoins il est très-nécessaire ou du moins très-utile, qu'il y ait quelques politiques, quelques moralistes, & même quelques géometres, & quelques poëtes & philosophes parmi les hommes.

Les facultés des hommes ne sont pas plus au dessus de leurs besoins actuels dans la vie présente, que celles des renards & des lièvres le sont eu égard à leurs besoins & au période de leur existence. Il est aisé de conclure de cette parité de raison.

En supposant le système de la mortalité de l'ame, il est aisé de rendre raison de l'infériorité que nous voyons dans les facultés des femmes: leur vie sédentaire ne demande point qu'elles aient plus de force d'esprit & de corps; cette circonstance disparoît, & l'on ne peut en rendre raison dans le système religieux: l'un des sexes a les mêmes devoirs à remplir que l'autre, il eut donc fallu que les facultés intellectuelles des femmes & que leur courage eussent été les mêmes, & eussent été infiniment plus parfaits qu'ils ne sont actuellement.

Comme tout effet suppose une cause & que celle-ci en suppose une autre, jusqu'à ce que nous remontions à la cause première qui est Dieu, tout ce qui arrive est en conséquence de son ordre, & rien ne peut être l'objet de ses châtimens & de sa vengeance.

D'après quelles règles les punitions & les récompenses sont-elles distribuées? Quelle est la mesure divine du mérite & du démérite? Supposerons-nous que la divinité a des sentimens humains? Quelque téméraire que soit cette supposition, nous n'avons point d'idées, d'autres sentimens que les nôtres.

Le bon sens, le courage, la politesse, l'industrie, la prudence, le génie, &c. sont des qualités essentielles pour constituer le mérite personnel, suivant nos idées humaines; irons-nous donc former un Elisée pour les poëtes & les héros, semblable à celui de l'ancienne mythologie? Pourquoi bornerions-nous toutes les récompenses à une seule espèce de vertu?

Un châtiment sans objet & sans but ne peut s'accorder avec les idées que nous avons de la bonté & de la justice, & lorsque tout sera fini pour nous, quel pourroit être le motif de ce châtiment dont on nous parle?

Un châtiment suivant nos idées doit être proportionné à l'offense; pourquoi donc des châtimens éternels pour une créature aussi chétive que l'homme? Est-il quelqu'un qui puisse approuver la fureur d'Alexandre qui vouloit exterminer une nation entière, parce qu'elle lui avoit enlevé son cheval Bucéphale (1)?

Le ciel & l'enfer supposent deux espèces d'hommes très-distinctes, celle des bons & celle des méchans, mais le plus grand nombre des individus de l'espèce humaine flottent entre le vice & la vertu.

Si un homme alloit faire le tour de l'univers dans l'intention de donner un bon souper aux justes & une bonne bastonade aux méchans, il se trouveroit souvent embarrassé dans son choix, & il verroit que les vertus & les vices de la plupart des hommes & des femmes ne valent pas la peine de leur donner l'un ou l'autre.

Supposer des règles d'approbation & de blâme différentes de celles des hommes, c'est confondre toutes les notions; d'où savons-nous qu'il existe des distinctions morales sinon par nos propres sentimens.

Quel est l'homme qui n'ayant point été personnellement offensé, ou quel est l'homme d'un bon naturel qui l'ayant été réellement, pourroit, uniquement par esprit de vengeance, infliger les peines les plus légères que les loix attachent aux crimes? est-il autre chose que l'idée du bien public qui endurcisse le cœur des juges & les défende contre les sentimens de l'humanité?

Suivant les loix romaines ceux qui s'étoient rendus coupables d'un parricide & qui confessoient leur crime, étoient mis dans un sac avec un singe, un chien & un serpent, & jettés dans la rivière: on se contentoit de faire mourir simplement ceux qui refusoient d'avouer le crime quelque convaincantes qu'en fussent les preuves. On jugea un parricide devant Auguste, & comme on le trouva coupable il fut condamné, mais l'empereur plein de bonté dans le dernier interrogatoire fit ses questions de manière à engager le malheureux à nier son crime; *assurément*, lui dit ce prince, *vous n'avez point tué votre père*. (2) Cette douceur s'accorde avec les idées que nous avons de la justice qui est due même aux plus grands criminels, quand elle n'auroit pour objet que de lui épargner un supplice aussi peu considérable; que dis-je! cette conduite seroit approuvée du prêtre le plus fanatique, pourvu que le crime ne fût ni hérésie ni impiété; car comme ces crimes le blessent personnellement & nuisent à ses avantages temporels, il n'auroit peut-être point pour eux la même indulgence.

La principale source de nos idées morales est la réflexion sur l'intérêt de la société; cet intérêt si chétif & de si peu de durée doit-il être défendu par des supplices éternels & infinis? la damnation d'un seul homme est un mal infiniment plus grand dans l'univers que la subversion de cent millions de royaumes.

La nature a rendu l'enfance de l'homme singulièrement foible & sujette à la mort, elle a semblé par-là vouloir détruire l'opinion que cette vie n'est qu'un état d'épreuve. La moitié du genre humain meurt avant de parvenir à l'âge de raison.

III. Les preuves physiques tirées de l'analogie de la nature semblent démontrer très-clairement la mortalité de l'ame; & ces preuves sont les

---

(1) Quint. Curt. *lib. VI. chap. 5.*

(2) Sueton. In vita August. *cap. 3.*

seuls argumens que la philosophie puisse admettre dans cette question & dans toute question de fait.

Lorsque deux substances sont unies si étroitement que tous les changemens que nous remarquons dans l'une sont accompagnés de changemens proportionnels dans l'autre, nous devons en conclure d'après toutes les règles de l'analogie que s'il survient un changement plus considérable dans l'une de ces substances, & qu'elle vienne à être totalement dissoute, il doit suivre pareillement une dissolution totale dans l'autre.

Le sommeil qui a très-peu d'effet sur les corps, est accompagné d'une cessation momentannée des fonctions de l'ame, ou du moins la jette dans une grande confusion.

La foiblesse du corps & celle de l'ame dans l'enfance sont exactement proportionnelles; il en est de même de leur vigueur dans l'âge viril, de leur dérangement sympathique dans la maladie, de leur déclinaison commune dans la vieillesse; il paroît difficile d'éviter le pas qui reste, & tout semble prouver que la mort les dissolvera conjointement.

Les derniers symptômes que l'ame éprouve sont la foiblesse, le dérangement, l'insensibilité, la stupidité; ce sont les avant-coureurs de la dissolution; le progrès des mêmes causes venant à augmenter les mêmes effets, l'ame est entièrement éteinte.

A juger par l'analogie ordinaire de la nature; une forme ne peut continuer de subsister lorsqu'elle est transférée à une façon d'exister différente de celle dans laquelle elle étoit originairement placée; les arbres périssent dans l'eau, les poissons lorsqu'ils sont à l'air, les animaux dans la terre, & même la différence peu marquée du climat leur est souvent fatale. Quelle raison nous reste-t-il donc pour imaginer qu'un changement aussi considérable que celui qui se fait sur l'ame par la dissolution du corps & de tous les organes de la sensation & de la pensée, puisse avoir lieu sans la dissolution du tout.

Tout est commun entre l'ame & le corps, les organes de l'une sont les organes de l'autre, il faut donc que l'existence de l'une dépende de celle de l'autre.

On convient que les ames des animaux sont mortelles, cependant elles ont une ressemblance si forte avec les ames des hommes, que l'analogie qui subsiste entre les unes & les autres forme une preuve très-décisive; les hommes & les animaux ne se ressemblent pas davantage pour le corps, cependant personne ne rejette les preuves tirées de l'anatomie comparée. Ainsi la métempsycose est le seul système sur l'ame auquel la philosophie puisse prêter quelque attention.

Rien dans ce monde n'est fait pour durer toujours; les êtres qui paroissent les plus solides sont soumis à des changemens perpétuels; le monde lui-même montre des symptômes de fragilité & de dissolution; combien donc est-il contraire à l'analogie d'imaginer qu'une seule forme, qui paroît la plus frêle de toutes, & qui est sujette aux dérangemens les plus marqués, soit immortelle & indissoluble? Combien ce système est-il téméraire! avec quelle légèreté, pour ne point dire avec quelle imprudence, a-t-il été adopté?

Le système religieux doit être fort embarrassé de la façon dont il décidera du sort d'une infinité d'existences posthumes; dans tout système, il est permis de supposer chaque planète peuplée d'êtres mortels & intelligens, du moins nous n'avons point d'autre supposition à faire; il faut donc qu'à chaque génération on crée pour eux un nouvel univers au delà des bornes de l'univers actuel, ou bien il faut imaginer qu'il y en a un qui a été créé dès le commencement pour recevoir ce concours continuel des êtres qui se renouvellent. Des suppositions de cette nature sont-elles admissibles en philosophie? Et cela sous prétexte de leur possibilité.

Si l'on demande si Agammemnon & Thersite, Annibal, Néron, ou si un rustre stupide qui a jamais existé en Italie, en Scythie, en Bactriane ou en Guinée sont encore en vie; y a-t-il quelqu'un qui puisse penser que la nature puisse fournir aucune preuve qui établisse là dessus une réponse affirmative? Le défaut de preuves, sans la révélation, suffit pour établir la négative.

Pline a dit *quantò facilius certiúsque sibi quamque credere, ac specimen securitatis antegenitali sumere argumento.* (1) L'état d'insensibilité où nous étions avant la formation de notre corps paroît pour la raison naturelle la preuve que nous serons dans un état semblable après sa dissolution.

Si l'horreur que nous avons pour notre anéantissement étoit en nous une passion naturelle & originelle, & non pas l'effet de l'amour de notre bien-être, elle prouveroit plutôt la mortalité que l'immortalité de notre ame. En effet, comme la nature ne fait rien en vain, elle ne nous inspireroit point de l'horreur pour une chose impossible; elle peut bien nous inspirer de l'horreur pour un événement inévitable, pourvu que nos efforts soient capables de le reculer, comme il arrive dans le cas dont nous parlons; la mort est inévitable, cepen-

---

(1) Plin. nat. hist. lib. 7. cap. 55.

dant l'espèce humaine ne pourroit subsister si la nature en nous avoit inspiré de l'aversion pour elle.

Toutes les doctrines qui ont nos passions pour base, doivent nous être suspectes ; il est aisé de voir quelles sont les espérances & les craintes qui ont donné naissance à la doctrine que nous examinons.

Il y a dans toute dispute un avantage infini à défendre la négative. Si la question roule sur des objets qui sont hors du cours ordinaire de la nature, & qui ne peuvent être soumis à l'expérience, la chose est presque, sinon totalement, décidée. Par quelles preuves ou par quelle analogie pouvons-nous établir la réalité d'une existence que personne n'a vue & qui ne ressemble en rien à aucune de celles qui sont connues ? Qui est-ce qui se fiera assez à une prétendue philosophie pour admettre sur son témoignage la réalité d'un fait si merveilleux ? il faudroit pour cela admettre une logique toute neuve, & il nous faudroit quelques nouvelles facultés de l'esprit pour comprendre cette logique.

Rien n'est plus propre à nous montrer clairement les obligations infinies que le genre humain doit avoir à la révélation divine, puisque nous voyons qu'elle seule étoit capable de faire disparoître nos doutes sur un point aussi important que l'immortalité de notre ame.

Sur le suicide.

Un des principaux avantages que l'on retire de la philosophie consiste dans le remède souverain qu'elle procure contre la superstition : tous les autres remèdes contre cette maladie pestilentielle sont inutiles ou du moins incertains. Le simple bon sens & l'usage du monde qui sont des guides suffisans dans la plupart des circonstances de la vie sont insuffisans dans celle-ci. L'histoire aussi-bien que l'expérience journalière nous offre des exemples d'hommes qui avec de grands talens ont rampé toute leur vie sous la plus grossière superstition : la gaîté même & la douceur du caractère qui versent un baume sur toutes les autres plaies de l'ame, ne donnent point d'antidote contre un poison si violent : c'est ce que nous pouvons observer particulièrement dans les femmes qui, douées communément de ces dons précieux de la nature, sentent souvent leurs plaisirs flétris par les fantômes de la superstition. Mais lorsque la saine philosophie est une fois entrée dans une ame, la superstition en est nécessairement bannie, & l'on peut assurer qu'elle remporte sur cet ennemi une victoire plus complette que sur aucun des vices & des défauts inhérents à la nature humaine. L'amour & la colère, l'ambition & l'avarice ont leurs racines dans le tempérament & les affections que la raison la plus saine n'est presque jamais capable de réformer entièrement. Mais la superstition n'étant fondée que sur de fausses opinions doit s'évanouir dès que la vraie philosophie donne des idées plus justes des puissances supérieures. Il y a ici plus d'égalité entre le remède & le mal, & rien ne peut empêcher l'effet du premier, à moins qu'il ne soit falsifié ou corrompu.

Il seroit bien superflu de s'étendre sur les avantages de la philosophie en exposant les dangereuses influences de ce vice dont elle guérit l'esprit humain. L'homme superstitieux, dit Cicéron, est misérable dans toutes les situations, dans tous les incidens de la vie. Le sommeil même qui chasse tout autre soin de l'ame des malheureux mortels, apporte dans la sienne de nouvelles terreurs : il se rappelle ses songes, & il trouve dans ces fantômes de la nuit des présages de calamités futures. J'ajouterai que la mort même qui seule peut terminer à jamais sa misère est un asyle auquel il n'ose recourir. Il prolonge une vie malheureuse par la crainte vaine d'offenser son créateur, en usant du pouvoir qu'il a reçu de cet être bienfaisant. La superstition nous enlève les présens de Dieu & de la nature, & quoique nous n'ayons qu'un pas à faire pour sortir de ces régions de peine & de douleur, cet ennemi cruel nous enchaîne par ses menaces à une existence abhorrée qu'il contribue principalement à rendre insupportable.

On a observé à l'égard de ceux que les malheurs de la vie réduisent à la nécessité d'employer ce remède funeste, que si les soins mal entendus de l'amitié les dérobent au genre de mort qu'ils veulent se procurer, il est rare qu'ils en choisissent un autre, ou même qu'ils aient le courage de prendre une seconde fois la même résolution. Nous avons tant d'horreur de la mort que lorsqu'elle se présente à un homme sous une autre forme que celle avec laquelle il a tâché de familiariser son imagination, elle acquiert de nouvelles terreurs & abat son foible courage. Mais si les menaces de la superstition se joignent à cette timidité naturelle, il n'est pas étonnant qu'elle prive les hommes des droits qu'ils ont sur leur propre vie, puisque nous nous laissons arracher par ce tyran inhumain tant de jouissances & de plaisirs vers lesquels la nature nous porte par le penchant le plus fort. Tâchons de rendre l'homme à ses droits naturels, en examinant les raisons qu'on apporte communément contre le suicide, & en faisant voir que cette action est exempte de toute imputation de crime & de blâme, ainsi que le pensoient tous les anciens philosophes.

Si le suicide est criminel, ce doit être une transgression de nos devoirs ou envers Dieu, ou envers notre prochain, ou envers nous mêmes.

Les considérations suivantes suffiront peut être pour

pour prouver que le suicide n'est point une transgression de ce que nous devons à Dieu. Le créateur tout-puissant a établi pour gouverner le monde matériel, des loix générales & immuables par lesquelles tous les corps, depuis la plus grande des planètes jusqu'à la plus petite molécule, sont retenus dans la sphère & les fonctions qui leur sont assignées. Pour gouverner le monde animal, il a doué toutes les créatures vivantes de facultés corporelles & intellectuelles, de sens, de passions, d'appétits, de mémoire & de jugement, par lesquels ces créatures sont dirigées dans le cours d'existence auquel elles sont destinées. Ces deux principes du monde matériel empiètent continuellement l'un sur l'autre & retardent ou accélèrent leurs opérations réciproques. Les facultés des hommes & de tous les autres animaux sont dirigées & restreintes par la nature & la qualité des corps qui les environnent. Les modifications & les actions de ces corps sont sans cesse altérées par les opérations de tous les animaux. L'homme est arrêté par des rivières dans ses courses sur la surface de la terre : & les rivières lorsqu'elles sont convenablement dirigées, prêtent leurs forces au mouvement de machines qui servent à l'usage de l'homme. Mais quoique les districts des puissances matérielles & animales ne soient pas absolument séparés, il n'en résulte cependant ni désordre ni discorde dans l'univers : au contraire du mélange, de l'union & du contraste de toutes les facultés diverses des créatures vivantes & inanimées résulte cette harmonie merveilleuse qui présente la preuve la plus solide d'une sagesse suprême.

La providence de la divinité ne se montre pas immédiatement dans chaque opération, mais elle gouverne tout par ses loix générales & immuables établies depuis le commencement des tems. Tous les événemens peuvent être regardés dans un sens comme l'action du tout-puissant, car ils sont tous le résultat nécessaire des facultés dont il a doué ses créatures. Qu'un édifice tombe par son propre poids, sa ruine n'est pas plus l'effet de la providence que s'il eût été abattu par la main des hommes, & les facultés de l'homme ne sont pas moins l'ouvrage de Dieu que les loix du mouvement & de la gravitation. Le jeu des passions, les jugemens de l'esprit, l'action des organes sont également l'opération de Dieu, & c'est sur ces principes tant animés qu'inanimés qu'il a établi le gouvernement de l'univers.

Tous les événemens sont également importans aux yeux de cet être infini qui embrasse d'un coup d'œil les régions les plus éloignées de l'espace & les périodes les plus reculés du tems. Il n'y a point d'incidens quelque importans qu'ils soient pour nous, qu'il ait exempté des loix générales qui gouvernent le monde, ou qu'il ait réservé particulièrement pour une opération immédiate de sa puissance. Les révolutions des états & des empires dépendent du petit caprice ou de la passion d'un seul homme, & la vie des hommes est abrégée ou prolongée par le plus petit accident de l'air, du tems ou de la nourriture. La nature ne suspend jamais sa marche & ses opérations ; & si les loix générales sont jamais interrompues par des volitions particulières de la divinité, c'est d'une manière absolument inaccessible aux observations de l'homme. Comme d'un côté, les élémens & les autres parties inanimées de l'univers agissent sans égard à l'intérêt particulier & à la situation des hommes, de même les hommes sont livrés à leurs propres jugemens dans les différens chocs de la matière, & peuvent employer toutes les facultés dont ils sont doués à pourvoir à leur conservation & à leur bonheur.

Que veulent donc dire ceux qui prétendent qu'un homme qui, fatigué de la vie ou opprimé par la douleur & la misère, brave avec courage les terreurs naturelles de la mort & s'arrache volontairement à cette scène de malheurs & d'ennuis, que cet homme, dis-je, encourt par là l'indignation de son créateur en usurpant les droits de la providence divine & en troublant l'ordre de l'univers? Dirons-nous que le tout-puissant s'est réservé d'une manière spéciale le droit de disposer de la vie des hommes, & qu'il n'a pas soumis cet événement, ainsi que tous les autres, aux loix générales par lesquelles l'univers est gouverné ? Cette assertion seroit une fausseté évidente. La vie de l'homme dépend des mêmes loix que celle des animaux, & celle-ci est soumise aux loix générales de la matière & du mouvement. La chûte d'une tour ou l'infusion d'un poison détruira un homme comme la plus vile créature ; un torrent débordé entraîne sans distinction tout ce qui se présente au-devant de son cours. Si donc la vie des hommes dépend toujours des loix générales, dira-t-on qu'un homme est coupable de disposer de sa propre vie parce que dans tous les cas, c'est un crime d'empiéter sur ces loix, ou de troubler leur opération ? Ce raisonnement paroîtroit absurde. Tous les animaux sont abandonnés à leur propre prudence & à leur propre adresse pour ce qui regarde leur conduite dans le monde, & ils ont le droit absolu d'altérer, autant que leurs facultés le leur permettent, toutes les opérations de la nature : sans l'exercice de ce droit ils ne pourroient subsister un seul moment. Toutes les actions, tous les mouvemens d'un homme changent l'ordre de quelques portions de la matière, & détournent de leur cours ordinaire les loix générales du mouvement. En rapprochant ces conclusions, nous trouverons donc que la vie de l'homme dépend des loix générales du mouvement, & que ce n'est point usurper les droits de la providence que de troubler ou altérer ces loix générales. En conséquence chaque homme n'a-t-il pas la liberté de disposer de sa propre vie & d'user légitimement d'une puissance que la nature lui a donnée ?

Pour détruire l'évidence de cette conclusion, il faudroit expliquer pourquoi ce cas particulier seroit excepté. Seroit-ce parce que la vie de l'homme est d'une si grande importance qu'il y auroit de la présomption à l'homme d'en disposer lui-même ? Mais la vie de l'homme n'est pas de plus grande importance pour l'univers que celle d'une huitre ; & quand elle seroit de la plus grande importance, l'ordre de la nature en a laissé le soin à la prudence humaine, & nous a réduits à la nécessité de régler dans toutes les occasions tout ce qui la regarde.

Si le tout-puissant s'est réservé le droit particulier de disposer de la vie des hommes de manière que ce fût usurper son droit que de disposer de sa propre vie, il seroit aussi criminel d'agir pour se conserver que pour se détruire. Si je détourne une pierre qui tombe sur ma tête, je trouble le cours de la nature & je m'arroge les droits particuliers du tout-puissant en prolongeant une vie au-delà du terme qu'y avoient marqué les loix générales de la matière & du mouvement.

Un cheveu, une mouche, un insecte suffisent pour détruire cet être puissant dont la vie est d'une si grande importance. Y a-t-il donc de l'absurdité à supposer que la prudence humaine puisse disposer légitimement d'une chose dépendante de causes si frivoles ? Je ne serois pas coupable en détournant le cours du Nil ou du Danube si j'en avois le pouvoir, & je le serois en détournant quelques onces de sang de leurs canaux naturels !

Direz-vous que j'accuse la providence, ou que je maudis la création, parce que je sors de cette vie, & que je termine une existence dont la durée me rendoit malheureux ? Loin de moi de pareils sentimens. Je suis seulement convaincu d'un fait dont vous connoissez la possibilité, c'est que la vie humaine peut être malheureuse, & que mon existence, si elle étoit prolongée plus long-tems, deviendroit pire que le néant. Mais je remercie la providence & pour le bien dont j'ai déjà joui, & pour le pouvoir qu'elle m'a donné de fuir le mal qui me menace. (1) C'est à vous qu'il appartient d'accuser la providence, vous qui vous imaginez follement être privés d'un semblable pouvoir, & qui prolongez une vie misérable opprimée par la douleur & la maladie, par l'indigence & la honte.

N'enseignez-vous pas que, lorsqu'il m'arrive quelque mal, quoique de la main de mes ennemis, je dois me résigner à la providence, & que les actions des hommes, ainsi que celles des êtres inanimés, sont également des opérations du tout-puissant ? Ainsi quand je me précipite sur ma propre épée, je ne reçois pas moins ma mort des mains de Dieu que si elle me venoit d'un lion, d'un précipice ou de la fièvre. La soumission à la providence que vous exigez de moi dans les calamités qui m'arrivent, ne m'interdit pas l'usage de la raison ou de l'adresse, si je peux par leur moyen me dérober au malheur : & pourquoi ne pourrois-je pas employer tel remède aussi bien que tel autre ?

Si ma vie n'est pas mon bien, il ne m'est pas plus permis de l'exposer que de la perdre volontairement : on ne peut pas donner avec justice le titre de héros à celui que la gloire ou l'amitié précipite dans les plus grands dangers, & traiter en même tems de méchant ou d'impie celui qui, pour de semblables motifs, met fin à sa propre vie.

Il n'y a aucun être qui ne tienne de son créateur toute la puissance ou toutes les facultés dont il jouit : il n'y en a aucun qui, par une action, quelque irrégulière qu'elle soit, ne puisse empiéter sur le plan de la providence divine, ou troubler l'ordre de l'univers. Les opérations d'un être quelconque sont l'ouvrage de la divinité ainsi que la chaîne d'événemens qu'il dérange ; & quel que soit le principe qui domine, nous pouvons par cette raison même le regarder comme celui que la divinité favorise davantage. Qu'un être soit animé ou inanimé, doué ou privé de raison, son pouvoir est toujours dérivé du suprême créateur, & doit être également compris dans l'ordre de la providence. Si l'horreur de la peine prévaut sur l'amour de la vie, si une action volontaire prévient l'effet de causes aveugles, cela n'arrive qu'en conséquence des facultés & des principes que le créateur à donnés à ses créatures. La divine providence toujours intacte est placée bien au-delà de la portée des injures humaines.

Il est impie, dit la vieille superstition romaine, de détourner (2) les rivières de leur cours ou d'usurper les prérogatives de la nature. Il est impie, dit la superstition françoise d'inoculer la petite

---

(1) Agamus gratias Deo quod nemo in vita teneri potest. Senec. Epist. 12.

(2) Tacite Annal. Lib. 1.

viole, ou d'usurper l'office de la providence, en produisant volontairement des maladies. Il est impie, c't la superstition européenne moderne, de mettre un terme à sa propre vie, & de se révolter par-là contre son créateur. Je dirai, n'est il pas aussi impie de bâtir des maisons, de cultiver la terre & de naviger sur l'océan ? Dans chacune de ces actions nous ne faisons qu'employer les facultés de notre ame & de notre corps à produire quelques innovations dans le cours de la nature : elles sont donc toutes également innocentes ou également criminelles.

Mais vous êtes placé par la providence, comme une sentinelle dans un poste particulier, & quand vous l'abandonnez sans être rappellé, vous êtes coupable de rebellion contre votre souverain, & vous avez encouru sa disgrace. Je demande pourquoi vous assurez que la providence m'a placé dans ce poste ? Pour moi, il me semble que je dois ma naissance à un long enchainement de causes dont la plupart étoient produites par des actions volontaires de quelques hommes. Mais, direz-vous, *la providence a dirigé toutes ces causes, & rien n'arrive dans l'univers sans son consentement & sa coopération.* Si cela est, ma mort, quoique volontaire, n'arrivera pas sans son consentement, & toutes les fois que la douleur & l'ennui épuiseront ma patience, & me rendront la vie insupportable, je peux en conclure que Dieu lui-même me rappelle de mon poste, dans les termes les plus clairs & les plus précis.

C'est la providence, sans doute, qui m'a placé dans la chambre où je suis actuellement, mais ne puis-je pas en sortir quand je le trouverai bon, sans mériter l'imputation d'avoir abandonné mon poste ? Quand je serai mort, les élémens dont je suis composé tiendront toujours leur place dans l'univers, & ne seront pas moins utiles dans la grande machine, que lorsqu'ils composoient mon individu. Que je sois mort ou vivant, la différence n'est pas plus grande pour le tout, que lorsque je suis dans ma chambre ou en plein air.

Il y a une espèce de blasphême à imaginer qu'un être créé puisse troubler l'ordre du monde ou usurper l'office de la providence. C'est supposer que cet être possède un pouvoir & des facultés qu'il n'a pas reçus de son créateur, & qui ne sont pas soumis à l'autorité divine. Un homme peut troubler la société, sans doute, & encourir par là la disgrace du tout-puissant ; mais le gouvernement du monde est à l'abri des violences de l'homme. Mais comment jugeons-nous que le tout-puissant désapprouve les actions qui troublent la société ? Sans doute par les principes qu'il a mis dans la nature humaine, principes qui nous inspirent un sentiment de remords lorsque nous sommes coupables de pareilles actions, & un sentiment de blâme & d'improbation quand nous les remarquons dans les autres. Examinons donc selon cette méthode, si le suicide est au rang de ces actions, & si c'est une infraction à nos devoirs envers la société.

Un homme qui se retire de la vie ne fait point de mal à la société : il cesse seulement de lui faire du bien, si c'est un tort, c'est du moins de l'espèce la moins grave.

Toute obligation de faire du bien à la société suppose quelque chose de réciproque. Je jouis des avantages de la société, je dois par conséquent concourir à son avantage. Mais quand je me retire entièrement de la société, puis-je être encore engagé à quelque chose envers elle ?

En convenant que l'obligation de faire le bien soit perpétuelle, elle doit certainement avoir quelques bornes. Je ne suis pas obligé de faire un petit bien à la société s'il en résulte un grand mal pour moi. Pourquoi donc prolongerois-je une existence malheureuse pour quelques avantages frivoles que le public pourroit peut-être en retirer ? si je peux pour des raisons de vieillesse ou d'infirmité résigner un emploi public & ne m'occuper entièrement qu'à prévenir les douleurs & à adoucir autant qu'il est possible les peines des jours qui me restent, pourquoi ne pourrois-je pas terminer tout d'un coup ces souffrances par une action qui n'est pas plus nuisible à la société ?

Mais supposons qu'il ne soit plus en mon pouvoir de procurer aucun avantage à la société : supposons que je lui sois à charge, que ma vie empêche quelque autre personne de rendre de grands services au public, dans ces cas-là, en m'ôtant la vie je fais une action non seulement innocente, mais louable. La plupart de ceux qui sont tentés de recourir à une mort volontaire se trouvent dans une situation semblable ; ceux qui ont de la santé, du pouvoir, de l'autorité ont ordinairement de meilleures raisons de s'accommoder du monde.

Un homme est engagé dans une conjuration tramée en faveur du bien public : il est arrêté sur des soupçons, on le menace des tortures, & il craint que sa propre foiblesse ne lui fasse trahir son secret. Cet homme peut-il mieux servir l'intérêt public qu'en terminant promptement une vie malheureuse ? Tel fut le cas du célèbre & brave Strozzi de Florence.

Supposons encore un malfaiteur justement condamné à une mort honteuse : peut-il y avoir quelques raisons qui l'empêchent de prévenir son supplice & de s'épargner les angoisses qui en accompagnent les approches redoutables ? Il n'usurpe pas davantage l'office de la providence que le magistrat qui a ordonné son exécution, & sa mort volontaire n'en est pas moins avantageuse à la société qui se trouve également débarrassée d'un membre nuisible.

Que le suicide puisse s'accorder souvent avec notre propre intérêt, c'est ce qui ne peut être contesté par quiconque conviendra que la vieillesse, la maladie ou le malheur peuvent rendre la vie douloureuse & pire que le néant. Je ne crois pas qu'aucun homme se soit jamais ôté la vie tant qu'il l'a jugée digne d'être conservée, car telle est notre horreur naturelle pour la mort, que de petits motifs ne seront jamais capables de nous familiariser avec son image. S'il y a eu quelques hommes qui aient eu recours à ce funeste remède sans y être forcés par le mauvais état de leur santé ou de leur fortune, on peut assurer du moins que ces hommes avoient dans le caractere ou dans le tempérament quelque imperfection incurable qui empoisonnoit toutes leurs jouissances, & les rendoit aussi malheureux que s'ils avoient été accablés des plus grandes infortunes.

Si l'on suppose que le suicide est un crime, il n'y a que la lâcheté qui puisse nous y porter : si ce n'en est pas un, la prudence & le courage nous invitent à nous débarrasser tout d'un coup de l'existence lorsqu'elle nous devient à charge. C'est alors le seul moyen qui nous reste en donnant un exemple qui, s'il étoit imité, assureroit à chaque homme le hazard d'être heureux dans cette vie, & le délivreroit efficacement du danger d'y être misérable. *Voyez*, ci-dessus, *page* 204, & la note.

Il seroit facile de prouver que le suicide est aussi légitime sous la dispensation du christianisme qu'il l'étoit pour les payens. Il n'y a pas un seul texte dans l'écriture qui le défende : cette grande & infaillible règle de foi & de pratique qui doit régler toute la philosophie humaine nous a laissé à cet égard notre liberté naturelle. L'écriture nous recommande, à la vérité, la résignation à la providence, mais cela ne suppose que la soumission aux maux inévitables, non à ceux auxquels on peut remédier par la prudence & le courage. Le précepte *tu ne tueras point* n'exclud évidemment que le meurtre de ceux sur la vie desquels nous n'avons aucune autorité, &, ainsi que la plupart des préceptes de l'écriture, il doit être modifié par la raison & le sens commun, comme on le voit par la pratique des magistrats qui punissent de mort les criminels contre l'expression littérale de la loi. Mais quand ce commandement seroit exprès contre le suicide, il n'auroit aujourd'hui aucune autorité, car toute la loi de Moïse est abolie, excepté en ce qui se trouve établi par la loi de nature, & nous avons déjà tâché de prouver que le suicide n'est pas défendu par la loi de nature. Dans toutes les occasions les chrétiens & les payens se trouvent

précisément dans le même cas, & si Caton & Brutus, Arrie & Porcie ont fait en se tuant des actions héroïques, ceux qui imitent leur exemple doivent recevoir les mêmes éloges de la postérité. Le pouvoir de sortir de la vie est regardé par Pline, comme un avantage qu'ont les hommes sur Dieu même. *Deus non sibi potest mortem conscisere si velit, quod homini dedit optimum in tantis vitæ pænis.* Hist. nat. lib. 2. cap. 7. sub fin.

[J'avois d'abord eu dessein de joindre à cet exposé de la philosophie de *Hume* une analyse raisonnée de ses dialogues posthumes sur la religion naturelle que quelques Anglois regardent comme le plus profond, & le plus ingénieux de ses ouvrages. J'avois lû autrefois ces dialogues, & j'en avois porté alors un jugement moins favorable ; mais sur cet article comme sur beaucoup d'autres, le tems, l'étude & la méditation pouvoient avoir éclairé ma raison & changé mes idées. Excepté les sciences exactes, il n'en est aucune dont les principes, ou ce qu'on prend communément pour tels, ne soient sujets à révision, & la métaphysique ou généralement la philosophie purement rationelle a plus besoin de cette révision que toute autre branche de nos connoissances. J'ai donc soumis à un examen plus sévère & plus réfléchi les dialogues de notre auteur, & après deux lectures faites avec toute l'attention dont je suis capable & à différentes époques, je me suis confirmé dans mon premier jugement. J'ajouterai même ici qu'en général, les raisonnemens de *Hume* m'ont paru laisser dans l'esprit je ne sais quoi de vague & d'indéterminé ; il n'y a presque aucun résultat précis à en tirer ; ce qui tient sans doute à ce penchant pour le scepticisme, & dont tous ses écrits se ressentent plus ou moins. Ce défaut est d'autant plus grave que c'est ici une espèce de testament de mort. On est excusable de composer avec les erreurs & les préjugés du vulgaire, lorsqu'en les foulant ouvertement aux pieds, on peut craindre de se commettre avec les fanatiques & les persécuteurs ; mais quand on est censé parler aux hommes du fond de son tombeau, il faut alors leur dire la vérité sans détours, sans ménagement ; un silence absolu sur la religion en général, mais spécialement sur la question de l'existance de Dieu, vaut beaucoup mieux qu'une demie confidence dont l'effet nécessaire est de rendre le lecteur plus incertain, sans le rendre ni plus, ni *mieux savant*, pour parler comme Montaigne. On voit avec quelque surprise qu'un ouvrage qui ne devoit paroître qu'après la mort de l'auteur, & qui par cela même, doit être regardé comme son *ultimatum* ou sa *conclusum* en matière de religion, n'offre au fond que les mêmes difficultés, les mêmes doutes qu'il avoit proposés il y a 40 ans dans ses essais sur l'entendement humain. D'où l'on peut conclure que sur la première des *vérités théologiques*, *Hume* n'a jamais été plus loin que le scepticisme : encore les objections contre l'existence d'un régulateur universel n'ont elles pas cette force & cette evidence qu'un pyrrhonien très-instruit, & qui auroit su manier avec plus d'art les armes de la dialectique, auroit pu leur donner. Cependant, comme ces dialogues, quoique publiés en 1780, sont encore assez peu connus, nous allons rassembler ici les propositions qui nous paroissent les plus dignes d'être recueillies : cet extrait succinct suffira pour indiquer la tendance de cet ouvrage, & pour donner une idée générale de l'esprit dans lequel il est écrit.

Nos idées ne vont pas plus loin que notre expérience : notre expérience ne s'étend nullement sur les opérations & les attributs de Dieu.

La ressemblance exacte des mêmes circonstances nous donne une assurance parfaite d'un événement semblable ; on ne desire, on ne cherche jamais des preuves plus fortes. Mais par-tout où vous vous écartez, tant soit peu, de la comparaison, des circonstances, vous diminuez la force des preuves à proportion : ce qui peut vous conduire à la fin, à la foible ressource de l'analogie qui est, de l'aveu général, sujette à l'erreur & à l'incertitude.

En voyant une maison, nous en inférons avec la plus grande certitude qu'elle a eu un architecte ou un maçon ; parce que c'est là précisément l'espèce d'effet que nous avons vu procéder de la même espèce de cause. Mais vous ne pouvez pas affirmer que l'univers ait tant de ressemblance avec une maison que nous puissions en attribuer la structure à une cause semblable, ou que l'analogie se trouve ici entière & complette. La différence est si frappante que toutes les conséquences que vous pouvez en tirer, se bornent à des conjectures, à des présomptions sur une cause semblable.

L'ordre, l'arrangement ou la disposition des causes finales ne prouvent pas par eux-mêmes un dessein ; mais seulement autant que l'expérience auroit montré qu'ils résultent de ce principe.

D'après ce qu'il nous est donné de connoître à priori, la matière peut contenir originairement la cause ou la source de l'ordre, comme l'esprit la contient : il n'est pas plus difficile de concevoir que les différens élémens mis en action par une cause intérieure & inconnue, peuvent se combiner de manière à former l'ordre le plus admirable, que de concevoir que leurs idées écloses dans le sein de l'esprit universel, & déterminées également par une cause intérieure & inconnue, se sont combinées pour cet ordre. Il est certain que ces deux suppositions sont également possibles.

Observez avec quel excès de précaution tous les bons logiciens procèdent quand il est question de transporter des expériences à des cas semblables. A moins que ces cas ne soient parfaitement semblables, ils n'osent transporter avec une confiance entière l'application de leurs premières observations à des phénomènes particuliers. Le moindre changement dans les circonstances excite quelque doute touchant l'événement ; ils font aussitôt de nouvelles expériences pour s'assurer si les nouvelles circonstances ne sont pas importantes & ne peuvent pas tirer à conséquence. Une différence dans la masse, la situation, l'arrangement, l'âge, le tempérament de l'air ou la disposition des corps ambians, peut occasionner les conséquences les plus imprévues : à moins que les objets ne nous soient bien familiers, c'est le comble de la témérité d'attendre avec certitude, d'après une de ces différences, un événement semblable à ceux qui étoient auparavant les objets de nos observations. Et c'est dans cette occasion, plus que dans toute autre, que les pas lents & réfléchis du philosophe se distinguent de la marche précipitée du vulgaire, qui, se laissant entraîner par la plus légère ressemblance, est incapable d'attention & de jugement.

La pensée, le dessein, l'intelligence que nous découvrons dans les hommes & dans les animaux, ne sont qu'un seul des principes ou sources de l'univers, ainsi que le chaud, le froid, l'attraction, la répulsion & cent autres accidens qui sont tous les jours les objets de nos observations. C'est une cause active, par laquelle certaines portions particulières de la nature produisent, comme nous le voyons, des différences dans d'autres parties. Mais, est-il raisonnable de transporter au tout, une conséquence qui n'est tirée que des parties ? Est-ce qu'une si grande disproportion n'arrête pas toute induction & toute comparaison ? Des observations faites sur l'accroissement d'un cheveu, peuvent-elles nous donner des lumières sur la génération de l'homme ? Quand nous connoîtrions parfaitement la manière dont les feuilles se reproduisent, & se développent, en serions-nous plus éclairés sur la génération d'un arbre.

En accordant même que nous devrions prendre les *opérations* d'une partie de la nature sur une autre, pour le fondement de nos jugemens sur *l'origine* du monde (ce qu'il est impossible d'admettre) pourquoi choisir un principe aussi léger, aussi foible, aussi borné que l'est la raison & l'intelligence d'un animal de la planète sur laquelle nous vivons ? Quelle prérogative particulière ce petit mouvement que nous appellons *pensée* a-t-il acquise pour devenir exclusivement le modèle de tout l'univers ?

Bien loin d'admettre que les opérations d'une partie puissent nous fournir de justes conséquences sur l'origine du tout, je n'accorderai pas même qu'une partie puisse fournir une règle pour une autre partie, si cette dernière est bien éloignée de la première. Quel motif raisonnable avons-nous de conclure que les habitans des autres planettes possèdent la pensée, l'intelligence, la raison ou quelque chose de semblable à ces facultés de l'homme ? Tandis que la nature a si excessivement varié sa manière d'opérer dans ce petit globe ; pouvons nous imaginer qu'elle ne fait que se copier elle-même dans l'immensité de l'univers ? & si la pensée, comme nous pouvons le supposer, est affectée exclusivement à ce petit coin, & ne s'y déploie que dans une sphère si limitée ; quelle raison particulière avons-nous de la peindre comme la cause primitive de toutes choses ? Les vues étroites d'un paysan qui proposeroit la manière dont il conduit sa famille, pour règle de l'administration des royaumes, seroient une comparaison moins absurde & plus pardonnable.

Le beau raisonnement, la pierre, le bois, les briques, de fer, de cuivre, n'ont pas encore acquis sur le petit globe terrestre, un ordre ou un arrangement sans l'art & le travail de l'homme : & l'on en conclud que l'univers ne pouvoit acquérir une organisation & de l'ordre, sans quelque chose de semblable à l'art humain ! Une partie de la nature seroit-elle donc une règle pour une autre partie bien éloignée de la première ? seroit-elle une règle pour le tout ? une petite partie seroit-elle une règle pour l'univers ? la nature dans une situation, peut-elle servir de règle sûre pour la nature dans une autre situation bien différente de la première ?

Quand deux espèces d'objets ont toujours paru liés l'un à l'autre, dès que je vois l'un exister, je puis par habitude inférer l'existence de l'autre ; c'est-là ce que j'appelle un argument tiré de l'expérience. Mais qu'un raisonnement pareil puisse avoir lieu quand les objets sont, comme dans le cas présent, simples, individuels, sans parallèle ni ressemblance spécifique, c'est ce qui me paroit difficile à expliquer. Est-il un homme qui puisse me dire d'un air sérieux, que l'harmonie de l'univers doit être le résultat d'un esprit & d'un art semblable à celui de l'homme ; parce que nous en avons fait l'expérience ? Pour rendre ce raisonnement décisif, il faudroit que nous connussions par expérience, la manière dont les mondes se forment ; & certainement, il ne suffit pas que nous ayons vu des navires & des cités élevées par l'art & le génie de l'homme.

Il n'y a pas moyen de supposer que le plan d'un monde se soit formé dans un esprit dont les idées seroient distinctes & combinées d'une manière différente de celle avec laquelle un architecte forme dans sa tête le plan d'une maison qu'il a dessein de bâtir.

Si la raison, (je veux parler de celle qui est l'effet de recherches *à priori*,) si cette raison abstraite n'est pas muette sur toutes les questions relatives aux causes & aux effets ; elle osera du moins prononcer cette sentence ; qu'un monde intellectuel ou un univers d'idées, exige une cause ainsi qu'un monde matériel ou un univers d'objets ; & si ces mondes sont semblables dans leur arrangement, ils veulent aussi une cause semblable. Y a-t-il en effet dans ce sujet rien qui puisse donner lieu qu'on en infère ou conclue quelque chose de différent ? Considérés d'une manière abstraite, ces deux mondes sont entièrement semblables ; il n'est pas de difficulté dans une de ces suppositions qui ne se rencontre également dans l'autre.

Quand le monde seroit une production parfaite, il seroit encore incertain si l'on a droit d'attribuer les beautés de cet ouvrage à l'ouvrier. En examinant un navire, quelle idée sublime ne devons-nous pas avoir des talens du charpentier qui a su construire une machine si compliquée, si utile & si belle ? Mais quel ne doit pas être notre étonnement, quand nous ne voyons dans cet homme qu'un manouvrier qui n'a fait qu'imiter & copier un art qui, après une longue suite de siècles, après beaucoup d'épreuves, de méprises, de corrections, de délibérations & de contestations, s'est perfectionné par degrés ? Bien des mondes ont dû être mal combinés, ratés pendant une éternité, avant que le système présent pût se développer : il y a eu bien de la besogne perdue : il y a eu bien des épreuves qui ont manqué : & des progrès lents, mais continus, ont, après une infinité de siècles, perfectionné l'art de faire des mondes. Dans de pareils sujets, qui peut décider où gît la vérité ? Il y a plus : qui peut conjecturer où se trouve la probabilité, à travers un grand nombre d'hypothèses que l'on peut proposer, & un plus grand nombre encore que l'on peut imaginer ?

[*Nota*. Il n'est pas inutile de remarquer, que dans ce paragraphe, *Hume* abrège ou plutôt énerve un raisonnement dont Diderot s'est servi dans sa *lettre sur les aveugles*, mais qu'il a rendu avec beaucoup plus de clarté, de force & d'éloquence : c'est ce que le rapprochement que nous allons faire de ces deux morceaux, où le même sujet est traité si diversement, rendra plus sensible. Si on les compare, on avouera sans doute que les vues de Saunderson sont plus vastes, plus philosophiques, les idées plus profondes, générales, & ses argumens plus serrés & plus pressans que ceux de Philon (1). En un mot, l'avantage que Diderot a ici sur l'auteur des dialogues est si marqué, qu'il faut n'avoir aucune intelligence de ces matières pour ne pas l'appercevoir. Le lecteur en va juger.

Lorsque Saounderson fut sur le point de mourir, on appella auprès de lui un ministre fort habile, M. Gervaise Holmes : ils eurent ensemble un entretien sur l'existence de Dieu dont il nous reste quelques fragmens. Le ministre commença par lui objecter les merveilles de la nature : « Eh, Monsieur, lui disoit le philosophe aveugle, laissez-là tout ce beau spectacle qui n'a jamais été fait pour moi ! J'ai été condamné à passer ma vie dans les ténèbres, & vous me citez des prodiges que je n'entends point, & qui ne prouvent que pour vous & que pour ceux qui voyent comme vous. Si vous voulez que je croie en Dieu, il faut que vous me le fassiez toucher ».

Monsieur, reprit habilement le ministre, portez les mains sur vous-même, & vous rencontrerez la divinité dans le mécanisme admirable de vos organes.

» M. Holmes, reprit Saounderson, je vous
» le répète ; tout cela n'est pas aussi beau pour
» moi que pour vous. Mais le mécanisme animal
» fût-il aussi parfait que vous le prétendez, &
» que je veux bien le croire, car vous êtes un
» honnête homme, très-incapable de m'imposer, qu'a-t-il de commun avec un être sou-
» verainement intelligent ? S'il vous étonne,
» c'est peut-être parce que vous êtes dans l'ha-
» bitude de traiter de prodige tout ce qui vous
» paroit au-dessus de vos forces. J'ai été si sou-
» vent un objet d'admiration pour vous que j'ai
» bien mauvaise opinion de ce qui vous surprend.
» J'ai attiré du fond de l'Angleterre des gens qui
» ne pouvoient concevoir comment je faisois de
» la géométrie : il faut que vous conveniez que
» ces gens-là n'avoient pas des notions bien
» exactes de la possibilité des choses. Un phéno-
» mène est-il, à notre avis, au-dessus de l'homme,
» nous disons aussi-tôt, c'est l'ouvrage d'un dieu,
» notre vanité ne se contente pas à moins : ne
» pourrions-nous pas mettre dans nos discours
» un peu moins d'orgueil & un peu plus de phi-
» losophie ? si la nature nous offre un nœud dif-
» ficile à délier, laissons-le pour ce qu'il est,
» & n'employons pas à le couper la main
» d'un être qui devient ensuite pour nous un

(1) C'est un des interlocuteurs des dialogues de Hume, & celui par l'organe duquel il énonce son opinion sur les différentes questions agitées dans cet ouvrage.

» nouveau nœud plus indissoluble que le premier.
» Demandez à un indien, pourquoi le monde reste
» suspendu dans les airs, il vous répondra qu'il
» est porté sur le dos d'un éléphant ; & l'éléphant
» sur quoi l'appuiera-t-il ? sur une tortue ? & la
» tortue qui la soutiendra ?.... Cet indien vous
» fait pitié ; & l'on pourroit vous dire comme à
» lui : M. Holmes mon ami, confessez d'abord
» votre ignorance, & faites-moi grace de l'élé-
» phant & de la tortue ».

Saounderson s'arrêta un moment : il attendoit apparemment que le ministre lui répondît ; mais par où attaquer un aveugle ? M. Holmes se prévalut de la bonne opinion que Saounderson avoit conçue de sa probité & des lumières de Newton, de Leibnitz, de Clarke & de quelques-uns de ses compatriotes, les premiers génies du monde, qui tous avoient été frappés des merveilles de la nature, & reconnoissoient un être intelligent pour son auteur. C'étoit sans contredit ce que le ministre pouvoit objecter de plus fort à Saounderson. Aussi le bon aveugle convint-il qu'il y auroit de la témérité à nier ce qu'un homme, tel que Newton, n'avoit pas dédaigné d'admettre : il représenta toutefois au ministre, que le témoignage de Newton n'étoit pas aussi fort pour lui, que celui de la nature entière pour Newton ; & que Newton croyoit sur la parole de Dieu, au lieu que lui, il en étoit réduit à croire sur la parole de Newton.

» Considérez, M. Holmes, ajouta-t-il com-
» bien il faut que j'aie de confiance en votre
» parole & dans celle de Newton. Je ne vois
» rien ; cependant j'admets en tout un ordre
» admirable ; mais je compte que vous n'en exi-
» gerez pas davantage. Je vous le cède sur l'état
» actuel de l'univers, pour obtenir de vous en
» revanche la liberté de penser ce qu'il me plaira
» de son ancien & premier état sur lequel vous
» n'êtes pas moins aveugle que moi. Vous n'avez
» point ici de témoins à m'opposer, & vos yeux
» ne vous sont d'aucune ressource. Imaginez donc,
» si vous voulez que l'ordre qui vous frappe a
» toujours subsisté ; mais laissez-moi croire
» qu'il n'en est rien ; & que, si nous remontions
» à la naissance des choses & des tems, & que
» nous sentissions la matière se mouvoir & le
» cahos se débrouiller, nous rencontrerions une
» multitude d'êtres informes pour quelques êtres
» bien organisés. Si je n'ai rien à vous objecter
» sur la condition présente des choses, je puis
» du moins vous interroger sur leur condition
» passée. Je puis vous demander, par exemple,
» qui vous a dit à vous, à Leibnitz, à Clarke
» & à Newton, que dans les premiers instans
» de la formation des animaux, les uns n'étoient
» pas sans tête & les autres sans pieds ? Je puis
» vous soutenir que ceux-ci n'avoient point

» d'eſtomac, & ceux-là point d'inteſtins, que
» tels à qui un eſtomac, un palais & des dents
» ſembloient promettre de la durée, ont ceſſé
» par quelque vice du cœur ou des poulmons;
» que les monſtres ſe ſont anéantis ſucceſſive-
» ment, que toutes les combinaiſons vicieuſes
» de la matière ont diſparu, & qu'il n'eſt reſté
» que celles où le mécaniſme n'impliquoit au-
» cune contradiction importante & qui pouvoient
» ſubſiſter par elles-mêmes, & ſe perpétuer.

» Cela ſuppoſé, ſi le premier homme eût
» eu le larinx fermé, eût manqué d'alimens con-
» venables, eût péché par les parties de la gé-
» nération, n'eût point rencontré ſa compagne,
» ou ſe fût répandu dans une autre eſpèce, M.
» Holmes, que devenoit le genre humain? il
» eût été enveloppé dans la dépuration géné-
» rale de l'univers, & cet être orgueilleux qui
» s'appelle homme, diſſous & diſperſé entre les
» molécules de la matière, ſeroit reſté, peut-être
» pour toujours, au nombre des poſſibles.

» S'il n'y avoit jamais eu d'êtres informes,
» vous ne manqueriez pas de prétendre qu'il n'y
» en aura jamais; & que je me jette dans des
» hypothèſes chimériques; mais l'ordre n'eſt pas
» ſi parfait, continua Saounderſon, qu'il ne
» paroiſſe encore de tems en tems des produc-
» tions monſtrueuſes ». Puis ſe tournant en face
il ajouta, » voyez-moi bien, M. Holmes, je
» n'ai point d'yeux. Qu'avions-nous fait à Dieu,
» vous & moi, l'un pour avoir cet organe;
» l'autre pour en être privé ».

Saounderſon avoit l'air ſi vrai & ſi pénétré en
prononçant ces mots, que le miniſtre & tout le
reſte de l'aſſemblée ne purent s'empêcher de
partager ſa douleur, & ſe mirent à pleurer amé-
rement ſur lui. L'aveugle s'en apperçut, » Mon-
» ſieur Holmes, dit-il au miniſtre, la bonté de
» votre cœur m'étoit bien connue, & je ſuis
» très-ſenſible à la preuve que vous m'en donnez
» dans ces derniers momens; mais ſi je vous ſuis
» cher, ne m'enviez pas en mourant la conſola-
» tion de n'avoir jamais affligé perſonne ».

Puis reprenant un ton un peu plus ferme, il
ajouta: » Je conjecture donc que, dans le com-
» mencement où la matière en fermentation fai-
» ſoit éclore l'univers, mes ſemblables étoient fort
» communs. Mais pourquoi n'aſſurerois-je pas
» des mondes ce que je crois des animaux? com-
» bien de mondes eſtropiés, manqués, ſe ſont
» diſſipés, ſe réforment & ſe diſſipent peut-être
» à chaque inſtant, dans des eſpaces éloignés
» où je ne touche point & où vous ne voyez pas;
» mais où le mouvement continue & continuera
» de combiner des amas de matière, juſqu'à ce
» qu'ils ayent obtenu quelqu'arrangement dans
» lequel ils puiſſent perſévérer. O philoſophes,
» tranſportez-vous donc avec moi, ſur les con-
» fins de cet univers, au-delà du point où je
» touche, & où vous voyez des êtres organiſés;
» promenez-vous ſur ce nouvel Océan, & cher-
» chez à travers ſes agitations irrégulières, quel-
» ques veſtiges de cet être intelligent dont vous
» admirez ici la ſageſſe!

» Mais à quoi bon vous tirer de votre élément?
» Qu'eſt-ce que ce monde, M. Holmes? un com-
» poſé ſujet à des révolutions qui toutes indiquent
» une tendance continuelle à la deſtruction; une
» ſucceſſion rapide d'êtres qui s'entreſuivent,
» ſe pouſſent & diſparoiſſent; une ſymétrie paſſa-
» gère, un ordre momentané. Je vous repro-
» chois tout-à-l'heure d'eſtimer la perfection
« des choſes par votre capacité; & je pourrois
» vous accuſer ici d'en meſurer la durée ſur celle
» de vos jours. Vous jugez de l'exiſtence ſuc-
» ceſſive du monde, comme la mouche éphémère,
» de la vôtre. Le monde eſt éternel pour vous,
» comme vous êtes éternel pour l'être qui ne
» vit qu'un inſtant. Encore l'inſecte eſt-il plus
» raiſonnable que vous. Quelle ſuite prodigieuſe
» de générations d'éphémères atteſte votre éter-
» nité? quelle tradition immenſe! Cependant
» nous paſſerons tous, ſans qu'on puiſſe aſſigner
» ni l'étendue réelle que nous occupions, ni le
» tems précis que nous aurons duré. Le tems,
» la matière & l'eſpace ne ſont peut-être qu'un
» point ». On ne peut guère douter qu'en écrivant le paragraphe qui a donné lieu à cette note,
Hume ne ſe ſoit rappellé cet entretien de Saounderſon avec le miniſtre Holmes. C'eſt-là qu'il
a pris l'idée très-philoſophique de ces mondes
*mal combinés, réparés pendant une éternité, avant
que le ſyſtème préſent pût ſe développer.* Mais quelle
différence dans le parti que ces deux philoſophes
ont tiré de la même idée! combien n'acquiert-
elle pas de vraiſemblance par les idées acceſſoires
que Diderot y a jointes, tandis qu'elle ſe
fait à peine remarquer dans le paſſage où *Hume*
l'a employée. Mais achevons l'expoſé de ſes principes métaphyſiques.]

Aucun ſyſtème ne me paroit plus plauſible
que celui qui attribue à l'univers un principe d'ordre
éternel & inhérent; quoiqu'accompagné de grandes
& continuelles révolutions & altérations. Cette
obſervation éclaircit toutes les difficultés; & ſi
la ſolution, pour être trop générale, n'eſt pas
abſolument complette & ſuffiſante, elle forme
du moins une hypothèſe à laquelle nous devons
recourir tôt ou tard, quelque ſyſtème que nous
embraſſions. Comment les choſes auroient-elles
été ce qu'elles ſont, s'il n'y avoit quelque part
dans la penſée ou dans la matière un principe
inhérent & primitif d'ordre? N'importe à laquelle
des deux nous donnions la préférence. Le hazard
ne ſauroit avoir lieu dans aucune hypothèſe de
ſcepticiſme

scepticisme ou de religion. Toutes les choses sont sûrement gouvernées par des loix fermes & inébranlables. Et si nous pouvions déchirer le rideau qui cache l'essence intérieure des choses, nous verrions une scène dont nous n'avons actuellement aucune idée. Au lieu d'admirer l'ordre des substances naturelles, nous verrions clairement qu'il ne leur est aucunement possible d'être dans une position différente.

Nous n'avons point de *données* pour établir aucun système de cosmogonie. Notre expérience, si imparfaite en elle-même & si limitée, soit pour l'étendue, soit pour la durée, ne peut nous fournir aucune conjecture plausible sur l'ensemble des choses.

Ces mots, *génération*, *raison*, servent seulement à désigner certaines énergies & facultés de la nature, dont les effets sont connus, mais dont l'essence est incompréhensible : & l'un de ces principes n'a pas plus que l'autre, le droit de servir de règle pour l'ensemble des choses.

Dans cette petite portion de l'univers, il y a quatre principes, *la raison*, *l'instinct*, *la génération* & *la végétation*, qui ressemblent l'un à l'autre & sont les causes d'effets similaires. Il n'est pas un de ces quatre principes (& l'esprit de conjecture pourroit en découvrir cent autres) qui ne puisse nous fournir une théorie pour juger de l'origine du monde : & c'est montrer trop à découvert sa partialité, que de borner absolument nos idées au principe qui détermine les opérations de nos esprits. Si, par cette raison, ce principe étoit plus à notre portée, on pourroit encore excuser une pareille partialité. Mais la raison nous est aussi peu connue dans son méchanisme intérieur que l'instinct ou la végétation : & peut-être que la nature, ce mot vague & indéterminé auquel le vulgaire est accoutumé de tout rapporter, n'est dans le fond, pas plus facile à expliquer. L'expérience nous fait connoître tous les effets de ces principes : mais les principes eux-mêmes & la manière dont ils opèrent nous sont absolument inconnus. Il est aussi intelligible, aussi conforme à l'expérience de dire que, par la végétation, le monde a été produit d'une semence jettée par un autre monde, que de dire qu'il s'est formé par la raison & le génie divin dans le sens que les théistes l'entendent.

Mais, insiste-t-on, si le monde avoit la faculté végétative & pouvoit répandre les semences de nouveaux mondes dans l'immensité du cahos, cette faculté seroit encore un nouvel argument propre à prouver un auteur intelligent : car, d'où pourroit résulter une si étonnante faculté, sinon du dessein ? Et, comment pourroit-il résulter d'une chose qu'il n'appercevroit pas l'ordre qu'elle dispense ? Ceux qui font cette question n'ont qu'à jetter les yeux autour d'eux pour en voir la solution. Un arbre dispense l'ordre & l'organisation à l'arbre auquel il donne naissance, sans connoître l'ordre : un animal en fait présent de la même manière à sa postérité : l'oiseau fait ce même présent sur son nid ; & ces sortes d'exemples sont encore plus fréquens dans le monde, que ceux de l'ordre émané de la raison & du génie. Dire que tout cet ordre dans les animaux & dans les végétaux procède ultérieurement du dessein, c'est supposer ce qui est en question : & cette question ne peut être résolue qu'en prouvant *à priori*, que l'ordre est de sa nature absolument inséparable de la pensée, & que, ni de lui-même, ni par des causes inconnnues, il ne sauroit appartenir à la matière.

Maintenant l'expérience nous prouve que la végétation & la génération sont dans la nature, des principes d'ordre aussi bien que la raison. Il dépend également de moi d'établir mon système de cosmogonie sur les premiers ou sur le dernier de ces principes ; & lorsqu'on me demande quelle est la cause de ma grande faculté générative ou végétative, j'ai le même droit de demander aux Théistes la cause de leur grand principe de raison... A ne juger que d'après notre expérience imparfaite & limitée, la génération a des avantages sur la raison : car nous voyons tous les jours que la génération donne naissance à la raison, mais jamais la raison à la génération.

Quelle difficulté y a-t-il à supposer que la matière pourroit acquérir le mouvement sans premier moteur, sans un agent intelligent ? Tout événement, avant qu'il soit arrivé, paroît également incompréhensible & difficile : & tout événement quand il est arrivé, paroît également intelligible & facile. Dans bien des cas, le mouvement résultant de la pesanteur, de l'élasticité, de l'électricité, commence dans la matière sans qu'on sache s'il résulte d'un agent doué de volonté. Supposer toujours dans ces sortes de cas un agent intelligent qui n'est pas connu, ce n'est qu'une hypothèse ; & cette hypothèse ne fournit aucun avantage. Il est aussi facile de concevoir que le mouvement ait commencé *à priori*, dans la matière même, qu'il est facile de concevoir qu'il ait été communiqué par l'esprit & l'intelligence.

Pourquoi le mouvement ne se seroit-il pas perpétué par impulsion dans toute l'étendue de l'éternité, & pourquoi cette même portion de mouvement ou presque la même, ne se seroit-elle pas conservée dans l'univers ? Ce que l'on perd en admettant un mouvement de composition, on le gagne en admettant un mouvement de résolution. Enfin, quelles que soient les causes, le fait est certain : la matière est, elle a toujours été dans un mouvement perpétuel, autant que l'expérience ou la tradition humaine peuvent s'étendre. Il est probable qu'il n'y a pas maintenant dans tout l'univers une seule molécule de matière qui soit dans un repos absolu.

Est-il une combinaison, un ordre, une économie de choses, par lesquels la matière puisse conserver ce mouvement perpétuel qui semble lui être essentiel, sans qu'elle cesse d'être invariable dans les formes qu'elle produit ? Il existe certainement une économie pareille ; car le monde actuel se trouve dans ce cas. Ainsi, ce mouvement perpétuel de la matière doit, sans passer par des transmutations infinies, produire cette économie ou cet ordre ; & par sa nature, cet ordre une fois établi, se soutient de lui-même, si ce n'est pendant une éternité, du moins pendant bien des siècles. Mais quand la matière est balancée, arrangée & combinée de manière à rester dans un mouvement perpétuel, sans altération dans ses formes ; il faut nécessairement que sa situation ait la même apparence d'art & de génie que nous observons actuellement. Il faut que toutes les parties de chaque forme aient rapport l'une à l'autre & au tout ; & que le tout ait rapport aux autres parties de l'univers, à l'élément dans lequel la forme se conserve, aux matériaux qui lui servent à réparer ses dépérissemens & ses altérations, & à toutes les autres formes qui lui sont favorables ou contraires. Le moindre défaut qui se trouve dans les particularités, détruit la forme ; & la matière dont elle est composée se détache, s'égare & subit des fermentations & des mouvemens irréguliers, jusqu'à ce qu'elle se réunisse sous une autre forme irrégulière. S'il n'y a point d'autre forme préparée pour la recevoir, & qu'il y ait dans l'univers une grande quantité de cette matière dérangée, le monde est dans un désordre absolu, soit qu'il se trouve encore dans l'état d'embryon, soit qu'il n'offre plus que le squelette épuisé d'un monde accablé d'âge & d'infirmités. L'un & l'autre cas produit des chaos, puisqu'un nombre fini, quoique innombrable de révolutions, produit à la fin de nouvelles formes dont les parties & les organes sont combinés de manière à conserver ces formes dans une succession continuelle de matière.

Supposons qu'une force aveugle & sans guide jettât la matière dans une certaine position ; il est évident que cette première position a dû, selon toute probabilité, être la plus irrégulière & la plus confuse qu'on puisse imaginer, sans aucune ressemblance avec les ouvrages enfantés par le génie de l'homme qui, par la symmétrie des parties, étalent une combinaison de moyens avec les fins & tendent à se conserver. Si la force motrice s'arrête après cette opération, il faut que la matière demeure à jamais en désordre, & reste un chaos immense, sans proportion, sans activité. Mais, supposons que la force motrice, quelle qu'elle puisse être, subsiste toujours dans la matière, cette première position fera, dans le moment, place à une autre qui, selon toute probabilité, sera aussi irrégulière que la première, & ainsi en continuant à travers plusieurs successions de changemens & de révolutions. Il n'est point de position, point d'ordre particulier qui subsiste un instant sans altération. La force primitive qui reste toujours en activité, donne un mouvement perpétuel à la matière. Toutes les situations possibles se développent & se détruisent à l'instant. La moindre aurore ou lueur d'ordre qui paroît un moment est l'instant d'après éteinte ou mise en confusion par cette force toujours subsistante qui meut chaque partie de la matière.

Ainsi l'univers continue bien des siècles dans une succession perpétuelle de chaos & de désordres ; mais n'est-il pas possible qu'il s'arrête à la fin, de manière à conserver sa force agissante & motrice, (car nous l'avons supposée inhérente à cet univers) cependant de manière à conserver une apparence uniforme au milieu de la fluctuation & du mouvement de ses parties ? Voilà le cas où se trouve le monde actuel. Tous les individus changent sans cesse & toutes les parties de chaque individu, &, qui plus est, le tout reste en apparence toujours de même. Ne devons-nous pas présumer une pareille position ou plutôt en être assurés d'après les révolutions éternelles de la matière aveugle ; & cela ne doit-il pas rendre raison de toute la sagesse & de toute l'industrie apparente qui se trouvent dans l'univers ? Examinons un peu ce sujet, & nous verrons que si la matière acquiert cet arrangement d'une apparente stabilité dans les formes avec un réel & perpétuel mouvement & révolutions de parties, cet arrangement fournit une solution sinon vraie, du moins plausible de la difficulté.

Il seroit donc inutile d'insister sur l'emploi des parties dans les substances animales ou végétales & sur l'admirable symmétrie qui règne entre les unes & les autres. Je voudrois bien savoir comment un animal pourroit subsister, si ses parties n'avoient pas ses proportions ? Voyons-nous qu'il périsse aussitôt que cet ordre harmonique cesse, & que la matière en désordre essaie de nouvelles formes ? Il arrive certainement que les parties du monde sont si bien combinées qu'une forme régulière appelle immédiatement à elle cette matière en désordre : & si cela n'étoit pas, le monde pourroit-il subsister ? Ne se dissoudroit-il pas aussi bien que l'animal, & ne passeroit-il pas par de nouvelles positions & situations, jusqu'à ce qu'après une durée immense, quoique limitée, il finît par se former dans l'ordre actuel ou dans un autre ordre semblable.

Aucune forme ne sauroit subsister, à moins qu'elle ne possède les pouvoirs & les organes nécessaires pour la maintenir : il faut qu'elle cherche un nouvel ordre, une nouvelle organisation, & ainsi en continuant, jusqu'à ce qu'enfin elle ait rencontré un ordre qui puisse la soutenir & la maintenir. (*Observons ici que dans tous ces paragraphes, sur-tout dans les huit derniers, Hume emploie des idées qu'on trouve mieux développées dans le passage de Diderot que j'ai cité ci-dessus. Celui-ci a donné à ses pensées un tour plus vif, plus original : ce ne sont néanmoins comme ici, que de simples conjectures philosophiques ; mais la grande universalité à laquelle l'auteur élève ses vues, ses concepts, étend l'esprit du lecteur, & le porte à la méditation, effet qu'on n'éprouve point en lisant Ce que Hume a écrit sur le même sujet &, à quelques légères différences près, dans les mêmes principes*).

Au lieu d'admirer l'ordre des êtres naturels, ne pourroit-on pas assurer que, s'il nous étoit donné de pénétrer dans le méchanisme intérieur des corps, nous verrions clairement pour quelle raison il étoit absolument impossible qu'ils fussent susceptibles d'une autre organisation ?

Rarement on a trouvé que l'argument *à priori* fût satisfaisant, excepté pour les personnes meublées d'une tête métaphysique, accoutumées à des raisonnemens abstraits, & qui, voyant par les mathématiques que l'entendement conduit souvent à la vérité par des moyens obscurs & contraires aux premières apparences, ont transporté la même habitude de penser à des sujets où elle ne devoit pas avoir lieu.

Il est impossible de soutenir que les attributs moraux de la divinité, sa justice, sa bienveillance, sa miséricorde & son **équité**, ressemblent à ces mêmes vertus, **telles qu'elles** se rencontrent dans les créatures humaines. Nous avouons que sa puissance est infinie; **il n'a qu'à** vouloir pour exécuter : cependant ni l'homme, ni les autres animaux ne sont heureux : **ce n'est donc pas** sa volonté qu'ils le soient. Sa sagesse est infinie ; il ne se trompe jamais pour choisir des moyens adaptés aux fins ; mais le cours de la nature ne tend pas au bonheur de l'homme & des autres animaux : ce cours n'est donc pas établi pour opérer ce bonheur. Dans toute l'étendue des connoissances humaines, il n'est pas de conséquences plus certaines & plus infaillibles que celles-là. Sous quel rapport sa miséricorde & sa bonté ressembleroient-elles donc à la miséricorde & à la bonté des hommes ?

Il est certain, d'après l'expérience, que la plus légère notion d'honneur & de bienveillance naturelle a plus d'effet sur la conduite des hommes que les perspectives les plus brillantes que les théories & les systêmes de théologie puissent offrir. Le penchant naturel travaille sans relâche sur l'homme ; il est toujours présent à son esprit & se mêle avec toutes ses vues & avec toutes ses pensées, tandis que les motifs de religion, quand ils agissent, ne procèdent que par bonds & par sauts : il arrive rarement qu'ils se changent tout-à-fait en habitude dans l'esprit. La force de la plus grande pesanteur, disent les philosophes, est infiniment petite, en comparaison de celle de la plus légère impulsion; il ne laisse pas d'être certain que la plus légère pesanteur prévaudra à la fin sur une forte impulsion ; parce que des coups ou des secousses ne peuvent être répétés avec la même constance que l'attraction & la gravitation.

Dès que nous rencontrons l'esprit de religion dans des récits historiques, nous devons toujours nous attendre à y trouver le détail des calamités qu'il a produites : & je ne sache pas qu'il y ait d'époques plus heureuses ou plus florissantes que celles où cet esprit a été inconnu ou méprisé.

Ce n'est pas raisonner juste que d'inférer, que parce que des récompenses & des punitions limitées & temporelles ont une si grande influence, celles qui sont éternelles & infinies doivent en avoir une bien plus grande.

Il n'y a que les sots qui prennent moins de confiance dans un homme, parce qu'ils savent qu'à la suite de l'étude & de la philosophie, il s'est formé quelques doutes de spéculation relativement aux matières de théologie.

Le plus grand zèle de religion & la plus profonde hypocrisie, loin d'être contraires, sont souvent ou communément réunis dans le même individu.

Le plus qu'un sage magistrat puisse faire relativement aux religions populaires, est de tirer son épingle du jeu, & d'empêcher qu'elles ne causent de pernicieux effets dans la société.

Nous devons prendre la religion telle qu'on la trouve communément dans le monde ; & je n'en veux pas à ces principes de théisme spéculatif qui, étant une branche de la philosophie, participent nécessairement au suc bienfaisant de l'arbre, mais toujours avec le même inconvénient d'être bornés dans le cercle d'un petit nombre de personnes.

La religion inspire plus de frayeurs qu'elle ne procure de consolations. J'ose même assurer qu'il n'y eut jamais de religion nationale qui ait représenté l'état des ames après la mort sous des traits qui rendissent la perspective de cet état agréable aux hommes. La terreur étant le premier principe de la religion, c'est aussi la passion qu'elle entretient le plus & qui n'admet que de courts intervalles de plaisir.

C'est une chose contraire au sens commun que de se repaître de craintes & de terreurs à la suite d'une opinion quelconque, ou d'imaginer que le plus libre usage de notre raison nous fait courir des risques après la mort. Une semblable idée est en même-tems *absurde & contradictoire*. Il est absurde de penser que la divinité est sujette aux passions humaines & même à une des plus basses passions, savoir le desir inquiet des applaudissemens. C'est une contradiction de croire que la divinité étant sujette à cette passion, n'éprouveroit pas aussi les autres, & sur-tout le mépris d'opinions de créatures qui lui sont si inférieures, &c. &c. &c.

On voit par ce petit nombre de propositions extraites fidèlement des *dialogues sur la religion naturelle* & recueillies avec choix, que cet ouvrage, quoique destiné par l'auteur à n'être publié qu'après sa mort, & le dernier résultat des études de toute sa vie, n'est ni plus réfléchi, ni plus hardi que ses autres écrits. La matière abstraite & difficile qui en fait l'objet, n'y est pas même traitée avec la profondeur qu'elle exige, & qu'on avoit droit d'attendre d'un philosophe souvent très-subtil, & qui pense beaucoup. Parmi plusieurs remarques judicieuses, quelquefois même très-fines, on ne trouve aucun de ces raisonnemens, aucunes de ces vues, de ces idées neuves que les méditatifs se plaisent à cultiver, & d'où l'on puisse inférer que *Hume* avoit examiné cette question par des côtés que personne n'avoit observés avant lui, ce qui, dans les arts, dans les sciences & dans les lettres, est un des caractères du génie. Enfin, il paroît que l'application de toutes les forces de son esprit à la solution de ce problème théologique, n'avoit rien ajouté à ses premiers apperçus, & qu'à l'âge de plus de soixante ans, il étoit encore à-peu-près aussi sceptique sur cet article, que lorsqu'il publia ses essais sur l'entendement humain.

(Cet article est du citoyen NAIGEON).

HYLOSOISME. s. m. (*histoire de la philosophie ancienne.*) *Voyez* l'article ATHÉES ANCIENS (SYSTEME DES). Tome I. pag. 250 & *suiv.* Le lecteur trouvera à l'endroit cité un exposé clair & précis de la doctrine des athées *hylosoïstes* qui attribuoient à la matière une vie qui lui est essentiellement attachée. Nous ajouterons seulement ici d'après Cudworth, quelques remarques sur l'erreur des athées stoïciens & *hylosoïstes* qui reconnoissant une nature plastique, (*Voyez* cet article) la confondoient mal-à-propos, selon l'auteur anglois, avec la divinité.

Ces athées, dit-il, se trompoient principalement en quatre choses. La première est qu'ils établissoient, comme le premier principe de tout, le plus bas de tous les êtres auxquels on attribue de la vie. Car la vie plastique n'est qu'une ombre pour ainsi dire, & qu'une image obscure de l'intelligence de qui elle dépend aussi essentiellement que l'ombre du corps, l'image d'un visage sur un miroir du visage même, & l'écho de la voix dont il n'est qu'une réflexion. S'il n'y avoit point d'intelligence plus parfaite, il ne pourroit pas plus y avoir de nature plastique, que d'ombre sans corps, d'image dans un miroir sans visage, & d'échos sans voix. C'est pourquoi *Aristote* joint avec raison la *nature* (φύσις) & l'*intelligence* (νοῦς) par laquelle tout a été fait ; au lieu que ces philosophes faisoient d'une nature, destituée de sentiment & de pensée le principe de toutes choses.

La seconde erreur de ces gens là est une suite de la précédente, c'est qu'ils prétendoient que la vie, le sentiment & la pensée, que l'on remarque dans les animaux, viennent d'une nature destituée de vie, de sentiment & de pensée, comme de leur première source. Cette opinion est aussi absurde que si l'on disoit que la lumière que l'on voit dans l'air, est la lumière originale, de laquelle dépend & découle la lumière du soleil & des étoiles, ou même que le soleil & les étoiles ne sont que des réflexions, des images que nous en voyons dans les lacs & dans les rivières. Mais ç'a toujours été le défaut des athées, de renverser l'ordre des choses, & de représenter les causes comme dépendantes de leurs effets. La raison ou la pensée, étant quelque chose de beaucoup plus relevé que l'insensible nature, dont nous avons parlé, ne peut pas en être sortie. Que l'on multiplie tant qu'on voudra les organes du corps, jamais on n'en fera une intelligence qui sent ce qu'elle est & qui raisonne.

En troisième lieu, les *hylosoïstes* pour mieux colorer leurs premières erreurs, corrompoient la véritable notion de la nature plastique, en la confondant avec la sagesse & l'intelligence. Quoiqu'ils avouassent qu'elle n'a point de sentiment comme les animaux, ni de pensée ; néanmoins ils prétendoient qu'elle est souverainement sage, ce qui est absurde.

Enfin ces athées se trompoient, en ce qu'ils faisoient de la nature plastique une chose purement matérielle ; sans penser que la simple matière ne peut pas se remuer d'elle-même, & encore moins disposer ses parties avec art. Quoique la nature plastique n'ait que la plus basse sorte de vie, néanmoins elle renferme une activité intérieure, distincte du mouvement local, & par conséquent elle n'est pas matérielle. Ils mêloient l'intelligence & la matière, dont ils faisoient une seule masse ; & ils prétendoient que l'idée que l'on se forme de la divinité comme d'un être intelligent, est une idée incomplette de la matière, qui est en même tems intelligente, étendue, solide, divisible &c. & qui est la cause de tout.

J

JAPONOIS, PHILOSOPHIE DES. (*Hist. de la philosophie.*)

Les *japonois* ont reçu des chinois presque tout ce qu'ils ont de connoissances philosophiques, politiques & superstitieuses, s'il en faut croire les portugais, les premiers d'entre les européens qui aient abordé au Japon, & qui nous aient entretenus de cette contrée. François Xavier, de la compagnie de Jésus, y fut conduit, en 1549, par un ardent & beau zèle d'étendre la religion chrétienne : il y fut écouté ; & le Christ seroit peut-être adoré dans toute l'étendue du Japon, si l'on n'eût point allarmé les peuples par une conduite imprudente qui leur fit soupçonner qu'on en vouloit plus à la perte de leur liberté qu'au salut de leurs ames. Le rôle d'apôtre n'en souffre point d'autre ; on ne l'eut pas plutôt déshonoré au Japon en lui associant celui d'intérêt & de politique, que les persécutions s'élevèrent, que les échafauds se dressèrent, & que le sang coula de toutes parts. La haine du nom chrétien est telle au Japon, qu'on n'en approche point aujourd'hui sans fouler le christ aux pieds ; cérémonie ignominieuse, à laquelle on dit que quelques européens, plus attachés à l'argent qu'à leur Dieu, se soumettent sans répugnance.

Les fables que les *japonois* & les chinois débitent sur l'antiquité de leur origine, sont presque les mêmes ; & il résulte de la comparaison qu'on en fait, que ces sociétés d'hommes se formoient & se polissoient sous une ère peu différente. Le célèbre Kempfer, qui a parcouru le Japon en naturaliste, géographe, politique & théologien, & dont le voyage tient un rang distingué parmi nos meilleurs livres, divise l'histoire japonoise en fabuleuse, incertaine ou vraie. La période fabuleuse commence long-tems avant la création du monde, selon la chronologie sacrée. Ces peuples ont eu aussi la manie de reculer leur origine. Si on les en croit, leur premier gouvernement fut théocratique ; il faut entendre des merveilles qu'ils racontent de son bonheur & de sa durée. Le tems du mariage du dieu Isanagi Mikotto & de la déesse Isanami Mikotto, fut l'âge d'or pour eux. Allez d'un pôle à l'autre, interrogez les peuples, & vous y verrez par-tout l'idolâtrie & la superstition s'établir par les mêmes moyens. Par-tout ce sont des hommes qui se rendent respectables à leurs semblables, en se donnant ou pour des dieux, ou pour des descendans des dieux. Trouvez un peuple sauvage ; faites du bien ; dites que vous êtes un dieu, & l'on vous croira, & vous serez adoré pendant votre vie & après votre mort.

Le règne d'un certain nombre de rois, dont on ne peut fixer l'ère, remplit la période incertaine. Ils y succèdent aux premiers fondateurs, & s'occupent à dépouiller leurs sujets d'un reste de férocité naturelle, par l'institution des loix, & l'invention des arts ; l'invention des arts qui fait la douceur de la vie ; l'institution des loix qui en fait la sécurité.

Fohi premier législateur des chinois, est aussi le premier législateur des *japonois*, & ce nom n'est pas moins célèbre dans l'une de ces contrées que dans l'autre. On le représente tantôt sous la figure d'un serpent, tantôt sous la figure d'un homme à tête sans corps, deux symboles de la science & de la sagesse. C'est à lui que les *japonois* attribuent la connoissance des mouvemens célestes, des signes du zodiaque, des révolutions de l'année, de son partage en mois, & d'une infinité de découvertes utiles. Ils disent qu'il vivoit l'an 396 de la création, ce qui est faux, puisque l'histoire du déluge universel est vraie comme tout le monde sait.

Les premiers chinois & les premiers *japonois* instruits par un même homme, n'ont pas eu vraisemblablement un culte fort différent. Le Xékia des premiers est le Siaka des seconds. Il est de la même période ; mais les siamois, les *japonois* & les chinois qui les révèrent également, ne s'accordent pas sur le tems précis où il a vécu.

L'histoire vraie du Japon ne commence guère que 660 ans avant la naissance de Jésus Christ. C'est la date du règne de Syn-mu ; Syn-mu qui fut si cher à ses peuples qu'ils le surnommèrent Nin-o, le très-grand, le très-bon, *optimus, maximus* ; ils lui font honneur des mêmes découvertes qu'à Fohi.

Ce fut sous ce prince que vécut le philosophe Roosi, c'est-à-dire, le vieillard enfant. Confucius naquit 50 ans après Roosi. Confucius a des temples au Japon, & le culte qu'on lui rend diffère peu des honneurs divins. Entre les disciples les plus illustres de Confucius, on nomme au Japon Ganquai, autre vieillard enfant. L'âme de Ganquai qui mourut à 33 ans, fut transmise à

Koſſoboſati, diſciple de Xékia, d'où il eſt évident que le Japon n'avoit dans les commencemens d'autres notions de philoſophie, de morale & de religion que celle de Xékia, de Confucius & des chinois, quelle que ſoit la diverſité que le tems y ait introduite.

La doctrine de Siaka & de Confucius n'eſt pas la même ; celle de Confucius a prévalu à la Chine, & le Japon a préféré celle de Siaka ou Xékia.

Sous le règne de Synin, Kobote, philoſophe de la ſecte de Xékia, porta au Japon le livre Kio. Ce ſont proprement des pandectes de la doctrine de ſon maître. Cette philoſophie fut connue dans le même tems à la Chine. Quelle différence entre nos philoſophes & ceux-ci ! les rêveries d'un Xékia ſe répandent dans l'Inde, la Chine & le Japon, & deviennent la loi de cent millions d'hommes. Un homme naît quelquefois parmi nous avec les talens les plus ſublimes, écrit les choſes les plus ſages, ne change pas le moindre uſage, vit obſcur, & meurt ignoré.

Il paroît que les premières étincelles de lumière qui aient éclairé la Chine & le Japon, ſont parties de l'Inde & du brachmaniſme.

Kobote établit au Japon la doctrine éſotérique & exotérique de Foi. A peine y fut-il arrivé, qu'on lui éleva le Fakubaſi, ou le temple du cheval blanc ; ce temple ſubſiſte encore. Il fut appellé du *cheval blanc*, parce que Kobote parut au Japon monté ſur un cheval de cette couleur.

La doctrine de Siaka ne fut pas tout-à-coup celle du peuple. Elle étoit encore particulière & ſecrette, lorſque Darma, le ving-huitième diſciple de Xékia, paſſa de l'Inde au Japon.

Mokuris ſuivit les traces de Darma. Il ſe montra d'abord dans le Tinſiku, ſur les côtes du Malabar & de Coromandel. Ce fut-là qu'il annonça la doctrine d'un dieu ordonnateur du monde & protecteur des hommes, ſous le nom d'*Amida*. Cette idée fit fortune & ſe répandit dans les contrées voiſines, d'où elle parvint à la Chine & au Japon. Cet événement fait date dans la chronologie des *japonois*.

Le prince Tonda Joſimits porta la connoiſſance d'Amida dans la contrée de Sinano. C'eſt au Dieu Amida que le temple de Synquoſi fut élevé, & ſa ſtatue ne tarda pas à y opérer des miracles, car il en faut aux peuples. Mêmes impoſtures en Egypte, dans l'Inde, à la Chine, au Japon. Dieu a permis cette reſſemblance entre la vraie religion & les fauſſes, pour que notre foi nous fût méritoire ; car il n'y a que la vraie religion qui ait de vrais miracles : cela eſt démontré. Nous avons été éclairés par les moyens qu'il fut permis au diable d'employer, pour précipiter dans la perdition les nations ſur leſquelles Dieu n'avoit point réſolu dans ſes décrets éternels, d'ouvrir l'œil de ſa miſéricorde.

Voilà donc la ſuperſtition & l'idolâtrie, s'échappant des ſanctuaires égyptiens, & allant infecter au loin l'Inde, la Chine & le Japon, ſous le nom de doctrine Xékienne. Voyons maintenant les révolutions que cette doctrine éprouva ; car il n'eſt pas donné aux opinions des hommes de reſter les mêmes en traverſant le tems & l'eſpace.

Nous obſerverons d'abord que le Japon entier ne ſuit pas le dogme de Xékia. Le menſonge national eſt tolérant chez les peuples ; il permet à une infinité de menſonges étrangers de ſubſiſter paiſiblement à ſes côtés.

Après que le chriſtianiſme eut été extirpé par le maſſacre de trente-ſept mille hommes, exécuté preſque en un moment, la nation ſe partagea en trois ſectes. Les uns s'attachèrent au Sintos ou à la vieille religion ; d'autres embraſſèrent le Budſo ou la doctrine de Budda, ou de Siaka, ou de Xékia, & le reſte s'en tint à Sindo, ou au code des philoſophes moraux.

Du Sintos, du Budſo & du Sindo.

Le Sintos qu'on appelle auſſi *Sinſin* & *Kammitſi*, le culte le plus ancien du Japon, eſt celui des idoles. L'idolâtrie eſt le premier pas de l'eſprit humain dans l'hiſtoire naturelle de la religion ; c'eſt delà qu'il s'avance au manichéiſme, (*voyez* l'article BELBUCH & ZEOMBUCH.) du manichéiſme à l'unité de Dieu, pour revenir à l'idolâtrie, & tourner dans le même cercle. Sin & Kami ſont les deux idoles du Japon. Tous les dogmes de cette théologie ſe rapportent au bonheur actuel. La notion que les Sintoïſtes paroiſſent avoir de l'immortalité de l'ame, eſt fort obſcure ; ils s'inquiètent peu de l'avenir : rendez-nous aujourd'hui heureux, diſent-ils à leurs dieux, & nous vous tenons quittes du reſte. Ils reconnoiſſent cependant un grand Dieu qui habite au haut des cieux, des dieux ſubalternes qu'ils ont placés dans les étoiles ; mais ils ne les honorent ni par des ſacrifices, ni par des fêtes. Ils ſont trop loin d'eux pour en attendre du bien ou en craindre du mal. Ils jurent par ces dieux inutiles, & ils invoquent ceux qu'ils imaginent préſider aux élémens, aux plantes, aux animaux & aux événemens importans de la vie.

Ils ont un ſouverain pontife qui ſe prétend deſcendu en droite ligne des dieux qui ont anciennement gouverné la nation. Ces dieux ont même encore une aſſemblée générale chez lui le dixième mois de chaque année. Il a le droit d'inſtaller parmi eux ceux qu'il en juge dignes, & l'on pense bien qu'il n'est pas assez mal-adroit pour oublier le prédécesseur du prince règnant, & que le prince régnant ne manque pas d'égards pour un homme dont il espère un jour les honneurs divins. C'est ainsi que le despotisme & la superstition se prêtent la main.

Rien de si mystérieux & de si misérable que la psycologie de cette secte. C'est la fable du cahos défigurée. A l'origine des choses, le cahos étoit; il en sortit je ne sais quoi qui ressembloit à une épine; cette épine se mut, se transforma, & le Kunitokhodatsno-Micotto où l'esprit parut. Du reste, rien dans les livres sur la nature des dieux ni sur leurs attributs, qui ait l'ombre du sens commun.

Les Sintoïstes, qui ont senti la pauvreté de leur système, ont emprunté des Budsoïstes quelques opinions. Quelques-uns d'entr'eux qui font secte, croient que l'ame d'Amida a passé par métempsycose dans le Tin-sio-dai-sin, & a donné naissance au premier des dieux; que les ames des gens de bien s'élèvent dans un lieu fortuné au-dessus du trente-troisième ciel; que celles des méchans sont errantes jusqu'à ce qu'elles aient expié leurs crimes, & qu'on obtient le bonheur à venir par l'abstinence de tout ce qui peut souiller l'ame, la sanctification des fêtes, les pélerinages religieux, & les macérations de la chair.

Tout chez ce peuple est rappellé à l'honnêteté civile & à la politique, il n'en est ni moins heureux, ni plus méchant.

Ses hermites, car il en a, sont des ignorans & des ambitieux, & le peu de cérémonies religieuses auxquelles le peuple est assujetti, est conforme à son caractère mol & voluptueux.

Les Budsoïstes adorent les dieux étrangers Budso & Fotoke: leur religion est celle de *Xékia*. Le nom de Budso est indien, & non *japonois*; il vient de *Budda* ou *Budha*, qui est synonyme à *Hermès*.

Siaka ou Xékia s'étoit donné pour un Dieu. Les indiens le regardent encore comme une émanation divine. C'est sous la forme de cet homme que Wisthnou s'incarna pour la neuvième fois; & les mots *Budda* & *Siaka* désignent au Japon les dieux étrangers, quels qu'ils soient, sans en excepter les saints & les philosophes qui ont prêché la doctrine xékienne.

Cette doctrine eut de la peine à prendre à la Chine & au Japon, où les esprits étoient prévenus de celle de Confucius qui avoit en mépris les idoles; mais de quoi ne viennent point à bout l'enthousiasme & l'opiniâtreté aidés de l'inconstance des peuples & de leur goût pour le nouveau & le merveilleux! Darma attaqua avec ces avantages la sagesse de Confucius. On dit qu'il se coupa les paupières de peur que la méditation ne le conduisît au sommeil. Au reste, les *japonois* furent enchantés d'un dogme qui leur promettoit l'immortalité & des récompenses à venir; & une multitude de disciples de Confucius passèrent dans la secte de Xékia, prêchée par un homme qui avoit commencé de se rendre vénérable par la sainteté de ses mœurs. La première idole publique de Xékia, fut élevée chez les *japonois* l'an de J. C. 543. Bientôt on vit à ses côtés la statue d'Amida, & les miracles d'Amida entraînèrent la ville & la cour.

Amida est regardé par les disciples de Xékia comme le dieu suprême des demeures heureuses que les bons vont habiter après leur mort. C'est lui qui les rejette ou les admet. Voilà la base de la doctrine exotérique. Le grand principe de la doctrine ésotérique, c'est que tout n'est rien, & que c'est de ce rien que tout dépend. De-là le distique qu'un enthousiaste Xékien écrivit après trente ans de méditations, au pied d'un arbre sec qu'il avoit dessiné: *arbre, dis-moi qui t'a planté? moi dont le principe n'est rien, & la fin rien*; ce qui revient à une autre inscription d'un philosophe de la même secte: *Mon cœur n'a ni être ni non-être; il ne va point, il ne revient point, il n'est retenu nulle part.* Ces folies paroissent bien étranges; cependant qu'on essaye, & l'on verra qu'en suivant la subtilité de la métaphysique aussi loin qu'elle peut aller, on aboutira à d'autres folies qui ne seront guère moins ridicules.

Au reste, les Xékiens négligent l'extérieur, s'appliquent uniquement à méditer, méprisent toute discipline qui consiste en paroles, & ne s'attachent qu'à l'exercice qu'ils appellent *soquxin*, *soqubut*, ou *du cœur*.

Il n'y a, selon eux, qu'un principe de toutes choses, & ce principe est par-tout.

Tous les êtres en émanent & y retournent.

Il existe de toute éternité; il est unique, clair, lumineux, sans figure, sans raison, sans mouvement, sans action, sans accroissement, ni décroissement.

Ceux qui l'ont bien connu dans ce monde acquièrent la gloire parfaite de Fotoque & de ses successeurs.

Les autres errent & erreront jusqu'à la fin du monde: alors le principe commun absorbera tout.

Il n'y a ni peines, ni récompenses à venir.

Nulle différence réelle entre la science & l'ignorance, entre le bien & le mal.

Le repos qu'on acquiert par la méditation est le souverain bien, & l'état le plus voisin du principe général, commun & parfait.

Quant à leur vie, ils forment des communautés, se lèvent à minuit pour chanter des hymnes, & le soir ils se rassemblent autour d'un supérieur qui traite en leur présence quelques points de morale, & leur en propose à méditer.

Quelles que soient leurs opinions particulières, ils s'aiment & se cultivent. Les entendemens, disent-ils, ne sont pas unis de parenté comme les corps.

Il faut convenir que si ces gens ont des choses en quoi ils valent moins que nous, ils en ont aussi en quoi nous ne les valons pas.

La troisième secte des *japonois* est celle des sendosivistes, ou de ceux qui se dirigent par le sicuto ou la voie philosophique : ceux-ci sont proprement sans religion. Leur unique principe est qu'il faut pratiquer la vertu, parce que la vertu seule peut nous rendre aussi heureux que notre nature le comporte. Selon eux, le méchant est assez à plaindre en ce monde, sans lui préparer un avenir fâcheux ; & le bon assez heureux sans qu'il lui faille encore une récompense future. Ils exigent de l'homme qu'il soit vertueux, parce qu'il est raisonnable, & qu'il soit raisonnable parce qu'il n'est ni une pierre, ni une brute. Ce sont les vrais principes de la morale de Confucius & de son disciple *japonois* Moosi. Les ouvrages de Moosi jouissent au Japon de la plus grande autorité.

La morale des sendosivites ou philosophes *japonois*, se réduit à quatre points principaux.

Le premier ou *dsin*, est de la manière de conformer ses actions à la vertu.

Le second *gi*, de rendre la justice à tous les hommes.

Le troisième *re* de la décence & de l'honnêteté des mœurs.

Le quatrième *tsi*, des règles de la prudence.

Le cinquième *sin*, de la pureté, de la conscience & de la rectitude de la volonté.

Selon eux, point de métempsycose ; il y a une ame universelle qui anime tout, dont tout émane, & qui absorbe tout ; ils ont quelques notions de spiritualité ; ils croient l'éternité du monde ; ils célèbrent la mémoire de leurs parens par des sacrifices ; ils ne reconnoissent point de dieux nationaux, ils n'ont ni temple ni cérémonies religieuses : s'ils se prêtent au culte public, c'est par esprit d'obéissance aux loix, ils usent d'ablutions & s'abstiennent du commerce des femmes dans les jours qui précèdent leurs fêtes commémoratives : ils ne brûlent point les corps des morts, mais ils les enterrent comme nous ; ils ne permettent pas seulement le suicide, ils y exhortent, ce qui prouve le peu de cas qu'ils font de la vie. L'image de Confucius est dans leurs écoles. On exigea d'eux au tems de l'extirpation du christianisme, qu'ils eussent une idole ; elle est placée dans leurs foyers, couronnée de fleurs & parfumée d'encens. Leur secte souffrit beaucoup de la persécution des chrétiens, & ils furent obligés de cacher leurs livres. Il n'y a pas long-tems qu'un prince *japonois*, appellé *Sifen*, qui avoit pris du goût pour les sciences & la philosophie, fonda une académie dans ses domaines, y appella les hommes les plus instruits, les encouragea à l'étude par des récompenses ; & la raison commençoit à faire des progrès dans un canton de l'empire, lorsque de vils petits sacrificateurs, qui vivoient de la superstition & de la crédulité des peuples, fâchés du discrédit de leurs rêveries, portèrent des plaintes à l'empereur & au dairo, & menacèrent la nation des plus grands désastres, si l'on ne se hâtoit d'étouffer cette race naissante d'impies. Sifen vit tout-à-coup la tyrannie ecclésiastique & civile conjurée contre lui, & ne trouva d'autre moyen d'échaper au péril qui l'environnoit, qu'en renonçant à ses projets, & en cédant ses livres & ses dignités à son fils. C'est Kempfer même qui nous raconte ce fait, bien propre à nous instruire sur l'espèce d'obstacles que les progrès de la raison doivent rencontrer par-tout. *Voyez* Bayle, Brucker, Possevin, &c. *Voyez* aussi les articles INDIENS, CHINOIS & ÉGYPTIENS.

(Cet article est de DIDEROT.)

JÉSUITE, s. m. (*Hist. des superstitions modernes*). Ordre religieux, fondé par Ignace de Loyola, & connu sous le nom *de compagnie ou société de Jésus*.

Nous ne dirons rien ici de nous mêmes. Cet article ne sera qu'un extrait succinct & fidèle des comptes rendus par les procureurs généraux des cours de judicature, des mémoires imprimés par ordre des parlemens, des différens arrêts, des histoires, tant anciennes que modernes, & des ouvrages qu'on a publiés en si grand nombre dans ces derniers tems.

En 1521 Ignace de Loyola, après avoir donné les vingt-neuf premières années de sa vie au métier de la guerre & aux amusemens de la galanterie, se consacra au service de la mère de Dieu, au Mont-Ferrat en Catalogne, d'où il se retira dans la solitude de Manrèse, où Dieu lui inspira

inspira certainement son ouvrage des *exercices spirituels*, car il ne savoit pas lire quand il l'écrivit. *Abregé hist. de la C. D. J.*

Décoré du titre de chevalier de Jesus-Christ & de la Vierge Marie, il se mit à enseigner, à prêcher, & à convertir les hommes avec zèle, ignorance & succès. *Même ouvrage.*

Ce fut en 1538, sur la fin du carême, qu'il rassembla à Rome les dix compagnons qu'il avoit choisis selon ses vûes.

Après divers plans formés & rejettés, Ignace & ses collègues se vouèrent de concert à la fonction de catéchiser les enfans, d'éclairer de leurs lumières les infidèles, & de défendre la foi contre les hérétiques.

Dans ces circonstances, Jean III. roi de Portugal, prince zélé pour la propagation du Christianisme, s'adressa à Ignace pour avoir des missionnaires, qui portassent la connoissance de l'Evangile aux japonois & aux indiens. Ignace lui donna Rodrigues & Xavier; mais ce dernier partit seul pour ces contrées lointaines, où il opéra une infinité de choses merveilleuses que nous croyons, & que le *jésuite* Acosta ne croit pas.

L'établissement de la compagnie de Jésus souffrit d'abord quelques difficultés; mais sur la proposition d'obéir au pape seul, en toutes choses & en tous lieux, pour le salut des ames & la propagation de la foi; le pape Paul III. conçut le projet de former, par le moyen de ces religieux, une espèce de milice répandue sur la surface de la terre, & soumise sans réserve aux ordres de la cour de Rome; & l'an 1540 les obstacles furent levés; on approuva l'institut d'Ignace, & la compagnie de Jésus fut fondée.

Benoît XIV. qui avoit tant de vertus, & qui a dit tant de bons mots; ce pontife, que nous regretterons long-tems encore, regardoit cette milice comme les janissaires du saint-siège; troupe indocile & dangéreuse, mais qui sert bien.

Au vœu d'obéissance fait au pape & à un général, représentant de Jésus-Christ sur la terre, les *Jésuites* joignirent ceux de pauvreté & de chasteté, qu'ils ont observé jusqu'à ce jour, comme on sait.

Depuis la bulle qui les établit, & qui les nomma *Jésuites*, ils en ont obtenu quatre-vingt-douze autres qu'on connoît, & qu'ils auroient dû cacher, & peut-être autant qu'on ne connoît pas.

Ces bulles appellées *lettres apostoliques*, leur accordent depuis le moindre privilège de l'état monastique, jusqu'à l'indépendance de la cour de Rome.

Outre ces prérogatives, ils ont trouvé un moyen singulier de s'en créer tous les jours. Un pape a-t-il proféré inconsidérément un mot qui soit favorable à l'ordre, on s'en fait aussi-tôt un titre, & il est enregistré dans les fastes de la société à un chapitre, qu'elle appelle les oracles de vive voix, *viva vocis oracula*.

Si un pape ne dit rien, il est aisé de le faire parler. Ignace, élu général, entra en fonction le jour de pâques de l'année 1541.

Le généralat, dignité subordonnée dans son origine, devint sous Lainèz & sous Aquaviva un despotisme illimité & permanent.

Paul III. avoit borné le nombre des profès à soixante; trois ans après il annulla cette restriction, & l'ordre fut abondonné à tous les accroissemens qu'il pouvoit prendre & qu'il a pris.

Ceux qui prétendent en connoître l'économie & le régime, le distribuent en six classes, qu'ils appellent *des profès*, *des coadjuteurs spirituels*, *des écoliers approuvés*, *des frères lais ou coadjuteurs temporels*, *des novices*, *des affiliés ou adjoints*, ou *jésuites de robe courte*. Ils disent que cette dernière est nombreuse, qu'elle est incorporée dans tous les états de la société, & qu'elle se déguise sous toutes sortes de vêtemens.

Outre les trois vœux solemnels de religion, les profès qui forment le corps de la société font encore un vœu d'obéissance spéciale au chef de l'église, mais seulement pour ce qui concerne les missions étrangères.

Ceux qui n'ont pas encore prononcé ce dernier vœu d'obéissance, s'appellent *coadjuteurs spirituels*.

Les écoliers approuvés sont ceux qu'on a conservés dans l'ordre après deux ans de noviciat, & qui se sont liés en particulier par trois vœux non solemnels, mais toutefois déclarés vœux de religion, & portant empêchement dirimant.

C'est le tems & la volonté du général qui conduiront un jour les écoliers aux grades de profès ou de coadjuteurs spirituels.

Ces grades, sur-tout celui de profès, supposent deux ans de noviciat, sept ans d'études, qu'il n'est pas toujours nécessaire d'avoir faites dans la société; sept ans de régence, une troisième année de noviciat, & l'âge de trente-trois ans, celui où notre seigneur Jésus-Christ fut attaché à la croix.

Il n'y a nulle réciprocité d'engagemens entre la compagnie & ses écoliers, dans les vœux qu'elle en exige ; l'écolier ne peut sortir, & il peut être chassé par le général.

Le général seul, même à l'exclusion du pape, peut admettre ou rejetter un sujet.

L'administration de l'ordre est divisée en assistances, les assistances en provinces, & les provinces en maisons.

Il y a cinq assistans ; chacun porte le nom de son département, & s'appelle l'*assistant* ou d'Italie, ou d'Espagne, ou d'Allemagne, ou de France, ou de Portugal.

Le devoir d'un assistant est de préparer les affaires, & d'y mettre un ordre qui en facilite l'expédition au général.

Celui qui veille sur une province porte le titre de *provincial* ; le chef d'une maison, celui de *recteur*.

Chaque province contient quatre sortes de maisons, des maisons professes qui n'ont point de fonds, des colleges où l'on enseigne, des résidences où vont séjourner un petit nombre d'apostolizans, & des noviciats.

Les profès ont renoncé à toute dignité ecclésiastique ; ils ne peuvent accepter la crosse, la mitre, ou le rochet, que du consentement du général.

Qu'est-ce qu'un *jésuite* ; est-ce un prêtre séculier ? est-ce un prêtre régulier ? est-ce un laïc ? est-ce un religieux ? est-ce un homme de communauté ? est-ce un moine ? c'est quelque chose de tout cela, mais ce n'est point cela.

Lorsque ces hommes se sont présentés dans les contrées où ils sollicitoient des établissemens, & qu'on leur a demandé ce qu'ils étoient, ils ont répondu, tels quels, *tales quales*.

Ils ont dans tous les tems fait mystère de leurs constitutions, & jamais ils n'en ont donné entière & libre communication aux magistrats.

Leur régime est monarchique ; toute l'autorité réside dans la volonté d'un seul.

Soumis au despotisme le plus excessif dans leurs maisons, les *jésuites* en sont les fauteurs les plus abjects dans l'état. Ils prêchent aux sujets une obéissance sans réserve pour leurs souverains ; aux rois l'indépendance des loix & l'obéissance aveugle au pape ; ils accordent au pape l'infaillibilité & la domination universelle, afin que maîtres d'un seul, ils soient maîtres de tous.

Nous ne finirions point si nous entrions dans le détail de toutes les prérogatives du général. Il a le droit de faire des constitutions nouvelles, ou d'en renouveller d'anciennes, & sous telle date qu'il lui plaît ; d'admettre ou d'exclure, d'édifier ou d'aneantir, d'approuver ou d'improuver, de consulter ou d'ordonner seul, d'assembler ou de dissoudre, d'enrichir ou d'appauvrir, d'absoudre, de lier ou de délier, d'envoyer ou de retenir, de rendre innocent ou coupable, coupable d'une faute légère ou d'un crime, d'annuller ou de confirmer un contrat, de ratifier ou de commuer un legs, d'approuver ou de supprimer un ouvrage, de distribuer des indulgences ou des anathèmes, d'associer ou de retrancher ; en un mot, il possède toute la plénitude de puissance qu'on peut imaginer dans un chef sur ses sujets ; il en est la lumière, l'ame, la volonté, le guide, & la conscience.

Si ce chef despote & machiavéliste étoit par hasard un homme violent, vindicatif, ambitieux, méchant, & que dans la multitude de ceux auxquels il commande il se trouvât un seul fanatique, où est le prince, où est le particulier qui fût en sûreté sur son trône ou dans son foyer ?

Les provinciaux de toutes les provinces sont tenus d'écrire au général une fois chaque mois ; les recteurs, supérieurs des maisons, & les maîtres des novices, de trois mois en trois mois.

Il est enjoint à chacun des provinciaux d'entrer dans le détail le plus étendu sur les maisons, les colléges, tout ce qui peut concerner la province ; à chaque recteur d'envoyer deux catalogues, l'un de l'âge, de la patrie, du grade, des études, & de la conduite des sujets ; l'autre, de leur esprit, de leurs talens, de leur caractère, de leurs mœurs : en un mot, de leurs vices & de leurs vertus.

En conséquence, le général reçoit chaque année environ deux cens états circonstanciés de chaque royaume, & de chaque province d'un royaume, tant pour les choses temporelles, que pour les choses spirituelles.

Si ce général étoit par hasard un homme vendu à quelque puissance étrangère ; s'il étoit malheureusement disposé par caractère, ou entraîné par intérêt à se mêler de choses politiques, quel mal ne pourroit-il pas faire ?

Centre où vont aboutir tous les secrets de l'état & des familles, & même des familles royales ; aussi instruit qu'impénétrable ; dictant des volontés absolues, & n'obéissant à personne ; prévenu d'opinions les plus dangereuses sur l'aggrandissement & la conservation de sa compagnie, & les prérogatives de la puissance spirituelle ; capable d'armer à nos côtés des mains dont on ne put se défier, quel est l'homme sous le ciel à qui ce général ne pût susciter des embarras facheux, si encouragé par le silence & l'impunité il osoit oublier une fois la sainteté de son état.

Dans les cas importans, on écrit en chiffres au général.

Mais un article bisarre du régime de la compagnie de Jésus, c'est que les hommes qui la composent sont tous rendus par serment espions & délateurs les uns des autres.

A peine fut-elle formée qu'on la vit riche, nombreuse & puissante. En un moment elle exista en Espagne, en Portugal, en France, en Italie, en Allemagne, en Angleterre, au nord, au midi, en Afrique, en Amérique, à la Chine, aux Indes, au Japon, par-tout également ambitieuse, redoutable & turbulente ; par-tout s'affranchissant des loix, portant son caractère d'indépendance & le conservant, marchant comme si elle se sentoit destinée à commander à l'univers.

Depuis sa fondation jusqu'à ce jour, il ne s'est presque écoulé aucune année sans qu'elle se soit signalée par quelque action d'éclat. Voici l'*abrégé chronologique de son histoire*, tel à-peu-près qu'il a paru dans l'arrêt du parlement de Paris, 6 août 1762, qui supprime cet ordre, comme une secte d'impies, de fanatiques, de corrupteurs, de régicides, &c.... commandés par un chef étranger & machiavéliste par institut.

En 1547, Bobadilla, un des compagnons d'Ignace, est chassé des états d'Allemagne, pour avoir écrit contre l'*interim* d'Ausbourg.

En 1560, Gonzalès Silveria est supplicié au Monomotapa, comme espion du Portugal & de sa société.

En 1578, ce qu'il y a de *jésuites* dans Anvers en est banni, pour s'être refusés à la pacification de Gand.

En 1581, Campian, Skerwin & Briant sont mis à mort pour avoir conspiré contre Elisabeth d'Angleterre.

Dans le cours du règne de cette grande reine, cinq conspirations sont tramées contre sa vie, par des *jésuites*.

En 1588, on les voit animer la ligue formée en France contre Henri III.

La même année, Molina publie ses pernicieuses rêveries sur la concorde de la grace & du libre arbitre.

En 1593, Barriere est armé d'un poignard contre le meilleur des rois, par le *jésuite* Varadé.

En 1594, les *jésuites* sont chassés de France, comme complices du parricide de Jean Chatel.

En 1595, leur P. Guignard, saisi d'écrits apologétiques de l'assassinat d'Henri IV, est conduit à la Grève.

En 1597, les congrégations *de auxiliis* se tiennent à l'occasion de la nouveauté de leur doctrine sur la grace, & Clément VIII. leur dit : *brouillons, c'est vous qui troublez toute l'église.*

En 1598, ils corrompent un scélérat, lui administrent son Dieu d'une main, lui présentent un poignard de l'autre, lui montrent la couronne éternelle descendant du ciel sur sa tête, l'envoyent assassiner Maurice de Nassau, & se font chasser des états de Hollande.

En 1604, la clémence du cardinal Frédéric Borromée les chasse du collège de Bréda, pour des crimes qui auroient dû les conduire au bûcher.

En 1605, Oldecorn & Garnet, auteurs de la conspiration des poudres, sont abandonnés au supplice.

En 1606, rebelles aux décrets du sénat de Venise, on est obligé de les chasser de cette ville & de cet état.

En 1610, Ravaillac assassine Henri IV. Les *jésuites* restent sous le soupçon d'avoir dirigé sa main ; & comme s'ils en étoient jaloux, & que leur dessein fût de porter la terreur dans le sein des monarques, la même année Mariana publie avec son institution du prince l'apologie du meurtre des rois.

En 1618, les *jésuites* sont chassés de Bohême, comme perturbateurs du repos public, gens soulevant les sujets contre leurs magistrats, infectant les esprits de la doctrine pernicieuse de l'infaillibilité & de la puissance universelle du pape, & semant, par toutes sortes de voies, le feu de la discorde entre les membres de l'état.

En 1619, ils sont bannis de Moravie, pour les mêmes causes.

En 1631, leurs cabales soulèvent le Japon, & la terre est trempée dans toute l'étendue de l'empire de sang idolâtre & chrétien.

En 1641, ils allument en Europe la querelle

absurde du janfénifme, qui a couté le repos & la fortune à tant d'honnêtes fanatiques.

En 1643, Malte indignée de leur dépravation & de leur rapacité, les rejette loin d'elle.

En 1646, ils font à Séville une banqueroute qui précipite dans la misère plusieurs familles. Celle de nos jours n'est pas la première, comme on voit.

En 1709, leur basse jaloufie détruit Port-Royal, ouvre les tombeaux des morts, disperse leurs os, & renverfe les murs facrés dont les pierres leur retombent aujourd'hui si lourdement fur la tête.

En 1713, ils appellent de Rome cette bulle *Unigenitus*, qui leur a servi de prétexte pour causer tant de maux, au nombre desquels on peut compter quatre-vingt mille lettres de cachets décernées contre les plus honnêtes gens de l'état, fous le plus doux des miniftères.

La même année le *jésuite* Jouvency, dans une histoire de la société, ofe installer parmi les martyrs les assassins de nos rois ; & nos magistrats attentifs font brûler fon ouvrage.

En 1723, Pierre le Grand ne trouve de sureté pour sa personne, & de moyen de tranquilliser ses états, que dans le banniffement des *jé-fuites*.

En 1728, Berruyer traveftit en roman l'histoire de Moïse, & fait parler aux patriarches la langue de la galanterie & du libertinage.

En 1730, le fcandaleux Tournemine prêche à Caën dans un temple, & devant un auditoire chrétien, qu'il est incertain que l'évangile foit écriture fainte.

C'est dans ce même tems qu'Hardouin commence à infecter fon ordre d'un fcepticifme aussi ridicule qu'impie.

En 1731, l'autorité & l'argent dérobent aux flames le corrupteur & facrilège Girard.

En 1743, l'impudique Benzi fufcite en Italie la fecte des Mamillaires.

En 1745, Pichon proftitue les facremens de pénitence & d'euchariftie, & abandonne le pain des faints à tous les chiens qui le demanderont.

En 1755, les *jésuites* du Paraguay conduifent en bataille rangée les habitans de ce pays contre leurs légitimes fouverains.

En 1757, un attentat parricide est commis contre Louis XV. notre monarque, & c'est par un homme qui a vécu dans les foyers de la fociété de Jéfus, que ces pères ont protégé, qu'ils ont placé en plufieurs maifons ; & dans la même année ils publient une édition d'un de leurs auteurs clafiques, où la doctrine du meurtre des rois est enfeignée. C'est comme ils firent en 1610, immédiatement après l'affaffinat de Henri IV. mêmes circonftances, même conduite.

En 1758, le roi de Portugal eft affaffiné, à la fuite d'un complot formé & conduit par les *jéfuites* Malagrida, Mathos & Alexandre.

En 1759, toute cette troupe de religieux affafins eft chaffée de la domination portugaise.

En 1761, un de cette compagnie, après s'être emparé du commerce de la Martinique, menace d'une ruine totale fes correfpondans. On réclame en France la juftice des tribunaux contre le *jéfuite* banqueroutier, & la fociété eft déclarée folidaire du père la Valette.

Elle traîne maladroitement cette affaire d'une jurifdiction à une autre. On y prend connoiffance de fes conftitutions ; on en reconnoît l'abus, & les fuites de cet évenement amenent fon extinction parmi nous.

Voilà les principales époques du jéfuitifme. Il n'y en a aucune entre lefquelles on n'en pût intercaler d'autres femblables.

Combien cette multitude de crimes connus n'en fait-elle pas préfumer d'ignorés ?

Mais ce qui précède fuffit pour montrer que dans un intervalle de deux cens ans, il n'y a fortes de forfaits que cette race d'hommes n'ait commis.

J'ajoute qu'il n'y a fortes de doctrines perverfes qu'elle n'ait enfeignées. L'*Elucidarium* de Pofa en contient lui feul plus que n'en fourniroient cent volumes des plus diftingués fanatiques. C'eft-là qu'on lit entr'autre chofe de la mère de Dieu, qu'elle eft *Dei-pater* & *Dei-mater*, & que, quoiqu'elle n'ait été fujette à aucune excrétion naturelle, cependant elle a concouru comme homme & comme femme, *fecundùm generalem naturæ tenorem ex parte maris & ex parte fœminæ*, à la production du corps de Jéfus-Chrift, & mille autres folies.

La doctrine du probabilifme eft d'invention jéfuitique.

La doctrine du péché philofophique eft d'invention jéfuitique.

Lifez l'ouvrage intitulé les *affertions*, & publié cette année 1762, par arrêt du parlement de Paris, & frémiffez des horreurs que les théologiens de cette société ont débitées depuis son origine, sur la simonie, le blasphème, le sacrilège, la magie, l'irréligion, l'astrologie, l'impudicité, la fornication, la pédérastie, le parjure, la fausseté, le mensonge, la direction d'intention, le faux témoignage, la prévarication des juges, le vol, la compensation occulte, l'homicide, le suicide, la prostitution & le régicide; ramas d'opinions, qui, comme le dit M. le procureur général du roi au parlement de Bretagne, dans son second compte rendu page 73, attaque ouvertement les principes les plus sacrés, tend à détruire la loi naturelle, à rendre la foi humaine douteuse, à rompre tous les liens de la société civile, en autorisant l'infraction de ses lois; à étouffer tout sentiment d'humanité parmi les hommes, à anéantir l'autorité royale, à porter le trouble & la désolation dans les empires, par l'enseignement du régicide; à renverser les fondemens de la révélation, & à substituer au christianisme des superstitions de toute espèce.

Lisez dans l'arrêt du parlement de Paris, publié le 6 août 1762, la liste infamante des condamnations qu'ils ont subies à tous les tribunaux du monde chrétien, & la liste plus infamante encore des qualifications qu'on leur a données.

On s'arrêtera sans doute ici pour se demander comment cette société s'est affermie, malgré tout ce qu'elle a fait pour se perdre; illustrée, malgré tout ce qu'elle a fait pour s'avilir, comment elle a obtenu la confiance des souverains en les assassinant, la protection du clergé en le dégradant, une si grande autorité dans l'église en la remplissant de troubles, & en pervertissant sa morale & ses dogmes.

C'est qu'on a vu en même tems dans le même corps, la raison assise à côté du fanatisme, la vertu à côté du vice, la religion à côté de l'impiété, le rigorisme à côté du relâchement, la science à côté de l'ignorance, l'esprit de retraite à côté de l'esprit de cabale & d'intrigue, tous les contrastes réunis. Il n'y a que l'humilité qui n'a jamais pû trouver un asile parmi ces hommes.

Ils ont eu des poëtes, des historiens, des orateurs, des philosophes, des géomètres, & des érudits.

Je ne sais si ce sont les talens & la sainteté de quelques particuliers qui ont conduit la société au haut degré de considération dont elle jouissoit il n'y a qu'un moment; mais j'assurerai, sans crainte d'être contredit, que ces moyens étoient les seuls qu'elle eût de s'y conserver; & c'est ce que ces hommes ont ignoré.

Livrés au commerce, à l'intrigue, à la politique, & à des occupations étrangères à leur état, & indignes de leur profession, il a fallu qu'ils tombassent dans le mépris qui a suivi, & qui suivra dans tous les tems, & dans toutes les maisons religieuses, la décadence des études & la corruption des mœurs.

Ce n'étoit pas l'or, ô mes pères, ni la puissance qui pouvoient empêcher une petite société comme la vôtre, enclavée dans la grande, d'en être étouffée. C'étoit au respect qu'on doit & qu'on rend toujours à la science & à la vertu, à vous soutenir & à écarter les efforts de vos ennemis, comme on voit au milieu des flots tumultueux d'une populace assemblée, un homme vénérable demeurer immobile & tranquille au centre d'un espace libre & vuide que la considération forme & réserve autour de lui. Vous avez perdu ces notions si communes, & la malédiction de saint François de Borgia, le troisième de vos généraux, s'est accomplie sur vous. Il vous disoit, ce saint & bon homme: « Il viendra un tems où vous ne
» mettrez plus de bornes à votre orgueil & à
» votre ambition, où vous ne vous occuperez
» plus qu'à accumuler des richesses & à vous
» faire du crédit, où vous négligerez la pratique
» des vertus; alors il n'y aura puissance sur la
» terre qui puisse vous ramener à votre première
» perfection, & s'il est possible de vous détruire,
» on vous détruira ».

Il falloit que ceux qui avoient fondé leur durée sur la même base qui soutient l'existence & la fortune des grands, passassent comme eux; la prospérité des *jésuites* n'a été qu'un songe un peu plus long.

Mais en quel tems le colosse s'est-il évanoui? Au moment même où il paroissoit le plus grand & le mieux affermi. Il n'y a qu'un moment que les *jésuites* remplissoient les palais de nos rois; il n'y a qu'un moment que la jeunesse, qui fait l'espérance des premières familles de l'état, remplissoit leurs écoles; il n'y a qu'un moment que la religion les avoit portés à la confiance la plus intime du monarque, de sa femme & de ses enfans; moins protégés que protecteurs de notre clergé, ils étoient l'ame de ce grand corps. Que ne se croyoient-ils pas? J'ai vû ces chênes orgueilleux toucher le ciel de leur cime; j'ai tourné la tête, & ils n'étoient plus.

Mais tout événement a ses causes. Quelles ont été celles de la chûte inopinée & rapide de cette société? En voici quelques-unes, telles qu'elles se présentent à mon esprit.

L'esprit philosophique a décrié le célibat, & les *jésuites* se sont ressentis, ainsi que tous les autres ordres religieux, du peu de goût qu'on a aujourd'hui pour le cloître.

Les *jésuites* se sont brouillés avec les gens de lettres, au moment où ceux-ci alloient prendre parti pour eux contre leurs implacables & triftes ennemis. Qu'en eft-il arrivé? C'eft qu'au lieu de couvrir leur côté foible, on l'a expofé, & qu'on a marqué du doigt aux fombres enthoufiaftes qui les menaçoient, l'endroit où ils devoient frapper.

Il ne s'eft plus trouvé parmi eux, d'homme qui fe diftinguât par quelque grand talent; plus de poëtes, plus de philofophes, plus d'orateurs, plus d'érudits, aucun écrivain de marque, & on a méprifé le corps.

Une anarchie interne les divifoit depuis quelques années; & fi par hafard ils avoient un bon fujet, ils ne pouvoient le garder.

On les a reconnus pour les auteurs de tous nos troubles intérieurs, & on s'eft laffé d'eux.

Leur journalifte de Trévoux, bon-homme, à ce qu'on dit, mais auteur médiocre & pauvre politique, leur a fait avec fon livret bleu mille ennemis redoutables, & ne leur a pas fait un ami.

Il a bêtement irrité contre fa fociété notre de Voltaire, qui a fait pleuvoir fur elle & fur lui le mépris & le ridicule, le peignant lui comme un imbécille, & fes confrères, tantôt comme des gens dangereux & méchans, tantôt comme des ignorans, donnant l'exemple & le ton à tous nos plaifans fubalternes, & nous apprenant qu'on pouvoit impunément fe moquer d'un *jéfuite*, & aux gens du monde qu'ils en pouvoient rire fans conféquence.

Les *jéfuites* étoient mal depuis très-long-tems avec les dépofitaires des lois, & ils ne fongeoient pas que les magiftrats, auffi durables qu'eux, feroient à la longue les plus forts.

Ils ont ignoré la différence qu'il y a entre des hommes néceffaires & des moines turbulens, & que fi l'état étoit jamais dans le cas de prendre un parti, il tourneroit le dos avec dédain à des gens que rien ne recommandoit plus.

Ajoutez qu'au moment où l'orage a fondu fur eux, dans cet inftant où le ver de terre qu'on foule au pié montre quelque énergie, ils étoient fi pauvres de talens & de reffources, que dans tout l'ordre il ne s'eft pas trouvé un homme qui sût dire un mot qui fit ouvrir les oreilles. Ils n'avoient plus de voix, & ils avoient fermé d'avance toutes les bouches qui auroient pû s'ouvrir en leur faveur.

Ils étoient haïs ou enviés.

Pendant que les études fe relevoient dans l'univerfité, elles achevoient de tomber dans leur collège, & cela lorfqu'on étoit à demi convaincu que pour le meilleur emploi du tems, la bonne culture de l'efprit, & la confervation des mœurs & de la fanté, il n'y avoit guère de comparaifon à faire entre l'inftitution publique & l'éducation domeftique.

Ces hommes fe font mêlés de trop d'affaires diverfes; ils ont eu trop de confiance en leur crédit.

Leur général s'étoit ridiculement perfuadé que fon bonnet à trois cornes couvroit la tête d'un potentat, & il a infulté lorfqu'il falloit demander grace.

Le procès avec les créanciers du père la Valette les a couverts d'opprobre.

Ils furent bien imprudens, lorfqu'ils publièrent leurs conftitutions; ils le furent bien davantage, lorfqu'oubliant combien leur exiftence étoit précaire, ils mirent des magiftrats qui les haïffoient à portée de connoître de leur régime, & de comparer ce fyftême de fanatifme, d'indépendance & de machiavélifme, avec les lois de l'état.

Et puis, cette révolte des habitans du Paraguay, ne dut-elle pas attirer l'attention des fouverains, & leur donner à penfer? Et ces deux parricides exécutés dans l'intervalle d'une année?

Enfin, le moment fatal étoit venu; le fanatifme l'a connu, & en a profité.

Qu'eft ce qui auroit pu fauver l'ordre contre tant de circonftances réunies qui l'avoient amené au bord du précipice? Un feul homme, Bourdaloue peut-être, s'il eût exifté parmi les *jéfuites*; mais il falloit en connoître le prix, laiffer aux mondains le foin d'accumuler des richeffes, & fonger à reffufciter Cheminais de fa cendre.

Ce n'eft ni par haine, ni par reffentiment contre les *jéfuites*, que j'ai écrit ces chofes; mon but a été de juftifier le gouvernement qui les a abandonnés, les magiftrats qui en ont fait juftice, & d'apprendre aux religieux de cet ordre qui tenteront un jour de fe rétablir dans ce royaume, s'ils y réuffiffent, comme je le crois, à quelles conditions ils peuvent efpérer de s'y maintenir.

(Cet article eft de DIDEROT).

JÉSUS-CHRIST (*hiftoire des fuperft. anciennes & modernes.*)

[Nous ne commettrons pas ici la même faute que l'abbé Bergier a faite dans fon dictionnaire théologique. Ce prêtre, d'une crédulité ftupide, avoit beaucoup étudié la théologie, ce qui fignifie, en d'autres termes, qu'il n'avoit guère dans la tête que des erreurs & des abfurdités auxquelles il attachoit la même importance que les philosophes mettent à des verites demontrées & d'une utilité générale & constante. Si les préjugés religieux dont il paroit avoir été un des esclaves les plus soumis, avoient laissé à sa raison égarée quelques intervalles lucides, il auroit fait du dictionnaire de théologie qu'il a compilé pour l'*encyclopédie méthodique*, un dictionnaire purement historique des dogmes & de la croyance des chrétiens, depuis l'origine du christianisme, jusqu'au dix-huitième siècle ; & ce dictionnaire, écrit dans cet esprit avec exactitude & clarté, auroit été un jour un fort bon livre de mythologie où les savans de l'an deux mille trois ou quatre cents, plus ou moins, auroient trouvé sur celle des chrétiens tous les faits, tous les détails & les éclaircissemens nécessaires, sans aucune réflexion critique ou apologétique. En effet, comme nous l'avons observé ailleurs, (1) toutes les religions connues ayant une origine commune, doivent nécessairement finir toutes de la même manière, c'est-à-dire, être regardées un peu plutôt, un peu plus tard, comme des espèces de mythologie, & comme telles, excercer un jour la sagacité de quelque érudit qui voudra recueillir ces tristes débris d'une partie des folies humaines, & connoitre les causes de la plupart des maux qui ont désolé la terre, & des crimes qui l'ont souillée. En considérant sous ce point de vue très-philosophique ces différens dogmes ou articles de foi dont l'ensemble s'appelle aujourd'hui *religion*, & demain *un conte absurde*, il est évident que rien ne seroit plus ridicule que de traiter la théologie chrétienne comme une science positive, & de ne pas lire le sort qui l'attend dans celui qu'ont éprouvé successivement tous les systèmes religieux. Il n'y a donc qu'une seule manière de juger d'une religion actuellement établie & consacrée chez un peuple, c'est de se transporter tout-à-coup à sept ou huit cents ans plus ou moins du siècle où l'on écrit, de consulter alors les lignes impartiales de l'histoire, & d'en parler comme elle.

C'est dans ces idées que nous allons exposer ici historiquement ce que les chrétiens pensoient encore, au dix-huitième siècle, de la personne & de la religion instituée par *Jésus-Christ*. Tel est l'objet que Diderot s'est proposé dans cet article de doctrine exotérique. On ne doit donc pas s'attendre à trouver ici ses vrais sentimens, d'ailleurs très-connus, mais seulement ceux qu'il étoit prudent d'énoncer sur un sujet aussi délicat, & qu'il n'auroit pu traiter dans ses principes sans renverser des opinions, très-ridicules il est vrai, mais qu'il étoit alors dangereux d'attaquer ouvertement. En un mot, c'est ici un de ces articles

où, à l'exemple de Leibnitz dans sa théodicée, & pour les mêmes raisons, il a eu soin *de tout diriger à l'édification*, mais dont il a donné lui-même le corectif & l'explication dans ce passage très-remarquable sur l'usage des renvois de mots dans une encyclopédie.

» Il y auroit, *dit-il*, un grand art & un avantage
» infini dans ces derniers renvois. L'ouvrage entier
» en recevroit une force interne & une utilité
» secrete, dont les effets sourds seroient néces-
» sairement sensibles avec le tems. Toutes les fois,
» par exemple, qu'un préjugé national mériteroit
» du respect, il faudroit, à son article, l'exposer
» *respectueusement* & avec tout son cortège de vrai-
» semblance & de séduction ; mais renverser
» l'*édifice de fange*, dissiper en vain amas de pous-
» sière, en renvoyant aux articles où des principes
» solides servent de base aux vérités opposées.
» Cette manière de *détromper les hommes* opère
» très-promptement sur les bons esprits, & elle
» opère infailliblement & sans aucune fâcheuse
» conséquence, secrètement & sans éclat, sur
» tous les esprits. C'est l'art de déduire tacite-
» ment les conséquences les plus fortes ».]

Jésus-Christ fondateur de la religion chrétienne. Cette religion, qu'on peut appeler *la philosophie par excellence*, si l'on veut s'en tenir à la chose sans disputer sur les mots, a beaucoup influé sur la morale & sur la métaphysique des anciens pour l'épurer, & la métaphysique & la morale des anciens sur la religion chrétienne, pour la corrompre. C'est sous ce point de vue que nous nous proposons de la considérer. *Voyez* ce que nous en avons déja dit à *l'article* CHRISTIANISME. Mais pour fermer la bouche à certains calomniateurs obscurs, qui nous accusent de traiter la doctrine de *Jésus-Christ* comme un système, nous ajouterons avec saint Clément d'Alexandrie, Φιλόσοφοι λέγονται παρ᾽ ἡμῖν οἱ σοφίας ἐρῶντες τῶν πάντων δημιουργοῦ καὶ διδασκαλίας, τουτέστι τοῦ υἱοῦ τοῦ Θεοῦ ; *Philosophi apud nos dicuntur qui amant sapientiam, quæ est omnium opifex & magistra, hoc est filii Dei cognitionem.*

A parler rigoureusement, *Jésus-Christ* ne fut point un philosophe ; ce fut un Dieu. Il ne vint point proposer aux hommes des opinions, mais leur annoncer des oracles ; il ne vint point faire des syllogismes, mais des miracles ; les apôtres ne furent point des philosophes, mais des inspirés. Paul cessa d'être un philosophe lorsqu'il devint un prédicateur. *Fuerat Paulus Athenis*, dit Tertulien, *& istam sapientiam humanam, adfectatricem & interpolatricem veritatis de congressibus noverat, ipsam quoque in suas hæreses multipartitam varietate sectarum invicem repugnantium. Quid ergo Athenis & Jerosolymis ? Quid academiæ & ecclesiæ ? Quid hæreticis & christianis ? Nobis curiositate non opus est, post Jesum Christum, nec inquisitione post evan-*

---
(1) *Voyez* le discours préliminaire du premier volume de ce dictionnaire philosophique, *pag.* 23.

gelium. *Cum credimus, nihil desideramus ultrà credere. Hoc enim prius credimus, non esse quod ultrà credere debemus.*

Paul avoit été à Athènes ; ses disputes avec les philosophes lui avoient appris à connoître la vanité de leur doctrine, de leurs prétentions, de leurs vérités, & toute cette multitude de sectes opposées qui les divisoit. Mais qu'y a-t-il de commun entre Athènes & Jérusalem ? Entre des sectaires & des chrétiens ? Il ne nous reste plus de curiosité, après avoir ouï la parole de *Jésus-Christ*, plus de recherche après avoir lû l'évangile. Lorsque nous croyons, nous ne desirons point à rien croire au-delà ; nous croyons même d'abord que nous ne devons rien croire au-delà de ce que nous croyons.

Voilà la distinction d'Athènes & de Jérusalem, de l'académie & de l'église, bien déterminée. Ici l'on raisonne ; là on croit. Ici l'on étudie ; là on sait tout ce qu'il importe de savoir. Ici on ne reconnoît aucune autorité ; là il en est une infaillible. Le philosophe dit *amicus Plato, amicus Aristoteles, sed magis amica veritas.* J'aime Platon, j'aime Aristote, mais j'aime encore davantage la vérité. Le chrétien a bien plus de droit à cet axiome, car son Dieu est pour lui la vérité même.

Cependant ce qui devoit arriver arriva ; & il faut convenir 1°. que la simplicité du christianisme ne tarda pas à se ressentir de la diversité des opinions philosophiques qui partageoient ses premiers sectateurs. Les égyptiens conservèrent le goût de l'allégorie ; les Pytagoriciens, les Platoniciens, les Stoïciens, renoncèrent à leurs erreurs, mais non à leur manière de présenter la vérité. Ils attaquèrent tous la doctrine des Juifs & des Gentils, mais avec des armes qui leur étoient propres. Le mal n'étoit pas grand, mais il en annonçoit un autre. Les opinions philosophiques ne tardèrent pas à s'entrelacer avec les dogmes chrétiens, & l'on vit tout-à-coup éclore de ce mélange une multitude incroyable d'hérésies ; la plûpart sous un faux air de philosophie. On en a un exemple frappant, entr'autres dans celle des Valentiniens *Voyez l'article* VALENTINIENS. De-là cette haine des pères contre la philosophie, avec laquelle leurs successeurs ne se sont jamais bien reconciliés. Tout système leur fut également odieux, si l'on en excepte le platonisme. Un auteur du seizième siècle nous a exposé cette distinction, avec son motif & ses inconvéniens, beaucoup mieux que nous ne le pourrions faire. Voici comment il s'en exprime. La citation sera longue ; mais elle est pleine d'éloquence & de vérité.

Plato humaniter & plusquam par erat, benigne à nostris susceptus, cum ethnicus esset, & hostium famosissimus antesignanus, & vanis tum Græcorum, tum exterarum gentium superstitionibus apprime imbutus, & mentis acumine & variorum dogmatum cognitione, & famosâ illâ ad Ægyptum navigatione ; Ingenii sui, alioqui præclarissimi vires adeo roboraverit, & patria eloquentia usque adeo disciplinas adauxit, ut sive de Deo, & de ipsius una quadam nescio quâ trinitate, bonitate, providentia, sive de mundi creatione, de cœlestibus mentibus, de dæmonibus, sive de anima, sive tandem de moribus sermonem habuerit, solus è Græcorum numero ad sublimem sapientiæ græcæ metam pervenisse videretur. Hinc nostri prima mali labes. Hinc hæretici spargere voces ambiguas in vulgus ausi sunt ; hinc superstitionum, mendaciorum, & pravitatum omne genus in Ecclesiam Dei, agmine facto, cœpit irruere. Hinc Ecclesiæ parietibus, tectis, columnis ac postibus sanctis horrificum quoddam & nefarium omni imbutum odio atque scelere bellum, hæretici intulerunt : & quidem tanta fuit in captivo Platone sapientia, tantaque leporis eloquentiæ dulcedo, ut parum abfuerit, quin de victoribus, triumpho ipse actus, triumpharet. Nam, si à primis nostrorum patrum proceribus exordiar, si Clementem Alexandrinum inspicimus, quanti ille Platonem fecerit, plusquam sexcentis in locis, dum libet, videre licet, & tanquam veri amatorem à primo fere suorum librorum limine salutavit. Si vero etiam Origenem, quam frequenter in ejusdem sententiam iverit, magno quidem sui & christiana reipublica documento experimur. Si Justinum, gavisus ipse olim est, se in Platonis doctrinam incidisse. Si Eusebium, nostra ille ad Platonem cuncta fere ad satietatem usque retulit. Si Theodoretum, adeo illius doctrina perculsus est, ut cum Græcos affectus curasse tentasset, medicamenta non sine Platone præparante, illis adhibere sit ausus. Si vero tandem Augustinum, dissimulem non pro millibus unum, quod referre piget. Platonis ille quidem, jam, non dicta, verum decreta, & eadem sacro-sancta appellare non dubitavit. Vide igitur quantos, qualesque viros victus ille græcus ad sui benevolentiam de se triumphantes pellexerit ; ut nec aliis deinde artibus ipsemet Plato in multorum animis sese veluti hostis deterrimus insinuaverit ; quem tamen vel egregie corrigi, vel adhibita potius cautione legi, quam veluti captivum servari præstitisset. Joan. Bapt. Crisp.

Je ne vois pas pourquoi le Platonisme a été reproché aux premiers disciples de *Jésus-Christ*, & pourquoi l'on seroit à la peine de le défendre. Y a-t-il eu aucun système de philosophie qui ne contînt quelques vérités ? Et les chrétiens devoient-ils les rejetter parce qu'elles avoient été connues, avancées ou prouvées par des Payens ? Ce n'étoit pas l'avis de saint Justin, qui dit des philosophes, *quæcumque apud omnes recte dicta sunt, nostra Christianorum sunt*, & qui retint des idées de Platon tout ce qu'il en put concilier avec la morale & les dogmes du christianisme. Qu'importe en effet au dogme de la trinité, qu'un métaphysicien, à force de subtiliser ses idées, ait ou non rencontré

rencontré je ne sais quelle opinion qui lui soit analogue ? Qu'en conclure, sinon que ce mystère loin d'être impossible, comme l'impie le prétend, n'est pas tout-à-fait inaccessible à la raison.

2°. Qu'emportés par la chaleur de la dispute, nos premiers docteurs se sont quelquefois embarrassés dans des paralogismes, ont mal choisi leurs argumens, & montré peu d'exactitude dans leur logique.

3°. Qu'ils ont outré le mépris de la raison & des sciences naturelles.

4°. Qu'en suivant à la rigueur quelqu'un de leurs préceptes, la religion qui doit être le lien de la société, en deviendroit la destruction.

5°. Qu'il faut attribuer ces défauts aux circonstances des tems & aux passions des hommes, & non à la religion qui est divine, & qui montre par-tout ce caractère.

Après ces observations sur la doctrine des pères en général, nous allons parcourir leurs sentimens particuliers, selon l'ordre dans lequel l'histoire de l'église nous les présente.

Saint Justin fut un des premiers philosophes qui embrassèrent la doctrine évangélique. Il reçut au commencement du second siècle, & signa de son sang la foi qu'il avoit défendue par ses écrits. Il avoit d'abord été stoïcien, ensuite péripatéticien, pythagoricien, platonicien, lorsque la constance avec laquelle les chrétiens alloient au martyre, lui fit soupçonner l'imposture des accusations dont on les noircissoit. Telle fut l'origine de sa conversion. Sa nouvelle façon de penser ne le rendit point intolérant ; au contraire, il ne balança pas de donner le nom de *chrétiens*, & de sauver tous ceux qui, avant & après *Jésus-Christ*, avoient sû faire un bon usage de leur raison. *Quicumque*, dit-il, *secundum rationem & verbum vixere, christiani sunt, quamvis athei, id est, nullius numinis cultores habiti sunt, quales inter Græcos fuere Socrates, Heraclitus, & his similes, inter barbaros autem Abraham & Ananias & Azarias & Misael & Elias, & alii complures* ; & celui qui nie la conséquence que nous venons de tirer de ce passage, & que nous pourrions inférer d'un grand nombre d'autres, est, selon Brucker, d'aussi mauvaise foi que s'il disputoit en plein midi contre la lumière du jour.

Justin pensoit encore, & cette opinion lui étoit commune avec Platon & la plupart des pères de son tems, que les anges avoient habité avec les filles des hommes, & qu'ils avoient des corps propres à la génération.

D'où il s'ensuit que quelques éloges qu'on puisse donner d'ailleurs à la piété & à l'érudition

Philosophie anc. & mod. Tome II.

de Bullus, de Baltus & de le Nourri, ils nuisent plus à la religion qu'ils ne la servent, par l'importance qu'ils semblent attacher aux choses, lorsqu'on les voit occupés à obscurcir des questions fort claires. Saint Justin étoit homme, & s'il s'est trompé en quelques points, pourquoi n'en pas convenir ?

Tatien syrien d'origine, gentil de religion, sophiste de profession, fut disciple de Saint Justin. Il partagea avec son maître la haine & les persécutions du cynique Crescence. Entraîné par la chaleur de son imagination, Tatien se fit un christianisme mêlé de philosophie orientale & égyptienne. Ce mélange malheureux souilla un peu l'apologie qu'il écrivit pour la vérité du christianisme, apologie d'ailleurs pleine de vérité, de force & de sens. Celui-ci fut l'auteur de l'hérésie des encratites. *Voyez* cet article. Cet exemple ne sera pas le seul d'hommes transfuges de la philosophie, que l'église reçut d'abord dans son giron, & qu'elle fut ensuite obligée d'en rejetter comme hérétiques.

Sans entrer dans le détail de ses opinions, on voit qu'il étoit dans le système des émanations ; qu'il croyoit que l'ame meurt & resuscite avec le corps ; que ce n'étoit pas une substance simple, mais composée de parties ; que ce n'étoit point par la raison, qui lui étoit commune avec la bête, que l'homme en étoit distingué, mais par l'image & la ressemblance de Dieu qui lui avoit été imprimée ; que si le corps n'est pas un temple que Dieu daigne habiter, l'homme ne diffère de la bête que par la parole ; que les démons ont trouvé le secret de se faire auteur de nos maladies, en s'emparant quelquefois de nous quand elles commencent ; que c'est par le péché que l'homme a perdu la tendance qu'il avoit à Dieu, tendance qu'il doit travailler sans cesse à recouvrer, &c.

Théophile d'Antioche eut occasion de parcourir les livres des chrétiens chez son savant ami Autolique, & se convertit ; mais cette faveur du ciel ne le débarrassa pas entièrement de son platonisme. Il appelle le verbe λογος, & ce mot joue dans ses opinions le même rôle que dans Platon. Du moins le savant Pétau s'y est-il trompé.

Athénagoras fut en même-tems chrétien, platonicien & éclectique. On peut conjecturer ce qu'il entendoit par ce mot λογος, qui a causé tant de querelles ; lorsqu'il dit : *à principio Deus, qui est mens æterna, ipse in se ipso λογον habet, cum æterno rationalis sit* ; & ailleurs, *Plato excelso animo mentem æternam & sola ratione comprehendendum Deum est contemplatus ; de suprema potestate optime disseruit*. Le verbe ou λογος est en Dieu de toute éternité, parce qu'il a raisonné de toute éternité. Platon, homme d'un esprit élevé & profond, a bien connu la nature divine.

Celui-ci croyoit aussi au commerce des anges avec les filles des hommes. Ces impudiques errent à présent autour du globe, & traversent autant qu'il est en eux, les desseins de Dieu. Ils entraînent les hommes à l'idolatrie, & ils avalent la fumée des victimes ; ils jettent pendant le sommeil dans nos esprits, des songes & des images qui les souillent, &c.

Après Athénagore, on rencontre dans les fastes de l'église, les noms d'Hermias & d'Irénée. L'un s'appliqua à exposer avec soin les sentimens des philosophes payens, & l'autre à en purger le christianisme. Il seroit seulement à souhaiter qu'Irénée eût été aussi instruit qu'Hermias fut zélé ; il eût travaillé avec plus de succès.

Nous voici arrivés au tems de Tertullien, ce bouillant africain qui a plus d'idées que de mots, & qui seroit peut-être à la tête de tous les docteurs du christianisme, s'il eût pû concevoir la distinction des deux substances, & ne pas se faire un Dieu & une ame corporelle. Ses expressions ne sont point équivoques. *Quis negabit*, dit-il, *Deum corpus esse, etsi spiritus sit ?*

Clément d'Alexandrie parut dans le second siècle. Il avoit été l'élève de Pantaenus, philosophe stoïcien, avant que d'être chrétien. Si cependant on juge de sa philosophie, par les précautions qu'il exige avant que d'initier quelqu'un au christianisme, on sera tenté de la croire un peu pythagorique ; & si l'on en juge par la diversité de ses opinions, fort éclectique. L'éclectisme ou cette philosophie qui consistoit à rechercher dans tous les systèmes ce qu'on y reconnoissoit de vérités, pour s'en composer un particulier, commençoit à se renouveller dans l'église. *Voyez* l'article ECLECTIQUE.

L'histoire d'Origène, dont nous aurions maintenant à parler, fourniroit seul un volume considérable ; mais nous nous en tiendrons à notre objet, en exposant les principaux axiomes de sa philosophie.

Selon Origène, Dieu dont la puissance est limitée par les choses qui sont, n'a créé de matière qu'autant qu'il en avoit à employer ; il n'en pouvoit ni créer ni employer davantage. Dieu est un corps seulement plus subtil. Toute la matière tend à un état plus parfait.

La substance de l'homme, des anges, de Dieu. & des personnes divines est la même.

Il y a trois hypostases en Dieu, & par ce mot il n'entend point des personnes. Le fils diffère du père, & il y a entr'eux quelque inégalité. Il est le ministre de son père dans la création. Il en est la première émanation.

Les anges, les esprits, les ames occupent dans l'univers un rang particulier, selon leur degré de bonté. Les anges sont corporels ; les corps des mauvais anges sont plus grossiers.

Chaque homme a un ange tutélaire, auquel il est confié au moment de sa naissance ou de son baptême. Les anges sont occupés à conduire la matière, chacun selon son mérite. L'homme en a un bon & un mauvais.

Les ames ont été créées avant les corps. Les corps sont des prisons où elles ont été renfermées pour quelques fautes commises antérieurement. Chaque homme a deux ames ; c'étoient des esprits purs qui ont dégénéré avec l'intérêt que Dieu y prenoit.

Outre le corps, les ames ont encore un véhicule plus subtil qui les enveloppe. Elles passent successivement dans différens corps.

L'état d'ame est moyen entre celui d'esprit & de corps. Les ames les moins coupables sont allées animer les astres. Les astres, en qualité d'êtres animés, peuvent indiquer l'avenir.

Tout étant en vicissitude, la damnation n'est point éternelle, les ames peuvent se relever & retomber. Les fautes des ames s'expient par le feu.

Il y a des régions basses où les ames des pécheurs subissent des châtimens proportionnés à leurs fautes. Elles en sortent libres de souillures & capables d'atteindre aux demeures éternelles.

Voici les différens degrés du bonheur de l'homme ; perdre ses erreurs, connoître la vérité, être ange, s'assimiler à Dieu, s'y unir. L'homme en jouit successivement sur la terre, dans l'air, dans le paradis.

Le cours de félicité se remplit dans une espace de siècles indéfinis, après lequel Dieu étant tout en tout, & tout étant en Dieu, il n'y aura plus de mal dans l'univers, & le bonheur sera général & parfait.

A ce monde il en succédera un autre ; à celui ci un troisième, & ainsi de suite, jusqu'à celui où Dieu sera tout en tout, & ce monde sera le dernier. La base de ce système, c'est que Dieu produit sans cesse, & qu'il en émane des mondes qui y retournent & y retourneront jusqu'à la consommation des siècles où il n'y aura plus que lui.

Les tems de l'église qui suivent, virent naître Anatolius, qui réfuscita le péripatétifme; Arnobe, qui, mêlant l'optimifme avec le chriftianifme, difoit que nous prenant pour la mefure de tout, nous faifons à la nature qui eft bonne, un crime de notre ignorance; Lactance, qui prit en une telle haine toutes les fectes philofophiques, qu'il ne put fouffrir que ni Socrate ni Platon euffent dit d'eux-mêmes quelque chofe de bien, & qui, affectant des connoiffances de toutes fortes d'efpèces, tomba dans un grand nombre de puérilités qui défigurent fes ouvrages d'ailleurs très-précieux; Eufebe, qui nous auroit laiffé un ouvrage incomparable dans fa préparation évangélique, s'il eût été mieux inftruit des principes de la philofophie ancienne, & s'il n'eût pas pris les dogmes abfurdes des argumentateurs de fon tems pour les vrais fentimens de ceux dont ils fe difoient les difciples; Didyme d'Alexandrie, qui fut très-bien féparer d'Ariftote & de Platon ce qu'ils avoient de faux & de vrai, être philofophe & chrétien, croire avec jugement, raifonner avec fobriété; Chalcidius, dont le chriftianifme eft demeuré fort fufpect jufqu'à ce jour; Auguftin, qui fut d'abord manichéen; Synefius, dont les incertitudes font peintes dans une lettre qu'il écrivit à fon frère d'une manière naïve qui charme. La voici:

Ego cum meipfum confidero, omnino inferiorem fentio quam ut epifcopali faftigio refpondeam. Plus je m'examine moi-même, plus je me fens au-deffous du poids & de la dignité épifcopale.

Ac fane apud te de animi mei motibus difputabo; neque enim apud alium, quam amiciffimum tuum unaque mecum educatum caput, commodè iftud facere poffum. Je ne balancerai point à vous dévoiler mes fentimens; & à qui pourrois-je montrer plus volontiers le fond de mon cœur, qu'à mon frère, à celui avec lequel j'ai été nourri, élevé, qu'à l'homme qui m'aime le mieux, & à qui je fuis le plus cher?

Te enim æquum eft & earumdem curarum effe participem, & cum noctu vigilare, tum interdiu cogitare, quemadmodum aut boni mihi aliquid contingat aut mali quidpiam evitare poffim. Il faut qu'il partage tous mes foins; s'il eft poffible qu'en veillant avec moi la nuit, en m'entretenant le jour, je me procure quelque bien, ou que j'évite quelque mal, il ne s'y refufera pas.

Audi igitur quid fit mearum rerum ftatus, quarum pleraque, jam opinor, tibi fuerint cognita. Vous connoiffez déja une partie de ma fituation, écoutez-moi, mon frère, & fachez le refte. *Cum exiguum onus fufcepiffem, commodè mihi hactenus fuftinuiffe videor, philofophiam.* Jufqu'à préfent je me fuis contenté du rôle de philofophe; il étoit facile, & je crois m'en être affez bien acquitté. Mais on a mal jugé de ma capacité; & parce qu'on m'a vû foutenir fans peine un fardeau leger, on a cru que j'en pourrois porter un plus pefant. *Pro eo vero quod non omnino ab ea aberrare videor, à nonnullis laudatus, majoribus dignus ab iis exiftimor, qui animi facultatem habilitatemque dignofcere nequeant.*

Jugeons-nous nous-mêmes, & ne nous laiffons point féduire par cet éloge. Craignons que de nouveaux honneurs ne nous rendent vains, & qu'un pofte plus élevé ne m'ôte le peu de mérite que j'ai dans celui que j'occupe, s'il arrive qu'après avoir pour ainfi dire, méprifé l'un, l'on me reconnoiffe indigne de l'autre. *Vereor autem ne arrogantior redditus, eum honorem admittens, ab utroque excidam, poftquam alterum quidem contempfero, alterius vero non fuerim dignitatem affecutus.*

Dieu, la loi, & la main facrée de Théophile, m'ont attaché à une femme; il ne me convient ni de m'en féparer, ni de vivre fecretement avec elle, comme un adultère. *Mihi & Deus ipfe & lex & facra Theophili manus uxorem dedit, quare hoc omnibus prædico, & teftor neque me ab ea prorfus fejungi velle, neque adulteri inftar cum ea clanculum confuefcere.*

Je partage mon tems en deux portions. J'étudie ou j'enfeigne. En étudiant, je fuis ce qu'il me plaît. En enfeignant, c'eft autre chofe. *Duobus hifce tempus identidem diftinguo ludis, atque ftudiis. At cum in ftudiis occupor, tum mihi uni deditus fum; in ludendo vero, maximè omnibus expofitus.*

Il eft difficile, il eft impoffible de chaffer de fon efprit les opinions qui y font entrées par la voie de la raifon, & que la force de la démonftration y retient. Et vous n'ignorez pas qu'en plufieurs points, la philofophie ne s'accorde ni avec nos dogmes, ni avec nos décrets. *Difficile eft, vel fieri potius nullo pacto poteft ut quæ dogmata fcientiarum ratione ad demonftrationem perducta in animum pervenerint, convellantur. Nofti autem Philofophiam cum plerifque ex pervulgatis iifce decretis pugnare.*

Jamais, mon frère je ne me perfuaderai que l'origine de l'ame foit poftérieure au corps; je ne prendrai jamais fur moi de dire que ce monde & fes autres parties puiffent paffer en même tems. J'ai une façon de penfer qui n'eft point celle du vulgaire, & il y a dans cette doctrine ufée & rebattue de la réfurrection, je ne fais quoi de ténébreux & de facré, que je ne faurois digérer. Une ame imbue de la Philofophie, un efprit accoutumé à la recherche de la vérité, ne s'expofe pas fans répugnance à la néceffité de mentir. *Etenim nunquam profecto mihi perfuafero animum originis effe pofteriorem corpore; mundum cæterafque ejus partes una interire nunquam dixero; tritam illam ac decantatam resurectionem sacrum quidpiam atque arcanum arbitror, longeque absum à vulgi opinionibus comprobandis. Animus certè quidem Philosophia imbutus de veritatis inspector mentiendi necessitati non nihil remittit.*

Il en est de la vérité comme de la lumière. Il faut que la lumière soit proportionnée à la force de l'organe, si l'on ne veut pas qu'il en soit blessé. Les ténèbres conviennent aux ophtalmiques, & le mensonge aux peuples; & la vérité nuit à ceux dont l'esprit ou inactif ou hébété ne peut ou n'est pas accoutumé à approfondir. *Lux enim veritati, oculus vulgo proportione quadam respondent. Et oculus ipse non sine damno suo immodica luce perfruitur. Ac uti ophtalmicis caligo magis expedit, eodem modo mendacium vulgo prodesse arbitror, contra nocere veritatem iis qui in rerum perspicuitatem intendere mentis aciem nequeunt.*

Cependant voyez; je ne refuse pas d'être évêque, s'il m'est permis d'allier les fonctions de cet état avec mon caractère & ma franchise, philosophant dans mon cabinet, répétant des fables en public, n'enseignant rien de nouveau, ne désabusant sur rien, & laissant les hommes dans leurs préjugés à peu près comme ils me viendront; mais le croyez-vous? *Hæc si mihi episcopalis nostri muneris jussa concesserint, subire hanc dignitatem possim, ita ut domi quidem philosopher, foris vero fabulas texam, ut nihil penitùs docens, sic nihil etiam dedocens, atque in præsumptâ animi opinione manere sinens.*

Sans cela, s'il faut qu'un évêque soit populaire dans ses opinions, je me décélerai sur le champ. On me conférera l'épiscopat si l'on veut; mais je ne veux pas mentir. J'en atteste Dieu & les hommes. Dieu & la vérité se touchent. Je ne veux point me rendre coupable d'un crime à ses yeux. Non, mon frère, non, je ne puis dissimuler mes sentimens. Jamais ma bouche ne proférera le contraire de ma pensée. Mon cœur est sur le bord de mes levres. C'est en pensant comme je fais, c'est en ne disant rien que je ne pense, que j'espere de plaire à Dieu. *Si dixerint episcopum opinionibus popularem esse, ego me illico omnibus manifestum præbebo. Si ad episcopale munus vocer, nolo ementiri dogmata. Horum Deum, horum homines testes facio. Affinis est Deo veritas, apud quem criminis expers omnis cupio. Dogmata porro mea numquam obtegam, neque mihi ab animo lingua dissidebit. Ita sentiens, itaque loquens placere me Deo arbitror.* Voyez les ouvrages de Synésius dans la Collect. des Peres de l'Eglise.

Cette protestation ne l'empêcha point d'être consacré évêque de Ptolémaïs. Il est incroyable que Théophile n'ait point balancé à élever à cette dignité un philosophe infecté de Platonisme, & s'en faisant honneur. On eut égard, dit Photius, à la sainteté de ses mœurs, & l'on espéra de Dieu qu'il l'éclaireroit un jour sur la résurection & sur les autres dogmes que ce philosophe rejettoit.

Denis l'Aréopagite, Claudien Mamert, Boëce, Æneas Gazeus, Zacharie le Scholastique, Philopon & Némésius, ferment cette ere de la philosophie chrétienne que nous allons suivre, dans l'Orient, dans la Grèce & dans l'Occident, en exposant les révolutions depuis le septième siècle jusqu'au douzième.

Cette philosophie des émanations, cette chaine d'esprits qui descendoit & qui s'élevoit, toutes ces visions platonico-origénico-alexandrines qui promettoient à l'homme un commerce plus ou moins intime avec Dieu, étoient très propres à entretenir l'oisiveté pieuse de ces contemplateurs inutiles qui remplissoient les forêts, les monastères & les solitudes; aussi fit-elle fortune parmi eux. Le péripatétisme au contraire, dont la dialectique subtile fournissoit des armes aux hérétiques, s'accréditoit d'un autre côté. Il y en eut qui, jaloux d'un double avantage, tâcherent de concilier Aristote avec Platon; mais celui-ci perdit de jour en jour; Aristote gagna, & la philosophie alexandrine étoit presque oubliée, lorsque Jean Damascène parut. Il professa dans le monde le Péripatétisme qu'il ne quitta point dans son monastère. Il fut le premier qui commença à introduire l'ordre didactique dans la Théologie. Les scholastiques pourroient le regarder comme leur fondateur. Damascène fit-il bien d'associer Aristote à *Jésus-Christ*, & l'Eglise lui a-t-elle une grande obligation d'avoir habillé ses dogmes à la mode scholastique? c'est ce que je laisse discuter à de plus habiles.

Les ténèbres de la barbarie se répandirent en Grece au commencement du huitième siècle. Dans le neuvième la Philosophie y avoit subi le sort des lettres qui y étoient dans le dernier oubli. Ce fut la suite de l'ignorance des empereurs, & des incursions des Arabes. Le jour ne reparut, mais foible, que vers le milieu du neuvième, sous le règne de Michel & de Barda. Celui-ci établit des écoles, & stipendia des maîtres. Les connoissances s'étendirent un peu sous Constantin Porphyrogenete. Psellus l'ancien & Léon Allatius son disciple lutterent contre les progrès de l'ignorance, mais avec peu de succès. L'honneur de relever les lettres & la philosophie étoit réservé à ce Photius qui deux fois nommé patriarche, & deux fois déposé, mit toute l'église d'orient en combustion. Cet homme nous a conservé dans sa bibliothèque des notices d'un grand nombre d'ouvrages qui n'existent plus. Il fit aussi l'éducation de l'empereur Léon, qu'on a surnommé le sage, & qui a passé pour un des hommes les plus instruits de son tems. On trouve sous le règne de Léon, dans la liste des restaurateurs de la science, les noms de Nicétas David, de Michel Ephésius, de Magentinus, d'Eustratius, de Michel Anchialus, de Nicéphore Blemmides, qui furent suivis de Georgius de Pachimère, de Théodore Méthochile, de Georgius de Chypre, de Georgius Lapitha, de Michel Psellus le jeune, & de quelques autres travaillans successivement à résusciter les Lettres, la Poésie & la Philosophie aristotélique & péripatéticienne jusqu'à la prise de Constantinople, tems où les connoissances abandonnerent l'Orient, & vinrent chercher le repos en Occident, où nous allons examiner l'état de la Philosophie depuis le septième siècle jusqu'au douzième.

Nous avons vû les Sciences, les Lettres & la Philosophie décliner parmi les premiers chrétiens, & s'éteindre pour ainsi dire à Boëce. La haine que Justinien portoit aux Philosophes ; la pente des esprits à l'esclavage, les miseres publiques, les incursions des Barbares, la division de l'Empire romain, l'oubli de la langue grecque, même par les propres habitans de la Grece, mais surtout la haine que la superstition s'efforçoit à susciter contre la Philosophie, la naissance des Astrologues, des Genethliaques & de la foule des fourbes de cette espèce, qui ne pouvoient espérer d'en imposer qu'à la faveur de l'ignorance, consommerent l'ouvrage ; les livres moraux de Grégoire devinrent le seul livre qu'on eût.

Cependant il y avoit encore des hommes ; & quand n'y en a-t-il plus ? mais les obstacles étoient trop difficiles à surmonter. On compte parmi ceux qui chercherent à secouer le joug de la barbarie, Capella, Cassiodore, Macrobe, Firmicus Maternus, Chalcidius, Augustin ; au commencement du septième siècle, Isidore d'Hispale, les moines de l'ordre de S. Benoît, sur la fin de ce siècle Aldhelme, au milieu du huitième, Beda, Acca, Egbert, Alcuin, & notre Charlemagne auquel ni les tems antérieurs, ni les tems postérieurs n'auroient peut-être aucun homme à comparer, si la providence eût placé à côté de lui des personnages dignes de cultiver les talens qu'elle lui avoit accordés. Il tendit la main à la science abattue, & la releva. On vit renaître par ses encouragemens les connoissances profanes & sacrées, les sciences, les Arts, les Lettres & la Philosophie. Il arrachoit cette partie du monde à la barbarie, en la conquérant ; mais la superstition renversoit d'un côté ce que le prince édifioit d'un autre. Cependant les écoles qu'il forma subsisterent, & c'est de-là qu'est sortie la lumière qui nous éclaire aujourd'hui. Qui est-ce qui écrira dignement la vie de Charlemagne ? Qui est-ce qui consacrera à l'immortalité le nom d'Alfred, à qui la science a les mêmes obligations en Angleterre, qu'à Charlemagne en France ?

Nous n'oublierons pas ici Rabanus Maurus, qui naquit dans le huitième siècle, & qui se fit distinguer dans le neuvième ; Strabon, Scot, Enginhard, Alegisus, Adelhard, Hincmar, Paule-Wenfride, Lupus-Servatus, Herric, Angilbert, Egobart, Clément, Wandalbert, Reginon, Grimbeld, Ruthard, & d'autres qui repousserent la barbarie, mais qui ne la dissipèrent point. On sait quelle fut encore l'ignorance du dixième siècle. C'étoit envain que les Ottons d'un côté, les rois de France d'un autre, les rois d'Angleterre & différens princes offroient des asyles & des secours à la science, l'ignorance duroit. Ah ! si ceux qui gouvernent, parcouroient des yeux l'histoire de ces tems, ils verroient tous les maux qui accompagnent la stupidité ; & combien il est difficile de reproduire la lumière, lorsqu'une fois elle s'est éteinte ! Il ne faut qu'un homme & moins d'un siècle pour hébéter une nation ; il faut une multitude d'hommes & le travail de plusieurs siècles pour la ramener. (1).

Les écoles d'Oxford produisirent en Angleterre Bridferth, Dunstan, Alfred de Malmesburi ; celles de France, Remy, Constantin Abbon ; on vit en Allemagne Notkere, Ratbode, Nannon, Bruno, Balgric, Israël, Ratgerius, &c.... mais aucun ne se distingua plus que notre Gerbert, souverain pontife sous le nom de *Sylvestre second*, & notre Odon ; cependant le onzième siècle ne fut pas fort instruit. Si Guidon Arétin composa la gamme, un moine s'avisa de composer le droit pontifical, & prépara bien du mal aux siècles suivans. Les princes occupés d'affaires politiques, cesserent de favoriser les progrès de la science, & l'on ne rencontre dans ce tems que les noms de Fulbert, de Berenger & de Lanfranc, & des Anselmes ses disciples, qui eurent pour contemporains ou pour successeurs Léon neuf, Maurice, Franco, Willeram, Lambert, Gerard, Wilhelme, Pierre d'Amiens, Hermann Contracte, Hildebert, & quelques autres, tels que Roscelin.

La plupart de ces hommes, nés avec un esprit très-subtil, perdirent leurs tems à des questions de dialectique & de théologie scholastique ; & la seule obligation qu'on leur ait, c'est d'avoir disposé les hommes à quelque chose de mieux.

On voit les frivolités du péripatétisme occuper

---

(1) Il semble que Diderot ait eu ici en vue ce beau passage de Tacite : *Natura tamen infirmitatis humanæ, tardiora sunt remedia quam mala & ut corpora lentè augescunt, cito extinguuntur, sic ingenia studiaque opprsseris facilius quam revocaveris. Subit quippe etiam ipsius inertiæ dulcedo : & invisa primo desidia, postremo amatur.* In vit agricol. cap. 3.

NOTE DE L'EDITEUR.

toutes les têtes au commencement du douzième siècle. Que font Constantinus Afer, Daniel Morlay, Robert, Adelard, Oton de Frinsigue, &c. Ils traduisent Aristote, ils disputent, ils s'anathématisent, ils se détestent, & ils arrêtent plutôt la philosophie qu'ils ne l'avancent. *Voyez* dans Gerson & dans Thomasius l'histoire & les dogmes d'Alméric. Celui-ci eut pour disciple David de Dinant. David prétendit avec son maître, que tout étoit Dieu, & que Dieu étoit tout; qu'il n'y avoit aucune différence entre le créateur & la créature; que les idées créent & sont créées; que Dieu étoit la fin de tout, en ce que tout en étoit émané, & y retournoit, &c. Ces opinions furent condamnées dans un concile tenu à Paris, & les livres de David de Dinant brûlés.

Ce fut alors qu'on proscrivit la doctrine d'Aristote; mais tel est le caractère de l'esprit humain, qu'il se porte avec fureur aux choses qu'on lui défend. La proscription de l'Aristotélisme fut la date de ses progrès, & les choses en vinrent au point qu'il y eut plus encore de danger à n'être pas péripatéticien qu'il y en avoit eu à l'être. L'aristotélisme s'étendit peu-à-peu, & ce fut la philosophie régnante pendant le treizième & le quatorzième siècles entiers. Elle prit alors le nom de *scholastique*. *Voyez* SCHOLASTIQUE *philosophie*. C'est à ce moment qu'il faut aussi rapporter l'origine du droit canonique, dont les premiers fondemens avoient été jettés dans le cours du douzième siècle. Du droit canonique, de la théologie scholastique & de la philosophie, mêlés ensemble, il naquit une espèce de monstre qui subsiste encore, & qui n'expirera pas si-tôt.

(Cet article, à l'exception des trois premiers paragraphes, est de DIDEROT.)

I

IMMATÉRIALISME, système des anciens philosophes platoniciens & pythagoriciens sur l'immatérialité des natures intelligentes. (*Histoire de la philosophie ancienne*).

Quoique l'immatérialité de l'ame ait été reconnue depuis plusieurs siecles, néanmoins comme elle paroît étrange & paradoxe au vulgaire, qui est plein de préjugés qui lui sont opposés; il est bon de voir de quelle maniere les anciens immatérialistes repoussoient ces objections, & comment on peut les réfuter aujourd'hui.

I. On objecte premierement, que supposer qu'il y a des substances immatérielles & indivisibles, c'est les supposer de la derniere petitesse, & par conséquent les rendre méprisables; puisqu'il faut de nécessité que ce soient ou *des points physiques*, qui s'il y en a, ne peuvent pas être divisés, à cause de leur extrême petitesse; ou *des points mathématiques*, qu'on ne peut pas diviser même par la pensée. Si cela étoit, des milliers de substances intelligentes pourroient se tenir sur la pointe d'une aiguille. *Plotin* (1) répond à cela, que Dieu & les autres substances immatérielles *ne sont pas indivisibles à cause de leur petitesse, car elles n'en seroient pas moins divisibles* (par la pensée) *ni comme un point est indivisible*. (2)

Ailleurs il parle ainsi de la divinité. *Elle n'est pas divisible comme étant la plus petite chose du monde; car c'est le plus grand de tous les êtres, non par sa masse, mais par sa puissance.* Il dit encore la même chose, en d'autres endroits, que l'on ne rapportera pas, & *Porphyre* s'explique aussi de la même maniere. Ils veulent dire que la divinité immatérielle n'est ni comme un *point physique*, qui est étendu & divisible, au moins par la pensée, ni comme un *point mathématique*, qui quoique sans grandeur, & sans être une substance, a néanmoins une certaine situation. Elle ne peut pas être regardée comme quelque chose de petit, parce qu'elle ne pourroit pas égaler les plus grandes choses; ce n'est pas non plus une grande chose, à l'égard de l'étendue, car elle ne pourroit pas être présente aux plus petites. La véritable grandeur ne consiste pas dans celle de la masse; car toute grandeur corporelle est petite, puisqu'il ne peut point y en avoir d'infinie; & que toute grandeur finie ne peut pas avoir un pouvoir infini, comme (3) Aristote l'a remarqué. Ainsi quoiqu'on tâche de tourner l'immatérialité des esprits en ridicule, en disant qu'à ce compte un million d'esprits pourroient danser sur la pointe d'une aiguille; on ne fait aucune breche à cette doctrine, qui suppose que les choses immatérielles n'ont aucune grandeur, & qu'elles sont incapables de mouvement local, comme de situation.

On objecte, en second lieu, que ce qui n'est ni grand, ni petit, qui n'occupe aucun espace, qui n'a aucune situation entre les corps n'est rien, parce que l'étendue est de l'essence de tous les êtres, & qu'il n'y a rien qui soit tout-à-fait incorporel, à prendre ce mot à la rigueur. Mais *Platon* traite cette pensée, avec raison, d'erreur vulgaire. Ceux qui ne savent pas élever leur esprit au-dessus des sens & de l'imagination, prennent pour rien ce qui n'est pas corps, & ne peuvent rien concevoir que de corporel. *Plotin* dit la même chose, (4) en divers endroits, & prend grand soin de distinguer l'imagination de l'intellection. En effet il y a beaucoup de choses, dont on ne peut se représenter aucune image corporelle, & que l'on reconnoît néanmoins pour des êtres réels; d'où l'on a sujet de conclure, qu'il y a en nous une faculté, qui s'étend plus loin que l'imagination. La raison nous dicte que tout ce qui peut agir ou souffrir, ne peut pas être regardé comme un non-être. Mais on ne peut pas faire passer, pour une notion commune, la pensée de ceux qui croient que ce qui n'a pas de l'étendue & des parties n'est rien: ce n'est là qu'une suggestion de l'imagination & une erreur vulgaire.

Nous avons même des raisons qui nous empêchent de juger des corps en toutes choses d'après les sens. [...]

---

(1) Pag. 656.
(2) Pag. 664.

(3) *Voyez* Pag. [...]
(4) Pag. 24 [...]

conformément à notre imagination. C'est ce qui paroît en ce que nous sommes clairement persuadés par des preuves astronomiques, que le soleil est plus de cent fois plus grand que toute la terre, quoique nous ne puissions pas nous former une image de cette grandeur, ni même nous représenter celle de la terre seule. Si donc nous ne pouvons pas nous confier à notre imagination, ni la prendre pour la règle de la vérité, lorsqu'il s'agit des choses sensibles, combien moins la devons-nous écouter, lorsqu'il est question de ce qui ne frappe pas les sens?

Ceux qui prétendoient que l'ame ne doit être nommée immatérielle, que parce qu'elle est d'une matière plus déliée que le corps, disoient une chose tout à fait inintelligible. La délicatesse des corps, ou leur grosseur ne sont pas des qualités réelles, d'où puissent découler des propriétés différentes. Elles ne viennent que de la division, ou de la jonction des parties. Le corps le plus subtil peut devenir grossier, dur, pesant & opaque, comme la terre, les pierres & les métaux, par la jonction, la disposition & le repos des parties; & au contraire le corps le plus grossier & le plus opaque peut devenir fin & transparent, par un autre mouvement & une autre disposition des parties. C'est pourquoi, on ne doit pas plutôt chercher la vie & l'intelligence dans les corps minces, que dans les grossiers.

On objecte, en troisième lieu, contre ce que l'on dit de l'immatérialité des natures intelligentes, qu'il est contradictoire, qu'elles soient *toutes dans un tout, & toutes dans chacune de ses parties*, comme les immatérialistes l'assurent. Si la divinité, disent les Athées, est toute dans un point de matière, elle ne peut être, en aucune façon, dans un autre point. Ce qu'il y a dans un autre point est un nouveau tout, qui est différent du précédent. De même, si toute l'ame humaine est dans une partie de son corps organisé, il n'y en peut rien avoir dans une autre partie du même corps, & ainsi le tout n'est pas dans le tout. A cette objection, les anciens immatérialistes font une double réponse.

Premièrement ils accordent, qu'à l'égard d'une substance étendue, ou corporelle, il est impossible qu'elle soit toute en chaque partie de tout l'espace qu'elle occupe par sa grandeur. Mais ils disent, en second lieu, qu'à l'égard d'une substance immatérielle, il n'est pas possible que cela soit autrement. Il est contraire à la nature d'une substance destituée de grandeur, de parties, & d'étendue & qui est indivisible, d'être unie à un corps, à moins qu'elle n'agisse toute entière sur chacune des parties de ce corps. Ce qui n'a point d'étendue ne peut pas coëxister, pour parler ainsi, avec une substance étendue; en sorte qu'une partie de la substance immatérielle réponde à une partie de la substance étendue, parce que la première n'en

a point. L'ame doit être, comme parlent les philosophes, ὅλον ἓν καὶ ταὐτὸν ἀριθμῷ un seul & même tout en nombre; c'est-à-dire, agir d'une manière indivisible sur chaque partie, sur laquelle elle agit. C'est pourquoi le mot de *toute*, dans ces manières de parler, que *toute la divinité* est en chaque partie du monde, & que *toute l'ame*, est en chaque partie du corps, ne doivent pas être entendues, comme si l'on vouloit dire qu'un tout, composé de parties distinctes, est en un certain lieu; mais seulement en ce sens, qu'un tout indivisible est présent par-tout. On n'entend autre chose, si non que la divinité & l'ame humaine, ne sont pas partagées dans les diverses parties du monde, ou dans celles du corps. C'est comme Plotin explique cette expression, en plus d'un endroit.

La quatrième & dernière objection, c'est que de l'immatérialité des esprits, il s'ensuit que les esprits finis, tels que sont les âmes des hommes & les anges, ne sont nulle part, & ne peuvent passer d'un lieu en un autre, parce qu'ils n'ont point de lieu. Il paroit, dit-on, non seulement absurde, que des êtres finis ne soient nulle part, & ne puissent changer de place, comme s'ils étoient par-tout; mais même cela est contraire aux principes de la religion, selon lesquels, après la mort du corps, l'ame s'en va dans le lieu des récompenses, ou des peines.

Pour commencer par répondre à cette seconde partie de l'objection, les immatérialistes disent, (1) que si l'on dit que l'ame s'en va dans un certain lieu, on ne doit pas s'en étonner, puisque pendant cette vie, on dit qu'elle est dans le lieu, où est notre corps; & qu'après la mort elle est là où est l'image du corps (εἴδωλον) que les latins ont nommée *son ombre*, & qui est un corps aérien, qui accompagne, selon eux, toutes les âmes.

C'étoit là l'opinion commune des platoniciens, que Cudworth explique au long, par des passages de Porphyre & de Jean Philoponus, dans sa préface sur l'ouvrage d'Aristote, *de l'ame*. Je ne rapporte pas les passages, de peur d'être trop long. Mais ceux qui les examineront, trouveront que notre auteur a exposé fidèlement les sentimens de ces philosophes.

Il paroit, continue-t-il, par ces passages, que les anciens défenseurs de l'immortalité de l'ame, ont cru que les ames ne sont pas entièrement dénuées de corps après la mort; mais qu'elles ont un certain corps aërien qui les accompagne toujours, & qui est plus ou moins pur dans les uns que dans les autres. Ils croyoient même que ce *corps spirituel*, comme ils le nommoient, est

---

(5) *Voyez* Plotin Ennead. VI. L. IV. & ailleurs.

au moins en partie, attaché à l'ame, pendant la vie présente, comme son habit intérieur; & qu'elle le garde, lorsque le corps grossier lui est enlevé par la mort, comme un habit extérieur. Quelques-uns ont encore cru que quelquefois l'ame se séparoit, avec ce corps aérien, du corps grossier, pour quelque tems, sans que l'homme mourût ; & ils ont appuyé cette pensée sur des histoires, qui sembloient demander quelque chose de semblable, supposé qu'elles fussent vraies.

En effet, on ne peut pas disconvenir que notre ame n'agit pas immédiatement sur les os, sur la chair & sur les autres parties sensibles du corps; mais premièrement & principalement sur les esprits animaux, comme sur l'organe immédiat des sens & de l'imagination, par le moyen duquel elle meut avec facilité les plus grossiers des membres. C'est pour cela que Porphyre dit que *le sang est la nourriture de l'esprit, & que l'esprit est le véhicule de l'ame* ὄχημα τῆς ψυχῆς.

Néanmoins le même Philoponus, que l'on a cité, outre le corps grossier, & l'autre corps aérien plus subtil, dont on a parlé, croit qu'il y a un troisième corps encore plus mince & plus pur, qu'il nomme un corps *céleste, éthérien & éclatant*, σῶμα οὐράνιον, αἰθέριον κ̀ αὐγοειδὲς, & qu'il donne aux ames purgées de leurs passions corporelles. Proclus & Hierocles ont parlé tout de même, le dernier le nomme *le véhicule spirituel de l'ame raisonnable*, τὸ πνευματικὸν ὄχημα τῆς λογικῆς ψυχῆς. Il entend par le mot *spirituel*, une qualité plus relevée, que ne sont celles du corps aérien, dont on a parlé; & le *corps spirituel* doit avoir plus de rapport avec la raison; que n'en a le corps *animal*, ψυχικόν; car c'est ainsi qu'il appelle le corps grossier, aussi-bien que saint Paul.

Ce double *véhicule intérieur* de l'ame n'est pas une invention des nouveaux platoniciens, qui ont vécu après le christianisme; c'est une ancienne tradition des premiers platoniciens, comme il paroît par un endroit de Virgile du VI de l'Enéide, ✦. 735 & suiv. que l'on n'entend pas communément, faute de savoir à quel dogme de philosophes le poëte fait allusion. Il parle donc premièrement du *corps aérien* des ames encore impures, & dans lequel elles sont punies après la mort.

« Quand même la vie, *dit-il*, de ceux qui meu-
» rent les a abandonnés, lorsqu'ils ont cessé de
» voir le jour, ces malheureux ne sont pas
» exempts de toute sorte de mal, & toutes les
» passions pernicieuses du corps n'en sont pas
» encore sorties. Il faut qu'il y ait bien des cho-
» ses qui s'attachent avec le temps, au-dedans,
» & d'une étrange manière. Ils sont donc punis,
» & ils souffrent les supplices de leurs anciens

Philosophie anc. & mod. Tom. II.

» péchés. Quelques-unes des ames sont suspen-
» dues & exposées aux vents, & les crimes des
» autres sont nettoyés sous un vaste gouffre ou
» sont purgés par le feu ».

Quin & supremo cùm lumine vita reliquit,
Non tamen omne malum miseris, nec funditus omnes
Corporeæ excedunt pestes; penitùsque necesse est
Multa diu concreta modis inolescere miris.
Ergo exercentur pœnis, veterùmque malorum
Supplicia expendunt; aliæ panduntur inanes
Suspensæ ad ventos; aliis, sub gurgite vasto,
Infectum eluitur scelus, aut exuritur igni.

Cela regarde le *corps aérien*, mais voici comme il parle *du corps éthérien* & céleste : « jusqu'à ce
» qu'un long tems, après qu'un certain terme
» s'est écoulé, ait emporté toutes les taches qui
» s'y étoient mises, & ne leur ait laissé que le
» pur sens éthérien, & que le simple feu spirituel ».

Donec longa dies, perfecto temporis orbe,
Concretam exemit labem, purumque reliquit
Aethereum sensum, atque auraï simplicis ignem.

Il y a même eu des philosophes qui semblent (1) avoir distingué *trois véhicules*, ou habits intérieurs de l'ame. Ils vouloient tous que l'on s'appliquât à se purifier & des passions du corps grossier & de celles du corps aérien; afin qu'à la mort l'ame n'eût autour d'elle que le corps pur & céleste. C'est ce qui faisoit que *Socrate* & *Platon* disoient que la philosophie est *une manière de s'exercer perpétuellement à mourir*; parce que c'est être mort pour les corps, que d'être dégagé de leurs passions, & de n'en avoir plus aucun qui soit attaché à l'ame, excepté le *corps éthérien*. *Pline* a voulu se moquer en passant de cette pensée des philosophes, lorsqu'au liv. VII de son histoire naturelle, c. 50, en parlant des malheurs de la vie & des incommodités auxquelles elle est sujette, il dit enfin : « que c'étoit aussi une espèce
» de maladie de mourir par sagesse ». Atque etiam morbus est aliquis per sapientium mori. Il a voulu dire que s'exercer à mourir par sagesse, étoit une maladie mélancolique.

C'est là une explication nouvelle, que *Cudworth* donne à ce célèbre passage de *Pline*; qui a été jusqu'à présent la croix des critiques. *Pline* étoit un libertin qui se moquoit tout-à-fait de la religion & de l'immortalité de l'ame, comme il paroît par le ch. LV du même livre, & il a voulu

―――――
(1) *Voyez* leurs passages dans l'auteur, *pag.* 790 & suiv.

compter selon notre auteur, entre les incommodités de la vie humaine les spéculations des philosophes, qui disoient que philosopher étoit la même chose que s'exercer à mourir. Si *Pline* n'avoit parlé de cette maladie, qu'en cet endroit là, on pourroit croire que cet auteur se seroit voulu moquer des philosophes, & cela est assez de son génie; mais il en parle dans un autre endroit d'une manière qui fait voir qu'il entend parler d'une maladie du corps. C'est au commencement du chap. LI. *Jam signa lethalia, in furoris morbo risum, sapientia verò ægritudine fimbriarum curam & stragulæ vestis plicaturas.* On voit bien que prendre soin des franges d'un lit, plier les couvertures & mourir ensuite, sont des effets d'une véritable maladie & non d'une méditation philosophique. Cependant on n'a pu encore rendre une raison vraisemblable de ces expressions : *per sapientiam mori*, ou *sapientia morbus*. *Pline* en parle comme d'une chose extraordinaire, & oppose cette maladie à la fureur ; peut-être qu'il entend une espèce de rêverie, qui fait que dans une fièvre on parle perpétuellement de philosophie, & qu'on meurt en tenant de semblables discours.

Il paroit donc, continue notre auteur, que les plus anciens défenseurs de l'immortalité & de l'immatérialité de l'ame croyoient néanmoins qu'elle étoit toujours jointe à un corps. C'est de quoi l'on trouvera des preuves dans le commentaire d'*Hieroclès*, sur les vers d'or, de *Pythagore*, ψ 67 & suiv. (1) « L'homme, dit-il, est une ame raisonnable avec un corps immortel, né avec elle. » C'étoit là le dogme des pythagoriciens, que » Platon a publié depuis, lorsqu'il a comparé » toutes les ames divines & humaines, à la faculté » innée d'un char ailé & d'un cocher, ἀπεικάσας συμφύτῳ δυνάμει ὑποπτέρῳ ζεύγες τε κ ἡνίοχε πάσαι θείας τε κ ἀνθρωπίνης ψυχήν. Le char ailé, c'est le *corps éthérien*, & le cocher c'est l'ame.

On voit par-là de quelle manière ceux qui soutenoient l'immatérialité de l'ame répondoient à l'objection qu'on leur faisoit, que selon eux, l'ame n'étoit nulle part & ne pouvoit pas changer de place ; c'est que l'ame étant attachée à un corps, quoiqu'elle soit immobile d'elle-même, néanmoins on disoit qu'elle change de place, lorsque le corps auquel elle est unie, en change.

Que si on leur objectoit que ces esprits quoique finis, comme ils étoient sans étendue & qu'ils n'avoient aucun rapport avec le lieu, pouvoient animer tout l'univers & être par-tout ; ils répondoient que ces êtres étant bornés, il n'avoient le pouvoir que de mouvoir une certaine étendue de matière, & ne pouvoient s'appercevoir que de ce qui se passoit dans un certain espace : au lieu que la divinité qui est infinie, peut agir par tout le monde.

C'est ainsi que *Cudworth* explique les sentimens des pythagoriciens & des platoniciens, touchant l'immortalité de l'ame, & touchant les corps subtils dont elle est revêtue selon eux, outre celui que nous voyons. Il n'y a aucun auteur moderne qui ait mis cette matière dans un aussi grand jour ; & elle est de très-grande conséquence pour entendre ce que les anciens philosophes & les pères qui les ont suivis ont dit de l'ame. Peut-être même qu'elle peut servir à entendre ce que l'on trouve dans le Nouveau Testament, touchant (1) *le corps animal* que les hommes ont en cette vie & le *corps spirituel* qu'ils auront dans l'autre. Rien n'empêche les apôtres, en parlant de dogmes, dans lesquels ils étoient d'accord avec les philosophes, au moins en partie, ne s'exprimassent comme ces philosophes ; lorsque leurs expressions paroissoient plus commodes pour être mieux entendues des grecs qui y étoient accoutumés. C'est aussi ce qui a fait que les pères grecs, dont plusieurs étoient très-habiles dans la philosophie payenne, comme Origène & Clément d'Alexandrie, ont entendu ces expressions des apôtres dans le même sens, qu'ils les voyent employées dans les écrits des philosophes. On en pourroit donner des exemples remarquables, si cela ne nous éloignoit trop de notre sujet.

Pour y revenir, il faut avouer que si la réponse des platoniciens, sur la manière dont l'ame, quoiqu'immatérielle, est dans un lieu & dont elle se meut, semble d'abord fermer la bouche aux matérialistes ; dans le fond elle ne lève pas la difficulté. Ces mêmes gens-là demanderont comment une chose absolument immatérielle comme l'ame, peut-être unie à un corps matériel ; car, enfin quelque subtil que puisse être le *véhicule éthérien*, que les platoniciens lui donnent, c'est néanmoins un corps qui n'a pas plus de rapport avec une nature immatérielle, que les corps les plus grossiers.

Le meilleur parti que l'on puisse prendre là-dessus, c'est d'avouer de bonne foi que le sujet, comme parlent les philosophes, dans lequel sont les propriétés de nos ames, nous est entièrement inconnu, & que par conséquent nous ne pouvons pas dire comment il est uni avec un corps. Nous voyons bien que pouvoir entendre, raisonner, vouloir, juger, sentir, se ressouvenir, propriétés que nous sentons être dans notre ame, ne ressemble en rien aux propriétés du corps ; telles que sont l'étendue solide, la divisibilité, la mobi-

---

(1) Pap. 291. ed. Lond.

(2) *Voyez* 1. Cor. xv, 44.

lité, la distance ou la situation, entre d'autres corps. Ainsi nous ne pouvons pas dire ni que notre ame est corporelle, ni que les corps pensent ; mais nous ne savons point quel rapport il peut y avoir entre les *sujets* inconnus des propriétés spirituelles & des corporelles, ni comment ils peuvent être unis ensemble. Nous voyons néanmoins qu'ils sont très-étroitement unis par notre propre expérience. C'est un fait indubitable, & que nous ne pouvons pas révoquer en doute, seulement parce que nous ne savons pas comment cela peut être.

Personne ne peut s'assurer qu'il a, ou qu'il peut avoir des idées de tout, & trouver des principes clairs par lesquels il rende raison de tout ce qu'on voit dans la nature. Peut-être sommes-nous destitués de facultés & d'idées qui seroient nécessaires pour cela. Par conséquent, personne ne peut établir sa connoissance présente, comme la règle & la mesure de ce qui est ou qui n'est pas. On peut seulement dire, que ce qui est contraire à quelques-unes de nos connoissances claires, ou qui est contradictoire n'est point, ou plutôt nous n'avons pas le pouvoir de douter que cela ne soit faux. Mais pour ce dont nous n'avons pas d'idée, nous n'en pouvons pas plus juger, que les aveugles des couleurs.

Cela étant, je répondrois aux matérialistes, premièrement, que lorsqu'ils disent que l'ame est matérielle, ils disent ce qu'ils ne savent point, puisqu'elle a des propriétés toutes distinctes de celles de la matière, & qu'ils auroient autant de raison de dire que les cailloux entendent parfaitement les mathématiques : car nous ne voyons pas plus de rapport entre la pensée & les propriétés des corps, que nous en voyons entre les propriétés d'un caillou & la connoissance des mathématiques.

Secondement, en disant que tout est matériel, ils disent une chose qui n'est nullement vraisemblable, & l'on peut même dire que le contraire est vraisemblable, puisque nous ne connoissons la diversité des sujets que par la diversité de leurs propriétés & de leurs actions. Il y a donc de l'apparence que la substance des corps n'est pas la même que celles des intelligences, parce que leurs propriétés sont toutes différentes.

Troisièmement, si je ne puis me former une idée claire & complette des substances intelligentes ; je ne m'en forme point non plus de la substance des corps. Il s'ensuit de-là que je ne puis pas rendre de raison exacte des propriétés de ces substances qui, dans le fond, me sont inconnues.

Quatrièmement, si je ne conclus pas contre les matérialistes, qu'il n'y a point de corps, parce qu'ils ne me sauroient rendre raison de toutes ses propriétés ; ils ne peuvent pas non plus dire qu'il n'y a rien d'immatériel, parce que je ne puis pas satisfaire à toutes les questions qu'ils me font sur les intelligences, dans lesquelles je ne vois aucune matière.

Enfin, comme le témoignage des sens les convainc qu'il y a des corps, & qu'ils n'en doutent point, quoiqu'ils ne soient pas capables de résoudre toutes les difficultés que l'on fait sur la nature des corps : je suis persuadé qu'il y a des êtres intelligens, & dans lesquels je ne vois aucune matière, par mon propre sentiment intérieur & par le commerce que j'ai avec les autres hommes, quoique je ne puisse pas dire quelle est la nature intérieure de ces êtres. Ce que nous ne savons pas ne nous doit pas faire douter de ce que nous savons. Ainsi quoique je ne puisse pas expliquer la manière dont mon ame (dans laquelle je ne vois rien de matériel) est unie à mon corps matériel, ni comment elle se meut avec lui ; le sentiment intérieur que j'en ai, me suffit pour en être persuadé. Je sens que mon ame est présente tantôt en un lieu, & tantôt en un autre, selon que mon corps se meut, & je n'en puis pas douter, quoique je ne sache pas comment. Cependant je m'attache à ce que je sais, & je ne décide pas de ce que je ne sais point.

Pour ne pas savoir demeurer dans cette situation, il s'est trouvé des philosophes dans ces derniers tems, qui se sont mis, tout au contraire des matérialistes, à dire qu'il étoit impossible de prouver invinciblement qu'il y a des corps. Comme ils ne peuvent pas douter de l'existence de leur ame, ils établissent d'abord qu'ils sont des êtres qui pensent ; & comme ils ne voient point de liaison entre les idées qu'ils ont des propriétés des corps, & celles des êtres qui pensent, ils disent que ces êtres ne peuvent point être unis ensemble par eux-mêmes, & que les corps ne peuvent nullement agir sur les esprits non plus que les esprits sur les corps. Ils en concluent que c'est un être intelligent & tout puissant qui produit dans leurs esprits tous les sentimens & toutes les idées qui semblent venir des corps ; & qu'ainsi, absolument parlant, il pourroit se faire qu'il n'y eût aucun corps dans l'univers, mais seulement cet être intelligent & leur ame. Si les matérialistes entreprenoient de guérir ces gens-là, il faudroit nécessairement qu'ils en vinssent à établir des principes semblables à ceux qu'on vient de lire ; ou ils perdroient leur peine. Ces mêmes principes sont également bons pour prouver l'existence des êtres immatériels, & pour démontrer l'existence des corps, en nous faisant distinguer ce que nous savons de ce que nous ne savons pas, & nous empêchant de supposer témérairement que nous avons des idées complettes des substances & de bâtir sur ce fondement ruineux. Mais il faut revenir à notre auteur.

II. Il ne fera pas mal à propos, dit-il, de comparer ici les fentimens des immatérialiftes payens avec ceux des chrétiens, & de confidérer ce en quoi ils fe reffemblent, & ce en quoi ils different.

Premièrement, les meilleurs philofophes & les plus religieux, s'accordent avec le chriftianifme en ceci, que le fouverain bonheur de la nature humaine & fa fuprême perfection ne confiftent pas à avoir l'ame détachée entièrement de la matière, & tout à fait dénuée de corps, comme quelques perfonnes fe le font vraiment imaginées. Tel étoit Plotin, qui prétendoit d'un côté que l'ame peut parvenir à un fi grand degré de perfection qu'elle eft tout-à-fait délivrée du commerce des corps, & de l'autre que cette même ame peut fi fort dégénérer qu'elle vient à animer des bêtes & même des plantes. Empédocle femble avoir été dans la même penfée, & Moïfe Maimonide a prétendu qu'il n'y auroit point de corps, dans le monde à venir. Quelques fanatiques, qui ont expliqué allégoriquement ce que S. Paul dit de la réfurrection du corps, font tombés dans la même extrémité.

La doctrine des mêmes philofophes s'accordoit encore avec celle des chrétiens, en ce que celle-ci nous apprend auffi que nos ames ne feront heureufes, que lorfqu'elles feront unies à des corps plus déliés que ceux que nous avons. Comme les platoniciens fe plaignoient de ces corps terreftres, comme de prifons & de fépulcres vivans de l'ame: de même les apôtres nous difent (1) qu'ils gémiffent en cette demeure, dans le defir qu'ils ont d'être revêtus de celle qui vient du ciel. Pendant que nous fommes en cette tente, difent-ils encore, nous foupirons de ce que nous fommes accablés; parce que nous ne fouhaitons pas d'être dépouillés, mais revêtus, afin que ce qui eft mortel foit abforbé par la vie. Ils difent auffi (2) ailleurs, qu'eux-mêmes qui avoient les prémices de l'efprit, foupiroient en attendant leur adoption ou la délivrance de leurs corps; c'eft-à-dire, la délivrance de tous les maux & de toutes les incommodités dont nous fommes accablés en cette vie.

C'eft pourquoi on ne fauroit croire que les corps groffiers, fous lefquels nous gémiffons, doivent reffufciter tels qu'ils font, pour être attachés à nos ames pour toute l'éternité. Plotin auroit eu raifon d'appeller une femblable refurrection (quoique peut-être il s'imaginoit que c'étoit-là le fentiment des chrétiens) ἀνάστασιν εἰς ἄλλον ὕπνον, un réveil pour retomber dans un autre fommeil; car l'ame ne paroît pas être ici réveillée, mais plutôt affoupie par les vapeurs foporifiques, s'il faut parler ainfi de ce corps pefant.

C'eft ce qui paroîtra encore plus clairement, fi l'on examine la maniere dont l'écriture fainte décrit la réfurrection en général. Les philofophes demandoient (3) *comment les morts reffufcite oient, & dans quels corps ils reviendroient?* S. Paul leur répond par la comparaifon des graines, qui pourriffent en terre avant que de rien produire; & c'eft comme s'il leur difoit que l'on doit regarder le corps de cette vie, par rapport au corps de la réfurrection comme une efpèce de graine; en forte qu'en un fens c'eft le même : & en un autre fens, ce n'eft pas le même.

Outre cela, les oppofitions que l'écriture fainte fait du corps d'à préfent & de celui de l'autre vie, font affez conformes à la tradition philofophique.

Premièrement, le corps d'à préfent a été *femé dans un état corruptible*, mais le corps que nous aurons fera *dans un état incorruptible*. Le corps de la réfurrection fera un corps *éternel*, 1. Cor. v, 1. Celui d'aujourdui eft *le corps de notre humiliation*, ou un corps conforme à l'état d'une ame tombée dans le péché; mais le corps reffufcité fera un corps glorieux, *femblable à celui que Jefus-Chrift a dans fa gloire*; qui n'étant transfiguré qu'extérieurement, *fon vifage devint brillant comme le foleil & fes habits éclatans comme la lumière*. On voit donc que l'écriture (4) ne contredit point les philofophes, lorfqu'ils difent que le corps des ames dégagées du corps groffier eft un *corps lumineux*.

Outre cela, il y a encore une autre différence, entre l'état du corps d'à préfent & de celui de l'autre vie, qu'Hiéroclès a exprimé dans les mêmes termes que faint Paul. C'eft que le corps d'aujourd'hui eft un *corps animal*, (σῶμα ψυχικόν) & l'autre un *corps fpirituel* (πνευματικόν) expreffions qui ne marquent pas feulement que le corps reffufcité fera plus mince & plus délié; mais encore qu'au lieu que le corps groffier eft femblable à celui des animaux deftitués de raifon, le corps fpirituel fera conforme à l'état des ames renouvellées par l'efprit de Dieu, qui habitera en elles; ou, comme parle Hiéroclès, τῇ νοερᾷ τελειότητι ψυχῆς συνάπτεται *il conviendra à la perfection intellectuelle de l'ame*. C'eft le même corps que les anciens juifs nomment *les ailes d'un aigle*. Si vous demandez, (5) dit la Gemare du traité intitulé Sanhedrin, ce que deviendront les juftes, lorfque Dieu aura renouvellé le monde; on répond que Dieu leur

---

(1) 2 Cor. V. 2, 4.
(2) Rom. VIII, 23.

(3) 1 cor. xv, 35.

(4) *Voyez* encore Dan. xii. 2. 3. Matt. xiii, 4?. Coloff. I. 12.

(5) Ch. xi. fol 92. c. 2.

donnera des aîles comme aux aigles, & qu'ils voleront sur la superficie de l'eau.

Le corps de cette vie est nommé dans l'écriture *un corps terrestre*, & celui de l'autre est nommé *celeste*, aussi bien par (1) S. Paul, que par les pythagoriciens, & ceux qui l'auront *des hommes célestes*. Comme les philosophes croyoient que les démons, c'est-à-dire les anges, & les ames ont un corps semblable : savoir, un corps *lumineux & éthérien* ; notre seigneur nous a appris que (2) ceux qui auront été jugés dignes d'avoir part à ce siécle-là, & à la résurrection des morts, ne prendront point de femmes, ni n'épouseront point de maris, parce qu'ils ne pourront plus mourir, car ils se feront égaux aux anges, c'est-à-dire, qu'ils auront des corps angéliques, (3) *angelificatum carnem*, pour parler avec Tertulien.

Que si l'on demande à présent ce que le christianisme nous apprend touchant cette question, si les ames des hommes sont toujours unies à quelque corps, & par conséquent si la mort nous dégage de toute sorte de corps, ou s'il reste un corps éthérien attaché à nos ames ? ou si toutes les ames de ceux qui sont morts depuis le commencement du monde, sont séparées de tout corps, & demeureront dans cet état jusqu'au jour de la résurrection ? Il faut avouer que cela n'est pas expressément déterminé.

Néanmoins l'écriture nous apprend clairement que les ames qui sont séparées de leurs corps, ne sont ni mortes ni endormies jusqu'au jour du dernier jugement, puisque notre seigneur dit que (4) *tous vivent à Dieu*. Cela veut dire, comme je crois, que ceux que l'on appelle *morts*, sont morts seulement à l'égard des hommes & ici sur la terre ; mais qu'ils ne sont morts, ni à l'égard d'eux-mêmes, ni à l'égard de Dieu. Ils ont seulement quitté le théatre sur lequel nous sommes encore. C'est ainsi qu'il est dit de notre seigneur lui-même, qu'après sa résurrection, *qu'il vit à Dieu*, Rom. vi, 10. Ceux que l'écriture sainte représente vivans à l'égard de Dieu, ne vivent pas moins que ceux qui sont vivans à l'égard des hommes. Cela étant ainsi, il est naturel à l'ame d'être unie à un corps, quoiqu'il ne soit pas nécessaire qu'il soit comme celui que nous avons ici bas ; il n'y a pas d'apparence que les ames soient tenues, dans un état en quelque sorte violent, jusqu'au jour du jugement.

De plus, l'écriture sainte nous apprend que les ames, après la mort du corps, se connoissent les unes & les autres, & sont capables de sentir la punition de leurs fautes. (5) *Craignez*, dit notre seigneur, *celui qui après qu'on a été tué a le pouvoir de jetter dans la géne*. Il est dit aussi que l'ame du mauvais riche fut dans les tourmens, immédiatement après sa mort, avant le jour du jugement, & qu'elle reconnut Abraham & le Lazare. Ce n'est pas non plus une chose, qui soit conforme aux principes communément reçus, ni à la piété, que de dire que les ames des méchans, depuis le commencement du monde jusqu'au jour du jugement, ne souffrent aucune peine que des remords de conscience, & la crainte de l'avenir.

On ne conçoit pas non plus comment les ames, après la mort, peuvent reconnoitre les autres & en être reconnues ; converser les unes avec les autres, & souffrir des peines, à moins qu'elles ne soient unies à des corps. Tertulien fait un semblable raisonnement (6) dans son livre de l'ame.

» L'ame d'un certain homme, *dit-il*, souffre
» dans les enfers & est punie dans la flamme,
» elle souffre dans la langue, & demande que le
» doigt d'une autre ame la soulage d'un peu d'eau.
» Vous croyez que c'est l'ombre, qui représente
» le Lazare heureux & le riche malheureux,
» après leur mort. A quoi serviroit le nom de
» Lazare, si la chose n'y étoit pas selon la vérité ?
» Mais quand il faudroit croire, que c'est une
» ombre, c'est une preuve que la chose est vraie ;
» car si l'ame n'a point de corps, elle ne peut
» pas avoir de la ressemblance d'un corps. *Dolet apud inferos anima cujusdam & punitur in flamma & cruciatur in lingua & de digito animæ felicioris implorat solatium roris. Imaginem existimas exitum illum pauperis lactantis, & divitis mœrentis. Et quid illic Lazari nomen, si non in veritate res est ? Sed etsi imago credenda est testimonium erit veritatis. Si enim non habet Anima corpus, non caperet imaginem corporis.* On verra le reste dans l'auteur. Il est vrai que Tertulien prétendoit que l'ame est corporelle ; mais les raisons, qu'il apporte, en cet endroit, prouvent seulement qu'elle est revêtue d'un corps.

C'est aussi ce que S. Irénée a recueilli de la parabole (7) du Lazare. « Par-là, dit-il, on voit
» très-clairement, que les ames subsistent, qu'elles
» ne passent pas d'un corps en un autre, qu'elles
» ont une figure humaine, en sorte qu'on les
» connoît, qu'elles se souviennent de ceux qui

---

(1) 1. Cor. xv, 48.

(2) Luc. xx, 35.

(3) De resur. carnis C. xxvj.

(4) Luc. xx, 38.

(5) Luc. xii, 5.

(6) Cap. VII & VIII.

(7) *Voyez* liv. II. c. 62 & 63.

» font ici, & que chaque nation reçoit, même
» avant le Jugement, l'habitation qu'elle mérite.
Per hac manifestissimè declaratum est & perseverare animas & non de corpore in corpus exire, & habere hominis figuram, ut etiam cognoscantur, & meminisse eorum quæ hic sint & dignam habitationem unamquamque gentem percipere, etiam ante judicium.

Origène a été non seulement dans la même pensée, que les ames, après leur mort, ont un corps subtil, qui a la même forme extérieure, que le corps terrrestre avoit pendant leur vie ; mais encore qu'on le peut prouver par diverses apparitions d'esprits & d'ames de ceux qui sont morts (1). Mais on ne rapportera pas ici ses propres termes.

Il faut remarquer, outre cela, que la première fois que Jésus-Christ apparut à ses disciples assemblés, ils crurent qu'ils avoient vû (2) un esprit, & que notre Seigneur ne les reprit pas, en leur disant qu'un esprit n'a point du tout de corps, par lequel il puisse se rendre visible ; mais seulement qu'il n'a point de chair & d'os, point de corps solide, tel qu'étoit celui qu'il avoit. Ainsi il n'y a pas sujet de s'étonner, que les pères aient été de ce sentiment.

Enfin les anciens Pythagoriciens ont crû qu'il y a des êtres au dessus de l'ame humaine, & qu'ils nommoient Démons. Philon reconnoît que ce sont les mêmes, que ceux que les juifs nomment *anges*, & Simplicius & Hieroclès, aussi bien que d'autres payens des derniers temps se sont servis indifféremment de ces deux noms. Ces mêmes philosophes ne croyoient pas que ce soient des intelligences destituées de toute sorte de corps ; mais qu'elles sont composées de quelque chose de corporel, & de quelque chose d'immateriel, selon la pensée d'Hieroclès : *ce qui vient d'en haut*, dit-il, *en eux, est immateriel, & ce qui vient d'en bas est corporel*. Ils ne mettoient de différence, entre les anges & les hommes, qu'à l'égard de la grossièreté du corps des hommes : au lieu que celui des anges est beaucoup plus subtil. C'étoit-la l'opinion générale des Pythagoriciens, que tous les êtres intelligens étoient revêtus de corps, excepté la suprême intelligence, comme le même philosophe le témoigne. Par là les immaterialistes rendoient raison du mouvement des esprits, qui sont dans le lieu où est leurs corps.

Mais on dira, comme je l'ai déja remarqué, qu'il n'est pas moins difficile de comprendre comment l'ame, si elle est entièrement immatérielle,

---

(1) *Voyez* les dans Cudworth, p 802.
(2) Luc. xxiv, 37.

est présente au corps, qu'elle anime ; qu'il l'est de savoir comment elle peut être en quelque lieu. Ainsi la difficulté reviendroit toujours. Mais il est clair que notre ame est présente là où elle agit, & où elle s'apperçoit de ce qui se passe ; & qu'elle n'est plus là où elle ne peut plus agir, ni s'appercevoir de rien. Il n'est pas besoin que je répète ce que j'ai déja dit la-dessus.

Il est bon, dit notre auteur, de voir encore ici en quoi la Philosophie Pythagoricienne s'accorde avec celle des chrétiens, & en quoi elle diffère. Origène s'accorde avec les Pythagoriciens, à dire qu'il n'y a rien qui soit sans aucun corps, que la divinité. « La nature de Dieu seul, dit-il, (3) c'est
» à-dire du père, du fils & du saint-esprit a cela
» de propre, qu'elle est sans aucune substance
» matérielle, & sans société d'aucun corps qui
» lui soit joint. *Solius Dei*, dit la version de Rufin, *id est, patris & filii & spiritûs sancti, natura id proprium est, ut sine materiali substantia, & absque ulla corporea abjectionis societate intelligatur subsistere*. Il répète encore la même chose, en d'autres endroits.

C'est pourquoi Huët & quelques autres savans hommes semblent n'avoir pas bien entendu la pensée d'Origène, lorsqu'ils l'ont accusé de dire que les anges & toutes les créatures intelligentes sont des corps ; au lieu qu'il ne dit autre chose, si ce n'est qu'elles sont unies à des corps. C'est ce que l'on peut voir, par plusieurs passages de cet auteur, & entr'autres par celui-ci de son sixième livre contre Celse : « nous ne reconnoissons au-
» cune substance immatérielle, qui puisse être
» brûlée, ni que l'ame de l'homme puisse être
» réduite en cendres, non plus que la substance
» des anges, des thrones &c. Ἡμεῖς ἀσώματον οὐκ ἴσμεν ἐκπυρουμένην, οὐδ᾽ εἰς πῦρ ἀναλυομένην τὴν ἀνθρώπου ψυχὴν, ἢ τὴν ἀγγέλων, ἢ θρόνων ὑπόστασιν.

Il est vrai qu'il y a eu quelques anciens pères, comme Tertulien, qui ont crû que les anges mêmes n'avoient rien que de corporel. Mais ces gens-là nioient qu'il y eût aucune substance immatérielle, sans en exempter la divinité. C'est là une des extrémités, que les anges mêmes n'ont rien que de corporel ; & l'autre est, qu'il n'y a rien du tout de corporel dans les anges. Mais la plupart des pères ont tenu le milieu, en mettant dans les anges une intelligence immatérielle, & un corps aérien.

Cudworth le montre par quantité de passages, par lesquels il paroit que les pères ont crû que les mauvais anges se repaissoient de la fumée des sa-

---

(3) Lib. I. de princip. C. 6. Vide lib. 17. c. 2 & anacephalæosin IV.

crifices, & par l'opinion générale où ils étoient, qu'avant le déluge les anges devinrent amoureux des femmes. On cherchera ces paffages (1) dans l'original, car on ne les fauroit rapporter ici, fans s'étendre trop. D'ailleurs il n'y a perfonne, qui ait quelque connoiffance de l'antiquité, qui ne fache que le fecond fentiment étoit communément reçu. Voyez le P. Petau dans fes *Dogmes Théologiques* Tom. III. dans le traité des anges Liv. III. c. I. &c.

Comme ce dernier fentiment des pères n'eft fondé que fur un paffage de Moïfe mal entendu ; favoir Genef. VI, 2. il faut avouer que le précédent, touchant un corps, qui foit conftamment attaché à toutes les intelligences créées, vient plutôt de la Philofophie payenne, que de la révelation de l'écriture fainte. Quoique les anges aient apparu revêtus de corps, on ne peut pas s'affurer que ces corps leur foient perpétuellement unis. Il faut même le nier, felon l'hypothèfe des anciens, qui donnoient bien un corps aux anges, mais qui ne vouloient pas qu'il fût vifible, à caufe de fon extrême fubtilité. Pour ce qui regarde la parabole du Lazare, il eft difficile d'en preffer toutes les parties & d'en tirer des conféquences rigoureufes, parce que l'on ne peut preffer que le but des paraboles. Il n'eft pas néceffaire que toutes les parties foient vraies à la rigueur ; & elles font ordinairement exprimées d'une manière populaire. On pourra confulter les interprètes, fur cette parabole.

On ne peut pas non plus conclure du fentiment des récompenfes & des peines, que les ames aient des corps; parce que ce ne font pas les corps qui fentent, mais les ames. Nous ne favons pas quelles font les loix de la nature, à l'égard des intelligences & des ames féparées, qui ne font plus fur la terre, & il fe peut faire qu'elles aient une manière de fentir immédiatement ce qui fe paffe dans les corps voifins, fans l'ufage d'aucuns organes ; car il eft auffi facile à Dieu de leur donner ce fentiment, que de les unir perfonnellement à des corps, & l'un n'eft pas plus difficile à concevoir que l'autre. D'ailleurs nous ne favons pas encore en quoi confiftent précifément les récompenfes & les peines, entre la mort & le dernier jugement ; & comme l'écriture fainte nous renvoie perpétuellement à ce jour, il femble qu'elles ne feront complettes qu'alors.

On peut encore objecter à cette opinion, que fi l'ame après la mort avoit un corps éthérien, tels que font ceux des anges, auxquels nous devons être femblables après la réfurrection, que la réfurrection du corps ne paroîtroit pas fort nécef-

---

(1) Pag. 811, & fuiv.

faire ; puifque l'ame auroit déjà le corps, qu'elle doit avoir éternellement. Tout ce qu'on peut répondre, c'eft que l'ame recevra encore de la terre quelques particules de fon corps terreftre, qui jointes à celui qu'elle a avant la réfurrection formeront le corps qu'elle doit avoir pendant toute l'éternité. Mais il vaut mieux, en des matières fi obfcures, ne rien affurer, ni pour, ni contre, comme un article de foi, ou comme un dogme affuré.

Ceux qui ont les premiers affuré que les ames avoient toujours des corps, de qui l'ont ils appris ? Si l'on cite ici des apparitions de morts, il faudra, avant toutes chofes, s'affurer de la vérité des faits, ce qui eft prefque toujours impoffible. D'ailleurs, on demandera d'où vient que ces corps font quelquefois vifibles après la mort, & qu'ils ne le font jamais, dans le moment de la féparation du corps & de l'ame. On fera encore d'autres difficultés, auxquelles je ne m'arrête pas.

Néanmoins, abfolument parlant, il fe pourroit faire que l'opinion que les grecs ont eue depuis le tems d'Homère, que les ames ont des corps aériens, fût véritable. On peut voir ce que ce poëte dit des ombres des morts, dans le XI & le XXIV de l'*Odyffée*. Cette opinion, confidérée en général, n'eft pas abfurde, & ne peut pas être rejettée comme fauffe, parce que les grecs y ont mêlé des fables, ou parce qu'on ne peut pas répondre en détail à toutes les queftions que l'on propofe fur cette matière. Il en eft peut-être de ceci, comme de l'immortalité de l'ame qui eft très-véritable en elle-même ; quoique les poëtes & les philofophes le cette nation l'aient étrangement défigurée, en y joignant leurs fictions & leurs conjectures, telles que font leurs defcriptions des enfers, la tranfmigration des âmes dans les corps d'autres hommes, ou même dans ceux des bêtes, les révolutions réglées de l'Univers qui felon Platon, doit dans des termes réglés retourner dans le chaos & en refortir &c.

Ainfi je ne voudrois ni approuver tout ce que les pères nous ont dit du *véhicule de l'ame* & des *corps des anges*, après les poëtes & les philofophes grecs, ni le rejetter fans diftinction. Dans un femblable fujet, un peu de pyrrhonifme eft d'une grande utilité. Mais retournons à notre auteur.

III. Après avoir décrit la manière dont les anciens immatérialiftes défendoient leurs fentimens contre les athées ; nous montrerons fur quels fondemens ils affuroient une chofe qui eft auffi au-deffus des fens & de l'imagination, que l'eft l'exiftence d'une fubftance fans étendue, fans fituation corporelle & fans divifibilité. Nous repréfenterons feulement leurs fentimens de la manière la plus avantageufe qu'il fe pourra faire sans rien assurer de notre part. Nous en laisserons le jugement au lecteur.

Au commencement, c'étoit une chose dont les matérialistes & les immatérialistes convenoient qu'il n'y a qu'une seule sorte d'étendue, & que tout ce qui est étendu est aussi divisible & impénétrable ou solide. De-là il s'ensuivoit que tout ce qui n'est pas étendu de cette manière est immatériel, & tous les raisonnemens qui pouvoient servir à montrer qu'il y a quelque substance outre le corps, passoient pour des preuves de l'immatérialité des esprits. Mais nous rapporterons principalement les preuves, dont ils se servoient pour prouver directement, qu'il y a quelque chose d'immatériel.

Voici comme Plotin raisonne, (1) pour prouver l'immatérialité de l'ame : « Que diront présentement ceux qui croyent que l'ame est un corps ? Accorderont-ils, ou non, que chaque partie de l'ame qui est dans un même corps (comme celle qui est dans le pied, selon eux, celle qui est dans la main, ou celle qui est dans le cerveau.) ou que chaque partie de ces parties est une ame aussi bien que le tout ? S'ils l'accordent, il est visible que la grandeur ou la quantité ne fait rien à la nature de l'ame ; au lieu qu'elle y feroit quelque chose, si c'étoit un être étendu ; auquel cas le tout est en plusieurs lieux, ce qui est une chose, qui ne peut pas appartenir à un corps, qui ne peut pas être tout entier en plusieurs lieux en même tems, & dont une partie n'est pas la même chose que le tout. Mais s'ils ne veulent pas tomber d'accord que chaque partie de l'ame soit l'ame ; alors, selon eux, il faudra que l'ame soit composée de parties destituées d'ame ».

Ce raisonnement se réduit à ceci : c'est que chaque partie d'une intelligence que les matérialistes prétendent être étendue, est une intelligence ou n'en est pas une. Si aucune de ces parties n'est une intelligence, ou (ce qui est la même chose) n'a de l'intelligence, il est visible que le tout ne peut pas en avoir ; à moins qu'on ne veuille que cette intelligence sorte par elle-même du néant, ce qui est absurde. Il est vrai que les qualités corporelles, selon la physique des atomistes, viennent d'un tissu d'atômes qui n'ont pas ces qualités, considérés chacun à part.

Ne ex albis alba rearis,

Aut ea quæ nigrant nigro de semine nata.

Mais les qualités des corps ne sont pas des entités réelles & distinctes de la grandeur, de la figure, de la situation & du mouvement des parties ; au lieu que la vie & l'intelligence sont des êtres réels qui sont distincts des propriétés des atômes que je viens de nommer. Que si l'on dit que chaque partie d'une intelligence, en a, ou est une intelligence ; alors une partie suffira, & tout le reste restera inutile, ou chaque partie sera égale au tout ; d'où s'ensuivra qu'il ne peut pas être étendu, ni avoir aucunes parties réelles, puis qu'aucune partie étendue ne peut égaler son tout.

En second lieu, ce même philosophe tâche de prouver que l'ame humaine est sans étendue & indivisible par le moyen de ses opérations, & par la sensation, aussi bien que par l'intellection. Voici son raisonnement :

« (2) Ce qui apperçoit en nous, dit-il, doit être nécessairement une seule chose, & doit tout appercevoir par une seule faculté ; & cela, soit qu'il y ait plusieurs choses qui frappent les sens par plusieurs organes, comme diverses qualités d'une substance : ou qu'il y ait une seule chose qui, étant variée en elle-même, entre par un seul organe, comme le visage d'un homme. Car il n'y a pas en nous une chose qui s'apperçoive du nez, une autre des yeux & une autre de la bouche ; il n'y a qu'une seule chose qui s'apperçoive de tout cela. De même, quand un objet entre par les yeux & un autre par les oreilles ; il faut néanmoins que ces sensations aboutissent à un seul être, sans quoi on ne pourroit pas dire que ce sont de différentes sensations, si elles n'aboutissoient à une seule substance. Il faut donc qu'elle soit comme le centre, & que chacune de ses sensations y aboutissent, comme des lignes que l'on tire d'une circonférence à un centre, & que ce qui apperçoit soit une seule chose » ; c'est-à-dire, une chose sans étendue ni divisibilité ; car par-tout où elle se trouve, il n'y a pas une seule chose, mais autant d'êtres différens, que de parties.

Il pousse encore son raisonnement de cette manière : si ce qui sent en nous est étendu, en sorte qu'il ait des parties différentes (*partes extra partes*) il faut nécessairement que l'on dise une de ces trois choses ; la première, c'est que chaque partie de l'ame étendue apperçoit seulement une partie de l'objet ; la seconde, que chaque partie s'apperçoit de tout l'objet ; la troisième, que toutes ses parties aboutissent à un seul point qui s'apperçoive des parties du tout. A l'égard de la première, il dit que si l'ame est une grandeur, il faut qu'elle soit commensurable avec l'objet, ensorte qu'une des parties de l'ame s'apperçoive

---

(1) Pag. 460. vel Enneadis IV. Lib. VII, c. 5.

(2) Ibid. c. 6.

de

de l'une de celle de l'objet qui frappe nos sens, & qu'il n'y ait personne d'entre nous qui s'apperçoive du tout; de même que si je m'apperçevois d'une chose, & vous d'une autre.

Il est clair au contraire que c'est un seul & même être qui s'apperçoit & des parties & du tout. Sur la seconde, il remarque que si chaque partie de l'ame (supposé qu'elle soit étendue) s'apperçoit du tout, puisque toute grandeur est divisible à l'infini, il faut qu'il y ait, dans l'entendement de chaque homme, une infinité de sensations d'un seul & même objet sensible; au lieu que nous savons qu'il n'y en a qu'une.

Enfin à l'égard de la troisième, ce point qui s'apperçoit de tout est mathématique ou physique. Mais un point mathématique, qui n'a ni longueur ni largeur ni profondeur, n'est pas une substance, ou un être qui existe à part, mais seulement une idée abstraite.

Pour de point physique, il n'y en a pas non plus, si la matière est divisible à l'infini, comme Plotin le suppose. Mais il ajoute encore que s'il y avoit dans la nature de certaines molécules de matière, au-delà desquelles il n'y en eût point de plus petites, une molécule de cette petitesse ne pourroit pas recevoir une impression distincte de toutes les parties d'un objet sensible à la fois. Une si petite particule de matière ne pourroit pas non plus être la cause de tous les mouvemens de l'animal.

Mais quand on admettroit cette absurdité, il seroit tout-à-fait inconcevable comment il [n'y auroit dans un homme qu'un seul atôme sensitif & raisonnable, & comment il demeureroit constamment le même, depuis l'enfance jusqu'à la vieillesse, pendant que toutes les autres parties du corps transpirent, & se dissipent.

Que si l'on dit que l'ame étant étendue, elle est composée de divers points, qui étant tous ébranlés concourent à former une seule sensation; il faut que chacun de ces points apperçoive seulement une partie de l'objet, ou le tout. Si chaque point de l'ame ne voit qu'un point de l'objet, il n'y a pas en nous un seul être qui s'apperçoive du tout, ou qui puisse comparer une partie avec une autre. Si au contraire chaque point de l'ame voit le tout, qui est composé de plusieurs parties; alors il y aura un nombre infini de perceptions du même objet, dans une seule sensation. Il s'ensuivroit, outre cela, de ces deux suppositions, qu'il y auroit dans chaque homme une infinité d'êtres appercevans, ou de personnes distinctes. Il faut donc conclure que toute l'ame apperçoit tout l'objet, & l'on doit savoir que quand on parle ainsi, on ne veut pas dire qu'elle est composée de parties, mais que

Philosophie anc. & mod., Tome II.

c'est un tout immatériel & indivisible, selon le sentiment de Plotin.

En troisième lieu, ce philosophe soutient que ce ne peut être qu'une chose indivisible, qui sent de la douleur en différentes extrémités du corps, comme sur la tête & à la plante du pied, & qui remue les membres pour se secourir les uns les autres; ce qui ne se peut pas faire par le transport de ses sensations à un seul point physique, pour diverses raisons. Plotin ajoute : « puis-
» que la sensation ne se peut pas faire par le
» transport d'une partie en une autre, & que
» le corps étant étendu, il ne se peut faire
» qu'une partie souffrant, l'autre le sente, car
» dans toute grandeur, les parties sont distinctes
» l'une de l'autre ; il faut reconnoître que ce qui
» sent en nous est tel, qu'il est le même par
» tout le corps ; ce qui est une propriété, qui
» convient à une autre sorte d'être, qu'à la
» matière ».

La conclusion de ce raisonnement est, que dans les hommes & dans les bêtes, il n'y a qu'une seule chose indivisible, qui est présente à tous leurs corps, & qui s'apperçoit de tout ce qui se passe dans ses parties, par quelque sens que les objets entrent. Cette même chose est unie aux membres les plus éloignés, sans ce qu'ils souffrent, & agit toute entière en tous. C'est là le *moi* qui est en chaque homme, & non la masse étendue de son corps qui est composé de plusieurs substances distinctes.

C'est une indivisible unité, à laquelle toutes les lignes différentes de nos sensations aboutissent, mais non pas comme à un point mathématique ou physique; une substance vivante & agissante par elle-même qui réunit, pour ainsi dire, toutes les parties de notre corps.

Enfin Plotin montre que l'ame humaine n'est point étendue & divisible par ses opérations abstraites, telles que (1) « les sciences des cho-
» ses intellectuelles & qui n'ont point de grandeur,
» νοητῶν νοήσεις ἀμεγέθων ἀντιλήψεις, car, dit-il,
» comment se pourroit-il faire qu'une chose,
» qui a une certaine étendue, comprît ce qui
» n'a point de grandeur, & conçût ce qui est
» indivisible par ce qui est divisible : πῶς γὰρ τὸ
μέγεθος ὄν τὸ μὴ μέγεθος νοήσει ; καὶ τῷ μεριστῷ τὸ μὴ
μεριστόν.

Il est certain que nous avons des idées de choses qui ne frappent point l'imagination, & qui n'y font naître aucune image sensible, comme la vertu & le vice. Nous avons encore des notions abstraites de latitudes sans profondeur, de longueurs sans profondeur, ni latitude, & même

---

(1) Ibid. c. 8.

Gggggg

de points mathématiques où il n'y a ni longueur, ni largeur, ni profondeur. Nous concevons des forces plus ou moins grandes qui n'ont aucune étendue corporelle. Nous avons des idées des essences abstraites qui sont indivisibles. Il y a plus, notre ame conçoit les choses étendues d'une manière non étendue & indivisible ; car comme toute l'étendue de l'hémisphère qui nous environne est renfermée dans la prunelle de l'œil, les plus grands éloignemens sont encore plus retrécis dans l'ame. La pensée de l'éloignement d'une lieue, ou de dix mille lieues, ou de dix mille diamètres de la terre, n'occupe pas plus de place dans l'esprit, que celle d'un pied ou d'un pouce, ou même d'un point mathématique. Si ce qui apperçoit en nous étoit d'une certaine grandeur, il ne pourroit pas être égal à toutes sortes d'objets sensibles, ἴσον παντὶ αἰσθητῷ, & appercevoir également les objets les plus petits & les plus grands, & même ceux qui sont destitués de toute grandeur.

Il paroît par-là & par une infinité d'autres endroits de Plotin, que si les anciens immatérialistes étoient convaincus de la spiritualité de l'ame, ce n'étoit pas seulement par l'autorité de leurs maîtres, mais par des raisonnemens très-profonds & très-justes. Il est fâcheux que ce philosophe soit si obscur & si peu méthodique qu'il faut non-seulement bien savoir le grec, & la philosophie, mais encore le lire plusieurs fois avec attention, pour l'entendre. Sans cela, il auroit pu soutenir l'honneur de l'ancien platonisme, & tout le monde verroit, par sa lecture, que l'on a dit depuis son tems, & que l'on dit encore aujourd'hui bien des choses, comme nouvelles, que l'antiquité n'avoit point ignorées. La mauvaise coutume des anciens de parler obscurément pour n'être pas entendus de tout le monde, a fait qu'enfin presque personne ne les a entendus, & que leurs ouvrages sont demeurés sans lecteurs & sans fruit. C'étoit une grande erreur que de s'imaginer que la vérité seroit moins estimée & moins utile aux hommes, si elle pouvoit s'apprendre facilement, & si elle venoit à se répandre par tout. Plus de gens en peuvent faire usage, plus elle est utile & plus estimée. Il n'en est pas de la vérité, comme des choses sensibles dont le prix diminue dès qu'elles sont communes, parce qu'on les peut avoir pour peu de choses. Nous n'avons rien que nous puissions échanger contre la vérité, & elle est d'autant plus inestimable, que l'usage en est plus grand & plus commun, de même que le jour & la lumière. Mais ces réflexions nous meneroient hors de notre sujet. Ecoutons plutôt Cudworth, confirmant la pensée des immatérialistes par ses propres raisonnemens.

IV. Nous pouvons très-bien concevoir de l'étendue, sans pensée, & de la pensée, sans étendue ; d'où nous pouvons conclure que ce sont des êtres distincts & qui peuvent exister séparément ; car nous n'avons point d'autre règle, pour juger de la différence des choses & de leur *séparabilité*, s'il faut ainsi parler, que les idées que nous en avons. Mais outre cela, nous ne pouvons pas même concevoir la pensée comme étendue. Nous ne concevons point qu'une pensée soit une chose longue, large & profonde, qui puisse être mesurée par lignes, par pouces, ou par des mesures solides. Nous n'y voyons non plus aucune sorte de figure. Cependant si tout ce qui n'est pas étendu n'est rien, comme les matérialistes le soutiennent, il faut que les pensées soient de pures non-entités, ou qu'elles soient étendues, divisibles, mesurables, & d'une certaine figure, si l'on suppose qu'elles soient finies.

Par conséquent, toutes les vérités, que nous savons, qui ne sont autre chose que des idées composées, sont nécessairement longues, larges, profondes, & terminées par une certaine figure. Il en est de même de nos volitions, & de nos passions, comme la crainte, l'espérance, l'amour, la haine, le chagrin, la joie & autres semblables. Il faut que tout cela soit long, large, profond & puisse être mesuré, pour être quelque chose de réel. Mais si cette conséquence est absurde, & si ces actions, ou ces dispositions de l'ame n'ont aucun rapport avec l'étendue, quoique ce soient des choses aussi réelles, que les propriétés des corps ; il faut nécessairement que la substance de l'ame, elle même, soit sans étendue. C'est pourquoi Plotin dit, τὸ δὲ διαςὰς ἀφ' ἑαυτῆς, *il n'y a point de distance dans l'ame* ; autrement ce ne seroit pas une seule ame, mais plusieurs ; puisqu'il y a autant de substances dans un être étendu, qu'il y a de points. Elle n'est pas plus indivisible, que la vie, dont le même philosophe parle ainsi : *partagerez-vous la vie ? Si le tout est vie, la partie ne sera pas vie*.

Enfin, s'il y a de la distance, ou de l'étendue dans les ames, & dans les intelligences, elles pourront être divisées par la pensée & même réellement par la puissance divine, qui les pourra écarter l'une de l'autre aussi loin qu'il lui plaira, & en ce cas-là aucune des parties de l'ame ne sera l'ame, la vie ou l'intelligence ; mais seulement l'amas de toutes ces parties, ce qui est absurde, comme on l'a vû.

C'est pourquoi il semble que les anciens immatérialistes ont été dans la pensée, que je vais expliquer. Il n'y a que deux sortes de substances, distinctes les unes des autres. La première est de celles que les grecs nomment ὄγκοι ou *des masses* qui sont un certain volume, & qui sont purement passives, & la seconde de celle qu'ils appellent δυνάμεις *des êtres qui ont de la force & de l'activité*, φύσις δρασήριος. La première espèce est une substance étendue, qui existe hors de notre ame. Cette substance étendue n'est autre chose qu'*aliud extra aliud*, ou qu'un amas de parties, dont les unes sont au-delà des autres. C'est pourquoi on n'y voit rien de simple, mais des masses qui en contiennent d'autres, & celles-là d'autres à l'infini. Outre cela chaque partie étant toujours au-delà de l'autre, il est indispensable qu'elle soit impénétrable, ou qu'elle exclue toute autre partie de l'espace qu'elle occupe. Un pied de distance ne peut pas être ajouté à un pied, sans faire une étendue le double plus grande; puisque l'un est toujours au-delà de l'autre. Outre cela, toute grandeur est toujours quelque chose d'extérieur, & qui ne renferme rien au dedans ou aucun pouvoir d'agir; n'ayant d'autre force, que celle d'empêcher qu'un autre corps n'occupe sa place.

Ainsi s'il n'y avoit dans la nature, autre chose que de l'étendue, il ne pourroit point y avoir de mouvement ni d'action; point de vie, point de pensée, point de sentiment, point d'intellection, point de volition. Ce ne seroit qu'une masse lourde & insensible de matière impénétrable. Il faut donc qu'outre ce volume extérieur de la matière, il y ait une autre sorte d'êtres dont le caractère essentiel soit la vie, l'activité extérieure, ou la pensée. On ne peut pas prendre ces choses pour des manières d'être de la matière, parce que nous pouvons aussi facilement les concevoir, sans étendue, que nous concevons l'étendue sans pensée, sans action & sans vie.

Puisqu'il est indubitable qu'il y a plus de perfection dans la vie & dans la pensée, qu'il n'y en a dans l'étendue & dans la grandeur, qui est le plus bas de tous les êtres & le plus voisin du néant; ce n'est que par une illusion de notre imagination, que nous avons tant de penchant à croire que rien n'existe que la grandeur & l'étendue, & que tout le reste des choses n'en sont que des manières d'être, qui en sortent & qui y rentrent. Car encore que la vie du corps des animaux, qui n'est qu'une participation à la vie des êtres immatériels, soit un accident de la matière, qui peut y être ou n'y être pas sans que le sujet périsse pour cela: néanmoins on ne sauroit rendre de raison pourquoi la vie originale ne seroit point une substance, aussi-bien que l'étendue. On ne peut pas prendre la vie & l'étendue comme des propriétés d'un seul & même être; parce que, comme nous l'avons dit, nous en avons des idées toutes différentes.

La vie & la pensée sont des choses si simples de leur nature, qu'elles ne peuvent pas exister, comme en leur sujet, dans la multiplicité infinie des particules de la matière. On ne sauroit comprendre non plus que diverses parties de la matière jointes ensemble, forment une pensée simple & indivisible en elle-même, ni qu'un monceau de particules puisse devenir un seul être pensant. Un être pensant est une unité, ou une substance unique, & non un monceau de substances; comme les corps, dont chaque particule est une substance à part.

C'est ce qui paroîtra encore mieux, si nous considérons quelle sorte d'action c'est que la pensée. L'action d'une substance étendue n'est autre chose que le mouvement local, ou le transport d'un corps d'un lieu en un autre, qui n'est qu'un changement tout-à-fait extérieur. Mais la pensée, comme l'imagination, l'intellection & la volition, est une action intérieure & renfermée dans la substance de celui qui pense. De ces deux sortes d'actions, nous pouvons recueillir qu'il y a deux sortes de substances, dont l'une ne renferme en elle-même aucun principe d'action, & l'autre a en elle-même une activité intérieure.

Dans l'hypothèse des matérialistes, qui établissent des intelligences étendues, il faut qu'il y ait un mélange inintelligible de deux substances distinctes, dont l'une est étendue & l'autre ne l'est pas. Il y a néanmoins ceci de vrai, en cette pensée, c'est que toutes les substances immatérielles finies sont naturellement unies avec un corps avec lequel elles forment un tout dont le dedans, qu'on ne voit point, est immatériel, & dont le dehors sensible est matériel; en sorte néanmoins que ces substances, quoiqu'unies demeurent toujours réellement distinctes en elles-mêmes.

Tout cela se réduit à ceci, c'est qu'il y a deux sortes de substances dans la nature. L'une est étendue, existe réellement hors de l'ame, n'a aucune unité en elle-même, mais une multiplicité & une divisibilité infinies, ne renferme que ce qui paroît extérieurement & n'est capable d'aucune action que du mouvement local, quand un autre être le lui donne. L'autre substance renferme la vie & l'intelligence, ou le pouvoir de penser, & son action est intérieure & cachée. Elle a le pouvoir d'agir toute entière sur une quantité de matière & sur chacune de ses parties. Elle la pénètre & coexiste dans le même espace avec elle. C'est pourquoi ce n'est ni un point mathématique, ni physique; car elle agit en elle-même & au dehors jusqu'à une certaine distance.

Si Cudworth n'établit ici que deux sortes de substances, il faut se souvenir qu'il raisonne sur l'hypothèse de ceux de qui il a entrepris d'éclaircir & d'appuyer les sentimens. Autrement il est certain qu'on doit établir, comme il l'a remarqué lui-même, un plus grand nombre d'êtres. Il y a 1°. une simple étendue sans bornes: 2°. des corps solides & bornés: 3°. des êtres sans étendue vivans, ou doués d'activité intérieure, sans sentiment : 4°. des êtres qui vivent & qui sentent ; mais qui ne raisonnent pas : 5°. des êtres qui vivent, qui sentent & qui raisonnent, parmi lesquels il y en a même de plusieurs sortes. C'est ce qu'on a pu remarquer dans plusieurs passages des écrits de Cudworth & de Grew (*Voyez* l'article de ce dernier). Mais ce n'étoit pas ici le lieu d'entrer dans ce détail, & le dessein de notre auteur étoit seulement de faire voir de quelle manière les immatérialistes expliquoient leurs sentimens & les soutenoient, comme il l'a fait, avec beaucoup de force & de netteté.

On peut voir, par ce qu'il a dit, qu'il n'est pas si difficile que les matérialistes se l'imaginent, de prouver qu'il y a des êtres immatériels, & même qu'il faut nécessairement qu'il y en ait ; puisqu'on ne peut concevoir de mouvement sans cela. Mais il faut avouer après tout, qu'il n'est pas possible de donner une idée complette d'un esprit, non plus que d'un corps. Les preuves dont on se sert, pour prouver qu'il y a des êtres immatériels, & dont les propriétés n'ont rien de commun avec celle des corps sont incontestables, & l'on en est convaincu, dès qu'on les comprend. Mais en démontrant la grande différence des êtres qui pensent, & de ceux qui sont étendus, on augmente la difficulté qu'il y a à concevoir comment ces deux sortes d'êtres sont unis ensemble, comme nous le voyons. Comment est-il possible que des êtres qui n'ont rien de commun, soient selon les idées de ceux qui admettent *le véhicule de l'ame*, naturellement unis ensemble ? Comment une simple pensée peut-elle produire du mouvement, dans la matière de nos corps, soit que l'on entende celle du *véhicule*, ou celle du corps grossier, & comment une matière mue, de quelque manière que l'on conçoive ce mouvement, peut-elle faire naître des pensées dans notre esprit ? J'avoue que je ne le comprends pas, & que cela est une des raisons qui me persuadent que les sujets dans lesquels les propriétés des corps & des esprits existent, nous sont tout-à-fait inconnus, puisque les idées que nous nous formons de ces deux sortes d'êtres par leurs propriétés, ne suffisent nullement pour expliquer les phénomènes de leur union, & en rendent même plus obscure la raison.

Je sais qu'il y a des philosophes, qui font de Dieu le lien de nos ames & de nos corps ; comme si à l'occasion de nos pensées, Dieu remuoit nos corps ; & à l'occasion des mouvemens de nos corps, il produisoit des pensées dans nos esprits. Mais pour ne pas dire que c'est étrangement avilir la divinité, que de la faire intervenir de la sorte, & qu'il étoit inutile de faire une si admirable machine que le corps, si toute cette belle disposition ne sert de rien du tout, pour porter les sensations jusqu'à l'esprit ; quand on dit que Dieu remue les corps, & que Dieu est une intelligence entièrement immatérielle, comme ces philosophes le disent, on dit ce que l'on ne comprend pas mieux, que l'on ne comprend comment les esprits créés meuvent les corps. Il est vrai que l'on sait que Dieu est tout-puissant, & que c'est le premier moteur, mais cela ne nous fait pas mieux concevoir comment cet esprit éternel a mû la matière. Si l'on dit qu'il faut néanmoins le croire, parce que cela est, quoiqu'on ne sache pas comment cela se fait, j'en conviendrai ; mais je dirai aussi qu'il y a quelque être créé immatériel, qui remue mes membres, quoique je ne sache pas comment. Il y a des liaisons secretes entre les sujets cachés des propriétés des esprits & des corps, que nous ne pénétrerons jamais en cette vie, & peut-être que des substances, qui nous sont tout-à-fait inconnues, interviennent dans cette union sans que nous le sachions.

Malgré toute cette obscurité, il ne laisse pas d'être vrai que l'on ne sauroit dire ni que les corps pensent, ni que les êtres qui pensent sont matériels. Cela étant, on ne peut pas dire qu'il n'y a point de providence qui gouverne le monde, parce qu'il n'y a que de la matière dans la nature. Il faut même reconnoitre nécessairement qu'il y a un être immatériel, qui a produit cet univers & qui le conduit ; quoique nous ne sachions pas toujours de quelle manière il le fait. C'est à quoi nous conduisent les principes de *Cudworth*.

(Cet article, extrait du système intellectuel de Cudworth, a été employé tel qu'il a été remis à l'éditeur.)

INDIENS, PHILOSOPHIE DES (*hist. de la philosophie*).

On prétend que la philosophie a passé de la Chaldée & de la Perse aux Indes. Quoi qu'il en soit, les peuples de cette contrée étoient en si grande réputation de sagesse parmi les grecs, que leurs philosophes n'ont pas dédaigné de les visiter. Pythagore, Démocrite, Anaxarque, Pyrrhon, Apollonius & d'autres, firent le voyage des Indes, & allèrent converser avec les brachmanes ou gymnosophistes *indiens*.

Les sages de l'Inde ont été appellés *brachmanes*, de Brachme fondateur de la secte, & *gymnosophistes*, ou sages qui marchent nuds, de leur vêtement qui laissoit à découvert la plus grande partie de leur corps.

On les divise en deux sectes, l'une des *brachmanes*, & l'autre des *samanéens* ; quelques-uns font mention d'une troisième sous le nom de *pramnes*. Nous ne sommes pas assez instruits sur les caractères particuliers qui les distinguoient ; nous savons seulement en général qu'ils fuyoient la société des hommes ; qu'ils habitoient le fond des bois & des cavernes; qu'ils menoient la vie la plus auftère, s'abftenant du vin & de la chair des animaux, se nourriffant de fruits & de légumes, & couchant sur la terre nue ou sur des peaux; qu'ils étoient si fort attachés à ce genre de vie, que quelques-uns appellés auprès du grand roi, répondirent qu'il pouvoit venir lui-même s'il avoit quelque chose à apprendre d'eux ou à leur commander.

Ils souffroient avec une égale conftance la chaleur & le froid; ils craignoient le commerce des femmes; fi elles font méchantes, difoient-ils, il faut les fuir; parce qu'elles font méchantes; fi elles font bonnes, il faut encore les fuir de peur de s'y attacher. Il ne faut pas que celui qui fait son devoir du mépris de la douleur & du plaifir, de la mort & de la vie, s'expofe à devenir l'efclave d'un autre.

Il leur étoit indifférent de vivre ou de mourir, & de mourir ou par le feu, ou par l'eau, ou par le fer. Ils s'affembloient, jeunes & vieux, autour d'une même table; ils s'interrogeoient réciproquement sur l'emploi de la journée, & l'on jugeoit indigne de manger celui qui n'avoit rien dit, fait ou penfé de bien.

Ceux qui avoient des femmes les renvoyoient au bout de cinq ans, fi elles étoient ftériles; ne les approchoient que deux fois l'année, & se croyoient quittes envers la nature, lorfqu'ils en avoient eu deux enfans, l'un pour elles, l'autre pour eux.

Buddas, Dandamis, Calanus & Jarcha, font les plus célèbres d'entre les gymnofophiftes dont l'hiftoire ancienne nous a confervé les noms.

Bubbas fonda la fecte des hylobiens, les plus fauvages des gymnofophiftes.

Pour juger de Dandamis, il faut l'entendre parler à Alexandre par la bouche d'Onéfcrite, que ce prince dont l'activité s'étendoit à tout, envoya chez les gymnofophiftes: « Dites à votre maître » que je fe loue du goût qu'il a pour la fageffe, » au milieu des affaires dont un autre feroit acca- » blé; qu'il fuye la molleffe; qu'il ne confonde » pas la peine avec le travail, & puifque fes phi- » lofophes lui tiennent le même langage, qu'il » les écoute. Pour vous & vos femblables, Oné- » fcrite, je ne défapprouve vos fentimens & votre » conduite qu'en une chofe, c'eft que vous pré- » fériez la loi de l'homme à celle de la nature, » & qu'avec toutes vos connoiffances, vous » ignoriez que la meilleure demeure eft celle » où il y a le moins de foins à prendre ».

Calanus, à qui l'envoyé d'Alexandre s'adreffa, lorfque ce prince s'avança dans les Indes, débuta avec cet envoyé, par ces mots: « dépofe cet » habit, ces fouliers, affied-toi nud sur cette » pierre, & puis nous converferons ». Cet homme d'abord fi fier, fe laiffa perfuader par Taxile, de fuivre Alexandre, & il en fut méprifé de toute la nation, qui lui reprocha d'avoir accepté un autre maître que Dieu. A juger de fes mœurs par fa mort, il ne paroît pas qu'elles fe fuffent amollies. Eftimant honteux d'attendre la mort, comme c'étoit le préjugé de fa fecte, il fe fit dreffer un bûcher, & y monta en fe félicitant de la liberté qu'il alloit fe procurer. Alexandre touché de cet héroïfme, inftitua en fon honneur des combats équeftres & d'autres jeux.

Tout ce qu'on nous raconte d'Iarcha eft fabuleux.

Les Gymnofophiftes reconnoiffoient un Dieu fabricateur & adminiftrateur du monde, mais corporel: il avoit ordonné tout ce qui eft, & veilloit à tout.

Selon eux l'origine de l'ame étoit célefte; elle étoit émanée de Dieu, & elle y retournoit. Dieu recevoit dans fon fein les ames des bons qui y féjournoient éternellement. Les ames des méchans en étoient rejettées & envoyées à différens fupplices.

Outre un premier Dieu, ils en adoroient encore de fubalternes.

Leur morale confiftoit à aimer les hommes, à fe haïr eux-mêmes, à éviter le mal, à faire le bien, & à chanter des hymnes.

Ils faifoient peu de cas des fciences & de la philofophie naturelle. Jarcha répondit à Apollonius, qui l'interrogeoit sur le monde, qu'il étoit compofé de cinq élémens, de terre, d'eau, de feu, d'air & d'éther: que les dieux en étoient émanés; que les êtres compofés d'air étoient mortels & périffables, & que les êtres compofés d'éther étoient immortels & divins; que les élémens avoient tous exifté en même-tems; que le monde étoit un grand animal engendrant le refte des animaux; qu'il étoit de nature mâle & femelle, &c.

Quant à leur philofophie morale, tout y étoit grand & élevé. Il n'y avoit, felon eux, qu'un feul bien, c'eft la fageffe. Pour faire le bien, il étoit inutile que le roi l'ordonnât. La mort & la vie étoient également méprifables. Cette vie n'étoit que le commencement de notre exiftence. Tout ce qui arrive à l'homme n'eft ni bon ni mauvais. Il étoit vil de fupporter la maladie, dont on pouvoit fe guérir en un moment. Il ne falloit pas paffer un jour fans avoir fait quelque bonne action. La vanité étoit la dernière chofe que le fage dépofoit, pour fe préfenter devant Dieu. L'homme portoit en lui-même une multitude d'ennemis. C'est par la défaite de ces ennemis, qu'on se préparoit un accès favorable auprès de Dieu.

Quelle différence entre cette philosophie & celle qu'on professe aujourd'hui dans les Indes; elles sont infectées de la doctrine de Xékia ; j'entends de la doctrine ésotérique ; car les principes de l'exotérique sont assez conformes à la droite raison. Dans celle-ci, il admet la distinction du bien & du mal, l'immortalité de l'ame, les peines à venir ; des dieux, un dieu suprême qu'il appelle *Amida*, &c. Quant à sa doctrine ésotérique, c'est une espèce de spinosisme assez mal entendu. Le vuide est le principe & la fin de toutes choses, la cause universelle n'a ni vertu ni entendement, le repos est l'état parfait. C'est au repos que le philosophe doit tendre, &c. *Voyez* les articles PHILOSOPHIE en général, EGYPTIENS, CHINOIS ET JAPONNOIS, &c.

(Cet article est de DIDEROT.)

ADDITION
A L'ARTICLE PRÉCÉDENT.

Exposition des opinions religieuses & philosophiques des Indiens.

Les voyageurs plus commerçans que philosophes, nous donnent souvent des notions peu exactes de la religion indienne. Ils paroissent presque tous n'avoir interrogé que des gens du peuple ou des prêtres ignorans. Les livres canoniques étoient les sources où l'on auroit dû nécessairement puiser ; mais la connoissance des langues & la rareté des manuscrits dont les brames eux-mêmes se plaignent, ont toujours formé des obstacles difficiles à surmonter.

Couto, continuateur de Barros, a été le premier qui ait osé emprunter des ouvrages théologiques des *indiens*, ce qu'il rapporte sur la religion & la philosophie de ce peuple. Abraham Roger, ministre hollandois, qui avoit demeuré long-tems à Paliacate, consulta un savant nommé *Padmanaba*. Ce brame lui fournit tous les détails précieux, concernant les dogmes philosophiques & la religion populaire de l'Inde, que nous lisons dans son ouvrage. Celui de Baldeus, son compatriote, nous est peu connu. On assure que sa prétendue traduction du *védam*, indépendamment de la mauvaise foi qui y règne, fourmille de fautes grossières,

Quoique les missionnaires se soient laissés souvent guider dans leurs écrits par un zèle que la saine critique désavoue, nous leur devons cependant beaucoup de lumières sur tout ce qui concerne les *indiens*. Les ministres danois de la mission de Tranquebar, se sont sur-tout attachés à nous faire connoître plusieurs ouvrages originaux des philosophes *indiens*.

MM. Holwell & Dow, pénétrés d'admiration pour la philosophie des Brames, & zélés défenseurs de la pureté de leurs dogmes, ont publié des extraits intéressans de quelques Shasters, qu'ils ont cru être des livres sacrés & authentiques. Nous ne saurions souscrire à toutes leurs explications. Ils n'ont vu par-tout que des allégories, & la plupart des fictions bizarres de la mythologie indienne leur ont paru renfermer les notions les plus simples & les plus saines de la théologie. Le prisme de l'enthousiasme dénature tous les objets. M. Dow s'est néanmoins garanti de plusieurs préjugés qui semblent avoir dirigé la plume de M. Holwell.

Ces deux écrivains anglois diffèrent l'un de l'autre dans beaucoup de détails, où il seroit difficile de les concilier. Mais on s'attend bien qu'ils s'accordent sur l'antiquité chimérique de leurs Shasters. Les hommes ne sauroient être impartiaux : une affection paternelle pour l'objet de leurs travaux, & pour le fruit de longs & pénibles voyages, enchaîne leurs raisons. Ils sacrifient la vérité à leur amour-propre, & aiment souvent à persuader aux autres ce qu'ils ne croient pas eux-mêmes. Que ne devrions-nous pas à MM. Holwell & Dow, si dégagés de toute prévention, ils nous eussent donné à la fois un précis exact des opinions philosophiques des *indiens*, & un tableau fidèle de leur religion ! L'auteur de l'*Ezour-vedam*, semble avoir eu ce dessein, & rempli cette tâche.

Cet ouvrage d'après lequel nous exposerons bientôt les principes de la religion & de la philosophie des *indiens*, vient originairement des papiers de M. Barthelemy, second membre du conseil de Pondicheri. M. de Modave, connu par son esprit & par ses services, en apporta des Indes une copie, dont il fit présent à M. de Voltaire, qui l'envoya en 1761 à la bibliothèque du roi de France. Cet illustre écrivain nous apprend que ce livre a été traduit du *Samscretan* par le grand-prêtre ou archi-brame de la pagode de Cheringham, vieillard respecté par sa vertu incorruptible. Il savoit le françois, & rendit de grands services à la compagnie des Indes. (1)

---

(1) Siècle de Louis XV, *Cap*. 29, not.

La traduction de ce brame n'étoit point parvenue en son entier entre les mains de M. de Voltaire, puisque une partie du dernier livre ne se trouve point dans le manuscrit de la bibliothèque du roi. Nous avons suppléé ce qui manque à cette copie par celle qu'en avoit faite M. Anquetil du Perron, également distingué par son savoir & célèbre par ses voyages littéraires, sur l'exemplaire de M. Tessier de la Tour, neveu de M. Barthelemy, & qu'il a bien voulu nous communiquer.

Après nous être assurés que cette traduction étoit complette, nous en avons revu le stile avec soin, sans prétendre néanmoins en corriger tous les défauts. Ils conservent à l'auteur *indien* cet air étranger qui inspire de la confiance aux lecteurs, & les convaincra de notre fidélité. Celle des éditeurs ou des traducteurs de ces sortes d'ouvrages n'est que trop souvent suspecte.

Les notes dont nous avons accompagné l'*ezour-vedam*, ont pour objet de montrer la conformité de la mythologie, qui y est rapportée, avec la doctrine populaire des *indiens* modernes. Elles sont destinées encore, ainsi que les éclaircissemens qui suivent cet ouvrage, à discuter quelques articles particuliers, ou à suppléer au silence de l'auteur. Sans négliger les secours que les livres imprimés ou manuscrits pouvoient nous fournir, nous nous sommes servis, sur-tout dans ce travail, d'une traduction manuscrite du *Bagavadam*, dont nous devons la communication aux bontés de M. Bertin, ministre aussi éclairé que zélé pour le progrès de nos connoissances.

Les observations préliminaires sont consacrées à éclaircir l'origine de la religion *indienne*, & à en suivre les progrès & les vicissitudes dans toute l'Asie, autant que le défaut de monumens nous le permettra. Elles servent d'introduction naturelle au premier ouvrage original qu'on ait publié jusqu'aujourd'hui sur les dogmes religieux & philosophiques des *indiens*. Des détails concernant les livres sacrés & canoniques de ce peuple, & un examen impartial de l'*Ezour-vedam*, terminent ces recherches.

OBSERVATIONS PRÉLIMINAIRES.

Quæram omnia, dubitans plerumque, & mihi ipse diffidens.

Cic. de divin. l. 2. c. 3.

Le théisme a été la religion primitive du genre humain. La marche progressive du polythéisme supposeroit cette vérité, si d'ailleurs les faits ne la démontroient pas. Chez les *indiens*, comme chez tous les autres peuples de la terre, on reconnoît à travers les fables & les fictions les plus bizarres, un culte pur dans son origine, corrompu dans son cours.

L'ignorance, la superstition & l'amour du merveilleux ne sont point les seules causes de cette corruption. Le commerce des nations étrangères altéra le culte public des *indiens*. Quoiqu'assez éloignés de l'Egypte, on ne peut cependant douter qu'ils n'aient eu connoissance de la religion de cette contrée.

Les *indiens* passoient dans l'antiquité pour être la seule nation qui ne fût jamais sortie de son pays natal (1). Eusebe & le Syncelle rapportent cependant qu'une de ces colonies vint des bords du fleuve Indus, s'établir dans le voisinage de l'Egypte, sous le règne d'Aménophis (2), père de Sesostis. Les prêtres égyptiens paroissent n'avoir supposé cet établissement des peuples de l'inde, que pour cacher aux yeux de la postérité une émigration d'une partie des sujets d'Aménophis dans ce pays, causé par son intolérance. Ce prince bannit de son royaume tous ceux qui refusèrent de s'assujettir à l'observation des pratiques légales, imposées aux seuls membres de l'ordre sacerdotal. Cet édit & la guerre civile qu'il occasionna, firent sortir de l'Egypte, vers la fin du seizième siècle avant J.C., un grand nombre de personnes (3). Les unes se réfugièrent sur les côtes de Lybie & d'autres s'embarquèrent sur la mer rouge, & pénétrèrent jusqu'aux Indes.

Les livres sacrés des *indiens* nous apprennent que leur pays avoit été peuplé par des colonies venues du côté de l'occident (4). Cette tradition ne peut désigner que l'arrivée de quelque colonie égyptienne, dont les brachmanes ou brames seront descendus. On nous assure qu'ils ne désavouent point aujourd'hui cette origine (5), qu'il est difficile de méconnoître dans le système religieux, la doctrine philosophique & les fables mêmes des nations *indiennes*.

Les égyptiens de la Thébaïde représentoient le monde sous la figure d'un œuf, qu'ils disoient être sorti de la bouche de Cneph (6). Dieu souf-

---

(1) Diod. Sic. *lib.* II. n° 38. Strab. *lib.* XV. p. 478. Arrian. *Indic.* c. 9. Plin. *lib.* VI c. 17.

(2) *Æthiopes, ab Indo flumine consurgentes, juxta Ægyptum consederunt.* Euseb. ad ann. CCCCII. Syncell. p. 151. On sait que les anciens donnoient en général le nom d'*Indiens* aux peuples méridionaux de l'Afrique, & à ceux de l'Arabie & de l'Inde.

(3) Manethon *ap.* Joseph. *Contr. Apion lib.* I. p. 450. &c.

(4) Henri Lord, *Relig. of Banians*, c. ij.

(5) Catrou, *Hist. du Mogol*, p. 54.

(6) Euseb. *Præp. Evang*, l. III. c. XI.

fla, selon les *indiens*, sur les eaux, qui s'enflèrent aussi-tôt, & devinrent comme une grosse ampoule, de la figure d'un œuf, laquelle s'étendant peu-à-peu, forma le firmament (1). Cneph n'avoit point eu de commencement, & étoit immortel (2), comme *Akar* ou *Achar*, l'être suprême que les *indiens* mettent au-dessus de *Bramma*, de *Vichnou* & de *Chib* (3). Le premier de ces derniers dieux est auteur de la matière qui compose le monde sensible; le second en a produit la forme; & le troisième est la cause des changemens qu'il éprouve par la destruction des êtres particuliers (4). On apperçoit aisément le rapport singulier de ces trois principes avec ceux qui sont désignés par les divinités égyptiennes, Osiris, Isis & Typhon. Elles étoient quelquefois prises pour de simples génies, & représentoient les élémens (5) auxquels présidoient aussi *Bramma*, *Vichnou* & *Chib*, considérés comme des génies régisseurs & tutélaires du monde physique (6). Enfin dans le système des pneumatistes d'Egypte, Cneph étoit la suprême intelligence, & Phta l'intelligence demiourgique (7). Nous trouvons la première dans l'*Akar* des *indiens*, & la seconde dans *Bramma*.

Les combats de *Chib*, sous le nom de *Moisasour* le mal, & de *Rhaaboun*, le destructeur des empires contre *Endeer*, le bien, & *Rhaam*, le protecteur des empires, &c. (9) sont aussi célèbres dans l'Inde que ceux de Typhon l'étoient autrefois en Egypte. Ils représentent le mauvais principe, luttant contre le bon, qui est désigné par Osiris & *Bramma*. Les *indiens* donnent à ce dernier les noms de *Bagubuan*, le réceptacle de bonté, *Bishana* le nourricier, *Attimabah* le bon esprit &c.; & à *Chib* ceux de *Macoissier* le grand démon, *Bamdebo*, le redoutable esprit, *Mohilla* le destructeur, &c. (10). Ces mots expriment parfaitement les caractères que les égyptiens donnoient à Osiris & à Typhon, & ont la même signification que les surnoms ou épithétes de ces deux divinités allégoriques (11).

(1) Henri Lord, c. I.
(2) Plut. *de Is. & Osir.*
(3) Bernier, *Voyag.* t. II. p. 129. &c.
(4) *Acad. des Inscript. tom. XVIII. Hist.* p. 41.
(5) Euseb. *Præp. Ev. l. III.* p. 90.
(6) Couto, *Cont. de Barros. Dec. V. l. VI. c. 3.*
(7) Jambl. *de myst. Ægypt.* §. VIII. n° 3.
(8) Cette divinité est souvent appellée *Eswara*, *Routrem Isurent*, &c. dans les ouvrages des *indiens* & des voyageurs européens. Les premiers prétendent qu'elle a jusqu'à mille huit noms.
(9) Hollwell's *Hist. Events. II. part. c. VII.*
(10) Dow, *Hist. of Indost. Diss. tom. I.*
(11) Plut. *de Is. & Osir.* nn. 42, 62.

Typhon étoit représenté à cause de sa brutalité par un hippopotame (12), comme *Chib* l'est par un buffle (13). Osiris fut mis à mort par Typhon, *Chib* coupa la tête à *Bramma* (14). L'usage de représenter *Chib* sous la figure du *Lingam*, c'est-à-dire, la nature de l'homme réunie à celle de la femme, tire son origine du costume religieux des Egyptiens, qui faisoient quelques-uns de leurs dieux mâles & femelles (15). Suivant le *Vedam* & les autres livres sacrés, un mauvais génie ou un géant se saisit du soleil & de la lune, & les obscurcit; ce qui occasionne les éclypses (16). Le peuple d'Egypte en rapportoit aussi la cause à Typhon, qui avaloit l'œil d'Horus, c'est-à-dire, le soleil (17) & passoit encore pour un géant (18). Chez la même nation, on regardoit la mer comme un élément ennemi de l'homme (19), & le sel qui en vient étoit appellé l'*écume de Typhon*. Les pilotes n'y recevoient aucune civilité, parce qu'ils doivent leur subsistance à la mer (20). Les *indiens* méprisent également, ou plutôt ont en horreur tous ceux qui s'adonnent à la navigation. Les deux parties honteuses de Bramma ont produit, selon eux, le dieu de la mer (21) dont l'eau étoit originairement douce, mais devint ensuite salée & impure: ils en apportent pour raison, qu'*Agesta* l'ayant toute bue, la rendit bientôt après par les urines. Dieu permit néanmoins qu'elle fût pure en certain tems de l'année, & propre aux ablutions (22).

Vichnou qui est souvent représenté comme portant l'univers dans ses entrailles, nous rappelle Isis l'image de la nature universelle (23), & le principe passif de tous les êtres. Cette déesse étoit supposée contenir tout en elle-même, les formes, les espèces & les germes (24). Plusieurs

(12) Plut. *id.* n. 50.
(13) Holwell, c. VII.
(14) *Essais sur l'Inde*, p. 169.
(15) Voyez Jablonsk. *Panth. Ægypt. tom. I.* p. 44, 63. & 64.
(16) Bagavad. *l. V.* Bernier, *tom. II.* p. 110. 111.
(17) Plut. *de Is.* n. 55.
(81) Jablonski, *Panth. Ægypt. l. V. c. II.*
(19) Plut. *de Is. & Osir.* n°. 52.
(20) Plut. *Sympos. lib. VIII. Problem. VIII.*
(21) Bagavad. *l. III.*
(22) Abraham Roger, *de la vie & des mœurs des bramines*, p. 268.
(23) Jabl. *Panth. Ægypt. l. III. c. I.*
(24) Plut. de Is. n°. 53.

traits de son histoire se sont encore conservés dans la mythologie indienne. Le dieu Jagrenat, renfermé dans un arbre (1), & *Vichnou* sorti d'une colonne (2) nous retracent la fable concernant le corps d'Osiris qui étoit à Byblos dans une plante d'éricé, dont le roi de cette ville se servit pour soutenir le faîte de son palais. On lit dans le Bagavadam (3) qu'un roi nommé *Vénan* étant mort, les grands de son état pour en avoir un héritier, *mirent son corps en œuvre*; il en naquit un enfant qui porta le nom de *Nichiten*, c'est-à-dire, homme d'une constitution foible (4); telle étoit celle d'Harpocrate (5): ce fils d'Isis vint également par le commerce qu'elle eut avec le cadavre d'Osiris (6) dans le tems qu'elle fuyoit la persécution de Typhon. *Nichiten* naquit aussi lorsque pour éviter la fureur des géans, la terre fut métamorphosée en vache par *Vichnou*, qui se fit alors fils de Vénan (7), comme le frère d'Harpocrate, Horus, le fut d'Osiris.

Isis étoit la terre (8) & en cette qualité la vache, comme le symbole de la nutrition donnée à tous les êtres, étoit spécialement consacrée à cette déesse qu'on représentoit avec les cornes de cet animal (9). Les *indiens* honorent la terre d'un culte particulier (10) & en font une divinité sous le nom de *Boûmy-Dévy* (11). Ils racontent que métamorphosée en vache, elle demanda aux dieux vengeance des ravages commis par les géans (12). Cette fable est venue de la coutume que les égyptiens avoient d'exprimer dans leurs hiéroglyphes la vengeance, par des cornes de vache (13). Ce rapport singulier dans la manière de rendre la même idée, mérite quelque attention & suffiroit presque seul pour montrer que les peuples de l'Inde se sont toujours servis d'un langage énigmatique (14), comme le témoignage de Strabon (15) & le discours de Sphinés ne nous permettent pas d'en douter. Enfin, ces mêmes *indiens* s'imaginent qu'au sortir de cette vie, ils seront obligés de passer un fleuve, en se tenant à la queue d'une vache: » Leurs anciens législateurs, dit à cette » occasion Bernier, avoient peut-être vu ces ber- » gers d'Egypte qui traversent ainsi le Nil, » &c. » (16).

Il est presqu'inutile d'observer qu'on reconnoît dans l'histoire des dieux égyptiens, qui se réfugient dans le corps des animaux pour éviter la poursuite des géans, l'origine de plusieurs incarnations de *Vichnou*. Les attitudes indécentes des femmes d'Egypte devant Apis (17) ne peuvent-elles point avoir naissance aux danses lascives, que les courtisanes attachées aux pagodes de l'Inde, exécutent en face de leurs idoles (18) ? Nous ne finirions point, si nous voulions rapporter tous les traits de ressemblance qu'on apperçoit dans la croyance, la façon de penser, la constitution politique & les mœurs des anciens Egyptiens & des *indiens* (19).

Ce dernier peuple dût avoir avec les perses des relations encore plus étroites. Plus de quatre-vingt mille sages & chefs de l'Inde, du Sind & de plusieurs autres royaumes, confessèrent suivant la tradition persanne leurs péchés, & firent profession de la loi de Zoroastre (20), pendant

---

(1) *Ezour-Vedam, l. VII. c. V.*

(2) Bagavad. *l. VII.*

(3) *L. IV.*

(4) De *Nishe* ou *Nicha*, mot qui signifie à la lettre, selon M. Dow, une *nature qui est anéantie*.

(5) Jabl. *Panth. l. II. c. VI.*

(6) Plut. de *Is.* n°. 19.

(7) Bagavad. *liv. I. IV.*

(8) Vid. Jabl. *Panth. tom. II. p. 18. 19.*

(9) Hérod. *l. II.* n°. 41. &c. Sur quelques monumens, on voit Isis coëffée avec une peau de vache, ou la tête de cette déesse est jointe à celle de cet animal. Pierr. grav. de Stosch, *Class. I.* n°. 41. 43.

(10) Marc-Paul, *l. III. c. XXV.* Henri lord. c. IX. Les *Indiens* donnent à la terre le nom de *mère*; au vent celui de *père*; celui de *frère* à l'eau, & qualifient seulement de *parent* le feu. Barthroverri, *Prov. c. X.*

(11) C'est-à-dire, déesse conservatrice de la terre. Bagavad. *l. IV.*

(12) *Ezour-Vedam, l. IV c. II.*
Philosophie anc. & mod. Tome II.

(13) Horapol. *hieroglyph. l. II. c. XVIII.*

(14) Diogen. Laert. *Proœm. f. V.*

(15) Strab. *l. XV. p. 492.*

(16) Bernier. *Voyag. tom. II. p. 74.*

(17) Diod. *l. I.* n°. 85. &c.

(18) La Croze, *hist. du christ. des Indes tom. II. p. 315* & suiv.

(19) Plusieurs savans ont cru que les *indiens* devoient leur religion & même leur origine aux égyptiens. M. l'abbé Mignot a combattu cette opinion dans les *mémoires sur les anciens philosophes de l'Inde, acad. des inscript. tom XXXI, p. 81 & suiv.* Sans entrer dans la discussion des points contestés, peut-être avons nous été assez heureux pour découvrir quelques nouveaux rapports, & présenter de nouvelles vues sur un sujet qui ne sera parfaitement éclairci que par des philosophes versés dans l'étude du Samscretam & des livres sacrés des *Indiens*.

(20) Vie de Zoroastre, par M. Anquetil, Zend-Avesta, *tom. 2. p. 52.*

la vie de cet homme célèbre. Cléarque de Soles assuroit que les gymnosophistes de l'Inde descendoient des mages (1). Strabon compare à ces derniers les brachmanes dans la maniere dont ils exerçoient le sacerdoce (2). Le soleil & le feu, les deux principaux objets du culte persan, ne sont point inconnus aux *indiens* ; ils prétendent que cet astre parcourt le ciel dans le mois d'*Ajadam* (*juillet*), sous le Pom de *Mithren* (3), dont on appercevra aisément l'origine. Les brames allument un feu nommé *homam*, à la célébration de leurs mariages, le douzième jour des couches de leurs femmes & dans d'autres circonstances importantes (4). Ces usages leur sont venus des persans, qui ne manquent jamais, pendant trois jours & trois nuits, d'allumer un grand feu lorsque leurs femmes sont accouchées, afin d'éloigner les *Dews* (5), c'est-à-dire, les mauvais génies, production d'*Ahriman*.

Quelques savants ont trouvé plusieurs autres rapports entre la religion de l'Inde & celle des parses, qui, réfugiés dans cette contrée, ont dû nécessairement y répandre leurs opinions, comme leurs ancêtres le firent autrefois dans la Bactriane & l'Arie.

L'antiquité nous a conservé peu de détails sur les habitans de cette dernière contrée. Strabon les regarde comme une nation très civilisée, & nous apprend qu'elle ressembloit beaucoup par ses mœurs & son langage aux Assyriens (6). Zathraustes fut, selon Diodore de Sicile, le législateur des Arianiens (7), qui paroissent avoir cultivé les sciences. Leurs descendans en ont même conservé le goût jusqu'à nos jours (8). Lucien parle des mages de l'Arie (9), & Eubule leur attribue un système qui a beaucoup de rapport avec celui de Goutam (10), fondateur de l'ancienne école de

Nyayam (11), qui a fleuri pendant plusieurs siécles à Tyrat au nord du Gange, & dans l Indostan.

Les mages de l'Arie admettoient quatre premiers principes, auxquels on peut réduire ceux de Goutam. Dans le système de ce philosophe indien, il y a quatre choses qui doivent nécessairement être éternelles. La première est *Purmatima*, la grande ame du monde, regardée comme immatérielle, invisible, indivisible, & possédant la pleine science, le repos, la volonté & le pouvoir. A ces attributs on reconnoît sans peine le tout intelligent (12) des Arianiens. Le second principe de Goutam est *Givatima*, l'ame vitale qu'il suppose matérielle, différente de la grande ame & la cause du mal. Les mages de l'Arie admettoient aussi l'existence de ce principe (13) auquel ils joignoient le temps (14) & le lieu (15). Le premier, ou la durée, est le troisième principe de l'école de *Nyayam*. Il est éternel & infini. Le second l'espace ou l'étendue est le quatrième du système *indien*, sans lequel rien ne peut avoir été & comme étant infini, il est indivisible & éternel (16).

Le pays occupé par les Arianiens étoit limitrophe de l'Inde (17), & a été quelquefois compris dans la nomenclature des contrées septentrionales de l'Asie, sous le nom de *Bactriane* (18), parce qu'il avoit fait partie de ce royaume, fondé par les successeurs d'Alexandre. Il ne seroit donc point étonnant que saint Clément d'Alexandrie & saint Cyrille eussent pris la Bactriane, d'où ils font sortir les Samanéens, pour l'Arie (19). Cette con-

---

(1) Diog. Laert. Proæm. f. VI.

(2) Strab. l. XV. p. 496.

(3) Bagavad. l. XII.

(4) Abrah. Rog. Mœurs des bram. p. 45, 59.

(5) Usages civils & religieux des parses, Zend-A-Vesta. tom. 3. p. 563.

(6) Srab. l. I. p. 28.

(7) Diod. Sic. l. I, n°. 94. Ce Zathraustes est peut-être Zoroastre. *Voyez* les recherches sur les anciennes langues de la Perse, par M. Anquetil. *Adad. des insc.* tom. XXXI, p. 375.

(8) Géogr. turc. manus. de la bibl. du roi, c. xiij. p. 669, &c.

(9) Lucian. Macrob. f. IV.

(10) Ou Gottam.

(11) Raison, jugement.

(12) Τὸ νοητὸν ἅπαν.

(13) Τὸ ἡνωμένον -- c'est-à-dire, ζωὴ ἡνωμίνη, ou οὐσία, *ut patet ex* Damasc. *tract. infr. cit. p.* 213.

(14) χρόνον.

(15) Τόπος --- ε - Voici tout le passage : Μάγοι κὴ πᾶν τὸ Ἄρειον γένος ----- οἱ μὲν τόπον οἱ δὲ χρόνον καλοῦσιν, τὸ νοητὸν ἅπαν κὴ τὸ ἡνωμένον. Exc. ex Damasc. *de princip. ap.* Wolf. *Anec. græc. t.* II. p. 259.

(16) Nous avons tiré tout ce qui concerne le système de Goutam de l'extrait du *Néadirsen*, publié par M. Dow. Ce livre est regardé dans le Bengale & les provinces septentrionales de l'Indostan par les sectateurs du philosophe *indien*, comme un Shafter sacré.

(17) Strab. *l. XV. p.* 495. &c.

(18) Moyse de Chorène, écrivain arménien du quatrième siècle, comprend cette contrée dans les limites de l'Arie. *Geogr. ad calc. hist. Arm. p.* 365. Voyez *Examen des hist. d'Alex. p.* 220. *not.*

(19) Σαμαναῖοι βάκτρων Clem. Alex. *Strom. tom.*

trée paroît avoir été le berceau naturel de ces philosophes, auxquels Philostrate donne encore le nom d'*Hyrcaniens* (1), peuple voisin de la Bactriane, pour désigner qu'ils venoient du nord de l'Asie, ou parce qu'une partie des Samanéens vivoit dans les bois, dont l'Hyrcanie étoit presqu'entierement couverte (2).

Avant l'arrivée des Samanéens dans l'Inde, les brachmanes étoient depuis long-temps regardés comme les seuls oracles de ce pays (3). Membres d'une même famille, ils se distinguèrent par leur genre de vie, leurs pratiques & leurs systêmes (4), des Samanéens qui étoient choisis indifféremment dans toutes les tribus. Les brachmanes paroissent avoir fait leur résidence près du Gange & dans les montagnes voisines (5), où leurs descendans possedent encore aujourd'hui un district situé à l'ouest de *Burdwam*; ils y vivent dans l'indépendance, & sont gouvernés par leurs anciennes loix (6). Au contraire, les Samanéens se répandirent principalement dans le Sind, ou la partie occidentale de l'Inde, voisine de la Bactriane & de l'Arie. Il paroît même que les gymnosophistes qui vinrent trouver Alexandre, lorsqu'il conquit tous les pays situés en deçà de l'Hyphase, doivent être mis au nombre de ces derniers philosophes (7).

Le plus célébre & le plus ancien des Samanéens fut sans doute Boutta ou Budda (8). Ses disciples l'honorèrent comme un Dieu, & lui attribuèrent une naissance miraculeuse. Une vierge le mit au monde par le côté (9). On imagine bien que la vie de Budda répond à ce commencement. Les Siamois (10), les chinois (11) & les japonnois (12), après avoir adopté la doctrine de cet homme célébre, se sont plus à enchérir sur tout ce que les *indiens* rapportoient de son histoire. Tous ces peuples s'accordent cependant à croire que Budda se retira dans les déserts pour se livrer à la méditation des choses célestes. Les siamois ajoutent qu'ayant fait sept ans pénitence, il parvint à cet état de contemplation, appellé *Nireupan* (13). Etant sorti de sa retraite, il prêcha au peuple le culte des idoles & la transmigration des ames. Avant que de rendre le dernier soupir, il fit venir ses plus chers disciples, & leur assura qu'il avoit caché jusqu'à ce moment la vérité sous des expressions figurées & métaphoriques, mais qu'il ne reconnoissoit réellement d'autres principes que le vuide & le néant, dont tout étoit sorti & où tout retournoit (14). La première doctrine enseignée par Budda, fut donc celle du peuple, la derniere celle d'une sorte de philosophes, connus sous le nom de *Baudistes*.

Aucun des peuples qui parlent de Budda, ne veut qu'il ait pris naissance dans son pays. Ils le font tous naître réciproquement les uns chez les autres. Le nom de ce législateur n'a pas même une origine indienne (15) puisqu'il est formé, selon

---

I. l. I. p. 559. Ἐκ Βάκτρων τῶν Περσικῶν Σαμαναῖοι, Cyrill. Alex. *Contr.* Julian. *l. IV.* p. 90 *édit. Baf.*

(1) Phil. *vit.* Apoll. *l.* 1 c. *xviij.* Plusieurs commentateurs ont voulu changer ce nom, sans y être autorisés par les Mss. ou par quelque ancienne édition. Oléarius n'a pu dissimuler que les textes imprimés étoient entierement conformes aux manuscrits. *Not. ad Phil.* p. 22.

Remarquons qu'au tems de Moyse de Chorêne, l'Hyrcanie étoit une province de l'Arie, *Géogr*, p. 365. Philostrate aura pris les Hyrcaniens pour les Arianiens qui lui étoient moins connus.

(2) Strab. *l. XI.* p. 351.

(3) Les rois avoient la plus grande confiance en eux, & leur rendoient beaucoup d'honneurs, ils alloient même jusqu'à se prosterner pour les adorer. S. Hieronym. *adv.* Jovian. *lib* II. c. *xjv.* Porphyr. *ap.* Valcken. *ad.* Ammon. p. 240. &c.

(4) *Bardesanes vir Babylonius, in duo dogmata apud Indos gymnosophistas dividit quorum alterum appellat Brachmanes, alterum Samaneos.* S. Hieronym. *adv.* Jovian. *lib.* II. c. *xjv.* Acad des Inscr. t. *XXXI.* p. 95. & *suiv.* Malgré cette distinction, la plupart des écrivains de l'antiquité confondent sans cesse les brachmanes avec les samanéens. Bardesane n'est pas lui-même exempt de ce reproche; puisqu'il nous dit que plusieurs mille brachmanes, chez les bractriens & les *indiens*, n'adorent aucun simulacre, &c. *Ap.* Euseb. *præp. Evang. lib. VI.* p. 275. C'est donc les samanéens & non pas les brachmanes qui n'étoient point établis dans la Bactriane, &c.

(5) Porphyr. *de abst. lib* IV. p. 405.

(6) Holwell. *part. I. c. iij.*

(7) Les historiens d'Alexandre n'ont point distingué les brachmanes d'avec les samanéens, dont ils ne font aucune mention. Mais plusieurs traits qu'ils rapportent sur les mœurs des gymnosophistes, nom qui désigne en général tous les philosophes de l'Inde, ne peuvent s'appliquer qu'aux seuls samanéens.

(8) S. Clément. Alex. *Stromat. l.* I. t. I. p. 359.

(9) S. Hieron. *adv.* Jovian. *l.* II. c. *xjv.*

(10) La Loubere, *du royaume de Siam.* tom. I. c. *xxjv.*

(11) M. de Guignes, *Hist. des Huns*, tom. II. p. 223. & *suiv.*

(12) *Hist. du Japon*, tom. I. p. 113.

(13) Voyez la *vie de Tevetat*, trad. du Bali, la Loubere, tom. II. p. 4.

(14) *Hist. des Huns*, tom. II. p. 224. &c.

(15) Voyez Beausobre, *hist. du Manichéisme*, tom. I. p. 55.

Bochard, du mot assyrien *Buttam* (1). Si cette langue, comme le remarquoit Posidonius avoit une grande affinité avec celle de l'Arie, ne pourroit-on pas assurer que le mot *Budda* ou *Boutta* appartient à cette dernière ? Quoi qu'il en soit de cette conjecture, on ne doit pas douter que la doctrine de ce philosophe ne se soit d'abord établie & conservée au nord de l'Inde, du côté de la Bactriane. De grands & magnifiques monasteres, répandus dans cette contrée septentrionale, & que le savant M. de Guignes nous a fait connoître (2) sont autant de monumens qui constatent le séjour qu'y ont fait Budda & les samanéens ses disciples.

» Plus ces philosophes se sont éloignés du » lieu de leur origine, plus ils se sont écartés » des principes de leur fondateur. Les mœurs » des peuples auxquels ils ont enseigné leur reli- » gion, y ont apporté de grands changemens, » & ces Samanéens se sont attachés plus parti- » culièrement à certains dogmes, & à certaines » pratiques religieuses qu'ils ont jugée convenir » davantage au caractère des peuples chez lesquels » ils vivoient (3) ».

Les bonzes de la Chine & du Japon ont pris dans une signification trop étendue le mot *néant*, & se sont livrés à un fanatisme (4) bien éloigné de l'esprit de leur maître. Les talapoins de Siam ont infiniment multiplié leurs obligations légales, & se sont astreints sous peine de péché, à un grand nombre de cérémonies ridicules & de pratiques inutiles (5). Les lamas du Thibet & les gonnis, prêtres des Chingulais de Ceylan, paroissent encore moins avoir conservé dans toute sa pureté l'ancienne doctrine de Budda (6).

La religion que ce philosophe avoit enseignée au peuple, a été sujette à de pareils relâchemens. Ses deux principaux dogmes la transmigration des ames & le culte des vaches sont à la vérité reçus dans toute l'Inde; mais les peuples d'endeçà du Gange y sont beaucoup plus attachés que les autres. On peut manger à Siam de la chair de vache, & on y tue quelquefois des animaux (7) plus respectés dans l'Indostan. Le système de la métempsycose n'est point aussi suivi à la lettre parmi les siamois & les nations d'au-delà du Gange, au rapport de Kaempfer (8), que parmi celles qui habitent entre ce fleuve & l'Indus.

Toutes ces observations nous induisent à croire que Budda, sorti de l'Arie, vint prêcher sa doctrine dans les provinces septentrionales & occidentales de l'Inde, d'où elle se répandit ensuite vers le midi & au-delà du Gange. Nous pensons avec le judicieux M. de Guignes, que l'époque de l'établissement de cette religion au-delà du Gange ne précéda point l'ère vulgaire (9). Nous savons même, par le témoignage de Bardesane, que les philosophes de l'Inde n'avoient pu encore, dans le second siécle après J. C., faire adopter leurs pratiques religieuses par tous les peuples occidentaux de ce pays. Plusieurs s'obstinoient à rejetter l'abstinence de la chair (10), à laquelle Budda les assujettissoit.

Malgré cet obstacle, la doctrine de ce philosophe avoit déja pénétré jusqu'à Ceylan. Les chingulais, anciens habitans de cette isle, comptent encore aujourd'hui leurs années depuis le tems où ils croyent que Budda a vécu parmi eux. Le com-

---

(1) *Géogr. sacr. Can.* p. 527.

(2) Dans *ses recherches* sur l'établissement de la religion *indienne* dans la Tartarie, le Thibet & la Chine, & sur les livres fondamentaux de cette religion, qui ont été traduits de l'*indien* en chinois. Cet ouvrage qui a été lu en 1776 & en 1777, dans les séances de l'*académie des inscriptions & belles-lettres*, est divisé en trois *mémoires*, dont les deux derniers ne contiennent que l'histoire de l'*indianisme* à la chine, depuis l'an 65 de Jesus-Christ. L'auteur y fait connoître un grand nombre de livres *indiens* qui ont été traduits en chinois, toutes les revolutions que cette religion a essuyées à la Chine, & plusieurs voyages des chinois dans l'Inde. Le public doit attendre avec impatience la publication de ces recherches aussi neuves qu'importantes. Nous aurions désiré d'en profiter; mais nous n'en connoissons que le simple résultat, dont M. de Guignes a bien voulu nous faire part.

(3) *Hist. des Huns,* tom. II, p. 235.

(4) Le Comte, *Mem. sur la Chine,* p. 140. &c.

(5) Voyez *les principales maximes des talapoins,* traduit du siamois dans le 2 vol. de l'ouvrage de la Loubere, p. 36. & suiv.

---

(6) Voyez *Hist. des Huns,* tom. II. p. 234. 235. Not. sur l'*histoire des tatares,* p. 364. 365. Knox. *Relat. de Ceylan.* l. III. c. iv. Les gonnis ont à leur tête trois ou quatre grands prêtres, appellés *tirinanxes.* Ils ont une langue sacrée, & des livres canoniques, écrits sur des feuilles de talipot. Après le Dieu créateur du ciel & de la terre, les gonnis placent Buddou ou Budda au premier rang, & paroissent lui rendre un culte de latrie.

(7) La Loubere, tom. I. p. 456.

(8) *Hist. nat. & civile de l'empire du Japon,* l. I. c. ij. &c. » Leur doctrine, dit la Loubere, ne paroît » pas non plus exactement la même par tout, quoique » le fond en soit toujours l'opinion de la métempsy- » cose : tom. 1. p. 456.

(9) *Recherch. manuscrit. sur l'établissement de la religion indienne.*

(10) Bardes. ap. Euseb. præp. Evang, lib. V. p. 275. 278.

mencement de cette ére remonte à la 40 année de J. C. (1). C'est de *Lonka* ou Ceylan que les siamois font venir leur *Sommona-codom*, c'est-à-dire Budda. Ils prétendent que son père étoit roi de cette isle (2). Ce peuple n'a donc adopté la religion des samanéens qu'après les chingulais.

Suivant la Loubere, les bonzes chinois rapportent leur origine à un siamois (3). Quoi qu'il en soit de cette opinion qui nous paroît assez vraisemblable, on ne peut douter que la doctrine de Fo ou de Budda, dont ces prêtres font profession, n'ait été introduite à la Chine que la 65 année de l'ére vulgaire, & un an après au Japon & à la Corée (4). Les persécutions que les lamas ou prêtres Thibétans essuyerent de la part des bonzes, lorsque protégés par les princes de la maison de Gengiskan, ils voulurent s'établir dans l'empire Chinois (5), semblent nous indiquer que l'indianisme ne pénétra point par cette contrée dans la Tartarie. Il est au contraire très-probable que les samanéens des provinces septentrionales du Sind & de l'Indostan se réfugièrent dans le Thibet, où ils accréditèrent leur religion, qui y remplaça celle de Zamolxis ou le scytisme vers le septième siècle après J. C. (6).

Zamolxis avoit persuadé au roi des Gètes de l'associer, comme fidéle interpréte de la volonté des dieux au gouvernement. Il fut d'abord déclaré grand-prêtre ou premier sacrificateur de la principale divinité de cette nation, parmi laquelle il vivoit dans un pays caverneux, en affectant de ne se communiquer qu'à ses plus fidéles serviteurs & au roi, & reçut lui-même dans la suite le nom de *dieu*. Depuis ce tems-là selon Strabon, il s'étoit toujours trouvé quelque homme du caractère de Zamolxis, qui assistoit le roi de ses conseils, & que les gètes continuoient d'appeler *dieu* (7). Cette nation venue des contrées situées à l'orient de la mer Caspienne, s'établit dans la Thrace & la Misie, où elle porta le culte de Zamolxis dont les *dalai-lamas* ou grands lamas sont évidemment les successeurs.

La religion des gètes & des autres scythes consistoit principalement dans le culte du dieu de la guerre & dans les sacrifices humains, l'un & l'autre également inconnus aujourd'hui dans le Thibet, où ils doivent avoir été abolis par l'introduction de quelque nouvelle religion. Ce ne peut être que celle de Budda qui ait pu produire un pareil changement. En effet, les tartares thibétans ainsi que les mungales & les calmucks, avouent avoir reçu des Indes leur doctrine religieuse. (8). Ces deux derniers peuples prétendent qu'un fils de X_cam_ni ou Budda nommé *Arendsur*, transporta de chez eux la foi de son père & la fit recevoir au grand lama (9). Ce prêtre & ses successeurs conservèrent leur ancien honneur & leur pouvoir hiérarchique, avec la seule différence qu'au lieu de passer pour l'image vivante de l'ancienne divinité des scythes, ils furent regardés comme représentant sur la terre la personne de Budda.

A la vérité, une tradition tartare fait vivre *Arendsur* 4,000 ans avant notre siècle; mais on doit ajouter peu de foi à ces sortes de calculs dictés par un respect superstitieux pour la mémoire des hommes célèbres, auxquels ces nations rapportent l'origine de la religion qu'ils professent. De pareils témoignages peuvent-ils d'ailleurs avoir quelque crédit, lorsqu'ils ne s'accordent point avec ceux des peuples voisins, & quand on les trouve chez une nation qui n'a pu conserver ses annales sans de grandes lacunes, peu de tems même avant J. C. (10) : époque où les thibétans n'avoient point encore abandonné le scythisme.

Les liaisons que les mungales qui se sont soustraits à l'autorité du *dalai-lama* (11), & les autres tartares ont eues avec les nations septentrionales de l'Asie, firent connoître aux tongouses, aux ostiakes & samoïedes, le culte des samanéens, dont le nom s'est conservé dans celui de *Schamans*, qui s'arrogent, chez ces nations, les fonctions sacerdotales. Les usages & les mœurs de ces prêtres (12) nous représentent assez bien ceux

---

(1) Ribeiro, *Hist. de Ceylan. p.* 113.

(2) La Loubere, *du royaume de Siam, tom. I. p.* 525.

(3) La Loubere, *ouvr. cit. t. I. p.* 516.

(4) *Hist. du Japn, tom. I. pag.* 177. 178.

(5) Not. *Sur l'histoire des tatars par Abulgasi*, p. 364.

(6) Voyez l'*hist. du christ. des indes, tom. II. p.* 351.

(7) Strab. *l. VII. p.* 207. Voyez *sur l'âge & la personne de Zamolxis*, Pelloutier, *Hist. des Celtes. l. IV. §. XIV.*

(8) Srahlemberg, *Description de l'emp. Russ. t. II.* p. 170. tr. fr.

(9) Id.

(10) Vid. *Reg. Thib. can. Chron. ap.* Georgi, *Alphab. Thibet.* & *la remarque* de M. Paw. dans sa lettre *sur le grand lama; rech. phil. sur les améric. tom. II. p.* 263.

(11) Voyez *les not. sur* Abulgasi. Le Kutuchta, ou grand prêtre des mungales de l'ouest, campe ordinairement près du confluent de la rivière d'Otchon & de celle de Selingua, vers le 50 degr. de lat. septent. & les 122. & demi de long. On trouve encore des lamas, établis à Irkutsk, à quelque distance du Baikals More, vers les 53 degrés de lat. sept. *Voyag.* d'Isbants Ides, dans le 3 vol. de ceux de le Bruyn. p. 378.

(12) *Voyez*, sur les Schamans, voyage d'Isbrants

de la troisième classe des samanéens. Les philosophes grossiers qui la composoient, se mêloient, comme les schamans, d'enchantement & de divination (1).

Les samanéens ne se déterminèrent vraisemblablement à franchir les montagnes qui séparent l'Asie septentrionale des Indes, que pour se soustraire aux persécutions des brachmanes ou brames. Les sectateurs de Budda s'étoient acquis beaucoup de gloire en communiquant aux *indiens* la plupart des sciences qui leur avoient été jusqu'alors inconnues (2). Ces philosophes affectoient en même-tems un grand mépris pour le culte de *Vichnou* & de *Chib*, & ne vouloient point s'assujettir aux pratiques absurdes de l'ancien indianisme qu'ils tâchoient de détruire (3). Eclairer les hommes & mépriser les superstitions sont des crimes impardonnables aux yeux des prêtres ignorans & fanatiques, tels qu'étoient alors les brachmanes. Echappés de leurs repaires monastiques, craignant d'y végéter orgueilleusement sans crédit & sans espérance d'en avoir, *comme tant d'autres*, & tourmentés par le spectacle des progrès de la raison, ils suscitèrent aux samanéens des ennemis d'autant plus redoutables qu'ils avoient su gagner l'esprit des princes du pays. On accusa à la fois ces philosophes d'athéisme (4) & d'une idolâtrie grossière, celle d'adorer Budda leur maître (5). Il y a une manifeste contradiction dans ces deux accusations; mais le fanatisme, toujours aveugle & inconséquent, ne pouvoit pas l'appercevoir.

Les plus célèbres adversaires des samanéens sortirent de l'école de *Nyâyam*. Ce fut par l'instigation d'*Ouduyanâcharya* & *Batta*, leurs chefs, qu'on fit un horrible massacre des malheureux baudistes. Ce dernier, pour se purifier de tant de sang qu'il avoit fait répandre, se brûla avec grande solemnité à Jagrenat (6). Le brame *Végouddova*

paroît être celui qui porta les derniers coups à la secte de Budda, puisque les *indiens* racontent que *Vichnou* se manifesta sous ce nom pour exterminer les *Buddergueuls* & les *Schamannergueuls* (7). Il est assez difficile de déterminer avec précision la date de cet événement. On trouvoit encore de ces philosophes sur la côte de Coromandel dans le douzième siècle (8). Peut-être n'en existoit-il plus aux Indes, lorsque Vasco de Gama découvrit cette vaste contrée. Du moins aucun voyageur ou écrivain européen n'a parlé de leur secte comme existante de son tems.

Cette révolution prouve que les brames ne prêchent aujourd'hui la tolerance que parce qu'ils gémissent sous un joug étranger. S'ils avoient la même autorité qu'autrefois, ils deviendroient bientôt oppresseurs. Les samanéens n'auroient pas été plus modérés qu'eux; la conduite des Bonzes à la Chine & au Japon ne nous permet pas d'en douter. Les hommes, en matière d'opinion, sont tantôt persécutés, tantôt persécuteurs; ils ne se couvrent ordinairement du bouclier de l'humanité que lorsqu'ils ne peuvent assaillir de toutes parts leurs adversaires. Semblables aux flots, dont l'agitation intérieure annonce des tempêtes, leurs ames troublées par les fureurs de l'orgueil, méditent & préparent des vengeances. Malgré les efforts des brames & l'horreur qu'ils ont voulu inspirer pour les baudistes (9) ou samanéens, plusieurs livres de ces philosophes sont encore conservés avec respect à la côte de Malabar (10); & les différentes côtes de l'Inde se sont, si nous osons le dire, partagé leur doctrine. Les *Ganigueuls*, les *Wanaprastas*, les *Avadoutas* (11), les *Joghis* & les *Saniasis* ont adopté la manière de vivre des baudistes, & professent ouvertement la plupart de leurs dogmes. Le peuple *indien* est fort attaché à leur système sur la transmigration des ames, & pénétré de respect pour la mémoire de Budda, il prétend que *Vichnou* lui-même prit la forme de ce législateur pour instruire les nations de l'Asie, qui lui rendent toutes de très-grands honneurs. Les japonnois le venèrent sous le nom de *Xekia* & de *Buds*, les chinois sous celui de *Foë* ou

---

Ides, *page* 365, 366. note sur Abulgasi, *page* 351. Strahlenberg, description de l'empire russe, *tome* 2. *page* 187. Gmelin, voyage de Sibérie, tr. fr. *tome* 1, *page* 170, &c. &c. M. de Strahlenberg nous assure qu'on trouve de ces Schamans jusque chez les Kamtschadales, *ouv. cit. page* 247.

(1) Strabon, *livre* 15, *page* 491.

(2) Histoire du christianisme des Indes, *tome* 2. *page* 193. &c.

(3) Idem. *page* 328.

(4) Ezour-Védam, *liv.* 5, *c.* 5. Lettres du P. Pons dans le 26e. recueil des lettres édifiantes, *page* 218.

(5) Histoire du christianisme des Indes, *tome* 2, *page* 328. Note de Maridas Poullé, sur le premier livre du Bagavadam.

(6) *Lett.* du P. Pons, *Rec. des lett. édif. t. xxvi. p.* 218.

---

(7) *Hist. du Christ. des Ind.* tom. ij. p. 328. Schamannergueuls & Buddergueuls sont les noms que les *indiens* donnent aux samanéens & aux sectateurs de Budda. On les appelle encore chez ce peuple Samaners, Sayaners, Boutars & Baudistes.

(8) *Hist. du christ. des Indes*, t. 2. p. 320. 339.

(9) Ezour-Védam, *l. V. c. v. Hist. du christ. des Indes*, t. 2. p. 329.

(10) *Hist. du Christ. des Ind. Cit. p.* 322 &c.

(11) Voyez sur les *Wanaprastas* & les *Avadoutas*, Abr. Rog. *p.* 27. 30. 31.

Fo, & les turquinois sous ceux de *Bout* & de *Trica*; les siamois l'appellent encore *Ponti-Chaou*, *Sommona-Codom*; les thibétains, les mungales & les calmuks, *La*, *Xaca*, *Xacamuni* (1); les chingulais, *Boudhum*, *Bouddou*; les tamouls, *Baouth*, *Baütta*, &c.

Les anciens *indiens* paroissent avoir mis dans le catalogue de leurs rois ce philosophe législateur qui y est nommé *Boudua* (2). Couto & après lui M. l'abbé Mignot supposent que son nom *indien* étoit *Drame-Rajou* (3). Nous ne croyons pas devoir adopter ce sentiment. Ce *Drama-Rajou* dont on possède à la bibliothèque du roi de France plusieurs vies manuscrites étoit selon le Bagavadam, un prince puissant qui vivoit à la fin du troisième âge. Il abdiqua la couronne en faveur de *Parichitou*, son petit-fils, & se retira dans les déserts, pour y embrasser la vie religieuse (4). La naissance de Budda est postérieure à celle de *Chrixnou*, qui se manifesta au commencement de *Culiougam* ou du quatrième âge, dans lequel la tradition indienne place conséquemment Budda, qui ne peut être confondu avec *Drama-Rajou*. M. de Guignes, appuyé de l'autorité des annales chinoises, a donc eu raison de fixer la naissance du législateur samanéen, à la 683e année avant Jésus-Christ. (5).

Cette époque a précédé de 38 ans la captivité & la dispersion des dix tribus d'Israël, sous le règne de Salmanazar. Les juifs furent alors répandus dans les différentes parties de l'Asie. Peut-être pénétrèrent-ils jusqu'aux extrêmités de l'Inde, pour échapper aux malheurs de la servitude. Ceux qui sont établis dans le royaume de Cochin, prétendent être de la tribu de Manassé, & descendre de ces anciens fugitifs, si nous pouvons ajouter foi au récit du voyageur Hamilton (6).

Les *indiens* revendiquent, comme les égyptiens (7); l'honneur d'avoir donné naissance à la nation juive, dont la religion n'est, selon eux, qu'une hérésie de celle qui est enseignée dans le *Védam* (8). Quelque ridicules que soient ces prétentions, elles peuvent néanmoins être regardées comme un aveu de la part des *indiens* sur la connoissance qu'ils ont depuis long-tems des hébreux & de leurs dogmes. Un monument incontestable nous apprend que dès le huitième siècle les juifs jouissoient de plusieurs privilèges à la côte de Malabar (9). Un écrivain arabe, qui voyageoit dans ces contrées quelque tems après, assure qu'il y avoit un très-grand nombre de juifs dans l'isle de Ceylan (10). Abulféda & Nuveiri parlent aussi des établissemens de ce peuple aux Indes (11). Les brames ont dû nécessairement profiter de ses lumières. Sans vouloir adopter toutes les conjectures que plusieurs écrivains (12) ont imaginées, on ne peut cependant nier que les *indiens* n'ayent altéré & défiguré plusieurs traits historiques de l'écriture. On retrouve même dans le *Bagavadam* les principales circonstances du récit de Moyse sur le déluge (13), sur l'histoire d'Ismaël (14); le sacrifice d'Isaac (15) &c.

Les grecs connurent plus tard l'Inde que les autres nations dont nous venons de parler. Avant les conquêtes d'Alexandre, ils n'avoient de cette vaste région que de légères notions (16). Le voyage qu'y fit Scylax par ordre de Darius (17) n'éclaira point ses concitoyens; ceux de Pythagore & de Démocrite ont été supposés par leurs disciples.

---

(1) Le nom de *Xacamuni* est venu des chinois, ou des coréens. Celui de *La*, que les thibétans donnent à Budda, subsiste dans plusieurs mots de leur langue, où *lama* signifie prêtre de La; *dalai-lama*, grand-prêtre de La; *potala*, demeure de La, & *lassa* ou *latsan*, pays de La.

(2) Arrian. *Indic. c. viij*. Il est fait mention d'un prince appelé *Boudatchedy*, fils de Nircounden, parmi les anciens rois *indiens*, dont les noms se trouvent dans le ix Livre du Bagavadam.

(3) Couto, *Décad*. 5. *l. vj. c. ij*. Acad. des inscr, tom. xxxj. p. 87.

(4) Bagavad. *l*. 1.

(5) Acad. des insc. t. xxvj. p. 780.

(6) Hamilton, *new Account of the East indies*, t. 1. p. 321. 322. 323. Voyez les remarques de M. Anquetil sur le récit de ce voyageur, Zend-A-Vesta, *Disc. prélim. clxx*.

(7) Plut. *de Is*. no. 31. Cléarque prétendoit, que la nation juive étoit une colonie des calanes, peuple *indien*, (ap. Euseb. præp. Evang. l. ix. p. 409.) dont aucun autre écrivain n'a fait mention.

(8) Dow, *Diss. cit.*

(9) Zend-A-Vesta. *Disc. prél. p. 69. &c.*

(10) Anc. Rélat. Arab. trad par l'abbé Renaudot, p. 104.

(11) Éclairc. de l'abbé Renaudot sur cette rélation. p. 336.

(12) Voyez les lettres du P. Bouchet dans le rec. des lett. édif. t. ix. Conformité des coutumes des indiens orientaux, avec celles des juifs, &c. ouvrage publié en 1704. Dissertation historique sur les dieux des indiens, orientaux, &c.

(13) Voyez le Bagavad. l. viij. p. 150. 151.

(14) Id. l. ix. p. 161.

(15) Id. ib. p. 164.

(16) Voyez l'Exam. crit. des hist. d'Alex. p. 230. & suivantes

(17) Herod. l. iv. c. xljv.

Plusieurs savants ont cru que les *indiens* devoient au premier de ces philosophes le système de la métempsycose, & d'autres au contraire, zélés pour l'honneur de cette nation, ont revendiqué en sa faveur la gloire d'avoir communiqué cette doctrine à ce grand homme, qui ne parvint jamais dans les contrées reculées de l'orient (1). Des difficultés insurmontables s'opposoient de son tems à de semblables entreprises. Elles ne furent levées, selon Polybe, qu'après le règne d'Alexandre (2) ; d'ailleurs aucun écrivain contemporain de Pythagore ne nous apprend qu'il ait été dans l'Inde. Son voyage doit donc être mis dans la classe de toutes ces fables que les historiens de ce philosophe ont imaginées sur sa vie.

Seleucus poussa ses conquêtes jusqu'aux rives du Gange ; & les rois grecs de la Bactriane fournirent une grande partie de l'Inde dont le commerce fut ouvert aux nations de l'occident, sous le règne des Ptolemées. Les compagnons d'armes d'Alexandre s'imaginèrent retrouver dans ce pays leurs dieux & leur culte. Ayant ouï parler du mont *Mérou*, de l'impudicité & de l'intempérance de *Chib* (3), ils prirent ce dieu pour Bacchus, & cette montagne pour un monument de ses conquêtes, dont ils faisoient remonter l'époque 6000 ans avant l'arrivée du conquérant Macédonien (4). Nonnus nous fournit la preuve de ce que nous avançons. Ce poëte ou plutôt ce versificateur dit que Bacchus indien étoit *Sandem* (5), ou *Sandren*, c'est-à-dire, la lune, que *Chib* est supposé porter sur sa tête (6). Le nom du symbole fut donc donné à la divinité elle-même, qui devint par-là le Bacchus des grecs. La mythologie de cette nation ne fut connue des peuples de l'Inde qu'après les règnes d'Alexandre & de Seleucus. Philostrate fait mention des statues grecques des dieux qu'on voyoit dans ce pays (7). Strabon parle encore d'une lettre écrite en grec qu'un prince *indien* envoya à Auguste (8). Cette langue n'a donc point été entièrement ignorée dans ces contrées éloignées de l'Asie. On prétend même qu'il en existe encore aujourd'hui bien des mots parmi ceux dont est composé le *Kirendum*, idiome sacré de la côte de Malabar (9).

Dans le premier siècle de l'église, le christianisme paroît avoir été établi sur cette côte. La lumière de l'évangile y fut portée par l'apôtre S. Thomas, suivant la tradition des chrétiens des Indes (10), confirmée par celle des syriens (11), dont ils ont adopté les rites & la liturgie. On a proposé bien des difficultés contre cette opinion ; nous ne prétendons pas ici les résoudre ; mais qu'il nous soit permis d'observer seulement avec un judicieux voyageur » que ceux qui connoissent » l'orient ne trouveront rien d'impossible, ni » même d'extraordinaire dans l'apostolat de S. » Thomas aux Indes orientales. Les caravanes » de Syrie marchoient alors, comme à présent. » Les arabes alloient aux Indes tous les ans, & » débarquoient aux environs des lieux nommés » maintenant *Calicut* & *Mazulypatam* » (12).

Nous lisons dans la souscription du concile de Nicée, le nom d'un évêque des grandes Indes (13) : le christianisme y étoit donc établi au commencement du quatrième siècle de notre ère. Cosmas Indicopleutes, qui écrivoit au commencement du septième, fait mention de plusieurs églises de ce pays, d'où la foi fut portée à la Chine (14). Enfin, nous sommes assurés par un monument authentique, que dans le huitième siècle les chrétiens jouissoient de grands privileges à la côte de Malabar (15), où ils subsistent encor en grand nombre (16). Les *indiens* n'ont pu ignorer pen-

---

(1) Le savant Bayer s'exprime sur le voyage de Pythagore en ces termes : *Insicetum commentum ipsa Pythagora peregrinatio indica est. Hist. regn. Bactr.* p. 125.

(2) Polyb. *Hist.* l. 3. p. 335. t. 1.

(3) Ezour-Vedam, l. ij. c. 2. &c.

(4) Arrian. *indic.* c. 9.

(5) Dionysiac, l. 34. v. 196.

(6) Abrah. Rog. p. 207.

(7) Vit. Appollon. l. iij. c. 3.

(8) L. xv. p. 495. Quelques princes *indiens* envoyèrent des ambassades aux empereurs romains. Suétone fait mention de celle qu'Auguste reçut, c. xxj ; & Aurelius Victor, d'une autre, sous le règne d'Antonin Pie. *Epit.* xv. c. 4.

---

(9) *Rélat. des missions Danois.* part. 2. p. 708.

(10) La Croze, *Hist. du christ.* t. 1. p. 63. &c.

(11) *Voyez* le passage du Beït-Gaza, ou bréviaire des églises de Syrie, cité par l'abbé Renaudot ; éclaircissement sur les relations arabes, page 229. Le nom de la ville de Bétouma, dont un auteur de ces relations parle, est un mot syriaque composé, dont la véritable ortographe est Béit-Tonma, maison ou église de S. Thomas. Cette ville est vraisemblablement S. Thomé ou Méliapour. *Eclaire. cit.* pag. 146.

(12) *Discours préliminaire du Zend-A-Vesta.* p. 169.

(13) Syn. Nic. pars II. c. 28.

(14) Comme le prouve le monument de Siganfou, dont M. de Guignes a prouvé l'authenticité. *Voyez* académie des inscriptions, *tome 30, page 802*, & suiv.

(15) M. Anquetil nous a donné la traduction de ce monument, dans son discours préliminaire. Zend-A-Vesta 175.

(16) *Voyez* la liste curieuse de leurs églises, dans une note du discours que nous venons de citer, page 183.

dant

dant tant de siècles les dogmes des chrétiens qui vivoient au milieu d'eux, & les brames en ont sans doute profité. Plusieurs vérités historiques du nouveau Testament se trouvent dans leurs livres mêlées avec beaucoup de fables & d'extravagances. Nous n'irons pas en chercher des preuves dans les ouvrages des missionnaires, leur autorité paroîtroit suspecte, ni dans les relations des voyageurs qui prêtent ordinairement leurs propres idées à des gens du peuple, ou à des prêtres ignorans qu'ils consultent: le *Bagavadam*, livre dogmatique & sacré, nous fournira seul les traits que nous allons rapporter sur *Chrixnou* ou *Chrixnen* (1) & dont le lecteur impartial fera aisément l'application.

Ce Dieu qui porte tout l'univers dans son sein, se trouve comme renfermé dans celui d'une femme (2). Il est de la race d'*Ichouvakou*. *Cangessem*, averti par une vision que sa sœur devoit mettre au monde plusieurs enfans, dont le huitième seroit son ennemi & le tueroit, exige d'elle qu'ils lui soient tous remis (3). *Chrixnen* naît pendant la nuit, & *Bramma*, *Routren* ou *Chib*, se préparèrent à lui rendre dans sa prison leurs hommages. Cet enfant est transporté chez les bergers. La vigilance de *Cangassem* étant trompée, il dissimule d'abord, dans l'espoir de découvrir le jeune dieu; mais bientôt après transporté de rage, *il fait massacrer tous les enfans nés dans le tems* (4). *Chrixnen* s'adresse à son père en ces termes: » Voici la dernière » fois que je me fais votre fils comme je vous » l'ai promis. Il n'y a plus de génération pour » vous, la béatitude sera votre partage » (5). Cet homme-dieu, après avoir vaincu le serpent (6), se retira dans le désert de Branda (7).

Plusieurs hérétiques pénétrèrent dans l'Inde & y répandirent leur doctrine. Les disciples de Manès s'y réfugièrent après la mort de leur maître (8). Leur arrivée précéda celle des mahométans qui portèrent d'abord leurs armes dans cette contrée, sous le califat de *Valid* & *Abdolemelek* (9), dont le règne commence à la 86ᵉ. année de l'hégire, 715 ans après J. C. Ils la conquirent, sous la conduite de Mahmoud, la 975ᵉ. année de cette dernière ère (10). Le docteur *Abu-Riban* communiqua à-peu-près dans ce tems aux *indiens* la philosophie grecque (11), c'est-à-dire, celle d'Aristote, altérée par les interprètes arabes. On reconnoît assez souvent leur langage dans la manière de raisonner des brames, & principalement de ceux qui sont sortis des écoles de *Nyâyam*. Les étudians y consument inutilement plusieurs années à apprendre mille vaines subtilités sur les membres du sillogisme, sur les causes, sur les négations, les genres, les espèces (12), &c.

La religion des Indes ressentit encore plus que la philosophie, les funestes influences du joug étranger. Les anciens rites s'altérèrent, & le vainqueur devint l'arbitre de la croyance publique (13). Cet état d'oppression engourdit bientôt les esprits & corrompit les mœurs dont l'ignorance qui succède à la lumière, creuse toujours le tombeau. Les brames n'ont plus aujourd'hui les vertus de leurs pères (14), comme ils n'en possèdent plus les connoissances (15). On voit de ces prétendus philosophes qui ne savent ni lire ni écrire, & dont toute la science consiste à connoître certaines figures ou signes de l'alma-

---

(1) Ce mot est dérivé, selon les brames, de *chrish*, qui donne, & de *ana*, joie. En conséquence ils disent que ce dieu se présente avec un doux sourire, &c. *Bagavad. l.* 9.

(2) Bagavad. *l.* 10, p. 192.

(3) Idem. page 190.

(4) Idem. page 194.

(5) Idem. page 193.

(6) « Ce reptile étoit autrefois un homme, & » s'appelloit *Souderissaned*; il s'énorgueillit de son » savoir & de sa beauté, & méprisa le pénitent *Anguirassen*, qui lui ayant donné sa malédiction le » changea en serpent. Ce pénitent lui dit en même » tems qu'il redeviendroit homme, aussi-tôt que le » dieu *chrixnen* l'auroit touché avec le pied ». Bagavad *l.* 10, *page* 201.

(7) Idem. *page* 200.

Philosophie anc. & mod. Tome II.

(8) « Un examen détaillé des principes des mani- » chéens, dit M. de Guignes, nous fourniroit encore » de plus grandes preuves de conformité entr'eux & » les samanéens ». *Académie des incriptions*, t. 36, p. 790. L'auteur de l'article *samanéens* du dictionnaire encyclopédique, reconnoît aussi cette conformité; mais il ne fait que copier l'excellente dissertation de M. de Guignes, sans la citer.

(9) Abulphar. Hist. Dynast. *l.* 9, page 229.

(10) *Voyez*, sur la conquête des Indes, par Mahmoud, l'histoire universelle, par une société de gens de lettres, tome 18, *page* 498, &c. Suivant Mirkhond, ce prince brisa, de ses propres mains, une idole indienne de 50 coudées de haut, & lui fit sacrifier plus de 50000 idolâtres. Herbelot, bibliothèque orientale, *page* 534.

(11) Abulphar. Hist. Dyn. page 211.

(12) *Voyez* la lettre du P. Pons, lettres édifiantes, tome 26, *page* 218.

(13) Déclaration des brames, dont nous parlerons dans la suite de ces observations.

(14) Dow, diss. cit. Holwell, deuxième partie, c. 7.

(15) Préface de l'*indien*, traducteur du Bagavadam.

nach, pour annoncer les nouvelles, les pleines lunes & autres choses semblables (1). Enfin, il est difficile de trouver parmi eux une personne parfaitement instruite de sa religion, & qui soit initiée aux sciences. La rareté des anciens livres, & l'obscurité des langues dans lesquelles ils sont écrits (2), sont à-la-fois une cause, un effet, & une preuve de cette décadence.

Doit-on ensuite s'étonner si l'étude de la principale langue savante, le samscretan, est si difficile ? Elle a été négligée, & sa connoissance devenue un mystère, n'a plus été réservée qu'à un petit nombre d'adeptes. Les livres originaux & sacrés sont devenus obscurs & souvent inintelligibles pour le plaisir & l'exercice des commentateurs.

Les anciens écrivains de la Grèce connoissoient fort peu la langue de l'Inde; quelques-uns même ne craignirent point d'avancer qu'on ignoroit dans ce pays l'usage des caractères alphabétiques (3). Des auteurs du moyen âge supposèrent au contraire qu'il remontoit au tems de la construction de Babel. Andoubaris, astronome *indien*, écrivit alors, selon eux, un ouvrage sur la science dont il faisoit profession (4). Ce fait n'est qu'une tradition indienne qui ne mérite pas d'être réfutée. Mégasthène prétendoit que les brachmanes n'avoient aucune loi écrite. Son témoignage paroît être confirmé par Bardesane (5), qui avoit vécu long tems parmi ces philosophes. Ils n'avoient conservé, comme ce voyageur syrien nous l'assure, la doctrine & la loi de leurs ancêtres, que par tradition. Nous seroit-il donc permis de conjecturer que les samanéens furent les premiers philosophes de l'Inde qui composèrent des ouvrages, & qui durent conséquemment par-là perfectionner l'ancien langage de ce pays.

Les tamouls conservent encore un traité intitulé *Divagarum*, & composé par un samanéen vers le douzième siècle, sur le choix des termes & l'abondance du samscretan (6), dont toutes les langues des Indes sont dérivées. Elles peuvent en général être rapportées relativement à ce qu'elles ont de commun ou de différent dans le génie, la construction, les racines des mots & la forme des lettres, à deux principales, l'indou ou guzarate, usitée dans l'Indostan; & le tamoul, dans la presqu'isle en-deçà du Gange (7). Les dialectes les plus remarquables de cette dernière sont, le tamoul proprement dit, qui est rude & grossier, & le *telenga* (8) ou *v-dega*, qui est doux, beaucoup plus agréable à l'oreille & moins difficile à apprendre (9). Un grand nombre de livres concernant la religion & la philosophie des *indiens*, sont écrits dans ces deux dialectes. Peut-être que quand ils commencèrent à être d'un usage universel, le samscretan fut peu-à-peu négligé, & devint enfin une langue morte dont la connoissance fut réservée aux savans & particulièrement aux brames du pays situé au nord de la presqu'isle.

Les premiers livres des samanéens auront été vraisemblablement écrits dans cette langue. Nous savons que les sectateurs de Budda, qui s'introduisirent quelque tems après J. C. à la Chine, y portèrent avec eux un livre dont le langage & les caractères étoient bien différens de ceux des chinois, & où leurs principes étoient expliqués (10). Trois cens ans s'écoulèrent avant que les bonzes missent en chinois la doctrine des *indiens*; & dès-lors ils ne conservèrent plus dans leur liturgie que plusieurs phrases & des termes d'une langue particulière à ce peuple (11), c'est-à-dire, le samscretan, dont l'étude peut seule nous faire connoître le *Vedam*.

Le nom de ce premier ouvrage sacré signifie proprement *corps de sciences*. Il est divisé en quatre livres ou *Akho-Védes*, les grands védes, qui sont chacun de cent mille *beit* ou stances de quatre lignes (12). Chaque livre à son supplément, *oupo bédam* (13); & son abrégé, *sanitah-védam* (14). Peut-être n'existe-t-il dans les Indes que ces extraits des Védes, & doit-on mettre dans ce nom-

---

(1) Paganisme *indien*, manuscrit, partie I.

(2) Préface de l'*indien*, traducteur du Bagavadam.

(3) Strabon, livre 15, page 487.

(4) Chronic. Paschal, page 36. Cedren. Hist. p. 14.

(5) Ap. Euseb. præp. Evang. livre 6. page 275.

(6) Histoire du christianisme des Indes, tome 2, page 303.

(7) Discours préliminaire du Zend-A-Vesta, p. 113.

(8) Le *Telenga*, ou *Telegoa*, ou *Telengoue*, est une langue usitée dans la presqu'isle en-deça du Gange, depuis *Gangam* jusqu'aux frontières de Pedanna. Discours préliminaire du Zend-A-Vesta, page 99-106. On trouve à la bibliothèque du roi de France, plusieurs manuscrits en *Telegoa*, des grammaires & des dictionnaires de cette langue.

(9) Paganisme *indien*, manuscrit, partie I.

(10) Le P. Mailla, recherches sur les caractères chinois, à la fin du Chou-King, page 396.

(11) Lettre du P. Gaubil, dans une note du discours préliminaire du Zend-A-Vesta, page 335.

(12) Dow, diss. cir.

(13) Ezour-Vedam, livre 8, chapitre 5.

(14) Zend-A-Vesta, tome 1, page 346, &c.

bre ceux dont le savant dom Calmet fit présent à la bibliothèque du roi de France (1). Plusieurs brames assurent que les *akho védes* sont tous perdus, & qu'il n'en reste plus que quelques parties fort altérées (2). A la vérité, on prétend que *Feizi*, frère d'*Aboulfazel*, secrétaire de l'empereur Akbar, avoit fait une traduction persane des quatre védes (3); mais comme elle a échappé jusqu'aujourd'hui aux recherches des européens, on ne peut décider si c'est une version complette du *védam* ou celle de quelques fragmens de cet ouvrage, duquel, en attendant de nouveaux éclaircissemens qui puissent dissiper nos doutes, nous parlerons suivant l'opinion commune, & le témoignage des livres indiens & des voyageurs les plus éclairés. Avant que de faire mention de l'objet particulier des différentes parties du *védam*, il est nécessaire de rapporter ce que les Indiens disent de son origine.

Dieu descendit, selon la tradition de ce peuple, sur la montagne *Mérou*, où environné de toute sa gloire & à travers d'une nuée obscure, il apparut à *Bramma* & lui dit, qu'il avoit été obligé de détruire le premier âge, parce que les hommes n'avoient pas observé les commandemens de l'ancien livre de sa loi. A peine l'Etre suprême eut prononcé ces mots, qu'il lui en remit un second, le *védam*, en lui ordonnant d'enseigner les choses qui y étoient contenues. *Bramma* fit en conséquence connoître à toutes les nations les volontés de Dieu (4).

Viassen, fils de *Bramma*, s'étant retiré dans le désert appellé *Badary Cassiran*, s'appliqua à acquérir toutes les connoissances qui concernent la divinité. Il mit ensuite par écrit le *védam*, & partagea cet ouvrage en quatre livres qu'il nomma *Rick*, *Chama*, *Zozur* & *Adorbo* (5). Le premier fut enseigné par ce philosophe à *Bayten*,

le second à *Wayassambayen*, le troisième à *Soumanden*, & le quatrième à *Saymien* (6). Ces quatre disciples ayant appris aux autres brames ces mêmes livres, passèrent pour en être les auteurs (7).

Le *Rick-Ved*, dont le nom signifie, *science de la divination*, traite de la première cause, de la création de la matière, de la formation du monde, des anges, de l'ame, de la récompense des bons, de la punition des méchans, de la génération de toutes les créatures, de leur corruption, du péché, &c. On trouve aussi dans ce livre des détails sur l'astrologie, la divination, l'astronomie & la physique.

Le second *vede* est distingué par le nom de *Chama*, qui signifie *piété*; en conséquence ce livre renferme tous les devoirs religieux & moraux, plusieurs hymnes à la gloire de l'Etre suprême, & des vers en l'honneur des intelligences subalternes. On y trouve les huit commandemens communs à toutes les castes, les préceptes particuliers à chacune d'elles & ceux qui concernent la soumission due au souverain, &c.

Le troisième livre appellé *Zozur-Ved*, ou la science des rites, contient des détails sur toutes les pratiques religieuses, sur les jeûnes, les fêtes, les purifications, les pénitences, les pélerinages, les offrandes, les différens sacrifices, les qualités requises dans les victimes, la manière de bâtir les temples, &c. On y voit les cérémonies usitées à la naissance, au mariage & à la mort des personnes de toutes les castes. Nous pensons que c'est encore dans ce livre & non point dans le précédent, comme l'avance Henri Lord (8), qu'on trouve ce qui regarde les fonctions, l'éducation & les obligations légales des brames.

Le *Zozur-Védam* ayant été enseigné à *Acna Valaguy*, au lieu d'avoir de la reconnoissance pour son maître, ce brame se moqua de lui, & en punition fut maudit & condamné à être privé de ce livre. En effet, il le vomit & fut obligé ensuite d'adresser ses prières au soleil qui prit la forme d'un cheval, & lui enseigna le *véde* qu'il avoit perdu. Cette fable a été imaginée pour rappeller aux *indiens* la perte de ce livre qui a été long-temps égaré (9). Il ne se trouve même

---

(1) Vid. Cod. manusc. Indic. 31, 52, 81.

(2) Paganisme *indien*, manuscrit, partie I. « Ce sentiment, dit l'auteur de cet ouvrage, paroît le plus vrai. Si ces livres existoient, ils seroient certainement tombés entre les mains des missionnaires qui ont fait tout ce qu'ils ont pu pour les découvrir, en employant le bon secret de l'argent, qui est capable de porter certains brames à livrer ce qu'ils ont de plus sacré ».

(3) Discours préliminaire du Zend A-Vesta, p. 338. *Voyez* la remarque judicieuse de M. Anquetil, sur l'histoire de *Feizi*, imaginée par M. Dow & plusieurs autres voyageurs.

(4) Henri Lord, c. 8.

(5) Ezour-Vedam, livre I. c. 4. L'ortographe de ces noms varie à l'infini; *Voyez* l'histoire universelle par une société de gens de lettres. Tome 19, page 91. note.

(6) Bagavad. livre I. 12. L'auteur de l'Ezour-Vedam appele ces quatre personnages *Poilo*, *Zoiméni*, *Chumontou* & *Onguiro*, livre I. chapitre 4.

(7) Bagavad. liv. I. Ezour-Vedam: liv. I, c. 4.

(8) Chapitre 9.

(9) Abrah. Roger, page 35.

pas à la bibliothèque du roi, où l'on croit posséder les trois autres *védes* dans leur langue originale.

Le nom du quatrième de ces livres est *Adorbo*, ou *Adarvanam*, & *Obartah-Bah*, suivant les différentes orthographes adoptées par différens auteurs. *Adorbo-ved* signifie littéralement la science de l'Etre bon. Conformément à ce titre, cette partie du védam est supposée renfermer toute la théologie mystique & la métaphysique (1). Plusieurs brames rejettent du nombre des ouvrages canoniques l'*Adorbo*, parce qu'ils prétendent qu'il a donné lieu à la religion, ou selon leur langage au schisme de Mahomet. Ce *véde* a été composé originairement dans un dialecte du samscretan peu usité, & un très-petit nombre de personnes se flattent de l'entendre.

La lecture des quatre *védes* dont nous venons de parler (2), étant interdite aux Choutres, *Viassen* en composa, en faveur de cette quatrième caste, un cinquième nommé *Barudam*, où il mit tous les mystères de la religion *indienne*, & y traita de la pratique de la vertu, & des distinctions de chaque état (3). Ce livre paroît n'avoir point échappé à l'injure des tems (4). Remarquons en finissant cet article, que les védes, dont la connoissance est réservée aux trois premières tribus, n'ont point par-tout la même autorité. Le *Rick* & le *Zozur* sont plus suivis dans la presqu'isle en-deçà du Gange; le *Chama* & l'*Adorbo* dans l'Indostan & au nord de l'Inde (5).

Quelques brames ne reconnoissent point l'autorité du *Védam* (6), comme d'autres ne veulent pas recevoir les *Pouranams*, qui forment cependant la seconde classe des livres sacrés & canoniques, & sont règle de foi dans presque toute l'Inde. Ils y sont très-respectés, & passent pour avoir été composés par plusieurs pénitens célèbres des premiers âges (7). Ces ouvrages sont au nombre de dix-huit. Le premier se nomme *Brahamam*; le second, *Badmam*; le troisième, *Vayſtnouvam*; le quatrième, *Lingam*; le cinquième, *Câroudem*; le sixième, *Naradam*; le septième, *Bagavadam*; le huitième, *Acnéam*; le neuvième, *Scandam*; le dixième, *Cayvartam*; le onzième, *Marcandeam*; le douzième, *Vámanam*; le treizième, *Vàrâyam*; le quatorzième, *Courmam*; le quinzième *Brahmandam*; le seizième, *Baudicam*; le dix-septième, *Vayviam*; & le dix-huitième, *Matèham*. (8)
» Ceux qui lisent, selon le Bagavadam, ces livres,
» seront instruits à fond de toutes les connoissances
» divines & humaines, & tous les péchés qu'ils
» auront commis, leur seront pardonnés » (9).
Les *indiens* ont fait un abrégé de tous ces ouvrages, auquel ils ont donné le nom de *Chada Karinaga Mandiram* (10), & dont l'usage paroit être particulièrement destiné aux personnes du peuple. Celles de toutes les castes peuvent lire les *Pouranams* (11). Les brames après s'être livrés à l'étude du *Samscretan*, s'appliquent à la lecture de ces livres qui servent, selon eux à l'interprétation du *Védam* (12), & toutes les fois qu'ils commencent à les lire, ils se lavent avec soin les oreilles (13).

Les pouranams nous seroient presque inconnus, sans la traduction manuscrite du *Bagavadam*, d'après lequel on peut s'en former quelqu'idées Ce dernier est, selon l'auteur, *la substance du Védam, & le plus excellent des dix-huit pouranams*, c'est-à-dire, *histoire ou vie*. *Viassen*, en le composant, avoit dessein de faire connoître la vie & les actions merveilleuses de *Vichnou*, & donna

---

(1) Un dictionnaire tamoul, portugais, nomme ce quatrième véde *Tanour*, qui signifie, selon plusieurs brames, *arc*, & traite de la manière de se servir des armes, soit d'une manière naturelle, soit par enchantement. *Pagan. indien manuſ. partie* 1.

(2) Nous avons tiré les détails concernant ces livres d'Abraham Roger, d'Henri Lord, du P. Pons, de M. Dow, de l'auteur du paganisme *indien*, &c. Nous avons tâché de concilier les écrivains qui ne s'accordent souvent pas entr'eux. Ce dernier assure même qu'on ne sait point bien au juste la teneur de ces védams.

(3) Bagavad. *livre* 1.

(4) Lettres du P. Bouchet, IX. Recherche des lettr. édifiantes. Histoire du christianisme des Indes, tome 2. *page* 291, 292.

(5) Lettres du P. Pons, *cit*.

(6) Ces brames sont ceux de la VIe. secte, appellée *Tſcheſten*. Abraham Roger, *page* 27.

(7) Paganisme *indien* manuscrit, partie 1. « Quand » on cite ces ouvrages, ajoute cet auteur, c'en est » fait, il n'y a plus à douter.

(8) Bagavad, *livre* 12. L'auteur du paganisme *indien* rapporte avec quelque différence le titre des Pouranams, & en change l'ordre de cette manière : *Machapourânam, Makendaypourânam, Bamichiapourânam, Baganattam, Braminaudapourânam, Bramakeypourânam, Vrachapourânam, Venychnounapourânam, Vamanapourânam, Vasuchtapourânam. Adipourânam, Vadinapourânam, Vavagayamanou, Lingapourânam, Skandapourânam, Kourmapourânam, Sroutipourânam, Mroutipourânam*. Cet écrivain ajoute qu'on trouve quelquefois ces livres sous des noms différens de ceux qu'il vient de donner.

(9) Bagavad. *livre* 12, *page* 215.

(10) Philips *account of Malabar*, *page* 15.

(11) Paganisme *indien*, manuscrit, partie 1.

(12) Bernier, voyage, tome 2, *page* 98, 99.

(13) Abraham Roger, *page* 103.

en conséquence le nom de *Bagavadam*, ou histoire divine à son ouvrage, qui contient aussi la doctrine des *indiens* sur la divinité, la béatitude, la vie contemplative, l'histoire de la création, de la destruction de l'univers, l'origine des dieux subalternes, des hommes, des géans, &c. Quoique l'auteur de ce traité de théologie populaire, divisé en douze *candams* ou livres, paroisse raconter beaucoup de fables, dans l'intention qu'on y ajoute foi; il ne laisse pas cependant que de condamner l'idolatrie. « Le véritable sacrifice, dit-il, est celui de l'esprit & du cœur. Les ignorans adressent leurs vœux aux idoles façonnées par la main des hommes. Le sage adore Dieu en esprit » (1). Dans un autre endroit, il ne désapprouve pas d'une manière moins expresse ceux qui ont recours aux dieux étrangers, & adressent leurs prières aux idoles, aux étoiles, aux planètes, à leurs parens morts & aux génies malfaisans (2). *Vichnou* est toujours considéré par *Viassen* comme l'Etre suprême & le principe de tout; » par sa nature il est exempt de toutes les vicissitudes humaines: il se connoît lui seul: il est incompréhensible à tous les autres. Les docteurs qui disputent entr'eux sur son essence, ne savent ce qu'ils disent..... Ce Dieu est si grand qu'on ne sauroit s'en former une juste idée: aussi est-il appelé l'*ineffable*, l'*infini*, l'*incompréhensible*, &c. » (3).

Comment peut-on concilier ces pensées sur la divinité avec le système de l'ame du monde & le matérialisme qu'on apperçoit sans cesse dans cet ouvrage?

Le bagavadam renferme d'excellens préceptes de morale, mais dans quel livre de ce genre & chez quelle nation n'en trouve-t-on pas? Ils ne peuvent compenser une foule d'extravagances, d'absurdités & d'histoires fabuleuses qui fatiguent l'imagination & provoquent la nausée. La nature a doué les *indiens* d'un génie malheureusement trop fécond en productions de cette espèce. Elles se multiplient à l'infini. Chaque métamorphose de leurs dieux est accompagnée de circonstances & d'épisodes qui remplissent des volumes entiers (4). Les dix-huit pouranams qui peuvent être regardés comme les fastes des dieux *indiens*, suivant l'expression d'un missionnaire (5), sont remplis de ces fables. Parmi toutes celles qui sont rapportées par *Viassen*, on remarque quelques passages qui méritent une attention particulière par rapport au tems où le *Védam* & les *pouranams* ont été composés.

Sans nous arrêter aux rapports déjà observés par M. de Guignes, entre les noms de plusieurs rois dont il est fait mention dans le cinquième livre du bagavadam, & ceux des princes que nous savons avoir vécu après Alexandre, nous rapporterons une prétendue prophétie qu'on lit dans ce livre. Elle en démontre, de l'aveu du traducteur, le peu d'antiquité. « Dans l'âge du monde appellé » *caliougam*, les rois seront de la tribu des choutres, les pays de Cassimiram & de Sindou seront gouvernés par les *Miletchers*, qui étant méchans & sans modération, feront mourir impitoyablement les femmes, les enfans & les brames. Dans ce tems la richesse seule sera estimée, & les hommes ayant perdu leur vigueur, deviendront lâches & se livreront aux passions les plus effrénées » (6). Maridas Poullé premier interprète de la compagnie des Indes, explique toujours dans les notes qui accompagnent sa traduction du bagavadam, les noms de *Miletchers* & de *Touloukers*, fréquemment répétés dans le cours de cet ouvrage, par ceux de *Maures* & de *Turcs*. On ne peut donc douter que *Viassen* ou l'auteur quelconque de *Pouranam*, n'ait voulu parler de l'état d'oppression dans lequel les *indiens* gémissent aujourd'hui sous le joug mahométan.

Nous lisons encore dans le neuvième livre du bagavadam que » *Pracédaguen* fut père d'un grand nombre d'enfans qui devinrent à cause de leur stupidité, *Miletchers*, &c. » & que par la malédiction d'*Eyády*, la race des *Trouguéens*, (Turcs) *devint aussi Miletchers*. On distingue clairement dans ces passages deux événemens remarquables, 1°. que plusieurs *indiens* abandonnèrent la religion de leurs pères pour embrasser celle des Maures, leurs maîtres; 2°. que les premiers conquérans mahométans des Indes furent soumis à ces derniers, & ne firent plus avec eux qu'un même peuple. Le nom de Miletchers ne peut convenir aux turcs qui furent maîtres de l'Indostan, sous les empereurs de la dynastie des Gasnevides; il faut donc qu'il se rapporte aux Mongols ou Maures inconnus

---

(1) Bagavad. *livre* 1.

(2) Idem.

(3) Idem. *livre* 3, *page* 39.

(4) La seule métamorphose de *Vichnou* en Ramen, est le sujet d'un ouvrage trois ou quatre fois plus gros que le bagavadam, dont la traduction manuscrite contient 200 & quelques pages de grand papier. Les *indiens* ont beaucoup de respect pour ce livre, concernant Ramen, & qui porte le nom de *Rámayánam*. On en possède un partie traduite en françois à la bibliothèque du roi de France. Nous ne croyons pas qu'il soit possible de trouver quelque chose de plus absurde & de plus dégoûtant, que cette production monstrueuse.

(5) Paganisme *indien*, manuscrit, *partie* 1.

(6) Bagavad. *livre* 12, *page* 219.

dans cette contrée, avant la conquête que Babour, un de leurs princes, en fit au commencement du quinzième siècle. Le bagavadam & les autres pouranams n'auront conséquemment été publiés qu'après cette époque. Quoi qu'en die l'auteur du premier de ces ouvrages, le *Védam* doit être plus ancien; le texte a toujours précédé le commentaire.

En supposant avec les brames que M. Holwell a consulté à sa manière & par des motifs particuliers, un intervalle de quinze cents ans, entre la publication du *Védam* & celle des dix-huit *pouranams* ou *Aughterrah-Bhade-Shafta*, ce premier ouvrage sera antérieur à l'ére vulgaire. Mais si l'on prend avec plus de vraisemblance l'époque de la première édition de l'*Adorbo*, quatrième partie de ce livre, auquel il ne peut être postérieur suivant M. *Dow* & ces brames, pour celle de tout le *Védam*, cet ancien livre sacré des indiens n'aura vu le jour que 1000 ans après J. C. Notre calcul est fondé sur l'opinion des brames, qui assurent que l'*Adorbo* a précédé seulement de 500 ans les *Pouranams* (1).

Les ouvrages les plus célèbres dans les Indes, après ceux dont nous venons de parler, sont les Shafters qu'on ne doit pas confondre, comme quelques modernes, avec les quatre védes. *Shafta* signifie proprement science ou connoissance (2), déclaration, explication (3). Suivant cette étymologie, les Shafters ne sauroient être autre chose que des commentaires ou explications du *Védam* (4). Si les extraits ou fragmens que MM. Holwell & Dow ont publiés de ces ouvrages, nous permettent d'en juger, nous dirons que chaque auteur paroît avoir eu dessein de rendre l'*indianisme* raisonnable, de persuader que toutes ses fables sont des allégories philosophiques; enfin d'exposer plutôt les systêmes de sa secte, que la doctrine des anciens livres.

Comme les *indiens* sont partagés sur le culte qu'ils rendent à leurs dieux, les uns n'admettant que celui de Vichnou, les autres reconnoissant pour leur divinité tutelaire *Chib* ou le *Lingam*, de même les brames qui sont à la fois ministres de la religion du peuple & philosophes (5), sont divisés en six principales écoles ou sectes, dont il seroit trop long d'exposer ici les différents systêmes (6). Les Ganigueuls n'en ont embrassé aucune, mais ils paroissent avoir tiré indifféremment de chacune les dogmes qui conviennent à leur façon de penser. Ils n'admettent avec les sectateurs de l'*Agamam*, ni la différence de conditions parmi les hommes, ni les cérémonies légales. Ils ont emprunté le systême de l'école de *Nyâyam* sur la contemplation & l'union de l'ame humaine avec l'essence divine. Comme les disciples de *Kopilo*, fondateur de la secte de *Chankiam*, les ganigueuls méprisent les vaines disputes de la logique; ils ont en horreur la mythologie populaire, ne reconnoissent point la divinité de *Vichnou*, de *Bramma* & de *Chib*, & rejettent le culte des dieux subalternes. Enfin les notions qu'ils ont de l'être suprême, sont conformes aux principes de l'école de *Vedamtam*. Ces philosophes ont conservé avec soin l'ancienne tradition sur l'unité de Dieu, qui semble leur avoir été transmise par les samanéens. On ne voyoit chez ces derniers aucun simulacre, & ils n'adoroient que Dieu (7) & reconnoissoient une seule cause intelligente qui avoit formé ce monde. Cette cause étoit, selon eux, l'être suprême (8).

Les ganigueuls s'expriment d'une manière peu équivoque sur le dogme de l'unité de Dieu. « L'être des êtres, disent-ils, est le seul Dieu » éternel, immense, présent en tous lieux, qui » n'a ni fin ni commencement, & contient toutes » choses.... Il n'y a point d'autre Dieu que lui. » Il est seul Seigneur de toutes choses, & le sera » pendant toute l'éternité (9)...... Dieu qui

---

(1) Holwell, c. 4.

(2) Dow. diff. cit. Holwell, c. 4. Paganisme *indien*, manuscrit, *partie*. 1. On entend dans le style populaire, suivant l'auteur de cet ouvrage, par le terme de *Shafter* ou *Shafta*, la science des augures, des divinations & des prognostics.

(3) Abraham Roger, *page* 36.

(4) Philips, *Account of Malabar*, page 10, 15, 40, &c.

(5) Tous les brames n'exercent cependant pas leurs ministères dans les temples, quoique les fonctions du sacerdoce appartiennent à eux seuls. Plusieurs font leurs sacrifices & leurs cérémonies dans leurs maisons, sans aller aux temples, si ce n'est dans des occasions où on en convoque un grand nombre. Leur caste se divise en plusieurs branches qui toutes se disputent la prééminence. Ceux qui desservent par office les pagodes aux temples, sont des ordres les moins considérables. *Paganisme* indien, *manuscrit*, partie 1.

(6) *Voyez* Abraham Roger, c. 3. La Croze, t. 2, p. 251. Lettre du P. Pons. Dow, diff. &c.

(7) Bardesane, ap. Euseb. *Præp. Ex. l.* 6. p. 275. On lit dans ce passage, le nom des brachmanes; mais il est évident que Bardesane a voulu parler des anciens samanéens, & nous apprendre quelle étoit leur doctrine ésotérique, & le culte particulier de ces philosophes.

(8) Strabon, *livre* 15, *page* 490.

(9) Extrait du livre intitulé *Tchira Vaikkium*, dans l'histoire du christianisme des Indes, tome 2, *page* 267.

» nous a mis dans ce monde, fait son séjour
» dans le ciel. Il nous a sans cesse dans sa pensée,
» qui semblable à un fil, s'étend jusqu'à nous.
» Si nous suivons la trace que ce fil nous pré-
» sente, nous trouverons infailliblement Dieu
» (1) . . . . . le seul que nous devons aimer (2),
» &c. » Ces principes, & l'austérité de leurs
mœurs, ont fait regarder avec raison les ganigueuls comme les seuls vrais sages (3). « Les
» brames, dit *Vichnou* lui-même, dans le baga-
» vadam, sont plus élevés que les autres hommes;
» & les savans qui entendent le *védam* le sont
» encore davantage. Mais les ganigueuls, c'est-
» à-dire, ceux qui ont renoncé à tout désir &
» à tous les plaisirs, sont infiniment plus nobles
» que tous les autres. Ces sages seront à moi,
» je serai en eux, & ils me posséderont (4) ».

Nous retrouvons par-tout dans l'*Ezour-Vedam*
les principaux articles de la doctrine des ganigueuls, dont nous venons de parler; on ne peut
conséquemment douter que ce ne soit un philosophe de cette secte qui ait composé cet ouvrage.
Un homme plongé dans les ténèbres de l'idolâtrie rapporte, sous le nom de *Biache*, les fables
les plus accréditées dans l'Inde, & expose tout
le système de la théologie populaire de ce pays.
Le philosophe Chumontou rejette cette mythologie comme contraire au bon sens, ou parce qu'il
ne l'a pas lue dans les anciens livres, & explique
moralement les récits fabuleux qui sont fondés
sur des faits qu'il est obligé d'admettre.

En répondant aux questions de Biache, le philosophe Ganigueul fait connoître sa doctrine sur
l'unité de Dieu, la création, la nature de l'ame,
le dogme des peines & des récompenses à venir,
le culte qui convient à l'Etre suprême, les devoirs de tous les états, &c. Ceux des contemplatifs attirent sur-tout l'attention de Chumontou;
& à cet égard ses principes sont entièrement
conformes à ceux des samanéens & des anciens
sectateurs de Budda. (5)

Notre auteur parle aussi de cosmographie, d'astronomie & de physique. On lui pardonnera
sans doute les erreurs grossières qu'il commet

(1) Extrait du même livre. *Id.* page 2-9, 260.
(2) Extrait du Guana Vumpa. *Id.* page 168.
(3) Histoire du christianisme des Indes, tome 2, page 266.
(4) Bagavad. livre 3.
(5) *Voyez* l'extrait de l'Anbertkend, publié par M. de Guignes. Académie des inscriptions, tome 26, page 391, & la traduction de l'ouvrage attribué à Fo. ou Budda. Histoire des Huns, tome 2, page 227, & suiv.

sur les sciences, comme quelques assertions con-
damnables au tribunal de la religion, & certaines conséquences dangereuses qui résultent de
ses principes. Sa logique n'est pas toujours sûre,
& on ne sauroit sur tout approuver la manière
dont il réfute les fables rapportées par Biache.
Chumontou ne leur oppose que les raisonnemens
d'un philosophe, qui ne peuvent passer pour la
religion des Indes. Il prétend enseigner le *Védam*
en établissant son propre système, sans s'embarrasser de prouver s'il est réellement conforme à
la doctrine de ce livre sacré. Il suit en cela la méthode employée dans les Shasters, au nombre
desquels on doit mettre l'*Ezour-Védam*.

Cet ouvrage contenant l'exposition des principes de la philosophie des Ganigueuls, mis en
opposition avec la croyance actuelle des peuples
indiens, ne peut certainement être fort ancien.
M. de Voltaire assigne cependant, à la publication de l'*Ezour-Védam*, une époque très-reculée.
L'amour de la vérité nous engage à réfuter ici
l'opinion de cet illustre écrivain, dont les rares
talens honorent notre siècle, & semble le consoler de sa malheureuse stérilité. « Un des plus
» grands agrémens de ce monde, dit ce célèbre
» auteur, est que chacun puisse avoir son sen-
» timent, sans altérer l'union fraternelle (6) ».
Ses expressions nous rassurent, & ne nous permettent pas de croire que ce grand poëte puisse
être rangé dans la classe des gens qui professent
la tolérance, en ne pardonnant jamais qu'on pense
autrement qu'eux. L'amour propre rend souvent
les hommes inconséquens. Nous allons rapporter
exactement les passages de M. de Voltaire. Ils
font trop d'honneur à l'ouvrage que nous publions
pour oser les supprimer, ou n'en présenter que
la substance.

« Un hazard plus heureux a procuré à la biblio-
» thèque de Paris, un ancien livre des brames;
» c'est l'*Ezour-Védam*, écrit avant l'expédition
» d'Alexandre dans l'Inde, avec un rituel de tous
» les anciens rites des brachmanes, intitulé le
» *Cormo-Védam* (7). Ce manuscrit traduit par un
» brame, n'est pas à la vérité le *Védam* lui-même,
» mais c'est un résumé des opinions & des rites
» contenus dans cette loi, &c. (8).

» L'abbé Bazin avant de mourir, envoya à la
» bibliothèque du roi, le plus précieux manuscrit
» qui soit dans tout l'orient. C'est un ancien

(6) Défense de mon oncle, c. 18.
(7) C'est un des dix-huit Pouranam; malgré tous les soins de M. Bejot, garde des manuscrits de la bibliothèque royale, on n'a pu y trouver cet ouvrage.
(8) Philosophie de l'histoire, c. 17.

» commentaire d'un brame nommé *Chumontou*,
» sur le *Védam*, qui est le livre sacré des anciens
» brachmanes. Ce manuscrit est incontestablement
» du tems où l'ancienne religion des gymnoso-
» phistes commençoit à se corrompre : c'est après
» nos livres sacrés, le monument le plus respec-
» table de la créance de l'unité de Dieu ; il est
» intitulé *Ezour-Védam*, comme qui diroit le
» vrai *Védam* expliqué, le pur *Védam*. On ne
» peut pas douter qu'il n'ait été écrit avant l'ex-
» pédition d'Alexandre dans les Indes, puisque
» long-tems avant Alexandre, l'ancienne religion
» bramine ou abrabine, l'ancien culte enseigné
» par Brama, avoient été corrompus par des
» superstitions & par des fables. Ces supersti-
» tions mêmes avoient pénétré jusqu'à la Chine,
» du tems de Confutzé, qui vivoit environ trois
» cents ans avant Alexandre. L'auteur de l'*Ezour-
» Védam* combat toutes ces superstitions qui com-
» mençoient à naître de son tems; or pour
» qu'elles ayent pu pénétrer de l'Inde à la Chine,
» il faut un assez grand nombre d'années : ainsi
» quand nous supposerons que ce rare manuscrit
» a été écrit environ quatre cents ans avant la
» conquête d'une partie de l'Inde par Alexandre,
» nous ne nous éloignerons pas beaucoup de la
» vérité.

» Chumontou combat toutes les espèces d'ido-
» latrie dont les *indiens* commençoient alors à
» être infectés, & ce qui est extrêmement impor-
» tant, c'est qu'il rapporte les propres paroles
» du *Védam*, dont aucun homme en Europe,
» jusqu'à présent, n'avoit connu un seul passage.
» Voici donc ces propres paroles du *Védam*,
» &c. &c. » (1).

1°. M. de Voltaire oublie de distinguer la religion des gymnosophistes d'avec celle du peuple *indien*. Ces philosophes firent toujours profession d'une doctrine intérieure (2), également éloignée de la façon de penser du vulgaire & des dogmes mêmes qu'ils lui communiquoient. La philosophie des brachmanes & celle des samanéens paroissent avoir été, au tems d'Alexandre, dans l'état le plus florissant (3). A la même époque le polythéisme étoit reçu par toutes les nations de l'Inde. Elles honoroient le Gange & le dieu qu'elles supposoient présider à l'élément de l'eau, & rendoient un culte aux génies indigènes (4). Les *indiens* prétendent que leurs principes religieux n'ont jamais été altérés que par le despotisme intolérant des mahométans. Les brames assemblés à Calicuta pour travailler à la traduction du code de leurs loix, s'expriment, sur cet objet, en ces termes : « Comme cet empire (l'Indostan)
» fut long-tems habité par les seuls indous, &
» gouvernés par une longue suite de rois & de
» rajahs puissans, la religion *indienne* y devint
» universelle. Mais depuis que les armées maho-
» métanes ont ravagé le pays, la croyance publi-
» que a commencé à varier, on a vu naître des
» schismes, de nouveaux usages ont été en con-
» tradiction avec les anciens ; tout s'est conformé
» aux différens articles de foi que le vainqueur
» a obligé d'adopter. Le magistrat de chaque lieu
» veut encore décider aujourd'hui du culte & des
» dogmes religieux » (5).

Le sentiment de ces brames est confirmé par l'autorité des *pendets* ou docteurs *indiens* consultés par M. Holwell (6). Ils rapportent la corruption totale de l'*indianisme* au tems de la publication des pouranams, c'est-à-dire, vers le commencement de la dynastie des Babourides ou grands Mogols. Quoiqu'auparavant les peuples & les philosophes de l'Inde eussent adopté plusieurs traditions, diverses pratiques & quelques dogmes qui appartenoient à d'autres nations, cependant ils ne supposèrent jamais que leur religion eût été par-là altérée. Ces changemens avoient été d'abord trop insensibles & leur étoient devenus trop avantageux pour attendre d'eux un pareil aveu, toujours difficile d'arracher à l'orgueil national. Au lieu de reconnoître ce qu'ils doivent à Budda, à Naraden, à Cabiler, & à plusieurs autres, les *indiens* prétendent que *Vichnou* métamorphosé sous ce nom, est venu les enseigner ou remettre en vigueur l'ancienne doctrine de leurs pères, dont l'immutabilité semble avoir été long-tems un article de foi.

2°. M. de Voltaire n'a peut-être pas assez fait d'attention qu'il résulte de son calcul que Confucius a vécu 756 ans avant J. C. Ce législateur ne florissoit cependant, selon les chinois, que 480 ans avant l'ère vulgaire (7). Ce ne fut point au tems de ce grand philosophe que les

---

(1) Défense de mon oncle, c. 12.

(2) Voyez académie des inscriptions, tome 31.

(3) Avant les conquêtes d'Alexandre, les écrivains de la Grèce n'avoient point parlé des philosophes de l'Inde, & ce qu'ils en rapportent depuis ce tems, ne peut appartenir à une époque antérieure.

(4) Strabon, livre 35, page 494.

---

(5) Cette déclaration faite par les brames de l'Indostan, en 1773, est rapportée dans la préface d'un ouvrage anglois, qui a pour titre : *A code of the Gentov Laws*, &c.

(6) Even. Hist. c. 50.

(7) C'est à cette époque que Confucius rédigea & mit au jour le *Chiking*. Antiq. des chinois, dans le premier volume des mémoires concernant l'histoire & les sciences de ce peuple, page 43.

superstitions

superstitions indiennes pénétrèrent à la Chine. Tous les écrivains de ce pays (1) & les savans d'Europe (2) qui ont parlé de son histoire, rapportent unanimement que la religion de *Fo* ou *Budda* ne fut introduite dans l'empire chinois que sous la dynastie des Hans orientaux, la huitième année du règne de Ming-Hoang-ti, & la soixante-cinquième après J. C.

« Une preuve non moins forte, continue M. de Voltaire, que ce livre fut écrit long-tems avant Alexandre, c'est que les noms des fleuves & des montagnes de l'Inde sont les mêmes que dans le *hanscrit*, qui est la langue sacrée des brachmanes. On ne trouve pas dans l'*Ezour-Védam* un seul des noms que les grecs donnèrent aux pays qu'ils subjuguèrent (3). L'Inde s'appelle *Zomboudipo*, le Gange *Zanoubi*, le mont Immaüs *Mérou*, &c.....

» Il est donc très-vraisemblable que le brachmane qui écrivoit dans le *Zomboudipo*, c'est-à-dire, dans l'Inde, écrivoit avant Alexandre, qui donna un autre nom au Zomboudipo ; & cette probabilité devient une certitude, lorsque ce brachmane écrit dans le premier tems de la corruption de sa religion, époque évidemment antérieure à l'expédition d'Alexandre (4) ».

Chumontou, auteur de l'*Ezour-Védam*, après avoir parlé de la création des premiers hommes, décrit les différentes parties de la terre, & leur donne des noms qui ne conviennent qu'à l'état primitif du monde. Ses détails géographiques ne peuvent donc point servir à déterminer l'age où ce philosophe a vécu. Nous trouvons dans le *Bagavadam* une nomenclature presque semblable à celle de Chumontou. L'*Indien*, traducteur de ce dernier ouvrage a eu soin de nous avertir dans une note, que cette géographie étoit ancienne & fabuleuse (5). La position que les *Indiens* donnent au mont *Mérou* suffit seule pour le prouver. Ils imaginent que pendant six mois entiers, cette montagne est éclairée par le soleil, & que les autres six mois, elle est dans une nuit continuelle (6).

Mérou est situé, selon eux, au centre de la terre, & la multitude de fables qu'ils racontent sur ce mont fameux, ne permet point d'ajouter aucune foi à leur recit.

Celles que les Grecs ont inventées à l'occasion de cette même montagne, ne méritent pas plus de crédit. En l'appellant *Meros*, ils donnèrent à son nom une terminaison propre à leur langue. Théophraste, contemporain d'Alexandre, a fait mention de ce mont fabuleux (7) dont les écrivains de la vie de ce prince ont beaucoup parlé (8). Ils l'ont distingué de cette chaîne de montagnes qu'ils ont nommée d'après les *Indiens* (9) *Immaus*, & à l'occident de laquelle *Mérou* est situé, suivant la géographie *indienne*, intitulée *Pvwaua-Sakkaram* (10).

Le Gange fut métamorphosé, selon Biache, & les mythologistes *Indiens*, en une déesse qui prit le nom de *Zanobi* (11) ; & néanmoins ce fleuve conserva son ancienne dénomination. Chumontou & *Viassen*, auteurs du *Bagavadam*, l'appellent de la même manière que les historiens d'Alexandre & tous les écrivains postérieurs.

Ce conquérant ne donne point comme M. de Voltaire semble l'insinuer, aux pays situés au-delà des Paropamises, le nom d'*Inde*, dont Scylax, Hérodote, Ctésias, &c. s'étoient servis avant lui. Les Grecs ne changèrent point les anciennes dénominations que les nations *Indiennes* avoient coutume de donner aux différens fleuves & lieux de leurs contrées. A l'exception de quelques-unes que l'on peut faire venir du persan (12), nous ne croyons pas qu'il soit possible d'en dériver aucune du grec ou des autres langues étrangères à l'Inde. Ce dernier mot n'a pas même une origine grecque ; il vient au contraire du samscretan, comme celui de *Zomboudipo*, pays de *Zambou* ou *Jambou* (13). *Indou* ou *Hindou* signifie dans cette dernière langue, la lune, dont les indiens s'imaginent descendre. Leurs livres rapportent une longue suite de rois appellés *Hindou*

---

(1) *Heou Hanchou, Kam-mo*, cités par M. de Guignes, histoire des huns, tome 2, page 235.

(2) Martini, histoire sinic. dec. 1, livre 4, ƒ. 4, & la Loubere, tome 1, page 516. Histoire des huns, tome 2. page 235. Mailla, recherches sur les caractéres chinois, à la fin du *Chou-king.* p. 396, &c &c.

(3) M. de Voltaire s'est servi du même argument pour prouver l'antiquité de l'Ezour-Védam dans ses additions à l'histoire générale, page 23, 24.

(4) Défense de mon oncle. c. 12.

(5) Note sur le sixième livre du Bagavad.

(6) Bagavad. livre 5.

(7) Hist. Plant. *livre* 4, *c.* 4.

(8) Arrian. de exped. Alex. *livre* 5, *c.* 1, 2. Indic. c. 1. Quint. Curt. *livre* 8, *c.* 10, &c.

(9) *Vid.* Bayer, *Hist. Regn. Bactr.* p. 9. Strabon nous assure qu'Imaus, Emodus & Paropamises étoient des noms qui avoient été donnés à ces montagnes, par les peuples du pays. Géogr. *livre* 15, *page* 474.

(10) Ap. Bay. op. Cit. id.

(11) Ezour-Védam, livre 1, c. 6.

(12) Vid. *Hyde*, Histor. Rel. vet. Pers. *page* 310. Reland. Diff. de vet. Ling. Ind. &c.

(13) *Voyez* la note sur le chapitre 6 du premier livre de l'Ezour-Védam.

ou *Chunders-Buns*, c'est-à-dire, enfans de la lune (1). Enfin, l'*Ezour-Védam* donne le nom de *Chindou* (2) à un fleuve de l'Inde qui ne peut être que l'Indus, appellé, suivant les Grecs, *Sind* ou *Sindus* par les habitans du pays (3).

Si tous les principaux détails de mythologie qu'on lit dans l'*Ezour-Védam*, ressemblent entièrement à ceux qui se trouvent dans le *Bagavadam*, & sont reçus aujourd'hui dans l'Inde, comme nous le prouverons dans les notes sur le premier ouvrage; si encore plusieurs noms de pays & de villes, tels que ceux de *Bollodekan*, d'*Outkollodekan*, de *Magnodekan*, *Pourochottomo*, *Goja*, &c. rapportés par Chumontou, appartiennent à la géographie actuelle de l'Inde, ce qu'on ne sauroit révoquer en doute; le livre attribué à ce philosophe n'est donc pas fort ancien, & n'a point été publié avant les *Pouranams* qui y sont cités plusieurs fois (4). Chumontou paroît avoir eu dessein de les décrier & d'en réfuter la doctrine & les récits fabuleux.

<blockquote>
Defendat quod quisque sentit : sunt
enim judicia libera.
CICER. *Tuscul. IV.*
</blockquote>

L'EZOUR-VÉDAM.

Chumontou, touché du sort malheureux des hommes qui tous livrés à l'erreur & à l'idolâtrie couroient aveuglement à leur perte, forma le dessein de les éclairer ou de les sauver. Pour dissiper donc les épaisses ténèbres, qui avoient tout-à-fait obscurci leur raison, il composa l'*Ezour-Védam*, où les rappellant à leur raison même, il leur fait connoître & sentir la vérité qu'ils avoient abandonnée pour se livrer à l'idolâtrie.

Dialogue entre Biache & Chumontou.

Biache. Que doit-on considérer dans les différens êtres qui composent le monde?

Chumontou. On doit y considérer sept choses (5),

---

(1) *Pourourven* fut le premier de cette race dont on trouve l'histoire dans le 9ᵉ. livre du Bagavadam.

(2) Ezour-Védam, livre 1, c. 3.

(3) Plin. *livre 6*, c.20, Arrien. Peripl. Mar. Erythr. *page 163*, &c. Le géographe turc nous dit, que les indiens appelloient autrefois le fleuve Indus, *Sandos*, *page 310*, manuscrit de la bibliotheque du roi de France. Le Bagavadam désigne toute l'Inde par le nom de *Sindou*, & les géographes arabes donnent celui de *Send* à la partie occidentale de cette vaste contrée.

(4) Ezour-Védam, *livre 1, c. 2, 5.*

(5) Cela ne s'accorde pas exactement avec ce qui

& s'y attacher à bien connoître l'essence de chaque être. Cette connoissance nous conduit insensiblement & sûrement à celle du vrai Dieu. Il faut d'abord considérer l'être en lui-même, & tâcher de savoir quelle est son essence, & ensuite quels sont ses modes & ses qualités; s'il est capable d'action ou non; s'il est composé ou s'il est simple; ce qu'il a de commun avec les autres êtres, & ce qu'il a de différent : on compte neuf sortes d'êtres, la terre, l'eau, la lumière, le vent, l'air, le tems, les coins du monde, l'ame & la volonté : de plus, examiner les modes de chaque être, s'il est sensible, ou s'il ne l'est pas, s'il est un ou plusieurs en nombre, s'il est composé de plusieurs parties unies ensemble, ou si on peut les séparer, ce qu'il a de commun, & ce qui lui est particulier, quelle est sa grandeur, enfin s'il est capable d'intelligence, de joie, de douleur, de désir, de haine, de raisonnement & de mémoire. Tout cela sont autant de modes; pousser une chose en-haut ou en-bas, ouvrir, fermer, aller, venir, cracher, &c. c'est ce qu'on appelle *action*.

Biache. Vous m'avez appris ce qu'on doit examiner dans chaque être; dites-moi maintenant quelle est en particulier l'essence d'un chacun?

Chumontou. La terre renferme dans son sein, la semence & le germe de tout ce qu'il y a d'arbres & de fleurs odoriférantes; aussi a-t-on exprimé son essence par le nom de *Gondopoti*, qui signifie la reine des odeurs. La liquidité & la fraîcheur font l'essence de l'eau. Le toucher fait l'essence du vent : celle de l'air est de transmettre le son, & de le faire parvenir jusqu'à nous : celle de la lumière, de nous faire connoître les couleurs & nous les faire distinguer. Etre susceptible de plaisir ou de douleur, fait l'essence de l'ame, & la mémoire fait celle de la volonté. Du reste, tous les différens modes dont je t'ai parlé, n'appartiennent point à l'essence des êtres; ils n'en font simplement que le soutien.

Biache. A quoi peut servir tout cela, & quel est le fruit qu'on en peut tirer?

Chumontou. Sans la connoissance de tout cela, il est impossible de connoître au vrai l'essence de Dieu. Ainsi toutes ces connoissances sont absolument nécessaires; & dès qu'on les a, on conclut aisément que l'être qui n'est point tout cela, est Dieu.

Biache. Je sens la vérité de ce que vous venez de me dire, mais j'ai besoin d'une instruction plus détaillée. Faites-moi donc connoître plus en

---

suit; mais peut-on changer le sens d'une traduction, sans consulter le texte original?

particulier, qu'eft-ce qu'on doit appeller créature, & quel en eft le créateur; pour quelle fin tout a-t-il été créé; & à quelle fin tout doit-il aboutir? Dites-moi de plus ce que c'eft que l'ame, ce que c'eft que le preftige; quelle a été la *Prokriti* ou la femme (1), quel fut fon époux? Quelles font les qualités dont Dieu les doua d'abord, & quel eft le lieu qu'ils ont habité? Quel eft celui qui a tiré les trois mondes du néant, & quel eft le principe de la vie & de la douleur? Jufqu'où remonte l'origine des caftes, & qui eft-ce qui y a pu donner occafion? Quelle eft enfin la grandeur de la terre & celles des mondes fupérieurs & inférieurs? Inftruifez-moi, feigneur, fur tous ces points, de façon à me les faire comprendre. De plus, vous connoiffez parfaitement l'effence de Dieu parce que vous poffédez à fond le *Védam*. Communiquez-moi là-deffus vos lumières, & que la peinture que vous me ferez de fes grandeurs & des avantages qu'on trouve à le fervir, m'éleve au-deffus de tout ce qu'il y a de créé. Le fiècle malheureux où nous vivons, eft le fiècle du péché. La corruption eft devenue générale. C'eft une mer fans bornes qui a tout englouti. A peine voit-on furnager un petit nombre d'ames vertueufes. Tout le refte a été entraîné. Tout a été corrompu. Enfoncé moi-même comme les autres dans cet océan d'iniquité, dont je ne découvre ni les bords ni le fond, je ne puis manquer de périr comme eux. Tendez-moi donc une main fecourable, & en habile pilote, retirez-moi de cet abyme, pour me conduire heureufement au port.

Chumontou étoit fur le point de répondre, lorfque Biache l'interrompit, & lui dit:

Biache. Il faut que celui qui fait la fonction de père & de guide des ames dans les voies de la vertu, ait des qualités bien rares. Il doit poffédcr parfaitement le *Védam*, & être en état de le développer aux hommes, & de leur donner le vrai fens. Il faut de plus qu'il les éclaire fur l s dangers qu'on court dans le monde, & qu'il leur apprenne à les éviter & qu'il leur faffe connoître Dieu, & leur enfeigne à l'honorer d'une manière digne de lui; qu'il leur montre quels font les facrifices qu'on doit lui offrir, & les fruits qu'on en retire: vous êtes, feigneur, du nombre de ces hommes rares, vraiment éclairés, vraiment vertueux; vous voyez à vos pieds un pécheur qui ne cherche qu'à s'inftruire, fervez-moi donc de guide & de père, fauvez mon ame en la délivrant de fes erreurs.

Chumontou. Et depuis quand t'eft-il venu dans l'efprit de vouloir t'inftruire des *Védams*, & de devenir vertueux? N'eft-ce pas toi qui as enfanté ce nombre prodigieux de *pouranams*, contraires en tout au *Védam* & à la vérité, & qui ont été le malheureux principe de l'idolatrie & de l'erreur? N'eft ce pas toi qui as mis au jour le *tarkan* ou la logique, fource éternelle de difcuffions, & qui apprend aux hommes à difputer fur tout? N'as tu pas enfeigné dans tes *pouranams* les moyens de fe rendre heureux dans ce monde & dans l'autre? N'as-tu pas dit que ceux qui les liroient & les entendroient lire, acquerroient bientôt la pureté du cœur, fe fentiroient enflammés d'amour & animés d'une vraie piété? N'as-tu pas ajouté que ceux qui les liroient ou qui les entendroient lire auroient une vénération particulière pour *Vichnou*, & ne leur as-tu pas appris en effet à en faire leur divinité? Tu as plus fait: tu as inventé plufieurs incarnations que tu attribues toutes à *Vichnou*. Tu entretiens le monde dans ces rêveries, & tu es venu à bout de les leur faire goûter. Tu leur as enfeigné différentes pratiques extérieures, dans lefquelles tu as fait confifter toute la vertu; & tu ne leur as pas dit un feul mot des grandeurs de Dieu & de fon effence. Il eft le feul que tu as oublié. Pourquoi viens-tu donc me demander aujourd'hui de t'enfeigner le *Védam*, & de t'inftruire de la vérité? Quel fruit produiront les inftructions que je te pourrois donner? Tu as fait oublier aux hommes jufqu'au nom même de Dieu. Tu les as plongés dans l'idolatrie, & ils y ont même pris goût. Puis-je compter de les faire revenir & de te convertir toi-même? C'eft ce que je n'ofe me promettre ni efpérer. Tu as enfeigné aux hommes que l'eau du Gange étoit une eau facrée. Comment les détromper aujourd'hui? Ils ont fans ceffe tes livres entre les mains, ils ne s'en départiront pas. Tu leur as enfeigné différentes pratiques & les as affurés du *Chvarguam*, s'ils s'en acquittoient fidèlement. Ils t'ont cru fur ta parole & les ont pratiquées. Il faudroit maintenant entrer dans une autre route où tout cela deviendroit inutile. Ils n'y confentiront pas. Tu leur as enfeigné d'offrir des facrifices à *Dourga* (2), tu en as offert toi-même, & leur as fervi de guide. Tu leur as prefcrit diverfes autres pratiques, différens autres facrifices fan-

---

(1) La première femme eft appellée dans quelques Shafters, *Kam*, c'eft-à-dire, l'amour, & le premier homme *Adimo*, l'infortune. En effet, le monde a commencé par l'amour & l'infortune, fouvent inféparables. Kam & Adimo eurent pour puînées *Loab*, l'appétit, & *Ludja*, la honte: cela eft affez bien imaginé.

(2) *Dourga*, la vertu, que les *indiens* ont perfonnifiée. Ils la repréfentent avec dix bras, environnée d'un ferpent & perçant le cœur de *Moifufour*, ou le mal. *Voyez* Holwell, *Even. Hift.* partie 2. p. 168. A la 7e. lune de feptembre on célèbre la grande fête de la déeffe *Dourga*, à laquelle on invite pour l'ordinaire tous les Européens. Holwell, *Cit.* page 151, 152.

glans & non fanglans. Ils t'ont écouté comme un oracle, & ont donné tête baissée dans tout, comme s'ils étoient des bêtes brutes & des êtres irraifonnables. Si je viens donc à t'inftruire aujourd'hui de la vérité, & à li leur enfeigner, quel fruit en tireront-ils? Y a-t-il la moindre apparence que je puiffe parvenir à la faire goûter & aimer.

Biache. A ces paroles, Biache s'humiliant & s'anéantiffant en préfence de Chumontou, lui dit : Je fuis un pecheur, & le plus grand de tous. J'avoue que tout ce que j'ai enfeigné aux hommes n'eft pour eux qu'une fource de crimes, & ne les conduit qu'à leur perte & à leur damnation. Oubliez tout ce que j'ai fait jufqu'ici, pour ne penfer qu'à me fauver.

Chumontou. Je le veux bien, mais à condition que tu jetteras au feu tous les livres que tu as compofés, que tu te dépouilleras de tous tes préjugés & renonceras à toutes tes erreurs. Je veux en particulier que tu ceffes de donner le nom de *Dieu* à Bramma, Vichnou, Chib, Gonecho, &c. & de les honorer comme tels; que tu ceffes de mettre de la différence parmi les hommes (1); que tu les détrompes de toutes les pratiques & de tous les facrifices que tu leur as enfeignés. Voilà le premier pas que tu dois faire pour te mettre en état de comprendre les vérités contenues dans le *Védam* & de les goûter. Je confens de te l'enfeigner à cette condition, & en te l'enfeignant, je t'apprendrai toutes les vérités qu'on doit favoir. Pour te mettre en état d'en mieux profiter, lie toi d'amitié avec tout ce qu'il y a d'hommes vertueux. Le commerce que tu auras avec eux fervira à diffiper tes erreurs, & te donnera du goût pour la vérité & le *Védam*.

Biache. Quels font ceux que vous appellez vertueux. Je n'en connois aucun, & ne fais même à quelle marque les diftinguer.

Chumontou. Il eft fur la terre nombre d'hommes vertueux, & comme la vertu eft la feule chofe qui mette de la différence parmi les hommes, ce font auffi les feuls qui font véritablement grands, qui méritent le refpeft & la vénération du refte des hommes. Ecoute, & je vais t'apprendre à quelle marque tu les reconnoîtras. Celui qui n'aime que la vérité, & qui ne lit que le *Védam*, qui fe fait un devoir & un plaifir d'en inftruire les hommes, & de le leur expliquer, qui ne récite d'autres prières que celles qui font prefcrites par le *Védam*, qui cherche dans ce feul livre, la folution de tous fes doutes & de toutes fes difficultés, qui touché de compaffion fur le fort des pécheurs & toujours plein de tendreffe pour le pauvre, employe tous les moyens & profite de toutes les occafions de les fauver & de les fecourir ; c'eft lui que tu dois fréquenter, & avec lui que tu dois te lier d'amitié.

De la première création.

Biache. Quelle eft la nature de Dieu, & pourquoi a-t-il créé le monde ? Inftruifez-moi, feigneur fur ces deux importans articles. Pour le faire avec ordre, parlez-moi d'abord de la création : vous me parlerez enfuite de la divinité.

Chumontou. C'eft Dieu, c'eft l'Etre fuprême qui a tout créé, les chofes fenfibles comme les infenfibles. En un mot, tout ce qui exifte lui doit l'être & la vie. Il eft au-deffus de moi de t'en faire un détail exaft, je t'en ferai néanmoins un court abrégé (2). Renonce donc à toute autre affaire pour donner toute ton attention à ce que le *Védam* nous en a appris. On doit d'abord diftinguer quatre différens âges. A la fin de chaque âge tout périt, tout eft fubmergé ; c'eft pour cela qu'on a donné au paffage d'un âge à l'autre, le nom de *déluge*. Le tems eft auffi regardé comme une efpèce de fommeil de l'Etre fuprême, parce qu'il eft le feul qui exifte, & que rien n'exifte avec lui.

Dans le tems donc que Dieu exiftoit feul, & que nul autre être n'exiftoit avec lui, ayant formé le deffein de créer le monde, il créa d'abord le tems & rien de plus ; il créa enfuite l'eau & la terre. Ayant jetté les yeux fur fon ouvrage, il vit que la terre étoit toute fubmergée, & qu'elle n'étoit encore habitée par aucun être qui eût vie. Il ordonna donc que les eaux fe retiraffent d'un côté, & que la terre devînt ftable & folide.

Du mélange des cinq élémens, à favoir, de la terre, de l'eau, du feu, de la lumière & de l'air (3), il créa les différens corps, & leur donna la terre pour leur foutien & le lieu de leur féjour. C'eft auffi fur cette terre que le maître de l'univers a

---

(1) Les joghis & les faniaffis rejettent, comme les anciens famanéens, la diftinction des caftes. Elle n'a pu être encore adoptée par plufieurs autres feftes de l'Inde, & particuliérement par celle des gennigueuls qui font très partifans de l'égalité des conditions. *Voyez* la Croze, hiftoire du chriftianifme des Indes, *tome 2*, *page* 297, 298.

(2) Confultez fur la création les éclairciffemens, n° A.

(3) Les manichéens admettoient auffi ces cinq élémens. *Vid.* Damafc. contr. manich. *page* 280 Obfervons feulement ici que les livres *indiens* appellent le cinquième *Agaffum*, l'efpace ou le vuide. Les anciens brachmanes le regardoient comme une certaine nature. Strabon, *livre* 15, *page* 490. On ignore le nom particulier qu'ils lui donnoient.

créé les trois mondes, c'est-à-dire, le *Chvarguam* ou le monde supérieur (1), le *Patalan* ou le monde inférieur, la *Mortion* ou le monde du milieu, qui est celui que nous habitons. La terre est une figure ronde, mais un peu oblongue; c'est pour cela que les savans l'ont comparée à un œuf (2). Au milieu de la terre est la plus grande de toutes les montagnes, qui s'appelle *Mérou*; c'est-là qu'est situé le pays appellé *Zomboudipo*, l'Inde. Au midi & au couchant de la montagne Mérou sont situés différens pays. En voici les noms : *Zombou, Pelokio, Koucho, Chako, Krohonro, Pourkoro, Chalmouli*. Tous ces pays ou toutes ces isles sont également habités.

Il y a plusieurs fleuves sur la terre. Les principaux sont *Bommoza, Bodra, Ganaa* ou le Gange. Ces trois fleuves tirent leur source de la montagne *Merou*, & vont se décharger dans la mer. Le premier coule au nord, & le Gange au midi. Il traverse à son embouchure, & inonde quantité de bois. J'ai dit que le *Zomboudipo* étoit situé au midi de la montagne. Au midi de ce pays est celui de *Baroto-Borcho*. Il a tiré son nom du roi Barot, qui est le premier qui y a regné. Il y a dans cette contrée, appellée aussi *Kormohctro*, quantité de fleuves & de montagnes.

On trouve dans le *Zomboudipo* beaucoup de différens pays dont les noms seroient trop longs à rapporter. Au midi de *Baroto-Borcho* est le pays *Bodro-Bercho*. Le cochon est la divinité des habitans. Au nord de *Bodro-Borcho* est situé le *Courou-Borcho* (3). Ses habitans adorent & invoquent *Rama* & le singe *Onumontou*. Ils ne reconnoissent point d'autre divinité. Comme le *Zomboudipo* est le pays que nous habitons, il est à propos

___

(1) Ce passage & plusieurs antres de ce chapitre ont été rapportés, par M. de Voltaire, dans le douzième de la défense de mon oncle. *Voyez* les éclaircissemens, n°. 2.

(2) La description suivante a déjà été imprimée dans l'examen critique des historiens d'Alexandre, *page* 315.

(3) C'est le Pegu, puisque les *indiens* de ce royaume assurent qu'*Anoman* ou *Onumontou*, singe célèbre, qu'ils adorent, a accompagné à *Lonka, Vichnou* métamorphosé en *Ramen*. Lettres du P. Bouchet; recueil des lettres édifiantes, tom. 15, *page* 15. L'auteur du Bagavadam nous dit que la femme de Ramen ayant été enlevée par *Ravanen*, roi d'*Ylanguey* (c'est-à-dire *Lonka* ou l'isle de Ceïlan), ce dieu avec une armée d'*Anoumars* ou *Onumontous*, vainquit les géans & tua le ravilleur. Bagavadam, *livre* 9. Le *Courou Borcho* est évidemment le même que le *Quimbouroucham*, dont parle le livre qu'on vient de citer, & où *Vichnou* est adoré sous les noms de *Ramen* & d'*Anoumar*, singe, favori de ce dernier. Bagavadam, *livre* 5. *Voyez* encore sur *Ramen*, Abraham Roger. *page* 166, &c.

que tu saches plus en détail ce qui le regarde. Voici le nom des principales montagnes : *Molojo, Mongo, Projto, Moinako, Richobo, Richio, Muko, Mohendro, Bindochuktimo, Paripatro, Sitrokoulo, Gobardono Indroniloko*. Voici les noms des fleuves : *Condrobacha, Jambroporni, Obata, Benna, Churozu, Chrixnobenna, Bimoroti, Godabori, Rebo, Chindou, Damodoro, Chono*. Voici les noms des principaux pays compris dans le *Zomboudipo*, au nombre de huit : *Chornoprosto, Cholko, Aborto, Romo, Noko, Ponco, Zonnio, Chinguolo, Lonka* (4). Il n'y a point sur la terre de lieu comparable au *Zomboudipo* ou à l'Inde, & il n'y en aura jamais. On y voit un nombre de pénitens & d'ames vertueuses, qui malgré la corruption générale, n'offrent leur encens qu'au vrai Dieu. Mais après ce petit détail sur cette vaste description, revenons à la création. Dieu ne créa d'abord qu'un homme & une femme qui devoient donner naissance à tous les autres hommes. *Bramma* ou *Dokjo Profapoti*, leur fils aîné, fut le père de *Bramma*. La caste des rois a tiré sa source du premier qui a regné sur la terre. Les marchands la tirent de *Mounou*.

Biache. Rien n'échappe à vos lumières, & vous pesez tout à la balance de la raison. Dites-moi donc quel est le premier homme que Dieu a créé? quels sont les ordres qu'il lui a donnés? quelle fut sa femme, & quel en est le nom?

Chumontou. *Adimo* est le nom du premier homme sorti des mains de Dieu. Il le doua en le créant, de connoissances extraordinaires, & le mit sur la terre pour être le principe & l'origine de tous les autres hommes. *Prokriti* est le nom de son épouse. Voilà ce que nous enseigne le *Védam*. Tu as trompé jusqu'ici le monde, en enseignant que *Rada, Dourga, Chororhoti*, &c. étoient cette *Prokriti*. Mais j'ai consenti qu'on tirât le rideau sur tout cela. Cherche donc désormais à détromper les hommes des erreurs où tu les as plongés, ou du moins sois assez réservé & assez sage pour les tenir cachées & n'en plus parler. D'*Adimo* naquit d'abord *Dokio-Bramma*, qui fut le pere de plusieurs enfans, & il naquit de son nombril. Du côté droit du même *Adimo* naquirent *Vichnou*, & *Chib* du côté gauche. On leur a donné des noms de créateurs, de conservateurs & de destructeurs (5). Je te prouverai dans la suite, qu'ils ne sont rien de tout cela. Voilà ce qui regarde la première création. Du reste quand je t'ai dit que les savans comparoient la terre à un œuf à cause de sa figure, qu'ils lui avoient donné pour cela le nom de *Brammandou*,

___

(4) Marc Paul & le Vendidad ne font mention que de sept pays.

(5) *Voyez* les éclaircissemens, n°. 3.

ne t'imagines pas qu'ils ayent voulu dire que la terre étoit l'œuf de *Bramma*, comme ce mot semble le signifier ; ce n'est qu'une simple comparaison exprimée dans un seul mot.

Des Védams.

Biache. Quelles furent les premières occupations de ceux qui habitèrent le Zomboudipo ? & quels furent les premiers hommages qu'ils offrirent à la Divinité ?

Choumontou. Les premiers brames menèrent d'abord une vie pénitente. Comme la concupiscence n'agissoit point sur eux, ils vécurent dans la continence, & furent passer leur vie dans la forêt appellée *Bodouiko*, où ils se procurèrent des plaisirs plus purs & plus délicats. Voici en abrégé la vie qu'ils menoient. La matinée se passoit à lire le *Védam*, & à en découvrir le sens. Le *Zoçur-Védam* fut en particulier celui qu'ils adoptèrent, & ils en tirèrent les prières qu'ils adressoient à Dieu le reste de la journée. *Dokio* s'en étant apperçu, mit au monde d'autres enfans, & leur ordonna d'user de leurs femmes, afin de peupler la terre. Ceux-ci, dans le dessein d'obéir à leur pere, se retiroient dans la partie du nord, lorsqu'ils rencontrèrent le pénitent *Narodo*, fils lui-même de *Dokio*. Du premier coup d'œil, *Narodo* les reconnut pour ses frères, il les arrêta & leur dit : que vous importe que l'univers soit peuplé ou non (1) ? il est un sort plus doux & plus heureux que celui du mariage. Cherchez plutôt à vous le procurer. Occupez-vous avec moi à reconnoître Dieu & à le servir : voilà le vrai bien de l'homme, voilà son vrai bonheur. Ils le crurent & renoncèrent aux plaisirs du mariage & à ses embarras, menèrent avec lui dans la solitude une vie pleine de charmes & de douceurs. *Dokio* en étant averti, & sachant d'ailleurs que c'étoit l'ouvrage de *Narodo* (2) en fut outré. Il mit au monde de nouveaux enfans ; mais afin qu'ils ne fissent pas comme les autres, il voulut qu'ils naquissent avec la concupiscence. Ce sont ceux-là qui ont peuplé le monde.

Biache. Comment les *Védams* sont-ils parvenus aux hommes, quels en sont les auteurs ?

Chumontou. Dieu les dicta d'abord au premier homme, & lui ordonna de le communiquer aux autres hommes, afin qu'ils pussent apprendre par-là à pratiquer le bien & à éviter le mal. Voici les noms qu'on leur a donnés. Le premier s'appelle *Rik*, le second *Chama*, le troisième *Zoçur*, le quatrième *Adorbo* (3)

Biache. On voit regner sur la terre le vice comme la vertu ; Dieu qui est l'auteur de toutes choses, l'est donc également de l'un & de l'autre, c'est du moins ainsi que je l'ai pensé jusqu'à présent. Mais comment ce Dieu, dont la bonté fait l'essence, a-t-il pu créer le vice ? Voilà une difficulté qui me fatigue, & que je ne puis résoudre.

Chumontou. Tu te trompes en cela ; Dieu ne créa jamais le vice. Il ne peut en être l'auteur ; & ce Dieu qui est la sagesse & la sainteté même, ne le fut jamais que de la vertu. Il nous a donné sa loi, où il nous prescrit ce que nous devons faire. Le péché est une transgression de cette loi, par laquelle il est expressément défendu. Si le péché regne sur la terre, c'est nous-mêmes qui en sommes les auteurs. Nos mauvaises inclinations nous ont portés à transgresser la loi de Dieu. De-là est né le premier péché, lequel une fois commis en a entraîné bien d'autres. C'est pour cela que la communication qu'on a avec les pécheurs, donne du goût pour le péché, & la fréquentation des hommes vertueux fait également naître le goût pour la vertu.

Biache. Vous m'avez dit les noms des *Védams*, que Dieu communiqua au premier homme. Dites-moi maintenant à qui le premier homme les communiqua à son tour ?

Chumontou. Les enfans les plus vertueux furent les premiers à qui il les communiqua, comme les seuls qui pouvoient y prendre goût. Des pécheurs, entre les mains de qui ces livres ont tombé, en ont abusé, & les ont corrompus, jusqu'à les faire servir de fondement à leurs fables & à leurs rêveries (4). Voilà ce que tu as fait toi-même, mais

---

(1) M. Anquetil m'avertit ici, que ces sentimens adoptés dans la suite par les pénitens brames, &c. sont entièrement opposés à ceux des perses.

(2) Ou *Naraden*, le grand patriarche & fils de *Bramma*, avoit d'abord été, suivant le Bagavadam, celui de l'esclave d'un brame. Il raconte lui-même, dans le premier livre de cet ouvrage, l'histoire de cette métamorphose. *Naraden* ou *Narud* signifie littéralement *la raison*, appellée allégoriquement *fils de la sagesse de dieu*, c'est-à-dire, de *Bramma*.

(3) L'orthographe de ces noms, comme de tous les mots des langues de l'orient, & principalement celles de l'Inde, varie à l'infini, & ne peut être fixée. M. Freret observe très-bien à ce sujet, 1°. qu'il y a dans cette derniere contrée, non-seulement plusieurs dialectes, mais encore plusieurs langues différentes les unes des autres ; 2°. que nos langues d'Europe ne peuvent exprimer toutes les prononciations indiennes ; 3°. que les mêmes sons exprimés selon les diverses orthographes d'Europe, semblent former des mots differens. Académie des inscriptions, *tome 18*, *page 38*. Je tâche de suivre toujours l'orthographe adoptée par le traducteur de l'Ezour-Védam.

(4) L'obscurité des Védams aura encore donné occasion à ces fables.

ce que tu m'as promis de ne plus faire. Ce n'est encore une fois, qu'à cette condition que je continuerai à t'enseigner le *Védam*, & tu ne te mettras aussi en état d'en profiter qu'en revenant de ces grossières erreurs.

Biache. Je ne serai point satisfait que vous ne m'ayez dit les noms de ceux à qui les *Védams* furent confiés pour la première fois, ou qui en furent les premiers auteurs.

Chumontou. Poilo fut l'auteur du *Rik-Védam*; *Zoimeni* le fut de *Chama-Védam*; *Chumontou* (1) du *Zozur-Védam*; *Onguiro* enfin composa l'*Adorbo-Védam*. Chacun d'eux les communiqua à ses enfans & les leur fit apprendre. Ceux-ci les communiquèrent de même à leurs descendans. C'est par-là qu'ils sont parvenus jusqu'à nous. *Briorpoti* les a enseignés aux habitans du *Chvarguum*. Je t'ai communiqué tout ce qui regarde les *Védams*. Si tu es curieux de quelqu'autre chose, tu n'as qu'à demander.

Des différentes Castes.

Biache. Quelles actions de graces rendirent à Dieu les hommes fortunés, qui les premiers reçurent les *Védams* ?

Chumontou. Adoration! s'écrièrent-ils dans l'excès de leur joie & de leur reconnoissance, adoration à l'Etre suprême ! Nous avions vécu jusqu'ici, plongés dans l'ignorance; mais vous venez, grand Dieu, de nous mettre entre les mains la science du salut ! Soyez à jamais beni, & que le reste des hommes vous en rende à jamais d'éternelles actions de graces !

Biache. Quel moyen de cacher maintenant, & de faire oublier la science empoisonnée que j'ai enseignée aux hommes, & les erreurs où je les ai plongés ? Ils sont déja accoutumés aux différentes pratiques, aux différens sacrifices que je leur ai prescrits. Quand je viendrois à leur enseigner aujourd'hui le *Védam*, y ajouteront-ils foi ? Non, sans doute : voilà ce qui me tient en suspens, & qui m'empêche de me déterminer à aucun parti.

Chumontou. Le moyen le plus sûr pour y réussir, est de leur servir d'exemple dans la route de la vertu, comme tu leur as servi de modèle dans la route du vice. Dès qu'ils verront que tes démarches sont conformes aux leçons de vertu que tu leur donnes, ils s'accoutumeront peu-à-peu à les suivre. Commence par t'adresser à ceux qui ont le caractère plus porté à la vertu. Tu ne travailleras pas long-tems sans recueillir le fruit de tes peines.

Biache. Vous me dites de m'adresser à ceux qui ont le caractère plus porté à la vertu. Quels sont-ils, & comment les connoître ?

Chumoutou. Nous avons hérité de nos pères, & nous portons en naissant trois inclinations différentes, exprimées par les trois mots, *choto*, *rosso*, *tomo*. La première nous porte au bien & à la vertu; la seconde nous porte à acquérir des richesses, & à nous agrandir ; la troisième nous porte au péché. Tu as présenté tout cela sous un autre point de vue. Tu as voulu que par le mot *choto* on entendit la conservation ; par le mot *roso*, la création ; par le mot *thomo*, la destruction. Tu as fait plus, tu as animé, tu as divinisé tout cela, tu en as fait même le fondement de ton système & de toutes tes erreurs. Toute l'Inde en est imbue, & en a été pervertie. Mais on ne doit entendre par ces trois mots que ce que je viens de dire & rien de plus.

Biache. Vous m'avez dit que Dieu ne créa d'abord qu'un seul homme, comment se sont donc formées les quatre castes (2).

Chumontou. Le premier homme étant sorti des mains de Dieu, s'adressa à lui & lui dit : Il y aura sur la terre différentes occupations, divers emplois, & tous ne seront pas propres à tout. Comment connoître donc ceux qui seront propres à une chose plutôt qu'à une autre, & quel nom dois-je leur donner pour les distinguer entr'eux ? Dieu lui répondit : Ceux qui sont nés avec une inclination plus portée à la vertu, ont ordinairement plus de lumières que les autres, soit qu'ils naissent avec plus d'esprit, ou qu'ils ne soient pas abrutis par le vice & par la débauche ; aussi auront-ils le nom de la parole, & vous leur donnerez pour cela le nom de *brames*. Ce sera la première caste. Comme ceux qui participent le plus du *Rosogom* (3) aiment à dominer & à s'agrandir, vous en ferez les rois, & ils en rempliront les fonctions. Ce sera la seconde caste. Comme ceux qui participent du *Tomogun* (4), mais en qui il ne domine pas, ont moins d'ambition que les autres, mais beaucoup d'avi-

---

(1) C. Chumontou est différent du brame qui parle ici ; il a donné le *Zozur - Védam* & non l'*Ezour-Védam*, composé par ce second Chumontou, appellé dans le *Bagavadam*, *Soumanden*, comme Biache, *Viassen*. Ces noms ne diffèrent que par la prononciation.

(2) Les anciens *indiens* étoient divisés en sept classes, selon Diodore de Sicile, livre 2, nº. 40, 41. Strabon, livre 15, page 484, & Arrien. *Indic.* c. 11, 12.

(3) Qualité créatrice.

(4) Qualité destructive.

dité, vous les appliquerez au commerce, & en ferez la caste des marchands, qui seront la troisième caste. Enfin, comme ceux qui participeront encore davantage du *Tomogun*, naîtront avec un esprit extrêmement borné, & par-là capables de peu de choses, vous les occuperez aux œuvres serviles. Ils composeront la quatrième caste (1), & vous leur donnerez le nom de *choutres*. Ainsi, ceux qui ont de l'esprit & des lumières, participent du *Chotogun* (2) & doivent enseigner les autres. Ceux qui ont de l'ambition & de la grandeur d'ame, participent du *Rosogun*, & doivent commander. Ceux qu'aucun travail ne rebute, & qui joignent à une application constante beaucoup de souplesse & de dextérité, participent un peu du *Tomogun*, & doivent être appliqués au commerce. Les autres au contraire, qui participent tout-à-fait du *Tomogun*, ne sont propres à rien.

Biache. Pourquoi, outre les quatre castes, en voit-on aujourd'hui tant d'autres viles & méprisables ?

Chumoutou. Ces dernières castes, dont tu viens de me parler, se sont formées par le mélange de deux personnes de différentes castes: par exemple, les enfans nés d'un roi & d'une femme marchande, ont formé la classe des écrivains, ou plutôt en ont été la souche (3). Ceux qui sont nés d'un brame & d'une marchande, ont formé la caste des médecins. Les laboureurs sont venus des enfans d'un roi & d'une *choutresse*. Les poëtes tirent leur origine des enfans nés d'un marchand & de la fille d'un roi. La caste des bergers, qui gardent & nourrissent des bufles, doit son principe aux enfans d'un roi & d'une marchande. La caste de ceux qui gagnent leur vie à lire les *Pouranams*, tire sa source des enfans nés d'une *brammanatique* & d'un roi. Les charpentiers reconnoissent leur origine dans les enfans nés d'un poëte & de la fille d'un écrivain. Enfin les enfans nés d'un *Choutre* & d'une *Brammanatique*, ont formé la caste des *Parias*. Voilà ce qui a donné naissance aux différentes castes que nous voyons. L'emploi que chacun a choisi d'abord, & pour lequel il s'est trouvé du goût, a achevé de donner naissance & de former tout ce que nous voyons aujourd'hui d'autres castes (4) Ainsi les enfans d'un père tisserand ont fait le même métier, & ont formé peu-à-peu la caste qui porte aujourd'hui ce nom. Il en est de même des tailleurs, des peintres, des orfévres & de ceux qui travaillent sur tous les métaux, des serruriers, des barbiers, des blanchisseurs, des cordonniers, des faiseurs de raque, &c. La profession & l'emploi a d'abord formé la caste & lui en a donné le nom.

Du Salagraman & du Gange.

Biache. Qu'est-ce qui a occasionné le nom de *Zomboudipo* que porte le pays que nous habitons ?

Chumoutou. Je t'ai déja dit, qu'au milieu de la terre est une montagne d'une hauteur prodigieuse, à qui on a donné le nom de *Merou*, (5): aux quatre côtés de celle-ci s'élèvent quatre autres montagnes, savoir, les montagnes *Ketouman*, *Mallioban*, *Mandaro*, *Chaparchodo*. Il y a pareillement sur les quatre montagnes quatre arbres d'une grandeur prodigieuse (6), savoir, les arbres *Ambro*, *Kodambo*, *Zombou*, *Niogrodo*. Au pied de la montagne *Maudaro* coule un fleuve qui, recevant dans ses eaux les fleuves qui tombent de l'arbre *Zombou* (7), en contracte l'odeur. Tout le pays qu'arrose ce fleuve, est appellé *Zomboudipo*. Voilà d'où il a tiré son nom. Comme il y a différens pays sur la terre, tu t'es aussi imaginé qu'il y avoit différentes mers. Cela est absolument faux. Il n'en est qu'une qui est composée d'eau salée. Mais ce n'est pas là la seule erreur que toi & d'autres brames aussi pervers que toi, ont enseignée aux hommes. Tu leur as encore appris à connoître & à adorer différentes divinités. Tu leur as enseigné dif-

comprises dans les quatre principales, excepté celles d'*Irouler*, (hommes obscurs, & de *Kaller*. La première est composée de gens sans art & sans profession, fort simples & fort humains qui demeurent au nord-ouest de Madras; & la seconde, de sauvages qui ne vivent que de rapines & habitent les bois & les montagnes. *Paganisme* indien, *manuscrit*. Cit.

(5) Ce passage est rapporté dans l'examen critique des historiens d'Alexandre, *page* 315.

(6) Le Bagavadam parle non-seulement de ces quatre montagnes & de ces quatre arbres, mais encore de quatre jardins de délices situés sur ces mêmes montagnes, *livre* 5. Quoique les noms des différens pays dont ce livre fait mention, ne se ressemblent pas ordinairement avec ceux qui sont rapportés dans l'*Ezour-Védam*, il est cependant aisé de reconnoître que ces deux ouvrages traitent de la géographie ancienne des mêmes contrées.

(7) *Zombou* ou *jombou*, c'est le nom d'un fruit dont on distingue deux espèces, la seconde à l'odeur de l'eau rose, & la première appellée *naval*, est peu agréable au goût.

---

(1) *Prouchten*; dont cette caste descend, ayant tué une vache qu'il prenoit pour un tigre, fut maudit par son précepteur. Bagavadam, *livre* 9. On peut rapporter à cette tradition, l'origine de l'asservissement des choutres.

(2) Qualité conservatrice.

(3) Rien de plus arbitraire & de plus mal raisonné que ceci, s'il n'est pas fondé sur l'histoire.

(4) On en compte plus de 400, qui sont toutes

sérens

férens sacrifices, diverses pratiques. En un mot, tu es venu à bout de les pervertir & de les perdre. Cherche donc à profiter de mes instructions, pour te mettre en état de les détromper & de les sauver.

Biache. Je profiterai en mon particulier des leçons que vous me donnerez, & je les mettrai en pratique. Mais comment m'y prendre pour détromper le monde des erreurs où il est plongé, & auxquelles il a pris goût? Contribuez à l'en retirer par les nouvelles leçons que vous me donnerez encore, & dites-moi, en particulier, ce que vous pensez du *Salagraman?* Jusqu'ici, j'ai enseigné aux hommes, que cette pierre est l'Etre suprême, & qu'ils lui doivent en cette qualité leur adoration & leurs hommages.

Chumontou. Tout auprès de la montagne appellée *Merou*, à l'occident est une autre montagne appellée *Gondoki.* C'est sur cette montagne qu'on trouve des pierres de figure ronde, un peu oblongue, & percées en plusieurs endroits (1) On leur a donné le nom de *Salagraman*, & tu leur as prostitué celui de Dieu. Elles ont de petites bordures en reliefs. Celles qui en ont le plus, sont les plus précieuses, & il y en a qui en ont jusqu'à huit. Ecoute maintenant ce que tu dois en penser, & combien tu es criminel d'avoir engagé les hommes à rendre à cette pierre les honneurs qui ne sont dûs qu'à la Divinité. Les traces qu'on voit sur le *salagraman*, qui causent la surprise des hommes, & qui les ont jettés dans une si grossière erreur, sont faites par de petits insectes (2), qui, à force de la ronger, s'y creusent de petites cellules, à-peu-près comme les rats font des trous dans la terre pour s'y cacher & s'y mettre à couvert. Si donc tu crois devoir donner le nom de *dieu* à cette pierre, parce que tu la vois percée, tu dois aussi le donner à la terre que tu vois percée par les rats. Ce n'est pas assez, on te voit tous les jours lui offrir des sacrifices, lui présenter des habits, des pierreries, des choses à manger.

Par le sacrifice, on cherche à procurer de la satisfaction & du plaisir à la divinité à laquelle on l'offre, & à s'attirer par-là ses faveurs & ses bonnes graces. Mais une pierre sans connoissance est incapable de plaisir, plus incapable encore de vous faire du bien. Je crois que tu ne l'as pas vue non plus manger. Pourquoi lui offres-tu des mets de différentes espèces, comme si elle mangeoit en effet? Si tu veux qu'elle ait un corps animé, pourquoi en fais tu un dieu? pourquoi ne la voit-on pas se promener, ne l'entend-on pas parler, ne la voit-on pas grandir? Pourquoi enfin, éclate-t-elle en morceaux, dès qu'on la laisse tomber? Si c'est par ignorance que tu as fait tout cela, tu n'es qu'à demi coupable; si c'est avec connoissance, c'est le plus grand de tous les crimes. Mais si tu avois des connoissances & des mœurs, porterois-tu la folie jusqu'à diviniser des pierres & à les adorer? Ecoute la vérité que je t'annonce, & tâche d'en profiter. Non, les pierres ne sont & ne furent jamais des dieux. Les trous que tu vois dans celle-ci, sont des choses toutes naturelles, & n'en font certainement pas une divinité. Défais-toi donc d'une erreur si grossière, & cesse de tromper les hommes & de les pervertir.

Biache. Dites-moi ce que vous pensez du Gange & de sa naissance?

Chumontou. Tu lui as donné le nom de déesse *Zanobi.* Qu'en as-tu dit de plus, & qu'as-tu enseigné aux hommes?

Biache. Chib ayant autrefois célébré les grandeurs de *Bramma*, l'Etre suprême obtint de lui qu'il laisseroit tomber l'eau qui avoit servi à lui laver les pieds. Il la recueillit avec soin, & la mit sur sa tête (3). Le roi *Boguiroto* se servit du même moyen pour la faire tomber sur la terre. Le pénitent *Zonnu*, l'ayant apperçue & sachant qu'elle avoit servi à laver les pieds de *Bramma*, la but; c'est pour cela qu'on lui a donné le nom de *Zanobi.* Voilà ce que j'ai enseigné.

Chumontou. Ce que tu viens de me dire sont les pures rêveries d'un étourdi & d'un insensé; & en effet l'Etre suprême n'a ni corps ni figure. Il est donc insensé de lui donner des pieds. Il faut une quantité prodigieuse d'eau pour former un fleuve aussi grand que le Gange; comment donc *Chib* a-t-il pu la contenir sur sa tête, & le pénitent dans son ventre? A-t-on enfin jamais vu

―――――――――

(1) Ce caillou est dur, poli, communément noir, quelquefois marbré & de différentes couleurs. Lettres édifiantes, recueil 29, *page* 400. On peut voir pour toutes les pratiques superstitieuses des brames concernant ces pierres, Abraham Roger, *page* 99. Ils prétendent que *Bramma, Vichnou & Chib* y naissent; celle où le premier prend naissance, s'appelle *hyraniaquapam*; la pierre du second, *salagraman*, & celle de *Chib, civanaman.* Essais sur l'Inde, *page* 199.

(2) Le nom de limaçon leur convient très-bien, si l'on s'arrête à la figure & à la position de cet animal, & aux orbes qu'on remarque sur les cailloux les plus distincts. La queue de cet insecte est au centre, le ventre dans la partie la plus évasée de son lit, la tête au bord où l'animal reçoit la nourriture qui lui est apportée par le flot. *Let. édif. cit. ci-dess.*

Philosophie anc. & mod. Tom II.

(3) Cette singulière fable est racontée plus en détail par Abraham Roger. *Voyez* vie & mœurs des bramin. c. 19.

sur la terre une eau qui servit à purifier les hommes de leurs péchés, & qui suffit seule pour les sauver (1) ? Comprends-tu la vérité & commences-tu à t'appercevoir que tout ce que tu as enseigné, n'est que mensonge & qu'erreur ?

De la production & propagation des êtres.

Biache. On voit sur la terre quantité d'hommes & d'animaux, des arbres & des plantes croître chaque jour & se reproduire, quelle peut en être la cause & le principe ?

Chumontou. Dans le tems que Dieu tira toutes choses du néant, (2) il créa séparément un individu de chaque espèce, & voulut qu'il portât avec lui son germe & sa semence, afin qu'il pût se reproduire. C'est conformément à ces ordres qu'on voit chaque espèce se reproduire. Un homme reproduira un homme, & un arbre un autre arbre, en sorte que le fils est toujours de même nature que le père; & ce qui est produit de même espèce que ce qui l'a produit. Tels sont les ordres de Dieu qui s'exécuteront jusqu'à la fin des siècles. *Bramma* a quatre visages (3), & les autres à qui tu as prodigué les noms de *créatures*, ne le sont que dans le sens que je viens d'expliquer, & qu'autant qu'ils peuvent se reproduire comme les autres hommes. Dieu seul est le premier principe & la première cause de toutes choses. Lui seul mérite exclusivement le nom de *Créateur.* Voilà ce qu'enseigne le *Vedam.* Le soleil que tu as divinisé (4), n'est qu'un corps sans vie & sans connoissance. Il est entre les mains de Dieu comme une chandelle entre les mains d'un homme. Créé de lui pour éclairer le monde, il obéit à sa voix & répand par-tout sa lumière comme une chandelle qui commence à éclairer dès qu'on l'allume.

Enfin, il n'est point d'insecte, pour petit qu'il soit, que Dieu ne connoisse, parce qu'il les a tous créés. Lui seul est le principe & l'unique principe de toutes choses. Lui seul est grand, & rien ne peut lui être comparé. Quitte donc les erreurs qui t'ont fasciné, pour n'offrir qu'à lui tes hommages & ton adoration. Je t'ai fait la description de l'isle appellée *Zombou*; j'acheverai de te parler dans la suite de ce qui regarde la création. Je crains bien de perdre mes peines, parce que tu n'es qu'un vrai fourbe qui, pour paroître devant moi, emprunte le voile de la piété, sans en avoir ni les sentimens ni l'esprit. Je veux bien cependant passer par-dessus tout en faveur de la vérité. Peut-être qu'en t'enseignant je viendrai à bout de déraciner tes erreurs, de t'engager toi-même à enseigner le vrai aux autres, & à t'y fixer.

De l'incarnation de Bamou, & description du Pelokio.

Biache charmé de ce qu'il venoit d'entendre, fut piqué de curiosité, & s'approchant de Chumontou, il lui fit de nouvelles demandes & lui dit : J'ai entendu, seigneur, l'histoire de l'isle de *Zombou* : parlez-moi maintenant de ce qu'on appelle *Pelokio*, & de ce qui s'y pratique ?

Chumontou. A l'est de la montagne *Chumerou*, & au nord de l'isle *Zombou*, est située l'isle *Pelokio*, deux fois plus grande que l'isle *Zombou*. On y voit également les quatre castes. Voici les noms des principales montagnes & des principaux fleuves qui y sont : à l'est est la montagne *Mounikoulo* ; celle de *Brozokouto* au nord ; à l'ouest la montagne *Indrokouto* ; au nord celle de *Chuperbo* ; au nord-est la montagne *Hironnio*, & au sud-est celle de *Megua-Melasso* (5). A l'est de l'isle coule le fleuve *Onguiro* ; celui de *Chabrit* au nord ; & le fleuve *Chuproma* à l'ouest. Le

---

(1) C'est pour cette raison, qu'on jette tant de cadavres dans le Gange, que les malades se font porter sur ses bords, que d'autres, qui en sont éloignés, renferment avec soin dans des urnes les cendres des corps qu'ils ont brûlés, & les envoyent jetter dans ce fleuve, dont les eaux sont vendues chèrement dans toute l'Inde par les pénitens *indiens* De cette idée sur la vertu salutaire de ces eaux dérive cette funeste conséquence : qu'importe qu'on vive vertueusement ou non, on se fera jetter dans le Gange. L'illustre Montesquieu l'a très-bien apperçue. *Esprit des loix*, livre 29, c. 14.

(2) Les *indiens* supposent la préexistence de la matière, & ignorent conséquemment son éduction du néant. Vid. Mosheim, *de Créat. ex nihilo. Ap.* Cudw. *Syst. tome 2*, page 330-34. *Acad. des inscr. tome* 31, page 235, &c. Selon Bernier, leur néant revient à-peu-près à notre privation. *Voyage*, tom. 2, p. 103. ou plutôt ce que nous entendons par l'inertie de la matière.

(3) Lesquels, suivant le Bagavadam, ont produit les quatre *Védams* qu'ils représentent.

(4) Les anciens *indiens*, suivant S. Clément d'Alexandrie, regardoient les astres comme des dieux, & adoroient le soleil, *Protr.* page 16. Il semble par le témoignage de Philostrate, que les philosophes avoient adopté ce culte idolâtrique, à l'égard de ce dernier astre. *Vit. Apoll. lib.* 3. cap. 4. Le soleil est appellé *Souri* ou *Sourien* dans les Indes. Le culte qu'il

y reçoit semble dériver de l'idée qu'il représente les trois principales divinités de ce pays, *Bramma, Vichnou & Chib.* Bagavadam, livre 12. On donne a cet astre plusieurs noms qui sont rapportés par M. Dow, & on l'honore par différentes fêtes. *Voyez* Abraham Roger, c. 13. Holwell, c. 7.

(5) Les *indiens* imaginent que ces montagnes sont les unes d'or & d'argent, & les autres de fer, de cuivre & de perles. Ils leur donnent de longueur depuis vingt mille jusqu'à cent mille *yossineis. Paganisme indien*, manuscrit, *partie* 1.

roi de cette ifle s'appelle *Idouoxito*, & fon fils *Priobrito*. Le même foleil qui nous éclaire les éclaire auffi ; mais fa fituation fait que les jours y font plus longs. Sur le plus haut de l'ifle & fur la croupe de la montagne *Chumerou* eft le *Veikuntan*, où le *Narajon* fait fon féjour. Tu as donné à *Narajon* quatre bras & tu en as fait l'Etre fuprême. Tu as parlé encore du *Chvarguam*, où les demi-dieux font leur féjour. Tu as raconté leur naiffance & leurs actions. Tu as été plus loin ; tu n'as pas refpecté l'Etre fuprême dans tes fictions. Tu lui as attribué différentes naiffances. Tu lui as fait jouer différens perfonnages tous incompatibles avec l'idée d'un être qui n'a ni corps ni figure, & également indignes de lui. Les peuples qui aiment le merveilleux & qui ne favent pas en découvrir le faux, t'ont écouté avec avidité, & tu les as précipités dans les plus groffières erreurs.

Biache. Je fais que *Kofchiopo*, habitant du Chvarguam, eut deux femmes, l'une appellée *Oditi*, l'autre *Diti*. *Oditi* lui donna deux enfans, dont l'aîné appellé *Indro* jouiffoit de la royauté du *Chvarguam* ; mais *Boli* l'en dépouilla & le chaffa de fes Etats. *Oditi* outrée de voir fon fils détrôné, chercha à lui rendre par artifice une couronne qu'elle ne pouvoit enlever par force. Elle s'adreffa pour cela à fon fils puîné & lui dit : Il faut que tu ufes d'adreffe & de fupercherie pour mettre ton frere fur le trône, & le faire rentrer en poffeffion de la couronne qui lui a été enlevée. Quelle efpérance ma mere, lui répondit *Bamon*, d'en venir à bout ? Eft-il d'artifice qui puiffe me réuffir ? Tu es Brame de naiffance, lui dit fa mere ; en cette qualité tu ne dois pas rougir de demander l'aumône ; c'eft le propre de ton état. Prens donc à la main un vafe, un bâton, un parafol, & va t'en en cet équipage te préfenter devant *Boli*. Je laiffe le refte à ton induftrie.

Bamon exécuta les ordres de fa mère & fe mit en chemin. *Boli* le voyant venir, lui demanda qui il étoit, d'où il venoit, & ce qu'il fouhaitoit ? Je fuis, grand roi, lui répondit-il, brame de naiffance, fils de *Kofchiop* & d'*Oditi*. Réduit à la dernière mifère, je n'ai pas un pouce de terre pour vivre, ni où je puiffe me retirer. Si vous voulez m'en donner je vous devrai la vie. Voilà l'unique fujet qui m'amene auprès de vous. Ce roi & *Bindaboli* fon époufe charmés de trouver occafion de rendre fervice à un brame, lui promirent de lui donner tout le terrein qu'il lui demanderoit. Bon, j'ai ce que je prétends, dit-il en lui-même, & fupplia qu'on lui donnât feulement trois pieds de terrein. Je vous accorde volontiers ce que vous defirez, répondit le roi ; je vous en euffe donné bien davantage, ajoûta-t-il en fouriant, fi vous l'euffiez demandé ; & en effet, de quelle utilité peut être pour vous un petit efpace de terre ? Mais, ajoûta-t-il tout bas, un pauvre & un homme de rien ne fait pas porter plus loin fes defirs.

Bamon ayant obtenu fa demande, de petit & de nain qu'il étoit, devint grand tout-à-coup (1) D'un de fes pieds il couvrit toute la terre, il porta le fecond dans le *Chvarguam* & le remplit. Ne trouvant plus de place pour placer le troifième, il faifit *Boli*, & lui dit en le maltraitant, dis-moi donc maintenant où tu veux que je mette le troifième pied ? Mettez-le fur ma tête, répondit le roi, puifque tout eft rempli, & qu'il n'eft point d'autre endroit où vous puiffiez le placer. J'ai ce que je voulois, répondit alors *Bamon* en fouriant. Cede donc ta place & ta couronne, & va-t'en dans le *Patalan*, pour y faire déformais ta demeure. Tu y trouveras les ferpens qui y font auffi leur féjour, & tu en auras foin, comme de tes propres enfans. Comment refter dans un endroit vuide de tout corps fenfible, & comment s'y foutenir, dit alors *Boli*, & quelle y fera ma nourriture ? J'y ferai moi-même pour avoir foin de toi, répondit *Bamon*. Pour ta nourriture tu auras tout ce qui fe fera fur la terre de facrifices défendus par les *Védams*. C'eft ainfi que Bramma, l'Etre fuprême, parut fur la terre fous la figure d'un brame & fous le nom de *Bamon*.

Chumontou. Dis-moi donc, homme étourdi, qu'eft-ce que *Kofchiopo* & cette *Oditi*, que tu dis avoir donné naiffance à l'Etre fuprême ? ne font-ils pas des hommes comme les autres ? Ce Dieu qui eft pur efprit de fa nature, qui eft éternel de fon effence, fe feroit-il abaiffé jufqu'à s'incarner dans le fein d'une femme, pour s'y revêtir d'une figure humaine ? Quelle raifon pourroit il donc avoir eue ? Si ce *Bamon* étoit l'Etre fuprême, *Boli* comme le refte des hommes, étoit fa créature (2), & tu ne rougis pas de nous repréfenter cet Etre fuprême en pofture de fuppliant devant une de fes créatures, lui faifant fes humbles fuppliques pour obtenir d'elle quelques pouces de terrein ! Comment ofes-tu le dire ? comment as-tu pu le penfer ? S'il eût eu de la prédilection pour *Indro*, & s'il eût voulu lui rendre la royauté, n'eût-il pas pu le faire par un acte de fa volonté ? Falloit-il que ce Dieu qui eft la vérité par effence, employât la fourberie & le menfonge pour venir à bout de fes deffeins ? Tu fais enfin affigner à *Boli* pour nourriture ce qui fe fera fur la terre de facrifices défendus par les *Védams*. Mais ces fortes de facrifices fe font fur la terre ; les offrandes comme les victimes qu'on y immole, font également confommées, & rien n'en def-

---

(1) Cette fable eft rapportée dans le 8ᵉ. livre du Bagavadam.

(2) Chumontou reconnoît la réalité des perfonnages, & nie les faits par raifonnement & non par autorité.

cend dans les enfers. As-tu donc tout-à-fait perdu l'esprit ? ou, en es-tu venu à une telle impiété que de ne pas rougir de faire jouer à l'Être suprême le personnage de fourbe & de menteur ? Ce qu'il y a d'étrange & de surprenant, c'est que les peuples te croyent sur ta parole, & donnent dans de pareilles rêveries. Médite donc les vérités que je t'annonce ; réduis-les en pratique, & cesse enfin de tromper les hommes & de les précipiter dans l'erreur. Ce n'est qu'à cette condition que je continuerai de t'expliquer le *Védam*. Car si tu restes dans les mêmes sentimens, tu es incapable de l'entendre, & ce sera t le profaner que de te l'enseigner. A ces paroles *Biache* pénétré de honte & de confusion, cherche à appaiser la colère de Chumontou, & lui dit en s'humiliant & se prosternant devant lui. Ayez pitié, seigneur, de ma foiblesse, pardonnez mes égaremens. Par un malheureux sort j'ai été jusqu'ici fasciné & ébloui, & je suis surpris moi-même d'avoir donné dans de pareilles extravagances.

Du *Veikuntan* & du *Keilassan*.

Biache. Instruisez-moi maintenant, seigneur, de ce qui regarde le *Veikuntan* & de sa situation ?

Chumontou. Au milieu de toutes les isles dont je t'ai parlé, est située la montagne *Chumerou*. C'est sur la croupe de cette montagne que *Vichnou* se bâtit autrefois une ville. Comme sa situation en fait un lieu charmant, on lui a donné le nom de *Veikuntan*, du mot *Bikunto*.

Biache. Instruisez-moi plus au long de la grandeur de la ville & des plaisirs qu'on y goûte.

Chumontou. Le *Veikuntan* (1) est situé, comme je l'ai dit, sur la croupe de la montagne *Chumerou*, plus élevée que le reste de la terre, au-dessous du lieu qu'habite Bramma & à son midi. On dit que l'or & les richesses y brillent de toutes parts. C'est-là qu'habite le *Vichnou*, qu'on dit être né du côté droit d'*Adimo* le premier des hommes (2). Il est soumis comme les autres hommes aux ordres de Dieu, & fait son premier devoir de les mettre en pratique & de les exécuter. On y voit, comme par-tout ailleurs, des hommes de toute espèce & de toute caste, des arbres, des bêtes, des oiseaux, mais en particulier grand nombre de paons. L'inconstante *Lakchimi* (3) est l'épouse de ce *Vichnou*. On voit à ses côtés *Prodoumeno*, son fils aîné, & nombre d'autres enfans ; *Oniroudo*, fils de *Prodoumeno* ; *Oucha* son épouse, & *Bana* leur fille. Auprès de la ville coule le fleuve *Karuna*. Nombre de pénitens habitent les bords de ce fleuve, & passent des jours heureux & tranquilles. Des fruits & quelques légumes font toute leur nourriture. Leur occupation est de lire le *Védam* & de l'expliquer. Trois fois le jour ils traitent de la nature du premier Etre, & tout ce qui est dans le *Veikuntan* n'en reconnoît & n'en adore point d'autre que lui.

Biache. Vous m'avez dit que *Vichnou* reconnoît un être au-dessus de lui ; je serois curieux de savoir la prière qu'il lui adresse.

Chumontou. La voici : » Dieu créateur, Dieu conservateur de toutes choses, vous m'avez tiré du » néant pour que j'employasse la vie que j'ai reçue » de vous, à vous aimer & à vous servir ; mais à » peine ai-je été sorti de vos mains, qu'un fatal » prestige s'est emparé de mon esprit, & a corrompu mon cœur. L'ignorance & l'erreur m'ont » fait oublier mes devoirs envers vous, & me » les ont fait méconnoître. J'en fais l'aveu avec » douleur, & je viens prosterné à vos pieds ; implorer votre clémence, & solliciter mon pardon. Dominé par la concupiscence, je me suis » livré à ses attraits, & ai laissé partager par les » soins & les embarras du monde, un cœur que » j'aurois dû vous conserver tout entier. Dieu » invisible, Dieu éternel, tendez-moi une main » secourable, & rappellez-moi tout à vous « !
C'est ainsi que Narajon (4) célèbre tous les jours les grandeurs de Dieu, & implore son assistance. Il employe le reste du tems, qu'il ne consacre pas à cela, à régler sa maison, à gouverner son pays, & à avoir soin de sa famille. Enfin après avoir fini sa carrière & rempli le nombre de jours que Dieu lui a marqué, il subit les loix de la mort, comme les autres hommes. Ses enfans, & tout le reste de sa famille ont le même sort. C'est à ce *Narajon* que tu as donné le nom de *dieu* & d'*être suprême* ; d'autres disent qu'il a eu une incarnation. Enfin, il y en a qui portent la folie & qui prostituent ce nom sacré jusqu'à le

---

(1) Le peuple donne au *Veikuntan* le nom de *Surgam*. Abraham Roger, *page* 286. Les *indiens* distinguent le *Veikuntan*, selon eux, le ciel des plaisirs, du *Lilaveikuntan*, où Dieu réside. Abraham Roger, *page* 290.

(2) Chumontou ne cite pas ici le *Védam*, ni les livres qui lui avoient appris ce qu'il dit de *Vichnou*, &c. *Chib*, &c. enfans d'*Adimo*.

(3) Ce nom signifie *fortune*. Les diverses renaissances de *Lakchimi* sont célèbres parmi les *indiens* ; mais elles sont trop fabuleuses pour mériter d'être rapportées.

(4) L'*indien*, traducteur du Bagavadam, nous assure que ce nom est regardé, par plusieurs savans, comme inexplicable. D'autres prétendent, au contraire, qu'il signifie *conducteur*. Quelques-uns dérivent *Narajon* ou *Naráyassen* de *Nara*, humain, & d'*Ayanam*, point fixe, c'est-à-dire, le terme des hommes.

donner à *Chrixnou*. Je te ferai voir par le détail de ses actions, combien il en est indigne.

Biache. J'ai entendu l'histoire du *Veikuntan*, faites-moi part de ce que vous savez du *Keilassan*, qui est le lieu favori de *Chib*, où il fait son séjour ?

Chumontou. A gauche du *Veikuntan* & environ 40 lieues au-dessous, est une ville en forme de triangle, qu'on appelle *Keilassan*, à qui on donne aussi le nom de *montagne*. La ville est belle & charmante. *Chib* & *Parvati* (1) son épouse y font leur séjour, & s'y livrent sans cesse au plaisir. *Gonecho* & *Kartibo* leurs enfans sont tous deux d'une force extraordinaire. *Gonecho*, l'aîné, s'est tout adonné à la contemplation, & n'a jamais voulu se marier. Quelques-uns ont dit qu'il a la tête d'un éléphant, mais il n'y a que des sots qui adoptent pareille fiction. Pour *Kareibo* (2), il n'aime que les armes, & ne respire que guerres & combats. La cour de *Chib* est composée de démons. Voici les noms des principaux : *Nondi* est à la tête de cette troupe infernale. *Bringi* (3), *Brimo*, *Kordugito*, tous les trois d'une figure horrible, sont ses officiers subalternes. *Boirobo*, *Bimo*, *Dorchono*, sont préposés à la garde de la ville, remplie de démons de différentes espèces, qui font horreur à voir, & qui jettent par-tout la terreur & l'épouvante. On les voit toujours nuds & toujours dans l'yvresse. Ce n'est jamais entr'eux que disputes, querelles & dissentions. *Chib* qui ne boit lui-même que des liqueurs enivrantes, est toujours dans l'ivresse, & sans pudeur & sans honte, se livre tout entier à la volupté. Il est ordinairement vêtu d'une peau de tigre, toujours couvert de cendre & entouré de serpens. De tems en tems monté sur son bœuf (4), il va se promener sur les montagnes voisines. Comme les démons y font incessammeet entendre leurs cris perçans, qu'ils terminent par le monosyllabe *kil*, *kil*, on a donné à la ville le nom de *Keilassan*. Pour *Gonecho* (5), il s'occupe sans cesse à la méditation des grandeurs de Dieu, & voici la prière qu'il lui adresse à chaque moment du jour & de la nuit :

» Grand Dieu, il ne vous a coûté pour créer » toutes choses qu'un acte de votre volonté ! » Ce même acte réitéré, leur conserve l'être & » la vie. Une de vos paroles suffit pour les dé- » truire & les anéantir. Vous en couteroit-il plus » pour me sauver ? Non sans doute. Vous m'ac- » corderez donc cette grace dans votre miséri- » corde, & je ne cesserai de vous la demander «.

C'est ainsi que, toujours occupé des choses saintes, *Gonecho* passe son tems d'une manière utile & agréable. Te voilà satisfait au sujet de *Chib* & de sa demeure. Mais je veux que tu saches encore que ce *Chib* n'est qu'un homme, sujet comme nous à la mort, à la peine & à la douleur ; esclave comme les autres hommes de la cupidité, de la concupiscence, & capable comme eux de vice & de vertu.

Description des isles Koucho, Krohemchu, Choko, Pouxhoro, & du Chvarguam.

Biache. Vous m'avez parlé des isles *Zombou* & *Chalmouli* ; parlez-moi maintenant de celles qu'on appelle *Koucho* ?

Chumontou. L'isle *Koucho* est située au nord-est de la montagne Merou. Il y a, comme dans toutes les autres, différens fleuves, dont les principaux sont, *Seringuo*, *Kopilo* & *Grio*. L'isle est extrêmement fertile. Les habitans adorent le feu, & il est rare d'y trouver quelque personne qui adore le vrai Dieu. Comme on y voit quantité d'arbres, & en particulier de l'herbe *koucho*, on a pris de-là le nom de *Koucho*. Celle de *Krohen* est située à la gauche & a environ deux mille lieues (6) de tour. *Gritoprisco*, homme d'une force extraordinaire, en est le roi. Il y a des

---

(1) *Voyez* sur son mariage avec *Chib*, ou *Eswara*, Abraham Roger, page 153. Le brame Barthrouherri dit, que ce dieu est le seul parmi les amans, qui ait donné la moitié de son corps à sa femme *Parvati*. Chemin du ciel, *c. 2, prov. 7.*

(2) Ou *Kastick*, la renommée, selon M. Dow, consécration ou sainteté, suivant M. Holwell. La première explication a plus de rapport au caractère de ce second fils de *Chib*, tracé par Chumontou. La dernière convient également à la qualité de gardien invisible, & de surintendant des pagodes, que M. Holwell, *c. 7*, donne à *Kartiko*. Mais la manière dont il est représenté, armé de pied-en-cap, & monté sur un paon, symbole de l'orgueil, Ho well. *idem*, me paroît confirmer l'interprétation de M. Dow.

(3) M. Holwell fait au contraire de *Nondi* & *Bringi* deux nymphes. Il explique le premier nom par celui de joye, & le second par les *divertissemens*. On les représentoit toutes deux entourées d'un serpent, *c. 7*.

(4) On voit encore, chez les *indiens*, *Chib* assis sur une vache blanche. Il est entouré d'un serpent, tenant d'une main un *dumbour* [petit tambour], & de l'autre un *singi* [cornet]. Holwell, *c. 7*.

(5) Ou *Ghunnis*, dont le nom désigne, suivant M. Holwell, *c. 7*, la pureté ou la sincérité de cœur. M. Dow prétend que ce même nom du premier fils de *Chib*, signifie *la politique ou la bonne conduite*. Le texte de l'*Ezour-Védam* semble plus favorable au sentiment de M. Holwell. *Gonecho* est représenté avec la tête d'un éléphant, qui n'a qu'une seule dent.

(6) Le traducteur du Bagavadam a conservé le nom des mesures itinéraires des *indiens* ; ce qu'auroit dû faire celui de l'*Ezour-Vedam*.

montagnes d'une hauteur prodigieuse, en particulier celles qu'on appelle *Chuclo*, *Bordomono*, *Pozono* ou *Pobarchono*. Je ne rapporterai les noms que de deux ou trois fleuves, qui font aussi d'une grandeur extraordinaire ; tels sont *Omrichohuho*, *Ziboboti*, *Argioko*. Tous les habitans de l'isle divisés comme dans toutes les autres, en quatre castes, ne reconnoissent d'autre divinité que l'eau, à laquelle seule ils offrent leurs hommages. Personne dans l'isle n'adore le vrai Dieu. A gauche de cette isle est située l'isle appellée *Choko*. *Medatili* qui y règne à présent, est de la vraie race des rois. Les noms des principales montagnes sont, *Ourou*, *Seringuo*, *Ichana*, *Bolobadroko*. On y compte cinq principaux fleuves, savoir, *Anogo*, *Ajugo*, &c. Quatre rois partagent entr'eux la possession de cette isle. Les quatre castes rendent leur culte au vrai Dieu, mais un culte imparfait, mêlé d'erreurs & de superstitions. On y trouve par-tout des brames qui, plus éclairés que les autres, rendent à Dieu un culte digne de lui.

L'isle appellée *Pouxchoro* est à côté de celle-ci ; c'est une des plus belles. L'eau qu'on y boit est bonne & saine. Tous les bords des étangs & des rivières sont émaillés de fleurs ; c'est pour cela qu'elle a reçu le nom de *Pouxchoro*. Au nord de l'isle est la fameuse montagne appellée *Odri*. Cette isle est d'une grandeur considérable, & a environ deux mille lieues de circuit. Les habitans sont toujours dans l'abondance, sans jamais se ressentir de la misère, ni d'aucune autre calamité. *Odibouto* est le nom du roi de l'isle, & *Biliotro* celui de son fils. Tous les habitans adorent le vrai Dieu. Les brames se nourrissent de riz. Cette Isle, comme les autres, est entourée de la mer salée. Au-dessus de cette isle, dans un lieu fort élevé, est située une ville appellée *Kançoni*. Elle est habitée par les enfans de *Diti* & d'*Oditi*, auxquels on a mal à propos donné le nom de *dieux* & de *géans*.

Biache. Quels sont ceux à qui on a donné le nom de *dieux* ? Instruisez-moi de leur naissance & des particularités des lieux qu'ils habitent ?

Chumontou. Les dieux habitent la ville appellée *Chvarguam*. Cette ville belle & bien située, est un séjour charmant & délicieux. Pour te former une idée plus juste des différens endroits du monde & de leur situation, représente-toi la terre sous la figure d'une coquille, c'est-à-dire, de figure presque ronde, montant par étage, mais toujours en diminuant. Elle est habitée jusqu'à la pointe qui en fait le sommet. Les hommes en occupent le milieu & en même tems le plus bas étage (1). Le plus élevé est le lieu de la résidence de *Chib*. Le *Veikuntan* est situé au midi & d'un étage plus élevé que le *Keilassun*. A gauche du *Veikuntan* & toujours d'un étage plus élevé, est le lieu de *Bramma* (2) Enfin sur la pointe de la coquille se trouve le *Chvarguam*. Infiniment au-dessus de tout cela, dans un endroit tout-à-fait séparé de la terre, est le lieu le plus fortuné où l'Etre suprême fait son séjour. C'est ainsi que les savans placent la situation des différens endroits de la terre. La mer les entoure tous, à la réserve de celui qu'habite l'Etre suprême.

Biache. Dites-moi maintenant quels sont ceux qui habitent le *Chvarguam* ?

Chumontou. Le *Chvarguam* est habité par les dieux, enfans de *Kochiopo* & d'*Oditi*. *Indro* qui a la même origine en est le roi. *Brusepoti* ou *Bruopoti* est leur *Gourou*, & leur enseigne le *Védam*. Le *Chvarguam* est vraiment un lieu de délices & de plaisirs.

Biache. Qu'est-ce que les géans, & quelle a été leur origine ?

Chumontou. *Kochiopo* a eu deux femmes, l'une appellée *Oditi*, l'autre *Diti* (3). Les dieux sont nés d'*Oditi* & les géans de *Diti*. Ils ont toujours vécu en guerre les uns contre les autres, à cause de la royauté qu'ils se disputoient. *Brigou* a été le Gourou (4) de ceux-ci. On compte aussi parmi les habitans du *Chvarguam* les dieux qui président aux coins du monde, tels que sont *Koubero*, *Indro*, *Borano*, les planètes dont voici les noms: *Robi* (le soleil), *Chomo* (la lune), *Mongolo* (Mars), *Boudo* (Mercure) *Zibo* (Jupiter), *Bargobo* (Venus), *Choni* (Saturne). Le soleil parcourt tous les endroits du monde, & dissipe dans sa course les ténèbres & la nuit. Il entre dans le mois de Décembre (5) dans la partie du sud & y reste six mois. Dans le mois de Juin (6) il entre dans la partie du nord & y reste six autres mois. Le tour qu'il fait journellement dans l'espace de trente heures, forme le jour & la nuit. La partie du monde où il se trouve, est toujours éclairée & jouit du jour. Celle qui lui est opposée est dans la nuit, parce que l'ombre de la terre empêche la lumière du soleil de pénétrer.

---

(1) Plaisante cosmographie ! *Voyez* les éclaircissemens, n°. 4.

(2) Bramma-Locon.

(3) *Voyez* sur cette généalogie, Abraham Roger, c. 7, seconde partie.

(4) Précepteur ou père spirituel. *Voyez* sur le crédit & le caractère de ces Gouroux, la lettre du P. le Caron, lettres édifiantes, *tome* 16, *page* 130, & celle du P. le Gac. *id. page* 269.

(5) *Margam* ou *Margisaram* de l'année *indienne*.

(6) Jeistrum ou Any.

Dans le tems que le soleil se trouve dans la partie du nord les jours sont plus courts pour ceux qui se trouvent dans la partie du sud, & plus longs pour ceux qui sont dans le nord. Les nuits gardent la même proportion, & sont plus longues ou plus courtes à mesure que les jours sont plus longs ou plus courts. Le cours de la lune fait la mesure du mois. Chaque mois commence à chaque nouvelle lune, & finit à la fin de chaque pleine lune. On a donné le nom de *ritou* à chaque deux mois de l'année, celui d'*ojonon* à chaque six mois ; ainsi l'année se trouve composée de six *ritou* & de deux *ojonon*. Les six mois que le soleil reste dans le sud, s'appellent *kinajonon*. Les six mois qui restent dans le nord, s'appellent *outerajonon*. Telle est l'opinion des savans sur ces choses, & tels sont les noms qu'il leur a plu donner.

Des richesses du Chvarguam, des nuages, du tonnerre & de la pluie.

Biache. Quelles sont les richesses qu'on trouve dans le *Chvarguam* & les plaisirs qu'on y goûte ?

Chumontou. Le *Chvarguam* est, comme je l'ai dit, sur la pointe de la montagne de *Merou*. Il est habité par les enfans d'*Oditi* (1) Le palais d'*Indro*, leur roi, est au milieu de la ville. L'or & les pierreries y brillent de toutes parts. Il y en a un second d'une égale magnificence pour *Chofti*, son épouse, fille de *Poulomo*. Ils ont pour fils *Zojanto*. Il y a là, comme par-tout ailleurs, des arbres, des fleuves, des médecins, des danseuses. Le nom du fleuve qui y coule est *Mondagni*. Les noms des arbres sont *Mondoro*, *Porizatoko*, *Chantono*, *Kolpo*, & ceux des médecins, *Chonol* & *Koumaro*. Les danseuses sont *Orbochi*, *Monoha*, *Romba*, *Ponçosura*, *Tilottoma*, *Gajoka*, *Houchour*, & bien d'autres.

Biache. Quel est le lieu qu'habitent les étoiles, & d'où émane leur lumière ?

Chumontou. Les étoiles reçoivent leur lumière de la lune, & sont plus basses qu'elle, puisqu'on les voit étinceler (2). Tu as donné la figure d'homme au soleil, à la lune, aux étoiles; tu en as fait des êtres animés ; c'est un pur mensonge & une nouvelle preuve de ton ignorance. Tous ces êtres sont des êtres inanimés, créés de Dieu pour éclairer le monde, & différens en tout des enfans d'*Oditi*. Tu as donc eu tort de les confondre & de donner aux uns & aux autres la même figure & la même origine.

Biache. Qu'est-ce que les nuages, & de quoi sont-ils composés ?

Chumontou. Au-dessus de la terre, est le lieu des nuages. Ils ont la dureté de la pierre, & sont des êtres inanimés. Le frottement de deux nuées l'une contre l'autre en fait sortir du feu ; c'est ce qu'on appelle *éclair*. Tu as fait des nuages des êtres animés, & tu as débité que les uns portoient la figure d'hommes, les autres de femmes; que comme le reste des hommes, ils avoient la raison & l'intelligence en partage ; tout cela est autant de rêveries & de productions de l'ignorance crasse où tu es plongé.

Biache. Si les nuages ne sont pas, comme vous le dites, des êtres animés, pourquoi donc le bruit que nous entendons & qui se répete si souvent ? Si les nuages n'ont ni raison, ni l'intelligence, pourquoi les voyons-nous lancer la foudre qui imite si bien les flèches dont nous nous servons, & qui produit des effets terribles & prodigieux ? Nous voyons de nos yeux l'arc dont ils se servent pour cela. Pourquoi donc dites-vous que ce ne sont que des fictions & de pures rêveries ?

Chumontou. Tu n'es qu'un vrai étourdi, qui ne sait ce qu'il dit. Le bruit que nous entendons n'a d'autre source ni d'autre principe que le frottement de deux nuages l'un contre l'autre. Quand le frottement est plus grand, il en sort du feu tout naturellement, comme nous en voyons sortir de deux pierres que nous frappons l'une contre l'autre. Enfin quand deux nuages se rencontrent de front, il faut que l'un d'eux crève ; & voilà ce qui fait la foudre, parce que le feu en sort alors en bien plus grande quantité, & parce que le nuage même qui a crevé, tombe souvent par parties. Pour ce qui est de l'arc dont tu as parlé, il est occasionné par l'ombre de la terre, qui interrompt la lumière du soleil dans l'endroit où nous le voyons ; c'est pour cela qu'il est de figure ronde (3). Si c'étoit dans la réalité

---

(1) Ils sont exclus du *Veykuntan* & de *Brammalecon*, Abraham Roger, *page* 188.

(2) On lit dans le Bagavadam que le ciel de la lune est à 100000 *yossincis*, au-dessus du soleil, *livre* 5. De pareilles erreurs se trouvent dans le *Védam*. Les astronomes convaincus de leur absurdité, par le calcul des éclipses, sont fort embarrassés pour sauver l'honneur de leurs livres sacrés. Les uns imaginent des explications forcées & ridicules ; d'autres des fables pour abuser de la crédulité du peuple ; mais les plus raisonnables condamnent, sans aucune restriction, le systême astronomique du *Védam*. On ne doit donc pas juger, d'après de pareils livres, des connoissances des *indiens* en astronomie. M. le Gentil a trouvé chez eux des vestiges de l'antiquité de cette science, qui semblent prouver qu'ils l'ont cultivée autrefois avec succès. *Acad. des scienc. an.* 1772, *p.* 179, 221, &c.

(3) Les philosophes grecs avoient des idées plus

un arc, comme tu le penses, on devroit le voir également la nuit comme le jour.

Biache. Vous avez dissipé tous mes doutes à ce sujet. Dites-moi maintenant quelle est la cause de la pluye? J'ai enseigné là-dessus que les éléphans d'*Indio* viennent tous les jours dans la mer remplir leur trompes d'eau qu'ils donnent ensuite aux nuages, & que les nuages répandent sur la terre. Voilà selon moi, la cause de la pluye.

Chumontou. Comment peut-il se faire qu'un homme qui a d'ailleurs de l'esprit avance de pareilles impertinences? L'éléphant n'est qu'une bête sans connoissance & sans entendement. Qui lui a donc appris d'aller chercher de l'eau dans la mer pour la donner aux nuages? Et comment les nuages, qui sont eux-mêmes des êtres inanimés, agissent-ils de concert pour la recevoir & la répandre ensuite sur la terre? Et d'ailleurs si cela est comme tu l'imagines, il devroit toujours pleuvoir également; pourquoi voyons-nous cependant, qu'il pleut dans certains tems & non pas dans d'autres? Dis-m'en la raison si tu peux? En attendant, voici quelle est la vraie cause de la pluie. Le soleil par sa chaleur élève des gouttes d'eau insensibles; les nuages reçoivent cette eau, & la laissent ensuite tomber sur la terre dans les tems que Dieu a fixés pour cela. Dès le mois de Mars (1) & dans les mois suivans, les chaleurs sont excessives; tout sèche, tout languit. Dieu qui dans sa miséricorde veille toujours au bien de ses créatures, a voulu que pendant ce tems-là les pluies fussent plus abondantes. Ainsi par les soins paternels de ce Dieu de bonté, cette saison qui seroit par elle-même insupportable, devient la plus favorable de l'année; tout y pousse à vue d'œil, & l'air qui se trouve alors rafraichi par la quantité de pluie, ranime également les hommes & les animaux.

Biache. Apprenez-moi encore à mesurer le tems.

Chumontou. Deux *poromanou* font un *onu*, & trois de ces *onus* désignent la quantité du tems qu'employe la lumière du soleil pour aller du trou qu'on a fait à une fenêtre jusque sur le pavé. Trois *onus* font un *bedo*; trois *bedo* un *labo*. Il faut trois *labo* pour marquer la quantité du tems qu'on employe pour ouvrir & fermer la paupière de l'œil.

---

justes sur les causes de l'arc-en-ciel. Elles étoient entièrement conformes à celles d'Antonio de Dominis. *Voyez* Plut. de Is. & Osir. §. 20. M. Dutens a oublié de se servir de ce passage, dans son savant ouvrage sur l'origine des découvertes attribuées aux modernes.

(1) *Poulgouwam*, le dernier mois de l'année indienne.

Le tems qu'on met à ouvrir & fermer trois fois l'œil, fait le moment. Cinq momens font un *casta*, quinze *casta* font un *logou*, & quinze *logou* font une heure. L'heure n'est composée que de vingt-quatre minutes. Deux heures font un *mahurto*. Huit ou sept heures composent le *prohor*. J'ai dit huit ou sept, parce que le *prohor* est plus ou moins long, suivant que les jours le sont eux mêmes plus ou moins (2). Le jour est composé de quatre prohors, & la nuit d'autant. Quand les jours sont courts, les *prohors* de jour ne sont que de sept heures & ceux de la nuit sont de huit, & *vice versâ*. Les mois se divisent par la nouvelle & la pleine lune. L'année est composée de douze mois, & se divise par les différentes saisons qui sont au nombre de six, savoir la saison du froid, la saison des brouillards, le printemps, l'été, la saison des pluies l'automne. L'équinoxe d'été & l'équinoxe d'hyver la partagent en deux parties égales.

Biache. Dites-moi quelle a été la durée de chaque âge?

Chumontou. On compte quatre âges; voici la durée de chacun. Le premier a duré quatre mille ans, le second trois mille, le troisième deux mille, le dernier enfin en durera dix mille. Cela doit s'entendre des années de *Bramma*, c'est-à-dire, de Dieu. Car si on mesure leurs durées par celle de nos années, le premier a duré cent soixante-deux mille ans; le second cent vingt-neuf mille six cents; le troisième soixante-quatre mille; le quatrième doit durer quatre cents vingt mille trois cents ans. Voilà ce qu'on dit de la durée de ces différens âges (3); mais tout cela n'est qu'une pure fiction. A la fin de chaque âge, tout périt par le déluge. Dieu crée de nouveau tous les êtres, & forme aussi un nouvel âge.

Biache. Dites-moi un mot de l'histoire de *Chuasambou-Mounou*?

Chumontou. Bramma à quatre visages (4), eut

---

(2) « Voici quel est l'instrument dont on se sert pour
» mesurer les heures; on a un petit cylindre creux de
» cuivre, de la pesanteur de six roupies. On fait un
» petit trou, & on le met dans un vase plein d'eau.
» Le tems qu'il employe pour se remplir, fait la mesure
» de l'heure. Soixante de ces heures font huit *prohors*,
» c'est-à-dire, nos vingt-quatre heures ». Cette explication de la manière de mesurer les heures, usitée par les *indiens*, avoit été insérée par quelque Européen. J'ai cru devoir retrancher une interpolation aussi évidente.

(3) *Voyez* les éclaircissemens, n°. 5.

(4) Ils regardent les quatre points du monde, pour désigner que *Bramma* voit tout. On donne encore à ce dieu une couronne, emblème du pouvoir, & quatre mains, celui de la toute-puissance. Dans la première,
plusieurs

plusieurs enfans, entr'autres *Dokio* & *Chuasambou-Mouna*. Celui-ci demanda un jour à son père pour quelle fin il l'avoit mis au monde, & à quoi il devoit s'occuper. Bramma lui donna une femme, afin qu'il pût propager le genre humain, & lui dit : Adorez le vrai Dieu & ne servez que lui : apprenez également aux hommes, vos enfans à l'adorer & à le servir, vous attirerez par-là sur vous ses bénédictions & ses graces.

Biache. J'ai un doute qui me fatigue beaucoup. Il n'y a que vous qui puissiez le resoudre. Dites-moi donc quelle raison eut autrefois Bramma de s'incarner en cochon ?

Chumontou. Je ne connois aucune incarnation de *Bramma*; dis-moi toi-même ce que tu as dit ?

Biache. Bramma, père de *Mounou*, adressa autrefois ses prières à *Vichnou*, l'être suprême; il les écouta avec bonté, & lui demanda ce qu'il souhaitoit. Comment voulez-vous, lui dit Bramma, que je crée des êtres ? La terre est toute submergée, & il n'est point d'endroit où ils puissent subsister. *Vichnou*, ayant entendu ses paroles, prit la résolution de s'incarner (1), & ce fut dans le sein d'une truye. Dans le moment de sa naissance, il n'étoit pas de la grandeur d'un pouce; mais il devint bientôt de celle d'un éléphant. *Poulastoudou*, *Morisi*, *Otri*, *Onguiro* & plusieurs autres, tous enfans de *Dokio*, *Proçapoti* lui adressèrent leurs hommages. Adoration, s'écrient-ils en le voyant, adoration au dieu né d'une truye! Il est l'être suprême. Il est l'éternel, dieu des dieux. Procurez-nous dans votre miséricorde un lieu où nous puissions subsister, & nous vous en rendrons d'éternelles actions de graces. Adoration au dieu qui est sous la figure d'un cochon! Nous nous jettons à vos pieds, nous mettons en vous notre confiance; c'est pour nous que vous avez pris cette figure. Votre présence dissipe toutes nos craintes. Adoration encore un fois, au cochon! Nous vous reconnoissons comme le créateur & le conservateur de toutes choses. Achevez votre ouvrage & secondez nos vœux. Ce n'est pas sans dessein que vous avez pris une pareille figure. Servez-vous en pour faire surnager la terre & la rassurer. Le cochon flatté agréablement par ces louanges, remue les pattes jette un grand cri, fait un bond & se jette dans l'eau. A cette vue, tout ce qu'il y avoit de pénitens, pousse un grand cri de joie. Cependant *Hironnio*, le premier des géans, le voyant se plonger pour aller saisir la terre & la faire surnager, lui livre combat, & jette sur lui une grêle de flèches. Le cochon en est percé; mais enfin faisant un dernier effort, il tue le géant, il se frotte le corps de son sang. Voilà en abrégé ce que j'ai dit de l'incarnation du premier être en cochon (2).

Chumontou. Celui qui dit du mal de son *Gourou* (3), qui méprise les *Védams* ou en fait peu de cas; mais par-dessus tout, celui qui blasphême la Divinité, est un monstre qu'il faut éviter avec soin, & qu'on doit exclure du commerce des hommes, comme un homme pernicieux. Il mérite d'être puni par les supplices les plus terribles & les plus rigoureux. Si on n'a point l'autorité en mains, on doit au moins, quand on lui entend vomir ces impiétés, se boucher les oreilles & s'écrier, tu es, homme pervers, un de ceux qui n'ouvrent la bouche que pour vomir des blasphêmes contre la Divinité! Retire-toi donc incessamment & ne reparois plus devant mes yeux. L'état de pénitent que je professe, ne me donne pas le droit de te punir, mais s'il y avoit un roi dans le pays, tu ne l'échapperois pas. Je le prierois de te faire couper la tête, pour délivrer le monde du plus pervers & du plus malheureux de tous les hommes.

Ce que Chumontou venoit de dire, couvrit Biache de honte & de confusion. Il se retira le cœur pénétré de douleur, & fut se cacher pour quelque tems. S'étant un peu rassuré, il vint de nouveau, la douleur & la honte peintes sur le visage, se jetter à ses pieds, & lui dit : Il n'est que trop vrai, seigneur, que je ne suis qu'un pécheur & le plus grand de tous, mais la vraie sagesse inspire & conserve toujours des sentimens de compassion & de pitié pour les misérables. C'est ce qui fait ma confiance, & me fait espérer mon pardon. Maintenir dans toutes les routes de la vertu les personnes qui y sont déjà, est une œuvre louable; mais travailler à faire renoncer un pécheur à ses mauvaises habitudes, chercher à l'introduire dans ces mêmes routes, est de toutes les œuvres la plus grande & la plus méritoire. En venir à bout, est un prodige qui ne peut être opéré que par un homme consommé dans la vertu.

---

il tient les quatre livre du *Védam*, symbole de la science; dans la seconde, un sceptre qui est la marque de l'autorité; & dans la troisième, un anneau ou un cercle qui désignent l'éternité. *Bramma* n'a rien dans la quatrième main, pour exprimer que la sagesse de Dieu, représentée sous le nom de *Bramma*, est toujours prête à secourir ses créatures. Telles sont les explications allégoriques, concernant la figure de *Bramma*, rapportées d'après les brames, par M. Dow, *hist. of Indost. diff.*

(1) C'est donc une incarnation de *Vichnou*, & non de *Bramma*.

(2) C'est la seconde de *Vichnou* suivant le *Bagavadam*.

(3) Non-seulement on doit beaucoup de respect à son *Gourou*, & lui rendre toutes sortes de services, mais encore il ne faut pas manquer de lui payer exactement le *dechany* ou présent en argent. *Bagavadam. livre 7.*

Chumontou se laissa toucher, & jettant sur lui un regard d'indignation & de pitié, lui dit : Je veux bien continuer à t'instruire, mais c'est à condition que tu quitteras pour jamais ta façon de penser, & que tu cesseras d'outrager le saint nom de Dieu, & de le blasphémer. Tu as dit que l'être suprême étoit né sous la figure d'un cochon, pour relever la terre submergée & la rassurer. Où as tu donc puisé ces belles idées, & comment as tu osé les mettre au jour ? Le Dieu qui a créé le monde & qui le conserve, est éternel de sa nature, & tu le fais naître sur la terre. Ce n'est pas assez, tu l'y fais paroître sous la figure du plus vil de tous les animaux. Si ce Dieu eût voulu naître parmi nous, il se fût revêtu de la figure humaine. C'est avilir tout-à-fait la Divinité & l'anéantir, que de la montrer sous la figure d'une bête, & de lui en faire prendre les manières & les inclinations. Tu ajoutes, que c'est pour faire surnager la terre, qu'il a pris cette figure. Mais quoi, n'est-ce pas par un acte de sa volonté, que le maître du monde a créé toutes choses ? En eût-il fallu davantage pour la relever & la consolider ? Ce que tu as dit ensuite n'est pas plus sensé. En effet, si toute la terre étoit submergée, quelle partie pourroient habiter les pénitens, que tu dis avoir offert leurs hommages au cochon, qui ne fût également submergée ? Tu finis par dire que le cochon tua *Hironnio* dans un combat. Mais Dieu qui a tout créé par un acte de sa volonté, détruit tout également, & il ne faut qu'une de ses paroles pour détruire tout & le réduire en cendres. N'est-il donc pas indigne de le représenter livrant un combat contre une de ses créatures, percé & tombant sous ses traits ? Cesse-donc, malheureux, de tenir de pareils discours, & dans tes fictions & rêveries, respecte au moins la Divinité.

Chumontou, dans le dessein d'instruire les hommes & de les sauver, continue à examiner les différentes incarnations, & à les refuter par les paroles du *Védam*; & pour engager *Biache*, devenu plus timide, à les lui raconter, il lui adresse la parole en ces termes : Tu as parlé de plusieurs autres incarnations de *Bramma*; quelles sont-elles ? fais m'en part, afin que je puisse t'instruire & te détromper.

Biache. J'ai dit, que *Bramma*, l'être suprême, voulant instruire les hommes, s'étoit incarné, & avoit paru parmi eux sous le nom de *Kopilo*. Il mena une vie extrêmement dure & pénitente. C'est pour cela qu'on lui a donné le nom de *dieu pénitent*. Voilà ce que j'ai enseigné. Faites-moi savoir ce que vous en pensez, si j'ai encore donné dans le travers, & si je me suis trompé ? Pour achever de vous mettre au fait, je vais vous raconter en abrégé son histoire. Ce *Kopilo* fut brame de naissance, il eut pour père le pénitent *Kordomo*, & pour mère *Debohuti* fille de *Chojouboumonou*.

Cette *Debohuti* mit toujours son devoir à gagner les bonnes graces de son mari & à les mériter. *Kordomozi*, charmé des bonnes manières de son épouse, se faisoit un plaisir de lui procurer tout ce qu'elle pouvoit souhaiter, & dans la crainte qu'il ne lui manquât encore quelque chose, il la pria de lui dire ce qui lui feroit le plus de plaisir, que c'en feroit un bien sensible de le lui procurer.

A ces mots, *Debohuti* lui ouvrit son cœur & lui dit : La vie dure & pénitente que nous menons, n'est guère de mon goût; au lieu de cette petite chaumière que nous habitons, & qui suffit à peine pour nous mettre à couvert des injures de l'air, je voudrois que nous eussions un palais où je pusse me faire servir par nombre de domestiques. Je voudrois pouvoir y paroître toujours couverte d'or & de pierreries; en un mot, que l'éclat & l'abondance régnât dans notre maison. Son mari lui accorda tout ce qu'elle lui demandoit, mais elle n'en devint pas plus heureuse, elle étoit stérile, & ce fut là le sujet d'une nouvelle douleur; elle s'y livra toute entière, & on entendit sans cesse sortir de sa bouche ces mots entremêlés de pleurs & de sanglots : C'est en vain que je suis dans le monde, puisque j'y reste stérile, & que je n'ai point conçu. En disant cela, elle répandoit un torrent de larmes, & rien ne pouvoit la distraire, ni soulager sa douleur. Son mari sensible à ses peines, attendoit avec impatience le moment où il les verroit finir. Ce moment arriva enfin, & dans les transports de sa joie il fut lui en porter la nouvelle, & lui dit : Il est tems, *Debohuti*, de faire tarir la source de vos larmes; je viens vous apporter une nouvelle qui doit en arrêter le cours, & vous combler de joie. L'être suprême, le dieu de l'univers, veut naître parmi les hommes, & c'est dans votre sein qu'il doit prendre naissance.

Peu de jours après la prédiction fut accomplie. *Debohuti* devint enceinte, & eut pour fils *Kopilo*. Les dieux célébrèrent sa naissance par des danses & des chants d'allégresse. Les pénitens vinrent en faire compliment au père & à la mère, & les féliciter l'un & l'autre de leur bonheur. Vous êtes les plus heureux de tous les hommes, leur dirent-ils, & votre sort est vraiment digne d'envie. Cet enfant à qui vous avez donné le nom de *Kopilo*, est *Narajon* lui-même; & ce *Narajon* ce maître du monde, veut non-seulement habiter dans votre maison, mais il a bien voulu encore devenir votre enfant. Non, encore une fois, il n'est pas de sort comparable au vôtre; il n'en est pas de plus digne d'envie. Ce *Kopilo* ne fit pas un long séjour sur la terre, il enseigna aux hommes la science appellée *Chorkio* (1), & mourut. Voilà

---

(1) Ce mot signifie à la lettre *numérique*, & chorkio ou *sankium* n'est pas proprement une science, mais désigne les principes de l'école de ce nom, fondée par *Kopilo*, & dont on a parlé dans les observations préliminaires.

l'histoire de *Kopilo*. Dites m'en votre sentiment, & si mal-à-propos j'ai dit qu'il étoit l'être suprême.

Chumontou. J'ai beau t'enseigner & t'instruire, je n'y gagne rien. Comment faut-il donc que je m'y prenne pour t'éclairer & te détromper? S'il est vrai que *Bramma* soit né sur la terre, pourquoi donc porte-t-il! le nom d'*éternel*. Celui qui est lui-même souverainement heureux, & dans qui seul nous trouvons la source & le comble de notre bonheur, auroit-il voulu se soumettre aux incommodités que souffre un enfant dans le sein de sa mère (1)? Les pénitens, que tu dis leur en avoir été faire compliment, & rendre leurs hommages au nouvel enfant, y avoient-ils découvert l'Etre suprême? avoient-ils vu de leurs yeux celui qui, de sa nature, est invisible? l'y as tu vu toi-même? non certainement. Pourquoi l'assures-tu, & veux-tu faire passer tes rêveries pour des vérités?

Biache. Apprenez-moi, seigneur, de quel moyen je puis me servir pour me délivrer du prestige qui me fascine, & qui m'a précipité dans de si grossières erreurs?

Chumontou. C'est en mettant un frein à ses passions, qu'on devient capable de recevoir cette lumière divine qui nous éclaire & qui dissipe toutes nos erreurs. Celui qui sait profiter des connoissances qu'elle nous donne, est un homme vraiment sage & vraiment vertueux. Voici un court abrégé de ce qu'elle nous dicte & nous apprend. Un homme, qui marche toujours guidé par cette lumière divine, remplit toujours & en toute occasion, tous les devoirs de son état, sans faire jamais rien qui y soit contraire. Cette fidélité lui mérite l'amitié de Dieu, dans laquelle il trouve sa consolation & son bonheur. Au-dessus de ces indignes passions, qui déchirent les hommes & les animent les uns contre les autres, il voit sans envie & sans jalousie le bien de son prochain, il cherche même en toute occasion à le lui procurer, à l'augmenter, & évite avec soin tout ce qui pourroit lui faire quelque peine, ou lui causer quelque dommage. Toujours attentif sur lui-même, il évite avec soin tout ce qui pourroit le souiller. La prière & la lecture du *Védam* font sa principale occupation; & la pénitence dont on ne le voit jamais se départir, prévient & empêche les chûtes, en reprimant la vivacité de ses passions. Enfin, s'il vient à faire quelques

fautes, parce qu'il est de la foiblesse humaine de tomber quelquefois, il cherche aussi-tôt à les réparer par la prière & son retour à Dieu.

Biache. Je ne sais point les dispositions qu'il faut apporter à la prière, instruisez-moi là-dessus?

Chumontou. D'abord on prononcera le mot *ôm* (2); puis rappellant tous ses sens, sans les laisser égarer nulle part, retenant même la respiration, qu'on ne lâchera que de tems en tems, on pensera à la divinité. Il faut éloigner de son imagination & de son esprit, tout ce qui peut troubler l'attention qu'on doit à Dieu, & de son cœur tous les desirs qui peuvent nous éloigner de lui. Il faut absolument fermer tous les sens aux objets extérieurs qui pourroient nous distraire, & ne nous en servir que pour voir ou entendre des choses qui peuvent nous rappeller à Dieu, ou pour en parler (3). La prière ainsi faite, sert à obtenir le pardon de ses péchés, & à se purifier. Car pour les bains que tu ordonnes pour cela, ils sont parfaitement inutiles, ils ôtent bien la mal propreté du corps; mais ils n'ont rien d'efficace pour purifier notre ame.

Des quatre états de vie, du mariage, du célibat, des saniassis, des oudouta ou bikouko.

Biache. Instruisez-moi, seigneur, des quatre états dont il est tant parlé, & quels en sont les devoirs?

Chumontou. Ces quatre états étoient autrefois communs aux trois premieres castes; ils ne sont aujourd'hui propres qu'aux brames. Le premier & le plus bas de tous (4) est de ceux qui sont engagés dans le mariage, & qui vivent dans le monde. Celui-là est de tous les hommes. Les devoirs d'un homme de cet état sont de traiter favorablement les étrangers, & de faire du bien à tout le mon-

___

(1) Mauvais raisonnement, puisque, suivant Chumontou, *si Dieu eût voulu naître parmi nous, il se fût revêtu de la figure humaine*: pourquoi n'auroit-il point voulu se soumettre aux incommodités inséparables de cette même espèce humaine? Je fais ici cette remarque pour avertir que je n'adopte pas tous les raisonnemens qu'on trouve dans cet ouvrage; c'est au lecteur à juger de leur solidité.

(2) Les syllabes *ôm*, *âm*, *ôum*, composent seules une prière très-mystérieuse: *ôm* signifie *Param* ou *Nastou*, c'est-à-dire, l'Etre; *âm* exprime *satti*, c'est-à-dire, la puissance; *ôum* marque l'union de sexe entre *Param* ou *Nastou* & *satti*, de laquelle union sont sorties toutes choses; & comme l'Etre s'est manifesté, dit-on, sous un personnage nommé *Chiven*, on loue *Chiven* ou *Chib*, comme le Seigneur suprême en qui tout existe. *Paganisme* indien, partie 1.

(3) Consultez sur cet état contemplatif, les éclaircissemens, n°. 6.

(4) Malheur au pays où un fanatisme destructeur, ose faire qualifier ainsi le plus noble & le plus respectable de tous les états! Non-seulement le célibat est chez les siamois un état de perfection; mais le mariage y est un état de péché. La Loubere, *tome 1, page 489*.

de (1). Le second, est de ceux qu'on appelle *brammassaris*, & qui sont encore dans le monde, mais comme des étrangers, & vivent au milieu de leur famille, comme si elle ne leur appartenoit plus, sans toucher à leurs femmes, & sans prendre aucuns soins de leurs enfans (2). Le troisième, état plus relevé que ces deux, est de ceux qui se retirent dans les bois, pour y vivre loin du monde & de ses dangers (3). Celui qui a le courage de l'embrasser, doit abandonner pour toujours père, mère, femme & enfans ; il renoncera tour-à-fait à tous les biens du monde, & détruira jusqu'à la racine de la colère & de la cupidité. Il ne doit garder pour toutes richesses qu'un bâton, un vase pour mettre de l'eau, & un morceau de toile pour se couvrir ; il quittera même la ligne & la brûlera avant que de sortir de sa maison ; il vivra d'aumône, mais il ne la demandera pas ; il ne s'assieira pas pour manger ce qu'on lui offre ; & comme s'il n'osoit s'arrêter nulle part, crainte de quelque supplice ; qu'on lui donne, qu'on ne lui donne pas, il continuera toujours sa route & ne fera que passer.

Biache. Quelles cérémonies doit-il observer en quittant la ligne (4) ?

Chumoutou. Ayant fait du feu, il récitera cette prière en présence de son *Gourou* : « grand
» Dieu, vous m'avez mis au monde pour vous
» servir, & je n'y ai vécu que pour vous offen-
» ser ! Ma vie n'a été qu'un tissu de péchés &
» de désordres ; je n'ai jamais sû ce que c'étoit
» que la vertu ; je ne l'ai jamais pratiquée. Tou-
» ché aujourd'hui d'un vrai désir de vous plaire,
» je renonce non-seulement à ces faux biens,
» qui ont été pour moi l'occasion de tant de
» péchés, mais encore à la ligne. Qu'ai-je be-
» soin, en effet, de porter une marque distinc-
» tive de ma caste ? l'unique endroit, par où je
» veux désormais me distinguer, est la connois-
» sance profonde, que vous voudrez bien me
» communiquer de votre Etre & de vos perfec-
» tions. Daignez, Seigneur, en considération
» du sacrifice que je vous fais, de ce que je puis
» avoir de plus cher, me pardonner mes fautes
» & avoir pitié de moi. » Cela dit, il jettera sa ligne dans le feu. Voilà selon le *Védam*, les devoirs du *Saniassi*. Enfin, le plus parfait de tous les états, est celui de ceux qui de *Saniassis* se font *Bikouko* (5 : c'est le nom qu'on donne à cet état. Ceux qui l'embrassent, ne sont plus astreints à rien de particulier pour la demeure, ni pour le manger ; ils regardent tous les hommes du même œil, & reçoivent indifféremment de tous ceux qui veulent bien leur donner. Au-dessus de tous les événemens, rien n'est capable de leur inspirer de la crainte ; leur unique occupation est de s'appliquer à la connoissance de Dieu & de la vérité, & c'est-là ce qui en fait l'état le plus parfait. Ils ne doivent plus être susceptibles, ni d'avarice, ni de concupiscence, ni de crainte, ni d'aucune autre passion, & doivent avoir un empire absolu sur leur sens. Que si dans ces deux derniers états ils restent encore sujets aux foiblesses humaines & aux impressions des passions, tout ce qu'ils font d'ailleurs leur devient inutile, & ne mérite que du mépris. Tels sont les devoirs, que les *Védams* prescrivent à chacun de ces états. Du reste, un homme du monde, qui remplit parfaitement les devoirs de son état, & en particulier ce qu'il doit à Dieu, est préférable à tous les autres, qui ne prennent que l'ex-

---

(1) La religion & la morale des *indiens* prescrivent plusieurs autres devoirs aux gens du monde, & particulièrement à ceux qui sont engagés dans les liens du mariage. *Voyez* les éclaircissemens, n°. 7.

(2) La conduite & les principes de ces fanatiques insensés sont les mêmes que ceux des anciens samanéens, qui abandonnoient leurs femmes & leurs enfans. Les premières retournoient chez leurs parens, & les derniers étoient élevés & nourris par l'ordre du prince. Porph. *de Abstin.* page 407, 408.

(3) On reconnoît à cette manière de vivre les hylobiens qui formoient la seconde classe des samanéens, & passoient leur vie dans les bois. Strabon, *livre* 15, *page* 490.

(4) Cette ligne ou corde est appellée *dsandhem* & *pounanoul*. Dès l'âge de cinq ans, les brames commencent à la porter. *Voyez* Abraham Roger, c. 8. Elle est faite de fil de coton, & longue de cinq pieds deux pouces & demi. On la met en bandoulière. Les *bramassaris* ou novices brames, sont obligés encore de tenir à la main un bâton, & le paquet de feuilles vertes qui leur servent de plats, & d'avoir au doigt un brin d'herbes en forme d'anneau ; ils entourent leurs reins avec une plante appellée *manel*, & couvrent leurs parties avec un seul morceau de toile & de cuir de cerf, dont ils se servent pour s'asseoir ou le coucher. Bagavadam, *livre* 6. Observons encore que les jeunes brames portent une ligne qui n'a que trois fils composés de plusieurs autres simples, avec un seul nœud mystérieux, qu'on appelle nœud du dieu *Bramma*. Celle qui se confère la seconde fois au tems du mariage, a six fils & deux nœuds ; & à mesure que les brames ont des enfans, ils augmentent ces nœuds & ces fils jusqu'à une certaine quantité *Paganisme indien, manuscrit, partie* 1.

(5) *Abuzeid-el-Hacen-Sirafien*, auteur arabe de la seconde relation publiée par M. l'abbé Renaudot, appelle les pénitens *indiens, Bicar*, nom qui n'est évidemment qu'une altération du mot *Bikouko*. Ce voyageur nous apprend, que ces pénitens demeuroient nuds durant toute leur vie, & laissoient croître leurs cheveux, de manière qu'ils leur couvroient tout le corps. &c. &c. *Ancienne relation des Indes & de la Chine*, page 108.

térieur de leur état, sans en remplir les obligations.

Biache. Dites-moi ce que peuvent manger les *Saniassis*, & ceux qu'on appelle *Bikouko*, & ce qu'ils doivent observer à ce sujet?

Chumontou. Ces sortes de personnes doivent se présenter à la porte des gens du monde, mais ne doivent rien demander; si on leur donne quelque chose de bonne volonté, ils le prendront & le mangeront; si on ne leur donne pas, ils se retireront sans se fâcher & sans mot dire; tout de même ils ne se plaindront pas, soit que ce qu'on leur donne, soit bon ou mauvais. La mortification doit faire leur caractère & les accompagner par-tout. Ils ne doivent point boire de liqueurs enivrantes (1); ils jetteront un peu d'eau sur le riz qu'on leur aura donné, rendront graces à Dieu & le mangeront. Pour ceux qu'on appelle *Bikouko*, & qui sont dans l'état le plus parfait; ils ne seront astreints à rien à l'égard du manger; ils prendront également de la main d'un choutre, comme de la main d'un brame; ils mangeront indifféremment de tout, & il n'est rien dans le monde dont ils ne puissent manger (2). Voilà ce qui regarde les quatre castes. Ceux qui s'a donnent tout entiers & par profession à la connoissance de Dieu, & à l'étude de la vérité, sont dans l'état le plus parfait.

---

(1) Les anciens brachmanes s'en abstenoient. *Vid.* Strabon, *livre* 15, *page* 590. Clem. Alex. Strom. livre 3. page 451. Au tems de Marc Paul, les *indiens* n'avoient point encore l'usage du vin; & si quelqu'un parmi eux étoit surpris à en boire, il étoit regardé comme infame & incapable de témoigner en justice. Voyage de Marc Paul, *livre* 3, c. 25. Les brames regardent encore aujourd'hui l'ivrognerie comme un des cinq péchés capitaux. Abraham Roger, *page* 110. Un des cinq préceptes de *Xaca*, le Budda des japonois, est de ne point boire de liqueur forte. *Histoire du Japon*, tome 1, *page* 112. Il est presque inutile d'observer que le vin est chez les *indiens* du suc de palmier simple ou distillé. Ils ont encore quelques autres liqueurs enivrantes, dont les castes viles boivent ouvertement.

(2) On ne sera point faché de comparer ce qu'on vient de lire sur les devoirs des *saniassis*, avec un passage du *Bagavadam*, qui les concerne, & peut donner lieu à quelques réflexions. Le *saniassi*, dit l'auteur de cet ouvrage, n'aura d'autre vêtement qu'un morceau de toile, pour couvrir sa partie honteuse. Ayant tout abandonné, il ne portera qu'un bâton & une cruche; il ne pourra s'arrêter plus d'une nuit dans une ville ou village; il doit méditer les vérités du *Védam*, & ne jamais disputer. Un seul repas, avec un peu de riz & de lentilles, lui suffira. Il doit enfin souhaiter sa dernière heure & l'attendre avec joie. Si ce saniassi est plus courageux, il deviendra *paramanchen*, & quittera à sa volonté le bâton & la cruche. Il se fera *muet, imbécille & fou*? tout lui est égal. C'est ainsi que le fameux pénitent *Assagaviden* vécut dans le monde.

De l'enfer, ses différentes demeures, supplices qu'on y souffre proportionnés au nombre & à l'énormité des péchés. De la pénitence, ses qualités. Des bonnes œuvres. De l'amour de Dieu.

Biache. Je voudrois bien savoir ce que c'est que le *Patalam.* Daignez-m'en instruire?

Chumontou. Dans la partie inférieure, & au centre de la terre, est un lieu vuide de tout, qu'on appelle *Patalam.* Sa circonférence est ronde comme celle de la terre, dont il est entouré de tous côtés; il se divise en sept lieux différens, dont voici les noms: *Patolo, Otholo, Bitolo, Chutolo, Talatolo, Mohatolo, Rochatolo.* Dans le lieu appellé *Otolo*, sont des serpens sans nombre, tous enfans de *Quadrapia*, fille de *Dokio Prosapati.* La lumière n'y pénètre point, mais le diamant que chacun d'eux porte sur sa tête, dissipe par son éclat les ténèbres & la nuit. *Chib* & son épouse *Dourga* (3), accompagnés de leur cour ordinaire, composée de tout ce qu'il y a de démons, vont de tems en tems habiter le lieu qu'on appelle *Bitolo.* Le *Chutolo* est celui où le roi *Boli* a été exilé & où il fait sa demeure. Les géans habitent la ville appellée *Talatolo*, & y règnent en souverains. Le *Mohatolo* est rempli d'une autre espèce de serpens. Dans le *Rochatolo* sont les enfans de *Kalokia*, tous géans d'une grandeur & d'une force extraordinaire.

Le *Patalam* (4) est l'enfer situé au milieu de tous les autres, le lieu de supplice & la demeure des pécheurs. C'est-là que plongés dans le feu, ils brûlent & brûleront toute l'éternité. Un peu au-dessus, est une ville appellée *Chouzomeni*, où *Zomo*, roi des enfers, fait sa demeure, & d'où il ordonne & préside aux différens supplices qu'on fait subir à chacun des damnés. Voici un petit abrégé des tourmens qu'on y souffre. On y sera

---

Le froid, le chaud, les injures, les louanges, les richesses & la pauvreté, tout est indifférent. Bagavad. livre 7.

(3) *Dourga*, ou la vertu, fut mariée à *Chib*, pour faire entendre, suivant les *indiens*, que le bien & le mal, représenté par ce dernier, sont si intimement liés l'un à l'autre qu'ils ne peuvent exister séparément: en effet, s'il n'y avoit pas ce qu'on appelle *mal*, il ne pourroit conséquemment y avoir de *bien*. Il est cependant très-singulier que *Dourga*, ou la vertu, soit environnée d'une cohorte de démons, & vive au milieu d'eux dans les enfers.

(4) Ce mot signifie l'*abyme*, & désigne en général les enfers, comme celui de *surgam*, les cieux. « Cœur, » dit le brame Barthrouherri, qui descend quelque- » fois jusqu'au *patalam*, ou monte jusqu'au *surgam*, » & parcourt l'univers, pourquoi ne trouves-tu point » ce Dieu qui est dans toi-même? » *C. 7, prov. 9.*

plongé dans une éternelle nuit, pendant laquelle on n'entendra jamais que des gémissemens & des cris. On y sera étroitement lié. On y ressentira tout ce que peut causer de douleur l'instrument le plus aigre, dont on se sert pour percer & pour déchirer. Enfin, insectes, poisons, mauvaises odeurs, & tout ce qu'on imaginera de plus terrible, ne feront qu'une partie des supplices des damnés ; ce qui y mettra le comble, & qui les jettera dans le désespoir, sera l'éternité d'un feu (1) qui les brûlera sans les consumer.

Biache. N'est-il point de supplice affecté pour chaque péché en particulier, & tous les pécheurs doivent-ils être punis également.

Chumontou. Chacun le sera, suivant le nombre & la qualité des péchés qu'il aura commis. C'est pour cela, qu'outre le tourment du feu, commun à tous, il y a des supplices affectés pour chaque péché. Ainsi ceux qui accoutumés à la fraude & au larcin vivent aux dépens d'autrui, seront étroitement liés & livrés à la fureur des ministres du roi des enfers. Les femmes, qui aux dépens de la fidélité qu'elles doivent à leurs maris, se livrent à d'autres, seront ensevelies dans une nuit pleine d'horreur. Celui qui fait mourir un homme pour jouir de sa dépouille, & en enrichir sa famille, sera précipité dans le fond de l'enfer. Celui qui tue un brame, ou entretient une femme publique (2), sera abreuvé de fiel & de sang. Ceux qui sacrifient la bonne foi & la vérité à leurs intérêts, & qui auront porté de faux témoignages, seront déchirés par de cruelles morsures. Ceux qui, les armes à la main, auront tué un autre, seront eux-mêmes broyés dans l'enfer, & on les fera passer par des trous aussi petits que ceux d'une aiguille. Celui qui aura volé le bien d'un brame, sera abreuvé de poison (3). Celui qui ne reçoit point avec bonté les étrangers, & qui les regarde avec colère, aura les yeux rongés, & y ressentira la même douleur que celle qui est produite par la morsure d'un oiseau, en colère, & dont le bec est extrêmement affilé. Enfin, celui qui voit la femme d'autrui, éprouvera une peine qui répondra à la grandeur de son crime. Voilà une légère peinture des divers supplices de l'enfer. (4). Fais donc tes efforts pour ne pas y tomber, & pour t'éviter la douleur d'en faire un jour la cruelle épreuve.

Biache. Ce que vous venez de me dire de l'enfer & des supplices qu'on y souffre, me pénètre de terreur & de crainte ; donnez-moi un moyen de les éviter.

Chumontou. Ce n'est que par la pénitence, qu'il faut faire sans délai. Car celui qui attend la mort, la fera pendant l'éternité dans l'enfer. Pour que la pénitence soit fructueuse, elle doit renfermer une volonté pleine & sincère de ne plus retomber dans le péché, sans quoi elle est tout-à-fait inutile. Chercher à obtenir le pardon de ses péchés par la pénitence, & conserver en même tems la volonté d'y retomber, c'est ressembler à un éléphant qu'on conduit au bord du fleuve pour le laver, & qui au sortir de l'eau court se vautrer de nouveau dans la boue. Que sert-il en effet de faire de vaines & stériles promesses, & d'avoir seulement l'extérieur de la vertu aux yeux d'un Dieu, qui sonde notre cœur, & qui en connoît les replis les plus cachés ? Commence par faire une résolution ferme & sincère de ne plus pécher, si tu veux que j'acheve de t'instruire des qualités que la vraie pénitence exige. Il n'y a que Dieu qui puisse nous pardonner nos péchés. Cherche donc à implorer sa miséricorde par tes prières, à te l'attirer par tes bonnes œuvres, & à la mériter par ton amour pour lui.

Biache. Qu'est-ce qu'une bonne œuvre ? qu'est-ce que l'amour de Dieu ? en quoi consiste-t-il ?

Chumontou. Faire ce qui nous est ordonné par le *Védam*, & de la façon dont il nous le prescrit, voilà ce qu'on appelle une bonne œuvre. Pour l'amour de Dieu, il en est de quatre espèces. Celui qui tient le premier rang est l'amour parfait, il consiste à aimer Dieu au-dessus de tout, & à l'aimer pour lui-même, sans désirs, sans intérêt personnel. Travailler à vaincre ses passions, mettre son plaisir à méditer les grandeurs de

---

(1) Les philosophes de l'Inde ne croyent pas à l'éternité des peines. « Les méchans, selon l'auteur d'un » Shafter, que M. Dow nous a fait connoître, seront » punis dans l'enfer pendant un certain espace de tems, » après lequel il sera permis à leurs ames d'aller cher- » cher de nouvelles habitations de chair ». Les *indiens* ne semblent point prendre les mots *éternel*, *toujours*, dans le même sens que nous leur donnons.

(2) Le Bagavadam dit seulement, que ceux qui couchent pendant le jour avec des courtisanes, seront obligés de marcher sur des épines.

(3) Il sera scié, suivant le Bagavadam ; & s'il a outragé ces mêmes brames, on le coupera en morceaux.

(4) Quelques-uns de ces supplices diffèrent de ceux dont il est parlé dans le Bagavadam. Ces derniers sont en général plus rigoureux. On trouve aussi dans ce livre, des punitions décernées à certains criminels, qui ont été oubliées par Chumontou ; par exemple, ceux qui auront maltraité les vieillards ou les enfans, seront jettés au feu dans des marmites de fer, livre 5. L'humanité des *indiens* se manifeste bien par cette peine !

Dieu, & à chanter ſes louanges, eſt le propre de l'amour de Dieu, mais d'un amour moins parfait que le premier, parce qu'il n'eſt pas tout-à-fait exempt de deſir & d'intérêt. Etre ſujet aux paſſions, en éprouver le joug & l'empire, mais ſe réſerver toujours des momens pour recourir à Dieu, & célébrer ſes grandeurs, & encore aimer Dieu, mais c'eſt l'aimer d'une manière moins parfaite; ainſi cet amour doit être mis au troiſième rang. Enfin la quatrième eſpèce d'amour eſt bien foible, & n'en mérite preſque pas le nom; c'eſt celui de ceux qui ſe livrent au crime ſans peine & ſans ſcrupule, & qui n'adreſſent des vœux à Dieu que pour obtenir l'objet de leurs deſirs.

De la méditation. Comment on doit méditer; ſur quoi. Des temples. Ce qu'on doit appeller le temple de l'ame.

Biache. Qu'eſt-ce que la méditation, comment faut-il s'y prendre pour la faire, & comment peut-on parvenir par-là à la connoiſſance du vrai?

Chumontou. Il faut pour cela s'éloigner du monde & de ſes embarras. Un homme qui veut s'adonner à ce ſaint exercice pour parvenir à la connoiſſance de Dieu & de la vérité doit ſe retirer dans les bois, dans un temple, ou au moins dans la maiſon d'un homme vertueux, où le monde n'a point d'accès; & là, loin du bruit & du tumulte, il méditera ſur l'eſſence de Dieu & tâchera de la connoître. Il eſt indifférent d'être debout ou aſſis; mais on doit tenir ſes mains élevées vers le ciel, & avoir les yeux fermés, afin qu'aucun objet extérieur ne vienne partager notre attention & nous diſſiper. Ainſi recueillant tous ſes ſens & ſon attention pour la fixer uniquement ſur Dieu, on viendra à bout de parvenir à la connoiſſance de cet Etre, quoiqu'inviſible, en le diſtinguant de tout ce qui n'eſt pas lui-même.

Voici comment il faut s'y prendre: c'eſt Dieu, ſe dira-t-on à ſoi-même, c'eſt Dieu qui a créé la terre, les élémens & tout ce qui ſubſiſte. C'eſt lui qui a créé les ſens intérieurs & extérieurs; c'eſt lui enfin qui a créé notre ame & qui l'a placée dans nos corps; mais toutes ces choſes-là ne ſont pas une même choſe, & ont une différence entr'elles. La terre eſt différente de l'eau, l'eau eſt différente de la lumière & de l'air, celui-ci l'eſt auſſi du vent. De même notre ame & notre corps ne ſont pas une même choſe, & diffèrent beaucoup entr'eux. L'orgueil & les autres paſſions ont leur principe dans notre ame & ſont enfantés par la volonté. Cependant elles ne ſont point notre ame. La couleur eſt une qualité propre du corps & non pas de l'ame; de même l'Etre ſuprême eſt un être particulier. Il voit tout, il eſt répandu par-tout, il eſt cependant différent de tout & ne ſouffre aucun mélange. Le monde a été créé par un acte de ſa volonté. Il a créé la *Prokriti* & ſon époux pour donner par leur moyen la naiſſance aux hommes; mais l'un & l'autre ſont différens de lui. C'eſt ainſi qu'en prenant l'eſſence de chaque choſe, & les enviſageant par ce qui les diſtingue les unes des autres, on vient à connoître l'eſſence de Dieu & à le diſtinguer de tout ce qui n'eſt pas lui.

Biache. Vous avez dit que pour méditer ſur l'eſſence de Dieu, il falloit ſe retirer dans un de ſes temples. Dites-moi donc ce que vous entendez par un temple, & pourquoi en aſſignez-vous un à celui qui eſt inviſible de ſa nature & qui étant également répandu par-tout, n'habite aucun endroit d'une manière plus particulière?

Chumontou. Les lieux, où les hommes vertueux ſe raſſemblent pour chanter ſes louanges ou pour lire le *Védam*, ſont ceux, où Dieu ſe plaît à ſe manifeſter, & où il ſe montre d'une manière bien plus ſenſible que dans tous les autres; ce ſont les temples.

Biache. Qu'eſt-ce que l'ame? & quelle différence y a-t-il entre elle & le corps?

Chumontou. L'ame eſt éternelle dans ce ſens qu'elle ne doit point avoir de fin; elle ſeule eſt capable de vice & de vertu; elle eſt répandue dans notre corps; c'eſt le preſtige qui l'y conduit. Elle l'anime & dirige ſes mouvemens, à-peu-près comme un habile cocher conduit ſon char, en régle tous les mouvemens & le fait aller où il veut.

De la Méditation.

Biache. J'ai enſeigné aux hommes une façon de méditer moins abſtraite, & plus ſenſible, d'autant plus qu'elle ne roule que ſur les corps dont il eſt plus aiſé de ſe former une idée, & qu'on peut avoir ſous les yeux. Il n'eſt beſoin pour cela d'aucun raiſonnement. Voici ce que je leur ai dit: *Bramma*, l'Etre ſuprême, parut autrefois ſous la figure d'un poiſſon (1). On n'a donc qu'à ſe repréſenter l'Etre ſuprême ſous cette figure. Cette manière de méditer eſt, comme vous voyez, aiſée & commode, & on peut jouir en même tems de la vue de la divinité.

Chumontou. Comment as-tu forgé cette fable? raconte la moi.

Biache. Le déluge, qui arrive toujours à la

---

(1) C'eſt une incarnation de *Vichnou*, ſuivant l'opinion commune des *indiens*, qui en attribuent vingt principales à ce dieu. *Voyez* les éclairciſſemens, n°. 8.

fin de chaque âge, est appellé la *nuit & le sommeil de Bramma* (1), l'Etre suprême. Pendant ce sommeil, toutes les sciences furent submergées. C'est pour les retirer & les rendre aux hommes, que l'Etre suprême se changea en poisson, & naquit dans une rivière. *Sobono*, brame de naissance, fut prendre un bain dans cette rivière, & après il versa de l'eau en l'honneur de ses ancêtres, selon la coutume (2), avec le vase dont on se sert en pareille occasion. L'Etre suprême, né sous la figure d'un poisson, *chaprori*, sauta dans le vase. Le brame porté d'inclination à faire du bien à tous les animaux, le conserva avec soin, & remplit son vase d'eau pour qu'il y pût subsister. Cependant le poisson crut d'une manière si prodigieuse, que le vase ne put plus le contenir. Quelle est cette merveille, dit le brame, étonné & pénétré de crainte? Il en fut faire rapport au roi, & lui donna ce poisson. Le roi le reçut avec respect & le mit dans une barque. Continuant à croître, le poisson devint d'une grandeur si prodigieuse, qu'il inspira de la terreur à tout le monde. Le roi en fut saisi comme les autres, lui rendit ses hommages, & lui adressa la parole en ces termes: Qui êtes vous, seigneur, d'où venez-vous, & quelle raison vous amène ici? Votre vue jette par-tout la terreur, & tous mes sujets ont déja déserté le pays. Ne craignez point grand roi, je suis l'Etre suprême, je suis l'Eternel, répondit le poisson. Les *Védams* ont été submergés: Je viens pour les sauver & les remettre entre les mains des hommes. A ces paroles le roi adora profondément le dieu poisson & s'en alla. Peu de tems après ce poisson tira les *Védams* de l'eau & mourut. (3). Telle est en abrégé l'incarnation en poisson.

Chumontou. Que viens-tu de dire, ô le plus insensé de tous les hommes & le plus entêté! Je veux bien cependant t'instruire là-dessus, & te faire comprendre toute l'absurdité de tes rêveries. Si ce poisson est l'être suprême, pourquoi se donner la peine de tirer les *Védams* des eaux? Sa parole est la parole de vie, c'est le *Védam*, il n'avoit qu'à parler. Tu as dit toi-même que dans le déluge tout périt. Pourquoi places-tu un brame sur le bord d'une rivière, & dans quel pays du monde subsistoit le roi qui vint rendre ses hommages au poisson, lequel est, comme le reste des animaux, sans parole & sans connoissance? Comment donc lui fais-tu lier conversation avec le roi? Si tu donnes le nom d'Etre suprême à ce poisson à cause de sa grandeur, pourquoi ne donnes-tu pas aussi le même nom aux éléphans & aux montagnes? Si ce que je viens de te dire, ne suffit pas pour te détromper, je ne sais plus comment m'y prendre pour te faire revenir. Ce qu'il y a de plus fâcheux, c'est que tu jettes tous les hommes dans l'erreur, & je ne sais pas comment tu pourras obtenir le pardon d'un péché aussi énorme & qui entraine de si terribles suites. Ecoute donc la vérité que je t'annonce, & règle désormais là-dessus tes sentimens & ta conduite. Les poissons, ni le reste des animaux, les différentes statues de bois, de terres, de pierre, ou de quelque matière que ce soit, ne sont & ne furent jamais des dieux. Je ne saurois trop le répéter & te le dire; heureux si enfin je puis te faire comprendre & convenir que c'est une folie & une impiété de leur rendre les honneurs qui ne sont dus qu'à la Divinité!

Biache. Quelles sont les louanges qui conviennent à l'Etre suprême, & que je dois lui adresser?

Chumontou. Louer un homme, c'est exalter le peu de bonnes qualités qu'il peut avoir pour l'élever au-dessus des autres. Comment louer donc celui qui est au-dessus de toute louange, parce qu'il est infiniment au-dessus de tout, & qu'on ne peut le comparer à rien sans l'avilir? Cela ne doit pas nous empêcher de chanter ses louanges & de célébrer ses grandeurs, autant que notre foiblesse & notre ignorance peuvent nous le permettre; nous devons même en faire notre principale occupation.

Des louanges de Dieu.

Biache. Je sais que *Marcondéo* (1) & les autres pénitens qui vivoient avec lui, s'occupoient à chanter les louanges de Dieu. Quels sont les termes dont ils se servoient pour cela? Ayez la bonté de me les rapporter, pour que je puisse m'en servir moi-même.

Chumontou. Auprès de la montagne appellée *Nilo*, & sur les bords de la mer, vivoient nombre de pénitens, qui tous animés d'une vraie piété, n'avoient d'autre occupation ni d'autre plaisir que de louer Dieu & le glorifier. Voici la

---

(1) Ce dieu dormit pendant mille grands siècles, & après ce tems il se réveilla, & créa de nouveau le monde. Bagavadam, livre 1.

(2) C'étoit celle des égyptiens, adoptée par les grecs, qui n'oublioient jamais dans les funérailles, cette sorte de libation ou effusion d'eau. Sophoc. Elect. 5. p. 436. Athen. livre 9, page 409. &c.

(3) Suivant le Bagavadam, livre 8, le géant *Aycriben* ayant enlevé les *Védams* qui sortoient, pendant le sommeil de *Bramma*, par sa respiration, *Vichnou*, sous la forme d'un poisson, reprit ces livres sacrés, après avoir tué *Aycriben*.

(4) Un des plus célèbres pénitens indiens; *Vichnou* lui révéla l'état dans lequel le monde seroit à sa destruction. Bagavadam, livre 12.

prière

prière qu'ils lui adreſſoient à chaque inſtant du jour & de la nuit (1) : « Adoration à l'Etre ſuprême ! C'eſt vous, grand Dieu, qui êtes la pureté même, & qui pouvez ſeul nous purifier de nos péchés ! Vous êtes ſans principe, vous n'aurez jamais de fin ; vous ſeul méritez l'hommage de toutes les créatures ; c'eſt auſſi à vous ſeul qu'elles les adreſſent. Tout eſt éternel dans vous ; tout y eſt immuable. Vous n'êtes point ſujet au changement, & vous n'admettez point de mélange. Vous êtes l'ame par excellence, parce que vous donnez la vie à tout, & que vous la conſervez (2). Pénétrés de reſpect & de reconnoiſſance, nous vous conſacrons notre culte, nous vous adreſſons nos vœux. Vous êtes l'Eternel & l'Etre qui par ſa nature eſt infiniment au-deſſus de tout. Vous êtes l'Etre infiniment heureux & heureux ſans changement & ſans viciſſitude. Recevez nos adorations & nos hommages. Nous ne ceſſerons de vous les offrir. Seul auteur de toutes choſes, rien n'exiſte que par vous. Nous avons tout reçu de vous. Acceptez dans votre miſéricorde le tribut de reconnoiſſance que nous vous en rendons. Vous êtes l'Auteur du *Védam*, & vous en donnez la connoiſſance. Nous vous offrons nos adorations, & vous reconnoiſſons pour notre Maître & notre Dieu. Vous ſoutenez toutes choſes & n'avez beſoin de rien pour vous ſoutenir. Vous êtes le principe de toutes choſes, & vous êtes vous-même ſans principe. Vous êtes le Maître du monde, & vous n'avez ni maître ni égal. Vous êtes le père de tous les hommes, mais vous n'avez jamais eu ni père ni naiſſance. Vous méritez ſeul notre amour & nos hommages. Nous vous les offrons & nous vous les conſacrons. Seul Auteur de notre être, la mort, la vie ſont entre vos mains, & vous pouvez à votre gré abréger ou prolonger le nombre de nos jours. Seul Maître de toutes choſes, tout dépend abſolument de vous, parce que c'eſt de vous ſeul que tout a reçu l'être. Seul grand, vous n'avez ni ne pouvez avoir d'égal. Quoiqu'inviſible de votre nature, tout publie votre puiſſance & votre grandeur. Recevez, grand Dieu, nos adorations & nos hommages, & accordez-nous l'objet de nos vœux » ! Voilà la prière de *Marcondeo* & des pénitens qui vivoient avec lui.

---

(1) Les anciens philoſophes *indiens* paſſoient la plus grande partie du jour & de la nuit à louer Dieu & à le prier. Porph. *de Abſt.* liv. 4, p. 406. Pallad. *de gent. Ind.* p. 16.

(2) M. l'abbé Mignot cite ces paroles : *vous êtes l'ame par excellence*, &c. & les rapporte avec raiſon au ſyſtême de l'ame du monde. *Acad. des inſc.* t. 31, p. 241. Voyez les éclairciſſemens, n°. 9.

Philoſophie anc. & mod. Tome II.

Biache. Je ſerois encore curieux de ſavoir la prière du pénitent *Sobono*, qui habitoit l'hermitage appellé *Boderico*.

Chumontou. La voici : « Dieu, qui daignez jetter vos regards ſur ce qu'il y a de plus vil & qui ne refuſez perſonne de tous ceux qui implorent votre protection & votre ſecours ; c'eſt à vous que s'adreſſent mes adorations & mes vœux ! Dieu qui en communiquant aux hommes un rayon de cette lumière qui vous environne, diſſipez en un inſtant leurs ténèbres & leur ignorance ! Dieu qui formez les contemplatifs & qui fixez toute leur attention ; Dieu, qui êtes le maître de l'univers, le Roi des rois, le Seigneur des ſeigneurs, vous ſeul pouvez remplir nos deſirs & nos vœux ; vous ſeul méritez nos adorations & nos hommages ! Dieu, qui poſſédez ſeul toutes les perfections & toutes les vertus, qui êtes le principe & la ſource de tout ce qu'il y a de vertu parmi les hommes, Dieu ſouverainement heureux, ſeul Maître & ſeul Soutien de tout ce qui exiſte, recevez mes adorations, & fixez ſeul mes deſirs & mon cœur (3) » ! Telle eſt la prière que *Sobono* faiſoit à Dieu trois fois par jour. Imite une une conduite ſi ſage, au lieu de t'attacher, comme tu as fait juſqu'ici, à tant d'œuvres purement extérieures, qui ont été, ou toujours criminelles, ou du moins ſtériles & infructueuſes : adonne-toi tout entier à la connoiſſance de l'Etre ſuprême & à la méditation de ſes grandeurs. Tu découvriras dans lui des perfections qui raviront ton cœur & le fixeront. Puiſſé-je donc te l'inculquer à force de te le dire ! Adore Dieu, adore Dieu à tout moment ! Lui ſeul mérite nos adorations & notre amour. Fais-toi donc aujourd'hui une loi inviolable de ne t'attacher qu'à lui. La vie eſt de peu de durée. Malheur à celui qui n'en profite pas pour pratiquer la vertu qui eſt le ſeul bien qui puiſſe nous ſurvenir, & le ſeul dont nous pourrons jouir. La mort eſt aſſurée, perſonne n'en doute ; mais perſonne ne ſait le moment auquel il doit mourir. Ce qu'il y a de certain, c'eſt qu'elle nous frappera indifféremment dans quelqu'état qu'elle nous trouve, ſoit de péché, ſoit de vertu. Fais tes réflexions là-deſſus, & vois le parti que tu dois prendre.

Du naturel de l'homme & de ſes penchans. Des êtres capables de péchés ; & pourquoi les bêtes qui ne peuvent pécher, ſont ſujettes à la peine & à la douleur.

Biache. Je ſuis enchanté de ce que je viens

---

(3) Les prières philoſophiques qu'on vient de lire, doivent être diſtinguées de celles du peuple qui ſont

d'entendre des grandeurs de Dieu, & de la manière de l'adorer & de célébrer ses louanges. Vous ne m'avez rien laissé à desirer sur ce sujet. A présent je voudrois savoir ce qu'on doit entendre par le mot d'*inclination* ou de *penchant?*

Chumontou. Il en est de deux especes, les unes sont accidentelles, les autres naissent avec nous. Celles qui sont accidentelles, peuvent se détruire, & se détruisent en effet par l'habitude qu'on se fait du vice ou de la vertu. Celles qui naissent avec nous, sont inhérentes à notre nature, & ne nous quittent jamais. Voici ce qu'on doit entendre par inclination accidentelle. La *Prokriti*, c'est-à-dire, la premiere femme, a donné naissance, ou plutôt les hommes ses enfans ont hérité d'elle trois penchans différens, exprimés par ces trois mots, *choto, rosos, tomo*. Le premier nous porte à la vertu ; le second à amasser des richesses & à nous agrandir ; le troisième nous porte au péché. L'idolatrie & nos vices détruisent tout-à-fait l'inclination qu'on a pour la vertu. De même l'habitude, qu'on se fait de la vertu, détruit insensiblement le penchant aux richesses & au péché, & augmente celui qui nous porte au bien. Ainsi les penchans ne sont point permanens, & se détruisent mutuellement les uns les autres. Pour les inclinations de naissance ou le naturel, il est commun aux bêtes comme aux hommes, il est permanent & ne nous quitte jamais.

Biache. Quels sont ceux qui sont capables de péchés, & qui s'en rendent coupables dès qu'ils le commettent ?

Chumontou. Tout ce qui a de la connoissance est capable de péché, & tout ce qui n'en a pas, en est incapable & ne péche point.

Biache. Qu'est-ce que vous appellez connoissance, & quels sont ceux qu'on peut dire en avoir en effet ?

Chumoutou. On distingue trois especes de connoissances, la permanente, la chancelante & la radicale. La permanente nous rend capables de raisonnement, d'examen, de mémoire, nous fait comparer une chose avec une autre, & distinguer le bien d'avec le mal. C'est le partage de l'homme raisonnable, & elle le rend capable de péché & de vertu. La chancelante est celle qui se trouve dans les enfans ; ce ne sont que quelques lueurs passagères qui leur font connoître certaines choses, mais qui ne sont ni assez lumineuses ni assez permanentes pour les rendre raisonnables, & par-là capables de péché. La radicale se trouve dans les fous ; c'est-à-dire,

prescrites par la liturgie *indienne. Voyez*, sur ces dernières, les *éclaircissemens*, n°. 10.

qu'étant raisonnables de leur nature, ils ont dans eux le principe de la connoissance, mais qu'ils n'en jouissent pas. La connoissance des bêtes est à-peu-près de même genre. Elle leur apprend ce qui est nécessaire pour la conservation de leur espece & rien au-delà.

Biache. Qu'est-ce que vous appellez raisonnement, examen, mémoire, & quels sont ceux qui en sont capables ?

Chumontou. Un homme, qui dans une question controversée, fait découvrir de quel côté se trouve la vérité, qui dans une dispute ou un procès entre deux personnes pèse les raisons de l'une & de l'autre, & enfin se détermine pour le parti de la justice & de l'équité ; cet homme est capable d'examen & de raisonnement. La mémoire consiste à conserver & à rappeller, quand on veut, le souvenir d'une chose qu'on nous a dite il y a long-tems. Voilà ce qui regarde les différentes especes de connoissances. Il n'en est qu'une, celle qui est permanente, qui nous rende capable de péché. Celle dont jouissent les enfans, les vieillards, les fous & les animaux, n'est pas suffisante pour rendre capable de péché. Ainsi, toute personne qui est en enfance, ou qui est parvenue à une grande vieillesse, les fous & ceux qui sont attaqués d'une maladie qui ôte l'usage de la raison, les animaux enfin de quelqu'espece qu'ils puissent être, ne pèchent point, & quoi qu'ils fassent (1), ils ne sont jamais coupables devant Dieu.

Biache. Si les bêtes sont incapables de péché, pourquoi donc sont-elles sujettes à la peine & à la douleur ? pourquoi en voit-on de grandes & de petites ? quelle est la cause de cette différence ?

Chumontou. Dieu, en créant les hommes, a tout créé pour leur utilité. Les animaux ont été créés pour les servir Les arbres, les plantes, les fruits & tout ce qu'il y a sur la terre, tout a été fait pour servir à leurs besoins.

La peine & la douleur qu'éprouvent les animaux est inséparable de leur état, puisqu'ils sont faits pour servir les hommes ; mais elle n'est dans eux ni l'effet, ni la suite du péché. En voici la raison : La peine du péché est éternelle de sa nature, & les peines qu'éprouvent les animaux ne sont que passageres. Pour ce qui est des arbres,

---

(1) Ils ont cependant, suivant les *indiens*, une ame de la même nature que celle des hommes. Abraham Roger, *page 91, 92*. Lettres édifiantes, *tome 23, page 178*. Cette opinion est reçue dans le Japon, par ceux qui suivent la religion de Budda. *Hist. du Japon, page 3, tome 1*.

&c. comme ils n'ont pas d'ame (1), ils sont tout-à-fait incapables de péché. Quelque vil & méprisable que soit un homme, il a reçu une ame toujours raisonnable. Son penchant le porte au péché, il s'y livre, & après la mort il en porte éternellement la peine. Il en est de même de la vertu. L'homme de bien la pratique pendant sa vie; l'instant de la mort est le moment heureux (2) où il commence à en goûter les fruits, & à en jouir pendant toute l'éternité.

Du paradis. De l'incarnation de Vichnou en Chrixnou.

Biache. Faites-moi part, seigneur, de ce que vous savez du lieu qu'habite l'Etre suprême?

Chumontou. Tu me demandes là une chose qui est au-dessus de la portée des hommes & de leurs connoissances. Je t'en dirai cependant quelque chose, pour te faire comprendre la grandeur du bonheur qu'on y goûte. Le lieu qu'habite l'Etre suprême, est le lieu par excellence. Il n'a point son egal. On y entre par quatre portes. Les murailles en sont d'or, mais de l'or le plus pur (3). Les plaisirs qu'on goûte dans ce lieu, sont des plaisirs tout spirituels, qui ravissent l'ame & remplissent tous ces désirs, des plaisirs purs & sans mélange, des plaisirs d'autant plus doux & d'autant plus sensibles qu'on ne craint plus de les perdre, parce qu'on n'est plus sujet à la douleur ni à la mort. Ce qu'il y a de plus distingué dans le monde, souhaite d'y avoir place. Mais il n'y a que la vertu qui nous y donne entrée. Les justes & les amis de Dieu y sont seuls admis. Le bonheur, dont on jouit dans ce lieu fortuné, est toujours egal. Il remplit le cœur sans le rassasier. Sûrs de l'immortalité, ses heureux habitans ne craignent ni les accidens, ni les vicissitudes. Ils jouissent de Dieu; voilà la mesure de leur bonheur. Ils sont assurés d'en jouir toujours; en voilà le comble (4). Tout est donc éternel dans ce lieu de délices. Le déluge & les autres événemens, qui désolent la terre & font tout périr, ne s'y font point sentir. Le soleil ne porte point là sa lumière. C'est Dieu même qui l'éclaire (5), & qui en a banni toujours les ténèbres & la nuit. Enfin, tout ce qui peut contribuer au bonheur de l'homme, tout ce qui peut assurer sa félicité, se trouve dans cet heureux séjour. Tel est le lieu qu'habite l'Etre suprême. C'est-de-là qu'il crée toutes choses, & qu'il gouverne tout ce qu'il a créé.

Biache. Vous m'avez dit que l'Etre suprême n'a point de corps; il est donc inutile & hors de propos de lui assigner une demeure; il en faut une à tout corps qui a une figure; mais elle est inutile à celui qui n'en a point.

Chumontou. Ce lieu fortuné, dont je viens de te parler, est celui qu'habitent les amis de Dieu, & où ils jouissent de sa présence. Ce Dieu de bonté les aime jusqu'à mettre sa complaisance à faire leur bonheur. C'est donc en faveur des justes, que Dieu a fait ce lieu de délices. Il a voulu que ce fût le séjour de tous biens, & qu'ils en puissent jouir toute l'éternité.

Biache. J'ai parlé différemment du lieu qu'habite l'être suprême. J'ai dit qu'il s'appelloit *Brindabonou*, qu'il est situé au milieu de la terre, & que c'étoit le lieu par excellence. C'est-là en effet, que *Chrixnou* a pris naissance. Ce *Chrixnou* est l'être suprême. Dans le *Zomboudipo* est un pays appellé *Baratoboicho*, où est situé le *Brindabonou*, & dans ce lieu l'on jouit des plaisirs éternels. Il a plus d'étendue que le *Chvarguam* même. Il est d'une beauté à enchanter. Il est éternel, & n'a point de semblable. Ce lieu de délices est habité par des bergers & des bergères. On les y compte par milliers. Le principal de tous les bergers est *Noudo*, qui fut père nourricier de *Chrixnou*.

Au nord de cet endroit, est la ville *Moduxa*. *Onguochino* regnoit dans cette ville. Son fils Concho l'en chassa, s'empara de la royauté, & exerça pendant long-tems des injustices & des

---

(1) Des philosophes *indiens* donnent cependant à toutes les plantes une ame. *Voyez* la profession de foi faite par un brame, &c. & rapportée par Abrah. Rog. *page* 130. Cette opinion tire son origine du système de la métempsycose. Les plantes servent d'habitation aux ames des grands pécheurs. *Ouvr. cit.*

(2) Le tems de vie étoit pour les anciens sages de l'Inde, l'état du fœtus enfermé dans le sein de sa mère, & la mort, une naissance à une vie véritable & heureuse. Strabon, *livre* 15, *page* 490. Ils déploroient le sort de ceux qui étoient encore obligés de demeurer dans ce monde, & regardoient comme heureux ceux qui en sortoient, parce qu'ils alloient jouir de l'immortalité. Porph. *de abstin. livre* 4, *page* 411.

(3) On pardonnera aisément à notre auteur ces portes, ces murailles d'or, en faveur de ce qui suit.

(4) L'auteur du Bagavadam n'a pas eu d'aussi belles idées sur le bonheur des justes, auxquels il en fait espérer un inexprimable pendant 10.000 ans. Chacun d'eux aura lui seul autant de force que 10,000 éléphans réunis; & il sera aussi beau que *Manmaden*, le Cupidon des *indiens*. Bagavad. manusc. *liv.* 4, *pag.* 96.

(5) Suivant les anciens sages de l'Inde, Dieu est une lumière, d'une nature cependant différente de celle du soleil & du feu. Origen. *philosoph. page* 59. *Voyez* sur ce passage, Beausobre, hist. du manich. tome 1, *page* 467. Plusieurs brames soutiennent seulement que Dieu habite une lumière inaccessible, de laquelle il ne sort jamais. Couto cont. de Barros. Dec. 5, livre 6, chap. 4.

cruautés inouies. La terre, ne pouvant plus soutenir sa tyrannie, prit la figure d'une vache, s'en fut trouver *Bramma* à quatre visages, lui rendit ses hommages & lui dit : Créateur de toutes choses, c'est à vous que je dois l'être, comme tout ce qui subsiste, c'est donc à vous à me protéger. *Concho*, livré au crime & à l'iniquité, me tient dans l'oppression. Je ne puis plus supporter sa tyrannie. Ce *Concho* encense vos autels, donnez lui donc vos ordres, & mettez fin à mes maux. *Bramma* outré de colère, s'en fut avec la vache trouver *Roudro*, lui raconta ce qu'il venoit d'entendre, & tous les trois prirent la résolution d'aller en faire leur rapport à *Vichnou*, l'être suprême.

Etant arrivés en sa présence, ils se prosternerent devant lui, lui rendirent leurs hommages. La terre lui adressa alors la parole en ces termes : Vous écoutez toujours avec bonté les vœux qu'on vous adresse : je viens dans mes malheurs implorer votre miséricorde, & vous prie de les faire finir par la mort de *Concho*, le plus malheureux de tous les hommes. A ces paroles, *Vichnou* l'être suprême, s'adressa à *Bramma*, & lui dit : N'avez-vous pas accordé autrefois quelque grace particulière à ce *Concho* ? quelle est-elle ? Bramma lui raconta tout en détail, disant que la grace qu'il lui avoit accordée, consistoit en ce qu'il ne pourroit être mis à mort que par un autre que son neveu. Incarnez-vous donc, ajouta-t-il, dans le sein de *Doiboki*, sa sœur, car il n'est point d'autre moyen de le faire périr. *Vichnou* exauça leurs vœux, & prit aussi-tôt la résolution de s'incarner dans le sein de *Doiboki*, épouse de *Bochudebo*, le plus distingué des marchands de son pays. *Concho* en ayant été averti, mit des gardes à leurs portes, & ordonna qu'on mît aux fers *Bochudebo* & *Doiboki*. Peu de tems après, *Doiboki* enfanta heureusement ; mais dans la crainte que *Concho* ne fît périr l'enfant, on le transporta dans son village appellé *Gocoulan*. *Zochoda*, épouse de *Noudo*, venoit dans le même instant de mettre au monde une fille. On prit cette fille & on mit l'enfant à sa place. Comme *Zochoda*, dans le tems de ses couches, étoit restée ensevelie dans un profond sommeil & qu'elle ne savoit pas si elle avoit accouché d'un garçon ou d'une fille ; elle ne s'apperçut pas de l'échange qu'on venoit de faire, & regarda toujours le petit *Chrixnou* comme son propre enfant. *Concho* ayant appris la nouvelle des couches de *Doiboki*, ordonna qu'on lui apportât l'enfant. Mais cet enfant, en qui résidoit l'être suprême, étoit à *Gokoulan*, dans la maison de *Noudo*. Il échappa par-là à sa fureur, qui tomba toute sur la petite fille qu'on lui avoit substituée. Le petit *Chrixnou* passa son enfance dans les jeux & les divertissemens, propres à son âge. Il mettoit son plaisir à voler du petit lait, & à le partager

ensuite aux bergers, ses amis. L'âge plus avancé fut consacré au libertinage & à la plus honteuse dissolution. Il ne respecta pas même les personnes qu'il auroit dû respecter, comme sa propre mere. Il les enleva, & en jouit avec une liberté entière. Ce n'est pas ici le lieu de vous révéler tout ce qu'il a commis en ce genre, je n'oserois même pas le faire. Quelque tems après, il fut à *Modura*, tua *Concho* de sa main, & rendit la couronne à *Onguochino*. Le tems de se marier étant venu, il enleva de force *Roukini* & plusieurs autres. Le nombre de ses femmes monta jusqu'à seize mille, dont il eut nombre d'enfans, qu'il vit marier sous ses yeux. Ce *Chrixnou* lui-même subit enfin les loix de la mort, ayant été percé par la flèche d'un chasseur. Son frère *Boloramo* le suivit de près. Voilà un petit abrégé (1) de l'histoire de *Chrixnou*, qui est une incarnation de l'être suprême.

Réfutation de l'incarnation de **Vichnou.** *Du pardon des péchés.*

Chumontou. Tu dis d'abord, que le *Brindamonou* étoit l'endroit qu'habitoit l'être suprême, & que c'étoit un lieu où tout étoit éternel. Si cela est, pourquoi y voit-on mourir les hommes comme ailleurs ? Tout est en effet éternel & immuable dans le lieu qu'habite l'Etre suprême ; mais il ne fit jamais de la terre le lieu de son séjour. Tu as dis que la terre avoit pris la figure d'une vache. La terre est un élément sans vie. A qui donc feras-tu croire une pareille impertinence ? & si elle eût pris cette forme, que seroient devenus ses habitans ? Il n'a fallu à l'Etre suprême qu'un acte de sa volonté pour créer le monde ; & il ne faut de même qu'un acte de sa volonté pour le réduire en cendres ; lui en eût-il donc fallu davantage pour faire périr une créature ? C'est raisonner en insensé que de lui faire prendre pour cela une semblable figure, & de le faire incarner dans le sein de *Doiboki*.

Dieu est le maître duquel tout dépend, & à qui tout obéit, il commande au vent & au soleil. Il fait entendre sa voix aux êtres même inanimés ; il leur donne ses ordres & les fait exécuter. Cependant tu nous le représentes tremblant devant une de ses créatures, allant se cacher dans la maison d'un berger, pour se mettre à couvert de sa fureur. Les occupations que tu lui donnes ne sont pas plus dignes de lui. Tu lui fais passer sa première enfance à garder les vaches & à voler du lait. Comment ne rougis-tu pas de donner des inclinations si honteuses à celui que tu prends pour l'être suprême ? Enlever

___

(1) Il s'accorde assez avec tout ce qu'on lit dans les 10e. & 11e. livres du Bagavadam.

par force une femme, passa toujours pour une infamie, & tu la fais commettre à celui que tu regardes comme ton dieu. Plein d'horreur pour le vice, Dieu en est le vengeur, & tu ne le fais paroître sur la terre que pour y donner des exemples de libertinage & de prostitution. Dieu a créé la vertu, c'est en elle qu'il met ses complaisances. Il s'en est déclaré le protecteur, & tu le représentes avec des inclinations toutes vicieuses, qu'il porte jusqu'au plus infame désordre & à l'abomination. Ce seroit une tache à un homme vertueux d'avoir deux femmes (1), & tu en donnes jusqu'à seize mille à celui que tu appelles l'*être suprême*, le *Para-Bramma*. Chacun se fait un devoir de respecter le mariage, & de le célébrer de la manière ordonnée par le *Védam*; mais ton *Chrixnou* ne sait user que de force & de violence, & ne respecte jamais aucune loi. L'Etre suprême est éternel, & n'eut jamais ni corps ni figure (2), il n'eut jamais de principe, comme il n'aura jamais de fin, & tu dis qu'il est né sur la terre & a été élevé dans la maison d'un berger. Enfin, celui que les hommes vertueux ne possèdent que par leurs desirs, sans pouvoir atteindre jusqu'à lui tandis qu'ils sont sur la terre; ce Dieu, qui ne peut rien desirer hors de lui-même, parce qu'il n'est point de vraie perfection hors de lui, est, s'il faut t'en croire, tout livré à une troupe de femmes, & ne montre d'inclination que pour le vice & la dissolution. Si on voit quelques défauts dans le reste des hommes, on y trouve néanmoins quelques vertus; mais dans ton *Chrixnou*, rien de bon. Dans lui tout est crime, tout est abomination; En un mot, ce *Chrixnou* est le plus grand des pécheurs; il a rassemblé dans lui tous les vices & les a tous portés à leur comble. Prodiguer le nom de Dieu à une créature, est toujours un crime, mais le prostituer à un homme infame, tout pétri de péché, est un crime au-dessus de tous les crimes, enfin un crime qui ne se pardonne jamais.

Biache. Quels sont les différens péchés qu'on peut commettre?

Chumontou. Les plus considérables sont ceux qui regardent Dieu même & son culte. C'est aussi de ceux-là que je vais t'instruire. On doit avoir une heure marquée pour offrir à Dieu le sacrifice, & il faut toujours le faire au son des instrumens. Manquer à une de ces deux choses, est un péché (3). On doit avoir un respect infini pour le lieu qui a été destiné à servir de temple à la Divinité; ainsi on ne peut pas s'y entretenir d'affaires ni de négoce, & s'il est nécessaire d'y dire quelque chose, on le fera à voix basse & en peu de mots. On n'y doit point faire de bruit, ni y manger ou même y cracher; il faut porter le respect jusqu'à descendre du Palanquin quand on passe devant quelque temple, & à marcher à pied, jusqu'à ce qu'on soit au-delà. C'est un devoir de l'orner de la manière la plus riche, & la plus propre, & toujours préférablement à sa propre maison. On ne peut soi-même y paroître, si on n'est décemment & modestement vêtu. On y conservera jour & nuit de la lumière. Manquer à quelque chose de tout cela, est un péché. Parler avec mépris d'une maison consacrée à Dieu, ou la faire abattre, en est un bien plus considérable. Le plus grand de tous est de regarder comme Dieu, & de rendre les honneurs divins à tout autre qu'à lui. Voilà le crime que tu as commis tant de fois, & que tu as fait commettre à tant de milliers d'hommes, en leur enseignant d'offrir leurs sacrifices au *Salugramme*, aux pierres, aux statues, &c. Au reste, dans les sacrifices qu'on offrira à Dieu, on ne doit point lui offrir à manger. Dieu ne mange point, & n'a nul besoin de nos richesses. On ne doit également brûler dans son temple que des parfums & des choses odoriférantes. Enfin, il faut être pénétré de respect & d'une sainte joie, quand on entend prononcer le nom de Dieu, ou célébrer ses louanges. En rire ou témoigner en faire peu de cas, marque beaucoup d'irréligion & d'impiété. Présumer des miséricordes de Dieu, & se livrer au crime, dans l'espérance que Dieu se montrera toujours facile à nous pardonner, & qu'il ne nous en coûtera pour cela que de prononcer son nom & de l'invoquer, est un péché que Dieu pardonne rarement. Après Dieu, rien ne doit être plus respectable & plus sacré pour nous, que notre père & notre mère. Leur manquer dans le besoin & ne pas les secourir, doit être mis au rang des plus grands péchés; comme aussi la cruauté exercée sur des enfans & sur des innocens.

Biache. Apprenez-moi comment on peut se délivrer de ses péchés & en obtenir le pardon?

---

(1) Les anciens brachmanes ne condamnoient pas la polygamie, qu'ils regardoient comme avantageuse à la propagation de l'espèce humaine. Strabon, *livre 15, page 490.* Quoique les brames modernes assurent que la pluralité des femmes n'est point défendue par le *Védam*, ils disent cependant qu'on doit se contenter d'une seule. Abraham Roger, *page 68*.

(2) Les hommes, selon l'auteur du Dirm Shaster, ne pouvant croire à un être immatériel, on le représente sous diverses figures. Ses yeux sont semblables au lotos. La couleur de son visage est celle d'un nuage; ses vêtemens sont composés des éclairs du ciel, & il a quatre mains. *Voyez* l'explication de cette image allégorique de la divinité, dans l'ouvrage même de M. Dow, ou dans l'excellente traduction qu'en a donnée M. Bergier, sous le nom de dissertation sur la religion des brahm. *page 83.*

(3) Notre philosophe est ici en contradiction avec ses principes, & devient lui-même très-superstitieux.

Chumontou. La première chose que tu dois faire est de renoncer sincèrement au péché, & par-dessus tout au culte de toute fausse divinité, à toutes sortes de sacrifices sanglans (1) Tu renonceras aussi, & cela pour toujours, à toutes les pratiques auxquelles tu es assujetti, qui ne sont elles-mêmes que des sources de nouveaux péchés; & t'étant bien persuadé qu'il n'est que Dieu seul qui puisse te les pardonner, tu te prosterneras devant lui, & lui diras avec tout le respect & l'attention dont tu es capable: » Etre par » vous-même, & qui subsistez avant tous les » tems, Dieu, de qui tout a reçu vie & qui » soutenez tout, vous êtes notre refuge & no- » tre unique appui! Vous servir & vous con- » noître est la première obligation de l'homme, » & en même tems son bonheur. Dans vous, il » trouve la source du vrai bien, le soulagement » à ses peines & à ses maux. Dieu qui connoissez » tout, vous voyez le nombre infini de crimes » dont je me suis rendu coupable! mais laissez- vous toucher à ma douleur « ! Voilà ce que tu dois dire pour obtenir le pardon de tes péchés. De plus, il faut prendre des sentimens de vertus. Dès que tu sauras qu'on offre dans quelqu'endroit le sacrifice à Dieu, & qu'on s'y occupe à chanter ses louanges, tu dois y accourir avec empressement, & faire de ce saint exercice ta principale occupation.

De la pénitence.

Biache. J'ai enseigné qu'il suffisoit, pour obtenir le pardon de ses péchés, de donner aux brames une certaine quantité de riz, suivant que les péchés sont plus ou moins considérables, & que le nombre en est plus ou moins grand. J'ai enseigné de plus diverses pratiques, comme des jeûnes, des pénitences, des sacrifices, &c. Parmi les différens jeûnes qu'on peut faire à l'honneur des différentes divinités; il en est d'une efficacité particulière pour effacer toute sorte de péchés. On a donné à ce jeûne le nom de *Sondrajonon*, & il consiste en une abstinence de douze jours de suite à l'honneur de la lune (2). Voici comment on doit le faire: le premier jour, on ne mangera du tout rien; le second, on mangera de la grosseur d'un grain de bled; le troisième, de celle d'un œuf; le quatrième de deux; le cinquième, de trois, le sixième, ce qui se peut contenir dans le creux de la main; le septième, on mangera le double; le huitième, le triple; le neuvième & dixième, on peut manger la quatrième partie de ce qu'on a coutume de manger; le onzième, on ne mangera rien, mais on boira de l'urine de vache; le douzième, on ne boira ni on ne mangera rien (3). Celui qui observera ce jeûne tel que je viens de le prescrire, obtiendra sûrement le pardon des plus grand péchés. Pour ce qui est des pénitences, on en peut faire de différentes espèces; je n'en rapporterai que quelques unes qui m'ont paru plus propres que les autres à obtenir le pardon de nos péchés. Aussi n'ai-je rien omis pour les faire pratiquer. La première consiste à se tenir au grand soleil dans le tems le plus chaud de l'année & au milieu de quatre feux, c'est ce qu'on appelle *poniotopo*, c'est-à-dire, les cinq pénitences. Dans le tems le plus froid de l'année on se tiendra dans l'eau (4). On mettra de plus un linge mouillé sur la tête, & on ne prendra pour nourriture que du beurre ou du lait dans le mois appellée *Mago* (5). On ne mangera point de riz, ni rien qui puisse contenter le goût, mais seulement des choses aigres & en petite quantité.

Pour les sacrifices, on les offrira en particulier à *Chib* & à *Dourga*, & on se fera lire leur histoire dans les chaleurs d'été au soleil; & pendant la pluie au dieu *Boruno* (6), Il est cent autres pratiques de cette espèce, toutes propres à effacer nos péchés, & je n'ai pas cru jusqu'ici qu'il y ait d'autre moyen d'en obtenir le pardon.

---

(1) Ces sacrifices paroissent avoir été rejettés par les samanéens. Porph. *de abst.* page 408, 409, & par les brachmanes. Euseb. præp. Ev. livre 6, page 275. Bardesane nous assure que les sacrifices humains étoient en usage chez une seule nation *indienne*, &c. Ap. Euseb. *loc. cit.*

(2) Les *indiens* se règlent pour leurs tours de jeûne, ou poss, sur l'âge de la lune. *Voyez* Holwell, c. 7. Ils jeûnent, par exemple, tous les onze jours après la pleine lune, & de même après la nouvelle. Abraham Roger, *page* 115. Remarquons ici au sujet des jeûnes dont il est parlé dans ce chapitre, que les *indiens* sont naturellement si sobres qu'une abstinence de quarante jours, & même de cent, ne leur paroît pas incroyable. La Loubere, *du roy. de Siam.* t. 1, p. 441.

(3) Les jeûnes des anciens brachmanes étoient également très-rigoureux, ils passoient quelquefois jusqu'à trois jours sans manger. Clem. d'Alex. Strom. liv. 3. p. 451.

(4) Les anciens philosophes de l'Inde se soumettoient à de pareilles pénitences. *Voyez* Strab. livre 15, *page* 491. Plin. livre 7, c. 2, encore usitées chez les *indiens* de nos jours.

(5) *Ce mois répond au mois de décembre, tems auquel on a le plus d'appétit.* Cette phrase étoit une interpolation du traducteur, j'ai cru devoir la retrancher.

(6) Ou *Birren*, le dieu de l'eau, qui paroît être une divinité subalterne, puisque Vichnou est supposé présider à cet élément. C'est de ce dernier dieu que Strabon a voulu parler sous le nom de Jupiter *Ombrius* ou pluvieux, & qui étoit adoré, selon lui, par les *indiens*. Géogr. livre 15, page 44.

Chumontou. Pour te faire comprendre la fauſſeté de ce que tu viens de dire, il ſuffit de te faire connoître ce que c'eſt que le péché. Le péché eſt une offenſe faite à Dieu. Il n'y a donc que lui qui puiſſe la pardonner. Un homme commet un crime de leze-majeſté ; ſe lavera-t-il en ſe répentant de ce qu'il vient de faire ? Non, ſans doute : ſon crime ſubſiſtera juſqu'à ce que le roi lui ait pardonné, ou l'en ait puni. Les ſacrifices, que tu ordonnes de faire à différentes divinités, ne ſont pas plus propres à effacer le péché que toutes les autres pratiques dont tu as parlé. Pécher, c'eſt violer la loi de Dieu ; il eſt donc tout-à-fait inutile de s'adreſſer à un autre pour en obtenir le pardon. On regarderoit comme un fou celui qui ſe ſeroit imaginé qu'il ſuffit d'offrir un ſacrifice à une lampe, pour ſe laver du crime de lèze-majeſté. Eſt-il moins inſenſé d'en offrir un au ſoleil ou à d'autres choſes ſemblables, pour ſe laver de la faute qu'on a faite en outrageant la loi de Dieu, & de croire qu'on en obtiendra par-là le pardon ? Tout ce que tu viens de propoſer, eſt donc tout-à-fait inutile pour la rémiſſion des péchés, & les jeûnes outrés & les pénitences que tu impoſes aux pécheurs, ne ſervent qu'à faire connoître ta méchanceté & ton mauvais naturel.

Quoique nôtre corps n'opère pas par lui-même la vertu, il en eſt en quelque ſorte le ſoutien. Il eſt par rapport à l'ame ce qu'une barque eſt par rapport au pilote. La barque n'agit point par elle-même, mais elle eſt néceſſaire au pilote pour qu'il puiſſe agir. De même notre corps n'opère pas la vertu par lui-même, mais il eſt néceſſaire à l'ame pour qu'elle puiſſe l'opérer. Le corps une fois détruit, il n'eſt pas aiſé de s'en procurer un autre. Il faut donc le conſerver le plus qu'on peut pour avoir occaſion de pratiquer plus longtems la vertu. C'eſt un inſtinct, gravé juſques dans le cœur des bêtes mêmes les plus féroces, qui porte indifféremment tous les êtres vivans à chercher tout ce qui peut contribuer à leur conſervation, & tu veux, homme ſans naturel & ſans cœur, qu'on ſe détruiſe à force de ſe faire ſouffrir ! Il peut être vrai que le jeûne, en affoibliſſant le corps, contribue à la vertu ; mais il faudroit au moins garder quelques meſures. Car vouloir qu'on paſſe douze jours ſans rien manger, ou preſque rien, c'eſt à la vérité, comme tu le dis, mettre fin à ſes crimes, mais en ſe procurant la mort. Or ſe procurer la mort fut toujours le plus grand de tous les crimes (1). Faire donc de pareilles pénitences, c'eſt vouloir ſe purifier d'un péché par un péché encore plus grand, c'eſt ſe couvrir d'une eau toute bourbeuſe pour s'ôter la pouſſière qu'on auroit ſur le corps.

Réfutation de l'incarnation de Vichnou.

Biache. Ce que vous venez de dire eſt fort ſolide ; mais il me reſte encore un doute au ſujet de *Chrixnou.* Je vais vous le communiquer : Si *Chrixnou* n'eſt pas l'Etre ſuprême, comment a-t-il pu arracher une montagne & la ſoutenir en l'air ? Un ſimple homme ne fut jamais capable de pareille choſe.

Chumontou. Mais ſi ce *Chrixnou* étoit comme tu le veux, l'Etre ſuprême, qu'auroit-il beſoin de ſoutenir en l'air une montagne, pour mettre à couvert des bergeres de la pluie ? Que ne le faiſoit-il par un acte de ſa volonté ? Il n'eût qu'à vouloir, & la pluie eût ceſſé. Ne me parlez donc plus, malheureux, de ce monſtre, qui ne reſpectant ni ſes tantes, ni ſes belles-filles, a uſé de violence pour les proſtituer à ſes paſſions ; qui, tout livré à un nombre prodigieux de femmes, n'a donné au monde que des exemples d'infamie & de proſtitution. Veux-tu donc ſavoir pour la dernière fois ce que c'eſt que ce *Chrixnou*, & ce que tu en dois penſer ? Il n'eſt & ne fut jamais l'Etre ſuprême. Il eſt né comme le reſte des hommes ; mais il eſt né pour leur malheur, & pour leur ſervir de modèle en fait de libertinage & de diſſolution. Tout livré à l'impureté, ſa vie n'a été qu'un tiſſu de crimes en ce genre. A l'impureté il a joint la fourberie. Menteur lui-même, il a toujours été le protecteur & l'ami des menteurs. Enfin, ce *Chrixnou* n'a été qu'un compoſé de vices (2), en qui on n'a jamais vu une bonne inclination, pas même un premier penchant à la vertu. Auſſi on ne doute point qu'après

---

(1) L'auteur condamne donc le ſuicide, qui paroît cependant avoir été regardé comme une action glorieuſe par les anciens philoſophes de l'Inde. On ſait que Calanus ſe brûla devant Alexandre, comme Zarmarus, en préſence d'Auguſte. Il étoit marqué dans l'épitaphe de ce dernier, qu'il s'étoit fait mourir ſelon la coutume de ſon pays. Strabon, *livre* 15, *page* 495. Les *indiens* modernes croyent qu'on peut attenter ſans pécher à ſa vie, dans certaines villes ſaintes, mais que ce ſeroit un crime par-tout ailleurs. Abraham Roger, *page* 264. Les ſectateurs de la doctrine *indienne* de Foë regardent le corps humain comme un amas de boue, & négligent ſa conſervation : auſſi ils ſe tuent à milliers. Du Halde, *hiſtoire de la Chine, tome* 3, *page* 52. Les ſiamois penſent que le ſuicide eſt un ſacrifice utile à l'ame, & lui acquiert un grand degré de vertu & de bonheur. Suivant cette idée, ils ſe pendent quelquefois par dévotion à un arbre appellé *Ton-pô*. La Loubère, *tome* 1, *page* 487, 488.

(2) Toutes ces injures contre *Chrixnou*, & le portrait affreux qu'en fait Chumontou, nous perſuadent, que ce philoſophe a ici en vue le dieu des chrétiens. On ne peut douter qu'avant la converſion de pluſieurs *indiens*, l'incarnation de *Vichnou* en *Chrixnou*, n'avoit pas été imaginée.

la mort, il n'ait subi la peine due à tant de crimes & d'iniquités. Quitte donc pour jamais une erreur si monstrueuse, & attache-toi le reste de ta vie à celui qui mérite tout ton encens & tes hommages.

Biache. Mais, puisque Dieu récompense la vertu d'une manière si magnifique, & que l'ame qui l'aura pratiquée, en goûtera éternellement le fruit, pourquoi ce Dieu même ne préserve-t-il pas dela corruption les corps des justes, pour les faire participer à la récompense?

Chumontou. On doit regarder le corps par rapport à l'ame comme une espèce d'instrument, dont elle se sert pour le péché comme pour la vertu. Or dès qu'un instrument a servi son tems, & qu'on a fini son ouvrage, il devient tout-à-fait inutile. Il en est de même du corps. Un oiseau accoutumé à se percher sur un certain arbre, le cherche avec empressement, & s'y repose avec plaisir. Vient-il à quitter le pays, il ne s'en met plus en peine. Telle est notre ame par rapport à son corps.

Des dieux. Des géans. De l'Amroutan.

Biache. Il m'est venu un doute qui me fatigue beaucoup, & que je ne saurois éclaircir. Vous m'avez dit que Dieu n'avoit d'abord créé qu'un seul homme. D'où sont donc sortis les dieux & les géans? Reconnoissent-ils aussi le premier homme pour leur père, & ont-ils une commune origine avec nous? De plus, si nous sommes tous les enfans de ce premier homme, Dieu étant d'ailleurs un Etre infiniment sage, quelle peut être la raison pour laquelle on en voit qui naissent tout défigurés? Les uns ont des membres plus qu'il ne faut; les autres n'en ont pas assez. Voilà des difficultés que je ne saurois résoudre. Dites-moi enfin quelle est la différence entre les hommes & les dieux? Je sais que les dieux & les géans sont nés du brame *Kochiopo.* J'ai cependant enseigné que ce sont de véritables dieux, qu'ils sont immortels, qu'ils sont heureux, qu'une caste de ces dieux qu'on appelle *Kessora*, c'est-à-dire, les habitans des airs, dépendent en quelque sorte des brames, qui leur fournissent du beurre à manger, par le moyen du sacrifice; c'est le beurre qu'on jette dans le feu; que tout ce que disent ces dieux s'accomplit toujours; qu'ils accordent des graces & méritent les honneurs du sacrifice. Tous ces dieux habitent le *Chvarguam.* C'est-là qu'on voit l'arbre *Kolpo* (1) & la vache *Churubi.* Les avantages que l'on tire de cet arbre sont infinis, & pour tout dire en deux mots, il n'est rien de tout ce qu'on peut souhaiter qu'on ne trouve dans lui, & on n'a pour se le procurer qu'à le vouloir & le desirer. Il en est de même de la vache *Churubi*; il n'est besoin que de lui demander pour obtenir d'elle toute la quantité qu'on peut souhaiter de lait, de beurre, &c.

Chumontou. Le brame *Kochiopo* n'est qu'un homme & rien autre. Les enfans qui sont nés de lui, ne sont donc aussi que des hommes, & c'est sans fondement que tu en fais des dieux. Ils ne sont point immortels, puisqu'on les voit mourir comme les autres hommes. De plus, celui-là seul peut être appellé Dieu, qui n'a ni supérieur ni égal. Car ceux dont tu parles, ont un supérieur, puisqu'ils ont un père. Es-tu donc assez bête pour ne pas t'appercevoir de ce que tu vois sous tes yeux? Ce que tu dis au sujet des dieux, habitans de l'air (2), est tout-à-fait insensé. Comment des êtres nés d'un homme & d'une femme, & par conséquent corporels comme nous, peuvent habiter dans l'air & s'y soutenir? Tu dis qu'ils ne mangent que du beurre, pourquoi donc leur fais-tu présenter du riz & autres choses semblables? Comment même le beurre que tu leur fais présenter, peut-il leur parvenir? La prière que tu récites à cette occasion a-t-elle la force de le porter jusqu'à eux? Si tout ce qu'ils disent s'accomplit sûrement, pourquoi les voit-on trembler dans les combats & succomber sous les coups de leurs ennemis? Tu dis aussi qu'ils accordent des graces; pourquoi donc les voit-on tous les jours présenter leurs suppliques aux hommes pour en obtenir quelque chose à manger?

Il n'est qu'un Dieu. Il n'y en eut jamais d'autres. Ce Dieu n'est point né de *Kochiopo*, & ceux qui sont nés de lui, ne furent jamais des dieux, ce ne sont que de purs hommes, composés d'un corps & d'une ame comme nous. S'ils étoient dieux, ils ne seroient pas plusieurs; on ne les auroit pas vu naître, & ils ne seroient pas sujets à la mort. Si malgré tout cela tu juges encore devoir leur donner le nom de dieux, tu peux également le donner aux hommes, ils sont les uns & les autres de même nature, sujets aux mêmes misères, & soumis aux mêmes loix.

Biache. Vous venez de dire que les dieux ne

---

(1) Les chingulais de l'isle de Ceilan, rendent un culte à l'arbre appellé *Bogahah*, sous la forme duquel ils croyent que *Budda* s'est manifesté. De même chez les perses, le *Hom* est un arbre fameux.

(2) *Baiow*, ou le dieu de l'air, a vingt-trois noms, dont les *indiens* font autant de divinités aériennes. Le mot *Baiow* peut être dérivé originairement de *Bai*, nom que les égyptiens donnoient à l'ame, qui n'est (*Horapol. liv.* 1, c. 7) regardée par plusieurs philosophes de l'Inde, que comme un souffle, un vent, &c. 1 *Xaverii epist. page* 136.

font pas immortels ; mais fi cela eft, quels fruits auroient-ils donc tiré de toutes les peines qu'ils fe donnèrent pour tirer de la mer l'*amroutan* (1), cette liqueur toute divine qui, dès le moment qu'ils en bûrent, leur procura l'immortalité ?

J'ai enfeigné aux hommes que *Chrixnou* habite le *Veikuntan*, qu'il y jouit d'un parfait bonheur, & qu'il eft invifible. J'ai dit encore qu'*Indro* & le refte des dieux font une partie de lui-même. Comme ils ne font pas tous égaux, ils ne participent pas tous également à fon effence ; les uns en ont plus, les autres moins. Les géans leur faifoient une cruelle guerre, & ils avoient fouvent du deffous. Ils prirent donc le parti d'aller trouver *Chrixnou* & lui dirent : feigneur, les géans ne ceffent de nous perfécuter, & on voit tous les jours nombre de dieux mourir dans le combat ! Ceffez de vous affliger & de craindre, répondit *Chrixnou*, vous allez bientôt jouir de l'immortalité ; c'eft l'*amroutan* qui vous la procurera. Où trouver cet *amroutan* dont vous nous parlez, lui répondirent-ils avec empreffement ? Daignez, maître fouverain du monde, nous enfeigner les moyens dont nous devons nous fervir pour nous le procurer. Allez, leur dit *Chrixnou* ; faites mouffer la mer de lait, & vous en verrez naître l'*amroutan*. Mais quoi, ajoutèrent les dieux, les géans jouiront-ils du même privilege & doivent-ils devenir immortels comme nous ? Non, reprit *Chrixnou* ; il eft cependant de votre intérêt de leur faire amitié ; ils font d'une force extraordinaire, & contribueront beaucoup à la réuffite de votre deffein ; du refte ce fera moi qui ferai le partage de l'*amroutan*. Soyez donc fans inquiétude, je trouverai bien le moyen de les duper.

De l'incarnation en tortue. De l'amroutan.

Les dieux & les géans ayant fait amitié allèrent enfemble demander à *Vichnou* comment ils devoient s'y prendre pour faire naître l'*amroutan*. Allez, leur dit *Vichnou*, prenez la montagne appellée *Mondoro*, & tranfportez-la dans la mer. Cette montagne vous fervira de mouffoir ou moulinet, & le ferpent *Bachuki* vous fervira de corde pour la faire tourner. Faites-la donc rouler avec force, & bientôt vous verrez naître l'*amroutan*. *Vichnou* cependant prit en particulier les chefs des dieux, & leur dit : gardez-vous bien de faifir le ferpent du côté de la tête, parce qu'elle eft pleine de venin ; engagez les géans à la prendre de ce côté, en leur faifant entendre que par déférence pour eux, vous leur cédez cet honneur. Vous les verrez dans peu de tems tous périr par le venin qui en fortira. Les dieux & les géans pleins de joie, furent avec empreffement chercher la montagne & le ferpent *Bachuki*, ils fe mettent au travail ; mais à peine eurent-ils commencé, que la montagne s'enfonça. Déconcertés par cet événement, ils vont de nouveau trouver *Vichnou*, & lui racontent ce qui venoit de fe paffer : Vous êtes, grand dieu, ajoutèrent-ils, notre unique confolation dans nos peines, notre unique refuge ! La montagne ne tient point fur les eaux, comment donc s'accomplira votre parole, & quel moyen faut-il que nous employions encore pour faire naître l'*amroutan* ? Ne vous laiffez point abattre par cet accident, répondit *Vichnou*, je me charge d'y apporter remède, & je vais pour la foutenir, naître moi-même fous la figure d'une tortue (2) dans la mer de lait. Peu après, *Narajon*, le maître du monde, naquit en effet fous cette figure, & chargea la montagne fur fes épaules. La montagne roule fur lui comme le moulinet roule dans une cafetière, & en roulant le frotte doucement ; ce frottement l'endort, caufe le flux & reflux de la mer, qui dure encore, quoique la tortue ne foit plus.

Tandis que les dieux & les géans travailloient avec force, un nouvel accident les déconcerta. Il fortit de la bouche du ferpent, quantité de venin qui fit périr bien des géans. Les autres prirent la fuite & dirent aux dieux, que s'ils vouloient continuer, ils n'avoient qu'à faifir le ferpent de ce côté-là, que pour eux, ils n'y mettroient plus la main. *Vichnou*, pour renouer la partie, ordonna au ferpent de retirer fon venin. Sur fa parole, les dieux le prirent par la tête, les géans par la queue, & commencèrent de nouveau à faire tourner la montagne. Pour fruit de leurs travaux, ils virent naître un beau cheval, à qui on donna le nom de *Seroba*. Les dieux frappés à cette vue, & charmés en même tems, demandent à *Vichnou* ce qu'ils en devoient faire. Donnez-le à *Indro* (3). Il eft votre roi, & le préfent eft digne de lui.

Trois jours après, il fortit de la bouche du ferpent une quantité prodigieufe de venin, qui fe répandit de tous côtés ; on y donna le nom de *Holahulon*. A cette vue les dieux & les géans effrayés & confternés, prirent la fuite. Où fuyez-vous, s'écria la tortue, où fuyez-vous ? Cette

---

(1) A l'exception de quelques circonftances, on trouve dans le Bagavadam, *livre 8*, les fables qu'on va lire fur l'origine de l'*Amroutan*.

(2) Symbole de la ftabilité.

(3) Préfident des dieux fubalternes, ou du fecond ordre, felon le Bagavadam. *Indro* fignifie *tête*, Abrah. Roger, *page 103*. Ce *chef* de tous les chefs des huit mondes, fuivant la manière de s'exprimer particulière aux *indiens*, Abraham Roger, *page 148*, eft encore appellé *Dewendre*, mot compofé de *Dew*, efprit, génie, & d'*Indro* ou *Endre*.

quantité de venin qui vous effraye, ne doit nuire à personne. Faites inceffamment venir *Chib*, il le boira en votre préfence, & vous délivrera de crainte & de frayeur. *Chib* le but en effet, & l'unique incommodité qu'il en reffentit, fut que la force du venin lui noircit le col & le gofier; delà on lui a donné le nom de *Nelokonto*, qui fignifie col noir. Ils commencèrent donc à travailler de nouveau, & auffi-tôt naquit *Lakchimi* (1). Les dieux & les géans furent furpris à cette vue, & admirèrent également fa beauté. Comme ils fe difputoient les uns les autres cette femme, *Vichnou* leur dit: C'eft pour l'amour de vous que j'ai pris tant de peine; j'ai droit d'exiger de la reconnoiffance de votre part, & vous ne fauriez mieux me la témoigner, qu'en me cédant *Lakchimi*. Il eft même de votre avantage de le faire, par-là vous couperez la racine aux divifions qui pourroient naître parmi vous.

La déeffe *Chorosboti* naquit peu de tems après. Elle étoit d'une couleur blanche & d'une beauté à ravir. *Vichnou* la prit encore pour lui, & il ne leur refta que le dépit & le chagrin d'avoir travaillé fans en retirer aucun fruit. Les dieux & les géans outrés, donnèrent alors un libre cours à leur reffentiment & à leur colère. Ils ne confervèrent plus pour *Vichnou* ni crainte ni refpect. Nous nous fommes apperçus un peu trop tard, lui dirent-ils, que vous n'êtes qu'un vrai fourbe, qui cherchez à faire vos affaires à nos dépens. *Vichnou* en rougit de honte, & leur dit pour les appaifer: Ce n'eft que par un travail dur & pénible que vous pouvez efpérer de vous procurer *l'amroutan*, & par lui l'immortalité. Si vous n'en jouiffez pas encore, ce n'eft certainement pas ma faute, & je n'ai nullement cherché à vous tromper. Il y a déja long-tems que je porte la montagne fur mes épaules. Je ne me lafferai point de la porter. Ne vous découragez pas vous-même, & foyez fûrs que vous viendrez enfin à bout de ce que vous fouhaitez. Ils travaillèrent donc de nouveau; mais toujours inutilement, & vieillirent fous le travail. Accablés fous le poids de la fatigue & de l'âge, pourquoi, fe dirent-ils entr'eux, prendre de nouvelles peines? *L'amroutan* devoit nous rendre immortels; & nous touchons déja tous au moment de la mort. Cet *amroutan* chimérique viendra-t-il nous rendre la vie, quand nous aurons achevé de la perdre par la fatigue & par le travail? *Vichnou* entendant ces plaintes, en fut touché, & communiquant aux dieux une partie de fon effence, il les anima & travailla avec eux. Après bien des travaux & des peines, on vit enfin naître *l'amroutan*. Cette vue remplit de confolation & de joie les dieux & les géans

Vichnou en fut pénétré lui-même, & ne penfa plus qu'à les faire jouir du fruit de leurs travaux.

De l'incarnation en femme, appellée Mohini.

Chumontou. Pourquoi, malheureux, t'entend-on toujours attribuer de nouvelles incarnations à celui qui n'en eut jamais? Si tu penfes que celui qui eft éternel de fa nature, peut naître en effet, que ne le fais-tu au moins naître parmi les hommes? Une pareille incarnation feroit moins indigne de lui. Tu dis que *Vichnou* avoit une prédilection particulière pour les dieux, comme faifant partie de lui-même. Si cela étoit, auroit-on vu les géans prévaloir & les mettre à mort dans toute occafion. Celui que tu appelles maître du monde, n'auroit-il donc pas affez de force pour les mettre à couvert de leurs coups & les délivrer de la mort? S'il en manquoit en effet, tu es un infenfé de lui donner le nom de dieu & de maître du monde. S'il n'en manquoit pas, il faut que tu avoues que tu es un fourbe, & qu'il n'eft pas vrai qu'il eut pour eux une prédilection particulière. Pour ce qui eft de l'immortalité, elle eft naturelle à l'ame, elle lui eft effentielle; fi on n'en jouit pas dès-à-préfent, c'eft qu'elle feroit à charge, parce que cette vie n'eft qu'un tiffu de miféres; Dieu qui aime fincérement fes enfans, veut la leur rendre plus heureufe; auffi ne doivent-ils en jouir que quand il les aura appellés auprès de lui. C'eft donc contre toute raifon que pour procurer l'immortalité, tu fais prendre à Dieu une figure vile & méprifable, & prêter les épaules pour foutenir une montagne.

Tu dis qu'il naquit de la mer un beau cheval, puis *Lakchimi* & *Chorosboti*. Dans fa création, Dieu a voulu que chaque chofe portât fa femence pour fe reproduire. Si malgré fes ordres, tu veux qu'il en foit autrement, nous devrions voir encore de pareils phénomènes.

Tu dis que *Chib* but tout le poifon forti du ferpent *Bachuki*, fans en reffentir aucune incommodité. Pour t'en convaincre, prends toi-même une dofe de poifon, & tu fauras s'il eft poffible d'en avaler & de n'en pas mourir. Je paffe toutes les impertinences que tu débites au fujet du ferpent *Bachuki*, que tu fais fervir de corde pour faire tourner une montagne fur elle-même. Au fujet de la mer de lait, &c. tout le monde fait qu'il n'y a qu'une mer (2), & qu'elle eft d'eau

---

(1) Avec nombre d'autres filles, **Bagavadam**, *l.* 8. *Voyez* Abraham Roger, *page* 150.

(2) Les *indiens* imaginent que les fept mondes, ou fept ifles, font entourés des fept mers. Ils nomment la première, *Lavana-Samoutram*, mer de fel ou falée; la feconde, *Caroupam-Samoutram*, mer de canne à fucre, ou mer douce; la troifième, *Callou-Samoutram*, mer de liqueur ou jus de palmier, (exprimé par le mot *Callou*); la quatrième *Ney-Samoutram*

falée, qu'il n'y eut jamais de ferpent aſſez grand pour entourer une montagne, & quand il le feroit, le poids de la montagne & la force qu'il faudroit employer, le feroit tomber en pieces. Ceſſe donc malheureux, de tromper les hommes, & apprends que Dieu ne fut jamais une tortue, qu'il n'habite point le *Veikuntan*, qu'il n'a point quatre bras, & qu'enfin, il n'y eut jamais de mer de lait. Tu ajoutes que la refpiration de la tortue endormie cauſa dans la mer le flux & le reflux. Mais dis-moi comment ce flux & ce reflux s'eſt communiqué de la mer de lait à la mer d'eau ſalée, & comment il dure encore, puiſque tu conviens qu'il y a bien des ſiecles que cette tortue n'exiſte plus? Tu m'as parlé de l'*amroutan*; dis-moi en détail ce que c'eſt & quelle en eſt la vertu?

Biache. L'*amroutan* eſt une liqueur ſemblable à une eau d'un goût exquis, laquelle donne l'immortalité à ceux qui en boivent.

Chumontou. Les géans, comme les dieux, avoient travaillé à faire naître cette liqueur; ils avoient de la force, de l'eſprit, & n'étoient pas gens à ſe laiſſer duper, pourquoi donc, en buvant de la même liqueur, ne ſont-ils pas devenus immortels comme les dieux?

Biache. Dès que l'*amroutan* parut, *Vichnou*, l'être ſuprême, prit le nom de *Mohini*, c'eſt-à-dire, femme de joie. Elle en avoit en effet le langage & les manieres. Les géans en la voyant, en furent épris d'amour, & devinrent les eſclaves de ſes volontés. La nouvelle déeſſe jouoit parfaitement ſon perſonnage, & faiſoit tout ce qu'il falloit pour s'attirer les cœurs. *Chib* en particulier en fut vivement épris. Ce qui ſe paſſa entr'eux n'alla pas juſqu'au crime, mais fit une ſcène qui divertit beaucoup les aſſiſtans. *Dourga* même & *Lakchimi*, épouſe de l'un & de l'autre, ne purent s'empêcher d'en rire. *Chib*, ne pouvant venir à bout de ce qu'il ſouhaitoit, chargea la déeſſe d'aller partager l'*amroutan*, & de honte fut ſe cacher dans un bois. La déeſſe ordonna alors aux géans de s'aſſeoir en ligne, & tous du même côté, & dit aux dieux la même choſe. Cela étant fait, elle adreſſa la parole aux uns & aux autres en ces termes: Vous ſavez que ceux qu'on veut diſtinguer dans un repas, ſont ceux qui ſont ſervis les derniers; accordez-vous donc entre vous, & dites-moi par où vous voulez que je commence & que je finiſſe? Les géans qui étoient les aînés, & qui croyoient être diſtingués à raiſon de leur force & de leur courage, conſentirent volontiers qu'elle commençât par les dieux, ce qu'elle fit. Chacun but avec avidité la portion qui lui étoit échue, & à peine fut-elle arrivée à la fin de la ligne ſur laquelle les dieux étoient aſſis, que l'*amroutan* fut déja fini. *Rechou* & *Ketou* (1), qui avoient eu part à l'*amroutan*, parce qu'ils s'étoient mêlés parmi les dieux, s'apperçurent que cette liqueur étoit ſur ſa fin, & en avertirent les géans. La déeſſe ayant achevé de diſtribuer l'*amroutan* aux dieux, fut ſe cacher & diſparut. Les géans, outrés d'avoir été dupes par cette femme, chercherent à s'en venger ſur les dieux. Ils les attaquerent; mais ils s'apperçurent bientôt que leurs coups ne portoient plus, parce que les dieux jouiſſoient déja de l'immortalité. Comme ils n'avoient pas le même avantage, ils furent obligés, pour mettre leur vie à couvert, de prendre la fuite.

Réfutation de l'incarnation en Mohini; & de Lavataram en Dourba.

Chumontou. Tu as dis que l'*amroutan* étoit une liqueur toute ſemblable à l'eau, ou n'étoit même que de l'eau. Quelle différence mets-tu entre de l'eau & de l'eau? ou devint-elle en effet différente, parce qu'il te plût de l'appeller *amroutan*? ſi tu dis que cet *amroutan* n'eſt point de l'eau, & qu'elle en eſt différente, va t'en éclaircir auprès des fleuves que tu connois, & vois ſi tu pourrois l'y diſtinguer. Si tu ajoutes que c'eſt en faiſant mouſſer la mer qu'on a fait naître l'*amroutan*; fais encore la même épreuve. Jettes un peu de lait ou un peu de ſucre dans un fleuve, plonges-y un mouſſoir, fais-le rouler tout à ton aiſe, & tu verras ſi tu changeras l'eau en ſucre, & le ſucre en eau. Enfin, ſi tu dis que ce n'eſt que dans la mer qu'on le trouve, les poiſſons habitans de la mer, devroient l'y trouver. Pourquoi donc n'y jouiſſent-ils pas, auſſi bien que les dieux, de l'immortalité? Tu

---

mer de beurre; *Tayr-Samoutram*, mer caillée ou de crême, eſt la cinquieme; *Pal-Samoutram*, mer de lait, la ſixieme (& *Sontajala-Samoutram*, mer d'eau pure, la ſeptieme. Bagavadam, livre 5. L'indien, traducteur de cet ouvrage, prétend que les ſavans de ſa nation ne veulent point qu'on explique littéralement les noms de ces mers, leſquels leur ont été donnés à cauſe de certains rapports qu'on y avoit remarqués autrefois. Ils ne penſent point encore qu'elles ſoient réellement de lait, de beurre, &c. Le peuple des Indes croit qu'il y a ſous ces mers, des feux d'une violence extrême, auxquels il donne le nom de *Badábâgkini*. Paganiſme indien, partie 1.

(1) *Voyez* Abraham Roger, c. 10, partie 1, ſur ces deux géans, les *Modou Kytou*, du Shaſter dont M. Holwell a publié des extraits, *voyez* §. 6. Il explique, d'après ſon ſyſtême, le premier nom par ceux de *diſcorde & d'inimitié*, & le ſecond ſignifie, ſelon lui, *confuſion & tumulte*. *Rechou* ou *Ragou* eſt maître d'un ciel élevé à dix mille *yoſſineys*, (40,000 lieues) au-deſſus du ſoleil qu'il vouloir avaler. Il intercepte ſa lumiere & celle de la lune par l'étendue de ſon corps, qui occupe un eſpace de treize mille *yoſſineys*. Bagavad. livre 5. De pareilles fables ſont regardées par le peuple comme la cauſe des éclipſes. *Voyez* Abraham Roger, page 55. Bernier, tome 2, page 110, 111.

pouſſes plus loin l'erreur & l'impiété. Quoi ! celui que tous les hommes adorent & doivent adorer comme l'Etre ſuprême, comme leur Dieu, parut ſur la terre ſous la figure d'une femme proſtituée, & tu ne rougis pas de préſenter aux hommes pour une divinité, une femme dont la ſeule vue fait naître la paſſion & n'inſpire que des ſentimens d'impureté. Ce Dieu dont le ſeul ſouvenir étouffe en nous juſqu'aux premiers ſentimens des paſſions, ſeroit aujourd'hui obligé de fuir en préſence d'un homme, pour ne pas devenir la victime des feux impurs qu'il a lui-même allumés. Tu lui fais continuer ſon perſonnage & finir ſa miſſion par duper les géans. Mais pour les réduire en cendres, Dieu n'a beſoin que d'une parole : falloit-il donc, pour abréger leurs jours, lui faire prendre le perſonnage & le jeu d'une proſtituée? D'ailleurs, il eſt abſolument faux que l'*amroutan* ait procuré aux dieux l'immortalité, puiſqu'on les voit mourir & que leurs rois ſe ſuccédent les uns aux autres, quoique toujours ſous le même nom. S'ils ſont immortels, pourquoi ne voit-on plus le père de cet *Indro*, qui règne aujourd'hui dans le *Chvarguam*, & ceux de tous ſes autres habitans? S'ils ſubſiſtent encore en effet, quel eſt donc le lieu qu'ils habitent? Car s'il en naît toujours, ſans que jamais aucun d'eux meure, le nombre a dû croître à l'infini, & il y a bien des ſiècles qu'ils ne devroient plus trouver de place dans le *Chvarguam*.

Biache. Dans le tems que cette *Mohini* partageoit aux dieux l'*amroutan*, le vaſe qui le contenoit, & qu'elle tenoit appuyé contr'elle, frottant cette partie à meſure qu'elle le remuoit, arracha quelques-uns de ſes poils & les fit tomber par terre (1) ; ils y prirent racine, auſſi-tôt & parurent ſous la figure appellée *Dourba*. J'ai enſeigné que cette herbe faiſoit partie de la divinité, qu'elle étoit immortelle, & n'étoit point ſujette aux accidens auxquels les autres plantes ſont ſujettes, qu'elle étoit enfin digne des adorations des hommes & de leurs ſacrifices. J'ai même enſeigné une pratique de dévotion en ſon honneur. Enfin, j'ai appris aux hommes que le tems auquel on vit pour la première fois du venin ſur la terre, & que les ſerpens commencèrent à en être infectés, eſt celui où le ſerpent *Bachuki* en répandit cette prodigieuſe quantité, qui auroit inondé la terre & en auroit fait périr tous les habitans, ſi *Chib* ne fût venu le boire. Comme les ſerpens vinrent le partager avec lui, & en léchèrent chacun une petite partie, depuis ce tems-là ils ſont devenus venimeux.

Chumontou. Tu as dit, homme vil, que les poils de cette *Mohini*, étant tombés par terre, y prirent racine. Fais-en l'expérience. Arrache de tes cheveux, laiſſe-les tomber, & tu te convaincras de la vérité que tu avances. De plus, ſi un brin d'herbe peut être l'être ſuprême, & nous le repréſenter, que peut-il y avoir ſur la terre qui n'en mérite auſſi le nom & les honneurs? Enfin, tu aſſignes le moment auquel on a vu ſur la terre pour la première fois du poiſon. Mais s'il eſt vrai qu'il ne ſoit pas naturel aux ſerpens, & qu'il n'ait été créé que dans ce moment, pourquoi après en avoir bu, n'en ont-ils pas reſſenti les effets & ne ſont-ils pas morts empoiſonnés ? Tu te confonds toi-même ; car tu as dit, qu'il ſortit de la bouche du ſerpent *Bachuki* une ſi grande quantité de venin, que les géans & les dieux s'enfuirent épouvantés. Si donc alors les ſerpens étoient ſans venin, comment ſortit-il de ſa bouche, & dès que tu l'en fais ſortir, comment peux-tu avancer qu'ils n'en avoient point ?

Des quatre âges, & des Baudiſtes.

Chumontou. J'ai répondu à tout ce que tu m'as demandé. Je vais maintenant te dire un mot des quatre âges. Ceux qui naquirent le premier, vécurent heureux, parce qu'ils dominoient ſur leurs paſſions & ſur leurs appétits. On ne voyoit dans eux rien de déréglé. Doux & affables les uns à l'égard des autres, leurs cœurs ſe portoient ſans ceſſe à Dieu, & les biens de l'éternité étoient l'unique objet de leurs vœux & de leurs déſirs. Dans le ſecond, moins heureux que le premier, les ſacrifices prirent naiſſance ; mais ce ne fut jamais qu'au vrai Dieu qu'on les offrit. Les hommes s'aſſujetiſſoient à différentes autres pratiques. Ils étoient forts & robuſtes ; mais ils commencèrent dès-lors à éprouver la peine & la douleur. Le troiſième enfanta de nouvelles pratiques, de nouveaux ſacrifices ; les hommes furent moins heureux que dans les deux autres, parce qu'ils s'aſſujetirent de plus en plus à leurs paſſions. La vertu n'en fut point tout-à-fait bannie. On y voyoit encore quelques traits de cette ancienne perfection, qui faiſoit le caractère des deux premiers âges. Le dernier eſt celui du péché. Les hommes ſont méchans, pareſſeux, & ſujets à toutes ſortes de miſères & de débauches. Ils ſont de petite taille, tous livrés à l'impureté, & ne penſent qu'à leur ventre. Il n'eſt qu'un moyen pour eux de mériter le ciel, & de ſe le procurer. C'eſt de répéter pluſieurs fois le nom de Dieu, & d'en rappeller ſouvent le ſouvenir. Dans ce ſiècle malheureux, le ſeul avantage dont on jouit, eſt de s'aſſurer le paradis, en répétant ſouvent le nom de Dieu. Ce n'eſt pas qu'on y manque, non plus que dans tous les autres, de moyens de ſe ſauver. Mais comme le vice a prévalu, on ne voit par-tout

---

(1) Quelques poils des ſourcils de *Bramma* étant également tombés à terre, produiſirent le mouvement du tems & des ſiècles. *Bagavad. livre 3.*

que des hommes livrés au défordre & à l'iniquité, des hommes qui donnent dans toutes fortes de travers & d'erreurs, ne cherchant qu'à infecter le refte des hommes, & à étouffer jufqu'au nom même de la vertu. Les plus criminels font ceux qu'on appelle *Baudiftes*, hommes vraiment abominables, qui portent l'iniquité & le blafphême jufqu'à chercher à détruire l'idée même de la Divinité, & à l'anéantir.

Biache. Dites-moi, feigneur, ce que font les Baudiftes (1)?

Chumontou. Les Baudiftes font répandus dans différens pays. Leur fyftême eft de ne pas reconnoître de fubftance purement fpirituelle, ni d'autres dieux qu'eux mêmes; ce qui eft le plus grand & le plus horrible de tous les crimes. Cependant, malgré les maux qui inondent la terre dans ce fiècle malheureux, on peut dire qu'il a encore quelque chofe de plus avantageux que les autres.

Biache. Quels font donc ces avantages?

Chumontou. Si dans les premiers fiècles, la vertu étoit plus aifée à pratiquer, auffi en exigeoit-on plus qu'on n'en demande aujourd'hui. Chaque état, chaque cafte étoit foumife à différentes cérémonies qui ne font plus en ufage (2). Il y avoit alors des tems, des lieux deftinés aux facrifices, & des perfonnes pour les offrir, & exercer les autres principales fonctions de la religion. Elles feules pouvoient les faire, c'eût été un crime à tout autre de vouloir s'en ingérer. On n'eft plus aujourd'hui affujeti à tout cela. Toute perfonne qui a de la piété peut exercer les fonctions de la religion, & indifféremment dans quel tems & quel lieu que ce foit. Dans les premiers fiècles on ne penfoit pas à enfeigner le Védam aux *choutres* & à la populace (3), c'eût été un péché. On le peut maintenant fans crainte & fans fcrupule. C'eft par-là que la religion de ce fiècle a quelque chofe de plus avantageux que celle des autres.

Des noms de Dieu.

Biache. Vous m'avez dit, feigneur, que de prononcer les noms de Dieu, nous procure de grands avantages dans ce malheureux fiècle. Si c'eft le moyen le plus éfficace pour obtenir le pardon des péchés, la victoire de nos paffions, & un amour folide envers Dieu, dites-moi donc les noms qui lui conviennent (4), pour qu'en les prononçant je puiffe me procurer ces avantages?

Chumontou. Tu me demandes une chofe qui eft au-deffus de moi : foibles mortels que nous fommes, que connoiffons nous des grandeurs de Dieu? On peut compter les grains de fable de la terre, & favoir le nombre des gouttes d'eau de la mer; mais les grandeurs de Dieu font tout-à-fait au-deffus de nos connoiffances. Cependant, je te dirai quelques-uns des noms qui peuvent lui convenir. « Adoration à celui
» qui eft l'être fuprême, qui eft l'éternel, créa-
» teur de toutes chofes! C'eft vous qui donnez
» la mort & la vie. Vous feul pouvez faire notre
» bonheur. Vous êtes l'être fouverainement heu-
» reux, & heureux par vous-même. Vous poffé-
» der, c'eft poffeder le comble de tous les
» biens. On n'eft heureux que par vous, on ne
» l'eft que dans vous, & l'homme ne poffédera
» jamais de vraie félicité, qu'il n'ait le bonheur
» de jouir de vous. Vous êtes la vie & le foutien
» de toutes chofes, fans que vous ayez befoin
» vous-même d'être foutenu par rien. On ne vit
» jamais dans vous ni changement, ni mélange.
» Vous jouiffez feul d'un bonheur que rien ne
» peut altérer ni corrompre. C'eft vous qui faites
» naître dans nous les fentimens de piété & de
» vertu; c'eft vous qui les entretenez, vous qui
» récompenfez. Vous êtes par excellence au-
» deffus de tout. Vous êtes le vrai & le feul
» maître. Vous pouvez feul remplir nos vœux
» & mettre fin à nos defirs. Vous êtes le fauveur,
» le père & le maître du monde. Vous voyez
» tout, vous connoiffez tout (5), vous gouver-
» nez tout. Vous êtes notre refuge, notre ref-
» fource & notre unique bien. ». Voilà une partie des noms qu'il faut prononcer pour mériter le

---

(1) *Voyez* les obfervations préliminaires.

(2) Tout ce que l'auteur rapporte ici ne peut convenir qu'aux tems qui ont fuivi celui des invafions des mahométans, & démontre que fon ouvrage n'eft pas d'une grande antiquité.

(3) On enfeigne la doctrine du *Védam* aux choutres, mais il n'eft pas permis à cette cafte de lire cet ouvrage, comme le *Bagavadam*, & tous les auteurs qui ont parlé de la religion des Indes, l'affurent unanimement. Ce dernier privilège eft réfervé aux deux premières caftes, & aux *Comattis* qui forment la partie la plus diftinguée de la troifième. Les *Chettis*, qui en compofent la feconde partie, n'ont pas le même avantage. *Paganifme* Indien *manufcrit, partie* I.

(4) Les *indiens* ont un livre intitulé *Tivaroum*, qui n'eft qu'une lifte des noms différens du fouverain être. Les brames comprennent dans ce nombre, ceux de toutes les fortes de puiffance, de toutes les propriétés, & tous les attributs qu'ils regardent comme inhérens à la nature divine, auffi bien que les fymboles de toutes les effences matérielles fous lefquelles Dieu eft adoré.

(5) *Vous êtes le fauveur, le père, &c.* Cette phrafe eft citée par M. l'abbé Mignot, *acad. des infcr. tom.* 31, *page* 263, pour prouver l'orthodoxie des *indiens* fur le dogme de la providence, admis par leurs anciens philofophes. Strab. *livre* 15, *page* 490.

pardon de fes péchés & l'accompliſſement de ſes vœux. La pureté du cœur & l'amour de Dieu ſont encore les fruits de cette prière. Enfin, les biens de la terre & ceux du ciel ſont entre les mains de Dieu. Pour nous les procurer, il n'eſt pas de moyen plus efficace que de l'invoquer & de les lui demander.

Biache. Vous ſavez, ſeigneur, qu'il eſt des hommes de différens caracteres, les uns pareſſeux, les autres pleins d'orgueil & de ſuffiſance. Les uns ſont méchans & pervers : les autres ſe livrent tout entiers aux embarras du monde & à ſes plaiſirs. S'il s'en trouve donc qui ne veulent, & qui ne puiſſent pas réciter chaque jour tous les noms de Dieu, que dois-je leur dire ? Y-a-t-il pour eux quelqu'autre reſſource ?

Chumontou. Si pour de bonnes raiſons, on ne peut pas les réciter cent fois, qu'on les récite au moins vingt (1) ; un moindre nombre ſuffit même alors, pourvu qu'on conſacre à Dieu tout ſon amour, & qu'on mette en lui toute ſa confiance. C'eſt le vrai culte que nous lui devons, & en quoi conſiſte la vraie vertu. Dieu eſt mieux honoré par l'hommage que lui rend un cœur qui ſe dévoue à lui, que par tous les préſens, toutes les œuvres extérieures (2), & toutes les pénitences qu'on pourroit pratiquer.

Biache. Que faut-il de plus pour la perfection, & quels ſont ceux qu'on doit regarder comme des hommes qui y ſont déjà parvenus ?

Chumontou. Le premier degré de la perfection eſt de croire ſans aucun doute tout ce qu'on doit croire, & de chercher à plaire à Dieu, non aux hommes, & à faire ſon ſalut. Le ſecond eſt de renoncer à tout, & de voir toutes choſes ſans s'en laiſſer éblouir, ni y attacher ſon cœur. Le troiſième eſt de ſe conſerver dans une parfaite indifférence pour toutes choſes, & d'étouffer juſqu'aux premiers deſirs. Le quatrième eſt de ſervir Dieu pour lui-même, ſans aucun intérêt perſonnel. Pour atteindre à cette perfection, on

---

(1) Les brames prononcent le matin, à midi & au couché du ſoleil, vingt-quatre noms de Dieu, en ſe touchant vingt-quatre parties du corps. Abrah. Rog. *page 97, 101.* Les adorateurs de Vichnou prétendent que ſon nom, quoique prononcé ſans aucun motif déterminé, & même dans l'intention de mépriſer, ou de ſe mocquer de ce dieu, ne laiſſe pas de produire un bon effet. Ce nom ſeul a, ſelon eux, le pouvoir d'effacer tous les crimes. Bagavad. *livre 6.* Étranges pratiques! maximes funeſtes! La ſuperſtition outrage tout-à-la-fois la Divinité, & renverſe l'édifice des mœurs.

(2) *Chumontou* exige cependant la pratique de pluſieurs de ces œuvres auſſi vaines que ridicules. *Voyez livre 4, c. 3.*

n'a donc pas beſoin des eaux ſacrées, ni des pénitences outrées que tu preſcris, ni des prières faites à de fauſſes divinités, ni de vaines pratiques, ni de ſacrifices ſanglans, ni enfin de toutes les autres vaines cérémonies, que la fourberie guidée par un vil intérêt te fait mettre au jour.

Biache. Je ſuppoſe qu'un homme ne puiſſe pas prononcer ce ſaint nom, ſoit par maladie, par laſſitude, par crainte, ou par quelqu'autre raiſon, quel moyen lui reſtera-t-il donc pour ſe ſauver ?

Chumontou. Si on ne peut point en effet prononcer le nom de Dieu, on peut au moins y penſer, & cela ſuffit. Le Dieu que je te propoſe d'adorer, eſt dans le fond de nos cœurs, pénètre nos plus intimes penſées, & fait compatir à nos foibleſſes & à nos infirmités. Ce ne ſont point les dieux de bois & de pierre que tu adores ſous la figure d'hommes mortels. De pareilles divinités, ou ne voient rien, ou ne voient que les choſes purement extérieures. Leur offrir ſon encens & ſon culte, n'eſt pas ſeulement perdre ſa peine, mais le plus grand de tous les crimes.

Biache. Vous m'avez dit différens noms qui conviennent à Dieu, mais ces noms ne peuvent point être répandus dans les différentes parties de la terre. Comment le ſeroient-ils, puiſque les langues ſont ſi différentes ?

Chumontou. Les noms qu'on donne à Dieu, ſont les expreſſions que nous connoiſſons de ſes grandeurs. Dieu fut & eſt toujours le même par-tout. Chacun peut exprimer dans ſa langue ce que nous connoiſſons de ſes qualités. Qu'importe de quels termes on ſe ſerve, pourvu qu'on y attache la même idée. Les noms qu'on donne à Dieu ſervent à le faire connoître, & à exprimer, autant que nos foibles lumières peuvent nous le permettre, ſa nature & ſon eſſence. Il n'y a que trop de nations qui abandonnent le vrai Dieu, pour ſe forger de nouvelles divinités, qui méconnoiſſent l'auteur de toutes choſes, & vont proſtituer leur encens à des hommes pécheurs, tels que *Chibe*, *Vichnou*, &c.

Biache. Vous avez dit, que de reconnoître *Chib* & *Vichnou* pour des divinités, & de leur offrir des ſacrifices, étoit non-ſeulement une choſe inutile, mais criminelle. Nombre de pénitens & moi avons fait juſqu'ici, & il n'eſt guère poſſible de nous en départir. Du moins paſſez-moi le *Lingam* Ce ne peut pas être un crime de lui ſacrifier, puiſque *Bramma* & *Vichnou*, qui reçoivent eux-mêmes les ſacrifices des hommes, nous en donnent l'exemple, & que *Chib* a preſcrit tout ce qu'on doit obſerver dans ces cérémonies. D'ailleurs, le Dieu dont vous me parlez eſt inviſible. Le *Lingam* au contraire eſt une choſe ſenſible, qu'on touche & qu'on voit. Or les hommes trouvent plus de goût à sacrifier à une chose qu'ils ont sous leurs yeux, qu'à un être invisible, & qui ne tombe pas sous les sens. Bochisto & tous les fameux pénitens ont adopté cette divinité, & lui ont offert des sacrifices; les peuples les ont imités & ont pris goût aujourd'hui à son culte; il ne sera donc pas possible de le leur arracher.

Du Lingam (1).

Chumontou. Puisque tu veux me parler de cette œuvre infâme qui sera pour jamais l'opprobre de la raison humaine, je veux bien que tu me racontes ce que tu crois; mais prends bien garde à ce que tu me dois, & à ne pas manquer à la bienséance.

Biache. Bramma & Vichnou, accompagnés d'un nombreux cortège de brames, furent autrefois sur la montagne *Keilassan*, rendre à Chib une visite. Ils le trouvèrent jouissant de sa femme; leur arrivée ne l'empêcha pas de continuer. Il les vit sans dire mot, ni leur faire la moindre politesse. La fureur de sa passion, enflammée par l'yvresse où il étoit plongé, l'avoit mis hors de lui-même, & il n'étoit plus capable ni de bonté ni de pudeur. A cette vue, quelques-uns de ceux qui composoient cette illustre assemblée, entr'autres *Vichnou* ne firent qu'en rire, & eurent honte pour lui. D'autres outrés de dépit & en colère en témoignèrent leur indignation, & le chargèrent d'injures. Non, tu n'es qu'un démon, lui dirent-ils, & pire qu'un démon. Tu en portes la figure & tu en as le jeu, puisque tu n'es pas susceptible de bonté en présence d'une si illustre assemblée. Tous également indignés tinrent enfin le même langage, & entrèrent dans les mêmes sentimens. L'amitié que nous avions pour lui, dirent-ils unanimement, nous avoit conduits dans sa maison pour lui faire visite, & nous ne trouvons en lui qu'un homme livré à la passion & à l'yvresse, qui ne fait aucun cas de nous & qui continue ses infamies même en notre présence. Qu'aucun homme vertueux n'ait donc désormais aucun commerce avec lui, & que ceux qui le fréquenteront soient regardés comme des infâmes & comme des hommes indignes de toute société avec des honnêtes gens. Ayant dit cela, ils se retirèrent tous chacun chez soi. *Chib* peu de tems après étant revenu à lui, demanda à ses gardes quels étoient ceux qui étoient venus chez lui. C'est *Bramma* & *Vichnou*, lui dirent-ils, accompagnés d'une nombreuse troupe de pénitens; mais vous ayant vu dans cet état, ils vous ont chargé d'injures & de malédictions & se sont retirés. Ces paroles furent comme un coup de foudre qui pénétra jusqu'au cœur de *Chib* & de *Dourga*. Ils en moururent l'un & l'autre dans la même posture où ils avoient été jusqu'alors. Chib a voulu que cette action qui avoit fait sa honte, fût célébrée. Voici comment il s'en est lui-même exprimé. La honte m'a fait mourir, mais elle m'a donné une autre figure, & cette nouvelle figure est le *Lingam*. Vous, démons, mes sujets, regardez le donc comme un autre moi-même; il en est en effet une partie. Je veux encore que les hommes offrent leurs sacrifices au *Lingam*. Ceux qui m'honoreront sous cette figure obtiendront sûrement l'objet de tous leurs vœux, & une place dans le *Veikuntan*. Je suis l'être suprême; mon *Lingam* l'est aussi. Lui rendre donc les honneurs dûs à la divinité, est une œuvre de vertu; & on ne sauroit rien faire de plus utile ni de plus méritoire. L'arbre de *Marmelle*, est de tous les arbres celui que j'aime le plus. Si on veut me plaire, on doit m'en offrir les fleurs, les feuilles & les fruits. Ecoutez de plus: Ceux qui jeûneront le quatorze Janvier à l'honneur du *Lingam*, & qui la nuit suivante lui offriront le sacrifice, lui présenteront des feuilles de l'arbre *Marmelle*, s'assureront une place dans le *Keilassan*. Ecoutez, démons, & si vous avez quelque envie de devenir vertueux, apprenez quels sont les fruits qu'on doit tirer des honneurs rendus au *Lingam*. Ceux qui en feront la figure avec de la terre & lui sacrifieront, recevront leur récompense. D'autres qui la feront sur de la pierre, mériteront sept fois plus, & ne verront jamais les portes de l'enfer. Ceux qui la feront sur de l'argent mériteront sept fois plus, & sur de l'or, encore sept fois davantage. Que des ministres aillent enseigner cette vérité aux hommes & les engagent à l'embrasser. Ils l'ont fait, & tous les peuples en ont été instruits; quelques-uns l'ont adoptée, & offrent aujourd'hui leurs sacrifices au *Lingam*. D'autres n'y ont pas voulu ajouter foi, & n'en ont fait aucun cas.

---

(1) La secte de Budda & les ganigueuls, dont Chumontou paroît être, ont en horreur le culte de *Chib* & le *Lingam*, (la Croze, christ. des Indes, tome 2, page 213, 228) sous la forme duquel on l'honore. « Il est le symbole de la nature toujours produisante; » tous les êtres participent à la matière, & se perpé- » tuent par l'union de ces parties, qui en elles-mêmes » n'ont rien d'indigne de celui qui les a faites: Voilà » en deux mots le fond du linganisme, que l'on fera » remonter, si l'on veut, jusqu'aux premiers âges du » monde. *Discours préliminaire du Zend-A-Vesta*, » note, page 139, 140 ». On sait que le Lingam est la figure des parties naturelles de l'homme, réunies à celles de la femme. Cette forme n'a pas toujours été la même: Bardesane avoit vu, chez les anciens *indiens*, une statue de dix coudées de haut, qui représentoit l'homme & la femme, de manière qu'un côté du visage, un bras, une main, un pied, appartenoient à l'homme, & les autres membres à la femme, &c. Porph. de Styg. page 283.

Pour moi, continua Biache, je suis très-persuadé que le *Lingam* est *Chib* lui-même, & par conséquent l'être suprême. Je vais vous en tracer la figure telle que je l'ai donnée aux hommes; je leur ai dit que le *Lingam* étoit de couleur blanchâtre, qu'il avoit trois yeux, cinq visages (1), & qu'il se plaisoit à se couvrir de peau de tigre, qu'il étoit avant le monde, & le principe du monde, qu'il dissipoit nos craintes & nos frayeurs, & nous accordoit toujours l'objet de tous nos vœux. *Bramma* lui-même lui a offert ses sacrifices dans le *Keilassan* ; les brames, les pénitens, les rois, les marchands, les choutres ne reconnoissent point d'autre dieu que *Chib*. Il reçoit seul leurs hommages & leurs vœux.

Réfutation du Lingam.

Chumontou. Tu as assuré que *Chib* est l'être suprême ; mais comment, après ce que tu viens de dire de lui peut-il t'en venir la pensée ? On regarderoit dans le monde comme vil & méprisable celui qui se livreroit aux femmes jusqu'à ne pouvoir plus s'en séparer. Tel est le personnage que tu lui fais faire, & une pareille conduite peut-elle donc convenir à celui qu'on regarde comme l'être suprême, & qu'on adore comme son dieu ? Dieu est essentiellement & souverainement heureux ; il ne peut donc rien désirer hors de lui-même, & tout ce qui est extérieur ne peut contribuer en rien à son bonheur. En même tems que tu donnes à *Chib* le nom d'être suprême, tu nous le représentes plongé dans l'yvresse, & totalement livré à une femme dont il jouit sans interruption. S'il étoit en effet l'être suprême, devroit-on voir des hommes qui dépendent de lui comme de ses créatures, entrer contre lui dans des accès de colère, & lui en faire porter les effets ? Est-il possible que tu ne sentes pas toute l'indécence d'une pareille conduite ? Si un roi vient à faire une faute, verra-t-on un esclave l'aller charger d'injures & de malédictions ? apprends de-là que le Dieu qu'on reconnoît pour maître & qui l'est en effet, est au-dessus de la colère des hommes, & qu'il ne dut jamais en porter le poids, ni en ressentir les effets. Tu ajoutes que *Bochisto* & d'autres pénitens ont offert au *Lingam* leurs hommages, & l'ont honoré comme une divinité. Cela prouve qu'ils ont été les uns & les autres aussi pervers & aussi corrompus que toi. Les hommes les plus vertueux ne possèdent Dieu que par leurs désirs, & il n'est permis de le voir & d'en jouir qu'après la mort. La maison de *Chib* est toujours pleine de démons ; sa cour en est toute composée. Doivent-ils donc jouir d'un privilège qui n'est pas même accordé à ce qu'il y a de plus vertueux ? Dieu n'a point de corps. *Chib* en a certainement un, & son plaisir est de se couvrir d'une peau de tigre. Dieu ne desire rien hors de lui-même. Tout l'esprit, tout le cœur, & toute l'attention de *Chib* sont tournés sur une femme. Comment donc peux-tu les confondre & leur donner le même nom ? Dieu d'un acte de sa volonté a créé le monde ; aussi lui donnons-nous tous le nom de père, & le connoissons pour tel, & il n'y a que *Kartiko* & *Gonecho* qui donnent ce nom à *Chib*, & qui reconnoissent être ses enfans. Tu as dit dans d'autres occasions que *Bramma*, *Vichnou*, &c. étoient des hommes éclairés & vertueux. Mais s'ils l'étoient en effet, diroient-ils des injures à celui qu'on doit regarder comme l'être suprême, prononceroient-ils contre lui leurs malédictions ? Voir Dieu & en jouir, c'est la récompense de la vertu, & le comble du bonheur. Voir *Chib* & le fréquenter est un crime, parce qu'on n'apperçoit dans lui qu'un monstre sans honte & sans pudeur. Tu dis qu'au moment de la mort, *Chib* resta sous la figure du *Lingam*. Tu as tort d'abord de le faire mourir, puisque Dieu est éternel & ne meurt point. Mais n'y avoit-il point dans le monde de figure plus décente, & qui pût mieux convenir à la Divinité ? Tu vas conter tes fables au peuple le plus ignorant ; mais ne manquant point toi-même de lumière, peux-tu porter à ce point la fourberie & la méchanceté ? Tu n'ignores pas que ce qui est excellent par sa nature & au-dessus de tout, ne peut pas se transformer en ce qu'il y a de plus vil, & qu'on ne doit offrir le sacrifice qu'à l'être qui est au-dessus de tout. Comment oses-tu engager les peuples à honorer par cet acte de religion, ce qu'il y a de plus méprisable ? Le *Lingam* est la partie honteuse du corps. Tous les hommes la cachent par pudeur, & toi, malheureux, tu portes l'infamie jusqu'à les engager à lui offrir leurs sacrifices, & à lui rendre les honneurs qui ne sont dûs qu'à la divinité. Un esprit gâté par l'impureté, qui ne se nourrit que d'idées impures, doit son encens à des objets de cette espèce. Rien ne lui en paroît plus digne que ce qui sert d'instrument à la volupté. Je ne cesserai cependant de te répéter que *Bramma*, *Vichnou*, *Indro*, & tous ceux à qui tu prodigues le nom de Dieu, ne sont point des dieux, que *Chib* n'en est point un, encore moins le *Lingam*.

Des géans (2).

Biache. J'ai dit que le brame *Kochopio* habitoit

---

(1) On le représente encore dans les pagodes, sous la figure d'un homme, avec trois yeux & seize mains, *lettres édifiantes*, tome 16, page 129, 130. C'est cette figure qu'on porte dans les processions, & dont la vue plaît beaucoup plus aux *indiens*, que le *Lingam*. Abrah.

Rog. page 157. La superstition ne peut donc effacer entièrement le sentiment de pudeur que la nature a gravé dans le cœur de tous les hommes.

(2) Le peuple *indien* prend à la lettre toutes les
le

le Chvarguam, & qu'il eut deux femmes, l'une appellée *Diti* & l'autre *Oditi*. Ce *Kochiopo* étoit un homme vertueux qui se retiroit tous les jours dans un endroit solitaire pour y consacrer un certain tems à la prière & la méditation. *Diti* fut un jour l'y trouver pour lui faire part de ses chagrins & de ses peines : Il y a déjà long-tems, lui dit-elle, que je vous ai pour époux, & je n'ai point encore conçu. Une femme stérile est regardée comme un meuble inutile & est méprisée ; délivrez-moi de cet opprobre, & donnez-moi la consolation de mettre au monde des enfans. Vous aurez ce que vous souhaitez, répondit *Kochiopo*, mais ce ne sera point à présent. Le tems où vous êtes venue me parler, est consacré à la prière. Retournez à votre appartement, soyez sûre que dans peu vos vœux seront accomplis. Ce fut en vain que *Kochiopo* chercha à se défendre, & voulut se retirer pour éviter ses importunités. Elle le saisit par ses habits, & exigea que ce fût dans l'instant même qu'il lui accordât sa demande, & mît fin à sa douleur. *Kochiopo* qui savoit ce qui devoit en arriver, le découvrit à sa femme, & lui dit : Si tout ce que j'ai pu vous dire n'a pu vous engager de condescendre à ma volonté, que la crainte de ne mettre au monde que des géans, vous fasse rentrer en vous-même, & modérer pour quelques momens le desir que vous avez de concevoir. *Diti* n'écouta rien, & ne suivit que sa passion. *Kochiopo* fut obligé de la satisfaire : elle conçut & mit au monde deux géans, comme son mari lui avoit prédit. A peine furent-ils nés, qu'ils jettèrent par-tout la crainte & la terreur (1). Egalement ennemis des dieux & des hommes, ils firent la guerre aux uns & aux autres, & ne vécurent que pour blasphêmer contre les dieux. Quelque tems après leur naissance, ils furent trouver *Bramma* à quatre visages, lui rendirent leurs hommages, célébrèrent ses louanges, & lui demandèrent une grace. *Bramma*, charmé des éloges qu'on venoit de lui donner, leur dit, qu'ils n'avoient qu'à demander, & qu'il étoit prêt de leur accorder tout ce qu'ils pourroient souhaiter. Rendez-nous immortels, lui dirent-ils, puisque rien ne vous est impossible. Eh bien, répondit *Bramma*, vous aurez en partie ce que vous souhaitez ; ni les dieux, ni les hommes, ni rien de ce qui a vie ne pourra vous mettre à mort. Vous ne mourrez point non plus sur la terre, ni dans l'eau. Les géans fiers de la grace qu'ils venoient d'obtenir, ne firent qu'augmenter leur tyrannie. Ils inondèrent la terre de sang, & n'épargnèrent ni les pénitens, ni les dieux. L'Etre suprême, touché des maux des uns & des autres, voulut les en délivrer. Prenant pour cela une figure extraordinaire, il parut sous la forme d'un monstre, moitié homme & moitié lion (2). Sa seule vue inspiroit de la terreur. Il tenoit la gueule ouverte ; il rugissoit & grinçoit des dents.

Chumontou. Quels sont les noms de ces deux géans ? Quel est celui qui a pris cette figure monstrueuse, & comment l'a-t-il prise ?

Biache. L'aîné de ces deux géans s'appelloit *Hironnio* ; le second, *Hironnio-Kochiopo*. Ce dernier eut un fils auquel il donna le nom de *Prolado* ; aussi vertueux que son père étoit méchant, il fut en particulier le dévot déclaré de *Chrixnou*. Son père, s'en étant apperçu, fut outré de colère. Qu'est-ce donc que ce *Chrixnou*, lui dit-il, dont je t'entends sans cesse répéter le nom, & quel est le lieu de sa demeure ? Ce *Chrixnou*, dont vous parlez avec mépris, lui dit *Prolado*, est l'être suprême. Il est répandu par-tout. Qui t'a donc si mal instruit, lui répondit son père ? Ce *Chrixnou* n'est qu'un pécheur qui a été élevé dans la maison d'un berger. Es-tu donc devenu tout-à-fait fou ? Et ne faut-il pas l'être en effet, pour offrir ses hommages à un homme pécheur ? Puisque tu es si fort porté pour lui, tu sais sans doute où il fait sa demeure ; montre-la-moi, & s'il vit encore, tu verras que j'en aurai bon marché. Cessez, mon cher père, lui dit *Prolado*, sans perdre le respect, cessez de blasphêmer le saint nom de *Chrixnou*, c'est l'être suprême, le maître du monde, & il est répandu par-tout, quoique nous ne le voyions pas. Sans doute qu'il sera aussi dans cette colonne, reprit *Horonnio-Kochiopo* en fureur, je vais en faire l'épreuve ; & prenant une hache il la fendit par le milieu. Aussi-tôt on en vit sortir cet être suprême sous la figure que je vous ai dépeinte, & sous le nom de *Niringuo* (3), il saisit *Hironnio-Kochiopo*, le mit sur sa cuisse & le déchira par morceaux. (4)

---

fables concernant les géans (*ossours* ou *oissurs*). Les philosophes n'y voyent au contraire que des allégories sur les anges rebelles, la confusion des élémens dans le cahos, les différentes révolutions du monde physique, &c. *Voyez* là-dessus les extraits des Shasters, publiés par MM. Hollwel & Dow.

(1) Cette histoire de l'origine des géans est conforme à celles qu'on lit dans le Bagavadam, *l.* 3, 6. Ce livre ajoute seulement quelques circonstances qu'il est assez inutile de savoir.

Philosophie anc. & mod., Tome II.

(2) Les *indiens* attribuent unanimement cette métamorphose à *Vichnou*, qui devint lion depuis la tête jusqu'à la ceinture, & homme depuis la ceinture jusqu'aux pieds. Bagavad. *livre* 7.

(3) Ou *Narsingha*, c'est-à-dire, *homme-lion*. On trouve à la bibliothèque du roi de France, un manuscrit *indien*, Cod. n°. 88, qui porte ce nom, & contient l'histoire particulière de cette incarnation.

(4) Vichnou mit à mort ce géant, selon le Baga-

Chumontou. Pourquoi donc ce monstre, moitié homme & moitié lion, mit-il le géant sur sa cuisse?

Biache. J'ai dit, s'il vous en souvient, que *Bramma* à quatre visages avoit accordé une grace à ce géant, laquelle consistoit en ce que ni les dieux, ni les hommes ne pouvoient le mettre à mort, ni sur la terre, ni dans l'eau, c'est pour cela que *Vichnou* prit cette figure extraordinaire pour le faire périr.

Chumontou. Il ne fut jamais nécessaire à celui qui est l'être suprême de quitter le lieu de sa demeure, & de descendre sur la terre, pour faire périr un géant. Les géans, comme le reste des hommes, sont ses créatures. Il les a créés de rien, & par un seul acte de sa volonté, il peut les détruire de même; & si tu voulois le faire incarner pour cela, tu aurois dû lui donner une figure moins monstrueuse & moins indigne de lui. Mais rien ne t'effraye, ni ne te deconcerte. Tu fais de tes dieux des monstres, des menteurs & des fourbes. Tu fais ressusciter des hommes déjà morts, tels que *Chrixnou*, pour les faire paroître sous de nouvelles figures. Tu décores tout cela du nom d'être suprême, & le proposes aux hommes comme des vérités. Pour jouer ce personnage, il faut ou avoir perdu la raison, ou être parvenu au comble de la malice & de l'impiété.

De l'ame.

Biache. J'ai encore bien des questions à vous faire, en particulier sur l'ame de l'homme. En voici quelques-unes: N'y a-t-il qu'une ame?

Chumontou. Il y a autant d'ames différentes entre elles qu'il existe d'hommes sur la terre. Quoique l'ame ait pris naissance, elle est cependant immortelle, & sera éternelle dans sa durée. Elle est capable de vice & de vertu, sensible au plaisir & à la douleur, sujette aux passions, & quoiqu'unie à notre corps, elle est de sa nature invisible. Son union avec le corps (1) est le principe de ses erreurs & de ses égaremens.

Biache. Je sais que la première ame qui a existé, est sortie des mains de Dieu, & qu'elle a reçu naissance de lui; mais je sais aussi que Dieu n'en créa qu'une, comment donc y en a-t-il plusieurs? Vous me dites que les ames sont éternelles dans leur durée, & cependant nous les voyons mourir tous les jours, & s'il est vrai, comme vous le dites, qu'elles ne meurent point, où vont-elles après qu'elles sont séparées de leurs corps, & où trouve-t-on un lieu assez vaste pour les contenir?

Chumontou. Il est vrai que la première ame est sortie des mains de Dieu (2), & qu'il n'en a créé qu'une. Mais de cette ame il en est né d'autres, comme des corps il naît d'autres corps. Tu te trompes, quand tu dis que les ames meurent; elles ne font que se séparer de leur corps, & c'est ce qu'on appelle la mort. Après leur séparation, les ames vertueuses vont dans le ciel, & y jouiront pendant l'éternité, d'un bonheur parfait & accompli. Celles qui auront vécu & qui meurent dans leurs péchés, iront en enfer, & y vivront aussi toute l'éternité, mais ce sera pour leur malheur.

Biache. Si les ames naissent d'autres ames, pourquoi leur voit-on différentes inclinations, & pourquoi éprouvent-elles un sort différent? On voit à l'égard des ames à-peu-près ce qu'on voit à l'égard des corps. Il semble que le fils devroit toujours être semblable à son père; cependant on voit assez souvent naître d'un homme d'esprit & éclairé, un sot & une bête, comme d'un homme d'une taille gigantesque un pigmée. Verra-t-on cette différence dans l'autre vie, & les ames qui seront également produites alors, auront-elles différentes inclinations & un sort différent?

Chumontou. Les différentes inclinations qu'on voit aujourd'hui dans les différentes ames, sont en partie occasionnées par leur union avec le corps. Il n'en sera pas de même dans l'autre vie. Comme elles ne seront unies à rien d'étranger, elles seront toutes semblables; elles cesseront alors d'en produire de nouvelles, & resteront éternellement comme elles se seront trouvées au moment de la mort. Du reste, quoique

---

vadam, *livre* 7, dans un tems où il n'étoit ni jour ni nuit, & dans un lieu qui n'étoit ni l'intérieur ni l'extérieur de sa maison.

(1) Il est nécessaire de parler ici des idées singulières des *indiens* sur l'ame & le corps, & sur leur union. Le corps de l'homme est composé des cinq élémens; la terre, l'eau, le feu, l'air & l'espace; de cinq qualités, le tact, la vision, le son, le goût & l'odeur; des cinq sens; des cinq parties mouvantes du corps; la bouche, les mains, les pieds & les deux parties honteuses; enfin, des quatre puissances actives, l'enten- dement, la volubilité, la liberté & la vigueur ou la présomption qui produit le terme *mien*. Ces vingt-quatre qualités, substances ou attributs, se nomment *pracroudy* ou *tatvam*; ce *pracroudy* est distingué de *givâtma*, c'est-à-dire, l'ame ou la vie vivifiante. Ils forment cependant l'un & l'autre une substance indivisible, & dont l'union est semblable à celle de l'eau avec le froid, & de l'odeur avec la terre. Bagavadam. *livre* 3.

(2) L'ame est appellée dans le Bagavadam, *livre* 3, une production du trait de Dieu.

le nombre de ces ames doive être presqu'infini, il n'en coûte à Dieu pour créer un lieu qui puisse les contenir toutes, qu'un acte de sa volonté.

Biache. Que feront donc les ames vertueuses dans le lieu fortuné que vous leur avez assigné, & quelle y sera leur occupation ? Seront elles encore assujetties au péché, & supposé qu'elles viennent à en commettre, quelle est la pénitence qu'elles auront à faire, & par quelle voie en obtiendront-elles le pardon ? Seront-elles enfin tellement fixées dans ces lieux de délices, qu'il ne leur reste plus de crainte d'en être chassées, & de tomber dans l'enfer ?

Chumontou. L'occupation des ames vertueuses dans le séjour fortuné que Dieu leur a préparé, sera de méditer ses grandeurs, de le voir, & de le posséder. Comme ils trouveront dans lui la source & le comble de tous les biens, leurs desirs & leurs vœux seront pleinement accomplis. Dans le ciel, tout notre bonheur consistera à penser à Dieu, & à le posséder pendant l'éternité. Dès qu'une ame est entrée dans le séjour des bienheureux, elle devient impeccable, parce qu'elle est assurée de la protection de Dieu & de son amitié.

Biache. Que doit-on entendre par le mot *Poromajou* ? Quelle est de plus la cause de la différente durée de la vie des hommes ; car étant toutes les créatures du même Dieu, pourquoi voit-on les unes vivre beaucoup, & les autres vivre peu ?

Chumontou. Le mot *Poromajou* signifie la durée de la vie de l'homme. Ce mot est composé de *porom* & de *ajou* ; *ajou* signifie la durée de la vie, & *porom*, l'Etre par excellence. Or, comme c'est lui qui l'a fixée & qui en dispose, de-là vient qu'on l'a exprimée par *Poromajou*. Dieu, dans le tems de la création, avoit assigné à tous les hommes le même nombre de jours. Si aujourd'hui cet ordre est renversé, & si on en voit qui vivent beaucoup, d'autres peu, ils doivent s'en prendre à eux seuls. Ce sont leurs péchés & leurs débauches qui abrègent leurs jours. Dieu, après avoir créé le premier homme, lui donna sa loi & lui dit, que tant qu'il la suivroit, il vivroit long-tems & heureux ; mais que dès qu'il s'en écarteroit, il se rendroit coupable d'un crime, & seroit accablé de maux. Cette prédiction s'accomplit tous les jours sous nos yeux. Est-on esclave du péché, on devient bientôt celui de son ventre, & on s'adonne à toutes sortes de débauches. Les débauches occasionnent les maladies. Les maladies nous conduisent à la mort. Voilà la vraie cause de la différente durée de la vie des hommes. Enforte qu'on pourroit comparer la vie de deux hommes, dont l'un est vertueux & l'autre pécheur, à deux lampes qu'on allume en même tems & dans lesquelles on a mis la même quantité d'huile & de méche, dont l'une est exposée au vent, & l'autre est gardée dans une chambre bien fermée. Celle qu'on garde avec soin, brûle jusqu'à ce qu'il n'y reste plus ni méche ni huile. Celle qu'on a exposé au vent, s'éteint presque dans l'instant, quoiqu'il y ait encore beaucoup de l'un & de l'autre. Ainsi en est-il de la vie des hommes.

De la religion & des coutumes du Bollodekan, ou des Baudistes.

Biache. Je serois maintenant curieux de savoir les noms des différens pays qu'habitent les hommes, & les différences qui se trouvent entr'eux ; vous m'avez parlé du ciel, de l'enfer, faites-moi une courte description de la terre, qui me mette au fait de toutes les contrées qui sont habitées ?

Chumontou, pour satisfaire à sa demande, lui dit les noms des différens pays qu'il connoissoit, & lui en marqua la situation (1).

Biache. Vous m'avez dit les noms des différens pays qui composent le monde. Apprenez-moi maintenant quelles sont les coutumes & les usages de chacun ?

Chumontou. Voici les usages des pays du nord. Le meurtre y est en horreur ; quoique les castes y soient dans le fond différentes, cependant chaque homme reconnoît dans un autre homme son image, & n'a pour lui ni horreur ni mépris. Le vol y est inconnu. Tous les peuples sont d'un caractère bon & affable. Ils donnent volontiers, & pardonnent aisément le mal qu'on leur a fait. Mais les princes exercent une rigoureuse justice, & punissent toujours les malfaiteurs. Ils ont dans leur langue le *Védam*, & le mettent en pratique.

Biache. Quel est le roi qui règne dans ces pays ? quelle est sa figure ? quel est son nom, & par quelle vertu s'est-il rendu recommandable ?

Chumontou. Sarbako, qui règne sur le *Bollodekan* (2), est devenu fameux, non par sa vertu,

---

(1) Après ces mots, on lit dans mon manuscrit ce qui suit : *Les curieux les trouveront dans l'autre page, en langue Telegoa.* Malgré cet avertissement du traducteur, je n'ai point vu la nomenclature dont il parle.

(2) Ce nom est celui que les *indiens* donnent au Thibet. Quelques voyageurs appellent *Baltistan, Balteran* : le petit Thibet. Ces deux premiers mots sont une altération de celui de *Bollodekan*. Le grand Thibet est désigné aussi sous le nom de *Butam* ou *Budtan* ; suivant la carte de M. d'Anville, *Budtan* signifie le pays de *Budda*, dont les *Lamas*, prêtres du Thibet, font profession de suivre les principes.

mais par son impiété. Il ne connoît point de Dieu, ni d'autre vie. Il est lui-même sa divinité. Il regarde la mort comme la fin de nos peines, & les plaisirs de la vie présente comme le seul bien qu'il y ait à attendre & qu'il puisse se procurer. Ses usages répondent assez bien à son système de religion, & ont quelque chose de barbare qui fait horreur. Le crâne d'un homme lui sert de coupe, & il met son plaisir à se faire porter sur un lit qui a servi à un mourant. Sa boisson ordinaire est une liqueur enivrante ; il en use, dit-il, parce qu'elle contribue à la santé & qu'elle sert à le préserver des maladies.

Biache. Tous les hommes étant également les enfans de Dieu, pourquoi en voit-on qui donnent dans des travers si extravagans, & quel sera leur sort après la mort ?

Chumontou. Tous les hommes sont les enfans de Dieu, cela est vrai ; mais ceux-ci sont des enfans rebelles, qui ne veulent pas suivre sa loi, dont l'observation fait le bonheur de l'homme en ce monde, & lui assure dans l'autre une éternelle félicité.

Biache. J'ai encore une (1) question à vous faire au sujet de *Chixnou*, qu'on adore dans l'*Outkolodekan*, appellé aujourd'hui l'*Orika*, sous la figure d'un tronc de bois. J'ai donné à ce bois le nom d'être suprême. J'ai fait son histoire fort au long ; je l'ai même enseignée. Bien des savans pensent comme moi. Il y eut autrefois dans l'*Outkolodokan* ou l'*Orika* un roi, appellé *Indrodoumeno* (2). Ce prince qui souhaitoit sincerement de se sauver, voyoit à regret qu'il n'avoit encore rien fait dans tout le cours de sa vie, qui pût lui assurer un sort plus heureux après sa mort. Il communiqua plus d'une fois ses inquiétudes là-dessus à *Bramma* à quatre visages, dont il avoit fait sa divinité favorite, & lui demanda quel seroit son sort après sa mort. *Bramma*, touché de ses peines, & charmé tout-à-la-fois de voir en lui tant de bonne volonté, lui dit un jour : Cessez, grand prince, de vous inquiéter sur votre sort à venir ; je vais vous enseigner un moyen de vous en assurer un qui sera vraiment digne d'envie, & qui mettra le comble à tous vos vœux.

Tout auprès de la mer est situé l'*Outkolodekan*. C'est-là que se trouve la montagne appellée *Nilo*, qui a deux lieues & demie d'étendue. Elle porte aussi le nom de *Pourouchottomo* (3), du nom du dieu qui y habitoit autrefois. Cette montagne est un lieu vraiment sacré, & qui a encore le pouvoir de pardonner les péchés. Du tems du premier âge, on y voyoit un temple tout d'or, consacré à *Vichnou*, l'être suprême. Il subsiste encore, mais il a été enseveli sous le sable & ne paroît plus. Faites-en revivre la mémoire. Renouvellez les sacrifices qu'on y offroit alors, & vous vous assurerez un sort fortuné.

Le roi, charmé de ce qu'il venoit d'entendre, demanda quels étoient ceux qui avoient fait bâtir ce temple, & où étoit précisément l'endroit où il avoit été bâti. Ce sont vos ancêtres, grand roi, répondit *Bramma*, qui le firent elever dans le premier âge du monde, & qui procurerent par-là aux hommes le bonheur de voir sur la terre l'être suprême en personne, & un moyen sûr de se sauver. Allez donc, renouvellez encore une fois la mémoire d'un lieu si respectable ; faites-y descendre de nouveau l'être suprême, & vous leur procurerez le même bonheur. Le moyen de trouver un temple enseveli sous le sable, répondit le roi avec inquiétude ! Je ne saurois jamais en venir à bout, si vous ne vous donnez vous-même la peine de me l'indiquer.

Bramma lui en donna plusieurs indices, & lui dit enfin, qu'il trouveroit dans un étang, tout auprès de la montagne *Nilo*, une tortue, aussi ancienne que le monde, qui pourroit le lui montrer. Le roi satisfait, rendit grace à *Bramma*, & s'en alla. Il ne fut pas long-tems à chercher l'étang, dont *Bramma* lui avoit parlé ; il y vit en effet une tortue d'une grosseur prodigieuse, qui l'ayant apperçu, s'approcha des bords & lui demanda qui il étoit, d'où il venoit, & ce qu'il cherchoit dans ce lieu. Je suis roi de naissance, répondit *Indrodoumeno* ; mais je ne suis par état qu'un pécheur, & le plus grand des pécheurs. Le dieu *Bramma* m'a dit en général, qu'il y avoit un lieu sacré sur la montagne *Nilo* ; mais il n'est point entré dans un plus grand détail, & m'a envoyé auprès de vous, m'assurant que vous étiez parfaitement au fait de tout cela, & en état de m'y mettre. Je suis charmé, prince, répondit la tortue, que

---

(1) Ce chapitre est rapporté en son entier par M. Anquetil, dans une note de son discours préliminaire. *Voyez* Zend-A-Vesta, tome 2, page 83, 84, 85.

(2) Les Indiens ont placé ce roi parmi les *Dewetas*, Abraham Roger, page 104, qui forment la seconde classe des génies, suivant le *Védam*. La première est composée d'esprits entierement purs ; celle dont on vient de parler, d'esprits moins purs ; & la troisième d'esprits immondes. Couro, déc. 5, livre 6, c. 3.

(3) Ou *Proustotamai*, selon l'orthographe adoptée par Abraham Roger, qui rapporte que le corps de *Chixnou* fut apporté par les vagues dans cet endroit, page 266. Celui d'Osiris arriva de même à Byblos. *Voyez* les observations préliminaires.

vous me fournissiez une occasion de contribuer en quelque chose au bonheur des hommes & à leur utilité. Je ne suis pas en état de remplir tout-à-fait vos vœux, parce que mon grand âge m'a fait perdre la mémoire ; mais je vous donnerai au moins quelques indices sur ce que vous m'avez demandé. Il y avoit autrefois sur la montagne *Nilo* un temple fameux par son éclat & ses richesses. Le dieu à quatre bras, le dieu des dieux y faisoit sa demeure ; tous les dieux venoient assidûment lui rendre leurs hommages ; c'étoit de tous les dieux du monde le plus fréquenté, c'étoit là communément que les dieux venoient se satisfaire & contenter leurs passions. Depuis long-tems la mer a couvert ce lieu sacré, & le dieu, n'y recevant plus les sacrifices de personne, s'est retiré dans le *Veikuntan*. Je sais en général, que ce temple est enfoncé environ une lieue sous le sable, mais je ne me souviens pas précisément de l'endroit où il est. Je vous enseignerai cependant un moyen sûr de le découvrir. Vous trouverez auprès de l'étang, appellé *Markondeo*, une corneille qui jouit de l'immortalité. Interrogez-la sur tout cela, & vous apprendrez sûrement d'elle tout ce que vous souhaiterez savoir.

Le roi alla tout de suite chercher l'étang dont on lui avoit parlé, & y trouva en effet une corneille, que le nombre de ses années avoit fait blanchir. Il la salue profondément, & lui dit : Corneille, qui jouissez de l'immortalité (1), vous voyez devant vous un homme que le chagrin dévore, & il n'est que vous qui puissiez me soulager. Quel est donc le sujet de vos peines, reprit la corneille, & que puis-je faire pour cela ? Je vous le dirai, répondit *Indrodoumenou* ; mais je vous prie de ne me rien cacher sur tout ce que je vous demande, & de m'apprendre au vrai ce qui en est. Dites-moi donc quel est le premier roi qui a régné dans ce pays, & qu'est-ce qu'il a fait ?

La corneille qui se ressouvenoit parfaitement des histoires de l'ancien tems, lui dit : Le premier roi qui a régné dans ce pays, s'appelloit *Soturanouno*. Il eut pour fils *Bichio-Bahu*, & de celui-ci naquit *Indrodoumeno*, qui ayant toujours eu pour *Bramma* à quatre visages, une piété sincère, s'est depuis quelque tems retiré auprès de lui, & est allé jouir de la présence de ce dieu. Ce *Soturanouno*, dont je vous ai parlé, gouverna le pays avec beaucoup de bonté, & avoit pour ses sujets la vraie tendresse d'un père. Parmi les grandes actions qu'il a faites, il y en a une en particulier qui éternisera à jamais sa mémoire. C'est qu'il a eu la gloire de faire descendre le dieu des dieux du *Veikuntan*, pour le faire habiter sur la terre. Il lui avoit fait bâtir sur la montagne *Nilo* un temple magnifique ; les murailles en étoient d'or, & l'intérieur étoit enrichi de tout ce qu'il y a de plus précieux en pierreries. Les âges se sont succédés les uns aux autres, & tandis que tout a péri, ce temple a toujours subsisté. Il subsiste encore aujourd'hui, quoique la mer l'ait enseveli depuis long-tems sous le sable ; & qu'il ne paroisse plus. Depuis ce tems, le dieu qui l'habitoit, a quitté à la vérité ce lieu charmant, & n'a plus habité dans ce temple : mais il ne voulut pas abandonner une montagne qu'il avoit consacrée par sa présence, & y resta sous la métamorphose d'un arbre. Un jour le pénitent *Markondeo*, qui depuis nombre de siècles faisoit pénitence sur cette montagne, voyant que cet arbre ne donnoit point d'ombre, en fut indigné, souffla sur lui, & le réduisit en cendres.

Cependant, comme cet arbre étoit *Vichnou*, étoit l'être suprême, & que par-là il devoit être immortel de sa nature, il ne fut pas tout réduit en cendres, & il en est resté encore le tronc. Je ne me souviens pas de l'endroit où étoit cet arbre, mais je sais bien qu'il a été réduit en cendre en partie, & que c'étoit une métamorphose de *Vichnou*. Vous souviendrez-vous, reprit le roi, de l'endroit où étoit le temple, & pourriez-vous me le montrer ? Oui, sans doute, reprit la corneille, & vous n'avez qu'à me suivre, & il ne faudra pas aller bien loin. Dès qu'ils furent arrivés à l'endroit, la corneille se mit à creuser la montagne avec son bec, & après avoir creusé une lieue de profondeur, elle lui fit voir le temple magnifique, qui avoit servi de demeure à *Narajon*, le dieu des dieux, & le couvrit de nouveau. Le roi, convaincu de la vérité de tout ce que la corneille venoit de lui dire, & charmé d'avoir trouvé ce qu'il souhaitoit, s'adressa encore à elle, & lui dit : Voudriez-vous me dire encore de quels moyens je pourai me servir, pour réveiller dans l'esprit des peuples la mémoire d'un lieu si sacré, & lui rendre son premier éclat ? Ce que vous me demandez, répondit la corneille, est au-dessus de moi : mais allez trouver *Bramma*, & il vous dira ce que vous aurez à faire pour cela.

Chumontou (2). Tu as dit que le temple bâti

---

(1) Cette corneille nous rappelle Isis métamorphosée à Byblos, en hyrondelle, & *Indrodoumeno*, le plus jeune fils de Mélicarte, qui sa vit cette déesse, rapportant le cercueil d'Osiris. (Plut. de IS. & Osir. §. 16) représenté ici par *Chrixnou* ou *Vichnou*. Voyez les observations préliminaires.

(2) M. Anquetil observe que dans ce chapitre, notre philosophe « réfute le récit de Biache par des
» raisons d'absurdité & d'impossibilité, raisons que
» l'on peut alléguer contre toute merveille, contre
» tout fait hors du cours de la nature & opposé à ce
» que nous pensons d'après ce qui se passe tous les

sur la montagne *Nilo* étoit un lieu sacré, & la demeure de l'être suprême, que la mer avoit enseveli sous le sable. S'il eût en effet servi de demeure à l'être suprême, la mer n'eût-elle pas dû le respecter ? Tu mets ensuite sur la scène une tortue, & tu la fais converser avec un homme; quelle sottise ! Tu fais faire au roi *Indrodoumeno* des révérences & des prières à cette tortue; c'est-à-dire, que tu fais de lui une seconde tortue ; car il ne peut pas venir dans l'esprit d'un homme de bon sens, de faire des révérences à une bête, & de prier un habitant des eaux de grimper sur une montagne. Paroît ensuite la corneille, à qui tu fais raconter l'histoire de tous les tems. A-t-on jamais rien entendu de semblable ? Pourrois-tu me dire dans quel endroit habite cette corneille, à qui tu attribues l'immortalité ? C'est nourrir les peuples d'erreurs & de mensonges. Tu parles du pénitent *Markondeo*, & tu lui fais réduire en cendres d'un souffle un arbre, qui étoit lui-même une métamorphose de *Vichnou*. As-tu jamais vu que le souffle de la colère d'un esclave fît périr son maître & son roi? & n'est-il pas extravagant que celui d'une créature réduise en cendres le dieu qui lui a donné le jour, & à l'honneur duquel tu lui fais faire pénitence. Tu nous représentes ensuite la corneille creusant la montagne avec son bec, à la profondeur d'une lieue. Un oiseau, tel que celui-là, est-il capable de pareille chose? Mais je me déshonore de répondre à de pareilles impertinences. Les erreurs dans lesquelles tu donnes, sont si grossières, qu'il faut que tu ayes perdu l'esprit. Cesse de blasphémer la divinité; car faire jouer de tels personnages à tes pénitens & à tes dieux, c'est en faire de vrais imbécilles, les avilir & les déshonorer.

De l'histoire de la ville de Porouchottomo. Du dieu Zoguat-nato (appellé ici *Jeangrena*) *& de son temple. La pagode noire* (1).

Biache. Indrodoumeno, convaincu de la vérité de ce que la corneille lui avoit dit, suivit le dernier conseil qu'elle lui donna, & fut de nouveau trouver *Bramma*. Après lui avoir offert plusieurs fois ses adorations & ses hommages, il lui dit : J'ai trouvé comme vous me l'avez annoncé, la montagne *Nilo*; j'ai vu le temple magnifique qui a servi autrefois de demeure à *Vichnou*; mais comment dois-je m'y prendre, pour rappeller dans le souvenir des peuples la mémoire d'un lieu si respectable, & lui rendre sa première splendeur ? Si j'ai fait bâtir une ville, quel nom dois-je lui donner ? Je sais que *Vichnou* desire encore honorer de sa présence ce lieu sacré, sous la figure d'un tronc de bois; mais comment y viendra-t-il, & quels sont les présens qu'il faut lui faire? Daignez, grand dieu, m'instruire là-dessus. Pour rendre à ce lieu sacré son premier lustre, lui répondit *Bramma*, faites bâtir un nouveau temple au-dessus de l'endroit même où se trouve l'ancien. Vous lui donnerez le nom de *Seridehoul*. Qu'il ne soit pas de la même magnificence que le premier. Les peuples, réduits aujourd'hui à la dernière misère, l'emporteroient par pièces, & votre travail deviendroit inutile. Il suffira de le faire de pierre. Pour procurer aux peuples, qui viendront en foule le visiter, toutes sortes de commodités, vous bâtirez en même tems une ville, à qui vous donnerez le nom de *Pourouchottomo*. A peine aurez-vous fini tout cela, que ce tronc de bois qui doit porter le nom & la figure de *Chrixnou*, viendra de lui-même sur la mer; vous aurez soin de le transporter dans son temple. *Bichiokormo* l'y façonnera & lui donnera la figure du dieu. Vous mettrez auprès de lui *Chubodra*, sa sœur, & *Boloramo*, frère. Vous leur offrirez des sacrifices jour & nuit, mais en particulier le matin, à midi, le soir, & par-là, non-seulement vous, mais tous ceux qui imiteront en cela votre exemple, s'assureront le *Veikuntan*. Comme ce dieu ne pourra pas manger tout ce qui lui sera offert dans les différens sacrifices, les hommes trouveront de quoi se purifier, en mangeant ce qui en restera. Heureux ceux qui pourront en avoir quelque petite partie ! ils iront sûrement dans le *Veikuntan*; & pour faire connoître toute l'excellence des restes du repas de *Chrixnou*, c'est que si, par inadvertance, on vient à en laisser tomber par terre, les dieux se le disputeront, quand bien même les chiens en auroient déja mangé une partie. Enfin, quand un parias (2) le tireroit de la gueule d'un chien, pour le porter à la bouche d'un bramme, ce reste est si pur &

» jours sous nos yeux. *Discours préliminaire*, note, page 85.

(1) Ainsi appellée à cause de la montagne *Nilo*, c'est-à-dire, noire, ou parce qu'elle est renfermée dans une enceinte de grosses pierres de la même couleur. Cette pagode doit être la plus grande & la plus élevée des trois principales de Jagrenat, dont les vaisseaux, faisant route pour le Bengale, apperçoivent les dômes de huit à dix lieues. *Voyez* le discours préliminaire du Zend-A-Vesta, page 81, 82, M. Anquetil, auteur de

cet ouvrage, rapporte ensuite dans une note, *page 83, 84, 85, le chapitre de l'Ezour-Védam*, qu'on va lire.

(2) Les *indiens* de cette caste sont les seuls qui ne peuvent pas être admis en la présence du dieu Jagrenat ou *Jeangrena*, discours préliminaire du Zend-A-Vesta, page 82. Il n'est donc point vrai, comme le rapporte M. Dow, que toute distinction de caste soit un crime, dans les fêtes de ce dieu, & dans les fréquens pélerinages qu'on fait à son temple.

a tant de vertu, que malgré tout cela, il le purifieroit tout de suite. C'est la *Lakchimi*, qui fait la cuisine & prépare elle-même les mets (1) qu'on doit servir à *Chrixnou*, & la déesse *Ounopourna*, qui les distribue. Une partie de l'arbre *Kolpo* descendra du *Chvarguam*, pour venir se placer au milieu de votre nouvelle ville. Vous savez que c'est un arbre qui ne meurt point, & qu'il suffit de souhaiter quelque chose de lui pour l'obtenir sur le champ, de quelque nature que soit le souhait qu'on a pu former. Voir seulement le temple que vous bâtirez, sera un acte de vertu qui n'a point son égal. Recevoir des coups de bâton ou de bambou de ceux qui le desserviront en sera un presqu'aussi grand. *Indro* & tous les autres dieux habiteront votre nouvelle ville, & feront compagnie au tronc de bois, qui doit porter le nom de *Chrixnou*. Le côté de la ville, qui regarde la mer, aura encore quelque chose de plus particulier & de plus caché : ceux qui l'habiteront, croîtront de jour en jour en vertu. Vous donnerez le nom de *Konoko* au sable de la mer, qui se trouvera dans cet endroit-là. Ceux qui mourront dessus, iront sûrement dans le *Veikuntan*. Voilà, prince, la réponse à ce que vous m'avez demandé. Partez incessamment. Allez exécuter ce que je viens de vous prescrire. En attendant que cela soit fait, *Vichnou*, sous la figure de l'arbre, qui doit servir à former le tronc dont je vous ai parlé, croîtra & se fortifiera.

Indrodoumeno, après avoir rendu ses actions de graces à *Bramma*, partit pour exécuter ses ordres. Il fit bâtir le temple de la nouvelle ville. Tout étoit déja fini, & le dieu ne paroissoit pas. Cela commençoit à lui causer de l'inquiétude ; mais peu de jours après, s'étant levé de grand matin, il vit sur la mer le tronc d'arbre tant désiré (2). Il se prosterne mille fois par terre, & s'écria dans l'excès de sa joie : Ce jour-ci est le plus heureux de ma vie ! Je comprends à ce moment, & j'ai des preuves certaines que je suis né sous une étoile favorable, que mes actions & mes sacrifices ont été acceptés, puisque j'en retire un fruit si précieux, & que je vois de mes yeux celui que les hommes les plus éclairés & les plus vertueux ne peuvent voir. Ensuite le roi se leva & alla au-devant du dieu. Il fut suivi de cent mille hommes, qui le mirent sur leurs épaules, & le portèrent dans le temple. Peu de tems après arriva *Bichiokormo*, charpentier de naissance, & très-habile dans son métier ; il se chargea de sculpter la pièce de bois informe & monstrueuse, qu'on venoit de mettre dans le temple, & de lui donner la figure de *Chrixnou* : mais il mit une condition ; c'est qu'il finiroit l'ouvrage dans une nuit, & que personne ne viendroit le voir travailler. Comme il le faisoit sans bruit, le roi toujours dans l'inquiétude, s'imagina qu'il s'en étoit allé, & fut, sans faire du bruit, épier par le trou d'une fenêtre, s'il travailloit ou non. Comme il le vit occupé à son ouvrage, il se retira tout content. *Bichiokormo*, qui l'avoit apperçu sur le champ, se retira, suivant la condition qu'il en avoit faite, & laissa l'ouvrage tout informe ; de sorte que le tronc resta presque tel qu'il étoit, & qu'on y reconnoissoit à peine les premiers traits d'une figure humaine. Le roi ne laissa pas d'en faire sa divinité, & de lui offrir ses sacrifices, il lui donna même sa fille en mariage (3), & la fête en fut célébrée avec toute la solemnité possible. Voilà quelle est l'histoire de la ville appellée *Pourouchottomo*, & du tronc de bois qu'on y adore. Il porte le nom de *Zoguatnato*, c'est-à-dire, le maître du monde (4) ; il y a toutes les années un concours infini de monde.

Chumontou. Que puis-je répondre à un homme qui porte la folie & l'extravagance à son comble ; puisque tu es encore capable d'offrir ton encens à un tronc de bois, & de l'adorer comme ta divinité ? Si tu déifies le tronc de bois, & lui donnes le nom de maître du monde, parce que *Bichiocormo*, à force de coups de hache, a formé sur lui les premiers traits de la figure humaine (5) ; c'est au charpentier que tu dois ton encens, & non pas à lui. En effet, nous adorons Dieu, parce que nous le reconnoissons, & qu'il est

---

(1) Dans la célèbre fête des chariots, on ne trouve point à Jagrenat d'autres mets que ceux préparés, dit-on, par la déesse *Lakchimi*. Discours préliminaire du Zend-A-Vesta, page 83.

(2) « Dans le recueil des lettres édifiantes, tome 12, » page 429. Le P. Tachard a aussi parlé d'une poutre » de bois rouge, jettée par la mer sur le rivage, & » qui devint la statue de Jagrenat. Il cite en témoi- » gnage la tradition du pays, explique à sa manière » le merveilleux dont les prêtres surent profiter. Mais » il est difficile d'accorder la vénération que l'on a » pour ce temple dans plus de huit cents lieues de » pays, avec l'événement tel que le rapporte le mis- » sionnaire ; il falloit qu'avant cela, le lieu fût déja » célèbre dans l'Inde ». *Disc. prélim. cit. not.*

(3) Dans les huit jours de la fête des chariots, on prétend qu'on donne pour femme, au dieu Jagrenat, une jeune fille qui passe la nuit avec un jeune bramé. *Essais sur l'Inde*, page 218, &c.

(4) *Jagga-nat* ou *Zoguatnato* signifie, selon M. Dow, seigneur de la création, & c'est un des noms de *Bishen* & d'*Obatar*, ou l'être que l'on dit présider sur le période actuel.

(5) Cette figure est haute de plus de huit pieds, elle représente un gros homme assis, les jambes croisées & les bras pendans à ses côtés. On ne peut méconnoître dans cette description l'ancien style égyptien.

le maître du monde. Si donc *Bichiokormo* peut faire lui-même un maître du monde, il est plus puissant que lui, & il est alors inutile de chercher une autre divinité. Tu nous représentes ce tronc de bois comme susceptible de plaisir, & tu nous dis qu'il mange chaque jour une partie des mets qu'on lui offre en sacrifice : mais si le bois mange en effet, pourquoi ne voyons-nous pas les vaisseaux qui sont un amas considérable de bois, dévorer dans peu de jours toutes les provisions de vivres qu'on y charge ; enfin si cette pièce de bois peut, comme tu le penses, te procurer le *Veikuntan*, que n'y va-t-elle prendre place elle-même, au lieu de se laisser ronger de vers sur la terre & d'y pourrir ? Tu es très-conséquent, quand tu ajoutes que le reste même des chiens de ce pays, est si pur & a tant de vertu, qu'il purifie dans l'instant ceux qui le mangent. Un démon divinisé doit en effet inspirer de pareilles maximes & de pareils usages à ses sectateurs. Il n'y a qu'une chose de trop, c'est d'y faire paroître les dieux se disputer ses restes ; il falloit les réserver en entier pour toi & tes semblables. Car si les dieux sont avides de manger le reste des chiens, il n'en manque pas dans le *Chvarguam*. Ils peuvent se contenter sans tant de frais (1). Ce que tu as ajouté au sujet de l'arbre *Kolpo*, n'est qu'une fiction ridicule. Tu dis que pour obtenir de lui tout ce qu'on veut, il suffit d'en former le désir & de le souhaiter. Pourquoi viens-tu donc chercher à t'instruire auprès de moi ? Va-t-en auprès de cet arbre ; tu y trouveras de la science, des lumières, de grands biens, une longue vie, & au bout le *Veikuntan* ; en un mot, tout ce que tu peux désirer. Tu dis de plus que cet arbre ne vieillit point & ne meurt jamais. Prens une hache, & va voir s'il t'en coûtera plus de le couper qu'un autre. Tu n'es pas assez dupe pour donner dans de pareilles rêveries.

De la métamorphose des dieux en pierre.

Biache. Dieu a créé *Zomo*, comme il a créé le reste des hommes. Quels ordres lui donna-t-il d'abord, & pourquoi en a-t-il fait le juge des enfers ?

Chumontou. Dieu a créé *Zomo* (2) pour être le juge des hommes. Voici les ordres qu'il lui donna, & ce qu'il lui dit : » Le vice & la vertu règneront » sur la terre. L'un mérite des châtimens, & » l'autre des récompenses, mais ils ne doivent » être ni l'un ni l'autre punis ou récompensés » qu'après la mort. Après ce terrible moment, » tous les hommes paroîtront à votre tribunal, » & vous examinerez soigneusement leur con- » duite. Vous en trouverez qui auront exactement » marché dans la route prescrite par le *Védam*. » Après vous être convaincu de leur fidélité, » vous leur ferez un accueil favorable, & leur » assignerez la récompense due à leur vertu. » Vous en trouverez aussi qui, esclaves de leurs » passions, s'y seront livrés tout entiers, sans » s'embarrasser de ce que le *Védam* ordonne, » ou de ce qu'il défend, vous les punirez de » même, suivant le nombre & la grandeur » de leurs péchés. Il s'en trouvera parmi eux » qui, ayant passé leur vie dans le péché, seront » enfin revenus de leurs égaremens, auront » invoqué mon nom, & auront consacré le reste » de leurs jours à faire pénitence ; vous pardon- » nerez à ceux-là, & oublierez leurs fautes, » pour ne penser qu'à récompenser leur vertu ; » mais pour les pécheurs qui vivent dans le » crime, qui y vieillissent & y persévèrent enfin » jusqu'à la mort, vous ne leur ferez aucune » grace, & les précipiterez dans l'enfer (3). » Du reste, l'équité sera la seule règle de vos » jugemens ; elle seule tiendra la balance, elle » seule la dirigera ». Sois donc désormais sur tes gardes, & vis de façon à mériter de *Zomo* un accueil favorable & une récompense.

Biache. Continuez, seigneur, à me frayer la route que je dois tenir pour cela. Je sais cependant un moyen pour se retirer des mains du roi des enfers ; mais je crains, en vous le proposant, d'allumer votre colère, & d'attirer de nouveau sur moi votre indignation. Ce moyen dont je n'ose vous parler, est cependant en usage,

―――――

(1) Toutes les fables sur *Jagrenat* & sa pagode, sont rapportées en détail dans un livre *indien*, intitulé *Vtcolkomdo*, dont le texte original est à la bibliothèque du roi de France. *Cod. Ind.* n°. 73.

(2) Ou *Eyman*, ou *Jamen*, appellé le juge des enfers & le prince de la mort. Il règne sur la ville d'*Emapouram*, qui est éloignée à 99,000 yossineis de ce monde. (Cette mesure itinéraire est évaluée à une lieue d'une heure de chemin. *Bagavad.* livre 3. Strabon nous apprend que les brachmanes débitoient les mêmes

fables que les grecs sur les enfers, *livre 15, page 490*. En effet, le dieu *Zomo* est supposé se tenir toujours sur la rive de *Vaicaram* ou rivière de fer, laquelle entoure les enfers, & que les morts sont obligés de traverser. *Essais sur l'Inde, page 227*. Ajoutons que les ames sont encore à la disposition des esprits, appellés *Jum*, qui sont au nombre de quatorze. Dow. *Diss.*

(3) Les japonois, sectateurs de la religion *indienne* de *Budda*, reconnoissent aussi *Zomo* ou *Jamen* pour juge des enfers, dont on peut sortir, suivant eux, par le mérite des prières & des offrandes que les bonzes adressent au puissant & miséricordieux *Amida*. *Hist. du Japon, page 112*. Cela nous confirmeroit dans l'opinion que les *indiens* ne croyent point à l'éternité des peines, si le système de la métempsycose généralement adopté par ce peuple, ne suffisoit pas pour en démontrer la vérité.

&

& plusieurs personnes s'en sont bien trouvées. En voici le précis : Il y a dans le pays appelé *Magnodechan* (1), un lieu sacré. Il suffit d'y faire quelques offrandes pour délivrer ses ancêtres de l'enfer. C'est l'être suprême lui-même qui a paru dans cet endroit sous la figure d'un géant d'une grandeur monstrueuse, pour procurer aux hommes quelque soulagement dans leurs peines & dans leurs tourmens.

Chumontou. Je n'ai jamais entendu parler de tout cela, & je ne sache pas qu'aucun homme savant en ait jamais fait mention. Apprends-moi donc cette merveille; & dis-moi ce que tu en sais, ce que tu en as enseigné ?

Biache. Sur la fin du troisième âge, on vit paroître dans le *Magnodechan*, un géant d'une grandeur prodigieuse. Ce géant n'avoit reçu naissance de personne, & existoit par lui-même. Il occupoit environ deux lieues & demie de pays à l'ouest du torrent, appelé *Mohanoai*, c'étoit-là qu'il avoit fixé sa demeure. La tête de ce géant branloit continuellement, & faisoit par-là tout trembler. Les dieux, les hommes, les montagnes, les mers, les fleuves, les arbres, les oiseaux, tout trembloit avec lui, & tout étoit dans la crainte & la consternation. *Indro*, qui ne se croyoit pas en sûreté dans le *Chvarguam*, se fit accompagner de tous les dieux, vint le trouver, lui mit le pied sur la tête, & lui dit : Qui êtes-vous? d'où êtes-vous, & pourquoi vous voit-on trembler sans cesse ? Observez que ce tremblement jette la consternation parmi les dieux & les hommes. Faites-le donc cesser, & je vous accorderai telle grace que vous pourrez souhaiter. A ces paroles, le géant poussa un grand cri, & lui dit d'une voix terrible : Pensez à te sauver toi-même, & garde tes graces pour qui les voudra. Cette menace fit tant d'impression sur *Indro*, & sur tout ce qu'il y avoit de dieux, qu'ils furent sur le champ métamorphosés en pierre, & qu'on lit encore sur leur visage la crainte dont ils furent pénétrés. Le dieu *Bramma* vint ensuite, & chercha par de bonnes manières & de bonnes paroles à engager le géant à faire cesser ce tremblement; mais il ne fit que le troubler. *Bramma*, à cette vue tout saisi de crainte, se tint caché sans dire mot. *Chib* vint ensuite, accompagné de tout ce qu'il y a de démons. Le géant, en les voyant, jetta un tel cri, qu'on se crut à la fin du monde. A ce cri tous les démons prirent la fuite. *Chib* se voyant seul, fut pénétré de crainte, & s'humiliant devant le géant, lui dit : Seigneur, ne me faites aucun mal, je serai votre esclave le reste de mes jours. Le géant le voyant humilié devant lui accepta son offre, & ne lui fit aucun mal.

Suite de l'histoire du géant Goja.

Le géant continua à branler la tête, & jetter par là la terreur dans tous les cœurs. *Chrixnou*, le maître du *Veikuntan*, n'étoit pas plus tranquille que les autres, & ne s'y croyoit pas en sûreté. Que faire, disoit-il en lui-même ? où aller, & quel moyen employer pour détruire un géant, qui jette par-tout l'épouvante & la terreur ? Après bien des inquiétudes, il prit enfin la résolution de venir sur la terre ; il se prosterna d'abord en présence du géant, & lui dit : Je viens, seigneur, vous demander vos bonnes graces. J'ai en même tems quelque chose d'important à vous communiquer, si vous me le permettez. Qu'est-ce donc que tu peux avoir à me dire, répondit le géant ? Parle, je te permets de dire tout ce que tu voudras. Permettez-moi donc de vous demander d'abord qui vous êtes, quel est votre nom, quel est votre père, & pourquoi vous ne cessez jamais de trembler ? Je n'ai point de père, répondit le géant, je ne dois l'être qu'à moi-même, & je m'appelle *Goja* (2). Si tu veux savoir encore quelle est la grandeur de mon corps, je vais te le dire. Mes pieds touchent à l'endroit où le Gange se jette dans la mer ; mon nombril porte sur la ville *Pourouchottomo*, & ma tête est ici. Je suis venu sur la terre pour le bonheur des hommes, & le lieu que j'habite actuellement sera désormais le lieu par excellence, le plus sacré de tous les lieux, & portera mon nom; toi & tout ce qu'il y a de dieux, ferez ici votre demeure : tels sont mes ordres.

Nous nous ferons, seigneur, répondit *Chrixnou*, un plaisir & un devoir de nous y soumettre & de les exécuter de point en point. Je veux de plus, reprit le géant, qu'on transporte ici tout ce qu'il y a de richesses & de biens dans le *Chvarguom*, & en particulier l'arbre *Kolpo* ; car j'ai consacré le lieu que j'habite, & je ne veux pas qu'il y manque rien de tout ce qui peut servir à le rendre respectable. Si tu veux savoir plus au long la raison de ma venue sur la terre, je vais te l'apprendre : Ayant été témoin & touché des tourmens horribles que les damnés souffrent dans l'enfer, j'ai formé le dessein de les en délivrer. Voici ce que j'ai déterminé pour cela, & les moyens que je veux qu'on mette en usage. Que tous les dieux soient attentifs, & que tous les hommes le mettent en pratique sans y manquer. Quiconque offrira sur ma tête,

---

(1) Ce pays est à l'ouest de Chandernagor, & en est éloigné d'environ 125 journées: *interpolation du traducteur.*

Philosophie anc. & mod. Tome II.

(1) Une vache ; le géant s'appelloit ainsi parce qu'il avoit passé dans le corps de cet animal, pour expier ses crimes. Holwell, c. 4. *Voyez* aussi sur l'histoire de *Goja*, ou *Gayasora*, Abraham Roger, page 180, &c.

c'est-à-dire, sur les deux lieues & demie du pays qu'elle occupe actuellement, une bouillie faite avec de la farine de riz ou de froment, de beurre, de sucre, & de marrons ou de figues à ses ancêtres morts, obtiendra par-là leur délivrance, cela est certain, & on ne doit former là-dessus aucun doute. En faisant cette offrande, on récitera la prière suivante. « Vous tous, qui du
» nombre de mes ancêtres, expiez dans les tour-
» mens les péchés que vous avez commis, je fais
» cette offrande pour soulager vos peines & vous
» en délivrer (1). Vous tous qui morts par les armes
» ou d'une mort naturelle, portez encore la peine
» de vos péchés, je fais cette offrande pour hâter
» votre délivrance, & vous procurer un sort plus
» heureux. Vous tous enfin, qui entièrement livrés
» au crime, êtes morts dans votre péché, &
» qui ne trouvez plus aucun moyen de mériter
» votre salut & votre délivrance, je prends au-
» jourd'hui votre place, & fais cette offrande en
» votre nom. Puissiez-vous voir par-là la fin de
» vos peines & de vos tourmens »! Ceux qui feront cela dans le lieu, que j'ai indiqué & de la manière dont je viens de le prescrire, obtiendront sûrement le salut & la délivrance de leur père, de leur mère, de leurs ancêtres, & de tous ceux pour qui ils s'intéresseront. S'il arrive une seule fois qu'un homme fasse cette offrande sans fruit, parce que quelque dieu y aura mis quelque obstacle, je paroîtrai de nouveau sur la terre, je jetterai par-tout la terreur & l'épouvante. Mais les dieux seront principalement ceux qui ressentiront les effets de ma colère, & que j'accablerai de maux. Le torrent appellé *Mobanodi* sera aussi un lieu sacré, & aura le pouvoir & la vertu de pardonner les péchés. Celui qui offrira un sacrifice pour les morts sur la montagne noire que tu vois devant tes yeux, y obtiendra par-là, non-seulement le pardon des péchés de son père & de sa mère, mais encore de ses propres péchés. Enfin, parce que toi, *Vichnou*, tu es venu ici armé d'une épée & d'une rondache, tu y porteras éternellement le nom de *Godadori*. Voilà le moyen que j'avois à vous proposer, & que les hommes mettent en pratique pour tirer leurs parens des mains du roi des enfers. Il est très-efficace, pour délivrer leurs ancêtres des peines & des tourmens.

Je vous dirai, continua Biache, avant que de finir, deux mots des qualités & des vertus de l'arbre *Kolpo*. Tout le monde sait que c'est un arbre du *Chvarguam*, qui ne meurt point. Une de ses racines est venue à *Goja* (2), & a formé un second arbre. Tout périt à la fin de chaque âge, cet arbre seul subsiste toujours & ne meurt jamais. Il paroît à *Goja* sous la figure d'un arbrisseau toujours naissant; il ne porte point de fruit, mais il en donne de plus précieux, puisqu'il accorde à chacun l'objet de tous ses vœux.

Chumontou. J'avois raison de dire qu'aucun savant n'avoit jamais parlé de l'histoire que tu viens de raconter, & sûrement il n'y a que les sots & les ignorans qui donnent de pareilles rêveries. Tu dis que ce géant occupoit deux lieues & demie de pays. Ce pays étoit pourtant habité alors, comme il l'est encore aujourd'hui ; comment accorder ces deux choses? Tu veux que les mouvemens de sa tête ébranlent la terre & le *Chvarguam*. Tu nous dépeins les dieux pénétrés de crainte & de frayeur, & tu leur fais quitter le *Chvarguam* où ils ne se croyent pas en sûreté, pour les faire venir devant lui, & lui mettre les pieds sur sa tête. Tu as publié à toute la terre que les mêmes dieux sont immortels, & tu nous les représentes aujourd'hui métamorphosés en pierre. Tu as parlé en tant d'occasions de *Bramma* & de *Chib*, & tu as dit autant de fois qu'ils étoient l'être suprême, & tu nous les montres aujourd'hui, l'un pétrifié de crainte, se cachant dans un coin, où il n'ose souffler; l'autre pour se sauver, se faisant l'esclave & le domestique d'un géant. *Chrixnou* enfin, ce dieu favori, à qui tu as si souvent prostitué le nom d'être suprême, à qui tu as fait faire tant de grandes actions, détruire tant de géans, joue aujourd'hui le même personnage que les autres, & est pénétré, comme eux, de crainte & de frayeur. Que répondre à un homme qui tombe dans de si grossières contradictions? Tu fais dire au géant qu'il n'a point de père. Mais celui qui existe par lui-même est nécessairement l'être suprême. Pourquoi donc lui prêtes-tu ce personnage ridicule; Pourquoi lui fais-tu regretter des pécheurs qui brûlent dans l'enfer, puisque c'est lui-même qui les y condamne, & qu'il n'auroit qu'à dire une parole pour les en délivrer (3) ?

Tu fais ajouter au géant d'autres impertinences, & lui fais dire que ceux qui offriront sur sa tête une bouillie faite avec de la farine de riz, &c. soulageront par-là les peines de leurs ancêtres, & les en délivreront. Mais en premier lieu, les

---

(1) Les *indiens* attribuent un effet aussi salutaire à plusieurs pratiques, dont on peut voir le détail dans le 21e. chapitre de la premiere partie de l'ouvrage d'Abraham Roger.

(2) Cette ville est située à trente lieues au midi de

Caſi ou *Caſhi*, (Abraham Roger, page 280.) que plusieurs missionnaires prennent pour Bénarès. M. d'Anville a embrassé leur opinion. *Eclairc. sur la carte de l'Inde*, p. 57.

(3) Ici finit le manuscrit de la bibliothèque du roi de France. Le reste de ce chapitre & de ce 8e. livre de l'*Ezour-Védam* est tiré de l'exemplaire de M. Teissier de la Tour.

morts ne mangent point ; il est donc inutile de leur offrir quelque chose ; & si tu es capable d'en douter, on a tous les jours des morts devant les yeux, il est bien aisé de t'en convaincre. En second lieu, l'arrêt que Dieu porte après le moment de la mort, est un arrêt irrévocable, & quand une fois on est tombé en enfer, on n'en sort jamais. Voilà une vérité que Dieu nous a annoncée lui-même. Pourquoi donc tromper les hommes & les perdre de propos délibéré, en leur apprenant à ne point craindre cet enfer, ni le péché qui les y conduit ? De plus, selon toi-même, nos ancêtres sont dans l'enfer, & c'est sur la terre qu'on fait pour eux des offrandes. Comment donc des offrandes faites sur la terre, peuvent-elles pénétrer dans l'enfer jusqu'à eux, & les soulager dans leurs maux ? Si cela étoit en effet possible, pourquoi ne voyons-nous pas les rois emporter avec eux leurs richesses ? Pourquoi Dieu nous assure-t-il qu'il n'y a que le péché & la vertu qui nous suivent après la mort ? Avons-nous une fois pour toujours fermé les yeux ; biens, richesses, honneurs, plaisirs, parens, amis, femmes, enfans, tout nous quitte & nous abandonne : rien enfin ne nous accompagne que nos péchés & nos vertus. C'est encore une vérité que Dieu nous a enseignée, & dont nous nous convainquons par nos propres yeux. Mais que Dieu nous annonce une vérité ou non, cela ne t'arrête ni t'embarrasse ; il y a long-tems que je m'en apperçois. Du moins, pour parler conséquemment, tu aurois dû ordonner d'offrir de l'eau à nos ancêtres, & non pas du riz. Plongés dans des flammes dévorantes, ils y souffrent une soif qui les consume ; de quelle utilité peut être le riz & les autres présens qu'on leur offre ? L'eau serviroit au moins à étancher leur soif & à l'éteindre ; mais tu n'y trouverois pas ton avantage, & pour te le procurer, tu ne crains pas de précipiter des milliers d'ames dans cet enfer, sous prétexte de vouloir soulager celles qui y sont déjà, & de travailler à les en délivrer.

Ce que tu ajoutes au sujet des vertus que tu attribues au torrent *Mohanodi*, & des sacrifices que tu veux qu'on offre de nouveau sur ses bords, est également faux. Elle est la même dans tous les torrens & tous les fleuves. Il n'y a donc aucun avantage d'offrir plutôt ces sacrifices sur le bord de celui-là que sur le bord d'un autre, ou pour parler plus juste, il est parfaitement inutile d'en offrir nulle part. Ni les torrens ni les fleuves, quels qu'ils puissent être, ne peuvent contribuer en rien à la rémission de nos péchés. Dieu seul peut nous les pardonner & nous empêcher de tomber en enfer. Mais une fois qu'on y est plongé, c'est pour toujours. Le sage se fait un devoir d'instruire les hommes & de leur enseigner la vertu ; & toi, malheureux, tu t'en fais un de les précipiter dans les plus grossières erreurs.

Pour donner du crédit aux différens endroits que tu veux rendre célèbres, il faut duper les ignorans par le récit des choses merveilleuses, & leur promettre des biens que tu n'ignores pas qu'ils n'obtiendront jamais. L'arbre *Kolpo* est pour cela d'une heureuse invention : mais bien sot est celui qui s'y laisse prendre. Tu fais descendre cet arbre merveilleux du *Chvaguam* ; tu lui attribues l'immortalité & le pouvoir d'accorder aux dieux & aux hommes tout ce qu'ils peuvent désirer : mais si cet arbre a en effet ce pouvoir, pourquoi ces mêmes dieux se sont-ils donnés tant de peine pour se procurer l'immortalité ? pourquoi attendent-ils pour se rassasier, que les hommes leur fournissent à manger ? Pourquoi les habitans de *Goja*, qui ont également toujours cet arbre devant les yeux, prennent-ils tant de peines, essuyent-ils tant de travaux pour amasser des richesses, ou même pour gagner leur vie ? Pourquoi viens-tu toi-même t'instruire auprès de moi ? Pourquoi enfin ordonner des sacrifices pour la délivrance des morts, & prescrire pour la rémission des péchés tant de différentes pratiques qui ne sont propres qu'à faire mourir les vivans ? L'arbre *Kolpo* peut procurer tout cela, & il n'en coûte pour l'obtenir que de le souhaiter. Homme pervers & vraiment indigne de vivre, peux-tu porter la fourberie jusqu'à te faire un plaisir & un amusement de tromper les hommes d'une manière si grossière, & par-là de les perdre & de les damner ! L'arbre *Kolpo* (1) est un arbre de même nature que les autres, étant sans connoissance, comment peut-il savoir ce que tu lui demandes ? & ne le sachant pas, comment peut-il te l'accorder ? S'il te reste quelque doute là-dessus, tu as de ces arbres dans ta maison : adresse leur tes vœux & tes prières, & tu verras quel en sera le fruit. Mais pourquoi te faire des leçons là-dessus ? Tu n'es pas assez bête pour ignorer qu'une montagne n'est qu'un monceau de pierre ; que l'eau d'un fleuve ne diffère en rien de l'eau d'un autre fleuve : que tout ce que tu enseignes, n'est qu'un vrai tissu de mensonges & d'erreurs, cependant la cupidité & l'envie de paroître savant, te dominent & te font sacrifier à ta vanité & à de légers avantages, jusqu'à l'âge des hommes & leur salut. Reviens pour ton intérêt & pour

---

(1) Cet arbre dont il est si souvent parlé, paroît être celui que les *Indiens* de la côte de Malabar appellent *arajou*, & pour lequel ils ont la plus grande vénération ; le couper c'est commettre un très-grand péché. *Brammi*, *Vichnou* & *Chib* sont censés résider dans cet arbre qui s'élève fort haut, & dont la feuille a quelque ressemblance avec celle du lierre. *Paganis. Ind. manus.* partie 1.

celui de bien d'autres, d'un égarement si prodigieux. Persuade-toi bien aujourd'hui que l'unique science est celle qui nous apprend à connoître Dieu; que la vraie grandeur consiste à le servir, & que les seules actions vertueuses sont celles qu'il nous a lui-même prescrites par sa loi. Il n'est que celles-là qui méritent les récompenses, & qui puissent nous assurer un sort vraiment heureux après la mort. Persuade-toi encore que l'homme n'a pas de plus grand ennemi que le péché; qu'il ne doit avoir rien de plus cher que son ame, & que pour la sauver, il est obligé de sacrifier ce qui le touche de plus près; que de toutes les passions, la cupidité ou l'envie de s'enrichir, est celle contre laquelle il doit être le plus en garde, parce qu'il n'en est point qui nous entraîne dans un plus grand nombre de péchés. Tout est éternel dans Dieu, tout est infini. Ses connoissances comme ses volontés, ne changent point : il a connu de toute éternité ce qu'il connoît aujourd'hui (1), & ce qu'il a voulu une fois, il le voudra toujours. Toutes ses autres perfections portent le même caractère. Sa sagesse comme sa puissance, sa justice comme sa bonté, sont également infinies : elles doivent donc produire des effets infinis, au moins dans leur durée. Voilà le principe & la cause de l'éternité des peines & des récompenses (2). Dieu récompense en Dieu, & parce qu'il récompense en Dieu, il doit récompenser pendant toute l'éternité ce qu'il a jugé une fois digne de récompense. Ce n'est aussi qu'en le servant que nous pouvons nous procurer une heureuse immortalité & un bonheur éternel. Heureux donc ceux qui s'étudient à le connoître, & qui s'appliquent à le servir ! Ceux-là sont vraiment savans, vraiment grands, vraiment respectables, & méritent seuls d'être respectés. Dieu en nous donnant ses loix, nous a marqué la route que nous devions suivre pour parvenir à cette éternité de récompenses. Le livre qui contient cette loi, s'appelle *Védam*.

Il n'est dans le fond qu'un seul *Védam*, mais comme quatre différentes personnes se le sont, pour ainsi dire, partagé pour l'enseigner aux hommes & le transmettre à la postérité, on a donné à ce livre quatre noms, qui expriment les différentes matières que chacun a entrepris de traiter. Ainsi, comme le second *Védam* nous apprend à craindre Dieu, à le respecter, & à le prier avec humilité, on a donné à celui-là le nom de *Chamavédam*. J'ai répondu à tout ce que tu m'as demandé; & si quelqu'un trouve que nous pensons tous deux d'une manière bien opposée, il en trouvera la raison dans les différens motifs qui nous ont animés l'un & l'autre. C'est la vanité, l'orgueil & l'intérêt qui t'ont fait mettre au jour tant de volumes : aussi n'as-tu enfanté que des monstres. Le desir de détromper les hommes & de les sauver, est le seul motif qui m'a fait entreprendre cet ouvrage : aussi n'ai-je consulté que la vérité. C'est elle seule qui conduit ma plume & qui m'a inspiré ; c'est à elle seule que je consacre le reste de mes veilles & de mes travaux.

Biache. Vous m'avez appris ce que c'étoit que les *Védams*, apprenez-moi maintenant ce que c'est que le supplément des *Védams* ?

Chumontou. Les *Védams* contiennent tout ce que les hommes doivent savoir, tout ce qui peut servir à les instruire. Mais comme il n'est pas possible de traiter de tout dans le corps de chaque *Védam*, chacun a son supplément, dans lequel il est traité en particulier des choses dont il n'a point été parlé dans les *Védams*, & où les matières qu'on n'avoit fait qu'ébaucher, ont toute l'étendue qu'elles doivent avoir. Voilà ce qu'on appelle *Onpobedam*, c'est-à-dire, supplément au *Védam*.

Biache. Je sais encore un moyen de se sauver, & je veux vous en faire part. Une infinité de personnes l'employent avec succès.

Chumontou. Pour moi, j'ai toujours cru jusqu'ici qu'il n'y avoit que notre fidélité à garder la loi de Dieu, qui pût contribuer à notre salut : mais ce n'est jamais ce moyen que tu te proposes. Voyons donc ce que tu as à me dire.

Biache. Il y a sur la terre un petit arbrisseau, appelé *Toulojchi* (3). Je vais vous rapporter une

---

(1) Il paroît sur-tout ici que l'auteur a eu connoissance du christianisme, ou du moins que son traducteur en emprunte le langage.

(2) Quand même notre auteur admettroit ici, comme nous, l'éternité des peines & des récompenses, son opinion ne pourroit jamais passer pour la croyance générale des peuples de l'Inde. Les auteurs des deux Shaste s dont M. Dow a publié des fragmens, n'admettent ni les récompenses ni les peines éternelles. *Voyez* page 647. 88. *tr. fr.* Le Bagavadam rejette entièrement ces dernières; ou il dit dans cet ouvrage que Dieu met en jeu toutes les créatures qui ne doivent tendre qu'à lui seul, & qu'elles arrivent à ce but indifféremment de plusieurs manières; que les hommes méprisent Dieu par haine, ou lui soient attachés par amour; qu'ils soient livrés à la volupté, ou fassent pénitence, ils seront punis ou récompensés seulement en ce monde, suivant cette haine ou cet amour. Mais comme ils ont pris Dieu pour terme de leurs passions, ils acquerront toujours la béatitude, après quelques petites vicissitudes temporelles de peines ou de récompenses. Bagav. livre 7, page 117 du manuscrit. Une pareille doctrine contredit tout ce que l'auteur a rapporté dans son Ve. livre sur les supplices que les méchans doivent subir au sortir de cette vie.

(3) Cet arbre ne peut être que le *tulsi*, dont le bois

partie de ses grandeurs ; écoutez avec attention ce que j'ai à vous dire. Cet arbrisseau est la femme de l'être suprême, & parce qu'il n'a pas son semblable, on lui donne le nom de *Toulofchi*, *Toutonas Nasti*, *Otsibo*. Voici l'usage qu'on en doit faire : Dès qu'une personne sera en danger de mort, on ira chercher un de ces arbrisseaux, on le mettra sur un piédestal, & on lui fera un sacrifice ; ensuite après avoir donné à manger un peu de sa racine au mourant, on lui mettra de ses feuilles sur le visage, sur les yeux, sur les oreilles & sur la poitrine. On trempera dans l'eau une de ses branches, & on en aspergera le mourant en répétant plusieurs fois, de façon qu'il puisse l'entendre, le nom de *Toulofchi*. Ces pratiques sauveront sûrement ceux à l'égard desquels on les fera. Ce n'est pas là le seul avantage que les hommes retirent de cet arbrisseau ; il suffit de le voir pour obtenir le pardon de tous ses péchés, de le toucher pour être purifié de toutes sortes de souillures (1), & de lui faire la révérence, pour être guéri de toutes sortes de maladies. Celui qui l'arrosera tous les jours est assuré de ne voir jamais le roi des enfers. Offrir à *Vichnou*, dans le cours du mois de *Kartiko* (2), une branche de cet arbrisseau, c'est lui faire un présent qui lui est aussi agréable que si on lui présentoit mille vaches. En offrant une branche de cet arbrisseau, orné de sandal, dans quelque tems que ce soit, on s'assurera le droit de devenir semblable à ce dieu, & de jouir du même bonheur. Enfin, présenter une branche de *Toulofchi* à un homme qui est exposé à quelques dangers, ou qui essuye quelque traverse, c'est lui mettre en main un moyen d'éviter tout danger, & de se délivrer de toute sorte de maux.

Chumontou. Es-tu ivre, ou es-tu devenu tout-à-fait fou ? Quel fruit me promettre des peines que je me donne d'instruire un homme qui n'est plus dans son bon sens ? Tu dis que le *Toulofchi* est l'épouse de l'être suprême ; une pareille impertinence ne mérite pas de réponse. Dieu est un pur esprit, qui ne souffre point de mélange, & n'a ni corps ni figure. Il est invisible de sa nature, & ne desire rien hors de lui-même. Pourquoi donc lui donner une femme ? Telle est pourtant ta manie de le rapprocher en tout des hommes, & de lui approprier leurs vices & leurs passions. Je veux bien t'accorder que l'être suprême a une femme ; mais un arbrisseau ne pourroit être cette femme ; & s'il l'étoit en effet, le verroit-on quitter le ciel pour venir naître sur la terre dans l'ordure & dans le fumier ? S'il suffit de regarder le *Toulofchi* & de lui faire la révérence, pour obtenir le pardon de ses péchés & la délivrance de tous ses maux (3), il ne devroit y avoir ni malades ni pécheurs sur la terre, & il est inutile d'avoir des médecins & de les consulter. On trouve du *Toulofchi* par-tout, jusques dans les lieux communs & dans les cimetières. Que ne met-on donc en usage le moyen que tu proposes ? Celui qui reste dans le péché ou dans la souffrance, n'est point à plaindre, dès qu'il ne doit lui en coûter qu'un coup d'œil ou une révérence pour s'en délivrer. Tu ajoutes qu'en offrant à *Vichnou* une branche de *Tolofchi* dans un certain mois de l'année, on deviendra semblable à lui : fais-en toi-même l'épreuve. Devenu tout-d'un-coup un nouveau Vichnou, tu auras le plaisir de recevoir le sacrifice des hommes & de te faire adorer. Non, tu n'es, malheureux, que la honte & l'opprobre de ta caste. Tu n'es sur la terre que pour la perte des hommes & pour leur malheur. Je finis par te répéter un conseil que je t'ai déja donné tant de fois : puissé-je le faire aujourd'hui avec plus de fruit ! Tu as employé la plus grande partie de ta vie à séduire les hommes & à les tromper. Employe ce qui te reste à les détromper & à les sauver. La mort vient à grand pas ; & après elle il n'est plus de nouvelle naissance ni de nouvelle vie (4). Attache-toi donc à Dieu pour toujours, & ne t'attache qu'à lui seul.

Biache. S'il vous reste, seigneur, encore quelque bonté pour moi ; faites-moi la grace de me dire ce que c'est que le mariage, & comment on doit le célébrer (5) ?

Chumontou. L'essence du mariage consiste dans le consentement de deux contractans. On ne doit rien conclure sans les avoir consultés, & sans savoir s'ils ont de l'inclination l'un pour

---

mol & jaune sert, aux brames & aux banians, à faire des colliers & des chapelets. *Zend-A-Vesta*, *appendix*, tome I, page 527.

(1) C'est par ce motif que les brames mettent à la bouche & aux oreilles, des feuilles de *tolefe*, *toulfi* ou *toulofchi*. Abraham Roger, page 100.

(2) Novembre.

(3) Le *hom* est chez les perses un arbre qui donne également la santé, éloigne la mort, & à la résurrection rendra la vie aux hommes. *Boun-Dehefch*. p. 404. *Zend-A-Vesta*, tome 3. Ces merveilleuses qualités du *hom* paroissent avoir fourni aux *indiens* l'idée d'attribuer tant de vertus au *Kolpo* & au *Toulofchi*.

(4) Cela n'est point conforme à la doctrine généralement reçue dans les Indes.

(5) Chaque caste a ses cérémonies particulières pour célébrer le mariage, qui sont toutes prescrites par le *Védam*. Voyez Henri Lord, c. 9, &c. Celle du *Taly* est la plus importante & commune aux personnes des quatre tribus *indiennes*. Elle est trop connue par le récit des voyageurs, pour que nous entrions à son égard dans quelque détail.

l'autre, & s'ils veulent s'épouser. La première chose qu'il faut donc observer, c'est d'exiger leur consentement mutuel, & dès qu'ils se seront expliqués en présence de nombre de personnes graves & vertueuses, on les couvrira de fleurs d'or & de pierreries; on les conduira de jour, & jamais de nuit, au temple, où en présence de tous les parens, un brame savant récitera au nom du père la prière suivante.

« Dieu, maître du monde, Dieu, Créateur
» & Conservateur de toutes choses, nous sommes
» tous l'ouvrage de vos mains, & personne
» ne peut disposer de soi ni d'un autre que par
» vos ordres & suivant votre volonté. Je suis
» votre créature, je vous en fais l'hommage;
» cette fille l'est aussi, & vous appartient plus
» qu'à moi. Je ne veux donc en disposer que selon
» votre consentement. Daignez, mon Dieu,
» nous faire connoître quels sont vos desseins
» sur elle, & s'ils s'accordent avec les nôtres!
» Daignez bénir un mariage que nous faisons
» sous vos auspices & selon votre volonté! »

Cette prière finie, tous les parens ayant donné leur consentement (1), le père fera le don de sa fille au futur époux; & celui-ci dira alors à la nouvelle épouse: Que votre volonté soit toujours conforme à la mienne. Après cela on les conduira à la maison au son des instrumens. Voilà en quoi consiste le mariage, & ce qui doit s'y pratiquer.

ÉCLAIRCISSEMENS.

I.

L'*indien*, traducteur du *Bagavadam*, avoue que l'histoire de la création est racontée de plusieurs manières dans les *pouranams*. Tous les détails qu'on lit à ce sujet dans ce premier ouvrage, sont même assez difficiles à concilier entr'eux, & n'ont pas toujours le mérite de la clarté. D'ailleurs, le langage métaphysique de l'auteur, cette longue nomenclature de toutes les choses créées, & l'histoire, pour ainsi dire, de leur généalogie, ne sauroient guere plaire à la plupart des lecteurs. Nous rapporterons cependant quelques passages du second livre du *Bagavadam*, qui pourront faire connoître la façon de penser des philosophes & du peuple de l'Inde sur cette matière importante. Il sera facile de les comparer avec le récit de *Chumontou*.

Dieu libre, immuable & existant seul sans attribut, sans acte & sans qualité, se considérant lui-même, eut le desir & la volonté de créer. Cet Etre infiniment plus petit qu'un atôme, & beaucoup plus grand aussi que tout l'univers, se produisit dans l'eau sur laquelle il étoit porté & où il étoit couché: ce qui lui fit donner le nom de *Náráyanam*. Par son *Mayo* (affection) ayant produit les trois puissances ou qualités, appellées *Tamadam* (accident), *Rassadam* (qualité), *Sátvigam* (puissance), & par elles divers corps proportionnés aux dieux, aux géans, aux hommes, aux oiseaux, aux autres animaux, &c. il créa l'espace (*Agassam*) par sa pensée. Cet espace a produit l'air; celui-ci le feu; le feu, l'eau; & l'eau, la terre. Ces élémens ont ensuite produit par leur union toutes sortes d'êtres sensibles & insensibles. *Bagavad. l. II.*

I I.

Monsieur de Voltaire a réuni les différens passages, concernant la création, qui sont rapportés dans le second chapitre du premier livre de l'*Ezour-Védam*, & a cru devoir en supprimer quelques détails qui lui ont paru le ne faire point assez d'honneur à l'ouvrage *indien*. Cet illustre écrivain prête les graces inimitables de son style au traducteur de l'*Ezour-Védam*, qu'il fait parler en ces termes: « C'est l'Etre suprême
» qui a tout créé, le sensible & l'insensible;
» il y a eu quatre âges différens: tout périt à
» la fin de chaque âge; tout est submergé, &
» le déluge est un passage d'un âge à l'autre,
» &c.

» Lorsque Dieu existoit seul, & que nul autre
» être n'existoit avec lui, il forma le dessein de
» créer le monde; il créa d'abord le tems, ensuite
» l'eau & la terre, & du mélange des cinq
» élémens, à savoir, la terre, l'eau, le feu,
» l'air & la lumière, il en forma les différens
» corps, & leur donna la terre pour base. Il
» fit ce globe que nous habitons en forme ovale,
» comme un œuf. Au milieu de la terre est la
» plus haute de toutes les montagnes, nommée
» *Merou*, (c'est l'*Immaus*.) *Adimo* (c'est le nom
» du premier homme), sortit des mains de Dieu.
» *Prokriti* est le nom de son épouse. D'*Adimo*
» naquit *Bramma*, qui fut le législateur des
» nations & le père des brames ». *Défense de mon oncle, chap. XII.*

On sera sans doute étonné, que M. de Voltaire, après cette longue citation, ait avancé dans le même ouvrage, que *plusieurs brachmanes croyoient* (dit-on) *que la terre avoit essuyé trois déluges*. Il n'en est rien dit dans l'*Ezour-védam*, ni dans le *Cormovédam*, que j'ai lus avec une grande attention; mais plusieurs missionnaires envoyés dans l'Inde, s'accordent à croire que les brames

---

(1) Les mariages, selon Diodore de Sicile, se concluoient autrefois dans l'Inde, indépendamment de la volonté des parens, par le seul consentement des parties, *livre* 19, n°. 33, 34.

reconnoissent plusieurs déluges. *Seconde Diatr.* pag. 76. Une pareille inadvertance ne doit être attribuée qu'au secrétaire de M. de Voltaire. Ce grand homme pouvoit-il avoir oublié ce qu'il venoit de rapporter plusieurs pages auparavant, & ces autres passages de l'*Ezour-Védam* : *Le déluge & les autres événemens qui désolent la terre & font tout périr, ne s'y font point sentir.* L. IV. c. ij. &c. Le déluge qui arrive toujours à la fin de chaque âge, est appelé la nuit & le sommeil de *Bramma*. L. III. c. v. On trouve dans le VIIIe. livre du *Bagavadam* plusieurs détails concernant le déluge, qui sont conformes à ceux de l'écriture. D'autres sont rapportés en plus grand nombre dans le *Matcham*, un des XVIII *Pouranams*, qui renferme la doctrine enseignée par *Vichnou*, selon les *indiens*, aux huit personnes qui échappèrent au désastre universel, &c.

III.

Dans le sens figuré, *Bramma* signifie créateur; *Vichnou*, conservateur; & *Chib*, destructeur. *Holvell. c. iv.* Selon un *Shaster*, dont M. Dow a publié quelques fragmens, l'affection (*Maya*) habitoit en Dieu de toute éternité. Elle étoit de trois espèces, l'affection créatrice, l'affection conservatrice, & l'affection destructive. La première est représentée par *Bramma*, la seconde par *Vichnou*, & la troisième par *Chib*. L'auteur du *Bagavadam* nous dit que Dieu, sous la forme de *Bramma*, créa l'univers par sa puissance productrice ; sous la forme de *Vichnou*, il maintient tout par sa puissance conservatrice ; & enfin, sous celle de *Routren* ou *Chib*, il détruit tout par sa puissance destructive. Dans le quatrième livre du même ouvrage, nous lisons, que *Vichnou* déclara devant tous les dieux assemblés, qu'il n'y avoit aucune distinction réelle entre *Bramma*, *Vichnou* & *Routren* ; & qu'il étoit lui-même créateur sous le nom de *Bramma*, conservateur & sauveur sous celui de *Vichnou*, & destructeur sous le nom *Routren*.

Les divinités subalternes ne sont, suivant le *Bagavadam*, qu'une production consubstantielle de *Vichnou*, *l.* II. Plusieurs docteurs *indiens* regardent même ce dieu, ainsi que *Bramma* & *Chib*, comme des génies du premier ordre. Ministres de la volonté de l'être suprême, ils sont chargés de produire, de gouverner le monde, &c. Couto, *Dec.* V. *l.* VI. D'autres brames assurèrent encore à Bernier, que le culte, dont ils honoroient leurs trois principales divinités (*Trimourty*), n'étoit que relatif. *Voyages* Tom. I. p. 119.

IV.

Suivant le système cosmographique des *indiens*, il y a quatorze mondes, sept supérieurs & sept inférieurs, qu'on peut cependant réduire à un seul ; comme le remarque très-bien M. l'abbé Mignot, *acad. des insc. t.* XXXI. p. 248, puisqu'ils sont tous renfermés dans un œuf. Ils sont représentés dans la vache. Le peuple de l'Inde croit que les deux cornes, les deux oreilles, les deux yeux & le mufle de cet animal marquent les sept mondes supérieurs ; & que les quatre pieds, la queue, le derrière & le pis figurent les sept inférieurs. *Pagan. ind. Ms. part.* I. La terre est environnée d'une chaîne de montagnes, appellée *Sacravâlam*, dont le sommet atteint au vuide ou espace. Elle est soutenue par quatre éléphans. Au-delà de ces monts, tout est ténèbres. *Bagav. l.* V. Celui de *Mérou* est, au contraire, situé vers le centre des quatorze mondes. Le soleil & les autres astres font leur révolution autour de cette montagne. Cette dernière idée, fruit de l'ignorance & que les *indiens* ont eue de tout tems, ne leur est pas particulière ; le peuple d'Athènes l'avoit autrefois adoptée. Voyez *Acad. des inscr. t.* XVIII. p. 109, 110.

Le mont *Mérou* est non-seulement placé au centre des quatorze mondes, mais encore il les tient attachés les uns aux autres. Les *indiens* croyent que cette montagne est de 12080 karats d'or pur, & qu'elle est soutenue par huit éléphans. Ces animaux sont eux-mêmes portés par une tortue, & celle-ci par une couleuvre, appellée, *Sechat* ou *Ady-Sachen*. Sur quoi est appuyé ce serpent ? Les savans de l'Inde répondent que leurs livres ne leur fournissent rien pour résoudre cette difficulté. Les tremblemens de terre sont occasionnés par le mouvement que la couleuvre fait en changeant le monde d'une épaule à l'autre pour se soulager d'un poids si énorme. Nous tirons ces détails du quatrième chapitre d'un manuscrit de la bibliothèque du roi de France, *sur les erreurs des indiens de la côte de Malabar*. Nous en devons la communication à la politesse du savant & vertueux M. Bejot, garde des manuscrits de ce précieux dépôt. Voyez encore *sur le mont Mérou, l'examen critique des histoires d'Alexandre*, p. 241. &c. 312. &c.

V.

L'auteur de l'*Ezour-Védam* n'entrant point dans des détails suffisans sur les quatre âges, qui composent, selon les *indiens*, la durée du monde, & sur sa fin, nous croyons devoir remplir ici cette tâche, d'après le récit du *Bagavadam*. On nous permettra ensuite quelques observations générales sur la chronologie indienne. Commençons par le premier article.

Une année n'est qu'un jour pour les dieux ; & trois cents soixante de ces années font un an divin. Le premier âge, appellé *Credaiougam*, est composé de quatre mille ans divins, ou 14,400000 années ordinaires de trois cents soixante jours. Un intervalle de huit cents ans divins s'est écoulé après cette première période. Le second âge, de trois mille ans de la même espèce, est nommé *tredaiougam*. Un intervalle de six cents ans lui a succédé, comme un de quatre cents à *duataraiougam*, troisième âge, de deux mille ans divins. Enfin, le quatrième de mille ans, & qui porte le nom de *caliougam*, doit être suivi d'une autre période de deux cents ans. Le premier de ces âges étoit parfait; la vertu y dominoit & marchoit à quatre pieds. Dans le second, elle s'affoiblit & ne se servit plus que de trois pieds. Le troisième âge lui en ôte un autre, & le quatrième ne lui en laisse qu'un seul. Ces quatre âges, réunis avec les intervalles dont nous avons parlé, s'appellent *chadiriougam* ou *mahaiougam*, période de douze mille ans divins. Mille de ces années ne sont qu'un jour de douze heures à *Bramma*.

Ce dieu se repose à la fin de ce jour. Pendant son sommeil, tout l'univers se trouve submergé, & comme détruit par un déluge général. Les quatorze grandes périodes, appellées *manou*, (chacune composée de soixante-onze *mahaiougam*) s'écouleront successivement l'une après l'autre, avant le repos de *Bramma*. Pendant la durée de ces périodes, *Indro* ou le *Devendren*, les dieux & tous les patriarches vivront remplis d'une lumière divine.

A la fin de tout ce tems, le soleil & la lune s'obscurciront, & les ténèbres couvriront tous les globes. Ensuite *Vichnou* seul, cet être de lumière les éclairera; & *Ady-Sechen*, le serpent à mille têtes vomira son feu, qui réduira ces globes en cendres. Un vent furieux s'élevera bientôt après; les mers franchiront leurs bornes & inonderont les trois mondes, le ciel, la terre & l'abyme. Au milieu de l'eau, *Vichnou*, reposé sur le serpent, renfermera ces mondes dans son sein, &c. *Bagavad. l.* III. *p.* 45, 46.

Le génie des *indiens* semble ne s'être jamais occupé qu'à diviser & à multiplier, & leurs calculs sur l'antiquité du monde ne sont que les rêves de leur imagination. M. Freret observe très-bien, 1°. qu'à l'exception de *caliougam* ou de la période courante, il n'y a rien dans toutes ces fables indiennes qu'on puisse donner comme ayant un fondement historique. 2°. Que c'est à fixer le commencement de *caliougam*, que les chronologistes doivent s'attacher, & que cette époque une fois déterminée, sera celle où les tems historiques commencent chez les nations de l'Inde. *Acad. des inscr. hist. t.* XVIII. *page* 46. Il résulte des calculs de M. le Gentil, dont on peut garantir l'exactitude, que les *indiens* sont actuellement, en 1778, dans la 4880ᵉ année de *caliougam* ou de l'âge d'infortune. *Acad. des scienc.* 1772, 2. *part. p.* 198.

Les plus savans parmi les brames ajoutent peu de foi à la chronologie fabuleuse de leur nation. Voyez *Holwell*, *c.* iv. En effet, les trois premières périodes ne sont remplies que par des événemens qui ont rapport à la révolte des *Debtah*, c'est-à-dire, des anges coupables, & où le genre humain n'a aucune part. Voyez le *Shaster* de M. Holwell *c.* iv *s.* iij, iv. Les *indiens* imaginent que le *Védam* a été donné au premier homme. Cette tradition, quoique très-fausse, sert cependant à démontrer que le monde n'est pas aussi ancien qu'ils l'avancent, puisque ce livre n'a que 4866 ans d'antiquité, suivant l'opinion des brames les plus zélés pour l'honneur de leur livre sacré. *Holw. c.* iv. L'auteur de l'*Ezour-Védam* a donc eu raison de regarder les calculs des *indiens* sur les premiers âges comme *une pure fiction* (*l.* II *c.* iv). M. le Gentil propose à l'égard e ces périodes, un système ingénieux que nous ne pouvons nous empêcher de rapporter.

« Cette prétendue durée du monde, & celle
» de ses différens âges, dit ce savant & judicieux
» voyageur, me parurent aussi, dans les com-
» mencemens si grossièrement forgées, & les
» nombres tellement employés au hazard, que
» je fus quelque tems sans daigner me donner
» la peine d'examiner d'où ils pouvoient provenir.
» Le maître que j'avois pris, me les rappellant
» souvent en faveur du système des *indiens*,
» sur leur antiquité; je me rappellai de mon
» côté que dans les calculs que j'avois faits sous
» ses yeux des éclipses du soleil, il m'avoit
» fait supposer un mouvement dans les étoiles,
» de 54 secondes par an; je soupçonnai dès-
» lors que tous ces âges pouvoient bien être
» un certain nombre de révolutions de l'équinoxe.
» Je ne fus pas long-tems à m'en assurer; je
» trouvai donc devant mon maître, que les
» quatre âges de la durée du monde, dont les
» *indiens* se vantent avec tant d'emphase, ne
» sont que des périodes astronomiques qu'on
» peut faire remonter à l'infini; car si tôt que
» les brames supposent la précession des équinoxes
» de 54 secondes par an, la révolution du ciel
» entier sera de 24 mille ans. Or les âges rap-
» portés ci-dessus sont tous divisibles par 24000;
» d'où il suit que ce sont autant de périodes
» du mouvement des étoiles en longitude ».
Acad. des scienc. ann. 1772, 2ᵉ *part. p.* 191.

V I.

Cet état de repos ou d'impassibilité, auquel les *indiens* pensent arriver, en s'unissant à Dieu par la contemplation, est un fanatisme qui naît d'un d'un esprit sans force & d'une paresse d'ame dont l'influence du climat est l'unique cause. (Voyez sur cet objet les excellentes réflexions de M. Bailly, *Lettr. sur l'orig. des scienc. p. 92*). *Budda* répandit cette doctrine extravagante dans tout l'orient. Nous la trouvons clairement exposée dans l'*Amberkend* & dans le livre des sentences, attribué à *Fo*. Voyez *acad. des insc. tome 26, page 594. Histoire des huns, tome 2, page 227*. Ce quiétisme outré, qu'on imagine pouvoir conduire à la souveraine béatitude, est appelé *safene* par les japonnois, *coung-hiou* par les chinois, *niveupam* par les siamois, & *nibam* par les pégoans. Il reçoit différens noms chez les *indiens*, suivant les différens degrés de perfection & d'extase où l'on parvient. Pour expliquer les singulières opinions de ce peuple sur cet anéantissement contemplatif, il est d'abord nécessaire d'observer qu'il distingue deux sortes de vertu, l'une appelée *pravarty*, & l'autre *nivarty*.

La première se divise encore en *achtam* & en *bourlam*. Toutes les actions qu'on fait dans les cérémonies religieuses, se distinguent par le nom d'*ichtam*. Celles qui consistent à bâtir des hôtelleries, à creuser des puits & des etangs, & à planter des allées d'arbres & des bosquets, sont connues sous le nom de *bourlam*. La pratique de toutes ces œuvres méritera aux hommes une place dans la lune, où ils jouiront d'une félicité dont la durée sera fixée suivant le nombre & la qualité de leurs actions. Après ce tems, ils retomberont sur la terre, & s'incorporeront dans quelques matières, & ils feront partie de la substance des hommes, ou des bêtes, lorsque ces mêmes matières en auront été mangées. Le sperme étant ensuite formé, ces hommes renaîtront de nouveau, & plusieurs autres fois, jusqu'à ce qu'ils ayent le courage de s'adonner aux vertus comprises sous la dénomination générale de *nivarty*.

Parvenus à ce dernier état de perfection, on brûlera du feu de la sagesse ; les sens seront alors dans un parfait anéantissement, & l'ame concentrée en elle-même, se trouvera rentrée dans l'immensité de l'être universel. L'homme contemplatif meurt, selon les *indiens*, au moment où le soleil semble diriger sa course vers le nord, & le matin d'un jour du premier quartier de la lune. Elevé par les rayons du soleil, il arrive dans le paradis de *Bramma*, pour y jouir de plaisirs inexprimables. *Bagavadam*, *livre VIII*.

Les *indiens* croyent avoir plusieurs moyens de parvenir à l'état de *nivarty*. Le pénitent *Souguen* se propose de les faire connoître au roi *Parichitou*, dans le second livre du *Bagavadam*. « Pour s'a-
» donner à la contemplation, dit ce pénitent,
» il faut d'abord, seigneur, se retirer dans un
» endroit écarté, se recueillir profondément en

» soi-même, & éloigner toutes les passions qui
» troublent la paix de l'ame. Dans cet état on
» pourra contempler l'image de *Vichnou*, sous
» la forme nommée *Visva-Roubam*, (forme de
» l'être qui est par-tout). C'est une vive repré-
» sentation qu'on se fait de la terre, de l'eau,
» du feu, de l'air, de l'espace, de *mahatram* &
» d'*ahangaram*, regardé comme les sept parties
» qui servent d'élémens à l'univers & d'ornemens
» à ce Dieu. Imaginez-vous voir à la plante de
» ses pieds le monde inférieur *Padalam*; au-dessus
» des pieds, le monde *Nagam*; à son chevet,
» le monde *Adalam*; à ses genoux, *Taradalam*;
» à sa cuisse, *Soudalam*; à ses reins, *Vidalam*;
» à son nombril, la terre que nous habitons;
» à son ventre, l'air ; à sa poitrine, les globes
» des planetes & des étoiles ; à ses épaules, le
» monde appelé *Vouvanam*; à son col, *Souarcam*;
» à son nez, *Magaram*; à son front, *Généralogam*;
» enfin à sa tête, *Satialogam*. Les divinités
» appellées *Indren* représentent ses deux bras.
» Celles qu'on appelle *Asvani*, sont renfermées
» au bout de son nez ».

» Le vent est la respiration de *Vichnou*; le
» feu, son visage ; le soleil & la lune sont ses
» yeux ; le jour & la nuit sont produits de sa
» paupière. Ses sourcils sont le paradis de *Bramma*;
» tous les *Védams* sont les paroles de *Vichnou*;
» les arbres & les plantes sont ses poils ; le
» mouvement n'est que son divertissement; les
» hommes divisés en quatre tribus, sont nés de
» lui ; son visage a produit les bramchmanes ; ses
» épaules, les *Xatrier*; ses cuisses, les *Vassiar*
» ou *Vaniguer*, & ses pieds les *Xoutres* ou *Choutres*.
» Les personnes de ces quatre tribus viennent
» chacune au monde avec leurs marques distinctives.
» Voilà comme il faut se représenter *Vichnou* ».

» Vous ne devez pas ignorer qu'il ne faut
» mettre aucune différence entre ce Dieu &
» l'univers, qui n'est essentiellement qu'un avec
» lui. Il n'y a rien dans l'univers qui ne soit
» *Vichnou*. Ce dieu prend toutes ces différentes
» formes & agit d'une infinité de manières, sans
» pourtant être susceptible de ces changemens
» illusoires. Semblable à celui qui, dans un rêve
» croit faire telle ou telle action, sans néanmoins
» qu'il y ait rien de réel. Les personnes peu
» éclairées sont fort attachées aux cérémonies
» & aux préceptes religieux, enseignés dans les
» *Védams*. Les sages au contraire, renonçant
» aux prétendus biens de ce monde & même
» à ceux de l'autre vie, voyent les choses sous
» un point de vue différent. Ils ne cherchent ni
» matelats pour se coucher, ni mets délicieux
» pour se nourrir, ils se contentent d'herbes &
» de racines. Ils ne boivent que de l'eau claire
» & se couchent à terre. Les mondains qui ne

Philosophie anc. & mod. Tom II.

» se soucient pas maintenant de contempler la
» grandeur de *Vichnou*, sont à leur mort jettés
» dans un lac de feu où ils seront maltraités par
» les ministres du dieu de la mort, nommé
» *Yamen* ».

» Il y a une autre façon plus courte de contem-
» pler *Vichnou*, c'est de s'en représenter dans
» le cœur l'image à la hauteur d'une paume, de
» l'adorer depuis les pieds jusqu'à la tête. Les
» sages joignent à cette contemplation une pé-
» nitence rigoureuse. Ils commenceront à réfor-
» mer leur conduite, & amortiront toutes leurs
» passions. Délivrés de l'importunité des fonc-
» tions de leurs sens, ils se trouveront dans un
» état d'union avec *Bramma*; & dégagés de
» toutes prétentions, ils perdront le souvenir
» d'eux-mêmes, & n'entendront plus la signifi-
» cation de ces mots *mien*, *tien*, *sien*. Alors
» l'ame sortant par le sommet de la tête, quit-
» tera le corps, & ira se confondre avec l'être
» universel. Ceux qui seront parvenus au terme
» de cette seconde contemplation ne seront plus
» sujets, après cette union, à renaître dans le
» monde ».

» La troisième manière de contempler *Vichnou*,
» pratiquée par les sages, & qui est un mystère
» pour tous les autres, s'appelle une *contem-
» plation abstractive*. On sépare *Vichnou* de l'uni-
» vers & de tout ce qui est corps. Ceux qui se
» livrent à cette contemplation rentreront dans
» le sein de *Bramma*; leur substance sera con-
» fondue avec celle de *Vichnou*, & ils ne
» renaîtront plus dans ce monde comme les
» autres ».

Ce récit peut nous donner quelque idée des
rêveries des contemplatifs *indiens*. Si l'on veut
être plus instruit de leur doctrine, il faut consulter les mémoires de MM. de Guignes & Mignot, *académie des inscriptions, tome 26, page 791,
tome 31, page 320*, &c. Nous finirons cet article
en remarquant seulement avec l'auteur du Bagavadam, que l'état contemplatif est désigné en
général chez les *indiens* par le mot *yogam*, contemplation. La manière de se représenter l'être
suprême pour s'identifier avec lui, s'appelle *Sar-
counam*, acte louable; l'anéantissement qu'elle
exige, *Nircounam*, tranquillité. La béatitude terrestre qu'on croit acquérir par ce quiétisme,
porte le nom de *Varoupiam*, image de Dieu;
& l'union intime avec cet être souverain, après
laquelle les ames ne sont plus sujettes à aucune
renaissance, celui de *Vayoutchiam*, mélange ou
union intime avec Dieu. Bagavadam, *livre III*.
Les *Joghis* ou brames contemplatifs admettent encore une autre espèce de contemplation, différente de celle dont nous venons de parler. Elle
s'appelle *Achattangayogam*. Pour y parvenir, on
s'élève par huit degrés différens de perfection
extatique, & l'on finit par ne se nourrir plus que
de l'air. Bagavadam *livre IV*.

VII.

Tous les peuples ont à-peu-près la même
morale; celle des *indiens* n'est remarquable
que par la douceur & l'humanité qui caractérise
cette nation. Henri Lord, *c. 8*, nous a fait connoître les huit préceptes ou commandemens généraux que les quatre castes sont obligées d'observer.
Indépendamment de ses devoirs, chaque tribu &
chaque état en a de particuliers. Nous ne nous
arrêterons qu'à ceux qui regardent les personnes
engagées dans le lien du mariage, & qu'aux
maximes dont les brames se servent si utilement
pour acquérir du bien & de la considération.

L'adultère est regardé par les *indiens* comme
un crime horrible. Ils ne peuvent avoir commerce avec leurs femmes que le cinquième jour
après les menstrues, sur-tout au tems de la pleine
lune. Il ne suffit pas aux indiennes pour remplir
leurs devoirs à l'égard de leurs époux, de leur
plaire & de leur obéir sans contrainte; mais
elles doivent encore changer par leur conduite
le mauvais caractère des personnes auxquelles elles
sont unies, & les considérer comme des dieux.

Le respect dû aux brames n'est pas moins
outré. Leur dignité est au-dessus de toute comparaison. *Vichnou* lui-même a de la vénération
pour leurs personnes. La poussière de leurs souliers
est révérée dans le ciel, sur la terre & aux enfers.
On doit faire l'aumône aux brames, & leur
donner à manger au tems des éclipses, de la
nouvelle & de la pleine lune de chaque mois,
les jours où le soleil paroît diriger sa course du
nord au sud, & du sud au nord, à l'apparition
des constellations sous lesquelles on est né, &c.
&c. &c. Bagavad. *l.* VII. VIII.

VIII.

Les *indiens* distinguent deux sortes d'incarnations ou métamorphoses; l'une momentanée
& pour un seul motif; l'autre plus durable,
& pour plusieurs motifs. L'histoire de celle de
Vichnou & ses aventures particulières sont le
canevas de toutes les fables indiennes. Ce dieu
chargé du gouvernement de notre monde, vint
souvent au secours des hommes, & se montra
sous une forme sensible pour maintenir la pratique
de toutes les vertus, punir les méchans, récompenser les bons, soutenir les loix établies &
conserver le *Védam*, sans aucune altération,
dans le tems même des révolutions qui succèdent
aux quatre âges. Bagavad. *l.* VIII.

La première incarnation de *Vichnou* fut, selon

le Bagavadam, lorsqu'il prit la forme humaine. Revêtu de pourpre & des marques de la dignité royale, couché fur un trône au-dessus de la mer de lait, & plongé dans un sommeil contemplatif, il se repofa & produifit de fon nombril *Brama*, qui créa dans les membres toutes les créatures vivantes.

Dans fa feconde métamorphofe en cochon, *Vichnou* fouleva la terre; dans la troifième, il fe manifefta encore fous une forme humaine, prit le nom de *Naraden*, & fonda la fecte nommée *vayfchtnouvam* ou fecte de *Vichnou*.

Ce dieu fe manifefta pour la quatrième fois, fous le nom de *Narayaffen*, & alla dans le défert *Badary*, où il fit une rigoureufe pénitence. Dans fa cinquième incarnation, il châtia fous la perfonne de *Cabiler*, les méchans, & apprit à fa mère la voie de la contemplation.

Sixièmement, devenu fils d'*Atry* & d'*Anouffouya*, il prit le nom de *Tetatreyam*, & enfeigna à fes difciples la connoiffance de l'être fuprême. *Aghdy* fut fa mère dans fa feptième incarnation, où, fous le nom d'*Equien*, il apprit aux fages la théologie.

Vichnou voulut bien être fils du roi *Venan*, & transforma dans cette huitième incarnation la terre en vache. Dans la neuvième, il prit la forme d'un poiffon pour fauver le roi *Satiaveraden*; & dans la dixième, celle d'une tortue, pour foutenir le mont Mérou.

Il fe fit appeller *Daumandry*, & enfeigna la médecine dans fa onzième métamorphofe. Dans la douzième, il fe manifefta fous la figure d'une belle femme, afin de charmer les géans & de leur faire enfuite fubir les châtimens qu'ils méritoient.

Prenant la figure de *Narafigam*, c'eft-à-dire, d'homme lion, *Vichnou* tua le géant *IranniaCaffiben*. Sous le nom de *Ramen* & la forme d'un nain, il mit à mort un autre géant appellé Bely. Comme *Viaffen*, il corrigea dans fa quinzième incarnation le *Vedam*; & comme *Paraframen*, il punit, dans fa feizième, les rois méchans.

Ce dieu fe manifefta encore fous la perfonne du fils d'un roi, nommé *Daffaraden*, & châtia le géant *Ravanen*, roi de Candy. Il fe fit connoître fucceffivement dans fa dix-feptième & dix-huitième métamorphofe par le nom de *Chrifnen* & par celui de *Balapatren*. Il purgea alors la terre des hommes injuftes & criminels.

Enfin, au commencement de cet âge, appellé *Caliougam*, *Vichnou* a paru dans ce monde fous le nom de *Boutta* ou *Budda*. Il doit encore fe manifefter fous celui de *Calqui* (*cheval*), à la fin du même âge pour châtier les *Miletchers* ou *Maures*. Bagavad. *l. I.*

Telles font les vingt principales métamorphofes de *Vichnou*. L'auteur du Bagavadam nous dit qu'il ne finiroit point, s'il vouloit raconter toutes celles auxquelles ce dieu s'eft foumis. Cet écrivain indien nous affure encore que *Vichnou* ne manquera point de fe reproduire toutes les fois que le monde fera infecté de l'iniquité des géans, afin de l'en délivrer.

Abraham Roger eft entré dans quelques détails fur les métamorphofes de *Vichnou*, & prétend que ce dieu n'a pris que dix fois la forme corporelle, *c.* III. 2 part. Tous les écrivains qui ont parlé de la mythologie *indienne* ont adopté cette opinion. L'autorité du Bagavadam fuffit pour en démontrer la fauffeté.

I X.

Les brames de Benarés affurerent Bernier, que Dieu a tout tiré de fa propre fubftance. La création n'a été, felon eux, qu'une extraction & une extenfion, & la fin de toutes chofes ne fera que la reprife de cette même fubftance. *Voyag. de Bern. tom.* II. *p.* 129. Cette doctrine eft conforme à celle du *Védam*, où l'on lit ces paroles remarquables: *Varvam Vichnou Maiam Gegatou*, que le traducteur du Bagavadam rend par ces mots l'*univers eft Vichnou*, ou l'*univers eft tout plein de Vichnou*, *l.* X. *p.* 200. Plufieurs paffages de ce dernier livre nous permettent encore moins de douter que l'exiftence de l'ame du monde & le panthéifme font les principaux dogmes de la philofophie & de la religion des *indiens*. » Soyez perfuadé, dit un des interlo-
» cuteurs du Bagavadam, que tout l'univers
» n'eft autre chofe que la forme de *Vichnou*.
» Ce dieu porte tout dans fon ventre. Tout n'eft
» que *Vichnou*. Tout ce qui a été, ce qui eft &
» ce qui fera font en *Vichnou*, » *l.* I. *p.* 25......
Après que le monde aura été entièrement fubmergé, les eaux feront diffipées par le feu; celui-ci, par l'air; & cet élément par l'efpace; *Agaffam*, ou cet efpace, perdant alors fa qualité, rentrera dans le *Mahatou*, (la grande fubftance), & celui-ci dans le *Pracroudy* (accident, qualité). Ce dernier, ainfi que ces actes temporels rentrent & fe mêlent dans *Purmattima* (la grande ame) qui eft elle-même *Vichnou*, *l.* XII. *p.* 221. On lit encore dans ce Pouranam que *Vichnou* & l'univers ne font effentiellement qu'un, *l.* II. Enfin, que ceux qui font initiés aux myftères du *Védam* pourront contempler *cette ame générale*, *l.* I. » Le folitaire travaillera à faire rentrer fes
» fens dans fon ame, & celle-ci dans cette ame
» univerfelle, qui eft Dieu, » *l.* VII. &c. &c.

Ces différens passages réunis à plusieurs autres des Shasters ou fragmens des ouvrages publiés par MM. Holwell & Dow, démontrent le matérialisme des *indiens*. Quelques-uns de leurs docteurs tâchent cependant de les en justifier, en rapportant divers endroits des livres sacrés favorables à leur opinion. Le Bagavadam en fournit un qui mérite d'être rapporté. *Dieu, cet Etre unique & simple, n'a aucune connexion réelle avec la matière. l. II. p. 33.*

X.

Les prières liturgiques ne sont pas les mêmes pour tous les *indiens*, mais elles diffèrent les unes des autres, selon les différentes sectes de *Chib* & de *Vichnou*. Ces prières ne consistent souvent qu'en des lettres & des syllabes pleines d'énigmes qu'on répète plusieurs fois. Les brames les enseignent à leurs disciples, en les leur soufflant tous bas à l'oreille, & en leur recommandant un secret inviolable. Il est tellement gardé qu'un père ne dit jamais à son fils, ni le fils à son père, ce qu'il a oui. Les brames, qui ont le don de faire croire tout ce qu'ils veulent, ont persuadé aux *indiens* que si on révéloit ce secret à quelqu'un, la tête de celui qui l'auroit entendu se fendroit en plusieurs parties, & qu'il n'appartient qu'à eux seuls d'enseigner ces prières. Malgré cet obstacle, quelques missionnaires sont venus à bout d'avoir entre les mains plusieurs de ces prières telles que celle-ci qu'on adresse au soleil à son lever, à midi & à son coucher.

Na'ynam tolié Chiváyanama
Nul arrou ne danguel ana Chiváynama
Ayenum achoudenum ana Chiváynama
Ajagana terrou erri narrounay Chiváynama
Adiarguel péni gnio narrounay Chiváynama
Ott atterri oulagam ellanc choujanareun.

Par ces termes samscretans, on adore & on loue le soleil qui est supposé être l'œil par lequel *Chib* ou *Chiven* voit toute la nature; c'est pourquoi des trois yeux qu'on donne à ce dieu, le soleil en est un. On exprime encore par cette prière que le soleil est *Chiven*, que les quatre livres de la loi & les six principales sciences des *indiens* sont dans *Chiven*, soleil; enfin, que *Brama* & *Vichnou* sont aussi en lui. . . . .

« Vous venez monté sur votre char, dit-on, » faire votre course sur la terre; louange à vous » ô *Chiven* ! vous venez guérir nos maux; louange » à vous ô *Chiven* ! vous venez entourer tout » le monde.... » Après qu'on a récité cette prière, on fait à l'honneur du soleil cent huit prosternations, ou seulement quarante, en donnant de la tête contre la terre. *Pagan. Ind. manusc. part. I. p. 122. 123.*

M. Dupuy secretaire de l'académie des inscriptions & belles-lettres, aussi connu par l'étendue de ses connoissances, que par les qualités de son cœur, nous a communiqué avec un empressement qui mérite notre reconnoissance, les extraits de l'ouvrage manuscrit dont nous avons tiré plusieurs détails interessans, & entr'autres ceux qui viennent d'être rapportés. Il a été composé vers l'an 1741 par un missionnaire; 1°. sur plusieurs livres *indiens*, écrits en Telenga; 2°. sur plusieurs autres ouvrages, faits par des missionnaires; 3°. sur le récit de quelque habile catéchiste *indien*; 4°. sur ce que l'auteur a vu lui-même. Ses mémoires sont divisés en quatre parties dont la première traite du caractère, des tribus, mœurs, usages, maximes, mariages, pompes funèbres de la nation indienne; & la seconde, de la divinité en général, des dieux & des principales idoles. Dans la troisième, il rapporte les opinions de ce peuple sur l'ame, sur la vertu, sur le péché, sur la béatitude, sur les démons, sur la pénitence & les pénitens *indiens*. Enfin, dans la quatrième il parle des pagodes & du culte religieux. Toutes ces matières remplissent un volume in-folio, qui est accompagné d'un second plein de figures de divinité, très-bien dessinées, avec des explications, les unes en caractères *indiens*, écrits à la marge, & les autres en françois.

ADDITION

AUX OBSERVATIONS PRÉLIMINAIRES.

L'*Ezour-Védam* & les remarques qu'on y a jointes, étoient sous presse, quand la traduction du livre, intitulé *Code des loix des Gentoux*, ou *Réglemens des brames*, a paru. Nous ne connoissions auparavant que la préface des compilateurs *indiens* de cet ouvrage. Celle du traducteur anglois mérite une attention particulière. Il y entre dans plusieurs détails importans sur la langue & la poésie samscretanes. L'antiquité des livres *indiens* n'y est point oubliée. Quoique l'auteur ait à cet égard les mêmes préjugés que MM. Holwell & Dow, il n'approuve pas cependant leur manière d'expliquer les fables indiennes, & n'adopte pas entièrement leurs récits. Enfin, il paroît grand admirateur de la législation des peuples de l'Indoustan. En conséquence, nous croyons devoir faire quelques observations sur la prétendue antiquité des livres dont M. Halhed, le traducteur anglois, parle, & rapporter son sentiment sur les opinions de ses deux compatriotes qu'on vient de nommer. Nous ajouterons ensuite quelques réflexions sur le code des loix indiennes, sans prétendre nous engager dans des discussions auxquelles le tems ne permet pas de nous livrer.

1°. M. Halhed rapporte les dates précises de quelques *Shafters*, d'après le texte même de ces ouvrages qu'il traduit en ces termes : » En » la 1010ᵉ année du *Suttée Jogue* (du premier âge) » la nuit de la pleine lune, dans le mois de » *Chàdum*, moi, *Mumnoo*, suivant le comman- » dement de *Brahma*, j'ai fini ce *Shafter* instructif, » qui parle des devoirs des hommes, de la justice » & de la religion.

» En la 95ᵉ année du *Tirtáh Jogue* (du troisième » âge) l'auteur *Jage Bulk*, ou mois de *Sèwum*, » au commencement de la lune, le mercredi » (ou litéralement le jour de Mercure,) j'ai » fini le traité appellé *Jage Bulk*, qui annonce » les préceptes de la religion, qui instruit les » hommes des devoirs d'un magistrat » (1).

Ces époques font remonter, suivant le calcul de la durée des quatre âges de la chronologie indienne, adopté par M. Halhed, le premier *Shafter* à 7,204,990 ans, & le second à 4,004,905 ans. On ne peut se persuader que cet écrivain ajoute sincèrement foi à une pareille antiquité, qui lui semble confirmer celle du monde. Il fait venir fort heureusement les observations de M. Érydone (2), sur les couches de laves du mont Etna, au secours de ses assertions chimériques, & employe en leur faveur des argumens qui lui paroissent sans réplique. « Si ces épo- « ques sont fausses, dit M. Halhed, il doit y » avoir eu un tems où la tromperie étoit trop » palpable pour s'établir parmi les hommes, & » où les réclamations unanimes de tout un peuple » se seroient élevées pour les combattre (3), &c ». La tromperie est de tous les tems, & il ne peut y avoir des réclamations de la part d'un peuple ignorant & enthousiaste, lorsqu'elles favorisent ses préjugés sur son antiquité. L'orgueil national est aveugle, & le flambeau de la critique ne l'éclaire jamais; d'ailleurs le peuple ne réclame point contre les faussaires dont il est toujours la dupe ; c'est aux gens de lettres à découvrir leurs impostures. Or cette classe d'hommes est composée, chez les *indiens*, de brames, auteurs eux-mêmes des *Shafters*; on ne doit donc pas s'attendre qu'ils en découvrent la supposition. Mais comme ils sont divisés en plusieurs sectes, dont les unes rejettent l'authenticité & l'autorité des ouvrages reconnus par les autres, il auroit été facile à M. Halhed de se détromper, s'il avoit daigné recueillir les différens suffrages.

Il ne devoit pas encore se dissimuler qu'une simple date trouvée dans un livre, ne suffit pas pour fixer l'époque de sa publication, parce qu'il est permis de croire cette date supposée. Ce sont les faits & les choses qu'on lit dans un ouvrage qui en peuvent déterminer avec certitude le tems, & le rendre authentique. Il faut donc mettre sous les yeux du public les textes eux - mêmes, ou plusieurs passages qui en soient fidèlement extraits. M. Halhed n'a point suivi cette méthode, convaincu que *sûrement personne* n'auroit adopté une interpolation relative à la date de ces *Shafters* contre la croyance universelle. Son traducteur françois n'a pu s'empêcher de remarquer que ce raisonnement n'étoit pas très-juste, & d'ajouter « qu'il y a toute sorte de moyens de » faire des interpolations dans les livres chez les » peuples ignorans, & d'y établir des croyances » même sur des faits faux (4) ».

M. Halhed nous assure qu'aucun peuple n'offre des annales aussi incontestables que celles que nous ont transmis les anciens brames, & pour le prouver, il fait mention d'un livre écrit, selon lui, il y a 4,000 ans, & qui donne l'histoire du genre humain, en remontant à plusieurs millions d'années (5).

Si nous jugeons de ces prétendues annales par les *Pouranams*, regardés par les *indiens* comme les vrais monumens historiques de leur nation, nous serons bien éloignés de reconnoître la haute antiquité de l'ouvrage cité par M. Halhed que nous lui conseillons de produire pour convaincre les incrédules.

Les *Pouranams* & l'*Ezour-Védam* parlent nonseulement, comme nous l'avons déjà observé, d'un déluge universel, mais encore de plusieurs inondations qui ont changé la surface de la terre. M. Halhed, qui cite ces premiers livres dans son code, ose cependant avancer que les auteurs indiens ne font pas mention *une seule fois* de cette catastrophe (6). Doit-on préférer le sentiment de cet écrivain à l'autorité des livres sacrés & canoniques des *indiens* ?

II°. Nous avions soupçonné que les explications allégoriques, qui ont été données de la mythologie indienne par MM. Holwell & Dow, n'étoient point sures. M. Halhed change nos doutes en certitude : « Les savans, dit-il, ont » formé différentes conjectures sur la mythologie » des gentoux: ils se sont tous réunis à donner » les fables extravagantes dont elle est remplie »,

---

(1) Préf. M. Halhed, page 30.
(2) Cité page 18.
(3) Préf. page 31.

(4) Not. du trad. fr. page 31, 32.
(5) Préf. de M. Halhed, page 32.
(6) Idem. page 29.

» pour des symboles sublimes de la morale la
» plus pure. Cette manière de raisonner, quoi-
» que commune, n'est pas juste, parce qu'elle
» suppose que ce peuple ne croit pas entière-
» ment à ces livres sacrés : ces livres nous pa-
» roissent faux & chimériques, mais ils en res-
» pectent le sens littéral, comme la révélation
» immédiate du tout-puissant; & leurs préjugés
» accordent aux *Bédas* (ou *Vedes*) du *Shaster*,
» la même confiance que nous accordons à la
» bible. (1).

Le traducteur du code *indien* montre encore
que M. Dow en a imposé au public sur les quatre
Bédes. « Ces livres sacrés ne sont pas écrits en
» vers, comme on l'a imaginé jusqu'à présent,
» mais en une espèce de prose mesurée, qu'on
» appelle *Pungtée-Chund* ; je suis donc obligé
» d'observer qu'un auteur de beaucoup de mérite
» s'est trompé, en donnant au public, pour
» des essais des différens *Bédes*, quatre stances,
» qui n'ont pas le moindre rapport, ni la moindre
» ressemblance avec ces livres (2). »

Nous trouvons enfin dans le code des *indiens*
ou Gentoux plusieurs preuves de l'intolérance
des brames, dont les discours & les protestations
sur ce sujet nous avoient paru peu sincères. Lorsqu'un homme, suivant ces loix, lit un *Shaster*,
qui n'est pas orthodoxe, ou qui parle avec mépris
du *Védam*, il est jugé aussi coupable que s'il
avoit assassiné son ami (3). Les législateurs *indiens*,
c'est-à-dire, les brames, ont décerné des peines
atroces contre des actions innocentes ou même
contre des actions raisonnables, comme le remarque
très-bien le traducteur françois, telles que celles
de verser de l'huile amère & chaude dans la
bouche d'un *Sooder* (ou *Choutre*), qui lit les
livres sacrés, & de lui boucher les oreilles
avec de la cire, après les avoir remplies d'huile
chaude, s'il écoute la lecture des *Bédas* (ou
Bédes) du *Shaster* (4) ; de plonger un fer chaud
dans la fesse d'un *Sooder*, qui s'assied sur le tapis
d'un brame, & de le bannir ensuite du royaume;
enfin, de mettre à mort, non seulement un *Sooder*
qui apprend un *Shaster*, mais encore celui qui
cause de fréquens embarras à un brame (5).

III. Si loix des *indiens*, qu'on vient de publier,
manquent de suite, de proportion & de justesse,

___

(1) Idem. *page* 11, 12, &c.

(2) Idem. *page* 24.

(3) Chap. 15, §. 1.

(4) Cod. des gent, c. 21, §. 7.

(5) Idem.

___

si elles se contredisent souvent, comme le traducteur françois l'avoue, peut-on supposer
qu'elles ayent formé, dès l'antiquité la plus reculée, un code, rédigé selon les vues d'un seul
législateur & qu'elles soient encore toutes également en vigueur ? Nous pensons au contraire
qu'elles ont été faites en différens tems, & pro-
mulguées à des époques fort éloignées les unes
des autres. Quelques-unes ont été peut-être
successivement abrogées. En effet, plusieurs de
ces loix ne peuvent convenir qu'aux mœurs
simples du premier âge, tandis que d'autres, &
malheureusement c'est le plus grand nombre,
décelent un peuple corrompu & adonné à toutes
sortes de vices. Les traducteurs *indiens* ne donnent
même leur ouvrage que comme une compilation
des livres les plus authentiques, *tant anciens
que modernes*, & comme un recueil de décisions
des plus célèbres jurisconsultes du Bengale.

Ces derniers paroissent la plupart avoir vécu
dans un tems où la nation *indienne*, plongée
comme aujourd'hui dans la superstition, étoit
asservie par les brames qui, méconnoissant les
principes sacrés du droit naturel, n'ont fait que
réglemens que pour accroître la masse de leurs
biens, & s'arroger toute la considération publique.
Au défaut de parens, ils se déclarent héritiers
de toutes les propriétés (6) ; s'ils sont dans le
cas d'emprunter de l'argent, ils obligent de leur
prêter à un intérêt moins considérable qu'aux
particuliers des autres castes (7). Enfin, un brame
ne peut jamais être mis à mort, *pour quelque raison
que ce soit* (8). Quelle législation ! Le despotisme
sacerdotal a-t-il jamais appesanti aussi cruellement
son joug sur les hommes ?

C'est vraisemblablement pour en délivrer les
indiens, ou pour l'adoucir, que les anglois ont
fait rédiger ce code. Du moins, on doit soupçonner ce motif, quand on a lu l'ouvrage de M.
Bolts sur la *douce & généreuse* administration des
agens de leur compagnie dans le Bengale.

. . . . extrema per illos

Justitia excedens terris vestigia fecit.

M. Halhed nous apprend que le parlement
d'Angleterre s'occupe de tout ce qui peut mériter
l'attachement des *indiens*, ou donner de la *stabilité*
aux conquêtes de sa nation. En effet, rien n'est
plus propre à remplir ces deux objets, comme

___

(6) Idem. chap. 2.

(7) Idem chap. 1, §. 1.

(8) Idem. chap. 16, §. 1, *page* 233.

ce zélé citoyen l'assure, que la rénovation des anciens réglemens de l'Inde, qui n'attaquent point les loix, ou l'*intérêt* de la grande-Bretagne. M. Halhed ose se flatter que son livre facilitera ce grand projet dont peut-être il a prétendu accélérer l'execution en supprimant, ou en changeant tout ce qui pouvoit être contraire à ses vues dans le code des loix *indiennes*.

(Cet article, tiré tout entier de l'ouvrage de M. de Sainte-croix, a été envoyé à l'éditeur qui l'a employé tel qu'il l'a reçu.)

SUPPLÉMENT

SUPPLÉMENT.

Article omis dans le premier volume, & qui doit être placé après l'article CANADIENS (*PHILOSOPHIE DES*) *pag.* 610.

C

CARDAN. (PHILOSOPHIE DE) *Histoire de la philosophie moderne.*

Jérome *Cardan*, médecin, & l'un des grands esprits de son siècle, naquit à Pavie, le 23 de septembre 1501 (1). Ceux qui ont prétendu que les bâtards étoient en général plus spirituels que les enfans nés d'un commerce autorisé par la loi, trouveroient, sans doute, dans l'histoire de la vie de plusieurs hommes célèbres, quelques phénomènes isolés qui viendroient à l'appui de leur opinion : ils pourroient citer pour exemple Erasme, *Cardan*, d'Alembert, & beaucoup d'autres qu'il est inutile de nommer. On auroit tort néanmoins de tirer de tous ces faits particuliers, quelque nombreux qu'ils puissent être, des conséquences générales. Il n'y a, ni en bonne physique, ni en bonne logique, aucune raison pour qu'un bâtard soit plutôt & plus souvent un homme d'esprit qu'un sot, ou qu'un homme ordinaire. En examinant le résultat total d'une suite d'observations faites sur un nombre égal de bâtards & d'enfans légitimes pris au hazard & au même âge, on trouveroit vraisemblablement de part & d'autre, une quantité, une mesure à-peu-près égale d'aptitude & de sagacité, de talent & de génie : s'il y avoit à cet égard une différence sensible en plus ou en moins d'un côté ou d'un autre, l'équilibre se rétabliroit bientôt en faisant l'expérience plus en grand, c'est-à-dire, en prenant, par exemple, un nombre double, triple ou quadruple de bâtards & d'enfans légitimes. La proposition dont j'attaque ici la généralité, me fait souvenir d'une réponse de Diagoras, très-applicable au sujet que nous traitons. Ce philosophe étoit à bord d'un vaisseau battu d'une affreuse tempête ; pendant le gros tems, un des passagers observa qu'on avoit bien mérité ce qu'on souffroit, puisqu'on s'étoit chargé d'un impie comme Diagoras : « Regardez, répondit » froidement le philosophe, le grand nombre de » vaisseaux qui essuient la même tempête que la » nôtre ; croyez-vous que je sois aussi dans cha- » cun de ces bâtimens ? (2) » Il en est à-peu-près de même ici : ceux qui soutiennent l'opinion que nous combattons, ne voyent que les chances qui la favorisent, & ne tiennent aucun compte de celles qui lui sont contraires. Parmi ceux qui se sont illustrés dans la carrière des sciences, des lettres & des arts, ils ont souvent remarqué des hommes nés d'un commerce illicite, ce qu'on appelle dans le monde *des enfans de l'amour* ; & sans faire attention à cette multitude d'hommes médiocres qu'ils auroient trouvée aussi facilement dans cette espèce de dynastie dont l'ancienneté se perd dans la nuit des tems, ils ont fait une loi générale d'un phénomène que la quantité infinie de jets doit nécessairement rendre très-com-

---

(1) *Natus sum, dit-il, anno salutis millesimo quingentesimo primo, quasi inchoante novo sæculo, die vigesimo tertio septembris, quo romani indictionem inchoant. Cardan, de utilitate ex adversis capienda, lib.* 3, *cap.* 1.

Il désigne ailleurs d'une manière plus noble & plus pittoresque, le siècle où il naquit. *Natus sum sæculo raro, quo totus orbis innotuit, quo typographica ars & multa alia quæ antiquos latuére, inventa sunt.*

Philosophie anc. & mod. Tome II.

Cardan. De rer. variet. lib. 8. cap. 43. pag. 412. *Edit.* Lugdun. 1580.

(2) *Itemque cum ei naviganti vectores adversa tempestate timidi & perterriti dicerent, non injuria sibi illud accidere, qui illum in eandem navem recepissent, ostendit eis in eodem cursu multas alias laborantes, quæsivitque num etiam in iis navibus Diagoram vehi crederent. Apud Ciceron. de nat. deor.* l. 3. c. 37.

S ſſſſ

mun dans tous les siècles & chez tous les peuples, & dont la rareté, (si elle avoit lieu), seroit bien plus difficile à expliquer que la fréquence. Mais revenons à *Cardan.*

Son père, au grand savoir, à la probité incorruptible duquel il se plaît à rendre justice (1), & dont jamais il ne se rappelloit, sans la plus douce émotion, la tendresse & les soins (2), fut son premier instituteur, & lui apprit le latin en conversant avec lui dans cette langue : il lui enseigna aussi les élémens de l'arithmétique, de la géométrie & de l'astrologie (3). *Cardan* se loue beaucoup de la bonne éducation qu'il reçut de cet homme vertueux (4), & il attribue à ses sages leçons les progrès rapides qu'il fit dans les sciences. Il n'oublie pas néanmoins d'observer qu'il avoit l'esprit vif & pénétrant, & que les enfans qui naissent avec ces heureuses dispositions, n'ont pas moins besoin de frein que les mulets (5).

A vingt ans il alla étudier dans l'université de Pavie : deux ans après il y expliqua Euclide. Il avoit trente trois ans accomplis lorsqu'il commença à professer les mathématiques à Milan : il se maria sur la fin de l'année 1531. Un fait qui n'est remarquable que par l'importance que *Cardan* y attachoit, & par la manière dont il l'explique, c'est qu'il avoit été incapable pendant les dix années précédentes d'avoir commerce avec les femmes, ce qui l'affligeoit beaucoup. Il attribue cette longue impuissance aux malignes influences de la constellation sous laquelle il étoit venu au monde. Les deux planètes malfaisantes & le soleil, Vénus & Mercure étoient dans les signes humains ; c'est pourquoi, dit-il, je n'ai pas dû décliner de la forme humaine : & parce que Jupiter tenoit l'ascendant, & que Vénus étoit la dominatrice sur toute la figure, je n'ai été offensé qu'aux parties génitales. Ainsi depuis l'âge de 21 ans, jusqu'à l'âge de 31 ans, je n'ai pu jouir d'aucune femme, ce qui m'obligeoit à déplorer ma destinée, & à porter envie à celle de tout autre homme.

Cum sol & malefica ambæ, & Venus & Mercurius essent in signis humanis, ideo non declinavi à forma humana : sed cum Jupiter esset in ascendente & Venus totius figuræ domina, non fui oblæsus nisi in genitalibus, ut à xxi anno ad xxxi, non potuerim concumbere cum mulieribus, & sæpius deflerem sortem meam, cuique alteri propriam invidens. De vita propriâ, cap. 2. pag. m. 6.

Quand il fait le calcul des plus grands malheurs qu'il ait éprouvés dans le cours de sa vie, il en trouve quatre, dont le premier, selon lui, est celui d'avoir été long-tems inhabile à l'acte de la génération (6) ; le second fut la mort tragique de son fils aîné condamné à perdre la tête pour avoir empoisonné sa femme ; le troisième, sa prison ; le quatrième, la vie déréglée du plus jeune de ses fils : *Totidem maxima detrimenta, & impedimenta, primum concubitûs, secundum mortis sæva filii, tertium carceris, quartum improbitatis filii natu minoris.* Cardan. Ibid. cap. 30. pag. 116.

Dans un autre endroit il fait une plus longue énumération de ses malheurs, & n'oublie pas sa longue impuissance, qui paroît l'avoir vivement affecté, au moins si l'on en juge par ses fréquentes doléances à ce sujet (7).

Infelicitates sunt mors filiorum maximè sæva, aut stultitia vel sterilitas : impotentia ad congressum mulierum : paupertas perpetua, pugna, accusationes, incommoda, morbi, pericula, carcer, injuria in præferendo immeritos, tot, & toties. Ibid. de vitâ propriâ, cap. 46. pag. m. 185.

Le roi de Dannemarc lui offrit, en 1547, une condition assez avantageuse ; mais l'intempérie du climat, & la religion qu'on y professe, le déterminèrent à ne pas accepter cet emploi : il

---

(1) *Communia patri, & paterno patruo, & avo materno eruditio & singularis integritas. Sed patri & materno avo senectus magna, & mathematicarum peritia.* Cardan, de vit. prop. cap. 1. *Voyez* la note suivante.

(2) *Lacrymæ cooriuntur mihi, cum illius in me benevolentiam mente revolvo. Sed satisfaciam, pater, quod potero meritis tuis, pietatique tuæ. Et donec chartæ hæ leguntur, nomen tuum ac virtus celebrabitur. Fuit enim incorruptus ad omnia munera, verequè sanctus.* Cardan, de utilit. ex adversis capiendâ, lib. 3. cap. 2. pag. m. 349, 350.

(3) *Interim me pater docuit loquendo latinam linguam, & arithmeticæ, geometriæ atque astrologiæ rudimenta.* Cardan, ibid. pag. 348.

(4) *Voyez* le passage cité dans la note seconde.

(5) *Rectè igitur quod ad educationem attinet, ut postmodum successus declaravit, pater filium deduxit, eum acrioris essem ingenii. Hujusmodi enim pueris, non secus ac mulis frenum mandere utile est.* Cardan, ibid. pag. 348.

(6) *Fateor ingenue hoc unum mihi malorum fuisse gravissimum.* Cardan, de utilitate ex adversis capiendâ, lib. 2. cap. 10. *Voyez* la suite de ce passage.

(7) *Quod enim, ut antea dixi, impotens essem ad venerem, adeo torquebar, ut vita mihi odio esset, tentabamque omnia, satis ita volentibus, quasi remedium tanto malo inventurus. & certe evenit, &c.* Cardan, de utilit. ex adversi. capien. lib. 3. cap. 2. pag. m. 350.

le refusa entre autres raisons, parce que pour être comme tout le monde en ce pays là, il auroit été obligé de quitter le catholicisme.

Oblata est conditio.... à rege Daniæ quam recipere nolui.... non solum ob regionis intemperiem, sed quod alio sacrorum modo consuevissent, ut vel ibi malè acceptus futurus essem, vel patriam legem meam majorumque relinquere coactus. (De vitâ propriâ. cap. 4 & cap. 32.)

Bayle fait, à ce sujet, une très-bonne remarque : « à juger, *dit-il*, des choses selon l'idée » que l'on se forme d'abord de la religion de » *Cardan*, on ne diroit pas qu'il auroit été si » conscientieux. Mais il faut se défier des opi- » nions précipitées que l'on forme des gens sur » des préjugés, & à vue de pays, & aller aux » sources. Pour moi, en lisant le livre que *Car- » dan* a composé *de vitâ propriâ*, j'y ai plus » trouvé le caractère d'un homme superstitieux » que celui d'un esprit fort ; je confesse qu'il » avoue qu'il n'étoit guère dévot, *parum pius*, » mais il assure, dans la page précédente, qu'en- » core qui naturellement il fût très-vindicatif (1), » il négligeoit de se venger quand l'occasion s'en » présentoit ; & il le négligeoit, dis-je, par » respect pour le bon Dieu : *Dei ob venerationem, » & quod omnia hæc vana quantum sint dignosco, » occasiones oblatas ultionum etiam consulto negligo*. » Il n'y a point de prière, point d'assiduité aux » messes, qui vaille le culte que l'on rend à » Dieu de cette manière, je veux dire en obéis- » sant à sa loi par le respect qu'on lui porte & » contre le plus fort penchant de la nature. On » se sert donc d'un terme trop fort, quand on » dit que *Cardan*, de son propre aveu, a été » un *impie*. Il se vante d'avoir refusé une bonne » somme du roi d'Angleterre, parce qu'il ne » voulut point lui donner les titres que le pape » lui avoit ôtés : *Renui quingentos.... quod titulo » ipsius regis, in pontificis præjudicium subscribere » noluerim.....* Il raconte qu'ayant trouvé dans » les recueils de son père (2) que les prières » faites à la sainte vierge le premier jour du mois » d'avril, à 8 heures du matin, étoient d'une » merveilleuse efficace, en y joignant un *pater* » & un *ave maria* : il s'étoit servi de cette » pratique de dévotion dans des besoins très- » pressans, & s'en étoit parfaitement bien trouvé. » Il se met en colère contre Polybe qui nioit » l'apparition des esprits, & tels autres dogmes » de la religion payenne. Enfin on ne peut rien » voir de plus solide ni de plus sage que les » réflexions qu'il fait dans son chapitre 22 où » il expose sa piété & sa religion. La raison » qu'il donne pourquoi il aimoit la solitude sent- » elle l'impie ? Quand je suis seul, disoit-il, » je suis plus qu'en tout autre tems avec ceux » que j'aime, avec Dieu & avec mon bon ange. » *Diligo solitudinem, nunquam enim magis sum » cum his quos vehementer diligo, quam cum solus » sum : diligo autem Deum & spiritum bonum*. De vitâ propriâ, cap. 53........

« Le docteur Parker qui a représenté fort » heureusement les folies & les disparates de » *Cardan*, le trouve beaucoup plus fanatique » qu'athée. Je crois qu'il a raison ; (*Voyez* son » traité *de Deo* à la page 77) ce n'est pas qu'on » puisse nier que les livres de *Cardan* ne soient » parsemés de très-mauvaises doctrines. Le P. » Théophile Raynaud en remarque quelques-unes » dans son traité *de bonis ac malis libris*, & » conclut à la proscription des livres de ce mé- » decin, le chef, dit-il, des athées du second » ordre : *homo nullius religionis ac fidei, & inter » clanculatios atheos secundi ordinis suo facile » princeps* ».

Mais pour bien connoître ce philosophe qu'on peut regarder comme un phénomène extraordinaire, comme une sorte de monstruosité dans l'histoire de l'espèce humaine, il faut lire sa vie écrite par lui-même : c'est là qu'il parle de ses bonnes & de ses mauvaises qualités avec une ingénuité que le grave de Thou appelle *inouie* (3), & dont il seroit au moins bien difficile de trouver un exemple plus remarquable. Quelle que soit la page de ce livre de *Cardan* sur laquelle les yeux se portent, soit à dessein, soit de distraction ou par désœuvrement, on ne la parcourt point sans quelque intérêt, je dirai même sans éprouver ce plaisir qui vient de la curiosité & de la surprise qu'excitent en nous les objets nouveaux & inat-

---

(1) *Ultionis desiderium ultra vires, nedum prora voluntas ; ut illud placeat quod multi damnant, verbo saltem.*

At vindicta bonum vita jucundius ipsa.

Cardan, de vitâ propriâ, cap. 13. pag. m. 41.

(2) *Legeram in collectis à patre meo, si quis hora matutina viii. calendas aprilis, exoraret virginem sanctam ut filium rogaret pro re licita, genibus flexis, adjectâ oratione dominicâ, nec non salutatione virginis angelica, obtenturum quod petierit : observavi quidem horamque, peregi supplicationem, & non tunc statim, sed die corporis christi, eodem anno, liberatus prorsus sum. Sed & alia multo post, memor facti pro podagrâ supplicavi, (nam propriè de hoc, duo exempla pater adducebat eorum qui liberati erant) & multum profuit, inde etiam sanatus sum. Cardan, de vitâ propriâ, cap.* 37. pag. m. 118.

(3) *Varia ejus vita, ut mores, pluraque ipse de se inaudita in viro litteras professo simplicitate seu libertate scripsit, quam curiosus quisquam à me exigat.* Thuan. hist. *lib.* 62. *ad. ann.* 1576.

tendus. Mais ce qu'on apperçoit sur-tout dans cet ouvrage original & peut-être unique dans son genre, c'est que cet homme si singulier, dont les actions, les mœurs, le caractère & les opinions offrent les contrastes les plus frappans, n'étoit pas toujours dans son bon sens. Il paroît même que si les hommes ont tous un coin de la tête plus ou moins fou, comme on en reste convaincu quand on les a bien étudiés, cette partie désordonnée du cerveau à laquelle il faut attribuer tous les mouvemens irréguliers de la machine qu'il dirige, tous les excès dans le vice & dans le crime, prédominoit sensiblement dans *Cardan*; de sorte que Jules César Scaliger a eu raison de dire qu'en certaines choses, *Cardan* paroissoit au-dessus de l'intelligence humaine, & en beaucoup d'autres au-dessous de celle des petits enfans (1).

Ceux qui ne voyent dans l'univers & dans la variété infinie de ses phénomènes que de la matière & du mouvement; matière éternelle, nécessaire, douée d'une infinité d'attributs ou de propriétés tant connues qu'inconnues, & mouvement inhérent, essentiel à cette matière, & sans lequel, en bonne logique, comme en bonne philosophie, elle ne peut être conçue : en un mot, les physiciens géomètres auxquels les œuvres de la création qui ont fait écrire tant de puérilités aux Boyle, aux Derham, aux Rey, aux Nieuwentits, aux Grew, &c. n'annoncent point une cause libre, distincte de ses effets, qui ait agi en vertu d'un choix, d'une intention, & pour une fin, citent, entre beaucoup d'autres preuves de leur opinion, la production & la coexistence plus ou moins pénible, plus ou moins longue de ces êtres que, selon notre manière ordinaire de concevoir, nous appellons des *monstres*. Comme dans la combinaison fortuite des productions de la nature, disent-ils, il n'y avoit que celles où se trouvoient certains rapports de convenance, qui pussent subsister, il n'est pas merveilleux que cette convenance se trouve dans toutes les espèces qui existent actuellement : le hazard avoit produit une multitude innombrable d'individus; un petit nombre se trouvoit construit de manière que les parties de l'animal pouvoient satisfaire à ses besoins; dans un autre infiniment plus grand, il n'y avoit ni convenance, ni ordre : tous ces derniers ont péri : des animaux sans bouche ne pouvoient pas vivre; d'autres qui manquoient d'organes pour la génération ne pouvoient pas se perpétuer : les seuls qui soient restés, sont ceux où se trouvoient l'ordre & la convenance; & ces espèces que nous voyons aujourd'hui, ne sont que la plus petite partie de ce qu'un destin aveugle avoit produit (2).

Toutes ces conjectures, (car c'est sous ce nom que le philosophe doit proposer ses pensées, toutes les fois que sa théorie d'ailleurs aussi spécieuse, aussi profonde qu'on voudra le supposer, ne peut pas avoir pour base l'expérience ou le calcul :) toutes ces conjectures, dis-je, sur les états antécédens, sur les formes plus ou moins bizarres par lesquelles l'homme ou l'animal dont il n'est qu'une variété, paroît avoir passé successivement avant d'avoir rencontré celle sous laquelle il pouvoit persévérer & se perpétuer, pourroient donner lieu à des réflexions qui seront mieux placées ailleurs (3) : je dirai seulement, pour prendre de cette théorie ce qu'on en peut appliquer au sujet que nous traitons, & la confirmer au moins dans quelques points, que la marche qu'on suppose à la nature dans ces tems anciens dont le passage cité ci-dessus nous retrace l'idée, est précisément celle qu'elle suit aujourd'hui dans la construction des animaux : nous voyons en effet, que tous les individus qui par le déplacement, la forme extraordinaire, le volume disproportionné ou tel autre vice d'organisation d'un viscère essentiel aux fonctions vitales & animales, ne peuvent persévérer avec la coordination actuelle, sont détruits & passent nécessairement un peu plutôt un peu plus tard, selon que le désordre ou l'inaptitude d'un des trois principaux centres d'où partent le sentiment & le mouvement, & que de grands médecins ont appellé avec raison *le trépied de la vie*, est porté plus ou moins loin.

Mais ce qui a un rapport direct avec l'objet dont nous nous occupons en ce moment, c'est que l'espèce humaine offre en ce genre d'autres phénomènes liés aux premiers dont ils ne sont, pour ainsi dire, que des nuances plus ou moins distinctes, & qui tiennent au même enchaînement nécessaire de causes & d'effets; je veux parler de ces individus dont la vie publique & privée bien observée, bien connue feroit croire que ce monde, tel qu'il résulte des propriétés de la matière & des loix éternelles & nécessaires du mouvement, ne fut pas fait pour eux, ni eux pour lui : mais ce sont eux qui ont tort, puisqu'il faut que tout soit mal pour qu'ils soient bien.

---

(1) Qui in quibusdam interdum plus homine sapere, in pluribus minus puero intelligere videatur. *Scaliger apud Thuan. hist. lib.* 61.

(2) Conférez ici un beau passage de la *lettre sur les aveugles* que j'ai cité dans l'article HUME (PHILOSOPHIE DE) ci-dessus, tome 2, page 750, 751, 752.

(3) *Voyez* nos mémoires historiques & philosophiques pour servir à la vie & aux ouvrages de Diderot. J'ai parlé de ces *mémoires* dans l'article de ce philosophe célèbre, tome 2, page 153, 154.

Ce sont des hors-d'œuvres dans l'univers, c'est-à-dire, de ces êtres qui par la disposition primitive des organes & sur-tout du cerveau, un des viscères qui ont le plus d'usage pour les fonctions comme pour le mouvement, pour le sentiment & pour la nutrition, sont assez *monstres* pour coexister mal-à-l'aise, & pas assez *monstres* pour être exterminés : tels furent, par exemple, entre beaucoup d'autres, Cardan & Rousseau. Ces deux hommes mal coordonnés à ce *le tout*; ayant tous les deux ce qu'on appelle communément *une mauvaise tête*, doués l'un & l'autre de grands talens dans des genres très-divers, se rapprochent encore par un travers d'esprit remarquable & qui leur est particulier ; c'est qu'ils ont tous deux écrit leur vie à-peu-près avec la même impudence & le même cynisme: l'un par une suite de cette singularité qui lui étoit naturelle & qu'il a portée dans sa conduite comme dans ses écrits ; l'autre dans des vues & par un ressentiment très-injuste que la morale philosophique d'ailleurs si douce, si indulgente, si sagement appropriée à la foiblesse humaine, doit peut-être pardonner, mais ne peut jamais excuser. Cardan a raconté naïvement toutes les turpitudes de sa vie ; il semble même qu'il n'ait pas eu d'autre but dans son livre de *vitâ propriâ*, que de présenter à ses contemporains & à la postérité le miroir dans lequel il s'étoit vu. Mais il n'en est pas de même des *confessions* de Rousseau; l'art avec lequel il y atténue toutes ses fautes, en les attribuant ou à un excès de sensibilité, ou à quelqu'autre bonne qualité portée à l'extrême, prouve évidemment qu'il n'a pas été aussi sincère avec lui-même qu'il veut le persuader, & que malgré les défauts, les vices même dont il s'accuse, il n'est au fond mécontent ni de son cœur ni de son esprit.

Ce n'est pas qu'il ne fasse quelquefois des aveux très-honteux, mais ce portrait si hideux qu'il trace de lui-même dans quelques endroits de son livre, n'offre pas un seul coup de pinceau qui ne soit donné à dessein : tous les traits sous lesquels il se peint, n'ont que le degré de difformité nécessaire pour faire croire sans scrupule le mal qu'il dit des autres & sur-tout de ses amis dont il s'étoit éloigné sans motif & qu'il haïssoit (1) parce qu'il les avoit offensés (2) *Voyez* l'article HUME (PHILOSOPHIE DE) ci-dessus page 716, colonne première.)

Nous ne pousserons pas plus loin le parallèle entre la vie de *Cardan* écrite par lui-même & les *confessions* de Rousseau ; l'article particulier que nous destinons dans ce dictionnaire à l'exposé des opinions philosophiques de l'auteur d'*Emile* & du contrat-social, nous offrira l'occasion d'entrer dans de plus grands détails sur les *mémoires*, ouvrage conçu *ab irato*; dont chaque page paroit dictée par la vengeance ou par l'orgueil; qui d'ailleurs ne peut rien ajouter à la réputation de l'auteur considéré comme écrivain; qui ne le recommande par aucun côté étant que philosophe, & qui fait beaucoup de tort à son cœur.

Pour bien déterminer le degré d'estime ou de mépris, d'attachement ou d'aversion que mérite tel ou tel homme, il faut le juger par la teneur entière de sa vie; c'est la mesure la plus exacte de ses défauts, de ses vices & de ses vertus : en l'appliquant à *Cardan*, il en résulte que ce médecin a été véritablement un fou d'une espèce toute particulière, car il y a bien moins d'originalité dans la raison des hommes que dans leur folie : il semble qu'à cet égard, comme à beaucoup d'autres, il n'y ait qu'une seule manière d'être bien, & mille manières diverses d'être mal. Un homme sensé & réfléchi pense, écrit, parle & agit à peu-près comme un autre homme qui a le même genre d'esprit : mais celui qui est fou, l'est à sa manière & non à celle d'un autre. Cardan a eu à lui seul plus de ridicules, de défauts & de vices qu'on n'en observeroit dans un grand nombre d'hommes réunis, quoiqu'à cet égard chacun de nous soit plus ou moins en fonds. Sa vie entière n'est guère qu'un tissu, un long enchaînement d'extravagances, de pensées, d'actions incohérentes, souvent viles & honteuses, qu'on est quelquefois tenté de ne pas croire, tant il est difficile de trouver dans la société des hommes aussi disparates,

___

(1) Tacite regarde cette disposition, ou plutôt ce vice, comme une des caractéristiques de la nature humaine. *Proprium humani ingenii est, odisse quem læseris.*

(2) Je ne répéterai point ici le jugement que j'ai porté ailleurs des écrits de Rousseau : le tems, l'étude & la réflexion n'ont produit à cet égard aucun changement dans mes opinions, parce qu'elles étoient dès-lors le résultat d'un examen très-impartial, très-approfondi de ses ouvrages, & de ceux où il a puisé la plupart des idées qui lui ont mérité le plus d'éloges, & dont, avec plus d'équité ou de connoissances des sources, on auroit fait honneur à Montesquieu, mais sur-tout à Locke & à Sidney. J'oserai donc renvoyer le lecteur à une des notes que j'ai jointes à la vie de Sénèque par Diderot. (*Voyez* page 166 & suivantes, de la première édition) J'ajouterai seulement ici en deux mots, comme une espèce de profession de foi; que Rousseau sera toujours à mes yeux un écrivain d'un rare & prodigieux talent, mais non pas ce qu'on peut appeler *un bon homme*, encore moins *un homme vertueux*. Il me semble qu'en se formant une idée exacte & précise de ces deux qualités si rares, & cherchant ensuite un homme en qui elles se trouvent réunies, ce n'est pas Rousseau qu'on imagine.

aussi contrastés, & qui présentent sous tous les rapports un tout aussi monstrueux.

Un philosophe dont les ouvrages remplis d'agrément & d'instruction peuvent être regardés comme un des plus beaux monumens de la raison humaine, ne doute pas néanmoins que si nous avions la vie de *Cardan* écrite par un autre, nous n'y trouvassions beaucoup plus de choses ignominieuses qu'il n'en avoue dans son livre *de vitâ propriâ*. Pour moi, je ne puis me persuader que *Cardan* ait été encore plus vicieux, plus corrompu qu'il ne le paroît dans l'histoire de sa vie ; car à l'exception des crimes, tels que l'assassinat & le poison contre lesquels les loix ont décerné la peine de mort, & dont *Cardan* ne se déclare pas coupable, il me semble qu'il est d'ailleurs impossible de donner de son caractère & de ses mœurs une idée plus défavorable : j'ajouterai même, avec Gabriel Naudée, que si quelqu'un eût dit autant de mal de *Cardan*, que ce médecin en a publié lui-même, il auroit pu le citer en justice, & le faire condamner à une peine afflictive (1). *Ingenium vero si quis inimicus tale illi affinxisset, quale suum esse in themate natalitio testatus est, potuisset in illum agere merito eâ lege.*

Pœnaque lata, malo quæ nollet carmine quemquam describi.

En effet il avoue avec une effronterie très-rare, même dans les hommes les plus déshontés, qu'il n'y avoit aucun vice, aucun mal vers lequel il ne fût naturellement enclin ; *natura ad omne vicium & malum pronus* (2) : Il ajoute qu'il naquit porté par son étoile à la fénéantise, à l'envie, à la fourberie, au mensonge, à l'impudicité, à l'inconstance, à la trahison, à la vengeance, à la calomnie, à la médisance, à la magie, aux plus sales débauches (3). Il ne dissimule pas qu'il avoit un caractère morose, haineux, dur, irascible (4), insociable, & que rien ne lui étoit plus agréable que de tenir des discours qui chagrinassent la compagnie. On pourroit peut-être supposer que ce défaut si odieux dans la société, si propre à en détruire tout le charme, à en relâcher les liens, n'étoit dans *Cardan* que l'effet nécessaire de cette étourderie, de cette indiscrétion qu'on remarque sur-tout dans les jeunes gens, & dont l'âge & l'expérience ne les corrigent pas toujours ; mais le passage où il nous apprend cette particularité de sa vie, ne permet pas de recourir à cette solution ; car il y déclare avec une franchise qui tient même de très-près au mépris de l'opinion publique, qu'il faisoit tout cela sciemment & de dessein prémédité : « je n'ignore pas, ajoute-t-il, combien ce seul vice m'a fait d'ennemis ; mais que ne peuvent les penchans de la nature, fortifiés en nous par une longue habitude » ! *Illud inter vitia mea, singulare & magnum agnosco, & sequor, ut libentius nil dicam, quàm quod audientibus displiceat: atque in hoc sciens, ac volens persevero : neque ignoro quantum mihi inimicorum, vel hoc solum conciliet : tantum potest natura longâ consuetudini conjuncta !* (*Cardan.* de vit. propr. cap. 13. pag. m. 43).

Il n'avoit aucun usage du monde ; il ne connoissoit la mesure de rien ; il blessoit ceux qu'il avoit dessein de louer ; il étoit ambitieux, vain, bavard, & débitoit à propos & hors de propos, tout ce qu'il savoit. On sent que cette humeur n'étoit pas propre à lui concilier beaucoup d'amis, encore moins de ceux

.... qu'en tout tems,
Pour son bonheur, on écoute, on consulte ;
Qui peuvent rendre à notre ame en tumulte,
Les maux moins vifs & les plaisirs plus grands.

Il étoit bien difficile, en effet, qu'un homme aussi malheureusement né, à tant d'égards, pût être susceptible de ce sentiment délicat qui épure tous les autres, & qui n'est fait que pour les gens de bien : on diroit néanmoins qu'il en a soupçonné la douceur, car il semble regretter quelque part de n'avoir pas eu un véritable ami (5).

---

(1) Gabriel. Naudæi de *Cardano* judicium. fol. 4*. verso. édit. citat. ub. infr.

(2) *Cardan.* de vitâ propriâ, cap. 13.

(3) Nam ex venere loci lunæ ac mercurii domina, & mercurio multum, saturno mediocriter commista, animum sibi effictum ait, in diem viventem, nugacem, religionis contemptorem, injuriæ illatæ memorem, invidum, tristem, insidiatorem, proditorem, magum, incantatorem, frequentibus calamitatibus obnoxium, suorum osorem, turpi libidini deditum, solitarium, inamœnum, austerum, sponte etiam divinantem, zelotypum, obscœnum, lascivum, maledicum, varium, ancipitem, impurum, calomniatorem, & omnino incognitum propter morum, & naturæ repugnantiam, etiam his cum quibus assidue versabatur. *Gabriel.* Naudæi *judic. de* Cardan. fol. *5. édit. Amstelod. 1654. *Voyez* le traité de *Cardan* de genitur. imprimé à la fin de ses commentaires sur Ptolémée. C'est de ce livre que Naudée a extrait le passage qu'on vient de lire.

(4) Nam naturæ sum iracundæ, & sibi non omnino imperantis, sed præcipitis paululum, & perturbatione victæ. *Cardan.* de utilitat. ex advers. capiendâ. lib. 1. cap. 2. pag. m. 43.

(5) Amicorum etiam penuriâ, & maxime fidorum laboravi : & multa, imo plurima admisi errata, quod quæcunque sciebam, seu parva, seu magna, seu opportunè, seu importunè, ubicunque intermiscere volui

Naudée prétend que *Cardan* étoit tel qu'il se peint dans l'histoire de sa vie; & il approuve ceux qui ont dit qu'il ne s'en faut guère que ce médecin n'ait été fou, (1) « rien ne le prouve mieux, » ajoute-t-il, que les contradictions fréquentes » qui sont dans ses livres : on ne peut les attri- » buer ni à un défaut de mémoire, ni à une » ruse ; le peu de rapport qu'il y a entre ses » variations, est une suite des différens accès » d'extravagance auxquels il étoit sujet ».

Enimvero non semper eum sui compotem fuisse, sed æstu quodam raptum, indicio est omnium certissimo, varietas illa pugnantium inter se sententiarum, quas non est quod aliquis oblivione eorum quæ jam dixerat ; aut astu vafricieque prolatas ab eo fuisse, sibi persuadeat, cum se in rebus aliis memorem ad miraculum usque præstiterit, & artis ac vafriciei suspicionem omnem elevet, quod grandia quidem, sed contraria semper, nunquam autem connexa, & sibi mutuo cohærentia loqueretur. (Naudæi de *Cardan.* judic.)

Bayle ne juge pas plus favorablement de *Cardan,* il prétend même que la pensée d'Aristote, qu'il entre toujours un grain de folie dans le caractère des grands esprits, *nullum magnum ingenium sine mixtura dementia,* n'est pas juste à l'égard de *Cardan.* « Ce n'est point pour lui qu'il » faut dire que la folie est mêlée avec le grand » esprit : il faut prendre la chose d'un autre sens, » & dire que le grand esprit est mêlé avec la » folie ; le grand esprit ne doit être considéré » que comme l'appendix & l'accessoire de la » folie ».

J'ai lu avec beaucoup d'attention les meilleurs ouvrages de *Cardan,* & j'y ai remarqué un grand nombre de passages qu'on ne peut attribuer qu'à un homme dont l'esprit étoit absolument aliéné. Il paroît même, si l'on doit ajouter foi à tout ce qu'il raconte dans sa vie & dans ses traités *de subtilitate* & *de rerum varietate,* que c'étoit, ainsi que je l'ai observé ci-dessus, un fou d'une espèce toute particulière, un être à part. En effet, il nous apprend que si la nature ne lui faisoit point éprouver quelque douleur, il se procuroit lui-même cette sensation désagréable en se mordant les lèvres & en se tiraillant les doigts jusqu'à ce qu'il en pleurât. Il n'en usoit ainsi que pour éviter un plus grand mal ; c'est que s'il lui arrivoit d'être sans douleur, il ressentoit des saillies ou des impétuosités d'esprit si violentes & si fâcheuses, qu'elles lui étoient plus insupportables que la douleur même (2).

Le passage où *Cardan* nous instruit de ces particularités, ou, comme Montaigne les auroit appelées, de ces *estrangetés* de son tempérament, offre encore une idée assez singulière sur la nature du plaisir, qu'il fait consister dans la cessation d'une douleur qui a précédé : il prétend même qu'il est facile de calmer un mal qu'on s'est fait soi-même & de propos délibéré, ce qui ne peut être vrai qu'avec beaucoup d'exceptions, de restrictions, & seulement de certaines douleurs excitées dans telle & telle partie du corps, & non dans toutes indistinctement.

Un autre fait que *Cardan* rapporte avec la même gravité, & qui sans être aussi extraordinaire, aussi invraisemblable que le précédent, n'a peut-être pas plus que lui son analogue dans l'histoire naturelle de l'homme, c'est que dans les violentes douleurs de l'ame, il se donnoit de grands coups de fouet sur les cuisses ; il se mordoit fortement le bras gauche ; il jeûnoit ; il se soulageoit par des pleurs abondans, lorsqu'il le pouvoit, mais très-souvent cela lui étoit impossible : alors il cherchoit dans sa raison un remède à ses maux (3). Soit que *Cardan* dise ici la

---

rum etiam adeo, ut quos laudare proposueram læserim, inter quos præses lutetianus vir eruditissimus Æmatus Racconetus natione gallus. Atque in hoc, præcipiti non solum consilio, & rerum atque occasionum alienarum ignorantia (quas certè difficile vitare fuisset) actus sum : sed quod certis illis rationibus magna postmodum adinveni, & civiles homines magna ex parte norunt, non innixus sim. De vitâ propriâ, cap. 13, page m. 44. vide & cap. 51, page 217.

(1) *Neque profecto dubium est apud me, quin ipse talis esset, qualem omnibus aliis se conspiciendum præbuit : nam ejus modi mores sibi à naturâ fuisse inditos, non hic modo, sed alibi toties inculcat nihil ut verius fuisse censeri possit...... Ut mittam aliorum etiam gravissimorum virorum judicia, qui Cardanum miras de se ipso fabulas concitasse, & insanienti proximum vixisse non perperam asserunt. Gabr. Naudæi de Cardan. Judic. fol. * 5.*

(2) Voici le texte de ce savant médecin dont les ouvrages lus avec précaution, ne seroient pas inutiles aux progrès de l'art de guérir.

Fuit mihi mos (de quo plures admirabantur) ut causas doloris si non haberem, quærerem, ut dixi de podagrâ : unde plerumque causis morbificis obviam ibam (ut solum devitarem quantum possem vigilias) quod arbitrarer voluptatem consistere in dolore præcedenti sedato : si ergo voluntarius sit dolor, facile sedari poterit : & quoniam experior me nunquam posse prorsus carere dolore, & si modo contingat, subit in animum impetus quidam adeo molestus, ut nihil possit esse gravius, ut multo minus malus sit dolor, aut doloris causa, in qua nulla prorsus inest turpitudo periculumve. Itaque ob hoc morsum labii, & digitorum distortionem, & compressionem cutis, ac tenuis musculi brachii sinistri usque ad lachrymas excogitari. Cardan. de vitâ propriâ, cap. 6, page m. 22.

(3) *Nam in maximis animi doloribus crura verberabam*

vérité, soit qu'il mente, ainsi que cela est démontré pour moi, ces détails de sa vie privée ne sont ni moins curieux, ni moins dignes d'être recueillis: ils servent également à nous faire connoître ce médecin, eu'ils nous montrent tel que nous l'avons déjà vu, c'est-à-dire, comme un homme dont la constitution physique qui influe si fortement sur le moral, differoit essentiellement de celle des autres hommes, ou tel que nous le verrons bientôt (1), comme un impudent menteur.

Ce qu'il dit ailleurs de plusieurs prodiges par lesquels il connoissoit en dormant ou en veillant, ce qui devoit lui arriver, est d'un visionnaire qui prend les rêves de son cerveau malade pour des arrêts du ciel. Si on l'en croit, la nature lui avoit donné quatre propriétés singulières qu'il n'avoit jamais voulu révéler.

1°. Il tomboit en extase quand il vouloit, non pas, dit-il, comme le prêtre de Calame, dont parle saint Augustin (2), qui s'exaltoit & s'aliénoit au point d'en perdre la respiration, de ne pas même sentir l'application immédiate du feu, & de ressembler absolument à un mort, au lieu que pendant ces extases volontaires, Cardan sentoit point les douleurs très-aigues de la goutte, & que si l'on parloit auprès de lui, il entendoit un peu le son des paroles, mais non pas leur signification.

2°. Il voyoit ce qu'il vouloit, non par la force de l'entendement & dans sa tête, mais par ses yeux.

3°. Il étoit averti par des songes des biens & des maux qui devoient lui arriver, & même des événemens les moins importans.

4°. Il le connoissoit aussi par certaines marques qui se formoient sur ses ongles. S'il étoit menacé de quelque malheur, il appercevoit sur l'ongle du doigt du milieu une tache noire & livide; si c'étoit un bonheur, la tache étoit blanche; si c'étoit des honneurs, la tache paroissoit au pouce; si c'étoit des richesses, c'étoit au second doigt; si cela regardoit de grandes découvertes qu'il dût faire dans les sciences, la tache se montroit sur l'ongle du doigt annulaire; s'il s'agissoit de quelques inventions peu importantes, la tache se montroit sur l'ongle du petit doigt, &c. &c.

Quatuor enim mihi indita sunt à natura quæ nunquam aperire volui, & omnia (meo judicio) admiratione digna quorum primum hoc est, quod quoties volo, extra sensum, quasi in ecstasim transeo. Volo autem docere quomodo id agam, & quid sentiam : nam non eodem modo quo ille presbyter, afficior; ille enim dolorem magnum non sentiebat, anhelituque destituebatur, ac dictum est: voces tamen quasi è longinquo audiebat. Mihi vero non ita: sed vocem quidem leviter audio, quid dicant non intelligo. Dolorem magnum an sensurus sim, nescio. Vellicationem validam, & podagræ dolores vehementissimos, nihil prorsus sentio. Sed diu in eâ permanere non possum. Sentio dum eam ineo, ac (ut verius dicam) facio, juxta cor quædam separatio quasi anima abscederet, totique corpori res hæc communicatur, quasi ostiolum quoddam aperiretur. Et initium hujus est a capite, maxime cerebello, diffundiurque per totam dorsi spinam, vi magnâ continetur: hocque solum sentio, quod sunt extra me ipsum. Magnaque quadam vi paululum me contineo.

Secundum est, quod cum volo, video quæ volo, oculis, non vi mentis, velut imagines illas, de quibus dixi, cum infans essem, me vidisse. Sed nunc credo ob occupationes, nec diu, nec perfectas, nec omnino semper cum volo, nec tamen nisi velim. Moventur autem perpetuo quæ videntur imagines. Itaque video lucos, animalia, orbes, ac quæcumque cupio. Credo causam esse vim virtutis imaginatricis, visusque subtilitatem.

Tertium est, quod omnium quæ mihi ventura sunt, imaginem video per somnum. Neque unquam ausim firmè dicere, vere autem dicere possum, meminisse quod quicquam boni aut mali vel mediocris mihi evenerit, de quo prius & raro ante multum, non fuerim per somnium præmonitus.

Quartum est, quod eorum quæ mihi eventura sunt, quanquam sint perexigua, vestigia in unguibus apparent. Nigræ & lividæ malorum in medio digito, felicium albæ: & ad honores in pollice, ad divitias in indice, ad studia & res majoris momenti in annulari

---

virga, sinistrum brachium mordebam acrius; jejunabam, levabar fletu multum, ubi contigisset sæpe, sed persæpe non poteram, ratione autem pugnabam, dicens, nihil novum advenit, &c. Cardan. de vit. propr. cap. 14. pag. m. 47.

(1) *Voyez*, ci-dessous, page 885, au texte & dans les notes.

(2) Voici le passage de saint Augustin que Cardan ne cite point, & qu'il indique même si vaguement, que je n'aurois jamais sçu de quel prêtre il vouloit parler, si je ne me fusse rappellé le passage de la cité de Dieu, auquel il fait évidemment allusion.

Qui quando ei placebat, ad imitatas lamentantis hominis voces, ita se auferebat a sensibus & jacebat simillimus mortuo, ut non solum, vellicantes atque pungentes minime sentiret, sed aliquando etiam igne ureretur admoto, sine ullo doloris sensu, nisi postmodum ex vulnere. Div. August. de civit. Dei. lib. 14. cap. 24.

nulari, ad exiguas inventiones in minimo: coacta, res firmas: si sint veluti stellæ, res minus constantes & magis publicas, verbisque plenas (1).

J'ai rapporté au long ce passage de *Cardan*, parce qu'il renferme sur le genre particulier de sa folie & de sa superstition des détails remarquables, & qui sont autant de traits caractéristiques de l'une & de l'autre. On y voit sur-tout que la superstition dont on trouve même une teinte plus ou moins forte dans ses meilleurs traités, avoit déterminé, achevé en lui ce que la nature n'avoit qu'ébauché; je veux dire que d'un homme qui n'eût été que bizarre dans sa conduite & dans ses opinions, elle en avoit fait un enthousiaste, & un fou. Il est certain que si on retranchoit des ouvrages de *Cardan* toutes les extravagances dont la plupart des dogmes du christianisme lui avoient fourni le fonds & en quelque sorte les élémens, ses écrits considérés en général, n'en seroient pas moins, sans doute, le produit d'une imagination vive & souvent déréglée, bien plus que celui de l'expérience & de l'observation; mais on y remarqueroit nécessairement beaucoup moins de puérilités, de sottises & de ces sortes de folies qui ne peuvent entrer que dans la tête d'un homme à qui la religion ou la superstition (car en bonne philosophie ces deux mots (2) sont absolument synonymes) a troublé & faussé l'esprit.

Cicéron observe quelque part qu'on ne peut rien imaginer de si absurde qui n'ait été dit par quelque philosophe (3); il est certain qu'il n'y a point de travers si monstrueux qu'il soit, dont une cervelle humaine ne soit capable. C'est dans les livres de *Cardan* qu'on trouve les preuves les plus fortes de la justesse de cette remarque; je ne sais même si à l'exception de ce qu'il a écrit sur l'algèbre & sur la géométrie, & qui lui a mérité les éloges des plus célèbres analystes modernes, on pourroit citer dans ses autres traités (4) une seule page qui ne fût infectée de quelque erreur, ou dévarée par quelques-uns de ces contes absurdes, de ces visions ridicules dont les *Bonnes* & les gouvernantes ont la mauvaise coutume de nourrir la crédulité des enfans, & qui dérangent quelquefois leur tête pour le reste de leur vie, comme ces mêmes chimères avoient autrefois désordonné celle de *Cardan*. On voit qu'il a eu tous les genres de préjugés, même ceux qui sont ordinairement le partage des esprits les plus vulgaires. Il vit en songe une étoile tomber dans son foyer & s'éteindre aussitôt; & il en conclut qu'il seroit en faveur auprès d'un prince, mais que cette faveur seroit de peu de durée (5). Il enseigne que les songes qui précèdent le lever du soleil se rapportent à l'avenir, ceux qui arrivent lorsque le soleil se lève, se rapportent au présent; ceux qui suivent le lever du soleil, se rapportent au passé. Selon lui les songes sont plus assurés en été & en hyver, qu'en automne & au printems: au lever du soleil qu'à toute autre heure de la journée. Il raconte gravement & en homme fortement persuadé, des faits aussi évidemment faux, aussi invraisemblables que ceux des mille & une nuit, mais beaucoup moins amusans & qui ne supposent pas le même mérite dans l'inventeur. Il croyoit à l'astrologie judiciaire, à la magie, aux présages (6) des comètes, aux bons & mauvais anges, aux revenans, aux esprits follets, à la possibilité d'évoquer les ombres des morts: il rapporte qu'il y avoit des gens qui disoient que Paris Cæsarius de Mantoue couvroit sous le manteau de l'astrologie son commerce avec le diable (7). Il se croyoit lui-même sous la direction d'un démon familier rempli pour lui de bonté & de miséricorde (8). Il est vrai, comme Gabriel Naudée l'a remarqué, qu'il parle si diversement de son génie, » qu'après » avoir dit absolument dans un dialogue intitulé » *Tetim* qu'il avoit un génie qui étoit vénérien,

---

(1) *Cardan. De rerum varietate, lib. 8. cap.* 43, *page* 410, 411. *Edit.* Lugdun. 1580. Conférez ici ce que je dirai ci-dessous, pag. 910.

(2) *Voyez* la belle définition que Hobbes donne de l'une & de l'autre dans son Léviathan. (*De homine*, cap. 6. page 28.) Je crois avoir cité ses paroles dans un des articles de ce volume.

(3) *Nescio quomodo nihil tam absurdè dici potest quod non dicatur ab aliquo philosophorum. Cicer. de divinat.* lib. 2. cap. 58.

(4) Je ne parle ici que de ceux que j'ai lus, & ce sont les meilleurs.

Philosophie anc. & mod. Tome II.

(5) *Cardan. de insomniis*, lib. 4 cap. 4. lib. --- 1. cap. 5, & cap. 8.

(6) *Juxta saturnum (cometæ), pestem & proditiones & sterilitatem: circa jovem, legum mutationem, mortem pontificum: juxta martem, bella. Juxta solem, toti orbi magnam cladem: juxta lunam, inundationes, aliquando siccitates: juxta venerem, principum mortem & nobilium; juxta mercurium varia mala, &c. &c. &c. Cardan. de rer. variet.* lib. 14. cap. 70. pag. 698. Edit. Lugd. 1580.

(7) *Dæmonis auxilio innixum prætendisse astrorum istam immodicam scientiam, cum etiam audierim à viro fide digno atque fortuna illustri constituisse in camini plucto capita marmorea, quæ cum infortunium immineret, sponte circumverterentur, Cardan. de genituris*, page 165, 164.

(8) *At nobis ut credo bonus & misericors spiritus mihi fuisse diu persuasum est. Sed qua ratione me certiorem redderet de imminentibus, non nisi exacto anno vitæ 74. deprehendere, dum vitam meam con-*

» mêlé de saturne & de mercure (1), & dans
» son livre *de libris propriis*, que ce génie se
» communiquoit à lui par les (2) songes, il doute
» au même endroit s'il en avoit véritablement
» un, ou si c'étoit l'excellence de sa nature.
» *Sentiebam*, dit-il, *seu ex genio mihi præfecto,*
» *seu quod natura mea in extremitate humanæ sub-*
» *stantiæ conditionisque & in confinio immortalium*
» *posita esset*, &c. Et conclud enfin dans son
» livre (3) *de Rerum varietate*, qu'il n'en avoit
» point : disant ingénuement, *ego certè nullum*
» *dæmonem aut genium mihi adesse cognosco* (4).

Mais ce que Naudée n'a pas dit, & ce qu'il auroit dû ajouter, c'est qu'immédiatement après cette assertion si positive de *Cardan*, ce médecin ne paroît pas encore bien sûr de son fait, & laisse la chose à peu-près indécise. Si «, sans
» le savoir, *dit-il*, j'ai un démon familier,
» ainsi que les fréquens avertissemens que j'ai
» reçus en songe pourroient me le faire croire;
» comme le *Démon*, est un don de Dieu, Dieu
» sera l'unique objet de mon culte ; & s'il m'arrive quelque chose d'heureux, c'est à lui seul
» que j'en rendrai grace, comme étant la cause
» & la source féconde de tous les biens. A l'é-
» gard de mon *démon*, il voudra bien ne pas
» s'offenser, si je paye à notre commun maitre
» le tribut de reconnaissance que je lui dois pour
» le bien qu'il me fait. Ce dont je suis sur, c'est
» que la raison, la patience, & la résignation
» dans les maux, un jugement sain, le mépris
» des honneurs & des richesses m'ont été donnés
» pour me tenir lieu d'un bon ange : & je prise
» beaucoup plus ces différens biens ; je les regarde comme des dons infiniment plus précieux
» qu'un *démon* tel que celui de Socrate ».

Quod si modo me inscio adsit, postquam toties monitus sum per somnia, à deo mihi cum datus sit, deum solum reverebor, illique soli gratias agam, si quid mihi boni contigerit, tanquam omnium bonorum authori fontique uberrimo. Dæmon vero ipse æquo animo feret, si ei cui debeo retribuam, dominoque communi. Illud bene scio, mihi pro bono genio datam rationem patientiamque in laboribus magnam, bonum animum, pecuniæ honorumque contemptum : quæ omnia maximi facio, & dæmonio Socratis meliora atque ampliora dona existimo (5).

Au reste *Cardan* est un de ces auteurs dont le témoignage, favorable ou contraire, est en général d'autant plus insignifiant, qu'il nie souvent dans un traité ce qu'il affirme ou laisse indécis dans un autre. Il en est à cet égard de ses ouvrages comme des livres sacrés des hébreux & des chrétiens où l'on peut recueillir sans peine des autorités pour & contre les mêmes opinions : c'est une espèce d'arsenal général où les partis les plus opposés trouvent des armes pour leur défense commune. Ceux qui se servent de l'écriture pour appuyer ou pour combatre un dogme, un raisonnement, un principe de politique de morale ou de philosophie spéculative, peuvent prendre chacun pour leur devise ce vers d'Horace. (Lib. 2. epist. 2. vers 97)

Cædimur, & totidem plagis consumimus hostem.

Les opinions de *Cardan* sont aussi incertaines, aussi vacillantes ; il paroit qu'il étoit à la discrétion du moment, & qu'il soutenoit indifféremment le pour & le contre, selon les dispositions dans lesquelles il se trouvoit en écrivant : *Cardanum ex intemperie quadam animi nusquam æqualis & compositi, absurda multa fecisse, & minimè sibi in omnibus consentanea loquutum fuisse concludam.* Tel est, en partie, le jugement que Naudée fait de *Cardan* (6), & il suffit d'avoir lu quel-

---

scribere adortus sum, potui. Cardan. de vitâ propr. cap. 47. page m. 186, 187. *Voyez* la suite de ce passage, & en général tout ce chapitre 47, qui est intitulé *Spiritus*. On croit entendre discourir entr'eux les foux des petites maisons.

(1) *Sed cujus naturæ? ferunt enim quosdam esse saturnios, alios jovios, atque ita de aliis.* RAM. suspicatur esse venerium, saturno, mercurioque mistum. *Cardan. in dial. g. de human. consil. apud Naudæum de Cardano judic.*

(2) *Tot enim imminentia*, *dit-il dans l'histoire de sa vie*, *& ipso statim limine (ut dici solet) & ad unguem & tamdiu cognita, & verè prævisa ; majus penè miraculum est sine auxilio divino, quam cum spiritu rem ipsam explicari licet ex dictis : cum enim prævideat spiritus quod mihi imminet, ut pote filium &c. Cardan. de vit. propr. cap.* 47 pag. m. 187.

(3) Lib. 16. cap. 93. pag. 844. édit. Lugdun. 1580. in-8°.

(4) Apologie pour les grands hommes soupçonnés de magie par Gabriel Naudée, pag. 245. 246. édit. Amst. 1712.

Naudée conclut que « *Cardan* & Scaliger n'ont point eu d'autre génie que la grande doctrine, qu'ils s'étoient acquise par leurs veilles, par leurs travaux
» & par l'expérience qu'ils avoient des choses sur lesquelles venant à élever leur jugement comme sur
» deux colonnes ou pyramides, ils jugeoient pertinemment de toute matière, & ne laissoient rien échapper
» qui ne leur fût connu & manifeste ».

(5) *Cardan. de rerum varietat.* lib. 16. cap. 93. pag. 844. édit. Lugdun. 1580.

(6) Gabriel. Naudæi, *de Cardano judic.* Je ne cite point la page, parce qu'elles ne sont point cottées dans mon édition faite à Amsterdam, en 1654. in-12.

ques-uns des meilleurs ouvrages de ce médecin pour se convaincre que Naudée l'a bien connu & l'a peint très-ressemblant.

Ce n'est pas seulement au désordre des idées de *Cardan* & à l'extrême bizarerie de son esprit qu'il faut attribuer les contradictions fréquentes qu'on trouve dans ses livres ; une des causes qui, jointe à son peu de mémoire, (1) me paroît avoir le plus contribué à les multiplier, c'est qu'étant obligé de travailler pour avoir du pain, & ayant fait marché avec son libraire à tant par feuille, il n'avoit ni le temps de méditer avec une certaine profondeur ce qu'il écrivoit, ni ce sens froid & cette liberté d'esprit si nécessaires pour mettre dans ses pensées cet ordre, cet accord & cette liaison qui font d'un ouvrage un seul tout de diverses parties, & qui peuvent seuls le rendre utile & instructif. Il avoue lui-même qu'il faisoit des digressions afin de remplir plutôt la feuille, & en effet ses livres sont remplis de ces sortes d'écarts auxquels les hommes d'une imagination vive & forte s'abandonnent quelquefois dans la chaleur de la composition, mais que *Cardan* pauvre & pressé par des besoins que son inconstance & les désordres de sa vie rendoient plus impérieux & plus fréquens, se permettoit pour grossir le volume, & tirer un meilleur parti de son travail. C'est dans cette seule vue qu'on trouve dans la plupart de ses écrits, même les plus estimés, de très-longues digressions qui ont, si l'on veut, quelque rapport avec la matière qu'il traite, mais auxquelles il est impossible de s'attendre, tant la liaison qui les lie au sujet principal, est quelquefois foible & difficile à saisir. Par exemple, on trouve dans son arithmétique plusieurs discours sur les propriétés merveilleuses des nombres, sur le mouvement des planètes, sur la création, sur la tour de Babel, sur la durée du monde & ses vicissitudes, selon les platoniciens &c : on remarque dans sa dialectique un jugement sur les historiens & sur ceux qui ont composé des lettres : il donne dans ses commentaires sur les aliments l'explication de trois choses très difficiles à connoître : &c &c &c (2).

Un autre défaut des ouvrages de *Cardan*, défaut qui rebute même les lecteurs les plus attentifs, c'est l'obscurité. Naudée tâche de l'en justifier, & donne plusieurs raisons de cette obscurité, celle-ci entre autres, c'est que *Cardan* s'imaginoit que plusieurs choses qui lui étoient familières n'avoient pas besoin d'être dites ; & d'ailleurs son esprit vif & vaste le faisoit passer promptement d'un lieu à un autre ; & il ne s'amusoit pas à expliquer ce qui devoit être, le milieu & le lien de ces deux extrémités.

Præterea illud Cardano *familiare fuit, ut nonnunquam brevitatis studio, multa sibi cognita, et usu ipso trita supponeret. Divisionumque membra singula, non explicaret, aut longius petita, absque intermediis, tanquam maximè necessaria & tractationi opportuna jungeret, mens enim illius acris, & ad differendum intenta, ubique permeabat, & inquirebat argumenta, transiliendo per varia media, quæ non ut tunc decuit explicata, orationem postmodum longè difficillimam reddebant* (3).

Ce passage indique bien une des causes de l'obscurité des écrits de *Cardan*, mais il ne prouve pas que le reproche qu'on lui fait à cet égard, ne soit pas fondé. Naudée, au reste, attribue l'obscurité dont on accuse ce sçavant médecin à la difficulté des matières qu'il a traitées, & il le justifie par l'exemple d'Aristote, de Théophraste, de Thémistius, d'Averroès, de Plotin qui tous ayant embrassé dans leurs profondes méditations un grand nombre d'objets divers, n'ont pas pu éviter ce défaut, s'il est vrai, ajoute-t-il, que

---

(1) Si ce qu'il dit à ce sujet est exactement vrai, c'est un des hommes que la privation de cette faculté si nécessaire pour nous rappeller les signes de nos idées, a rendu le plus malheureux. Il parle même de ce défaut de mémoire comme d'une affliction que le ciel lui avoit envoyée afin de mettre le comble à son infortune.

Etiam ego, dit-il, hac oblivionis præstanti dote fui ornatus, ne quid ad ærumnarum cumulum deesset conscripturo præsertim tot libros, publicè professuro, artem exercituro, quæ memorem maximè hominem expostulat..... Ubi enim pubertatem excessi, duas lineas, nisi numeroso pede alligarentur, tribus vix diebus memoriæ mandare valui, sed nec facilè quatuor, aut ad summum sex carmina. Cardan. *de utilit. ex advers. capiendâ*, lib. 2. cap. 9. sub init.

(2) *Multa dicit, & longas affert dissertationes non prorsus quidem ab illa re de qua tunc agitur diversas, sed quas, ne cogitatione tamen, quisquam expectaret. Nam quis amabo in arithmetica, præclaros illos discursus requirat de proprietatibus numerorum mirificis, de motu planetarum, de creatione rerum, de turri Babilonicâ, de duratione mundi Platonica, ejusque vicissitudinibus, de gradibus, ut vocant medicinarum, & ejusmodi rebus aliis ? quis in dialecticâ judicium de historicis, & epistolarum scriptoribus ? quis in commentariis de alimento explicationem trium rerum quæ sunt difficillimæ cognita ? quis alibi passim tot excursus gravissimos de rebus variis ?...... Ut missos faciam quos de rebus suis frequentissimos habet : eo tantum fine, quemadmodum alicubi fatetur, ut plura folia typographis mitteret, quibuscum antea de illorum precio pepigerat : atque hoc modo fami, non secus ac famæ scriberet. Et sanè eum culpari ea de re non possit, quando modum honestiorem non habuit quod paupertati suæ subveniret.* Gabriel. Naudæi *de Cardano judicium.*

(3) Gabriel. Naudæi de *Cardano* judicium.

cette obscurité en soit un (1). Il est certain qu'il est impossible de mettre certaines matières à la portée de tous les esprits : il en est plusieurs de très-abstraites, & dont l'intelligence exige de ceux qui se livrent à ces recherches, des études & des connoissances préliminaires en général peu communes, & sans lesquelles on ne doit pas se flatter d'en pénétrer les profondeurs. On ne peut nier que l'obscurité qui accompagne ces matières difficiles ne soit purement relative ; & par conséquent il seroit injuste d'accuser les auteurs de ces ouvrages philosophiques, & par cela même destinés à un petit nombre de lecteurs, d'avoir écrit obscurément : car le même livre, le même passage qui paroit obscur à un homme peu instruit ou qui n'a pas porté ses vues & ses réflexions sur les grands objets qu'il soumet en ce moment à son examen, est très-clair pour celui à qui ces mêmes objets ne sont pas étrangers, & qui a d'ailleurs plus de sagacité & des lumières plus étendues. Mais il n'en est pas moins vrai qu'il y a des ouvrages dont l'obscurité fatigue & rebute quelquefois ceux mêmes qui ont le plus approfondi les questions qu'on y discute. Longin, ce critique judicieux & d'un discernement exquis, avouoit à Porphyre (2) que les écrits de Plotin avoient pour lui de grandes obscurités : il y trouvoit une foule de choses qu'il n'entendoit pas. C'est cette obscurité que j'appelle réelle & positive, parce qu'elle est à-peu-près la même pour le vrai sçavant & pour l'ignorant ; je dis *& pour l'ignorant*, car il n'en est pas de même des demi-savans ; tout est clair pour ceux-ci ; ils n'apperçoivent pas même le point de la difficulté : c'est sans doute ce qui faisoit dire à un philosophe justement célèbre, qu'il n'y a point de gens qui se plaignent moins de l'obscurité d'un livre que ceux qui ont l'esprit confus & embarrassé & une pénétration bornée.

Cardan avoit toujours l'esprit (3) occupé & tendu ; il se peint quelque part comme un contemplatif agité de pensers divers & ne se bornant pas même dans ses spéculations abstraites à la considération pure & simple du possible (4). Cette disposition, renfermée dans de justes limites, est utile aux progrès des lumières : elle se montre même plus ou moins dans tous les hommes qui ont été doués du génie de l'invention ; mais *Cardan* la portoit à l'extrême, & elle l'a très-souvent égaré : on peut s'en convaincre en lisant ce qu'il a publié de plus savant & de plus curieux sur les sciences & sur les arts. D'ailleurs, comme on est soi-même le principal artisan de sa fortune & de son bonheur, on est aussi, soit par la nature de ses défauts ou de ses vices, soit par les erreurs de son esprit, l'instrument le plus destructeur de l'une & de l'autre. *Cardan*, par son caractère, par le mélange même & l'association de ses bonnes & de ses mauvaises qualités ; (car le choix des unes & des autres n'est point indifférent pour réussir dans le monde) ne pouvoit échapper ni à l'indigence, ni au malheur. C'est à cet état de détresse où tant de causes réunies le réduisirent de très-bonne heure (5), qu'il faut attribuer la fécondité de cet auteur, auquel on peut très-justement appliquer ce qu'Horace a dit de Lucilius :

Cum flueret lutulentus, erat quod tollere velles :
GARRULUS, atque piger scribendi ferre laborem ;
Scribendi rectè : nam ut multum, nil moror.

Il étoit bien difficile en effet qu'un homme à qui, par une suite de l'embarras & de la dureté de sa position, il importoit beaucoup moins de faire de bons ouvrages que de les faire longs, se montrât, sur le choix des idées & sur la manière de les exprimer, aussi délicat, aussi sévère que le prescrivent les règles inflexibles du goût & de la logique. Il falloit vivre ; & la faim est toujours un mauvais conseiller ;
malesuada fames & turpis egestas :

——— ——— neque enim cantare sub antro
Pierio, thyrsumve potest contingere sana
Paupertas, atque æris inops, quo nocte dieque

---

(1) Denique ipsa quoque rerum tractandarum difficultas, plerumque causa fuit ejus obscuritatis quam in *Cardano* multi reprehendunt ; sed injuria tamen, cum philosophorum nullus qui conatus fuerit multa simul complecti, variaque scribere, non Aristoteles, Theophrastus, Alexander, Themistius, Averroes, Plotinus, vitium istud, si modo vitium dici debet, effugere potuerint, & qui facillimus existimatur Plato, is *Cardani* judicio, cæteris omnibus obscurior est. (*Gabriel.* Naudæi de *Cardano* judicium).

(2) Longin. apud Porphyr. in vitâ Plotin. pag. 10.

(3) Sola cogitatio perpetua, ut dixi, sed non perpetuò in eisdem : nihilominus tam intentè adest, ut neque comedere, neque voluptatibus operam dare, imo nec dolorem sentire, aut dormire sine illis concessum sit. *Cardan.* de vitâ propriâ, cap. 21. pag. m. 61.

(4) Frigidi sum cordis, timidus, & cerebri calidi : addictus cogitationi perpetuò ; multa ac maxima, & etiam quæ esse non possunt, revolvens. *Cardan.* de vita propriâ, cap. 23. *Voyez* le passage précédent.

(5) Il avoue que s'étant persuadé, par la connoissance qu'il avoit de l'astrologie, & d'après l'opinion publique, qu'il ne devoit pas vivre jusqu'à quarante-cinq ans, il régla sa dépense sur la courte durée de sa vie, ce qui lui fut très-préjudiciable dans sa vieillesse. *Voyez* les propres termes de *Cardan*, ci-dessous, page 887, note 2.

Corpus eget. Satur est, cum dicit Horatius, Evoe.
Quis locus ingenio ; nisi cum se carmine solo.
Vexant, & dominis Cyrrhæ, Nysæque feruntur
Pectora vestra, duas non admittentia curas?

Je sais que *Cardan* employa trois ans à corriger, à augmenter la première édition de son traité *de subtilitate* ; mais je sais aussi que ce même traité qui par la variété, l'importance & la difficulté des matières qui en font l'objet, exigeoit vingt ans de recherches, de méditations, d'expériences & d'observations de toute espèce, fut fait en huit mois (1). A l'égard des divers changemens qu'il y fit dans la suite, ce sont moins des corrections que des additions. La révision d'un ouvrage exige une patience, une application, un soin dont un enthousiaste tel que *Cardan* étoit absolument incapable, & que d'ailleurs on ne pouvoit guère attendre d'un homme presque toujours placé dans des circonstances très-critiques. La seconde & la troisième édition de ses livres *de subtilitate* sont sans doute préférables à la première : mais cet ouvrage, quoique purgé successivement de plusieurs fautes graves, n'en atteste pas moins encore dans une infinité d'endroits la précipitation avec laquelle il a été conçu, écrit & publié.

On sent que cette manière de travailler a dû nécessairement entraîner *Cardan* dans des contradictions fréquentes ; mais on ne sait comment expliquer, si ce n'est peut-être par un profond mépris pour l'opinion publique, les mensonges impudens qu'il s'est permis, sans qu'on puisse en assigner d'autre cause que le plaisir de mentir avec effronterie. Par exemple, il affirme positivement qu'il ne se souvient pas d'avoir jamais menti, & qu'il ne mentiroit même pas pour mettre sa vie en sûreté (2) ; il résulte néanmoins de plusieurs passages de ses écrits rapprochés & éclaircis l'un par l'autre, qu'il a été au contraire un insigne menteur, & que ce caractère de véracité qu'il s'attribue hautement ; & dont il paroît si vain (3), n'est qu'une assertion hardie dont les détails de sa vie démontrent la fausseté. Pour donner ici une preuve évidente de sa mauvaise foi dans le récit de ses principales aventures, & pour dévoiler cet esprit de charlatanerie qu'on remarque dans l'histoire qu'il nous a laissée des évènemens bizarres de sa vie, il suffit de réunir & d'opposer entr'eux certains faits dans l'exposé desquels il se contredit de la manière la plus ridicule & se traduit lui-même sans pudeur comme un effronté menteur. En effet, il se vante dans son traité de *vitâ propriâ* qu'il n'avoit jamais appris la grammaire grecque & latine ; qu'il en avoit eu l'intelligence par une espèce de miracle, & qu'ayant acheté les œuvres d'Apulée d'un homme qu'il ne connoissoit point, le lendemain il sçut parfaitement le grec & le latin : mais il oublie ici que dans un livre imprimé longtems avant qu'il s'occupât à écrire l'histoire ou le roman de sa vie, il avoit dit au contraire qu'il avoit étudié la grammaire & la dialectique depuis l'age de vingt-trois ans, jusqu'à trente cinq. Naudée a recueilli plusieurs autres mensonges de *Cardan* qu'il appelle avec raison un très-grand menteur, *mendacissimum* : il trouve même dans ce vice, auquel notre savant médecin paroît avoir été fort enclin, la source de la plupart des extravagances dont il a rempli ses ouvrages. Ce qu'on a peine à croire, c'est qu'un homme puisse mentir avec cette audace & sur des faits au fond très-indifférens. On en va juger par les passages suivans extraits des écrits mêmes de *Cardan*, & cités plus exactement qu'ils ne le sont par Naudée (4).

Plusieurs écrivains célèbres mais égarés par un zèle mal entendu pour la religion, ont repris très-aigrement *Cardan* d'avoir fait l'horoscope de Jésus-Christ : les uns ont regardé cette entreprise comme une profanation, & les autres

---

(1) Quos octo mensium spatio absolveram, perpetuo triennio emendati, atque aucti in publicum sub nomine tuo prodierunt. *Voyez* l'épitre dedicatoire de la seconde édition des livres *de subtilitate* ; elle est adressée, comme la première, à Ferdinand de Gonzague, gouverneur du Milanois.

(2) Nos autem non recordamur unquam mendacium dixisse, nec si pro vitâ tuendâ, dicendum esset, dicturos. Cardan. *de rerum varietate*, lib. 16. cap. 93 pag. 804.

Il dit dans le même traité que personne n'a plus d'aversion que lui pour le mensonge, *osor ergo mendacii super omnes mortales*, id. ibid. pag. m. 815.

---

(3) Il déclare dans sa vie qu'il n'a pas menti depuis sa jeunesse. *Illud ad virtutem, pertinere haud dubie existimo nunquam à juventâ mendacium dixisse*. De vitâ propriâ, cap. 14.

Dans l'examen du thême de sa naissance il dit qu'on ne peut lui imputer d'avoir menti une seule fois depuis sa quatorzième année. *Voyez* aussi le chapitre 37 *de vitâ propriâ*, pag. m. 114. & ci-dessous pag. 95. note 5.

(4) Sed eum veritatis amore, dit ce bibliothécaire, nihil unquam antiquius sibi fuisse contendat, (*Cardanus*) & ex consequenti, frequenter in illas voces prorumpat, *nunquam me mentitum esse memini*: ergo jam securus ac mendacii suspicione, ut qui in veritatis studio consenuerim, & similes alias quæ in ejus libris passim occurrunt : ergo contra mendacissimum illum fuisse deprehendi, & ab hoc vitio reliqua demum velut è fonte promanasse, quæ à nonnullis deliramenta vocantur, non levibus de caussis existimo. Hoc autem ne

comme l'excès de la folie & de l'impiété (1). C'est attacher à cette recherche oiseuse & de pure curiosité, plus d'importance qu'elle n'en mérite : c'est faire beaucoup de bruit pour une faute très-légere, qui d'ailleurs n'intéresse point la religion, & qui est bien plutôt celle d'un superstitieux que d'un impie. Supposons, en effet, que le moment très-incertain de la naissance de Jésus-Christ soit connu & déterminé avec une précision rigoureuse, qu'importe à un incrédule comme Hobbes ou Spinosa, que ce moment coïncide avec le passage du soleil dans tel ou tel signe, ou avec l'instant dans lequel telles ou telles planètes paroissent se rencontrer dans le même degré du zodiaque, & qu'en conséquence, selon les règles & les calculs de l'astrologie, le fils de Marie ait dû nécessairement mourir à trente-deux ou trente-trois ans, du dernier supplice, & ressusciter secrétement

---

quis à me dictum inconsulto fuisse, quoniam res est magni momenti, sibi persuadeat ; en signatis tabulis ipsam confirmo, quarum fidem ne Cardanus ipsemet, si nunc vivat, elevare merito possit. Quippe cum capite 39. De propria vita dixisset, grammaticam nunquam didici, ut neque græcam, aut gallicam, aut hispanicam linguam, sed usum solum mihi nescio quomodo tributum ; & antea cap. 9. asseruisset, se miraculo adjutum fuisse, ad intelligendam linguam latinam ; quale tandem fuerit miraculum istud capite 43, sic explicat a

Quis fuit ille qui mihi vendidit Apulejum, jam agenti, ni fallor annum 20. Latinum, & statim discessit, ego vero qui eousque neque fueram in ludo litterario nisi semel, qui nullam haberem linguæ latinæ cognitionem, cum imprudens emissem, quod esset auratus, postridie evasi qualis nunc sum in lingua latina, nec non & græcam quasi simul, & hispanicam & gallicam accepi, sed dumtaxat ut libros intelligam, ignarus sermonis, & narrationum & regularum grammaticæ prorsus ?

Hoc autem quam sit veritati consentaneum, declarant verba illa ex opusculo de libris propriis, quod sub finem librorum de sapientia & de consolatione reperitur : interim vero grammaticæ & dialecticæ operam dabam, circa videlicet ætatis suæ 23, nam circa 35. Addiscendæ linguæ græcæ sedulo operam impendit ; unde, præsenti, inquit, anno, nimia intentione studii græcarum litterarum labefactatus, nihil ardui molitus sum, subjungitque paulo post, librum micylli in Epitomen redegi, quem conjunxi libro de græca litteraturæ institutione. &c. Naudæi de Cardano judicium.

On peut voir la suite de ce passage dans lequel Naudée prouve par d'autres extraits des ouvrages de Cardan, que ce médecin si véridique, si on s'en rapporte à son témoignage, a été un impudent menteur.

(1) *Verum extremæ amentiæ fuit, imo impiæ audaciæ, astrorum commentitiis legibus verum astrorum dominum velle subjicere ; quod ille tamen, exarata servatoris nostri genitura, fecit.* Thuan. histor. sui temp. lib. 62. cap. 5. ad ann. 1576. page 462. tome 3. édit. Londin. 1733.

---

le troisième jour (2) ? une foi vive se concilie très-bien avec une confiance aveugle dans l'exactitude des calculs & des observations astrologiques ; c'est le même défaut de lumières, ou d'examen qui agit dans les deux cas ; c'est la même crédulité appliquée à des objets divers : & l'on conçoit sans peine qu'un bon chrétien puisse s'occuper sérieusement des visions & des chimères de l'astrologie judiciaire ; mais des recherches de cette nature ne peuvent avoir aucun attrait pour ces *libres penseurs* qu'on appelle communément des *impies*, ou plus généralement, des *philosophes*. Ces raisonneurs ne perdent pas d'ordinaire leur tems à discuter des questions aussi frivoles ; ils en abandonnent la solution à ceux qui ont autant de respect pour la *folie* de l'astrologie que pour ce que saint Paul appelle *la folie de la croix*. La curiosité de *Cardan* n'est donc point, comme on l'a prétendu, *une audace impie*, elle n'est que puérile & ridicule dans un homme d'une aussi grande pénétration & qui, en employant toutes les forces de son esprit à perfectionner l'algèbre à laquelle il avoit déjà fait faire plusieurs pas assez difficiles (*Voyez* CAS IRREDUCTIBLE & la suite de cet article) auroit acquis de plus justes droits à la célébrité. En écartant les préjugés religieux dont l'effet nécessaire est d'altérer, de changer les vrais rapports des choses, on voit que *Cardan* n'est pas plus coupable aux yeux de la saine raison pour avoir fait le thème natal de Jésus-Christ, que s'il eût fait celui de Pilate & de Barabas. Rien, à cet égard, n'est plus indifférent que le choix entre ces trois personnages, ou entre trois autres pris indistinctement dans un autre code religieux ou dans telle autre histoire. Mais le grand crime de *Cardan*, le crime véritablement inexpiable au tribunal de la philosophie, c'est de s'être livré avec ardeur, avec enthousiasme, à l'étude de l'astrologie judiciaire, & d'avoir consumé une partie de sa vie sur une science dont les principes sont aussi incertains, aussi puérils, & qui, pour me servir de la définition de Hobbes, n'est qu'un stratagême inventé par un fourbe adroit pour se garantir de la misère aux dépens du peuple ignorant & crédule (3).

Ce qu'il y a de remarquable, & ce qu'on

---

(2) Tout le monde se rappelle ces vers charmans de Voltaire :

Le créateur pendu publiquement,
Ressuscita bientôt secrétement.

Ridiculum acri, &c.

(3) *Fugiendæ egestatis causa, hominis stratagema est, ut prædam auferat à populo stulto.* Hobbes. de homine.

peut ajouter à la longue liste des inconséquences & des bizarreries de *Cardan* c'est qu'il croyoit à la certitude des sciences divinatrices, contre sa propre expérience, & qu'il avouoit lui-même qu'elles se trouvèrent fausses sur son sujet : en effet, il nous apprend que par les règles de la chiromancie (1), on avoit jugé qu'il étoit d'un esprit stupide & que par la connoissance qu'il avoit de l'astrologie judiciaire, (2) il s'étoit persuadé qu'il ne vivroit pas plus de quarante ans, ou du moins qu'il n'arriveroit pas à quarante-cinq, & que c'étoit aussi l'opinion de tous ceux qui le connoissoient : cependant il a vécu 75 ans, & non-seulement on ne peut pas dire que *Cardan* ait été un homme ordinaire, encore moins un stupide ; mais on doit même le regarder comme un des auteurs dont les ouvrages remplis d'ailleurs de puérilités, de mensonges, de contradictions, de contes absurdes & de charlataneries de tous les genres, offrent le plus de preuves de sagacité & même de ce génie hardi, inventif, qui cherche à s'ouvrir de nouvelles routes & qui les trouve. Leibnitz qui se connoissoit en mérite & en talens, dit expressément que *Cardan* étoit effectivement un grand homme avec tous ses défauts, & auroit été incomparable sans ces défauts. (3).

Il semble que le peu de succès des principaux horoscopes de *Cardan* auroit dû lui dessiller les yeux, & qu'instruit par sa propre expérience, sur laquelle il est difficile de se faire illusion, il auroit dû renoncer à cultiver une science qui d'ailleurs lui avoit été très-préjudiciable, comme on le voit par son livre *de prudentia civili*, où il déclare formellement que l'une des six choses qui lui avoient fait le plus de tort dans sa vie, étoit d'avoir ajouté foi à l'astrologie (4). Mais à cet égard les astrologues ressemblent assez aux alchymistes ; comme il s'agit sur-tout de sauver l'honneur de la science, leur amour propre cède sans peine à ce grand intérêt ; & ils aiment mieux passer pour malhabiles que de donner aux détracteurs de l'astrologie & de l'alchymie le moindre prétexte d'accuser ces sciences d'incertitude & d'*inanité*. S'ils se trompent, ce n'est jamais la science qui est en défaut ; c'est leur impéritie qui les égare : les uns ont négligé de faire entrer dans leurs calculs quelques élémens qui pouvoient en changer le résultat ; les autres ont omis certaines manipulations particulières, certains détails minutieux de pratique d'où dépendoit le plein & entier succès de leurs expériences, &c &c. Le moyen dont *Cardan* se servit pour éluder l'objection accablante à laquelle la fausseté de sa prédiction sur la destinée d'Édouard VI, roi d'Angleterre, avoit donné lieu, confirme cette observation. Notre médecin philosophe avoit promis une longue vie à Édouard, mais lorsque la mort précipitée de ce prince eut démenti publiquement ce que les premières spéculations lui annonçoient, il fallut nécessairement avoir recours à un second calcul, (5) pour trouver qu'Édouard avoit eu raison de mourir précisément à l'époque où il avoit terminé sa carriere, & qu'un moment plutôt ou plus tard, sa mort n'eût pas été dans les règles : *Cardan* refit donc ce calcul, & l'on peut juger qu'il trouva bientôt dans les astres tout ce qui étoit arrivé au jeune Édouard. Ce fait curieux & dont l'histoire de l'astrologie offriroit mille exemples, me rappelle la réflexion judicieuse d'un philosophe célèbre sur ces petites subtilités auxquelles les astrologues ont si souvent recours. Un mathématicien nommé Reinaldini (6), professeur en philosophie à Padoue, étoit entêté de l'astrologie judiciaire ; il s'en déclare même l'apologiste, dans un de ses ouvrages, & il allègue son propre horoscope comme une preuve de la vérité de cet art : il rapporte au long les mauvaises qualités qu'il dit que la nature lui a données, & que son thême natal avoit prédites ; mais comme l'observe l'auteur de l'anecdote, » il n'est » pas mal-aisé de trouver, quand on a déjà l'évé- » nement, que les constellations sous lesquelles » on est né, signifioient telle ou telle chose :

---

(1) Dans la description générale qu'il donne de sa figure & de ses formes extérieures, il dit : *Brachiis admodum tenuibus, dextra manu crassiore, digitisque incompactis, ut chiromantici rudem esse pronunciarint ac stupidum: inde ubi norunt puduerit.* Cardan, *de vitâ propriâ, cap. 5. pag. m.* 17.

(2) *Et astrologiæ cognitio quam rum habebam, & ut mihi videbatur, & omnes ajebant, me non excessurum 40, vitæ annum, certe non ad 45, perventurum, multum obfuit.* Cardan, *de vit. prop. cap.* 10. page m. 32.

(3) *Voyez* la théodicée de Leibnitz, partie 3. §. 254. page 152. Edit. d'Amsterd. 1747.

(4) *Quæ mihi maxima detrimenta attulere, sex fuerunt: simulasse simplicitatem usque ad vecordiam: astrologiæ fidem adhibuisse : ludus latrunculorum : musica : liberis procreandis minus operam dedisse : carnisque pæl. gogo.* Cardan, *de prudent. civil. cap.* 130. pag. m. 749.

Il s'exprime encore avec plus de force dans sa vie : *quod ad astrologiam,* dit il, *quæ prædicere docet, operam dedi, & nimis quam debui, fidi quoque in perniciem meam. Id. ibid. de vit. propr. cap.* 39. page m. 130. *Voyez* la note seconde.

(5) *Voyez* l'histoire des ouvrages des sçavans.

(6) On a de lui un cours de mathématiques en trois parties, dont la dernière a été imprimée à Padoue, en 1684, *in-fol.*

» *Cardan*, en fit une expérience mémorable sur
» Édouard VI ».

Au reste, il y a, entre les astrologues & d'autres charlatans plus dangereux par l'influence que leur donnent la nature de leurs fonctions & la crédulité du vulgaire ignorant, cette différence remarquable ; c'est que la plupart de ceux-ci *commencent par être dupes, & finissent par être fripons* ; & que ceux-là sous l'empire d'une superstition d'ailleurs aussi absurde, mais qui n'a pas les mêmes inconvéniens, paroissent au moins être de bonne foi : ce qui rend cette conjecture assez vraisemblable, c'est le sang froid, la confiance & l'ingénuité avec lesquelles ces hommes quelquefois très-instruits, font les aveux les plus ridicules & les plus propres à déceler l'imposture de leur art. Quoi de plus étrange en effet, que de lire dans l'ouvrage déjà cité du professeur de Padoue qu'il avoit trouvé par toutes les règles de l'astrologie que le dernier siège de Vienne se termineroit par le siège de la place ! Rien n'est plus sûr que ces prédictions faites ainsi après l'événement, *more antiquo varum* : elles ont sur-tout le double mérite de la précision & de la clarté.

Cardan étoit tellement entêté de toutes les folles visions des astrologues, qu'il insinue dans un de ses ouvrages que la religion chrétienne & l'astrologie judiciaire se prêtent un appui, un jour mutuels, & rendent en quelque sorte témoignage l'une de l'autre. » Les chrétiens, *dit-il*, ont
» pour leur planète dominante Jupiter qui est
» dans sa conjonction avec le soleil ; c'est pour-
» quoi sanctifient le dimanche : or le soleil
» signifie le soleil & la vérité ; ainsi la loi chré-
» tienne contient plus de vérités & rend les hom-
» mes plus simples (1) ».

Ce qui étonne, ce qui afflige lorsqu'on lit les ouvrages de *Cardan*, c'est ce mélange bizarre de superstition puérile & de philosophie, de christianisme & d'impiété, de raison & de folie, non-seulement dans le même traité, mais quelquefois dans le même chapitre, dans la même page & sur le même sujet. Montaigne observe quelque part que » nous sommes tous de lopins, & d'une
» contexture si informe & diverse, que chaque
» pièce, chaque moment fait son jeu : & se
» trouve autant de différence de nous à nous
» mêmes, que de nous à autruy ». *Cardan* est peut-être une des plus fortes preuves de la vérité de cette réflexion. La même discordance qu'on remarque dans sa conduite, il la portoit dans la plupart de ses opinions. On voit qu'elles n'étoient point le résultat d'un examen approfondi des matières qu'il traitoit, mais de l'impression que le dernier livre qu'il avoit lu, avoit faite sur son esprit. Il goûtoit également les idées d'Aristote & de Plotin (2) : il avoue même que les spéculations mystiques de cet ancien théurgiste dont il eût été digne d'être le disciple, faisoient ses délices. Ce qu'il a rassemblé d'extravagances dans le chapitre intitulé *dæmones & mortui* (3) offre la preuve la plus complete du desordre extrême de sa tête & de cette association monstrueuse d'idées tantôt saines & tantôt semblables à celles d'un homme en delire. Voici quelques exemples des unes & des autres.

1. Après une longue & sérieuse discussion sur l'existence réelle ou imaginaire des démons, *Cardan* conclut pour l'affirmative ; il croit qu'on les entend, mais qu'on les voit très-rarement, & qu'on en reçoit peu d'assistance ; qu'ils nous sont propices en apparence, mais qu'en effet ils ne nous secourent presque jamais. *Ita & quandoque nobis propitios specie existimaverim : auxiliari vix unquam.*

2. Selon lui les démons s'engendrent & habitent dans la suprême région de l'air, parce que cet air est plus pur, plus sec & moins froid que le nôtre : ils ne descendent pas plus souvent vers nous que les hommes ne descendent dans les profondeurs de la mer, non-seulement parce qu'ils ne peuvent souffrir un air aussi épais, aussi dense que celui dans lequel nous vivons, & qu'ils ne pourroient ni y respirer ni agir ; mais parce qu'en descendant il faut passer par une région très-froide qui est fort voisine de celle qui nous habitons : de sorte qu'il y a une barrière entre nous & les démons, comme la mer en est une entre nous & les poissons. *Ut sit quasi septum inter nos & dæmonas, velut maris aqua inter nos ac pisces.*

3. Le péché de la gourmandise, de l'avarice, de la luxure sont les affections, les passions des corps : l'ambition est la seule passion qui agite, qui tourmente les substances spirituelles telles

---

(1) *Cardan*. in Ptolem. de astrorum judicio, *lib.* 2. text. 54.

(2) Après avoir parlé dans ce chapitre qu'il a intitulé *delectatio*, de plusieurs objets de curiosité qui ont pour lui un grand attrait (*delectant me*) tels que les écritoires bien garnies de plumes de différentes espèces, les pierres précieuses, les vases, les corbeilles d'argent, les livres rares & autres bagatelles, il ajoute : *historiarum præterea lectione præcipue, & in philosophia Aristotele & Plotino, mysticisque illis inventionibus, nec non medicina, &c.* Cardan, *de vitâ propriâ*, cap. 18. pag. m. 57 & 58.

(3) C'est le 93°. du livre 16. *de rerum varietate.* On peut joindre à ce chapitre, ce qu'il dit sur le même sujet dans le 19°. livre *de subtilitate.*

que les démons qui sont très-ambitieux. *Sola ambitio, mentes quæ sine corpore sunt, exagitat.*

4. L'homme n'a pas plus de connoissance du démon que le chien n'en a de l'homme..... Il y a plus loin de l'intelligence du démon à celle de l'homme que de celle-ci à l'instinct du chien, parce que dans les progressions géométriques, la même loi donne en avançant, des proportions, toujours plus éloignées. 2. 4. 8. 16. &c. Par exemple, les nombres 3. 6. 12. sont entr'eux dans le même rapport; mais il y a plus de différence de 12. à 6. que de 6. à 3. *Nam ubi ascenderis, spatia distantia semper fiunt majora. Vides in numeris 3. 6. 12. sunt in eadem proportione: majus est discrimen 12. à 6. quam 6. à 3.*

5. Il affirme positivement, page 843, l'existence des démons, *cum tamen* PROCUL DUBIO *sint*. Et il avoue, page 830, qu'il est très-difficile d'établir cette existence par la raison, mais que s'ils existent réellement, ils ne peuvent absolument mouvoir ni les corps, ni les esprits, mais seulement les avertir. « Encore, ajoute-t-il, ces avertissemens » ne peuvent-ils pas toujours avoir lieu, ni se » faire d'une manière très-sensible : mais je n'ai » pu encore découvrir la cause de ce phéno- » mène ». *Itaque difficillimum esse videtur, dæmones esse, cum ratione dicere. Sed si modo sunt, quicquid sit, nec corpora, nec animos ullo modo movere possunt, sed solum monere. Neque id semper, nec vehementer; cujus causa mihi nondum comperta est.*

Ce qui est remarquable, c'est que le même homme qui débite si gravement toutes ces sottises & beaucoup d'autres que j'omets, venoit d'avouer qu'on n'a jamais restitué par le secours des démons un livre mutilé, ni retrouvé un art perdu, ou expliqué un passage obscur. Mais, poursuit-il, la médecine, la philosophie rationelle, la géométrie, l'imprimerie, la méchanique, les arts, &c. ont été inventés & perfectionnés par les efforts successifs de l'esprit humain, & non par l'intervention ou l'efficace de la pythie, de l'oracle de Dodone ou de quelque femme ayant un esprit de Python. *Quis unquam mutilatum librum, dæmonis auxilio restituit, aut ritum antiquum, aut amissam artem, aut locum obscurum est interpretatus? medicina, philosophia, geometria, typi, mapi, machina, humana industria, & quicquid inter homines præclarum est, inventa sunt. Studiosi, ingeniosi, memores, diligentes & quibus divino munere datum est artium fuere inventores: non pythia, aut Dodonæus, vel mulier pythonem habens, hæ docuere.* Il observe même ailleurs que comme les physiciens n'ont encore rien affirmé de positif sur l'existence des démons, il n'en veut parler que comme de choses simplement probables, se bornant à rapporter historiquement les effets qu'on leur attribue, sans garantir leur certitude. *Verum cum an sint, nondum*

Philosophie anc. & mod. Tom II.

liqueat naturam spectantibus, de his tantum, velut de probabilibus loquemur, initium ab effectibus, solumque id cum dubitatione sumentes. (*De subtilitate lib. 1. cap. 1. pag. 4.*

Enfin il déclare qu'il y a des connoissances absolument interdites aux démons, telles que la géométrie, l'arithmétique & en général toutes les sciences qui procèdent par voye de démonstration : car la démonstration suppose le raisonnement & les démons ne raisonnent point. *Quædam intelligunt homines quæ sunt toto genere incognita dæmonibus : ut sunt forsan geometrica arithmeticaque & maxime per æmonstrationem habita. Nam demonstratio ratione perficitur : dæmones nec ratione utuntur (ut dixi) nec habent.*

Ce qu'il dit ailleurs des prophètes est encore très-bien vu : il les représente comme autant de fous, & il en donne cette raison, c'est qu'il n'y a point de divination sans enthousiasme, & que l'enthousiasme exclud nécessairement l'usage de la raison & du jugement. *Ex hoc liquet omnes vates amentes esse ; quoniam non fit divinatio absque enthusiasmo : in eo autem sensu & ratio obligantur. Quamobrem tunc ex frequenti usu, tunc ex natura ad hoc parata, necesse est illos esse insanos.*

6. C'est le sophisme ordinaire de ceux qui ne font encore que balbutier en philosophie, d'établir comme une règle certaine ce qui arrive souvent. *Quod verò sæpe contigit, & philosophia imperitis pro regula certa statuitur.*

7. Les superstitieux & la multitude dont la paresse, la peur & l'inexpérience forment le caractère dominant, sont très-faciles à tromper, sur-tout en fait de secrets & d'opérations magiques : *multa mentiri licet apud superstitiosos & turbam ignavam, timorisque ac imperitiæ plenam, tum in hac disciplina præcipuè.*

Comme les mêmes questions reviennent souvent dans les ouvrages de *Cardan*, & qu'elles n'y sont pas toujours résolues par des principes uniformes, il est assez difficile de dire quelque chose de positif sur le caractère distinctif de sa philosophie. En effet, à l'exception de certaines idées qui lui sont particulières, & sur lesquelles il insiste même avec une sorte de complaisance, ses sentimens sur plusieurs articles fondamentaux de la superstition chrétienne n'ont presque rien de fixe & d'arrêté. On ne sait point encore aujourd'hui ce qu'il pensoit de l'ame. La croyoit-il mortelle ou immortelle ? C'est un problème que ses écrits laissent indéterminé ; car on y trouve des passages qui favorisent l'une & l'autre opinion. Son traité *de immortalitate animarum* renferme même à cet égard les propositions les plus hétérodoxes, & qu'un chrétien appelleroit même des impiétés & des blasphèmes ; car elles tendent directement à faire revivre l'hypothèse d'Averroès sur cette intelligence qui, sans se multiplier, anime selon lui tous les individus de l'espèce humaine, entant qu'ils exercent les fonctions de l'ame raisonnable. En effet, *Cardan* y soutient qu'il n'y a qu'un entendement dans les régions sublunaires, & que cet entendement qui n'est humain qu'entant que la matiere de l'homme le peut recevoir, entre dans les hommes, ce qui fait qu'ils produisent des actes d'intelligence; qu'il s'approche aussi des bêtes, & qu'il les entoure, mais qu'il ne peut y entrer à cause des disproportions de leur matiere; c'est pourquoi il illumine les hommes au-dedans, & ne fait que raisonner par-dehors autour des bêtes (1). Voilà toute la différence que *Cardan* admet entre l'entendement des hommes & celui des animaux. Il résulte de-là manifestement, comme l'a très-bien observé un philosophe célebre, que l'ame de l'homme n'est point plus parfaite que celle des bêtes, & que ce n'est qu'à l'égard de la matiere qu'elles sont inférieures à l'homme, d'où il s'ensuit que notre ame est aussi mortelle que l'ame d'un chien.

Ce résultat, si effrayant pour ceux qui ne lisent que le prône de leur curé, ou dont quelques cours de théologie font toute la science, est tel que le donne un examen exact & réfléchi de ces matieres, & je ne prétends point en faire une objection contre *Cardan*, quoiqu'il y soit arrivé par une route bien longue & bien oblique : j'observerai seulement qu'il est fort extraordinaire qu'on puisse déduire directement cette conséquence philosophique de l'hypothèse d'un homme qui fait un gros livre pour prouver l'immortalité de l'ame (2). Mais ce qui est encore plus bizarre, c'est que dans le chapitre second de ce même traité, *Cardan* prétend que le dogme de l'immortalité de l'ame est préjudiciable à la société. « Cette idée flatteuse d'une vie à venir, *dit-il*, » a donné lieu à des gens vicieux d'exécuter leurs » projets criminels ; & cela même a aussi été » cause que d'honnêtes-gens ont souffert qu'on » les traitât injustement. Les loix civiles se repo- » sant sur cette assistance chimérique, ont relâ- » ché de leur sévérité nécessaire : & voilà com- » ment cette opinion a été fort préjudiciable au » genre humain » (3).

Je n'examine point ici si ce raisonnement de *Cardan* a quelque force. Sans doute il eût été plus exact de dire en général que la doctrine de l'immortalité des hommes est nuisible à la société, par cela même qu'elle est fausse, & que le mensonge doit nécessairement produire un peu plutôt, un peu plus tard les effets les plus funestes. Mais que l'argument de *Cardan* soit bon ou mauvais, ce n'est pas ce dont il s'agit en ce moment. Je ne le rapporte que pour faire voir l'incohérence de ses principes, & combien ses idées étoient mal ordonnées dans sa tête.

Ce défaut de liaison est encore plus sensible dans cet autre passage du même traité, où *Cardan*, oubliant tout-à-coup qu'il s'est proposé d'établir le dogme de l'immortalité de l'ame, déclare ouvertement & contre l'opinion générale des chrétiens, que la créance de la mortalité de l'ame, bien loin de détruire la différence qui se trouve entre le vice & la vertu, & de dispenser les hommes de l'obligation où ils sont, pour leur propre intérêt, de se conformer aux regles de la raison, leur fait sentir plus fortement la nécessité de pratiquer les devoirs que cette raison leur impose, & les divers avantages qu'ils peuvent recueillir en préférant l'honnête à l'utile. « Ceux, *dit-il*, qui soutiennent

---

(1) Intellectum humanum esse sub luna : eumque non esse humanum, nisi quatenus ab hominis materia suscipi potest. Ingredi igitur in hominem : atque eo fieri, ut homo intelligat. Eundem intellectum etiam belluis imminere, easque ambire. At ipsi non patere aditum propter materiæ ineptitudinem. Igitur hominem intus irradiare, circum belluas extrinsecus collucere. Neque alia re hominis intellectum intellectu differre belluarum. Idcirco belluas ea omnia habere inchoata, quæ in homine perfecta sunt. *Cardan.* de animor. immortal. apud Scaliger. exercitat. 307. num. 30. p. 987. édit. Francofurt. 1612. in-8°.

Je cite ici ce passage tel que Scaliger le rapporte dans ses *exercitations* contre *Cardan*; mais je dois observer qu'il ne se trouve point dans le traité *de animorum immortalitate*, que ce grand critique appelle avec raison *confusissima rhapsodia*. Il faut qu'il l'ait tiré de quelqu'autre ouvrage de notre auteur, & que sa mémoire l'ait trompé à cet égard, comme cela arrive souvent à ceux qui lisent beaucoup, & qui ne mettent pas dans leurs recueils cette exactitude & cet ordre si nécessaires pour les rendre utiles.

(2) Il paroît au reste que *Cardan* n'étoit pas content de ce traité : il avoue même que c'est plutôt l'ouvrage d'un homme qui desire que l'ame soit immortelle, que celui d'un homme pour lequel ce dogme est une vérité démontrée. *Librum de animi immortalitate conscripsi potius studio rei, quam judicio : cum tanta moli non satisfaciat, hiperboreorum secundus ejus loco succedat.* Ces paroles peuvent aussi signifier que ce livre de l'immortalité de l'ame est écrit avec plus de piété que de jugement; mais quelque sens qu'on leur donne, il en résultera toujours que *Cardan* ne se dissimuloit pas qu'il avoit traité ce sujet très-superficiellement. (*Voyez* de vitâ propriâ, cap. 44. pag. m. 197.)

(3) Ad hanc etiam spem mali occasionem arripiunt, boni multa perperam patiuntur, leges mitiores statuuntur : sic fit, ut hæc opinio etiam jacturam rebus humanis afferat. Sed nec ad fortitudinem conducere videtur, &c. *Cardan.* de animor. immortalit. p. 465. tom. 2. opp. edit. Lugdun. 1663. *Voyez* aussi ce qu'il dit à la page 468, 469 du même traité.

» que l'ame meurt avec le corps, ne peuvent,
» par ce principe même, qu'être plus honnêtes-
» gens que les autres, parce qu'ils ont un inté-
» rêt tout particulier à conferver leur réputation
» qui eft le feul bien auquel ils prétendent pour
» l'avenir. Et comme la profeſſion qu'ils font de
» croire la mortalité de l'ame eſt auſſi odieuſe à
» la multitude que le métier d'uſurier, ces gens-
» là s'acquitteront avec exactitude & même avec
» ſcrupule de tout ce que l'honneur exige d'eux;
» de même que l'uſurier, pour ne pas déshonorer
» le métier, ſe fait une religion de tenir ce qu'il
» promet, & dans les termes qu'il le promet. »

Nunc demum videamus, an forfan ad benè beatèque vivendum hoc credere plurimum conferat? Atque, ut video, nec in hoc utilis eſt hæc opinio..... Homo fit confuetudine bonus, vel malus. At vero his, qui fanctitatem vitæ minimè profitentur, nemo fidit: quamobrem fide majore uti coguntur, talefque fe apud homines præftare, ut non videantur ea profeſſione deteriores: unde etiam evenit, ut his temporibus pauci fœneratorum fidem æquiparent, cum tamen illi reliquo vitæ genere fint perditiſſimi, &c. (1).

Cardan avoit tiré précédemment une objection contre le dogme de l'immortalité de l'ame de la grande diverſité des opinions des philoſophes ſur cette matière. « Puiſque la vérité eſt une, dit-il,
» d'où procède dans une queſtion de cette im-
» portance, cette oppoſition de ſentimens, ſi ce
» n'eſt de cette cauſe? c'eſt qu'il n'y a aucune de
» ces opinions de vraie. Les philoſophes ont fait
» à cet égard ce qu'on voit pratiquer aux bêtes
» féroces qui ſe trouvent enveloppées dans des
» filets: lorſqu'elles ne voient aucun moyen de
» s'échapper, elles ſe choiſiſſent un grand nom-
» bre de retraites, & ſe tapiſſent, tantôt dans
» l'une, tantôt dans l'autre, comme pour déro-
» ber la trace de leurs pas & aſſurer leur fuite »

Cumque tot fint illius opiniones de immortalitate diverſæ, cum una tantum fit veritas, non aliunde provenit, niſi quod nulla illarum vera fit, atque ideo illud accidat, quod ferè retibus circumſeptæ, quæ cum nullum exitus locum habeat, pluribus in locis tanquam fugitura immoratur (2).

Ce qu'il ajoute, renferme ſur cet article une eſpèce de profeſſion de foi que l'incrédule le plus décidé pourroit ſigner avec confiance. *Quod fi, dit-il, immortalis omninò fit exiſtimandus animus, hoc nulla magis ratione credendum eſſet, quam ut bonorum ac malorum ratio habeatur, at quam dignum fit ob brevis temporis labem perpetuo quemquam torqueri, nec tyrannorum leges jubent: fed nemo adeò excors ex philoſophis habitus eſt, qui tam ſtolidam opinionem invehere auſus fit, cum expertem omnis affectus, nedum cruciatus, ſubſtantiam illam puriſſimam eſſe deceat: niſi ſolus Plato*, &c. (3).

On ne peut nier que ces différentes obſervations de *Cardan*, conſidérées en elles-mêmes, ne ſoient très-judicieuſes; mais il faut avouer que rien ne contraſte plus fortement avec l'objet du livre où elles ſe trouvent.

Une autre remarque qui prouve que ſur l'article de l'immortalité de l'ame, la foi de *Cardan* étoit aſſez chancelante, c'eſt qu'il n'admet ſouvent ce dogme que conditionnellement, & ſans y joindre aucun de ces correctifs d'où l'on puiſſe inférer qu'il ne le regardoit pas comme une ſimple hypothèſe. Je me rappelle un de ces paſſages, où pour affoiblir en nous les impreſſions de la triſteſſe & du malheur, & nous déterminer à en ſupporter le poids avec patience & courage, il emploie ce raiſonnement: « Ou il ne reſte rien de nous après
» la mort, & dans ce cas, nous ne ſommes pres-
» que rien: or, ce qui n'eſt preſque rien, ne peut
» rien éprouver de grand, ſoit en bien, ſoit en
» mal. Si au contraire notre ame ſubſiſte après
» la diſſolution du corps, on peut encore moins
» imaginer quelque choſe qui puiſſe nous rendre
» dans cette vie fort heureux ou fort malheu-
» reux; car alors il faudra tout rapporter à une
» autre vie » (4).

Ce ſont ces idées incohérentes & diſparates; ce ſont ces contradictions fréquentes qui font des ouvrages de ce ſavant médecin une eſpèce de logogryphe aſſez difficile à deviner. Il eſt ſur-tout impoſſible de faire de ſa philoſophie une analyſe qui ait de l'ordre, de l'enſemble, de l'unité, & dans laquelle on reconnoiſſe un eſprit droit, qui procède avec art, avec méthode dans la recherche de la vérité, & qui eſt conſéquent juſques dans

---

(1) *Cardan.* de immortalit. animor. pag. 465. tom. 2. opp. édit. Lugdun. 1663.

(2) *Cardan.* Ibid, page 459. opp. tome 2. *Voyez* auſſi la page 460 du même traité, & rapprochez enſuite les différens paſſages de la profeſſion de foi qu'il fait à cet égard au juriſconſulte Cuſan, dans ſon livre *de utilitate ex adverſis capienda*, lib. 2. cap. 5. p. 197, 199. édit. Franiker. ann. 1648.

(3) *Cardan.* de animor. immortalit. page 459. opp. tome 2. édit. Lugdun. 1663. *Voyez* auſſi la page 460 du même traité.

(4) *Aut enim nihil à morte nobis ſupereſt, atque ita propè nihil ſumus; in eo vero quod propè nihil eſt, nil magnum contingere poteſt...... Sed ſi animus eſt ſuperſtes, multò minus aliquid hic eſſe fingi poteſt, per quod beati vel miſeri in hac vita poſſimus exiſtimari fed omnia ad aliam vitam referenda erunt*, &c. *Cardan.* de prudent. civ. li. cap. 117. page 683, 684.

ses erreurs. L'édition complette des Œuvres de Cardan, publiée à Lyon par Charles Spon, contient 222 traités sur diverses matières. J'espere qu'on me rendra la justice de croire que je n'ai pas perdu mon tems à lire tout ce fatras ; mais j'ai parcouru ceux de ces traités dont les titres m'ont paru heureusement choisis, & j'ai lu, la plume à la main, & dans la ferme résolution d'en donner un extrait raisonné, ses livres *de Subtilitate ; de Varietate rerum ; de Natura & de Principiis rerum ; de Utilitate ex adversis capiendâ, de Animorum immortalitate, de Prudencia civili*, &c. J'ai suivi, quitté, repris plusieurs fois ce travail pénible. Le desir, l'espérance, la certitude même de rencontrer quelques belles lignes, quelques traits d'une lumière vive & pure dans les ouvrages d'un homme qui avoit tout ce qu'il faut pour les produire, soutenoit mon courage & me faisoit oublier, pendant quelques heures, le dégoût & l'ennui inséparables d'une entreprise de cette nature ; mais après avoir lutté vainement contre ces obstacles réunis, je me suis déterminé à abandonner un projet qui, tel que je l'avois conçu, n'auroit pas été, peut-être, sans quelque utilité pour ceux qui cultivent les sciences & les arts, mais dont j'ai senti trop tard que l'exécution étoit au-dessus de ma patience, ou si l'on veut, de mes forces. Cependant, comme les livres *de Subtilitate & de Rerum varietate* ont encore aujourd'hui une réputation qu'ils méritent à plusieurs égards, je vais en donner ici un apperçu général. Cette espèce de notice, qui n'est elle-même qu'un abrégé de mon premier travail, indiquera au moins quelques-unes des idées principales de *Cardan* sur les matières qu'il a traitées. J'y joindrai, selon mon usage, quelques réflexions lorsque je le jugerai nécessaire pour éclaircir, confirmer ou combattre ses opinions. Je prie seulement le lecteur de se souvenir que je n'approuve pas indistinctement toutes celles sur lesquelles je n'ai fait aucune remarque. J'ai usé à cet égard du droit des interprètes qui en traduisant ou en expliquant le texte d'un auteur, choisissent les passages sur lesquels ils veulent faire des observations : d'ailleurs, ce qu'il importe sur-tout au public de savoir, c'est ce que *Cardan* a pensé sur tel & tel sujet, & non le jugement, bon ou mauvais, que je peux porter de ses sentimens.

L'ouvrage intitulé *de Subtilitate*, est divisé en 21 livres. Pour en bien remplir les titres généraux & répandre quelques lumières sur les objets accessoires dont *Cardan* s'est occupé dans ses fréquentes excursions, il faudroit avoir dans chaque science & dans plusieurs arts des connoissances très-approfondies, c'est-à-dire, qu'il faudroit réunir dans sa tête celles qui sont partagées entre les divers membres de l'Académie des Sciences ou de la Société royale de Londres. On doit donc nécessairement s'attendre à trouver dans ce livre des erreurs graves & fréquentes, de vieux préjugés remis en vigueur, de nouvelles superstitions ajoutées aux anciennes ; en un mot, tous les écarts, toutes les inconséquences & les contradictions d'un homme tort savant & d'une conception vive, mais d'une crédulité puérile, & dont l'imagination fougueuse & déréglée réalisoit les concepts les plus bizarres. Malgré tous ces défauts, que je suis également éloigné d'affoiblir & d'exagérer, cet ouvrage de *Cardan* n'est nullement méprisable. Il s'y montre, dans une infinité d'endroits, très-supérieur à son siècle ; ce qui, dans aucun tems, n'est un mérite commun, & ce qui devient de jour en jour plus difficile par le progrès rapide des lumières. On sent même que si *Cardan*, moins ébloui par les fausses lueurs du péripatétisme, dont les décisions, aussi vagues, aussi obscures que les principes, paralysoient, pour ainsi dire, sa raison & son jugement (1) ; il eût osé voir tout par ses yeux, penser d'après lui-même ; il auroit travaillé plus efficacement pour sa gloire, & plus utilement pour la dignité & l'accroissement des sciences. Je ne conseille à personne de lire ses traités *de Subtilitate & de Rerum varietate* ; mais je ne suis pas fâché de les avoir lus : on y trouve un grand nombre d'idées singulières, peut-être vraies, peut être fausses ; mais qui, dans l'un ou l'autre cas, sollicitent impérieusement le secours de l'expérience qui, selon l'observation même de *Cardan*, peut seule donner quelque autorité à ceux qui écrivent 2).

Principes de la philosophie rationelle de Cardan.

Le premier livre *de Subtilitate* traite des principes des choses, de la matière, de la forme, du vuide, du mouvement naturel, & de l'espace ou du lieu.

1. Il y a une matière première, dont tout ce qui existe est fait : cette matière subsiste lorsque la forme actuelle du corps est détruite ; car rien ne s'anéantit. Une pomme pourrie se change en vers ; le bois en cendres ; l'eau en vapeurs par l'action de la chaleur du feu ou du soleil. Or, la vapeur ou la fumée est quelque chose de réel, car elle suffoque l'homme ; & si on la condense,

---

(1) Il se vante néanmoins, dans ce même traité, d'être philosophe, & de n'adopter qu'avec mesure & autant qu'il le faut, les opinions des péripatéticiens : *philosophus sum ego, placitis quantum licet peripateticorum hærens.* (De subtilit. lib. 19. page m. 578). mais il n'en est pas moins vrai que l'autorité d'Aristote lui en impose très-souvent, & qu'il avoit donné plus de tems & d'attention à la lecture de ses ouvrages qu'à l'étude de l'homme & de la nature.

(2) Cum nulla sit autoritas adversus experimenta scribentibus. *Cardan. de subtilitate*, lib. I. p. m. 2.

elle reprend de nouveau la forme de gouttes d'eau.

2. Il est donc évident qu'il y a dans la nature quelque chose de caché sous la forme & *qui en est le substratum*. Ce *substratum* n'est point engendré & ne s'anéantit point par corruption. Or, c'est ce que j'appelle *la matiere premiere*; matière improduite, éternelle, infinie & indestructible.

3. La matière première existe toujours sous quelque forme.

4. Il n'y a point de vuide dans la nature.

5. La matière est par-tout : elle ne peut exister sans une forme quelconque ; d'où il suit nécessairement que la forme est par-tout.

6. Il n'y a point d'espace sans corps. L'espace est éternel, immobile & immuable.

7. Les principes des choses naturelles sont au nombre de cinq ; savoir, la matière, la forme, l'ame, l'espace & le mouvement. Il n'y a que deux qualités premières, la chaleur & l'humidité.

8. Le tems n'est pas un principe, mais il en approche, parce que rien ne se fait sans lui. Le repos n'est pas non plus un principe, mais la privation d'un principe ; comme la mort, le froid, la sécheresse.

9. Il y a trois choses éternelles de leur nature ; l'intelligence, la matière première & l'espace, ou le lieu ; la quantité de la matière est toujours la même dans l'univers, &c. &c. &c.

Le second livre traite des élémens. *Cardan* n'en admet que trois : la terre, l'air & l'eau. Tous ces élémens sont, par leur nature, humides, très-froids, non-lumineux & insipides. L'eau est un principe générateur. *Aqua enim generationis principium.*

2. Tous les astres sont chauds : ils ont tous une lumière, un mouvement & une grandeur déterminés. Il n'y a point de lumière sans mouvement.

3. Tout ce qui est lumineux a de la chaleur.... Lorsque les rayons du soleil sont réfléchis par la terre, comme dans les vallées, la chaleur de cet astre est beaucoup plus grande ; car si le rayon pénètre directement, sa force est seulement comme *un* : s'il est réfléchi, elle est comme *deux*.

4. Le feu n'est point un élément. Je n'appelle point *élément* une chose extrêmement chaude ou extrêmement froide, puisqu'il est impossible de trouver quelque chose de tel dans la nature... Le feu n'engendre absolument aucun corps. La chaleur du soleil est la seule qui ait une force ou vertu génératrice.

5. La flamme n'est rien autre chose qu'un air embrasé.

6. Il ne se fait aucune putréfaction qui ne soit une génération. *C'est le principe d'Aristote retourné.* Corruptio unius generatio alterius.

7. On appelle *pourriture* ou *putréfaction* ce qui engendre des animaux plus vils que ceux dont ils sont engendrés.

8. Dans la semence, toute l'action se dirige, tend à la génération, à moins qu'elle ne rencontre un obstacle : il en est de même de la putréfaction.

9. La chaleur naturelle & la chaleur putréfiante sont une seule & même chaleur.

10. Si on appelle *putride* toute chaleur qui corrompt ce qui existe déjà, on peut avec raison donner le même nom à celle qui est dans la semence ; car elle corrompt la semence de la plante, celle de l'âne ou celle de l'homme, pour engendrer, soit une plante, soit un âne ou un homme.

11. La chaleur est un principe général de putréfaction.

12. Lorsque l'air est en mouvement, il est froid & sec. Il est froid par sa nature, & sec par le mouvement qui lui est imprimé ; car le mouvement desseche. C'est pour cette raison que l'air immobile & stagnant corrompt, parce qu'il est humide & qu'il ne rafraîchit pas autant qu'il est nécessaire.

[*Cardan* parle à cette occasion de plusieurs machines, à l'effet desquelles l'air contribue plus ou moins. Il n'oublie pas le moulin à vent qu'il appelle un très-bel instrument, *pulcherrimum instrumentum*, & dont il décrit fort clairement la structure & le méchanisme. Il paroît, par ce qu'il dit de cette ingénieuse & utile découverte dont il ne nomme pas l'auteur, qu'elle n'avoit été faite que trois ans (1) avant la publication de son traité *de Subtilitate* ; c'est-à-dire, vers l'an 1546 ou 47. Au reste, *Cardan* n'a pas indiqué, parce qu'il est vraisemblable qu'il ne le savoit pas, la raison pour laquelle il falloit rendre les ailes du moulin obliques à leur axe commun, afin qu'elles reçussent le vent obliquement. Au lieu que si le moulin avoit ses quatre ailes perpendiculaires sur l'axe

---

(1) Et si hæc quasi parerga dicta videri possint, ut tamen artificiosam hominum inventionem edoceam, quæ ab aëris natura ortum sumpsit, pulcherrimum instrumentum quo farina cribratur, à triennio citra inventum, edocere statui.... &c. *Cardan*. de Subtilit. Lib. 1. pag. m. 119.

où elles font attachées, cette impulsion perpendiculaire ne tendroit qu'à les renverser. Ce n'est, ce me semble, qu'au commencement de ce siècle qu'on a cherché par l'analyse à déterminer l'inclinaison la plus avantageuse des ailes sur l'axe, & l'on a trouvé précisément ce même angle de 55 degrés que lui avoit donné l'inventeur du moulin à vent, sans autre guide qu'une longue suite de tâtonnemens ; moyen d'instruction dont le succès est très-lent, sans doute, mais sûr, puisqu'ici, comme dans le plus grand nombre de cas, l'expérience éclairée par la plus profonde théorie, ne donne pour résultat que la confirmation de la pratique commune.]

13. Le feu est toujours en mouvement ; il convertit tout en sa propre substance.

14. Le feu n'est point une substance, mais un accident, ainsi que la glace. J'appelle *accident* ce qui subsiste sans la corruption du sujet : telle est, par exemple, la glace ; car l'eau, le lait, le vin glacés, restent les mêmes & présentent le même aspect quand ils sont dégelés ; au lieu que le feu altère, dénature presque tous les corps, & que ceux qui résistent à son action, comme les pierres & les métaux, en conservent une forte impression : il faut en excepter toutefois l'or & l'argent & un très-petit nombre de pierres précieuses. Voilà ce qui a fait croire à plusieurs auteurs que le feu étoit quelque chose de plus actif, de plus énergique que la chaleur ; mais j'ai indiqué la cause de cette différence.

15. Dans le tems de l'équinoxe, les jours sont plus longs que les nuits ; & il en est de même sous la ligne équinoxiale.

16. La force & la hauteur des marées sont plus grandes dans le tems de la pleine lune.

17. La scintillation des étoiles fixes s'explique par le mouvement de l'air qui cause ce tremblottement apparent. C'est le même phénomène que présentent les pierres vues au fond de l'eau, & qui paroissent trembler, à cause du mouvement de l'eau courante. Les étoiles errantes & la lune n'ont point cet étincellement qu'on observe dans les fixes.

18. Les étoiles paroissent plus petites & plus hautes qu'elles ne sont.

19. Les astres, à leur lever & à leur coucher, semblent plus grands que vus au milieu du ciel.

20. Dans le tems de la nouvelle lune, comme dans celui où elle est dans son plein, cette planète occupe le même lieu ; c'est-à-dire, qu'elle est plus près du soleil ; & quand elle est dans les quadratures, elle est plus près de la terre.

21. Les pierres & les poissons, vus dans l'eau, paroissent plus grands qu'ils ne sont : & tout amas d'eau, lorsqu'on le regarde de côté, est jugé plus petit & moins profond qu'il ne l'est en effet.

Cardan a entrevu par l'observation, ou plutôt (comme je le pense) deviné l'existence d'une atmosphère autour des corps électriques.

Le troisième livre traite du ciel ; le quatrième, de la lumière ; le cinquième, des mixtes ; le sixième, des métaux ; le septième, des pierres ; on y trouve la description d'une pierre caustique, faite avec la chaux vive & le savon. *Constat medicamentum è tenero sapone, & calce viva tenuissimè mixtis, adeò ut in unguenti mollis formam transeat.* Le huitième, des plantes ; c'est-là qu'il observe qu'un fait historique est d'autant plus incertain, qu'il approche plus du miracle. Il parle, à cette occasion, des juifs, qu'il appelle *une nation superstitieuse*, accoutumée à faire exclusivement honneur à sa religion d'un grand nombre d'effets produits par des causes purement naturelles. Il ajoute que ce peuple s'est toujours distingué par sa superstition, son ignorance & son aversion particulière pour les sciences, ne s'occupant uniquement que de vaines cérémonies & d'observances légales. On trouve dans ce même livre l'histoire d'un chien attaqué de douleurs néphrétiques, provenant d'un calcul dans la vessie, dont il calmoit la violence par l'usage de la pariétaire, & qui mourut, lorsque cette plante lui manqua.

Le neuvième livre traite des animaux qui s'engendrent d'une matière en putréfaction. » Parmi les physiciens, dit *Cardan*, les uns prétendent qu'un animal ne peut vivre sans tête ; les autres, qu'il ne peut vivre sans cœur : il est facile de terminer cette controverse qui se renouvelle souvent. Sans doute, l'animal ne peut sentir sans tête qui est le siège du sentiment ; mais il peut vivre, de même qu'il peut sentir sans cœur ; mais la chaleur vitale l'abandonne très-promptement, & avec elle, le mouvement & la vie. »

La tortue vit un jour entier sans tête : c'est l'animal qui vit le plus long-tems dans cet état. Ce testacée a la vie très-dure, & le foye d'une grandeur remarquable. De tous les animaux ovipares, c'est le seul qui ait une vessie. »

Plus les phénomènes sont rares, plus ils excitent la surprise & l'admiration ; plus ils sont communs, & plus ils semblent naturels. *Semper enim raritas admirationem parit. Frequentia facit ut naturale videatur.*

L'air renferme toujours quelque partie d'eau très-atténuée.

Aucun corps, mu lentement, ne peut être

lancé ou porté à une grande diftance. Car ce qui fe meut avec lenteur, emploie beaucoup de tems à fe mouvoir ; ce qui lui fait perdre néceffairement une grande partie de fa force, parce qu'alors l'effort qu'il fait eft contre fa nature. *Voyez* lib. 2. pag. 121. 122.

La terre eft immobile, ronde & au centre du monde : il lui eft auffi impoffible de fe mouvoir, qu'il eft impoffible au ciel d'être en repos.

Le monde n'eft qu'un grand animal. *Mundus autem homo magnus.*

Le mouvement & la diaphanéité font communs à l'eau, à l'air, à l'éther & au ciel.

Tout ce qui eft dans l'obfcurité paroît noir. La vérité de cette obfervation eft prouvée par les ombres qui toutes paroiffent noires.

Dans les éclipfes de foleil, tous les corps paroiffent jaunes, parce qu'alors la lumière eft très-foible ; ce qui la fait paroître jaune comme eft celle de l'aurore, felon l'obfervation de Virgile. *Tithoni croceum linquens aurora cubili.* En effet, fi quelqu'un regarde de loin les premiers rayons du foleil levant, ou les derniers rayons du foleil couchant qui ne partent pas du centre de cet aftre, il eft certain que les uns & les autres lui paroîtront jaunes.

Quoique les rayons folaires, réfléchis par la lune & les étoiles, répandent une lumière très-pure, nos yeux n'en font point bleffés, à caufe de la diftance ; au lieu que nous ne pouvons fupporter cette même lumière réfléchie par le cryftal ou par l'eau.

[On peut compter *Cardan* parmi les philofophes qui ont admis les générations équivoques ou fpontanées. Il a cru, d'après Ariftote & Pline qu'il ne fait fouvent que copier, que les anguilles naiffoient de la pourriture, comme les vers, & qu'elles n'avoient point de fexe ; deux erreurs, que des obfervations plus récentes, mais fur-tout plus exactes, ont entièrement détruites. Les anguilles font vivipares & s'accouplent, fans doute, de la même façon que les vipères & les ferpens, comme l'ont obfervé Oppien & Rondelet. *Voyez* les Éphémérides de l'Académie des Curieux de la nature. Obfervat. 119.]

Le dixième livre eft très-long. *Cardan* y traite des animaux parfaits. C'eft, en abrégé, l'hiftoire naturelle, générale & particulière de la plupart des animaux que nous connoiffons. Voici quelques-unes de fes obfervations.

1. Les poiffons ont peu de jugement, & n'ont nulle intelligence : d'où il fuit néceffairement qu'ils n'ont pas un attachement bien vif pour leurs petits, dont la plus grande partie périt en effet : comme cette indifférence eft commune à tous les poiffons, elle en auroit détruit les différentes efpèces, fi la nature n'avoit rendu ces animaux très-féconds. C'eft dans cette vue qu'elle les a fi prodigieufement multipliés.

2. Plus les animaux ont d'inftinct & de difcernement, plus ils aiment leur progéniture, & plus ils s'occupent des moyens de conferver ces tendres fruits de leurs amours. On garde avec intérêt, avec foin, ce qu'on aime ; & l'on aime, parce qu'on fent & qu'on a de la connoiffance.

3. Les animaux très-imparfaits ne veillent fur leurs petits que pendant le tems de la geftation. Dans ceux qui le font moins, cette furveillance fe prolonge jufqu'à ce que l'animal foit forti de fa coquille. Ils ont un foin particulier de l'œuf ; ils négligent l'animal qui en eft éclos. Il n'en eft pas de même des animaux parfaits ; tels que les chiens, les aigles & les corbeaux : ceux-ci n'abandonnent leurs petits que lorfqu'ils font affez forts pour pourvoir eux-mêmes à leurs befoins & à leur fûreté. Enfin, les animaux les plus parfaits, tels que l'homme & l'éléphant, reftent conftamment attachés à ceux qu'ils ont engendrés.

4. La taupe a l'ouie très-fine : elle n'eft point privée du fens de la vue, mais elle a les yeux fort petits, proéminens, noirs & cachés fous de longs poils.

5. Nul animal imparfait ne s'engendre dans la matrice ; cette manière de fe reproduire eft propre & particulière aux animaux parfaits. (*C'eft-à-dire, à ceux qui reffemblent le plus à l'homme.*)

6. La ftérilité des pâturages augmente la fineffe de la laine des moutons : c'eft une obfervation de Virgile (1), dont la toifon des brebis angloifes prouve la vérité.

7. Il faut plus de courage & d'impudence pour nier un menfonge attefté par un grand nombre de témoins, que pour foutenir une vérité contre laquelle ces témoins s'infcrivent en faux.

8. La plus petite erreur dans les principes qu'on prend pour bafe, en engendre un grand nombre

---

(1) Si tibi lanicium curæ : primum afpera fylva,
   Lappæque tribulique abfint : fuge pabula læta.

(Virgil. Georg. lib. 3. vers. 384.)

Ideoque anglica lana nunc ut olim milefia celebratur, &c. *Cardan.* de fubtilit. lib. 10. pag. 533. édit. Bafil. 1641.

& de très-graves. (*Voyez* de rer. variet. lib. 2. cap. 11.

9. L'ombre des princes est le chapeau des fous. *Umbram principum stultorum pileum esse.* [C'est un proverbe italien qui n'a pas besoin de commentaire (1).]

10. Être l'ami d'un prince ou être son esclave, c'est-à-peu-près la même chose. *Voyez* le traité de utilit. ex adverf. cap.

11. Toutes les variétés que l'on parvient à introduire dans les formes extérieures des êtres peuvent constituer par l'action ininterrompue du tems l'ordre de la nature. En effet, les enfans de ceux dont à l'instant même de leur naissance, on a applati ou comprimé fortement la tête entre des ais (2), contracteront la même difformité. Il est donc évident qu'on peut varier à l'infini la forme humaine, soit par art, soit par l'efficace de causes qui agissent incessamment. *Verum etiam ars in naturam quandam transit. etenim nati ab his quorum caput ab initio inter tabulas colligatum fuit, quibusque compressum statim ut nati forent similem formam contraxerunt. Constat igitur humanam formam multis modis variari, tum arte, tum diuturna successione* (3). [Ces idées de Cardan sont très belles & très-philosophiques. Il paroît qu'il étoit persuadé qu'on pouvoit déformer l'homme, & le rendre même à l'extérieur plus ou moins *monstre*, selon notre manière ordinaire de concevoir : ce qui est bien vu. Les faits viennent ici à l'appui de la théorie & ne permettent pas de douter que dans un intervalle de tems plus ou moins long, selon la difficulté des chances qu'il doit nécessairement amener, on ne puisse avoir, par exemple, comme une variété de l'espèce humaine, une race entière de manchots, de boiteux, de sourds, de muets, de borgnes & même de cyclopes, car ce dernier phénomène n'est qu'un cas plus difficile du même problème, & qu'on résout par la même formule. Il paroît même que le climat, dont on néglige trop souvent d'observer & de calculer l'influence, suffit pour changer plus ou moins la constitution physique des animaux en général. Les chiens qu'on transporte en Guinée, y perdent en peu de temps leurs mœurs, leurs affections particulières & caractéristiques. A la troisième ou quatrième génération ils deviennent méconnoissables, & n'aboyent plus (4).

---

(1) *Voyez* le traité de *Cardan*, de utilit. ex adverf. cap. lib. 3. cap. 10. pag. m. 475.

(2) C'est l'usage des habitans des rives de l'Orénoque.

(3) *Cardan* de rer. variet. *lib.* 8. *cap.* 43, page m. 415.

(4) *Voyez* le voyage de Guinée par Bosman, lettre 14, édition d'Utrecht 1705.

Combien, pour le remarquer ici en passant, il reste encore à faire de ces expériences que l'immortel auteur du *novum organum* appelloit *hétéroclites*, & que jusqu'à ce moment les préjugés religieux ont empêché de tenter, au grand détriment des sciences, *ingenti scientiarum detrimento !* qui sait, par exemple, ce que pourroit produire après une longue suite de siècles, le mélange constant des espèces, sans en excepter même les accouplemens les plus monstrueux, c'est-à-dire, les plus contraires à ceux vers lesquels l'homme & les autres animaux semblent se porter de préférence, quel que soit d'ailleurs la cause de ce choix ou de l'attrait qui le détermine ? Quel est le physiologiste, assez hardi, assez peu philosophe pour affirmer, sur quelques essais mal faits, & que leur peu de succès a bientôt fait abandonner, la stérilité absolue de ces accouplemens bizarres & inusités ? Si parmi nos lecteurs il s'en trouvoit quelques-uns qui crussent avoir acquis le droit de résoudre négativement cette question obscure & très-compliquée, nous les prierions de peser mûrement ce passage du Chancelier Bacon : rien ne nous paroit plus propre à corriger la témérité de ces propositions générales que des connoissances superficielles font admettre comme vraies, & qu'on trouve si souvent fausses ou vagues, lorsqu'on observe attentivement la marche de la nature, sans négliger ce qu'on nomme communément ses écarts & ses anomalies. *Circà postremum de impossibilitate ita statuo ; ea omnia possibilia & præstabilia censenda, quæ ab aliquibus perfici possunt, non a quibusvis ; & quæ à multis conjunctim, licet non ab uno ; & quæ in successione sæculorum, licet non eodem ævo ; & denique quæ publica cura & sumptu, licet non opibus & industria singulorum* (5).]

12. *Cardan* observe ici que la philosophie est pour un homme pervers un instrument aussi dangereux qu'une épée entre les mains d'un voleur ; & cela est bien vu. Mais c'est parler en déclamateur & raisonner en sophiste que d'insinuer ensuite qu'il n'y a point de probité sans religion, c'est-à-dire, sans christianisme ; comme si tous les hommes, sans exception, qui ont vécu avant l'invention de cette monstrueuse & triste superstition, avoient été des brigands & des scélérats. Comme si, pour être juste, humain, bienfaisant, vertueux, il falloit nécessairement croire toutes les fables, toutes les absurdités dont la crédulité, l'ignorance & le fanatisme des apôtres ont chargé, à l'envi, le Nouveau-Testament ; en un mot, comme si les mœurs, ainsi que nous l'avons dit dans plusieurs articles de ce Dictionnaire, n'é-

---

(5) Francis. Bacon. de augment. scientiar. *lib.* 2. Proefat. sub. fin. *page* 54. opp. to. n. 4. Edit. Londin. 1778.

toient

toient pas abſolument indépendantes des opinions religieuſes.

Cardan demande quel bien peut faire un philoſophe qui enſeigne aux princes & aux peuples que le monde eſt éternel, que l'ame eſt mortelle & que la providence de Dieu eſt une pure chimère : il prétend que c'eſt leur dire en d'autres termes : prêtez publiquement à uſure ; ſoyez adultère, aſſaſſin, empoiſonneur, traître ; enfin, ſouillez-vous de tous les crimes ; vous en avez la permiſſion, pourvu que vous les commettiez ſecrettement.

Ce lieu commun que les théologiens emploient avec tant de confiance, & qu'ils préſentent ſous mille formes diverſes, peut faire quelque impreſſion ſur ces hommes qui par habitude, par pareſſe ou par incapacité, ne voient jamais d'un objet que le côté qu'on leur montre. Mais un eſprit juſte, éclairé, accoutumé à ne donner ſon aſſentiment qu'à des raiſonnemens qu'il a ſoumis à une analyſe exacte & ſévère, ne peut voir dans celui de *Cardan* qu'un de ces moyens oratoires, dont les rhéteurs ſe ſervent avec d'autant plus de ſuccès, que ceux qui les liſent ou qui les écoutent, ſont moins inſtruits.

Pour faire ſentir la foibleſſe de ce moyen, il ſuffit d'obſerver en général qu'on peut donner à la morale toute la ſanction dont elle eſt ſuſceptible, & la ſeule même qui lui ſoit néceſſaire, ſans employer, dans le premier ou le dernier article de cette morale, le principe, vrai ou faux, de l'exiſtence d'un régulateur univerſel & d'un état futur de récompenſes & de peines.

En effet, que Dieu exiſte ou n'exiſte pas, l'homme reſte toujours ce qu'il eſt ; ſa nature eſt conſtamment la même au pôle & ſous l'équateur : par-tout il eſt ſenſible, il a des beſoins phyſiques & des relations ſociales plus ou moins immédiates, plus ou moins étendues, mais toujours réelles & néceſſaires. Or non-ſeulement on peut déduire de cette ſenſibilité phyſique, de ces beſoins, de ces relations, tous les droits naturels de l'homme : mais, ce qui n'eſt ni moins important, ni moins vrai, la morale ou l'obligation de remplir certains devoirs dans l'ordre ſocial, découle évidemment des mêmes ſources : elle ne doit pas même avoir d'autre baſe lorſqu'on ne veut pas l'établir ſur des fondemens mobiles & ruineux.

Rien n'eſt donc plus dangereux, plus contraire même au but d'un ſage légiſlateur, que de lier les droits naturels de l'homme à l'exiſtence de Dieu, & la morale à la religion ; parce que les idées religieuſes étant, par leur nature, vagues, incertaines & vacillantes, comme toutes celles dont l'ignorance, la terreur & l'imagination ont

Philoſophie anc. & mod. Tome II.

été l'origine, l'évidence d'une religion quelconque, eſt néceſſairement dans tous les hommes une quantité variable : il y a tel période de la raiſon où cette évidence eſt zéro, & tel autre où elle eſt négative.

Sans doute on n'a pas à craindre que des méditatifs, accoutumés dès leur enfance à entendre les prêtres attacher ſottement le ſort de la morale à celui de la religion, abuſent jamais de ce principe abſurde, & qu'après avoir reconnu, par la voie lente, mais ſûre de l'examen & de la réflexion, la fauſſeté des différens ſyſtèmes religieux, ils ſe croyent pleinement affranchis des devoirs de l'homme, parce qu'ils le ſont de ceux du chrétien : mais ces excellens eſprits ſont partout très-rares ; ils ſont au reſte des citoyens, c'eſt-à-dire, à la partie la moins inſtruite de la nation, & celle particulièrement que les loix doivent ſurveiller & contenir, à-peu-près dans le rapport d'un à deux mille. Or cette époque de la vie de l'homme où il ceſſe néceſſairement de croire, époque déterminée dans le plus grand nombre par les paſſions bien plus que par la raiſon, eſt une des plus dangereuſes pour la plupart des hommes : C'eſt alors que ſe rappelant ce que de ſtupides inſtituteurs leur ont répété tant de fois, qu'il n'y a ni probité, ni morale ſans religion, que celle-ci eſt le plus ferme appui de celles-là, ils concluent de ce que leur religion eſt fauſſe, que la morale qu'on avoit fondée ſur elle, n'eſt ni plus vraie, ni plus obligatoire, ni plus utile, & s'écroule avec elle ; que la force conſtitue le droit ; que la juſtice n'eſt autre choſe que ce qui eſt avantageux au plus fort, & qu'en dernière analyſe toute la morale, tous les devoirs de l'homme & du citoyen ſe réduiſent à cette ſeule formule : *fais tout ce que tu voudras, & ne ſois pas pendu.*

Voilà une des funeſtes conſéquences du principe qui établit pour meſure de la bonté & de la méchanceté d'un citoyen, & comme le meilleur garant que la ſociété puiſſe avoir de ſa probité & de ſa vertu, la meſure de ſa foi, c'eſt-à-dire, de ſon acquieſcement à un recueil, à un amas indigeſte de dogmes obſcurs, incohérens & contraires aux notions communes. Il eſt évident que ces dogmes dont le ſens, la vérité, le nombre & l'utilité varient non-ſeulement d'un peuple, mais même d'un individu à l'autre, & dans le même individu, en raiſon de ſes lumières, de ſa ſanté, du degré d'attention qu'il donne à l'examen de ces ſpéculations oiſeuſes, & ſurtout de l'âge (1) auquel il commence cet examen,

---

(1) En fait de préjugés, en général, mais particulièrement de préjugés religieux, il y a un âge où l'eſprit humain eſt, ſi je puis m'exprimer ainſi, un reſſort

ne peuvent jamais avoir sur les mœurs la même influence que la loi ou que l'éducation qui fait naître l'habitude, le plus fort des liens pour les hommes (1), & le principe ou la cause de la plupart de leurs actions. Des motifs sensibles, indépendans des tems, des lieux, des circonstances, déduits, puisés dans la nature même de l'homme, & qui agissent à-peu-près uniformément sur tous, sont nécessairement plus forts, plus déterminans; ils constituent une règle plus sûre, plus invariable pour la conduite de la vie, que des motifs purement imaginaires, tels que ceux qu'on tire de la religion. Le dévot craint Dieu, il est vrai; mais il n'a jamais, & ne peut jamais avoir des idées aussi claires, aussi précises des dispositions & des jugemens de Dieu, que de ceux des hommes. Un seul témoin, pris indistinctement parmi ces derniers, lui en impose plus que l'idée de la présence divine. L'expérience prouve même que de fidèles croyans commettent tous les jours sous les yeux même de leur Dieu, qui selon les premiers élémens de la religion, connoît les secretes pensées des cœurs, & qui voit toutes les actions, des désordres de toute espèce, & même des crimes que jamais ils ne commettroient devant un enfant de quatre ans. L'opinion de cet enfant, ou plutôt la crainte des suites de son indiscrétion, est donc pour l'homme vicieux ou méchant, un frein plus fort, plus coërcitif que la crainte de l'opinion de Dieu & de sa vengeance.

Il ne faut dans un état que des citoyens paisibles, soumis aux loix qu'ils ont instituées ou consenties librement, strictement attachés à leurs devoirs; dont tous les vœux soient pour le bonheur & la gloire de la patrie; qui l'éclairent de leurs lumières, qui l'illustrent par leurs talens, & qui soient prêts à verser leur sang pour sa défense. Qu'ils soient d'ailleurs, juifs, chrétiens, idolâtres, déistes ou athées, peu importe: les vrais fidèles, les vrais saints sont les bons citoyens. Ce n'est pas dans la folle & ridicule espérance d'habiter un jour la Jérusalem céleste; ce n'est pas pour Dieu qu'on ne voit point, qui ne tombe sous aucun de nos sens, dont il est impossible de se former une idée claire & distincte, & que chacun d'ailleurs modifie selon son caractère, son tempérament & ses passions; ce n'est pas, dis-je, pour Dieu *qui est bien loin*, c'est pour les hommes *qui sont bien près*, & avec lesquels on a des rapports, très-fréquens, très-immédiats, qu'il faut être juste, humain, bienfaisant, vertueux; c'est pour obtenir leur estime & leur bienveillance, c'est pour vivre heureux sur la terre, le seul Paradis que la raison puisse admettre; c'est pour être toujours bien avec soi-même; en un mot, c'est pour son propre intérêt. Tout bien examiné, tout pesé, tout calculé, on n'a rien de mieux à faire dans ce monde pour soi & pour les autres, que d'être un homme de bien. La justice envers tous est l'intérêt de tous, & l'intérêt de chaque individu, comme celui des sociétés. Ces vérités purement élémentaires, & qu'on peut démontrer même au méchant à qui la longue habitude du vice n'a pas entièrement aliéné l'esprit (2), sont la base de toute bonne morale, de toute bonne législation. Une superstition passe, bientôt une autre lui succède; celle-ci subit tôt ou tard le même sort, & entraîne nécessairement dans sa chûte cette morale particulière, moitié fausse, moitié étroite aux yeux du philosophe, à laquelle elle servoit d'appui & de sanction : mais, comme je l'ai observé ci-dessus, il y a une autre morale uniquement fondée sur la nature de l'homme, indépendante des tems, des lieux, des circonstances & des religions : celle-ci reste la même pour tous, & subsiste au milieu même des ruines de toutes les superstitions, de toutes les erreurs humaines projettées les unes sur les autres.

Tout dépend donc de la législation; & l'éducation même, si négligée parmi nous, & dans laquelle, il ne faut presque rien conserver des institutions anciennes, en est une partie très-importante. Perfectionnez dans un état l'une & l'autre, & vous multiplierez dans le même rapport, les lumières & les gens de bien. On peut joindre à ces réflexions ce que j'ai dit ailleurs de l'inutilité absolue de la religion considérée comme principe réprimant. *Voyez* l'introduction à l'article MESLIER (PHILOSOPHIE DE.) Revenons présentement au traité *de subtilitate*, & achevons de donner une notice succincte du 10e. livre de cet ouvrage.

13. La tendresse de la jument pour son poulain est plus forte que celle de tout autre animal pour ses petits.

15. Il est rare que le cheval vive plus de trente ans; la durée de la vie des jumens est plus longue.

16. Ce n'est point parce que les animaux ont

élastique que la raison peut détendre un moment; mais qui se restitue bientôt dans son premier état.

(1) Le chancelier Bacon dit que l'habitude seule est capable de changer & de dompter la nature. *Verùm consuetudo sola ea est, quæ naturam planè immutat & subigit.* Bacon. oper. tome 3.

(2) Tous les crimes portés à un certain degré d'atrocité, décèlent évidemment dans leurs auteurs un vice, un désordre particulier dans l'organisation du cerveau. Caligula, Néron, Commode, Héliogabale, & tant d'autres monstres, dont l'histoire ancienne & moderne a conservé la mémoire abhorrée, étoient autant de fous, avec des intervalles lucides, plus ou moins longs,

des cornes qu'ils ruminent, mais parce qu'ils n'ont point de dents par devant à la machoire supérieure.

17. Toute partie sensible de l'animal, est susceptible d'une sorte d'instruction par l'usage seul, sans aucune intervention de la pensée. *Cette observation est très-philosophique.*

18. Cardan traite d'absurde l'opinion de ceux qui croyent que tout a été fait pour l'homme, *absurdum est talia credere*. Il dit positivement que ce n'est pas pour l'avantage & l'utilité de cet orgueilleux bipède, que les animaux ont telles & telles formes particulières, mais pour leur propre commodité. On trouve cette remarque judicieuse à la suite de quelques détails physiologiques sur certaines parties extérieures du chameau telles que cette espèce d'excroissance ou de bosse qu'il a sur le dos, &c, &c... *Non igitur*, dit-il, *hominis gratia hæc facta sunt, sed cameli: nimis enim oportuit naturam esse sollicitam, si ob tam breve tempus suscipiendi oneris, tot tantaque in hoc animali molita fuisset, cum etiam homo, ipse prudentia, scabellis, scalis aliisque modis altitudinis incommodo satisfacere potuisset. Forma igitur animalibus propria, proprii etiam commodi causa sunt.*

19. Une propriété particulière du crocodile est d'avoir la machoire supérieure mobile, & l'inférieure sans aucun mouvement. *La première de ces observations est de Pline; voyez son histoire naturelle. Lib. 8. cap. 25.*

20. Dès que la rage a fait assez de progrès pour inspirer à celui qui en est atteint l'horreur de l'eau, elle est incurable. *L'expérience ne confirme que trop souvent cette observation de Cardan.*

21. On parvient par l'éducation à inspirer aux chiens de l'aversion pour certaines espèces d'hommes : tel étoit celui qui au rapport de Gonzal Fernand Oviédo, avoit le nez si excellent qu'il distinguoit les indiens des espagnols. [La finesse de l'odorat des habitans des isles Antilles est telle qu'ils peuvent suivre un homme à la piste, comme le feroit un chien de chasse. Le chevalier Digby parle aussi d'un enfant qui avoit été élevé dans une forêt, & dont l'odorat étoit si fin, qu'il sentoit l'approche des ennemis & en avertissoit ses parens. *Voyez le traité des sens par le Cat.*]

22. Les enfans & les femmes pleurent quand ils se voyent dans l'impossibilité de se venger.

[*Cardan* a parlé d'après Aristote & Pline de la propriété singulière qu'a la torpille d'engourdir la main de celui qui la touche, & de lui faire éprouver une sensation qui ressemble fort à celle que produit le coup électrique, & qui paroît dépendre de la même cause. *Cardan* croit que cette vertu de la torpille se restreint à une seule partie qu'il ne détermine point; mais les expériences de Lorenzini prouvent que la torpille a la vertu d'engourdir, non point dans tout son corps, mais dans une certaine partie déterminée, & que cette partie déterminée, ce sont deux corps ou muscles faits en forme de faulx, qui se correspondent dans le dos & la poitrine de cet animal. Si on ne touche point immédiatement ces deux muscles avec la chair nue, ils ne font aucun effet; & outre cela il est nécessaire que les fibres de ces muscles se resserrent, pour que la partie nue de celui qui touche puisse éprouver leur vertu.]

24. Il y a un très-grand nombre de poissons dont le sentiment est si foible, si obtus, qu'on ne sait si on doit les regarder comme des animaux ou comme des plantes : tels sont par exemple, les éponges & les orties de mer attachées aux rochers, elles ne donnent aucun signe d'animalité; si ce n'est que lorsqu'on les traîne, elles se contractent & paroissent avoir un mouvement progressif. [Les orties de mer sont de véritables animaux dont toutes les parties coupées transversalement ou longitudinalement se reproduisent comme celles du polype d'eau douce. Il en est de même des étoiles de mer dont les portions mutilées poussent aussi de nouveaux rayons à la place de ceux qui leur manquoient. M. Bernard de Jussieu rapporte que le fait concernant l'étoile de mer qui étoit si nouveau pour lui, ne l'étoit pas pour les pêcheurs des côtes de Normandie, qui lui voyant couper par morceaux un de ces animaux, lui dirent qu'il avoit beau faire, qu'il ne parviendroit pas à lui ôter la vie. Il n'est

---

plus ou moins fréquens. On a dit qu'il n'y avoit point de grands génies sans un certain mélange de folie ; *nullum magnum ingenium sine mixtura dementiæ est* ; & cela est également vrai des grands scélérats, avec cette différence essentielle, que dans les premiers, c'est le génie qui est la qualité extrême, & que dans les seconds, c'est la méchanceté ; d'où il suit nécessairement qu'il faut admirer les premiers, & détruire les seconds, comme des animaux malfaisans. Mais il n'en est pas moins vrai que tout ce qui prédomine sensiblement dans l'homme, soit le bien, soit le mal, l'avoisine plus ou moins de la folie, qui n'est, ainsi que Hobbes l'a très-bien vu, que l'extrême degré de la passion.

Passiones denique omnes, dit-il, *quæ actiones insolitas exorbitantesque producunt, nomine insigniuntur insaniæ.* Leviathan ; *de homine*, cap. 8, p. 38. « il avoit dit auparavant : *Habere autem passiones, multo fortiores vehementioresque quam in cæteris hominibus videri solent, illud est quod nominatur insania.* Id. ibid. page 37.

pas étonnant que *Cardan* ait ignoré ce que M. de Juffieu ne favoit pas encore en 1743].

25. Les animaux timides, tels que les fouris & les lièvres, ne s'apprivoifent point, car il eft impoffible d'aimer celui à qui l'on fuppofe l'intention & le pouvoir d'attenter à notre vie. Or tel eft le deffein qu'on prête à celui que l'on craint ; voilà, pour l'obferver en paffant, la raifon pour laquelle les tyrans font haïs de ceux-mêmes auxquels ils font du bien. Les terreurs qu'ils infpirent fe renouvellent trop fouvent pour qu'on puiffe fe raffurer par le fouvenir de leurs bienfaits.

26. Il y a des faits qui font atteftés par tant de témoins, qu'on n'ofe les nier, quoiqu'on ne puiffe les admettre fans montrer une crédulité exceffive.

27. Il ne faut citer des exemples que lorfqu'il s'agit de faits qui arrivent rarement.

28. Je ne m'occupe point à chercher la caufe d'un phénomène, avant de m'être affuré par des expériences multipliées que ce phénomène a réellement lieu en nature. [*Cardan* donne ici indirectement aux phyficiens & aux naturaliftes, une fort bonne leçon, mais à laquelle, quoi qu'il en puiffe dire, il a fouvent oublié de fe conformer ; (1) au refte, Montaigne a eu à-peu-près la même idée ; mais, indépendamment de ce tour vif, original qu'il fait donner à toutes fes penfées, il a de plus l'art de les généralifer, ce qui en étend l'utilité à un plus grand nombre de cas. Voyez combien l'obfervation de *Cardan*, à peine remarquable dans le texte de cet auteur, paroît importante & grave lorfqu'on le lit dans Montaigne ; tant la manière de dire eft effentielle aux chofes. « Je rêvaffois préfentement, » comme je fais fouvent, dit ce philofophe, » fur ce combien l'humaine raifon eft un inf-» trument libre & vague. Je vois ordinairement » que les hommes, aux faits qu'on leur pro-» pofe, s'amufent plus volontiers à en chercher » la raifon, qu'à en chercher la vérité. Ils paffent » par-deffus les préfuppofitions, mais ils examinent » curieufement les conféquences ; ils laiffent les » chofes, & courent aux caufes : plaifans cau-» feurs !..... ils commencent ordinairement ainfi : » *comment eft-ce que cela fe fait* ? mais, *fe fait-il* ? » faudroit-il dire ». (2)]

Le onzième livre traite de l'homme, de fa néceffité & de fa forme.

---

(1) *Voyez*, entr'autres exemples, fon explication d'un fait cité par Saint-Auguftin : ci-deffous, *pag.* 909.

(2) Montaigne, effais, *livre* 3, *chap*. 11, *pag. m.* 1064.

1. *Cardan* paroît admettre dans la matière des vices que Dieu n'a pas pu corriger ; car il dit que cet être a fait chaque chofe auffi parfaite que le lui permettoit la nature de la matière fur laquelle il opéroit. *Divina igitur fapientia in unoquoque fecit optimum, quod ex tali materia poterat excogitari.* [De ce principe au fyftême de l'optimifme, il n'y a pas bien loin. *Cardan* croyoit la matière éternelle, & par conféquent, indépendante de Dieu : mais alors, quel droit pouvoit-il avoir fur elle ? Tout cela eft de la mauvaife phyfique, avec laquelle on ne peut faire que de la mauvaife philofophie. Il y a plus de jufteffe & d'exactitude dans les obfervations fuivantes.]

2. Les oifeaux de proie, & en général, tous les animaux qui fe nourriffent de chair, ont plus de fagacité & un inftinct plus perfectionné que les frugivores. *Voyez* l'article INSTINCT DES ANIMAUX.

3. Il y a d'ailleurs une autre caufe de cette fupériorité d'intelligence qui diftingue les animaux carnivores ; c'eft ce befoin impérieux & continuel de pourvoir à leur fubfiftance, néceffairement précaire & fugitive ; car il faut d'abord qu'ils cherchent leur proie, & enfuite, qu'ils l'atteignent ; au lieu que les frugivores font affurés de leur nourriture, dès qu'une fois ils l'ont trouvée.

4. L'homme n'eft pas plus un animal que la plante. Car la vie feule ne conftitue pas l'animal : c'eft par cette raifon que la plante n'eft-pas plus un animal que l'homme.

5. Toutes les prédictions des prophètes, concernant Jéfus-Chrift, font fi exactes, fi précifes, qu'on peut croire qu'elles ont été faites après l'évènement. *Prophetarum.... adeò diligenter omnia, quæ de Chrifto evenerunt narrantium, ut non prædicta quis exiftimet, fed recitata poft factum putet.*

Le douzième livre traite de la nature de l'homme, de fon tempérament & de fa conftitution. *Cardan* s'élève avec force contre l'ufage immodéré des femmes ; & fon autorité eft ici d'un grand poids, parce qu'il y parle en médecin praticien & qui a bien obfervé les effets funeftes de cette intempérance. « L'abus des plaifirs de Vénus, » dit-il, fond, pour ainfi dire, le corps & en dé-» compofe les parties intégrantes : il attaque » même le cerveau & les nerfs auxquels il com-» munique un tremblement. Il accélère la vieil-» leffe, blanchit les cheveux, rend la tête chauve, » & fur-tout il affoiblit fenfiblement la vue ». Voici tout le paffage de *Cardan* ; c'eft une grande & inftructive leçon pour ceux dont l'ardeur de leur tempérament ou la fougue de leur imagination porte fur ce point à des excès deftructeurs.

Facit & ad vitæ longitudinem, atque robur veneris parvus ufus : namque plurimum in ea effunditur ex arteriali illo fanguine, atque puriffimo fpiritu, quod his indigeat generatio, propter quam Venus ipfa conftituta eft : colliquat etiam corpora, & cerebrum offendit ac nervos, tremulofque efficit ; fenium accelerat & canos oculofque præcipuè debilitat.

Cardan fait entendre (& M. de Buffon le prétend auffi) que la durée de la vie eft proportionnelle à celle de l'accroiffement : c'eft-à-dire, qu'un animal vit d'autant plus long-tems qu'il emploie plus de tems à prendre fa croiffance & fon volume. *Signum tamen maximum vitæ longævæ eft, multum ac tardè crefcere. Huic proximum, parum & tardè. Sed fi multum & celeriter hoc brevis vitæ eft indicium : parum vero augeri & celeriter, breviffimæ vitæ eft argumentum.*

On trouve dans ce livre, fur les effets phyfiques de la vie ftudieufe & contemplative, une obfervation que l'expérience paroît confirmer ; c'eft que ceux qui fe livrent habituellement à des fpéculations abftraites, ont en général moins de tempérament que les autres hommes : *ad venerem minùs funt prompti* ; parce qu'ils n'érigent, pour ainfi dire, que par le cerveau, vers lequel tous les efprits fe portent en foule, & qui eft en eux l'organe prédominant. Voilà, ajoute *Cardan*, la raifon pour laquelle ces méditatifs n'engendrent que des enfans d'une conftitution débile, & qui leur font encore très-inférieurs par les facultés intellectuelles. *Ob id, & debiles ac maximè fibi diffimiles generant filios.*

Pour obvier à ces divers inconvéniens & donner à la fibre animale, trop molle & d'un tiffu trop lâche dans ces fujets, plus de confiftance & de reffort, *Cardan* veut qu'ils fe montent l'imagination, qu'ils l'échauffent par des moyens artificiels dont nos jeunes gens & nos vieux débauchés fe fervent également, mais avec un fuccès très-différent. Ces moyens font, par exemple, de fe mêler habituellement dans la fociété des plus jolies filles, de lire des romans d'amour & des livres érotiques, de s'entourer de peintures lafcives, de ne pas s'interdire abfolument les plaifirs de Vénus, dont l'ufage modéré eft fi falutaire, fi propre à tempérer l'amertume des peines de la vie ; enfin, à employer les bains pour donner du ton à certaines parties organiques trop relâchées. Voici le texte de ce favant médecin : j'ai tâché d'en bien prendre l'efprit, fans m'aftreindre à une traduction littérale ; efpèce de mérite, fi c'en eft un, qui feroit ici très-fuperflu.

Itaque juvat maximè cum pulchris verfari puellis, & hiftoriam legere amatoriam. Quinetiam depictas virgines formofas habere in cubiculis, & venerem nunquam omninò intermittere, tum maximè cum rara ad allevandum curas nihil fit meliùs : balnea etiam his qui ob texturæ laxitatem nimis refolvuntur, funt utilia.

La morale évangélique, fi fouvent fauffe ou exagérée, lorfqu'elle n'eft pas étroite & commune, n'approuvera pas, fans doute, la plupart de ces moyens, & fur-tout l'intention dans laquelle *Cardan* les indique ; mais la médecine diététique n'eft pas fi fcrupuleufe ; fon but n'eft pas de faire des chrétiens dont il y aura toujours affez, mais de rendre les hommes fains, robuftes & capables d'engendrer des enfans qui leur reffemblent.

On trouve dans ce même livre quelque chofe de relatif aux cofmétiques & aux maladies externes. Parmi les règles & préceptes de fanté que notre auteur y prefcrit, un des plus remarquables, lorfqu'on confidère combien la médecine expectative & purement hippocratique étoit méconnue à cette époque, eft celui où il interdit à ceux qui veulent éviter les incommodités de la vieilleffe & prolonger leur vie, l'ufage des médicamens & de la faignée.

Summum igitur auxilium, non folum ad vitæ longitudinem, fed ad vitanda fenii incommoda funt, victus moderatus, expers crapulæ : vini potentioris, venerifque, tum mens læta, & fomnus prolixus, cum exercitatione : NON MEDICAMENTIS, NON VENÆ SECTIONE UTARIS. Les plus favans médecins ont été à cet égard dans les principes de *Cardan*. « Mes chers difciples, difoit Baglivi, qu'il faut » peu de remèdes pour guérir les maladies ! Com» bien ce fatras de médicamens divers n'a-t-il pas » tué de gens ! » *Tyrones mei, quam paucis remediis curantur morbi ! Quam plures vita tollit remediorum farrago !*

Cardan recommande auffi fortement la *diète blanche* ou le régime du lait qu'il appelle une fubftance éminemment douce & très-nourriffante : *Probè cum dulce etiam fit, fi quid aliud nutrit, undè etiam vitæ diuturnitati maximè confert.* Le vieillard de Cos avoit remarqué, long-tems avant lui, que tous les corps *doux* renferment un fuc nourricier très-abondant. *Omne dulce nutrit*, dit ce grand médecin, avec fa précifion ordinaire.

Cardan fait enfuite plufieurs obfervations, auxquelles des expériences exactes & multipliées peuvent feules donner du poids ; entre autres, celle fur la caftration, à laquelle il attribue la propriété de garantir les hommes de la goutte : *Tuetur & hominem à podagrâ*. Je fais que cette opinion eft très-ancienne, car on la trouve dans Hippocrate (1) que *Cardan* auroit dû citer, puif-

---

(2) Aphorifmor. fect. fexta, aphor. 28. Je me fers de la belle & correcte édition publiée par M. Bofquillon, Paris, 1784, in-18.

qu'il ne fait ici que traduire à sa manière un de ses aphorismes. Mais il n'en est pas moins vrai que les expériences qui servoient de base à la maxime du divin vieillard, & qui avoient pour lui l'évidence des axiomes, n'étant point parvenues jusqu'à nous, ne dispensent pas les médecins de les répéter : elles doivent même être faites sur un grand nombre de sujets ; ce qui les rend très-difficiles, & recule sur-tout le terme où elles peuvent inspirer quelque confiance.

Les physiologistes qui soutiennent l'influence de l'imagination de la mère sur le fœtus, peuvent citer en faveur de leur opinion, aussi difficile à établir qu'à réfuter solidement, ce passage de *Cardan : Certius illud est*, dit-il, *quod à multis quæsitum est sapiùs, prægnantium affectus fœtus qui in utero sunt, posse vitiare : undè tot maculæ infantibus vini, suilæ cutis*, &c. &c.

Voici encore quelques idées théoriques de *Cardan*, que l'observation & l'expérience confirment, & que le tems où il a écrit rend plus remarquables encore.

Les monstres vivent d'autant plus long-tems, que leur organisation intérieure ou extérieure, sur-tout celle des parties les plus nécessaires à l'exercice des fonctions vitales, implique moins contradiction avec la coordination actuelle. C'est pourquoi la durée de la vie d'un monstre à deux têtes est toujours très-courte. *Undè biceps monstrum nunquam diu supervixit.*

Dans l'espèce humaine, plus les monstres diffèrent de l'homme par les formes extérieures & s'approchent de celles d'un animal quelconque, & plus ils passent promptement. *Cumque à forma humana recesserint, ut magis ab ea recesserint, ad formamque belluarum, & ferarum, & piscium, & colubrum, eò minus vivunt.*

Cardan examine ensuite cette question ; savoir, si le monstre est simplement un écart, une erreur de la nature, ou si en le formant, elle se propose quelque fin ; comme, par exemple, de faire un bélier d'un homme ; & il se déclare pour l'affirmative par cette raison ; c'est que si la nature ne se proposoit absolument aucune fin dans la production du monstre, ce ne seroit jamais qu'une masse informe ; ce qui n'arrive pas toujours.

Le cœur est un des principes du mouvement vital, comme le cerveau. [*Cardan* n'a pas su tirer de cette observation toutes les conséquences qu'il auroit pu en déduire ; mais quoique isolée & comme perdue dans son livre, il a toujours le mérite de l'avoir faite. Le célèbre Baglivi regarde aussi le cerveau & le cœur comme les principaux moteurs de toutes les parties du corps humain. *Voyez* parmi ses œuvres, édit. de Lyon, 1704, in-4°. son *Specimen quatuor librorum de fibra motrice & morbosa.*]

Si la douleur n'étoit que dans les nerfs, on souffriroit peu en mourant : mais je puis dire, d'après ma propre expérience, constatée par des observations faites sur d'autres personnes d'un jugement sain, qu'il n'y a point de douleur, quelque aiguë qu'elle soit, qu'on puisse comparer à celle du cœur. C'est sans aucun doute ce viscère qui, dans les mourans, est la partie souffrante : soit long-tems, soit un peu avant la mort, le cœur est vivement affecté : & comme c'est l'organe qui, dans l'animal vit le premier, c'est aussi lui qui meurt le dernier. Je laisse au savant médecin anatomiste Petit à prononcer sur ces différentes assertions de *Cardan*, qui, s'il m'est permis de le dire, me paroissent mériter l'examen de ceux qui joignent à une excellente théorie de la médecine les connoissances plus sûres encore qu'une longue pratique de cet art peut seule donner (1).

Le treizième livre traite des sens, du sentiment & de la volupté.

1. L'homme & les animaux parfaits n'avoient besoin que de cinq sens ; si la nature leur en eût accordé un sixième, il ne leur auroit été d'aucune utilité. *Cette proposition est absolument fausse dans l'hypothèse de l'existence de Dieu & d'une providence ; elle n'est vraie que dans le système d'un enchaînement éternel de causes & d'effets nécessaires ; parce que dans ce système, moins généralement reçu, mais très-philosophique & très-conforme à l'observation des phénomènes, tout est nécessairement comme il doit être, & il ne peut rien y avoir de plus ni de moins que ce qui est.* Voyez l'article FATALISME & FATALITÉ DES STOICIENS.

2. La vue est le sens par excellence. *C'est ce qu'il falloit dire du toucher.*

3. Ce ne sont point les ténèbres qui nous inspirent de l'effroi, mais la certitude où nous sommes qu'elles rendent notre force inutile &

---

(1) Voici le texte de *Cardan*, je le joins ici en faveur des médecins.

Quod si dolor non esset nisi in nervis... parvus esset dolor in morte. At ego in meipso expertus sum, & in aliis prudentibus viris apertè cognovi, nullum esse dolorem adeò magnum qui dolori cordis comparari possit ; morientibus autem procul dubio cor affligitur, & sive diu sive paulo antequam moriantur, vehementer afficitur. Ipsum enim est quod propriè in contrarium mutatur, quoniam solum primo vivit. Valeant ergo medici cum suis nugis affirmantes cor esse parvo vel nullo sensu præditum, quod paucis nervorum ramulis irrigetur, &c. Cardan. *de utilitate ex adversis capiendâ.* lib. 2, cap. 5, pag. m. 161.

nous exposent à tous les dangers : cela est si vrai, que lorsque nous sommes en société, nous cessons de craindre, quoique nous restions dans la même obscurité. Je ne crois pas qu'il y ait un seul homme qui, entouré d'un grand nombre d'amis, éprouve le sentiment de la peur, au milieu même des ténèbres les plus profondes. Ajoutez à cela que les lieux inconnus, & avec lesquels l'habitude ne nous a pas familiarisés, nous causent plus de terreur que ceux auxquels nous sommes accoutumés.

4. Ceux qui ont la vue bonne & qui voient de loin, ont l'odorat peu fin ; & ceux en qui ce dernier sens est très-perfectionné, ne voient pas ordinairement de loin. *On n'apperçoit ici aucune liaison entre la cause & l'effet. C'est aux physiciens à examiner jusqu'où cette étrange assertion peut être vraie ou fausse ; mais en attendant le résultat de leurs expériences, je conseille au lecteur de suspendre son jugement.*

5. Le sens du toucher s'exerce de quatre manières différentes, & paroît en quelque sorte quadruple. Le premier prononce sur le froid & la chaleur, sur le sec & l'humide : le second juge de la douleur & du plaisir : le troisième éprouve seul les plaisirs de l'amour ; cette sensation délicieuse est particulièrement & exclusivement affectée à cet organe : le quatrième distingue ce qui est pesant de ce qui est léger.

6. Le beau est ce dont la vue a une connoissance parfaite. Car on ne peut pas aimer ce qu'on ne connoît point. Le beau est donc en tout ce qui a sa juste proportion ; ce qui réveille en nous l'idée d'ordre, de symmétrie. Les objets qui sont tels nous affectent agréablement.

7. Non-seulement ceux en qui le sens de la vue est très-exquis, aiment plus foiblement que les autres hommes, mais ils aiment même plus rarement : car il est très-difficile que la plus belle femme paroisse absolument sans défaut à celui qui examine en détail & d'un œil sévère & pénétrant tous les traits de son visage.

8. Ce qui fait que l'on prend tant de plaisir au jeu, c'est cette alternative rapide de perte & de gain. [*Cardan* aimoit le jeu avec passion (1), & surtout les jeux de hazard. Il avoue, à sa honte, (*turpe dictu*) qu'il y passoit les journées tout entières, au grand dommage de sa famille & de sa réputation ; car il jouoit même ses meubles & les bijoux de sa femme : *Alea adversa oppigneratis*

———
(1) *Natura supra modum luxui ludisque deditus, nec ambitione lucrique cupiditate alienus. Cardan.* de *rer. variet. lib.* 8, *cap.* 43, *pag. m.* 411.

ornamentis uxoris, & supellectile, &c. Cardan de vitâ propriâ, cap. 13, 19 & 25.]

9. Les hommes qui ont l'odorat très-fin, ont beaucoup d'esprit, parce que la température chaude & sèche du cerveau rend l'odorat plus subtil : or, la chaleur de cet organe donne à l'imagination plus de vivacité, & sa sécheresse le rend propre à conserver la trace & l'impression des images.

10. De tous les animaux, l'homme est le seul auquel les odeurs fassent éprouver une sensation agréable. Le parfum des fleurs agit sur le nez du chien, mais ne lui cause aucun plaisir. Les sens du goût & du toucher sont les seuls par lesquels il étoit nécessaire que les animaux fussent affectés agréablement, afin qu'ils ne mourussent pas de faim, qu'ils travaillassent à se reproduire, & qu'ils pussent éviter les objets qui pourroient leur nuire, &c. &c.

Le quatorzième livre traite de l'ame, de l'entendement, du jugement, des passions & de leurs effets physiques.

1. Le jugement est la comparaison de plusieurs choses comprises ou saisies par la raison, avec toutes leurs conditions & tous leurs rapports. Cette comparaison produit le choix. Ceux qui ont le jugement droit & sain, excellent nécessairement dans les connoissances de toute espèce. [*Cardan* a voulu dire sans doute qu'ils avoient un instrument de plus que les autres hommes pour acquérir des connoissances diverses & pour les perfectionner.]

2. L'obscurité qui rend un ouvrage inintelligible, décèle l'ignorance de l'auteur ; mais une obscurité modérée & comprise dans certaines limites, est une preuve de sa sagesse. *Voyez* ci-dessus pag. 883, 884.

3. Une espérance immodérée est presque semblable à la joie ; elle empêche également de dormir, parce qu'elle excite dans le sang un mouvement violent dont l'effet est de suspendre l'action du sommeil.

4. L'envie est une haine très-atténuée.

5. La honte est un mélange d'espérance & de crainte.

6. Le soupçon est une petite crainte, comme l'audace est une grande espérance. *Ces trois dernières définitions ont la justesse & la précision de celles de Hobbes. Voyez le Leviathan, & le supplément à l'article* HOBBISME.

7. L'homme qui médite profondément ne voit ni n'entend ; ses oreilles & ses yeux étant sains & ouverts ne peuvent point ne pas éprouver de la part des objets extérieurs, l'impression qui

leur est propre ; mais son ame n'est pas présente à cette action, & n'en a aucune conscience : elle n'a pas même, dans cet état d'abstraction, le sentiment de la douleur. *Ut etiam quandoque cogitationi intentus, dolorem haud sentiat.* Je me souviens, ajoute-t-il ailleurs, d'avoir quelquefois donné à l'examen de certaines matieres, une attention si forte, & si continue, que j'étois absolument insensible aux douleurs poignantes de la goute. [Il est certain qu'un métaphysicien ou un géometre fortement occupé de la solution d'un problème difficile & compliqué, n'existe & ne vit, pour ainsi dire, que dans un seul point, le cerveau : c'est-là qu'il est tout entier. Le passage de *Cardan* que je viens de citer, & dans lequel je n'ai fait que développer sa pensée, prouve qu'il avoit fait à-peu-près la même observation, car il dit expressément que le sentiment est d'autant plus foible, plus obtus dans le philosophe contemplatif, que son esprit est plus tendu, plus concentré dans l'objet de sa meditation. *At licet intentius cogitare, ob idque minus sentire.* Vanhelmont a fait la même remarque dans son bel ouvrage *de lithiasi* (1)].

8. Ceux auxquels on coupe la tête d'un seul coup, meurent en partie étranglés & en partie d'hémorragie. C'est la raison pour laquelle ce genre de mort n'est point sans douleur ; mais elle est moins vive que celle qu'éprouvent ceux qu'on étrangle, & elle passe plus vîte (2).

Le quinzième livre traite des subtilités inutiles. *Cardan* nous apprend qu'il avoit écrit autrefois quatre livres sur les jeux ; il parle avec beaucoup de mépris de Raymond Lulle & de ses promesses : *res prorsus risu digna*, dit-il, *omnem velle tradere doctrinam, nullam nosse*. [*Cardan* avoit bien toutes les connoissances nécessaires pour appercevoir les défauts de certains ouvrages de Raymond Lulle ; mais il n'avoit pas celles dont il auroit eu besoin pour y remarquer ce qu'il y avoit de bon, d'utile & de vrai. Il n'appartient qu'à des chymistes tels que Stahl, Becher, Rouelle, Venel, Roux, d'Arcet, &c. &c. d'apprécier le mérite de cet ancien alchymiste, & de déterminer la nature & l'importance des services qu'il a rendus à la physique & à la chimie par ses travaux & ses découvertes. C'est en consultant ces sources pures qu'on apprend que le *testamentum novissimum* de Raymond Lulle est plein de connoissances, de préceptes, de règles positives, principalement sur l'analyse du vin, la distillation & la rectification de l'esprit-de-vin : que son traité intitulé *experimenta*, est rempli de faits intéressans. Il a connu & employé avec intelligence l'eau forte, dont il décrit *ex professo*, plusieurs préparations dans son traité intitulé *clavicula* ou *apertorium* ; & cela par des intermèdes qui rendent ces procédés très-dignes d'être répétés par les chimistes qui savent être curieux ; il s'est servi aussi de l'eau régale dont l'usage n'a été commun & appliqué aux travaux sur les métaux, que près de cent ans après sa mort. En un mot, ajoute un excellent juge dans ces matières, les ouvrages de Raymond Lulle, sont, après ceux de Geber, le premier trésor pour la chimie philosophique, & contient des matériaux précieux pour l'établissement de la théorie. Au reste ce bon est mêlé à beaucoup de fatras alchimique, quoique peu confondu, & ramassé en pelotons assez distincts.]

Cardan exige d'un auteur trois choses également importantes, mais dont la réunion est très-difficile. Il veut que tout ce qu'on écrit ait une utilité présente & immédiate, que l'objet, le but, le résultat en soient bien déterminés, & que les principes sur lesquels on raisonne soient inattaquables : *ea enim qua scribuntur, tria habere debent, utilitatem præsentem, certum finem, inexpugnabile fundamentum*. Ce précepte est excellent ; mais on est un peu étonné de le trouver dans *Cardan*, & sur-tout dans un ouvrage où il l'a si souvent enfreint.

Le seizième livre traite des sciences en général. Ce livre est le meilleur de tout l'ouvrage, parce que *Cardan* y parle le plus souvent de choses qu'il avoit étudiées & qu'il savoit bien. Ce sont des considérations géométriques sur les diverses propriétés du cercle, de la parabole, de l'ellipse, de l'hyperbole, du cône, de la pyramide, de la sphère, du cylindre, de la spirale, des lignes asymptotes, &c, &c, &c. *Cardan* veut que la géométrie soit la première science qu'on enseigne aux enfans, par la raison que les principes qui lui servent de base sont d'une extrême clarté, ce qui les rend plus faciles à saisir. Il fait sur l'étude de cette science une autre remarque également juste ; c'est qu'en partant d'un petit nombre d'axiomes d'une évidence incontestable, l'esprit arrive en peu de tems à des vérités très-obscures, de même qu'il s'élève des vérités les plus communes aux spéculations les plus sublimes (1). Notre philo-

---

(1) Contingit namque, *dit-il*, si forsitan spiritus iste, (*il parle de l'ame sensitive*) ob profundas speculationes, vel insaniam, occupetur, quod corpus dolores non sentiat, famem, frigora, sitim. Vanhelmont. de lithiasi, *cap.* 9, *sect.* 11, *pag.* 713, édit. Amstel 1652, in-4°.

(2) *Cardan.* de utilitate ex adversis capiendâ. *lib.* 2, *cap.* 5, *pag. m.* 201, 202.

(1) Nihil mirum igitur geometriam esse omnium scientiarum subtilissimam : quæ cum tamen à manifestissimis initium ducat, meritò ansam præbuit ut prima omnium etiam pueris doceretur. Mirum est quàm brevi ex apertissimis paucis axiomatibus ad obscurissima te trahat. Sic etiam ex humillimis in altissima illicò assurgit. *Cardan.* de subtilit. *lib.* 16, *pag.* 771, 772.

sophe

sophe semble s'attribuer dans ce livre l'invention de l'algèbre qu'il appelle par excellence, le grand art. *Ars quam nos magnam vocavimus, à nobis inventa editaque*: mais cette science à qui l'on doit tant de grandes & utiles découvertes, avoit été cultivée long-tems avant lui (1); il a voulu dire, sans doute, qu'il l'avoit perfectionnée par un côté difficile, ce qui est vrai, comme nous le dirons bientôt. (*Voyez*, dans le dictionnaire de mathématiques, les articles CAS IRREDUCTIBLE, & APPROXIMATION.

Le dix-septième livre traite des arts & des inventions humaines.

1. La plus admirable de toutes ces inventions, c'est la navigation; l'artillerie mérite le second rang, & le troisième est dû à l'imprimerie, invention qui, à l'exception de la première, ne le cède à aucune autre, ni pour l'utilité, ni pour la dignité, ni pour la subtilité. Je pense même qu'on feroit très bien d'accorder à ce bel art la première place: l'antiquité n'a rien qu'on puisse comparer à ces trois découvertes. *Voyez* encore ce qu'il dit de ces inventions dans son livre *de vit. propr. cap. 41. pag. m. 147.*

2. Un peintre ne doit être étranger à aucune science, à aucun art, car son talent consiste dans une imitation exacte de tout ce qui est en nature.

3. La plus grande distance à laquelle les nuages & la pluie peuvent être vus, est de cent-vingt-mille pas, ou pour parler plus exactement de cent mille pas. Quelqu'un qui seroit à Milan ne pourroit pas assurer qu'il pleut en France. Et comme la plupart du tems, sur-tout lorsqu'il pleut, la hauteur des nuages n'est pas de cinq cents pas, il est rare que nous puissions voir la pluie à une distance qui excède celle de trente-mille pas.

4. Le feu nous paroit d'autant plus près de la terre, qu'il est plus éloigné de nous.

5. En général, il ne faut estimer dans chaque science ou art, excepté en poésie & en mathématiques, que les auteurs qui ont beaucoup écrit: car les autres sciences exigent, outre le génie de l'invention, un jugement sain; or, pour bien juger, il faut avoir beaucoup de connoissances.

6. On saute d'autant plus loin, que le lieu d'où l'on saute est plus élevé. [*Cardan* prouve géométriquement que cela doit être ainsi. Il explique aussi très-bien pourquoi, lorsque nous montons, nous éprouvons dans les cuisses une si grande lassitude, & pourquoi notre respiration devient alors plus pénible & plus fréquente. Il remarque même à ce sujet que cinq cents pas faits en montant, fatiguent plus que quatre mille sur un terrein uni. La théorie par laquelle il rend raison de cette différence, est telle que la donne l'expérience & les observations.]

7. Les effets les moins importans, lorsqu'ils sont continus, peuvent quelquefois donner lieu à des conjectures fondées. (*Voyez de vit. propr. cap. 41. pag. m. 151.*)

8. Tout ce qui est surnaturel n'est point du ressort de la raison humaine; & ce qui est de son domaine, n'offre rien de merveilleux, si ce n'est aux yeux des ignorans. (*Voy. la même, pag. 152.*)

Le dix-huitième livre traite des choses merveilleuses. C'est un recueil de secrets de charlatans & de tours de jongleurs, fort inférieurs à ceux de Comus, de Pinetti & de nos danseurs de corde; *Cardan* s'arrête avec complaisance sur ces différentes inventions dont il avoue néanmoins l'inutilité. *Hæc ars*, dit-il, *attamen nullo in pretio habetur.... quod circa inutilia versetur.* Il passe ensuite, assez brusquement, à des spéculations purement mathématiques; il enseigne, entre autres choses, la manière de trouver le rapport de la circonférence du cercle à son diamètre; découverte, dit-il, due au génie surprenant d'Archimède: *Proportio peripheriæ circuli ad diametrum ab Archimede mirabili ingenio inventa.* [La découverte d'Archimède n'est qu'une simple approximation, comme toutes celles qu'on a données depuis ce grand homme; mais il a ouvert le premier la route dans laquelle ses successeurs ont marché ensuite plus hardiment & plus sûrement: ils en ont même trouvé de nouvelles qui les ont conduits beaucoup plus loin, en moins de tems. *Cardan* détermine le rapport cherché, par le moyen de trois suppositions qui n'ont rien de remarquable. Le reste du livre n'est qu'un long enchainement de puérilités, de contes absurdes & de secrets connus de tous nos bateleurs: j'en excepte néanmoins ce qu'il dit de l'efficacité du séton avec l'ellébore, contre la morsure des serpens, & de quelques guérisons merveilleuses; comme, par exemple, de celle d'un enfant atrophié qui

---

(1) Notez qu'ailleurs *Cardan* fait honneur de cette invention aux arabes: *Huic Mahometus Mosis filius arabs, algebraticæ (ut ita dicam) artis inventor, succedit. De subtil. lib. 16, pag. m. 803.*

Ce qu'il dit au commencement de son *ars magna*, en confirmant le nom de l'inventeur des règles de l'algèbre, fait connoître quelques-uns des auteurs qui les ont perfectionnées.

Philosophie anc. & mod. Tome II.

Hæc ars olim a Mahomete Mosis arabis filio initium sumpsit. Etenim hujus rei locuples testis Leonardus Pisauriensis est. Reliqui autem capitula quatuor, cum suis demonstrationibus, quæ nos locis suis adscribemus. Post vero multa temporum intervalla, tria capitula derivativa addita illis sunt incerto authore, quæ tamen, cum principalibus a Luca Pacciolo posita sunt. Demum etiam ex primis..... &c. *Cardan, ars magna, cap. 1, pag. 3, édit. Norimberg, anno 1541.*

avoit un abscès très-considérable au-dessous de l'ombilic. Ces deux cures dont *Cardan* indique le procédé, méritent l'attention des médecins ; mais l'expérience peut seule leur donner le droit de prononcer sur le caractère de ces faits ; car, pour appliquer ici une de ses observations, il y a de certains phénomènes qui paroissent plus vrais qu'ils ne le sont, & d'autres qui sont plus vrais qu'ils ne le paroissent. *Quædam quidem magis videntur, quam sint ; quædam autem magis vera sunt, quam videantur.*

Le dix-neuvième livre traite des démons ou génies. *Cardan* y raconte sérieusement & en détail :

Somnia, terrores magicos, miracula, sagas,
Nocturnos lemures, portentaque *christiana* ;

J'ai eu occasion ci-dessus d'exposer son opinion sur ces êtres phantastiques qui jouent un si grand rôle dans la théologie chrétienne : ce qu'il en dit ici n'est pas moins absurde. C'est le résultat de la superstition & de la crédulité portées l'une & l'autre à l'extrême. A l'exception de ce que *Cardan* dit ici des moines dont il fait un portrait très-ressemblant (1), il seroit difficile d'extraire de ce livre une seule ligne qu'un homme de sens voulût avoir écrite. J'en dis autant du livre suivant, dans lequel *Cardan* traite des premières substances : le lecteur, qui a quelque instruction, sera sans doute curieux de savoir ce que notre médecin entend par ces *premières substances* ; & il faut le satisfaire, car il ne le devineroit jamais : ce sont des intelligences, ces espèces de farfadets dont Denys l'aréopagite a formé neuf hiérarchies, & auxquels il a donné des noms si ridicules aux yeux de la raison. En un mot, ce sont les anges, les archanges, les trônes, les dominations, les vertus, les principautés, les puissances, les chérubins & les séraphins.

Le vingt-unième livre traite de Dieu & de l'univers. La chose dont *Cardan* y parle le moins, c'est de Dieu ; ce qu'il en dit se réduit à l'aveu de son ignorance absolue sur la nature de cet être & sur le nom qui lui convient : il lui prodigue d'ailleurs les épithètes les plus magnifiques ; c'est la cause, l'origine, la source, le principe de tout ; c'est la souveraine perfection ; c'est toute l'immensité ; *est autem totum immensum, summaque perfectio*. Tout cela, sans doute, est fort vague & fort obscur, mais *Cardan* parle ici le langage des théologiens, & l'on sait que ce n'est pas dans leurs écrits qu'il faut chercher des idées claires,

exactes & précises. Outre que les matières qui font l'objet immédiat des études & des spéculations de ces tristes ergoteurs ne comportent aucune de ces notions distinctes & évidentes, de ces énumérations suffisantes des parties qui pourroient éclairer leur route & les conduire à des résultats certains, l'habitude d'employer toutes les forces de leur esprit à donner au mensonge les couleurs de la vérité, leur fait perdre le goût & la trace de celle-ci, & les rend par-tout les plus implacables ennemis de la raison, parce que leur empire est détruit dès que le sien commence.

Le titre de ce 21e. livre semble promettre des preuves métaphysiques pour ou contre l'existence de Dieu ; mais à l'époque où *Cardan* fleurissoit, on n'étoit prêt ni sur l'une, ni sur l'autre de ces questions : on savoit très-bien ce qu'Aristote, Averroès, Pomponace & les autres péripatéticiens célèbres avoient écrit de Dieu ; mais sur cette matière, comme sur beaucoup d'autres qu'on ne résout pas mieux par la théologie chrétienne, le terme où les scholastiques s'étoient arrêtés, étoit celui au-delà duquel personne ne se permettoit de porter ses regards. (*Voyez* l'article SCHOLASTIQUES, PHILOSOPHIE DES) Rien n'étoit plus rare alors qu'un homme qui osât penser par lui-même & philosopher sur des principes différens de ceux d'Aristote & de ses interprètes. (*Voyez* ARISTOTÉLISME.) *Cardan*, né avec un esprit vaste & hardi, une imagination vive, un caractère inquiet & remuant, auroit été plus disposé qu'un autre à chercher de nouvelles routes, & plus capable de les trouver ; mais il ne put jamais s'affranchir du joug du péripatétisme (2). L'autorité de cette secte, aussi intolérante que celle des chrétiens, & souvent aussi absurde, tint sans cesse sa raison captive ; & la superstition dont il avoit une très-forte dose, & à laquelle une crédulité puérile offroit tous les jours un nouvel aliment, acheva en lui ce que les préjugés dominans de son siècle, dont chacun de nous est plus ou moins le disciple, avoient déjà très-avancé, & le détourna constamment d'une bonne méthode d'investigation.

Au reste, *Cardan* a du moins senti qu'il est ridicule de parler long-tems d'un être dont on n'a aucune idée. Son traité *de Deo* n'a que vingt lignes, à la vérité, très-insignifiantes, & absolument vuides de sens : celui de Clarke est en trois volumes & ne prouve rien de plus. Tout ce qu'on y apprend, c'est que ce docteur étoit un métaphysicien très-subtil (3), très-aguerri à la dispute, & qui a prostitué, avec impudence, le mot de

---

(1) Hi qui cum istiusmodi hominum genere familiarius sunt versati, sub illis cucullis & mendicitatis nomine deploratissimæ nonnunquam mentes latitent intolerabili arrogantia & extrema pecuniæ cupiditate flagrantes. *Cardan. de subtilit. lib.* 19, *pag. m.* 972.

(2) *Voyez*, ci-dessus, page 892, colon. 2e.

(3) *Voyez* l'article COLLINS (PHILOSOPHIE DE) tome 1, page 751, colonne première, & page 792, colon. 2e.

démonstration en le donnant à une série de sophismes enchaînés avec art, avec méthode, & par cela même, très-propres à faire illusion aux lecteurs inattentifs ou peu instruits, qui sont partout le plus grand nombre.

Si le véritable objet que *Cardan* paroît s'être proposé dans ce dernier livre de son ouvrage avoit été bien rempli, on n'en auroit pas mieux su, sans doute, ce que c'est que *Dieu*, mais la physique & l'histoire naturelle y auroient beaucoup gagné ; car une grande partie de ce livre est consacrée à des recherches faites pour étendre le domaine de ces sciences, beaucoup plus importantes & plus utiles que la théologie. *Cardan* y explique à sa manière, la cause & la formation de la rosée, de la pluie, de la neige, de la gelée blanche, de la grêle, de la glace, des vents, du tonnerre, des éclairs, &c. &c. &c. Pour rendre raison de ces différens phénomènes & de plusieurs autres dont le *pourquoi* & le *comment* sont plus ou moins difficiles à trouver, il auroit fallu multiplier les expériences & les observations ; ce qui demande du tems, de l'attention, de la sagacité, de l'exactitude, l'habitude de voir & d'appliquer les instrumens, & sur-tout une certaine longanimité dont un homme du caractère de *Cardan*, &, qui, le plus souvent, travailloit pour vivre (1), étoit absolument incapable. On ne doit donc pas admettre, sans examen, sa théorie physique ; elle ne pouvoit être que très-imparfaite à l'époque où il l'a publiée, & la tournure particulière de son esprit la rend encore plus suspecte. Il paroît en effet, (& ceux à qui la physique & l'histoire naturelle ne sont pas tout-à-fait étrangères, en jugeront de même) que dans les traités *de Subtilitate* & *de Rerum varietate*, *Cardan*, plus empressé de montrer son érudition & la variété de ses connoissances, qu'attentif à recueillir des faits, à les classer avec méthode, à chercher les phénomènes intermédiaires qui les lient entre eux ; à se défier de l'induction & de l'analogie si souvent trompeuses, &c., s'est plu à débiter sur toutes sortes de sujets ce qu'il savoit, & souvent même ce qu'il ne savoit pas. Le chancelier Bacon en porte à-peu près le même jugement, & peut-être même est-il encore plus sévère. *Eodem modo*, dit-il, *in naturali historia videmus multa temerè, ac parum cum delectu aut judicio recepta, & descripta ; ut liquet ex scriptis Plinii*, CARDANI, *Alberti, & plurimorum ex arabibus, quæ commentitiis & fabulosis narrationibus passim scatent, iisque non solùm incertis, & neutiquam probatis, sed perspicuè falsis, & manifesto convictis, ingenti philosophiæ naturalis dedecore, apud homines graves & sobrios* (2).

Observons néanmoins que, malgré les erreurs & les défauts de toute espèce qui déparent cet ouvrage de *Cardan*, Jules-César Scaliger qui entreprit de le réfuter, n'étoit nullement capable d'en faire une bonne critique. Il étoit, sans doute, meilleur humaniste que notre médecin ; il savoit plus de grec ; j'ajouterai, si l'on veut, qu'il le savoit mieux : mais sans regarder *Cardan*, ni comme un grand physicien, ni comme un savant naturaliste, mérite qu'il lui eût été bien difficile d'avoir dans le siècle où il écrivoit, on peut assurer qu'à cet égard même, Scaliger lui étoit encore très-inférieur, & qu'en géométrie, il n'auroit pas même été digne d'être son disciple. Vossius n'a pas mis précisément le même intervalle entre ces deux rivaux ; mais à l'époque où il déterminoit leur mesure, elle ne pouvoit guère être plus exacte (3). J'ai parcouru les *Exercitationes in Cardanum* ; je dis *parcouru*, car il est impossible de lire ce livre depuis le commencement jusqu'à la fin : & j'ai été indigné de l'arrogance avec laquelle Scaliger traite un homme qui avoit sur lui une supériorité si marquée, & dans des sciences dans lesquelles il est plus difficile, & par cela même, plus flatteur de se distinguer. Le ton caustique & dédaigneux dont Scaliger écrivit contre *Cardan*, étoit d'autant plus déplacé, que cet aristarque, si fier & si dur, commit lui-même beaucoup plus de fautes qu'il n'en put trouver dans le livre de son adversaire, pendant les neuf années qu'il employa à le critiquer. C'est ce que Naudée soutenoit, & ce qu'il offroit même de démontrer. *Imo vero*, dit-il, *assim ego ignoro deposito contendere multo plures nævos esse quos Scaliger exercitationibus immissos reliquit, quàm eos quibus adversus Cardanum tam procaciter exagitandis totos novem annos insudavit* (4).

Mais un trait plus caractéristique encore, & qui prouve que la vanité, portée à l'extrême, confine avec la folie, c'est une certaine préface

---

(1) *Voyez*, ci-dessus, page 883, colon. première, & le passage de Naudée, cité dans la note 2e.

(2) Francisc. Bacon. *de augmentis scientiar. lib.* I, *pag.* 33, tom. 4, édit. Londin. 1778. *Voyez* aussi ses *cogitata & visa de interpretat. natura*, tome 5, pp. 112 & suiv. J'ai cité ce dernier passage dans le discours préliminaire du premier volume, *pag.* 18 & 19.

(3) *Majorem etiam modestiam, dum saltem adeo tractat Cardanum, meritò passim requiras : præsertim si cogites, scribere adversus virum summum, studiis quidem humanitatis & metaphysices non paulò inferiorem : at non scientia naturæ mathesos autem omnibus disciplinis, in quibus parum omnino Scaliger videbat, albis quod dicitur equis prævertentem. Vossius de origin. & progress. idolat. lib.* 3, *cap.* 80, *pag. m.* 1165.

(4) Gabriel. Naudæi, *de Cardano judicium*. Je ne cite point la page, parce qu'elles ne sont pas cotées dans mon édition ; mais le feuillet où se trouve ce passage, est marqué de **.

de Scaliger, imprimée à la fin de ses harangues contre Erasme. C'est-là qu'il ose dire avec une impudence qu'on a peine à concevoir, que sa critique avoit fait mourir *Cardan* de chagrin. Je n'ai point lu cette préface, ni ne la lirai assurément, mais un philosophe, exact dans ses recherches, & dont le jugement est d'un grand poids dans la balance, dit qu'elle est remplie *de réflexions étudiées*. Scaliger y comble *Cardan* de louanges; il témoigne un regret extrême d'avoir remporté une victoire qui coûtoit à la république des lettres la perte d'un si grand homme, &c. &c. On auroit pu répondre à ce censeur présomptueux par ce vers du *menteur*:

Les gens que vous tuez se portent assez bien.

en effet, *Cardan* lui a survécu quinze ou seize ans. Mais ce qui rend la forfanterie de Scaliger encore plus ridicule, c'est que son livre, bien loin de pouvoir causer à *Cardan* le plus léger chagrin, fut au contraire pour lui un nouveau sujet de triomphe; car il y fit une réponse générale (1) dans laquelle, selon la remarque de Naudée (2), il se justifia si bien, que s'il resta quelques difficultés qu'il ne put résoudre, on les doit compter pour peu de chose. J'ai lu cette réponse de *Cardan* à Scaliger, & je trouve que Naudée en a jugé sainement.

Cet extrait du traité *de subtilitate*, suffit, ce me semble, pour en donner une idée assez exacte, sur-tout, si l'on y joint ce que j'ai dit en général de cet ouvrage, ci-dessus, page 892. & 907. Je vais présentement donner un simple sommaire des livres *de rerum varietate* qui ne sont autre chose qu'une continuation & quelquefois un commentaire (3) de celui dont je viens de parler. *Cardan* y discute souvent les mêmes matières auxquelles il se contente d'ajouter dans l'occasion ce que des lectures plus récentes, des réflexions ultérieures ou de nouvelles rêveries sur ces premiers objets de ses études & de ses méditations, lui avoient appris ou lui avoient fait croire.

Le premier livre traite de l'univers & de ses parties sensibles, de la cause des comètes, de la manière dont elles se forment ou s'engendrent, du mouvement de leur queue, des événemens annoncés par l'apparition de ces planètes, de la cause des vents, de leurs différentes espèces, & de leurs effets, de la nature des élémens, de la variété des climats, de leurs propriétés distinctives, de la différence remarquable des hommes, des plantes & en général de tous les animaux dans les divers climats, des phénomènes de la terre, de l'eau & de l'air.

Le second livre traite des parties divines du monde, de la lumière, de l'influence des astres sur toutes les choses humaines. *Cardan* y annonce que l'an 1800 il doit arriver nécessairement un grand changement dans la loi de Jésus-Christ. [Il est plus que probable que cette prédiction, déjà presque accomplie sortira un peu plutôt, un peu plus tard son plein & entier effet: mais ce ne sera pas, comme *Cardan* le suppose, le mouvement quelconque de la huitième sphère qui causera cette grande mutation. La religion chrétienne finira comme toutes les superstitions, non par l'effet de quelque révolution dans notre système planétaire, mais par une suite naturelle & nécessaire du progrès des lumières:

Hunc etenim errorem mentis tenebrasque necesse

Non radii solis, neque lucida tela diei

Discutiant, sed naturæ species ratioque (4)].

Le troisième livre traite des mixtes en général, de leurs propriétés, des différentes saveurs, des odeurs, des couleurs & des qualités particulières dont elles sont les signes dans les corps, de quelques substances métalliques parmi lesquelles il range très-improprement le succin, l'ambre, la chrysocolle & l'alun, toutes substances qui appartiennent au règne minéral, dont *Cardan* n'a connu ni la nature ni l'origine. (5)

---

(1) Elle est intitulée *hieronymi* Cardani *in calumniatorem librorum* de subtilitate, *actio prima*. Cette réponse de *Cardan* se trouve à la suite de ses livres *de subtilitate*, de l'édition de Basle, ann. 1611, in-8°. qui est celle dont je me sers.

(2) Præterea quis nescit Cardanum actione prima in calumniatorem librorum *de subtilitate*, sic omnes illius aculeos retudisse, objectiones diluisse, accusationes infregisse, ut earum ratio haberi non debeat, quæ supersese forsan ex tanto numero possent, &c. Naudæi de *Cardan*. judic. fol. **.

(3) Libros *de rerum varietate*, anno 1558. edidi. Erant enim reliquiæ librorum *de subtilitate*, quas non

potui ordinare, nec castigare ob multitudinem negociorum, &c. *Cardan.* de prop. vitâ, cap. 45, pag. m. 176.

Cardan parle ailleurs du rapport qu'il a voulu établir entre ces deux ouvrages: *de transmutatione igitur salsa aqua in dulce, suo loco diximus in libros de subtilitate: qui methodum habent generalem, & ad quos omnia quæ hic scribuntur, tanquam ad principium referri debent, ac ad normam.* Cardan. de rer. variet. lib. 1, cap. 6, pag. 58, édit. Lugdun. 1580. *Voyez* aussi, lib. 6, cap. 24, pag. 174.

(4) Il y a dans Lucrèce; hanc igitur terrorem animi, &c. de rer. nat. *lib.* 1, vers. 147.

(5) On en va juger par celle qu'il assigne au succin. Fit igitur, dit-il, *ex spuma oceani septentrionalis; allisa diu littoribus ac scopulis, ut lentore suo & animalia exigua sibi implicet grato aspectu, & sordes*

Le quatrième livre traite des métaux; le cinquième des pierres, en général, de leur nature, de la manière dont elles se forment, de leurs différentes espèces, de quelques propriétés particulières aux pierres précieuses dont il indique les variétés & les effets qu'il appelle *lapidum miracula*. *Cardan*, selon sa coutume, mêle ici à quelques vérités plusieurs erreurs que son penchant à la superstition lui faisoit admettre sans examen, & qu'il débitoit ensuite avec cette confiance que l'observation & l'expérience doivent seules inspirer.

Le sixième livre traite des plantes, des causes de leurs différences, de leur production spontanée dans certains climats. *Cardan* prétend que la semence est utile, qu'elle est même nécessaire pour l'abondance, mais non pour la production des végétaux, & que la terre a été douée de cette force génératrice pour perpétuer les espèces. *Prodest semen, imò necessarium est ad abundantiam, non ad generationem: indita enim hæc vis terræ ad perpetuitatem specierum.* (1) *Voyez* ci-dessous, p. 921. n°. 45, une autre observation de *Cardan* sur les feuilles pourries des différentes plantes. Ce qu'il dit du phénomène qu'elles présentent dans cet état de putréfaction est curieux, & mérite l'attention des naturalistes: mais ici, comme dans tous les cas où la marche de la nature est incertaine ou peu connue, il faut consulter l'expérience: elle a seule le droit de prononcer.

Le septième livre traite des animaux, de leur fécondité, de leur propagation, du tems de leur puberté, du mouvement des oreillettes du cœur dans les animaux, &c. &c. Ce livre peut servir de supplément au dixième livre *de Subtilitate*: l'objet en est absolument le même, mais il n'est rempli dans l'un ni dans l'autre ouvrage: le plan de *Cardan* étoit beaucoup trop vaste pour ses connoissances en histoire naturelle. Cette science qui, de même que la physique, ne peut devoir ses progrès qu'à ceux de la chimie, étoit peu cultivée alors, ou l'étoit sans succès: la seule bonne méthode de l'étudier n'étoit pas même connue, & *Cardan*, alternativement dominé par son imagination & par la superstition, étoit peu propre à la découvrir, ou du moins, peu disposé à en faire usage, s'il l'eût trouvée. Il faut donc lire avec précaution, & même avec défiance, tout ce qu'il a écrit sur l'histoire naturelle, & en général, sur la physique des grands & des petits corps; car sur toutes ces matières, il offre bien plus souvent au lecteur les résultats de ses lectures & de la science des anciens, que ceux de l'expérience & de l'observation (2).

Le huitième livre traite de l'homme: il y est question d'un homme chez lequel la déglutition se faisoit sans aucun mouvement des parties destinées à cette fonction, de l'usage du fouet pour exciter (3) la faculté de jouir des plaisirs de l'amour, du sentiment, du sommeil & de la veille, des somnambules, de quelques hommes qui, au rapport de saint-Augustin, communiquoient à leurs cheveux un mouvement sensible (4), phénomène dont *Cardan* croit qu'il faut chercher la cause dans la souplesse & dans le ressort de la peau (5), mais qu'il auroit dû constater avant de l'expliquer (6). Il a bien connu les différentes maladies plus ou moins graves auxquelles s'exposent ceux qui couchent dans des lieux humides, dans des maisons nouvellement bâties, & sur-tout dans des appartemens voûtés (7). C'est dans ce même livre que *Cardan* nous apprend qu'après s'être éveillé, il appercevoit aussi distinctement les objets dans la nuit la plus profonde qu'en plein jour (8); que l'âge avoit affoibli

---

quibus impurum redditur. Cardan. de rer. variet. lib. 3, *cap.* 15. On sait aujourd'hui que le succin est une résine végétale; il est formé d'arbres résineux ensevelis & altérés par les substances minérales à l'action desquelles il a été exposé. On y trouve des mouches de différentes espèces, des cousins, des araignées, des scarabées, & même des chenilles. Ces animaux n'auroient pas pu s'ensevelir dans ce bitume, s'il avoit toujours été une substance purement & simplement minérale.

(1) *Cardan. de rer. variet. lib.* 6, *cap.* 20, *pag. m.* 148.

(2) Conférez ici ce que j'ai dit en général des livres *de subtilitate*, ci-dessus, pag. 892. *Voyez* aussi p. 895, le sommaire du dixième livre de cet ouvrage.

(3) *Alius, in venerem flagris cæsus, accendebatur. Cardan. de rer. variet. lib.* 8, *cap.* 40, *pag.* 387.

(4) *Augustinus recitat de hominibus qui capillos immoto capite traducerent ad frontem, reducerentque. Id certè mirabile: nec enim vis ulla capillis inesse potest, sed causam in cutis laxitatem & robur referre debemus. Cardan. de rer. variet. lib.* 8, *cap.* 43, *pag. m.* 410.

(5) *Voyez* la note précédente.

(6) Il reconnoît lui-même, ailleurs, l'utilité de cette méthode dans la recherche de la vérité; il prétend même, que c'est la sienne, mais s'il l'avoit en effet suivie, il auroit fait beaucoup moins de livres, & les erreurs y seroient moins communes. *Voyez*, ci-dessus, page 920, §. 28.

(7) *Dormire in locis humidis, aut intra novos parietes, præsertim testudinatos, graves morbos gignit: veluti dolores, febres, cæcitates, resolutiones nervorum, memoriæ amissionem, insaniam, pituitæ abundantiam, distillationes. Cardan. de rer. variet. lib.* 8, *cap.* 44, *pag. m.* 443.

(8) *Quædam etiam fuere juxta ætates: nam prima*

en lui cette singulière faculté ; qu'il voyoit encore en s'éveillant, mais qu'il ne discernoit pas aussi bien les objets que lorsqu'il étoit jeune. Il attribue cette propriété à la chaleur du cerveau, à la subtilité des esprits animaux, à l'organisation intérieure & particulière de l'œil & à la force de l'imagination (1). Cette dernière cause me paroît la seule vraie : en effet, il est évident que tous ces phénomènes ne se passoient que dans la tête de *Cardan* : ce qu'il voyoit n'étoit que les spectres (*idola* de son imagination fortement exaltée ; *causa est vis valida imaginantis virtutis* : & il prenoit les visions pour la représentation réelle, ou selon l'expression de Hobbes, pour le phantôme d'une chose existante, *phantasma rei existentis*. (2)

A cette particularité sur sa constitution physique, *Cardan* en ajoute une autre qui n'a peut-être pas plus de réalité que la précédente, mais qui du moins n'est pas aussi invraisemblable. » Il y a » encore en moi, *dit-il*, quelque chose d'extra- » ordinaire (3) ; c'est que je sens toujours une » odeur quelconque. Tantôt mon corps exhale » une odeur d'encens ; & tantôt une odeur désa- » gréable. Pendant près de deux ans les pores » de ma peau laissoient passer une si forte odeur » de soufre, que j'en étois insuportable à moi- » même, & que je craignois pour ma santé : mais » cette odeur n'étoit pas sensible pour ceux qui » m'approchoient. Non-seulement j'ai une sen- » sation très-distincte des odeurs bonnes ou » mauvaises qui émanent de mon corps, mais » je sens encore les différentes odeurs répandues » dans l'air ». *Cardan* sans constater en bon praticien ces divers phénomènes par leurs analogues recueillis de l'histoire de l'économie animale bien observée, se borne à en indiquer les causes conspirantes, comme par exemple, le sentiment exquis de l'organe de l'odorat, une peau d'un tissu lâche & rare, & enfin des humeurs tellement atténuées qu'il s'en fait par les pores une continuelle exhalaison qui affecte le sens (4). Il prétend même qu'il sentoit ou qu'il voyoit quelquefois la terre trembler, ce qu'il regarde encore comme l'effet de la finesse & de la mobilité, de l'organe qui lui transmettoit cette sensation. (5)

Lorsqu'on rassemble les différens traits sous lesquels *Cardan* s'est peint dans ce chapitre & dans beaucoup d'autres endroits de ses ouvrages, on voit qu'il avoit un besoin pressant de parler de lui, soit en bien, soit en mal, & qu'il aimoit mieux en raconter des choses extraordinaires, inouies, incroyables même, que de n'en rien dire du tout. C'étoit aussi une des bizarreries du caractère de Rousseau, comme on le voit par cette monstrueuse rapsodie qu'il a intitulée ses *confessions*. J'ai indiqué ailleurs (6) d'autres travers qui lui sont communs avec *Cardan*, & dans lesquels il n'a pas même le triste avantage d'être original.

Cardan prévoyoit sans doute que le recueil volumineux de ses œuvres exciteroit un jour la surprise de ses lecteurs, & c'est pour la diminuer qu'il nous donne dans ce livre la solution de cette espèce de problème : ce qu'il dit à ce sujet, rapproché de plusieurs autres passages où il parle de ses découvertes dans les sciences, de la variété, de l'importance & de la certitude de ses connoissances (7), prouve qu'il avoit une très-haute idée de lui-même & qu'il étoit aussi superstitieux que vain, car il compte le secours immédiat de la divinité, parmi les causes de ce grand nombre

---

juventa.... nuper experrectus, in maximis tenebris omnia lustrabam, ac si dies clara esset. Sed brevi tamen vis illa mihi substrahebatur. Nunc etiam aliquid video, sed tamen non discerno. *Cardan.* de rer. variet. *lib.* 8, *cap.* 43.

(1) Causa est cerebri caliditas, spirituum tenuitas ac substantiæ oculi, & vis valida imaginantis virtutis. *Id. ibid. pag. m.* 412.

(2) *Voyez*, ci-dessus, page 880. colon. première, & le texte de *Cardan* cité la même, colon. 2°.

(3) Aliud est prodigiosum in nostra natura, & est, quod semper odorem aliquem percipio. Quandoque mihi carnes propriæ bene olere videntur, aliquando thus, aliquando malè. Dum essem in Saccensi oppido, perpetuo ferme biennio sulphur adeo olebant, ut mihi & tinurem & essem odiosus. Alii haud sentiebant. *Cardan.* de rer. variet. *lib.* 8, *cap.* 43, *pag. m.* 413. *Voyez* encore ce qu'il dit à ce sujet, *de vit. prop. cap.* 37, pag. m. 121.

(4) Poterat hoc pro quinto mirabili connumerari, sed causas habet manifestissimas : subtilitatem sensus maximam, & cutis raritatem, tenuitatemque humorum, ut perpetua fiat exhalatio, quæ sentiatur...... non solum ex me, sed etiam in aëre odores varios sentio. *Cardan.* loc. cit. ubi sup.

Jean Schmidius, physicien de Dantzick, parle aussi d'un jeune homme dont les mains avoient une forte odeur de souffre. *Voyez* les éphémérides de l'académie des curieux de la nature, observation 168, quatrième année.

(5) Quandoque etiam *percipio* quendam tremorem soli ; atque omnia hæc ex sensus subtilitate. *Cardan.* de rer. variet. *lib.* 8, *cap.* 13.

Le verbe *percipere* signifie également *sentir* & appercevoir, mais *Cardan* est si bizarre, si fou, que je ne serois point surpris qu'il eût employé ici ce mot dans le second sens ; je n'insiste pas, au reste, sur cette dernière conjecture.

(6) *Voyez*, ci-dessus, la page 877.

(7) *Voyez* le chapitre 44 *de vitâ propriâ* : ce qu'on lit dans le chapitre 46, n'est pas moins remarquable :

d'écrits qu'il a publiés sur toutes sortes de matières. (1).

Le neuvième livre, que les progrès de la méchanique & de l'astronomie ont rendu à-peu-près inutile, traite du mouvement en général & de ses différentes espèces. L'usage que *Cardan* y fait des mathématiques pour résoudre plusieurs difficultés relatives à la matière qu'il se propose d'éclaircir, prouve qu'il étoit meilleur géomètre que bon astronome ; il suit par-tout le système de Ptolémée, & ne va pas au-delà de cette théorie ingénieuse, mais trop compliquée pour être vraie; & dont en effet des observations plus exactes, constatées par le calcul, ont fait sentir le vague & l'insuffisance pour rendre raison des phénomènes.

Le dixième livre traite des feux artificiels, de la force du feu & de ce qui lui sert d'aliment, de la distillation, de plusieurs procédés & manipulations chimiques, connues & pratiquées du tems de *Cardan*, de la manière de faire le verre, &c.

Quoi de plus merveilleux, dit *Cardan*, que la pyrotechnie, & ce qu'on peut appeller la foudre des mortels, (*fulgure mortalium*) dont les effets sont beaucoup plus dangereux, plus destructeurs que ceux du tonnerre ? (*Voyez* de vitâ propriâ, cap. 41. pag. m. 147.)

Le onzième livre traite des différens arts, de la navigation, de la construction des vaisseaux, de leurs dimensions, de l'architecture, de quelques machines de guerre en usage chez les anciens, de la clepsydre, des vases, de leur matière, des ustensiles de cuisine, de la manière de donner aux pierres & aux métaux la couleur de l'or.

Le douzième livre traite des effets prodigieux de l'industrie humaine, des quatre causes qui conspirent à augmenter la force des machines, de celle que les anciens appelloient *Poliorcete* (2), de leur bélier & de sa construction, des gnomons, de la sphère armillaire, du planisphère, de la meilleure manière de rédiger des éphémérides ou almanachs, de la chorographie, & de la méthode pour déterminer la longitude & la latitude d'un lieu, de plusieurs moyens, plus ou moins ingénieux, de communiquer ses pensées sans avoir à craindre d'être entendu de ceux qui n'ont pas le mot de l'énigme, &c. &c.

Le treizième livre traite des inventions les plus communes : il y enseigne, entre autres choses, la manière de préparer les escharotiques les plus efficaces, de fabriquer le papier, de teindre & de faire croître les cheveux, de blanchir la peau & les dents, de faire disparoître les rides, de retarder, dans les jeunes garçons & dans les jeunes filles, le moment de la puberté, &c.

Le quatorzième livre traite de la divination, des présages tirés des phénomènes du ciel, de la terre, des eaux, des plantes, des animaux, de l'homme & des monstres.

Le quinzième livre traite de la divination artificielle, du défaut de quelques parties dans le corps de certains animaux, de la chiromancie, des lamies & des fascinations, des miracles, des aruspices, des sons & des voix surnaturels, des oracles, des spectres ou fantômes, &c. Ce livre est un de ceux où *Cardan* s'est montré le plus crédule & le plus fou : il y explique les noms & les propriétés des lignes de la main ; & ce qui n'est pas moins remarquable, c'est le ton persuasif dont il raconte toutes ces extravagances & ces puérilités. On y trouve néanmoins quelques observations judicieuses, & même plusieurs propositions peu orthodoxes, entre autres, celle-ci : l'ame des bêtes est immortelle, mais non pas de la même manière que l'entendement humain ou l'intelligence, *mens*, &c. &c. *Voyez* aussi ce qu'il dit de l'accent différent des animaux, selon la différence des passions qu'ils éprouvent ; accent dont les individus de la même espèce distinguent facilement les nuances infiniment variées. *Cardan* indique même ici, avec cette précision qui convient à un philosophe, la différence caractéristique de la langue purement animale & de ce qu'on appelle dans l'homme l'usage de la parole (3). Ce cha-

---

non possum jure poenitere conditionis meæ, *immò felicior etiam sum cognitione multarum magnarumque rerum certa ac rara*, &c. Il dit ailleurs, avec la même humilité, qu'il a été l'objet de l'admiration de plusieurs nations : *& nos qui admirationi fuimus pluribus gentibus*, &c. De rer. variet. lib. 7, cap. 41, pag m. 404. On trouve dans ses écrits, mille passages à peu près aussi modestes. *Voyez* entr'autres celui que je cite dans la note suivante.

(1) *Neque ergo mirum, si tot tantaque scripsimus : octo enim in nobis convenerunt quæ forsan fuerit difficillimum aliàs invenire. Ætas floridissima, diuturna sanitas, peritia mathematicarum usque ab infantia, contemptus divitiarum & honorum, sensuum subtilitas, amor veritatis maximus, opportunitas occasionum, & auxilium à numine*. Cardan. de rer. variet. lib. 8, cap. 43, pag. m. 413.

(2) *Machina fuit à subruendis urbibus dicta, facta fuit adversus Rhodios*. Cardan. de rer. variet. lib. 12, cap. 68.

(3) *Verum licet affectus animi in brutis animalibus vocibus significentur, atque intelligantur ab aliis quæ ejusdem sunt generis : nihilominus cum videamus voces esse in hominibus timoris, doloris, lætitiæque quæ strepitu non linguæ distinctione dignoscuntur, constat*

pitre, qui est d'ailleurs fort court, me paroît très philosophique : c'est un rayon de lumière qui brille un moment au milieu d'une nuit profonde & qui s'éteint.

Le seizième livre traite des prodiges & de différens secrets merveilleux, de la magie naturelle, des caractères des planètes, de la signification des mouvemens & du chant des oiseaux, des vertus des plantes, de la pierre philosophale, du moyen de prolonger la vie, de chasser les démons & d'évoquer les morts. *Cardan* n'est ici que le copiste ou l'abréviateur d'un certain alchimiste nommé Artéphius, dont il a transcrit le second livre, mais sans en adopter les visions. Il le juge même très-sévèrement : « Que peut-on » imaginer de plus inepte, *dit-il*, que de pré- » tendre enseigner par de simples paroles, ce que » Néron n'a pu connoître, ni par tant de dé- » penses, ni par tant de sacrifices, ni en faisant » venir des mages du fond de l'Arabie ? (1) » Cette réflexion de *Cardan* sur un moyen indiqué par Artéphius pour avoir la réponse à une question quelconque, prouve, ce me semble, que notre savant médecin doutoit plutôt de l'efficacité de ce moyen, considéré en lui-même, que de la certitude de la science à laquelle il appartient.

Après avoir prévenu ses lecteurs qu'il n'avoit inséré ce livre d'Artéphius dans le sien que pour détendre un peu le ressort de son esprit (2), jusqu'alors fortement occupé d'objets importans, *Cardan* termine ce seizième livre par une très-longue digression sur les enchantemens, sur les démons, les morts & les revenants. On peut voir ci-dessus, pag. 27 & 28, quelques-unes de ses idées sur cette matière, si peu digne de l'attention & des recherches d'un homme aussi instruit que lui, & qui pouvoit faire un usage si utile de ses connoissances & de son savoir.

Le dix-septième & dernier livre traite des coutumes des différentes nations, de la longueur de l'alaitement des enfans chez les mexicains, de la variété des langues, des cabinets de curiosités, des bibliothèques, de la magnificence des anciens dans leurs édifices ; enfin, du motif & de l'utilité de cette compilation. *Cardan* la termine en déclarant expressément qu'il n'y a rien dans ces livres *de Rerum varietate* qui lui appartienne ; qu'ils sont l'ouvrage de Dieu qui a daigné se servir de son ministère pour écrire ce traité. *Reliquum igitur est, ut solum Deo omnium bonorum autori, perpetuas agamus gratias : illud clarè obtestantes, nihil horum nostrum esse, sed suum. Placuit autem illi, nos hujus tractationis esse ministros.* On voit que *Cardan* se considère ici comme le simple secrétaire de la Divinité ; & ce qui prouve que c'est le vrai sens de ce passage, c'est qu'il affirme ailleurs avoir reçu en songe l'ordre formel de composer cet ouvrage & celui *de Subtilitate* (3) ; il se regardoit donc comme un instrument purement passif que Dieu ou son bon ange (4), pour me servir de son expression, dirigeoit immédiatement, & qui n'agissoit que par cette impulsion. Il ne faut donc plus s'étonner de trouver dans ces deux traités, d'ailleurs très-savans, tant de folies, de contradictions, de mensonges & d'absurdités : c'est le propre de ceux qui prétendent écrire par inspiration, de débiter gravement & sans choix tout ce qui s'offre à leur imagination exaltée, & par conséquent, de dire beaucoup de sottises &

---

animalia, bruta, sermone non uti: nam quod ad psittacos attinet, verba illa non ex significatis in anima, sed sola consuetudine formantur. Distinguitur igitur sermo à voce significativa in duobus, & quod sermo à motu linguæ procedit, & animi cognitioni conformis est, quorum alterum deficit semper in bellius: nam canes quidem blandiuntur, & vocem emittunt animo latranti ac gratulanti conformem, verum non linguæ motu id agunt, sed solo impulsu aëris : aves dum modulantur, linguâ id efficiunt, sed nihil habet vox illa congruens animi affectibus. Et, ut uno verbo explicem, nullum genus animalium præter hominem, cognoscit quid agat, quamvis agat. Cum igitur sermo sit vox significativa ejus, qui cognoscit se hoc significare, solus homo sermonis compos est : facile autem est intelligere quid significent, & quid sint voces hæ animalium, cum in nobili ipsis hæc experiamur. Videntur autem homines iracundiæ voce carere : non enim habent, ut reliqua animantia, quod homo inter cætera animalia fera, minus sæviat : adeo vero iracundiæ vox animalibus est familiaris, ut certantes columbi atque cuniculi eam edant. Feri soli homines habent, estque fremitus quidam ; &c. *Cardan. de rer. variet. lib.* 15, *cap.* 82, *pag.* 751, 752, édit. Lugdun. 1680, *in-*8°.

(1) Quidnam stultius excogitari potest, ut quod Nero tanta impensa, tot immolationibus, deductis ex Arabia Magis, impetrare non potuit, hic quatuor verbis simplicibus obtendere promittat *Cardan. de rer. variet. lib.* 16, *cap.* 91, *pag. m.* 797. Voyez aussi les pages 786 & 787.

(2) Sed & sensus aliquis artificiosus sub hac fabula latere potuit, quem ego hucusque non assequor. Volui tamen *remissionis animi gratia*, sive sit, sive non, *inter tot seria* hanc tam pulchram fabellam intertexere. *Cardan. de rer. variet. Lib.* 16. *cap.* 91. *pag.* 798.

(3) Sic cùm ego monitus essem *per somnum*, ut hos libros *de rerum varietate* conscriberem, sciens futurum esse ut perficerem, audacter rem sum aggressus : nec timui pericula intermedia, cum toties ab hoc munere sim impeditus. Quæ enim futura sunt, ita necessarium est, Cum enim multos libros scripserim, ut etiam in libello *de libris propriis*, solum de libris ihis, atque *de subtilitate*, ut eos conscriberem sum admonitus. *Cardan. de rer. variet. lib.* 14, *cap.* 68. *pag.* 687. 688.

(4) Deus aut spiritus bonus. *Id. de vitâ propriâ.*

d'inepties

d'inepties; il suffit, pour s'en convaincre, de lire les codes religieux des différens peuples que nous connoissons, & sur-tout celui des indiens, des juifs, des chrétiens & des arabes.

Cardan nous apprend dans ses livres *de Subtilitate* qu'il avoit été curieux de s'instruire de tout ce qu'il est permis à l'homme de savoir (1); & en effet, il a écrit sur presque toutes les branches des connoissances humaines: aucune de celles qui peuvent contribuer aux progrès de la vraie science ne lui étoit étrangère: c'est une particularité remarquable de sa vie qu'il a consignée dans un de ses meilleurs ouvrages (2). Mais la médecine est une des sciences qu'il a le plus cultivée. Avec plus de conduite & de prudence, il auroit même trouvé, dans la profession de médecin, des moyens de subsistance aussi honnêtes que sûrs: mais sa prodigalité, l'inconstance de son esprit & de ses goûts, l'impétuosité de ses passions, la bizarrerie de son caractère & la nature même des vices auxquels il étoit enclin, furent toujours un obstacle à sa fortune & à son bonheur, & l'exposèrent même souvent à manquer du nécessaire. Cet homme qui, sans négliger le soin de sa gloire, auroit pu si facilement se procurer une grande aisance, ou du moins, se mettre fort au-dessus du besoin, se vit tellement pressé par la misere, qu'il cite comme une preuve remarquable de son courage dans l'adversité, de n'avoir pas demandé l'aumône (3): il nous apprend même que pour ne pas mourir de faim, il eut recours à divers expédiens, dont l'un fut de faire des almanachs (4) & de donner des leçons de mathématiques (5).

Ce qu'il a publié sur la théorie & sur la pratique de la médecine, forme une partie assez considérable de ses œuvres. Je ne doute pas que parmi un grand nombre de choses fausses, de digressions inutiles & d'idées hazardées ou purement conjecturales dont ces traités sont remplis, on n'y trouve aussi plusieurs observations curieuses, quelques vues utiles & hardies sur l'art en général, & des méthodes curatives dont l'application peut réussir dans certains cas. Il n'est pas de mon sujet d'exposer les opinions & les principes de *Cardan* sur cette science qu'il se vante (6) d'avoir perfectionnée dans différentes parties; mais pour remplir en quelque sorte le vuide que paroît laisser dans notre travail cette omission, d'ailleurs pleinement justifiée par l'objet principal de ce Dictionnaire philosophique, nous allons faire connoître ici le jugement qu'un professeur a porté de *Cardan*, considéré particulièrement comme médecin:

Optat ephippia bos piger, optat arare caballus:

Quam scit uterque, libens, CENSEBO exerceat artem.

» *Cardan*, dit il, étoit entêté de l'astrologie;
» il en mettoit par-tout; il la faisoit servir pour
» tout; il remplit encore ses traités de méde-
» cine, d'idées astrologiques..... On l'a regardé
» comme un écrivain fort inégal: on a dit de
» lui (7) qu'il avoit plus écrit que lu; qu'il
» avoit plus enseigné aux autres, qu'il n'avoit
» appris lui-même. On ne trouve rien de nou-
» veau dans ses ouvrages; sa théorie seroit
» aujourd'hui insoutenable; sa pratique se res-
» sent souvent de son entêtement pour l'astro-
» logie. Le peu d'anatomie qu'on trouve dans
» ses écrits est extrait des anciens auteurs: on
» y voit des citations multipliées & souvent mal
» dirigées: il y règne peu d'ordre; enfin son
» style est dur & diffus. Il est cependant le pre-

---

(1) Ego cum admodum curiosus fuerim omnium quæ mortali scire liceret, &c. *Cardan.* de subtilitate, *lib. 2, pag. m. 139.*

(2) Fui diligens, cupidus sciendi..... nullius disciplinæ; quæ ad veram scientiam pariendam ignarus. *Cardan.* de rer. variet. *lib. 8, cap. 43, pag. m. 412.*

(3) Ut mirum sit potuisse omnibus carere præsidiis: magis, non mendicare carentem: magis adhuc nil admisisse ne cogitarem quidem indignum. *Cardan.* de vitâ propriâ, *cap. 25, pag. m. 67.*

(4) Quid ergo? ephemerides scribebam, in scholis à platinis publicè docebam: medendo aliquid colligebam..... Consulta vendebam, fortuita observabam, &c. Id. ibid. *pag. 68.*

(5) Multis obest inopia; velut & mihi, cum ob paupertatem mathematicas profiteri cogerer. Non ignorabam enim quantum auctoritati in medicina ob hoc decederet. Sed quid facerem? non habebam. *Cardan.* de utilit. ex adversi. cap. *lib. 3, cap. 4, pag. m. 399.*

Philosophie anc. & mod. Tome II.

(6) Il a rassemblé ce qu'il appelle ses découvertes en médecine, dans le chapitre où il parle des différentes inventions dont il a enrichi plusieurs sciences. *Voyez* de vitâ propriâ, *cap. 44, pag. m. 169, 170.* Ce chapitre porte pour sommaire, *quæ in diversis disciplinis, digna adinveni.* Notez que dans le chapitre 39 de ce livre, il prétend avoir décuplé les progrès de la géométrie, & n'avoir pas peu contribué à ceux de la médecine. *Sic ergo nos arithmeticam ad decuplum, ac medicinam, non parum auximus.* de vit. propr. *pag. m. 132.* Ce qu'il ajoute ailleurs est encore plus précis: *satis est,* dit-il, *interim me multa excogitasse ad augendam artem, nova, pulchra, artificiosa. Cardan.* de utilit. ex adversi. cap. *lib. 3, cap. 2, pag. m. 358.*

(7) Ce mot dont M. Carrere ne nomme point l'auteur, est de Jacques Philippe Thomasini; voici comme il s'exprime dans la première partie de ses éloges des hommes célèbres de Padoue, article *Cardan. Novarum rerum inventione felicissimus; plura scripsit, quam legerit; plura docuit, quam didicerit,* &c. Ce livre de Thomasini a été imprimé à Padoue en 1630.

Zzzzz

» mier qui ait spécifié les indications & les symp-
» tômes qui promettent une longue vie à ceux
« en qui ils se trouvent réunis: c'est 1°. d'être
» né, du moins d'un côté, de parens qui ont
» long-tems vécu : 2°. d'être d'une heureuse
» complexion, gaie & supérieure aux inquié-
» tudes & aux chagrins ; 3°. d'être bon dormeur,
» long-tems & fortement assoupi ».

Ce jugement du docteur Carrère est précédé d'une notice des différens traités de *Cardan* sur la médecine : mais cette notice d'ailleurs très-succinte & peu soignée, n'offre que des généralités, & par conséquent ne peut pas être fort instructive. Il devoit entrer à cet égard dans quelques détails, & ne pas se borner à un simple sommaire, dans lequel la plupart des lecteurs, absolument étrangers à la médecine, ne verront qu'une table des matières, & dont les médecins curieux de connoître les principes théoriques & pratiques de *Cardan* sur l'art de guérir, ne recueilleront guère plus de fruit. L'extrait de M. Carrere, plus étendu, mais sur-tout plus travaillé, auroit pu renfermer dans un petit nombre de pages, tout ce que *Cardan* a pensé, observé ou conjecturé de plus utile sur cette matière importante : il y auroit rencontré çà & là des vues très philosophiques, quelques idées singulières, & assez souvent des réflexions judicieuses sur la nature de l'homme, qui auroient jetté de la variété, de l'intérêt même dans son extrait, & qui en auroient moins circonscrit l'usage. J'ai parcouru plus ou moins rapidement une grande partie des ouvrages de *Cardan*, & il n'en est aucun même de ceux qui contiennent le plus de folies & de puérilités, dans lesquels je n'aie trouvé ou des faits, ou des remarques curieuses sur divers objets : l'analyse précédente en offre plusieurs de ce genre, qui sont prises indistinctement de ses écrits, & qui fixeront sans doute l'attention de ceux qui liront cet article. Il n'est pas rare de rencontrer dans cet auteur, parmi une multitude de choses ou fausses ou communes, ou qui n'ont aucun rapport à sa matière, des pensées qui joignent au mérite de la justesse & de l'originalité, celui d'être exprimées avec précision & simplicité. Il donne même quelquefois sur le style, qui convient à certains sujets, des leçons qu'on croiroit dictées par un écrivain d'un goût sévère & pur : telle est entr'autres celle-ci. » Rien n'est plus
» inutile que d'employer de grands mots, pour
» dire ce que tout le monde sçait, & ce qui est
» par soi-même très-clair. Si c'est une vérité
» qu'on énonce, elle brille de sa propre lumière;
» si c'est une erreur, le soin qu'on prend de l'em-
» bellir décèle un rhéteur qui veut tromper » (1).

Il m'est souvent arrivé dans le cours de cet extrait d'ouvrir indifféremment & de distraction, un volume des ouvrages de *Cardan*, d'en lire quelques pages, & de me trouver bientôt arrêté par quelques unes de ces vues, de ces idées, sur lesquelles on se plaît d'autant plus à réfléchir, qu'on est soi-même plus instruit & plus exact observateur de l'homme & de la nature : j'en ai recueillies plusieurs de cette espèce, que j'exposerai ici dans l'ordre où le hazard me les a offertes. De ces différentes pensées de *Cardan*, les unes cotoyent, pour ainsi dire, d'assez près la vérité, & la touchent même dans quelques points : les autres ne sont que bizarres : mais comme cette bizarrerie est une des caractéristiques de son esprit, j'ai dû rassembler avec le même soin, & dans le même tableau, les traits qui en font le mieux sentir la sagacité, la force, l'étendue, les écarts, les disparates, les préjugés & les erreurs.

1. Notre pouvoir cognitif ne s'exerce que par le mouvement des esprits, & c'est la raison pour laquelle dans le sommeil le plus profond, nous n'avons absolument ni connoissance ni sentiment.

2. La sécheresse exaspère, aiguise le venin des serpens, mais elle ne rend pas ces animaux plus forts : elle arrête les progrès de la végétation & nuit à la fécondité.

3. Chez tous les peuples où la loi n'inflige aux malfaiteurs que des peines très-légères, il ne se commet point de crimes atroces; mais ils sont très-fréquens par-tout où la loi condamne le coupable à des supplices cruels. *Cette observation judicieuse est une vérité d'expérience, dont l'histoire ancienne & moderne offre la preuve. Voyez dans l'esprit des loix le chapitre qui traite de la puissance des peines. C'est le* 12e. *du livre 6.*

4. Les sages desirent ce qu'ils ne peuvent obtenir ; c'est-à-dire, que leur ame meure avec leur corps: mais ce qui peut faire conjecturer que l'ame subsiste après la mort, c'est que la vie ne cesse pas absolument dans les cadavres : ils en conservent (2) une portion dont la durée s'étend même

---

(1) Cum...... possem...... utilitatem operis (il parle de son traité *de utilitate ex adversis capienda* :) miris quibusdam modis pro more extollere; malui sola proposita nuda veritate, velut decebat philosophum gravem, ea hic proponere quæ ad intellectum operis ipsius facerent. Nam & ejus dignitatem & tuam his præconiis indigere non existimo. Est enim operæ supervacaneæ & inanis prorsus laboris, ea, quæ omnibus nota sunt, & per se clara, grandioribus verbis velle illustrare. Nam si vera sunt, frustra ; sin falsa, id adulatoris est improbi. *Cardan. præfat. in libr. de utilit. ex advers. cap. ad Octavian. Cusan. Edit. Franiker.* 1648, in-8°.

(2) Vitæ portio in ipsis cadaveribus ad aliquot annos durat, &c. *Cardan. de utilit. ex advers. cap. lib. 3, cap.* 13, *pag. m.* 580.

à quelques années. En effet, tous les fluides sont dissipés, les parties graisseuses servent de pature aux vers; & après cette première dissolution, il reste dans le cadavre une espèce de vie, telle que celle qu'on observe dans les pierres & dans les plantes même assez communes, c'est-à-dire, une vie foible, imparfaite (*manca*), parce que l'*humidum* & le *pingue*, sont entièrement détruits ; l'un, par l'évaporation, ou la dessiccation; l'autre, par les vers. Ce qui confirme cette remarque, c'est que les ongles & les cheveux croissent pendant long-tems dans les cadavres. Des jeunes gens, morts avant l'âge où la barbe commence à poindre, ont été trouvés ensuite avec une barbe & des cheveux extrêmement longs (1). [Pour bien saisir ici la pensée de *Cardan*, il faut savoir qu'il distinguoit entre *anima* & *mens*. Cette vie qui, selon lui, se conserve plusieurs années dans les cadavres, est ce qu'il appelle la vie de l'ame, *vita anima* : à l'égard de l'intelligence, *mens*, il la regarde comme une partie de la divinité, comme une substance simple, éternelle, sans aucune limite, & cependant co-étendue à tout : elle ne vieillit point ; sa capacité n'a point de bornes ; elle est d'un ordre fort supérieur à l'ame, & jouit seule du privilège de l'immortalité (2). Observons en passant que *Cardan* auroit pu tirer des faits précédens des conséquences plus philosophiques & qui découlent naturellement des phénomènes de la sensibilité ou de l'irritabilité généralisés. En écartant les préjugés religieux qui l'ont si souvent égaré, il seroit arrivé à ce résultat, auquel des connoissances physiologiques, très-étendues & très-réfléchies, ont conduit un des plus savans médecins de ce siècle ; c'est que la mort, prise dans le sens vulgaire, n'est que l'anéantissement total de ces deux facultés (la sensibilité & l'irritabilité) ; car, à parler strictement, il n'y a

point de mort réelle dans la nature, même après la dissolution des corps ; il reste dans leurs élémens l'action de la vie qui leur est propre ; cette action ne s'éteint point, elle se développe même plus fortement ; c'est une sorte de tendance à l'aggrégation, à la combinaison dont jouit chaque molécule de matière, qui changeant sans cesse de forme, n'en reste pas moins imprégnée de cette force motrice, dans quelque état qu'elle se trouve. Le sentiment n'est point une faculté nouvelle, résultante de l'organisation des corps, c'est seulement une faculté que cet état d'organisation permet au principe actif de déployer : quand l'instrument est détruit, la force vitale ne s'exerce plus, les corps organisés rentrent dans la classe dont ils étoient sortis ; ils ne sont pas morts, mais ils vivent moins, leur vie est moins étendue, & par conséquent, moins parfaite. Leibnitz n'étoit pas fort éloigné de ces idées du docteur de Seze. Après avoir observé que l'animal & toute autre substance organisée ne commence point, lorsque nous le croyons, & que sa génération apparente n'est qu'un développement & une espèce d'augmentation ; il ajoute qu'il n'y a personne qui puisse bien marquer le véritable tems de la mort, laquelle peut passer long-tems pour une simple suspension des actions notables, & dans le fond, n'est jamais autre chose dans les simples animaux. « Il est donc naturel, continue-t-il, que l'animal ayant toujours été vivant & organisé, il le demeure aussi toujours. Et puisqu'ainsi il n'y a point de première naissance, ni de génération entièrement nouvelle de l'animal, il s'ensuit qu'il n'y en aura point d'extinction finale, ni de mort entière, prise à la rigueur métaphysique ; & que, par conséquent, au lieu de la transmigration des ames, il n'y a qu'une transformation d'un même animal,

---

(1) Cum multis etiam qui imberbes erant, barba prælonga ad multos annos creverit, unguis quoque longitudine admiranda. Id. ibid. Confer quæ de rer. varietr. *lib.* 8, *cap.* 40, *pag. m.* 393.

Thomas Bartholin avoit observé que les cheveux qui, dans des personnes vivantes, étoient noirs ou blancs, souvent après leur mort, lorsqu'on les exhumoit, se trouvoient changés en cheveux blonds, de façon que leurs parens avoient peine à les reconnoître; changement qu'il attribue aux vapeurs chaudes & concentrées qui s'exhalent des cadavres. *Voyez* sa lettre à Sachs.

(2) Proponamus igitur quod immortale in nobis nihil esse potest, nisi mens. *Cardan.* de utilit. ex adverf. cap. *lib.* 1, *cap.* 3. *Voyez* aussi *lib* 3, *cap* 13, *pag. m.* 581. Notez que *Cardan* ne donne ici d'autre preuve de l'immortalité de l'ame qu'une preuve de sentiment. « Je sens » en moi-même, *dit-il*, que mon ame ne mourra point : » si quelqu'un me demande le mode de cette immor- » talité, & comment elle peut avoir lieu, j'avoue qu'il » m'est impossible de répondre à cette question d'une

» manière claire & précise ». *Ego tamen rursus sanctè juro, me in memet ugnoscere animæ immortalitatem semperque esse agnosco : nec nunc quasi fortuitò : sed si quis modum à me requirat, non satis dixerim, nec docere possim. De utilit. ex adverf. cap. lib.* 2, *cap.* 5, *pag.* 197. Au reste la doctrine de *Cardan*, sur ce qu'il entend par les termes *anima* & *mens*, n'est pas très-bien liée, & sur ce point de théologie, comme sur beaucoup d'autres, il ne paroît pas toujours d'accord avec lui-même, ce qui arrive à tous ceux qui, comme lui, traitent ces matières, *more théologico*. On peut voir dans ses livres *de rer. variet.* le chapitre intitulé *mens* : (*lib.* 8, *cap.* 42) *Cardan* y discute au long cette question aujourd'hui si peu importante. C'est-là qu'il dit que l'intelligence, *mens*, se perfectionne toujours, & ne vieillit jamais; *semper perficitur, nec unquam senescit* : & dans un autre ouvrage il établit comme un fait certain que cette même intelligence est ce qui vieillit le dernier dans l'homme. *Certum est quod ultimo senescat mens, inde sensus : primum autem corpus. De utilit. ex adverf. capienda, lib.* 2, *cap.* 4, *pag. m.* 152.

» selon que les organes sont pliés différemment » & plus ou moins développés » (1). Diderot, dans les ouvrages duquel on trouve tant d'idées neuves & profondes sur les objets les plus importans des connoissances humaines, perçoit aussi que la vie est une qualité essentielle & primitive dans l'être vivant : il ne l'acquiert point, il ne la perd point. On peut voir à la page 197, 198, de l'article de ce philosophe célèbre, ses réflexions sur les termes de vie & de mort.

5. *Tout ce qui semble périr ne fait que changer.* Le retour constant des mêmes phénomènes prouve que rien, dans l'univers, ne s'anéantit : mais on meurt & on ressuscite alternativement. L'été passe, une autre année le ramène : il en est de même de l'hiver. La nuit obscurcit le soleil, mais celui-ci la chasse à son tour. Les astres achèvent & recommencent leur cours : tous les jours il y en a une partie qui se lève & une qui se couche : & quoique cette continuelle révolution semble n'avoir lieu qu'à l'égard des corps célestes qui sont éternels, lorsqu'on y réfléchit profondément, on voit que les âmes humaines subissent la même loi ; elles ne sont point anéanties ; leur existence est seulement interrompue : c'est une espèce de vie intermittente, comme celle des plantes, dont les feuilles & les fruits tombent & renaissent tous les ans (2).

6. *Les ames de ceux qui ont péri de mort violente, revêtues d'un corps aérien, errent très souvent à l'entour des lieux où ils ont subi ce sort fatal :* là, elles luttent contre les ombres de ceux qui ont causé la mort des corps qu'elles animoient. Les unes & les autres, appesanties par l'air, ne retournent à leur destination qu'après avoir été purifiées. A l'égard de ceux dont l'ame pure, innocente s'est élevée à Dieu, ils prennent leur vol vers les cieux, sans chercher à se venger de leurs affassins ou de l'injustice de leurs juges, & sans attendre leur punition. C'est ce dont on trouve plus de six cents exemples dans l'histoire (3).

7. *Tout ce que les hommes font, ils le font pour eux, & non pour les autres.* Soit qu'ils se montrent reconnoissans ou ingrats, généreux ou avares, c'est toujours leur propre intérêt qu'ils ont en vue & qui les dirige. *Les maximes de la Rochefoucauld ne sont qu'un excellent commentaire de cette pensée de* Cardan.

8. *L'habitude est une seconde nature.* Fontenelle demandoit avec raison quelle étoit la première.

9. Des hommes heureux peuvent habiter certains climats particuliers ; mais ce ne sont pas ces climats qui les rendent heureux.

10. Le sentiment & la mémoire vivent très-long-tems.

11. La patience est plus utile à un malheureux que le bonheur à un homme impatient.

12. Le vin est le précepteur de tous les maux, s'il n'en est l'auteur.

13. L'étude des sciences abstraites & difficiles, telle que la géométrie, exerce la patience ; aussi remarque-t-on que tous les géomètres sont temporiseurs en affaires & en actions.

14. Celui qui ne sait pas mépriser de petites injures, est obligé d'en souffrir de grandes.

15. Toutes les loix, excepté celle de l'Evangile, ont permis le divorce, non-seulement pour l'avantage des particuliers, mais encore pour l'utilité générale ; la loi des chrétiens paroit, à cet égard, une loi très-dure. *Il faut espérer que le corps législatif, s'élevant à la hauteur & à la dignité des fonctions dont le peuple l'a chargé, sentira que le mariage, considéré comme un lien indissoluble, est une institution funeste, absurde sous tous les rapports, & qu'en défendant le divorce, les fondateurs du christianisme, dont les préceptes & les conseils décelent également des vues étroites & une ignorance profonde du cœur humain, n'ont fait qu'ajouter une nouvelle cause de désordres à toutes celles qui existoient à cette époque.*

16. La fécondité des femmes, lorsqu'elle n'est point excessive, contribue beaucoup à leur santé. L'expérience m'a appris que celles qui sont stériles sont sujettes à des maladies habituelles. On arrête la trop grande fécondité en allaitant ses

---

(1) *Voyez* les œuvres de Léibnitz, *tome 1, pag. 51, 52. Edit.* Geneve, 1768.

(2) *Cardan. de utilit. ex advers. cap. lib. 3, cap. 21, pag. m. 661, 662.*

(3) Voici le texte de *Cardan :* sa pensée y est tellement enveloppée, que pour l'exprimer clairement, j'ai été obligé de la paraphraser en quelques endroits. Cet auteur est en général assez difficile à entendre, mais plus encore à traduire ; & ce passage, plus obscur qu'il ne le paroît d'abord, est un de ceux qui m'ont le plus arrêté. Si on juge que je n'en ai pas saisi le sens, je ne sais plus, alors, ce que *Cardan* a voulu dire.

Persæpe etiam, ut in Theognosto docuimus, per vim occisorum animos vagari circa loca violenti exitii, corpore induros aereo, & mortuos colluctari cum illorum umbris, qui necis causa fuere : & utrosque graves esse elemento aeris, donec expiata ad sua redeunt loca. Innocentium autem & quorum mens ad deum directa fuit, volitare ad superos, neglectis sicariis seu improbis judiciis, nec illorum nece exspectata. Cujus rei testimonio, sexcenta sunt exempla in historiis tradita. *Cardan. de utilit. ex advers. cap. lib. 3, cap. 26, pag. m. 696.*

propres enfans ; ce qui tourne aussi à leur avantage. Ils en deviennent plus robustes & plus sains, parce qu'en effet, il est naturel que nous soyons nourris des mêmes alimens ou d'alimens qui ressemblent beaucoup à la substance dont nous avons été engendrés. Cette observation de Cardan est très-belle, très-utile & très-conforme à l'analyse chimique du lait : elle prouve sur-tout qu'il savoit que la liqueur séminale est par excellence la substance nourricière de l'animal ; vérité importante dont l'ignorance accélère sensiblement dans la plupart des hommes le terme de la vieillesse & de la décrépitude, & précipite tous les ans dans la tombe un grand nombre de jeunes gens en tarissant de très-bonne heure en eux les principaux élémens de la vie.

17. On est plus malheureux par la peine, qu'on n'est heureux par le plaisir.

18. Tant de maux divers affiégent notre vie, que le néant est préférable à l'existence. Si après ma mort, Dieu me donnoit le pouvoir de rentrer dans le sein de ma mère, & de revenir dans ce monde pour y jouir d'un sort très-heureux (*optimâ conditione*) je fais le serment solemnel que je refuserois, même à cette condition, de recommencer une nouvelle carrière. *Tam infelix est conditio hujus vitæ nostræ, ut melius sit, non esse, quàm esse ; santè tibi juro Octaviane Cæsare, non acceptum me, etsi quis Deus à morte mihi potestatem faceret, redeundi in uterum mulieris, atque iterum nascendi optimâ conditione. Optima, dico? Qualis mihi est non regia ; hanc enim infelicissimam esse infra ostendam* (1). [Cette opinion n'est point particulière à Cardan ; plusieurs philosophes anciens & modernes ont pensé comme lui sur cet article. La Mothe-le-Vayer déclare expressément, qu'il n'eût point voulu éprouver encore une des mêmes biens & les mêmes maux qu'il avoit sentis pendant sa vie. Ses paroles sont remarquables ; il n'oublie pas de citer Cardan, dont il rapporte même un passage différent de celui qu'on vient de lire, mais qui exprime avec force, le même sentiment. « La vie toute seule, dit-il, me paroît
» si indifférente, pour ne rien dire de plus à
» son desavantage, qu'outre que je n'essayerois
» jamais d'en recommencer la carrière, s'il étoit
» à mon choix de le faire, je n'échangerois pas
» les trois jours calamiteux qui me restent, dans
» un âge fort avancé, qu'est le mien, contre les

___

(1) *Cardan. de utilit. ex advers. cap. lib.* 2, *cap.* 5, *pag. m.* 151. Notez que Cicéron, dans son ouvrage *de consolatione*, cite & approuve cette sentence de Silene : le premier des plus grands biens, c'est de ne point naître, & le second c'est de sortir promptement de cette vie comme d'une maison qui brûle. *Apud Lactant. divinat. institut. lib.* 3, *cap.* 18, édit. Paris 1748. Voyez aussi la belle préface du septième livre de l'histoire naturelle de Pline.

» longues années que se promettent une infinité
» de jeunes gens dont je connois tous les divertissemens. Certes, je pourrois jurer aussi bien
» que Cardan sur la vérité de ce sentiment, si
» je ne jugeois plus à propos de vous rapporter
» ses termes, auxquels je souscris, bien que,
» selon sa façon ordinaire d'écrire, ils soient plus
» sensés qu'ils ne sont élégants. *Nos, per deum, fortunam nostram exiguam, atque in ætate senili, cum ditissimo juvene, sed imperito non commutarem* (2).]

19. Il n'est pas vrai, comme quelques-uns le pensent, que les décrets des astres produisent purement & simplement leurs effets : ils influent seulement en général & le plus souvent sur la volonté : mais cette impulsion qu'elle en reçoit ne fait que l'incliner, & ne la détermine pas irrésistiblement.

20. De toutes les espèces de folies, celle des démoniaques est celle dont il seroit le plus utile de parler, si tous les miracles qu'on raconte de ces possédés, & de l'étendue de leurs connoissances étoient vrais : mais jusqu'à présent je n'ai pu acquérir sur ce point aucune certitude. Si les faits qui attestent ces merveilles étoient bien prouvés, quel argument plus convaincant pourroit-on apporter en faveur de l'immortalité de notre ame, & d'un état futur de récompenses & de peines ? Quant à moi, je ne priserois pas autant la possession d'un royaume, que le plaisir d'être bien assuré de la vérité des prodiges opérés par les démoniaques.

21. Il y a très-peu de différence entre un homme véritablement heureux, & un fou qui croit l'être. Qu'est-ce qu'un roi a de plus qu'un fou ? Tout gît dans l'imagination : c'est elle qui rend les mêmes choses tantôt grandes, tantôt petites.

22. Il est bien difficile de conserver des mœurs honnêtes & pures, dans une extrême pauvreté.

23. Si les morts ne sont pas entièrement privés de sentiment, leur sort est plus heureux que celui des vivants : s'ils ne sentent rien, nous sommes beaucoup plus malheureux qu'eux.

24. Je n'ai jamais rien demandé à Dieu, que je ne l'aie obtenu. Je n'ai pas osé lui demander la vie de mon fils ; & cela ne m'est pas même venu dans l'esprit : car alors toutes mes pensées n'avoient que la durée d'un éclair. *Erant cogitationes meæ tunc ut fulguris.*

___

(2) *Cardan. de libris propriis, apud la Mothe-le-Vayer, opp. tom.* 11, *lettre* 134, *pag.* 104.

25. Il faut croire que tout ce qui arrive est pour le mieux. La réflexion m'a confirmé dans cette pensée que tout ce que Dieu fait, est bien, si on le considère en général, & dans le rapport qu'il a avec l'univers. L'ordre des choses qui me paroit mauvais, est très-beau relativement au tout : car c'est moi qui suis fait pour le tout, & le tout n'est pas fait pour moi. Le sel conserve & assaisonne les alimens ; il en est de même de certains maux, & de certaines adversités par rapport à l'univers : ce sont des espèces de dissonances qui contribuent à l'harmonie totale. *Existimandum est, omnia propter melius esse.... Verum illud mecum revolvo, omnia, quæ deus facit, bona sunt, si ad universi commodum referantur. Quæ bona mihi non videntur, universi ratione bona sunt : ego autem sum propter universum, universum non est propter me.... ut sal condit cibos, ita mala quædam & austera mundo conducunt.* [On apperçoit ici d'une vue distincte, la première idée de cette théorie ingénieuse & profonde, exposée & développée, avec tant d'art & de subtilité, dans la théodicée de Leibnitz. Ce philosophe y fait un grand éloge de *Cardan* (1), ce qui prouve qu'il avoit lu ses meilleurs ouvrages, & par conséquent celui où se trouve le passage que je viens de citer. Mais il n'en est pas moins vrai qu'il y a bien loin du principe de *Cardan*, principe qui dans ce sçavant médecin, n'est même qu'un simple apperçu, une opinion énoncée rapidement, & sans aucun développement, au terme où Leibnitz est arrivé en élevant ce principe à la plus grande universalité. Plusieurs philosophes anciens & modernes, ont pu avoir, & ont eu en effet, des idées fort voisines de celles de *Cardan*; mais il n'y avoit qu'un homme tel que Leibnitz, qui pût suivre ce filon dans toutes ses ramifications, & en tirer la matière d'un ouvrage qui sera pour tous les lecteurs instruits, quelles que soient d'ailleurs leurs opinions religieuses & philosophiques, un monument remarquable de la pénétration, & du génie original de son auteur. *Voyez* l'article LEIBNITZIANISME.]

26. La science & l'érudition, si l'on n'y joint pas l'esprit philosophique, font l'effet du vin qu'on mêle aux poisons, & qui les rend beaucoup plus nuisibles.

27. Si nous n'avons égard qu'au présent, il est évident qu'il n'existe point dans la société d'homme plus libre, & plus puissant que le médecin : car il peut tuer à son choix tel ou tel individu, sans avoir à craindre le jugement des magistrats, ni même celui du souverain. [Cette réflexion est de Pline le naturaliste (1), auteur que *Cardan* avoit beaucoup lu, & dont il a tiré, sans le citer, un grand nombre de faits & d'observations de toute espèce, que ce célèbre historien de la nature, avoit lui-même recueillis avec plus d'empressement & de curiosité, que de choix & de discernement. Quoi qu'il en soit, il résulte de la remarque de Pline commentée par *Cardan*, que, s'il est vrai, comme Rousseau l'observe, que *par-tout la tentation de mal faire augmente avec la facilité*, les rois & les médecins sont nécessairement les hommes les plus pervers & les plus corrompus, car il n'en est point qui ayent un plus grand nombre de moyens de nuire à la société, & qui puissent les employer avec plus de succès & d'impunité. Sans-doute les rois n'usent que trop souvent, pour le malheur des peuples, de cette absurde & funeste prérogative, parce qu'ils reçoivent, dès le berceau même, une éducation qui feroit un monstre de l'homme le plus heureusement né, & qui leur assure pour tout le tems de leur vie, la paresse, l'ignorance, la superstition, la férocité, la perfidie & tous les vices que leurs ancêtres ont portés successivement sur le trône : mais il n'en est pas de même des médecins. Leur profession est une de celles qui exigent le plus de connoissances, & qui permettent le moins à ceux qui s'y destinent, de se livrer aux plaisirs séducteurs & aux distractions de la jeunesse. Pour le médecin, comme pour celui qui veut le devenir, vivre, c'est penser, observer, recueillir des faits, & éclairer alternativement la pratique par la théorie, & la théorie par la pratique (3). Cette habitude d'appliquer ainsi toutes les forces de son esprit à des études diverses, toutes également nécessaires aux progrès de l'art de guérir, lui inspire de bonne heure le goût du travail, présage heureux dans un jeune homme, rectifie, étend ses idées, excerce son jugement & perfectionne sa raison, que Cicéron appelle dans cet état de développement & de maturité, *la loi* (4). Or il est bien difficile, quoique cela ne soit malheureusement pas sans exemple, que celui qui a consacré

_____

(1) *Voyez* la troisième partie de la Théodicée ; j'ai cité les propres termes de Leibnitz, ci-dessus, *pag.* 887. note 3.

_____

(1) Nulla præterea lex quæ puniat inscitiam capitalem, nullum exemplum vindictæ. Discunt periculis nostris, & experimenta per mortes agunt. Medicoque tantum hominem occidisse, impunitas summa est. *Nat. hist. lib.* 29, *cap.* 1. Il est aisé de voir que *Cardan* n'a fait qu'étendre & délayer le sens de ce passage.

(3) . . . . alterius sic
Altera poscit opem res, & conjurat amicè.
HORAT. *de art. poet. vers.* 410, 411.

(4) Eadem ratio cum est in hominis mente confirmata & consecta, lex est. Cicer. *de legib. lib.* 1, *cap.* 6. edit. Davis.

une grande partie de sa vie, non pas, (pour me servir des propres termes de Montaigne,) *à dresser un argument dialectique, ou à plaider un appel, ou ordonner une masse de pilules*, mais à méditer sur des objets d'une utilité générale & constante, & à rendre moins inégale la lutte continuelle de l'homme contre les maux divers qui le menacent, ne soit pas fortement convaincu que dans les principes du chrétien, comme dans ceux du déiste ou de l'athée, il est également de son intérêt de remplir tous les devoirs que la société lui impose. Je ne répéterai point ici ce que j'ai dit ailleurs (1) de la liaison nécessaire des lumières & de la vertu ; mais je mettrai sous les yeux du lecteur les réflexions d'un philosophe qu'on trouve presque toujours dans le chemin de la vérité & qui la rend encore plus aimable, par le tour vif & original qu'il sait donner à ses pensées. » Il n'est vice véritablement vice, qui n'offense, & qu'un jugement entier n'accuse : car il a de la laideur & incommodité si apparente, qu'à l'adventure ceux-là ont raison, qui disent qu'il est principalement produit par bêtise & ignorance : tant est-il mal-aisé d'imaginer qu'on le cognoisse sans le hayr. *La malice hume la plupart de son propre venin* (2), *& s'en empoisonne*. Le vice laisse comme un ulcère en la chair, une repentance en l'ame, qui toujours s'esgratigne & s'ensanglante elle-mesme. Car la raison efface les autres tristesses & douleurs, mais elle engendre celle de la repentance qui est plus griefve, d'autant qu'elle naist au dedans : comme le froid & le chaud des fièvres est plus poignant que celui qui vient du dehors...... Il n'est pareillement bonté qui ne resjouïsse une nature bien née. Il y a certes je ne sçay quelle congratulation de bien faire, qui nous resjouït en nous mesmes, & une fierté généreuse qui accompagne la bonne conscience. Une ame courageusement vitieuse, se peut à l'adventure garnir de sécurité : mais de cette complaisance & satisfaction, elle ne s'en peut fournir (3). »]

[Cardan parle dans sa vie de plusieurs remèdes (4) auxquels il avoit recours pour se consoler dans ses afflictions. La plupart de ces remèdes sont très-violens, mais il se contente de les indiquer sans y joindre sa théorie : on ne la trouve que dans un autre ouvrage, où il nous apprend encore qu'il employoit au même usage quelques autres topiques qui ne paroîtront pas moins bizarres. Il faut l'entendre lui-même, car le passage que je vais citer, offre des traits caractéristiques, qu'il est important de recueillir lorsqu'on veut faire connoître *Cardan*, & le peindre, pour ainsi dire, d'après nature.]

28. Pour faire diversion à la douleur profonde que me causoit la mort tragique de mon fils (5), je me donnois de grands coups de fouet sur la cuisse droite ; car les souffrances corporelles calment, atténuent les peines de l'ame (6), comme une forte contention d'esprit rend insensible aux maux physiques (7). Je faisois aussi infuser du saffran dans mon vin, & je mangeois souvent de la buglose des jardins. A ces divers moyens de consolation, j'en joins un autre qui m'a été suggéré en songe : (8) je serre fortement entre mes dents l'émeraude que je porte pendue à mon col, & aussi-tôt toutes les angoisses de mon ame cessent, tous mes chagrins se dissipent, & je me sens aussi pleinement soulagé que si mon fils vivoit encore. C'est sans doute un effet immédiat de la bonté de Dieu, car je reconnois qu'il est impossible de rendre raison de ce phénomène par aucune cause naturelle (9). [Plus

(5) Il eut la tête tranchée dans sa prison, le sept d'avril 1560. *Die enim septimo aprilis anni 1560, ea cædes peracta est. Cardan. de utilit. ex adverf. cap. pag. m. 878....... interim accusatus filius, quod uxorem veneno tentasset, in & in puerperio, decima septima die februarii captus, post quinquaginta tertium diem idibus aprilis, securi percussus est in carceri. Cardan. de vitâ propriâ, cap. 17, pag. m. 71.*

(6) *Ideo adversus hæc omnia præmunire esse oportet: corporis cruciatu: mordeas: brachia unguibus discerpas; ad dolorem, vehementem usque (nihil melius est, quam per tormenta corporis, animi lenire anxietatem)..... croci etiam potu expertus sum levari curas. Sed & diuturna prosunt pedum balnea calentis aquæ, &c. &c. Cardan. de prudent. civili, cap. 117, pag. m. 683, 684.*

(7) *Voyez* ci-dessus, page 905, §. 7. *Cardan* y confirme cette observation par sa propre expérience.

(8) *Voyez* les détails de cette prétendue inspiration dans le livre *de vit. prop.* cap. 43, pag. m. 160, 161.

(9) *Ut mærorem imminuerem virga cedebam dextram suram: nam corporis animi molestiam levat, sicut & animi intentio corporis dolorem. Crocum etiam vino immiscebam, & buglossum domesticum esitabam. Et quod per somnum monitus sum ut facerem, smaragdum, quem collo appensum fero, dentibus stringens dolorem omnem ac mœrorem animi subito, & totum*

(1) *Voyez* dans la collection des moralistes anciens, le discours préliminaire qui sert d'introduction à la morale de Sénèque, depuis la page 92, jusqu'à la page 125.

(2) C'est une pensée d'Attalus, citée par Sénèque : *quemadmodum Attalus noster dicere solebat : malitia ipsa maximam partem veneni sui bibit. Apud. Senec. Epist. 81, pag. 329, tom. 2, édit. cum not. var.*

(3) *Voyez* Montaigne, Essays, *lib.* 3, *chap.* 2, pag. m. 829.

(4) *Vid. Cardan. de propriâ vitâ, cap. 14, pag. m. 47.* J'ai cité ses paroles, ci-dessus, page 879, note troisième.

j'observe *Cardan* avec attention, & plus je me confirme dans l'opinion que la superstition étoit son défaut dominant, & la cause principale des écarts & des disparates fréquentes qu'on remarque dans sa conduite & dans ses écrits. C'est la superstition qui l'a rendu fou, mais d'une folie intermittente & qui lui laissoit des intervalles lucides dans lesquels il s'est montré un homme d'un sçavoir peu commun, & d'un grand esprit.]

29. Tomber en extase, c'est ce qu'Avicène, dans un passage mal entendu par son interprète, appelle devenir, se rendre paralytique, (*fieri paralyticum*), c'est-à-dire, perdre absolument tout sentiment ; & être comme mort. Les turcs savent se procurer cet état extatique. (1). *C'est sans doute par le moyen de l'opium dont ils font un usage habituel, & qui, en effet, réduit presqu'à rien la sensibilité & l'irritabilité des muscles.*

30. La femme peut engendrer jusqu'à l'âge de soixante ans. [Ce fait dont *Cardan* ne cite d'ailleurs aucune preuve tirée de l'expérience, me paroît très-douteux ; & quand il seroit vrai, ce ne seroit encore qu'un phénomène particulier & solitaire qu'il faudroit bien se garder d'ériger en loi générale & constante de la nature. Les livres de *Cardan* sont remplis de ces assertions hazardées, auxquelles il ajoutoit une foi aveugle, & dont il n'avoit pour garans que les auteurs anciens qu'il compiloit sans aucun examen & avec cette confiance qu'on ne doit qu'à des vérités d'observation, d'expérience ou de calcul.]

31. Notre ame est représentative comme un miroir. *Anima enim nostra tanquam speculum.* [Cette idée est bien voisine de celle de Leibnitz, que chaque ame ou *monade* est un miroir vivant, ou doué d'action interne, représentatif de l'univers, suivant son point de vue, & aussi réglé que l'univers même.]

32. Le sentiment des doigts se conserve dans le tronc du bras coupé, parce que ce sentiment reste dans les nerfs qui aboutissent aux doigts. Ce qu'il y a de plus étonnant, c'est qu'on sent de la démangeaison dans ces nerfs, comme si on éprouvoit cette sensation à l'extrémité des doigts qu'on n'a plus, & qu'en se grattant avec les doigts correspondans de l'autre main, cette démangeaison des nerfs cesse aussi-tôt, tant est grande la sympathie (*consensus*) qui existe entre les parties supérieures & inférieures du côté droit & du côté gauche (2). [Tous ces phénomènes, observés par *Cardan* ; phénomènes dont il est impossible de donner la véritable ætiologie dans l'absurde hypothèse de la distinction des deux substances, s'expliquent facilement & avec clarté dans les principes de la philosophie purement expérimentale de La Caze, de Bordeu, de Fouquet, de Barthez, de de Sèze & d'autres savans médecins de la même école. Leur théorie lumineuse & profonde des différens centres ou foyers de sensibilité, & de leur influx plus ou moins étendu, & latitatione au département de l'organe, rend raison des sensations que les personnes mutilées rapportent au membre qu'elles n'ont plus. Car, selon l'observation d'un des médecins cités ci-dessus, un centre quelconque, portant vraisemblablement en lui comme l'empreinte ou l'*archétype* en raccourci de tout son département, il est à présumer que l'irradiation sensitive, destinée au membre amputé, se renouvelle quelquefois par l'habitude ou autre accident, & produit la sensation affectée à l'existence du membre.]

33. Le cœur est dans les animaux l'organe qui meurt le dernier. Ceux auxquels on arrache ce viscère, conservent néanmoins la faculté de se mouvoir, & vivent encore quelque temps ; mais ce n'est pas une véritable vie, car leur ame n'est plus unie à leur corps, mais par un effet de la longue habitude, cet esprit vital agite encore les liens dans lesquels il étoit retenu. [On trouve dans ces idées de *Cardan* les premiers apperçus du principe si évident & si fécond de la sensibilité de la fibre animale. Ce qu'il dit ici du cœur de même, confirmé par un beau phénomène cité par le chancelier Bacon. Ce grand homme (*Voyez* l'article BACONISME) dit avoir vu un criminel, auquel on avoit arraché le cœur ; genre de supplice dont on punit les traîtres en Angleterre : lorsque, selon l'usage on jetta ce cœur dans le feu, il y fit plusieurs sauts ; le premier bond fut de la hauteur d'un demi-pied ; les suivans dimi-

---

levo, acsi adhuc ille viveret. Credo dei indulgentia id factum, cum quoniam naturalem causam nullam subesse intelligo, &c. *Cardan. de utilit. ex advers. cap. lib.* 4, *cap.* 12, *pag. m.* 848.

(1) Quod illud quod..... & nobis & restituto presbytero, & quod turcæ habent in usu, est unum idem [scilicet ecstasis....] & in turcis transit per stirpes, & hoc modo augetur in modum. *Cardan. de rer. variet. lib.* 8, *cap.* 43, *pag. m.* 412, 413. *Voyez* encore *de prudent. civili,* cap. 74, pag. m. 387, 388.

(2) In trunco brachii sensus digitorum mansisse, juxta nervorum in digitos descendentium rationem. Et quod mirabilius est, pruritu eos nervos in memoriam quasi digitorum vexante, alterius manus digitorum correspondentium scalptu cum ore, pruritum in nervis cessare solitum ; adeo consentientibus partibus superioribus, ac dextris & sinistris. *Cardan. de rer. variet. lib.* 8, *cap.* 44, *pag. m.* 436.

Je crois avoir rendu le sens de ce passage, dans lequel, de même que dans beaucoup d'autres, *Cardan* a trop négligé la première qualité du style, la clarté.

nuèrent

nuèrent par degrés dans un intervalle de sept à huit minutes (1).]

34. Une douleur au cerveau affecte tout le corps, parce que cet organe est le siège du sentiment qui de cette source se distribue dans toutes les parties du corps.

35. Dans les pays extrêmement froids, tels que la Laponie & la Finlande, les individus de l'un & de l'autre sexe sont très-petits. La rigueur du climat y rend aussi les hommes fort craintifs & d'une singulière fécondité ; car les animaux les plus timides sont aussi les plus féconds ; on en voit la preuve dans les lièvres & les lapins. Les femmes qui habitent ces climats glacés sont belles : le froid leur blanchit la peau & la rend plus fine ; mais il affecte principalement les yeux des animaux, dont la plupart deviennent même aveugles. Leur poil est en général plus dense, plus fort & plus beau : aussi est ce de ces pays qu'on tire les pelleteries les plus précieuses. Les ânes y sont foibles, petits, & n'y propagent point leur espèce. [*Cardan* auroit pu appliquer à tous les quadrupèdes des pays très-froids ce qu'il dit ici des ânes. Celui qui nous a donné une courte description de l'isle de Zetland dont la latitude est depuis le 60ᵉ. jusqu'au 61ᵉ. degré vers le nord, observe que les chevaux, les bœufs, les cochons, les brebis dont ces insulaires ont un très-grand nombre, ainsi que leurs troupeaux de toutes espèces, sont petits ; mais que leurs chevaux sont forts & vigoureux.]

36. La meilleure eau est celle qui n'a absolument aucun goût, aucune odeur & qui n'est pas trop froide. Toutes les eaux chaudes sont médicinales (*Omnis calida, medicamentosa*) : celle qui a ou un goût ou une odeur agréable est utile, mais non pas dans les alimens.

37. Aucun corps ductile n'est transparent, & aucun corps transparent n'est ductile. Le verre, tandis qu'on le fond, est ductile, mais alors il n'est pas diaphane, & lorsqu'il acquiert cette propriété, c'est une substance concrète & qui se brise.

38. Les différences des odeurs sont beaucoup plus sensibles & plus distinctes que celles des saveurs.

---

(1) Quin & corda animalium avulsa diu palpitant. Equidem memininus ipsi vidisse hominis cor qui eviceratus erat (supplicii genere apud nos vertus proditores recepto) quod in ignem de more injectum, saltabat in altum, primo ad sesquipedem, & deinde gradatim ad minus ; durante spatio ut memininus, septem aut octo minutarum. Francisc. Bacon. histor. vit. & mort. opp. tom. 4, pag. 518, édit Londin. 1778.

Philosophie anc. & mod. Tom. II.

39. La blancheur du lait n'est pas l'effet d'un air quelconque, mais seulement d'un air congelé. L'huile & la graisse ne sont pas naturellement blancs ; mais l'huile gelée blanchit, & il en est de même de la graisse figée. Ce n'est pas proprement l'air qui blanchit les corps, c'est la lumière. Et la lumière réfléchie par l'air, est réfléchie par l'air congelé comme par un miroir.

40. L'air libre rend plutôt les corps transparens, que blancs : c'est ce qui fait que l'écume produite par la chute des eaux est blanche.

41. Les corps deviennent blancs de cinq manières différentes, (*Cardan* n'en indique que quatre.) Par l'ustion parfaite, comme les os calcinés ; par l'ablution ou le lavage, comme la toile ; par l'agitation ou le mouvement, comme l'écume & la salive ; par la trituration comme toutes les poudres qu'on blanchit par ce moyen, même celles des substances les plus noires : or la cause manifeste qui donne aux corps la propriété d'être brûlés, triturés ou agités, est l'air qui y entre & qui étant refroidi, reçoit la lumière. Personne ne peut douter que la lumière introduite ou mêlée à un air congelé, ne soit la cause de la blancheur, & que l'air ne se congèle facilement. C'est pour cette raison que les nuées élevées à la plus grande hauteur de l'athmosphère, paroissent blanches, parce que cette région est très-froide : il n'en est pas de même des nuages lorsqu'ils sont bas.

42. Il y a une sympathie entre les différentes parties du corps humain. [*Cardan* prétend que le même phénomène a lieu entre les différentes parties du monde. *Itaque sympathia constat in mundo, velut in humano corpore, consensusque partium est in utrisque.* Cette doctrine est une conséquence naturelle de ce principe de *Cardan*, que le monde n'est qu'un grand animal. *Voyez* ci-dessus pag. 895. colon. 1.]

43. Un élément ne se change point en un autre élément : cette prétendue transmutation des élémens est une chimère ; mais il y a palingénésie.

44. Tout ce qui a des parties différemment coordonnées entr'elles, a une ame & une vie.

45. De toutes les feuilles pourries des différentes plantes, il s'engendre un animal différent selon la nature des feuilles en putréfaction. *Ab omnibus foliis plantarum putridis, diversum juxta foliorum naturam animal generari.* (de vit. prop. cap. 44, pag. m. 168. *Voyez*, ci-dessus, pag. 909).

46. La nature est un être imaginaire, un mot vuide de sens, & la source d'une multitude

d'erreurs introduites par Aristote, dans la seule vue de renverser les opinions de Platon par des différences purement nominales.

47. L'ignorance ne laisse voir que les ressemblances des choses; la science en fait appercevoir les différences. *Cette observation est d'un excellent esprit.*

48. Il arrive rarement que les facultés de l'ame & du corps soient également perfectionnées, ou également viciées dans l'homme. Ceux qui sont très-robustes ont ordinairement une confiance excessive dans leurs forces : la plupart sont même féroces. Ceux au contraire qui ont reçu de la nature une constitution foible se distinguent communément par un grand savoir & par des mœurs très-pures.

49. Pour faire des découvertes, il faut jouir du repos & de la tranquillité de l'esprit; elles exigent une méditation forte & continue, le secours de l'expérience, toutes choses qui supposent le calme de la solitude & qui sont incompatibles avec les distractions de la société.

50. La règle la plus sûre pour le manger & le boire, c'est qu'après le repas on ne se sente ni foiblesse ni pesanteur d'estomac, mais qu'on se trouve d'abord en état de se promener si l'on en a le desir, ou d'écrire s'il le faut; que le sommeil ne soit ni diminué ni interrompu par le souper; que le matin en s'éveillant on n'ait ni mal de tête, ni mauvais goût dans la bouche, & qu'au contraire on se trouve allégé & rafraichi par le sommeil. [Ce précepte diététique est utile; il convient à tous les âges, mais surtout aux jeunes gens qui, prodigues de leur santé dont ils ignorent le prix, s'assurent communément, par toutes les sortes d'intempérance, ou une mort prématurée, ou une vie languissante, & une vieillesse pénible & douloureuse.]

51. L'homme est d'autant plus méchant, qu'il est plus instruit, plus éclairé. On ne peut pas espérer de trouver des gens de bien; si ce n'est parmi ceux qu'un vice d'organisation ou l'âge ou le sexe, ou quelqu'autre cause a rendu stupide. Mais en général tous les hommes sont pervers; les uns d'une façon, les autres d'une autre. [Notez que *Cardan* expose ailleurs les maux de toute espèce que l'ignorance entraîne après elle : il ajoute même qu'il est rare que ceux qui cultivent les arts ou les sciences, & qui vivent du produit pénible de leur industrie ou de leurs études, se rendent coupables de quelque crime. *Raro invenies hominem, qui ex quavis industria laboriosa aut studio vivere solitus sit, qui ad hujusmodi facinora impelli possit.* (1)

Au reste, il est facile de reconnoître dans le premier passage de *Cardan* le principe fondamental de la philosophie de J. J. Rousseau. C'est de cette fausse théorie qu'il est parti dans les deux discours, par lesquels il a débuté avec tant de succès dans la carrière des lettres. Cet étrange paradoxe dont Diderot lui avoit donné la première idée, comme un moyen sûr de se faire écouter de ses juges, avec cet intérêt de curiosité qui excite l'attention & qui la soutient, devoit plaire à un homme du caractère de Rousseau. Malheureusement ce qui n'étoit d'abord dans sa tête qu'une hypothèse brillante propre à faire découvrir quelques-unes de ces vérités qui circonscrivent ce que certaines propositions ont de trop général, devint bientôt pour lui un fait, un principe. Il l'a même développé avec beaucoup d'art, dans des ouvrages écrits par-tout d'un style plus énergique encore qu'harmonieux & correct, parce qu'il est toujours animé & pour ainsi dire inspiré par des passions fortes dont l'accent, d'ailleurs si éloquent, si persuasif, se ressent plus ou moins du trouble de l'ame dans cet état d'orgasme.]

52. Je suis plus gai que je ne le fus jamais dans ma jeunesse; à la vérité il faudra mourir & laisser ses amis, je le sais; mais je sais aussi qu'ils me suivront, & qu'en attendant j'en trouverai d'autres au lieu où j'irai. [Cette gaîté de *Cardan* dans un âge (2) où, selon le calcul des probabilités, il devoit se croire très-proche de sa fin, me paroît peu naturelle : elle ressemble beaucoup à celle des enfans qui chantent la nuit quand ils ont peur. Ce qui confirme cette conjecture, c'est que notre médecin avoit une telle frayeur de la mort, que personne peut-être ne l'a portée plus loin : c'est lui qui nous l'apprend dans un de ses meilleurs ouvrages. » J'ignore, *ait-il*, à » quel point la crainte de la mort tourmente » les autres hommes; mais il n'est point pour » moi de penser plus triste & plus pénible. Lors- » que je me souviens que je dois mourir, j'oublie » non-seulement tout ce qui m'est arrivé d'agréa- » ble & de facheux dans le cours de ma vie, » mais je perds même absolument courage; mon » sang se glace, & cette seule idée me rend aussi » lache, aussi timide qu'un lièvre. L'étude & » les sages préceptes de la philosophie m'ont » fait supporter avec assez de fermeté tous les » autres malheurs auxquels j'ai été en proie; » mais s'il faut l'avouer, je n'en ai tiré que de » très-foibles secours contre la crainte de la » mort. Je soupçonne qu'il en est à-peu-près » de même des autres hommes, mais la plu-

---

(1) *Cardan.* de prudentia civili, *cap.* 73, *pag.* 366.

Edit. Lugd. Batav. 1667. Comparez ce passage avec celui du chapitre 6 du même traité, *pag.* 41 & 42.

(2) *Cardan* avoit alors soixante & treize ans.

» part ne font pas aussi sincères que moi ». Il suffit de rapprocher ces deux passages si divers, pour se convaincre que celui-ci exprime les vrais sentimens de *Cardan*, & que le premier est une pure fanfaronade.]

53. La raison m'a fait voir qu'il n'y avoit rien de plus frivole que l'espérance de vivre dans la mémoire des hommes. Je suppose que vous écriviez, & que vous fassiez des ouvrages dignes d'être lûs; qui peut vous assurer que chaque jour ils ne perdront pas de leur prix, & que le tems ne les détruira pas, ou ne les rendra pas méprisables? Mais accordons qu'ils auront une certaine durée; de combien d'années sera-t-elle? de cent ans? de mille? de dix-mille ans? où est l'ouvrage qui ait résisté aux efforts destructeurs de tant de siècles? quel exemple en peut-on citer? Mais enfin puisque tout doit finir, il importe peu qu'une chose dure six jours ou dix millions d'années: ces deux intervalles de tems qui paroissent si différents, sont égaux lorsqu'on les compare à l'éternité. [*Cardan* jeune, pauvre & malheureux, avoit aimé la gloire (1) avec cet enthousiasme qu'elle inspire à ceux qui se sentant dignes de l'obtenir, font tout pour la mériter. Lorsque sa carrière, déja très-avancée, lui annonçoit une fin prochaine, ce desir si noble & si général de laisser après soi un nom honoré; ce respect de la postérité auquel on doit tout ce qui s'est fait d'utile & de grand dans tous les genres, & sans lequel l'homme ne vivroit guère que d'une vie commune aux animaux, & aux plantes, *communem animalibus ac stirpibus*, ne parut plus à *Cardan* qu'une agréable chimère: il affecta même, sinon du dédain, au moins de l'indifférence pour cette espèce d'immortalité qu'on acquiert par de belles actions, ou par des découvertes importantes dans les sciences & dans les arts: mais il ne put jamais arracher de son cœur cette passion qui l'avoit maîtrisé toute sa vie, & il avoue même que dans sa vieillesse elle l'enflamme encore, quoiqu'il en reconnoisse l'extravagance & la vanité (2): c'est qu'en effet, comme le remarque Montaigne, » de toutes les resveries du » monde, la plus receuë & plus universelle, est le » soin de la réputation & de la gloire, que nous » espousons jusques à quitter les richesses, le » repos, la vie & la santé, qui sont biens effec- » tuels & substantiaux, pour suivre cette vaine » image & cette simple voix qui n'a ny corps ny » prise: & des humeurs des-raisonnables des hom- » mes, il semble que les philosophes mêmes se dé- » fassent plus tard & plus envis de cette-cy que de » nulle autre: c'est la plus revesche & opiniastre: » *quia etiam bene proficientes animos tentare non* » *cessat*. Il n'en n'est guère de laquelle la raison » accuse si clairement la vanité: mais elle a ses » racines si vifves en nous, que je ne sçay si » jamais aucun s'en est peu nettement descharger. » Apres que vous avez tout dict & tout creu, » pour la desavouer, elle produict contre votre » discours une inclination si intestine, que vous » avez peu que tenir à l'encontre » &c (3).]

54. Tout s'altère, tout change tellement dans l'espace de mille ans ou un peu plus, qu'il est impossible de connoitre l'origine d'aucun prince ou de quelqu'autre personnage illustre: de sorte que, quoique nous soyons assurés par l'histoire qu'il y a eu autrefois un grand nombre de romains, de grecs & d'autres hommes célèbres; cependant, comme nous ne voyons aujourd'hui aucun de leurs descendans, il est très-probable que les hommes qui existent présentement n'ont pas été engendrés par d'autres hommes, mais que, selon l'opinion de quelques auteurs, ils tirent leur origine de la terre ou des pierres (4). [*Cardan* suppose ici que l'homme est, comme la plante, un produit spontanée de la terre, une végétation d'une espèce particulière; hypothèse à laquelle l'impossibilité d'assigner une différence réelle entre l'animal & le végétal, ôte, sous ce rapport, aux yeux du philosophe, ce qu'elle peut avoir d'invraisemblable, & même d'absurde pour le chrétien. A l'égard des pierres que *Cardan* semble regarder comme un autre principe générateur de l'animal en général, ce n'est sans doute qu'une allusion à ce que la fable raconte de la manière dont Deucalion & Pyrrha repeuplèrent le genre humain. S'il faut attacher une autre idée à ces mots, *aut lapidibus originem duxisse*, je ne sais plus alors ce qu'ils signifient.]

55. Il n'y a de bonnes loix que celles qui sont faites par des philosophes. *Crede mihi, nulla leges bona esse possunt, nisi quæ à philosophis sunt constitutæ.*

56. Les romains perdirent leur liberté l'an 704

---

(1) Il en fait l'aveu en termes formels; *gloriæ post obitum cultor*, dit-il dans sa vie, *cap*. 13, *pag. m.* 41.

(2) *Ergo nil mirum est, me illo amore coactum flagrare: at tunc mirum est, his intellectis* (c'est-à-dire l'évidence des raisonnemens sur lesquels il vient d'établir la frivolité de l'espérance de transmettre son nom aux siècles à venir:) *posse, & tamen manfit hæc stolida cupiditas. Nam Cæsaris & illorum stultum fuit consilium: at cupiditas mea gloriæ, inter tot & adversa & impedimenta, stolida non tantum stulta;* &c. *Cardan. de vita propriá, cap.* 9, *pag. m.* 30.

(3) Montaigne, essays, *liv.* 1, *chap.* 41, *pag. m.* 251.

(4) *Dubitare quis merito possit hos, qui nunc extant, non ab aliis hominibus, sed ex terra, ut quidam referunt aut lapidibus originem duxisse. Cardan. de utilit. ex adversi. cap. lib.* 1, *cap.* 1, *pag. m.* 37.

de la fondation de Rome, ou environ. A peine en jouirent-ils 460 ans : & dans cet intervalle, ils furent tellement agités par des séditions & tourmentés par des dissentions intestines, qu'une liberté, aussi funeste, leur fut plus nuisible que la plus dure servitude. Venise, au contraire, libre depuis onze cents ans, fleurit à l'ombre de cette liberté ; avantage qui n'est pas tant l'effet des loix qui la gouvernent, que de la sagesse de ceux, à la surveillance desquels elles sont confiées, & qui les font exécuter. Les loix instituées par les Venitiens sont douces ; & s'il arrive quelque cas grave, ils augmentent, dans la plus juste proportion, la peine qu'ils infligent aux coupables. Partout il ne se commet guère de crimes dont l'argent ne soit la cause & le but : il faut donc punir par des loix douces, mais immuables, ceux qui s'écartent de la règle du juste & de l'injuste, mais qui ne l'enfreignent pas par avarice & par cupidité, &c. &c. &c (1).

Morale usuelle & pratique de Cardan.

[*Cardan* a semé dans tous ses ouvrages un assez grand nombre de réflexions morales, parmi lesquelles il s'en trouve de très-judicieuses & même de profondes : j'avois d'abord eu dessein d'en faire un recueil particulier, auquel j'aurois ajouté celles qui sont répandues çà & là dans les traités philosophiques dont j'ai parlé ci-dessus : mais ces réflexions diverses, sur lesquelles on se plaît d'ailleurs à s'arrêter, parce qu'elles éclaircissent plusieurs points de la science de l'homme, ne formant pas ce qu'on peut appeler un corps de doctrine, un système de morale ; j'ai pensé que, si d'un côté je ne devois pas les omettre dans une analyse de la philosophie spéculative de *Cardan*, il n'étoit pas moins nécessaire de les laisser dans l'ordre même, selon lequel elles se sont succédées dans son esprit. Si cet ordre, sans doute peu méthodique, isole & détache, pour ainsi dire, ces pensées du fond, sur lequel elles sont projettées, il ne leur fait rien perdre de leur juste & de leur prix. D'ailleurs, ce passage, quelquefois assez brusque d'idées spéculatives, plus ou moins abstraites à des observations qui sont pour l'homme d'un intérêt plus vif, plus immédiat, & de celles-ci aux premières, en variant les objets de l'attention du lecteur, la soutient sans la fatiguer, & rend l'exposé des idées purement théoriques, moins sec & moins monotone. Cependant, comme *Cardan* a écrit directement sur la morale, je donnerai ici un abrégé de ses principes pratiques sur cette matière importante. L'ouvrage où il les a rassemblés, est une espèce de manuel qui paroit fait à l'imitation de l'Ecclésiaste & des Proverbes de Salomon. Il l'écrivit pour ses enfans : ce sont des préceptes généraux sur la manière dont ils doivent se conduire dans le monde pour se rendre agréables à Dieu, pour être bien avec eux-mêmes, & pour se concilier l'estime & la bienveillance des hommes. En lisant avec attention cette morale pratique de *Cardan*, on y remarque certaines maximes qui conviennent mieux à des esclaves déjà façonnés au joug, qu'à des enfans dont on veut faire des hommes, & auxquels on ne sauroit inspirer de trop bonne heure, le sentiment de leurs droits, de leurs devoirs, aussi sacrés que leurs droits, & le saint amour de la liberté qui élève, aggrandit l'ame, & multiplie, dans la même proportion, les forces du corps. Quelques autres maximes de *Cardan* m'ont paru purement locales, & appropriées aux mœurs, au caractère dominant, à l'esprit général des peuples de l'Italie : notre savant médecin les connoissoit assez bien, & je ne doute pas que dans les règles particulières de conduite, il n'indique tacitement, à ses enfans, les écueils qu'ils doivent éviter pour vivre avec sécurité parmi ces peuples plus ou moins avilis, livrés sans pudeur à tous les genres de corruption, & qu'on peut regarder, à de légères exceptions près, comme la lie des nations de l'Europe, *perditissimam fæcem civitatum.*]

On croit assez généralement qu'une grande partie de notre bonheur dépend de la fortune : c'est une erreur : sans doute elle y a quelque part ; mais notre constitution physique y contribue certainement plus que toute autre chose.

Rendez tous les jours graces à Dieu, comme à l'arbitre souverain de toutes choses : vous en deviendrez meilleurs. *Cette maxime seroit mieux placée dans un catéchisme, que dans un traité de morale.* (*Voyez ce que j'ai dit ci-dessus, pag.* 897 *&* 898.

Parlez très-peu de Dieu, & n'en parlez qu'avec respect. (*Voyez,* ci-dessus, pag. 906 & 907.

Ne jurez point de garder un secret ; car de libres que vous étiez, vous vous rendriez esclaves.

Lorsque le succès d'une affaire ne dépend point de la prudence, implorez le secours de Dieu : mais c'est une témérité d'y avoir recours lorsqu'elle peut réussir par des moyens purement humains.

Ne cherchez point par de vains travaux à pénétrer le vrai sens de certains passages de l'Ecriture; car le même texte est susceptible de plu-

---

(1) *Cardan.* loc. cit. ubi sup. *lib.* 3, *cap.* 19, *pag.* m 650, 651.

sieurs interprétations différentes, & il est dangereux de s'occuper de cette recherche.

Ne croyez point que les démons vous parlent, ou que vous voyez des revenants: mais ne faites, à cet égard, aucune expérience, car beaucoup de choses nous sont cachées. *Cette observation de* Cardan, *est celle d'un homme qui croit à ces mêmes choses auxquelles il conseille à ses enfans de ne pas ajouter foi.* (Voyez, *ci-dessus*, pag. 881, 882.

Ne parlez ni haut ni bas à personne en présence du *maître* ou des princes.

Ne vous mettez point dans la dépendance absolue des princes irascibles ou soupçonneux : car lorsque la colère se trouve jointe à la puissance ou au soupçon, elle a la promptitude & la violence de la foudre.

N'opposez de résistance ni aux princes, ni aux hommes très-puissans, ni à la multitude, quand même votre réclamation seroit fondée sur le droit le plus incontestable. *Maxime d'esclave, & qui est très-propre à en augmenter le nombre.*

Ne faites rien qui puisse déplaire aux princes; si vous n'observez point cette règle, soyez sûrs qu'ils ne vous le pardonneront jamais.

La faveur des princes n'est pas de longue durée : on l'obtient difficilement, on la conserve avec peine, & lorsqu'une fois on l'a perdue on ne peut plus espérer de l'acquérir de nouveau.

Les princes qui aspirent au trône, ou qui veulent s'y maintenir, ne sont contenus ni par la justice, ni par les loix, ni par la foi ou la religion du serment, ni par les liens du sang, ni même par la crainte de l'infamie, à moins qu'ils n'en redoutent pour eux les suites immédiates. Ils n'écoutent que leur intérêt personnel, & ne prennent conseil que de leurs passions. Gardez-vous donc d'offenser ceux que vous ne pouvez pas exterminer. Lorsqu'une fois vous vous êtes montrés leur ennemi, persistez dans votre haine ; n'espérez point de vous réconcilier avec eux ; mais faites au contraire de nouveaux efforts pour les perdre.

Si vous habitez un pays dont la justice n'est pas le dieu, & où elle n'a point de culte, vous aurez nécessairement beaucoup à souffrir, & vous ne pourrez en accuser que vous-mêmes.

Ne parlez, ni aux princes, ni des princes, en termes équivoques.

Le tems commande aux princes, ceux-ci aux hommes: attendez donc le tems, le plus précieux de tous les biens.

Souvenez-vous que les princes ressemblent à ces montagnes que leur hauteur rend d'un difficile accès, mais sur le sommet desquelles on monte cependant avec beaucoup moins de peine & de danger, qu'on n'en descend.

Après Dieu & les princes, la vie est la chose qui mérite le plus notre sollicitude & nos soins, car c'est le principe de tout. [Puisque, de l'aveu même de *Cardan*, la vie est la condition sans laquelle on ne peut remplir ses devoirs, ni envers Dieu, ni envers les princes, ni envers les hommes, dont *Cardan* ne parle pas, & sans lesquels il n'y auroit néanmoins ni dieux, ni princes, il devoit donc prescrire à ses enfans pour première leçon, le meilleur régime diététique.]

Le sommeil doit précéder & surpasser le travail ; celui-ci la nourriture, & la nourriture la boisson.

Contentez-vous chaque jour d'un seul plat, de crainte que l'intempérance ne détruise votre santé.

Préférez l'eau au vin, & parmi les différentes espèces de vin, choisissez le blanc ; mais en général ne buvez que d'un seul vin.

Ne mangez, ne buvez, ni ne *multipliez* (1), avant d'avoir senti le désir de satisfaire l'un de ces besoins, & n'allez point jusqu'à la satiété dans la jouissance de ces plaisirs.

Ne faites que deux repas par jour ; mais ne mangez qu'une seule fois de la viande, & avec sobriété.

Refusez de goûter des meilleurs mets lorsqu'ils vous sont offerts par des gens que vous ne connoissez pas.

Lorsque vous êtes invités à un festin, si vous êtes forcés de vous y trouver, assurez-vous de la fidélité de ceux qui donnent à boire aux convives. [*Ce précepte se ressent des mœurs du pays où* Cardan *écrivoit son ouvrage.*]

Ne dormez pas sur la plume.

Le tems destiné au sommeil doit être, pour l'esprit, celui d'un repos absolu : lorsque vous

---

(1) Ce mot que j'employe ici par décence, & pour une plus grande précision, est celui dont l'Ecriture se sert dans le même sens : *crescete & multiplicamini*. *Voyez* la genèse.

vous couchez, oubliez toutes vos affaires & tous vos soucis.

Lorsque vous êtes en route, ne pensez pas à autre chose.

Ne passez jamais, soit en marchant, soit en vous promenant, sous le toit d'une maison : en observant ce précepte, j'ai évité deux fois d'être tué par la chûte d'une tuile.

Ne traversez pas, à cheval, une rivière que vous n'avez pas sondée; & ne vous exposez pas dans une nacelle, sur une mer orageuse.

N'entrez jamais dans une ville ou dans une maison que par la porte.

Lorsqu'on fait route avec un homme d'esprit, le charme de sa conversation tient lieu de voiture. (*C'est une maxime de Publius Syrus, à laquelle Cardan n'a changé qu'un mot.*)

Evitez la rencontre d'un homme inconnu, ou d'un animal qui marche d'un pas précipité. Les chiens enragés suivent toujours, en courant, la ligne droite.

Ne montez pas un cheval que vous ne connoissez pas : ne montez pas même celui qui est doux & facile, sans lui tenir la bride.

Regardez hardiment depuis les pieds jusqu'à la tête, ceux que vous rencontrez dans les rues; mais hors des murs de la ville ayez les yeux baissés.

On n'évite un grand danger, que par un danger aussi grand.

L'espérance est l'aiguillon (*stimulus*) d'une volonté inconstante.

Avec du courage on diminue de moitié le poids du malheur qu'on éprouve.

Il faut vouloir ce qu'on peut lorsqu'on ne peut pas faire ce qu'on veut : cette règle de conduite est sur-tout nécessaire à ceux qui sont dans l'infortune.

Vivez joyeux autant que cela est possible ; car le chagrin auquel on s'abandonne dans l'adversité, affaisse plutôt l'ame qu'il ne la soulage.

Ne vous affligez en aucune maniére des événemens qui ne peuvent se changer.

Personne n'a le pouvoir de rendre heureux ou malheureux celui qui ne veut être ni l'un ni l'autre.

La prudence est, après le courage, la qualité morale qui contribue le plus au bonheur; c'est la route la plus sûre pour arriver à ce terme.

Lorsque le succés d'une affaire dépend de la prudence des sages aux soins desquels elle est confiée, ne consultez pas les devins.

Quoique vous puissiez acquérir la connoissance de plusieurs choses qui ne vous regardent point, & qui ne seront jamais pour vous d'aucune importance, ne vous occupez point de cette recherche.

N'ayez pas une confiance aveugle dans vos songes, mais ne dédaignez pas non plus tout ce qui peut vous être révélé par ce moyen; ce mépris seroit d'autant plus déplacé, que les songes sont particuliers à notre famille. [Si les fils de *Cardan* étoient aussi superstitieux que lui, le motif dont il se sert ici pour les empêcher de rejetter indistinctement les conseils ou les suggestions qu'ils pouvoient recevoir en songe, suffisoit sans doute pour les rendre très-circonspects à cet égard : mais ce même motif devoit leur paroître bien ridicule, si, moins crédules que leur père, les songes n'étoient pour eux que ce qu'ils sont en effet pour tout homme qui veut faire usage de sa raison, c'est-à-dire, absolument insignifiants.]

La vérité inspire la haine ; le bonheur rend insolent & fastueux, la sécurité expose au péril, & la familiarité fait naitre le mépris : ce sont quatre bonnes mères qui ont engendré autant de mauvaises filles.

La raison des choses que nous devons faire ou la prudence, doit être, ou une suggestion divine, ou le résultat de nos observations & de nos recherches, & en dernier lieu celui de la science des devins.

Suivez l'usage toutes les fois qu'en y conformant vos actions, il n'en peut résulter aucun inconvénient.

Lorsqu'on fait l'éloge de la prudence, cela ne doit s'entendre que de la prudence pratique, & non de celle qui se borne purement & simplement à la théorie.

Il faut beaucoup plus de prudence pour employer utilement son bien que pour le conserver. Le bon usage de l'argent & la simple conservation de cet argent peuvent être comparés l'un au mouvement, l'autre au repos. Or celui qui se meut a plus d'obstacles à vaincre, & plus de précautions à prendre que celui qui se tient tranquille (1)

---

(1) Prudentiæ majoris est pecunias utiliter expendere, quam conservare, quia plura attendenda sunt

Ne délibérez jamais dans le moment de la paffion.

Souvenez-vous que vous n'avez qu'une langue & deux oreilles.

Parlez peu : les grands parleurs commettent beaucoup d'imprudences.

Une feule parole inconfidérée fait plus de mal, que dix placées à propos ne peuvent faire de bien.

Souvenez-vous toujours de ce mot : *fi quelqu'un allègue des faits en votre faveur, on en exige la preuve ; s'il en cite qui vous foient contraires, on les regarde comme démontrés.*

Perfonne ne veut avouer qu'il eft un bavard ; mais vous trouvez une infinité de gens qui conviennent qu'un mot a pu leur échapper.

Il faut qu'un médecin foit très-économe de prédictions ; & lorfqu'il en hazarde quelques-unes, elles doivent avoir l'obfcurité & l'ambiguité des anciens oracles.

Montrez-vous incrédules toutes les fois que votre crédulité vous expoferoit au péril d'être accufés de légèreté ou d'ignorance.

Traitez toutes les affaires comme les chevaux qu'on retient par la bride dans le chemin, quoiqu'ils foient doux & faciles à mener.

On perfuade les vieillards par des argumens tirés de leur fécurité, de leur bonheur & de leur utilité particulière. On eft plus fûr de les remuer par ces leviers, qu'en leur parlant de ce que leur prefcrit l'honneur, la gloire, ou même le plaifir ; car ils en ont perdu le fens. Leur plus preffant befoin eft d'éviter tout ce qui peut leur nuire : & le goût des chofes honnêtes eft moins vif en eux que celui des chofes utiles à leur fûreté perfonnelle.

On voit beaucoup de gens que les raifonnemens les plus folides n'ébranlent pas, & qui fe rendent à des argumens très-foibles.

Ne parlez pas de chofes férieufes devant la multitude, ou en préfence de gens qui s'eftiment trop.

Refpectez les vieillards, vous ferez très-malheureux fi vous n'obfervez pas ce précepte.

Ne vous approchez point de ceux qui fe battent, à moins que ce ne foient vos amis.

Ne riez point aux éclats, c'eft un des caractères de la folie.

Ne vous fervez jamais de termes offenfans, inconfidérés, obfcènes, & n'employez dans vos difcours ni la diffimulation ni l'ironie.

Ne pleurez pas en préfence de ceux qui rient, cela ne convient qu'aux femmes.

Ne montrez pas une grande trifteffe, la brièveté de la vie ne mérite pas qu'on s'afflige beaucoup des événemens malheureux.

Pour le bonheur, comme pour la fortune, il eft plus utile d'être très-prudent & peu inftruit, que d'être fort favant, & de manquer fouvent de prudence.

Les moyens qui conduifent à une bonne fin ne font point mauvais.

Il eft plus facile de trouver la fortune que de la faifir, & plus facile de la faifir que de la retenir.

La nécromancie ou la divination par l'évocation des morts, eft une chimère ; & l'art ou la fcience qu'on appelle *alchimie*, n'a pas plus de réalité.

Il ne faut jamais parler aux autres ni de foi, ni de fes enfans, ni de fa femme.

Contentez-vous d'un habit propre, décent, & d'un prix très-modique.

Ne laiffez pas approcher de vous la confidence de ces fecrets qu'il eft prefque auffi dangereux de garder fidèlement que de révéler.

Il faut juger les fages par leurs actions & non par leurs paroles, & les fous par les unes & par les autres.

Les bienfaits & les belles actions font un rempart contre les injures. [L'inverfe de cette propofition eft bien plus fouvent vraie. Horace & Tacite ont mieux connu l'homme ; celui-là lorfqu'il a dit que la mort feule pouvoit dompter l'envie (1); celui-ci en obfervant qu'on eft touché

---

circa ufum pecuniæ, qui affimilatur motui, quam circa confervationem, quæ affimilatur quieti.

Ce paffage n'eft pas très-facile à traduire : j'ai cru devoir développer un peu la penfée de *Cardan*, pour la rendre plus claire. Une traduction littérale feroit ici affez inutile, & paroîtroit même barbare.

---

(1) —— —— —— *diram qui contudit hydram,*
  Notaque fatali portenta labore fubegit,
  Comperit invidiam fupremo fine domari.

(HORAT. Epift. 1, *lib.* 1, *vers* 10, & feq.)

des bienfaits tant qu'on croit pouvoir les payer ; mais que s'ils sont fort au-dessus de la reconnoissance, elle se change en haine. *Beneficia eò usque læta sunt, dum videntur exsolvi posse ; ubi multum antevenere, pro gratia odium redditur.*]

Des événemens les plus importans *les naissances sont foibles & tendres* (1) : ne promettez donc pas facilement.

Lorsque vous vous entretenez avec un méchant, regardez toujours ses mains & non son visage.

N'ajoutez aucune foi aux lettres anonymes, ou qui sont écrites par des gens qui vous disent du mal de vos domestiques ou de vos amis ; ces sortes de lettres sont communément le cri de l'envie.

Ce n'est ni en se faisant craindre, ni en se faisant aimer de ses domestiques, qu'on les contient dans les bornes du devoir, c'est en leur inspirant un sentiment qui est l'effet des deux premiers, celui du respect.

Ne portez jamais, ni par vos gestes, ni par vos discours, la plus légère atteinte à la pudeur, mais faites sur-tout observer cette règle par vos domestiques.

Ne dites point, devant des enfans, des valets ou des femmes, ce que vous ne voulez pas qu'on sache.

Craignez qu'en traitant vos enfans & vos domestiques avec une sévérité excessive, ils ne finissent par n'être propres à rien.

La femme ne sait qu'aimer ou haïr ; il n'y a pour elle aucune passion, aucun sentiment intermédiaire. (*C'est encore une maxime de Publius Syrus, à laquelle* Cardan *n'a fait qu'un léger changement.*)

Evitez également de dire des douceurs à votre femme, & de vous mettre en colère contre elle en présence de témoins.

Les enfans tiennent beaucoup du caractère & de la constitution physique de leur mère.

Elevez avec le même soin votre bâtard & votre enfant légitime ; car le premier est aussi votre sang.

Faites instruire vos enfans par des instituteurs, mais ne leur confiez pas le soin de leur éducation physique.

---

(1) J'ai employé ici les propres termes de Montaigne, parce qu'ils expriment très-bien la pensée de Cardan. *Minima maximarum rerum sunt initia.*

Laissez pour héritage à vos enfans, un nom honoré, un art utile & de bonnes mœurs.

On s'enrichit par des héritages, par la faveur des princes, par la culture des arts libéraux ou méchaniques, & par le commerce.

Pour réussir, soit dans un art, soit dans le commerce, il faut d'abord bien savoir le métier qu'on fait, & joindre à cette connoissance, de la finesse, de l'économie & de la prudence. Le concours de ces quatre choses est absolument nécessaire.

L'agriculture est un art qu'il faut exercer, ce n'est pas une affaire de théorie, mais de pratique.

Celui qui veut amasser de grands biens ne doit entreprendre de voyages qu'avec la certitude d'en recueillir le fruit.

Contentez-vous d'une seule maison de ville, mais ayez plusieurs terres & plusieurs maisons de campagne.

N'exercez qu'un seul art.

Soit qu'on s'occupe du soin de sa gloire, soit qu'on ne consulte que son intérêt, il vaut mieux perfectionner une seule découverte, que d'en tenter mille & de n'en faire aucune.

Ayez soin qu'à cinquante ans vos revenus vous suffisent pour vivre, car un vieillard pauvre est un être bien malheureux.

Ne faites parade ni de votre or, ni de vos pierres précieuses.

Il faut savoir perdre, cela est quelquefois fort utile.

Comptez deux fois l'or, assurez-vous de sa bonté en le pesant & en le faisant sonner.

Les richesses se trouvent communément dans les familles de ceux qui, de père en fils, se sont distingués par une bonne conduite & par un grand ordre dans leurs affaires. Si un homme dont la prudence dirigeroit toutes les actions, vivoit quatre cents ans, de simple particulier qu'il étoit, il deviendroit le maître de l'univers : il en seroit de même d'une serie ininterrompue de sages, (*continuâ serie prudentium*) ils se transmettroient successivement l'empire du monde. *L'histoire des Médicis est une preuve de la vérité de cette observation de* Cardan.

Il faut beaucoup de tems & un travail opiniâtre pour acquérir des richesses médiocres ; mais on amasse de grands biens sans peine, & très-promptement.

Ne vous plaignez pas d'un père qui laisse ses enfans pauvres, pourvu qu'il leur laisse de quoi vivre, & un talent pour se procurer leurs besoins.

Il faut acheter les choses qui ne s'usent point en vieillissant, ou qu'on ne peut vous ravir.

La gloire se flétrit avec le tems, mais les belles actions lui rendent son ancien éclat, & pour ainsi dire sa fraicheur. (*Autre maxime de Publius Syrus, avec quelques changemens.*)

Les honneurs considérés en eux-mêmes ne sont pas d'un grand prix; mais ce n'est pas peu de chose que de les mériter.

Acceptez avec plaisir les honneurs qu'on vous défère sans que vous les ayez sollicités: ne desirez point ceux qu'on ne vous offre pas.

En général, il est inutile d'être sçavant, à moins que quelqu'un ne batte le tambour pour vous faire remarquer: mais c'est une triste condition que d'être obligé de le battre soi-même. *In universum, nil prosunt littera, ni tympanum pulset aliquis. Infelix autem conditio, cum ipse cogeris pulsare.*

Il faut agir en homme, parler comme une femme, & écrire des lettres qui ne soyent d'aucun sexe. *Facta masculina, verba faminina, epistola neutrius generis.*

Ne dites à personne ce que vous avez dessein de faire, de crainte d'exciter l'envie, ou qu'on n'oppose quelque obstacle à l'exécution de vos projets.

Ne vous occupez pas en même tems de deux grandes affaires de la même espèce.

Dans les petites choses il vaut mieux être dupes que d'en faire: il en est autrement lorsqu'il s'agit d'affaires importantes. [Machiavel auroit pu donner cette leçon à son disciple, César Borgia: mais que penser d'un père qui ose enseigner à ses enfans, une morale aussi corrompue, & qui ne pouvoit les conduire au malheur par le chemin de l'ignominie ?]

Ne négligez ni vos parens, ni vos amis, quand même vous jouïriez d'une fortune immense.

Vivez ensemble comme deux amis bien unis, mais dans la société soyez si vous voulez d'un avis différent.

Eloignez-vous de votre ami lorsque vous avez à vous en plaindre; il faut découdre l'amitié, mais il ne faut pas la déchirer. [Précepte excellent, & d'un grand usage dans le cours de la vie, & que *Cardan* a exprimé avec beaucoup de précision. Je me rappelle, en ce moment, que c'est un mot de Caton rapporté par Cicéron, dont voici les propres termes. *Tales igitur amicitia sunt remissione usus eluenda, & (ut Catonem dicere audivi) dissuenda magis quam discindenda.* Cicer. *de amicitia*, cap. 21.]

Si vous voulez lire au fond du cœur de votre ami, & avoir la juste mesure de son attachement pour vous, montrez-lui l'affliction d'un homme accablé sous le poids du malheur, & mettez dans vos plaintes un ton de vérité auquel il puisse se méprendre; s'il vous aime sincerement il est impossible qu'il ne se trouble pas au récit de vos maux, & que les traits de son visage n'en soient pas altérés. On peut changer de langage sans éprouver un sentiment pénible; mais on ne change point de visage sans être vivement affecté. (*Voyez* de prudent. civil. *cap.* 45.)

Il faut admettre au rang de ses amis ceux qu'on choisit pour entremetteurs: & de ses amis, il en faut faire ses entremetteurs. *Ex proxenetis enim amicos; ex amicis proxenetas facere oportet.*

Ne donnez des conseils qu'à vos amis, & seulement sur des choses importantes.

Ne vous contentez pas de faire l'éloge de vos amis lorsqu'ils sont présens, ayez encore le courage de les louer en public.

Ne jugez point entre deux amis.

Regardez ceux qui vous flattent, comme les plus dangereux de vos ennemis. [C'est une pensée de Tacite, mais elle a dans le style vif & serré de cet admirable historien, une énergie, un caractère qui disparoissent dans la traduction de *Cardan*. Celui-ci en fait un précepte particulier; dans Tacite, c'est une réflexion générale tirée du fond du sujet, & à laquelle il ne s'arrête pas. *Caussa periculi non crimen ullum, aut querela lasi cujusquam, sed infensus virtutibus princeps, & gloria viri, ac pessimum inimicorum genus, laudantes.*]

Ne vous fiez jamais à celui qui a été autrefois votre ennemi.

Un seul ennemi est plus nuisible, que deux amis ne sont utiles.

Ne parlez jamais de vos ennemis, mais observez toutes leurs actions.

Accueillez ceux dont la haine secrete vous porte des coups dans les ténèbres; caressez-les, quoique vous ayez formé le projet de vous en venger. [Voilà une de ces maximes italiennes dont j'ai parlé ci-dessus: il me semble qu'elle a bien, si j'ose m'exprimer ainsi, *le goût du terroir*. Quand on ignoreroit que *Cardan* étoit italien,

& qu'il a écrit la plupart de ses ouvrages en Italie, on le devineroit aisément en observant le caractère de sa morale pratique. *Voyez* entre autres son traité *de prudentia civili*, cap. 73, & alibi passim.]

Il est très-permis de feindre avec ceux qui nous ont fait du tort injustement : mais il ne faut employer le mensonge contre personne, pas même contre l'homme perfide. (*Voyez* de prudentia civili, *cap. 52.*)

La dissimulation diffère extrêmement de la feinte; celui qui dissimule tait ce qui est, & n'agit point : celui qui feint, au contraire, dit ce qui n'est point, & agit. La feinte approche plus du mensonge : la dissimulation a quelque chose de moins hideux (1) : quoiqu'elle ait absolument le même but que la feinte, c'est-à-dire, quoiqu'elle se propose également de tromper.

Ne vous fiez pas à celui que vous haïssez, même en secret, car la haine est une passion qu'il est bien difficile de cacher.

Ne mettez jamais votre ennemi dans une position assez fâcheuse, pour lui faire croire qu'il ne peut échapper au danger qui le menace qu'en vous perdant.

Comme le succès des poisons qu'on mêle à des alimens agréables est beaucoup plus sûr, trompez de même vos ennemis par des bienfaits empoisonnés avec art. *Maxime atroce, mais très-conforme à la morale machiavélique des italiens.* Voyez ci-dessus, pag. 924.

Il vaut mieux mourir en se vengeant de son ennemi, que de mourir sans vengeance.

Éloignez-vous des méchans, des envieux, des fous, des bavards, des hommes irascibles, vains, railleurs & ingrats.

Ne fuyez rien avec plus de soin que ces hommes qui parlent sans cesse des charmes de la vertu, & qui agissent comme des brigands. [*Cardan* ne fait ici qu'exprimer en prose lâche & commune, le sens de ces beaux vers de Juvénal.

Ultra sauromatas fugere hinc libet, & glacialem
Oceanum, quoties aliquid de moribus audent
Qui Curios simulant, & bacchanalia vivunt.

---

(1) Il y a dans le texte, *illa venustior*; expression singulière & qui, appliquée à la dissimulation, est ou moins très-impropre : car alors il faudroit traduire; *la dissimulation a plus de grace & plus d'agrément que la feinte*: ce qui ne s'est jamais dit, & ce qui peut encore moins s'écrire. Le sens que j'ai donné au mot *venustior*, me paroît ici le seul admissible, & je crois avoir rendu la pensée de *Cardan*. *Voyez* de prudent. civil. cap. 53.

Ne confiez pas de grandes sommes d'argent à l'homme pauvre, car la nécessité est une maîtresse plus impérieuse, plus violente que la nature.

Ne plaidez pas pour des droits incertains contre des hommes colères, opiniâtres ou insolents.

Vivre avec des gens heureux fait une partie du bonheur : évitez donc avec soin la société des malheureux.

Ne donnez de conseils qu'à ceux qui vous en demandent.

Le delai est un des instrumens de refus.

Parler d'un joueur, c'est parler d'un homme dont l'ame est l'égout de tous les vices. *Vitiorum sentinam*. [Cardan fait encore ici une cruelle satyre de lui-même. *Voyez* ce que j'ai dit de sa passion effrénée pour le jeu, ci-dessus, *pag. 903, num. 8.* au texte & dans la note.]

Méfiez-vous de celui qui sourit à tout ce qu'il dit, & à tout ce qu'il entend dire; c'est un homme faux & qui veut tromper.

N'entrez point chez ceux qui sont ou à table ou au lit.

Lorsque vous êtes assis à un festin, observez un silence absolu, ou si vous êtes obligés de parler, soyez très-avares de vos paroles.

Ce que l'eau n'amollit pas, cede à l'action du feu; ce qui résiste au feu est soluble dans l'eau : certaines substances exigent le concours de ces deux agens : il faut traiter de même les hommes & employer divers moyens pour les modifier.

Chacun de nous a son défaut ou son vice dominant.

Il ne faut pas plus d'effort sur soi-même pour être courageux que timide, actif que paresseux, doux & affable, que dur & grossier.

Faites plus de cas de la science que de l'or.

Liez-vous de société avec les philosophes & cultivez les : mais évitez les grammairiens & les poëtes.

Soyez rigide & scrupuleux observateur de vos promesses : dès qu'une fois on a perdu la confiance de ses semblables, elle ne retourne plus vers celui dont elle s'est pour ainsi dire retirée : *fides ad eum quem reliquerit, non revertitur*.

Garder strictement la foi à des ingrats, ou à des malveillans, c'est une preuve de simplicité, mais non pas de probité.

Accepter une charge, un emploi, c'est engager sa liberté. [Publius Syrus dit simplement qu'accepter un bienfait, c'est vendre sa liberté : *beneficium accipere, libertatem vendere est.*]

Ne prenez point de jeunes servantes; si vous en avez, ne partagez point votre lit avec elles, de crainte de trouver bientôt en elles, ou des maitresses altières, ou des empoisonneuses. [Appliquez à cette maxime ce que j'ai dit ci-dessus, d'un autre précepte qui se ressent également de la perversité des mœurs italiennes. *Voyez* les pages 924, & 929.]

N'ayez point de domestiques qui vous soient encore attachés par les liens du sang, de crainte que d'intelligence entr'eux, ils ne conspirent contre vous. *Voyez la remarque précédente.*

Tout homme qui porte le poids de la servitude, de quelque espèce qu'elle soit, est un être malheureux; mais il est sur-tout très-pénible de servir un impudique, un impur & un éfféminé. [Les termes employés ici par *Cardan*, prouvent qu'il veut parler de ce genre de débauche si commun en Italie; & que la décence ne permet pas de désigner plus clairement.]

Les vices ne sont utiles que comme les poisons : ce sont des espèces d'antidotes dont il faut se servir contre les vices mêmes. *Voyez la fable des abeilles par Mandeville.*

Il en est des vices comme du sel, du feu & du poivre, qui employés avec mesure, conservent les corps, & qui les corompent & les détruisent, lorsqu'on en fait un usage immodéré.

C'est moins à extirper de notre ame les vices, qu'à les empêcher d'y pénétrer, que nous devons travailler : car il est beaucoup plus facile de se garantir de cette souillure, que de s'en purifier lorsqu'une fois on l'a contractée.

L'audace de l'homme pervers qui est persuadé que ses mauvaises actions resteront impunies, quand même elles seroient connues, n'a point de limites. Il n'est de même aucun frein, pour celui qui espère qu'elles seront toujours ignorées.

Moins vous ressemblerez à un avare, plus il vous aimera.

N'espérez pas que ceux dont la haine pour vous n'a pas d'autre motif que l'envie qui les dévore, deviennent jamais vos amis.

Je n'ai jamais vu un homme en colère faire quelque chose de bien.

La conscience de n'avoir eu que des intentions droites & pures, est dans les revers, le motif de consolation qui a le plus de force.

Si la vie de l'homme étoit de cinq ou six cens ans, tout le monde se tueroit de désespoir ; &c &c, &c, &c.

Après quelques autres préceptes que je ne traduis pas, soit parce qu'ils n'ont rien de remarquable, soit parce qu'on en trouve une partie dans Publius Syrus, *Cardan* termine cet abrégé de sa morale par cette reflexion. » Il n'est pas » absolument nécessaire pour le bonheur, de » suivre exactement les différentes règles de » conduite que je viens de vous prescrire : d'un » autre côté il est également vrai que celui qui » les observera toutes, sera heureux : mais il est » beaucoup plus facile de connoître ses devoirs, » que de les pratiquer »

J'ai remarqué dans cet opuscule de *Cardan*, & dans son grand ouvrage *de utilitate ex adversis capiendá*, plusieurs maximes tirées de Cicéron, de Sénèque, des mimes de Publius Syrus, &c. tantôt *Cardan* les rapporte dans les propres termes de ces auteurs, ou du moins avec de très-légers changemens. Quelquefois il les traduit à sa manière, les étend, & change en préceptes directs ou particuliers, des maximes que ces moralistes ont généralisées, ce qui, en multipliant les cas où elles sont applicables, en circonscrit moins l'utilité. J'observerai au sujet de ces différens larcins de *Cardan*, qu'il doit beaucoup aux anciens. (1) Aristote, Théophraste, Hippocrate, Galien, Celse, Pline & Dioscoride, sont ceux sur lesquels il a levé, si j'ose m'exprimer ainsi, une plus forte contribution. On ne lit point ces auteurs, on ne les consulte pas même avec quelque soin, sans trouver en mille endroits, la preuve du fait que j'avance ici. En effet, presque tout ce que *Cardan* dit dans ses livres *de subtilitate*, & *de rerum varietate* sur l'histoire naturelle des animaux, des plantes, des métaux, des minéraux, des pierres, &c, &c, est extrait de ce qu'Aristote a écrit sur les animaux (2), mais sur-tout de l'histoire naturelle de Pline. *Cardan* a commis à-peu près les mêmes fautes : c'est qu'il est bien difficile de ne pas tomber dans des méprises graves & fréquentes, lorsqu'on parle de choses dont on n'a pas fait une étude particulière, & qu'on en parle sur la foi d'un auteur, qui n'avoit constaté aucun des phénomènes qu'il

---

(1) *Voyez* ci-dessous pag. 932. note 6.

(2) *Voyez* ses traités de histor. animal. de partibus animalium & earum causis ; de generat. animal.

rapporte, & dont l'ouvrage, rempli d'ailleurs d'idées & de réflexions profondes, est plutôt la compilation d'un homme curieux & avide de connoissances, que le résultat des recherches d'un physicien & d'un naturaliste. Soyons justes en tout : n'ayons pour aucun écrivain, quelque célèbre qu'il soit, la déférence que Cicéron avoit pour Platon (1), & qu'on ne doit qu'à des vérités démontrées. C'est un beau livre, sans-doute, que l'histoire naturelle de Pline. Ce qu'il a recueilli de la science des anciens dans cette partie, & de leurs procédés dans certains arts, est en général d'autant plus précieux, que la plupart des originaux, qu'il avoit lus & extraits, n'étant point parvenus jusqu'à nous, son livre répare en quelque sorte, la perte de ces monumens du génie, & de l'industrie humaine dans ces tems reculés. Mais en avouant les obligations que nous avons à cet égard à ce philosophe éloquent; en admirant la hardiesse & la belle ordonnance du plan qu'il avoit conçu, ne dissimulons pas que ses moyens d'exécution étoient foibles, & que, pour répandre quelque jour sur les différentes matières dont il avoit fait l'objet constant de ses études (2), il lui manquoit les instrumens les plus nécessaires, & qui ne se supléent point; c'est-à-dire, des observations, des expériences, une bonne méthode d'investigation, & cette espèce de tact & d'instinct qui fait tenter avec succès des découvertes difficiles & désespérées, & qui fait abandonner d'autres essais qui épuiseroient inutilement les forces de l'esprit. On peut comparer Pline à un antiquaire qui ne sait que très-imparfaitement la langue des divers pays qu'il parcourt, & qui dans la crainte d'omettre quelque inscription curieuse & propre à éclaircir un point de littérature, d'histoire ou de géographie, copie indistinctement, & avec la même exactitude, toutes celles qu'il rencontre. Moins occupé du soin de reculer par des travaux ultérieurs, les limites de la science de la nature, que du projet de faire un livre qu'on pût regarder un jour comme le dépôt

général & commun des connoissances des anciens en ce genre, Pline s'est égaré sur leurs traces, & Cardan sur les siennes. Mais il y a entre ces deux auteurs cette différence remarquable, que le premier, en publiant un ouvrage dont il n'existoit de modèle ni chez les romains, ni chez les grecs (3), n'oublie point de nommer les sçavans qui lui en ont fourni les matériaux (4); tandisque Cardan, bien loin de suivre cet exemple que l'équité, la reconnoissance, & l'intérêt même de sa gloire lui prescrivoient également (5), a voulu faire croire qu'en écrivant sur tant de sujets divers, il n'y employoit, pour me servir de l'expression de Montaigne, que *ses propres & naturels moyens.* (6). C'est cette affectation à cacher les sources où il avoit puisé une partie de son savoir, qui l'a fait accuser de plagiat : & il faut avouer que ce n'est pas sans fondement. Scaliger assure même que le livre de *Cardan* sur l'immortalité de l'âme, n'est qu'un assemblage de plusieurs lambeaux pris çà & là, & que pour couvrir son vol, il mêla des déclamations ridicules aux doctrines qu'il avoit tirées des écrits de Pomponace & d'Augustin Niphus (7).

___

(1) Errare mehercule malo cum Platone.... quam cum istis (ceteris philosophis) vera sentire. *Cicer.* Tuscul. disput. *lib.* 1. cap. 17. Ce que Cicéron ajoute dans le chapitre 21 du même livre, n'est pas moins exagéré : il s'agit de l'opinion de Platon sur l'immortalité de l'âme. *Ut enim rationem Plato nullam adferret (Vide quid homini tribuam) ipsa auctoritate me frangeret.*

(2) Viginti millia rerum dignarum cura..... ex lectione voluminum circiter duum millium, quorum pauca admodum studiosi attingunt, propter secretam materiæ, ex exquisitis auctoribus centum, inclusimus triginta sex voluminibus, abjectis rebus plurimis, quas aut ignoraverant priores, aut postea invenerat vita, &c. *Plin.* nat. hist. lib. 1. pag. 3 & 4. edit. *Harduin.*

(3) Præterea iter est, non trita auctoribus via, nec qua peregrinari animus expetat. Nemo apud nos qui idem tentaverit; nemo apud græcos, qui unus omnia ea tractaverit. *Id. ibid.* pag. 3.

(4) Argumentum hujus stomachi mei habebis, quod in his voluminibus auctorum nomina prætexui. Est enim benignum (ut arbitror) & plenum ingenui pudoris, fateri per quos profeceris..... obnoxii profecto animi, & infelicis ingenii est, deprehendi in furto malle, quam mutuum reddere, cum præsertim sors fiat ex usura. *Plin.* ubi sup. pag. 4.

(5) *Voyez* le beau passage de Pline, cité dans la note précédente; on y trouve un juste éloge de ce que *Cardan* auroit dû faire, & la critique non moins juste de ce qu'il a fait.

(6) C'est ce qu'il affirme en termes exprès dans ce passage. Quin etiam, dit il, *nihil alienum mihi ascripsi : in quo genere Aristoteles aliquantulum, Galenus ad turpem usque contentionem peccaverunt : adeò ut Platoni soli hæc in parte cedam...* &c. *Cardan.* de vit. propr. cap. 14. pag. m. 48.

On peut mettre cette assertion de *Cardan* au nombre de ses mensonges les plus impudens. *Voyez* ci-dessus pag. 885, au texte & dans les notes.

(7) Ne vero tibi placeas in illis tuis commentariis (*de immortalitate animorum*) quos confusos diximus : nihil enim aliud sunt quam farrago præceptorum meorum, Pomponatii, Sussani, Dominici de Flandria : quæ tua fecisti ridiculi fabellis declamatoriis. Scaliger. exercitat. in *Cardan.* lib. de Subtilit. exercitat. 307. num. 31. pag. m. 989.

L'époque brillante de la vie de *Cardan*, celle où l'on peut dire avec vérité qu'il a marqué dans l'histoire des sciences, & contribué aux progrès de l'esprit humain, c'est l'année où il publia son *Ars magna* (1). Cet ouvrage qui annonce de la sagacité, du génie même, fait bien regretter que *Cardan* ne se soit pas livré uniquement à l'étude des mathématiques, pour lesquelles il avoit une singulière aptitude : rien ne le prouve mieux que le pas qu'il a fait faire tout-à-coup à l'algèbre, par la démonstration (2) de la formule générale pour la résolution des équations cubiques ou du troisième degré ; formule que Tartaléa s'étoit contenté de lui enseigner sans démonstration.

Quoique le plan de ce Dictionnaire, quoique les matières qui en font l'objet principal, me dispensent, non pas de parler des découvertes que les philosophes anciens & modernes ont faites en géométrie, mais d'entrer, à cet égard, dans des détails particuliers, & qui semblent appartenir exclusivement à la partie mathématique de l'Encyclopédie, je ne puis me résoudre à ne pas montrer *Cardan* sous le point de vue qui lui est le plus favorable. Il m'est arrivé si souvent, dans le cours de cet article, de mettre dans tout leur jour les défauts de son caractère & les travers de son esprit, qu'il y auroit de l'injustice & de la partialité à rassembler avec un soin scrupuleux tous les traits qui déparent ce philosophe, & à négliger de recueillir, avec la même exactitude, ceux qui peuvent faire oublier ses ridicules & ses écarts, rendre plus indulgent sur les désordres de sa vie, & lui concilier, sous un certain rapport, l'estime de la postérité. C'est dans ces vues, que les lecteurs équitables approuveront sans doute, que je vais donner une idée succinte, mais très claire, des recherches analytiques de *Cardan*.

Mon dessein n'est point ici de refaire ce que d'autres ont exécuté avant moi avec beaucoup d'habileté & de succès : ce seroit déceler un sot orgueil & méconnoître le prix du tems ; la seule espèce de bien dont il soit permis d'être avare. Je profiterai des lumières d'un savant analyste qui, dans un abrégé historique des règles inventées jusqu'à présent pour connoître le nombre des racines réelles ou imaginaires, réelles positives ou réelles négatives dans une équation d'un degré quelconque, a déterminé avec précision ce qu'à cet égard l'algebre doit à *Cardan*. Je joindrai à l'extrait de son mémoire sur cette matière quelques développemens curieux qu'on trouve dans l'histoire des mathématiques. Ce que l'auteur de cet excellent ouvrage & le géomètre dont j'ai parlé ci-dessus, ont dit des formules de *Cardan* pour la solution des équations du troisième degré, & de l'influence que l'invention de ces formules a eue sur les progrès de l'analyse algébrique, est très-exact. On peut s'en assurer en comparant, comme je l'ai fait, l'exposé de ces géomètres avec l'*Ars magna*. C'est même à cette comparaison pure & simple que la notation particulière de *Cardan* & la forme de ses démonstrations rendent plus longue & plus difficile qu'elle ne le seroit, s'il eût parlé la langue des analystes modernes, que se borne le travail que j'ai fait sur ce dixième livre de son arithmétique.

Cardan remarque d'abord que c'est principalement à Scipion Ferrei, professeur de mathématique à Bologne, que nous sommes redevables de la découverte de la formule générale pour la résolution des équations cubiques (3) : il ajoute qu'environ trente ans après que cette découverte eut été faite, Antoine-Marie Florido, ou Fiore, vénitien de nation, disciple de Ferrei, & à qui celui-ci l'avoit communiquée, eut quelques disputes de sciences avec Nicolas Tartalea, l'un des plus grands arithméticiens & algébristes de son siècle. Tartalea, par les efforts qu'il fit pour répondre aux différentes questions de Florido, qui n'étoient embarrassantes qu'autant qu'on n'avoit point connoissance d'une pareille formule, vint lui-même à bout de la découvrir (4) ; & soit qu'il s'imaginât que la poésie dont on s'étoit servi autrefois pour envelopper les réponses obscures des oracles, seroit propre aussi à cacher les mystères de l'algèbre ; soit que l'estime qu'il avoit pour ses propres productions, les lui fît juger

---

(1) Il le fit imprimer à Nuremberg l'an 1545, sous ce titre : *Hieronym. Cardan. artis magnæ, sive de regulis algebraicis, liber unus*. Cette édition, qui est in-folio, est la première de ce livre, & c'est celle dont je me sers.

(2) Afin d'être justes envers tout le monde, observons ici que *Cardan* avoue avoir été aidé dans la recherche de cette démonstration par Louis Ferrari de Boulogne, son écolier. *Ac eo studio*, dit-il, *auctaque jam confidentia per me partim, ac etiam aliqua per Ludovicam Ferrarium olim alumnum nostrum, inveni*. Cardan. ars magna, quam vulgo *cossam* vocant, &c. cap. 1. pag. 3. edit. 1545.

(3) *Verum temporibus nostris, Scipio Ferreus Bononiensis, capitulum cubi & rerum numero æqualium invenit....... hujus æmulatione Nicolaus Tartalea Brixellensis, amicus noster, cum in certamen cum illius discipulo Antonio Mar. Florido venisset, idem capitulum, ne vinceretur, invenit ; qui mihi ipsum multis precibus exoratus, tradidit*. Cardan. ars magna, cap. 1. pag. 3.

(4) *Scipio Ferreus Bononiensis, jam annis abhinc triginta fermè, capitulum hoc invenit : tradidit vero Antonio Mariæ Florido, veneto, qui, cum in certamen cum Nic. Tartalea Brixellense aliquando venisset, occasionem dedit ut Nicolaus invenerit ; & ipse, qui cum*

dignes d'être exprimées d'une manière noble & peu commune, il renferma l'énoncé de sa règle en trois tercets italiens.

Quoiqu'une règle d'algèbre, écrite en vers, ne paroisse pas destinée à rester secrette, ce ne fut néanmoins que sur les prières réitérées de *Cardan* que Tartalea se détermina à lui communiquer ces trois tercets. Tartalea ajoute même qu'il ne le fit qu'après avoir exigé son serment qu'il ne publieroit point sa découverte, & même qu'il ne la garderoit qu'écrite en chiffres, afin qu'elle ne tombât entre les mains de personne. Cela supposé, il a eu raison d'accuser, comme il l'a fait, *Cardan* de peu de fidélité à tenir sa parole : car celui-ci donna bientôt après, dans son *Ars magna*, la règle en question, sous prétexte que lui ayant été communiquée sans démonstration (1), il étoit parvenu à la démontrer, & assurant en même tems, comme nous l'avons déjà remarqué, que l'invention primitive en appartenoit à Ferrei, de qui Florido, son disciple, l'avoit apprise (2).

Tartalea, au contraire, étoit bien éloigné de croire que lorsque Florido lui avoit proposé ses différens problèmes du troisième degré, ce géomètre fût lui-même en état de les résoudre. Il fut donc indigné d'entendre assurer qu'il ne faisoit que partager une invention qu'il prétendoit lui appartenir en propre. Il regarda cette allégation comme une espèce de reproche de plagiat, & il s'en plaignit amèrement.

L'auteur du mémoire dont nous donnons l'extrait, avoue que le reproche de plagiat pouvoit tomber sur Tartalea, avec d'autant plus de vraisemblance, qu'il s'étoit attribué plusieurs inventions des anciens, & en particulier, les livres *de Ponderibus* de Jordan, dont il se trouvoit un exemplaire dans la bibliothèque de saint Victor de Paris.

Quoi qu'il en soit, on a rendu justice à Tartalea, au moins en partie, c'est-à-dire, qu'il a été regardé comme auteur de la formule, concurremment avec Ferrei. Les auteurs postérieurs, si on en excepte *Cardan*, se sont seulement restreints à ne point donner à cette découverte, quelque importante qu'ils l'aient jugée, des éloges aussi emphatiques que lui en donnoit Tartalea lui-même.

A l'égard de *Cardan* qui avoit fait à la découverte de Tartalea des additions qui la lui rendoient comme propre, puisqu'il en avoit trouvé les démonstrations, il en a parlé aussi avec une espèce d'enthousiasme (3). Ce n'est pas néanmoins que cet auteur ne connût parfaitement que l'usage de cette formule étoit limité, & il avoit même porté ses recherches jusqu'à vouloir découvrir à quel point il l'étoit. On sait que lorsqu'une proposée quelconque du troisième degré doit avoir tout-à-la-fois trois racines réelles, ces racines ne sont données par la formule dont je parle, & qu'on nomme communément la *formule de Cardan* (4), que sous des expressions imaginaires. Or, *Cardan* avoit établi pour principe, lorsqu'il traitoit de la résolution des équations du second degré, que tout problème dont la solution ne pouvoit conduire qu'à des effections impraticables, étoit impossible dans son énoncé. *Semper autem pro regula generali in hoc tractatu toto est observandum quod cum ea quæ præcipiuntur fieri non possunt, nec illud quod proponebatur fuit, nec esse potuit.* Et ainsi, il paroîtroit s'ensuivre de-là qu'il auroit dû regarder

---

nobis rogantibus tradidisset supressa demonstratione, freti hoc auxilio demonstrationem quæsivimus, eamque, ... &c. *Cardan* donne ensuite cette démonstration. *Voyez* son *Ars magna*, cap. xj. fol. 29. verso. edit. Norimberg. ann. 1545.

(1) *Cardan* avoue ailleurs qu'il a quelques obligations à Tartalea, mais il ajoute que ce qu'il avoit appris de ce géomètre se réduit à fort peu de chose. *Fateor in mathematicis aliqua, sed paucula à fratre Nicolao accepisse.* Cardan. *de vit. prop. cap. 53. pag. m. 225.*

(2) *Voyez* le passage de *Cardan*, cité note 3 & 4, pag. 933, & joignez-y ce qu'il dit encore de Tartalea & de sa règle dont il prétend qu'il n'étoit point l'inventeur. *Et Tartalea, à quo primum acceperam capitulum, qui maluit æmulum habere & superiorem, quam amicum, & beneficio devinctum, cum alterius fuisset inventum.* Cardan. de vit. propr. cap. 44. pag. m. 175.

(3) *Rem sanè pulchram & admirabilem, cum omnem humanam subtilitatem, omnis ingenii mortalis claritatem ars hæc superet, donum profectò cœleste, experimentum autem virtutis animorum atque adeò illustre, ut qui hæc attigerit, nihil non intelligere posse se credat.* Cardan. Ars magna, cap. 1. fol. 3. recto.

(4) Pour rendre ceci plus clair, ajoutons à ce que dit ici ce savant analyste, que cette formule qui exprime la plus grande des trois racines réelles contenues dans une équation du 3ᵉ. degré, est composée de deux parties. La première partie est la racine cubique de la somme de deux grandeurs, dont l'une est réelle, & l'autre imaginaire ; & la seconde partie est la racine cubique de la différence de ces deux mêmes grandeurs. *Voy.* le mémoire de M. Nicole sur le cas irréductible, où il donne la manière de réduire à des quantités réelles l'expression algébrique d'une des trois racines dont une équation du 3ᵉ. degré est composée, & cela, dans le cas où les trois racines de cette équation sont toutes trois réelles, inégales & incommensurables, qui est ce qu'on a toujours appelé le *cas irréductible*.

comme absolument impossible, la solution du cas dont nous parlons, & qui, bien loin d'être en effet impossible, se construit au contraire en géometrie de trois façons différentes.

Cependant il avoit apperçu qu'alors même il arrivoit souvent que l'addition d'un certain cube, faite à chacun des deux membres de l'équation, donnoit à ces deux membres un diviseur linéaire commun, & qu'abaissant ainsi le degré de l'équation, elle fournissoit les moyens de la résoudre.

Il s'attache donc à discerner généralement les cas où une telle addition pourroit se faire, ou bien, ce qui est la même chose, ceux où la proposée pourroit avoir des diviseurs rationals, & où, par conséquent, il seroit possible d'exprimer algébriquement les racines d'une manière plus simple que sa formule ne les exprimoit.

Mais quant aux cas dont la solution ne peut se simplifier par les méthodes qu'il décrit dans ce livre, il ne prononce pas s'ils ont, ou s'ils n'ont point de racines, ni en quel nombre ils peuvent en avoir ; de sorte qu'on peut réduire à ces cinq chefs ce qui se trouve ou ce qu'il y a à desirer dans cet auteur sur le nombre des racines.

1. Il ne connoît point, non plus que Luc Pacciolo, l'usage des racines réelles négatives.

2. Il n'a point commis la faute de ce religieux, au sujet des équations du second degré, qui peuvent avoir deux racines réelles positives : il dit au contraire formellement qu'en ce cas *tam aggregatum quam residuum est rei æstimatio*.

3. Il détermine fort bien (dans ses principes) la racine des équations du troisième degré, dont le second terme est évanoui, lorsque ces équations n'en peuvent avoir qu'une de réelle, c'est-à-dire, que si elle est négative, il n'en assigne aucune, & si elle est positive, il en donne la véritable valeur.

4. Pour les cas où les trois racines doivent être toutes ensemble réelles, il ne les examine qu'autant qu'ils peuvent être réduits aux degrés inférieurs, & ce n'est que dans cette supposition qu'il entreprend de déterminer le nombre des racines réelles & positives ; encore ne donne-t-il pas pour cela des règles absolument générales.

5. Il réduit assez généralement à la formule où le second terme est évanoui, les principales des autres formules qu'on peut imaginer dans le troisième degré.

M. Montucla ajoute à tout ceci des particularités très-intéressantes : il observe d'abord, avec cette impartialité, si nécessaire à celui qui se propose d'écrire l'histoire d'une science ou d'un art, que les formules de solution des équations du troisième degré, ont retenu le nom de *Cardan*, parce que son *Ars magna* est le premier ouvrage où elles aient paru, mais qu'il seroit cependant bien plus équitable de les appeller les *formules de Tartalea*, puisque c'est à lui qu'on en a la première obligation. Il avoue néanmoins que ce n'étoit pas sans quelque raison que *Cardan* prétendoit avoir fait aux règles de Tartalea des additions qui lui donnoient une sorte de droit à leur découverte (1). Il traite en effet, dans son *Ars magna*, toute cette matière avec beaucoup d'étendue. Il en parcourt tous les cas, & quoique Tartalea ne lui eût communiqué que la résolution de ceux où manquoit le second terme, il donne des règles pour ceux où tous les termes se trouvent, aussi-bien que pour les autres où manque seulement le troisième. Il est bien vrai que de la manière dont nous résolvons aujourd'hui les équations, tous ces derniers cas se réduisent aux premiers enseignés par Tartalea ; mais dans le tems de *Cardan*, cette liaison n'étoit pas apperçue aussi distinctement, & il falloit de l'adresse & de l'habileté pour passer de l'un à l'autre. Chaque cas, enfin, ou chaque *capitolo*, comme on les nommoit alors, avoit sa règle particulière, & c'est sous cette forme qu'ont été exposées les règles de solution pour le troisième degré jusqu'à Viete.

On doit à *Cardan* la remarque de la limitation d'un cas des équations cubiques, où il arrive que l'extraction de la racine quarrée qui entre dans la formule, n'est pas possible ; c'est ce que nous appellons le *cas irréductible*, dont la difficulté a donné & donne encore la torture aux analystes. La remarque, au reste, en étoit bien facile ; & il est surprenant que lorsque *Cardan* la communiqua à Tartalea, celui-ci l'ait pu regarder comme une chicane, par laquelle il cherchoit à trouver ses règles en défaut. Il étoit bien plus difficile de déterminer, en ce cas, si la valeur de l'inconnue étoit possible, ainsi déguisée sous une forme imaginaire qui, dans les équations du second degré, désigne une impossibilité absolue ; & l'on ne doit pas s'étonner que *Cardan* ait hésité ici. Il remarqua cependant des équations cubiques qui menoient au cas irréductible, & dont il ne laissoit pas de trouver la solution par des voies particulières ; celle de Tartalea ne pouvant l'y conduire. Incertain, il n'osa prononcer sur les autres. Mais depuis lui, on a remarqué, & qui plus est, démontré que le cas irréductible, non-

_____
(1) *Voyez* ci-dessus pag. 934. note 1. le peu d'importance que *Cardan* attachoit aux moyens que Tartalea lui avoit donnés pour perfectionner l'algèbre.

seulement ne défigne point une impoffibilité dans l'équation, mais qu'il ne peut avoir lieu que lorfqu'elle eft poffible du plus grand nombre de manières. *Voyez* dans le Dictionnaire de mathématiques de l'Encyclopédie méthodique l'article CAS IRRÉDUCTIBLE.

Cardan eft encore le premier qui ait apperçu la multiplicité des valeurs de l'inconnue dans les équations, & leur diftinction en pofitives & négatives. Cette découverte, qui avec une autre de Viete, eft le fondement de toutes celles d'Harriot & de Defcartes fur l'analyfe des équations, eft clairement contenue dans fon *Ars magna*. Dès l'article troifième, il obferve que la racine d'un quarré eft également plus ou moins le côté de ce quarré, & dans l'article feptième, il propofe une équation qui, réduite à notre langage, feroit $x^2 + 4x = 21$, & il y remarque fort bien que la valeur de x eft également $+3$ ou -7, & qu'en changeant le figne du fecond terme, elle devient -3 ou $+7$. Ces racines négatives il les nomme *feintes*. *Cardan* redreffa en cela l'erreur de Paccioli, qui n'ayant fait aucune mention de ces racines négatives, femble ne les avoir pas remarquées.

Ce que dit *Cardan* fur la multiplicité des racines des équations, ne fe borne pas aux équations quarrées. Il montre auffi que les cubiques font fufceptibles de trois folutions différentes, & il en donne des exemples dans l'article 5 & 6. Il obferve d'abord fort bien que dans toutes les équations de dénominations impaires, non affectées, comme $x^3 = +a^3$; $x^5 = +a^5$, il n'y a qu'une feule valeur réelle, & que toutes les autres font imaginaires. De-là paffant aux équations cubiques dont le fecond terme eft évanoui, il propofe l'équation $x^3 + 9 = 12x$, & il dit que x y a trois valeurs, deux pofitives; favoir, 3 & $\sqrt{5\frac{1}{4}} - 1\frac{1}{2}$, & la troifième feinte ou négative, égale aux deux premières enfemble, $-\sqrt{5\frac{1}{4}} - 1\frac{1}{2}$. Les mêmes valeurs font, felon lui, celles de l'équation $x^3 = 12x = 9$, à cela près que celles qui étoient pofitives dans la précédente, font feintes dans celle-ci, & au contraire.

M. Montucla obferve cependant, pour ne pas trop accorder à *Cardan*, que fa découverte n'eft pas parfaitement développée : outre qu'il ne dit rien fur l'ufage de ces racines négatives, qu'il regarda probablement comme inutiles, il fe trompe à l'égard des équations qui ont plufieurs racines égales & affectées du même figne. Ainfi, dans l'équation cubique $x^3 - 12x = 16$, dont les racines font -2, -2, & $+4$, il n'en compte que deux, -2 & $+4$, & dans celle-ci $x^3 - 16 = 12x$, il ne compte que 2 & -4; ce qu'il fait dans d'autres cas d'équations plus relevées, où la même chofe arrive. Cette erreur, au refte, étoit fort excufable dans un tems où l'on n'appliquoit l'algèbre qu'à la réfolution des problèmes numériques. Car, fuppofons un problème de ce genre, qui eût conduit à la dernière des équations ci-deffus, que pouvoit faire un analyfte qui auroit remarqué qu'elle donnoit 2 deux fois, & -4, il ne pouvoit regarder ces deux folutions que comme la même, fans les diftinguer l'une de l'autre. La fimple arithmétique ne fournit aucune lumière fur ce fujet, & c'eft la feule application de l'algèbre à la théorie des courbes, qui a pu apprendre à faire la diftinction dont il s'agit.

Quoique à parler exactement, les recherches analytiques de *Cardan* fe bornent à la réfolution des équations cubiques, on peut dire néanmoins, en un certain fens, qu'il a quelque part à celle des équations du quatrième degré. Je fais qu'il ne s'occupa pas directement de cette découverte, mais il eut du moins affez de pénétration pour ne pas défefpérer de la folution d'un problème qui, analyfé fuivant les voies ordinaires, conduit à une équation de cette forme, $x^4 + 6x^2 + 36 = 60x$. M. Montucla obferve à ce fujet que quelques-uns croyoient le problème impoffible à réfoudre; mais que *Cardan* en jugea autrement, & invita fortement Louis Ferrari, un de fes difciples, à chercher cette folution. Ferrari fe rendit à fes inftances & trouva en effet une ingénieufe folution de ces équations. C'eft donc à la fagacité de *Cardan* & à cette efpèce d'inftinct qui dirige plus ou moins fûrement les hommes de génie dans leurs propres tentatives ou dans celles qu'ils confeillent, que l'on doit le fuccès des efforts de Ferrari, & le nouveau pas qu'il fit faire à l'algèbre.

Il semble qu'un homme qui avoit su manier avec beaucoup de dextérité, & appliquer heureusement à la recherche de vérités importantes & d'un difficile accès, un instrument, tel que l'algèbre, auroit dû reconnoître sans peine la fausseté de l'astrologie judiciaire : ou plutôt, il n'auroit jamais dû se livrer à ces vaines & puériles recherches. Mais tel est dans les hommes doués d'une imagination vive & forte le pouvoir des opinions préconçues, que toutes les études de *Cardan* ne portèrent, à cet égard, aucune lumière dans son esprit. La vieillesse même, ce tems où *le vrai seul est aimable*, où les erreurs qu'on avoit d'abord le plus accueillies, perdent tout ce qu'elles avoient de séduisant, & se montrent à-peu-près sous leur véritable forme, ne le rendit ni moins crédule, ni moins superstitieux : & quoiqu'il ait avoué, comme nous l'avons observé ci-dessus (1), que les règles de l'astrologie se trouvèrent fausses sur son sujet, sa confiance dans la certitude de ces règles n'en fut point affoiblie. Il regarda cette discordance entre l'évènement & la théorie donnée par le calcul, comme le résultat nécessaire d'une expérience mal faite, & par conséquent, insignifiante (2). Ce n'est point ici une simple conjecture, c'est un fait dont le passage suivant ne permet pas de douter. Après avoir fait l'énumération des différens signes qui le menaçoient de mourir avant d'avoir atteint l'âge de 45 ans, il ajoute : « L'évènement a démontré la vanité » de toutes ces prédictions. Je vis, & je suis » même dans ma 75e. année : ce qui ne prouve » rien contre la certitude de l'astrologie ; mais » ce qui est un témoignage de l'impéritie des » astrologues ». *Astra quæ minitabantur omninò obitum, ut omnes dicebant ante annum 45. Omnia vana inventa sunt : vivo, & annum ago 75. Non artium fallacia, sed artificum inscitia* (3). Il suffit de parcourir avec quelque attention les meilleurs ouvrages de *Cardan*, pour se convaincre qu'il y parle en mille endroits de l'astrologie judiciaire, & toujours en homme fortement convaincu de l'évidence des principes de cette prétendue science. Il paroît même avoir eu dessein d'en démontrer la vérité d'une manière très-propre, sinon à persuader les esprits droits, du moins à frapper vivement l'imagination de la multitude ignorante & avide du merveilleux. En effet, ayant annoncé qu'il mourroit en un certain tems, il s'abstint de nourriture (4), afin que sa mort confirmât la prédiction, & que sa vie, prolongée au-delà du terme fixé par son thême natal, ne rendît pas témoignage de la fausseté de ses prophéties. Bayle a raison de dire que « Peu de gens en pareil cas » se piquent de tant de courage & de tant de » charité pour leur art. On se console, on n'a » point de honte, on se porte bien ». Je sais que M. de Thou n'assure point que *Cardan* se soit laissé mourir de faim pour ne pas décrier la science dont il étoit si fort entêté ; il se contente de dire qu'on croyoit cela (5) : mais Scaliger le donne pour un fait constant (6). Quoique *Cardan* eût une extrême frayeur de la mort (7), il étoit d'ailleurs si bizarre, si vain, si inconséquent, si fou, que ce dernier acte d'extravagance, qui peut néanmoins n'être qu'un bruit populaire, s'exprime très-naturellement par la teneur entière de la vie de ce médecin, dont l'âme, pour me servir de l'expression d'un philosophe célèbre, *fut frappée à un coin tout particulier.*

Cardan mourut à Rome le 11 octobre de l'année 1576, & non pas le 21 de septembre 1575, comme Bayle, trompé sans doute par une édition peu correcte de l'histoire de M. de Thou, le lui fait dire (8). En rapprochant le texte de ce grave historien, tel qu'on le lit dans la belle édition de Londres, d'un passage du traité *de Vitâ propriâ*, on voit que ce livre, auquel *Cardan* paroît avoir travaillé dans différentes époques de sa vie, est son dernier ouvrage, & qu'il mourut onze jours après l'avoir achevé, puisqu'il s'en occupoit encore le 1er. octobre 1576 (9), & qu'il

---

(1) *Voyez* pag. 887, au texte & dans les notes.

(2) Conférez ce que dessus, pag. 887.

(3) *Cardan. de Vitâ propriâ*, cap. 41. pag. m. 152.

(4) *Cardan* nous apprend dans sa vie que son père mourut de la même manière, l'an 1524. « Il renonça à » toute espèce d'aliment, & vécut ainsi neuf jours ».

Nona die à quâ à cibo prorsus abstinuisset, mortuus est. Cardan. *de Vit. prop.* cap. 4. pag. m. 12.

(5) *Tandem, cum tribus diebus minus septuagesimum quintum annum implevisset, eodem quo prædixerat anno & die, videlicet XI. Kal. oct. defecit ; ob id, ne falleret, mortem suam inediâ accelerâsse* CREDITUS. Thuan. hist. sui temp. lib. 62. ad ann. 1576. cap. 5. pag. 462. tom. 3. edit. Lond. 1733.

(6) *Idem genethliacus quum multis ante annis diem & horam mortis suæ determinasset, & appetente tempore nihilominus bene valeret, quanquam jam octogenario major, ne artem contumeliæ exponeret, inediâ constituit mori. Quod nescio serius, an citius ante constitutum ab eo tempus contigerit. Res nota est : neque nostrûm est mentiri. &c. Scaliger.* prolegomen. ad Manil. *apud* Bayle, rem. S. de l'article *Cardan.*

(7) *Voyez* ci-dessus, pag. 922. num. 52.

(8) *Voyez* dans le Diction. hist. & crit. la remarque F de l'article *Cardan*, & comparez avec cette remarque le passage de M. de Thou, cité ci-dessus, note cinq.

(9) *Testamenta plura condidi ad hanc usque diem, qui est calendarum mensis octobris anni 1576. Cardan.*

est mort, suivant le calcul de M. de Thou, le onze de ce même mois.

La devise de *Cardan* est simple & précise ; elle me plaît sur-tout par sa généralité. Il me semble qu'un homme ordinaire ne l'auroit jamais choisie. Elle consiste en six mots qui sont d'un grand sens. *Tempus mea possessio; tempus ager meus*: le tems est ma richesse ; c'est le champ que je cultive (1).

Je terminerai ici l'article de ce médecin philosophe. Ce que j'en ai dit suffit, ce me semble, pour le faire bien connoître, & pour mettre le lecteur instruit en état d'en porter un jugement réfléchi & impartial. Je n'ai ni dissimulé, ni affoibli, ni exagéré aucun des défauts de *Cardan*. J'ai gardé scrupuleusement la même mesure en parlant de ses ouvrages, dans lesquels, le vrai & l'utile, quoique très-circonscrits, se font bientôt remarquer, par ceux qui ont l'instrument nécessaire pour les saisir par-tout où ils se montrent. Mon but étoit de rassembler tous les traits qui peuvent donner une juste idée de son caractère, & de la trempe particulière de son esprit ; & je crois l'avoir atteint. Lorsque je commençai cet article, je n'avois lû de *Cardan* que son traité *de vitâ propriâ*. Ce livre très-curieux, dont les *confessions* de Rousseau ne sont qu'une foible imitation (2), suffisoit sans doute pour m'apprendre que *Cardan* étoit un fou triste & mélancholique, un homme bizarre que le nombre & la nature de ses défauts & de ses vices rendoit d'une société désagréable & même dangereuse, un enthousiaste dont la superstition qui, selon la remarque d'un moraliste profond, *porte quelque image de pusillanimité*, avoit souvent désordonné les idées & dérangé la tête. Mais avec ces écarts, avec ces disparates, avec cette imagination exaltée & sombre, avec cette crainte chimérique des puissances invisibles, on peut être né avec une grande aptitude pour les sciences ; on peut en avoir cultivé quelques-unes avec succès, même avec gloire. Il falloit donc examiner si *Cardan*, non pas tel qu'il s'est peint dans sa vie, mais tel qu'il résulte d'une analyse exacte & raisonnée de ses ouvrages, avoit en effet mérité la réputation dont il jouit encore aujourd'hui parmi les sçavans, ou si ce n'étoit qu'un de ces visionnaires, un de ces fanatiques, tels qu'on en voit dans toutes les religions ? L'article que Bayle lui a consacré dans son immortel dictionnaire, ne le montre que sous ce point de vue très-défavorable, parce que cet article, purement historique, n'est qu'un récit fort abrégé des évènemens les plus singuliers de la vie de *Cardan*, un simple extrait de quelques chapitres de son livre *de vitâ propriâ*. Brucker, qui en sa qualité d'historien de la philosophie, devoit exposer fidèlement celle de *Cardan*, n'a recueilli de ses œuvres qu'un petit nombre de propositions obscures, contestables, ou absolument fausses. Soit ignorance, ou mauvaise foi, il n'a vu qu'un côté de l'objet, & il en juge avec la même assurance que s'il l'avoit observé par toutes ses faces. Il traite *Cardan* de superstitieux ; il ose même l'accuser d'une crédulité puérile : mais personne n'avoit moins le droit de lui faire ce reproche que Brucker, un des érudits qui pense le moins, & sur lequel les préjugés religieux paroissent avoir eu le plus d'influence (3). Tout ce que *Cardan* a dit de l'astrologie judiciaire, des songes, des démons, de la magie &c, &c, est bien extravagant, bien absurde sans doute ; mais il ne l'est pas plus que le christianisme considéré soit dans ses dogmes, soit dans ses miracles : & ce n'est pas à ceux qui ont une foi assez robuste pour croire indistinctement tout ce qui est enseigné dans le catéchisme de leur diocèse ou de leur synode à rejetter comme invraisemblable ou comme faux, les contes ridicules & impertinens dont *Cardan* a parsemé ses meilleurs ouvrages :

Loripedem rectus derideat, æthiopem albus.

Qu'importe en effet la religion qu'on professe ? qu'importe même la nature du fétiche aux pieds duquel on se prosterne ? dès qu'on admet une religion quelconque, dès qu'on adore un fétiche ; (*voyez* l'article FETICHISME) que ce soit une plante, une pierre, un animal, un homme ou un esprit, on est également sous l'empire de la superstition : la crédulité est absolument la même, on ne diffère que dans l'objet du culte.

Brucker s'est fort étendu sur les détails (4)

---

de Vit. prop. cap. 36. pag. m. 112. Notez que Brucker qui cite aussi ce passage, y joint, par cette négligence & cette inexactitude qui caractérisent par-tout sa compilation, le mot *ultima* qui commence la phrase suivante & qui se rapporte à *testamenta*. Son histoire critique de la philosophie fourmille de fautes de cette espèce ; & ce ne sont encore ni les plus nombreuses, ni les plus graves. *Voyez* les trois dernières colonnes de cet article.

(1) Il nous apprend dans sa vie qu'il en étoit très-avare. *Quis cogit*, dit-il, *ut jacturam temporis faciamus ? Hoc est quod abominor*. Cardan. *de Vit. propr.* cap. 18. in fin.

(2) *Voyez* ci-dessus, pag. 877. colon. 1 & 2.

---

(3) *Voyez* dans le discours préliminaire du premier volume de ce Dictionnaire, le jugement général que j'ai porté de l'énorme & indigeste compilation de cet auteur, pag. 8—12.

(4) Ces détails & les discussions peu importantes, auxquelles ils donnent lieu, forment la plus grande partie de l'article de *Cardan*, dans l'histoire critique

de la vie publique & privée de *Cardan*. A l'égard de ses opinions, il semble que ce compilateur ait ignoré que leur exposé étoit l'objet principal de son travail : ce qu'il en dit se réduit, comme je l'ai insinué ci-dessus, à cinquante ou soixante propositions extraites du livre *de vitâ propriâ* (1), & de quelques chapitres des traités *de subtilitate*, & *de rerum varietate* (2). C'est dans ces différentes propositions, la plupart fondées sur la métaphysique & la physique d'Aristote dont *Cardan* étoit un grand admirateur (3), que Brucker a prétendu renfermer toute la philosophie de ce médecin célèbre. (4) A ces fausses lueurs du péripatétisme qui ont si souvent égaré *Cardan*, & que Brucker a rassemblées avec affectation, il a joint quelques idées particulières à notre philosophe, & qui prouvent le désordre extrême que la superstition porte dans un esprit déjà exalté par la mélancolie. Mais en général cet article de Brucker est fait avec une extrême négligence. On n'y apprend presque rien de ce qu'on voudroit savoir. Le désir de rendre *Cardan* ridicule y est sur-tout trop marqué, & l'on voit même que ce soin a bien plus occupé Brucker que celui de donner un bon extrait des ouvrages de ce médecin. En effet, ce n'est pas dans un sommaire de deux pages (5) qu'on peut résumer ce qu'ils offrent d'utile & de curieux aux yeux de ceux qui sont assez instruits pour les lire avec fruit, & pour appercevoir d'une vue distincte, parmi les erreurs & les préjugés de toute espèce que *Cardan* y a consignés, quelques-unes des vérités dont on lui doit la découverte ou le développement.

Plus j'étudie l'histoire de la philosophie ancienne & moderne ; plus mon travail sur cette partie si importante de l'Encyclopédie méthodique recule la limite très-circonscrite de mes connoissances, & plus il me paroît évident que Brucker est resté fort au-dessous de son sujet. Il s'en faut beaucoup que son érudition soit aussi vaste, aussi exacte, aussi variée que le nombre de ses citations pourroit le faire croire. J'ai eu mille fois occasion dans le cours de cet article & des précédens de lire ou de consulter les auteurs qu'il indique ; & je ne crains point d'assurer que de cette foule de passages des anciens & des modernes dont il a chargé son texte & ses notes, selon la méthode ordinaire des critiques, il en est peu qui ayent été pris à leur source. Il n'a guère employé que les recueils de Buddeus, de Thomasius, de Jonsius, de Morhosius & de tous les sçavans qui ont écrit de la philosophie des anciens. Mais il n'a pas vu que le même passage, qui séparé de ce qui le précède ou de ce qui le suit, semble propre à établir tel ou tel fait, à prouver telle ou telle opinion, présente souvent un sens très-différent lorsqu'on le considère dans l'ordre des idées de l'auteur & dans la chaîne des raisonnemens dont il fait partie. C'est pour n'avoir pas fait cette distinction nécessaire ; c'est pour avoir presque toujours jugé ou raisonné sur des textes isolés, & sans avoir le motif propre que le jugement suppose, que Brucker a commis tant de fautes dont quelques-unes même sont très-graves. Mais ce qu'il est plus difficile d'excuser ; ce qui n'est pas vraisemblable, & ce qui est néanmoins très-vrai, c'est qu'il cite des ouvrages qui n'existent point, & dont il nomme même l'auteur avec des détails d'une telle précision qu'il est impossible à celui qui n'a point de raisons particulières de se défier de son exactitude, d'éviter un piège aussi subtilement tendu. En effet, après avoir parlé de plusieurs savans modernes qui nous ont donné des notices plus ou moins amples sur la vie & les écrits de *Cardan*, il ajoute, (& ce sont ses propres termes) VITAM CARDANI DESCRIPSIT QUOQUE SEVINUS, *hist. acad. reg. inscrip. tom.* 13. *art.* 2. (6). Quoique la vie de *Cardan*

---

de Brucker. *Voyez* le tome 4 de cette histoire, pag. 61. ad pag. 82.

(1) *Voyez* les chapitres 37. 38. 41. 43. 44 & 47. de cet ouvrage très-singulier, & peut-être unique dans son genre.

(2) *Voyez* les livres L. 19 & 20 du traité *de Subtilitate* ; & les quatre premiers chapitres du livre 8. *de Rer. variet. Voyez* aussi le 15. livre du même traité, & le chapitre 93. du livre 16.

(3) *Voici le jugement qu'il en porte*. Aristoteles... qui res naturales ac divinas, dialecticamque mirum in modum excoluit : animaliumque vitam, mores ac structuram incredibili sagacitate persecutus est. Qui cum in singulis disciplinis scripserit quod probaretur, error tamen conspicuus in tot seculis in illius scriptis deprehendi non potuit. *Cardan. de Subtilit. lib.* 16. pag. 802. edit. Basil. 1611. in-8°. *Voyez* aussi de Rer. variet. lib. 7. cap. 27. pag. m. 203.

(4) *Cujus, dit-il, ut specimen habeamus, ex multis selecta pauca, ut de philosophia Cardani, constet.* Brucker. hist. crit. philos. tom. 4. pars altera pag. 82. *Notez* que ce précis de la doctrine de *Cardan* commence à la page 83. & finit à la page 85. *Voyez* à ce sujet la note suivante.

(5) *Voyez* ci-dessus, note 4. Je sais que Brucker ne donne ces deux pages que comme l'analyse des traités *de Subtilitate* & *de Rerum varietate* ; mais

---

j'ose dire qu'après avoir lu cette prétendue analyse, on n'est nullement en état d'apprécier à leur juste valeur ces deux ouvrages de *Cardan*, & qu'on a encore moins de données pour porter de sa philosophie un jugement absolu.

(6) Hist. crit. philosoph. tom. 4. part. alt. pag. 63. not. (o).

me parût n'être d'aucun intérêt pour de simples littérateurs, & n'avoir sur-tout aucune analogie avec les différentes matières dont ils s'occupent, j'ouvris néanmoins le volume des mémoires indiqué par Brucker, & j'avoue que je fus très-surpris d'y trouver, non pas comme il l'anonnçoit, la vie de Jérome *Cardan*, par l'abbé Sévin, mais les *recherches de ce savant sur la vie & les ouvrages de Jérome de Cardie*, historien grec, contemporain d'Alexandre.

Accipe nunc danaûm infidias, & crimine ab uno Difce omnes.

L'ouvrage de Brucker est très-estimé des érudits, parce que ces *fçavantaux*, comme Montaigne les appelle, ne se lisent guère plus entr'eux que les géomètres, à moins qu'ils ne courent la même carrière. Pour moi, chargé d'un travail qui me faisoit un devoir de consacrer à la lecture de ce fatras, un tems dont j'aurois pu sans peine faire un meilleur usage, je dirai ici avec la liberté d'un homme à qui une étude réfléchie des mêmes matières dont Brucker s'est occupé, peut donner le droit de le juger, que son livre, écrit sans goût, sans idées, sans vues, sans philosophie, n'a pas même le mérite d'être un bon recueil de matériaux. Il n'épargnera aucun examen, aucune recherches à celui qui tentera un jour la même entreprise. En un mot, c'est un livre à refaire dans toutes ses parties, & auquel on peut appliquer ce que *Cardan* dit si judicieusement de quelques vaines subtilités. *Hæc, ac fimilia, Ad ostentationem..... Ad utilitatem verè penè nullam* (1).

(Cet article est du citoyen NAIGEON.)

___

(1) *De Subtilitate*, pag. 752, edit. *Basil.* ann. 1611, in-8°.

Fin du Tome second.

INV
Z. 8590

www.ingramcontent.com/pod-product-compliance
Lightning Source LLC
Chambersburg PA
CBHW071734020526
44116CB00043BA/933